Guide PARKER *des vins de* Bordeaux

Robert Parker

Guide PARKER *des vins de* Bordeaux

(NOUVELLE ÉDITION)

SOLAR

Du même auteur aux Éditions Solar :
LES VINS DE BOURGOGNE ET DU BEAUJOLAIS
(1993, 1994 - épuisé)
GUIDE PARKER DES VINS DE FRANCE
(2001, 2004, édition augmentée - épuisé)
LES VINS DE LA VALLÉE DU RHÔNE
(1998 - épuisé)

Titre original de cet ouvrage
BORDEAUX : A CONSUMER'S GUIDE TO THE WORLD'S FINEST WINES,
Fourth Edition

Cartographie : Jeanyee Wong
Dessins : Christopher Wormell

Cette édition est publiée en accord avec l'éditeur d'origine, Simon and Schuster, Inc., New York.

ISBN : 2-263-03432-3
Code éditeur : S03432
Dépôt légal : août 2005

Photocomposition : Nord Compo, Villeneuve-d'Ascq

REMERCIEMENTS

Merci aux personnes suivantes pour leur soutien : Jim Arsenault, Anthony Barton, Ruth et le regretté Bruce Bassin, Hervé Berland, Bill Blatch, Thomas B. Böhrer, Daniel Boulud, Christopher Cannan, Dick Caretta, Jean-Michel Cazes, Jean-Marie Chadronnier, Anne-Marie et Jean-Louis Charmolüe, Charles Chevalier, Bob Cline, Jeffrey Davies, Hubert de Boüard, Annie et Jean Delmas, Jean-Hubert et le regretté Michel Delon, Jean-Luc Le Dû, Dr Albert H. Dudley III, Barbara Edelman, Frédéric Engerer, Michael Etzel, Paul Evans, Terry Faughey, Joel Fleischman, Han Cheng Fong, Denise Capbern Gasqueton, Laurence et Bernard Godec, Dan Green, Josué Harari, Alexandra Harding, Ken-ichi Hori, Dr David Hutcheon, Barbara G. et Steve R. Jacoby, Jean-Paul Jauffret, Daniel Johnnes, Nathaniel, Archie et Denis Johnston, Elaine et Manfred Krankl, Allen Krasner, Patrick Léon, Susan et Bob Lescher, Pierre Lurton, Bernard Magrez, Patrick Maroteaux, Christian, Jean-François et le regretté Jean-Pierre Moueix, Jerry Murphy, Bernard Nicolas, Jill Norman, Les Œnarchs (Baltimore), Les Œnarchs (Bordeaux), François Pinault, Frank Polk, Paul Pontallier, Bruno et Jean-Guillaume Prats, Dr Alain Raynaud, Martha Reddington, Dominique Renard, Michel Richard, Alain Richman, Huey Robertson, Dany et Michel Rolland, Pierre-Antoine et Yves Rovani, Robert Roy, Carlo Russo, Ed Sands, Erik Samazeuilh, Bob Schindler, Ernie Singer, Park B. Smith, Betsy Sobolewski, Elliot Staren, Daniel Tastet-Lawton, Lettie Teague, Alain Vauthier, Steve Verlin, Peter Vezan, Robert Vifian, Sonia Vogel, Jeanyee Wong et Gérard Yvernault.

Un merci tout particulier à tous ceux qui ont contribué à cet ouvrage : à Amanda Murray, de Simon & Schuster, et à son assistante Christina Richardson, à Scott Gray, Jeanette Olender et John Wahler, responsables de la production. Merci également à Joan Passman, ma collaboratrice aux États-Unis, et à Annette Piatek, qui a saisi l'essentiel du manuscrit ; à Elizabeth Jaubert, la bonne fée qui a réuni les étiquettes qui embellissent cet ouvrage, ainsi qu'à Jay Miller, ancien correcteur et éditeur du *Wine Advocate*, l'ami de toujours et le fidèle compagnon de mes dégustations et autres agapes.

À mes très chères Pat et Maia

Avertissement de l'éditeur

Sans la liberté de blâmer,
il n'est point d'éloge flatteur
(Beaumarchais)

Note générale

Les vins commentés dans cet ouvrage ont tous été, sans exception, goûtés personnellement par Robert Parker. Dans un souci d'objectivité et de professionnalisme, ils font tous, autant que possible, l'objet de plusieurs dégustations consécutives, à l'aveugle, sans que soit connu le nom des producteurs, et sont testés parmi des vins de niveau équivalent. La note attribuée reflète les qualités spécifiques d'un vin à son meilleur niveau. La cotation du producteur ou de la propriété tient compte de la moyenne des notes attribuées à ses vins.

Toutefois, dans certaines circonstances particulières, comme dans le cadre de dégustations effectuées sous l'égide d'organisations professionnelles, ou de dégustations à la propriété de grands crus limitant l'offre d'échantillons (la dégustation n'est alors pas à l'aveugle), ou enfin de dégustations de vieux millésimes ou de bouteilles rares, il peut arriver que les vins ne soient goûtés qu'une seule fois. Dans ce cas, leur cotation et celle du producteur ou de la propriété sont évidemment le résultat de cette unique dégustation.

Les commentaires contenus dans cet ouvrage sont faits dans un esprit de totale indépendance. Ils ne reflètent que l'opinion personnelle de leur auteur et sont émis dans les optiques morale et légale induites par la législation relative à la liberté de pensée et d'expression, principes constitutionnellement consacrés par toute société libérale. Cela comprend également, dans l'acception la plus large du terme, le « droit de critique » reconnu aux auteurs et aux journalistes.

S'il s'efforce de donner le maximum de détails sur les régions viticoles, les vignobles et leurs produits, il arrive que l'auteur ne puisse divulguer des éléments à caractère confidentiel ou qu'il ne puisse obvier à la rétention d'informations par ses interlocuteurs.

Depuis plus de vingt ans maintenant, Robert Parker donne sans aucun parti pris des informations fiables et indépendantes sur les vins. Son cheval de bataille demeure la protection des droits du consommateur, et le but qu'il poursuit inlassablement est justement la dénonciation de négligences et de pratiques abusives ayant pour conséquence la présentation aux consommateurs de vins décevants, de mauvaise qualité ou encore endommagés.

Il va sans dire que Robert Parker n'a aucun intérêt direct ou indirect dans la production, l'importation ou la distribution de vins aux États-Unis ou ailleurs, si ce n'est dans un domaine de l'Oregon qui n'est jamais l'objet de ses cotations, pour des raisons évidentes de déontologie.

À propos du présent ouvrage

Certains lecteurs de ce livre sont aussi des familiers des publications américaines de Robert Parker, qu'il s'agisse du *Parker's Wine Buyer's Guide*, de la revue *The Wine Advocate* ou de l'édition originale du présent guide. Ils pourront déceler des différences, parfois notables, entre ces éditions et *Les Vins de Bordeaux*, tant pour ce qui est de l'évaluation générale des producteurs (bon, très bon, excellent, exceptionnel) qu'en ce qui concerne les notes ou les commentaires dont les vins font l'objet.

L'éditeur tient à préciser que, quelle que soit leur ampleur, ces variations sont toutes le fait de l'auteur, dûment vérifiées et confirmées, ne relevant que de son seul jugement. C'est là toute la valeur d'un critique de son envergure : l'honnêteté et la responsabilité seules le guident, fût-il nécessaire, parfois, de revenir sur ses propres appréciations et de convenir qu'il a pu méjuger un vin – ou le surestimer.

À propos des fiches techniques

Ces fiches ont été élaborées à partir de questionnaires adressés à tous les producteurs. Dans certains cas, quelques imprécisions peuvent subsister, dues aux variations (notamment de rendement) d'une année à l'autre.

Les chiffres s'entendent comme des moyennes sur les cinq dernières années. Cela explique que, pour un millésime donné, la composition d'un vin puisse être notablement différente de l'encépagement du domaine, ou que le plateau de maturité puisse être supérieur à ce qui est indiqué globalement.

Lorsque deux vins sont cités, ce sont le plus souvent le premier et le second vins ; toutefois, il peut également s'agir d'une cuvée prestige – nous l'avons alors signalé.

Les précisions sur l'élevage et la maturité concernent toujours le seul grand vin, le second étant généralement vieilli différemment.

Enfin, il faut savoir que lorsqu'il est dit d'un vin qu'il est, par exemple, « le meilleur produit au domaine *depuis* 1961 », le jugement concerne bien la période comprise entre 1961 et le millésime concerné, ne présageant en rien de la suite. Autrement dit, on ne s'étonnera pas que, après ce millésime, d'autres aient obtenu une note supérieure ou donné lieu à des commentaires plus laudatifs encore.

Quant aux estimations de maturité, elles ont toutes été actualisées. Ainsi, quand l'auteur juge qu'un vin est « à boire », c'est à l'heure de l'impression de l'ouvrage, et ce même si la date de la dernière dégustation est ancienne. Exemple : Angélus 1985 – « Ce vin opulent doit être apprécié maintenant. » (3/90). C'est bien en 2005 que l'Angélus 1985 est à boire ; l'expérience de l'auteur lui permet d'évaluer avec précision, d'après ses notes de 1990 – et, souvent, d'autres dégustations privées –, la longévité de ce vin. De même, lorsqu'il est signalé qu'un vin droit être bu dans les 7 à 8 ans, l'année de parution de l'ouvrage (2005) est prise en référence.

SOMMAIRE

Avant-propos 11

Comment utiliser ce livre 19

In vino veritas ? 31

Les millésimes de 2004 à 1945 41

Saint-Estèphe 129

Pauillac 185

Saint-Julien 275

Margaux et Sud-Médoc 333

Médoc, Haut-Médoc, Listrac-Médoc et Moulis-en-Médoc 411

Pessac-Léognan et Graves 497

Pomerol 627

Saint-Émilion 781

Barsac et Sauternes 1053

Appellations satellites 1137

Le classement des vins de Bordeaux 1175

Qu'est-ce qu'un grand Bordeaux ? 1189

Guide du Consommateur 1209

Glossaire 1219

Index 1227

AVANT-PROPOS

POURQUOI LES BORDEAUX SONT-ILS MEILLEURS AUJOURD'HUI QU'IL Y A VINGT-CINQ OU CINQUANTE ANS ?

Tastet & Lawton, la plus ancienne maison de négoce du Bordelais, m'a fourni des appréciations sur chaque millésime depuis 1795. J'ai repris son barème, qui compte trois catégories : exceptionnel, bon ou très bon, puis médiocre ou de piètre qualité. Pendant la période allant de 1900 à 1939 (soit quarante millésimes), seules trois années sont qualifiées d'exceptionnelles, dix sont considérées comme étant bonnes ou très bonnes, les vingt-sept restantes étant médiocres ou mauvaises. En revanche, durant les années 1980-2000, ces mêmes courtiers considèrent quatre millésimes comme étant exceptionnels, treize comme étant bons ou très bons, trois seulement étant médiocres (1984, 1991 et 1992). Je ne pense pas que le réchauffement de la Terre puisse expliquer un tel changement relativement à la qualité d'ensemble des bordeaux.

En relisant mes notes de dégustation sur les bordeaux des vingt-cinq dernières années, je suis stupéfait par le nombre de vins légendaires produits dans les millésimes les plus remarquables. On peut avancer, en étant généreux, que le millésime 1945, considéré comme l'un des mythes des cent dernières années, a donné, tout au plus, quelque 25 à 30 vins vraiment profonds. Même 1982 – qui a assis ma réputation en tant que critique de vins – révèle moins de trois douzaines de crus exceptionnels. En revanche, 2000 offre quelque 150 à 160 crus grandioses, ce qui représente 28-30 % des vins que j'ai dégustés. Certes, il m'est impossible de remonter le temps, mais mon instinct me souffle que la matière première disponible en 1945 ou en 1982 était très proche en qualité de la vendange de 2000.

Pourquoi donc les bordeaux élaborés actuellement sont-ils meilleurs que leurs homologues produits il y a vingt, trente, quarante ou cinquante ans ? Cinq raisons expliquent cet état de choses : 1) les améliorations dans le vignoble ; 2) les techniques et méthodes modernes de vinification ; 3) les techniques plus sophistiquées d'élevage et de mise en bouteilles ; 4) la compétition accrue dans le monde actuel et le rôle du consommateur averti, ainsi que l'influence des critiques de vin ; 5) des changements divers, notamment une plus grande fiabilité des prévisions météorologiques.

LES AMÉLIORATIONS DANS LE VIGNOBLE

Dans les années 60 et 70, le regretté Pr Émile Peynaud et Pascal Ribéreau-Gayon, célèbre professeur d'œnologie et directeur de la faculté éponyme entre 1977 et 1995, ont prôné des changements radicaux dans la conduite du vignoble, recommandant notamment de procéder à des vendanges plus tardives, pour récolter des baies plus mûres, plus faibles en acidité, avec des tannins plus doux et un fruité plus généreux. Il va de soi que les vins ainsi produits se distinguent par leur faible acidité et par leur caractère alcoolique. Pour peu que les pluies ne se mettent pas de la partie, la vendange peut, dans ces circonstances, se révéler extrêmement mûre et généreusement fruitée. Cette ligne de conduite a été tracée voici une bonne quarantaine d'années.

Par ailleurs, les traitements de la vigne destinés à réduire les risques de pourriture ont vu le jour dans les années 70 et se sont généralisés au cours de la décennie suivante. C'est ainsi que de bons millésimes comme 1978, 1979, 1983, 1994 et 1999, qui auraient été totalement dévastés par le mildiou dans les années 50 ou 60, ont pu être sauvés. On assista en même temps à un « retour aux sources », c'est-à-dire au vignoble (qui, d'après les meilleurs producteurs, compte pour 90 % dans la qualité d'un vin), avec des traitements naturels destinés à améliorer l'état sanitaire des vignes. Les professionnels commençaient à avoir une meilleure appréhension de la culture de la vigne, et nombreux sont ceux qui, dans les années 80 et 90, se tournèrent vers la viticulture dite « extrême » ou « radicale ». Celle-ci fait appel à des techniques comme la taille (en hiver et au printemps) et l'éclaircissage (en été) pour réduire les rendements. On aurait pu penser que les vignes saines ainsi traitées produiraient davantage ; au contraire, les meilleures propriétés ayant expérimenté ces méthodes enregistrèrent des baisses de production remarquables, passant de 60-100 hl/ha au milieu des années 80 à 25-50 hl/ha ces dernières années. D'autres techniques furent également mises au point, notamment l'effeuillage (qui favorise l'aération et l'exposition des grappes au soleil) ou le relevage (qui améliore aussi l'exposition au soleil), et les recherches se poursuivent pour identifier et éliminer les porte-greffes et les clones trop productifs. Le transport de la vendange a également été repensé ; il est désormais effectué plus soigneusement, en petits contenants, ce qui évite l'éclatement des peaux et l'écrasement des raisins.

Actuellement, les vignobles bordelais sont plus sains et moins généreux, et produisent des baies plus petites, ainsi qu'une vendange dont la qualité s'améliore d'année en année. C'est ainsi que les vins qui en sont issus traduisent l'essence de leur terroir, le caractère du millésime, leur cépage ou leur assemblage.

LES TECHNIQUES ET MÉTHODES MODERNES DE VINIFICATION

Les célèbres premiers crus Haut-Brion et Latour furent les premiers à s'équiper de cuves d'acier inoxydable thermorégulées, Haut-Brion au tout début des années 60 et Latour en 1964. Ces contenants – aujourd'hui remplacés, chez les producteurs les plus avant-gardistes, par de petites cuves de bois ouvertes (qui ajoutent une ride aux anciennes cuves de bois utilisées avant l'apparition des cuves d'acier inoxydable) – permettent au producteur de vendanger le plus tard possible des raisins à parfaite maturité phénolique et regorgeant de sucre. Dans le bon vieux temps, une telle occurrence était généralement fortuite. À dire vrai, elle était même redoutée, dans la mesure où il est extrêmement difficile de vinifier des raisins très mûrs sans thermorégulation. La plupart des Médoc 1947 et 1929 sont ainsi desservis par une acidité volatile excessive, car les producteurs n'avaient pas, à l'époque, de moyens de réguler les températures de fermentation. En effet, lorsque celles-ci augmentent trop, les levures qui transforment le sucre en alcool sont tuées, ce qui entraîne une réaction en chaîne aboutissant à la production de vins desservis par une importante acidité volatile. Ce problème était fréquent lorsque les vendanges se déroulaient par temps chaud. Les récits selon lesquels les producteurs devaient ajouter des pains de glace à leurs cuves en fermentation ne relèvent pas de la légende – il en fut bien ainsi en 1947, 1949 et 1959. Certes, la mise au point des cuves thermorégulées – de bois ou d'acier inoxydable – a grandement contribué à améliorer la qualité des vins. Ces équipements permettent aux vignerons, dans la mesure où le temps est clément, de vendanger à leur aise et de rentrer la récolte la plus mûre possible, sachant qu'ils pourront, par la simple pression d'un bouton, contrôler la température de chacune de leurs cuves. Toutes ces techniques ont indiscutablement favorisé la production de vins meilleurs, comptant moins de défauts, plus faibles en acidité, et dotés d'un fruité et de tannins plus doux.

En outre, la plupart des meilleures propriétés disposent actuellement d'une table de tri, qui leur permet d'éliminer de la vendange des petits bouts de végétaux ou les baies abîmées. Une équipe est donc chargée d'inspecter les raisins à leur arrivée à la cuverie et de sortir ceux qui sont imparfaitement mûrs, pourris ou défectueux. Le procédé est plus ou moins sévère d'une propriété à l'autre, mais on peut penser que celles qui réussissent le mieux pratiquent un tri draconien. Certains perfectionnistes font procéder à un deuxième tri après éraflage, ce qui implique la mobilisation d'une deuxième équipe, qui reproduit le travail effectué par la première.

Les macérations préfermentaires à froid sont actuellement en vogue. Elles étaient auparavant utilisées dans les régions viticoles plus septentrionales et plus fraîches (notamment en Bourgogne et dans le nord de la vallée du Rhône), où les fermentations ne démarraient que quatre ou cinq jours après la vendange, en raison de la fraîcheur qui régnait dans la cuverie. Dans le Bordelais, cette technique est très prisée, les vignerons les plus avant-gardistes pratiquant une macération préfermentaire à froid de 4 à 8 jours pour extraire davantage de couleur, d'arômes et de matière phénolique.

Les fermentations sont prolongées (passant de 10-15 jours à 21-30 jours, voire plus), car on admet généralement que la chaîne moléculaire qui forme la structure tannique du vin gagne ainsi en douceur et en maturité.

Dans l'ensemble, la plupart des châteaux du Bordelais ont investi dans des cuves modernes et thermorégulées, qu'elles soient en acier inoxydable ou en bois (ce dernier type de cuve étant très à la mode à Saint-Émilion depuis une dizaine d'années). Les meilleurs domaines pratiquent un tri sévère avant, et parfois après, l'éraflage, ainsi que la macération préfermentaire à froid et des cuvaisons prolongées.

La vinification des bordeaux fait l'objet d'une surveillance de tous les instants, dans des locaux thermorégulés et dans un environnement plus sain qu'il y a trente à cinquante ans. Nous sommes loin des fermentations au petit bonheur la chance qui pouvaient se bloquer ou dévier, entraînant ainsi le développement d'organismes indésirables ou de l'acidité volatile.

Enfin, la technique la plus controversée utilisée actuellement en matière de vinification est l'osmose inverse ou la concentration sous vide, qui consiste à éliminer l'eau des raisins pour concentrer les moûts. Dans le passé, la saignée était pratiquée à cet effet ; il s'agissait d'éliminer une proportion du jus de la cuve pour augmenter le ratio peaux/moûts. Cette méthode a fait ses preuves, mais, au début des années 80, certaines propriétés de haut vol (notamment Léoville Las Cases) commencèrent très discrètement à expérimenter l'osmose inverse. L'évaporation sous vide fit ensuite son apparition. Ces méthodes de concentration ont été utilisées depuis une vingtaine d'années, et force est de constater aujourd'hui que les vins ainsi produits par Léoville Las Cases peuvent parfaitement rivaliser avec des premiers crus. Lorsque le millésime est mûr, mais dilué par des pluies au moment des vendanges, un usage judicieux de ces techniques permet d'améliorer le vin sans effets secondaires apparents. Las Cases, qui bénéficie en la matière d'une expérience de vingt ans, a ainsi enregistré des résultats impressionnants. Les meilleures propriétés n'hésitent pas à pratiquer l'osmose inverse lorsque la récolte est diluée par des pluies au moment des vendanges. Cependant, l'opération n'est pas totalement exempte de risques, puisqu'elle implique non seulement la concentration du vin lui-même, mais aussi celle de ses défauts. Il faut donc procéder avec prudence. On ne saurait reprocher aux vignerons talentueux et avisés, qui en font un usage raisonné, de changer le caractère du vin, car ils ne font que l'améliorer en éliminant l'eau qui le diluerait. Après avoir douté de ces méthodes – et les avoir critiquées –, je suis désormais convaincu qu'elles sont utiles et précieuses lorsqu'elles sont utilisées avec discernement.

L'AMÉLIORATION DES TECHNIQUES D'ÉLEVAGE ET DE MISE EN BOUTEILLES

Un des facteurs ayant le plus fortement influencé la régularité des bordeaux est le mouvement initié par les Pr Peynaud et Ribéreau-Gayon (et par leurs disciples), qui encouragèrent les viticulteurs à procéder à la mise en bouteilles d'un millésime donné sur un laps de temps plus court (1 à 2 semaines), alors que, il y a une trentaine d'années, cette opération était effectuée à la demande, ou sur une période de 6 à 9 mois. Avant 1970, de nombreuses propriétés vendaient leurs vins en fûts, y compris à des marchands belges ou anglais qui procédaient ensuite à la mise en bouteilles à leur propre rythme. Fort heureusement, cette pratique n'a plus cours depuis une trentaine d'années. Aujourd'hui, l'embouteillage se déroule sur une période plus courte, et les vins sont plus frais, plus richement fruités et conservent leur potentiel d'évolution.

En outre, l'état sanitaire des chais s'est considérablement amélioré depuis vingt-cinq ans. De nombreux critiques spécialisés affirment que la proportion de bois neuf utilisée pour l'élevage des vins a fortement augmenté, et il est incontestable qu'on emploie actuellement à Bordeaux davantage de chêne neuf qu'il y a vingt ou trente ans. Un Bourguignon (qui est en fait d'origine belge) a coutume de dire, relativement à l'élevage en fûts de chêne neuf, qu'un vin n'est jamais trop boisé... mais seulement « sous-aviné ». Si le bois neuf fait des merveilles avec les cépages bordelais (cabernet sauvignon, merlot, cabernet franc et petit verdot), il doit cependant être employé avec discernement, comme un grand chef utilise le sel, le poivre et l'ail pour relever sa cuisine. Le bois neuf peut améliorer les bordeaux, mais il peut aussi, lorsqu'il est utilisé à l'excès, atténuer leurs flaveurs, le caractère du cépage dont ils sont issus, ainsi que la marque du millésime et du terroir. Ce matériau offre le grand avantage d'être sain. En revanche, les vieux fûts constituent un repaire de bactéries qui peuvent desservir le vin tout en lui conférant des arômes peu engageants. Lorsqu'un cru manque de concentration et de profondeur, le producteur serait mieux avisé de le faire vieillir dans un contenant neutre.

Une pratique controversée – à tort, mais perçue comme telle par des observateurs ignorants –, actuellement fort en vogue dans les plus petites propriétés et utilisée depuis longtemps en Bourgogne, consiste en l'achèvement des fermentations malolactiques en fûts de chêne. Tous les bordeaux rouges achèvent leurs malolactiques ; il s'agit, en résumé, de la conversion de l'acide malique, piquant, en acide lactique, plus souple et plus crémeux. La plupart des grandes propriétés transfèrent leurs vins en fûts pour un élevage de 16 à 20 mois après qu'ils ont achevé leurs malolactiques en cuves. En revanche, les plus petits domaines privilégient en l'occurrence les fûts, estimant qu'ainsi le vin absorbe mieux le boisé et présente davantage de douceur dans sa petite enfance. Les vins jeunes sont plus séduisants pour les arrogants prédateurs que sont les journalistes et critiques spécialisés qui envahissent le Bordelais au printemps suivant la vendange à l'occasion des dégustations de primeurs. La technique sus-évoquée n'est pas nouvelle. Je précisais plus haut qu'elle est utilisée en Bourgogne depuis des lustres ; elle était aussi pratiquée à Bordeaux il y a un siècle. Cependant, elle a été progressivement abandonnée avec l'usage généralisé des cuves de fermentation. Si l'achèvement des malolactiques en fûts confère au vin jeune davantage de séduction et de sensualité dans sa petite enfance, force est de reconnaître qu'il y a peu de différence, à partir de 1 an d'âge, entre deux bordeaux ayant achevé ce processus pour l'un en cuves et pour l'autre en fûts. Le premier évolue seulement un peu plus tardivement, mais, au bout de 1 an d'élevage, il a résorbé son boisé aussi bien que son homologue entonné plus tôt.

Les bordeaux se sont aussi beaucoup améliorés du fait de changements dans les méthodes de sélection du grand vin. Les seconds vins ne constituent pas une nouveauté, bien au contraire, puisque Léoville Las Cases ainsi que le Château Margaux en produisent un depuis plus d'un siècle. Cependant, les domaines opèrent depuis les années 80 et 90 une sélection de plus en plus draconienne, certains n'hésitant pas déclasser 35 à 70 % de leur récolte de manière à ne faire naviguer sous l'étiquette du grand vin rien moins qu'un produit exceptionnel. Les propriétés de la rive droite procèdent de même, tout en étant moins radicales ; à Pomerol et à Saint-Émilion, des déclassements de l'ordre de 35 à 50 % sont courants. L'essentiel du volume déclassé fait le second vin, mais les crus les plus sérieux proposent un troisième vin, quand ils ne vendent pas certains lots en vrac. N'oublions pas que la sélection était quasi inexistante dans des millésimes comme 1961 ou 1982. Au contraire, en 2000, presque tous les domaines proposent un deuxième, voire un troisième vin. Au risque de me répéter, je dirais que le procédé de sélection a hautement contribué à améliorer la qualité d'ensemble des bordeaux.

En matière d'élevage, la fréquence des soutirages a été réduite, et les vins sont désormais manipulés avec un luxe de précautions. Ils sont ainsi transférés sous atmosphère gazeuse, et la technique du soutirage (il y en a trois ou quatre pendant la première année d'élevage) a été modifiée, les producteurs les plus progressistes estimant que le procédé dessert le vin en accélérant son évolution et en favorisant son dessèchement. Certains vignerons ont ainsi adopté la méthode d'élevage sur lies (il s'agit du dépôt composé de fines particules et de levures qui se dépose après la fermentation et lorsque le vin est en cuves ou en fûts), considérant que celles-ci, lorsqu'elles sont saines, contribuent à la texture et à la richesse des vins, tout en mettant en valeur le caractère de leur terroir et des cépages dont ils sont issus. J'aurais tendance à les suivre sur ce point. Cependant, on ne saurait nier que plus d'un grand bordeaux n'a pas vieilli sur lies. Ce procédé, très répandu en Bourgogne, est encore sujet à controverse dans le Bordelais, où il est considéré comme avant-gardiste.

La technique du microbullage, qui a vu le jour en Madiran (pour assouplir et adoucir les tannins durs des vins de cette région), s'est ensuite imposée dans la région de Cahors et, dans une certaine mesure, dans le Saint-Émilionnais. Il s'agit de diffuser, après les fermentations et à travers de petits tubes, de faibles volumes d'oxygène dans les cuves, ou même dans les fûts, pendant l'élevage des vins. À Saint-Émilion, le talentueux Stéphane Derenoncourt emploie ce procédé pour les crus dont il a la charge. La philosophie qui sous-tend le microbullage, également appelé micro-oxygénation, repose sur des fondements solides. Cette technique évite des manipulations nécessitant une main-d'œuvre importante ainsi que des soutirages traumatisants, et elle permet d'alimenter en oxygène le vin, qui est alors en état de réduction. Le caractère de terroir et le fruité du vin sont ainsi mieux protégés. Une légère variante du procédé, appelée clicage, consiste à oxygéner les vins en fûts, pas en cuves. Les producteurs ayant expérimenté cette méthode ont enregistré des résultats encourageants. Les vins ainsi produits ne se sont pas délités (comme le prévoyaient, à tort, leurs détracteurs). On ne voit pas d'ailleurs pourquoi il n'en irait pas ainsi, puisque le procédé en lui-même est nettement plus doux que le soutirage traditionnel.

L'addition de vin de presse, tannique et coloré, au vin de goutte, de meilleure qualité, se faisait autrefois sans considération particulière pour l'équilibre et l'harmonie de l'assemblage final. Ce mélange est actuellement effectué judicieusement – quand il n'est pas évité, selon les circonstances. Il est fait progressivement, pour éviter l'obtention d'un vin par trop tannique.

Enfin, après la sélection, le facteur le plus décisif tient au choix du producteur quant au collage et à la filtration. Ces deux procédés peuvent en effet dépouiller un vin, atténuer son étoffe, ses arômes, son fruité et sa texture en milieu de bouche. Au bon vieux temps, les vins étaient rarement filtrés, mais ils étaient collés au blanc d'œuf, qui adoucissait leurs tannins plutôt acerbes. En outre, les vins étaient souvent issus de raisins non éraflés et imparfaitement mûrs, et présentaient par conséquent des tannins extrêmement agressifs, voire végétaux. Le collage était utile en l'occurrence, en ce qu'il atténuait leur astringence. À l'heure actuelle, des vendanges plus tardives, ainsi que d'autres facteurs sus-évoqués, permettent l'élaboration de vins aux tannins plus doux, et, à moins que l'ensemble ne recèle des bactéries (des protéines ou d'autres particules en suspension qui rendraient le vin peu attrayant), il n'y a pas de raison de filtrer.

Bref, le collage et la filtration sont actuellement pratiqués *a minima*, ce qui donne des vins plus intensément parfumés, plus étoffés et davantage marqués par le terroir. La plupart des meilleures propriétés n'envisagent pas ces procédés en termes manichéens, mais les appréhendent plutôt dans le contexte de chaque millésime. La bonne nouvelle – qui explique d'ailleurs que les bordeaux soient nettement meilleurs actuellement – est que les vignerons prennent la décision de coller et de filtrer en parfaite connaissance de cause, alors que, dans les années 60, 70 et au début des années 80, cette démarche était systématique. Les producteurs désireux d'élaborer des vins traduisant l'essence de leur terroir s'abstiennent de les coller et de les filtrer, sauf lorsque cela est absolument nécessaire. C'est un facteur supplémentaire qui a contribué à l'amélioration des bordeaux.

LA COMPÉTITION DANS LE MONDE MODERNE, LE RÔLE DU CONSOMMATEUR AVISÉ ET L'INFLUENCE DES CRITIQUES DE VINS

Les amateurs ont aujourd'hui accès à davantage d'informations que par le passé. La tendance des journalistes britanniques, qui se refusaient à écrire quoi que ce soit de négatif à propos d'un vin, a été supplantée par l'esprit plus ouvert et plus « pro-consommateur » de la presse spécialisée américaine. La critique n'a jamais été meilleure ni plus constructive. En outre, les journaux et magazines, ainsi que l'Internet, rivalisent pour proposer à l'amateur une documentation viti-vinicole de plus en plus fournie. Il est évident que les consommateurs comme les professionnels sont actuellement plus avertis, plus sélectifs et plus avisés en matière de vins fins.

Le négoce bordelais et les vignerons ont parfaitement mesuré l'impact de cet état de fait sur les vins de la région. L'idée de produire un cru médiocre sur un terroir de renom et de le vendre à des prix très élevés n'a connu le succès que pendant une vingtaine d'années. La compétitivité accrue entre les propriétés a permis l'amélioration des bordeaux. Cela étant, et c'est là le revers de la médaille, un vin faisant l'objet d'une critique laudative est tout de suite très demandé, ce qui se traduit inéluctablement par une hausse incontrôlable de son prix. Cet inconvénient est cependant mineur quand on tient compte de la nette amélioration des bordeaux sur toute la gamme.

DES CHANGEMENTS DIVERS, NOTAMMENT UNE PLUS GRANDE FIABILITÉ DES PRÉVISIONS MÉTÉOROLOGIQUES

Aussi incroyable que cela puisse paraître, il était impossible, il y a vingt ou trente ans, de prévoir le temps plus de 24 ou 48 heures à l'avance. Aujourd'hui, les spécialistes en climatologie, aidés par les satellites, établissent 5 à 7 jours à l'avance des prévisions fiables à 90 ou 100 %. Cette avancée a été particulièrement utile pour les vignerons, qui peuvent ainsi planifier leurs vendanges en se reposant sur des prévisions relativement sûres. En outre, les producteurs bénéficient aujourd'hui du service d'experts qui ont pour mission de les aider dans leur entreprise (relativement aux plantations et à la conduite du vignoble) et ont à leur disposition pléthore de précieuses informations techniques.

CONCLUSION

Je dirais, pour conclure, que les meilleurs bordeaux produits actuellement sont nettement supérieurs à leurs homologues les plus réussis, élaborés il y a cinquante ou cent ans. Ils traduisent mieux leur terroir et le caractère du millésime dont ils sont issus. Accessibles à un plus jeune âge, ils vieillissent aussi plus longuement et mieux que leurs aînés, contrairement à ce que prétendent les critiques ignorants. Cependant, certains aspects négatifs méritent d'être soulignés : prenons, par exemple, le cas des somptueux 1947 du Bordelais (Petrus, Latour à Pomerol, L'Évangile, Lafleur et, en particulier, Cheval Blanc). Tous présentent du sucre résiduel, ainsi qu'un pH et un taux d'acidité volatile et d'alcool qui feraient pâlir les œnologues modernes. Malheureusement, à l'heure actuelle, nonobstant les progrès réalisés, les professionnels s'opposeraient à ce qu'un vin comme le 1947 de Cheval Blanc soit mis en bouteilles et diffusé sous le nom du cru. Il n'en reste pas moins que quiconque a dégusté des flacons de ce vin en parfait état de conservation comprend pourquoi il s'agit d'un bordeaux légendaire. Ses défauts sont entièrement masqués par ses qualités, et c'est précisément aux premiers que l'ensemble doit son caractère et son individualité. Un avertissement s'impose donc... Malgré l'amélioration des techniques de vinification, les vins qui présentent des défauts contribuant à leur singularité et à leur grandeur ont encore leur place dans le paysage viticole. Les techniques nouvelles devront compter avec des vins comme les 1947.

Cela étant, il est incontestable que : 1) une meilleure connaissance des techniques vinicoles, de la vinification et du climat permet de produire des vins plus grandioses que par le passé ; 2) les vignobles, qui sont dans un meilleur état sanitaire, donnent une vendange de plus grande qualité ; 3) des techniques de vinification plus naturelles préservent le fruit du vin ; 4) elles favorisent aussi l'élaboration de vins plus fruités, qui traduisent plus fidèlement leur terroir et le millésime dont ils sont issus ; 5) la mise en bouteilles vise à offrir au consommateur des vins plus frais, moins oxydés et moins évolués. On peut donc subodorer que les bordeaux produits actuellement vieilliront mieux et plus longtemps que leurs aînés.

On ne le dira jamais assez : la croyance – fausse – selon laquelle les bordeaux modernes sont plus précoces – et donc moins aptes à la garde – que leurs prédécesseurs relève du mythe. Les vins sont aujourd'hui issus d'une vendange plus saine et plus mûre, et présentent, de fait, une acidité relativement faible et des tannins plus doux. Les analyses montrent que les millésimes récents les plus réussis se caractérisent par des indices de tannins et d'extrait sec aussi élevés, voire plus élevés, que ceux des années légendaires d'autrefois. Cependant, les vins qu'ils offrent sont accessibles à un plus jeune âge, car ils sont plus faibles en acidité et recèlent des tannins plus doux. En revanche, leur potentiel de garde n'est aucunement compromis. On peut citer, à cet égard, les 1959, dont on a pensé à tort qu'ils ne vieilliraient pas en raison de leur faible acidité (la plupart d'entre eux sont encore en parfaite forme), et les 1982, que les observateurs ignorants recommandaient de boire avant 1990, avant qu'ils ne tournent au vinaigre. Les grands 1982 évoluent encore magnifiquement, les meilleurs d'entre eux promettant de se maintenir encore 20 à 30 ans.

Qu'on y pense : qui voudrait que l'on revienne trente à quarante ans en arrière 1) quand moins d'un quart des propriétés de renom produisaient des vins compatibles avec leur classement ; 2) quand des arômes pas nets et peu avenants étaient attribués au caractère de terroir ; 3) quand les crus classés décevants, austères et dépouillés étaient qualifiés de « classiques » par une presse servile à la botte du monde viticole ; 4) quand les vins produits à partir d'une vendange imparfaitement mûre voyaient leur harmonie compromise par un excès d'acidité et de tannins ?

D'aucuns se souviennent probablement que « Qui ignore le passé est condamné à le répéter ». Les Bordelais connaissent manifestement leur passé. Ils se sont attelés, avec enthousiasme et dynamisme, à améliorer leurs vins, qui n'ont jamais été meilleurs qu'actuellement.

COMMENT UTILISER CE LIVRE

L'ouverture d'une grande bouteille de bordeaux issue d'une propriété prestigieuse est une opération poignante et fascinante, qui attire irrésistiblement par son aspect romantique, confinant au mystique. De nombreux auteurs ont tressé des lauriers aux vins du Bordelais, souvent avec davantage de respect et d'exaltation qu'ils ne le méritaient. En effet, il est arrivé plus d'une fois qu'un cru renommé d'un soi-disant bon millésime se révèle aqueux à la limite du buvable, parfois même carrément répugnant, et qu'un vin prestigieux ait, plus souvent qu'à son tour, déçu lors d'une dégustation. En revanche, un bordeaux peut aussi se montrer des plus plaisants et des plus gratifiants, alors même qu'il provient d'un millésime fortement décrié par l'ensemble des critiques, ou d'un château presque inconnu.

Cet ouvrage se veut précisément le reflet de telles constatations ; c'est le guide du consommateur dans les méandres du vignoble bordelais. Quels producteurs font les meilleurs ou les pires vins de la région ? Quelle a été l'évolution de telle ou telle propriété ces vingt ou trente dernières années ? Quels châteaux sont surcotés et surestimés, et lesquels sont, au contraire, sous-cotés et sous-estimés ? Autant de questions auxquelles ce livre apporte, autant que faire se peut, des réponses détaillées.

LA DÉGUSTATION

Les notes et commentaires contenus dans cet ouvrage sont le résultat de nombreuses dégustations aussi bien en France qu'outre-Atlantique. Depuis 1970, je viens à Bordeaux chaque année et, depuis 1978, je sillonne la région au moins deux fois par an en tant que professionnel pour goûter les vins en primeur et effectuer des dégustations comparées des différents crus et des différents millésimes après leur mise en bouteilles et leur diffusion.

Il est difficile, voire injuste, de porter sur un vin un jugement définitif après l'avoir goûté une seule fois. J'essaie donc de goûter les jeunes bordeaux plusieurs fois, de manière à me faire une idée claire et précise de leur potentiel et de leur qualité. Je compare souvent la dégustation d'un vin en cours d'élevage à la photo d'un marathonien au départ d'une épreuve. Un examen isolé ne donne qu'un aperçu furtif, à un moment donné, d'un ensemble qui change et évolue constamment. Pour bien évaluer un vin, il convient, à mon sens, de le déguster régulièrement au cours de son élevage de 16 à 24 mois, puis de le regoûter plusieurs fois après la mise en bouteilles, pour vérifier qu'il tient les promesses qu'il affichait en fût.

Bien entendu, certains vins et même certains millésimes sont relativement faciles à goûter et à évaluer, tandis que d'autres requièrent non seulement une attention et une concentration de tous les instants, mais aussi de multiples dégustations tant comparatives

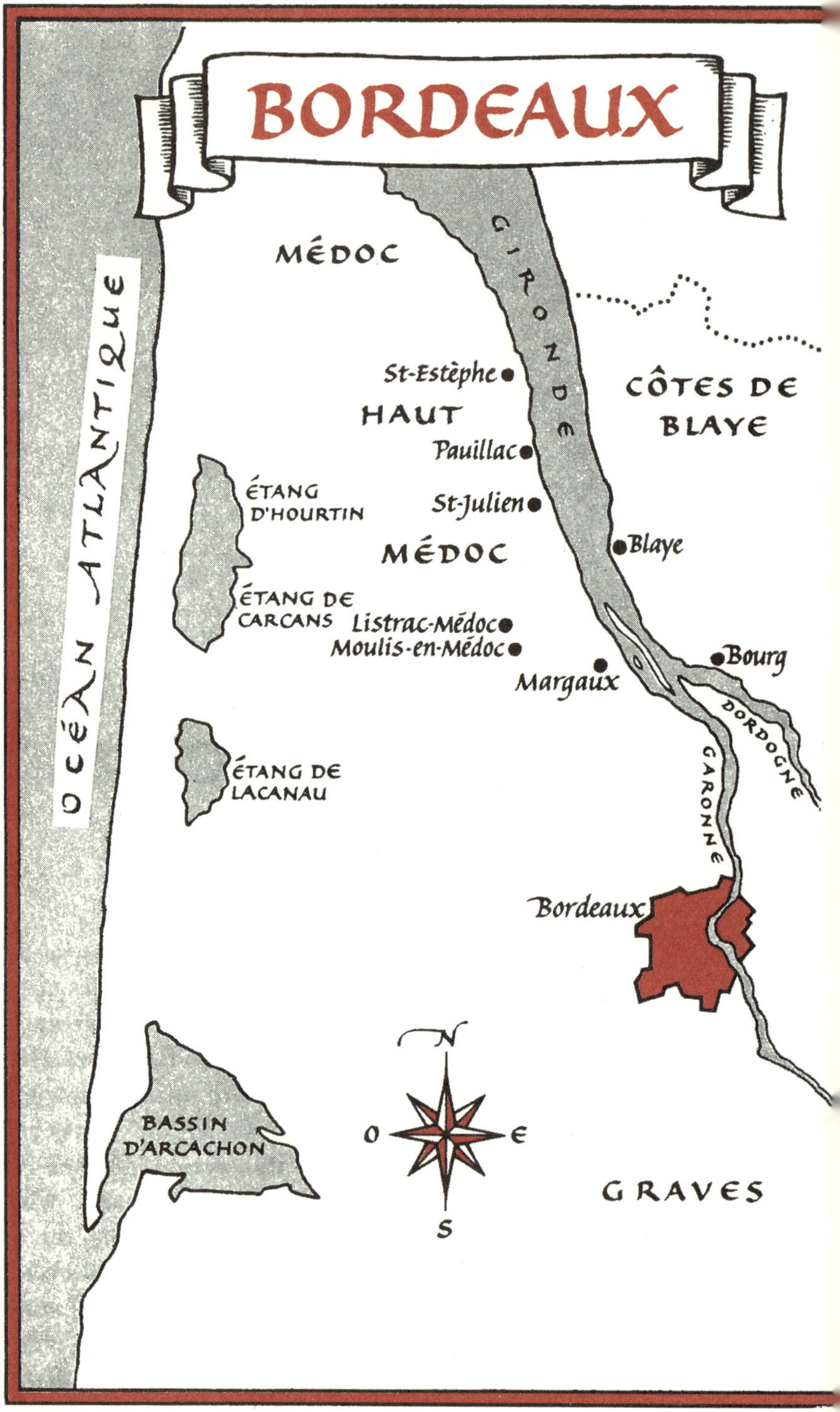
BORDEAUX
OCÉAN ATLANTIQUE
MÉDOC
GIRONDE
St-Estèphe
HAUT
Pauillac
St-Julien
MÉDOC
CÔTES DE BLAYE
ÉTANG D'HOURTIN
ÉTANG DE CARCANS
Listrac-Médoc
Moulis-en-Médoc
Margaux
Blaye
Bourg
DORDOGNE
GARONNE
ÉTANG DE LACANAU
Bordeaux
BASSIN D'ARCACHON
N
O
E
S
GRAVES

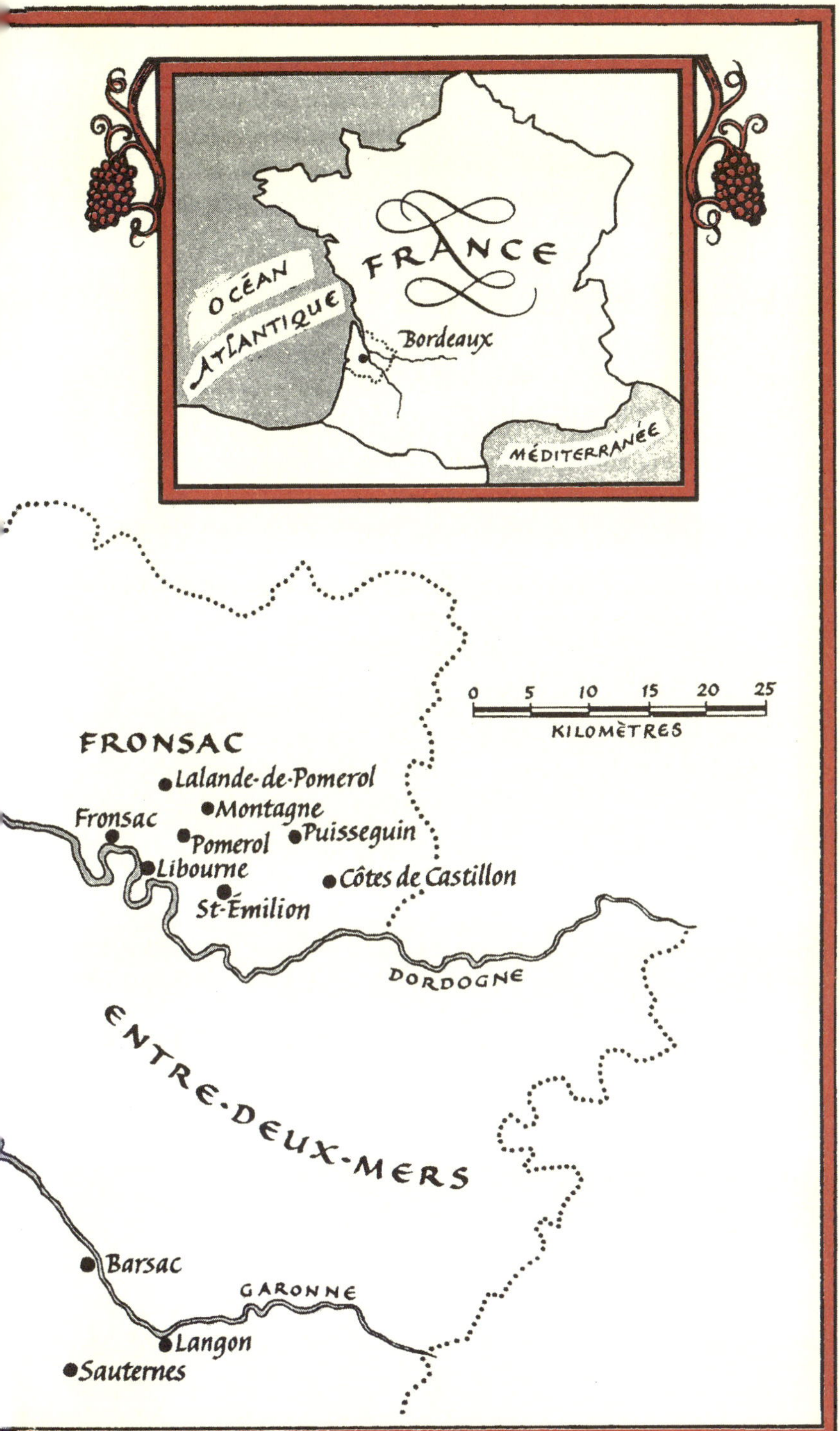

FRANCE
OCÉAN ATLANTIQUE
Bordeaux
MÉDITERRANÉE
0 5 10 15 20 25
KILOMÈTRES
FRONSAC
Lalande-de-Pomerol
Montagne
Fronsac
Pomerol
Puisseguin
Libourne
Côtes de Castillon
St-Émilion
DORDOGNE
ENTRE-DEUX-MERS
Barsac
GARONNE
Langon
Sauternes

qu'individuelles (à la propriété). C'est la seule manière de se faire une idée précise du potentiel et de la qualité d'un cru, et c'est d'ailleurs pour cette raison que je passe à Bordeaux deux fois par an, prenant plus d'un mois pour visiter les plus importantes propriétés des principales appellations communales (Médoc, Graves, Sauternes, Saint-Émilion et Pomerol).

Les visites dans les châteaux et les discussions avec les viticulteurs ont leur importance, dans la mesure où elles permettent d'obtenir des informations clés sur l'évolution de la maturité et la date des vendanges, ainsi que sur les vinifications elles-mêmes. Les vinificateurs et les responsables de chais donnent généralement des réponses directes et honnêtes à mes questions ; les propriétaires, en revanche, se lancent souvent dans une présentation dithyrambique de leurs crus.

Outre les visites des différents châteaux (que le millésime soit médiocre, grandiose ou de bon niveau seulement), il est extrêmement important d'effectuer des dégustations comparatives des vins en primeur. Pour cela, je fais appel à des négociants, qui se chargent de la collecte d'échantillons et organisent ce que certains appellent des « dégustations-marathons », lors desquelles j'évalue 60 à 100 vins par jour, par groupes de 10 à 15 crus. Cela me permet, sur une période de deux semaines environ, de goûter plusieurs fois un vin donné, qu'il soit cru classé ou cru bourgeois, et de me faire une idée d'ensemble du millésime en question. Ces dégustations en série confirment ou, au contraire, infirment celles que j'ai faites lors de mes visites dans les différents châteaux. Je répète cette démarche au moins trois fois avant la mise en bouteilles (au terme de 6, 9 et 18 mois d'élevage), ce qui me donne une image très précise de la qualité des produits.

S'il est avéré que les jeunes bordeaux changent et évoluent constamment pendant leur élevage en fût, les vins vraiment grandioses se distinguent d'emblée. Certes, je sais d'expérience que certains crus peu impressionnants, parfois très fermés au départ, peuvent se révéler bons ou très bons par la suite. Cependant, les vraies stars sont aussi sensationnelles à 6 mois qu'à 20 mois d'âge.

Je préfère généralement déguster les bordeaux primeur juste après leur assemblage ; il est en effet primordial de pouvoir les jauger à ce stade de leur petite enfance (fin mars ou début avril suivant la vendange), quand ils sont encore peu marqués par leur vieillissement en bois neuf. À ce niveau de précocité, il est encore possible d'évaluer un cru uniquement sur la richesse et la maturité de son fruit, sur sa profondeur, sa concentration, sa corpulence, son acidité et ses tannins naturels, tandis que, par la suite, le boisé peut masquer le fruit tout en exaltant les tannins et les arômes propres du vin.

Le fruit et l'équilibre sont, à mon sens, les qualités principales d'un jeune bordeaux. Les grands millésimes, forgés par un climat ensoleillé et chaud, donnent généralement des vins issus d'une vendange parfaitement mûre, riches, épanouis, au fruité profond et dotés de tannins abondants, mais veloutés. Un cru dépourvu de fruit, ou dont le fruité est vert et manque de maturité, ne sera jamais digne d'intérêt. De même, une vendange trop mûre, restée trop longtemps sur pied par un temps excessivement chaud et humide, donnera des vins très faibles en acidité et à l'avenir incertain. Cependant, cela est assez rare dans le Bordelais. Parmi les millésimes récents, marqués dès leur jeunesse par un fruit d'une grande pureté et par une maturité et une richesse d'un excellent niveau, on citera 1982, 1985, 1986 (pour le Médoc), 1989, 1990, 1995, 1996 (pour le Médoc), 1998 (pour les Graves, les Saint-Émilion et les Pomerol) et les 2000, tous de très haut vol. 1974, 1977 et 1984, assez médiocres, se distinguent quant à eux par leur fruité des plus maigres et par leur caractère végétal.

Je reviens généralement à Bordeaux plus tard dans l'année pour redéguster les vins en fût. À ce stade de leur évolution (après 10 à 12 mois d'élevage), ils sont en principe remis de l'entonnage, et le fruité intense qui les caractérisait dans leur prime jeunesse est plus marqué par le boisé. Alors que les dégustations de mars ou d'avril permettent de juger le niveau général d'un millésime donné, les suivantes le situent mieux par rapport aux années antérieures et donnent une meilleure idée du potentiel d'un cru spécifique par rapport à ses pairs.

Lorsque les vins sont en bouteilles, je préfère de beaucoup les déguster à l'aveugle. Il existe deux types de dégustation à l'aveugle. La dégustation simple est celle où je sais, par exemple, que les vins sont du Bordelais, sans cependant connaître les châteaux ou les millésimes auxquels j'ai affaire. La dégustation est « doublement » à l'aveugle quand elle comprend des vins du monde entier, de différents millésimes, servis sans ordre défini.

Je goûte généralement les bordeaux selon la première formule, sans connaître l'identité des crus. Je préfère cependant évaluer un vin par rapport à ses pairs, et déguste côte à côte des spécimens d'un même millésime. De plus, je ne mélange jamais des crus de style totalement différent, comme des bordeaux et des Cabernet Sauvignon de Californie ou d'Australie. Si de telles comparaisons peuvent se révéler amusantes, voire intéressantes, les résultats ne sont jamais fiables et ne seront d'aucune utilité pour l'amateur sérieux qui recherche des informations précises. Qu'ils emploient la notation sur 100 ou sur 20, les critiques professionnels ont tous le même but : évaluer un vin par rapport à ses pairs, et estimer sa valeur et son potentiel sur le marché international.

Pour bien évaluer un vin dans un but strictement professionnel, il va sans dire que le choix des verres et la question de la température me paraissent d'une importance capitale. Les verres qui conviennent le mieux à ce type d'exercice sont proposés par deux maisons rivales – Riedel et Spiegelau. Toutes deux offrent pléthore de tailles et de formes, mais je préfère le verre en forme de tulipe dont la contenance ne dépasse pas 30 cl.

Pour ce qui est de la température, une moyenne de 15-18 °C convient parfaitement tant pour les blancs que pour les rouges. Un vin servi plus chaud semblera mou et plat, avec un bouquet diffus, tandis qu'une fraîcheur excessive, en l'empêchant de pleinement exprimer ses arômes, le fera paraître muet, tout en exacerbant son acidité et son boisé.

Les vins que j'évalue sont tous jaugés de la manière suivante : tout d'abord, un examen de la *robe* sur un fond blanc permet d'en déterminer le brillant, l'intensité et la richesse. Un jeune bordeaux d'une couleur légère, brumeuse ou nuageuse, ou les deux à la fois, présente à coup sûr des défauts. La couleur est un élément d'importance lorsqu'il s'agit des vins rouges du Bordelais : ceux-ci arborent tous, dans les très grands millésimes, des robes d'un rubis foncé, profond et riche, mais semblent moins densément colorés dans les années médiocres desservies par la pluie et les mauvaises conditions climatiques. Les bordeaux 1982, 1983, 1985, 1986, 1989, 1990, 1995, 1996, 2000, 2001 et 2003 étaient assurément très profondément colorés dans leur jeunesse, les 1975 et les 1978 un peu moins, tandis que les 1973, 1974, 1980 et 1984 présentaient des robes légères.

Quant aux vins plus vieux, ils présentent souvent une robe marquée, en bordure du verre, par des touches ambrées, orangées, rouille ou brunes. Ce sont là des indices classiques de maturité ou d'évolution, qui signent cependant la mauvaise facture lorsqu'on les constate dans un vin de moins de 6 ou 7 ans d'âge dans un bon millésime. Ainsi, les jeunes vins élaborés sans grand soin, ou vieillis dans des fûts ou des chais dont l'état de propreté laisse à désirer, évolueront relativement vite et paraîtront bien plus vieux qu'ils ne le sont en réalité.

J'examine aussi très attentivement les *jambes* ou les *larmes* du vin, c'est-à-dire les traces qu'il laisse le long de la paroi intérieure du verre. Dans les millésimes riches, les raisins regorgent de glycérol et de sucre, et produisent généralement des vins visqueux, qui tapissent l'intérieur du contenant d'une substance grasse qui prend, en retombant vers le fond, l'apparence de larmes : on dit alors de ces vins qu'ils ont « de la cuisse » ou « de la jambe ». Des années comme 2000, 1998, 1996, 1995, 1990, 1989, 1986, 1985, 1983, 1982, 1970 et 1961 ont donné des vins ayant une belle, voire une excellente cuisse.

À l'examen visuel succède un examen « technique », qui se décompose en deux parties : d'abord, l'étude des *arômes*, qui stimulent le sens olfactif, ensuite celle du *goût*, que l'on perçoit au palais. Il faut, après avoir légèrement fait tourner le verre, y introduire le nez, afin de déceler les arômes que libère ainsi le vin. Cette première étape est primordiale, car elle permet de mesurer la maturité et la richesse du fruité sous-jacent et de détecter tout élément douteux qui l'affecterait. Les arômes d'un vin jeune ou vieux en disent long sur sa qualité, et jamais un dégustateur consciencieux ne sous-estimera l'importance de cet ensemble que nous appelons, dans notre jargon, *nez* ou *bouquet*. Dans son très classique ouvrage *Le Goût du vin*, Émile Peynaud distingue neuf grandes familles d'arômes :

1. Les odeurs animales : gibier, viande, venaison.
2. Les odeurs balsamiques : pin, résine, vanille.
3. Les odeurs boisées : bois neuf des fûts de chêne.
4. Les odeurs chimiques : acétone, mercaptan, levure, hydrogène sulfureux, odeurs lactées et de fermentation.
5. Les odeurs épicées : poivre, girofle, cannelle, noix muscade, gingembre, truffe, anis, menthe.
6. Les odeurs empyreumatiques : crème brûlée, fumé, grillé, cuir, café.
7. Les odeurs florales : fleurs, violette, rose, lilas, jasmin.
8. Les odeurs fruitées : cassis, framboise, cerise, prune, abricot, pêche, figue.
9. Les odeurs végétales : herbes, thé, champignons et autres légumes.

La présence ou l'absence de tous ces arômes, leur intensité, leur complexité et leur persistance sont autant d'éléments qui contribuent au bouquet d'un vin ; celui-ci peut être racé et intéressant, ou plat et affecté de défauts.

Une fois le nez bien identifié, il convient de goûter le vin, de le promener sur le palais tout en inspirant pour bien en capter les arômes. L'impression que l'on perçoit en bouche donne une idée de sa richesse, de sa profondeur, de sa longueur et même de son équilibre. On perçoit davantage les sensations sucrées sur le bout de la langue, le salé sur le milieu, l'acidité sur les côtés et l'âpreté sur l'arrière de la langue. Si les dégustateurs professionnels recrachent le plus souvent, ils avalent néanmoins de petites quantités de liquide.

Ce sont sa finale et sa longueur – la ténacité de ses arômes alors qu'il n'est plus en bouche – qui différencient un jeune vin grandiose d'un jeune vin qui serait seulement très bon. Une très belle persistance en bouche est généralement la marque d'un vin luxuriant et riche. Les grands crus, dans les belles années, se distinguent toujours par la pureté, l'opulence, la richesse, la profondeur et la maturité de leur fruité. Et, s'ils recèlent encore l'acidité et les tannins adéquats, c'est alors l'équilibre parfait que l'on atteint. Ce sont précisément ces traits de caractère qui font les très grands vins.

MON BARÈME DE NOTATION

Autant que faire se peut, mes dégustations se font à l'aveugle ; les vins sont évalués par rapport à leurs pairs sans que je connaisse le nom des producteurs. Elles se déroulent à mon bureau, chez les producteurs ou dans les locaux des principales maisons de négoce bordelaises. Mes appréciations sont personnelles et totalement indépendantes, et le prix ou la réputation du vinificateur ne m'influencent aucunement. Je passe trois mois par an à déguster en propriété et je consacre le reste du temps (parfois sept jours par semaine) à goûter et à écrire. Je m'abstiens de participer aux dégustations commerciales, comme de faire partie de jurys pour de multiples raisons, dont voici les quatre principales : 1) je préfère goûter sur-le-champ une bouteille ouverte tout spécialement ; 2) je pense qu'il est primordial de disposer de verres adéquats qui ont été lavés dans les conditions requises ; 3) je souhaite une température idéale pour les vins ; 4) je tiens à décider moi-même du temps qui m'est nécessaire pour bien goûter les vins.

BARÈME

96-100	Exceptionnel
90-95	Excellent
80-89	Au-dessus de la moyenne à très bon
70-79	Moyen
50-69	Inférieur à la moyenne à inacceptable

La note attribuée correspond à mon appréciation d'un vin par rapport à ses pairs. Les vins cotés au-dessus de 85 sont bons ou excellents, et ceux qui obtiennent une note supérieure à 90 sont exceptionnels dans leur catégorie. D'aucuns prétendent qu'il n'est guère convenable d'attribuer une note à une boisson de si haute noblesse, mais le vin n'en demeure pas moins un produit de consommation comme les autres. Il existe des critères de qualité spécifiques établis par les professionnels, et certains vins constituent des étalons (références permettant de juger les autres). Tout un chacun devant qui l'on place trois ou quatre vins différents, quel que soit leur niveau de qualité, dira : « C'est celui-là que je préfère. » L'attribution d'une note à un vin suit le même processus. Il suffit d'appliquer les critères des professionnels en adoptant un système de notation fondé sur des éléments intangibles. Cette pratique permet de se faire comprendre immédiatement des experts comme des novices. Je crois fermement à l'efficacité d'un système de notation soutenu par des commentaires judicieux. Une telle pratique rend le critique responsable vis-à-vis du consommateur comme de la propriété. Chacun connaît précisément la position du professionnel, et peut aligner son palais et son appréciation selon ses critères. Je pense aussi que de tels systèmes de notation favorisent l'amélioration des crus, qui ne peuvent plus se réfugier derrière les appréciations larges et souvent dénuées de sens (telles « bon ; très bon ; très, très bon ; ou encore très, très, très bon ») qui étaient en vogue au siècle précédent.

Le barème employé dans cet ouvrage est le même que celui utilisé dans mon bimestriel *The Wine Advocate*. Selon ce système, un vin n'est en fait évalué que sur une base de 50 points : même le plus répugnant n'obtiendra jamais une note inférieure, tandis que les plus fabuleux peuvent atteindre 100. Je préfère cette échelle, plus flexible, à la notation sur 20 (utilisée à l'Université de Davis, en Californie), qui manque à mon sens de souplesse et présente un risque d'excès de sévérité ou de générosité. Elle a cependant ses défauts, et nombreux sont les lecteurs qui peuvent se demander quelle différence il y a entre un cru noté 86 et un autre noté 87, tous deux étant d'un très bon niveau.

La réponse est simple : on s'aperçoit, en les dégustant côte à côte, que le vin noté 87 est légèrement meilleur que l'autre.

La note attribuée reflète les qualités spécifiques d'un vin à son meilleur niveau. Je dis souvent qu'évaluer un vin et attribuer une note à une boisson comme celle-ci, qui va évoluer en profondeur pendant dix ans ou plus, fait penser à un photographe qui tente de figer sur la pellicule un coureur de marathon. Si l'instantané permet d'imaginer les choses, il ne rend pas compte du changement et de l'évolution qui se produiront. J'essaie de regoûter les vins défectueux ou bouchonnés, car une mauvaise bouteille ne signifie pas forcément qu'un lot tout entier soit abîmé. La plupart des vins que j'évalue auront été dégustés plusieurs fois, et la note finale reflète la moyenne des notes qui leur ont été attribuées lors des dégustations successives.

Ajoutons encore que la seule attribution d'une note ne saurait tout dire d'un vin donné. En effet, les commentaires de dégustation décrivent la personnalité et le style du vin, situent son niveau de qualité et sa valeur par rapport à ses pairs, et définissent son potentiel de garde de manière infiniment plus explicite qu'une donnée numérique.

Voici le détail du barème que j'utilise :

90-100 – Les vins ainsi notés sont extraordinaires et s'imposent comme les meilleurs dans leur catégorie. Ils méritent qu'on se donne beaucoup de mal pour se les procurer. Il y a certes une grande différence entre ceux notés 90 et ceux notés 99, mais tous sont d'excellents vins. Vous conviendrez que cette élite est peu nombreuse, tout simplement parce que les vins vraiment grandioses ne sont pas légion.

80-89 – Ces vins sont en principe très bons, surtout ceux qui sont notés entre 85 et 89. Ils sont aussi très intéressants du point de vue du rapport qualité/prix. J'en ai plusieurs dans ma cave personnelle.

70-79 – Ces vins sont de niveau moyen – le 79 étant évidemment nettement supérieur au 70. Les vins notés entre 75 et 79 sont généralement francs et plaisants, mais manquent simplement d'un peu de complexité, de caractère ou de profondeur. Lorsque leur prix n'est pas trop élevé, ils peuvent être intéressants pour l'amateur moyen.

Moins de 70 – On est en dessous de la moyenne. Ceux qui ont de douloureux souvenirs d'école me comprendront. En général, ces vins manquent d'équilibre, sont défectueux, ternes et aqueux, et ne présentent aucun intérêt pour l'amateur averti.

Comme je l'ai signalé plus haut, avec ce barème de notation, un vin n'est en fait évalué que sur une base de 50 points.

La couleur et l'apparence comptent pour 5 points ; puisque, aujourd'hui, la plupart des vins sont bien vinifiés, grâce aux techniques modernes et à l'intervention accrue des œnologues, la plupart obtiennent 4 ou même 5 points. Le bouquet compte pour 15 points, en fonction de l'intensité et de la précision des arômes, et du caractère plus ou moins franc du nez. Les sensations et la finale en bouche comptent pour 20 points ; là encore, ce sont l'intensité des saveurs, l'équilibre, la pureté, ainsi que la profondeur et la persistance en bouche, qui déterminent ma décision. Enfin, l'impression d'ensemble et l'aptitude au bon vieillissement comptent pour les 10 points restants.

Les notes sont importantes, car elles permettent au lecteur de juger de la manière dont un critique professionnel classe un vin parmi ses pairs. Quiconque note un vin engage sa responsabilité vis-à-vis de ses lecteurs ; il doit également pouvoir justifier la note attribuée par un commentaire judicieux, qui analyse le vin et permet à l'amateur de comprendre la notation. Toutefois, il est également primordial de tenir compte du style, de la personnalité et du potentiel de garde d'un vin donné. Aucun système de notation n'est parfait, mais celui qui offre suffisamment de souplesse et qui est appliqué sans préjugé par un dégustateur expérimenté permet à l'amateur de se faire une idée de la qualité réelle d'un vin par rapport aux autres et lui offre une mine d'informations sûres et indépendantes cautionnées par un professionnel. Cependant, rien ne saurait remplacer une expérience personnelle, la meilleure formation consistant à déguster soi-même les vins.

ESTIMATION DE LA PÉRIODE DE MATURITÉ

Nombreux sont les amateurs qui m'interrogent sur l'évolution des bordeaux et le moment où ils seront prêts à boire ; c'est pour cette raison que j'indique, après chaque note de dégustation, la période durant laquelle j'estime que le vin sera à son meilleur niveau. Je tiens cependant à préciser les points suivants à ceux qui seraient tentés de prendre mes suggestions à la lettre :

1. Si vous appréciez un vin dans sa jeunesse, n'hésitez pas à faire fi de mes recommandations. Rien ne saurait remplacer votre goût et votre expérience personnelle.
2. La détermination de la période de maturité repose sur plusieurs présomptions, la principale étant que le vin a été acheté dans de bonnes conditions et qu'il a été conservé dans une cave fraîche, humide et sombre, exempte de vibrations et de mauvaises odeurs, où la température n'excède jamais les 18 °C en été.
3. Mon estimation est généralement étayée par mon expérience du mode de vieillissement d'un cru particulier, ainsi que par la qualité, l'équilibre et la profondeur du millésime en question.
4. Ces estimations sont faites sous toutes réserves. Elles sont fondées sur mes goûts personnels, sachant que je préfère les vins frais et exubérants (donc relativement jeunes) à ceux qui entament leur déclin, même si ceux-ci se révèlent encore délicieux et complexes.

Pour résumer, si vous disposez d'une cave idéalement fraîche et humide, la première année de la période de maturité indiquée vous révélera peut-être un cru encore en pleine jeunesse. Je suppose cependant que la plupart des amateurs préfèrent ouvrir une bouteille trop tôt que trop tard. C'est d'ailleurs cette philosophie qui sous-tend la détermination de la période de maturité pour un vin donné. La longévité des bordeaux constitue leur principale caractéristique. Les meilleurs d'entre eux sont presque immortels en termes d'aptitude au vieillissement – à condition, bien entendu, qu'ils aient été achetés et stockés dans de bonnes conditions. Les producteurs modernes privilégient les tannins doux et veloutés, si bien que les vins sont accessibles dans leur jeunesse, tout en promettant, dans les meilleurs millésimes, de se maintenir 15 à 30 ans, voire davantage.

EXEMPLES

À boire : désigne un vin parfaitement mûr, qui doit être consommé dans les toutes prochaines années suivant la date de la dernière dégustation.

Peut aussi désigner un vin d'ores et déjà sur le déclin. Il s'agit alors d'un vin à parfaite maturité, commenté dans la précédente édition, mais que je n'ai pas regoûté récemment. J'estime, d'après mon expérience du cru, de son âge et du millésime, qu'il a passé son apogée et qu'il a entamé son déclin. (Je le signale par la mention « peut-être en déclin ».)

Peut enfin se rapporter à un vin passé ou en voie de l'être. Déjà à la limite de sa maturité lors de la parution de la première édition (1985), il n'a pas été redégusté depuis. Cependant, mon expérience du cru et du millésime m'indique que ce vin particulier est actuellement dans un état précaire. (Je le signale par la mention « probablement sur le déclin ».)

Jusqu'en 2020 : désigne un vin déjà à son apogée lors de la dernière dégustation et qui se maintiendra à son meilleur niveau jusqu'en 2020, quand il entamera lentement son déclin.

Entre 2006 et 2015 : désigne la période durant laquelle j'estime que le vin se dégustera le mieux et sera à son apogée. Les amateurs se souviendront que les bordeaux des grands millésimes déclinent lentement (au contraire des bourgognes), et qu'un cru d'une excellente année peut parfois retenir son fruit et sa fraîcheur pendant 10 à 15 ans après la fin de la période de maturité indiquée.

ORGANISATION DE L'OUVRAGE

La construction de cet ouvrage suit les principales appellations communales du Bordelais. Pour chacune d'entre elles sont recensées et décrites les propriétés les plus prestigieuses, comme les moins renommées qui méritent cependant l'attention des amateurs. L'accent est bien évidemment mis sur les crus les plus connus, et les millésimes des vingt-cinq dernières années sont présentés en détail. Le choix des châteaux moins prestigieux s'est fait selon deux critères : leur qualité et leur renommée. Les propriétés d'un haut niveau, mais peu connues, sont décrites au même titre que celles dont la renommée auprès du grand public ne peut masquer qu'elles inondent les marchés de produits de mauvaise facture. Ces vingt-cinq dernières années, je n'ai eu de cesse que de découvrir les châteaux mésestimés de la région. Les vieux millésimes de ces propriétés sont malheureusement difficiles à trouver, et, comme les crus bourgeois – dont le potentiel de garde ne dépasse pas 5 à 7 ans –, ils sont présentés dans les années récentes. J'ai essayé de sélectionner les meilleurs d'entre eux, mais l'erreur est humaine, et il serait vain de prétendre que je n'ai pas laissé de côté quelque petite propriété produisant des vins absolument exquis.

En début de chaque chapitre figure mon classement des crus de l'appellation concernée, classement qui tient compte de leur qualité par rapport à leurs pairs. Ne vous attendez cependant pas à ce que cet ouvrage stigmatise les différences de niveau par des euphémismes soigneusement choisis. Les propriétés sont présentées en ordre alphabétique. Les amateurs de « listes » se reporteront en fin d'ouvrage pour mon classement des meilleures propriétés du Bordelais.

L'accent est généralement mis sur les millésimes les mieux réussis. Les années comme 1993, 1992, 1991, 1977, 1972, 1968, 1965 et 1963 sont omises ; elles sont d'une piètre qualité et n'ont donné des vins acceptables que dans une poignée de propriétés. En outre, ceux-ci ne sont pas ou très peu disponibles sur le marché. Pour les millésimes commentés, la détermination de la période de maturité indique le moment où ils seront à leur apogée, c'est-à-dire parfaitement mûrs et prêts à boire. Ces estimations sont cependant sujettes à caution, puisqu'elles reposent sur plusieurs présomptions, la principale étant que le vin a été acheté dans de bonnes conditions et qu'il a été conservé dans une cave fraîche, humide et sombre, et exempte de vibrations et de mauvaises odeurs, où la température n'excède jamais les 18 °C en été.

Les amateurs désireux de s'informer sur les modes de conservation du vin se reporteront au « Guide du consommateur », tandis que ceux qui souhaiteraient des précisions sur le vocabulaire employé se référeront au « Glossaire », en fin d'ouvrage.

ULTIME AVERTISSEMENT

Lors de la mise à jour d'un ouvrage aussi important que celui-ci, il est difficile de faire le choix des commentaires de dégustation qui doivent y être conservés, surtout lorsqu'ils se rapportent à des vins que je n'ai pas regoûtés depuis la précédente édition. Comme le constateront les lecteurs, la plupart des grands crus dans les meilleurs millésimes ont été redégustés en plusieurs occasions, et, bien entendu, les notes et les commentaires ont été modifiés lorsque cela s'est révélé nécessaire. Cependant, une note de dégustation établie sérieusement représente un instantané de la vie d'un cru, et c'est la raison pour laquelle j'ai pris le parti de conserver certains commentaires anciens (d'ailleurs datés) comme des témoignages du niveau des propriétés concernées à un moment particulier, notamment lorsque ceux-ci ont trait à un millésime réputé.

IN VINO VERITAS ?

Si, dans leur grande majorité, les bouteilles de vins rares et de haut vol actuellement disponibles sur le marché ou dans les ventes aux enchères sont authentiques, il faut cependant, relativement aux contrefaçons, tirer la sonnette d'alarme avant que le problème ne prenne trop d'ampleur. Les amateurs avisés, les détaillants de renom ainsi que les maisons de vente aux enchères spécialisées dans les grands millésimes prennent les mesures nécessaires pour authentifier des flacons qui peuvent valoir jusqu'à quelques milliers d'euros. En effet, ces derniers établissements, désormais au fait des imitations frauduleuses, ne reculent devant rien pour garantir les vins qu'ils proposent. Cela étant, un artiste tant soit peu doué peut reproduire une bouteille (les meilleures propriétés du Bordelais utilisent des bouteilles de verre qui sont parmi les moins chères et les plus aisément disponibles au monde), une étiquette, un bouchon et une capsule, et ainsi induire en erreur le plus avisé des consommateurs. Qu'on y pense : les vins rares, de haut niveau et produits en toutes petites quantités sont probablement les seuls produits de luxe qui ne soient pas accompagnés d'un certificat d'authenticité, hormis l'étiquette et le bouchon – qui peuvent être facilement dupliqués, grâce notamment aux scanners très performants disponibles actuellement.

Le marché du vin a fait l'objet d'une spéculation absurde à la faveur de millésimes comme 1989 et 1990 ou encore 1982. Les personnes malhonnêtes, qui prennent le parti de faire de l'argent facilement en vendant d'importantes quantités de contrefaçons, sont maintenant légion. Certes, le problème en soi n'est pas nouveau, mais les appels téléphoniques et les courriers de plus en plus nombreux que je reçois de détenteurs de bouteilles dont les étiquettes et le contenant sont sujets à caution laissent penser que le problème doit être pris à bras le corps.

Les premières contrefaçons que j'aie rencontrées datent d'environ vingt-cinq ans. Il s'agissait de fausses bouteilles de Mouton Rothschild 1975, vendues à New York à des prix nettement inférieurs à leur cotation. Les flacons, qui portaient des étiquettes délavées, étaient présentés dans des cartons peu reluisants. En outre, le fond des bouteilles portait l'inscription « fabriqué au Canada », tandis que les capsules étaient dénuées des mentions gravées caractéristiques de Mouton. Dans ce cas particulier, la fraude était facile à détecter, puisqu'il s'agissait, à l'évidence, d'un travail bâclé et grossier.

De nombreux vignerons, proposant des crus rares et élaborés en toutes petites quantités, sont parfaitement conscients des imitations dont fait l'objet leur production, mais ils choisissent d'adopter un profil bas, espérant ainsi ne pas contribuer à la propagation d'informations qui pourraient perturber (pour dire le moins) le marché des vins fins. Il est évident que la valeur d'un vin donné serait compromise s'il se savait que des centaines de bouteilles frauduleuses dudit cru sont en circulation sur le marché. Malheureusement, rares sont les propriétés parmi celles qui élaborent quelques-uns des vins les plus prisés qui soient (et tout le monde sait qui elles sont) à s'être préoccupées de trouver une méthode efficace pour garantir l'authenticité de leurs bouteilles. Cependant, quatre des plus grands crus du Bordelais ont pris des mesures en ce sens, de manière à compliquer la tâche des contrefacteurs. C'est ainsi que Petrus a adopté, dès le millésime 1988, une étiquette portant un code, lequel n'est visible que sous une lumière spécifique. Mieux encore, la propriété utilise depuis 1996, toujours dans la même optique, une bouteille gravée à son nom. Le Château d'Yquem incorpore dans son étiquette un filigrane destiné à décourager les meilleurs imitateurs. Haut-Brion fut le premier domaine à utiliser une bouteille spécialement gravée à son intention (depuis 1957), et Lafite Rothschild fait de même depuis 1996. Plus récemment, Margaux et Latour ont inclus des codes spéciaux soit sur leurs étiquettes, soit sur les bouteilles elles-mêmes. En tout cas, le problème de la contrefaçon ne peut être ignoré, et il doit être combattu par tous les moyens – que ce soit par la création d'étiquettes plus sophistiquées et plus difficiles à reproduire (portant des numéros de série ou des filigranes) ou par l'emploi d'une équipe destinée à retrouver l'origine des bouteilles frauduleuses.

Ci-après, quelques exemples de contrefaçons que j'ai soigneusement étudiées.

Un ami de longue date, craignant le pire (il est aussi expert en matière de vins), me demanda de passer chez lui voir quelques vins qu'il avait achetés, notamment des Montrachet 1992 du Domaine Leflaive. L'examen des bouteilles ne laissait aucun doute quant au fait qu'il s'agissait d'imitations. En effet, le Domaine Leflaive marque tous ses bouchons du millésime et du nom du cru, alors qu'en l'occurrence les bouchons portaient la seule mention « Domaine Leflaive », sans indiquer bien entendu quelque année ou provenance que ce soit. La bouteille avait été ornée d'une étiquette et d'une collerette (1992). Mon ami avait donc payé quelque 600 $ ce qu'il pensait être un cru valant généralement de 750 à 900 $, mais qui se révéla en fin de compte n'être qu'un bourgogne générique, dont le prix dépasse rarement les 15 $. Son détaillant fut tellement marri de la situation qu'il ne fit aucune difficulté pour le rembourser.

Ce même ami avait également acheté, à l'occasion d'un autre arrivage, l'un de mes vins préférés, le 1990 de Rayas. Après avoir examiné la bouteille de Leflaive, je détaillai scrupuleusement celle de Rayas. L'étiquette me parut authentique. Jusque vers la fin des années 90, cette propriété ne marquait pas ses bouchons de son nom ni du chiffre du millésime. Cependant, à la lueur d'une lumière incandescente, le contenu du flacon me parut étonnamment léger et, en outre, exempt de tout dépôt. Curieuse coïncidence : j'avais dégusté le 1990 de Rayas quelques jours auparavant, alors que j'étais en vacances dans le Colorado, et avais pu à cette occasion constater qu'il s'agissait d'un vin d'un rubis-pourpre dense présentant un dépôt généreux. Je demandai donc à mon ami l'autorisation d'emporter la bouteille chez moi, pour la comparer à un Rayas 1990 de ma cave personnelle. Il s'agissait bien entendu d'une contrefaçon. L'examen comparatif auquel je procédai révéla deux autres anomalies flagrantes. D'abord, tous les vins de Rayas portent une capsule rouge gravée indiquant le nom du domaine et reproduisant un blason. En l'occurrence, si la capsule frauduleuse était bien du même rouge que les vraies, elle ne comportait aucune gravure. De plus, les étiquettes authentiques de 1990 portent la mention « propriétaire J. Reynaud », tandis que celles des millésimes 1992 et suivants indiquent « SCEA Château Rayas ». Or, c'était cette dernière mention qui apparaissait sur la bouteille frauduleuse de 1990.

Un autre acheteur avisé m'appela pour me confier ses craintes au sujet de magnums de Chevalier-Montrachet et de Bâtard-Montrachet 1992 du Domaine Leflaive, acquis par le biais du marché parallèle. Le marché parallèle comprend des intermédiaires qui achètent les vins soit directement aux producteurs, soit auprès de consommateurs, de restaurants et même de détaillants européens, pour les revendre aux États-Unis, en Amérique centrale et en Asie. Les acteurs de cette filière sont, d'après ce que je sais, généralement honnêtes et jouissent d'une bonne réputation, mais certains d'entre eux sont parfois moins scrupuleux.

L'Union européenne exige désormais (suite à la mise sur le marché, il y a quelques années, de Perrier défectueux) que presque toutes les boissons en circulation sur l'ensemble de son territoire portent un « L » suivi d'un numéro de série (ou de lot). Les soi-disant vins du Domaine Leflaive qu'avait achetés mon ami indiquaient des numéros de lot se terminant en « 91 », alors que les authentiques 1992 portaient des numéros de lot se terminant en « 92 ». Certaines bouteilles ne portaient pas de numéros de lot, et les bouchons de certains magnums n'indiquaient ni le millésime ni le cru – autant d'éléments qui signaient la fraude, le Domaine Leflaive marquant généralement ses premiers et ses grands crus de leur nom et de l'année.

Il faut souligner, pour ce qui est des faux vins du Domaine Leflaive, qu'aucun n'avait été importé par l'intermédiaire de l'importateur officiel de la propriété, la maison Frederick Wildman & Sons.

En revanche, relativement au Château Rayas, le nom de l'importateur du cru (Martine's Wines, de Novato, en Californie) avait été porté sur l'étiquette. Un coup de fil à Martine Saunier me confirma que ses dernières ventes de Rayas 1990 remontaient à l'automne 1993 ; ses dires furent corroborés par le regretté Jacques Reynaud, propriétaire du cru. Dans ce cas, tant le producteur que l'importateur tinrent à ce que la fraude soit rendue publique. Le second m'apprit à cette occasion qu'une centaine de caisses de son Côtes-du-Rhône La Pialade 1993 avaient été dérobées dans ses chais en 1995, et il paraissait évident que c'étaient ces bouteilles volées qui avaient été réétiquetées de manière à passer pour des 1990 de Rayas. En fait, la dégustation de ces flacons frauduleux révéla un vin au fruité mûr et confit de cerise, qui était vraisemblablement le fruit de la vinification de Jacques Reynaud, mais l'ensemble manquait indiscutablement d'intensité, de concentration et de corps, évoquant un millésime desservi par les pluies (comme 1992 ou 1993). C'est à la suite de cet incident que la propriété prit le parti de marquer le millésime sur les bouchons de ses Châteauneuf-du-Pape.

Si les exemples ci-dessus avaient été mes seules expériences de contrefaçons, j'aurais hésité à en parler. Cependant, un autre détaillant porta à ma connaissance l'existence d'une inquiétante caisse de magnums de Cheval Blanc 1947, achetée en Europe par un marchand américain. Incrédule, je lui demandai de me faire parvenir l'un des flacons en question par courrier express, afin que je puisse l'examiner, m'engageant, bien entendu, à le lui renvoyer. L'étiquette semblait avoir été reproduite à l'aide d'un scanner ou d'une machine à photocopier, tandis que la capsule, qui avait été méticuleusement coupée à l'aide d'une lame de rasoir, cachait un bouchon flambant neuf, portant la mention « Cheval Blanc – rebouché 1988 » et sur lequel le millésime avait été soigneusement effacé. Le col était haut – ce qui n'aurait pas été surprenant s'agissant d'un authentique flacon de 1947 reconditionné à la propriété. Cependant, la robe légère de ce vin et son maigre dépôt (les vrais 1947 sont densément colorés et regorgent de dépôt) n'ont pas manqué de susciter des doutes. Sachant qu'un magnum de ce cru coûte près de 20 000 $, je ne me suis pas hasardé à le déguster, mais je suis certain, à 90 %, qu'il ne s'agissait pas d'un Cheval Blanc 1947.

Deux autres exemples méritent d'être cités. Ainsi, un acheteur, doutant de l'authenticité de ses Vieux Château Certan 1945 et Le Pin 1989, m'envoya une bouteille de chacun de ces crus aux fins d'examen et de dégustation. L'étiquette de Vieux Château Certan était étonnamment fripée, comme si elle avait été enlevée d'une autre bouteille pour être apposée sur celle-ci. Sa capsule rose pâle était relativement lâche. Certes, le bouchon portait la mention du cru, mais il était trop neuf s'agissant d'un vin vieux de plus de 50 ans. En outre, l'endroit où le millésime aurait dû être gravé avait été soigneusement gratté. Quant à la dégustation, elle révéla un ensemble parfaitement mûr et délicieux, qui était très certainement du Vieux Château Certan, mais probablement pas du millésime 1945. Il était en effet relativement léger, évoquant davantage un 1971, un 1967 ou un 1962. Mais le saura-t-on jamais avec certitude ? Quant au 1989 de Le Pin, je le comparai avec une bouteille de ma cave personnelle. L'étiquette du flacon soupçonné de contrefaçon était manifestement le résultat du travail d'un scanner, puisque, en l'occurrence, la très caractéristique impression cuivrée des vraies étiquettes tirait sur le bleu. Les bouchons étaient identiques, à ceci près que celui de la bouteille contrefaisante présentait une graphie d'une taille légèrement différente. À la dégustation, le vin évoquait bien Le Pin, mais il s'agissait probablement d'un millésime plus léger (comme 1987) que le 1989.

D'autres imitations frauduleuses sont portées à ma connaissance avec une régularité alarmante... et croissante. Des discussions avec des détaillants américains et anglais m'ont appris que le marché regorgeait de contrefaçons de Le Pin 1982 et 1989, Petrus 1982, Lafleur 1975 et 1982, Cheval Blanc 1947, Latour 1928 et Margaux 1900, qui portaient rien moins que des étiquettes photocopiées et des bouchons non marqués. Relativement au Latour 1928, le détaillant, persuadé d'avoir été dupé, ouvrit la bouteille et la dégusta. Il est pratiquement certain qu'il s'agissait d'un jeune Pinot Noir de Californie.

L'acheteur d'un des restaurants les plus connus des États-Unis m'apprit récemment qu'il avait eu des problèmes avec des bouteilles de grand prix, toutes achetées auprès d'un détaillant de renom qui les tenait lui-même d'un acteur du marché parallèle spécialisé dans le rachat de caves privées européennes. Les bouchons de Latour 1970 ou de Haut-Brion 1961 étaient illisibles ou le millésime avait été soigneusement gratté. Du fait de sa grande expérience, l'acheteur en question put facilement détecter la fraude. Il estime que le soi-disant Haut-Brion 1961 était bien issu du cru en question, mais qu'il s'agissait d'un millésime plutôt léger (comme 1967). Quant au bouchon du Latour 1970, il avait été fortement altéré, mais un examen attentif révéla qu'il s'agissait en fait du 1978. Dans de tels cas, seuls des experts en matière de dégustation sont capables de déceler la fraude. Un importateur américain, furieux d'avoir été trompé, essaya de contacter le vendeur européen qui lui avait fourni des bouteilles contrefaites et découvrit, à cette occasion, que celui-ci avait déménagé de son bureau parisien et était parti sans laisser d'adresse. Il n'a toujours pas été retrouvé à ce jour.

Chose étonnante, la plupart des imitations dont j'ai eu connaissance semblent être le fruit du travail de faussaires peu doués, comme l'indiquent les étiquettes photocopiées et délavées des 1982. Cependant, les technologies modernes devraient permettre de reproduire facilement et à l'identique les bouteilles, les capsules, les bouchons et les étiquettes authentiques ; la fraude ne serait ainsi détectée que par des experts en dégustation.

DES PRÉCAUTIONS ÉLÉMENTAIRES

Le marché parallèle : à ce jour, la plupart des bouteilles arguées de contrefaçon ont été achetées par le biais du marché parallèle. Il s'agit donc de flacons n'ayant pas suivi la chaîne de distribution classique, régie par le contrat qui lie le producteur à son importateur. Les vins français portant la capsule-congé verte ont manifestement été achetés en France, puis revendus à des acteurs de la filière parallèle. Sans vouloir dénigrer ces derniers (ceux que je connais, et avec lesquels je traite souvent, sont honnêtes, sérieux et très professionnels dans leur démarche), je dois cependant reconnaître que la plupart des contrefaçons que l'on rencontre actuellement sur le marché transitent par les moins scrupuleux d'entre eux.

Les capsules et les étiquettes : les bouteilles dont les capsules peuvent être enlevées facilement sont particulièrement exposées à la manipulation frauduleuse. C'est en effet un jeu d'enfant que de remplacer une capsule marquée d'un mauvais millésime par une autre indiquant une année prestigieuse. Malheureusement, il en va ainsi pour la plupart des bourgognes, ainsi que pour certains vins de la vallée du Rhône. Cependant, les meilleurs producteurs bourguignons marquent désormais leurs bouchons du millésime et du nom du cru, en particulier s'agissant des premiers ou des grands crus. Cette pratique, relativement récente, date de la fin des années 80. Elle a été instaurée par les propriétaires et les négociants les plus consciencieux. La seule manière de vérifier la cohérence entre la capsule et le bouchon est d'enlever la première. L'acheteur qui a le moindre doute à ce sujet ne devrait pas hésiter à procéder ainsi. Des étiquettes irrégulières portant des traces de colle indiquent probablement une bouteille trafiquée. L'usage des capsules a été abandonné par certaines propriétés californiennes (Robert Mondavi et Kendall-Jackson), qui devraient être imitées en cela par leur homologues de haut vol en France, en Espagne et en Italie. Une solution consisterait à utiliser une capsule avec une fenêtre, qui permettrait à l'acheteur de voir le nom du cru et le millésime porté sur le bouchon. Une autre solution, plus pratique et peu onéreuse, serait de graver tant la capsule que le bouchon du millésime et du nom du cru.

Des étiquettes fanées, délavées ou photocopiées devraient inciter à la plus grande prudence... pour dire le moins. Cependant, les amateurs n'oublieront pas que les étiquettes de bouteilles ayant séjourné dans une cave humide et fraîche peuvent être moisies ou légèrement abîmées. Il ne s'agit pas, dans ce cas, de flacons frauduleux, mais bien de vins ayant bénéficié de parfaites conditions de conservation. J'ai ainsi eu la main heureuse en achetant aux enchères des bouteilles portant des étiquettes moulues et fripées, délaissées par les spéculateurs, qui privilégient l'investissement au détriment du plaisir de consommer.

La cotation : la plupart des amateurs de vins chers connaissent la cotation des précieux flacons. Lorsqu'un cru est proposé à un prix nettement inférieur à son cours habituel, il y a lieu de s'inquiéter, et le consommateur doit se demander pourquoi il bénéficie d'un tel avantage. N'oubliez pas que, si une affaire vous *semble* trop belle pour être vraie, c'est qu'elle l'*est* certainement...

L'origine des vins : il est prudent, relativement aux vins rares, qu'ils soient jeunes ou vieux, d'avoir des assurances quant à leur provenance. Il vaut mieux, dans cette optique, traiter avec des détaillants dont la réputation est bien assise et qui se portent garants des produits qu'ils proposent. Si un marchand refuse de renseigner le client sur l'origine d'un cru, ce dernier ira voir ailleurs, même si cela implique qu'il doive débourser davantage pour le même vin.

Les lots : depuis la mise sur le marché, il y a quelques années, de bouteilles de Perrier défectueuses, les instances communautaires exigent désormais que les boissons vendues au sein de l'Union européenne (à l'exclusion, donc, des États-Unis) portent un numéro de lot. Il s'agit d'un numéro indiqué sur l'étiquette par un « L » suivi d'une série, plus ou moins longue, de chiffres. Certains producteurs y incluent le millésime : pour le Domaine Leflaive, par exemple, les deux derniers chiffres du numéro de lot indiquent l'année, tandis qu'au Domaine des Comtes Lafon, cette même indication est donnée par les deux premiers chiffres. À Lynch-Bages ou à Pichon-Baron, le millésime apparaît au milieu du numéro de lot. Il faut savoir, cependant que de nombreux petits producteurs ne font pas figurer de numéro de lot sur les étiquettes de vins destinés aux marchés hors de l'Union européenne. Cependant, la plupart des châteaux du Bordelais appliquent le procédé depuis 1989.

L'absence de dépôt dans les vins vieux : les vins de plus de 10 à 15 ans d'âge dont le col est relativement haut (à hauteur du bouchon) et qui sont dénués de dépôt devraient inquiéter. De nombreux négociants bourguignons proposent de vieux millésimes reconditionnés : les bouteilles sont remplies à ras bord et exemptes de dépôt. De telles pratiques m'ont toujours semblé discutables, bien que les négociants en question affirment qu'ils disposent de moyens spéciaux pour se débarrasser du dépôt. En revanche, de telles pratiques n'ont pas cours dans le Bordelais. Les vins reconditionnés à la propriété portent cette précision sur le bouchon ou l'étiquette, ou sur les deux. L'année du reconditionnement est également indiquée. Parmi les crus les plus illustres de la région, seul Petrus refuse de sacrifier à cette méthode, devant la recrudescence des bouteilles suspectes qui ont ainsi été amenées à la propriété. Cheval Blanc et Latour indiquent, quant à eux, à la fois sur l'étiquette et sur le bouchon, la date et l'année du reconditionnement. Dans ce cas, les bouteilles (authentiques) sont bien remplies, mais les millésimes anciens présentent du dépôt.

Des cartons anonymes : les vins présentés dans des cartons anonymes sont toujours suspects, surtout que la plupart des propriétés disposent de cartons marqués à leur nom, celui de l'importateur étant également indiqué. Les crus les plus prestigieux utilisent des caisses en bois portant à la fois le nom du domaine et le millésime. Cependant – et cela ne fait que compliquer les choses –, les amateurs retiendront que les vins issus de caves privées et confiés à des maisons spécialisées dans les ventes aux enchères sont présentés en cartons anonymes, puisqu'ils ont auparavant été délogés de leur contenant originel et stockés sur les étagères desdites caves.

Des millésimes rares, à leur apogée, en grand format : les grands vins de millésimes rares et anciens comme 1900, 1921, 1926, 1928, 1929, 1945, 1947, 1949 et 1950, présentés en grand format (double magnum, jéroboam, impériale ou marie-jeanne), seront examinés avec le plus grand soin. Christian Moueix m'a parlé une fois d'un marchand européen proposant de vieux millésimes de Petrus en marie-jeanne, un format qui n'a jamais été utilisé à la propriété. Les grands contenants sont d'ailleurs peu prisés par les meilleurs crus, même dans les plus grandes années, si bien que les acheteurs potentiels d'une impériale de Margaux 1900 s'assureront au préalable de l'authenticité du vin qui leur est proposé.

Le bon sens : les consommateurs doivent, à l'évidence, traiter uniquement avec des marchands bénéficiant d'une grande expérience et dont la réputation est bien assise. Cependant, les amateurs sont souvent séduits par des prix attrayants. Certes, un Corbières à 8 € n'a pas de quoi inquiéter. En revanche, il n'y a aucune raison pour qu'un grand cru de Bordeaux soit vendu très peu cher... Pensez-y.

J'espère que le monde du vin s'attellera à résoudre le plus rapidement possible le problème de la contrefaçon, pour protéger tant les acteurs de la filière que les consommateurs. Je presse aussi les propriétés les plus prestigieuses, dont les vins bénéficient de commentaires plus que laudatifs, de prendre conscience qu'il y va de leur intérêt qu'une solution soit trouvée, et qu'elles feraient bien de s'unir pour mieux combattre les fraudeurs. Le temps est venu d'adopter des étiquettes plus sophistiquées (portant des numéros de série ou des filigranes), des bouteilles de forme spéciale moins faciles à reproduire, ainsi que des capsules portant le millésime et le nom du cru. Une communication élargie, permettant l'identification et la confirmation des fraudes, ainsi qu'une meilleure compréhension du problème par les commerciaux et les consommateurs, est un facteur décisif pour préserver l'authenticité des vins les plus extraordinaires qui soient, ainsi que la fiabilité du marché.

LES GRANDS VINS

Qu'est-ce qu'un grand vin ? C'est probablement là une des plus grandes controverses du monde vinicole actuel. L'appréciation d'un vin, comme d'ailleurs celle d'une œuvre picturale ou musicale, n'est-elle pas avant tout éminemment subjective et personnelle ? Cependant, on ne saurait nier que, tant en matière de vin qu'en matière de musique et de peinture, il existe un consensus sur la qualité. En effet, hormis les contestataires occasionnels, les grands vins, comme la grande musique ou la peinture de haut vol, font l'unanimité, même s'il est pratiquement impossible d'en donner une définition précise. Je dirais même que, de ce point de vue, l'appréciation de l'art est plus subjective encore que celle des grands vins. Rares cependant sont les amateurs qui remettraient en question le talent de Picasso, Rembrandt, Bacon, Matisse, Van Gogh ou Michel-Ange... ou de Chopin, Mozart, Beethoven ou Brahms... ou encore, plus près de nous, de Bob Dylan, des Beatles ou des Rolling Stones, la grande majorité s'accordant sur le fait que tous les compositeurs précités nous gratifient d'une musique exceptionnelle.

Il en va de même avec le vin. Les légendes de notre siècle – Mouton Rothschild 1945, Haut-Brion 1945, Cheval Blanc 1947, Petrus 1947, Latour 1961, Mouton Rothschild 1982, Le Pin 1982, Léoville Las Cases 1982, Haut-Brion 1989, Margaux 1990, Petrus 1990, Petrus 1998, Pavie 2000, Margaux 2000, Lafite Rothschild 2000, Cheval Blanc 2000, Lafleur 2000 et Petrus 2000 –, pour ne citer que certains des bordeaux rouges les plus prestigieux, sont tous stupéfiants, bien qu'il se trouve, parfois, une voix isolée pour les critiquer. La dégustation est, certes, subjective, mais, comme pour toutes les bonnes choses de la vie, la qualité fait la quasi-unanimité. Personne, cependant, n'est obligé de feindre l'admiration devant un Picasso ou une œuvre de Bethoven, ni, a fortiori, devant un Latour 1961.

Il n'y a cependant aucune controverse quant à l'origine des grands vins. Pour tout dire, il n'y a pas de secret : ils sont toujours issus de vignobles bien situés, baignés par des microclimats favorables aux cépages qui y sont plantés. Qu'ils soient de France, d'Italie, d'Espagne, de Californie ou d'Australie, les vins vraiment profonds sont le résultat de pratiques viticoles traditionnelles, mettant l'accent sur les faibles rendements et sur des vendanges à maturité physiologique (et pas analytique). Après avoir, en plus de vingt-cinq ans, dégusté plus de 250 000 vins, je n'ai jamais rencontré un cru superbe issu d'une vendange pas mûre. Qui, d'ailleurs, apprécie de mordre dans une orange, une pêche ou une cerise vertes ? Je le répète, seuls de faibles rendements et des raisins mûrs donnent des vins extraordinaires, mais, chose étonnante, de trop nombreuses propriétés n'ont pas encore compris ce principe fondamental.

En outre, la philosophie qui sous-tend la vinification dans chaque propriété a son importance. Pour qu'un vin – rouge, blanc ou pétillant – soit exceptionnel, il faut que :

– il soit le vecteur de l'expression de son terroir (sol, microclimat, caractère) ;

– il traduise fidèlement le cépage dont il est issu ou l'assemblage qui le compose ;

– il puisse refléter le caractère d'un millésime donné sans être excessivement manipulé ;

– il soit issu d'une vinification non interventionniste et sans compromission, très éloignée de l'esprit industriel animant certaines propriétés « high-tech » – bref, qu'il puisse se « faire » naturellement, sans que la main de l'homme vienne le dénaturer ou l'altérer ;

– il ne soit pas trop manipulé – ni trop collé ni trop filtré –, afin que le contenu de la bouteille soit le reflet du terroir, du cépage et du millésime.

Les vignerons partisans de cette philosophie réduisent généralement le collage, la filtration, le sulfitage (qui peut dessécher le fruit du vin, éclaircir sa robe ou exacerber ses tannins) et obtiennent ainsi des vins plus parfumés, à la texture plus séduisante, grâce auxquels les amateurs peuvent faire l'expérience d'une dégustation des plus gratifiantes.

S'il l'on admet qu'il existe un consensus sur l'origine des vins les plus grandioses du monde, il est alors possible de définir ce qu'est un cru exceptionnel. Bref, qu'est-ce qu'un grand vin ?

APTITUDE À SÉDUIRE TANT LE PALAIS QUE L'INTELLECT

Les grands vins charment les sens du dégustateur, tout en se révélant séduisants et stimulants intellectuellement. Il existe de nombreux vins délicieux, tout à fait plaisants, mais dénués de complexité. Cependant, l'aptitude à satisfaire l'intellect est une question plus subjective. D'après les experts, les vins complexes sont multidimensionnels à la fois au nez et en bouche ; leurs qualités sont nombreuses, ne se limitant pas à un fruité mûr et plaisant, mais sans détour. Quelques exemples :

1982 Latour *(Pauillac)* 1990 Montrose *(Saint-Estèphe)* 1990 Troplong Mondot *(Saint-Émilion)*	1989 La Conseillante *(Pomerol)* 2000 Cheval Blanc *(Saint-Émilion)* 2000 Pavie *(Saint-Émilion)*

APTITUDE À MAINTENIR EN ÉVEIL L'INTÉRÊT DU DÉGUSTATEUR

J'ai souvent remarqué que les vins les plus grandioses que j'avais dégustés se reconnaissaient à leur seul bouquet. On ne peut les qualifier de simples ni de monochromatiques. Les crus vraiment profonds maintiennent le dégustateur en haleine ; ils le séduisent de prime abord, mais l'attirent ensuite irrésistiblement – par une sorte de magnétisme – par leurs arômes généreux, intenses et tout en nuances. Quelques exemples :

1989 Haut-Brion *(Graves)* 1998 L'Évangile *(Pomerol)* 1982 Pichon-Lalande *(Pauillac)*	1982 Le Pin *(Pomerol)* 1998 Clos L'Église *(Pomerol)* 2000 Haut-Bergey *(Graves)*

APTITUDE À OFFRIR DES ARÔMES INTENSES ET AÉRIENS

On peut ici faire une comparaison avec un repas dans un grand restaurant. La très grande cuisine se caractérise par la pureté, l'intensité aromatique, l'équilibre, la texture et l'attrait des mets. Cependant, c'est l'aptitude à offrir une grande intensité aromatique sans lourdeur qui différencie une très grande cuisine d'une cuisine qui serait seulement bonne, comme un très grand vin d'un vin qui serait simplement bon. C'est ainsi que le Nouveau Monde (en particulier l'Australie et la Californie) a pu produire des vins très amples, massifs, énormes et riches, mais lourds. En revanche, les meilleures propriétés d'Europe, bénéficiant d'une expérience de plusieurs siècles, maîtrisent mieux l'élaboration de vins très intenses du point de vue aromatique, mais dénués de lourdeur. Cependant, ces régions viticoles plus récentes rattrapent rapidement leur retard, comme l'atteste d'ailleurs la remarquable série de crus produite en Napa, Sonoma et ailleurs en Californie, dans les années 90. La plupart des très grands vins californiens de cette époque n'ont rien concédé de leur puissance ou de leur richesse ; mais ils sont maintenant dénués des tannins rustiques et de cet aspect un peu grossier qui caractérisaient leurs aînés de 10 à 20 ans. En matière de vins élégants, mais dotés d'une belle puissance aromatique, Bordeaux demeure inégalé. Quelques exemples :

1961 Haut-Brion *(Graves)*	1990 Cheval Blanc *(Saint-Émilion)*
1966 Palmer *(Margaux)*	1986 Léoville Las Cases *(Saint-Julien)*

APTITUDE À SE RÉVÉLER MEILLEUR À CHAQUE GORGÉE

Les meilleurs vins que j'aie dégustés se sont toujours améliorés dans le verre, se révélant meilleurs au fur et à mesure de leur aération, tout en développant des arômes plus complexes, ainsi que davantage de nuances. Certains amateurs se sont-ils jamais demandé pourquoi, dans certains cas, le meilleur verre était celui qui finissait la bouteille ? Quelques exemples :

2000 Lafleur *(Pomerol)*	1998 L'Église-Clinet *(Pomerol)*
1996 Mouton Rothschild *(Pauillac)*	1990 Haut-Brion *(Graves)*
1996 Léoville Las Cases *(Saint-Julien)*	1990 Troplong Mondot *(Saint-Émilion)*

APTITUDE À SE BONIFIER EN VIEILLISSANT

C'est indiscutablement une caractéristique des grands vins. De nombreux critiques européens, qui ont fait autorité jusqu'à il y a dix ans environ, ont ancré dans l'esprit du public l'idée – fausse – qu'un vin devait être mauvais dans sa jeunesse pour devenir exceptionnel en évoluant. Mon expérience m'a permis de constater qu'il en allait tout autrement. En effet, les vins acides, astringents, dénués de fruit et de charme dans leur enfance empirent et deviennent moins buvables lorsqu'ils vieillissent. Cela dit, il arrive souvent que certains grands vins issus de millésimes récents ne soient pas totalement épanouis et qu'ils requièrent une garde de 10 à 12 ans pour être prêts (c'est le cas des meilleurs crus de Californie, de Bordeaux et du Rhône). Cependant, ils sont toujours relativement accessibles, et même le néophyte peut dire, en les dégustant, qu'ils sont – au moins – issus d'une vendange mûre. L'ensemble qui ne révèle pas un fruité mûr et riche dans sa jeunesse ne développera pas de nuances en vieillissant. Les grands vins s'améliorent indiscutablement avec le temps. Par « amélioration », j'entends leur aptitude à se montrer plus agréables et plus intéressants, à séduire davantage lorsqu'ils sont vieux. Nombreuses sont les propriétés (en particulier dans le Nouveau Monde) qui vantent leurs vins en disant que ceux-ci « vieilliront ». Ce ne sont bien souvent que balivernes – elles devraient plutôt dire qu'ils « survivront ». Certes, ces crus peuvent se maintenir 10 à 20 ans, mais il vaut mieux les apprécier dans leur jeunesse pour leur caractère exubérant. Quelques exemples :

1982 Latour *(Pauillac)*	1961 Petrus *(Pomerol)*
1959 Haut-Brion *(Graves)*	1975 La Mission Haut-Brion *(Graves)*
1990 Climens *(Barsac/Sauternes)*	1959 Mouton Rothschild *(Pauillac)*
1994 Laville Haut-Brion *(Graves)*	

APTITUDE À PRÉSENTER UN CARACTÈRE PARTICULIER

Tous les grands vins se distinguent par leur caractère particulier. Il en va de même pour les grandes années. En raison d'un usage abusif, le terme « millésime classique » ne désigne plus rien d'autre que ce qu'une région viticole produit chaque année. Les vins exceptionnels, issus de millésimes du même acabit, se situent au-dessus de la norme, et on les repère généralement par leur caractère particulier, que ce soit par leurs senteurs, leurs arômes ou leur texture. On citera à cet égard les bordeaux rouges 1982 et 1990, opulents et somptueux, les bordeaux rouges 1986, avec leurs tannins rugueux et leur immense potentiel de garde, les Cabernet Sauvignon ainsi que les assemblages 1994 de Napa et de Sonoma, ou encore les Barolo et les Barbaresco 1990, dotés d'un fruité riche, doux, gras et très alcoolique. Quelques exemples :

1990 Tertre Rotebœuf *(Saint-Émilion)*	1986 Château Margaux *(Margaux)*
1990 D'Yquem *(Sauternes)*	1996 Lafite Rothschild *(Pauillac)*
1989 Clinet *(Pomerol)*	2000 Magrez Fombrauge *(Saint-Émilion)*
1982 Le Pin *(Pomerol)*	2000 Ausone *(Saint-Émilion)*
1982 Mouton Rothschild *(Pauillac)*	

LES MILLÉSIMES DE 2004 À 1945

Ce chapitre est consacré à une présentation générale des millésimes 2004 à 1945 dans le Bordelais. Les crus les mieux réussis sont indiqués pour chaque année d'un bon niveau, celle-ci étant appréhendée dans son ensemble et par rapport à chaque appellation. On trouve ainsi, dans des millésimes réputés médiocres, des vins de bonne facture et issus de sélections sévères, produits par des viticulteurs talentueux, de même que l'on découvre, dans les millésimes grandioses, des vins maigres, aqueux et dépourvus de caractère, proposés par des vignerons cupides et peu doués. Cette présentation générale aidera l'amateur à se faire une idée du niveau d'excellence et du potentiel que l'on peut attendre d'un producteur consciencieux dans un millésime donné.

2004 – BRÈVE PRÉSENTATION (28 SEPTEMBRE 2004)[1]

Saint-Estèphe ***
Pauillac ***
Saint-Julien ***
Margaux ***
Médoc/Haut-Médoc/
Moulis-en-Médoc/Listrac-Médoc **
Graves/Pessac-Léognan rouges ***
Graves/Pessac-Léognan blancs **
Pomerol ***
Saint-Émilion ***
Barsac/Sauternes ***

Récolte : il s'agit de la plus importante récolte jamais enregistrée dans le Bordelais.
Spécificités : une vendange tardive, sauvée par un temps magnifique en septembre et au début du mois d'octobre, a donné des vins classiques, très parfumés et marqués par une acidité fraîche. Seules les propriétés qui pratiquèrent un éclaircissage sévère et une sélection draconienne produisirent de très bons vins.
Maturité : quoique très tanniques, les 2004 ne sont pas particulièrement astringents. Ils vieilliront avec grâce ces 15 à 20 prochaines années.
Prix : les prix « primeurs » n'étaient pas encore connus au moment de la rédaction du présent ouvrage, mais on peut penser qu'ils seront revus à la baisse par rapport aux années précédentes, en raison de la crise internationale et de la baisse du dollar face à l'euro.

Le millésime 2004 fut forgé par un climat en trois... temps. D'abord, un début de saison optimal, ainsi qu'une floraison parfaite, à la fois rapide et homogène, contribuèrent à la plus importante récolte jamais enregistrée dans le Bordelais – ce qui explique que seuls des éclaircissages extrêmement sévères donnèrent de bons résultats. Ensuite, l'été fut anodin, avec un ensoleillement quasi normal, mais les températures de juillet furent

1. Les dates entre parenthèses sont retenues par le ministère de l'Agriculture comme étant celles du début des vendanges dans le Bordelais.

inférieures à la moyenne saisonnière et le mois d'août, aussi pluvieux que frais, fut médiocre (cependant, la fraîcheur offrit l'avantage de retarder la propagation de la pourriture).

Enfin, exactement comme en 1986, 1996 et 2002, un mois de septembre étonnamment chaud et ensoleillé annonça un magnifique été indien, qui se prolongea jusqu'à début octobre ; mais le temps sec et radieux se détériora à compter de la deuxième quinzaine de ce mois. Cependant, les producteurs rentrèrent une récolte gigantesque, nonobstant les éclaircissages sévères et les sélections draconiennes, et produisirent des vins très tanniques et très riches en polyphénols.

Contrairement à certains millésimes, où les Médoc à base de cabernet sauvignon vendangé tardivement surpassent nettement leurs homologues de la rive droite, essentiellement composés de deux cépages (merlot et cabernet franc) plus précoces, 2004 ne fut pas plus favorable à une appellation en particulier. Cette année-là, la réussite tint essentiellement au travail de la vigne, à des rendements ténus, à des vendanges tardives permettant de rentrer des baies extrêmement mûres, ainsi qu'à une sélection impitoyable, au moment tant de la vendange que de l'assemblage. La plupart des appellations les plus renommées proposent leur lot de bons vins. Les commentaires qui suivent résument les qualités et les défauts du millésime.

QUALITÉS

1. Le millésime est très homogène s'agissant des crus classés et des propriétés les plus prestigieuses, qui produisirent des vins plus réguliers à haut niveau qu'en 2002 ou en 2003.
2. Les vins sont joliment colorés et généreusement fruités, et s'expriment avec autant d'élégance que de finesse.
3. Les meilleurs se caractérisent par leur pureté et leur belle expression aromatique.
4. Ils sont plutôt classiques, tout à la fois frais, toniques et marqués par une heureuse acidité ; ils sont heureusement dépourvus de la légendaire austérité de leurs aînés du même style.
5. Ces vins sont pleins de grâce et promettent d'être de longue garde ; ils évoquent des 1999 améliorés et rappellent les 1966 et 1988, en plus mûrs.

DÉFAUTS

1. Le millésime fut difficile pour les propriétés autres que les crus classés et les crus les plus renommés. En effet, les rendements étaient très élevés, et les petits châteaux et autres crus bourgeois ne pouvaient se permettre – d'un point de vue financier – d'effectuer les sélections nécessaires en vue de l'élaboration de très grands vins. Hormis quelques exceptions, la qualité aux échelons inférieurs de la hiérarchie du Bordelais est plutôt médiocre.
2. Alors que les exemples les plus réussis se distinguent par leurs tannins relativement mûrs et doux, certains 2004 sont desservis, précisément, par leurs tannins trop abondants, qui contribueront ultérieurement à leur austérité et à leur dureté, tout en compromettant leur potentiel de garde. Ces défauts seront particulièrement visibles lorsque les vins auront perdu de leur fruit et du gras de leur petite enfance.
3. Les 2004 pèchent généralement par leur manque d'étoffe, de densité, de profondeur et de gras. Les vins tout à la fois corsés, denses et concentrés – trois qualités qui signent les très grandes années – sont plutôt rares.

4. Certains producteurs estiment que les Médoc 2004 évoquent leurs aînés de 1996 ou se rapprochent des superbes 2000 – cela me semble relever d'un excès d'optimisme ou du vœu pieux. Certes, le millésime offre des vins allant de bons à très bons, mais il est relativement hétérogène. En fait, il ne propose aucun exemple véritablement prodigieux, seuls deux ou trois crus méritant une note égale ou supérieure à 95. Cependant, ne perdons pas de vue que les occasions de savourer des nectars aussi rares et aussi sensationnels ne sont pas fréquentes.

LES MEILLEURS 2004

Saint-Estèphe : Calon-Ségur, Cos d'Estournel, Montrose
Pauillac : Forts de Latour, Lafite Rothschild, Latour, Mouton Rothschild, Pichon-Longueville Baron, Pichon-Longueville Comtesse de Lalande, Pontet-Canet
Saint-Julien : Branaire Ducru, Ducru-Beaucaillou, Léoville Barton, Léoville Las Cases, Léoville Poyferré
Margaux : Brane-Cantenac, Giscours, Lascombes, Malescot Saint-Exupéry, Château Margaux, Marojallia, Palmer, Du Tertre
Médoc/Haut-Médoc/Moulis-en-Médoc/Listrac-Médoc : aucun
Graves/Pessac-Léognan rouges : Branon, Haut-Bailly, Haut-Brion, Malartic-Lagravière, La Mission Haut-Brion, Pape Clément, Smith Haut Lafitte
Graves/Pessac-Léognan blancs : Domaine de Chevalier, Haut-Brion, Pape Clément
Pomerol : Le Bon Pasteur, Clos l'Église, l'Église-Clinet, l'Évangile, La Fleur de Gay, Le Gay, Hosanna, Lafleur, Le Moulin, Petrus, Le Pin, Trotanoy, Vieux Château Certan
Saint-Émilion : Angélus, Ausone, Barde-Haut, Beau-Séjour Bécot, Bellefont-Belcier, Bellevue, Bellevue Mondotte, Canon-la-Gaffelière, Cheval Blanc, Clos Dubreuil, Clos Fourtet, Clos de Sarpe, La Clotte, Fleur Cardinale, La Gomerie, Grand-Pontet, Larcis Ducasse, Lessègue, Lucia, Magrez Fombrauge, Monbousquet, La Mondotte, Pavie Decesse, Pavie Macquin, Quinault l'Enclos, La Tour Figeac, Troplong Mondot, Trotte Vieille
Barsac/Sauternes : Raymond-Lafon, Rieussec, D'Yquem

2003 – BRÈVE PRÉSENTATION (12 AOÛT 2003)

Saint-Estèphe *****
Pauillac ****
Saint-Julien ****
Margaux ***
Médoc/Haut-Médoc/
Moulis-en-Médoc/Listrac-Médoc **
Graves/Pessac-Léognan rouges ***
Graves/Pessac-Léognan blancs *****
Pomerol **
Saint-Émilion ****
Barsac/Sauternes ****

Récolte : les quantités produites furent raisonnables. Cependant, du fait de sélections draconiennes, le volume de vins de haut vol se révèle réduit – c'est le plus faible qui ait été enregistré depuis 1994.
Spécificités : Bordeaux n'avait jamais connu un été aussi chaud ni aussi sec qu'en 2003. Le millésime est l'un des plus hétérogènes que je connaisse, bien qu'il offre quelques douzaines de belles réussites. Les Sauternes sont, une fois de plus, de haut vol, tout en étant légèrement inférieurs à leurs somptueux aînés de 2001.

Maturité : les 2003 se distinguent par leur faible acidité et leur caractère alcoolique, et ils sont à peine surmûris. Les meilleurs crus sont concentrés, amples et faibles en acidité. Dans l'ensemble, le millésime est hétérogène.
Prix : les prix des meilleurs 2003 seront excessifs, en particulier si les achats se font dans une autre monnaie que l'euro.

Je voudrais signaler, de prime abord, que les informations relatives au climat ayant forgé le millésime sont extraites du rapport très détaillé de Bill Blatch, négociant et gérant de Vintex, à Bordeaux. Nul ne tient des statistiques aussi fiables, et je l'en remercie bien vivement. J'y ai ajouté mes propres observations, dans la mesure où j'étais présent dans le Bordelais depuis la fin du mois d'août et pendant les premières semaines de septembre. J'ai eu l'occasion non seulement de sillonner cette région, mais aussi de traverser l'Hexagone, passant par Toulouse (dans l'est) et le Languedoc-Roussillon pour atteindre la vallée du Rhône méridionale. Pendant mon périple, j'ai été particulièrement frappé par la verdeur et l'état florissant des vignobles bordelais – étonnant pour cette époque de l'année –, alors que ceux du Midi et du Languedoc-Roussillon offraient, au contraire, un paysage brûlé. Cependant, les Bordelais ne furent pas totalement épargnés. Ainsi, sur le plateau de Pomerol, j'ai pu constater que les raisins se desséchaient, pendant que les vignes perdaient leurs feuilles prématurément.

Le millésime 2003 fut essentiellement forgé par la chaleur et la sécheresse, même si ce dernier phénomène fut moins accentué dans le Bordelais que dans les autres régions viticoles de France. Le style et la réussite des meilleurs 2003 tiennent à la chaleur torride des mois de juin et d'août, mais aussi aux pluies légères qui rafraîchirent les vignobles tant au cours de ce dernier mois qu'en septembre. De nombreux viticulteurs du Nord-Médoc estiment que ces précipitations des 6 et 7, puis du 9 septembre, contribuèrent à sauver leur cabernet sauvignon. Là où les vignes étaient encore saines, elles furent revigorées par cet apport d'eau (alors qu'elles s'étaient figées sous le coup de la chaleur) – ce qui permit aux viticulteurs d'attendre que la vendange arrive à maturité optimale. Malheureusement, d'autres aires viticoles connurent une situation nettement plus difficile (notamment la Bourgogne), et les vignerons furent contraints de rentrer leur récolte avant le début du mois de septembre, craignant la surmaturité et de trop faibles niveaux d'acidité.

Pour ce qui est du climat qui forgea le millésime, le printemps se déroula sans incident particulier, tout comme, d'ailleurs, la floraison. L'été fut précoce, et l'on enregistra, notamment pendant Vinexpo, des records de chaleur. Le mois de juin, qui fut très chaud, connut dix jours torrides (plus de 30 °C), alors que la région avait connu en 1976 quelque quinze jours semblables. Juillet fut tout aussi chaud (onze jours à plus de 30 °C, contre dix-sept en 1949, considéré comme une année caniculaire), mais, malgré les fortes températures, on ne pouvait, à la fin de ce mois, évoquer des records de chaleur. Il en alla différemment en août, quand le Bordelais connut une moyenne de 32 °C, surpassant celle de 1991 (29 °C). Pendant une journée, le mercure atteignit même les 41 °C, soit 3 °C de plus que le pic de température enregistré en 1998. Il faut également souligner le grand nombre de jours (vingt) où la température dépassa 30 °C. Le record précédent fut enregistré en 1990 (quinze jours), mais, contrairement à ce qui se passa cette dernière année, le temps en 2003 ne se rafraîchit pas la nuit, et les vignes ne purent se remettre des journées torrides.

Parmi les facteurs permettant d'appréhender le millésime 2003, il faut citer les pluies des 16, 17 et 19 août, ainsi que les très légères précipitations (j'étais dans la région à cette époque, et j'ai pu constater que l'apport d'eau fut très minime) des 24 et 30 août.

Les températures de septembre furent conformes aux normales saisonnières, si l'on excepte la troisième semaine de ce mois, qui fut relativement chaude, et le temps resta sec, hormis les très légères pluies des 6, 7, 9, 21, 27 et 30 septembre.

Les vendanges 2003 dans le Bordelais se déroulèrent en deux temps. Certains vignerons récoltèrent relativement tôt. Ce fut le cas, notamment, des producteurs de blancs de Pessac-Léognan ; Haut-Brion et certaines propriétés voisines rentrèrent leur sauvignon blanc et leur sémillon dans le courant de la deuxième semaine d'août – établissant ainsi un record de précocité. Certains vignerons furent contraints de ramasser les cépages rouges plus précocement qu'ils ne l'auraient voulu, notamment à Pomerol, où les raisins se desséchaient tandis que les vignes perdaient leurs feuilles. Attendre davantage n'aurait rien apporté de positif. Petrus, qui vendange toujours très tôt, avait rentré toute sa récolte à la fin de la première semaine de septembre, mais, contrairement à ses voisins, ce cru se situe sur une boutonnière d'argile. On peut affirmer que la moitié des vignobles bordelais avaient été vendangés au 15 septembre. Les œnologues les plus conservateurs recommandaient l'acidification, les raisins étant riches en sucre et très faibles en acidité, et les vignerons qui laissèrent décider ces spécialistes commirent une grave erreur. En effet, les baies recelaient bien un faible taux d'acide malique (l'été avait été très chaud), mais l'analyse des moûts avec les peaux révéla que les pH commençaient à baisser et que le taux d'acidité totale remontait. Les vignerons qui ne rectifièrent pas leurs cuves (il s'agit, contrairement à ce que prétendent les rumeurs, de la grande majorité des viticulteurs bordelais) produisirent des vins dont l'acidité et le pH évoquent ceux de millésimes chauds comme 1990, 1982 et 1959. Plusieurs mois après le début des vinifications, les œnologues qui avaient conseillé d'acidifier les vins avouèrent avoir pris leur décision en se fondant sur les analyses effectuées avant les vendanges, et non sur celles des moûts.

D'autres producteurs, dont les propriétés se situent sur des sols qui retiennent l'humidité (notamment les Médocains, ainsi que les Saint-Émilionnais bénéficiant de vignobles de coteaux argilo-calcaires), constatèrent que les peaux des baies et les tannins n'étaient pas parfaitement mûrs, malgré le fort taux de sucre et la faible acidité des fruits. Ils attendirent pour vendanger (ils ne furent pas desservis pas le mauvais temps) et commencèrent à rentrer leur récolte pendant les deux dernières semaines de septembre. Ces viticulteurs patients furent récompensés et enregistrèrent les plus belles réussites du millésime.

Un dernier point mérite d'être évoqué. Dans l'ensemble, la vendange 2003 fut relativement abondante. Les statistiques reflètent un volume inférieur de 1,5 % à celui de 2002 (sans être gigantesque, cette année fut très généreuse). Alors que d'autres régions viticoles de l'Hexagone enregistrèrent de toutes petites récoltes, le Bordelais fut plus favorisé, dans la mesure où il souffrit moins de la sécheresse. Pour autant, les chiffres ainsi exposés peuvent induire en erreur. En effet, les meilleures propriétés, ayant effectué des sélections draconiennes, produisirent en 2003 très peu de grand vin.

Les anciens, à Bordeaux, se sont amusés à rapprocher 2003 des vieux millésimes chauds les plus renommés. Bill Blatch, qui est doté d'un grand sens de l'humour, évoque l'année en ces termes, estimant qu'elle représente une synthèse « à 25 % de 1929, à 25 % de 1947/1949 et à 50 % de 1989 », tout en s'empressant de préciser que « la ressemblance la plus frappante n'est avec aucune des années précitées, mais avec 1540... » – qui, « à la fin de la dernière période de réchauffement planétaire, fut la dernière fois où l'on put traverser la Garonne sans se mouiller les pieds ».

Après les huit jours que j'ai passés à Bordeaux pour essayer d'appréhender cette année difficile, je suis arrivé, avec regret, à la conclusion que j'avais dégusté six millésimes différents. J'espère que mes notes de dégustation traduiront cette impression, mais il me semble évident, à ce stade, que les 2003 constituent une synthèse à 20 % de 1982, à 20 % de 1990, à 25 % de 1989, à 15 % de 1991, à 15 % de 1975 et à 5 % de quelque chose de tellement sublime et fascinant que je ne saurais imaginer quelque comparaison que ce soit, n'ayant en mémoire aucun repère.

LES MEILLEURS 2003

Saint-Estèphe : Calon-Ségur, Cos d'Estournel, Montrose
Pauillac : Grand-Puy-Lacoste, Lafite Rothschild, Latour, Mouton Rothschild, Pichon-Longueville Baron, Pichon-Longueville Comtesse de Lalande, Pontet-Canet
Saint-Julien : Branaire Ducru, Ducru-Beaucaillou, Léoville Barton, Léoville Las Cases, Léoville Poyferré
Margaux : Giscours, Château Margaux, Marojallia
Médoc/Haut-Médoc/Moulis-en-Médoc/Listrac-Médoc : aucun
Graves/Pessac-Léognan rouges : Haut-Brion, La Mission Haut-Brion, Pape Clément, Smith Haut Lafitte
Graves/Pessac-Léognan blancs : Domaine de Chevalier, De Fieuzal, Haut-Brion, Laville Haut-Brion, Pape Clément
Pomerol : Hosanna, Lafleur, Petrus, Trotanoy
Saint-Émilion : Angélus, Ausone, Bellevue, Bellevue Mondotte, Cheval Blanc, Clos Fourtet, Clos de Sarpe, Fombrauge, Gracia, L'Hermitage, Lynsolence, Magrez Fombrauge, La Mondotte, Pavie, Pavie Decesse, Pavie Macquin, Péby Faugères, Rol Valentin, De Valandraud
Barsac/Sauternes : Climens, Coutet, Raymond-Lafon, Rieussec, Suduiraut, La Tour Blanche

2002 – BRÈVE PRÉSENTATION (25 SEPTEMBRE 2002)

Saint-Estèphe ***
Pauillac ***
Saint-Julien ***
Margaux ***
Médoc/Haut-Médoc/
Moulis-en-Médoc/Listrac-Médoc **
Graves/Pessac-Léognan rouges ***
Graves/Pessac-Léognan blancs ***
Pomerol **
Saint-Émilion **
Barsac/Sauternes ****

Récolte : moyenne.
Spécificités : ce millésime est, dans l'ensemble, de bonne tenue. Il offre quelques Médoc impressionnants, en particulier les premiers crus. Les 2002 sont tanniques et peu évolués ; les meilleurs d'entre eux sauront récompenser de leur patience les amateurs qui les attendront plusieurs années. La plupart ne sont pas charmeurs ni opulents, et ne seront pas séduisants à court terme. Le cabernet sauvignon fut le cépage le plus favorisé ; cependant, il peut se révéler décevant, même dans certaines très bonnes propriétés du Médoc. Il s'agit d'une année très réussie pour les liquoreux de Sauternes et Barsac. C'est un millésime qui s'adresse davantage aux amateurs patients qu'aux spéculateurs. Tant 2001 que 2002 sont des millésimes oubliés ; cependant, 2001 est plus régulier et plus charmeur. Tous deux se valent en termes de prix. Les amateurs pourront se faire plaisir, le marché leur étant favorable.

Maturité : les 2002 évolueront lentement. Les acheteurs de ce millésime devront faire preuve de patience.
Prix : la guerre en Irak, un marché saturé, la chute du dollar américain et une économie mondiale en relative méforme se conjuguent pour faire de 2002 un millésime oublié. Les Bordelais, qui ont parfaitement conscience de la situation, ont considérablement baissé leurs prix, si bien qu'il existe de nombreuses opportunités de faire de bonnes affaires. Les prix des 2002 sont les plus bas depuis le début et le milieu des années 90 – excepté, bien entendu, pour ceux qui achètent en dollars US – (la cote des bordeaux s'est envolée à partir de 1995) et, dans la plupart des cas, ils n'ont pas bougé.

À la fin du mois d'août 2002, les échos que j'avais du Bordelais suggéraient un millésime désastreux. La floraison avait été hétérogène, et la récolte s'annonçait faible du fait de la fraîcheur et des pluies de la fin mai, qui avaient davantage touché le merlot que le cabernet sauvignon (ce dernier cépage ne fut pas, pour autant, totalement épargné). D'après le *Vintage Report* (rapport annuel sur le millésime) extrêmement complet et détaillé de Bill Blatch, les premiers bilans estimaient à 60-70 % la proportion de merlot de la rive droite ayant été affectée par la coulure et le millerandage (il s'agit d'un manque de fruits dû à une pollinisation insuffisante). En outre, l'été se fit désirer. Le Bordelais ne connut pas le temps chaud dont il bénéficie généralement entre juin et août. À cette période, il fit assez frais, mais il ne plut pas énormément – même si l'on considère que ce fut un été pluvieux. Comme le constate Bill Blatch, les températures furent inférieures aux normales saisonnières ; le ciel fut généralement couvert, et l'on compta plusieurs jours marqués par un temps maussade et par de légères précipitations. Les producteurs en furent démoralisés.

Les viticulteurs français, comme leurs homologues de l'Europe de l'Ouest, estiment que juin fait la quantité et septembre la qualité. D'autres disent qu'août façonne le style (« Août fait le moût »). Septembre 2002 évoqua la même période en 1978, un millésime que le regretté Harry Waugh, gentleman-dégustateur anglais, qualifia d' « année miraculée ». Alors que les huit premiers jours de septembre furent anodins, la région bénéficia, à compter du 9, d'un temps magnifique, frais et sec, interrompu seulement par un orage le 20 et par un peu de pluie au début du mois d'octobre. Bref, l'été indien sauva le millésime, favorisant plus particulièrement le cabernet sauvignon du Médoc, rentré tardivement, qui constitue le point fort de cette année.

LES MEILLEURS 2002

Saint-Estèphe : Cos d'Estournel
Pauillac : D'Armailhac, Clerc Milon, Forts de Latour, Lafite Rothschild, Latour, Lynch-Bages, Mouton Rothschild, Pichon-Longueville Comtesse de Lalande, Pontet-Canet
Saint-Julien : Branaire Ducru, Léoville Barton, Léoville Las Cases, Léoville Poyferré
Margaux : Giscours, Malescot Saint-Exupéry, Château Margaux, Marojallia, Palmer
Médoc/Haut-Médoc/Moulis-en-Médoc/Listrac-Médoc : aucun
Graves/Pessac-Léognan rouges : Haut-Brion, La Mission Haut-Brion, Pape Clément, Smith Haut Lafitte
Graves/Pessac-Léognan blancs : aucun
Pomerol : Clos l'Église, La Croix Saint-Georges, L'Église-Clinet, L'Évangile, Le Gay, Lafleur, Petrus

Saint-Émilion : Angélus, Ausone, Bellevue Mondotte, Canon-la-Gaffelière, Clos Fourtet, Clos de Sarpe, Fombrauge, Gracia, Magrez Fombrauge, Monbousquet, Pavie, Pavie Decesse, Quinault l'Enclos, Troplong Mondot, De Valandraud
Barsac/Sauternes : Climens, De Fargues, Guiraud, De Malle, Raymond-Lafon, Rieussec, Suduiraut, La Tour Blanche

2001 – BRÈVE PRÉSENTATION (27 SEPTEMBRE 2001)

Saint-Estèphe ***
Pauillac ***
Saint-Julien ****
Margaux ****
Médoc/Haut-Médoc/
Moulis-en-Médoc/Listrac-Médoc ***
Graves/Pessac-Léognan rouges ***
Graves/Pessac-Léognan blancs *****
Pomerol ****
Saint-Émilion ****
Barsac/Sauternes *****

Récolte : malgré une récolte très abondante, les meilleures propriétés ont produit, du fait de sélections draconiennes, moins de grand vin qu'en 2000.
Spécificités : un mois de septembre très frais (mais sec) a donné des vins moyennement corsés, marqués par une acidité assez prononcée, plus élégants et plus toniques que ceux issus de millésimes plus riches et plus amples. Il est encore trop tôt pour prédire l'évolution des 2001, mais ils sont incontestablement très bons, quoique légèrement éclipsés par leurs aînés d'un an.
Maturité : les 2001 évolueront lentement du fait de leur acidité et de leurs tannins fermes. S'ils n'ont pas l'ampleur des 2000 ou des meilleurs 1998, ils ne sont pas non plus timorés.
Prix : conscients que le marché était saturé (par les vins de toutes provenances, et pas seulement par les bordeaux), les Bordelais prirent le parti de baisser leurs prix de manière assez conséquente, dans l'espoir de le faire redémarrer. Cette mesure ne fut pas suffisante pour assurer le succès de la campagne de primeurs ; cependant, les 2001 sont raisonnablement cotés en comparaison des 2000.

D'après les statistiques, l'hiver 2000-2001 fut humide et tempéré. Le printemps suivant fut seulement troublé par quelques risques de gelées et par un mois d'avril étonnamment frais et nuageux. À la fin du mois de mai, les températures remontèrent brusquement. Dans son rapport annuel sur le millésime, Bill Blatch, de Vintex, évoque « des vagues de chaleur inhabituelles ». Le mercure demeura haut fin juin et début juillet, puis l'été ne fut plus qu'un souvenir, comme purent s'en rendre compte de nombreux vacanciers européens. De fait, en juillet, le ciel se couvrit, il fit frais, et l'on connut une succession de jours pluvieux. Dans de telles conditions, on ne pouvait que s'inquiéter des vendanges 2001. Le climat fut mitigé en août, de fortes chaleurs alternant avec des températures inférieures à la normale. Début septembre, on espérait vendanger le merlot à la fin du mois, les cabernets devant attendre la première semaine d'octobre.

Les deux premières semaines de septembre, j'étais en vallée du Rhône, où – chose inhabituelle – il fit très frais : quatorze jours durant, le mistral souffla sans interruption. Durant presque tout le mois, les températures dans le Bordelais furent inférieures à la normale de 5 °C. Cependant, le temps fut sec. D'après les chiffres, la pluviométrie pour le mois était inférieure de 66 % à la normale, ce qui est toujours bon signe. Il plut seulement les 22 et 23 septembre.

Les vendanges de merlot en Pomerol et Saint-Émilion ne débutèrent qu'à la fin du mois de septembre et se poursuivirent jusqu'à la première semaine d'octobre. Le ramassage du même cépage en Médoc eut lieu entre le 1er et le 10 octobre, période pendant laquelle on rentra également le cabernet franc, tant rive droite que rive gauche. Le cabernet sauvignon fut récolté très tardivement, généralement entre le 7 et le 12 octobre. Certaines propriétés attendirent même davantage. Les vendanges furent compliquées par les pluies d'octobre (il y eut des averses les 2, 3, 6, 7 et 8 octobre), mais, fort heureusement, il n'y eut pas d'inondations.

La production en 2001 fut abondante, quoique légèrement inférieure à celle de 2000. Les vinifications furent difficiles en raison de fermentations malolactiques plus lentes que de coutume.

Tout le monde s'accorde à dire que les 2001 sont supérieurs en qualité aux 1999. Marqués par une acidité tonique, ils sont plus tanniques et forgés par un climat plus frais que leurs aînés de deux ans. D'aucuns les rapprochent de millésimes d'autres millésimes classiques comme 1988, 1981, 1979 et 1955. Cependant, beaucoup de choses ont changé entre-temps : en particulier, les rendements sont plus faibles, les techniques de vinification différentes et les sélections plus sévères tant dans le vignoble que dans les chais.

Dans cette mesure, il est inopportun de faire des comparaisons avec des années anciennes. Cela étant dit, aucune appellation ne semble s'être particulièrement distinguée, du moins pour ce qui est des vins rouges. Les Médoc sont plus irréguliers que prévu, en particulier les Saint-Julien, qui comptent au nombre des crus que je préfère. Du fait des malolactiques plus tardives que de coutume et des tannins relativement austères qui marquent le millésime, de nombreux crus accusent un manque de présence en milieu de bouche. Le merlot, dans l'ensemble, réussit mieux que le cabernet sauvignon, ces deux cépages éclipsant le cabernet franc. Les Pomerol sont réguliers à haut niveau ; les Saint-Émilion et les vins issus des appellations satellites (en particulier les Côtes de Castillon) sont excellents – il faut souligner que des propriétés jusqu'ici inconnues se sont révélées.

Je pense aussi que, dans l'ensemble, les 2001 sont un peu plus denses et plus concentrés que les 1999, tout en présentant des tannins plus abondants et plus austères. J'apprécie chez les meilleurs 1999 leur équilibre parfait, ainsi que leur charme et leur finesse, qui en font des vins accessibles, mais aussi plus aptes à la garde qu'on ne pourrait l'imaginer. Une fois passés leurs arômes primaires et l'attaque en bouche, généralement séduisante, de nombreux 2001 déçoivent par leur manque d'étoffe et leur caractère atténué.

Incontestablement, les vins sont plus légers, moins impressionnants et moins concentrés que les 2000... à quelques exceptions près, cependant. Pour ce qui est des vins rouges, on peut affirmer que le millésime est bon, voire très bon, mais irrégulier. Malgré leur caractère tannique, je doute que les 2001 soient de longue garde, car ils n'ont pas la densité, le gras ni l'intensité qui pourraient faire pièce à leur structure.

Pour ce qui est des liquoreux, le développement du botrytis se déroula dans des conditions idéales, et les acidités plus élevées que de coutume (du fait du climat frais) contribuèrent à un millésime sensationnel en Sauternes et Barsac. 2001 s'impose incontestablement comme l'année la plus réussie pour ces appellations depuis la fabuleuse trilogie des 1988, 1989 et 1990. La dégustation des vins doux dans leur petite enfance est un exercice difficile ; on peut néanmoins affirmer que les 2001 se distingueront par leur complexité, leur richesse, leur maturité, mais aussi par leur fraîcheur et leur précision.

LES MEILLEURS 2001

Saint-Estèphe : Calon-Ségur, Cos d'Estournel, Montrose
Pauillac : Clerc Milon, Grand-Puy-Lacoste, Lafite Rothschild, Latour, Mouton Rothschild, Pichon-Longueville Comtesse de Lalande, Pichon-Longueville Baron
Saint-Julien : Branaire Ducru, Ducru-Beaucaillou, Léoville Barton, Léoville Las Cases, Léoville Poyferré
Margaux : Brane-Cantenac, Clos du Jaugueyron, D'Issan, Lascombes, Château Margaux, Marojallia, Palmer, Prieuré-Lichine
Médoc/Haut-Médoc/Moulis-en-Médoc/Listrac-Médoc : Cantemerle, Fleur de Rose Sainte-Croix, Mille Roses
Graves/Pessac-Léognan rouges : Branon, Haut-Bergey, Haut-Brion, Larrivet-Haut-Brion, La Mission Haut-Brion, Pape Clément, Smith Haut Lafitte
Graves/Pessac-Léognan blancs : Carbonnieux, De Fieuzal, Haut-Brion, Laville Haut-Brion, La Louvière, Malartic-Lagravière, Pape Clément
Pomerol : Le Bon Pasteur, Clos l'Église, La Croix Saint-Georges, L'Église-Clinet, L'Évangile, La Fleur de Gay, Gazin, Hosanna, Lafleur, Petrus, Le Pin, Vieux Château Certan
Saint-Émilion : Angélus, L'Arrosée, Ausone, Beau-Séjour Bécot, Beauséjour (Duffau), Bellevue Mondotte, Canon-la-Gaffelière, Cheval Blanc, Clos Saint-Martin, Clos de Sarpe, La Clusière, La Couspaude, Ferrand Lartigue, La Fleur Morange, Fombrauge, Gracia, Grand Pontet, Les Grandes Murailles, L'Hermitage, Magrez Fombrauge, Monbousquet, La Mondotte, Pavie, Pavie Decesse, Péby Faugères, Quinault, Rol Valentin, Troplong Mondot, De Valandraud
Barsac/Sauternes : Climens, Clos Haut-Peyraguey, Coutet, Doisy Daëne L'Extravagance, Doisy-Védrines, Guiraud, Lafaurie-Peyraguey, De Malle, Raymond-Lafon, Rieussec, Sigalas Rabaud, Suduiraut, La Tour Blanche

2000 – BRÈVE PRÉSENTATION (12 SEPTEMBRE 2000)

Saint-Estèphe *****
Pauillac *****
Saint-Julien *****
Margaux *****
Médoc/Haut-Médoc/Moulis-en-Médoc/Listrac-Médoc ****
Graves/Pessac-Léognan rouges *****
Graves/Pessac-Léognan blancs ***
Pomerol *****
Saint-Émilion *****
Barsac/Sauternes **

Récolte : très abondante.
Spécificités : le millésime du millénaire est de très haut vol. Les vins ont atteint des prix jusqu'ici inégalés – et qui ne le seront peut-être pas de sitôt, compte tenu du contexte de récession.
Maturité : puissants, concentrés et structurés, les 2000 seront, pour la plupart, très lents à évoluer. Généreusement dotés et denses, mais également très tanniques (je conseille de ne pas sous-estimer ce trait), ils seront peut-être dégustés – et appréciés – assez rapidement par certains masochistes, mais je pense aussi que, du fait de leur lenteur à évoluer, certains amateurs pourraient, d'ici une dizaine d'années, les remettre en question – à tort.

Prix : les 2000 ont été diffusés à des prix exorbitants, et leur cote a continué de grimper jusqu'à ce que les attentats terroristes du 11 septembre 2001 et les scandales financiers et boursiers de l'année 2002 mettent un frein à cette escalade. Les acheteurs de 2000 ont de l'or entre les mains. En effet, le prix de ces vins ira croissant, compte tenu de leur splendeur et de leur très grande aptitude à la garde... et aussi du fait qu'il s'agit de l'année du millénaire.

Le millésime 2000 – année légendaire s'il en est – ne commença pas sous les meilleurs auspices, loin s'en faut. Étant chaque année présent à Bordeaux en janvier et en mars, je pus constater que le premier mois fut normalement froid pour le cœur de l'hiver, tandis que le second me parut étonnamment doux. Comme le signale Bill Blatch, de Vintex, dans son résumé sur les conditions climatiques qui forgèrent le millésime, le très important développement de mildiou – le plus fulgurant depuis plusieurs décennies – au cours du printemps constitua le principal problème des vignerons. De fait, ces derniers eurent la plus grande peine à endiguer le fléau, ce qui tempéra considérablement leur enthousiasme relativement à un millésime qui s'annonçait déjà difficile. La floraison, plus tardive en 2000 qu'en 1999, donna une récolte relativement importante, mais homogène, de cabernet sauvignon, de merlot et de cabernet franc, malgré l'alternance de périodes de chaleur et de fraîcheur pendant le mois de juin – des conditions généralement peu propices au bon déroulement du cycle végétatif. Contrairement à ce que craignaient les vignerons, la coulure et le millerandage furent ponctuels – chose étonnante, d'ailleurs, compte tenu du climat pour le moins capricieux qui régna de mai à juillet. Bref, personne n'aurait osé espérer une floraison aussi épanouie ni, *a fortiori*, un millésime aussi réussi.

Quiconque a séjourné en Europe de l'Ouest au cours de l'été 2000 a pu constater que juin fut étonnamment humide, frais et nuageux. Les pluies qui mouillèrent le Bordelais à cette époque furent essentiellement le résultat des deux orages du début de ce mois. Par ailleurs, le temps fut sec jusqu'à fin juin, les pluies constituant alors davantage une menace qu'une réalité. En juillet, les conditions climatiques ne furent pas meilleures que durant le mois précédent ; une fois de plus, le temps redevint frais, nuageux et pluvieux.

Cependant, les températures furent conformes aux normales saisonnières, tout comme l'ensoleillement, même si la plupart des viticulteurs eurent l'impression que cette dernière était inférieure à ce qu'elle aurait dû être. Le climat peu propice qui sévissait depuis le mois de mars changea radicalement à partir du 29 juillet, quand un anticyclone s'installa au-dessus de l'Hexagone. Bordeaux, comme d'ailleurs tout le sud de la France, bénéficia pendant les deux mois qui suivirent d'un temps chaud et sec. Et, bien que la pluviométrie du début de l'été ait été conforme aux normales saisonnières, les effets d'une quasi-sécheresse se firent alors ressentir. Comme les baies commençaient à gonfler, elles développèrent, du fait d'un manque d'humidité, des peaux relativement épaisses, en particulier au cours du mois d'août. Comme de coutume, ce furent les vignobles situés sur les sols graveleux qui souffrirent le plus de stress hydrique, ceux implantés sur les sols argileux (qui retiennent davantage l'humidité) se portant mieux.

Pour reprendre les termes de Bill Blatch, « pour la première fois en dix ans, il ne plut pas – ou presque pas – pendant les vendanges ». La pluviométrie moyenne du mois de septembre dans le Bordelais est d'environ 75 mm, mais on enregistra en 2000 à peine 43 mm, résultant essentiellement de la pluie orageuse du 19. Septembre, en particulier les premiers jours de ce mois, fut également marqué par des vagues de forte chaleur, qui eurent pour effet d'épaissir les peaux, déjà très denses, des baies – ce qui explique la concentration des vins. Les vendanges du merlot, qui commencèrent le 14 septembre dans les terroirs précoces de Pomerol et Saint-Émilion, se poursuivirent sur deux à trois semaines. Sur la rive droite, l'entière récolte de merlot était en pleine fermentation à la date du 28 septembre. Le premier cabernet sauvignon fut rentré vers la fin septembre, et la vendange fut entièrement achevée au 10 octobre. Le week-end du 29 septembre au 1er octobre fut pluvieux, mais sans conséquence fâcheuse, puisque le merlot n'était plus sur pied et que, du fait de sa peau épaisse, le cabernet sauvignon ne risquait rien. Le cabernet franc non plus ne fut pas affecté, et la plupart des producteurs rentrèrent une vendange exceptionnelle issue de ce cépage pendant les derniers jours de septembre et au tout début du mois d'octobre.

Pour résumer, ce millésime qui, de mars à juillet, s'annonçait comme mitigé, anodin, voire étrange, prit un visage radicalement différent en août et en septembre. Les vignerons français disent souvent que juin fait la quantité, août le moût et septembre la qualité. Rien ne fut plus vrai en 2000, l'empreinte du mois d'août se traduisant par le caractère tannique et la grande richesse des vins, alors que septembre, qui frisait la perfection (les meilleures conditions climatiques depuis 1990), permit l'élaboration de crus magnifiques... à tous les niveaux.

LES VINS

Les meilleurs crus enregistrèrent des rendements de l'ordre de 35 à 55 hl/ha, considérés comme relativement modestes à l'heure actuelle. La plupart des producteurs firent l'expérience de vinifications très classiques (peut-être en raison des taux d'acidité relativement élevés), qui se déroulèrent sans problème malgré la richesse en sucre des raisins. Les merlots battirent des records, atteignant les 14 %, tandis que les cabernets titraient souvent aux alentours de 13 %. Cependant, pour des raisons qui m'échappent, de nombreux crus sont marqués par une acidité assez importante, alors qu'ils sont étonnamment gras et dotés de tannins certes robustes, mais très mûrs. Si les indices de tannins et d'extrait sec ne sont pas toujours des données totalement fiables – la dégustation est parfois plus parlante –, il faut cependant reconnaître que, pour ce qui est de ces deux composantes, nombre de 2000 atteignent des sommets. J'ai pu remarquer, au cours de mes dégustations, que le millésime offrait quelques-uns des vins les plus sombres de robe, les plus amples, les plus concentrés, les plus puissants et les plus tanniques des trois dernières décennies. C'est pour cette raison qu'il est difficile de rapprocher les 2000 d'une autre très grande année. Ils sont généralement moins accessibles que les 1982, 1989 et 1990, mais peut-être aussi plus colorés, plus concentrés, plus lourds et plus épais que ne l'étaient les 1986, 1995 et 1996 au même âge.

En outre, les vins les mieux réussis sont les plus impressionnants que j'aie vus en vingt-cinq ans de visite dans le Bordelais, pour ce qui est tant de la persistance et de la structure que de la concentration et de la précision. Il faut également souligner que la qualité est extrêmement homogène, même si les régions les plus favorisées semblent être Saint-Julien, Pauillac, ainsi que le secteur à cheval sur la frontière séparant Pomerol de Saint-Émilion (plus précisément là où... Cheval Blanc fait face à L'Évangile et La Conseillante). Cependant, n'accordez pas plus d'importance qu'il ne le faut à cette analyse, car chaque aire de production offre son lot de vins superbes !

En 1998, le merlot fut incontestablement le cépage le plus favorisé ; Pomerol, Saint-Émilion et les Graves produisirent alors les crus les plus réguliers à haut niveau, réussissant mieux que le Médoc. En 1999, il était plus difficile de déterminer quel cépage avait connu le plus grand succès, la qualité étant surtout fonction des rendements, de la sélection et de la vinification elle-même. En 2000, on trouve aussi bien des merlots superbes que des cabernets sauvignons profonds, ainsi que des crus somptueux composés d'une forte proportion de cabernet franc, un cépage qui réussit magnifiquement cette année-là. Si d'aucuns estiment que les 2000 évoquent les 1955 ou les 1970, il me semble, personnellement, qu'ils les surpassent. Pourquoi ? Parmi les raisons qui viennent immédiatement à l'esprit, on citera le fait qu'ils sont issus d'une vinification plus sophistiquée (considérons simplement la renaissance de Margaux et des Graves, et le nombre croissant de Saint-Émilion de haut vol), d'une culture de la vigne plus soignée, de chais parfaitement équipés, d'une vendange plus mûre et d'une sélection plus rigoureuse (le grand vin ne comprenant que les meilleurs lots).

Pour résumer, on dira de 2000 qu'il s'agit d'un millésime phénoménal, qui pourrait s'imposer comme l'un des plus grandioses pour le Bordelais, si l'on tient compte du nombre de crus extraordinaires, notés 90 et plus, qu'il offre.

Pour la première fois depuis 1990, les petites propriétés (crus bourgeois, petits châteaux) proposent en 2000 des vins bien supérieurs à leur pedigree. Les amateurs remarqueront en particulier leurs robes d'un pourpre-noir soutenu (qui évoquent davantage les jeunes vins de la Napa ou des Syrah du Nouveau Monde). Ce sont des crus extraordinairement puissants, concentrés, denses, éblouissants de richesse en extrait, très tanniques et marqués par une acidité de bon aloi. En outre, ils se distinguent par une concentration et une persistance formidables. Les meilleurs 2000 sont aussi étonnamment aptes à la garde, capables de tenir 30 à 40 ans. Serait-ce une hypothétique synthèse des 1990 et des 1996 ?

LES MEILLEURS 2000

Saint-Estèphe : Calon-Ségur, Lafon-Rochet, Montrose
Pauillac : D'Armailhac, Clerc Milon, Forts de Latour, Grand-Puy-Lacoste, Lafite Rothschild, Latour, Lynch-Bages, Mouton Rothschild, Pichon-Longueville Baron, Pichon-Longueville Comtesse de Lalande, Pontet-Canet
Saint-Julien : Beychevelle, Branaire Ducru, Clos du Marquis, Ducru-Beaucaillou, Gruaud Larose, Lagrange, Léoville Barton, Léoville Las Cases, Léoville Poyferré, Talbot
Margaux : Brane-Cantenac, Cantenac Brown, Clos du Jaugueyron, Giscours, D'Issan, Kirwan, Lascombes, Malescot Saint-Exupéry, Château Margaux, Palmer, Pavillon Rouge du Château Margaux
Médoc/Haut-Médoc/Moulis-en-Médoc/Listrac-Médoc : Charmail, Fleur de Rose Sainte-Croix, Mille Roses
Graves/Pessac-Léognan rouges : Branon, Les Carmes Haut-Brion, De Fieuzal, Haut-Bailly, Haut-Bergey, Haut-Brion, Larrivet-Haut-Brion, La Louvière, Malartic-Lagravière, La Mission Haut-Brion, Pape Clément, Smith Haut Lafitte, La Tour Haut-Brion
Pomerol : Le Bon Pasteur, Certan de May, Clinet, Clos l'Église, La Conseillante, La Croix Saint-Georges, L'Église-Clinet, L'Évangile, La Fleur de Gay, Hosanna, Lafleur, Le Moulin, Nenin, Pensées de Lafleur, Petit Village, Petrus, Le Pin, Rouget, Trotanoy, Vieux Château Certan
Saint-Émilion : Angélus, Ausone, Barde-Haut, Beau-Séjour Bécot, Beauséjour Duffau, Berliquet, Canon-la-Gaffelière, Chapelle d'Ausone, Chauvin, Cheval Blanc, Clos Dubreuil, Clos Fourtet, Clos de l'Oratoire, Clos Saint-Martin, Clos de Sarpe, La Clusière, La Couspaude, Croix de Labrie, La Dominique, Faugères, Figeac, La Fleur de Jaugue, La Gaffelière, La Gomerie, Gracia, Grand Mayne, Grand-Pontet, Les Grandes Murailles, L'Hermitage, Lusseau, Magdelaine, Magrez Fombrauge,

Monbousquet, La Mondotte, Pavie, Pavie Decesse, Pavie Macquin, Péby Faugères, Quinault l'Enclos, Rol Valentin, Tertre Roteboeuf, Troplong Mondot, De Valandraud, Yon-Figeac
Barsac/Sauternes : Climens, Guiraud, Lafaurie-Peyraguey, Rieussec, Suduiraut

1999 – BRÈVE PRÉSENTATION (12 SEPTEMBRE 1999)

Saint-Estèphe ***
Pauillac ***
Saint-Julien ***
Margaux ****
Médoc/Haut-Médoc/
Moulis-en-Médoc/Listrac-Médoc **
Graves/Pessac-Léognan rouges ***
Graves/Pessac-Léognan blancs ***
Pomerol ***
Saint-Émilion ****
Barsac/Sauternes ***

Récolte : gigantesque.
Spécificités : un millésime accessible, séduisant et faible en acidité, offrant des vins proches des 1997, en mieux et en plus concentré.
Maturité : les 1999 devraient évoluer assez lentement et se maintiendront plus longuement que les 1997. Pour la plupart, les vins seront accessibles dès 7 à 8 ans d'âge et se garderont 15 à 20 ans. Les meilleurs évoquent les 1962, très sous-estimés.
Prix : réalistes et raisonnables... On trouve parmi les 1999 quelques-unes des meilleures affaires que propose le Bordelais.

Aussi étonnant que cela puisse paraître, la décennie 90 n'aura connu que deux mois de septembre relativement secs – ceux de 1990 et 1997. Si l'on se souviendra de 1999 pour sa pluviométrie excessive (plus de 150 mm pendant le seul mois de septembre), d'autres conditions climatiques extrêmes ont également marqué le sud-ouest de l'Hexagone cette année-là. La tempête qui balaya la région dans la nuit du 27 décembre fut l'événement le plus marquant de ce point de vue. En effet, les vents soufflèrent avec une telle violence qu'ils détruisirent, sans discernement, comme une armée de barbares, aussi bien des forêts entières que des arbres de 100 à 200 ans d'âge. Quiconque a visité le Médoc ou la forêt des Landes, au sud de Bordeaux, a pu constater les dégâts sans précédent, dus à la furie du cyclone, qui traîna dans son sillage des rafales supérieures à 190 km/h. Deux ou trois jours auparavant, le nord de la France avait déjà été plus que sévèrement touché par une tornade tout aussi puissante que celle qui balaya le Sud-Ouest ; le merveilleux bois de Boulogne et le superbe palais de Versailles, entre autres, en firent les frais. Il y eut aussi, le 5 septembre 1999 – et ce phénomène affecta plus directement la récolte –, une forte averse de grêle qui endommagea, à Saint-Émilion, une petite zone regroupant quelques-uns des meilleurs terroirs de l'appellation. Toutes les vignes touchées (celles de premiers grands crus comme Canon, Angélus, Beau-Séjour Bécot, Beauséjour Duffau et Clos Fourtet, ou encore celles de grands crus comme Côte de Baleau, Patris, Laniote, Grand Pontet, Franc-Mayne, Grand Mayne, Les Grandes Murailles, Clos Saint-Martin, Dassault, Larmande, Berliquet et La Gomerie) durent être vendangées immédiatement après l'averse, de manière à sauver ce qui pouvait encore l'être. Chose étonnante, la plupart des vins ainsi produits sont nettement meilleurs que ne le laissaient entendre les premières rumeurs.

Nonobstant ces à-coups climatiques inhabituels, 1999 se présente comme un millésime façonné par un climat anormalement chaud et excessivement pluvieux, n'offrant que de rares crus vraiment irrésistibles. Le climat de l'été 1999, comme la maturation des raisins pendant cette période, fut conforme à la normale. La floraison, rapide, eut lieu fin mai-début juin, par beau temps. Dans l'ensemble, juin et juillet furent chauds et secs, mais août se révéla des plus torrides et orageux. Au début de ce mois (les 3, 6 et 7), de fortes pluies apportèrent à la région entre 60 et 90 mm d'eau. Après l'éclipse du Soleil (le 11 août), les orages cessèrent, et Bordeaux connut un moment de paix jusqu'au 12 septembre (hormis l'averse de grêle du 5 septembre en Saint-Émilion), lorsque la colère des dieux s'exprima à nouveau, juste avant le début de la récolte. En effet, la plupart des propriétés vendangèrent entre le 12 septembre et le 5 octobre. La réussite de certains châteaux (comme Lafleur, en Pomerol, ou Haut-Brion, dans les Graves) s'explique par le fait que l'essentiel de leur récolte fut rentrée avant les grosses pluies du 20 septembre. À partir de cette date, le Bordelais ne connut qu'un seul jour totalement sec ; puis, lorsque le Médoc eut ramassé ses derniers cabernets-sauvignons, un anticyclone s'installa au-dessus de la région et apporta, à partir du 5 octobre, deux semaines ininterrompues de beau temps. Bien que ce scénario ne fût pas nouveau (il avait déjà eu cours en 1998), il parut doublement cruel en 1999.

Alors qu'en d'autres temps (dans les années 80, 70 ou même avant) des pluies diluviennes comme celles enregistrées en 1999 auraient totalement dévasté la récolte, leurs effets sont maintenant mieux maîtrisés. Dans cette optique, des rendements plus faibles, un effeuillage méticuleux et des traitements contre la pourriture se révèlent efficaces – mais seulement jusqu'à un certain point. À l'heure actuelle, de nombreuses propriétés ont investi dans des concentrateurs, qui permettent d'éliminer une proportion d'eau dans les moûts soit par osmose inverse, soit par entropie. En effet, désormais, hormis quelques traditionalistes (comme Haut-Brion, Petrus ou Château Margaux) estimant que la concentration se fait dans le vignoble, et non dans les chais avec des moyens technologiques, la plupart des propriétés ayant une certaine assise financière se sont dotées d'un tel équipement, lequel était encore rare au milieu des années 80 (Léoville Las Cases fut l'un des pionniers de l'osmose inverse). S'il ne fait aucun doute que ces machines fonctionnent correctement, on ne peut encore, même avec un recul de 25 ans, déterminer si elles altèrent ou non le caractère du terroir au profit de la concentration.

La vendange 1999 fut relativement abondante, en tout cas supérieure de 5 % à celle de l'année précédente. Il ne manque pas de vins, mais, une fois de plus, les belles réussites sont issues de propriétés ayant opéré des sélections sévères, déclassant parfois de 25 à 70 % de leur récolte totale, afin de ne mettre en bouteilles que les meilleurs lots. Quel contraste avec ce qui se passait il y a une quinzaine d'années, quand l'élimination de 10 à 15 % de la production lors de l'assemblage final était considérée comme un exploit !

LES VINS

Généralement, on peut dire pour un millésime donné que telle appellation a mieux réussi qu'une autre, ou qu'un cépage s'est mieux porté par rapport aux autres. En 1999, hormis les Saint-Estèphe, unanimement décevants, chaque appellation a son lot de vins excellents, simplement bons, ou médiocres et aqueux, Margaux étant celle qui m'a paru la plus régulière à bon niveau. Alors que, des décennies durant, cette aire de production a été notoirement sous-performante, il faut reconnaître qu'elle connaît actuellement un formidable renouveau. Je constate avec plaisir que de nombreuses propriétés y ont accompli d'énormes progrès. Bref, Margaux offre plusieurs très bons 1999.

Du fait des températures très élevées d'août et de septembre, certains vins présentent des traits typiques des années chaudes – faible acidité, tannins plutôt doux et soyeux, absence d'austérité ou de caractère herbacé. Cependant, même avec l'aide de concentrateurs, il est difficile de gommer totalement les effets néfastes d'une pluviométrie excessive (plus de 180 mm d'eau). Dans mes commentaires, je parle souvent de « creux en milieu de bouche », signifiant par là que le palais révèle un manque d'étoffe, ainsi qu'une finale tannique et alcoolique. J'ai tellement souvent rencontré cette situation que j'avais fini par abréger mes notes, écrivant simplement les initiales « nmm » (pour *not much in the middle*, soit « creux en milieu de bouche »).

D'une certaine manière, ce raccourci résume le problème des propriétés qui voulurent extraire le plus possible, voire à l'excès, des raisins mûrs, mais dilués, car récoltés sous une pluie diluvienne. Dans l'ensemble, les 1999 sont bien colorés, assez parfumés et tanniques, mais ils manquent de gras, de saveur, de charme et d'opulence en milieu de bouche. Néanmoins, l'année offre quelques belles réussites. En particulier, les premiers crus semblent avoir transcendé les difficultés du millésime en produisant des vins de bien plus haut vol que les meilleurs seconds crus ou que les autres crus classés. D'une certaine manière, il s'agit d'une année où les premiers se distinguent et sont à la hauteur à la fois de leur classement et de leur cote (faramineuse) actuelle.

Outre la prolifération des concentrateurs, il faut évoquer celle des « vins de garage », particulièrement en Saint-Émilion. Malgré l'hostilité du négoce, de l'aristocratie médocaine et des esprits réactionnaires désireux de préserver le *statu quo* dans le Bordelais, ce phénomène croît et embellit. Contrairement à ce que l'on voudrait faire accroire au consommateur, ces microcuvées n'ont aucun effet déstabilisateur sur le marché. Qu'y a-t-il donc de mal à ce qu'un individu dynamique prenne en main une petite propriété et décide d'y faire quelque chose de sensationnel ? Certes, les prix qu'atteignent la plupart de ces « vins de garage » sont absurdes, et nul ne sait comment ces crus évolueront d'ici une dizaine d'années. Cependant, à l'heure actuelle, plusieurs d'entre eux se révèlent superbes. S'ils sont trop chers, c'est tout simplement parce que certains amateurs ne savent pas dire « non », et que la forte demande entraîne une hausse toujours plus importante du prix de ces petites merveilles. Quoi qu'on en pense, ces vins existent, avec la ferme intention de durer. Le phénomène a même gagné la rive gauche du Médoc ; une situation jugée déconcertante par certains grands propriétaires qui, à mon sens, sont tout simplement jaloux des prix extravagants qu'atteignent les microcuvées.

LES MEILLEURS 1999

Saint-Estèphe : Montrose
Pauillac : D'Armailhac, Lafite Rothschild, Latour, Lynch-Bages, Mouton Rothschild, Pichon-Longueville Baron
Saint-Julien : Ducru-Beaucaillou, Léoville Las Cases
Margaux : Brane-Cantenac, Clos du Jaugueyron, D'Issan, Kirwan, Château Margaux, Marojallia, Palmer
Médoc/Haut-Médoc/Moulis-en-Médoc/Listrac-Médoc : aucun
Graves/Pessac-Léognan rouges : Haut-Brion
Graves/Pessac-Léognan blancs : Haut-Brion, Laville Haut-Brion, Pape Clément, Les Plantiers du Haut-Brion
Pomerol : Le Bon Pasteur, L'Église-Clinet, La Fleur de Gay, Gazin, Hosanna, Lafleur, Petrus

Saint-Émilion : Angélus, Ausone, Barde-Haut, Canon-la-Gaffelière, Cheval Blanc, Clos Dubreuil, Clos de l'Oratoire, La Clusière, Croix de Labrie, Figeac, La Gomerie, Gracia, Grand Mayne, Pierre de Lune, Monbousquet, La Mondotte, Pavie, Pavie Decesse, Pavie Macquin, Péby Faugères, Quinault l'Enclos, Tertre Roteboeuf, De Valandraud
Barsac/Sauternes : Climens, Lafaurie-Peyraguey, Raymond-Lafon, Rieussec, Suduiraut, La Tour Blanche

1998 - BRÈVE PRÉSENTATION (15 SEPTEMBRE 1998)

Saint-Estèphe ***
Pauillac ***
Saint-Julien ****
Margaux ***
Médoc/Haut-Médoc/
Moulis-en-Médoc/Listrac-Médoc **
Graves/Pessac-Léognan rouges *****
Graves/Pessac-Léognan blancs *****
Pomerol *****
Saint-Émilion *****
Barsac/Sauternes ***

Récolte : abondante.
Spécificités : le millésime est assez hétérogène ; alors que les Saint-Émilion, les Graves et les Pomerol sont stupéfiants, les Médoc sont moins étoffés, mais tout de même assez réussis. La maturation du cabernet sauvignon fut plus difficile que celle du merlot et du cabernet franc. Lorsqu'ils seront à maturité (aux alentours de 20 ans d'âge), les 1998 de la rive droite et des Graves seront capables de rivaliser avec les crus les plus grandioses produits dans ces appellations ces trente dernières années.
Maturité : la plupart des vins sont très tanniques ; cependant, les tannins du merlot sont doux, alors que ceux du cabernet sauvignon peuvent se révéler légèrement herbacés.
Prix : comme de coutume, les meilleurs crus sont assez chers, mais leur cote n'a pas augmenté autant qu'on aurait pu le penser en raison de la grande qualité des Pomerol, des Saint-Émilion et des Graves. Dans l'ensemble, à qualité égale, les 1998 sont nettement moins chers que les 2000.

Il arrive souvent, dans un millésime donné, qu'une appellation réussisse particulièrement, ou qu'une région propose des vins plus étoffés et plus intéressants que les autres. Cependant, en vingt ans de métier, je n'avais encore jamais rencontré un millésime aussi hétérogène que 1998, avec des différences extrêmes entre les aires de production. Il serait certainement possible d'établir des comparaisons avec des années antérieures, mais l'analogie n'aurait pas de sens, car trop de choses ont changé. Ainsi, on trouve en 1975 pléthore de Pomerol tanniques et extrêmement puissants, ainsi qu'une petite poignée de Graves magnifiques, mais les autres régions du Bordelais ont généralement produit des vins relativement durs et dépourvus de charme. D'aucuns, et notamment les vignerons ayant le mieux réussi, rapprochent 1998 de 1964, qui avait d'ailleurs été proclamé « millésime du siècle » par le ministère de l'Agriculture avant même le début de la récolte. Si les terroirs précoces de Pomerol et, dans une moindre mesure, ceux de Saint-Émilion et des Graves réussirent magnifiquement cette année-là (Cheval Blanc, Petrus, Lafleur, Trotanoy, Figeac, La Mission Haut-Brion), le Médoc, en revanche, enregistra un véritable désastre, car le cabernet sauvignon, cépage dominant dans cette région, ne put être rentré avant le déluge. On y trouve cependant quelques étonnantes surprises, notamment les Latour et Montrose 1964.

1998 se présente différemment. Aujourd'hui, les méthodes de culture de la vigne sont plus sophistiquées, les vignobles sont généralement plus sains, et les châteaux les plus sérieux pratiquent une sélection sévère pour leur grand vin. En outre, les producteurs bénéficient de techniques modernes telles que la thermorégulation ; ceux qui en ont les moyens peuvent aussi avoir recours aux concentrateurs. Ne serait-ce que pour ces raisons, 1998 est de meilleur niveau que 1964 et 1975.

Le mois de mars 1998, qui fut exceptionnellement chaud, entraîna une croissance et un développement fulgurants de la vigne ; il fut suivi d'un mois d'avril frais et pluvieux. Contrairement à la normale, le début de mai fut froid et humide, mais, dès le milieu du mois, une zone de haute pression située au-dessus du sud-ouest de l'Hexagone ramena un temps sec et chaud. Déjà, les amateurs de statistiques prévoyaient que les vendanges commenceraient à la mi-septembre, à condition que l'été se passât « normalement ». Malgré un temps capricieux en juin, la floraison fut homogène, sans la coulure généralement redoutée par les viticulteurs. La fin du mois, merveilleusement chaude et ensoleillée, suscita l'optimisme dans tout le Bordelais.

Y a-t-il quelque chose de « normal » de nos jours ? Juillet se révéla des plus étranges pour la région. En Aquitaine, ce mois est généralement chaud, avec des orages occasionnels qui apportent un peu d'eau à la vigne, mais, en 1998, il fut plutôt froid, couvert et, comme le dit Bill Blatch dans son exposé, morne. L'ensoleillement laissa à désirer, même si la moyenne des températures fut conforme aux normales saisonnières. L'averse de grêle qui s'abattit sur le plateau de Pomerol est certainement l'un des phénomènes climatiques qui contribuèrent à la réussite de cette appellation ; elle contraignit les vignerons à effectuer un éclaircissage plus précoce que de coutume, ce qui explique les rendements relativement bas (30-35 hl/ha). Les viticulteurs français disent toujours que « juin fait la quantité, septembre la qualité, et août le moût ». En fait, ce dernier mois forgea le millésime. Après un temps couvert en juillet, août apporta au Bordelais l'une des vagues de chaleur les plus torrides qu'ait connues la région. Pendant plus de deux semaines, les températures dépassèrent largement les 40 °C, pour battre des records entre le 7 et le 11 août en franchissant la barre des 45 °C (ce qui arrive souvent dans le nord de Napa Valley, en Californie, mais très rarement ici). Du fait des nouvelles techniques de culture comme l'effeuillage et l'éclaircissage, la forte chaleur brûla et rôtit les baies – encore une fois, c'est un phénomène que l'on rencontre plus souvent en Californie et dans la France méridionale que dans le sud-ouest de l'Hexagone. En outre, la sécheresse ambiante entraîna le stress de la vigne, dont les feuilles jaunirent – d'où le blocage de la photosynthèse et de la maturité. Beaucoup de producteurs l'ont dit : le millésime fut forgé par la grande vague de chaleur et par la sécheresse du mois d'août. Les baies se ratatinèrent, et leurs peaux devinrent épaisses, ce qui contribua largement au caractère puissant et tannique des 1998.

Au début du mois de septembre, la plupart des vignerons espéraient qu'un peu de pluie permettrait de débloquer le processus de maturation des raisins, inhibé par la chaleur et la sécheresse. Leur rêve se transforma en réalité puisque, en effet, la région bénéficia, du 2 au 4 de ce mois, d'une série d'averses légères. Le temps se remit au beau à compter du 5 jusqu'au 11. Pendant cette période, les cépages blancs de la région, tant ceux de la prestigieuse appellation de Pessac-Léognan que ceux de l'Entre-Deux-Mers, furent vendangés dans des conditions idéales. À partir du 11, le Bordelais subit trois jours consécutifs de pluies diluviennes. La situation eût été catastrophique si août avait été pluvieux, mais, en fait, les sols secs et la vigne supportèrent bien cet apport d'eau. À la grande surprise des observateurs, les analyses des baies effectuées après les pluies ne trahirent pratiquement aucun changement dans les taux de sucre, d'acides et d'extrait sec. Bref, les pluies de la première quinzaine de septembre et les averses légères des jours suivants n'avaient pas compromis la qualité du millésime, et le temps redevint superbe entre le 15 et le 27. C'est pendant cette période idéale que fut rentré le merlot de Pomerol, du Médoc et de Saint-Émilion. Lorsque le temps commença à se dégrader, aux alentours des 26 et 27 septembre, les vendanges étaient achevées en Pomerol, et l'essentiel du merlot de Saint-Émilion et du Médoc était à l'abri dans les chais. Nul besoin d'être un génie pour comprendre que c'est ce climat idéal qui explique que Pomerol ait été l'appellation la plus favorisée en 1998, enregistrant les plus belles réussites.

Entre le 26 septembre et le 1er octobre, le Bordelais connut un véritable déluge – 70 mm de pluie. C'est d'ailleurs à cette dernière date que se déroulèrent les obsèques de Jean-Eugène Borie, de Ducru-Beaucaillou, et de nombreuses personnes m'ont confié qu'il leur avait été difficile d'arriver à Saint-Julien-Beychevelle, car la route du Vin menant au Médoc était pratiquement inondée. À ce moment, le cabernet sauvignon du Médoc n'était pas encore mûr. Combien d'eau pouvait-il encore absorber ? Détail intéressant : la pluviométrie à la fin de septembre 1998 était la même qu'en 1994. Les vendanges du cabernet franc s'achevèrent après les fortes pluies de la fin septembre, et, en Médoc, celles du cabernet sauvignon se poursuivirent jusqu'à la mi-octobre. Il est également important de se rappeler que, hormis les 3, 6 et 7 septembre, il plut tous les jours entre le 1er et le 12 octobre. Lorsque le temps s'éclaircit, le 13, la grande majorité du cabernet sauvignon du Médoc était déjà vendangée.

Pomerol connut une petite récolte (25 à 40 hl/ha). Dans le Médoc, les chiffres sont de l'ordre de 50 hl/ha environ. Tout bien considéré, les appellations de haut niveau auraient produit moins de vins en 1998 qu'en 1995, 1996 et 1997, voire 1994.

On trouve dans les appellations du nord du Médoc – à Saint-Julien, Pauillac et Saint-Estèphe – de nombreuses propriétés de très haut vol qui proposent généralement des vins somptueux, même dans les millésimes difficiles. Cependant, si ces aires de production offrent bien quelques 1998 de bonne tenue, elles donnent surtout les vins les moins intéressants du millésime. Si les acheteurs devaient uniquement se fier à la couleur, ils investiraient de véritables fortunes dans les Médoc de la partie septentrionale, qui doivent leur robe profonde aux peaux épaisses des baies et aux progrès de la technologie. Malheureusement, les vins manquent autant de gras que de charme, et se révèlent plus souvent qu'à leur tour terriblement tanniques, atténués et comprimés. Bien sûr, ils sont extrêmement structurés et regorgent de tannins, mais ils n'atteignent pas – et de loin – le niveau de leurs aînés de 1995 et 1996, et n'ont pas non plus le charme des 1997 les mieux réussis. Cela ne veut pas dire que la région n'offre pas quelques crus d'excellent niveau, mais elle demeure la moins favorisée du Bordelais en 1998.

Dans la partie méridionale, l'appellation Margaux, qui est généralement la plus décevante pour ce qui est des crus de haut vol, se distingue avec des vins plus étoffés, aux tannins plus souples et au fruité plus mûr. Les vins vraiment grands sont rares, mais on en trouve beaucoup de bons. Plusieurs propriétés que ma critique n'a pas épargnées ces dernières années semblent avoir réussi. Dans l'ensemble, les sols bien drainés de cette région lui ont été bénéfiques.

À Pessac-Léognan, au sud de Bordeaux, 1998 est de très bon niveau. Cette aire de production compte à son actif quelques-uns des crus les plus élégants et les plus étoffés de l'année, et ses terroirs les plus précoces (Haut-Brion, La Mission Haut-Brion et Pape Clément) ont été particulièrement favorisés par le merlot, qui fut rapidement à maturité, comme par les excellentes conditions climatiques des trois premières semaines de septembre. Les vins blancs secs des Graves et de Pessac-Léognan sont également très bons, mais, curieusement, seule une petite poignée d'entre eux se révèlent vraiment exceptionnels.

Les points forts du millésime sont certainement Pomerol et Saint-Émilion. Nul besoin d'être un grand dégustateur pour reconnaître des vins souvent noirs de robe, extrêmement mûrs, épais et riches, mais également très tanniques. À Saint-Émilion – l'appellation la plus intéressante du Bordelais, dans la mesure où elle produit un nombre extraordinaire de crus des plus sensuels –, on ne rencontre que peu de déceptions. Cependant, s'il y a de nombreux vins d'excellente tenue, les grandes « stars » font défaut.

LES MEILLEURS 1998

Saint-Estèphe : Montrose
Pauillac : Clerc Milon, Grand-Puy-Lacoste, Lafite Rothschild, Latour, Mouton Rothschild, Pichon-Longueville Baron
Saint-Julien : Ducru-Beaucaillou, Léoville Barton, Léoville Las Cases
Margaux : Kirwan, Malescot Saint-Exupéry, Château Margaux, Palmer
Médoc/Haut-Médoc/Moulis-en-Médoc/Listrac-Médoc : aucun
Graves/Pessac-Léognan rouges : Les Carmes Haut-Brion, Haut-Brion, Larrivet-Haut-Brion, La Mission Haut-Brion, Pape Clément, Smith Haut Lafitte
Graves/Pessac-Léognan blancs : Carbonnieux, Haut-Brion, Laville Haut-Brion, La Louvière, Pape Clément, Les Plantiers du Haut-Brion, Smith Haut Lafitte
Pomerol : Le Bon Pasteur, Clinet, Clos l'Église, La Conseillante, La Croix du Casse, L'Église-Clinet, L'Évangile, La Fleur de Gay, La Fleur-Petrus, Gazin, La Grave à Pomerol, Lafleur, Latour à Pomerol, Le Moulin, Nenin, Petrus, Trotanoy, Vieux Château Certan
Saint-Émilion : Angélus, Ausone, Barde-Haut, Beau-Séjour Bécot, Canon-la-Gaffelière, Cheval Blanc, Clos Dubreuil, Clos de l'Oratoire, Clos Saint-Martin, Clos de Sarpe, La Clusière, La Couspaude, Croix de Labrie, La Dominique, Faugères, Ferrand Lartigue, Figeac, La Fleur de Jaugue, La Gomerie, Gracia, Grand Mayne, Les Grandes Murailles, Magdelaine, Monbousquet, La Mondotte, Pavie, Pavie Decesse, Pavie Macquin, Péby Faugères, Quinault l'Enclos, Rol Valentin, Tertre Rotebœuf, Troplong Mondot, De Valandraud, Vieux Château Chauvin
Barsac/Sauternes : Climens, Lafaurie-Peyraguey, Raymond-Lafon, Rieussec, Suduiraut, La Tour Blanche

1997 – BRÈVE PRÉSENTATION (5 SEPTEMBRE 1997)

Saint-Estèphe ***
Pauillac ***
Saint-Julien ***
Margaux ***
Médoc/Haut-Médoc/
Moulis-en-Médoc/Listrac-Médoc **
Graves/Pessac-Léognan rouges ***
Graves/Pessac-Léognan blancs **
Pomerol ****
Saint-Émilion ****
Barsac/Sauternes ***

Récolte : abondante, mais bien moins importante qu'en 1995 et 1996.
Spécificités : 1997 est un millésime accessible, séduisant et souple (faible acidité et pH élevé), mûr et fruité, qui fera quasiment l'unanimité grâce à ses vins précoces et bien évolués, à consommer avant qu'ils n'aient 10 ans d'âge, soit entre 2007 et 2010.

Maturité : hormis les spécimens les plus concentrés, les 1997 évolueront assez rapidement et seront sur le déclin d'ici 2012.
Prix : 1997 fut terriblement surcoté au moment des ventes en primeur. Bien qu'on ait beaucoup parlé de baisser les prix (en raison de la qualité moyenne de ces vins, moins réussis que les 1995 et 1996 qui, eux, sont nettement plus chers), la plupart des producteurs augmentèrent leurs prétentions, justifiées, selon eux, par les sélections draconiennes qui furent nécessaires à l'élaboration de grands vins de haut niveau. Malheureusement, les consommateurs ne suivirent pas le mouvement, si bien qu'on trouve aujourd'hui nombre de 1997 à des prix « soldés ».

1997 est incontestablement un bon millésime. Qu'ils soient de merlot ou de cabernet sauvignon, les vins se distinguent par leur grande maturité (ils présentent même un caractère de surmaturité), leur faible acidité, leur pH élevé et leurs tannins doux. Savoureux et séveux, ils sont accessibles, plaisants, faciles à boire, mais devront être consommés dans leur jeunesse. Certes, il existe des exceptions à la règle, et certains crus, profonds et concentrés, sont aptes à une longue garde. Toutefois, la plupart des meilleurs « petits châteaux » (les crus bourgeois ou d'un niveau inférieur), déjà délicieux, ne doivent pas être gardés au-delà de 2005. Les grands crus classés, notamment les plus amples et les plus denses d'entre eux, se conserveront parfaitement jusqu'en 2010-2012.

Si, en 1996, les vins de cabernet sauvignon étaient mieux réussis que leurs homologues à base de merlot, il n'en va pas de même en 1997, où toutes les appellations sont sur un pied d'égalité, avec leur lot de vins souples, doux, ouverts et assez diffus. En règle générale, les Pomerol sont aussi bons que leurs aînés d'un an, et Saint-Émilion offre pléthore de spécimens savoureux. Il m'a été impossible, même après mûre réflexion, de rapprocher 1997 d'un autre millésime de ces vingt-cinq dernières années. La plupart des 1997, loin d'être « énormes » et musclés, font plutôt dans l'élégance et la séduction, le charme et la grâce, avec, toutefois, une certaine fragilité. Ils conviendront en particulier aux restaurants et aux amateurs recherchant des vins à consommer immédiatement.

Pour conclure, je dirai que tout individu qui apprécie un bon verre de vin sera séduit par les 1997. Sans être impressionnants par leur profondeur ou leur intensité aromatique, ils sont bien faits et accessibles, très complémentaires des 2001, 2000, 1996, 1995 et 1994, plus tanniques, qui requièrent une assez longue garde avant d'être prêts. S'il fallait reprocher quelque chose à ce millésime, ce serait de ne pas offrir, comme 1999 dont il est très proche, davantage de vins plus étoffés.

Le millésime 1997 s'annonçait sous les meilleurs auspices. Les températures à la fin du mois de mars avoisinaient 28 °C – on se serait cru en juin. Ce temps chaud accéléra le cycle végétatif de la vigne, et la floraison battit des records de précocité ; d'ailleurs, de nombreux vignerons déclarèrent que les vendanges seraient déjà bien avancées au milieu du mois d'août.

Malheureusement, la floraison, perturbée, traîna en longueur pendant près d'un mois et fut la cause d'une maturité hétérogène des raisins. L'été, au climat inhabituel, accentua ces problèmes. Il fit très chaud début juin, mais le temps se rafraîchit et devint pluvieux à la fin du mois. Quant à juillet, il fut totalement hors normes : cette période, généralement la plus chaude de l'année dans le Bordelais, se révéla anormalement fraîche et humide ; puis, en fin de mois, le temps devint suffocant sous l'effet d'une haute pression atmosphérique. Août se distingua par des températures et une humidité très élevées, presque tropicales (certains producteurs ont évoqué Bangkok !). Une floraison difficile et un climat peu favorable se conjuguèrent pour entraîner une maturité hétérogène des baies d'une même grappe, et même l'éclaircissage et l'effeuillage importants effectués par les meilleures propriétés ne purent pallier ce phénomène. De nombreux vignerons déplorèrent qu'une même grappe présentât à la fois des baies rouges, vertes et rosées – un véritable cauchemar !

Du fait d'un printemps et d'une floraison prématurés, certaines propriétés de Pessac-Léognan commencèrent les vendanges des cépages blancs dès le 18 août (sous l'œil des caméras de la télévision nationale), faisant ainsi de 1997 un millésime plus précoce encore que le légendaire 1893. Le temps se détériora juste après le début de la récolte des blancs, et le Bordelais fut frappé, entre le 25 août et le 1er septembre, par une succession de dépressions et des pluies torrentielles. Celles-ci expliquent, d'ailleurs, la souplesse et la faible acidité des 1997, qui manquent quelque peu de concentration et de densité. Nul besoin d'être grand spécialiste pour comprendre que ce sont des vins issus de raisins gorgés d'eau. Pris de panique, certains viticulteurs vendangèrent dès le début de septembre, par crainte de la pourriture et d'une dégradation du temps ; ce sont ceux qui réussirent le moins bien. En revanche, ceux qui eurent le courage, ou la discipline, d'attendre furent récompensés par un fabuleux mois de septembre, qui se révéla l'un des plus secs et des plus ensoleillés de ce siècle, malgré quelques pluies éparses pendant deux jours (les 12 et 13 septembre). Plus un producteur pouvait attendre, mieux c'était pour les vignes – et donc pour les vins.

Le merlot fut généralement ramassé entre le 2 et le 23 septembre, le cabernet franc entre la mi-septembre et début octobre, alors que les vendanges du cabernet sauvignon traînèrent davantage, se prolongeant parfois jusqu'à la mi-octobre.

L'un des traits les plus étranges de ce millésime est le temps écoulé entre la floraison et la vendange. On estime généralement celui-ci à 110 jours environ ; or, en 1997, il fut de 115-125 jours pour le merlot et de 140 jours (!) pour le cabernet sauvignon. Un tel phénomène est en principe le signe d'une concentration extraordinaire ; malheureusement, le mauvais temps de la fin août vint compromettre un résultat qui aurait pu être grandiose.

LES MEILLEURS 1997

Saint-Estèphe : Cos d'Estournel, Montrose
Pauillac : Lafite Rothschild, Latour, Lynch-Bages, Mouton Rothschild, Pichon-Longueville Baron
Saint-Julien : Branaire Ducru, Gloria, Gruaud Larose, Lagrange, Léoville Barton, Léoville Las Cases, Léoville Poyferré, Talbot
Margaux : D'Angludet, Château Margaux
Médoc/Haut-Médoc/Moulis-en-Médoc/Listrac-Médoc : Sociando-Mallet
Graves/Pessac-Léognan rouges : Les Carmes Haut-Brion, Domaine de Chevalier, Haut-Brion, Pape Clément, Smith Haut Lafitte
Graves/Pessac-Léognan blancs : Domaine de Chevalier, De Fieuzal, Haut-Brion, Laville Haut-Brion, Smith Haut Lafitte
Pomerol : Clinet, Clos l'Église, L'Église-Clinet, L'Évangile, La Fleur-Petrus, Lafleur, Petrus, Le Pin, Trotanoy
Saint-Émilion : Angélus, Ausone, Cheval Blanc, Clos de l'Oratoire, Faugères, Gracia, Les Grandes Murailles, L'Hermitage, Monbousquet, La Mondotte,

Moulin Saint-Georges, Pavie Decesse, Pavie Macquin, Troplong Mondot, De Valandraud
Barsac/Sauternes : Climens, Coutet, Guiraud, Lafaurie-Peyraguey, Raymond-Lafon, Rieussec, Suduiraut, La Tour Blanche, D'Yquem

1996 – BRÈVE PRÉSENTATION (16 SEPTEMBRE 1996)

Saint-Estèphe *****
Pauillac *****
Saint-Julien *****
Margaux ****
Médoc/Haut-Médoc/
Moulis-en-Médoc/Listrac-Médoc ***
Graves/Pessac-Léognan rouges ****
Graves/Pessac-Léognan blancs ***
Pomerol ***
Saint-Émilion ****
Barsac/Sauternes ****

Récolte : extrêmement importante.
Spécificités : il s'agissait, jusqu'à ce que le 2000 batte tous les records, du jeune millésime le plus cher de l'histoire du Bordelais, avec des prix en primeur de 50 à 100 % supérieurs à ceux des 1995. Cette année est grandiose pour les Médoc et les vins à dominante de cabernet sauvignon. Les autres appellations doivent être abordées avec plus de discernement, bien que les Graves soient généralement très bons.
Maturité : les Médoc puissants, issus de cabernet sauvignon, seront plus rapidement accessibles que leurs aînés de 1986 (le millésime récent qui ressemble le plus à 1996), mais ils requièrent tout de même une garde de 10 à 15 ans après la mise en bouteille. Les vins des Graves et de la rive droite sont d'ores et déjà prêts.
Prix : comme indiqué ci-dessus, les 1996 furent proposés en primeur, en 1997, à des prix jusque-là inégalés. Cependant, leur cote n'a pas beaucoup évolué depuis. Les meilleurs Médoc 1996 constituent d'excellentes affaires en comparaison des 2000.

Les plus grandes années de Bordeaux sont généralement celles d'un été exceptionnellement chaud et sec, avec une pluviométrie inférieure à la normale et des températures bien au-dessus des moyennes saisonnières. Si certains grands millésimes ont connu un mois de septembre légèrement mouillé, il faut souligner que la qualité de la vendange n'est vraiment affectée que par des apports d'eau assez importants à cette période. Les viticulteurs de toutes les régions de France chantent tous la même chanson – « juin fait la quantité et septembre la qualité » –, certains ajoutent qu' « août fait le moût ».

Malgré des conditions météorologiques tout à fait inhabituelles depuis le mois de mars jusqu'à la mi-octobre, les bordeaux 1996 à dominante de cabernet sauvignon sont très réussis.

L'hiver 1995-1996 fut plutôt doux et pluvieux. Lorsque j'ai débarqué à Bordeaux, le 19 mars 1996, la région connaissait une telle vague de chaleur que l'on se serait cru au mois de juin. Celle-ci a duré pendant tout mon séjour, soit une douzaine de jours, et nombre de viticulteurs prévoyaient déjà une floraison précoce – et, par conséquent, des vendanges qui le seraient aussi. Cette période chaude a été suivie, tout début avril, de quelques jours de froid, eux-mêmes suivis d'une autre vague de chaleur, avec des températures étonnamment élevées. En revanche, le mois de mai a été, de manière tout à fait inhabituelle, relativement frais.

Lorsque je suis revenu en France pour dix-sept jours à la mi-juin, le pays tout entier subissait depuis quelque temps déjà des températures très élevées, de l'ordre de 30 à 35 °C. Celles-ci avaient favorisé une floraison extrêmement rapide et homogène, qui s'était déroulée sur trois ou quatre jours seulement au lieu des sept à dix habituels. Un temps plutôt froid à la fin du mois de mai et au début du mois de juin avait été à l'origine d'un important millerandage dans les vignobles de Pomerol. Fin juin, tout le monde s'attendait à une vendange précoce et abondante (sauf dans la région de Pomerol, où elle était réduite du fait du millerandage), et, d'un point de vue viticole, tout allait pour le mieux dans le meilleur des mondes. Cependant, le climat devint étrange par la suite.

Si le temps fut à peu près conforme aux moyennes saisonnières entre le 11 juillet et le 19 août, les onze premiers jours de juillet et la période allant du 25 au 30 août furent anormalement pluvieux, et soudainement frais. Et, alors que la pluviométrie de Bordeaux pour le mois d'août est en moyenne de 53 mm, on enregistra en 1996 près de 144 mm pour ce même mois. Il ne faut cependant pas se fier aveuglément aux statistiques, qui peuvent parfois induire en erreur ; en effet, les pluies les plus importantes furent très localisées : Saint-Émilion et l'Entre-Deux-Mers enregistrèrent les plus fortes précipitations (plus de 120 mm), suivis de Margaux (60 mm), de Saint-Julien (50 mm), de Pauillac (45 mm) et enfin de Saint-Estèphe et du nord du Médoc, avec moins de 30 mm. En téléphonant à des amis bordelais au cours du week-end du 1er septembre, j'ai recueilli des avis tout à fait contradictoires sur les vendanges à venir. Ceux de la rive droite et de la partie sud des Graves étaient bien entendu dans tous leurs états, allant même jusqu'à dire que le millésime serait aussi désastreux que 1974, à moins qu'un mois de septembre miraculeux ne puisse le transformer en un 1988 ou un 1978. Au contraire, ceux du Médoc, en particulier ceux de Saint-Julien, étaient plutôt optimistes, espérant qu'un bon mois de septembre leur apporterait une année formidable. En effet, les pluies torrentielles qui avaient gorgé les raisins dans le sud et dans l'est du Bordelais avaient fort heureusement épargné le Médoc. Toutefois, cette région évitait, grâce à sa faible pluviométrie, les conditions de sécheresse qui avaient stressé la vigne en 1995 et en 1989, si bien que ses vignobles étaient florissants.

Si tous les millésimes de 1991 à 1994, et, dans une moindre mesure, 1995, ont été perturbés par des pluies au mois de septembre, ce cas de figure ne s'est pas reproduit en 1996. La période s'étalant entre le 31 août et le 18 septembre, merveilleusement ensoleillée, a été suivie de deux jours de pluies légères. Le 21 septembre fut également un peu mouillé, mais c'est seulement les 24 et 25 septembre qu'il y eut d'assez importantes précipitations sur la région.

Les vents constants et secs, du nord-est et de l'est, qui ont balayé la région ont incontestablement aidé à assécher les vignobles après les pluies diluviennes de la fin août. Les producteurs leur reconnaissent encore le mérite d'avoir aidé à faire monter le taux de sucre dans les baies, et cela dans des proportions qui semblaient impossibles à atteindre. Enfin, les vents ont également joué un rôle d'antibiotique naturel, en ne permettant pas à la pourriture de ravager les vignes.

Le merlot a généralement été récolté pendant les deux dernières semaines de septembre, le cabernet franc à la fin de septembre et pendant les quatre ou cinq premiers jours d'octobre ; le cabernet sauvignon, à la peau plus épaisse et mûrissant plus tard que les autres cépages, a été vendangé entre la fin septembre et le 12 octobre. À l'exception d'une journée de pluie assez conséquente, le 4 octobre, ce mois a été plutôt ensoleillé et sec ; il offrait donc les conditions classiques d'un bon ramassage du cabernet sauvignon. La plupart des producteurs médocains avaient d'ailleurs établi un parallèle entre la récolte de ce cépage en 1996 et celle de 1986. Cette année-là, des pluies torrentielles avaient en effet compromis les vendanges du merlot et du cabernet franc, mais elles avaient été suivies d'une période de quatre semaines d'un temps venteux, sec et ensoleillé, qui avait permis de récolter le cabernet sauvignon dans des conditions idéales.

Compte tenu de ce qui précède, il n'est pas surprenant que les meilleurs 1996 soient issus du Médoc, où les cabernets ont été vendangés dix à dix-huit jours plus tard que dans les propriétés à forte dominante de merlot.

Comme on pouvait s'y attendre après une floraison bien réussie, la vendange 1996 fut relativement abondante (6,5 millions d'hectolitres), mais légèrement moins importante que celle de l'année précédente (6,89 millions d'hectolitres). Il faut cependant noter que les meilleures propriétés de Pomerol – notamment celles qui sont situées sur le plateau – ont vu leur production réduite de 30 à 50 %, tandis qu'à Saint-Émilion cette réduction était de l'ordre de 10 à 15 % seulement. Les propriétés les plus sérieuses du Médoc avaient des rendements moyens de 45 à 55 hl/ha, soit 20 à 30 % inférieurs à ceux de 1986.

LES MEILLEURS 1996

Saint-Estèphe : Calon-Ségur, Cos d'Estournel, Haut-Marbuzet, Lafon-Rochet, Montrose
Pauillac : D'Armailhac, Batailley, Clerc Milon, Duhart-Milon, Grand-Puy-Lacoste, Haut-Batailley, Lafite Rothschild, Latour, Lynch-Bages, Lynch-Moussas, Mouton Rothschild, Pichon-Longueville Baron, Pichon-Longueville Comtesse de Lalande, Pontet-Canet
Saint-Julien : Branaire Ducru, Ducru-Beaucaillou, Gloria, Gruaud Larose, Lagrange, Léoville Barton, Léoville Las Cases, Léoville Poyferré, Talbot
Margaux : D'Angludet, D'Issan, Kirwan, Malescot Saint-Exupéry, Château Margaux, Palmer, Rauzan-Ségla, Du Tertre
Médoc/Haut-Médoc/Moulis-en-Médoc/Listrac-Médoc : Cantermerle, Charmail, La Lagune, Lanessan, Sociando-Mallet
Graves/Pessac-Léognan rouges : Les Carmes Haut-Brion, Haut-Bailly, Haut-Brion, La Mission Haut-Brion, Pape Clément, Smith Haut Lafitte, La Tour Haut-Brion
Graves/Pessac-Léognan blancs : De Fieuzal, Haut-Brion, Laville Haut-Brion, Pape Clément, Smith Haut Lafitte
Pomerol : Beau Soleil, Le Bon Pasteur, Clinet, La Conseillante, La Croix du Casse, L'Église-Clinet, L'Évangile, La Fleur de Gay, La Fleur-Petrus, Gazin, Lafleur, Latour à Pomerol, Petrus, Le Pin, Trotanoy, Vieux Château Certan
Saint-Émilion : Angélus, L'Arrosée, Ausone, Beau-Séjour Bécot, Beauséjour Duffau, Canon-la-Gaffelière, Cheval Blanc, Clos Fourtet, Clos de l'Oratoire, La Couspaude, La Dominique, Ferrand Lartigue, La Gaffelière, La Gomerie, Grand Mayne, Grand-Pontet, Larmande, Monbousquet, La Mondotte, Moulin Saint-Georges, Pavie Macquin, Rol Valentin, Tertre Roteboeuf, Troplong Mondot, Trotte Vieille, De Valandraud
Barsac/Sauternes : Climens, Coutet, Guiraud, Lafaurie-Peyraguey, Rieussec, Suduiraut, La Tour Blanche, D'Yquem

1995 – BRÈVE PRÉSENTATION (20 SEPTEMBRE 1995)

Saint-Estèphe ****
Pauillac ****/*****
Saint-Julien ****/*****
Margaux ****
Médoc/Haut-Médoc/
Moulis-en-Médoc/Listrac-Médoc ***
Graves/Pessac-Léognan rouges ****/*****
Graves/Pessac-Léognan blancs ***
Pomerol *****
Saint-Émilion ****
Barsac/Sauternes **

Récolte : très importante, à peine inférieure à celle de 1986, qui battit des records. Cependant, la plupart des propriétés pratiquèrent un éclaircissage important, et les rendements furent plus modestes. Les premiers et les deuxièmes crus, tout comme les propriétés soucieuses de qualité, opérèrent également une sélection très sévère et produisirent moins de grand vin que de coutume.
Spécificités : 1995 est le millésime le plus régulier à haut niveau entre 1990 et 2000. Les principales appellations proposent toutes des vins uniformément de haut vol.
Maturité : la rumeur voulait que les vins de merlot, extrêmement réussis, fussent précoces et aptes à être consommés rapidement. Mes dégustations montrent qu'ils sont certes d'une excellente facture, mais qu'ils se révèlent encore, de même que leurs homologues issus de cabernet (franc et sauvignon), corpulents, tanniques et structurés. À quelques exceptions près, les meilleurs 1995 sont généralement des vins de garde classiques et tanniques, qui, quoique d'ores et déjà accessibles, se porteront bien d'une certaine garde. Les spécimens les plus amples sont loin de leur apogée, et ne le seront pas avant 2008 ou 2012. Ils vieilliront longuement, mais mettront longtemps à s'affirmer... Serait-ce une répétition des 1955 ?
Prix : il s'agit d'un millésime relativement cher, à la fois en primeur et en bouteille. Cependant, la cote des 1995 n'a pas beaucoup évolué depuis leur diffusion.

Le millésime 1995 fut forgé par les mois de juin, juillet et août, qui s'imposèrent comme les plus secs et les plus torrides des quarante dernières années. Cependant, exactement comme pour les quatre millésimes précédents, le temps se détériora dès la première semaine de septembre, alors que débutaient les vendanges. Les pluies ne durèrent que du 7 au 19 septembre, alors qu'elles avaient persisté pendant tout le mois les deux années précédentes. En effet, la pluviométrie du mois de septembre fut en 1993 de 275 mm, en 1994 de 175 mm et en 1995 de 145 mm. Dans le même temps, Pauillac, Saint-Julien et Pomerol ne recevaient que 91 à 134 mm d'eau cette dernière année.

Si la vendange 1995 fut très importante, de nombreux viticulteurs n'hésitèrent pas à effectuer des sélections sévères dès la fin des fermentations, produisant ainsi les vins les plus réussis du millésime. Le merlot était mûr, et, pour la première fois depuis 1990, le cabernet sauvignon vendangé tardivement fut rentré à parfaite maturité. La plupart des propriétés qui attendirent la fin septembre pour récolter ce cépage furent récompensées par des raisins parfaitement mûrs.

LES MEILLEURS 1995

Saint-Estèphe : Calon-Ségur, Cos d'Estournel, Cos Labory, Lafon-Rochet, Montrose
Pauillac : D'Armailhac, Clerc Milon, Grand-Puy-Lacoste, Haut-Batailley,
Lafite Rothschild, Latour, Lynch-Bages, Mouton Rothschild,
Pichon-Longueville Baron, Pichon-Longueville Comtesse de Lalande, Pontet-Canet

Saint-Julien : Branaire Ducru, Ducru-Beaucaillou, Gloria, Gruaud Larose, Lagrange, Léoville Barton, Léoville Las Cases, Léoville Poyferré, Talbot
Margaux : D'Angludet, Malescot Saint-Exupéry, Château Margaux, Palmer, Rauzan-Ségla
Médoc/Haut-Médoc/Moulis-en-Médoc/Listrac-Médoc : Charmail, La Lagune, Sociando-Mallet
Graves/Pessac-Léognan rouges : De Fieuzal, Haut-Bailly, Haut-Brion, La Mission Haut-Brion, Pape Clément, Smith Haut Lafitte, La Tour Haut-Brion
Graves/Pessac-Léognan blancs : De Fieuzal, Haut-Brion, Laville Haut-Brion, Pape Clément, Smith Haut Lafitte
Pomerol : Le Bon Pasteur, Bourgneuf, Certan de May, Clinet, La Conseillante, La Croix du Casse, L'Église-Clinet, L'Évangile, La Fleur de Gay, La Fleur-Petrus, Gazin, La Grave à Pomerol, La Fleur, Latour à Pomerol, Petrus, Le Pin, Trotanoy, Vieux Château Certan
Saint-Émilion : Angélus, L'Arrosée, Ausone, Beau-Séjour Bécot, Canon-la-Gaffelière, Cheval Blanc, Clos Fourtet, Clos de l'Oratoire, Corbin Michotte, La Couspaude, La Dominique, Ferrand Lartigue, Figeac, La Fleur de Jaugue, La Gomerie, Grand Mayne, Grand-Pontet, Larmande, Magdelaine, Monbousquet, Moulin Saint-Georges, Pavie Macquin, Tertre Roteboeuf, Troplong Mondot, De Valandraud
Barsac/Sauternes : Climens, D'Yquem

1994 – BRÈVE PRÉSENTATION (24 SEPTEMBRE 1994)

Saint-Estèphe ***
Pauillac ***
Saint-Julien ***
Margaux ***
Médoc/Haut-Médoc/Moulis-en-Médoc/Listrac-Médoc **
Graves/Pessac-Léognan rouges ****
Graves/Pessac-Léognan blancs *****
Pomerol ****
Saint-Émilion ***
Barsac/Sauternes *

Récolte : de nouveau très abondante pour le Bordelais. Dans les propriétés soucieuses de qualité, seules les meilleures cuvées firent le grand vin, suite à des sélections draconiennes. De ce fait, les très bons crus ne sont disponibles qu'en petites quantités.
Spécificités : un été chaud et sec annonçait une excellente année, qui fut malheureusement compromise par le mauvais temps de septembre et des pluies diluviennes entre les 7 et 29 de ce mois (175 mm). Ne réussirent vraiment que les producteurs qui sacrifièrent entre 30 et 50 % de leur récolte. Dans ce millésime assez peu homogène, le merlot fut le cépage le plus réussi ; même les Médoc de haut niveau en contiennent davantage que de cabernet sauvignon, plutôt austère et herbacé, avec un caractère très tannique. Ce sont les vignobles les mieux drainés (dans les Graves, ou longeant le fleuve dans le Médoc) qui connurent le plus grand succès, lorsqu'ils effectuèrent une sélection sévère.
Maturité : du fait de leur caractère tannique, les 1994 évoluent lentement. Il s'agit de vins de garde classiques, les meilleurs se révélant profondément colorés, structurés et puissants. Ils requièrent une certaine garde. Malheureusement, certains d'entre eux, notamment les Médoc, demeureront astringents, un peu comme les 1975.

Prix : les 1994 semblent actuellement surcotés en regard de leur potentiel, mais le manque de confiance des amateurs dans ce millésime fait que les meilleurs crus constituent de bonnes affaires.

À leur meilleur niveau, les 1994 sont excellents, et de plus haut vol que les 1993. Cependant, de nombreux crus ont souffert, au moment de la mise en bouteilles, d'un excès de collage et de filtration. En effet, ces manipulations les ont souvent dépouillés de leur fruité en exacerbant leurs défauts, notamment leur caractère creux et excessivement tannique. 1994 aurait pu être un excellent millésime, n'étaient les treize jours de pluies diluviennes entre le 7 et le 29 septembre. Comme pour toutes les années forgées par un été superbe et compromises par un temps pluvieux au moment des vendanges, les sélections furent déterminantes ; elles firent la différence entre les vins de haut niveau et ceux qui manquaient d'équilibre.

Les 1994 se distinguent par leur caractère peu évolué, dû à leurs tannins abondants. Les crus les mieux réussis recèlent le fruité et la richesse en extrait leur permettant de faire pièce à leur caractère tannique. En revanche, les vins qui ne sont pas issus d'une sélection draconienne, ou qui ne contiennent pas suffisamment de merlot pour étoffer et atténuer le cabernet sauvignon, plutôt austère, se révèlent maigres et desséchés. Les 1994 sont incontestablement d'un niveau irrégulier, plus frustrants à déguster que leurs aînés d'un an. Les amateurs avisés pourront se faire plaisir en achetant des crus excellents, mais il convient de choisir avec discernement.

Exactement comme les 1993, les 1994 les mieux réussis contiennent une forte proportion de merlot ou sont issus de vignobles bien drainés. Bien qu'elle traîne aussi son lot de déceptions, l'appellation la plus favorisée semble, cette fois encore, être Pomerol. Les propriétés des Graves et celles qui longent le fleuve en Médoc ont obtenu des vins riches et bien équilibrés, grâce à leurs sols profonds, graveleux et bien drainés. Pour réussir dans ce millésime, il était primordial d'effectuer des sélections très sévères (30 à 50 % de la récolte), notamment dans le Médoc, d'utiliser une forte proportion de merlot dans l'assemblage final et surtout de procéder à la mise en bouteille la plus douce possible, en évitant les excès de collage et de filtration, qui dépouillent les vins de leurs arômes.

LES MEILLEURS 1994

Saint-Estèphe : Cos d'Estournel, Lafon-Rochet, Montrose
Pauillac : Clerc Milon, Grand-Puy-Lacoste, Lafite Rothschild, Latour, Lynch-Bages, Mouton Rothschild, Pichon-Longueville Baron,
Pichon-Longueville Comtesse de Lalande, Pontet-Canet
Saint-Julien : Branaire Ducru, Ducru-Beaucaillou, Lagrange, Léoville Barton, Léoville Las Cases, Léoville Poyferré
Margaux : Malescot Saint-Exupéry, Château Margaux
Médoc/Haut-Médoc/Moulis-en-Médoc/Listrac-Médoc : Sociando-Mallet
Graves/Pessac-Léognan rouges : Bahans Haut-Brion, Haut-Bailly, Haut-Brion, La Mission Haut-Brion, Pape Clément, Smith Haut Lafitte
Graves/Pessac-Léognan blancs : Domaine de Chevalier, De Fieuzal, Haut-Brion, Laville Haut-Brion, Pape Clément, Smith Haut Lafitte, Latour-Martillac
Pomerol : Beauregard, Le Bon Pasteur, Clinet, La Conseillante, La Croix du Casse, La Croix de Gay, L'Église-Clinet, L'Évangile, La Fleur de Gay, Gazin, Lafleur, Petrus, Le Pin
Saint-Émilion : Angélus, L'Arrosée, Beau-Séjour Bécot, Beauséjour Duffau,

Canon-la-Gaffelière, Cheval Blanc, Clos Fourtet, La Dominique, Ferrand Lartigue, Grand-Pontet, Monbousquet, Pavie Macquin, Tertre Roteboeuf, Troplong Mondot, De Valandraud
Barsac/Sauternes : aucun

1993 - BRÈVE PRÉSENTATION (26 SEPTEMBRE 1993)

Saint-Estèphe **
Pauillac **
Saint-Julien **
Margaux *
Médoc/Haut-Médoc/
Moulis-en-Médoc/Listrac-Médoc *
Graves/Pessac-Léognan rouges ***
Graves/Pessac-Léognan blancs ***
Pomerol ***
Saint-Émilion **
Barsac/Sauternes *

Récolte : très abondante.
Spécificités : un autre millésime desservi par de mauvaises conditions climatiques, qui offre cependant quelques agréables surprises. Il propose notamment davantage de crus séduisants que 1991 et 1992.
Maturité : les meilleurs 1993 se maintiendront encore jusqu'en 2010.
Prix : c'est le dernier millésime des années 90 encore disponible sur le marché qui soit toujours proposé à des prix raisonnables.

D'aucuns ont condamné le millésime 1993 – qualifié de véritable désastre – à cause des pluies torrentielles du mois de septembre. En effet, si 1991 et 1992 furent marqués par une forte pluviométrie, 1993 battit les records, dépassant la moyenne des trente dernières années de 303 %. Il était donc tentant de conclure hâtivement qu'aucun vin de bon niveau ne pouvait être produit dans de telles conditions. En outre, le printemps précédent fut épouvantable, et les mois d'avril et de juin extrêmement pluvieux.

Cependant, les températures de juillet furent supérieures aux moyennes saisonnières, et août se révéla extrêmement chaud et ensoleillé. Avant que le temps ne se détériore à compter du 6 septembre, de nombreux producteurs entretenaient même l'espoir d'un millésime exceptionnel. Malheureusement, de mauvaises conditions climatiques balayèrent ensuite cet optimisme, quoique le temps frais et sec qu'il fit entre les averses ne permît pas la formation de la pourriture tant redoutée. La plupart des propriétés vendangèrent quand elles le purent et achevèrent leur récolte vers la mi-octobre.

Les meilleurs 1993 attestent qu'il s'agit d'un millésime plus profondément coloré, plus riche et peut-être meilleur que 1991 et 1992. Ces vins un peu aqueux, qui se distinguent par leurs robes sombres, leur bonne structure et l'imparfaite maturité du cabernet sauvignon dont ils sont issus, sont aussi plus profonds et plus persistants qu'on ne l'aurait pensé de prime abord.

LES MEILLEURS 1993

Saint-Estèphe : Cos d'Estournel, Montrose
Pauillac : Clerc Milon, Latour, Mouton Rothschild
Saint-Julien : Lagrange, Léoville Barton, Léoville Las Cases, Léoville Poyferré
Margaux : Château Margaux

Médoc/Haut-Médoc/Moulis-en-Médoc/Listrac-Médoc : Sociando-Mallet
Graves/Pessac-Léognan rouges : De Fieuzal, Haut-Brion, La Mission Haut-Brion, Smith Haut Lafitte, La Tour Haut-Brion
Graves/Pessac-Léognan blancs : Haut-Brion, Laville Haut-Brion, Smith Haut Lafitte
Pomerol : Beauregard, Le Bon Pasteur, Clinet, La Conseillante, L'Église-Clinet, L'Évangile, La Fleur de Gay, Gazin, Lafleur, Latour à Pomerol, Petrus, Le Pin, Trotanoy
Saint-Émilion : Angélus, L'Arrosée, Beau-Séjour Bécot, Beauséjour Duffau, Canon-la-Gaffelière, Cheval Blanc, La Dominique, Grand-Pontet, Magdelaine, Pavie Macquin, Tertre Roteboeuf, Troplong Mondot, De Valandraud
Barsac/Sauternes : aucun

1992 – BRÈVE PRÉSENTATION (21 SEPTEMBRE 1992)

Saint-Estèphe **
Pauillac **
Saint-Julien **
Margaux *
Médoc/Haut-Médoc/
Moulis-en-Médoc/Listrac-Médoc *
Graves/Pessac-Léognan rouges **
Graves/Pessac-Léognan blancs ***
Pomerol ***
Saint-Émilion **
Barsac/Sauternes *

Récolte : extrêmement abondante, mais les meilleures propriétés effectuèrent une sélection draconienne, si bien que les quantités disponibles sont souvent restreintes.
Spécificités : au meilleur niveau, les 1992 sont plaisants et souples, mais même les crus les mieux vinifiés accusent un caractère aqueux et herbacé dû à des pluies excessives avant et pendant les vendanges.
Maturité : les 1992 sont à consommer avant 2006.
Prix : ils sont très bas en raison de la mauvaise réputation du millésime. Détail intéressant : certains premiers crus classés étaient disponibles aux environs de 150 F (23 €) la bouteille, les autres crus classés pour moins de 100 F (15 €)... ce qui est très peu cher dans le contexte du marché actuel !

Le millésime 1992 n'a pas été affecté par le gel, comme 1991, mais plutôt par des pluies extrêmement abondantes qui sont arrivées au moment le plus critique. Après une saison printanière plutôt précoce, très humide et chaude, la floraison était en avance de huit jours par rapport à la moyenne générale des trente dernières années. Déjà, on espérait vendanger tôt. Ensuite, l'été fut caniculaire. Le mois de juin, humide et chaud, fut suivi d'un mois de juillet aux températures légèrement supérieures à la normale, puis d'un mois d'août où celles-ci furent bien au-dessus de la moyenne. Cependant, contrairement à ce qui s'était passé pour certains millésimes chauds et secs comme 1982, 1989 et 1990, il plut beaucoup en août, presque trois fois plus que la moyenne saisonnière. Ainsi, on enregistra 193 mm de pluie à Bordeaux en août 1992 (provenant essentiellement des violents orages des deux derniers jours de ce mois), alors qu'il n'y en avait eu que 22 mm en 1990 et 63 mm en 1989.

À la mi-août, il était clair que la récolte serait très abondante. Afin de réduire leurs rendements, les propriétés les plus sérieuses procédèrent à des éclaircissages sévères et produisirent ainsi des vins plus riches que celles qui n'en firent pas.

Les deux premières semaines de septembre furent sèches, mais anormalement fraîches, si bien que le sémillon et le sauvignon purent être vendangés dans des conditions idéales. C'est pour cette raison que, malgré des rendements élevés, les vins blancs des Graves sont réussis et se révèlent même parfois excellents.

À compter du 20 septembre et pendant le mois d'octobre, le temps fut défavorable, avec des pluies diluviennes interrompues par de courtes périodes de beau temps. Dans la majorité des propriétés viticoles, les vendanges s'étalèrent dans le temps, sauf celles du merlot, qui eurent lieu sur les deux rives pendant trois jours clairs et secs, soit les 29 et 30 septembre et le 1er octobre. Entre les 2 et 6 octobre, il y eut davantage de pluie, avec de violents orages. Comprenant qu'il était inutile d'attendre encore, la plupart des châteaux récoltèrent dans des conditions déplorables. Il était primordial, pour faire de bons vins, de vendanger à la main, afin de ne ramasser que les baies saines, en laissant celles qui étaient abîmées sur pied. Une sélection plus stricte encore était nécessaire dans les chais.

Dans l'ensemble, 1992 est un meilleur millésime que 1991. En effet, aucune appellation n'a connu cette année-là une aussi forte proportion de mauvais vins que Pomerol et Saint-Émilion en 1991. Aujourd'hui, les 1992 rappellent les 1973, mais il faut préciser que, grâce à de meilleures techniques de vinification, à une sélection plus sévère, à un matériel plus sophistiqué et à des rendements mieux contrôlés, les vins des châteaux les plus sérieux sont plus concentrés, plus riches et en général de plus haute volée que les meilleurs 1973, ou même que les meilleurs 1987. Les 1992 les plus réussis sont ronds, fruités, faibles en acidité, avec des tannins modérés et une concentration moyenne ou bonne.

L'appellation qui réussit le mieux en 1992 est Pomerol. Les propriétés des Établissements Jean-Pierre Moueix pratiquèrent un éclaircissage sévère, et les vignobles de leurs deux fleurons, Trotanoy et Petrus, furent recouverts d'une bâche en plastique noir dès le début du mois de septembre. Cette technique, alors innovante et révolutionnaire, empêcha la pluie de gorger le sol, et donc les raisins, puisque, au contraire, l'eau glissa sur le film. J'ai pu voir des photos de cette installation coûteuse, et je dois reconnaître, après avoir dégusté les vins, que la brillante idée de Christian Moueix s'est révélée payante. Trotanoy et Petrus s'imposent incontestablement comme deux des vins les plus concentrés du millésime – les efforts déployés pour recouvrir les 8 ha de Trotanoy et les 13 ha de Petrus furent dont bien récompensés. Ironie du sort, cette technique de bâchage au sol, qui donna ici des résultats extraordinaires, ne fut plus autorisée huit ans plus tard par l'INAO relativement aux vins d'appellation d'origine contrôlée.

Les autres appellations ont chacune leur lot de réussites et d'échecs, mais, dans l'ensemble, la qualité est fort irrégulière. Les propriétés qui pratiquèrent un éclaircissage sévère dans le but de réduire les rendements achevèrent les vendanges avant le déluge du 2 au 6 octobre ; celles qui furent attentives au tri proposent des vins fruités, souples et charmeurs qui sont à consommer.

LES MEILLEURS 1992

Saint-Estèphe : Haut-Marbuzet, Montrose
Pauillac : Lafite Rothschild, Latour, Pichon-Longueville Baron
Saint-Julien : Ducru-Beaucaillou, Gruaud Larose, Léoville Barton, Léoville Las Cases
Margaux : Giscours, Château Margaux, Palmer, Rausan-Ségla[1]

1. Jusqu'en 1992, le nom de ce château s'orthographiait avec un *s*. À compter de 1993, on écrit Rauzan-Ségla.

Médoc/Haut-Médoc/Moulis-en-Médoc/Listrac-Médoc : aucun
Graves/Pessac-Léognan rouges : Carbonnieux, Haut-Bailly, Haut-Brion, La Louvière, La Mission Haut-Brion, Smith Haut Lafitte
Graves/Pessac-Léognan blancs : Domaine de Chevalier, De Fieuzal, Haut-Brion, Laville Haut-Brion, Smith Haut Lafitte
Pomerol : Le Bon Pasteur, Certan de May, Clinet, La Conseillante, L'Église-Clinet, L'Évangile, La Fleur de Gay, La Fleur-Petrus, Gazin, Lafleur, Petrus, Trotanoy
Saint-Émilion : Angélus, L'Arrosée, Beauséjour Duffau, Canon, Fonroque, Magdelaine, Troplong Mondot, De Valandraud
Barsac/Sauternes : aucun

1991 – BRÈVE PRÉSENTATION (19 SEPTEMBRE 1991)

Saint-Estèphe **
Pauillac **
Saint-Julien **
Margaux *
Médoc/Haut-Médoc/
Moulis-en-Médoc/Listrac-Médoc 0
Graves/Pessac-Léognan rouges **
Graves/Pessac-Léognan blancs 0
Pomerol 0
Saint-Émilion 0
Barsac/Sauternes **

Récolte : réduite, surtout dans les appellations de la rive droite (à Pomerol et à Saint-Émilion), en raison d'une gelée meurtrière dans la nuit du 20 au 21 avril.
Spécificités : il s'agit d'un véritable désastre pour Pomerol et Saint-Émilion. Cependant, à mesure que l'on remonte le Médoc en direction du nord, la qualité s'améliore, et l'on trouve à Pauillac et à Saint-Estèphe, et même dans les Graves, quelques vins plaisants, parfois même bons.
Maturité : ces vins, qui ont évolué rapidement, auraient dû être consommés avant 2004.
Prix : ils sont relativement bas en raison de la mauvaise réputation du millésime.

1991 a été l'année des grandes gelées de printemps. Pendant le week-end des 20 et 21 avril, les températures sont tombées à – 9 °C, endommageant la plupart des vignobles du Bordelais, en particulier ceux de l'est de la Gironde, à Pomerol et à Saint-Émilion. Les premiers bourgeons, dits de la « première génération », ont tous été sérieusement touchés. Les dégâts furent moins importants dans la partie nord du Médoc, notamment dans le secteur nord-est de la région de Pauillac et dans la moitié sud de Saint-Estèphe. Le printemps suivant la gelée a vu la sortie de nouveaux bourgeons, que les spécialistes appellent « fruits de deuxième génération ».

La récolte s'annonçant réduite, certains optimistes ont estimé que 1991 pourrait ressembler à 1961, un superbe millésime dont une importante gelée de printemps avait limité la récolte. Bien sûr, toutes ces espérances supposaient que le temps restât ensoleillé et sec. Cependant, c'est seulement début septembre que les producteurs prirent conscience de ce que le merlot ne pourrait être vendangé qu'à la fin du mois, le cabernet sauvignon devant quant à lui attendre la mi-octobre. À cause de l'imparfaite maturité des fruits de deuxième génération, les vendanges durent être décalées par rapport au calendrier initialement prévu, mais les journées ensoleillées de la fin septembre laissaient encore présager une année miraculée, comme 1978.

Malheureusement, le 25 septembre, un orage de l'Atlantique apportait 116 mm de pluie, soit d'un seul coup le double de la moyenne pour ce mois.

Pendant la période du 30 septembre au 12 octobre, où le temps demeura sec, la majorité du merlot de la rive droite, à Pomerol et Saint-Émilion, fut vendangée aussi rapidement que possible. Dans ces régions, les raisins présentaient des signes de dilution et n'étaient pas à maturité. Il y avait aussi un peu de pourriture. En Médoc, le cabernet sauvignon, imparfaitement mûr, fut quand même ramassé, car il était trop risqué d'attendre davantage. Les propriétés qui vendangèrent entre les 13 et 19 octobre (il y eut, juste après, six jours consécutifs de pluies diluviennes qui apportèrent 120 mm d'eau) ramassèrent un cabernet sauvignon qui se révéla étonnamment sain et faible en acidité, bien que pas totalement mûr. Au contraire, celles qui ne purent rentrer leur récolte avant le deuxième déluge n'avaient aucune chance de faire du vin de bonne qualité.

À Saint-Émilion et à Pomerol, le millésime 1991 est en général de mauvaise facture, voire désastreux. Il est à mon avis inférieur à 1984 et dépasse même en la matière le lamentable 1969. Plusieurs domaines de ces deux appellations ont déclassé la totalité de leur récolte cette année-là. À Saint-Émilion, on compte parmi les plus renommés les Châteaux L'Arrosée, Ausone, Canon, Cheval Blanc, La Dominique et Magdelaine. À Pomerol, où ce fut une véritable catastrophe hormis quelques bons vins, des propriétés bien connues n'ont pas diffusé de 1991 sous leur étiquette. Parmi elles, les Châteaux Beauregard, Le Bon Pasteur, L'Évangile, Le Gay, La Grave à Pomerol, Lafleur, Latour à Pomerol, Petrus, Trotanoy et Vieux Château Certan.

Cependant, malgré toutes ces mauvaises nouvelles, certains vignobles des Graves et du Médoc jouxtant la Gironde produisirent des vins plaisants, ronds et assez corsés. Les amateurs seraient agréablement surpris par leur qualité, notamment celle de quelques Saint-Julien, Pauillac et Saint-Estèphe. Dans les appellations du nord du Médoc, les premiers bourgeons (de première génération) n'ont pas souffert du gel, et si, au moment des vendanges, les raisins présentaient quelques signes de dilution, ils étaient à un stade de maturité physiologique plus avancé que les fruits de deuxième génération. Cependant, ces 1991 doivent être proposés à des prix raisonnables, faute de quoi ils n'auraient pas de quoi susciter l'intérêt des consommateurs.

Les 1991 les plus réussis sont issus des propriétés du Médoc qui, fort judicieusement, ont inclus dans leur assemblage davantage de merlot que de cabernet sauvignon (imparfaitement mûr).

LES MEILLEURS 1991

Saint-Estèphe : Cos d'Estournel, Lafon-Rochet, Montrose
Pauillac : Les Forts de Latour, Grand-Puy-Lacoste, Lafite Rothschild, Latour, Lynch-Bages, Mouton Rothschild, Pichon-Longueville Baron, Pichon-Longueville Comtesse de Lalande, Réserve de la Comtesse
Saint-Julien : Beychevelle, Branaire Ducru, Clos du Marquis, Ducru-Beaucaillou, Langoa Barton, Léoville Barton, Léoville Las Cases
Margaux : Giscours, Château Margaux, Palmer, Rausan-Ségla
Médoc/Haut-Médoc/Moulis-en-Médoc/Listrac-Médoc : aucun
Graves/Pessac-Léognan rouges : Carbonnieux, Domaine de Chevalier, Haut-Brion, La Mission Haut-Brion
Graves/Pessac-Léognan blancs : aucun

Pomerol : Clinet
Saint-Émilion : Angélus, Troplong Mondot
Barsac/Sauternes : aucun

1990 – BRÈVE PRÉSENTATION (12 SEPTEMBRE 1990)

Saint-Estèphe *****
Pauillac *****
Saint-Julien *****
Margaux ****
Médoc/Haut-Médoc/
Moulis-en-Médoc/Listrac-Médoc ****
Graves/Pessac-Léognan rouges ****
Graves/Pessac-Léognan blancs ***
Pomerol *****
Saint-Émilion *****
Barsac/Sauternes *****

Récolte : très abondante, l'une des plus importantes jamais enregistrées dans le Bordelais.
Spécificités : 1990 fut l'année la plus chaude depuis 1947 et la plus ensoleillée depuis 1949. Les meilleurs vignobles des Graves et du Médoc subirent un stress important ; les sols plutôt lourds de Saint-Estèphe, les plateaux et les coteaux calcaires de Saint-Émilion, ainsi que les crus de Fronsac enregistrèrent de belles réussites, tout comme les autres propriétés qui n'hésitèrent pas à effectuer une sélection sévère.
Maturité : malgré leur caractère tannique, les 1990 se sont révélés accessibles dès leur plus jeune âge, en raison de leur très faible acidité et de leurs tannins doux (mais abondants). Les vins les plus étoffés présentent un potentiel de garde de 20 à 25 ans. Il n'est pas un 1990 qui ne soit pas agréable à l'heure actuelle (2005).
Prix : les prix des 1990 en primeur étaient de 15 à 20 % moins élevés que ceux des 1989. Cependant, aucun autre jeune millésime du Bordelais, à l'exception peut-être de 1982, n'a connu par la suite une hausse de prix aussi importante.

La plupart des grands millésimes de Bordeaux ont coïncidé avec des années relativement chaudes et sèches. Pour cette seule raison, 1990 mérite une attention particulière. En effet, il s'agit de la deuxième année la plus chaude de ce siècle, juste après 1947. C'est également la deuxième plus ensoleillée, après 1949. On attribue souvent l'ensoleillement extraordinaire et les étés magnifiquement chauds que Bordeaux a connus dans les années 80 à l' « effet de serre » et au réchauffement général du globe terrestre, et les scientifiques ont d'ailleurs vigoureusement tiré la sonnette d'alarme à ce propos. Cependant, si l'on revient aux conditions climatiques qui régnaient à Bordeaux entre 1945 et 1949, on constate que cette période a été encore plus torride que les années 1989-1990. Et l'on ne mettait pas en cause, à cette époque, la fonte des glaciers des deux pôles...

Les conditions météorologiques de 1990 ont certes contribué à façonner un bon millésime, mais le climat n'est qu'un des facteurs de l'équation. Les mois de juillet et d'août ont été les plus chauds depuis 1961, et août a connu ses plus hautes moyennes de températures depuis 1928, année où l'on a commencé à enregistrer les données climatiques. En septembre, mois dont les producteurs disent qu'il « fait » la qualité du vin, le temps n'a pas été exceptionnel. Dans les grands millésimes, 1990 est l'année la plus pluvieuse après 1989, et, exactement comme pour cette dernière, les pluies sont arrivées à des moments critiques. Ainsi, le 15 septembre, une série d'orages pluvieux s'est abattue sur une partie des Graves. Les 22 et 23 septembre, il a plu, certes plus modérément, sur toute la région, exactement comme du 7 au 15 octobre. Certains producteurs se sont empressés d'affirmer que ces précipitations avaient été bénéfiques, notamment pour le cabernet sauvignon, dont les baies étaient encore de petite taille, avec des peaux trop épaisses. Plusieurs vignes de cabernet avaient en effet souffert d'un blocage de maturité dû à la sécheresse et à la chaleur excessives, et certains vignerons ont soutenu que l'eau, en débloquant la situation, avait permis aux raisins d'atteindre un stade de maturité plus avancé. Cet argument est séduisant et non dénué de vérité, mais, malheureusement, trop de propriétés ont cédé à la panique en vendangeant trop tôt après les pluies.

On est agréablement surpris, en goûtant les 1990, par leur opulence et leur générosité, ainsi que par leur caractère rôti, conséquence des mois d'été extrêmement, sinon excessivement, chauds. Les pluies de septembre ont probablement allégé le « stress » qui pesait sur certaines vignes, notamment le cabernet de sols légers et bien drainés, mais elles ont aussi gorgé les raisins, contribuant ainsi à augmenter une récolte qui s'annonçait déjà importante. Il ne fait aucun doute que les grands millésimes correspondent à des années relativement chaudes et sèches. L'une des clés permettant de bien comprendre le millésime 1990 est le fait que les meilleurs vins sont issus des vignobles implantés sur les sols les plus lourds et les moins bien drainés, et des propriétés ayant effectué des sélections sévères. Ainsi, comme le montrent mes notes de dégustation, les sols plus lourds des régions de Saint-Estèphe, de Fronsac et des plateaux et coteaux de Saint-Émilion ont donné des vins plus riches, plus concentrés et plus complets que les sols plus légers, graveleux et bien drainés des meilleurs vignobles de Margaux et des Graves.

Il y a eu en 1990 une vendange aussi abondante que l'année précédente. En fait, la quantité produite était même plus élevée, mais les autorités compétentes sont intervenues et ont exigé des déclassements importants, si bien que les rendements maximaux déclarés en 1990 sont équivalents à ceux de 1989. La production globale pour chacune de ces deux années est supérieure de 30 % à celle de 1982, autre millésime forgé par un climat chaud. Un grand nombre de propriétés (en particulier les premiers crus et les meilleurs seconds crus) ont procédé en 1990 à des sélections plus sévères qu'en 1989, le volume déclaré de premier vin étant souvent moindre dans cette dernière année.

Dans toutes les appellations, les vins rouges paraissent faibles en acidité (aussi faibles, sinon plus, que les 1989) et très tanniques (plus qu'en 1989), mais ils sont aussi souples et épanouis, bien évolués, extrêmement mûrs, avec de généreux arômes de rôti. Du fait de leurs tannins doux (ils évoquent en cela les 1982, 1985 et 1989), ils étaient très agréables dans leur jeunesse, mais il promettent aussi d'être de longue garde.

Parmi les beaux succès de ce millésime, il faut compter trois des quatre premiers crus du Médoc (sans Mouton Rothschild), qui ont fait des vins plus riches et plus étoffés qu'en 1989. Par ailleurs, certaines parties de cette même région, notamment Saint-Julien et Pauillac, regorgent d'une foule de vins à la fois souples, ronds, précoces, fruités, faibles en acidité et très alcooliques, aux tannins abondants mais fondus. L'un des aspects du millésime qui m'a le plus frappé est le fait que les vins ont acquis davantage d'étoffe et de structure au fur et à mesure de leur vieillissement en fûts et ont continué d'évoluer de la sorte en bouteilles, exactement comme en 1982 (mais pas en 1989). J'avoue avoir, de prime abord, sous-estimé certains Pauillac et Saint-Julien. Au moment de la mise en bouteilles, ceux-ci se sont révélés profonds et riches, s'imposant comme les bordeaux les plus grandioses entre 1982 et 1990. Mouton Rothschild et Pichon-Comtesse semblent être les seuls éléments discordants de ce paysage, avec des 1990 moins réussis et moins complets que leurs aînés d'un an. En outre, ces crus sont décevants pour le millésime et d'un niveau inférieur à leurs pairs. Cette constatation s'est confirmée lors de dégustations récentes. En revanche, les autres Médoc de haut vol n'ont cessé de gagner en richesse et en stature, s'imposant indiscutablement comme les bordeaux les plus intéressants qui soient entre 1982 et 2000.

Sur la rive droite, Pomerol a enregistré en 1990 un succès moindre qu'en 1989. Font cependant exception les crus situés en bordure de Saint-Émilion, en particulier L'Évangile, La Conseillante et Le Bon Pasteur, dont les 1990 s'imposaient dès le départ comme étant plus riches que leurs aînés d'un an. Exactement comme les meilleurs Médoc, les Pomerol se sont étoffés au fur et à mesure de leur vieillissement en fûts et en bouteilles ; dans l'ensemble, ils se sont bien améliorés, gagnant en corpulence, en précision et en complexité. On peut dire que 1990 a donné plusieurs Pomerol de très haut vol, mais, en règle générale, ce millésime y est inférieur au précédent.

Quant à la région de Saint-Émilion, dont la production est souvent hétérogène, 1990 est pour elle le millésime le plus homogène et le meilleur de ces cinquante dernières années, et ce pour les trois secteurs de l'appellation (le plateau, les vignobles situés au pied des coteaux et ceux des sols sableux et graveleux). Les 1990 de Cheval Blanc, Figeac, Pavie, L'Arrosée, Ausone et Beauséjour Duffau sont nettement supérieurs à leurs aînés d'un an. En particulier, Cheval Blanc et Beauséjour Duffau s'imposent comme de véritables légendes ; Figeac n'est pas loin derrière, ayant produit cette année-là sa plus belle réussite depuis 1982 et 1964.

Les vins blancs des Graves ainsi que les bordeaux blancs génériques sont d'un très bon niveau, généralement supérieur à celui de l'année précédente, à deux exceptions près cependant : le Haut-Brion et le Laville Haut-Brion blancs. En effet, ces deux crus s'imposent en 1989 au nombre des Graves blancs les plus grandioses jamais produits, et sont plus riches et plus complets que leurs cadets. Toutefois, dans l'ensemble, les Graves blancs 1990 sont mieux dotés et plus profonds que les 1989, les producteurs n'ayant pas commis la même erreur que l'année précédente, lorsqu'ils avaient vendangé trop tôt.

Quant aux Sauternes et aux Barsac, s'il s'agit pour eux d'un millésime historique, c'est parce que les viticulteurs de ces appellations ont achevé leurs vendanges avant les producteurs de rouges, ce qui n'était pas arrivé depuis 1949. Puissants, avec un caractère doux et liquoreux dans leur petite enfance, ces vins acquièrent lentement de la complexité et de la précision. Faut-il préférer les 1988, les 1989 ou les 1990 ? C'est une question de goût personnel, mais il semble bien que le dernier millésime de cette fabuleuse trilogie ait donné les exemples les plus concentrés et les plus puissants de l'appellation depuis plusieurs années. D'une richesse et d'une puissance presque « monstrueuses », avec un potentiel de garde de 30 à 40 ans, les 1990 répondent incontestablement à une fiche technique des plus impressionnantes. Seront-ils à terme plus élégants que les 1988 ? Je ne le pense pas, mais ils n'en demeurent pas moins stupéfiants par leur caractère massif.

LES MEILLEURS 1990

Saint-Estèphe : Calon-Ségur, Cos d'Estournel, Cos Labory, Haut-Marbuzet, Montrose, Phélan Ségur
Pauillac : Les Forts de Latour, Grand-Puy-Lacoste, Lafite Rothschild, Latour, Lynch-Bages, Pichon-Longueville Baron
Saint-Julien : Branaire Ducru, Gloria, Gruaud Larose, Lagrange, Léoville Barton, Léoville Las Cases, Léoville Poyferré

Margaux : Malescot Saint-Exupéry, Château Margaux, Palmer, Rausan-Ségla
Médoc/Haut-Médoc/Moulis-en-Médoc/Listrac-Médoc : Lanessan, Du Moulin Rouge, Sociando-Mallet, Tour Haut-Caussan, Tour du Haut-Moulin, Tour Saint-Bonnet
Graves/Pessac-Léognan rouges : Haut-Bailly, Haut-Brion, La Louvière, La Mission Haut-Brion, Pape Clément
Graves/Pessac-Léognan blancs : Domaine de Chevalier, De Fieuzal, Latour-Martillac
Pomerol : Le Bon Pasteur, Certan de May, Clinet, La Conseillante, L'Église-Clinet, L'Évangile, La Fleur de Gay, Gazin, Lafleur, Petit Village, Petrus, Le Pin, Trotanoy, Vieux Château Certan
Saint-Émilion : Angélus, L'Arrosée, Ausone, Beauséjour Duffau, Canon-la-Gaffelière, Cheval Blanc, Clos Fourtet, La Dominique, Figeac, Grand Mayne, Pavie, Pavie Macquin, Tertre Roteboeuf, Troplong Mondot
Barsac/Sauternes : Climens, Coutet, Coutet Cuvée Madame, Doisy Daëne, Guiraud, Lafaurie-Peyraguey, Rabaud-Promis, Raymond-Lafon, Rieussec, Sigalas Rabaud, Suduiraut, La Tour Blanche, D'Yquem

1989 – BRÈVE PRÉSENTATION (31 AOÛT 1989)

Saint-Estèphe ***
Pauillac *****
Saint-Julien ****
Margaux ***
Médoc/Haut-Médoc/
Moulis-en-Médoc/Listrac-Médoc ****
Graves/Pessac-Léognan rouges ***
Graves/Pessac-Léognan blancs **
Pomerol *****
Saint-Émilion ****
Barsac/Sauternes ****

Récolte : absolument gigantesque. Avec 1990 et 1986, il s'agit d'une des plus importantes récoltes jamais enregistrées à Bordeaux.
Spécificités : hormis les producteurs bordelais eux-mêmes, tout le monde a accueilli le millésime 1989 avec un enthousiasme délirant. Les critiques américains, français et surtout britanniques l'ont, dans un même élan, consacré « millésime du siècle ». Mais certains dégustateurs sérieux ont vite remis en cause la richesse en extrait, la très faible acidité, ainsi que le caractère plutôt surprenant de nombre de ces vins. Cependant, on en trouve également qui sont riches, corpulents, spectaculaires, avec un très bon potentiel de garde.
Maturité : exactement comme les 1990, les 1989 sont très tanniques et faibles en acidité. Ils devront donc être consommés relativement rapidement, sauf pour les plus concentrés d'entre eux, qui se conserveront pendant 20 à 30 ans, voire plus.
Prix : les prix de lancement les plus élevés de tous les millésimes, avant 1995 et 1996.

Différentes « sources » ont rapporté que plusieurs châteaux du Bordelais avaient commencé les vendanges dans les derniers jours du mois d'août, ce qui fait de 1989 le millésime le plus précoce depuis 1893. Une récolte avancée est toujours la conséquence d'une saison caniculaire et de précipitations inférieures à la moyenne et annonce souvent une très grande année. Le regretté Peter Sichel (dans sa publication annuelle *Vintage & Market Report*) notait qu'entre 1893 et 1989, seules les années 1947, 1949, 1970 et 1982 ressemblent à 1989 pour les conditions climatiques, mais qu'aucune d'entre elles n'a été aussi chaude. Bien entendu, il ne pouvait deviner que 1990 battrait des records en la matière.

Du point de vue de la qualité des vins, le choix le plus critique a probablement été celui de la date des vendanges. En effet, le Bordelais a connu en 1989 la récolte la plus longue de son histoire (du 28 août au 15 octobre). Certaines propriétés, notamment Haut-Brion dans les Graves et celles que dirige Christian Moueix à Pomerol et à Saint-Émilion, ont vendangé pendant la première semaine du mois de septembre, alors que d'autres n'ont terminé qu'à la mi-octobre. Au cours de la deuxième semaine de septembre, un problème est apparu : une bonne partie du cabernet sauvignon était, en effet, mûr à l'analyse et avait un taux de sucre suffisant pour produire des vins à 13°, mais il n'était pas à maturité physiologique. La plupart des producteurs, n'ayant jamais été confrontés à une telle situation, étaient indécis. Beaucoup s'en sont alors malheureusement remis à leurs œnologues – qui, on le sait, n'aiment pas prendre de risques. C'est ainsi que ces derniers ont conseillé de vendanger immédiatement, car ils craignaient que les raisins déjà mûrs ne perdent de leur acidité. Mais bien des négociants et des producteurs l'ont dit : en ramassant leur cabernet trop hâtivement, de nombreux propriétaires ont compromis leurs chances de produire le meilleur vin de leur vie. Cette erreur, conjuguée aux très forts rendements, explique probablement que tant de Graves et de Margaux soient simplement bons, mais pas exceptionnels.

Le même problème ne s'est pas posé pour le merlot, qui a été vendangé relativement tôt, avec un taux d'alcool allant de 13°5 à 15° – fait sans précédent dans le Bordelais. Les propriétés qui pratiquaient alors l'éclaircissage, comme Petrus et Haut-Brion, ont obtenu des vins d'une concentration exceptionnelle à partir de rendements de 45 à 55 hl/ha, tandis que celles qui n'en ont pas fait ont atteint le chiffre astronomique de 80 hl/ha.

Contrairement à ce qu'ont pu dire certains, les vendanges 1989 ne se sont pas déroulées dans des conditions totalement sèches : en effet, il y a eu quelques averses, généralement peu dommageables, les 10, 13, 18 et 22 septembre, mais plusieurs domaines, gagnés par la panique, ont vendangé dès le lendemain des pluies, produisant ainsi, par excès d'anxiété, des vins très légers.

D'une manière générale, les 1989 sont les bordeaux les plus alcooliques que j'aie jamais goûtés (de 12°8 à 14°5 pour certains Pomerol) ; ils sont aussi très tanniques et faibles en acidité. Aux fins de comparaison, ils titrent 1 ou 2° de plus que les 1982 ou les 1961, et ont une acidité inférieure à ces derniers comme aux 1959 et aux 1961, mais davantage de tannins. Fort heureusement, ceux-ci sont en général souples et mûrs, comme dans les 1982, et non secs et astringents, comme dans les 1988. Cela donne des vins amples, riches et charnus en bouche, qui rappellent donc les 1982. Les meilleurs 1989 présentent aussi un gras généreux, mais ont-ils pour autant la même concentration que les plus fins des 1982, des 1986 et des 2000 ? En ce qui concerne Margaux – qui, exactement comme en 1982, était l'appellation la moins favorisée par le millésime –, la réponse est non. Dans les Graves, à l'exception de Haut-Brion, La Mission Haut-Brion, Haut-Bailly et De Fieuzal, les vins sont relativement légers et manquent de caractère. Les Saint-Émilion sont également moins homogènes et moins profondément concentrés qu'en 1982, 1990, 1998 et 2000. Cette appellation a certes produit en 1989 un certain nombre de vins riches, fruités et gras, mais elle a été très irrégulière. Cependant, dans le nord du Médoc, notamment à Saint-Julien, Pauillac et Saint-Estèphe, ainsi qu'à Pomerol, beaucoup de vins se sont révélés intéressants, très corsés, alcooliques et tanniques. Les plus réussis d'entre eux paraissent allier la texture merveilleusement riche, opulente et charnue des 1982 à la puissance et aux tannins des 1990, mais ils sont curieusement moins concentrés que leurs homologues de ces deux millésimes, et nettement moins denses que les 1996 ou les 2000.

Exactement comme les 1982, les 1989 seront agréables à déguster durant de longues années. Malgré leurs tannins abondants, ils recèlent une faible acidité qui, conjuguée à leur gras et à leur alcool généreux, leur confère du charme et de la séduction, ainsi qu'un caractère charnu et corsé. La qualité est certes assez inégale, mais les meilleurs Pomerol, Saint-Julien, Pauillac et Saint-Estèphe pourront, dans certains cas, rivaliser avec les grandes réussites de ces vingt dernières années.

LES MEILLEURS 1989

Saint-Estèphe : Cos d'Estournel, Haut-Marbuzet, Meyney, Montrose, Phélan Ségur
Pauillac : Clerc Milon, Grand-Puy-Lacoste, Lafite Rothschild, Lynch-Bages, Mouton Rothschild, Pichon-Longueville Baron, Pichon-Longueville Comtesse de Lalande
Saint-Julien : Beychevelle, Branaire Ducru, Ducru-Beaucaillou, Gruaud Larose, Lagrange, Léoville Barton, Léoville Las Cases, Talbot
Margaux : Château Margaux, Palmer, Rausan-Ségla
Médoc/Haut-Médoc/Moulis-en-Médoc/Listrac-Médoc : Beaumont, Le Boscq, Cantemerle, Chasse-Spleen, Gressier Grand Poujeaux, Lanessan, Maucaillou, Du Moulin Rouge, Potensac, Poujeaux, Sociando-Mallet, La Tour de By, Tour Haut-Caussan, Tour du Haut-Moulin, Tour Saint-Bonnet, Vieux Robin
Graves/Pessac-Léognan rouges : Bahans Haut-Brion, Haut-Bailly, Haut-Brion, La Louvière, La Mission Haut-Brion
Graves/Pessac-Léognan blancs : Clos Floridène, Haut-Brion, Laville Haut-Brion
Pomerol : Le Bon Pasteur, Clinet, La Conseillante, Domaine de l'Église, L'Église-Clinet, L'Évangile, Lafleur, La Fleur de Gay, La Fleur-Petrus, Le Gay, Lafleur, Les Pensées de Lafleur, Petrus, Le Pin, Trotanoy, Vieux Château Certan
Saint-Émilion : Angélus, Ausone, Cheval Blanc, La Dominique, La Gaffelière, Grand Mayne, Magdelaine, Pavie, Pavie Macquin, Soutard, Tertre Roteboeuf, Troplong Mondot, Trotte Vieille
Barsac/Sauternes : Climens, Coutet, Coutet Cuvée Madame, Doisy-Védrines, Guiraud, Lafaurie-Peyraguey, Rabaud-Promis, Raymond-Lafon, Rieussec, Suduiraut, Suduiraut Cuvée Madame, La Tour Blanche, D'Yquem

1988 – BRÈVE PRÉSENTATION (20 SEPTEMBRE 1988)

Saint-Estèphe ***
Pauillac ****
Saint-Julien ****
Margaux ***
Médoc/Haut-Médoc/Moulis-en-Médoc/Listrac-Médoc **
Graves/Pessac-Léognan rouges *****
Graves/Pessac-Léognan blancs ***
Pomerol ****
Saint-Émilion ***
Barsac/Sauternes *****

Récolte : aussi abondante qu'en 1982, soit 30 % de moins qu'en 1989 et 1990.
Spécificités : craignant des pluies similaires à celles qui avaient compromis les 1987, plusieurs producteurs lâchèrent trop rapidement la bride à leurs vendangeurs. Et il y eut malheureusement, en Médoc, beaucoup de cabernet sauvignon vendangé trop tôt.

Maturité : grâce à leur bon niveau d'acidité et à leurs tannins abondants et assez astringents, les 1988 ont indiscutablement un potentiel de garde de 20 à 30 ans. Cependant, on peut se demander combien de ces vins conserveront suffisamment de fruit pour faire pièce à leurs tannins.
Prix : de 20 à 50 % au-dessous d'autres millésimes plus prisés, si bien que les meilleurs 1988 sont d'un excellent rapport qualité/prix.

Sans être exceptionnelle, l'année 1988 est bonne pour ce qui est des vins rouges, et il s'agit, pour les liquoreux de Sauternes et de Barsac, d'une des plus grandes du siècle dernier.

Du fait de l'absence de très grande réussite de la part des meilleurs châteaux, les rouges de ce millésime seront toujours considérés comme bons, plutôt qu'excellents. La vendange fut assez abondante, mais elle a été dépassée par les deux qui l'ont suivie, celles de 1989 et de 1990. Quant aux rendements moyens, ils furent de l'ordre de 45 à 50 hl/ha, ce qui correspond à peu près à la production de 1982. Les 1988 sont dans l'ensemble colorés, très tanniques et bien structurés, mais ils révèlent souvent un manque de profondeur, ainsi qu'une finale courte et des tannins verts et astringents. Cependant, les Graves et la partie nord du Médoc ont enregistré de jolis succès.

Ces caractéristiques sont manifestes dans le Médoc. En effet, craignant une réédition de la pourriture et des pluies tardives qui avaient marqué 1987, de nombreux châteaux ont cédé à la panique et ont vendangé leur cabernet sauvignon trop tôt, avec parfois des taux de sucre de 8-9 %. En revanche, les propriétés qui ont attendu (elles ne sont malheureusement pas nombreuses) ont fait de meilleurs vins.

À Pomerol et à Saint-Émilion, le merlot a été vendangé à maturité, mais, à cause de la forte sécheresse de l'été, les peaux étaient très épaisses, ce qui explique le caractère extrêmement tannique et dur des vins qui en sont issus.

À Saint-Émilion, plusieurs propriétaires affirment avoir vendangé leur cabernet franc à maturité, avec les taux de sucre les plus élevés jamais enregistrés. Cependant, en dépit des espoirs suscités par cette déclaration, le cabernet franc présente en majorité un caractère dilué et accuse un manque de structure. On trouve donc dans cette appellation des vins inégaux, malgré la satisfaction exprimée par les viticulteurs après les vendanges.

C'est probablement dans les Graves que l'on trouve les meilleurs 1988.

Il est certain que les 1989 ont volé la vedette à leurs prédécesseurs, car ils sont plus riches, plus spectaculaires et plus corsés, mais un regard objectif sur les 1988 permettra de déceler des réussites étonnantes à Margaux, à Pomerol et dans les Graves, ainsi que dans certaines propriétés du nord du Médoc qui ont soit écarté le cabernet sauvignon récolté trop tôt, soit attendu qu'il arrive à maturité pour le ramasser. En revanche, ce millésime n'a pas été bon pour les crus bourgeois ; ils ont vendangé trop précipitamment. Il faut dire que leurs prix relativement bas ne permettent pas aux producteurs d'effectuer la sélection qui serait nécessaire dans des années comme celle-ci.

Pour les Sauternes et les Barsac, la réussite était au rendez-vous. Avec des vendanges qui se sont poursuivies jusqu'à la fin de novembre et des conditions climatiques idéales pour la formation de la pourriture noble (*Botrytis cinerea*), le millésime 1988 est considéré par tous les experts comme le meilleur depuis 1937. Presque tous les vins, y compris ceux des domaines les plus modestes, se distinguent par d'intenses senteurs de miel, de coco, d'orange et d'autres fruits tropicaux. On en trouve plusieurs qui sont marqués par le botrytis, avec une forte concentration d'arômes, leur texture riche, onctueuse et opulente étant merveilleusement étayée par une acidité vive et fraîche qui contribue à leur équilibre d'ensemble. C'est cette dernière caractéristique qui leur confère leur grande classe.

LES MEILLEURS 1988

Saint-Estèphe : Calon-Ségur, Haut-Marbuzet, Meyney, Phélan Ségur
Pauillac : Clerc Milon, Lafite Rothschild, Latour, Lynch-Bages, Mouton Rothschild, Pichon-Longueville Baron, Pichon-Longueville Comtesse de Lalande
Saint-Julien : Gruaud Larose, Léoville Barton, Léoville Las Cases, Talbot
Margaux : Monbrison, Rausan-Ségla
Médoc/Haut-Médoc/Moulis-en-Médoc/Listrac-Médoc : Fourcas Loubaney, Gressier Grand Poujeaux, Poujeaux, Sociando-Mallet, Tour du Haut-Moulin
Graves/Pessac-Léognan rouges : Les Carmes Haut-Brion, Domaine de Chevalier, Haut-Bailly, Haut-Brion, La Louvière, La Mission Haut-Brion, Pape Clément
Graves/Pessac-Léognan blancs : Domaine de Chevalier, Clos Floridène, Couhins-Lurton, De Fieuzal, Laville Haut-Brion, La Louvière, Latour-Martillac
Pomerol : Le Bon Pasteur, Certan de May, Clinet, L'Église-Clinet, La Fleur de Gay, Gombaude Guillot Cuvée Spéciale, Lafleur, Petit Village, Petrus, Le Pin, Vieux Château Certan
Saint-Émilion : Angélus, Ausone, Canon-la-Gaffelière, Clos des Jacobins, Larmande, Tertre Roteboeuf, Troplong Mondot
Barsac/Sauternes : D'Arche, Broustet, Climens, Coutet, Coutet Cuvée Madame, Doisy Daëne, Doisy-Dubroca, Guiraud, Lafaurie-Peyraguey, Lamothe Guignard, Rabaud-Promis, De Rayne Vigneau, Rieussec, Sigalas Rabaud, Suduiraut, La Tour Blanche, D'Yquem

1987 – BRÈVE PRÉSENTATION (3 OCTOBRE 1987)

Saint-Estèphe **
Pauillac **
Saint-Julien **
Margaux **
Médoc/Haut-Médoc/
Moulis-en-Médoc/Listrac-Médoc *
Graves/Pessac-Léognan rouges ***
Graves/Pessac-Léognan blancs ****
Pomerol ***
Saint-Émilion **
Barsac/Sauternes *

Récolte : d'importance moyenne. Toutefois, elle semble minuscule lorsqu'on la compare à certaines récoltes extrêmement abondantes des années 80 et 90.
Spécificités : il s'agit du millésime le plus sous-estimé de la décennie, qui offre cependant nombre de vins ronds, mûrs et goûteux, en particulier les Pomerol, les Graves et ceux issus des propriétés les plus sérieuses du nord du Médoc.
Maturité : les meilleurs 1987 peuvent encore être bus (en 2005), mais les autres sont sur le déclin.
Prix : en règle générale, les prix sont peu élevés pour ce millésime séduisant, mais sous-évalué.

Plus d'un Bordelais estime que 1987 (et non pas 1982 ou 1989) aurait pu être le millésime le plus extraordinaire des années 80 si les pluies qui se sont abattues sur la région pendant les deux premières semaines d'octobre n'avaient compromis la qualité du cabernet sauvignon et du petit verdot encore sur pied. N'est-il pas vrai que les mois d'août et de septembre furent les plus torrides que Bordeaux ait connus depuis 1976 ? Malheureusement, les pluies abondantes qui suivirent balayèrent tout espoir de grand millésime. La majorité du merlot fut vendangée avant l'arrivée des pluies. Quant au cabernet sauvignon, si celui qui fut rentré avant le mois d'octobre était de qualité satisfaisante, il n'en fut pas de même pour celui qu'on ramassa après le déluge. Mais, grâce aux récoltes records de 1985 et de 1986, les chais de la plupart des châteaux étaient pleins, et les propriétaires se montrèrent donc moins réticents à éliminer les cuves de cabernet sauvignon dilué par les quatorze jours de pluie ininterrompue du mois d'octobre. Les meilleurs châteaux ont produit des vins moyennement corsés, mûrs, fruités, ronds et parfois gras, avec un faible taux d'acidité et un caractère charmeur et sensuel.

On a souvent tendance à considérer 1987 comme une mauvaise année et à la comparer à d'autres millésimes récents aussi médiocres que 1977, 1980 et 1984. En réalité, elle est tout à fait différente. Le problème de 1977, 1980 et 1984 est que les raisins n'étaient pas mûrs à cause de la longue période de mauvais temps, froid et pluvieux, qui avait précédé les vendanges. En 1987, en revanche, le merlot et le cabernet étaient à maturité, et les pluies ont simplement dilué des raisins parfaitement mûrs.

Le millésime 1987 est le plus sous-estimé de la décennie, surtout par rapport aux propriétés qui ont opéré un tri sévère ou qui ont vendangé des merlots sains. Celles-là ont produit des vins délicieusement fruités, bien évolués, purs, gras et ronds, sans aucune trace de pourriture. Les prix demeurent intéressants malgré la petite production.

LES MEILLEURS 1987

Saint-Estèphe : Cos d'Estournel
Pauillac : Lafite Rothschild, Latour, Mouton Rothschild, Pichon-Longueville Baron, Pichon-Longueville Comtesse de Lalande
Saint-Julien : Gruaud Larose, Léoville Barton, Léoville Las Cases, Talbot
Margaux : D'Angludet, Château Margaux, Palmer
Médoc/Haut-Médoc/Moulis-en-Médoc/Listrac-Médoc : aucun
Graves/Pessac-Léognan rouges : Bahans Haut-Brion, Domaine de Chevalier, Haut-Brion, La Mission Haut-Brion, Pape Clément
Graves/Pessac-Léognan blancs : Domaine de Chevalier, Couhins-Lurton, De Fieuzal, Laville Haut-Brion, Latour-Martillac
Pomerol : Certan de May, Clinet, La Conseillante, L'Évangile, La Fleur de Gay, Petit Village, Petrus, Le Pin
Saint-Émilion : Ausone, Cheval Blanc, Clos des Jacobins, Clos Saint-Martin, Grand Mayne, Magdelaine, Tertre Roteboeuf, Trotte Vieille
Barsac/Sauternes : Coutet, Lafaurie-Peyraguey

1986 – BRÈVE PRÉSENTATION (23 SEPTEMBRE 1986)

Saint-Estèphe ****
Pauillac *****
Saint-Julien *****
Margaux ****
Médoc/Haut-Médoc/
Moulis-en-Médoc/Listrac-Médoc ***
Graves/Pessac-Léognan rouges ***
Graves/Pessac-Léognan blancs **
Pomerol ***
Saint-Émilion ***
Barsac/Sauternes *****

Récolte : colossale. Il s'agit d'une des plus importantes récoltes enregistrées dans le Bordelais.
Spécificités : une très grande année pour le cabernet sauvignon du nord du Médoc – Saint-Julien, Pauillac et Saint-Estèphe. Les meilleurs 1986 requièrent un vieillissement supplémentaire, et je me demande combien d'heureux détenteurs de ce millésime auront la patience d'attendre que ces vins atteignent leur apogée.
Maturité : les crus bourgeois, les vins des Graves et de la rive droite sont à boire depuis plusieurs années déjà, mais les Médoc, avec leur structure impeccable, ne seront pas prêts avant 2010.
Prix : hormis ceux de quelques superstars, ils sont encore raisonnables.

1986 est indiscutablement un grand millésime pour la partie nord du Médoc, en particulier pour Saint-Julien, Pauillac et Saint-Estèphe, où nombre de propriétés ont produit leurs vins les plus profonds et les plus concentrés depuis 1982, avec un potentiel de garde de 20 à 30 ans. Cependant, j'attire l'attention des lecteurs sur le fait que, contrairement aux superbes 1982 ou autres bons 1983 et 1985, les 1986 n'étaient pas flatteurs dans leur jeunesse. Si vous n'êtes pas disposés à attendre qu'ils soient à parfaite maturité pour les déguster, il serait insensé d'investir dans ces vins. En revanche, si vous savez patienter jusqu'au bon moment, les 1986 vous séduiront par leur pureté et leur généreux fruité de cabernet.

On peut se demander pourquoi 1986 a été une année aussi exceptionnelle pour beaucoup de Médoc et de Graves, et pourquoi le cabernet sauvignon s'est révélé étonnamment puissant et riche. L'été 1986 fut chaud et sec. Et, début septembre, Bordeaux connaissait une sécheresse telle que le processus de maturation des raisins s'en est trouvé perturbé. C'est alors qu'il commença à pleuvoir. Les premières pluies des 14 et 15 septembre furent bénéfiques, en ce qu'elles réduisirent les effets de la sécheresse et permirent le parachèvement de la maturation. Cependant, le 23 septembre, un orage violent s'abattit sur la ville de Bordeaux, la région des Graves et les principales appellations de la rive droite, Saint-Émilion et Pomerol.

De manière très étrange, cet orage, qui causa d'importantes inondations à Bordeaux, effleura juste les appellations du nord du Médoc, à savoir Saint-Julien, Pauillac et Saint-Estèphe. Et ceux qui débutèrent leurs vendanges fin septembre trouvèrent des merlots dilués par les pluies et des cabernets imparfaitement mûrs. Ainsi, les meilleurs 1986 sont issus 1) de vignobles vendangés après le 5 octobre ; 2) d'un assemblage ne comprenant ni le merlot ramassé précocement, ni le cabernet franc et le cabernet sauvignon rentrés entre le 23 septembre et le 4 octobre.

Après le 23 septembre, il y eut vingt-trois jours chauds et ensoleillés avec du vent, conditions idéales qui contribuèrent à faire de 1986 un millésime exceptionnel pour les vendangeurs tardifs. Il n'est donc pas surprenant que le cabernet sauvignon du nord du Médoc récolté après le 6 octobre, et plus particulièrement entre les 9 et 16 octobre, ait donné des vins d'une intensité et d'une profondeur extraordinaires. Les Châteaux Margaux et Mouton Rothschild, qui ont produit les deux plus grands vins de ce millésime, ont rentré la majeure partie de leur cabernet sauvignon entre les 11 et 16 octobre.

À Pomerol et à Saint-Émilion, les propriétés qui vendangèrent juste après le déluge du 23 septembre obtinrent, comme on pouvait s'y attendre, des vins moins intenses. Mais certains attendirent (Vieux Château Certan, Lafleur, Le Pin) et élaborèrent des vins plus étoffés et plus concentrés. Comme pour beaucoup de millésimes, le choix de la date des vendanges fut décisif en 1986, et il ne fait pas de doute que ce sont les « vendangeurs tardifs » qui réussirent le mieux. Le grand paradoxe de cette année est l'excellente qualité des vins des Graves, région sévèrement touchée par l'orage du 23 septembre. La raison en est peut-être que les meilleurs châteaux de cette appellation éliminèrent plus de merlot que de coutume de leur assemblage final, et qu'ils produisirent ainsi des vins comptant une plus forte proportion de cabernet sauvignon.

Enfin, en 1986, la récolte battit tous les records, avec un volume supérieur de 15 % à celui de 1985 (année déjà très abondante) et de 30 % à celui de 1982. Ce chiffre, égalé en 1989 et 1990, fut surpassé par la suite ; il est, en outre, inexact pour les crus classés du Médoc, qui produisirent moins de vin en 1986 qu'en 1985. Cet élément, conjugué avec la très grande maturité et le caractère tannique du cabernet sauvignon, explique que les Médoc soient plus concentrés, plus puissants et plus tanniques en 1986 qu'en 1985.

Tout bien considéré, le millésime 1986 offre de nombreux vins fascinants, d'une belle profondeur et au potentiel de garde assez exceptionnel. Mais les amateurs sauront-ils prendre patience et attendre pour les déguster que ces vins arrivent à maturité – aux alentours de 2010, voire plus tard ?

LES MEILLEURS 1986

Saint-Estèphe : Cos d'Estournel, Montrose
Pauillac : Clerc Milon, Grand-Puy-Lacoste, Haut-Bages Libéral, Lafite Rothschild, Latour, Lynch-Bages, Mouton Rothschild, Pichon-Longueville Baron, Pichon-Longueville Comtesse de Lalande
Saint-Julien : Beychevelle, Ducru-Beaucaillou, Gruaud Larose, Lagrange, Léoville Barton, Léoville Las Cases, Talbot
Margaux : Château Margaux, Palmer, Rausan-Ségla
Médoc/Haut-Médoc/Moulis-en-Médoc/Listrac-Médoc : Chasse-Spleen, Fourcas Loubaney, Gressier Grand Poujeaux, Lanessan, Maucaillou, Poujeaux, Sociando-Mallet
Graves/Pessac-Léognan rouges : Domaine de Chevalier, Haut-Brion, La Mission Haut-Brion, Pape Clément
Graves/Pessac-Léognan blancs : aucun
Pomerol : Certan de May, Clinet, L'Église-Clinet, La Fleur de Gay, Lafleur, Petrus, Le Pin, Vieux Château Certan
Saint-Émilion : L'Arrosée, Canon, Cheval Blanc, Figeac, Pavie, Tertre Roteboeuf
Barsac/Sauternes : Climens, Coutet Cuvée Madame, De Fargues, Guiraud, Lafaurie-Peyraguey, Raymond-Lafon, Rieussec, D'Yquem

1985 – BRÈVE PRÉSENTATION (29 SEPTEMBRE 1985)

Saint-Estèphe ***
Pauillac ****
Saint-Julien ****
Margaux ***
Médoc/Haut-Médoc/
Moulis-en-Médoc/Listrac-Médoc ***
Graves/Pessac-Léognan rouges ****
Graves/Pessac-Léognan blancs ****
Pomerol ****
Saint-Émilion ***
Barsac/Sauternes **

Récolte : très abondante – un record à l'époque, mais, par la suite, celles de 1986 et 1989, ainsi que de la plupart des millésimes des années 1990, se sont révélées plus importantes encore.
Spécificités : les meilleurs Médoc pourraient bien être la réplique des merveilleux 1953, séduisants et pleins de charme. Les meilleurs crus sont évolués et riches, ronds et féminins, et révèlent une pureté aromatique et une complexité exceptionnelles. 1985 est l'un des millésimes les plus délicieux à déguster actuellement et dans les 10 à 15 ans.
Maturité : ces vins accessibles dès leur diffusion ont évolué rapidement, et, bien qu'étant à maturité, ils sont capables d'une garde supplémentaire de 10 à 15 ans. Cependant, les meilleurs crus bourgeois sont passés.
Prix : les prix de départ des 1985 étaient très élevés, mais ils n'ont pas beaucoup augmenté par rapport à ceux d'autres millésimes.

Que ce soit dans le Bordelais ou ailleurs, chaque millésime est fonction des conditions climatiques, et le 1985 a été conçu pendant une période a priori peu favorable. En effet, le mois de janvier a été le plus froid à Bordeaux depuis 1956 (j'y étais le 16 janvier, quand on a enregistré une température de – 14 °C, ce qui est exceptionnellement froid pour la région), et, à l'époque, les Bordelais en ont profité pour exagérer les risques de dommages éventuels sur les vignobles. On peut aujourd'hui s'interroger sur le bien-fondé de leurs craintes et se demander si elles n'ont pas été délibérément amplifiées afin d'engendrer une hausse des 1983 et de créer une demande pour les 1984, trop chers et surcotés. Le printemps et l'été qui ont suivi n'ont présenté aucune particularité climatique, si ce n'est que les mois d'avril, de mai et de juin ont été légèrement plus frais et pluvieux que de coutume. Les précipitations et les températures de juillet ont été supérieures aux moyennes saisonnières, tandis qu'en août le temps a été sec, mais s'est un peu rafraîchi. Le mois de septembre 1985 est resté dans les annales comme le plus ensoleillé, le plus chaud et le plus sec que l'on ait connu à Bordeaux. En effet, même des années aussi grandioses que 1961, 1982 et 1989 n'avaient pas bénéficié d'une météo aussi exceptionnelle.

Les vendanges ont débuté fin septembre, et la période allant du 23 au 30 septembre a été marquée par trois faits : d'abord, le merlot était parfaitement mûr et d'excellente qualité ; ensuite, le cabernet sauvignon n'était pas à pleine maturité et ne titrait que 11° d'alcool ; enfin, la récolte était tellement importante que tout le monde a été pris au dépourvu. La sécheresse des mois d'août et septembre avait provoqué un blocage de maturité dans le cabernet des sols graveleux, et les meilleurs producteurs ont préféré attendre pour vendanger. Ils prenaient ainsi le risque d'exposer les baies à de mauvaises conditions climatiques, mais espéraient par là obtenir une plus forte teneur en sucre. Les moins audacieux ont récolté plus tôt, se contentant d'un cabernet sauvignon de bonne, mais pas d'excellente, qualité. Cependant, le beau temps a duré jusqu'à la fin du mois d'octobre, et ceux qui ont vendangé à la mi-octobre ont produit les meilleurs vins du millésime. Dans les régions de Barsac et de Sauternes, où la sécheresse n'a pas favorisé le développement du botrytis, les vins se sont révélés monolithiques, sans détour et fruités, mais manquant de profondeur et de complexité.

En règle générale, le millésime 1985 est très séduisant. On y trouve nombre de vins riches, équilibrés, très parfumés et tendres, qui pourront être dégustés au cours des 5 à 10 prochaines années, en attendant que les tannins des 1986 se fondent et que des millésimes plus étoffés, plus massifs et plus riches comme 1982, 1989, 1990, 1995, 1996 et 2000 atteignent leur apogée.

En Médoc, la récolte a été extrêmement abondante. Les châteaux qui ont procédé à des sélections sévères ont produit des vins ronds, pleins de charme, précoces et opulents, faibles en acidité et dotés d'un caractère élégant et féminin. Leurs tannins sont souples et bien fondus.

Il est intéressant de noter que certains deuxièmes crus comme Cos d'Estournel, Léoville Las Cases, Ducru-Beaucaillou, Pichon-Longueville Comtesse de Lalande, Léoville Barton et Lynch-Bages (cinquième cru) ont obtenu, exactement comme en 1989, des vins qui peuvent rivaliser avec – et qui parfois même surpassent – les plus illustres premiers crus. Dans d'autres millésimes (par exemple en 1986), ces derniers se situent bien au-dessus du lot, mais il n'en va pas de même en 1985 – hormis Château Margaux.

La plupart des propriétaires médocains avaient une haute opinion du 1985, qu'ils considéraient comme une synthèse de 1982 et de 1983. D'autres encore l'ont comparé au 1976. Mais ces deux points de vue me semblent loin de refléter la réalité. Les 1985 sont sans aucun doute plus légers que les meilleurs 1982, 1986, 1989, 1990, 1995, 1996, 1998 ou 2000, dont ils n'ont ni la texture ni la concentration.

Sur la rive droite, le merlot a été ramassé à bonne maturité, même si certaines propriétés ont vendangé un peu trop tôt (par exemple Petrus et Trotanoy). Quant à Saint-Émilion, la qualité y est moins homogène, car plusieurs viticulteurs ont vendangé leur cabernet sauvignon alors qu'il n'était pas encore à parfaite maturité. Certains producteurs du Libournais ont fait un rapprochement intéressant entre les 1985 et les 1971.

Les 1985, très séduisants, ont été surcotés au moment de leur diffusion, mais leurs prix n'ont pas évolué autant que certains vins l'auraient mérité, si bien qu'ils semblent aujourd'hui beaucoup plus raisonnables qu'ils ne l'étaient au début.

LES MEILLEURS 1985

Saint-Estèphe : Cos d'Estournel, Haut-Marbuzet
Pauillac : Lafite Rothschild, Lynch-Bages, Mouton Rothschild, Pichon-Longueville Comtesse de Lalande
Saint-Julien : Ducru-Beaucaillou, Gruaud Larose, Léoville Barton, Léoville Las Cases, Talbot
Margaux : D'Angludet, Lascombes, Château Margaux, Palmer, Rausan-Ségla
Médoc/Haut-Médoc/Moulis-en-Médoc/Listrac-Médoc : aucun
Graves/Pessac-Léognan rouges : Haut-Brion, La Mission Haut-Brion
Graves/Pessac-Léognan blancs : Domaine de Chevalier, Haut-Brion, Laville Haut-Brion
Pomerol : Certan de May, La Conseillante, L'Église-Clinet, L'Évangile, Lafleur, Petrus, Le Pin
Saint-Émilion : Canon, Cheval Blanc, De Ferrand, Soutard, Tertre Roteboeuf
Barsac/Sauternes : D'Yquem

1984 – BRÈVE PRÉSENTATION (5 OCTOBRE 1984)

Saint-Estèphe *
Pauillac *
Saint-Julien *
Margaux *
Médoc/Haut-Médoc/Moulis-en-Médoc/Listrac-Médoc *
Graves/Pessac-Léognan rouges **
Graves/Pessac-Léognan blancs *
Pomerol *
Saint-Émilion *
Barsac/Sauternes *

Récolte : moyenne, avec une majorité de vins à base de cabernet sauvignon.
Spécificités : il s'agit du millésime récent le moins agréable à boire actuellement. Pour la plupart composés d'une forte proportion de cabernet (le merlot était de mauvaise qualité cette année-là), les 1984 arborent encore une belle robe, mais ils sont compacts, austères, très fermés et très tanniques.
Maturité : bien qu'ils soient à maturité, les 1984 demeurent durs et acerbes en raison de leur acidité très prononcée – qui les aide aussi à se maintenir.
Prix : les 1984, quand on en trouve encore, sont proposés à des prix dérisoires.

Après 1981, 1982 et 1983 – trois millésimes abondants –, les conditions climatiques de l'été et de l'automne 1984 n'ont guère suscité l'enthousiasme des Bordelais. D'abord, grâce à un mois d'avril chaud et ensoleillé, le cycle végétal était en avance. Malheureusement, le mois de mai suivant, relativement frais et pluvieux, perturba la floraison, en particulier celle du merlot, cépage précoce dont la récolte fut ainsi compromise dès avant le début de l'été. Les mauvaises conditions climatiques (printemps tardif et été précoce) ont, par la suite, fait la « une » de la presse mondiale qui, extrapolant, a dépeint le millésime 1984 comme un désastre imminent. Cependant, juillet fut sec et chaud, et, à la fin du mois d'août, certains producteurs trop enthousiastes évoquaient la possibilité de récolter de petites quantités de cabernet sauvignon extrêmement mûr. Certains observateurs ont même rapproché le millésime 1984 du 1961, mais ils avaient probablement des intentions malicieuses, car ces deux millésimes sont rigoureusement différents et absolument incomparables.

Après un début septembre relativement calme, le temps s'est détérioré, en particulier entre le 21 septembre et le 4 octobre. Au cours de cette période, les conditions climatiques désastreuses ont atteint leur paroxysme avec l'arrivée du cyclone Hortense (le premier à s'abattre sur la région), qui a emporté la toiture de nombreux bâtiments et a causé des frayeurs noires aux viticulteurs. Après le 4 octobre, le temps s'est remis au beau, et les producteurs ont pu commencer à vendanger leur cabernet sauvignon. Ceux qui l'ont ramassé plus tard ont obtenu des raisins mûrs, mais aux peaux relativement épaisses et avec des taux d'acidité très élevés – surtout lorsqu'on les compare à ceux d'autres années récentes.

Le problème des 1984 (que ce soit dans leur jeunesse ou actuellement) est l'absence de merlot, qui aurait fait pièce à leur austérité, à leur caractère compact et tannique et à leur haut niveau d'acidité. C'est pour cette raison que ces vins herbacés manquent de gras et de charme ; pour cette raison aussi qu'ils ont de belles robes sombres, puisqu'ils sont essentiellement à base de cabernet sauvignon.

À Saint-Émilion et à Pomerol, le millésime 1984 n'est certes pas un désastre total, mais il est assurément très décevant. Cette année-là, des propriétés de haut niveau (Ausone, Canon, Magdelaine, Belair, La Dominique, Couvent des Jacobins et Tertre Daugay) déclassèrent la totalité de leur récolte, chose qui ne leur était pas arrivée depuis 1968 ou 1972. Même Petrus ne produisit que 800 caisses, alors que sa moyenne en 1985 et en 1986 était de l'ordre de 4 500 caisses.

En 2005, les meilleurs 1984 sont toujours relativement étroits et serrés, et, s'ils arborent encore une belle robe, ils manquent à la fois de chair, de profondeur, d'ampleur et de charme. Ils se conserveront sans aucun doute une dizaine d'années, mais il y a peu de chances qu'ils s'ouvrent et s'épanouissent un jour.

LES MEILLEURS 1984

Saint-Estèphe : Cos d'Estournel
Pauillac : Latour, Lynch-Bages, Mouton Rothschild, Pichon-Longueville Comtesse de Lalande
Saint-Julien : Gruaud Larose, Léoville Las Cases
Margaux : Château Margaux
Médoc/Haut-Médoc/Moulis-en-Médoc/Listrac-Médoc : aucun
Graves/Pessac-Léognan rouges : Domaine de Chevalier, Haut-Brion, La Mission Haut-Brion
Graves/Pessac-Léognan blancs : aucun
Pomerol : aucun
Saint-Émilion : aucun
Barsac/Sauternes : D'Yquem

1983 – BRÈVE PRÉSENTATION (26 SEPTEMBRE 1983)

Saint-Estèphe **
Pauillac ***
Saint-Julien ***
Margaux *****
Médoc/Haut-Médoc/Moulis-en-Médoc/Listrac-Médoc **
Graves/Pessac-Léognan rouges ****
Graves/Pessac-Léognan blancs ****
Pomerol ***
Saint-Émilion ****
Barsac/Sauternes ****

Récolte : importante, légèrement inférieure à celle de 1982, mais les propriétés du Médoc ont produit davantage de vin en 1983 que l'année précédente.
Spécificités : Bordeaux, comme le reste de la France, a souffert en août 1983 d'une chaleur tropicale et d'une humidité inhabituelles. Cela a entraîné une importante surmaturation des baies et favorisé le développement de la pourriture dans certains terroirs, en particulier à Saint-Estèphe, Pauillac, Pomerol et dans les parties les plus sablonneuses du plateau de Saint-Émilion.
Maturité : alors que ce millésime a été initialement décrit comme étant plus classique (ou plus typique) et de plus longue garde que son prédécesseur, les 1983 se révèlent aujourd'hui (en 2005) plus épanouis que les 1982, et ils ont atteint assez rapidement leur apogée.
Prix : ceux des meilleurs 1983 sont encore raisonnables.

Le cycle végétatif en 1983 fut assez étrange. Pour la troisième année consécutive, la floraison se déroula normalement, laissant présager une vendange abondante. Les températures du mois de juillet furent les plus torrides jamais enregistrées. Le mois d'août fut lui aussi très chaud, mais également pluvieux et humide, ce qui favorisa le développement du mildiou et de la pourriture dans plusieurs vignobles. Les producteurs qui ne traitèrent pas leurs vignes contre ces fléaux en furent pour leurs frais. Les mauvaises conditions climatiques persistèrent pendant tout le mois d'août et des observateurs pessimistes évoquaient alors l'éventualité d'un millésime aussi désastreux que 1968 ou 1965. Mais septembre fut chaud et sec (sans pluies excessives), et octobre connut un temps exceptionnel, sec et ensoleillé. Les raisins vendangés tard purent donc, sous des cieux cléments, atteindre un stade de parfaite maturité, et toute la période des vendanges se déroula dans des conditions idéales, comme Bordeaux n'en avait pas connu depuis 1961.

Le millésime 1983 est le meilleur de la décennie pour l'appellation Margaux, d'où sont issues les plus belles réussites. En fait, on trouve dans cette région, qui est toujours moins performante qu'on ne pourrait s'y attendre, nombre de vins de grande qualité, et les Châteaux Margaux, Palmer, Rausan-Ségla (1983 a marqué le retour de cette propriété à un excellent niveau), D'Issan et Brane-Cantenac se sont nettement distingués. À l'heure actuelle, le mystère de ces vins reste entier.

Les autres appellations ont connu davantage de difficultés, et leurs vins n'ont pas évolué de manière aussi homogène ni aussi gracieuse que certains l'avaient d'abord pronostiqué. Ainsi, dans le nord du Médoc, les Saint-Estèphe sont décevants, et la gamme des Pauillac comprend aussi bien des vins relativement légers, creux en milieu de bouche, au caractère rôti et trop boisé, que des réussites exceptionnelles, notamment les Châteaux Pichon-Longueville Comtesse de Lalande, Mouton Rothschild et Lafite Rothschild.

En règle générale, les Saint-Julien ne laisseront pas de souvenir impérissable, à l'exception du superbe Léoville Poyferré. En effet, ce cru est curieusement aussi bon en 1983 que les deux autres Léoville, à savoir Las Cases et Barton. Il n'y a aucun autre millésime des années 80 où ce soit le cas. Gruaud Larose et Talbot, qui appartenaient tous deux à Cordier, ont également produit de bons vins, mais, dans l'ensemble, je le répète, 1983 n'est pas une année mémorable pour les Saint-Julien.

La région des Graves est toujours aussi peu homogène, les Pessac-Léognan (Haut-Brion, La Mission Haut-Brion, Haut-Bailly, Domaine de Chevalier et De Fieuzal) étant très réussis, alors que les autres vins de l'appellation sont plutôt décevants.

Sur la rive droite, à Pomerol et à Saint-Émilion, l'irrégularité est encore de mise. Les vins de la plupart des vignobles des coteaux de Saint-Émilion sont bons, mais ceux du plateau et des sols les plus sablonneux sont de qualité peu homogène, à l'exception du Cheval Blanc 1983, qui est l'une des plus belles réussites de la décennie. Il est difficile de déterminer qui a produit les meilleurs Pomerol dans ce millésime, mais la maison Jean-Pierre Moueix n'a pas connu de succès particulier. D'autres propriétés de renom, comme La Conseillante, L'Évangile, Lafleur, Certan de May et Le Pin ont produit des vins de bonne facture.

LES MEILLEURS 1983

Saint-Estèphe : aucun
Pauillac : Lafite Rothschild, Mouton Rothschild,
Pichon-Longueville Comtesse de Lalande
Saint-Julien : Gruaud Larose, Léoville Las Cases, Léoville Poyferré, Talbot
Margaux : D'Angludet, Brane-Cantenac, D'Issan, Château Margaux,
Palmer, Prieuré-Lichine, Rausan-Ségla
Médoc/Haut-Médoc/Moulis-en-Médoc/Listrac-Médoc : Cantemerle
Graves/Pessac-Léognan rouges : Domaine de Chevalier, Haut-Bailly, Haut-Brion,
La Louvière, La Mission Haut-Brion
Graves/Pessac-Léognan blancs : Domaine de Chevalier, Laville Haut-Brion
Pomerol : Certan de May, La Conseillante, L'Évangile, Lafleur, Le Pin
Saint-Émilion : L'Arrosée, Ausone, Belair, Canon, Cheval Blanc, Figeac, Larmande
Barsac/Sauternes : Climens, Doisy Daëne, De Fargues, Guiraud, Lafaurie-Peyraguey,
Raymond-Lafon, Rieussec, D'Yquem

1982 – BRÈVE PRÉSENTATION (13 SEPTEMBRE 1982)

Saint-Estèphe *****
Pauillac *****
Saint-Julien *****
Margaux ***
Médoc/Haut-Médoc/
Moulis-en-Médoc/Listrac-Médoc ****
Graves/Pessac-Léognan rouges ***
Graves/Pessac-Léognan blancs **
Pomerol *****
Saint-Émilion *****
Barsac/Sauternes ***

Récolte : à l'époque, cette récolte extrêmement abondante constituait un record, mais elle a depuis été égalée, voire surpassée, par la plupart des millésimes des années 80 et 90.
Spécificités : à l'exception des régions des Graves et de Margaux, presque toutes les autres appellations du Bordelais ont produit en 1982 les vins les plus complexes et les plus profonds entre 1961 et 1990.
Maturité : la majorité des crus bourgeois auraient dû être dégustés dès avant 1995, et les vins de qualité moyenne des régions de Saint-Émilion, de Pomerol, des Graves et de Margaux sont à leur apogée depuis le milieu des années 90. Les vins plus opulents de Pomerol, de Saint-Émilion et du nord du Médoc (Saint-Julien, Pauillac et Saint-Estèphe) évoluent très lentement. Après s'être défaits du gras de leur petite enfance, ils présentent maintenant une texture plus serrée et plus massive, mais aussi plus structurée et plus tannique. En 2005, les premiers crus du Médoc requièrent une garde supplémentaire de 5 à 10 ans, tandis que les autres crus classés sont à leur apogée. Bref, un peu plus d'une vingtaine de vins pourront être qualifiés d'immortels.
Prix : hormis les 1990, aucun millésime récent depuis 1961 n'a connu une telle inflation, et, pourtant, les prix des 1982 continuent encore de grimper. Ils sont actuellement si élevés que les consommateurs n'ayant pas acheté ces vins en primeur ne peuvent qu'envier ceux qui ont eu la présence d'esprit de le faire et les ont ainsi obtenus à des prix paraissant aujourd'hui dérisoires. Qui se souvient d'un grand millésime aux prix de lancement suivants (la caisse) : Pichon-Lalande, 550 F (84 €) ; Léoville Las Cases, 800 F (122 €) ; Ducru-Beaucaillou, 750 F (114 €) ; Petrus, 3 000 F (457 €) ; Cheval Blanc, 2 750 F (419 €) ; Margaux, 2 750 F (419 €) ; Certan de May, 900 F (137 €) ; La Lagune, 375 F (57 €) ; Grand-Puy-Lacoste, 425 F (65 €) ; Cos d'Estournel, 725 F (111 €) ; et Canon, 525 F (80 €) ? En effet, c'étaient bien les prix moyens de vente des 1982 dans le courant du printemps, de l'été et de l'automne 1983. Les amateurs qui souhaiteraient actuellement se procurer des 1982 ne sauraient être suffisamment prudents : en effet, de nombreuses contrefaçons ont envahi le marché, notamment de Petrus, Lafleur, Le Pin, Cheval Blanc et des premiers crus classés. Les amateurs se méfieront aussi des conditions de conservation de nombreux crus vendus aux enchères. En effet, sont écoulés par ce biais de nombreux flacons endommagés par la chaleur ou ayant été mal stockés dans des locaux inadaptés.

Lorsque, en avril 1983, j'ai publié dans le *Wine Advocate* mes appréciations sur les 1982, j'ai évoqué le fait de n'en avoir jamais auparavant goûté de plus riches, de plus concentrés et de plus prometteurs. Vingt-deux ans plus tard, malgré les 1985, 1986, 1989, 1990, 1995, 1996, 1998 et 2000, je tiens toujours les 1982 pour la parfaite illustration de la grandeur des bordeaux, bien que toutes les propriétés n'aient pas eu alors le souci de produire des vins de qualité. C'est pour cette raison que les 1990 et 2000 sont plus réguliers à haut niveau.

Les meilleurs 1982 sont issus des appellations du nord du Médoc (Saint-Julien, Pauillac et Saint-Estèphe), ainsi que de Pomerol et de Saint-Émilion. Ils ont évolué plus lentement que je ne l'avais pensé de prime abord, mais déploient toujours une richesse, une opulence et une intensité comme j'en ai rarement vu, égalés en cela par une petite poignée de 1989, 1990, 1998 et 2000. À l'approche de leur 24e anniversaire, les premiers crus demeurent relativement fermés et peu évolués.

Les vins des autres appellations ont mûri plus rapidement, en particulier ceux des Graves et de Margaux, ceux – plus légers et de qualité moyenne – de Pomerol et de Saint-Émilion, ainsi que les crus bourgeois. La plupart étaient délicieux depuis le milieu des années 90 et doivent être consommés avant 2010.

Aujourd'hui, personne ne saurait valablement contester que les 1982 sont grandioses. Pourtant, en 1983, la presse spécialisée des États-Unis les a accueillis avec scepticisme, décriant leur faible niveau d'acidité et leur style « californien ». Certains critiques ont même avancé qu'ils étaient inférieurs aux 1979 et aux 1981, et qu'ils devaient être dégustés « avant 1990 », car ils étaient déjà à maturité. Mais, curieusement, aucun commentaire précis ne venait étayer ces affirmations. Bien sûr, la dégustation est subjective, mais de telles assertions se révèlent aujourd'hui infondées, surtout si l'on en juge par le niveau actuel des meilleurs 1982 ou encore par l'aptitude de certains de ces vins (les premiers crus, les meilleurs deuxièmes crus et les grands vins du nord du Médoc, de Pomerol et de Saint-Émilion) à évoluer lentement en acquérant davantage de richesse. Même à Bordeaux, les 1982 sont très hautement considérés et placés à égalité avec les 1961, les 1949, les 1945 et les 1929. En outre, le marché et les ventes aux enchères, qui rendent compte très justement de la vraie valeur d'un millésime, voient littéralement s'envoler leur cotation. Malheureusement, la controverse bat toujours son plein, en grande partie parce qu'il s'agit de l'année qui m'a propulsé sur le devant de la scène comme critique de vins. Malheureusement aussi, les jugements de nombre de mes collègues évoquent davantage un producteur vantant les mérites de son cru que la description objective du vin lui-même.

Les conditions climatiques exceptionnelles de 1982 ont façonné un millésime à leur image. La floraison, intervenue au cours d'un mois de juin chaud, sec et ensoleillé, laissait présager une récolte abondante. Juillet fut aussi extrêmement chaud, et les températures en août légèrement inférieures à la normale. Déjà, au début du mois de septembre, les viticulteurs bordelais espéraient une vendange importante et d'excellente qualité. C'est alors que survint une intense vague de chaleur qui dura presque trois semaines. En décuplant les taux de sucre, elle transforma une excellente année en un millésime fabuleux pour toutes les appellations, à l'exception de Margaux et des Graves, dont les sols légers et graveleux ont souffert de la chaleur torride de septembre. Pour la première fois, les vinifications se déroulèrent par des températures étonnamment élevées, et les viticulteurs en tirèrent des leçons qui leur furent utiles par la suite, notamment en 1985, 1989 et 1990, trois années également très chaudes. Beaucoup de rumeurs ont circulé, en particulier concernant les fermentations qui se seraient mal déroulées et les averses qui auraient compromis la fin des vendanges du cabernet sauvignon dans certaines propriétés, mais elles se sont par la suite révélées fausses.

À l'analyse, les 1982 sont les vins les plus concentrés et les plus riches en extrait depuis les 1961. Leur taux d'acidité, relativement faible, ne l'est pas plus que celui d'autres millésimes où la maturité était exceptionnelle – par exemple 1949, 1953, 1959 et 1961. Très curieusement, les mêmes sceptiques qui les ont vivement critiqués pour cet aspect ont ensuite adoré les 1985, 1989 et 1990, qui ont pourtant des pH plus élevés et donc moins d'acidité. Quant aux tannins des 1982, ils sont moins abondants que ceux des 1986, 1988, 1989, 1990, 1995, 1996 et 2000.

Les dégustations récentes que j'ai faites (en 2002) donnent à penser que les meilleurs 1982 du nord du Médoc requièrent une garde supplémentaire de 5 à 10 ans. La plupart semblent avoir peu évolué. Ils déploient en bouche des arômes extraordinairement amples, généreux et gras, d'une richesse en extrait exceptionnelle, qui devraient perdurer bien au-delà des 10 à 20 ans à venir. Si la majorité des Saint-Émilion, Pomerol, Saint-Julien, Pauillac et Saint-Estèphe 1982 sont sensationnels, la faille du millésime se situe en Margaux et dans les Graves. Seul Château Margaux paraît avoir évité les conséquences d'une récolte trop abondante, à savoir la production de vins de cabernet sauvignon peu structurés et mous qui semblent être la règle pour le reste de cette appellation. Il en va de même pour les Graves, légers et peu structurés, surtout lorsqu'on les compare aux superbes 1983 issus de cette même région. Seuls La Mission Haut-Brion et Haut-Brion ont fait de meilleurs vins en 1982 que l'année suivante.

L'unique aspect négatif des 1982 est le cours actuel des vins les plus réussis de ce millésime. Est-ce la raison pour laquelle ils sont toujours la cible privilégiée d'un petit nombre de journalistes américains ? Ceux qui les ont acquis en primeur ont réalisé l'affaire du siècle ; en effet, les 1982 sont pour les amateurs d'aujourd'hui ce que les 1945, 1947, 1949, 1959 et 1961 étaient pour ceux d'hier.

Enfin, les liquoreux de Sauternes et Barsac, initialement desservis par leur manque de richesse et de botrytis, ne sont pas aussi mauvais qu'on aurait pu le penser. En fait, D'Yquem et la Cuvée Madame du Château Suduiraut sont deux vins remarquablement puissants et riches, qui peuvent rivaliser avec les meilleurs 1983, 1986 et 1988.

LES MEILLEURS 1982

Saint-Estèphe : Calon-Ségur, Cos d'Estournel, Haut-Marbuzet, Meyney, Montrose
Pauillac : Les Forts de Latour, Grand-Puy-Lacoste, Haut-Batailley, Lafite Rothschild, Latour, Lynch-Bages, Mouton Rothschild, Pichon-Longueville Baron, Pichon-Longueville Comtesse de Lalande
Saint-Julien : Beychevelle, Branaire Ducru, Ducru-Beaucaillou, Gruaud Larose, Léoville Barton, Léoville Las Cases, Léoville Poyferré, Talbot
Margaux : Château Margaux
Médoc/Haut-Médoc/Moulis-en-Médoc/Listrac-Médoc : La Lagune, Maucaillou, Potensac, Poujeaux, Sociando-Mallet, Tour Haut-Caussan, Tour Saint-Bonnet
Graves/Pessac-Léognan rouges : Haut-Brion, La Mission Haut-Brion, La Tour Haut-Brion
Graves/Pessac-Léognan blancs : aucun
Pomerol : Le Bon Pasteur, Certan de May, La Conseillante, L'Évangile, Le Gay, Lafleur, Latour à Pomerol, Petit Village, Petrus, Le Pin, Trotanoy, Vieux Château Certan
Saint-Émilion : L'Arrosée, Ausone, Canon, Cheval Blanc, La Dominique, Figeac, Pavie
Barsac/Sauternes : Raymond-Lafon, Suduiraut Cuvée Madame, D'Yquem

1981 - BRÈVE PRÉSENTATION (28 SEPTEMBRE 1981)

Saint-Estèphe **
Pauillac ***
Saint-Julien ***
Margaux **
Médoc/Haut-Médoc/
Moulis-en-Médoc/Listrac-Médoc *
Graves/Pessac-Léognan rouges **
Graves/Pessac-Léognan blancs **
Pomerol ***
Saint-Émilion **
Barsac/Sauternes *

Récolte : moyennement abondante. Rétrospectivement, elle semble aujourd'hui modeste.
Spécificités : le premier d'une série presque ininterrompue de millésimes chauds et secs qui a duré jusqu'en 1990. 1981 aurait pu être une excellente année s'il n'avait plu juste avant les vendanges.
Maturité : la plupart des 1981 sont à leur apogée, mais les meilleurs d'entre eux pourront se conserver encore jusqu'en 2010.
Prix : ignorés ou sous-estimés, les 1981 sont aussi sous-évalués. Ils représentent donc un excellent rapport qualité/prix.

Le millésime 1981 a toujours été qualifié de plus « classique » que ses voisins immédiats. En fait, ce terme veut simplement dire qu'il s'agit d'une année typique de Bordeaux, avec des vins moyennement corsés, bien équilibrés et gracieux. Hormis environ une douzaine d'excellents vins, 1981 n'est dans l'ensemble qu'un « bon » millésime, surpassé par la plupart des années récentes.

1981 aurait en fait pu être une année exceptionnelle, n'étaient les pluies abondantes qui sont tombées juste avant le début des vendanges, inondant les vignobles entre le 1er et le 5, puis entre le 9 et le 15 octobre, et diluant considérablement les baies. Mais, jusqu'à ce moment, l'été avait été parfait. La floraison était intervenue dans d'excellentes conditions, et, si le mois de juillet fut frais, août et septembre furent chauds et secs. Ce n'est que de la spéculation, mais on peut penser qu'en l'absence de pluies 1981 aurait pu être l'un des plus grands millésimes de l'après-guerre. Il offre néanmoins des vins bien colorés, moyennement corsés, aux tannins modérés. Les vins blancs secs se sont révélés de bon niveau, mais ils devraient déjà avoir été consommés. Les régions de Sauternes et de Barsac ont été fortement touchées par les pluies et n'ont de ce fait produit aucun vin digne d'être remarqué.

On compte bon nombre de réussites, en particulier à Pomerol, Saint-Julien et Pauillac. Les défauts principaux des 1981 sont le manque de richesse, de chair et d'intensité – qualités que présentent d'autres millésimes plus récents. Cette année-là, la plupart des producteurs de vins rouges ont dû chaptaliser, les cabernets titrant environ 11° et les merlots 12°.

LES MEILLEURS 1981

Saint-Estèphe : aucun
Pauillac : Lafite Rothschild, Latour, Pichon-Longueville Comtesse de Lalande
Saint-Julien : Ducru-Beaucaillou, Gruaud Larose, Léoville Las Cases, Saint-Pierre
Margaux : Giscours, Château Margaux
Médoc/Haut-Médoc/Moulis-en-Médoc/Listrac-Médoc : aucun
Graves/Pessac-Léognan rouges : La Mission Haut-Brion

Graves/Pessac-Léognan blancs : aucun
Pomerol : Certan de May, La Conseillante, Petrus, Le Pin, Vieux Château Certan
Saint-Émilion : Cheval Blanc
Barsac/Sauternes : Climens, De Fargues, D'Yquem

1980 – BRÈVE PRÉSENTATION (14 OCTOBRE 1980)

Saint-Estèphe *
Pauillac **
Saint-Julien **
Margaux **
Médoc/Haut-Médoc/
Moulis-en-Médoc/Listrac-Médoc *
Graves/Pessac-Léognan rouges **
Graves/Pessac-Léognan blancs *
Pomerol **
Saint-Émilion *
Barsac/Sauternes ****

Récolte : moyenne.
Spécificités : il n'y a rien d'intéressant à dire sur ce millésime médiocre.
Maturité : à l'exception de Château Margaux et de Petrus, presque tous les 1980 auraient dû être consommés.
Prix : bas.

On dit souvent des années 80 qu'elles sont l'âge d'or de Bordeaux ou la décennie du siècle. Pourtant, elles n'ont pas débuté sous des auspices très favorables. L'été 1980 fut frais et pluvieux, et, à cause d'un mois de juin particulièrement déplorable, la floraison fut quelconque. Début septembre, on s'attendait à une récolte du même acabit qu'en 1968 et 1963, qui sont les deux pires millésimes des trente dernières années. Cependant, les traitements modernes contre la pourriture ont, dans une large mesure, permis de préserver les raisins, si bien que les producteurs purent retarder les vendanges jusqu'au retour du beau temps, fin septembre. Le ciel resta clément jusqu'à la mi-octobre, quand les pluies débutèrent alors que plusieurs producteurs commençaient à peine à récolter. Tout cela donna des vins qui, dans l'ensemble, sont décevants. Légers et aqueux, ils ont un caractère végétal et herbacé, et sont desservis par une acidité et des tannins en excès. Les viticulteurs qui vendangèrent tardivement et opérèrent des sélections sévères, comme la famille Mentzelopoulos à Château Margaux (la réussite du millésime), élaborèrent des vins plus souples, plus ronds et plus intéressants, accessibles dès la fin des années 80 et qui ont tenu jusqu'à la fin du siècle dernier. Cependant, peu de propriétés ont fait de bons vins.

Comme de coutume dans les années pluvieuses et fraîches, les vignobles situés sur des sols légers, graveleux et sablonneux (par exemple, ceux de Margaux et des Graves) mûrirent mieux que les autres. Il n'est donc pas surprenant qu'en 1980 les belles réussites émanent de ces régions ; mais certains Pauillac sont également d'excellente qualité, grâce à des sélections sévères.

Si 1980 fut décevant pour ce qui est des vins rouges, il s'agit en revanche d'une excellente année pour les liquoreux de Sauternes et Barsac, où les vendanges se déroulèrent dans des conditions idéales jusqu'à la fin du mois de novembre. Des raisins parfaitement mûrs ont donné quelques vins de très grande classe, très riches et très intenses, dont le succès commercial a malheureusement été compromis par la mauvaise réputation des vins rouges du même millésime. Quiconque ayant l'occasion de déguster un Climens, un D'Yquem ou un Raymond-Lafon 1980 en reconnaîtra immédiatement la qualité.

LES MEILLEURS 1980

Saint-Estèphe : aucun
Pauillac : Latour, Pichon-Longueville Comtesse de Lalande
Saint-Julien : Talbot
Margaux : Château Margaux
Médoc/Haut-Médoc/Moulis-en-Médoc/Listrac-Médoc : aucun
Graves/Pessac-Léognan rouges : Domaine de Chevalier, La Mission Haut-Brion
Graves/Pessac-Léognan blancs : aucun
Pomerol : Certan de May, Petrus
Saint-Émilion : Cheval Blanc
Barsac/Sauternes : Climens, De Fargues, Raymond-Lafon, D'Yquem

1979 - BRÈVE PRÉSENTATION (3 OCTOBRE 1979)

Saint-Estèphe **
Pauillac ***
Saint-Julien ***
Margaux ****
Médoc/Haut-Médoc/
Moulis-en-Médoc/Listrac-Médoc **
Graves/Pessac-Léognan rouges ****
Graves/Pessac-Léognan blancs **
Pomerol ***
Saint-Émilion **
Barsac/Sauternes *

Récolte : une vendange très abondante, considérée à l'époque comme un record.
Spécificités : il s'agit de la seule année fraîche des décennies 70 et 80 qui ait fait un bon millésime.
Maturité : contrairement aux pronostics de départ, les 1979 ont évolué lentement. Cela tient en partie au fait qu'ils présentent des tannins relativement durs et un bon niveau d'acidité, deux caractéristiques que l'on ne retrouve pas dans les meilleurs millésimes des années 80.
Prix : en raison du désintérêt des consommateurs pour ces vins de réputation assez moyenne, les 1979 sont à des prix relativement bas, hormis ceux de certains Pomerol prestigieux, dont la production est limitée.

En 1979, millésime oublié de Bordeaux, le volume de la récolte battit tous les records. Celle-ci donna, pour clôturer les années 70, des vins relativement sains, moyennement corsés, aux tannins fermes et dotés d'un bon niveau d'acidité. Cependant, la presse spécialisée n'en ayant que très peu parlé au cours de la décennie suivante, la plupart d'entre eux ont certainement été consommés avant d'avoir atteint leur apogée. Considérés comme inférieurs aux 1978 au moment de leur diffusion, ils se sont par la suite révélés de meilleur niveau, du moins en termes de potentiel de garde. Cependant, cette qualité prise isolément ne permet pas d'évaluer correctement un millésime, et certains 1979 sont des vins pauvres, maigres et compacts, que des commentateurs naïfs ont préféré qualifier de « classiques » plutôt que de dire qu'ils étaient totalement « dépouillés ».

Malgré d'importantes disparités entre les différentes appellations, les régions de Margaux, des Graves et de Pomerol ont produit des vins étonnamment bons, très aromatiques et riches. À quelques exceptions près, ils se conserveront encore quelques années grâce à leur acidité et leur tannins abondants, ainsi qu'à leur structure solide. Les meilleurs d'entre eux ont un potentiel de garde de 10 à 15 ans encore.

Pour les vins blancs secs et liquoreux, il ne s'agit pas d'une très bonne année. En effet, les blancs secs sont issus de baies imparfaitement mûres, et les liquoreux de Sauternes et Barsac, pâtissant du mauvais développement du botrytis, ne présentent pas la texture crémeuse et la complexité qui font leur réputation.

Les prix des 1979 (lorsque les vins sont encore disponibles) sont les plus bas parmi ceux des bons millésimes récents du Bordelais et reflètent le manque d'intérêt des consommateurs.

LES MEILLEURS 1979

Saint-Estèphe : Cos d'Estournel
Pauillac : Lafite Rothschild, Latour, Pichon-Longueville Comtesse de Lalande
Saint-Julien : Gruaud Larose, Léoville Las Cases
Margaux : Giscours, Château Margaux, Palmer, Du Tertre
Médoc/Haut-Médoc/Moulis-en-Médoc/Listrac-Médoc : aucun
Graves/Pessac-Léognan rouges : Les Carmes Haut-Brion, Domaine de Chevalier, Haut-Bailly, Haut-Brion, La Mission Haut-Brion
Graves/Pessac-Léognan blancs : aucun
Pomerol : Certan de May, L'Enclos, L'Évangile, Lafleur, Petrus
Saint-Émilion : Ausone
Barsac/Sauternes : aucun

1978 – BRÈVE PRÉSENTATION (7 OCTOBRE 1978)

Saint-Estèphe **
Pauillac ***
Saint-Julien ***
Margaux ***
Médoc/Haut-Médoc/Moulis-en-Médoc/Listrac-Médoc **
Graves/Pessac-Léognan rouges ****
Graves/Pessac-Léognan blancs ****
Pomerol **
Saint-Émilion ***
Barsac/Sauternes **

Récolte : moyenne.
Spécificités : millésime élevé au rang d' « année miraculée » par Harry Waugh, gentleman-journaliste anglais.
Maturité : presque tous les 1978 sont maintenant à leur apogée ou sur le déclin.
Prix : considérés pendant longtemps comme élevés, ils paraissent raisonnables aujourd'hui, vingt-sept ans après le millésime.

L'année 1978 a été exceptionnelle pour les vins rouges des Graves et de bon niveau pour ceux du Médoc, de Pomerol et de Saint-Émilion. Quant aux liquoreux de Barsac et Sauternes, ils sont monolithiques, sans détour et sans grand caractère, par manque de botrytis. Les Graves sont excellents, en blanc comme en rouge.

Les conditions climatiques en 1978 furent loin d'être enthousiasmantes. En effet, le printemps fut frais et pluvieux, et le mauvais temps sévit tout au long des mois de juin et de juillet, et même pendant une partie du mois d'août. Les producteurs commencèrent dès lors à redouter un millésime déplorable, à l'image des 1963, 1965, 1968 ou 1977. Cependant, à la mi-août, un énorme anticyclone s'installa au-dessus du sud-ouest de la France et du nord de l'Espagne, ramenant un beau temps sec et ensoleillé qui dura près de neuf semaines. Et les quelques averses éparses qui tombèrent pendant cette période furent sans conséquence.

À ce moment, le processus de maturation était très en retard (contrairement à ce qui s'est passé dans les années 1989 et 1990, où il était plutôt avancé). Les vendanges durent être décalées et ne débutèrent que le 7 octobre. Elles se déroulèrent par un temps idéal – presque « miraculeux », comme le souligna Harry Waugh –, surtout si l'on en juge par rapport aux conditions météorologiques déplorables du printemps et de l'été.

Dans l'ensemble, le millésime 1978 est très bon ou excellent. Les appellations Margaux et Graves sont celles qui enregistrèrent le plus de réussites, car leurs sols légers et bien drainés se comportent mieux que les autres dans les années plus fraîches. En fait, il s'agit pour les vins des Graves de leur plus grand millésime après 1961 et 1982 (à l'exception, toutefois, du décevant Château Pape Clément). Ces vins qui, au départ, semblaient intensément fruités, très colorés, modérément tanniques et moyennement corsés ont évolué plus rapidement que les 1979, aux tannins plus fermes et à l'acidité plus marquée, forgés par une année encore plus fraîche et plus sèche que la précédente. Les 1978 ont atteint leur apogée à 10 ans d'âge, et plusieurs dégustateurs se sont déclarés déçus par ces vins, dont ils avaient espéré mieux.

Exactement comme 1979, 1981 et 1988, le millésime 1978 ne compte pas de réussites vraiment grandioses. On y trouve certes des vins de très bon niveau, mais qui n'ont pas suscité de réel enthousiasme de la part des consommateurs après leur diffusion. Quant à ceux qui sont de qualité moyenne, ils se révèlent inintéressants : ils présentent un caractère végétal et herbacé, car ils sont issus de vignobles qui, n'étant pas implantés sur les meilleurs sols, n'ont pas atteint le seuil de maturité requis, malgré l'arrière-saison chaude et sèche. Une sélection stricte est fondamentale quand il s'agit d'élaborer de bons vins, et, si ce procédé a été respecté dans les années 80, il n'en allait pas de même au cours de la décennie précédente, quand les propriétaires faisaient naviguer leur entière récolte sous l'étiquette du grand vin. Aujourd'hui, plusieurs de ces mêmes viticulteurs reconnaissent que les 1978 auraient pu être fidèles à leur réputation initiale si un tri plus sévère avait été opéré au moment de leur élaboration.

Pour Sauternes et Barsac, il s'agit d'une année très difficile. En effet, l'automne fut très chaud et sec, et compromit la formation de la pourriture noble, ou botrytis. Exactement comme en 1979, ces appellations produisirent des vins lourds, gras et liquoreux, qui manquent à la fois de tenue, de complexité et de précision dans les arômes.

LES MEILLEURS 1978

Saint-Estèphe : aucun
Pauillac : Les Forts de Latour, Grand-Puy-Lacoste, Latour, Pichon-Longueville Comtesse de Lalande
Saint-Julien : Ducru-Beaucaillou, Gruaud Larose, Léoville Las Cases, Talbot
Margaux : Giscours, Château Margaux, Palmer, Prieuré-Lichine, Du Tertre
Médoc/Haut-Médoc/Moulis-en-Médoc/Listrac-Médoc : La Lagune

Graves/Pessac-Léognan rouges : Les Carmes Haut-Brion, Domaine de Chevalier, Haut-Bailly, Haut-Brion, La Mission Haut-Brion, La Tour Haut-Brion
Graves/Pessac-Léognan blancs : Domaine de Chevalier, Haut-Brion, Laville Haut-Brion
Pomerol : Lafleur
Saint-Émilion : L'Arrosée, Cheval Blanc
Barsac/Sauternes : aucun

1977 – BRÈVE PRÉSENTATION (3 OCTOBRE 1977)

Saint-Estèphe 0
Pauillac 0
Saint-Julien 0
Margaux 0
Médoc/Haut-Médoc/
Moulis-en-Médoc/Listrac-Médoc 0
Graves/Pessac-Léognan rouges 0
Graves/Pessac-Léognan blancs 0
Pomerol 0
Saint-Émilion 0
Barsac/Sauternes *

Récolte : réduite.
Spécificités : ce millésime est très certainement le plus désastreux de la décennie et demeure, dans la médiocrité, inégalé.
Maturité : tous les vins de 1977, y compris les quelques-uns qui étaient buvables, auraient dû être consommés avant le milieu des années 80.
Prix : malgré des prix très bas, on ne peut parler de bonnes affaires relativement aux 1977.

L'année 1977 est la plus déplorable de sa décennie pour les bordeaux – elle est même de qualité inférieure aux deux millésimes les plus médiocres des années 80, soit le 1980 et le 1984. La majorité des merlots ont été dévastés par une importante gelée à la fin du printemps, l'été a été frais et pluvieux, et quand, enfin, le beau temps est revenu, juste avant les vendanges, il était bien trop tard pour sauver la récolte. On a donc vendangé des raisins qui n'avaient pas – et de loin – atteint le stade de la maturité analytique et encore moins celui de la maturité physiologique.

Les 1977 sont très acides et tellement herbacés qu'ils en ont même un caractère végétal. Ils auraient dû être consommés depuis plusieurs années déjà. Quelques-uns des meilleurs vins de cette année ont été produits par Figeac, Giscours, Gruaud Larose, Pichon-Lalande, Latour et trois propriétés de la région des Graves, Haut-Brion, La Mission Haut-Brion et le Domaine de Chevalier. Cependant, je n'ai jamais pu recommander les 1977, dont j'estime qu'ils n'ont aucune valeur, tant gustative que pécuniaire. La vie est trop courte pour boire des 1977.

1976 – BRÈVE PRÉSENTATION (13 SEPTEMBRE 1976)

Saint-Estèphe ***
Pauillac ***
Saint-Julien ***
Margaux **
Médoc/Haut-Médoc/
Moulis-en-Médoc/Listrac-Médoc *
Graves/Pessac-Léognan rouges *
Graves/Pessac-Léognan blancs ***
Pomerol ***
Saint-Émilion ***
Barsac/Sauternes ****

Récolte : très abondante. Il s'agit même de la deuxième plus importante des années 70.
Spécificités : cette année chaude et excessivement sèche aurait pu faire le meilleur millésime de la décennie s'il n'avait plu juste avant les vendanges.
Maturité : au moment de leur diffusion, en 1979, les 1976 étaient délicieux et à maturité. Tous les 1976, à l'exception d'Ausone et de Lafite Rothschild (en grand format), auraient dû être consommés avant 2000.
Prix : les 1976 ont toujours été à des prix raisonnables, car ils n'ont jamais été portés au pinacle par les gourous du vin.

Le millésime 1976 a été très médiatisé, mais il n'a malheureusement pas tenu ses promesses. Pourtant, toutes les composantes requises pour faire un grand millésimes étaient réunies. Les vendanges, les plus précoces depuis celles de 1945, débutèrent le 13 septembre. L'été fut particulièrement torride, et les moyennes de température de juin à septembre se plaçaient juste derrière celles de 1949 et de 1947, deux années également très chaudes. Malheureusement, alors que plusieurs viticulteurs évoquaient – une fois de plus – le « millésime du siècle », d'importantes pluies se sont abattues sur le vignoble entre les 11 et 15 septembre, gorgeant d'eau les raisins.

La vendange fut abondante, les raisins étaient mûrs, et, si les vins présentaient un bon niveau de tannins, ils avaient au contraire une acidité faible et un pH dangereusement élevé. Les meilleurs 1976 se sont montrés merveilleusement doux, souples et délicieusement fruités depuis leur diffusion. Je regrette maintenant de n'en avoir pas acheté davantage, surtout qu'ils se sont montrés absolument délicieux entre 1977 et 1987. Toutefois, la plupart sont passés, et il convient de se montrer prudent avec ceux qui sont de qualité moyenne – dès le départ, ils manquaient de profondeur et d'intensité. Ces derniers vins, extrêmement fragiles, ont progressivement acquis une robe brunâtre et ont perdu de leur fruité. Néanmoins, les 1976 les plus réussis étaient excellents et ont prouvé que, même dans un millésime léger, relativement dilué et faible en acidité, les bordeaux peuvent tenir longuement s'ils sont conservés dans de bonnes conditions.

Les 1976 furent particulièrement réussis dans les appellations du nord du Médoc, à Saint-Julien, Pauillac et Saint-Estèphe, et de moindre tenue dans les Graves et à Margaux. Dans le Libournais, à Pomerol et à Saint-Émilion, la qualité fut très irrégulière, bien qu'Ausone s'impose comme la réussite du millésime.

Pour les amateurs des liquoreux luxuriants et crémeux, l'année 1976 est l'une des deux meilleures de la décennie. En effet, les régions de Sauternes et Barsac ont produit des vins extrêmement riches et opulents, grâce à l'excellent développement du botrytis dans les vignobles.

LES MEILLEURS 1976

Saint-Estèphe : Cos d'Estournel, Montrose
Pauillac : Haut-Bages Libéral, Lafite Rothschild,
Pichon-Longueville Comtesse de Lalande
Saint-Julien : Beychevelle, Branaire Ducru, Ducru-Beaucaillou, Léoville Las Cases, Talbot
Margaux : Giscours
Médoc/Haut-Médoc/Moulis-en-Médoc/Listrac-Médoc : La Lagune, Sociando-Mallet
Graves/Pessac-Léognan rouges : Haut-Brion
Graves/Pessac-Léognan blancs : Domaine de Chevalier, Laville Haut-Brion

Pomerol : Petrus
Saint-Émilion : Ausone, Cheval Blanc, Figeac
Barsac/Sauternes : Climens, Coutet, De Fargues, Guiraud, Rieussec, Suduiraut, D'Yquem

1975 – BRÈVE PRÉSENTATION (22 SEPTEMBRE 1975)

Saint-Estèphe **
Pauillac ***
Saint-Julien ***
Margaux **
Médoc/Haut-Médoc/
Moulis-en-Médoc/Listrac-Médoc ***
Graves/Pessac-Léognan rouges **
Graves/Pessac-Léognan blancs ***
Pomerol *****
Saint-Émilion ***
Barsac/Sauternes ****

Récolte : après deux années très abondantes (1973 et 1974), 1975 fut une récolte moyenne.
Spécificités : ayant essuyé consécutivement trois vendanges assez médiocres, les Bordelais étaient tout prêts à porter les 1975 aux nues.
Maturité : il s'agit du millésime de ces trente dernières années qui a évolué le plus lentement. Il atteint tout juste son apogée et, pour les plus belles réussites, pourrait se maintenir très longtemps.
Prix : la réputation déclinante de ce millésime perturbe à la fois les professionnels et les consommateurs, et les meilleurs 1975 sont encore durs, fermés et inaccessibles. Ces deux raisons conjuguées expliquent que le prix de ces vins demeure intéressant pour les amateurs patients.

Est-ce l'année des grandes déceptions, ou celle où l'on a fait à Bordeaux des vins purement classiques ? Le millésime 1975 est, avec 1964 et 1983, l'un des plus déroutants que j'aie vus. Il offre effectivement de très grands vins, mais, dans l'ensemble, la qualité est très inégale, et les échecs sont si nombreux qu'il est impossible de les passer sous silence.

Conscients de l'abondance des récoltes des trois années précédentes et de la crise internationale engendrée par la hausse du prix du pétrole, les viticulteurs bordelais, qui savaient pertinemment que leurs 1972, 1973 et 1974 avaient déjà envahi le marché, procédèrent à des tailles sévères dans les vignobles, craignant une quatrième vendange importante. Les conditions climatiques en 1975 furent clémentes. Juillet, août et septembre furent chauds, mais sans excès. Cependant, ces deux derniers mois furent marqués par de forts orages qui amenèrent des pluies abondantes dans la région. Celles-ci, heureusement très localisées, ne perturbèrent vraiment que le système nerveux des producteurs. Mais, par la suite, des orages de grêle causèrent d'importants dégâts dans certaines communes du centre du Médoc – en particulier à Moulis, Lamarque et Arcins –, et d'autres, plus isolés, touchèrent la partie sud de Pessac-Léognan.

Les vendanges débutèrent la troisième semaine de septembre et se poursuivirent avec le beau temps jusqu'à la mi-octobre. Immédiatement après, les producteurs envisageaient un millésime de tout premier ordre, peut-être même le meilleur depuis 1961. Que s'est-il donc passé ?

Après avoir goûté les 1975 plusieurs fois et avoir eu de nombreuses discussions avec des propriétaires de châteaux et des vignerons, il me semble, rétrospectivement, que le cabernet sauvignon aurait dû être vendangé plus tard. Beaucoup de viticulteurs eux-mêmes pensent qu'il a en effet été ramassé trop tôt ; en outre, à l'époque, l'égrappage n'était pas systématique, ce qui a certainement contribué à exacerber la dureté et l'astringence des tannins.

1975 est l'un des premiers millésimes que j'aie dégustés en cours d'élevage, alors que je visitais Bordeaux en touriste et non en professionnel. De nombreux crus se révélaient profondément colorés et se distinguaient par l'intensité et la maturité de leurs senteurs, et par leur potentiel très important, alors que d'autres semblaient trop tanniques. Nombre d'entre eux se sont refermés deux ou trois ans après la mise en bouteilles et, dans la plupart des cas, demeurent très durs et peu évolués. On en trouve aussi qui sont mal faits et très tanniques, avec un fruité déjà passé et une robe brunâtre. La majorité de ces vins ont été élevés en vieux fûts (le chêne neuf n'était pas d'utilisation aussi courante qu'aujourd'hui), et l'état sanitaire de certains chais laissait à désirer. Cependant, même en tenant compte de ces éléments, on ne peut qu'être surpris par les disparités importantes que présente le millésime. En effet, à ce jour, les différences de qualité entre les 1975 sont plus importantes que dans toute autre année récente. Par exemple, comment expliquer que Haut-Brion, La Mission Haut-Brion, La Tour Haut-Brion, Petrus, L'Évangile, Trotanoy et Lafleur aient produit des vins aussi profonds et aussi riches, alors que leurs voisins n'ont enregistré que des échecs ? Cela reste un grand mystère.

L'année 1975 est celle des véritables amateurs de Bordeaux qui auront la patience d'attendre que ces vins arrivent à maturité. Les meilleurs d'entre eux proviennent en général de Pomerol, Saint-Julien et Pauillac (la réussite de Haut-Brion, La Mission Haut-Brion et La Tour Haut-Brion constitue une exception, les Graves étant plutôt médiocres), et atteignent tout juste leur apogée. Se pourrait-il que les meilleurs 1975 soient à l'image des 1928 et qu'ils requièrent un vieillissement de 30 ans au moins ? Les plus belles réussites de ce millésime pourront se conserver très longtemps, les vins présentant la richesse, la concentration et le fruit nécessaires pour faire pièce à leurs tannins. Cependant, il y a aussi nombre de 1975 trop secs, trop astringents ou trop tanniques pour évoluer plus avant avec grâce.

Lorsque, à l'époque, j'ai acheté en primeur les premiers crus de 1975 au prix de 1 750 F (266 €) la caisse, il m'avait semblé avoir fait une bonne affaire. Aujourd'hui, je me rends compte que j'ai aussi investi dans une bonne trentaine d'années de patience, avec des résultats mitigés. 1975 est un millésime qui apportera à ceux qui sauront l'attendre une belle récompense en différé.

LES MEILLEURS 1975

Saint-Estèphe : Meyney
Pauillac : Lafite Rothschild, Latour, Mouton Rothschild
Saint-Julien : Branaire Ducru, Gloria, Gruaud Larose, Léoville Barton, Léoville Las Cases
Margaux : Giscours, Palmer
Médoc/Haut-Médoc/Moulis-en-Médoc/Listrac-Médoc : Greysac, Sociando-Mallet, Tour Saint-Bonnet
Graves/Pessac-Léognan rouges : Haut-Brion, La Mission Haut-Brion, Pape Clément, La Tour Haut-Brion

Graves/Pessac-Léognan blancs : Domaine de Chevalier, Haut-Brion, Laville Haut-Brion
Pomerol : L'Église-Clinet, L'Enclos, L'Évangile, La Fleur-Petrus, Le Gay, Lafleur, Nenin, Petrus, Trotanoy, Vieux Château Certan
Saint-Émilion : Cheval Blanc, Figeac, Magdelaine, Soutard
Barsac/Sauternes : Climens, Coutet, De Fargues, Raymond-Lafon, Rieussec, D'Yquem

1974 – BRÈVE PRÉSENTATION (20 SEPTEMBRE 1974)

Saint-Estèphe *
Pauillac *
Saint-Julien *
Margaux *
Médoc/Haut-Médoc/
Moulis-en-Médoc/Listrac-Médoc *
Graves/Pessac-Léognan rouges **
Graves/Pessac-Léognan blancs *
Pomerol *
Saint-Émilion *
Barsac/Sauternes *

Récolte : très importante.
Spécificités : toutes mes condoléances aux détenteurs de 1974.
Maturité : un petit nombre des meilleurs vins de ce millésime se maintiennent encore, mais ils ne gagneront pas à être gardés plus longtemps.
Prix : les 1974 ont toujours été très peu chers, et je ne pense pas que quiconque soit disposé à y mettre un prix plus élevé, si ce n'est pour en offrir à une personne dont c'est l'année de naissance !

Grâce à une excellente floraison et à des mois de mai et de juin secs et ensoleillés, la récolte 1974 s'annonçait abondante. Le temps fut ensuite froid et pluvieux, très venteux aussi, de la mi-août à la fin octobre. Malgré des pluies persistantes, c'est la région des Graves qui connut le plus de succès. En effet, si nombre de 1974 sont encore durs, tanniques et creux, et manquent de maturité, de chair et de caractère, certains Graves sont intéressants et très épicés, même s'ils se montrent un peu compacts et atténués. Les grandes réussites du millésime sont La Mission Haut-Brion et le Domaine de Chevalier, suivis de près par Latour à Pauillac et Trotanoy à Pomerol. S'il vous reste quelques-uns de ces crus dans votre cave, ne tentez pas le diable...

Le millésime 1974 a été uniformément mauvais en Sauternes et en Barsac – je n'ai d'ailleurs jamais pu mettre la main sur une bouteille de liquoreux de cette région.

Bref, on peut se demander lequel de ces trois millésimes, 1972, 1974 ou 1977, est le pire de la décennie 70...

1973 – BRÈVE PRÉSENTATION (20 SEPTEMBRE 1973)

Saint-Estèphe **
Pauillac *
Saint-Julien **
Margaux *
Médoc/Haut-Médoc/
Moulis-en-Médoc/Listrac-Médoc *
Graves/Pessac-Léognan rouges *
Graves/Pessac-Léognan blancs **
Pomerol **
Saint-Émilion *
Barsac/Sauternes *

Récolte : très abondante, une des plus importantes des années 70.
Spécificités : la récolte était de mauvaise qualité, les baies ayant été gonflées et diluées par les pluies.
Maturité : trouver une bouteille de 1973 qui soit encore de bonne tenue semble être une entreprise vouée à l'échec.
Prix : beaucoup trop élevés, même pour ceux dont c'est l'année de naissance...

Vers le milieu des années 70, les meilleurs 1973 étaient encore agréables, légers, ronds et souples, légèrement aqueux, mais plaisants. Aujourd'hui, à l'exception du Domaine de Chevalier, de Petrus et du Château d'Yquem, tous les vins de ce millésime ont sombré dans l'oubli.

Il arrive souvent, dans le Bordelais, que des pluies de dernière minute viennent gâcher un millésime qui autrement eût été de tout premier ordre. C'est exactement ce qui s'est passé en 1973, quand les pluies, au moment des vendanges, ont dilué une récolte qui s'annonçait saine et généreuse. Les traitements modernes et les techniques telles que les saignées n'étaient pas d'utilisation courante à l'époque, ce qui explique peut-être que certains vins manquent de couleur, de richesse en extrait, d'acidité et de structure. Dans leur majorité, les 1973 étaient prêts au moment de leur diffusion en 1976, mais, dès le début des années 80, nombre d'entre eux étaient déjà sur le déclin, à l'exception de Petrus.

LES MEILLEURS 1973

Saint-Estèphe : aucun
Pauillac : Latour
Saint-Julien : Ducru-Beaucaillou
Margaux : aucun
Médoc/Haut-Médoc/Moulis-en-Médoc/Listrac-Médoc : aucun
Graves/Pessac-Léognan rouges : Domaine de Chevalier, La Tour Haut-Brion
Graves/Pessac-Léognan blancs : aucun
Pomerol : Petrus
Saint-Émilion : aucun
Barsac/Sauternes : D'Yquem

1972 – BRÈVE PRÉSENTATION (7 OCTOBRE 1972)

Saint-Estèphe 0
Pauillac 0
Saint-Julien 0
Margaux *
Médoc/Haut-Médoc/Moulis-en-Médoc/Listrac-Médoc 0
Graves/Pessac-Léognan rouges *
Graves/Pessac-Léognan blancs 0
Pomerol 0
Saint-Émilion *
Barsac/Sauternes 0

Récolte : moyenne.
Spécificités : le pire millésime de la décennie.
Maturité : la plupart des 1972 sont depuis longtemps sur le déclin.
Prix : extrêmement bas.

L'été 1972 fut anormalement frais et nuageux, avec un mois d'août extrêmement pluvieux. Le beau temps revint en septembre – trop tard pour sauver la récolte. Considérés comme les vins les plus déplorables de leur décennie, les 1972 sont très acides, verts et durs, avec un caractère végétal très marqué. Leur taux d'acidité élevé a certes permis à certains d'entre eux de se conserver 10 à 15 ans, mais leur manque de fruit, de charme et de concentration était tel qu'ils ne pouvaient se bonifier.

Comme dans tous les millésimes médiocres, certaines propriétés ont su tirer leur épingle du jeu, et l'on trouve à Margaux et dans les Graves (grâce à leurs sols légers et bien drainés) des vins de meilleure qualité que dans les autres appellations.

À l'heure actuelle, il n'y a probablement aucun 1972 qui puisse présenter quelque intérêt pour le consommateur.

LES MEILLEURS 1972

Saint-Estèphe : aucun
Pauillac : Latour
Saint-Julien : Branaire Ducru, Léoville Las Cases
Margaux : Giscours, Rausan-Ségla
Médoc/Haut-Médoc/Moulis-en-Médoc/Listrac-Médoc : aucun
Graves/Pessac-Léognan rouges : La Mission Haut-Brion, La Tour Haut-Brion
Graves/Pessac-Léognan blancs : aucun
Pomerol : Trotanoy
Saint-Émilion : Cheval Blanc, Figeac
Barsac/Sauternes : Climens

1971 – BRÈVE PRÉSENTATION (25 SEPTEMBRE 1971)

Saint-Estèphe **
Pauillac ***
Saint-Julien ***
Margaux ***
Médoc/Haut-Médoc/
Moulis-en-Médoc/Listrac-Médoc **
Graves/Pessac-Léognan rouges ***
Graves/Pessac-Léognan blancs **
Pomerol ****
Saint-Émilion ***
Barsac/Sauternes ****

Récolte : relativement moyenne.
Spécificités : millésime élégant qui compte de bons ou de très bons vins, les plus belles réussites étant les Pomerol et les liquoreux de Sauternes et Barsac.
Maturité : en 2005, tous les 1971 sont à leur apogée depuis une bonne quinzaine d'années, et les meilleurs crus tiendront 5 ans de plus.
Prix : du fait de faibles rendements, les prix des 1971 sont relativement élevés, mais, si on les compare à ceux des autres bons millésimes des trente dernières années, on s'aperçoit qu'ils sont légèrement sous-évalués.

Contrairement à celle de 1970, la vendange de 1971 fut peu abondante : la floraison du mois de juin se déroula dans de mauvaises conditions, et la récolte du merlot s'en trouva réduite de manière significative. À la fin des vendanges, le volume total de la récolte était inférieur de 40 % à celui de l'année précédente.

Les premières appréciations furent bien trop enthousiastes. En effet, certains experts (notamment le Bordelais Peter Sichel, maintenant décédé), considérant que les rendements en 1971 étaient inférieurs à ceux de 1970, décrétèrent aussitôt que ce premier millésime était supérieur à son prédécesseur. Cette assertion se révéla totalement fausse par la suite. S'il est certain qu'au moment de leur diffusion les 1971 étaient, tout comme les 1970, délicieux et épanouis, ils n'avaient pas la même robe profonde, la même concentration ni la même structure tannique. De qualité inégale dans le Médoc, le millésime affiche en revanche une excellente tenue en Pomerol et à Saint-Émilion, ainsi que dans les Graves.

Il serait hasardeux à l'heure actuelle d'acquérir des vins de cette année, sauf si l'on est assuré de leur parfaite conservation. On trouve encore, plus de trente ans après la vendange, quelques 1971 qui, tels Petrus, Latour, Trotanoy et La Mission Haut-Brion, sont encore en bonne forme. Ceux-là tiendront sans peine 4 à 5 ans encore s'ils sont stockés dans de bonnes conditions.

Quant aux liquoreux de Sauternes et Barsac, ils sont généralement réussis et sont maintenant à leur apogée. Les meilleurs d'entre eux ont encore un potentiel de garde de 10 à 20 ans et survivront à tous les vins rouges de ce même millésime.

LES MEILLEURS 1971

Saint-Estèphe : Montrose
Pauillac : Latour, Mouton Rothschild
Saint-Julien : Beychevelle, Gloria, Gruaud Larose, Talbot
Margaux : Palmer
Médoc/Haut-Médoc/Moulis-en-Médoc/Listrac-Médoc : aucun
Graves/Pessac-Léognan rouges : Haut-Brion, La Mission Haut-Brion, La Tour Haut-Brion
Graves/Pessac-Léognan blancs : aucun
Pomerol : La Fleur-Petrus, Petit Village, Petrus, Trotanoy
Saint-Émilion : Cheval Blanc, La Dominique, Magdelaine
Barsac/Sauternes : Climens, Coutet, De Fargues, D'Yquem

1970 – BRÈVE PRÉSENTATION (27 SEPTEMBRE 1970)

Saint-Estèphe ***
Pauillac ***
Saint-Julien ***
Margaux ***
Médoc/Haut-Médoc/
Moulis-en-Médoc/Listrac-Médoc ***
Graves/Pessac-Léognan rouges ****
Graves/Pessac-Léognan blancs ***
Pomerol ****
Saint-Émilion ***
Barsac/Sauternes ***

Récolte : très abondante, considérée à l'époque comme un record.
Spécificités : le premier millésime récent à allier qualité et quantité.
Maturité : les 1970 furent initialement décrits comme des vins précoces. Mais, à quelques exceptions près, la plupart des meilleurs vins de cette année ont évolué lentement, et c'est seulement maintenant qu'ils atteignent leur apogée. Les vins de qualité moyenne,

les crus bourgeois, les Pomerol et les Saint-Émilion plutôt légers auraient dû être consommés dès avant 1980.
Prix : très élevés, sans doute parce que 1970 est le millésime le plus réputé entre 1961 et 1982.

Le millésime 1970 est certainement le meilleur entre les grandioses 1961 et 1982, avec des vins séduisants et riches, pleins de charme et de complexité. Ils ont évolué avec plus de grâce que les 1966, très austères, et ils semblent plus étoffés, plus riches, plus équilibrés et plus réguliers que les 1975, qui sont durs, tanniques, structurés, mais souvent creux et rugueux. Ce millésime – le premier des tout récents à allier qualité et quantité – est en outre merveilleusement homogène, si bien que chaque appellation peut revendiquer son lot de réussites.

Les conditions météorologiques de l'été et du début de l'automne 1970 frisèrent la perfection. Il n'y eut pas de grêle, de pluies diluviennes, de gel, et encore moins d'inondations au moment des vendanges. Ce fut l'une des rares années où tout se passa merveilleusement bien et où les Bordelais vendangèrent l'une des récoltes les plus saines et les plus abondantes qui soient.

Les 1970 sont les tout premiers vins que j'aie dégustés en cours d'élevage alors que, en 1971 et 1972, pendant mes vacances d'été, je visitais en touriste quelques châteaux du Bordelais en compagnie de mon épouse. Je me souviens qu'ils arboraient dès leur jeunesse des robes profondes et qu'ils déployaient un fruité riche et intense, ainsi que des parfums mûrs et aromatiques ; ils étaient aussi très corsés et très tanniques. À l'heure actuelle, ils souffrent cependant de la comparaison avec les meilleurs millésimes des années 80 et 90. En effet, les 1982, 1985, 1986, 1988, 1989, 1990, 1994, 1995, 1996, 1999 et 2000 les plus réussis surpassent nettement leurs aînés de la décennie 70.

Quoique amples et impressionnants de richesse, les liquoreux sont, par manque de botrytis, moins réussis que les 1971, dont ils n'ont ni la complexité ni la délicatesse.

LES MEILLEURS 1970

Saint-Estèphe : Cos d'Estournel, Lafon-Rochet, Montrose, Les Ormes de Pez, De Pez
Pauillac : Grand-Puy-Lacoste, Latour, Lynch-Bages, Mouton Rothschild, Pichon-Longueville Comtesse de Lalande
Saint-Julien : Ducru-Beaucaillou, Gloria, Gruaud Larose, Léoville Barton, Saint-Pierre
Margaux : Giscours, Lascombes, Palmer
Médoc/Haut-Médoc/Moulis-en-Médoc/Listrac-Médoc : Sociando-Mallet
Graves/Pessac-Léognan rouges : Domaine de Chevalier, De Fieuzal, Haut-Bailly, La Mission Haut-Brion, La Tour Haut-Brion
Graves/Pessac-Léognan blancs : Domaine de Chevalier, Laville Haut-Brion
Pomerol : La Conseillante, La Fleur-Petrus, Lafleur, Latour à Pomerol, Petrus, Trotanoy
Saint-Émilion : L'Arrosée, Cheval Blanc, La Dominique, Figeac, Magdelaine
Barsac/Sauternes : D'Yquem

1969 – BRÈVE PRÉSENTATION (6 OCTOBRE 1969)

Saint-Estèphe 0
Pauillac 0
Saint-Julien 0
Margaux 0
Médoc/Haut-Médoc/
Moulis-en-Médoc/Listrac-Médoc 0
Graves/Pessac-Léognan rouges *
Graves/Pessac-Léognan blancs 0
Pomerol *
Saint-Émilion 0
Barsac/Sauternes *

Récolte : très réduite.
Spécificités : j'ai élu les 1969, les bordeaux les plus déplorables des trente-cinq dernières années.
Maturité : je n'ai jamais dégusté un 1969 (à part Petrus) qui m'ait semblé avoir présenté quelque richesse en extrait. Cela fait maintenant plusieurs années que je n'ai goûté aucun vin de ce millésime (sinon, de nouveau, un Petrus), mais je suis certain qu'ils sont tous imbuvables.
Prix : curieusement, les prix de lancement des 1969 étaient relativement élevés ; pourtant, hormis quelques noms prestigieux, tous les vins de ce millésime sont mauvais.

À chaque fois que Bordeaux connaît une année désastreuse (1968 en fut une), on note une certaine tendance à louer de manière excessive, et souvent à tort, le millésime suivant. On comprend bien qu'après l'horrible expérience de 1968 les Bordelais aient désespérément souhaité un grand 1969, mais, malgré les déclarations optimistes de certains des experts les plus écoutés de l'époque, ce millésime s'est révélé pour le moins peu séduisant.

Cette année-là, la vendange fut réduite. Et, si l'été fut suffisamment chaud pour permettre une bonne maturation des raisins, les pluies torrentielles de septembre balayèrent tous les espoirs, sauf ceux de quelques investisseurs irréductibles qui parièrent quand même sur ces vins insipides, mauvais et acides. C'est pour cela que les 1969 ne se sont pas contentés d'être les moins séduisants des vins, mais qu'ils ont aussi été relativement chers au moment de leur mise sur le marché.

Je puis dire en toute sincérité que je n'ai jamais goûté un vin rouge de 1969 qui ne m'ait pas déplu. Hormis une bouteille de Petrus (notée entre 75 et 80) que j'ai dégustée alors qu'elle avait 20 ans d'âge, la plupart des vins de cette année sont creux et durs, dénués de fruit et de charme, et il est difficile d'imaginer qu'ils puissent être meilleurs aujourd'hui que dans les années 70.

On trouve en Sauternes et en Barsac quelques crus acceptables, en particulier D'Arche.

1968 – BRÈVE PRÉSENTATION (20 SEPTEMBRE 1968)

Saint-Estèphe 0
Pauillac 0
Saint-Julien 0
Margaux 0
Médoc/Haut-Médoc/
Moulis-en-Médoc/Listrac-Médoc 0
Graves/Pessac-Léognan rouges *
Graves/Pessac-Léognan blancs 0
Pomerol 0
Saint-Émilion 0
Barsac/Sauternes 0

Récolte : désastreuse, tant en quantité qu'en qualité.
Spécificités : une grande année pour les Cabernet Sauvignon de Californie... mais pas pour Bordeaux.
Maturité : tous les 1968 sont certainement passés.
Prix : encore un millésime qui ne présente strictement aucun intérêt.

1968 est l'un de ces millésimes médiocres qui frappèrent le Bordelais dans les années 60. Cette fois encore, le responsable du désastre fut la pluie diluvienne qui, juste avant les vendanges, gorgea et dilua les raisins (1968 fut l'année la plus pluvieuse depuis 1951). Cependant, certains 1968 m'ont semblé supérieurs à tous les 1969 que j'ai pu goûter, alors que la réputation de ce dernier millésime serait « meilleure » (si toutefois on peut oser ce mot dans un tel contexte).

Il fut un temps où Figeac, Gruaud Larose, Cantemerle, La Mission Haut-Brion, Haut-Brion et Latour étaient encore buvables. Mais si, par hasard, il vous arrive de tomber sur ces vins maintenant, ne songez surtout pas à en garnir votre cave, car je doute fort qu'il y en ait un qui montre encore quelque qualité.

1967 – BRÈVE PRÉSENTATION (25 SEPTEMBRE 1967)

Saint-Estèphe **
Pauillac **
Saint-Julien **
Margaux **
Médoc/Haut-Médoc/
Moulis-en-Médoc/Listrac-Médoc *
Graves/Pessac-Léognan rouges ***
Graves/Pessac-Léognan blancs **
Pomerol ***
Saint-Émilion ***
Barsac/Sauternes ****

Récolte : abondante.
Spécificités : pour les rouges, les vins des Graves, de Pomerol et de Saint-Émilion sont les mieux réussis de ce millésime. En effet, ces appellations furent privilégiées par une vendange précoce du merlot, leur cépage principal.
Maturité : la plupart des 1967 étaient prêts au moment de leur diffusion, en 1970, et auraient dû être consommés dès avant 1980. En 2005, seuls quelques-uns d'entre eux (Petrus et Latour, par exemple) pourront se garder encore quelques années s'ils ont été conservés dans de bonnes conditions, mais ils ne gagneront assurément rien à ce vieillissement supplémentaire.
Prix : modérés.

La récolte en 1967 fut abondante et bienvenue, dans la mesure où elle donna un grand nombre de vins ronds et épanouis. La majorité d'entre eux auraient dû être consommés dès avant 1980, mais quelques-uns d'entre eux – les plus aptes à la garde – se maintiennent encore à leur apogée. Les plus grandes réussites sont issues de Pomerol et, dans une moindre mesure, des Graves. En principe, il ne serait pas conseillé d'attendre les 1967 plus avant, mais je suis certain que les plus grands noms, tels Latour, Petrus, Trotanoy et peut-être même Palmer, se garderont 5 à 10 ans encore. Si vous trouvez ces crus en grand format (magnum, double magnum, etc.) à prix raisonnables, je serais d'avis que vous tentiez le pari.

Contrairement aux rouges qui, pour la plupart, étaient quelconques en 1967, les meilleurs liquoreux de Sauternes et Barsac se sont révélés riches, mielleux et très botrytisés. Cependant, les lecteurs garderont à l'esprit que seules quelques rares propriétés ont relevé le défi et ont fait de belles choses durant cette période sinistrée pour les vins doux de ces deux appellations.

LES MEILLEURS 1967

Saint-Estèphe : Calon-Ségur, Montrose
Pauillac : Latour
Saint-Julien : aucun
Margaux : Giscours, Palmer
Médoc/Haut-Médoc/Moulis-en-Médoc/Listrac-Médoc : La Lagune
Graves/Pessac-Léognan rouges : Haut-Brion, La Mission Haut-Brion
Graves/Pessac-Léognan blancs : aucun
Pomerol : Petrus, Trotanoy, La Violette
Saint-Émilion : Cheval Blanc, Magdelaine, Pavie
Barsac/Sauternes : Suduiraut, D'Yquem

1966 – BRÈVE PRÉSENTATION (26 SEPTEMBRE 1966)

Saint-Estèphe ***
Pauillac ***
Saint-Julien ***
Margaux ***
Médoc/Haut-Médoc/
Moulis-en-Médoc/Listrac-Médoc **
Graves/Pessac-Léognan rouges ****
Graves/Pessac-Léognan blancs ***
Pomerol ***
Saint-Émilion **
Barsac/Sauternes **

Récolte : abondante.
Spécificités : le plus surévalué des bons millésimes de ces quarante dernières années.
Maturité : les meilleurs vins sont encore très jeunes, mais nombre d'entre eux ont perdu de leur fruité avant que leurs tannins ne se fondent.
Prix : ces vins surcotés sont proposés à prix élevés.

Une majorité de gens estiment que 1966 est le deuxième meilleur millésime des années 60 après 1961, mais je suis d'avis que, pour les Graves, les Pomerol et les Saint-Émilion, ce serait plutôt 1964 qui tiendrait cette place. Je pense même que le millésime 1962, très sous-estimé, lui est dans l'ensemble supérieur. Élaborés dans le même état d'esprit que les 1975 (encensés après plusieurs millésimes quelconques, en particulier dans le Médoc), les 1966 ne se sont jamais autant épanouis que leurs prescripteurs l'auraient souhaité. Et aujourd'hui, à bientôt 40 ans d'âge, ces vins sont pour la plupart encore austères, maigres, peu évolués et très tanniques, et perdent de leur fruité bien avant que leurs tannins ne se fondent. Il existe, certes, quelques exceptions remarquables – personne ne pourrait raisonnablement contester le fait que le Latour 1966 est un vin exceptionnel (le meilleur du millésime), tout comme le sont Palmer et Lafleur de la même année.

Au départ, les 1966 ont été décrits comme des vins relativement précoces, pleins de charme, qui évolueraient rapidement, si bien qu'on n'attendait vraiment pas que nombre d'entre eux se montrent aussi décevants. Mais, même si ce millésime n'est pas aussi homogène qu'on l'avait d'abord supposé, on y trouve une proportion raisonnable de vins de style classique et moyennement corsés. Cependant, ils sont tous surcotés, car l'année 1966 a toujours été très en vogue et constamment louée par ses zélateurs, notamment par les critiques britanniques. Les vins doux de Sauternes et Barsac sont de qualité médiocre, les conditions météorologiques de cette année-là n'ayant pas été favorables à la formation de la pourriture noble, ou *Botrytis cinerea.*

Deux mots du climat qui forgea ce millésime : dans l'ordre, une floraison lente et étalée pendant le mois de juin, puis des périodes alternées de temps chaud et froid en juillet et en août, enfin un mois de septembre ensoleillé et sec. La récolte fut abondante, et les vendanges se déroulèrent sous des cieux cléments, dans d'excellentes conditions.

Je suis pour ma part sceptique quant à l'intérêt d'acquérir la plupart des 1966, à moins qu'il ne s'agisse des très grandes réussites du millésime.

LES MEILLEURS 1966

Saint-Estèphe : aucun
Pauillac : Grand-Puy-Lacoste, Latour, Mouton Rothschild, Pichon-Longueville Comtesse de Lalande
Saint-Julien : Branaire Ducru, Ducru-Beaucaillou, Gruaud Larose, Léoville Las Cases
Margaux : Lascombes, Palmer
Médoc/Haut-Médoc/Moulis-en-Médoc/Listrac-Médoc : aucun
Graves/Pessac-Léognan rouges : Haut-Brion, La Mission Haut-Brion, Pape Clément
Graves/Pessac-Léognan blancs : Domaine de Chevalier, Haut-Brion, Laville Haut-Brion
Pomerol : Lafleur, Trotanoy
Saint-Émilion : Canon
Barsac/Sauternes : aucun

1965 – BRÈVE PRÉSENTATION (2 OCTOBRE 1965)

Saint-Estèphe 0
Pauillac 0
Saint-Julien 0
Margaux 0
Médoc/Haut-Médoc/Moulis-en-Médoc/Listrac-Médoc 0
Graves/Pessac-Léognan rouges 0
Graves/Pessac-Léognan blancs 0
Pomerol 0
Saint-Émilion 0
Barsac/Sauternes 0

Récolte : minuscule.
Spécificités : la quintessence de la pourriture et de la pluie.
Maturité : ces vins, qui étaient déjà mauvais dans leur jeunesse, sont certainement exécrables aujourd'hui.
Prix : sans aucun intérêt.

Le millésime 1965 est donc celui du règne de la pourriture et de la pluie. Je n'ai dégusté que très peu de vins de cette année, que l'on considère généralement comme la pire de l'après-guerre. L'été 1965 fut généralement mauvais, mais ce furent les pluies torrentielles de septembre qui sonnèrent le glas de ce millésime en favorisant une terrible éclosion de pourriture qui dévasta littéralement les vignobles. Malheureusement, les traitements contre de tels fléaux n'étaient pas systématiquement utilisés à l'époque. Il vaut mieux s'abstenir d'acheter ou de déguster les 1965.

1964 - BRÈVE PRÉSENTATION (22 SEPTEMBRE 1964)

Saint-Estèphe ***
Pauillac *
Saint-Julien *
Margaux **
Médoc/Haut-Médoc/
Moulis-en-Médoc/Listrac-Médoc *
Graves/Pessac-Léognan rouges *****
Graves/Pessac-Léognan blancs ***
Pomerol *****
Saint-Émilion ****
Barsac/Sauternes *

Récolte : importante.
Spécificités : exemple classique d'un millésime où le merlot et le cabernet franc, vendangés relativement tôt, donnèrent d'excellents vins, tandis que le cabernet sauvignon, ramassé plus tard, fut noyé par les pluies, en particulier dans le Médoc. D'ailleurs, certains crus prestigieux de cette appellation produisirent des vins de très mauvaise qualité.
Maturité : les Médoc sont en principe déjà passés, mais les plus opulents des Graves, les Pomerol et les Saint-Émilion se conserveront encore 5 à 10 ans.
Prix : les amateurs avertis ont toujours apprécié l'excellence des 1964, en particulier dans les Graves, à Pomerol et à Saint-Émilion, si bien que ces vins ont toujours été à des prix relativement élevés. Cependant, en comparaison des prestigieux 1959 et 1961, les meilleurs vins de la rive droite et des Graves sont à la fois sous-estimés et sous-évalués.

1964 est l'un des millésimes les plus séduisants du Bordelais. On y trouve nombre de vins splendides, souvent sous-estimés et sous-cotés, en particulier dans les trois appellations déjà citées, où les producteurs achevèrent les vendanges avant le déluge du 8 octobre. En revanche, ces fortes pluies ont touché plusieurs propriétés du Médoc qui avaient encore leur récolte sur pied, et c'est pour cela que 1964 est considéré, à tort, comme une mauvaise année pour l'ensemble de Bordeaux. Si plusieurs Médoc, ainsi que les Barsac et Sauternes, sont de piètre qualité, les 1964 sont indiscutablement excellents, voire extraordinaires, pour ce qui est de la rive droite et des Graves.

L'été 1964 fut si chaud et si sec que, dès le début septembre, le ministre de l'Agriculture de l'époque annonçait le « millésime du siècle ». Les vendanges commencèrent dans les appellations où il y avait davantage de merlot, qui est le cépage le plus précoce. Ainsi, elles débutèrent fin septembre et s'achevèrent avant les pluies diluviennes du 8 octobre à Pomerol et en Saint-Émilion. La plupart des propriétés des Graves avaient aussi fini de récolter à ce moment-là. En revanche, dans le Médoc, où l'on commençait tout juste à ramasser le cabernet sauvignon, il fut impossible de terminer les vendanges dans de bonnes conditions à cause des pluies torrentielles. Cette région enregistra de ce fait un nombre d'échecs considérable qui marquèrent tristement l'année 1964. Et je plains sincèrement ceux qui ont acheté du Lafite Rothschild, du Mouton Rothschild, du Lynch-Bages, du Calon-Ségur ou du Margaux de ce millésime. Pourtant, les Médoc ne sont pas tous décevants : Montrose à Saint-Estèphe et Latour à Pauillac ont ainsi enregistré de belles réussites.

LES MEILLEURS 1964

Saint-Estèphe : Montrose
Pauillac : Latour
Saint-Julien : Gruaud Larose
Margaux : aucun
Médoc/Haut-Médoc/Moulis-en-Médoc/Listrac-Médoc : aucun
Graves/Pessac-Léognan rouges : Domaine de Chevalier, Haut-Bailly, Haut-Brion, La Mission Haut-Brion
Graves/Pessac-Léognan blancs : aucun
Pomerol : La Conseillante, La Fleur-Petrus, Le Gay, Lafleur, Petrus, Trotanoy, Vieux Château Certan
Saint-Émilion : L'Arrosée, Cheval Blanc, Figeac, Soutard
Barsac/Sauternes : aucun

1963 – BRÈVE PRÉSENTATION (7 OCTOBRE 1963)

Saint-Estèphe 0
Pauillac 0
Saint-Julien 0
Margaux 0
Médoc/Haut-Médoc/Moulis-en-Médoc/Listrac-Médoc 0
Graves/Pessac-Léognan rouges 0
Graves/Pessac-Léognan blancs 0
Pomerol 0
Saint-Émilion 0
Barsac/Sauternes 0

Récolte : assez moyenne.
Spécificités : une année absolument déplorable, qui peut rivaliser avec 1965 pour la médiocrité de ses vins.
Maturité : les 1963 sont certainement épouvantables actuellement.
Prix : sans aucun intérêt.

Les Bordelais n'ont jamais pu déterminer lequel, des millésimes 1963 ou 1965, était le plus calamiteux des années 60. Dans les deux cas, ce furent des pluies qui compromirent la récolte. Je n'ai pas goûté une seule bouteille de 1963 depuis plus de vingt ans.

1962 - BRÈVE PRÉSENTATION (1ER OCTOBRE 1962)

Saint-Estèphe ****
Pauillac ****
Saint-Julien ****
Margaux ***
Médoc/Haut-Médoc/
Moulis-en-Médoc/Listrac-Médoc ***
Graves/Pessac-Léognan rouges ***
Graves/Pessac-Léognan blancs ****
Pomerol ***
Saint-Émilion ***
Barsac/Sauternes ****

Récolte : l'une des plus importantes des années 60.
Spécificités : ce millésime, terriblement sous-estimé, a pour seul tort d'avoir immédiatement suivi l'une des années les plus prestigieuses de ce siècle.
Maturité : les anciens assurent que les 1962, déjà merveilleux à la fin des années 60, ont continué de s'étoffer et de s'affirmer dans les années 70, révélant un fruit généreux et beaucoup de charme. En 2005, les meilleurs d'entre eux, en grand format, sont encore de beaux vins riches et ronds, qui s'expriment tout en finesse et en élégance (à condition, bien sûr, d'avoir été conservés dans de bonnes conditions).
Prix : les 1962 sont sous-évalués, surtout si on les compare aux 1961 ou encore aux 1966 – qui, eux, sont terriblement surcotés.

Le millésime 1962, dont on pouvait raisonnablement penser qu'il resterait dans l'ombre de son illustrissime aîné (1961), est en fait le millésime du Bordelais le plus sous-évalué de la période de l'après-guerre. Chaque appellation produisit cette année-là des vins élégants, souples, très fruités, ronds et pleins de charme, ni trop tanniques ni trop massifs. Parce qu'ils étaient aussi très précoces, d'aucuns ont estimé qu'ils ne se conserveraient pas, mais ils se sont maintenus plus longuement qu'on ne l'aurait imaginé de prime abord. La plupart des 1962 auraient dû être bus à la fin du siècle dernier, à l'exception des meilleurs d'entre eux, conservés en grand format.

Les conditions climatiques de 1962 furent correctes, mais pas extraordinaires. Le mois de mai, ensoleillé et sec, favorisa une bonne floraison. L'été fut chaud, avec quelques orages impressionnants, et le mois de septembre, également torride et ensoleillé, fut le prélude à une très belle arrière-saison. S'il plut légèrement pendant les vendanges, il n'y eut en revanche pas d'inondations qui auraient pu compromettre le millésime.

L'année 1962 fut excellente pour toutes les appellations, en particulier pour les Graves blancs et pour les liquoreux de Sauternes et Barsac.

LES MEILLEURS 1962

Saint-Estèphe : Cos d'Estournel, Montrose
Pauillac : Batailley, Lafite Rothschild, Latour, Lynch-Bages, Mouton Rothschild, Pichon-Longueville Comtesse de Lalande
Saint-Julien : Ducru-Beaucaillou, Gruaud Larose, Talbot
Margaux : Margaux, Palmer
Médoc/Haut-Médoc/Moulis-en-Médoc/Listrac-Médoc : aucun
Graves/Pessac-Léognan rouges : Haut-Brion, Pape Clément, La Mission Haut-Brion
Graves/Pessac-Léognan blancs : Domaine de Chevalier, Laville Haut-Brion
Pomerol : Petrus, Trotanoy, La Violette

Saint-Émilion : Magdelaine
Barsac/Sauternes : D'Yquem

1961 – BRÈVE PRÉSENTATION (22 SEPTEMBRE 1961)

Saint-Estèphe *****
Pauillac *****
Saint-Julien *****
Margaux *****
Médoc/Haut-Médoc/
Moulis-en-Médoc/Listrac-Médoc ***
Graves/Pessac-Léognan rouges *****
Graves/Pessac-Léognan blancs ***
Pomerol *****
Saint-Émilion ***
Barsac/Sauternes **

Récolte : très réduite. Il s'agit en fait du dernier millésime où une récolte minuscule se soit révélée d'excellente qualité.
Spécificités : un des millésimes légendaires de ce siècle.
Maturité : à quelques exceptions près, les 1961, qui étaient déjà très bons dans leur jeunesse, avaient atteint leur apogée au début des années 90. En 2005, les meilleurs d'entre eux se conserveront encore une dizaine d'années, mais la plupart sont sur le déclin.
Prix : la qualité exceptionnelle des 1961 et la faiblesse des rendements ont fait de ce millésime un des plus chers du marché. En outre, les prix de ces vins – dont rêvent tous les familiers des ventes aux enchères – continuent d'augmenter, étant donné les petites quantités restant disponibles. Cependant, les acheteurs seront prudents : nombre de ces vins ont voyagé et ont été conservés dans des conditions discutables ; on a également vu sur le marché de nombreuses contrefaçons.

1961 compte parmi les huit plus grands millésimes de l'après-guerre. Les autres (1945, 1947, 1949, 1953, 1959, 1982, 1990 et 2000) ont chacun leurs zélateurs, mais seul 1961 fait vraiment l'unanimité. Les vins de cette année ont toujours été prisés pour leur concentration exceptionnelle, leur nez magnifique et persistant de fruits mûrs et leurs effluves profonds et somptueux. Déjà délicieux dans leur jeunesse, ils sont tous, à l'exception de quelques spécimens très concentrés et très intenses, à maturité aujourd'hui et délicieux à la dégustation. Je pense par ailleurs que les bouteilles ayant été bien conservées pourront se garder encore une dizaine d'années.

Les conditions climatiques en 1961 frisaient la perfection. Les gelées de printemps réduisirent la récolte. L'été qui suivit fut chaud et ensoleillé, et le beau temps persista pendant les vendanges. Les raisins purent ainsi atteindre un stade de parfaite maturité. La faiblesse des rendements explique les prix élevés des 1961, que la cotation actuelle permet de comparer à de l'or liquide.

Ce millésime fut exceptionnel pour presque toutes les appellations du Bordelais, à l'exception de Sauternes et Barsac, qui bénéficièrent néanmoins de son excellente réputation. Mais il suffit de déguster les liquoreux de ces régions pour se rendre compte que même D'Yquem est de qualité médiocre. En effet, le temps excessivement sec n'ayant pas permis le bon développement du botrytis, les vins doux se révélèrent amples, mais monolithiques, ne méritant jamais l'intérêt qu'ils ont suscité. La seule autre appellation où la qualité soit légèrement inférieure et moins homogène qu'ailleurs est Saint-Émilion, où plusieurs vignobles ne s'étaient pas complètement remis du gel dévastateur de 1956.

Les deux millésimes dont le style et la richesse pourraient être comparés à ceux de 1961 sont 1959 et 1982. Les 1959 ont des taux d'acidité légèrement inférieurs, mais ils ont évolué plus lentement, alors que les 1982 auraient une structure plus proche de celle des 1961, tout en étant moins tanniques.

LES MEILLEURS 1961

Saint-Estèphe : Cos d'Estournel, Haut-Marbuzet, Montrose
Pauillac : Grand-Puy-Lacoste, Latour, Lynch-Bages, Mouton Rothschild, Pichon-Longueville Comtesse de Lalande, Pontet-Canet
Saint-Julien : Beychevelle, Ducru-Beaucaillou, Gruaud Larose, Léoville Barton
Margaux : Malescot Saint-Exupéry, Margaux, Palmer
Médoc/Haut-Médoc/Moulis-en-Médoc/Listrac-Médoc : aucun
Graves/Pessac-Léognan rouges : Haut-Bailly, Haut-Brion, La Mission Haut-Brion, Pape Clément, La Tour Haut-Brion
Graves/Pessac-Léognan blancs : Domaine de Chevalier, Laville Haut-Brion
Pomerol : L'Église-Clinet, L'Évangile, Lafleur, Latour à Pomerol, Petrus, Trotanoy
Saint-Émilion : L'Arrosée, Canon, Cheval Blanc, Figeac, Magdelaine
Barsac/Sauternes : aucun

1960 – BRÈVE PRÉSENTATION (9 SEPTEMBRE 1960)

Saint-Estèphe **
Pauillac **
Saint-Julien **
Margaux *
Médoc/Haut-Médoc/
Moulis-en-Médoc/Listrac-Médoc 0
Graves/Pessac-Léognan rouges **
Graves/Pessac-Léognan blancs *
Pomerol *
Saint-Émilion *
Barsac/Sauternes *

Récolte : très abondante.
Spécificités : ce millésime fut compromis par les pluies importantes des mois d'août et septembre.
Maturité : la plupart des 1960 auraient dû être consommés à 10 ou 15 ans d'âge.
Prix : bas.

Je me rappelle avoir dégusté plusieurs magnums absolument délicieux de Latour 1960, et je garde un excellent souvenir de très bons Montrose, La Mission Haut-Brion et Gruaud Larose du même millésime, que j'ai trouvés à Bordeaux. Le dernier vin de 1960 que j'aie dégusté était un magnum de Château Latour, et cela remonte à plus d'une quinzaine d'années maintenant. Je pense que même ce cru, qui était pourtant le vin le plus concentré du millésime, est actuellement sur le déclin.

1959 – BRÈVE PRÉSENTATION (20 SEPTEMBRE 1959)

Saint-Estèphe *****
Pauillac *****
Saint-Julien ****
Margaux ****
Médoc/Haut-Médoc/
Moulis-en-Médoc/Listrac-Médoc ***
Graves/Pessac-Léognan rouges *****
Graves/Pessac-Léognan blancs ****
Pomerol ***
Saint-Émilion **
Barsac/Sauternes *****

Récolte : moyenne.
Spécificités : le premier millésime récent à avoir été qualifié de « millésime du siècle ».
Maturité : les 1959 ont été fortement décriés dans leur jeunesse à cause de leur faible acidité et de leur manque de structure (cela me rappelle étrangement les critiques – infondées – relatives aux 1982), mais ils ont évolué plus lentement que les 1961, dont on a davantage vanté les mérites. En fait, les comparaisons entre les meilleurs vins des deux millésimes révèlent souvent que les 1959 sont moins mûrs, plus riches, plus profondément colorés et plus aptes à la garde que les 1961.
Prix : les 1959 n'ont jamais été à des prix très bas, mais ils deviennent de plus en plus chers. En effet, les connaisseurs ont désormais conscience de ce que non seulement nombre de ces vins peuvent rivaliser avec les 1961, mais aussi que certains d'entre eux leur sont supérieurs.

1959 est incontestablement un très grand millésime, qui, pour des raisons inexpliquées, fut sévèrement critiqué lors de sa diffusion. Sans doute est-ce parce qu'il avait été excessivement loué au moment de sa conception... Il n'en demeure pas moins qu'il a donné des vins étonnamment puissants, en particulier dans le nord du Médoc, dans les Graves et, dans une moindre mesure, sur la rive droite (certains vignobles de Pomerol et de Saint-Émilion n'étaient toujours pas remis du gel de 1956). Ce sont aussi les plus riches et les plus massifs qui aient jamais été produits à Bordeaux. En fait, les deux millésimes récents que l'on compare le plus souvent à 1959 sont 1982 et 1989, et ce rapprochement n'est pas dénué de fondement.

Les 1959 ont évolué très lentement et, actuellement, se révèlent souvent de meilleure tenue (en particulier Mouton Rothschild et Lafite Rothschild) que leurs homologues de 1961, pourtant plus prisés. Rien dans ces vins n'indique qu'ils sont le produit d'une année chaude et sèche où la pluie était juste suffisante pour empêcher que les vignes ne souffrent de « stress ». Ils sont très corsés, extrêmement alcooliques et opulents, et présentent une grande richesse en extrait qui fait pièce à leurs abondants tannins. Leurs robes opaques et sombres sont impressionnantes et n'ont pas les teintes orangées ou brunâtres que l'on retrouve dans les 1961.

LES MEILLEURS 1959

Saint-Estèphe : Cos d'Estournel, Montrose, Les Ormes de Pez
Pauillac : Lafite Rothschild, Latour, Lynch-Bages, Mouton Rothschild, Pichon-Longueville Baron
Saint-Julien : Ducru-Beaucaillou, Langoa Barton, Léoville Barton, Léoville Las Cases
Margaux : Lascombes, Malescot Saint-Exupéry, Château Margaux, Palmer
Médoc/Haut-Médoc/Moulis-en-Médoc/Listrac-Médoc : aucun

Graves/Pessac-Léognan rouges : Haut-Brion, La Mission Haut-Brion, Pape Clément, La Tour Haut-Brion
Graves/Pessac-Léognan blancs : Laville Haut-Brion
Pomerol : L'Évangile, Lafleur, Latour à Pomerol, Petrus, Trotanoy, Vieux Château Certan
Saint-Émilion : Cheval Blanc, Figeac
Barsac/Sauternes : Climens, Suduiraut, D'Yquem

1958 – BRÈVE PRÉSENTATION (7 OCTOBRE 1958)

Saint-Estèphe *
Pauillac *
Saint-Julien *
Margaux *
Médoc/Haut-Médoc/
Moulis-en-Médoc/Listrac-Médoc *
Graves/Pessac-Léognan rouges ***
Graves/Pessac-Léognan blancs **
Pomerol *
Saint-Émilion **
Barsac/Sauternes *

Récolte : assez réduite.
Spécificités : un millésime très injustement décrié.
Maturité : les 1958 sont maintenant sur le déclin, mais les meilleurs d'entre eux sont presque toujours des Graves.
Prix : très peu élevés.

J'ai dégusté moins de deux douzaines de 1958, mais ceux qui se distinguent le plus sont issus des Graves. Cette année-là, Haut-Brion, La Mission Haut-Brion et Pape Clément ont tous fait de très beaux vins, qui étaient excellents dans le courant des années 60 et au début des années 70. J'ai récemment dégusté (janvier 1996) un Haut-Brion 1958 relativement goûteux, rond, souple et bien en chair, avec des effluves de minéral et de tabac, mais qui avait dû être bien meilleur dix ou quinze ans auparavant. La Mission Haut-Brion 1958, qui était encore plus riche, devrait toujours se montrer excellent en 2005 – à condition toutefois d'avoir été bien stocké.

1957 – BRÈVE PRÉSENTATION (4 OCTOBRE 1957)

Saint-Estèphe **
Pauillac ***
Saint-Julien **
Margaux *
Médoc/Haut-Médoc/
Moulis-en-Médoc/Listrac-Médoc *
Graves/Pessac-Léognan rouges ***
Graves/Pessac-Léognan blancs **
Pomerol *
Saint-Émilion *
Barsac/Sauternes ***

Récolte : très réduite.
Spécificités : cette année a été marquée par un été extrêmement froid et pluvieux.
Maturité : à cause de l'extrême fraîcheur estivale, les vins rouges de 1957 présentent une acidité importante qui leur a permis de résister à l'épreuve du temps. Si vous avez l'occasion de trouver des vins de ce millésime en parfait état de conservation, il serait

intéressant de les acheter, à condition toutefois qu'ils soient proposés à des prix très raisonnables.
Prix : en général, les 1957 sont (ou devraient être) abordables, car ils ne jouissent pas d'une très bonne réputation.

Étant donné l'accueil peu favorable qui a toujours été réservé aux 1957, j'ai été extrêmement surpris par le nombre de vins plaisants et de bonne tenue que j'ai pu déguster dans ce millésime, en particulier certains Graves et certains Pauillac. En fait, il me serait très agréable de présenter un Haut-Brion 1957 ou un La Mission Haut-Brion 1957 à mes amis les plus pointilleux, et je serais personnellement ravi de déguster un Lafite Rothschild de cette même année. J'ai goûté deux bouteilles de cet excellent vin au début des années 80, mais une telle occasion ne s'est pas représentée depuis.

Les conditions climatiques de 1957 ont été très difficiles. En effet, des périodes extrêmement pluvieuses entre avril et août ont obligé les viticulteurs à retarder les vendanges jusqu'au début octobre. Les vins présentaient un bon niveau d'acidité, et, dans les vignobles dont les sols sont les mieux drainés, les raisins avaient atteint un stade de maturité surprenant malgré le manque d'ensoleillement et l'humidité ambiante. Les 1957 de Bordeaux, de même que leurs homologues bourguignons, se sont conservés relativement bien, compte tenu de leur acidité marquante et de leurs tannins très verts.

1956 – BRÈVE PRÉSENTATION (14 OCTOBRE 1956)

Saint-Estèphe 0
Pauillac 0
Saint-Julien 0
Margaux 0
Médoc/Haut-Médoc/
Moulis-en-Médoc/Listrac-Médoc 0
Graves/Pessac-Léognan rouges 0
Graves/Pessac-Léognan blancs 0
Pomerol 0
Saint-Émilion 0
Barsac/Sauternes 0

Récolte : minuscule, elle donna de toutes petites quantités de vins médiocres.
Spécificités : l'hiver 1955-1956, le plus froid que Bordeaux ait connu depuis... 1709, a causé d'importants dégâts dans les vignobles, en particulier à Pomerol et à Saint-Émilion.
Maturité : je n'ai pas vu un seul 1956 depuis plus de quinze ans, et n'ai goûté en tout et pour tout que cinq vins de ce millésime.
Prix : une année déplorable qui donna des vins déplorables – et qui ne valent donc rien.

Le millésime 1956 est le plus désastreux que Bordeaux ait connu dans les années relativement récentes. Il dépasse même les médiocrissimes 1963, 1965, 1968, 1969 et 1972. L'hiver 1956 fut tellement froid qu'il détruisit la plupart des vignobles de Pomerol et de Saint-Émilion, et retarda considérablement la floraison en Médoc. La vendange fut tardive, la récolte extrêmement réduite, et les vins se révélèrent presque imbuvables.

1955 - BRÈVE PRÉSENTATION (21 SEPTEMBRE 1955)

Saint-Estèphe ****
Pauillac ****
Saint-Julien ****
Margaux ***
Médoc/Haut-Médoc/
Moulis-en-Médoc/Listrac-Médoc **
Graves/Pessac-Léognan rouges ****
Graves/Pessac-Léognan blancs ***
Pomerol ***
Saint-Émilion ****
Barsac/Sauternes ****

Récolte : abondante et saine.
Spécificités : à 50 ans d'âge, ce millésime, certes incomparable au 1953 ou au 1959, n'en demeure pas moins sous-estimé et sous-coté ; il offre des vins qui se sont bien conservés et qui, dans l'ensemble, se portent mieux et sont mieux structurés que les 1953, dont l'heure de gloire est maintenant passée.
Maturité : après une longue période pendant laquelle ils s'étaient refermés, les meilleurs 1955 sont enfin à maturité et ne montrent pas le moindre signe de faiblesse (à condition, bien entendu, qu'il s'agisse de flacons ayant été conservés dans de bonnes conditions).
Prix : en général, les 1955 sont sous-évalués – à l'exception de La Mission Haut-Brion et de Mouton Rothschild, qui sont les grandes réussites du millésime.

La plupart des 1955 sont relativement austères et légèrement rugueux. Ils sont aussi profonds, étoffés, très colorés, et présentent un potentiel de garde assez extraordinaire ; cependant, ils manquent en règle générale de gras, de charme et d'opulence.

Les conditions climatiques qui forgèrent ce millésime furent presque idéales. Les mois de juin, juillet et août furent chauds et ensoleillés, et les pluies de septembre plutôt bénéfiques.

Pour une raison inexpliquée, la vendange relativement abondante cette année-là ne suscita pas le même enthousiasme que dans d'autres millésimes des années 50, tels 1953 ou 1959. Peut-être est-ce dû à l'absence de vins vraiment sensationnels ? Plus récemment, les 1995 ou 1988 pourraient être comparés aux 1955.

LES MEILLEURS 1955

Saint-Estèphe : Calon-Ségur, Cos d'Estournel, Montrose, Les Ormes de Pez
Pauillac : Latour, Lynch-Bages, Mouton Rothschild
Saint-Julien : Léoville Las Cases, Talbot
Margaux : Palmer
Médoc/Haut-Médoc/Moulis-en-Médoc/Listrac-Médoc : aucun
Graves/Pessac-Léognan rouges : Haut-Brion, La Mission Haut-Brion, Pape Clément
Graves/Pessac-Léognan blancs : aucun
Pomerol : L'Évangile, Lafleur, Latour à Pomerol, Petrus, Vieux Château Certan
Saint-Émilion : Cheval Blanc, La Dominique, Soutard
Barsac/Sauternes : D'Yquem

1954 – BRÈVE PRÉSENTATION (10 OCTOBRE 1954)

Saint-Estèphe 0
Pauillac *
Saint-Julien *
Margaux 0
Médoc/Haut-Médoc/
Moulis-en-Médoc/Listrac-Médoc 0
Graves/Pessac-Léognan rouges *
Graves/Pessac-Léognan blancs 0
Pomerol 0
Saint-Émilion 0
Barsac/Sauternes 0

Récolte : très réduite.
Spécificités : les vendanges, très tardives, se déroulèrent par un temps déplorable.
Maturité : il est difficile d'imaginer qu'un vin de ce millésime soit encore buvable.
Prix : les 1954 n'ont strictement aucune valeur.

L'année 1954 a été médiocre pour toutes les régions viticoles de France, et en particulier pour Bordeaux. En effet, les viticulteurs bordelais attendirent désespérément que leur récolte mûrisse après un mois d'août exceptionnellement pluvieux et frais. Les premiers jours de septembre furent plus cléments, mais, à la fin de ce mois, la situation se détériora considérablement. En effet, des dépressions atmosphériques se succédèrent au-dessus de la région, y apportant des pluies torrentielles. Celles-ci durèrent près de quatre semaines et compromirent irrémédiablement un millésime qui, sans cela, aurait pu être de qualité moyenne.

Il est très improbable qu'un vin de cette année soit buvable actuellement.

1953 – BRÈVE PRÉSENTATION (21 SEPTEMBRE 1953)

Saint-Estèphe *****
Pauillac *****
Saint-Julien *****
Margaux ****
Médoc/Haut-Médoc/
Moulis-en-Médoc/Listrac-Médoc ***
Graves/Pessac-Léognan rouges ****
Graves/Pessac-Léognan blancs ***
Pomerol ***
Saint-Émilion ***
Barsac/Sauternes ***

Récolte : moyenne.
Spécificités : un des millésimes les plus séduisants et les plus sensuels jamais produits à Bordeaux.
Maturité : d'après les anciens, les 1953 étaient absolument délicieux dans le courant des années 50, se montraient encore meilleurs pendant les années 60 et étaient tout simplement sublimes dans les années 70. Leurs traits communs étaient le charme, la rondeur, la richesse aromatique, ainsi qu'une texture de velours. Mais, aujourd'hui, il convient de se montrer prudent avec ces vins, sauf si l'on est certain qu'ils ont été impeccablement stockés ou s'ils sont logés en grand format.
Prix : des vins aussi séduisants ne se vendront jamais à prix raisonnable. En d'autres termes, les 1953 seront toujours très chers.

Les 1953 comptent au nombre des rares bordeaux faisant l'unanimité quant à leur qualité. Les anciens et certains des commentateurs qui nous ont précédés (le regretté

Edmund Penning-Rowsell, David Peppercorn et Michael Broadbent) en parlent avec adoration. Il semblerait que ces vins ne se soient jamais montrés sous un mauvais jour ; déjà délicieux au fût, ils se sont encore améliorés en bouteille. C'est pour cette raison qu'ils ont en général été dégustés avant d'avoir atteint 10 ans d'âge, mais les amateurs s'étant montrés plus patients ont pu constater qu'ils s'étaient considérablement épanouis au cours des années 60 et 70. Si, outre-Atlantique, les 1953 étaient déjà marqués par le temps (robe tuilée, fruit desséché) dès les années 80, en Europe – et particulièrement à Bordeaux, dans les propriétés –, ils sont encore en parfaite forme, aussi merveilleusement riches, somptueux et pleins de charme qu'on peut l'espérer. Aujourd'hui, on pourrait rapprocher les meilleurs d'entre eux de certains 1999, des 1985 les plus réussis ou des 1982 les plus légers.

Si vos moyens financiers vous permettent de vous offrir ce millésime très prisé, n'en achetez qu'en grand format ou assurez-vous que les bouteilles que l'on vous propose ont auparavant été stockées dans des caves plutôt fraîches.

LES MEILLEURS 1953

Saint-Estèphe : Calon-Ségur, Cos d'Estournel, Montrose
Pauillac : Grand-Puy-Lacoste, Lafite Rothschild, Lynch-Bages, Mouton Rothschild
Saint-Julien : Beychevelle, Ducru-Beaucaillou, Gruaud Larose, Langoa Barton, Léoville Barton, Léoville Las Cases, Talbot
Margaux : Château Margaux, Palmer
Médoc/Haut-Médoc/Moulis-en-Médoc/Listrac-Médoc : Cantemerle
Graves/Pessac-Léognan rouges : Haut-Brion, La Mission Haut-Brion
Pomerol : La Conseillante
Saint-Émilion : Cheval Blanc, Figeac, Magdelaine, Pavie
Barsac/Sauternes : Climens, D'Yquem

1952 – BRÈVE PRÉSENTATION (17 SEPTEMBRE 1952)

Saint-Estèphe **
Pauillac ***
Saint-Julien ***
Margaux **
Médoc/Haut-Médoc/
Moulis-en-Médoc/Listrac-Médoc **
Graves/Pessac-Léognan rouges ***
Graves/Pessac-Léognan blancs ***
Pomerol ****
Saint-Émilion ***
Barsac/Sauternes **

Récolte : assez réduite.
Spécificités : le millésime 1952 est à son meilleur niveau à Pomerol, où les vendanges furent achevées bien avant l'arrivée des pluies.
Maturité : presque tous les vins de ce millésime se sont toujours montrés durs et astringents, manquant de gras, de charme et de maturité. Cependant, les meilleures bouteilles peuvent réserver de bonnes surprises.
Prix : les 1952 sont en général très chers, mais certains Pomerol soigneusement choisis peuvent se révéler des valeurs sûres.

Les conditions climatiques du printemps 1952 furent excellentes, et l'été se révéla relativement chaud et sec, avec une pluviométrie optimale. Malheureusement, la situation se dégrada par la suite, et le temps fut froid, instable et orageux avant et pendant les vendanges. C'est à Pomerol et à Saint-Émilion, où la majorité du merlot et une partie du cabernet franc furent vendangés avant que le temps ne se détériore, que l'on trouve les crus les plus réussis. Certains Graves sont également très bons, grâce aux sols légers et bien drainés de cette appellation, en particulier dans la région de Pessac-Léognan. Mais les Médoc, y compris les premiers crus, sont dans l'ensemble durs et décevants.

LES MEILLEURS 1952

Saint-Estèphe : Calon-Ségur, Montrose
Pauillac : Latour, Lynch-Bages
Saint-Julien : aucun
Margaux : Château Margaux, Palmer
Médoc/Haut-Médoc/Moulis-en-Médoc/Listrac-Médoc : aucun
Graves/Pessac-Léognan rouges : Haut-Brion, La Mission Haut-Brion, Pape Clément
Graves/Pessac-Léognan blancs : aucun
Pomerol : La Fleur-Petrus, Lafleur, Petrus, Trotanoy
Saint-Émilion : Cheval Blanc, Magdelaine
Barsac/Sauternes : aucun

1951 – BRÈVE PRÉSENTATION (9 OCTOBRE 1951)

Saint-Estèphe 0
Pauillac 0
Saint-Julien 0
Margaux 0
Médoc/Haut-Médoc/
Moulis-en-Médoc/Listrac-Médoc 0
Graves/Pessac-Léognan rouges 0
Graves/Pessac-Léognan blancs 0
Pomerol 0
Saint-Émilion 0
Barsac/Sauternes 0

Récolte : extrêmement réduite.
Spécificités : ce millésime est aujourd'hui encore considéré comme le pire pour les vins de Bordeaux. Ceux qui sont nés cette année-là se consoleront en pensant qu'elle fut favorable aux Cabernet Sauvignon de la Napa Valley...
Maturité : des vins imbuvables tant dans leur jeunesse que plus tard.
Prix : encore un millésime médiocre qui ne vaut rien.

Un temps épouvantable au printemps et en été, ainsi qu'avant et pendant les vendanges (avec de fortes pluies et des températures relativement fraîches), compromit totalement le millésime 1951, qui peut se targuer d'avoir pire réputation que toute autre année de l'après-guerre.

1950 – BRÈVE PRÉSENTATION (17 SEPTEMBRE 1950)

Saint-Estèphe **
Pauillac ***
Saint-Julien ***
Margaux ***
Médoc/Haut-Médoc/
Moulis-en-Médoc/Listrac-Médoc *
Graves/Pessac-Léognan rouges ***
Graves/Pessac-Léognan blancs ***
Pomerol *****
Saint-Émilion ****
Barsac/Sauternes ****

Récolte : abondante.
Spécificités : la plupart des Pomerol de ce millésime sont grandioses ; pourtant, ils ont été systématiquement ignorés par les chroniqueurs de l'époque.
Maturité : nombre de Médoc et de Graves sont sur le déclin, mais les Pomerol les plus opulents sont splendides et peuvent encore se conserver pendant plusieurs années.
Prix : la grande qualité des Pomerol n'est plus un secret pour personne... si bien qu'ils sont chers.

L'année 1950 est encore un de ces millésimes dont la réputation fut forgée par le Médoc. Cette année-là, la floraison se déroula favorablement, l'été fut chaud et sec, mais, au mois de septembre, le temps se détériora et il plut beaucoup.

Les Médoc, qui sont aujourd'hui sur le déclin, étaient des vins souples, bien évolués et moyennement corsés, que l'on pourrait comparer aux 1971, 1981 ou aux 1999. Les Graves étaient meilleurs, mais ils sont probablement passés à l'heure actuelle. Les deux appellations qui ont le mieux réussi sont Saint-Émilion et Pomerol. La première a produit nombre de vins riches, étoffés et intenses, qui ont évolué rapidement. Quant à la seconde, elle a connu là son quatrième grand millésime successif, fait sans précédent dans son histoire. On y trouve des vins merveilleusement riches, onctueux et concentrés, qui peuvent même, pour certains, rivaliser avec les Pomerol les mieux réussis de 1947 et de 1949, deux années très prisées.

Les Sauternes et Barsac ont également connu leur heure de gloire en 1950. En effet, les amateurs considèrent toujours ce millésime comme l'un des plus grands de l'après-guerre pour ces liquoreux.

LES MEILLEURS 1950

Saint-Estèphe : aucun
Pauillac : Latour
Saint-Julien : aucun
Margaux : Château Margaux
Médoc/Haut-Médoc/Moulis-en-Médoc/Listrac-Médoc : aucun
Graves/Pessac-Léognan rouges : Haut-Brion, La Mission Haut-Brion
Graves/Pessac-Léognan blancs : aucun
Pomerol : L'Église-Clinet, L'Évangile, La Fleur-Petrus, Le Gay, Lafleur, Latour à Pomerol, Petrus, Vieux Château Certan
Saint-Émilion : Cheval Blanc, Figeac, Soutard
Barsac/Sauternes : Climens, Coutet, Suduiraut, D'Yquem

1949 – BRÈVE PRÉSENTATION (27 SEPTEMBRE 1949)

Saint-Estèphe *****
Pauillac *****
Saint-Julien *****
Margaux ****
Médoc/Haut-Médoc/
Moulis-en-Médoc/Listrac-Médoc ***
Graves/Pessac-Léognan rouges *****
Graves/Pessac-Léognan blancs ***
Pomerol ****
Saint-Émilion ****
Barsac/Sauternes *****

Récolte : très peu abondante.
Spécificités : l'année la plus chaude et la plus ensoleillée depuis 1893. Plus récemment, elle peut être comparée à 1990.
Maturité : les meilleurs 1949 sont à leur apogée et remarquables de richesse et de concentration. Comme toujours, en matière de vieux millésimes, les acheteurs vérifieront la provenance et le parcours des flacons qu'ils convoitent.
Prix : extrêmement élevés.

Avec 1945, 1947 et 1948, 1949 est l'un des quatre millésimes les plus extraordinaires des années 40. C'est aussi celui que je préfère. Légèrement moins massifs et moins alcooliques que les 1947, les 1949 ont plus d'équilibre, d'harmonie et de fruité que les 1945, et sont plus complexes que les 1948. En bref, les meilleurs d'entre eux sont absolument magnifiques et comptent au nombre des vins les plus exceptionnels des cent dernières années. Seuls ceux de la rive droite (à l'exception de Cheval Blanc) semblent de qualité légèrement inférieure aux 1947. Pour le Médoc et les Graves, 1949 est une année extraordinaire, où pratiquement toutes les propriétés ont produit des vins très opulents, puissants, très persistants, d'une richesse et d'une maturité époustouflantes.

Ce millésime a été marqué par un été caniculaire et ensoleillé. Les amateurs qui craignaient qu'il n'ait fait trop chaud en 1989 et 1990 pour que l'on puisse y produire de bons vins devraient consulter les archives. Ils s'apercevraient alors que 1949 était, avec 1947, l'une des deux années les plus torrides depuis 1893, et également la plus ensoleillée après cette dernière. Les vendanges ne se déroulèrent pas sous un temps totalement sec, mais les pluies furent légères, comparables à celles qui tombèrent pendant la récolte en 1982. Il plut légèrement juste avant les vendanges, mais, les sols étant secs et craquelés, cet apport d'eau se révéla plutôt bénéfique.

Même les vins de Sauternes et Barsac furent particulièrement réussis cette année-là. Acheter des 1949 aujourd'hui doit certainement coûter les yeux de la tête : ce sont les vins les plus chers et les plus prisés du siècle.

LES MEILLEURS 1949

Saint-Estèphe : Calon-Ségur, Cos d'Estournel, Montrose
Pauillac : Grand-Puy-Lacoste, Latour, Mouton Rothschild
Saint-Julien : Gruaud Larose, Léoville Barton, Talbot
Margaux : Palmer
Médoc/Haut-Médoc/Moulis-en-Médoc/Listrac-Médoc : aucun
Graves/Pessac-Léognan rouges : Haut-Brion, La Mission Haut-Brion, Pape Clément
Graves/Pessac-Léognan blancs : Laville Haut-Brion

Pomerol : La Conseillante, L'Église-Clinet, L'Évangile, Lafleur, Latour à Pomerol, Petrus, Trotanoy, Vieux Château Certan
Saint-Émilion : Cheval Blanc
Barsac/Sauternes : Climens, Coutet, D'Yquem

1948 – BRÈVE PRÉSENTATION (22 SEPTEMBRE 1948)

Saint-Estèphe ***
Pauillac ****
Saint-Julien ****
Margaux ****
Médoc/Haut-Médoc/
Moulis-en-Médoc/Listrac-Médoc ***
Graves/Pessac-Léognan rouges ****
Graves/Pessac-Léognan blancs ***
Pomerol ***
Saint-Émilion ***
Barsac/Sauternes **

Récolte : moyenne ou inférieure à la moyenne, selon les appellations.
Spécificités : on trouve en 1948 des vins qui sont bons ou excellents, mais ce millésime est souvent oublié, car surpassé à la fois par son prédécesseur et par son successeur.
Maturité : le caractère dur et fermé des 1948 a favorisé leur évolution, et les exemples les plus amples et les plus concentrés sont encore très séduisants.
Prix : ces vins sont sous-cotés, si l'on tient compte de leur âge et de leur qualité.

Lorsque Bordeaux produit trois grands millésimes de suite, il arrive souvent que l'un d'eux demeure dans l'ombre ; c'est exactement le cas de 1948. Il s'agit d'une excellente année, dont le seul tort est d'avoir été prise en sandwich entre deux millésimes légendaires.

À cause d'une floraison difficile (juin fut pluvieux, frais et venteux), la récolte fut en 1948 moins abondante qu'en 1947 ou qu'en 1949. Cependant, le temps se remit au beau en juillet et en août, et septembre fut exceptionnellement sec et chaud.

Malgré leur qualité incontestable, les 1948 n'ont jamais suscité l'enthousiasme des amateurs de bordeaux rouge, et personne ne pourrait légitimement blâmer ces derniers. En effet, ces vins se montraient durs, tanniques et peu évolués, alors que, dans le même temps, les 1947 étaient spectaculaires, opulents, alcooliques et corsés, et les 1949 plus précoces et très riches.

Cependant, on constate actuellement que, dans bien des cas, les 1948 ont évolué avec davantage de grâce que les 1947, plus massifs, et que les meilleurs d'entre eux sont encore d'excellente tenue. Leurs prix semblent raisonnables, comparés à ceux de leurs aînés et de leurs cadets d'un an.

LES MEILLEURS 1948

Saint-Estèphe : Cos d'Estournel
Pauillac : Grand-Puy-Lacoste, Latour, Lynch-Bages, Mouton Rothschild
Saint-Julien : Langoa Barton, Léoville Barton (la réussite du Médoc)
Margaux : Château Margaux, Palmer
Médoc/Haut-Médoc/Moulis-en-Médoc/Listrac-Médoc : Cantemerle
Graves/Pessac-Léognan rouges : La Mission Haut-Brion, Pape Clément
Graves/Pessac-Léognan blancs : aucun

Pomerol : L'Église-Clinet, Latour à Pomerol, Lafleur, Petit Village, Petrus, Vieux Château Certan
Saint-Émilion : Cheval Blanc
Barsac/Sauternes : aucun

1947 – BRÈVE PRÉSENTATION (15 SEPTEMBRE 1947)

Saint-Estèphe ***
Pauillac ***
Saint-Julien ***
Margaux **
Médoc/Haut-Médoc/
Moulis-en-Médoc/Listrac-Médoc *
Graves/Pessac-Léognan rouges ****
Graves/Pessac-Léognan blancs ***
Pomerol *****
Saint-Émilion *****
Barsac/Sauternes ***

Récolte : très abondante.
Spécificités : 1947 est l'année des contrastes. On y trouve aussi bien les vins les plus concentrés qui aient jamais été produits à Bordeaux (issus, essentiellement, de Pomerol et de Saint-Émilion) que des médiocrités inattendues (par exemple, Lafite Rothschild).
Maturité : à l'exception des Pomerol et des Saint-Émilion les plus opulents et les plus concentrés, les 1947 doivent être consommés rapidement. En effet, ils sont pour la plupart sur le déclin, et déploient un excès d'acidité volatile et un fruité maigre et passé.
Prix : ils sont ridiculement élevés, car il s'agit d'un autre « millésime du siècle »... Attention aux contrefaçons de Cheval Blanc et de Petrus.

Dans cette année extrêmement chaude, Bordeaux a produit les vins les plus extraordinairement concentrés et les plus intenses que j'aie jamais goûtés, qui évoquent des Porto. Les plus opulents d'entre eux sont issus de Pomerol et de Saint-Émilion. Dans le Médoc, la qualité était très irrégulière, et, si Calon-Ségur et Mouton Rothschild ont magnifiquement réussi, d'autres grands crus, tels Lafite Rothschild et Latour, ou encore Léoville Barton, ont produit des 1947 marqués par un excès d'acidité.

Les meilleures pièces de ce millésime sont à conserver précieusement, ne serait-ce qu'à cause de leur richesse et leur douceur, qui évoquent les 1982. Cependant, aucun vin de cette dernière année ne présente l'intensité et la richesse en extrait des plus grands 1947, conséquence des températures très élevées des mois de juillet et août, et de la vague de chaleur torride et tropicale que Bordeaux connut en septembre, juste avant le début des vendanges. Dans les propriétés où il fut impossible de réguler la température des raisins (qui étaient très chauds), les fermentations se bloquèrent. Ce qui donna des vins recelant du sucre résiduel et, dans plusieurs cas, présentant des taux d'acidité volatile qui horrifieraient les œnologues d'aujourd'hui. Mais celles qui surent maîtriser ces vinifications très déroutantes produisirent les bordeaux rouges les plus opulents du siècle dernier.

LES MEILLEURS 1947

Saint-Estèphe : Calon-Ségur
Pauillac : Grand-Puy-Lacoste, Mouton Rothschild

Saint-Julien : Ducru-Beaucaillou, Léoville Las Cases
Margaux : Château Margaux
Médoc/Haut-Médoc/Moulis-en-Médoc/Listrac-Médoc : aucun
Graves/Pessac-Léognan rouges : Haut-Brion, La Mission Haut-Brion, La Tour Haut-Brion
Graves/Pessac-Léognan blancs : Laville Haut-Brion
Pomerol : Clinet, La Conseillante, L'Église-Clinet, L'Enclos, L'Évangile, La Fleur-Petrus, Lafleur, Latour à Pomerol, Nenin, Petrus, Rouget, Vieux Château Certan
Saint-Émilion : Canon, Cheval Blanc, Figeac, La Gaffelière-Naudes
Barsac/Sauternes : Climens, Suduiraut

1946 - BRÈVE PRÉSENTATION (30 SEPTEMBRE 1946)

Saint-Estèphe **
Pauillac **
Saint-Julien **
Margaux *
Médoc/Haut-Médoc/Moulis-en-Médoc/Listrac-Médoc 0
Graves/Pessac-Léognan rouges *
Graves/Pessac-Léognan blancs 0
Pomerol 0
Saint-Émilion 0
Barsac/Sauternes 0

Récolte : très réduite.
Spécificités : la seule année de la période de l'après-guerre où les vignobles bordelais furent dévastés par les criquets.
Maturité : ces vins sont certainement passés à l'heure actuelle.
Prix : hormis le très rare Mouton Rothschild 1946 (qui concerne principalement les amateurs fortunés souhaitant compléter leur collection), la plupart de ces vins ne valent pas grand-chose.

Les effets bénéfiques de la chaleur des mois de juillet et août sur la vigne furent anéantis par un mois de septembre exceptionnellement pluvieux, frais et venteux. En effet, les vendanges durent alors être retardées, et il y eut une éclosion de pourriture dans les vignobles. On ne trouve pratiquement pas de 1946 sur le marché, et je n'ai moi-même, en tout et pour tout, que onze notes de dégustation sur ce millésime.

Je n'ai jamais goûté les meilleurs crus de cette année, mais le regretté Edmund Penning-Rowsell, le doyen des critiques anglais en matière de bordeaux, assure que Latour était excellent. Je n'en ai personnellement jamais vu une bouteille.

1945 - BRÈVE PRÉSENTATION (13 SEPTEMBRE 1945)

Saint-Estèphe ****
Pauillac *****
Saint-Julien *****
Margaux ****
Médoc/Haut-Médoc/Moulis-en-Médoc/Listrac-Médoc ****
Graves/Pessac-Léognan rouges *****
Graves/Pessac-Léognan blancs *****
Pomerol *****
Saint-Émilion *****
Barsac/Sauternes *****

Récolte : minuscule.
Spécificités : le millésime le plus acclamé du siècle.
Maturité : certains 1945 (qui ont été impeccablement conservés) ne sont toujours pas à leur apogée.
Prix : les bordeaux rouges les plus chers et les plus surcotés du siècle.

Il n'y a aucun millésime de l'après-guerre (pas même 1953, 1959, 1961, 1982, 1989, 1990 ou 2000) qui jouisse de la réputation de 1945. La célébration de la fin d'une guerre meurtrière alliée à un temps remarquable donna une des récoltes les plus restreintes et les plus concentrées qui soient. À la fin des années 80, j'ai eu la chance de pouvoir déguster tous les premiers crus en deux occasions différentes, et il m'apparaît que 1945 est incontestablement un millésime remarquable, qui a mis au moins 45 ans pour atteindre son apogée. Les meilleurs vins (ils sont nombreux) peuvent parfaitement se conserver encore 20 à 30 ans, faisant ainsi un pied de nez aux plus grandes années récentes, dont le potentiel de garde n'excède pas 25 à 30 ans.

Les 1945 ont aussi leurs détracteurs, qui ont estimé qu'ils étaient excessivement tanniques et que plusieurs d'entre eux se fanaient. Il y a certes des vins dans ce cas, mais, si l'on mesure la grandeur d'un millésime à la performance des propriétés les plus prestigieuses (par exemple, les premiers et les meilleurs deuxièmes crus, et les domaines les plus sérieux de Pomerol et de Saint-Émilion), 1945 constitue une référence à lui seul.

La récolte fut cette année-là extrêmement réduite par une gelée dévastatrice du mois de mai (appelée gelée noire), suivie d'un été exceptionnellement chaud et sec, ainsi que d'une période d'intense sécheresse. Les vendanges commencèrent tôt, le 13 septembre – le même jour qu'en 1976 et en 1982.

LES MEILLEURS 1945

Saint-Estèphe : Calon-Ségur, Montrose, Les Ormes de Pez
Pauillac : Latour, Mouton Rothschild, Pichon-Longueville Comtesse de Lalande, Pontet-Canet
Saint-Julien : Gruaud Larose, Léoville Barton, Talbot
Margaux : Château Margaux, Palmer
Médoc/Haut-Médoc/Moulis-en-Médoc/Listrac-Médoc : aucun
Graves/Pessac-Léognan rouges : Haut-Brion, La Mission Haut-Brion, La Tour Haut-Brion
Graves/Pessac-Léognan blancs : Laville Haut-Brion
Pomerol : L'Église-Clinet, La Fleur-Petrus, Gazin, Lafleur, Latour à Pomerol, Petrus, Rouget, Trotanoy, Vieux Château Certan
Saint-Émilion : Canon, Cheval Blanc, Figeac, La Gaffelière-Naudes, Larcis Ducasse, Magdelaine
Barsac/Sauternes : Suduiraut, D'Yquem

SAINT-ESTÈPHE

De tous les vins du Haut-Médoc, les Saint-Estèphe ont la réputation d'être les moins évolués, les plus rugueux et les plus tanniques. Si cette image correspondait bien à la réalité il y a trente ou quarante ans, elle ne vaut plus aujourd'hui : du fait de leur plus forte proportion de merlot et du style nouveau de vinification dont ils sont issus, les crus de cette région sont désormais plus souples et plus précoces.

Avec ses 1 230 ha de vignes et seulement cinq crus jugés aptes à figurer dans le classement de 1855, Saint-Estèphe est peut-être la moins prestigieuse des quatre principales appellations communales du Haut-Médoc (les trois autres étant Saint-Julien, Pauillac et Margaux), mais, suite au dernier classement de juin 2003, elle est celle qui compte le plus de crus bourgeois exceptionnels. S'ils ont été décevants pendant longtemps, les vins de Cos Labory se révèlent ainsi plus prometteurs depuis quelques années. Certaines propriétés de haut niveau et soucieuses de qualité, mais moins prestigieuses, comme Haut-Marbuzet, Meyney et Les Ormes de Pez, mériteraient quant à elles d'être promues parmi les crus classés.

Bien qu'ils tendent désormais vers davantage de souplesse, les Saint-Estèphe comptent généralement au nombre des bordeaux les plus fermés et les plus lents à évoluer. Cela tient en partie au fait que les sols de la région, plus argileux et moins graveleux que ceux des autres appellations, ne permettent qu'un écoulement relativement lent des eaux. Les vins produits ici présentent un pH assez faible et sont plutôt marqués par l'acidité ; ils se révèlent aussi plus massifs et plus costauds que ceux provenant des sols plus légers des Graves et de Margaux, par exemple. Cependant, l'argile est un atout dans les années de grande sécheresse, comme en 1970. En effet, elle retient mieux l'humidité que les lits graveleux du sud de la région, ce qui explique la grande qualité des Saint-Estèphe dans les millésimes très chauds (comme en 1990).

Actuellement, il est presque unanimement admis que Cos d'Estournel est le cru le plus connu de l'appellation, surtout depuis le début des années 80. Étrange coïncidence : cette bâtisse originale en forme de pagode, qui surplombe les murs et les jardins du célèbre Château Lafite Rothschild, est aussi la première propriété que l'on aperçoit en quittant Pauillac en direction de Saint-Estèphe. La qualité des millésimes récents (2003,

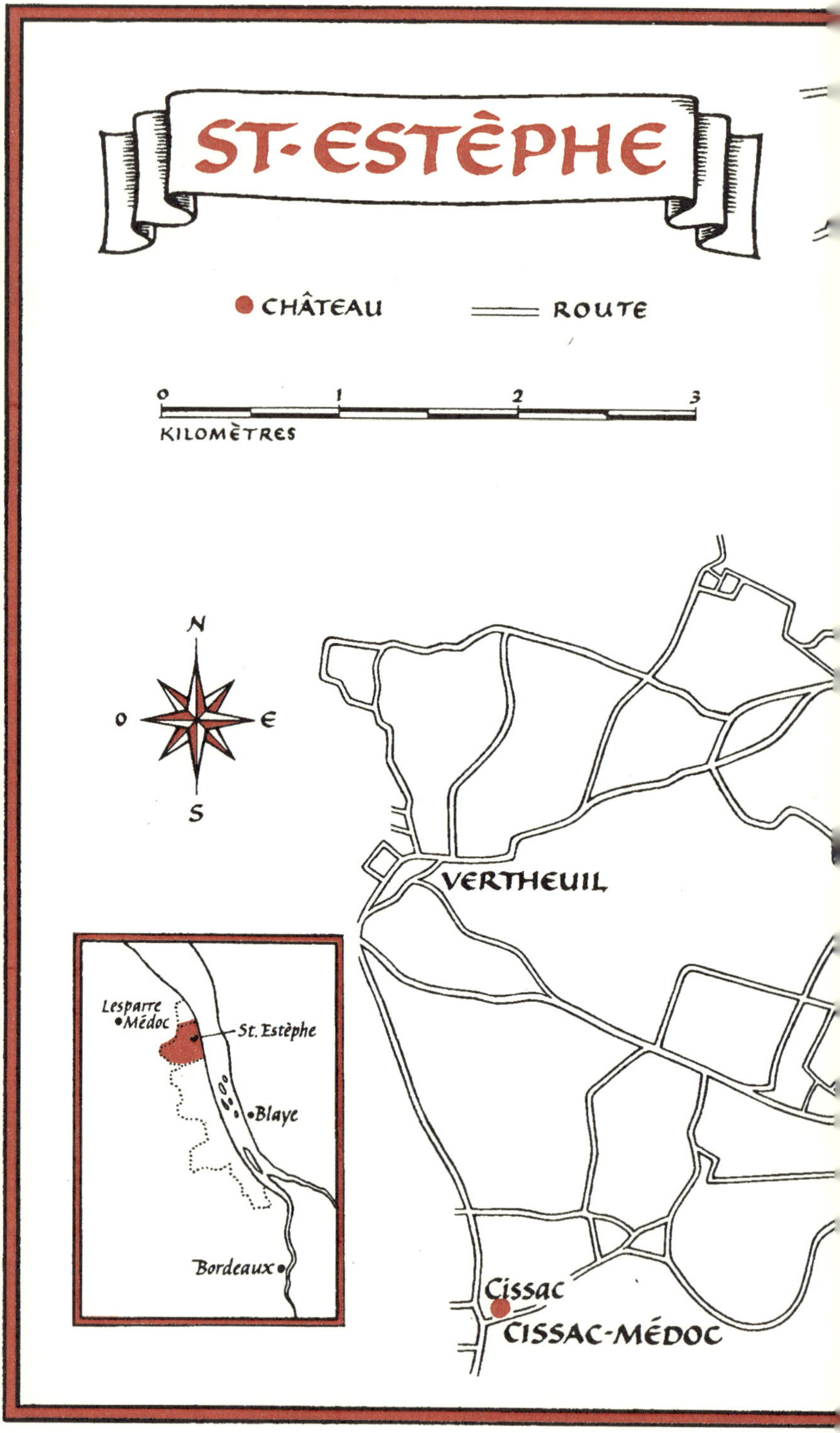
ST-ESTÈPHE
CHÂTEAU
ROUTE
0
1
2
3
KILOMÈTRES
N
O
E
S
VERTHEUIL
Lesparre
Médoc
St. Estèphe
Blaye
Bordeaux
Cissac
CISSAC-MÉDOC

ST-SEURIN DE CADOURNE
GIRONDE
D2
ST-CORBIAN
Calon-Ségur
ST-ESTÈPHE
Phélan-Ségur
Les Ormes-de-Pez
PEZ
de Pez
Tronquoy-Lalande
Meyney
Montrose
LEYSSAC
Haut-Marbuzet
MARBUZET
Marbuzet
Cos d'Estournel
Cos Labory
Lafon-Rochet
D2

2002, 2001, 1996, 1995, 1990, 1986, 1985, 1982) pourrait même lui permettre de prétendre au statut de premier grand cru classé. Les vins de Cos, issus d'un mariage heureux de la technologie moderne et du respect des traditions, sont assez souples pour être dégustés à 5 ou 6 ans d'âge, tout en étant capables d'évoluer et de se bonifier sur 10 à 30 ans.

Les principaux rivaux de Cos d'Estournel sont Montrose et Calon-Ségur. Montrose, qui se cache sur les chemins de traverse de Saint-Estèphe, se situe à proximité du fleuve. Jusque dans les années 70, cette propriété produisait l'un des bordeaux les plus structurés, les plus profonds et les plus lents à évoluer, que d'aucuns comparaient au Château Latour pour la richesse et l'ampleur, ainsi que pour la situation par rapport à la Gironde. Vers le milieu des années 80, Montrose adopta, de manière heureusement éphémère, un style plus léger, mais il produit à nouveau des vins très tanniques, qui ne se fondent qu'au terme d'une garde de 10 à 25 ans. Les 1989 et 1990 marquent le retour de ce cru au caractère qui fit sa gloire pendant de longues années, ce que confirment les superbes 1996 et 2000.

Calon-Ségur, dont le château à la façade blanche est situé juste en dehors du village, peut être aussi étoffé et aussi complexe que n'importe lequel des Saint-Estèphe et des Médoc. Lorsque cette propriété décroche la timbale (comme en 2000, 1996, 1995, 1982, 1953, 1947, 1929, 1926 et 1921), ses vins atteignent en effet des sommets inégalés ; mais Calon n'est pas un modèle de régularité, et sa performance dans les années 80 et 90 ne manque pas de laisser perplexe. La propriété est cependant plus constante à haut niveau et propose d'excellentes affaires depuis que Mme Capbern Gasqueton en assure totalement la direction, suite au décès de son époux.

Les vins de Lafon-Rochet, qui s'améliorent régulièrement, abandonnent progressivement ce caractère solide, tannique et peu évolué qui séduisait dans les années 70 et 80 les amateurs de Saint-Estèphe « authentiques », durs et rugueux, au profit d'un style plus accessible. Cos Labory, cinquième cru classé, eut longtemps la palme du vin le plus surcoté de toute l'appellation, mais il s'est bien redressé depuis 1989, et les millésimes récents attestent une nette amélioration de la qualité.

L'appellation Saint-Estèphe – c'est l'un de ses principaux attraits – propose aussi pléthore d'excellents crus bourgeois, dont certains mériteraient d'ailleurs d'être promus crus classés. Haut-Marbuzet est généralement superbe : délicieusement épicé et boisé, il se distingue par de généreux arômes et flaveurs de cassis. Je ne serais d'ailleurs pas surpris qu'on le confonde avec un cru classé. Phélan Ségur, qui a pris un nouveau départ, propose des vins de très longue garde suscitant un intérêt croissant chez les amateurs. Cependant, les millésimes de la fin des années 90 jusqu'en 2000 ont été étonnamment irréguliers. Meyney, vaste propriété magnifiquement située au nord de Montrose et à proximité du fleuve, est un cru bourgeois digne d'intérêt, capable de produire des vins amples, riches et profonds ; mais il faut souligner le caractère anodin des millésimes de la fin des années 90.

Les deux crus bourgeois méritant d'être suivis de plus près sont De Pez et son voisin, Les Ormes de Pez. De Pez appartient à la maison Roederer, qui y a effectué des investissements très importants vers la fin des années 90. Cette ancienne propriété des Pontac (lesquels possédaient également Haut-Brion) présente un potentiel important, mais – malheureusement – encore largement inexploité en 2003. Sous la houlette de la famille Cazes, de Lynch-Bages, Les Ormes de Pez s'impose comme un cru régulier à haut niveau ; généralement gras, savoureux et séveux, il est proposé, de surcroît, à un prix extrêmement raisonnable. C'est un vin auquel les amateurs avisés s'intéressent depuis plusieurs dizaines d'années.

Dans les mauvais millésimes, il est préférable d'éviter les Saint-Estèphe, tout en retenant que, de tous les crus de l'appellation, ce sont Cos d'Estournel, Montrose et Haut-Marbuzet qui tirent le mieux leur épingle du jeu. Cependant, lorsque le cycle végétatif bénéficie d'un climat idéal (chaud et généreusement ensoleillé), et que tous les cépages – notamment le merlot – atteignent une maturité parfaite, les Saint-Estèphe sont incontestablement excellents. Ce fut le cas en 1959, 1961, 1982, 1990, 1996, 2000 et 2003 (sans doute le plus grand millésime pour l'appellation depuis 1990). En effet, contrairement aux vignobles des sols légers et graveleux qui souffrent de « stress » dans les années chaudes et sèches, ceux de Saint-Estèphe, du fait de sols plus lourds, se portent bien d'un tel climat, donnant dans ces conditions des vins absolument superbes. 1989 et 1990, deux des millésimes les plus chauds et les plus secs du siècle dernier, confirment cette règle. Il faut garder à l'esprit que les sols de la région sont moins poreux, donc moins bien drainés que ceux des autres appellations du Médoc. Cela explique que les années pluvieuses soient moins réussies ici qu'à Saint-Julien ou à Margaux, et c'est ainsi que les 1980, 1983, 1987, 1997 et 1999 sont moins bons à Saint-Estèphe qu'ailleurs dans le Médoc. Les très grands Saint-Estèphe doivent leur qualité au merlot qui, lorsqu'il est très mûr et très sain, compense le caractère tannique et le haut niveau d'acidité typiques des vins de la région. Ce cépage fut particulièrement favorisé en 2003, 2002, 2000, 1998, 1995, 1990, 1989, 1982, 1976 et 1970.

Saint-Estèphe propose encore d'excellentes affaires, n'étant pas l'une des aires viticoles les plus réputées du Médoc. Cela vaut non seulement pour les crus classés, mais aussi pour les très nombreux crus bourgeois d'excellent niveau.

SAINT-ESTÈPHE – REPÈRES

Situation : à l'extrême nord du Médoc et sur la rive gauche de la Gironde ; Saint-Estèphe se trouve à environ 45 km au nord de Bordeaux.
Superficie sous culture de vigne : environ 1 230 ha.
Commune : Saint-Estèphe.
Production annuelle moyenne : 9 180 000 bouteilles.
Crus classés : 5 en tout, dont 2 seconds crus, 1 troisième cru, 1 quatrième cru et 1 cinquième cru. L'appellation compte également 36 crus bourgeois.
Principaux cépages : cabernet sauvignon et merlot. Le cabernet franc et le petit verdot sont également présents, en moindres proportions.
Types de sol : très divers. Les meilleurs vignobles sont situés sur des croupes graveleuses, mais on trouve également des sols sableux et argileux, légèrement calcaires.

AVIS AUX AMATEURS

Niveau général de l'appellation : moyen à superbe.
Les plus aptes à une longue garde : Calon-Ségur, Cos d'Estournel, Montrose.
Le plus élégant : Cos d'Estournel.
Les plus concentrés : Calon-Ségur, Cos d'Estournel, Montrose.
Le meilleur rapport qualité/prix : Cos Labory, Lafon-Rochet, Meyney (jusque dans les années 90), Les Ormes de Pez, Petit Bocq.

Le plus exotique : Haut-Marbuzet.
Le plus secret dans sa jeunesse : Calon-Ségur.
Les plus sous-estimés : Calon-Ségur, Lafon-Rochet.
Les plus accessibles dans leur jeunesse : Haut-Marbuzet, Les Ormes de Pez, Petit Bocq.
Les étoiles montantes : Cos Labory, Lafon-Rochet.
Meilleurs millésimes récents : 2003, 2000, 1996, 1990, 1986, 1982, 1961, 1959.

MON CLASSEMENT

EXCEPTIONNEL

Cos d'Estournel, Montrose, Calon-Ségur

TRÈS BON

Haut-Marbuzet, Lafon-Rochet, Les Ormes de Pez

BON

Chambert-Marbuzet, Cos Labory, Meyney, Petit Bocq, De Pez, Phélan Ségur

AUTRES PROPRIÉTÉS NOTABLES DE SAINT-ESTÈPHE

Andron Blanquet, Beau-Site, Bel Air, Le Boscq, Capbern Gasqueton, Cave coopérative Marquis de Saint-Estèphe, La Commanderie, Coutelin-Merville, Le Crock, Domeyne, Haut-Baradieu, Haut-Beauséjour, Haut Coteau, La Haye, Laffitte-Carcasset, Lavillotte, Lilian Ladouys, Marbuzet, Pomys, Château Saint Estèphe, Ségur de Cabanac, Tour de Marbuzet, Tour de Pez, Tour des Termes, Tronquoy-Lalande, Valrose, Vieux Coutelin

COMMENTAIRES DE DÉGUSTATION

CALON-SÉGUR

3e cru classé en 1855
Propriétaire : famille Capbern Gasqueton
Adresse : 33180 Saint-Estèphe
Tél. 05 56 59 30 08 – *Fax* 05 56 59 71 51
Visites : sur rendez-vous uniquement
Contact : Denise Capbern Gasqueton

VIGNOBLE ET VINIFICATION

Superficie : 53 ha
Encépagement : 65 % cabernet sauvignon, 20 % merlot, 15 % cabernet franc
Âge moyen des vignes : 35 ans – *Rendement moyen :* 40 hl/ha
Élevage : fermentations et cuvaison de 21 jours en cuves d'acier inoxydable thermorégulées ; achèvement des malolactiques en fûts pour une partie de la récolte (notamment pour la majeure partie du merlot) ; vieillissement de 18 mois en fûts (50 % de bois neuf) ; collage ; pas de filtration

VINS PRODUITS

Calon-Ségur – 240 000 b ; Marquis de Calon – 40 000 b
À maturité : dans les 8 à 30 ans suivant le millésime

APPRÉCIATION GÉNÉRALE

Calon-Ségur a produit entre les années 20 et le début des années 60 des vins capables de rivaliser avec les premiers crus. Après une période de relative méforme, la propriété s'est redressée dans les années 90, proposant des 1995, 1996, 2000 et 2003 de très haut vol. Les prix demeurent raisonnables, au point que d'aucuns estiment que le cru constitue l'une des meilleures affaires du Médoc. Cependant, les vins ne sont pas toujours réguliers à haut niveau, et il convient de choisir les millésimes avec discernement.

Situé sur un sol de graves sableuses et de roche calcaire ferrugineuse à l'extrême nord de la commune de Saint-Estèphe, Calon-Ségur est également le plus septentrional des crus classés du Médoc. La propriétaire, Mme Capbern Gasqueton, femme déterminée et de caractère, vit sur place – comme, d'ailleurs, son proche voisin de Montrose. La bâtisse de pierre blanche, avec son toit curieusement arrondi et ses deux tours, domine la campagne alentour. Détail intéressant : un mur enclôt toute la propriété, ce qui est courant en Bourgogne, mais plutôt rare dans le Bordelais.

L'histoire de Calon-Ségur remonte à l'époque romaine, au temps où le village de Saint-Estèphe s'appelait « Calones ». Cependant, la renommée de son vin date surtout du XVIIIe siècle, avec la célèbre et étonnante déclaration du marquis de Ségur : « Je fais mon vin à Lafite et à Latour, mais mon cœur est à Calon. » Aujourd'hui encore, l'étiquette de Calon porte un cœur, en hommage à l'attachement émouvant du seigneur des vignes à cette propriété – voici donc un cadeau tout indiqué pour la Saint-Valentin !

Durant la plus grande partie du siècle dernier, Calon-Ségur a fait des merveilles et maintenu le niveau d'un premier grand cru. Les 1926, 1928 et 1929 furent extraordinaires, et 1934 se révéla très bon dans une décennie de piètre qualité. À la fin des années 40 et au début des années 50, seules de rares propriétés du Bordelais égalèrent les succès grandioses de Calon – 1945, 1947, 1948, 1949 et 1953. Il fallut ensuite attendre 1982 pour que la propriété produisît à nouveau un vin vraiment profond. Dans l'intervalle, le cru fut de bonne tenue, mais même les meilleurs millésimes des années 60 et 70 étaient légèrement oxydés, avec un fruité atténué, des tannins trop abondants et astringents, ainsi que des arômes prononcés de moisi et de vieux chêne. On murmurait, dans les milieux bien informés, que les méthodes d'élevage et de vieillissement étaient contestables, que les vins étaient mis en bouteilles trop tardivement et que les soutirages et l'hygiène des vieux fûts laissaient à désirer.

Depuis 1982, Calon-Ségur a renoué avec le fil des grandes réussites, en produisant d'excellents 1988, 1989 et 1990, suivis de prodigieux 1995, 1996 et 2000. Cette propriété historique, qui naviguait à vue dans les années 70, a ainsi opéré un véritable retour en force, et ses vins, quoique d'un style différent, peuvent désormais rivaliser avec ceux de Cos d'Estournel et de Montrose. Mme Capbern Gasqueton aime à rappeler (comme le faisait feu son époux) que, de tous les Saint-Estèphe, Calon est celui qui demeure le plus traditionnel, avec des vins de longue garde, lents à évoluer et à s'épanouir. Dans une certaine mesure, elle n'a pas tort, et les amateurs de Saint-Estèphe classiques peuvent se réjouir des efforts récents de ce magnifique domaine, dont l'histoire se confond avec celle de Bordeaux et dont le vin représente – géographiquement parlant – le dernier des crus du classement de 1855.

2003
95-97
Voici une somptueuse réussite à rajouter à l'actif de Mme Denise Gasqueton. Le 2003 de Calon-Ségur évoque furieusement son aîné de 1982, lorsque je l'avais dégusté en 1983 au même stade d'évolution. Il est cependant davantage porté en bouche sur les arômes de fruits noirs, en raison de la maturité et de la générosité du cabernet sauvignon dans ce millésime particulier, alors que 1982 fut plus particulièrement favorable au merlot. Le 2003, un assemblage 60 % cabernet sauvignon et 40 % merlot, s'impose comme l'un des exemples du cru les plus profondément colorés. Il arbore en effet un pourpre-noir préludant à un ensemble dont l'opulence et l'onctuosité sont caractéristiques des 2003 les plus réussis du Nord-Médoc. Ce vin faible en acidité, dénué de toute surmaturité, se distingue encore par la fabuleuse pureté de ses arômes de cassis, de mûre, de réglisse et de sous-bois, qui dévalent littéralement le palais – tout en rondeur. Les tannins, abondants, sont parfaitement masqués, et la finale dure près de 1 minute. En raison des méthodes traditionnelles de vinification et d'élevage de Calon-Ségur, on peut subodorer que le 2003 se refermera, à l'instar de son aîné de 1982. **À boire entre 2010 et 2030.** (3/04)

2002
90
Calon-Ségur, que l'on connaît pour ses vins traditionnels, propose un 2002 ferme, structuré et apte à une longue garde. Ce vin, qui se compose à 65 % de cabernet sauvignon et pour le reste de merlot, arbore un rubis-pourpre opaque. Son bouquet, relativement fermé, mais prometteur, évoque les fruits rouges et noirs nuancés de terreau et de sous-bois. L'ensemble, moyennement corsé, est joliment étoffé, avec des tannins abondants. Il est aussi très peu évolué. Bien qu'il soit difficile de le comparer à ses aînés, on peut considérer ce 2002 comme une version moderne du superbe 1988 de la propriété, qui s'impose comme l'un des Médoc les plus réussis du millésime. **À boire entre 2012 et 2025.** (9/03)

2001
89
Bien qu'il soit plus riche que ses aînés de 1998 et 1999, le 2001 de Calon-Ségur ne saurait rivaliser avec son aîné d'un an. Issu d'une sélection de 65 % de la récolte totale, il se compose à 60 % de cabernet sauvignon, à 30 % de merlot et pour le reste de cabernet franc. Ce vin a achevé ses fermentations malolactiques à parts égales en fûts et en cuves. D'un rubis-pourpre profond, le 2001 de Calon exhale un doux nez de mûre, de cerise, d'herbes séchées, de terre et de réglisse. Doux à l'attaque, il révèle en bouche des tannins mûrs et une précision d'excellent aloi, et sa finale, moyennement corsée et persistante, est impressionnante de pureté. L'ensemble pourrait être renoté à la hausse s'il s'étoffait davantage. **À boire entre 2006 et 2018.** (1/03)

2000
94+
Le 2000 de Calon-Ségur, qui peut rivaliser avec les plus belles réussites de la propriété ces vingt dernières années (le 1995, le 1988 et le 1982), s'est déjà refermé – il s'agit là d'un trait commun à tous les grands millésimes de ce cru. L'ensemble, qui se compose à 60 % de cabernet sauvignon, à 30 % de merlot et à 10 % de cabernet franc, s'annonce par un prune-pourpre opaque et par de fabuleux arômes de goudron nuancés de fleurs printanières, de cerise noire, de cassis, de réglisse, de pierre et de minéral. En bouche, il se montre corsé, puissant, tannique et opulent, et révèle en outre un fruité intense et très gras, qui masque parfaitement sa structure solide. **À boire entre 2012 et 2040.** Patience, patience, patience ! (1/03)

1999 Souple, élégant et plutôt léger (en particulier en comparaison de son cadet
87 d'un an), le 1999 de Calon s'annonce par une robe évoluée et par de doux arômes de cerise et d'autres petits fruits poussiéreux. L'ensemble, nuancé d'herbes séchées, évoque en bouche un premier cru de Beaune, avec ses flaveurs de cerise et d'épices. Il se compose à 60 % de cabernet sauvignon, à 30 % de merlot et à 10 % de cabernet franc. L'assemblage est plutôt porté sur la finesse et l'élégance que sur l'étoffe et la puissance. **À boire avant qu'il n'ait 7 à 10 ans d'âge.** (12/02)

1998 Bien que ses tannins austères ne lui permettent pas de prétendre à une note
89+ extraordinaire, ce vin se distingue par des arômes extrêmement complexes de terre, de truffe, de cerise noire, de cassis, de prune et d'herbes, que l'on décèle aussi bien au nez qu'en bouche. L'ensemble, modérément tannique, mais assez massif, est vinifié dans un style classique. Nonobstant le fait que l'assemblage se compose à 35 % de merlot, ce vin n'est décidément pas l'un des plus précoces du millésime. **À boire entre 2008 et 2030.** (12/02)

1997 Ce 1997 souple et herbacé présente, outre un rubis délavé, des notes de poivre,
77 de terre et d'herbes aromatiques. Légèrement corsé et faiblement tannique, il doit être consommé rapidement. **À boire dans les 2 ans.** (11/02)

1996 Avant la mise en bouteilles, le Calon-Ségur 1996 semblait pouvoir rivaliser
92 avec son spectaculaire aîné d'un an. Cependant, lorsque je l'ai comparé au 1995 lors de deux dégustations à l'aveugle, le 1995 m'a paru l'emporter en raison de sa surmaturité et de son caractère plus accessible et plus riche en milieu de bouche. Toutefois, le 1996 est exceptionnel, même s'il n'affiche pas la même profondeur que lorsqu'il était encore en fût. Rubis foncé de robe, il exhale un nez complexe d'herbes séchées, d'épices orientales et de confiture de cerise noire, nuancé de cassis. Extraordinaire de pureté, avec une finale des plus tanniques, ce vin moyennement corsé, classique et vinifié dans un style traditionnel s'améliore considérablement au fur et à mesure qu'il s'aère, ce qui laisse deviner une grande longévité. **À boire entre 2009 et 2028.** (12/02)

1995 Le Calon 1995 est à mon sens l'une des grandes révélations de ce millésime.
92+ Ce vin, qui s'est totalement refermé depuis la mise en bouteilles, est une réussite sensationnelle. Opaque et pourpre de robe, il présente un nez serré, qui libère au mouvement du verre des arômes de cassis herbacé mêlés de notes de truffe, de chocolat et de sang de bœuf. On distingue en bouche, outre un caractère de surmaturité (les vendanges à Calon eurent lieu très tardivement en 1995), une densité et une pureté absolument fabuleuses, ainsi que d'abondants tannins. Ce classique profond et étonnamment peu évolué doit encore être attendu. **À boire entre 2007 et 2035.** (12/02)

1994 Ce vin rubis foncé de robe est atténué et comprimé, avec un nez fermé de
84 ? truffe nuancé de senteurs de terre. L'ensemble est moyennement corsé, massif et concentré, mais également austère, avec des tannins aussi abondants qu'astringents. **À boire jusqu'en 2012.** (3/00)

1990 Arborant une robe rubis foncé très évoluée et déjà fortement ambrée, le 1999
88 de Calon déploie des senteurs parfumées d'épices, de boisé, de cerise mûre et d'herbes. Bien équilibré malgré sa concentration, il exprime dans une bouche

moyennement corsée un fruité profond et d'une grande pureté. Chose étonnante, ce vin est déjà à maturité. **À boire jusqu'en 2010.** (11/01)

1989 Très réussi, le 1989 de Calon est légèrement plus profond et plus riche que
89 son cadet d'un an. Vêtu de rubis-grenat foncé, révélant en bouche un caractère corsé et alcoolique, une texture dense, douce et de bonne mâche, ainsi que des tannins modérés, il est relativement précoce pour le cru et promet de se maintenir encore 5 à 6 ans. Évoquant le 1982, en moins ample, en plus rustique et en plus évolué, il est actuellement à son apogée. **À boire jusqu'en 2012.** (11/01)

1988 Le 1988 de Calon-Ségur surpasse aussi bien le 1989 que le 1990 de ce cru,
93 pourtant issus de millésimes plus prestigieux. Profondément coloré, superbe d'équilibre malgré sa richesse et son caractère corsé, il me paraît capable de se maintenir encore une quinzaine d'années. Il est caractéristique du cru avec ses arômes très parfumés de cèdre, et ses généreuses notes de terre, de groseille et de cassis. Il faut encore signaler qu'il est étonnamment puissant pour un 1988. C'est à mon sens la plus belle réussite de la propriété entre 1982 et 1995. **À boire jusqu'en 2020.** (9/02)

1986 Le 1986, qui arbore un rubis-grenat profond, développe un nez serré, mais
88 mûr, de cassis nuancé en arrière-plan de subtiles notes d'herbes, de cèdre et de doux chêne. La bouche, moyennement corsée et riche, révèle, outre une belle structure, des arômes prononcés de fumé, de minéral et de groseille. Ce vin se distingue encore par sa belle profondeur, mais il révèle aussi des tannins rustiques. Chose curieuse : Calon-Ségur se compose en 1986 d'une proportion étonnamment élevée de cabernet sauvignon (90 %) et comprend nettement moins de merlot que de coutume (10 %). **À boire jusqu'en 2015.** (11/01)

1985 La mise en bouteilles tardive (janvier 1988) du 1985 l'a probablement desséché.
84 Ce vin d'un rubis-grenat moyennement foncé et fortement ambré développe un nez doux, légèrement herbacé, de terre, de petits fruits et d'épices. Suit en bouche un ensemble plutôt corsé, plaisant, mais manquant à la fois de gras et de profondeur. Ce vin est actuellement à son apogée. **À boire maintenant.** (11/01)

1983 Ma première dégustation du 1983 (au printemps 1984) m'a révélé un vin éton-
79 namment doux, aux arômes toniques, à la finale alcoolique et à la structure fragile. Quelque temps plus tard, je l'ai trouvé mûr et parfumé, mais faible en acidité et toujours marqué par l'alcool. Tant sa robe que son style et sa texture m'ont rappelé un 1976. À l'heure actuelle, cet ensemble fortement ambré et nuancé de rouille révèle un caractère légèrement herbacé et une structure chancelante. Je conseille de le consommer sans plus tarder, car il se délite. **À boire maintenant.** (6/98)

1982 Extraordinaire au fût, le 1982 de Calon s'est ensuite montré dur, austère et peu
94 évolué pendant une vingtaine d'années, mais il se révèle enfin. Il présentait, dès sa petite enfance, une opulence, un gras et une épaisseur évoquant son légendaire aîné de 1947. Ces traits se dessinent au fur et à mesure qu'il développe de la complexité et que ses abondants tannins se fondent. L'ensemble, qui arbore un prune-grenat foncé légèrement ambré sur le bord, dégage d'intenses senteurs de café, de doux fruits confits, de cuir et d'épices. Ample et concentré,

épais et luxuriant, il est également corsé et regorge de tannins. Ce vin élaboré dans le pur respect des traditions est encore jeune et peu évolué, et atteint tout juste son apogée. Il doit être aéré au moins une bonne heure avant d'être dégusté. **À boire jusqu'en 2030.** (2/02)

MILLÉSIMES ANCIENS

Les millésimes de 1960 à 1981 furent, pour la plupart, très décevants, hormis le 1966 et le 1975. Bien qu'on en parle peu aujourd'hui, Calon-Ségur peut s'enorgueillir de l'un des terroirs les plus fabuleux du Bordelais. La propriété a de brillantes réussites à son actif dans les années 20, 40 et au début des années 50 : ses 1924, 1926, 1928, 1929, 1945, 1947, 1949 et 1953 sont exquis aujourd'hui encore.

J'ai souvent entendu dire que le Calon 1953 (noté 94 en octobre 1994) était somptueux avant même d'avoir atteint 10 ans d'âge. Lorsque je l'ai goûté d'un magnum, il m'a semblé témoigner parfaitement des senteurs merveilleuses et de la richesse veloutée qui sont la marque de ce millésime. Alors que la plupart des vins de la propriété sont extrêmement tanniques, celui-ci évoque une décoction de cèdre et de fruits doux confiturés. Très corsé, il révèle une intensité remarquable, sans toutefois montrer la rudesse déployée par certains Calon-Ségur. Même si sa robe est fortement ambrée sur le bord, il demeure encore magnifique actuellement.

Puissant et dense, le 1945 de Calon-Ségur (noté 90 en décembre 1995) arbore un grenat foncé et déploie de généreuses senteurs de terre, de minéral et de fruits noirs. Ses tannins sont encore abondants, mais l'ensemble, qui demeure étonnamment jeune, manifeste une concentration, une épaisseur et une richesse en extrait absolument formidables. C'est un vin à consommer maintenant ou à conserver encore 25 à 30 ans. Le 1947 (noté 96 en juillet 1997) est probablement le Calon le plus opulent, le plus généreux et le plus luxuriant que je connaisse. Sa robe fortement ambrée et nuancée de rouille accompagne un bouquet confituré de cake et de cèdre, ainsi qu'une foule d'arômes de fruits noirs qui contribuent à en faire un vin de légende. Cet ensemble épais et riche, dont les tannins sont tenus en respect par un gras, un fruit et un alcool généreux, se montre en bouche séveux et savoureux. Il est à son apogée depuis une bonne vingtaine d'années, mais ne trahit aucun signe de déclin ni de dessèchement. Le Calon 1949 pâtit de variations d'une bouteille à l'autre, certaines révélant un vin maigre et légèrement austère, d'autres un ensemble somptueux. Celle que j'ai dégustée en décembre 1995 (notée 94) était tout simplement extraordinaire. Le vin, dont la robe d'un grenat sombre était légèrement ambrée sur le bord, n'avait certes pas la puissance, l'onctuosité ni le velouté du 1947, pas plus que le caractère massif, la jeunesse ni la structure du 1945, mais il se distinguait par un nez très « Médoc », aux notes de cèdre, d'épices, de groseille, de minéral et de sous-bois humide, ainsi que par un caractère moyennement corsé, tannique et concentré. Il présentait aussi une légère touche de surmaturité. Ce vin impressionnant, parfaitement mûr, peut être apprécié dès maintenant ou dans les 10 ans.

Les années 20 ont donné des Calon légendaires, dont le 1928 (noté 96 en décembre 1995), vêtu d'un grenat opaque nuancé d'un bord couleur café. Ce vin développe tant au nez qu'en bouche des arômes confits d'épices orientales, de cuir et de mélasse, qui évoquent une vendange tardive. En bouche, il révèle un velouté, une richesse et une douceur stupéfiantes, et exprime, tout en rondeur, un gras et une intensité superbes – qui prouvent, si besoin était, la très grande longévité des plus grands bordeaux. Il s'agit très certainement du vieux millésime de Calon le plus grandiose, mais le 1926 s'impose comme un sérieux rival.

Le 1926 de Calon (noté 94 en décembre 1995) ne conviendrait pas aux œnologues d'aujourd'hui. Sa robe de couleur rouille-orangé est légèrement teintée de rubis, et il révèle, après quelques minutes d'aération, une acidité volatile importante. Un nez de prune, de cèdre, de noix grillée et de girofle introduit en bouche un vin doux et merveilleusement mûr, doté d'un gras et d'une mâche de bon aloi, et à la finale équilibrée, longue, imposante et généreuse. Contrairement aux apparences, sa robe légère n'est pas un signe d'altération. Ces deux millésimes sont à boire maintenant.

CHAMBERT-MARBUZET

Cru bourgeois supérieur
Propriétaire : GFA des Vignobles Henri Duboscq et Fils
Adresse : 33180 Saint-Estèphe
Tél. 05 56 59 30 54 – *Fax* 05 56 59 70 87
E-mail : infos@haut-marbuzet.net
Visites : tous les jours ouvrables (9 h-12 h et 14 h-18 h)
Contact : Henri Duboscq

VIGNOBLE ET VINIFICATION

Superficie : 5 ha
Encépagement : 70 % cabernet sauvignon, 30 % merlot
Âge moyen des vignes : 25 ans – *Densité de plantation :* 8 500 pieds/ha
Rendement moyen : 50 hl/ha
Élevage : fermentations de 21 jours et cuvaison de 28 jours en cuves de béton thermorégulées, avec micro-oxygénation des lies ; vieillissement en fûts de chêne (renouvelés par tiers chaque année) ; ni collage ni filtration

VIN PRODUIT

Château Chambert-Marbuzet – 36 000 b (pas de second vin)
À maturité : dans les 2 à 8 ans suivant le millésime

APPRÉCIATION GÉNÉRALE

Ce cru bourgeois supérieur, qui tient son rang, propose généralement des vins de bon niveau. Cependant, n'attendez pas des Chambert-Marbuzet qu'ils soient grandioses ni aptes à une très longue garde.

Ce petit domaine, situé a proximité du village de Marbuzet, appartient depuis 1962 au talentueux et pétillant Henri Duboscq, que l'on connaît mieux comme propriétaire du célèbre Château Haut-Marbuzet, à Saint-Estèphe. La vinification est la même dans les deux propriétés : fermentations à températures relativement élevées, cuvaison longue, élevage en fûts avec au moins 50 % de bois neuf et mise en bouteilles sans filtration. Les vins de Chambert-Marbuzet sont accessibles dès leur jeunesse et se distinguent par leur fruité riche, marqué de (parfois trop) généreuses notes de chêne neuf grillé. S'il fallait leur trouver des défauts, on pourrait leur reprocher leur caractère un peu ostentatoire, ainsi que leur potentiel de garde assez limité, car ils vieillissent rarement au-delà de 10 ans. Cependant, la qualité est toujours au rendez-vous, et les vins sont de plus en plus appréciés des amateurs.

Les meilleurs millésimes récents sont les 2000 et 2003, qui sont tous deux à leur apogée.

COS D'ESTOURNEL

2[d] cru classé en 1855
Propriétaire : Domaines Reybier
Adresse : 33180 Saint-Estèphe
Tél. 05 56 73 15 50 – *Fax* 05 56 59 72 59
E-mail : estournel@estournel.com
Site Internet : www.cosestournel.com
Visites : sur rendez-vous uniquement
Contact : Géraldine Marquay

VIGNOBLE ET VINIFICATION

Superficie : 64 ha
Encépagement : 60 % cabernet sauvignon, 38 % merlot, 2 % cabernet franc
Âge moyen des vignes : 35 ans – *Densité de plantation :* 8 000 à 10 000 pieds/ha
Rendement moyen : 50 hl/ha
Élevage : fermentations et cuvaison de 21 jours en cuves d'acier inoxydable thermorégulées à double paroi ; vieillissement de 18 mois en fûts (60 % à 100 % de bois neuf) ; collage ; pas de filtration

VINS PRODUITS

Château Cos d'Estournel – 250 000 b ; Les Pagodes de Cos – 120 000 b
À maturité : dans les 10 à 30 ans suivant le millésime

APPRÉCIATION GÉNÉRALE

Cette propriété de renom a incontestablement produit, dans les années 80 et jusqu'au milieu des années 90, des vins d'excellent niveau, capables de rivaliser avec les premiers crus. Par la suite, bien que Cos d'Estournel fût très bon, il n'afficha pas la régularité que l'on attendait d'un cru de son pedigree – les millésimes 1997 à 1999, en particulier, ne furent pas du niveau de leurs aînés, présentant un caractère légèrement végétal et herbacé. Les prix sont par ailleurs relativement élevés eu égard à la qualité. Les autres crus classés de l'appellation constituent de meilleures affaires. Cependant, les 2001, 2002 et 2003 semblent renouer avec les années fastes.

Dès avant son rachat, au milieu des années 90, par le groupe Bernard Taillan SA, qui le revendit ensuite à l'homme d'affaires suisse Michel Reybier, Cos d'Estournel (prononcez « Cosse ») s'était hissé dans le peloton de tête de l'appellation sous la direction inspirée de Bruno Prats. De 1982 à 1996, les vins de cette propriété n'ont cessé de s'améliorer, et l'on pouvait attendre qu'ils s'imposent, dans la plupart des millésimes, au nombre des meilleurs Médoc. Le château aux allures de pagode, situé sur une croupe près de la limite nord de Pauillac, surplombe son célèbre voisin Lafite Rothschild. Ce cru se distingue de ses homologues de la rive gauche par le fait qu'il vieillit avec davantage de bois neuf (60 à 100 %) et par la forte proportion de merlot de son assemblage (autour de 40 % – l'un des chiffres les plus élevés du Haut-Médoc), qui explique sans nul doute le caractère charnu et richement étoffé des millésimes récents.

Bruno Prats, qui régna sur la propriété jusqu'à la fin des années 90, était un farouche partisan des techniques les plus modernes. En particulier, il privilégiait la filtration tant avant l'entonnage que lors de la mise en bouteilles. Cependant, il fit marche arrière en 1989, quand il renonça à la première filtration. En 2002, son fils Jean-Guillaume Prats, qui assure toujours la gestion du domaine, a abandonné le procédé. Les résultats sont parlants : alors que Cos d'Estournel fut, pendant les années 50 et 60, le bon second de Montrose, il s'est imposé dans les années 80 comme l'un des bordeaux les plus renommés. Je signale aux amateurs que la propriété réussit souvent très bien dans les millésimes difficiles, notamment en 1991, 1992 et 1993. Et bien que Cos ait changé de mains à la fin des années 90, la qualité est toujours – et plus que jamais – au rendez-vous.

2003
95-98 Le 2003 s'impose comme l'une des plus belles réussites à ce jour de cette prestigieuse propriété. Produit à hauteur de 15 000 caisses, cet assemblage 70 % cabernet sauvignon (proportion très importante de ce cépage), 27 % merlot, 2 % petit verdot et 1 % cabernet franc titre 13,5 % d'alcool naturel et présente un pH de 3,72. Il est issu de faibles rendements de 30 hl/ha et d'une sélection de 70 % de la récolte totale. L'ensemble, qui marie magnifiquement étoffe et élégance, n'accuse aucun signe d'exotisme ni de surmaturité, offrant de classiques arômes de cassis, de réglisse, de mûre, de fumé et d'épices. Cos d'Estournel semble avoir décroché la timbale, ayant attendu le temps nécessaire pour vendanger des raisins parfaitement mûrs (le merlot fut rentré entre le 12 et le 14 septembre, le cabernet franc et le cabernet sauvignon entre le 18 et le 25 septembre). Son 2003, qui présente l'épaisseur et l'onctuosité caractéristiques des crus les plus réussis du Nord-Médoc, se distingue encore par son élégance et sa précision remarquables. C'est le jeune Cos le plus impressionnant que je connaisse. Cependant, il requiert de la patience, si l'on en juge par ses abondants tannins. Bravo ! **À boire entre 2012 et 2030.** (3/04)

2002
93 Le 2002 de Cos d'Estournel, qui se compose à 58 % de cabernet sauvignon, à 38 % de merlot et à 4 % de petit verdot, est issu de faibles rendements de 32 hl/ha. Magnifiquement réussi dans le contexte du millésime, il incarne le summum du bordeaux, alliant merveilleusement une grande élégance à une puissance hors du commun, sans pour autant se montrer extrême. Son bouquet d'une grande complexité développe des senteurs de fumé, de réglisse, de cassis, de groseille, de vanille, de boîte à épices et d'épices orientales. Suit en bouche un ensemble moyennement corsé, étonnamment pur et élégant, superbe d'étoffe, dont la finale est à la fois longue et riche. Ce vin n'est pas puissant ni massif, mais il traduit bien la volonté de Jean-Guillaume Prats, le gérant du domaine, de tirer le meilleur parti de son vignoble, sans pour autant verser dans la surextraction, comme le firent nombre de ses collègues. **À boire entre 2008 et 2022.** (9/03)

2001
93 Le 2001 de Cos d'Estournel est l'un des crus qui pourraient prétendre au titre de réussite de l'année. Il se compose à 35 % de merlot et pour le reste de cabernet sauvignon, et compte, de ce fait, au nombre des millésimes récents de Cos qui comportent la plus forte proportion de ce dernier cépage. Jean-Guillaume Prats, qui administre la propriété avec un soin méticuleux, a un penchant pour les méthodes modernes de vinification tout en demeurant très respectueux des traditions. Ce vin d'un pourpre d'encre impressionne par ses senteurs de réglisse nuancées de camphre, de graphite, de crème de cassis, de mûre, de boîte à épices et de chêne grillé. Moyennement corsé, superbe

à la fois de concentration et de pureté, il se développe en bouche par paliers, et déploie une finale longue de près de 1 minute. Cet ensemble persistant, merveilleusement doux, se distingue encore par sa belle élégance. **À boire entre 2010 et 2025.** (1/03)

2000 **92+** Le 2000 présente davantage d'ampleur et d'étoffe à chacune de mes dégustations. De fait, il se révèle en bouteille meilleur qu'il ne s'est jamais montré en cours d'élevage. Composé à 60 % de cabernet sauvignon, à 38 % de merlot et à 2 % de cabernet franc, il souffre seulement de la comparaison avec son cadet d'un an. D'un pourpre bleuté très profond, il présente un nez réticent, mais naissant, de cèdre, de réglisse, de myrtille, de cassis, de vanille et de graphite. En bouche, il est moyennement corsé, légèrement nerveux, avec des tannins assez abondants. Très étoffé, persistant en finale, il se distingue par sa pureté et son classicisme. Un vin de très haut vol. **À boire entre 2010 et 2022.** (1/03)

1999 **88** Merveilleux d'élégance, le 1999 de Cos d'Estournel se présente vêtu de rubis foncé, avec des notes d'herbes de Provence séchées, de fumé, de réglisse, de cerise noire et de cassis. Moyennement corsé, plus séduisant pour l'intellect que pour les sens, il révèle une grande finesse, mais manque à la fois d'âme et de charme. **À boire jusqu'en 2018.** (12/02)

1998 **88** Le 1998 est élégant, racé et plein de grâce. Il séduit tant par sa robe d'un rubis-pourpre foncé que par ses subtiles notes de doux chêne, de réglisse, d'herbes et de fruits noirs. Sans être massif, il est moyennement corsé et mûr, et ses tannins sont doux. Composé à 60 % de cabernet sauvignon et pour le reste de merlot, il est issu d'une sélection de 48 % de la production totale de la propriété. **À boire jusqu'en 2018.** (12/02)

1997 **87** Ce vin flatteur et délicieux, composé à 55 % de cabernet sauvignon et pour le reste de merlot, est issu d'une sélection de 40 % de la récolte totale. Très charmeur, il arbore une robe rubis foncé qui accompagne un fruité herbacé de cerise et de mûre. Ce Saint-Estèphe plaisant et moyennement corsé tiendra bien **2 à 3 ans.** (12/02)

1996 **93+** Composé à 65 % de cabernet sauvignon et à 35 % de merlot, le 1996 de Cos d'Estournel se présente comme un vin ample et peu évolué, évoquant son aîné de 1986. Opaque et pourpre de robe, il s'annonce par des arômes purs de cassis, d'herbes grillées, de café et de chêne neuf grillé. L'ensemble, très massif en bouche, s'impose comme l'un des jeunes Cos les plus structurés et les plus concentrés que j'aie dégustés. Tout à la fois épais et tannique, son potentiel est de 30 à 35 ans. C'est un vin fabuleux, mais il mettra la patience des amateurs à rude épreuve. **À boire entre 2006 et 2030.** (12/02)

1995 **95** Extraordinaire d'intensité et étonnamment accessible, le Cos d'Estournel 1995 est plus sensuel et plus plaisant que son cadet d'un an, plus musclé et moins évolué. Opulent, doté d'arômes bien mûrs de fruits noirs mêlés de notes d'épices et de pain grillé, il est très corsé, avec un généreux fruité joliment rehaussé de belles notes de boisé. Séduisant dès sa jeunesse, du fait de sa faible acidité et de ses tannins doux, il promet de tenir 2 décennies. **À boire jusqu'en 2025.** (12/02)

1994 **88** Le 1994 de Cos d'Estournel s'impose comme l'une des grandes réussites du millésime. Opaque de robe, il dégage un doux bouquet de cèdre, de fruits noirs, de réglisse, de pain grillé et d'épices orientales. Moyennement corsé, doté d'un fruité souple et un peu herbacé, légèrement marqué par les tannins rugueux caractéristiques du millésime, il se distingue encore par sa richesse et son bel équilibre d'ensemble. Un classique, apte à une longue garde. **À boire jusqu'en 2020.** (4/01)

1990 **95** Le 1990 subjuguera incontestablement les dégustateurs par son superbe déploiement d'opulents arômes de merlot (40 % de l'assemblage), auxquels se mêlent des notes de cabernet sauvignon confit. Ce vin extrêmement concentré, au doux nez d'herbes rôties et de fruits noirs confiturés, est rehaussé de luxuriantes et savoureuses notes de réglisse, de boîte à épices et de cèdre. Pur et corsé, épanoui et flatteur, il fera succomber plus d'un amateur. **À boire jusqu'en 2015.** (12/01)

1989 **88** Quoique bon, le 1989 n'est pas à la hauteur de son terroir ni de son millésime. Arborant un rubis profond légèrement ambré sur le bord, ce vin moyennement corsé libère un nez épicé de vanille et de groseille, et montre en bouche une belle profondeur, mais aussi un manque de complexité. Il n'a pas l'ampleur ni la concentration du somptueux 1990, et sa finale recèle des tannins astringents, mais bien fondus dans un fruité mûr. D'excellente facture, il n'en est pas moins anodin. **À boire avant 2014.** (12/02)

1988 **87** Le 1988 séduit par son bouquet exotique d'épices orientales, de cèdre, de thé noir et de fruits noirs. Arborant toujours un beau rubis-pourpre profond légèrement rosé et ambré sur le bord, il est moins tannique que dans sa jeunesse, et révèle désormais davantage de souplesse et de charme. Cet ensemble moyennement corsé et légèrement austère se distingue encore par son beau fruité de cassis, par sa pureté et son élégance, ainsi que par son grand classicisme. **À boire jusqu'en 2012.** (3/00)

1986 **93+** Richement extrait, le 1986 arbore un rubis-noir légèrement rosé sur le bord, et dégage un bouquet de prune mûre, de réglisse et de cassis généreusement marqué de chêne fumé et grillé. L'ensemble, qui évolue très lentement, exprime avec ampleur un caractère mûr et massif, ainsi que des flaveurs concentrées, aussi impressionnantes de richesse que de profondeur. Ce vin tout à la fois puissant, structuré et tannique est destiné à une longue garde. **À boire jusqu'en 2020.** (2/00)

1985 **92** Très épanoui, le 1985 de Cos est moyennement corsé, riche, opulent et persistant, avec un nez merveilleusement parfumé de pain grillé et de fruits noirs et rouges (en particulier la cerise noire). Il développe aussi, tant au nez qu'en bouche, de très généreuses notes de doux fruits noirs, de minéral et d'épices. Ce vin très aromatique est actuellement à son apogée, et il est peu probable qu'il s'améliore encore. **À boire jusqu'en 2010.** (3/01)

1983 **78** Ce vin, qui a évolué très rapidement, est atténué, avec des arômes herbacés de cassis. Au fil du temps, il a perdu de son charme et se révèle de plus en plus comprimé. Quelle déception ! **Devrait être bu.** (2/01)

1982 **96** Comme la plupart de ses jumeaux, le 1982 de Cos d'Estournel était flatteur, opulent et accessible dans sa jeunesse. Aujourd'hui, il se présente comme un vin étonnamment épais et concentré, riche et puissant, dont la robe d'un rubis-pourpre foncé encore opaque témoigne bien de ce qu'il n'a guère subi les outrages du temps. Ses tannins sont encore présents, mais l'ensemble se distingue par un fabuleux fruité sous-jacent, doux et confit, évoquant le cassis et la cerise noire. Ce vin prometteur, toujours jeune, puissant et gras, atteint tout juste son apogée et se maintiendra parfaitement encore une bonne douzaine d'années. **À boire jusqu'en 2018.** (1/02)

MILLÉSIMES ANCIENS

Entre 1964 et 1981, Cos d'Estournel s'est révélé extrêmement décevant. Le meilleur millésime de cette période est le 1970, qui est actuellement en déclin. Le 1953 (noté 93 en octobre 1994), en magnum, est un classique, qui libère avec ampleur des senteurs parfumées de fleurs et de petits fruits. Le 1928 (noté 95) peut se révéler merveilleusement doux et délicieux – à condition, bien entendu, qu'il s'agisse de flacons conservés dans de très bonnes conditions.

COS LABORY

5e cru classé en 1855
Propriétaire : SCE Domaines AudoyP-Audoy, Domaines, (SCE)
Adresse : 33180 Saint-Estèphe
Tél. 05 56 59 30 22 – *Fax* 05 56 59 73 52
E-mail : cos-labory@wanadoo.fr
Visites : sur rendez-vous, du lundi au vendredi
(9 h-12 h et 14 h-18 h)
Contact : Bernard Audoy

VIGNOBLE ET VINIFICATION

Superficie : 18 ha
Encépagement : 55 % cabernet sauvignon, 35 % merlot, 10 % cabernet franc
Âge moyen des vignes : 35 ans – *Densité de plantation :* 8 700 pieds/ha
Rendement moyen : 55 hl/ha
Élevage : fermentations à 29-30 °C en cuves d'acier inoxydable thermorégulées (150 hl), avec remontages fréquents ; cuvaison de 20 à 30 jours ; vieillissement de 12 à 15 mois en fûts (40 % de bois neuf) ; collage ; pas de filtration

VINS PRODUITS

Château Cos Labory – 65 000 b ; Le Charme Labory – 45 000 b
À maturité : dans les 5 à 12 ans suivant le millésime

APPRÉCIATION GÉNÉRALE

Depuis le début des années 90, les vins de Cos Labory, autrefois médiocres, se sont grandement améliorés et tiennent désormais leur rang de cinquième cru. Du fait de leur prix raisonnable, ils comptent parmi les meilleures affaires du Médoc.

Longtemps, Cos Labory a été l'un des plus décevants de tous les crus classés, mais il s'est considérablement amélioré ces quinze dernières années. La propriété vaut désormais le détour, et les vins méritent que l'on s'y intéresse. Les excellents 1989 et 1990 marquent la renaissance du cru, et, malgré une matière première moins riche de promesses, les millésimes suivants, jusqu'au 2000, ont confirmé le retour du domaine à haut niveau. Les vins de Cos Labory sont bien vinifiés, généralement très colorés, riches, musclés et tanniques. Bernard Audoy, le maître des lieux, effectue une sélection plus sévère, les malolactiques se font en fûts, et les vins sont mis en bouteilles sans filtration préalable : autant de mesures qui ont contribué à une nette amélioration de la qualité.

2003 **87-89** Cette propriété longtemps sous-performante s'est révélée avec un 2003 de très bonne facture, ce qui n'a d'ailleurs rien d'étonnant quand on sait la réussite du millésime en Saint-Estèphe. D'un rubis-prune profond tirant sur le pourpre, le 2003 de Cos Labory est moyennement corsé, avec un fruité pur étayé par une faible acidité, ainsi que des arômes de minéral, de cassis, de cerise et de terre. Sa finale recèle des tannins marqués, mais mûrs et bien fondus. **À boire entre 2006 et 2014.** (3/04)

2001 **86** Souple et fruité, légèrement herbacé, le Cos Labory 2001 est moyennement corsé, quelque peu léger, mais plaisant, avec des arômes de cerise et de groseille. **À boire dans les 8 ans.** (1/03)

2000 **87** Si le 2000 manque quelque peu de complexité, il est plus dense que ne l'est généralement Cos Labory. D'un rubis moyennement foncé, il se montre corsé, trapu et ample de carrure, avec des tannins présents. L'ensemble se distingue encore par sa profondeur et sa concentration, ainsi que par sa finale modérément tannique. **À boire jusqu'en 2012.** (1/03)

1999 **87** La robe d'un rubis moyennement foncé du Cos Labory 1999 accompagne des senteurs de douce groseille et de chêne neuf. L'ensemble est souple et modérément intense. Étayé par une faible acidité et des tannins doux, il est épanoui, délicieux et plein de charme. **À boire ces 6 prochaines années.** (12/02)

1998 **86** Ce vin moyennement corsé, poivré et herbacé, arbore une robe rubis foncé et présente d'agréables arômes de cassis et d'autres petits fruits. Malheureusement, il n'a pas grand-chose de plus à offrir et pèche encore par manque de profondeur. **À boire dans les 2 à 3 ans.** (11/02)

1997 **86** Le Cos Labory 1997 se montre sous un meilleur jour en bouteille qu'au fût. Sa robe d'un rubis-prune moyennement corsé introduit un ensemble évoquant un bourgogne par son fruité charmeur de cerise et de framboise. Si l'attaque et la finale sont un peu superficielles, on décèle en milieu de bouche une maturité d'excellent aloi. Un vin savoureux et accessible. **À boire sans plus tarder.** (3/00)

1996 **88** Mes craintes au sujet du Cos Labory 1996 – des tannins trop marquants – se révélèrent infondées après la mise en bouteilles. C'est un Saint-Estèphe classique, de couleur rubis-pourpre foncé, au nez de terre et de cassis. Exprimant une bouche moyennement corsée et modérément tannique, il manifeste une belle pureté et développe, au fur et à mesure qu'il s'aère, des notes de confiture de mûre et de minéral. Ce vin de bonne facture est proposé à un prix raisonnable. **À boire jusqu'en 2018.** (3/00)

1995 **88+ ?** Quoique plus charmeur depuis la mise en bouteilles, le Cos Labory 1995 est fermé, ne révélant que des arômes naissants de fruits noirs et rouges. La bouche présente d'abondants tannins poussiéreux, qui contribuent à une finale dure, sèche et rugueuse. L'ensemble est cependant assez corsé, et l'on décèle dès l'attaque en bouche un généreux fruité doux et mûr. Une belle richesse en extrait se dissimule certainement derrière ce rideau de tannins. **À boire jusqu'en 2015.** (3/00)

1994
86
Moyennement corsé et tannique, le 1994, qui s'annonce par un rubis-pourpre foncé, présente un très généreux fruité de cassis mûr et de réglisse. **À boire jusqu'en 2012.** (1/97)

1993
85
Vêtu de rubis foncé, le Cos Labory 1993 déploie un nez épicé, discret, plaisant, mais sans distinction, aux notes de fruits rouges, de terre et de boisé. L'ensemble est dur, mais d'une belle profondeur, et le fruit pourrait faire pièce à la structure. **À boire jusqu'en 2008.** (1/97)

1992
82 ?
Ce vin bien fait, souple et moyennement corsé, est assez profond, mûr et persistant. Sa finale recèle d'abondants tannins qui ne manquent pas d'inquiéter et dont je doute qu'ils se fondront avant que le fruit – modérément intense – ne se fane. **À boire maintenant.** (11/94)

1991
86
Étonnamment coloré, le 1991 révèle un nez serré, mais prometteur, de poivre, de cassis et de chêne neuf fumé. Ce vin moyennement corsé et tannique révèle en bouche une profondeur de bon aloi. **Devrait être bu.** (1/94)

1990
89
Presque noir de robe, le 1990 se distingue par un nez discret d'épices, de réglisse, de minéral et de cassis. En bouche, il exprime, outre une très grande richesse en extrait, un caractère corsé et de bonne mâche, ainsi qu'une finale merveilleusement persistante et modérément tannique. **À boire jusqu'en 2010.** (3/99)

1989
89
Le 1989 est, à ma connaissance, la plus belle réussite de la propriété. Sa robe d'un rubis noir accompagne un ample bouquet de cassis, qui lui-même prélude en bouche à un ensemble révélant, par paliers, outre une très grande richesse en extrait, des tannins abondants et un alcool capiteux. Ce millésime marque la renaissance de Cos Labory. **À boire jusqu'en 2015.** (3/99)

1988
84
Le 1988 de Cos Labory est plaisant, joliment coloré, moyennement corsé et tannique, et se distingue par son équilibre et sa persistance de bon aloi. Sans être exceptionnel, il est agréable. **Devrait être bu.** (3/90)

1986
79
Quoique léger, le 1986 de Cos Labory présente de plaisants arômes de petits fruits subtilement marqués de boisé. Il trahit l'abondance de la récolte cette année-là, en particulier le caractère un peu superficiel de certaines pièces de merlot. **Devrait être bu.** (11/89)

MILLÉSIMES ANCIENS

Même les meilleurs millésimes des années 70 et 80 m'ont déçu.

HAUT-MARBUZET

Cru bourgeois exceptionnel
Propriétaire : GFA des Vignobles Henri Duboscq et Fils
Adresse : 33180 Saint-Estèphe
Tél. 05 56 59 30 54 – *Fax* 05 56 59 70 87
E-mail : infos@haut-marbuzet.net
Visites : tous les jours ouvrables (9 h-12 h et 14 h-18 h)
Contact : Henri Duboscq

VIGNOBLE ET VINIFICATION

Superficie : 61 ha
Encépagement : 50 % cabernet sauvignon, 40 % merlot, 10 % cabernet franc
Âge moyen des vignes : 30 ans – *Densité de plantation :* 8 500 pieds/ha
Rendement moyen : 45 hl/ha
Élevage : fermentations et cuvaison de 21 jours en cuves de bois et de béton thermorégulées, avec saignées de 10 % et remontages quotidiens ; vieillissement de 18 mois en fûts neufs ; ni collage ni filtration

VINS PRODUITS

Château Haut-Marbuzet – 360 000 b ; Château MacCarthy – 60 000 b
À maturité : dans les 3 à 15 ans suivant le millésime

APPRÉCIATION GÉNÉRALE

Il y a une vingtaine d'années, cette propriété – l'une des premières à pratiquer l'élevage en fûts de chêne neuf – produisait l'un des bordeaux les plus exotiques qui soient. Aujourd'hui, la plupart des crus sont vieillis ainsi et se sont beaucoup améliorés, et Haut-Marbuzet ne constitue plus une exception. Cependant, ce vin a ses adeptes. Personnellement, je considère qu'il est l'égal d'un quatrième ou d'un troisième cru, même si les millésimes récents révèlent un boisé légèrement trop marqué. Haut-Marbuzet présente un bon rapport qualité/prix.

Haut-Marbuzet est l'un des plus anciens domaines viticoles de Saint-Estèphe, mais il ne s'est vraiment taillé une réputation qu'à partir de 1952, quand il fut racheté par le père de l'actuel propriétaire, Henri Duboscq. Le vignoble est magnifiquement situé, face à la Gironde, sur une légère croupe graveleuse mêlée d'argile et de calcaire. Le maître des lieux est un homme pétillant qui a tendance, pour parler de ses vins, à évoquer les plus belles stars de cinéma. Il a fait de Haut-Marbuzet l'un des bordeaux les plus recherchés, notamment en France, mais aussi en Belgique, en Hollande et au Royaume-Uni, qui constituent ses principaux marchés à l'export. Henri Duboscq est un adepte des vendanges tardives, qui permettent de rentrer des raisins extrêmement mûrs, des vinifications longues (cuvaison d'au moins trois semaines) et pratique un vieillissement de 18 mois, uniquement en fûts neufs. Ces méthodes donnent évidemment des vins au fruité généreux, opulent et intense, et au bouquet riche, épicé et exotique. Pour les amateurs, Haut-Marbuzet est l'un des bordeaux les plus flamboyants, mais aussi des plus sensuels.

Certains ont prétendu qu'il y avait quelque chose de « vulgaire » dans la vinification de Haut-Marbuzet ; Henri Duboscq répond que le boisé ajoute du charme et de l'onctuosité à ce caractère musclé et structuré propre aux Saint-Estèphe. D'autres ont insinué que ce cru était incapable de vieillir avec grâce ; pour ma part, je le trouve délicieux dans sa jeunesse, et les vieux millésimes que j'ai dégustés (jusqu'au 1961) montrent qu'il demeure à son apogée jusqu'à 10 à 15 ans d'âge.

Quoi qu'il en soit, les critiques ne peuvent nier la réussite d'Henri Duboscq, dont le bordeaux évoque davantage un bourgogne ou un vin du Rhône voluptueux. Son 2003 est la plus belle réussite de la propriété depuis le millésime 1990.

2003 **89-91** Voici une belle réussite de Haut-Marbuzet – la plus belle depuis le 1990, comme on pouvait d'ailleurs s'y attendre dans un millésime particulièrement favorable aux Saint-Estèphe. Ce vin exotique, qui présente un boisé mieux fondu que ses aînés récents, s'annonce par un rubis-pourpre foncé et par de spectaculaires senteurs de confiture de mûre, de cassis, de réglisse, de fumé et d'herbes grillées. Moyennement corsé, opulent et capiteux, il présente un doux fruité confit et une faible acidité qui suggèrent une consommation **dans les 10 ans suivant le millésime.** Le 2003 est très proche en style du 1982, mais plus tannique. (3/04)

2001 **87** Le 2001 de Haut-Marbuzet présente de généreux arômes de doux fruits noirs copieusement marqués de chêne neuf grillé et de notes de terre. Ce vin épicé et savoureux, dont le fruité me paraît plus tonique que de coutume, déploie une finale moyennement corsée et modérément persistante. **À boire dans les 7 à 8 ans.** (1/03)

2000 **85** Ce 2000 issu d'un de mes crus préférés m'a quelque peu déçu. Il manque en effet de gras et d'étoffe, et me paraît un peu trop boisé. Il n'a pas la concentration ni le caractère charnu que l'on attendrait d'un vin de ce pedigree. Sa robe d'un rubis profond accompagne de douces senteurs de groseille, de prune et d'airelle nuancées de belles notes de chêne grillé et vanillé. Suit en bouche un ensemble moyennement corsé, souple et léger. **À boire dans les 3 ans.** (1/03)

1999 **88** Plus subtilement boisé que la plupart de ses aînés, ce 1999 d'un pourpre opaque est souple et moyennement corsé, avec de très généreux arômes de cerise confiturée, de chêne épicé, d'herbes et de cèdre. Un vin séduisant et plein de charme. **À boire dans les 8 ans.** (3/02)

1998 **87** Ce vin moyennement massif, généreusement marqué de chêne neuf épicé, a développé en bouteille une belle rondeur. Plutôt souple, il révèle des notes de charbon, de cèdre, de fraise et de cerise. L'ensemble évolue assez rapidement. **À boire ces 8 prochaines années.** (3/01)

1997 **85** S'il est d'une bonne tenue, le Haut-Marbuzet 1997 n'atteint pas le niveau habituel des vins de cette propriété. Outre un boisé agressif, il révèle un creux en milieu de bouche, mais libère des arômes souples et mûrs de terre et de cerise noire, dans un ensemble plaisant et moyennement corsé. J'aurais préféré lui trouver un peu plus de concentration, de richesse en extrait et de longueur. **À boire dès maintenant.** (3/02)

1996 **87** De superbes et généreuses notes de chêne grillé jaillissent littéralement du verre, annonçant ce vin d'un rubis-pourpre foncé, séduisant et bien fait, dont le fruité très riche fait parfaitement pièce au boisé prononcé. L'ensemble, moyennement corsé, est épanoui, opulent et épicé, et tiendra bien **3 à 4 ans encore.** (3/01)

1995 **87** Le 1995 révèle de généreuses senteurs de kirsch et de café, ainsi que des notes de chêne grillé et fumé. En bouche, il se montre moyennement corsé et développe, par paliers, des arômes de cassis étayés par une faible acidité. Ce vin séduisant et opulent est accessible. **À boire dès maintenant.** (3/02)

1990 **91** Le très classique 1990 est à son apogée et doit être consommé sans plus tarder. Ce vin concentré, vêtu de grenat foncé, déploie un nez généreusement boisé de vanille, de noix rôtie, d'herbes, de doux cassis confituré et d'olive. Riche et opulent, épais et de bonne mâche, il regorge d'un fruité généreux et faible en acidité. Ce vin séduisant, au boisé luxuriant, ne s'améliorera pas davantage, et je conseille de ne pas le laisser subir les outrages du temps. Il s'agit de la plus belle réussite de la propriété depuis le fabuleux 1982. **À boire jusqu'en 2007.** (3/01)

1989 **86** Arborant une robe fortement ambrée, le 1989 de Haut-Marbuzet présente des senteurs prononcées de cèdre, de cerise confiturée, d'algue et d'épices. Ce vin rond et doux, faible en acidité, est **à boire sans plus tarder.** (3/01)

1988 **87** Le très séduisant 1988 est épanoui, corsé, ample et généreusement boisé. Ses tannins sont bien fondus, et son fruit commence à s'atténuer. Cet ensemble encore généreux et richement extrait doit être consommé plus tôt que trop tard. **Devrait être bu.** (3/99)

1982 **89** Ce Haut-Marbuzet s'est imposé comme le plus luxuriant et le plus séduisant de tous les bordeaux entre 1984 et 1995. À l'heure actuelle, il présente toujours de généreuses et opulentes senteurs vanillées de douce cerise noire et de groseille, nuancées de séduisantes notes de café et de cèdre. Savoureux, épais et séveux, exprimant tout en rondeur, outre une belle intensité, un gras et une opulence d'excellent aloi, ce cru qui fut absolument somptueux – je le répète, l'un des 1982 les plus réguliers et les plus charmeurs – n'a plus ce côté extrême et flamboyant qui le caractérisait dans sa jeunesse. Quoique encore délicieux, il demande à être consommé rapidement. **À boire sans plus tarder.** (11/01)

LAFFITTE-CARCASSET

Cru bourgeois
Propriétaire : SCI Château Laffitte Carcasset
(famille de Padirac)
Adresse : 33180 Saint-Estèphe
Tél. 05 56 59 34 32 – *Fax* 05 56 59 35 75
E-mail : laffitte-carcasset@wanadoo.fr
Visites : sur rendez-vous uniquement
Contact : Constance de Padirac

VIGNOBLE ET VIGNIFICATION

Superficie : 29 ha
Encépagement : 55 % cabernet sauvignon, 35 % merlot, 10 % autres cépages
Âge moyen des vignes : 30-40 ans – *Densité de plantation :* 9 000 pieds/ha
Rendement moyen : 50 hl/ha

Élevage : fermentations et cuvaison en cuves d'acier inoxydable thermorégulées ; vieillissement de 12 à 14 mois en fûts pour 70 % de la récolte (30 % de bois neuf) et en cuves pour le reste ; collage et filtration

VINS PRODUITS

Château Laffitte-Carcasset – 150 000 b ; Château La Vicomtesse – 50 000 b
À maturité : dans les 5 à 8 ans suivant le millésime

Je ne suis pas familier de ce cru, mais les millésimes que j'ai dégustés – 1982, 1985, 1986, 1988 – se caractérisent par leur élégance et leur finesse. Ce sont des vins relativement légers, mais savoureux et harmonieux, heureusement dépourvus des tannins rugueux, et parfois trop abondants, qui desservent bon nombre de Saint-Estèphe. Les vins de Laffitte-Carcasset doivent être consommés dans les 7 à 8 ans suivant le millésime. Le vignoble est bien situé, en hauteur, dans la partie la plus septentrionale de l'appellation.

LAFON-ROCHET

4e cru classé en 1855
Propriétaire : famille Tesseron
Adresse : 33180 Saint-Estèphe
Tél. 05 56 59 32 06 – *Fax* 05 56 59 72 43
E-mail : lafon@lafon-rochet.com
Site Internet : www.lafon-rochet.com
Visites : sur rendez-vous, du lundi au vendredi (9 h-12 h et 14 h-16 h)
Contact : Michel Tesseron

VIGNOBLE ET VINIFICATION

Superficie : 42 ha
Encépagement : 55 % cabernet sauvignon, 40 % merlot, 5 % cabernet franc
Âge moyen des vignes : 30 ans – *Densité de plantation :* 9 000 pieds/ha
Rendement moyen : 54 hl/ha
Élevage : fermentations et cuvaison de 21 jours en cuves d'acier inoxydable thermorégulées ; achèvement des malolactiques et vieillissement de 20 mois en fûts (50 % de bois neuf) ; collage et filtration

VINS PRODUITS

Château Lafon-Rochet – 120 000 b ; Les Pèlerins de Lafon-Rochet – 120 000 b
À maturité : dans les 8 à 20 ans suivant le millésime

APPRÉCIATION GÉNÉRALE

Après une période difficile dans les années 70, Lafon-Rochet s'est bien redressé, en particulier à partir du millésime 1994, produisant en 1995, 1996 et 2000 ses plus belles réussites à ce jour. Le cru mérite bien son rang de quatrième cru et se surpasse même, parfois. Les prix demeurent raisonnables.

Bien qu'il n'ait été classé que quatrième cru en 1855, le vignoble de Lafon-Rochet, superbement situé à proximité de Lafite Rothschild et de Cos d'Estournel, devrait, selon nombre d'observateurs, produire des vins plus aromatiques et plus affirmés que ceux qu'il propose généralement. Les propriétaires actuels, les Tesseron, l'ont acheté en 1959 et ont progressivement mis sur pied un programme de rénovation du domaine. Aujourd'hui, le château d'un étage, flambant neuf et d'un jaune criard, abrite les nouveaux chais. Depuis une dizaine d'années, plusieurs mesures importantes et judicieuses ont été prises, tendant à améliorer la qualité du cru : c'est ainsi que des vendanges plus tardives, l'utilisation de davantage de chêne neuf pour l'élevage, une plus forte proportion de merlot – tant dans le vignoble que dans l'assemblage et l'élaboration d'un second vin à partir des cuves moins réussies – ont permis de produire un cru plus impressionnant, s'améliorant d'année en année.

Si Lafon-Rochet n'a pas tenu son rang dans les années 70, les efforts accomplis dans les années 90 lui ont permis de se maintenir à hauteur de son classement de 1855.

2003
89-91
Cette propriété propose un 2003 très réussi. Ce vin d'un rubis-pourpre soutenu est ample et généreusement marqué d'un fruité confituré de mûre et de cassis nuancé de réglisse, de sous-bois et de terre. Moyennement corsé, faible en acidité et très persistant en finale, il s'impose comme une révélation du millésime. **À boire dans les 15 ans, voire au-delà.** (3/04)

2002
89
Ce vin d'un rubis-pourpre dense séduit par ses douces senteurs de groseille, de réglisse, de sous-bois et de terre. En bouche, il est moyennement corsé et impressionnant de pureté. Il pourrait s'imposer au nombre des révélations du millésime si ses tannins se fondaient et s'il développait davantage d'étoffe en milieu de bouche. **À boire entre 2008 et 2016.** (9/03)

2001
88
Ce vin plein de charme, souple et moyennement massif, n'a pas le corps ni la profondeur que l'on attend des meilleurs millésimes de Lafon-Rochet. D'un rubis-pourpre foncé, il déploie avec élégance de plaisantes senteurs de sous-bois, de cerise, de groseille et de terre fraîchement remuée. En bouche, il est plutôt concentré, avec une heureuse acidité et des tannins souples. **À boire jusqu'en 2014.** (1/03)

2000
90
Voici l'une des belles réussites de Lafon-Rochet ces dernières années. Le 2000 est, de surcroît, proposé à un prix raisonnable. Sa robe d'un rubis-pourpre dense accompagne un bouquet complexe où se mêlent des notes de terre, de sous-bois et de goudron, et des senteurs de crème de cassis et d'herbes séchées. Moyennement corsé, aussi pur que mûr, il recèle en finale des tannins modérément abondants. À compter de 2000, la propriété utilise une nouvelle étiquette dont la couleur (jaune orangé) correspond à celle de la façade du château... **À boire entre 2006 et 2016.** (1/03)

1999
87
Des senteurs d'herbes de Provence séchées, de chêne neuf épicé et de groseille nuancées de cassis annoncent ce vin d'un rubis-prune foncé, souple et séduisant, qui régale le palais de flaveurs de cerise et de réglisse. Le 1999 de Lafon-Rochet peut être consommé **dans les 4 à 8 ans.** (3/02)

1998
88
Vêtu d'un pourpre dense, le 1998 de Lafon-Rochet est tannique et concentré, marqué de notes de fumé et de terre. Généreusement doté en arômes de mûre, de cassis, de sous-bois, de minéral et de métal, il développe une finale puissante et tannique. **À boire jusqu'en 2016.** (3/02)

1997
86
Moyennement corsé, souple et sensuel, le 1997 de Lafon-Rochet s'annonce par une robe prune foncé et par des arômes de fruits noirs nuancés de chêne neuf et de minéral. L'ensemble, faible en acidité, est bien marqué par la

mâche. Très mûr et très dense, il est réussi dans ce millésime plaisant et accessible. **À boire jusqu'en 2008.** (3/02)

1996 Constituant l'une des révélations du millésime, le 1996 de Lafon-Rochet
90 déborde d'un fruité de cassis et déploie une puissance, une richesse et une concentration tout à fait inhabituelles. Sa robe opaque de couleur pourpre prélude à un ensemble moyennement corsé, tannique et peu évolué, extraordinaire de pureté, doux et concentré en milieu de bouche, persistant, puissant et massif en finale. Ce cru demeure l'une des meilleures affaires du millésime, et il mérite l'attention des amateurs. Son potentiel est de 12 à 15 ans. **À boire jusqu'en 2020.** (3/02)

1995 Bien que ce vin se soit refermé depuis la mise, il me semble toujours doté
89 de manière impressionnante, révélant tant au nez qu'au palais de riches arômes de doux cassis. Sa magnifique robe d'un rubis-pourpre foncé et soutenu introduit des senteurs vanillées de terre et d'épices qui, elles-mêmes, précèdent en bouche un ensemble moyennement corsé, d'une très grande (voire d'une extraordinaire) richesse. La finale, puissante et d'une belle précision, est modérément tannique. **À boire jusqu'en 2018.** (4/02)

1994 L'extraordinaire 1994, qui marque un tournant pour la propriété, se distingue
88+ par un pourpre opaque et un doux nez de pur cassis, de chêne neuf et de sang de bœuf. Ce vin musclé et massif, très puissant et très tannique, regorge littéralement de richesse en extrait. Il tiendra bien 20 ans. **À boire jusqu'en 2025.** (4/02)

1993 Le 1993, à la robe sombre et opaque, est desservi par des notes végétales
86 d'épices et de poivre vert. S'il présente d'abondants tannins, il regorge aussi de fruit, chose assez remarquable pour un 1993. Je pense que l'ensemble se dessèchera assez rapidement, mais il fera le bonheur des amateurs de bordeaux structurés et bien affirmés, qui considéreront ce vin charnu comme une très bonne affaire. **À boire sans plus tarder.** (1/97)

1990 Cette magnifique réussite de la propriété constitue une preuve supplémentaire,
89 si besoin était, de la qualité du millésime en Saint-Estèphe. D'un rubis sombre soutenu, le Lafon-Rochet 1990 exhale un nez serré de terre humide, d'olive et de fruits noirs. Les tannins de ce vin généreusement doté, puissant et concentré, commencent tout juste à se fondre. En outre, l'ensemble, ample et puissant, gagne en souplesse au fur et à mesure de son évolution. **À boire jusqu'en 2020.** (7/99)

1989 Rubis foncé de robe, libérant un intense bouquet de cassis surmûri, ce vin corsé
88 et de bonne mâche présente, outre des tannins poussiéreux, une concentration d'excellent aloi et une finale légèrement comprimée. **À boire jusqu'en 2015.** (7/99)

1988 Herbacé et austère, le 1988 est moyennement corsé, agréablement fruité et
86 harmonieux. Ce vin d'un rubis foncé, très concentré pour le millésime, recèle des tannins rustiques qui doivent encore se fondre. **À boire jusqu'en 2010.** (10/00)

1986 Si, en de nombreuses occasions, ce vin s'est montré extrêmement tannique –
88 ce qui rendait difficile toute évaluation –, il s'est aussi révélé comme le meilleur

millésime du domaine dans les années 80. D'un rubis-pourpre profond, doté d'intenses et riches senteurs de fumé, d'épices et de groseille, il est corsé et manque quelque peu de finesse, mais il séduira les amateurs de vins amples, imposants et massifs. **À boire jusqu'en 2015.** (3/98)

1982 Ce vin charnu, riche et concentré compense son manque de complexité par
87 un fruité épais et confit. Sa finale est légèrement tannique. Mon instinct me souffle qu'il vaut mieux le consommer **dans les 3 à 8 ans.** (3/99)

MEYNEY

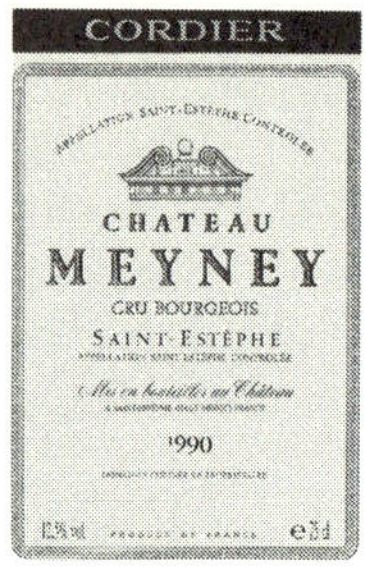

Cru bourgeois supérieur
Propriétaire : CA Grands Crus
Adresse : 33180 Saint-Estèphe
Adresse postale : Prieur de Meyney SAS
BP 23 – Quai Antoine-Ferchaud – 33290 Pauillac
Tél. 05 56 59 98 21 – *Fax* 05 56 59 36 47
E-mail : contact@cagrandscrus.fr
Visites : sur rendez-vous
Contact : Paz Espejo

VIGNOBLE ET VINIFICATION

Superficie : 51 ha
Encépagement : 70 % cabernet sauvignon, 24 % merlot, 4 % cabernet franc, 2 % petit verdot
Âge moyen des vignes : 35-40 ans – *Densité de plantation :* 9 000 pieds/ha
Rendement moyen : 55 hl/ha
Élevage : fermentations et cuvaison de 25 à 30 jours à 30-32 °C, avec remontages fréquents ; achèvement des malolactiques en fûts neufs pour 15 % de la récolte ; vieillissement de 20 mois en fûts (15 % de bois neuf) ; collage et filtration légère

VINS PRODUITS

Château Meyney – 293 000 b ; Prieur du Château Meyney – 73 000 b
À maturité : dans les 8 à 25 ans suivant le millésime

APPRÉCIATION GÉNÉRALE

Dans les années 80, Meyney produisait des vins superbes, du niveau d'un cinquième cru. Cependant, depuis le milieu des années 90, la propriété semble traverser une passe difficile, et, bien que le domaine tienne encore son rang de cru bourgeois, il est moins régulier à haut niveau qu'il y a dix à quinze ans.

Meyney, vignoble de 51 ha voisin de Montrose, jouit d'une vue splendide sur la Gironde. Longtemps, cette propriété a donné des vins remarquablement aromatiques et robustes, constituant d'excellentes affaires pour l'amateur avisé recherchant la qualité plutôt que le prestige. Réguliers à haut niveau, ils pouvaient, dans certains millésimes, rivaliser avec de nombreux crus classés du Médoc.

Malheureusement, la qualité a baissé au milieu des années 90, et les millésimes de la fin de cette décennie (1996-1999) ne sont pas particulièrement réussis. À son meilleur niveau, Meyney est généralement assez ample et fruité, et capable d'une garde de 20 à 25 ans. D'aucuns estiment que les très caractéristiques arômes de ce cru (réglisse, prune, truffe) sont dus à une particularité géologique : la plus grande partie du vignoble se trouve en effet sur un affleurement d'argile ferrugineuse et bleutée que l'on ne trouve nulle part ailleurs dans le Médoc. Curieusement, on rencontre de tels sols à Pomerol, et tout particulièrement dans le vignoble de Petrus. Meyney mérite une visite, ne serait-ce que pour ses beaux bâtiments monastiques.

Fort heureusement pour les consommateurs, les vieux millésimes de Meyney sont toujours plutôt sous-évalués. La vinification et l'élevage sont supervisés par l'un des œnologues les plus estimés de Bordeaux, Georges Pauli.

2001 **81** Ce vin moyennement corsé, massif, dur et tannique manque autant de charme que de fruit. Il lui serait difficile de prétendre à une note supérieure à 85, même s'il s'étoffait. **À boire entre 2006 et 2012.** (1/03)

2000 **82 ?** Le 2000, dont les arômes de doux petits fruits et de terre sont nuancés de tabac, est dénué de concentration et desservi par des tannins durs et astringents. L'ensemble, à la finale comprimée et serrée, se dessèchera certainement. **À boire jusqu'en 2014.** (1/03)

1996 **85** Ce vin souple, accessible et mûr, aux arômes d'herbes séchées et de groseille, est étonnamment ouvert et évolué. Vinifié dans un style coulant et facile d'abord, il séduira le plus grand nombre, bien qu'il ne soit pas particulièrement complexe ni concentré. **À boire sans plus tarder.** (3/99)

1995 **89** Le 1995 arbore un pourpre opaque et dégage de superbes arômes de cerise noire confiturée et de cassis nuancés de terre, de réglisse et de chêne grillé. Ses douces flaveurs mûres et faibles en acidité dévalent littéralement le palais, qu'elles imprègnent d'une belle onctuosité. Ce vin, qui développe en bouche une texture impressionnante, est tout à la fois moyennement corsé, concentré et mûr. **À boire sans plus tarder.** (3/96)

1994 **88** Le séduisant 1994 arbore un pourpre foncé et dégage un doux nez de prune, d'herbes, de minéral et d'épices. Moyennement corsé et puissant, il libère en bouche des flaveurs concentrées, modérément tanniques, étayées par une heureuse acidité. L'ensemble, plutôt évolué, est fruité et équilibré. Il devrait se maintenir **jusqu'en 2005, voire davantage.** (3/96)

1990 **88** Quoique moins riche que le 1989, le 1990 de Meyney est réussi. D'un rubis-pourpre foncé, dégageant d'excellentes senteurs de fruits noirs, d'herbes et de boisé, il exprime avec générosité un caractère mûr, concentré et tannique, ainsi qu'une finale modérément longue et rugueuse. **À boire jusqu'en 2010.** (7/97)

1989 **90** La robe d'un rubis-noir opaque du 1989 accompagne un bouquet de minéral, de prune, de terre humide et de goudron, lui-même suivi en bouche d'un ensemble massif et alcoolique dont les abondants tannins tapissent le palais. Ce vin, qui inonde les sens, s'exprime avec ampleur, révélant un gras et une intensité d'excellent aloi. **À boire jusqu'en 2025.** (3/00)

1988 **88** Si vous manquez de patience, il fallait éviter le 1988. Plus tannique que le 1989, mais regorgeant de fruit, ce vin s'est assoupli, mais demeure dur et quelque peu austère. Il rappelle le merveilleux 1975, qui commence tout juste à être prêt. **À boire jusqu'en 2015.** (4/91)

1986 **90** Plus évolué que la plupart de ses jumeaux du Médoc, ce vin d'un grenat-pourpre sombre et profond déploie des arômes modérément intenses et parfumés de minéral, de réglisse, de fumé, d'herbes rôties et de doux cassis. Ses tannins doivent encore se fondre, mais son ampleur et son caractère savoureux indiquent qu'il est à son apogée. De fait, le 1986 de Meyney révèle, par paliers, un fruité très richement extrait. Il est capable d'une garde de 10 ans encore. **À boire jusqu'en 2015.** (4/00)

1985 **87** Le Meyney 1985, qui est à son apogée, arbore un rubis profond ambré sur le bord. Séduisant par son nez de fruits noirs herbacés nuancé de prune, de thé, de terre et de réglisse, il est doux à l'attaque et se montre moyennement corsé, rond, délicieusement fruité et soyeux en milieu de bouche. **À boire jusqu'en 2006.** (9/97)

1982 **90** Meyney s'est surpassé en 1982, produisant un vin qui arbore aujourd'hui un grenat opaque ambré sur le bord. Au nez, l'ensemble évoque la réglisse, les épices orientales, la viande fumée, le cuir et la cerise noire confiturée. Corsé, doté d'un fruité doux et marqué par la mâche, ce vin est séveux, mais d'une grande précision. Bien qu'il soit à son apogée, il est toujours aussi délicieux que dans sa jeunesse et peut être apprécié **jusqu'en 2010.** (11/00)

MILLÉSIMES ANCIENS

C'est en 1978 que le talentueux œnologue Georges Pauli a commencé à exercer ses talents à Meyney. Auparavant, les vins étaient souvent trop tanniques et astringents. Les millésimes des années 60, notamment les 1961, 1962 et 1966, sont bons, mais pas comparables aux vins fabuleux produits dans les années 80. Le meilleur vieux millésime que j'aie goûté est le 1959 (noté 86 et dégusté pour la dernière fois en 1987). Dans les années 70, seul le 1975 (noté 91 en octobre 1999) est de très haut vol ; il s'agit d'ailleurs d'une surprise fort agréable dans ce millésime hétérogène. Tous ces millésimes peuvent encore être appréciés maintenant.

MONTROSE

2^d^ cru classé en 1855
Propriétaire : Jean-Louis Charmolüe
Adresse : 33180 Saint-Estèphe
Tél. 05 56 59 30 12 – *Fax* 05 56 59 38 48
Site Internet : www.chateaumontrose-charmolue.com
Visites : sur rendez-vous uniquement (8 h 30-12 h et 14 h-17 h)
Contact : Philippe de Laguarigue

VIGNOBLE ET VINIFICATION

Superficie : 68,5 ha
Encépagement : 65 % cabernet sauvignon, 25 % merlot, 8 % cabernet franc, 2 % petit verdot
Âge moyen des vignes : 41 ans – *Densité de plantation :* 9 000 pieds/ha
Rendement moyen : 42 hl/ha
Élevage : fermentations et cuvaison de 21 à 25 jours en cuves d'acier inoxydable thermorégulées, avec remontages fréquents ; achèvement des malolactiques en cuves ;

vieillissement de 18 mois en fûts (50-70 % de bois neuf) ; six soutirages ; collage au blanc d'œuf ; pas de filtration

VINS PRODUITS

Château Montrose – 220 000 b ; La Dame de Montrose – 120 000 b
À maturité : dans les 10 à 25 ans suivant le millésime après 1970 ; dans les 15 à 25 ans avant 1970

APPRÉCIATION GÉNÉRALE

Depuis 1989, Montrose s'impose comme le cru classé de Saint-Estèphe le plus régulier à haut niveau. Ces dernières années, il a plusieurs fois (en 1989, 1990, 1996 et 2000) surpassé Cos d'Estournel, son plus sérieux rival, ainsi que Calon-Ségur, bien que ce dernier cru se soit nettement amélioré. Une révision du classement 1855 pourrait le propulser au rang de premier cru. Les amateurs avisés feraient bien de s'intéresser à son second vin, La Dame de Montrose, en particulier à compter de 1990.

Le vignoble de Montrose bénéficie de l'une des meilleures situations du Médoc, et ses chais sont considérés comme étant parmi les mieux tenus et les plus propres. Pendant des années, le nom de Montrose a été associé à des vins massifs, denses et puissants, qu'il convenait de ne consommer qu'après un vieillissement de plusieurs dizaines d'années. À titre d'exemple, je peux citer l'expérience réalisée en 1982 par Jean-Paul Jauffret, ancien directeur du CIVB, qui m'a fait déguster à l'aveugle un Montrose 1908 pour voir si je pouvais en deviner l'âge ; le vin était encore étoffé et paraissait plus jeune de 30 ans.

Le propriétaire, l'affable Jean-Louis Charmolüe, a manifestement allégé le style de Montrose quand il a estimé que les vins « à l'ancienne », extrêmement denses et tanniques, n'étaient plus du goût des consommateurs. Le changement apparaît particulièrement évident dans les millésimes de la fin des années 70 et du début des années 80 ; il résulte de l'introduction dans l'assemblage d'une plus forte proportion de merlot, au détriment du cabernet sauvignon et du petit verdot.

Cependant, la clientèle de Montrose n'appréciait guère le changement de style, et, depuis 1986, le domaine est revenu à des vins plus musclés et plus solides, rappelant les millésimes d'avant 1975. Les 1989, 1990, 1996 et 2000 s'imposent ainsi comme les plus puissants produits à la propriété depuis le 1961. Tous ceux qui ont eu le plaisir de boire quelques-unes des plus grandes années de Montrose (comme 1953, 1955, 1959, 1961, 1964 et 1970) sont bien obligés de convenir que ce château a produit pléthore de vins massifs évoquant incontestablement les Latour. Les Montrose, particulièrement superbes de 1959 à 1971, s'imposent à nouveau, depuis 1989, au nombre des meilleurs vins du nord du Médoc.

Le visiteur découvrira le modeste château de Montrose perché sur une hauteur et jouissant d'une magnifique vue sur la Gironde. La propriété, qui appartient à la famille Charmolüe depuis 1896, offre une visite intéressante, en particulier pour sa très belle cuverie, avec ses énormes et vieilles cuves ouvertes en chêne, et son magnifique chai de vieillissement. Comme la plupart de ses voisins, Montrose dispose d'une salle de réception et d'une salle de dégustation équipée dans les règles de l'art.

2003
96-100 Issu de faibles rendements de 35 hl/ha et d'une sélection de 78 % de la récolte totale, le prodigieux Montrose 2003 se compose à 62 % de cabernet sauvignon, à 34 % de merlot, à 3 % de cabernet franc et pour le reste de

petit verdot. La vendange, rentrée entre le 11 et le 26 septembre, a donné un vin titrant 13,2 % d'alcool naturel et au pH relativement élevé (3,9), qui évoque une hypothétique synthèse de ses sublimes aînés de 1989 et 1990. D'un pourpre d'encre, le 2003 de Montrose se distingue par de spectaculaires et flamboyants arômes de crème de cassis, de chêne neuf, de fumé, de pierre concassée et de fleurs blanches. Merveilleux de richesse, il est corsé et onctueux, et s'exprime en bouche avec ampleur, révélant une finale longue de 1 minute. Ce vin légendaire peut parfaitement rivaliser avec ses aînés de 2000, 1990 et 1989. Compte tenu de sa faible acidité et de sa performance (extraordinaire) dès sa plus tendre enfance, il devrait bien évoluer sur les 25 à 30 ans **suivant une garde de 5 à 6 ans.** (3/04)

2003 La Dame de Montrose – Le 2003 de La Dame de Montrose, qui s'impose
89-91 comme une révélation du millésime, est l'un des meilleurs seconds vins que j'aie dégustés. Il est issu d'une sélection de 13 % de la récolte totale. D'un pourpre dense, doté de douces notes de mûre, il est gras et opulent, avec une finale longue et richement fruitée. **À boire dans les 10 à 12 ans.** (3/04)

2002 Composé à 62 % de cabernet sauvignon, à 32 % merlot, à 4 % de cabernet
91 franc et à 2 % de petit verdot, le 2002 de Montrose est le fruit d'une sélection de 56 % de la récolte totale. Ce vin d'un rubis-pourpre soutenu est monolithique en milieu de bouche, et légèrement comprimé, dur et tannique en finale. Il est doux à l'attaque, avec une belle complexité aromatique, mais la nervosité de l'arrière-bouche et le caractère tannique et abrupt de la finale ne m'ont pas permis de lui attribuer une note extraordinaire. **À boire entre 2010 et 2020.** (9/03)

2001 Issu de faibles rendements de 32 hl/ha et d'une sélection de 64 % de la
91 production totale de la propriété, le 2001 de Montrose se compose à 62 % de cabernet sauvignon, à 34 % de merlot, à 3 % de petit verdot et pour le reste de cabernet franc. C'est l'un des vins les plus imposants et les plus concentrés du millésime. Impressionnant tant il est puissant et massif, onctueux à la limite de l'épaisseur, il ne concède rien en matière de fraîcheur, et révèle en bouche, outre un caractère corsé et merveilleusement riche en extrait, un généreux fruité de crème de cassis nuancé de cuir, de chocolat, de minéral et de terre, étayé par une faible acidité et des tannins abondants. Un ensemble explosif, **à apprécier entre 2012 et 2030.** (1/03)

2000 Le 2000 de Montrose s'impose comme la plus belle réussite du domaine depuis
96 les somptueux 1989 et 1990. Ce vin gigantesque, tannique et peu évolué, dont la robe d'un pourpre d'encre accompagne d'amples senteurs de fleur d'acacia, de mûre écrasée, de crème de cassis, de vanille, de fumée de bois de noyer et de minéral, exprime une bouche tout à la fois très corsée, puissante, dense et complexe. Il s'agit d'un ensemble irréel, exceptionnel de pureté et de persistance. Je le crois capable d'une garde de 30 ans ou plus. L'assemblage comprend 63 % de cabernet sauvignon, 31 % de merlot, 4 % de cabernet franc et 2 % de petit verdot. **À boire entre 2010 et 2040.** (1/03)

2000 La Dame de Montrose – Ce vin superbe, qui représente 39 % de la récolte
90 de la propriété, présente de généreux arômes chocolatés de cerise noire et

de cassis typiques du merlot. En bouche, il révèle un gras superbe et une douceur merveilleuse, et se distingue par son charme. **À boire dans les 6 à 8 ans.** À ne pas manquer ! (1/03)

1999 **90** La robe pourpre-noir du Montrose 1999 accompagne de pures senteurs de fruits noirs nuancées de minéral, de fumé et de terre. Suit en bouche un ensemble très concentré, étonnamment dense et puissant, mais modérément tannique, atypique du millésime si l'on s'en tient à son ampleur, à sa puissance et sa structure extraordinaires. **À boire entre 2006 et 2025.** (11/02)

1999 **87** La Dame de Montrose – Le 1999 de La Dame de Montrose doit son élégance aux 40 % de merlot de son assemblage. Ce vin moyennement corsé est séduisant. **À boire dans les 3 à 5 ans.** (11/02)

1998 **90+** Ce vin classique, vêtu de pourpre dense, exhale un doux nez de cassis confituré, de réglisse, de terre et de fumé. En bouche, il se montre puissant et corsé, révélant des tannins bien fondus. Étant donné la tendance de Montrose à se refermer après la mise en bouteilles, ce vin s'est montré sous un meilleur jour que je ne l'aurais pensé. **À boire jusqu'en 2030.** (3/02)

1997 **87** Le 1997 de Montrose est encore meilleur que je ne l'aurais pensé de prime abord. Bien qu'il soit plus léger et moins concentré que de coutume, il séduit le dégustateur par ses arômes très parfumés de liqueur de prune, de terre, de cèdre et de cuir fin. En bouche, il se montre rond et savoureux, révélant, outre une maturité d'excellent aloi, un fruit de bonne tenue étayé par une faible acidité. **À boire dès maintenant.** (3/02)

1996 **91+** Le 1996 de Montrose révèle un potentiel extraordinaire. Arborant une robe soutenue de couleur rubis-pourpre foncé, il exhale un nez de chêne neuf, de cassis confituré, de fumé, de minéral et de cuir fin. Moyennement corsé et riche, il se dévoile au palais par paliers, exprimant une belle texture et une concentration de bon aloi en milieu de bouche. L'ensemble, qui recèle des tannins doux, impressionne par sa finale persistante. **À boire entre 2009 et 2025.** (11/02)

1995 **93** Tout à la fois explosif, riche, exotique et fruité, le Montrose 1995 révèle davantage de gras et de richesse en extrait que le 1996. Il se montre également plus corsé et plus accessible, du fait de sa plus faible proportion de cabernet sauvignon. Vêtu d'un rubis-pourpre opaque tirant sur le noir, il exhale un nez mûr de fruits noirs, de vanille et de réglisse. Puissant, mais étonnamment accessible en raison de sa faible acidité et de ses tannins veloutés, ce Montrose somptueux devrait se maintenir à son apogée **jusqu'en 2028.** (11/02)

1994 **90** S'imposant comme l'une des grandes réussites du Nord-Médoc en 1994, ce vin arbore une robe d'un pourpre opaque qui donne une idée de son intensité. Il présente un nez encore fermé de fruits noirs confiturés, de prune, d'épices et de terre. La bouche conjugue une grande richesse en extrait avec une pureté d'excellent aloi, et révèle un généreux et doux fruité de cassis étayé par des tannins assez abondants, mais mûrs. Ce vin impressionnant, corsé et extraordinaire de concentration, peut être apprécié **jusqu'en 2020.** (3/99)

1990 **100** Ce vin majestueux, d'une richesse extraordinaire, dégage de très caractéristiques senteurs de doux fruits confits, de minéral, de cuir fin et de viande grillée. En bouche, il exprime avec ampleur une concentration et un gras époustouflants, et ses tannins souples tapissent le palais en douceur. L'ensemble, massif, puissant et généreux, est encore accessible, n'ayant pas commencé à se fermer ni à perdre du gras de sa petite enfance. De fait de sa grande douceur, de sa richesse, de sa densité et de sa faible acidité, il peut être apprécié dès maintenant, tout en promettant de tenir au moins vingt-cinq ans. Une légende en perspective ! **À boire jusqu'en 2030.** (8/02)

1989
97
L'extraordinaire 1989 s'impose comme l'une des grandes réussites du millésime. D'un rubis-pourpre sombre et opaque, dégageant un doux nez de minéral, de fruits noirs, de fleur d'acacia et de boisé, il exprime en bouche un caractère corsé et richement extrait, étayé par une faible acidité. Sa finale, persistante, recèle des tannins modérés. Ce vin, qui a développé davantage de richesse et de puissance aromatique que je ne l'aurais imaginé de prime abord, exprime encore un fruité doux et un gras généreux. Magnifiquement réussi, il est très proche en qualité du 1990, qui frise la perfection. **À boire jusqu'en 2025.** (2/03)

1988
83
Le 1988 de Montrose ne m'a jamais impressionné. Léger, trop tannique, il manque à la fois de richesse, de profondeur et de persistance. Son austérité et son caractère atténué trahissent probablement des rendements trop élevés et une vendange imparfaitement mûre. **À boire jusqu'en 2008.** (4/99)

1986
91
Le 1986 a été élaboré à une époque où la propriété privilégiait un style plus léger. Il s'impose cependant comme l'un des crus les plus charnus produits pendant cette période éphémère. D'un rubis-pourpre dense à peine éclairci sur le bord, il est fruité, structuré et puissant, et révèle, dans un ensemble moyennement corsé et tannique, des arômes de fruits noirs et rouges, de minéral et d'épices. Ce vin massif et généreux, fortement marqué par la mâche, développe encore une finale regorgeant de tannins doux. Toujours jeune, mais déjà accessible, il se maintiendra **jusqu'en 2025.** (4/99)

1985
85
Le 1985 est étonnamment léger et insipide. D'un rubis moyennement foncé rosé sur le bord, il libère des arômes agréables, mais atténués, de doux cassis, de terre et d'herbe. Assez corsé, il révèle à l'attaque un doux fruité charmeur, mais s'amenuise ensuite en milieu de bouche et en finale. Il est également desservi en arrière-bouche par un caractère tannique et herbacé. Une déception, compte tenu du terroir et du millésime. **À boire jusqu'en 2008.** (4/99)

1983
83
Moins ample et moins tannique que je ne l'aurais pensé, le 1983, qui arbore une robe rubis, est léger, moyennement corsé, avec un nez épicé de prune, des tannins de bon aloi et une finale astringente. **Devrait être bu.** (4/99)

1982
91
Bien que le Montrose 1982 ait évolué rapidement, il semble pouvoir se maintenir encore une dizaine d'années. D'un rubis-grenat sombre et resplendissant, il dégage un doux bouquet parfumé mêlant des senteurs de fruits noirs et des notes de chêne neuf, de réglisse et de fleurs. Corsé et opulent, merveilleusement proportionné malgré sa richesse et sa concentration, il peut être apprécié dès maintenant. Un Montrose impressionnant, plus évolué et plus précoce que de coutume. **À boire jusqu'en 2015.** (4/99)

MILLÉSIMES ANCIENS

Les 1970 (noté 92), 1964 (noté 92) et 1961 (noté 95) sont des classiques, typiquement puissants et massifs. Le 1959 (noté 95 en octobre 1994) évoque furieusement le 1961, avec un fruité plus doux et un caractère plus rustique et plus tannique ; cependant, ces vins ont en commun un aspect massif et riche, ainsi que le style traditionnel des bordeaux d'autrefois. Le 1959 atteint tout juste son apogée !

Tant le 1955 (noté 91 en décembre 2001) que le 1953 (noté 90 à la même date) sont superbes – à condition, bien entendu, qu'il s'agisse de flacons conservés dans de bonnes conditions. Le Montrose 1921 (noté 74-90 et dégusté quatre fois en 1995 et 1996) est très irrégulier d'une bouteille à l'autre. Une dégustation m'a révélé un vin dont le nez prometteur de cèdre, de poivre et de viande fumée évoquait un cru du Rhône ; mais l'ensemble, aux flaveurs maigres, était dominé par un excès de tannins et d'acidité. D'autres dégustations m'ont fait découvrir un vin riche, doux, opulent, encore généreux et vif. Conservés dans de bonnes conditions, tous ces millésimes peuvent être bus maintenant.

LES ORMES DE PEZ

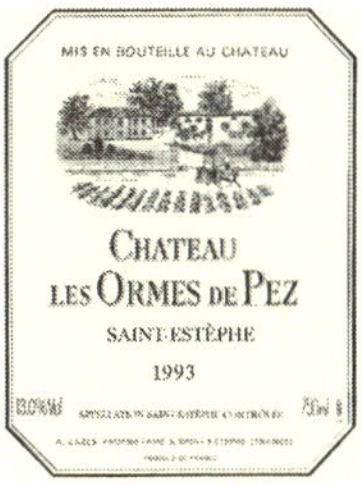

Cru bourgeois exceptionnel
Propriétaire : Jean-Michel Cazes
Adresse : 33180 Saint-Estèphe
Tél. 05 56 73 24 00 – *Fax* 05 56 59 26 42
E-mail : infochato@ormesdepez.com
Site Internet : www.ormesdepez.com
Visites : sur rendez-vous uniquement
Contact : Jean-Michel Cazes

VIGNOBLE ET VINIFICATION

Superficie : 35 ha
Encépagement : 70 % cabernet sauvignon, 20 % merlot, 10 % cabernet franc
Âge moyen des vignes : 30 ans – *Densité de plantation :* 9 000 pieds/ha
Rendement moyen : 50 hl/ha
Élevage : fermentations et cuvaison de 15 à 17 jours en cuves d'acier inoxydable thermorégulées ; vieillissement de 15 mois en fûts ; collage ; filtration si nécessaire

VIN PRODUIT

Les Ormes de Pez – 204 000 b (pas de second vin)
À maturité : dans les 5 à 12 ans suivant le millésime

APPRÉCIATION GÉNÉRALE

Dans les meilleurs millésimes, ce cru bourgeois, régulier à haut niveau, s'impose à l'égal d'un cinquième cru. Son prix raisonnable en fait l'une des meilleures affaires du Médoc.

Les Ormes de Pez est l'un des crus les plus appréciés du Bordelais, sans nul doute du fait de son caractère généreux et parfumé, souvent onctueux et velouté, mais aussi des efforts considérables déployés par son propriétaire, Jean-Michel Cazes, pour le faire connaître. De fait, ce vin déçoit rarement. Généralement très foncé de robe, il affiche, depuis 1975, un style plus souple et plus accessible. Cependant, son potentiel de garde ne dépasse pas 5 à 12 ans. Les millésimes des années 40 et 50 sont plus massifs et plus denses ; magnifiquement vinifiés, ils constituent encore de bonnes affaires. Les amateurs avisés en quête d'une grande qualité conjuguée à des prix modestes s'intéresseront aux Ormes de Pez.

2003 **86-88** Plus retenu que la plupart de ses jumeaux de l'appellation, le 2003 des Ormes de Pez présente, outre une robe rubis-prune foncé tirant sur le pourpre, un doux nez de fruits noirs et de terre. Moyennement corsé et charnu, il est étayé par une heureuse acidité et manifeste en bouche une précision de bon aloi. Cet assemblage 65 % cabernet sauvignon, 20 % merlot et 15 % cabernet franc sera parfait **ces 10 prochaines années.** (3/04)

2001 **85-86** Vêtu de rubis-prune foncé, libérant un nez évolué de terre humide marqué de groseille, ce vin moyennement corsé, aux tannins doux et soyeux, présente un fruité modérément intense et sans détour. L'ensemble, nuancé de boisé, tiendra bien **jusqu'à 7 ou 8 ans d'âge.** (1/03)

2000 **88** Vêtu d'un rubis-prune profond tirant sur le pourpre, le 2000 évoque au nez la douce réglisse, présentant aussi d'opulentes et accessibles flaveurs de cassis, de tabac et d'encens. Ce vin moyennement corsé et charnu est étonnant de précision et de pureté malgré l'opulence de son généreux fruité marqué par la mâche. **À boire jusqu'en 2013.** (1/03)

1999 **86** Le merveilleux 1999 des Ormes de Pez est un vin épanoui, vêtu de rubis foncé et doté d'arômes de cassis et de cerise. Moyennement corsé, avec des tannins souples, il doit, si l'on en juge par son caractère précoce, être consommé assez rapidement. **À boire dès maintenant.** (3/02)

1998 **87** Ce vin réussi s'annonce par un rubis-pourpre profond et par de très généreuses notes de cassis nuancées de terre et de sous-bois. L'ensemble, moyennement corsé, manifeste une superbe concentration. Doté d'une texture d'excellent aloi, il déploie une finale souple, épicée et poivrée. **À boire dans les 6 ans.** (3/02)

1996 **86** S'imposant comme l'une des révélations du millésime, ce vin d'un rubis foncé et soutenu exhale un excellent nez de cassis et de mûre nuancé en arrière-plan de notes de chêne fumé. Doux et opulent, il est étonnamment accessible et rond, et développe une finale de très bon niveau. **À boire jusqu'en 2014.** (3/01)

1995 **86** Je serais tenté de dire que le 1995 est vinifié dans un style trop commercial ; cependant, il est séduisant, rond et souple, avec une robe rubis moyen et un nez herbacé de cerise noire et de groseille. Élégant malgré sa richesse, il exprime dans une bouche modérément corsée des tannins souples, ainsi qu'une finale accessible. Il faudra l'apprécier **sans plus tarder.** (3/98)

MILLÉSIMES ANCIENS

Parmi les belles réussites de la propriété, on citera le superbe 1990 (noté 89), le 1982 (noté 87), le remarquable 1970, encore en parfaite forme, que j'ai apprécié en septembre 2001 et noté 93.

Dans le courant des années 80, j'ai eu la chance de trouver à la carte de plusieurs restaurants bordelais les 1947, 1953, 1955, 1959 et 1961 des Ormes de Pez. Tous ces vins étaient bons, se révélant massifs, robustes, presque rugueux, typiques d'une vinification traditionnelle. Les millésimes des années 40, 50 et 60 constituent certainement encore de très bonnes affaires, sous réserve que les flacons aient été conservés dans de bonnes conditions.

DE PEZ

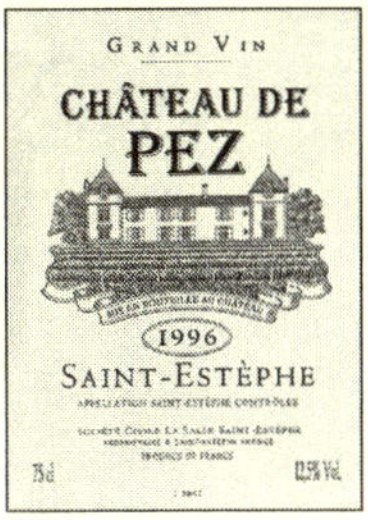

Cru bourgeois exceptionnel
Propriétaires : Jean-Claude Rouzaud – Champagne Louis Roederer
Adresse : lieu-dit Pez – 33180 Saint-Estèphe
Tél. 05 56 59 30 26 – *Fax* 05 56 59 39 25
E-mail : philippe-moureau@champagne-roederer.com
Site Internet : www.champagne-roederer.com
Visites : sur rendez-vous uniquement
Contact : Philippe Moureau

VIGNOBLE ET VINIFICATION

Superficie : 24 ha
Encépagement : 45 % cabernet sauvignon, 44 % merlot, 8 % cabernet franc, 3 % petit verdot
Âge moyen des vignes : 33 ans – *Densité de plantation :* 6 500 pieds/ha
Rendement moyen : 50 hl/ha
Élevage : fermentations et cuvaison de 20 à 30 jours en cuves de bois ; achèvement des malolactiques en fûts pour 40 % de la récolte ; vieillissement de 15 à 18 mois en fûts (40 % de bois neuf) ; soutirage trimestriel ; collage au blanc d'œuf ; pas de filtration

VIN PRODUIT

Château de Pez – 130 000 b (pas de second vin)
À maturité : dans les 8 à 10 ans suivant le millésime

APPRÉCIATION GÉNÉRALE

La maison Roederer a effectué à De Pez des investissements considérables. Cependant, bien que le cru se soit amélioré depuis 1995, les vins demeurent durs et tanniques, et n'ont pas l'opulence caractéristique de leurs homologues des Ormes de Pez ou de Haut-Marbuzet. Certains observateurs estiment néanmoins que la qualité s'améliorera ces prochaines années.

Lorsqu'on traverse le petit village de Pez, il est difficile de ne pas remarquer les tours jumelles de ce château. Pendant des décennies, De Pez a produit des vins musclés de haut niveau, parfois rugueux, mais capables d'une garde de 20 ans, auxquels je reprocherais cependant de ne jamais se révéler exceptionnels. En effet, aussi puissants et réguliers qu'ils soient, ils semblent incapables d'atteindre les sommets où l'on retrouve d'autres crus bourgeois de renom de son appellation. Je me suis souvent demandé si une plus forte proportion de merlot ne donnerait pas davantage de gras et de caractère à ce cru souvent un peu maigre et atténué.

Il serait intéressant de suivre l'évolution de cette propriété, rachetée il y a plusieurs années par la maison Louis Roederer. L'ancien maître des lieux, Robert Dousson, avait passé toute sa vie dans ce domaine, où il était né en 1929. C'était un farouche adversaire des manipulations excessives et de la filtration. En outre, la qualité de ses vins et le succès qu'ils ont rencontré en Angleterre et en Europe du Nord ne lui étaient jamais montés à la tête.

2003 86-88 Le De Pez 2003 pourrait s'imposer comme la plus belle réussite de la propriété élaborée sous la houlette de la maison de champagne Roederer. Ce vin d'un rubis-pourpre foncé, au bouquet de terreau, de cassis et de cerise, est moyennement corsé, très pur, avec un bon fruité et une finale mûre et capiteuse. L'ensemble, qui révèle aussi les deux traits caractéristiques du millésime (une faible acidité et un caractère plus alcoolique que de coutume), tiendra bien **ces 10 prochaines années.** (3/04)

2000 88 Le De Pez 2000 est, avant le 2003, le meilleur millésime produit à la propriété sous la houlette de la maison Roederer. Composé à parts égales de merlot et de cabernet sauvignon et à 7 % de cabernet franc, il traduit bien le millésime par sa robe très soutenue, d'un rubis-pourpre profond. Moyennement corsé et musclé, il révèle de denses arômes de cassis nuancés de minéral et de pierre mouillée, et étayés par d'abondants tannins. **À boire entre 2007 et 2020.** (1/03)

PHÉLAN SÉGUR

Cru bourgeois exceptionnel
Propriétaires : Xavier Gardinier et Fils
Adresse : 33180 Saint-Estèphe
Tél. 05 56 59 74 00 – *Fax* 05 56 59 74 10
E-mail : phelan.segur@wanadoo.fr
Visites : sur rendez-vous
Contact : Thierry Gardinier

VIGNOBLE ET VINIFICATION

Superficie : 89 ha
Encépagement : 60 % cabernet sauvignon, 35 % merlot, 5 % cabernet franc
Âge moyen des vignes : 30 ans – *Densité de plantation :* 8 300 pieds/ha
Rendement moyen : 41 hl/ha
Élevage : fermentations et cuvaison de 20 jours en cuves d'acier inoxydable thermorégulées ; vieillissement de 18 mois en fûts (50 % de bois neuf) ; collage et filtration

VINS PRODUITS

Château Phélan Ségur – 160 000 b ; Frank Phélan – 120 000 b
À maturité : dans les 5 à 14 ans suivant le millésime

APPRÉCIATION GÉNÉRALE

Sachant sa belle situation entre Montrose et Calon-Ségur, on attendrait mieux de Phélan Ségur. Si le cru s'est bien amélioré entre le milieu des années 80 et le milieu des années 90, quelques millésimes récents se sont révélés anodins. Je suis néanmoins plus optimiste avec les 2000, 2001 et 2003, ce dernier millésime étant la plus belle réussite de la propriété depuis le superbe 1990.

Ce beau domaine, qui a été entièrement rénové et aménagé par les nouveaux maîtres des lieux, devrait produire l'un des meilleurs Saint-Estèphe, son vignoble se situant entre ceux de Montrose et de Calon-Ségur. Cependant, si les excellents vins produits à la fin des années 80 attestaient les fructueux efforts des nouveaux propriétaires, les millésimes des années 90 se sont révélés irréguliers.

Hormis les vins commentés ci-dessous, les millésimes de Phélan Ségur qui m'ont paru réellement dignes d'intérêt sont le 2003 (noté 87-89), le 2001 (noté 88), le 2000 (noté 86), le 1996 (noté 86), le 1990 (noté 89) et le 1988 (noté 87).

2003 **87-89** Voici la plus belle réussite de cette propriété depuis le 1990 (et même supérieure à l'excellent 2001) – l'une des révélations du millésime. Le 2003 de Phélan Ségur s'annonce par un rubis-pourpre foncé et par un doux bouquet de fruits noirs nuancé de réglisse, de terre et d'épices. Moyennement corsé, étayé par des tannins de bon aloi et une heureuse acidité, il sera parfait **entre 2006 et 2014.** (3/04)

2001 **88** Le 2001 s'impose comme la plus belle réussite de ce cru depuis le 1990 et avant le 2003. D'un rubis-pourpre profond, doté d'un doux nez de mûre et de cassis nuancé de réglisse et de terre, il est moyennement corsé, joliment persistant et étoffé, avec des tannins doux. **À boire jusqu'en 2012.** (1/03)

2000 **86** Ce vin plutôt léger, mais plaisant, arbore un rubis-prune profond. Moyennement corsé, il manifeste dès l'attaque une belle maturité, mais il présente, tant au nez qu'en bouche, un caractère herbacé, et sa finale est relativement courte. **À boire jusqu'en 2010.** (1/03)

AUTRES PROPRIÉTÉS NOTABLES DE SAINT-ESTÈPHE

ANDRON BLANQUET

Cru bourgeois
Propriétaire : SCE Domaines Audoy
Adresse : 33180 Saint-Estèphe
Tél. 05 56 59 30 22 – *Fax* 05 56 59 73 52
E-mail : cos-labory@wanadoo.fr
Visites : non autorisées

VIGNOBLE ET VINIFICATION

Superficie : 16 ha
Encépagement : 50 % cabernet sauvignon, 30 % merlot, 20 % cabernet franc
Âge moyen des vignes : 30 ans – *Densité de plantation :* 8 700 pieds/ha
Rendement moyen : 50 hl/ha
Élevage : fermentations à 30 °C en cuves de béton revêtues thermorégulées, avec remontages courts, mais fréquents ; cuvaison de 25 jours ; vieillissement de 14 mois en fûts (25 % de bois neuf) ; collage ; pas de filtration

VINS PRODUITS

Château Andron Blanquet – 70 000 b ; Château Saint-Roc – 36 000 b
À maturité : dans les 3 à 8 ans suivant le millésime

APPRÉCIATION GÉNÉRALE

Malgré sa belle situation – à proximité de Lafite Rothschild et de Cos d'Estournel –, cette propriété produit des vins médiocres (au pire) ou anodins (au mieux), quel que soit le millésime. On trouve de nombreux crus bourgeois d'un meilleur niveau, et à des prix plus intéressants.

Andron Blanquet pourrait produire des vins d'un meilleur niveau. Le vignoble, qui jouxte ceux de Lafite Rothschild (Pauillac) et de Cos d'Estournel (Saint-Estèphe), est situé sur un sol graveleux, baigné par un microclimat légèrement plus chaud que les alentours. Malgré des vinifications bien menées et des cuvaisons plutôt longues, les vins d'Andron Blanquet pèchent généralement par manque de concentration, de caractère et de charme. Malgré l'élaboration d'un second vin, le château Saint Roc, à l'instigation de Bernard Audoy, copropriétaire et œnologue du château, le niveau de qualité n'est pas toujours au rendez-vous.

BEAU-SITE

Cru bourgeois supérieur
Propriétaire : famille Castéja
Adresse : 33180 Saint-Estèphe
Adresse postale : Domaines Borie-Manoux
86, cours Balguerie-Stuttenberg – 33082 Bordeaux Cedex
Tél. 05 56 00 00 97 – *Fax* 05 57 87 48 61
E-mail : domaine-boriemanoux@borie-manoux.fr
Visites : sur rendez-vous uniquement
Contact : Philippe Castéja

VIGNOBLE ET VINIFICATION

Superficie : 38 ha
Encépagement : 60 % cabernet sauvignon, 35 % merlot, 3 % cabernet franc, 2 % petit verdot
Âge moyen des vignes : 35 ans – *Densité de plantation :* 8 300 pieds/ha
Rendement moyen : 54 hl/ha
Élevage : fermentations et cuvaison de 21 jours en cuves d'acier inoxydable thermorégulées ; vieillissement de 18 mois en fûts (40 % de bois neuf), la même proportion de la récolte achevant les malolactiques en fûts ; collage ; pas de filtration

VINS PRODUITS

Château Beau-Site – 200 000 b ; Château Haut Vignoble Seguin – 40 000 b
À maturité : dans les 3 à 10 ans suivant le millésime

APPRÉCIATION GÉNÉRALE

Cette propriété mérite son classement de cru bourgeois supérieur.
Quoique toujours austères, ses vins se sont améliorés ces dernières années et présentent un rapport qualité/prix intéressant.

Ce château superbe, magnifiquement situé à Saint-Estèphe, appartient à la famille Castéja depuis 1955. L'essentiel de son vignoble se trouve à proximité du village de Saint-Corbian, sur un plateau qui domine le fleuve. Malgré l'excellent potentiel de la propriété, les vins des années 60 et 70 ont été irréguliers. Devaient-ils leur caractère tannique et rugueux à une trop forte proportion de cabernet sauvignon ? Quoi qu'il en soit, des vendanges plus tardives, l'achèvement partiel en fûts des fermentations malolactiques et l'utilisation d'une proportion accrue de bois neuf (40 %) pour l'élevage ont donné des vins plus souples et plus plaisants dans les années 80 et 90. Cependant, le cru n'est pas pour autant devenu un modèle de régularité, se caractérisant par des tannins très abondants, même si ceux-ci sont désormais plus mûrs et plus souples.

Les vins de Beau-Site sont distribués en exclusivité par la maison de négoce Borie-Manoux.

2003
87-88
Comme on pouvait s'y attendre, presque tous les Saint-Estèphe que j'ai dégustés étaient en 2003 au moins très bons, et celui-ci ne fait pas exception à la règle. Généreusement doté, il arbore un rubis-pourpre foncé et compense son manque de complexité par un bon fruité de cassis, des flaveurs trapues et capiteuses, ainsi que par des tannins souples. **À boire dans les 10 ans.** (3/04)

BEL AIR

Cru bourgeois
Propriétaire : SCEA du Château Bel Air
Adresse : 4, chemin de Fontaugé – 33180 Saint-Estèphe
Adresse postale : 3, route de Castelnau – 33480 Avensan
Tél. 05 56 58 21 03 – *Fax* 05 56 58 17 20
E-mail : jeanfrancoisbraquessac@wanadoo.fr
Visites : sur rendez-vous uniquement
Contact : Jean-François Braquessac

VIGNOBLE ET VINIFICATION

Superficie : 5 ha
Encépagement : 75 % cabernet sauvignon, 20 % merlot, 5 % cabernet franc
Âge moyen des vignes : 40 ans – *Densité de plantation :* 8 000 pieds/ha
Rendement moyen : 50 hl/ha
Élevage : macération préfermentaire à froid ; fermentations et cuvaison en cuves d'acier inoxydable thermorégulées, avec immersion du chapeau ; vieillissement de 14 mois en fûts (30 % de bois neuf) ; ni collage ni filtration

VINS PRODUITS

Château Bel Air – 24 000 b ; Château Bel Air Coutelin – 12 000 b
À maturité : dans les 4 à 12 ans suivant le millésime

Note : vendanges manuelles ; premier tri au vignoble (situé entre Cos d'Estournel, Marbuzet et Montrose) ; éclaircissage des jeunes vignes si nécessaire.

LE BOSCQ

Cru bourgeois supérieur
Propriétaire : SC du Château Le Boscq
Fermage : Dourthe (CVBG)
Adresse : 33180 Saint-Estèphe
Adresse postale : Dourthe
35, rue de Bordeaux – 33290 Parempuyre
Tél. 05 56 35 53 00 – *Fax* 05 56 35 53 29
E-mail : contact@cvbg.com
Site Internet : www.dourthe.com
Visites : sur rendez-vous uniquement
Contact : Marie-Hélène Inquimbert

VIGNOBLE ET VINIFICATION

Superficie : 16,6 ha
Encépagement : 51 % merlot, 42 % cabernet sauvignon, 7 % petit verdot
Âge moyen des vignes : 30 ans – *Densité de plantation :* 8 000 pieds/ha
Rendement moyen : 45-47 hl/ha
Élevage : fermentations en petites cuves d'acier inoxydable thermorégulées ; durée de la cuvaison selon qualité de la vendange ; achèvement des malolactiques en fûts, avec micro-oxygénation des lies pour une partie de la récolte ; vieillissement de 18 mois en fûts (50 % de bois neuf) ; collage au blanc d'œuf si nécessaire ; pas de filtration

VINS PRODUITS

Château Le Boscq – 70 000-73 000 b ; Héritage de Le Boscq – 35 000-36 000 b
À maturité : dans les 3 à 10 ans suivant le millésime

APPRÉCIATION GÉNÉRALE

Le Boscq s'est nettement amélioré ces dernières années et tient son rang de cru bourgeois supérieur. Qui plus est, les prix demeurent raisonnables eu égard à la qualité.

Situé dans la partie la plus septentrionale de l'appellation, sur un sol de graves et d'argile, ce vignoble jouit d'une vue magnifique sur la Gironde. Ce vin doit sa souplesse et son fruité à sa forte proportion de merlot. Dans les années de surmaturité, Le Boscq peut se révéler mou et légèrement dénué de structure. Cependant, les bons millésimes sont de haut vol et constituent, de surcroît, d'excellentes affaires.

2003
87-88 Ce vin de bonne facture, qui arbore un rubis-pourpre profond, présente un fruité mûr, concentré et de bonne mâche, étayé par une faible acidité et des tannins magnifiquement fondus. Il tiendra bien **7 à 8 ans**. (3/04)

CAPBERN GASQUETON

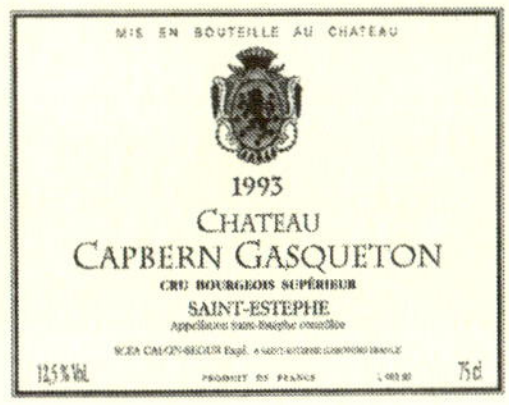

Cru bourgeois
Propriétaire : GFA Capbern Gasqueton
Adresse : 33180 Saint-Estèphe
Tél. 05 56 59 30 08 – *Fax* 05 56 59 71 51
Visites : sur rendez-vous uniquement
Contact : Denise Capbern Gasqueton

VIGNOBLE ET VINIFICATION

Superficie : 37 ha
Encépagement : 65 % cabernet sauvignon, 15 % cabernet franc, 20 % merlot
Âge moyen des vignes : 30 ans – *Densité de plantation :* 9 000 pieds/ha
Rendement moyen : 35 hl/ha
Élevage : fermentations et cuvaison de 21 jours ; vieillissement de 18 mois en fûts (30 % de bois neuf) ; collage ; pas de filtration

VIN PRODUIT

Capbern Gasqueton – 135 000 b (pas de second vin)
À maturité : dans les 5 à 10 ans suivant le millésime

CAVE COOPÉRATIVE MARQUIS DE SAINT-ESTÈPHE

Adresse : rue Médoc-Leyssac – 33180 Saint-Estèphe
Tél. 05 56 73 35 30 – *Fax* 05 56 59 70 89
E-mail : marquis.st.estephe@wanadoo.fr

On la dit la meilleure et la mieux équipée du Médoc. La cave coopérative Marquis de Saint-Estèphe regroupe 85 producteurs à la tête de 120 ha de vignes et produit de très importants volumes de vins, qu'elle écoule non seulement sous son étiquette, mais aussi sous celles de domaines dont ils sont issus. En effet, certains châteaux de petite superficie, mais de bonne tenue, vinifient à part leur production et la mettent en bouteilles à la cave coopérative : parmi eux, le Château Léo des Prades (15,1 ha – 115 000 bouteilles), le Château Ladouys (9,37 ha – 72 000 bouteilles) et le Château Mignot (2,65 ha – 20 000 bouteilles).

La cuvée générique de la coopérative porte le nom « Marquis de Saint-Estèphe ». Produite à hauteur de 270 000 bouteilles, elle vieillit 12 mois en cuves de béton. Il existe aussi une cuvée spéciale « Prestige du Marquis » (75 000 bouteilles), qui vieillit 12 mois en fûts avec 70 % de bois neuf après des fermentations et une cuvaison de 3 semaines. Le reste de la production est vendu en vrac au négoce.

La coopérative dispose de chais de vinification équipés de cuves de béton et d'acier inoxydable, ainsi que d'un chai de vieillissement voué à l'élevage de la cuvée spéciale et des trois vins de propriétaires.

LA COMMANDERIE

Cru bourgeois
Propriétaire : GFA Château La Commanderie
Adresse : 33180 Saint-Estèphe
Adresse postale : Kressmann,
35, rue de Bordeaux – 33290 Parempuyre
Tél. 05 56 35 53 00 – *Fax* 05 56 35 53 29
E-mail : contact@cvbg.com
Site Internet : www.cvbg.com
Visites : sur rendez-vous uniquement

VIGNOBLE ET VINIFICATION

Superficie : 16 ha
Encépagement : 55 % cabernet sauvignon, 40 % merlot, 5 % cabernet franc
Âge moyen des vignes : 27 ans – *Densité de plantation :* 6 600 pieds/ha
Rendement moyen : 57 hl/ha
Élevage : durée des fermentations et de la cuvaison selon le millésime et la qualité de la vendange ; vieillissement de 12 mois en fûts (35 % de bois neuf) ; collage au blanc d'œuf ; filtration

VIN PRODUIT

Château La Commanderie – 78 000 b (pas de second vin)
À maturité : dans les 4 à 8 ans suivant le millésime

APPRÉCIATION GÉNÉRALE

Des vins plaisants, de style commercial, proposés à des prix raisonnables.

Ce cru vinifié dans un style moderne et commercial se distingue généralement par son fruité souple et épanoui, ainsi que par des tannins doux et légers, qui le rendent accessible dès sa jeunesse. Peut-être manque-t-il quelque peu de complexité, mais il compense ce trait par sa pureté et son caractère plaisant.

COUTELIN-MERVILLE

Cru bourgeois
Propriétaires : G. Estager & Fils
Adresse : G. Estager et Fils – Blanquet – 33180 Saint-Estèphe
Tél. et *fax* 05 56 59 32 10
Visites : sur rendez-vous uniquement
Contact : Bernard Estager

VIGNOBLE ET VINIFICATION

Superficie : 25 ha
Encépagement : 50 % merlot, 25 % cabernet sauvignon,
23 % cabernet franc, 2 % petit verdot
Âge moyen des vignes : 30 ans – *Densité de plantation :* 55 pieds/ha
Rendement moyen : 55 hl/ha

Élevage : fermentations et cuvaison de 18 à 21 jours ; vieillissement de 12 mois en fûts (25 % de bois neuf) ; collage et filtration

VINS PRODUITS

Château Coutelin-Merville – 120 000 b ; Château Merville – 60 000 b
À maturité : dans les 8 à 15 ans suivant le millésime

APPRÉCIATION GÉNÉRALE

Cette propriété propose des vins fermes et tanniques, marqués par le terroir et relativement rustiques.

J'aurais aimé mieux connaître les vins de ce petit domaine, situé sur la partie culminante de Saint-Estèphe. Les millésimes que j'ai dégustés – 1996 1995, 1986, 1982, 1975 et 1970 – sont bien faits, dans un style traditionnel, et se révèlent concentrés, puissants et tanniques. Les propriétaires, Bernard et François Estager, originaires de Corrèze (comme, d'ailleurs, plusieurs familles propriétaires de vignobles en Bordelais – la famille Jean-Pierre Moueix, de Libourne, les Borie, de Ducru-Beaucaillou, ou les Theil, de Poujeaux), font entendre une musique toute personnelle à Saint-Estèphe, et leur assemblage montre qu'ils sont adeptes du cabernet franc. Cela explique peut-être le caractère parfumé de leur vin, mais pas son potentiel de garde, sa puissance ni sa structure. Les Estager estiment que leur cru, dans les meilleures années, requiert une garde de 15 à 20 ans – et, tout bien considéré, ils semblent avoir raison. Il convient donc de suivre de plus près cette propriété.

LE CROCK

Cru bourgeois supérieur
Propriétaire : GFA des Domaines Cuvelier
Adresse : Marbuzet – 33180 Saint-Estèphe
Tél. 05 56 59 08 30 – *Fax* 05 56 59 60 09
E-mail : lp@leoville-poyferre.fr
Visites : sur rendez-vous uniquement
Contact : Didier Cuvelier

VIGNOBLE ET VINIFICATION

Superficie : 32 ha
Encépagement : 55,7 % cabernet sauvignon, 26,6 % merlot, 12,9 % cabernet franc, 4,8 % merlot
Âge moyen des vignes : 38 ans – *Densité de plantation :* 7 900 pieds/ha
Rendement moyen : 54 hl/ha
Élevage : fermentations et cuvaison de 21 jours en cuves de béton et d'acier inoxydable thermorégulées ; vieillissement de 18 à 20 mois en fûts (renouvelés par tiers chaque année) ; collage ; pas de filtration

VINS PRODUITS

Château Le Crock – 130 000 b ; Château La Croix Saint-Estèphe – 70 000 b
À maturité : dans les 5 à 12 ans suivant le millésime

APPRÉCIATION GÉNÉRALE

Le Crock mérite son classement de cru bourgeois supérieur. Les vins de cette propriété sont généralement tanniques et durs, plutôt austères, et aussi chers que de nombreux crus bourgeois de meilleur niveau. Néanmoins, le 2003 est une très grande réussite, qui semble annoncer la résurrection du domaine.

Ce beau château de deux étages, situé au sud du village de Saint-Estèphe, est depuis 1903 la propriété de la famille Cuvelier. Magnifiquement situé sur une croupe dominant un lac où évoluent de nombreux cygnes, il ferait la joie des photographes les plus blasés – malheureusement, les vins ne sont pas aussi séduisants. On aurait pu penser que leur forte proportion de merlot leur conférerait de la souplesse et un caractère charnu ; cependant, j'ai toujours trouvé Le Crock trop tannique et trop rugueux, voire sévère, sinon austère à l'excès.

Les Cuvelier sont irréprochables pour ce qui est du soin apporté à la vigne et à la vinification, très moderne. Pourtant, les vins pèchent généralement par manque de fruit, bien qu'ils soient corsés, denses et capables d'une garde de 10 à 12 ans.

Depuis le 1982, seul le millésime 1990, riche et parfaitement mûr, avait été noté plus de 86. Je dois dire, cependant, que le 2003 est un très beau vin.

DOMEYNE

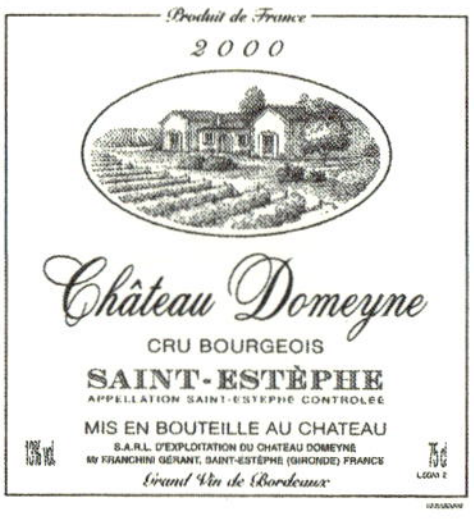

Cru bourgeois
Propriétaire : SARL d'exploitation du Château Domeyne
Gérant : Roger Franchini
Adresse : 3, espace Guy-Guyonnaud – 33180 Saint-Estèphe
Tél. 05 56 59 72 29 – *Fax* 05 56 59 75 55
E-mail : chateau-domeyne@wanadoo.fr
Visites : sur rendez-vous uniquement,
du lundi au jeudi (8 h-12 h et 13 h-17 h),
le vendredi (8 h-12 h et 13 h-15 h)
Contacts : Roger Franchini ou Annick Louchart

VIGNOBLE ET VINIFICATION

Superficie : 8,7 ha
Encépagement : 60 % cabernet sauvignon, 35 % merlot noir, 5 % cabernet franc
Âge moyen des vignes : 30-35 ans – *Densité de plantation :* 8 000 pieds/ha
Rendement moyen : 55 hl/ha
Élevage : fermentations et cuvaison de 21 jours ; vieillissement de 12 mois en fûts (40 % de bois neuf) ; collage et filtration

VIN PRODUIT

Château Domeyne – 64 000 b (pas de second vin)
À maturité : dans les 4 à 10 ans suivant le millésime

HAUT-BARADIEU

Non classé
Propriétaire : SCEA Vignobles Jean Anney
Adresse : 33180 Saint-Estèphe
Adresse postale : Château Tour des Termes – Saint-Corbian – 33180 Saint-Estèphe
E-mail : contact@chateautourdestermes.com
Site Internet : www.chateautourdestermes.com
Tél. 05 56 59 32 89 – *Fax* 05 56 59 73 74
Visites : du lundi au vendredi (8 h 30-12 h 30 et 14 h-17 h) sans rendez-vous
Contact : Christophe Anney

VIGNOBLE ET VINIFICATION

Superficie : 11 ha
Encépagement : 50 % merlot, 50 % cabernet sauvignon
Âge moyen des vignes : 15-20 ans – *Densité de plantation :* 6 666 pieds/ha
Rendement moyen : 57 hl/ha
Élevage : fermentations et cuvaison de 21 à 28 jours en cuves d'acier inoxydable thermorégulées, avec deux remontages quotidiens ; vieillissement de 12 mois en fûts de 1 et 2 ans d'âge ; collage ; pas de filtration

VIN PRODUIT

Château Haut-Baradieu – 80 000 b (pas de second vin)
À maturité : dans les 4 à 12 ans suivant le millésime

HAUT-BEAUSÉJOUR

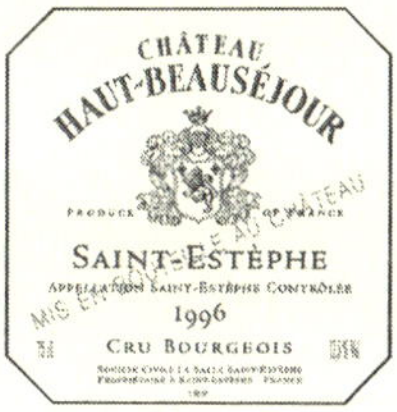

Cru bourgeois
Propriétaires : Jean-Claude Rouzaud – Champagne Louis Roederer
Adresse : rue de la Mairie – 33180 Saint-Estèphe
Adresse postale : Château de Pez
lieu-dit Pez – 33180 Saint-Estèphe
Tél. 05 56 59 30 26 – *Fax* 05 56 59 39 25
E-mail : philippe-moureau@champagne-roederer.com
Site Internet : www.champagne-roederer.com
Visites : sur rendez-vous uniquement
Contact : Philippe Moureau

VIGNOBLE ET VINIFICATION

Superficie : 20 ha
Encépagement : 52 % merlot, 40 % cabernet sauvignon, 8 % petit verdot et cot
Âge moyen des vignes : 15 ans – *Densité de plantation :* 8 500 pieds/ha
Rendement moyen : 50 hl/ha
Élevage : fermentations à 29-30 °C et cuvaison de 20 à 30 jours en cuves thermorégulées ; achèvement des malolactiques en fûts pour 30 % de la récolte ; vieillissement de 12 à 15 mois en fûts (renouvelés par tiers à chaque millésime) ; collage au blanc d'œuf ; pas de filtration

VIN PRODUIT

Château Haut-Beauséjour – 100 000 b (pas de second vin)
À maturité : dans les 4 à 12 ans suivant le millésime

HAUT COTEAU

Non classé
Propriétaire : Bernard Brousseau
Adresse : 33180 Saint-Estèphe
Tél. 05 56 59 39 84 – *Fax* 05 56 59 39 09
E-mail : chateau.haut-coteau@wanadoo.fr
Visites : du lundi au samedi sur rendez-vous
Contact : Bernard Brousseau

VIGNOBLE ET VINIFICATION

Superficie : 19 ha
Encépagement : merlot, cabernet sauvignon et cabernet franc, à parts égales
Âge moyen des vignes : 30 ans – *Densité de plantation :* 8 500 pieds/ha
Rendement moyen : 55-60 hl/ha
Élevage : fermentations de 8 jours et cuvaison de 21 à 28 jours en cuves d'acier inoxydable thermorégulées ; vieillissement de 12 à 15 mois en fûts (33 % de bois neuf) ; collage ; pas de filtration

VINS PRODUITS

Château Haut Coteau – 40 000 b ; Château Brousseau Haut-Vignobles – 30 000 b
À maturité : dans les 4 à 12 ans suivant le millésime

LA HAYE

Cru bourgeois supérieur
Propriétaire : Vignobles Lamiable
Adresse : Leyssac – 33180 Saint-Estèphe
Tél. 05 56 59 32 18
E-mail : info@chateaulahaye.com
Site Internet : www.chateaulahaye.com
Visites : de juillet à septembre, tous les jours (10 h 30-18 h) ;
le reste de l'année, du lundi au vendredi (10 h 30-12 h et 14 h-17 h) ;
samedi et dimanche sur rendez-vous
Contact : Jean-René Lamiable

VIGNOBLE ET VINIFICATION

Superficie : 9,98 ha
Encépagement : 59 % merlot, 36 % cabernet sauvignon, 4,5 % petit verdot, 0,5 % cabernet franc
Âge moyen des vignes : 35 ans – *Densité de plantation :* 8 600 pieds/ha
Rendement moyen : 45 hl/ha
Élevage : fermentations à 28-30 °C et cuvaison de 20 à 30 jours en cuves d'acier inoxydable thermorégulées, avec deux remontages quotidiens ; vieillissement de 18 mois en fûts (30 % de bois neuf) ; collage et filtration

VINS PRODUITS

Château La Haye – 50 000 b ; Fief de La Haye – 20 000 b
À maturité : dans les 4 à 12 ans suivant le millésime

LAVILLOTTE

Non classé
Propriétaire : SCEA des Domaines Pedro
Adresse : 33180 Saint-Estèphe
Adresse postale : SCEA des Domaines Pedro – 33180 Vertheuil
Tél. 05 56 73 32 10 – *Fax* 05 56 41 98 89
E-mail : ddompedro@aol.com
Visites : du lundi au vendredi (9 h-12 h et 14 h-17 h) ; sur rendez-vous pour les groupes
Contacts : Jacques Pedro ou Frank Maroszak

VIGNOBLE ET VINIFICATION

Superficie : 12 ha
Encépagement : 72 % cabernet sauvignon, 25 % merlot, 3 % petit verdot
Âge moyen des vignes : 37 ans – *Densité de plantation :* 7 500 pieds/ha
Rendement moyen : 50 hl/ha
Élevage : fermentations et cuvaison prolongées en cuves d'acier inoxydable thermorégulées, avec remontages fréquents ; vieillissement de 20 mois (30-40 % de bois neuf) ; collage au blanc d'œuf ; pas de filtration

VINS PRODUITS

Château Lavillotte – 50 000-60 000 b ; Château Aillan – 20 000-30 000 b
À maturité : dans les 8 à 15 ans suivant le millésime

Lorsque Jacques Pedro, l'actuel propriétaire, racheta Lavillotte en 1962 ; la propriété était en piteux état. Rapatrié d'Algérie, ce viticulteur est partisan de marier les techniques modernes et le respect de la tradition. C'est ainsi qu'il vendange à la machine, mais ses cuvaisons ne durent pas moins de trois semaines. À en juger par les seuls millésimes que j'aie goûtés – 1982, 1985, 1986 et 1989 –, les vins de la propriété sont étonnamment concentrés et corsés, révélant une complexité, une richesse et une puissance aromatique de très bon aloi. Les millésimes mentionnés ci-dessus vieilliront avec grâce pendant une décennie, voire au-delà. Il me semble qu'il s'agit là d'une source fiable, mais encore peu connue, de Saint-Estèphe de haut niveau.

LILIAN LADOUYS

Cru bourgeois supérieur
Propriétaire : Natexis Banque
Adresse : Blanquet – 33180 Saint-Estèphe
Tél. 05 56 59 71 96 – *Fax* 05 56 59 35 97
E-mail : chateau-lilian-ladouys@wanadoo.fr
Site Internet : www.chateau-lilian-ladouys.com
Visites : sur rendez-vous uniquement
Contact : Nicole Carmagnac

VIGNOBLE ET VINIFICATION

Superficie : 46 ha
Encépagement : 58 % cabernet sauvignon, 38 % merlot, 4 % cabernet franc
Âge moyen des vignes : 40 ans – *Densité de plantation :* 8 300 pieds/ha
Rendement moyen : 55 hl/ha
Élevage : fermentations à 31-33 °C maximum, avec des levures indigènes, et cuvaison de 21 à 35 jours en cuves d'acier inoxydable thermorégulées ; vieillissement de 18 mois en fûts (renouvelés par tiers à chaque millésime) ; soutirage trimestriel ; collage au blanc d'œuf ; filtration légère

VINS PRODUITS

Château Lilian Ladouys – 277 000 b ; La Devise de Lilian – 69 000 b
À maturité : dans les 5 à 15 ans suivant le millésime

APPRÉCIATION GÉNÉRALE

Malgré sa belle situation (non loin de Cos d'Estournel et de Lafite Rothschild), Lilian Ladouys ne produit que des vins anodins, généralement durs et tanniques, et dénués de fruit. Cette propriété peut certainement mieux faire, si l'on en juge par la qualité de ses 1989 et 1990. Je conseille aux amateurs aventureux qui achèteraient ce vin de le consommer – les meilleurs millésimes compris – plus tôt que trop tard, et leur signale que l'on trouve de nombreux crus bourgeois de meilleur niveau dans la même gamme de prix.

Les millésimes récents – 1998, 1999, 2000 et 2001 – ne sauraient être recommandés. Je suggère cependant aux amateurs de s'intéresser aux 1989 et 1990 ayant bénéficié de bonnes conditions de conservation – ce sont les deux seules années de Lilian Ladouys qui présentent quelque intérêt à mes yeux.

MARBUZET

Cru bourgeois
Propriétaire : Domaines Reybier
Adresse : 33180 Saint-Estèphe
Tél. 05 56 73 15 50 – *Fax* 05 56 59 72 59
E-mail : estournel@estournel.com
Site Internet : www.estournel.com
Visites : non autorisées
Contact : Jean-Guillaume Prats

VIGNOBLE ET VINIFICATION

Superficie : 7 ha
Encépagement : 62 % merlot, 27 % cabernet sauvignon, 11 % petit verdot
Âge moyen des vignes : 35 ans – *Densité de plantation :* 7 900 et 9 500 pieds/ha
Rendement moyen : 50 hl/ha
Élevage : fermentations et cuvaison de 21 jours en cuves d'acier inoxydable thermorégulées ; vieillissement de 12 mois en fûts (50 % de bois neuf) ; collage ; pas de filtration

VIN PRODUIT

Château Marbuzet – 60 000 b (pas de second vin)
À maturité : dans les 8 à 12 ans suivant le millésime

APPRÉCIATION GÉNÉRALE

Ce vin bien fait, régulier à haut niveau, se caractérise par sa finesse et son caractère accessible. La plupart des millésimes présentent un potentiel de garde autour de 8 à 12 ans.

Cette propriété (le château appartient encore à la famille Prats, alors que les vignobles ont été vendus) s'impose, à mon sens, comme le plus idéalement placé du Médoc : situé face à la Gironde, doté de superbes terrasses et de jardins de rêve, il ressemble étrangement à la Maison-Blanche, à Washington.

2003
87-88
Ce vin plaisant, composé à moitié de merlot, à 45 % de cabernet sauvignon et pour le reste de petit verdot, est légèrement herbacé au nez, mais il offre en bouche des arômes merveilleusement savoureux et riches de petits fruits nuancés de notes de basse-cour, de terre et de boîte à épices. Consommez cet ensemble ample et parfumé **dans les 7 à 8 ans.** (3/04)

PETIT BOCQ

Cru bourgeois supérieur
Propriétaire : SCEA Lagneaux-Blaton
Adresse : 3, rue de la Croix-de-Pez – 33180 Saint-Estèphe
Adresse postale : BP 33 – 33180 Saint-Estèphe
Tél. 05 56 59 35 69 – *Fax* 05 56 59 32 11
E-mail : petitbocq@hotmail.com
Visites : sur rendez-vous uniquement
Contact : Gaëtan Lagneaux

VIGNOBLE ET VINIFICATION

Superficie : 14,68 ha
Encépagement : 55 % merlot, 43 % cabernet sauvignon, 2 % cabernet franc
Âge moyen des vignes : 35 ans – *Densité de plantation :* 8 500-10 000 pieds/ha
Rendement moyen : 55 hl/ha
Élevage : fermentations et cuvaison de 21 jours en cuves d'acier inoxydable thermorégulées (25 à 100 hl) ; achèvement des malolactiques en fûts pour les lots de merlot ; vieillissement de 12 mois en fûts (50 % de bois neuf) ; collage ; pas de filtration

VIN PRODUIT

Château Petit Bocq – 85 000-90 000 b (pas de second vin)
À maturité : dans les 3 à 12 ans suivant le millésime

APPRÉCIATION GÉNÉRALE

Les millésimes récents de Petit Bocq sont du niveau d'un cinquième cru, particulièrement le 2003, qui est excellent. Les prix demeurent raisonnables, la propriété étant encore peu connue. Avis, donc, aux amateurs avisés, car le cru est incontestablement digne d'intérêt.

Malheureusement, ce vin très caractéristique – de tous les crus de l'appellation, il contient la plus forte proportion de merlot – est pratiquement introuvable ailleurs que dans l'Hexagone. On doit au maître des lieux l'un des Saint-Estèphe les plus séduisants. Les 1982, 1985, 1989, 1990, 1996, 2000 et 2003, qui regorgent d'arômes de fruits noirs, sont étoffés et d'une richesse explosive, et révèlent une texture séveuse et épaisse. Leur grande qualité me laisse songeur quant au peu de réputation dont la propriété jouit auprès des amateurs. Du fait de sa forte proportion de merlot, on pourrait penser que Petit Bocq n'est pas apte à la garde ; pourtant, le 1982 était encore frais et vif en 1994. Cette propriété mériterait sans nul doute d'être mieux connue, bien que les volumes produits soient très faibles.

2003 **87-89** Petit Bocq, propriété magnifiquement gérée de Saint-Estèphe, propose un 2003 qui s'impose au nombre des révélations du millésime. Il s'agit d'un vin rubis-pourpre foncé, dont le doux nez de cassis est entremêlé de notes de terre et de réglisse. L'ensemble, moyennement corsé, charnu et concentré, sera savoureux **jusqu'à 10 ans d'âge.** (3/04)

POMYS

Cru bourgeois
Propriétaire : famille Arnaud
Adresse : Leyssac – 33180 Saint-Estèphe
Tél. 05 56 59 32 26 – *Fax* 05 56 59 35 24
E-mail : arnaudsa@aol.com
Site Internet : www.chateaupomys.com
Visites : sur rendez-vous uniquement
Contacts : Geneviève Rechaudiat ou Laure Marcou

VIGNOBLE ET VINIFICATION

Superficie : 13 ha
Encépagement : 60 % cabernet sauvignon, 30 % merlot, 10 % cabernet franc
Âge moyen des vignes : 25 ans – *Densité de plantation :* 7 500 pieds/ha
Rendement moyen : 50 hl/ha
Élevage : fermentations et cuvaison prolongées en cuves d'acier inoxydable thermorégulées ; vieillissement de 12 à 18 mois en fûts (35 % de bois neuf) ; collage ; pas de filtration

VINS PRODUITS

Château Pomys – 70 000 b ; Château Saint-Louis – 10 000 b
À maturité : dans les 4 à 12 ans suivant le millésime

CHÂTEAU SAINT ESTÈPHE

Cru bourgeois
Propriétaire : famille Arnaud
Adresse : Leyssac – 33180 Saint-Estèphe
Tél. 05 56 59 32 26 – *Fax* 05 56 59 35 24
E-mail : arnaudsa@aol.com
Site Internet : chateaupomys.com
Visites : sur rendez-vous uniquement
Contacts : Geneviève Rechaudiat ou Laure Marcou

VIGNOBLE ET VINIFICATION

Superficie : 11 ha
Encépagement : 55 % cabernet sauvignon, 35 % merlot, 5 % cabernet franc, 5 % petit verdot
Âge moyen des vignes : 25 ans – *Densité de plantation :* 7 500 pieds/ha
Rendement moyen : 50 hl/ha
Élevage : fermentations et cuvaison prolongées en cuves de béton thermorégulées ; vieillissement de 12 à 18 mois (30 % de bois neuf) ; collage ; pas de filtration

VINS PRODUITS

Château Saint-Estèphe – 50 000 b ; Château Tour Coutelin – 12 000 b
À maturité : dans les 4 à 12 ans suivant le millésime

SÉGUR DE CABANAC

Cru bourgeois
Propriétaire : GFA des Domaines Guy Delon
Adresse : 33180 Saint-Estèphe
Adresse postale : SCEA Guy Delon & Fils
33180 Saint-Estèphe
Tél. 05 56 59 70 10 – *Fax* 05 56 59 73 94
Visites : sur rendez-vous uniquement
Contact : Guy Delon

VIGNOBLE ET VINIFICATION

Superficie : 7,07 ha
Encépagement : 60 % cabernet sauvignon, 30 % merlot, 5 % cabernet franc, 5 % petit verdot
Âge moyen des vignes : 25 ans – *Densité de plantation :* 8 500 pieds/ha
Rendement moyen : 50 hl/ha
Élevage : fermentations et cuvaison de 21 jours en cuves d'acier inoxydable thermorégulées, avec remontages fréquents ; vieillissement de 20 mois en fûts (renouvelés par tiers à chaque millésime), avec sept soutirages ; collage au blanc d'œuf ; pas de filtration

VIN PRODUIT

Château Ségur de Cabanac – 40 000 b (pas de second vin)
À maturité : dans les 4 à 12 ans suivant le millésime

TOUR DE MARBUZET

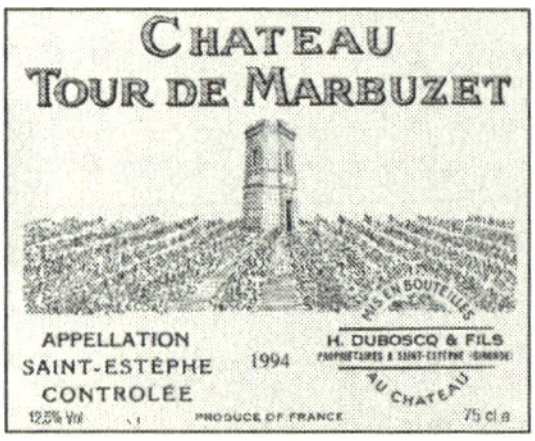

Cru bourgeois supérieur
Propriétaire : GFA des Vignobles H. Duboscq et Fils
Adresse : 33180 Saint-Estèphe
Tél. 05 56 59 30 54 – *Fax* 05 56 59 70 87
E-mail : infos@haut-marbuzet.net
Visites : tous les jours ouvrables
(9 h-12 h et 14 h-18 h)
Contact : Henri Duboscq

VIGNOBLE ET VINIFICATION

Superficie : 5 ha
Encépagement : 40 % cabernet sauvignon, 40 % merlot, 20 % cabernet franc
Âge moyen des vignes : 30 ans – *Densité de plantation :* 8 300 pieds/ha
Rendement moyen : 54 hl/ha
Élevage : fermentations et cuvaison de 21 jours en cuves de béton thermorégulées, avec micro-oxygénation des lies et un remontage quotidien ; vieillissement de 18 mois en fûts (renouvelés par quart chaque année) ; soutirage trimestriel ; ni collage ni filtration

VIN PRODUIT

Château Tour de Marbuzet – 36 000 b (pas de second vin)
À maturité : dans les 4 à 12 ans suivant le millésime

TOUR DE PEZ

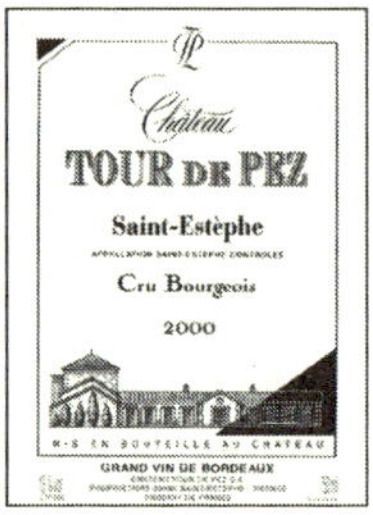

Cru bourgeois supérieur
Propriétaire : Philippe Bouchara
Adresse : lieu-dit L'Hereteyre – 33180 Saint-Estèphe
Tél. 05 56 59 31 60 – *Fax* 05 56 59 71 12
E-mail : chtrpez@terre-net.fr
Visites : du lundi au vendredi (10 h-11 h 30 et 14 h-17 h)
Contacts : Francis Bellet ou Franck Duprat

VIGNOBLE ET VINIFICATION

Superficie : 16,4 ha
Encépagement : 52 % merlot, 44 % cabernet sauvignon, 4 % petit verdot
Âge moyen des vignes : 35 ans – *Densité de plantation :* 8 000 pieds/ha
Rendement moyen : 52 hl/ha
Élevage : macération préfermentaire à froid ; fermentations à 29-30 °C et cuvaison de 21 à 28 jours en cuves d'acier inoxydable thermorégulées, avec remontages fréquents ; vieillissement de 15 mois (40 % de bois neuf et 60 % de fûts de 1 an d'âge) ; collage ; filtration selon le millésime

VINS PRODUITS

Château Tour de Pez – 80 000 b ; T de Tour de Pez – 35 000 b
À maturité : dans les 4 à 12 ans suivant le millésime

TOUR DES TERMES

Cru bourgeois
Propriétaire : SCEA Vignobles Jean Anney
Adresse : Château Tour des Termes –
Saint-Corbian – 33180 Saint-Estèphe
Tél. 05 56 59 32 89 – *Fax* 05 56 59 73 74
E-mail : contact@chateautourdestermes.com
Site Internet : www.chateautourdestermes.com
Visites : du lundi au vendredi (8 h 30-12 h 30 et 14 h-17 h)
Contact : Christophe Anney

VIGNOBLE ET VINIFICATION

Superficie : 16 ha
Encépagement : 50 % merlot, 50 % cabernet sauvignon
Âge moyen des vignes : 30 ans – *Densité de plantation :* 6 666 pieds/ha
Rendement moyen : 55 hl/ha
Élevage : fermentations et cuvaison de 21 à 28 jours en cuves d'acier inoxydable thermorégulées, avec deux remontages quotidiens ; achèvement des malolactiques en fûts pour 45 % de la récolte ; vieillissement de 12 mois en fûts (45 % de bois neuf) ; collage ; pas de filtration

VINS PRODUITS

Château Tour des Termes – 100 000 b ;
Les Aubarèdes du Château Tour des Termes – 25 000 b
À maturité : dans les 4 à 12 ans suivant le millésime

Note : la propriété produit aussi 4 000 bouteilles d'une cuvée spéciale appelée Château Tour des Termes Collection Prestige. Ce vin, issu d'une vieille parcelle de vignes (40 ans d'âge) située sur un sol graveleux, se compose à 70 % de merlot. Il est vinifié de manière traditionnelle, mais achève ses fermentations malolactiques et vieillit 15 mois en fûts neufs.

TRONQUOY-LALANDE

Cru bourgeois supérieur
Propriétaire : Arlette Castéja-Texier
Adresse : 33180 Saint-Estèphe
Adresse postale : Dourthe
35, route de Bordeaux – BP 49 – 33290 Parempuyre
Tél. 05 56 35 53 00 – *Fax* 05 56 35 53 29
E-mail : contact@cvbg.com
Site Internet : www.dourthe.com
Visites : sur rendez-vous uniquement

VIGNOBLE ET VINIFICATION

Superficie : 17 ha
Encépagement : 48 % merlot, 48 % cabernet sauvignon, 4 % petit verdot
Âge moyen des vignes : 26 ans – *Densité de plantation :* 9 000 pieds/ha
Rendement moyen : 55 hl/ha

Élevage : fermentations et cuvaison de 21 jours en cuves d'acier inoxydable thermorégulées ; vieillissement de 15 à 18 mois en fûts (25 % de bois neuf) ; collage et filtration

VINS PRODUITS

Château Tronquoy-Lalande – 90 000 b ; Tronquoy de Sainte-Anne – 40 000 b
À maturité : dans les 5 à 14 ans suivant le millésime

APPRÉCIATION GÉNÉRALE

Les vins de cette propriété sont généralement très colorés, costauds et concentrés, mais ils pèchent trop souvent par leur rusticité et leurs tannins en excès.

Tronquoy-Lalande est une fort ancienne propriété, dont le château s'enorgueillit de deux tours jumelles et qui jouissait, au siècle précédent, d'une belle réputation. J'ai suivi tous les millésimes de Tronquoy-Lalande depuis 1970, et j'ai pu constater qu'ils étaient irréguliers. À leur meilleur niveau, les vins sont profondément colorés, amples, presque rustiques, avec un caractère de terroir. Ils sont distribués en exclusivité par la maison de négoce Dourthe. Le meilleur millésime des quinze dernières années est le 1989, noir de robe, dense et très mûr. Le 2000 et le 2003 sont également très prometteurs.

VALROSE

Non classé
Propriétaires : Gérard Néraudau, Patrick d'Aulan
Adresse : 5, rue Michel-Audoy – 33180 Saint-Estèphe
Adresse postale : Vignoble Page, lieu-dit Lartigue
33750 Croignon
Tél. 05 57 34 51 51 – *Fax* 05 56 30 11 45
E-mail : gerard.neraudau@edoniawines.com
Visites : sur rendez-vous
Contact : Gérard Néraudau

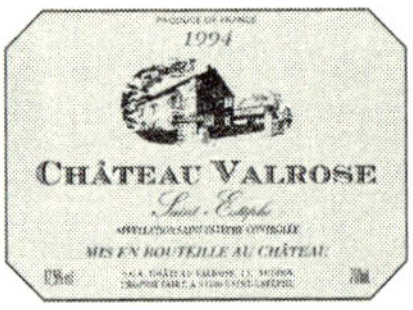

VIGNOBLE ET VINIFICATION

Superficie : 5,4 ha
Encépagement : 55 % merlot, 25 % cabernet sauvignon, 20 % cabernet franc
Âge moyen des vignes : 40 ans – *Densité de plantation :* 8 000 pieds/ha
Rendement moyen : 50 hl/ha
Élevage : macération préfermentaire à froid ; fermentations et cuvaison de 30 jours, avec remontages réguliers et micro-oxygénation des lies ; achèvement des malolactiques en fûts avec bâtonnage bi-hebdomadaire ; vieillissement de 12 mois en fûts (70 % de bois neuf) ; collage ; pas de filtration

VINS PRODUITS

Cuvée Aliénor du Château Valrose – 24 000 b ; Château Valrose – 9 000 b
À maturité : dans les 2 à 8 ans suivant le millésime

VIEUX COUTELIN

Non classé
Propriétaire : Vignobles Rocher Cap de Rive SA
Adresse : 33180 Saint-Estèphe
Adresse postale : BP 89 – 33350 Saint-Magne-de-Castillon
Tél. 05 57 40 06 76 – *Fax* 05 57 40 41 52
E-mail : j.bardot.savrcr@wanadoo.fr
Visites : sur rendez-vous uniquement
Contact : Jacqueline Bardot

VIGNOBLE ET VINIFICATION

Superficie : 6 ha
Encépagement : 70 % cabernet sauvignon, 25 % merlot, 5 % petit verdot
Âge moyen des vignes : 20 ans – *Densité de plantation :* 7 500 pieds/ha
Rendement moyen : 59 hl/ha
Élevage : vieillissement de 18 mois en cuves et en fûts (20 % de bois neuf) ; collage et filtration

VINS PRODUITS

Château Vieux Coutelin – 36 000 b ; Chevalier Coutelin – 14 000 b
À maturité : dans les 4 à 12 ans suivant le millésime

PAUILLAC

Pauillac est sans doute l'appellation la plus célèbre du Haut-Médoc et du Bordelais. Si le nom de Margaux, qui est aussi celui d'un illustre premier cru, est plus romantique et plus poétique, c'est pourtant dans le vignoble de Pauillac que l'on retrouve trois des quatre premiers crus du Médoc. Le légendaire trio Lafite Rothschild, Mouton Rothschild et Latour se trouve en effet sur cette commune, et il est magnifiquement soutenu par quantité de vins, dont quelques-uns sont remarquables, d'autres terriblement surévalués, d'autres encore ignorés ou méconnus. Le classement de 1855 compte dix-huit Pauillac et, à l'heure actuelle, seuls deux ou trois châteaux verraient leur classement remis en cause si l'on procédait à un examen sérieux de leur production.

Un Pauillac classique est généralement corsé et riche, apte à une longue garde, et doté de caractéristiques arômes de cassis, de réglisse et de cèdre. La quasi-totalité de la superficie de l'appellation (1 200 ha) est occupée par les dix-huit crus classés (on trouve donc beaucoup moins de crus bourgeois à Pauillac que dans une commune comme Saint-Estèphe), qui présentent une grande diversité de styles. L'illustration en est donnée par les trois premiers crus, très différents les uns des autres, bien qu'ils soient tous issus de sols graveleux réfléchissant la chaleur solaire et permettant un excellent drainage. Cependant, le vignoble de Lafite Rothschild, situé tout au nord de la commune et limitrophe de Saint-Estèphe, repose sur un socle calcaire qui confère aux vins qui en sont issus toute leur subtilité et leur puissance aromatique – des traits que traduisent d'ailleurs les senteurs de bois de cèdre et de graphite typiques de Lafite. Cependant, ce dernier cru ne peut que rarement égaler Mouton Rothschild en matière d'opulence et de puissance, ou Latour pour ce qui est de la régularité. En effet, jusqu'au milieu des années 80, Lafite fut un modèle d'irrégularité, n'ayant à son actif que peu de vins de très haut vol (les 1953 et 1959 se distinguant nettement). En dehors des premiers crus de Pauillac, on retrouve la légèreté et les parfums de Lafite, mais à un niveau inférieur, dans un vin comme Haut-Batailley, moyennement corsé et soyeux.

Mouton Rothschild se situe sur une croupe graveleuse, au nord de Pauillac, la ville la plus importante du Médoc. En vingt-cinq ans, à raison de deux ou trois visites annuelles dans le Bordelais, j'ai pu assister à la transformation de cet endroit plutôt

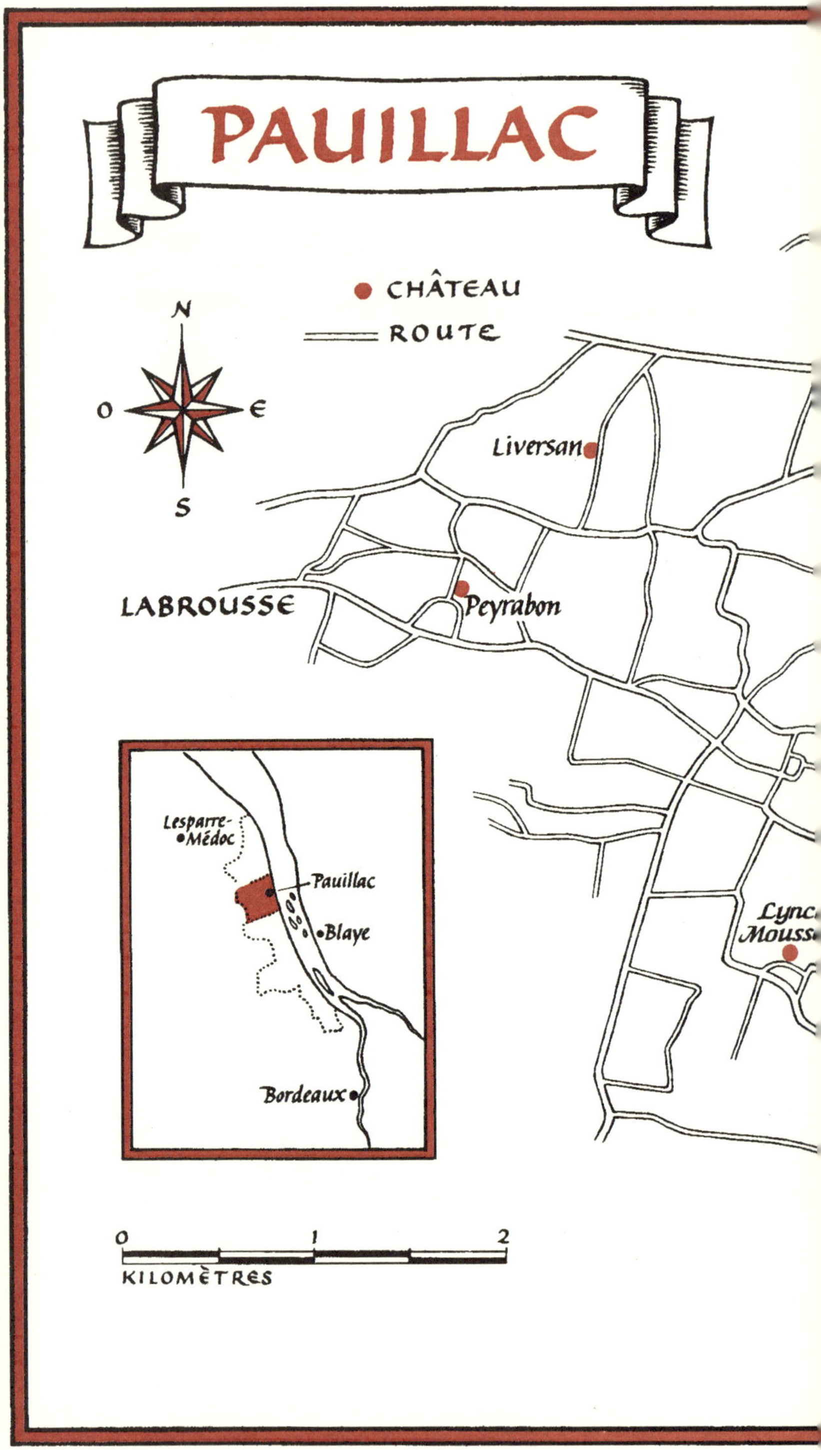
PAUILLAC
CHÂTEAU
ROUTE
N
O
E
S
Liversan
LABROUSSE
Peyrabon
Lesparre-
Médoc
Pauillac
Blaye
Bordeaux
0
1
2
KILOMÈTRES

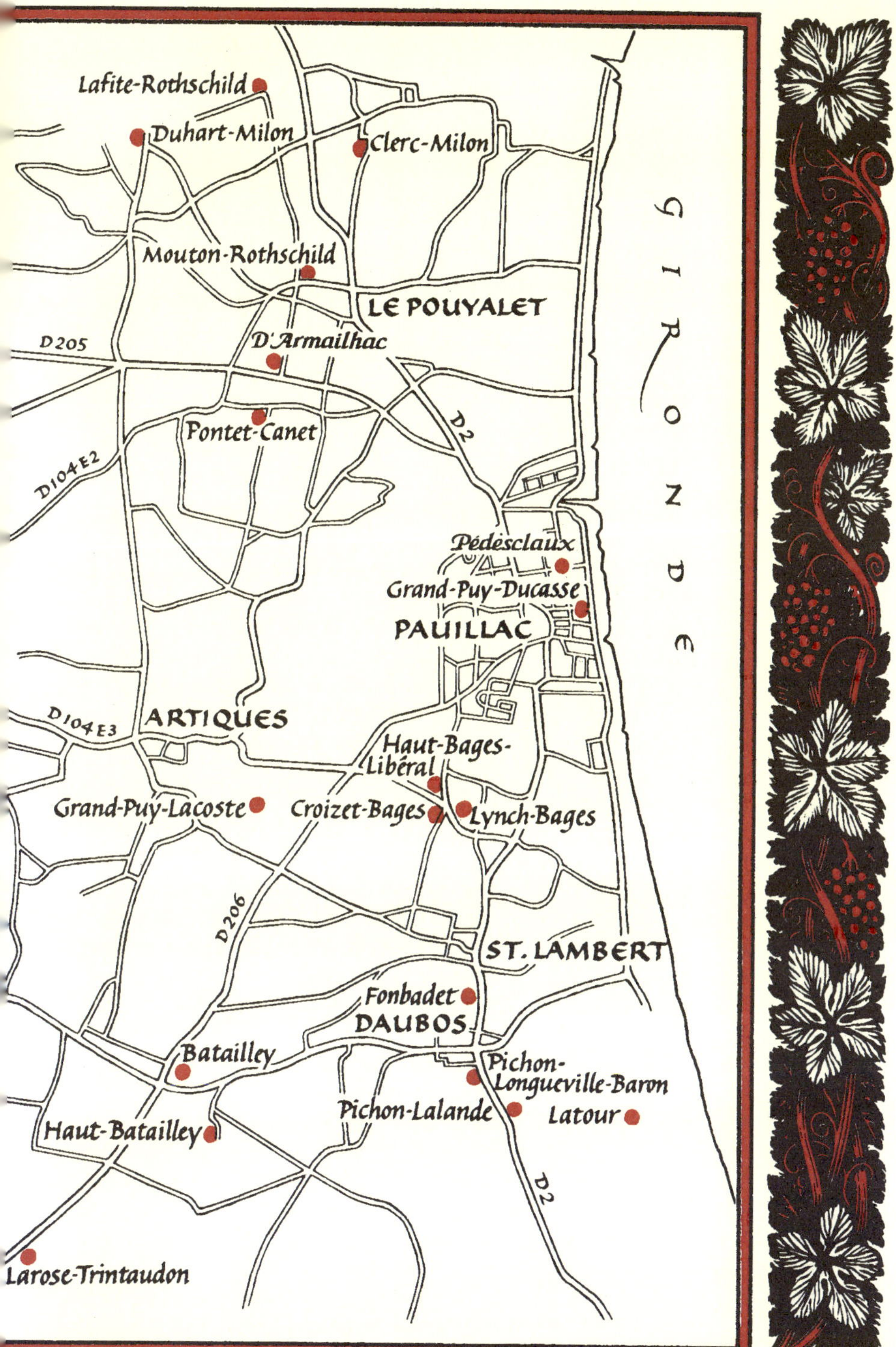
Lafite-Rothschild
Duhart-Milon
Clerc-Milon
Mouton-Rothschild
LE POUYALET
D205
D'Armailhac
Pontet-Canet
D2
D104E2
GIRONDE
Pédesclaux
Grand-Puy-Ducasse
PAUILLAC
D104E3
ARTIQUES
Haut-Bages-Libéral
Grand-Puy-Lacoste
Croizet-Bages
Lynch-Bages
D206
ST. LAMBERT
Fonbadet
DAUBOS
Batailley
Pichon-Longueville-Baron
Pichon-Lalande
Latour
Haut-Batailley
D2
Larose-Trintaudon

paisible en plaque tournante touristique. Il faut dire qu'on trouve à Pauillac la seule table prestigieuse du Médoc, Cordeillan-Bages. À Mouton, le sol de graves est mêlé de calcaire, et l'encépagement comprend une proportion étonnamment élevée de cabernet sauvignon. Dans de bonnes conditions, ces facteurs permettent de produire le vin le plus sensuel, le plus riche, le plus charnu et le plus exotique non seulement de Pauillac, mais de tout le Médoc. Sous bien des aspects, le vin de Mouton reflète la personnalité de l'ancien maître des lieux, le baron Philippe de Rothschild (décédé en 1988), qui fut un homme brillant et plein d'audace. Sa fille Philippine, au caractère affirmé, a pris sa suite et gère admirablement la propriété. Mouton n'est bien sûr pas le seul Pauillac à être vinifié dans ce style opulent et étoffé. Quelques kilomètres plus au sud, sur une petite hauteur appelée le plateau de Bages, Lynch-Bages produit un vin solide, qui peut être merveilleusement profond et concentré, méritant largement sa réputation de « Mouton du pauvre ».

Le troisième grand cru de Pauillac est Latour ; ce prestigieux domaine ne compte guère de rivaux pour ce qui est de la régularité à haut niveau. Pendant la plus grande partie du siècle dernier, Latour, avec Montrose à Saint-Estèphe et Ausone en Saint-Émilion, s'est imposé comme le bordeaux le plus lent à évoluer et le plus apte à une longue garde. Du fait de la situation de son vignoble au sud de la commune, à proximité de Saint-Julien, on aurait pu en attendre un vin plus souple ; cependant, hormis une période de relative méforme entre 1983 et 1989 – où l'on a vu, avec surprise, Latour adopter un style plus rond –, ce vin s'est toujours montré le moins évolué et le plus tannique des bordeaux. Le sol est ici presque entièrement composé de graves permettant un excellent drainage – meilleur, même, que celui de Lafite Rothschild ou de Mouton Rothschild –, et c'est peut-être ce qui explique la supériorité de Latour dans les années pluvieuses comme 1960, 1968, 1969, 1972, 1974, 1992, 1993, 1994 et 1999. Latour est tout simplement... Latour, et aucun vin de Pauillac ne lui ressemble par le style et le caractère.

Mais il existe d'autres Pauillac au caractère bien spécifique, ce qui rend hasardeuse toute généralisation sur les vins de cette appellation. Le plus intéressant est Pichon-Longueville Comtesse de Lalande (appelé Pichon-Lalande par les amateurs), qui se trouve à côté de Latour, à proximité de Saint-Julien. À la différence de son illustre voisin, Pichon-Lalande évoque un Pomerol ou un Saint-Julien, c'est-à-dire qu'il est soyeux, souple, suave et accessible assez rapidement. Cependant, il ne faudrait pas en conclure qu'il ne peut pas bien vieillir. Si cette propriété a toujours produit de grands vins, elle fait souvent jeu égal, depuis la fin des années 70, avec les premiers crus.

Grand-Puy-Lacoste n'a jamais eu, semble-t-il, la notoriété des autres grands Pauillac, mais les amateurs avisés ont toujours eu un penchant pour ce cru, qu'ils achètent religieusement d'une année sur l'autre. Longtemps, cette propriété située assez loin de la Gironde a fait la joie de Raymond Dupin, grand gourmet du Bordelais (d'aucuns disent qu'il était aussi un peu gourmand !). D'ailleurs, même plus de trente ans après son décès, tous se souviennent des dîners absolument somptueux qu'il donnait et qui, aujourd'hui encore, demeurent inégalés. Actuellement, le domaine, les chais et la vinification de Grand-Puy-Lacoste sont entre des mains sûres : celles de François-Xavier Borie, dont le premier millésime fut le merveilleux 1978. C'est vraiment là une propriété qu'il faut suivre de près, et dont le style est intermédiaire entre ceux de Latour et de Mouton Rothschild. Elle produit un Pauillac typique, puissant et riche, généreusement marqué de cassis, plus net et plus régulier qu'au temps de Dupin, mais toujours robuste, tannique et savoureux et, bien sûr, apte à une longue garde.

Nombreux sont les crus classés de Pauillac qui tiennent leur rang, du fait des progrès considérables accomplis depuis la fin des années 80. Une réussite des plus spectaculaires est probablement celle de Pichon-Longueville Baron, le château flanqué de tourelles situé juste en face de Pichon-Lalande et de Latour. Cette propriété, l'une des plus sous-performantes de l'appellation entre 1960 et 1985, s'est révélée en 1986 et affiche désormais un niveau très élevé. Elle appartient à Axa, importante compagnie d'assurances qui a eu raison, dès qu'elle en a eu fait l'acquisition, d'en confier la gestion à Jean-Michel Cazes et à son équipe, tout en y injectant une fortune pour la restauration des bâtiments et la création d'une nouvelle cuverie équipée selon les règles de l'art. Pichon-Baron a alors produit quelques vins exceptionnels, dont les fabuleux 1989, 1990, 1996 et 2000. Depuis le départ à la retraite de Jean-Michel Cazes, la propriété est toujours très bien menée, sous la talentueuse et vigilante houlette de Christian Seely.

Pontet-Canet, propriété de la famille Tesseron, a également accompli d'immenses progrès depuis le milieu des années 90. Son vignoble, très vaste, mais relativement homogène, est situé en face de Mouton Rothschild ; les parcelles de ces deux propriétés occupent ainsi le point culminant de l'appellation (30 m au-dessus du niveau de la mer). Ceux qui ont eu la chance de déguster les extraordinaires 1929, 1945 et 1961 ont pu constater que, lorsqu'il est bien vinifié, ce cru mérite mieux que son classement actuel. Les Tesseron, qui doivent leur fortune et leur renommée au cognac, ont manifestement fait tout ce qu'il fallait pour que Pontet-Canet rejoigne le peloton de tête de l'appellation. La qualité dans les années 80 était acceptable, mais les maîtres des lieux avaient, à l'évidence, la volonté d'aller plus loin. Une sélection draconienne donna en 1994 l'une des plus belles réussites de la propriété en trois décennies, et le fabuleux 1995 continua sur cette lancée, confirmée par un 1996 et un 2000 de grande qualité, puissants et majestueux. On peut dire que le château produit actuellement un Pauillac classique, véritable vin de garde (à l'opposé de crus souples et soyeux) qui constitue, de surcroît, une excellente affaire – une rareté dans le Bordelais.

Batailley est l'un des Pauillac qui me semblent les plus difficiles à appréhender. Certes, la propriété est bien gérée par la famille Castéja, mais elle donne des vins austères qui requièrent une garde d'une décennie pour développer quelque charme et se défaire de leurs abondants tannins. J'attribue souvent des notes un peu sévères à ce cru musclé et lent à évoluer, mais j'ai remarqué que les millésimes récents offraient un fruit plus doux et plus mûr. Voici un autre Pauillac classique et traditionnel, qui demande incontestablement de la patience. Il est encore sous-coté au regard de son potentiel.

Homonyme partiel de Batailley, mais d'un style diamétralement opposé, Haut-Batailley, dont le propriétaire depuis 2003 est François-Xavier Borie, qui possède également Ducru-Beaucaillou, à Saint-Julien, et Grand-Puy-Lacoste, à Pauillac. Cette propriété demeure cependant dans l'ombre des deux autres. Le vin de Haut-Batailley se révèle tout à la fois soyeux, souple, richement fruité et séduisant. Sans atteindre des sommets de qualité, il est délicieux et régulier à bon niveau, et évoque davantage un Saint-Julien qu'un Pauillac.

Les amateurs recherchant un vin proche en style de Haut-Batailley, mais plus généreusement boisé, plus exotique et plus charnu, se tourneront vers Clerc Milon ou D'Armailhac, deux belles réussites de Philippine de Rothschild. Ces deux crus précoces, richement fruités, que certains critiquent pour leur boisé agressif, voire excessif, ont aussi leurs admirateurs. Ils sont incontestablement intéressants, séduisants et parfumés. En outre, bien qu'ils se soient tous deux considérablement améliorés depuis le milieu des années 90, les prix demeurent raisonnables.

Il convient également de suivre Duhart-Milon de près. Vinifié par l'équipe technique de Lafite Rothschild, ce cru bénéficie, outre de vignobles bien situés, des importants investissements financiers de la famille Rothschild. Classique, élégant, mais apte à la garde, il s'est nettement amélioré ces dernières années, mais demeure, en 2005, à la traîne de ses rivaux Clerc Milon et Grand-Puy-Lacoste.

Haut-Bages Libéral est assez peu connu, mais c'est l'un des achats les plus fiables que j'aie faits dans les années 80. Ce cru, que j'appelais alors le « Lynch-Bages du pauvre », en raison de son prix raisonnable, se distinguait par ses généreux arômes de cèdre, de cassis et d'autres fruits confiturés, et par son caractère gras et trapu. Malheureusement, il s'est révélé irrégulier dans les années 90, et il est difficile, à l'heure actuelle, de prédire son évolution, même s'il produit depuis les années 70 des vins d'une excellente tenue.

Enfin, des propriétés comme Lynch-Moussas, Croizet-Bages et Pédesclaux constituent le trio sous-performant de l'appellation, même s'ils se sont nettement améliorés au début des années 80. Les amateurs de ces crus ne sont probablement pas très au fait de ce qui se passe dans le Bordelais.

Du fait de ses trois premiers crus et de ses nombreux autres deuxièmes crus classés de qualité, Pauillac semble bénéficier d'une certaine préséance dans l'esprit des amateurs, par rapport aux autres appellations du Médoc. Certains disent même que c'est Pauillac qui donne à un millésime son image publique et commerciale. Et, bien qu'il ne faille pas être expéditif en la matière, il est incontestable que la qualité de la vinification dans l'appellation est nettement supérieure aujourd'hui qu'au moment de la première édition de cet ouvrage, en 1985. Et, lorsque l'année est favorable aux Pauillac comme en 1982, 1986, 1990, 1995, 1996 et 2000, les autres appellations bénéficient par ricochet du prestige de celle-ci.

Avec ses sols bien drainés, Pauillac atteint des sommets les années chaudes et sèches. Plus que dans toute appellation du Médoc (à l'exception de Margaux), la qualité de la récolte de cabernet sauvignon est déterminante. En effet, pour la plupart des domaines, ce cépage représente au moins les deux tiers du vignoble ; s'il n'arrive pas à parfaite maturité, les vins s'en ressentent, bien évidemment.

Dans la décennie 80, qui fut l'âge d'or du Bordelais, Pauillac fut peut-être l'appellation la plus favorisée d'entre toutes. Après un bon millésime 1981, 1982 se révéla fabuleux – la meilleure année, même, pour l'appellation depuis 1961. L'année 1983 fut bonne, malgré des irrégularités dues à des rendements trop importants, et la suivante se révéla médiocre, comme pour tout le Bordelais. Le millésime 1985 est ici surestimé, et 1986 s'est affirmé excellent, avec de véritables vins de garde, profonds, riches et tanniques qui, à près de 20 ans d'âge, sont encore jeunes. 1988 est d'un très bon niveau, et 1989 très irrégulier et surestimé.

Les années 90 ont été moins favorables pour la commune comme pour toute la région du Bordelais, mais 1990 fut un millésime extraordinaire pour Latour et Lafite Rothschild. Mouton Rothschild est, en revanche, assez décevant cette année-là. Parmi les meilleurs crus de Pauillac, le Pichon-Lalande 1990, herbacé et anodin, n'est pas à la hauteur de ce qu'on pouvait espérer, mais Pichon-Baron, Lynch-Bages et Grand-Puy-Lacoste sont tous trois fabuleux. 1995 et 1996 s'imposent comme d'excellentes années, régulières à haut niveau.

Les 1995 sont impressionnants, tanniques et aptes à la garde, et les prodigieux 1996, incontestablement puissants, amples de carrure et capables de résister à l'épreuve du temps, sont encore plus phénoménaux que leurs aînés d'un an. Ils évoquent les 1986, peut-être en mieux. 1996 fut en effet une année extrêmement favorable au cabernet sauvignon, tout comme le fut le mythique 2000.

PAUILLAC - REPÈRES

Situation : sur la rive gauche de la Gironde, à environ 35 km de Bordeaux. Pauillac est bordé au nord par Saint-Julien et au sud par Saint-Estèphe.
Superficie sous culture de vigne : 1 200 ha.
Commune : Pauillac.
Production annuelle moyenne : 7 700 000 bouteilles.
Crus classés : 18 au total, dont 3 premiers crus, 2 seconds crus, 1 quatrième cru, 12 cinquièmes crus. L'appellation compte également 7 crus bourgeois.
Principaux cépages : cabernet sauvignon, suivi du merlot. Le cabernet franc et le petit verdot sont utilisés en proportion moindre.
Types de sol : sableux et graveleux, mêlés d'importants dépôts de fer et de marne.

AVIS AUX AMATEURS

Niveau général de l'appellation : excellent à exceptionnel.
Les plus aptes à une longue garde : Batailley, Grand-Puy-Lacoste, Lafite Rothschild, Latour, Lynch-Bages, Mouton Rothschild, Pichon-Longueville Baron, Pontet-Canet.
Les plus élégants : Duhart-Milon, Grand-Puy Ducasse, Haut-Batailley, Lafite Rothschild, Pichon-Longueville Comtesse de Lalande.
Les plus concentrés : Grand-Puy-Lacoste, Lafite Rothschild, Latour, Lynch-Bages, Mouton Rothschild, Pichon-Longueville Baron, Pichon-Longueville Comtesse de Lalande, Pontet-Canet (depuis 1994).
Le meilleur rapport qualité/prix : D'Armailhac, Clerc Milon, Grand-Puy-Lacoste, Pontet-Canet.
Les plus exotiques : Clerc Milon, Mouton Rothschild, Pichon-Longueville Comtesse de Lalande.
Les plus secrets dans leur jeunesse : Batailley, Lafite Rothschild.
Les plus sous-estimés : Grand-Puy-Lacoste, Pontet-Canet (depuis 1994).
Les plus accessibles dans leur jeunesse : D'Armailhac, Clerc Milon, Grand-Puy Ducasse, Haut-Batailley, Pichon-Longueville Comtesse de Lalande.
Les étoiles montantes : Pontet-Canet, Clerc Milon.
Meilleurs millésimes récents : 2003, 2000, 1996, 1995, 1990, 1986, 1982, 1970, 1961, 1959.

MON CLASSEMENT

EXCEPTIONNEL

Lafite Rothschild, Latour, Lynch-Bages, Mouton Rothschild, Pichon-Longueville Baron, Pichon-Longueville Comtesse de Lalande

EXCELLENT

Clerc Milon, Grand-Puy-Lacoste, Pontet-Canet (depuis 1994)

TRÈS BON

D'Armailhac (connu entre 1956 et 1989 sous le nom de Mouton Baronne Philippe), Duhart-Milon, Les Forts de Latour, Haut-Batailley

BON

Batailley, Carruades de Lafite, Grand-Puy Ducasse, Haut-Bages Libéral

AUTRES PROPRIÉTÉS NOTABLES DE PAUILLAC

La Bécasse, Bellegrave, Colombier-Monpelou, La Couronne, Croizet-Bages, La Fleur Milon, Fonbadet, Gaudin, Haut-Bages Monpelou, Lynch-Moussas, Pédesclaux, Pibran, Plantey, La Rose Pauillac, Saint-Mambert

COMMENTAIRES DE DÉGUSTATION

D'ARMAILHAC (anciennement Mouton Baronne Philippe)

5e cru classé en 1855
Propriétaire : GFA Baronne Philippine de Rothschild
Adresse : 33250 Pauillac
Adresse postale : BP 117 – 33250 Pauillac
Tél. 05 56 73 20 20 – *Fax* 05 56 73 20 91
E-mail : webmaster@bpdr.com
Visites : non autorisées

VIGNOBLE ET VINIFICATION

Superficie : 50 ha
Encépagement : 56 % cabernet sauvignon, 22 % merlot, 20 % cabernet franc, 2 % petit verdot
Âge moyen des vignes : 47 ans – *Densité de plantation :* 8 500 pieds/ha
Rendement moyen : 45 hl/ha
Élevage : fermentations à 25 °C et macération de 15 à 20 jours en cuves d'acier inoxydable thermorégulées ; vieillissement de 15 à 16 mois en fûts (35 % de bois neuf) ; aucune précision relativement au collage et à la filtration

VIN PRODUIT

Château d'Armailhac – 220 000 b (pas de second vin)
À maturité : dans les 5 à 14 ans suivant le millésime

APPRÉCIATION GÉNÉRALE

Cette propriété s'est grandement améliorée ces dernières années, produisant des vins plus concentrés et plus denses que par le passé. Les millésimes d'avant 1989 étaient de bonne tenue, mais anodins. En revanche, depuis 1995, les vins sont de très bons à excellents. D'Armailhac, qui demeure pour l'heure dans l'ombre de ses deux compagnons d'écurie Mouton Rothschild et Clerc Milon, est encore proposé à des prix raisonnables. C'est un cru auquel les amateurs avisés s'intéresseront, en particulier dans les meilleurs millésimes. Attention, cependant, à le consommer assez rapidement. D'Armailhac pourrait, dans un éventuel reclassement, prétendre au rang de quatrième cru.

D'Armailhac est encore le moins connu et, aux yeux des amateurs, le plus énigmatique des trois domaines de Pauillac du regretté baron Philippe de Rothschild. Ce dernier l'acheta en 1933, alors qu'il portait le nom de Mouton d'Armailhac. Il le baptisa Mouton Baron Philippe en 1956 et Mouton Baronne Philippe en 1975, en hommage à son épouse (qui devait décéder l'année suivante).

Le château a repris le nom de D'Armailhac à compter du millésime 1989. Les chais se trouvent à proximité de Mouton Rothschild, et l'équipe technique dirigée par Patrick Léon et Hervé Berland, qui opère dans ce dernier château et à Clerc Milon, supervise aussi l'élaboration du Château d'Armailhac.

Malgré le grand âge des vignes, le vin a longtemps été plutôt léger et d'évolution assez rapide. Il était facilement distancé par ses deux frères pour la complexité, le caractère et la longévité. Cependant, on a pu observer une réelle tendance à l'amélioration. Sans doute la grande qualité du 1982 est-elle due au niveau général du millésime ; mais le très bon 1985 marque un redressement, que les années suivantes ont confirmé. Depuis le milieu des années 90, D'Armailhac s'est distingué avec une série de vins d'excellent niveau proposés, de surcroît, à des prix raisonnables.

2003
89-92 Ce vin pourpre-noir est ample et merveilleusement opulent, avec de très généreux arômes de fruits noirs nuancés de réglisse et étayés par une faible acidité. À la fois souple, dense et de bonne mâche (il évoque par ce trait un 1982), il se distingue encore par son fruité, sa puissance et son intensité. Cet assemblage 65 % cabernet sauvignon, 20 % merlot, 12 % cabernet franc et 3 % petit verdot présente un pH relativement élevé (3,92). Il sera accessible 3 à 5 ans après la mise et tiendra ensuite **15 ans, voire plus.** (3/04)

2002
91 Composé à 70 % de cabernet sauvignon, à 22 % de merlot, à 5 % de cabernet franc et pour le reste de petit verdot, et issu de faibles rendements de 39 hl/ha, le 2002 du Château d'Armailhac s'impose au titre des révélations du millésime – il s'agit même peut-être de la plus belle réussite à ce jour de la propriété. Ce vin magnifique, dont la robe d'un pourpre soutenu prélude à un bouquet ample et doux d'herbes rôties, de café, de chocolat, de crème de cassis et d'épices orientales, est moyennement corsé, puissant et concentré, avec des tannins aussi souples qu'abondants. Il me paraît capable de tenir de belle manière une bonne vingtaine d'années. **À boire entre 2007 et 2015.** (9/03)

2001
89 Ce 2001 est probablement aussi réussi que son aîné d'un an. Cet assemblage 60 % cabernet sauvignon et 40 % merlot s'annonce par un pourpre d'encre. Très doux, regorgeant de notes de réglisse, de boîte à épices et de chêne grillé, il révèle en bouche, outre une grande pureté et une faible acidité, des tannins mûrs. Un vin délicieux, **à boire dès sa jeunesse et dans les 12 à 15 ans suivant le millésime.** (1/03)

2000
91 Le 2000 s'impose toujours comme l'un des exemples de ce cru les plus séduisants et les plus luxuriants que je connaisse. Je pense qu'il s'agit du millésime de D'Armailhac que je préfère. L'assemblage final se compose à 58 % de cabernet sauvignon et pour le reste de merlot. Opaque et pourpre de robe, le 2000 étonne par son heureuse acidité (au regard de sa forte proportion de merlot) et par ses abondants tannins. Très expressif, opulent en milieu de bouche, il régale le dégustateur de ses flaveurs de charbon, de cèdre, de cassis, de boîte à épices, d'herbes séchées et de café. L'ensemble, corsé et doux, se distingue encore par son ampleur. **À boire entre 2007 et 2020.** (1/03)

1999 D'un rubis-pourpre dense, le 1999 de D'Armailhac déploie de fabuleux parfums
89 de boîte à épices, de café, de cèdre, de réglisse et de cuir. Ce vin sensuel, moyennement corsé, regorge littéralement de fruit. Sa finale luxuriante, marquée de fumé, recèle des tannins doux. **À boire dans les 10 à 13 ans.** (3/02)

1998 Comme de nombreux Médoc du millésime, le 1998 a gagné en étoffe et en
89 concentration après la mise en bouteilles. Il s'impose aussi davantage en milieu de bouche et révèle des tannins plus doux. Composé à 42 % de cabernet sauvignon, à 20 % de cabernet franc et à 38 % de merlot, il se distingue par une robe pourpre-noir, et par des arômes de réglisse, d'encens, de cèdre, de prune et de cassis. Révélant dès l'attaque un caractère corsé, mais doux, il déploie des tannins mûrs et doit sa belle précision à l'heureuse acidité qui l'étaye. **À boire dès sa jeunesse et dans les 10 à 13 ans.** (3/02)

1997 D'un prune-grenat foncé, le 1997 exhale un nez mûr et évolué de cèdre, de
87 boîte à épices, de cake, de café, de fumé et de fruits. Ce Pauillac séduisant est moyennement corsé, épicé et fruité. **À boire dès maintenant.** (3/01)

1996 Presque aussi séduisant que le 1995, le 1996 de D'Armailhac arbore une robe
87 d'un rubis soutenu et libère un doux nez d'herbes rôties et de cassis mâtiné de très opulentes notes de chêne grillé. Composé à 45 % de cabernet sauvignon, à 30 % de merlot et à 25 % de cabernet franc, ce vin moyennement corsé, élégant et richement fruité se révèle suffisamment tannique pour affronter une garde de 20 ans environ, mais c'est aussi l'un des Médoc de ce millésime que l'on pourra apprécier dès sa jeunesse. **À boire jusqu'en 2018.** (3/01)

1995 Le 1995 est probablement, avec les 1998, 1999 et 2000, l'un des meilleurs
89 D'Armailhac que je connaisse. Composé à moitié de cabernet sauvignon, à 18 % de cabernet franc et à 32 % de merlot, il est rubis-pourpre profond de robe, faible en acidité, avec d'abondants tannins doux. Il déploie, à la fois au nez et en bouche, un généreux fruité de cassis judicieusement rehaussé de belles notes de chêne grillé. Très parfumé, rond, généreux et des plus charmeurs, il plaira certainement au plus grand nombre. **À boire jusqu'en 2012.** (3/01)

1994 Structuré, mais séduisant, le 1994 présente, outre une robe de couleur rubis-
86 ? pourpre foncé, un nez épicé de viande et de groseille marqué de notes de terre et de cèdre. Modérément tannique, bien gras et bien structuré, il pourra prétendre à une note plus élevée si ses tannins se fondent sans que son fruité se dessèche. **À boire jusqu'en 2010.** (3/99)

1993 Rubis foncé de robe, le 1993 est un vin doux, poivré et herbacé, qui révèle,
84 outre un fruité d'excellent aloi, une texture souple. Aussi accessible au nez qu'en bouche, ce Pauillac de bonne facture, rond et plaisant, convient tant pour les restaurants que pour les amateurs en quête d'un plaisir immédiat. **À boire dès maintenant.** (4/99)

1992 Le 1992 est plein de charme, bien évolué, avec un fruité riche, mais sans
81 détour. D'un grenat foncé assez soutenu, il offre un nez épicé de noix grillée et de cassis confituré. L'attaque en bouche est luxuriante, avec un fruité velouté qui s'estompe rapidement. Ce vin est néanmoins pur, élégant et séduisant. **À boire sans plus tarder.** (4/99)

1991 Le 1991 n'offre qu'un attrait superficiel : une fois que son nez doux et boisé
74 est passé, il se montre maigre et anguleux, peu profond, avec une finale courte, tannique et dure, qui s'atténuera davantage avec le temps. **Devrait être bu.** (4/99)

1990 Le D'Armailhac 1990 arbore un rubis-pourpre foncé et dégage d'expressives
85 senteurs de noix fumée, de cassis, de fumé et de chocolat. Ce vin agréable, rond et velouté, manque cependant de structure et de persistance. Il est charmeur, mais moins concentré que le 1989. **Devrait être bu.** (11/96)

BATAILLEY

5e cru classé en 1855
Propriétaires : héritiers Castéja
Adresse : 33250 Pauillac
Adresse postale : Domaines Borie-Manoux
86, cours Balguerie-Stuttenberg – 33082 Bordeaux Cedex
Tél. 05 56 00 00 70 – *Fax* 05 57 87 60 30
E-mail : domaines@borie-manoux.fr
Visites : sur rendez-vous
Contact : Philippe Castéja

VIGNOBLE ET VINIFICATION

Superficie : 56 ha
Encépagement : 70 % cabernet sauvignon, 26 % merlot, 3 % cabernet franc, 1 % petit verdot
Âge moyen des vignes : 35 ans – *Densité de plantation :* 10 000 et 8 500 pieds/ha
Rendement moyen : 50-54 hl/ha
Élevage : fermentations et macération en cuves d'acier inoxydable thermorégulées ; vieillissement de 18 mois en fûts (60 % de bois neuf) ; collage ; pas de filtration

VIN PRODUIT

Château Batailley – 300 000 b (pas de second vin)
À maturité : dans les 10 à 25 ans suivant le millésime

APPRÉCIATION GÉNÉRALE

Vinifié dans un style traditionnel, Batailley est généralement austère et tannique, et plus accessible vers 10 ans d'âge que dans sa jeunesse pour les grands millésimes. Les millésimes récents attestent néanmoins une nette amélioration. Cependant, bien que les vins tiennent désormais leur rang de cinquième cru, ils sont le plus souvent anodins et n'ont pas le caractère généreux de certains de leurs homologues, tels Grand-Puy-Lacoste ou Lynch-Bages.

Batailley est un joli château, situé dans une petite clairière entourée de grands arbres, et assez éloigné des rives de la Gironde. Ses vignobles, qui ont tous été classés en 1855, se trouvent entre ceux de Haut-Batailley (au sud) et de Grand-Puy-Lacoste (au nord). Le Britannique David Peppercorn a souvent souligné (et je l'approuve sur ce point) que la propriété est peu connue et sous-estimée parce que ses vins, diffusés en exclusivité par la maison de négoce Borie-Manoux, sont, de ce fait, absents des circuits commerciaux habituels du Bordelais – ce qui explique qu'ils ne soient pas mieux connus des amateurs et que certains millésimes demeurent sous-évalués.

La famille Castéja, qui assure la direction du domaine depuis de longues années, s'attache à produire ici des Pauillac traditionnels, solides, profondément colorés et quelque peu rustiques, peu accessibles dans leur jeunesse. J'ai maintes fois répété que ces vins aptes à une longue garde étaient anodins, mais également réguliers à bon niveau et d'un rapport qualité/prix intéressant. Bien que je maintienne cette appréciation, j'ai maintenant l'impression d'avoir sous-estimé plusieurs millésimes. Les amateurs patients apprécient sans aucun doute le potentiel de garde de Batailley. Cependant, compte tenu de la nette amélioration de la qualité depuis la fin des années 80, Batailley n'est plus l'un des crus classés de Pauillac les moins chers.

2003 **87-89** Alors qu'il est généralement puissant et très structuré, Batailley se révèle en 2003 plus accessible que de coutume, et présente un caractère moyennement corsé, de très abondants tannins, ainsi que d'excellents arômes de cassis nuancés de terreau et de poussière. Ferme et puissant, il requiert une garde de 4 à 5 ans avant d'être prêt. **À boire entre 2009 et 2017.** (3/04)

2001 **87** Vinifié dans un style traditionnel, le Batailley 2001 est tannique et austère, voire quelque peu anguleux. Vêtu de rubis-pourpre foncé, doté d'élégantes notes de cassis, de groseille et de terreau, il est moyennement corsé et ferme. **À boire entre 2007 et 2014.** (6/04)

2000 **86 ?** Dur et serré, le 2000 est difficile à jauger en raison de son caractère fermé. D'un prune-grenat foncé, il n'est pas spécialement complexe ni épanoui, mais il révèle une maturité et une corpulence de bon aloi. Malheureusement, sa finale est abrupte, et l'ensemble austère et peu impressionnant. J'espère qu'il s'épanouira en vieillissant. **À boire entre 2008 et 2020.** (1/03)

1999 **86** Rubis foncé de robe, le 1999 de Batailley est moyennement corsé, avec des notes herbacées de cassis nuancées de terre et de cuir fin. Ce vin mûr, aux tannins modérément abondants, déploie une finale ferme. **À boire jusqu'en 2012.** (3/02)

1998 **87** Arborant une très belle robe d'un prune foncé, le 1998 de Batailley se distingue par des senteurs de tabac, de cèdre, de cassis et de terre. Moyennement corsé, très mûr aussi, il exprime des arômes persistants d'herbes et de fumé. Les tannins sont fermes, mais pas en excès. Je dois dire que ce vin se montre sous un meilleur jour depuis qu'il est en bouteille. **À boire jusqu'en 2017.** (3/02)

1997 **84** Ce Pauillac classique libère des senteurs d'herbes, de tabac et de cassis mâtinées de notes de terre humide. Plus souple et plus évolué que ne l'est généralement Batailley, il exprime une bouche moyennement corsée, assez tannique et d'une belle tenue. **À boire dans les 6 ans.** (3/01)

1996 **87** Bien structuré et vinifié dans un style traditionnel, le 1996 de Batailley s'annonce par une robe dense de couleur rubis-pourpre, et libère, tant au nez qu'en bouche, des arômes de terre, de cèdre et de cassis. Moyennement corsé, il affiche en milieu de bouche une tenue et une profondeur de bon aloi, et déploie une finale modérément tannique, ferme, mais pure. Très bon, voire excellent, il tiendra parfaitement une quinzaine d'années. **À boire jusqu'en 2020.** (3/01)

1995 **87** Le 1995 est bien fait. Arborant une robe rubis-pourpre foncé, il dégage au nez des arômes de cassis, de minéral, de chêne neuf fumé, et présente en bouche, outre une belle précision et d'abondants tannins, un caractère moyennement corsé et peu évolué. Un véritable vin de garde. **À boire jusqu'en 2015.** (3/01)

1994 **85** Le 1994, qui arbore une séduisante robe rubis-pourpre tirant sur le noir, exhale un nez aux arômes de chêne neuf et de douce groseille. Moyennement corsé et d'une grande maturité, il est bon, bien fait et sans détour, mais quelque peu dénué de profondeur et de complexité. Il est néanmoins agréable à consommer sans cérémonie. **À boire jusqu'en 2007.** (1/97)

1990 **86** La robe rubis moyennement foncé du Batailley 1990 précède un nez épanoui, parfumé, épicé et doux. En bouche, l'ensemble se révèle moins structuré et moins tannique que le 1989, mais plus rond, plus élégant et aussi plus charmeur – au moins pour l'instant. Serait-ce une répétition du 1962 ? **À boire jusqu'en 2010.** (1/93)

1989 **87** Le 1989 se présente, à l'heure actuelle, comme un vin dur, tannique et rugueux. Il arbore une belle couleur rubis-pourpre, et son bouquet de chêne grillé et fumé, de cassis très mûr et de chocolat précède en bouche un ensemble moyennement corsé et richement extrait, doté de tannins féroces. Le tout est étayé par une heureuse acidité. C'est un vin ample, de style traditionnel, qui requiert de la patience. **À boire entre 2007 et 2020.** (10/02)

1988 **85** Typique du cru, le 1988 est austère, rugueux, fermé et peu accessible. Vêtu de rubis foncé, il présente un bouquet réticent aux notes de minéral, de cassis et de chêne. Moyennement corsé et extrêmement tannique, **il doit être consommé avant 2008.** (4/90)

1986 **87** Composé à 70 % de cabernet sauvignon, à 20 % de merlot et pour le reste de petit verdot et de cabernet franc, le 1986 arbore une robe d'un rubis-pourpre profond et se montre en bouche moyennement corsé, mais aussi extrêmement dur et tannique. Il semble cependant receler la profondeur, la concentration et la richesse en extrait nécessaires pour faire pièce à ses tannins fermes. **À boire maintenant.** (3/97)

1985 **86** Comme on pouvait s'y attendre, le 1985 de Batailley, qui s'annonce par une robe grenat, traduit par ses doux arômes de cerise et de groseille la maturité inhérente au millésime, mais il déploie également l'austérité et les tannins fermes typiques du cru. Il est bien fait, discret et élégant. **À boire jusqu'en 2007.** (3/97)

1982 **88** Quoique doux, relativement gras et fruité, le 1982 de Batailley est dépourvu de la belle concentration des meilleurs crus du millésime. Cependant, il libère des arômes séveux de cassis joliment infusés de chêne épicé. Moyennement corsé et modérément tannique, marqué de notes de minéral, de terre et d'herbes, il atteint tout juste son apogée. **À boire jusqu'en 2012.** (3/01)

MILLÉSIMES ANCIENS

Parmi les vieux millésimes de Batailley, seuls les très bons 1964 (noté 88 en mars 92) et 1962 (noté 87 en janvier 2000) se distinguent et doivent être consommés maintenant.

CLERC MILON

5e cru classé en 1855
Propriétaire : GFA Baronne Philippine de Rothschild
Adresse : 33250 Pauillac
Adresse postale : BP 117 – 33250 Pauillac
Tél. 05 56 73 20 20 – *Fax* 05 56 73 20 91
E-mail : webmaster@bpdr.com
Visites : non autorisées

VIGNOBLE ET VINIFICATION

Superficie : 30 ha
Encépagement : 46 % cabernet sauvignon, 35 % merlot, 15 % cabernet franc, 3 % petit verdot, 1 % carmenère
Âge moyen des vignes : 51 ans – *Densité de plantation :* 8 450 pieds/ha
Rendement moyen : 55 hl/ha
Élevage : fermentations à 21 °C et macération de 15 à 22 jours en cuves d'acier inoxydable thermorégulées ; vieillissement de 16 à 18 mois en fûts (30 % de bois neuf) ; aucune précision relativement au collage et à la filtration

VIN PRODUIT

Château Clerc Milon – 170 000 b (pas de second vin)
À maturité : dans les 6 à 18 ans suivant le millésime

APPRÉCIATION GÉNÉRALE

Ce domaine, magnifiquement situé entre Mouton Rothschild et Lafite Rothschild, s'est nettement amélioré à partir de 1985 et produit, depuis 1995, des vins d'excellent niveau. S'imposant comme l'un des Pauillac les plus savoureux et les plus fruités, Clerc Milon est plutôt précoce et doit être consommé assez rapidement. À en juger par la qualité des derniers millésimes, ce cru mériterait d'être promu quatrième, voire troisième cru classé, en particulier dans les meilleures années. À acheter absolument.

Clerc Milon appartient à la baronne Philippine de Rothschild depuis 1970. La propriété ne comprend pas de château proprement dit, mais le vignoble est magnifiquement situé à côté de ceux de Mouton Rothschild et Lafite Rothschild, non loin de la raffinerie de pétrole, désormais désaffectée, qui domine la paisible ville de Pauillac. Jusqu'en 1985, les vins manquaient souvent à la fois d'étoffe et d'élégance. Les millésimes récents, en revanche, révèlent un beau fruit savoureux, davantage de profondeur, d'ampleur et de puissance aromatique que leurs aînés, ainsi que de généreuses notes de chêne neuf grillé. De tous les crus de la baronne Philippine mis en bouteilles à la propriété, Clerc Milon est le plus précoce et le plus accessible dans sa jeunesse. Compte tenu de la qualité des millésimes récents, ce cru est sous-évalué.

2003
90-93
Le Clerc Milon 2003 est un assemblage 55 % cabernet sauvignon, 39 % merlot, 3 % cabernet franc, 2 % petit verdot et 1 % carmenère (oui !). D'un rubis dense soutenu tirant sur le noir, il offre d'exotiques parfums de fumé, d'épices à barbecue, de mûre, de café torréfié et de chocolat. L'ensemble, profond, épais, séveux et de bonne mâche, se distingue encore par son caractère corsé, sa générosité et son onctuosité. **À boire dans les 15 à 20 ans suivant le millésime.** (3/04)

2002 **91+** Bien qu'il ne soit peut-être pas aussi réussi que son jumeau de D'Armailhac, le 2002 de Clerc Milon est de très haut vol. Pour l'heure, cet assemblage 55 % cabernet sauvignon, 40 % merlot, 3 % cabernet franc et 2 % petit verdot est encore terriblement peu évolué et tannique, mais il se distingue aussi par une belle robe d'un bleu-pourpre soutenu (qui colore littéralement les dents), une très grande richesse en extrait et un caractère assez corsé. Il pourrait se révéler sensationnel si ses tannins rugueux se fondaient davantage. **À boire entre 2009 et 2024.** (9/03)

2001 **88 ?** Le 2001 de Clerc Milon compte incontestablement au nombre des révélations du millésime, et il pourrait même surpasser son superbe aîné d'un an. L'assemblage se compose à 54 % de cabernet sauvignon, à 36 % de merlot et à 10 % de cabernet franc. Révélant un nez de café, ainsi que des senteurs de chocolat fondu, de réglisse, de crème de cassis et de chêne neuf qui jaillissent littéralement du verre, ce vin corsé, doux et ample est assurément impressionnant. Il séduit non seulement par sa sensualité, mais aussi par la manière dont il allie une grande pureté à une densité et une mâche d'excellent aloi. **À boire entre 2007 et 2020.** (1/03)

2000 **92+** Ce vin flamboyant, d'un pourpre dense et opaque, est aussi musclé qu'onctueux, avec une richesse en extrait qui fait parfaitement pièce à ses abondants tannins. Cet assemblage 67 % cabernet sauvignon et 33 % merlot est plus fermé et plus tannique que son compagnon d'écurie D'Armailhac, mais il se montre épanoui, révélant des arômes de cuir et de fumé, et suintant littéralement de flaveurs de fruits noirs et de boîte à épices. **À boire entre 2007 et 2020.** (1/03)

1999 **90** Le 1999 de Clerc Milon se compose à 55 % de cabernet sauvignon, à 27 % de merlot et à 18 % de cabernet franc. D'un pourpre soutenu, il présente un bouquet dense et luxuriant, mêlant des senteurs d'herbes rôties et de cèdre à des notes de cassis et de cuir fin. L'ensemble, qui séduit par sa souplesse et son velouté, sera également apprécié pour sa concentration et son opulence. Quelle magnifique réussite ! **À boire dans les 15 ans.** (3/02)

1998 **91** Le superbe 1998 de Clerc Milon s'impose, avec le 2000 et le 2003, comme l'exemple le plus réussi que je connaisse de ce cru. Il se compose à 50 % de cabernet sauvignon, à 33 % de merlot, à 14 % de cabernet franc et à 3 % de petit verdot. Extrêmement massif, beaucoup plus ample que ne le sont généralement les vins de cette propriété, il est corsé et très richement extrait, et recèle une puissance faramineuse. Riche et concentré, il requiert une garde de 2 à 3 ans. Il est très proche de son jumeau de Mouton Rothschild, ample, majestueux, mais peu évolué. **À boire entre 2008 et 2025.** (3/02)

1997 **87** Le 1997 de Clerc Milon est séduisant, du fait de sa faible acidité et de son caractère précoce. C'est un vin que l'on appréciera pour l'opulence et la concentration de son fruité de cassis et de mûre nuancé de café, de fumé, d'épices et de chocolat. **À boire dans les 4 à 5 ans.** (3/01)

1996 **90** Généreusement boisé, avec un abondant fruité riche aux notes de pain grillé, le 1996 se révèle plus massif et plus concentré que ses aînés. D'un rubis-pourpre dense, il exhale un bouquet de café torréfié, de tabac et de cassis confituré. L'attaque est étonnamment douce et opulente, le milieu de bouche et la finale attestant parfaitement le caractère très corsé, richement extrait et modérément tannique de l'ensemble. Ce vin ample et d'une grande plénitude sera à son apogée **jusqu'en 2018.** (3/01)

1995 **89** Composé à 56 % de cabernet sauvignon, à 30 % de merlot et à 14 % de cabernet franc, le Clerc Milon 1995 présente davantage de structure et de tenue que le 1996 (ironie du sort, le caractère du 1995 est plus typique du millésime 1996 et vice versa). Arborant une séduisante robe rubis-pourpre foncé, il impressionne par ses nombreuses qualités. Son bouquet révèle de fabuleux arômes d'herbes rôties, de viande, de cèdre, de cassis, d'épices et de vanille, qui précèdent en bouche un ensemble dense et moyennement corsé, remarquable par sa richesse en extrait et son gras généreux. La finale, charnue et plaisante, se déploie par paliers. Ce vin opulent et complexe est suffisamment profond et tannique pour bien tenir 10 ans, voire plus. Une révélation ! **À boire jusqu'en 2015.** (3/00)

1990 **86** Quoique moins concentré, moins velouté et moins opulent que le 1989, le Clerc Milon 1990 n'en demeure pas moins un vin souple et sensuel, doté d'un nez très parfumé de cassis, de fumé, de vanille, de noix grillée et de senteurs exotiques. Arborant une belle robe, il se révèle très riche et crémeux en bouche, mais s'amenuise par la suite, exactement comme ses jumeaux Mouton Rothschild et D'Armailhac. Il est maintenant à son apogée. **À boire.** (12/00)

1989 **90** Vêtu de rubis profond, ce vin merveilleusement plaisant exhale un nez intense de fumé et de rôti aux notes de prune et de cassis. Très corsé, il regorge littéralement de fruit et tapisse le palais de ses arômes opulents, souples et alcooliques, bien marqués par la mâche. Malgré une impression première de précocité, il révèle des tannins très abondants (comme le 1986). Il est nettement meilleur que son cadet d'un an – c'est d'ailleurs également le cas pour ses compagnons d'écurie, Mouton Rothschild et D'Armailhac. **À boire jusqu'en 2010.** (12/00)

1988 **89** Profondément coloré, avec un bouquet modérément intense d'herbes, de fumé et de cassis, le Clerc Milon 1988 s'est défait de la dureté qu'il manifestait dans sa jeunesse. Riche et crémeux, il tapisse le palais de ses flaveurs de fruits rôtis marquées d'un généreux boisé. **À boire maintenant.** (3/95)

1986 **90** D'un rubis-pourpre foncé légèrement rosé sur le bord, le 1986 dégage un superbe bouquet mêlant des senteurs de doux chêne neuf grillé et des notes de prune, de cassis, de réglisse et de cèdre. Tout en se révélant concentré, riche et puissant, il se montre étonnamment souple et charnu pour un 1986. Bien qu'il soit capable de tenir encore une dizaine d'années, il a évolué plus rapidement que la plupart de ses jumeaux de l'appellation. **À boire jusqu'en 2014.** (3/00)

1985 **89** Parfaitement mûr, le 1985 arbore une robe d'un prune-grenat, qui accompagne de complexes senteurs de cassis, de minéral, d'herbes et de fumé. Ce vin moyennement corsé et riche exprime une souplesse et une rondeur agréables, maintenant que ses tannins sont parfaitement fondus. **Devrait être bu.** (3/00)

MILLÉSIMES ANCIENS

Avant 1985, la qualité était irrégulière et les très bons millésimes plutôt rares.

COLOMBIER-MONPELOU

Cru bourgeois supérieur
Propriétaire : Bernard Jugla
Adresse : 33250 Pauillac
Tél. 05 56 59 01 48 – *Fax* 05 56 59 12 01
Visites : du lundi au vendredi (8 h-12 h et 14 h-17 h)
Contact : Bruno Marlet

VIGNOBLE ET VINIFICATION

Superficie : 15 ha
Encépagement : 65 % cabernet sauvignon, 25 % merlot, 5 % cabernet franc, 5 % petit verdot
Âge moyen des vignes : 35 ans – *Densité de plantation :* 8 500 pieds/ha
Rendement moyen : 55 hl/ha
Élevage : fermentations et macération de 21 à 28 jours en cuves d'acier inoxydable thermorégulées ; vieillissement de 18 mois en fûts (renouvelés par tiers à chaque millésime) ; collage ; pas de filtration

VINS PRODUITS

Château Colombier-Monpelou – 100 000 b ; Château Puy La Rose – 50 000 b
À maturité : dans les 3 à 5 ans suivant le millésime

APPRÉCIATION GÉNÉRALE

Les vins de cette propriété pèchent généralement par manque de concentration, de densité et d'étoffe. Plutôt légers et tanniques, ils ne peuvent se maintenir au-delà de 10 ans d'âge. Compte tenu de la belle situation du vignoble (à proximité de Mouton Rothschild) et de l'âge des pieds de vigne, on attendrait mieux de Colombier-Monpelou. On trouve dans la même gamme de prix des crus bourgois de meilleur niveau.

Cette propriété, achetée par Bernard Jugla en 1970, est constituée d'un vignoble d'un seul tenant, fort bien situé, sur le plateau surplombant le village de Pauillac. Si l'on s'en tient à la forte proportion de cabernet sauvignon dans l'assemblage et à la moyenne d'âge élevée des vignes (35 ans), on peut juger que ce vin manque de concentration et d'intensité. Certes, la vinification et l'élevage sont traditionnels, et le vin vieillit 15 à 18 mois en fûts de chêne. Cependant, la plupart des millésimes que j'ai goûtés étaient légers, manquant à la fois d'intensité et de distinction. Il n'empêche qu'ils comptent nombre d'amateurs dans l'Hexagone.

2000
86
Voici une belle réussite de cette propriété plutôt connue pour ses vins médiocres. D'un rubis dense, le 2000 de Colombier-Monpelou présente de purs et doux arômes de cassis nuancés de tabac et de boîte à épices. Moyennement corsé, joliment mûr, il sera parfait **dans les 3 ans.** (1/03)

CROIZET-BAGES

5e cru classé en 1855
Propriétaire : Jean-Michel Quié
Adresse : rue de la Verrerie – Bages – 33250 Pauillac
Tél. 05 56 59 01 62 – *Fax* 05 56 59 23 39
Visites : du mardi au samedi
Contact : Martine Dausson
(tél. 05 56 59 66 69 – fax 05 56 59 29 80)

VIGNOBLE ET VINIFICATION

Superficie : 30 ha
Encépagement : 54 % cabernet sauvignon, 38 % merlot, 8 % cabernet franc
Âge moyen des vignes : 28 ans – *Densité de plantation :* 6 500 et 8 000 pieds/ha
Rendement moyen : 55 hl/ha
Élevage : fermentations et cuvaison de 21 jours en cuves d'acier inoxydable thermorégulées ; achèvement des malolactiques en fûts pour une partie de la récolte ; vieillissement de 18 mois, dont 14 en fûts (25 % de bois neuf) ; collage au blanc d'œuf ; filtration

VINS PRODUITS

Château Croizet-Bages – 150 000 b ; La Tourelle de Croizet-Bages – 30 000 b
À maturité : dans les 5 à 10 ans suivant le millésime

APPRÉCIATION GÉNÉRALE

Jusqu'en 1994, on pouvait dire de Croizet-Bages qu'il rivalisait avec Pédesclaux pour le titre de cru classé le plus médiocre du Bordelais. À partir de 1995, la qualité s'est nettement améliorée, la propriété ne méritant pas pour autant son rang de cinquième cru. À leur meilleur niveau, les vins de Croizet-Bages valent un bon cru bourgeois. Il faut préciser, cependant, qu'ils sont proposés à un prix extrêmement raisonnable. Certains millésimes, comme le 2000, sont dignes d'intérêt, le cru méritant alors mieux qu'une consommation ordinaire. Attention, toutefois, à le boire dans les 5 à 10 ans suivant le millésime.

C'est la famille Quié qui possède et exploite Croizet-Bages, comme du reste Rauzan-Gassies, deuxième cru classé de Margaux, et Bel Orme Tronquoy de Lalande, un cru bourgeois de bon niveau. Longtemps Croizet-Bages a été l'un des Pauillac les plus légers et les plus rapides à évoluer. Il était considéré, en outre, comme l'un des crus les moins performants de l'appellation. Pourtant, son vignoble, qui est assez vieux (les pieds ont 28 ans d'âge), jouit d'une belle situation sur le plateau de Bages, et les vins sont vinifiés de manière traditionnelle. Rarement profond ou spectaculaire, Croizet-Bages est correct, plaisant, souple et fruité, et atteint généralement son apogée 5 à 10 ans après le millésime. L'amélioration de la qualité depuis le milieu des années 90 est de bon augure.

2003 **85-87** Cette propriété sous-performante propose un 2003 plutôt réussi, élégant et plaisant, et doté d'un séduisant fruité de groseille et de cerise. L'ensemble, moyennement corsé, présente une finale souple et faible en acidité. Il sera parfait à boire sans cérémonie **dans les 7 à 8 ans.** (3/04)

2001
78 Rubis foncé de robe, ce vin moyennement corsé et fruité, nuancé d'épices et de notes herbacées, se révèle élégant. S'il n'est pas extraordinaire, il constitue une bonne réussite pour ce cru généralement sous-performant. **À boire jusqu'en 2012.** (1/03)

2000
87 On ne saurait reprocher grand-chose à ce vin moyennement corsé, souple et épanoui, vinifié dans un style commercial. Sa robe rubis foncé accompagne des notes de cassis, de groseille, de tabac, de cèdre et de réglisse. Suit en bouche un ensemble moyennement corsé, rond et faible en acidité. **À boire dans les 8 ans.** (1/03)

1999
78 Les amateurs de vins simplement agréables et légèrement corsés apprécieront le 1999 de Croizet-Bages davantage que moi. Il faut souligner cependant que ce Pauillac d'un rubis moyen, plutôt souple, n'est pas du niveau d'un cru classé. **Il tiendra bien 3 à 8 ans.** (3/02)

1998
81 Assez superficiel, le 1998 est souple et herbacé, avec des notes de cèdre, de réglisse et de groseille. Un vin moyennement corsé et sans détour. **À boire dans les 2 à 3 ans.** (3/02)

1997
81 Souple, rond et élégant, le 1997 compense son manque de concentration par des arômes modérément doux de groseille et de cassis confiturés nuancés de chêne fumé et épicé. Il est déjà souple et doit être consommé dans les prochaines années. **À boire jusqu'en 2010.** (3/01)

1996
87 Ce vin se révèle meilleur que je ne l'aurais imaginé. S'annonçant par une robe rubis foncé, le Croizet-Bages 1996 exhale un nez doux et élégant de cassis, de cerise, de chêne épicé et de cèdre. Moyennement corsé et doté de tannins souples, il déploie une finale modérément longue. Ce Pauillac à la fois pur et profond est certainement l'un des plus précoces du millésime. **À boire jusqu'en 2014.** (3/00)

1995
85 La robe d'un rubis moyennement foncé du 1995 précède un nez sans détour et doux de fruits rouges et de cassis. La bouche séduit par son caractère épicé et charnu. Ce vin n'est pas profond ni massif ; il présente un charme et un fruité superficiels. Il tiendra bien encore 3 à 4 ans. **À boire jusqu'en 2009.** (3/02)

DUHART-MILON

4e cru classé en 1855
Propriétaires : Barons de Rothschild-Lafite
Adresse : 33250 Pauillac
Adresse postale : Domaines Barons de Rothschild
33, rue de la Baume – 75008 Paris
Tél. 01 53 89 78 01 – *Fax* 01 53 89 78 00
Site Internet : www.lafite.com
Visites : sur rendez-vous uniquement, du lundi au vendredi (9 h-10 h 30 et 14 h-15 h 30) ; fermé le week-end, les jours fériés, du mois d'août à octobre inclus (tél. 05 56 73 18 18)
Contact : Charles Chevalier

VIGNOBLE ET VINIFICATION

Superficie : 75 ha
Encépagement : 70 % cabernet sauvignon, 28 % merlot, 2 % cabernet franc
Âge moyen des vignes : 30 ans – *Densité de plantation :* 7 500 pieds/ha
Rendement moyen : 52 hl/ha
Élevage : fermentations et macération de 18 à 24 jours en cuves d'acier inoxydable thermorégulées ; vieillissement de 14 à 16 mois en fûts (50 % de bois neuf) après achèvement des malolactiques ; soutirage trimestriel ; collage au blanc d'œuf ; pas de filtration

VINS PRODUITS

Château Duhart-Milon – 280 000 b ; Moulin de Duhart – 130 000 b
À maturité : dans les 8 à 25 ans suivant le millésime

APPRÉCIATION GÉNÉRALE

Depuis 1982, les vins de cette propriété sont très bons, voire excellents. Très proches en style de leurs compagnons d'écurie de Lafite, ils constituent de bonnes affaires, en particulier dans le contexte du marché actuel. Après des performances anodines dans les années 60 et 70, Duhart-Milon est désormais à la hauteur de son classement et pourrait même prétendre au statut de troisième cru.

Duhart-Milon est « l'autre » château que possèdent, à Pauillac, les Rothschild du célèbre Lafite Rothschild. La propriété a été achetée en 1962, et il ne fallut que quelques années (entre le milieu et la fin des années 60) pour que le vignoble, assez mal entretenu jusque-là, soit entièrement replanté. En raison de l'extrême jeunesse des vignes – surtout pour un cru classé – à l'époque, les vins de la fin des années 60 et 70 ne furent pas à la hauteur des espoirs des amateurs, pour lesquels le nom de Rothschild était synonyme d'excellence. La qualité s'est nettement améliorée à partir de 1978, et, depuis 1982, les vins de Duhart-Milon se révèlent souvent très bons, parfois exceptionnels. Ils conjuguent généralement finesse et élégance, dans le style de leur cru frère, Lafite Rothschild.

2003
90-93
Le 2003 de Duhart constitue probablement la plus belle réussite que je connaisse de ce cru et traduit admirablement l'immense travail accompli par les Rothschild sur cette propriété de 75 ha, dont le vignoble a été entièrement replanté depuis 1963. Cet assemblage 73 % cabernet sauvignon et 27 % merlot est relativement alcoolique (il titre 13,2 % d'alcool naturel) pour un bordeaux. D'un rubis-pourpre profond, doté de douces notes de prune, de cassis et de minéral, il s'exprime en bouche avec une ampleur et une profondeur exceptionnelles, révélant, outre une très grande maturité, une faible acidité. La propriété manquant de prestige, il y a fort à parier que ce 2003 constituera une excellente affaire. **À boire entre 2009 et 2018.** (3/04)

2002
90
Issu d'une sélection de 71 % de la récolte totale, le 2002 de Duhart se compose à 75 % de cabernet sauvignon, à 22 % de merlot et pour le reste de cabernet franc. Le cru, qui bénéficie d'une attention accrue des Rothschild, semble s'améliorer à chaque millésime de haut vol. Le très prometteur 2002 présente, dès l'attaque, un fruité superbe, généreusement marqué de crème de cassis nuancée d'herbes séchées, de cuir et de vanille. L'ensemble, moyennement

corsé, se distingue par sa très grande pureté, ainsi que par sa finale aussi longue que concentrée. **À consommer entre 2008 et 2016.** (9/03)

2001 Ce vin, composé à 86,7 % de cabernet sauvignon et pour le reste de merlot,
89 est épicé, avec des notes de cassis et des arômes de graphite nuancés de groseille, de minéral et de vanille. L'ensemble, moyennement corsé et racé, recèle en finale des tannins modérément abondants. Il requiert de la patience. **À boire entre 2007 et 2017.** (1/03)

2000 Ce vin extraordinaire s'impose incontestablement comme l'une des plus belles
90 réussites de la propriété depuis les 1996 et 1982. Composé à 80,5 % de cabernet sauvignon et pour le reste de merlot, il s'annonce par un rubis-pourpre profond et par un doux nez de graphite nuancé de pierre mouillée, de cassis et de feuille, ce bouquet préludant à un ensemble moyennement corsé, mûr et dense, mais aussi très serré et très tannique, qui constitue l'une des révélations du millésime. **À boire entre 2008 et 2018.** (1/03)

1999 Ce vin séduisant, vêtu de rubis foncé, est moyennement corsé et bien équilibré.
88 Il s'exprime en finesse et en harmonie, révélant un fruité généreux, ainsi que des notes de sous-bois, de cassis et d'herbes séchées. **À boire dès maintenant et dans les 10 ans.** (3/02)

1998 Le 1998 de Duhart, qui se compose à 67 % de cabernet sauvignon et pour
89+ le reste de merlot, s'est bien étoffé au cours de son élevage. D'un rubis-pourpre dense, il exhale un nez de cake, de cèdre, de boîte à épices, de prune, de framboise et de cassis. Une fois passé ce bouquet, on décèle en bouche un ensemble complexe, aux tannins modérés et doux, dont la grande richesse n'a d'égal que la pureté. **À boire jusqu'en 2020.** (3/02)

1997 Arborant une impressionnante robe d'un rubis-pourpre sombre et soutenu, le
87 1997 s'annonce par de généreuses senteurs de doux cassis, de vanille et de minéral. Ce vin suave et moyennement corsé, qui révèle dès l'attaque un fruité velouté, déploie aussi en bouche des tannins mûrs et une finale opulente. **Il tiendra bien 6 ans.** (3/00)

1996 Le 1996 s'impose incontestablement comme la plus belle réussite de la pro-
91 priété depuis le 1982. D'un rubis-pourpre sombre et soutenu, il exhale un bouquet de mûre entremêlé de notes de réglisse, de minéral et d'herbes séchées. La bouche, moyennement corsée, exprime tout en finesse un caractère riche et intense, ainsi qu'une pureté et une concentration d'excellent aloi. **À boire jusqu'en 2020.** (3/00)

1995 Composé à 80 % de cabernet sauvignon et pour le reste de merlot, le 1995
87 est légèrement plus souple, plus doux et plus svelte que le 1996, plutôt ample de carrure. Son bouquet offre des arômes de petits fruits mûrs conjugués à des notes minérales et épicées de chêne grillé, et la bouche, moyennement corsée, révèle une belle richesse en extrait. Ce Pauillac qui s'exprime tout en finesse – dans la meilleure acception de ce terme – sera à maturité **jusqu'en 2014.** (3/99)

1990 Ce vin d'un prune-grenat foncé dégage de doux parfums de graphite et de
89 cassis. Bien que ses tannins soient encore fermes, il s'exprime en bouche avec ampleur, et déploie une finale persistante. L'ensemble, qui développe les

arômes prononcés de cassis et de tabac typiques du cabernet, est équilibré et élégant, malgré sa richesse en extrait et ses tannins abondants. Quel vin impressionnant ! **À boire jusqu'en 2015.** (3/01)

1989 **88** Rubis foncé de robe, doté d'un intense bouquet de cassis crémeux, d'épices orientales et de tabac, le Duhart 1989 est également marqué des légendaires touches de graphite propres aux Pauillac. Moyennement corsé, riche et ample, il est tout simplement voluptueux. Quoique d'ores et déjà à son apogée, il promet de tenir **jusqu'en 2012.** (3/01)

1988 **88** Outre un bouquet de fruits mûrs, de cèdre, d'herbes et d'épices, le 1988 de Duhart révèle un caractère corsé et riche, une concentration admirable, des arômes parfaitement mûrs et une finale persistante, regorgeant de tannins. **À boire jusqu'en 2010.** (3/01)

1986 **87** Le 1986 est encore jeune ; il évolue très lentement. D'un beau rubis-prune, il manifeste une richesse et une profondeur d'excellent aloi, et développe, outre un nez racé de cassis et de cèdre herbacés, des notes de chêne épicé. Ses tannins sont présents, mais bien fondus. **À boire jusqu'en 2012.** (3/01)

1985 **86** L'excellent 1985 est à son apogée et doit être consommé. D'un grenat moyennement foncé, doté d'un nez épanoui mêlant des senteurs de chêne épicé à des notes de cassis et de tabac, ce vin compense son léger manque de profondeur par son élégance et sa distinction. **À boire maintenant.** (3/01)

1982 **92** Ce vin, qui s'impose comme la plus belle réussite que je connaisse de Duhart, m'étonne à chaque dégustation à l'aveugle par sa puissance, sa complexité et sa concentration. En bouche, il donne l'impression d'être à son apogée, mais on sent bien qu'il recèle encore une belle richesse en extrait et d'abondants tannins ; en outre, il est toujours très structuré. Sa robe, qui n'est que légèrement ambrée sur le bord, annonce un Pauillac classique, aux généreux arômes de cèdre et de cassis. L'ensemble est corsé, charnu et de bonne mâche. **À boire dans les 8 ans.** (3/01)

FONBADET

Cru bourgeois supérieur
Propriétaire : SCEA Domaines Peyronie
Adresse : 33250 Pauillac
Tél. 05 56 59 02 11 – *Fax* 05 56 59 22 61
E-mail : pascale@chateaufonbadet.com
Site Internet : www.chateaufonbadet.com
Visites : sur rendez-vous uniquement
Contact : Pascale Peyronie

VIGNOBLE ET VINIFICATION

Superficie : 20 ha
Encépagement : 60 % cabernet sauvignon, 20 % merlot, 15 % cabernet franc, 5 % petit verdot et malbec
Âge moyen des vignes : plus de 50 ans – *Densité de plantation :* 10 000 pieds/ha
Rendement moyen : 50 hl/ha

Élevage : fermentations et cuvaison de 21 à 28 jours en cuves de béton ; après achèvement des fermentations malolactiques, vieillissement de 24 mois en cuves et en fûts (25 % de bois neuf) ; collage ; pas de filtration

VIN PRODUIT

Château Fonbadet – 80 000 b (pas de second vin)
À maturité : dans les 5 à 10 ans suivant le millésime

APPRÉCIATION GÉNÉRALE

À son meilleur niveau, Fonbadet peut s'imposer comme l'un des grands crus bourgeois supérieurs de Pauillac. Cependant, ces dix dernières années, la qualité a été plus irrégulière.

Fonbadet est une propriété de bon niveau qui peut, dans des millésimes comme 1978, 1982, 1986 et 1990, surpasser bon nombre de crus classés de Pauillac. Cependant, depuis le milieu des années 90, la propriété accuse une légère baisse en qualité, produisant des vins assez décevants et moins bons que leurs aînés de la décennie précédente. Le vin est généralement sombre de robe, et se distingue par un très riche bouquet de cassis, une belle puissance aromatique et un caractère corsé.

2000
87
Malgré une finale un peu comprimée et des tannins légèrement en excès, ce 2000 s'impose comme la plus belle réussite de Fonbadet depuis plusieurs années. Bien vinifié, il déploie, dans un ensemble moyennement corsé, de douces notes de groseille et de cassis nuancées de fumé, de réglisse et de terre. **À boire jusqu'en 2012.** (1/03)

GRAND-PUY DUCASSE

5e cru classé en 1855
Propriétaire : CA Grands Crus SAS
Adresse : BP 23 – quai Antoine-Ferchaud – 33250 Pauillac
Tél. 05 56 59 00 40 – *Fax* 05 56 59 36 47
E-mail : contacts@cagrandscrus.fr
Visites : sur rendez-vous
Contacts : Mme Espejo ou M. Monteau

VIGNOBLE ET VINIFICATION

Superficie : 40 ha
Encépagement : 60 % cabernet sauvignon, 40 % merlot
Âge moyen des vignes : 25 ans – *Densité de plantation :* 8 000-10 000 pieds/ha
Rendement moyen : 40 hl/ha
Élevage : fermentations et cuvaison de 18 à 21 jours en cuves d'acier inoxydable thermorégulées ; vieillissement de 18 mois en fûts (40 % de bois neuf) ; collage et filtration

VINS PRODUITS

Château Grand-Puy Ducasse – 120 000-140 000 b ;
Prélude à Grand-Puy Ducasse – 18 000-30 000 b
À maturité : dans les 10 à 15 ans suivant le millésime

APPRÉCIATION GÉNÉRALE

Les vins de Grand-Puy Ducasse méritent généralement leur rang de cinquième cru classé. Bien faits, mais anodins, ils tiennent jusqu'à 10 à 15 ans d'âge, mais je ne conseillerais pas de les garder au-delà. Bien qu'ils soient encore proposés à des prix raisonnables, certains de leurs homologues, tel Grand-Puy-Lacoste, représentent assurément un meilleur rapport qualité/prix.

Ce cinquième cru est relativement ignoré des amateurs comme de la presse spécialisée. Cependant, les vins qui en sont issus sont moins chers que la plupart de leurs homologues de Pauillac – ils constituent donc de bonnes affaires, car ils sont désormais réguliers à bon niveau. Les chais, très modernes, ne se situent pas au cœur d'un beau vignoble, mais dans le bourg même de Pauillac.

Le vignoble a été en grande partie replanté depuis 1971, et la propriété entièrement rénovée. En 1986, elle a été dotée d'une cuverie thermorégulée d'acier inoxydable. La proportion de bois neuf pour l'élevage des vins a été progressivement augmentée jusqu'à 50 %. Grand-Puy Ducasse peut donc envisager l'avenir avec sérénité, d'autant que son vignoble est magnifiquement situé, une partie se trouvant en bordure de Mouton Rothschild et de Lafite Rothschild, et une autre sur un plateau graveleux près de Batailley. La propriété mérite incontestablement que les amateurs avisés s'y intéressent davantage.

Les vins de Grand-Puy Ducasse sont plutôt souples et fruités que durs, tanniques et aptes à la garde. En règle générale, ils sont accessibles dès 5 ans d'âge et peuvent se conserver 10 à 15 ans après le millésime.

2003
88-90 Surprise, surprise ! Ce 2003 est probablement le meilleur Grand-Puy Ducasse que j'aie dégusté ; il s'impose aussi comme l'une des révélations du millésime. D'un rubis-pourpre soutenu, il exhale un nez de violette, de mûre et de cassis préludant à un ensemble moyennement corsé, charnu, pur et tonique malgré sa faible acidité, qui présente un alcool capiteux ainsi qu'un pH élevé. Impressionnant... et probablement pas très cher. **À boire dans les 12 à 14 ans.** (3/04)

2001
87 Ce vin moyennement corsé, souple et étoffé présente de séduisantes senteurs évoluées de prune, de cassis et de vanille. L'ensemble révèle aussi un boisé agressif suggérant un vieillissement en chêne américain. Il est étayé par des tannins généreux et une faible acidité. **À boire jusqu'en 2011.** (1/03)

2000
88 Vêtu de rubis foncé, ce vin charnu, aux douces notes de cassis, de tabac et de cèdre, est étoffé, avec des tannins souples, un boisé bien fondu et une finale relativement opulente. Bien qu'il ne soit pas particulièrement concentré ni profond, il sera apprécié pour son caractère charmeur et accessible. **À boire jusqu'en 2013.** (1/03)

1999
86 Ce vin moyennement corsé libère un nez de groseille, d'herbes séchées, de tabac et de boisé, et développe en bouche des flaveurs de prune, de groseille et de cerise étayées par une heureuse acidité. Si l'on en juge par ses tannins légers, l'ensemble doit être consommé **dans les 3 à 4 ans.** (1/02)

1998
87 Outre une robe d'un rubis-pourpre soutenu et un nez modérément intense, dominé par les fruits noirs, le 1998 de Grand-Puy Ducasse présente un carac-

tère accessible, moyennement corsé et savoureux. Il pèche seulement par un léger manque de complexité. **À boire dans les 6 ans.** (1/02)

1997
85
Le Grand-Puy Ducasse 1997 est rubis foncé de robe, avec un doux nez de fruits noirs nuancé de notes d'herbes, de vanille et de terre. En milieu de bouche, il est charnu et rond, mais il s'amenuise malheureusement par la suite, révélant une finale abrupte, quelque peu austère et anguleuse. **À boire jusqu'en 2007.** (3/00)

1996
87
D'un rubis foncé resplendissant et nuancé de pourpre, ce vin exhale un nez de cassis, de terre, de poussière, de feuille de tabac, de cèdre et d'épices. Moyennement corsé, il atteste une richesse et une profondeur d'excellent aloi. Manifestement dominé par le cabernet sauvignon, c'est un très bon Grand-Puy Ducasse. **À boire jusqu'en 2015.** (3/02)

1995
87
D'un rubis foncé nuancé de pourpre, ce vin souple, opulent et fruité révèle en bouche un caractère moyennement corsé, ainsi que des tannins souples. Il est étayé par un boisé léger et une faible acidité. Très accessible, il séduira incontestablement le plus grand nombre. **À boire jusqu'en 2010.** (3/02)

GRAND-PUY-LACOSTE

5e cru classé en 1855
Propriétaire : famille Borie
Administrateur : François-Xavier Borie
Adresse : Château Grand-Puy-Lacoste SA – 33250 Pauillac
Adresse postale : Domaines François-Xavier Borie – BP 82
33250 Pauillac
Tél. 05 56 59 06 66 – *Fax* 05 56 59 22 27
E-mail : dfxb@domainesfxborie.com
Visites : sur rendez-vous uniquement
Contact : François-Xavier Borie

VIGNOBLE ET VINIFICATION

Superficie : 52 ha
Encépagement : 70 % cabernet sauvignon, 25 % merlot, 5 % cabernet franc
Âge moyen des vignes : 35 ans – *Densité de plantation :* 10 000 pieds/ha
Rendement moyen : 50 hl/ha
Élevage : fermentations et cuvaison de 17 à 21 jours en cuves d'acier inoxydable thermorégulées ; vieillissement de 18 à 20 mois en fûts (45-55 % de bois neuf) ; collage ; filtration légère

VINS PRODUITS

Château Grand-Puy-Lacoste – 195 000 b ; Lacoste-Borie – 120 000 b
À maturité : dans les 7 à 20 ans suivant le millésime

APPRÉCIATION GÉNÉRALE

Grand-Puy-Lacoste est depuis longtemps la chasse gardée des initiés. Ce cru, extrêmement régulier à haut niveau dans la période de l'après-guerre, se surpasse généralement et mériterait d'être promu troisième cru classé. Les vins sont généralement mûrs, riches, fruités et intenses – bref, exactement comme ils devraient l'être – parfois même meilleurs –, tout en étant proposés à des prix raisonnables. À l'heure actuelle, Grand-Puy-Lacoste est l'une des meilleures affaires de Pauillac, si ce n'est du Bordelais.

Je n'ai jamais eu le plaisir de rencontrer Raymond Dupin, l'ancien propriétaire de Grand-Puy-Lacoste. Il jouissait d'une réputation bien affirmée de grand gourmet du Bordelais ; d'aucuns disent qu'il était aussi un peu gourmand ! Avant son décès (en 1980), il a vendu (en 1978) Grand-Puy-Lacoste au très talentueux, très estimé et regretté Jean-Eugène Borie, qui y a installé son fils François-Xavier. Les vieux chais décrépits subirent d'importantes rénovations et furent prêts juste à temps pour accueillir le 1982, l'une des plus grandes réussites à ce jour de la propriété. François-Xavier Borie et sa famille vivent toujours dans le château, désormais entièrement remis en état. Comme l'espéraient les fins connaisseurs du bordeaux, Grand-Puy-Lacoste s'impose aujourd'hui au nombre des meilleurs Pauillac.

La propriété, qui se situe non loin de la Gironde, sur le plateau de Bages, est connue pour ses beaux vins très corsés et aptes à une longue garde, qui évoquent ceux de Lynch-Bages, domaine voisin distant de seulement 1 km. Cependant, comme d'ailleurs à Lynch-Bages, les millésimes des décennies 60 et 70 ont été ici assez irréguliers – ce que l'on peut attribuer, rétrospectivement, à la santé déclinante du propriétaire. Ainsi des années comme 1966 et 1975 furent-elles moins réussies à Grand-Puy-Lacoste qu'on n'aurait pu l'espérer. D'autres vins de cette période, notamment les 1967, 1969, 1971 et 1976, ont même été des échecs presque complets, pour des raisons qui restent à éclaircir (sans doute quelque négligence dans la vinification).

En revanche, depuis 1978, Grand-Puy-Lacoste est régulier à très haut niveau, et l'on se rappellera sans doute les 1982, 1990, 1995, 1996, 2000 et 2003 comme les plus belles réussites de la longue histoire de ce château. Le maître des lieux vendange nettement plus tard que ne le faisait Dupin, et ses vins présentent, en conséquence, un intense fruité de cassis, un gras généreux et un caractère aussi puissant que corsé. Jusqu'au milieu des années 90, le Grand-Puy-Lacoste est resté à un prix raisonnable (il était même sous-coté), qui n'a pas évolué en proportion de la hausse de qualité du vin.

2003
91-94 Composé à 70 % de cabernet sauvignon, à 26 % de merlot et à 4 % de cabernet franc, le 2003 de Grand-Puy-Lacoste évoque son aîné de 1990, avec sa faible acidité, sa belle maturité (sans excès) et son beau déploiement d'arômes de crème de cassis typiques du cru. L'ensemble, qui présente une finale très tannique, est moyennement corsé, riche et capiteux, et atteste une vinification de haut vol. **À boire entre 2007 et 2018.** (3/04)

2002
87 Le 2002 de Grand-Puy-Lacoste se montrait sous un meilleur jour juste avant la mise en bouteilles que dans sa petite enfance. Le caractère végétal qu'il présentait à 6 mois d'âge s'est considérablement – et fort heureusement – estompé. L'ensemble, bien vinifié, est moyennement corsé et séduisant, avec une finale aux tannins rustiques. Vêtu d'un beau rubis foncé, il exhale un nez de cassis nuancé d'herbes séchées et de terreau. Plutôt élégant et discret pour le cru, il tiendra bien **10 à 12 ans.** (03/04)

2001
88 Comme de coutume, le 2001 de Grand-Puy-Lacoste se compose, à 70 % de cabernet sauvignon, à 28 % de merlot et pour le reste de cabernet franc. D'un rubis-pourpre profond, il révèle des arômes sans détour, mais doux, de crème

de cassis, et manifeste en bouche une élégance, une corpulence et une concentration d'excellent aloi. L'ensemble, à la finale veloutée, recèle des tannins légers. Un vin délicieux, bien évolué, qui évoque son aîné de 1999, en plus corsé et en plus profond. **À boire jusqu'en 2015.** (1/03)

2000 **93+** Ce vin ample, d'un rubis-pourpre soutenu, développe de beaux arômes de crème de cassis nuancés de réglisse et de tabac. Bien qu'il soit encore fermé, on décèle son caractère corsé, opulent et musclé, ainsi que son fruité généreux, merveilleux de pureté, étayé par des tannins très abondants. Voici une belle réussite de l'un des crus les plus prisés du Médoc. C'est un vin qu'il faudra consommer dans les 5 à 10 ans, à en juger par sa faible acidité et ses tannins savoureux. **À boire entre 2007 et 2013, voire au-delà.** (1/03)

1999 **89** Ce vin d'un rubis-pourpre foncé est délicieux et élégant, bien que ses tannins ne soient pas encore parfaitement fondus. Il saura récompenser les amateurs patients, décidés à attendre quelques années qu'il arrive à maturité. Moyennement corsé, ce 1999 n'a pas la puissance ni le caractère massif du 2000 ou du 1996, mais il séduit par sa rondeur, son doux fruité de cassis, sa très grande pureté et son bel équilibre d'ensemble. Ce vin devrait se maintenir **15 ans ou plus.** (8/02)

1998 **90** Le 1998 libère de classiques senteurs de crème de cassis, qu'accompagnent des flaveurs puissantes, serrées et fermes. L'ensemble recèle des tannins modérés, bien étayés par une profondeur et une richesse en extrait de bon aloi. Non, ce n'est pas le 1982 ni le 1990, mais il n'en est pas moins de très haut vol. **À boire entre 2006 et 2016.** (3/02)

1997 **87** Vêtu de rubis-pourpre foncé, le 1997 présente le légendaire caractère de cassis et de myrtille typique de Grand-Puy-Lacoste. Ce vin doté d'un excellent fruité mûr et de tannins souples est délicieux et accessible, du fait, probablement, de sa faible acidité. Certes, il ne fera pas de vieux os, mais il séduit par son caractère précoce, tendre et mûr. **À boire dans les 2 à 3 ans.** (3/02)

1996 **93+** Si le Grand-Puy-Lacoste 1996 est incontestablement profond, il est aussi très peu évolué. Se distinguant de ses jumeaux de l'appellation par son caractère d'essence de crème de cassis, il déploie, outre d'abondants tannins et une belle corpulence, de doux arômes de cassis (encore) nuancés de minéral et de subtiles notes de boisé. L'ensemble, massif et structuré, présente un potentiel de 20 à 25 ans. C'est un vin des plus amples, qui requiert une garde de 2 à 3 ans, voire davantage, avant d'être prêt. Un Pauillac classique et superbe. **À boire entre 2007 et 2030.** (1/02)

1995 **95** Incroyable de richesse, de complexité et d'ampleur, le Grand-Puy-Lacoste 1995 est légèrement plus élégant et moins massif que le très puissant 1996. Moyennement corsé et somptueux d'équilibre, il présente, à la fois au nez et en bouche, des arômes fabuleusement riches et mûrs de cassis. Cette pure merveille, qui tiendra une bonne vingtaine d'années, est encore peu évoluée. **À boire entre 2010 et 2025.** (1/02)

1994 **90** Le 1994 est magnifiquement réussi. Plus charnu en bouteille qu'il ne l'était au fût, il recèle aussi d'abondants tannins – la marque de ce millésime. Vêtu de rubis-pourpre, il offre au nez une explosion d'arômes fabuleusement purs de doux cassis. Ce Pauillac riche, classique, moyennement corsé et puissant impressionne par la manière dont il se dévoile en bouche par paliers. Une révélation ! Il sera à son meilleur niveau **jusqu'en 2020.** (3/01)

1990
96
Opaque et rubis-pourpre de robe, le stupéfiant Grand-Puy-Lacoste 1990 exhale un étonnant nez de cassis confituré, de cèdre, d'épices et de fumé. Très corsé et d'une magnifique richesse en extrait, il est encore superbe de précision, et manifeste en bouche une pureté et une intensité extraordinaires. Ce vin massif, dense et bien équilibré, qui évolue très lentement, s'impose comme la plus belle réussite de la propriété depuis le 1982. Quelle merveille ! **À boire jusqu'en 2018.** (5/02)

1989
89
Lors des premières dégustations, j'avais décelé dans le Grand-Puy-Lacoste 1989 un caractère de tabac et de minéral évoquant un Graves. Contrairement aux 2000, 1996, 1995, 1990 et 1982, puissants, explosifs et imposants, ce vin-ci se montre moyennement massif, élégant, épicé et évolué, et a déjà développé d'opulents arômes de cèdre et de cassis. Délicieux et généreusement doté, faible en acidité, il n'a pas la profondeur ni l'ampleur des meilleurs millésimes de la propriété. **À boire jusqu'en 2014.** (5/02)

1988
87
Le 1988 est meilleur que je ne l'aurais pensé. Bien qu'il soit à son apogée, il conserve une certaine austérité. D'un rubis-grenat foncé, doté d'un bouquet de cèdre nuancé de cassis, de terre et de fumier, ce vin moyennement corsé, étonnamment riche et profond, est étayé par des tannins fermes. **À boire jusqu'en 2009.** (6/02)

1986
90
Voici l'une des plus belles réussites de la propriété après le 1982 et avant les 1990 et 1995. Impressionnant par sa robe, toujours intacte, d'un rubis-pourpre profond, ce vin exhale de classiques senteurs de cèdre, de cassis, de fumé et de vanille. Très corsé, puissant et d'une richesse imposante, il regorge de fruit et révèle un solide manteau de tannins qui, à mon sens, ne se fondra jamais totalement. Quoique peu évolué et fermé, ce vin peut d'ores et déjà être apprécié. C'est certainement l'un des meilleurs 1986 du Nord-Médoc. **À boire jusqu'en 2018.** (12/01)

1985
88
Le 1985 est arrivé très rapidement à son apogée. Excellent, voire extraordinaire, il s'impose comme un Pauillac savoureux et séveux, suintant d'arômes de doux cèdre et de cassis herbacé. Moyennement corsé et faible en acidité, ce vin d'un grenat foncé, délicieux et séduisant, se montre en bouche souple, à la limite de l'opulence. Son seul point faible est sa finale un peu courte, qui suggère une consommation dans les prochaines années. **À boire jusqu'en 2009.** (12/01)

1983
86
Épanoui et mûr, le Grand-Puy-Lacoste 1983 arbore un rubis foncé et libère un nez riche et herbacé de cassis. Ce vin anodin, qui évolue rapidement, révèle, outre une concentration de bon aloi, une texture ronde et souple, et une finale de bonne tenue aux tannins secs. Il est à son apogée. **À boire maintenant.** (3/99)

1982
96
Ce vin absolument spectaculaire est probablement l'un des plus sous-cotés du millésime. Sa grande qualité ne fait d'ailleurs aucun doute dès la première gorgée. Il arbore une robe encore intacte d'un rubis-pourpre opaque, et révèle de classiques senteurs de cassis et de cèdre, typiques des Pauillac. Encore jeune, bien qu'il soit à maturité, il se montre massif et très corsé en bouche,

où il manifeste en outre une concentration sensationnelle. Il dévoile par paliers un abondant fruité de cassis, où l'on décèle des notes de raisin tant l'ensemble est intense et vif. Ce vin est déjà merveilleux à la dégustation, laissant à peine entrevoir le potentiel qu'il développera au terme d'une garde supplémentaire de 5 à 10 ans. Sa finale est longue de plus de 40 secondes. C'est certainement l'un des Grand-Puy-Lacoste les mieux réussis de ces trente dernières années. Quel tour de force ! **À boire jusqu'en 2020.** (9/02)

MILLÉSIMES ANCIENS

Les 1961 et 1970, les deux meilleurs millésimes de Grand-Puy-Lacoste produits dans la période de l'après-guerre, pâtissent de variations d'une bouteille à l'autre. Cependant, lorsque ces vins sont à leur meilleur niveau, ils méritent une note aux alentours de (90-92). Le 1978 (noté 90 en décembre 2002) est presque aussi bon que les deux années précitées. C'est aussi le premier millésime élaboré sous la houlette de François-Xavier Borie.

Le Grand-Puy-Lacoste 1959 (noté 92) présente, outre de la puissance et du muscle, une concentration extraordinaire, à la manière d'un Pauillac typique, trapu et costaud. Il aurait bien mérité, à l'époque, le surnom de « Latour du pauvre ».

Le 1949 (dégusté en septembre 1994, noté 96) exhale un nez très parfumé de cèdre, de cassis, de truffe et de boisé. Fabuleusement opulent et corsé, il se montre en bouche velouté et extrêmement concentré. Il est à son apogée.

Lors d'un dîner à Bordeaux en 1989, j'ai été abasourdi par le superbe 1947 (noté 94). Provenant d'une cave privée de la ville, il était remarquable de concentration et de richesse, avec des parfums amples ; il m'a fait comprendre pourquoi Grand-Puy-Lacoste jouissait, juste après la guerre, d'une si belle réputation. Tous ces vins peuvent encore s'apprécier maintenant.

HAUT-BAGES LIBÉRAL

5e cru classé en 1855
Propriétaire : Claire Villars-Lurton
Adresse : 33250 Pauillac
Adresse postale : Château Ferrière
3, rue de Trémoille – 33460 Margaux
Tél. 05 57 88 76 65 – *Fax* 05 57 88 98 33
Site Internet : www.hautbagesliberal.com
Visites : sur rendez-vous uniquement, du lundi au samedi
Contacts : Nathalie Lemire ou Stefano Ruini

VIGNOBLE ET VINIFICATION

Superficie : 28 ha
Encépagement : 75 % cabernet sauvignon, 25 % merlot
Âge moyen des vignes : 40 ans – *Densité de plantation :* 10 000 pieds/ha
Rendement moyen : 55 hl/ha
Élevage : fermentations et cuvaison en cuves d'acier inoxydable et de béton thermorégulées ; achèvement des malolactiques en fûts pour 40 % de la récolte ; vieillissement de 14 à 16 mois en fûts (40 % de bois neuf) ; collage ; pas de filtration

VINS PRODUITS

Château Haut-Bages Libéral – 120 000 b ; Chapelle de Bages – 50 000 b
À maturité : dans les 5 à 12 ans suivant le millésime

APPRÉCIATION GÉNÉRALE

Malgré une légère baisse de qualité dans les années 90, les vins de Haut-Bages Libéral sont de bon niveau et tiennent leur rang de cinquième cru classé. Ils sont sous-estimés par les consommateurs et la presse spécialisée, mais, bien qu'ils ne soient jamais grandioses, se révèlent toujours dignes d'intérêt, en particulier dans les meilleurs millésimes, du fait de leur prix raisonnable.

Cette propriété de taille modeste, située au bord de la D2 (appelée « route des Châteaux » dans le Bordelais), produit régulièrement, depuis les années 70, des vins d'une excellente tenue, mais sous-estimés. Le vignoble, magnifiquement situé, est composé de trois parcelles : la plus grande jouxte Château Latour, une autre se trouve près de Pichon-Lalande, et la troisième, plus à l'intérieur des terres, non loin de Grand-Puy-Lacoste.

La célèbre famille Cruse, de Bordeaux, avait entièrement rénové Haut-Bages Libéral au cours des années 70, mais elle le vendit en 1983 à la famille Villars, qui possède également, entre autres, Chasse-Spleen à Moulis et La Gurgue à Margaux. Le vignoble, replanté dans les années 60, atteint maintenant la pleine force de l'âge, mais il est certain que la relative médiocrité des vins à l'époque et au début de la décennie suivante s'expliquait par la jeunesse des vignes. Cependant, dès 1975, Haut-Bages Libéral est revenu à un excellent niveau, et ce succès a été suivi de beaucoup d'autres, notamment en 1982, 1986 et 2000.

Les vins de la propriété se distinguent généralement par leur caractère puissant, mûr et riche, dominé par le cassis – sans doute en raison de leur forte proportion de cabernet sauvignon.

2000
90
Voici l'une des grandes réussites de cette propriété. D'un bleu-pourpre soutenu, révélant des notes d'encens, de réglisse, de poivre et de cassis, ce 2000 est gras, séveux, savoureux du fait de sa faible acidité et de ses tannins mûrs. Il s'agit, je le répète, d'un des meilleurs Haut-Bages Libéral produits depuis de longues années. **À boire jusqu'en 2018.** (1/03)

1998
86
Le Haut-Bages Libéral 1998 se montre à son avantage, malgré les tannins durs et secs que recèle sa finale. Arborant une robe rubis-pourpre foncé, il dégage des parfums de cassis, de terre, d'herbes séchées et de réglisse, qui introduisent en bouche un ensemble moyennement corsé et bien mûr, marqué par des tannins modérément durs. **À boire jusqu'en 2014.** (3/02)

1997
79
Léger, souple et fruité, le 1997 manque de complexité, mais il est plaisant et charmeur. **À boire avant qu'il n'ait 10 ans d'âge.** (1/02)

1996
87+
Ce très bon 1996 présente un fruité de cassis confituré, entremêlé de chêne neuf, de douces notes de terre et d'herbes rôties. Moyennement corsé et modérément tannique, il manifeste une très belle précision dans les arômes et le dessin, et déploie une finale persistante. Au fur et à mesure qu'il s'aère, il développe davantage les nuances de surmaturité du cabernet sauvignon dont

il est issu. Ce vin, qui est l'une des grandes révélations du millésime, sera à son apogée **jusqu'en 2017.** (3/02)

1995 85 ? Plus profond et plus intense que son cadet d'un an, le 1995 est également plus longiligne et plus austère. Sa séduisante couleur rubis-pourpre soutenu suggère une belle intensité, perceptible à l'attaque en bouche, mais le vin s'amenuise par la suite, accusant un manque de fruit, de gras et de concentration. La finale est sèche et très tannique. **À boire jusqu'en 2012.** (1/01)

1994 86 ? Rubis foncé de robe, le 1994 est heureusement dépourvu des tannins durs et du caractère herbacé qu'affichent plusieurs de ses homologues. Il révèle une richesse admirable, ainsi qu'un fruité dense aux arômes de cerise noire, de cassis et de chocolat. Sa finale est moyennement corsée et épicée, et ses tannins sont fermes, mais doux. **À boire jusqu'en 2010.** (1/01)

1990 87 Le 1990 est bien mieux réussi que son aîné de 1989, assez inintéressant. Profondément coloré, il libère un doux nez de boisé et de prune, et s'exprime en bouche avec opulence et richesse. L'ensemble, étayé par une faible acidité, manque quelque peu de tenue, mais il n'en est pas moins ample, charnu et séveux. **À boire jusqu'en 2010.** (1/93)

1989 84 Ce 1989 étonnamment léger arbore un beau rubis-pourpre resplendissant. En bouche, il révèle un caractère modérément tannique, étayé par une heureuse acidité, mais sa finale est courte. C'est un bon vin, mais il est curieusement discret et atténué. **À boire maintenant.** (1/93)

1986 90 Grâce à une sélection plus sévère et à l'utilisation d'une plus forte proportion de bois neuf pour l'élevage, le 1986 de Haut-Bages Libéral s'impose comme la plus grande réussite de la propriété depuis le 1975 et, avec le 1982, comme l'un des plus beaux exemples de ce cru ces vingt dernières années. Affichant un rubis-pourpre sombre et libérant un ample bouquet de prune, de chêne doux grillé et de cassis, il se présente comme un ensemble dense, corsé et de bonne mâche, merveilleusement suave et souple, avec des tannins fondus. Mais il révèle également l'équilibre et la structure qui lui permettront de bien se conserver encore une dizaine d'années. **À boire jusqu'en 2013.** (3/02)

1985 88 Vêtu d'une robe désormais nuancée de rubis sur le bord, le 1985 est toujours dense et très corsé, et regorge littéralement de richesse en extrait. Sa finale, puissante, est longue et mûre. Il compense par sa corpulence et sa puissance son manque d'élégance et de finesse. **À boire jusqu'en 2008.** (3/02)

1982 91 Quelle bonne surprise ! Ce 1982 s'est développé merveilleusement, alors qu'il était l'un des crus les moins prisés du millésime. D'un grenat-pourpre opaque, il déborde d'un fruité épais et juteux de cassis mûr aux notes fumées et rôties de réglisse et d'olive. En bouche, il se montre très corsé, épais et séveux, avec ce qu'il faut de complexité pour mériter une très bonne note. C'est un Pauillac tout à la fois ample, savoureux, très concentré et confituré, qui ne révèle aucun signe de vieillissement, bien qu'il soit d'ores et déjà délicieux à la dégustation. Son potentiel de garde est de 10 ans, voire plus. **À boire jusqu'en 2016.** (11/01)

HAUT-BATAILLEY

5ᵉ cru classé en 1855
Propriétaire : famille Borie
Administrateur : François-Xavier Borie
Adresse : 33250 Pauillac
Adresse postale : Domaines François-Xavier Borie – BP 82
33250 Pauillac
Tél. 05 56 59 06 66 – *Fax* 05 56 59 22 27
E-mail : dfxb@domainesfxborie.com
Visites : sur rendez-vous

VIGNOBLE ET VINIFICATION

Superficie : 22 ha
Encépagement : 65 % cabernet sauvignon, 25 % merlot, 10 % cabernet franc
Âge moyen des vignes : 28 ans – *Densité de plantation :* 10 000 pieds/ha
Rendement moyen : 50 hl/ha
Élevage : fermentations et cuvaison de 16 à 20 jours en cuves d'acier inoxydable thermorégulées ; vieillissement de 16 à 20 mois en fûts (30-50 % de bois neuf) ; collage ; filtration légère

VINS PRODUITS

Château Haut-Batailley – 110 000 b ; Château La Tour l'Aspic – 35 000 b
À maturité : dans les 4 à 20 ans suivant le millésime

APPRÉCIATION GÉNÉRALE

Les vins de Haut-Batailley demeurent la chasse gardée des initiés. Généralement très bons, voire excellents, ils tiennent leur rang de cinquième cru classé et constituent de bonnes affaires. Cependant, ils sont surpassés par certains de leurs homologues, tel Grand-Puy-Lacoste.

Haut-Batailley n'est pas l'une des propriétés les plus connues de Pauillac. Il est géré par François-Xavier Borie qui vit à Grand-Puy-Lacoste. Ce sont sans doute le caractère limité de la production, l'absence de château proprement dit, ainsi que la situation du vignoble, un peu à l'écart de la « route du Vin », loin de la Gironde et en bordure d'une forêt, qui sont responsables de la relative méconnaissance de ce cru par le public.

Les vins élaborés sous la talentueuse houlette de François-Xavier Borie ont montré l'important potentiel de la propriété. Cependant, ils n'ont pas toujours été aussi réguliers à haut niveau qu'on aurait pu l'espérer. On peut souvent leur reprocher une certaine légèreté et un caractère trop souple. La plupart des Haut-Batailley arrivent à leur apogée bien avant 10 ans d'âge, ce qui est anormal pour des Pauillac. Sans doute les derniers millésimes, notamment les 1995, 1996 et 2000, ont-ils révélé davantage de concentration et de tenue que leurs aînés. Pourtant, je persiste à penser qu'ils évoquent davantage des Saint-Julien que des Pauillac. C'est un paradoxe quand on sait que la propriété, créée en 1942, fut détachée du vignoble de Batailley – qui est un Pauillac typique, s'il en est !

2003
87-90 Le 2003 de Haut-Batailley est étonnamment charnu et exotique pour le cru. Généreusement doté d'un fruité de mûre et de groseille étayé par une faible acidité, il présente une texture tout à fait savoureuse. Un Pauillac sensuel, à boire **dans les 10 à 12 ans suivant le millésime.** (3/04)

2001
87 Malgré sa finale courte et abrupte qui l'empêche de prétendre à une note plus élevée, ce vin sera apprécié pour son charme et son élégance, son fruité précoce et sa faible acidité. Composé à 68 % de cabernet sauvignon, à 30 % de merlot et à 2 % de cabernet franc, il évoque davantage un Saint-Julien qu'un Pauillac. **À boire dans les 7 à 8 ans.** (1/03)

2000
90 Le 2000 s'impose comme l'une des grandes réussites de ce cru, pouvant rivaliser avec son aîné de 1996. Sa robe d'un rubis-pourpre profond accompagne des notes de framboise, de minéral, de cassis et de tabac qui jaillissent littéralement du verre, annonçant un ensemble séduisant, velouté, dont le fruité abondant et faible en acidité fait pièce à ses tannins généreux. Ce vin qui incarne l'élégance sera à son apogée **jusqu'en 2015.** (1/03)

1999
87 Le 1999 de Haut-Batailley est moyennement corsé, comprimé et serré en finale, mais il se distingue par d'élégantes et douces notes de cassis épicé, ainsi que par des nuances de grillé, de cèdre et d'herbes séchées. **À boire jusqu'en 2009.** (3/02)

1998
86 Le Haut-Batailley 1998 révèle sous la forme d'une légère austérité l'un des traits les moins flatteurs du millésime en Médoc. Très ferme, avec de bons arômes de petits fruits doux nuancés de minéral, de cassis et d'épices, il est moyennement corsé et élégant. Je conseille de le déguster plus tôt que trop tard. **À boire jusqu'en 2014.** (3/02)

1997
85 Vinifié dans un style léger privilégiant la finesse, le 1997 de Haut-Batailley se montre fluide, charmeur, mûr et moyennement corsé. Marqué de cassis et de fumé, il séduit par sa maturité et son fruité. Il faut l'apprécier assez rapidement pour son caractère accessible et séduisant. **À boire maintenant.** (3/01)

1996
90 D'un pourpre dense, avec un nez typiquement Pauillac, merveilleusement doux, aux arômes de cassis et de boîte à cigares, ce 1996 se révèle étonnamment puissant pour la propriété (qui donne généralement des vins légers, élégants et souples). Moyennement corsé, avec un fruité intense, il est pourvu de tannins mûrs et d'une finale extrêmement longue, qui se développe par paliers. Ce grand classique pourrait bien mériter une note extraordinaire. **À boire jusqu'en 2015.** (3/01)

1995
89 Très réussi, le Haut-Batailley 1995 est soyeux, souple et sensuel. Moyennement corsé, il exprime avec pureté et tout en rondeur un généreux fruité de cassis mêlé de notes vanillées de fumé et de graphite. Ce vin déjà accessible est incontestablement séduisant et promet de se bonifier encore ces 5 à 6 prochaines années. **À boire jusqu'en 2010.** (3/01)

1994
86 Plutôt médiocre au fût, le 1994 se révèle meilleur en bouteille. Sa couleur rubis foncé prélude à des arômes épicés et modérément tanniques, bien concentrés et élégants ; l'ensemble montre également un copieux fruité. **À boire jusqu'en 2008.** (1/00)

1990
88 Le Haut-Batailley 1990, qui est à son apogée, est grenat de robe et dégage un nez épanoui de doux chêne fumé mêlé d'abondantes senteurs prononcées de cassis, de fumier et de tabac vert. Moyennement corsé et légèrement tannique, étayé par une faible acidité, il développe par paliers, et tout en finesse, un abondant fruité mûr. Ce vin sera parfait **encore 3 à 8 ans.** (11/01)

1989
87 Arborant une robe rosée et ambrée sur le bord, le Haut-Batailley 1989 est à son apogée. Doté d'un fruité épanoui et satiné, il est moyennement corsé, mûr et opulent, et déploie en finale, outre un fruité doux et confit, des tannins secs. **À boire sans plus tarder.** (3/00)

1988
83 ? Ce vin léger, maigre et rugueux manque à la fois de charme et de finesse. Ses tannins sont en excès par rapport à son fruité. **À boire.** (1/93)

1986
80 Étonnamment souple et soyeux pour un 1986, ce Haut-Batailley marie un agréable fruité de cassis et de belles notes de chêne grillé. L'ensemble, moyennement corsé, s'amenuise en fin de bouche et accuse un manque de précision. **À boire.** (11/02)

MILLÉSIMES ANCIENS

Le 1982 – pour autant qu'il s'agisse de bouteilles ayant bénéficié de bonnes conditions de conservation – est encore (en 2005) en pleine forme (noté 89 en septembre 1995), mais les autres grands millésimes de la propriété, tels les 1970, 1966 et 1961, se délitaient déjà il y a plusieurs années.

LAFITE ROTHSCHILD

1er cru classé en 1855 et 1973
Propriétaires : Barons de Rothschild-Lafite
Adresse : 33250 Pauillac
Adresse postale : Domaines Barons de Rothschild-Lafite
33, rue de la Baume – 75008 Paris
Tél. 01 53 89 78 01 – *Fax* 01 53 89 78 00
Site Internet : www.lafite.com
Visites : sur rendez-vous uniquement, du lundi au vendredi
(9 h-10 h 30 et 14 h-15 h 30) ; fermé le week-end, les jours fériés et du mois d'août à octobre inclus (tél. 05 56 73 18 18)
Contact : Charles Chevalier

VIGNOBLE ET VINIFICATION

Superficie : 100 ha
Encépagement : 70 % cabernet sauvignon, 25 % merlot, 3 % cabernet franc, 2 % petit verdot
Âge moyen des vignes : 45 ans – *Densité de plantation :* 7 500 pieds/ha
Rendement moyen : 48 hl/ha
Élevage : fermentations et cuvaison de 18 à 24 jours en cuves d'acier inoxydable et de bois thermorégulées ; vieillissement de 16 à 20 mois en fûts neufs ; collage ; pas de filtration

VINS PRODUITS

Château Lafite Rothschild – 210 000 b ; Carruades de Lafite – 280 000 b
À maturité : dans les 10 à 50 ans suivant le millésime

APPRÉCIATION GÉNÉRALE

Alors qu'ils étaient médiocres avant 1974, les vins de Lafite se sont grandement améliorés entre 1975 et le début des années 90, et sont réguliers à très haut niveau depuis 1994. De fait, ce cru s'impose désormais comme l'un des tout meilleurs du Bordelais, mariant merveilleusement une finesse inégalée avec une puissance extraordinaire. Si de nombreux critiques, dont moi-même, n'ont pas manqué de saluer cette amélioration, il convient de garder à l'esprit que la propriété ne fait jamais que se montrer à la hauteur de son rang mythique... et de la cote de ses vins sur le marché actuel. Les acheteurs de Lafite, notamment des millésimes les plus récents, sont certains de mettre la main sur des bouteilles superbes et peuvent s'attendre à une dégustation extraordinaire. Malheureusement, en raison de son prix, ce cru n'est accessible qu'aux plus fortunés. Les amateurs de bonnes affaires feraient mieux de chercher celles-ci ailleurs. À noter, cependant, que le second vin, Carruades de Lafite, est digne d'intérêt, surtout depuis le milieu des années 90.

Lafite Rothschild : ce nom désigne la propriété et le cru qui sont peut-être, actuellement, les plus célèbres du Bordelais ; avec sa fameuse petite étiquette, élégante et discrète, ce château est le symbole même de la puissance, du prestige, de la tradition viticole et du bordeaux de très longue garde.

Cependant, alors que les millésimes postérieurs à 1975 constituent une remarquable série de grands Lafite, ceux de la période 1961-1974 ont été d'une médiocrité surprenante pour un premier cru. Je me suis souvent étonné de ce que les critiques spécialisés ne se soient pas davantage indignés devant de tels vins. La propriété s'est toujours défendue en expliquant que ses Pauillac légers et élégants étaient éclipsés, lors des dégustations à l'aveugle, par des vins plus étoffés et plus robustes. Ce n'est évidemment pas impossible, mais la pauvreté des Lafite est véritablement patente dans des millésimes d'une bonne tenue (tels 1945, 1949, 1961, 1966, 1970 et 1971), où ils se révélèrent légers de robe, desséchés et trop boisés, et marqués par un excès d'acidité. Certaines années (comme 1969, 1971 et 1974) furent de cuisants échecs, les vins étant tout de même diffusés sous l'étiquette Lafite Rothschild, et à des prix relativement élevés.

Les raisons d'un tel état de choses ne seront vraisemblablement jamais révélées par les Rothschild, mais, puisque les millésimes postérieurs à 1975 sont remarquables, il me semble possible d'en déduire ce qui n'allait pas dans le courant des années 60 et 70. Tout d'abord, les propriétaires vivaient à Paris, ne surveillant que de loin les activités du château – alors que, depuis 1975, sous la direction d'Éric de Rothschild, le domaine est géré de façon dynamique et efficace. En outre, par le passé, les vins étaient vieillis trop longuement (32 à 36 mois), alors que, dorénavant, l'élevage en fûts n'excède pas 16 à 20 mois, ce qui explique que les vins soient plus frais et plus fruités. Ajoutez à cela que les vendanges sont aujourd'hui plus tardives, permettant ainsi le ramassage d'un fruit plus mûr et plus faible en acidité. La sélection est également plus sévère ; lors des vendanges abondantes des années 80, seulement la moitié de la récolte faisait le grand vin, et, depuis les années 90, il n'est pas rare que 60 % (ou plus) de la récolte soit déclassée en second vin ou vendue en vrac. Enfin, la mise en bouteilles est effectuée beaucoup plus rapidement qu'avant (certains disent en effet que ces opérations ne duraient pas moins de 8 à 12 mois), ce qui expliquerait que l'on ne retrouve plus d'irrégularités marquantes au sein d'un même millésime, l'opération de mise se déroulant sur 2 à 3 semaines.

Quoi qu'il en soit, Lafite Rothschild produit actuellement des vins somptueux : c'est le 1975 qui a marqué le renouveau de la propriété, un tournant ensuite confirmé par les millésimes des années 90, élaborés sous la talentueuse houlette de Charles Chevalier, passé de Rieussec à Lafite en 1994. On peut affirmer que, depuis 1981, ce premier cru a donné l'un des meilleurs Médoc dans les millésimes 1981, 1982, 1983, 1986, 1988, 1990, 1995, 1996, 1998, 1999, 2000, 2001, 2002 et 2003.

2003
98-100 Voici l'un des vins les plus profonds que j'aie dégustés. Bien que d'aucuns s'accordent à dire qu'il est atypique du cru, ce vin m'a évoqué son aîné de 1982 au même stade d'évolution. En remontant encore dans le temps, je me demande même s'il ressemble à ce qu'était le 1959 en mars 1960. Le 2003 de Lafite, qui pourrait prétendre au titre de réussite du millésime, se compose à 86 % de cabernet sauvignon, à 9 % de merlot, à 3 % de cabernet franc et à 2 % de petit verdot (le merlot fut rentré entre le 8 et le 12 septembre, le cabernet sauvignon entre le 15 et le 24 de ce même mois). Issu de faibles rendements de 34 hl/ha, il titre 13 % d'alcool naturel et présente un pH très élevé (3,9), ainsi qu'une acidité totale de 2,9 seulement. Ces chiffres sont proches de ceux enregistrés dans des millésimes mûrs et concentrés, comme 1982 et 1959. Merveilleusement riche, charnu et savoureux, le Lafite 2003 se distingue par sa richesse aérienne ainsi que par sa belle puissance aromatique. D'un rubis-pourpre d'encre, il exhale un bouquet spectaculaire aux arômes mûrs de fruits noirs, de cèdre, de sauce soja et de vinaigre balsamique. Sa richesse massive et son onctuosité (due à un gras généreux) sont certes atypiques du cru, mais l'ensemble est étonnamment frais et vif et, comme le 1982, il gagnera certainement en précision d'ici 1 à 2 ans, quand ses tannins se feront plus présents. Sa texture exceptionnelle m'a laissé pantois – en effet, je n'avais encore jamais dégusté de Lafite Rothschild de cette trempe. Voici un premier cru qui vaut bien qu'on hypothèque pour lui son bien le plus cher. **À boire entre 2010 et 2035.** (3/04)

2003
90-92 Carruades de Lafite – L'extraordinaire Carruades de Lafite 2003 est l'un des rares vins de ce millésime qui soit marqué au nez de notes de rôti. Ample, gras, charnu et savoureux, il sera parfait **dans les 10 à 15 ans.** (3/04)

2002
95 Je l'ai dit à maintes reprises : Lafite Rothschild a produit sous la houlette de Charles Chevalier toute une série de vins exceptionnels – de véritables monuments en perspective. Le 2002 perpétue cette brillante lignée et enrichit le palmarès du talentueux administrateur. Composé à 87 % de cabernet sauvignon, à 9,5 % de merlot et pour le reste de cabernet franc, il est le fruit d'une sélection de 47 % de la récolte totale. Arborant un pourpre opaque soutenu, il évoque, tant au nez qu'en bouche, une liqueur de graphite nuancée de confiture de cerise et de cassis. Malgré sa concentration et son intensité hors du commun, il est relativement aérien et rappelle, en plus léger, le 1996 – qui obtint la note parfaite. Le 2002, qui est plus évolué que son aîné, est une merveille de séduction et de concentration. Je conseille de le boire **entre 2011 et 2038.** (9/03)

2001
94 Typique du cru, ce classique au potentiel de garde de 40 ans évoque le 1999, en plus explosif. Composé à 86,5 % de cabernet sauvignon et pour le reste de merlot, il est issu d'une sélection de 43 % de la récolte totale de la propriété. Développant les senteurs de graphite, de prune, de cerise et de cassis nuancées de tabac, de cèdre et de boîte à épices qui caractérisent le cru, le 2001 est moyennement corsé, généreusement doté en tannins, intensément concentré,

mais aussi quelque peu retenu, se révélant extraordinaire de précision comme de pureté. Une pure merveille, qui continue de s'étoffer. **À boire entre 2007 et 2020.** (1/03)

2001 **87** Carruades de Lafite – Ce vin, composé à 50 % de cabernet sauvignon, à 42 % de merlot et pour le reste de cabernet franc, présente les légendaires arômes de graphite, de cassis mûr et de cèdre typiques du cru. Moyennement corsé, pur et doux, il est très accessible. **À boire jusqu'en 2015.** (1/03)

2000 **100** Lafite Rothschild décroche, une fois de plus, la timbale. Composé à 93,3 % de cabernet sauvignon et pour le reste de merlot, et issu d'une sélection de 36 % de la récolte totale de la propriété, le 2000 est opaque et pourpre de robe, avec de somptueux arômes de minéral et de pierre nuancés des légendaires senteurs de graphite, de mûre, de cassis, de caramel et de tabac typiques de Lafite. L'ensemble est remarquablement léger, malgré l'intensité des généreuses flaveurs qu'il développe en bouche par paliers, révélant un fruité tellement riche qu'il dévale littéralement le palais. Cet ensemble irrésistible, extraordinaire de précision malgré son intensité, se développe tout en rondeur, nonobstant ses tannins très abondants. Très épanoui et superbe lors de mes dernières dégustations, il donne cependant des signes qu'il va se refermer. Sa finale est longue de plus de 72 secondes. Quel vin fascinant ! **À boire entre 2011 et 2050.** (1/03)

2000 **90** Carruades de Lafite – Le magnifique Carruades de Lafite 2000 (un assemblage 51,4 % cabernet sauvignon, 42,3 % merlot, 4,9 % cabernet franc et 1,4 % petit verdot vieilli avec 10 à 15 % de bois neuf) dégage des senteurs merveilleusement douces de graphite nuancées d'élégances notes de cassis et de cerise noire. Moyennement corsé, étonnant de pureté, révélant l'élégance caractéristique de Lafite, il peut être consommé **dès maintenant et dans les 10 à 12 ans.** (1/03)

1999 **95** La bouteille de Lafite Rothschild 1999 porte, gravés dans le verre, le millésime et une petite éclipse, marquant ainsi cet événement historique du mois d'août 1999. Véritable quintessence du cru, ce vin prodigieux allie une élégance d'excellent aloi à une très grande puissance aromatique. En bouche, il se développe avec une telle légèreté qu'il en est presque aérien. Arborant un rubis-pourpre opaque, il dégage un bouquet complexe, mêlant des senteurs de graphite, de cèdre, de crème de cassis, de grillé et de vanille. Un fois passé ce nez magnifique, on distingue en bouche un ensemble moyennement corsé, merveilleusement riche et généreux, mais aussi d'une exquise légèreté. La finale incarne à elle seule la douceur, la maturité et l'harmonie réunies. Ce vin somptueux me paraît très proche en style de son majestueux aîné de 1953. Il est issu d'une sélection d'un tiers de la récolte totale de la propriété. **À boire entre 2007 et 2030.** (9/02)

1999 **89** Carruades de Lafite – Vinifié dans le même style que le grand vin, le Carruades de Lafite 1999 révèle un nez de graphite, de cassis et de cèdre. Moyennement corsé, doté d'un gras très doux, il exprime une bouche à la fois étoffée et ample. Ce vin persistant, très « Lafite », est incontestablement impressionnant. **À boire jusqu'en 2015.** (9/02)

1998 En 1998, le grand vin de Lafite se compose à 81 % de cabernet sauvignon
98 et pour le reste de merlot ; il représente une sélection de 34 % de la production totale de la propriété. Dans un millésime assez peu favorable au Médoc, ce vin s'est révélé spectaculaire dès sa toute petite enfance, et il a encore gagné en corps et en étoffe au cours de son élevage. Frisant la perfection, il s'annonce par un pourpre opaque et par de spectaculaires et majestueuses senteurs de graphite, de fumé, de minéral et de cassis jaillissant littéralement du verre. Ce nectar, qui affiche une grande élégance tout en révélant une richesse généreuse, constitue l'essence du cru. Ses tannins sont doux et, bien qu'il soit fort heureusement doté, il n'accuse jamais la moindre lourdeur. La finale, très douce, est impeccable d'équilibre malgré sa puissance. Elle est également très longue, persistant au-delà de 50 secondes. **À boire entre 2007 et 2035.** (9/02)

1998 Carruades de Lafite – Le 1998 – qui se compose à 61 % de cabernet sauvignon,
90 à 33 % de merlot, à 4,5 % de cabernet franc et à 1,5 % de petit verdot – est magnifiquement réussi. Très proche de son grand frère, mais plus souple et plus précoce, il présente, outre un rubis-pourpre dense, un excellent bouquet de fruits noirs, de terre, de fumé et de minéral. Doté d'une belle texture et de tannins souples, il déploie une finale persistante et d'excellente tenue. **À boire jusqu'en 2015.** (9/02)

1997 Produit à hauteur de 15 000 caisses seulement, le Lafite Rothschild 1997 est
92 issu d'une sélection de 26 % de la récolte totale de la propriété. Il mérite l'attention des amateurs, nonobstant les critiques négatives de la presse spécialisée relativement au millésime. Opaque et d'un pourpre dense, ce vin s'annonce par des parfums fabuleusement doux et amples de cèdre, de cassis, de crayon à papier et de minéral. Le milieu de bouche révèle un ensemble gras et moyennement corsé, doté d'un fruité riche et explosif, de tannins souples et d'une texture veloutée. Ce Lafite magnifique, irrésistible, est l'un des exemples de ce cru les plus précoces que je connaisse, ce qui le rend d'ailleurs plus fascinant encore. À ne pas manquer ! Il est déjà prêt dans sa jeunesse, mais il promet d'évoluer de belle manière ces 12 prochaines années, voire au-delà. **À boire jusqu'en 2017.** (1/02)

1997 Carruades de Lafite – Composé à 40 % de merlot, le 1997 est un vin floral,
88 à la fois riche et opulent. Il est fait pour être consommé dans sa jeunesse, mais je le crois capable de tenir **encore 8 ans.** (1/02)

1996 Ce vin, que j'ai dégusté en six occasions depuis sa mise en bouteilles, est
100 incontestablement la plus belle réussite de Lafite depuis le 1982 et le 1986. Je me demande si le 2000 se révélera aussi profond. Seulement 38 % de la récolte totale fut jugée digne du grand vin, qui comprend une très forte proportion de cabernet sauvignon (83 %), ainsi qu'un peu de cabernet franc (7 %), de merlot (7 %) et de petit verdot (3 %). Très massif, le Lafite 1996 s'impose peut-être comme l'exemple le plus ample que je connaisse de ce cru. Il requiert une très longue garde avant d'être prêt, si bien que les amateurs de plus de 50 ans devraient sérieusement réfléchir avant d'en entasser quelques caisses dans leur cave pour leur usage personnel... C'est également le premier millésime de Lafite présenté dans les bouteilles gravées destinées à limiter les risques de contrefaçon. Arborant une robe d'un rubis-pourpre jeune et épais, ce Lafite se distingue par un nez renversant de graphite, de minéral, de fleurs

et de cassis. Extrêmement puissant et très corsé, il est remarquable de complexité pour son jeune âge. Ce vin énorme, suintant littéralement de richesse en extrait, réussit néanmoins à préserver son élégance caractéristique. Plus riche encore qu'avant la mise en bouteilles, il tiendra parfaitement 40 à 50 ans. **À boire entre 2012 et 2050.** (9/02)

1996 Carruades de Lafite – Composé à 63 % de cabernet sauvignon et à 37 % de
88 merlot, ce Carruades de Lafite est puissant et mûr, avec un fruité épais (dû à sa forte proportion de merlot). Bien qu'il ne rappelle guère, par le style, son grand frère, puisqu'il est plus charnu et plus accessible, il n'en est pas moins superbe, séduisant et merveilleusement persistant, et joliment rehaussé de subtiles notes de chêne neuf grillé. Étant donné sa puissance, ce vin devrait se maintenir encore une douzaine d'années, mais je ne serais pas autrement surpris qu'il se porte bien d'une garde de **13 à 16 ans.** (9/02)

1995 Issu d'un tiers seulement de la récolte de la propriété, le 1995 de Lafite se
95 compose à 75 % de cabernet sauvignon, à 17 % de merlot et à 8 % de cabernet franc. Vêtu de rubis-pourpre foncé, avec un doux nez de minéral concassé, de fumé et de cassis herbacé, ce vin moyennement corsé et serré affiche un fruité merveilleusement doux dans un ensemble fabuleusement pur et précis. Sans être aussi puissant ni aussi massif que son cadet d'un an, le très prometteur Lafite 1995 est bien vinifié et présente des qualités tout à fait extraordinaires. **À boire entre 2008 et 2028.** (9/02)

1995 Carruades de Lafite – Composé à 40 % de merlot et à 60 % de cabernet
87 sauvignon, le 1995 traduit davantage le style Lafite que son cadet d'un an. Ce vin élégant, aux notes de chêne neuf épicé, de graphite et de cassis crémeux, est moyennement corsé. En bouche, il s'exprime tout en finesse, révélant une pureté et un équilibre d'excellent aloi. Plus accessible que le 1996, il peut être consommé **jusqu'en 2010.** (1/02)

1994 Presque entièrement issu de cabernet sauvignon, le Lafite 1994, qui arbore
90+ ? un rubis-pourpre foncé, est décidément peu évolué et peu séduisant, se révélant légèrement astringent au palais. Très massif et d'une admirable pureté, il n'a pas ce caractère herbacé ou immature qui est la griffe du millésime, mais il refuse de se dévoiler, même au mouvement du verre. Ce vin, qui peut sembler trop austère et décevant en bouche, déploie cependant des arômes absolument fabuleux qui rappellent le 1961 de cette propriété, également à dominante de cabernet sauvignon. Je ne désespère pas de le voir s'épanouir, mais les amateurs devront attendre 5 à 6 ans avant de déboucher leur première bouteille. **À boire entre 2010 et 2030.** (1/02)

1993 Belle réussite de la propriété, le Lafite 1993 arbore une robe rubis-pourpre
88 foncé. Serré et moyennement corsé, il présente une palette aromatique très fermée, qui ne révèle qu'avec réticence des arômes de cassis doux, de tabac herbacé et de graphite. Policé et élégant, il affiche la noble réserve typique de Lafite et s'impose comme un vin d'une excellente tenue, racé et légèrement austère. **À boire jusqu'en 2020.** (1/97)

1992 Seulement 36 % de la récolte fit le premier vin en 1992, si bien que celui-
87 ci se montre profondément coloré, avec de séduisants arômes de cassis, de cèdre et de chocolat. Moyennement corsé, il est étonnamment concentré en

bouche, où il déploie le profil aromatique typique de Lafite. Il faut saisir l'occasion de découvrir la finesse de ce millésime dans un cru doux et précoce. Le 1992 de Lafite est déjà à son apogée, mais il se maintiendra encore **8 à 10 ans.** (11/01)

1990 **92** Le Lafite 1990 est généreux, mûr, élégant malgré son ampleur et son caractère étoffé. D'une grande richesse, il exhale les parfums de minéral, de cèdre, de graphite et de fruits rouges typiques de ce cru, et se montre en bouche moyennement corsé et modérément tannique. Il manifeste encore un bel équilibre d'ensemble et déploie une finale assez tannique. Ce vin devrait se maintenir 40 à 50 ans. Cependant, pour extraordinaire qu'il soit, je ne pense pas que le Lafite 1990 puisse jamais égaler les 2000, 1998, 1996, 1988, 1986 et 1982, en termes de qualité, de complexité et de race. **À boire entre 2008 et 2040.** (8/02)

1989 **90** Le très classique Lafite 1989 commence tout juste à s'épanouir. Rubis foncé de robe, ce vin moyennement corsé est très boisé au nez et épicé en finale. L'ensemble est élégant, discret et réservé, et n'a pas en milieu de bouche la profondeur ni l'étoffe qui caractérisent les meilleurs millésimes de ce cru. **À boire entre 2006 et 2025.** (12/01)

1988 **94** Le très classique 1988 arbore un rubis-prune profond et exhale les légendaires arômes de cèdre, d'herbes, de fruits à noyau séchés, de minéral et de cassis qui caractérisent le cru. L'ensemble, très concentré, révèle des tannins généreux et une concentration extraordinaire, et manifeste une précision dans les arômes absolument fabuleuse. Ce Lafite peu évolué, mais doté de manière impressionnante, pourrait bien s'imposer comme la grande réussite du millésime. **À boire jusqu'en 2035.** (8/02)

1986 **100** À bientôt 20 ans d'âge, ce 1986 évoque un vin jeune, tout en se révélant accessible. Prodigieux, extraordinaire de richesse, il arbore une robe sombre et se montre en bouche moyennement corsé, gracieux et harmonieux, révélant une finale magnifique et persistante. Il se distingue particulièrement par ses arômes prononcés de cèdre, de châtaigne, de minéral et de fruits riches. Ce vin puissant, dense, complexe et tannique manifeste encore une fabuleuse richesse en extrait. Son potentiel est immense – il requiert incontestablement de la patience. **À boire jusqu'en 2040.** (12/01)

1985 **87** Le Lafite 1985 devrait être meilleur, mais il gratifiera ceux qui aiment suivre la mode et sont disposés à payer un prix astronomique un vin au nez modérément intense de cèdre, de bois, d'herbes et de cuir, moyennement corsé, charmeur et épanoui, à la finale souple. Cependant, on peut se demander, après la dernière gorgée : n'était-ce vraiment que cela ? Le Lafite 1985, qui est à son apogée, se caractérise par son élégance, sa légèreté et son charme. **À boire jusqu'en 2010.** (12/01)

1983 **92** Ce vin, dont la robe d'un rubis-grenat profond est à peine ambrée sur le bord, libère des parfums enivrants et provocants de graphite, de pain grillé, de fruits noirs et rouges, de minéral et d'herbes rôties. Très structuré pour un Lafite, il révèle en milieu de bouche de la puissance, ainsi qu'un caractère doux, charnu et riche. C'est un vin extraordinaire, tout à la fois persistant, élégant et étonnamment charnu, qui a malheureusement été éclipsé par pléthore de très grands millésimes dans la fabuleuse décennie 80. **À boire jusqu'en 2019.** (1/02)

1982 **100** Encore extraordinairement jeune, ce vin ample – et massif pour un Lafite – devrait s'imposer comme la plus belle réussite de la propriété après le 1959. Il exhale toujours un nez irrésistible, d'une intensité exceptionnelle, aux notes d'herbes, de cassis, de vanille, de graphite et de cèdre. La bouche, extrêmement tannique, stupéfie par sa concentration et sa puissance atypiques, mais montre l'élégance caractéristique du cru, nullement compromise dans ce millésime réputé pour ses vins onctueux, épais et séveux. Tout à la fois riche, étoffé et encore peu évolué, ce fabuleux Lafite évoque son aîné de 1953. **À boire jusqu'en 2040.** (8/02)

1981 **91** À son apogée, ce cru ne montre néanmoins aucun signe de déclin, et ce bien qu'il soit assez léger. D'un rubis-grenat moyennement foncé, il libère le nez classique des Lafite, aux notes de fruits noirs et rouges, de cèdre, de cake et de tabac. L'ensemble qui suit, doux à l'attaque, révèle un fruité d'une grande délicatesse, et de subtils arômes de tabac, de boîte à cigares, de cèdre et de cake. Ce vin savoureux et souple, aussi plaisant pour les sens que pour l'intellect, sera parfait **jusqu'en 2015.** (3/02)

1979 **87** J'avais surestimé ce vin dans sa jeunesse et n'ai pas apprécié la manière dont il a évolué ; en effet, son niveau élevé d'acidité (typique d'un millésime marqué par la fraîcheur) lui confère un caractère plus comprimé que je ne l'aurais imaginé de prime abord. Sa robe, d'un rubis-grenat sombre, est maintenant fortement ambrée sur le bord, et ses arômes de groseille et de cassis doux ont développé un caractère végétal et de terre. L'ensemble, plutôt fermé, présente des tannins agressifs, étayés par une acidité très piquante. Je pense qu'il s'atténuera davantage avec le temps. **À boire jusqu'en 2012.** (12/01)

1978 **87** La robe d'un grenat moyennement foncé du 1978 précède de caractéristiques arômes de cèdre, d'herbes et de goudron. L'ensemble qui suit révèle, outre un nez d'herbes rôties et de fumé, un bon fruité à l'attaque, mais la finale est acerbe et anguleuse. Ce vin marqué d'une acidité étonnamment élevée et de tannins agressifs paraît proche du déclin, ces deux éléments prenant le pas sur son fruité, qui se dessèche. **À boire jusqu'en 2007.** (12/01)

1976 **90** Un beau bouquet séduisant, aux arômes de cèdre, d'épices et de fruits mûrs, introduit un vin profondément coloré, très concentré, d'une texture et d'une persistance d'excellent aloi. La robe est à peine ambrée sur le bord. Ce Lafite – le meilleur des années 70 – est à son apogée depuis plusieurs années et évolue assez rapidement. Cependant, il est encore impressionnant et en parfaite forme. **Devrait être bu.** (12/01)

1975 **90 ?** Pourquoi donc les Lafite présentent-ils ainsi de telles variations d'une bouteille à l'autre ? L'irrégularité observée dans les années 60 et 70 s'explique par un certain laxisme dans la mise en bouteilles, qui pouvait s'étaler sur une période assez longue (parfois plus de 12 mois, alors que l'opération, de nos jours, est bouclée en 2 à 3 semaines). J'ai dégusté des Lafite 1975 absolument grandioses jusqu'à 15 ans d'âge, mais il semblerait que certains flacons aient, par la suite, développé un caractère cuit et confituré évoquant un Barolo, tandis que d'autres auraient retenu leur ampleur et leurs arômes typiquement Pauillac de graphite, de cèdre, de cassis et de tabac. Le 1975 est généralement puissant, mais les bouteilles défectueuses ont tendance à se montrer très tanniques et curieuses ; les bonnes conjuguent des notes rôties et des saveurs sous-jacentes de graves et de minéral. Au fur et à mesure de son vieillissement, le Lafite 1975 se révèle un pari moins sûr. S'il se montre souvent extraordinaire, présentant des arômes parfaitement mûrs, il recèle aussi des tannins rugueux qui le desservent et constituent l'aspect négatif du millésime. Ce vin mystérieux, qui pourrait encore se révéler exceptionnel, durera incontestablement **encore 25 ans, voire davantage**, mais je doute que son fruité tienne jusque-là. En revanche, son cadet d'un an s'est toujours montré plus évolué et plus régulier. Cependant, je préfère le 1975 aux 1970, 1966, 1961, à mon sens surcotés. (12/01)

1970 **85** Le 1970 de Lafite, qui m'a régulièrement déçu, libère les classiques arômes de cèdre, de graphite, d'épices, de fruits noirs et rouges séchés caractéristiques de ce cru. À lui seul, le bouquet aurait mérité une excellente note, s'il avait été un peu plus intense. En revanche, la bouche, pas du tout séduisante, présente un haut niveau d'acidité qui ne manque pas d'inquiéter, l'ensemble ne révélant ni l'étoffe, ni le gras, ni la richesse en extrait nécessaires pour faire pièce à sa structure anguleuse. Ce vin est en train de se dessécher, et il est désormais dominé par des tannins rustiques. Tout compte fait, il s'agit d'une expérience plus spéculative que gustative. **À boire maintenant.** (12/01)

1966 **84** D'un rubis-grenat moyennement foncé, le 1966 de Lafite présente un nez d'herbes dominé par le cabernet sauvignon. En bouche, il libère des arômes souples et délavés, trahissant un manque de corps et de persistance. Il commence également à se dessécher. À mon sens, il pourrait évoquer un Cabernet de 30 ans d'âge de Monterey, en Californie. Le 1966 de Lafite Rothschild est une grande déception de ce millésime hétérogène, mais de très bonne tenue. **À boire maintenant.** (12/95)

1962 **88** Le 1962 exhale le légendaire bouquet de Lafite, aux arômes discrets de cèdre et de boîte à cigares, et se montre légèrement corsé et délicat en bouche. Il est rond, souple et délicieux, mais sa cote exorbitante me conforte dans l'idée que les Lafite de cette époque présentent rarement un rapport qualité/prix intéressant. **À boire maintenant.** (12/95)

1961 **84** Ce vin jouit d'une réputation extraordinaire. Pourtant, ayant eu l'occasion de le déguster pas moins de neuf fois, je l'ai toujours trouvé terriblement léger, trop acide, excessivement austère et étonnamment peu généreux pour le millésime. En outre, j'ai récemment constaté qu'il commençait à se dessécher. Sa robe, d'un rubis clair, est nettement tuilée, et le vin n'a pas ce bouquet pénétrant de boîte à cigares typique de Lafite ; le sien semble presque timide, compte tenu de la réputation du cru. N'ayant ni la puissance, ni la concentration, ni la majesté des grands 1961, c'est un Pauillac à propos duquel de trop nombreux critiques ont fait assaut d'euphémismes. Ils ont dit, en effet, qu'il avait « besoin de temps », qu'il était « élégant » ou « mal compris », quand ils auraient dû avouer qu'il était tout simplement surestimé et décevant. Compte tenu du niveau du millésime et de celui du domaine, c'est loin d'être un succès. **À boire sans plus tarder.** (12/01)

MILLÉSIMES ANCIENS

Le 1959 (noté 100 en mars 2002) est certainement le plus somptueux Lafite Rothschild qui soit actuellement à son apogée, et l'on peut se demander si les 1982, 1986, 1996 et 2000 atteindront jamais un tel niveau. Il libère un bouquet extrêmement aromatique de fleurs, de truffe noire, de cèdre, de crayon et de fruits rouges, qui introduit en bouche l'un des vins les plus puissants et les plus concentrés jamais produits à la propriété. Moyennement corsé, il est riche et pur, avec une texture veloutée, et témoigne merveilleusement des sommets que peut atteindre ce cru prestigieux lorsqu'il décroche la timbale. Ce vin d'une étonnante jeunesse se maintiendra encore 30 ans, voire davantage.

J'ai, par deux fois, attribué la note maximale (100) au Lafite 1953, et je l'ai trouvé une troisième fois proche de la perfection (noté 99). D'après les anciens, il se maintient à son apogée depuis déjà une trentaine d'années. Outre ses extraordinaires et caractéristiques arômes de minéral, de crayon, de cèdre et d'épices, il révèle une texture de velours et se montre merveilleusement rond et doux. D'une remarquable précision dans le dessin, il affiche un équilibre impeccable. Il est préférable d'acheter ce vin en magnum ou en tout autre grand format, sauf si l'on est sûr qu'il a été stocké dans une cave bien fraîche et qu'il n'a voyagé ni trop souvent ni trop longtemps.

D'autres millésimes réussis pour le Bordelais, tels le 1952, le 1949, le 1947 et le 1945, n'ont donné à Lafite que des vins anodins.

En revanche, la plupart des millésimes du XIXe siècle se sont révélés extraordinaires, contrairement à ceux du XXe. Ainsi, le 1832 (noté 76 en septembre 1995) exhale un nez de boîte à cigares, de thé glacé et d'herbes, et présente en bouche des arômes fragiles, légèrement corsés, ronds et délicats. La finale est courte et dure. Je trouve remarquable que ce vin ait encore conservé du fruit.

Michael Broadbent a longtemps soutenu que le 1848 de Lafite était l'un des plus grands vins de son siècle et lui a accordé 5 étoiles lors d'une dégustation en 1988. Sept ans plus tard, ce vin était encore extraordinaire (je l'ai noté 96 en décembre 1995). D'un rubis-grenat léger, il présentait un nez exceptionnellement pénétrant de doux cèdre, de fruits mûrs et confiturés, de terre, de cake et de crayon à papier, suivi en bouche d'un ensemble remarquable de densité, mais élégant, velouté et d'une ampleur fabuleuse. On lui donnait sans hésiter 45 à 50 ans d'âge. Ce vin stupéfiant – véritable légende – est vraiment typiquement Lafite !

Une robe rubis-ambre et un nez de cèdre et de cassis, évoquant Mouton, introduisent le Lafite Rothschild 1864 (noté 92 en septembre 1995). Étonnamment intense et mûr, ce vin révèle, outre un doux fruité, une fraîcheur remarquable et un caractère terriblement alcoolique. On décèle encore en bouche des arômes merveilleusement exotiques d'épices orientales, de tabac et de graves ; l'ensemble, irrésistible, stupéfie par la puissance et l'intensité qu'il manifeste en finale.

Le Lafite 1865 (noté 98 en septembre 1995) m'a littéralement ébloui dès le premier instant. Ma note de dégustation à son sujet commençait par un très éloquent « Ouahou ! ». Ce vin d'un autre monde arbore une robe d'un grenat moyen légèrement nuancé de rouille et d'orange sur le bord, qui précède des senteurs extraordinaires, fabuleusement denses et intenses de chocolat, d'herbes et de cèdre, étayées par un merveilleux fruité sous-jacent, doux et opulent. La finale, longue et veloutée, s'exprime tout en rondeur. Il est difficile d'imaginer un vin de 130 ans (élaboré du vivant de Robert E. Lee et Ulysses S. Grant, qui s'étaient farouchement opposés au moment de la guerre de Sécession) aussi extraordinaire, mais j'y étais, je l'ai vu, humé, dégusté et bu. C'était irréel !

Après deux expériences décevantes, j'ai enfin pu goûter une bouteille profonde, irrésistible et provocatrice de l'immortel et légendaire Lafite 1879 (c'était lors d'une dégustation de Hardy Rodenstock à Munich, en septembre 1995). D'un rubis-grenat resplendissant, ce vin présentait un nez très ample de céleri fraîchement coupé, de menthe, de cèdre et de cassis, qui se développait rapidement tout en se maintenant 30 à 40 minutes dans le verre... jusqu'à ce qu'il vienne tapisser mon estomac. Le fruit était doux, étonnamment gras et opulent pour un Lafite, et la finale souple, puissante et confiturée. Quelle merveille !

Hormis ces vins exceptionnels, mes notes de dégustation sur Lafite révèlent davantage de déceptions que de réussites. Ainsi, les 1950, 1952 et 1955 sont inintéressants. En revanche, le 1957, sans être grandiose, est étonnamment bon (je l'ai noté 86-88 par deux fois). Dans les années 40, 1945 est astringent et dépourvu d'équilibre, 1947 décevant, 1949 bon sans être profond.

Parmi les années plus anciennes, j'ai une seule bonne note dans la décennie 30 (peu favorable au Bordelais) : c'est le 1934 (noté 90 en 1986). Il était merveilleux en magnum.

En avril 1991, j'ai eu le privilège de déguster les 1924, 1926, 1928 et 1929 chez un ami à Bordeaux. Ces bouteilles avaient été achetées dans les années 30 et conservées depuis dans une cave fraîche. Elles étaient toutes décevantes : le 1929 (noté 59) était fané et fatigué, le 1928 (noté 68) conservait une certaine élégance, mais se montrait court et atténué. En outre, c'est le seul Lafite qui ait jamais été pasteurisé. Le 1926, dur et desséché, ne méritait pas mieux que 67, et le 1924, légèrement plus frais que le 1926, valait 69. En revanche, le 1921 (noté 93 en septembre 1995) m'a stupéfait, avec sa robe grenat fortement ambrée sur le bord et son nez doux et presque trop mûr de fruits noirs et rouges, de cèdre, d'herbes et d'épices. Moyennement corsé et remarquablement conservé, il présentait un caractère rôti ; après aération, on décelait une pointe d'acidité en finale. Ce Lafite doux, parfumé et délicieux était à son apogée depuis 40 à 50 ans déjà.

LATOUR

1er cru classé en 1855 et en 1973
Propriétaire : François Pinault
Adresse : Saint-Lambert – 33250 Pauillac
Tél. 05 56 73 19 80 – *Fax* 05 56 73 19 81
E-mail : info@chateau-latour.com
Site Internet : www.chateau-latour.com
Visites : sur rendez-vous uniquement
Contact : Sonia Favreau

VIGNOBLE ET VINIFICATION

Superficie : 65 ha
Encépagement : 75 % cabernet sauvignon, 20 % merlot, 4 % cabernet franc, 1 % petit verdot
Âge moyen des vignes : 40 ans – *Densité de plantation :* 10 000 pieds/ha
Rendement moyen : 45 hl/ha
Élevage : fermentations et cuvaison de 21 jours environ en cuves d'acier inoxydable thermorégulées ; vieillissement de 17 mois en fûts (85-100 % de bois neuf selon le millésime) ; collage au blanc d'œuf ; pas de filtration

VINS PRODUITS

Grand Vin de Château Latour – 175 000 b ; Les Forts de Latour – 140 000 b
À maturité : dans les 15 à 50 ans suivant le millésime

APPRÉCIATION GÉNÉRALE

Même en tenant compte d'une période difficile dans les années 80, Latour s'impose comme le plus régulier à haut niveau des premiers crus du Bordelais (bien qu'il ait été égalé par Lafite et Haut-Brion ces dernières années). Fidèle à sa réputation, il est aussi remarquable dans les très grands millésimes que dans les moins bons. Puissant, tannique, riche, dense et intense, il est toujours de haut niveau et apte à une très longue garde. Malheureusement (et il en va ainsi des meilleurs Bordeaux), les prix correspondent à la qualité, au nom, à la renommée et à la demande mondiale sans cesse grandissante. Les amateurs en quête de bonnes affaires les chercheront ailleurs, ou se rabattront sur Les Forts de Latour, le second vin de la propriété, qui équivaut à un quatrième cru classé.

Bénéficiant d'une situation exceptionnelle, à la limite de Pauillac et de Saint-Julien, immédiatement au nord du domaine clos de murs de Léoville Las Cases, le vignoble de Latour est aisément repérable de la route, grâce à sa tour fortifiée de couleur claire. Cette bâtisse imposante, qui domine à la fois les vignes et la Gironde, date du XVIIe siècle (elle fut construite sur les vestiges d'une forteresse du XVe siècle utilisée par les Anglais pour riposter aux attaques de pirates).

Latour est l'un des rares crus prestigieux du Bordelais à avoir été aux mains d'intérêts étrangers. En effet, il a appartenu à des Anglais de 1963 à 1994, quand il redevint français, avec son rachat par l'homme d'affaires François Pinault.

Le vin de Latour est un exemple de régularité, à un haut niveau, dans les grands millésimes comme dans les petits ou même les médiocres. C'est pour cette raison que beaucoup considèrent ce cru comme le tout premier du Médoc. On dit de lui, en effet, qu'il est le meilleur du Bordelais dans les années difficiles (telles 1960, 1972 ou 1974) ; cette réputation est, dans l'ensemble, justifiée, même s'il y a des exceptions (par exemple, les Latour 1977, 1980 et 1984, étonnamment légers, sont surpassés par de nombreux autres crus). Latour est également l'un des plus lents à évoluer, et peut parfois exiger une garde de 20 à 25 ans pour que se fondent ses imposants tannins et que s'affirment sa profondeur, sa puissance et sa richesse extraordinaires. Mais ce cru, que l'on dit puissant et robuste, s'est semble-t-il – discrètement, mais incontestablement – assoupli entre 1983 et 1989, et, bien que l'équipe de Latour s'en défende farouchement, les dégustations que j'ai effectuées révèlent, à n'en pas douter, un style plus accessible et plus souple. Fort heureusement, cette orientation a vite été abandonnée, Latour opérant à partir de 1990 un retour au style puissant et massif qui a fait sa gloire.

Alors que le 1982 et, dans une moindre mesure, le 1986 sont indiscutablement grandioses, Latour n'a pas connu, en fin de compte, une très belle décennie 80. Les connaisseurs disent parfois que la faute en revient à la petite taille de la cuverie, qui n'aurait pas été adaptée aux importants volumes de vendanges, comme en 1983, 1985 et 1986, d'où la nécessité, semble-t-il, d'écouler très rapidement les cuves pour vinifier le reste de la récolte. La cuverie et les chais de vieillissement ont ensuite été agrandis – à temps pour recevoir la vendange 1989, la plus importante jamais enregistrée dans le Bordelais. En 2000, un investissement conséquent a permis à Latour de se doter de chais et de locaux techniques équipés dans les règles de l'art. Cependant, une dégustation attentive des 1983, 1985, 1988 et 1989 laisse la nette impression que, dans ces années, Latour a été franchement plus léger, moins puissant et moins concentré que dans les décennies précédentes. En revanche, les millésimes des années 90 marquent un indiscutable renversement de la tendance. D'ailleurs, sous la rigoureuse administration de François Pinault, épaulé par son bras droit Frédéric Engerer, il y a fort à parier que Latour visera rien de moins que la perfection.

Latour demeure l'un des bordeaux les plus concentrés, les plus riches, les plus tanniques et les plus corsés qui soient. À son apogée, il se distingue par un bouquet irrésistible de noisette fraîche, de cuir, de cassis, de graves et de minéral. La bouche, généralement extraordinaire de richesse, ne manifeste jamais aucune lourdeur.

2003 **98-100** Le 2003 de Château Latour, l'un des trois jeunes bordeaux les plus extraordinaires que j'aie dégustés, pourrait prétendre au titre de réussite du millésime (le 2002 s'imposant indiscutablement, à mon sens, comme le grand succès de cette année). Ce cru de haut vol propose un Pauillac étonnamment riche et concentré, dénué de lourdeur et de surmaturité. L'ensemble, qui se compose à 81 % de cabernet sauvignon, à 18 % de merlot et à 1 % de petit verdot (le merlot fut rentré entre le 8 et le 13 septembre, et le cabernet sauvignon entre le 22 et le 30 septembre), est issu d'une sélection de 53 % de la récolte totale et comprend du vin de presse à hauteur de 6 %. Il bat des records avec ses 13 % d'alcool naturel. Ce vin remarquable, qui s'annonce par une robe pourpre-noir, exhale un extraordinaire bouquet de crème de cassis et de mûre nuancé en arrière-plan d'un doux boisé subtil. Suit en bouche un ensemble massif et généreux, qui se développe par paliers et tout en rondeur, révélant une montagne de gras et de richesse en extrait. Seule une dégustation très attentive permet d'en déceler la structure et les tannins – en ce sens, le 2003 évoque son aîné de 1982, au même stade d'évolution. La comparaison avec le 2000, incontestablement grandiose, révèle que le 2003 est deux fois plus concentré, avec un fruité inimaginable pour quiconque ne l'a pas goûté. De fait, je pense n'avoir jamais dégusté de Latour de cette trempe. Je me demande d'ailleurs comment le 1961 se montrait au même âge. Quoi qu'il en soit, le 2003, qui est extraordinaire de pureté avec une finale longue de plus de 70 secondes, constitue un véritable tour de force en matière de vinification – c'est une légende des temps modernes. Malheureusement, la production est faible, de l'ordre de 10 000 caisses. **À boire entre 2010 et 2040 ?** (3/04)

2002 **96** S'il fallait, à ce stade, me déterminer sur la réussite du millésime, mon choix se porterait sur le 2002 de Latour. En effet, ce vin colossal, remarquable de concentration et richesse en extrait, s'impose comme une légende en perspective. Je serais curieux de le comparer avec des millésimes récents de haut vol comme 1996 ou 2000, sachant que le 2002 ne bénéficiera probablement jamais de l'aura et du prestige de ses deux aînés. D'après Frédéric Engerer, le méticuleux administrateur de la propriété, de faibles rendements, de l'ordre de 23-24 hl/ha, ont donné ici un vin composé à 74 % de cabernet sauvignon, à 25 % de merlot, avec de petites touches de cabernet franc et de petit verdot. Malgré l'absence de chaptalisation, le 2002 titre plus de 13 % d'alcool naturel (ce qui explique sa très grande puissance). Son pH est relativement élevé (de l'ordre de 3,87). Ces chiffres montrent le bien-fondé de vendanges tardives qui ont permis à la récolte de bénéficier de l'été indien. Le grand vin 2002 est issu d'une sélection de 51 % seulement de la récolte de la propriété. Qu'en dire ? Qu'il est puissant et massif, sans rien sacrifier en matière d'élégance ou de pureté ; que sa robe d'un pourpre opaque est soutenue et sombre, que ses arômes de minéral, de crème de cassis et de réglisse se révèlent étonnamment intenses. On ajoutera que l'ensemble est fabuleux d'étoffe et de puissance ; très corsé, il se distingue encore par un fruité et une richesse en extrait hors du commun, tout en conservant une pureté et une harmonie exceptionnelles. Tous ces traits suggèrent que ce vin gigantesque ne sera pas prêt avant une assez longue garde. Bien que je ne le croie pas aussi peu évolué que son jumeau de Mouton, le 2002 de Latour est nettement moins accessible que son homologue de Lafite. Quoi qu'il en soit, ce vin superbe incarne un véritable tour de force de la part d'une propriété qui a incontestablement décroché la timbale dans le cadre d'un millésime plutôt hétérogène. **À boire 2015 et 2050, voire au-delà.** (9/03)

2001 **95** Le 2001 de Latour, qui se compose à 80 % de cabernet sauvignon et pour le reste de merlot et d'une touche de petit verdot et de cabernet franc, est le fruit d'une sélection de 53 % de la récolte totale. C'est le premier millésime à avoir été vinifié dans la nouvelle cuverie dont s'est dotée la propriété. Très élégant, évoquant le 1999 par son caractère racé et tonique, il semble cependant plus dense et plus tannique. S'annonçant par de doux arômes de fruits noirs auxquels se mêlent des notes de minéral, il séduit encore par ses flaveurs relativement évoluées. Ce Pauillac de très grande classe est extraordinaire à la fois de pureté, d'étoffe et de profondeur, mais il n'est ni puissant ni massif, si bien que les amateurs recherchant quelque ressemblance avec les 1996 et 2000 seront déçus. **À boire entre 2007 et 2025.** (1/03)

2000 **98+** Issu d'une sélection de 48 % de la récolte de la propriété, le 2000 de Latour est disponible à hauteur de 14 000 caisses seulement. Vraiment grandiose, il est impeccable d'équilibre et de finesse, et ce malgré sa très grande ampleur, sa densité et son épaisseur, qui n'ont rien à envier à celles du 1996. D'un rubis-pourpre soutenu tirant sur le noir, il paraît discret de prime abord, mais révèle, après aération, des notes de vanille, ainsi que des arômes extraordinairement purs de crème de cassis et de terre. Corsé et tannique, il n'a pas l'opulence du 1990 ni du 1982, mais il présente une pureté, une précision, une rondeur et une fraîcheur qui le distinguent de ses aînés. Il devrait, à mon sens, friser la perfection. Je le crois capable de tenir une cinquantaine d'années. **À boire jusqu'en 2050.** (1/03)

1999 **93** Les amateurs en quête d'un clone des superbes Latour 1962 ou 1971 devraient se tourner vers le 1999 de ce cru. Ce vin sensationnel, à la fois ample et concentré, s'annonce par un rubis-pourpre dense et par de classiques senteurs de minéral, de cassis, de cuir et de vanille. Suit en bouche un ensemble moyennement corsé, mûr et persistant, étonnamment étoffé et généreux, étayé par des tannins aussi doux qu'abondants. Le 1999 de Latour tiendra bien **30 ans après une garde de 3 ans.** (8/02)

1998 **90** Sans être puissant, massif et concentré comme ses aînés de 1996, 1995, 1990 ou 1982, le 1998 de Latour exhale un bouquet complexe de sous-bois, de cèdre, de noix et de cassis nuancé de réglisse, et se montre au palais moyennement corsé et modérément tannique. Ce vin d'un grenat-pourpre foncé ne présente pas en milieu de bouche l'ampleur qui caractérise les crus grandioses, et ses tannins sont légèrement agressifs – ce qui n'a toutefois rien d'étonnant pour un jeune millésime de Latour. **À boire entre 2009 et 2030.** (8/02)

1997 **86** Voici un vin souple, parfumé et savoureux. Certes, il manque quelque peu d'intensité et de puissance, mais il a pour lui un doux fruité de noisette et de cassis nuancé de minéral et d'un boisé subtil. La bouche révèle une belle texture, étayée par une heureuse acidité ; les tannins sont mûrs, et la finale moyennement corsée. **À boire dans les 8 ans.** (8/02)

1996 **99** Véritable clone moderne du 1966, en plus mûr, le 1996 de Latour est issu d'un millésime irrégulier en Pomerol et Saint-Émilion, ainsi que dans les Graves, mais extrêmement favorable au Nord-Médoc, qui enregistra une magnifique récolte de cabernet sauvignon en raison des splendides mois de septembre et d'octobre. Ce vin spectaculaire arbore un pourpre opaque et présente des senteurs merveilleusement douces et pures de cassis, subtilement rehaussées de minéral. La bouche, massive et très corsée, somptueuse de richesse en extrait, recèle des tannins abondants, mais très mûrs, et la finale, persistante, dure près de 1 minute. Plus classique et plus dense que son aîné d'un an, ce 1996 présente un potentiel de garde de 50 à 75 ans. Bien qu'il soit encore dans sa toute petite enfance, il serait intéressant de le goûter. **À boire entre 2015 et 2050.** (3/02)

1995 **96+** Véritable merveille, ce vin d'un pourpre dense et opaque exhale un bouquet encore jeune, mais très parfumé, de cassis confituré, de vanille et de minéral. Moyennement corsé, extraordinaire à la fois de pureté et de concentration, il déploie une finale tout à la fois persistante, mûre et intense, longue de plus de 40 secondes. Ce vin magnifique libère encore, après aération, des senteurs de café torréfié et de chêne neuf grillé. Il requiert une certaine garde. **À boire entre 2012 et 2050.** (6/00)

1990 **96** Ce millésime de Latour n'est pas aussi puissant ni aussi massif que je l'aurais pensé. Sa robe d'un rubis-pourpre foncé est moins soutenue que celle de ses cadets de 1995, 1996 et 2000. L'ensemble, marqué par un caractère de terre et de rôti typique des millésimes chauds, est étayé par une faible acidité. Il séduit le palais par ses arômes charnus et opulents, ainsi que par sa finale corsée, au gras et aux tannins généreux. Ce vin doux, accessible et charmeur à l'attaque s'amenuise malheureusement par la suite en milieu de bouche. Il requiert une garde supplémentaire de 4 à 5 ans et tiendra 25 à 30 ans, mais je me demande s'il est bien l'immortel classique que, comme d'autres amateurs, j'avais espéré. **À boire entre 2009 et 2036.** (8/02)

1989 **89** Le 1989 de Latour présente de nombreux traits qui font le charme des meilleurs millésimes du Bordelais – souplesse, maturité et fruit doux. Malheureusement, ces qualités ne sont pas ici réunies en quantité suffisante. Arborant un rubis sombre évolué et ambré sur le bord, ce vin au nez de caramel, de café, de cerise noire mûre, de groseille, de cèdre et de boîte à épices est moyennement corsé et étayé par une faible acidité. En bouche, il accuse un manque de richesse et pèche par sa finale abrupte. L'ensemble, de bonne facture, est délicieux, mais je doute qu'il développe la puissance et l'ampleur aromatique que lui prêtent ses auteurs. **À boire jusqu'en 2020.** (6/00)

1988 **91** Le 1988 de Latour – un millésime sous-estimé – ne s'était jamais montré sous un aussi bon jour que lors de cette dernière dégustation. D'un grenat foncé légèrement ambré sur le bord, il dégage un bouquet de goudron fondu, de prune, de cassis, de cèdre et de sous-bois. Doux à l'attaque, il exprime une bouche moyennement corsée et épanouie, aux tannins mûrs. Ce classique d'élégance est plus porté sur les arômes de viande et de végétal que certains millésimes plus évolués, tels 1989 et 1990. Il atteint tout juste son apogée et devrait s'y maintenir un petit quart de siècle. **À boire jusqu'en 2030.** (6/00)

1986 **90+** Le 1986 s'est toujours montré extraordinaire, sublime à peu de chose près. Son bouquet poivré et épicé révèle des notes d'herbes séchées et de groseille préludant à un ensemble moyennement corsé, austère, encore jeune, tonique et concentré, qui requiert une garde de 2 à 3 ans. Latour est surpassé en 1986 par ses rivaux de Lafite Rothschild et de Mouton Rothschild. **À boire jusqu'en 2020.** (6/00)

1985 **88** Le Latour 1985 est souple et épanoui, quelque peu dénué de structure, de profondeur et de précision. D'un rubis sombre ambré sur le bord, il exhale un nez assez séduisant de tabac, de fruits noirs, de terre et de chêne neuf, mais qui manque à la fois d'intensité et de persistance. L'ensemble, moyennement corsé, déploie un doux fruité à l'attaque, mais il s'amenuise ensuite, révélant un caractère herbacé et des tannins secs. **À boire jusqu'en 2012.** (6/00)

1983 **88** Ce vin, qui est à son apogée, est dénué de concentration et révèle un caractère légèrement herbacé. Au nez, il libère des notes de cuir, de sueur, de goudron, de tabac et de fruits rouges et noirs. L'ensemble présente également des nuances de caramel et de noix rôtie. Ce vin moyennement corsé, aux tannins souples, pèche par manque de persistance. **À boire dans les 8 ans.** (6/00)

1982 **100** Ce Latour est atypique, dans la mesure où il a toujours été précoce. Il s'est montré délicieux, épanoui et confit à tous les stades de son évolution, contrairement à ses homologues de l'appellation, Mouton Rothschild et Lafite Rothschild. D'un grenat dense et opaque légèrement ambré sur le bord, le Latour 1982 mêle au nez de doux arômes de fumé et de rôti à des notes de cassis, de cerise et de prune. L'ensemble, extraordinaire de pureté et de concentration, est épais et gras, et suinte littéralement de flaveurs de cèdre, de tabac, de café et de fruits très mûrs. Il doit à sa faible acidité et à son caractère alcoolique (pour un bordeaux) son gras généreux et sa bonne mâche. Sa finale semble ne jamais vouloir s'estomper. Le seul millésime de Latour dont la texture et le caractère savoureux évoquent le 1982 est le 1961. **À boire jusqu'en 2040.** (8/02)

1978 **90** D'un rubis-grenat légèrement ambré sur le bord, le Latour 1978 dégage un nez épicé de cuir, de tabac, d'herbes séchées et de terre, sous lequel on décèle un doux fruité qui essaie de s'imposer. Chose intéressante, on remarque également des notes de chêne neuf. L'ensemble, moyennement corsé, élégant et parfumé, est à son apogée et commence peut-être à se dessécher. **À boire jusqu'en 2010.** (6/00)

1975 **90 ?** En prenant de l'âge, la plupart des 1975 du Médoc sont devenus plus maigres, plus austères et moins plaisants. Au contraire, certains Graves, comme Haut-Brion et La Mission Haut-Brion, ainsi que la plupart des Pomerol, ont gagné en ampleur aromatique, s'imposant au nombre des grandes réussites de ce millésime surcoté. D'un rubis-grenat foncé, le 1975 de Latour libère un nez sec mêlant des notes de minéral, de tabac et de pierre à des senteurs de cassis et de groseille, qui disputent à des arômes de cèdre, de boîte à épices et de bois de balsa l'attention du dégustateur. L'ensemble, dur et dense, marqué de tannins astringents, est très structuré et très concentré, mais aussi quelque peu dénué de charme. Encore jeune et peu évolué, il est capable de tenir **jusqu'en 2020.** Je me demande cependant s'il n'évoluera pas en se desséchant et en se durcissant. (6/00)

1971 **94** Le 1971 de Latour est incontestablement la réussite du millésime en Médoc, si ce n'est dans le Bordelais – sachant, cependant, que Petrus et Trotanoy sont également superbes. Accessible dès sa jeunesse, il a bien évolué, et présente désormais, outre une belle complexité aromatique, des arômes d'une profondeur et d'une concentration atypiques du millésime. Sa robe d'un grenat sombre et opaque est légèrement ambrée sur le bord. Elle introduit un superbe bouquet d'herbes séchées, de cèdre, de fruits noirs fumés et de café, lui-même préludant à un ensemble riche, mais structuré, moyennement corsé et modérément tannique, élégant et complexe, doux en milieu de bouche, persistant, concentré et tannique en finale. Ce vin, longtemps sous-estimé, est à son apogée depuis plus d'une dizaine d'années, mais il ne donne aucun signe de déclin. **À boire jusqu'en 2012.** (6/00)

1970 **97** J'ai régulièrement noté ce vin, dont j'ai consommé presque une douzaine de bouteilles, entre 95 et 98. Les trois bouteilles que j'ai dégustées en juin 2000 (elles provenaient de la propriété) présentaient un caractère étonnamment herbacé, ainsi que des notes de soja, de cèdre, de légumes rôtis, de cuir et de terre qui dominaient son fruité. On avait l'impression d'un vin moyennement corsé, élégant et savoureux, à son apogée. De fait, le 1970 est excellent, mais plutôt anodin. Une bouteille issue de ma cave, notée 97 en août 2002, révélait un ensemble capable de tenir encore une vingtaine d'années, contrairement à celles provenant des caves du château, qui demandent, semble-t-il, à être consommées assez rapidement. Les amateurs de vieux millésimes – qu'il s'agisse de bordeaux, de bourgognes ou de Cabernet de Californie – se rappelleront l'adage selon lequel « il n'y a pas de grands vins, mais seulement de grandes bouteilles », en particulier lorsqu'il s'agit de vins de plus de 30 ans d'âge. **À boire jusqu'en 2030.** (8/02)

1966 **96** Le 1966 de Latour, qui s'impose comme la réussite du millésime, est un bordeaux classique et traditionnel, qui n'est devenu accessible qu'après plusieurs années de garde. Sa robe d'un grenat sombre et opaque accompagne de fabuleuses senteurs de cèdre, de doux cuir, de prune et de noisette rôtie. Suit en bouche un ensemble doux, étayé par une acidité fraîche et des tannins généreux, à la finale épicée. Ce vin impressionnant, à la fois puissant, massif et concentré, est à son apogée et s'y maintiendra **encore 10 à 20 ans.** (6/00)

1962 **95** Éclipsé par les 1959 et 1961, plus prisés, le 1962 de Latour constitue cependant une belle réussite de la propriété. D'un grenat dense et opaque ambré sur le bord, il dégage de superbes arômes de cèdre, de bois de balsa, de café, de fruits noirs, de cuir et de fumée de cigare. Souple et corsé, étayé par des tannins doux et un gras généreux, il déploie un fruité richement extrait ainsi qu'une finale séduisante, aux notes de truffe. Un Latour superbe, merveilleux d'équilibre, encore sous-estimé et sous-coté, qui, quoique accessible depuis deux bonnes décennies, est, à mon sens, capable de tenir **encore une vingtaine d'années.** (6/00)

1961 **100** Évoquant un Porto par son onctuosité, le 1961 présente une texture et une épaisseur qui n'ont d'égal que celles du 1982 et du 1959. Il arbore une robe grenat foncé fortement ambrée sur le bord. Si l'une des trois bouteilles servies lors de la dégustation de juin 2000 révélait un nez agressif, aux notes de menthe et d'herbes, les deux autres, qui frisaient la perfection, se distinguaient par des arômes parfumés de cèdre, de truffe, de cuir et de minéral. Corsé, doux et confit, ce vin voluptueux, étoffé et concentré développe par paliers une finale tout en nuances, qui caractérise les très grands crus. Le 1961 de Latour est à son apogée depuis plus de 15 ans, mais, comme le 1982, il semble gagner en richesse, tout en conservant son gras et sa saveur, et en développant davantage de nuances sans rien perdre de sa concentration ni de sa douceur. Il s'agit incontestablement d'une légende de son siècle. **À boire jusqu'en 2025.** (6/00)

1959 **96** D'un grenat foncé ambré sur le bord, le 1959 de Latour révèle un nez de caramel fondu, de tabac et de fruits noirs et rouges confiturés marqué par une touche d'acidité volatile. Au fur et à mesure de son aération, il développe d'autres notes de minéral, de café, d'épices et de sous-bois. Par son épaisseur, sa texture, son onctuosité et son caractère corsé, il évoque le 1982 et le 1961. Sa finale recèle encore des tannins généreux, dont je doute qu'ils se fondront harmonieusement. Ce vin somptueux, à la fois riche, complexe et parfumé, s'impose en bouche avec ampleur. Il est à son apogée et doit être consommé **dans les 8 ans.** (6/00)

1955 **94** Ce vin spectaculaire est issu d'un millésime qui a réservé bon nombre d'agréables surprises, notamment dans le Médoc et les Graves. D'un grenat profond, il est encore tannique, mais séduit par ses extraordinaires parfums de viande fumée, d'herbes séchées, de cèdre, de fruits noirs, de sous-bois et de cuir. Évoquant des millésimes comme 1966 et 1970, il se montre corsé, doux et intense, et révèle une puissance d'excellent aloi. Il a un bel avenir devant lui. Le superbe Latour 1955 est sous-estimé, et il se pourrait même qu'il s'améliore encore. **À boire jusqu'en 2020.** (6/00)

1949 **98** Ce vin frisait la perfection à chaque dégustation, et la dernière bouteille que j'aie goûtée ne faisait pas exception à la règle. Le très séduisant Latour 1949 dégage de spectaculaires parfums de truffe, de thé noir, de soja et de minéral, ainsi que de très généreux arômes de prune. Doux à l'attaque, il révèle en bouche une opulence hors du commun, ainsi qu'une texture voluptueuse. Ce vin corsé, merveilleux de fraîcheur, déploie encore une finale charnue et savoureuse, bien marquée par la mâche. À son apogée depuis 25 à 30 ans, il pourrait se maintenir encore une quinzaine d'années – s'agissant, bien entendu, de flacons parfaitement conservés ou de grands formats. **À boire jusqu'en 2020.** (6/00)

1947 **92 ?** Je n'ai jamais eu beaucoup de chance avec ce millésime (de l'année de ma naissance). Cependant, une bouteille dégustée en mars 2000, objet du présent commentaire, est probablement la meilleure que j'aie jamais bue. Quoique très fragile – sa robe est fortement ambrée –, le 1947 de Latour libère des notes d'herbes fumées, de caramel et de doux fruits rôtis. En bouche, il révèle une texture et un gras généreux. L'ensemble, délicieux et séduisant, se dessèche cependant dans le verre, l'acidité et les tannins prenant le dessus au terme d'une aération de 10 à 15 minutes. Bien que ce vin soit toujours impressionnant, je conseillerais de le boire **sans plus tarder.** (3/00)

1945 **90 ?** Ce millésime est assez irrégulier. J'ai acheté une caisse de Latour 1945, comprenant certaines bouteilles reconditionnées au château et d'autres portant le bouchon d'origine. Ce sont ces dernières qui m'ont paru les meilleures, méritant des notes entre 85 et 98. Le flacon objet du présent commentaire révélait l'austérité et les abondants tannins caractéristiques du millésime. Cependant, ses arômes étaient superbes, évoquant les fruits secs, le tabac, le fumé, la terre et le soja. En bouche, l'ensemble est moyennement corsé, quelque peu atténué, et son fruité commence tout juste à se faner, ce qui le rend sévère et fait ressortir ses tannins astringents. Quoi qu'il en soit, une fois encore, aucune bouteille ne ressemble à une autre. **À boire maintenant.** (6/00)

1934 **91** Le 1934 de Latour – le meilleur millésime d'une décennie décevante – arbore un grenat profond et dégage de généreux arômes de fumé, de minéral et de doux cèdre, ainsi que des nuances de tabac, de fer, de goudron et de garrigue. L'ensemble, mûr et persistant, est merveilleusement doux, avec des tannins modérés. Il se montrait sous un excellent jour et m'a paru capable de tenir **encore une petite dizaine d'années.** (6/00)

1929 **60** Les trois bouteilles de Latour 1929 avaient souffert du voyage. J'ai eu l'occasion, dans le passé, de déguster quelques beaux flacons de ce millésime, mais le vin, bien que présentant un caractère affirmé, s'est toujours montré fragile et révélait une acidité volatile importante. L'échantillon qui fait l'objet du présent commentaire était vraisemblablement passé, à en juger par sa robe ambre très clair. Au nez, il évoquait de prime abord le doux cèdre, puis, après aération, des notes de thé rance, de bois moisi et de champignon pourri. Je pense que l'ensemble a été riche et opulent dans sa jeunesse, mais, à en juger par les bouteilles en provenance du château, ces qualités relèvent désormais du passé. J'aurais aimé pouvoir comparer les bouteilles provenant de la propriété à des flacons conservés dans une cave très fraîche. **À boire maintenant.** (6/00)

1928 **76** J'attendais avec impatience de pouvoir déguster ce vin, auquel j'avais attribué en deux occasions, et plus récemment en septembre 1994, la note parfaite. Il n'en alla pas de même pour les trois bouteilles présentées par le château à cette dernière dégustation chez Christie's. Outre une robe d'un grenat fortement ambré, le 1928 de Latour présentait des notes épicées de cèdre, de tabac grillé, d'herbes séchées et de minéral. Moyennement corsé, mais atténué, avec un fruité en déclin, il se délitait en bouche, faisant la part belle en finale aux tannins et à l'acidité. Quelle déception ! Cependant, il ne faut pas perdre de vue que des flacons bien conservés ou les grands formats sont peut-être encore en parfaite forme. **À boire maintenant.** (6/00)

1924 **90** D'un rubis-ambre moyennement foncé, ce vin très parfumé – il dégage des notes de cannelle, de gingembre, de cuir, d'herbes séchées et de fer – est moyennement corsé, mûr et doux. Sa finale est légèrement marquée par l'acidité et les tannins, mais l'ensemble est encore en parfaite forme. Je le crois capable d'une garde de **10 à 20 ans.** (6/00)

1918
64 D'un rubis léger fortement ambré, le 1918 est aqueux, maigre et austère, avec des arômes de champignon et une finale maigre et tannique. Ce vin, qui accuse un manque de fruit, n'est pas encore totalement passé, mais il manque absolument de charme. **À boire sans plus tarder.** (6/00)

1909
92 Le remarquable Latour 1909 présente, outre une robe très ambrée nuancée de rubis et de grenat, un doux nez de caramel, de fruits rouges et noirs confiturés, de champignon, de cèdre et de boîte à épices qui jaillit littéralement du verre. L'ensemble, aux arômes toniques et mûrs, est moyennement corsé, avec des tannins doux et une finale persistante. Quelle bonne surprise ! **À boire jusqu'en 2010.** (6/00)

1900
87 Encore tonique, mais ferme, carré et dénué de complexité, ce vin d'un rubis-ambre assez sombre est également puissant et concentré. Malgré son caractère réticent, on y décèle une acidité très marquée, des notes de fumé, de minéral, de tabac et d'herbes, ainsi qu'une profondeur de bon aloi. Cependant, l'ensemble manque à la fois de douceur et de charme. Il vieillira de belle manière **ces 15 à 20 prochaines années.** (6/00)

1899
98 Présenté à côté de son cadet d'un an, le 1899 l'éclipsait totalement. Ce vin, qui frise la perfection, arbore un grenat foncé et développe un nez étonnamment doux d'herbes rôties, de viande fumée, de sous-bois et de cèdre, ainsi qu'un fruité velouté, presque surmûri, comme l'attestent ses notes de marmelade. Moyennement corsé, opulent et charnu, il révèle en bouche un gras généreux qui dispute à des flaveurs de café torréfié l'attention du dégustateur. La finale, un pur velours, regorge de gras et d'alcool ; elle n'est nullement marquée de tannins ou d'acidité en excès. Ce vin superbe atteste magnifiquement le potentiel de garde des très grands bordeaux. **À boire jusqu'en 2020.** (6/00)

1893
62 Ambre de robe, le 1893 dégage un nez aqueux de soja, de cuir et de renfermé. Ce vin dur, sec, tannique et astringent recèle davantage d'acidité volatile que de fruit. **À boire sans plus tarder.** (6/00)

1881
68 Un nez épicé de cannelle et de gingembre se dégage de ce vin ambré et légèrement nuancé de rubis. L'ensemble, rugueux et astringent, est assez déplaisant. **À boire maintenant.** (6/00)

1863
90 Quelle révélation ! Le Latour 1863, qui arbore un grenat foncé, dégage de superbes senteurs de gingembre, de quatre-épices, de fumé, de menthe, de cèdre et de fruits confits. Au fur et à mesure de son aération, ce vin moyennement corsé révèle au travers de son fruité et de ses arômes fragiles une acidité qui fait ressortir des nuances de vieux cuir. L'ensemble, encore tonique, dégage un bouquet impressionnant et développe un fruité d'une profondeur étonnante – il atteste magnifiquement l'extraordinaire longévité des bordeaux. J'ai été extrêmement surpris de constater qu'il se stabilisait dans le verre au terme d'une demi-heure d'aération. **À boire maintenant.** (6/00)

LES FORTS DE LATOUR – second vin de Latour[1]

Non classé

Les dirigeants de Latour ont toujours proclamé que le second vin de la propriété était équivalent, en termes de qualité, à un second cru du classement de 1855. Pour étayer leur point de vue, ils affirment qu'il est comparé à des seconds crus lors de dégustations à l'aveugle qui se tiennent au château. Lorsque Les Forts de Latour ne présente pas un niveau suffisant, il est généralement diffusé comme un Pauillac générique. S'il est vrai que certains millésimes, comme 1982, 1996 et 2000, peuvent éventuellement rivaliser avec des seconds crus, on se contentera cependant, pour être vraiment objectif, de comparer Les Forts de Latour à un troisième cru, ce qui suffit d'ailleurs à en faire le meilleur second vin produit dans le Bordelais.

Vinifié à la manière du grand vin, il est issu de trois parcelles appelées Petit Batailley, Comtesse de Lalande et Les Forts de Latour, et provient aussi de lots déclassés (issus de jeunes vignes) jugés indignes de composer le Latour. Très proche en style de son grand frère, Les Forts de Latour est cependant plus léger et plus rapide à évoluer.

2003 **91-93** Cet assemblage 78 % cabernet sauvignon et 22 % merlot, issu d'une sélection de 36 % de la récolte, est légèrement moins alcoolique (12,7 %) que le grand vin, avec un pH de 3,8. Étonnamment opulent, charnu et gras, il s'impose, à mon sens, comme l'exemple de ce cru le plus grandiose depuis le 1982. **À boire dans les 15 à 20 ans suivant une garde de 3 à 4 ans.** (3/04)

2002 **90-92** Le Forts de Latour 2002 s'impose, à mon sens, comme le meilleur des seconds vins produits par les crus de haut niveau du Bordelais. Ce vin d'un pourpre d'encre exprime avec ampleur des arômes à la fois doux et concentrés de cassis, de cerise, de cèdre et de boîte à épices. Corsé et généreusement doté, il sera prêt d'ici 4 à 5 ans et se maintiendra ensuite **une vingtaine d'années.** Bravo ! (9/03)

2001 **90** Ce vin, qui se montrait sous en meilleur jour lors des dégustations primeur qu'en janvier 2003, m'a cependant séduit par ses doux arômes de cerise noire et de cassis nuancés de terre, d'herbes et de tabac. S'il s'exprime avec élégance, il évoque moins son grand frère que je ne l'aurais pensé. **À boire dans les 10 à 12 ans.** (1/03)

2000 **91** Vêtu d'un rubis-pourpre dense, ce vin superbe exhale de toniques senteurs de cassis nuancées de minéral, de tabac et de boîte à épices. Moyennement corsé, généreusement marqué d'un gras qui masque fort bien ses abondants tannins, **il sera à son apogée entre 2007 et 2020.** (1/03)

1999 **90** Le 1999 des Forts de Latour ne déroge pas à la règle, s'imposant comme un beau vin d'un pourpre profond, très pur, et doté de doux arômes de cèdre et de cassis. L'ensemble, moyennement corsé, est étayé par des tannins mûrs, et sa finale est persistante. **À boire dans les 10 ans, voire au-delà.** (8/02)

1. Les Forts de Latour étant considéré comme l'un des meilleurs seconds vins du Bordelais et s'imposant, dans les dégustations à l'aveugle, devant certains crus très renommés de l'appellation, il fait ici l'objet d'une présentation séparée de Latour.

1998 88 Les Forts de Latour 1998 se distingue par un rubis-pourpre foncé et par un nez de fruits noirs, de ketchup, de terre et de minéral. Modérément tannique et fermé, il est très proche en style du grand vin. **À boire dans les 20 ans.** (8/02)

1997 87 Le 1997 des Forts de Latour est élégant, mûr, souple et accessible. **À boire maintenant.** (3/01)

1996 90 D'un rubis-pourpre dense, ce vin terriblement tannique est doté d'arômes de cassis et de champignon. Très corsé et impressionnant de structure, il s'impose comme l'un des meilleurs exemples de ce cru ces vingt dernières années. **À boire jusqu'en 2018.** (3/01)

1995 89+ Arborant un rubis-pourpre foncé, le superbe 1995 des Forts de Latour exhale un doux nez de fruits noirs confiturés nuancé de minéral fumé, de terre et de chêne épicé. L'ensemble, étonnamment épais et riche, présente un fruité gras et concentré qui tient en respect ses tannins modérés. Cet excellent vin est moins puissant, mais plus accessible que le 1996. **À boire jusqu'en 2015.** (6/02)

MILLÉSIMES ANCIENS

Les 1990 (noté 90 en mars 2001) et 1982 (noté 91 en août 2002) sont tous deux exceptionnels et capables, respectivement, de tenir encore 15 et 10 ans.

LYNCH-BAGES

5e cru classé en 1855
Propriétaire : Jean-Michel Cazes
Adresse : 33250 Pauillac
Adresse postale : BP 120 – 33250 Pauillac
Tél. 05 56 73 24 00 – *Fax* 05 56 59 26 42
E-mail : infochato@lynchbages.com
Site Internet : www.lynchbages.com
Visites : sur rendez-vous uniquement, du lundi au vendredi (9 h 30-12 h et 14 h-17 h)
Contact : Jean-Michel Cazes

VIGNOBLE ET VINIFICATION

Superficie : 90 ha
Encépagement : 73 % cabernet sauvignon, 15 % merlot, 10 % cabernet franc, 2 % petit verdot
Âge moyen des vignes : 30 ans – *Densité de plantation :* 9 000 pieds/ha
Rendement moyen : 50 hl/ha
Élevage : fermentations et cuvaison de 15 à 17 jours en cuves d'acier inoxydable thermorégulées ; vieillissement de 15 mois en fûts (60 % de bois neuf) ; soutirage trimestriel ; collage au blanc d'œuf ; filtration si nécessaire

VINS PRODUITS

Château Lynch-Bages – 420 000 b ; Château Haut-Bages-Averous – 120 000 b
À maturité : dans les 6 à 25 ans suivant le millésime

APPRÉCIATION GÉNÉRALE

Depuis le milieu des années 80, Lynch-Bages se surpasse régulièrement, produisant des vins du niveau d'un deuxième cru classé. Souvent appelé le « Mouton Rothschild du pauvre », il est régulier à haut niveau et constitue une bonne affaire. De fait, il est, avec Grand-Puy-Lacoste, l'un des crus de Pauillac, si ce n'est du Bordelais, qui présentent l'un des meilleurs rapports qualité/prix. Avis aux amateurs !

On découvre ce domaine en suivant la route des grands crus (D2) vers l'ouest, avant d'arriver à la triste et industrieuse ville de Pauillac. Il est situé sur une petite hauteur qui surplombe le bourg et la Gironde toute proche, et que l'on appelle, naturellement, le plateau de Bages. C'est là aussi que se situe, juste en face de Lynch-Bages, le château Cordeillan-Bages, prestigieux hôtel-restaurant. Jusqu'à un passé récent, les bâtiments n'avaient pour seul intérêt que de servir à la vinification. Cependant, après des travaux considérables, le château présente, à l'heure actuelle, une belle façade et abrite, outre des caves bien aménagées, équipées de grandes cuves d'acier inoxydable, une salle de dégustation moderne.

À l'exception de cette rénovation, ce grand domaine est demeuré pratiquement intact depuis le XVIe siècle. Il doit la seconde partie de son nom au plateau sur lequel se trouvent le château et les caves, et la première à l'un de ses anciens propriétaires, Thomas Lynch, fils d'un immigrant irlandais, qui le dirigea durant soixante-quinze ans, à la fin du XVIIe et au début du XVIIIe siècle. La propriété passa ensuite entre les mains de plusieurs négociants avant d'être achetée, en 1937, par Jean-Charles Cazes, grand-père de l'actuel propriétaire, Jean-Michel Cazes. Ce Jean-Charles jouissait déjà d'une fort belle réputation en tant que propriétaire et viticulteur, puisqu'il produisait l'un des meilleurs crus bourgeois de Saint-Estèphe, appelé Les Ormes de Pez. Il s'est occupé des deux domaines jusqu'en 1966, année où son fils André, qui fut maire de Pauillac pendant près de vingt ans, en prit les rênes. Puis, en 1973, ce fut le fils de ce dernier, Jean-Michel, qui succéda à son père, après un séjour de plusieurs années aux États-Unis, où il acquit une belle maîtrise du marché mondial du vin et des affaires. Sa meilleure décision, en tant que dirigeant, date peut-être de 1976, lorsqu'il nomma le très brillant Daniel Llose à la tête de ses deux domaines, Lynch-Bages et Les Ormes de Pez.

Après les beaux succès d'André Cazes dans les années 50 (les 1952, 1953, 1955, 1957 et 1959 figurent tous parmi les grandes réussites de cette décennie) et 60 (avec, notamment, les 1961, 1962 et 1966), Jean-Michel a pris la direction de la propriété alors que le très décevant 1972 était encore en fût. Son premier millésime, le 1973, fut, dans l'ensemble, un échec. Suivirent une autre déception, le 1974, puis un 1975 bien peu réjouissant dans ce millésime très hétérogène. Jean-Michel Cazes a reconnu avoir eu des difficultés, du point de vue sanitaire, avec les vieilles cuves de chêne, qui, en outre, rendaient difficile la maîtrise des températures de fermentation dans les années tant chaudes que fraîches. En même temps (vers la fin des années 70), le nouveau maître des lieux flirta avec un nouveau style, plus léger et plus élégant, qui désorienta quelque peu les vieux clients et les amateurs fidèles. Heureusement, l'installation des vingt-cinq grandes cuves d'acier inoxydable, en 1980, mit un terme à cette période de relative méforme, qui dura de 1971 à 1979. Lynch-Bages a produit un 1981 correct et se révèle, depuis, très régulier à haut niveau.

Le vignoble lui-même se trouve à mi-chemin entre Mouton Rothschild et Lafite Rothschild au nord, Latour, Pichon-Longueville Comtesse de Lalande et Pichon-Longueville Baron au sud. Malgré toutes les modernisations et innovations de Lynch-Bages, la philosophie du domaine en ce qui concerne la vinification reste traditionnelle (dans la bonne acception de ce terme). Depuis 1980, comme je l'ai dit, celle-ci se déroule en cuves d'acier inoxydable, les vins étant ensuite directement entonnés en petits fûts de chêne. La proportion de bois neuf est passée de 25 % en 1982 à 60 % pour les millésimes les plus récents, la durée de l'élevage variant entre 12 et 15 mois. Le collage se fait au blanc d'œuf, et, lorsque les vins le requièrent, une filtration légère est pratiquée juste avant la mise. Maintenant que le vignoble est entièrement planté, la production s'est accrue, passant de 20 000-25 000 caisses dans les années 70 à une moyenne de près de 35 000 caisses pour les récoltes les plus abondantes. En outre, au moins 20 à 30 % de la vendange est déclassée pour faire le second vin du domaine, Haut-Bages-Averous.

Depuis 1990, Jean-Michel Cazes produit aussi un bordeaux blanc sec, très riche, issu d'un vignoble situé dans le nord du Médoc. Composé à 40 % de sémillon, à 40 % de sauvignon et à 20 % de muscadelle, il est vinifié en bois neuf et vieillit pendant près de 12 mois avant d'être mis en bouteilles. Le premier millésime a été impressionnant, rappelant fortement un grand Graves blanc.

Dans le fameux classement de 1855 des vins de Gironde, Lynch-Bages se trouve dans le dernier tiers, en tant que cinquième cru. Aujourd'hui, pas un seul professionnel du vin n'oserait nier qu'il est du niveau d'un deuxième cru. Oz Clarke, écrivain britannique et œnologue, a estimé, avec l'humour qui lui est naturel, que ceux qui ont établi le classement de 1855 devaient être une belle bande de puritains pour s'être ainsi montrés « incapables d'admettre qu'un vin aussi naturellement charmeur que Lynch-Bages puisse égaler des crus beaucoup moins portés sur la générosité » !

S'il ne faut pas se faire grande violence pour se laisser aller au plaisir d'une bouteille de Lynch-Bages, il n'est pas non plus nécessaire de se forcer pour apprécier Jean-Michel Cazes, très affable et toujours accueillant, qui a su propulser le domaine vers les hautes sphères de la renommée internationale. Sûr de lui, parlant couramment l'anglais (puisqu'il a étudié aux États-Unis), il domine fort bien son sujet. En bavardant avec lui, on comprend clairement ce qu'il souhaite produire : des vins robustes, ouverts et francs, qui conjuguent la classe et le caractère des grands Pauillac. C'est pourquoi il préfère des millésimes tels que 1982 et 1985 aux 1986 et 1988, plus tanniques et plus sévères. Cazes est aussi un ambassadeur infatigable non seulement de ses propres vins, mais de tous ceux de sa région. Il est rare de ne pas le rencontrer dans les conférences, symposiums et autres dégustations internationales. Sans doute n'y a-t-il pas, dans toute l'appellation Pauillac (à l'exception, peut-être, de Mme de Lencquesaing, de Pichon-Lalande), de producteur qui voyage autant que lui et qui sache si bien plaider la cause de son cru bien-aimé.

En 2001, le président Chirac lui a remis les insignes de chevalier de la Légion d'honneur pour son rôle dans le monde viti-vinicole et sa contribution à la promotion non seulement des bordeaux, mais aussi du prestige et de la culture français.

Note : on doit à l'esprit d'entreprise et à l'inventivité de Jean-Michel Cazes la meilleure boulangerie du Médoc. Ceux qui passent par Saint-Julien, Pauillac et Saint-Estèphe regretteront de faire l'impasse sur la visite de ce magasin du hameau de Bages, portant l'enseigne Au Baba d'Andréa et situé immédiatement derrière Lynch-Bages. La qualité du pain et des pâtisseries est sensationnelle. Il est possible, sur demande, d'avoir un sandwich au jambon de Bayonne. Bravo à Jean-Michel Cazes pour cette initiative, qui a permis de doter le Médoc d'une boulangerie de qualité, qui lui faisait défaut jusque-là.

2003
88-90 Quatre dégustations du Lynch-Bages 2003 m'ont confirmé que ce vin était excellent, voire extraordinaire, mais qu'il ne comptait pas au nombre des grandes réussites du cru. Issu de rendements de 43 hl/ha, il se compose à 75 % de cabernet sauvignon, à 15 % de merlot, à 8 % de cabernet franc et pour le reste de petit verdot. D'un rubis soutenu nuancé de pourpre, il exhale de très généreuses notes de cassis, de groseille, de terre et de boisé, et se montre en bouche moyennement corsé, merveilleusement profond et tout à la fois charnu, rond et séveux. Ce vin faible en acidité pourrait mériter une note extraordinaire s'il s'étoffait. Cependant, à ce stade d'évolution, il est bien en deçà du niveau de son fabuleux aîné de 2000. **À boire entre 2007 et 2018.** (3/04)

2002
90 Le très classique Lynch-Bages 2002 est aussi étoffé que son aîné de 1999, mais il n'en a pas le charme. En effet, ce vin d'un rubis-pourpre dense est assez corsé, plutôt dense et structuré, avec les arômes de cassis et de terre typiques du cru. L'attaque, comme le milieu de bouche et la finale, révèle une belle puissance. L'ensemble pourrait être renoté à la hausse s'il développait davantage de texture et de persistance au vieillissement (je pense d'ailleurs que ce sera le cas). **À boire entre 2006 et 2016.** (9/03)

2001
89 Le 2001 se montre nettement mieux que dans sa toute petite enfance. Ayant gagné en chair et en étoffe, il exprime maintenant le caractère corsé et l'ampleur de carrure typiques du cru, ainsi que les arômes de cassis, de cuir et de terre qui font la séduction de Lynch-Bages. L'ensemble, qui conjugue magnifiquement pureté et opulence, est très séduisant. Il évoque, en plus charnu, le 1999, charmeur, élégant et très aromatique. **À boire jusqu'en 2017.** (1/03)

2000
95+ Ce vin merveilleux de profondeur évoque toujours, à mon sens, une hypothétique synthèse de ses aînés de 1989 et 1990. Chose intéressante, lorsque je demandai à Jean-Michel Cazes de citer par ordre de préférence les quatre meilleurs millésimes de Lynch-Bages, il mit en premier le 1989, suivi des 1990, 1996 et 2000, dont il estime qu'ils se valent en termes de qualité. S'annonçant par un pourpre dense, le Lynch-Bages 2000 regorge de gras et de richesse en extrait. Très musclé, il exprime avec ampleur de douces notes de crème de cassis nuancées de cuir, de terre et de tabac. L'ensemble est aussi puissant que charnu, savoureux, séveux et épais, avec des tannins mûrs et une finale persistante, qu'il développe par paliers. Je subodore que de nombreux amateurs auront peine à résister à ce vin dès sa jeunesse, mais il ne sera pas à son apogée avant 2 ans et s'y maintiendra une vingtaine d'années. **À boire entre 2008 et 2025.** (1/03)

1999
90 Très proche en style du merveilleux 1962, le 1999 de Lynch-Bages s'annonce par un rubis-pourpre dense et déploie des arômes épanouis de crème de cassis et de terre. En bouche, ce vin séduisant, savoureux, exprime un caractère charnu et moyennement corsé, révélant aussi, outre des tannins souples et un bel équilibre d'ensemble, une finale longue, pure et mûre. **À boire dans les 10 à 13 ans, voire au-delà.** (8/02)

1998
89 Très proche en style de son aîné de 1988, ce Lynch-Bages austère et moyennement massif exhale des notes de cuir fin, de tabac, d'olive et de fruits noirs.

S'il n'est pas particulièrement ample ni concentré, il se distingue par sa grâce et son élégance, ainsi que par son caractère et son style bien à lui. **À boire jusqu'en 2016.** (8/02)

1997 **86** La bonne nouvelle est que ce 1997 est typique de Lynch-Bages, avec ses arômes de cassis confituré nuancés de cèdre, d'herbes, d'épices et de poivre. Cependant, il est plus léger que ne l'est généralement ce cru. Très accessible, doté d'un boisé crémeux, il est moyennement corsé et faible en acidité, et exprime en bouche un caractère séduisant, mais superficiel. **À boire maintenant.** (8/02)

1996 **91+** Moins précoce que ses aînés de 1990 ou 1995, l'extraordinaire Lynch-Bages 1996 est fait du même métal que le 1989, puissant et tannique. Opaque et pourpre de robe, il exhale de somptueux arômes d'herbes séchées, de tabac, de cassis et de chêne fumé. Très corsé, doté de proportions des plus classiques, ce vin dense, pur et de bonne mâche sera assurément apte à une longue garde. **À boire jusqu'en 2025.** (8/02)

1995 **90** Alors que la plupart des Médoc 1995 sont encore fermés, Lynch-Bages est souple et séduisant, ses tannins abondants étant relégués à l'arrière-plan. Il est aussi moins massif que ses aînés de 1996, 1990, 1989 et 1986. Vêtu de rubis profond, il exhale un nez doux et bien évolué de fumé, de terre et de cassis, et dévoile en bouche un caractère tout à la fois rond, charnu, séduisant, gras et fruité. Quoique déjà accessible, ce vin tiendra 10 ans, voire plus. **À boire jusqu'en 2015.** (8/02)

1994 **88** Le 1994 arbore une robe rubis, pourpre au milieu, et déploie un fruité mûr de cassis, sans touches herbacées ni végétales. Moyennement corsé, il est étonnamment doux, gras et précoce pour un vin de ce millésime. Il révèle encore des senteurs de chêne grillé bien fondues dans l'ensemble et un caractère séduisant et voluptueux qui plairont sans aucun doute aux amateurs de Pauillac corpulents. **À boire dans les 3 à 5 ans.** (8/02)

1990 **95** Précoce et flatteur, le 1990 de Lynch-Bages est déjà délicieux, contrairement au 1989, dont le potentiel est supérieur, mais qui se révèle plus massif, plus tannique et moins évolué. Ce vin somptueux, presque flamboyant, libère des senteurs douces et charnues de cuir et de cassis nuancées de fumé, de chêne grillé et d'herbes rôties, et offre un fruité d'une générosité renversante, richement extrait, très gras et des plus séduisants. Le tout est tassé dans un ensemble moyennement corsé, souple, riche et puissant, qui s'exprime tout en rondeur. **À boire jusqu'en 2020.** (1/02)

1989 **95** Moins évolué et moins spectaculaire que le 1990, le Lynch-Bages 1989 est cependant phénoménal et s'impose comme la plus belle réussite de la propriété ces trente dernières années. Opaque et pourpre de robe, il déborde de richesse en extrait, se montrant peu évolué, musclé et dense, avec un caractère très corpulent et d'une grande pureté. Ses arômes puissants et massifs dévalent littéralement le palais, et l'ensemble révèle une belle ampleur et une générosité sans retenue. **À boire jusqu'en 2020.** (1/02)

1988 **90** Ce Lynch-Bages s'impose incontestablement comme le 1998 le plus ample et le plus étoffé du Nord-Médoc. Sa robe soutenue d'un rubis-pourpre tirant sur le noir suggère une belle maturité et une grande concentration, et son bouquet boisé révèle des notes de mûre et de groseille rôties, ainsi que des parfums très prononcés de terre. L'ensemble, très corsé et très riche, séduit par ses arômes herbacés de cèdre et de fruits noirs. Il révèle le caractère charnu et l'ampleur typiques du cru. **À boire jusqu'en 2010.** (1/02)

1986
90
Vêtu de pourpre-noir, le 1986 se montre extrêmement riche et tannique, mais je me demande si ses tannins ne sont pas trop présents et trop astringents. Actuellement, ce vin s'impose davantage par son ampleur admirable et son caractère massif que par son charme et sa séduction. Impressionnant de structure, il est encore très jeune, bien qu'il approche de son apogée. **À boire entre 2008 et 2020.** (11/99)

1985
90
Ce vin, délicieusement charmeur et séduisant dès sa petite enfance, est maintenant à son apogée. Outre un bouquet très odorant de doux cassis aux notes de chêne grillé et d'herbes rôties, il présente un caractère moyennement corsé, mais se montre moins massif, moins riche et moins corpulent que les 1990, 1989, 1986 ou 1982. Fabuleusement charnu et bien proportionné, il devrait se maintenir encore 1 à 2 ans. Ce Lynch-Bages faible en acidité révèle des tannins doux, un caractère charnu et une robe ambrée suggérant qu'il est à son apogée. **À boire jusqu'en 2006.** (12/01)

1983
86
Belle réussite dans un millésime de bon niveau, mais très irrégulier, le Lynch-Bages 1983 est un Pauillac épanoui, étoffé, mûr, charpenté, aux intenses senteurs de cassis et de viande hachée. Riche et profond, il est également très corsé, vineux, persistant et structuré, avec une finale chaleureuse et alcoolique, désormais dominée par ses tannins rustiques. **À boire maintenant.** (11/01)

1982
94
Le 1982 de Lynch-Bages continue d'évoluer de belle manière. Délicieux dès 5 ou 6 ans d'âge, il demeure costaud, puissant, confit et exubérant, suintant littéralement d'un généreux fruité de cassis enrobé dans un ensemble tout à la fois onctueux, épais et savoureux. L'ensemble n'a pas encore développé une grande complexité aromatique, mais il est massif et s'impose comme un exemple classique de ce cru très prisé, très proche en style du 1990. Très corsé, souple et doux, il sera parfait **ces 8 à 10 prochaines années.** (8/02)

MILLÉSIMES ANCIENS

Lynch-Bages ne s'est pas particulièrement distingué dans les années 60 et 70, si l'on excepte le superbe 1970 (noté 93 en novembre 2001), le 1962 (noté 90 en avril 1998) et le 1961 (noté 95 en février 2000), qui sont à apprécier maintenant.

En décembre 1995, le Lynch-Bages 1945 (noté 92) s'est montré sous un très bon jour. Son nez de menthe et de cassis évoquait bien un « Mouton Rothschild du pauvre », et sa robe d'un rubis-grenat dense et opaque introduisait en bouche un ensemble très corsé, puissant, mais également rugueux, dur et doté de tannins astringents. Il est fort possible que ce vin perde son fruité avant que ses tannins ne se fondent complètement. Quoique impressionnant d'ampleur et d'intensité, il ne se distingue pas par sa grâce ou son harmonie. À boire ces 15 à 20 prochaines années.

Les millésimes des années 50 sont encore fabuleux, notamment le superbe 1959 (noté 94), le 1957 (noté 88), le 1955 (noté 92), le 1953 (noté 90) et le 1952 (noté 91). Malheureusement, la propriété a ensuite traversé une période difficile et n'est revenue à haut niveau qu'à partir de 1982.

LYNCH-MOUSSAS

5e cru classé en 1855
Propriétaire : Émile Castéja
Adresse : 33250 Pauillac
Adresse postale : Domaines Borie-Manoux
86, cours Balguerie-Stuttenberg – 33082 Bordeaux Cedex
Tél. 05 56 00 00 70 – *Fax* 05 57 87 60 30
E-mail : domaines@borie-manoux.fr
Visites : sur rendez-vous uniquement
Contact : Philippe Castéja

VIGNOBLE ET VINIFICATION

Superficie : 58 ha
Encépagement : 70 % cabernet sauvignon, 30 % merlot
Âge moyen des vignes : 25 ans – *Densité de plantation :* 8 300 pieds/ha
Rendement moyen : 55 hl/ha
Élevage : fermentations et cuvaison de 21 jours en cuves d'acier inoxydable thermorégulées ; vieillissement de 12 à 16 mois (60 % de bois neuf et 40 % de fûts de 1 an d'âge) ; collage ; pas de filtration

VIN PRODUIT

Château Lynch-Moussas – 248 000 b (pas de second vin)
À maturité : dans les 4 à 10 ans suivant le millésime

APPRÉCIATION GÉNÉRALE

Malgré la belle situation de son vignoble et une certaine amélioration de la qualité depuis 1994, Lynch-Moussas se contente de produire des vins anodins, qui compensent leur manque de gras et d'étoffe par des tannins abondants. Ce cinquième cru classé équivaut en fait à un cru bourgeois, et l'on trouve de meilleurs vins dans la même gamme de prix. En outre, il n'est pas recommandé de le garder trop longtemps, son fruit se fanant généralement avant que ses tannins ne se fondent.

Lynch-Moussas appartient à la famille Castéja, qui contrôle également la célèbre maison de négoce bordelaise Borie-Manoux. Si les vins des propriétés de cette dernière société se sont bien améliorés depuis le début des années 80, notamment les fameux Château Batailley (de Pauillac), Château Trotte Vieille (en Saint-Émilion) et Domaine de l'Église (en Pomerol), Lynch-Moussas, en revanche, a continué de produire des vins légers, souvent aqueux et simples, dénués de caractère et de tenue. Cependant, 1994 a marqué une étape : la qualité s'est un peu améliorée à compter de ce millésime.

2002
87
Ce cru quelque peu oublié a fort bien réussi en 2002. Il propose en effet un vin d'un rubis-pourpre profond, qui séduit par son nez de cassis, de groseille, d'herbes séchées, de boîte à épices et de cèdre. Il est court en finale, mais devrait développer davantage de persistance au cours de son élevage. **À boire jusqu'en 2014.** (9/03)

2001
83
Ce vin évolué, anodin mais plaisant, arbore un rubis moyennement foncé et dégage des notes de prune, de cerise, de terre humide nuancées de champignon

et de boisé. Moyennement corsé et sans détour, il doit être consommé **dans les 5 à 6 ans.** (1/03)

2000 **88** Voici la plus belle réussite que je connaisse de Lynch-Moussas... en vingt-cinq ans de métier ! D'un rubis-pourpre profond, doté d'un doux nez de crème de cassis nuancé de réglisse, d'herbes séchées et de vanille, le 2000 de ce cru est richement fruité, étayé par un gras généreux et des tannins soyeux. Sa finale, plaisante et épicée, se développe par paliers. L'ensemble séduira le plus grand nombre. Il est rassurant de voir cette propriété proposer un vin aussi intéressant. **À boire jusqu'en 2015.** (1/03)

1999 **85** Ce vin d'un rubis léger, aux senteurs de cassis, est doté d'un fruité doux. Moyennement corsé et bien équilibré, il est sans détour, parfait à consommer sans cérémonie. **À boire ces 3 à 4 prochaines années.** (3/02)

1998 **87** Le 1998 est, avec le 2000, l'un des meilleurs Lynch-Moussas que je connaisse. D'un rubis-pourpre profond, il exhale un doux nez de cassis – évoquant en cela son voisin de Grand-Puy-Lacoste – et se montre en bouche tout à la fois moyennement corsé, pur et harmonieux. S'il n'est pas puissant ni massif, il sera délicieux **ces 10 prochaines années.** (3/02)

1996 **86** Voici une belle réussite de cette propriété généralement sous-performante. S'annonçant par une robe d'un rubis-prune sombre et soutenu, le Lynch-Moussas 1996 présente de très classiques arômes de cassis, de chêne neuf fumé, de minéral et de tabac. Bien fait et modérément tannique, il dévoile en bouche, outre une pureté d'excellent aloi, une finale moyennement corsée et mûre aux notes de goudron fondu. Ce vin séduisant, agréable dès sa jeunesse, se maintiendra à son apogée **jusqu'en 2012.** (3/01)

1995 **86** Le 1995 de Lynch-Moussas est très bon. D'un rubis foncé, il libère un nez modérément doté, aux arômes épicés de cèdre et de cassis. L'attaque en bouche témoigne d'une belle maturité et d'un caractère charnu, et la finale, sèche, nette et assez tannique, est précise et de bonne tenue. **À boire jusqu'en 2016.** (11/97)

1994 **82** Le 1994 est assez réussi. De couleur rubis foncé, avec un bouquet doux et mûr aux notes de groseille, de cèdre, d'herbes aromatiques et d'épices, il est moyennement corsé, souple et fruité, bien fait et sans détour. **À boire maintenant.** (1/97)

MOUTON ROTHSCHILD

1er cru classé en 1973
Propriétaire : GFA Baronne Philippine de Rothschild
Adresse : 33250 Pauillac
Adresse postale : BP 117 – 33250 Pauillac
Tél. 05 56 73 20 20 – *Fax* 05 56 73 20 91
E-mail : webmaster@bpdr.com
Site Internet : www.mouton-rothschild.com
Visites : sur rendez-vous uniquement
Contact : service des visites (tél. 05 56 73 21 29 – fax 05 56 73 21 28)

VIGNOBLE ET VINIFICATION

Superficie : 78 ha
Encépagement : 77 % cabernet sauvignon, 11 % merlot, 10 % cabernet franc, 2 % petit verdot
Âge moyen des vignes : 45 ans – *Densité de plantation :* 8 500 pieds/ha
Rendement moyen : 40 à 50 hl/ha
Élevage : fermentations et cuvaison de 15 à 25 jours en cuves de bois ; vieillissement de 19 à 22 mois en fûts neufs ; collage ; pas de filtration

VINS PRODUITS

Château Mouton Rothschild – 300 000 b ; Le Petit Mouton de Mouton Rothschild – variable ; Aile d'Argent (bordeaux blanc) – 18 000-24 000 b
À maturité : dans les 10 à 50 ans suivant le millésime

APPRÉCIATION GÉNÉRALE

Longtemps, cette propriété fut difficile à jauger, produisant aussi bien des vins superbes que des exemples médiocres et décevants, en particulier pour un premier cru. Cependant, Mouton Rothschild se montre plus régulier à haut niveau depuis le milieu des années 90, s'imposant par la richesse, la densité et l'opulence caractéristiques des mythiques 1945, 1947, 1959 et 1982. Si la régularité et la qualité sont plus ponctuellement au rendez-vous, Mouton Rothschild n'est pas encore du niveau de ses deux homologues pauillacais – il ne s'est pas amélioré de manière aussi spectaculaire que Lafite et doit encore rattraper Latour. Bien que de très haut vol, les vins de Mouton pèchent parfois par manque d'équilibre, du fait de leurs tannins très abondants. Par ailleurs, comme ceux de la plupart des meilleurs bordeaux, les prix des millésimes récents ont très fortement augmenté. Quant au second vin de la propriété, Le Petit Mouton, il est, quoique très bon, moins régulier à haut niveau que Les Forts de Latour et Carruades de Lafite.

La création du domaine de Mouton Rothschild et de son vin a été l'œuvre personnelle du regretté baron Philippe de Rothschild. Nul doute que ce dernier nourrissait de grandes ambitions pour cette propriété quand il l'a achetée, alors qu'il n'était âgé que de 21 ans. Mais c'est en s'attachant à produire un Pauillac d'un style très particulier – richesse opulente, profondeur remarquable, exotisme – qu'il a pu réussir là où tout le monde avait échoué : il est le seul à avoir pu faire modifier le classement de 1855 des vins du Médoc. Le baron est décédé en janvier 1988, et c'est désormais sa fille Philippine, au charisme identique, qui est la tête pensante de son empire vinicole. Elle bénéficie toujours des talents de l'extraordinaire équipe de Mouton, dirigée par Patrick Léon et Hervé Berland.

En 1973, Mouton Rothschild a donc été officiellement classé premier cru, ce qui a permis au bouillant baron de troquer sa provocante devise « Premier ne puis, second ne daigne, Mouton suis » contre la plus flatteuse « Premier je suis, second je fus, Mouton ne change ».

Plusieurs Mouton figurent, sans doute aucun, parmi les plus grands bordeaux que j'aie jamais bus. Les 2003, 2000, 1996, 1995, 1986, 1982, 1959, 1955, 1953, 1947, 1945 et 1929 sont de grandissimes exemples de ce que fait le domaine à son meilleur niveau. Mais j'ai aussi trouvé de trop nombreux millésimes médiocres, chose fort embarrassante quand il s'agit d'un premier cru, surtout pour l'amateur qui paie... et qui boit !

Les 1990, 1980, 1979, 1978, 1977, 1976, 1974, 1973, 1967 et 1964 sont ainsi nettement en dessous du minimum requis pour une propriété de cette réputation. Même le 1990, pourtant issu d'un millésime de très haut niveau, est étonnamment austère et dénué de la concentration que l'on attend d'un tel cru dans un telle année.

Les raisons du succès commercial de ce vin sont nombreuses. D'abord, on le sait, les étiquettes sont des objets de collection. Depuis 1945, le baron Philippe de Rothschild demandait – tradition perpétuée par sa fille depuis son décès – à des artistes célèbres d'exécuter un tableau pour orner la partie supérieure de celles-ci. C'est ainsi que l'on relève les noms de Miró, Picasso, Chagall et Cocteau, mais aussi ceux d'Américains comme Warhol, Motherwell et, en 1982, John Huston. D'autre part, l'opulence de Mouton dans ses grands millésimes est bien éloignée de l'austère élégance d'un Lafite Rothschild ou de la puissance tannique, de la densité et de la solidité d'un Latour. Il faut en outre considérer que le château lui-même, avec son superbe musée du Vin, est la plus grande attraction touristique du Médoc, peut-être même de tout le Bordelais. Enfin, il ne faut pas oublier la personnalité du baron Philippe, qui a tant fait pour assurer la promotion de ses crus et de ceux de la région. Sa fille, Philippine, perpétue son œuvre avec talent.

2003 **95-98** Issu de faibles rendements de 28 hl/ha, le 2003 de Mouton Rothschild se compose à 76 % de cabernet sauvignon, à 14 % de merlot, à 8 % de cabernet franc et pour le reste de petit verdot. Présentant un pH de 3,8 et une acidité totale de 3,5 (la plus importante de tous les premiers crus), il titre près de 12,9 % d'alcool naturel, évoquant en cela son jumeau de Lafite. Très proche en style du 1982, il est cependant plus doux et plus souple que son aîné au même stade d'évolution. Curieuse coïncidence : la vendange du cabernet sauvignon à la propriété commença en 2003 à la même date qu'en 1982 et en 1947. D'un pourpre-noir soutenu, le Mouton Rothschild 2003 se distingue par de fabuleuses senteurs de café torréfié nuancées des notes de crème de cassis typiques du cru. En bouche, il présente des flaveurs puissantes et onctueuses qui dévalent littéralement le palais, révélant, outre une belle intensité, des tannins très marqués. Ce vin très généreusement doté doit encore s'affirmer, mais il s'impose incontestablement comme l'une des très grandes réussites du millésime. Je dirais même, instinctivement, qu'il s'agit du Mouton Rothschild le plus mûr et le plus flamboyant depuis le 1982. **À boire entre 2012 et 2035.** (3/04)

2002 **94** Voici un vin qui pourrait prétendre au titre de réussite du millésime. Produit à hauteur de 20 000 caisses seulement (comparez aux 25 000 produites en 2000) et issu de faibles rendements de 31 hl/ha, le 2002 de Mouton Rothschild se compose à 78 % de cabernet sauvignon, à 12 % de merlot, à 9 % de cabernet franc et à 1 % de petit verdot. De tous les Médoc 2002 essentiellement composés de cabernet sauvignon, c'est peut-être celui qui présente la robe la plus opaque et la plus soutenue. Il développe avec ampleur les arômes de crème de cassis typiques du cru, ainsi que des notes de fumé, de cacao, de cuir et de réglisse. Ce vin est encore extrêmement tannique, mais il se distingue par sa densité, sa puissance et sa richesse hors du commun. Du point de vue phénolique, il semblerait qu'il batte tous les records. Compte tenu de l'évolution du cru, je subodore que le 2002 se refermera après la mise, pour s'épanouir à nouveau dans les 10 à 15 ans qui suivront. Il est incontestablement armé pour résister à l'épreuve du temps. **À boire entre 2015 et 2040.** (9/03)

2001 Composé à 86 % de cabernet sauvignon, à 12 % de merlot et à 2 % de cabernet
89+ ? franc, le 2001 de Mouton Rothschild est issu de faibles rendements de 28 hl/ha. Il était terriblement fermé lors de ma dernière dégustation. D'un rubis-pourpre dense, doté de senteurs de café, de cassis, de réglisse et d'épices orientales nuancées de cuir fin, il est dense à l'attaque, mais il se montre par la suite moyennement corsé, extrêmement tannique et peu évolué. Sa finale est légèrement anguleuse et austère. Il faudrait qu'il s'étoffe pour pouvoir prétendre à une note plus élevée. **À boire entre 2013 et 2021, voire plus.** (1/03)

2000 On imaginait bien que Philippine de Rothschild soignerait la présentation de
97+ ce millésime, mais sa trouvaille dépasse tout ce que l'on pouvait attendre. De fait, tous ceux qui ont vu le « packaging » du Mouton Rothschild 2000 s'accordent à dire qu'il s'agit d'une réussite sans précédent. La bouteille est tout simplement extraordinaire, et il se pourrait bien qu'elle vaille presque aussi cher vide que pleine. Cependant, si le génie commercial appelle ici l'admiration, c'est le contenu du flacon qui importe. Composé à 86 % de cabernet sauvignon et pour le reste de merlot, ce vin vêtu d'un rubis-pourpre soutenu présente des arômes réticents, mais prometteurs, de grillé, de café, de réglisse, de crème de cassis et de noix rôtie. Suit en bouche un ensemble dense, peu évolué et de bonne mâche, étonnamment pur et concentré à la fois. Corsé, puissant et tannique, généreusement marqué de chêne grillé, il est massif, moins expressif que les autres premiers crus du Médoc, mais capable d'une très longue garde. Une aération de 24 à 48 heures laisse à peine entrevoir son potentiel. **À boire entre 2015 et 2050, voire au-delà.** (1/03)

2000 Le Petit Mouton – L'assemblage de ce vin – 70 % cabernet franc,
88 ? 27 % cabernet sauvignon et 3 % merlot – est assez étonnant. L'ensemble se montre herbacé, avec des notes de cèdre. Bien qu'il ne soit pas d'un style que j'apprécie, je dois avouer que j'admire son caractère très particulier, ainsi que sa pureté et son équilibre. **À boire dans les 8 à 10 ans.** (1/03)

1999 Le 1999 de Mouton Rothschild (78 % cabernet sauvignon, 18 % merlot et
93 4 % cabernet franc) est issu d'une sélection de 60 % de la production de la propriété. Très proche en style du 1962 ou du 1985, ce vin magnifique arbore un rubis-pourpre soutenu, qui accompagne de somptueux arômes de cèdre, de crème de cassis, de chêne fumé et d'herbes séchées. Suit en bouche un ensemble corsé, épanoui et opulent, tout à la fois savoureux, charnu et persistant, qui manifeste déjà une belle complexité. Les tannins que recèle la finale laissent deviner que ce vin développera d'ici peu davantage de nuances. Un classique du cru. **À boire jusqu'en 2030.** (3/02)

1999 Le Petit Mouton – Produit à hauteur de 30 000 bouteilles seulement, Le Petit
88 Mouton 1999 se compose à 90 % de cabernet sauvignon et pour le reste de cabernet franc. Charnu et faible en acidité, très mûr, il séduit par ses arômes de moka, de boîte à épices, de cassis et de boisé. **À boire dans les 10 ans.** (3/02)

1998 Surprise, surprise ! Le 1998 de Mouton s'impose comme la plus belle réussite
96 de la propriété depuis le 1986, dont il est d'ailleurs très proche et qui frise la perfection. Comme la plupart de ses pairs, ce vin s'est remarquablement étoffé. Maintenant qu'il est en bouteille, il présente davantage d'ampleur et de richesse qu'en cours d'élevage. Composé à 86 % de cabernet sauvignon,

à 12 % de merlot et à 2 % de cabernet franc, il est issu d'une sélection de 57 % de la production totale. Vêtu d'un pourpre-noir opaque, il est très puissant et très concentré, avec des notes de café torréfié, de crème de cassis, de fumé, de cuir fin, de graphite et de réglisse. La bouche, massive, révèle une concentration fabuleuse, ainsi que des tannins très abondants qui tapissent littéralement le palais. Le dégustateur ne peut qu'être captivé par l'intensité aromatique de ce cru, que je crois capable d'une garde de 50 ans environ. Cependant, il ne sera pas prêt avant une bonne dizaine d'années. À mon sens, il est capable de rivaliser avec ses aînés de 1986, 1990 et 1995 ! **À boire entre 2012 et 2050.** (8/02)

1998 **88** Le Petit Mouton – Le 1998 se compose à 61 % de merlot, à 25 % de cabernet sauvignon et à 24 % de cabernet franc. Plus proche de Clerc Milon que de Mouton, il est joliment coloré, moyennement corsé, avec un généreux fruité de cassis fumé et de réglisse. Un vin souple, ample et accessible. **À boire jusqu'en 2012.** (3/02)

1997 **90** Composé à 82 % de cabernet sauvignon, à 13 % de merlot, à 3 % de cabernet franc et à 2 % de petit verdot, et issu d'une sélection de 55 % de la récolte totale de la propriété, le 1997 de Mouton Rothschild s'impose comme l'un des exemples de ce cru les plus précoces et les plus épanouis de ces dernières années. Révélant tout le charme et la chair que l'on peut espérer de ce millésime, il se présente vêtu d'un rubis-pourpre dense, avec un nez épanoui de cèdre, de liqueur de mûre, de cassis et de café, et un caractère tout à la fois charnu, mûr et ample, étayé par une faible acidité et des tannins souples. Ce vin délicieux, qui est également admirable de concentration et de persistance, est une réussite impressionnante pour le millésime. Il tiendra parfaitement **une douzaine d'années.** (3/02)

1996 **94+** Le personnel technique de Mouton Rothschild estime le 1996 de ce cru bien plus complexe, mais moins massif que le 1995. Je dois avouer que, parmi les premiers crus, il étonne par la précocité et la complexité de ses arômes. Outre un bouquet exubérant et flamboyant de café torréfié, de cassis, de chêne fumé et de sauce soja, il présente des flaveurs de cassis (encore), de framboise, de café et de cuir fin neuf qui impressionnent le dégustateur. L'ensemble, tout à la fois corsé, mûr, riche et concentré, est superbe d'équilibre ; il est assez paradoxal, dans la mesure où le nez suggère une plus grande évolution que la bouche. **À boire entre 2007 et 2030.** (3/02)

1995 **95+** Le profond Mouton Rothschild 1995 est plus accessible que le 1996, plus musclé. Composé à 72 % de cabernet sauvignon, à 19 % de merlot et à 9 % de cabernet franc, il est opaque et pourpre de robe, et n'offre qu'avec réticence des arômes de cassis, de truffe, de réglisse et d'épices. Magnifiquement étoffé et très corsé, il révèle en milieu de bouche une richesse et une densité superbes, et sa finale, profonde, est longue de plus de 40 secondes. Extraordinaire de pureté malgré ses abondants tannins, ce vin me semble plus faible en acidité et légèrement plus charnu que le 1996, plus ample et plus costaud. **À boire entre 2010 et 2030.** (11/97)

1994 **90** D'un pourpre dense et soutenu, le 1994 de Mouton exhale le nez classique de ce cru, aux doux arômes de fruits noirs mêlés de notes de fumé, de pain grillé, d'épices et de cèdre. Moyennement corsé et extraordinaire de concentration, il se dévoile en bouche par paliers, déployant d'abondants tannins et un fruité riche et bien doté – évoquant en cela le 1988. **À boire jusqu'en 2025.** (3/02)

1990 **87** Le 1990 est tout à la fois maigre, dur, austère et tannique, et je doute qu'il atteigne jamais l'harmonie et l'équilibre. Ce vin rubis foncé, aux arômes de chêne doux, laisse entrevoir des nuances de fruits noirs et un caractère atténué, anguleux et rugueux aussi atypique du millésime que de la propriété. Il requiert une garde supplémentaire de 10 ans, mais n'attendez pas que les tannins, une fois fondus, laissent la place à un ensemble équilibré – ce vin manque de concentration. Dans le contexte de ce millésime grandiose, le Mouton 1990 est une déception ; la baronne Philippine en convint, d'ailleurs, lorsque nous le dégustâmes ensemble au cours d'un dîner à Bordeaux. **À boire entre 2006 et 2020.** (8/02)

1989 **90** Quoique supérieur au 1990, le Mouton Rothschild 1989 n'a pas le charme et la séduction des 2000, 1998, 1996, 1995, 1986 et 1982. D'un rubis foncé déjà ambré et rosé sur le bord, il exhale un bouquet étonnamment évolué de cèdre, de doux fruits noirs, de crayon à papier et de chêne grillé. Moyennement corsé, élégant et discret, il est bien fait, dans un style racé – il évoque en cela le 1985 –, mais il n'a pas la profondeur que l'on attend des meilleurs millésimes. Excellent, voire extraordinaire, il est proche de son apogée et tiendra bien les 15 à 20 ans qui viennent. **À boire entre 2008 et 2025.** (3/01)

1988 **92** S'imposant comme l'un des Médoc les plus amples du millésime, le 1988 de Mouton s'annonce par un prune-grenat très dense et par de séduisantes senteurs d'épices orientales, d'herbes séchées, de minéral, de café et de chêne neuf. Il est aussi charmeur au nez que le 1989. Ce vin continue de gagner en ampleur et en étoffe, tant et si bien que je pense l'avoir sous-estimé dans sa petite enfance. Plus ferme, plus rugueux et plus tannique que son cadet d'un an, il est également corsé et merveilleusement mûr. Ample et musclé, il tiendra bien 20 à 25 ans encore. Il est certain que je ne l'avais pas jaugé à sa juste valeur lors des premières dégustations. À dire vrai, il surpasse ses cadets de 1989 et 1990, pourtant issus de millésimes plus prestigieux. **À boire entre 2008 et 2030.** (3/02)

1987 **89** Il se pourrait bien que ce Mouton soit la réussite du millésime. C'est sans doute le plus étoffé et le moins évolué des Pauillac 1987, avec un potentiel de garde d'au moins 10 ans encore. L'émouvante dédicace, sur l'étiquette, de sa fille au défunt baron donne davantage de prix à la bouteille. Et puisque 1987 fut le dernier millésime du baron Philippe, il est fort probable que ce vin vaudra une fortune d'ici 40 à 50 ans. C'est l'un des crus les plus opaques et les plus sombres de robe du millésime, avec un bouquet assez peu développé, mais prometteur, de cèdre et de cassis. L'ensemble, étonnamment profond, est moyennement corsé, avec une finale aux tannins doux. Le 1987 peut parfaitement rivaliser avec les 1989 et 1990 de la propriété, pourtant issus d'années plus prestigieuses. **À boire jusqu'en 2015.** (3/01)

1986 **100** Ce vin tout à la fois ample, concentré et massif est du même niveau que les 1982, 1959 et 1945 de la propriété, mais dans un style totalement différent.

Vinifié de manière impeccable, il est encore dans sa toute petite enfance. Il y a plusieurs années, à Bordeaux, il me fut servi à l'aveugle d'un magnum, après une décantation de 48 heures : aussi étonnant que cela puisse paraître, on aurait dit un échantillon tiré du fût. Je pense que ce vin requiert une garde supplémentaire de 15 à 20 ans au moins et qu'il pourra se maintenir 50 à 100 ans. Compte tenu des prix astronomiques des millésimes récents, on peut estimer que le Mouton 1986 constitue encore une assez bonne affaire. Je me demande seulement combien d'amateurs d'aujourd'hui pourront encore l'apprécier lorsqu'il sera enfin à son apogée. Il rassemble tous les traits de Mouton – généreux arômes de crème de cassis, pureté exceptionnelle, finale très ample – et évoque encore un vin de 5 ou 6 ans d'âge. Quel tour de force ! **À boire entre 2008 et 2060.** (8/02)

1985 **90+** Le château rapproche le 1985 du 1959, mais, à mon sens, ce vin ressemble davantage au 1989, au 1962 ou au 1953. Son nez bien développé, riche et complexe d'épices orientales, de chêne grillé, d'herbes et de fruits mûrs est tout simplement somptueux, et la bouche se révèle à la fois riche, précoce, sans détour, longue et sensuelle. Ce Mouton, à peine inférieur à ses jumeaux de Haut-Brion et de Margaux, m'a surpris par son caractère bien évolué et précoce. Les amateurs de Mouton amples et massifs seraient bien inspirés de rechercher ailleurs ; celui-ci, moyennement corsé, policé, élégant et précoce, est déjà prêt, mais capable d'une garde de 10 ans, voire plus. **À boire jusqu'en 2015.** (12/01)

1983 **90** Le 1983 s'est enfin décidé à révéler les classiques notes de graphite et de cèdre typiques du cru. Ce vin d'un rubis moyennement foncé, plutôt corsé et élégant, ne sera jamais grandiose ni légendaire, mais il offre des arômes mûrs, modérément riches et d'une belle profondeur ; ses tannins fermes doivent encore se fondre dans l'ensemble. Plus ample et mieux doté que les 1981, 1979 et 1978, il est relativement austère pour le cru et le millésime, et évoque son excellent aîné de 1966. **À boire jusqu'en 2015.** (12/01)

1982 **100** Vêtu de pourpre soutenu, le Mouton Rothschild 1982 est probablement l'un des crus les moins évolués et les plus fermés du millésime. Cinq ou six ans après la mise en bouteilles, il se présentait comme un vin renversant, fabuleusement riche et presque ostentatoire, mais il s'est progressivement refermé depuis la fin des années 80, et il est désormais difficile de dire quand il s'épanouira à nouveau. En règle générale, je le décante 12 à 24 heures avant de le servir. L'ensemble révèle bien le fruité onctueux, épais et confituré, ainsi que les imposants arômes qui sont la griffe du millésime, mais il est très peu évolué et paraît moins de 10 ans d'âge. Massif et puissant, extrêmement étoffé et tannique, il se montre bien plus riche que le 1970 ou le 1961, et il ne serait pas déraisonnable de le comparer au 1959 ou au 1945. Les amateurs devraient l'attendre quelques années encore, sous peine de se rendre coupables d'infanticide. Comme le 1982 de Latour, celui de Mouton est capable d'une garde de 50 à 60 ans, mais il est, pour l'heure, nettement moins accessible que le premier. Cependant, ceux qui ne peuvent contenir leur impatience prendront soin de le décanter *au moins* 8 à 12 heures avant de le consommer. De fait, ce vin ne révèle vraiment son potentiel qu'après une aération de 30 heures dans une carafe fermée. Une légende en perspective ! **À boire entre 2007 et 2065.** (8/02)

1975 **88** Ce vin, qui est demeuré terriblement tannique et très fermé ces dix dernières années, s'est enfin décidé à révéler un certain potentiel. D'un beau rubis-grenat foncé, il présente, outre un doux nez de cèdre, de chocolat, de cassis et d'épices, un fruité mûr et richement extrait, et une finale massive, ample et tannique. Quoique peu évolué, il commence à se défaire de son manteau de tannins et déploie désormais davantage de complexité et d'équilibre. Dans la longue série des Mouton décevants des années 70, le 1970 se révèle supérieur au 1975, qui est cependant le deuxième meilleur cru de la propriété dans cette décennie. **À boire jusqu'en 2015.** (11/01)

1970 **90** J'ai eu de nombreuses occasions de déguster ce vin, mais c'est l'un des plus irréguliers que je connaisse. Il peut se révéler un pur nectar comme se montrer anguleux, austère, dur et tannique. La bouteille objet du présent commentaire est une « Réserve du Château » diffusée par erreur ; l'étiquette portait, en lieu et place du numéro de série, les lettres RC, indiquant que cet exemplaire était en fait destiné à la propriété. Il m'a été difficile de le jauger juste après la décantation, tant il était dur, rugueux et impénétrable. Mais, 8 heures plus tard, il avait évolué en un ensemble magnifique, aux classiques senteurs de doux cassis, de tabac, de minéral et d'épices exotiques. Tout à la fois corsé, opulent, épais et séveux, il manifestait un épanouissement extraordinaire, qui plaidait magnifiquement en faveur d'une décantation très antérieure à la dégustation. Cette bouteille m'a rassuré, alors que j'avais une opinion plutôt mitigée du Mouton 1970. C'est très certainement la forte proportion de cabernet sauvignon dans l'assemblage qui explique que ce vin ait traversé une période ingrate, où il se révélait serré, dur et fermé. Bien qu'il soit à son apogée, il conserve des tannins rustiques qui sont la marque des vins de cette époque. **À boire jusqu'en 2030.** (8/02)

1961 **98** Terriblement irrégulier d'une bouteille à l'autre, le Mouton Rothschild 1961 ressemble en cela à son cadet de 1970. À son meilleur niveau, c'est un vin grandiose, exhalant d'amples parfums de cèdre, de cassis, de graphite et de menthol qui jaillissent littéralement du verre. La robe, d'un beau pourpre-noir, commence tout juste à être ambrée sur le bord, et l'ensemble se montre en bouche très corsé, riche et extrêmement intense. Ce vin profond est plus évolué que son irrésistible aîné de 1959. **À boire jusqu'en 2020.** (3/98)

MILLÉSIMES ANCIENS

Mouton Rothschild n'a pas particulièrement réussi dans les années 60 et 70 ; seuls les 1961, 1962, 1966, 1970 et 1975 sont dignes d'intérêt. En revanche, la décennie 50 a donné trois vins de légende. Je suis toujours époustouflé par le 1959 (noté 100 en janvier 2002), l'un des Mouton les plus grandioses qui soient. Chaque dégustation me conforte dans l'idée que ce vin est plus riche, plus imposant que le 1961. Étonnamment jeune et peu évolué, il arbore une robe pourpre-noir et dégage un nez (également jeune) de cassis, de minéral et de chêne neuf. Incroyablement puissant et concentré, cet ensemble ample, gigantesque et très corsé déploie un abondant fruité étayé par des tannins et un gras généreux. Il devrait évoluer de belle manière ces 20 à 30 prochaines années et paraît capable de durer 100 ans. Il pourrait aussi donner un aperçu de ce que sera le 1982.

Le 1955 (noté 97 en mars 1998) est un millésime à acheter aux enchères ; il y a, en effet, de fortes chances pour qu'il soit plus abordable que les 1959 et 1961, deux années plus prisées. Sa robe, presque intacte, est à peine éclaircie sur le bord et ne révèle pas la plus petite nuance de rouille ou d'ambre. Le nez dégage les explosifs arômes de menthe, de cassis, de cuir fin, d'olive noire et de graphite caractéristiques du cru. La bouche révèle, outre une concentration stupéfiante, une richesse en extrait magnifique et une finale regorgeant de tannins. Ce vin époustouflant et encore terriblement jeune pourrait aisément se maintenir 20 à 30 ans. Phénoménal !

Je me souviens de l'un de mes amis qui, décantant un magnum de Mouton 1953 (noté 95 en mars 1999), me l'a collé sous le nez afin de m'en faire partager le bouquet incroyable. Outre d'exotiques arômes de sauce soja, de cuir fin neuf, de cassis, d'herbes et d'épices, ce vin présente une robe rubis foncé très légèrement ambrée sur le bord, de la douceur et du gras, ainsi qu'un fruité voluptueux et faible en acidité. Ses tannins sont bien fondus. Bien qu'il soit actuellement sur la corde raide, il pourrait se révéler encore luxuriant dégusté immédiatement après avoir été décanté.

Le 1949 de Mouton (noté 94 en septembre 1994) était réputé être le millésime préféré de feu le baron Philippe. Pour ma part, et bien que je le trouve formidable, je lui préfère le 1945, le 1947, le 1959, le 1982, le 1986, le 1995, le 1996, le 1998 et le 2000. Ce vin, d'un grenat opaque foncé, dégage un généreux bouquet de cassis mûr et doux, d'herbes et de chêne épicé, mêlé de notes de café et de cannelle. Moyennement corsé, avec des tannins modérés, mais encore présents, il est compact et déploie en bouche une concentration superbe, ainsi qu'une finale remarquablement longue. Bien qu'il semble à pleine maturité, son équilibre, sa longueur et ses tannins donnent à penser qu'il pourrait être conservé encore une vingtaine d'années. Le 1948 (noté 92 en mars 2000) constitue quant à lui une révélation. Ce vin, qui est à son apogée, déploie une belle ampleur aromatique. C'est incontestablement l'un des très grands Médoc du millésime.

Le Mouton Rothschild 1947 (noté 98 en mars 1998) s'est toujours révélé rien de moins qu'extraordinaire, luxuriant, fabuleusement riche et concentré. Son bouquet exotique et luxuriant, aux senteurs de gingembre, de menthe, de café et de cèdre, ainsi que ses abondants arômes de cassis précèdent en bouche un ensemble sirupeux, visqueux, épais et juteux, qui regorge littéralement d'un fruit explosif. Quoique prêt depuis ma première dégustation, il y a une bonne dizaine d'années, il conserve intacts sa robe et son fruit. C'est l'un des Mouton les plus exotiques et les plus opulents que je connaisse, mais il doit être consommé.

Régulièrement noté 100 (uniquement parce que mon barème de notation ne va pas au-delà), le Mouton Rothschild 1945 (dernièrement dégusté en août 1997) est incontestablement l'une des légendes du XXe siècle. Il se distingue aisément par ses remarquables arômes exotiques, doux et très mûrs, de fruits noirs, de café, de tabac, de moka et d'épices orientales. L'ensemble, opulent et riche, manifeste une densité extraordinaire et déploie, par paliers, un généreux fruité crémeux. Il ressemble davantage à un Pomerol de 1947 qu'à un Pauillac de 1945, puissant, tannique et structuré. La finale, longue de plus de 1 minute, révèle un beau déploiement de fruit richement extrait et de tannins doux. Ce vin remarquable de jeunesse (il est à peine ambré sur le bord) est vraiment époustouflant. Durera-t-il 50 ans encore ?

Je ne connais aucun Mouton véritablement grandiose dans les années 30, mais le 1929 (noté 86 en avril 1991) est encore buvable, bien qu'il soit maintenant l'ombre de lui-même. Les 1928, 1926 et 1924, dégustés au même moment, étaient en sérieux déclin, et aucun ne méritait une note au-dessus de 75. Rubis-grenat de robe, le Mouton 1921 (noté 72) dégageait un nez vieux et moisi, nuancé de cèdre, de gingembre et de fruits confiturés. La bouche dévoilait un ensemble acide, nerveux, compact et anguleux, dénué de charme, de gras et de fruit. En outre, la finale était desservie par des tannins en excès. Cependant – détail intéressant –, ce vin révélait bien le caractère de menthe typique de Mouton.

PIBRAN

Cru bourgeois supérieur
Propriétaire : Axa Millésimes
Adresse : 33250 Pauillac
Adresse postale : BP 46 – 33250 Pauillac
Tél. 05 56 73 17 17 – *Fax* 05 56 73 17 28
Visites : non autorisées
Contact : Jean-René Matignon

VIGNOBLE ET VINIFICATION

Superficie : 17 ha
Encépagement : 60 % cabernet sauvignon, 30 % merlot, 5 % cabernet franc, 5 % petit verdot
Âge moyen des vignes : 30 ans – *Densité de plantation :* 9 000 pieds/ha
Rendement moyen : 50 hl/ha
Élevage : fermentations et macération de 15 à 17 jours en cuves d'acier inoxydable thermorégulées ; achèvement des malolactiques en cuves ; vieillissement de 12 à 15 mois en fûts (50 % de bois neuf et 50 % de fûts de 1 an) ; collage et filtration

VINS PRODUITS

Château Pibran – 54 000 b ; Château Tour Pibran – 65 000 b
À maturité : dans les 4 à 12 ans suivant le millésime

APPRÉCIATION GÉNÉRALE

Les vins de Pibran valent leur statut de cru bourgeois supérieur.
Les prix demeurent raisonnables.

Les vins de Pibran se distinguent généralement par leur robe profonde, leur densité, leur concentration et leur caractère modérément tannique. Ils compensent leur manque de complexité et de finesse par de la puissance et du muscle. Compte tenu de leur prix raisonnable, ils constituent une bonne introduction au style des Pauillac. Après que Jean-Michel Cazes et son vinificateur, Daniel Llose, ont repris en main les destinées de cette propriété, les vins se sont améliorés, se montrant fruités, charnus et savoureux.

2003
87-89
Issu d'un vignoble situé sur le plateau de Pauillac et voisin de ceux de Pontet-Canet et de Mouton Rothschild, le 2003 de Pibran se compose à 65 % de merlot et pour le reste de cabernet sauvignon. Généreusement doté d'un bon fruité de cassis, il impressionne par sa maturité et se distingue encore par sa douceur et sa profondeur, ainsi que par sa finale, aussi longue que concentrée. L'ensemble, qui pourrait s'imposer au titre des révélations du millésime, n'est malheureusement disponible qu'à hauteur de 5 000 caisses. **À boire entre 2008 et 2016.** (3/04)

2000
87
Les amateurs en quête d'un Pauillac généreux, parfumé, sans détour et souple, de surcroît proposé à un prix raisonnable, se tourneront vers le Pibran 2000. Vêtu d'un rubis-pourpre profond, ce vin présente un généreux fruité de cassis étayé par une faible acidité. Explosif, épais à la limite du visqueux, il est incontestablement séduisant. L'ensemble pourrait être renoté à la hausse s'il développait davantage de complexité. **À boire jusqu'en 2017.** (1/03)

1999 Le 1999 de Pibran présente une robe d'un rubis dense, ainsi que de classiques
86 arômes de cèdre, de cassis, de sous-bois et de chêne neuf typiques de son appellation. L'ensemble, précoce et épanoui, se révèle opulent. Il sera accessible dès sa diffusion, mais sera également capable de vieillir de belle manière ces 8 prochaines années, voire au-delà. **À boire jusqu'en 2015.** (3/02)

1998 Très réussi, le 1998 de Pibran présente, outre des tannins austères, un très
87 généreux fruité mûr de cassis dans un ensemble moyennement corsé, sans détour, mais accessible et très épicé. **À boire jusqu'en 2015.** (3/02)

1996 Le 1996 de Pibran est l'une des révélations du millésime. Composé à 70 %
89 de cabernet sauvignon et pour le reste de merlot additionné d'une petite touche de cabernet franc, ce Pauillac ample et musclé arbore une robe d'un pourpre soutenu, qui introduit un doux nez de cassis entremêlé de notes de cèdre et d'épices. La bouche, moyennement corsée, révèle des tannins mûrs et bien fondus, et l'ensemble, qui déploie une finale d'une grande précision, est étayé par une heureuse acidité. **À boire jusqu'en 2016.** (3/00)

PICHON-LONGUEVILLE BARON

2^d cru classé en 1855
Propriétaire : Axa Millésimes
Administrateur : Christian Seely
Adresse : Saint-Lambert – 33250 Pauillac
Tél. 05 56 73 17 17 – *Fax* 05 56 73 17 28
E-mail : contact@pichonlongueville.com
Site Internet : www.pichonlongueville.com
Visites : tous les jours, sur rendez-vous uniquement
Contact : Jean-René Matignon

VIGNOBLE ET VINIFICATION

Superficie : 73 ha
Encépagement : 60 % cabernet sauvignon, 35 % merlot, 4 % cabernet franc, 1 % petit verdot
Âge moyen des vignes : 30 ans – *Densité de plantation :* 9 000 pieds/ha
Rendement moyen : 45 hl/ha
Élevage : fermentations et cuvaison de 15 à 17 jours en cuves d'acier inoxydable thermorégulées ; achèvement des malolactiques en fûts pour une partie de la récolte ; vieillissement de 15 à 18 mois en fûts (70 % de bois neuf et 30 % de fûts de 1 an) ; collage ; pas de filtration

VINS PRODUITS

Château Pichon-Longueville Baron – 240 000 b ; Les Tourelles de Longueville – 180 000 b
À maturité : dans les 8 à 25 ans suivant le millésime

APPRÉCIATION GÉNÉRALE

Après une période difficile dans les années 50 et 60, Pichon-Baron est revenu à un excellent niveau et produit, depuis 1986, des vins de très haut vol. Si ses performances actuelles ne lui permettent pas de prétendre au statut de premier cru classé, il compte au nombre des « super-seconds » et se surpasse régulièrement. Vu la différence de prix avec les premiers crus, Pichon-Baron s'impose comme une excellente affaire parmi les crus classés du Bordelais.

Ce château au noble aspect, situé en face de Latour et de Pichon-Longueville Comtesse de Lalande, opéra un modeste redressement au début des années 80 et fut vendu à la fin de cette décennie par la famille Bouteiller au groupe d'assurances Axa. Il faut souligner, au crédit de cette société, qu'elle eut l'excellente idée, dès l'acquisition du domaine, de demander à Jean-Michel Cazes, de Lynch-Bages, et à son équipe de superviser la tenue des vignes et la vinification. Le talent de Cazes, conjugué à une vendange plus tardive, à une sélection plus sévère, à l'élaboration d'un second vin et à une plus grande proportion de chêne neuf pour l'élevage, a fait des miracles, et Pichon-Longueville Baron a retrouvé le niveau seyant à son prestigieux classement de second cru. Jean-Michel Cazes ayant pris sa retraite en 2000, c'est désormais Christian Seely qui assure la gestion de la propriété.

Le vignoble est superbement situé sur des sols graveleux, avec une exposition au sud. La plus grande partie est limitrophe de Château Latour. On a dit que la mauvaise qualité des vins produits dans les années 50 et 60 devait être imputée aux pratiques culturales et à un élevage défectueux. Je me souviens d'une visite à ce château, par un après-midi torride de juillet 1984 : le vin, récemment mis en bouteilles, était stocké à l'extérieur, exposé au plein soleil. De telles aberrations ne se produisent certainement plus.

Au-delà de ce que peut avancer le domaine pour les besoins de sa promotion, c'est avant tout ce que l'on trouve dans les bouteilles, depuis 1986, qui permet d'affirmer que Pauillac compte à nouveau deux grands Pichon. Ce château s'est imposé comme une étoile montante des années 90 et produit régulièrement l'un des Médoc les plus majestueux.

2003
92-94+ Évoquant son somptueux aîné de 1990, le 2003 de Pichon-Baron est puissant et alcoolique (13,46 % d'alcool naturel) pour un cru classé de Bordeaux, et présente un pH de 3,85, ainsi qu'une faible acidité (3,1). Issu de rendements de 31 hl/ha, il se compose à 65 % de cabernet sauvignon et pour le reste de merlot. Sa robe d'un pourpre d'encre annonce un nez ample, épais et séveux de sauce soja, de mûre, de crème de cassis, de minéral et de fleurs. Le bouquet prélude en bouche à un ensemble puissant et corsé, doté d'un fruité étonnamment pur et profond. Cette merveille, dont la finale dure plus de 45 secondes, devrait gagner en précision au fur et à mesure de son élevage. **À boire entre 2009 et 2025.** (3/04)

2002
89-91 Le 2002 ne compte pas au nombre des grandes réussites de Pichon-Baron, mais il pourrait se révéler extraordinaire... s'il se fondait harmonieusement. L'ensemble, qui est étonnamment évolué et parfumé, se distingue par des notes de fruits noirs, de sous-bois et de chêne grillé nuancées de moka. En bouche, il est moyennement corsé, souple et charnu, et d'une très grande pureté, mais il n'a pas la puissance, la densité ni la concentration que j'en attendais. Bien qu'il soit de bon aloi, il n'atteint pas le niveau d'autres millésimes récents comme 2001 et 2000. **À boire jusqu'en 2014.** (9/03)

2001
93 Ce vin moyennement corsé, qui mêle au nez des senteurs de tabac et des notes de café torréfié, de chocolat, de cassis et de cerise noire, se distingue par sa densité et sa concentration d'excellent aloi, ainsi que par sa finale

relativement souple. L'ensemble n'est pas particulièrement profond, mais il recèle, semble-t-il, le potentiel lui permettant de prétendre ultérieurement à une note extraordinaire. **À boire entre 2006 et 2016.** (1/03)

2000 **96** Ce vin spectaculaire, d'une grande profondeur, s'impose comme le millésime de Pichon-Baron que je préfère après les 1989 et 1990 de ce cru. Sa robe d'un pourpre d'encre accompagne des notes d'épices à barbecue nuancées de cuir fin, de crème de cassis, de réglisse fondue, de goudron et de vanille. L'ensemble, corsé et étonnamment concentré, est doté de tannins doux et déploie tout en rondeur une finale longue de plus de 1 minute. Le 2000 de Pichon-Baron, qui allie encore une grande pureté à une étoffe hors du commun, recèle un potentiel extraordinaire. Quel vin prodigieux ! **À boire entre 2008 et 2028.** (1/03)

1999 **89** D'un rubis-pourpre foncé, le 1999 de Pichon-Longueville Baron se distingue par des arômes de charbon, de cassis et de doux chêne grillé. Ce vin moyennement corsé, opulent, charmeur du fait de sa faible acidité, révèle encore une belle étoffe, des tannins mûrs et une finale modérément longue. **À boire dans les 8 à 10 ans.** (3/02)

1998 **90** Typiquement Pauillac, le Pichon-Baron 1998 arbore un pourpre dense préludant à un doux bouquet de réglisse, de fumé, de goudron, de mûre et de crème de cassis. En bouche, l'ensemble s'exprime davantage en élégance qu'avec effusion. Moyennement corsé, doté d'un fruité doux, il développe une belle texture tant à l'attaque qu'en milieu de bouche, et sa finale recèle des tannins modérés. Non, ce vin n'a pas la profondeur des 1996, 1990 ou 1989, mais il est magnifique. **À boire entre 2006 et 2020.** (3/02)

1997 **86** Des arômes complexes, mûrs et évolués de cèdre, de cassis et de boîte à épices se dégagent de ce vin rubis-grenat de robe, souple, doté d'un fruité mûr et étayé par des tannins doux, ainsi que par des notes de chêne épicé. L'ensemble, qui manque quelque peu de profondeur, est épanoui et séduisant. **À boire maintenant.** (3/02)

1996 **91** Le 1996 de Pichon-Baron s'est bien étoffé, très certainement grâce à la forte proportion de cabernet sauvignon (80 %) de son assemblage. Sa robe d'un pourpre opaque accompagne de très beaux arômes de tabac, de cuir neuf fin, de café torréfié et de cassis. Moyennement corsé et dense, assez peu évolué, il présente des tannins modérés, mais déborde d'un doux fruité richement extrait et gras qui fait pièce à sa structure. Ce Pauillac classique et bien doté sera à son meilleur niveau **entre 2007 et 2028.** (3/01)

1995 **90** Plus racé, plus élégant et plus discret que ne le sont généralement les vins de Pichon-Baron, le 1995 est également moins boisé que de coutume. Arborant une robe d'un rubis-pourpre profond, il offre un nez pur de cassis marqué de subtils arômes de café et de chêne grillé et fumé. La bouche, moins massive et moins musclée qu'en 1996, est suave, élégante et riche. Ce vin moyennement corsé et étonnamment doté sera au meilleur de sa forme **jusqu'en 2016.** (3/01)

1994 **88** Rubis-pourpre foncé, le 1994 exhale un excellent nez aux purs arômes de cassis écrasé. Moyennement corsé, il déploie à l'attaque un doux fruité et des tannins abondants, mais n'a pas la richesse ni la densité sous-jacente d'autres Pauillac de ce même millésime (Pichon-Lalande, Grand-Puy-Lacoste ou Pontet-

Canet). On dira, à sa décharge, qu'il n'exprime aucun caractère végétal et qu'il devrait évoluer joliment sur les 8 prochaines années en un bordeaux classique, séduisant et bien fait. **À boire jusqu'en 2014.** (3/00)

1990 **96** Quoique marqué par la surmaturité rôtie qui caractérise le millésime, le Pichon-Baron 1990 conserve un bel équilibre entre ses différentes composantes. Opulent, flamboyant, il est moins tannique et plus faible en acidité que le 1989, mais aussi concentré, avec un nez plus évolué de cèdre, de fruits noirs, de terre, de minéral et d'épices. La bouche exprime un fruité confituré sensationnel, tout à la fois extrêmement généreux, gras et boisé, étayé par des tannins souples. Ce vin est nettement plus agréable à déguster et à savourer que son aîné d'un an, pourtant exceptionnel, mais plus structuré et moins évolué. L'idéal serait d'avoir en cave les deux millésimes. **À boire dans les 25 ans, si ce n'est au-delà.** (8/02)

1989 **95+** Le 1989 de Pichon-Longueville, qui évolue très lentement, arbore un pourpre dense et opaque qui évoque un vin massif, d'une très grande richesse en extrait. Bien vinifié, il est dense et corsé, avec d'amples arômes chocolatés de fumé et de cassis nuancés de chêne grillé. L'ensemble, qui se développe en bouche par paliers, révèle un fruité doux, merveilleusement doté, encore peu évolué et tannique. Ce vin prodigieux, incontestablement grandiose, requiert une garde supplémentaire et devrait tenir 25 ans de plus. **À boire entre 2006 et 2030.** (4/02)

1988 **90** Ce vin s'impose au nombre des quelques très grandes stars du millésime. Étonnamment ample pour un 1988, il est profondément coloré (il commence à être légèrement rosé et ambré sur le bord) et exhale des senteurs de boisé, de cassis et de réglisse. Moyennement corsé, riche, avec des tannins souples désormais parfaitement fondus, il est actuellement à son apogée. **À boire jusqu'en 2010.** (4/02)

1986 **89** D'un rubis profond et opaque, libérant un nez expressif et très parfumé de boisé, de cèdre, de tabac et de cassis, ce vin corsé, riche, puissant et massif est encore très tannique, mais il révèle aussi une séduisante souplesse laissant penser qu'il est à son apogée. **À boire jusqu'en 2010.** (4/02)

1985 **83** Ce vin fruité est agréable, quoique diffus, un peu mou et dénué de structure. Il est savoureux, mais pèche par manque de complexité. **Devrait être bu.** (10/90)

1983 **85** Le 1983 est certainement mieux structuré que le 1982, mais, assez curieusement, il est devenu moins intéressant en vieillissant. Rubis foncé, avec un nez épicé de cassis et d'herbes aromatiques, il est assez corsé, encore très tannique, mais il évolue rapidement. **À boire maintenant.** (3/89)

1982 **92** J'ai très certainement sous-estimé ce vin lors des premières dégustations. En fût et juste après la mise en bouteilles, il se montrait ample et épanoui, mais on n'y décelait ni structure ni acidité. Cependant, comme tous les bordeaux (même dans les millésimes les plus gras et les plus mûrs), il ne manquait pas de tannins. Au fur et à mesure de son vieillissement, le Pichon-Baron 1982 a acquis de la tenue et développé des proportions plus classiques. C'est en fait un spécimen exceptionnel élaboré pendant une période difficile, où la propriété se distinguait davantage par ses performances médiocres. Arborant une robe dense d'un rubis-pourpre opaque tirant sur le grenat, il exhale d'amples senteurs de cèdre, de doux cassis et d'épices. Son caractère très corsé, sa merveilleuse concentration, son opulence et son onctuosité typiques du millésime, sa finale épaisse, confiturée et modérément douce se conjuguent en un ensemble absolument somptueux. Ce vin, qui est à son apogée, peut être dégusté **dès maintenant** en raison de ses arômes doux et crémeux, mais il peut également tenir **encore 8 à 15 ans, voire plus.** (8/02)

MILLÉSIMES ANCIENS

Il était pratiquement impossible de trouver un Pichon-Baron de très haut vol entre 1961 et 1981. Parmi les meilleurs millésimes de ce cru que j'aie dégustés, citons un 1959 (noté entre 87 et 90) meilleur et moins évolué que le 1961, un 1955 dense et très bon (noté 87) et un 1953 robuste et parfumé, actuellement à son apogée (noté 89). J'ai été déçu par les 1949, 1947 et 1945 (que je n'ai goûtés qu'une fois).

PICHON-LONGUEVILLE COMTESSE DE LALANDE

2[d] cru classé en 1855
Propriétaire : May-Éliane de Lencquesaing
Adresse : BP 72 – 33250 Pauillac
Tél. 05 56 59 19 40 – *Fax* 05 56 59 26 56
E-mail : pichon@pichon-lalande.com
Site Internet : www.pichon-lalande.com
Visites : sur rendez-vous uniquement
Contacts : Astrid Guillaume ou Gildas d'Allone

VIGNOBLE ET VINIFICATION

Superficie : 75 ha
Encépagement : 45 % cabernet sauvignon, 35 % merlot, 12 % cabernet franc, 8 % petit verdot
Âge moyen des vignes : 30 ans – *Densité de plantation :* 9 000 pieds/ha
Rendement moyen : 45 hl/ha
Élevage : fermentations et cuvaison de 18 à 24 jours en cuves d'acier inoxydable thermorégulées ; vieillissement de 18 à 20 mois en fûts de chêne (renouvelés par moitié à chaque millésime) ; soutirage trimestriel ; collage ; pas de filtration

VINS PRODUITS

Château Pichon-Longueville Comtesse de Lalande – 180 000 b ;
Réserve de la Comtesse – 160 000 b
À maturité : dans les 5 à 25 ans suivant le millésime

APPRÉCIATION GÉNÉRALE

Sous la talentueuse houlette de May-Éliane de Lencquesaing, cette propriété s'est grandement améliorée depuis le début des années 80, à tel point que ses vins sont désormais réguliers à très haut niveau et peuvent, dans les meilleures années, rivaliser avec les premiers crus. Nettement moins chers que ces derniers, ils constituent aussi de très bonnes affaires. En outre, Pichon-Lalande est apte à une longue garde et de très haut vol, quel que soit le millésime.

Actuellement, Pichon-Longueville Comtesse de Lalande (dit Pichon-Lalande) est incontestablement le Pauillac le plus apprécié du public et, depuis 1978, l'un des crus de cette appellation les plus réguliers à haut niveau. Il peut même rivaliser avec les trois célèbres premiers grands crus de la commune. Les vins sont généralement de très haut vol depuis 1961, mais il est incontestable que la qualité s'est encore améliorée à la fin des années 70 et au début de la décennie suivante, sous la direction énergique de Mme de Lencquesaing, affectueusement surnommée « la Générale » dans le microcosme bordelais.

Judicieusement vinifié, Pichon-Lalande est toujours densément coloré, fruité et assez souple pour être bu jeune. Comme Palmer, de Margaux, ou Cos d'estournel et Calon-Ségur, de Saint-Estèphe, c'est l'un des rares grands Médoc qui contiennent une forte proportion de merlot (35 %) dans l'assemblage – ce qui explique son caractère souple et charnu. Cependant, le cru est aussi suffisamment tannique, profond et riche pour évoluer avec grâce sur 5 à 25 ans.

La propriété est en fait une partie d'un domaine d'un seul tenant, appelé Pichon-Longueville, qui fut divisé en 1850. Édouard Miailhe, le père de Mme de Lencquesaing, l'a acheté en 1924, mais c'est à cette dernière que Pichon-Lalande doit son actuelle renommée. Dans les années 80, d'importants investissements ont été effectués : un nouveau cuvier a été aménagé en 1980, et 1988 a vu la construction d'un chai de vieillissement et d'une salle de dégustation (avec une vue splendide sur Latour). La rénovation du château (situé en face de Pichon-Longueville Baron), où réside Mme de Lencquesaing, a été achevée en 1990, et un musée fort intéressant a été aménagé au-dessus du chai de vieillissement. Le vignoble se trouve à cheval sur Pauillac et Saint-Julien, et c'est ce qui explique, dit-on, la souplesse caractéristique du vin qui en est issu.

2003
93-95

Les vendanges à Pichon-Lalande débutèrent le 17 septembre et s'achevèrent à la fin du mois. Issu de rendements de 39 hl/ha, le puissant 2003 de la propriété (il titre 13 % d'alcool naturel) présente un pH de 3,8 et une acidité totale de 3,15. Il se compose à 65 % de cabernet sauvignon, à 31 % de merlot et à 4 % de petit verdot. Ce vin d'un pourpre opaque, aux somptueux arômes de fleurs printanières, de crème de cassis, de mûre et de café, est moyennement corsé et merveilleusement pur, malgré sa densité et son opulence. En outre, il ne trahit aucune surmaturité. L'ensemble, qui sera agréable dès sa jeunesse, tiendra bien une quinzaine d'années. Bien qu'il révèle un style plus classique que le 1982 au même stade d'évolution, il évoque furieusement ce dernier vin. **À boire entre 2008 et 2020.** (3/04)

2002
93

Issu de faibles rendements de 33 hl/ha (comparés aux 45 hl/ha en 2000), le 2002 de Pichon-Lalande se compose à 51 % de cabernet sauvignon, à 34 % de merlot, à 9 % de cabernet franc et pour le reste de petit verdot. Il se distingue par une robe d'un pourpre soutenu préludant à un bouquet ferme, mais prometteur, de figue, de liqueur de cassis, de réglisse et de lavande, nuancé en arrière-plan de chêne fumé. Très tannique et très concentré, doté d'une structure classique, ce vin conserve une très grande pureté malgré sa générosité et sa belle persistance. L'ensemble, impressionnant et structuré, ne pourra être consommé dans sa jeunesse. **À boire dans les 20 à 25 ans suivant une garde de 7 à 8 ans.** (9/03)

2001
93
Ce vin s'est étoffé et a joliment gagné en ampleur au cours de son élevage. Issu d'une sélection de 30 % de la production totale, il se compose à 50 % de cabernet sauvignon, à 36 % de merlot et pour le reste de petit verdot. Arborant un pourpre dense et soutenu, révélant de séduisantes notes de chocolat fondu nuancées de café, de cassis, de truffe et de terre humide, il se montre en bouche moyennement corsé, impressionnant de richesse et de profondeur, et sa finale, très tannique, recèle des notes de cèdre. **À boire entre 2007 et 2022.** (1/03)

2000
97
Le spectaculaire Pichon-Longueville Comtesse de Lalande 2000 peut parfaitement rivaliser avec ses aînés de 1996 et 1995, voire avec le somptueux 1982. Il se compose à 50 % de cabernet sauvignon, à 34 % de merlot, à 10 % de petit verdot et pour le reste de cabernet franc. D'un pourpre dense et soutenu, ce vin d'un style très particulier, qui pourrait même être sujet à controverse, offre un somptueux déploiement d'arômes de crème de cassis, de vanille et de violette nuancés de tapenade et d'écorce, et présente en bouche des notes d'olive qu'il doit très certainement au petit verdot qui le compose. L'ensemble s'impose au palais par sa densité, son opulence et sa richesse exceptionnelles. Au fur et à mesure de son aération, ce vin corsé, étoffé, mais extraordinaire de pureté, développe d'autres parfums de lavande et de réglisse fondue qui se mêlent joliment à ses très caractéristiques flaveurs de tapenade, de crème de cassis, de café torréfié et de cèdre. Je pense que le 2000 de Pichon-Lalande sera accessible dès sa jeunesse, tout en étant capable de bien évoluer sur de longues années. Spectaculaire, presque flamboyant, il n'est pas typiquement Pauillac, mais n'en demeure pas moins un classique. **À boire entre 2007 et 2025.** (1/03)

1999
87
Mes différentes dégustations du Pichon-Lalande 1999 ont été assez irrégulières, les échantillons goûtés au château se révélant meilleurs que ceux présentés lors de dégustations comparatives. Composé à 47 % de merlot, à 37 % de cabernet sauvignon, à 9 % de cabernet franc et pour le reste de petit verdot, ce vin développe un bouquet complexe et évolué aux senteurs de cèdre, de sous-bois, de groseille et de boîte à épices. Sa robe rubis foncé est moins soutenue que celle de la plupart de ses jumeaux, mais l'ensemble évoque par son style et sa corpulence ses aînés de 1979 et 1981 (tous deux lui étant cependant supérieurs). La bouche, moyennement corsée, manifeste une très grande maturité, mais la finale, anguleuse, n'a pas la persistance typique du cru. **À boire jusqu'en 2012.** (3/02)

1998
87
Des arômes de tabac, de cèdre, de cerise et de cassis constituent le bouquet modérément intense, mais complexe, de ce vin. Le 1998 de Pichon-Comtesse a évolué de belle manière et se révèle désormais moins austère que l'an dernier. Moyennement massif et délicat, il n'a pas la puissance aromatique des meilleurs millésimes du cru. **À boire dans les 10 ans.** (3/02)

1997
89
Le 1997 de Pichon-Lalande, qui se compose à 55 % de cabernet sauvignon, à 30 % de merlot, à 10 % de petit verdot et à 5 % de cabernet franc, s'impose comme l'un des Médoc les plus réussis du millésime. Tout à la fois charmeur, sensuel, opulent et riche, il s'annonce par un rubis foncé nuancé de pourpre et par un nez généreux et épanoui d'herbes rôties, de chêne fumé, de vanille et de cassis crémeux. La bouche, opulente et veloutée, est accessible en raison de sa faible acidité. L'ensemble séduira le plus grand nombre. **À boire dans les 3 à 4 ans.** (3/02)

1996 **96** Le 1996 de Pichon-Lalande est somptueux. Contenant une proportion de cabernet sauvignon plus élevée que de coutume (75 %), il comprend également 15 % de merlot (le pourcentage de ce cépage varie généralement entre 35 et 50 %), 5 % de cabernet franc et 5 % de petit verdot. La moitié seulement de la production totale fut jugée digne du grand vin, qui arbore une robe rubis-pourpre foncé et évoque le cabernet sauvignon extrêmement évolué par son nez de mûre, de myrtille et de cassis subtilement nuancé de très belles notes de chêne neuf grillé. Profond et très corsé, ce 1996 fabuleux de concentration déploie en bouche une texture aussi souple qu'opulente. Il manifestait une harmonie parfaite lors de ma dernière dégustation, en janvier 2003. Compte tenu de sa proportion très élevée de cabernet sauvignon, je pense qu'il se refermera d'ici peu. C'est un vin très tannique, dominé par un fruité imposant. Pourrait-il se révéler aussi extraordinaire que le 1982 ? **À boire entre 2007 et 2025.** (1/03)

1995 **95** Ce vin exquis tient du merlot un caractère de chocolat, de café et de cerise, qui accompagne à merveille les arômes complexes de cassis et de mûre issus du cabernet sauvignon et du cabernet franc. Avec sa robe opaque d'un rubis-pourpre tirant sur le noir, il exhale des arômes flamboyants et sensuels de pain grillé, de fruits noirs et de cèdre. Exquis, très corsé et très complexe, il se dévoile en bouche par paliers. Ce Pichon-Lalande pourrait bien s'imposer comme l'une des plus belles réussites du millésime. **À boire jusqu'en 2020.** (8/02)

1994 **91** Le 1994 est une star du millésime, avec sa robe d'un pourpre opaque et son nez fabuleusement parfumé et exotique de cassis, de fumé, d'épices orientales et de vanille douce. Épais, riche et modérément tannique, il est encore moyennement corsé et bien structuré, avec une belle pureté et une finale longue et nette qui se dévoile par paliers. Ce Pichon-Lalande absolument formidable devrait bien évoluer encore 15 ans. **À boire jusqu'en 2020.** (9/02)

1990 **79** Le 1990 de Pichon-Lalande m'a régulièrement déçu. Incontestablement végétal et austère, il n'a pas le séduisant fruité doux et mûr caractéristique des millésimes les mieux réussis. Il est évident qu'il s'est passé quelque chose d'étrange à la propriété pour qu'elle enregistre un tel échec dans un millésime d'aussi haut niveau. Ce vin est maigre, dilué et extrêmement herbacé, manquant tout à la fois de souplesse, de profondeur, de maturité et de charme. Ceux qui l'ont largement surestimé insinueront certainement qu'il requiert une garde supplémentaire, mais je pense pour ma part qu'il perdra davantage d'équilibre en vieillissant. Comme son voisin du nord de Pauillac – Mouton Rothschild –, ce Pichon-Lalande est terriblement décevant. **À boire jusqu'en 2010.** (3/02)

1989 **93** Le Pichon-Lalande 1989 est proche de son apogée. Sa robe d'un rubis-prune foncé est légèrement éclaircie sur le bord. Au nez, il dégage de douces notes de prune et de crème de cassis nuancées de vanille et de graphite. L'ensemble, moyennement corsé, se développe en bouche par paliers, révélant, outre une belle texture et une opulence de bon aloi, une faible acidité et des tannins souples. Il se distingue encore par la pureté et l'élégance caractéristiques du cru. Ses tannins ne sont pas totalement fondus. Vous apprécierez ce vin parfaitement mûr dans les 10 à 12 ans. **À boire jusqu'en 2017.** (5/02)

1988 Quoique austère, le 1988 est réussi dans le contexte du millésime. Il arbore
90 un grenat sombre préludant à de séduisantes senteurs de fumier, de terre, de cassis, de réglisse et de tabac herbacé. L'ensemble, corsé, se développe en bouche avec ampleur, révélant une texture douce, ainsi qu'une finale très atténuée, aux tannins légèrement rugueux. Ce vin est à son apogée. **À boire jusqu'en 2008.** (5/02)

1986 Après une période où il se montrait lourd et peu évolué, le Pichon-Lalande
94 1986 commence tout juste à s'épanouir. C'est probablement l'exemple de ce cru le plus tannique et le plus fermé après le 1975 et avant le 1996. Sa robe d'un rubis-pourpre dense évoque un vin de 4 à 5 ans d'âge. Au nez, il exhale des senteurs de cèdre, de cassis, de terre, de boîte à épices et de réglisse. En bouche, il est moyennement corsé, concentré et intense, et révèle une imposante structure tannique. L'ensemble est relativement ample et musclé pour Pichon-Lalande. **À boire jusqu'en 2015.** (5/02)

1985 Le 1985 est à son apogée. Sa robe est légèrement rosée sur le bord, et son
90 doux bouquet mêle des notes herbacées de cerise et de cassis à des nuances de poussière et de chêne neuf. L'ensemble, moyennement corsé, s'exprime avec élégance ; très séduisant et parfumé, il n'a pas le caractère massif, la profondeur ni l'ampleur des meilleurs millésimes, mais il ne manque pas de charme. **À boire sans plus tarder.** (5/02)

1983 Ce vin, qui commence tout juste à décliner, s'est révélé excellent lors des
90 dernières dégustations. Il s'est toujours montré exceptionnel, très proche en qualité du superbe 1982. Il arbore encore un grenat sombre resplendissant à peine ambré sur le bord et présente, outre de très caractéristiques senteurs de goudron, de tabac et de boîte à cigares, des notes de douce cerise et de cassis. En bouche, il est moyennement corsé, et son fruit commence à peine à s'atténuer, tandis que les tannins et l'acidité semblent vouloir prendre le dessus en finale. Quoi qu'il en soit, ce vin sous-estimé est une révélation. **À boire sans plus tarder.** (9/02)

1982 J'attends toujours que ce vin, que j'ai dégusté une demi-douzaine de fois en
100 2002, commence à décliner. Prodigieux depuis sa toute petite enfance, il s'impose incontestablement, dans ce millésime grandiose, comme l'un des crus les plus séduisants, à la fois pour les sens et l'intellect. D'un grenat-prune encore dense et sombre, tirant sur le pourpre, il dégage un bouquet spectaculaire, mêlant des senteurs de crème de cassis à des nuances de prune, de vanille, de cerise et de fumé. Tout à la fois corsé, opulent et charnu, très épais, il regorge littéralement de fruit, de gras et d'alcool. Luxuriant, du fait de sa faible acidité, il est aussi séduisant que peut l'être Pichon-Lalande – voire tous les grands bordeaux. Sa longévité m'a surpris, et, bien que je ne pense pas qu'il montre de sitôt des signes de déclin (comme des teintes ambrées ou un fruité desséché), je ne tenterais pas le diable, sachant qu'il a déjà plus de 20 ans d'âge. **À boire jusqu'en 2012.** (9/02)

MILLÉSIMES ANCIENS

Pichon-Lalande a produit un très bon 1981 (noté 89 en mai 2002), ainsi que des 1978 et 1979 (tous deux notés 90 en mai 2002) de très haut vol, qui sont maintenant à leur apogée. Ces trois millésimes doivent être consommés d'ici 3 à 4 ans. Le 1975 peut se montrer soit très bon, soit atténué, rugueux et tannique. Les 1961, 1966, 1970 et 1971, autrefois impressionnants, sont maintenant sur le déclin. Je n'ai pas dégusté de très vieux millésimes depuis la dernière édition de cet ouvrage. Cependant, il me semble que les 1952 et 1953, en grand format (à condition, bien entendu, que les vins aient été conservés dans de bonnes conditions), pourraient se révéler intéressants. Quant aux 1959, 1955, 1949, 1947 et 1945, ils ne m'ont jamais marqué – je l'avais d'ailleurs déjà signalé dans de précédentes éditions.

PONTET-CANET

5e cru classé en 1855
Propriétaires : Alfred et Gérard Tesseron
Adresse : 33250 Pauillac
Tél. 05 56 59 04 04 – *Fax* 05 56 59 26 63
E-mail : pontet-canet@wanadoo.fr
Site Internet : www.pontet-canet.com
Visites : du lundi au vendredi, sur rendez-vous uniquement
Contact : Alfred Tesseron

VIGNOBLE ET VINIFICATION

Superficie : 79 ha
Encépagement : 60 % cabernet sauvignon, 33 % merlot, 5 % cabernet franc, 2 % petit verdot
Âge moyen des vignes : 30 ans – *Densité de plantation :* 8 500 pieds/ha
Rendement moyen : 50 hl/ha
Élevage : fermentations et cuvaison de 21 à 28 jours en cuves de bois (50 %), de béton (40 %) et d'acier inoxydable (10 %) thermorégulées ; levures indigènes uniquement ; vieillissement de 16 mois en fûts (60 % de bois neuf) ; collage et filtration légers

VINS PRODUITS

Château Pontet-Canet – 250 000 b ; Les Hauts de Pontet – 230 000 b
À maturité : dans les 8 à 30 ans suivant le millésime

APPRÉCIATION GÉNÉRALE

Jusqu'au milieu des années 80, les vins de Pontet-Canet étaient bien faits, mais dénués de charme et plutôt anodins. Ils se sont nettement améliorés depuis le milieu des années 90, et, bien que les prix aient, dans une certaine mesure, suivi la courbe ascendante de la qualité, Pontet-Canet constitue toujours une très bonne affaire.

La production de Pontet-Canet est une des plus importantes de tous les crus classés du Médoc. Le vignoble est idéalement situé, juste à côté de Mouton Rothschild, et l'on attend donc de ce cru qu'il soit de très haut niveau. Cependant, si l'on passe en revue les Pontet-Canet de la période 1962-1985, on constate qu'ils sont généralement bien vinifiés, mais qu'ils manquent de charme – de ce petit quelque chose qui fait la différence. Depuis 1994, sous la houlette des maîtres des lieux – très dynamiques –, la propriété vit une renaissance : elle s'est enrichie d'un cuvier, d'un second vin (le fruit des lots de moins bonne qualité), et a nettement augmenté la proportion de chêne neuf pour l'élevage. Désormais, également, la vendange est faite à la main.

La célèbre maison Cruse, propriétaire du domaine jusqu'en 1975, avait tendance à considérer ce vin comme un simple outil de promotion, plutôt que comme un cru bien spécifique de Pauillac. Ce n'est que depuis 1972 que celui-ci est mis en bouteilles au château ; de longues années durant, la production fut vendue à la SNCF sous l'étiquette Pontet-Canet, mais sans aucune indication de millésime. En 1975, à la suite d'un procès, la maison Cruse fut contrainte de vendre la propriété, après avoir été convaincue de négligence dans les assemblages et dans l'étiquetage. Guy Tesseron, négociant bien connu de la place de Cognac, s'est porté acquéreur, et c'est son fils, Alfred, qui a pris la direction du château. Je crois que tous les connaisseurs de la région conviennent que le vignoble de Pontet-Canet a un potentiel très important, mais qu'il doit être géré et exploité comme il se doit. Alfred Tesseron a relevé le défi : des investissements importants dans le vignoble et les chais, ainsi qu'une sélection plus sévère lui ont permis, depuis 1994, d'imposer ce cru au nombre des étoiles montantes du Médoc.

2003
92-94+
Ce cru, qui est encore proposé à un prix raisonnable, enregistre cette année une magnifique réussite. Le Pontet-Canet 2003, qui traduit bien la puissance et la richesse inhérentes au millésime, demeure classique dans ses proportions. Moyennement corsé, généreusement doté d'une montagne de tannins, il doit à sa faible acidité d'être plus charmeur que ses aînés. D'un pourpre dense soutenu, il révèle, tant au nez qu'en bouche, un déploiement d'arômes de crème de cassis typiques du cru. L'ensemble, qui se distingue encore par sa pureté, sa profondeur, son étoffe et son caractère bien affirmé, fera le bonheur des amateurs désireux d'optimiser leur pouvoir d'achat. **À boire entre 2010 et 2025.** (3/04)

2002
90+
Son onctuosité et sa texture laissent subodorer que ce vin mérite particulièrement l'intérêt. Les abondants tannins que recèle sa finale suggèrent encore un ensemble apte à une très longue garde. Issu d'une sélection des deux tiers de la récolte totale, le 2002 de Pontet-Canet s'annonce par un pourpre dense et par des arômes de crème de cassis dont la richesse n'a d'égal que la pureté. Ce vin moyennement corsé, à la finale longue et concentrée, sera à son apogée **entre 2010 et 2025.** (9/03)

2001
89+
Bien qu'il soit toujours très tannique, le 2001 de Pontet-Canet semble révéler peu à peu davantage de charme. Certains traits durs et anguleux se sont estompés, et l'ensemble se montre maintenant plus charnu. Sa robe d'un pourpre dense accompagne un doux nez de crème de cassis, de cuir et de terre. Ce vin, qui n'a pas l'ampleur de son aîné d'un an, développe cependant, au fur et à mesure de son évolution, davantage d'élégance, de pureté et d'étoffe. **À boire entre 2007 et 2018.** (1/03)

2000
92+
Comme son voisin de Mouton Rothschild, le 2000 de Pontet-Canet s'est refermé après la mise en bouteilles. Impressionnant dans sa robe d'un pourpre opaque soutenu, il exhale un nez prometteur aux notes de cassis, de vanille, de truffe, de fumé et de minéral. En bouche, il est puissant et corsé, séduisant d'étoffe et d'ampleur, mais extrêmement ferme et peu évolué, et sa finale est persistante.

Le 2000 de Pontet-Canet demande à être attendu plusieurs années. Pourrait-il rivaliser avec ses aînés de 1995 et 1996 ? Je n'en suis pas sûr. **À boire entre 2011 et 2030.** (1/03)

1999 88+ Le Pontet-Canet 1999 dégage les arômes de réglisse, de crème de cassis et de chêne grillé typiques de ce cru. Très corsé, merveilleusement doux, mais structuré et d'une belle tenue, il est plus tannique que la plupart de ses jumeaux. Ce vin musclé et puissant requiert incontestablement quelques années de garde. **À boire jusqu'en 2016.** (3/02)

1998 86 Ce vin plaisant et élégant, vêtu de rubis foncé, accuse un léger creux en milieu de bouche. Quoique bien fait, il manque quelque peu de profondeur. Il n'en présente pas moins de jolies notes de cassis, de groseille, de tabac, d'herbes séchées et de terre. **À boire jusqu'en 2012.** (3/02)

1997 85 ? Le 1997 de Pontet-Canet, qui se montrait sous un bon jour au cours de son élevage (il était particulièrement réussi pour le millésime), s'est révélé austère, tannique, comprimé et graveleux lors de deux des trois dégustations effectuées après la mise. J'ai donc diminué la note que je lui avais initialement attribuée, tout en gratifiant l'actuelle d'un point d'interrogation, car le vin, actuellement moins coloré que les échantillons qui m'avaient été soumis, présente également un caractère plus herbacé, ainsi que des tannins astringents. Peut-être est-il, pour l'heure, à un stade ingrat de son évolution ? Toujours est-il que je suis moins enthousiaste à son sujet. **À boire jusqu'en 2010.** (3/01)

1996 92+ Ce Pontet-Canet m'a stupéfait par son caractère très peu évolué. Il recèle un potentiel extraordinaire, mais requiert, semble-t-il, une garde de 7 à 8 ans avant d'être prêt. D'un pourpre sombre et soutenu, il révèle au mouvement du verre des arômes de confiture de cassis entremêlés de notes de minéral, de doux chêne et d'épices. La bouche, très corsée, se développe par paliers, exprimant, outre un fruit concentré et souple, de très abondants tannins mûrs. **À boire entre 2010 et 2035.** (3/02)

1995 92 Ce Pauillac traditionnel est bien plus pur et plus riche que ses aînés. Classique, ample de carrure et musclé, il arbore un pourpre soutenu et déploie de sensationnels arômes, denses, riches et concentrés, de cassis, qui dévalent littéralement le palais, manifestant une pureté et une profondeur des plus impressionnantes. Ce vin tannique et fermé, mais puissant et riche, évoque le 1996 par sa persistance et son intensité admirables. Il est incontestablement grandiose ! **À boire jusqu'en 2025.** (3/02)

1994 92 Le 1994 de Pontet-Canet, l'un des vins du millésime les plus aptes à la garde, est désormais à son apogée. D'un pourpre opaque, il est riche, impressionnant et très corsé, et s'impose comme le meilleur vin de la propriété depuis le 1961, mais il est surpassé par des millésimes plus récents tels les 1995, 1996 et 2000. Débordant d'un fruité mûr, mais pur, de cassis, il est encore extraordinairement tannique et peu évolué. Impressionnant ! **À boire jusqu'en 2025.** (3/02)

1990 89 Ce Pontet-Canet a rapidement atteint son apogée. Il est encore d'un grenat-pourpre profond et dégage de classiques senteurs de cassis nuancées de réglisse et de terre. Outre un bouquet complexe et des tannins doux, ce vin savoureux présente un caractère corsé et robuste. Ses tannins doivent encore se fondre. **À boire jusqu'en 2015.** (9/02)

1989 **88** Bien qu'il réunisse des qualités certaines, ce vin manque de tenue et de structure, et ses tannins, secs, sont trop prégnants. Cependant, il se distingue par une belle robe d'un rubis-grenat resplendissant, et séduit par un nez fumé de réglisse fondue nuancé de crème de cassis, de terre et d'herbes séchées. La bouche, moyennement corsée, recèle des tannins modérés, et la finale est quelque peu sèche. **À boire jusqu'en 2015.** (9/02)

1988 **85** Ce vin s'est étoffé. Actuellement à son apogée, il présente un caractère légèrement herbacé, mais aussi de complexes arômes de cèdre, de boîte à épices et d'herbes de Provence, nuancés de cassis et de groseille, que j'ai fort appréciés. La bouche, moyennement corsée et légèrement austère, évoque un vin bien fait, dans le style des bordeaux traditionnels. **À boire jusqu'en 2007.** (9/02)

1986 **89+** Encore relativement jeune, le 1986 arbore un prune-grenat foncé et dégage de séduisantes senteurs de cassis nuancées de fumier, de terre et de champignon. Tout à la fois dense, musclé, tannique et puissant, il est incontestablement doté, bien que ses tannins me paraissent un peu trop abondants par rapport à sa concentration. Ce vin d'une grande richesse tapisse littéralement le palais ; cependant, je doute qu'il se fonde totalement. **À boire jusqu'en 2015.** (9/02)

1985 **85** La robe fortement ambrée et rosée sur le bord du 1985 suggère un vin à son apogée. Le nez révèle des notes de vieux bois nuancées de groseille, de champignon et de cèdre, qui introduisent en bouche un ensemble moyennement corsé et élégant qui, malheureusement, finit court. **À boire sans plus tarder.** (9/02)

1982 **87** Ce vin robuste et trapu n'a jamais vraiment développé de complexité. D'un rubis-pourpre profond, libérant un nez de terre, d'épices, de fumé, de douce cerise et de cassis, il est moyennement corsé, assez tannique, avec une finale légèrement rustique. Je le crois capable de tenir encore 10 ans, mais je doute qu'il se bonifie. **À boire jusqu'en 2015.** (9/02)

MILLÉSIMES ANCIENS

Pour la plupart, les Pontet-Canet des années 60 et 70 sont tout simplement médiocres, hormis le 1961, dont j'ai dégusté quelques belles bouteilles (la dernière, goûtée en mars 1996, fut notée 94). En revanche, le 1959 s'est toujours montré terne, et le 1955 dénué de charme. Cependant, les 1945 et 1929 méritaient, il y a une dizaine d'années, des notes entre 90 et 95. La plupart des millésimes antérieurs à 1982 ne présentent pas d'intérêt – en acheter équivaudrait à jeter l'argent par les fenêtres.

AUTRES PROPRIÉTÉS NOTABLES DE PAUILLAC

LA BÉCASSE

Non classé
Propriétaires : Georges et Roland Fonteneau
Adresse : Bages – 33250 Pauillac
Adresse postale : 21, rue Édouard-de-Pontet – 33250 Pauillac
Tél. 05 56 59 07 14 – *Fax* 05 56 59 18 44
Visites : sur rendez-vous uniquement
Contact : Roland Fonteneau

VIGNOBLE ET VINIFICATION

Superficie : 4 ha
Encépagement : 55 % cabernet sauvignon, 36 % merlot, 9 % cabernet franc
Âge moyen des vignes : 35 ans – *Densité de plantation :* 8 000 pieds/ha
Rendement moyen : 57 hl/ha
Élevage : fermentations et cuvaison de 21 jours ; vieillissement de 18 mois en fûts (40-60 % de bois neuf) ; collage ; pas de filtration

VIN PRODUIT

Château La Bécasse – 30 000 b (pas de second vin)
À maturité : dans les 5 à 15 ans suivant le millésime

APPRÉCIATION GÉNÉRALE

Ce domaine de qualité vaut largement un classement en cru bourgeois.

Je dois une fière chandelle au regretté Bernard Ginestet qui, le premier, attira mon attention sur ce joyau du Médoc ; jusqu'alors, il n'était connu que d'un petit groupe d'initiés fidèles et loyaux, qui achetaient toute la production. Les quelques millésimes que j'ai dégustés présentaient une concentration et un potentiel de garde d'excellent aloi.

BELLEGRAVE

Non classé
Propriétaire : SCI Château Bellegrave
Adresse : 22, route des Châteaux – Saint-Lambert – 33250 Pauillac
Tél. 05 56 59 05 53 – *Fax* 05 56 59 06 51
E-mail : contact@chateau-bellegrave.fr
Site Internet : www.chateau-bellegrave.fr
Visites : sur rendez-vous uniquement
Contact : Ludovic Meffre

VIGNOBLE ET VINIFICATION

Superficie : 7 ha
Encépagement : 62 % cabernet sauvignon, 31 % merlot, 7 % cabernet franc
Âge moyen des vignes : 20 ans – *Densité de plantation :* 8 333 pieds/ha

Rendement moyen : 56 hl/ha
Élevage : macération préfermentaire à froid ; fermentations et cuvaison de 21 jours en cuves d'acier inoxydable thermorégulées ; vieillissement de 12 mois en fûts (50 % de bois neuf) ; collage et filtration

VINS PRODUITS

Château Bellegrave – 30 000 b ; Les Sieurs de Bellegrave – 15 000 b
À maturité : dans les 3 à 10 ans suivant le millésime

APPRÉCIATION GÉNÉRALE

Ce domaine bien géré vaut un cru bourgeois.

LA COURONNE

Non classé
Propriétaire : famille Borie
Administrateur : François-Xavier Borie
Adresse : 33250 Pauillac
Adresse postale : Domaines François-Xavier Borie – BP 82
33250 Pauillac
Tél. 05 56 59 06 66 – *Fax* 05 56 59 22 27
E-mail : dfxb@domainesfxborie.com
Visites : sur rendez-vous

VIGNOBLE ET VINIFICATION

Superficie : 4 ha
Encépagement : 70 % cabernet sauvignon, 30 % merlot
Âge moyen des vignes : 25 ans – *Densité de plantation :* 10 000 pieds/ha
Rendement moyen : 46 hl/ha
Élevage : fermentations et cuvaison de 15 à 18 jours en cuves d'acier inoxydable ; vieillissement de 12 à 14 mois en fûts (20 % de bois neuf) ; collage ; filtration légère au moment de la mise en bouteilles

VIN PRODUIT

Château La Couronne – 20 000 b (pas de second vin)
À maturité : dans les 5 à 10 ans suivant le millésime

LA FLEUR MILON

Cru bourgeois
Propriétaire : Baron Philippe de Rothschild SA
Adresse : 33250 Pauillac
Tél. 05 56 59 29 01 – *Fax* 05 56 59 23 22
Visites : non autorisées
Contact : Véronique Thibaut

VIGNOBLE ET VINIFICATION

Superficie : 12,5 ha
Encépagement : 65 % cabernet sauvignon, 25 % merlot, 10 % cabernet franc et petit verdot

Âge moyen des vignes : 45 ans – *Densité de plantation :* 8 000 pieds/ha
Rendement moyen : 55 hl/ha
Élevage : fermentations et cuvaison de 21 à 28 jours en cuves de béton ; vieillissement de 14 mois en fûts (renouvelés par tiers à chaque millésime) ; collage ; pas de filtration

VINS PRODUITS

Château La Fleur Milon – 66 000 b ; Château Chantecler Milon – 24 000 b
À maturité : dans les 5 à 12 ans suivant le millésime

APPRÉCIATION GÉNÉRALE

Ce cru mérite son classement.

Je connais mal les vins de cette propriété, issus de plusieurs parcelles situées sur le plateau, au nord de Pauillac, non loin de Mouton Rothschild et de Lafite Rothschild.

GAUDIN

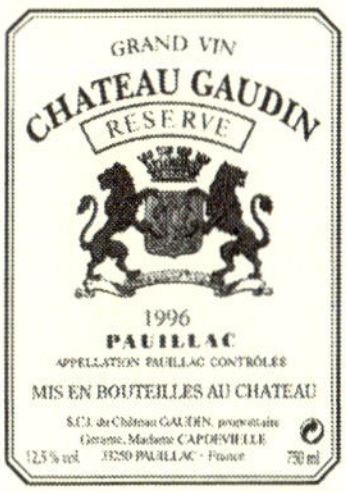

Non classé
Propriétaire : Linette Capdevielle
Adresse : 8, route des Châteaux – 33250 Pauillac
Adresse postale : BP 12 – 33250 Pauillac
Tél. 05 56 59 24 39 – *Fax* 05 56 59 25 26
Visites : sur rendez-vous (10 h-18 h)
Contact : Linette Capdevielle

VIGNOBLE ET VINIFICATION

Superficie : 10 ha
Encépagement : 85 % cabernet sauvignon, 10 % merlot, 5 % petit verdot
Âge moyen des vignes : 45 ans – *Densité de plantation :* 8 500 pieds/ha
Rendement moyen : 50 hl/ha
Élevage : fermentations et cuvaison de 31 jours ; vieillissement de 18 mois en cuves de béton et en fûts de 2 ans d'âge ; soutirage trimestriel ; collage ; pas de filtration

VIN PRODUIT

Château Gaudin – 75 000 b (pas de second vin)
À maturité : dans 5 à 12 ans suivant le millésime

APPRÉCIATION GÉNÉRALE

Équivaut à un cru bourgeois exceptionnel.

HAUT-BAGES MONPELOU

Cru bourgeois supérieur
Propriétaires : héritiers Castéja
Adresse : 33250 Pauillac
Adresse postale : Borie-Manoux
86, cours Balguerie-Stuttenberg – 33082 Bordeaux Cedex
Tél. 05 56 00 00 70 – *Fax* 05 57 87 60 80
E-mail : domaines@borie-manoux.fr
Visites : non autorisées
Contact : Philippe Castéja

VIGNOBLE ET VINIFICATION

Superficie : 12 ha
Encépagement : 70 % cabernet sauvignon, 30 % merlot
Âge moyen des vignes : 35 ans
Densité de plantation : 8 500 pieds/ha
Rendement moyen : 55 hl/ha
Élevage : fermentations et cuvaison de 21 jours en cuves d'acier inoxydable ; vieillissement en fûts (20 % de bois neuf et 80 % de fûts de 1 an) ; collage ; pas de filtration

VIN PRODUIT

Château Haut-Bages Monpelou – 80 000 b (pas de second vin)
À maturité : dans les 2 à 8 ans suivant le millésime

APPRÉCIATION GÉNÉRALE

Vaut son classement de cru bourgeois supérieur.

Ce vignoble, situé à l'intérieur des terres, près de Grand-Puy-Lacoste, appartient à la famille Castéja depuis 1947. Les vins, généralement fruités, légers et dénués de distinction, sont diffusés en exclusivité par la maison de négoce familiale Borie-Manoux.

PÉDESCLAUX

5e cru classé en 1855
Propriétaire : GFA du Château Pédesclaux (famille Jugla)
Adresse : 33250 Pauillac
Tél. 05 56 59 22 59 – *Fax* 05 56 59 63 19
E-mail : contact@chateau-pedesclaux.com
Site Internet : www.chateau-pedesclaux.com
Visites : sur rendez-vous
Contact : Brigitte Jugla

VIGNOBLE ET VINIFICATION

Superficie : 12,5 ha
Encépagement : 50 % cabernet sauvignon, 45 % merlot, 5 % cabernet franc
Âge moyen des vignes : 35 ans – *Densité de plantation :* 8 333 pieds/ha
Rendement moyen : 48 hl/ha

Élevage : fermentations et cuvaison de 18 à 22 jours en cuves d'acier inoxydable thermorégulées ; vieillissement de 15 mois en fûts de chêne (60 % de bois neuf) ; collage ; pas de filtration

VINS PRODUITS

Château Pédesclaux – 75 000 b ; Lucien de Pédesclaux – 7 000 b
À maturité : dans les 3 à 10 ans suivant le millésime

APPRÉCIATION GÉNÉRALE

Le plus obscur et le plus médiocre de tous les crus classés de 1855 devrait être rétrogradé au rang de cru bourgeois.

Pédesclaux s'impose, à mon sens, comme le plus médiocre des crus classés de 1855. L'essentiel de sa production est diffusé en Europe, en particulier en Belgique. Les vins ne m'ont jamais impressionné, du fait de leur manque de profondeur et de leur caractère robuste, sans détour et excessivement tannique. Bref, la vie est trop courte pour boire du Pédesclaux.

2000
86
Bien qu'il ne soit pas particulièrement intéressant, ce 2000 est probablement le meilleur Pédesclaux que je connaisse et semble indiquer que le cru évolue dans la bonne direction. Ce vin d'un rubis-pourpre foncé, généreusement marqué de tannins fermes, est moyennement corsé, avec des arômes poussiéreux de fruits rouges et noirs nuancés de boisé et de boîte à épices. **À boire entre 2007 et 2014.** (1/03)

PLANTEY

Cru bourgeois
Propriétaire : Aline Meffre
Adresse : 33250 Saint-Julien Beychevelle
Tél. 05 56 59 06 47 – *Fax* 05 56 59 06 51
Visites : sur rendez-vous
Contact : Jean-Paul Meffre

VIGNOBLE ET VINIFICATION

Superficie : 26 ha
Encépagement : 50 % cabernet sauvignon, 45 % merlot, 5 % cabernet franc
Âge moyen des vignes : 28 ans – *Densité de plantation :* 6 600 pieds/ha
Rendement moyen : 57 hl/ha
Élevage : fermentations et cuvaison de 21 jours en cuves de béton ; vieillissement de 12 mois en fûts (50 % de bois neuf) ; collage et filtration

VINS PRODUITS

Château Plantey – 160 000 b ; Château Artigues – 70 000 b
À maturité : dans les 3 à 8 ans suivant le millésime

LA ROSE PAUILLAC

Adresse : 44, rue du Maréchal Joffre – 33250 Pauillac
Tél. 05 56 59 26 00 – *Fax* 05 56 59 63 58
E-mail : larosepauillac@wanadoo.fr

Cette coopérative, regroupant 125 propriétaires de vignoble, contrôle 110 ha sur Pauillac. Créée en 1932, c'est aujourd'hui la coopérative du Bordelais qui rencontre le plus grand succès, avec un fichier clients de 6 000 personnes, sans compter les nombreuses et prestigieuses maisons de négoce qui lui achètent des vins. Elle produit trois cuvées et commercialise essentiellement sous l'étiquette de La Rose Pauillac. Deux domaines, les Châteaux Haut-Milon et Haut-Saint-Lambert, vinifient et procèdent à la mise en bouteilles à la coopérative, mais vendent sous leur propre étiquette. Cette coopérative utilise aujourd'hui pour le vieillissement de ses vins davantage de petits fûts de chêne, dont un faible pourcentage de bois neuf. Les vins sont souples, agréables et bien faits, cependant sans grande distinction. Ils doivent être consommés avant 5 à 7 ans d'âge.

SAINT-MAMBERT

Non classé
Propriétaires : M. et Mme Domingo Reyes
Adresse : Bellevue – Saint-Lambert – 33250 Pauillac
Tél. et *fax* 05 56 59 22 72
E-mail : stephanie.monnard@tiscali.fr
Site Internet : www.chateau-saint-mambert.fr.st
Visites : tous les jours, sur rendez-vous uniquement

VIGNOBLE ET VINIFICATION

Superficie : 0,66 ha
Encépagement : 65 % cabernet sauvignon, 25 % cabernet franc, 10 % merlot
Âge moyen des vignes : 45 ans – *Densité de plantation :* 10 000 pieds/ha
Rendement moyen : 58 hl/ha
Élevage : fermentations et cuvaison de 21 jours en cuves d'acier inoxydable ; vieillissement de 18 mois en fûts (30 % de bois neuf) ; collage ; pas de filtration

VIN PRODUIT

Château Saint-Mambert – 4 200 b (pas de second vin)
À maturité : dans les 3 à 8 ans suivant le millésime

SAINT-JULIEN

De toutes les appellations du Bordelais, Pauillac compte le plus grand nombre de premiers crus, Margaux s'impose comme la plus universellement connue, tandis que Saint-Julien peut se « targuer » d'être la plus sous-estimée. En effet, les Saint-Julien – qu'il s'agisse des crus bourgeois, tels Terrey-Gros-Cailloux et La Bridane, ou des cinq crus phares (Léoville Las Cases, Ducru-Beaucaillou, Léoville Poyferré, Léoville Barton et Gruaud Larose) – se distinguent par leur style et leur caractère racé. Parmi ces cinq dernières propriétés, seul Gruaud Larose se situe à l'intérieur des terres, les autres ayant leurs vignes en bordure du fleuve et bénéficiant, de ce fait, d'un excellent drainage. Le vignoble de Saint-Julien est limitrophe de celui de Pauillac ; c'est ainsi que Latour et Léoville Las Cases sont des voisins immédiats. En se dirigeant depuis Pauillac vers le sud, on découvre Léoville Las Cases et Léoville Poyferré de part et d'autre de la célèbre D2 (la route du Vin du Médoc), puis Langoa et Léoville Barton sur la droite ; plus loin, Ducru-Beaucaillou sur la gauche, Branaire Ducru sur la droite, et enfin Beychevelle sur la gauche. En voiture, et sans se presser, il ne faut guère plus de cinq minutes pour passer en revue toutes ces propriétés. À l'intérieur des terres, en s'éloignant de la Gironde, on trouve Gruaud Larose, Talbot, Lagrange et Saint-Pierre.

Si Saint-Émilion et les Côtes de Castillon sont des appellations d'avant-garde avec leurs microcuvées et leurs méthodes de vinification révolutionnaires, on ne trouve nulle part ailleurs dans le Médoc, ni d'ailleurs dans le Bordelais, d'appellation où l'art de la vinification soit poussé aussi loin qu'à Saint-Julien. L'amateur est particulièrement favorisé lorsque son choix se porte sur les vins de la commune. Outre une foule de très bons crus bourgeois, les onze crus classés de Saint-Julien sont tous de très haut vol, mais de styles très différents.

De tous les Saint-Julien, Léoville Las Cases est celui qui évoque le plus un Pauillac, et il y a deux raisons à cela : d'une part, son vignoble jouxte celui de Latour, le célèbre premier cru de cette appellation ; d'autre part, le propriétaire de ce cru, Jean-Hubert Delon, le fils du regretté Michel Delon, tend à produire un vin merveilleux à la fois de pureté et de concentration, très tannique aussi, subtilement nuancé de chêne vanillé et marqué de somptueuses notes de cassis et de douce cerise. En règle générale, celui-

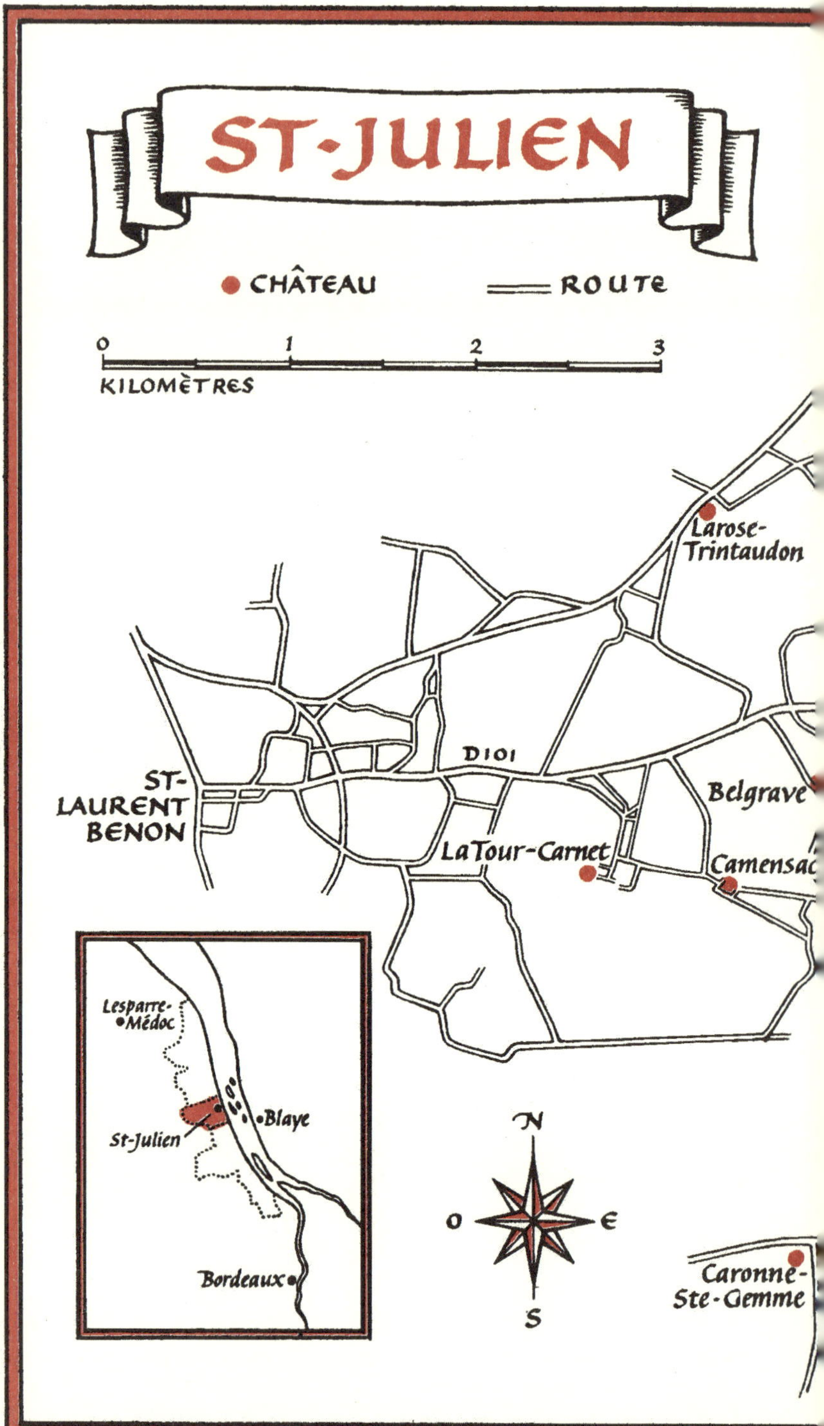
ST-JULIEN
CHÂTEAU
ROUTE
0
1
2
3
KILOMÈTRES
Larose-Trintaudon
D101
ST-LAURENT BENON
Belgrave
LaTour-Carnet
Camensac
Lesparre-Médoc
Blaye
St-Julien
Bordeaux
N
O
E
S
Caronne-Ste-Gemme

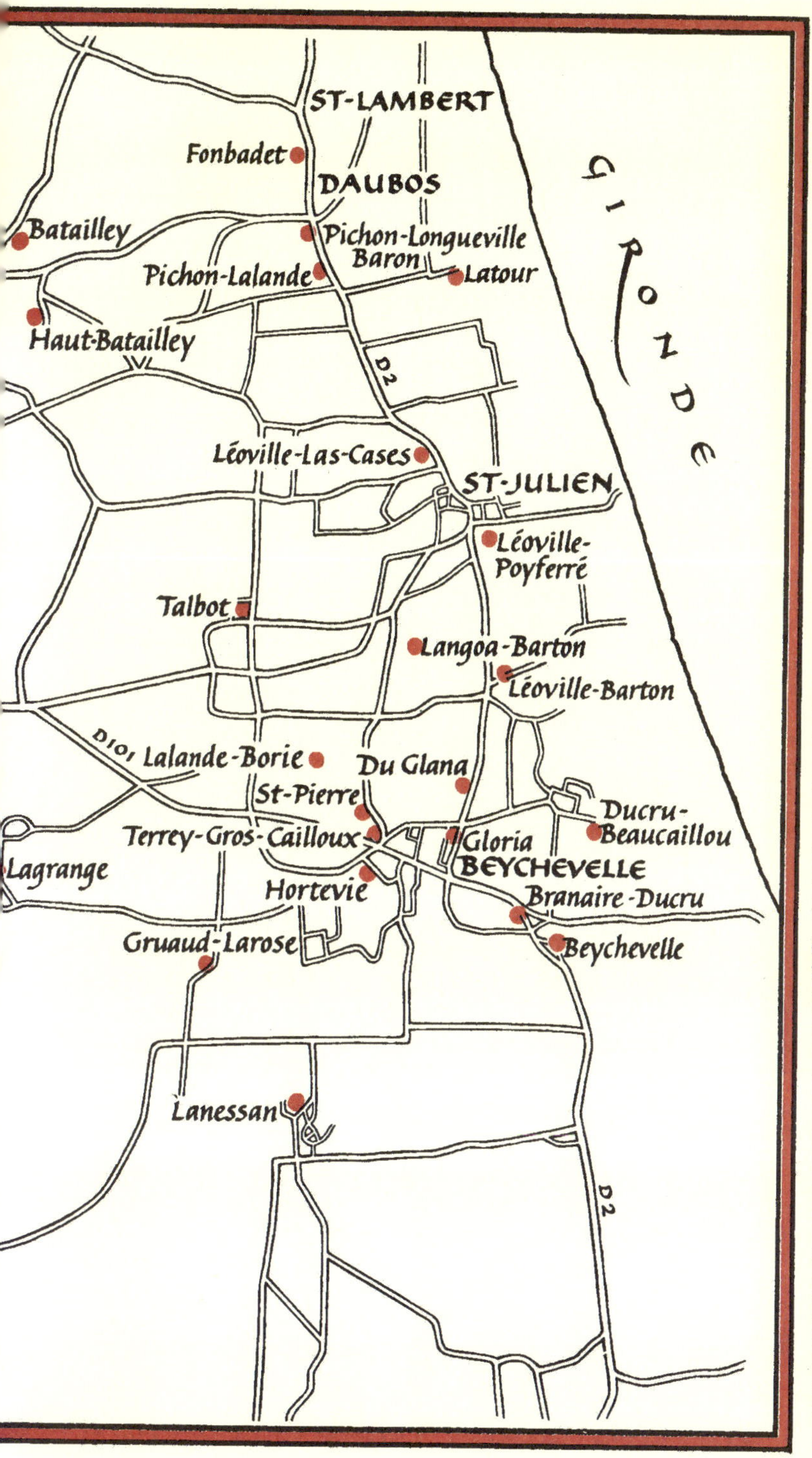
ST-LAMBERT
Fonbadet
DAUBOS
Batailley
Pichon-Longueville Baron
Pichon-Lalande
Latour
Haut-Batailley
GIRONDE
D2
Léoville-Las-Cases
ST-JULIEN
Léoville-Poyferré
Talbot
Langoa-Barton
Léoville-Barton
D101
Lalande-Borie
Du Glana
St-Pierre
Ducru-Beaucaillou
Terrey-Gros-Cailloux
Gloria
Lagrange
BEYCHEVELLE
Hortevie
Branaire-Ducru
Gruaud-Larose
Beychevelle
Lanessan
D2

ci requiert une garde d'au moins 10 ans pour que ses abondants tannins se fondent. Hormis, peut-être, Gruaud Larose et Léoville Barton, aucun Saint-Julien ne se montre aussi fermé que Las Cases ; les autres crus de haut vol exigent nettement moins de patience de la part de l'amateur.

Léoville Las Cases fait partie du trio des Saint-Julien dont le nom commence par Léoville. Pour l'heure, les trois proposent des vins superbes, mais Las Cases surpasse les deux autres, essentiellement parce que les maîtres des lieux sont des perfectionnistes. Des deux autres Léoville, Poyferré présente un potentiel important – et commence enfin à l'exploiter. Comme ceux de Léoville Las Cases, les chais et les bureaux de Léoville Poyferré se situent au cœur du paisible bourg de Saint-Julien-Beychevelle. Alors que la propriété ne brilla guère dans les années 60 et 70 et se montra irrégulière dans les années 80 (cependant, les 1982 et 1983 sont superbes), elle commença, dans le courant des années 90, à produire des vins extrêmement prometteurs, ses 1990, 1996, 2000, 2002 et 2003 étant absolument superbes. Les millésimes récents sont nettement plus foncés de robe, plus riches et plus puissants que leurs prédécesseurs.

Le troisième larron est Léoville Barton, qui propose des vins superbes, plus réguliers à haut niveau que dans le passé, notamment dans les millésimes portés sur la légèreté et l'élégance. Depuis le milieu des années 80, la propriété est entre les mains du séduisant Anthony Barton – parfait gentleman et remarquable ambassadeur de Bordeaux –, qui l'a imposée comme l'un des domaines de Saint-Julien les plus réguliers à haut niveau. Vinifié dans un style traditionnel, Léoville Barton est l'un des vins de l'appellation les plus typiques ; à maturité, il évoque le bois de cèdre. Il constitue aussi l'une des meilleures affaires du Médoc.

Anthony Barton est également propriétaire, en Saint-Julien, de Langoa Barton. L'imposant château, qui surplombe la célèbre route du Vin, abrite les installations techniques tant de ce cru que de Léoville Barton. On ne sera donc pas surpris du fait que les deux vins soient très proches en style – riches et parfumés, avec des arômes de cèdre –, bien que Langoa atteigne rarement la concentration de son compagnon d'écurie.

Dominé par une chartreuse Directoire entourée de deux pavillons victoriens, Ducru-Beaucaillou est l'un des Saint-Julien capables de rivaliser chaque année avec Léoville Las Cases comme avec les premiers crus du Médoc. Je garde un vif souvenir de ma première visite à la propriété, en 1970 : j'avais demandé au vieux maître de chai, M. Prévost, quel était le secret de la grande régularité de Ducru. Il m'avait simplement répondu : « Sélection, sélection, sélection. » Le domaine est magnifiquement géré, et les maîtres des lieux, les Borie, gens fort courtois, supervisent chaque étape des vinifications. Le château lui-même jouit d'une belle situation, en aplomb de la Gironde. Quoique moins massifs et moins tanniques que ceux de Léoville Las Cases ou de Léoville Barton, et nettement moins capiteux que ceux de Gruaud Larose, les vins de Ducru requièrent une garde d'au moins 10 ans avant de pleinement révéler leur fruité riche, ainsi que leurs arômes aussi élégants que suaves. Si Léoville Las Cases est le Latour de Saint-Julien, Ducru-Beaucaillou en est le Lafite Rothschild. La propriété a connu, de manière inattendue, dans les années 80, une période de relative méforme, mais elle s'est bien redressée, produisant en 1995, 1996, 2000 et 2003 des vins absolument superbes.

À portée de voix de Ducru-Beaucaillou se trouvent Branaire Ducru et Beychevelle, les deux propriétés les plus méridionales de l'appellation. Beychevelle est assez connu, notamment parce que ses jardins (les plus beaux du Médoc) séduisent les visiteurs, et que son vin est apprécié pour son fruité souple et léger, ainsi que pour son caractère très accessible. Quoique de bonne facture, et parfois même d'excellente tenue (je pense aux 1982, 1986, 1989 et 2000), Beychevelle a toujours bénéficié d'une réputation supérieure à son niveau réel. Il mériterait le surnom de « Château Irrégularité ».

Branaire Ducru constitue, en revanche, le cas opposé. Ce château triste d'aspect, qui fait face à Beychevelle, a renoué avec le succès en 1989 après une période difficile depuis 1982. Par la suite, les très bons 1994 et 1995 ont confirmé ce redressement, la propriété continuant sur sa belle lancée avec des 1996 et des 2000 absolument magnifiques. En outre, les prix pratiqués demeurent dans les limites du raisonnable, compte tenu de la qualité. Branaire est en principe plus ample que Beychevelle, bien qu'il soit issu d'une vinification privilégiant la finesse plutôt que la puissance et la richesse en extrait. Le cru se distingue par son riche bouquet de cèdre et de chocolat, ainsi que par un fruité de mûre et de framboise fortement marqué de minéral. Certes, Branaire n'aura jamais le potentiel de garde des Léoville ou de Ducru-Beaucaillou, mais il présente un style bien à lui, et peut parfois se distinguer par une opulente richesse.

Gruaud Larose et Talbot peuvent également se révéler excellents. Ces deux propriétés, qui ont longtemps appartenu à la famille Cordier, ont été vendues et ont changé de style sous la houlette des nouveaux propriétaires. Gruaud Larose se situe en retrait de la Gironde, derrière Beychevelle et Branaire Ducru, et immédiatement au sud de Talbot. Jusqu'à ce qu'il change de mains, ce cru produisait, comme son compagnon d'écurie de l'époque, des vins densément colorés, riches et fruités, mais il était le plus souvent supérieur à ce dernier, Talbot ayant une tendance à l'austérité. Cependant, les deux propriétés, qui se sont toujours maintenues à bon niveau, enregistrèrent entre 1978 et 1990 des réussites particulièrement brillantes. En outre, du fait des prix (raisonnables) pratiqués et des quantités disponibles (plus de 35 000 caisses annuellement), ces deux vins comblaient l'amateur soucieux à la fois de son porte-monnaie et de son palais. Gruaud Larose, en particulier, affichait entre 1961 et 1990, comme en 2000, le niveau d'un premier cru. Certains critiques, il est vrai, lui reprochent de n'en avoir ni la complexité ni le potentiel de garde, mais ces objections sont balayées par les résultats des dégustations à l'aveugle. Sous la houlette des nouveaux maîtres des lieux, Gruaud est désormais plus souple, plus fruité et plus accessible, sans sacrifier pour autant à son caractère charnu, robuste et puissant. Talbot, qui appartient toujours en partie à la famille Cordier, produit actuellement des vins plus précoces, plus fruités et moins tanniques que leurs aînés d'avant 1990.

Les deux autres crus classés de Saint-Julien, Lagrange et Saint-Pierre, ont tous deux subi des changements importants. Le premier, après des performances relativement médiocres dans les années 60 et 70, s'est redressé, depuis 1985, sous la houlette des nouveaux propriétaires japonais, judicieusement conseillés au départ par le regretté Michel Delon (de Léoville Las Cases). Lagrange s'impose actuellement comme un Saint-Julien de haut vol, produisant des vins puissants, corsés, très concentrés et incontestablement aptes à la garde. De surcroît, les prix demeurent raisonnables. Ce cru reste la chasse gardée des initiés.

Quant à Saint-Pierre, il a toujours été terriblement sous-estimé. Ce cru profondément coloré, très corsé et richement extrait est parfois un peu rustique, mais merveilleusement fruité, gras et robuste. Aujourd'hui, la propriété est tenue de main de maître par Jean-Louis Triaud, le gendre du regretté Henri Martin, qui gère également Gloria, une des propriétés les plus renommées de l'appellation. On note dès le premier millésime une transition vers le style Martin, le 1983 se révélant richement fruité, presque doux, charmeur du fait de son caractère accessible et souple. Saint-Pierre est probablement le Saint-Julien le plus généreusement boisé, le plus exotique et le plus flamboyant ; il s'est nettement amélioré ces dernières années et mérite incontestablement l'attention des amateurs.

L'appellation compte également quelques crus de haut niveau. Outre l'excellent Gloria, on citera Terrey-Gros-Cailloux et Hortevie, dont les vins sont toujours très bons, Lalande-Borie, un cru se distinguant par son caractère racé et son élégance, ainsi que Du Glana, vinifié dans un style commercial, qui se révèle tantôt bon, tantôt terne. Les principaux crus de Saint-Julien proposent également pléthore de bons seconds vins, le meilleur étant le superbe Clos du Marquis, de Léoville Las Cases.

Saint-Julien constitue une mine d'or pour l'amateur dans les millésimes moins heureux, voire médiocres. En effet, la constitution du sol évoque le terroir léger et graveleux et Margaux, avec davantage d'argile, ce qui confère aux vins plus de corps et d'étoffe. Du fait de leur situation à proximité de la Gironde, les vignobles de l'appellation bénéficient d'un sous-sol de graves profondes bien drainé, et c'est ainsi que, dans les années marquées par les pluies (1992, 1987, 1984 et 1980), ils donnent des vins supérieurs aux autres bordeaux.

Dans les millésimes de haut niveau, voire excellents, les Saint-Julien incarnent la quintessence du Médoc. Les 2000, 1996, 1995, 1990, 1986, 1982 et 1961 sont les meilleures années pour l'appellation, suivies de 2003, 1989, 1988, 1985, 1962 et 1959.

SAINT-JULIEN – REPÈRES

Situation : situé au nord de Margaux, bordé au sud par le village de Cussac-Fort-Médoc et au nord par Pauillac, Saint-Julien se trouve à 35 km environ de Bordeaux. C'est en quelque sorte le centre du Médoc.

Superficie sous culture de vigne : environ 910 ha.

Communes : essentiellement Saint-Julien, mais certaines parcelles se situent à Cussac et à Saint-Laurent ; en fait, une partie de la commune recouvre Pauillac.

Production annuelle moyenne : 5 880 000 bouteilles.

Crus classés : 11 en tout, dont 5 seconds crus, 2 troisièmes crus et 4 quatrièmes crus. L'appellation compte aussi 6 crus bourgeois.

Principaux cépages : cabernet sauvignon, suivi du merlot et, en moindre proportion, du cabernet franc. La composition des Saint-Julien est très proche de celle des Pauillac.

Types de sol : le sol de Saint-Julien, et notamment celui des meilleurs vignobles situés en bordure du fleuve, se compose principalement de graves fines. Plus à l'intérieur des terres, on trouve également des graves, mais aussi davantage d'argile.

AVIS AUX AMATEURS

Niveau général de l'appellation : excellent à superbe (c'est, dans l'ensemble, l'appellation la plus régulière du Bordelais).

Les plus aptes à une longue garde : Branaire Ducru, Ducru-Beaucaillou, Gruaud Larose, Lagrange, Langoa Barton, Léoville Barton, Léoville Las Cases, Léoville Poyferré.

Les plus élégants : Branaire Ducru, Ducru-Beaucaillou, Léoville Las Cases.

Les plus concentrés : Ducru-Beaucaillou, Gruaud Larose, Lagrange, Léoville Barton, Léoville Las Cases, Léoville Poyferré.
Le meilleur rapport qualité/prix : Branaire Ducru, Gloria, Hortevie, Lagrange, Langoa Barton, Léoville Barton, Saint-Pierre, Talbot.
Les plus exotiques : Branaire Ducru, Saint-Pierre.
Le plus secret dans sa jeunesse : Ducru-Beaucaillou.
Les plus sous-estimés : Branaire Ducru, Lagrange, Saint-Pierre, Talbot.
Les plus accessibles dans leur jeunesse : Gloria, Hortevie, Talbot, Terrey-Gros-Cailloux.
Les étoiles montantes : Lagrange, Saint-Pierre.
Les meilleurs millésimes récents : 2003, 2000, 1996, 1995, 1990, 1989, 1988, 1986, 1985, 1982, 1962, 1961.

MON CLASSEMENT

EXCEPTIONNEL

Ducru-Beaucaillou, Gruaud Larose, Léoville Barton, Léoville Las Cases, Léoville Poyferré

EXCELLENT

Branaire Ducru, Lagrange, Saint-Pierre, Talbot

TRÈS BON

Beychevelle, Clos du Marquis, Gloria, Hortevie, Langoa Barton

BON

Lalande Borie, Terrey-Gros-Cailloux

AUTRES PROPRIÉTÉS NOTABLES DE SAINT-JULIEN

La Bridane, Domaine Castaing, Du Glana, Lalande, Moulin de la Rose, Teynac

COMMENTAIRES DE DÉGUSTATION

BEYCHEVELLE

4e cru classé en 1855
Propriétaires : Grands Millésimes de France (GMF et Suntory)
Adresse : 33250 Saint-Julien-Beychevelle
Tél. 05 56 73 20 70 – *Fax* 05 56 73 20 71
E-mail : beychevelle@beychevelle.com
Site Internet : www.beychevelle.com
Visites : sur rendez-vous, du lundi au vendredi, ouvert le samedi en juillet et en août
Contact : Philippe Blanc

VIGNOBLE ET VINIFICATION

Superficie : 90 ha
Encépagement : 62 % cabernet sauvignon, 31 % merlot, 5 % cabernet franc, 2 % petit verdot

Âge moyen des vignes : 28 ans – *Densité de plantation :* 8 300 et 10 000 pieds/ha
Rendement moyen : 55 hl/ha
Élevage : fermentations de 8 à 10 jours à 28 °C et cuvaison de 18 jours en cuves d'acier inoxydable et de béton thermorégulées ; vieillissement de 18 mois en fûts de chêne (57 % de bois neuf) ; collage au blanc d'œuf frais ; filtration suivant le millésime

VINS PRODUITS

Château Beychevelle – 265 000 b ; Amiral de Beychevelle – 198 000 b
À maturité : dans les 7 à 15 ans suivant le millésime

APPRÉCIATION GÉNÉRALE

Les vins de cette propriété se sont considérablement améliorés depuis 1982. Ils sont rarement profonds, mais toujours bien faits, élégants et pleins de charme, et s'expriment tout en finesse. Certains millésimes sont toutefois dénués de ce supplément de densité, de complexité, de structure et d'étoffe qui caractérise les meilleurs Saint-Julien. Les amateurs aborderont ce vin avec précaution, du fait de son irrégularité. Néanmoins, s'il ne s'agit pas d'un des fleurons de l'appellation, il mérite l'intérêt, du fait de son prix raisonnable. Les superbes 1982, 1986 et 2000 témoignent magnifiquement du potentiel de la propriété. Dans les meilleures années, Beychevelle peut ainsi rivaliser avec un troisième cru, mais, dans les moins bonnes, il ne surpasse pas un cinquième cru ni même un cru bourgeois de haut vol.

Le Château Beychevelle ne peut échapper au regard du touriste qui visite la région ; c'est en effet le premier domaine que l'on rencontre sur la D2, qui mène à Saint-Julien. En outre, les magnifiques jardins bordant la route ont sans doute incité plus d'un conducteur pressé à s'arrêter pour prendre des photos.

Certes irréguliers, les vins de Beychevelle peuvent aussi être très beaux. Dans les années 60 et 70, les différences de qualité d'un millésime à l'autre étaient pour le moins déroutantes. Certaines années médiocres, comme 1974, 1987, 1992 et 1993, se sont révélées ici particulièrement décevantes, et d'autres, réputées grandioses (1990), y ont donné des vins sans intérêt. Même dans les meilleures années, Beychevelle est étonnamment souple, tendre et accessible dès sa jeunesse, ce qui amène les puristes et les traditionalistes à s'inquiéter – inutilement. Les millésimes récents et de très bon niveau ont donné des vins parfaitement mûrs à 10 ans d'âge, qui avaient cependant l'étoffe nécessaire pour vieillir de belle manière 15 ans ou plus. Cela dit, il n'est pas conseillé de conserver trop longtemps en cave les crus de cette propriété.

Au début des années 80, les propriétaires réalisèrent que la très grande souplesse de Beychevelle ne lui permettait pas de « faire de vieux os ». Depuis 1982, la proportion de cabernet sauvignon dans l'assemblage a été augmentée, ce qui affermit l'ensemble et lui donne du muscle. La période de cuvaison est désormais plus longue, la proportion de bois neuf pour l'élevage a été accrue, et l'élaboration d'un second vin permet de déclasser les cuvées les moins étoffées. Toutes ces techniques ont largement contribué à améliorer la qualité de Beychevelle, comme en témoignent les excellents 1982, 1986 et 2000. Les vins souples, légers, élégants et très précoces des années 60 et 70 ont laissé place, depuis 1982, à des Saint-Julien plus structurés et plus concentrés, qui ne sacrifient rien, cependant, du style sans détour, charmeur et tout en finesse caractérisant le cru.

Beychevelle ne compte pas au nombre des Saint-Julien les plus onéreux ; ainsi, il est proposé à un prix bien inférieur à ceux de Léoville Las Cases et de Ducru-Beaucaillou.

2003 88-90 Cette propriété plutôt irrégulière propose en 2003 un vin très réussi, d'un rubis-pourpre profond, dont les séduisantes senteurs de fleurs, de pierre concassée, de cassis et de groseille sont nuancées de framboise. L'ensemble, qui se distingue par son élégance et sa précision, est accessible du fait de sa faible acidité et de son caractère précoce. **À boire dès sa diffusion et dans les 12 à 15 ans qui suivront.** (3/04)

2002 88 Ce vin assez léger, séduisant et élégant se distingue par sa robe d'un rubis-prune foncé et ses arômes de cèdre, de cassis, de terre, de boisé et de sous-bois. Il est marqué par une certaine astringence, ainsi que par des tannins fermes, dont je doute qu'ils se fondront avant que le fruit ne se dessèche. **À boire jusqu'en 2014.** (9/03)

2001 88 Ce vin racé, légèrement corsé et discret, est incontestablement élégant. Ses douces notes de groseille et de cassis sont nuancées de terreau, de cerise, de réglisse et de cèdre, le tout étayé par des tannins légers. **À boire entre 2006 et 2015.** (1/03)

2000 91 Vêtu de rubis-pourpre profond, révélant un doux nez de cassis, de terre, de réglisse et de minéral, le 2000 est relativement puissant et dense pour ce cru plutôt porté sur l'élégance et la discrétion. L'ensemble, qui se montre sous un meilleur jour après la mise qu'en cours d'élevage, est moyennement corsé, dense et de bonne mâche. Il me semble qu'il s'agit là de la plus belle réussite de la propriété depuis 1986 et 1982. Cependant, ce vin requiert de la patience. **À boire entre 2007 et 2020.** (1/03)

1999 86 Ce vin plaisant, aux arômes moyennement corsés d'herbes et de terre humide, présente aussi des nuances de fraise, de cerise et de groseille. Cependant, il est austère et quelque peu dénué d'étoffe. Plutôt anodin, il manque, à vrai dire, d'intérêt. **À boire dans les 8 ans.** (3/02)

1998 87 Ce vin élégant, racé et d'une grande précision marie magnifiquement finesse et harmonie dans un ensemble moyennement corsé, structuré et parfumé. Ses arômes de cassis, de groseille, de réglisse, de minéral, d'épices et de goudron sont imposants, bien que subtils. Si l'ensemble ne se révèle pas en bouche particulièrement puissant ni ample, ses tannins, son alcool et son acidité sont joliment fondus. **À boire jusqu'en 2016.** (3/02)

1996 86 Arborant une robe d'un prune foncé évolué, le Beychevelle 1996 dégage des senteurs de chêne neuf grillé présentées dans un ensemble ouvert et charmeur, aux notes de fruits rouges nuancées d'épices. Il est assez inintéressant, en particulier pour un vin issu d'un terroir aussi noble, mais il est moyennement corsé et bien fait, et capable d'une certaine garde. **À boire jusqu'en 2012.** (1/01)

1995 85 Le Beychevelle 1995 arbore une robe d'un rubis moyen et libère au nez de très caractéristiques notes de sous-bois, de terre humide, de terreau et de cassis. Modérément tannique et moyennement corsé, il est assez anguleux, quoique bien extrait, mais manque d'âme et de caractère. **À boire jusqu'en 2012.** (1/01)

1994 83 ? Assez massif, le 1994 présente une couleur rubis foncé, ainsi qu'un nez sans détour de groseille, marqué en arrière-plan de notes de terre, d'herbes, de fumé et de grillé. Faible en acidité, il révèle, outre d'abondants tannins, un doux fruité qui, tout en étant de bonne qualité, ne laisse pas en bouche une impression particulière. L'ensemble manque également de tenue. **À boire dans les 2 à 3 ans.** (1/01)

1990 **79** Le 1990 est inintéressant. D'un grenat foncé, il présente toujours des tannins verts, accuse un creux en milieu de bouche et se montre rugueux en finale. Un flop complet ! (1/01)

1989 **89** D'un grenat foncé, le très aromatique 1989 est moyennement corsé et élégant, étayé par des tannins doux et un généreux fruité mûr de cassis herbacé. L'ensemble, marqué par un boisé copieux, développe une finale ample et veloutée. Il a évolué rapidement et est actuellement à son apogée. **À boire jusqu'en 2012.** (1/01)

1986 **92** Le 1986 s'impose toujours comme le meilleur Beychevelle des vingt dernières années. Sa robe d'un grenat soutenu accompagne un bouquet de fruits rôtis, de réglisse, de prune et de groseille, lui-même préludant en bouche à un ensemble riche, corsé et concentré, proche de son apogée. **À boire jusqu'en 2015.** (1/01)

1985 **87** Le 1985, qui est actuellement à son apogée, arbore une robe d'un rubis moyennement foncé, fortement rosée et orangée sur le bord. L'ensemble, faible en acidité, est mûr, rond, fruité et bien évolué, modérément corsé et souple. **À boire dans les 2 à 4 ans.** (1/01)

1983 **77** Le 1983 commence à se déliter. Moyennement corsé, marqué de notes de terre et de fruit, il perd progressivement de son fruit, et il est désormais dominé par l'acidité et des tannins dont l'agressivité contribue à l'atténuer davantage. **À boire sans plus tarder.** (1/01)

1982 **95** Ce vin profond, lent à évoluer, est tout à la fois puissant, corsé et très concentré ; il affiche d'ailleurs une longévité que je n'aurais pas soupçonnée. L'ensemble, qui s'est défait du gras de sa petite enfance et de ses flaveurs épanouies, épaisses à la limite de l'onctuosité, révèle désormais de classiques senteurs de cèdre, d'herbes, de tabac, de réglisse et de cassis, ainsi que des arômes de cuir fin et de truffe. Exprimant avec ampleur une puissance et une richesse d'excellent aloi, cet ensemble massif ne développera jamais la finesse du 1989, mais il sera toujours plus riche et plus puissant. **À boire jusqu'en 2025.** (11/02)

MILLÉSIMES ANCIENS

Les vins des années 60 et 70 étaient généralement de piètre qualité. De fait, seuls les 1961, 1966 et 1975 étaient de bon niveau, mais ils sont probablement aujourd'hui sur le déclin.

Pour des raisons que je m'explique mal, Beychevelle est généralement absent de mes commentaires des millésimes anciens. Les 1959 et 1952, que j'ai goûtés une seule fois, étaient structurés, mais anodins, alors que le superbe 1953 (noté 92 en 1987) s'impose, avec le 1982 et le 1986, comme la plus belle réussite que je connaisse de la propriété. Le meilleur Beychevelle que j'aie dégusté à son apogée est le 1928 (noté 92 en octobre 2002).

BRANAIRE DUCRU

4e cru classé en 1855
Propriétaire : famille Maroteaux
Administrateur : Patrick Maroteaux
Adresse : 33250 Saint-Julien-Beychevelle
Tél. 05 56 59 25 86 – *Fax* 05 56 59 16 26
E-mail : branaire@branaire.com
Site Internet : www.branaire.com
Visites : sur rendez-vous uniquement
Contact : Patrick Maroteaux

VIGNOBLE ET VINIFICATION

Superficie : 50 ha
Encépagement : 70 % cabernet sauvignon, 22 % merlot, 4 % cabernet franc, 4 % petit verdot
Âge moyen des vignes : 35 ans – *Densité de plantation :* 10 000 pieds/ha
Rendement moyen : 48 hl/ha
Élevage : fermentations et cuvaison de 21 jours en cuves d'acier inoxydable thermorégulées ; achèvement des malolactiques en fûts pour une partie de la récolte ; vieillissement de 18 à 22 mois en fûts (50 % de bois neuf) ; collage au blanc d'œuf frais ; filtration légère

VINS PRODUITS

Château Branaire Ducru – 150 000-180 000 b ; Château Duluc – 150 000 b
À maturité : dans les 8 à 25 ans suivant le millésime

APPRÉCIATION GÉNÉRALE

Ces dernières années, Branaire Ducru s'est amélioré progressivement, sans tambour ni trompette. Les millésimes postérieurs à 1991 ont été réguliers à haut niveau, les vins révélant davantage de profondeur, de concentration et d'étoffe sans rien sacrifier de l'élégance ni du caractère chocolaté et épicé typiques du cru. Ce cru apprécié des amateurs est ignoré des spéculateurs, ce qui explique qu'il se trouve rarement dans les ventes aux enchères et que les prix demeurent raisonnables. Dans les meilleurs millésimes, Branaire vaut un troisième cru.

Note : depuis 1991, la propriété s'est dotée d'une cuverie équipée dans les règles de l'art, où tout opère par gravité. Ce fut la première installation technique de ce style dans le Bordelais.

J'ai toujours pensé que Branaire Ducru était étonnamment sous-estimé, sous-évalué et quelque peu oublié dans les discussions passionnées que les amateurs consacrent aux vins de Bordeaux. Les visiteurs auront sans doute remarqué cette bâtisse d'un beige terne, en face de Beychevelle, sur la principale route du Médoc.

Les meilleurs millésimes donnent ici des vins magnifiquement parfumés, profonds et riches, capables de rivaliser avec les meilleurs de l'appellation. Jusque vers la fin des années 90, Branaire fut loin d'être un modèle de régularité, produisant, en particulier dans les années 80, toute une série de vins inintéressants. Je ne sais s'il faut blâmer les rendements trop élevés ou l'absence de sélection rigoureuse. La construction d'un nouveau chai, la mise en place d'une nouvelle équipe de vinification et l'élaboration d'un second vin ont, semble-t-il, permis de remettre Branaire sur la bonne voie, comme l'attestent d'ailleurs les belles réussites des années 90. Il faut également mentionner le travail accompli par Patrick Maroteaux, le dynamique administrateur de la propriété, également président de l'Union des grands crus de Bordeaux.

Le vignoble de Branaire, comme ceux de nombreux châteaux du Bordelais, est morcelé et disséminé à travers la commune de Saint-Julien. Le cru se distingue par de très caractéristiques senteurs épicées (en particulier pour un Saint-Julien), presque exotiques, de chêne vanillé et par des arômes très prononcés de chocolat, qui le trahissent immédiatement dans les dégustations à l'aveugle. On remarque particulièrement ce trait dans les grands millésimes comme 1975, 1976, 1982, 1989, 1995, 1996, 2000, 2002 et 2003.

2003
92-94 Cette propriété régulière à haut niveau propose un 2003 très réussi, vêtu d'un pourpre dense et doté d'un nez ample et doux aux notes de prune, de cassis, de bruyère, de violette et de minéral. L'ensemble, moyennement corsé, est d'une très grande pureté malgré son étoffe, sa générosité et son caractère charnu, et recèle des tannins bien fondus. Ce vin, qui évoque son superbe aîné de 1982, sera parfait **entre 2008 et 2020.** (3/04)

2002
91 Le 2002 de Branaire se montre élégant et d'une grande précision, tout en étant généreusement doté. D'un rubis-pourpre soutenu, il développe un beau bouquet floral aux notes de crème de cassis et d'airelle, et aux nuances de framboise, de moka et de chocolat. Moyennement corsé et d'une belle profondeur, il recèle des tannins assez abondants, mais bien fondus. Une merveille, **à boire dans les 15 à 18 ans suivant une garde de 3 à 4 ans.** (9/03)

2001
90-92 Arborant un rubis-pourpre profond et dégageant un nez racé et savoureux de prune, de framboise, de minéral et de fleurs blanches, ce vin moyennement corsé se distingue par sa pureté hors du commun. Il est étayé par des tannins mûrs, et par une heureuse acidité qui lui confère une précision et une fraîcheur remarquables. Un classique, que l'on appréciera aussi bien dans sa jeunesse qu'au terme d'une certaine garde. **À boire jusqu'en 2015.** (1/03)

2000
93+ La robe d'un pourpre soutenu du 2000 accompagne le nez de graphite, de prune, de framboise et de myrtille typique de Branaire. De fait, ce cru moyennement corsé, qui affiche un style très particulier, se distingue par sa grande pureté, sa richesse et sa douceur ; il est rehaussé de subtiles notes de chêne grillé. L'ensemble, généreux et massif, gagne au palais en ampleur et en puissance. Il s'agit de la plus belle réussite de la propriété après les 1982 et 1996. **À boire entre 2007 et 2025.** (1/03)

1999
89 Le 1999 est merveilleusement parfumé, avec des senteurs de graphite, de myrtille et de cassis. L'ensemble, moyennement corsé, se développe en bouche par paliers, révélant une pureté et une élégance d'excellent aloi, malgré sa richesse et sa puissance aromatique. Très complexe, il est encore doté de tannins doux et étayé par une acidité parfaitement fondue. **À boire dans les 10 à 12 ans, voire au-delà.** (3/02)

1998
89 La robe d'un rubis-pourpre dense du Branaire 1998 accompagne un séduisant bouquet de graphite, de cassis, de framboise et d'épices. Suit en bouche un ensemble moyennement corsé, qui révèle, outre une précision d'excellent aloi, des arômes subtils, mais imposants et joliment structurés. Un vin de caractère. **À boire jusqu'en 2016.** (3/02)

1997 **86** Le séduisant et délicieux Branaire 1997 arbore une robe d'un rubis-prune foncé et déploie de complexes arômes de graphite, de minéral, de mûre et de chêne neuf. En bouche, il est élégant, moyennement corsé et légèrement tannique ; il semblerait qu'il évolue assez rapidement. Un vin délicieux. **À boire maintenant.** (1/02)

1996 **91** Ce vin classique, d'un rubis-pourpre opaque, exhale de légendaires arômes floraux de framboise et de cassis nuancés de minéral. Élégant et pur, il est étonnamment opulent et doux, avec des tannins souples bien fondus. Vous apprécierez cet ensemble moyennement corsé, qui s'exprime tout en finesse, **jusqu'en 2020.** (8/02)

1995 **90** Cette merveille, qui est tout élégance, discrétion et finesse, arbore un rubis-pourpre foncé et libère un nez floral de cerise, de cassis et d'airelle nuancé de belles notes de chêne neuf grillé. Moyennement corsé, doté de tannins souples, il manifeste, outre une très grande précision dans le dessin, un caractère séduisant et charmeur. Plaisant, conjuguant complexité et retenue, le Branaire 1995 sera agréable dans sa jeunesse et tiendra bien **ces 12 prochaines années.** (1/02)

1994 **88** Le Branaire 1994 s'impose comme l'un des vins les plus racés, les plus complexes et les plus merveilleusement délicieux du millésime. Ce charmeur, vêtu de rubis-pourpre foncé, déploie un magnifique bouquet aux douces senteurs de cassis et d'épices nuancé de curieuses notes florales. Doux et savoureux, il est également riche, faible en acidité, et exprime en bouche de purs arômes de fruits noirs et de grillé. Il est fort heureusement dépourvu du caractère tannique qui dessert tant de ses jumeaux. Je ne suis pas sûr que ce vin se révèle extraordinaire, mais il n'en est pas loin. C'est assurément l'une des affaires du millésime les plus séduisantes parmi les crus classés de haut niveau. **À boire dans les 8 ans.** (3/01)

1990 **88** D'un grenat foncé rosé sur le bord, le Branaire 1990 présente un doux fruité confituré et des notes de chêne épicé étayées par une faible acidité, mais il accuse en bouche un manque de structure et de précision. Séduisant de richesse, il est moyennement corsé, très pur, épanoui et généreux, mais, je le répète, qu'en est-il de la structure et de la précision ? **À boire jusqu'en 2010.** (3/02)

1989 **90** Le somptueux 1989, qui approche de son apogée, constitue une belle réussite de la propriété. Ce vin charnu et épanoui, que l'on reconnaît à sa robe grenat foncé, dégage de douces notes de framboise et de cassis nuancées de graphite, de cèdre, de chocolat et de boisé. L'ensemble, moyennement corsé, est souple et opulent. Vous apprécierez ce Branaire sensuel **dans les 8 à 10 ans.** (3/02)

1986 **88** Le 1986 sera probablement toujours dominé par les tannins. Ce vin d'un grenat foncé, aux séduisantes senteurs de terre, de minéral, de cèdre, d'épices et de groseille, est encore ferme et structuré. En bouche, il est moyennement corsé et évoque le cèdre, le graphite, la groseille et le minéral. **À boire dans les 4 à 6 ans.** (3/02)

1985 **84** Le 1985, qui entame son déclin, est anodin et étonnamment léger. Fortement ambré et rosé sur le bord, il exhale un doux nez de fruits rouges nuancé d'herbes, de cèdre, de terre et de boisé. L'ensemble, légèrement corsé, est plaisant, mais sans distinction. **À boire sans plus tarder.** (3/02)

1982 **91** Le 1982 de Branaire s'est toujours montré élégant. Doté de superbes arômes de fumé, de framboise, de groseille et de minéral, ce vin d'un rubis dense à peine éclairci sur le bord est moyennement corsé, très souple (et ce depuis sa prime jeunesse) et parfaitement équilibré, avec de doux arômes chocolatés de groseille. De tous les Branaire que j'ai dégustés, c'est celui qui présente la finale la plus persistante et la plus généreusement étayée en gras. **À boire jusqu'en 2012.** (9/02)

MILLÉSIMES ANCIENS

Le 1975 de Branaire, qui s'impose comme l'une des belles réussites du millésime, mérite l'intérêt (il a été noté 93 en septembre 2002). Je le crois capable d'une garde de 10 à 15 ans encore. La propriété a aussi enregistré une belle réussite en 1966, mais je subodore que ce millésime est actuellement sur le déclin.

DUCRU-BEAUCAILLOU

2[d] cru classé en 1855
Propriétaire : famille Borie
Administrateur : Bruno Borie
Adresse : 33250 Saint-Julien-Beychevelle
Tél. 05 56 73 16 73 – *Fax* 05 56 59 27 37
E-mail : je-borie@je-borie-sa.com
Site Internet : www.chateau-ducru-beaucaillou.com
Visites : sur rendez-vous uniquement
Contact : Bruno Borie

VIGNOBLE ET VINIFICATION

Superficie : 52 ha
Encépagement : 70 % cabernet sauvignon, 25 % merlot, 5 % cabernet franc
Âge moyen des vignes : 38 ans – *Densité de plantation :* 10 000 pieds/ha
Rendement moyen : 49 hl/ha
Élevage : fermentations et cuvaison de 17 à 21 jours en cuves d'acier inoxydable et de béton thermorégulées ; vieillissement de 18 à 20 mois en fûts (50-65 % de bois neuf) ; collage ; filtration légère

VINS PRODUITS

Château Ducru-Beaucaillou – 220 000 b ; La Croix de Beaucaillou – 85 000 b
À maturité : dans les 10 à 30 ans suivant le millésime

APPRÉCIATION GÉNÉRALE

Ducru-Beaucaillou est revenu à haut niveau après une période de relative méforme, à la fin des années 80 et au début des années 90 – ses vins étaient alors desservis par des arômes de carton mouillé, probablement dus à la contamination par les polychlorophénols des chais de vieillissement. Cependant, les millésimes 1994 et suivants ont renoué avec le fil des grandes réussites. Comme Branaire (qu'il surpasse) ou Léoville Las Cases (qui le surpasse généralement), Ducru est rarement présent dans les ventes aux enchères. Intéressant davantage les amateurs que les spéculateurs, il constitue l'une des meilleures affaires parmi les « super-seconds » du Bordelais.

Entouré d'arbres, avec une vue splendide sur la Gironde, Ducru-Beaucaillou est l'un des plus beaux sites du Médoc. Le domaine appartient à la famille Borie, et le regretté Jean-Eugène Borie, parfait gentleman, fut l'un des rares propriétaires du Médoc à résider sur place, dans son château. Il n'a eu de cesse, les trente années pendant lesquelles il a géré le domaine, d'amener Ducru à très haut niveau, permettant à la propriété de produire en 1961, 1962, 1966, 1970, 1973, 1976, 1978, 1982, 1985, 1995, 1996, 2000 et 2003 des vins capables de rivaliser avec les premiers crus de la rive gauche. Animé d'une véritable passion pour sa propriété, obsédé par la qualité, Jean-Eugène Borie, homme éminemment modeste, était fort respecté dans la région, notamment pour sa contribution à la promotion des vins de Bordeaux lors de ses nombreux voyages à l'étranger. Depuis son décès, il y a plusieurs années, le cru a été géré par son fils François-Xavier, qui gère également Grand-Puy-Lacoste, et qui a passé la main en 2003 à son frère Bruno et à sa sœur.

Ducru-Beaucaillou incarne l'élégance, l'équilibre, la race et la distinction. Ce n'est jamais l'un des Saint-Julien les plus robustes, les plus riches ou les plus fruités, et il est, par nature, lent à évoluer. De plus, la plupart des grands millésimes requièrent une garde d'au moins 10 ans pour révéler leur puissance et leur fruité harmonieux.

Si Ducru est un grand vin, ce n'est pas par hasard. La viticulture et la vinification y font l'objet de soins méticuleux, et l'on se préoccupe ici du moindre détail ; seuls une vendange saine et les meilleurs lots – issus d'une sélection extrêmement stricte – donnent le grand vin, et la culture de la vigne est aussi respectueuse que possible de la nature.

Cela dit, la propriété a connu des moments difficiles entre 1987 et 1990. Mes notes de dégustation font état d'un caractère moisi qui domine les arômes des vins produits à cette période, et qui est probablement dû à des molécules émanant du matériel isolant du vieux chai. Celui-ci a été entièrement refait au début des années 90 (et, en janvier 2000, la propriété s'est dotée de nouveaux chais), et les mauvaises odeurs ont, par conséquent, disparu. Le problème est donc résolu. J'ai décidé de ne pas inclure ici de commentaires sur les vins litigieux, bien que toutes les bouteilles des millésimes en question (1988, 1989 et 1990) ne soient pas touchées par le phénomène.

Ducru-Beaucaillou est certes un deuxième cru relativement cher, mais dans des proportions raisonnables ; ces prix traduisent sa grande qualité et la forte demande internationale dont il est l'objet.

2003
93-95

Le 2003 est le premier millésime entièrement élaboré par Bruno Borie, qui a remplacé son jeune frère Xavier à la tête de Ducru-Beaucaillou. Étonnamment charnu, séveux et gras, il masque magnifiquement ses 13 % d'alcool. Issu de rendements de 34 hl/ha et d'une vendange rentrée entre le 10 et le 27 septembre, il est le fruit d'une sélection des deux tiers de la récolte et se compose à 80 % de cabernet sauvignon et pour le reste de merlot. Évoquant le 1982 lorsque je l'avais dégusté en 1983, ce vin faible en acidité arbore un prune-pourpre-grenat évolué et développe un bouquet merveilleusement parfumé de fruits rouges et noirs confiturés, de minéral, de terre et de boisé. Atypique du cru, il est opulent, visqueux, pur et séveux, et aussi exubérant que flamboyant. Il sera agréable dans sa jeunesse s'il ne se referme pas d'ici 1 à 2 ans, et promet, à en juger par sa richesse et sa puissance, de tenir 20 à 25 ans. Quelle merveille ! (3/04)

2002 **88 ?** Alors que Ducru-Beaucaillou est l'un des Médoc que je préfère, son 2002 fut l'une des deux grandes déceptions de mes dégustations de septembre 2003. En effet, quoique très bon, il n'a pas le niveau que j'attendais dans le contexte du millésime, particulièrement favorable aux vins à base de cabernet sauvignon. Composé à 82 % de ce dernier cépage et pour le reste de merlot, il est moyennement corsé, plutôt discret, et exprime avec élégance de séduisantes notes de framboise nuancées de minéral. Cependant, il pèche par sa légèreté, son manque de concentration et de complexité, ainsi que par sa finale, comprimée. **À boire entre 2008 et 2020.** (9/03)

2001 **89** Ce vin, qui incarne l'élégance, se distingue par ses arômes de minéral nuancés de framboise et de vanille. Moyennement corsé et racé, étayé par des tannins modérément abondants, il évoque l'excellent 1999 ou le 1981, sous-estimé. L'assemblage de 68 % cabernet sauvignon, 30 % merlot et 2 % cabernet franc sera à son apogée **entre 2006 et 2015.** (1/03)

2000 **94+** Mêlant au nez des notes florales à des senteurs de framboise, de cassis, de minéral et de boisé, ce vin d'un pourpre intense, moyennement corsé, doux et dense, se distingue par son élégance et sa finesse, ainsi que par sa très grande persistance (sa finale dure plus de 45 secondes). L'ensemble est remarquable de proportions et d'équilibre ; on appréciera encore son beau caractère minéral, ainsi que son élégance, qui évoque Lafite. **À boire entre 2010 et 2030, voire au-delà.** (1/03)

1999 **91** Le Ducru-Beaucaillou 1999 est une véritable merveille. Issu d'une sélection de 60 % seulement de la récolte totale de la propriété, ce vin d'un pourpre profond se distingue par des arômes de pierre concassée, de liqueur de framboise et de cassis. La bouche, harmonieuse, révèle une douceur et une pureté d'excellent aloi. Elle s'exprime davantage en finesse, en élégance et en complexité qu'en puissance et en concentration. Le summum du bordeaux. **À boire jusqu'en 2018.** (3/02)

1998 **91+** Merveilleux d'élégance, le 1998 se distingue par un pourpre dense et des arômes de cassis, de mûre, de minéral et de groseille. En bouche, il est moyennement corsé, manifestant, outre une précision et des proportions d'excellent aloi, une pureté et une subtilité hors du commun. Ce vin racé, qui se révèle avec discrétion, est **à boire jusqu'en 2025.** (3/02)

1997 **87** Ce vin d'un rubis-pourpre foncé exhale un bouquet racé et complexe, d'où jaillissent littéralement des notes de graphite, de minéral, de terre et de cassis. La bouche révèle un ensemble évolué et élégant, assez tannique, de grande classe et très racé (lui aussi). Ce 1997 modérément massif, mais superbe de pureté, de profondeur et de proportions, peut être apprécié **dans les 8 ans, si ce n'est au-delà.** (1/02)

1996 **96** J'ai souvent dégusté côte à côte, à l'aveugle, le 1996 de Ducru-Beaucaillou et son fabuleux aîné d'un an. Il m'a semblé – mais c'est couper les cheveux en quatre – que le 1996 était légèrement plus persistant, plus profond en milieu de bouche et plus tannique en finale. Il est également plus musclé, plus concentré et plus classique. Ce vin d'un rubis-pourpre soutenu exhale de renversantes senteurs de minéral, de réglisse, de cassis, et présente également les très caractéristiques notes de graphite que j'associe généralement aux meilleurs millésimes de Lafite Rothschild. La bouche, douce et très corsée, ne révèle pas la plus infime trace de mollesse ni de lourdeur, malgré son incroyable richesse. On décèle également des tannins très abondants, mais l'ensemble est très mûr et dominé par la douceur de son fruité de cabernet sauvignon, aux notes de cassis et d'épices. Ce Ducru-Beaucaillou profond et peu évolué mérite de figurer dans la cave de tout amateur qui se respecte. Les heureux détenteurs du 1995 et du 1996 vivront une expérience fascinante en suivant l'évolution de ces deux millésimes exceptionnels. **À boire entre 2008 et 2035.** (8/02)

1995 **94** Plus épanoui et plus accessible que son cadet d'un an, le 1995 présente une robe d'un rubis-pourpre soutenu, préludant à un nez absolument renversant de myrtille, de framboise et de cassis, auquel se mêlent des notes de minéral et de fleurs, ainsi que de subtiles touches de chêne neuf grillé. Exactement comme le 1996, ce vin doux et riche en milieu de bouche (du fait de sa maturité et de sa richesse en extrait, et non d'un éventuel taux de sucre résiduel) déploie ses arômes par paliers, manifestant de la tenue et une belle précision dans le dessin. Ses tannins et son acidité ne sont nullement gênants. Un grand classique, irrésistible, à ne pas manquer ! **À boire jusqu'en 2025.** (8/02)

1994 **89** Le 1994 est de tout premier ordre, avec sa robe pourpre foncé et son nez classique, aux notes florales de cassis, de minéral et de réglisse. Moyennement corsé, extraordinaire de pureté malgré sa richesse en extrait, il recèle des tannins modérés, et sa finale, imposante, est riche, douce et épicée. L'ensemble est bien fondu – les tannins aussi. Un classique, **À boire jusqu'en 2022.** (8/02)

1986 **90+** À bientôt 20 ans d'âge, ce 1986 évoque un vin vieux de 5 à 7 ans seulement. Sa robe d'un beau rubis foncé est à peine rosée sur le bord. Au nez, il exhale de douces senteurs de groseille et de cassis nuancées de pierre mouillée, d'épices et de fleurs. L'ensemble, moyennement corsé et modérément tannique, est très concentré, ferme, quelque peu austère, mais il recèle incontestablement un potentiel très important. Je signale aux amateurs qu'il s'agit du premier millésime de Ducru où l'on trouve quelques bouteilles aux arômes de carton humide, plus prononcés dans les quatre millésimes suivants (1987 à 1990). Cependant, les cinq derniers flacons que j'ai dégustés étaient exempts de défauts. **À boire entre 2006 et 2030.** (5/02)

1985 **92** Merveilleux à la fois de charme et d'élégance, le Ducru-Beaucaillou 1985 révèle un nez floral de cèdre nuancé de cassis et de groseille. Ce vin souple et mûr, superbe à la fois de concentration et de pureté, n'a pas la puissance ni le caractère massif du 1986, mais il est incontestablement plus séduisant. Il évoluera bien encore quelques années. **À boire jusqu'en 2012.** (5/02)

1983 **86** Le Ducru-Beaucaillou 1983, actuellement sur le déclin, déploie des notes de goudron, de terre, de compost et de poivre, ainsi que des senteurs herbacées de fruits noirs. Ce vin moyennement corsé révèle à l'attaque une belle complexité, mais s'amenuise par la suite, pour se révéler sec en finale. **À boire sans plus tarder.** (5/02)

1982
95 Le 1982 de Ducru-Beaucaillou est l'un des rares Médoc de haut vol qui soit proche de son apogée. Ce vin dense, d'un prune-grenat d'encre, déploie d'étonnantes senteurs de minéral nuancées de cèdre, de cassis, de feuilles mortes et de boîte à épices. L'ensemble, opulent et de bonne mâche – en particulier pour le cru –, se distingue encore par sa concentration et son caractère charnu. Bien que très présents, les tannins sont doux, et la finale, veloutée, suggère que ce vin est actuellement au meilleur de sa forme. Une réussite fabuleuse ; il s'agit probablement du plus beau succès de la propriété avant 1995. **À boire jusqu'en 2016.** (1/03)

1981
88 Ce vin moyennement massif, qui s'impose régulièrement comme l'une des grandes réussites du millésime, est pris de légères teintes rosées et ambrées sur le bord. Outre un séduisant nez de pierre mouillée, de douce groseille et de mûre nuancé de terre et d'épices, il présente un caractère moyennement corsé, des tannins légers, ainsi qu'une finale accessible. **À boire jusqu'en 2007.** (5/02)

MILLÉSIMES ANCIENS

Parmi les millésimes des années 70, 1978 s'impose comme une grande réussite ; ce vin (noté 90) était encore en parfaite forme lors de ma dernière dégustation, en mai 2002. Le 1970, qui était également superbe, a entamé son déclin. Ce classique (je l'ai noté 92-93 en mars 1999), typique de son appellation, s'exprime tout en finesse et en élégance, révélant aussi une très grande complexité. Il doit cependant être consommé assez rapidement.

Dans les années 60, les 1962 et 1966 sont bien faits, mais le 1961 constitue, à mes yeux, la plus belle réussite de la propriété. Malheureusement, lors de ma dernière dégustation, en 1999, ce vin paraissait avoir le chapeau sur l'oreille. Cependant, il s'est longtemps imposé comme l'un des meilleurs Ducru que je connaisse – je l'avais d'ailleurs noté 96 en mai 1991. Je pense qu'il n'est plus désormais que l'ombre de lui-même – sauf, peut-être, s'il s'agit de magnums en parfait état de conservation ou de plus grands formats.

GLORIA

Non classé
Propriétaire : Françoise Triaud
Adresse : Domaines Martin – 33250 Saint-Julien-Beychevelle.
Tél. 05 56 59 08 18 – *Fax* 05 56 59 16 18
E-mail : domainemartin@wanadoo.fr
Visites : sur rendez-vous uniquement,
du lundi au vendredi (9 h-12 h et 14 h-17 h)
Contact : Jean-Louis Triaud

VIGNOBLE ET VINIFICATION

Superficie : 48 ha
Encépagement : 65 % cabernet sauvignon, 25 % merlot, 5 % cabernet franc, 5 % petit verdot
Âge moyen des vignes : 42 ans – *Densité de plantation :* 10 000 pieds/ha
Rendement moyen : 50 hl/ha

Élevage : fermentations et cuvaison prolongées en cuves thermorégulées, avec remontages et pigeages ; concentration par évaporation sous vide si nécessaire ; vieillissement de 14 mois en fûts renouvelés par tiers ; collage et filtration

VINS PRODUITS

Château Gloria – 200 000 b ; Château Peymartin – 50 000 b
À maturité : dans les 5 à 15 ans suivant le millésime

APPRÉCIATION GÉNÉRALE

Les vins de Gloria sont généralement fruités et souples, toujours bien faits et réguliers à haut niveau. Les prix demeurent raisonnables, s'agissant d'un cru non classé créé dans les années 40, après les classements de 1855 et de 1932. Pourtant, en termes de qualité, Gloria peut rivaliser, dans ses grands millésimes, avec certains cinquièmes, voire quatrièmes, crus. Moins cher que la plupart des Saint-Julien, il s'impose comme l'une des meilleures affaires de l'appellation, si ce n'est du Médoc.

Gloria sert toujours d'exemple à ceux qui veulent démontrer que le classement de 1855 des vins du Médoc est caduc. En effet, bien que ne figurant pas sur la fameuse liste (il a été constitué après le classement), ce château fait de grands vins depuis plus de vingt-cinq ans (il faut dire que ses vignobles ont été achetés à des châteaux voisins, qui, eux, sont classés) ; beaucoup de ces millésimes – tels 1961, 1966, 1970, 1971, 1975, 1976, 1982, 1985, 1986, 1989, 1994, 1995, 1996 et 2000 – sont indiscutablement du niveau de bien des crus classés. Détaillants et amateurs avisés connaissent depuis longtemps la qualité de ce cru, qui est diffusé dans divers pays d'Europe et outre-Atlantique.

Le regretté Henri Martin, ancien propriétaire des lieux, est décédé en février 1991. C'était une grande figure du Médoc, et ses vins avaient tout pour plaire : ronds, généreux, très mûrs, avec un merveilleux bouquet – presque trop prononcé – de cèdre et d'épices. Son gendre Jean-Louis Triaud, qui lui a succédé à la tête du domaine, continue sur ses pas et ne semble pas avoir changé l'orientation du domaine.

Très bons lorsqu'ils sont jeunes, les vins de la propriété peuvent facilement vieillir sur 12 à 15 ans. Le style de Gloria, tel qu'on le connaissait dans les années 60 et au début des années 70, a un peu évolué avant le début des années 80. Les millésimes de 1978 à 1993 se sont révélés plus légers, manifestement plus fruités et moins tanniques que leurs aînés. Cependant, les 1995, 1996 et 2000, incontestablement plus charnus et plus riches, augurent peut-être un retour au style d'avant 1978. Il s'agit quoi qu'il en soit d'un Saint-Julien délicieux et des plus exubérants, dont le prix demeure, de surcroît, fort raisonnable compte tenu de sa qualité. Je signale en passant aux amateurs que les bouteilles « bouchonnées » sont nombreuses dans plusieurs millésimes des années 90.

2003
87-89 Ce vin de haut vol, qui s'impose comme une révélation du millésime, est charnu, gras et séveux, avec un bouquet épanoui et exubérant de cake, de boîte à épices, de cèdre et de cassis. Généreusement fruité et sans détour, il sera plaisant ces **10 à 12 prochaines années.** (3/04)

2001
88 Ce vin, que j'ai dégusté en deux occasions en janvier 2003, ne s'est pas montré sous un bon jour, révélant un caractère émacié et piquant. Il présente cependant en arrière-plan des notes de cassis nuancées de cerise et d'herbes. Compte

tenu du palmarès de cette propriété bien gérée, je pense que l'ensemble est en fait meilleur qu'il ne le laissait supposer quand je l'ai goûté. **À boire dans les 7 à 10 ans.** (1/03)

2000 **89** D'un rubis-pourpre dense, cet excellent vin est précoce, complexe et délicieusement fruité. Il exprime dans un ensemble moyennement corsé et charnu, étayé par un gras généreux, de douces notes herbacées de cassis, de cèdre et de boîte à épices. **À boire jusqu'en 2015.** (1/03)

1998 **85** Séduisant tant il est gras et souple, le Gloria 1998 est vinifié dans un style commercial. Il présente des arômes herbacés de petits fruits et de cuir fin, et déploie une finale ronde et moyennement corsée. **À boire dans les 3 à 4 ans.** (3/02)

1996 **88** Le 1996, qui me paraît l'une des plus belles réussites de la propriété ces dernières années, est extrêmement plaisant, charnu et épanoui. Faible en acidité, doté de riches arômes moyennement corsés de cassis et de cèdre, il se distingue par son opulence. Il est délicieux depuis sa jeunesse et tiendra bien **8 ans encore.** (3/02)

1995 **88** Plus faible en acidité que le 1996, le 1995 n'en a pas non plus la puissance ni la densité, mais il séduira assurément les amateurs en quête d'un cru de haut vol au charme immédiat. **À boire dans les 8 ans.** (3/02)

MILLÉSIMES ANCIENS

Pour des raisons que j'ignore, les 1989 et 1990 ne se sont pas montrés à la hauteur de la réputation de ces années mythiques. Parmi les millésimes anciens que je préfère, je citerai le 1982, noté 89 en août 2002. Ce vin, qui s'est imposé comme une révélation, était aussi délicieux lors de sa diffusion que dans sa prime jeunesse et à son apogée. Déployant de fabuleux arômes herbacés de cassis, il est corsé, opulent et charnu. Je ne tenterais pas le diable en le conservant encore longtemps, mais je pense que des flacons gardés dans des caves fraîches pourraient avoir encore 1 ou 2 ans devant eux. Le 1970, que je n'ai pas dégusté depuis près de dix ans, constituait une belle réussite, mais je pense qu'il est maintenant sur le déclin.

GRUAUD LAROSE

2[d] cru classé en 1855
Propriétaire : famille Merlaut
Adresse : 33250 Saint-Julien-Beychevelle
Adresse postale : BP 6 – 33250 Saint-Julien-Beychevelle
Tél. 05 56 73 15 20 – *Fax* 05 56 59 64 72
E-mail : gl@gruaud-larose.com
Site Internet : www.gruaud-larose.com
Visites : sur rendez-vous uniquement
Contact : Jean Merlaut

VIGNOBLE ET VINIFICATION

Superficie : 82 ha
Encépagement : 57 % cabernet sauvignon, 31 % merlot, 7,5 % cabernet franc, 3 % petit verdot, 1,5 % malbec

Âge moyen des vignes : 40 ans – *Densité de plantation :* 8 500-10 000 pieds/ha
Rendement moyen : 50-60 hl/ha
Élevage : fermentations à 31-33 °C avec des levures indigènes ; cuvaison de 21 à 35 jours en cuves thermorégulées de bois et de béton, avec deux remontages quotidiens ; achèvement des malolactiques en fûts pour la moitié de la récolte ; vieillissement de 16 à 18 mois en fûts renouvelés par tiers à chaque millésime ; aucune précision sur le collage et la filtration

VINS PRODUITS

Château Gruaud Larose – 300 000 b ; Sarget de Gruaud Larose – 200 000 b
À maturité : dans les 10 à 35 ans suivant le millésime

APPRÉCIATION GÉNÉRALE

Ce vin, qui s'est longtemps imposé comme l'un des Saint-Julien les plus massifs et les plus lents à évoluer, a adopté, depuis le milieu des années 90, un style plus élégant et plus souple. Malheureusement, certains millésimes présentent des tannins en excès au regard de leur fruité et de leur étoffe. Il faut dire que la propriété a été plutôt irrégulière ces derniers temps – lorsqu'elle réussit, elle vaut bien son rang et même mieux –, mais il arrive qu'un vin grandiose soit suivi d'un autre trop tannique et trop structuré (il en fut ainsi en 1993 et 1994, puis en 1997 et 1998). Les amateurs en quête de Gruaud Larose aptes à la garde (dont le fruit ne se fane pas avant que les tannins ne se fondent) feront leur choix avec discernement, selon les années. Les prix sont dans la moyenne de ceux pratiqués par les deuxièmes crus du Bordelais.

Gruaud Larose s'est imposé, pendant plusieurs années, comme l'un des Saint-Julien les plus massifs et les moins évolués. Sous l'égide de Jacques Merlaut, le nouveau maître du domaine, les vins sont moins rugueux et moins tanniques que jadis et s'expriment davantage en finesse. Les Merlaut ont effectué sur cette propriété des investissements considérables, notamment en installant un dispositif très sophistiqué pour le drainage du vignoble ; et les informations relatives aux 66 parcelles ont été informatisées, pour permettre une meilleure exploitation et une meilleure gestion des traitements de la vendange. Il y a de fortes chances pour que le domaine poursuive dans cette voie. La production est généralement importante, et la qualité régulière à haut niveau – souvent du rang d'un premier cru, notamment en 1961, 1982, 1990 et 2000. Ce très beau château, situé sur le plateau de Saint-Julien et non sur la rive, est difficile d'accès. Pour s'y rendre, le visiteur doit quitter la route des grands crus dans le bourg de Saint-Julien-Beychevelle et prendre la D101 vers l'ouest.

Ceux qui critiquaient Gruaud Larose pour son caractère trapu, puissant et massif devraient peut-être déguster les millésimes récents, plus élégants et plus fins.

2003
86-88 ? Le 2003 de Gruaud Larose s'est montré à l'identique lors de trois dégustations. D'un rubis moyennement foncé, il ne libère au nez que des nuances herbacées et accuse en milieu de bouche un manque de profondeur et d'étoffe. Sa finale révèle des tannins poudreux, son bouquet est évolué, et l'ensemble, faible en acidité, est moins concentré, moins corpulent et moins intense que de coutume. **À boire entre 2007 et 2014.** (3/04)

2002
88 Ce vin moyennement corsé, doux et fruité, est étonnamment évolué. D'un prune-pourpre foncé, il présente des arômes mûrs aux notes épicées et herbacées.

Les tannins astringents que recèle sa finale ne manquent pas d'inquiéter, mais on peut subodorer, du fait de la profondeur de l'ensemble, qu'ils finiront par se fondre harmonieusement. **À boire entre 2007 et 2018.** (9/03)

2001 **90** Le 2001 de Gruaud Larose se montrait sous un meilleur jour pendant sa première année d'élevage. Il se présente aujourd'hui vêtu d'un rubis-pourpre profond, avec un doux nez de terre et de réglisse fondue nuancé de compost, de cassis, de menthe, de goudron et de sous-bois. L'ensemble, profond, ample de carrure, impressionne par sa corpulence et sa richesse, tout en manifestant une pureté et une élégance d'excellent aloi. Il commence à se fondre et pourrait se révéler extraordinaire, avec un très bon potentiel de garde. **À boire entre 2008 et 2018.** (1/03)

2000 **94+** Vêtu d'un bleu-pourpre soutenu qui confine au noir, le 2000 paraît peu évolué de prime abord, mais il révèle en bouche, malgré son aspect fermé, un caractère corsé, dense, étoffé et d'une grande pureté. S'exprimant avec ampleur, il trahit une immense richesse en extrait qui masque parfaitement ses très abondants tannins. L'ensemble, qui mettra à rude épreuve la patience des amateurs, constitue à mon sens la plus belle réussite de Gruaud-Larose depuis le somptueux 1990. **À boire entre 2015 et 2030.** (1/03)

1999 **89** Ce vin impressionnant, très puissant, s'annonce par un rubis-prune foncé. Il dégage d'exotiques senteurs de tapenade, de cuir fin, de cassis, de terre fraîchement remuée, de cerise et de fumé, qui jaillissent littéralement du verre. Une fois passé ce bouquet, on distingue en bouche un ensemble moyennement corsé et modérément tannique. **À boire jusqu'en 2015.** (3/02)

1998 **88** Gruaud Larose se présente en 1998 comme un vin plus élégant et moins rustique que ses aînés. Vêtu d'un rubis-pourpre resplendissant, il offre au nez des senteurs de prune, de mûre et de cassis, qui introduisent en bouche un ensemble moyennement corsé et racé, étayé par des tannins souples. Ce vin merveilleusement pur et doté d'un bel équilibre sera à son apogée **jusqu'en 2016.** (3/02)

1997 **86** Souple et charnu, le 1997 de Gruaud Larose regorge d'un généreux fruité de cerise noire et de cassis nuancé d'olive et de réglisse. Il développe encore, au fur et à mesure qu'il s'aère, d'autres notes de cuir fin et de fumé. Ce vin moyennement corsé, assez massif et superbe de richesse, est étayé par des tannins doux et une faible acidité. Il se révélera délicieux, mais aussi étonnamment complexe et savoureux **ces 3 à 4 prochaines années.** (1/02)

1996 **89** Le Gruaud Larose 1996 est moyennement corsé, racé, étonnamment policé, dépourvu du muscle et de la puissance que l'on serait en droit d'attendre d'un vin issu de ce terroir et de ce millésime. L'ensemble manifeste une densité d'excellent aloi et déploie d'intenses senteurs d'herbes rôties, de réglisse et de cassis nuancées d'encens. Pur et riche, il est évolué pour un 1996 et sera à son apogée **jusqu'en 2018.** (3/02)

1995 **89** Révélant une tenue de très bon aloi, le Gruaud Larose 1995 arbore un rubis foncé et déploie un nez de cerise noire et douce, de réglisse, de terre et d'épices. Riche et assez corsé, il est aussi extrêmement tannique et marqué en arrière-plan de subtiles notes de boisé. Presque également structurés et tanniques, le 1995 et le 1996 présentent davantage de similitudes que de différences. **À boire entre 2007 et 2020.** (3/02)

1994 **82 ?** Le 1994, qui paraît avoir perdu beaucoup de la douceur et du caractère gras qu'il déployait en milieu de bouche, est désormais plutôt herbacé, et sa finale recèle des tannins abondants, durs et acerbes, qui tapissent le palais. Peut-être ai-je dégusté ce vin alors qu'il était à un stade ingrat de son évolution ? Il n'empêche qu'il n'a pas la maturité, le fruit ni l'étoffe nécessaires pour faire pièce à ses tannins. **À boire entre 2006 et 2015.** (3/02)

1990 **96** Ce vin, qui continue de s'améliorer, constitue l'une des grandes réussites de ce millésime extrêmement favorable au Bordelais. Malgré sa jeunesse, il présente de la complexité, ses tannins doux et son fruité opulent le rendant d'ores et déjà irrésistible, bien qu'il soit encore à 5 ou 6 ans de son apogée. Libérant de superbes senteurs de réglisse, de terre, de cèdre, d'herbes de Provence, de goudron et de cerise qui jaillissent littéralement du verre, il se montre en bouche corsé et charnu, révélant, tout en rondeur, une étoffe et une puissance absolument remarquables. L'ensemble, faible en acidité, déploie encore une texture épaisse, à la limite de la viscosité. Je signale aux amateurs de petites histoires que le président Chirac servit ce vin à son homologue américain lors d'un dîner à la célèbre brasserie parisienne L'Ami Louis, en juin 1999. Je le sais, car, quelques jours plus tard, lorsque Jacques Chirac me remit les insignes de la Légion d'honneur, il précisa, dans son discours d'usage, que le président Clinton ne voulait boire « qu'un vin très bien noté par Robert Parker ». **À boire jusqu'en 2020.** (9/02)

1989 **89** Quelque peu décevant en comparaison du 1990, le 1989 de Gruaud Larose s'annonce par une robe grenat foncé et par des notes de cèdre, de tabac, de cassis et de groseille nuancées de fumier. Une fois passé ce bouquet d'une grande douceur, on décèle en bouche un ensemble plutôt suave et mûr, qui révèle par la suite des tannins aussi abondants que rugueux, et semble dénué du velouté et de la mâche que déploie en milieu de bouche son cadet d'un an. On peut aussi lui reprocher un manque de structure, mais il faut préciser, à son crédit, qu'il réunit de nombreux traits positifs. Peut-être souffre-t-il seulement de la comparaison avec le très profond 1990 ? **À boire jusqu'en 2018.** (5/02)

1988 **89** D'un prune-grenat foncé, le 1988 mêle au nez de puissantes senteurs de réglisse, de viande rôtie et de fumé à des notes de cassis et d'autres doux petits fruits noirs. En bouche, il est moyennement corsé, relativement austère, robuste et concentré ; encore jeune, il sera probablement de plus longue garde que le 1989, plus prisé. L'ensemble, marqué d'un caractère sous-jacent de terre et d'herbes, se distingue par sa profondeur, sa concentration et sa puissance. Un vin ample de carrure, à **boire jusqu'en 2025.** (9/02)

1986 **96** Évoquant un vin de 7 à 8 ans d'âge, le 1986 évolue très lentement. D'un grenat-pourpre dense, il se distingue par sa structure, son fruité extrêmement généreux, riche et concentré, ainsi que par sa finale, longue de près de 1 minute. L'ensemble est massif, impressionnant de carrure, avec des tannins très abondants – ils tapissent le palais – qui doivent encore se fondre. Je conseille de le décanter 1 à 2 heures à l'avance, afin qu'il puisse s'aérer et s'adoucir. Ce vin, qui semble imperméable aux outrages du temps, s'impose comme un très grand Médoc, et aussi comme l'une des plus grandes réussites à ce jour de la propriété. **À boire entre 2006 et 2035.** (10/02)

1985 **91** Le 1985, qui est à son apogée, s'annonce par une robe d'un grenat foncé et par des notes de tapenade, de terre, de doux cassis et d'autres petits fruits nuancées de truffe. Moyennement corsé, opulent et charnu, se développant tout en rondeur, il révèle un fruité doux et gras. Ce vin somptueux, séduisant de complexité, se maintiendra **jusqu'en 2008.** (8/02)

1983 **89** Le 1983, qui fut autrefois exceptionnel, commence à accuser des signes de fatigue. Cependant, il se distingue encore par la belle complexité de son nez de viande rôtie, de cigare, de goudron, de réglisse et de cassis. Son caractère savoureux et son gras généreux, qui firent son charme, commencent – à peine – à s'assécher, l'acidité et les tannins me paraissant plus présents en finale qu'auparavant. Je pense que ce vin est encore parfait en magnum ou en plus grand format ; en revanche, les bouteilles, même si elles ont été conservées dans une cave très fraîche (c'est le cas de la mienne), accusent des signes de déclin. **À boire jusqu'en 2008.** (8/02)

1982 **98** Le 1982 s'impose, avec le 1961, comme l'un des deux Gruaud Larose les plus grandioses qui soient. Ce vin doit être décanté 1 à 2 heures à l'avance, non seulement pour l'aération, mais aussi du fait du très important dépôt qu'il présente. Arborant toujours un pourpre-grenat trouble et opaque, il exhale des senteurs phénoménales évoquant un assortiment de tapas et nuancées de cuir, de réglisse, de crème de cassis et de viande grillée. Très corsé, fabuleux de concentration, épais et gras à la limite du visqueux, il est encore au stade de l'adolescence. Sa finale, ample et massive, regorge à la fois de richesse en extrait et de tannins. À l'aveugle, j'ai confondu le 1982 de Gruaud Larose avec un premier cru... C'est dire combien il est séduisant ! **À boire jusqu'en 2025.** (1/02)

MILLÉSIMES ANCIENS

Cette propriété régulière à très haut niveau propose d'excellents 1981 (noté 88 en mars 2000) et 1979 (noté 88 en décembre 2000), ainsi qu'un 1975 très réussi (noté 90 ? en février 2002), dont les tannins sont encore en excès, mais dont la puissance et la concentration demeurent intactes. Certes, c'est le genre de cru qui finira peut-être par avoir raison de la patience de certains amateurs, mais je pense qu'on ne saura qu'aux alentours de 2020 s'il se révèle vraiment grandiose. Toutefois, je suis relativement optimiste à son égard et espère vivre assez longtemps pour pouvoir l'apprécier à son apogée. Ce vin est probablement disponible à un prix très raisonnable, la plupart des amateurs ayant dû finir par désespérer de lui. Quoi qu'il en soit, je répète qu'il est encore jeune, mais très tannique. Le 1970 est, somme toute, assez décevant, mais les 1966, 1964 et 1962 sont excellents. Quant au grandiose 1961, qui constitue l'une des plus grandes réussites de la propriété, il était encore fabuleux en 2001 (noté 96 et dégusté pour le réveillon du 31 décembre 2001).

Hormis le 1949, je n'ai pas regoûté d'autres vieux millésimes depuis la dernière édition de cet ouvrage, mais des flacons bien conservés (en particulier des magnums ou de plus grands formats) de 1955 (noté 90 en mars 1998), 1953 (noté 93 en mars 1998), 1949 (noté 90 ? en janvier 2002), 1945 (noté 96+ en octobre 1994) et 1928 (noté 97 en octobre 1994) valent certainement leur prix (très élevé), sachant qu'ils étaient absolument grandioses lors de mes dernières dégustations.

HORTEVIE

Non classé
Propriétaire : Mme Pradère
Adresse : 33250 Saint-Julien-Beychevelle
Tél. 05 56 59 06 27 – *Fax* 05 56 59 29 32
Visites : du lundi au vendredi (9 h-12 h et 14 h-17 h)

VIGNOBLE ET VINIFICATION

Superficie : 3,5 ha
Encépagement : 70 % cabernet sauvignon, 25 % merlot, 5 % petit verdot
Âge moyen des vignes : 40 ans – *Densité de plantation :* 10 000 pieds/ha
Élevage : fermentations et cuvaison de 21 jours en cuves d'acier inoxydable thermorégulées ; vieillissement de 20 mois en fûts de chêne (25 % de bois neuf) ; collage ; pas de filtration

VIN PRODUIT

Château Hortevie – 18 000 b (pas de second vin)
À maturité : dans les 3 à 10 ans suivant le millésime

APPRÉCIATION GÉNÉRALE

Ce vin de bonne facture, qui vaut un cru bourgeois exceptionnel, est encore proposé à des prix raisonnables et constitue l'une des bonnes affaires de l'appellation. Malheureusement, les quantités disponibles sont limitées.

La petite production du Château Hortevie est issue d'un vignoble appartenant à Mme Pradère, la propriétaire de Terrey-Gros-Cailloux. Bien que ces deux crus soient vinifiés de manière identique et qu'ils proviennent du même vignoble, Hortevie est issu de vignes plus vieilles et traité comme tête de cuvée de Terrey-Gros-Cailloux. Des vendanges tardives ont toujours donné ici des vins riches, concentrés, faibles en acidité, auxquels faisait cependant défaut la structure qu'apporte le vieillissement en fûts de chêne. Ce n'est qu'à la fin des années 80 que la propriété a commencé à pratiquer ce type d'élevage, l'essentiel de la production étant cependant conservé en cuves jusqu'à la mise en bouteilles.

Hortevie est régulier à bon niveau et constitue une bonne affaire. Bien qu'il ne soit pas apte à une très longue garde, les meilleurs millésimes, tels 1982, 1986, 1989, 1995 et 1996, sont capables de se maintenir 10 à 15 ans.

2003 **87-88** Un doux fruité étayé par une faible acidité et des tannins mûrs caractérise ce vin d'un rubis-pourpre profond, corpulent, mûr, séveux et accessible. **À boire dans les 8 à 10 ans.** (3/04)

2001 **86** Ce vin moyennement corsé, aux notes de terre, exprime avec élégance un bon fruité de cassis étayé par des tannins doux. Sa finale recèle des notes de terre et de compost. **À boire dans les 7 à 8 ans.** (1/03)

2000 **87** Moyennement corsé et élégant, le 2000 de Hortevie se présente vêtu de rubis-pourpre profond et libère de généreux arômes de cassis nuancés de cèdre, de boîte à épices et de terre. L'ensemble, doux à l'attaque, révèle des tannins mûrs en milieu de bouche, ainsi qu'une finale persistante. **À boire dans les 6 à 8 ans.** (1/03)

LAGRANGE

3e cru classé en 1855
Propriétaire : Château Lagrange SAS (Suntory)
Adresse : 33250 Saint-Julien-Beychevelle
Tél. 05 56 73 38 38 – *Fax* 05 56 59 26 09
E-mail : chateau-lagrange@chateau-lagrange.com
Site Internet : www.chateau-lagrange.com
Visites : sur rendez-vous uniquement
Contact : Marcel Ducasse

VIGNOBLE ET VINIFICATION

Superficie : 109 ha
Encépagement : 66 % cabernet sauvignon, 27 % merlot, 7 % petit verdot
Âge moyen des vignes : 25 ans – *Densité de plantation :* 8 500 pieds/ha
Rendement moyen : 58 hl/ha
Élevage : fermentations à 28 °C et cuvaison de 21 jours en cuves d'acier inoxydable thermorégulées ; vieillissement de 20 mois en fûts (60 % de bois neuf) ; collage et filtration

VINS PRODUITS

Château Lagrange – 300 000 b ; Les Fiefs de Lagrange – 450 000 b
À maturité : dans les 8 à 20 ans suivant le millésime

APPRÉCIATION GÉNÉRALE

Après des performances relativement médiocres dans les années 60 et 70, Lagrange s'est amélioré de manière spectaculaire après son acquisition par la firme japonaise Suntory. Ce cru, qui tient désormais son rang, constitue encore une assez bonne affaire, car il est moins renommé que la plupart de ses homologues, plus prestigieux, de Saint-Julien.

Du fait d'une production franchement médiocre dans les années 60 et 70, la réputation de Lagrange fut sérieusement ébranlée jusqu'en 1983. On pouvait en effet attendre de ce cru, dont le vignoble d'un seul tenant (ce qui est fort rare) est magnifiquement situé à proximité immédiate de celui de Gruaud Larose, qu'il produisît un très bon vin – ce qui n'était pas le cas.

En 1983, le domaine fut racheté par la firme japonaise Suntory. Les nouveaux propriétaires ne mesurèrent pas leurs investissements, entreprenant une totale rénovation non seulement du château et des chais, mais aussi du vignoble. Le concours d'hommes de grand talent fut sollicité : ainsi, Marcel Ducasse, qui se vit confier l'administration du domaine, parvint à le redresser en peu de temps et y produit, avec l'aide du talentueux œnologue Kenji Suzuta, des vins superbes.

Non seulement Lagrange donne aujourd'hui des vins de haut vol, mais on peut y admirer un fort beau château, des jardins magnifiques, ainsi qu'un lac fréquenté par une multitude de cygnes et de canards.

Depuis 1985, la propriété privilégie un style particulier, porté sur la profondeur aromatique conjuguée à un caractère très tannique ; les vins présentent aussi des notes de chêne neuf grillé et sont étayés par un fruité sous-jacent gras et savoureux, dû à une sélection sévère et à une vendange légèrement marquée de surmaturité. Il est évident que les propriétaires veulent produire un vin capable d'une garde de 20 ans ou plus, mais qui soit en même temps séduisant dans sa jeunesse.

Alors que les critiques spécialisés ne se sont pas privés d'applaudir l'extraordinaire redressement de Château Margaux par la famille Mentzelopoulos, ils ont été beaucoup plus discrets en ce qui concerne Château Lagrange. Toutefois, ce qui n'est pas banal, *The Wall Street Journal* a consacré en 1990 une première page à cette belle propriété. En tout état de cause, les prix des vins demeurent particulièrement bas, au regard de leur qualité.

2003
89-91 Moins boisé que de coutume, le 2003 de Lagrange est moyennement corsé et épicé, tout à la fois fruité, floral et parfumé. Ce vin rond, profond et étoffé est richement fruité et épanoui, et s'affermira probablement au fur et à mesure de son évolution en fût et en bouteille. **À boire entre 2007 et 2018.** (3/04)

2002
89 Généreusement boisé, regorgeant d'un fruité riche et mûr, le 2002 de Lagrange se distingue encore par sa densité, sa structure et son caractère musclé. Ce vin d'un rubis-pourpre d'encre, aux pures notes de crème de cassis, de vanille et d'épices, évoque le Léoville Las Cases du pauvre. Je conseille de l'attendre 2 à 3 ans. **À boire entre 2008 et 2020.** (9/03)

2001
90 Ce vin, qui s'est révélé assez irrégulier lors de plusieurs dégustations, manque de complexité, mais il est incontestablement puissant et concentré. Sa robe d'un pourpre dense et épais accompagne de doux arômes de cassis, de cerise, de réglisse et de fumé fortement marqués d'un boisé agressif. Quant à la finale, elle est anguleuse et austère. L'ensemble, ample, musclé et structuré, doit encore s'affirmer ; il pourrait être renoté à la hausse si ses tannins se fondaient et si son boisé s'estompait. **À boire entre 2007 et 2018.** (1/03)

2000
93 Vêtu d'un rubis-pourpre soutenu, ce vin impressionnant dégage des senteurs épanouies de réglisse fondue, de crème de cassis et de chêne neuf grillé. Une fois passé ce bouquet, on décèle en bouche un ensemble dense, mûr et corsé, épais, fortement marqué par les tannins et la mâche. Ce vin ample, remarquable de persistance et de profondeur, est, comme de coutume, moins expressif que certains de ses jumeaux de l'appellation, mais se révèle généreusement doté. **À boire entre 2010 et 2030.** (1/03)

1999
86 La profondeur et le fruit du Lagrange 1999 ne semblent pas pouvoir faire pièce à son boisé agressif. L'ensemble est certes étoffé et d'une grande pureté, mais il est, pour l'heure, dominé par des arômes de chêne neuf qui confèrent à ses tannins un caractère sec et astringent. Je pense néanmoins que ce vin évoluera en un Saint-Julien élégant et moyennement massif, qu'il faudra boire **dans les 10 ans suivant le millésime.** (3/02)

1998
88 Ce vin rubis foncé de robe s'exprime avec élégance et séduit tant par ses arômes de chêne neuf épicé que par sa concentration et sa profondeur d'excellent aloi. Étonnamment souple, doté d'un charme précoce, il présente, depuis la mise en bouteilles, des tannins plus accessibles, comme d'ailleurs la plupart des Médoc de ce millésime. **À boire jusqu'en 2015.** (3/02)

1997
85 Ce vin légèrement corsé, au fruité de chêne épicé, de groseille et de cerise, est bien fait et doté de tannins légers. Il sera agréable à boire sans cérémonie **ces 2 prochaines années.** (3/01)

1996 **92** Le superbe 1996 s'annonce par une robe d'un pourpre opaque, suivie d'un nez peu évolué, mais prometteur, aux très classiques arômes de pur cassis nuancés de pain grillé et d'épices. L'ensemble est moyennement corsé, aussi puissant que racé. Superbe de pureté, il se dévoile joliment en bouche, par paliers, pour révéler un caractère extrêmement structuré. Désormais proche de son apogée, il se maintiendra encore 15 à 20 ans. **À boire entre 2006 et 2022.** (3/03)

1995 **90** Semblable à son cadet de 1996, le Lagrange 1995 est cependant plus faible en acidité, moins marqué par le cabernet sauvignon, avec un fruité plus doux. D'un rubis-pourpre profond, il dégage un nez d'herbes rôties, de charbon, de cassis, de minéral et de chêne neuf, et libère en bouche de généreux arômes moyennement corsés et mûrs de cerise noire confiturée et de cassis. L'ensemble, modérément tannique et faible en acidité, est pur et bien doté, et requiert une certaine garde. **À boire entre 2007 et 2020.** (1/00)

1994 **87** Peu évolué et tannique, le 1994 doit être attendu. Il évoque les vins (tanniques) des millésimes des années 60 et 70. Arborant une belle robe d'un rubis-pourpre foncé resplendissant, il offre au nez de généreux arômes de chêne neuf, de fumé et de grillé. On perçoit en bouche un bon fruité mûr, mais l'ensemble est pour l'instant totalement dominé par ses tannins extrêmement puissants. Accordez-lui une garde supplémentaire ; il se conservera parfaitement encore une dizaine d'années. **À boire entre 2006 et 2014.** (1/00)

1990 **94** Tout à la fois massif, richement extrait, généreusement boisé et épicé, le Lagrange 1990 arbore une robe pourpre foncé et déploie par paliers un abondant fruité confituré, étayé par une faible acidité et de copieux tannins. L'ensemble, gras et massif, exprime une bouche onctueuse qui séduit assurément le dégustateur. Je pense qu'il développera davantage de précision lorsqu'il se sera défait du gras de sa petite enfance. Quoique d'ores et déjà agréable, ce vin se bonifiera au terme d'une garde de 1 ou 2 ans et tiendra parfaitement **20 à 25 ans encore.** (3/03)

1989 **90** Le 1989 se distingue par son caractère confituré et ses arômes de fumé, de goudron, de cassis et d'herbes rôties. D'un pourpre dense, avec des tannins doux, il est déjà accessible du fait de sa faible acidité. Son bouquet n'a pas changé depuis que je l'ai dégusté, il y a de cela plusieurs années. L'ensemble, souple et gras, n'est cependant pas dénué de tenue. C'est un vin ample, riche, aux parfums imposants, qui évoque les crus californiens et devrait vieillir en développant davantage de précision, et peut-être aussi un style plus classique. **À boire dans les 15 ans, voire au-delà.** (1/97)

1988 **86** Rubis-pourpre foncé de robe, le Lagrange 1988 libère un nez fermé, réticent et épicé, évoquant vaguement le cèdre, la prune et l'olive verte. Moyennement corsé, étonnamment dur et tannique, espérons qu'une garde lui a permis de s'adoucir. **À boire jusqu'en 2008.** (1/97)

1986 **92** Le 1986 est l'exemple classique d'un vin qui se révèle plus riche et plus complexe en bouteille qu'au fût, où il présentait déjà un potentiel extraordinaire. Dans ce millésime que l'on connaît pour ses crus extrêmement structurés, riches et concentrés, Lagrange s'impose comme un monstre capable d'une très longue garde. D'un rubis presque noir, avec un nez fermé, mais naissant, de chêne neuf épicé, de fruits noirs et de fleurs, il se montre musclé, très corsé et tannique, et regorge de fruit. C'est assurément l'un des coureurs de fond du millésime. Je rends hommage aux propriétaires japonais de ce cru, dont les importants investissements ont contribué à faire un vin aussi superbe, mais très peu évolué. L'ensemble constitue, avec les 2000, 1996 et 1990, l'une des plus belles réussites à ce jour de la propriété. **À boire jusqu'en 2025.** (1/97)

1985 Les derniers millésimes de Lagrange sont puissants et structurés, et destinés
89 à vieillir plusieurs décennies avec grâce et complexité. Rubis foncé de robe, le 1985 se révèle riche, profond et long, mais aussi étonnamment peu évolué et tannique pour le millésime. Moyennement corsé et élégant, il regorge littéralement de fruit. **À boire jusqu'en 2010.** (1/97)

1983 Le 1983 est profondément coloré, épicé et riche, avec des arômes très corsés
86 de bruyère et de cassis. Ses tannins sont fermes, et sa finale persistante. Son style évoque celui de Léoville Las Cases, ce qui n'a d'ailleurs rien de surprenant, puisque ce fut le talentueux Michel Delon qui supervisa les vinifications à Lagrange cette année-là. **À boire.** (3/89)

1982 Ce vin d'un grenat foncé présente un bouquet épanoui de petits fruits mûrs,
85 d'herbes, de goudron et de vanille. Moyennement corsé, joliment concentré, il est malheureusement plat en finale. L'ensemble est à son apogée. **À consommer sans plus tarder.** (8/02)

LANGOA BARTON

3e cru classé en 1855
Propriétaire : famille Barton
Adresse : 33250 Saint-Julien-Beychevelle
Tél. 05 56 59 06 05 – *Fax* 05 56 59 14 29
E-mail : chateau@leoville-barton.com
Site Internet : www.leoville-barton.com
Visites : sur rendez-vous uniquement,
du lundi au jeudi (9 h-11 h et 13 h 30-16 h)
et le vendredi (9 h-11 h)
Contact : Danielle Nieto

VIGNOBLE ET VINIFICATION

Superficie : 17 ha
Encépagement : 70 % cabernet sauvignon, 20 % merlot, 10 % cabernet franc
Âge moyen des vignes : 30 ans – *Densité de plantation :* 9 000 pieds/ha
Rendement moyen : 50 hl/ha
Élevage : fermentations et cuvaison de 15 à 21 jours en cuves de bois thermorégulées (200 hl) ; vieillissement de 20 mois en fûts (50 % de bois neuf) ; collage et filtration

VINS PRODUITS

Château Langoa Barton – 90 000 b ; Lady Langoa – 30 000 b
À maturité : dans les 8 à 22 ans suivant le millésime

APPRÉCIATION GÉNÉRALE

Langoa est l'un des crus classés de Bordeaux les moins connus ; il est éclipsé par son prestigieux compagnon d'écurie Léoville Barton. Généralement lent à évoluer et très tannique, il est moins charmeur que la plupart des autres crus de l'appellation. Dans l'ensemble, ce vin constitue une assez bonne affaire, mais il ne convient qu'aux amateurs patients... ou joueurs.

Langoa Barton est un château très imposant, situé en bordure de la D2, la route du Vin du Médoc. Il abrite aussi les installations techniques du célèbre Léoville Barton, deuxième cru classé. Les deux propriétés appartiennent en effet à Anthony Barton, dont la famille, d'origine irlandaise, est installée à Bordeaux depuis 1821.

Tout comme son oncle Ronald, décédé en 1986, et dont il a pris la succession, Anthony Barton produit des vins de grande classe, que les critiques qualifient, à juste titre, d'images mêmes de la tradition. Ces deux Saint-Julien évoquent furieusement des Pauillac. Puisqu'ils sont vinifiés dans les mêmes chais, par la même équipe, on est tout naturellement amené à se demander en quoi ils diffèrent.

Dans la plupart des millésimes, Léoville Barton l'emporte nettement sur Langoa. Tous deux sont étoffés, mûrs, concentrés et épicés, et il leur manque souvent, dans leur jeunesse, cette souplesse et ce fruit précoce qui font le charme immédiat de beaucoup de leurs homologues de l'appellation. En revanche, ils vieillissent magnifiquement et conjuguent, lorsqu'ils sont à maturité, le fruit élégant, complexe et gracieux des Saint-Julien avec la puissance et les arômes de cèdre des Pauillac.

Mais Langoa, pas plus que Léoville, n'a jamais bénéficié d'une réputation aussi flatteuse que celle de Léoville Las Cases ou de Ducru-Beaucaillou. Les choses commencent cependant à changer, depuis qu'Anthony Barton a repris les rênes des deux propriétés. Il a immédiatement imposé certaines mesures d'importance, telles une sélection plus stricte et une proportion accrue de bois neuf pour l'élevage. D'autre part, à l'heure actuelle, les responsables ont une vue réaliste du marché (à savoir que le vin n'est vraiment « vendu » que lorsqu'il est acheté et bu par le consommateur), ce qui fait de Léoville et de Langoa des vins d'un excellent rapport qualité/prix, surtout maintenant que leur niveau les place immédiatement après les premiers crus.

La seule critique que je pourrais émettre à l'encontre de Langoa concerne certains millésimes plutôt légers (tels 1971, 1973, 1974 et 1979), moins réussis ici que dans les propriétés voisines.

2003 **88-90** Le 2003 de Langoa Barton, qui était encore dénué de complexité au moment de la dégustation, recèle manifestement une belle puissance. D'un rubis-pourpre soutenu, il manque, pour l'heure, de caractère et de style, mais il est musclé et riche, avec de la puissance à revendre. **À boire dans les 20 ans suivant une garde de 5 à 6 ans.** (3/04)

2002 **89** Ce 2002 n'a pas la puissance ni le caractère tannique que l'on attend désormais des vins d'Anthony Barton. En effet, il est étonnamment souple, avec des arômes doux et mûrs de cassis et de cuir fin. Moyennement corsé et épicé, joliment étoffé, il tiendra **15 ans, voire plus, après une garde de 2 à 3 ans.** (9/03)

2001 **88+** Dense, massif et tannique, le 2001 de Langoa Barton arbore une robe rubis-pourpre et regorge de notes de terre, de compost, de cassis, de cèdre et de réglisse. À en juger par ses tannins en excès, il mettra à rude épreuve la patience des amateurs. **À boire entre 2008 et 2016.** (1/03)

2000
91
Le 2000 se montre nettement mieux après la mise qu'en cours d'élevage. Il s'agit d'un vin extraordinaire, dont la robe d'un pourpre profond et soutenu accompagne d'amples et douces senteurs de terre, de cassis, de prune et de réglisse fondue. Suit en bouche un ensemble dense, structuré, corsé, marqué par la mâche et des tannins abondants, qui ne conviendra qu'aux amateurs sachant s'armer de patience. Un véritable vin de garde. **À boire entre 2010 et 2035.** (1/03)

1999
87 ?
Plutôt ample, tannique et structuré pour le millésime, le 1999 de Langoa est aussi étonnamment peu évolué et fermé. Cependant, on décèle sous ses tannins très abondants de séduisants arômes de cassis et de groseille. Reste à savoir si les tannins se fondront suffisamment pour que le fruit prenne le dessus. **À boire entre 2006 et 2015.** (1/03)

1998
89+
D'un rubis-pourpre dense, musclé et apte à la garde, le 1998 n'est pas du pipi de chat... En effet, il regorge d'étoffe et de concentration, et présente en finale des tannins fermes. Il conviendra aux amateurs patients. **À boire entre 2006 et 2025.** (3/02)

1997
84
Le 1997 n'est pas des plus réussis. Sa robe d'un rubis moyen accompagne un nez doux et herbacé de cassis et d'autres petits fruits, lui-même suivi en bouche d'un ensemble moyennement corsé et faible en acidité, marqué par le cèdre et les épices. La finale, quoique plaisante, manque de race. **À boire maintenant.** (3/01)

1996
86+ ?
Le 1996 de Langoa m'a toujours paru dur. Bien qu'il séduise par sa belle robe rubis-pourpre foncé, il manque de complexité et présente une structure tannique qui domine complètement ses notes de terre et de cassis. Moyennement corsé, il révèle une corpulence et une richesse en extrait d'assez bon aloi, mais l'ensemble est terriblement austère et peu évolué. Accordez-lui encore une garde et... croisez les doigts. **À boire entre 2008 et 2020.** (3/01)

1995
86+ ?
Le 1995 de Langoa est difficile à jauger : boisé, dénué de complexité et terriblement tannique, il est encore dépourvu du fruité et du caractère charnu nécessaires à son équilibre. Bien sûr, il présente des qualités – une robe rubis-pourpre foncé, des nuances de fruits mûrs, des arômes nets et purs –, mais son austérité et son côté anguleux ne manquent pas d'inquiéter. Il se développera certainement en un bon vin rouge un peu vieillot, mais ses tannins ne se fondront jamais totalement. **À boire jusqu'en 2016.** (11/00)

1994
86+ ?
Rubis foncé, le 1994 n'est pas expressif au nez, et peut sembler trop austère et très sévère. Puissant et d'une belle richesse en extrait, il recèle cependant des tannins astringents qui risquent de dessécher son fruité avant qu'il ne perde de son amertume. Ne touchez pas à une seule bouteille avant quelques années... et priez le Ciel ! **À boire entre 2006 et 2014.** (1/97)

1990
88
Élégant, mais doté de tannins rustiques, le 1990, qui arbore un grenat foncé, n'est pas encore à son apogée, et il ne présente pas l'opulence, le caractère charnu ni l'ampleur de son jumeau de Léoville Barton. Marqué de notes de goudron, de cassis, de boîte à épices et de cèdre, il manifeste en bouche une densité et une puissance aromatique d'excellent aloi, mais je doute que sa finale, quelque peu rugueuse, se fonde jamais. **À boire jusqu'en 2012.** (9/01)

1989 **87** Le 1989 de Langoa Barton est difficile à jauger : bien que ses arômes et ses flaveurs évoquent un vin à son apogée, sa finale recèle encore des tannins très abondants, dont je subodore qu'ils ne se fondront jamais harmonieusement. L'ensemble, moyennement corsé, exprime avec élégance de complexes notes de camphre, de cèdre, d'épices et d'herbes, ainsi qu'un doux fruité de groseille et de cassis. Étayé par une faible acidité et des tannins abondants, il affiche une concentration de très bon aloi, mais il est, je le répète, dominé par ses tannins. **À boire jusqu'en 2009.** (9/01)

1988 **85** De plus en plus austère, structuré et fermé, le 1988 de Langoa Barton arbore un grenat foncé et déploie des notes d'épices, de réglisse, de goudron et de groseille herbacée. Ferme et tannique, modérément doté, il est acerbe en finale. Je doute qu'il s'améliore, car il s'atténuera davantage avec le temps, mais je le crois capable de tenir encore 5 à 7 ans. **À boire jusqu'en 2012.** (9/01)

1986 **88 ?** Les amateurs un tantinet masochistes apprécieront ce vin davantage que moi. À chaque dégustation, il se montre puissant, musclé, impressionnant de concentration, mais terriblement tannique et extrêmement fermé et peu évolué. Arborant toujours un grenat dense à peine éclairci sur le bord, il développe un nez de truffe, de réglisse, d'herbes séchées, de champignon et de doux cassis. En bouche, il est fermé, tannique et austère. Certes, il serait probablement de bon ton de ne plus attendre grand-chose d'un vin comme celui-ci, mais je pense que ses tannins recouvrent un potentiel immense. **À boire entre 2006 et 2025.** (9/01)

1985 **88** Autant le 1986 est nerveux, musclé et tannique, autant le 1985 se distingue par son charme, son caractère épanoui et mûr, et par ses doux arômes de cerise noire, de cassis et de terre. Ce vin évolué, parfumé et plein de grâce est à son apogée et devrait s'y maintenir une dizaine d'années. **À boire jusqu'en 2016.** (9/01)

1982 **90** Ce vin se révèle meilleur que je ne l'avais pensé de prime abord. Bien qu'il recèle encore en finale des tannins rustiques, on appréciera son superbe bouquet aux senteurs de caramel, de cèdre, de boîte à épices, de cassis et de terre, ainsi que sa densité, son ampleur et son caractère corsé et puissant. Quoique très tannique, l'ensemble est délicieux après une décantation de plusieurs heures, mais il est encore loin de son apogée. **À boire jusqu'en 2018.** (9/01)

MILLÉSIMES ANCIENS

Langoa Barton est rarement présent dans les ventes aux enchères, mais j'ai une bonne expérience des 1970, 1961, 1959, 1953, 1952 et 1948. Le Langoa Barton le plus grandiose que j'aie jamais dégusté est le 1948, noté 93 en mars 1995.

LÉOVILLE BARTON

2d cru classé en 1855
Propriétaire : famille Barton
Adresse : 33250 Saint-Julien-Beychevelle
Tél. 05 56 59 06 05 – *Fax* 05 56 59 14 29
E-mail : chateau@leoville-barton.com
Site Internet : www.leoville-barton.com
Visites : sur rendez-vous uniquement, du lundi au jeudi (9 h-11 h et 13 h 30-16 h) et le vendredi (9 h-11 h)
Contact : Danielle Nieto

VIGNOBLE ET VINIFICATION

Superficie : 48 ha
Encépagement : 72 % cabernet sauvignon, 20 % merlot, 8 % cabernet franc
Âge moyen des vignes : 30 ans – *Densité de plantation :* 9 000 pieds/ha
Rendement moyen : 50 hl/ha
Élevage : fermentations et cuvaison de 15 à 21 jours en cuves de bois thermorégulées (200 hl) ; vieillissement de 20 mois en fûts (50 % de bois neuf) ; collage et filtration

VINS PRODUITS

Château Léoville Barton – 264 000 b ; La Réserve de Léoville Barton – 70 000 b
À maturité : dans les 10 à 30 ans suivant le millésime

APPRÉCIATION GÉNÉRALE

Léoville Barton s'est considérablement amélioré depuis 1985, et les prix (hormis ceux du 2000) n'ont pas encore suivi la courbe ascendante de la qualité, ce qui est une bonne nouvelle pour les amateurs. Ce cru, qui constitue l'une des meilleures affaires parmi les « super-seconds », est cependant très tannique et ne s'exprime pleinement qu'après une certaine garde. Si Léoville Barton atteint rarement les sommets de Léoville Las Cases, incontestablement le meilleur Saint-Julien, il est aussi nettement moins cher.

On admet généralement que Léoville Barton surpasse son compagnon d'écurie Langoa. À la différence de ce qui se fait dans les autres châteaux, Anthony Barton, propriétaire des deux domaines, n'utilise qu'une faible proportion de merlot (cépage souple et charnu) dans l'assemblage – néanmoins portée à 20 % à la suite de plantations effectuées vers 1985. En revanche, le pourcentage de cabernet sauvignon est très élevé, non seulement pour la commune de Saint-Julien, mais pour tout le Médoc.

Léoville Barton est vinifié à Langoa Barton, la propriété ne bénéficiant pas d'installations techniques. L'essentiel du vignoble se situe juste derrière le bourg de Saint-Julien-Beychevelle et s'étend à l'ouest vers les vignes de Château Talbot.

Si le domaine fut irrégulier dans les années 70, il produisit dans les deux décennies suivantes des vins magnifiquement réussis. En effet, depuis 1985, Anthony Barton, qui gère aujourd'hui la propriété, a affiné le style de sa vinification. Léoville Barton s'impose comme la meilleure affaire parmi les Saint-Julien de très haut vol.

2003
93-95+ Ce vin, qui a obtenu la même note lors de quatre dégustations différentes, s'impose comme l'une des grandes stars du millésime. Extrêmement riche et musclé, il s'annonce par un prune-pourpre soutenu préludant à un ensemble très tannique et faible en acidité, dont les profonds arômes d'encre tapissent et imprègnent littéralement le palais. Évoquant, par sa robe et sa puissance, son aîné de 2000, le 2003 de Léoville Barton est cependant plus charnu et plus gras, mais aussi plus faible en acidité. Je subodore qu'il est aussi relativement alcoolique. Cet ensemble magnifiquement doté, qui devrait s'imposer comme l'un des plus aptes à la garde de ce millésime, tiendra bien **25 à 30 ans après une garde de 4 à 8 ans.** Il s'agit d'une autre belle réussite d'Anthony Barton, qui a maintes fois démontré son talent ces quinze dernières années. (3/04)

2002
92+ Ce vin d'un rubis-pourpre profond présente un bouquet fermé, qui ne se révèle qu'au mouvement du verre. Il est aussi fortement boisé, ce qui ne manque pas d'étonner quand on sait la politique du cru en matière d'élevage. L'ensemble, moyennement corsé, est très peu évolué, avec des tannins extrêmement abondants et rugueux, qui rendent difficile la dégustation. Cependant, il est également très profond, et révèle, outre une fabuleuse richesse en extrait qui fait parfaitement pièce à sa structure, une finale riche et pure. Ce classique ne conviendra qu'aux amateurs sachant s'armer de patience. **À boire entre 2011 et 2025.** (9/03).

2001
92+ Les échantillons de Léoville Barton 2001 présentaient des variations tant en 2002 qu'en 2003. Il s'agit d'un vin ample, corsé et concentré, très profond, marqué par la mâche et les tannins. Cependant, il est aussi quelque peu anguleux et austère, et révèle, outre de la fermeté, une certaine astringence. Il pourrait presque, s'il se fondait harmonieusement, rivaliser avec le majestueux 2000, mais, pour l'heure, je ne suis pas certain qu'il évoluera dans ce sens. Quoi qu'il en soit, il s'agit d'un Saint-Julien traditionnel, vinifié sans compromission, qui requiert une certaine garde avant d'être prêt. **À boire entre 2008 et 2020.** (1/03)

2000
96 Le 2000 est absolument somptueux, bien qu'il soit encore fermé et peu évolué. Vêtu d'un pourpre soutenu, ce vin étonnamment puissant et structuré révèle des senteurs de graphite, de terre humide, de cassis confituré et de cèdre nuancées de terre et de champignon. Frisant le gigantesque, il exprime une très grande ampleur et se distingue encore par son immense richesse en extrait, ainsi que par ses arômes extrêmement denses et peu évolués étayés par des tannins très abondants. Ce 2000 devrait être l'un des vins du millésime les plus aptes à la garde. Il s'agit aussi de l'un des Léoville Barton les plus extraordinaires jamais produits. Cependant, je ne saurais le recommander aux amateurs peu disposés à se montrer patients. **À boire entre 2015 et 2040.** (1/03)

1999
88+ ? Le 1999 de Léoville Barton se caractérise par des tannins secs et par un caractère austère, musclé et très fermé. Cependant, l'ensemble est également très profond, très étoffé et d'une belle tenue. Accordez-lui une garde de 2 à 3 ans et espérez que les tannins se fondront et s'effaceront au profit du fruit. Je pense ce vin capable de tenir **une vingtaine d'années,** mais sera-t-il jamais équilibré ? (3/02)

1998 91 D'un pourpre opaque, musclé et corsé, le 1998 impressionne par sa concentration et sa richesse en extrait. Ce vin aux arômes de fruits noirs, de fer, de terre et de chêne épicé se montre en bouche extrêmement puissant et de très bonne mâche. Très pur, vinifié dans un style traditionnel et sans compromission, il s'impose par sa typicité, sa race et sa grande qualité. **À boire entre 2007 et 2035.** (3/02)

1997 86 Ce vin élégant, qui révèle, tant au nez qu'en bouche, des arômes de boîte à épices, de cèdre, de boisé, de groseille et de cassis, exprime aussi un caractère moyennement corsé et faible en acidité. Étonnamment souple, doté de tannins mûrs, il doit être dégusté **dans les 3 à 4 ans.** (1/02)

1996 92+ L'impressionnant 1996 est un classique. D'un rubis-pourpre dense, il présente, malgré son caractère peu évolué, un généreux fruité de cassis nuancé de chêne épicé et de truffe. Attestant une vinification impeccable, il se montre très corsé, musclé et serré, et manifeste en bouche une concentration et une pureté extraordinaires. Ce devrait être un vin de très longue garde (les millésimes récents se distinguent par ce trait) ; c'est aussi une révélation de l'année. Il requiert de la patience et sera à son apogée **entre 2007 et 2030.** (9/01)

1995 91 Quoique fermé (depuis la mise en bouteilles), le 1995 demeure impressionnant. D'un rubis-pourpre sombre, il exhale un nez boisé aux classiques arômes de cassis, de vanille, de cèdre et d'épices. Dense et moyennement corsé, plus accessible que le 1996, avec des tannins plus doux, il semble cependant moins richement étoffé. Un grand classique. **À boire jusqu'en 2025.** (9/01)

1994 89 ? Le 1994 est un classique, puissant et bien doté, convenant particulièrement aux amateurs qui sauront s'armer de patience encore 5 ans : ce vin tiendra ensuite une vingtaine d'années. Sa couleur pourpre, dense et un peu trouble, prélude à une palette aromatique très fermée. Néanmoins, l'ensemble révèle en bouche une richesse massive, et évoque par ses très abondants tannins les Médoc puissants et charnus, élaborés il y a trente ans, dans un style traditionnel et sans compromission. Cependant, ce vin-ci présente des tannins plus doux. Un classique. **À boire entre 2010 et 2025.** (9/01)

1990 94 Tannique et généreusement doté, le 1990 est encore peu évolué, mais il commence à sortir de l'enfance. Ce vin d'un grenat-pourpre opaque au nez de réglisse, de terre humide, de doux cassis et de sous-bois est corsé, fabuleusement gras et concentré, et étayé par des tannins extrêmement abondants. Un Léoville Barton exceptionnel, qui s'est révélé meilleur que je ne l'aurais pensé de prime abord. **À boire jusqu'en 2030.** (9/01)

1989 89 La 1989 pâtit de plus en plus de la comparaison avec son cadet d'un an. Sa robe grenat foncé, qui commence tout juste à s'ambrer sur le bord, et son impressionnant bouquet épicé de cèdre, de douce cerise et de cassis nuancé de tabac laissent subodorer qu'il est à maturité, mais la bouche révèle qu'il n'en est rien. De fait, elle exprime un ensemble moyennement corsé, étroit, riche à l'attaque, mais dominé en finale par des tannins secs et poudreux. C'est le type même de vin qu'il faut boire plus tôt que trop tard. **À boire jusqu'en 2016.** (9/01)

1988
89+
Comme plusieurs de ses jumeaux, le 1988, qui était dur et peu épanoui dans sa petite enfance, s'est mué en un bordeaux classique, très jeune de robe (il est plus profondément coloré que le 1989), avec de profonds arômes de terre et de cassis nuancés de boisé, de fumé, de minéral et d'herbes rôties. Moyennement corsé et modérément tannique, merveilleux de profondeur, il est accessible bien qu'encore très peu évolué, et paraît capable de survivre longuement à son cadet d'un an, plus prisé et plus cher. Il s'agit, en quelque sorte, d'une révélation du millésime. **À boire jusqu'en 2018.** (9/01)

1986
91+
Encore très (trop !) peu évolué, le 1986 se distingue par une robe rubis foncé légèrement rosée sur le bord. Au nez, ce vin commence tout juste à développer des arômes secondaires et libère, au mouvement du verre, des senteurs de douce terre, de truffe, de cassis, de sous-bois et de réglisse. La bouche, puissante et dense, est également impressionnante de concentration et étayée par des tannins très abondants. L'ensemble est vinifié dans un style traditionnel. Les meilleurs Médoc 1986 sont superbes, mais rarement charmeurs, et, comme la plupart de ses homologues, ce vin-ci séduit davantage l'intellect que les sens. Cependant, je ne perds pas espoir qu'il se fonde un jour plus harmonieusement. **À boire entre 2006 et 2030.** (5/02)

1985
92
Le somptueux 1985 évoque son splendide aîné de 1953. D'un rubis-grenat foncé, il exhale un nez aussi mûr et épanoui que complexe, aux notes de groseille et de cassis, de vanille, de cake, de tabac, de cèdre et de terre. L'ensemble, moyennement corsé, est merveilleux de douceur, très doux et souple, et étayé par des tannins fondus. Sa finale, qui se développe par paliers, est généreuse. Un classique. **À boire jusqu'en 2010.** (1/02)

1983
84 ?
Comme plusieurs de ses jumeaux, le 1983 de Léoville Barton arbore un grenat foncé évolué, ambré sur le bord. Le nez d'écorce, de douce cerise noire, de champignon et de terre suggère un ensemble à son apogée, tandis que la bouche révèle un vin sur le point de se déliter, dont le maigre fruité est dominé par les tannins et l'acidité. La finale est légèrement desséchée. **À boire sans plus tarder.** (9/02)

1982
94
Le 1982 de Léoville Barton est encore l'un des vins les moins évolués de ce millésime. Très richement extrait et très tannique, il évoque, par le style, les bordeaux de la fin des années 40. D'un rubis-grenat opaque, très dense, presque trouble même, il dégage un nez de réglisse, de cèdre, de truffe et de doux cassis. Deux dégustations en 2002 ont révélé qu'il avait peu évolué depuis 1997, les trois notes attribuées étant très proches. L'ensemble, qui s'exprime avec ampleur, recèle des tannins abondants et un peu râpeux, mais il se distingue par ses généreux arômes de cassis et de viande, par sa belle structure et sa texture étonnamment jeune et tonique. J'attendrais encore un peu pour ouvrir la prochaine bouteille. Ce classique, qu'Anthony Barton considère comme plus « rustique » que certains millésimes plus jeunes, n'a pas connu le chêne neuf. **À boire entre 2009 et 2035.** (9/02)

MILLÉSIMES ANCIENS

On ne saurait nier que, sous la houlette d'Anthony Barton, la propriété est plus régulière à haut niveau que par le passé. Cependant, certains millésimes anciens méritent l'intérêt, notamment le fabuleux 1975 (l'une des grandes réussites du Médoc cette année-là), qui est actuellement à son apogée et que j'avais noté 90 lors de ma dernière dégustation, en décembre 2000. Le 1970 peut atteindre des sommets, à supposer qu'il s'agisse d'un bon flacon, ce millésime pâtissant de variations d'une bouteille à l'autre. Dans les années 60, le somptueux 1961 se distingue (noté 92 en septembre 1997), mais il était surpassé par le 1959 (noté 94 en septembre 1994), dont je ne sais comment il se porte aujourd'hui ; je pense cependant que les magnums ou plus grands formats conservés dans de bonnes conditions se maintiennent. Le 1953 est également superbe (noté 95 en octobre 1994), et, bien entendu, la propriété a, à son actif, quelques belles réussites à la fin des années 40. Je pense notamment au 1949 (noté 95 en octobre 1994), au 1948 (le deuxième vieux millésime de la propriété le mieux noté – 96 en octobre 1994) et, bien sûr, au 1945 (noté 98 en octobre 1994), qui s'impose probablement comme le meilleur Léoville Barton que je connaisse. Je pense que ces vins – à condition d'avoir été conservés dans de bonnes conditions – sont encore en parfaite forme, les plus grands millésimes de Léoville Barton étant capables de tenir 25 à 50 ans, voire davantage.

LÉOVILLE LAS CASES

2d cru classé en 1855
Propriétaire : SC du Château Léoville Las Cases (consorts Delon)
Adresse : BP 4 – 33250 Saint-Julien-Beychevelle
Tél. 05 56 73 25 26 – *Fax* 05 56 59 18 33
E-mail : leoville-las-cases@wanadoo.fr
Visites : sur rendez-vous uniquement
Contact : Jean-Hubert Delon

VIGNOBLE ET VINIFICATION

Superficie : 97 ha
Encépagement : 65 % cabernet sauvignon, 19 % merlot, 13 % cabernet franc, 3 % petit verdot
Âge moyen des vignes : 30 ans – *Densité de plantation :* 8 000 pieds/ha
Rendement moyen : 42-50 hl/ha
Élevage : fermentations et cuvaison de 12 à 20 jours en cuves de bois thermorégulées, de béton et d'acier inoxydable ; vieillissement de 12 à 24 mois en fûts (50-100 % de bois neuf suivant le millésime) ; collage ; pas de filtration

VINS PRODUITS

Château Léoville Las Cases – 216 000 b ; Clos du Marquis – 240 000 b
À maturité : dans les 8 à 30 ans suivant le millésime

APPRÉCIATION GÉNÉRALE

Léoville Las Cases, roi incontesté de Saint-Julien, est l'un des rares crus classés du Bordelais que l'on puisse acheter aveuglément chaque année. Il peut se targuer d'un parcours irréprochable dans les années 80 et 90. Plus récemment, il semble avoir privilégié davantage d'élégance, sans sacrifier pour autant la richesse, la profondeur, la structure et l'équilibre quasi parfait qui le caractérisent. Son prix demeure raisonnable au regard de la qualité, bien qu'il s'agisse du Saint-Julien le plus onéreux. Las Cases est rarement présent dans les ventes aux enchères, étant plutôt la cible des amateurs que des spéculateurs. Pour le consommateur, il est moins cher que les premiers crus, que, cependant, il égale souvent en qualité. Le Clos du Marquis, le second vin de la propriété, est très bon ; dans les meilleurs millésimes, il équivaut à un troisième cru.

Léoville Las Cases est incontestablement l'un des très grands noms du Bordelais ; c'est également l'un des domaines les plus étendus de la région. L'essentiel de son vignoble, contigu à celui de Latour, est constitué d'un clos d'une quarantaine d'hectares, qui figure en reproduction sur l'étiquette du cru.

L'élaboration des vins est ici l'objet de soins jaloux et méticuleux : si d'autres égalent la propriété sur ce point, aucun ne la surpasse. C'est au regretté Michel Delon, et plus récemment à son fils Jean-Hubert, que l'on doit cet état de choses. Admiré par les uns, critiqué par les autres, ce perfectionniste était un homme fier ; mais, surtout, il fut le maître d'œuvre tenace de la grandeur de Léoville Las Cases. Ceux qui n'appréciaient pas sa politique – ils étaient nombreux – critiquaient notamment sa stratégie de vente, qui consisterait à libérer les vins au compte-gouttes dans les grands millésimes, afin d'en faire monter artificiellement les prix. Quoi qu'il en soit, personne ne peut contester la très grande qualité de ses crus, qui témoignent d'une obsession presque maniaque de la perfection, se voulant non seulement les meilleurs de Saint-Julien, mais aussi de tout le Médoc ! Qui d'autre, en effet, aurait déclassé plus de 50 % de la récolte dans un millésime aussi généreux que 1986, et jusqu'à 67 % dans une année comme 1990 ? Qui d'autre aurait osé élaborer, après un deuxième vin, un troisième vin (Bignarnon) ? Qui d'autre, enfin, aurait eu l'audace de faire poser un dallage de grès rose du Brésil dans des chais climatisés ? Qu'on le veuille ou non, Michel Delon, assisté de Michel Rolland (un homonyme de l'œnologue de Libourne) et de Jacques Depoizier, produisait régulièrement dans les années 80 et 90 l'un des plus grands Médoc. Son fils me paraît parfaitement à même de poursuivre son œuvre.

Si les vins de Léoville ont été irréguliers pendant la période de l'après-guerre, ils constituent, depuis 1975, une série de grandes réussites, pratiquement sans fausse note. Ainsi, les 1975, 1978, 1982, 1985, 1986, 1988, 1990, 1994, 1995, 1996, 1998, 1999, 2000, 2001, 2002 et 2003, qui frisent – ou atteignent – la perfection, égalent en profondeur la plupart des premiers crus médocains.

Comparés à ceux de Ducru-Beaucaillou – leurs principaux rivaux de l'appellation –, les vins de Léoville Las Cases sont en général plus profondément colorés, plus tanniques, plus amples et plus concentrés, et, bien entendu, dotés d'un très grand potentiel de garde. Ce sont des Saint-Julien traditionnels, destinés à des connaisseurs qui auront la patience d'attendre 8 à 30 ans qu'ils arrivent à maturité. Si l'on procédait à un remaniement du classement de 1855, Léoville Las Cases, comme Ducru-Beaucaillou et, peut-être, Léoville Barton et Gruaud Larose, pourrait aisément prétendre au statut de premier cru.

2003
94-96+
Issu de faibles rendements de 21,1 hl/ha et d'une vendange rentrée entre le 11 et le 26 septembre, le 2003 de Léoville Las Cases est le fruit d'une sélection de 54 % de la récolte totale et se compose à 70,2 % de cabernet sauvignon, à 17,2 % de merlot et à 12,6 % de cabernet franc. Titrant 13,27 % d'alcool naturel, il est légèrement moins capiteux que le 2002 (qui battait des records) et présente un pH de 3,82. Pour l'heure, ce vin ample manque encore de complexité, mais il s'améliorera incontestablement au fur et à mesure qu'il s'affirmera et gagnera en précision. D'un rubis-pourpre d'encre, il présente la pureté et l'équilibre typiques du cru et révèle, par vagues, de généreux arômes, à la fois purs et mûrs, de cerise noire et de cassis généreusement enrobés de minéral et d'un boisé subtil. Ce vin moyennement corsé, aux tannins doux, est moins opulent que la plupart de ses pairs, mais il se distingue par ses belles proportions et sa très grande précision. Il s'agit d'une autre belle réussite de Jean-Hubert Delon et de son équipe. **À boire entre 2015 et 2030.** (3/04)

2002 95+ Voici une réussite sensationnelle à ajouter à l'actif de Jean-Hubert Delon. Composé à 66,7 % de cabernet sauvignon, à 14,5 % de merlot, à 13,9 % de cabernet franc et pour le reste de petit verdot, le 2002 de Las Cases s'impose comme le millésime le plus alcoolique (13,5 % d'alcool naturel) jamais produit à la propriété (à comparer aux 12,9 % du 2000, aux 12,8 % du 1982 et aux 13,2 % du 1990). Ce vin issu de faibles rendements – 27 hl/ha – est le fruit d'une sélection de 43 % de la récolte totale. Il bat des records en termes de richesse en extrait et de composés phénoliques. Vêtu de pourpre-noir, évoquant un véritable sirop de Léoville Las Cases tant il est dense, concentré, peu évolué et tannique, il ne sacrifie rien à la pureté, malgré sa très grande intensité. L'ensemble, très prometteur, se distingue encore par sa finale, longue de plus de 45 secondes. Une fois de plus (et comme de coutume...), Léoville Las Cases peut rivaliser avec les premiers grands crus, son 2002 figurant même, avec ceux de Latour et de Mouton, parmi les grandes réussites du millésime. **À boire entre 2015 et 2030, voire au-delà.** (9/03)

2001 93+ Le 2001 de Léoville Las Cases se compose à 69 % de cabernet sauvignon, à 19,5 % de merlot et à 11,5 % de cabernet franc. On ne sera pas étonné de savoir qu'il révèle une pureté et une intensité d'excellent aloi. Sa robe d'un pourpre épais accompagne les extraordinaires senteurs de graphite, de réglisse et de douce cerise noire typiques du cru. Une fois passé ce bouquet nuancé de groseille et de vanille, on décèle en bouche un ensemble plus ferme et davantage marqué par l'acidité que le 2000, avec des tannins plus présents. Quoi qu'il en soit, ce vin ample, dense, peu évolué et concentré pourrait prétendre au titre de réussite du millésime. **À boire entre 2011 et 2030.** (1/03)

2000 100 Le 2000 s'est étoffé, et, s'il est toujours montré impressionnant en cours d'élevage, il est encore plus somptueux après la mise. Composé à 76,8 % de cabernet sauvignon, à 14,4 % de merlot et pour le reste de cabernet franc, il est issu d'une sélection de 35 % de la récolte totale. Véritablement profond, s'annonçant par un pourpre opaque, il exhale un nez serré, mais prometteur, de vanille, de douce liqueur de cerise, de cassis et de réglisse. Ce bouquet prélude à un ensemble dense, corsé, presque trop riche et trop intense, qui s'exprime avec une rondeur impeccable et une ampleur croissante, et libère une finale longue de plus de 1 minute. Encore jeune, le 2000 de Las Cases se distingue aussi par sa très grande pureté et par la manière dont il continue de gagner en intensité, en étoffe et en puissance aromatique. Ce grand classique – un véritable tour de force en matière de vinification et certainement l'un des Léoville Las Cases les plus grandioses qui soient – rend, dans une certaine mesure, hommage au perfectionnisme de Michel Delon, qui nous a quittés en 2000. **À boire entre 2012 et 2040.** (1/03)

1999 93 Le Léoville Las Cases 1999 arbore un pourpre dense et dégage de classiques arômes de vanille, de cerise noire et de groseille subtilement mâtinés de chêne grillé. L'ensemble, moyennement corsé, est étayé par des tannins doux. Encore jeune, fermé et peu évolué (il est en cela atypique du millésime), il se distingue aussi par une pureté exceptionnelle et une harmonie d'ensemble qui contribuent à en faire un vin à nul autre pareil. Cet excellent Las Cases, l'une des grandes réussites du millésime, sera à son apogée **entre 2006 et 2022.** (1/03)

1998
93
Le 1998 de Las Cases s'impose comme l'un des Médoc les plus somptueux du millésime. D'un pourpre-noir opaque, il déploie les arômes de graphite, ainsi que les notes fabuleusement pures de mûre, de cerise et de fumé typiques de ce cru. L'attaque en bouche, très classique, révèle un caractère moyennement corsé, superbe de concentration et de pureté, ainsi que des tannins fermes et de belles proportions d'ensemble. Ce 1998 s'inscrit parfaitement dans la lignée des classiques de 1988, 1995 et 1996. **À boire entre 2006 et 2025.** (3/02)

1997
89
Magnifiquement réussi pour le millésime, le 1997 de Las Cases, qui arbore un rubis dense, se distingue par des arômes racés de cèdre et de cassis, et par des senteurs de douce cerise. Il exprime aussi une bouche ample, moyennement corsée, douce et concentrée, regorgeant de gras et joliment rehaussée de chêne neuf. Ce vin exceptionnel de pureté, étayé par une faible acidité, est d'ores et déjà délicieux, mais également capable de tenir **jusqu'en 2016.** (3/02)

1996
98+
Très profond, s'imposant comme l'un des très grands bordeaux de notre temps, ce vin rivalise avec les prouesses accomplies à Las Cases en 1982, 1986, 1990 et 2000. Bien que le millésime se caractérise par la surmaturité du cabernet sauvignon, ce 1996 demeure classique, comme de coutume, conservant aussi bien son équilibre que son formidable potentiel de complexité et d'élégance. Pourpre-noir de robe, il exhale de spectaculaires senteurs de cassis, de liqueur de cerise, de pain grillé et de minéral. L'attaque est puissante et riche ; l'ensemble, doté de tannins merveilleusement fondus, ne révèle pas la moindre lourdeur ni le plus petit manque de structure, malgré sa concentration massive. Ce vin remarquable gagne encore en stature et en richesse au fur et à mesure qu'il se développe dans le verre. S'exprimant tout en rondeur et sans aspérité, avec une élégance exceptionnelle, il tapisse littéralement le palais – c'est une véritable quintessence de Saint-Julien, vinifiée à la manière d'un Latour, son voisin immédiat. Malgré la douceur de ses tannins, je conseille de ne pas y toucher avant 4 à 5 ans encore. **À boire entre 2010 et 2040.** (9/02)

1995
95
Le fabuleux 1995, l'une des grandes réussites du millésime, accaparerait l'attention des amateurs s'il n'avait été suivi du prodigieux 1996. Opaque et rubis-pourpre de robe, il dégage un nez d'une pureté exceptionnelle, aux arômes merveilleusement tressés de fruits noirs, de minéral, de vanille et d'épices. L'attaque en bouche révèle une richesse stupéfiante. On décèle encore au palais un fruité de cassis d'une maturité exceptionnelle, judicieusement infusé d'arômes de chêne neuf grillé, ainsi que l'époustouflant caractère de minéral typique de Las Cases, qui se mêle à l'ensemble et contribue à le rendre irrésistible. Certainement moins tannique que le 1996, le 1995 n'est cependant pas aussi parfaitement doux ; la finale est incroyablement persistante. Seulement 35 % de la récolte fut jugée digne de faire le grand vin cette année-là. **À boire entre 2008 et 2025.** (9/02)

1994
91
Le 1994 s'impose comme un Médoc des plus massifs, d'une ampleur et d'une richesse fabuleuses. Arborant une robe d'un pourpre opaque, il déploie un généreux et pur fruité de cassis et de cerise noire mêlé de notes de pierre et de minéral, et marqué par de belles touches de boisé. C'est un vin moyennement corsé, doux et riche à l'attaque, très tannique, mais aussi d'une longueur et d'une extraction absolument somptueuses. Léoville Las Cases compte assuré-

ment, en 1994, au nombre de la demi-douzaine de très grands Médoc. **À boire jusqu'en 2025.** (3/00)

1990
97
Le 1990, que j'avais sous-estimé dans sa jeunesse, s'étoffe et s'enrichit avec le temps. De fait, parmi les très grands millésimes de Léoville Las Cases, c'est l'un des plus épanouis, en raison certainement de sa belle rondeur, de ses tannins merveilleusement doux et de sa faible acidité. D'un resplendissant prune-pourpre sombre et opaque, il exhale un nez typique du cru, offrant des arômes de doux cassis, de cerise, de minéral, de vanille et de graphite qui jaillissent littéralement du verre. En bouche, il est corsé, aussi ample que concentré, mais il atteste également un équilibre exceptionnel (un trait immuable de Las Cases). Ce vin encore jeune, mais accessible, **tiendra bien jusqu'en 2035.** (12/01)

1989
90
D'un rubis foncé (il est cependant moins sombre de robe que le 1990, par exemple), ce vin exhale un nez de style international, ses senteurs de cassis mûr étant nuancées de chêne neuf, de minéral et de graphite. L'ensemble, moyennement massif, est relativement élégant ; il n'a pas la puissance, la densité ni la concentration exceptionnelle de son cadet d'un an, mais, comme la plupart de ses jumeaux, il trahit une sélection peut-être insuffisamment sévère, ou une vendange imparfaitement mûre, rentrée quelques jours trop tôt (avant la maturité phénolique). Ce vin, qui continuera de se bonifier ces 10 prochaines années, voire au-delà, est excellent, mais il ne représente pas le meilleur de Las Cases. **À boire jusqu'en 2016.** (12/01)

1988
92
Ce vin, qui se montre toujours sous un excellent jour, est probablement plus réussi que le 1989, pourtant plus prisé et plus onéreux. D'un grenat-pourpre sombre et trouble, il exhale un nez de sous-bois, de cake, de cèdre, de cerise noire et de raisin sec, qui introduit un ensemble moyennement corsé et modérément tannique, au fruité encore ample et doux, laissant en bouche une impression de bel équilibre. Un classique, **à boire jusqu'en 2020.** (12/01)

1986
100
Le regretté Michel Delon considérait le 1986 comme sa plus belle réussite. C'est un vin que nous avons souvent dégusté côte à côte avec le 1982, qui a ma préférence. Certes, les deux millésimes sont fort différents en style, le 1986 étant le classique par excellence, très tannique, extraordinaire de précision malgré l'ampleur de ses senteurs corsées de doux cassis mûr nuancées de vanille, de melon, de cake et d'épices, merveilleux de fraîcheur et de concentration malgré sa concentration phénoménale. Ce vin me paraît toujours jeune, et j'ai peine à croire qu'il soit encore loin de son apogée. Ce Las Cases grandiose illustre bien, si besoin en était, la très grande qualité des Médoc 1986, à dominante de cabernet sauvignon. **À boire jusqu'en 2035.** (9/02)

1985
94
Le 1985 est merveilleusement épanoui, avec un nez velouté de graphite, de douce cerise noire et de groseille, le tout nuancé de sous-bois et de chêne neuf. Moyennement corsé, s'exprimant avec ampleur, il révèle, outre une concentration d'excellent aloi, des tannins très souples. Ce vin superbe, qui est toujours dans l'adolescence, pourrait se révéler encore meilleur au fur et à mesure de son évolution. Cependant, sa faible acidité et la douceur de ses tannins laissent subodorer qu'il a atteint son apogée. **À boire jusqu'en 2018.** (8/02)

1983 Comme plusieurs de ses jumeaux, le 1983 de Las Cases est à son apogée
89 depuis quelques années et doit maintenant être consommé plus tôt que trop tard, ses tannins et son acidité se faisant plus présents au fur et à mesure que son fruit se fane. Sa robe d'un grenat-prune foncé se fait ambrée sur le bord. L'ensemble, moyennement corsé, est légèrement acerbe en finale, mais, bien qu'il soit parfait à l'attaque et en milieu de bouche, je conseillerais de le déguster rapidement. **À boire jusqu'en 2010.** (3/02)

1982 Encore peu évolué, le 1982 de Las Cases semble passer au stade de l'adoles-
100 cence. D'un rubis-pourpre dense et trouble, il exhale des senteurs de graphite, de doux caramel, de confiture de cerise noire, de cassis et de minéral. Le nez ne se révélant qu'au mouvement du verre, je conseillerais aux amateurs de décanter ce vin 2 à 4 heures avant de le déguster. Pour un ensemble aussi faible en acidité, il étonne par son ampleur et sa précision, et témoigne aussi d'une concentration et d'une fraîcheur extraordinaires. Est-ce parce que j'ai une conception plus épicurienne du vin que le regretté Michel Delon que j'ai toujours préféré le 1982 au 1986 ? Quoi qu'il en soit, les amateurs de Médoc classiques se doivent d'avoir en cave les deux millésimes, qui incarnent la perfection. Le 1982 est presque monstrueux en termes de richesse en extrait, de gras et de densité. Encore jeune, il évoque davantage un bordeaux de 7 à 8 ans d'âge qu'un vin de plus de 20 ans. Un monument ! **À boire jusqu'en 2035.** (9/02)

MILLÉSIMES ANCIENS

Léoville Las Cases a produit entre 1975 et 1981 des vins absolument impressionnants, dont certains s'imposent comme les réussites du millésime : on citera ainsi le 1981 (noté 89 en juillet 2000), le 1978 (noté 90 en février 2002) et, bien sûr, le 1975, un vin puissant et massif, extrêmement tannique, mais regorgeant de fruit et de concentration (noté 92 ? en mars 2002). Les millésimes des années 70 furent plutôt décevants, y compris le 1970. Dans la décennie précédente, les deux meilleurs millésimes sont le 1966 (noté 89 en mai 1995) et le 1962 (noté 88 en mai 1995). J'ai dégusté plusieurs fois le 1961 (noté 87 en mars 1999) en compagnie du regretté Michel Delon ; j'ai toujours pensé qu'il n'était pas à la hauteur de ce millésime grandiose et préfère le 1959 (noté 88 en mars 1999). Tous ces vins, conservés dans de bonnes conditions, sont à apprécier maintenant.

CLOS DU MARQUIS – second vin de Léoville Las Cases[1]

Non classé

Le Clos du Marquis, second vin de Léoville Las Cases, doit son nom au petit « clos » (vignoble entouré de murs) situé à proximité du Château de Léoville, l'ancienne demeure du marquis de Las Cases. Il s'agit d'une marque très ancienne créée à la fin du XIXe siècle et utilisée sans interruption depuis.

1. Le Clos du Marquis étant considéré comme l'un des meilleurs seconds vins du Bordelais et s'imposant régulièrement, dans les dégustations à l'aveugle, devant certains crus très renommés de l'appellation, il fait ici l'objet d'une présentation séparée de Léoville Las Cases.

Précurseur des seconds vins du Bordelais, dont la production se généralisa vers le milieu des années 80, le Clos du Marquis est généralement issu des plus jeunes vignes de la propriété, ou de lots écartés de la composition du grand vin. Cependant, au fil du temps, le Clos du Marquis s'est forgé une réputation propre, et il est désormais issu de terroirs spécifiques, situés en dehors du Grand Clos ou au sein du Petit Clos. Ces vignobles en question jouxtent ceux de Pichon-Lalande, Léoville Poyferré, Léoville Barton, Lagrange et Talbot.

Le Clos du Marquis s'impose depuis 1989 au niveau d'un troisième grand cru du Médoc.

2003
90-92 Le Clos du Marquis 2003, l'un des meilleurs seconds vins du Médoc, est issu d'une sélection de 46 % de la récolte totale et se compose à 54,5 % de cabernet sauvignon, à 42,6 % de merlot et à 2,9 % de petit verdot. Plus alcoolique (il titre 13,43 % d'alcool naturel) que le grand vin (13,27 %), il s'annonce par un rubis-pourpre d'encre et se distingue par la fabuleuse pureté de son fruité moyennement corsé, ainsi que par sa finale aussi longue que spectaculaire. **À boire dans les 10 à 15 ans.** (3/04)

2001
89+ Des arômes de cassis, de vanille, de cerise et de graphite se dégagent de ce vin d'un pourpre opaque, moyennement corsé, qui doit à l'heureuse acidité qui l'étaye sa belle fraîcheur, sa vivacité et sa tonicité. Un classique. **À boire dans les 10 à 14 ans.** (1/03)

2000
91 Ce Clos du Marquis est l'une des révélations de l'année, ainsi qu'une des plus grandes réussites que je connaisse de ce cru. De fait, il pourrait rivaliser avec nombre de crus classés de 2000. D'un pourpre dense et opaque, doté de notes de crème de cassis, de vanille et de cerise, il est moyennement corsé, onctueux du fait de sa faible acidité, et révèle un caractère plus évolué que son grand frère. Remarquable de concentration et de profondeur, marqué par la mâche, il est racé et sera à son apogée **jusqu'en 2018.** (1/03)

1999
86 Le Clos du Marquis 1999 présente à l'attaque de doux arômes de cassis, mais sa finale est tannique et légèrement comprimée. **À boire dans les 8 ans.** (3/02)

1998
90 Magnifiquement réussi, le 1998 révèle de très généreux arômes de cassis et de cerise nuancés de chêne grillé. Ce vin moyennement corsé et d'une très grande pureté déploie en bouche une belle texture, ainsi qu'une finale modérément tannique. Très proche de son jumeau de Léoville Las Cases, il n'en a pas cependant la corpulence, ni la persistance ou la puissance. **À boire jusqu'en 2014.** (3/02)

1996
90 Le formidable Clos du Marquis 1996 affiche incontestablement le niveau d'un deuxième ou d'un troisième cru classé. Pourpre foncé de robe, il rappelle son grand frère par sa structure, son caractère terriblement peu évolué, sa richesse et son ampleur. Moins massif que son jumeau de Léoville Las Cases, il se distingue par un généreux fruité de doux cassis et de kirsch subtilement nuancé de très belles notes de chêne neuf, et marqué de métal et de minéral. Ce vin éblouissant, riche et moyennement corsé, est doté de tannins mûrs. **À boire jusqu'en 2018.** (1/01)

1995
90
L'extraordinaire Clos du Marquis 1995 incarne la quintessence de Las Cases, révélant un fruité doux et généreux, merveilleusement mûr et profond, mais équilibré et dénué de lourdeur. Comme la plupart des réussites de la propriété, il affiche des proportions parfaites, son acidité, son alcool et ses tannins étant idéalement fondus. Légèrement plus épanoui et plus précoce que le 1996, il peut être consommé **dès maintenant et dans les 8 ans.** (1/01)

LÉOVILLE POYFERRÉ

2d cru classé en 1855
Propriétaire : GFA des Domaines de Saint-Julien
Adresse : 33250 Saint-Julien-Beychevelle
Tél. 05 56 59 08 30 – *Fax* 05 56 59 60 09
E-mail : lp@leoville-poyferre.fr
Site Internet : www.leoville-poyferre.fr
Visites : sur rendez-vous
Contact : Didier Cuvelier

VIGNOBLE ET VINIFICATION

Superficie : 80 ha
Encépagement : 60 % cabernet sauvignon, 30 % merlot, 8 % petit verdot, 2 % cabernet franc
Âge moyen des vignes : 25 ans – *Densité de plantation :* 8 000 pieds/ha
Rendement moyen : 45-50 hl/ha
Élevage : fermentations de 7 jours et cuvaison de 15 à 30 jours en cuves thermorégulées ; vieillissement de 22 mois en fûts (75 % de bois neuf) ; collage au blanc d'œuf ; pas de filtration

VINS PRODUITS

Château Léoville Poyferré – 250 000 b ; Moulin Riche – 130 000 b
À maturité : dans les 8 à 25 ans suivant le millésime

APPRÉCIATION GÉNÉRALE

Poyferré, le moins connu des trois Léoville, a été irrégulier jusqu'à la fin des années 80, mais il s'est ensuite amélioré et progressivement rapproché de ses deux homonymes plus prestigieux. Les progrès ont été notables depuis le début des années 90.

Si vous discutez avec les initiés connaissant bien le potentiel du vignoble de Léoville Poyferré, ils vous diront tous que ce domaine a le terroir et les moyens de produire l'un des plus grands Médoc. Certains ajouteront même que le sol est ici meilleur que dans tous les autres deuxièmes crus.

Les résultats de la propriété depuis 1961 ont été plutôt décevants, mais les derniers millésimes témoignent d'une nette amélioration de la qualité. La modernisation des chais, l'élaboration d'un second vin et l'utilisation d'une plus forte proportion de bois neuf pour l'élevage, conjuguées à l'attention incessante de Didier Cuvelier et aux judicieux conseils du talentueux Michel Rolland, de Libourne, ont finalement hissé Léoville Poyferré parmi l'élite de Saint-Julien.

Le prodigieux 1982 et le 1983, au fruité fabuleux, s'imposent comme les deux plus belles réussites des années 80. Tous deux témoignent des sommets de richesse et de l'extrême profondeur que peut atteindre ce cru. Le 1990, d'un excellent niveau, a été suivi de 1995, 1996, 2000, 2002 et 2003 très réussis, qui indiquent bien que Léoville Poyferré s'est enfin décidé à exploiter son potentiel très important.

2003 **94-96** Le 2003 de Léoville Poyferré constitue une somptueuse réussite pour le cru. Ce vin, que j'ai noté à l'identique après trois dégustations, est d'un rubis-pourpre soutenu, avec des arômes explosifs et mûrs, mais remarquablement frais et toniques, qui dévalent littéralement le palais, révélant une concentration, une profondeur et une précision exceptionnelles. Le boisé, l'acidité, les tannins et l'alcool sont magnifiquement fondus dans cet ensemble somptueux, qui évoque furieusement son superbe aîné de 1990. **À boire entre 2009 et 2025.** (3/04)

2002 **92** Ce vin, qui s'impose comme l'une des grandes réussites du millésime, s'annonce par un pourpre soutenu. Il développe avec ampleur des senteurs aussi douces que provocantes, évoquant la terre, la réglisse, la crème de cassis et le chêne neuf grillé. L'ensemble, moyennement corsé et d'une grande pureté, est étayé par une heureuse acidité tonique. Sa finale, impressionnante de persistance, dure près de 40 secondes. Gardez ce Saint-Julien de haut vol 5 à 8 ans ; il devrait se maintenir ensuite à son meilleur niveau pendant **une bonne vingtaine d'années.** (9/03)

2001 **90** Le 2001, qui se montre sous en bon jour, a gagné en étoffe et en profondeur en cours d'élevage. Sa robe d'un rubis-pourpre soutenu accompagne un bouquet aux élégantes et douces senteurs de cerise noire, de cassis, de vanille et de café. Suit en bouche un ensemble dense et mûr, qui se développe par paliers, révélant un caractère aussi suave que savoureux. **À boire dès maintenant et dans les 15 ans suivant le millésime, voire au-delà.** (1/03)

2000 **95** Ce vin très réussi est magnifique. Vêtu d'un pourpre opaque, il présente un nez merveilleusement doux (disons plutôt explosif) de mûre et de cassis nuancé de minéral, de terre et de fumé. Corsé et opulent, il se révèle pourtant, du fait de sa faible acidité, plus accessible que les deux autres Léoville. Ses tannins sont doux, et sa finale, généreuse, tout simplement somptueuse. L'ensemble continue de s'améliorer de manière spectaculaire. Il s'agit d'une grande réussite pouvant rivaliser avec ses somptueux aînés de 1996 et 1990. **À boire entre 2009 et 2030.** (1/03)

1999 **89** Des senteurs très parfumées de fleurs, de cassis confituré, de doux chêne et de truffe jaillissent littéralement du Léoville Poyferré 1999, annonçant un vin mûr, moyennement massif, s'exprimant davantage en élégance qu'en puissance. Ce classique se distingue encore par l'intensité de son fruité, par sa très grande maturité et son bel équilibre d'ensemble, ainsi que par sa finale persistante. Un vin superbe. **À boire dans les 10 à 12 ans.** (1/03)

1998 **88** Rubis foncé de robe, le 1998 de Léoville Poyferré est moyennement corsé, avec des arômes de sous-bois, de cassis, de cerise, de minéral et de vanille. Bien qu'il soit doux, riche et racé, il n'a pas la profondeur lui permettant de prétendre à une note extraordinaire. **À boire dans les 8 à 10 ans.** (3/02)

1996 **93** Le fabuleux 1996, que j'ai dégusté trois fois après la mise en bouteilles, s'impose incontestablement, avec le 2000, comme la plus belle réussite de cette propriété depuis le puissant et massif 1990. Vêtu de pourpre-noir soutenu, ce vin moyennement corsé exhale un nez de cèdre, de fruits noirs confiturés, de fumé et de truffe marqué de subtiles notes de chêne neuf. Impressionnant de richesse en extrait, très corsé et tannique, il présente la classique alliance de puissance et de finesse propre à ce cru. Il devient de plus en plus impressionnant au fur et mesure qu'il se développe dans le verre. Ce Léoville peu évolué, massif tant il est hautement extrait, devrait se révéler sensationnel au fil du temps. **À boire entre 2007 et 2028.** (9/02)

1995 **90+** Plus épanoui que le 1996, le 1995, qui arbore un pourpre opaque, est tannique, peu évolué et concentré, et requiert une garde de 2 à 3 ans. Son nez jeune, mais complexe, libère des senteurs de pain grillé, de cassis et de minéral, ainsi que de subtiles touches de tabac. Les arômes puissants, denses et concentrés de cassis et de myrtille que l'on décèle en bouche me semblent plus doux que ceux du 1996, mais ce vin ample affiche indiscutablement une belle structure et beaucoup de tenue. **À boire jusqu'en 2030.** (9/02)

1994 **87** D'un rubis-pourpre foncé, le 1994 offre au nez des senteurs de vanille et de grillé, ainsi que des notes de doux cassis. Moyennement corsé, gras et modérément tannique, il laisse en bouche l'impression d'un vin peu évolué, élaboré dans un style traditionnel. Bien qu'il soit encore jeune, il déploie un fruité apte à faire pièce à ses tannins. Il devrait se révéler excellent ces prochaines années. **À boire jusqu'en 2015.** (3/00)

1990 **96** S'imposant comme l'un des exemples de ce cru les plus profonds des vingt-cinq dernières années, ce vin, qui était très épanoui dans sa jeunesse, s'est légèrement refermé. Sa robe, toujours soutenue et dense, est d'un rubis-pourpre opaque ; elle accompagne un nez merveilleusement pur de doux cassis confituré nuancé de café, de vanille, de fleurs blanches et de minéral. Suit en bouche un ensemble extrêmement corsé, très tannique, étayé par une faible acidité, qui se développe par paliers, révélant une richesse en extrait absolument fabuleuse. Ce vin prodigieux commence tout juste à se refermer, si j'en juge par mes trois dernières dégustations, en 2002. **À boire entre 2008 et 2030.** (9/02)

1989 **88** Ce vin rubis foncé, aux douces notes de cola, de cassis, de terre, d'herbes et de vanille, est moyennement corsé, avec des tannins rugueux et une finale maigre et anguleuse. L'ensemble, qui paraît plus évolué au nez qu'en bouche, pâtit de la comparaison avec le 1990 et avec les millésimes suivants de Poyferré. **À boire entre 2007 et 2018.** (10/02)

1986 **87** Voici l'un des Médoc les plus épanouis du millésime ; sa robe d'un rubis-prune foncé est déjà légèrement rosée sur le bord. En bouche, l'ensemble révèle, outre un caractère moyennement corsé, des tannins poudreux et légèrement râpeux, mais il se distingue surtout par son nez épicé et confit de cassis, de minéral et de sous-bois. L'ensemble est très bon, mais anodin. Il a atteint son apogée et devrait s'y maintenir encore 5 ans. **À boire jusqu'en 2010.** (3/02)

1985 **86** Ce vin dénué de structure et de précision s'annonce par une robe évoluée d'un rubis moyennement foncé ambré sur le bord. Au nez, il dégage des notes d'herbes nuancées de groseille, de réglisse et de vanille. En bouche, l'ensemble, à son apogée, exprime tout en rondeur un caractère moyennement corsé, une concentration d'excellent aloi, ainsi qu'une finale aux tannins doux. **À boire jusqu'en 2006.** (3/02)

1983 Le 1983, qui constitue l'une des très grandes réussites du millésime, est encore
91 en parfaite forme et ne laisse entrevoir aucun signe de faiblesse. D'un grenat foncé, doté d'un doux nez de liqueur de prune entremêlé de senteurs de réglisse, de cassis, de tabac et d'herbes de Provence, il séduit par sa rondeur et son opulence (due à sa faible acidité), ainsi que par son fruité merveilleusement doux, généreux et étoffé. Vous apprécierez ce vin plein de charme **dans les 5 à 6 ans.** (3/02)

1982 Moins majestueux, mais plus puissant et plus trapu que le 1990, le 1982 de
96 Léoville Poyferré se distingue par une densité et une richesse en extrait absolument prodigieuses, qui font admirablement pièce à ses tannins très abondants. Ce vin, qui arbore un pourpre encore resplendissant, présente des tannins moins policés que les millésimes plus récents, mais sa concentration et sa corpulence sont telles qu'elles viendront sans peine à bout de ce trait. Très corsé et concentré, il fait figure de révélation du millésime. **À boire entre 2006 et 2025.** (9/02)

MILLÉSIMES ANCIENS

Les millésimes des années 70, plutôt médiocres, méritent des notes entre 65 et 80. Ceux des années 60 étaient encore pires, hormis un très bon 1961 (noté 87 en septembre 1999). Dans les grands millésimes pour le Bordelais, dont 1959, 1955, 1953 et 1945, il n'y a pas un seul Léoville Poyferré que j'aie noté plus de 85.

SAINT-PIERRE

4e cru classé en 1855
Propriétaire : Françoise Triaud
Adresse : Domaines Martin – 33250 Saint-Julien-Beychevelle
Tél. 05 56 59 08 18 – *Fax* 05 56 59 16 18
E-mail : domainemartin@wanadoo.fr
Visites : sur rendez-vous uniquement, du lundi au vendredi (9 h-12 h et 14 h-17 h)
Contact : Jean-Louis Triaud

VIGNOBLE ET VINIFICATION

Superficie : 17 ha
Encépagement : 75 % cabernet sauvignon, 15 % merlot, 10 % cabernet franc
Âge moyen des vignes : 42 ans – *Densité de plantation :* 10 000 pieds/ha
Rendement moyen : 50 hl/ha
Élevage : fermentations et cuvaison prolongées en cuves d'acier inoxydable thermorégulées, avec pigeages et remontages quotidiens ; concentration par évaporation sous vide ; vieillissement de 14 mois en fûts renouvelés par moitié à chaque millésime ; collage et filtration

VIN PRODUIT

Château Saint-Pierre – 60 000 b (pas de second vin)
À maturité : dans les 7 à 20 ans suivant le millésime

APPRÉCIATION GÉNÉRALE

Saint-Pierre est l'un des crus classés les plus sous-estimés du Bordelais. Il est généralement de bonne facture.

Saint-Pierre est le moins connu des crus classés de Saint-Julien. L'essentiel de sa production est vendu en Belgique à des amateurs avisés, sans doute parce que les anciens propriétaires, M. Castelein et Mme Castelein-Van den Bussche, étaient eux-mêmes belges. En 1982, la propriété fut rachetée par le regretté Henri Martin, l'une des personnalités les plus célèbres du Bordelais.

Les vignobles se trouvent juste à côté du bourg de Saint-Julien-Beychevelle, et l'on peut y voir de vieux ceps noueux, ce qui est toujours bon signe.

Les vins de Saint-Pierre sont généralement riches, corsés et trapus, et, dans certains millésimes, épais et rugueux. Toujours très colorés, et même opaques, ils sont amples, rustiques et légèrement poudreux. Bien qu'ils puissent parfois manquer du charme et de la finesse que l'on trouve chez d'autres Saint-Julien tels que Ducru-Beaucaillou et Léoville Las Cases, ils compensent ce défaut en déployant (d'aucuns diraient « en étalant ») de la puissance et un caractère musclé.

En supposant que les bouteilles bouchonnées de la fin des années 90 ne traduisent pas un problème dans les chais, les vins de Saint-Pierre sont nettement sous-estimés en comparaison des autres Saint-Julien de haut niveau. Le domaine continue de languir dans l'ombre des stars médiatisées de l'appellation, et, étant donné les prix fort raisonnables pratiqués, les amateurs devraient exploiter comme il se doit cet état de choses.

2003 **91-93** Contrairement à ce que prétendent les rumeurs circulant dans les forums de discussion sur Internet, ce cru n'est pas ainsi nommé en hommage à mon collègue Pierre-Antoine Rovani. Le vin de Saint-Pierre, qui s'impose en 2003 comme une révélation de l'année, est rarement présent sur le marché en raison de sa très faible production. Le 2003 est un classique. Plus faible en acidité que certains de ses aînés issus de millésimes de haut vol (notamment le 1996), il s'annonce par un rubis-pourpre profond et soutenu préludant à des senteurs de liqueur de cassis, de boîte à épices, de terre et de résine, typiques du cru. Puissant, corsé et riche, se développant en bouche par paliers, il séduit par son étoffe, sa faible acidité, ainsi que par sa concentration et sa pureté. L'ensemble, qui requiert une garde de 2 à 4 ans, tiendra parfaitement **15 ans, voire davantage.** (3/04)

2002 **89+** Ce vin d'un pourpre opaque présente une finale comprimée aux tannins secs et durs qui ne manquent pas d'inquiéter, mais il pourrait prétendre à une note plus élevée (aux alentours de 89) si ses tannins se fondaient. L'ensemble compense son côté relativement anodin par un caractère moyennement corsé, musclé et étoffé, ainsi que par de beaux arômes charnus de fruits noirs. **À boire entre 2006 et 2015.** (9/03)

2001 **89+** Très réussi, l'excellent Saint-Pierre 2001 s'annonce par un rubis-pourpre soutenu et par de doux arômes de cassis et de sous-bois humide. Révélant dès l'attaque un fruité superbe, il est moyennement corsé en milieu de bouche, et sa finale, sèche et modérément tannique, se distingue par sa très grande pureté. **À boire entre 2007 et 2015.** (1/03)

2000 **89+** Un généreux fruité de cassis confituré, nuancé de fumé et de terre et étayé par des tannins doux, caractérise ce vin corsé et d'excellente facture. L'ensemble, qui revêt un pourpre profond et soutenu, est persistant et concentré. **À boire entre 2007 et 2020.** (1/03)

1999 **87** Le bouquet modérément intense de ce vin moyennement corsé mêle de doux arômes de bruyère et de petits fruits à des nuances d'herbes, de terre et de boîte à épices. Le fruité charnu est étayé par une faible acidité et des tannins doux. Le Saint-Pierre 1999 est savoureux et parfumé. Je conseille de le boire **dans les 8 à 10 ans suivant le millésime.** (3/02)

1998 **?** Plusieurs échantillons (en fait, trois sur cinq) de ce Saint-Pierre 1998 étaient impossibles à jauger en raison d'un caractère de moisi, et je me suis demandé à quoi était dû ce défaut. Cependant, ceux qui étaient nets présentaient un vin d'un rubis-pourpre profond, doté d'un fruité séveux de cassis nuancé de sous-bois, de fumier et d'herbes séchées. L'ensemble est tannique, quelque peu anguleux, mais vinifié dans un style classique – il s'agit en fait d'un bordeaux typique et longiligne. **À boire entre 2006 et 2016.** (3/02)

1996 **88+** Le 1996 commence tout juste à se remettre d'une période difficile, où il se montrait étrange et dénué de structure. Ce vin d'un rubis-pourpre foncé, aux notes de cuir fin nuancées de chocolat, de cassis et de terre, est moyennement corsé, assez tannique, mais étayé par une belle douceur sous-jacente. Il me paraît toujours un peu trop austère et dépourvu de tenue, mais ce n'est qu'avec le temps qu'on pourra se rendre compte de son évolution. **À boire entre 2007 et 2020.** (3/02)

1995 **87** Rubis foncé de robe, doté de douces notes herbacées de cerise noire et de cassis nuancées de réglisse, ce vin moyennement corsé et mûr finit malheureusement court en bouche. **À boire jusqu'en 2014.** (3/02)

1994 **86** Ce vin, qui se révélait assez opulent et trop boisé en cours d'élevage, déploie, maintenant qu'il est en bouteille, un caractère moyennement corsé, un fruité herbacé de cassis, des tannins durs, ainsi qu'une finale anguleuse. **À boire jusqu'en 2012.** (3/02)

1990 **90** Voici l'une des plus belles réussites que je connaisse de la propriété. Ce vin d'un rubis-pourpre dense, qui semble proche de son apogée, exhale avec ampleur de douces senteurs de vanille, de fumé, de confiture de cerise noire et de cassis, ainsi que des notes de tabac et de réglisse. Opulent, corsé et charnu, étayé par une faible acidité, il est tout simplement délicieux. **À boire jusqu'en 2012.** (3/02)

1989 **88** D'un grenat foncé légèrement ambré sur le bord, le 1989 est opulent, charnu et marqué par la mâche, avec des notes de réglisse, de cake, de boîte à épices et de doux cassis. Relativement alcoolique, mais faible en acidité, il recèle en finale des tannins modérés. Je conseillerais de le déguster **dans les 8 ans.** (3/02)

1988 Ce vin, qui a évolué de belle manière, développe le nez de cake, de cèdre, de
88 réglisse et de cassis typique des bordeaux. Moyennement corsé et modérément tannique, révélant une belle concentration, il devrait, à condition de bénéficier de bonnes conditions de garde, continuer d'évoluer très favorablement. **À boire jusqu'en 2008.** (3/02)

1986 Le 1986 est encore puissant, peu évolué et concentré, avec des tannins abon-
89 dants et des notes de terre, de cuir, de cerise et de cassis. L'ensemble, relativement musclé, est charnu et, bien qu'un peu rustique, demeure impressionnant. **À boire jusqu'en 2015.** (3/02)

1985 Ce vin, qui est à son apogée, se distingue par une robe d'un rubis moyennement
87 foncé fortement rosée sur le bord. Relativement épicé, il présente des arômes de réglisse et de cassis herbacé, ainsi qu'une bouche modérément dotée et épanouie. **À boire maintenant.** (11/00)

1982 Ce vin, qui est à son apogée, arbore un grenat foncé légèrement ambré sur
89 le bord. Très ample au nez, il révèle des senteurs fumées de réglisse, de boîte à cigares, de douce cerise et de cassis. En bouche, il se montre moyennement corsé, opulent, ample, mais accessible du fait de sa faible acidité. **À boire jusqu'en 2007.** (9/02)

MILLÉSIMES ANCIENS

Saint-Pierre est une propriété régulière à bon niveau. Le 1970 (noté 88 en janvier 2002) est très réussi, tout comme le 1961 (noté 87 en juillet 1985). Tous deux sont à apprécier maintenant.

TALBOT

4e cru classé en 1855
Propriétaires : Lorraine Rutsmann-Cordier et Nancy Bignon-Cordier
Adresse : 33250 Saint-Julien-Beychevelle
Tél. 05 56 73 21 50 – *Fax* 05 56 73 21 51
E-mail : chateau-talbot@chateau-talbot.com
Site Internet : www.chateau-talbot.com
Visites : sur rendez-vous, du lundi au vendredi (9 h-11 h et 14 h-16 h ; 14 h-15 h le vendredi)
Contact : Nancy Bignon-Cordier

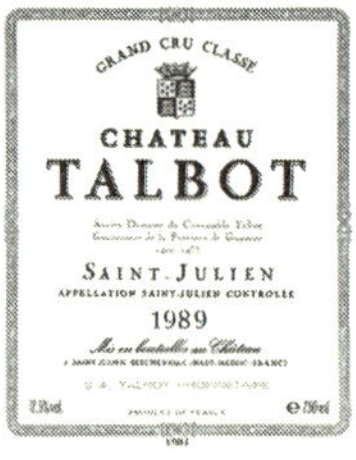

VIGNOBLE ET VINIFICATION

Superficie : 102 ha
Encépagement : 66 % cabernet sauvignon, 26 % merlot, 5 % petit verdot, 3 % cabernet franc
Âge moyen des vignes : 35 ans – *Densité de plantation :* 7 700 pieds/ha
Rendement moyen : 52 hl/ha
Élevage : fermentations et cuvaison de 21 jours en cuves de bois et d'acier inoxydable thermorégulées ; vieillissement de 15 mois en fûts (40 % de bois neuf) ; collage ; filtration légère

VINS PRODUITS

Château Talbot – 300 000 b ; Connétable de Talbot – 300 000 b
À maturité : dans les 7 à 25 ans suivant le millésime

APPRÉCIATION GÉNÉRALE

Talbot est généralement de haut niveau et s'impose comme l'une des meilleures affaires du Médoc. Les 1982 et 1986 constituent des références quant aux sommets que peut atteindre ce cru.

D'un seul tenant, l'immense vignoble de Talbot se trouve loin de la Gironde, au-delà du petit bourg de Saint-Julien-Beychevelle, au nord de Gruaud Larose. Il doit son nom au général anglais John Talbot, comte de Shrewsbury, battu lors de la bataille de Castillon, en 1453.

Sous la houlette du regretté Jean Cordier, ce château produisait généralement d'excellents vins, robustes, mais fruités et corsés, qui méritaient sans aucun doute un meilleur rang que celui attribué au domaine par le classement de 1855. Ses filles, qui ont pris sa succession, semblent privilégier un style plus souple et plus élégant, les vins se révélant désormais plus réguliers à haut niveau.

Talbot produit en outre une petite quantité d'un délicieux bordeaux blanc sec ; baptisé Caillou Blanc du Château Talbot, il est agréablement frais et parfumé, et s'impose comme l'un des meilleurs blancs du Médoc. Cependant, il faut le boire avant qu'il n'ait 2 à 4 ans d'âge.

2003
88-90
Presque accessible en raison de sa souplesse et de son caractère épanoui, le 2003 de Talbot est faible en acidité au point d'être plat. Ce vin, que j'ai dégusté en trois occasions, arbore un rubis-grenat profond et dégage d'amples senteurs de petits fruits, d'herbes séchées, de cuir fin et de terre. Rond et fruité, très charmeur malgré son manque de profondeur et de structure, il devrait continuer à s'affirmer et à gagner en richesse et en corpulence au fur et à mesure de son évolution en fût et en bouteille. **À boire entre 2006 et 2014**. (3/04)

2002
87
Ce vin fruité et épanoui n'a pas la structure caractéristique de la plupart de ses jumeaux du Médoc, mais il compense ce trait par un fruité souple et précoce, ainsi que par d'excellents arômes herbacés de cuir, de mûre et de cerise. L'ensemble, moyennement corsé, atteste une très grande pureté. Je conseille de le boire à son meilleur niveau **jusqu'en 2015.** (9/03)

2001
89
Dans un millésime où les Saint-Julien sont généralement tanniques, le 2001 de Talbot se distingue par son bel équilibre d'ensemble. D'un rubis-pourpre foncé, doté de douces notes de terre, de cassis et de cerise, il est moyennement corsé et souple, avec des tannins légers. L'ensemble est également plus charmeur que ses jumeaux ; il semblerait que son auteur ait parfaitement appréhendé le millésime et privilégié le charme et la délicatesse au détriment de la puissance – ce qui a donné un vin capable de vieillir sans se dessécher ni s'atténuer. **À boire dans les 12 à 14 ans.** (1/03)

2000
90
À ma grande surprise, ce vin s'est révélé après la mise très souple, étonnamment accessible et épanoui. Sans être puissant ni massif, il se distingue par son admirable richesse, par sa générosité, ainsi que par ses copieux arômes

de cassis fumé, de réglisse, d'herbes, de terre et de cuir étayés par des tannins doux. L'ensemble marie magnifiquement richesse et complexité, fermeté et élégance. **À boire entre 2006 et 2020.** (1/03)

1999 **88** Ce vin moyennement corsé, souple et épicé, séduit par son caractère parfumé. Au nez, il évoque les herbes séchées, le sous-bois, le cassis et la groseille. En bouche, il exprime une texture savoureuse, étayée par des tannins souples et une faible acidité. **À boire dans les 8 ans.** (3/02)

1998 **88** Ce vin se montre sous un meilleur jour en bouteille que lorsqu'il était encore en cours d'élevage. Avec le temps, il s'est étoffé et manifeste davantage de présence en milieu de bouche. Arborant une robe d'un prune-grenat profond, le 1998 de Talbot séduit par ses senteurs épanouies de réglisse fondue, de cèdre, de prune, de cerise noire et de cassis. Moyennement corsé, doté d'une belle texture et de tannins doux, il est plein de charme. Il a vraiment évolué de belle manière. **À boire jusqu'en 2016.** (3/02)

1996 **89** Ce vin, qui manque de peu d'être extraordinaire, présente une robe d'un rubis foncé soutenu, et déploie d'excellents arômes de fruits noirs nuancés de réglisse, d'herbes séchées et de viande rôtie. Bien étoffé et impressionnant de richesse en extrait, il révèle en bouche une texture charnue, mais aussi une très grande pureté, ainsi qu'une faible acidité. Sa finale est tout à la fois persistante, profonde et bien marquée par la mâche. **À boire jusqu'en 2017.** (3/01)

1995 **88** Le très charmeur 1995 de Talbot arbore un prune-grenat foncé et exhale un bouquet intensément parfumé d'olive, de bœuf grillé et de cassis, qui jaillit littéralement du verre. Moyennement corsé, faible en acidité et rond, il se montre en bouche sensuel et richement fruité. Un Talbot charnu et délicieux. **À boire jusqu'en 2012.** (3/01)

1990 **87** Plutôt discret et moins puissant que de coutume, le 1990 de Talbot s'annonce par une robe rubis foncé légèrement rosée sur le bord. Séduisant par ses arômes évolués et parfumés de terre, de douce cerise, d'herbes et de fumé, il exprime une bouche moyennement corsée et faible en acidité, étayée par des tannins mûrs. Cependant, l'ensemble n'a pas la concentration que l'on serait en droit d'attendre d'un grand millésime... et de Talbot. **À boire jusqu'en 2008.** (10/01)

1989 **87** Rubis foncé de robe, doté d'un nez modérément intense de doux cassis nuancé de réglisse, de goudron et de tabac, ce vin moyennement corsé et faible en acidité séduit par son fruité mûr, mais, malheureusement, il finit court. **À boire jusqu'en 2012.** (10/02)

1988 **88** D'un rubis-grenat profond tirant sur le prune, le 1988 de Talbot est plus sombre de robe que ses deux cadets. Doté d'un nez de cuir nuancé de viande fumée, de tapenade et de vanille, il est également marqué de notes de chocolat et de moka. L'ensemble, qui doit encore résorber ses tannins (modérés), se distingue par sa tenue et sa profondeur de très bon aloi, ainsi que par son caractère bien affirmé. Au fur et à mesure de son vieillissement, il semble avoir développé davantage de profondeur et de caractère que le 1989, plus renommé. **À boire jusqu'en 2012.** (10/01)

1986 **96** Ce vin fabuleux, l'un des deux Talbot les plus grandioses des cinquante dernières années – l'autre étant le 1982 –, arbore toujours un prune-pourpre tirant sur le grenat. Cette robe trouble accompagne de spectaculaires senteurs de douce crème de cassis nuancées de poivre fraîchement moulu, de goudron, d'herbes de Provence et de sang de bœuf. Suit un ensemble corsé et concentré, qui se déploie en bouche par paliers, révélant des tannins doux. Ce vin prodigieux, qui atteint tout juste son apogée, devrait s'y maintenir 10 à 15 ans. **À boire jusqu'en 2020.** (6/02)

1985 **90** Ce vin, qui est à son apogée, arbore une robe grenat foncé fortement ambrée et rosée sur le bord. Très parfumé, s'exprimant avec souplesse et élégance, il révèle un caractère corsé et charnu, une douceur à faire pâlir la soie, ainsi qu'un bel équilibre d'ensemble malgré la générosité de son fruit. Sa finale, opulente, est faible en acidité. **À boire jusqu'en 2007.** (6/02)

1983 **90** Le 1983 s'impose toujours comme l'un des meilleurs crus du millésime, en particulier parmi les Médoc. Déployant un nez de réglisse, de fumier, de cuir fin et de fruits noirs, il est moyennement corsé, opulent et charnu, étayé par une faible acidité et un fruité mûr. Il présente également des notes sous-jacentes de fumé et d'herbes. Cet ensemble concentré, qui est à son apogée, doit être consommé maintenant. **À boire avant 2010.** (6/02)

1982 **95** Ce vin superbe, qui atteint tout juste son apogée, exprime avec ampleur des notes de truffe noire, d'anis, de steak tartare et de cuir fin, ainsi que de très abondantes senteurs de cerise noire et de cassis jaillissant littéralement du verre. L'ensemble, qui arbore un grenat-pourpre opaque, est corsé et gras, capiteux et puissant, et il est étayé par une faible acidité et une bonne mâche. Aussi séduisant pour les sens que pour l'intellect, il tiendra **jusqu'en 2012.** (6/02)

MILLÉSIMES ANCIENS

Talbot s'est particulièrement distingué dans les années 70, réussissant fort bien, pour peu que les années fussent favorables au Bordelais. Le 1978 de ce cru (noté 87 en juin 1999), ainsi que les 1975 (noté 87 ? en novembre 2001) et 1971 (noté 87 en mars 2000) sont très bons. Dans les années 60, Talbot joua le rôle de bon second de Gruaud Larose, son compagnon d'écurie d'alors, qui le surpassa nettement en 1961, 1962 et 1966, trois années de très haut vol, que je n'ai pas eu l'occasion de regoûter récemment. Parmi les deux vieux millésimes les plus grandioses que je connaisse de la propriété figurent le 1953 (noté 90 en décembre 1995) et le 1945 (noté 94 en mars 88), mais mes dernières dégustations sont assez anciennes. Cependant, bien conservés, tous ces vins sont à apprécier maintenant.

AUTRES PROPRIÉTÉS NOTABLES DE SAINT-JULIEN

LA BRIDANE

Cru bourgeois
Propriétaires : SCEA Vignobles Bruno Saintout
Adresse : 33250 Saint-Julien-Beychevelle
Adresse postale : SCEA de Cartujac – 33112 Saint-Laurent-de-Médoc
Tél. 05 56 59 91 70 – *Fax* 05 56 59 46 13
Site Internet : www.vignobles-saintout.com
Visites : du lundi au samedi
Contact : Bruno Saintout

VIGNOBLE ET VINIFICATION

Superficie : 15 ha
Encépagement : 47 % cabernet sauvignon, 36 % merlot, 13 % cabernet franc, 4 % petit verdot
Âge moyen des vignes : 35 ans – *Densité de plantation :* 6 500 pieds/ha
Rendement moyen : 50 hl/ha
Élevage : fermentations et cuvaison de 21 jours en cuves d'acier inoxydable thermorégulées ; vieillissement de 9 à 16 mois en fûts (33 % de bois neuf) ; collage ; pas de filtration

VIN PRODUIT

Château La Bridane – 50 000 b (pas de second vin)
À maturité : dans les 5 à 14 ans suivant le millésime

APPRÉCIATION GÉNÉRALE

Un vin agréable, proposé à un prix raisonnable.

Ce vin de bonne facture est généralement puissant, massif et doté d'un fruité généreux, mais il pèche par manque d'élégance et de finesse. Cependant, il révèle une bonne aptitude à la garde et demeure à des prix raisonnables.

DOMAINE CASTAING

Non classé
Propriétaire : Jean-Jacques Cazeau
Adresse : 39-54, Grand-Rue – 33250 Saint-Julien-Beychevelle
Tél. et fax 05 56 59 25 60
Visites : sur rendez-vous
Contact : Jean-Jacques Cazeau

VIGNOBLE ET VINIFICATION

Superficie : 1,2 ha
Encépagement : 50 % cabernet sauvignon, 40 % merlot, 10 % cabernet franc
Âge moyen des vignes : 50 ans – *Densité de plantation :* 10 000 pieds/ha

Rendement moyen : 58 hl/ha
Élevage : fermentations et cuvaison de 21 jours ; vieillissement de 20 mois en fûts renouvelés par tiers à chaque millésime ; collage ; pas de filtration

VIN PRODUIT

Domaine Castaing – 9 000 b (pas de second vin)
À maturité : dans les 3 à 10 ans suivant le millésime

DU GLANA

Cru bourgeois supérieur
Propriétaire : GFA Vignobles Meffre
Adresse : 5, Le Glana – 33250 Saint-Julien-Beychevelle
Adresse postale : Vignobles Meffre
Les Applanats – 84190 Beaumes-de-Venise
Tél. 05 56 59 06 47 – *Fax* 05 56 59 06 51
E-mail : contact@chateau-du-glana.com
Site Internet : www.chateau-du-glana.com
Visites : sur rendez-vous
Contact : Jean-Paul Meffre

VIGNOBLE ET VINIFICATION

Superficie : 43 ha
Encépagement : 65 % cabernet sauvignon, 30 % merlot, 5 % cabernet franc
Âge moyen des vignes : 20 ans – *Densité de plantation :* 6 666 pieds/ha
Rendement moyen : 58 hl/ha
Élevage : macération préfermentaire à froid ; fermentations et cuvaison de 21 jours en cuves d'acier inoxydable thermorégulées ; vieillissement de 12 mois en fûts de chêne (25 % de bois neuf) ; collage et filtration

VINS PRODUITS

Château du Glana – 150 000 b ; Pavillon du Glana ou Château Sirène – 100 000 b
À maturité : dans les 2 à 8 ans suivant le millésime

APPRÉCIATION GÉNÉRALE

Ce vin régulier à bon niveau tient son rang de cru bourgeois supérieur et constitue une bonne affaire.

On dit souvent de Du Glana qu'il s'agit d'un cru très commercial – souple, très fruité et trop coulant. Cependant, les prix sont raisonnables, et les vins, mûrs et de bonne facture, constituent pour les néophytes une excellente introduction au bordeaux. Certains millésimes présentent un caractère trop confit (1982, 1985, 1989, 1990, 1996 et 2000, par exemple), mais, lors des dégustations, ce vin charnu fait souvent l'unanimité. Il faut le boire dans les 10 ans suivant le millésime, et même avant qu'il n'ait atteint 8 ans d'âge.

LALANDE

Cru bourgeois
Propriétaire : GFA Vignobles Meffre
Adresse : 2, Grand-Rue – 33250 Saint-Julien-Beychevelle
Adresse postale : Vignobles Meffre – Les Applanats – 84190 Beaumes-de-Venise
Tél. 05 56 59 08 38 – *Fax* 05 56 59 06 51
Contact : Jean Paul Meffre

VIGNOBLE ET VINIFICATION

Superficie : 32 ha
Encépagement : 55 % cabernet sauvignon, 40 % merlot, 5 % cabernet franc
Âge moyen des vignes : 22 ans – *Densité de plantation :* 6 666 pieds/ha
Rendement moyen : 58 hl/ha
Élevage : macération préfermentaire à froid ; fermentations et cuvaison de 21 jours ; vieillissement de 12 mois en fûts de chêne (25 % de bois neuf pour 80 % de la récolte) ; collage et filtration

VINS PRODUITS

Château Lalande – 150 000 b ; Château Marquis de Lalande – 30 000 b
À maturité : dans les 3 à 6 ans suivant le millésime

LALANDE-BORIE

Non classé
Propriétaire : famille Borie
Adresse : 33250 Saint-Julien-Beychevelle
Tél. 05 56 73 16 73 – *Fax* 05 56 59 27 37
E-mail : je-borie@je-borie-sa.com
Site Internet : www.chateau-ducru-beaucaillou.com
Visites : sur rendez-vous uniquement
Contact : Bruno Borie

VIGNOBLE ET VINIFICATION

Superficie : 18 ha
Encépagement : 65 % cabernet sauvignon, 25 % merlot, 10 % cabernet franc
Âge moyen des vignes : 25 ans – *Densité de plantation :* 10 000 pieds/ha
Rendement moyen : 45 hl/ha
Élevage : fermentations de 15 à 18 jours en cuves d'acier inoxydable ; vieillissement de 14 à 16 mois en fûts (25-35 % de bois neuf) ; collage ; filtration légère

VIN PRODUIT

Château Lalande-Borie – 90 000 b (pas de second vin)
À maturité : dans les 5 à 10 ans suivant le millésime

MOULIN DE LA ROSE

Cru bourgeois supérieur
Propriétaire : SCEA Guy Delon & Fils
Adresse : 33250 Saint-Julien-Beychevelle
Tél. 05 56 59 08 45 – *Fax* 05 56 59 73 94
Visites : sur rendez-vous uniquement
Contact : Guy Delon

VIGNOBLE ET VINIFICATION

Superficie : 4,8 ha
Encépagement : 62 % cabernet sauvignon, 28 % merlot, 5 % cabernet franc, 5 % petit verdot
Âge moyen des vignes : 30 ans – *Densité de plantation :* 8 500 pieds/ha
Rendement moyen : 50 hl/ha
Élevage : fermentations et cuvaison de 21 jours en cuves d'acier inoxydable thermorégulées, avec remontages fréquents ; vieillissement de 20 mois en fûts de chêne (33 % de bois neuf), avec sept soutirages ; collage ; pas de filtration

VINS PRODUITS

Château Moulin de la Rose – 30 000 b (pas de second vin)
À maturité : dans les 3 à 6 ans suivant le millésime

TERREY-GROS-CAILLOUX

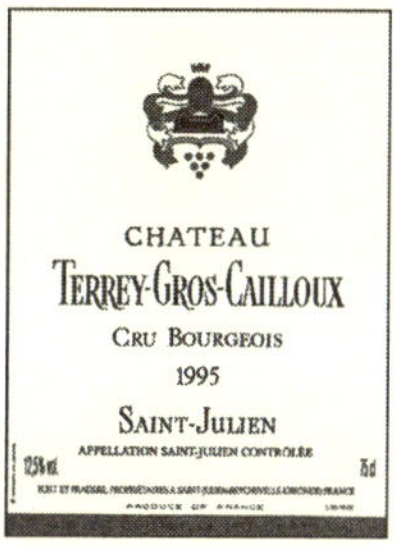

Cru bourgeois supérieur
Propriétaire : Mme Pradère
Adresse : 33250 Saint-Julien-Beychevelle
Tél. 05 56 59 06 27 – *Fax* 05 56 59 29 32
Visites : du lundi au vendredi (9 h-12 h et 14 h-17 h)

VIGNOBLE ET VINIFICATION

Superficie : 14 ha
Encépagement : 70 % cabernet sauvignon, 25 % merlot, 5 % petit verdot
Âge moyen des vignes : 35 ans – *Densité de plantation :* 10 000 pieds/ha
Rendement moyen : 55 hl/ha
Élevage : fermentations et cuvaison de 21 jours en cuves d'acier inoxydable thermorégulées ; vieillissement de 20 mois en fûts renouvelés par quart à chaque millésime ; collage ; pas de filtration

VIN PRODUIT

Château Terrey-Gros-Cailloux – 100 000 b (pas de second vin)
À maturité : dans les 5 à 8 ans suivant le millésime

APPRÉCIATION GÉNÉRALE

Les chais de ce cru bourgeois bien géré se situent à proximité de la fameuse D2, en direction de Gruaud Larose et de Talbot. Ils servent non seulement pour Terrey-Gros-Cailloux, mais également pour Hortevie. Les vins de la propriété sont en principe richement fruités, ronds et très corsés, et se montrent délicieux jusqu'à 7 ou 8 ans d'âge. Ils ne sont pas toujours aptes à une très longue garde, mais les millésimes à compter de la fin des années 80 se maintiennent plus longtemps du fait de leur vieillissement avec une petite proportion de bois neuf, ce qui contribue aussi à leur précision et à leur structure.

TEYNAC

Cru bourgeois
Propriétaires : Fabienne et Philippe Pairault
Adresse : Grand-Rue – Beychevelle –
33250 Saint-Julien-Beychevelle
Tél. 05 56 59 93 04 – *Fax* 05 56 59 46 12
E-mail : philetfab3@wanadoo.fr
Visites : sur rendez-vous uniquement
Contact : Philippe Pairault

VIGNOBLE ET VINIFICATION

Superficie : 12,2 ha
Encépagement : 78 % cabernet sauvignon, 20 % merlot, 2 % petit verdot
Âge moyen des vignes : 45 ans – *Densité de plantation :* 7 500 pieds/ha
Rendement moyen : 50 hl/ha
Élevage : fermentations et cuvaison de 21 jours en cuves d'acier inoxydable thermorégulées ; vieillissement de 14 mois en fûts avec 40 % de bois neuf ; collage ; filtration

VINS PRODUITS

Château Teynac – 53 000 b ; Château Les Ormes – 10 000 b
À maturité : dans les 3 à 7 ans suivant le millésime

MARGAUX ET SUD-MÉDOC

De toutes les appellations du Médoc, Margaux est la plus vaste – et celle qui s'accroît le plus. Avec 1 500 ha, son vignoble est plus étendu que celui de Saint-Estèphe. Le visiteur se rendant pour la première fois sur les lieux est frappé par le caractère très disséminé des châteaux. Seuls quelques-uns se trouvent sur la route des grands crus (D2), tels Dauzac, Prieuré-Lichine, Palmer et Malescot Saint-Exupéry. Le Château Margaux est situé à l'écart de la route principale, au cœur de la commune homonyme, mais les autres domaines importants sont répartis dans les cinq communes de l'appellation : Arsac, Labarde, Cantenac, Margaux et Soussans.

C'est aussi Margaux qui compte le plus grand nombre de crus mentionnés dans le classement de 1855, puisqu'ils sont vingt et un, contre dix-huit Pauillac, onze Saint-Julien et cinq Saint-Estèphe.

En conséquence, on pourrait penser que l'appellation compte davantage de producteurs de très bons vins que les autres. Il n'en était cependant rien dans les années 60, 70 et 80, lorsqu'on dénombrait au moins une demi-douzaine de châteaux ayant à leur passif une série de contre-performances, et quatre ou cinq autres qui auraient été rétrogradés en cas de remaniement du classement de 1855. Toutefois, depuis la fin des années 90, la plupart de ces crus ont opéré un revirement total et se sont considérablement améliorés – ce qui n'empêche pas que, de toutes les appellations de renom du Bordelais, Margaux demeure la moins performante à haut niveau. Même le premier cru, Sa Majesté Château Margaux, a connu sa période noire – dont il est sorti de superbe manière quand la famille Mentzelopoulos l'a racheté, en 1977, aux Ginestet ; ceux-ci, malheureusement, n'avaient pu empêcher cette noble institution de se laisser glisser nettement en dessous du niveau théorique d'un premier cru (les prix, eux, s'étaient bien maintenus !).

Malgré l'irrégularité et les mauvaises performances de nombreux domaines margalais ces trente dernières années, il reste que les meilleurs crus de l'appellation se distinguent

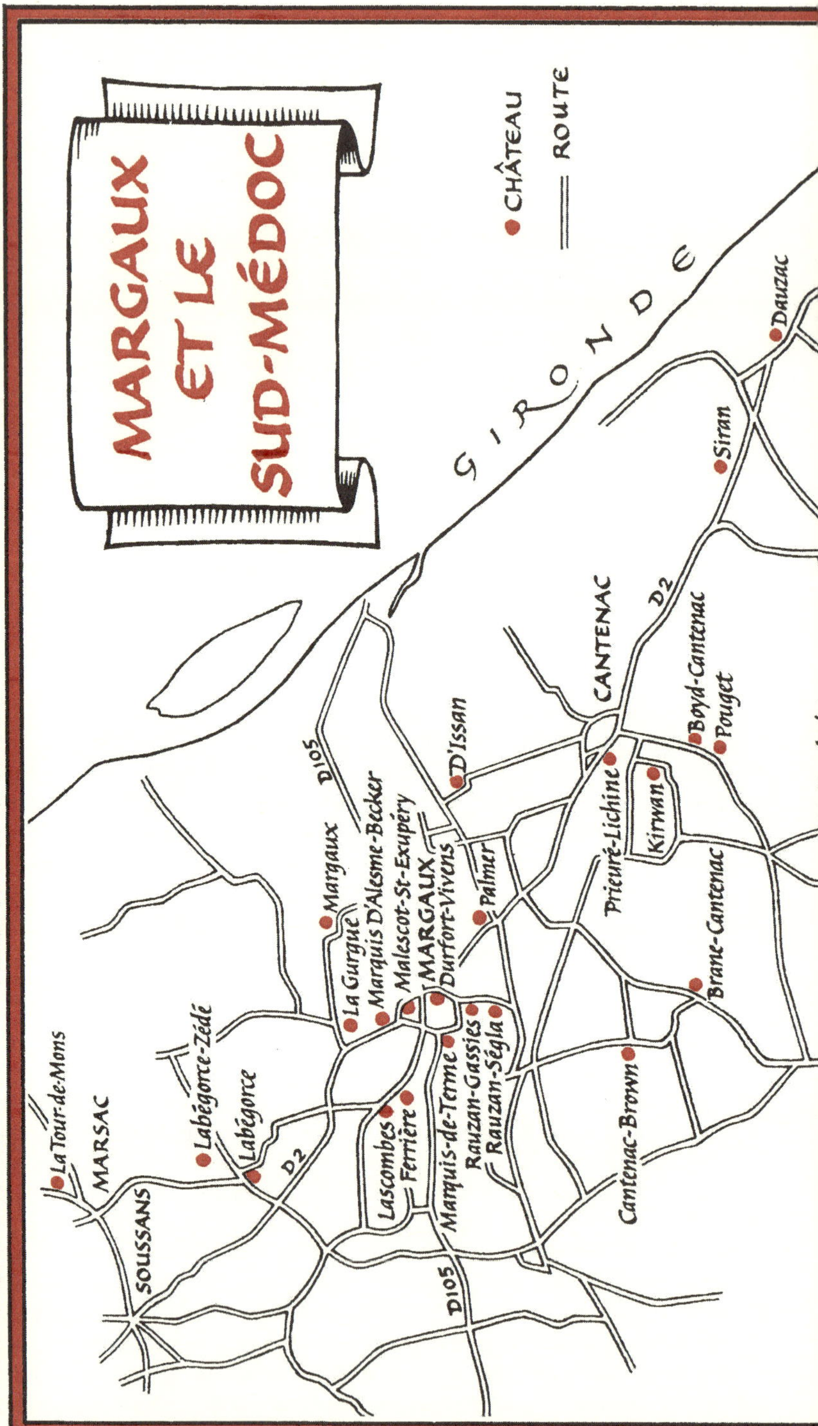
MARGAUX
ET LE
SUD-MÉDOC
CHÂTEAU
ROUTE
GIRONDE
Dauzac
Siran
CANTENAC
D2
Boyd-Cantenac
Pouget
D'Issan
Prieuré-Lichine
Kirwan
Brane-Cantenac
Cantenac-Brown
D105
Margaux
La Gurgue
Marquis D'Alesme-Becker
Malescot-St-Exupéry
MARGAUX
Durfort-Vivens
Palmer
Rauzan-Gassies
Rauzan-Ségla
Marquis-de-Terme
Ferrière
Lascombes
La Tour-de-Mons
MARSAC
Labégorce-Zédé
Labégorce
D2
SOUSSANS
D105

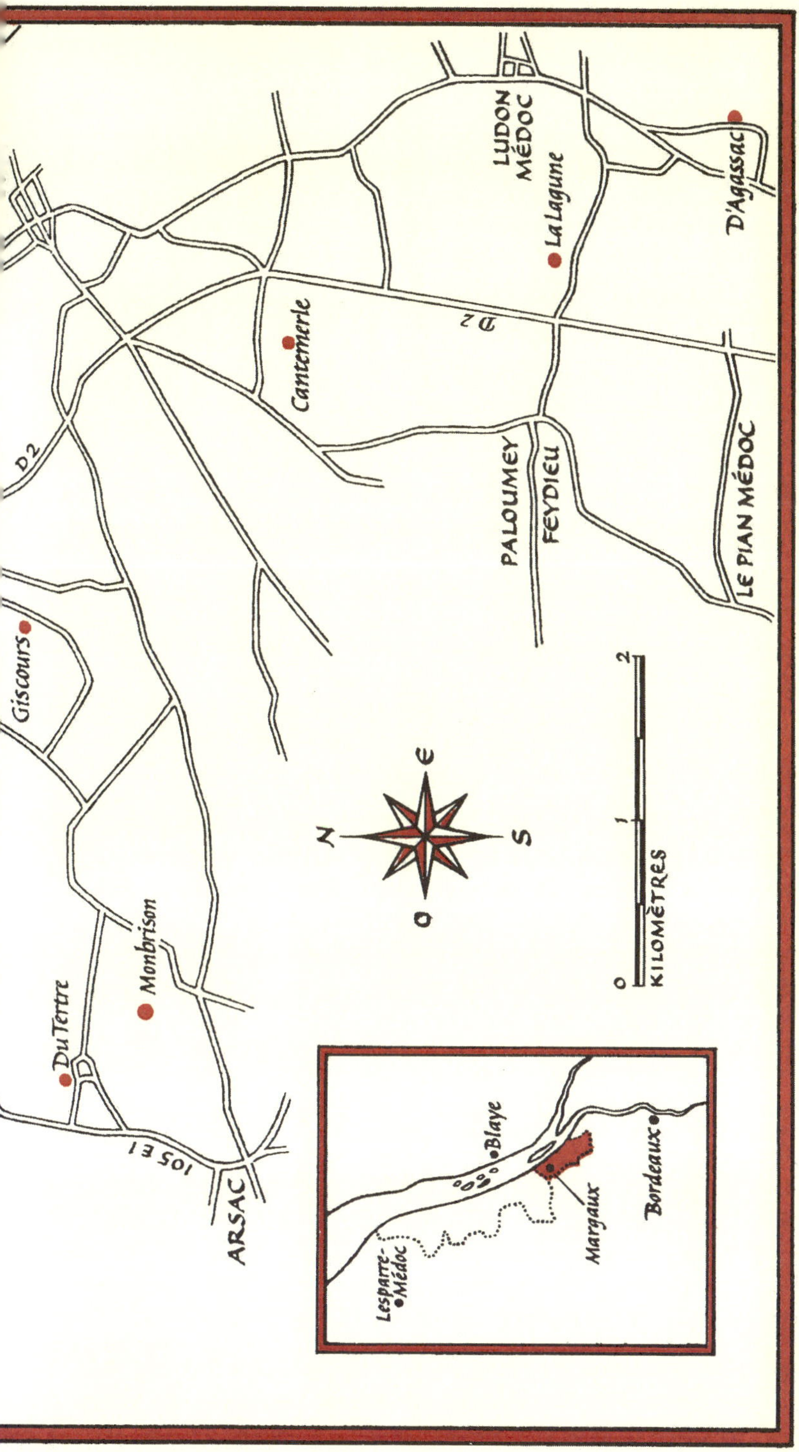
LUDON MÉDOC
La Lagune
D'Agassac
Cantemerle
D2
PALOUMEY
FEYDIEU
LE PIAN MÉDOC
D2
Giscours
Monbrison
Du Tertre
105 E1
ARSAC
N
S
E
O
0
1
2
KILOMÈTRES
Blaye
Bordeaux
Margaux
Lesparre-Médoc

de leurs homologues de Saint-Estèphe, Pauillac et de Saint-Julien par leur charme indiscutable et leur bouquet enivrant. En effet, le nez d'un Margaux de haut niveau est incontestablement plus intense et plus séduisant que celui des autres Médoc précités. C'est un trait que l'on a vanté bien des fois, en omettant cependant de préciser que, par « grands Margaux », il fallait entendre Château Margaux et Palmer. Plus récemment, Rauzan-Ségla, Malescot Saint-Exupéry, Lascombes, Brane-Cantenac, Kirwan, Du Tertre, Giscours et D'Issan ont rejoint le peloton des crus de haut niveau, soucieux de qualité.

La grande diversité des sols et l'hétérogénéité des vins de Margaux sont difficiles à appréhender, même pour les amateurs de bordeaux les plus avisés. En règle générale, les sols blanchâtres de l'appellation sont légers et les plus graveleux du Médoc. C'est à eux que les meilleurs crus doivent leur finesse et leur complexité aromatique dans les grands millésimes. Au sud, à Ludon, le terroir est essentiellement sablonneux et majoritairement complanté en cabernet sauvignon. Hormis le Château Palmer, qui constitue une exception en la matière, les Margaux comportent moins de merlot que leurs homologues de Saint-Julien, Pauillac et Saint-Estèphe.

Depuis 1977, le Château Margaux s'impose comme le cru le plus grandiose et le plus puissant de l'appellation ; il est également concentré et densément coloré. Sa rivalité de longue date avec Château Palmer est toujours, et plus que jamais, d'actualité, malgré le style très différent de ce dernier vin. En effet, si tous deux se distinguent par leur robe foncée et leur puissance aromatique, Palmer est plus souple, plus rond et moins tannique, du fait de sa plus importante proportion de merlot. Il se caractérise aussi par la merveilleuse complexité de son bouquet, qui, dans certains millésimes tels que 1961, 1966, 1970, 1983, 1989, 1996, 1998, 1999 et 2000, frise la perfection.

Le plus récent prétendant au titre de star de l'appellation est Rauzan-Ségla. Si ce cru fut, pendant la majeure partie du siècle dernier et jusqu'en 1983, notoirement sous-performant, il propose désormais des vins puissants, dominés par le cabernet sauvignon, qui se distinguent par leur profondeur, leur complexité et leur puissance aromatique extraordinaires, ainsi que par leur pureté époustouflante. Rauzan-Ségla pèche seulement par ses tannins féroces, qui ont généralement du mal à se fondre.

D'autres Margaux se caractérisent par une très grande puissance aromatique, tout en se révélant plus légers, moins concentrés et moins tanniques que les crus précédents. C'est le cas, par exemple, des vins de Prieuré-Lichine, Lascombes, D'Issan et Malescot Saint-Exupéry.

Prieuré-Lichine, qui fut autrefois la demeure du regretté Alexis Lichine, est un cru plutôt racé, élégant et parfumé, qui a manifesté davantage de régularité que nombre de ses plus prestigieux voisins. J'adore les vins de Lascombes quand ils sont bien vinifiés. Cette propriété a connu une période difficile entre les années 70, 80 et 90. Cependant, les nouveaux maîtres des lieux n'ont pas ménagé leurs efforts, et la grande qualité des 2000, 2001, 2002 et 2003 – les plus belles réussites de la propriété ces trente-cinq dernières années – atteste la nette amélioration du cru.

Malescot Saint-Exupéry jouit d'une belle réputation. J'ai en mémoire le souvenir de quelques vieux millésimes de ce cru absolument somptueux, alors que ceux des années 60, 70 et 80 étaient anodins. Cela dit, la propriété a accompli des progrès considérables à partir de 1990, ce qui la rend digne de l'intérêt des amateurs. À l'heure actuelle, sur l'échelle qualitative, on peut situer Malescot Saint-Exupéry à une encablure de Château Margaux et Palmer, qui constituent le peloton de tête de l'appellation.

D'autres propriétés margalaises de renom, comme D'Issan, Brane-Cantenac, Durfort-Vivens, Dauzac et Kirwan, ont un palmarès assez médiocre pour les années 60, 70 et 80, mais se sont redressées et, pour la plupart, produisent depuis la fin des années 80 ou le milieu des années 90 leurs plus belles réussites depuis plus d'une génération. De tous les crus cités, seul Durfort-Vivens pourrait être rétrogradé dans l'éventualité d'un remaniement du classement de 1855.

Tant Brane-Cantenac que Durfort-Vivens ont à leur actif plus que leur part de vins inintéressants, voire défectueux. La performance de ces deux propriétés dans les années 60 et 70 fut pour le moins irrégulière. En raison d'une sélection plus sévère, Brane-Cantenac néanmoins s'est bien amélioré dans les années 80 et 90. En particulier, les 1983, 1986, 1996, 1999, 2000, 2001 et 2002 de ce cru s'imposent comme ses plus belles réussites des trente dernières années. Durfort-Vivens demeure pour moi une énigme.

Si d'importants progrès ont été accomplis depuis la fin des années 80 à Dauzac comme à Kirwan, il n'en demeure pas moins que ces propriétés produisent rarement des vins véritablement séduisants. On peut espérer cependant que la tendance à l'amélioration et les résultats encourageants qu'on a pu remarquer vers le milieu des années 90 les mettront sur la bonne voie.

On citera aussi, parmi les autres crus classés de Margaux, Du Tertre, une propriété riche de promesses, qui a produit depuis 1978 d'excellents vins sous la talentueuse houlette de M. Gasqueton. Éric Albada-Jelgersma, le nouveau maître des lieux, a continué sur cette lancée, rehaussant encore le niveau de qualité. Depuis que Cantenac Brown est entre les mains du groupe Axa, la propriété a enfin opté pour une vinification plus moderne, délaissant ce style rustique, tannique et dur qui évoquait les vins du siècle précédent. À ce jour, les résultats sont mitigés. Rauzan-Gassies peut se révéler de bonne facture, mais il se caractérise par un aspect corsé et trapu qui évoque davantage un Saint-Estèphe qu'un Margaux classique. En outre, le cru ne brille pas par sa régularité. Les vins de Marquis d'Alesme-Becker, que l'on connaît peu et que l'on voit rarement, sont quant à eux légers.

On doit à deux autres crus classés, Giscours et Marquis de Terme, les vins les plus riches et les plus aptes à la garde de toute l'appellation. Giscours, qui était au mieux de sa forme dans les années 60 et 70, a accusé une baisse au cours de la décennie suivante. Cependant, les millésimes récents semblent indiquer un net redressement, les 2000, 2001, 2002 et 2003 en particulier s'imposant comme les meilleurs exemples du cru des vingt-cinq dernières années. Au contraire, Marquis de Terme a connu une période difficile dans les années 60 et 70, mais a commencé dès 1983 à produire des vins de haut niveau, dont certains comptent au nombre des Margaux les plus riches. Cela dit, la qualité reste très irrégulière.

Les initiés s'accordent à dire que trois propriétés de haut vol, D'Angludet, Labégorce Zédé et Siran, produisent les meilleurs crus bourgeois de l'appellation. Ces vins se caractérisent par leur élégance, leurs parfums et leur puissance aromatique. Labégorce Zédé est le plus riche et le plus robuste, Siran se distingue par sa puissance et son caractère tannique, tandis que D'Angludet est toujours charmeur et d'une grande souplesse.

Un même millésime peut présenter des styles diamétralement opposés à Margaux et dans le Sud-Médoc d'une part, et dans les autres appellations plus méridionales du Médoc, Saint-Julien, Pauillac et Saint-Estèphe, d'autre part. En effet, dans les millésimes difficiles, la région offre rarement de très bons vins. Du fait des sols légers, la production est, à quelques exceptions près, plutôt maigre dans les années pluvieuses. De même, pendant les étés torrides et secs, les vignobles à sols graveleux bien drainés, fortement complantés en cabernet sauvignon, souffrent de stress ; la maturation est alors retardée, et les raisins grillent sur pied. On comprend ainsi que deux très grandes années comme

1982 et 1990 aient été moins régulières à haut niveau en Margaux que dans le Nord-Médoc. Parmi les millésimes les plus réussis pour l'appellation, on citera 2000, 1999, 1996, 1995, 1990, 1986, 1983, 1979, 1961, 1959, 1953, 1949, 1948 et 1945.

MARGAUX ET SUD-MÉDOC - REPÈRES

Situation : Margaux est la plus méridionale des quatre principales appellations communales du Médoc. Elle se situe sur la rive gauche de la Gironde, à environ 20 km de Bordeaux.
Superficie sous culture de vigne : environ 1 500 ha.
Communes : Arsac, Cantenac, Labarde, Margaux, Soussans.
Production annuelle moyenne : 7 680 000 bouteilles.
Crus classés : 21 en tout, dont 10 sur la commune de Margaux, 8 à Cantenac, 2 à Labarde et 1 à Arsac. L'appellation compte 1 premier cru, 5 seconds crus, 10 troisièmes crus, 3 quatrièmes crus et 2 cinquièmes crus, ainsi que 20 crus bourgeois.
Principaux cépages : le cabernet sauvignon prédomine, suivi du merlot et du petit verdot. Le cabernet franc n'est présent qu'en toutes petites quantités.
Types de sol : en règle générale, cette appellation vaste et très diverse se caractérise par des sols légers en surface. Les meilleurs vignobles, proches du fleuve, sont situés sur des terres fines et graveleuses, semblables à celles de Pessac-Léognan. Plus à l'intérieur des terres, on trouve davantage d'argile et de sable.

AVIS AUX AMATEURS

Niveau général de l'appellation : moyen à exceptionnel.
Les plus aptes à une longue garde : Giscours, Château Margaux, Marojallia, Marquis de Terme, Palmer, Rauzan-Ségla.
Les plus élégants : Brane-Cantenac, D'Issan, Malescot Saint-Exupéry, Château Margaux, Palmer.
Les plus concentrés : Château Margaux, Kirwan, Lascombes (depuis 2000), Marojallia, Palmer, Rauzan-Ségla.
Le meilleur rapport qualité/prix : D'Angludet, Brane-Cantenac, Dauzac, Kirwan, Malescot Saint-Exupéry, Monbrison, Du Tertre.
Les plus exotiques : Palmer, Lascombes.
Les plus sous-estimés : Malescot Saint-Exupéry, Du Tertre.
Le plus secret dans sa jeunesse : Rauzan-Ségla.
Les plus accessibles dans leur jeunesse : Palmer.
Les étoiles montantes : Boyd-Cantenac, Brane-Cantenac, Dauzac, Giscours, Kirwan, Lascombes, Malescot Saint-Exupéry, Du Tertre.
Meilleurs millésimes récents : 2000, 1999, 1996, 1995, 1990, 1986, 1983, 1979, 1961.

MON CLASSEMENT

EXCEPTIONNEL

Margaux, Palmer

EXCELLENT

Brane-Cantenac (depuis 1998), Giscours, D'Issan, Kirwan, Lascombes (depuis 2000), Malescot Saint-Exupéry (depuis 1990), Marojallia, Rauzan-Ségla (depuis 1983)

TRÈS BON

D'Angludet, Marquis de Terme, Prieuré-Lichine, Du Tertre

BON

Boyd-Cantenac, Cantenac Brown, Charmant, Dauzac, La Gurgue, Labégorce Zédé, Marsac Séguineau, Monbrison, Siran

AUTRES PROPRIÉTÉS NOTABLES DE MARGAUX ET DU SUD-MÉDOC

D'Arsac, Bel Air-Marquis d'Aligre, Clos du Jaugueyron, Desmirail, Deyrem Valentin, Durfort-Vivens, Ferrière, La Galiane, Haut Breton Larigaudière, Labégorce, Larruau, Marquis d'Alesme Becker, Martinens, Mongravey, Pontac Lynch, Pontet-Chappaz, Pouget, Rauzan-Gassies, Tayac, La Tour de Bessan, La Tour de Mons, Des Trois Chardons, Les Vimières Le Tronquéra

COMMENTAIRES DE DÉGUSTATION

D'ANGLUDET

Cru bourgeois supérieur
Propriétaire : famille Sichel
Adresse : 33460 Cantenac
Tél. 05 57 88 71 41 – *Fax* 05 57 88 72 52
E-mail : contact@chateau-angludet.fr
Site Internet : www.chateau-angludet.fr
Visites : sur rendez-vous, du lundi au vendredi (8 h 30-12 h 30 et 14 h-17 h)
Contact : Benjamin Sichel

VIGNOBLE ET VINIFICATION

Superficie : 34 ha
Encépagement : 55 % cabernet sauvignon, 35 % merlot, 10 % petit verdot
Âge moyen des vignes : 25 ans – *Densité de plantation :* 6 666 pieds/ha
Rendement moyen : 48 hl/ha
Élevage : fermentations de 8 jours et cuvaison de 30 à 40 jours à 25-35 °C en cuves d'acier inoxydable thermorégulées ; vieillissement de 12 mois en fûts (20-25 % de bois neuf) et de 5 à 6 mois en cuves ; collage ; pas de filtration

VINS PRODUITS

Château d'Angludet – 140 000 b ; La Ferme d'Angludet – 30 000-40 000 b
À maturité : dans les 6 à 15 ans suivant le millésime

APPRÉCIATION GÉNÉRALE

Si D'Angludet s'est beaucoup amélioré, ses vins sont de bonne facture, mais rarement grandioses. Cependant, ils valent généralement mieux que leur classement de cru bourgeois supérieur. Capables de rivaliser avec un cinquième cru, ils constituent de très bonnes affaires, en particulier dans le cadre de l'appellation.

Le regretté Peter A. Sichel (décédé en 1998) était un homme à multiples facettes : courtier bordelais fort estimé en tant que tel, il était également président de l'Union des grands crus, qui s'occupe de la promotion des vins de Bordeaux, l'heureux copropriétaire du célèbre Château Palmer et le propriétaire de D'Angludet, où il résidait.

Il acheta en 1961 cette propriété située à l'extrême sud-ouest de l'appellation, sur un plateau appelé Le Grand Poujeaux (où se trouvent également les vignobles de Giscours et Du Tertre), alors qu'elle était en fort mauvais état. Il la tira peu à peu de l'obscurité où elle se cantonnait depuis la guerre pour lui donner une renommée internationale. Il est incontestable que, désormais, D'Angludet surpasse fréquemment certains autres crus plus prestigieux de l'appellation.

Le domaine plonge ses racines dans un passé que l'on peut considérer comme très ancien, même pour le Bordelais, puisqu'il remonte au XIVe siècle. Ses vins ont joui d'une bonne réputation, et on les trouve cités à maintes reprises entre les XVIe et XVIIe siècles. Cependant, au moment où a été établi le fameux classement de 1855, la propriété traversait une mauvaise passe, ce qui explique qu'elle n'y figure pas.

Cela n'est pas étranger au fait que, pour une grande part, les vignes ont été replantées au début des années 60. À l'heure actuelle, le Château d'Angludet est manifestement du niveau d'un cru classé, bien que les prix demeurent extrêmement raisonnables. Les millésimes avant 1978 ne sont guère intéressants, mais, depuis, la propriété a produit nombre de vins magnifiques, dont un superbe 1983, ainsi que d'excellents 1986, 1989, 1995, 1996, 1999, 2000, 2001 et 2002.

2003
85-88
Bien fait et richement extrait, le 2003 du Château d'Angludet est d'un rubis-pourpre profond et soutenu, avec une finale aux tannins durs et secs. Il pourrait être renoté à la hausse (aux alentours de 88-89) s'il s'étoffait en milieu de bouche et si ses tannins se fondaient davantage. Pour l'heure, l'ensemble est quelque peu austère et anguleux. **À boire entre 2006 et 2014.** (3/04)

2002
89
Ce vin, que je n'ai dégusté qu'une seule fois, semble s'imposer comme l'une des révélations du millésime. Très réussi pour le cru, il pourrait être noté 90 s'il tenait en bouteille les promesses déployées au fût. Sa robe d'un pourpre soutenu accompagne d'amples et doux arômes de réglisse, de prune et de cassis, qui préludent en bouche à un ensemble étonnamment puissant, merveilleux à la fois de concentration et de persistance, et étayé par des tannins doux. **Gardez-le 2 à 3 ans et servez-le dans les 12 à 15 ans qui suivront.** (9/03)

2001
88
La robe rubis foncé du 2001 accompagne un doux nez de terre, de cassis et de prune. Suit en bouche un ensemble net, plutôt concentré, qui s'exprime tout en rondeur. Voici un vin délicieux, que l'on appréciera **dès sa jeunesse et dans les 10 à 12 ans suivant le millésime.** (1/03)

2000
88
Le 2000 est vinifié sans compromission dans un style résolument traditionnel. D'un rubis foncé, libérant un nez de cèdre, de terre humide, de prune et de

groseille, il est moyennement corsé, avec des tannins très présents. Un ensemble séduisant, au potentiel de garde de 8 à 10 ans. **À boire jusqu'en 2017.** (1/03)

1999 **87** Classique, le D'Angludet 1999 est discret, mais racé. Il arbore un rubis foncé et se distingue par de séduisantes et élégantes senteurs de douce groseille et de cassis marquées de notes florales. Ce vin moyennement corsé et fruité, doté de tannins doux et étayé par une heureuse acidité, sera parfait **dans les 8 ans.** (1/03)

1998 **86** Rubis foncé de robe, avec un nez poivré et subtilement herbacé de cassis, le D'Angludet 1998 est rond et sans détour. **À boire dans les 3 à 4 ans.** (3/02)

1996 **88** Profondément coloré, avec des senteurs bien épanouies de cassis et de mûre subtilement nuancées de réglisse et de goudron fondu, le 1996 se montre moyennement corsé et d'une belle richesse en bouche, où il déploie une finale bien dotée, confiturée et modérément tannique. Il devrait vieillir de belle manière. **À boire jusqu'en 2015.** (1/02)

1995 **88** Contrairement au 1996, puissant et tannique, le 1995, qui vaut bien mieux que son classement, se révèle soyeux, souple, charmeur et bien évolué, et arbore une belle robe soutenue d'un rubis-pourpre foncé resplendissant. Il libère au nez de généreux arômes de fruits noirs confiturés, conjugués à de subtiles notes herbacées, épicées et grillées, et manifeste en bouche, outre une excellente richesse, un caractère moyennement corsé et généreux. Les tannins et l'acidité sont bien fondus dans un ensemble des plus plaisants. Une révélation ! **À boire jusqu'en 2010.** (1/01)

1990 **85** Le 1990 manque quelque peu de précision. D'un grenat évolué, il conserve encore de ce doux fruit opulent caractéristique du millésime, mais il est à son apogée et se montre plutôt plat. Profondément coloré, doté d'un fruité riche et herbacé, il est moyennement corsé, avec une finale aux tannins légers. **À boire sans plus tarder.** (10/01)

1989 **87** Le 1989, qui est à son apogée, constitue l'une des plus belles réussites de la propriété depuis l'excellent 1983. Gras et charnu, doté d'un fruité intense, il présente encore, outre une belle souplesse, un caractère capiteux et des tannins soyeux. **À boire maintenant.** (10/01)

MILLÉSIMES ANCIENS

Le 1983 se maintient encore magnifiquement (il a été noté 88 en décembre 2000). Il s'agit d'un beau millésime pour l'appellation, dans lequel D'Angludet s'est surpassé. Ce vin est à son apogée, et je déconseille aux amateurs de le conserver plus longtemps.

BOYD-CANTENAC

3e cru classé en 1855
Propriétaire : famille Guillemet
Adresse : 33460 Cantenac
Tél. 05 57 88 90 82 – *Fax* 05 57 88 33 27
E-mail : guillemet.lucien@wanadoo.fr
Site Internet : www.boyd-cantenac.fr
Visites : sur rendez-vous uniquement
Contact : Lucien Guillemet

VIGNOBLE ET VINIFICATION

Superficie : 17 ha
Encépagement : 60 % cabernet sauvignon, 25 % merlot, 7 % petit verdot, 8 % cabernet franc
Âge moyen des vignes : 35 ans – *Densité de plantation :* 10 000 pieds/ha
Rendement moyen : 42 hl/ha
Élevage : vendanges mécaniques et manuelles ; fermentations et cuvaison relativement longues en cuves de béton revêtues de résine Epoxy ; vieillissement de 12 à 18 mois en fûts (50 % de bois neuf) ; collage ; pas de filtration depuis 1997

VINS PRODUITS

Château Boyd-Cantenac – 60 000-70 000 b ; Jacques Boyd – 12 000-30 000 b
À maturité : dans les 8 à 20 ans suivant le millésime

APPRÉCIATION GÉNÉRALE

Ce château qui, depuis 2000, a réalisé de nets progrès, est à suivre...

Boyd-Cantenac, qui se situe au cœur de la commune de Cantenac, au sud de Brane-Cantenac et de Kirwan, est un domaine malheureusement très irrégulier, qui ne mérite plus son rang de troisième cru. Comme Pouget, son voisin, il appartient, depuis le début des années 30, à la famille Guillemet, bien connue dans la région. Les vins de Boyd-Cantenac sont vinifiés et élevés dans des installations techniques qui jouxtent Pouget, car le domaine ne comporte pas de chai de vinification.

Je n'ai jamais compris pourquoi ces vins n'étaient pas meilleurs. Pour chaque bon millésime produit, on en compte plusieurs décevants. Peut-être qu'une sélection plus stricte, un déclassement plus important vers le second vin et l'utilisation d'une plus importante proportion de chêne neuf pour l'élevage favoriseraient une amélioration. J'ai souvent trouvé le vin remarquable avant la mise en bouteilles, mais un peu rude et atténué après. C'est pourquoi ce cru ne figure jamais dans ma cave personnelle. Néanmoins, je dois dire que, depuis 2000, Boyd-Cantenac a donné une série de vins nettement supérieurs à leurs prédécesseurs.

Je crois, par ailleurs, que beaucoup de profanes confondent son nom avec deux autres plus connus et, à l'heure actuelle, mieux vinifiés : Brane-Cantenac et Cantenac Brown.

2003
88-90 Ce vin, qui s'impose au nombre des révélations du millésime, constitue probablement la plus belle réussite à ce jour de la propriété. D'un rubis-pourpre profond, il exhale de riches parfums de fruits noirs, de terre, d'herbes séchées et de cuir nuancés de sirop contre la toux à la cerise. L'ensemble, moyennement corsé et faible en acidité, manifeste une très grande pureté malgré sa maturité

et son étoffe. Opulent et flatteur, le Boyd-Cantenac 2003 sera accessible dès sa jeunesse, mais également capable d'une garde de **12 à 15 ans.** (3/04)

2001 **90** Voici une belle réussite de Boyd-Cantenac. Outre une robe d'un rubis-pourpre profond, le 2001 présente, dans un ensemble moyennement corsé et modérément tannique, des notes de cassis nuancées de terre et de réglisse. Ce vin de bonne facture témoigne des améliorations apportées à ce troisième cru de Margaux quelque peu oublié. **À boire entre 2007 et 2017.** (1/03)

2000 **89** Le 2000 s'impose, avec le 2003, comme le meilleur Boyd-Cantenac que j'aie dégusté depuis plusieurs décennies. Ce vin d'un rubis-pourpre opaque, dont le bouquet modérément intense mêle des senteurs de sous-bois et de cassis à des notes de terre et de boisé, est étayé par des tannins assez abondants, mais doux et bien fondus. L'ensemble, moyennement corsé, est étoffé et manifestement apte à une longue garde. **À boire entre 2008 et 2018.** (1/03)

1999 **86** D'élégantes et douces senteurs de cuir, de groseille et de sous-bois se dégagent de ce vin bien fait, vêtu de rubis foncé, au caractère moyennement corsé et élégant. L'ensemble, qui s'impose en bouche, révèle des tannins mûrs. **À boire dans les 6 ans.** (3/02)

1998 **86** Moyennement corsé et doux, très élégant aussi, ce 1998 est cependant assez léger et quelque peu atténué. Modérément persistant et profond, avec des arômes de terre, de cassis, de cèdre et de poussière, il doit être consommé **dans les 4 à 5 ans.** (1/02)

1996 **88** Ce vin, issu de vendanges assez tardives (elles s'achevèrent le 15 octobre), constitue une belle réussite pour la propriété. D'un rubis-pourpre dense, il présente un doux nez de cassis herbacé, de terre et de minéral. Une fois passé ce nez nuancé de réglisse, on distingue en bouche un ensemble moyennement corsé, concentré et de bonne mâche, marqué par de très abondants tannins. Il s'agit d'un vin de garde des plus classiques, qui mettra à rude épreuve la patience des amateurs. **À boire entre 2010 et 2020.** (3/01)

1995 **87** Le 1995 a été forgé par un été chaud et sec, et par un mois de septembre pluvieux. Structuré et concentré, il est fermé et dense, comme le laisse d'ailleurs deviner sa robe d'un pourpre-grenat resplendissant. Le nez, ample, évoque le minéral, le sous-bois, le fumier et les fruits noirs. L'ensemble est assez puissant, mais également un peu rugueux et dur. Il requiert, à l'évidence, une longue garde. **À boire entre 2008 et 2018.** (3/00)

1990 **86** Ce Boyd-Cantenac impressionne par sa robe profonde d'un rubis presque noir. Il exhale un bouquet épicé, riche et confit, et présente en bouche des saveurs généreuses et épanouies. Relativement corsé, il déploie une finale très tannique et faible en acidité. **À boire jusqu'en 2008.** (1/93)

1989 **86** Ce vin massif et épais, mais onctueux, se distingue par un fruité étonnamment riche et étoffé, étayé par une faible acidité. L'ensemble est très tannique et très alcoolique. **À boire.** (4/91)

MILLÉSIMES ANCIENS

La consultation de mes notes de dégustation ne révèle qu'un millésime, le 1983, qui se soit montré sous un bon jour. Ce vin a été noté 87 en mars 1994. Il est à boire maintenant.

BRANE-CANTENAC

2ᵈ cru classé en 1855
Propriétaire : Henri Lurton
Adresse : 33460 Margaux
Tél. 05 57 88 83 33 – *Fax* 05 57 88 72 51
E-mail : contact@brane-cantenac.com
Site Internet : www.brane-cantenac.com
Visites : sur rendez-vous uniquement
Contact : Corinne Conroy

VIGNOBLE ET VINIFICATION

Superficie : 90 ha
Encépagement : 65 % cabernet sauvignon, 30 % merlot, 5 % cabernet franc
Âge moyen des vignes : 25 ans – *Densité de plantation :* 6 600-8 800 pieds/ha
Rendement moyen : 42 hl/ha
Élevage : fermentations à 31 °C de 21 à 28 jours et cuvaison à 28 °C en cuves de bois thermorégulées ; achèvement des malolactiques en fûts pour le merlot et en cuves de bois pour le cabernet ; vieillissement de 18 mois en fûts (60 % de bois neuf) ; soutirage trimestriel ; collage au blanc d'œuf ; filtration si nécessaire

VINS PRODUITS

Château Brane-Cantenac – 140 000 b ; Le Baron de Brane – 160 000 b
À maturité : dans les 8 à 20 ans suivant le millésime à partir de 1995

APPRÉCIATION GÉNÉRALE

Cette propriété autrefois sous-performante vit une renaissance. Depuis la fin des années 90, Brane-Cantenac fait honneur à son classement de deuxième cru, les vins s'améliorant régulièrement depuis 1995. Fort heureusement, le jeune Henri Lurton semble ne vouloir concéder aucun compromis. Si la tendance au progrès est relativement récente, il n'en demeure pas moins que Brane-Cantenac s'impose déjà comme l'une des étoiles montantes de Margaux, si ce n'est du Bordelais. Les prix n'ont pas encore rattrapé la courbe ascendante de la qualité... Avis donc aux amateurs ! À l'heure actuelle (en 2003), Brane-Cantenac est l'un des crus classés les plus intéressants du point de vue du rapport qualité/prix.

Brane-Cantenac appartient à l'une des familles de viticulteurs les plus connues du Bordelais ; les Lurton vivent dans un château assez modeste, dont l'histoire viticole remonte au tout début du XVIIIᵉ siècle. Cette propriété jouissait d'une excellente réputation au début du XIXᵉ siècle, alors que les vins étaient élaborés par celui qui devait donner son nom au domaine, le baron de Brane ; celui-ci, qui possédait aussi le célèbre château de Pauillac connu aujourd'hui sous le nom de Mouton Rothschild, était fort respecté dans le monde des vignerons et comptait tant de relations que Brane-Cantenac reçut le titre de deuxième cru lors de l'établissement du classement de 1855, bien que quelques sceptiques eussent émis des doutes sur la capacité du vignoble à produire un vin d'un tel niveau. Aujourd'hui, les Lurton, qui possèdent des vignobles importants dans les Graves et l'Entre-deux-Mers, peuvent se targuer de constituer la plus importante famille de viticulteurs de la région !

Le vignoble de Brane-Cantenac, qui est l'un des plus vastes du Médoc, se trouve à l'ouest du village de Cantenac, très en retrait par rapport à la Gironde. Les vins du domaine ont connu un grand succès commercial à l'échelle internationale, malgré la crise de médiocrité qu'a vécue ce domaine, surtout de 1967 à 1981. Aussi curieux que cela puisse paraître, la plupart des chroniqueurs spécialisés choisirent de détourner les yeux plutôt que de souligner les défauts évidents de la vinification durant ces années. À cette époque, les vins péchaient surtout par une excessive légèreté et par des arômes assez fréquents, et déplaisants, de basse-cour. On ne peut certes qu'émettre des hypothèses sur les raisons de ce phénomène, mais il est probable qu'un tel défaut était dû à une sélection insuffisante et à des négligences dans l'entretien des chais.

Les performances de ce cru se sont nettement améliorées. Cependant, malgré les progrès enregistrés, les vins de Brane-Cantenac sont précoces, fruités et souples et, de ce fait, accessibles dès leur jeunesse – mais ils sont également capables de se maintenir 15 à 20 ans, surtout depuis 1996.

2003
85-88
Bien qu'il soit végétal au nez et quelque peu superficiel en bouche, ce Margaux moyennement corsé se distingue par d'élégantes notes de fruits rouges et bleus nuancées de terre et de sous-bois. L'ensemble, qui atteste une vinification nette, est séduisant et charmeur, et tiendra bien **7 à 9 ans.** (3/04)

2002
90
Le 2002 prolonge une impressionnante série de Brane-Cantenac. Ce vin, qui se distingue par la manière dont il allie concentration et pureté, présente des notes de terre, de cassis et de cerise nuancées d'herbes séchées et marquées en arrière-plan de truffe. La bouche séduit par sa texture. Elle est étayée par des tannins modérément abondants. La finale de ce vin est aussi longue que concentrée. **À boire entre 2007 et 2017.** (9/03)

2001
89
Le 2001 prolonge la série de belles réussites qu'offre depuis quelques années ce cru de Margaux. Arborant un rubis-pourpre profond, il est doté d'un doux nez de fumé, d'herbes frites, de cèdre et de cassis, et exprime subtilement, avec discrétion et élégance, un caractère moyennement corsé. **À boire entre 2006 et 2014.** (1/03)

2000
92
Le 2000 s'impose incontestablement comme le Brane-Cantenac le plus réussi des quarante à cinquante dernières années. Sa robe d'un rubis-pourpre profond accompagne de magnifiques arômes de fumé, de cassis, de tabac, de terre et de fleurs qui jaillissent littéralement du verre, annonçant un ensemble moyennement corsé, d'une pureté et d'une élégance d'excellent aloi, étayé par une heureuse acidité et des tannins savoureux. Ce vin marie magnifiquement une grande discrétion à une belle ampleur aromatique, perceptible tant en milieu de bouche qu'en finale. Quel bonheur de voir cette propriété ainsi revenir à haut niveau ! **À boire entre 2007 et 2020.** (1/03)

1999
89+
Des arômes merveilleusement complexes de tabac frais, de fumée de cigare, de douce réglisse et de cassis annoncent ce Margaux élégant, pur et harmonieux. S'il n'est pas particulièrement ample, le 1999 de Brane-Cantenac se distingue par son intensité, son caractère moyennement corsé et sa structure modérée. Ce vin devrait se bonifier en bouteille, et il est fort possible qu'il mérite alors une note supérieure à 90. **À boire jusqu'en 2016.** (3/02)

1998
88
Ce vin élégant et savoureux est rubis foncé de robe, avec un bouquet herbacé de fumé, de terre et de cassis auquel se mêlent des notes de réglisse et de grillé. En bouche, il est moyennement corsé, mûr et charnu, et révèle des tannins modérément abondants. L'ensemble, bien vinifié, est un classique qu'on appréciera **jusqu'en 2017.** (3/02)

1996 88 Le 1996 de Brane-Cantenac est d'un assez bon niveau. Si sa robe d'un rubis-grenat foncé est légèrement éclaircie sur le bord, ses senteurs de cèdre, de feuille de tabac, de cassis et de réglisse sont extrêmement parfumées. En bouche, il révèle un caractère moyennement corsé et des tannins doux, et se distingue encore par sa très grande pureté, ainsi que par sa finale étoffée et assez massive. D'ores et déjà accessible, il sera à son meilleur niveau **jusqu'en 2016.** (9/02)

1995 86 Ce vin, proche de son apogée, présente une robe déjà légèrement éclaircie sur le bord. Ses senteurs de compost, de champignon, de terre et de fruits rouges et noirs annoncent un ensemble moyennement corsé, aux tannins fermes et à la finale courte et quelque peu atténuée. Bien fait, mais anodin dans le contexte du millésime, ce 1995 tiendra **jusqu'en 2012.** (1/02)

1990 87 Ce vin, qui semble à son apogée, a évolué rapidement. Sa robe ambrée sur le bord accompagne de douces notes d'herbes fumées, de cerise confiturée et de cassis, nuancées de senteurs de boîte à épices, de cèdre et d'herbe. La bouche, moyennement corsée, est opulente et très souple. **À boire jusqu'en 2010.** (3/01)

1989 87 Cet excellent vin vêtu de grenat foncé évoque au nez la terre humide, le champignon, les fruits noirs, le cèdre et la boîte à épices. En bouche, il est moyennement corsé, et révèle à l'attaque un fruité d'excellent aloi. Cependant, sa finale recèle des tannins secs. Les arômes et l'attaque laissent deviner un vin à son apogée, mais la finale suggère un certain potentiel de garde. Néanmoins, je ne me risquerais pas à laisser vieillir ce vin plus avant. **À boire jusqu'en 2007.** (5/02)

1986 88 Le 1986 est une belle réussite, si l'on tient compte du fait qu'il a été produit à un moment où le cru traversait une période de relative méforme. Grenat foncé de robe, doté de senteurs de fenouil, de fruits noirs, de terre et de sous-bois, il est moyennement corsé, avec un fruité encore généreux, vif et tonique. Sa finale recèle des tannins modérément abondants. Ce vin est encore jeune ; je dirais même qu'il est plus jeune que ses cadets de 1989 et 1990, pourtant issus de millésimes plus prestigieux. **À boire jusqu'en 2012.** (5/02)

1985 85 ? Ce vin, qui est à son apogée, commence tout juste à se dessécher et à perdre de son fruit. Sa robe est fortement ambrée et rosée sur le bord. L'ensemble, moyennement corsé, exprime aussi une finale aux tannins durs et secs. De fait, la finale s'est considérablement desséchée depuis ma dernière dégustation – ce qui me fait subodorer que l'ensemble entame son déclin. **À boire.** (5/02)

1983 88 Bien qu'il soit parfaitement mûr depuis plusieurs années, ce vin demeure sensuel, parfumé et séduisant. Ses notes de goudron nuancées de terre humide, de cerise et de groseille annoncent un ensemble moyennement corsé, souple et capiteux, à la finale légèrement tannique. **À boire maintenant.** (5/02)

1982 82 ? Lors d'une dégustation à l'aveugle à l'automne 2002, ce vin s'est montré sous son meilleur jour. Les arômes qui le desservaient dans sa jeunesse ont été relégués à l'arrière-plan, au profit de notes herbacées de douce cerise et de prune. L'ensemble, moyennement corsé, est très ambré sur le bord. Son caractère de terre, de champignon, voire de fumier est nettement moins prononcé qu'autrefois. Quoi qu'il en soit, ce vin ne fera pas l'unanimité, et il ne se bonifiera pas. **À boire sans plus tarder.** (9/02)

MILLÉSIMES ANCIENS

La performance de Brane-Cantenac dans les années 60 et 70 fut médiocre. Lors d'une dégustation verticale au château vers la fin des années 80, aucun des millésimes présentés n'avait trouvé grâce à mes yeux.

CANTENAC BROWN

3e cru classé en 1855
Propriétaire : Axa Millésimes
Adresse : 33460 Cantenac
Tél. 05 57 88 81 81 – *Fax* 05 57 88 81 90
E-mail : infochato@cantenacbrown.com
Site Internet : www.cantenacbrown.com
Visites : sur rendez-vous uniquement

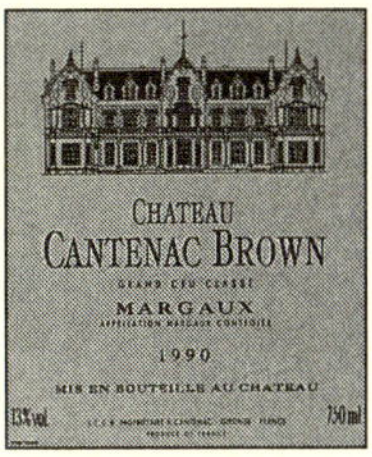

VIGNOBLE ET VINIFICATION

Superficie : 42 ha
Encépagement : 65 % cabernet sauvignon, 30 % merlot, 5 % cabernet franc
Âge moyen des vignes : 32 ans – *Densité de plantation :* 8 500 pieds/ha
Rendement moyen : 55 hl/ha
Élevage : vieillissement de 15 à 18 mois en fûts (50 % de bois neuf) ; collage ; pas de filtration

VINS PRODUITS

Château Cantenac Brown – 144 000 b ; Château Canuet – 120 000 b
À maturité : dans les 10 à 20 ans suivant le millésime avant 1980 ; dans les 5 à 10 ans après

APPRÉCIATION GÉNÉRALE

Cantenac Brown, l'un des crus classés les moins connus, n'a jamais, à ma connaissance, tenu son rang. Il produit généralement des vins tanniques, secs et astringents, qui manquent à la fois de charme et de souplesse. Malgré une certaine amélioration dans le courant des années 80 et 90, la qualité est rarement celle qu'on serait en droit d'attendre d'une propriété de ce pedigree.

Cantenac Brown a connu des hauts et des bas. Vendu en 1968 par Jean Lawton, bien connu dans la région, à la famille Du Vivier, il fut ensuite acquis par la célèbre maison de cognac Rémy Martin avant d'être à nouveau cédé à la compagnie d'assurance Axa, qui a pris l'heureuse initiative de placer Jean-Michel Cazes et sa talentueuse équipe de vinification, dirigée par Daniel Llose, à la tête du domaine. Depuis la retraite de Jean-Michel Cazes, le cru est entre les mains de Christian Seely.

Le vignoble, qui n'est pas l'un des mieux situés de la commune de Cantenac, donnait le plus souvent des vins relativement durs et tanniques, souvent trop musclés et trop trapus. Sous l'impulsion de la nouvelle équipe, les Cantenac Brown sont plus souples et moins robustes que par le passé, mais les résultats sont mitigés. En effet, nonobstant les améliorations, force est de constater que bon nombre des vins de ce domaine révèlent, outre des tannins en excès, un caractère sec et dépourvu de charme. Qui plus est, plusieurs millésimes récents perdent leur fruit bien avant que leurs tannins ne se fondent. Certains observateurs naturellement pessimistes disent que le vignoble, situé sur des sols graveleux et profonds, ne donnera jamais des vins d'une très grande élégance.

Ceux qui visitent la région seront bien inspirés de suivre la route, parfaitement indiquée (à droite avant le village d'Issan), qui passe devant ce superbe édifice du XVIIIe siècle, construit en briques rouges, qui vaut le coup d'œil. C'est l'un des plus imposants du Médoc, et il ressemble davantage à un manoir anglais de l'époque victorienne qu'à une demeure française.

2003 **85-87** Composé à 65 % de cabernet sauvignon et pour le reste de merlot, le 2003 de Cantenac Brown est ferme et structuré, avec des tannins qui doivent encore se fondre, mais il présente aussi un pur fruité de cerise et de cassis poussiéreux nuancé de terre et de cèdre. Ce vin bien fait est, pour l'heure, encore tannique et légèrement austère, mais il sera à son apogée **entre 2009 et 2017.** (3/04)

2002 **87** Plus corsé et séduisant que rustique et musclé, le 2002 de Cantenac Brown est assez léger et, surtout, atténué. Il ne semble pas receler les qualités qui lui permettraient de s'étoffer et de prendre de l'ampleur, de manière à être renoté à la hausse (aux alentours de 88-89). Attendons de voir. **À boire jusqu'en 2014.** (9/03)

2001 **88** Le 2001 est relativement policé pour un exemple de ce cru, généralement trop rustique et trop tannique. D'un rubis-pourpre foncé, il libère des arômes de minéral entremêlés de notes de cassis, de boîte à épices et de réglisse. Moyennement corsé, il est bien fait et séduisant, avec une finale nuancée de chocolat. **À boire entre 2008 et 2016.** (1/03)

2000 **90** Ce 2000 s'impose à la fois comme l'un des meilleurs Cantenac Brown des trente dernières années et comme l'une des révélations du millésime. Sa robe d'un pourpre soutenu accompagne de très généreuses senteurs chocolatées de cassis, nuancées de douces notes de terre, de cèdre et de boîte à épices. L'ensemble est moyennement corsé, avec des tannins étonnamment mûrs pour le cru. Il se développe par paliers, révélant en milieu de bouche une étoffe d'excellent aloi, et sa finale dure de 25 à 30 secondes. **À boire entre 2006 et 2018.** (1/03)

1999 **89** Ce vin plein de charme, qui s'exprime tout en finesse, s'annonce par un rubis-pourpre dense. Moyennement corsé, très doux, il recèle de très généreux arômes de cassis nuancés de truffe et de chêne grillé et subtilement marqués d'herbes séchées. L'ensemble se distingue par un fruité vif étayé par des tannins de bon aloi, et il est également superbe d'équilibre et de pureté. **À boire dans les 10 à 15 ans.** (3/02)

1998 **88** Présentant tant au nez qu'en bouche d'élégants et doux arômes floraux de cassis et de mûre nuancés de réglisse, de terre et même de notes de truffe, le 1998 est moyennement corsé, merveilleusement concentré, très pur aussi, avec des tannins doux. Sans être puissant ni massif, il est bien fait et doté de belles proportions. **À boire jusqu'en 2006.** (3/02)

1996 **86+** J'ai souvent trouvé ce cru trop rugueux, trop tannique et trop sec. Je suis cependant heureux de constater que le 1996, quoique tannique, est l'un des vins les mieux équilibrés élaborés à la propriété. D'un rubis-pourpre profond, avec des arômes simples, mais plaisants, de cassis, de réglisse et de vanille, il se révèle moyennement corsé, puissant, musclé et plutôt carré en bouche. Mais il est également ample et riche, et pourrait même se voir attribuer une meilleure note s'il développait davantage de complexité. **À boire jusqu'en 2015.** (3/02)

1995 Malgré sa bonne couleur, le Cantenac Brown 1995 se révèle anguleux, austère,
78 avec des tannins en excès. Ce vin maigre et spartiate se dessèchera certainement avant que ses tannins ne se fondent dans l'ensemble pour être en harmonie avec son fruité. **À boire jusqu'en 2010.** (3/02)

1990 D'un grenat-prune foncé, ce vin poussiéreux et rustique, marqué par le terroir,
88 ne manque ni de corps ni de concentration, si bien que les amateurs en quête de finesse et d'élégance seraient mieux inspirés de chercher ailleurs leur bonheur. L'ensemble regorge d'arômes de cassis fumé nuancés de tabac herbacé, ainsi que de très caractéristiques notes de terreau. Il semble proche de son apogée, mais je doute que ses tannins se fondent jamais totalement. **À boire jusqu'en 2010.** (6/00)

1989 Moyennement corsé, sans détour, mais souple, le 1989 de Cantenac Brown
85 est marqué de douces notes de prune et de groseille. Cependant, il manque de présence en bouche, et sa finale est atténuée. Ce vin, qui est à son apogée, manque totalement d'intérêt, comme d'ailleurs tous les millésimes de ce cru des années 60, 70 et 80. **À boire maintenant.** (6/00)

MILLÉSIMES ANCIENS

La propriété a traversé dans les années 60 et 70 une période très sombre, ne produisant que des vins anodins. Les anciens évoquent les 1926 et 1928 en d'excellents termes, mais ce sont des millésimes que je n'ai jamais dégustés.

DAUZAC

5e cru classé en 1855
Propriétaire : MAIF
Administrateur : André Lurton
Adresse : 1, avenue Georges-Johnston – 33460 Margaux
Tél. 05 57 88 32 10 – *Fax* 05 57 88 96 00
E-mail : chateau.dauzac@wanadoo.fr
Site Internet : www.andrelurton.com
Visites : de mi-juin à fin septembre
Contacts : Philippe Roux ou Christine De Caix-Lurton

VIGNOBLE ET VINIFICATION

Superficie : 40 ha
Encépagement : 60 % cabernet sauvignon, 37 % merlot, 3 % cabernet franc
Âge moyen des vignes : 30 ans – *Densité de plantation :* 10 000 pieds/ha
Rendement moyen : 57 hl/ha
Élevage : fermentations et cuvaison longues et lentes en cuves d'acier inoxydable thermorégulées (lots vinifiés séparément), avec pigeages réguliers ; vieillissement de 14 mois en fûts (renouvelés par moitié à chaque millésime) ; collage ; pas de filtration

VINS PRODUITS

Château Dauzac – 125 000 b ; Château La Bastide Dauzac – 140 000 b
À maturité : dans les 5 à 15 ans suivant le millésime

APPRÉCIATION GÉNÉRALE

Il est incontestable que le talent et la magie d'André Lurton, qui font généralement des merveilles, ont nettement amélioré les vins de Dauzac. Cependant, je me demande si l'on peut attendre de ce cru des Margaux exceptionnels (notés 90 et plus) ?

Les impressionnants chais de Dauzac, récemment construits, sont les premiers que l'on rencontre en suivant la célèbre D2 – route des châteaux –, en direction du nord, juste après Macau. Depuis 1978, le cru a subi de grandes améliorations : la cuverie est désormais dotée de cuves d'acier inoxydable pour les fermentations, une plus forte proportion de bois neuf est utilisée pour l'élevage, et un programme de replantation du vignoble a été mis sur pied. La qualité des vins s'en est ressentie, en particulier depuis le milieu des années 90, d'autant que c'est André Lurton, propriétaire bien connu de nombreuses propriétés en Bordelais, notamment en Pessac-Léognan, qui assure la gestion de Dauzac depuis 1993.

2003 **87-89** Moyennement corsé, très musclé et puissant, le 2003 de Dauzac est généreusement marqué de chêne épicé et de belles notes de prune, de groseille et de cassis. Ce vin de bonne facture est moins accessible que la plupart de ses jumeaux. Il requiert une garde de 1 à 3 ans, après laquelle il tiendra bien **12 à 15 ans.** (3/04)

2002 **88** Le dégustateur sera peut-être un peu dérouté par les abondantes notes de chêne neuf épicé qu'offre le Dauzac 2002, mais il appréciera aussi son généreux fruité mûr et concentré, étayé par des tannins modérément présents. Ce vin d'un rubis-pourpre soutenu se révélerait des plus plaisants si son boisé se fondait davantage dans l'ensemble. **À boire entre 2006 et 2014.** (9/03)

2001 **88 ?** Ce vin ample de carrure compense son manque de charme et de finesse par un caractère corsé et par un flamboyant déploiement de fruité, de gras et de tannins. Vêtu d'un rubis-pourpre soutenu, il est richement extrait, marqué par la mâche et des tannins modérément abondants. Il pourrait mériter une note extraordinaire et s'imposer comme une révélation du millésime s'il développait davantage d'harmonie. **À boire 2007 et 2016.** (1/03)

2000 **89+** Des arômes de chocolat nuancés de viande rôtie, de charbon, de cassis et de terre humide se dégagent de ce vin d'un rubis-pourpre dense, moyennement corsé, richement extrait et de bonne mâche, qui compense son manque de complexité par une ampleur, une puissance aromatique et une corpulence d'excellent aloi. Ce vin pourrait mériter une note extraordinaire s'il s'affirmait et développait davantage de nuances. **À boire entre 2008 et 2018.** (1/03)

1999 **88** Ce 1999, qui s'impose comme l'une des plus belles réussites à ce jour de Dauzac, se distingue par un pourpre opaque. Il présente, à la fois au nez et en bouche, des arômes de cassis, de myrtille, d'épices orientales, de fumé et de chêne neuf grillé. Ce vin puissant et richement extrait, étayé par une faible acidité, sera parfait **jusqu'en 2016.** (3/02)

1998 **87** D'un rubis-pourpre sombre et soutenu, le 1998 de Dauzac exhale un nez élégant et floral aux senteurs de cassis. Moyennement corsé et structuré, il atteste en milieu de bouche une profondeur et une maturité d'excellent aloi. Très persistant aussi, il peut être consommé assez rapidement, tout en promettant de se maintenir une dizaine d'années. **À boire jusqu'en 2017.** (1/02)

1996 **86** D'un rubis-pourpre foncé, le Dauzac 1996 se distingue par un doux fruité de cassis entremêlé de notes de fumé, d'herbes et de chêne neuf. Moyennement corsé, il révèle, outre un caractère modérément tannique et profond, une belle richesse en extrait, ainsi qu'une finale mûre. C'est un Margaux moyennement massif et de bonne facture, **à boire jusqu'en 2015.** (3/00)

1995 **86+** Extrêmement peu évolué et tannique, le Dauzac 1995, qui arbore un rubis foncé, est à la limite de l'excès d'austérité, mais son doux fruité de cassis et le caractère moyennement corsé et charnu qu'il déploie en bouche sont suffisants pour susciter l'enthousiasme des plus optimistes. Ce vin ne sera jamais grandiose, mais il est bien fait, d'une bonne tenue et vieillira de belle manière. **À boire jusqu'en 2015.** (3/00)

MILLÉSIMES ANCIENS

Aussi étonnant que cela puisse paraître, les millésimes 1993 et 1994, qui furent pourtant desservis par les pluies, sont réussis à Dauzac. Ces succès sont en grande partie dus aux efforts d'André Lurton. Les autres millésimes des années 90, comme ceux de la décennie précédente, sont, au mieux, médiocres – ils ont tous été notés entre 70 et 79.

DURFORT-VIVENS

2[d] cru classé en 1855
Propriétaire : Gonzague Lurton
Adresse : 33460 Margaux
Tél. 05 57 88 31 02 – *Fax* 05 57 88 60 60
E-mail : infos@durfort-vivens.com
Site Internet : www.durfort-vivens.com
Visites : sur rendez-vous uniquement

VIGNOBLE ET VINIFICATION

Superficie : 20 ha
Encépagement : 82 % cabernet sauvignon, 10 % cabernet franc, 8 % petit verdot
Âge moyen des vignes : 25 ans – *Densité de plantation :* 6 600 pieds/ha
Élevage : vieillissement de 12 à 18 mois en fûts (30-50 % de bois neuf) ; collage et filtration

VINS PRODUITS

Château Durfort-Vivens – 70 000-75 000 b ; Domaine de Cure-Bourse – variable
À maturité : dans les 6 à 18 ans suivant le millésime

APPRÉCIATION GÉNÉRALE

Malgré les réels progrès réalisés par ce château, il reste cependant pour moi une énigme. En effet, beaucoup de millésimes s'avèrent décevants.

C'est Gonzague Lurton, fils de Lucien Lurton, qui dirige ce deuxième cru quelque peu oublié, situé à l'entrée du village de Margaux. Le vignoble de Durfort-Vivens devrait faire mieux, mais il serait injuste de reprocher à l'actuel maître des lieux les vins fort médiocres élaborés au domaine entre 1961 et 1981. Cependant, les vignes, qui jouissent d'une belle situation au sein de l'appellation, ont maintenant atteint un âge respectable, et l'on peut se demander si c'est la forte proportion de cabernet sauvignon (la plus importante de tout le Sud-Médoc) de l'assemblage qui fait que le cru est dénué de charme et plus rugueux qu'il ne le faudrait.

Certes, on constate une hausse de la qualité depuis 1982, mais il serait temps que Gonzague Lurton, actuel président de l'appellation Margaux, prenne conscience que nous sommes au XXIe siècle, à une époque où le marché tient davantage compte de la qualité que du pedigree d'un vin. Il faut cependant souligner à son crédit que ce jeune homme (il a la trentaine) a émis l'idée d'une réglementation des dégustations des jeunes bordeaux. Cela tient certainement au fait que ses vins se montrent moins bien que ceux de ses concurrents au moment des primeurs. J'admets tout à fait l'opportunité de la mise au point d'une procédure commune à toutes les propriétés désireuses de faire déguster leurs vins en primeur, mais je pense aussi que le jeune Lurton ferait bien de prendre le temps de déguster sa production et de la comparer à d'autres bordeaux. Il réaliserait peut-être alors qu'il est à la traîne, pour ce qui est de la qualité, même si Durfort-Vivens s'est amélioré. Les millésimes récents de la propriété sont nettement meilleurs que les médiocrités produites précédemment, mais il faut dire que ce cru est, du moins à mon sens, plutôt inintéressant.

2000
88+ ? Rubis foncé de robe, exhalant un nez de terreau et de minéral nuancé de cerise, de groseille et d'herbes, ce vin moyennement corsé montre une belle profondeur et une structure d'excellent aloi. Il est étayé par une heureuse acidité et des tannins modérément abondants. L'ensemble doit être attendu encore 3 ans. **À boire entre 2008 et 2020.** (1/03)

1999
86 Des notes de tapenade, de groseille, de terre et de sous-bois jaillissent de cet ensemble d'un rubis foncé, qui exprime avec élégance un caractère moyennement corsé, étayé par une heureuse acidité. Ce vin devrait évoluer de belle manière et tenir 8 à 10 ans. **À boire jusqu'en 2014.** (3/02)

1998
86 Plutôt trapu et doté de tannins robustes, ce vin d'un grenat foncé évoque au nez la réglisse, le cassis, le compost et les champignons doux. Moyennement corsé, s'exprimant avec discrétion et élégance, il recèle des tannins modérément abondants. **À boire entre 2006 et 2014.** (3/02)

1996
84 ? De très abondants tannins étayant un fruité modérément intense et moyennement mûr augurent mal de l'avenir de ce vin. L'ensemble, qui arbore une resplendissante robe rubis foncé nuancée de pourpre, est austère et maigre, avec un fruité imparfaitement mûr. Sa finale est sèche, voire atténuée. La note attribuée à ce 1996 paraîtra trop généreuse si le vin ne développe pas davantage de fruit et d'étoffe. **À boire entre 2006 et 2015.** (11/01)

1995
83 Ce vin maigre, marqué par des notes herbacées, est désormais dominé par ses tannins, le fruité étant relégué à l'arrière-plan. On décèle encore dans cet ensemble plutôt léger des arômes de vieux bois et de champignon moisi, ainsi qu'une finale desséchée. Ce vin était plus agréable juste après la mise qu'il ne l'est aujourd'hui – ce qui n'augure pas favorablement de son avenir. **À boire jusqu'en 2010.** (12/00)

MILLÉSIMES ANCIENS

Durfort-Vivens n'a rien produit d'intéressant dans la décennie 80. Les vins les plus réussis étaient les 1982 et 1983, que je n'ai pas redégustés depuis le début des années 90. Pour ce qui est des millésimes antérieurs, j'ai une mauvaise expérience de ceux des années 60 et 70 – le cru n'ayant produit dans ces deux décennies que des vins médiocres, aqueux et desservis par des arômes peu agréables. Il semblerait que la gestion du jeune Gonzague Lurton ait mis un terme à cette série de vins insipides. Cependant, on pourrait espérer mieux de ce cru classé.

GISCOURS

3e cru classé en 1855
Propriétaires : famille Tari – Éric Albada Jelgersma
Adresse : 10, route de Giscours – Labarde – 33460 Margaux
Tél. 05 57 97 09 09 – *Fax* 05 57 97 09 00
E-mail : giscours@chateau-giscours.fr
Site Internet : www.chateau-giscours.fr
Visites : du lundi au samedi, sur rendez-vous uniquement
Contact : Alexander van Beek

VIGNOBLE ET VINIFICATION

Superficie : 80 ha
Encépagement : 55 % cabernet sauvignon, 40 % merlot, 5 % cabernet franc
Âge moyen des vignes : 30 ans – *Densité de plantation :* 8 300 pieds/ha
Rendement moyen : 45 hl/ha
Élevage : fermentations de 6 à 8 jours et cuvaison de 15 à 18 jours en cuves d'acier inoxydable thermorégulées ; vieillissement de 18 mois en fûts (renouvelés par tiers à chaque millésime) ; collage au blanc d'œuf ; pas de filtration

VINS PRODUITS

Château Giscours – 300 000-350 000 b ; La Sirène de Giscours – 50 000-80 000 b
À maturité : dans les 6 à 20 ans suivant le millésime

APPRÉCIATION GÉNÉRALE

Alors que Giscours peut produire des vins de très haut niveau (les 1975 et 1978 l'attestent), il s'est montré très irrégulier ces vingt à trente dernières années.
Il semblerait cependant que les choses changent sous la houlette d'Éric Albada-Jelgersma, qui a récemment repris la gestion du domaine et à produit, en 1999, 2000 et 2001, la plus grandiose trilogie de Giscours qui soit. Malgré les améliorations, la propriété équivaut, depuis 1999, à un troisième ou quatrième cru, mais observe une politique de prix très raisonnable.

Giscours est une vaste propriété d'une superficie supérieure à 240 ha, dont moins d'un tiers est complanté en vignes ; elle est située dans la partie sud de l'appellation Margaux, à Labarde. Autrefois en fort piteux état, le domaine a retrouvé qualité et prestige suite à son rachat, en 1952, par la famille Tari. Pierre Tari qui, après son père Nicolas, en assura la direction à compter de 1970, est devenu l'un des meilleurs ambassadeurs des vins de Bordeaux. Jusqu'à la fin des années 80, il a assumé la présidence de l'Union des grands crus, association des châteaux créée pour assurer la promotion commune des vins.

Le château Giscours, situé dans un magnifique parc planté de vieux arbres, est l'un des plus importants du Médoc, et il mérite une visite. Le domaine a traversé une période difficile dans les années 80 et au début des années 90, ce dont la qualité des vins a souffert, ceux-ci étant souples et mous, et révélant un style trop commercial. Cependant, si l'on excepte ce passage délicat, le cru se caractérise par une robe profonde, presque opaque, par une très grande concentration et des tannins abondants, ainsi que par une richesse et une puissance d'excellent aloi. En outre, la tenue de Giscours, dans les petits millésimes comme 1972, 1973, 1974 et 1980, était meilleure que celle de la plupart des autres grands châteaux bordelais.

En 1995, la propriété a été confiée en fermage à l'homme d'affaires néerlandais Éric Albada-Jelgersma, dont les investissements et la passion pour Giscours ont permis la production d'une impressionnante trilogie de millésimes marquant la fin du siècle dernier.

2003
91-94 Ce 2003 très réussi atteste magnifiquement l'extraordinaire travail accompli à Giscours par Éric Albada-Jelgersma, qui s'est attaché à ramener cette propriété de renom à son (très haut) niveau des années 60 et 70. Très proche en style du 1990, le 2003 offre un beau déploiement de sensuels arômes de mûre, de cassis, d'écorce et de terre. L'ensemble s'exprime avec ampleur et opulence, révélant, par paliers, une texture voluptueuse et généreuse, ainsi qu'une maturité et une intensité exceptionnelles. Ce vin stupéfiant pourrait même surpasser son aîné de 2000, le meilleur Giscours produit depuis le 1975. **À boire entre 2007 et 2020.** (3/04)

2002
91 Je signale aux amateurs qui ne s'en seraient pas encore rendu compte que Giscours est à nouveau sur les rails et qu'il s'impose actuellement comme l'un des meilleurs crus du Sud-Médoc. Son 2002 est une grande réussite. Ce vin, qui arbore un rubis-pourpre soutenu, se distingue par un nez de minéral subtilement rehaussé de chêne grillé et marqué de notes de liqueur de cassis, de graphite et de nuances florales. Moyennement corsé, d'une grande pureté malgré sa densité, sa richesse et sa concentration, il recèle des tannins merveilleusement fondus. L'ensemble est aussi puissant que sensuel. **À boire entre 2006 et 2015.** (9/03)

2001
90 Les doux arômes de prune, de cassis et de terre de cet excellent 2001 sont très accessibles. L'ensemble, moyennement corsé, est fruité, soyeux, très sensuel et doux, et il se développe en bouche tout en rondeur. **À boire jusqu'en 2015.** (1/03)

2000
92 Voici le meilleur Giscours produit depuis le 1975. Vêtu de pourpre-noir, il est doté de superbes notes de camphre, de goudron, de mûre et de cassis nuancées de terre et de fumé, et exprime avec ampleur un caractère charnu et moyennement corsé, ainsi qu'une richesse et une étoffe d'excellent aloi. L'ensemble, épicé, étayé par une faible acidité, est aussi pur que persistant en finale. Je signale aux amateurs que cette révélation du millésime est encore disponible à un prix raisonnable. **À boire entre 2010 et 2025.** (1/03)

1999
89 La robe d'un rubis-pourpre dense du Giscours 1999 annonce de séduisantes senteurs d'herbes fumées et séchées et de cassis confituré. Suit en bouche un ensemble riche et dense, qui se développe par paliers, révélant une texture

veloutée. Ce vin est superbe à l'attaque, mais il s'amenuise légèrement en milieu de bouche et en finale. Cependant, cela ne nuit en rien à son charme ni à son équilibre. Une pure merveille ! **À boire dans les 10 à 12 ans.** (1/03)

1998 Très séduisant, le Giscours 1998 est souple, accessible et précoce, avec des
87 arômes de fruits noirs nuancés de chêne épicé. L'ensemble, moyennement corsé et savoureux, présente en bouche des saveurs charnues, mais sans détour, aux notes de cèdre. **À boire dans les 8 ans.** (1/03)

1996 Le 1996 de Giscours est très décevant dans le contexte du millésime. Arborant
83 une robe prune évoluée rosée sur le bord, il est souple, avec des arômes herbacés de petits fruits, ainsi que des nuances de réglisse et de cassis. Cependant, il pèche par manque de profondeur et d'étoffe. On peut subodorer que l'assemblage final n'a pas fait l'objet d'une sélection très sévère. **À boire jusqu'en 2008.** (3/02)

1995 Ce vin souple, à boire sans cérémonie, est assez plaisant, mais il manque à
85 la fois de profondeur et d'intensité. Doux et parfaitement mûr, il s'annonce par une robe rubis-prune et par un nez herbacé de cèdre, de douce cerise et de groseille. L'ensemble, moyennement corsé, est agréable, mais sans détour. **À boire dans les 3 à 5 ans.** (3/02)

MILLÉSIMES ANCIENS

Giscours a traversé une période difficile dans les années 80 et 90. Tant le 1989 que le 1990 de ce cru sont actuellement à leur apogée et bien en deçà du niveau qu'on serait en droit d'attendre de millésimes aussi prestigieux. Le 1988 est également décevant, bien qu'issu d'une année sous-estimée. Il en va de même pour les 1985 et 1986, maigres et herbacés. Les 1982 et 1983 étaient meilleurs, mais, aussi étonnant que cela puisse paraître, il faut remonter aux 1975, 1978 et 1979 pour trouver des Giscours qui tiennent leur rang de troisième cru. Le 1979 continue de bien évoluer ; il a été noté 88 lors de ma dernière dégustation, en novembre 2001. Le 1978 et le 1975 (notés respectivement 90 et 92 en novembre 2001) sont fabuleux : riches et concentrés, ils attestent magnifiquement le potentiel du cru. On peut subodorer que ce même niveau de qualité sera désormais au rendez-vous avec la nouvelle équipe en place, et que les vins produits seront aux antipodes de la série de millésimes décevants des années 80 et 90.

Les très vieux millésimes de Giscours sont probablement sur le déclin. Le 1970 semble se déliter, mais il a été délicieux pendant au moins trente longues années. Le 1961 commence à passer, tout comme le 1959.

D'ISSAN

3e cru classé en 1855
Propriétaire : famille Cruse
Adresse : 33460 Cantenac
Tél. 05 57 88 35 91 – *Fax* 05 57 88 74 24
E-mail : issan@chateau-issan.com
Site Internet : www.issan.com
Visites : sur rendez-vous uniquement
Contact : Emmanuel Cruse

VIGNOBLE ET VINIFICATION

Superficie : 50 ha (30 ha en appellation Margaux)
Encépagement : 70 % cabernet sauvignon, 30 % merlot
Âge moyen des vignes : 35 ans – *Densité de plantation :* 8 500 pieds/ha
Rendement moyen : 48 hl/ha
Élevage : fermentations et cuvaison de 21 jours en cuves d'acier inoxydable thermorégulées ; vieillissement de 16 à 18 mois en fûts (50 % de bois neuf) ; collage ; filtration légère au moment de la mise

VINS PRODUITS

Château d'Issan – 110 000 b ; Blason d'Issan – 60 000 b
À maturité : dans les 5 à 15 ans suivant le millésime avant 1996 ; dans les 8 à 20 ans après

APPRÉCIATION GÉNÉRALE

Cette propriété s'est bien redressée depuis 1995, sous la talentueuse houlette du jeune Emmanuel Cruse, qui a à son actif des 1999, 2000, 2001, 2002 et 2003 constituant la plus belle série de vins produits à ce jour à D'Issan. S'il faut choisir avec discernement les millésimes d'avant 1995, je conseille aux amateurs de ne pas hésiter à acquérir les suivants (à partir de 1996), qui représentent d'excellentes affaires. Ce cru, qui mérite son classement, se distingue par sa finesse et son élégance.

Le château d'Issan, qui date du XVIIe siècle, est l'un des plus beaux du Médoc – entouré d'un fossé, l'édifice est digne de la Belle au bois dormant. Depuis 1945, il appartient aux Cruse, une famille très connue de Bordeaux qui, pendant longtemps, a assuré en exclusivité la distribution de ce cru par sa propre maison de négoce. Aujourd'hui, le vin est diffusé par la place de Bordeaux. La qualité s'est incontestablement améliorée, en particulier depuis la fin des années 90, mais je dois avouer avoir goûté de trop nombreux autres millésimes inintéressants.

Lorsqu'il est bon (le 1900 est considéré comme l'un des plus grands bordeaux qui soient), D'Issan se distingue par sa souplesse et sa délicatesse, ainsi que par ses parfums provocants. Cependant, jusqu'au milieu des années 90, il était difficile de trouver un exemple du cru ainsi doté.

La plupart des millésimes du Château d'Issan sont accessibles dès leur jeunesse, tout en se révélant capables d'une assez longue garde.

2003
88-90+ Voici une belle réussite à ajouter à l'actif d'Emmanuel Cruse. Le 2003 du Château d'Issan présente l'élégance et le style classique caractéristiques du cru, et séduit par ses arômes de cassis, de terre, d'épices et de chêne neuf fumé. Moyennement corsé, joliment structuré et d'une grande pureté, il est étayé par une faible acidité. On distingue parfaitement son caractère épanoui et sa grande classe, malgré son aspect accessible et précoce. **À boire entre 2006 et 2015.** (3/04)

2002
89 Voici une autre merveille à ajouter à l'actif d'Emmanuel Cruse. L'élégant 2002 du Château d'Issan s'annonce par un rubis-pourpre profond préludant à de somptueux arômes de fleurs, de myrtille, de groseille et de cassis. L'ensemble, moyennement corsé, est d'une grande douceur ; il demande à être dégusté avec

attention du fait de sa pureté et de sa délicatesse, mais il se développe en bouche avec ampleur. Il s'agit d'une réussite impressionnante. **À boire entre 2008 et 2016.** (9/03)

2001
89
Si le D'Issan 2001 a développé au cours de son élevage une certaine austérité, il n'en demeure pas moins qu'il recèle de nombreuses qualités. En bouche, il se développe avec ampleur, révélant des arômes subtilement boisés de fleurs blanches, de cerise noire, de cassis et de douce terre – que présente également le nez. La finale est plus courte que dans mes souvenirs, mais l'ensemble se distingue par la caractéristique élégance des Margaux. **À boire entre 2006 et 2016.** (1/03)

2000
93
Ce classique suave et racé est davantage porté sur la finesse et la délicatesse que sur la puissance et le fruit épanoui. C'est un vin qui mérite qu'on s'y attarde, et qui saura récompenser les amateurs prenant le temps de le connaître. Plein de grâce et de finesse, doté de belles proportions, il s'annonce par un rubis-pourpre dense et par de doux parfums subtilement boisés de fleurs blanches, nuancés de cassis et de réglisse. Moyennement corsé, étayé par des tannins doux, mais présents, il développe une finale dense, persistante, qui gagne en ampleur. Il s'agit incontestablement du meilleur D'Issan des quarante dernières années. **À boire entre 2009 et 2022.** (1/03)

1999
89+
Le 1999 est merveilleusement élégant et délicat, tout en faisant preuve d'une grande ampleur aromatique, révélant des notes de violette, de cassis et de doux chêne. Ce vin incarne la finesse et les nuances caractéristiques des grands Margaux. Très pur et plein de grâce, s'exprimant davantage en subtilité qu'en puissance, il manifeste encore un équilibre parfait. **À boire dès maintenant et dans les 10 à 12 ans.** (11/01)

1998
87
Vêtu d'un rubis profond, le 1998 exprime tout en finesse de subtiles notes florales de cassis, de groseille, d'herbes et de réglisse. L'attaque en bouche révèle une grande souplesse, ainsi que des tannins modérément doux et abondants. Moyennement corsé, ce vin manifeste également une très grande concentration. **À boire jusqu'en 2014.** (11/01)

1996
88
Le 1996 présente, outre une robe d'un rubis-pourpre foncé, un nez élégant et floral de mûre et de fumé. Moyennement corsé et complexe, il révèle en bouche un fruité de cassis très mûr et subtilement boisé, ainsi qu'une acidité et des tannins parfaitement fondus. Véritable quintessence de Margaux, ce vin élégant et riche sera à son meilleur niveau **jusqu'en 2020.** (11/01)

1995
87
L'excellent 1995 présente, outre une robe d'un rubis-prune foncé, un excellent nez épicé et herbacé de cassis et de réglisse. On décèle à l'attaque un doux fruité, extrêmement pur et mûr, doté d'un bel équilibre d'ensemble. Ce vin bien fait est encore peu évolué, mais ses tannins sont plus perceptibles en bouche que ceux du 1996. **À boire jusqu'en 2014.** (11/01)

MILLÉSIMES ANCIENS

Voici une autre propriété qui n'a produit, dans les années 70, 80 et 90, que des vins relativement anodins. La seule réussite de cette période – et elle n'est pas significative – est le classique 1983, léger mais parfumé, que j'ai régulièrement noté 87 (dernièrement dégusté en novembre 2001). Ce vin est à son apogée, et il y a peu de chances qu'il se bonifie encore. Certains excellents millésimes pour le Bordelais, tels 1990, 1989, 1986 (essentiellement pour le Médoc) et 1985, ont donné ici des vins légers et peu intéressants. Avant 1970, la propriété n'a, de ce que je sais, rien produit qui mérite qu'on s'y attarde. Toutefois, on peut subodorer que les vins élaborés par Emmanuel Cruse depuis 1995 surpasseront sans peine leurs prédécesseurs des quarante à cinquante dernières années.

KIRWAN

3e cru classé en 1855
Propriétaire : famille Schÿler
Adresse : Cantenac – 33460 Margaux
Tél. 05 57 88 71 00 – *Fax* 05 57 88 77 62
E-mail : mail@chateau-kirwan.com
Site Internet : www.chateau-kirwan.com
Visites : du lundi au vendredi (9 h 30-17 h 30) ; sur rendez-vous le week-end
Contact : Nathalie Schÿler

VIGNOBLE ET VINIFICATION

Superficie : 35 ha
Encépagement : 40 % cabernet sauvignon, 30 % merlot, 20 % cabernet franc, 10 % petit verdot
Âge moyen des vignes : 27 ans – *Densité de plantation :* 8 000 pieds/ha
Rendement moyen : 48 hl/ha
Élevage : fermentations de 6 à 7 jours et cuvaison de 21 jours en cuves d'acier inoxydable thermorégulées ; vieillissement de 18 mois en fûts (30-50 % de bois neuf) ; collage au blanc d'œuf ; filtration légère

VINS PRODUITS

Château Kirwan – 80 000-120 000 b ; Les Charmes de Kirwan – 90 000-100 000 b
À maturité : dans les 5 à 14 ans suivant le millésime

APPRÉCIATION GÉNÉRALE

Kirwan s'est considérablement amélioré depuis le milieu des années 1990. Cette propriété longtemps sous-performante est à nouveau sur les rails et produit régulièrement, désormais, des vins qui, au moins, méritent leur classement et, à leur meilleur niveau, valent un deuxième cru. Les prix demeurent raisonnables. Les vins sont plutôt portés sur la puissance et la richesse en extrait, et seul le temps dira s'ils développeront ultérieurement la finesse caractéristique des Margaux.

Jusqu'en 1995, le Château Kirwan aurait probablement eu du mal à conserver son rang en cas de remaniement du classement de 1855. Comme plusieurs de ses condisciples de Margaux, il faut avouer que, dans le passé, il est loin de n'avoir connu que des succès. Pour ma part, je n'ai pas ménagé mes critiques aux vins de ce domaine, que je trouvais généralement trop légers, trop ternes et manquant par trop de relief pour que fussent justifiés leur rang et leur prix. Cependant, je dois reconnaître qu'il y a eu une nette amélioration à compter du milieu des années 90.

Alors que ce cru était généralement léger, compact et trop marqué par l'acidité, il s'est nettement amélioré dans les années 90 – enregistrant de belles réussites même dans les millésimes difficiles – et se caractérise désormais par davantage de couleur, de chair, de corps et d'intensité. Les amateurs désespérés par les prix astronomiques que pratiquent actuellement les crus classés du Bordelais devraient s'intéresser davantage à cette propriété, dont les prix n'ont pas encore suivi la courbe ascendante de la qualité.

2003
90-92 Contrairement à la plupart des Margaux du millésime, qui sont généralement épanouis, précoces, faibles en acidité et déjà accessibles, le 2003 de Kirwan est musclé et puissant, et marqué par une structure impressionnante. Manifestement armé pour résister à l'épreuve du temps, il s'annonce par un pourpre profond et révèle un nez serré, mais prometteur, de fruits noirs, de réglisse fondue, de terre et de boîte à épices. L'ensemble, moyennement corsé, se développe par paliers, révélant une concentration et une profondeur d'excellent aloi. **À boire entre 2009 et 2020, voire au-delà.** (3/04)

2002
89+ Ce vin massif et puissant, généreusement doté en arômes de terre humide nuancés de fruits noirs confiturés, de réglisse, de fumé et de chêne grillé, s'annonce par une robe d'un pourpre dense et soutenu. En bouche, il est moyennement corsé, structuré, très profond et très musclé. Bien qu'il ne présente pas la finesse caractéristique de l'appellation, il est incontestablement doté. **À boire entre 2009 et 2019.** (9/03)

2001
90 Ce vin ambitieux, corsé et corpulent, s'annonce par un pourpre opaque et par un doux nez de confiture de mûre et de cassis nuancé de caramel, de chocolat et de doux chêne grillé. S'exprimant avec ampleur et générosité, il est mûr et épicé. C'est l'un des 2001 qui requièrent une certaine garde. **À boire entre 2008 et 2015.** (1/03)

2000
90+ Le 2000 de Kirwan est corsé, musclé, peu évolué, puissant et massif (ces deux traits étant atypiques des vins de l'appellation). Sa robe d'un pourpre-noir opaque annonce un ensemble concentré, dense et persistant, étonnamment mûr et marqué par la mâche, généreusement doté de senteurs et de flaveurs de cassis, de bois neuf, de réglisse et de goudron. Ce vin pourrait être renoté à la hausse s'il développait davantage de nuances. **À boire entre 2009 et 2023.** (1/03)

1999
89+ Vinifié dans un style moderne, le 1999 de Kirwan est boisé, mais également très parfumé. Vêtu d'un rubis-pourpre profond, il présente une ampleur, une profondeur et une structure atypiques du millésime. La bouche, très étoffée, regorge d'arômes de réglisse, de cassis et de terre. **À boire jusqu'en 2015.** (3/02)

1998
90 Révélation du millésime, le 1998 arbore un pourpre opaque et dégage un bouquet fumé de réglisse, de cassis et de minéral. En bouche, il est corsé, puissant, mais élégant, et allie magnifiquement une grande complexité à une puissance et une richesse sans retenue. L'ensemble impressionne particulièrement par sa grande concentration. Il récompensera une garde de 20 ans ou plus. **À boire entre 2006 et 2025.** (3/02)

1997
87 Le séduisant 1997, qui arbore une robe d'un rubis-pourpre foncé, présente un doux fruité de cassis généreusement marqué de chêne neuf. En bouche,

il se montre charnu et savoureux, et déploie une finale équilibrée, pleine de charme, à l'acidité et aux tannins bien fondus. Un Margaux sensuel. **À boire dans les 4 à 5 ans.** (3/01)

1996
88
Le 1996 est le premier millésime des Kirwan « nouveau style ». Moyennement corsé et très richement extrait, ce vin se distingue par sa robe d'un rubis-pourpre profond et par son fruité mûr de cassis nuancé de notes de chêne neuf, de prune et d'épices. L'ensemble s'est affirmé harmonieusement ; il semble excellent, voire extraordinaire. On décèle en finale des tannins modérés, qui suggèrent qu'une garde de 1 à 2 ans sera bénéfique à ce vin charnu, musclé et très bien doté. **À boire entre 2006 et 2025.** (3/02)

1995
85
Le 1995 est toujours dominé par des arômes agressifs de chêne neuf vanillé. D'un rubis-pourpre foncé, il présente à l'attaque un doux fruité d'airelle et de cassis confituré, mais il s'amenuise ensuite et se montre comprimé. Il est cependant moyennement corsé, d'une très grande pureté et doté de généreux tannins. **À boire entre 2006 et 2018.** (3/02)

MILLÉSIMES ANCIENS

Hormis un 1983 de bonne facture et, somme toute, assez bon (noté 87 en septembre 1997), cette propriété n'a produit que des vins médiocres depuis les années 60 jusqu'au début des années 90.

LASCOMBES

2[d] cru classé en 1855
Propriétaire : Colony Capital
Adresse : cours de Verdun – 33460 Margaux
Adresse postale : BP 4 – 33460 Margaux
Tél. 05 57 88 70 66 ou 05 57 88 97 43 – *Fax* 05 57 88 72 17
E-mail : chateau-lascombes@chateau-lascombes.fr
Site Internet : www.chateau-lascombes.com
Visites : tous les jours, sur rendez-vous
Contact : Dominique Befve

VIGNOBLE ET VINIFICATION

Superficie : 84 ha
Encépagement : 50 % cabernet sauvignon, 45 % merlot, 5 % petit verdot
Âge moyen des vignes : 40 ans
Densité de plantation : 8 000-10 000 pieds/ha – *Rendement moyen :* 29 hl/ha
Élevage : macération préfermentaire à froid de 10 jours ; fermentations et cuvaison de 30 jours en cuves de bois et d'acier inoxydable thermorégulées ; achèvement des malolactiques en fûts ; vieillissement de 20 mois (dont 4 mois sur lies) en fûts (80-100 % de bois neuf, selon les millésimes) ; collage ; pas de filtration

VINS PRODUITS

Château Lascombes – 250 000 b ; Chevalier de Lascombes – 50 000 b
À maturité : dans les 5 à 10 ans suivant le millésime avant 1999 ; dans les 8 à 20 ans après

APPRÉCIATION GÉNÉRALE

Cette propriété, qui fut autrefois l'une des plus renommées de Margaux, a traversé une période difficile dans les années 80 et 90, mais elle vit une renaissance depuis son rachat par la société Colony Capital. Des mesures radicales, notamment une nette réduction des rendements et une sélection plus sévère, ont permis à Lascombes, qui était tombé au niveau d'un cru bourgeois durant les deux décennies précitées, d'opérer ce redressement. Il est peut-être prématuré d'augurer de l'avenir de la propriété, mais on peut subodorer qu'il s'annonce prometteur, si l'on en juge par la qualité des consultants ayant contribué à ce renouveau (notamment Yves Vatelot, du Château de Reignac, et Alain Raynaud, de Quinault l'Enclos). Bien qu'ils aient considérablement augmenté, les prix demeurent raisonnables... du moins, pour l'heure.

Lascombes est l'un des plus vastes domaines du Médoc. Son vignoble, loin d'être d'un seul tenant, se compose d'une cinquantaine de parcelles disséminées dans toute l'appellation Margaux. Cela explique pourquoi la vendange y est particulièrement complexe et, en partie, pourquoi les vins peuvent être irréguliers.

La grande renommée qu'a connue ce domaine était la conséquence des efforts herculéens déployés entre 1951 et 1971 par Alexis Lichine, qui avait notamment mis en œuvre une complète rénovation des chais et une politique de rachat des parcelles avoisinantes. Une très belle série de grands millésimes est venue récompenser ses efforts et son talent.

Mais, après la revente de Lascombes en 1971 à la société anglaise Bass Charrington, la qualité et la régularité des vins n'ont plus été les mêmes. De nombreux millésimes étaient à la limite du buvable – et ne faisaient pas honneur à la région.

Lascombes, qui s'impose désormais comme une étoile montante de son appellation, était en piteux état jusqu'à son rachat, en avril 2001. Les nouveaux maîtres des lieux ont recouru aux services de personnalités de grand talent comme Yves Vatelot (propriétaire de De Reignac et un des actionnaires de Lascombes), Bruno Lemoine (son assistant à Montrose), Alain Raynaud (propriétaire de Quinault l'Enclos et La Fleur de Gay) et Michel Rolland (œnologue de réputation internationale), qui ont eu carte blanche pour effectuer les changements, tant dans le vignoble que dans le chai, nécessaires à la production de vins du meilleur niveau possible. Les rendements ont ainsi été réduits au tiers de ce qu'ils étaient auparavant. Qu'on en juge : en 2001, ils furent de l'ordre de 27 hl/ha seulement !

2003
91-93 Ce vin séduisant, qui s'exprime tout en rondeur, révèle de merveilleux arômes de prune, de groseille, de cerise, de réglisse, de fleurs et de fumet de barbecue. Moyennement corsé, aérien, il séduit par son opulence et son exceptionnelle souplesse. Une faible acidité et un fruité mûr distinguent ce cru, qui enregistre son quatrième millésime très réussi après trente années de performances médiocres. **À boire entre 2006 et 2016.** (3/04)

2002
91 Ce vin, que j'ai dégusté en plusieurs occasions, se distingue par un beau fruité, une texture crémeuse, des tannins doux, ainsi que par un boisé assez prononcé. Au nez, il évoque le café et les fruits noirs. En bouche, il présente une pureté extraordinaire et une souplesse d'excellent aloi. L'ensemble doit encore résorber son boisé pour mériter une note extraordinaire. **À boire entre 2007 et 2014.** (9/03).

2001 Ce vin typiquement Margaux est merveilleusement parfumé, harmonieux et
92 soyeux. D'un prune-pourpre dense, dégageant de fabuleuses senteurs de fleurs blanches nuancées de cerise confiturée, de groseille, de minéral et de chêne grillé, il est moyennement corsé, velouté, avec de généreuses flaveurs de fruits noirs concentrés et une finale aussi séduisante qu'opulente. Cet ensemble sensuel, étayé par des tannins doux, se maintiendra à son apogée **jusqu'en 2016.** (1/03)

2000 Le 2000 est probablement le premier millésime vraiment somptueux produit à
90 Lascombes ces trente-cinq dernières années. S'annonçant par un rubis-pourpre profond, ce vin généreux n'a pas la complexité ni la finesse du 2001, mais il se distingue par ses abondants arômes, très parfumés, de réglisse, de fumé, de cassis et de cerise. L'ensemble, moyennement corsé, exprime tout en rondeur une concentration et une persistance d'excellent aloi. Bien qu'il soit plus musclé et plus tannique que son cadet, ce 2000 s'impose incontestablement comme la plus belle réussite de la propriété après les 1966 et 1970. **À boire entre 2006 et 2016.** (1/03)

MILLÉSIMES ANCIENS

Aqueux, herbacés et desservis par des arômes peu engageants, les 1999, 1997, 1995 et 1994 étaient à peine buvables. Les derniers Lascombes de bon niveau étaient le 1990 et le 1989 (notés respectivement 85 et 84 en novembre 2001). On citera encore les 1982 et 1983 (notés 87), que je n'ai pas dégustés depuis six ans, et qui constituent les plus belles réussites de la propriété avant son rachat, en 2000. Les autres millésimes de la fin des années 70 et des années 80 (1981, 1980, 1979 et 1978) étaient terriblement herbacés, maigres, acides et végétaux, sans aucune qualité qui puisse racheter leurs défauts. Le 1975 (noté 88 en décembre 2002) se distingue, car il est étonnamment puissant, tannique, dense et étoffé, avec un potentiel de garde de 10 à 15 ans.

Les amateurs chanceux qui auraient accès aux millésimes produits sous la houlette du regretté Alexis Lichine pourraient apprécier quelques vins superbes des années 60, notamment les magnifiques 1962 et 1966, et, bien entendu, le 1961. Je subodore cependant que, à moins qu'il ne s'agisse de flacons ayant séjourné dans une cave très fraîche et très humide, ces vins sont quelque peu passés.

MALESCOT SAINT-EXUPÉRY

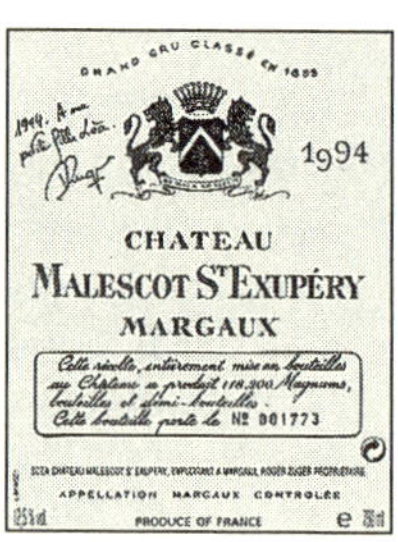

3e cru classé en 1855
Propriétaire : Roger Zuger
Adresse : 33460 Margaux
Tél. 05 57 88 97 20 – *Fax* 05 57 88 97 21
E-mail : malescotsaintexupery@malescot.com
Site Internet : www.malescot.com
Visites : sur rendez-vous, du lundi au vendredi (9 h-12 h et 14 h à 17 h)
Contact : Jean-Luc Zuger

VIGNOBLE ET VINIFICATION

Superficie : 23,5 ha
Encépagement : 50 % cabernet sauvignon, 35 % merlot, 10 % cabernet franc, 5 % petit verdot

Âge moyen des vignes : 35 ans
Densité de plantation : 10 000 pieds/ha – *Rendement moyen :* 52 hl/ha
Élevage : fermentation alcoolique à 30-32 °C de 8 à 10 jours en cuves thermorégulées ; vieillissement de 12 à 16 mois en fûts (80 % de bois neuf) ; ni collage ni filtration

VINS PRODUITS

Château Malescot Saint-Exupéry – 120 000 b ; La Dame de Malescot – 60 000 b
À maturité : dans les 8 à 20 ans suivant le millésime après 1990

APPRÉCIATION GÉNÉRALE

Voici une autre propriété de Margaux qui s'est magnifiquement redressée ces dernières années. Malescot Saint-Exupéry, qui pendant longtemps ne valait pas mieux qu'un cru bourgeois, tient maintenant son rang de troisième cru classé, tout en observant une politique de prix très raisonnable. De fait, le cru propose l'une des meilleures affaires en Margaux, et, à son meilleur niveau, traduit magnifiquement son terroir, tout en alliant merveilleusement puissance et finesse.

Malescot Saint-Exupéry se situe tout près du bourg de Margaux, à deux pas de Château Palmer, au nord, et en bordure de la route des grands crus (D2). Il a longtemps joui d'une excellente réputation pour ses vins fermes et de longue garde, vinifiés dans la tradition.

Les Zuger, propriétaires du domaine depuis 1955, affirment qu'ils n'ont pas l'intention de changer le caractère de leur vin pour lui conférer davantage de souplesse et de précocité. Cependant, j'ai nettement l'impression que les millésimes récents, en particulier ceux de la fin des années 80, ne sont pas aussi tanniques que ceux des années 60. Le vignoble, très bien situé (certaines parcelles jouxtent le Château Margaux), produit désormais des vins moyennement massifs, qui peuvent se révéler irrésistibles du fait de leur élégance et de leurs parfums imposants. Depuis 1990, ce cru auparavant austère et maigre se révèle bien plus riche et plus intense. Voilà une autre propriété revenue en force après une performance plutôt décevante dans les années 60 à 80.

2003
90-93
Cette propriété propose depuis 1990 des vins d'excellente tenue, et le 2003 perpétue cette belle lignée. Ce vin magnifiquement réussi arbore un rubis-pourpre profond et présente, dans un ensemble moyennement corsé, des arômes à la fois classiques et racés évoquant le cassis nuancé de tabac, de boîte à épices et de cèdre. Évolué, impressionnant de structure et de concentration, il se distingue par sa très grande pureté et par sa finale aussi élégante que persistante. Du fait de sa faible acidité, il sera accessible dès sa jeunesse, tout en promettant de tenir **12 à 15 ans.** (3/04)

2002
90
Ce vin stupéfiant – l'une des meilleures affaires disponibles parmi les 2002 – exprime l'un des bouquets les plus séduisants du millésime. Il développe en effet une merveilleuse concoction d'arômes de fleurs printanières nuancés de cassis, de cerise, de minéral et de graphite. L'ensemble, qui se présente vêtu d'un rubis-pourpre foncé et soutenu, est moyennement corsé et concentré. En milieu de bouche, il révèle une grande douceur ainsi que des tannins mûrs, et sa finale, persistante et d'une grande précision, est impeccable. Une belle réussite de cette propriété, qui semble n'avoir fait aucun faux pas depuis 1990 ! **À boire entre 2008 et 2019.** (9/03)

2001 **88** Le 2001 de Malescot Saint-Exupéry exprime avec élégance et délicatesse la finesse caractéristique des Margaux. Moyennement corsé, étoffé mais d'une grande pureté, il séduit par ses arômes de groseille, de cassis, de cerise, de cèdre et de boîte à épices. **À boire jusqu'en 2015.** (1/03)

2000 **92+** Bien qu'elle produise depuis plus d'une dizaine d'années des vins d'excellente tenue, cette propriété n'a pas de la part des amateurs l'attention qu'elle mériterait. Le grandiose 2000 de Malescot Saint-Exupéry s'annonce par un rubis-pourpre profond et par un doux nez joliment boisé de minéral, de tabac et de cassis nuancé de séduisantes notes de fleurs et d'anis. Suit un ensemble extraordinaire à la fois de pureté, de puissance aromatique et de profondeur, qui s'exprime en bouche avec une ampleur croissante. Ce vin moyennement corsé, qui incarne l'élégance, révèle, malgré sa concentration, des nuances et un caractère aérien hors du commun. Quelle merveille ! **À boire entre 2007 et 2022.** (1/03)

1999 **90** Ce vin, qui s'impose au nombre des grandes réussites du millésime, présente de complexes arômes d'herbes, de fruits noirs et rouges, de minéral, de fleur d'acacia et de réglisse. Sa robe prune foncé est moins soutenue que celle du 2000 de ce cru, mais l'ensemble, moyennement corsé, séduit incontestablement par son équilibre et son étoffe. Je doute que l'on puisse reproduire pareil vin ailleurs qu'à Bordeaux. **À boire jusqu'en 2012.** (3/02)

1998 **90** Ce classique conjugue une grande élégance avec des arômes merveilleusement structurés et riches de cerise noire et de groseille, l'ensemble constituant une quintessence de bordeaux dont on ne retrouve l'égal nulle part ailleurs dans le monde. Alors qu'il présente une légèreté aérienne et une structure diaphane, il recèle aussi un fruité extrêmement généreux. À chaque gorgée, il développe de nouvelles nuances ; on y perçoit notamment des notes de mûre, de prune, de groseille, de goudron, de boîte à épices et de minéral. L'ensemble, magnifiquement vinifié, sera à son apogée **jusqu'en 2017.** (3/02)

1996 **91** Impressionnant de structure, le 1996 arbore une robe d'un rubis-pourpre profond et soutenu, qui prélude à d'élégantes senteurs de petits fruits mâtinées de tabac, de fleurs et de vanille. La bouche se dévoile par paliers, révélant, outre un caractère moyennement corsé, une pureté et une richesse en extrait extraordinaires. Malgré sa profondeur, sa richesse et sa puissance inhabituelles, ce vin ne sacrifie rien de son élégance ni de son potentiel de complexité. **À boire entre 2006 et 2025.** (1/02)

1995 **90** Présentant une merveilleuse alliance – typiquement Margaux – d'élégance et de richesse, ce vin grenat-pourpre dégage au nez des arômes floraux, délicats et magnifiquement mûrs, de cassis, qui disputent à de subtiles notes de chêne neuf l'attention du dégustateur. L'attaque en bouche dévoile une belle décoction de fruits, ainsi que des tannins et une acidité joliment fondus dans un ensemble moyennement corsé. Ce 1995 donne une impression d'ensemble de race et de grâce. La quintessence d'un grand bordeaux, qui devrait encore s'améliorer en bouteille. Une merveille ! **À boire jusqu'en 2018.** (1/02)

1994 **87+** Rubis foncé de robe, le 1994 offre au nez de séduisants arômes herbacés et vanillés de groseille. Mais, à mon avis, sa véritable séduction réside dans le caractère richement fruité et merveilleusement pur qu'il dévoile en bouche par paliers. Ce n'est pas un vin ample, mais il est intense, gracieux et bien équilibré, avec une capacité impressionnante à parfaitement se développer au terme de 5 à 10 minutes d'aération. Cette réussite racée pourrait bien mériter une note supérieure si son caractère herbacé se transformait en notes de cèdre. **À boire jusqu'en 2016.** (1/97)

1990 Le 1990 de Malescot continue d'évoluer de manière impressionnante. Sans
90 être l'un des vins les plus puissants ni les plus massifs du millésime, il révèle l'élégance classique, les parfums et le caractère harmonieux que l'on attend généralement des Margaux de haut vol. Sa robe demeure d'un rubis foncé resplendissant nuancé de pourpre, et le nez révèle des arômes doux, opulents et confiturés de cassis, entremêlés de notes de fleurs blanches, d'épices et de chêne fumé. Moyennement corsé, savoureux et ample, il est faible en acidité et riche, se développant en bouche par paliers. Ce vin déjà accessible est cependant capable d'évoluer avec grâce. **À boire jusqu'en 2010.** (3/97)

1989 1989 est le millésime qui, à mon sens, marque un véritable tournant pour
87 Malescot du point de vue de la qualité. Certes, il est éclipsé par le 1990 et les suivants, mais il est très bon et, surtout, nettement supérieur à ses aînés des années 60 à 80. D'un rubis foncé, il exhale un bouquet d'herbes rôties, de douce mûre, de groseille, de terre et d'épices. Assez austère et plutôt tannique, il révèle en milieu de bouche la douceur caractéristique d'un fruité mûr étayé par un gras séduisant. Un vin souple et élégant, **à apprécier jusqu'en 2010.** (4/98)

MILLÉSIMES ANCIENS

Contrairement à la plupart des propriétés du Bordelais, Malescot Saint-Exupéry ne s'est pas distingué en 1982 ni en 1983 (ce dernier millésime fut pourtant particulièrement favorable aux Margaux). Sa performance dans les années 70 fut également très décevante. Cependant, dans la décennie précédente, il propose un 1961 qui se distingue par sa grande qualité et par son intensité. Lors de ma dernière dégustation, en décembre 1998, j'ai attribué à ce vin la note – très flatteuse – de 92. Il s'agit d'un Margaux classique, typique de l'appellation : féminin et délicat, mais très parfumé et doté d'arômes sensuels, il exprime un équilibre parfait. Au titre des réussites, on citera encore le 1959 (noté 93 ; dégusté d'une impériale en décembre 1995) et le 1953 (goûté plusieurs fois avec des notes irrégulières, la meilleure étant un 90 attribué lors de ma dernière dégustation, en décembre 1999). Cette propriété peut produire des vins de très haut vol, comme l'attestent les millésimes récents, qui affichent la séduction et l'élégance caractéristiques des meilleurs Margaux. Tous ces vins sont à apprécier dès maintenant.

CHÂTEAU MARGAUX

1er cru classé en 1855
Propriétaire : Corinne Mentzelopoulos
Adresse : 33460 Margaux
Adresse postale : BP 31 – 33460 Margaux
Tél. 05 57 88 83 83 ou 05 57 88 83 93 – *Fax* 05 57 88 31 32
E-mail : chateau-margaux@chateau-margaux.com
Site Internet : www.chateau-margaux.com

Visites : sur rendez-vous uniquement, du lundi au vendredi,
fermé en août et pendant les vendanges
Contact : Tina Bizard

VIGNOBLE ET VINIFICATION

Superficie : 78 ha (sous culture de vigne)
Encépagement : 75 % cabernet sauvignon, 20 % merlot, 5 % cabernet franc et petit verdot
Âge moyen des vignes : 35 ans – *Densité de plantation :* 10 000 pieds/ha
Rendement moyen : 45 hl/ha
Élevage : fermentations et cuvaison de 21 jours en cuves de bois thermorégulées ; vieillissement de 18 à 24 mois en fûts (100 % de bois neuf) ; collage ; pas de filtration

VINS PRODUITS

Château Margaux – 200 000 b ; Pavillon Rouge du Château Margaux – 200 000 b
À maturité : dans les 9 à 35 ans suivant le millésime

APPRÉCIATION GÉNÉRALE

Après une période difficile dans les années 60 et 70, le Château Margaux a connu une véritable renaissance dès la décennie suivante et produit désormais des vins frisant la perfection. Du point de vue de la qualité, ceux-ci tiennent leur rang de premier cru depuis une bonne vingtaine d'années, et le second vin, Pavillon Rouge du Château Margaux, est incontestablement digne d'intérêt.

Dans les années 60 et 70, Château Margaux a connu une période de médiocrité ; les vins manquaient généralement de richesse, de concentration et de caractère. Cette défaillance doit être imputée au manque de solidité financière de Pierre et Bernard Ginestet, qui n'ont pu résister à la crise pétrolière et à l'effondrement du marché du vin en 1973 et 1974. En 1977, le domaine fut racheté par André et Laura Mentzelopoulos. Les nouveaux propriétaires ont immédiatement investi des sommes énormes dans les vignobles et les installations de vinification, et ils ont demandé à Émile Peynaud de bien vouloir superviser l'élaboration du vin. Les observateurs autorisés s'attendaient à ce qu'il faille plusieurs années pour que l'argent et les bonnes intentions se traduisent dans la qualité des vins ; en fait, dès 1978, on pouvait constater de quoi Château Margaux était capable.

Malheureusement, André Mentzelopoulos est décédé avant d'avoir pu assister à la transformation complète de ce premier cru en difficulté en un vin d'une éclatante régularité, déployant toute sa grâce, sa richesse et sa complexité. Cependant, son épouse, la très élégante Laura Mentzelopoulos, et sa fille Corinne, chic, sportive et fort avisée, ont solidement repris les rênes du domaine, et sont mieux que secondées par des personnalités de grand talent, notamment Paul Pontallier. Le 1978, universellement acclamé, a été suivi d'une série de bordeaux si brillamment vinifiés, si fabuleux, si riches et si harmonieux qu'il n'est pas déplacé d'affirmer que, pendant cette dernière décennie, Margaux s'est imposé comme le vin le mieux fait du Bordelais.

Le Margaux nouveau style se caractérise par une richesse opulente, un bouquet profond, extraordinairement complexe, de cassis mûr, de chêne vanillé et épicé et de violette. Les vins sont désormais beaucoup plus foncés de robe, plus riches, plus corsés et plus tanniques que ceux élaborés du temps des Ginestet, avant 1977.

Margaux produit aussi un vin blanc sec, le Pavillon Blanc du Château Margaux, issu d'un vignoble de 12 ha sur sol gravelo-argilo-sableux exclusivement planté de sauvignon blanc. Il est fermenté en fûts et mis en bouteilles après 10 mois d'élevage. Pour ceux qui veulent tout savoir, il est vinifié dans un petit bâtiment, le château Abel-Laurent, qui se trouve non loin du fort beau château de Margaux. C'est le meilleur blanc du Médoc, vif, fruité, avec de subtils arômes d'herbe fraîche et de boisé.

2003
96-100
Bien que la commune viticole de Margaux ait connu en 2003 moins de réussite à haut niveau que Pauillac ou Saint-Estèphe, Paul Pontallier, le directeur de Château Margaux, propose cette année-là un vin absolument prodigieux, qui surpasse nettement tous ses jumeaux de l'appellation. Issu de rendements de 30 hl/ha et composé d'une sélection de 45 % de la récolte totale de la propriété, le Château Margaux 2003 évoque, intellectuellement et par le style, une synthèse de ses aînés de 1990 et de 1996. D'un pourpre opaque, doté d'extraordinaires senteurs de fleurs printanières, de myrtille, de cassis, de réglisse et de vanille, il se distingue par son opulence et sa structure remarquables, ainsi que par sa très grande précision, conservant une légèreté aérienne malgré sa prodigieuse concentration. Au fur et à mesure de son aération, l'ensemble développe d'autres notes de chocolat blanc et de fleurs. L'attaque évoque le 1990, mais la finale rappelle le 1996. Ce vin moyennement corsé, d'une pureté phénoménale, laisse en bouche une impression de légèreté. Sa finale persiste plus d'une minute. **À boire entre 2012 et 2040.** (1/05)

2003
90-93
Pavillon Rouge du Château Margaux – Le Pavillon Rouge 2003, que Paul Pontallier considère comme le millésime le plus réussi de ce cru, s'impose à mon sens comme le second vin le plus impressionnant que je connaisse de la propriété. Sa robe d'un rubis-pourpre foncé accompagne un doux nez de fruits noirs confiturés. Cet assemblage 65 % cabernet sauvignon et 35 % merlot, issu d'une sélection de 50 % de la production totale, se distingue par sa fraîcheur et sa vigueur, ainsi que par sa faible acidité. **À boire dans les 12 à 15 ans.** (1/05)

2002
91-93
Le 2002, qui se compose à 87 % de cabernet sauvignon, à 5 % de petit verdot et pour le reste de cabernet franc, évoque, par sa corpulence, son aîné de 1999 ; il rappelle aussi un peu le somptueux 1996, bien qu'il n'ait pas sa puissance ni sa densité, pas plus que sa perfection. Arborant un resplendissant rubis-pourpre profond et dense, il exhale un nez de cassis, de réglisse, d'herbes séchées, de vanille et de terreau. En bouche, il exprime, malgré son caractère corsé et son ampleur, une pureté et une élégance d'excellent aloi. L'ensemble n'a pas l'ampleur aromatique, la persistance ni les qualités exceptionnelles des 2000, 1996, 1995, 1990, 1986, 1985, 1983 et 1982. Cependant, il se distingue par sa sensualité et constitue une belle réussite de cette propriété magnifiquement gérée par les Mentzelopoulos et le talentueux administrateur Paul Pontallier. **À boire entre 2011 et 2026.** (9/03)

2001
93
Ce vin composé à 82 % de cabernet sauvignon, à 7 % de merlot, à 7 % de petit verdot et à 4 % de cabernet franc est le fruit d'une sélection extrêmement sévère, puisqu'il ne représente que 35 % de la production totale de la propriété. Très proche en style du 1999, il exprime avec élégance, dans un ensemble moyennement corsé, des notes subtilement boisées de doux cassis et de réglisse. L'ensemble, séduisant, est merveilleux d'équilibre. Il sera délicieux **dès sa jeunesse et jusqu'en 2020.** (1/03)

2000 **100** Ce vin est tout simplement colossal. Il se montre même sous un meilleur jour après la mise qu'en cours d'élevage. Issu d'une sélection de 40 % de la récolte totale, il se compose à 90 % de cabernet sauvignon et pour le reste de merlot. Évoquant une synthèse du 1990 – savoureux, opulent et charmeur – et du 1996 – plus structuré et plus précis, car forgé par un climat plus frais –, il s'annonce par un rubis-pourpre foncé et par un nez extraordinairement prometteur de crème de cassis nuancé de fleurs blanches, de réglisse, de café et de chêne grillé. L'ensemble, corsé, se développe en bouche par paliers, révélant une intensité et une pureté d'excellent aloi, ainsi qu'une finale longue de plus de 70 secondes. Véritable tour de force en matière de vinification, il traduit parfaitement son terroir, incarnant la parfaite alliance de la puissance et de l'élégance. Nombre de mes collègues ont, avant moi, vu dans ce cru la réussite du millésime. Je considère pour ma part qu'il s'agit d'un des grands succès de l'année, la compétition étant féroce, même à ce niveau de qualité. Quelle merveille ! **À boire entre 2012 et 2050** (1/03)

2000 **90** Pavillon Rouge du Château Margaux – Voici l'un des meilleurs exemples que je connaisse de ce cru. Le 2000 présente avec ampleur de douces et sensuelles notes de cassis nuancées de cèdre, de boîte à épices et de vanille. L'ensemble, charnu et généreux, est étayé par une faible acidité et des tannins doux. Il sera délicieux **ces 15 prochaines années.** À ne pas manquer ! (4/03)

1999 **94** Le très sensuel Margaux 1999, qui arbore un prune-pourpre foncé, manifeste déjà une belle complexité. Étonnamment charmeur et rond (évoquant en cela un millésime comme 1985), il n'est pas puissant ni massif ; pourtant, en bouche, il gagne en ampleur, révélant aussi une persistance et une pureté extraordinaires. Paul Pontallier, l'administrateur de la propriété, le préfère au 1998, qu'il juge plus austère. Je partage son avis. De fait, le 1999 traduit fidèlement le cru, conjuguant richesse, finesse, équilibre et harmonie d'ensemble. Une petite rétrospective permettrait de le rapprocher des Médoc 1962, sous-estimés. Ce vin, que l'on peut apprécier dès sa jeunesse, tiendra bien **une vingtaine d'années.** (10/02)

1999 **87** Pavillon Rouge du Château Margaux – Le 1999 du Pavillon Rouge du Château Margaux est moyennement corsé, complexe et précoce, très élégant aussi, avec des notes d'herbes. Très proche en style du grand vin, dont il n'a pas cependant la concentration, l'étoffe ni la persistance, il se maintiendra **une dizaine d'années.** (10/02)

1998 **91+** Le 1998 de Margaux ressemble de plus en plus à son aîné de 1988. D'un rubis-pourpre dense, il est tannique et austère, mais élégant. Il révèle des notes de goudron, de mûre et de fleur d'acacia nuancées de doux chêne grillé. L'ensemble, moyennement corsé et très structuré, s'exprime avec subtilité malgré sa richesse. Il est indiscutablement armé pour le long terme. **À boire entre 2008 et 2030.** (10/02)

1997 **90** Très réussi pour le millésime, le Château Margaux 1997 est des plus charmeurs, avec sa robe d'un rubis-pourpre foncé et son nez floral de cassis, de fumé et de chêne grillé et fumé. L'ensemble, qui manifeste une richesse admirable, ainsi qu'une maturité d'excellent aloi, manque un peu de densité. Il n'a pas, non plus, la fabuleuse concentration qui caractérise ses aînés de 1990, 1995 et 1996, issus de millésimes plus prisés. Cependant, il regorge de finesse, de souplesse et de caractère. Ce Margaux accessible dès sa jeunesse sera également capable d'une garde de **8 à 15 ans.** (9/02)

1996 99 Le Château Margaux 1996 est incontestablement l'un des grands classiques de l'ère Mentzelopoulos. Sous plusieurs aspects, il incarne la quintessence de ce cru et s'impose comme emblématique de cette propriété, alliant une puissance mesurée et une élégance extraordinaire à une complexité admirable. C'est, en résumé, une vraie merveille. Opaque et pourpre de robe, il exhale des arômes fabuleusement purs de mûre, de cassis, de pain grillé et de fleurs, et déploie en bouche, tout en rondeur, un caractère moyennement corsé et somptueusement souple. Tout paraît bien en place dans cet ensemble magnifique. L'assemblage final, composé à 85 % de cabernet sauvignon, à 10 % de merlot et pour le reste de cabernet franc et de petit verdot, contient la plus forte proportion du premier cépage depuis le 1986. Ce vin s'est refermé, mais son fruit demeure magnifiquement pur et doux. La bouche dévoile par paliers des vagues d'arômes et révèle une élégance exceptionnelle malgré sa puissance et sa densité. Je me suis demandé si ce 1996 pourrait à terme surpasser ses aînés de 1982, 1983, 1986, 1990 et 1995. Seul le temps le dira. Pour ma part, et d'un point de vue strictement épicurien, je préfère l'opulence et la viscosité du 1990 ; je pense aussi que ce vin développera des parfums extraordinaires et qu'il révélera la même richesse que les millésimes les plus concentrés de ce cru. Le Margaux 1996 peut sérieusement prétendre au titre de réussite du millésime. **À boire entre 2010 et 2045.** (3/02)

1995 95 Le 1995 s'est encore étoffé et s'impose comme l'un des plus grands classiques de l'ère Mentzelopoulos. Opaque et rubis-pourpre de robe, il dégage au nez des arômes de réglisse, de chêne neuf doux et fumé, mêlés de notes de fruits noirs confiturés, de réglisse et de minéral. Moyennement corsé, il est extraordinaire de richesse et fabuleux d'équilibre, avec une finale généreusement tannique. Malgré son ampleur et sa jeunesse, il est accessible et stupéfiant. Il sera toujours plus souple et plus épanoui que le 1996, plus ample de carrure. Suivre l'évolution de ces deux vins ces 50 prochaines années sera une expérience des plus fascinantes ! À boire **entre 2010 et 2040.** (3/02)

1994 91+ Ce millésime quelque peu oublié semble avoir passé un cap important il y a un ou deux ans. En raison de sélections sévères, les vins des meilleures propriétés se sont toujours révélés denses, mais leurs tannins étaient souvent en excès – lesdits tannins étant plutôt verts et astringents. Cependant, le Château Margaux 1994 s'est imposé comme une grande réussite – pouvant même prétendre au titre de meilleur vin du millésime. Arborant toujours un prune-pourpre dense, il exhale un nez à la fois doux et ample de fruits noirs nuancé de réglisse, de camphre, de vanille et de fleur. L'ensemble est dense et puissant, et ses tannins, qui se sont assouplis, sont moins durs et moins présents qu'ils ne l'étaient vers la fin des années 90. Ce vin tiendra encore plusieurs décennies, et on peut espérer qu'il s'arrondira davantage, bien que je doute que ses tannins se fondent jamais totalement. **À boire entre 2008 et 2025.** (10/02)

1993 88 Dans ce millésime difficile, Château Margaux propose un vin relativement puissant, souple et richement fruité, nuancé, tant au nez qu'en bouche, de tabac herbacé. L'ensemble, qui s'annonce par une robe prune foncé, est assez corsé. Il est étonnamment profond, riche et doux pour une année aussi peu glorieuse. **À boire jusqu'en 2010.** (10/02)

1992 **87** S'annonçant par un rubis profond nuancé de pourpre, le 1992 révèle, dans un bouquet assez léger et peu expressif, des notes de cassis, de réglisse et de chêne neuf. La bouche, moyennement corsée et souple, s'exprime avec une pureté et une élégance étonnantes. Malheureusement, la finale est un peu courte. Cependant, l'ensemble, qui est à son apogée, est impressionnant. **À boire jusqu'en 2009.** (10/02)

1990 **100** Typique du cru dans la mesure où il allie puissance et élégance, ce vin, qui s'était refermé pendant une bonne décennie, s'est à nouveau épanoui depuis quelques années. Sa robe est d'un rubis-pourpre dense. Son bouquet, ample mais aérien, évoque les doux fruits noirs, la violette, le fumé, le camphre et la réglisse. La bouche, moyennement corsée, rappelle davantage un échantillon de fût de 4 à 5 ans d'âge, mais elle s'affirme progressivement. L'ensemble s'est défait de l'aspect monolithique et fermé qui l'a caractérisé pendant une bonne dizaine d'années, et, bien qu'il soit faible en acidité, il se distingue par une très grande précision. Il regorge encore d'abondants tannins, ainsi que d'un fruité merveilleusement mûr, concentré, gras et richement extrait. La robe ne trahit pas d'évolution marquée. Le bouquet, superbe, commence tout juste à se développer. Ce vin corsé, opulent et d'une grande richesse constitue une belle réussite dans le contexte du millésime. **À boire entre 2005 et 2040.** (10/02)

1989 **90** Le 1989 évolue dans l'ombre de son cadet d'un an. Ce vin d'un prune-grenat foncé dégage un nez à la fois doux et ample de cuir fin, de chêne grillé, de cerise noire et de cassis herbacés. En bouche, il est moyennement corsé et très concentré, et exprime, malgré ses abondants tannins, une pureté d'excellent aloi. Malheureusement, la finale est courte et quelque peu comprimée. Ce vin extraordinaire s'est étoffé au fur et à mesure de son évolution en bouteille, mais il ne s'agit pas pour autant d'une des grandes réussites de la propriété. **À boire entre 2006 et 2025.** (10/02)

1988 **89** Plutôt corsé, trapu et musclé, le Château Margaux 1988 se présente vêtu d'un grenat opaque presque sombre, avec un nez ample et fumé de terre nuancé de compost, de goudron, de fruits noirs et de champignon. L'ensemble n'a pas l'élégance caractéristique du cru – il est plutôt rustique et corpulent, avec des tannins rugueux. Très ample – il tapisse littéralement le palais – et trapu, il doit être consommé **jusqu'en 2018.** (3/02)

1986 **98** Ce vin magnifique, qui est aussi l'un des exemples de ce cru les plus tanniques et les moins évolués des cinquante dernières années, continue d'évoluer très lentement. Il arbore toujours un rubis-pourpre dense à peine éclairci sur le bord. Au terme d'une aération de plusieurs heures, il dégage un stupéfiant bouquet, où se mêlent des notes de fumé et de grillé, ainsi que des senteurs de crème de cassis, de minéral et de fleurs blanches. L'ensemble, très corsé, est étayé par des tannins abondants, mais doux. Quoique corsé et puissant, il se distingue par sa très grande pureté. Son potentiel de garde semble infini : en effet, il commence tout juste à émerger de l'enfance pour entrer dans l'adolescence. **À boire entre 2008 et 2050.** (12/02)

1985
95
Ce vin, qui approche de son apogée, se distingue par une merveilleuse douceur. D'un prune-pourpre dense, doté d'un nez ample et doux aux notes de cassis nuancées de réglisse, de grillé, de sous-bois et de fleurs, il se développe en bouche par paliers et avec ampleur, révélant, outre un caractère moyennement corsé et des tannins souples, un fruité charnu, séveux, juteux et savoureux. Ce vin velouté atteint son apogée et devrait s'y maintenir (s'il est conservé dans de bonnes conditions) 10 à 15 ans. Vous apprécierez la séduction et l'opulence de ce délicieux Château Margaux 1985 dans les 10 ans. **À boire jusqu'en 2015.** (10/02)

1983
96 ?
Je l'ai signalé à maintes reprises : ce vin peut se révéler époustouflant. Cependant, j'ai pu remarquer, à la faveur d'une douzaine de dégustations depuis la dernière édition de cet ouvrage, que la moitié des bouteilles que j'avais goûtées étaient desservies par des arômes de bouchon. Je me demande même, en fait, si cela ne traduit pas une contamination des chais par les tétrachlorophénols. Il y a une plus importante proportion d'échantillons défectueux parmi les demi-bouteilles que parmi les bouteilles standard. Néanmoins, lorsque le vin est exempt de défauts, il semble à maturité – je dirais même qu'il a évolué plus vite que je ne l'aurais pensé il y a quatre ans. D'un pourpre dense légèrement trouble, il dégage de fabuleuses senteurs d'herbes fumées, de terre humide, de champignon et de douce crème de cassis, nuancées de vanille et de violette. L'ensemble est moyennement corsé, profond, riche et puissant, et ses tannins doux viennent étayer un fruité aussi généreux que concentré. **À boire jusqu'en 2020.** (11/02)

1982
98+
J'avais pensé, de prime abord, que le 1983 du Château Margaux était plus classique et mieux réussi que son aîné d'un an. Mais l'erreur est humaine, et je dois reconnaître que le 1982 surpasse maintenant son cadet. Pourtant, dans sa petite enfance, ce vin se révélait rugueux, puissant, assez dur même, et il présentait, outre une très grande richesse en extrait, de fort abondants tannins. Cependant, il s'est policé au fur et à mesure de son évolution, ses tannins se fondant harmonieusement dans l'ensemble. Le 1982 s'annonce maintenant par une robe d'un pourpre-grenat et par des notes d'encens, de douce truffe, de cassis, de fleurs et de terre humide. En bouche, il est corsé, gras et tannique. C'est probablement l'exemple de ce cru le plus ample et le plus concentré produit sous la houlette des Mentzelopoulos. Je doute que le 1982 puisse rivaliser avec les 1990, 1996 et 2000 pour ce qui est de la finesse et de l'élégance ; en effet, malgré son caractère très tannique, il n'a pas le classicisme des millésimes précités. Néanmoins, il se bonifie régulièrement et s'impose comme l'un des Château Margaux les plus merveilleusement séduisants qui soient. **À boire jusqu'en 2035.** (12/02)

MILLÉSIMES ANCIENS

Le superbe 1981, qui se distingue par sa belle élégance, pourrait prétendre au titre de réussite du millésime. Lors de ma dernière dégustation (en octobre 1982), je l'ai noté 91. Les 1978 et 1979, également extraordinaires, ont été notés entre 90 et 93, le 1979 se révélant légèrement plus frais et plus précis que son aîné, plus charnu et plus massif. Ces deux millésimes sont à leur apogée et promettent de tenir encore 10 à 15 ans.

Le 1978, qui inaugure l'ère Mentzelopoulos, a été précédé d'une série d'échecs élaborés du temps des Ginestet. Actuellement, les 1975 (noté 73), 1970 (noté 67), 1966 (noté 86) et 1964 (noté 69) font figure de curiosités, s'agissant de premiers crus classés, mais ils sont délavés et ne sont plus que l'ombre de ce qu'ils auraient pu être, compte tenu de leur pedigree. Il y a aussi le superbe 1961 – un classique qui mérite encore la note de 94 (dégusté pour la dernière fois en décembre 2001). On citera également le 1959, noté 90 au mieux de sa forme, mais qui n'est pas du niveau de son cadet de deux ans. Le légendaire 1953 a été noté 98 en janvier 2001, lorsque je l'ai dégusté d'un magnum. C'est un vin spectaculaire, et il est fort probable que le 1990 évolue dans la même ligne. Pour peu qu'il s'agisse de bouteilles ayant bénéficié de bonnes conditions de stockage, le 1928 (noté 98 en octobre 1994) frise la perfection et surpasse les très décevants 1949, 1947 et 1945. Quant au 1900, il s'impose comme l'un des bordeaux les plus grandioses qui soient (noté 100 en décembre 1996). Depuis cette dernière date, j'ai eu l'occasion de déguster plusieurs fois ce vin : trois des cinq bouteilles qui m'ont été présentées étaient manifestement des contrefaçons, tandis que les deux autres étaient passées, mais authentiques. Je n'oserais aujourd'hui ouvrir une bouteille de ce cru, car le nombre de flacons frauduleux est nettement supérieur à celui des exemples authentiques. Cependant, ceux qui auraient la chance de déguster un « vrai » Château Margaux 1900 ayant bénéficié de bonnes conditions de conservation se rendront compte immédiatement que ce vin résiste magnifiquement aux outrages du temps.

MAROJALLIA

Non classé
Propriétaire : Philippe Porcheron
Adresse : route de Bordeaux – 33460 Margaux
Adresse postale : 287, avenue de la Libération – 33110 Le Bouscat
Tél. 05 56 42 69 50 ou 06 09 57 71 82 – *Fax* 05 56 42 69 88
E-mail : porcheron.philippe@wanadoo.fr
Visites : sur rendez-vous uniquement
Contact : Philippe Porcheron

VIGNOBLE ET VINIFICATION

Superficie : 3,37 ha
Encépagement : 55 % cabernet sauvignon, 45 % merlot
Âge moyen des vignes : 15 ans – *Densité de plantation :* 10 000 pieds/ha
Rendement moyen : 25 hl/ha
Élevage : fermentations et cuvaison de 21 jours en cuves d'acier inoxydable thermorégulées ; achèvement des fermentations malolactiques en fûts ; élevage de 18 à 24 mois en fûts (100 % de bois neuf) ; ni collage ni filtration

VINS PRODUITS

Marojallia – 6 000 b ; Clos Margalaine – 12 000 b
À maturité : dans les 8 à 20 ans suivant le millésime

APPRÉCIATION GÉNÉRALE

Cette propriété de création récente a causé bien des remous sur la rive gauche du Bordelais. Il s'agit en effet du premier vin de garage du Médoc, et ses trois premiers millésimes sont incontestablement de très haut vol. Bien qu'il soit prématuré d'augurer de l'avenir du domaine, on peut subodorer qu'il continuera sur sa lancée. Pour l'heure, il vaut bien un deuxième cru. Les prix sont très élevés, justifiés au regard de la qualité, mais terriblement prétentieux si l'on tient compte de l'histoire relativement courte de la propriété. Le second vin est Clos Margalaine.

Cette nouvelle propriété, dont les débuts remontent à 1999, appartient à Philippe Porcheron. La production annuelle moyenne est de 500 caisses. Les vins sont élaborés par Jean-Luc Thunevin, la bête noire de Saint-Émilion, et par sa compagne Muriel.

2003 **91-94** N'est-il pas surprenant que ce vin de garage s'impose comme le deuxième meilleur cru de l'appellation, juste après le grandiose Château Margaux ? Malheureusement, cet assemblage de parts égales de merlot et de cabernet sauvignon n'est disponible cette année qu'à hauteur de 5 000 bouteilles. Vêtu d'un pourpre opaque et soutenu, le Marojallia 2003 s'annonce par de classiques senteurs de fleurs blanches, de crème de cassis, de mûre et de réglisse. Une fois passé ce bouquet, on distingue en bouche un ensemble étonnamment puissant (il est, en cela, atypique de l'appellation), fabuleusement profond, qui révèle aussi une pureté, une race et une ampleur extraordinaires. Quelle merveilleuse réussite ! **À boire dans les 20 ans suivant une garde de 2 à 5 ans.** (3/04)

2002 **93** Voici une belle réussite du tandem Muriel Andraud/Jean-Luc Thunevin. Ce vin structuré, typiquement Margaux, s'annonce par un pourpre soutenu et par de beaux parfums de fleurs printanières nuancés de crème de cassis et de graphite. L'ensemble, qui allie puissance et finesse, peut parfaitement rivaliser avec un premier cru. Malgré son caractère généreusement doté et sa persistance, il ne sacrifie rien en matière de pureté et se distingue encore par son côté aérien. Quelle merveille ! **À boire entre 2008 et 2020.** (9/03)

2001 **91** Le 2001 de Marojallia se présente vêtu d'un pourpre dense, avec de belles senteurs de graphite, de violette, de cassis et de prune. L'ensemble, moyennement corsé, s'exprime avec élégance, et sa finale est aussi persistante que généreuse. Quelle merveille ! **À boire entre 2008 et 2016.** (1/03)

2000 **94** Composé à parts égales de cabernet sauvignon et de merlot, le Marojallia 2000 est vraiment superbe. Sa robe d'un pourpre soutenu accompagne de fabuleux parfums subtilement boisés de liqueur de mûre nuancés de charbon et de violette. Suit en bouche un vin corsé, mariant puissance et élégance, aussi extraordinaire de précision que de pureté, qui conjugue encore la délicatesse typique des Margaux avec une concentration et une puissance hors du commun. **À boire entre 2007 et 2020.** (1/03)

1999 **91** Ce vin exceptionnel, dont la robe d'un rubis-pourpre dense accompagne des senteurs de violette, de charbon, de vanille et de pure crème de cassis, se distingue par son étoffe, son élégance extraordinaire et sa douceur savoureuse. Moyennement corsé, doté d'une finale longue de plus de 30 secondes, il constitue un début impressionnant pour ce cru encore inconnu il y a peu, mais incontestablement digne de l'attention des amateurs. Une merveille ! **À boire jusqu'en 2018.** (1/03)

MARQUIS DE TERME

4e cru classé en 1855
Propriétaires : Messieurs Sénéclauze
Adresse : 3, route de Rauzan – 33460 Margaux
Adresse postale : BP 11 – 33460 Margaux
Tél. 05 57 88 30 01 – *Fax* 05 57 88 32 51
E-mail : marquisterme@terre-net.fr
Site Internet : www.chateau-marquis-de-terme.com
Visites : du lundi au jeudi (9 h-11 h et 14 h-17 h) ; vendredi (9 h-11 h)
Contact : Jean-Pierre Hugon

VIGNOBLE ET VINIFICATION

Superficie : 38 ha
Encépagement : 55 % cabernet sauvignon, 35 % merlot, 7 % petit verdot, 3 % cabernet franc
Âge moyen des vignes : 35 ans – *Densité de plantation :* 10 000 pieds/ha
Rendement moyen : 50 hl/ha
Élevage : fermentations et cuvaison de 14 à 21 jours en cuves de béton thermorégulées ; vieillissement de 18 mois en fûts (30-35 % de bois neuf) ; collage au blanc d'œuf ; pas de filtration

VINS PRODUITS

Château Marquis de Terme – 160 000 b ; Terme des Gondats – 30 000 b
À maturité : dans les 5 à 18 ans suivant le millésime

APPRÉCIATION GÉNÉRALE

Cette propriété s'est améliorée après une période difficile.

Marquis de Terme est l'un des moins connus des crus classés de Margaux – et aussi l'un des plus décevants –, malgré quelques millésimes de haut niveau, à partir de 1983, qui comptent au nombre des Margaux les plus riches. Cependant, le domaine a bénéficié des investissements financiers indispensables pour moderniser le chai et permettre l'élevage en fûts de chêne, avec au moins 30 à 35 % de bois neuf à chaque millésime. Les propriétaires ont également institué une sélection plus stricte et créé un second vin.

Les deux principaux vignobles de Marquis de Terme sont situés à Cantenac et à Margaux, et, comme la plupart des meilleurs terroirs de l'appellation, ils se composent ainsi : 10 à 20 % d'argile, 3 à 12 % de terreau, 30 à 50 % de sable et 20 à 45 % de graves.

2000 **87** Le 2000 de ce cru est le seul millésime après le 1996 qui mérite l'attention des amateurs. Ce vin d'un rubis-pourpre trouble et dense, au nez de petits fruits, de terre, de réglisse et de chêne neuf, est moyennement corsé, agréablement concentré et pur, et plus évolué que la plupart de ses jumeaux. **À boire entre 2006 et 2015.** (1/03)

1996 **89+ ?** Opaque et pourpre de robe, le 1999 est tannique et structuré, avec un doux nez de crème de cassis nuancé de terre humide, de vanille et de réglisse. L'ensemble, moyennement corsé, est assez massif, avec des tannins abondants qui tapissent le palais. Encore peu évolué, il met à rude épreuve la patience des amateurs. **À boire entre 2009 et 2025.** (3/02)

1995
87 Ce vin s'est complètement refermé depuis plusieurs années. Arborant toujours un rubis-pourpre soutenu impressionnant, il exhale un doux nez de petits fruits nuancé de réglisse, de tapenade, de minéral et d'herbes. Moyennement corsé et profond, il révèle, malgré les tannins abondants et rustiques (qui ne se fondront probablement pas totalement) de sa finale, une très grande pureté. Quoi qu'il en soit, l'ensemble requiert une assez longue garde. **À boire entre 2007 et 2018.** (3/02)

MILLÉSIMES ANCIENS

Il ressort de la lecture de mes notes de dégustation des vingt-cinq dernières années consacrées à Marquis de Terme que cette propriété s'est montrée très régulière à haut niveau entre 1983 et 1990. Elle a enregistré de belles réussites durant cette période, notamment en 1990 (noté 87 en mars 1997), 1989 (noté 89 en mars 1997), 1988 (noté 86 en mars 1993), 1986 (noté 89 en mars 1997), 1985 (noté 88 en mars 1989) et 1983 (noté 88 en mars 1997). Tous ces millésimes peuvent être appréciés dès maintenant. Par ailleurs, les vins des années 70 sont essentiellement décevants et plutôt médiocres. Dans l'ensemble, le cru est difficile à appréhender. Certes, il présente un potentiel indiscutable – ses deux parcelles principales jouissent d'une belle situation à Cantenac et en bordure du plateau de Margaux –, mais la qualité, qui semblait à nouveau au rendez-vous vers le milieu des années 90, a baissé par la suite.

MONBRISON

Cru bourgeois supérieur
Propriétaires : Élisabeth Davis et Fils
Adresse : 33460 Margaux
Tél. 05 56 58 80 04 – *Fax* 05 56 58 85 33
E-mail : lvdh33@wanadoo.fr
Visites : sur rendez-vous uniquement
Contact : Laurent Vonderheyden

VIGNOBLE ET VINIFICATION

Superficie : 13,2 ha
Encépagement : 50 % cabernet sauvignon, 30 % merlot, 15 % cabernet franc, 5 % petit verdot
Âge moyen des vignes : 38 ans – *Densité de plantation :* 6 500-10 000 pieds/ha
Rendement moyen : 45 hl/ha
Élevage : fermentations et cuvaison de 21 jours en cuves d'acier inoxydable thermorégulées, avec deux remontages quotidiens et oxygénation ; vieillissement de 14 à 18 mois en fûts (40-60 % de bois neuf selon le millésime) ; collage ; pas de filtration

VINS PRODUIT

Château Monbrison – 48 000 b ; Bouquet de Monbrison – 30 000 b
À maturité : dans les 5 à 15 ans suivant le millésime

APPRÉCIATION GÉNÉRALE

Monbrison fut au meilleur de sa forme entre 1986 et 1990. La propriété traversa ensuite une période difficile (les amateurs choisiront avec discernement les millésimes entre 1991 et 1997), mais elle semble s'être redressée depuis 1998, sans pour autant retrouver son niveau des années 80. Les vins présentent désormais davantage de légèreté et de subtilité, ce qui les rend incontestablement séduisants. En outre, du fait de leur qualité et de leurs prix raisonnables, ils comptent au nombre des meilleures affaires du Bordelais.

Lors de la première édition de cet ouvrage, il y a dix-huit ans, Monbrison s'imposait parmi les crus bourgeois comme l'une des étoiles montantes du Médoc. Malheureusement, les choses ont beaucoup changé, bien que ce cru demeure un très bon Margaux. C'est au regretté Jean-Luc Vonderheyden qu'il devait son renouveau. D'ailleurs, celui-ci avait été unanimement loué, notamment par le célèbre Michel Bettane ainsi que par l'auteur de ces lignes, pour les petits rendements qu'il tenait et pour tous les efforts déployés dans le seul but de produire un vin de très haut niveau. Las, il fut fauché en pleine gloire par un cancer, et c'est maintenant son frère Laurent qui a repris les rênes de la propriété.

Laurent Vonderheyden semble avoir adopté un style de vinification plus léger, donnant des vins plus délicats ; mais on remarque une performance en dents de scie au début des années 90. Cependant, les millésimes récents comme 1995 et 1996 m'ont plutôt impressionné. Monbrison mérite assurément l'attention : je conseille vivement aux amateurs de déguster, à l'occasion, les vins élaborés par le regretté Jean-Luc entre 1986 et 1990.

2002 **86** Ce vin racé, qui s'exprime tout en finesse, présente de doux arômes de cerise rouge aigre-douce étayés par une acidité tonique. Très proche en style d'un bourgogne, il est bien fait et séduisant, mais anodin. **À boire jusqu'en 2010.** (9/03)

2001 **87** Ce vin relativement léger, mais plaisant et délicat, arbore un rubis-prune moyennement foncé. Bien qu'il n'ait pas la concentration ni la profondeur du 2000, il est de bonne facture et sera agréable **ces 5 à 6 prochaines années.** (1/03)

2000 **88** Voici le meilleur Monbrison produit depuis de nombreuses années. Ce vin vêtu de rubis-pourpre, dont les douces notes florales de minéral et de groseille sont subtilement nuancées de boisé, est étayé par des tannins mûrs, et sa finale est persistante. **À boire jusqu'en 2014.** (1/03)

1999 **85** Arborant un prune moyennement foncé, le 1999 de Monbrison est légèrement corsé et élégant, et présente en bouche des flaveurs séduisantes qui, malheureusement, s'amenuisent assez rapidement. Néanmoins, l'ensemble est net, plaisant et agréable. **À boire dans les 2 à 3 ans.** (3/02)

1998 **87** Un excellent bouquet aux notes de cassis mûr, de cerise et de chêne neuf épicé annonce le 1998 de Monbrison. Ce vin moyennement corsé, souple mais structuré, regorge littéralement d'un fruité mûr. Sa finale, poussiéreuse, est marquée de notes de terre. L'ensemble, complexe et pur, doit être consommé **dans les 10 ans suivant le millésime.** (12/00)

MILLÉSIMES ANCIENS

Le 1990 (noté 87 en novembre 1998), qui est parfaitement mûr, ainsi que les 1989 (noté 89 en avril 1991), 1988 (noté 90 en avril 1991) et 1986 (noté 87 en mars 1998) constituent les grandes réussites d'une époque révolue pour Monbrison. Tous sont à apprécier dès maintenant.

PALMER

3e cru classé en 1855
Propriétaire : SCI du Château Palmer
Adresse : Cantenac – 33460 Margaux
Tél. 05 57 88 72 72 – *Fax* 05 57 88 37 16
E-mail : chateau-palmer@chateau-palmer.com
Site Internet : www.chateau-palmer.com
Visites : sur rendez-vous
Contact : Thomas Duroux

VIGNOBLE ET VINIFICATION

Superficie : 52 ha
Encépagement : 47 % merlot, 47 % cabernet sauvignon, 6 % petit verdot
Âge moyen des vignes : 35 ans – *Densité de plantation :* 10 000 pieds/ha
Rendement moyen : 46 hl/ha
Élevage : fermentations et cuvaison de 28 à 30 jours en cuves d'acier inoxydable tronconiques thermorégulées ; vieillissement de 20 à 21 mois en fûts (45 % de bois neuf) ; collage ; pas de filtration

VINS PRODUITS

Château Palmer – 120 000-150 000 b ; Alter Ego de Palmer – 100 000-110 000 b
À maturité : dans les 5 à 25 ans suivant le millésime

APPRÉCIATION GÉNÉRALE

Palmer propose sans aucun doute l'un des Margaux les plus séduisants. Dans les très grands millésimes, aucun cru classé de la rive gauche ne peut l'égaler pour ce qui est de la puissance aromatique – tant au nez qu'en bouche. Les prix, qui ont considérablement augmenté, traduisent la demande internationale sans cesse croissante dont ce vin fait l'objet.

Flanqué de ses tours, le magnifique Château Palmer se dresse en bordure de la fameuse route du Vin (la D2), en plein cœur du village d'Issan. S'il mérite le coup d'œil et la photo, il présente, pour les amateurs, l'intérêt majeur de produire l'un des plus grands bordeaux.

La propriété tient son nom d'un général anglais qui servit sous Wellington et arriva à Bordeaux, avec son armée, en 1814. Il acheta le cru, alors connu sous le nom de Château de Gascq, et entreprit un vaste programme de replantation des vignobles et d'acquisition de nouvelles parcelles. C'est ainsi que, moins de vingt ans plus tard, le domaine commençait à être connu sous le nom de Château Palmer. Malheureusement, Charles Palmer, qui n'avait pas ménagé ses efforts pour restaurer sa propriété, connut des revers de fortune, fit faillite et fut contraint, du fait d'une adjudication, de vider les lieux, avant de mourir en 1836. Palmer appartient depuis 1939 à un consortium comprenant, outre la famille du regretté Peter A. Sichel et la famille Mähler-Besse, quatre autres associés, dont le plus connu est Bertrand Bouteiller, qui assure la gestion au jour le jour du domaine.

Palmer a, très souvent, toute la profondeur d'un premier cru. Dans des millésimes tels que 1961, 1966, 1970, 1975, 1983, 1989, 1990, 1995, 1996, 1998, 1999, 2000, 2001 et 2002, il peut surpasser certains d'entre eux. Alors qu'il n'est officiellement que troisième cru, les bouteilles atteignent un prix intermédiaire entre les deuxièmes et premiers crus, ce qui traduit bien l'estime dans laquelle les négociants, les importateurs étrangers et les amateurs tiennent ce vin.

Palmer est vinifié de manière traditionnelle, et sa belle réussite peut être attribuée à de multiples facteurs. Il y a l'encépagement, unique par le fort pourcentage de merlot (47 %) ; c'est cette particularité qui, sans aucun doute, donne au vin son caractère riche, souple, généreux et charnu, qui l'apparente aux Pomerol – il n'en a pas moins ce parfum fabuleux qui est la quintessence du Margaux. Il convient encore de souligner qu'à Palmer la cuvaison est exceptionnellement longue (20 à 28 jours) ; ce contact prolongé des peaux avec le jus explique la densité de la robe, la richesse en extrait et les tannins abondants qui caractérisent la plupart des millésimes. Enfin, le domaine demeure l'une des quelques propriétés du Médoc qui s'opposent obstinément à la filtration.

Entre 1961 et 1977, Palmer a régulièrement produit le meilleur vin de son appellation ; cependant, après la renaissance de Château Margaux, en 1978, qui a conduit ce dernier à reprendre sa place au sommet de la hiérarchie, Palmer n'a plus, du moins pour l'instant, que la deuxième place – bien que les derniers millésimes le mettent à l'égal d'un premier cru. Les importantes rénovations des chais à la fin des années 90 ainsi que l'élaboration d'un deuxième vin ont également contribué à accroître encore la qualité.

Les vins de Palmer se caractérisent par un nez et un bouquet sensationnels. J'ai souvent expérimenté le fait que, lors des dégustations à l'aveugle, il était possible de reconnaître par leur seul parfum les grands millésimes. Comme je l'ai dit plus haut, le bouquet de ce cru conjugue le fruit précoce d'un grand Pomerol à la complexité et au caractère d'un Margaux. Il est riche, souvent souple et séveux, mais toujours profondément fruité et concentré.

2003 Le 2003 de Palmer est relativement évolué. Arborant un rubis-pourpre profond,
88-91 il révèle dans un ensemble moyennement corsé des arômes aussi sensuels que complexes. Bien qu'il n'ait pas la profondeur de ses trois aînés, il sera délicieux dès sa diffusion et tiendra ensuite une bonne quinzaine d'années, voire davantage. Cet assemblage 68 % cabernet sauvignon, 20 % merlot et 12 % petit verdot, issu de faibles rendements de 25 hl/ha, se distingue encore par sa très grande finesse, son fruité et son extrême élégance. Bien qu'il n'ait pas la corpulence ni la puissance des meilleurs millésimes du cru, il pourrait se révéler extraordinaire s'il s'étoffait un peu en milieu de bouche. **À boire entre 2006 et 2018.** (3/04)

2002 Le 2002 de Palmer, qui se compose à 52 % de cabernet sauvignon, à 40 %
93 de merlot et pour le reste de petit verdot, constitue un véritable tour de force en matière de vinification. Merveilleux d'intensité, il regorge de complexes et très séduisants arômes de fleur d'acacia, de crème de cassis et de café, son bouquet étant également nuancé de sous-bois. L'ensemble est tout à la fois dense, concentré et corsé, avec des tannins en finale qui heurtent presque le

palais, mais sa richesse en extrait et son gras généreux assurent son équilibre. Ce vin très réussi, produit à hauteur de 8 500 caisses, peut rivaliser avec son aîné de 2000. Il doit être attendu 5 à 6 ans et sera parfait **entre 2012 et 2025, voire au-delà.** (9/03)

2001 **90+** Le 2001 de Palmer est un assemblage 51 % cabernet sauvignon, 44 % merlot et 5 % petit verdot. Sa robe d'un pourpre soutenu accompagne de fabuleux parfums de goudron nuancés de fleurs printanières, de mûre, de fumé et de cassis. Suit en bouche un ensemble moyennement corsé, étayé par d'abondants tannins et par un gras généreux, dont la persistance n'a d'égale que la densité. À chacune de mes dégustations, ce vin se montre sous un meilleur jour et paraît avoir gagné en étoffe. Il pourrait presque rivaliser avec le superbe 2000. **À boire entre 2010 et 2022.** (1/03)

2000 **96** Le 2000 est tout simplement prodigieux. Vêtu d'un pourpre soutenu, il révèle des arômes sensuels, corsés et extrêmement puissants de viande rôtie, de mûre et de crème de cassis nuancés de grillé, de fumé et de camphre, et exprime une bouche riche et opulente, marquée par des tannins qui semblent s'être adoucis en cours d'élevage. Ce vin composé à 53 % de cabernet sauvignon et pour le reste de merlot représente une sélection de 50 % de la récolte totale ; il ne s'est jamais montré sous un aussi bon jour qu'après la mise. Il s'agit d'un Palmer grandiose, qui peut parfaitement rivaliser avec ses meilleurs aînés des millésimes récents ; il faut dire que le cru s'améliore d'une année sur l'autre. **À boire entre 2008 et 2030.** (1/03)

1999 **95** Le 1999 de Palmer s'impose à la fois au nombre des grandes stars du millésime et comme la plus belle réussite de la propriété après le 1983 et le 1989. Composé à 48 % de cabernet sauvignon, à 46 % de merlot et à 6 % de petit verdot, il est le fruit d'une sélection de la moitié de la récolte totale. Ce vin irrésistible, extrêmement complexe, allie magnifiquement puissance et élégance, et développe au nez de stupéfiants arômes de violette et d'autres fleurs printanières, nuancés de réglisse et de cassis et subtilement marqués de chêne neuf. Ses flaveurs, qui caressent littéralement le palais, sont étayées par des tannins doux, et sa finale dure près de 45 secondes. Quelle merveille ! **À boire jusqu'en 2025.** (10/02)

1998 **91** Le 1998 de Palmer est un classique de son appellation. Il s'est considérablement étoffé au cours de son élevage. D'un pourpre dense, avec un somptueux bouquet de fruits noirs, de réglisse, de goudron et de pain grillé nuancé de fleur d'acacia, il exprime une bouche moyennement corsée, merveilleuse de précision. L'ensemble, qui se compose à parts égales de merlot et de cabernet sauvignon, avec une petite proportion de petit verdot, se maintiendra sans peine 20 à 25 ans. C'est l'un des meilleurs Margaux du millésime. **À boire jusqu'en 2028.** (10/02)

1997 **87** Ce vin séduisant plaira certainement au plus grand nombre. D'un rubis-prune foncé tirant sur le pourpre, il exhale des parfums charmeurs de doux petits fruits, qui accompagnent un ensemble moyennement corsé, élégant, charnu, très accessible et dominé par le fruit. L'ensemble, qui compense son manque de corpulence et de densité par une harmonie d'excellent aloi, affiche un potentiel de **2 à 3 ans.** (3/01)

1996
91+
Composé à 55 % de cabernet sauvignon, à 40 % de merlot et à 5 % de petit verdot, le 1996 de Palmer se montre sous un bon jour en bouteille. Arborant une superbe robe d'un pourpre soutenu, il s'annonce par un nez peu évolué, mais intense, de prune noire, de groseille, de réglisse et de fumé. L'attaque en bouche révèle un fabuleux fruité, qui s'estompe ensuite au profit de la structure et des tannins de l'ensemble. Ce vin étonnamment peu évolué, mais doté de manière impressionnante, pourrait se révéler la version moderne de son aîné de 1966. Il regorge de fruit, ses tannins sont bien fondus, mais il requiert une garde de 3 à 4 ans avant d'être prêt. **À boire entre 2008 et 2028.** (3/01)

1995
90
Le Palmer 1995 est dominé par le merlot (il en contient 43 %). Faible en acidité et charnu, il séduira dès son plus jeune âge grâce à son opulence fabuleuse, mais ne se conservera pas moins de belle manière. D'un rubis-pourpre foncé, il dégage des arômes de chêne neuf fumé et grillé, mêlés d'un généreux fruité de cerise confiturée aux nuances chocolatées et florales. Ce vin impressionnant, moyennement corsé et charnu, est très élégant. **À boire jusqu'en 2020.** (3/01)

1994
86
J'avais espéré que le 1994 serait meilleur, mais il est simplement bon et manque d'intérêt. Sa robe d'un rubis moyennement foncé précède des arômes de fruits rouges doux et sans détour, et l'on décèle en bouche un vin modérément corsé, d'une belle concentration et assez tannique, avec une finale courte et épicée. Il est bon, mais décevant pour un Palmer. **À boire jusqu'en 2010.** (1/01)

1990
90
Après une période où il s'est montré diffus, le 1990 a gagné en précision. Ce vin d'un prune-grenat foncé, au doux nez de fruits cuits, de boîte à épices, d'encens et de douce réglisse, est nuancé de chocolat, de prune et de cerise noire. En bouche, il est opulent et velouté, et faible en acidité. L'ensemble est à son apogée, mais promet de se maintenir ainsi encore au moins 5 à 10 ans (à condition cependant qu'il bénéficie de bonnes conditions de conservation). Il présente un fruité vraiment épanoui, sensuel et profond. **À boire jusqu'en 2015.** (5/02)

1989
95
Voici l'une des grandes réussites du millésime. Ce vin prune-pourpre foncé de robe, légèrement rosé et ambré sur le bord, exhale un nez ample de charbon, de fleurs blanches (acacia ?), de prune et de cassis. Une fois passé ce bouquet, on décèle en bouche un ensemble moyennement corsé qui s'exprime tout en élégance et en rondeur, malgré sa très grande concentration. Ce Palmer fabuleux, qui semble à son apogée, manifeste un bel équilibre. Il pourrait éventuellement ressembler à l'extraordinaire 1953 de la propriété. **À boire jusqu'en 2020.** (5/02)

1988
88
Comme nombre de crus de ce millésime, le 1988 a bien évolué et atteint son apogée. Il est dense, quelque peu rugueux, mais généreusement marqué d'arômes très prononcés de fruits noirs et de terre nuancés de réglisse, de compost, de camphre et d'herbes rôties. Moyennement corsé, il est marqué en finale de tannins épais dont je ne sais s'ils se fondront totalement. Quoi qu'il en soit, l'ensemble se distingue par sa belle profondeur et son ampleur. **À boire jusqu'en 2010.** (5/02)

1986 **89+** Les grands Médoc 1986 ont bien évolué et, quoique encore dans leur jeunesse, ils approchent le stade de l'adolescence. Arborant un rubis-pourpre toujours dense à peine éclairci sur le bord, le Palmer 1986 exhale un nez de minéral, ainsi que des senteurs de douce cerise noire et de cassis. Moyennement corsé, doté de tannins modérément abondants, il manifeste une très grande pureté malgré sa concentration et son austérité. L'ensemble est encore jeune, mais il est sorti de la période d'hibernation (il était très fermé) où il est resté pendant près de 15 ans. **À boire entre 2006 et 2022.** (5/02)

1985 **88** Ce vin accessible et épanoui, qui manque quelque peu de précision, présente une robe grenat foncé légèrement ambrée. Actuellement à son apogée, il se caractérise par un nez de douce cerise, de prune et de groseille nuancé de réglisse, de champignon et de terre humide, qui jaillit littéralement du verre. Ce bouquet prélude à un ensemble assez massif, très parfumé et fruité, qui n'a pas la persistance ni la concentration des vins vraiment grandioses, mais qui est incontestablement séduisant – comme d'ailleurs nombre de crus de ce millésime. **À boire jusqu'en 2008.** (5/02)

1983 **98** Ce vin, qui continue de s'améliorer, peut prétendre au titre de réussite du millésime. Il a même dernièrement surpassé son jumeau de Château Margaux lors de dégustations à l'aveugle. D'un prune-pourpre opaque, l'ensemble dégage des senteurs incroyablement complexes de canard fumé, de fleurs blanches, de cèdre, d'épices orientales, de crème de cassis, de réglisse et de café. Tout à la fois corsé, concentré et puissant, il s'exprime avec ampleur, s'imposant comme l'un des Palmer les plus impressionnants, les plus concentrés et les plus puissants des quarante dernières années. L'ensemble a résorbé ses tannins rugueux, très présents dans les 10 à 15 ans suivant le millésime. Il s'exprime aussi avec davantage de rondeur et gagne en séduction au fur et à mesure de son évolution. Il s'agit incontestablement du Palmer le plus extraordinaire après le 1961. **À boire jusqu'en 2020.** (10/02)

1982 **87** Le 1982, qui évoque son cadet de 1990, est souple, accessible, généreux et charnu. Sa robe fortement ambrée accompagne un bouquet parfumé et épanoui de prune, de cerise et de fruits noirs confiturés. L'ensemble est souple, presque plat ; il manque d'acidité, et ses tannins sont très doux. Si certaines dégustations m'ont révélé un vin méritant une note aux alentours de 90, d'autres (les plus nombreuses) montraient un cru qui péchait par manque de profondeur et de persistance, et ne valait pas mieux qu'une note entre 85 et 89. Néanmoins, le 1982 est terriblement charmeur et séduisant. **À boire jusqu'en 2008.** (5/02)

MILLÉSIMES ANCIENS

Palmer propose un 1979 superbe (noté 90 en mai 2002), un magnifique 1978 (noté 89 en mai 2002) et l'un des 1975 les plus réussis dans un millésime difficile pour le Médoc (noté 90 en mai 2002). Le 1970 est tout simplement gigantesque, s'imposant comme l'un des dix ou douze grands succès de l'année. Il est encore en bonne forme ; il s'agit d'un Palmer classique, absolument fabuleux, que j'ai noté 96 en mai 2002. Je n'ai pas dégusté le 1967 depuis décembre 1996 – je l'avais alors noté 87 –, mais je subodore qu'il est actuellement sur le déclin. Le 1966 est encore grandiose. Toujours vif et tonique, il compte au nombre des trois ou quatre meilleurs crus de l'année. Je l'ai noté 96 en mai 2002. Le 1962 est tout aussi somptueux (noté 91 en mai 2002). Quant au 1961 (noté 99 en mai 2002), il frise la perfection.

Parmi les autres vieux millésimes de Palmer (la gamme est impressionnante), citons le 1945 (noté 97 en octobre 1994), le 1928 (noté 96 en octobre 1994) et le 1900 (noté 96 en décembre 1995). Si Palmer n'a pas le rang de premier cru, il en a incontestablement l'étoffe.

PRIEURÉ-LICHINE

4e cru classé en 1855
Propriétaire : Louis Ballande
Adresse : 34, avenue de la Ve-République – 33460 Cantenac
Tél. 05 57 88 36 28 – *Fax* 05 57 88 78 93
E-mail : contact@prieure-lichine.fr
Visites : du lundi au samedi (9 h-12 h et 14 h-18 h), jusqu'à 17 h d'octobre à mai

VIGNOBLE ET VINIFICATION

Superficie : 70 ha
Encépagement : 56 % cabernet sauvignon, 34 % merlot, 10 % petit verdot
Âge moyen des vignes : 30 ans – *Densité de plantation :* 8 000 pieds/ha
Rendement moyen : 45 hl/ha
Élevage : fermentations de 25 à 30 jours, avec trois remontages quotidiens ; cuvaison en cuves de béton et d'acier inoxydable thermorégulées ; achèvement des malolactiques en fûts ; vieillissement de 18 mois sur lies, sans soutirage (60 % de bois neuf et 40 % de fûts de 1 an d'âge) ; collage au blanc d'œuf ; filtration si nécessaire

VINS PRODUITS

Château Prieuré-Lichine – 240 000 b ; Château de Clairefont – 120 000 b
À maturité : dans les 8 à 12 ans suivant le millésime

APPRÉCIATION GÉNÉRALE

La renommée de Prieuré-Lichine tient probablement davantage à la personnalité d'un de ses anciens propriétaires, Alexis Lichine, qu'à la qualité propre de ses vins. Le cru a bénéficié récemment d'investissements importants et d'efforts considérables de la part des nouveaux maîtres des lieux. Les vins produits ici sont réguliers et de bonne facture, mais la propriété n'a pas encore atteint le niveau d'autres étoiles montantes de l'appellation, comme Kirwan, D'Issan ou Malescot Saint-Exupéry.

Prieuré-Lichine était aussi la demeure chérie d'Alexis Lichine, autorité dans le monde du vin, critique mondialement apprécié et grand promoteur des bordeaux, décédé en juin 1989. Il l'avait achetée en 1951 et y avait apporté de nombreuses améliorations ; il avait en particulier triplé la surface du vignoble. Je crois que la vendange, à Prieuré-Lichine, est une opération d'une incroyable complexité ; en effet, le domaine – un des plus morcelés du Médoc – compte plusieurs dizaines de parcelles, toutes situées dans la vaste appellation Margaux.

Le vin de Prieuré-Lichine est généralement vinifié de façon à la fois moderne et judicieuse. Il est souple et assez précoce, mais il est aussi assez tannique et, dans les bons millésimes, suffisamment étoffé pour se maintenir 8 à 12 ans. Quant aux prix, ils demeurent raisonnables.

Depuis la mort de son père, Sacha Lichine avait pris en main les rênes de ce joli prieuré couvert de lierre, ayant autrefois appartenu aux bénédictins, et qu'il a revendu en 1999 à la famille Ballande. Les nouveaux maîtres des lieux se sont attelés à produire des vins plus concentrés, plus corsés et plus aptes à la garde que leurs prédécesseurs, le changement de style répondant probablement aux critiques qui regrettaient la légèreté de nombreux millésimes, en particulier au regard du classement du cru. Les conseils du talentueux Stéphane Derenoncourt, qui officie plus souvent sur la rive droite, ont été retenus dans la perspective d'améliorer les choses. Sa philosophie de vinification la moins interventionniste possible et ses méthodes d'élevage prolongé sur lies apporteront certainement davantage de fruit, d'étoffe et de caractère aux vins de cette propriété.

2003 **88-90** Depuis que ce cru bénéficie des conseils de Stéphane Derenoncourt, il a affirmé son style accessible et présente davantage de complexité aromatique. Le 2003 de Prieuré-Lichine est sensuel, souple et séduisant, avec des arômes de cerise et d'autres petits fruits mûrs étayés par une faible acidité. Ce vin moyennement corsé, séduisant et d'une très grande pureté sera parfait **dans les 10 à 12 ans.** (3/04)

2002 **89** Voici l'une des révélations du millésime. Le célèbre Stéphane Derenoncourt, qui conseille ce cru, y accomplit des merveilles. De fait, ce 2002 s'impose comme l'une des grandes réussites de Prieuré-Lichine depuis des décennies. Vêtu d'un rubis-pourpre profond, il se distingue par un fruité généreux, ainsi que par un caractère précoce et séduisant. L'ensemble, moyennement corsé, déploie de sensuels arômes évoquant le cassis, la cerise et la terre, ainsi que des nuances de chêne calciné. Vous apprécierez ce vin superbe, soyeux, **dans les 10 à 12 ans suivant le millésime**, bien que je subodore qu'il puisse tenir davantage. (9/03)

2001 **89** Cette propriété, que l'on connaît pour ses vins relativement légers, propose un élégant 2001 dont le doux boisé et les notes de fruits noirs sont plus prononcés que de coutume. Ce vin charnu, merveilleux de douceur, révèle encore des senteurs fleuries de groseille et de cassis. **À boire entre 2006 et 2015.** (1/03)

2000 **90** Le 2000 de Prieuré-Lichine s'impose comme la plus belle réussite du cru ces trente à quarante dernières années. Moyennement corsé, riche et étoffé, il se reconnaît à sa robe d'un rubis-pourpre foncé et à ses renversantes senteurs de cerise noire, de cassis, de tabac et de cacao nuancées en arrière-plan de chêne grillé. L'ensemble est doux à l'attaque, corsé et structuré en milieu de bouche, et il suinte littéralement de fruit et de gras. Très sensuel, il peut être consommé dès maintenant, mais il est également capable de vieillir de belle manière ces 20 prochaines années. **À boire jusqu'en 2026.** Bravo ! (1/03)

1999 **85** Ce vin souple, agréable, est léger et quelque peu dénué d'étoffe. Il est marqué par des arômes moyennement corsés de groseille, de terre, d'herbes séchées et de boisé. Je conseille de le boire **dans les 3 à 4 ans.** (3/02)

1998 **87** Plutôt léger, vêtu d'un rubis foncé, le 1998 de Prieuré-Lichine se caractérise par des arômes admirables, ainsi que par une pureté et une finesse d'excellent aloi. Regorgeant de généreuses senteurs et flaveurs de boîte à épices, de cassis et d'autres petits fruits, ce délicieux Margaux déploie en bouche une belle texture, se montrant évolué et épanoui. **À boire dans les 10 ans suivant le millésime.** (3/02)

1996 **86** Très herbacé, marqué de notes de feuilles et d'herbes séchées qui disputent à de douces senteurs de fraise et de groseille l'attention du dégustateur, ce vin légèrement corsé compense par sa bonne maturité son manque de profondeur et d'intensité. Il est atypique du millésime. **À boire dans les 2 à 4 ans.** (3/01)

1995 **84** Moins réussi qu'on aurait pu le penser, le 1995 de Prieuré-Lichine est moyennement corsé, avec une robe grenat assez foncé et un doux nez de fruits rouges poussiéreux nuancé de bois de balsa, d'herbes de Provence, de terre humide et peut-être même de champignon. L'attaque est plaisante, mais l'ensemble s'amenuise par la suite, se révélant comprimé et atténué. **À boire jusqu'en 2006.** (3/01)

1990 **88** Le 1990 est, de loin, le meilleur Prieuré-Lichine des vingt dernières années qui soit à maturité. Vêtu de grenat foncé, il dégage de très odorantes senteurs de boîte à épices, de Christmas cake, de cèdre, de tabac, de fumé, de groseille et de cassis confiturés. L'ensemble, moyennement corsé, est mûr et faible en acidité. En bouche, il s'exprime avec ampleur, et sa finale, capiteuse et opulente, traduit une très grande pureté. **À boire jusqu'en 2008.** (3/01)

1989 **88** Très réussi, le 1989 de Prieuré-Lichine est d'un grenat foncé légèrement ambré sur le bord. L'ensemble, corsé et étayé par des tannins doux, évoque au nez le doux cassis nuancé de réglisse, d'herbes fumées et de tabac. En bouche, il est opulent, très gras et présente un alcool capiteux. Un vin séduisant, d'une belle ampleur. **À boire jusqu'en 2007.** (3/01)

1988 **85** Le 1988 entame son déclin et commence à se déliter. Sa robe grenat fortement ambrée sur le bord annonce un vin aux séduisantes senteurs de sous-bois, de compost, de réglisse et de doux cassis. Suit en bouche un ensemble aux tannins secs et astringents, qui pèche par manque de douceur comme de profondeur. Quoique encore très expressif au nez, ce vin révèle en bouche un fruité qui se dessèche. **À boire sans plus tarder.** (3/01)

1986 **88** Le 1986, qui marquait la trente-cinquième vendange d'Alexis Lichine, est très impressionnant. Il arbore toujours un grenat foncé à peine éclairci sur le bord. Au nez, il évoque le minéral, les herbes fumées, la groseille et le cassis, ainsi que la réglisse. L'ensemble, moyennement corsé, est plus concentré que de coutume pour le cru ; il est aussi étonnamment musclé et tannique. À l'heure actuelle, il atteint tout juste son apogée et devrait s'y maintenir encore 3 à 5 ans. **À boire jusqu'en 2010.** (3/01)

MILLÉSIMES ANCIENS

Si le 1982 de Prieuré-Lichine fut une grande déception, le 1983, qui est actuellement à son apogée, fut une belle réussite. J'ai noté ce vin 87 lors de ma dernière dégustation, en novembre 2000. Les millésimes antérieurs ne furent pas spécialement encourageants, ceux des années 70, en particulier, étant décevants.

RAUZAN-GASSIES

2[d] cru classé en 1855
Propriétaire : SCI Château Rauzan-Gassies (Jean-Michel Quié)
Adresse : 33460 Margaux
Tél. 05 57 88 71 88 – *Fax* 05 57 88 37 49
E-mail : jean.philippe.quie@cegetel.net
Visites : sur rendez-vous
(9 h-11 h 30 et 13 h 30-17 h 30)
Contact : Jean-Philippe Quié

VIGNOBLE ET VINIFICATION

Superficie : 30 ha
Encépagement : 62 % cabernet sauvignon, 30 % merlot, 5 % cabernet franc, 3 % petit verdot
Âge moyen des vignes : 28 ans – *Densité de plantation :* 10 000 pieds/ha
Rendement moyen : 50 hl/ha
Élevage : fermentations et cuvaison de 21 jours en cuves d'acier inoxydable thermorégulées, avec remontages fréquents ; achèvement des malolactiques en fûts pour une partie de la récolte ; vieillissement de 12 à 18 mois en fûts (30 % de bois neuf) ; collage au blanc d'œuf ; filtration légère

VINS PRODUITS

Château Rauzan-Gassies – 150 000 b ; Chevalier de Rauzan-Gassies – 30 000 b
À maturité : dans les 5 à 12 ans suivant le millésime

APPRÉCIATION GÉNÉRALE

Rauzan-Gassies, qui fut pendant longtemps l'un des crus classés les moins performants du Bordelais, s'est amélioré depuis 1998.

Le vignoble de Rauzan-Gassies est situé sur des terrasses alluviales. Soixante pour cent des terres se trouvent immédiatement autour du château, le reste, sur sols graveleux, étant limitrophe des Châteaux Palmer, Margaux et Lascombes. Bref, la propriété bénéfice d'un terroir au potentiel extraordinaire, mais il n'y règne aucune volonté d'excellence.

Du point de vue historique, Rauzan-Gassies fut détaché de Rauzan-Ségla au moment de la Révolution française. La propriété appartient depuis 1943 à la famille Quié. Plus lourd et plus corpulent que ne le sont généralement les Margaux, ce vin ne révèle pas non plus la finesse ni le parfum que l'on trouve chez les meilleurs crus de l'appellation. Cependant, il peut aussi être assez concentré et puissant. Le plus souvent, Rauzan-Gassies atteint son apogée vraiment très rapidement pour un cru classé, dans les 5 à 12 ans suivant le millésime.

2002
87
Voici une très belle réussite de cette propriété généralement sous-performante. D'une élégance séduisante, ce vin d'un rubis-pourpre profond exhale un nez d'herbes de Provence séchées nuancé de poivre, de sous-bois, de cassis, de cuir et de boîte à épices. Moyennement corsé, doté de tannins modérément abondants, il atteste une bonne facture et pèche seulement par sa finale un peu courte. **À boire entre 2006 et 2014.** (9/03)

2001 **88** Des notes de terre fraîchement remuée, de champignon, de chocolat et de fruits noirs jaillissent de ce vin d'un rubis-pourpre dense, moyennement corsé, mûr et charnu, doté de tannins modérément abondants. L'ensemble, qui présente un style très particulier, est structuré et très peu évolué. **À boire entre 2007 et 2020.** (1/03)

2000 **90** Voici le meilleur Rauzan-Gassies des quarante dernières années. D'un pourpre dense, ce vin corsé, concentré et profond, dont les doux parfums de liqueur de cerise noire sont entremêlés de cassis, de graphite, de réglisse et d'encens, se distingue par sa très grande richesse en extrait et par ses abondants tannins. Structuré, très peu évolué, mais incontestablement racé, il ne conviendra qu'aux amateurs patients. **À boire entre 2008 et 2022.** (1/03)

1999 **87** Un bouquet modérément parfumé, où se mêlent des notes de réglisse, de fruits noirs, d'herbes, de terre et de boisé, annonce ce vin moyennement corsé, assez tannique, au fruité mûr et doux. L'ensemble est plutôt réussi pour ce cru généralement sous-performant, qui semble cependant s'améliorer. **À boire dans les 8 ans.** (3/02)

1998 **85** Ce vin plaisant, légèrement corsé, souple et d'une grande fraîcheur, manque cependant de profondeur et d'étoffe. On appréciera son charme superficiel **dans les 2 ans.** (3/01)

MILLÉSIMES ANCIENS

Ayant dégusté presque tous les millésimes de cette propriété entre 1961 et 1997, je puis dire que le niveau de Rauzan-Gassies ces années-là est totalement incompatible avec son statut de deuxième cru classé de 1855. Bien sûr, les vins se sont améliorés récemment, mais il faut savoir que l'achat de millésimes antérieurs à 1998 évoque chat en poche. En effet, de trop nombreux exemples pèchent par leur robe délavée, leur manque de concentration et la rusticité de leurs tannins, ainsi que par leur caractère herbacé qui accompagne souvent un fruité nuancé de champignon. Tout bien considéré, on peut dire que Rauzan-Gassies est, parmi les crus bordelais d'un certain pedigree, celui qui a à son actif l'un des palmarès les plus décevants entre 1961 et 1997.

RAUZAN-SÉGLA

2^d^ cru classé en 1855
Propriétaire : Château Rauzan-Ségla SA
Administrateur : John Kolasa
Adresse : route de Rauzan – 33460 Margaux
Adresse postale : route de Rauzan
BP 56 – 33460 Margaux
Tél. 05 57 88 82 10 – *Fax* 05 57 88 34 54
E-mail : contact@rauzan-segla.com
Visites : sur rendez-vous uniquement, du lundi au vendredi
(9 h-12 h et 14 h-17 h)
Contact : John Kolasa

VIGNOBLE ET VINIFICATION

Superficie : 51 ha
Encépagement : 54 % cabernet sauvignon, 41 % merlot, 4 % petit verdot, 1 % cabernet franc

Âge moyen des vignes : 25 ans – Densité de plantation *:* 6 500-10 000 pieds/ha
Rendement moyen : 40-45 hl/ha
Élevage : fermentations de 6 à 8 jours et cuvaison de 10 à 14 jours en cuves d'acier inoxydable thermorégulées, avec deux remontages quotidiens ; vieillissement de 18 à 20 mois (65 % de bois neuf) ; soutirage trimestriel ; collage au blanc d'œuf ; pas de filtration

VINS PRODUITS

Château Rauzan-Ségla – 100 000 b ; Ségla – 100 000 b
À maturité : dans les 7 à 25 ans suivant le millésime

APPRÉCIATION GÉNÉRALE

Malgré un palmarès peu reluisant dans les années 60 et 70 et au début des années 80, Rauzan-Ségla a toujours eu la réputation de présenter un potentiel important. Au début des années 80, la propriété a opéré un changement radical, comme l'atteste la superbe série de vins produits dans cette décennie.

Les origines de Rauzan-Ségla (orthographié Rausan jusqu'en 1993) remontent à 1661, lorsqu'il fut créé par Pierre des Mesures de Rausan, grand propriétaire possédant également d'autres vignobles qui ont constitué, beaucoup plus récemment, Pichon-Longueville Comtesse de Lalande et Pichon-Longueville Baron. En 1855, lors de l'établissement du classement, Rauzan-Ségla fut tout de suite considéré comme le meilleur cru après le quatuor des premiers grands crus – Lafite Rothschild, Latour, Margaux et Haut-Brion – et le premier des deuxièmes crus – Mouton Rothschild. En 1973, ce dernier a été promu, et Rauzan-Ségla demeure le meilleur des quatorze deuxièmes crus restants. Il n'a guère justifié ce rang dans les années 60 et 70, mais les choses se sont très nettement améliorées depuis 1983.

Si l'on y regarde de près, on constate que divers facteurs se conjuguaient, avant cette date, pour donner des vins relativement médiocres. De nombreux millésimes étaient desservis par des relents de moisi et de croupi – presque de basse-cour –, qui venaient, semble-t-il, d'une infection bactérienne des vieilles cuves de bois utilisées pour la fermentation. D'autre part, le propriétaire d'alors, M. de Meslon, avait procédé, après les gels meurtriers du fameux hiver 1956, au remplacement d'une bonne partie des vignes, essentiellement avec un clone très productif de merlot.

Ainsi, bien des vins des années 60 et 70 doivent-ils leur caractère non seulement aux jeunes vignes, mais également à ce clone mal sélectionné. Les ceps en question ont été arrachés par la suite et remplacés par davantage de cabernet sauvignon, ainsi que par des variétés de merlot mieux adaptées. Enfin, puisque le vin était vendu exclusivement par la maison Eschenauer (grand négociant de Bordeaux), il était pratiquement absent des dégustations comparatives, qui concernent surtout le marché libre ; or, il est évident que les propriétaires se sentent plus enclins à faire des efforts lorsque leur vin doit être directement confronté à ses pairs.

Depuis 1983, l'amélioration a été spectaculaire. Cette année-là, Jacques Théo, qui était auparavant à la tête de la société Alexis Lichine, a pris en main les rênes de Rauzan-Ségla. En outre, M. Bruzeau est devenu maître de chai à la place de M. Joyeux, touché par la maladie. La construction d'un nouveau chai et les améliorations apportées aux installations de vinification (dont l'introduction des cuves d'acier inoxydable), ainsi que l'utilisation d'une plus grande proportion de chêne neuf pour l'élevage et une sélection nettement plus stricte au moment de la vendange, ont permis l'élaboration d'une série de Rauzan-Ségla superbes. Les millésimes récents placent très nettement ce vin dans le peloton de tête des deuxièmes crus.

Depuis 1983, le château – et plus précisément son dirigeant, Jacques Théo – ne s'est vu adresser qu'un reproche : il aurait attiré l'ire de nombre de propriétaires pour avoir déclaré publiquement que le millésime 1987 de Bordeaux était médiocre. Il faut dire que Rauzan-Ségla est, depuis des décennies, le seul domaine classé du Médoc à avoir entièrement déclassé la vendange d'un millésime – le 1987, justement ! En 1994, la propriété fut rachetée par la prestigieuse maison de couture Chanel, qui appartient à la famille Wertheimer.

À l'heure actuelle, en tout cas, le cru propose un vin splendide, qui constitue de surcroît une bonne affaire, dans la mesure où les prix n'ont pas encore suivi la courbe ascendante de la qualité. Le récent changement de propriétaire devrait conforter l'idée générale selon laquelle Rauzan-Ségla est parfaitement armé pour produire des vins magnifiques, mais qui demandent à être attendus en raison de leur caractère tannique.

2003
88-90
Issu de faibles rendements de 30 hl/ha et d'une sélection de 45 % de la récolte totale, le 2003 de Rauzan-Ségla se compose à 64 % de cabernet sauvignon, à 30 % de merlot et pour le reste de petit verdot et de cabernet franc ; il comprend du vin de presse à hauteur de 6 %. D'un rubis foncé nuancé de pourpre, il est élégant, étonnamment souple et sensuel, et déjà évolué (comme, d'ailleurs, de nombreux Margaux 2003). Ses arômes parfumés de fruits rouges et noirs, de terre, de sous-bois et de boîte à épices s'expriment dans un ensemble pur, souple et charnu, qui compense son léger manque de puissance et de corpulence par un bel équilibre ainsi que par un caractère charmeur. Si ce vin développait davantage de présence en milieu de bouche, il s'imposerait comme une belle réussite de ce deuxième cru de Margaux. **À boire entre 2008 et 2018.** (3/04)

2002
88
Issu de faibles rendements de 27 hl/ha, le 2002 de Rauzan-Ségla s'impose comme un sérieux vin de garde, très structuré, généreusement tannique et puissant. Vêtu d'un pourpre dense, il révèle, malgré son bouquet un peu fermé, des senteurs de doux cuir et de cassis herbacé. L'ensemble pourrait se révéler extraordinaire si ses tannins se fondaient harmonieusement. **À boire entre 2010 et 2018.** (3/04)

2001
89
Un bouquet complexe de cuir fin et d'herbes de Provence séchées nuancé de lavande se dégage de ce vin d'un rubis-pourpre profond. L'ensemble est doux à l'attaque, mais il s'amenuise en milieu de bouche et en finale. Quoi qu'il en soit, le 2001 de Rauzan-Ségla se distingue par sa pureté et son élégance, et sera parfait ces prochaines années. **À boire entre 2008 et 2015.** (3/04)

2000
93
Le 2000 de Rauzan-Ségla s'est étoffé et a bien évolué, pour ce qui est tant des arômes que des flaveurs. D'un rubis-pourpre profond et soutenu, il exhale de somptueuses senteurs de menthol, de cassis, de réglisse fondue, de terre et de chêne grillé. Moyennement corsé, riche et généreusement doté, il est étayé par une heureuse acidité sous-jacente, et par des tannins présents, mais mûrs et bien fondus. Cet ensemble explosif constitue l'une des plus belles réussites de ces dernières années pour ce célèbre deuxième cru classé. **À boire entre 2006 et 2020, voire au-delà.** (3/04).

1999
88
Très réussi pour le millésime, le 1999 de Rauzan-Ségla s'annonce par un rubis-pourpre foncé. Moyennement corsé, modérément tannique, il impressionne

par sa structure, ainsi que par ses excellents arômes de prune, de cassis et de cerise nuancés de camphre, de terre et de fer. Ce vin tiendra parfaitement **15 ans, voire plus.** (3/02)

1998 Composé à 65 % de cabernet sauvignon et à 35 % de merlot, ce Médoc clas-
89 sique et austère se distingue par son caractère racé, ainsi que par ses excellents arômes subtilement herbacés de cèdre, de cassis et de chêne neuf. Riche et moyennement corsé, il se révèle doux dès l'attaque et modérément tannique en milieu de bouche. **À boire entre 2006 et 2018.** (3/02)

1996 Vêtu de rubis-pourpre dense, le 1996 n'est pas très accessible ; tannique et peu
88 évolué, il requiert en effet une garde de 4 à 5 ans. Je pense cependant qu'il présente le fruité et la richesse en extrait nécessaires pour faire pièce à sa structure puissante. Bien qu'il soit pur et riche, je conseille aux amateurs de ne pas toucher leur première bouteille avant 5 ans au moins. Les doux arômes de cassis que révèle ce vin dominé par le cabernet sauvignon sont joliment mâtinés de notes florales et minérales. **À boire entre 2010 et 2025.** (3/01)

1995 Ce Rauzan-Ségla est un véritable vin de garde, d'un rubis-pourpre soutenu,
90 avec un nez serré, mais prometteur, de douce prune et de cassis mêlé de notes de sous-bois, de vanille et de réglisse. Moyennement corsé, mûr et riche, il est encore rigide et férocement tannique, mais il atteste une grande pureté et se dévoile en bouche par paliers. Sa finale, extrêmement sèche, est aussi terriblement anguleuse et rugueuse. Malgré tout cela, mon instinct me souffle que ce vin recèle la profondeur requise pour étayer sa structure. Il ne sera cependant pas prêt avant 5 ans. **À boire entre 2010 et 2025.** (3/01)

1994 La robe soutenue, de couleur pourpre foncé, du 1994 accompagne de doux arômes
87 ? de terre, d'herbes et de cassis. Suit un vin dominé par sa structure et ses tannins, qui se révèle assez massif et moyennement corsé, laissant en bouche une impression de maturité et de fruit doux. **Musclé et puissant, il sera à son apogée entre 2006 et 2020.** (1/97)

1990 Ce vin fabuleux, tout à la fois corsé, opulent et explosif, arbore un pourpre
93 opaque à peine éclairci sur le bord. Il présente un doux fruité concentré de cassis et de tabac pouvant parfaitement faire pièce aux abondants tannins, encore très présents, qui tapissent littéralement le palais. L'ensemble, qui regorge de richesse en extrait, se distingue également par sa concentration et sa puissance, ainsi que par son caractère corsé. D'ores et déjà accessible, il promet de se bonifier encore et de tenir très longtemps. **À boire entre 2006 et 2035.** (10/02)

1989 Si, de prime abord, le 1989 de Rauzan-Ségla se montrait diffus et dénué de
90 structure, il a bien évolué en bouteille et s'impose désormais comme une belle réussite. Son nez très épanoui de fruits noirs nuancé d'herbes de Provence, de sous-bois, de réglisse et de boisé annonce un ensemble moyennement corsé, mûr et rôti, étayé par des tannins soyeux et doté d'une finale aussi opulente que persistante. Ce vin, qui affiche une forme insolente, promet, du moins pour l'heure, de tenir encore 6 à 7 ans. **À boire jusqu'en 2012.** (3/02)

1988 Puissant et massif, le 1988 s'annonce par un rubis-pourpre opaque et par un
91 bouquet, serré mais prometteur, de cassis nuancé de fer, de fumé, de réglisse et d'herbes séchées. L'ensemble est musclé et s'exprime en force ; il semble

parfaitement armé pour résister à l'épreuve du temps. Je me demande seulement s'il résorbera jamais totalement ses tannins. **À boire jusqu'en 2018.** (3/02)

1986 **96** Ce vin très réussi s'impose comme l'un des plus grands succès de la propriété depuis plusieurs décennies. Encore jeune – il évoque davantage un vin de 5 à 8 ans d'âge –, il arbore un rubis-pourpre dense intact et ne révèle qu'avec réticence des senteurs de minéral nuancées de tabac, de fumé, de cassis, de réglisse et rehaussées de myrtille et de compost. L'ensemble, très corsé, est toujours extrêmement tannique ; il se distingue aussi par sa très grande précision, malgré son intensité et sa concentration. Encore dans sa petite enfance en termes d'épanouissement, il doit être consommé **entre 2007 et 2040.** (3/02)

1985 **87** Ce vin parfaitement mûr commence à se dessécher en finale. Outre un nez herbacé de cerise rouge, de cassis et de réglisse, il présente une bouche corsée aussi racée qu'élégante et affiche un caractère modérément massif. Il s'agit d'un classique. **À boire jusqu'en 2007.** (3/02)

1983 **91** Le 1983, qui est à son apogée, s'est toujours imposé comme l'une des grandes réussites du millésime. Révélant de superbes senteurs d'acacia nuancées de cassis, de fumé, de tabac et d'encens qui jaillissent littéralement du verre, il exprime en bouche une texture opulente et magnifiquement concentrée, sans pour autant rien concéder en matière de pureté. L'ensemble, qui se développe par paliers et tout en rondeur, est séduisant, voire irrésistible. C'est une véritable merveille, qui signe le retour de Rauzan-Ségla dans le peloton de tête des Bordeaux de haut vol. **À boire jusqu'en 2009.** (3/02)

1982 **84 ?** Ce vin commence à se déliter. Certes, il n'a jamais compté au nombre des grandes réussites du millésime, mais il se montre de plus en plus dénué de structure, et présente des tannins astringents et atténués, particulièrement perceptibles dans sa finale. L'ensemble, moyennement corsé et herbacé, est relativement léger pour un 1982. Il est à son apogée et doit être consommé **sans plus tarder.** (3/02)

MILLÉSIMES ANCIENS

Le palmarès de Rauzan-Ségla dans les années 60 et 70 est médiocre. Pourtant, ironie du sort, la propriété enregistra en 1972, une année fort médiocre, une assez belle réussite, produisant un vin puissant, meilleur que d'autres millésimes du cru ayant bénéficié d'une matière première de meilleure qualité. Le 1970 est encore en bonne forme, mais il est austère et tannique. Quant au 1961, c'est un échec, au même titre que le 1959.

Cela étant, et aussi étonnant que cela puisse paraître, les Rauzan-Ségla les plus impressionnants que j'aie dégustés étaient généralement des pièces de musée. Le 1900 de ce cru (noté 88 en décembre 1995) séduit par ses arômes de réglisse, d'herbes et de vieux cèdre nuancés de fruit mûr. Le 1858 (noté 92 en septembre 1995) présente, outre une robe ambrée et orangée, un nez très odorant de marmelade d'orange, de caramel fondu et de fruits confits. Il est moyennement corsé et doux, et étonnamment mûr. Le 1868 (noté 96 en septembre 1995) est une autre merveille. Ses amples senteurs de cèdre, de chocolat, de café torréfié et d'herbes fumées annoncent un ensemble étonnamment corsé et plutôt alcoolique. Un autre Rauzan-Ségla inimaginable pour quiconque ne l'a pas dégusté est le 1865 (noté 99+ en décembre 1995). Ce vin d'un grenat foncé se distingue par un fabuleux bouquet, où se mêlent des notes de cèdre et de cassis.

Il est encore remarquablement jeune, corsé et intense, et manifeste en bouche une onctuosité hors du commun. Si l'on en juge par le flacon qui m'a été présenté, l'ensemble est encore capable d'une garde de 40 à 50 ans.

SIRAN

Cru bourgeois exceptionnel
Propriétaire : William-Alain B. Miailhe
Adresse : BP 10 – 33460 Margaux
Tél. 05 57 88 34 04 – *Fax* 05 57 88 70 05
E-mail : chateau-siran@wanadoo.fr
Site Internet : www.chateausiran.com
Visites : toute l'année, sauf Noël et jour de l'an (10 h 15-18 h)
Contact : Brigitte Miailhe

VIGNOBLE ET VINIFICATION

Superficie : 24 ha (en Margaux)
Encépagement : 43 % merlot, 38 % cabernet sauvignon, 12 % petit verdot, 7 % cabernet franc
Âge moyen des vignes : 30 ans – *Densité de plantation :* 10 000 pieds/ha
Rendement moyen : 51 hl/ha
Élevage : fermentations et cuvaison de 25 jours en cuves d'acier inoxydable thermorégulées ; vieillissement de 12 à 14 mois en fûts (60 % de bois neuf et 40 % de fûts de 1 an d'âge) ; collage et filtration

VINS PRODUITS

Château Siran – 90 000-100 000 b ; S de Siran ou Château Bellegarde – 32 000 b
À maturité : dans les 5 à 15 ans suivant le millésime

APPRÉCIATION GÉNÉRALE

Ce cru bourgeois régulier à haut niveau peut, dans les meilleurs millésimes, rivaliser avec un cinquième cru classé.

Cette propriété située à Labarde, dans la partie méridionale de l'appellation Margaux, produit régulièrement des vins délicieux, parfumés, profondément colorés, qui sont souvent du niveau d'un cinquième cru du Médoc.

Le propriétaire-exploitant est William-Alain B. Miailhe. Ce vigneron consciencieux produit chaque année un vin riche, savoureux et élégant, qui traduit admirablement le caractère de son appellation et se distingue, en outre – de la même manière que Mouton Rothschild –, par une étiquette illustrée chaque année par un artiste différent.

Siran exige généralement 5 à 6 ans d'évolution en bouteille pour s'épanouir. Les millésimes récents ont tous été des réussites. En particulier, ce cru séduira les amateurs patients par sa belle aptitude à une garde prolongée. La longue macération (25 jours), ainsi que la forte proportion de verdot – cépage très tannique – de l'assemblage permettent à Siran d'évoluer une bonne quinzaine d'années dans les bons millésimes.

Si le classement de 1855 était remanié, la propriété aurait de très grandes chances, au vu des plus grands millésimes, d'être promue cinquième cru.

2003 85-87 Des senteurs de réglisse cristallisée, de cassis, de groseille, de compost et de feuilles se dégagent de ce vin moyennement corsé, qui manque quelque peu de présence en milieu de bouche, mais dont la finale est agréablement tannique et puissante. **À boire dans les 10 à 12 ans suivant une garde de 2 à 4 ans.** (3/04)

2002 86 Ce vin savoureux, étonnamment accessible, impressionne par sa robe rubis-pourpre. Moyennement corsé, doté de tannins légers, il développe une finale persistante qui révèle une structure quelque peu présente – signe que l'ensemble recèle probablement davantage de tannins que j'ai pu m'en rendre compte. **À boire jusqu'en 2014.** (9/03)

2001 86+ ? Ce cru bourgeois propose un 2001 capable de rivaliser avec un cru classé. Ce vin d'un rubis-pourpre foncé, dont le nez de réglisse fondue, de cassis, de goudron et d'encens est nuancé de fumé, révèle en bouche, outre un caractère moyennement corsé et des tannins doux, une finale modérément longue. L'ensemble, séduisant, est équilibré, pur et précis. **À boire entre 2008 et 2014.** (1/03)

2000 89+ Ce vin richement extrait et puissant, marqué par la mâche, s'annonce par une robe d'un pourpre opaque et par des arômes mûrs de cassis nuancés de fenouil, de cuir, de fer et de chêne neuf, qui jaillissent littéralement du verre. Une fois passé ce bouquet explosif, on décèle en bouche un ensemble dense, étoffé et modérément tannique, vraisemblablement apte à une longue garde. Le 2000 de Siran se révélera peut-être meilleur que ne le laisse subodorer la note que je lui ai, pour l'heure, attribuée. **À boire jusqu'en 2020.** (1/03)

1999 87 Ce vin séduisant, charmeur et fruité, est moyennement corsé, généreusement doté en arômes de fruits noirs et étayé par des tannins souples. Très élégant, il doit être consommé **dans les 3 à 4 ans.** (3/02)

1998 87 Ce vin puissant et structuré, vêtu de rubis-pourpre foncé, est tout à la fois dense, musclé et apte à la garde. Dominé par le cassis, la terre et le boisé, il est vinifié dans un style fermé, mais classique. C'est l'un des meilleurs crus bourgeois du Médoc. **À boire jusqu'en 2020.** (3/02)

MILLÉSIMES ANCIENS

J'ai de très bonnes notes de dégustation sur le 1990 (noté 87 en mars 1998), le 1986 (noté 88 en novembre 1990) et le 1983 (noté 88 en janvier 1998).

DU TERTRE

5e cru classé en 1855
Propriétaire : Éric Albada-Jelgersma
Adresse : Chemin de Ligondras – 33460 Arsac
Adresse postale : SAE Château Giscours – 33460 Labarde
Tél. 05 57 88 52 52 – *Fax* 05 57 97 09 00
E-mail : chateau-du-tertre@chateau-giscours.fr
Visites : du lundi au vendredi, sur rendez-vous uniquement
Contact : Alexander van Beek

VIGNOBLE ET VINIFICATION

Superficie : 52 ha
Encépagement : 40 % cabernet sauvignon, 35 % merlot, 20 % cabernet franc, 5 % petit verdot
Âge moyen des vignes : 30 ans – *Densité de plantation :* 7 500 pieds/ha
Rendement moyen : 45 hl/ha
Élevage : fermentations de 5 à 7 jours et cuvaison de 15 à 18 jours ; vieillissement de 18 mois en fûts (60 % de bois neuf) ; collage au blanc d'œuf ; pas de filtration

VINS PRODUITS

Château du Tertre – 200 000-250 000 b ; Les Hauts du Tertre – 50 000-80 000 b
À maturité : dans les 6 à 15 ans suivant le millésime

APPRÉCIATION GÉNÉRALE

Du Tertre, qui constitue l'une des meilleures affaires parmi les crus classés du Bordelais, est régulier à haut niveau depuis 1978. Cependant, sous la houlette du nouveau propriétaire, Éric Albada-Jelgersma, les vins se sont encore considérablement améliorés ces dernières années. Je recommande aux amateurs de suivre de près ce cru, qui pratique des prix très raisonnables.

Du Tertre, qui se situe sur la partie la plus élevée de l'appellation Margaux, fut acheté en 1961 par le regretté Philippe Capbern Gasqueton, propriétaire de Calon-Ségur, le très célèbre château de Saint-Estèphe. Le domaine était alors dans un état déplorable, mais M. Gasqueton et ses associés entreprirent de rénover l'édifice et de replanter le vignoble ; cependant, jusqu'à il y a une vingtaine d'années, les vins de ce domaine étaient assez quelconques. Le château, à deux étages et à la façade couleur sable, est simple mais élégant, et se trouve dans un endroit assez peu fréquenté du Médoc, à moins de 1 km d'Arsac, non loin de Monbrison. Il fut vendu en novembre 1997 à Éric Albada-Jelgersma, fermier du Château Giscours, une propriété voisine.

Le vignoble se distingue en premier lieu par le fait que, à la différence de beaucoup d'autres dans la région, il est d'un seul tenant ; à première vue, il rappelle celui du Domaine de Chevalier. Depuis 1978, Du Tertre se caractérise par une robe relativement profonde, et les meilleurs millésimes se distinguent par une puissance et une richesse d'excellent aloi. Cependant, il leur manque souvent la finesse et les parfums enivrants qui contribuent au charme des Margaux. Quoi qu'il en soit, Du Tertre se vend toujours à un prix raisonnable, ce qui en fait l'un des crus classés de Bordeaux les plus sous-estimés.

2003 **90-92** Voici une autre belle réussite à ajouter à l'actif d'Éric Albada-Jelgersma, à qui l'on doit aussi la renaissance de Giscours. D'un rubis-pourpre profond, le 2003 du Château du Tertre s'annonce par un nez chocolaté de petits fruits, de fumé, de chêne neuf et de prune. Moyennement corsé et charnu, il se développe en bouche par paliers. Ce vin plein de charme, qui s'impose au titre des révélations du millésime, est, de surcroît, proposé à un prix raisonnable. **À boire entre 2012 et 2020.** (3/04)

2002 **89** Ce vin moyennement corsé exprime, dans un ensemble racé et élégant, des arômes de cassis et d'autres fruits noirs. En bouche, il est savoureux et étonnamment épanoui. S'il n'a pas la puissance ni le caractère tannique inhérents aux 2002, il se distingue et séduit par sa pureté et sa précocité. **À boire dans les 12 à 13 ans suivant le millésime.** (9/03)

2001 **90** De séduisantes notes de réglisse, de cerise et d'autres petits fruits, étayées par une acidité fraîche, s'expriment avec élégance dans cet ensemble d'excellente facture, moyennement corsé, pur et équilibré. Le 2001 du Château du Tertre n'est pas puissant ni massif, mais il sera délicieux **entre 2006 et 2014.** (1/03)

2000 **91** Ce vin d'un pourpre dense développe par paliers un fruité concentré de mûre nuancé de terre humide, de champignon et de doux chêne grillé. Moyennement corsé, généreux, étayé par des tannins mûrs, il déploie une finale impressionnante et très dense. Il s'agit de la plus belle réussite du cru depuis le 1979. Du Tertre est incontestablement sur la pente ascendante. **À boire jusqu'en 2018.** (1/03)

1999 **87** L'excellent Du Tertre 1999 s'annonce par une robe d'un rubis foncé soutenu et par des arômes d'herbes, de cuir, de réglisse, de cassis et de groseille. Moyennement corsé, il révèle à l'attaque un doux fruité et déploie une finale ronde, agréable et pleine de charme. **À boire dans les 8 ans.** (3/02)

1998 **88+** Ce vin, qui pourrait s'imposer comme une révélation du millésime, s'annonce par un rubis-pourpre dense et par de doux arômes de cerise noire et de cassis. La bouche, moyennement corsée, se caractérise par une texture étonnamment savoureuse et par un gras d'excellent aloi, ainsi que par des tannins souples et veloutés. L'ensemble, qui atteste encore une belle persistance, séduira par son charme précoce. Voici une autre propriété qui, fort heureusement, n'a pas trop extrait en 1998, obtenant ainsi un vin charmeur et harmonieux, au fruité mûr. **À boire jusqu'en 2012.** (3/02)

1996 **90** Véritable révélation, le 1996 arbore un rubis-pourpre tirant sur le noir et exhale de doux parfums de fruits noirs. Il révèle en bouche des arômes moyennement corsés et des tannins bien fondus. Montrant une pureté et une profondeur d'excellent aloi, ce vin devrait vieillir de belle manière, tout en étant accessible dès son plus jeune âge. **À boire jusqu'en 2018.** (3/01)

1995 **86** Un nez chocolaté de petits fruits faiblement nuancé de cassis, de réglisse et de terre introduit le Du Tertre 1995. C'est un ensemble moyennement corsé et d'une belle concentration ; quoique dénué de complexité, il est bien fait, ample, avec des tannins modérés. **À boire jusqu'en 2015.** (11/97)

1990 **87** Ce 1990 représente une belle réussite pour la propriété. Étonnamment foncé de robe, assez corsé, bien structuré, remarquablement profond et riche, il déploie un bouquet intéressant d'olive, de chêne fumé et de petits fruits noirs très mûrs. Il me rappelle un peu le 1979, en plus léger. **À boire jusqu'en 2008.** (1/93)

1989 **86** Le Du Tertre 1989 est un vin charmeur, tendre, assez corsé, qui manque cependant de concentration et de charpente. Il est précoce, très parfumé (dominé par le cassis confit) et faible en acidité. **À boire sans plus tarder.** (4/91)

1988 **86** Ce vin est d'un bon niveau pour le millésime. D'un rubis moyennement profond, avec un nez de groseille et de fumé dominé par le boisé, il offre une ressemblance frappante avec l'excellent 1979. **À boire.** (1/93)

1986 Exhalant un nez épanoui d'épices et de groseille nuancé de minéral, le 1986
86 présente aussi une bouche assez corsée et nerveuse. Ce vin est prêt et évolue plus vite que je ne l'aurais cru il y a quelques années. Élégant, il demeure de surcroît une belle affaire pour un tel millésime. **À boire maintenant.** (3/90)

1985 J'ai goûté le 1985 de Du Tertre en neuf occasions – cinq fois du fût et les
87 quatre autres en bouteille. Bien que je n'aie jamais dégusté un vin aussi irrégulier, je dois dire que les deux dernières dégustations ont été positives. Ces deux flacons (goûtés en France) ont révélé un vin d'un beau rubis-pourpre profond et intact, séduisant par son nez épanoui de terre fraîche (de truffe ?) et de groseille. En bouche, l'ensemble s'est montré gras, épanoui et souple, avec un caractère de mûre et de groseille (de nouveau), et juste assez de tannins et d'acidité pour avoir de la tenue et de la précision. Un vin riche et bien évolué, **à déguster maintenant.** (11/90)

1983 D'un rubis moyennement foncé, le 1983 libère un nez intensément épicé et
86 légèrement herbacé. Riche et mûr, il est moyennement corsé, et dévoile en bouche une bonne concentration et des tannins modérément abondants qui commencent à se fondre dans l'ensemble. Ce vin est très bon, mais pas exceptionnel. **À boire sans plus tarder.** (11/90)

1982 Un merveilleux bouquet odorant de violette, de terre humide, de cèdre, de
87 cassis et de chocolat blanc jaillit littéralement de ce vin. En bouche, l'ensemble se révèle riche, moyennement corsé et concentré, et gratifie le dégustateur d'arômes mûrs et fruités. Comme la plupart des Margaux de ce millésime, celui-ci est à maturité. **À boire.** (1/90)

MILLÉSIMES ANCIENS

Le 1979 de Du Tertre mérite l'attention ; de fait, il s'agit d'un des huit ou dix meilleurs crus du millésime. J'ai encore dans ma cave personnelle plusieurs caisses de ce vin (achetées à un prix dérisoire), que je bois avec plaisir. Lors de ma dernière dégustation, en octobre 2002 (il fut alors noté 90), il se présentait vêtu d'un rubis-pourpre dense, avec un doux nez de réglisse nuancé de crème de cassis et de fleurs blanches. La bouche, moyennement corsée, attestait une pureté et une précision d'excellent aloi, et la finale, étoffée, était persistante. Le 1979 de Du Tertre est l'une des grandes révélations du Bordelais, et il est possible qu'il soit encore disponible à un prix intéressant. Je pense qu'il se maintiendra 10 à 15 ans de plus. Les autres millésimes de la propriété des années 60 et 70 sont décevants.

AUTRES PROPRIÉTÉS NOTABLES DE MARGAUX

D'ARSAC

Cru bourgeois supérieur
Propriétaire : Philippe Raoux
Adresse : 1, allée du Comte – 33460 Arsac
Tél. 05 56 58 83 90 – *Fax* 05 56 58 83 08
E-mail : chateau.arsac@wanadoo.fr
Visites : sur rendez-vous uniquement
Contact : Miguel Patxi

VIGNOBLE ET VINIFICATION

Superficie : 112 ha (42 ha en appellation Margaux)
Encépagement : 60 % cabernet sauvignon, 40 % merlot
Âge moyen des vignes : 15 ans – *Densité de plantation :* 6 600 pieds/ha
Rendement moyen : 55 hl/ha
Élevage : fermentations et cuvaison de 21 à 28 jours en cuves d'acier inoxydable thermorégulées ; vieillissement de 12 mois en fûts (renouvelés par tiers à chaque millésime) ; collage et filtration

VINS PRODUITS

Château d'Arsac – 280 000 b ; Ruban Bleu du Château d'Arsac – 220 000 b
À maturité : dans les 5 à 10 ans suivant le millésime

BEL AIR-MARQUIS D'ALIGRE

Non classé
Propriétaire : Jean-Pierre Boyer
Adresse : 33460 Soussans
Tél. 05 57 88 70 70
Visites : non autorisées

VIGNOBLE ET VINIFICATION

Superficie : 12 ha
Encépagement : 35 % merlot, 30 % cabernet sauvignon, 20 % cabernet franc, 10 % petit verdot, 5 % malbec
Âge moyen des vignes : 35 ans – *Densité de plantation :* 10 000 pieds/ha
Rendement moyen : 26 hl/ha
Élevage : fermentations et cuvaison de 21 à 28 jours ; vieillissement de 24 à 36 mois en cuves (pas de bois) ; collage au blanc d'œuf ; pas de filtration

VIN PRODUIT

Château Bel Air-Marquis d'Aligre – 30 000 b (pas de second vin)
À maturité : dans les 3 à 10 ans suivant le millésime

CHARMANT

Non classé
Propriétaire : Christiane Renon
Adresse : 33460 Margaux
Tél. 05 57 88 35 27 – *Fax* 05 58 88 70 59
E-mail : scea.rene.renon@wanadoo.fr
Visites : sur rendez-vous
Contact : Christiane Renon

VIGNOBLE ET VINIFICATION

Superficie : 4,7 ha
Encépagement : 50 % merlot, 25 % cabernet sauvignon, 20 % cabernet franc, 5 % petit verdot
Âge moyen des vignes : 60 ans – *Densité de plantation :* 9 000 pieds/ha
Rendement moyen : 56 hl/ha

Élevage : fermentations et macération de 21 jours en cuves de béton et d'acier inoxydable ; vieillissement de 12 mois en fûts (20 % de bois neuf) ; collage ; pas de filtration

VIN PRODUIT

Château Charmant – 32 000 b (pas de second vin)
À maturité : dans les 2 à 10 ans suivant le millésime

CLOS DU JAUGUEYRON

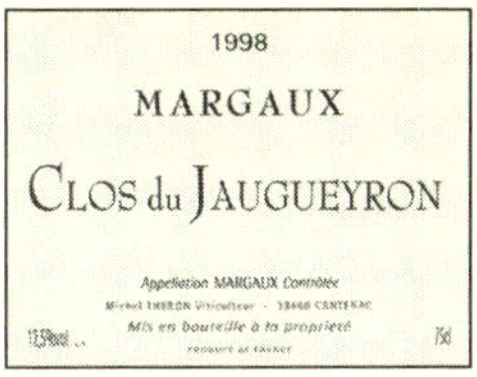

Non classé
Exploitant : Michel Théron
Adresse : 4, rue de la Haille – 33460 Arsac
Tél. et fax 05 56 58 89 43
E-mail : theron.michel@wanadoo.fr
Site Internet : www.biturica.com
Visites : sur rendez-vous uniquement
Contacts : Michel Théron ou Stéphanie Destruhaut

VIGNOBLE ET VINIFICATION

Superficie : 0,2 ha
Encépagement : 60 % cabernet sauvignon, 25 % merlot, 10 % petit verdot, 5 % cabernet franc
Âge moyen des vignes : plus de 50 ans – *Densité de plantation :* 6 500 pieds/ha
Rendement moyen : 45 hl/ha
Élevage : fermentations et cuvaison de 21 à 42 jours ; achèvement des malolactiques en fûts ; vieillissement entre 12 et 20 mois en fûts (25-35 % de bois neuf) ; collage et filtration

VIN PRODUIT

Clos du Jaugueyron – 1 200 b (pas de second vin)
À maturité : dans les 4 à 16 ans suivant le millésime

Le Clos du Jaugueyron, qui incarne la quintessence du vin de garage, est produit à hauteur d'un peu plus de 1 200 bouteilles chaque année. Il est issu d'un vignoble, situé non loin de Palmer, dont on dit qu'il est complanté en pieds préphylloxériques. Le vin est vieilli en fûts entre 12 et 20 mois et légèrement filtré au moment de la mise en bouteilles.

2001 **91** Vêtu de rubis-noir, cet assemblage 50 % cabernet sauvignon, 35 % merlot et 15 % cabernet franc libère de doux parfums de cassis, de goudron et de violette subtilement nuancés de boisé en arrière-plan. L'ensemble, moyennement corsé, est très pur malgré sa belle étoffe ; il manifeste encore la légèreté typique des meilleurs Margaux. Le boisé, l'acidité et les tannins de ce vin sont parfaitement fondus. **À boire entre 2008 et 2018.** (1/03)

2000 **92** Le 2000 se compose à 60 % de cabernet sauvignon, à 30 % de merlot, à 5 % de petit verdot et à 5 % de cabernet franc. Ce vin profondément coloré se distingue par son caractère musclé, ses notes de minéral et les abondants tannins que recèle sa finale, stupéfiante de persistance. Je serais curieux de voir comment il se comporterait dans une dégustation à l'aveugle, confronté à certains crus classés de l'appellation. **À boire entre 2006 et 2022.** (1/03)

1999
91
Ce vin superbe arbore un rubis-pourpre dense et déploie de sensationnels arômes de fleurs printanières, de fruits noirs et rouges et de minéral, le tout étant subtilement boisé. L'ensemble, moyennement corsé, manifeste une grande complexité et présente un boisé, une acidité et des tannins parfaitement fondus. La finale, persistante, se développe tout en rondeur. **À boire jusqu'en 2015.** (1/02)

1998
88
Une robe d'un rubis-pourpre dense annonce ce 1998, qui séduit aussi bien par le caractère charnu et l'élégance qu'il développe en milieu de bouche que par son fabuleux fruité de cassis nuancé de réglisse et de pain grillé. Ce vin extraordinaire, étayé par un gras généreux, doit être consommé **dans les 5 ans.** (3/02)

DESMIRAIL

3e cru classé en 1855
Propriétaire : Denis Lurton
Adresse : 33460 Cantenac
Tél. 05 57 88 83 33 – *Fax* 05 57 88 96 27
E-mail : accueil@chateau-desmirail.com
Visites : sur rendez-vous uniquement, du lundi au vendredi (9 h-12 h et 14 h-17 h)

VIGNOBLE ET VINIFICATION

Superficie : 18 ha
Encépagement : 80 % cabernet sauvignon, 10 % merlot, 5 % cabernet franc, 5 % petit verdot
Âge moyen des vignes : 20 ans – *Densité de plantation :* 6 666 pieds/ha

VINS PRODUITS

Château Desmirail – 55 000 b ; Château Baudry – variable
À maturité : dans les 3 à 12 ans suivant le millésime

DEYREM VALENTIN

Cru bourgeois
Propriétaire : SCEA des vignobles Jean Sorge
Adresse : 1, rue Valentin-Deyrem – 33460 Soussans
Tél. 05 57 88 35 70 – *Fax* 05 57 88 36 84
E-mail : deyremvalentin@aol.com
Visites : sur rendez-vous uniquement
Contacts : Jean ou Christelle Sorge

VIGNOBLE ET VINIFICATION

Superficie : 14 ha
Encépagement : 55 % cabernet sauvignon, 45 % merlot
Âge moyen des vignes : 30 ans – *Densité de plantation :* 9 000 pieds/ha
Rendement moyen : 56 hl/ha

Élevage : fermentations et cuvaison de 21 jours ; vieillissement de 18 mois en fûts (50 % de bois neuf) ; collage ; pas de filtration

VINS PRODUITS

Château Deyrem Valentin – 60 000 b ; Château Soussans – 30 000 b
À maturité : dans les 4 à 10 ans suivant le millésime

FERRIÈRE

3e cru classé en 1855
Propriétaire : Claire Villars-Lurton
Adresse : 33 bis, rue de la Trémoille – 33460 Margaux
Tél. 05 57 88 76 65 – *Fax* 05 57 88 98 33
E-mail : infos@ferriere.com
Site Internet : www.ferriere.com
Visites : sur rendez-vous uniquement
Contact : Nathalie Lemire

VIGNOBLE ET VINIFICATION

Superficie : 8 ha
Encépagement : 80 % cabernet sauvignon, 15 % merlot, 5 % petit verdot
Âge moyen des vignes : 35 ans – *Densité de plantation :* 10 000 pieds/ha
Rendement moyen : 55 hl/ha
Élevage : fermentations et cuvaison en cuves d'acier inoxydable thermorégulées ; achèvement des malolactiques en fûts neufs pour une partie de la récolte ; vieillissement de 16 à 18 mois en fûts (60 % de bois neuf) ; collage

VINS PRODUITS

Château Ferrière – 35 000 b ; Les Remparts de Ferrière – 10 000 b
À maturité : dans les 5 à 10 ans suivant le millésime

2000
88
Voici une belle réussite de cette propriété, dont les performances ces dernières années n'ont pas été à la hauteur de son pedigree. Moyennement corsé, merveilleusement concentré et étayé par des tannins mûrs, le 2000 de Ferrière évoque au nez la douce cerise, le cassis, le tabac et la terre fraîchement remuée, et sa finale est veloutée. Vous apprécierez ce vin charmeur et racé **entre 2006 et 2015**. Bravo ! (1/03)

LA GALIANE

Cru bourgeois
Propriétaire : Christiane Renon
Adresse : 33460 Soussans
Tél. 05 57 88 35 27 – *Fax* 05 58 88 70 59
E-mail : scea.rene.renon@wanadoo.fr
Visites : sur rendez-vous
Contact : Christiane Renon

VIGNOBLE ET VINIFICATION

Superficie : 5,72 ha
Encépagement : 50 % merlot, 30 % cabernet sauvignon, 15 % cabernet franc, 5 % petit verdot
Âge moyen des vignes : 55 ans – *Densité de plantation :* 9 000 pieds/ha
Rendement moyen : 56 hl/ha
Élevage : fermentations et cuvaison de 21 jours en cuves de béton thermorégulées ; vieillissement de 12 mois en fûts (18 % de bois neuf) ; collage ; pas de filtration

VIN PRODUIT

Château La Galiane – 38 000 b (pas de second vin)
À maturité : dans les 2 à 8 ans suivant le millésime

LA GURGUE

Cru bourgeois supérieur
Propriétaire : Claire Villars-Lurton
Adresse : 33 bis, rue de la Trémoille – 33460 Margaux
Tél. 05 57 88 76 65 – *Fax* 05 57 88 98 33
E-mail : infos@ferriere.com
Site Internet : www.ferriere.com
Visites : sur rendez-vous
Contact : Nathalie Lemire

VIGNOBLE ET VINIFICATION

Superficie : 10 ha
Encépagement : 70 % cabernet sauvignon, 30 % merlot
Âge moyen des vignes : 25 ans – *Densité de plantation :* 10 000 pieds/ha
Rendement moyen : 46 hl/ha
Élevage : fermentations et cuvaison de 17 à 23 jours en cuves d'acier inoxydable thermorégulées ; vieillissement (après achèvement des malolactiques) en fûts (renouvelés par quart à chaque millésime) ; collage

VIN PRODUIT

Château La Gurgue – 60 000 b (pas de second vin)
À maturité : dans les 5 à 12 ans suivant le millésime

2000
87
De séduisantes notes de douce groseille, de fleurs, d'épices et de terre se dégagent de ce vin moyennement corsé, ample, précoce et doux. L'ensemble, magnifiquement vinifié, peut être apprécié **dès maintenant ou dans les 6 à 7 ans.** (1/03)

HAUT BRETON LARIGAUDIÈRE

Cru bourgeois
Propriétaire : Jacques de Schepper
Adresse : 3, rue des Anciens-Combattants – 33460 Soussans
Tél. 05 57 88 94 17 – *Fax* 05 57 88 39 14
E-mail : gdemour@aol.com
Site Internet : www.rabotvins.com
Visites : sur rendez-vous, du lundi au jeudi (8 h-12 h et 14 h-17 h) et vendredi (jusqu'à 16 h)
Contact : Jean-Michel Garcion

VIGNOBLE ET VINIFICATION

Superficie : 15 ha
Encépagement : 63 % cabernet sauvignon, 31 % merlot, 4 % petit verdot, 2 % cabernet franc
Âge moyen des vignes : 22 ans – *Densité de plantation :* 10 000 pieds/ha
Rendement moyen : 58 hl/ha
Élevage : fermentations et cuvaison de 21 à 35 jours en cuves thermorégulées (refroidissement par ruissellement) ; vieillissement de 12 à 15 mois en fûts (renouvelées par 50-70 % chaque année) ; collage et filtration

VINS PRODUITS

Château Haut Breton Larigaudière – 60 000 b ; Château du Courneau – 15 000 b
À maturité : dans les 2 à 8 ans suivant le millésime

LABÉGORCE

Cru bourgeois supérieur
Propriétaire : Hubert Perrodo
Adresse : 33460 Margaux
Tél. 05 57 88 71 32 – *Fax* 05 57 88 35 01
E-mail : labegorce@chateau-labegorce.fr
Site Internet : www.chateau-labegorce.fr
Visites : du lundi au vendredi (9 h-12 h et 14 h-17 h)
Contact : Florent Granier

VIGNOBLE ET VINIFICATION

Superficie : 38 ha
Encépagement : 60 % cabernet sauvignon, 35 % merlot, 5 % cabernet franc
Âge moyen des vignes : 25 ans – *Densité de plantation :* 8 000 pieds/ha
Rendement moyen : 45 hl/ha
Élevage : fermentations et cuvaison de 21 à 28 jours en cuves thermorégulées ; achèvement des malolactiques en fûts pour 40 % de la récolte ; vieillissement en fûts (30 % de bois neuf) ; collage ; pas de filtration

VINS PRODUITS

Château Labégorce – 150 000 b ; La Mouline de Labégorce – 25 000 b
À maturité : dans les 3 à 8 ans suivant le millésime

2001 **85** Ce vin d'un rubis-prune foncé est moyennement corsé, assez massif, doté d'un fruité mûr et de tannins doux. Il sera parfait **jusqu'en 2012.** (1/03)

2000 **87** Ce vin souple, mûr et fruité, aux amples arômes de fumé et de petits fruits caramélisés, nuancés de tabac et de prune, est moyennement corsé et capable d'une garde de **6 à 8 ans.** (1/03)

LABÉGORCE ZÉDÉ

Cru bourgeois exceptionnel
Propriétaire : Hubert Perrodo
Adresse : 33460 Margaux
Adresse postale : BP 33 – 33460 Margaux
Tél. 05 57 88 71 31 – *Fax* 05 57 88 72 54
E-mail : labegorce.zede@wanadoo.fr
Site Internet : www.perso.wanadoo.fr/labegorce.zede
Visites : du lundi au vendredi, sur rendez-vous de préférence
Contact : Florent Granier

VIGNOBLE ET VINIFICATION

Superficie : 28 ha
Encépagement : 50 % cabernet sauvignon, 35 % merlot, 10 % cabernet franc, 5 % petit verdot
Âge moyen des vignes : 45 ans – *Densité de plantation :* 10 000 pieds/ha
Rendement moyen : 50 hl/ha
Élevage : fermentations à 30 °C et cuvaison de 14 à 21 jours en cuves de béton thermorégulées ; vieillissement de 18 mois en fûts de chêne (50 % de bois neuf) ; collage au blanc d'œuf ; pas de filtration

VINS PRODUITS

Château Labégorce Zédé – 70 000 b ; Domaine Zédé – 100 000 b
À maturité : dans les 5 à 10 ans suivant le millésime

APPRÉCIATION GÉNÉRALE

Les vins élaborés à Labégorce Zédé après 1995 sont moins inspirés, mais ils sont bien faits et méritent leur statut. Ils constituent de bonnes affaires dans le contexte du marché actuel.

Les Thienpont, d'origine belge, sont les propriétaires-exploitants de Labégorce Zédé, où ils vinifient de manière traditionnelle – comme dans leur autre propriété, Vieux Château Certan, à Pomerol. La qualité s'est améliorée depuis 1979, à partir du moment où le jeune Luc Thienpont a pris les rênes du domaine.

Labégorce Zédé comprend un corps de ferme assez quelconque et des vignobles répartis sur les trois communes de Soussans, Marsac et Margaux. Les vins atteignent leur maturité dans les 5 à 6 ans qui suivent le millésime, mais ils peuvent conserver leur fruit et leur caractère harmonieux pendant 5 à 10 ans dans les bons millésimes. Personnellement, je préfère Labégorce Zédé à Labégorce, le premier présentant généralement un caractère plus parfumé et davantage de richesse.

2000 Ce vin élégant, dont le boisé masque une belle étoffe, s'annonce par un rubis-
87 pourpre profond et par un nez de réglisse et de cassis nuancé de champignon. Séduisant de complexité, marqué de notes de fumé, il peut être apprécié **dès maintenant et dans les 10 ans.** (1/03)

LARRUAU

Cru bourgeois
Propriétaire : Bernard Château
Adresse : 4, rue de la Trémoille – 33460 Margaux
Tél. 05 57 88 35 50 – *Fax* 05 57 88 76 69
Visites : non autorisées

VIGNOBLE ET VINIFICATION

Superficie : 12 ha
Encépagement : 50 % cabernet sauvignon, 50 % merlot
Âge moyen des vignes : 20 ans – *Densité de plantation :* 10 000 pieds/ha
Rendement moyen : 55 hl/ha
Élevage : fermentations et cuvaison en cuves thermorégulées ; après achèvement des malolactiques, vieillissement de 18 mois en fûts (renouvelés par tiers chaque année) ; soutirage trimestriel ; collage ; pas de filtration

VIN PRODUIT

Château Larruau – 76 000 b (pas de second vin)
À maturité : dans les 3 à 10 ans suivant le millésime

MARQUIS D'ALESME BECKER

3e cru classé en 1855
Propriétaire : Jean-Claude Zuger
Adresse : 33460 Margaux
Tél. 05 57 88 70 27 – *Fax* 05 57 88 73 78
E-mail : marquisdalesme@wanadoo.fr
Visites : du lundi au vendredi (10 h-12 h et 14 h-17 h)
Contact : Jean-Claude Zuger

VIGNOBLE ET VINIFICATION

Superficie : 16 ha
Encépagement : 45 % merlot, 30 % cabernet sauvignon, 15 % cabernet franc, 10 % petit verdot
Âge moyen des vignes : 35 ans – *Densité de plantation :* 7 500 pieds/ha
Rendement moyen : 57 hl/ha
Élevage : fermentations et cuvaison de 21 jours en cuves d'acier inoxydable thermorégulées ; vieillissement de 12 mois en fûts (renouvelés par tiers chaque année) ; collage ; pas de filtration

VINS PRODUITS

Château Marquis d'Alesme Becker – 100 000 b ; Marquise d'Alesme – 20 000 b
À maturité : dans les 3 à 12 ans suivant le millésime

APPRÉCIATION GÉNÉRALE

Comme les propriétés voisines (D'Issan, Kirwan, Palmer et Malescot Saint-Exupéry), Marquis d'Alesme Becker a été classé troisième cru en 1855, mais il ne tient pas son rang, produisant des vins maigres et durs qui n'ont ni le fruit ni l'élégance caractéristiques de leur appellation.

Ce petit vignoble produit l'un des vins les moins connus du classement de 1855. Le château lui-même est une belle bâtisse du XIXe siècle située en face de la mairie du village de Margaux. Depuis 1979, le domaine est dirigé par Jean-Claude Zuger, frère de Roger Zuger, propriétaire d'un autre cru plus célèbre de l'appellation, Malescot Saint-Exupéry. Marquis d'Alesme Becker est pratiquement ignoré des marchés d'exportation, puisque la quasi-totalité de la production est directement vendue à une clientèle privée en France, en Suisse et en Belgique. À chaque dégustation, j'ai été surpris de constater que, malgré sa forte proportion de merlot, ce vin ne présentait pas davantage de plénitude et de chair. En fait, si l'on considère la vinification, on remarque que les cuvaisons sont relativement longues ; d'autre part, Jean-Claude Zuger affirme que le vin est rarement filtré avant la mise en bouteilles. Pourquoi, dans ces conditions, n'affiche-t-il pas davantage de puissance aromatique et de richesse en extrait ? Cela demeure un mystère.

De tous les millésimes récents que j'ai dégustés (1975, 1976, 1978, 1979, 1981, 1982, 1983, 1985, 1986, 1988, 1990, 2000 et 2001), aucun n'a été noté plus de 85. Certes, les goûts et les couleurs ne se discutent pas, et Marquis d'Alesme Becker a ses amateurs, mais je trouve que les vins de cette propriété manquent de concentration et de profondeur, et sont simples et dénués de complexité pour un cru classé. On peut espérer que les choses s'amélioreront dans le courant du XXIe siècle.

2001 **78** Le 2001 de Marquis d'Alesme est moyennement corsé, léger, dénué à la fois de concentration, de profondeur et de persistance. Cependant, il présente des arômes charmeurs de cèdre, de groseille et d'herbes. **À boire jusqu'en 2012.** (1/03)

2000 **81** Élégant, mais léger, le 2000 n'en est pas moins séduisant, avec sa robe d'un rubis-prune profond et son nez de camphre, d'herbes séchées, de groseille et de cerise nuancé de terre. Ses tannins sont doux, mais l'ensemble pèche malheureusement par sa finale abrupte, dénuée à la fois de concentration et de persistance. **À boire jusqu'en 2012.** (1/03)

MARSAC SÉGUINEAU

Cru bourgeois

Propriétaire : Grand Cru Investissements – CDPQ

Adresse : 33460 Soussans

Adresse postale : Château La Tour de Mons – 33460 Soussans

Tél. 05 57 88 33 03 – *Fax* 05 57 88 32 46

Visites : sur rendez-vous uniquement

Contact : Dominique Laux

VIGNOBLE ET VINIFICATION

Superficie : 10,2 ha
Encépagement : 60 % merlot, 28 % cabernet sauvignon, 12 % cabernet franc
Âge moyen des vignes : 29 ans – *Densité de plantation :* 10 000 pieds/ha
Rendement moyen : 56 hl/ha
Élevage : fermentations de 21 jours ; vieillissement de 18 à 21 mois en fûts de chêne (30 % de bois neuf) ; collage et filtration

VINS PRODUITS

Château Marsac Séguineau – 50 000 b ; Château Gravières de Marsac – 21 000 b
À maturité : dans les 5 à 15 ans suivant le millésime

MARTINENS

Cru bourgeois
Propriétaire : Jean-Pierre Seynat-Dulos
Adresse : 33460 Cantenac
Tél. 05 57 88 71 37 – *Fax* 05 57 88 38 35
E-mail : chateau-martinens@wanadoo.fr
Visites : sur rendez-vous uniquement
Contact : Jean-Pierre Seynat-Dulos

VIGNOBLE ET VINIFICATION

Superficie : 25 ha
Encépagement : 63 % merlot, 22 % cabernet sauvignon, 10 % petit verdot, 5 % cabernet franc
Âge moyen des vignes : 25 ans – *Densité de plantation :* 6 666 et 8 333 pieds/ha
Rendement moyen : 54 hl/ha
Élevage : fermentations et cuvaison de 21 jours en cuves thermorégulées ; vieillissement de 16 à 18 mois (45 % de la récolte en bois neuf, le reste en cuves) ; collage et filtration

VINS PRODUITS

Château Martinens – 180 000 b ; Château Bois de Monteil – 38 000 b
À maturité : dans les 3 à 10 ans suivant le millésime

2000
86
Ce vin d'une élégance toute bourguignonne dégage des parfums de camphre et de cerise rouge piquante préludant à un ensemble moyennement corsé, doux à l'attaque, creux en milieu de bouche et court en finale. Ce vin aux tannins mûrs pourrait, s'il développait davantage de charme et de corps, être renoté à la hausse, mais, pour l'heure, il manque d'étoffe. **À boire jusqu'en 2012.** (1/03)

MONGRAVEY

Cru bourgeois
Propriétaire : Régis Bernaleau
Adresse : 8, avenue Jean-Luc-Vonderheyden – 33460 Arsac
Tél. 05 56 58 84 51 – *Fax* 05 56 58 83 39
E-mail : chateau.mongravey@wanadoo.fr
Site Internet : chateau-mongravey.fr
Visites : sur rendez-vous uniquement
Contact : Karine Bernaleau

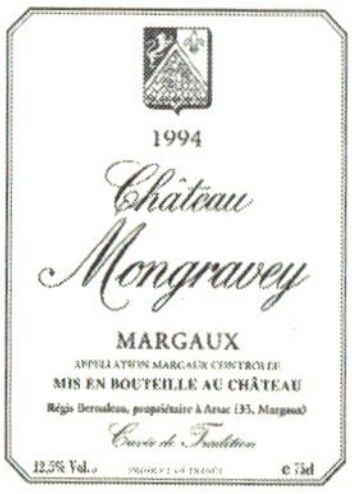

VIGNOBLE ET VINIFICATION

Superficie : 10 ha
Encépagement : 55 % cabernet sauvignon, 45 % merlot
Âge moyen des vignes : 25 ans – *Densité de plantation :* 6 600-10 000 pieds/ha
Rendement moyen : 50 hl/ha
Élevage : fermentation alcoolique de 6 à 10 jours et cuvaison de 21 à 28 jours en cuves d'acier inoxydable thermorégulées ; collage ; pas de filtration

VINS PRODUITS

Château Mongravey – 54 000 b ; Château Cazauviel – 12 000 b
À maturité : dans les 2 à 8 ans suivant le millésime

Note : la propriété produit aussi deux autres cuvées. Le Mongravey Prestige est vieilli de 14 à 18 mois en fûts de chêne (60 % de bois neuf) ; le Mongravey Tradition de 14 à 18 mois en fûts de chêne (35 % de bois neuf).

PONTAC LYNCH

Cru bourgeois
Propriétaire : famille Bondon
Adresse : 33460 Margaux
Adresse postale : BP 7 – 33460 Margaux
Tél. 05 57 88 30 04 – *Fax* 05 57 88 32 63
Visites : sur rendez-vous, du lundi au vendredi
Contact : Marie-Christine Bondon

VIGNOBLE ET VINIFICATION

Superficie : 10 ha (2 ha en appellation Haut-Médoc)
Encépagement : 40 % merlot, 35 % cabernet sauvignon, 20 % cabernet franc, 5 % petit verdot
Âge moyen des vignes : 30 ans – *Densité de plantation :* 10 000 pieds/ha
Rendement moyen : 52 hl/ha
Élevage : fermentations et cuvaison de 14 à 28 jours en cuves de béton thermorégulées ; vieillissement de 18 mois en fûts (35-50 % de bois neuf suivant le millésime) ; collage ; pas de filtration

VINS PRODUITS

Château Pontac Lynch – 50 000 b ; Château Pontac-Phénix – 12 000 b (Haut-Médoc)
À maturité : dans les 5 à 10 ans suivant le millésime

PONTET-CHAPPAZ

Non classé
Propriétaire : Vignobles Rocher Cap de Rive SA
Adresse : 33460 Arsac
Adresse postale : Château Rocher Bellevue
BP 89 – 33350 Saint-Magne-de-Castillon
Tél. 05 57 40 06 76 — *Fax* 05 57 40 41 52
E-mail : j-bardot.savrcr@wanadoo.fr
Visites : sur rendez-vous
Contact : Jacqueline Bardot

VIGNOBLE ET VINIFICATION

Superficie : 7,75 ha
Encépagement : 55 % merlot, 45 % cabernet sauvignon
Âge moyen des vignes : 35 ans – *Densité de plantation :* 7 800 pieds/ha
Rendement moyen : 60 hl/ha
Élevage : fermentations et cuvaison de 21 jours en cuves d'acier inoxydable thermorégulées ; vieillissement de 12 mois (80 % en fûts renouvelés par tiers chaque année, 20 % en cuves) ; collage ; pas de filtration

VIN PRODUIT

Château Pontet-Chappaz – 56 000 b (pas de second vin)
À maturité : dans les 2 à 6 ans suivant le millésime

POUGET

4e cru classé en 1855
Propriétaire : famille Guillemet
Adresse : 33460 Cantenac
Tél. 05 57 88 90 82 – *Fax* 05 57 88 33 27
E-mail : guillemet.lucien@wanadoo.fr
Site Internet : www.boyd-cantenac.fr
Visites : sur rendez-vous uniquement
Contact : Lucien Guillemet

VIGNOBLE ET VINIFICATION

Superficie : 10 ha
Encépagement : 60 % cabernet sauvignon, 32 % merlot,
8 % cabernet franc
Âge moyen des vignes : 30 ans – *Densité de plantation :* 10 000 pieds/ha
Rendement moyen : 38 hl/ha
Élevage : fermentations et cuvaison de 21 jours en cuves d'acier inoxydable ; vieillissement de 12 à 18 mois en fûts (50 % de bois neuf) ; collage ; légère filtration

VINS PRODUITS

Château Pouget – 36 000 b ; La Tour Massac – 12 000-30 000 b
À maturité : dans les 5 à 15 ans suivant le millésime

TAYAC

Cru bourgeois
Propriétaire : GFA Château Tayac
Adresse : Tayac – 33460 Soussans
Adresse postale : BP 10 – 33460 Soussans
Tél. 05 57 88 33 06 – *Fax* 05 57 88 36 06
E-mail : chateau.tayac@wanadoo.fr
Visites : du lundi au vendredi (10 h-12 h 30 et 14 h-18 h 30)
Contact : Nadine Portet

VIGNOBLE ET VINIFICATION

Superficie : 36 ha
Encépagement : 65 % cabernet sauvignon, 33 % merlot, 2 % petit verdot
Âge moyen des vignes : 30 ans – *Densité de plantation :* 8 500 pieds/ha
Rendement moyen : 58 hl/ha
Élevage : fermentations de 8 à 12 jours et cuvaison de 30 à 35 jours ; vieillissement de 10 à 12 mois en fûts de chêne (38 % de bois neuf) ; collage ; pas de précision quant à la filtration

VINS PRODUITS

Château Tayac – 130 000 b ; Château du Grand Soussans – 13 000 b
À maturité : dans les 2 à 6 ans suivant le millésime

LA TOUR DE BESSAN

Cru bourgeois
Propriétaire : Marie-Laure Lurton
Adresse : route d'Arsac – 33460 Margaux
Adresse postale : SC Les Grands Crus Réunis – 2036 Chalet – 33480 Moulis-en-Médoc
Tél. 05 56 58 22 01 – *Fax* 05 56 58 15 10
E-mail : contact@vignobles-marielaurelurton.com
Site Internet : www.vignobles-marielaurelurton.com
Visites : sur rendez-vous uniquement
Contact : Marie-Laure Lurton

VIGNOBLE ET VINIFICATION

Superficie : 18 ha
Encépagement : 43,5 % cabernet sauvignon, 33,3 % merlot, 23,2 % cabernet franc
Âge moyen des vignes : 24 ans – *Densité de plantation :* 6 667 et 7 692 pieds/ha
Rendement moyen : 46,5 hl/ha
Élevage : fermentations et cuvaison de 12 à 28 jours (par lots séparés selon l'âge des vignes) ; vieillissement de 18 mois par rotation en cuves et en fûts (dont 6 mois avec 50 % de bois neuf) ; collage et filtration

VIN PRODUIT

Château La Tour de Bessan – 84 700 b (pas de second vin)
À maturité : dans les 2 à 4 ans suivant le millésime

LA TOUR DE MONS

Cru bourgeois supérieur
Propriétaire : Grand Cru Investissements – CDPQ
Adresse : 33460 Soussans
Tél. 05 57 88 33 03 – *Fax* 05 57 88 32 46
E-mail : chateau-latourdemons@wanadoo.fr
Visites : sur rendez-vous uniquement
Contact : Dominique Laux

VIGNOBLE ET VINIFICATION

Superficie : 43 ha
Encépagement : 49 % merlot, 37 % cabernet sauvignon, 8 % petit verdot, 6 % cabernet franc
Âge moyen des vignes : 32 ans – *Densité de plantation :* 8 333 pieds/ha
Rendement moyen : 58 hl/ha
Élevage : fermentations de 28-35 jours à 27-31 °C, avec deux remontages quotidiens ; cuvaison en cuves d'acier inoxydable thermorégulées de petite contenance (30-150 hl) ; vieillissement de 12 mois en fûts (30 % de bois neuf) ; collage ; pas de filtration

VINS PRODUITS

Château La Tour de Mons – 150 000 b ; Château Marquis de Mons – 100 000 b
À maturité : dans les 5 à 14 ans suivant le millésime

DES TROIS CHARDONS

Cru artisan
Propriétaires : Indivision Yves et Claude Chardon
Adresse : Issan – 33460 Cantenac
Tél. 05 57 88 39 13 ou 05 57 88 33 94 – *Fax* 05 57 88 39 13
Visites : sur rendez-vous uniquement
Contacts : Yves ou Claude Chardon

VIGNOBLE ET VINIFICATION

Superficie : 2,82 ha
Encépagement : 50 % cabernet sauvignon, 45 % merlot, 5 % petit verdot
Âge moyen des vignes : 30 ans – *Densité de plantation :* 10 000 pieds/ha
Rendement moyen : 51 hl/ha
Élevage : fermentations et cuvaison de 25 jours en cuves d'acier inoxydable ; vieillissement de 20 mois en fûts (15 % de bois neuf) ; collage ; pas de précision quant à la filtration

VIN PRODUIT

Château des Trois Chardons – 14 000 b (pas de second vin)
À maturité : dans les 2 à 6 ans suivant le millésime

LES VIMIÈRES LE TRONQUÉRA

Cru artisan
Propriétaire : Jacques Boissenot
Adresse : 47, rue Principale – 33460 Lamarque
Tél. 05 56 58 91 74 – *Fax* 05 56 58 98 36
Visites : sur rendez-vous

VIGNOBLE ET VINIFICATION

Superficie : 0,46 ha
Encépagement : 100 % merlot
Âge moyen des vignes : 60 ans – *Densité de plantation :* 10 000 pieds/ha
Rendement moyen : 46 hl/ha
Élevage : fermentations à 27-28 °C et cuvaison de 18 à 20 jours ; vieillissement de 20 mois en fûts (100 % de bois neuf) ; collage ; pas de filtration

VIN PRODUIT

Château Les Vimières Le Tronquéra – 3 000 b (pas de second vin)
À maturité : dans les 2 à 6 ans suivant le millésime

MÉDOC, HAUT-MÉDOC, LISTRAC-MÉDOC ET MOULIS-EN-MÉDOC

Dans le vaste Médoc, des centaines de châteaux produisent des vins intéressants, permettant à l'amateur de réaliser de bonnes affaires les bonnes années... et de très grandes affaires les très grandes années ! Quelques-uns se révèlent parfois du niveau de bien des crus classés, mieux connus, et il peut même arriver qu'ils les surpassent. Cependant, la plupart de ces propriétés proposent des vins solides et fiables qui, sans être spectaculaires, n'en sont pas moins bien faits et gratifiants. Dans les grands millésimes – comme récemment en 1996, 2000 et 2003 –, ils méritent vraiment d'être recherchés. Une bonne connaissance des meilleurs crus de cette région peut se révéler fort utile pour qui veut consommer régulièrement des bordeaux de bon niveau.

Les appellations du Médoc couvrent une étendue très importante, qui comprend à l'heure actuelle près de 4 900 ha de vignes. Il y règne une certaine confusion dans la mesure où, géographiquement, le Médoc englobe toute la région située au nord de la ville de Bordeaux, entre l'Océan et la Gironde, alors que, du point de vue viticole, l'aire de production du même nom correspond à la partie nord du vignoble bordelais, contrée qui pendant longtemps s'est appelée le Bas-Médoc. Les vins pouvant revendiquer l'appellation Médoc sont généralement issus des sept communes suivantes : Bégadan, Saint-Yzans, Prignac, Ordonnac, Saint-Christoly, Blaignan et Saint-Germain-d'Esteuil.

Il est difficile d'appréhender l'appellation dans son ensemble, car elle offre des vins très divers. Cependant, on constate que, sur les sols relativement lourds, moins poreux et moins bien drainés, la tendance, depuis plusieurs décennies, est à l'augmentation de la proportion de merlot dans l'encépagement. Cela donne des vins plus accessibles et

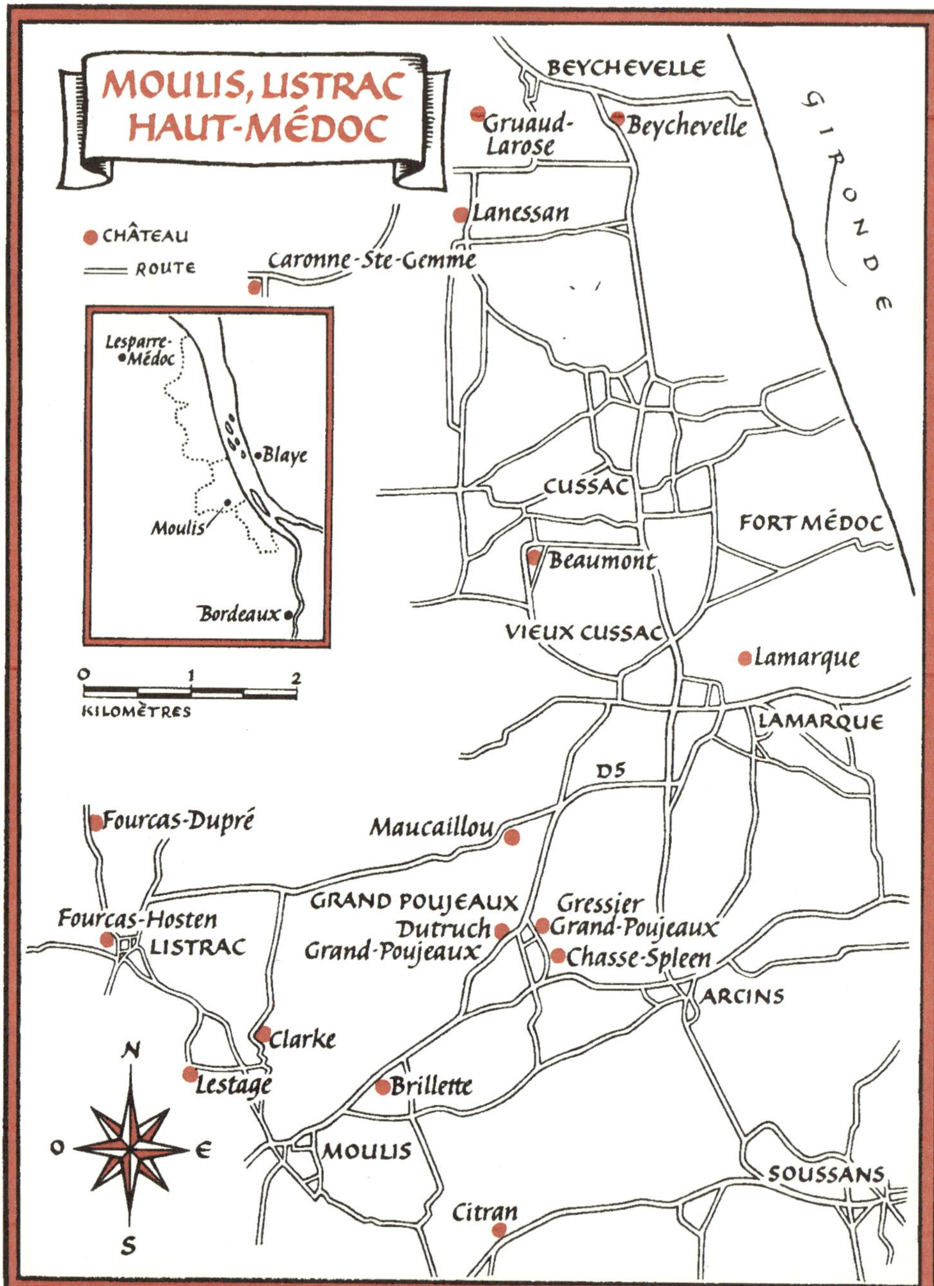
MOULIS, LISTRAC
HAUT-MÉDOC
CHÂTEAU
ROUTE
Lesparre-Médoc
Blaye
Moulis
Bordeaux
0 1 2
KILOMÈTRES
BEYCHEVELLE
Gruaud-Larose
Beychevelle
GIRONDE
Lanessan
Caronne-Ste-Gemme
CUSSAC
FORT MÉDOC
Beaumont
VIEUX CUSSAC
Lamarque
LAMARQUE
D5
Fourcas-Dupré
Maucaillou
GRAND POUJEAUX
Gressier
Grand-Poujeaux
Dutruch
Grand-Poujeaux
Fourcas-Hosten
LISTRAC
Chasse-Spleen
ARCINS
Clarke
Lestage
Brillette
MOULIS
SOUSSANS
Citran
N
O
E
S

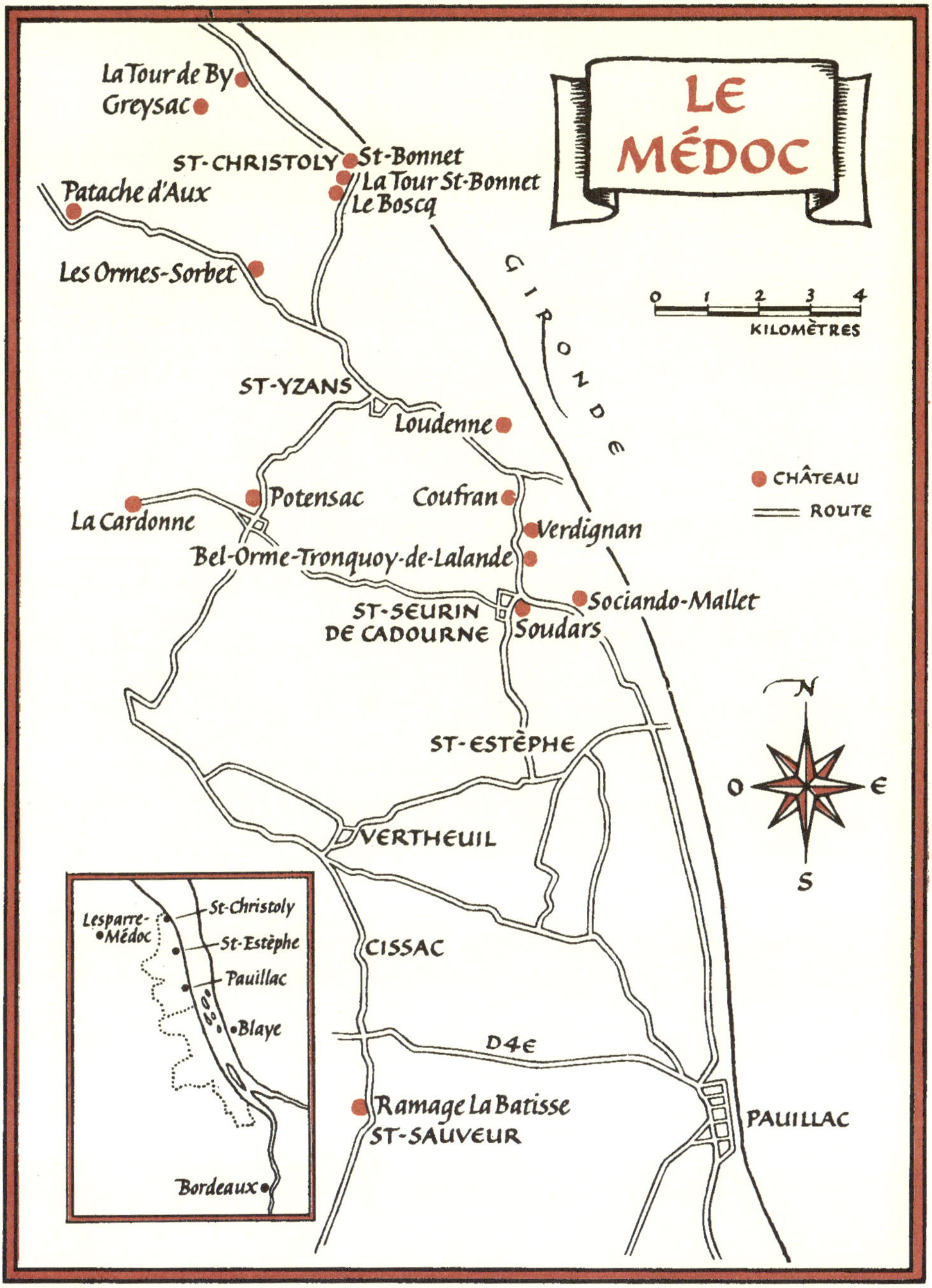
LE MÉDOC
La Tour de By
Greysac
ST-CHRISTOLY
St-Bonnet
La Tour St-Bonnet
Le Boscq
Patache d'Aux
Les Ormes-Sorbet
GIRONDE
0 1 2 3 4
KILOMÈTRES
ST-YZANS
Loudenne
CHÂTEAU
ROUTE
La Cardonne
Potensac
Coufran
Verdignan
Bel-Orme-Tronquoy-de-Lalande
Sociando-Mallet
ST-SEURIN DE CADOURNE
Soudars
N
O
E
S
ST-ESTÈPHE
VERTHEUIL
Lesparre-Médoc
St-Christoly
St-Estèphe
Pauillac
Blaye
Bordeaux
CISSAC
D4E
Ramage La Batisse
ST-SAUVEUR
PAUILLAC

plus fruités, qui rencontrent un succès croissant auprès du grand public. Il y a eu plusieurs tentatives de classement de ces crus, et, *dans ce chapitre*, le classement « crus bourgeois » est réactualisé, même si je pense qu'il s'agit surtout d'opérations commerciales ou politiques, et non pas d'un classement fiable fondé sur une hiérarchie qualitative. Je signale cependant aux lecteurs que ce nouveau classement des crus bourgeois a été rendu public en juin 2003.

L'appellation Haut-Médoc couvre près de 4 400 ha. Elle est très vaste, puisqu'elle s'étend de la banlieue industrielle du nord de Bordeaux – c'est-à-dire de la ville de Blanquefort – jusqu'au Bas-Médoc, en contournant l'appellation Médoc. Les vins sont principalement issus de quinze communes, dont les plus connues sont Saint-Seurin, Saint-Laurent, Cussac, Saint-Sauveur, Cissac et Vertheuil. Les crus les plus renommés se situent dans un couloir d'environ 12 km de large séparant Margaux de Saint-Julien. Le Sud-Médoc abrite une autre merveille, Cantemerle, qui, après une période difficile vers la fin des années 70, a produit d'excellents 1983 et 1989, pour ensuite renouer avec une performance en dents de scie. Il est certain que tant La Lagune que Cantemerle sont sous-estimés en termes de cotation, du fait de leur situation en dehors de la prestigieuse appellation Margaux. Et leur irrégularité ne leur permet pas de pratiquer des prix plus élevés. Plusieurs producteurs de ces localités proposent des bordeaux d'un niveau supérieur à un certain nombre de crus classés, et, d'une manière générale, exactement comme en Médoc, la qualité d'ensemble s'est améliorée ces vingt dernières années.

L'appellation Listrac-Médoc demeure également dans l'ombre. Comme sa voisine, Moulis-en-Médoc, elle se trouve vers l'intérieur des terres et compte environ 700 ha de vignes. Ses crus ont la réputation – justifiée, d'ailleurs – d'être assez rugueux, secs et astringents, quelque peu dénués de fruit et de charme. Ces traits leur ont évidemment été préjudiciables, en particulier sur les marchés étrangers. Aujourd'hui, les Listrac sont moins durs et moins râpeux que par le passé, mais ils sont toujours relativement tanniques et pourraient assurément révéler davantage de charme. Ils sont surtout appréciés des amateurs de vins élaborés à la mode d'autrefois.

Moulis-en-Médoc est, à mon avis, la meilleure des petites appellations du Bordelais, peut-être parce qu'elle couvre une surface relativement modeste (575 ha), sur laquelle de nombreux viticulteurs de talent cherchent à produire des vins de très bonne qualité. Les Moulis révèlent une certaine aptitude à la garde. Dans les bons millésimes, ils sont étonnamment riches, étoffés et puissants. L'appellation compte pléthore de châteaux de haut niveau, notamment Chasse-Spleen, Gressier Grand Poujeaux, Maucaillou et Poujeaux.

LISTRAC-MÉDOC – REPÈRES

Situation : cette appellation relativement méconnue, située à l'intérieur des terres, au sud-ouest de Saint-Julien, se trouve à une trentaine de kilomètres de Bordeaux.
Superficie sous culture de vigne : 700 ha.
Communes : il y en a plusieurs, mais la principale est celle de Listrac.
Production annuelle moyenne : 48 000 hl.
Crus classés : aucun, mais l'aire de production compte 9 crus bourgeois supérieurs et 12 crus bourgeois, ainsi qu'une cave coopérative regroupant 60 membres.
Principaux cépages : cabernet sauvignon, suivi du merlot, avec un peu de cabernet franc et de petit verdot, mais en moindres proportions.
Types de sol : argile, calcaire et graves.

MOULIS-EN-MÉDOC - REPÈRES

Situation : à 28 km de Bordeaux, au nord-ouest de Margaux.
Superficie sous culture de vigne : 575 ha.
Communes : Moulis-en-Médoc, mais également Arcins, Castelnau, Lamarque et Listrac-Médoc, où se situent certaines propriétés.
Production annuelle moyenne : 45 600 hl.
Crus classés : aucun, mais l'appellation compte 2 crus bourgeois exceptionnels, 7 crus bourgeois supérieurs et 5 crus bourgeois.
Principaux cépages : cabernet sauvignon, suivi du merlot.
Types de sol : calcaire, ainsi que des sols graveleux, sableux et argileux.

HAUT-MÉDOC - REPÈRES

Situation : juste au nord de la ville de Bordeaux. Les deux tiers de la péninsule médocaine composent l'appellation Haut-Médoc.
Superficie sous culture de vigne : 4 400 ha.
Communes : en allant du nord au sud, on trouve Saint-Seurin-de-Cadourne, Vertheuil, Cissac, Saint-Sauveur, Saint-Laurent, Cussac-Fort-Médoc, Lamarque, Arcins, Avensan, Castelnau-de-Médoc, Arsac, Macau, Le Pian-Médoc, Ludon, Parempuyre, Le Taillan, Blanquefort.
Production annuelle moyenne : plus de 320 000 hl.
Crus classés : 5 en tout, dont le Château La Lagune (3e cru), le Château La Tour Carnet (4e cru) et les Châteaux Belgrave, Camensac et Cantemerle (5e crus).
La région compte également 32 crus bourgeois supérieurs et 50 crus bourgeois, ainsi que 5 caves coopératives.
Principaux cépages : cabernet sauvignon, suivi du merlot et du cabernet franc.
Types de sol : sableux, graveleux.

MÉDOC - REPÈRES

Situation : un tiers de la péninsule médocaine a droit à l'appellation Médoc.
La frontière sud de cette aire de production se situe à une cinquantaine de kilomètres au nord de Bordeaux.
Superficie sous culture de vigne : 4 700 ha.
Communes : du nord au sud, ce sont Saint-Vivien-de-Médoc, Jau-Dignac-et-Loirac, Vensac, Valeyrac, Queyrac, Bégadan, Saint-Christoly-de-Médoc, Civrac-en-Médoc, Couquèques, Prignac, Gallianen, Lesparre, Blaignan, Saint-Yzans-de-Médoc, Ordonnac, Saint-Germain-d'Esteuil.
Production annuelle moyenne : environ 408 000 hl.
Crus classés : aucun, mais on compte 12 crus bourgeois supérieurs et 47 crus bourgeois, ainsi que 5 caves coopératives regroupant plus de 400 membres.
Principaux cépages : le cabernet sauvignon prédomine, suivi du merlot, puis du cabernet franc, du malbec et du petit verdot, mais en moindres proportions.
Types de sol : les sols sont plus divers que ceux du Haut-Médoc ; ils sont généralement très graveleux, mais aussi calcaires ou sableux.

MON CLASSEMENT

EXCEPTIONNEL

Sociando-Mallet

EXCELLENT

Belle-Vue, Bernadotte, Cambon La Pelouse, Charmail, Chasse-Spleen, Citran, Clos de Jaugueyron, D'Escurac, Haut-Condissas, Lanessan, Maucaillou, Potensac, Poujeaux, La Tour Carnet, Tour Haut-Caussan, Tour du Haut-Moulin, Tour Séran

TRÈS BON

Cantemerle, Ducluzeau, Fourcas Loubaney, Les Grands Chênes, Greysac, La Lagune, Larose-Trintaudon, Du Moulin Rouge, Les Ormes Sorbet, Peyredon Lagravette, Rollan de By, De Sainte-Gemme, Tour Saint-Bonnet

BON

D'Arche, Anthonic, Arnauld, Beaumont, Belgrave, Le Boscq, Bouqueyran, Bournac, Branas Grand Poujeaux, De Bruaude, Du Breuil, Brillette, Camensac, Cap de Haut, La Cardonne, Caronne Sainte-Gemme, Chantelys, Cissac, Clarke, Clément-Pichon, Comtesse du Parc, Coufran, Dutruch Grand Poujeaux, Fonréaud, Fontis, Fourcas Dupré, Fourcas Hosten, Gravat, Gressier Grand Poujeaux, Grivière, Jander, De Lamarque, Lachesnaye, Lacombe Noaillac, Lalaudey, Lamothe Bergeron, Larose Perganson, La Lauzette-Declercq, Lestage, Lieujean, Liversan, Lousteauneuf, Magnol, De Malleret, Malescasse, Malmaison, Mayne Lalande, Le Meynieu, Moulin de Laborde, Moulin à Vent, Noaillac, Patache d'Aux, Plagnac, Ramafort, Rose Sainte-Croix, Saransot-Dupré, Ségur, Sénéjac, Soudars, La Tour Blanche, La Tour de By, Verdignan, Vieux Robin

AUTRES PROPRIÉTÉS NOTABLES

D'Agassac, Bel Orme Tronquoy de Lalande, Clos des Demoiselles, Duplessis, Duplessis Fabre, Hanteillan, Loudenne, Moulis, Peyrabon, Ramage La Batisse, De Villegeorge

COMMENTAIRES DE DÉGUSTATION

D'AGASSAC (HAUT-MÉDOC)

Cru bourgeois supérieur
Propriétaire : Groupama Assurances
Adresse : 15, rue du Château-d'Agassac – 33290 Ludon-Médoc
Tél. 05 57 88 15 47 – *Fax* 05 57 88 17 61
E-mail : contact@agassac.com
Site Internet : www.agassac.com
Visites : toute l'année ; sans rendez-vous de juin à septembre inclus
Contact : Jean-Luc Zell

VIGNOBLE ET VINIFICATION

Superficie : 38 ha
Encépagement : 50 % merlot, 47 % cabernet sauvignon, 3 % cabernet franc
Âge moyen des vignes : 25 ans – *Densité de plantation :* 6 650 pieds/ha
Rendement moyen : 41 hl/ha
Élevage : fermentations et cuvaison de 21 jours en cuves thermorégulées ; achèvement des malolactiques en fûts pour une partie de la récolte ; vieillissement sur lies de 15 mois avec bâtonnages fréquents en fûts (renouvelés par tiers à chaque millésime) ; collage ; filtration légère

VINS PRODUITS

Château d'Agassac – 165 000 b ; Château Pomiès d'Agassac – 55 000 b
À maturité : dans les 4 à 10 ans suivant le millésime
Le Château d'Agassac est le seul, avec La Lagune, à être situé sur les terrains sableux de Ludon, dans la partie sud du Médoc.

Cette propriété a donné une longue série de vins irréguliers, en dépit de rendements ténus et d'une vinification très traditionnelle. Robuste, manquant souvent de charme et de fruit, ce cru doit généralement être consommé dans les 10 ans suivant le millésime. Les meilleurs millésimes récents sont les 2003 et 2000 ; parmi les plus anciens, il faut citer les 1990 et 1989, ainsi que le 1982, qui commence maintenant à se faner. En revanche, les 1983, 1986 et 1988 me paraissent plutôt insipides.

Les visiteurs n'hésiteront pas à faire le détour et à s'éloigner légèrement de la fameuse D2 pour voir D'Agassac. Cette magnifique bâtisse médiévale fortifiée vaut le coup d'œil. C'est l'un des châteaux les plus impressionnants du Bordelais, et de nombreuses visites y sont organisées.

ANTHONIC (MOULIS-EN-MÉDOC)

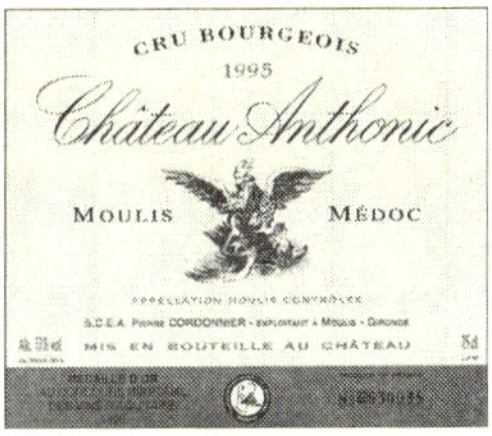

Cru bourgeois supérieur
Propriétaire : Jean-Baptiste Cordonnier
Adresse : 33480 Moulis-en-Médoc
Tél. 05 56 58 34 60 — *Fax.* 05 56 58 72 76
E-mail : chateau.anthonic@terre-net.fr
Site Internet : www.moulis.com
Visites : tous les jours (8 h 30-16 h) sur rendez-vous de préférence ; le week-end uniquement sur rendez-vous
Contact : Jean-Baptiste Cordonnier

VIGNOBLE ET VINIFICATION

Superficie : 29 ha
Encépagement : 50,1 % merlot, 47,8 % cabernet sauvignon, 2,1 % petit verdot
Âge moyen des vignes : 20 ans – *Densité de plantation :* 6 700-10 000 pieds/ha
Rendement moyen : 56 hl/ha
Élevage : fermentations, avec trois remontages quotidiens, et cuvaison de 21 à 25 jours en cuves d'acier inoxydable thermorégulées ; vieillissement de 18 mois, dont 12 en fûts (renouvelés par tiers à chaque millésime) ; collage ; filtration si nécessaire

VINS PRODUITS

Château Anthonic – 150 000 b ; Les Aigles d'Anthonic – 12 000 b
À maturité : dans les 3 à 10 ans suivant le millésime

Ayant dégusté plusieurs millésimes d'Anthonic, je dois avouer avoir été impressionné par leur caractère racé et élégant. Le vignoble, d'âge moyen, est excellemment situé, à proximité, notamment, du célèbre Château Clarke.

ARNAULD (HAUT-MÉDOC)

Cru bourgeois supérieur
Propriétaire : SCEA Château Arnauld
Adresse : Arcins – 33460 Margaux
Tél. 05 57 88 89 10 – *Fax* 05 57 88 51 15
E-mail : chateau.arnauld@terre-net.fr
Visites : du lundi au vendredi (9 h-12 h et 14 h-17 h)
Contact : Guillaume Mottes

VIGNOBLE ET VINIFICATION

Superficie : 40 ha
Encépagement : 50 % cabernet sauvignon, 45 % merlot, 5 % petit verdot
Âge moyen des vignes : 30 ans – *Densité de plantation :* 6 600 et 10 000 pieds/ha
Rendement moyen : 50 hl/ha
Élevage : fermentations et cuvaison de 21 jours, avec remontages et délestages pendant 8 jours ; vieillissement après les malolactiques de 12 mois en fûts (un tiers de bois neuf) ; collage et filtration

VINS PRODUITS

Château Arnauld – 180 000 b ; Le Comte d'Arnauld – 70 000 b
À maturité : dans les 3 à 8 ans suivant le millésime

Situé sur la route des grands crus, juste après le village d'Arcins, le Château Arnauld est la propriété de la famille Theil-Roggy, qui a depuis longtemps assuré la belle réputation de Château Poujeaux (Moulis), l'un des vins les plus remarquables du Médoc.

Le vin produit à Arnauld est moins charpenté, ce qui n'est guère étonnant, compte tenu de l'importante proportion de merlot (50 %) de son assemblage. C'est ce qui explique que, nonobstant sa richesse en extrait et son fruité, ce cru séduisant doive être bu dans les 3 à 8 ans suivant le millésime. Il est fort bien vinifié depuis les années 80 ; les exemples les mieux réussis sont souples, exceptionnellement fruités et bien colorés, même si leur potentiel de garde est limité. Les prix de ces vins savoureux demeurent cependant raisonnables.

BEL ORME TRONQUOY DE LALANDE (HAUT-MÉDOC)

Cru bourgeois
Propriétaire : Jean-Michel Quié
Adresse : rue de la Hontête –
33180 Saint-Seurin-de-Cadourne
Tél. 05 56 59 38 29 – *Fax* 05 56 59 72 83
Visites : sur rendez-vous uniquement ;
dégustations au Château Croizet-Bages (Pauillac)
Contact : Martine Dausson
(tél. 05 56 59 66 69 – fax 05 56 59 29 80)

VIGNOBLE ET VINIFICATION

Superficie : 30 ha
Encépagement : 60 % merlot, 30 % cabernet sauvignon, 10 % cabernet franc
Âge moyen des vignes : 35 ans – *Densité de plantation :* 6 500 et 10 000 pieds/ha
Rendement moyen : 55 hl/ha
Élevage : fermentations et cuvaison de 21 à 28 jours en cuves de béton thermorégulées ; vieillissement après assemblage de 6 mois en cuves, puis de 12 mois en fûts (renouvelés par 20 % à chaque millésime) ; collage et filtration

VIN PRODUIT

Château Bel Orme Tronquoy de Lalande – 160 000 b (pas de second vin)
À maturité : dans les 5 à 10 ans suivant le millésime

Je conserve le souvenir d'un Bel Orme 1945 remarquablement profond, bu le jour du nouvel an 1985. D'autre part, mes notes mentionnent un bon 1982 et, plus récemment, des 1989, 1990, 2000 et 2003 de bonne mâche, opulents et corsés. Cependant, le plus souvent, j'ai trouvé que les vins de cette propriété, située tout à fait au nord du Médoc, près du village de Saint-Seurin-de-Cadourne, manquaient d'intérêt.

Au cours des années 80 et 90, le domaine a abandonné son ancien style de vinification, qui privilégiait la puissance, ainsi que des tannins à la limite du supportable, optant pour davantage de souplesse – ce qui se traduit souvent par un manque de concentration et de caractère.

BELGRAVE (HAUT-MÉDOC)

5e cru classé en 1855
Propriétaire : SC du Château Belgrave
Exploitant : Vignobles Dourthe
Adresse : 33112 Saint-Laurent-du-Médoc
Adresse postale : Dourthe – 35, rue de Bordeaux – 33290 Parempuyre
Tél. 05 56 35 53 00 – *Fax.* 05 56 35 53 29
E-mail : contact@cvbg.com
Site Internet : www.dourthe.com
Visites : sur rendez-vous uniquement

VIGNOBLE ET VINIFICATION

Superficie : 55 ha
Encépagement : 55 % cabernet sauvignon, 32 % merlot, 12 % cabernet franc, 1 % petit verdot
Âge moyen des vignes : 25 ans – *Densité de plantation :* 6 500 et 9 000 pieds/ha
Rendement moyen : 46 hl/ha
Élevage : macération préfermentaire à froid ; fermentations de 3 à 5 jours, avec remontages, et cuvaison en cuves thermorégulées ; achèvement des malolactiques en fûts pour une partie de la récolte ; vieillissement (sur lies pour une partie de la récolte) de 15 à 18 mois en fûts (40-60 % de bois neuf) ; collage si nécessaire ; pas de filtration

VINS PRODUITS

Château Belgrave – 230 000 b ; Diane de Belgrave – 135 000 b
À maturité : dans les 5 à 12 ans suivant le millésime

Lorsque la très importante maison Dourthe (la CVBG, comme on l'appelle à Bordeaux) a pris cette propriété en fermage, en 1980, celle-ci était, plus que toute autre en Médoc, en fort piteux état. Les nouveaux arrivants ont engagé d'importants investissements, et le château, qui est maintenant superbe, sert pour la réception des principaux clients de la maison. La propriété bénéficie des conseils de l'œnologue Michel Rolland, et les vignobles ont été replantés, la proportion de merlot étant diminuée au profit du cabernet sauvignon.

Cependant, l'amélioration des vins a été très peu perceptible jusqu'au moment où Michel Rolland, le célèbre œnologue de Libourne, s'est vu confier la supervision des vinifications. Dès lors, Belgrave s'est révélé plus coloré, plus profond et plus riche.

Je ne sais si Belgrave s'améliorera jusqu'à tenir son rang de cru classé. Cela étant, le 2000 constitue le meilleur exemple que je connaisse de ce cru.

BRANAS GRAND POUJEAUX (MOULIS-EN-MÉDOC)

Non classé
Propriétaire : Justin Onclin
Adresse : Vignobles Onclin – Château Branas Grand Poujeaux – 33480 Moulis-en-Médoc
Tél. 06 13 32 11 56 – *Fax* 05 56 58 08 62
E-mail : chateaubranas@wanadoo.fr
Site Internet : www.branasgrandpoujeaux.com
Visites : sur rendez-vous uniquement
Contact : Luc Pasqueron de Fommervault

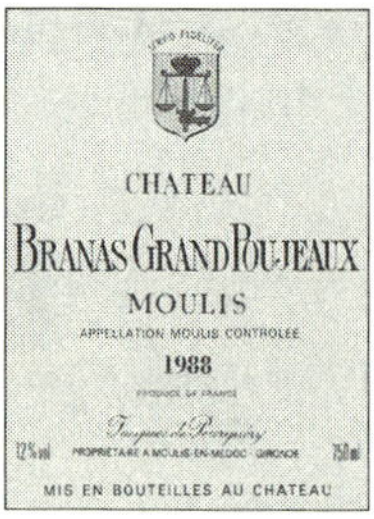

VIGNOBLE ET VINIFICATION

Superficie : 5,5 ha
Encépagement : 50 % merlot, 40 % cabernet sauvignon, 10 % petit verdot
Âge moyen des vignes : 28 ans – *Densité de plantation :* 7 000 pieds/ha
Rendement moyen : 60 hl/ha

Élevage : fermentations et cuvaison en cuves de bois thermorégulées ; achèvement des malolactiques et vieillissement de 15 à 18 mois en fûts (80 % de bois neuf) ; ni collage ni filtration

VIN PRODUIT

Château Branas Grand Poujeaux – 10 000 b (pas de second vin)
À maturité : dans les 10 à 15 ans suivant le millésime

Cette propriété a été récemment rachetée par Justin Onclin, qui dirige Prieuré-Lichine. Elle bénéficie des conseils de l'œnologue Michel Rolland.

Le Château Branas Grand Poujeaux est l'une des propriétés les moins étendues et les moins connues de Moulis. Cependant, les millésimes que j'ai dégustés révélaient une très belle ampleur aromatique et un potentiel de garde de 10 à 15 ans.

BRILLETTE (MOULIS-EN-MÉDOC)

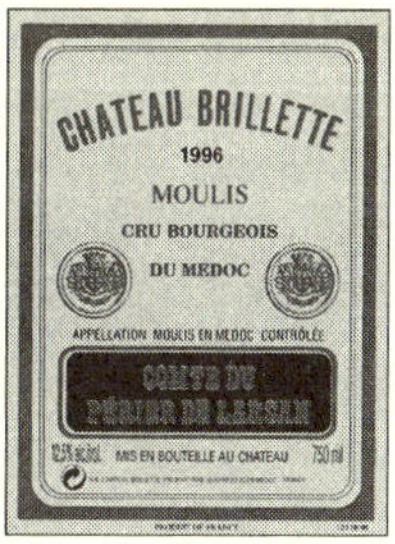

Cru bourgeois supérieur
Propriétaire : Jean-Louis Flageul
Adresse : 33480 Moulis-en-Médoc
Tél. 05 56 58 22 09 – *Fax* 05 56 58 12 26
E-mail : secretariat@chateau-brillette.fr
Visites : sur rendez-vous
Contact : Erwan Flageul

VIGNOBLE ET VINIFICATION

Superficie : 40 ha
Encépagement : 48 % merlot, 40 % cabernet sauvignon, 9 % cabernet franc, 3 % petit verdot
Âge moyen des vignes : 35 ans – *Densité de plantation :* 7 142 pieds/ha
Rendement moyen : 45 hl/ha
Élevage : fermentations et cuvaison de 21 à 28 jours en cuves d'acier inoxydable thermorégulées ; vieillissement de 12 mois en fûts (renouvelés par tiers à chaque millésime) ; pas de collage ; filtration

VINS PRODUITS

Château Brillette – 150 000 b ; Château Berthault Brillette – 50 000 b
À maturité : dans les 7 à 10 ans suivant le millésime

Le vaste domaine de Brillette (150 ha au total, dont 40 seulement sous culture de vigne) se situe à 1 km au nord de Moulis-en-Médoc. Pour n'être pas très connu, le vin de Brillette n'en est pas moins de très grande qualité, se distinguant par son caractère épicé, boisé et richement fruité, qui séduit le plus grand nombre.

Le vignoble, d'un seul tenant, se situe sur des sols graveleux et sableux. Il a été, pour l'essentiel, planté dans les années 60 et 70. Depuis le début des années 80, les vendanges sont entièrement mécaniques, et l'élevage se fait avec environ 30 % de bois neuf, ce qui confère au cru ses remarquables notes fumées et grillées.

Brillette convient particulièrement aux amateurs de vins boisés ; il doit généralement être consommé dans les 10 ans suivant le millésime.

CAMENSAC (HAUT-MÉDOC)

5e cru classé en 1855
Propriétaire : GFA du Château Camensac (famille Forner)
Adresse : route de Saint-Julien – 33112 Saint-Laurent-du-Médoc
Adresse postale : BP 9 – 33112 Saint-Laurent-du-Médoc
Tél. 05 56 59 41 69 – *Fax* 05 56 59 41 73
E-mail : chateaucamensac@wanadoo.fr
Site Internet : www.chateaucamensac.com
Visites : sur rendez-vous uniquement
Contact : Élisée Forner

VIGNOBLE ET VINIFICATION

Superficie : 75 ha
Encépagement : 60 % cabernet sauvignon, 40 % merlot
Âge moyen des vignes : 35 ans – *Densité de plantation :* 10 000 pieds/ha
Rendement moyen : 45 hl/ha
Élevage : fermentations et cuvaison de 18 à 21 jours en cuves d'acier inoxydable thermorégulées ; vieillissement de 18 mois en fûts (35-60 % de bois neuf) ; collage et filtration

VINS PRODUITS

Château Camensac – 280 000 b ; La Closerie de Camensac – 80 000 b
À maturité : dans les 5 à 15 ans suivant le millésime

Camensac compte parmi les moins connus des crus classés de 1855. Sans doute sa situation, très en retrait par rapport à la Gironde, dans la commune de Saint-Laurent, à l'ouest de Saint-Julien, explique-t-elle en partie ce manque de notoriété. Il faut ajouter que le palmarès plutôt médiocre de la propriété jusque dans les années 70 n'a pas particulièrement contribué à sa bonne renommée. Cependant, les choses ont changé, et dans le bon sens.

Ceux qui ont permis ce renouveau sont les frères Forner, qui ont acheté Camensac en 1965 et y ont beaucoup investi – en énergie et en argent – pour replanter le vignoble, améliorer le chai et les installations de vinification. Les Forner sont mieux connus pour les vins de style moderne qu'ils élaborent dans leurs caves de Marqués de Cáceres, dans la région espagnole de Rioja.

Le domaine a privilégié un style plus léger, mais aussi plus souple et plus fruité. Pourtant, même si Camensac s'est amélioré, il n'est pas encore du niveau d'un cinquième cru. Il évoque un peu un Saint-Julien par son fruit et par son caractère corsé, et se révèle suffisamment tannique pour bien tenir une quinzaine d'années dans les bons millésimes.

Mes notes de dégustation de la fin des années 80 font état d'arômes de carton humide, mais ce problème a été résolu dès le début des années 90. À l'heure actuelle, les vins de Camensac se distinguent par leur concentration et par leur caractère sans détour et structuré.

CANTEMERLE (HAUT-MÉDOC)

5e cru classé en 1855
Propriétaire : SMABTP
Adresse : 1, chemin Guittot, 33460 Macau
Tél. 05 57 97 02 82 – *Fax* 05 57 97 02 84
E-mail : cantemerle@cantemerle.com
Site Internet : www.chateau-cantemerle.com
Visites : sur rendez-vous uniquement, du lundi au vendredi (10 h-12 h et 14 h-16 h), fermé en août
Contact : Philippe Dambrine

VIGNOBLE ET VINIFICATION

Superficie : 87 ha
Encépagement : 52 % cabernet sauvignon, 40 % merlot, 5 % petit verdot, 3 % cabernet franc
Âge moyen des vignes : 25 ans – *Densité de plantation* : 10 000 pieds/ha
Rendement moyen : 55 hl/ha
Élevage : fermentations à 26-28 °C pour le merlot, 28-30 °C pour le cabernet et 30-32 °C pour le petit verdot, en cuves de bois et de ciment pour les meilleurs lots et en cuves d'acier inoxydable pour le reste de la récolte ; cuvaison à 22 °C minimum de 30 jours ; achèvement des malolactiques en fûts pour 20 % de la récolte (merlot seulement) ; vieillissement de 22 mois en fûts (40 % de bois neuf) ; trois soutirages à 12 °C en cours d'élevage ; collage léger si nécessaire ; pas de filtration

VINS PRODUITS

Château Cantemerle – 350 000 b (Haut-Médoc) ;
Les Allées de Cantemerle – 130 000 b (Haut-Médoc)
À maturité : dans les 5 à 15 ans suivant le millésime

APPRÉCIATION GÉNÉRALE

Le Château Cantemerle réitérera-t-il un jour ses exploits de 1961, 1983 ou 1989 ? Pour des raisons que j'ignore, cette propriété ne s'est jamais vraiment remise de la période difficile qu'elle a traversée dans les années 70 et 80. Quoique bien faits, ses vins ne sont jamais exceptionnels, mais ils tiennent leur rang de cinquième cru. Je recommande cependant aux amateurs de ne pas manquer les grandes réussites (malheureusement trop rares !) de ce château, qui, lorsqu'il décroche la timbale, peut rivaliser avec un troisième cru. Tout bien considéré, le rapport qualité/prix est intéressant.

Le beau château de Cantemerle, dont le passé viticole remonte à la fin du XVIe siècle, se situe au milieu d'un parc bien boisé, à deux pas de la fameuse route des grands crus – la voie principale qui conduit de Bordeaux au Médoc. Pendant une bonne partie du siècle dernier, il a appartenu à la famille Dubois, qui a beaucoup œuvré pour établir la réputation du domaine et de ses vins parfumés et élégants. Cependant, des difficultés financières et des conflits familiaux ont abouti à la vente de la propriété en 1980. Au cours des années 70, la situation s'était détériorée, et la qualité des vins s'en était ressentie après 1975. Depuis, Cantemerle a bénéficié d'importantes rénovations ; le château lui-même a été refait, tout comme les chais de vinification et de vieillissement, qui sont désormais équipés dans les règles de l'art. Il y a aussi une belle salle de dégustation. Citons encore – et c'est le plus important – une volonté nouvelle de produire des vins de qualité.

Avant 1980, on pouvait constater une grande irrégularité d'une bouteille à l'autre ; par ailleurs, dans de nombreux millésimes, les vins présentaient des odeurs de vieux fûts et manquaient de fruit.

Les vins de Cantemerle sont habituellement riches, souples et fruités, avec un bouquet très parfumé. Étant donné les sols légers sur lesquels se trouve le vignoble et le fort pourcentage de merlot entrant dans l'assemblage, le cru ne sera jamais très massif ; à son meilleur niveau, il se distingue par un caractère parfumé et une précocité qui le rendent terriblement séduisant dès sa jeunesse. Cependant, malgré les espoirs que je fondais sur ce cru, il n'a rien produit, ces dix dernières années, qui puisse rivaliser avec les 1983 et les 1989.

2003 **86-88** Ce vin élégant, qui évoque un bourgogne, présente des notes de cerise aigre-douce, de fleurs blanches et de sous-bois. Moyennement corsé et racé, il sera agréable dans sa jeunesse, tout en promettant de tenir **10 à 12 ans.** (3/04)

2001 **87** S'imposant au nombre des révélations du millésime, le 2001 de Cantemerle s'annonce par un rubis opaque et par de doux arômes de fleur d'acacia nuancés de mûre, de cassis et de subtiles notes de chêne neuf. Ce vin étoffé, dont le fruité mûr est étayé par une acidité et des tannins fondus, est merveilleux à la fois d'équilibre et d'élégance. **À boire entre 2006 et 2016.** (1/03)

2000 **89** Ce vin généreux, dont la robe d'un rubis-prune foncé accompagne un bouquet modérément intense de fruits noirs nuancé de réglisse, de vanille et de prune, se montre en bouche moyennement corsé, pur, élégant et racé. Il n'est pas puissant ni massif, mais joliment structuré et d'ores et déjà accessible. Un ensemble délicieux. **À boire entre 2006 et 2016.** (1/03)

1999 **79** Le 1999 de Cantemerle m'a déçu. Bien qu'il soit correctement vinifié, il est légèrement corsé et herbacé, et manque à la fois de profondeur et d'étoffe. En outre, sa finale est comprimée. **À boire dans les 10 ans suivant le millésime.** (1/02)

1998 **84** D'un rubis foncé bordé de pourpre, ce vin moyennement corsé, relativement léger, est quelque peu herbacé. Il séduit à la fois le nez et la bouche par ses beaux arômes, mais il pèche par manque de profondeur et de persistance. **À boire dans les 4 à 5 ans.** (3/02)

1996 **87** J'avais pensé que ce vin approcherait davantage la note extraordinaire ; cependant, s'il est excellent, il n'est pas aussi stupéfiant que je l'aurais voulu. Rubis foncé de robe, avec un doux nez de framboise subtilement nuancé de notes d'acacia et de chêne neuf, il révèle en bouche, outre une élégance et des proportions d'excellent aloi, une grande douceur et des tannins solides. Plus précoce et plus léger qu'il ne l'était en fût, il n'en est pas moins racé. **À boire jusqu'en 2015.** (3/01)

1995 **86** Moins profond que le cru précédent, le 1995 présente une robe plus évoluée, d'un rubis moyen légèrement éclairci sur le bord. Ses arômes poivrés et herbacés de cassis sont plaisants, mais inintéressants. Ce vin moyennement corsé et sans détour ne révèle pas la profondeur, l'ampleur et la puissance que l'on attend d'un cru classé de haut vol. **À boire jusqu'en 2010.** (1/02)

1990 87 Ce vin, qui a évolué agréablement, est actuellement à son apogée. D'un rubis foncé rosé sur le bord, ce classique d'élégance est moyennement corsé, avec un nez floral aux douces senteurs de prune, de groseille, de cèdre et de minéral. Doté de tannins légers, marqué par une faible acidité, il n'est pas massif, s'exprimant, bien au contraire, tout en charme et en finesse. **À boire jusqu'en 2006.** (12/01)

1989 92 Le 1989 constitue l'une des plus belles réussites de la propriété ces quarante dernières années. D'un rubis dense marqué de pourpre au centre, il dégage les senteurs de fleurs nuancées de cassis, de mûre et de minéral typiques du cru. Étonnamment opulent, riche et parfumé, il s'exprime avec souplesse et développe une finale fabuleuse. Ni puissant ni massif, il se distingue au contraire par son soyeux et sa très grande pureté. **À boire jusqu'en 2010.** (9/02)

1988 86 Outre une robe d'un prune-grenat foncé, le 1988 révèle un nez modérément intense de tabac, de cassis et de groseille herbacés. Moyennement corsé, il est plaisant, quoique sans détour et anodin. Sa finale recèle des tannins acerbes. **À boire maintenant.** (11/00)

1986 84 Bien qu'il approche de son apogée, ce vin demeure austère, compact et maigre. D'abondants tannins étayent ses doux arômes de cerise et de groseille nuancés de cuir, de compost et de terre. Je doute que ce vin moyennement corsé se bonifie plus avant. **À boire maintenant.** (11/00)

1985 86 Ce vin a atteint son apogée ; il commence même à se dessécher. D'un rubis moyennement foncé déjà fortement ambré sur le bord, il dégage un nez floral et épicé de cerise, de groseille et de cuir, ainsi que des nuances de fenouil. L'ensemble, moyennement corsé et souple, manque de distinction, mais il est plaisant. **À boire maintenant.** (11/00)

1983 90 Ce vin superbe, qui est maintenant à son apogée, a toujours arboré une robe d'un rubis-grenat sombre et soutenu. Il dégage aussi un fabuleux bouquet aux senteurs de réglisse, de lilas, de prune et de cassis évoluées, avec un soupçon de mûre, et se montre aussi souple et généreux qu'il l'a toujours été. Cette merveille constitue l'une des plus belles réussites de la propriété ces trente dernières années. **À boire maintenant.** (9/02)

1982 87 Ce vin continue de me surprendre, bien qu'il ne soit pas particulièrement réussi dans le contexte du millésime. Sa robe est légèrement ambrée sur le bord, mais l'ensemble se distingue par de beaux et doux arômes de cèdre, de poivre moulu et d'herbes nuancés de confiture de fraise et de cassis. Moyennement corsé, très souple, il recèle encore un gras séduisant. Certes, il n'a pas la complexité du 1983, mais son caractère charnu et son opulence, ainsi que sa belle texture, le rendent séduisant. **À boire maintenant.** (11/00)

MILLÉSIMES ANCIENS

Pour la plupart, les millésimes des années 70 se sont révélés décevants. Cela fait bien plus d'une dizaine d'années que je n'ai pas redégusté le superbe 1961 (noté 92 en janvier 1988), mais je pense que des bouteilles bien conservées sont encore en bonne forme. Parmi les autres millésimes de grand renom, le 1959 (noté 89) se révélait très proche en qualité du 1961, et le légendaire 1953 (noté 94 en novembre 1996) s'impose probablement comme le meilleur Cantemerle qui ait été produit, au moins ces soixante dernières années.

LA CARDONNE (MÉDOC)

Cru bourgeois supérieur
Propriétaire : Gaëtan Charloux
Adresse : Route de la Cardonne – 33340 Blaignan
Tél. 05 56 73 31 51 – *Fax* 05 56 73 31 52
E-mail : cgr@domaines-cgr.com
Site Internet : www.domaines-cgr.com
Visites : du lundi au jeudi (9 h 30-12 h et 13 h 30-17 h), le vendredi (9 h 30-12 h)

VIGNOBLE ET VINIFICATION

Superficie : 80 ha
Encépagement : 50 % merlot, 45 % cabernet sauvignon, 5 % cabernet franc
Âge moyen des vignes : 20 ans – *Densité de plantation :* 7 500 pieds/ha
Rendement moyen : 59 hl/ha
Élevage : fermentations et cuvaison en cuves d'acier inoxydable thermorégulées ; vieillissement de 12 mois en fûts (50 % de bois neuf) ; collage ; filtration si nécessaire

VINS PRODUITS

Château La Cardonne – 400 000 b ; Cardus – variable
À maturité : dans les 3 à 6 ans suivant le millésime

L'achat, en 1973, de ce domaine de Blaignan par les Rothschild (propriétaires des célèbres Lafite Rothschild et Duhart-Milon) avait suscité de grandes espérances. La Cardonne est une énorme structure, qui produit des vins au caractère relativement léger, manquant de distinction et commerciaux, mais techniquement corrects. Je persiste à penser que des rendements très élevés et une filtration excessive leur ôtent une bonne partie de leur concentration et de leur personnalité – ils doivent être consommés dans les 5 à 6 ans suivant le millésime.

Compte tenu de leur qualité, ces Médoc sont trop chers ; cependant, le 1990 est réellement bon et s'impose comme le meilleur La Cardonne que j'aie jamais goûté. Cette même année, les Rothschild vendirent la propriété à Gaëton Charloux, qui l'a considérablement améliorée. Les 2000 et 2001 sont tous deux de très haut niveau.

CARONNE SAINTE-GEMME (HAUT-MÉDOC)

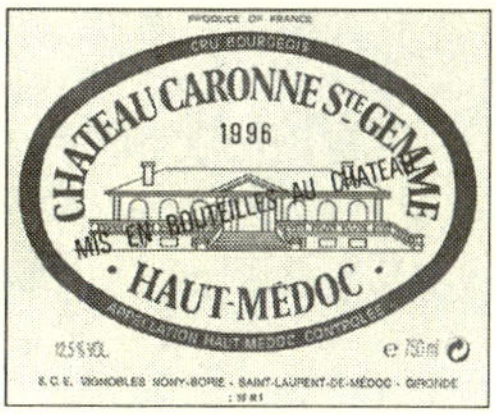

Cru bourgeois supérieur
Propriétaires : Jean et François Nony
Adresse : 33112 Saint-Laurent-du-Médoc
Adresse postale : SCE des Vignobles Nony-Borie
73, quai des Chartrons – 33000 Bordeaux
Tél. 05 57 87 56 81 – *Fax* 05 56 51 71 51
E-mail : fnony@chateau-caronne-ste-gemme.com
Site Internet : www.chateau-caronne-ste-gemme.com
Visites : sur rendez-vous uniquement
Contact : François Nony

VIGNOBLE ET VINIFICATION

Superficie : 45 ha
Encépagement : 60 % cabernet sauvignon, 37 % merlot, 3 % petit verdot
Âge moyen des vignes : 30 ans – *Densité de plantation :* 10 000 pieds/ha
Rendement moyen : 59 hl/ha
Élevage : fermentations et cuvaison de 25 à 30 jours en cuves de béton et d'acier inoxydable ; vieillissement de 12 mois en fûts (25 % de bois neuf) ; collage et filtration

VINS PRODUITS

Château Caronne Sainte-Gemme – 266 000 b ; Parc Rouge de Caronne – 64 000 b
À maturité : dans les 4 à 8 ans suivant le millésime

On parle rarement de cette propriété de Saint-Laurent. Elle est d'ailleurs difficile à trouver dans le dédale des petites routes du Médoc. En outre, les vins qu'elle propose sont rarement séduisants. Les quelques millésimes que j'ai dégustés m'ont paru foncés de robe, joliment dotés au nez, mais plutôt structurés et rustiques, avec des tannins très abondants.

CHARMAIL (HAUT-MÉDOC)

Cru bourgeois supérieur
Propriétaire : Olivier Sèze
Adresse : Charmail – 33180 Saint-Seurin-de-Cadourne
Tél. 05 56 59 70 63 – *Fax* 05 56 59 39 20
E-mail : charmail@chateau-charmail.fr
Visites : sur rendez-vous uniquement
Contact : Olivier Sèze

VIGNOBLE ET VINIFICATION

Superficie : 22,5 ha
Encépagement : 50 % merlot, 30 % cabernet sauvignon, 20 % cabernet franc
Âge moyen des vignes : 25 ans – *Densité de plantation :* 6 700 à 8 300 pieds/ha
Rendement moyen : 50 hl/ha

Élevage : macération préfermentaire à froid de 15 jours à 5 °C ; fermentations et macération de 21 jours en cuves thermorégulées ; vieillissement de 12 mois en fûts (35 % de bois neuf) ; ni collage ni filtration

VINS PRODUITS

Château Charmail – 105 000 b ; Tours de Charmail – 40 000 b
À maturité : dans les 5 à 15 ans suivant le millésime

Les vins de Charmail, qui subissent une macération préfermentaire à froid (15 jours à 5 °C) sous azote sont véritablement stupéfiants, offrant un fruité des plus intenses et des plus riches, en particulier pour des Haut-Médoc. Composés à 50 % de merlot, à 30 % de cabernet sauvignon et à 20 % de cabernet franc, ils me ravissent par leur intensité, leur pureté et leur richesse, alors qu'ils proviennent d'un terroir loin de figurer parmi les tout meilleurs. Les millésimes récents permettent de penser que cette propriété pourrait bientôt égaler les crus du niveau de Sociando-Mallet. Les 2001, 2000, 1999, 1996 et 1995 constituent de belles réussites.

2003
88-91
Bien qu'elle ait été vendue récemment, cette propriété perpétue une vinification novatrice, pratiquant notamment une macération préfermentaire à froid d'une quinzaine de jours et une cuvaison de 3 semaines. Son 2003, qui est d'excellente facture, se compose à 48 % de merlot, à 30 % de cabernet sauvignon, à 20 % de cabernet franc et pour le reste de petit verdot, et titre 13,5 % d'alcool naturel. Ce vin d'un bleu tirant sur le pourpre exprime, dans un ensemble moyennement corsé et pur malgré son opulence et sa texture charnue, des notes de myrtille, de fumé, de crème de cassis, d'épices à barbecue et de vanille. En règle générale, Charmail doit être apprécié **dans les 10 ans suivant le millésime** pour son caractère étoffé et exubérant. (3/04)

CHASSE-SPLEEN (MOULIS-EN-MÉDOC)

Cru bourgeois exceptionnel
Propriétaire : Céline Villars-Foubet
Adresse : 2558 Grand-Poujeaux-Sud – 33480 Moulis-en-Médoc
Tél. 05 56 58 02 37 – *Fax* 05 57 88 84 40
E-mail : info@chasse-spleen.com
Site Internet : www.chasse-spleen.com
Visites : sur rendez-vous de septembre à juin, sans rendez-vous en juillet et en août

VIGNOBLE ET VINIFICATION

Superficie : 80 ha
Encépagement : 70 % cabernet sauvignon, 25 % merlot, 5 % petit verdot
Âge moyen des vignes : 30 ans – *Densité de plantation :* 10 000 pieds/ha
Rendement moyen : 50 hl/ha
Élevage : fermentations et cuvaison de 21 à 28 jours en cuves d'acier inoxydable thermorégulées et en cuves revêtues d'Époxy ; vieillissement de 14 à 18 mois en fûts (40 % de bois neuf) ; collage ; pas de filtration

VINS PRODUITS

Château Chasse-Spleen – 280 000 b ; L'Ermitage de Chasse-Spleen – 150 000 b ; L'Oratoire de Chasse-Spleen – 150 000 b
À maturité : dans les 5 à 18 ans suivant le millésime

Cette propriété remarquable produit régulièrement depuis trente ans des vins dignes d'un troisième cru. Même les millésimes plutôt médiocres se distinguent par leur robe d'un rubis très prononcé, par leur bouquet mûr de pruneau et par leurs arômes riches, ronds et bien étoffés.

Les grandes années de Chasse-Spleen – comme 1966, 1970, 1975, 1978, 1985, 1986, 1989, 1990 et 2000 – peuvent parfaitement rivaliser avec les meilleurs crus classés du Médoc.

Propriété de la famille Mahary jusqu'en 1976, le château fut racheté par un consortium, dont le principal actionnaire est la société Bernard Taillan. Le directeur de cette dernière, Jacques Merlaut, prit de nombreuses initiatives fort judicieuses pour améliorer la marche du domaine, initiatives qui se sont traduites par des vins d'une qualité sans cesse croissante – et même de tout premier ordre vers la fin des années 80.

Le vignoble, constitué de quatre parcelles, est relativement vieux (30 ans d'âge moyen) et se situe principalement sur des sols profonds et graveleux. Les vinifications sont très traditionnelles ; ainsi, Chasse-Spleen demeure l'une des rares propriétés du Médoc à ne pas filtrer ses vins, que ce soit après les fermentations malolactiques ou avant la mise en bouteilles. La seule concession à la modernité est l'utilisation de machines à vendanger pour une partie de la récolte. Sous la houlette de Claire Villars-Foubet, le cru s'est encore amélioré, en particulier grâce à l'élaboration d'un second vin, à l'utilisation d'une plus forte proportion de chêne neuf (40 %) et à l'attention minutieuse, jusqu'au moindre détail, dont les vinifications font l'objet. Malheureusement, les prix se sont envolés dès que les amateurs se sont aperçus que Chasse-Spleen était sous-évalué.

CISSAC (HAUT-MÉDOC)

Cru bourgeois supérieur
Propriétaires : famille Vialard
Adresse : 33250 Cissac-Médoc
Tél. 05 56 59 58 13 – *Fax* 05 56 59 55 67
E-mail : marie.vialard@chateau-cissac.com
Site Internet : www.chateau-cissac.com
Visites : du lundi au vendredi (9 h-12 h et 14 h-17 h)
Contact : Marie Vialard-Mau

VIGNOBLE ET VINIFICATION

Superficie : 50 ha
Encépagement : 75 % cabernet sauvignon, 20 % merlot, 5 % petit verdot
Âge moyen des vignes : 30 ans – *Densité de plantation :* 7 200 pieds/ha
Rendement moyen : 50 hl/ha
Élevage : fermentations et cuvaison de 21 à 28 jours en cuves d'acier inoxydable et de bois thermorégulées ; vieillissement de 18 à 24 mois (30-40 % de bois neuf) ; collage et filtration

VINS PRODUITS

Château Cissac – 220 000 b ; Reflets du Château Cissac – 120 000 b
À maturité : dans les 7 à 15 ans suivant le millésime

La famille Vialard, propriétaire de ce domaine, compte parmi les viticulteurs les plus passionnés du Bordelais, et son cher Château Cissac donne l'un des meilleurs crus bourgeois de la partie centrale du Médoc. Située au nord de la ville du même nom, cette propriété produit près de 18 000 caisses d'un vin intéressant, très traditionnel, bien coloré, corsé et tannique. Généralement peu précoce et assez fermé pendant sa jeunesse, Cissac commence à s'affirmer vers 6 ans d'âge et peut facilement évoluer sur 10 à 15 ans.

Le Château Cissac séduira les amateurs, pourvu qu'ils aient la patience d'attendre qu'il évolue – lentement (pour un cru bourgeois), mais sûrement.

CITRAN (HAUT-MÉDOC)

Cru bourgeois supérieur
Propriétaire : Groupe Bernard Taillan
Adresse : Chemin de Citran – 33480 Avensan
Tél. 05 56 58 21 01 – *Fax* 05 57 88 84 60
E-mail : info@citran.com
Site Internet : www.citran.com
Visites : sur rendez-vous uniquement,
du lundi au vendredi (9 h-12 h et 14 h-17 h)
Contact : Pascale Thiel

VIGNOBLE ET VINIFICATION

Superficie : 90 ha
Encépagement : 58 % cabernet sauvignon, 42 % merlot
Âge moyen des vignes : 28 ans – *Densité de plantation :* 6 600 pieds/ha
Rendement moyen : 43 hl/ha
Élevage : fermentations et macération de 24 jours en cuves d'acier inoxydable thermorégulées ; vieillissement de 12 à 14 mois en fûts (40 % de bois neuf) ; collage et filtration

VINS PRODUITS

Château Citran – 300 000 b ; Moulins de Citran – 200 000 b
À maturité : dans les 6 à 10 ans suivant le millésime

Pendant dix ans (1987-1997), Citran a appartenu à une société japonaise, sous l'égide de laquelle le domaine a connu un essor important, produisant des vins d'une qualité sans cesse croissante.

Malgré cette belle réussite, il fut revendu à la société Bernard Taillan, gérée par Antoine Merlaut. La rénovation des chais, le dévouement des nouveaux propriétaires et l'utilisation d'une proportion plus importante de bois neuf pour l'élevage, conjugués à une sélection plus stricte – on élabore désormais un deuxième vin – et à une meilleure gestion de l'ensemble ont donné lieu à une série de millésimes récents absolument fabuleux. S'il fallait formuler une critique, je dirais que le caractère ostentatoire de fumé, voire de brûlé que le chêne neuf apporte à ce cru ne séduira pas forcément ceux qui préfèrent les vins rouges délicats et subtils.

Les nouveaux millésimes devraient se conserver une bonne dizaine d'années et se révèlent incontestablement plus intéressants et plus plaisants que leurs aînés. Je signale également aux amateurs que les prix ont légèrement augmenté, peut-être pour compenser le coût des nouvelles bouteilles, spécialement conçues, et celui des étiquettes, plus attrayantes. Citran est l'un des meilleurs crus bourgeois ; les vins qu'il propose peuvent rivaliser avec bien des crus classés. En particulier, les 1989, 1990, 1996 et 2000 de cette propriété sont de très haut vol.

CLARKE (LISTRAC-MÉDOC)

Cru bourgeois supérieur
Propriétaire : Baron Benjamin de Rothschild
Adresse : 33480 Listrac-Médoc
Tél. 05 56 58 38 00 – *Fax* 05 56 58 26 46
E-mail : contact@cver.fr
Site Internet : www.cver.fr
Visites : non autorisées
Contact : Yann Buchwalter

VIGNOBLE ET VINIFICATION

Superficie : 54 ha
Encépagement : 70 % merlot, 30 % cabernet sauvignon
Âge moyen des vignes : 22 à 25 ans
Densité de plantation : 6 600 pieds/ha
Rendement moyen : 49 hl/ha
Élevage : macération préfermentaire à froid ; fermentations et cuvaison de 25 à 30 jours en cuves d'acier inoxydable thermorégulées, avec remontages et pigeages réguliers, et micro-oxygénation sous marc ; achèvement des malolactiques et vieillissement de 16 mois en fûts (60-80 % de bois neuf) ; collage et filtration légère selon le millésime

VINS PRODUITS

Château Clarke – 250 000 b ; Les Granges des Domaines Edmond de Rothschild (Haut-Médoc) – variable
À maturité : dans les 3 à 7 ans suivant le millésime

Le château Clarke a été complètement restauré, et son vignoble rénové – c'est l'une des réalisations les plus remarquables faites récemment dans le Médoc. Cette propriété, dont les origines remontent à 1750, a bénéficié de gros investissements effectués par le regretté baron Edmond de Rothschild. Les travaux ont commencé en 1973 ; en cinq ans à peine, le vignoble s'étendait sur 55 ha – une superficie permettant une production annuelle de 20 000 caisses. Les premiers vins diffusés, les 1978 et 1979, ont fait l'objet d'un grand tapage dans la presse spécialisée, mais ils étaient en fait assez légers et peu corsés – comme il se doit pour des vins issus de jeunes vignes. Cependant, compte tenu de la volonté affichée d'atteindre un bon niveau, des possibilités financières et de l'excellence de la direction, le Château Clarke devrait prendre sa place parmi la tête de peloton des Listrac, au fur et à mesure que ses vignes vieillissent.

Le domaine produit également un délicieux rosé sec et une cuvée cachère en rouge.

2003
87-90 Ce Listrac impressionnant, d'un pourpre d'encre, s'annonce par un nez de terre, d'encens, de vinaigre balsamique et de pur cassis. Puissant à l'attaque, il est profond en milieu de bouche et révèle, outre une faible acidité et des tannins mûrs, une finale étoffée, longue et charnue. C'est l'un des exemples de ce cru les plus réussis que je connaisse. **À boire entre 2006 et 2017.** (3/04)

CLÉMENT-PICHON (HAUT-MÉDOC)

Cru bourgeois supérieur
Propriétaire : Clément Fayat
Adresse : 33290 Parempuyre
Tél. 05 56 35 23 79 – *Fax* 05 56 35 85 23
E-mail : info@vignobles.fayat.com
Site Internet : www.vignobles.fayat.com
Visites : sur rendez-vous uniquement, du lundi au vendredi
Contact : Frank Boisset

VIGNOBLE ET VINIFICATION

Superficie : 25 ha
Encépagement : 50 % merlot, 40 % cabernet sauvignon, 10 % cabernet franc
Âge moyen des vignes : 23 ans – *Densité de plantation :* 6 500 pieds/ha
Rendement moyen : 55 hl/ha
Élevage : macération préfermentaire à froid ; fermentations à 29-32 °C, avec trois ou quatre remontages quotidiens, et cuvaison de 25 à 30 jours en cuves d'acier inoxydable thermorégulées ; microbullage sur certaines cuves ; achèvement des malolactiques en fûts pour 50 % de la récolte ; vieillissement de 12 à 18 mois en fûts (50-70 % de bois neuf) ; collage et filtration

VINS PRODUITS

Château Clément-Pichon – 110 000 b ; La Motte de Clément-Pichon – 20 000 b
À maturité : dans les 3 à 8 ans suivant le millésime

Ce beau château, situé au nord de Bordeaux, à proximité de la banlieue industrielle de Parempuyre, appartient à Clément Fayat. Cet industriel est également l'un des propriétaires les plus dynamiques de la région ; c'est à lui que l'on doit le redressement d'un des meilleurs vignobles de Saint-Émilion, La Dominique. Il a complètement rénové le domaine, qui était auparavant connu sous le nom de Château de Parempuyre, et lui a donné le nom de Château Pichon ; cependant, en raison de problèmes juridiques soulevés par Mme de Lencquesaing, qui craignait une confusion avec Pichon-Longueville Comtesse de Lalande, le château a finalement pris le nom de Clément-Pichon.

Le vaste bâtiment de style gothique, datant de la fin du XIXe siècle, est maintenant la demeure de la famille Fayat, qui l'a acheté en 1976. Les vignes ont toutes été replantées. Les Fayat ont eu l'excellente idée de demander à leur œnologue de La Dominique, le talentueux Michel Rolland, de Libourne, de superviser la vinification de Clément-Pichon. Celui-ci a vraiment fait des miracles : sachant qu'il n'était pas possible d'élaborer un vin de garde, il produit, pour l'instant, un cru se distinguant par son caractère extrêmement fruité et sa souplesse, et qu'il faut consommer assez rapidement.

COUFRAN (HAUT-MÉDOC)

Cru bourgeois supérieur
Propriétaires : Éric Miailhe et Marie-Cécile Vicaire
Adresse : 33180 Saint-Seurin-de-Cadourne
Adresse postale : 24, cours de Verdun – 33000 Bordeaux
Tél. 05 56 44 90 84 – *Fax* 05 56 81 32 35
E-mail : contact@chateau-coufran.com
Visites : sur rendez-vous
Contact : Éric Miailhe

VIGNOBLE ET VINIFICATION

Superficie : 76 ha
Encépagement : 85 % merlot, 15 % cabernet sauvignon
Âge moyen des vignes : 35-40 ans – *Densité de plantation :* 8 000 pieds/ha
Rendement moyen : 54 hl/ha
Élevage : fermentations et cuvaison de 30 jours en cuves d'acier inoxydable thermorégulées ; vieillissement de 8 à 10 mois en fûts (renouvelés par quart à chaque millésime) ; collage et filtration

VINS PRODUITS

Château Coufran – 500 000 b ; Château La Rose Maréchale – 50 000 b
À maturité : dans les 3 à 12 ans suivant le millésime

Le vaste vignoble de Coufran est situé à 5 km au nord de la limite de Saint-Estèphe, sur la route des grands crus, après Saint-Seurin-de-Cadourne. Depuis 1924, ce domaine appartient aux Miailhe, bien connus pour leur immense contribution à la promotion des crus bourgeois de la région.

Coufran se distingue par la forte proportion de merlot de son assemblage ; les maîtres des lieux ont judicieusement choisi ce cépage qui, d'après eux, convient bien aux sols relativement lourds de cette partie du Médoc. Aussi s'empresse-t-on souvent d'en conclure que le vin est prêt dès sa diffusion. Pour ma part, je trouve que la règle accuse ici une exception. Dans les meilleurs millésimes, Coufran se révèle certes souple et fruité en fût, mais il passe ensuite, en bouteille, par une phase tannique et fermée. C'est un bon Médoc, mais les rendements sont très élevés et, là encore, on peut se demander si les vendangeuses mécaniques ne sont pas préjudiciables à la qualité.

Ces dernières années, les 1990, 1995, 1996 et 2000 se sont révélés bons.

2003
87-89 Essentiellement composé de merlot, le 2003 de Coufran révèle un excellent fruité doux marqué par un gras généreux et par d'abondantes notes de caramel, de cerise noire et de cassis. Ce vin moyennement corsé et sensuel, qui s'impose au nombre des révélations du millésime, tiendra bien 7 à 8 ans. (3/04)

DUCLUZEAU (LISTRAC-MÉDOC)

Cru bourgeois
Propriétaire : Monique Borie
Adresse : 33480 Listrac-Médoc
Tél. 05 56 73 16 73 – *Fax* 05 56 59 27 37
E-mail : je-borie@je-borie-sa.com
Site Internet : www.chateau-ducru-beaucaillou.com
Visites : sur rendez-vous uniquement
Contact : Bruno Borie

VIGNOBLE ET VINIFICATION

Superficie : 5,2 ha
Encépagement : 90 % merlot, 10 % cabernet sauvignon
Âge moyen des vignes : 35 ans – *Densité de plantation :* 10 000 pieds/ha
Rendement moyen : 50 hl/ha
Élevage : fermentations et cuvaison de 21 à 28 jours en cuves thermorégulées ; vieillissement de 12 mois en fûts (25 % de bois neuf) ; collage ; filtration selon le millésime

VIN PRODUIT

Château Ducluzeau – 35 000 b (pas de second vin)
À maturité : dans les 3 à 10 ans suivant le millésime

Ducluzeau appartient à Monique Borie, veuve de l'ancien propriétaire de Ducru-Beaucaillou, Haut-Batailley et Grand-Puy-Lacoste. Aucun autre cru du Médoc ne contient, à ma connaissance, une plus forte proportion de merlot. C'est probablement pour cette raison qu'il se révèle extrêmement souple et délicieusement rond, tout à fait séduisant, avec beaucoup de charme et d'élégance. Les vins sont mis en bouteilles à la propriété depuis 1976.

DUPLESSIS (MOULIS-EN-MÉDOC)

Cru bourgeois
Propriétaire : Marie-Laure Lurton
Adresse : 2036 Chalet – 33480 Moulis-en-Médoc
Tél. 05 56 58 22 01 – *Fax* 05 56 58 15 10
E-mail : contact@vignobles-marielaurelurton.com
Site Internet : www.vignobles-marielaurelurton.com
Visites : sur rendez-vous uniquement
Contact : Marie-Laure Lurton

VIGNOBLE ET VINIFICATION

Superficie : 19,26 ha
Encépagement : 60 % merlot, 26 % cabernet sauvignon, 12 % cabernet franc, 2 % petit verdot
Âge moyen des vignes : 25 ans – *Densité de plantation :* 6 667 et 10 000 pieds/ha
Rendement moyen : 52 hl/ha

Élevage : fermentations et cuvaison de 15 à 28 jours en cuves thermorégulées ; vieillissement de 18 mois, dont 6 en cuves et 8 à 12 mois en fûts (20-25 % de bois neuf) : collage et filtration

VINS PRODUITS

Château Duplessis – 74 800 b ; Château La Licorne de Duplessis – 32 700 b
À maturité : dans les 4 à 10 ans suivant le millésime

Ce domaine, également connu comme Duplessis-Hauchecorne (du nom d'un des anciens propriétaires), appartient maintenant à l'omniprésente famille Lurton. Les vins sont des Moulis de style très traditionnel ; ils sont rugueux, robustes et manquent à la fois de charme et de fruit.

DUPLESSIS FABRE (MOULIS-EN-MÉDOC)

Cru bourgeois
Propriétaire : Philippe Dourthe
Adresse : 33480 Moulis-en-Médoc
Adresse postale : SARL Maucaillou – 33480 Moulis-en-Médoc
Tél. 05 56 58 01 23 – *Fax* 05 56 58 00 88
E-mail : chateau@maucaillou.com
Site Internet : www.maucaillou.com
Visites : sur rendez-vous
Contact : Philippe Dourthe

VIGNOBLE ET VINIFICATION

Superficie : 2,5 ha
Encépagement : 55 % merlot, 45 % cabernet sauvignon
Âge moyen des vignes : 20 ans – *Densité de plantation :* 8 300 pieds/ha
Rendement moyen : 57 hl/ha
Élevage : macération préfermentaire à froid ; fermentations et cuvaison en cuves d'acier inoxydable thermorégulées ; vieillissement de 15 à 18 mois en fûts (30 % de bois neuf) ; collage et filtration

VIN PRODUIT

Château Duplessis Fabre – 18 000 b (pas de second vin)
À maturité : dans les 5 à 10 ans suivant le millésime

Cette propriété a été vendue en 1989 à Philippe Dourthe, du Château Maucaillou, par la famille Pagès. Il est certain que l'on pourrait y produire un vin plus intéressant, si l'on se fie à la qualité des vins de Maucaillou.

DUTRUCH GRAND POUJEAUX (MOULIS-EN-MÉDOC)

Cru bourgeois supérieur
Propriétaires : François et Jean-Baptiste Cordonnier
Adresse : 33480 Moulis-en-Médoc
Tél. 05 56 58 02 55 – *Fax* 05 56 58 06 22
E-mail : chateau.dutruch@aquinet.net
Visites : du lundi au vendredi (9 h-12 h et 14 h-17 h), week-ends et jours fériés sur rendez-vous
Contacts : M. ou Mme Cordonnier

VIGNOBLE ET VINIFICATION

Superficie : 26 ha
Encépagement : 50 % merlot, 46 % cabernet sauvignon, 4 % petit verdot
Âge moyen des vignes : 29 ans – *Densité de plantation :* 8 500 et 10 000 pieds/ha
Rendement moyen : 52 hl/ha
Élevage : fermentations à 21-25 °C et cuvaison de 21 à 25 jours en cuves thermorégulées ; vieillissement de 12 mois en fûts (renouvelés par tiers à chaque millésime) ; collage ; pas de filtration

VINS PRODUITS

Château Dutruch Grand Poujeaux – 129 000 b ; Château La Bernède Grand Poujeaux – 40 000 b
À maturité : dans les 6 à 12 ans suivant le millésime

Comme la plupart des Moulis, les vins de Dutruch Grand Poujeaux manquent fréquemment de charme dans leur jeunesse ; cependant, au contraire des autres crus de l'appellation, ils révèlent généralement la concentration et la profondeur nécessaires pour faire pièce à leurs tannins. J'ai souvent été heureusement surpris par leur belle évolution 5 à 7 ans après le millésime ; cela est dû en partie à l'âge du vignoble (relativement ancien), mais également au fait qu'il est assez densément complanté, selon l'ancien système, à 8 500-10 000 pieds/ha (la plupart des propriétés comptent maintenant 6 600 pieds/ha), ce qui permet l'obtention de raisins plus concentrés en raison d'un « stress » plus important.

Cette propriété sous-estimée, mais gérée de manière impeccable, mériterait que les amateurs s'y intéressent davantage.

FONRÉAUD (LISTRAC-MÉDOC)

Cru bourgeois supérieur
Propriétaires : famille Chanfreau
Adresse : 33480 Listrac-Médoc
Tél. 05 56 58 02 43 – *Fax* 05 56 58 04 33
E-mail : vignobles.chanfreau@wanadoo.fr
Site Internet : www.chateau-fonreaud.com
Visites : du lundi au vendredi (9 h-12 h et 14 h-17 h)
Contact : Jean Chanfreau

VIGNOBLE ET VINIFICATION

Superficie : 32 ha
Encépagement : 52 % cabernet sauvignon, 45 % merlot, 3 % petit verdot
Âge moyen des vignes : 30 ans – *Densité de plantation :* 6 666 pieds/ha
Rendement moyen : 45 hl/ha
Élevage : macération à froid de 2 à 3 jours à 12 °C ; fermentations et macération de 25 à 30 jours en cuves de béton thermorégulées ; après achèvement des malolactiques, élevage sur lies de 12 mois en fûts (renouvelés par tiers à chaque millésime) ; collage selon le millésime ; pas de filtration

VINS PRODUITS

Château Fonréaud – 140 000 b ; Les Tourelles de Château Fonréaud – 60 000 b
À maturité : dans les 5 à 7 ans suivant le millésime

Ce beau château blanc, avec sa tourelle centrale et sa flèche, se trouve au bord de la D1, sur la gauche lorsqu'on quitte le petit village de Bouqueyran en direction de Lesparre. Depuis 1982, le domaine appartient à la famille Chanfreau, qui possède également le Château Lestage, tout proche.

Le vin est vinifié dans un style fruité et souple ; il est accessible dès sa diffusion, et son potentiel de garde n'excède pas 6 ou 7 ans. La forte proportion de merlot dans l'encépagement, ainsi que la décision des propriétaires de faire vieillir le vin 6 mois en cuves et 6 mois en fûts fait que Fonréaud se distingue par une souplesse et une rondeur qui séduisent immédiatement. Parmi les millésimes récents, les meilleurs ont été 1995, 1996 et 2000.

FOURCAS DUPRÉ (LISTRAC-MÉDOC)

Cru bourgeois supérieur
Propriétaire : SC du Château Fourcas Dupré
Gérant : Patrice Pagès
Adresse : Le Fourcas – 33480 Listrac-Médoc
Tél. 05 56 58 01 07 – *Fax* 05 56 58 02 27
E-mail : chateau-fourcas-dupre@wanadoo.fr
Site Internet : www.chateaufourcasdupre.com
Visites : du lundi au vendredi (8 h-12 h et 14 h-17 h)
Contact : Patrice Pagès

VIGNOBLE ET VINIFICATION

Superficie : 46 ha
Encépagement : 44 % merlot, 44 % cabernet sauvignon, 10 % cabernet franc, 2 % petit verdot
Âge moyen des vignes : 25 ans et plus – *Densité de plantation :* 8 500 pieds/ha
Rendement moyen : 54 hl/ha
Élevage : fermentations, avec remontages quotidiens, et cuvaison de 14 à 28 jours en cuves thermorégulées ; vieillissement de 12 mois en fûts (renouvelés par tiers à chaque millésime) ; collage ; pas de filtration

VINS PRODUITS

Château Fourcas Dupré – 240 000-250 000 b ; Château Bellevue Laffont – 50 000-60 000 b
À maturité : dans les 5 à 10 ans suivant le millésime

FOURCAS HOSTEN (LISTRAC-MÉDOC)

Cru bourgeois supérieur
Propriétaire : SC du Château Fourcas Hosten
Adresse : 2, rue de l'Église – 33480 Listrac-Médoc
Tél. 05 56 58 01 15 – *Fax* 05 56 58 06 73
E-mail : fourcas@club-internet.fr
Site Internet : www.chateaufourcashosten.com
Visites : du lundi au vendredi (9 h-12 h et 14 h-17 h), sur rendez-vous le week-end
Contacts : Peter M.F.-Sichel ou Patrice Pagès

VIGNOBLE ET VINIFICATION

Superficie : 46,67 ha
Encépagement : 45 % merlot, 45 % cabernet sauvignon, 10 % cabernet franc
Âge moyen des vignes : 25 ans – *Densité de plantation :* 8 500 pieds/ha
Rendement moyen : 54 hl/ha
Élevage : fermentations et cuvaison de 21 à 28 jours en cuves thermorégulées, avec remontages réguliers ; vieillissement de 12 mois en fûts (renouvelés par tiers à chaque millésime) ; collage ; pas de filtration

VINS PRODUITS

Château Fourcas Hosten – 260 000 b ; Les Cèdres d'Hosten – 60 000 b
À maturité : dans les 5 à 10 ans suivant le millésime

S'ils impressionnent par leur robe et leur corpulence, les vins de Fourcas Hosten sont également durs, robustes et rugueux, avec des tannins en excès. Ils sont bien faits, mais dénués de charme.

FOURCAS LOUBANEY (LISTRAC-MÉDOC)

Cru bourgeois supérieur
Propriétaire : SARL Fourcas Loubaney
Adresse : Moulin de Laborde – 33480 Listrac-Médoc
Adresse postale : 17, avenue Julien-Ducourt – 33610 Cestas
Tél. 05 57 88 88 78
E-mail : divin@divin-sa.fr
Visites : non autorisées

VIGNOBLE ET VINIFICATION

Superficie : 19 ha
Encépagement : 53 % cabernet sauvignon, 40 % merlot, 7 % petit verdot

Âge moyen des vignes : 27 ans – *Densité de plantation :* 6 667 et 10 000 pieds/ha
Rendement moyen : 45 hl/ha

VIGNOBLE ET VINIFICATION

Élevage : fermentations et cuvaison de 21 à 28 jours en cuves d'acier inoxydable thermorégulées ; vieillissement après les malolactiques de 15 mois en fûts (50 % de bois neuf) ; collage et filtration

VIN PRODUIT

Château Fourcas Loubaney – 115 000 b (pas de second vin)
À maturité : dans les 5 à 12 ans suivant le millésime

Fourcas Loubaney est l'un des meilleurs Listrac. Malheureusement, le faible volume produit demeure l'apanage d'une poignée d'heureux initiés. Je n'ai jamais dégusté d'exemple de ce cru arrivé à pleine maturité, mais les quelques millésimes que j'ai goûtés m'ont fait grosse impression.

GRESSIER GRAND POUJEAUX (MOULIS-EN-MÉDOC)

Cru bourgeois supérieur
Propriétaire : Bertrand de Marcellus
Adresse : 33480 Moulis-en-Médoc
Tél. 05 56 58 02 51
Visites : sur rendez-vous uniquement
Contact : Bertrand de Marcellus

VIGNOBLE ET VINIFICATION

Superficie : 22 ha
Encépagement : 60 % cabernet sauvignon, 25 % merlot, 10 % cabernet franc, 5 % petit verdot
Âge moyen des vignes : 27 ans – *Densité de plantation :* 8 500 pieds/ha
Rendement moyen : 50 hl/ha
Élevage : fermentations et cuvaison de 25 jours en cuves d'acier inoxydable ; vieillissement de 15 mois en fûts (dont 9 mois en petits fûts neufs) ; collage et filtration

VIN PRODUIT

Château Gressier Grand Poujeaux – 150 000 b (pas de second vin)
À maturité : dans les 7 à 20 ans suivant le millésime

GREYSAC (MÉDOC)

Cru bourgeois supérieur
Propriétaire : Château Greysac SAS
Adresse : 18, route de By – 33340 Bégadan
Tél. 05 56 73 26 56 – *Fax* 05 56 73 26 58
E-mail : greysac@chateau-greysac.com
Site Internet : www.greysac.com
Visites : sur rendez-vous uniquement, du lundi au vendredi (9 h-12 h 30 et 13 h 30-17 h)
Contact : Philippe Dambrine

VIGNOBLE ET VINIFICATION

Superficie : 70 ha
Encépagement : 50 % merlot, 40 % cabernet sauvignon, 8 % cabernet franc, 2 % petit verdot
Âge moyen des vignes : 25 ans – *Densité de plantation :* 7 500 pieds/ha
Rendement moyen : 55 hl/ha
Élevage : fermentations de 4 à 5 jours à 27-32 °C en cuves d'acier inoxydable, de béton et de bois thermorégulées ; vieillissement après les malolactiques de 12 mois en fûts (30 % de bois neuf) ; collage ; pas de précision quant à la filtration

VINS PRODUITS

Château Greysac – 360 000 b ; Domaine de By – 120 000 b
À maturité : dans les 5 à 12 ans suivant le millésime

Greysac est désormais l'un des crus bourgeois les plus appréciés aux États-Unis. La haute qualité de ce vin, alliée au dynamisme et au savoir-faire commercial du très courtois regretté baron François de Gunzburg, a permis de l'imposer sur le marché américain, où, pourtant, tout ce qui n'est pas classé a bien du mal à se faire une place. J'ai toujours trouvé beaucoup d'élégance au Greysac : souple, assez corsé, il exhale un bouquet complexe débordant d'arômes de groseille et nuancé d'un caractère de minéral et de terroir. Jamais agressif ni excessivement tannique, ce vin atteint généralement son apogée vers 6 ou 7 ans d'âge et évolue joliment sur une douzaine d'années.

HANTEILLAN (HAUT-MÉDOC)

Cru bourgeois supérieur
Propriétaire : Château Hanteillan SAS
Adresse : 12, route d'Hanteillan – 33250 Cissac-Médoc
Tél. 05 56 59 35 31
E-mail : chateau.hanteillan@wanadoo.fr
Site Internet : www.chateau-hanteillan.com
Visites : du lundi matin au vendredi midi
Contact : Catherine Blasco

VIGNOBLE ET VINIFICATION

Superficie : 82 ha
Encépagement : 50 % merlot, 40 % cabernet sauvignon, 6 % cabernet franc, 4 % petit verdot
Âge moyen des vignes : 15 ans – *Densité de plantation :* 6 500 et 8 300 pieds/ha
Rendement moyen : 55 hl/ha
Élevage : fermentations et cuvaison de 14 à 28 jours en cuves thermorégulées d'acier inoxydable, avec micro-oxygénation ; vieillissement de 18 mois pour moitié en cuves et pour le reste en fûts (50 % de bois neuf) ; pas de collage ; filtration

VINS PRODUITS

Château Hanteillan – 300 000-350 000 b ; Château Laborde – 200 000 b
À maturité : dans les 4 à 8 ans suivant le millésime

Bien qu'il fasse l'objet d'une publicité bien dirigée, ce cru bourgeois m'a toujours paru dépourvu de fruit et de charme. Certes, il est correctement vinifié, dans une cuverie ultramoderne conçue pour la production de vins de qualité, mais il est généralement assez tannique, austère et compact.

LA LAGUNE (HAUT-MÉDOC)

3e cru classé en 1855
Propriétaire : Caroline Desvergnes
Adresse : 33290 Ludon-Médoc
Tél. 05 57 88 82 77 – Fax 05 57 88 82 70
E-mail : c.frey@chateau-lalagune.com
Visites : sur rendez-vous
Contact : Céline Frey

VIGNOBLE ET VINIFICATION

Superficie : 75 ha
Encépagement : 55 % cabernet sauvignon, 22 % merlot, 13 % cabernet franc, 10 % petit verdot
Âge moyen des vignes : 35 ans – *Densité de plantation* : 6 666 pieds/ha
Rendement moyen : 50 hl/ha
Élevage : fermentations et cuvaison de 21 jours en cuves thermorégulées revêtues de résine Epoxy ; vieillissement de 18 à 24 mois en fûts (50-90 % de bois neuf selon le millésime) ; collage ; pas de filtration

VINS PRODUITS

Château La Lagune – 250 000 b ; Moulin de La Lagune – 230 000 b
À maturité : dans les 5 à 15 ans suivant le millésime après 1990 ; dans les 5 à 20 ans pour les vins des années 80

APPRÉCIATION GÉNÉRALE

Le potentiel de La Lagune est immense, comme l'attestent ses belles réussites en 1990, 1989 et 1982. Malheureusement, les vins produits après 1990 ont été décevants. Alors que cette propriété comptait au nombre des crus les plus performants de la région, elle semble désormais voguer à vue, et ses performances se situent bien en deçà de son classement officiel. Néanmoins, on peut noter des progrès depuis 2001, et le 2003 semble même annoncer une notable amélioration.

Le renouveau de La Lagune fut l'une des plus belles histoires du Bordelais. Dans les années 50, la propriété était en si mauvais état que beaucoup d'acheteurs potentiels, dont le regretté Alexis Lichine, reculèrent devant la tâche herculéenne consistant à replanter tout le vignoble et à rétablir le domaine à son véritable rang, parmi l'élite des bordeaux classés en 1855.

En 1958, un entrepreneur, Georges Brunet, se porta acquéreur et entreprit de replanter et de construire ce qui, encore aujourd'hui, demeure l'une des installations de vinification les plus modernes de tout le Médoc. Il ne resta cependant pas assez longtemps pour cueillir les fruits de ses énormes investissements, puisqu'il partit en Provence constituer, avant de le revendre, le Château Vignelaure, l'une des plus belles unités de production vinicole de la région. C'est la maison de champagne Ayala qui a racheté La Lagune en 1962, et qui a continué à le rénover avec le même enthousiasme. La réalisation la plus révolutionnaire (à ce jour unique) a été la construction de canalisations allant des cuves aux barriques d'élevage, qui permettent l'entonnage du vin sans l'exposer à l'air.

La Lagune est le tout premier cru classé que l'on trouve en suivant la fameuse D2 lorsqu'on vient de Bordeaux, et il se trouve à une quinzaine de kilomètres de la grande ville ; le vignoble se situe sur des sols graveleux et légers assez semblables à ceux des Graves, l'appellation du sud du Bordelais. C'est aussi le premier château dont la direction ait été confiée, en 1964, à une femme, en la personne de la regrettée Jeanne Boyrie – dans l'univers nettement machiste du bordeaux, c'était une vraie révolution ! Si Jeanne Boyrie n'a jamais pu réellement pénétrer le cercle très fermé et très misogyne des producteurs de grands crus, personne ne peut contester ses qualités de dirigeante ; redoutable, solide et attentive, elle comptait parmi les meilleurs professionnels du vin de Bordeaux. Après sa mort, en novembre 1986, c'est sa fille, Caroline Desvergnes, qui a pris en main les rênes du domaine, lequel est aujourd'hui géré par la jeune Céline Frey.

On a dit que, à son meilleur niveau, le vin produit ici évoquait à la fois un Pomerol et un Graves. Un connaisseur fort renommé (l'auteur du présent ouvrage) l'a même qualifié de « très bourguignon ». Il faut avouer que ces comparaisons sont assez pertinentes. La Lagune peut être riche, charnu et solide, avec parfois un bouquet prononcé de cerise noire et de chêne vanillé. Il atteint ordinairement sa pleine maturité vers sa dixième année, mais il peut se garder 15 à 20 ans. Le vin avait énormément gagné en qualité et en puissance entre 1966 et 1990. Les vignes prenant de l'âge, La Lagune a irrésistiblement poursuivi sa progression parmi les meilleurs domaines du Médoc – en conservant un prix étonnamment raisonnable. De 1976 à 1990, le domaine a donc particulièrement réussi, mais, depuis 1990, les vins qu'il propose sont relativement inintéressants.

2003
88-90
Le 2003 est probablement le meilleur La Lagune produit depuis plus d'une dizaine d'années. Les investissements tendant à améliorer le chai, qui est désormais équipé dans les règles de l'art, semblent porter leurs fruits. Très proche en style d'un bourgogne, le 2003 s'annonce par un pourpre profond et par de stupéfiants parfums de douce confiture de cerise, de vanille et de boîte à épices. Moyennement corsé et d'une grande pureté, il révèle une texture

étoffée, ainsi que des tannins souples. Bien qu'il ne soit ni puissant ni massif, il se distingue par sa belle structure et par son caractère charmeur. **À boire jusqu'en 2014.** (3/04)

2002 **87** Ce vin pourrait, dans une dégustation à l'aveugle, être confondu avec un Pinot Noir léger. Sa robe d'un rubis moyennement foncé accompagne un nez de cerise aigre-douce, ainsi que des nuances d'épices, de poivre et de chêne neuf. L'ensemble est fruité, modérément dense et s'exprime tout en finesse. Malheureusement, il finit court. **À boire dans les 7 à 8 ans.** (9/03)

2001 **87** Plutôt léger, le 2001 de La Lagune n'a pas la concentration ni la profondeur que l'on attend d'un cru classé. Son nez de cerise aigre-douce et de groseille est généreusement nuancé de chêne grillé. En bouche, il est moyennement corsé, piquant et tonique, mais il finit court. **À boire jusqu'en 2012.** (1/03)

2000 **86** La Lagune – l'un de mes crus préférés – propose en 2000 un vin anodin : d'un rubis foncé, il est moyennement corsé et élégant, généreusement marqué de chêne neuf, mais malheureusement dénué de concentration, d'ampleur et de persistance. L'ensemble est plaisant, mais court en bouche, et il pèche par manque d'étoffe. **À boire jusqu'en 2011.** (1/03)

1999 **85** D'un rubis moyennement foncé, le 1999 de La Lagune exprime avec élégance des arômes assez corsés de chêne grillé, d'herbes séchées, de douce cerise et d'épices, mais il finit court. **À boire dans les 5 à 6 ans.** (3/02)

1998 **82** La bonne nouvelle est que ce vin est accessible et élégant. Passons aux mauvaises : il est relativement dépouillé, avec une finale courte et comprimée. L'ensemble, qui recèle un fruité modérément mûr de cerise nuancé de chêne neuf grillé, est étayé par des tannins doux. S'il accuse un manque de présence en milieu de bouche, il est cependant de bonne facture et assez massif. **À boire dans les 2 à 3 ans.** (3/02)

1996 **86** Voici un autre 1996 tannique et austère, mais bien doté. Son bouquet modérément intense libère de généreuses senteurs de chêne neuf épicé, ainsi que des notes de cerise nuancées d'herbes séchées. L'ensemble, moyennement corsé et bien épicé, atteste une bonne vinification. Il est légèrement austère, et sa finale, persistante, recèle des tannins relativement abondants. En règle générale, La Lagune peut être dégusté dès sa jeunesse ; le 1996, en revanche, demande à être attendu 1 à 2 ans. **À boire entre 2006 et 2018.** (3/01)

1995 **88** Le séduisant 1995 est rubis foncé, exhalant de généreux arômes de cerise noire, de kirsch et de prune joliment infusés de belles notes de chêne grillé et fumé. Tout à la fois moyennement corsé, élégant, rond, généreux et charmeur, il peut être dégusté dès sa prime jeunesse ou conservé en cave pendant 10 ans, voire plus. **À boire jusqu'en 2015.** (3/02)

1990 **90** Comme la plupart de ses jumeaux, ce vin s'est bien étoffé et a développé de multiples facettes de sa personnalité. D'un rubis dense intact (nullement éclairci), il exhale un doux nez de noix grillée, d'herbes fumées, de doux cassis très mûr et de chocolat. Moyennement corsé, savoureux, aussi charnu que peut l'être un La Lagune, il présente des proportions fabuleuses, ainsi qu'un velouté, une douceur et une ampleur d'excellent aloi. Il n'a pas, cependant, l'intensité, le gras ni la puissance du 1982, qui demeure le meilleur exemple que je connaisse de ce cru. **À boire jusqu'en 2010.** (9/97)

1989
90
J'ai toujours apprécié ce cru ; j'estimais auparavant qu'il était légèrement meilleur que son cadet d'un an, mais je constate maintenant qu'ils sont égaux en qualité, bien que le 1989 me semble légèrement moins gras et doté de tannins plus rugueux que le 1990. D'un rubis foncé resplendissant, ce vin dégage un nez de fumé, de douce vanille et de confitures de cassis et de groseille joliment marqué de tabac herbacé. La bouche, moyennement corsée, exprime une pureté et une richesse d'excellent aloi, et révèle un très généreux fruité de cassis et de groseille (encore) judicieusement infusé de chêne neuf. L'ensemble a plus de tenue que le 1990, mais sa finale, quoique impressionnante de longueur, est plus atténuée. Détail intéressant, le 1990 me semble plus évolué (tout au moins plus accessible) que le 1989, plus tannique. **À boire jusqu'en 2012.** (9/97)

1988
85
On décèle dans le 1988 un caractère herbacé et des tannins agressifs et acerbes qui mettent en péril son équilibre. Moyennement corsé, épicé et sans détour, ce vin n'a pas le gras, l'opulence ni la bonne mâche des meilleurs millésimes de ce cru. Je me demande par ailleurs s'il est suffisamment fruité. **À boire.** (1/93)

1986
90
Bien que ce vin continue de s'améliorer régulièrement, il n'est pas encore à son apogée, contrairement à ce que je subodorais il y a seize ans. D'un rubis-prune dense et sombre, à peine éclairci sur le bord, il dégage un doux nez de cerise noire nuancé de bois de balsa, de vanille et d'herbes de Provence qui évoque un vin du Rhône. Moyennement corsé et riche, très charnu, il est doté de tannins légers. L'ensemble, qui se distingue encore par sa pureté et son équilibre, est proche de la maturité. Il devrait s'y maintenir 10 ans. Impressionnant ! **À boire jusqu'en 2015.** (12/02)

1985
87
Le 1985 de La Lagune est parfaitement mûr. Prune foncé, dote d'un doux nez de prune, de cerise et de réglisse nuancé de chêne neuf grillé, il est moyennement corsé, assez massif, souple et doux. Il est aussi épanoui qu'il l'a toujours été, à la limite de l'ostentatoire. **À boire dans les 3 ans.** (12/02)

1983
86
Ce vin, qui commence tout juste à se défaire, s'annonce par un grenat foncé un peu ambré sur le bord. Au nez, il évoque un cendrier et le goudron, ainsi que la terre, le compost et les fruits noirs. On distingue encore dans l'ensemble un caractère de champignon, et le fruit, qui fut autrefois très doux, se dessèche et s'atténue. **À boire.** (12/02)

1982
93
Le somptueux 1982 est à son apogée, mais ne manifeste aucun signe de déclin. Sa robe est toujours d'un grenat foncé dense et opaque. Au nez, il révèle des notes de cerise noire confiturée, de groseille, de réglisse et de terre nuancées de fumé. Ce bouquet introduit en bouche un vin épais, onctueux, dont les tannins modérément abondants doivent encore se fondre. L'ensemble est très riche et très généreux, séveux aussi, et se distingue par la complexité de ses arômes, ainsi que par son caractère étonnamment puissant et massif. **À boire jusqu'en 2010.** (11/02)

MILLÉSIMES ANCIENS

Certains millésimes des années 70 peuvent réserver de bonnes surprises, s'agissant en particulier de bouteilles ayant bénéficié de conditions de conservation satisfaisantes. On citera notamment le 1978 (noté 88 en février 1998), qui s'est toujours révélé de haut vol, le 1976 (noté 88 en décembre 1989), le 1975 (noté 1987 en janvier 2001) et le 1970 (noté 87 et dégusté d'un magnum en janvier 2001). Tous ces vins sont des bordeaux classiques et de bonne facture, qui doivent encore se révéler plaisants – pour autant qu'ils aient été bien conservés. Les millésimes des années 60 sont généralement décevants.

DE LAMARQUE (HAUT-MÉDOC)

Cru bourgeois supérieur
Propriétaire : famille Gromand d'Évry
Adresse : 33460 Lamarque
Tél. 05 56 58 90 03 – *Fax* 05 56 58 93 43
E-mail : chdelamarq@aol.com
Site Internet : www.chateaudelamarque.com
Visites : du lundi au vendredi (9 h-12 h et 14 h-17 h)
Contact : Pierre-Gilles Gromand

VIGNOBLE ET VINIFICATION

Superficie : 35 ha
Encépagement : 41 % merlot, 37 % cabernet sauvignon, 18 % cabernet franc, 4 % petit verdot
Âge moyen des vignes : 30 ans – *Densité de plantation :* 6 500 pieds/ha
Rendement moyen : 40-50 hl/ha
Élevage : fermentations et cuvaison de 28 jours en cuves thermorégulées de béton ; achèvement des malolactiques en cuves pour les vins de goutte et en fûts pour les vins de presse ; vieillissement de 16 à 18 mois en fûts (35-50 % de bois neuf) ; collage ; pas de filtration

VINS PRODUITS

Château de Lamarque – 145 000-170 000 b ; D de Lamarque – 30 000-50 000 b
À maturité : dans les 7 à 8 ans suivant le millésime

Le château médiéval fortifié de Lamarque, situé dans le bourg du même nom, est l'un des plus beaux du Bordelais ; il se trouve un peu à l'écart de la route des grands crus (D2), sur celle qui conduit à l'embarcadère du bac traversant la Gironde jusqu'à Blaye.

Le vin de Lamarque est typique de cette partie centrale du Médoc : bien vinifié et assez puissant, il évoque les Saint-Julien par son élégance, mais il déploie aussi de la rondeur, de la souplesse, ainsi qu'un fruité tendre et généreux. Les propriétaires, les Gromand, sont extrêmement attentifs aux vinifications. Le cru doit être consommé le plus souvent dans les 7 à 8 ans qui suivent la vendange, et son prix demeure raisonnable pour un cru bourgeois.

LANESSAN (HAUT-MÉDOC)

Cru bourgeois supérieur
Propriétaire : SCEA Delbos Bouteiller
Adresse : 33460 Cussac-Fort-Médoc
Tél. 05 56 58 94 80 – *Fax* 05 57 88 89 92
E-mail : infos@bouteiller.com
Site Internet : www.lanessan.com
Visites : tous les jours (9 h 30-12 h et 14 h-18 h)
Contact : Hubert Bouteiller

VIGNOBLE ET VINIFICATION

Superficie : 40 ha
Encépagement : 75 % cabernet sauvignon, 20 % merlot, 4,5 % petit verdot, 0,5 % cabernet franc
Âge moyen des vignes : 25 ans – *Densité de plantation :* 7 500 pieds/ha
Rendement moyen : 50 hl/ha
Élevage : fermentations et cuvaison de 12 à 18 jours en cuves de béton revêtues d'Époxy thermorégulées ; vieillissement après les malolactiques de 15 mois en fûts ; collage et filtration

VIN PRODUIT

Château Lanessan – 280 000 b (pas de second vin)
À maturité : dans les 7 à 18 ans suivant le millésime

Lanessan peut s'imposer comme l'un des Haut-Médoc les plus remarquables et mériterait d'être promu cinquième cru dans le cadre d'un éventuel remaniement du classement de 1855.

Ce domaine, situé à Cussac, au sud de Saint-Julien, en face du vaste vignoble de Gruaud Larose, produit des vins très aromatiques, bien colorés, amples, solidement charpentés et de bonne mâche. On peut certes leur reprocher de manquer de finesse, mais ils se rattrapent par leurs arômes généreux et amples de cassis.

Sur une surface de 40 ha, qui s'agrandit chaque année de nouvelles plantations, Lanessan produit plus de 20 000 caisses sous la direction des Bouteiller. Le vin vieillit remarquablement bien, comme l'a prouvé un 1920 certes un peu fatigué, mais délicieux, que j'ai dégusté avec un ami en 1983. Parmi les millésimes plus récents, les meilleurs ont été les 1970, 1975, 1978, 1982, 1986, 1988, 1989, 1990, 1995, 1996, 2000 et 2001. Ce sont des vins puissants, au caractère affirmé, qui rappellent un peu Lynch-Bages, le célèbre cinquième cru de Pauillac.

J'ai dit plus haut que Lanessan pouvait être irrégulier. Cette faiblesse est probablement due à l'entêtement du domaine à utiliser de vieilles barriques pour l'élevage – c'est d'ailleurs le seul reproche que l'on puisse lui adresser. Un petit pourcentage de fûts de chêne neuf pourrait en effet être bénéfique à un vin aussi robuste.

Pour ceux qui visitent la région, ce beau château, entre les mains de la même famille depuis 1890, est aussi un musée ouvert au public qui présente de nombreuses voitures à cheval et tout un assortiment de harnais.

LAROSE-TRINTAUDON (HAUT-MÉDOC)

Cru bourgeois supérieur
Propriétaire : AGF Allianz Group
Adresse : route de Pauillac – 33112 Saint-Laurent-du-Médoc
Tél. 05 56 59 41 72 – *Fax* 05 56 59 93 22
E-mail : info@trintaudon.com
Site Internet : www.trintaudon.com
Visites : sur rendez-vous uniquement
Contact : Charles Brossier

VIGNOBLE ET VINIFICATION

Superficie : 172 ha
Encépagement : 65 % cabernet sauvignon, 35 % merlot
Âge moyen des vignes : 32 ans – *Densité de plantation* : 6 600 pieds/ha
Rendement moyen : 55 hl/ha
Élevage : fermentations et cuvaison de 21 à 28 jours en cuves d'acier inoxydable thermorégulées ; vieillissement de 12 mois en fûts (25 % de bois neuf) ; collage et filtration

VINS PRODUITS

Château Larose-Trintaudon – 900 000 b ; La Rose Saint-Laurent/Les Hauts de Trintaudon – 50 000-100 000 b
À maturité : dans les 4 à 7 ans suivant le millésime

Pendant longtemps, ce vignoble – le plus vaste du Médoc – nous a habitués à des vins francs, souples et bien faits, sans grande originalité. Cependant, depuis la fin des années 90, le cru se révèle plus riche et plus intéressant. Les 1999, 2000 et 2001 de la propriété sont excellents.

LEBOSCQ (MÉDOC)

Cru bourgeois
Propriétaire : Jean-Michel Lapalu
Adresse : 33340 Saint-Christoly-de-Médoc
Adresse postale : Domaines Lapalu
1, rue du 19-Mars – 33340 Bégadan
Tél. 05 56 41 50 18 – *Fax* 05 56 41 54 65
E-mail : info@domaines-lapalu.com
Site Internet : www.domaines-lapalu.com
Visites : du lundi au jeudi (9 h-12 h et 14 h-17 h), le vendredi jusqu'à 16 h
Contact : Patrice Ricard

VIGNOBLE ET VINIFICATION

Superficie : 27 ha
Encépagement : 62 % cabernet sauvignon, 26 % merlot, 7 % cabernet franc, 5 % petit verdot

Âge moyen des vignes : 25 ans – *Densité de plantation :* 7 000 pieds/ha
Rendement moyen : 57 hl/ha
Élevage : fermentations et cuvaison de 28 à 35 jours en cuves de bois et d'acier inoxydable thermorégulées ; vieillissement de 12 mois en fûts (renouvelés par 15-20 % à chaque millésime) ; collage ; filtration légère

VINS PRODUITS

Château Leboscq Vieilles Vignes – 50 000 b ; Château Leboscq – 120 000 b
À maturité : dans les 3 à 7 ans suivant le millésime

Les vignobles de ce cru bourgeois très régulier sont excellemment situés, à proximité du village de Saint-Christoly, entre La Tour de By et Tour Saint-Bonnet, deux domaines de très bon niveau également. La propriété est actuellement dirigée par Jean-Michel Lapalu, qui est aussi à la tête du célèbre Patache d'Aux. Le cru se distingue généralement par un fruité souple, épanoui, très généreux et sans détour ; il doit être consommé dans les 3 à 7 ans suivant le millésime. Les vendanges sont mécaniques, et la vinification et l'élevage tendent à des vins accessibles dès leur diffusion.

LESTAGE (LISTRAC-MÉDOC)

Cru bourgeois supérieur
Propriétaires : famille Chanfreau
Adresse : 33480 Listrac-Médoc
Tél. 05 56 58 02 43 – *Fax* 05 56 58 04 33
E-mail : vignobles.chanfreau@wanadoo.fr
Site Internet : www.chateau-lestage.com
Visites : sur rendez-vous uniquement
Contact : Jean Chanfreau

VIGNOBLE ET VINIFICATION

Superficie : 42 ha
Encépagement : 52 % merlot, 44 % cabernet sauvignon, 2 % petit verdot, 2 % cabernet franc
Âge moyen des vignes : 30 ans – *Densité de plantation* : 6 666 pieds/ha
Rendement moyen : 55 hl/ha
Élevage : macération à froid de 2 à 3 jours à 12 °C ; fermentations et macération de 25 à 30 jours en cuves thermorégulées de béton ; élevage sur lies de 12 mois en fûts (renouvelés par tiers à chaque millésime) ; collage selon le millésime ; pas de filtration

VINS PRODUITS

Château Lestage – 250 000 b ; La Dame de Cœur du Château Lestage – 60 000 b
À maturité : dans les 3 à 8 ans suivant le millésime

Je garde un bon souvenir de plusieurs millésimes de Lestage. C'est un cru souple, sans détour, bien fait, fruité et aromatique. Jusqu'en 1985, toute la production était élevée en cuves, mais, par la suite, le propriétaire s'est mis à utiliser de petits fûts de chêne, et les vins se sont révélés plus charpentés, avec davantage de caractère. Ils ne sont pas profonds, d'autant plus que les rendements me paraissent trop importants, mais ils répondent aux désirs des consommateurs recherchant des vins agréables et accessibles à des prix raisonnables ; n'en demandons pas plus à ce grand domaine de Listrac, qui compte un fort beau château du XIXe siècle à trois étages.

LIVERSAN (HAUT-MÉDOC)

Cru bourgeois supérieur
Propriétaire : Jean-Michel Lapalu
Adresse : 1, route de Ferpiqueyre – 33250 Saint-Sauveur-de-Médoc
Adresse postale : 1, rue du 19-Mars – 33340 Bégadan
Tél. 05 56 41 50 18 – *Fax* 05 56 41 54 65
E-mail : info@domaines-lapalu.com
Site Internet : www.domaines-lapalu.com
Visites : sur rendez-vous, du lundi au jeudi (9 h-12 h et 14 h-16 h), le vendredi jusqu'à 16 h
Contact : Patrice Ricard

VIGNOBLE ET VINIFICATION

Superficie : 39 ha
Encépagement : 50 % merlot, 49 % cabernet sauvignon, 1 % cabernet franc
Âge moyen des vignes : 25 ans – *Densité de plantation :* 7 000 pieds/ha
Rendement moyen : 56 hl/ha
Élevage : fermentations et cuvaison de 21 à 28 jours en cuves de bois et d'acier inoxydable thermorégulées ; vieillissement de 12 à 15 mois en fûts (25-30 % de bois neuf) ; collage ; filtration légère

VINS PRODUITS

Château Liversan – 250 000 b ; Les Charmes de Liversan – 40 000 b
À maturité : dans les 4 à 10 ans suivant le millésime

Nombreux sont les bons connaisseurs du bordeaux qui estiment depuis toujours que le vignoble de Liversan, excellemment situé entre le bourg de Pauillac et le petit village de Saint-Sauveur, peut, dans certains millésimes, produire des vins de la qualité d'un cru classé. La construction de nouveaux chais, des rendements plus ténus et l'utilisation d'une proportion plus importante de chêne neuf pour l'élevage ont permis l'élaboration d'une série de bons, voire de très bons crus.

Les vins de Liversan se distinguent généralement par leur robe profonde, leur belle richesse en extrait, leurs tannins souples et leur tenue, leur concentration et leur persistance d'excellent aloi.

LOUDENNE (MÉDOC)

Cru bourgeois supérieur
Propriétaires : Marie-Claude et Jean-Paul Lafragette
Adresse : 33340 Saint-Yzans-de-Médoc
Tél. 05 56 73 17 80 – *Fax* 05 56 09 02 87
E-mail : loudenne@lafragette.com
Site Internet : www.lafragette.com
Visites : sur rendez-vous uniquement
Contact : Florence Lafragette

VIGNOBLE ET VINIFICATION

Superficie : 35 ha
Encépagement : 55 % merlot, 40 % cabernet sauvignon, 4 % cabernet franc, 1 % petit verdot
Âge moyen des vignes : 27 ans – *Densité de plantation :* 5 000-6 500 pieds/ha
Rendement moyen : 55 hl/ha
Élevage : fermentations et cuvaison de 21 jours en cuves de béton et d'acier inoxydable thermorégulées ; achèvement des malolactiques en fûts pour une partie de la récolte ; vieillissement de 12 mois en fûts (25-30 % de bois neuf) ; collage et filtration

VINS PRODUITS

Château Loudenne – variable ; Pavillon de Loudenne – variable
À maturité : dans les 3 à 6 ans suivant le millésime

Note : la propriété consacre près de 15 ha à la production d'un bordeaux blanc sec, composé à 62 % de sauvignon blanc et pour le reste de sémillon, disponible à hauteur de 45 000 bouteilles annuellement. Le vin vieillit 6 à 8 mois sur lies, en fûts, avec 25-30 % de bois neuf. Il est mis en bouteilles après collage et filtration. Le château propose également un rosé appelé « Rosé de Loudenne ».

Ce domaine, qui s'enorgueillit d'une chartreuse du XVIIe siècle de couleur rosée, se situe au nord du Médoc, près de Saint-Yzans. Le vignoble bénéficie d'un sol sableux et graveleux. Alors que j'apprécie beaucoup le vin blanc pour son caractère fruité et sans détour, je trouve que le vin rouge est extrêmement léger. Il est certes correctement vinifié, mais il manque de complexité, de richesse et d'aptitude à la garde.

Sachant la grande qualité de la vinification à Loudenne, je me demande si cette partie du Médoc est réellement capable de produire des vins de garde. Cependant, une amélioration de la qualité depuis le milieu des années 90 permet d'espérer des rouges plus étoffés et plus intéressants.

MAGNOL (HAUT-MÉDOC)

Cru bourgeois
Propriétaire : Barton & Guestier
Adresse : 87, rue du Dehez – 33290 Blanquefort
Adresse postale : BP 30 – 33292 Blanquefort Cedex
Tél. 05 56 95 48 00 – *Fax* 05 56 95 48 01
E-mail : barton-guestier@diageo.com
Site Internet : www.barton-guestier.com
Visites : non autorisées
Contact : Nicolas Gailly

VIGNOBLE ET VINIFICATION

Superficie : 17 ha
Encépagement : 50 % cabernet sauvignon, 50 % merlot
Âge moyen des vignes : 18 ans – *Densité de plantation :* 8 500 pieds/ha
Rendement moyen : 56 hl/ha
Élevage : fermentations et cuvaison de 21 jours en cuves d'acier inoxydable thermorégulées, avec micro-oxygénation des lies ; vieillissement de 12 mois en fûts (25 % de bois neuf) ; collage et filtration

VIN PRODUIT

Château Magnol – 100 000 b (pas de second vin)
À maturité : dans les 3 à 5 ans suivant le millésime

Le Château Magnol, qui appartient à la grande maison Barton & Guestier, produit des vins souples, fruités et accessibles, qui m'ont fait bonne impression. Ils sont issus d'un vignoble situé au nord de Bordeaux et à l'est de la banlieue industrielle de Blanquefort. Magnol est extrêmement bien vinifié, dans un style moderne et commercial, et il ne manque ni de séduction ni de charme ; ce n'est cependant pas un vin destiné à faire de vieux os – il faut donc le boire rapidement.

MALESCASSE (HAUT-MÉDOC)

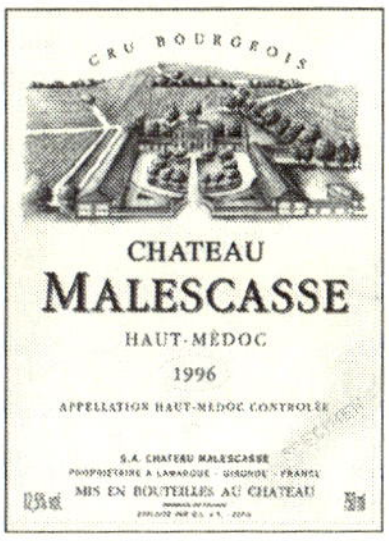

Cru bourgeois supérieur
Propriétaire : Alcatel
Adresse : 6, route du Moulin-Rose –BP 16 – 33460 Lamarque
Tél. 05 56 58 90 09 – *Fax* 05 56 58 97 89
E-mail : malescasse@free.fr
Site Internet : www.chateau-malescasse.com
Visites : sur rendez-vous, du lundi au vendredi
Contact : Antonio Florès

VIGNOBLE ET VINIFICATION

Superficie : 37 ha
Encépagement : 55 % cabernet sauvignon, 35 % merlot, 10 % cabernet franc
Âge moyen des vignes : 23 ans
Densité de plantation : 6 500 pieds/ha

Rendement moyen : 55 hl/ha
Élevage : fermentations à 31-33 °C et cuvaison de 21 à 28 jours en cuves thermorégulées ; achèvement des malolactiques et vieillissement de 18 mois en fûts (35 % de bois neuf) ; collage ; filtration légère

VINS PRODUITS

Château Malescasse – 160 000 b ; La Closerie de Malescasse – 70 000 b
À maturité : dans les 4 à 8 ans suivant le millésime

Le vignoble de Malescasse est excellemment situé, juste au nord du village d'Arcins et au sud de Lamarque. Il a été replanté, pour l'essentiel, au début des années 70, et les vignes arrivent maintenant à un âge idéal.

Cette propriété très bien gérée produit, depuis les années 80, des vins moyennement corsés et richement fruités, qu'il faut déguster à leur meilleur niveau entre 4 et 8 ans après le millésime.

MAUCAILLOU (MOULIS-EN-MÉDOC)

Cru bourgeois supérieur
Propriétaire : Philippe Dourthe
Adresse : 33480 Moulis-en-Médoc
Tél. 05 56 58 01 23 – *Fax* 05 56 58 00 88
E-mail : chateau@maucaillou.com
Site Internet : www.maucaillou.com
Visites : sur rendez-vous
Contact : Philippe Dourthe

VIGNOBLE ET VINIFICATION

Superficie : 60 ha
Encépagement : 56 % cabernet sauvignon, 35 % merlot, 7 % petit verdot, 2 % cabernet franc
Âge moyen des vignes : 25 ans – *Densité de plantation :* 8 800 pieds/ha
Rendement moyen : 55 hl/ha
Élevage : macération préfermentaire à froid ; fermentations à basses températures et cuvaison de 20 jours en cuves d'acier inoxydable thermorégulées ; vieillissement de 15 à 18 mois en fûts (50 % de bois neuf) ; collage et filtration

VINS PRODUITS

Château Maucaillou – 400 000 b ; Cap de Haut de Maucaillou – 100 000 b
À maturité : dans les 4 à 12 ans suivant le millésime

Maucaillou a toujours été l'un des vins les plus intéressants du Médoc, en particulier sous l'angle du rapport qualité/prix. Il est impeccablement vinifié par le robuste et volubile Philippe Dourthe, et je ne vois guère de critiques à lui adresser. Bien coloré, ce cru présente, outre une belle structure et un fruit merveilleusement épanoui et concentré, des tannins ronds ainsi qu'une tenue et une richesse en extrait lui permettant d'évoluer gracieusement sur 10 à 12 ans. Depuis le milieu des années 80, il est vinifié avec jusqu'à 50 % de bois neuf et dans des fûts de 2 ans d'âge achetés à des crus classés renommés.

Il n'est pas facile d'élaborer des Médoc aussi riches et aussi gras, accessibles dès leur jeunesse tout en étant capables de bien évoluer sur une décennie. Maucaillou a apparemment réussi à dompter ce sol de Moulis, qui donne souvent des vins durs et tanniques ; les siens sont étonnamment élégants et agréables, mais en même temps relativement peu chers, ce qui n'est guère courant dans le Bordelais. Aux touristes épris du terroir, qui ne craignent pas la grande aventure des petites routes de campagne du Médoc, je recommande hautement la visite de ce château ; ils y découvriront un musée du vin et pourront y déguster le dernier millésime de la propriété.

MAYNE LALANDE (LISTRAC-MÉDOC)

Cru bourgeois supérieur
Propriétaire : Bernard Lartigue
Adresse : 33480 Listrac-Médoc
Tél. 05 56 58 27 63 – *Fax* 05 56 58 22 41
E-mail : blartigue@terre-net.fr
Visites : du lundi au vendredi (9 h-12 h 30 et 13 h 30-18 h) ; visites en anglais et en allemand
Contact : Véronique Soulard

VIGNOBLE ET VINIFICATION

Superficie : 20 ha
Encépagement : 45 % merlot, 45 % cabernet sauvignon, 5 % petit verdot, 5 % cabernet franc
Âge moyen des vignes : 25 ans – *Densité de plantation :* 7 000-9 000 pieds/ha
Rendement moyen : 40-50 hl/ha
Élevage : fermentations et cuvaison de 28 à 35 jours ; vieillissement de 12 à 16 mois en fûts (30-50 % de bois neuf) ; ni collage ni filtration

VINS PRODUITS

Château Mayne Lalande – 50 000 b ; Château Malbec Lartigue – 50 000 b
À maturité : dans les 5 à 15 ans suivant le millésime

Cette propriété peu connue de Listrac produit l'un des meilleurs crus de l'appellation. La réussite de ce vignoble tient à des rendements assez bas et au grand sérieux de Bernard Lartigue, le propriétaire. Jusqu'à présent, le vin n'est connu que de certains initiés – et de restaurateurs perspicaces, tel Jean-Pierre Xiradakis, qui n'a pas manqué de le faire figurer sur la carte de son célèbre restaurant, La Tupina (Bordeaux). Il est probable que les prix vont augmenter, mais le Mayne Lalande est encore, à l'heure actuelle, sous-évalué.

DU MOULIN ROUGE (HAUT-MÉDOC)

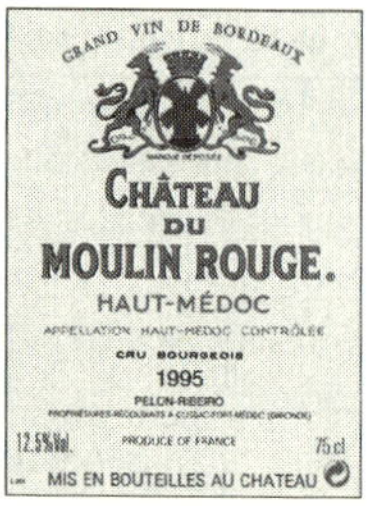

Cru bourgeois
Propriétaires : familles Pelon et Ribeiro
Adresse : 18, rue de Costes – 33460 Cussac-Fort-Médoc
Tél. 05 56 58 91 13 – *Fax* 05 56 58 93 68
E-mail : laurence.ribeiro@free.fr
Visites : toute l'année ; dégustation gratuite ;
groupes sur rendez-vous
Contact : Laurence Ribeiro

VIGNOBLE ET VINIFICATION

Superficie : 18 ha
Encépagement : 50 % merlot, 40 % cabernet sauvignon, 10 % cabernet franc
Âge moyen des vignes : 35-40 ans – *Densité de plantation :* 6 000-7 000 pieds/ha
Rendement moyen : 50 hl/ha
Élevage : macération préfermentaire à froid ; fermentations et cuvaison de 12 à 28 jours en cuves d'acier inoxydable thermorégulées ; vieillissement de 12 mois en fûts (renouvelés par tiers à chaque millésime) ; collage et filtration

VINS PRODUITS

Château du Moulin Rouge – 100 000 b ; L'Écuyer du Moulin Rouge – 20 000 b
À maturité : dans les 5 à 10 ans suivant le millésime

Le Château du Moulin Rouge est l'un des crus bourgeois que je préfère. Le vignoble, très morcelé (il compte au moins six parcelles), se trouve au nord de Cussac-Fort-Médoc, près de la limite sud de l'appellation Saint-Julien. On ne sera donc pas surpris de constater que le vin ressemble souvent à un (bon) Saint-Julien ; très foncé de robe, il s'est toujours montré riche, charnu et corsé depuis les années 80, rappelant un peu Hortevie et Terrey-Gros-Cailloux – mais il est évidemment nettement moins cher, puisqu'il n'a droit qu'à l'appellation Haut-Médoc.

Ce cru bourgeois est particulièrement puissant, trapu et charnu, et, s'il manque un peu de finesse, il n'en est pas moins riche, musclé et plein de caractère.

MOULIN À VENT (MOULIS-EN-MÉDOC)

Cru bourgeois supérieur
Propriétaires : Dominique et Marie-Hélène Hessel
Adresse : Bouqueyran – 33480 Moulis-en-Médoc
Tél. 05 56 58 15 79 – *Fax* 05 56 58 39 89
E-mail : hessel@moulin-a-vent.com
Site Internet : www.moulin-a-vent.com
Visites : du lundi au vendredi (8 h 30-12 h et 14 h-17 h 30) ;
sur rendez-vous le week-end
Contact : Dominique Hessel

VIGNOBLE ET VINIFICATION

Superficie : 25 ha
Encépagement : 55 % merlot, 43 % cabernet sauvignon, 2 % cabernet franc
Âge moyen des vignes : 25 ans – *Densité de plantation :* 6 666 pieds/ha
Rendement moyen : 45 hl/ha
Élevage : fermentations et cuvaison de 21 jours en cuves d'acier inoxydable thermorégulées, avec remontages quotidiens la première semaine ; vieillissement de 22 mois par rotation en cuves et en fûts (12 mois, 25 % de bois neuf) ; pas de collage ; filtration légère

VINS PRODUITS

Château Moulin à Vent – 140 000 b ; Château Moulin de Saint-Vincent – 20 000 b
À maturité : dans les 5 à 10 ans suivant le millésime

Cette propriété produit des Moulis traditionnels – denses et tanniques, qui requièrent une garde de plusieurs années pour s'assouplir et évoluer. Du fait de la forte proportion de vin de presse composant l'assemblage, les Moulin à Vent se révèlent profondément colorés, massifs et puissants, et sont à leur meilleur niveau lorsqu'ils sont issus d'une vendange très mûre.

Dans l'ensemble, ce cru s'est nettement amélioré depuis qu'il a été repris en main par Dominique Hessel.

CHÂTEAU MOULIS (MOULIS-EN-MÉDOC)

Non classé
Propriétaire : Alain Daricarrère
Adresse : 33480 Moulis-en-Médoc
Tél. 05 57 68 40 66 – *Fax* 05 57 68 31 02
Visites : sur rendez-vous uniquement
Contact : Alain Daricarrère

VIGNOBLE ET VINIFICATION

Superficie : 25 ha
Encépagement : 80 % merlot, 20 % cabernet sauvignon
Âge moyen des vignes : 30 ans – *Densité de plantation :* 6 000 pieds/ha
Rendement moyen : 50 hl/ha
Élevage : fermentations et cuvaison de 21 jours en cuves d'acier inoxydable, avec contrôle des températures manuel ; vieillissement après les malolactiques de 12 mois en fûts (20 % de bois neuf) ; collage et filtration

VIN PRODUIT

Château Moulis – 110 000 b (pas de second vin)
À maturité : dans les 4 à 7 ans suivant le millésime

Les vins du Château Moulis présentent généralement une robe profonde et un caractère compact et relativement austère ; ils sont dépourvus de complexité et de charme. Cependant, le vignoble est bien situé, et les vinifications sont traditionnelles.

LES ORMES SORBET (MÉDOC)

Cru bourgeois supérieur
Propriétaires : Hélène Boivert et Fils
Adresse : 33340 Couquèques
Tél. 05 56 73 30 30 – *Fax* 05 56 73 30 31
E-mail : ormes.sorbet@wanadoo.fr
Site Internet : www.ormes-sorbet.com
Visites : du lundi au vendredi (9 h-12 h et 14 h-18 h), le samedi sur rendez-vous
Contact : Hélène Boivert

VIGNOBLE ET VINIFICATION

Superficie : 21 ha
Encépagement : 60 % cabernet sauvignon, 35 % merlot, 5 % carmenère et petit verdot
Âge moyen des vignes : 25 ans – *Densité de plantation :* 8 333 pieds/ha
Rendement moyen : 55 hl/ha
Élevage : fermentations et cuvaison de 21 à 28 jours en cuves d'acier inoxydable thermorégulées ; vieillissement de 18 mois en fûts (50 % de bois neuf) ; collage ; pas de filtration

VINS PRODUITS

Château Les Ormes Sorbet – 100 000 b ; Château de Conques – 20 000 b
À maturité : dans les 6 à 12 ans suivant le millésime

Jean Boivert a repris ce domaine en 1970. Depuis les années 80, c'est l'un des meilleurs crus bourgeois de la partie nord du Médoc. La famille Boivert exploite ce vignoble depuis 1730, à proximité du tranquille petit village de Couquèques. Le maître des lieux s'est décidé, dans les années 70, à complanter davantage de cabernet sauvignon et à accroître la densité de plantation du vignoble, ce qui lui vaut de produire, depuis 1982, une série ininterrompue de vins de bon niveau. Ceux-ci se distinguent par une robe profonde et par des notes vanillées assez prononcées, qui leur viennent de leur élevage en fûts de chêne de Tronçais ; ils sont capables de bien évoluer sur une dizaine d'années.

Parmi les millésimes récents, les 1990, 1995, 1996 et 2000 sont bien faits. La propriété compte au nombre des étoiles montantes du Nord-Médoc.

PATACHE D'AUX (MÉDOC)

Cru bourgeois supérieur
Propriétaire : Jean-Michel Lapalu
Adresse : 1, rue du 19-Mars – 33340 Bégadan
Tél. 05 56 41 50 18 – *Fax* 05 56 41 54 65
E-mail : info@domaines-lapalu.com
Site Internet : www.domaines-lapalu.com
Visites : du lundi au jeudi (9 h-12 h et 14 h-17 h) ; le vendredi (jusqu'à 16 h)
Contact : Patrice Ricard

VIGNOBLE ET VINIFICATION

Superficie : 43 ha
Encépagement : 60 % cabernet sauvignon, 30 % merlot, 7 % cabernet franc, 3 % petit verdot
Âge moyen des vignes : 35 ans – *Densité de plantation :* 8 500 pieds/ha
Rendement moyen : 53 hl/ha
Élevage : fermentations et cuvaison de 28 à 35 jours en cuves de bois et d'acier inoxydable thermorégulées ; vieillissement de 12 à 15 mois en fûts (renouvelés par quart à chaque millésime) ; collage ; filtration légère

VINS PRODUITS

Château Patache d'Aux – 260 000 b ; Le Relais de Patache d'Aux – 40 000 b
À maturité : dans les 5 à 8 ans suivant le millésime

Patache d'Aux, qui évoque souvent un vin californien par son fruité séveux et herbacé de cassis, se révèle généralement souple et accessible. Dans les années où le cabernet sauvignon n'atteint pas sa pleine maturité, il a tendance à être par trop végétal, mais, lorsqu'il est issu d'une vendange bien mûre – comme en 1982, 1986, 1989, 1990, 1995, 1996 et 2000 –, il peut se révéler extrêmement impressionnant et capable d'une garde de 5 à 8 ans. Il est souvent confit et opulent, rarement élégant, mais il conviendra parfaitement aux amateurs en quête d'un cru bourgeois bien fait, proposé à prix raisonnable et agréable dès sa jeunesse.

PEYREDON LAGRAVETTE (LISTRAC-MÉDOC)

Cru bourgeois
Propriétaire : Paul Hostein
Adresse : 2062 Médrac-Est – 33480 Listrac-Médoc
Tél. 05 56 58 05 55 – *Fax* 05 56 58 05 50
E-mail : medoc@medoc.bordeaux.com
Site Internet : www.medoc-bordeaux.com
Visites : du lundi au samedi, du 15 octobre au 28 février, (10 h-12 h et 14 h-18 h) ;
du 1er mars au 20 septembre (9 h-12 h 30 et 14 h-19 h) ;
Contact : Paul Hostein

VIGNOBLE ET VINIFICATION

Superficie : 7 ha
Encépagement : 65 % cabernet sauvignon, 30 % merlot, 5 % petit verdot
Âge moyen des vignes : 25 ans – *Densité de plantation :* 9 090 pieds/ha
Rendement moyen : 48 hl/ha
Élevage : fermentations à 29-30 °C et cuvaison de 21 à 25 jours en cuves thermorégulées, avec remontages réguliers ; vieillissement de 18 mois en fûts (30 % de bois neuf) ; collage ; pas de filtration

VIN PRODUIT

Château Peyredon Lagravette – 44 000 b (pas de second vin)
À maturité : dans les 6 à 15 ans suivant le millésime

Ce très bon Listrac ne bénéficie pas d'une grande notoriété, mais, si les millésimes 1982, 1983, 1986, 1989, 1990 et 1995 sont représentatifs, il constitue vraiment l'une des perles cachées de la région. Ce petit vignoble se trouve à l'est de la plus grande partie des domaines de Listrac, tout près de l'appellation Moulis-en-Médoc, dont deux des fleurons, Chasse-Spleen et Maucaillou, sont ses plus proches voisins. Le cru, vinifié de façon traditionnelle, subit une très longue cuvaison ; il se révèle intensément concentré, corsé, généreux et remarquablement structuré, avec un potentiel de garde de 10 à 15 ans.

Il s'agit d'un domaine fort ancien, puisque l'on en trouve trace depuis 1546. Le propriétaire actuel, Paul Hostein, n'utilise pas les vendangeuses mécaniques, pourtant si appréciées dans cette partie du Médoc, et se refuse en outre à suivre la mode actuelle consistant à traiter contre les maladies cryptogamiques. Il préfère avoir recours à des méthodes biologiques. D'autre part, la densité de la plantation est chez lui de quelque 9 000 pieds/ha, ce qui est bien supérieur à la moyenne des vignobles du Bordelais.

Les amateurs seraient bien avisés de suivre de plus près cette propriété.

PLAGNAC (MÉDOC)

Non classé
Propriétaire : CA Grands Crus
Adresse : Bégadan – 33340 Lesparre
Adresse postale : BP 23 – Quai A.-Ferchand – 33250 Pauillac
Tél. 05 56 59 98 21 – *Fax* 05 56 59 36 47
E-mail : contact@cagrandscrus.fr
Visites : sur rendez-vous
Contact : Paz Espejo

VIGNOBLE ET VINIFICATION

Superficie : 30 ha
Encépagement : 65 % cabernet sauvignon, 35 % merlot
Âge moyen des vignes : 25 ans – *Densité de plantation :* 5 000 pieds/ha
Rendement moyen : 60 hl/ha
Élevage : fermentations et cuvaison de 21 jours en cuves d'acier inoxydable thermorégulées ; vieillissement de 12 mois en fûts (25 % de bois neuf) ; collage et filtration

VINS PRODUITS

Château Plagnac – 230 000 b ; Les Tours de Plagnac – variable
À maturité : dans les 2 à 6 ans suivant le millésime

Les amateurs en quête d'un cru bourgeois souple, fruité, accessible et sans détour, proposé de surcroît à un prix raisonnable, seraient bien inspirés de se tourner vers le

Château Plagnac. Vinifié par la talentueuse équipe de Cordier, ce cru des plus plaisants satisfait à la fois le palais et le porte-monnaie. Il est charmeur, précoce et très agréable jusqu'à 5 ou 6 ans d'âge.

POTENSAC (MÉDOC)

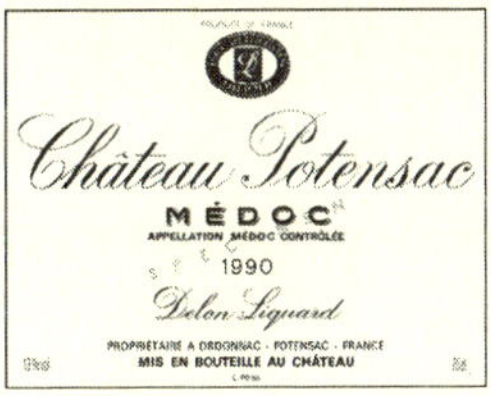

Cru bourgeois exceptionnel
Propriétaire : famille Delon
Adresse : 33340 Ordonnac
Adresse postale : Château Léoville Las Cases
33250 Saint-Julien Beychevelle
Tél. 05 56 73 25 26 – *Fax* 05 56 59 18 33
Visites : sur rendez-vous uniquement,
du lundi au vendredi
Contact : Jean-Hubert Delon

VIGNOBLE ET VINIFICATION

Superficie : 57 ha
Encépagement : 60 % cabernet sauvignon, 25 % merlot, 15 % cabernet franc
Âge moyen des vignes : 30 ans – *Densité de plantation :* 8 000 pieds/ha
Rendement moyen : 55 hl/ha
Élevage : fermentations et cuvaison de 15 à 18 jours en cuves de béton et d'acier inoxydable thermorégulées ; vieillissement de 12 à 16 mois en fûts (10-15 % de bois neuf) ; collage ; pas de filtration

VINS PRODUITS

Château Potensac – production non communiquée ; Goudy La Cardonne, Gallais Bellevue, Lassalle – production non communiquée
À maturité : dans les 4 à 12 ans suivant le millésime

Sous la talentueuse houlette du regretté Michel Delon et, depuis 2000, de son fils Jean-Hubert, également propriétaire du très célèbre Léoville Las Cases en Saint-Julien et de Nenin en Pomerol, Potensac produit, depuis le milieu des années 70, des vins du niveau d'un cru classé. Ce vaste vignoble situé près de Saint-Yzans est désormais nettement au-dessus du lot de cette partie du Médoc. Les vins qu'il produit rendent magnifiquement hommage aux Delon, ainsi qu'au maître de chai, Michel Rolland.

Outre leur excellente structure et leurs riches arômes de cassis et de petits fruits, les vins de Potensac présentent une pureté et un équilibre merveilleux. Ils sont, en outre, d'une étonnante longévité. Il est rare que cette partie du Médoc puisse produire des crus d'une aussi grande qualité, mais cette propriété se surpasse régulièrement.

Les Delon possèdent également d'autres parcelles, qui donnent le second vin du château. Si Potensac était autrefois seulement connu des initiés, ce n'est plus le cas aujourd'hui. Tout amateur de bordeaux qui se respecte devrait d'ailleurs goûter ce cru. Parmi les millésimes récents méritant d'être recherchés, on citera les 1995, 1996, 1998, 2000 et 2001.

POUJEAUX (MOULIS-EN-MÉDOC)

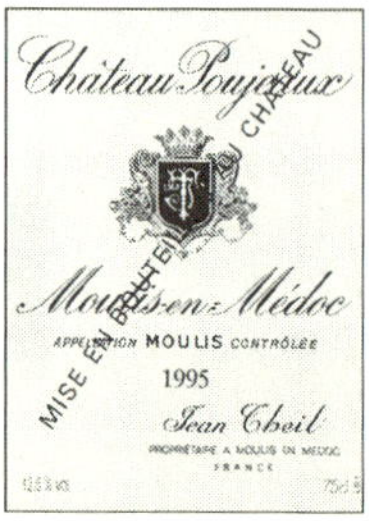

Cru bourgeois exceptionnel
Propriétaire : famille Theil
Adresse : 33480 Moulis-en-Médoc
Tél. 05 56 58 02 96 – *Fax* 05 56 58 01 25
E-mail : chateau-poujeaux@wanadoo.fr
Site Internet : www.chateau-poujeaux.com
Visites : sur rendez-vous
Contact : Christophe Labenne

VIGNOBLE ET VINIFICATION

Superficie : 55 ha
Encépagement : 50 % cabernet sauvignon, 40 % merlot, 5 % cabernet franc, 5 % petit verdot
Âge moyen des vignes : 35 ans – *Densité de plantation :* 10 000 pieds/ha
Rendement moyen : 50 hl/ha
Élevage : fermentations et cuvaison de 28 jours en cuves d'acier inoxydable, de bois et de béton thermorégulées ; vieillissement de 12 mois en fûts (renouvelés par moitié à chaque millésime) ; collage ; pas de filtration

VINS PRODUITS

Château Poujeaux – 300 000 b ; Château La Salle de Poujeaux – 50 000 b
À maturité : dans les 6 à 20 ans suivant le millésime

Poujeaux, Chasse-Spleen, Maucaillou... Ces trois domaines, en compétition permanente, produisent incontestablement les meilleurs vins de l'appellation Moulis-en-Médoc. Poujeaux est une très ancienne propriété, dont on relève la trace dès 1544 : les vignobles et les terrains alentour étaient alors appelés La Salle de Poujeaux. Le château est maintenant géré par les frères Theil, la famille ayant acheté la propriété en 1920.

Poujeaux est typique de Moulis : rubis foncé de robe, il est tannique, parfois un peu astringent et dur dans sa jeunesse, et il faut donc patienter 6 à 8 ans pour qu'il s'assouplisse et soit prêt à boire. Il évolue moins rapidement que son voisin Chasse-Spleen et pourrait s'imposer comme l'un des crus les plus aptes à la garde. J'en ai eu la preuve magistrale avec deux bouteilles de 1928 que j'ai eu le plaisir de déguster en 1985 et 1988 : elles étaient de grande classe. Poujeaux mériterait indiscutablement une promotion au rang de cinquième cru si le classement de 1855 était remanié. Récemment, le cru a produit de superbes 2000 et 2001, ainsi qu'un des meilleurs 1997 du Bordelais.

RAMAGE LA BATISSE (HAUT-MÉDOC)

Cru bourgeois supérieur
Propriétaire : SCI Château Ramage La Batisse
Adresse : 33250 Saint-Sauveur
Adresse postale : Gironde et Gascogne – Belcier
33350 Les Salles-de-Castillon
Tél. 05 56 59 57 24 – *Fax* 05 56 59 54 14
E-mail : gironde-et-gascogne@wanadoo.fr
Visites : sur rendez-vous uniquement,
du lundi au jeudi (8 h-12 h et 14 h-17 h), le vendredi (8 h-11 h)
Contact : Jean-Paul Thibaut

VIGNOBLE ET VINIFICATION

Superficie : 85 ha (67 ha en production)
Encépagement : 50 % cabernet sauvignon, 50 % merlot
Âge moyen des vignes : 30 ans – *Densité de plantation :* 8 350 pieds/ha
Rendement moyen : 55 hl/ha
Élevage : fermentations et cuvaison à 28-30 °C de 18 jours environ en cuves de béton thermorégulées ; achèvement des malolactiques en fûts pour 30 % de la récolte ; vieillissement de 15 mois en fûts (renouvelés par tiers à chaque millésime) collage ; filtration légère

VINS PRODUITS

Château Ramage La Batisse – 380 000 b ; Clos de Ramage – 130 000 b
À maturité : dans les 5 à 10 ans suivant le millésime

Le vignoble de Ramage La Batisse se trouve à Saint-Sauveur, petite région viticole située à l'intérieur des terres, à l'ouest de Pauillac. Il a été complètement replanté depuis 1961. Les vins de la fin des années 70, et notamment les 1978 et 1979, ont été remarquables, se montrant souples, richement fruités et boisés, avec de la race et du caractère.

En revanche, depuis, et pour une raison qui me reste inconnue, les Ramage La Batisse se sont révélés inintéressants.

La propriété est fort bien située et capable de produire de grands vins – elle l'a d'ailleurs prouvé dans les années 70. Le cru doit, en règle générale, être consommé dans les 5 à 10 ans suivant le millésime.

SARANSOT-DUPRÉ (LISTRAC-MÉDOC)

Cru bourgeois supérieur
Propriétaire : Yves Raymond
Adresse : 33480 Listrac-Médoc
Adresse postale : 4, Grande-Rue – 33480 Listrac-Médoc
Tél. 05 56 58 03 02 – *Fax* 05 56 58 07 64
E-mail : y@saransot-dupre.com
Site Internet : saransot-dupre.com
Visites : tous les jours (9 h-12 h et 14 h-17 h), sur rendez-vous pour les groupes
Contact : Yves Raymond

VIGNOBLE ET VINIFICATION

Superficie : 15 ha
Encépagement : 56 % merlot, 24 % cabernet sauvignon, 15 % cabernet franc, 5 % petit verdot
Âge moyen des vignes : 23 ans
Densité de plantation : 6 700 pieds/ha
Rendement moyen : 50 hl/ha
Élevage : fermentations et cuvaison de 21 à 28 jours en cuves de béton revêtues d'Époxy thermorégulées ; vieillissement de 12 mois en fûts (renouvelés par tiers à chaque millésime) ; pas de collage ; filtration si nécessaire

VINS PRODUITS

Château Saransot-Dupré – 60 000 b ; Roc de Saransot – 20 000 b
À maturité : dans les 4 à 12 ans suivant le millésime

Compte tenu de leur forte proportion de merlot, le vins de Saransot-Dupré présentent, surtout dans les millésimes très mûrs, une opulence et une étoffe assez inhabituelles dans les Listrac. Ils arborent généralement une robe rubis foncé et exhalent un bouquet évoquant les fruits noirs – la prune, en particulier –, mais aussi la réglisse et les fleurs printanières.

Du fait de sa grande richesse en extrait et de son intensité, ce cru se porterait bien d'une plus forte proportion de bois neuf. Il atteint généralement sa maturité en 4 ou 5 ans, mais peut tenir 4 à 12 ans. À ce jour, Saransot-Dupré s'impose comme un domaine à découvrir, en particulier sur les marchés à l'export.

Le château produit également un délicieux bordeaux blanc sec issu d'un vignoble de 2 ha de 40 ans d'âge, complanté en sémillon, en sauvignon et en muscadelle ; cependant, je n'en ai jamais vu une bouteille hors de l'Hexagone.

SÉGUR (HAUT-MÉDOC)

Cru bourgeois supérieur
Propriétaire : SCEA Château Ségur
Adresse : rue de Ségur – 33290 Parempuyre
Tél. 05 56 35 28 25 – *Fax* 05 56 35 82 32
E-mail : chateau.segur@wanadoo.fr
Visites : du lundi au vendredi (8 h-12 h et 13 h 30-17 h 30), sur rendez-vous le week-end
Contacts : Jean-Pierre Grazioli ou Dominique Avogadro

VIGNOBLE ET VINIFICATION

Superficie : 38 ha
Encépagement : 42 % merlot, 35 % cabernet sauvignon, 17 % cabernet franc, 6 % petit verdot
Âge moyen des vignes : 26 ans – *Densité de plantation :* 6 700 pieds/ha
Rendement moyen : 52 hl/ha
Élevage : vendanges manuelles ; fermentations et cuvaison en cuves d'acier inoxydable thermorégulées ; élevage de 6 mois en cuves, puis vieillissement de 12 mois en fûts (1/3 de bois neuf) ; collage ; filtration

VINS PRODUITS

Château Ségur – 95 000 b ; Château Ségur Fillon – 145 000 b
À maturité : dans les 4 à 7 ans suivant le millésime

SÉNÉJAC (HAUT-MÉDOC)

Cru bourgeois supérieur
Propriétaires : Lorraine et Thierry Rustmann
Adresse : 33290 Le Pian-Médoc
Tél. 05 56 70 20 11 – *Fax* 05 56 70 23 91
E-mail : chateau.senejac@wanadoo.fr
Visites : sur rendez-vous uniquement
Contact : Thierry Rustmann

VIGNOBLE ET VINIFICATION

Superficie : 34 ha
Encépagement : 52 % cabernet sauvignon, 34 % merlot, 10 % cabernet franc, 4 % petit verdot
Âge moyen des vignes : 25 ans – *Densité de plantation :* 6 600 pieds/ha
Rendement moyen : 40 hl/ha
Élevage : fermentations et cuvaison de 21 à 28 jours environ en cuves d'acier inoxydable thermorégulées ; vieillissement de 12 à 15 mois en fûts (un tiers de bois neuf) ; collage et filtration

VINS PRODUITS

Château Sénéjac – 70 000 b ; Artigues de Sénéjac – 30 000 b
À maturité : dans les 4 à 6 ans suivant le millésime

Cette propriété magnifique, très photogénique avec ses points d'eau et ses allées bordées de peupliers, se situe dans la partie méridionale du Médoc, à l'ouest de Parempuyre et au sud d'Arsac. Son vignoble bénéficie d'un sol léger, graveleux et sableux, qui donne des rouges souples et fruités, destinés à être consommés dans leur jeunesse. Les millésimes récents, notamment les 2000 et 2001, présentent davantage d'étoffe et de caractère que leurs aînés.

La propriété propose aussi, depuis peu, une excellente cuvée prestige appelée Karolus. Produite à hauteur de 800 caisses, elle est issue d'une parcelle graveleuse de 3 ha complantée à moitié en merlot, à 33 % en cabernet sauvignon et à 17 % en cabernet franc. L'assemblage de ce vin varie considérablement d'une année sur l'autre. Ainsi, alors que le 2000 se compose à 85 % de cabernet sauvignon et pour le reste de merlot, le 2001 compte 48 % du premier cépage, ainsi que du merlot et du cabernet franc à parts égales.

SOCIANDO-MALLET (HAUT-MÉDOC)

Non classé
Propriétaire : Jean Gautreau
Adresse : 33180 Saint-Seurin-de-Cadourne
Tél. 05 56 73 38 80 ou 05 56 73 38 82 – *Fax* 05 56 73 38 88
E-mail : scea.jean.gautreau@wanadoo.fr
Visites : sur rendez-vous uniquement,
du lundi au jeudi (9 h-12 h et 14 h-16 h 30) ;
le vendredi (9 h-11 h 30)
Contact : Marlène Specht

VIGNOBLE ET VINIFICATION

Superficie : 66 ha
Encépagement : 54 % cabernet sauvignon, 45 % merlot, 1 % petit verdot et cabernet franc
Âge moyen des vignes : 25-30 ans – *Densité de plantation :* 8 800 pieds/ha
Rendement moyen : 50-55 hl/ha

Élevage : fermentations et cuvaison de 20 jours en cuves thermorégulées ; vieillissement de 11 mois en fûts (100 % de bois neuf) ; ni collage ni filtration

VINS PRODUITS

Château Sociando-Mallet – 300 000 b ; La Demoiselle de Sociando-Mallet – 100 000 b
À maturité : dans les 8 à 25 ans suivant le millésime

Sociando-Mallet produit aujourd'hui des vins de haut niveau, vinifiés sans compromission et capables d'évoluer avec grâce sur 10 à 25 ans. Les vignobles, qui se trouvent à Saint-Seurin-de-Cadourne, dominent la Gironde et sont superbement situés sur des sols de graves au sous-sol argilo-calcaire. Sous la direction exemplaire de Jean Gautreau – qui a acquis la propriété en 1969, alors qu'elle était en piteux état –, ils donnent un vin d'un noir d'encre, extrêmement concentré et corsé, et doté de puissants tannins qui tapissent le palais. Certains spécialistes estiment que Sociando-Mallet est le plus apte à la garde de tous les Médoc. De nombreux facteurs expliquent la grande qualité de ce vin. Tout d'abord, il faut rendre hommage à l'excellence du vignoble – situé sur des sols bien drainés et graveleux –, à sa bonne exposition, ainsi qu'à la haute densité de plantation (8 800 pieds/ha) et aux vendanges manuelles. En outre, le domaine, qui pratique une fermentation à température assez élevée (32-33 °C) et une cuvaison d'au moins 3 semaines, utilise 100 % de fûts neufs pour l'élevage, et s'abstient de collage et de filtration. Les résultats sont éloquents.

Sociando-Mallet peut rivaliser sans difficulté avec de nombreux crus classés, et il a d'ores et déjà acquis dans l'Hexagone une belle réputation, qui lui permet d'y vendre la plus grande partie de sa production.

2003
92-94
Ce cru, qui se surpasse régulièrement, enregistre une autre belle réussite en 2003. Alors que les vins de Sociando-Mallet requièrent généralement une garde de 5 à 10 ans, le 2003 promet d'être accessible à un plus jeune âge. D'un bleu-pourpre d'encre très soutenu, doté de fabuleux parfums de pierre concassée, de violette, de myrtille et de crème de cassis dénués de boisé, il se distingue par la belle concentration de son fruit, étayé par une faible acidité et par des tannins doux. L'ensemble, qui présente également une texture charnue et voluptueuse, ainsi qu'une finale persistante, est impressionnant. Il évoque son aîné de 1990 – dont il n'a pas, cependant, le caractère de surmaturité. **À boire entre 2008 et 2020, voire au-delà.** (3/04)

2002
90
Ce vin austère, étonnamment peu évolué, mais prometteur du fait de sa belle concentration, est un classique, vinifié sans compromission. Vêtu d'un pourpre soutenu, il exhale un nez de minéral, de crème de cassis, de cerise et de pierre concassée. Moyennement corsé, très dense, il est aussi, je le répète, très tannique et fort peu évolué. Ne touchez pas à une seule bouteille avant une dizaine d'années ; le Sociando 2002, qui évoque son aîné de 1975, tiendra ensuite **25 ans.** (9/03)

2001
93
Ce vin étoffé, d'un bleu-pourpre dense, se distingue par la pureté de ses classiques arômes subtilement boisés de crème de cassis et de minéral. En bouche, il se développe par paliers et avec ampleur, révélant, outre une heu-

reuse acidité à laquelle il doit sa tonicité, des tannins aussi doux qu'abondants. Sociando-Mallet propose, une fois de plus, un ensemble apte à résister à l'épreuve du temps. **À boire entre 2008 et 2020, voire plus.** (1/03)

2000 **93** Ce vin superbe à couper le souffle s'annonce par un rubis-pourpre dense et par un nez d'encre, de minéral, de graphite, de vanille et de crème de cassis. Magnifique à la fois de concentration, d'intensité et de précision, il déploie des tannins mûrs, ainsi qu'une finale longue de plus de 40 secondes. L'ensemble, de haut vol, est apte à rivaliser avec certains crus classés. En somme, il n'y a rien de bien nouveau à l'horizon... Sociando-Mallet est toujours l'un des crus les plus performants du Médoc. Ce 2000 présente aussi un très grand potentiel de garde. **À boire entre 2007 et 2028.** (1/03)

1999 **89+** La robe d'un rubis-pourpre opaque du Sociando-Mallet 1999 accompagne un nez subtilement boisé de métal mouillé, de minéral, de cerise noire et de cassis. Du point de vue aromatique, ce vin est très proche d'un cru classé comme Léoville Las Cases. En bouche, il est moyennement corsé, plutôt tannique pour le millésime, et manifeste une concentration et une pureté d'excellent aloi. Sa finale est longue et persistante. L'ensemble est étonnamment fermé, mais il en va souvent ainsi avec Sociando-Mallet – ce cru, qui se surpasse régulièrement, produit des vins d'une longévité exceptionnelle. **À boire entre 2007 et 2018.** (1/02)

1997 **90** Le 1997 est l'un des Sociando-Mallet les plus précoces et les plus épanouis des dix dernières années. D'un pourpre opaque et soutenu, il est tout simplement irrésistible, malgré sa faible acidité. En bouche, il se développe par paliers, révélant un merveilleux fruité de doux cassis nuancé de vanille, de graphite et de minéral. Moyennement corsé, étonnant de concentration, il est aussi souple que peut l'être un jeune millésime de ce cru. Ce vin tiendra bien encore une petite dizaine d'années. Impressionnant ! **À boire jusqu'en 2014.** (3/98)

1996 **90** Le très impressionnant 1996, qui s'annonce par un pourpre opaque, dégage un nez serré, mais très parfumé, de minéral, de réglisse et de cassis joliment rehaussé de vanille (ces dernières notes étant imparties par le bois neuf). La bouche, dense et corsée, recèle de très abondants tannins, mais aussi une richesse en extrait, un gras et une profondeur extraordinaires. L'ensemble, qui évoluera très lentement, présente le fruit et la profondeur nécessaires pour faire pièce à sa structure. Il est incontestablement de très haut vol. **À boire entre 2009 et 2025.** (10/02)

1995 **90** Accessible, mais tannique, le Sociando-Mallet 1995 est d'un rubis-pourpre foncé. Il exhale d'excellents arômes de cerise noire confiturée, de mûre et de cassis, marqués de subtiles notes de minéral, de terre et de chêne neuf. Semblable par sa structure au 1996, il se montre tout à la fois profond, long, tannique et musclé. Ce vin racé mettra à rude épreuve la patience des amateurs. **À boire entre 2008 et 2025.** (10/02)

1994 **89** Le Sociando-Mallet 1994 rappelle le 1985, en plus structuré et en plus tannique. D'un pourpre profond, il exhale un nez serré, mais naissant, aux arômes de fruits noirs et de graphite, marqué de notes boisées joliment fondues. En bouche, il est étoffé et moyennement corsé, avec des tannins modérément abondants. Un classique, **à boire jusqu'en 2010.** (1/97)

1993
87
Le Sociando-Mallet 1993 est mieux que réussi pour le millésime, avec sa robe dense de couleur rubis-pourpre et son nez étonnamment évolué et précoce de cèdre, de cerise noire, de groseille et de minéral. Il est charnu et épicé, révèle en bouche une excellente texture et témoigne, chose rare pour cette propriété, d'une souplesse séduisante malgré son jeune âge. Jean Gautreau a, de toute évidence, triomphé des difficultés que présentait le millésime. **À boire dans les 3 à 8 ans.** (1/97)

1990
93
Le 1990, qui s'impose comme la plus belle réussite de la propriété depuis le sensationnel 1982, est étonnamment charnu, gras et sensuel. Sa robe d'un pourpre opaque prélude à un nez serré, mais prometteur, de cassis épais subtilement nuancé de fumé, d'herbes rôties, de réglisse et de minéral. Puissant, extrêmement concentré, mais peu évolué, il se dévoile en bouche par paliers, révélant de très abondants tannins. Ce vin stupéfiant devrait évoluer de belle manière ces 2 ou 3 prochaines décennies. **À boire jusqu'en 2030.** (10/02)

1989
90
Outre une robe pourpre, jeune et peu évoluée, le Sociando-Mallet 1989 présente un doux nez de fruits noirs, de minéral, de terre, de compost et de vanille. Encore jeune (il est moins évolué que la plupart de ses jumeaux), il se montre en bouche moyennement corsé et assez tannique, sans révéler la souplesse ni le caractère précoce inhérent au millésime. Ce vin tout à la fois dense, riche et concentré requiert une garde supplémentaire de 2 ou 3 ans ; il tiendra parfaitement **20 ans, voire plus.** (10/02)

1988
87
Plutôt léger pour un cru de cette propriété, le Sociando-Mallet 1988 est moyennement corsé, mais également concentré et épicé, avec un bel équilibre d'ensemble et une finale persistante. Cependant, il n'a pas la puissance et la richesse en extrait des meilleurs millésimes. **À boire dans les 10 à 15 ans.** (1/93)

1986
90
Fabuleusement puissant et massif, mais aussi extrêmement riche et corsé, le 1986 s'impose comme un grand classique de son appellation. Extraordinaire de profondeur, il présente un bouquet très précis de minéral, de cassis, de violette et de chêne épicé. Ce vin est exquis, mais il ne conviendra cependant pas à tout le monde. **À boire jusqu'en 2040.** (1/91)

1985
90
Le 1985 est vêtu de la robe d'un rubis-pourpre dense typique de la propriété. Il offre le riche bouquet de cassis propre aux Médoc, et révèle en bouche, outre un caractère moyennement corsé, une concentration et un équilibre des plus sensationnels. **À boire jusqu'en 2015.** (4/91)

1983
85
J'avais fondé de grands espoirs sur ce vin, mais son fruit n'est plus aussi mûr ni aussi concentré qu'il l'était. Arborant toujours une robe d'un rubis moyennement foncé, il exhale un nez épicé et minéral qui manque cependant d'intensité et de maturité. La bouche, raisonnablement corsée, révèle une concentration d'un niveau satisfaisant, mais pas excellent, et l'ensemble, plutôt nerveux et

musclé, déploie une finale persistante et d'une bonne tenue, étayée par des tannins modérément abondants. **À boire sans plus tarder.** (1/90)

1982 Le 1982 de Sociando-Mallet demeure jeune et tonique, n'accusant aucun signe
92 d'évolution. Même les demi-bouteilles révèlent un vin d'un pourpre sombre tirant sur le grenat, soutenu et intact. Le nez, qui évoque le 1990, offre d'exubérants et purs arômes de cassis mûr entremêlés de senteurs de minéral et d'épices. Très corsé et richement extrait, ce 1982 encore vif est gras, très tannique et doté de manière impressionnante ; encore jeune et peu évolué, il pourrait s'imposer comme l'un des vins du millésime les plus aptes à la garde. Ce grand classique, qui est tout juste bon à boire, doit être consommé dans les 8 à 10 ans. **À boire jusqu'en 2018.** (10/02)

SOUDARS (HAUT-MÉDOC)

Cru bourgeois supérieur
Propriétaire : Vignobles Éric Miailhe SAS
Adresse : 33180 Saint-Seurin-de-Cadourne
Tél. 05 56 59 36 09 – *Fax* 05 56 59 72 39
E-mail : contact@chateausoudars.com
Site Internet : www.chateausoudars.com
Visites : sur rendez-vous uniquement
Contact : Éric Miailhe

VIGNOBLE ET VINIFICATION

Superficie : 23 ha
Encépagement : 55 % merlot, 44 % cabernet sauvignon, 1 % cabernet franc
Âge moyen des vignes : 20-25 ans – *Densité de plantation :* 6 500 pieds/ha
Rendement moyen : 55 hl/ha
Élevage : fermentations et cuvaison de 30 jours en cuves thermorégulées ; vieillissement de 12 à 14 mois en fûts (renouvelés par tiers à chaque millésime) ; collage et filtration

VINS PRODUITS

Château Soudars – 160 000 b ; Château Marquis de Cadourne – variable (pas produit systématiquement chaque année)
À maturité : dans les 3 à 6 ans suivant le millésime

Les vins de Soudars sont généralement gras, ronds, fruités et accessibles, en raison de leur forte proportion de merlot. Depuis le début des années 80, ils sont impeccablement vinifiés par le jeune Éric Miailhe, mais ne doivent pas être conservés au-delà de 5 à 6 ans d'âge. Il faut, en effet, les apprécier dans leur jeunesse. C'est un cru des plus intéressants sous le rapport qualité/prix.

LA TOUR DE BY (MÉDOC)

Cru bourgeois supérieur
Propriétaire : SC des vignobles Marc Pagès
Adresse : 33340 Bégadan
Tél. 05 56 41 50 03 – Fax 05 56 41 36 10
E-mail : info@la-tour-de-by.com
Visites : de septembre à juin, du lundi au jeudi (8 h-12 h et 13 h 30-17 h 30), vendredi (8 h-12 h et 13 h 30-16 h 30) ; en juillet, août et le week-end (11 h-18 h) à l'exception du 14 juillet et du 15 août
Contact : Marc Pagès

VIGNOBLE ET VINIFICATION

Superficie : 74 ha
Encépagement : 55 % cabernet sauvignon, 42 % merlot, 3 % cabernet franc
Âge moyen des vignes : 40 ans – *Densité de plantation :* 5 500-10 000 pieds/ha
Rendement moyen : 55 hl/ha
Élevage : fermentations et cuvaison de 21 à 28 jours en cuves de bois et d'acier inoxydable thermorégulées ; vieillissement de 14 mois en fûts (25 % de bois neuf) ; collage et filtration

VINS PRODUITS

Château La Tour de By – 450 000 b ; La Roque de By – 50 000 b
À maturité : dans les 5 à 10 ans suivant le millésime

Ce cru bourgeois est l'un des plus célèbres du Médoc. Il est extrêmement vaste, avec 74 ha produisant environ 38 000 caisses annuellement. Il a été acheté, en 1965, par trois viticulteurs bien connus dans le Médoc, MM. Lapalu, Cailloux et Pagès, qui ont entrepris la construction d'un nouveau chai pouvant contenir près de 1 400 fûts. Depuis 1999, la propriété appartient à Marc Pagès.

Étant donné l'importance de la production et des rendements – de l'ordre de 55 hl/ha –, on pourrait craindre que le vin manque d'étoffe ; cependant, la sélection est relativement sévère, et il y a un second vin pour les cuvées les moins riches ou issues de jeunes vignes. La Tour de By produit ainsi, régulièrement, des vins bien colorés, richement dotés et puissants, qui manquent simplement d'un peu de complexité et d'intensité au nez. Leur forte proportion de cabernet sauvignon leur confère une robe profonde, et une structure ferme et tannique. Je n'ai pas souvenance d'avoir jamais goûté un bon millésime mal vinifié de cette propriété.

LA TOUR CARNET (HAUT-MÉDOC)

4e cru classé en 1855
Propriétaire : Bernard Magrez
Adresse : route de Beychevelle – 33112 Saint-Laurent-du-Médoc
Tél. 05 56 73 30 90 – *Fax* 05 56 59 48 54
E-mail : latour@latour-carnet.com
Site Internet : www.la-tour-carnet.com
Visites : sur rendez-vous uniquement
Contact : Emmanuel Bonneau

VIGNOBLE ET VINIFICATION

Superficie : 46 ha
Encépagement : 52 % cabernet sauvignon, 42 % merlot, 4 % cabernet franc, 2 % petit verdot
Âge moyen des vignes : 30 ans – *Densité de plantation :* 8 000 pieds/ha
Rendement moyen : 45 hl/ha
Élevage : macération préfermentaire à froid ; fermentations à 28-30 °C, avec quatre pigeages quotidiens, et cuvaison de 21 jours en cuves de bois thermorégulées ; achèvement des malolactiques et vieillissement sur lies, avec bâtonnage hebdomadaire, de 16 à 18 mois en fûts (100 % de bois neuf) ; collage ; pas de filtration

VINS PRODUITS

Château La Tour Carnet – 180 000 b ; Les Douves de Carnet – 90 000 b
À maturité : dans les 5 à 15 ans suivant le millésime

Bien que La Tour Carnet figure dans le classement de 1855, il est fort peu connu. Cette belle propriété située dans la commune de Saint-Laurent a été complètement rénovée et peut s'enorgueillir d'un très beau château médiéval, entouré de douves.

Le cru a considérablement souffert, je pense, du rajeunissement drastique du vignoble au cours des années 60. Cependant, les millésimes récents, en particulier les 2000, 2001 et 2003, sont très prometteurs. Sachant le souci de qualité animant Bernard Magrez, le maître des lieux, sachant aussi que la propriété bénéficie des conseils avisés de l'incomparable Michel Rolland, on peut penser que La Tour Carnet mérite désormais d'être suivi de près. Un château qui monte très vite !

TOUR HAUT-CAUSSAN (MÉDOC)

Cru bourgeois supérieur
Propriétaire : Philippe Courrian
Adresse : 33340 Blaignan
Tél. 05 56 09 00 77 – *Fax* 05 56 09 06 24
Visites : sur rendez-vous uniquement
Contact : Véronique Courrian

VIGNOBLE ET VINIFICATION

Superficie : 16 ha
Encépagement : 50 % merlot, 50 % cabernet sauvignon

Âge moyen des vignes : 30 ans – *Densité de plantation :* 7 000 pieds/ha
Rendement moyen : 40-60 hl/ha
Élevage : fermentations et cuvaison prolongées en cuves de béton thermorégulées de petite contenance (les températures variant suivant les cépages) ; vieillissement de 14 mois en fûts (renouvelés par tiers à chaque millésime) ; collage ; pas de filtration

VINS PRODUITS

Château Tour Haut-Caussan – 90 000 b ; Château La Lardotte – 6 000 b
À maturité : dans les 6 à 15 ans suivant le millésime

La famille Courrian est propriétaire de cet excellent cru bourgeois depuis 1877, et c'est Philippe Courrian qui en assure actuellement l'exploitation.

La propriété doit son nom à un beau moulin à vent qui a l'aspect d'une tour et au bourg voisin de Caussan. Le vignoble se trouve entre ceux des célèbres Potensac et La Cardonne.

La vinification est ici effectuée de manière très traditionnelle. La vendange est manuelle (dans une région où les vendangeuses mécaniques sont généralement privilégiées), les rendements sont moyens (de l'ordre de 40-60 hl/ha), les cuvées les moins bonnes sont déclassées pour faire un second vin, et la filtration n'a pas droit de cité : autant de raisons pour que le cru soit bon ! Philippe Courrian a coutume de dire : « Pourquoi filtrer ? Mes vins ne contiennent rien de mauvais ! »

TOUR DU HAUT-MOULIN (HAUT-MÉDOC)

Cru bourgeois supérieur
Propriétaire : Lionel Poitou
Adresse : 24, avenue du Fort-Médoc – 33460 Cussac-Fort-Médoc
Tél. 05 56 58 91 10 – *Fax* 05 57 88 83 13
E-mail : contact@chateau-tour-du-haut-moulin.com
Visites : toute l'année, en anglais et en allemand
Contacts : Lionel Poitou et Béatrice Perry

VIGNOBLE ET VINIFICATION

Superficie : 32 ha
Encépagement : 50 % cabernet sauvignon, 45 % merlot, 5 % petit verdot
Âge moyen des vignes : 25 ans – *Densité de plantation :* 10 000 pieds/ha
Rendement moyen : 48-50 hl/ha
Élevage : fermentations de 10 à 12 jours, avec deux délestages quotidiens, et cuvaison de 28 à 30 jours en cuves thermorégulées ; achèvement des malolactiques et vieillissement de 15 mois en fûts (renouvelés par tiers à chaque millésime) ; ni collage ni filtration

VINS PRODUITS

Château Tour du Haut-Moulin – 160 000 b ; Florilège de Tour du Haut-Moulin – 15 000-20 000 b
À maturité : dans les 5 à 14 ans suivant le millésime

Les vignobles de cet excellent domaine se trouvent immédiatement au nord du Château Lamarque, près du bourg de Cussac. Le propriétaire, Lionel Poitou, y produit l'un des crus bourgeois les plus concentrés et les plus aromatiques. Il ne craint pas de laisser la température de fermentation atteindre la zone dangereuse des 34-35 °C et pratique une longue cuvaison de près de 1 mois. En outre, les bas rendements et la forte densité de plantation du vignoble (10 000 pieds/ha) donnent au vin, lorsque l'année est favorable, une remarquable robe d'un rubis-pourpre foncé, ainsi qu'une profondeur et une concentration admirables. C'est incontestablement l'un des meilleurs crus bourgeois. Il y a fort à parier que, dans une dégustation à l'aveugle, il mettrait en difficulté plus d'un cru classé.

TOUR SAINT-BONNET (MÉDOC)

Cru bourgeois
Propriétaire : M. Merlet
Adresse : 33340 Saint-Christoly-de-Médoc
Tél. et *fax* 05 56 41 53 03
E-mail : tour-saint-bonnet@free.fr
Site Internet : tour.saint-bonnet.free.fr
Visites : sur rendez-vous uniquement
Contact : M. Merlet

VIGNOBLE ET VINIFICATION

Superficie : 40 ha
Encépagement : 45 % cabernet sauvignon, 45 % merlot, 5 % petit verdot, 5 % malbec
Âge moyen des vignes : 30-35 ans – *Densité de plantation :* 9 000 pieds/ha
Rendement moyen : 40-50 hl/ha
Élevage : fermentations et cuvaison de 21 jours ; vieillissement de 18 mois en cuves de bois ; collage ; filtration non systématique

VINS PRODUITS

Château Tour Saint-Bonnet – 200 000 b ; La Fuie Saint-Bonnet – 20 000 b
À maturité : dans les 6 à 14 ans suivant le millésime

Tour Saint-Bonnet a toujours été l'un de mes crus bourgeois préférés. Le premier millésime que j'ai dégusté – et que j'ai ensuite acheté – est le 1975. Le vignoble de 40 ha est bien situé sur une croupe graveleuse à proximité de la Gironde, près du village de Saint-Christoly.

Loin d'être souple, accessible et d'un style commercial, ce vin est plutôt profondément coloré, ferme, tannique et corsé, mais aussi étonnamment concentré. Dans la plupart des millésimes, il requiert une garde de 3 à 4 ans pour se défaire de ses tannins, et, dans les grandes années – telles 1990, 1995, 1996 et 2000 –, il faut même l'attendre 10 ans, si ce n'est plus. Les vendanges sont mécaniques, et les rendements – de 40 à 50 hl/ha – paraissent plutôt faibles en comparaison de ceux que l'on observe généralement aujourd'hui. Détail intéressant, les vins ne sont pas vieillis en fûts traditionnels, mais en foudres de bois. La famille Merlet-Lafon, propriétaire du château, estime que ce mode d'élevage permet de préserver l'intensité, la richesse et la concentration du fruit.

VERDIGNAN (HAUT-MÉDOC)

Cru bourgeois supérieur
Propriétaires : Éric Miailhe et Marie-Cécile Vicaire
Adresse : 33180 Saint-Seurin-de-Cadourne
Adresse postale : 24, cours de Verdun – 33000 Bordeaux
Tél. 05 56 44 90 84 – *Fax* 05 56 81 32 35
E-mail : contact@chateau-coufran.com
Visites : sur rendez-vous uniquement
Contact : Éric Miailhe

VIGNOBLE ET VINIFICATION

Superficie : 60 ha
Encépagement : 50 % cabernet sauvignon, 5 % cabernet franc, 45 % merlot
Âge moyen des vignes : 25-30 ans – *Densité de plantation :* 8 000 pieds/ha
Rendement moyen : 54 hl/ha
Élevage : fermentations et cuvaison de 30 jours en cuves d'acier inoxydable thermorégulées ; vieillissement de 12 à 14 mois en fûts (renouvelés par tiers à chaque millésime) ; collage et filtration

VINS PRODUITS

Château Verdignan – 400 000 b ; Château Plantey de Lacroix – 50 000 b
À maturité : dans les 4 à 8 ans suivant le millésime

Verdignan appartient, comme d'autres crus bourgeois de la région, à la famille Miailhe, qui l'exploite avec sérieux. Le château et ses vignobles se trouvent dans le nord du Médoc, à Saint-Seurin-de-Cadourne. J'ai toujours aimé ce vin, qui est généralement bien évolué, souple et richement fruité, avec des arômes de cassis peu complexes, mais puissants.

Vinifié pour être bu jeune, Verdignan doit être consommé dans les 4 à 8 ans qui suivent le millésime. Depuis le début des années 80, il révèle davantage de concentration et de caractère. Le domaine vendange à la machine et observe des rendements de 54 hl/ha en moyenne. Les prix demeurent raisonnables, sans doute parce que la production est importante.

DE VILLEGEORGE (HAUT-MÉDOC)

Cru bourgeois supérieur
Propriétaire : Marie-Laure Lurton
Adresse : lieu-dit La Tuilerie – 33460 Avensan
Adresse postale : SC Les Grands Crus Réunis
2036 Chalet – 33480 Moulis-en-Médoc
Tél. 05 56 58 22 01 – *Fax* 05 56 58 15 10
E-mail : contact@vignobles-marielaurelurton.com
Site Internet : www.vignobles-marielaurelurton.com
Visites : sur rendez-vous uniquement
Contact : Marie-Laure Lurton

VIGNOBLE ET VINIFICATION

Superficie : 20 ha
Encépagement : 55 % cabernet sauvignon, 45 % merlot

Âge moyen des vignes : 16 ans – *Densité de plantation :* 6 667 pieds/ha
Rendement moyen : 49 hl/ha
Élevage : fermentations et cuvaison de 15 à 28 jours en cuves thermorégulées ; vieillissement de 18 mois, dont 6 mois en cuves et 6 à 12 mois en fûts (20-30 % de bois neuf) ; collage et filtration

VINS PRODUITS

Château de Villegeorge – 47 600 b ; Refrain du Château de Villegeorge – 20 600 b
À maturité : dans les 3 à 6 ans suivant le millésime

La famille Lurton a ajouté cette propriété à sa collection en 1973. Le vin du Château de Villegeorge est souple, coulant, agréablement fruité, mais sans détour et anodin. Peut-être faut-il imputer la légèreté et le manque de complexité de ce cru aux rendements importants dont il est issu, ainsi qu'à la forte proportion de merlot (planté sur sol très graveleux) de son assemblage.

AUTRES PROPRIÉTÉS NOTABLES

D'ARCHE (HAUT-MÉDOC)

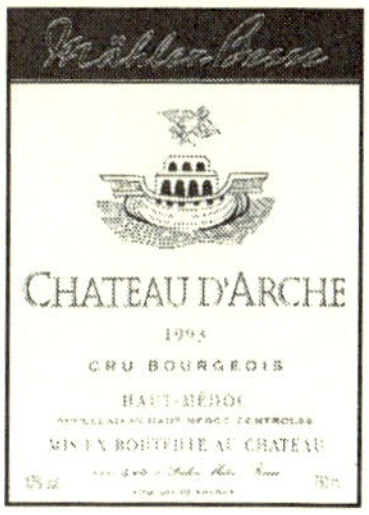

Cru bourgeois supérieur
Propriétaire : Mähler-Besse SA
Adresse : 33290 Ludon-Médoc
Adresse postale : 49, rue Camille-Godard – 33026 Bordeaux
Tél. 05 56 56 04 35 – *Fax* 05 56 56 04 59
E-mail : france@malher-besse.com
Site Internet : www.mahler-besse.com
Visites : sur rendez-vous uniquement, du lundi au vendredi
Contact : Sylvain Dechelotte

VIGNOBLE ET VINIFICATION

Superficie : 9 ha
Encépagement : 45 % cabernet sauvignon, 40 % merlot, 15 % cabernet franc (avec une touche de petit verdot et de carmenère)
Âge moyen des vignes : 30 ans
Densité de plantation : 9 000 pieds/ha
Rendement moyen : 50 hl/ha
Élevage : fermentations et cuvaison prolongées en cuves d'acier inoxydable thermorégulées ; vieillissement de 16 mois en fûts (30 % de bois neuf) ; collage ; pas de filtration

VIN PRODUIT

Château d'Arche – 60 000 b (pas de second vin)
À maturité : dans les 2 à 6 ans suivant le millésime

BEAUMONT (HAUT-MÉDOC)

Cru bourgeois supérieur
Propriétaire : Grands Millésimes de France
Adresse : 33460 Cussac-Fort-Médoc
Adresse postale : Grands Millésimes de France
33, cours du Médoc – 33300 Bordeaux
Tél. 05 56 58 92 29 – *Fax* 05 56 58 90 94
E-mail : beaumont@chateau-beaumont.com
Site Internet : www.chateau-beaumont.com
Visites : sur rendez-vous
Contact : Étienne Priou

VIGNOBLE ET VINIFICATION

Superficie : 113 ha
Encépagement : 60 % cabernet sauvignon, 35 % merlot, 3 % cabernet franc, 2 % petit verdot
Âge moyen des vignes : 22 ans – *Densité de plantation :* 6 666 pieds/ha
Rendement moyen : 50-55 hl/ha
Élevage : fermentations à 28-30 °C et cuvaison de 21 jours en cuves d'acier inoxydable thermorégulées ; vieillissement de 12 à 14 mois en fûts (renouvelés par tiers à chaque millésime) ; collage et filtration

VINS PRODUITS

Château Beaumont – 400 000-500 000 b ; Château d'Arvigny – 200 000-300 000 b
À maturité : dans les 4 à 8 ans suivant le millésime

BELLE-VUE (HAUT-MÉDOC)

Non classé
Propriétaire : Vincent Mulliez
Adresse : 69, route de Louens – 33460 Macau-en-Médoc
Tél. 05 57 88 19 79 – *Fax* 05 57 88 41 79
E-mail : sc.gironville@wanadoo.fr
Site Internet : www.chateau-belle-vue.com
Visites : du lundi au vendredi (9 h-12 h et 14 h-17 h)
Contact : Vincent Mulliez

VIGNOBLE ET VINIFICATION

Superficie : 9,73 ha
Encépagement : 42 % cabernet sauvignon, 38 % merlot, 20 % petit verdot
Âge moyen des vignes : 23 ans – *Densité de plantation :* 6 700 pieds/ha
Rendement moyen : 37 hl/ha
Élevage : fermentations et cuvaison de 35 à 56 jours en cuves d'acier inoxydable thermorégulées de petite contenance ; achèvement des malolactiques et vieillissement de 14 à 20 mois en fûts (80-90 % de bois neuf) ; collage léger ; pas de filtration

VIN PRODUIT

Château Belle-Vue – 48 000 b (pas de second vin)
À maturité : dans les 3 à 10 ans suivant le millésime

2001 S'imposant au nombre des révélations du millésime, le 2001 de Belle-Vue
88 (qui se compose à 48 % de cabernet sauvignon, à 32 % de merlot et à 20 % de petit verdot) se pare d'une robe d'un pourpre opaque. Au nez, il révèle de superbes senteurs de prune, de cassis, de fumé, de réglisse et de camphre. En bouche, il se montre moyennement corsé, déployant, outre des tannins doux, une finale aussi longue que concentrée. La mise en bouteilles se fait généralement sans filtration, après un vieillissement sur lies en fûts de chêne. **À boire jusqu'en 2012.** (1/03)

2000 Le Belle-Vue 2000 est tout à la fois corsé, dense, étoffé et trapu. D'un pourpre
89 opaque, doté d'un fruité riche et profond étayé par un gras généreux et des tannins modérément abondants, il se révèle étonnamment massif et intense. Il s'agit d'un assemblage 54 % cabernet sauvignon, 34 % merlot et 12 % petit verdot. **À boire jusqu'en 2008.** (1/03)

1999 Ce vin, qui se compose généralement à parts égales de cabernet sauvignon et
87 de merlot, et d'environ 12 à 15 % de petit verdot, est mis en bouteilles sans filtration au terme d'un vieillissement de 14 à 20 mois en fûts de chêne. Rubis foncé de robe, il s'exprime tout en finesse, révélant une belle texture et développant tout en rondeur une finale souple et douce. **À boire jusqu'en 2007.** (3/02)

1998 Ce vin est une révélation de son millésime. Chose assez impressionnante, il
87 est issu de très faibles rendements – de l'ordre de 45 hl/ha –, comparables à ceux observés par les meilleurs crus classés. Composé à 50 % de cabernet sauvignon, à 40 % de merlot et pour le reste de petit verdot, il a vieilli 16 mois avec 80 % de bois neuf (en fûts de chêne français). Les vins de Belle-Vue ne sont jamais filtrés. L'excellent 1998 affiche le niveau d'un cru classé. Offrant de profonds arômes de cassis, de chêne neuf épicé et de boîte à épices, il est moyennement corsé, avec des tannins étonnamment souples pour le millésime. **À boire jusqu'en 2009.** (3/01)

BERNADOTTE (HAUT-MÉDOC)

Cru bourgeois supérieur
Propriétaire : SCI du Château le Fournas
Adresse : Le Fournas-Nord – 33250 Saint-Sauveur
Tél. 05 56 59 57 04 – *Fax* 05 56 59 26 56
E-mail : chateau@chateau-bernadotte.com
Site Internet : www.chateau-bernadotte.com
Visites : sur rendez-vous uniquement, du lundi au vendredi

VIGNOBLE ET VINIFICATION

Superficie : 35 ha
Encépagement : 62 % cabernet sauvignon, 36 % merlot, 2 % cabernet franc et petit verdot
Âge moyen des vignes : 25 ans – *Densité de plantation :* 6 500 pieds/ha
Rendement moyen : 50 hl/ha
Élevage : fermentations et cuvaison de 21 à 28 jours en cuves d'acier inoxydable thermorégulées ; vieillissement de 12 à 18 mois en fûts (renouvelés par tiers à chaque millésime) ; collage ; filtration non systématique

VINS PRODUITS

Château Bernadotte – 120 000 b ; Château Fournas Bernadotte – 110 000 b
À maturité : dans les 5 à 12 ans suivant le millésime

2003
87-89
Le 2003 paraît s'imposer comme la plus belle réussite à ce jour de ce cru géré par Mme de Lencquesaing, de Pichon-Lalande. Composé à 57 % de cabernet sauvignon, à 41 % de merlot et à parts égales de cabernet franc et de petit verdot, il déploie de savoureux arômes de kirsch nuancés de mûre, de sous-bois et de boîte à épices. Tout à la fois dense, ample et de bonne mâche, il est doté d'une finale persistante **À boire jusqu'en 2016.** (03/04)

2001
87
La robe d'un rubis-pourpre dense du Bernadotte 2001 accompagne un nez épicé de résine. Suit un ensemble doux à l'attaque, dont la pureté et l'étoffe ne font aucun doute. Ce vin racé se compose à 65 % de cabernet sauvignon, à 33 % de merlot et pour le reste de cabernet franc et de petit verdot. **À boire jusqu'en 2012.** (01/03)

2000
89
Le vignoble de Bernadotte (qui appartient aux propriétaires de Pichon-Lalande) jouxte ceux de Lafite, de Mouton et de Pontet-Canet. Composé à 60 % de cabernet sauvignon et pour le reste de merlot, le 2000 de ce cru est élégant, joliment étoffé et doux, et présente des senteurs de caramel nuancées de cassis, de cerise, de cèdre et de réglisse. Il est également imprégné de notes de fumé. L'ensemble, souple et opulent, est une révélation du millésime. **À boire jusqu'en 2011.** (01/03)

1999
86
Composé à 53 % de cabernet sauvignon et pour le reste de merlot, ce vin marqué de notes de terre et d'herbes regorge de généreux arômes de cassis et de groseille. En bouche, il est moyennement corsé et épicé, et ses tannins sont secs. **À boire jusqu'en 2012.** (03/02)

1998
87
Composé à 40 % de cabernet sauvignon, à 45 % de merlot, à 14 % de cabernet franc et à 1 % de petit verdot, le Bernadotte 1998 arbore un rubis foncé préludant à un nez de cèdre, de groseille et de cassis. La bouche révèle un ensemble moyennement corsé, aux tannins puissants, mais doté d'une belle texture et manifestant une maturité ainsi qu'une harmonie d'ensemble d'excellent aloi. **À boire jusqu'en 2011.** (01/01)

1997
85-87
Ce vin digne d'intérêt évoque un Pauillac avec son nez de cèdre, de tabac et de groseille. Composé à 60 % de cabernet sauvignon et pour le reste de merlot, il est souple et rond, et étayé par une faible acidité. L'ensemble, qui s'exprime avec élégance, déploie une belle persistance. **À boire jusqu'en 2007.** (3/99)

1996
85
Cette propriété a été rachetée par Mme de Lencquesaing et, depuis 1997, les vinifications sont assurées par l'équipe technique qui intervient à Pichon-Lalande. Le 1996 de Bernadotte, qui se compose à 60 % de cabernet sauvignon et pour le reste de merlot, n'a pas été vinifié, mais seulement mis en bouteilles, par la nouvelle équipe. Rubis moyen de robe, il présente, tant au nez qu'en bouche, des arômes de prune, de cassis et d'herbes séchées. Sa finale recèle des tannins secs. Il s'agit néanmoins d'un bordeaux bien fait, d'une grande délicatesse. **À boire jusqu'en 2006.** (1/99)

BOUQUEYRAN (MOULIS-EN-MÉDOC)

Non classé
Propriétaire : Philippe Porcheron
Adresse : route d'Avensan – 33480 Moulis-en-Médoc
Adresse postale : 287, avenue de la Libération – 33110 Le Bouscat
Tél. 05 56 42 69 50 – *Fax* 05 56 42 69 88
E-mail : porcheron.philippe@wanadoo.fr
Visites : sur rendez-vous uniquement
Contact : Philippe Porcheron

VIGNOBLE ET VINIFICATION

Superficie : 12,5 ha
Encépagement : 58 % merlot, 41 % cabernet sauvignon, 1 % petit verdot
Âge moyen des vignes : 25 ans – *Densité de plantation :* 6 600 pieds/ha
Rendement moyen : 42 hl/ha
Élevage : fermentations et cuvaison prolongées de 21 à 28 jours en cuves d'acier inoxydable thermorégulées ; vieillissement de 12 mois en fûts (30 % de bois neuf) ; collage ; pas de filtration

VIN PRODUIT

Château Bouqueyran – 50 000 b (pas de second vin)
À maturité : dans les 5 à 15 ans suivant le millésime

BOURNAC (MÉDOC)

Cru bourgeois supérieur
Propriétaire : Bruno Secret
Adresse : 11, route des Petites-Granges – 33340 Civrac-en-Médoc
Tél. 05 56 73 59 24 – *Fax* 05 56 73 59 23
Visites : sur rendez-vous uniquement
Contact : Bruno Secret

VIGNOBLE ET VINIFICATION

Superficie : 14,2 ha
Encépagement : 60 % cabernet sauvignon, 40 % merlot
Âge moyen des vignes : 23 ans – *Densité de plantation :* 5 100 pieds/ha
Rendement moyen : 54 hl/ha
Élevage : fermentations et cuvaison de 35 à 42 jours en cuves thermorégulées, avec remontages et délestages fréquents ; vieillissement de 12 mois en cuves pour 10 % de la récolte et en fûts (33-45 % de bois neuf) pour le reste ; ni collage ni filtration

VINS PRODUITS

Château Bournac – 60 000 b ; Le Branna – 30 000 b
À maturité : dans les 2 à 8 ans suivant le millésime

DE BRAUDE (HAUT-MÉDOC)

Cru bourgeois
Propriétaires : Régis et Karin Bernaleau
Adresse : 33460 Arsac
Adresse postale : Château Mongravey
8, avenue Jean-Luc-Vonderheyden – 33460 Arsac
Tél. 05 56 58 84 51 – *Fax* 05 56 58 83 39
E-mail : chateau.mongravey@wanadoo.fr
Visites : sur rendez-vous uniquement
Contact : Karin Bernaleau

VIGNOBLE ET VINIFICATION

Superficie : 6 ha
Encépagement : 55 % cabernet sauvignon, 45 % merlot
Âge moyen des vignes : 20 ans – *Densité de plantation :* 6 600 pieds/ha
Rendement moyen : 52 hl/ha
Élevage : fermentations de 6 à 10 jours et cuvaison de 21 à 28 jours en cuves d'acier inoxydable thermorégulées ; vieillissement de 14 à 18 mois en fûts (33 % de bois neuf) ; collage et filtration

VIN PRODUIT

Château de Braude – 40 000 b (pas de second vin)
À maturité : dans les 3 à 9 ans suivant le millésime

DU BREUIL (HAUT-MÉDOC)

Cru bourgeois
Propriétaire : famille Vialard
Adresse : 33250 Cissac-Médoc
Tél. 05 56 59 58 13 – *Fax* 05 56 59 55 67
E-mail : marie.vialard@chateau-cissac.com
Site Internet : www.chateau-cissac.com
Visites : du lundi au vendredi (9 h-12 h et 14 h-17 h)
Contact : Marie Vialard-Mau

VIGNOBLE ET VINIFICATION

Superficie : 25 ha
Encépagement : 34 % merlot, 28 % cabernet sauvignon, 23 % cabernet franc, 11 % petit verdot, 4 % malbec
Âge moyen des vignes : 20 ans – *Densité de plantation :* 7 000 pieds/ha
Rendement moyen : 45 hl/ha
Élevage : fermentations et cuvaison de 21 à 28 jours en cuves de béton thermorégulées revêtues d'Époxy ; vieillissement de 18 à 24 mois en fûts (25 % de bois neuf) ; collage et filtration

VINS PRODUITS

Château du Breuil – 60 000 b ; Haut-Médoc – 80 000 b
À maturité : dans les 7 à 15 ans suivant le millésime

CAMBON LA PELOUSE (HAUT-MÉDOC)

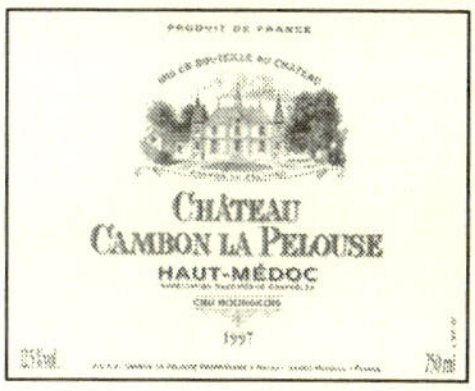

Cru bourgeois supérieur
Propriétaire : GFA Vignobles Marie et Savso
Adresse : 5, chemin de Canteloup – 33460 Macau
Tél. 05 57 88 40 32 – *Fax* 05 57 88 19 12
E-mail : contact@cambon-la-pelouse.com
Site Internet : www.cambon-la-pelouse.com
Visites : sur rendez-vous uniquement, du lundi au vendredi (9 h-12 h et 14 h-18 h)
Contact : Jean-Pierre Marie

VIGNOBLE ET VINIFICATION

Superficie : 58 ha
Encépagement : 50 % merlot ; 35 % cabernet sauvignon, 15 % cabernet franc
Âge moyen des vignes : 25 ans – *Densité de plantation :* 5 000-7 000 pieds/ha
Rendement moyen : 48 hl/ha
Élevage : macération préfermentaire à 5-7 °C ; fermentations et cuvaison de 2 à 25 jours en cuves d'acier inoxydable thermorégulées ; vieillissement de 18 mois en fûts (renouvelés par moitié à chaque millésime) ; collage ; pas de filtration

VINS PRODUITS

Château Cambon La Pelouse – 200 000 b ; Château Trois Moulins – 160 000 b
À maturité : dans les 3 à 12 ans suivant le millésime

2003
86-88
Cambon La Pelouse s'est montré régulier à haut niveau ces dernières années, et son 2003 continue une série de belles réussites. Ce vin, qui doit encore résorber les tannins de sa finale, présente d'excellents arômes de petits fruits nuancés de cuir fin, de réglisse et de terre. En bouche, il est moyennement corsé et mûr, avec une texture de bon aloi et une finale souple. **À boire dans les 5 à 7 ans.** (3/04)

CAP DE HAUT (HAUT-MÉDOC)

Cru bourgeois
Propriétaire : famille Gromand d'Évry
Adresse : 33460 Lamarque
Tél. 05 56 58 90 03 – *Fax* 05 56 58 93 43
E-mail : chdelamarq@aol.com
Visites : du lundi au vendredi (9 h-12 h et 14 h-17 h)
Contact : Pierre-Gilles Gromand

VIGNOBLE ET VINIFICATION

Superficie : 11 ha
Encépagement : 45 % cabernet sauvignon, 39 % merlot, 16 % cabernet franc
Âge moyen des vignes : 25 ans – *Densité de plantation :* 6 500 pieds/ha
Rendement moyen : 40-50 hl/ha

Élevage : fermentations et cuvaison de 21 jours en cuves d'acier inoxydable thermorégulées ; achèvement des malolactiques en cuves pour les vins de goutte et en fûts pour les vins de presse ; vieillissement de 12 mois en fûts (30 % de bois neuf) ; collage ; pas de filtration

VIN PRODUIT

Château Cap de Haut – 50 000 b (pas de second vin)
À maturité : dans les 4 à 7 ans suivant le millésime

CHANTELYS (MÉDOC)

Cru bourgeois
Propriétaire : Christine Courrian
Adresse : Lafon – Prignac – 33340 Lesparre
Tél. 05 56 09 02 78 – *Fax* 05 56 09 09 07
Visites : sur rendez-vous de préférence
Contact : Christine Courrian

VIGNOBLE ET VINIFICATION

Superficie : 16 ha
Encépagement : 60 % merlot, 30 % cabernet sauvignon, 10 % petit verdot
Âge moyen des vignes : 35 ans – *Densité de plantation :* 8 000 pieds/ha
Rendement moyen : 50 hl/ha
Élevage : macération préfermentaire à froid ; fermentations et cuvaison en cuves de béton revêtues d'Époxy ; vieillissement de 15 mois en fûts (très peu de bois neuf) ; ni collage ni filtration

VINS PRODUITS

Château Chantelys – 40 000 b ; Les Iris de Chantelys – 40 000 b
À maturité : dans les 3 à 9 ans suivant le millésime

CLOS DU JAUGUEYRON (HAUT-MÉDOC)

Non classé
Propriétaire : Michel Théron
Adresse : 4, rue de la Haille – 33460 Arsac
Tél. et *fax* 05 56 58 89 43
E-mail : theron.michel@wanadoo.fr
Site Internet : www.biturica.com
Visites : sur rendez-vous uniquement
Contact : Michel Théron

VIGNOBLE ET VINIFICATION

Superficie : 2 ha
Encépagement : 60 % cabernet sauvignon, 36 % merlot, 2 % petit verdot, 2 % autres cépages
Âge moyen des vignes : 35 ans – *Densité de plantation :* 6 666 pieds/ha
Rendement moyen : 48 hl/ha

Élevage : fermentations et cuvaison prolongées en cuves de ciment thermorégulées ; achèvement des malolactiques en fûts pour une partie de la récolte ; vieillissement sur lies fines de 15 mois en fûts (renouvelés par tiers à chaque millésime) ; collage ; filtration

VIN PRODUIT

Clos du Jaugueyron – 9 000 b (pas de second vin)
À maturité : dans les 5 à 15 ans suivant le millésime

COMTESSE DU PARC (HAUT-MÉDOC)

Non classé
Propriétaire : Christophe Anney
Adresse : 33180 Vertheuil
Adresse postale : Château Tour des Termes – 33180 Saint-Estèphe
Tél. 05 56 59 32 89 – *Fax* 05 56 59 73 74
E-mail : contact@chateautourdestermes.com
Site Internet : www.chateautourdestermes.com
Visites : du lundi au vendredi
Contact : Christophe Anney

VIGNOBLE ET VINIFICATION

Superficie : 6 ha
Encépagement : 50 % cabernet sauvignon, 50 % merlot
Âge moyen des vignes : 15 ans – *Densité de plantation :* 6 666 pieds/ha
Rendement moyen : 57 hl/ha
Élevage : fermentations et cuvaison de 21 à 28 jours en cuves d'acier inoxydable thermorégulées ; vieillissement de 12 mois en fûts (de 1 et 2 ans d'âge) ; collage ; pas de filtration

VIN PRODUIT

Château Comtesse du Parc – 40 000 b (pas de second vin)
À maturité : dans les 2 à 6 ans suivant le millésime

D'ESCURAC (MÉDOC)

Cru bourgeois supérieur
Propriétaire : Jean-Marc Landureau
Adresse : route d'Escurac – 33340 Civrac-en-Médoc
Tél. 05 56 41 50 81 – *Fax* 05 56 41 36 48
E-mail : chateau.d.escurac@wanadoo.fr
Visites : sur rendez-vous
Contact : Jean-Marc Landureau

VIGNOBLE ET VINIFICATION

Superficie : 20 ha
Encépagement : 50 % cabernet sauvignon, 50 % merlot
Âge moyen des vignes : 18 ans – *Densité de plantation :* 5 000 pieds/ha
Rendement moyen : 55 hl/ha

Élevage : fermentations à basses températures, avec deux remontages et pigeages quotidiens ; cuvaison de 28 jours en cuves thermorégulées avec immersion du marc ; vieillissement de 12 mois en fûts (30-45 % de bois neuf) ; collage ; pas de filtration

VINS PRODUITS

Château d'Escurac – 60 000-80 000 b ; La Chapelle d'Escurac – 60 000-80 000 b
À maturité : dans les 4 à 10 ans suivant le millésime

2003 **87-89** Ce cru bourgeois régulier à haut niveau mérite l'attention des amateurs. Le 2003, qui s'impose comme une révélation du millésime, s'annonce par un rubis-pourpre profond et révèle, par vagues, un fruité concentré de cassis nuancé de terre, de sous-bois et de boisé. Un Médoc charnu, opulent et d'une grande pureté. **À boire jusqu'en 2014.** (3/04)

2001 **87** En 2001, D'Escurac se compose à 62 % de merlot et pour le reste de cabernet sauvignon. Sa robe d'un rubis-pourpre soutenu annonce d'excellentes senteurs de douce cerise noire, de cassis et de cuir légèrement nuancées de vanille. Suit en bouche un ensemble mûr, joliment fruité et étoffé, modérément massif et d'une belle précision. **À boire jusqu'en 2010.** (03/02)

2000 **88** Ce cru s'est imposé ces dernières années comme l'un des crus bourgeois du Médoc les plus intéressants. D'un rubis-pourpre sombre, doté de notes de mûre, de cassis, de graphite et de boisé, il est moyennement corsé, profond, avec un caractère bien affirmé et une finale persistante. **À boire jusqu'en 2013.** (1/03)

FONTIS (MÉDOC)
(anciennement Hontemieux)

Cru bourgeois
Propriétaire : Vincent Boivert
Adresse : 33340 Ordonnac
Tél. 05 56 73 30 30 – *Fax* 05 56 73 30 31
E-mail : ormes.sorbet@wanadoo.fr
Site Internet : www.ormes-sorbet.com
Visites : sur rendez-vous uniquement
Contact : Vincent Boivert

VIGNOBLE ET VINIFICATION

Superficie : 10 ha
Encépagement : 50 % cabernet sauvignon, 50 % merlot
Âge moyen des vignes : 20 ans – *Densité de plantation :* 8 333 pieds/ha
Rendement moyen : 56 hl/ha
Élevage : fermentations et cuvaison de 21 jours en cuves d'acier inoxydable thermorégulées ; vieillissement de 12 mois à parts égales en cuves et en fûts (50 % de bois neuf) ; collage ; pas de filtration

VINS PRODUITS

Château Fontis – 35 000 b ; Château Montoya – 35 000 b
À maturité : dans les 2 à 6 ans suivant le millésime

LES GRANDS CHÊNES (MÉDOC)

Cru bourgeois supérieur
Propriétaire : Bernard Magrez
Adresse : 13, route de Lesparre – 33340 Saint-Christoly-de-Médoc
Adresse postale : château Pape Clément – 216, avenue N. Pénard – 33600 Pessac
Tél. 05 57 26 70 80 – *Fax* 05 57 26 68 08
E-mail : bernardmagrez@bernard-magrez.com
Visites : sur rendez-vous uniquement

VIGNOBLE ET VINIFICATION

Superficie : 14 ha
Encépagement : 45 % cabernet sauvignon, 45 % merlot, 10 % cabernet franc
Âge moyen des vignes : 30 ans – *Densité de plantation :* 8 000 pieds/ha
Rendement moyen : 45 hl/ha
Élevage : macération préfermentaire de 4 jours ; fermentations et cuvaison de 22 jours en cuves thermorégulées ; achèvement des malolactiques et vieillissement sur lies, avec bâtonnage, de 18 mois en fûts (renouvelés par moitié à chaque millésime) ; pas de collage ; légère filtration

VINS PRODUITS

Château Les Grands Chênes Cuvée Prestige – 60 000 b ; Château Les Grands Chênes – 22 000 b
À maturité : dans les 3 à 12 ans suivant le millésime

GRAVAT (MÉDOC)

Non classé
Propriétaire : Claude Ganelon
Adresse : Villeneuve – 33340 Valeyrac
Adresse postale : BP 5 – 42, route du Port – 33460 Arcins
Tél. 05 56 58 95 74 – *Fax* 05 57 88 50 65
Visites : sur rendez-vous uniquement
Contact : Claude Ganelon

VIGNOBLE ET VINIFICATION

Superficie : 15 ha
Encépagement : 60 % merlot, 40 % cabernet sauvignon
Âge moyen des vignes : 30 ans
Densité de plantation : 8 000 pieds/ha
Rendement moyen : 60 hl/ha
Élevage : fermentations et cuvaison en cuves de béton ; vieillissement à la demande des acheteurs

VINS PRODUITS

Château Gravat ou Château Haute-Rivière – 100 000 b
À maturité : dans les 2 à 6 ans suivant le millésime

GRIVIÈRE (MÉDOC)

Cru bourgeois
Propriétaire : Gaëtan Charloux
Adresse : 33340 Blaignan
Tél. 05 56 73 31 51 – *Fax* 05 56 73 31 52
E-mail : cgr@domaines-cgr.com
Site Internet : www.domaines-cgr.com
Visites : du lundi au jeudi (9 h 30-12 h et 13 h 30-17 h), le vendredi (9 h 30-12 h)

VIGNOBLE ET VINIFICATION

Superficie : 17 ha
Encépagement : 59 % merlot, 32 % cabernet sauvignon, 9 % cabernet franc
Âge moyen des vignes : 23 ans – *Densité de plantation :* 7 500 pieds/ha
Rendement moyen : 59 hl/ha
Élevage : fermentations et cuvaison en cuves d'acier inoxydable thermorégulées ; vieillissement de 12 mois en fûts (renouvelés par moitié à chaque millésime) ; collage ; filtration non systématique

VINS PRODUITS

Château Grivière – 60 000 b ; Château Ribeiron – variable
À maturité : dans les 2 à 10 ans suivant le millésime

HAUT-CONDISSAS (MÉDOC)

Non classé
Propriétaire : Jean Guyon
Adresse : 7, route Rollan-de-By – 33340 Bégadan
Tél. 05 56 41 58 59 – *Fax* 05 56 41 37 82
E-mail : rollan-de-by@wanadoo.fr
Site Internet : www.rollandeby.com
Visites : sur rendez-vous
Contact : M. Guyon

VIGNOBLE ET VINIFICATION

Superficie : 4 ha
Encépagement : 80 % merlot, 10 % cabernet sauvignon, 10 % petit verdot
Âge moyen des vignes : 30 ans – *Densité de plantation :* 8 500 pieds/ha
Rendement moyen : 35 hl/ha
Élevage : fermentations, cuvaison, achèvement des malolactiques et vieillissement sur lies en fûts de chêne (100 % de bois neuf) ; ni collage ni filtration

Note : Château Haut-Condissas est la cuvée prestige du Château Rollan de By.

VIN PRODUIT

Château Haut-Condissas – 16 000 b (pas de second vin)
À maturité : dans les 4 à 15 ans suivant le millésime

2003
89-92
Cette cuvée prestige de Rollan de By peut parfaitement rivaliser avec certains crus classés. Sa robe d'un pourpre-bleu d'encre accompagne de somptueux arômes de graphite, de cassis, de myrtille et de fleurs blanches. Suit en bouche un ensemble dense, corsé et généreusement doté, marqué par la faible acidité, le caractère charnu et le gras caractéristiques du millésime. **À boire jusqu'en 2016.** (3/04)

2001
88-90
Le 2001 est dense, généreux, charnu et opulent. Il promet de tenir une petite dizaine d'années, voire davantage. Ce vin marque les débuts de Riccardo Cotarella comme œnologue-conseil de Rollan de By. On ne sera donc pas étonné qu'il révèle davantage de fruit, de gras et d'étoffe que ses aînés. **À boire jusqu'en 2012.** (3/02)

2000
89
Ce vin d'un rubis-pourpre dense, aux senteurs de camphre, de boîte à épices, de cèdre, de cassis et de chêne neuf, se distingue par sa belle profondeur et par sa persistance d'excellent aloi. Il est étayé par des tannins modérément abondants. **À boire jusqu'en 2016.** (1/03)

1999
87
D'un pourpre dense, doté de doux arômes de cassis mâtinés de notes de sous-bois, de champignons et de chêne neuf, ce vin moyennement corsé conserve un bon équilibre et une belle élégance d'ensemble malgré sa grande maturité. **À boire jusqu'en 2010.** (3/02)

1998
88
L'excellent Haut-Condissas 1998 se distingue par un rubis-pourpre foncé, par un doux nez de graphite, de minéral, de cassis, de cèdre et de réglisse, ainsi que par un fruité riche et concentré, étayé par des tannins doux. Ce vin moyennement corsé, merveilleux d'élégance, d'équilibre et de grâce, est aussi très racé. Il devrait vieillir de belle manière. **À boire jusqu'en 2014.** (3/01)

JANDER (LISTRAC)

Non classé
Propriétaire : famille Jander
Adresse : 41, avenue de Soulac – 33480 Listrac-Médoc
Tél. 05 56 58 01 12 – *Fax* 05 56 58 01 57
E-mail : vignobles.jander@wanadoo.fr
Visites : du lundi au vendredi (9 h-12 h et 14 h-18 h), fermé les jours fériés
Contact : Alain Bistodeau

VIGNOBLE ET VINIFICATION

Superficie : 14,5 ha
Encépagement : 50 % cabernet sauvignon, 50 % merlot
Âge moyen des vignes : 30 ans – *Densité de plantation :* 10 000 pieds/ha
Rendement moyen : 32 hl/ha
Élevage : vieillissement de 18 mois en fûts (50 % de bois neuf) ; collage et filtration

VINS PRODUITS

Château Jander – 15 000-20 000 b ; Château Sémeillan Mazeau – 70 000-75 000 b
À maturité : dans les 2 à 12 ans suivant le millésime

LACHESNAYE (HAUT-MÉDOC)

Cru bourgeois supérieur
Propriétaire : SCEA Delbos Bouteiller
Adresse : 33460 Cussac-Fort-Médoc
Tél. 05 56 58 94 80 – *Fax* 05 57 88 89 92
E-mail : infos@bouteiller.com
Site Internet : www.laschenaye.com
Visites : tous les jours (9 h 30-12 h et 14 h-18 h)
Contact : Hubert Bouteiller

VIGNOBLE ET VINIFICATION

Superficie : 20 ha
Encépagement : 50 % merlot, 50 % cabernet sauvignon
Âge moyen des vignes : 15 ans – *Densité de plantation :* 6 600 pieds/ha
Rendement moyen : 55 hl/ha
Élevage : fermentations et cuvaison de 12 jours en cuves de béton revêtues d'Époxy thermorégulées ; vieillissement après les malolactiques de 15 mois en fûts (pas de bois neuf) ; collage et filtration

VIN PRODUIT

Château Lachesnaye – 120 000 b (pas de second vin)
À maturité : dans les 2 à 10 ans suivant le millésime

LACOMBE NOAILLAC (MÉDOC)

Non classé
Propriétaire : Jean-Michel Lapalu
Adresse : SC du Château Lacombe Noaillac
Le Broustera – 33590 Jau-Dignac-et-Loirac
Adresse postale : Le Broustera – 1, rue du 19-Mars – 33340 Bégadan
Tél. 05 56 41 50 18 – *Fax* 05 56 41 54 65
E-mail : info@domaines-lapalu.com
Site Internet : www.domaines-lapalu.com
Visites : du lundi au jeudi (9 h-12 h et 14 h-17 h), le vendredi (jusqu'à 16 h)
Contact : Patrice Ricard

VIGNOBLE ET VINIFICATION

Superficie : 40 ha
Encépagement : 47 % cabernet sauvignon, 45 % merlot, 5 % cabernet franc, 3 % petit verdot
Âge moyen des vignes : 20 ans – *Densité de plantation :* 5 500 pieds/ha
Rendement moyen : 57 hl/ha
Élevage : fermentations et cuvaison en cuves thermorégulées ; vieillissement de 12 mois en cuves et en fûts de chêne américain (renouvelés par 15-20 % chaque année) ; collage et filtration

VINS PRODUITS

Château Lacombe Noaillac – 200 000 b ;
Château Les Rives de Gravelongue – 100 000 b
À maturité : dans les 4 à 15 ans suivant le millésime

LALAUDEY (MOULIS-EN-MÉDOC)

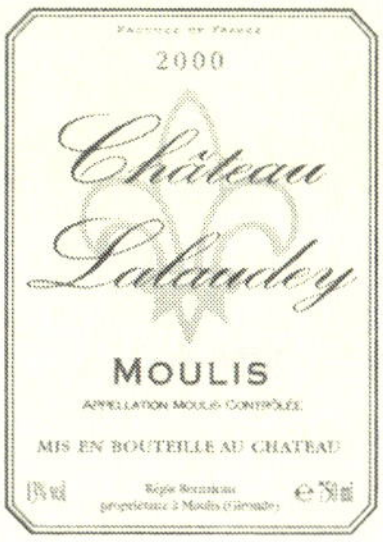

Non classé
Propriétaire : SCEA Château Lalaudey
Adresse : Chemin de Pomeys – 33480 Moulis-en-Médoc
Tél. 05 57 88 57 57 – *Fax* 05 56 58 06 00
E-mail : lalaudey@chateau-lalaudey.fr
Visites : du lundi au vendredi (10 h-12 h et 14 h-17 h) ; samedi, dimanche et jours fériés sur rendez-vous
Contact : Gaëlle Dugros

VIGNOBLE ET VINIFICATION

Superficie : 6,5 ha
Encépagement : 55 % cabernet sauvignon, 45 % merlot
Âge moyen des vignes : 20 ans – *Densité de plantation :* 6 600 pieds/ha
Rendement moyen : 50 hl/ha
Élevage : fermentations de 6 à 10 jours et cuvaison de 21 à 28 jours en cuves d'acier inoxydable thermorégulées ; vieillissement de 14 à 18 mois en fûts (50 % de bois neuf) ; collage et filtration

VIN PRODUIT

Château Lalaudey – 40 000 b (pas de second vin)
À maturité : dans les 3 à 9 ans suivant le millésime

LAMOTHE BERGERON (HAUT-MÉDOC)

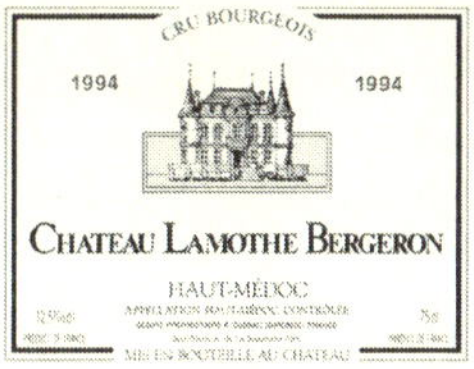

Cru bourgeois supérieur
Propriétaire : CA Grands Crus
Adresse : Bégadan – 33460 Cussac-Fort-Médoc
Adresse postale : BP 23 – quai A. Ferchand – 33250 Pauillac
Tél. 05 56 59 98 21 – *Fax* 05 56 59 36 47
E-mail : contact@cagrandscrus.fr
Visites : sur rendez-vous
Contact : Paz Espeje

VIGNOBLE ET VINIFICATION

Superficie : 67 ha
Encépagement : 44 % cabernet sauvignon, 49 % merlot, 7 % cabernet franc
Âge moyen des vignes : 25 ans
Densité de plantation : 6 000 pieds/ha
Rendement moyen : 45 hl/ha
Élevage : fermentations et cuvaison de 18 à 21 jours en cuves d'acier inoxydable thermorégulées ; vieillissement de 16 à 20 mois en fûts (25 % de bois neuf) ; collage et filtration

VINS PRODUITS

Château Lamothe Bergeron – 200 000 b ; Château Romefort – 150 000 b
À maturité : dans les 3 à 12 ans suivant le millésime

LAROSE PERGANSON (HAUT-MÉDOC)

Cru bourgeois
Propriétaire : groupe AGF Allianz
Adresse : route de Pauillac –
33112 Saint-Laurent-du-Médoc
Tél. 05 56 59 41 72 – *Fax* 05 56 59 93 22
E-mail : info@trintaudon.com
Site Internet : www.trintaudon.com
Visites : sur rendez-vous uniquement
Contact : Charles Brossier

VIGNOBLE ET VINIFICATION

Superficie : 33 ha
Encépagement : 60 % cabernet sauvignon, 40 % merlot
Âge moyen des vignes : 35 ans – *Densité de plantation :* 6 600 pieds/ha
Rendement moyen : 55 hl/ha
Élevage : fermentations et cuvaison prolongées de 21 à 28 jours en cuves d'acier inoxydable thermorégulées ; vieillissement de 12 mois en fûts (40 % de bois neuf) ; collage ; pas de filtration

VINS PRODUITS

Château Larose Perganson – 150 000 b ; Larose Saint-Laurent – 50 000 b
À maturité : dans les 4 à 7 ans suivant le millésime

LA LAUZETTE-DECLERCQ (LISTRAC-MÉDOC)

Cru bourgeois
Propriétaire : Vignobles Declercq
Adresse : Hameau de Couhenne – 33480 Listrac-Médoc
Adresse postale : Gravenstafel – 32 Sneppestraat
B-8860 Lendelede (Belgique)
Tél. 05 56 58 02 40 ou (32) 51 30 40 81
Fax (32) 51 31 90 54
E-mail : vignobles.declercq@belgacom.net
Site Internet : www.medoc.wines.com
Visites : sur rendez-vous uniquement
Contact : Jean-Louis Declercq

VIGNOBLE ET VINIFICATION

Superficie : 15 ha
Encépagement : 47 % cabernet sauvignon, 46 % merlot, 5 % petit verdot, 2 % cabernet franc
Âge moyen des vignes : 28 ans – *Densité de plantation :* 6 666 et 10 000 pieds/ha
Rendement moyen : 50 hl/ha

Élevage : fermentations et cuvaison de 21 jours en cuves d'acier inoxydable thermorégulées ; vieillissement de 12 mois en fûts (renouvelés par tiers à chaque millésime) ; collage ; pas de filtration

VINS PRODUITS

Château La Lauzette-Declercq – 60 000 b ; Galets de La Lauzette – 25 000 b
À maturité : dans les 3 à 12 ans suivant le millésime

LIEUJEAN (HAUT-MÉDOC)

Cru bourgeois
Propriétaire : Jean-Michel Lapalu
Adresse : 16, route de la Chatole – 33250 Saint-Sauveur-de-Médoc
Adresse postale : SARL Domaines Lapalu
1, rue du 19-Mars – 33340 Bégadan
Tél. 05 56 41 50 18 – *Fax* 05 56 41 54 65
E-mail : info@domaines-lapalu.com
Site Internet : www.domaines-lapalu.com
Visites : du lundi au jeudi (9 h-12 h et 14 h-17 h), le vendredi (jusqu'à 16 h)
Contact : Patrice Ricard

VIGNOBLE ET VINIFICATION

Superficie : 50 ha (38 ha en production)
Encépagement : 69 % cabernet sauvignon, 31 % merlot
Âge moyen des vignes : 25 ans – *Densité de plantation :* 7 000 pieds/ha
Rendement moyen : 58 hl/ha
Élevage : fermentations et cuvaison de 21 à 28 jours en cuves thermorégulées ; vieillissement de 12 à 15 mois en fûts de chêne français et américain (renouvelés par 20-25 % à chaque millésime) ; collage ; filtration légère

VINS PRODUITS

Château Lieujean – 280 000 b ; Château Lagrave – 65 000-100 000 b
À maturité : dans les 3 à 8 ans suivant le millésime

LOUSTEAUNEUF (MÉDOC)

Cru bourgeois
Propriétaire : EARL Château Lousteauneuf
Adresse : 2, route de Lousteauneuf – 33340 Valeyrac
Tél. 05 56 41 52 11 – *Fax* 05 56 41 38 52
E-mail : chateau-lousteauneuf@wanadoo.fr
Site Internet : www.chateau-lousteauneuf.com
Visites : sur rendez-vous, du lundi au vendredi (9 h-12 h et 14 h-16 h 30)
Contact : Bruno Segond

VIGNOBLE ET VINIFICATION

Superficie : 22,5 ha
Encépagement : 50 % cabernet sauvignon, 36 % merlot, 10 % cabernet franc, 4 % petit verdot
Âge moyen des vignes : 25 ans – *Densité de plantation :* 5 300 pieds/ha
Rendement moyen : 54 hl/ha
Élevage : macération préfermentaire de 7 jours ; fermentations et cuvaison avec trois remontages et pigeages quotidiens ; vieillissement de 12 mois en cuves pour 20 % de la récolte (lots ayant achevé leurs maloactiques en fûts) et pour le reste en fûts (renouvelés par moitié à chaque millésime) ; ni collage ni filtration

VIN PRODUIT

Château Lousteauneuf – 75 000 b (pas de second vin)
À maturité : dans les 2 à 8 ans suivant le millésime

DE MALLERET (HAUT-MÉDOC)

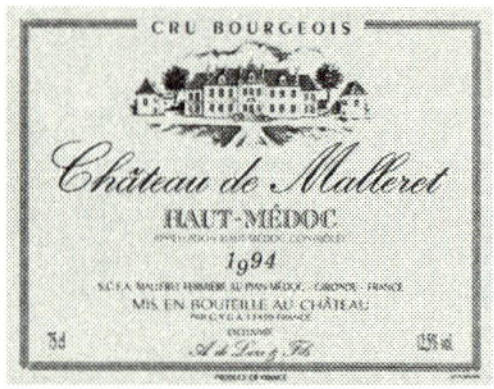

Cru bourgeois supérieur
Propriétaire : SCEA de Malleret
Adresse : 33290 Le Pian-Médoc
Tél. 05 56 35 05 36 – *Fax* 05 56 35 05 38
Visites : sur rendez-vous uniquement
Contact : Lionel Barès

VIGNOBLE ET VINIFICATION

Superficie : 50 ha
Encépagement : 60 % cabernet sauvignon, 30 % merlot, 8 % cabernet franc, 2 % petit verdot
Âge moyen des vignes : 35 ans – *Densité de plantation :* 8 000 pieds/ha
Rendement moyen : 47 hl/ha
Élevage : fermentations à 28 °C et cuvaison de 28 jours en cuves d'acier inoxydable thermorégulées ; vieillissement de 12 mois en fûts (renouvelés par tiers à chaque millésime) ; collage et filtration

VINS PRODUITS

Château de Malleret – 130 000 b ; Château Barthez – 150 000 b
À maturité : dans les 2 à 8 ans suivant le millésime

MALMAISON (MOULIS-EN-MÉDOC)

Non classé
Propriétaire : Baron Benjamin de Rothschild
Adresse : 33480 Moulis-en-Médoc
Tél. 05 56 58 38 00 – *Fax* 05 56 58 26 46
E-mail : contact@cver.fr
Site Internet : www.cver.fr
Visites : sur rendez-vous et pour les professionnels uniquement
Contact : Yann Buchwalter

VIGNOBLE ET VINIFICATION

Superficie : 24 ha
Encépagement : 80 % merlot, 20 % cabernet sauvignon
Âge moyen des vignes : 22 ans
Densité de plantation : 6 600 pieds/ha
Rendement moyen : 49 hl/ha
Élevage : macération préfermentaire à froid ; fermentations et cuvaison de 21 à 25 jours en cuves d'acier inoxydable thermorégulées, avec micro-oxygénation sous marc ; vieillissement de 15 mois en fûts de chêne (20-30 % de bois neuf) ; collage selon le millésime ; légère filtration à la mise en bouteille

VINS PRODUITS

Château Malmaison – 100 000 b ; Les Granges des Domaines Edmond de Rothschild – variable (Haut-Médoc)
À maturité : dans les 2 à 8 ans suivant le millésime

LE MEYNIEU (HAUT-MÉDOC)

Cru bourgeois
Propriétaire : SCEA des Domaines Pedro
Adresse : 33180 Vertheuil-Médoc
Tél. 05 56 73 32 10 – *Fax* 05 56 41 98 89
E-mail : ddompedro@aol.com ou chateaulemeynieu@aol.com
Visites : du lundi au vendredi (9 h-12 h et 14 h-17 h) ; sur rendez-vous pour les groupes
Contacts : Jacques Pedro ou Frank Maroszak

VIGNOBLE ET VINIFICATION

Superficie : 19 ha
Encépagement : 62 % cabernet sauvignon, 30 % merlot, 8 % cabernet franc
Âge moyen des vignes : 25 ans – *Densité de plantation :* 6 500 pieds/ha
Rendement moyen : 50-55 hl/ha
Élevage : fermentations et cuvaison prolongées, avec remontages réguliers, en cuves thermorégulées ; vieillissement de 18 mois en fûts (30 % de bois neuf) ; collage ; pas de filtration

VINS PRODUITS

Château Le Meynieu – 40 000-60 000 b ; Château La Gravière – 40 000-60 000 b
À maturité : dans les 3 à 10 ans suivant le millésime

MOULIN DE LABORDE (LISTRAC-MÉDOC)

Non classé
Propriétaire : SARL Fourcas Loubaney
Adresse : 33480 Listrac
Adresse postale : 17, avenue Julien-Ducourt – 33610 Cestas
Tél. 05 57 88 88 78
E-mail : divin@divin-sa.fr
Visites : non autorisées
Contact : François-Marie Marret

VIGNOBLE ET VINIFICATION

Superficie : 14 ha
Encépagement : 57 % cabernet sauvignon, 40 % merlot, 3 % petit verdot
Âge moyen des vignes : 25 ans – *Densité de plantation :* 6 667 et 10 000 pieds/ha
Rendement moyen : 48 hl/ha
Élevage : fermentations et cuvaison de 21 à 28 jours en cuves d'acier inoxydable ; vieillissement de 14 mois en fûts (30 % de bois neuf) pour 70 % de la récolte, en cuves pour le reste ; collage et filtration

VIN PRODUIT

Château Moulin de Laborde – 90 000 b (pas de second vin)
À maturité : dans les 4 à 14 ans suivant le millésime

NOAILLAC (MÉDOC)

Cru bourgeois
Propriétaire : Xavier Pagès
Adresse : 6, chemin Sable-des-Pins – 33590 Jau-Dignac-Loirac
Tél. 05 56 09 52 20 – *Fax* 05 56 09 58 75
E-mail : noaillac@noaillac.com
Site Internet : www.noaillac.com
Visites : du lundi au vendredi (8 h-12 h et 13 h 30-17 h) ; sur rendez-vous le week-end
Contacts : Xavier Pagès

VIGNOBLE ET VINIFICATION

Superficie : 46 ha
Encépagement : 55 % merlot, 40 % cabernet sauvignon, 5 % petit verdot
Âge moyen des vignes : 20 ans – *Densité de plantation :* 5 500 pieds/ha
Rendement moyen : 57 hl/ha
Élevage : fermentations et cuvaison de 21 à 28 jours en cuves de béton et d'acier inoxydable ; vieillissement de 12 mois en cuves pour 40 % de la récolte et en fûts pour le reste (10 % de bois neuf) ; collage et filtration

VINS PRODUITS

Château Noaillac – 150 000 b ; Moulin de Noaillac – 120 000 b
À maturité : dans les 3 à 12 ans suivant le millésime

RAMAFORT (MÉDOC)

Cru bourgeois
Propriétaire : Gaëtan Charloux
Adresse : route de la Cardonne – 33340 Blaignan
Tél. 05 56 73 31 51 – *Fax* 05 56 73 31 52
E-mail : cgr@domaines-cgr.com
Site Internet : www.domaines-cgr.com
Visites : du lundi au jeudi (9 h 30-12 h et 13 h 30-17 h), le vendredi (9 h 30-12 h)

VIGNOBLE ET VINIFICATION

Superficie : 19 ha
Encépagement : 50 % cabernet sauvignon, 50 % merlot
Âge moyen des vignes : 28 ans – *Densité de plantation :* 7 500 pieds/ha
Rendement moyen : 59 hl/ha
Élevage : fermentations et cuvaison en cuves d'acier inoxydable thermorégulées ; vieillissement de 12 mois en fûts (renouvelés par moitié chaque année) ; collage ; filtration non systématique

VINS PRODUITS

Château Ramafort – 110 000 b ; Château Barbaran – variable
À maturité : dans les 3 à 6 ans suivant le millésime

ROLLAN DE BY (MÉDOC)

Cru bourgeois supérieur
Propriétaire : Jean Guyon
Adresse : 7, route Rollan-de-By – 33340 Bégadan
Tél. 05 56 41 58 59 – *Fax* 05 56 41 37 82
E-mail : rollan-de-by@wanadoo.fr
Site Internet : www.rollandeby.com
Visites : sur rendez-vous uniquement
Contact : M. Guyon

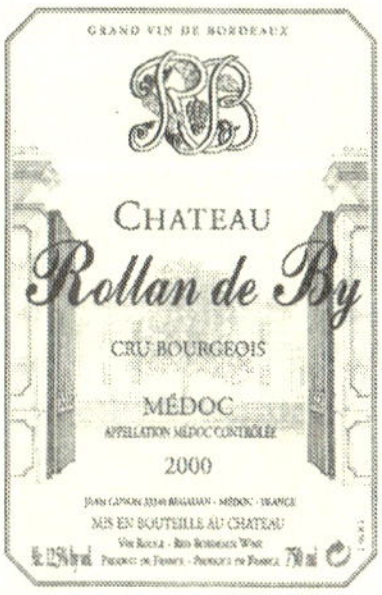

VIGNOBLE ET VINIFICATION

Superficie : 70 ha
Encépagement : 70 % merlot, 20 % cabernet sauvignon, 10 % petit verdot
Âge moyen des vignes : 30 ans – Densité de plantation : 8 500 pieds/ha
Rendement moyen : 45 hl/ha
Élevage : macération préfermentaire à froid ; fermentations et cuvaison de 21 jours en cuves d'acier inoxydable thermorégulées ; achèvement des malolactiques et vieillissement sur lies de 12 mois en fûts de chêne (100 % de bois neuf) ; collage au blanc d'œuf ; pas de filtration

VINS PRODUITS

Château Rollan de By – 240 000 b ; Fleur de By – 100 000 b
À maturité : dans les 4 à 12 ans suivant le millésime

2001
87-89
Moyennement corsé, très mûr, le 2001 développe une finale aussi longue qu'épicée. Il n'est pas aussi épanoui que la cuvée prestige, si bien qu'il faudra attendre quelque temps pour pleinement l'apprécier. **À boire jusqu'en 2012.** (1/03)

2000
87
Marqué par des tannins très présents et légèrement astringents, le 2000 se reconnaît à sa robe d'un pourpre d'encre et opaque, à son très généreux fruité de cerise noire et de cassis, à son caractère moyennement corsé et concentré, ainsi qu'à sa structure et à son intensité de bon aloi. Cependant, ses tannins pourraient le desservir. **À boire entre 2006 et 2012.** (1/02)

ROSE SAINTE-CROIX (LISTRAC-MÉDOC)

Non classé
Propriétaire : Philippe Porcheron
Adresse : route d'Avensan – 33480 Moulis-en-Médoc
Adresse postale : 287, avenue de la Libération – 33110 Le Bouscat
Tél. 05 56 42 69 50 – *Fax* 05 56 42 69 88
E-mail : porcheron.philippe@wanadoo.fr
Visites : sur rendez-vous uniquement
Contact : Philippe Porcheron

VIGNOBLE ET VINIFICATION

Superficie : 9 ha
Encépagement : 56 % merlot, 44 % cabernet sauvignon
Âge moyen des vignes : 22 ans – *Densité de plantation :* 6 600 pieds/ha
Rendement moyen : 50 hl/ha
Élevage : fermentations et cuvaison prolongées de 21 à 28 jours en cuves d'acier inoxydable thermorégulées ; vieillissement de 12 mois en fûts (30 % de bois neuf) ; collage ; pas de filtration

VINS PRODUITS

Château Rose Sainte-Croix – 40 000 b ; Château Pontet Salanon – 15 000 b
À maturité : dans les 5 à 14 ans suivant le millésime

DE SAINTE-GEMME (HAUT-MÉDOC)

Non classé
Propriétaire : SCEA Delbos Bouteiller
Adresse : 33460 Cussac-Fort-Médoc
Tél. 05 56 58 94 80 – Fax 05 57 88 89 92
E-mail : infos@bouteiller.com
Site Internet : www.sainte-gemme.com
Visites : tous les jours (9 h 30-12 h et 14 h-18 h)
Contact : Hubert Bouteiller

VIGNOBLE ET VINIFICATION

Superficie : 7 ha
Encépagement : 50 % merlot, 50 % cabernet sauvignon
Âge moyen des vignes : 20 ans – *Densité de plantation :* 6 600 pieds/ha
Rendement moyen : 55 hl/ha
Élevage : fermentations et cuvaison de 12 jours en cuves de béton revêtues d'Époxy thermorégulées ; vieillissement après les malolactiques de 15 mois en fûts (pas de bois neuf) ; collage et filtration

VIN PRODUIT

Château de Sainte-Gemme – 80 000 b (pas de second vin)
À maturité : dans les 3 à 12 ans suivant le millésime

TOUR BLANCHE (MÉDOC)

Cru bourgeois
Propriétaire : Bernard Magrez
Adresse : 15, route du Breuil – 33340 Saint-Christoly-de-Médoc
Tél. 05 57 26 70 80 – *Fax* 05 57 26 68 08
E-mail : bernardmagrez@bernard.magrez.com
Visites : sur rendez-vous uniquement
Contact : Pascale Roby

VIGNOBLE ET VINIFICATION

Superficie : 39 ha
Encépagement : 45 % merlot, 40 % cabernet sauvignon, 10 % cabernet franc, 5 % petit verdot
Âge moyen des vignes : 30 ans – *Densité de plantation :* 5 555 pieds/ha
Rendement moyen : 56 hl/ha
Élevage : fermentations et cuvaison de 21 jours en cuves d'acier inoxydable thermorégulées ; vieillissement de 22 mois par rotation en cuves et en fûts (20 % de bois neuf) ; pas de collage ; filtration légère à la mise en bouteilles

VINS PRODUITS

Château La Tour Blanche – 180 000 b ; Château Guiraud Peyrebrune – 100 000 b
À maturité : dans les 2 à 10 ans suivant le millésime

TOUR SÉRAN (MÉDOC)

Non classé
Propriétaire : Jean Guyon
Adresse : 7, route Rollan-de-By – 33340 Bégadan
Tél. 05 56 41 58 59 – *Fax* 05 56 41 37 82
E-mail : rollan-de-by@wanadoo.fr
Site Internet : www.rollandeby.com
Visites : sur rendez-vous uniquement
Contact : M. Guyon

VIGNOBLE ET VINIFICATION

Superficie : 10 ha
Encépagement : 80 % merlot, 10 % cabernet sauvignon, 10 % cabernet franc
Âge moyen des vignes : 30 ans – *Densité de plantation :* 10 000 pieds/ha
Rendement moyen : 35 hl/ha
Élevage : fermentations et cuvaison en cuves thermorégulées ; achèvement des malolactiques et vieillissement de 12 mois en fûts de chêne (100 % de bois neuf) ; ni collage ni filtration

VIN PRODUIT

Château Tour Séran – production non communiquée (pas de second vin)
À maturité : dans les 3 à 7 ans suivant le millésime

PESSAC-LÉOGNAN ET GRAVES

Les vins des Graves sont certainement les premiers bordeaux à avoir été élaborés et exportés ; en effet, ils étaient déjà expédiés, en fûts, outre-Manche, lorsque l'Aquitaine était une possession anglaise (entre 1152 et 1453). L'histoire de Haut-Brion, la propriété la plus prestigieuse de la région, remonte ainsi aux alentours de 1600, à une époque où l'aristocratie médocaine n'avait pas encore droit de cité. Même les Américains, suivant l'avis de Thomas Jefferson, semblaient convaincus que ces crus étaient les meilleurs du Bordelais.

Cependant, les temps ont changé, et aucune appellation n'a perdu autant de terrain – au sens propre comme au sens figuré – que celle des Graves.

Cette aire de production, qui englobe la région de Pessac-Léognan (délimitée en 1987 et regroupant les terroirs les plus prestigieux), tient son nom de son sol – graveleux –, vestige de l'époque glaciaire. Totalement différente des autres appellations de Bordeaux, elle commence dans les faubourgs de Talence et de Pessac, deux villes modernes fortement peuplées, notamment par une classe moyenne et par des étudiants. Les meilleurs vignobles de cette région – Haut-Brion, La Mission Haut-Brion, Pape Clément, ainsi qu'un petit joyau du nom de Les Carmes Haut-Brion, étant les plus renommés – résistent, depuis plus d'un siècle maintenant, au développement urbain et à la pollution. Leur environnement bruyant offre un contraste saisissant avec la tranquillité ambiante du Médoc, de Pomerol et de Saint-Émilion. Toute la partie nord des Graves constitue l'appellation Pessac-Léognan. Souhaitons aux visiteurs qui s'aventureraient pour la première fois à la découverte de ces vignobles disséminés en pleine ville et dans les faubourgs de bénéficier d'un voiture équipée d'un GPS.

La zone qui s'étend sur une bonne vingtaine de kilomètres depuis le sud de Talence et de Pessac comprend des vignobles épars, en appellation Pessac-Léognan. La partie qui commence juste après la banlieue commerciale de Gradignan est plutôt calme ; c'est une région rurale, où les vignes alternent avec les forêts de pins et les petites fermes. Les meilleurs vins de cette partie sud des Graves sont issus de Martillac et de Léognan, deux bourgs paisibles qui donnent l'impression d'être plus loin de Bordeaux qu'ils ne le sont en réalité. Ils ont tous deux droit à l'appellation Pessac-Léognan.

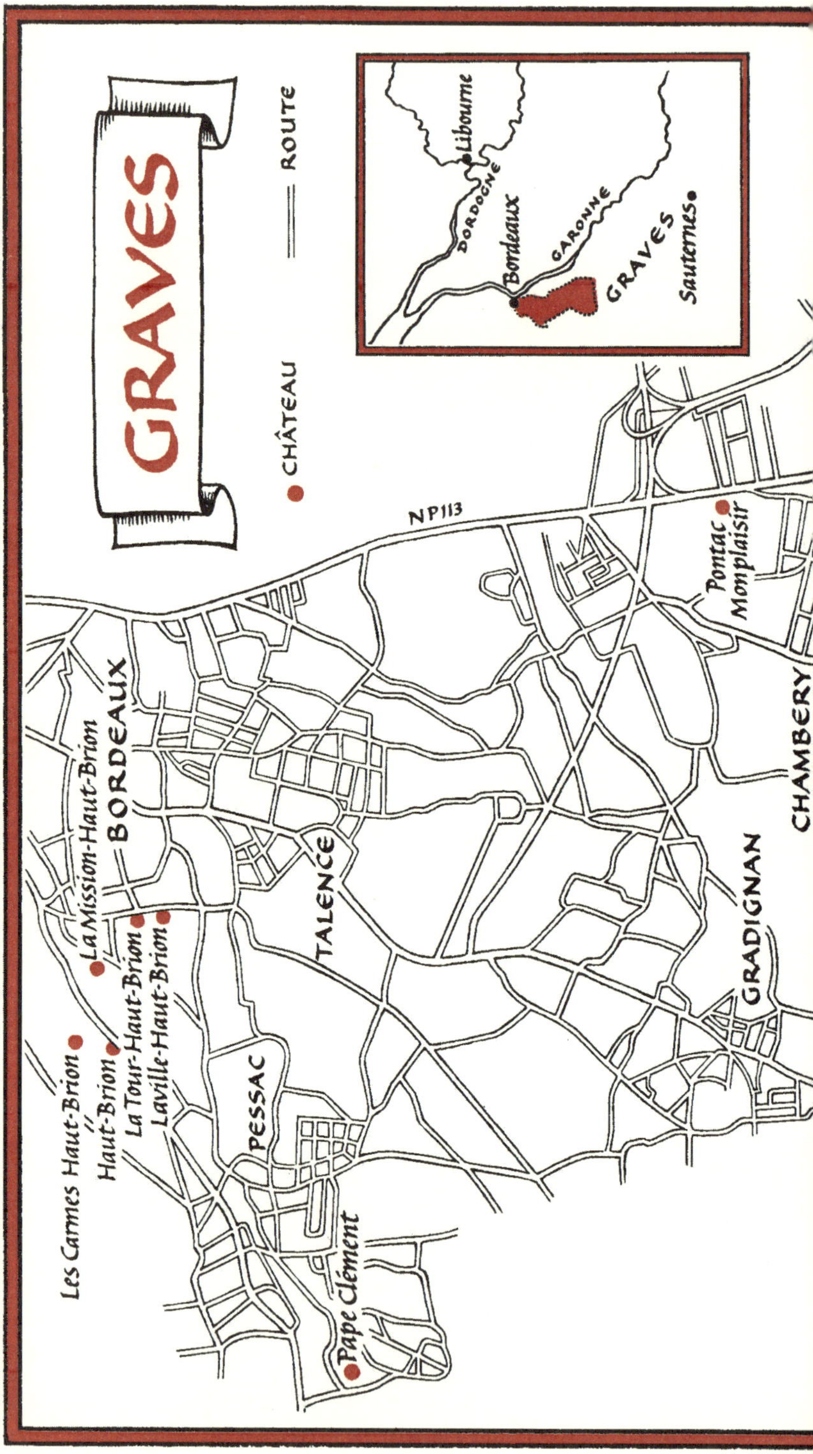
GRAVES
CHÂTEAU
ROUTE
Libourne
DORDOGNE
Bordeaux
GARONNE
GRAVES
Sauternes
NP113
BORDEAUX
La Mission-Haut-Brion
Les Carmes Haut-Brion
Haut-Brion
La Tour-Haut-Brion
Laville-Haut-Brion
TALENCE
PESSAC
Pape Clément
Pontac Monplaisir
CHAMBERY
GRADIGNAN

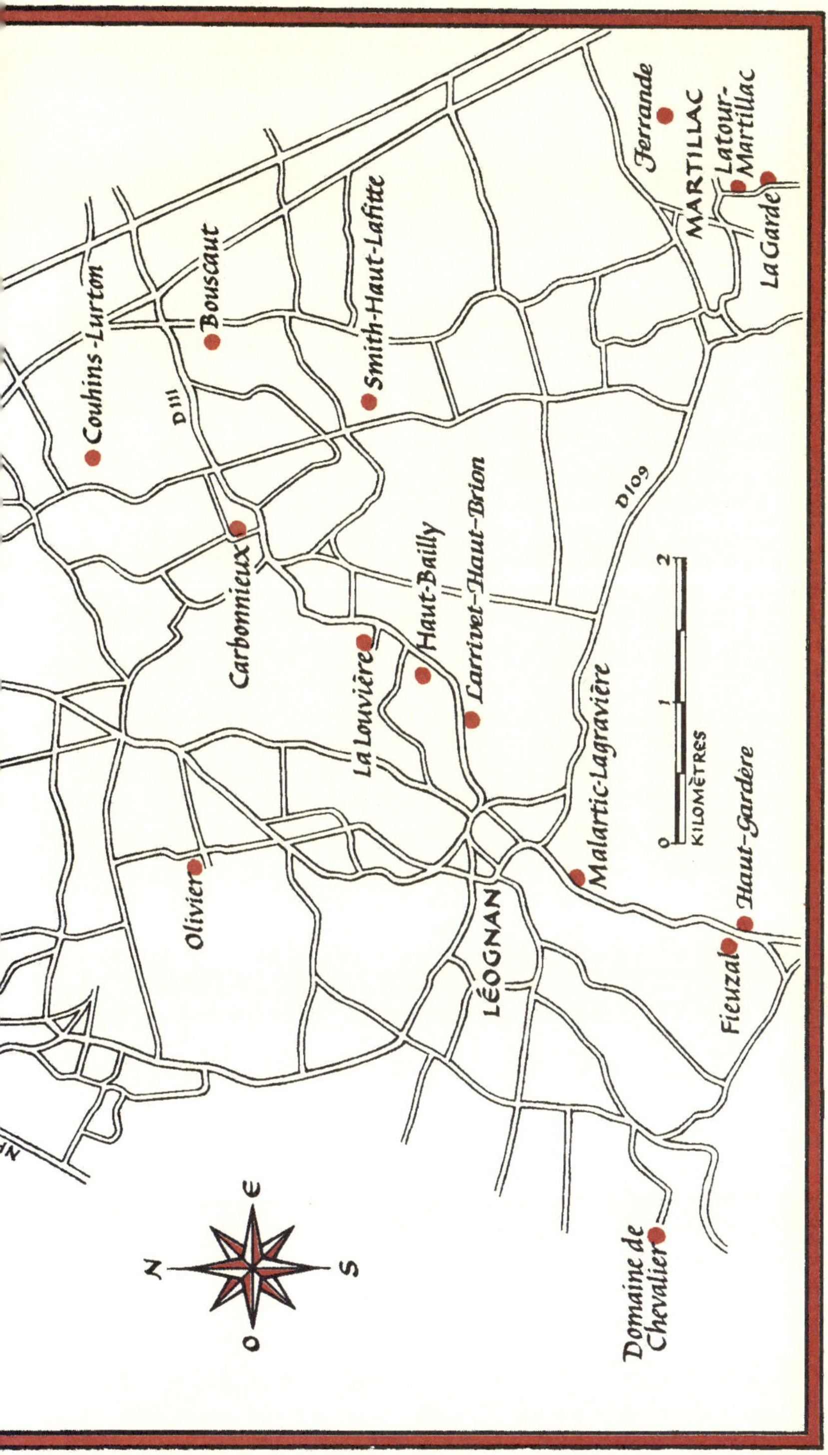
Couhins-Lurton
Bouscaut
Smith-Haut-Lafitte
Ferrande
MARTILLAC
Latour-Martillac
La Garde
D111
Carbonnieux
La Louvière
Haut-Bailly
Larrivet-Haut-Brion
D109
Malartic-Lagravière
0
1
2
KILOMÈTRES
Haut-Gardère
Olivier
LÉOGNAN
Fieuzal
Domaine de Chevalier
N
E
S
O

La région des Graves tout entière est renommée aussi bien pour ses blancs que pour ses rouges. Les meilleurs blancs de la région sont rares et chers ; certains d'entre eux peuvent même rivaliser avec les crus les plus prestigieux de l'Hexagone. Ils sont essentiellement issus de trois cépages : le sauvignon, le sémillon et la muscadelle. Cependant, les meilleurs vins des Graves sont les rouges.

Le domaine le plus célèbre de la région, Haut-Brion, appartient à des Américains. Il se situe au nord de Pessac, et c'est le premier château du Bordelais à avoir bénéficié d'une réputation internationale : il a été célébré, entre autres, par l'auteur anglais Samuel Pepys en 1663 et par le très francophile Thomas Jefferson, qui fut ambassadeur des États-Unis en France entre 1785 et 1789. C'est cette notoriété universelle qui explique, sans nul doute, que Haut-Brion soit la seule propriété extérieure au Médoc à avoir été incluse dans le classement de 1855. On doit aussi à La Mission Haut-Brion, le rival le plus direct de Haut-Brion – et qui se trouve en face de son homonyme partiel, de l'autre côté de la route –, mais également à Pape Clément et aux Carmes Haut-Brion des rouges exceptionnels.

D'autres domaines des Graves font de grands vins, en particulier La Tour Haut-Brion à Talence, et Haut-Bailly, La Louvière, Smith Haut Lafitte, Domaine de Chevalier et De Fieuzal près de Léognan. Cependant, malgré une nette amélioration depuis la fin des années 90, le niveau général de la vinification est nettement moins élevé qu'à Saint-Julien, Pauillac ou Saint-Estèphe, par exemple.

Les vins de Pessac-Léognan, comme ceux du Médoc, ont leur propre classement ; mais il est tout aussi trompeur pour les non-avertis. La première version date de 1953, la plus récente de 1959. Cette dernière comprend 13 châteaux producteurs de vins rouges, Haut-Brion apparaissant en tête, les autres suivant en ordre alphabétique ! Le classement des blancs comporte 9 châteaux (le plus souvent les mêmes que précédemment), là encore classés par ordre alphabétique ; cependant, Haut-Brion, qui produit de toutes petites quantités de blanc, n'y figure pas – à sa demande expresse.

Les vins de la partie nord des Graves présentent un caractère particulier qui les distingue dans les dégustations à l'aveugle avec des Médoc. Ainsi, malgré leurs grandes différences, Haut-Brion et La Mission Haut-Brion partagent des arômes riches et rôtis de terre, tirant sur le tabac et la boîte à cigares. Hormis ceux de La Mission, ces vins rouges paraissent plus parfumés, mais plus légers et plus souples que leurs homologues du Médoc. Les meilleurs d'entre eux séduisent par leurs senteurs irrésistibles ; à mon sens, aucun vin du Bordelais n'offre un bouquet aussi profond et aussi provocateur qu'un Haut-Brion d'un très grand millésime. Ce caractère très particulier des Graves est saisissant, notamment avec Haut-Brion, La Mission, Pape Clément et Les Carmes Haut-Brion, mais également, dans une moindre mesure, avec Haut-Bailly, Domaine de Chevalier, Smith Haut Lafitte et La Louvière.

Comme deux champions qui s'observent avant l'assaut, Haut-Brion et La Mission Haut-Brion se font face, de part et d'autre de la N250. Pendant longtemps – jusqu'en 1983 –, les propriétaires et les vinificateurs de ces deux propriétés se sont ouvertement critiqués : ceux de La Mission estimaient que le cru voisin était trop léger, trop manipulé et trop cher, tandis que Haut-Brion reprochait à La Mission son ampleur, ainsi que son caractère alcoolique et sauvage, parfois marqué d'acidité volatile – bref, son manque de finesse. Cette rivalité s'est éteinte en 1983 avec le rachat de La Mission par Haut-Brion, et il faut bien avouer que les crus, quoique profonds, sont totalement différents l'un de l'autre.

La Mission est incontestablement plus ample de carrure, plus riche et plus profondément coloré que Haut-Brion ; c'est aussi l'un des meilleurs crus de tout le Bordelais dans les petits millésimes, et les 1957, 1958, 1960, 1967, 1972, 1974, 1987, 1993,

1994 et 1997 le démontrent amplement. À son meilleur niveau, ce vin déploie le bouquet typique des Graves, avec des senteurs de minéral, de terre fraîche et de tabac. Haut-Brion a toujours été sensiblement plus léger – un peu trop, même, entre 1966 et 1976 ; cependant, en dehors de cette période, il s'est régulièrement imposé comme un grand classique des Graves et l'un des premiers crus les plus stupéfiants. En particulier depuis le milieu des années 80, il s'est révélé superbe et très régulier à haut niveau. Haut-Brion, qui appartient à des Américains, est depuis de longues années entre les mains de la même famille. Prenant la suite de son père, qui avait officié à la propriété pendant une trentaine d'années, Jean-Bernard Delmas y a produit depuis 1961 une série ininterrompue de grandes réussites. Son fils Jean-Philippe lui a succédé en 2004. Je dois dire qu'en vingt-cinq ans de fréquentation du Tout-Bordeaux viticole, je n'ai pas connu de vinificateur plus talentueux que Jean-Bernard Delmas.

Depuis 1986, Pape Clément s'est davantage rapproché de Haut-Brion que de La Mission. Grâce à sa forte proportion de merlot et à son sol peu profond et graveleux, il ajoute à son bouquet typique de grillé, de minéral et de tabac un fruité doux, souple et épanoui, voire opulent, qui rappelle les meilleurs Pomerol. Judicieusement vinifié, il est délicieux dès sa jeunesse, mais peut tenir 20 ans, si ce n'est plus, dans les meilleurs millésimes. Depuis la fin des années 90, le maître des lieux se montre encore plus soucieux de qualité ; ses 1998, 2000, 2001, 2002 et 2003 sont tout simplement sensationnels. Décidément, ces derniers temps, Pape Clément fait beaucoup de bruit – ou devrais-je dire de... musique ?

Lorsqu'on s'éloigne du bruit et de la tourmente des routes de Pessac et de Talence, la région des Graves prend un tour plus charmant et plus agréable, avec ses prés, ses petits fermes et ses bois. Dans cette partie méridionale de l'appellation, les vins présentent un caractère de terre, de fumé et de tabac moins prononcé que ceux de la zone nord (Pessac et Talence), et ils sont également plus légers. Les meilleurs crus proviennent de la région de Léognan. Le minuscule Domaine de Chevalier – dont le discret vignoble est caché par une forêt épaisse – réussit bien et produit, outre de petites quantités d'un blanc extraordinaire, un volume respectable d'un rouge souple, très parfumé, riche, crémeux et complexe. Malheureusement, les millésimes récents sont desservis par un boisé trop prononcé.

Tout près de là se trouve Haut-Bailly, qui produit un Graves subtil, mais intensément fruité, accessible vers 5 à 7 ans d'âge. Certains millésimes présentent un potentiel de garde plus important, mais il ne s'agit pas d'un vin qu'il faut attendre longtemps. Discret, voire retenu, il révèle, même dans les meilleurs millésimes, une légèreté aérienne qui le fait souvent passer inaperçu lorsqu'il est dégusté à côté de crus plus amples et plus ostentatoires.

De Fieuzal, qui a accompli de gros progrès dans les années 80, propose depuis 1985 l'un des meilleurs blancs de l'appellation ; son rouge présente désormais davantage de profondeur, d'ampleur et de complexité. Il s'agit probablement, à l'heure actuelle, du vin le plus sous-estimé de l'appellation.

Smith Haut Lafitte et Malartic-Lagravière incarnent deux *success stories* des années 90. La première propriété – un beau domaine longtemps notoirement sous-performant – s'impose, tant avec les rouges qu'avec les blancs, comme l'une des étoiles montantes de l'appellation depuis son rachat par la famille Cathiard. Il abrite aussi, depuis peu, dans un écrin de vignes, un complexe de grand prestige comprenant un établissement thermal et un hôtel-restaurant, judicieusement baptisé Sources de Caudalie. Quant à Malartic-Lagravière, il connaît depuis la fin des années 90, sous la houlette d'un nouveau propriétaire, une nette amélioration.

Deux autres crus se sont révélés et sont incontestablement dignes de l'attention des amateurs : il s'agit de Haut-Bergey et de Larrivet-Haut-Brion. Alors que ces propriétés étaient notoirement sous-performantes, elles se sont imposées dans le peloton de tête de l'appellation depuis leur reprise en main par de nouveaux maîtres des lieux – il faut dire qu'elles ont bénéficié d'investissements conséquents et de la venue d'équipes de vinification remarquables, ainsi que des conseils de Michel Rolland, le talentueux œnologue de Libourne. En 2003, Haut-Bergey et Larrivet-Haut-Brion comptent au nombre des stars de Pessac-Léognan, pour ce qui est tant des rouges que des blancs. Précisons encore que, ajoutant au désespoir des plus irréductibles conservateurs du Bordelais, les propriétaires de Haut-Bergey élaborent depuis 2000 le premier vin de garage des Graves – il s'agit de Branon, un cru somptueux, extraordinaire de concentration.

Il existe, bien entendu, de nombreux autres Graves, mais la plupart des autres crus classés proposent des vins généralement légers, sans grande complexité, qui peuvent être très agréables, mais rarement passionnants. Carbonnieux est intéressant, mais il pourrait, à mon avis, être d'un meilleur niveau, compte tenu de son potentiel. Il faudrait cependant que les propriétaires aient la volonté de faire mieux. Chose étrange, les vins blancs de ce cru sont généralement délicieux, tandis que les rouges sont moins réguliers. Bouscaut demeure le seul cru classé dont on attende encore un sursaut qui le sortirait du XIXe siècle.

Les Pessac-Léognan, et les Graves en général, méritent l'attention des amateurs dans les millésimes médiocres ou moins bons. Les sols de cette région bénéficient d'un excellent drainage et, dans les années comme 1958, 1964, 1974, 1987, 1993 et 1994, des propriétés comme La Mission Haut-Brion, le Domaine de Chevalier et Haut-Brion proposent des vins excellents, issus de raisins relativement mûrs, alors que, dans le même temps, les Médoc sont aqueux et décevants. En revanche, dans les années chaudes et sèches, favorables au nord du Médoc, au Saint-Émilionnais et à Pomerol, la vigne souffre ici de stress, et la vendange ne mûrit pas comme elle le devrait. Ainsi les 1982, 1989 et 1990, pourtant superbes, sont-ils moins réussis dans les Graves que dans les autres appellations du Bordelais. Les millésimes récents de haut niveau sont 1959, 1961, 1964, 1970, 1978, 1979, 1983 (plus régulier à haut niveau que 1982), 1985, 1987 (une révélation), 1988 (meilleur, pour certains crus, que 1989 et 1990), 1990, 1994, 1995, 1996, 1998 et 2000.

Les Graves comptent encore de nombreuses propriétés, pour la plupart non classées, ayant accompli des progrès remarquables et demeurant, pour le moins, sous-évaluées. Des châteaux soucieux de qualité comme La Louvière, Picque Caillou, La Garde, Clos Floridène, Haut-Gardère et De France méritent qu'on s'y intéresse de près.

PESSAC-LÉOGNAN – REPÈRES

Situation : sur la rive gauche de la Gironde, dans l'extrême nord des Graves, cette aire de production recouvre 10 communes.

Superficie sous culture de vigne : 1 400 ha.

Communes : Cadaujac, Canéjan, Gradignan, Léognan, Martillac, Mérignac, Pessac, Saint-Médard-d'Eyrans, Talence, Villenave-d'Ornon.

Production annuelle moyenne : 6 720 000 bouteilles, dont 80 % de rouge et 20 % de blanc.

Crus classés : 16 au total, tous situés en Pessac-Léognan ; 6 sont classés pour les rouges et les blancs, 7 pour les rouges seulement et 3 pour les blancs.

Principaux cépages : pour les rouges, le cabernet sauvignon et le merlot prédominent, le cabernet franc servant de faire-valoir. Les blancs sont essentiellement composés de sauvignon blanc et de sémillon, mais aussi de petites quantités de muscadelle.
Types de sol : le vignoble repose sur un sous-sol d'argile, de sable et de calcaire. Ces graves composées de graviers et de galets sont profondes.

GRAVES - REPÈRES

Situation : cette aire relativement vaste est située sur la rive gauche de la Garonne, au sud de Bordeaux.
Superficie sous culture de vigne : 3 100 ha.
Communes : près de 30, les plus importantes étant Cérons, Illats, Landiras, Langon, Podensac, Portets et Saucats.
Production annuelle moyenne : environ 23 400 000 de bouteilles, dont 70 % de rouge et 30 % de blanc.
Crus classés : aucun, tous les crus classés étant situés dans la région de Pessac-Léognan.
Principaux cépages : merlot et cabernet sauvignon pour les rouges, sémillon et sauvignon blanc, ainsi que de toutes petites quantités de muscadelle, pour les blancs.
Types de sol : plus variés qu'à Pessac-Léognan, avec des graves moins profondes. Le sous-sol est composé de sable et de calcaire.

ROUGE - AVIS AUX AMATEURS

Niveau général de l'appellation : moyen à superbe.
Les plus aptes à une longue garde : Branon, Domaine de Chevalier, Haut-Bailly, Haut-Bergey, Haut-Brion, La Mission Haut-Brion, Pape Clément, Smith Haut Lafitte.
Les plus élégants : Bahans Haut-Brion (2d vin du Château Haut-Brion), Les Carmes Haut-Brion, Haut-Bailly, Haut-Brion, Malartic-Lagravière, Pape Clément, Smith Haut Lafitte.
Les plus concentrés : Branon, De Fieuzal, Haut-Bergey, Haut-Brion, La Louvière, La Mission Haut-Brion, Pape Clément, Smith Haut Lafitte.
Le meilleur rapport qualité/prix : Les Carmes Haut-Brion, De Chantegrive, Clos Floridène, La Garde, La Louvière, De Rochemorin.
Les plus exotiques : Branon, Haut-Bergey.
Le plus secret dans sa jeunesse : Domaine de Chevalier.
Les plus sous-estimés : La Garde, La Louvière.
Les plus accessibles dans leur jeunesse : Les Carmes Haut-Brion, De Chantegrive, Clos Floridène, La Garde, La Louvière.
Les étoiles montantes : La Garde, Haut-Bergey, Larrivet-Haut-Brion, La Louvière, Malartic-Lagravière, Smith Haut Lafitte.
Meilleurs millésimes récents : 2000, 1998, 1996, 1995, 1994, 1990, 1988, 1985, 1983, 1979, 1978, 1964, 1961, 1959.

BLANC – AVIS AUX AMATEURS

Niveau général de l'appellation : moyen à superbe.
Les plus aptes à une longue garde : Carbonnieux, Domaine de Chevalier, De Fieuzal, Haut-Brion, Laville Haut-Brion, Smith Haut Lafitte.
Les plus élégants : Carbonnieux, Couhins-Lurton, La Garde, Haut-Brion, Latour-Martillac, Pape Clément, Smith Haut Lafitte.
Les plus concentrés : De Fieuzal, Haut-Brion, Laville Haut-Brion, La Louvière, Smith Haut Lafitte.
Le meilleur rapport qualité/prix : De Chantegrive, La Garde, La Louvière, Magneau, Rahoul, De Rochemorin, Roquetaillade, La Vieille France, Vieux-Château-Gaubert.
Les plus exotiques : Clos Floridène, Latour-Martillac, La Vieille France.
Le plus secret dans sa jeunesse : Domaine de Chevalier.
Les plus sous-estimés : Clos Floridène, La Garde, Magneau, De Rochemorin, Smith Haut Lafitte, La Vieille France.
Les étoiles montantes : Haut-Bergey, Larrivet-Haut-Brion, La Louvière, Smith Haut Lafitte.
Meilleurs millésimes récents : 2003, 2001, 1998, 1994, 1985, 1983, 1978, 1962, 1959.

MON CLASSEMENT

EXCEPTIONNEL

Domaine de Chevalier (blanc uniquement), Haut-Brion (rouge et blanc), Laville Haut-Brion (blanc uniquement), La Mission Haut-Brion, Pape Clément (rouge et blanc)

EXCELLENT

Branon (depuis 2000), Carbonnieux (blanc), Les Carmes Haut-Brion, Couhins-Lurton (blanc), De Fieuzal (rouge et blanc), Haut-Bailly, Haut-Bergey (depuis 1998 – rouge), Larrivet-Haut-Brion (rouge), La Louvière (rouge et blanc), Malartic-Lagravière (rouge et blanc), Smith Haut Lafitte (rouge et blanc, depuis 1991)

TRÈS BON

Bahans Haut-Brion, Carbonnieux (rouge), La Chapelle Haut-Brion, Clos Floridène (blanc), Domaine de Chevalier (rouge), La Garde (rouge et blanc), La Tour Haut-Brion, Latour-Martillac (blanc), Larrivet-Haut-Brion (blanc)

BON

D'Archambeau (rouge), Baret (rouge), Brown, De Chantegrive (rouge et blanc), Chéret-Pitres, De Cruzeau (rouge et blanc), Ferrande (rouge et blanc), Graville-Lacoste, Haut-Gardère (rouge et blanc), Latour-Martillac (rouge), Olivier (rouge et blanc), Picque Caillou (rouge et blanc), Pontac Monplaisir (blanc), Rahoul, De Rochemorin (rouge et blanc), La Vieille France (rouge)

AUTRES PROPRIÉTÉS NOTABLES

Bardins, Bouscaut, Boyrein, Brondelle, Cabannieux, Cantelys, Coucheroy, Courrèges Seguès du Château de Gaillat, La Fleur Jonquet, De France, De Gaillat, Gazin Rocquencourt, Jean Gervais, Du Grand Abord, Haut-Calens, Haut Lagrange, Haut-Nouchet,

Lafargue, Lamouroux, Lespault, Magence, De Mauves, Périn de Naudine, Pessan, Peyreblanque, Piron, Saint-Jean-des-Graves, Saint-Robert, Le Sartre, Domaine de la Solitude, Le Thil Comte Clary, La Tour de Boyrin, Du Tourte, Le Tuquet, Villa Bel-Air.

COMMENTAIRES DE DÉGUSTATION

BOUSCAUT (PESSAC-LÉOGNAN)

Cru classé (rouge et blanc)
Propriétaires : Sophie et Laurent Lurton Cogombles
Adresse : RN 113 – 33140 Cadaujac
Tél. 05 57 83 12 20 – *Fax* 05 57 83 12 21
E-mail : cb@chateau.bouscaut.com
Site Internet : www.chateau-bouscaut.com
Visites : sur rendez-vous uniquement
Contact : Laurent Cogombles

VIGNOBLE ET VINIFICATION

Superficie : rouge – 50 ha ; blanc – 6 ha
Encépagement : rouge – 50 % merlot, 47 % cabernet sauvignon, 3 % malbec ; blanc – 65 % sémillon, 35 % sauvignon
Âge moyen des vignes : rouge – 35 ans ; blanc – 30 ans
Densité de plantation : 7 200 pieds/ha
Rendement moyen : 48 hl/ha
Élevage : rouge – fermentations et cuvaison de 20 à 30 jours en cuves d'acier inoxydable ; vieillissement de 16 mois en fûts de chêne (50 % de bois neuf) ; collage selon le millésime ; filtration ; blanc – macération préfermentaire pour une partie de la récolte ; fermentations et vieillissement de 11 mois en fûts (60 % de bois neuf) ; collage selon le millésime ; pas de filtration

VINS PRODUITS

rouge – Château Bouscaut et La Flamme de Bouscaut – 100 000 b ;
blanc – Château Bouscaut et Lamothe Bouscaut – 18 000 b
À maturité : rouge – dans les 4 à 12 ans suivant le millésime ;
blanc – dans les 2 à 6 ans suivant le millésime

APPRÉCIATION GÉNÉRALE

Bien que les 2000 et 2001 rouges de Bouscaut (qui sont seulement bons, et pas excellents) soient nettement meilleurs que leurs aînés, plutôt anodins, cette propriété notoirement sous-performante a encore fort à faire pour tenir son rang de cru classé. Certes, les prix pratiqués demeurent raisonnables, mais la région des Graves offre de meilleures affaires, notamment parmi les crus non classés de bonne tenue, comme La Louvière ou De Rochemorin.

On aurait pu penser que la qualité du Château Bouscaut s'améliorerait, suite à son rachat en 1979 par le célèbre Lucien Lurton à une société américaine. Malheureusement, il n'en a rien été. Malgré son rang, ce cru classé produit toujours des rouges et des blancs inintéressants. Le château, datant du XVIIIe siècle, avec sa belle pièce d'eau, a été entièrement restauré au cours des années 60, et c'est aujourd'hui l'un des plus élégants de la région. À la dégustation du vin, on a l'impression que la sélection est mal faite. Certains disent que le rouge est desservi par sa forte proportion de merlot, mais ce n'est pas mon avis. En fait, je pense tout simplement que Bouscaut produit trop, et que la sélection n'est pas suffisamment rigoureuse pour le grand vin. Certains observateurs espèrent que Sophie Lurton, qui tient cette propriété de son père depuis 1992, l'amènera à un meilleur niveau. Tant le 2000 que le 2001 représentent un pas, modeste certes, vers l'amélioration.

ROUGE

2003 **85-87** Cette propriété commence à s'améliorer, et son 2003 constitue l'une de ses plus belles réussites à ce jour. Rubis foncé de robe, doté d'un nez de compost, de terre, de cerise et de cassis, ce vin moyennement corsé compense sa finale un peu courte et comprimée par son fruité pur, épanoui et faible en acidité, qui contribue à son charme précoce. **À boire dans les 7 à 8 ans.** (3/04)

2001 **88** Il s'agit probablement du meilleur Bouscaut que je connaisse. Vêtu de rubis-pourpre profond, ce 2001 au nez de terre et de tabac se montre en bouche moyennement corsé, conjuguant magnifiquement puissance et richesse ; il présente davantage d'étoffe et de profondeur que ses aînés des vingt dernières années. **À boire entre 2014 et 2018.** (1/03)

2000 **86** Voici, enfin, une belle réussite de cette propriété généralement sous-performante. Le 2000 de Bouscaut, qui se pare d'un rubis-pourpre foncé, dégage des arômes de cassis et de groseille nuancés de chêne neuf épicé, lesquels préludent à un ensemble quelque peu superficiel, mais nettement mieux doté que les millésimes précédents de ce cru. La bouche, moyennement corsée, est généreuse et recèle des tannins doux. La finale, modérément dotée, est d'une texture agréable. **À boire jusqu'en 2015.** (1/03)

1999 **82** Le 1999 de Bouscaut mêle de doux arômes de groseille, de cerise et d'autres petits fruits à des notes de minéral, de fumé et de chêne neuf. L'ensemble, souple et sans détour, est plaisant. **À boire dans les 6 à 8 ans.** (3/02)

1998 **75** Certes, ce vin légèrement corsé présente une belle robe rubis foncé, ainsi que les arômes de terre fraîchement remuée, de cassis et de graves typiques de son appellation, mais il manque singulièrement d'étoffe en milieu de bouche et pèche par défaut tant de profondeur que de persistance. **À boire jusqu'en 2012.** (3/02)

1990 **78** Bien coloré, avec un nez séduisant de fumé, de boisé et de petits fruits mûrs, le Bouscaut 1990 est en réalité moins étoffé et moins apte à la garde que ses aînés de 1989 et 1988. **À boire maintenant.** (1/93)

1989 **82** Correctement vinifié, le Bouscaut 1989 est léger, moyennement corsé et très alcoolique, avec des tannins en excès pour son caractère sans détour et fruité. Il est également trop boisé. **À boire.** (1/93)

MILLÉSIMES ANCIENS

Soyons bref : la propriété n'offre rien de bien intéressant dans les années 70 et 80.

BLANC

2001
86 Ce vin vif et élégant, légèrement corsé et doté d'un bon fruité, déploie un bouquet modérément intense, ainsi que des notes de pamplemousse et de minéral. **À boire dans les 8 à 10 ans.** (1/03)

2000
84 Bien fait, mais sans détour et anodin, ce 2000 légèrement corsé présente des notes de menthe, de minéral et d'agrumes. **À boire dans les 5 à 6 ans.** (1/03)

BRANON (PESSAC-LÉOGNAN)

Non classé
Propriétaire : Sylviane Garcin-Cathiard
Adresse : 33850 Léognan
Adresse postale : Château Haut-Bergey – BP 49 – 33850 Léognan
Tél. 05 56 64 05 22 – *Fax* 05 56 64 06 98
E-mail : haut.bergey@wanadoo.fr
Site Internet : www.vignoblesgarcin.com
Visites : sur rendez-vous uniquement
Contacts : Hélène Garcin-Lévêque ou Sylviane Garcin-Cathiard

VIGNOBLE ET VINIFICATION

Superficie : 1,5 ha (en production)
Encépagement : 50 % cabernet sauvignon, 50 % merlot
Âge moyen des vignes : 35 ans
Densité de plantation : 7 140 pieds/ha
Rendement moyen : 30 hl/ha
Élevage : fermentations et cuvaison en cuves de bois thermorégulées de petite contenance (50 hl), avec levures indigènes ; achèvement des malolactiques et vieillissement de 18 mois en fûts de chêne (100 % de bois neuf) ; ni collage ni filtration

VIN PRODUIT

Château Branon – 6 000 b (pas de second vin)
À maturité : dans les 15 ans suivant le millésime

APPRÉCIATION GÉNÉRALE

Branon, la cuvée prestige de Haut-Bergey, bénéficie des conseils d'un des consultants les plus renommés du Bordelais, Michel Rolland. Il est vraiment époustouflant de richesse et d'équilibre. Difficile à trouver en raison des petites quantités produites, ce vin mérite d'être recherché. À acheter, absolument !

2003
87-88+ ? Espérons que le 2000 ne constitue pas une réussite isolée de Branon, la cuvée prestige de Haut-Bergey. Je ne sais si c'est à cause du millésime, mais le 2003, qui présente de profonds arômes de fruits rouges et bleus ainsi que les notes de terre typiques des Graves, est desservi par des tannins aussi abondants qu'astringents et par un manque de structure et un caractère anguleux. Je pense que l'ensemble sera plus facile à jauger d'ici 6 à 12 mois. **À boire entre 2007 et 2015.** (3/04)

2002 **90** Ce vin pourrait être renoté à la hausse si ses tannins se fondaient davantage et s'il gagnait en ampleur en milieu de bouche. D'un bleu-pourpre soutenu, il dégage des arômes de liqueur de prune, de myrtille, de graphite et de chêne neuf grillé nuancés de chocolat et de noix de cola. L'ensemble, moyennement corsé, est impressionnant de structure et de concentration. Un vin séduisant. **À boire entre 2007 et 2016.** (9/03)

2001 **91** D'un pourpre dense, ce vin impressionnant dégage de douces notes de tabac, de terreau, de liqueur de mûre, de chêne neuf grillé et de café. Il révèle, dès l'attaque, une douceur et une richesse superbes, et développe dans une bouche moyennement corsée, outre une profondeur et une concentration remarquables, des tannins très mûrs. L'ensemble déploie encore une grande élégance, qui trahit cependant un vin de moindre ampleur que le 2000. **À boire jusqu'en 2017.** (1/03)

2000 **96** Le 2000, qui marque les débuts de ce cru, est absolument somptueux ; il constitue, de surcroît, une très bonne affaire. D'un pourpre opaque, il s'annonce par des arômes étonnamment doux de fumé, de cassis, de cacao, de terre fraîchement remuée, de figue et de graphite. Suit en bouche un ensemble corsé, remarquable à la fois de pureté et de concentration, qui se développe en bouche par paliers, révélant une finale longue de plus de 1 minute. Un vin fascinant, dont il sera assurément intéressant de suivre l'évolution. Quelle merveille ! **À boire entre 2009 et 2025.** (1/03)

BROWN (PESSAC-LÉOGNAN)

Non classé
Propriétaire : Jean-Christophe Mau
Adresse : 33850 Léognan
Tél. 05 56 87 08 10 – *Fax* 05 56 87 87 34
E-mail : chateau.brown@wanadoo.fr
Visites : sur rendez-vous uniquement, du lundi au vendredi
Contact : Jean-Christophe Mau

VIGNOBLE ET VINIFICATION

Superficie : rouge – 23 ha ; blanc – 4,8 ha
Encépagement : rouge – 65 % cabernet sauvignon, 32 % merlot, 3 % petit verdot ; blanc – 67 % sauvignon blanc, 33 % sémillon
Âge moyen des vignes : 15 ans – *Densité de plantation :* 7 400 pieds/ha
Rendement moyen : 45 hl/ha
Élevage : rouge – fermentations et cuvaison de 21 à 27 jours en cuves d'acier inoxydable thermorégulées ; vieillissement de 18 mois en fûts (33 % de bois neuf) ; collage ; pas de filtration ; blanc – fermentations et élevage de 8 à 10 mois en fûts (50 % de bois neuf) ; collage ; pas de filtration

VINS PRODUITS

rouge – Château Brown – 80 000 b ; Le Colombier de Château Brown – 30 000 b ; blanc – Château Brown – 20 000 b ; Le Colombier de Château Brown – 20 000 b
À maturité : rouge – dans les 3 à 12 ans suivant le millésime ; blanc – dans les 2 à 7 ans suivant le millésime

APPRÉCIATION GÉNÉRALE

Cette propriété sous-estimée a opéré un retour en force au XXIe siècle ; elle propose actuellement des vins qui s'imposent au nombre des meilleurs que je connaisse.

Cette propriété, qui tient son nom de John Louis Brown, un marchand de vin anglais du XVIIIe siècle, a appartenu de 1994 à 2005 à la famille Barthe. Les vignobles, bien situés non loin de Léognan, ainsi que les installations de vinification ont bénéficié d'investissements considérables. Les vignes, qui jouissent d'une belle exposition, se trouvent sur une crête graveleuse. Le Château Brown mérite d'être suivi de près.

ROUGE

2001
88 Cette propriété sous-estimée propose un excellent 2001, d'un rubis profond, aux amples et doux arômes de tabac, de cèdre, de cake et de groseille. Il s'agit d'un vin moyennement corsé, d'une grande – voire d'une extraordinaire – maturité, marqué par des tannins doux, et dont la finale, persistante, est aussi pure qu'étoffée. **À boire à son apogée jusqu'en 2012.** (1/03)

2000
89 Le 2000 constitue incontestablement la plus belle réussite que je connaisse de Brown. D'un rubis-pourpre dense, dégageant de superbes senteurs de cassis, de groseille, de cèdre et de tabac, il est moyennement corsé, extraordinaire à la fois de concentration et de pureté, alliant, en outre, une grande puissance à une élégance d'excellent aloi. Sa finale recèle des tannins modérément abondants. Ce Graves racé, vinifié dans un style classique, compte au nombre des révélations du millésime. **À boire jusqu'en 2015.** (1/03)

1999
87 Ce vin moyennement massif, savoureux et parfumé dégage des notes épicées de terre et de tabac, ainsi que de doux arômes de cerise et de groseille. Vous apprécierez cet ensemble souple et moyennement corsé **dans les 2 ans.** (3/02)

1998
87 Des arômes souples de terre fraîchement remuée, de groseille, de cerise et de graphite caractérisent le 1998 de Brown. Il s'agit d'un vin moyennement corsé, souple et élégant, au fruité assez massif, doux et épicé. Vous apprécierez ce Graves délicieux et classique **dans les 2 ans** (3/02)

BLANC

2001
89 Des arômes d'agrumes, de figue, de haricot vert et de fumé jaillissant du verre annoncent ce vin moyennement corsé, étoffé, mûr et concentré. Il s'agit d'un assemblage 67 % sauvignon et 33 % sémillon. Son potentiel de garde est de **5 à 6 ans.** (1/03)

CARBONNIEUX (PESSAC-LÉOGNAN)

Cru classé (rouge et blanc)
Propriétaire : Antony Perrin
Adresse : 33850 Léognan
Tél. 05 57 96 56 20 – *Fax* 05 57 96 59 19
E-mail : chateau.carbonnieux@wanadoo.fr
Site Internet : www.carbonnieux.com
Visites : sur rendez-vous uniquement,
du lundi au vendredi

VIGNOBLE ET VINIFICATION

Superficie : rouge – 45 ha ; blanc – 42 ha
Encépagement : rouge – 60 % cabernet sauvignon, 30 % merlot, 7 % cabernet franc, 2 % malbec, 1 % petit verdot ; blanc – 60 % sauvignon blanc, 38 % sémillon, 2 % muscadelle
Âge moyen des vignes : 40 ans – *Densité de plantation :* 7 200 pieds/ha
Rendement moyen : 50 hl/ha
Élevage : rouge – fermentations et cuvaison de 21 jours en cuves d'acier inoxydable thermorégulées ; vieillissement de 18 mois en fûts (renouvelés par tiers à chaque millésime) ; collage et filtration ; blanc – fermentations et élevage sur lies de 10 mois en fûts (renouvelés par tiers à chaque millésime) ; collage et filtration

VINS PRODUITS

rouge – Château Carbonnieux – 200 000 b ; Château Tour Léognan – 40 000 b ;
blanc – Château Carbonnieux – 200 000 b ; Château Tour Léognan – 40 000 b
À maturité : rouge – dans les 7 à 10 ans suivant le millésime ;
blanc – dans les 7 à 20 ans suivant le millésime, voire au-delà

APPRÉCIATION GÉNÉRALE

Très proche d'un bourgogne – il évoque un Volnay –, le rouge de Carbonnieux s'est nettement amélioré depuis 1985 et tient désormais son rang. Il peut parfois paraître léger, mais c'est en fait le mode d'expression de ce vin souple et savoureux, qui se révèle avec discrétion, tout en grâce et en élégance. Je ne saurais le recommander à ceux qui aiment les crus de longue garde, mais, dans la plupart des millésimes, il fera le bonheur des amateurs de Graves fruités et racés. Les prix demeurent raisonnables. Quant aux vins blancs, ils ont toujours été excellents, et certaines années peuvent tenir très longtemps.

Carbonnieux est l'un des plus vastes domaines des Graves. Jusqu'au milieu des années 80, il avait le défaut de beaucoup de ses pairs de Pessac-Léognan : ses vins blancs étaient souvent délicieux, mais ses rouges inintéressants, légers et sans relief. Par la suite, il s'est nettement redressé, les blancs progressant encore et les rouges se révélant plus élégants, plus aromatiques, plus souples et mieux élaborés.

Cette propriété est sans doute l'une des plus belles de la région, mais aussi l'une des plus riches par son histoire, puisqu'on en trouve trace dès le XIIIe siècle. Cependant, l'aventure moderne de Carbonnieux commence en 1956, quand le château fut acheté par

Marc Perrin. C'est son fils, Antony, qui le dirige aujourd'hui. Au milieu des années 80, il fit appel au célèbre Denis Dubourdieu, qui supervise désormais la vinification des blancs, plus intenses et plus concentrés. Parallèlement, les rouges ont acquis davantage de profondeur et d'intensité.

La plupart des millésimes de Carbonnieux, rouges ou blancs, doivent être bus dans les 7 à 10 ans. Certains blancs, cependant, affichent un potentiel leur permettant de bien évoluer sur deux, voire trois décennies.

ROUGE

2003 **88-90** Voici l'une des plus belles réussites de la propriété depuis quelques années. Exhalant de classiques arômes de douce cerise noire rehaussés de belles notes de cigare et de résine, le 2003 de Carbonnieux est moyennement corsé, racé et complexe. Plus profond et plus puissant que de coutume, il est étayé par une heureuse acidité. À boire à son apogée **entre 2007 et 2017.** (1/05)

2002 **88** Ce vin élégant incarne la discrétion et l'harmonie typiques des Bordeaux. Magnifiquement réussi, il est moyennement corsé, vêtu de rubis foncé, avec un doux nez de confiture de cerise nuancé de fumé, d'herbes séchées et de boîte à épices. En milieu de bouche, il séduit par sa belle étoffe, ainsi que par son fruité. L'ensemble, qui se distingue par sa race et sa douceur, étonne encore par sa persistance et par la manière dont il caresse le palais, tout en rondeur. **À boire dans les 12 à 15 ans.** (9/03)

2001 **88** Ce vin élégant, dont la grâce évoque l'amabilité de son auteur, arbore un rubis profond et déploie de doux arômes de cerise noire nuancés de terreau. Moyennement corsé, doté de tannins souples, il développe une finale aussi coulante que persistante. Un classique, merveilleux à la fois de retenue et de richesse, qui sera agréable dès sa jeunesse tout en étant capable de bien évoluer sur **10 à 15 ans.** (1/03)

2000 **89** Il s'agit très certainement, pour Carbonnieux, du millésime le plus réussi des trente dernières années. D'un rubis-pourpre profond, doté de complexes senteurs de cerise noire, de groseille, de tabac, de sauce soja et de terre, le 2000 est moyennement corsé et merveilleux de pureté, bien qu'il soit plus gras et plus profond que de coutume. L'ensemble, subtilement nuancé en arrière-plan de chêne neuf grillé, incarne la race et la finesse. **À boire entre 2006 et 2018.** (1/03)

1999 **86** Voici un vin souple, légèrement corsé et rond, aux notes de douce cerise confiturée et de tabac herbacé, qu'on boira avec plaisir et sans cérémonie **dans les 3 à 5 ans.** (3/02)

1998 **87** Évoquant un bourgogne par ses vives senteurs de cerise et de fumé, le Carbonnieux 1998 est moyennement corsé, plutôt léger, mais racé et savoureux, plein de grâce quoique discret. Ce vin ne fera pas de vieux os, mais il est bien structuré et charmeur. **À boire dans les 5 à 6 ans.** (3/02)

1997 **81** Ce vin légèrement corsé est dilué et évoque un bourgogne assez léger par ses doux arômes de cerise et de framboise. **À boire sans cérémonie dès maintenant.** (1/02)

1996
86
Vêtu de rubis foncé, ce vin moyennement corsé et racé séduit par les arômes de cerise et de framboise, marqués de notes de pain grillé, qu'il présente tant au nez qu'en bouche. Évoquant un Volnay, il s'exprime avec élégance et tiendra **jusqu'en 2008.** (1/02)

1995
87
Séduisant et sensuel, le Carbonnieux 1995, moyennement corsé, est d'un rubis profond, avec de subtils arômes de chêne fumé infusés de notes de tabac, de kirsch et de cassis. L'ensemble est tout à la fois rond, légèrement tannique, riche et enivrant ; il se caractérise par sa souplesse, son équilibre, sa finesse et par une belle élégance d'ensemble. **À boire jusqu'en 2011.** (3/01)

1994
79
D'un rubis moyennement foncé, le 1994 libère des arômes doux et mûrs de groseille, de cerise, de chêne neuf épicé, et se montre austère et maigre en bouche, avec d'abondants tannins. Sec, boisé et dur, il manque à la fois de complexité, de fruité et de chair. **Devrait être bu.** (1/97)

MILLÉSIMES ANCIENS

La plupart des vins des années 80 et 90 sont bien faits et méritent des notes entre 85 et 87. Certains très grands millésimes plus anciens (tels le 1961, noté 91 en mars 1999, ou encore le 1959, noté 89 en janvier 2003) sont encore superbes. J'espère que les millésimes récents se révéleront d'aussi haut niveau.

BLANC

2003
91
Ce vin blanc de haut vol est généreusement corsé et charnu, avec des notes de minéral, ainsi que des arômes de pamplemousse crémeux et d'autres agrumes. Moyennement corsé, extrêmement frais – il est étayé par une heureuse acidité –, il sera agréable **ces 10 à 12 prochaines années.** (1/05)

2002
88
Plus évolué que ne le sont généralement les jeunes millésimes de ce cru, le 2002 de Carbonnieux s'annonce par une robe jaune paille légèrement foncée. Très concentré, étayé par une acidité piquante, il présente, outre un vif caractère minéral, des nuances de zeste de citron, d'orange et de pamplemousse. **À boire dans les 7 à 8 ans.** (1/05)

2001
91
Ce vin fabuleux est l'un des Carbonnieux blancs les plus grandioses récemment produits. Sa robe d'un jaune paille léger introduit un ensemble moyennement corsé, dont les séduisantes notes de figue, de zeste de citron, de pamplemousse et de chèvrefeuille sont étayées par une heureuse acidité tonique. Ce vin profond et fruité, à la finale aussi longue que concentrée, évoluera de belle manière **ces 15 prochaines années, voire au-delà.** Il s'agit, en outre, d'une excellente affaire ! (1/03)

2000
87
Le 2000 atteste une bonne facture, malgré son manque de complexité. Moyennement corsé, généreusement fruité, il n'a pas la profondeur ni la densité du 2001, mais on l'appréciera pour ses admirables arômes de zeste de citron et de miel. **À boire dans les 8 à 10 ans.** (1/03)

LES CARMES HAUT-BRION (PESSAC-LÉOGNAN)

Non classé
Propriétaires : familles Furt/Chantecaille
Administrateur : Didier Furt
Adresse : 197, avenue Jean-Cordier – 33600 Pessac
Tél. 05 56 93 23 40 – *Fax* 05 56 93 10 71
E-mail : chateau@les-carmes-haut-brion.com
Site Internet : www.les-carmes-haut-brion.com
Visites : sur rendez-vous uniquement
Contact : Didier Furt

VIGNOBLE ET VINIFICATION

Superficie : 4,66 ha
Encépagement : 50 % merlot, 40 % cabernet franc, 10 % cabernet sauvignon
Âge moyen des vignes : 35-40 ans – Densité de plantation : 10 000 pieds/ha
Rendement moyen : 46 hl/ha
Élevage : fermentations et macération de 15 à 21 jours en cuves d'acier inoxydable thermorégulées ; achèvement des malolactiques et vieillissement de 18 mois en fûts (50 % de bois neuf) ; collage et filtration selon le millésime

VINS PRODUITS

Château Les Carmes Haut-Brion – 22 000 b ; Le Clos des Carmes – 4 000 b
À maturité : dans les 6 à 15 ans suivant le millésime

APPRÉCIATION GÉNÉRALE

Ce bijou de propriété propose des vins superbes, difficiles à trouver en raison du petit volume produit. Les millésimes récents se sont régulièrement imposés comme des révélations. Dans les meilleures années, le cru évoque, par sa complexité, le grandiose Haut-Brion, dont il n'a pas, cependant, la densité. Il se distingue encore par une très grande finesse et des arômes explosifs, qu'il doit à sa forte proportion de cabernet franc. Encore sous-estimé, Les Carmes Haut-Brion mérite vraiment que les amateurs s'y intéressent davantage, car les prix demeurent raisonnables. La qualité justifierait une promotion de la propriété en cru classé.

Au début des années 70, j'ai eu la chance de tomber, chez un détaillant, sur des magnums de 1959 de ce cru vendus en promotion. Je ne savais rien de ce vin, mais j'ai pris le risque et en ai acheté deux flacons. Bien m'en a pris, car tous deux étaient extraordinaires. Cependant, par la suite, il m'a été impossible de mettre à nouveau la main sur ce vin. J'ignorais alors presque tout de ce précieux petit vignoble, situé sur un tertre graveleux, à Pessac, dans la banlieue de Bordeaux, près de Haut-Brion et de La Mission Haut-Brion, et qui compte parmi les moins connues des propriétés de haut niveau de Pessac-Léognan. Je recommande particulièrement une visite des lieux – on dirait un château médiéval de conte de fées entouré d'un parc magnifique.

Le cru doit son nom à Jean de Pontac, seigneur de Haut-Brion, qui fit don aux carmes de Notre-Dame d'un moulin entouré d'une vigne. Les moines l'exploitèrent de 1584 à 1789, date à laquelle la Révolution leur confisqua le domaine.

La propriété élabore un rouge riche et étoffé, grâce, surtout, aux vieux pieds de merlot qui se plaisent dans le sol graveleux et argileux. La vinification est traditionnelle, et les vins sont des Graves typiques, profondément colorés, intenses et complexes. Malheureusement, M. Chantecaille vend l'essentiel de sa production, par le biais de sa maison de négoce, sur les marchés européens.

Les Carmes Haut-Brion ressemble beaucoup à Haut-Brion et à La Mission Haut-Brion, ce qui n'est guère surprenant, puisque les vignobles sont fort proches et qu'ils bénéficient tous trois du même type de terroir. Je conseille aux amateurs de suivre de très près cette petite propriété de haut niveau.

2003
88-91 Ce petit bijou de propriété propose un 2003 de belle facture, léger, parfumé et d'une grande finesse, qui ne conviendra pas aux amateurs de crus intensément colorés, puissants et massifs. Ce vin d'un rubis foncé, aux délicieux arômes de sous-bois, de fougère, de feuille de tabac, de douce cerise et de groseille, est moyennement corsé et très aromatique, révélant déjà une belle complexité. **À boire dès sa jeunesse et dans les 10 à 12 ans suivant le millésime.** (3/04)

2002
90 Des arômes de cerise aigre-douce nuancés de notes de boîte à épices et de tabac jaillissent du verre, annonçant un vin floral et aérien, étonnamment séduisant et léger, mais également souple et sensuel. L'ensemble, moyennement corsé, se distingue encore par sa pureté et sa persistance. Il ne conviendra pas aux amateurs de crus amples au fruité explosif, car il s'exprime tout en délicates nuances. Un vin typiquement français, à consommer **jusqu'en 2013.** (9/03)

2001
89 Vinifié dans le même style que le 1999, en plus élégant, ce vin d'un rubis-pourpre foncé, aux doux arômes de petits fruits, de boîte à épices et de fumé, est légèrement corsé, souple et savoureux. Il développera certainement, à terme, davantage de complexité et de nuances. Bien qu'il n'ait pas l'ampleur, la puissance ni le potentiel du 1999 ou du 2000, il n'en demeure pas moins d'excellente facture. **À boire jusqu'en 2016.** (1/03)

2000
92 Plusieurs échantillons de ce vin, en bouteille, se sont révélés étonnamment fermés, mettant longtemps à se révéler dans le verre. Cependant, après une certaine aération, le 2000 des Carmes Haut-Brion développe une belle puissance aromatique et s'impose comme une véritable essence, traduisant parfaitement son appellation ainsi que la caractéristique élégance des grands bordeaux. S'exprimant à la fois en profondeur et en finesse, superbe de concentration et d'opulence, cet ensemble moyennement corsé se développe en bouche par paliers et tout en rondeur, déployant des arômes luxuriants, d'une extraordinaire complexité, qui évoquent le cigare, la terre, le café, le cassis et la prune mûre. Stupéfiant de pureté, étayé par des tannins doux, il est, pour l'heure, serré et fermé, et sera plus long à s'épanouir que je ne l'aurais pensé de prime abord. **À boire entre 2007 et 2020.** (1/03)

1999
89 Ce vin d'un rubis-pourpre foncé est souple et élégant, avec des arômes de cerise et de groseille imprégnés de notes de tabac. L'ensemble exprime dès l'attaque, avec ampleur, une grande douceur, ainsi qu'une sensualité et une complexité d'excellent aloi. Un Graves moyennement massif, persistant et marqué par le terroir, vraiment impressionnant ! **À boire dans les 6 à 10 ans suivant le millésime.** (3/02)

1998 **90** Ce vin stupéfiant – l'une des révélations du millésime – s'annonce par un pourpre dense. Dégageant un nez typique des vins de Graves, aux senteurs de goudron, de viande grillée, de terre fraîchement remuée, de cassis et d'épices à barbecue, il est moyennement corsé et se montre merveilleusement élégant malgré sa profondeur, sa richesse et sa concentration. Dès l'attaque en bouche, il séduit par sa somptueuse douceur, et sa finale recèle des tannins mûrs. Le fait qu'il s'améliore considérablement à l'aération – une bouteille ouverte vingt-quatre heures plus tôt était bien meilleure qu'une autre ouverte sur le moment – laisse subodorer un très grand potentiel de garde. Les amateurs de Haut-Brion seraient bien avisés de s'intéresser à ce vin superbe. **À boire jusqu'en 2020.** (3/02)

1997 **87** Ce vin d'un rubis moyen libère un bouquet parfumé et complexe d'herbes, de tabac, de fumé et de poivre, d'où jaillissent également des notes d'encens. Légèrement corsé, il s'exprime tout en finesse, révélant, outre un généreux fruité, du charme et de la souplesse. Il compense son manque de profondeur et de persistance par un caractère sensuel et merveilleusement complexe. **À boire dès maintenant.** (1/02)

1996 **87** Séduisant et sensuel, ce Graves d'un rubis moyen regorge littéralement d'un abondant fruité de cerise confiturée aux notes de terre et de fumé. À la fois épicé, rond et généreux, s'exprimant tout en rondeur, il s'impose comme l'un des vins les plus racés et les plus sous-estimés de son appellation. Bien qu'il ne soit pas de très longue garde, il saura se révéler charmeur **ces 3 à 4 prochaines années.** (3/01)

1995 **87** Le 1995 des Carmes est un Graves tout à fait classique, qui se caractérise par ses arômes de petits fruits, de fumé et de tabac. Moyennement corsé, doux et rond, ce vin se révèle complexe et élégant, sans aspérités. Il se distingue par sa faible acidité et par son caractère savoureux et mûr de merlot, qui le rendent immédiatement séduisant. Un vin charnu et délicieux. **À boire jusqu'en 2006.** (12/00)

MILLÉSIMES ANCIENS

La plupart des bons millésimes de cette propriété sont notés entre 86 et 88, mais certains d'entre eux peuvent franchir la barre des 90, tels le 1959 (noté 92 et dégusté pour la dernière fois en décembre 1985), ou encore le 1945 (noté 93 et dégusté pour la dernière fois en décembre 1995).

DE CHANTEGRIVE (GRAVES)

Non classé
Propriétaires : Françoise et Henri Levêque
Adresse : 33720 Podensac
Tél. 05 56 27 17 38 – *Fax* 05 56 27 29 42
E-mail : courrier@chateau-chantegrive.com
Site Internet : www.chantegrive.com
Visites : du lundi au samedi (9 h-17 h)
Contact : Hélène Lévêque

VIGNOBLE ET VINIFICATION

Superficie : rouge – 57 ha ; blanc – 35 ha
Encépagement : rouge – 50 % cabernet sauvignon, 50 % merlot ;
blanc – 50 % sauvignon blanc, 50 % sémillon
Âge moyen des vignes : rouge – 25 ans ; blanc – 34 ans
Densité de plantation : 6 600 pieds/ha
Rendement moyen : rouge – 42 hl/ha ; blanc – 35 hl/ha
Élevage : rouge – fermentations et macération en cuves d'acier inoxydable thermorégulées d'une contenance de 100 hl, avec remontages fréquents ; achèvement des malolactiques et vieillissement de 14 mois en fûts (renouvelés par tiers à chaque millésime) ; collage ; pas de filtration ;
blanc – fermentations et élevage de 9 mois en cuves d'acier inoxydable ; pas de collage ; filtration
Cuvée Caroline – macération pelliculaire, fermentations et élevage sur lies de 9 mois en fûts (50 % de bois neuf), avec bâtonnages hebdomadaires ; pas de collage ; filtration légère

VINS PRODUITS

rouge – Château de Chantegrive – 150 000 b ; Benjamin de Chantegrive – 120 000 b ; blanc – Château de Chantegrive : 70 000 b ; Château de Chantegrive Cuvée Caroline – 65 000 b
À maturité : rouge – dans les 5 à 7 ans suivant le millésime ;
blanc – dans les 2 à 4 ans suivant le millésime (les meilleurs millésimes de la Cuvée Caroline tiennent 6 à 7 ans)

APPRÉCIATION GÉNÉRALE

S'ils sont rarement profonds, les rouges du Château de Chantegrive sont toujours de bonne facture et constituent de bonnes affaires, étant donné leur prix raisonnable. En termes de qualité, ils évoquent un bon cru bourgeois du Médoc. Les blancs sont excellents, en particulier les meilleurs millésimes de la Cuvée Caroline, qui peuvent rivaliser avec les crus classés de Pessac-Léognan.

Lorsque je déjeune ou dîne dans un restaurant de Bordeaux, je demande souvent les rouges et les blancs de ce charmant Château de Chantegrive, qui se trouve au bord de la N113, près du bourg de Podensac. Si Henri Lévêque peut prouver que ses ancêtres vignerons travaillent ici depuis 1753, il a dû, personnellement, effectuer de gros efforts, depuis 1962, pour tirer ce domaine de l'anonymat et lui donner sa belle réputation actuelle de producteur de vins rouges et blancs de bon niveau et d'un excellent rapport qualité/prix.

La température et l'hygrométrie des bâtiments techniques sont entièrement contrôlées, du cuvier jusqu'à la cave d'élevage. Depuis le milieu des années 80, la propriété propose une remarquable cuvée de blanc, la Cuvée Caroline, qui peut rivaliser avec bien des crus classés. Ni les rouges ni les blancs ne sont destinés à la garde, et il faut généralement boire les premiers dans les 5 à 7 ans qui suivent le millésime – je crois même qu'il est prudent de consommer les blancs avant qu'ils n'aient 5 ans – et les seconds dans les 2 à 4 ans. Néanmoins, ces vins sont toujours bien vinifiés, même dans les petits millésimes, et traduisent joliment le caractère de leur appellation.

Les amateurs économes, à la recherche de vins généreux pour le palais et cléments pour la bourse, pourront suivre de près ce domaine du sud des Graves qui se surpasse régulièrement.

ROUGE

2000 L'excellent 2000 déploie des notes de terre fraîchement remuée, de cerise noire
88 et de groseille mûres, de tabac et de cigare. Moyennement corsé, séduisant de souplesse et de maturité, il sera parfait dès sa jeunesse et jusqu'en 2012. (1/03)

BLANC

2001 Cuvée Caroline – Ce vin de très haut vol révèle des senteurs de chèvrefeuille,
89 de marmelade d'orange, de noix fumée et d'agrumes magnifiquement rehaussées d'un boisé (notes de chêne grillé) bien fondu. L'ensemble, moyennement corsé, est délicieusement fruité, avec une heureuse acidité sous-jacente. Une merveille, qui constitue, de surcroît, une très bonne affaire. À boire dans les 2 ans. (1/03)

DOMAINE DE CHEVALIER (PESSAC-LÉOGNAN)

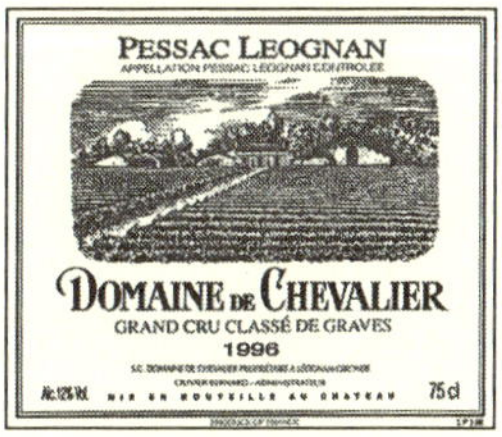

Cru classé (rouge et blanc)
Propriétaire : famille Bernard
Administrateur : Olivier Bernard
Adresse : 102, chemin de Mignoy – 33850 Léognan
Tél. 05 56 64 16 16 – *Fax* 05 56 64 18 18
E-mail : domainedechevalier@domainedechevalier.com
Site Internet : www.domainedechevalier.com
Visites : sur rendez-vous, du lundi au vendredi

VIGNOBLE ET VINIFICATION

Superficie : rouge – 30 ha ; blanc – 4,5 ha
Encépagement : rouge – 65 % cabernet sauvignon, 30 % merlot, 2,5 % cabernet franc, 2,5 % petit verdot ; blanc – 70 % sauvignon blanc, 30 % sémillon
Âge moyen des vignes : 30 ans – *Densité de plantation :* 10 000 pieds/ha
Rendement moyen : rouge – 45-48 hl/ha ; blanc – 40 hl/ha
Élevage : rouge – fermentations au-dessous de 30 °C et cuvaison de 21 jours en cuves d'acier inoxydable ou revêtues d'Époxy thermorégulées, d'une capacité de 100 à 150 hl ; vieillissement de 18 à 22 mois en fûts (renouvelés par tiers à chaque millésime) ; collage et filtration ; blanc – fermentations et élevage sur lies de 18 mois en fûts (30 % de bois neuf) ; collage et filtration

VINS PRODUITS

rouge – Domaine de Chevalier – 80 000 b ; Esprit de Chevalier – 90 000 b ; Pessac-Léognan – 25 000 b ;
blanc – Domaine de Chevalier – 12 000 b ; Esprit de Chevalier – 10 000 b
À maturité : rouge – dans les 5 à 15 ans suivant le millésime ; blanc – dans les 10 à 35 ans suivant le millésime

APPRÉCIATION GÉNÉRALE

Pour ce qui est des rouges, le Domaine de Chevalier se révéla sous-performant au début des années 90, mais les vins se sont considérablement améliorés depuis.

Quant aux blancs, ils ont toujours été de très haut niveau, mais difficiles à trouver du fait de leur faible production. Les vins du Domaine de Chevalier sont chers.

Les vins de cette petite propriété, nichée au cœur d'une forêt au sud de Léognan, sont l'apanage des véritables connaisseurs. Produits en très petites quantités, ils comptent au nombre des plus prestigieux Pessac-Léognan et peuvent se révéler de très haut vol.

Le Domaine de Chevalier doit sa belle réputation au très aristocratique Claude Ricard, qui hérita cette propriété en 1942. Malheureusement, des dissensions familiales le contraignirent à céder le cru, en 1983, à la grande maison de distillerie Bernard. Il continua un temps d'en assurer la direction, avant de passer les rênes à Olivier Bernard.

Le rouge du Domaine de Chevalier n'a pas ce caractère intense, riche, marqué par le terroir des Graves, qui distingue Haut-Brion et La Mission Haut-Brion, par exemple. Jusque dans les années 90, il se distinguait par de subtils arômes de minéral et de terroir, mais il était plus légèrement corsé que les crus précédents, et évoquait davantage un Médoc qu'un Graves de Pessac et de Talence. Depuis l'arrivée des Bernard, on note une vinification tendant à la production d'un vin plus ample, plus charpenté et plus puissant. Il n'y a rien à redire à cela. Cependant, le charme sous-jacent et la finesse de ce rouge – qui ont fait son succès – ont souvent été masqués au début des années 90 par un boisé en excès.

À ma connaissance, le Domaine de Chevalier est le seul blanc du Bordelais qui vieillisse plus de 18 mois en fûts de chêne. La production est faible, et le vin, fabuleux quand on le déguste au fût, se ferme généralement après la mise en bouteille, pour ne se rouvrir que 10 ans après environ. Il est suffisamment racé pour évoluer plus longuement – et avec davantage de grâce – que le rouge, pourtant magnifique. En fait, il peut tenir 25 à 35 ans, survivant ainsi à la plupart des rouges de la propriété.

Si vous visitez la région, il se peut que vous ayez des difficultés à dénicher le Domaine de Chevalier. Pour ma part, la première fois que j'ai essayé de l'atteindre (vers la fin des années 70), je n'ai pas réussi. Le château aux façades crème est entouré, sur trois côtés, d'une forêt de pins ; vous le trouverez en suivant la D109, à l'est de Léognan, en direction de Cestas. Vous verrez ensuite des pancartes qui vous guideront jusqu'au château.

Le terroir est ici constitué d'un lit de graves, mais il contient également de l'argile et du fer. La culture de la vigne est assez périlleuse, à cause des gelées printanières et des fréquentes averses de grêle qui abîment les ceps. Le Domaine de Chevalier est sans doute le château du Bordelais qui souffre le plus de ces calamités naturelles.

Les vins sont assez chers – leurs prix sont comparables à ceux d'un deuxième cru du Médoc.

ROUGE

2003
88-90 Ce vin souple, épanoui et sensuel présente un nez de fumée de bois et d'épices à barbecue, ainsi que de complexes arômes de prune et de cerise confiturées. Moyennement corsé, épicé et légèrement tannique, il est relativement retenu et racé. **À boire dans les 10 à 12 ans.** (3/04)

2002
90 Il est encourageant de voir que cette belle propriété du sud de Pessac-Léognan enregistre une grande réussite en 2002. En effet, le Domaine de Chevalier se présente, cette année-là, vêtu d'un rubis-pourpre profond, avec un doux nez de cassis et de vanille. En bouche, il est moyennement corsé, concentré, et révèle, outre des flaveurs d'une belle puissance aromatique, un fruité très

généreux, mais d'une grande précision. Ce cru donne parfois l'impression d'être trop maigre et trop marqué par le chêne, mais le boisé du 2002 est parfaitement fondu. L'ensemble, impressionnant à la fois d'élégance et d'ampleur, recèle des tannins doux. **À boire entre 2006 et 2016.** (9/03)

2001
90 Ce vin s'est considérablement étoffé en cours d'élevage. D'un rubis-pourpre profond, il exprime avec élégance, dans un ensemble moyennement corsé, des arômes de tabac épicé, de réglisse, de cassis, de cake et de minéral. L'ensemble, qui incarne la finesse, se distingue aussi par sa très grande puissance aromatique. **À boire entre 2006 et 2016.** (1/03)

2000
90 Voici le meilleur Domaine de Chevalier des dix dernières années. Opaque et pourpre de robe, le 2000 se distingue par sa très grande générosité, que traduisent parfaitement ses stupéfiantes senteurs de charbon, de prune, de groseille, de tabac et de boîte à épices. L'ensemble, moyennement corsé, conserve, malgré sa grande richesse, une élégance et une pureté de bon aloi. Il est marqué par le chêne neuf, mais son boisé est fondu. **À boire entre 2008 et 2025.** (1/03)

1999
88 Ce Graves classique, d'une grande finesse, révèle des arômes de terre fraîchement remuée, de tabac et de groseille. En bouche, il est moyennement corsé, riche, élégant et savoureux. Ses tannins sont doux, et son boisé mieux fondu que chez ses aînés. Un vin de très bonne facture. **À boire dans les 10 à 12 ans suivant le millésime.** (3/02)

1998
87 Ce vin rubis foncé révèle au nez un boisé agressif sous forme de notes de chêne neuf épicé. Il déploie aussi des senteurs de tabac, de fumé et de cerise noire. Bien qu'il soit moyennement corsé et racé, il n'a pas la profondeur lui permettant de compter au nombre des stars du millésime. **À boire jusqu'en 2015.** (3/02)

1997
85 Vêtu d'un rubis assez léger, le Domaine de Chevalier 1997 exhale un nez doux, fumé et herbacé de grillé, de cerise et d'autres petits fruits. Séduisant, mais assez peu corsé, il exprime une bouche faible en acidité, étayée par des tannins souples. Cependant, il manque à la fois de profondeur et de persistance. **À boire dans les 2 ans.** (1/02)

1996
88 Le 1996 se montre sous un très bon jour en bouteille. Extrêmement élégant, avec un boisé bien fondu, il présente un fruité de cerise et de cassis aux notes de tabac. Il me semble que la propriété est revenue au style de vins qu'elle produisait dans les années 70 et au début des années 80. L'ensemble, moyennement corsé, est opulent et concentré ; il dévoile en bouche, outre une belle texture, des arômes séduisants et dotés d'un bon potentiel de complexité. **À boire jusqu'en 2016.** (3/01)

1995
80 ? Le boisé très prononcé du Domaine de Chevalier 1995 décourage toute tentative pour apprécier le fruit qu'il recouvre. Bien sûr, ce vin est peu évolué et légèrement corsé, avec des notes de minéral, mais qu'en est-il du fruité, de la maturité et de l'étoffe ? **À boire entre 2007 et 2015.** (3/00)

1990
89 Le boisé du 1990 est mieux fondu que je ne l'aurais pensé au vu de mes premières dégustations. D'un grenat profond ambré sur le bord, ce vin, dont le doux nez de sucre roux, de cerise et de groseille s'entremêle de notes

d'herbes, de tabac et de grillé, est moyennement corsé, racé et d'une grande pureté, avec des tannins fondus. Plein de grâce, il est actuellement à son apogée. **À boire jusqu'en 2012.** (1/03)

1989 **89** Ce vin d'un prune-grenat profond exhale un bouquet de fruits noirs, de fumé, d'herbes, de thé noir de Chine et de vanille. Moyennement corsé et modérément tannique, il est moins évolué que son aîné de 1990. Sa finale recèle des tannins secs et astringents. **À boire jusqu'en 2014.** (1/03)

1988 **90** Ce 1988 du Domaine de Chevalier s'impose comme l'une des réussites du millésime. Rubis foncé, avec un bouquet peu évolué, mais généreux, de chêne neuf fumé, de cassis et de fleurs, il se montre moyennement corsé, charnu et généreusement doté en bouche. C'est un grand succès de la propriété – le meilleur Domaine de Chevalier depuis le 1983. **À boire jusqu'en 2008.** (3/97)

1986 **88** Le 1986 a évolué moins régulièrement que je ne l'aurais pensé. Son nez séduisant de terre, de rôti, d'herbes, de minéral, de fruits noirs et rouges est indiscutablement plaisant, mais il révèle en bouche des tannins astringents, qui ne sont pas fondus dans l'ensemble. Malgré sa finale courte, ce vin est très bon, voire excellent, et l'on peut espérer qu'il continuera de bien évoluer ces prochaines années, peut-être même en s'étoffant. **À boire jusqu'en 2012.** (11/95)

1983 **92** Le superbe 1983, qui est à son apogée, se distingue par une robe grenat foncé et par de somptueuses senteurs d'herbes fumées, de terre, de réglisse, de fruits noirs et de minéral. Une fois passé ce bouquet aussi élégant que complexe, on découvre un ensemble tout aussi irrésistible en bouche qu'au nez : moyennement corsé, ample et savoureux, c'est un modèle à la fois d'élégance, de finesse et d'opulence. **À boire jusqu'en 2006.** (1/03)

1982 **71 ?** Le Domaine de Chevalier 1982 est l'une des grandes déceptions de ce millésime. Plus fruité lorsqu'il était encore en fût, il accuse maintenant – en bouteille et en demi-bouteille – un cruel manque de fruit et de richesse en extrait. En outre, il est dur et creux, avec un excès de tannins astringents et un caractère trop fortement herbacé et végétal, signe d'un manque de maturité. La récolte fut fortement endommagée par la grêle, et il semblerait que ce vin le reflète. Cependant, on m'a dit qu'il existait de bonnes bouteilles de ce cru, auxquelles Michael Broadbent aurait attribué 4 étoiles (sur 5). Peut-être ai-je tout simplement été malchanceux ? (9/95)

MILLÉSIMES ANCIENS

Le fabuleux 1978 (noté 93 et dégusté dernièrement en mars 2003) s'impose comme l'une des grandes réussites du millésime. Il est à son apogée et je doute qu'il s'améliore, si bien que je conseillerais aux amateurs de ne pas tenter le diable en le conservant plus avant. Le 1970 (noté 90 et dégusté dernièrement en juin 1996) a toujours été l'un de mes millésimes préférés, mais je pense qu'il entame maintenant son déclin. Parmi les autres années de haut vol, on citera le 1964 (noté 90 en novembre 1989), le 1959 (noté 89 en mars 1988) et le 1953 (noté 92 en janvier 1989), qui comptent tous trois au nombre des Domaine de Chevalier les plus sensationnels que je connaisse. Loin d'être puissants ou massifs, ils s'expriment tout au contraire en finesse et en équilibre, et révèlent une belle complexité aromatique.

BLANC

2001 Voici l'un des vins blancs les plus grandioses produits à la propriété. Le très
95 généreux 2001 exhale un nez de pierre nuancé de pamplemousse crémeux, de marmelade d'orange et d'herbes fumées. Très intense et très profond, merveilleux de persistance, il est étayé par un gras étonnamment copieux. Je pense que ce vin se refermera d'ici quelque temps, mais il s'agit incontestablement d'une légende en perspective. **À boire entre 2010 et 2040.** (1/03)

2000 Le 2000 du Domaine de Chevalier est l'un des Graves blancs les plus réussis
90 du millésime. Offrant des senteurs de lanoline, de pamplemousse, de fumé et de minéral nuancées en arrière-plan de notes de chêne grillé, il est moyennement corsé, et se montre très pur malgré sa profondeur, sa concentration et son intensité. Ce vin devrait atteindre son apogée d'ici 3 à 4 ans et s'y maintenir **20 ans.** (1/03)

1999 D'un jaune paille léger, doté d'un nez tonique d'herbes et de minéral, le 1999
87 est encore fermé, et il manque en bouche à la fois de profondeur et de persistance. L'ensemble est marqué par une acidité de bon aloi. Certes, la dégustation de ce cru après la mise en bouteilles n'est pas toujours aisée ; cependant, cet exemple-ci manque autant de profondeur que d'intensité, notamment en comparaison des 2000 et 2001. **À boire jusqu'en 2015.** (3/02)

1998 Le 1998, qui se montre mieux en bouteille que dans sa petite enfance, est
88 serré, avec des notes de haricot, de melon, de figue et de minéral. La bouche, moyennement corsée, évoque la figue, le melon, le poivre et le pamplemousse. Une fois passé ce beau déploiement de flaveurs, on distingue une finale longue et rafraîchissante. **À boire entre 2007 et 2020.** (3/02)

1995 Ce vin blanc sec puissant et serré est fortement marqué par le soufre, le boisé
85 et l'acidité. Il s'étoffe lentement et pourrait ultérieurement être renoté à la hausse ; cependant, son acidité piquante relativement importante ainsi que son boisé prononcé ne manquent pas d'inquiéter. Il est moyennement corsé et assez bien fait, et devrait vieillir sans problème une quinzaine d'années. **À boire jusqu'en 2020.** (3/97)

1994 Ce vin pourrait s'imposer comme le meilleur Domaine de Chevalier depuis le
91+ 1983 et le 1985. Moins boisé que de coutume, il dégage un nez ample et mielleux de cerise, de fumé et de melon. Ce bouquet introduit un ensemble très corsé, puissant, dense et très concentré, qui persiste en bouche plus de 45 secondes. C'est très certainement le cru le plus ample, le plus concentré et le plus puissant produit à la propriété ces deux dernières décennies. Si l'on en juge par ses aînés, il faut s'attendre à ce qu'il se referme pendant 10 à 15 ans après la mise en bouteilles. Il tiendra parfaitement **25 à 30 ans, voire plus.** (3/97)

1990 Le 1990 est encore relativement jeune et manque quelque peu de complexité.
88 ? Son nez de zeste de citron, de fleur d'oranger, de figue et de melon introduit un ensemble moyennement corsé et austère, à la finale assez persistante. Il est difficile de prédire l'évolution de ce vin, qui n'a pas, semble-t-il, la précision des très grands millésimes de ce cru. **À boire jusqu'en 2012.** (6/02)

1989 **87 ?** Le 1989, qui présente un boisé très prononcé, n'a jamais été à la hauteur de la réputation du domaine. Ses notes de pierre mouillée, de métal, d'herbes de Provence, de pêche et de melon imparfaitement mûrs sont encore fortement marquées de chêne neuf. Qui plus est, l'ensemble, moyennement corsé, est un peu court en finale. **À boire avant 2010.** (6/02)

1988 **92** Ce vin grandiose, aux somptueux arômes de chèvrefeuille, de minéral, de fleurs blanches, de figue et de chêne fumé, est moyennement corsé, riche et étonnamment persistant. Encore jeune, il devrait magnifiquement évoluer ces 15 prochaines années. **À boire jusqu'en 2020.** (6/02)

1987 **88** 1987 est un millésime très sous-coté pour les Graves blancs. Le Domaine de Chevalier de cette année se montre pourtant plus profond, plus riche et plus complexe que le 1989 et le 1986 – deux millésimes généralement plus appréciés par les amateurs. De couleur paille assez pâle, il exhale un bouquet bien évolué de miel, d'herbe fraîche et d'orange, avec des nuances minérales. Assez corsé, étonnamment tendre et doté d'une acidité moyenne, il présente une finale alcoolique et boisée. **Devrait être bu.** (11/90)

1986 **85** Vêtu d'un jaune paille plutôt léger et libérant un bouquet peu épanoui et fortement boisé, le 1986 est un vin dur, fermé, extrêmement austère. Il pourrait être renoté à la hausse s'il développait davantage de concentration et de charme – je dois dire, cependant, que je l'ai régulièrement noté ainsi depuis mes premières dégustations. **À boire maintenant.** (3/90)

1985 **93** Le 1985 est magnifiquement réussi. Ce vin somptueux, dont la robe d'un jaune paille s'orne d'une légère teinte de vert, déploie de fabuleux arômes herbacés de fruit de la Passion, de figue, de pamplemousse crémeux et de boîte à épices. Merveilleux à la fois de pureté, de profondeur et de précision, il atteint tout juste son apogée. **À boire jusqu'en 2015.** (6/02)

1983 **94** Ce 1983, l'un des Domaine de Chevalier les plus grandioses qui soient, évoque un vin de 4 à 5 ans d'âge. Arborant un jaune paille moyennement foncé, il dégage de somptueux parfums de lanoline, de marmelade, de figue, de minéral et de fumé. L'ensemble, corsé, est d'une grande fraîcheur malgré son ampleur, son intensité, sa richesse explosive et sa persistance. Il peut être consommé **dès maintenant ou dans les 20 ans.** (6/02)

MILLÉSIMES ANCIENS

Rares sont les producteurs de bordeaux blancs pouvant se targuer de l'extraordinaire palmarès du Domaine de Chevalier. Le fabuleux 1971 (noté 93 et dégusté dernièrement en août 2000) est encore merveilleusement jeune et vif. Le 1970 (noté 93 en décembre 1990) est sûrement encore en bonne forme, tout comme le 1962, très renommé, que j'ai noté 93 en mars 1987. Les meilleurs millésimes de blanc de la propriété semblent armés pour résister à l'épreuve du temps. Je le redis, ils survivent de 10 à 20 ans à leurs homologues rouges.

COUHINS-LURTON (PESSAC-LÉOGNAN)

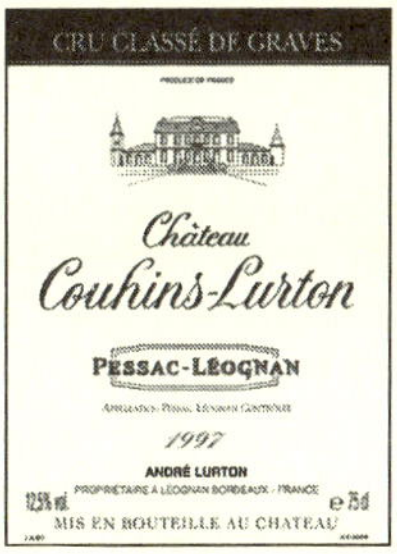

Cru classé (blanc seulement)
Propriétaire : André Lurton
Adresse : 33850 Villenave-d'Ornon
Adresse postale : Vignobles André Lurton
Château Bonnet – 33420 Grézillac
Tél. 05 57 25 58 58 – *Fax* 05 57 74 98 59
E-mail : andrelurton@andrelurton.com
Site Internet : www.andrelurton.com
Visites : non autorisées
Contact : Véronique Bouffard

VIGNOBLE ET VINIFICATION

Superficie : 6 ha
Encépagement : 100 % sauvignon blanc
Âge moyen des vignes : 15-18 ans – Densité de plantation : 6 500 pieds/ha
Rendement moyen : 45 hl/ha
Élevage : après débourbage par le froid, fermentations à 18-23 °C en fûts (30-50 % de bois neuf) ; élevage sur lies de 12 mois, avec bâtonnages réguliers ; collage et filtration

VIN PRODUIT

Château Couhins-Lurton – 20 000 b (pas de second vin)
À maturité : dans les 3 à 15 ans suivant le millésime

APPRÉCIATION GÉNÉRALE

Couhins-Lurton, qui mérite bien son rang de cru classé, constitue aussi une très bonne affaire. André Lurton fait partie d'une famille très connue et omniprésente dans le Bordelais ; il dirige cette propriété – un vrai bijou – avec beaucoup de dynamisme. Son Graves blanc, uniquement composé de sauvignon blanc, est vinifié et élevé près de 12 mois en fûts de chêne ; c'est généralement un vin superbe, étonnant de complexité, de richesse et de persistance. Personnellement, je ne le laisserais pas vieillir au-delà de 10 à 15 ans d'âge, mais je dois avouer que j'apprécie surtout les vins de ce type quand ils sont jeunes et frais. Les prix n'ont pas suivi la courbe ascendante de la qualité, et les amateurs de Graves blancs devraient se mettre à la recherche de celui-ci, impeccablement vinifié, mais relativement rare sur le marché.

2001
91
Ce beau vin, entièrement issu de sauvignon, déploie d'opulentes notes de pamplemousse, de chèvrefeuille, de melon et de figue. Légèrement corsé, vif et d'une grande précision, il est persistant en finale. **À boire jusqu'en 2015.** (1/03)

1998
92
Le puissant 1998 est généreusement marqué en arrière-plan d'arômes d'herbes et de fumé. Très crémeux, étayé par une acidité tonique, il mérite l'intérêt. **À boire jusqu'en 2012.** (1/03)

MILLÉSIMES ANCIENS

Par expérience, je dirais qu'il faut consommer les Couhins-Lurton dans leur jeunesse. Cependant, les 1993 (noté 90) et 1990 (noté 91) m'ont enthousiasmé lorsque je les ai dégustés au printemps 2000.

DE FIEUZAL (PESSAC-LÉOGNAN)

Cru classé (rouge seulement)
Propriétaires : M. et Mme Lochlann Quinn
Adresse : 124, avenue de Mont-de-Marsan – 33850 Léognan
Tél. 05 56 64 77 86 – *Fax* 05 56 64 18 88
E-mail : fieuzal@terre-net.fr
Site Internet : www.fieuzal.com
Visites : sur rendez-vous
Contact : Jean-Luc Marchive ou Gilles Maligne

VIGNOBLE ET VINIFICATION

Superficie : rouge – 38 ha ; blanc – 10 ha
Encépagement : rouge – 60 % cabernet sauvignon, 30 % merlot, 8 % cabernet franc, 2 % petit verdot ; blanc – 50 % sémillon, 50 % sauvignon blanc
Âge moyen des vignes : 30 ans – *Densité de plantation :* 9 091 pieds/ha
Rendement moyen : 40 hl/ha
Élevage : rouge – macération préfermentaire à froid ; fermentations à 27 °C et cuvaison en cuves thermorégulées ; achèvement des malolactiques et vieillissement de 18 à 24 mois en fûts (renouvelés par tiers à chaque millésime) ; collage ; pas de filtration ; blanc – pressurage direct ; fermentations et élevage sur lies de 16 à 18 mois en fûts (50 % de bois neuf pour le sémillon et fûts de 1 an pour le sauvignon blanc) ; collage ; pas de filtration

VINS PRODUITS

rouge – Château de Fieuzal – 100 000 b ; L'Abeille de Fieuzal – 60 000 b ;
blanc – Château de Fieuzal – 40 000 b ; L'Abeille de Fieuzal – 40 000 b
À maturité : rouge – dans les 5 à 25 ans suivant le millésime ;
blanc – dans les 4 à 10 ans suivant le millésime

APPRÉCIATION GÉNÉRALE

S'ils ont toujours été bons, les vins de cette propriété se sont considérablement améliorés depuis le milieu des années 80. Dans les meilleurs millésimes, les rouges comme les blancs peuvent rivaliser avec les stars de l'appellation. Cependant, malgré leur excellente facture, les vins du Château de Fieuzal ne jouissent pas de la renommée de certains de leurs pairs, tel Pape Clément. Encore sous-estimés, ils constituent de très bonnes affaires, en particulier dans les très grandes années.

Le Château de Fieuzal est, depuis toujours, l'un des Graves les moins connus, ce qui ne manque pas de surprendre, compte tenu de la relative ancienneté de cette propriété et de la réputation dont elle jouit dans la région. Les chais sont situés dans cette zone de collines qui borde la D651, non loin de Léognan, dans la direction de Saucats. Il faut cependant préciser que, depuis le milieu des années 80, le domaine a, d'un seul coup, beaucoup gagné en notoriété, pour la bonne et simple raison que ses vins sont devenus sensiblement plus riches et plus complexes, parfois même stupéfiants, capables de rivaliser avec les meilleurs de l'appellation. Cela ne signifie pas que les vieux millésimes aient été mal vinifiés ; ils étaient généralement de bon niveau, mais n'avaient pas le caractère remarquable des vins plus récents.

Cette renommée est due, pour une bonne part, au dynamique Gérard Gribelin, qui avait repris les rênes de la propriété en 1974. En 1977, il l'a équipée de cuves d'acier inoxydable thermorégulées et, dans les années 80, il a prolongé la cuvaison et utilisé davantage de chêne neuf pour l'élevage des vins. Depuis 1985, De Fieuzal propose une très belle série de blancs. Gérard Gribelin soulignait que M. Dupouy, son ancien directeur technique et vinificateur (maintenant à la retraite), avait joué un rôle non négligeable dans cette amélioration. L'homme était incontestablement un perfectionniste, et il a fait preuve non seulement d'un réel talent, mais aussi d'une remarquable faculté d'adaptation en matière de vinification. C'est étonnant, mais l'amélioration de la qualité ne s'est pas accompagnée d'une augmentation notable des prix ; c'est pourquoi, à l'heure actuelle, De Fieuzal demeure l'un des Graves les plus intéressants à cet égard.

ROUGE

2003
87-88 Ce vin souple et évolué arbore un rubis-prune foncé. Moyennement corsé et faible en acidité, il exprime, tant au nez qu'en bouche, de belles notes de fraise et de cerise nuancées de graphite, d'herbes séchées et de boîte à épices. **À boire dans les 10 ans suivant le millésime.** (3/04)

2002
89 Une vinification privilégiant l'extraction a donné ici un vin musclé et dense, mais sec et doté de tannins astringents. Pourtant, l'ensemble, moyennement corsé, marqué au nez de notes de terre, de réglisse, de cassis et de cerise, et nuancé en arrière-plan de minéral et de terre, bénéficie d'une matière première extrêmement dense. Les tannins secs ne manqueront pas d'inquiéter s'ils ne se fondent pas davantage. **À boire entre 2008 et 2019.** (9/03)

2001
89+ Le 2001 du Château de Fieuzal est une réussite. Ce vin d'un rubis-pourpre profond exprime avec élégance, dans un ensemble moyennement corsé, dense, mais très précis, des notes de doux tabac, de groseille, de cassis et de chêne épicé, le tout étayé par des tannins souples. **À boire à son apogée entre 2007 et 2020.** (1/03)

2000
90+ Ce vin d'un rubis-pourpre opaque constitue l'une des grandes réussites de la propriété ces dix dernières années. Des arômes de graphite, de tabac, de réglisse et de crème de cassis se dégagent de ce vin extraordinaire, moyennement corsé et concentré, qui allie une très grande pureté à une impressionnante puissance aromatique. **À boire entre 2007 et 2022.** (1/03)

1999
87 Ce vin de bonne facture est souple et légèrement corsé. Il offre de séduisants arômes d'olive, de cèdre, de terre, de charbon et de fumé. S'il manque un peu de profondeur, il est plein de charme et sera délicieux **jusqu'en 2006.** (3/02)

1998
86 D'un rubis moyennement foncé, le De Fieuzal 1998 se distingue par un nez d'herbes grillées, de tabac, de fumé et de groseille. Ce vin légèrement corsé et austère n'a pas la concentration qui caractérise les meilleurs exemples de ce cru. **À boire jusqu'en 2015.** (3/02)

1997
86 Une robe rubis-pourpre foncé préludant à des arômes de fruits noirs confiturés, généreusement marqués de chêne neuf grillé, annonce le De Fieuzal 1997. Ce vin faible en acidité est précoce et bien fait, mais il n'a pas l'ampleur ni la puissance de son aîné d'un an. **À boire jusqu'en 2012.** (1/99)

1996
88+ Arborant une robe d'un pourpre soutenu, le 1996 présente d'intenses senteurs de charbon, de fumé, de minéral et de fruits noirs. Très richement extrait, il

se montre doux et concentré au palais, et révèle dans une finale modérément persistante un caractère extrêmement musclé et tannique. Ce vin peu évolué, mais prometteur, devrait se maintenir 15 à 16 ans. **À boire entre 2006 et 2020.** (2/01)

1995 **90** Quintessence de l'élégance, le 1995, vêtu de rubis-pourpre foncé, dégage d'attrayants arômes floraux et fumés de cassis et de minéral. Moyennement corsé, avec des tannins mûrs, il révèle en bouche des arômes doux, épanouis et riches, ainsi qu'une texture veloutée frisant l'opulence. Ses tannins, son acidité et son alcool ne sont nullement gênants, et il ne manifeste pas la moindre lourdeur. Ce vin d'excellente facture, qui s'exprime tout en rondeur, peut être dégusté dans sa jeunesse ou conservé plusieurs années. **À boire jusqu'en 2020.** (12/01)

1994 **?** Avant la mise en bouteilles, le 1994 me semblait aussi bon, si ce n'est meilleur, que le 1993. Mais les deux bouteilles qui m'ont, par la suite, été présentées à la dégustation libéraient des arômes de moisi et de carton humide rendant impossible toute évaluation. Il est rare de tomber sur deux bouteilles bouchonnées à la suite. (1/97)

1990 **88** Le 1990 s'est bien étoffé depuis la mise en bouteilles, et mes notes antérieures paraissent désormais assez mesquines. D'un rubis-pourpre foncé resplendissant, il s'est épanoui du point de vue aromatique, révélant de généreuses notes d'airelle, de cerise noire et de cassis. On décèle également, dans son bouquet modérément intense, d'opulentes senteurs de chêne neuf, de terre et de bois de cèdre. La bouche, moyennement corsée, dévoile un fruité doux au gras généreux – la marque du millésime – et des tannins souples bien fondus dans l'ensemble. **À boire jusqu'en 2012.** (8/97)

1989 **87** D'un rubis-pourpre profond, mais légèrement ambré sur le bord, le 1989 est généreusement boisé et libère un bouquet modérément intense de cassis et de groseille, nuancé de terre et d'herbes et bien marqué par le chêne. La bouche, moyennement corsée et faible en acidité, se prolonge dans une finale plutôt tannique. L'ensemble est plus compact et plus longiligne que ne l'est son cadet d'un an, légèrement plus doux et plus charnu. **À boire jusqu'en 2010.** (3/97)

1988 **86** Ce vin profondément coloré et richement extrait exhale un excellent nez de douce groseille. Moyennement corsé, avec une finale compacte et très tannique (frisant l'astringence), il s'est refermé à la mise en bouteilles et requiert une assez longue garde avant d'être prêt. Je doute, d'après le style de la vinification, qu'il puisse se défaire totalement de ses tannins ; il conservera donc toujours un caractère relativement austère. Ce De Fieuzal anguleux est capable de tenir encore une bonne dizaine d'années. **À boire jusqu'en 2016.** (1/97)

MILLÉSIMES ANCIENS

Mes notes de dégustation sur les 1986, 1985 et 1970 (tous trois notés 87 en janvier 1997) attestent des vins de bonne facture. Cependant, les millésimes récents de la propriété (depuis la fin des années 90) sont nettement meilleurs que leurs aînés.

BLANC

2001 93 Le magnifique 2001 manifeste une très grande richesse, que traduisent ses arômes de chèvrefeuille, de marmelade d'orange, d'herbes rôties, de figue et de melon. Moyennement corsé, exceptionnel de concentration tout en étant superbe à la fois de précision et de tonicité, il devrait tenir une bonne quinzaine d'années. Impressionnant ! **À boire entre 2007 et 2020.** (1/03)

2000 86 Bien fait, mais sans détour et dénué de complexité, le 2000 n'a pas les nuances que l'on attendrait d'un tel vin. Généreusement boisé, avec un fruité de melon, il finit court. **À boire jusqu'en 2010.** (1/03)

MILLÉSIMES ANCIENS

Les excellents 1996 et 1995 (notés 88 respectivement en mars 1997 et mars 2003) suivent un somptueux 1994 (noté 92 en mars 1997), lui-même précédé de 1992 et 1993 d'excellente facture, tous deux notés 90 lorsque je les ai dégustés pour la dernière fois en janvier 2003. Les 1988 (noté 92 en janvier 1996) et 1985 (noté 93 en juillet 1997) marquent un tournant dans la vie de la propriété. Les blancs du Château de Fieuzal comptent au nombre des six ou sept meilleurs blancs secs de Bordeaux et méritent incontestablement qu'on se donne la peine de les rechercher et de les acheter.

LA GARDE (PESSAC-LÉOGNAN)

Non classé
Propriétaire : Vignobles Dourthe
Adresse : 33650 Martillac
Adresse postale : 35, rue de Bordeaux – 33290 Parempuyre
Tél. 05 56 35 53 00 – *Fax* 05 56 35 53 29
E-mail : contact@cvbg.com
Site Internet : www.dourthe.com
Visites : sur rendez-vous uniquement

VIGNOBLE ET VINIFICATION

Superficie : rouge – 50,57 ha ; blanc – 1,82 ha
Encépagement : rouge – 52 % cabernet sauvignon, 48 % merlot ; blanc – 100 % sauvignon
Âge moyen des vignes : rouge – 23 ans ; blanc – 10 ans
Densité de plantation : rouge – 6 250 pieds/ha ; blanc – 6 000 pieds/ha
Rendement moyen : 42-43 hl/ha
Élevage : rouge – macération préfermentaire à froid ; fermentations et macération en cuves d'acier inoxydable et de bois thermorégulées, avec pigeages ; achèvement des malolactiques pour une partie en fûts, pour l'autre en cuves ; vieillissement de 12 à 18 mois en fûts (40-60 % de bois neuf) ; collage au blanc d'œuf ; pas de filtration ; blanc – macération pelliculaire ; fermentations et élevage de 12 mois sur lies fines en fûts neufs, avec bâtonnages réguliers ; collage selon le millésime ; pas de filtration

VINS PRODUITS

rouge – Château La Garde – 160 000 b ; La Terrasse du Château La Garde – 100 000 b ; blanc – Château La Garde – 12 000 b (pas de second vin)
À maturité : rouge – dans les 2 à 6 ans suivant le millésime ;
blanc – dans les 2 à 4 ans suivant le millésime

APPRÉCIATION GÉNÉRALE

Cette propriété est régulière à haut niveau, en particulier depuis son acquisition, en 1990, par la maison Dourthe.

Cette propriété fort ancienne, magnifiquement située sur un tertre graveleux au sud de Martillac, s'est considérablement améliorée.

ROUGE

2001
88
Typique de son appellation, cet excellent vin déploie de douces notes de groseille, de cerise, d'herbes fumées et de terre. D'un rubis-pourpre opaque, il est moyennement corsé, aussi profond que mûr, et étayé par des tannins fermes. **À boire entre 2006 et 2013.** (1/03)

2000
89
D'élégantes senteurs de fumé, d'herbes rôties, de tabac, de groseille et de cassis se dégagent de ce vin d'un rubis-pourpre opaque, annonçant un ensemble moyennement corsé, opulent et très doux, étayé par une faible acidité et des tannins mûrs. Une révélation du millésime. **À boire à son apogée entre 2006 et 2017.** (1/03)

1999
87
Ce Graves classique dégage des notes de terre fraîchement remuée et de tabac, ainsi que de doux arômes de groseille et de cassis. L'ensemble, savoureux, est également élégant et suave. Si l'on en juge par ses tannins souples, sa faible acidité et son fruité délicieux, il sera parfait **dans les 3 à 4 ans.** (3/02)

1998
87
Ce vin moyennement corsé et charnu, au fruité séduisant, libère un excellent bouquet de fumé, de graves, de groseille et d'autres fruits rouges. Le boisé est discret, les tannins et l'acidité sont bien fondus dans un ensemble souple. **À boire dans les 2 à 3 ans.** (3/02)

HAUT-BAILLY (PESSAC-LÉOGNAN)

Cru classé (rouge seulement)
Propriétaire : Robert G. Wilmers
Adresse : 103, route de Cadaujac – 33850 Léognan
Tél. 05 56 64 75 11 – *Fax* 05 56 64 53 60
E-mail : mail@chateau-haut-bailly.com
Site Internet : www.chateau-haut-bailly.com
Visites : sur rendez-vous uniquement
Contact : Véronique Sanders

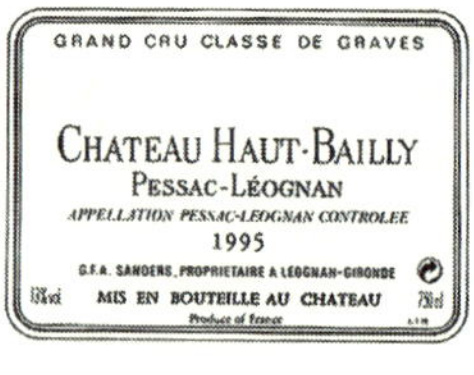

VIGNOBLE ET VINIFICATION

Superficie : 32 ha (28 ha sous culture de vigne)
Encépagement : 65 % cabernet sauvignon, 25 % merlot, 10 % cabernet franc
Âge moyen des vignes : 35 ans – *Densité de plantation :* 10 000 pieds/ha

Rendement moyen : 40-45 hl/ha
Élevage : fermentations et cuvaison de 21 jours en cuves thermorégulées ; vieillissement de 15 mois en fûts (50-60 % de bois neuf) ; collage ; pas de filtration

VINS PRODUITS

Château Haut-Bailly – 80 000-100 000 b ; La Parde de Haut-Bailly – 40 000-60 000 b
À maturité : dans les 5 à 20 ans suivant le millésime

APPRÉCIATION GÉNÉRALE

Haut-Bailly est à nouveau sur les rails après une période difficile, dans les années 60-70. Ce terroir magnifique donne l'un des vins les plus aériens et les plus élégants de l'appellation. Ainsi que je l'ai appris à mes dépens, Haut-Bailly peut souvent paraître léger et terne dans sa jeunesse, mais il se montre nettement mieux vers 5 à 7 ans d'âge, très probablement en raison de la forte proportion de cabernet sauvignon de son assemblage. Du point de vue de la qualité, Haut-Bailly se compare à un troisième cru classé du Médoc.

Haut-Bailly est un domaine relativement récent, au moins par rapport à la moyenne des Graves. Cependant, son histoire est intéressante. Un certain Bellot des Minières, qui fut le deuxième propriétaire de Haut-Bailly à partir de 1872, estimait qu'il améliorait le vin en lui ajoutant une bonne dose de cognac ; il rinçait donc ses fûts avec cet alcool et en laissait une bonne quantité au fond. Aujourd'hui, on murmure que des producteurs, en Bourgogne, fortifient discrètement leur vin, quand l'année est mauvaise, en y ajoutant de l'eau-de-vie ; M. Bellot des Minières, quant à lui, était fier de cette pratique, qui apportait un « plus » à son bordeaux.

La famille Sanders a acheté le domaine en 1955. Il paraît que Daniel Sanders, amateur belge passionné, fut si émerveillé par le Haut-Bailly 1945 qu'il décida, après quelques investigations, de se porter acquéreur du château. Son fils Jean, qui vit à deux pas de là, au Château Courbon, où il produit un agréable Graves blanc et sec, en a repris les rênes à la mort de son père. La propriété a été rachetée en juillet 1998 par Robert G. Wilmers.

Au début des années 60, la propriété a connu un passage difficile ; hormis le 1961 et le 1964, qui se sont révélés délicieux, il a fallu attendre 1979 pour que Haut-Bailly sorte d'une longue série de résultats médiocres. À partir des années 80, le cru s'est considérablement amélioré, grâce à différentes mesures, dont le déclassement de 30 % de la récolte vers un second vin, une proportion plus importante de bois neuf pour l'élevage et des vendanges plus tardives permettant de rentrer des raisins à parfaite maturité.

Haut-Bailly n'est pas facile à jauger dans sa jeunesse. En effet, et pour une raison qui m'échappe, il semble d'abord un peu superficiel et léger, avant de prendre du poids et de la profondeur en bouteille. J'ai interrogé Jean Sanders sur ce point : il m'a répondu qu'il ne cherchait pas à faire un vin capable d'impressionner les critiques avant d'être mis en bouteilles... Il estime que le grand âge de ses vignes, les méthodes traditionnelles de vinification et le fait de ne pas filtrer se conjuguent pour donner un vin ayant besoin de temps afin de révéler tout son charme et tout son caractère.

Haut-Bailly n'atteint jamais la dimension ni la puissance de son voisin De Fieuzal, mais il déploie une élégance exceptionnelle dans les millésimes de haut vol.

2003 **88-91** J'ai fait l'expérience, avec le 2003 de Haut-Bailly, de dégustations variables. Cependant, à son meilleur niveau (il s'est montré ainsi en deux ou trois occurrences), ce vin s'est révélé agréable, et présentait, outre une robe d'un rubis-pourpre profond, des arômes racés, mais retenus, de douce cerise, de cassis, de terre humide et de boisé. Moyennement corsé, étayé par une faible acidité, il offrait encore un fruité net et rafraîchissant marqué de chêne épicé. **À boire dans les 12 à 14 ans suivant une garde de 2 à 3 ans.** (3/04)

2002 **90** Voici une belle réussite de cette propriété de haut vol. Le 2002 de Haut-Bailly, qui arbore un rubis-pourpre profond, dégage d'amples mais douces senteurs de graphite, de boîte à épices, de cerise et d'autres petits fruits. L'ensemble, racé, est moyennement massif et s'exprime avec élégance. Il recèle un merveilleux fruité sous-jacent étoffé et d'une grande pureté. **À boire à son apogée entre 2007 et 2016.** (9/03)

2001 **90** Ce vin discret, qui s'exprime avec grâce et subtilité, présente, tant au nez qu'en bouche, des arômes de cerise noire, de graphite, de champignon et de terre. Moyennement corsé, d'une fraîcheur et d'une délicatesse d'excellent aloi, il est étayé par une acidité tonique et des tannins légers. Un vin subtil et tout en nuances. **À boire à son apogée jusqu'en 2020.** (1/03)

2000 **92** Les bordeaux de ce style, plutôt portés sur la retenue et la subtilité, récompensent généralement les amateurs sachant s'armer de patience. D'un rubis profond, ce Haut-Bailly impressionnant tant il paraît jeune séduit par ses arômes de cerise noire, de framboise et de groseille nuancés de fumé, de terreau et de boisé. L'ensemble, faible en acidité, est marqué de tannins très présents ; il se distingue par sa pureté et son équilibre. Un classique exemple de finesse et d'élégance. **À boire à son apogée entre 2007 et 2025.** (1/03)

1999 **88** Légèrement corsé, doté de doux arômes de cassis imprégnés de fumé et nuancés en arrière-plan de boisé, le 1999 de Haut-Bailly régale le palais de très généreuses flaveurs de fruits rouges, de vanille et d'herbes séchées. Ce vin souple et équilibré peut être apprécié **dès maintenant ou dans les 10 ans.** (3/02)

1998 **87** Typique du cru, le 1998 est discret et policé. Ce vin légèrement corsé, aux séduisantes senteurs de fumé, de groseille et d'autres petits fruits, n'est pas très concentré, et sa finale, souple, s'exprime avec ampleur. Très charmeur, il se distingue encore par son équilibre et ses tannins doux. **À boire dans les 8 ans.** (3/02)

1997 **86** Ce vin légèrement corsé, aux agréables arômes épicés de tabac, de douce cerise et d'autres petits fruits, est étayé par une faible acidité. Très délicat, il peut être consommé **maintenant ou dans les 2 à 3 ans.** (1/02)

1996 **87** Moins charmeur que de coutume, Haut-Bailly présente cependant en 1996 des senteurs modérément intenses de groseille et de cerise rouge entremêlées de notes de terre, de fumé et de chêne neuf. Moyennement corsé et élégant, il ne se développera jamais en un ensemble puissant ou massif, mais il révèle un caractère bien affirmé et un beau potentiel de complexité. Sa finale recèle des tannins secs. **À boire jusqu'en 2015.** (1/02)

1995 **90** Ce vin d'un rubis profond, au nez classique de fumé, de cerise, de cassis et de groseille, est une pure merveille. Moyennement corsé, avec un fruité doux, riche et bien évolué, il est véritablement délicat et élégant (ni maigre ni dilué), et déploie une finale tout à la fois somptueuse, persistante, souple et veloutée. Une danseuse à l'équilibre impeccable, aux parfums et aux arômes de rêve. **À boire jusqu'en 2018.** (11/97)

1994 **88** Le Haut-Bailly 1994 – l'un des meilleurs Pessac-Léognan du millésime – arbore une robe rubis foncé marquée de pourpre, et déploie un doux nez de terre, de minéral et de cassis. Mûr, moyennement corsé et charnu en bouche, il est l'expression même de l'élégance pour un Graves rouge. Très aérien malgré sa richesse, charmeur, s'exprimant tout en rondeur (ce qui n'est pas peu dire pour un 1994), il présente une acidité et des notes de chêne neuf joliment fondues dans l'ensemble. **À boire maintenant.** (1/97)

1990 **92** J'ai une légère préférence pour le Haut-Bailly 1990, mieux réussi que le 1989. D'un rubis sombre plus soutenu et plus riche que son aîné d'un an, il exhale un nez typiquement Graves aux notes de tabac fumé, de mûre et de cassis. Mûr, souple et généreux, il exprime une bouche tout en rondeur. C'est un vin moyennement corsé, racé et bien fait, qui manifeste un très bel équilibre d'ensemble. **À boire ces 15 prochaines années.** (11/96)

1989 **89** Vêtu de rubis profond, le 1989 de Haut-Bailly se présente comme un vin doux et mûr, au nez séduisant de fruits rouges, d'herbes et de tabac fumé. Souple et faible en acidité, il devrait continuer d'évoluer avec grâce en un ensemble élégant et soyeux, au potentiel de garde de **10 ans, voire plus.** (11/96)

1988 **89** Étoffé et riche, le 1988 de Haut-Bailly se distingue par un nez profond, minéral et épicé, nuancé de doux chêne, et par ses arômes corsés, mais tendres et crémeux. Il déploie une finale merveilleuse, persistante et veloutée. **À boire.** (1/93)

1986 **85** Dans ce millésime que l'on connaît pour ses vins puissants et tanniques, le Haut-Bailly est souple. Son bouquet très intense séduit par ses arômes de fruits confits et de doux chêne fumé. La bouche, moyennement corsée, dévoile un fruit riche et rond, et la finale est étonnamment souple. **À boire maintenant.** (1/97)

1985 **86** S'il manque de profondeur, ce vin doté d'un doux fruit de cerise noire et de cassis déploie du charme et de la finesse. Les arômes de chêne neuf et de fumé que l'on décelait dans sa jeunesse se sont estompés au profit d'un caractère légèrement herbacé, masqué par le boisé. L'ensemble est moyennement corsé, avec des tannins souples et une attaque assez charnue. Malheureusement, il s'amenuise par la suite, se révélant plutôt léger, souple, mais sans grand intérêt. **À boire maintenant.** (1/97)

1983 **87** Typique de Haut-Bailly, le 1983 présente une robe rubis foncé et un bouquet riche, voluptueux et épanoui de cassis, auquel se mêlent de séduisants arômes de chêne vanillé. En bouche, le vin se révèle précoce, avec des tannins séveux, soyeux, mûrs et ronds bien en évidence. Assez corsé, velouté et gras, ce Haut-Bailly à son apogée évoque un Pomerol. **À boire maintenant.** (1/91)

MILLÉSIMES ANCIENS

Le 1981 – une révélation du millésime (noté 89 en mars 2003) – est nettement meilleur que le décevant 1982. Le 1979 (noté 88 en janvier 2000) s'est toujours montré de bonne facture, élégant, présentant, outre la finesse et la retenue typiques du cru, de discrètes notes subtilement boisées de petits fruits, de fumé, d'herbes et de minéral. Il était encore magnifique lors de ma dernière dégustation, en janvier 2000. Quant au 1982, il s'agit, je le redis, d'une grande déception : très austère et délavé, il manque singulièrement d'intensité. Hormis le 1970 (noté 87 en octobre 1988), les millésimes des années 70 ne présentent aucun intérêt. Le 1964 et le très profond 1961 (respectivement notés 88 et 93 en mars 1990) étaient d'excellente tenue, mais je subodore qu'ils sont sur le déclin. Le 1928 est l'un des Haut-Bailly les plus prisés. Lors de ma dernière dégustation, en décembre 1995, il était encore en parfaite forme (il fut noté 90). Je pense même que des bouteilles bien conservées de ce millésime se montrent mieux que d'autres plus récentes.

HAUT-BERGEY (PESSAC-LÉOGNAN)

Non classé

Propriétaire : Sylviane Garcin-Cathiard

Adresse : 69, cours Gambetta – 33850 Léognan

Adresse postale : BP 49 – 33850 Léognan

Tél. 05 56 64 05 22 – *Fax* 05 56 64 06 98

E-mail : haut.bergey@wanadoo.fr

Site Internet : www.vignoblesgarcin.com

Visites : sur rendez-vous uniquement

Contacts : Hélène Garcin-Lévêque ou Sylviane Garcin-Cathiard

VIGNOBLE ET VINIFICATION

Superficie : rouge – 23 ha ; blanc – 2 ha

Encépagement : rouge – 60 % cabernet sauvignon, 40 % merlot ; blanc – 65 % sauvignon, 35 % sémillon

Âge moyen des vignes : 30 ans – *Densité de plantation :* 6 500 pieds/ha

Rendement moyen : 35 hl/ha

Élevage : rouge – fermentations avec des levures indigènes et cuvaison prolongée en cuves d'acier inoxydable thermorégulées ; vieillissement de 16 à 18 mois en fûts (50 % de bois neuf) ; ni collage ni filtration ; blanc – fermentations et élevage sur lies en fûts (30 % de bois neuf) ; collage ; filtration selon le millésime

VINS PRODUITS

rouge – Château Haut-Bergey – 55 000 b ; L'Étoile de Bergey – 20 000 b ; blanc – Château Haut-Bergey – 5 000 b ; L'Étoile de Bergey – variable

À maturité : rouge – dans les 5 à 15 ans suivant le millésime après 1998 ; blanc – dans les 3 à 10 ans suivant le millésime

APPRÉCIATION GÉNÉRALE

Voici l'une des renaissances les plus spectaculaires que je connaisse. Il a fallu moins de cinq ans pour que le rouge de Haut-Bergey, qui était l'un des Pessac-Léognan les plus obscurs et les plus anodins, s'impose comme l'une des stars de l'appellation. On doit ce changement à la famille Garcin-Cathiard, qui a également œuvré au renouveau de Clos l'Église, à Pomerol, et de Barde-Haut, à Saint-Émilion, où elle a à son actif une série de vins de très haut vol. On lui doit aussi Branon, un vin de garage issu d'une parcelle de Haut-Bergey.

Le Château Haut-Bergey remonte au XVIe siècle. Cependant, ce n'est que depuis son acquisition, dans les années 90, par la famille Garcin-Cathiard qu'il produit des vins dignes d'intérêt. On ne sera pas surpris d'apprendre que les maîtres des lieux ont recours aux services de Michel Rolland pour leurs trois propriétés, et qu'ils s'entourent aussi, pour Haut-Bergey, des conseils de Jean-Luc Thunevin – ils bénéficient ainsi de l'avis de deux des consultants les plus renommés du Bordelais, si ce n'est du monde. Cela équivaudrait, en matière de diplomatie internationale, à être conseillé par Condoleeza Rice et Henry Kissinger réunis.

ROUGE

2003 **87-88** Les somptueux 1998 et 2000 de Haut-Bergey constituent des références pour ce cru appartenant à la famille Garcin. Bien vinifié (alors que le millésime fut peu favorable à cette partie des Graves), le 2003 se présente vêtu d'un rubis profond, avec un nez de poussière et de terreau nuancé de feuilles de tabac, de cerise rouge et de cassis. L'ensemble est plaisant et de bonne facture. **À boire dans les 8 à 10 ans suivant le millésime.** (3/04)

2002 **88** Si l'on excepte sa finale atténuée et ses tannins fermes et présents, ce vin constitue une belle réussite. Sa robe d'un rubis-pourpre dense annonce un nez de fumé, de fruits noirs et de chêne crémeux, lui-même précédant en bouche un ensemble moyennement corsé et élégant, qu'on ne méprendra pas, cependant, pour son somptueux aîné de 2000. **À boire entre 2006 et 2014.** (9/03)

2001 **90** Le 2001 de Haut-Bergey présente, outre une robe d'un rubis-pourpre soutenu, d'intenses arômes de goudron, de réglisse, de tabac et de fumé, ainsi qu'un très généreux fruité de cerise noire et de cassis. L'ensemble, qui est également nuancé de chêne neuf, se développe en bouche par paliers, révélant un caractère moyennement corsé, une très grande richesse et une pureté exceptionnelle. Ses tannins sont souples, et sa finale des plus persistantes. Il s'agit d'une belle réussite dans le contexte du millésime. **À boire jusqu'en 2014.** (1/03)

2000 **94** Le 2000 constitue un grand succès pour ce cru encore sous-estimé. Arborant un rubis-pourpre soutenu, révélant de superbes parfums de cigare, de terre fraîchement remuée, de café torréfié, ainsi qu'un intense fruité de cassis et de cerise noire, il exprime tout en rondeur une bouche moyennement corsée, d'une richesse luxuriante, étayée par des tannins doux. Sa finale, aussi souple que soyeuse, dure près de 45 secondes. Ce vin très réussi, qui séduit tant les sens que l'intellect, est encore très accessible malgré sa densité. Une bouteille laissée ouverte pendant 5 jours n'accusait aucun signe d'oxydation, ce qui augure favorablement de son potentiel de garde. Je signale aux amateurs que le 2000 de Haut-Bergey constitue, de surcroît, une très bonne affaire. **À boire jusqu'en 2020.** (1/03)

1999 **90** Le 1999 de Haut-Bergey s'impose comme un classique de son appellation, révélant une belle complexité aromatique, mais aussi une texture d'une très grande légèreté. Véritable modèle d'élégance et d'équilibre, il s'annonce par une robe rubis foncé préludant à de splendides arômes de cigare nuancés de prune, de cerise, de groseille, d'herbes grillées et de noix rôtie. Suit en bouche un vin moyennement corsé, qui révèle un doux fruité dès l'attaque et dont la finale ample, évoquant un bourgogne, recèle, outre des tannins légers, une heureuse acidité contribuant à la tenue, à la fraîcheur et à la précision de l'ensemble. Ce vin superbe doit être consommé **dans les 7 à 8 ans suivant le millésime.** (3/02)

1998 **87** D'élégantes senteurs épicées de tabac, de groseille et de cerise rouge se dégagent du Haut-Bergey 1998. Ce vin moyennement corsé, doux et parfumé, qui s'exprime tout en finesse, est déjà délicieux et affiche une très grande complexité. Je conseille de le boire **dans les 3 à 4 ans.** (3/02)

MILLÉSIMES ANCIENS

Les millésimes d'avant 1998 sont de peu d'intérêt pour les amateurs soucieux de qualité.

BLANC

2001 **90** Voici le meilleur vin blanc produit à ce jour par Haut-Bergey. Moyennement corsé, généreusement marqué de notes de chèvrefeuille, de pamplemousse, de cire, de figue et de chêne épicé, il est mûr, concentré, dense, mais d'une grande précision. L'ensemble se maintiendra à son apogée **jusqu'en 2014.** (1/03)

2000 **87** Des notes d'herbe fraîchement coupée nuancées d'agrumes et de zeste de citron se dégagent de ce vin sans détour, mais de bonne facture et richement fruité. **À boire dans les 5 à 6 ans.** (1/03)

HAUT-BRION (PESSAC-LÉOGNAN)

1er cru classé en 1855 (rouge seulement)
Propriétaire : Domaine Clarence Dillon SA
Adresse : 135, avenue Jean-Jaurès – 33600 Pessac
Adresse postale : Domaine Clarence Dillon SA – 33608 Pessac Cedex
Tél. 05 56 00 29 30 – *Fax* 05 56 98 75 14
E-mail : info@haut-brion.com
Site Internet : www.haut-brion.com
Visites : sur rendez-vous uniquement
Contact : Jean-Philippe Delmas

VIGNOBLE ET VINIFICATION

Superficie : rouge – 43,2 ha ; blanc – 2,7 ha
Encépagement : rouge – 45 % cabernet sauvignon, 37 % merlot, 18 % cabernet franc ; blanc – 63 % sémillon, 37 % sauvignon
Âge moyen des vignes : rouge – 36 ans ; blanc – 27 ans
Densité de plantation : 8 000 pieds/ha
Rendement moyen : rouge – 35-45 hl/ha ; blanc – 35 hl/ha
Élevage : rouge – fermentations et cuvaison en cuves d'acier inoxydable thermorégulées d'une contenance de 225 hl ; vieillissement de 22 mois en fûts

neufs ; collage ; pas de filtration ; blanc – fermentations et élevage sur lies de 13 à 16 mois en fûts neufs ; ni collage ni filtration

VINS PRODUITS

rouge – Château Haut-Brion – 132 000 b ; Bahans Haut-Brion – 88 000 b ;
blanc – Château Haut-Brion – 7 800 b ; Les Plantiers du Haut-Brion – 5 000 b
À maturité : rouge – dans les 10 à 40 ans suivant le millésime ;
blanc – dans les 5 à 30 ans suivant le millésime

APPRÉCIATION GÉNÉRALE

On peut affirmer que ce superbe premier cru donne le vin le plus élégant et le plus aromatiquement complexe au monde. Depuis le début des années 80, aucun vin du même rang n'a été aussi régulier ni d'aussi haut vol que Haut-Brion.

Situé dans la banlieue industrielle de Pessac, Haut-Brion est le seul premier cru qui appartienne à des Américains. En 1935, la famille Dillon a acquis le domaine, qui se trouvait alors en très mauvais état, et investi des sommes importantes pour la rénovation des chais et du vignoble. Cette propriété est actuellement l'une des plus spectaculaires des Graves.

Entre 1961 et 2003, la vinification fut assurée par le très efficace et séduisant Jean Delmas (l'un des administrateurs de domaines viticoles les plus talentueux au monde), fervent partisan d'une fermentation courte à température élevée. C'est son fils Jean-Philippe qui lui a succédé. Si l'on s'en tient à la moyenne du Bordelais, Haut-Brion vieillit très longuement (jusqu'à 30 mois) en fûts de chêne. C'est souvent le dernier des bordeaux, avec Château Margaux et Pavie, à être mis en bouteilles.

Le style de Haut-Brion a évolué au fil du temps. Aux vins magnifiquement riches, presque suaves, au caractère de terroir des années 50 et du début des années 60 ont succédé, de 1966 à 1974, des bordeaux plus légers, accessibles, moins étoffés, manquant quelque peu de complexité, qui n'avaient pas la richesse et la profondeur que l'on peut espérer d'un premier cru. S'agissait-il d'un changement de style de vinification ou d'un passage à vide ? Toujours est-il que l'équipe de Haut-Brion se montre très chatouilleuse sur la question. À partir de 1975, les vins ont retrouvé leur richesse d'antan, leurs arômes de terroir et leur concentration. Aujourd'hui, le domaine mérite indiscutablement son rang de premier cru. On peut même dire que, depuis 1979, il s'est régulièrement imposé comme l'un des meilleurs bordeaux – et l'un de ceux que je préfère.

C'est peut-être une coïncidence, mais il se trouve que la propriété est revenue à un haut niveau au moment où Joan, la fille du regretté Douglas Dillon, a été nommée à la présidence de la société (en 1975). Après le décès de son premier mari, le prince Charles de Luxembourg, elle a épousé le duc de Mouchy en 1978. C'est à la même époque que le domaine a commencé à effectuer des sélections plus sévères et à déclasser une plus grande proportion de la vendange pour vinifier un second vin, Bahans Haut-Brion, ce qui a évidemment entraîné une amélioration du grand vin. En outre, Jean Delmas s'est vu confier toute la responsabilité de la direction du domaine – et l'on sait, partout dans le Bordelais, qu'il est l'un des plus grands vinificateurs de l'Hexagone, si ce n'est du monde. Ses remarquables recherches sur les sélections clonales demeurent à ce jour inégalées. Les années 80 ayant connu des récoltes très abondantes, Delmas s'est mis, comme Christian Moueix à Petrus, en Pomerol, à pratiquer l'éclaircissage. Cela lui a permis d'obtenir une concentration nettement supérieure et une qualité remarquable, en particulier pour le légendaire 1989, qui semble, à ce stade, le plus grand Haut-Brion élaboré depuis les 1959 et 1961.

Il est intéressant de noter que, dans les dégustations à l'aveugle, Haut-Brion est souvent classé comme le plus aromatique, mais aussi le plus précoce et le plus léger des grands crus. En vérité, il n'est pas si léger, mais il est tout simplement différent des Médoc corpulents, charnus et boisés, et des crus plus souples de la rive droite, dominés par le merlot. Malgré son caractère précoce, il est parfaitement capable de vieillir 30 ans et plus dans les bonnes années, ce qui fait qu'il se maintient sur une période nettement plus longue que n'importe quel autre premier cru. Un grand millésime de Haut-Brion demeure inégalé en termes de puissance et de complexité aromatiques.

Si Haut-Brion a considérablement progressé depuis 1975, Bahans Haut-Brion a suivi le même chemin. Il compte aujourd'hui parmi les meilleurs seconds vins du Bordelais et n'est surpassé, certaines années, que par le très renommé Les Forts de Latour, le second vin de Château Latour.

Quant au blanc élaboré au domaine, de nombreux observateurs estiment qu'il s'agit du meilleur de l'appellation. Cependant, et à la demande des propriétaires, il n'a jamais été classé, parce que la production est très faible. En tout cas, sous la houlette de Jean Delmas, qui a souhaité élaborer un Graves ayant l'opulence d'un grand Montrachet, ce vin a progressivement gagné en stature et en qualité. Les meilleurs millésimes récents ont été les 1985, 1986, 1988, 1989, 1990, 1994, 1995, 1996, 1998, 1999, 2000, 2001, 2002 et 2003, absolument stupéfiants de richesse et de complexité majestueuses.

J'ajouterai une remarque plus personnelle. Depuis plus de trente ans que je déguste autant de vins de Bordeaux qu'il m'est possible, le seul véritable changement que j'aie noté dans mes goûts concerne Haut-Brion, vers lequel je me sens de plus en plus attiré. Son caractère intense, minéral et fumé, typique des Graves, me séduit beaucoup plus aujourd'hui. C'est sans doute parce que j'ai pris de l'âge et, ajouterait Jean Delmas, gagné en sagesse...

ROUGE

2003
95-98

Le 2003 est le dernier millésime vinifié par Jean Delmas, qui a pris sa retraite cette année. Il laisse en effet la place à son fils Jean-Philippe, qui perpétue la tradition, vieille de 90 ans, consistant à ce qu'un membre de la famille Delmas assure la gestion de Haut-Brion. Jean Delmas, qui a fait ses débuts en 1961, avait lui-même pris la suite de son père, qui avait officié à la propriété pendant plus de trente ans. Dans un millésime difficile pour la région – les viticulteurs durent affronter d'étranges conditions climatiques –, ce perfectionniste a tout simplement décroché la timbale. Son 2003, qui surpasse tous ses jumeaux de l'appellation, est un vin profond. Composé à 58 % de merlot, à 31 % de cabernet sauvignon et à 11 % de cabernet franc, il est issu d'une sélection de 60 % de la récolte totale, présente un pH (élevé) de 3,8 et titre plus de 13 % d'alcool naturel. En ce sens, ce vin évoque ses aînés de 1990, 1989, 1961 et 1959. Cependant, contrairement à ces derniers millésimes, le 2003 est issu d'une vendange étonnamment précoce (le ramassage du merlot débuta le 25 août, et l'entière récolte était rentrée le 15 septembre). Encore plus étonnant : l'extraordinaire Haut-Brion blanc 2003 est issu d'une vendange rentrée entre le 13 et le 15 août !

Le Haut-Brion 2003, qui traduit bien l'opulence et la faible acidité inhérentes au millésime, est encore plus tannique que son aîné de 2000. Sa robe d'un rubis-pourpre profond accompagne de classiques senteurs d'airelle, de terre fraîchement remuée, de minéral et de fruits noirs et bleus. L'ensemble, qui révèle à l'attaque une richesse et une intensité extraordinaires, n'est ni lourd ni surmûri. Issu de faibles rendements de 36 hl/ha, il présente une douceur et une profondeur sous-jacentes d'excellent aloi. Je doute qu'il atteigne les mêmes sommets de perfection que le 1989, mais il est incontestablement de très bonne facture et se distingue par son caractère moyennement corsé, son ampleur, sa fraîcheur, son étoffe et sa tonicité. En outre, je le répète, il n'accuse aucun aspect confit. **À boire entre 2009 et 2025.** (3/04)

2002 **92** Est-ce une coïncidence, ou est-ce parce que les terroirs des premiers crus tirent bien leur épingle du jeu dans les années plutôt fraîches ? Toujours est-il que Haut-Brion propose en 2002 un classique, moyennement corsé et d'une grande précision. Ce vin, qui s'annonce par un rubis-pourpre profond, développe des notes extraordinairement élégantes de pierre concassée, de prune, de cerise noire, de cassis, de figue et de terre. D'une grande pureté, il se distingue par sa puissance mesurée, sa structure et son élégance. Il est rare que Haut-Brion surpasse La Mission Haut-Brion à un aussi jeune âge, mais il en est ainsi en 2002. **À boire entre 2010 et 2024.** (9/03)

2001 **94** Cet assemblage 52 % merlot, 36 % cabernet sauvignon et 12 % cabernet franc a gagné en corps et en étoffe au cours de son élevage. Certes, il est moins dense et moins puissant que son aîné d'un an, mais il se révèle tout aussi racé, avec un potentiel de complexité équivalent. Le 2001 est encore plus évolué et un peu plus léger que le 2000, plus corsé et plus charnu. Il dégage un bouquet modérément intense mêlant des senteurs de fer à des notes de cerise aigre-douce, de terre, de fumé, de cassis, de prune et de réglisse. Une fois passé ce nez, on décèle en bouche un ensemble moyennement corsé, aussi dense que pur, étayé par des tannins souples et doté d'une finale persistante. Ce vin est issu d'une sélection de la moitié de la récolte totale. **À boire entre 2009 et 2020, voire au-delà.** (1/03)

2000 **98+** D'aucuns auront tendance à comparer le 2000 de Haut-Brion avec son jumeau de La Mission Haut-Brion, qui incarne la perfection. Cependant, il n'a pas le gras, l'onctuosité, le caractère flamboyant ni l'ampleur de ce dernier cru. Pourtant, parfait diplomate, il se distingue par sa retenue, son intensité discrète et sa belle puissance aromatique. Incarnant l'élégance, le 2000 de Haut-Brion s'annonce par un rubis-pourpre dense et par des parfums naissants de terre fraîchement remuée, de prune, de cassis, de cerise et de graphite, le tout subtilement nuancé de chêne épicé. L'ensemble, qui conjugue une grande générosité et une belle puissance aromatique à une pureté et une délicatesse d'excellent aloi, s'exprime en bouche tout en rondeur. Le cru ayant donné grand nombre de merveilles ces dernières années, il serait absurde d'insinuer que le 2000 surpasse les 1998, 1995 et 1990, mais il est incontestablement éblouissant de persistance et de complexité. Cet assemblage 51 % merlot, 42 % cabernet sauvignon et 7 % cabernet franc sera d'une longévité atypique, même pour Haut-Brion. **À boire entre 2012 et 2040.** (1/03)

1999 **93** Le 1999 de Haut-Brion, qui me semble très proche en style de ses aînés de 1979 ou 1985, est merveilleusement pur et équilibré malgré sa très grande concentration. Doté d'un fruité généreux aux profonds arômes de prune, de groseille et de minéral, il révèle aussi des nuances de graphite. En bouche, il est moyennement corsé, aussi profond que nuancé et subtil, d'une élégance presque provocante – bref, il affiche un style bien à lui, introuvable chez un autre cru. La finale, extrêmement persistante, recèle des tannins doux. L'ensemble laisse une impression générale de délicatesse conjuguée à une puissance et une maturité d'excellent aloi. **À boire entre 2007 et 2025.** (1/03)

1998 **96+** Le Haut-Brion 1998 est tout simplement prodigieux. D'un rubis-pourpre dense, avec un nez serré, mais très prometteur, de fumé, de terre, de minéral, de graphite, de cassis, de cerise et d'épices, il se déploie en bouche très lentement, mais avec conviction, révélant tout à la fois une grande richesse, de la complexité, mais aussi une pureté et des proportions fabuleuses. Il se distingue encore par une douceur merveilleuse, par des tannins mûrs, ainsi que par une finale longue de plus de 45 secondes. Race et noblesse à l'état pur... Il est difficile de le qualifier autrement. C'est incontestablement la plus grande réussite de la propriété depuis le superbe duo de 1989 et 1990, et avant le gigantesque 2000. Cependant, le 1998 requiert de la patience, n'étant pas aussi épanoui ni aussi précoce que les trois millésimes précédents. **À boire entre 2008 et 2035.** (1/03)

1997 **89** Ce Haut-Brion moyennement massif libère un nez, évolué et doux, de groseille et de cassis nuancé de terre fraîchement remuée, de minéral et de tabac. Sans être des plus amples, il se distingue par sa maturité, son harmonie et son élégance d'excellent aloi, ainsi que par ses tannins veloutés. Cet ensemble charmeur, évolué et épanoui, doté d'un doux fruit, pourrait développer davantage de complexité, ce qui lui permettrait de prétendre à une note plus élevée. Il peut être comparé aux excellents Haut-Brion issus de millésimes difficiles, desservis par les pluies, tels les 1993 et 1994. **À boire jusqu'en 2014.** (11/02)

1996 **95** Issu d'une sélection de 60 % de la récolte totale, le 1996 se compose à moitié de merlot, à 39 % de cabernet sauvignon et pour le reste de cabernet franc. Bien qu'il se soit refermé depuis la mise en bouteille, on devine qu'il recèle un potentiel très important. Plutôt structuré et peu évolué, il n'a pas le caractère savoureux et épanoui de millésimes plus doux comme 1989 et 1990. D'un rubis profond soutenu, il exhale des senteurs naissantes et subtiles de terre fraîchement remuée, d'herbes séchées, de cassis, de fumé et de figue. L'ensemble, moyennement corsé, est puissant et tannique, très concentré aussi, sans sacrifier son équilibre. Pour l'heure, il semble s'être mis en veille. **À boire entre 2008 et 2035.** (11/02)

1995 **96** Il est fascinant de faire le va-et-vient entre le 1995 et le 1996 de Haut-Brion, deux belles réussites de ce cru. Le 1995 recèle des tannins plus doux et davantage de gras, et s'exprime plus en rondeur que le 1996, plutôt porté sur la structure et le muscle. 1995 est incontestablement une année où Jean-Bernard Delmas, le talentueux administrateur de la propriété, a magnifiquement tiré son épingle du jeu. Il propose un vin d'un rubis-pourpre profond, dont le nez serré, mais prometteur, de charbon ardent est nuancé de vanille, de boîte à épices, de terre, de minéral, de douce cerise, de cassis et de prune. L'ensemble, moyennement corsé, est étayé par des tannins abondants, à la fois doux et mûrs, et sa finale persiste bien 40 à 45 secondes. Ce vin émerge tout juste d'une période pendant laquelle il se montrait peu évolué et fermé. **À boire entre 2006 et 2035.** (11/02)

1994 Dans ce millésime – plus réussi qu'on ne le penserait bien qu'il ait été desservi
92 par les pluies –, Haut-Brion fait figure de révélation. L'excellent drainage dont bénéficie ce vignoble lui fut favorable pendant les vendanges, qui se déroulèrent par un mois de septembre pluvieux. D'un rubis-prune profond à peine éclairci sur le bord, le 1994 présente des notes de compost, de truffe, de terre, de boîte à épices, d'herbes séchées et de réglisse, qui disputent à des senteurs de cerise noire et de groseille l'attention du dégustateur. L'ensemble, moyennement corsé, est relativement charnu et de bonne mâche. Il s'agit incontestablement d'une des six ou sept grandes réussites de l'année. Malgré ses tannins encore présents, ce vin est nettement plus accessible que ses deux cadets de 1995 et 1996. **À boire jusqu'en 2024.** (11/02)

1993 Ce vin constitue une belle surprise dans un millésime difficile. Le magnifique
90 terroir dont bénéficie le cru ainsi qu'une sélection sévère permirent à Haut-Brion de sortir son épingle du jeu en 1993, malgré des conditions délicates, dans une année portée sur des vins durs et relativement herbacés. D'un rubis-prune étonnamment profond et soutenu, le Haut-Brion 1993 présente de doux arômes de petits fruits nuancés de menthe, de graphite, de terre humide et de champignon. L'ensemble, moyennement corsé, s'exprime avec élégance malgré sa structure ferme ; il est doté de tannins doux et révèle une persistance et une maturité surprenantes. **À boire jusqu'en 2015.** (11/02)

1992 Magnifiquement réussi dans le contexte du millésime, le 1992, qui se distingue
89 par son élégance et sa douceur, s'annonce par un grenat-prune moyennement foncé déjà légèrement éclairci sur le bord. En effet, il a évolué plutôt rapidement, mais montre un fruité étonnamment généreux et un caractère bien affirmé pour un vin issu d'une année aussi difficile. L'ensemble, qui se distingue par de belles notes de cèdre, de boîte à épices, de cigare et de tabac nuancées de minéral, de douce prune et de cerise, est un peu court et atténué en finale. Cependant, ses arômes, ainsi que l'attaque et le milieu de bouche, sont délicieux. **À boire jusqu'en 2008.** (11/02)

1991 Ce vin est bien meilleur que je ne l'aurais imaginé. Alors que, dans sa petite
89 enfance, il se montrait assez austère, fermé, tannique et un peu léger, il s'est étoffé par la suite (comme de nombreux millésimes de Haut-Brion) et révèle maintenant, outre de très complexes senteurs de cigare nuancées de terre fraîchement remuée, de douce cerise et de cassis, et rehaussées d'un beau boisé, un caractère moyennement corsé. L'ensemble, qui s'impose comme un modèle de finesse et d'élégance, atteste une vinification de très haut vol dans un millésime où même des terroirs aussi prestigieux que Haut-Brion ne furent pas épargnés. **À boire jusqu'en 2007.** (11/02)

1990 Le très profond Haut-Brion 1990, qui s'impose comme l'un des exemples de
98 ce cru les plus réussis des vingt-cinq dernières années, a pâti de l'ombre du monumental 1989. Pourtant, il continue de s'améliorer régulièrement et se montre actuellement plus évolué que son aîné d'un an. Marqué par les classiques arômes de terre fraîchement remuée, d'herbes fumées, de tabac, de douce groseille, de figue et de cassis typiques de Haut-Brion, il exprime, dans un ensemble corsé, une très grande pureté, ainsi qu'une volupté, une opulence et une concentration d'excellent aloi. Ce vin faible en acidité, dont les tannins

doux sont merveilleusement fondus, est accessible et déjà très complexe, ce qui le rend immédiatement séduisant. **À boire jusqu'en 2020.** (1/03)

1989 **100** Ce vin monumental continue de s'imposer comme l'un des jeunes bordeaux les plus grandioses de la seconde moitié du siècle dernier. Il s'est toujours montré prodigieux, et l'on peut parier à coup sûr que, dans une dégustation à l'aveugle, il surpasserait ses jumeaux, voire des vins d'autres millésimes. Ce grand classique, qui traduit magnifiquement son terroir et les traits caractéristiques du cru, s'exprime tout en rondeur. D'un rubis-pourpre encore très épais (à la limite du visqueux), il offre un beau déploiement de spectaculaires senteurs, encore jeunes mais somptueuses, évoquant la terre fraîchement remuée, le minéral, le graphite, la confiture de mûre et de cerise noire, ainsi que le grillé, la réglisse et la boîte à épices. Le fruité, le gras et la richesse en extrait de ce vin corsé et dense sont exceptionnels. L'ensemble, étayé par une faible acidité, manifeste encore une pureté, une rondeur et un équilibre hors du commun. Véritable légende des temps modernes, le 1989 de Haut-Brion est encore dans sa pré-adolescence, et je ne pense pas qu'il atteigne son apogée avant 3 à 5 ans. Il s'agit d'une des plus grandes réussites de la propriété. La vie est trop courte pour ne pas boire ce vin dès que l'occasion s'en présente. Serait-ce une répétition du 1959 ? **À boire jusqu'en 2030.** (1/03)

1988 **92** Relativement structuré – il évoque en cela le 1996 –, le 1988 présente, outre un grenat foncé, des notes de réglisse, de sous-bois, de compost, de truffe, d'herbes séchées, de goudron, de douce cerise noire et d'autres petits fruits. Moyennement corsé, structuré malgré sa richesse, il se développe en bouche avec ampleur, révélant une belle densité, ainsi que la complexité typique des vins des Graves. L'ensemble, qui atteint tout juste son apogée, tiendra **jusqu'en 2025.** (11/02)

1987 **88** Dans ce millésime léger, Haut-Brion propose un vin très séduisant, souple et délicieux, qui paraissait déjà mûr lors de sa diffusion en 1989. Pourtant, l'ensemble présente encore une rondeur et une élégance d'excellent aloi, se révélant toujours aussi délicieux et aussi odorant que dans sa jeunesse. Certes, il ne méritera jamais les notes qu'atteignent les grands millésimes de ce cru. Cependant, aussi étonnant que cela puisse paraître, il semble défier le temps, demeurant parfumé, rond, doux, aérien, équilibré – bref, délicieux – malgré les années. J'aurais pensé, en effet, qu'il serait passé depuis longtemps ; il n'en est rien, car il se montre toujours magnifique, sa robe étant à peine ambrée sur le bord. Ce 1987 atteste bien la capacité des vins légers à tenir relativement longuement, pour autant qu'ils soient équilibrés. **À boire jusqu'en 2006.** (11/02)

1986 **94** Ce vin est encore peu évolué, mais il a développé au nez des nuances secondaires allant de notes d'herbes rôties et de doux cigare à des senteurs de compost, de cuir, de douce cerise et de cassis. J'en attendais davantage il y a une dizaine d'années. Quoi qu'il en soit, ce 1986 moyennement corsé est encore jeune et d'une grande pureté, mais, à bientôt 20 ans d'âge, il recèle encore en finale des tannins abondants et austères dont je finis par croire qu'ils ne se fondront jamais totalement dans l'ensemble. Comme toujours, il est difficile de jauger un vin dont l'espérance de vie est d'une bonne cinquantaine d'années et qui passe par divers stades d'évolution. Toutefois, je me demande si ce 1986 se révélera jamais aussi profond que je l'avais subodoré de prime abord. **À boire entre 2008 et 2030.** (11/02)

1985 95 Ce classique merveilleusement séduisant montre l'aspect savoureux de ce cru réputé pour son élégance et sa finesse. Actuellement à son apogée, il se présente vêtu d'un rubis-grenat profond légèrement éclairci sur le bord, et développe de très complexes senteurs de cèdre, d'herbes séchées, de fumé et de goudron, ainsi que des notes de cerise noire, de prune et de groseille qui jaillissent littéralement du verre. La bouche, moyennement corsée, révèle une concentration, une rondeur et un velouté d'excellent aloi. Les tannins, l'acidité et le boisé de ce vin sont parfaitement fondus. Quelle merveille ! **À boire jusqu'en 2012.** (11/02)

1983 88 ? Ce vin sujet à controverse a évolué très rapidement ; il est actuellement à son apogée et donne même des signes de déclin. Son nez, fortement marqué de notes de terre et de goudron et nuancé de compost, de feuilles mortes et de fruits herbacés, est plus séduisant qu'on ne le penserait. La bouche, moyennement corsée, est charnue et plutôt opulente. Cependant, la robe grenat est fortement ambrée sur le bord et, au bout d'à peine cinq minutes d'aération, l'ensemble se dessèche en finale. Bien sûr, les bouteilles que j'ai dégustées ont bénéficié de parfaites conditions de conservation ; je pense donc que celles qui n'ont pas été aussi bien traitées ont bien entamé leur déclin. **À boire sans plus tarder.** (11/02)

1982 94 En comparaison des autres premiers crus de ce millésime, le 1982 de Haut-Brion n'est pas des plus profonds. Jean-Bernard Delmas l'a toujours comparé au 1959 – peut-être ce vin gagnera-t-il en étoffe et en persistance au point de rivaliser avec son aîné, qui incarne la perfection. Cependant, il me paraît aux antipodes du monumental 1989, et même de millésimes grandioses plus récents tels que 2000, 1998, 1996, 1995 et 1990. Quoi qu'il en soit, l'ensemble est encore jeune – sa robe d'un rubis profond est à peine rosée sur le bord, et le nez, aux doux arômes de groseille, de prune et de minéral, annonce un ensemble moyennement corsé, merveilleusement fruité, très élégant et étayé par des tannins mûrs, dont la finale dure près de 45 secondes. La jeunesse de ce vin n'a rien de surprenant ; cependant, il n'a pas l'étoffe, l'opulence ni la densité des meilleurs exemples du millésime. **À boire jusqu'en 2022.** (11/02)

1979 93 Le 1979 de Haut-Brion, qui s'impose au nombre des trois ou quatre grands succès du millésime, s'est étoffé en bouteille et, bien qu'il soit actuellement à son apogée, n'accuse aucun signe de déclin. D'un grenat foncé ambré sur le bord, il exhale de très douces senteurs de cake nuancées de terre humide, de tabac, de fumé, de minéral et de cassis, le tout étant rehaussé de notes de goudron. L'ensemble, moyennement corsé, est merveilleusement puissant et opulent, révélant une richesse et une puissance aromatique étonnantes, en particulier dans le contexte du millésime. **À boire jusqu'en 2015.** (11/02)

1978 86 Ce vin, qui est sur le déclin, a évolué de manière étrange ces dernières années. Vêtu de prune foncé, il se distingue par un nez de végétation en décomposition, de goudron et de compost de feuilles mortes. Sa robe est fortement ambrée sur le bord, et sa finale perd de son fruit au profit des tannins et de l'acidité.

L'ensemble est incontestablement sur la pente descendante. **À boire sans plus tarder.** (11/02)

1975
94
Le 1975, que j'avais mésestimé dans sa jeunesse, est grandiose et s'impose au nombre des dix ou douze grandes réussites du millésime. En fait, il peut presque rivaliser avec son monumental jumeau de La Mission, l'un des bordeaux les plus puissants et les plus concentrés élaborés ces vingt-cinq dernières années. Vêtu d'un prune-grenat foncé et révélant un nez merveilleusement doux de cuir fin, de terre fraîchement remuée, de tabac, d'herbes, de groseille, de cassis, de figue, de prune et de goudron, il est corsé et intense, avec des tannins très présents, mais extraordinairement souples. L'ensemble, qui se développe en bouche par paliers, déploie une grande opulence, ainsi qu'une belle puissance aromatique. Il s'agit d'une réussite fabuleuse – et d'une exception – dans un millésime dont les amateurs de bordeaux ont commencé à désespérer. **À boire jusqu'en 2025.** (11/02)

MILLÉSIMES ANCIENS

La réussite de Haut-Brion entre 1966 et 1974 n'est pas celle qu'on imaginerait en se fiant à son palmarès des années 1975 à 2002. Ainsi, le 1970 (noté 85 en juin 1996) a toujours été quelque peu atténué et sans détour. S'il présente bien les parfums typiques du cru, il aurait gagné à être plus complexe, plus intense et plus profond. Il en va de même du 1966 (noté 88 en décembre 2000), que j'ai régulièrement noté entre 85 et 89. Doté de notes de terre, de tabac et d'herbes, ce vin est légèrement corsé et austère. Il est à son apogée, mais sa structure et sa fraîcheur lui permettront de se conserver encore 5 à 10 ans. En revanche, le 1964 (noté 90 en octobre 1988) s'est toujours montré extraordinaire, mais quelque peu rustique pour un cru de ce pedigree. Le 1962 – une merveille de douceur, de finesse et d'élégance – a été noté 90 en décembre 2000. Il y a aussi, bien sûr, le 1961 (noté 100 en janvier 2001) et le 1959 (noté 100 en septembre 2002), qui sont de véritables monuments. Tous deux sont superbes, le 1961 paraissant à la limite de son apogée, tandis que le 1959 ne manifeste aucun signe de déclin et semble capable de tenir encore 10 à 15 ans. Les bouteilles parfaitement conservées révèlent des vins extraordinaires, qui incarnent la perfection avec leurs classiques arômes de cèdre, de tabac, de minéral et de fruits rouges et noirs, ainsi que leur caractère corsé et leur opulence. Le 1959 est plus épais que le 1961, évoquant davantage le 1989 que ce dernier millésime.

En janvier 1997, j'ai pu déguster le Haut-Brion 1957 (noté 90). Ce vin doté de manière impressionnante, marqué d'un caractère exceptionnellement fumé, doux et riche, était à parfaite maturité, comme l'attestait d'ailleurs sa robe d'un grenat sombre fortement nuancé de rouille. Ce vin très parfumé, charnu et savoureux regorge d'un doux fruit généreux et gras. C'est un autre exemple de très haut vol issu d'un millésime sous-estimé.

D'un rubis profond très marqué par des touches ambrées et rouille, le 1955 (noté 97 en mars 2003) offre un bouquet ample et odorant de noix, de tabac et de pierre mouillée, ainsi que des senteurs fumées qui rappellent le cassis. Moyennement corsé, extraordinaire d'élégance et de douceur malgré sa richesse et sa concentration, ce vin remarquablement jeune et impeccablement équilibré pourra tenir encore 10 à 20 ans.

Il vaut mieux acheter le Haut-Brion 1953 (noté 95 en octobre 1994) en magnum ou en grand format. Bien qu'il ait atteint sa maturité depuis des décennies, il a conservé toutes les caractéristiques du cru, révélant encore, en particulier, des arômes très mûrs de cuir fin et de feuille de tabac. Extrêmement doux, vêtu d'une robe marquée d'ambre et de rouille sur le bord, il présente toujours un fruité riche et crémeux, et se montre moyennement corsé. Il faut le boire maintenant, mais il convient de se montrer prudent avec les bouteilles de 75 cl.

Le 1949 (noté 91 en décembre 1995) libère les arômes de cigare, de tabac et de cendrier typiques de Haut-Brion, ainsi que des senteurs d'herbes rôties et de fruit mûr. D'un grenat moyen fortement nuancé de rouille sur le bord, il se montre moyennement corsé en bouche, avec des arômes ronds, souples et doux. Ce vin demeure exceptionnel bien qu'il ait passé sa prime jeunesse, mais je conseille de le déguster assez rapidement.

Le 1947 et le 1948 ne m'ont pas particulièrement impressionné. Le second (noté 75 en mars 1997), issu d'une cave privée (fraîche) de Bordeaux, était atténué, sans tenue ni structure et, somme toute, assez ordinaire. Plusieurs dégustations du 1947 (mon année de naissance) m'ont révélé un vin trop alcoolique, desservi par une acidité en excès et dépourvu du caractère fruité et charnu nécessaire pour faire pièce à son imposante structure.

Merveilleusement caractéristique du cru, le 1945 de Haut-Brion (noté 100 en octobre 1994) se distingue par sa profondeur. Vêtu d'un grenat opaque et resplendissant à peine ambré sur le bord, il libère un bouquet entêtant et ample de fruits noirs et doux, de noix fumée, de tabac et de nicotine, qui jaillit littéralement du verre. Extraordinairement dense et massivement extrait, il libère en bouche des arômes onctueux et corsés étayés par des tannins peu abondants, mais par un gras et un alcool généreux. Il est encore fabuleux de richesse et se pose comme un exemple monumental de Haut-Brion à pleine maturité ne présentant aucun signe d'altération. Fabuleux !

Le Haut-Brion 1943 (noté 89 en janvier 1997) est des plus intéressants ; il semblerait même que ce soit le millésime le mieux réussi des années de guerre. Mis en bouteilles après la fin du conflit, il révèle une robe d'un grenat profond et un nez de terre fraîche, de goudron fondu et de viande attendue. Ses arômes provocants préludent à un ensemble dont le doux fruit est étayé par des tannins astringents. La finale est sèche et anguleuse. C'est un ensemble extrêmement complexe, fruité à l'attaque, qui s'amenuise cependant pour se révéler austère et anguleux en bouche.

Le millésime 1937 a la réputation – parfaitement justifiée, d'ailleurs – d'être plutôt dur. Austère et très tannique, le Haut-Brion de cette année (noté 89+ ? en décembre 1995) se distingue par sa robe sombre, dense et resplendissante, à peine ambrée sur le bord, et par son nez de minéral, de tabac, de cèdre et de café, qui introduit en bouche un vin musclé et assez corsé, débordant de puissance et de fruit. Cependant, le tout est dominé par les tannins légendaires inhérents au millésime. Le magnum que j'ai goûté aurait pu se maintenir 20 à 30 ans encore, voire davantage.

Mes notes sur le 1928 (noté entre 96 et 100, et dégusté dernièrement en août 2002) sont mitigées. À son meilleur niveau, ce vin est l'exemple de ce cru le plus concentré que je connaisse – il évoque un Porto. Il montre un fruité ample et charnu aux notes de nicotine, de caramel et de fruits noirs confiturés, ainsi qu'une texture onctueuse, et suinte littéralement du verre jusqu'au palais. Dans certaines dégustations, il m'a paru trop mûr, mais toujours sain et intact. Cependant, il est aussi très étrange, à cause de ce côté excessif, et semble vraiment hors du temps.

Le millésime 1926 (noté 97 en octobre 1994), qui est l'un des meilleurs de sa décennie, a souvent été éclipsé par les 1921, 1928 et 1929. Ce Haut-Brion particulièrement réussi est d'un style inhabituel, dense et doux, avec un côté rôti et chocolaté. Sa robe profonde, légèrement ambrée sur le bord, est impressionnante, et il exhale un nez ample de tabac, de menthe, de chocolat, de noix grillée et de canard fumé. Très corsé et très puissant, il est d'une épaisseur et d'une onctuosité étonnantes, mais aussi extrêmement tannique et rustique. Ce vin atypique se conservera encore 20 à 30 ans.

Impressionnant par sa robe dense, le Haut-Brion 1921 (noté 79 en décembre 1995) est extrêmement tannique et dégage un nez de vieux cuir, de sueur et de renfermé, entremêlé de vagues notes de café, de chocolat et d'herbes rôties. Ses tannins astringents lui confèrent un aspect rugueux et contribuent à son manque de structure.

BLANC

2003 **99** Issu d'une vendange rentrée le 13 août, composé à 52 % de sémillon et pour le reste de sauvignon blanc, le Haut-Brion blanc 2003 évoque davantage, par sa profondeur, un Montrachet qu'un blanc sec du Bordelais. Ce vin remarquable, extraordinaire à la fois de pureté et de précision, est corsé et opulent, avec une texture voluptueuse. C'est assurément l'un des blancs les plus grandioses jamais élaborés à la propriété. Il s'agit d'une légende en perspective. **À boire dans les 30 ans, voire au-delà.** (1/05)

2002 **92** Des notes de lanoline, de pamplemousse crémeux et de Grand Marnier caractérisent ce vin minéral, tout à la fois riche, corsé et élégant. L'ensemble, moyennement massif, est merveilleusement équilibré malgré sa grande concentration ; il est étayé par une heureuse acidité. Je conseille de le consommer **dans les 20 ans.** (1/05)

2001 **93+** Ce vin tout à la fois dense, corsé, vif et concentré exhale des arômes d'agrumes crémeux, de fleurs, de fumé et de melon. Il vieillira de belle manière ces 25 prochaines années. **À boire jusqu'en 2030.** (1/03)

2000 **90** Magnifiquement réussi dans le contexte du millésime, le 2000 est cependant plus retenu que le 2001 ou le 1999, évolué et d'une grande complexité. Révélant de riches arômes de lanoline et de melon crémeux nuancés en arrière-plan de notes de figue, il est moyennement corsé, sans détour, mais richement doté en fruit, en gras et en flaveurs de chêne fumé. Ce vin n'a pas cependant les nuances, la persistance ni la profondeur des 1999 et 2001. **À boire dès maintenant et dans les 10 ans.** (1/03)

1999 **92** Le merveilleux 1999 s'est considérablement étoffé. Révélant de très caractéristiques arômes d'herbes séchées, d'olive, de fumé, d'agrumes crémeux et de pamplemousse nuancés de zeste d'orange, il est moyennement corsé, très sensuel, avec une acidité de bon aloi. **À boire jusqu'en 2020.** (1/03)

1998 **96** Le 1998 est tout simplement prodigieux. Évoquant furieusement le minéral, ainsi que le pamplemousse crémeux et d'autres agrumes, la lanoline, le fumé et le fruit de la Passion, il exprime une bouche corsée et structurée, étayée par une heureuse acidité, et une finale merveilleusement persistante. L'ensemble est encore jeune et serré, mais il recèle indiscutablement un potentiel important. **À boire entre 2007 et 2035.** (1/03)

1997 **96** Corsé et évolué, opulent, spectaculaire à la limite du flamboyant, le Haut-Brion blanc 1997 s'annonce par un jaune d'or léger. Ce vin épais, qui présente tant au nez qu'en bouche des arômes profonds et concentrés de chèvrefeuille, de lanoline, de zeste d'orange et de pêche, doit être consommé **dès maintenant et dans les 15 à 20 ans.** (1/03)

1996 **92** Le Haut-Brion 1996 s'impose comme la réussite de ce millésime, que l'on connaît généralement pour ses vins blancs secs maigres et marqués par un très haut niveau d'acidité. Exceptionnel de concentration et étayé par une heureuse acidité, il se dévoile de manière fabuleuse en bouche, révélant par paliers des arômes d'agrumes, d'olive et de fumé. Moyennement corsé et relativement peu évolué, il requiert une assez longue garde pour que sa structure s'arrondisse. **À boire entre 2010 et 2025.** (11/97)

1995 **92** Le Haut-Brion 1995 contient moins de sémillon que de coutume ; en effet, Jean Delmas estimait que ce cépage avait davantage souffert de la sécheresse que le sauvignon blanc. Ce vin est donc moins ample et moins grandiose que les autres millésimes, ce qui ne l'empêche pas de s'imposer comme l'une des deux réussites de l'appellation en 1995. D'un jaune d'or assez léger, il exhale un nez mielleux d'agrumes rehaussé de subtiles touches de chêne grillé et se montre moyennement corsé en bouche, où il révèle une concentration et une précision exquises. Ce vin merveilleusement pur se refermera certainement pour ne se rouvrir qu'au terme d'une garde d'une dizaine d'années. **À boire entre 2007 et 2025.** (11/97)

1994 **98** Ce vin blanc spectaculaire pourrait aisément rivaliser avec son aîné de 1989. Issu d'une récolte rentrée à la fin du mois d'août, il rappelle un grand cru de Bourgogne par sa belle onctuosité et se distingue par un nez absolument superbe de fruits confits et de chêne fumé, plus développé et plus ostentatoire que celui de son jumeau de Laville Haut-Brion, plus subtil et moins évolué. Fabuleusement riche et de bonne mâche, il manifeste une pureté et une précision d'excellent aloi. Ce vin très corsé et somptueux d'intensité devrait parfaitement se maintenir **30 ans, voire plus.** (7/97)

1993 **94** Légèrement supérieur au 1992, le 1993 exhale un nez flatteur d'huile, de minéral, de fruits confits et de fruits mûrs. En bouche, il est très corsé et très concentré, avec une acidité admirable, une vivacité et une précision dans le dessin assez extraordinaires. Sa finale est riche, longue, sèche et rafraîchissante. Ce vin riche révèle plus de complexité aromatique que le 1992, il est plus musclé et davantage marqué par la mâche, mais tous deux résisteront parfaitement à l'épreuve du temps, sur **20 à 30 ans.** (11/94)

1992 **93** Le Haut-Brion 1992 est un monument, au nez ample et ostentatoire de fruits doux et confits. Très corsé, avec un fruité généreux qu'il déploie par paliers, il est crémeux et charnu, et se montre plus évolué et plus spectaculaire que son jumeau de Laville. Il déploie également une belle acidité, ainsi qu'une finale explosive, longue et sèche. Ce vin éblouissant a une longue vie de **30 ans et plus.** (1/94)

1989 **100** Le 1989 est le Haut-Brion blanc le plus ample et le plus gigantesque que je connaisse. Jean Delmas, administrateur des domaines Dillon, estime, à juste titre, qu'il évoque un grand cru de Bourgogne par son caractère charnu et de bonne mâche. Ce vin somptueux, produit à hauteur de 600 caisses seulement, est d'un jaune d'or profond. Riche et alcoolique, étonnamment persistant et étoffé, il déploie de très caractéristiques arômes de minéral et de miel. Sa faible acidité suggère qu'il sera de moins longue garde que de coutume, mais je le crois tout de même capable de se maintenir 20 ans encore. Quel chef-d'œuvre ! De doux arômes crémeux de pêche et de caramel jaillissent littéralement de ce vin prodigieux, qu'on appréciera **jusqu'en 2025.** (1/03)

MILLÉSIMES ANCIENS

Le Haut-Brion blanc est capable d'une garde d'une quarantaine d'années. Je n'ai eu que de rares occasions de déguster les millésimes anciens de ce cru. L'un des plus remarquables que je connaisse est le 1985, noté 98 en décembre 2000.

BAHANS HAUT-BRION (second vin de Haut-Brion)

Non classé

2003 **87-89** Le Bahans Haut-Brion 2003 – un assemblage 48 % cabernet sauvignon, 27 % merlot et 25 % cabernet franc – exhale un nez évolué de goudron, de terre et de douce groseille. Ce vin souple et séduisant sera délicieux **dès sa diffusion et dans les 10 ans suivant le millésime.** (3/04)

2001 **88** Voici un excellent second vin. Très racé, le 2001 de Bahans Haut-Brion se distingue par la générosité de son fruité de cassis subtilement nuancé d'épices et de terre. Doux à l'attaque, moyennement corsé et extraordinaire de pureté en milieu de bouche, il est le fruit d'une sélection de 30 % de la récolte totale. **À boire jusqu'en 2010, voire au-delà.** (1/03)

2000 **90** Ce vin moyennement corsé, aussi riche que profond, se présente vêtu de rubis-pourpre foncé, avec des senteurs de graphite, de liqueur de cerise noire, de cassis et de minéral. Très proche en style de son frère aîné, il est impressionnant d'ampleur, de densité et de complexité. **À boire jusqu'en 2016.** (1/03)

1999 **88** Le Bahans Haut-Brion 1999 était un peu fermé au nez au moment de ma dégustation, mais j'y ai distingué des notes de cerise noire, de prune et de minéral. Ce vin moyennement corsé, joliment étoffé, manifeste une grande pureté et recèle des tannins fermes. **À boire jusqu'en 2015.** (3/02)

1998 **88** Les amateurs en quête d'un vin proche de Haut-Brion et valant un tiers de son prix devraient se tourner vers le Bahans Haut-Brion 1998. Ce vin présente des notes de terre fraîchement remuée, de minéral, de fumé et de cassis, ainsi qu'une complexité, une élégance et une pureté d'excellent aloi. En bouche, il s'exprime de manière harmonieuse. La finale est légèrement tannique. Ce vin bien fait devrait vieillir sans peine **10 ans ou plus.** (3/02)

1997 **85** Rubis foncé de robe, le 1997 est subtilement marqué de minéral, ainsi que de notes de tabac, de terre, de prune et de cassis. Épanoui et plaisant, il recèle en finale des tannins légers. **À boire dans les 7 à 8 ans suivant le millésime.** (3/98)

1996 **87** Étonnamment puissant et riche, ce 1996 exhale un nez de tabac et de fruits noirs, caractéristique de Haut-Brion. Moins précoce que de coutume, mais assurément bien doté, il se distingue par des senteurs et des flaveurs d'herbes rôties, de terre fraîchement remuée et de doux fruits noirs. Ce vin tannique et structuré sera à son apogée **jusqu'en 2012.** (3/01)

1995 **89** Le 1995 est parfumé, rond, complexe et élégant, avec toutes les caractéristiques du grand vin, mais il est moins profond et plus immédiatement séduisant. Très

Graves avec son nez de fumé et de rôti, et ses doux arômes de cerise noire et de groseille infusés de notes de fumé, il sera parfait **ces 8 à 10 prochaines années.** (11/97)

1994 L'excellent 1994 n'a heureusement pas hérité le caractère rugueux et parfois
88 creux qui dessert nombre de vins de ce millésime. De couleur rubis foncé, avec un excellent nez doux et épicé de cassis et de fumé, il se révèle étonnamment mûr, velouté et concentré en bouche, déployant une finale délicieuse et plaisante. Ce Bahans est bien meilleur que nombre de ses jumeaux, plus renommés, et devrait se conserver **1 à 2 ans, voire plus.** (1/97)

1990 Le 1990 s'est bien étoffé depuis mes premières dégustations, malgré sa robe
88 légèrement ambrée sur le bord. Son nez fumé de tabac herbacé, d'herbes rôties et de cassis introduit en bouche un ensemble charnu et souple, aux tannins bien fondus et à la finale confiturée et faible en acidité. **À boire maintenant.** (11/96)

1989 Je suis très impressionné par le caractère du Bahans Haut-Brion 1989. Ce vin
90 délicieux, qui approche de la pleine maturité, conserve une robe intacte. C'est un Graves classique, au doux nez de cassis, de tabac et d'herbes rôties, et au caractère moyennement corsé, savoureux et charnu. Pur et bien fait, il est étayé par une faible acidité et devrait se maintenir **encore 8 à 10 ans.** (11/96)

LARRIVET-HAUT-BRION (PESSAC-LÉOGNAN)

Non classé
Propriétaire : Philippe Gervoson
Adresse : Route de Cadaujac – 33850 Léognan
Adresse postale : BP 41 – 33850 Léognan
Tél. 05 56 64 75 51 – *Fax* 05 56 64 53 47
E-mail : larrivethautbrion@wanadoo.fr
Visites : sur rendez-vous, du lundi au vendredi
Contact : Christine Gervoson

VIGNOBLE ET VINIFICATION

Superficie : rouge – 45 ha ; blanc – 9 ha
Encépagement : rouge – 50 % merlot, 50 % cabernet sauvignon ; blanc – 50 % sauvignon blanc, 48 % sémillon, 2 % muscadelle
Âge moyen des vignes : rouge – 20 ans ; blanc – 15 ans
Densité de plantation : 7 692 pieds/ha
Rendement moyen : rouge – 45 hl/ha ; blanc – 40 hl/ha
Élevage : rouge – fermentations et cuvaison de 21 à 28 jours ; vieillissement de 18 mois en fûts (60-70 % de bois neuf) ; ni collage ni filtration ; blanc – fermentations et élevage sur lies de 12 mois en fûts neufs ; collage et filtration

VINS PRODUITS

rouge – Château Larrivet-Haut-Brion – 100 000 b ; Domaine de Larrivet – 100 000 b ; blanc – Château Larrivet-Haut-Brion – 30 000 b ; Domaine de Larrivet – 20 000 b
À maturité : rouge – dans les 8 à 20 ans suivant le millésime ; blanc – dans les 5 à 15 ans suivant le millésime

APPRÉCIATION GÉNÉRALE

Christine et Philippe Gervoson, les propriétaires de Larrivet-Haut-Brion, ont beaucoup œuvré pour que cette belle propriété rejoigne le peloton de tête des producteurs du Bordelais. Comme Malartic-Lagravière, Haut-Bergey ou Picque Caillou, ce cru de Pessac-Léognan a témoigné d'un souci de qualité, ce qui lui a permis de considérablement s'améliorer après une longue période de médiocrité. Les millésimes après 1998 sont incontestablement dignes d'attention, en particulier les rouges.

S'il est bien connu des amateurs européens, Larrivet-Haut-Brion n'était, jusqu'à il y a peu, que très rarement présent sur le marché américain. Le vignoble, situé dans la partie méridionale des Graves, non loin de Léognan, est voisin d'un cru plus renommé, Haut-Bailly. Cette belle propriété, qui s'enorgueillit d'un magnifique château au cœur d'un parc ombragé, s'est considérablement améliorée ces sept dernières années. Elle bénéficie des conseils de Michel Rolland, le talentueux œnologue libournais, adepte d'une sélection plus sévère et de vendanges plus tardives qui ont permis l'élaboration des meilleurs millésimes que je connaisse de Larrivet-Haut-Brion. Le cru présente un potentiel très important, avec son vignoble d'un âge respectable, situé sur des sols purement graveleux.

ROUGE

2003
87-89
Cette propriété, qui propose d'excellents vins depuis quelques années, continue sur sa belle lancée. Son 2003, qui est plus évolué que ses aînés de 1998 ou 2000, sera parfait dans les 6 à 7 ans suivant le millésime. Son bouquet, aussi séduisant que complexe, mêle des notes de fumée de bois et de bois de noyer à des senteurs d'épices à barbecue, de prune et de cerise. Ce nez annonce un ensemble rubis-prune, moyennement corsé, souple et accessible, qui exprime tout en rondeur une texture tendre, étayée par une faible acidité. Un vin délicieux, à boire **jusqu'en 2010.** (3/04)

2002
88
Ce vin moyennement corsé, rond et sensuel s'annonce par un rubis-pourpre profond et par des notes de moka, de chocolat, de café, ainsi que de cerise et d'autres petits fruits mûrs. Si le boisé est un peu prononcé, l'ensemble révèle une concentration et une puissance d'excellent aloi ; il manifeste aussi une très belle harmonie d'ensemble. **À boire dans les 10 à 15 ans.** (9/03)

2001
90
Ce vin racé et plein de grâce est plus léger que son aîné d'un an. Libérant de douces notes de cerise noire et de groseille légèrement boisées et nuancées de tabac, de fumé et d'herbes de Provence séchées, il révèle, dès l'attaque, un fruité d'excellent aloi, une belle douceur, ainsi qu'une fraîcheur et une tonicité admirables. Moyennement corsé, élégant et pur, il est à boire **maintenant et jusqu'en 2020.** (1/03)

2000
90
La robe d'un rubis-pourpre profond du 2000 annonce de complexes et riches arômes de cèdre, de liqueur de cerise noire, de réglisse fondue, de terre fraîchement remuée, de tabac et de chêne neuf. Suit en bouche un ensemble moyennement corsé, riche et concentré, doté d'un fruité admirable de douceur. Ce vin ferme et tannique sera parfait **entre 2007 et 2020.** (1/03)

1999
89+
Ce vin d'un prune-grenat se distingue par une très grande concentration et par son caractère sensuel et très aromatique. Moyennement corsé, dominé par de complexes arômes de terre fraîchement remuée, de garrigue et de cerise,

il est étayé par des tannins modérés, et sa finale est persistante. **À consommer jusqu'en 2015.** (3/02)

1998 **88** De classiques et vives senteurs de tabac, de fumé, de boîte à cigares, de terre fraîchement remuée, de cassis et de cerise constituent l'intense bouquet du Larrivet-Haut-Brion 1998. Ce vin moyennement corsé, souple et épicé se révèle très expressif. Merveille d'élégance, il tiendra **jusqu'en 2015.** (3/02)

1997 **86** Le 1997, qui arbore une robe rubis foncé, se distingue par des arômes épicés et poivrés de garrigue et de fumé, par un doux fruit et une maturité séduisante. Ce vin magnifiquement concentré et faible en acidité est très accessible. **À boire dans les 2 ans.** (3/01)

1996 **87** Ce vin m'a séduit. Sans être puissant ni massif, il se révèle moyennement corsé en bouche, où il dévoile de très expressifs arômes de tabac et de cassis. Savoureux et velouté, il présente, tant au nez qu'en bouche, des nuances de fumé. Ce vin racé et épanoui peut être dégusté **dès maintenant ou dans les 3 à 4 ans.** (3/01)

MILLÉSIMES ANCIENS

Presque tous les millésimes d'avant 1976 ont été notés entre 70 et 84, avec des commentaires traduisant leur manque d'intérêt. À l'évidence, les efforts consentis par Christine et Philippe Gervoson, les nouveaux maîtres des lieux, ainsi que par leur équipe technique, ont permis à Larrivet de s'imposer au nombre des meilleurs Pessac-Léognan. En effet, le potentiel de ce vignoble magnifiquement situé est désormais pleinement exploité. Les millésimes des années 60 à 80 doivent être considérés avec discernement.

BLANC

2001 **90** De séduisants parfums d'herbes fumées, de grillé, de melon crémeux et d'agrumes se dégagent de ce vin moyennement corsé, élégant, qui doit sa précision et sa tonicité à l'heureuse acidité qui l'étaye. L'ensemble se distingue encore par sa belle intensité aromatique. Cette merveille est le meilleur vin blanc produit à ce jour à la propriété. **À boire jusqu'en 2012.** (1/03)

2000 **87** Moyennement corsé, plaisant mais anodin, le 2000 de Larrivet-Haut-Brion présente des notes de melon et d'agrumes. Bien qu'il pâtisse de la comparaison avec son cadet, il n'en demeure pas moins un Graves accessible et agréable, qu'on appréciera **dans les 6 à 8 ans.** (1/03)

LATOUR-MARTILLAC (PESSAC-LÉOGNAN)

Cru classé (rouge et blanc)
Propriétaire : famille Kressmann
Adresse : Chemin de la Tour – 33650 Martillac
Tél. 05 57 97 71 11 – *Fax* 05 57 97 71 17
E-mail : latour-martillac@latour-martillac.com
Site Internet : www.latour-martillac.com
Visites : sur rendez-vous, du lundi au vendredi (10 h-17 h), samedi (9 h 30-12 h)
Contact : Tristan Kressmann

VIGNOBLE ET VINIFICATION

Superficie : rouge – 30 ha ; blanc – 10 ha
Encépagement : rouge – 60 % cabernet sauvignon, 35 % merlot, 5 % cabernet franc, petit verdot et malbec ;
blanc – 55 % sémillon, 40 % sauvignon blanc, 5 % muscadelle
Âge moyen des vignes : rouge – 35 ans ; blanc – 40 ans
Densité de plantation : 7 500 pieds/ha
Rendement moyen : rouge – 45 hl/ha ; blanc – 48 hl/ha
Élevage : rouge – fermentations et cuvaison en cuves thermorégulées ; vieillissement de 18 mois en fûts (50 % de bois neuf) ; collage ; pas de filtration ;
blanc – fermentations et élevage sur lies de 15 mois en fûts (50 % de bois neuf), avec bâtonnages réguliers ; collage ; pas de filtration

VINS PRODUITS

rouge – Château Latour-Martillac – 120 000 b ; Lagrave-Martillac – 30 000-40 000 b ; blanc – Château Latour-Martillac – 30 000 b ; Lagrave-Martillac – 15 000 b
À maturité : rouge – dans les 5 à 18 ans suivant le millésime ;
blanc – dans les 5 à 15 ans suivant le millésime

APPRÉCIATION GÉNÉRALE

Si les blancs de cette propriété ont toujours été bons, en particulier depuis le milieu des années 80, les rouges étaient, plus souvent qu'à leur tour, ternes et trop boisés. Les choses ont changé ces dernières années (depuis que la propriété bénéficie des conseils de Michel Rolland), et les millésimes après 1998 attestent une nette amélioration. S'ils sont bien faits – et méritent à ce titre l'attention des amateurs –, les vins de Latour-Martillac n'ont pas encore atteint leur « qualité de croisière ».

Si l'on considère l'ancienneté moyenne des domaines des Graves, Latour-Martillac est relativement récent, puisqu'il date du milieu du XIXe siècle. Il appartient à l'une des familles les plus connues du Bordelais, les Kressmann, depuis 1930. C'est Tristan Kressmann qui en assure aujourd'hui la direction.

ROUGE

2001
87
D'un rubis-pourpre sombre séduisant, ce vin bien fait déploie dans un bouquet fort plaisant des senteurs de cassis entremêlées de notes de cèdre, de réglisse, de menthol et de boîte à épices. Une fois passé ce nez modérément boisé, on décèle en bouche un ensemble doux, mais élégant et pur. **À boire jusqu'en 2013.** (1/03)

2000
89
Ce vin d'un rubis-pourpre dense évolué dégage au nez des notes de doux cèdre, de prune, de groseille et d'herbes fraîches qui se prolongent en bouche, où l'on décèle encore d'amples et luxuriantes flaveurs de cèdre, de mûre, de cassis et de fumé. Ce vin moyennement corsé, mûr, concentré et étoffé, est une belle réussite. **À boire jusqu'en 2016.** (1/03)

1999 Ce vin moyennement massif est élégant et d'une grande pureté. Sous son boisé
86 imposant, on décèle un beau fruité de bruyère. Je conseille de le boire **dans les 5 à 6 ans.** (1/02)

1998 Bien réussi pour la propriété, le 1998 est concentré, avec un doux fruité de
87 cassis et de grillé nuancé de terre et de goudron. C'est un excellent vin, moyennement corsé et bien équilibré, doté de tannins mûrs. **À boire jusqu'en 2016.** (1/02)

1997 Riche et doux, le 1997 de Latour-Martillac est également coloré, persistant
86 et richement extrait. Le nez libère des notes de chêne grillé et fumé, et la bouche séduit par ses arômes de cassis aux nuances de réglisse. Ce vin tiendra **bien 5 à 6 ans.** (3/00)

1996 Moyennement corsé et sans détour, le 1996 de Latour-Martillac offre un fruité
83 modérément intense, bien épicé, mais manquant quelque peu de complexité. C'est un vin léger, assez tannique, qu'il faut boire **jusqu'en 2008.** (3/00)

1995 Un nez d'olive, de tabac, de fumé, de groseille et de cerise introduit le 1995
86 de Latour-Martillac. Ce vin moyennement corsé, élégant, doux et souple est **à boire maintenant.** (11/97)

BLANC

2001 Ce vin d'excellente facture, aux arômes de miel, de pamplemousse et d'autres
89 agrumes, est moyennement corsé, avec des notes de chêne fumé et des nuances de minéral. Il est étayé par une heureuse acidité, et sa finale est persistante. **À boire dans les 8 à 15 ans.** (1/03)

2000 Le Latour-Martillac blanc 2000 est caractéristique du millésime, qui offre des
85 rouges superbes mais des blancs d'une qualité moyenne. Ce vin terne et sans détour révèle à l'attaque un fruité agréable, mais il s'amenuise assez rapidement par la suite. **À boire dans les 5 à 6 ans.** (1/03)

MILLÉSIMES ANCIENS

Les vins blancs de Latour-Martillac sont réussis dans plusieurs millésimes, notamment en 1994 (noté 90 en mars 1997), en 1992 (noté 90 en janvier 1994) et en 1989 (noté 89 en novembre 2000). Le 1988 est encore superbe (noté 90 en novembre 1988).

LAVILLE HAUT-BRION (PESSAC-LÉOGNAN)

Cru classé (blanc)
Propriétaire : Domaine Clarence Dillon SA
Adresse : 33400 Talence
Adresse postale : Domaine Clarence Dillon SA – 33608 Pessac Cedex
Tél. 05 56 00 29 30 – *Fax* 05 56 98 75 14
E-mail : info@haut-brion.com
Site Internet : www.laville-haut-brion.com
Visites : non autorisées
Contact : Jean-Philippe Delmas

VIGNOBLE ET VINIFICATION

Superficie : 3,7 ha
Encépagement : 70 % sémillon, 27 % sauvignon, 3 % muscadelle
Âge moyen des vignes : 51 ans – Densité de plantation : 10 000 pieds/ha
Rendement moyen : 35 hl/ha
Élevage : fermentations et élevage de 13 à 16 mois en fûts neufs ; ni collage ni filtration

VIN PRODUIT

Château Laville Haut-Brion – 10 200 b (pas de second vin)
À maturité : dans les 10 à 45 ans suivant le millésime

APPRÉCIATION GÉNÉRALE

Laville Haut-Brion est l'un des vins blancs secs les plus grandioses qui soient. Il a une aptitude à la garde peu commune, pouvant s'améliorer sur 30 à 40 ans.

Ce petit vignoble donne l'un des vins blancs français les plus aptes à la garde. Le sol y est moins graveleux et plus lourd qu'à La Mission Haut-Brion, et le volume produit est faible, ce qui explique la relative rareté du vin. Le cru est vinifié et élevé en fûts de chêne neuf, et il développe au vieillissement une richesse crémeuse, aux notes de cire. Délicieux en fût, il se ferme cependant après la mise en bouteilles, pour, parfois, ne se rouvrir qu'au terme d'une garde de 5 à 10 ans. Sa belle réputation et sa très haute qualité se répercutent évidemment sur les prix, qui sont très élevés. C'est peut-être ce qui explique que la quasi-totalité de la production (95 %) soit exportée.

2003 **93** Ce vin gras, étoffé et confit, merveilleusement opulent et faible en acidité, n'a pas la précision de millésimes de très haut vol, comme le prodigieux 1989. Cependant, il est puissant et capiteux. Vous apprécierez cet assemblage 78 % sémillon et 12 % sauvignon blanc **ces 20 à 25 prochaines années.** (1/05)

2002 **91+** Ce vin peu évolué et discret dégage un nez de pamplemousse crémeux nuancé de zeste de citron, de figue et de melon. Moyennement corsé, plus léger que de coutume, il révèle cependant, outre une belle présence en bouche, une finale aussi longue que persistante. **À boire entre 2008 et 2020, voire au-delà.** (1/05)

2001 **91+** Le bouquet crémeux de ce vin mêle des notes d'agrumes, de chèvrefeuille et de pêche blanche. Il annonce un ensemble retenu et serré, dont on décèle cependant la puissance, l'ampleur, le caractère corsé, ainsi que la structure et l'intensité. **À boire entre 2010 et 2025.** (1/03)

2000 **89** Ce vin moyennement corsé et racé exprime dans un ensemble mûr et précoce des notes d'agrumes, de minéral, de maïs et de melon. Il sera à son apogée dans les 3 ans et **jusqu'en 2015.** (1/03)

1999 **91** Des arômes d'abricot, de pêche, de chèvrefeuille, de lanoline et de bougie se dégagent de ce vin moyennement corsé et charnu, au caractère de fumé. L'ensemble, qui s'est étoffé en bouteille, est pur et étayé par une heureuse acidité. Il semblerait qu'il évolue assez vite. **À boire jusqu'en 2017.** (1/03)

1998 **95** Ce vin profond, d'un jaune d'or léger aux reflets verts, dégage un superbe bouquet aux senteurs de fumé, d'herbes, de cire, de fruit de la Passion, de chèvrefeuille et de pêche blanche. Très corsé, onctueux, il doit sa précision et sa tonicité à l'acidité fraîche qui l'étaye. Bien qu'il soit encore jeune et peu évolué, on décèle dans ce vin majestueux une belle générosité. Il devrait vieillir plusieurs décennies. **À boire entre 2010 et 2030.** (1/03)

1996 **90** Le 1996 est l'un des millésimes les plus légers de Laville Haut-Brion dans les années 90. Cependant, son riche fruité d'agrumes et de melon traduit une élégance et une complexité extraordinaires. Certes, il n'a pas le corps ni l'étoffe de millésimes plus puissants, tel 1994, mais il n'en demeure pas moins impressionnant. Marqué par une heureuse acidité, il est vif, net et racé, tout en s'exprimant avec discrétion. Je conseille de le boire **dans les 10 à 15 ans, voire au-delà.** (1/00)

1995 **88** Quoique dépourvu de la complexité et de l'intensité du 1994 et des autres meilleurs millésimes, le 1995 de Laville Haut-Brion est tonique et présente, à la fois au nez et en bouche, des arômes de figue mûre, de melon et de cire. Légèrement corsé et extraordinaire de pureté, il est étayé par une acidité de haut niveau. Ce Laville savoureux et rafraîchissant sera parfait **jusqu'en 2010.** (11/97)

1994 **94** Serré et moyennement corsé, le Laville Haut-Brion 1994 se distingue par un nez intense, mais doux, de grillé, de minéral, de miel et d'épices. La bouche révèle un fruité mûr et assez intense, mais il s'agit, dans l'ensemble, d'un vin peu évolué, pas encore épanoui, capable de tenir **20 à 25 ans.** (3/97)

1993 **90** Le 1993 pourra rivaliser avec son aîné d'un an au terme d'une garde supplémentaire de quelques années, mais, pour l'instant, il se montre plus serré et moins corsé que le 1992, plus gras et plus robuste. Peu évolué, mais racé et plein de finesse, il présente, outre une belle structure et une grande richesse, des arômes d'épices, de fruits confits et de chêne neuf grillé, ainsi qu'une belle acidité. **À boire jusqu'en 2010.** (11/94)

1992 **91** Le 1992 de Laville est l'un des Graves blancs secs les moins évolués qu'il m'ait été donné de déguster. D'un jaune paille assez soutenu, il exhale un nez serré, mais prometteur et fruité, de cire et se montre moyennement corsé en bouche, où il révèle une bonne acidité, ainsi qu'une mâche et une richesse opulentes. Bien qu'il ne soit pas aussi monumental que le 1989, ce vin d'une longueur phénoménale est de toute première classe. **À boire dans les 20 à 30 ans.** (1/94)

1989 **96** Réussite sensationnelle pour Laville Haut-Brion : ce vin au voluptueux bouquet de miel, de melon archimûr, de figue et de chêne neuf grillé est véritablement renversant. En bouche, il est stupéfiant de richesse, de concentration et d'intensité, avec une texture évoquant davantage un grand cru blanc de Bourgogne qu'un Graves austère. Par sa puissance et son caractère somptueux, c'est peut-être le vin le plus formidable jamais élaboré au domaine. La production, très faible, était de l'ordre de seulement 900 caisses. **À boire jusqu'en 2020.** (12/02)

1988 **87** S'il n'a pas l'immense stature, le caractère massif et la puissance du 1989, le 1988 est très joliment vinifié, avec un nez de melon et de cire nuancé d'herbes aromatiques et de chêne fumé. Supérieur au 1989 par son acidité et sa belle précision, mais dépourvu de son côté flamboyant, il devrait en tout cas fort bien vieillir ; à défaut de montrer la sensualité de son cadet d'un an, il se révèle très aromatique, dans un style plus délicat et plus raffiné. **À boire jusqu'en 2010.** (3/97)

1987 **86** Le 1987 est un très bon millésime pour les blancs des Graves. Ce Laville Haut-Brion est relativement léger, mais il libère des arômes merveilleusement précis d'herbes fraîches, de melon et de figue, et montre beaucoup de charme et de caractère. L'ensemble, moyennement corsé, doit sa tonicité et sa précision à l'heureuse acidité qui l'étaye. **À boire maintenant.** (1/90)

1985 **93** Ce 1985 est somptueux, riche et onctueux, et il a encore, je crois, quelques années devant lui. Il compte parmi les vins les plus puissants et les plus riches qu'ait produits le château, mais il est bien étayé par une heureuse acidité qui lui assure de l'équilibre et de la fraîcheur. Il n'a ni la maturité ni le caractère alcoolique du 1989, mais il est peut-être plus typique du domaine par sa richesse et sa plénitude. **À boire jusqu'en 2008.** (12/90)

MILLÉSIMES ANCIENS

Typique du cru, le 1983 (noté 90 en décembre 2002) est élégant et racé, alors que le 1982 (noté 87 en avril 2000) est trapu, carré et assez lourd, sans la finesse ni la distinction du précédent.

Parmi les millésimes plus anciens, j'ai dégusté un 1976 puissant et parfaitement mûr (noté 91 en juin 1999), un 1975 (noté 90 en août 2000) racé, assez fermé, bien serré et au grand potentiel de garde, un splendide 1966 (noté 92 en août 2000), ainsi qu'un 1962 (noté 88 en août 2000).

En 1990, j'ai enfin eu la chance de goûter le Laville Haut-Brion que Michael Broadbent qualifiait de spectaculaire, le Crème de Tête 1945. Lors d'une dégustation à l'aveugle, à côté de la cuvée normale de Laville 1945, j'ai noté une grande différence entre les deux vins. Tous deux sont vraiment sensationnels et ressemblent davantage à un vieux et puissant Sauternes qu'à un Graves blanc. Ils sont massifs, riches et onctueux, mais également très secs, bien que leur générosité et leur plénitude leur confèrent une belle puissance en bouche. Mais le Crème de Tête est de loin le plus riche et le plus étoffé des deux, et je l'ai noté 93.

LA LOUVIÈRE (PESSAC-LÉOGNAN)

Non classé
Propriétaire : André Lurton
Adresse : route de Cadaujac – 33850 Léognan
Adresse postale : Vignobles André Lurton
Château Bonnet – 33420 Grézillac
Tél. 05 57 25 58 58 – *Fax* 05 57 74 98 59
E-mail : andrelurton@andrelurton.com
Site Internet : www.andrelurton.com
Visites : sur rendez-vous uniquement
Contact : Véronique Bouffard

VIGNOBLE ET VINIFICATION

Superficie : rouge – 33,5 ha ; blanc – 13,5 ha
Encépagement : rouge – 64 % cabernet sauvignon, 30 % merlot, 3 % cabernet franc, 3 % petit verdot ; blanc – 85 % sauvignon blanc, 15 % sémillon
Âge moyen des vignes : 20-22 ans – *Densité de plantation :* 6 500-8 500 pieds/ha
Rendement moyen : 50 hl/ha
Élevage : rouge – fermentations et cuvaison de 21 jours en cuves d'acier inoxydable thermorégulées ; vieillissement de 12 mois en fûts (50-75 % de bois neuf), avec soutirage trimestriel ; collage et filtration ; blanc – après débourbage par le froid, fermentations à 18-23 °C de 10 à 15 jours et élevage sur lies de 12 mois en fûts de chêne (30-50 % de bois neuf), avec bâtonnages réguliers ; collage et filtration

VINS PRODUITS

rouge – Château La Louvière – 150 000 b ; L de la Louvière – 80 000 b ;
blanc – Château La Louvière – 50 000 b ; L de La Louvière – 30 000 b
À maturité : rouge – dans les 3 à 15 ans suivant le millésime ;
blanc – dans les 2 à 8 ans suivant le millésime

APPRÉCIATION GÉNÉRALE

Comme on pouvait s'y attendre d'un cru géré par André Lurton, La Louvière propose, tant en rouge qu'en blanc, des vins comptant au nombre des Pessac-Léognan les plus réguliers à haut niveau, et qui constituent, de surcroît, de très bonnes affaires. Ils peuvent sans peine rivaliser avec beaucoup de crus classés de l'appellation.

Bien que non classé, La Louvière, dont les origines remontent à 1200, produit à l'heure actuelle des vins supérieurs à nombre de crus classés des Graves et qui, depuis quelques années, ont atteint le niveau d'un quatrième cru du Médoc. André Lurton a acquis le domaine en 1965, et il l'a entièrement rénové. Le vignoble est idéalement situé, entre Haut-Bailly et Carbonnieux.

André Lurton cherche à élaborer des vins qui soient accessibles rapidement sans pour autant sacrifier la concentration, la fraîcheur et le fruit, et il y réussit fort bien. Alors que les rouges étaient auparavant un peu en retrait par rapport aux blancs, très brillants, les choses ont changé depuis le milieu des années 80, et ils révèlent aujourd'hui la même excellence. En outre, La Louvière demeure notoirement sous-estimé, et les amateurs, s'ils en ont la possibilité, ne manqueront donc pas d'acheter de nombreuses bouteilles de ses vins, qui peuvent indiscutablement rivaliser avec les meilleurs Graves.

Ce château mérite une visite. Il est d'ailleurs classé à l'inventaire des monuments historiques.

ROUGE

2001
88
Ce vin moyennement corsé, évolué, savoureux, mais élégant, se distingue par un rubis-pourpre dense et opaque et par de généreuses senteurs de cerise noire et de cassis nuancées de fumé et de terre. Doux à l'attaque, il exprime en milieu de bouche une étoffe et une pureté d'excellent aloi. Sa finale, faible en acidité, recèle des tannins doux. **À boire dans les 10 ans.** (1/03)

2000
90
Ce vin d'un rubis-pourpre opaque présente, tant au nez qu'en bouche, de généreux arômes de terre, de cassis, de vanille, de graphite, de réglisse et

de cerise fumée. Moyennement corsé, étayé par des tannins doux et une heureuse acidité, il développe une finale aussi longue que concentrée. Il s'agit du meilleur La Louvière depuis le 1990. **À boire jusqu'en 2015.** (1/03)

1999 Alors que La Louvière est généralement de bonne facture, le 1999 est maigre
85 et léger, presque atténué. D'un rubis moyen, il accuse un manque d'étoffe, de douceur et de richesse. **À boire dans les 2 à 3 ans.** (3/02)

1998 Arborant un superbe rubis-pourpre foncé, le 1998 se caractérise par des notes
88 de terre fraîchement remuée, de fumé, de cerise noire et de groseille, typiques de son appellation. Moyennement corsé, merveilleusement riche et parfumé, ce Graves classique et complexe révèle aussi des tannins doux et une acidité magnifiquement fondue. **À boire jusqu'en 2014.** (3/02)

1996 Le 1996 est mûr, avec une robe d'un rubis-pourpre foncé. Il allie magnifique-
87 ment un doux fruité de cassis à des notes d'olives provençales, de réglisse, de fumé et de chêne neuf grillé. Cet ensemble moyennement corsé et d'une grande douceur déploie en bouche, par paliers, une finale concentrée. **À boire jusqu'en 2015.** (3/01)

1995 Épanoui et extrêmement séduisant, le 1995 dégage les arômes caractéristiques
87 de La Louvière – tabac, fumé, herbes, groseille et cassis herbacés –, qui jaillissent littéralement du verre. D'une très grande maturité, ce Graves classique est souple, moyennement corsé, avec un délicieux fruité rôti. **À boire dans les 5 à 6 ans.** (12/01)

1994 Le 1994 de La Louvière – l'une des révélations du millésime – arbore un
88 rubis-pourpre profond préludant à un nez provocant aux arômes herbacés de cassis et de fumé. L'ensemble qui suit en bouche est modérément tannique, mais également riche, dense et puissant, admirable de pureté malgré sa concentration extraordinaire. Ce vin doté de manière impressionnante sera parfait **jusqu'en 2012.** (3/96)

1990 Outre sa robe d'un pourpre-grenat soutenu, le 1990 de La Louvière présente
90 un nez peu évolué de fruits noirs, de fumé et de viande grillée. Très corsé et faible en acidité, il est intense et concentré, et déborde littéralement d'un fruité tout à la fois pur, doux et mûr, qu'il dévoile en bouche par paliers. **À boire jusqu'en 2010.** (7/00)

1989 Vêtu d'un rubis-grenat foncé à peine éclairci sur le bord, le 1989, souple et
88 bien épanoui, est à son apogée. Il exhale un nez mûr de groseille entremêlé de senteurs de chêne neuf, d'herbes, d'olive et de tabac. Ce vin moyennement corsé, souple et tendre, mais également opulent, tiendra parfaitement **2 à 3 ans encore.** (7/00)

1988 Le 1988 compte certainement au nombre des meilleurs La Louvière que je
89 connaisse ! Ce vin bien équilibré malgré sa concentration présente un délicieux fruité de cassis nuancé de notes de fumé, qui s'épanouit en bouche avec ampleur. L'ensemble, merveilleusement dense et très étoffé, est aussi opulent que velouté. **À boire maintenant.** (1/93)

BLANC

2001
90 Le 2001 de La Louvière est superbe. Son bouquet aussi complexe qu'évolué, mêlant des notes de melon crémeux à des senteurs de figue, d'herbes séchées et de minéral, prélude à un ensemble moyennement corsé, fruité, d'une grande pureté malgré son gras généreux et sa profondeur, et dont la finale est très persistante. **À boire dans les 8 ans.** (1/03)

2000
87 Le 2000 est tout simplement remarquable, dans un millésime peu favorable aux blancs secs. Moyennement corsé et évolué, doté de senteurs de zeste d'orange, de fumé, d'herbes séchées et de minéral, il sera parfait **dans les 3 à 4 ans.** (1/03)

MALARTIC-LAGRAVIÈRE (PESSAC-LÉOGNAN)

Cru classé (rouge et blanc)
Propriétaire : Alfred-Alexandre Bonnie
Adresse : 43, avenue de Mont-de-Marsan – 33850 Léognan
Adresse postale : BP 7 – 33850 Léognan
Tél. 05 56 64 75 08 – *Fax* 05 56 64 99 66
E-mail : malartic-lagraviere@malartic-lagraviere.com
Site Internet : www.malartic-lagraviere.com
Visites : sur rendez-vous uniquement
Contact : Jean-Jacques Bonnie

VIGNOBLE ET VINIFICATION

Superficie : rouge – 37 ha ; blanc – 7 ha
Encépagement : rouge – 50 % merlot, 40 % cabernet sauvignon, 10 % cabernet franc ; blanc – 80 % sauvignon blanc, 20 % sémillon
Âge moyen des vignes : 35 ans – *Densité de plantation :* 10 000 pieds/ha
Rendement moyen : 25 hl/ha
Élevage : rouge – fermentations et cuvaison de 21 à 35 jours en cuves d'acier inoxydable thermorégulées ; vieillissement de 15 à 18 mois en fûts (40-60 % de bois neuf) ; collage et filtration ; blanc – fermentations et élevage de 8 à 12 mois en fûts (25 % de bois neuf) ; collage et filtration

VINS PRODUITS

rouge – Château Malartic-Lagravière et Le Sillage de Malartic – 80 000 b ;
blanc – Château Malartic-Lagravière et Le Sillage de Malartic – 60 000 b
À maturité : rouge – dans les 5 à 15 ans suivant le millésime ;
blanc – dans les 3 à 10 ans suivant le millésime

APPRÉCIATION GÉNÉRALE

Sous la houlette des actuels propriétaires, Malartic-Lagravière connaît une renaissance. Cette propriété, qui fut longtemps sous-performante, s'est considérablement améliorée depuis 1997, grâce aux efforts des nouveaux maîtres des lieux, Alfred-Alexandre et Michèle Bonnie. Tant les rouges que les blancs sont désormais dignes de l'intérêt des amateurs, d'autant qu'ils demeurent à des prix raisonnables. La propriété vaut une visite, ne serait-ce que pour sa cuverie ultramoderne.

Cette propriété, dont le vignoble d'un seul tenant se situe sur une terrasse de graves, a longtemps observé des rendements très élevés. L'ancien propriétaire, Jacques Marly, estimait en effet que de jeunes vignes et de hauts rendements permettaient d'obtenir des vins meilleurs – ce qui est pour le moins original.

Depuis le rachat du cru en 1997 par la famille Bonnie, la qualité s'est considérablement améliorée. Des investissements importants ont permis l'installation d'une cuverie ultramoderne, les vins sont élevés avec davantage de bois neuf et font l'objet d'une sélection nettement plus sévère – autant de mesures qui ont permis à Malartic-Lagravière, autrefois notoirement sous-performant, de s'imposer avec des vins qui comptent désormais au nombre des Pessac-Léognan les plus élégants et les plus intéressants.

Si les vins de Malartic ne seront jamais puissants ni massifs, ils se distinguent par leur élégance et leur précision. 1997 marque un tournant dans la vie de la propriété, et l'amélioration s'est confirmée à chaque millésime suivant. Il faut souligner, en outre, que les prix n'ont pas rattrapé la courbe ascendante de la qualité.

ROUGE

2003 **88-91** Cette propriété, qui pratique une vinification de haut vol, propose des vins élégants et d'excellente facture traduisant parfaitement leur appellation et le millésime dont ils sont issus. Le 2003 de Malartic-Lagravière, qui constitue une belle expression des Graves, s'annonce par un nez de terre fraîchement remuée, de prune, de cerise aigre-douce, de fleurs et de tabac. Doté d'une belle texture, il s'exprime tout en finesse, révélant un fruité savoureux et corpulent. Une merveille, à boire **dès sa jeunesse et dans les 12 à 14 ans suivant le millésime.** (3/04)

2002 **88-90** Voici une autre propriété qui doit sa renaissance au souci de qualité animant les propriétaires, qui n'ont pas ménagé leurs efforts pour ce cru. Le 2002 de Malartic-Lagravière est un classique : racé, élégant et d'une grande pureté, très doux mais doté d'un caractère bien affirmé, il présente une robe rubis foncé, un fruité sous-jacent de cerise noire et de cassis, ainsi que de très légères notes de chêne grillé. **À boire entre 2006 et 2014.** (9/03)

2001 **90** De doux arômes de petits fruits nuancés de tabac, de fumé et de chêne neuf se dégagent de ce vin d'un rubis-pourpre foncé, séduisant à la fois de souplesse et de douceur. L'ensemble est particulièrement impressionnant, s'agissant d'un cru issu d'une propriété dont la renaissance ne date que de quelques années. Moyennement corsé, pur et plein de charme, il pourrait, à terme, rivaliser avec le 2000. **À boire jusqu'en 2020 après une garde de 1 à 2 ans.** (1/03)

2000 **90** Le 2000 de Malartic-Lagravière incarne l'élégance, l'équilibre et la puissance mesurée. Ce vin d'un rubis-pourpre dense, aux doux arômes de prune, de groseille, de tabac et de fumé, regorge de richesse en extrait et de gras. Aussi puissant que persistant, sans rien sacrifier de son élégance, il s'exprime avec ampleur, révélant un caractère moyennement corsé, généreux, séveux et savoureux. Je crois ce vin capable d'une assez longue garde. **À boire entre 2006 et 2020.** (1/03)

1999 **90** S'imposant au nombre des révélations du millésime, le 1999 de Malartic-Lagravière est tout simplement délicieux, bien qu'un peu léger. D'un rubis dense, il est sensuel, généreux, épanoui, mais aussi très pur, merveilleux à la fois d'équilibre et de précision. Il déploie des arômes très doux de tabac, de cassis et de terre fraîchement remuée. Ce classique, qui conjugue finesse et élégance comme seuls savent le faire les bordeaux, sera parfait **dans les 10 à 12 ans suivant le millésime.** (3/02)

1998 **89** Le 1998 marque la percée de cette propriété. Arborant un rubis-pourpre dense et sombre, ce vin au nez racé de doux cassis nuancé de terre, de minéral, de réglisse et de boîte à épices exprime en bouche, tout en rondeur, un caractère moyennement corsé étayé par des tannins mûrs. Sa finale, joliment structurée et concentrée, persiste au-delà de 30 secondes. **À boire jusqu'en 2015.** (3/02)

1997 **88** Le 1997, qui est une révélation du millésime, est étonnamment charmeur, complexe et élégant, mais il manque quelque peu d'ampleur, de corpulence et de puissance. Régalant tant le nez que le palais du dégustateur de ses arômes de cèdre, d'herbes rôties, de douce prune et de cerise, il séduit également par le caractère soyeux et fabuleusement parfumé, ainsi que par le somptueux fruité qu'il développe en bouche, tout en rondeur. En raison de sa faible acidité, il ne fera pas de vieux os, mais qu'importe ? La plupart des amateurs ne sauront résister à son charme précoce. **À boire dans les 2 ans.** (12/01)

1996 **76** Le 1996 manque d'étoffe. Sa robe est d'un rubis léger clair, et son nez généreusement boisé dégage des senteurs modérément intenses de cerise. L'ensemble, moyennement corsé, déploie une finale plaisante, mais sans détour et quelque peu dénuée de complexité. Ce vin tannique et structuré pèche par manque de richesse en extrait. **À boire jusqu'en 2010.** (3/01)

MILLÉSIMES ANCIENS

Aucun des vins produits à la propriété entre le milieu des années 70 et 1995 ne mérite une note supérieure à 84. Même des années aussi favorables que 1995 (noté 76 en novembre 1997), 1990 (noté 73 en mars 1993), 1989 (noté 82 en mars 1993), 1988 (noté 77 en mars 1993) et 1985 (noté 84 en mars 1990) ont donné ici, sous la précédente administration, des vins décevants. Cela étant, c'est le passé, et il ne reflète aucunement les changements intervenus à Malartic-Lagravière depuis 1997.

BLANC

2001 **90** De vifs arômes de cosse de petit pois, de figue, de minéral et de fumé se dégagent de ce vin moyennement corsé, très parfumé, mais d'une grande précision, au potentiel de **8 à 10 ans.** (1/03)

2000 **85** Moyennement corsé et ample de carrure, le 2000 n'a pas la puissance aromatique ni la tonicité de son cadet d'un an. Ses arômes de pamplemousse sont très peu expressifs. **À boire dans les 5 à 6 ans.** (1/03)

1999 **86** Ce vin légèrement corsé, sec et rafraîchissant, aux notes d'agrumes crémeux, de melon, d'herbe fraîchement coupée et de métal, doit être consommé **dans les 5 à 6 ans.** (1/03)

1998 **89** Le 1998 est le premier vin blanc de haut niveau produit à Malartic après bien des années. Doté de notes de pamplemousse crémeux et d'autres agrumes, de fumé, de peau de pêche et de chêne grillé, il est moyennement corsé, persistant, et d'une grande pureté malgré son étonnante concentration. Il tiendra bien **encore 8 à 10 ans.** (1/03)

MILLÉSIMES ANCIENS

Les vins blancs élaborés sous la houlette de Jacques Marly se composaient entièrement de sauvignon blanc et révélaient souvent un excès d'acidité. Ils étaient piquants, herbacés – bref, inintéressants. Certes, ils pouvaient se maintenir plusieurs années, mais leurs très caractéristiques arômes imparfaitement mûrs de petits pois et d'autres légumes n'avaient décidément rien de séduisant.

LA MISSION HAUT-BRION (PESSAC-LÉOGNAN)

Cru classé (rouge)
Propriétaire : Domaine Clarence Dillon SA
Adresse : 67, rue Peybouquey – 33400 Talence
Adresse postale : Domaine Clarence Dillon SA – 33608 Pessac Cedex
Tél. 05 56 00 29 30 – *Fax* 05 56 98 75 14
E-mail : info@haut-brion.com
Site Internet : www.haut-brion.com
Visites : sur rendez-vous uniquement
Contact : Jean-Philippe Delmas

VIGNOBLE ET VINIFICATION

Superficie : 20,9 ha
Encépagement : 48 % cabernet sauvignon, 45 % merlot, 7 % cabernet franc
Âge moyen des vignes : 21 ans – *Densité de plantation :* 10 000 pieds/ha
Élevage : fermentations et cuvaison en cuves d'acier inoxydable thermorégulées d'une contenance de 180 hl ; vieillissement de 20 mois en fûts neufs ; collage ; pas de filtration

VINS PRODUITS

Château La Mission Haut-Brion – 72 000 b ; La Chapelle de La Mission – 36 000 b
À maturité : dans les 8 à 50 ans suivant le millésime

APPRÉCIATION GÉNÉRALE

La Mission Haut-Brion et Haut-Brion, qui se font face, de part et d'autre d'une route qui les sépare, ont été rivaux jusqu'au rachat du premier par les propriétaires du second. Les craintes d'un changement radical – notamment de ce que La Mission ne soit plus que le second vin de Haut-Brion – se révélèrent sans fondement. Au contraire, le domaine s'impose plus que jamais à l'égal des premiers crus, avec une politique de prix en conséquence. Cette propriété de haut vol propose des rouges amples et denses, qui incarnent la quintessence des Graves par leur aspect corsé et leurs caractéristiques notes de terre fraîchement remuée. Leur potentiel de garde est légendaire. La Mission est incontestablement l'un des vins les plus typiques et les plus exceptionnels qui soient au monde. Bref, la vie est trop courte pour se passer de ce vin.

La Mission Haut-Brion, qui se trouve à Talence, produit l'un des plus grands vins de tout le Bordelais. On découvre le domaine sur la N250, en face de son vieux rival,

Haut-Brion. Il se distingue par une série pratiquement inégalée de vins somptueux depuis le début du siècle dernier.

Cette propriété, qui s'enorgueillit d'une longue histoire, fut fondée au XVIIe siècle par la congrégation de la Mission. L'essentiel de la production était réservé à la hiérarchie ecclésiastique. On attribue à Richelieu, fervent adepte de ce cru, la citation suivante : « Si Dieu voulait interdire de boire, aurait-il fait un vin si bon ? » Après la Révolution, le clergé fut dépossédé de la propriété, qui fut vendue à un particulier. Mais c'est avec son rachat par la famille Woltner, en 1919, que La Mission s'est haussé au niveau d'un premier cru du Médoc et de son voisin Haut-Brion – surpassant même souvent celui-ci, grâce au talent du regretté Frédéric Woltner et de son fils Henri.

Le génie de Frédéric Woltner était universellement reconnu dans le Bordelais. Cet homme était indiscutablement un dégustateur et un œnologue très doué, et il a fait preuve d'un esprit pionnier en installant, dès 1926, des cuves de fermentation en acier faciles à entretenir, grâce à leur revêtement intérieur de verre. Bien des connaisseurs attribuent le caractère dense, riche, puissant et fruité de La Mission à ces cuves assez ventrues, dont la forme favorisait le contact des peaux avec le jus au cours de la fermentation. Les propriétaires actuels ont remplacé le vieux matériel, et la cuverie est désormais équipée dans les règles de l'art et entièrement informatisée.

Les vins du domaine se distinguent généralement par leur intensité, leur corpulence, leur belle couleur, leur grande richesse en extrait et leur bonne dose de tannins. J'ai eu le plaisir de goûter les meilleurs millésimes à partir du 1921, et j'en ai conclu que La Mission est capable de bien évoluer en bouteille sur 30 à 50 ans. Il a toujours été plus riche et plus puissant que son rival par excellence, Haut-Brion. C'est pourquoi il s'est taillé une meilleure réputation (il faut ajouter qu'il se maintient à haut niveau dans les petits millésimes, de même que Latour, à Pauillac). C'est actuellement l'un des vins les plus prisés du Bordelais.

Henri Woltner est décédé en 1974, et le domaine a ensuite été dirigé par Françoise et Francis Dewavrin-Woltner. En raison de dissensions familiales, il a été vendu en 1983 (comme l'ont été les deux propriétés sœurs, La Tour Haut-Brion et Laville Haut-Brion) aux propriétaires actuels. Les Woltner sont désormais installés à Napa Valley, en Californie, où ils produisent un vin de chardonnay issu des coteaux pentus de Howell Mountain.

Depuis 1983, Jean Delmas s'est efforcé d'imprimer aux vins du domaine sa conception de la vinification. Il a complètement remanié l'équipe de vinificateurs et augmenté la proportion de chêne neuf pour l'élevage (celle-ci avait baissé, à la suite des difficultés financières de l'époque Woltner). Aujourd'hui, comme Haut-Brion, La Mission Haut-Brion est élevé uniquement en fûts de chêne neuf. En outre, Jean Delmas a planté davantage de merlot, qui représente désormais 45 % de l'encépagement, au détriment du cabernet sauvignon et du cabernet franc.

Les premiers vins élaborés par la nouvelle équipe ont été très bons, mais ils ne présentaient ni la puissance ni l'extraordinaire richesse qu'avaient déployées les millésimes antérieurs. Quoique techniquement corrects, ils étaient dépourvus de... quelque chose. Cependant, avec l'installation de nouveaux équipements, arrivés à temps pour la vinification du 1987, la qualité s'est de nouveau hissée au niveau de la grande époque. Le vin était plus franc, et des défauts tels que le niveau élevé d'acidité volatile que l'on pouvait discerner dans certains anciens millésimes ne risquaient plus de montrer le bout du nez sous la talentueuse houlette de Jean Delmas... On peut donc dire que, après une période de transition – de 1983 à 1986 –, La Mission Haut-Brion produit désormais de très grands vins, comme le démontrent le 1987, l'un des meilleurs du millésime, le 1988, remarquable, et le 1989, splendide – très certainement la réussite de la décennie pour le domaine. Les millésimes des années 90 sont certes d'une qualité légèrement inférieure, ayant été compromis par les pluies de septembre, mais ils s'imposent incontestablement parmi les meilleurs bordeaux. Bien entendu, le 2000 est un monument, et le 1998 le suit de près.

Il est peu probable que La Mission « nouveau style » puisse vieillir aussi bien que les millésimes d'antan, mais il n'est plus, dans ses premières années, aussi tannique et inaccessible qu'autrefois. La Mission Haut-Brion demeure du niveau d'un premier cru.

2003 **90-92** Comme son célèbre compagnon d'écurie de Haut-Brion, le 2003 de La Mission Haut-Brion bat des records avec ses 13,25 % d'alcool naturel. Composé à 52 % de cabernet sauvignon, à 40 % de merlot et à 8 % de cabernet franc, et issu d'une sélection de 60 % de la récolte totale, il est ferme, puissant, peu évolué et encore serré, et présente une austérité dont il doit encore se défaire. Cet ensemble d'un pourpre dense est cependant très ample et très profond, et généreusement doté en tannins. Il ne rappelle en rien ses aînés de 1989 et 1990 – au contraire, il évoque davantage un millésime tannique, du style du 1995. Par ailleurs, pour l'heure, il est incontestablement surpassé par son grand frère de Haut-Brion. **À boire entre 2010 et 2025.** (3/04)

2002 **92** Les abondants tannins secs que recèle la finale de ce vin pourraient le desservir après la mise en bouteille. Cependant, l'ensemble, qui arbore un rubis-pourpre foncé, est puissant, avec un doux nez de pierre chaude nuancé de cassis, de prune, de cerise et de boîte à épices. Moyennement corsé, il s'exprime en bouche avec ampleur. Cependant, je le répète, l'évolution de ses tannins mérite d'être suivie. En effet, s'ils se fondaient, ce vin se révélerait extraordinaire et apte à une très longue garde. Pour l'heure, il évoque, par sa structure, ses aînés de 1988 et 1996. **À boire entre 2008 et 2020.** (9/03)

2001 **91+** Davantage marqué que de coutume d'intenses notes de minéral, le 2001 de La Mission est nuancé de camphre, de terre et de fruits noirs. Malgré la douceur et la concentration de son fruité, il s'exprime avec élégance et précision, et révèle une tonicité de très bon aloi. Arborant un prune-pourpre dense, libérant de doux arômes de cassis entremêlés de notes minérales et nuancés en arrière-plan de goudron et de terre, il est moyennement corsé, étoffé et mûr, avec des tannins doux. Sa finale est persistante. Ce 2001 est très proche en style du 1999, tout en étant plus ample, plus concentré et doté d'un fruité plus dense. Il se compose à 62 % de merlot, à 35 % de cabernet sauvignon et pour le reste de cabernet franc. **À boire entre 2010 et 2020, voire au-delà.** (1/03)

2000 **100** Aussi profond que ses aînés de 1975, 1982 et 1989, le 2000 de La Mission est incontestablement l'une des grandes réussites du millésime. Il est plus structuré et plus tannique que le 1989, qui s'exprime avec davantage de finesse, mais il est moins épais que le 1982, et plus doux et plus pur que le 1975. Pour l'heure, il n'est ni épanoui ni accessible, mais son immense potentiel ne fait aucun doute. D'ailleurs, il n'est pas impossible qu'il faille, en la matière, revenir aux 1959 et 1961 pour trouver des éléments de comparaison. Bien qu'il soit encore serré, ce vin d'un pourpre d'encre se distingue par des arômes d'une somptueuse douceur, évoquant la myrtille, le grillé, la terre fraîchement remuée, le café, le goudron, le graphite et le fumé. Une fois passé ce nez extrêmement intense, on décèle un ensemble onctueux, généreux, d'une richesse explosive, qui se révèle aussi merveilleusement étoffé en milieu de bouche qu'en finale. Bref, ce vin présente tous les traits que je souhaiterais voir réunis dans un exemple de La Mission qui, plus que tout autre cru, m'a séduit tant au niveau des sens que du point de vue intellectuel. Il s'agit d'une très grande réussite qu'on ajoutera à l'actif de Jean-Bernard Delmas, de son fils Jean-Philippe et de toute l'équipe technique de la propriété. La finale, phénoménale, de ce vin dure plus de 1 minute. **À boire entre 2011 et 2045.** (1/03)

1999 91 Moyennement corsé, très profond, mais précis et élégant, le 1999 de La Mission Haut-Brion se distingue par la belle complexité de ses arômes de liqueur de cerise, de prune, de fumée de cigare, de tabac frais et de terre fraîchement remuée. Ce vin, qui me paraît fait du même métal que ses aînés de 1962, 1971, 1983 et 1985, n'est pas puissant ni massif. Au contraire, il s'exprime tout en souplesse et en complexité, se révélant aussi séduisant pour les sens que pour l'intellect. **À boire jusqu'en 2018.** (3/02)

1998 94 De complexes arômes de terre fraîchement remuée, de minéral, de fruits noirs et de graphite subtilement nuancés de boisé se dégagent de ce La Mission classique et corsé. L'ensemble, qui affiche une pureté extraordinaire, est ample et concentré en milieu de bouche. Sa finale, persistante, musclée, mais d'une grande finesse, recèle des tannins doux. Ce vin superbe requiert une garde de 2 à 3 ans. Il s'impose à mon sens comme l'exemple le plus réussi de La Mission depuis le fameux duo de 1989 et 1990. **À boire entre 2007 et 2030.** (3/02)

1997 87 Ce vin vêtu d'un rubis-prune foncé exhale d'amples senteurs épicées de feuille de tabac et de fruits noirs. Plus structuré et plus tannique que son jumeau de Haut-Brion, il manifeste en bouche un caractère moyennement corsé et une profondeur d'excellent aloi. Suffisamment accessible pour être consommé dès maintenant, il peut, à mon sens, se bonifier encore ces 2 prochaines années et tiendra bien **10 ans ou plus.** (3/02)

1996 90 Peu évolué, dans un style austère et musclé, le 1996 arbore encore un rubis-pourpre dense et opaque. Bien qu'il se soit refermé au nez, il offre toujours un bouquet prometteur, dont les senteurs de fruits noirs sont nuancées de chocolat et de doux boisé. L'ensemble, corsé, puissant et massif, ne sera pas à son apogée avant un certain temps. Je pense cependant qu'il pourrait ne jamais totalement se défaire de son austérité, se démarquant ainsi des meilleurs millésimes du cru par ce trait un peu prononcé. **À boire entre 2008 et 2025.** (9/02)

1995 94 Ce vin, qui commence tout juste à s'épanouir, arbore un rubis-pourpre dense et soutenu. Son bouquet, qui mêle des notes de fumé et de douce terre brûlée à des senteurs de cassis et de myrtille, ainsi qu'à des nuances de minéral, a gagné en intensité. La bouche, moyennement corsée, est structurée et musclée ; elle impressionne par sa concentration, sa richesse en extrait et son caractère tannique. L'ensemble est encore jeune – en termes en développement, il n'a pas encore atteint l'adolescence –, mais il présente déjà une belle persistance et se révèle très prometteur. **À boire entre 2010 et 2030.** (9/02)

1994 **91** Bien qu'issu d'un millésime difficile, ce vin est très réussi. Doté de classiques arômes de terre fraîchement remuée nuancés d'herbes séchées, de poivre, de doux tabac, de cerise et de cassis fumés, il exprime une bouche corsée, étonnamment profonde, étayée par un gras généreux. L'ensemble n'accuse aucune dilution ; il est également dépourvu de tannins verts. **À boire jusqu'en 2015.** (9/02)

1993 **90** Voici un autre vin superbe, issu d'un millésime difficile. Vêtu d'un rubis-prune profond et exhalant un doux nez de fruits noirs nuancé de charbon et de minéral, le 1993 de La Mission est moyennement corsé, avec des tannins mûrs. S'exprimant avec élégance, il révèle une concentration et une richesse qui expliquent sa persistance. Il s'agit incontestablement d'une révélation du millésime. Proche de la maturité, il tiendra bien **8 à 10 ans.** (1/02)

1992 **88** Ce vin délicieux, qui atteste une excellente facture, est souple et à son apogée. Il représente une belle réussite dans un millésime désastreux. Sa robe d'un rubis-prune foncé est légèrement ambrée sur le bord. Le nez évoque les fruits noirs nuancés d'herbes, de minéral et de champignon. La bouche, qui s'exprime en rondeur, révèle un fruité riche et une finale aux tannins doux. **À boire dans les 3 à 4 ans.** (9/02)

1991 **87** Le 1991 de La Mission est une belle réussite. D'un rubis profond, avec des arômes parfumés de fumé, de minéral et de petits fruits, il est suave et élégant malgré sa richesse. Quoique étayé par un gras généreux, il exprime une bouche harmonieuse et équilibrée, et sa finale, moyennement corsée, est persistante. Ce vin mûr, savoureux et très aromatique est épanoui. **À boire maintenant.** (1/94)

1990 **96** À l'instar de son jumeau de Haut-Brion, plus élégant et plus féminin, le 1990 de La Mission a gagné en richesse et en stature, et s'impose comme l'un des exemples de ce cru les plus grandioses des vingt-cinq dernières années. Sa robe d'un rubis-pourpre profond tire sur le prune, et son doux nez d'herbes de Provence est mâtiné de notes de cèdre, de terre fraîchement remuée, de goudron, de cassis et de mûre. L'ensemble, très corsé – à la limite du visqueux –, se développe en bouche par paliers, révélant une grande concentration, ainsi qu'une faible acidité. Ce vin spectaculaire, qui montre déjà une belle complexité, tiendra **jusqu'en 2025.** (1/03)

1989 **100** Le somptueux 1989 s'annonce par un rubis-pourpre profond et par de fabuleuses senteurs de café, de goudron, de tabac, de minéral, de mûre, de myrtille et de cassis. Le magnifique déploiement d'arômes que libère le nez n'a d'égal que les flaveurs que révèle la bouche ; en effet, celle-ci est corsée, opulente à la limite du visqueux, avec un doux fruité confit, ainsi que les tannins et l'acidité nécessaires à son équilibre et à sa tonicité. Encore dans son adolescence, et moins évolué que le Haut-Brion de la même année, il est merveilleusement complexe. Ce vin prodigieux est une véritable légende des temps modernes. **À boire jusqu'en 2025.** (1/03)

1988 **90** Très précis malgré sa douceur et sa concentration, le 1988 se présente vêtu d'un prune-pourpre foncé légèrement éclairci sur le bord, avec un nez de goudron et de terre fraîchement remuée, des arômes prononcés de douce cerise noire, ainsi que des nuances de chocolat. L'ensemble, marqué par le terroir, est musclé, dense et de très bonne mâche. Il ne sera probablement jamais un modèle d'harmonie, mais il se distingue par son ampleur et sa complexité. **À boire jusqu'en 2014.** (9/02)

1987 Ce vin délicieux va bientôt entamer son déclin. Malgré sa relative légèreté,
88 le 1987 de La Mission m'a séduit, car il constitue une référence, montrant bien combien les bordeaux de millésimes moyens peuvent se révéler intéressants, parfumés et pleins de charme. L'ensemble déploie encore de beaux arômes, mais la bouche s'amenuise progessivement. Je pense cependant que, en magnum et en plus grand format ayant bénéficié de très bonnes conditions de conservation, ce vin pourrait franchir la barre des 90. **À boire maintenant.** (9/02)

1986 D'un rubis-prune foncé, doté de notes poussiéreuses de terre et de boîte à
89 cigares, ce vin moyennement corsé, quelque peu austère, n'a pas le charme ni la séduction des millésimes plus mûrs. En outre, il est musclé et très tannique. Cependant, il demeure parfumé, et il semble encore très jeune. Je pense néanmoins qu'il ne se défera jamais totalement de son austérité. **À boire jusqu'en 2016.** (9/02)

1985 Un nez complexe de terre et de fumé aux notes de camphre et aux nuances
91 de cassis confituré et de goudron annonce ce vin moyennement corsé, souple, charnu et faible en acidité, qui est à son apogée. **À boire jusqu'en 2008.** (9/02)

1983 Le nez de ce vin – terre humide, truffe, compost et champignon nuancés de
88 réglisse, de cassis et de cerise noire – jaillit littéralement du verre, annonçant un ensemble moyennement corsé et souple, qui est à son apogée. La robe est d'un grenat fortement ambré sur le bord. Les tannins et l'acidité semblent prendre le dessus au fur et à mesure que le vin s'aère. **À boire sans plus tarder.** (9/02)

1982 Voici l'exemple de ce cru le plus puissant, le plus concentré et le plus généreux
100 élaboré à la propriété entre 1975 et 2000. Il est encore très peu évolué, mais tellement prometteur ! Je l'ai dégusté plusieurs fois au cours de son évolution, me demandant s'il évoquait davantage son aîné de 1959 ou de 1961 – je pencherais pour le premier. La robe, d'un pourpre-grenat opaque et trouble, n'accuse aucun signe d'altération. Au terme d'une certaine aération, l'ensemble révèle de fabuleuses senteurs de fruits noirs, de terre fraîchement remuée, de réglisse, de truffe et de graphite, ainsi que des nuances de terre humide. Il est aussi extrêmement concentré, somptueusement puissant et profond. Il me rappelle, je le répète, le 1959. Cependant, la comparaison la plus intéressante est bien entendu avec le 1989 et, pour les années à venir, avec le 2000. En effet, le 1989 présente des tannins plus doux, davantage de finesse et d'élégance, et il n'a pas la puissance, le muscle ni la présence en bouche du superbe 1982. Tous deux incarnent, à mon sens, la perfection – dans des styles différents. Quant au 2000, il est plus richement extrait et plus puissant, tout en s'exprimant avec davantage de finesse. Les tannins que recèle le 1982 lui assurent une longévité d'une trentaine d'années au moins. **À boire entre 2007 et 2050.** (1/03)

1981
90
Élégant et plutôt discret pour un exemple de ce cru, le 1981 est une merveille et l'une des grandes réussites du millésime. D'un rubis-pourpre profond, avec un nez de cassis nuancé de terre humide, de minéral, de fumé et de boisé, il est moyennement corsé et s'exprime avec élégance. Proche de son apogée, il tiendra **jusqu'en 2012.** (9/02)

1979
89
Les dernières bouteilles de 1979 que j'ai dégustées se sont révélées plus rustiques que je ne l'aurais imaginé au premier abord. Les tannins et l'acidité sont désormais très présents dans cet ensemble profond, concentré, mais très élégant et très parfumé, aux fabuleux arômes de douce terre nuancés de goudron, de minéral, de cassis et de cerise. Ce vin riche, aux notes de fumé, est un peu rugueux et astringent en finale. **À boire jusqu'en 2008.** (9/02)

1978
95
Ce vin merveilleux, qui évolue très lentement, peut s'imposer comme la réussite du millésime. En effet, c'est l'un des 1978 les plus puissants et les plus concentrés. Doté de classiques senteurs, typiquement Graves, de terre fraîchement remuée, de café torréfié, de tabac, de fumé, de doux cassis et de cerise, il est corsé, souple et très généreux, et présente en bouche, outre des flaveurs somptueuses (presque atypiques du millésime), des tannins d'une grande souplesse. Ce vin grandiose, qui mérite d'être recherché aux enchères, est encore probablement sous-coté. **À boire jusqu'en 2015.** (9/02)

1975
99
J'ai revu légèrement à la baisse la note de ce vin qui, pendant longtemps, m'a paru incarner la perfection, car il me semble que, à maintenant 27 ans d'âge, ses tannins ne se fondront jamais totalement. Cependant, je le crois capable d'une garde supplémentaire d'une trentaine d'années. Son bouquet, qui mérite encore la note de 100, évoque la terre fraîchement remuée, le tabac, les fruits noirs, le minéral, les herbes rôties, le cèdre et la réglisse. La bouche, corsée et massive, se développe avec ampleur. Cet ensemble gigantesque est l'un des bordeaux les plus amples et les plus concentrés qui soient. Peut-être finira-t-il par résorber ses tannins ? Cette version moderne du 1959 peut être dégustée dès maintenant, tout en promettant de tenir encore trois décennies. **À boire jusqu'en 2035.** (9/02)

MILLÉSIMES ANCIENS

La Mission Haut-Brion propose un très bon 1971 (noté 87 en novembre 1999), mais son 1970 est assez irrégulier d'une bouteille à l'autre, en raison, notamment, d'un niveau trop élevé d'acidité volatile (ce qui explique que de nombreux flacons soient défectueux). Au début et au milieu des années 60, le 1966 est excellent (noté 89 en décembre 2000), tout comme le 1964 (noté 93 en février 2002) et le 1961 (noté 100 en décembre 2000). On peut argumenter à l'infini pour déterminer, du 1961 ou du 1959 (également noté 100 en mars 2001), lequel est le plus grandiose. Le premier me paraît assez évolué, et je pense qu'il vaut mieux le consommer dans les 7 à 10 ans, tandis que le second est, à mon sens, capable d'une garde supplémentaire de 20 à 25 ans.

Il est intéressant de remarquer que nombre de 1959, tout comme les 1982, ont été vivement décriés pour leur faible acidité et leur potentiel de garde limité. Comment expliquer, alors, que tant de vins de cette année déploient plus de richesse, de fraîcheur et de plénitude que certains 1961 ? De fait, aussi grandiose que soit le 1961 de La Mission, le 1959 se montre moins évolué, plus riche, plus coloré, plus concentré et plus puissant. Très épicé et extrêmement concentré, avec une robe d'un pourpre-prune dense, ce vin encore jeune et terriblement peu évolué est formidablement doté ; il devrait être au meilleur de sa forme actuellement et demeurer très agréable au cours des 20 à 25 premières années de ce millénaire.

Même en tenant compte de la magnificence du Haut-Brion et du Mouton Rothschild de la même année, le 1955 de La Mission (noté 100 en octobre décembre 2001) s'impose comme le meilleur vin du millésime, avec ses doux arômes de cèdre, de girofle, de fumé et de mûre, ainsi que ses flaveurs riches, très corsées et remarquablement harmonieuses, regorgeant de fruit mûr, de gras et d'alcool capiteux. Ses tannins sont complètement fondus, et sa robe est fortement nuancée de rouille sur le bord, si bien qu'il est peu probable qu'une telle bouteille se bonifie au terme d'une garde supplémentaire. Cependant, on n'y décèle aucun signe de fragilité ou de déclin, ce qui laisse penser que l'on pourrait conserver ce vin complexe, étonnant et merveilleusement équilibré sans aucun problème sur les 10 à 15 prochaines années.

Plusieurs personnes ayant suivi l'évolution du 1953 (noté 93 en octobre 1994) depuis sa jeunesse m'ont affirmé qu'il était déjà merveilleux à la fin des années 50. S'il n'a apparemment rien perdu de son fruité explosif, souple et sensuel, il ne se bonifiera pas davantage. Il offre de délicieux arômes de fumé et de fruits rouges, et présente une texture soyeuse et crémeuse, ainsi qu'une finale longue et capiteuse. Son faible niveau d'acidité lui confère une certaine fraîcheur, et ses tannins sont maintenant fondus. Ceux qui ont la chance d'avoir en cave cette merveille veilleront à la consommer ces prochaines années. La Mission a également produit un 1951 de bonne tenue (noté 81) et un 1952 grandiose (noté 93). Je n'ai pas redégusté ces deux millésimes depuis 1991.

La Mission 1950 (noté 95 en octobre 1994) déploie un nez ample de café fraîchement moulu, de bois de noyer, de cèdre et de chocolat. Superbement riche et dense, ce vin corsé et concentré, qui n'a subi aucun outrage du temps (sa robe est encore d'un grenat foncé opaque), est à son apogée et se maintiendra 15 à 20 ans.

Avec son nez ample et légèrement roussi d'herbes rôties, de cassis fumé et de viande grillée, le 1949 (noté 100 en octobre 1994) est extraordinairement riche, mais également doux, gras et corpulent. Ce vin, qui est à pleine maturité, se révèle d'une intensité et d'une longueur fabuleuses. Il s'agit d'une magnifique réussite dans l'un des millésimes les plus harmonieux en Bordelais.

Le 1948 (noté 93 en janvier 2001) exhale de riches et puissants arômes de grillé, de tabac, de groseille mûre et de marron fumé. Sa robe n'est aucunement altérée, et son fruité reste extrêmement concentré et riche en extrait. Très corsé, avec une finale hautement alcoolique et tannique, ce vin est incontestablement à pleine maturité, mais il ne montre aucun signe de déclin. Il devrait donc tenir encore 10 à 20 ans. Quant au 1947 (noté 95 en décembre 2002), il déploie un bouquet ample, semblable à celui d'un Porto, qui traduit parfaitement la maturité extraordinaire signant le millésime. Il dégage des arômes de chocolat, de cèdre, de terre et de prune, et se montre très alcoolique, puissant et riche, en même temps que velouté et doux. Ce vin exceptionnel, d'une grande ampleur aromatique, semble issu des vendanges les plus tardives possibles pour ce cru.

Le 1945 (noté 92 ? en juin 2000) est incontestablement grandiose et fabuleusement concentré, mais il est également dur, rugueux et marqué par des arômes de cuir fin. Très opaque, il est extrêmement riche, puissant et aussi très tannique, si bien que l'on peut se demander qui, des tannins ou du fruité, se fanera en premier. Cependant, ce vin a le potentiel de garde pour se conserver encore 20 à 25 ans – c'est justement là que réside le mystère de ce millésime.

L'extraordinaire millésime 1929 (noté 97 en octobre 1994), qui aurait fort bien pu être celui du siècle, rappelle 1982 et, plus récemment, 1990, avec des vins magnifiquement opulents et onctueux. Quand Henri Woltner émettait des doutes sur le potentiel de garde du 1929 de La Mission, sous prétexte qu'il était déjà fabuleux en 1933, il faisait vraiment fausse route. Ce vin arbore toujours un grenat très soutenu, à peine ambré sur le bord, et déploie un nez merveilleusement exotique et sensuel de tabac, de cassis, de cèdre et de cuir. En bouche, il est très alcoolique, remarquablement doux, riche et ample, avec un fruité concentré absolument stupéfiant, qui étaye bien sa teneur en alcool. C'est vraiment un privilège que de déguster ce nectar très corsé, au velouté généreux.

LA CHAPELLE DE LA MISSION
(second vin de La Mission Haut-Brion)

2001 **88** Le 2001 de La Chapelle de La Mission présente avec élégance, dans un ensemble moyennement corsé, de doux arômes de cassis nuancés de graves et d'herbes rôties, ainsi que des tannins souples. **À boire dans les 5 à 6 ans.** (1/03)

2000 **89** Le 2000 de La Chapelle de La Mission est étonnamment gras, séveux et savoureux, avec un nez d'herbes rôties, de tabac, de cerise noire, de cassis, de goudron et de terre fraîchement remuée. L'ensemble, charnu, peut être apprécié **dès maintenant et dans les 10 à 15 ans.** (1/03)

1999 **88** Le superbe La Chapelle 1999 est sans détour, mais charnu, avec de doux arômes de tabac, de fumé et de groseille. **À boire dans les 3 à 4 ans.** (3/02)

1998 **89** Les amateurs en quête d'un La Mission de moindre ampleur devraient se tourner vers le 1998 de La Chapelle. Ce vin fabuleusement complexe et riche, aux arômes typiquement Graves de fumé, de tabac, de cassis et de terre, exprime tout en rondeur une bouche opulente, concentrée et étayée par un gras généreux. Les tannins et l'acidité sont harmonieusement fondus dans un ensemble charnu et complexe, qui est d'ores et déjà délicieux, tout en promettant de tenir **encore 6 ans.** (3/02)

OLIVIER (PESSAC-LÉOGNAN)

Cru classé (rouge et blanc)
Propriétaire : Jean-Jacques de Bethmann
Adresse : 175, avenue de Bordeaux – 33850 Léognan
Tél. 05 56 64 73 31 – *Fax* 05 56 64 54 23
E-mail : mail@chateau-olivier.com
Site Internet : www.chateau-olivier.com
Visites : sur rendez-vous uniquement
Contact : Laurent Lebrun

VIGNOBLE ET VINIFICATION

Superficie : rouge – 44 ha ; blanc – 8 ha
Encépagement : rouge – 40 % cabernet sauvignon, 50 % merlot, 10 % cabernet franc ; blanc – 50 % sauvignon blanc, 50 % sémillon
Âge moyen des vignes : rouge – 25 ans ; blanc – 35 ans
Densité de plantation : 7 500 pieds/ha

Rendement moyen : 45 hl/ha
Élevage : rouge – fermentations et cuvaison de 21 à 28 jours en cuves d'acier inoxydable thermorégulées ; vieillissement de 12 mois en fûts (33 % de bois neuf) ; collage ; pas de filtration ; blanc – fermentations et élevage de 9 mois en fûts (33 % de bois neuf) ; pas de collage ; filtration

VINS PRODUITS

rouge – Château Olivier – 180 000 b ; Seigneurie d'Olivier – 60 000 b ;
blanc – Château Olivier – 42 000 b ; Seigneurie d'Olivier – 3 000 b
À maturité : rouge – dans les 5 à 15 ans suivant le millésime ;
blanc – dans les 2 à 12 ans suivant le millésime

APPRÉCIATION GÉNÉRALE

Les derniers millésimes d'Olivier sont les plus grands succès de cette propriété, autrefois sous-performante. Pendant longtemps, les rouges comme les blancs se sont révélés anodins ; ils se montrent désormais plus racés et plus élégants, et, s'ils paraissent encore moins richement fruités que leurs homologues, ils sont nettement meilleurs que leurs aînés.

Ce domaine est l'un des plus anciens de tout le Bordelais, puisqu'on en trouve trace dès le XIIe siècle. L'un de ses visiteurs les plus célèbres, au XIVe siècle, fut le Prince Noir, fils du roi Édouard III d'Angleterre, qui emmena les chevaliers anglais à l'assaut des Français, pour s'assurer le contrôle de l'Aquitaine. Depuis la Seconde Guerre mondiale, ce sont les Bethmann, d'origine allemande, qui sont propriétaires de ce beau château de conte de fées, flanqué de tours et entouré de douves – mais il faut avouer qu'ils n'ont pas produit de très grands vins. Jusqu'au milieu des années 90, les rouges et les blancs vinifiés à Olivier étaient médiocres : en effet, ils étaient étonnamment légers et insipides pour un cru classé dont les vignobles sont excellemment situés, dans la région de Léognan. Certains initiés ont insinué que l'exclusivité de diffusion accordée par les Bethmann à l'importante maison de négoce Eschenauer avait évité à ces vins de figurer dans les dégustations comparatives, où leur faiblesse aurait été trop apparente. Cependant, cette exclusivité a pris fin au milieu des années 80, et de telles confrontations peuvent désormais être organisées assez aisément.

La qualité est aujourd'hui nettement meilleure, et la dégustation des millésimes récents me convainc que Jean-Jacques de Bethmann, l'actuel propriétaire, fait d'immenses efforts pour améliorer la qualité de son cru. Depuis les années 90, les vins sont issus d'une sélection plus stricte, et l'achat d'un concentrateur (osmose inverse) en 1998 permet d'espérer que les millésimes à venir seront plus intéressants.

ROUGE

2001 **85** Un nez fumé et herbacé de groseille et de cerise caractérise ce vin moyennement corsé, léger, tonique et frais, qu'il faut consommer dans les **10 ans suivant le millésime.** (1/03)

2000 **87** Ce vin sensuel et opulent, dont la robe d'un rubis profond accompagne des senteurs encore jeunes de cassis, de fumé, de tabac et de boîte à épices, exprime avec élégance un caractère moyennement corsé et une grande pureté. Sa finale est étayée par une faible acidité et des tannins mûrs. Ce 2000 s'impose, avec son aîné de 1998, comme la plus belle réussite de la propriété ces vingt-cinq dernières années (ce qui n'est pas vraiment un compliment). **À boire dès maintenant et dans les 8 ans.** (1/03)

1999 Des arômes de groseille mûre, de goudron, de fumé, de confiture de fraise
86 et de tabac distinguent cet ensemble moyennement corsé, souple et opulent qu'est l'Olivier 1999. **À boire dans les 5 à 6 ans.** (1/00)

1998 D'un rubis-prune dense, le 1998 se distingue par un bouquet sensuel de cigare,
88 de cassis, de groseille, de terre et de vanille. En bouche, il exprime avec rondeur un caractère moyennement corsé, savoureux et opulent. Il est d'ores et déjà très charmeur. Je ne sais combien de temps il est capable de se maintenir, mais je subodore qu'il évoluera de belle manière **ces 8 à 15 prochaines années.** (3/02)

1997 D'un rubis-pourpre profond, le 1997 présente un fruité doux et sans détour
86 de cerise noire et d'autres petits fruits nuancés de feuille de tabac et de chêne neuf grillé. Moyennement corsé, fruité et faible en acidité, il devra être consommé **dans les 4 à 5 ans.** (3/01)

1996 Souple et moyennement corsé, le 1996 du Château Olivier déploie des arômes
86 modérément intenses de cassis et de groseille, bien étayés par des tannins souples et une heureuse acidité. Sans être ample, l'ensemble est joliment fait et harmonieux. **À boire jusqu'en 2012.** (3/01)

1995 Plus austère que le 1996, le 1995 est compact, maigre et tannique. C'est un
84 vin légèrement corsé, bien fait, mais inintéressant. **À boire jusqu'en 2008.** (3/98)

1994 D'un rubis assez léger, le 1994 exhale des senteurs épicées de cerise et de
85 groseille marquées en arrière-plan de touches de chêne grillé. Ce vin moyennement corsé est relativement fruité, épicé, avec les caractéristiques arômes de terre, de minéral et de tabac qui distinguent les vins issus de cette partie des Graves. **À boire.** (3/98)

BLANC

2001 De vifs arômes de petit pois, d'herbe et de pamplemousse se dégagent de ce
87 vin moyennement corsé, sec, anodin, mais rafraîchissant. **À boire dans les 8 ans.** (1/03)

2000 Surprise, surprise ! Voici un vin réussi dans un millésime plus favorable en
88 Bordelais aux rouges qu'aux blancs. Doté d'un nez de pamplemousse crémeux, de melon et de fumé, le 2000 d'Olivier est moyennement corsé, structuré, vif et savoureux. **À boire dans les 10 ans suivant le millésime.** (1/03)

PAPE CLÉMENT (PESSAC-LÉOGNAN)

Cru classé (rouge seulement)
Propriétaire : Bernard Magrez
Adresse : 216, avenue du Docteur-Nancel-Pénard – 33600 Pessac
Adresse postale : BP 164 – 33600 Pessac
Tél. 05 57 26 38 34 – *Fax* 05 57 26 38 39
E-mail : chateau@pape-clement.com
Site Internet : www.pape-clement.com
Visites : sur rendez-vous uniquement
Contact : M. Labrousse

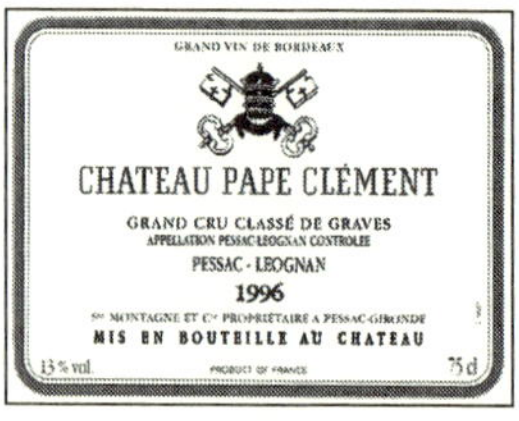

VIGNOBLE ET VINIFICATION

Superficie : rouge – 30 ha ; blanc – 2,8 ha
Encépagement : rouge – 58 % cabernet sauvignon, 42 % merlot ;
blanc – 45 % sauvignon blanc, 45 % sémillon, 10 % muscadelle
Âge moyen des vignes : rouge – 27 ans ; blanc – 20 ans
Densité de plantation : 8 000 pieds/ha
Rendement moyen : rouge – 39 hl/ha ; blanc – 37 hl/ha
Élevage : rouge – macération préfermentaire à froid de 3 jours ; fermentations et cuvaison de 21 à 23 jours (26 à 29 jours pour le cabernet sauvignon) en cuves de bois thermorégulées, avec pigeages manuels ; achèvement des malolactiques et vieillissement de 20 mois en fûts (100 % de bois neuf) ; pas de collage ; filtration selon le millésime ; blanc – fermentations et élevage sur lies de 11 mois, avec bâtonnage en fûts (70 % de bois neuf) ; collage et filtration

VINS PRODUITS

rouge – Château Pape Clément – 95 000 b ; Clémentin du Pape Clément – 45 000 b ; 3e vin – 18 000 b ; blanc – Château Pape Clément – 6 000 b ; Clémentin du Pape Clément – 4 500 b
À maturité : rouge – dans les 5 à 20 ans suivant le millésime ;
blanc – dans les 3 à 8 ans suivant le millésime

APPRÉCIATION GÉNÉRALE

Pape Clément, qui propose l'un des bordeaux les plus caractéristiques, les plus élégants et les plus complexes, est de très haut vol depuis 1986, en particulier depuis son rachat par Bernard Magrez, qui ne ménage pas ses efforts pour amener ce cru dans le peloton de tête du Bordelais – ce que traduisent d'ailleurs les millésimes de la fin des années 90. Les amateurs avisés achèteront Pape Clément... absolument.

Pape Clément se trouve à Pessac, à quelques kilomètres de Haut-Brion, et c'est l'un des châteaux les plus intéressants de la région. Son histoire est prestigieuse puisqu'il fut acheté, en 1299, par Bertrand de Goth, qui serait pape six ans plus tard sous le nom de Clément V. C'est ce prélat qui prit l'audacieuse décision de transférer le siège de la papauté en Avignon, et c'est à cette époque que le vin produit non loin de la résidence pontificale prit le nom de Châteauneuf-du-Pape. Lorsque Clément V était en Avignon, il rétrocéda le vignoble de Pape Clément au clergé local, qui le conserva intact jusqu'à la Révolution.

Le vignoble, qui fut entièrement détruit par une terrible averse de grêle en 1937, fut reconstruit par Paul Montagne, ingénieur agricole de talent, qui acquit la propriété en 1939. Ce sont ensuite ses héritiers qui ont contrôlé le cru, géré aujourd'hui avec passion et dynamisme par Bernard Magrez. De l'avis général, Pape Clément s'est maintenu à un excellent niveau dans les années 50 et 60, et au début de la décennie suivante. Mais une certaine négligence et la faiblesse des investissements consacrés aux installations de vinification provoquèrent une nette détérioration après 1975. Pendant dix ans, une vinification défectueuse entraîna souvent la présence de notes de moisi et un manque de fraîcheur. Cependant, la mauvaise passe prit fin en 1985 avec l'arrivée du jeune Bernard Pujol, très dynamique et passionné, à qui l'on doit la résurrection de Pape Clément.

Le 1986, très profond, devait être le premier d'une belle série, et ces vins sont désormais tout bonnement en état de rivaliser avec Haut-Brion et La Mission Haut-Brion. Bernard Pujol a quitté le domaine vers la fin des années 90, et Bernard Magrez a fait appel à Michel Rolland, le talentueux œnologue-conseil de Libourne.

Le domaine, implanté sur des sols graveleux et extrêmement légers, produit un rouge qui, à son meilleur niveau, déploie un bouquet remarquable et fascinant, regorgeant d'arômes de fruits noirs, avec des senteurs de tabac et de minéral. Une bonne proportion de merlot entre dans l'assemblage, si bien que le vin est généralement assez précoce ; néanmoins, il est également capable, dans les meilleurs millésimes, de bien évoluer sur plusieurs décennies. Vers la fin des années 80, Pape Clément s'est imposé comme l'un des domaines phares du Bordelais, avec des vins d'une belle profondeur en 1986, 1988, 1990, 1996, 1998, 1999, 2000, 2001, 2002 et 2003.

La nouvelle politique, vouée à la qualité, a également conduit à l'accroissement de la part du vignoble consacrée au blanc. Auparavant, le domaine n'en produisait qu'une centaine de caisses, réservées au château lui-même. Il en propose maintenant près de 600 caisses chaque année. Bref, Pape Clément s'impose désormais comme l'une des propriétés les plus performantes du Bordelais.

ROUGE

2003
92-94
Le 2003 de Pape Clément, qui s'impose incontestablement comme la grande réussite de l'appellation – juste après le grandiose Haut-Brion –, est issu de faibles rendements de 25 hl/ha, et se compose à 60 % de cabernet sauvignon et pour le reste de merlot. D'un pourpre profond, il exhale un nez souple et épanoui aux notes de fumé, de cassis, de graphite, de réglisse et de terre. Une fois passé ce bouquet, on décèle en bouche un ensemble moyennement corsé, étayé par un alcool capiteux et une faible acidité, et marqué par une finale charnue et généreuse. Quelle séduction ! **À boire entre 2006 et 2016.** (3/04)

2002
93
Ce vin, le plus concentré des Graves et Pessac-Léognan, séduit par ses très caractéristiques arômes, à la fois complexes et nuancés, de terre fraîchement remuée, de minéral fumé, de groseille et de cassis. Moyennement corsé, très élégant malgré sa richesse et sa puissance, il s'impose comme une réussite impressionnante de cette propriété, qui vise rien de moins que le plus haut niveau de qualité. Ce vin extraordinaire, apte à une très longue garde, sera à son apogée **entre 2008 et 2020.** (9/03)

2001
96
Ce vin superbe, qui s'impose comme l'une des grandes réussites du millésime, devrait à terme surpasser son fabuleux aîné d'un an. Issu de faibles rendements de 28,6 hl/ha et d'une sélection de 70 % de la récolte totale, il se compose à parts égales de cabernet sauvignon et de merlot. Aussi complexe que généreux, étonnant de pureté comme d'étoffe, ce vin d'un pourpre opaque se distingue encore par sa texture magnifique et par la générosité de ses senteurs de graphite, de prune, de figue, de cerise noire et de groseille. Moyennement corsé, mariant parfaitement élégance et concentration, il s'exprime avec suavité. L'ensemble constitue un véritable tour de force en matière de vinification. **À boire entre 2008 et 2020, voire au-delà.** (1/03)

2000 **95** Le superbe 2000 (composé à parts égales de merlot et de cabernet sauvignon et issu d'une sélection de seulement 55 % de la production totale) continue de s'étoffer. Sa robe d'un pourpre opaque accompagne de stupéfiants arômes de fumé, de cacao, de liqueur de cassis et de cerise, de terre fraîchement remuée et de chêne neuf. Suit en bouche un ensemble extraordinaire à la fois de concentration, d'élégance et de complexité. Il s'agit incontestablement d'une des plus belles réussites du cru ces trente dernières années. Cependant, restons vigilants, car le 2001 promet d'être encore meilleur... **À boire entre 2007 et 2025.** (1/03)

1999 **91** Composé à 54 % de cabernet sauvignon et pour le reste de merlot, le stupéfiant Pape Clément 1999 se montre magnifique en bouteille. Dégageant un fabuleux bouquet aux senteurs de fumé, de myrtille, de framboise, de cassis et de minéral, il exprime, par paliers et tout en rondeur, une bouche moyennement corsée et concentrée. Au fur et à mesure de son aération, il développe des notes de cèdre, de graphite et de fumée de cigare. Ce classique, renversant et sensuel, est étonnamment dense et riche pour le millésime. **À boire jusqu'en 2018.** (3/02)

1998 **93** Le Pape Clément 1998 est prodigieusement réussi. D'un rubis-pourpre dense, il exhale de fabuleuses senteurs de charbon, de mûre, de cassis, de tabac, de minéral et d'épices. Moyennement corsé, merveilleux d'équilibre, il développe déjà une très grande complexité et déploie une finale remarquable de persistance. Ce vin étonnamment ample est doux en milieu de bouche et étayé par des tannins mûrs. **À boire jusqu'en 2025.** Bravo ! (3/02)

1997 **87** Ce vin délicieux, séduisant et complexe, s'annonce par une robe d'un rubis foncé soutenu. Dégageant de fabuleuses senteurs de fumé, d'herbes, de groseille et de liqueur de cerise, il exprime en bouche, outre une texture soyeuse nuancée de chêne épicé, une finale ronde, complexe, charnue et faible en acidité. **À boire dans les 5 à 6 ans.** (1/02)

1996 **94** Ce vin grandiose, qui s'est considérablement étoffé, déploie une profondeur et une complexité croissantes. Sa robe d'un rubis-prune profond accompagne de fabuleuses senteurs d'épices à barbecue nuancées de cassis, de prune et de café, avec une touche de chocolat blanc. Suit un ensemble corsé, extraordinaire de richesse, fabuleusement réussi, en particulier pour un vin issu de Pessac-Léognan. Généreux et persistant, doté de tannins doux, il sera parfait **jusqu'en 2020.** (4/02)

1995 **89** D'un rubis-pourpre profond, libérant un nez serré, mais prometteur, de cassis herbacé, de graphite, de vanille et de fumé, ce vin moyennement corsé est d'une élégance d'excellent aloi, avec un fruité pur, concentré et modérément extrait, ainsi qu'une finale persistante. Il est d'ores et déjà accessible – c'est un adolescent en termes de développement –, mais encore loin de son apogée. **À boire entre 2006 et 2016.** (4/02)

1994 **86** Le 1994 est encore un peu dur. D'un grenat-prune foncé, doté d'arômes de groseille, de doux tabac, d'herbes séchées et de café qu'il révèle avec discrétion et mesure, il est assez tannique en finale. L'ensemble s'atténuera au fur et à mesure de son vieillissement. **À boire jusqu'en 2012.** (4/02)

1993 **86** Arborant une robe peu impressionnante d'un rubis moyennement foncé, le 1993 exhale le nez classique des vins des Graves, aux arômes de fruits rouges, de tabac et d'épices vaguement marqués de notes de terre fraîchement remuée et de pierre chaude. Plus léger que le grandiose 1990, il s'inscrit incontestablement dans le style du millésime, en se révélant bien équilibré, avec un doux fruité de groseille et de prune, ainsi qu'une finesse et une élégance d'ensemble indéniables. La finale est douce et ronde. Ce vin est plus séduisant que je ne le pensais de prime abord. **À boire dans les 5 à 6 ans.** (1/97)

1990 **94** Ce vin superbe, qui a atteint son apogée assez rapidement, offre un merveilleux déploiement de senteurs d'herbes fumées, d'épices à barbecue, de viande rôtie, de cassis, de chocolat et de café. Corsé, opulent à la limite du visqueux, il est épais, séveux et de bonne mâche, et révèle davantage d'intensité et de richesse que je ne l'aurais pensé de prime abord. **À boire jusqu'en 2018.** (4/02)

1989 **87** Ce vin encore un peu serré, avec des tannins relativement présents, révèle un bouquet discret, mais naissant et légèrement herbacé, de fumé, de minéral, de graphite et de groseille. L'ensemble, moyennement corsé, est structuré et musclé, mais il n'a pas le charme, l'opulence ni la profondeur de son aîné de 1990. **À boire jusqu'en 2015.** (4/02)

1988 **92** Ce vin fabuleux, qui s'impose comme l'une des grandes réussites du millésime, s'annonce par un prune-pourpre foncé et par un nez d'herbes rôties, de doux tabac fumé, de terre fraîchement remuée, de groseille et de cassis. Sa robe, d'un rubis encore profond, est à peine éclaircie sur le bord. L'ensemble, moyennement corsé, étayé par des tannins aussi doux qu'abondants, est fortement marqué de notes de fumé, de terre et de goudron. Très complexe, bien marqué par la mâche, il est parfumé et d'une belle puissance aromatique. D'ores et déjà à son apogée, il tiendra **jusqu'en 2014.** (4/02)

1986 **91** Ce vin encore jeune et tonique arbore un rubis-pourpre profond et dégage un doux nez de cassis nuancé de terre et de vanille. L'ensemble, moyennement corsé et racé, s'exprime avec grâce. Marqué par des tannins plutôt abondants, présentant les traits d'un vin forgé par un climat frais, il est persistant et modérément tannique en finale. Ce classique, encore jeune et tonique, devrait évoluer de belle manière sur une bonne dizaine d'années. **À boire jusqu'en 2016.** (4/02)

MILLÉSIMES ANCIENS

Pape Clément n'étant revenu à haut niveau que depuis le milieu des années 80, les vins des années 70 et du début de la décennie suivante sont défectueux, voire désastreux. Le 1982 est épouvantable ; les 1981, 1979, 1978 et 1976 peuvent presque rivaliser avec lui pour ce qui est des arômes de moisi et de champignon. Le 1975 est la seule réussite de la propriété dans les années 70. Ce vin musclé, puissant et tannique a été noté 87 lors de ma dernière dégustation, en octobre 1997. Dans les années 60, le 1961 fut un grand succès, mais il est maintenant sur le déclin (noté 86 ? en janvier 2001). Cependant, ce vin méritait auparavant une note entre 90 et 94, et je subodore que les magnums ou plus grands formats ayant bénéficié de parfaites conditions de conservation sont encore superbes.

BLANC

2001
91 Composé à 10 % de muscadelle et à parts égales de sauvignon blanc et de sémillon, ce vin moyennement corsé et élégant se distingue par ses belles senteurs subtilement boisées de marmelade d'orange, nuancées d'agrumes crémeux et de cire, ainsi que par ses excellentes flaveurs, impressionnantes de précision et étayées par une heureuse acidité. En finale, l'ensemble est persistant, frais et tonique malgré sa concentration. **À boire dans les 8 à 10 ans.** (1/03)

2000
90 Très réussi dans un millésime plutôt médiocre pour les Graves blancs, le 2000 de Pape Clément dégage des arômes de cocktail de fruits nuancés de fruit de la Passion, de zeste d'orange et de citron, et de vanille. Moyennement corsé, généreusement fruité et charnu en milieu de bouche, il est vif, sec et équilibré en finale. **À boire dans les 7 à 8 ans suivant le millésime.** (1/03)

PICQUE CAILLOU (PESSAC-LÉOGNAN)

Non classé
Propriétaires : Isabelle et Paulin Calvet
Adresse : BP 305 – avenue Pierre-Mendès-France – 33700 Mérignac
Tél. 05 56 47 37 98 – *Fax* 05 56 97 99 37
Visites : sur rendez-vous uniquement
Contact : Jean Seroin

VIGNOBLE ET VINIFICATION

Superficie : rouge – 19 ha ; blanc – 1 ha
Encépagement : rouge – 45 % cabernet sauvignon, 45 % merlot, 10 % cabernet franc ; blanc – 60 % sauvignon blanc ; 40 % sémillon
Âge moyen des vignes : rouge – 25 ans ; blanc – 12 ans
Densité de plantation : 6 900-10 000 pieds/ha
Rendement moyen : rouge – 45 hl/ha ; blanc – 45 hl/ha
Élevage : rouge – fermentations et cuvaison à 26-30 °C en cuves d'acier inoxydable thermorégulées ; vieillissement de 12 à 14 mois en fûts (30 % de bois neuf) ; ni collage ni filtration ; blanc – début des fermentations en cuves à 20-22 °C, puis élevage sur lies en fûts, avec bâtonnages ; ni collage ni filtration

VINS PRODUITS

rouge – Château Picque Caillou – 60 000-70 000 b ; Château Chênevert – 30 000-40 000 b ; blanc – Château Picque Caillou – 2 000 b ; Château Chênevert – 2 000 b
À maturité : rouge – dans les 2 à 12 ans suivant le millésime ; blanc – dans les 2 à 10 ans suivant le millésime

APPRÉCIATION GÉNÉRALE

Sous la houlette de Paulin Calvet, les vins de Picque Caillou se sont considérablement améliorés. Vinifiés de manière traditionnelle – ils diffèrent en cela de leurs homologues plus flamboyants, de style moderne –, ils sont, tant en rouge qu'en blanc, fruités et élégants, discrets et mesurés. Bref, ils sont exactement ce que l'on attend de vins de leur pedigree.

Picque Caillou est le dernier vignoble survivant de la commune de Mérignac, qui est maintenant surtout connue pour abriter l'aéroport international de Bordeaux. Un sol léger, graveleux et pierreux, et une forte proportion de cabernet sauvignon dans l'assemblage donnent ici un vin fruité et aromatique, qui est vraiment très séduisant quand il est jeune. Ce terroir n'est pas très différent de celui sur lequel sont implantés Haut-Brion et Pape Clément – ce qui n'a d'ailleurs rien de surprenant, ces propriétés étant voisines. La vinification y est très bien menée.

2001 **86** Des arômes de fumé et de terre caractéristiques des Graves se dégagent de ce vin moyennement corsé, élégant et parfumé, doté d'un fruité doux et de tannins mûrs. L'ensemble, accessible, sera parfait **dans les 4 à 5 ans.** (1/03)

2000 **89** Le 2000 de Picque Caillou s'impose comme le meilleur exemple de ce cru depuis plusieurs années, si ce n'est de tous les temps. De doux arômes de tabac, de cassis et de cerise noire nuancés de terre se dégagent de ce vin d'un rubis-pourpre foncé, moyennement corsé, élégant et pur malgré son caractère richement fruité. L'ensemble sera parfait **dans les 5 à 6 ans.** (1/03)

1999 **85** Élégant et légèrement corsé, le 1999 de Picque Caillou manque quelque peu de profondeur, mais il est plaisant et offre des arômes de fruits noirs et de terre fraîchement remuée nuancés de notes de cendre. **Sans doute sur le déclin.** (3/02)

1998 **85** Ce vin élégant et moyennement corsé exhale des senteurs de tabac, de fumé, de goudron et de terre typiques de son appellation. Moyennement corsé, doté d'un bon fruité, il est sans détour, mais plaisant. **À boire maintenant.** (3/02)

MILLÉSIMES ANCIENS

Le palmarès de cette propriété est décevant dans les années 80 et au début des années 90, mais les choses se sont nettement améliorées ces dernières années.

SMITH HAUT LAFITTE (PESSAC-LÉOGNAN)

Cru classé (rouge seulement)
Propriétaires : Daniel et Florence Cathiard
Adresse : 33650 Martillac
Tél. 05 57 83 11 22 – *Fax* 05 57 83 11 21
E-mail : f.cathiard@smith-haut-lafitte.com
Site Internet : www.smith-haut-lafitte.com
Visites : sur rendez-vous uniquement, tous les jours
Contact : Florence Cathiard

VIGNOBLE ET VINIFICATION

Superficie : rouge – 45 ha ; blanc – 11 ha
Encépagement : rouge – 55 % cabernet sauvignon, 35 % merlot, 10 % cabernet franc ; blanc – 90 % sauvignon blanc, 5 % sauvignon gris, 5 % sémillon
Âge moyen des vignes : 30 ans

Densité de plantation : 7 500-10 000 pieds/ha
Rendement moyen : rouge – 32 hl/ha ; blanc – 35 hl/ha
Élevage : rouge – fermentations à 30 °C et cuvaison de 24 à 32 jours en cuves de bois thermorégulées d'une contenance d'environ 85 hl ; achèvement des malolactiques et vieillissement sur lies avec bâtonnage de 18 à 20 mois en fûts (80 % de bois neuf) ; ni collage ni filtration ; blanc – fermentations à 20 °C et élevage sur lies, avec bâtonnage, de 12 mois en fûts (50 % de bois neuf) ; collage ; pas de filtration

VINS PRODUITS

rouge – Château Smith Haut Lafitte – 100 000 b ; Les Hauts de Smith – 45 000 b ; blanc – Château Smith Haut Lafitte – 30 000 b ; Les Hauts de Smith – 21 000 b
À maturité : rouge – dans les 5 à 25 ans suivant le millésime ;
blanc – dans les 5 à 15 ans suivant le millésime

APPRÉCIATION GÉNÉRALE

Cette propriété autrefois médiocre s'est considérablement améliorée sous la dynamique houlette de Florence et Daniel Cathiard, s'imposant désormais au nombre des meilleures de Pessac-Léognan.

Propriété de la famille Eschenauer pendant de longues années, le Château Smith Haut Lafitte était l'un des domaines les plus notoirement sous-performants de Bordeaux. Il a été racheté en 1991 par Florence et Daniel Cathiard, qui ont eu la malchance de débuter avec des millésimes plus ou moins desservis par les pluies (1991 à 1995). Cependant, leur souci constant de qualité, une sélection impitoyable et une gestion visionnaire de leur affaire leur ont permis de mieux réussir dans les années médiocres que leurs prédécesseurs dans des millésimes aussi favorables que 1982 et 1990. Aujourd'hui, Smith Haut Lafitte s'impose incontestablement comme l'une des étoiles du Bordelais ; sa renaissance illustre bien les progrès que des propriétaires consciencieux et actifs peuvent accomplir en peu de temps.

Les vins, blancs et rouges, conjuguent une imposante richesse avec une élégance, une finesse et une complexité d'excellent aloi. Le marché international est parfois capricieux, et il me semble que les millésimes récents sont plutôt sous-cotés ; en effet, ce cru pourra certainement prétendre à des prix plus élevés lorsque leur qualité sera reconnue dans le monde viticole.

ROUGE

2003
90-92 Ce vin étonnamment souple (une caractéristique de ce millésime mûr et faible en acidité) arbore un prune-pourpre foncé et dégage de séduisantes notes de café torréfié, de boîte à épices et de terre, ainsi que de très généreuses senteurs de fruits rouges et noirs. Au fur et à mesure de son aération, l'ensemble développe d'autres notes de chocolat blanc et de café. Ce vin doté d'un fruité mûr (ses notes de cassis et de cerise confiturés sont d'une surprenante fraîcheur) et étayé par une faible acidité est évolué. **À boire jusqu'en 2014.** (3/04)

2002
92 Voici une autre magnifique réussite des Cathiard. Le 2002 est proche en qualité de son superbe aîné de deux ans. Issu de faibles rendements de 32 hl/ha et d'une sélection de 60 % de la récolte totale, ce vin d'un pourpre d'encre se distingue par la merveilleuse complexité de ses arômes de graphite et de cassis nuancés de chocolat. L'ensemble, moyennement corsé, riche et épais, atteste

une magnifique présence en milieu de bouche. Il révèle encore, outre une étoffe et une pureté d'excellent aloi, une finale aussi longue que concentrée, aux tannins modérément abondants et doux. Il s'agit d'un beau succès dans le contexte du millésime. **À boire entre 2008 et 2023.** (9/03)

2001 **92** Véritable merveille, le 2001 de Smith Haut Lafitte est impressionnant de puissance aromatique. Il évoque au nez la mûre, les fleurs printanières, la groseille, le graphite et le chêne neuf. Moyennement corsé et modérément massif, il exprime avec élégance un très généreux fruité doux. Bien qu'il n'ait pas l'ampleur ni la puissance du 2000, ce vin complexe, mais harmonieux, se distingue par sa précision et sa délicatesse d'excellent aloi. Daniel et Florence Cathiard, les maîtres des lieux, le comparent en qualité au 2000, et il se pourrait bien qu'ils aient raison, si l'on en juge par la grande fraîcheur, la pureté et la complexité de l'ensemble. Quoi qu'il en soit, compte tenu de la différence de prix entre les deux millésimes, le 2001 fait figure d'excellente affaire. **À boire entre 2009 et 2019, voire au-delà.** (1/03)

2000 **94** Ce vin sensationnel, qui s'impose sans conteste comme la plus belle réussite à ce jour de la propriété, s'annonce par un pourpre opaque et par des senteurs de tabac, de camphre, de graphite, de crème de cassis et de réglisse. Ce bouquet prélude à un ensemble corsé et concentré qui se développe en bouche par paliers, révélant, outre une grande puissance aromatique, une faible acidité. La finale, persistante, recèle des tannins mûrs, très abondants, mais parfaitement fondus. Modèle d'équilibre et de finesse, le 2000 de Smith Haut Lafitte allie magnifiquement puissance et pureté aromatique. Bravo ! **À boire entre 2008 et 2025.** (1/03)

1999 **90** Ce vin est très réussi dans le contexte du millésime, mais je ne pense pas qu'il ait la longévité de son aîné ni de son cadet d'un an. S'annonçant par un rubis-pourpre profond, il dégage de doux arômes de terre et de cassis nuancés de goudron et marqués en arrière-plan de pain grillé. L'ensemble, qui regorge de fruit, est moyennement corsé et souple, avec des notes crémeuses de tabac, de groseille et de chêne fumé. Un vin plein de charme. **À boire dans les 10 ans.** (3/02)

1998 **90** Ce vin aux proportions merveilleuses est un modèle de finesse et d'élégance. D'un rubis-pourpre profond, il révèle de classiques arômes de cassis, de chêne neuf et de terre fraîchement remuée. Pur, moyennement corsé, il s'exprime avec grâce et discrétion, révélant, outre un bel équilibre d'ensemble, des tannins joliment fondus. **À boire jusqu'en 2018.** (3/02)

1997 **87** De superbes arômes de tabac, de cassis mûr, de minéral et de chêne grillé se dégagent de ce vin rubis foncé. Véritable quintessence de l'élégance, l'ensemble révèle à l'attaque un doux fruité ; il exprime aussi, tout en rondeur, un caractère moyennement corsé et souple. On peut le boire **dès maintenant ou dans les 5 à 6 ans.** (1/02)

1996 **90** Le 1996 de Smith Haut Lafitte s'impose comme un bordeaux des plus élégants. Sa robe rubis-pourpre foncé précède un beau déploiement de senteurs de mûre et de cassis subtilement, mais joliment, nuancées de chêne neuf. L'attaque en bouche révèle, outre une pureté et une douceur d'excellent aloi, des proportions absolument stupéfiantes. L'ensemble atteste un magnifique équilibre tant en milieu de bouche qu'en finale. Sans être aussi énorme que certains de ses jumeaux gigantesques, il est des plus complexes (au nez comme en bouche) et impressionne par son caractère retenu et subtil, et par son équilibre impeccable. **À boire jusqu'en 2016.** (1/02)

1995 **90** Ce vin d'un rubis-pourpre profond exhale des senteurs d'herbes rôties mêlées de notes vanillées de cassis doux, de truffe et de minéral. Moyennement corsé, très bien doté, il révèle à l'attaque un riche fruité de cassis, et se développe en bouche par paliers, montrant un équilibre extraordinaire malgré son opulence et sa belle intensité. Ce bordeaux élégant et souple, joliment fait et plein de grâce, sera à son apogée **jusqu'en 2018.** (11/97)

1994 **88** Le 1994 est étonnamment souple, doux et velouté, avec un minimum de ces tannins astringents qui signent le millésime. D'un beau pourpre resplendissant, il exhale un nez épicé et fumé de cassis, et se révèle moyennement corsé et bien doté en bouche ; la finale est modérément tannique. Ce vin jeune n'a pas encore la complexité de son aîné d'un an, mais il devrait se conserver **une dizaine d'années.** (1/97)

1993 **87** Rubis-pourpre foncé, le 1993 est impressionnant pour un Pessac-Léognan de ce millésime. Il exhale le nez classique des vins des Graves, aux notes de fumé, de pierre chaude, de groseille douce et de mûre, avec une touche d'herbes rôties. À la fois élégant et très parfumé, il est moyennement corsé et concentré, mûr et doux à l'attaque en bouche. Légèrement tannique et joliment infusé de belles notes de chêne neuf, il est encore suave et savoureux. Cet exemple illustre bien le fait que les vins français peuvent être intenses sans aucune lourdeur. Un Smith Haut Lafitte superbe, à déguster **dans les 4 à 5 ans.** (1/97)

1992 **86** Le 1992 est incontestablement un beau succès dans le contexte du millésime. Il déploie un bouquet fumé, marqué de notes élégantes et épicées de minéral et de cerise noire. Moyennement corsé et magnifiquement riche, il présente une texture veloutée et des tannins légers en finale. **À boire dans les 5 à 6 ans.** (11/94)

MILLÉSIMES ANCIENS

Les vins produits à la propriété avant le rachat de celle-ci par les Cathiard sont extrêmement décevants. Les millésimes des années 70 et 80 doivent être approchés avec la plus grande méfiance. À bon entendeur...

BLANC

2001 **92** Ce vin fabuleux, merveilleusement complexe, exhale des senteurs d'herbes, de réglisse, de pêche blanche, de miel et d'agrumes. Moyennement corsé, merveilleux d'équilibre, il évoque en bouche la figue, les agrumes et les fleurs blanches. L'ensemble, très étoffé et d'une belle puissance aromatique, ne concède rien en matière de pureté et d'élégance. Il peut être apprécié dès **maintenant et dans les 10 à 15 ans.** (3/01)

2000 **87** Très réussi dans un millésime relativement peu favorable aux blancs de Pessac-Léognan, le 2000 de Smith Haut Lafitte présente, dans un ensemble moyennement corsé, marqué par le terroir, des notes de zeste de citron, de pamplemousse et de minéral. **À boire dans les 3 à 6 ans.** (3/01)

LA TOUR HAUT-BRION (PESSAC-LÉOGNAN)

Cru classé (rouge)
Propriétaire : Domaine Clarence Dillon SA
Adresse : 33400 Talence
Adresse postale : Domaine Clarence Dillon SA – 33608 Pessac Cedex
Tél. 05 56 00 29 30 – *Fax* 05 56 98 75 14
E-mail : info@haut-brion.com
Site Internet : www.la-tour-haut-brion.com
Visites : non autorisées
Contact : Jean-Philippe Delmas

VIGNOBLE ET VINIFICATION

Superficie : 4,9 ha
Encépagement : 42 % cabernet sauvignon, 35 % cabernet franc, 23 % merlot
Âge moyen des vignes : 23 ans – Densité de plantation : 10 000 pieds/ha
Rendement moyen : 45 hl/ha
Élevage : fermentations et cuvaison en cuves d'acier inoxydable thermorégulées d'une contenance de 180 hl ; vieillissement de 20 mois en fûts (30 % de bois neuf) ; collage ; pas de filtration

VIN PRODUIT

Château La Tour Haut-Brion – 30 000 b (pas de second vin)
À maturité : depuis 1983, dans les 8 à 25 ans suivant le millésime

APPRÉCIATION GÉNÉRALE

Avant 1983, La Tour Haut-Brion était le second vin de La Mission Haut-Brion. Les propriétaires d'alors, les Woltner, avaient tendance à inclure dans ce cru davantage de vin de presse que dans La Mission, ce qui contribuait à sa densité et à son caractère tannique. C'est la raison pour laquelle les vieux millésimes de La Tour Haut-Brion ont magnifiquement vieilli et méritent d'être recherchés dans les ventes aux enchères. Depuis 1983, l'administrateur Jean Delmas a privilégié une vinification portée sur davantage de finesse et sur des tannins plus souples. Il a également procédé à de nouvelles plantations – ce qui explique la relative jeunesse des vignes. Depuis la fin des années 90, le vignoble prenant de l'âge, les vins de La Tour Haut-Brion révèlent davantage de richesse et d'étoffe.

Jusqu'en 1983, La Tour Haut-Brion a appartenu à la famille Woltner, également propriétaire de La Mission Haut-Brion. Puis les deux châteaux, ainsi que Laville Haut-Brion (qui produit du vin blanc), ont été vendus au propriétaire américain de Haut-Brion.

Les vins de La Tour Haut-Brion étaient, jusqu'en 1983, vinifiés dans les chais de La Mission Haut-Brion et bénéficiaient des mêmes traitements. Lorsque la seconde fermentation (malolactique) était terminée, le vinificateur sélectionnait les cuvées les plus prometteuses, qui étaient réservées à La Mission, les autres étant destinées à La Tour Haut-Brion. Dans des millésimes tels que 1975 ou 1982, la différence entre les deux vins est d'ailleurs infime. Pour donner son caractère propre à La Tour Haut-Brion et le distinguer de La Mission, on y ajoutait davantage de vin de presse, d'un pourpre tirant sur le noir et très tannique, ce qui donnait un ensemble plus ample, plus coloré et plus structuré que La Mission. Cette addition de vin de presse explique l'évolution relativement lente de la plupart des millésimes de La Tour Haut-Brion. Il est arrivé (notamment en 1973 et 1976) que La Tour soit meilleur que son célèbre compagnon d'écurie.

Depuis que la famille Dillon et Jean Delmas – et son fils depuis 2004 – supervisent la vinification, le vin affiche un style totalement différent, et il n'est plus, dorénavant, le second de La Mission Haut-Brion. Jean Delmas a en effet choisi de lui donner davantage de finesse et de l'élaborer uniquement à partir des vignes du domaine (qui sont, à l'heure actuelle, relativement jeunes). Il s'agit donc d'un vin moins impressionnant, plus souple, nettement inférieur non seulement à La Mission, mais aussi au second vin de Haut-Brion, Bahans Haut-Brion. Le vin « nouveau style » a dû choquer le palais de plus d'un amateur du caractère vigoureux, musclé et robuste de La Tour Haut-Brion d'avant 1983.

2003 **87-89** Ce vin moyennement corsé et élégant exprime, dans un ensemble souple et délicatement nuancé, des notes de prune et de cassis. Composé à 68 % de merlot et pour le reste de cabernet sauvignon, il sera accessible dès sa jeunesse. **À boire entre 2007 et 2016.** (3/04)

2002 **89** Ce cru présente davantage de profondeur et d'intensité, au fur et à mesure que son vignoble prend de l'âge. D'un rubis profond, le 2002 de La Tour Haut-Brion exhale un nez de terre et de cassis nuancé en arrière-plan de notes de chêne fumé et grillé. Moyennement corsé, épicé et élégant, il impressionne tant par sa pureté que par sa concentration. **À boire à son apogée entre 2007 et 2015.** (9/03)

2001 **89** Ce vin tonique, d'un rubis-pourpre dense, exprime avec élégance, dans un ensemble moyennement corsé, des notes de goudron, d'herbes, de moka et de vanille. Il se montre plus charnu et plus étoffé que nombre de ses aînés, son assemblage comprenant le fruit de jeunes vignes de merlot. Très précoce, il sera à son apogée d'ici 2 ans et s'y maintiendra 7 à 8 ans, voire davantage. **À boire entre 2007 et 2015.** (1/03)

2000 **92** Composé à 52 % de merlot, à 43 % de cabernet sauvignon et à 5 % de cabernet franc, le 2000 de La Tour Haut-Brion s'impose comme l'exemple le plus réussi de ce cru élaboré sous la houlette de la famille Dillon et de Jean-Bernard Delmas. Outre le fait que le millésime offrait une matière première de très grande qualité, le vignoble a pris de l'âge, et l'assemblage du cru fait intervenir le fruit des jeunes pieds de merlot qui apportent du gras à l'ensemble et estompent le caractère herbacé du cabernet sauvignon. Ce vin sensuel, complexe et parfumé, d'un pourpre dense, se distingue par un bouquet sensationnel, merveilleusement doux, aux senteurs de prune, de cassis et de tabac nuancées d'olive. Moyennement corsé, rond, mûr et merveilleux de richesse, il ne concède rien en matière de pureté. Il recèle des tannins fort abondants. Au risque de me répéter, c'est le plus beau millésime depuis le 1982. **À boire entre 2007 et 2020.** (1/03)

1999 **90** Le 1999 de La Tour Haut-Brion, qui s'est étoffé en cours d'élevage, est sensuel et épanoui. Reconnaissable à sa robe d'un rubis profond, il exhale un nez de fumé, de goudron, de truffe, de cassis et de tabac. Dès l'attaque, il séduit par sa douceur. L'ensemble, étayé par une faible acidité, déploie une finale mûre et riche, nuancée de fumé. Vous apprécierez ce Graves complexe et plein de charme **dans les 8 à 10 ans.** (3/02)

1998 **89** Il se peut que la note que j'ai attribuée à ce vin paraisse sévère, car il est, de fait, aussi bon que ses aînés des années 90. Sa robe d'un rubis-pourpre dense prélude à de doux arômes de cassis nuancés de tabac, de cèdre et de boîte à épices. Suit en bouche un ensemble moyennement corsé et riche, merveilleux de pureté, étayé par des tannins doux et par une acidité et un boisé bien fondus. **À boire dans les 15 ans suivant une garde de plusieurs années.** (3/02)

1997 **86** Ce vin élégant et harmonieux se révèle épicé et parfumé ; il compense son léger manque de corps par de doux arômes de cassis et de feuille de tabac fumée. Un ensemble souple, à consommer **dans les 2 ans.** (1/02)

1996 **87** Très parfumé et étonnamment évolué pour le millésime, le 1996 de La Tour Haut-Brion arbore une robe prune foncé et dégage un nez prononcé de fumé, de cassis et d'herbes séchées. Moyennement corsé et modérément massif, c'est un bordeaux des plus classiques, généreusement épicé et doté d'un doux fruité, qui allie parfaitement élégance et complexité. Composé à parts égales de cabernet sauvignon et de cabernet franc, il tiendra parfaitement **3 à 4 ans.** (12/00)

1995 **88** Le 1995 dégage un bouquet capiteux, aux parfums de café, de tabac, d'épices, de fumé, d'herbes grillées et de doux fruits rouges et noirs. Persistant et rond, généreusement marqué de groseille et étayé par une heureuse acidité sous-jacente qui contribue à sa précision, il développe une finale douce, opulente et épicée, aux tannins légers, mais présents. **À boire jusqu'en 2015.** (12/00)

1994 **87** Le 1994 est étonnamment souple, parfumé, et riche dans un millésime davantage connu pour ses vins austères, tanniques et parfois creux. Ce vin moyennement corsé, d'un rubis-pourpre profond, exhale le nez classique des vins des Graves, aux notes de fumé, d'herbes, de tabac et de fruits noirs et doux. D'une très grande précision dans le dessin, il est tout à la fois pur, net et bien vinifié, avec une finale suave aux tannins bien fondus. **À boire dès maintenant et dans les 8 à 12 ans.** (1/97)

1990 **86** Moins concentré que le 1989, le 1990 de La Tour Haut-Brion est souple et fruité, avec les arômes de terre, de minéral, de tabac et de rôti qui caractérisent les vins issus du nord des Graves. Ce vin charnu est à son apogée et doit être consommé **maintenant.** (12/00)

1989 **88** L'excellent La Tour Haut-Brion 1989 est essentiellement composé de cabernet sauvignon (85 %) et d'un peu de merlot (15 %). Moyennement corsé, avec un bouquet très prononcé d'herbes, de fumé et de cassis, il se montre extrêmement mûr, et déploie une finale ample et alcoolique, étayée par une faible acidité. **À boire jusqu'en 2006.** (1/93)

1988 **83** Le 1988 présente les légendaires tannins agressifs et durs propres au millésime. Bien corpulent et assez persistant en bouche, il n'est pas charmeur, mais, au contraire, puissant et austère. **Devrait être bu.** (1/93)

1986 **82** Le 1986 est tendre, souple et d'un style assez commercial ; c'est un vin qui manque de profondeur, d'ampleur et de complexité. **Devrait être bu.** (11/90)

1985 **84** Le 1985 est bon, mais légèrement court en bouche, un rien trop tannique pour son fruit, et il manque à la fois de persistance et d'intérêt. **Devrait être bu.** (3/89)

1983 **84** Ce vin a le potentiel d'un bon La Tour Haut-Brion, mais il est plus léger et plus souple que les millésimes précédents. C'est le premier vin élaboré par l'équipe de Haut-Brion, qui venait de s'installer au domaine. D'un beau rubis assez foncé, épicé, ce vin tendre, souple et très facile d'approche devrait évoluer assez rapidement. **Devrait être bu.** (3/89)

1982 **96** Ce vin remarquable, qui constitue l'une des grandes révélations du millésime, arbore une belle robe prune-pourpre qui n'accuse aucun signe d'altération. Le nez, marqué de notes très prononcées de rôti et de terre fraîchement remuée, évoque encore les épices à barbecue et les charbons ardents. Une fois passé ce bouquet nuancé en arrière-plan de fruits noirs et de truffe, on distingue en bouche un ensemble gigantesque, corsé, ample, richement extrait et onctueux, remarquable d'intensité et doté de tannins féroces. Ce vin est encore plus ample et plus dense que son jumeau de La Mission, très certainement parce qu'il contient davantage de vin de presse que ce dernier cru. S'il fallait lui reprocher quelque chose, ce serait sa légère rusticité. Quoi qu'il en soit, il incarne le bordeaux à son plus haut niveau. **À boire jusqu'en 2030.** (1/03)

1981 **85** Le 1981 est un vin robuste, agressif, assez tannique, avec beaucoup de punch et de puissance, mais il manque de finesse. Sa robe remarquablement foncée précède en bouche un ensemble imposant, corpulent et doté d'un fruit massif, qui ne conviendra pas aux amateurs en quête d'un plaisir immédiat. **À boire maintenant.** (3/88)

1979 **85** Semblable au 1981, en moins tannique, en plus épanoui et en plus fruité, ce 1979 arbore une belle couleur foncée et déploie un nez épicé, de la corpulence, de la richesse, un caractère assez corsé et une persistance intéressante. Le bouquet s'est maintenant épanoui pour révéler des notes de terre, de graves, de minéral et de fumé. C'est un La Tour Haut-Brion agréablement précoce. **Devrait être bu.** (10/84)

1978 **95** Le grandiose La Tour Haut-Brion mérite d'être recherché dans les ventes aux enchères – rares sont ceux qui se doutent de sa grande qualité. D'un prune-pourpre profond, il dégage de fabuleux arômes de graphite, de truffe, de viande rôtie, d'herbes séchées, de réglisse, de doux cassis et de fumé, qui précèdent en bouche un ensemble puissant, très corsé, rugueux et de bonne mâche, très intense et très richement extrait, dont la finale est assez tannique. **À boire jusqu'en 2020.** (11/02)

1975 **96** Pouvant parfaitement rivaliser avec son prodigieux jumeau de La Mission Haut-Brion, qui frise parfois la perfection, le 1975 de La Tour Haut-Brion s'annonce par un pourpre dense et par d'extraordinaires arômes de minéral nuancés de prune fumée, de figue et de groseille, et entremêlés de notes de cèdre, de goudron et de terre fraîchement remuée. L'ensemble, qui s'exprime en bouche avec ampleur, est très tannique et tapisse le palais tant il est extrait. Ce vin gigantesque, proche de son apogée, devrait encore tenir au moins une vingtaine d'années. **À boire jusqu'en 2025.** (11/02)

MILLÉSIMES ANCIENS

Si le 1970 (noté 88 ? en juin 1996) est puissant, musclé et trapu, il pèche souvent par son excès de tannins astringents et par son haut niveau d'acidité volatile. L'excellent 1966 (noté 88 il y a près de vingt ans) est probablement encore en bonne forme. Quant au 1961 (noté 95 en mars 1979), il doit être toujours plein de vie, si je me fie à mon ancienne note de dégustation.

J'aimerais avoir dégusté davantage de vieux millésimes de La Tour Haut-Brion, parce que ceux que j'ai pu apprécier se sont révélés extraordinaires. Le 1947 (noté 95 en mars 2003) est merveilleusement riche, cette dernière bouteille ne présentant pas l'acidité volatile qui marquait les flacons que j'avais précédemment goûtés. De bonne mâche, presque visqueux, ce vin au fruit très généreux est excellent et devrait tenir une décennie encore.

Les deux autres grands millésimes que j'ai eu la chance de goûter sont le 1959 et le 1955. Le premier, que j'ai dégusté dans un restaurant de Bordeaux en 1988, était massif, peu évolué et étonnamment jeune ; il arborait toujours un pourpre tirant sur le noir et était encore à une bonne décennie de sa maturité. Je l'ai noté 92, mais je suis certain qu'il méritera une meilleure note lorsqu'il atteindra son apogée. Le 1955 (noté 94 en 1990) n'a pas un bouquet aussi puissant que celui de son jumeau de La Mission, mais c'est un Graves traditionnel, extrêmement concentré et bien marqué par la mâche, qui est encore capable de tenir au moins deux décennies. Il est regrettable que La Tour Haut-Brion ne soit plus vinifié dans ce style ; pour se consoler, les amateurs pourront rester à l'affût des vieux millésimes des meilleures années, qui apparaissent de temps en temps dans les ventes aux enchères.

AUTRES PROPRIÉTÉS NOTABLES DE PESSAC-LÉOGNAN ET DES GRAVES

D'ARCHAMBEAU (GRAVES)

Non classé
Propriétaire : SARL Vignobles famille Dubourdieu
Adresse : 33720 Illats
Tél. 06 81 56 42 57 – *Fax* 05 56 62 47 98
E-mail : chateau-archambeau@wanadoo.fr
Visites : sur rendez-vous
Contact : Mme Dubourdieu

VIGNOBLE ET VINIFICATION

Superficie : rouge – 18 ha ; blanc – 9 ha
Encépagement : rouge – 50 % merlot, 50 % cabernet franc ;
blanc – 70 % sauvignon, 30 % sémillon
Âge moyen des vignes : 20 ans – *Densité de plantation :* 5 500 pieds/ha
Rendement moyen : 50 hl/ha
Élevage : rouge – fermentations et cuvaison de 21 jours en cuves d'acier inoxydable ; vieillissement de 12 mois en cuves pour une moitié de la récolte, en fûts (50 % de bois neuf) pour le reste ; collage ; pas de filtration ; blanc – fermentations et 5 mois d'élevage en cuves d'acier inoxydable ; pas de collage ; filtration légère

VINS PRODUITS

rouge – Château d'Archambeau – 120 000 b ; Château Mourlet – 24 000 b ;
blanc – Château d'Archambeau – 60 000 b ; Château Mourlet – 20 000 b
À maturité : rouge – dans les 3 à 10 ans suivant le millésime ;
blanc – dans les 2 à 5 ans suivant le millésime

C'est le vin blanc qui fait la fierté et la joie de cette petite propriété ; issu d'un sol graveleux, à l'aspect argileux, il est élaboré sous la direction de la famille Dubourdieu, qui excelle dans ce domaine. La vinification comprend une fermentation à froid et la fameuse macération pelliculaire (contact prolongé des peaux avec le jus en fermentation). Elle donne des vins remarquablement frais et aromatiques, onctueux et crémeux, et dotés d'une finale longue, joliment fruitée et généreuse. Les amateurs achèteront les millésimes récents, qu'il faut boire dans les 5 ans. Les prix pratiqués par le domaine demeurent raisonnables.

BARDINS (PESSAC-LÉOGNAN)

Non classé
Propriétaire : famille Bernardy de Sigoyer
Adresse : 124, avenue de Toulouse – 33140 Cadaujac
Tél. 05 56 30 78 01 – *Fax* 05 56 30 04 99
E-mail : chateau.bardins@free.fr
Visites : sur rendez-vous uniquement
Contact : Stella Puel

VIGNOBLE ET VINIFICATION

Superficie : rouge – 9 ha ; blanc – 0,5 ha
Encépagement : rouge – 30 % merlot, 30 % cabernet sauvignon, 30 % cabernet franc, 10 % petit verdot et malbec ;
blanc – parts égales de sémillon, sauvignon et muscadelle
Âge moyen des vignes : 27 ans – *Densité de plantation :* 6 500 pieds/ha
Rendement moyen : 55 hl/ha
Élevage : rouge – fermentations et cuvaison de 28 à 35 jours en cuves d'acier inoxydable thermorégulées ; vieillissement de 12 mois en fûts (renouvelés par quart à chaque millésime) ; collage ; filtration légère ; blanc – fermentations à 18-20 °C et élevage sur lies de 9 mois en fûts (20 % de bois neuf), avec bâtonnages bi-hebdomadaires ; collage ; pas de filtration

VINS PRODUITS

rouge – Château Bardins – 36 000 b ; Château Bardey – 10 000 b ;
blanc – Château Bardins – 1 500 b
À maturité : rouge – dans les 3 à 7 ans suivant le millésime ;
blanc – dans les 2 à 4 ans suivant le millésime

Je n'ai dégusté que quelques millésimes de ce petit domaine situé dans la commune de Cadaujac et voisin du Château Bouscaut, plus renommé. Le propriétaire a choisi un encépagement intéressant : un fort pourcentage de cabernet franc pour le rouge, ce qui lui donne un caractère tendre, épicé et herbacé, et une très forte proportion de muscadelle pour le blanc, qui contribue à son caractère richement fruité et souple, et en fait un vin agréable à boire dans sa jeunesse.

BARET (PESSAC-LÉOGNAN)

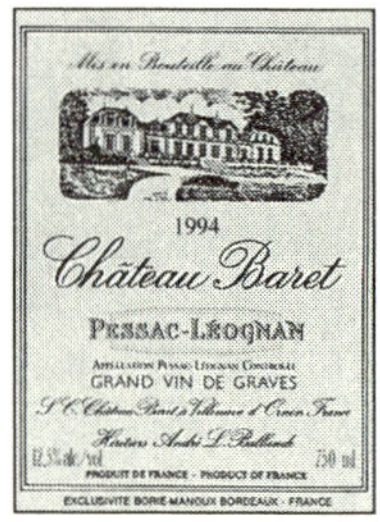

Non classé
Propriétaires : héritiers André Ballande
Adresse : BP 53 – 33883 Villenave-d'Ornon
Tél. 05 56 00 00 97 – *Fax* 05 56 87 87 71 ou 05 57 87 60 30
Visites : sur rendez-vous uniquement
Contact : Philippe Castéja

VIGNOBLE ET VINIFICATION

Superficie : rouge – 18,5 ha ; blanc – 2 ha
Encépagement : rouge – 55 % merlot, 40 % cabernet sauvignon, 5 % cabernet franc ; blanc – 70 % sauvignon, 30 % sémillon
Âge moyen des vignes : 20 ans – *Densité de plantation :* 8 000 pieds/ha
Rendement moyen : 55 hl/ha
Élevage : rouge – fermentations et cuvaison de 21 jours en cuves d'acier inoxydable thermorégulées ; vieillissement de 12 à 18 mois en fûts (30 % de bois neuf) ; collage ; pas de filtration ; blanc – macération préfermentaire de 24 heures ; fermentations et élevage de 8 mois en fûts (20 % de bois neuf) ; collage ; pas de filtration

VINS PRODUITS

rouge – Château Baret – 115 000 b ; Château de Camparian – 18 000 b ;
blanc – Château Baret – 18 000 b ; Château de Camparian – variable
À maturité : rouge – dans les 4 à 10 ans suivant le millésime ;
blanc – dans les 2 à 5 ans suivant le millésime

APPRÉCIATION GÉNÉRALE

La famille Ballande, également propriétaire de Prieuré-Lichine, améliore doucement la qualité de ce cru, bien situé en Pessac-Léognan. Les conseils de l'œnologue Denis Dubourdieu, qui fait des merveilles en matière de blancs, ont été retenus – ce qui explique probablement les progrès enregistrés. Les prix demeurent raisonnables.

BOIS-MARTIN (PESSAC-LÉOGNAN)

Non classé
Propriétaire : Marie-José Leriche
Adresse : 33850 Léognan
Tél. 05 57 96 56 20 – *Fax* 05 57 96 59 19
E-mail : chateau.carbonnieux@wanadoo.fr
Site Internet : www.carbonnieux.com
Visites : sur rendez-vous uniquement, du lundi au vendredi

VIGNOBLE ET VINIFICATION

Superficie : 7,5 ha
Encépagement : 65 % cabernet sauvignon, 35 % merlot
Âge moyen des vignes : 15 ans – *Densité de plantation :* 7 200 pieds/ha
Rendement moyen : 50 hl/ha
Élevage : fermentations et cuvaison de 21 jours en cuves d'acier inoxydable thermorégulées ; vieillissement de 15 à 18 mois en fûts (25 % de bois neuf) ; collage et filtration

VIN PRODUIT

Château Bois-Martin – 50 000 b (pas de second vin)
À maturité : dans les 5 à 10 ans suivant le millésime

BOYREIN (GRAVES)

Non classé
Propriétaire : famille Médeville
Adresse : 33410 Roaillan
Adresse postale : Jean Médeville et Fils
Château Fayau – 33410 Cadillac
Tél. 05 57 98 08 08 – *Fax* 05 56 62 18 22
E-mail : medeville-jeanetfils@wanadoo.fr
Site Internet : www.medeville.com
Visites : tous les jours, sur rendez-vous uniquement
Contact : Jacques Médeville

VIGNOBLE ET VINIFICATION

Superficie : rouge – 8 ha ; blanc – 4 ha
Encépagement : rouge – 50 % merlot, 40 % cabernet sauvignon, 10 % cabernet franc ; blanc – 50 % sauvignon blanc, 30 % sémillon, 20 % muscadelle
Âge moyen des vignes : rouge – 35 ans ; blanc – 15 ans
Densité de plantation : 3 000-5 000 pieds/ha
Rendement moyen : rouge – 42 hl/ha ; blanc – 40 hl/ha
Élevage : rouge – fermentations et cuvaison de 15 à 25 jours en cuves de béton thermorégulées ; vieillissement de 24 mois en cuves ; collage ; pas de filtration ; blanc – stabulation à froid ; fermentations de 8 à 10 jours à basse température (18 °C) ; élevage sur lies de 6 mois ; collage ; pas de filtration

VINS PRODUITS

rouge – Château Boyrein – 60 000 b (pas de second vin) ;
blanc – Château Boyrein – 30 000 b (pas de second vin)
À maturité : rouge – dans les 2 à 7 ans suivant le millésime ;
blanc – dans les 2 à 8 ans suivant le millésime

BRONDELLE (GRAVES)

Non classé
Propriétaire : Vignobles Belloc-Rochet
Adresse : 33210 Langon
Tél. 05 56 62 38 14 – *Fax* 05 56 62 23 14
E-mail : chateau.brondelle@wanadoo.fr
Visites : du lundi au vendredi (9 h-12 h et 14 h-17 h 30), le week-end sur rendez-vous
Contact : Jean-Noël Belloc

VIGNOBLE ET VINIFICATION

Superficie : rouge – 25 ha ; blanc – 15 ha
Encépagement : rouge – 57 % cabernet sauvignon, 40 % merlot, 3 % petit verdot ; blanc – 50 % sémillon, 45 % sauvignon, 5 % muscadelle
Âge moyen des vignes : 20 ans – *Densité de plantation :* 5 000-6 600 pieds/ha
Rendement moyen : 55 hl/ha
Élevage : rouge – fermentations à 20-28 °C et cuvaison de 21 à 35 jours en cuves thermorégulées ; achèvement des malolactiques en fûts pour une partie de la récolte ; vieillissement de 12 mois en fûts (80 % de bois neuf) ; collage ; pas de filtration ; blanc – fermentations et élevage de 10 mois, avec bâtonnages réguliers, en fûts (60 % de bois neuf) ; pas de collage ; filtration légère

VINS PRODUITS

rouge – Château Brondelle – 50 000 b ; Château La Rose Sarron – 60 000 b ; blanc – Château Brondelle – 60 000 b (pas de second vin)
À maturité : rouge – dans les 4 à 10 ans suivant le millésime ; blanc – dans les 5 à 7 ans suivant le millésime

CABANNIEUX (GRAVES)

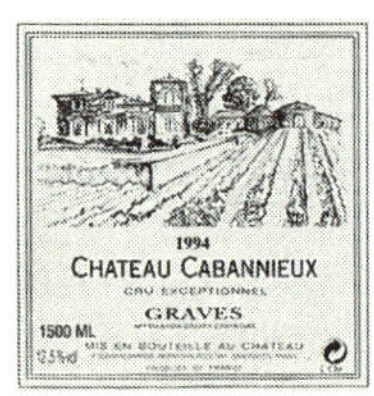

Non classé
Propriétaire : Régine Dudignac
Adresse : 44, route de Courneau – 33640 Portets
Tél. 05 56 67 22 01 – *Fax* 05 56 67 32 54
E-mail : dudignacbarriere@free.fr
Visites : sur rendez-vous, tous les jours
Contact : Régine Dudignac

VIGNOBLE ET VINIFICATION

Superficie : rouge – 13 ha ; blanc – 7 ha
Encépagement : rouge – 50 % merlot, 45 % cabernet sauvignon, 5 % cabernet franc ; blanc – 80 % sémillon, 20 % sauvignon blanc
Âge moyen des vignes : rouge – 30 ans ; blanc : 25 ans
Densité de plantation : 5 500 pieds/ha
Rendement moyen : 50 hl/ha
Élevage : rouge – fermentations et cuvaison de 21 jours en cuves thermorégulées ; vieillissement de 15 à 18 mois en fûts (20 % de bois neuf) ; collage et filtration ; blanc – fermentations et élevage sur lies de 8 mois en cuves pour une partie de la récolte, en fûts neufs pour le reste ; collage et filtration

VINS PRODUITS

rouge – Château Cabannieux et Château de Curcier – 90 000 b ;
blanc – Château Cabannieux et Château de Curcier – 40 000 b
À maturité : rouge – dans les 2 à 8 ans suivant le millésime ;
blanc – dans les 2 à 4 ans suivant le millésime

DU CAILLOU (GRAVES)

Non classé
Propriétaire : famille Oudinot
Adresse : route de Saint-Cricq – 33720 Cérons
Tél. 05 56 27 17 60 – *Fax* 05 56 27 00 31
Visites : sur rendez-vous uniquement, tous les jours (10 h-12 h et 15 h-18 h)
Contact : Philippe Oudinot

VIGNOBLE ET VINIFICATION

Superficie : rouge – 4 ha ; blanc – 6,35 ha
Encépagement : rouge – 90 % merlot, 10 % cabernet sauvignon ;
blanc – 50 % sémillon, 25 % sauvignon blanc, 25 % sauvignon gris
Âge moyen des vignes : 35 ans – *Densité de plantation :* 6 000 pieds/ha
Rendement moyen : 55 hl/ha
Élevage : rouge – macération préfermentaire à froid de 3 jours ; fermentations et cuvaison de 21 à 28 jours, avec pigeages fréquents, en cuves thermorégulées ; vieillissement de 12 mois en fûts (1 an d'âge) ; collage ; pas de filtration ;
blanc – fermentations et élevage sur lies de 8 mois en cuves d'acier inoxydable (pour la cuvée générique) et en fûts neufs (pour la cuvée spéciale) ; collage et filtration

VINS PRODUITS

rouge – Château du Caillou – 12 000 b (pas de second vin) ;
blanc – Château du Caillou – 30 000 b ; Château du Caillou Cuvée Saint-Cricq – 12 500 b
À maturité : rouge et blanc – dans les 2 à 5 ans suivant le millésime

CANTELYS (PESSAC-LÉOGNAN)

Non classé
Propriétaires : Florence et Daniel Cathiard
Adresse : 33650 Martillac
Adresse postale : GFA Malice
4, chemin de Bourrau – 33650 Martillac
Tél. 05 57 83 11 22 – *Fax* 05 57 83 11 21
E-mail : f.cathiard@smith-haut-lafitte.com
Site Internet : www.smith-haut-lafitte.com
Visites : tous les jours, sur rendez-vous uniquement

VIGNOBLE ET VINIFICATION

Superficie : rouge – 18 ha ; blanc – 10 ha
Encépagement : rouge – 35 % cabernet sauvignon, 60 % merlot, 5 % cabernet franc ; blanc – 75 % sauvignon blanc, 25 % sémillon
Âge moyen des vignes : 30 ans – *Densité de plantation :* 7 500 pieds/ha
Rendement moyen : 30 hl/ha
Élevage : rouge – fermentations à 30 °C et cuvaison de 24 à 32 jours en cuves de bois thermorégulées d'une contenance de 85 hl ; achèvement des malolactiques et vieillissement sur lies de 14 mois, avec bâtonnages, en fûts (50 % de bois neuf) ; collage si nécessaire ; pas de filtration ; blanc – fermentations 20 °C et élevage sur lies de 10 mois, avec bâtonnages, en fûts (50 % de bois neuf) ; collage, pas de filtration

VINS PRODUITS

rouge – Château Cantelys – 60 000 b (pas de second vin) ;
blanc – Château Cantelys – 60 000 b (pas de second vin)
À maturité : rouge – dans les 3 à 12 ans suivant le millésime ;
blanc – dans les 2 à 5 ans suivant le millésime

DE CARRELASSE (GRAVES)

Non classé
Propriétaire : famille Coste
Adresse : 33210 Langon
Adresse postale : Château de Gaillat – 33210 Langon
Tél. 05 56 63 50 77 – *Fax* 05 56 62 20 96
E-mail : bertrandyj@aol.com
Visites : sur rendez-vous de préférence
Contacts : Yves Bertrand et Hélène Bertrand-Coste

VIGNOBLE ET VINIFICATION

Superficie : 6 ha
Encépagement : 50 % merlot, 40 % cabernet sauvignon, 10 % cabernet franc
Âge moyen des vignes : 30 ans – Densité de plantation : 5 000 pieds/ha
Rendement moyen : 45-50 hl/ha
Élevage : macération à froid de 7 jours ; fermentations à 30-32 °C et cuvaison de 21 à 35 jours en cuves thermorégulées ; vieillissement de 12 à 18 mois par rotation à parts égales en fûts (10 % de bois neuf) et en cuves ; collage et filtration

VIN PRODUIT

Château de Carrelasse – 35 000 b (pas de second vin)
À maturité : dans les 5 à 12 ans suivant le millésime

CHERET-PITRES (GRAVES)

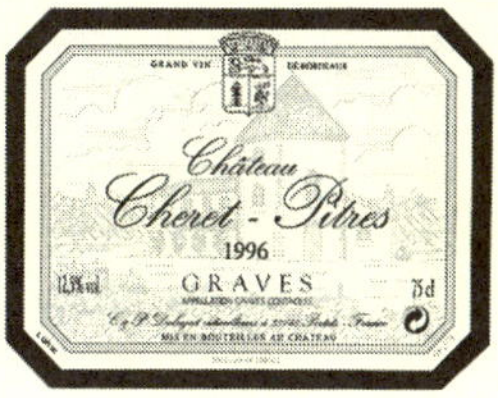

Non classé
Propriétaires : Pascal et Caroline Dulugat
Adresse : 33640 Portets
Tél. 05 56 67 27 76 – *Fax* 05 56 67 27 76
E-mail : pascal.dulugat@wanadoo.fr
Visites : sur rendez-vous de préférence
Contacts : Pascal ou Caroline Dulugat

VIGNOBLE ET VINIFICATION

Superficie : 5,6 ha
Encépagement : 60 % merlot, 40 % cabernet franc
Âge moyen des vignes : 40 ans – Densité de plantation : 5 600 pieds/ha
Rendement moyen : 60 hl/ha
Élevage : fermentations et cuvaison prolongées en cuves thermorégulées ; vieillissement de 12 mois en fûts (40 % de bois neuf) pour 60 % de la récolte, en cuves pour le reste, suivi d'un élevage supplémentaire de 6 mois en cuves ; collage et filtration

VINS PRODUITS

Château Cheret-Pitres – 20 000 b ; Château Cheret – 10 000 b
À maturité : dans les 3 à 8 ans suivant le millésime

J'ai toujours apprécié les vins de Cheret-Pitres pour leur fruité riche aux arômes de tabac et de fumé. J'ai d'ailleurs d'excellentes notes sur nombre de millésimes. Ce cru n'est pas très connu des amateurs et constitue, de ce fait, une excellente affaire. Le vignoble, situé sur la commune de Portets, donne généralement des vins qui doivent leur gras et leur souplesse à une forte proportion de merlot et aux vieilles vignes dont ils sont issus. La propriété ne produit pas de blanc.

CHICANE (GRAVES)

Non classé
Propriétaire : François Gauthier
Adresse : 1, route de Garonne – 33210 Toulenne
Tél. 05 56 62 23 02 – *Fax* 05 56 62 20 57
E-mail : ArchiFrancoisGauthier@compuserve.com
Site Internet : www.bichel.fr
Visites : sur rendez-vous uniquement
Contacts : François ou Frédérique Gauthier

VIGNOBLE ET VINIFICATION

Superficie : 5,4 ha
Encépagement : 55 % cabernet sauvignon, 35 % merlot, 10 % malbec
Âge moyen des vignes : 20 ans – Densité de plantation : 3 300-5 000 pieds/ha
Rendement moyen : 45-50 hl/ha

Élevage : fermentations de 21 jours en cuves d'acier inoxydable thermorégulées ; vieillissement de 12 mois en fûts (renouvelés par quart à chaque millésime) ; collage et filtration

VIN PRODUIT

Château Chicane – 28 000 b (pas de second vin)
À maturité : dans les 2 à 5 ans suivant le millésime

CLOS FLORIDÈNE (GRAVES)

Non classé
Propriétaires : Denis et Florence Dubourdieu
Adresse : 33210 Pujol-sur-Cirons
Adresse postale : Château Reynon – 33410 Beguey
Tél. 05 56 62 96 51 – *Fax* 05 56 62 14 89
E-mail : reynon@gofornet.com
Site Internet : www.denisdubourdieu.com
Visites : sur rendez-vous uniquement
Contact : Florence Dubourdieu

VIGNOBLE ET VINIFICATION

Superficie : rouge – 13 ha ; blanc – 5 ha
Encépagement : rouge – 80 % cabernet sauvignon, 20 % merlot ; blanc – 45 % sémillon, 45 % sauvignon blanc, 10 % muscadelle
Âge moyen des vignes : 25 ans
Densité de plantation : rouge – 5 550 pieds/ha ; blanc – 7 150 pieds/ha
Rendement moyen : rouge – 40 hl/ha ; blanc – 37 hl/ha
Élevage : rouge – fermentations et cuvaison de 21 jours en cuves d'acier inoxydable thermorégulées ; vieillissement de 12 mois en fûts (35 % de bois neuf) ; collage et filtration ; blanc – fermentations et élevage sur lies de 11 mois en fûts (25 % de bois neuf) ; collage et filtration

VINS PRODUITS

rouge – Clos Floridène – 25 000 b ; Château Montalivet – variable ;
blanc – Clos Floridène – 5 500 b ; Château Montalivet – 5 000-10 000 b
À maturité : rouge – dans les 2 à 8 ans suivant le millésime ;
blanc – dans les 2 à 5 ans suivant le millésime

APPRÉCIATION GÉNÉRALE

Cette propriété, qui demeure en quelque sorte la chasse gardée des initiés, propose des vins rouges et blancs d'excellente facture. Le vin blanc est magnifique : regorgeant de fruit et de caractère, il mériterait d'être promu cru classé en cas de remaniement du classement actuel. Les très bons rouges doivent, quant à eux, être consommés assez rapidement.

Ce petit domaine appartient à Denis Dubourdieu, grand sorcier du bordeaux blanc. Celui-ci est en effet considéré, avec raison, comme l'homme qui a révolutionné la vinification du blanc dans toute la région en introduisant sa technique dite de macération pelliculaire. Il s'agit de laisser les peaux et le jus en contact à une température relativement basse. Dubourdieu estimait, et la science œnologique l'a depuis confirmé, que ce sont les peaux qui donnent au vin sa complexité aromatique et sa richesse fruitée.

Une dégustation des merveilles qu'il produit révèle des Graves blancs superbes, très proches en qualité des plus grands tels Laville Haut-Brion, Haut-Brion et Domaine de Chevalier. Les prix demeurent relativement bas, bien que le talent de Dubourdieu soit aujourd'hui reconnu dans toute l'Europe et que Clos Floridène ait une certaine notoriété. C'est un vin excellent, nettement sous-évalué, qui mériterait incontestablement d'être classé avec les meilleurs de son appellation. Le domaine produit aussi une petite quantité d'un bon vin rouge, assez souple, qui n'a cependant pas les qualités éblouissantes du blanc.

CLOS MARSALETTE (PESSAC-LÉOGNAN)

Non classé
Propriétaire : SCEA du clos Marsalette
Adresse : route de Labrède – 33650 Martillac
Adresse postale : BP 34 – 33330 Saint-Émilion
Tél. 05 57 24 71 33 – *Fax* 05 57 24 67 95
E-mail : info@neipperg.com
Site Internet : www.neipperg.com
Visites : sur rendez-vous uniquement, du lundi au vendredi
Contact : Comte Stephan von Neipperg

VIGNOBLE ET VINIFICATION

Superficie : rouge – 6,4 ha ; blanc – 0,6 ha
Encépagement : rouge – 55 % cabernet sauvignon, 45 % merlot ; blanc – 50 % sauvignon, 50 % sémillon
Âge moyen des vignes : rouge – 10 ans ; blanc – 10 ans
Densité de plantation : 7 700 pieds/ha
Rendement moyen : rouge – 50 hl/ha ; blanc – 40 hl/ha
Élevage : rouge – macération de 48 heures à température ambiante ; fermentations et cuvaison de 20 jours en cuves de béton thermorégulées ; après achèvement des malolactiques, vieillissement de 18 mois par rotation en cuves pour 75 % de la récolte et en fûts (100 % de bois neuf) pour le reste ; collage et filtration ; blanc – pressurage des grappes entières ; sédimentation sur 1 à 3 jours ; fermentations et élevage sur lies en cuves pour 90 % de la récolte et en fûts neufs pour le reste, avec bâtonnages bi-hebdomadaires ; pas de collage ; filtration

VINS PRODUITS

rouge – Clos Marsalette – 40 000 b (pas de second vin) ;
blanc – Clos Marsalette – 3 000 b (pas de second vin)
À maturité : rouge – dans les 3 à 10 ans suivant le millésime ; blanc – dans les 2 à 5 ans suivant le millésime

COSTE DE MONS (GRAVES)

Non classé
Propriétaire : famille Coste
Adresse : 33210 Langon
Adresse postale : Château de Gaillat – 33210 Langon
Tél. 05 56 63 50 77 – *Fax* 05 56 62 20 96
E-mail : bertrandyj@aol.com
Visites : sur rendez-vous uniquement
Contacts : Yves Bertrand ou Hélène Bertrand-Coste

VIGNOBLE ET VINIFICATION

Superficie : 2 ha
Encépagement : 80 % cabernet sauvignon, 10 % carmenère, 7 % merlot, 3 % cabernet franc
Âge moyen des vignes : 40-50 ans – Densité de plantation : 8 000 pieds/ha
Rendement moyen : 32 hl/ha
Élevage : macération à froid de 7 jours ; fermentations à températures élevées et cuvaison de 5 mois en cuves thermorégulées ; vicillissement de 18 mois en fûts (100 % de bois neuf) ; collage ; pas de filtration

VIN PRODUIT

Château Coste de Mons – 8 500 b (pas de second vin)
À maturité : dans les 2 à 8 ans suivant le millésime

COUCHEROY (PESSAC-LÉOGNAN)

Non classé
Propriétaire : André Lurton
Adresse : 33650 Martillac
Adresse postale : SCEA des Vignobles André Lurton
Château Bonnet – 33420 Grézillac
Tél. 05 57 25 58 58 – *Fax* 05 57 74 98 59
E-mail : andrelurton@andrelurton.com
Site Internet : www.andrelurton.com
Visites : non autorisées
Contact : Véronique Bouffard

VIGNOBLE ET VINIFICATION

Superficie : rouge – 30 ha ; blanc – 6 ha
Encépagement : rouge – 50 % cabernet sauvignon, 50 % merlot ; blanc – 90 % sauvignon blanc, 10 % sémillon
Âge moyen des vignes : 10-12 ans – *Densité de plantation :* 6 500-8 500 pieds/ha
Rendement moyen : non communiqué
Élevage : rouge – fermentations et cuvaison de 21 jours en cuves d'acier inoxydable thermorégulées ; achèvement des malolactiques en fûts pour une partie de la récolte ; vieillissement de 12 à 14 mois en fûts (25-30 % de bois neuf) ; collage et filtration ; blanc – fermentations et élevage de 10 mois en cuves d'acier inoxydable thermorégulées pour une partie de la récolte, en fûts pour le reste ; collage et filtration

VINS PRODUITS

rouge – Château Coucheroy – 80 000 b (pas de second vin) ;
blanc – Château Coucheroy – 25 000 b (pas de second vin)
À maturité : rouge – dans les 3 à 10 ans suivant le millésime ;
blanc – dans les 2 à 8 ans suivant le millésime

COURRÈGES SEGUÈS DU CHÂTEAU DE GAILLAT (GRAVES)

Non classé
Propriétaire : famille Coste
Adresse : 33210 Saint-Pierre-de-Mons
Adresse postale : Château de Gaillat – 33210 Langon
Tél. 05 56 63 50 77 – *Fax* 05 56 62 20 96
E-mail : bertrandyj@aol.com
Visites : sur rendez-vous uniquement
Contacts : Yves Bertrand ou Hélène Bertrand-Coste

VIGNOBLE ET VINIFICATION

Superficie : 3 ha
Encépagement : 70 % cabernet sauvignon, 20 % merlot, 10 % malbec
Âge moyen des vignes : 30-50 ans – Densité de plantation : 7 200 pieds/ha
Rendement moyen : 45 hl/ha
Élevage : macération à froid de 7 jours ; fermentations à températures élevées et cuvaison de 5 mois en cuves thermorégulées ; vieillissement de 12 à 15 mois en fûts (35 % de bois neuf) ; collage ; pas de filtration

VINS PRODUITS

Courrèges Seguès du Château de Gaillat – 15 000 b (pas de second vin)
À maturité : dans les 2 à 8 ans suivant le millésime

DE CRUZEAU (PESSAC-LÉOGNAN)

Non classé
Propriétaire : André Lurton
Adresse : 33650 Saint-Médard-d'Eyrans
Adresse postale : Vignobles André Lurton
Château Bonnet – 33420 Grézillac
Tél. 05 57 25 58 58 – *Fax* 05 57 74 98 59
E-mail : andrelurton@andrelurton.com
Site Internet : www.andrelurton.com
Visites : non autorisées
Contact : Véronique Bouffard

VIGNOBLE ET VINIFICATION

Superficie : rouge – 67 ha ; blanc – 30 ha
Encépagement : rouge – 55 % cabernet sauvignon, 43 % merlot, 2 % cabernet franc ; blanc – 100 % sauvignon blanc
Âge moyen des vignes : 20-22 ans – *Densité de plantation :* 6 500-8 500 pieds/ha

Rendement moyen : 50 hl/ha
Élevage : rouge – fermentations et cuvaison de 21 jours en cuves d'acier inoxydable thermorégulées ; vieillissement de 12 mois en fûts (25-30 % de bois neuf), avec soutirage trimestriel ; collage et filtration ; blanc – après débourbage par le froid, fermentations de 10 à 15 jours à 18-23 °C et élevage sur lies de 9 mois, avec bâtonnages réguliers, en fûts (30-50 % de bois neuf) ; collage et filtration

VINS PRODUITS

rouge – Château de Cruzeau – 150 000 b (pas de second vin) ;
blanc – Château de Cruzeau – 60 000 b (pas de second vin)
À maturité : rouge – dans les 5 à 8 ans suivant le millésime ;
blanc – dans les 2 à 6 ans suivant le millésime

APPRÉCIATION GÉNÉRALE

Le Château de Cruzeau propose des vins de choix pour les amateurs avisés. En effet, ses blancs comme ses rouges sont excellents, très certainement du fait d'André Lurton, le maître des lieux, qu'un constant souci de qualité anime. Les vignobles, situés sur l'un des points culminants de l'appellation, bénéficient d'une ouverture au sud. Le sol se compose en profondeur de pures graves et de sable – il est parfait pour l'élaboration de vins rouges et blancs de très haut vol.

André Lurton, qui s'est constitué un véritable empire viticole dans les Graves, a acheté cette propriété en 1973 et a commencé à replanter massivement en 1979. Le vignoble est donc actuellement relativement jeune (pour le Bordelais), mais le vin se révèle déjà très prometteur. Le rouge, issu de vendanges mécaniques, est un Graves crémeux, épanoui, richement fruité, avec des nuances de fumé, particulièrement intéressant pour les amateurs en quête de vins à apprécier rapidement.

Le blanc, issu de raisins vendangés à la main, évoque un vin californien par son très généreux fruité ; il doit être bu dans les quelques années suivant le millésime.

Les prix pratiqués sont très raisonnables – c'est là un des grands atouts de ce cru.

2000
89 Ce Graves classique, aux notes de terre fraîchement remuée, de goudron, de tabac, de fumé et de cassis, est moyennement corsé, doux, ample et épicé, avec d'opulentes flaveurs de groseille et de cassis. Un ensemble plein de grâce. **À boire dans les 8 ans, voire au-delà.** (1/03)

FERRANDE (GRAVES)

Non classé
Propriétaire : SCE du Château Ferrande
Adresse : 33640 Castres
Tél. 05 56 67 05 86 – *Fax* 05 56 67 04 99
Visites : sur rendez-vous uniquement

VIGNOBLE ET VINIFICATION

Superficie : rouge – 34 ha ; blanc – 9 ha
Encépagement : rouge – 34 % merlot, 33 % cabernet sauvignon, 33 % cabernet franc ; blanc – 60 % sémillon, 35 % sauvignon, 5 % muscadelle
Âge moyen des vignes : 25 ans – *Densité de plantation :* 4 500-5 500 pieds/ha
Rendement moyen : rouge – 50 hl/ha ; blanc – 45 hl/ha

VINS PRODUITS

rouge – Château Ferrande – 200 000 b ; Château Guillon – 12 000 b ;
blanc – Château Ferrande – 54 000 b (pas de second vin)
À maturité : rouge – dans les 3 à 10 ans suivant le millésime ;
blanc – dans les 2 à 7 ans suivant le millésime

Ce domaine, situé sur la commune de Castres, appartient depuis 1954 à la famille Delnaud. Elle produit des vins réguliers à bon niveau, mais sans grand intérêt. Je trouve que les rouges comme les blancs comptent parmi les Graves les plus marqués par le terroir. Au cours de différentes dégustations, j'ai constaté que l'on pouvait soit admirer, soit carrément détester ces arômes.

Les blancs, qui se sont beaucoup améliorés depuis une dizaine d'années, révèlent désormais davantage de fruit et de charme. Ils présentent des notes de terre assez prononcées, mais ils sont encore extrêmement austères et anguleux. Ces vins ne sont pas très chers, mais ils vieillissent fort bien, surtout les rouges.

LA FLEUR JONQUET (GRAVES)

Non classé
Propriétaire : Laurence Lataste
Adresse : Le Puy-de-Choyne Arbanats – 33640 Portets
Adresse postale : 5, rue Amélie – 33200 Bordeaux
Tél. 05 56 17 08 18 – *Fax* 05 57 22 12 54
E-mail : l.lataste@wanadoo.fr
Visites : sur rendez-vous uniquement,
Contact : Laurence Lataste

VIGNOBLE ET VINIFICATION

Superficie : rouge – 6 ha ; blanc – 1 ha
Encépagement : rouge – 70 % merlot, 20 % cabernet sauvignon, 10 % cabernet franc ; blanc – 50 % sauvignon blanc, 50 % sémillon
Âge moyen des vignes : 15 ans – *Densité de plantation :* 5 800 pieds/ha
Rendement moyen : rouge – 58 hl/ha ; blanc – 57 hl/ha
Élevage : rouge – fermentations et cuvaison de 21 jours en cuves de béton thermorégulées ; vieillissement de 18 mois en fûts (25 % de bois neuf) ; collage ; filtration légère ; blanc – fermentations et élevage sur lies de 12 mois en fûts (30 % de bois neuf), avec bâtonnages fréquents ; collage et filtration

VINS PRODUITS

rouge – Château La Fleur Jonquet – 22 000 b ; J de Jonquet – 4 000 b ;
blanc – Château La Fleur Jonquet – 5 000 b ; J de Jonquet – 1 600 b
À maturité : rouge – dans les 2 à 5 ans suivant le millésime ;
blanc – dans les 2 à 4 ans suivant le millésime

DES FOUGÈRES – CLOS MONTESQUIEU (GRAVES)

Non classé
Propriétaire : SCEA Baron de Montesquieu
Adresse : BP 53 – 33650 La Brède
Tél. 05 56 78 45 45 – *Fax* 05 56 20 25 07
E-mail : montesquieu@montesquieu.com
Site Internet : www.montesquieu.com
Visites : sur rendez-vous uniquement
Contact : Patrick Baseden

VIGNOBLE ET VINIFICATION

Superficie : 5 ha
Encépagement : 80 % merlot, 20 % cabernet sauvignon
Âge moyen des vignes : 25 ans
Densité de plantation : 8 000 pieds/ha
Rendement moyen : 35 hl/ha
Élevage : fermentations et cuvaison de 28 jours en cuves d'acier inoxydable thermorégulées, avec pigeages manuels ; achèvement des malolactiques et vieillissement sur lies, avec micro-oxygénation, de 18 mois en fûts (35 % de bois neuf, 65 % fûts de 1 an d'âge) ; collage ; pas de filtration

VIN PRODUIT

Château des Fougères-Clos Montesquieu – 22 000 b (pas de second vin)

APPRÉCIATION GÉNÉRALE

Les bonnes nouvelles n'arrivent jamais trop tôt. Ce domaine est géré par Patrick Baseden, que l'on connaît mieux comme propriétaire de La Bienfaisance et de Sanctus, en Saint-Émilionnais. Le maître des lieux s'est, à compter de 2002, acquis les conseils de Stéphane Derenoncourt, qui a actuellement le vent en poupe. Ce cru obscur pourrait bien être l'un de ceux avec lesquels il faudra compter sous peu. Mais... chut !

DE FRANCE (PESSAC-LÉOGNAN)

Non classé
Propriétaire : SAS B. Thomassin
Adresse : 98, avenue de Mont-de-Marsan – 33850 Léognan
Tél. 05 56 64 75 39 – *Fax* 05 56 64 72 13
E-mail : chateau-de-france@chateau-de-france.com
Site Internet : www.chateau-de-france.com
Visites : sur rendez-vous uniquement
Contact : Arnaud Thomassin

VIGNOBLE ET VINIFICATION

Superficie : rouge – 31 ha ; blanc – 6 ha
Encépagement : rouge – 60 % cabernet sauvignon, 40 % merlot ;
blanc – 70 % sauvignon blanc, 30 % sémillon
Âge moyen des vignes : 20 ans – *Densité de plantation :* 6 950 pieds/ha
Rendement moyen : 52 hl/ha

Élevage : rouge – fermentations et cuvaison de 28 jours en cuves d'acier inoxydable thermorégulées ; vieillissement de 14 mois en fûts (renouvelés par moitié à chaque millésime) ; collage et filtration ; blanc – fermentations et élevage sur lies de 10 mois en fûts (renouvelés par moitié à chaque millésime) ; collage et filtration

VINS PRODUITS

rouge – Château de France – 100 000 b ; Château Coquillas – 60 000 b ;
blanc – Château de France – 10 000 b ; Château Coquillas – 4 000 b
À maturité : rouge – dans les 4 à 10 ans suivant le millésime ;
blanc – dans les 2 à 5 ans suivant le millésime

APPRÉCIATION GÉNÉRALE

De France est une de ces propriétés des Graves qui se sont améliorées ces dernières années. Tant ses rouges que ses blancs, vinifiés de manière traditionnelle, sont de très bonne facture. Ils tiennent leurs promesses, et même davantage dans les meilleurs millésimes.

La quasi-totalité du vignoble de ce domaine, proche voisin du plus renommé Château de Fieuzal, a été replantée depuis 1971. Le propriétaire, un industriel, n'a pas lésiné pour rénover le Château de France et construire un nouveau chai équipé dans les règles de l'art – avec, notamment, des cuves d'acier inoxydable modernes.

Les premiers résultats n'ont guère été concluants, mais, en 1986, Thomassin prit deux décisions importantes et très salutaires pour la qualité de ses vins : tout d'abord, il opta pour les vendanges les plus tardives possible ; ensuite, il instaura le principe d'une sélection extrêmement sévère, seules les meilleures cuves composant le grand vin.

DE GAILLAT (GRAVES)

Non classé
Propriétaire : famille Coste
Adresse : 33210 Langon
Adresse postale : Château de Gaillat – 33210 Langon
Tél. 05 56 63 50 77 – *Fax* 05 56 62 20 96
E-mail : bertrandyj@aol.com
Visites : sur rendez-vous uniquement
Contacts : Yves Bertrand ou Hélène Bertrand-Coste

VIGNOBLE ET VINIFICATION

Superficie : 12 ha
Encépagement : 65 % cabernet sauvignon, 30 % merlot, 5 % malbec
Âge moyen des vignes : 30 ans – Densité de plantation : 6 600 pieds/ha
Rendement moyen : 50 hl/ha
Élevage : macération à froid de 7 jours ; fermentations à 30-32 °C et cuvaison de 21 à 35 jours en cuves thermorégulées, avec pigeages et remontages ; vieillissement de 12 à 18 mois par rotation, à parts égales en fûts (10 % de bois neuf) et en cuves ; collage et filtration

VIN PRODUIT

Château de Gaillat – 60 000 b (pas de second vin)
À maturité : dans les 2 à 5 ans suivant le millésime

GAZIN ROCQUENCOURT (PESSAC-LÉOGNAN)

Non classé
Propriétaire : famille Michotte
Adresse : 74, avenue de Cestas – 33850 Léognan
Tél. 05 56 64 77 89 – *Fax* 05 56 64 77 89
Visites : sur rendez-vous uniquement
Contact : Jean-Marie Michotte

VIGNOBLE ET VINIFICATION

Superficie : 14 ha
Encépagement : 67 % cabernet sauvignon, 33 % merlot
Âge moyen des vignes : 18 ans – *Densité de plantation :* 6 500 pieds/ha
Rendement moyen : 50 hl/ha
Élevage : fermentations et cuvaison de 21 jours en cuves d'acier inoxydable thermorégulées ; vieillissement de 12 mois en fûts (renouvelés par tiers à chaque millésime) ; collage et filtration

VINS PRODUITS

Château Gazin Rocquencourt – 48 000 b ; Château Gazin Michotte – 17 000 b
À maturité : dans les 2 à 10 ans suivant le millésime

DU GRAND ABORD (GRAVES)

Non classé
Propriétaire : Vignobles Dugoua SCEA
Adresse : 56, route des Graves – 33640 Portets
Tél. 05 56 67 50 75 ou 06 80 60 97 34 –
Fax 05 56 67 22 23
E-mail : dugoua.ph@wanadoo.fr
Site Internet : www.chateau-grand-abord.fr
ou www.vignobles-dugoua.fr
Visites : sur rendez-vous
Contacts : Philippe ou Marie-France Dugoua

VIGNOBLE ET VINIFICATION

Superficie : rouge – 17 ha ; blanc – 3 ha
Encépagement : rouge – 90 % merlot, 10 % cabernet sauvignon ;
blanc – 80 % sémillon, 20 % sauvignon
Âge moyen des vignes : 40-50 ans – *Densité de plantation :* 5 000-5 500 pieds/ha
Rendement moyen : 55 hl/ha
Élevage : rouge – fermentations et cuvaison de 18 jours en cuves d'acier inoxydable thermorégulées ; vieillissement de 18 mois à parts égales en cuves et en fûts (renouvelés par moitié à chaque millésime) ; collage et filtration ;
blanc – fermentations et élevage de 3 à 4 mois en cuves d'acier inoxydable ; collage et filtration

VINS PRODUITS

rouge – Château du Grand Abord – 30 000 b ; Château Bel Air/Château Lagarde – 80 000 b ;

blanc – Château du Grand Abord – 7 000 b (pas de second vin)
À maturité : rouge – dans les 2 à 5 ans suivant le millésime ;
blanc – dans les 1 à 4 ans suivant le millésime

DU GRAND BOS (GRAVES)

Non classé
Propriétaire : André Vincent
Adresse : chemin de l'Hermitage – 33640 Castres
Tél. 05 56 67 39 20 – *Fax* 05 56 67 16 77
E-mail : chateau.du.grand.bos@free.fr
Visites : sur rendez-vous uniquement, du lundi au samedi
Contact : André Vincent

VIGNOBLE ET VINIFICATION

Superficie : rouge – 12,7 ha ; blanc – 1 ha
Encépagement : rouge – 46,5 % cabernet sauvignon, 44 % merlot, 6,5 % petit verdot, 3 % cabernet franc et malbec ;
blanc – 60 % sémillon, 30 % sauvignon blanc, 10 % muscadelle
Âge moyen des vignes : rouge – 30 ans ; blanc – 20-60 ans
Densité de plantation : 5 600 pieds/ha
Rendement moyen : rouge – 46 hl/ha ; blanc – 25-30 hl/ha
Élevage : rouge – macération à froid ; fermentations et cuvaison prolongées en cuves thermorégulées, avec remontages fréquents ; vieillissement de 12 à 15 mois en fûts (33-50 % de bois neuf) ; collage non systématique ; pas de filtration ;
blanc – fermentations et élevage sur lies de 8 mois en fûts (100 % de bois neuf), avec bâtonnages fréquents ; pas de collage ; filtration légère

VINS PRODUITS

rouge – Château du Grand Bos – 37 0000 b ; Château Plégat La Gravière – 20 000-25 000 b ;
blanc – Château du Grand Bos – 3 000 b (pas de second vin)
À maturité : rouge – dans les 2 à 5 ans suivant le millésime ;
blanc – dans les 1 à 4 ans suivant le millésime

GRAVILLE-LACOSTE (GRAVES)

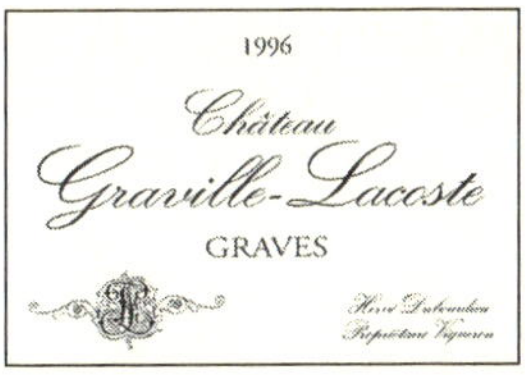

Non classé
Propriétaire : Hervé Dubourdieu
Adresse : 33720 Pujols-sur-Cirons
Adresse postale : Château Roumieu-Lacoste – 33720 Barsac
Tél. 05 56 27 16 29 – *Fax* 05 56 27 02 65
E-mail : hervedubourdieu@aol.com
Visites : sur rendez-vous uniquement, tous les jours
Contact : Hervé Dubourdieu

VIGNOBLE ET VINIFICATION

Superficie : blanc – 8 ha
Encépagement : 70 % sémillon, 20 % sauvignon blanc, 10 % muscadelle
Âge moyen des vignes : 45 ans – *Densité de plantation :* 7 000 pieds/ha
Rendement moyen : 49 hl/ha
Élevage : stabulation à froid (2 °C) ; fermentations à 16 °C et élevage de 6 mois en cuves d'acier inoxydable ; collage ; pas de filtration

VIN PRODUIT

Château Graville-Lacoste – 52 000 b (pas de second vin)
À maturité : dans les 2 à 5 ans suivant le millésime

APPRÉCIATION GÉNÉRALE

Cet excellent vin blanc, qui s'impose généralement comme une très bonne affaire, est incontestablement digne d'intérêt. Les amateurs avisés ne perdront pas de vue qu'il vaut bien mieux que nombre de crus classés de l'appellation.

Note : la propriété propose également un bordeaux blanc sec, le Château Ducasse, produit à hauteur de 30 000 à 60 000 bouteilles, selon le millésime.

HAURET LALANDE (GRAVES)
(devient Domaine du Hauret Piada en 2005)

Non classé
Propriétaire : Jean-Frédéric Lalande
Adresse : 33720 Barsac
Adresse postale : 1, Château Piada – 33720 Barsac
Tél. 05 56 27 16 13 – *Fax* 05 56 27 26 30
E-mail : chateau.piada@wanadoo.fr
Visites : du lundi au vendredi (8 h-12 h et 14 h-19 h) ; sur rendez-vous le week-end
Contact : Jean-Frédéric Lalande

VIGNOBLE ET VINIFICATION

Superficie : rouge – 2,5 ha ; blanc – 3 ha
Encépagement : rouge – 80 % cabernet sauvignon, 20 % merlot ; blanc – 75 % sémillon, 25 % sauvignon blanc
Âge moyen des vignes : rouge – 13 ans ; blanc – 36 ans
Densité de plantation : rouge – 6 600 pieds/ha ; blanc – 5 500 pieds/ha
Rendement moyen : rouge – 58 hl/ha ; blanc – 60 hl/ha
Élevage : rouge – fermentations et cuvaison en cuves d'acier inoxydable thermorégulées ; vieillissement de 13 mois en fûts (de 3 à 5 ans d'âge) ; collage ; pas de filtration ; blanc – fermentations et élevage de 5 mois en cuves d'acier inoxydable thermorégulées ; collage ; pas de filtration

VINS PRODUITS

rouge – Domaine du Hauret Lalande – 13 000 b (pas de second vin) ;
blanc – Domaine du Hauret Lalande – 9 000 b (pas de second vin)
À maturité : rouge – dans les 2 à 8 ans suivant le millésime ;
blanc – dans les 1 à 5 ans suivant le millésime

HAUT-CALENS (GRAVES)

Non classé
Propriétaires : Albert Yung & Fils
Adresse : 10, allée des Aulnes – 33640 Beautiran
Tél. 05 56 67 05 25 – *Fax* 05 56 67 24 91
E-mail : vignobles.albertyung@wanadoo.fr
Visites : du lundi au vendredi (9 h-12 h et 15 h-17 h), fermé en août
Contact : Thierry Yung

VIGNOBLE ET VINIFICATION

Superficie : 11 ha
Encépagement : 50 % cabernet sauvignon, 50 % merlot
Âge moyen des vignes : 20 ans – *Densité de plantation :* 5 000 pieds/ha
Rendement moyen : 55 hl/ha
Élevage : fermentations, avec deux pigeages quotidiens, et cuvaison de 28 jours en cuves d'acier inoxydable thermorégulées ; vieillissement de 24 mois en cuves (élevage en fûts de chêne pour le Château de Pontac) ; collage et filtration

VINS PRODUITS

Château Haut-Calens – 30 000 b ; Château de Pontac – 5 000 b
À maturité : dans les 2 à 5 ans suivant le millésime

HAUT-GARDÈRE (PESSAC-LÉOGNAN)

Non classé
Propriétaires : M. et Mme Lochlann Quinn
Adresse : 124, avenue de Mont-de-Marsan – 33850 Léognan
Tél. 05 56 64 77 86 – *Fax* 05 56 64 18 88
E-mail : fieuzal@terre-net.fr
Site Internet : www.fieuzal.com
Visites : non autorisées
Contact : Brigitte Talon

VIGNOBLE ET VINIFICATION

Superficie : rouge – 28,3 ha ; blanc – 5,7 ha
Encépagement : rouge – 70 % cabernet sauvignon, 26 % merlot, 4 % cabernet franc ; blanc – 50 % sémillon, 50 % sauvignon blanc
Âge moyen des vignes : 30 ans – *Densité de plantation :* 10 000 pieds/ha
Rendement moyen : 45 hl/ha
Élevage : rouge – macération à froid ; fermentations à 27 °C en cuves thermorégulées ; achèvement des malolactiques et vieillissement de 18 à 24 mois en fûts (renouvelés par tiers à chaque millésime) ; collage ; pas de filtration ; blanc – pressurage direct ; fermentations et élevage sur lies de 16 à 18 mois en fûts (neufs pour le sémillon et de 1 an d'âge pour le sauvignon blanc) ; collage ; pas de filtration

VINS PRODUITS

rouge – Château Haut-Gardère – 35 000-40 000 b (pas de second vin) ;
blanc – Château Haut-Gardère – 15 000 b (pas de second vin)

À maturité : rouge – dans les 5 à 12 ans suivant le millésime ;
blanc – dans les 4 à 6 ans suivant le millésime

APPRÉCIATION GÉNÉRALE

Cette propriété est extrêmement bien gérée. Les derniers millésimes révèlent des rouges d'une richesse généreuse, aux notes parfumées de tabac, ainsi que des blancs racés. Le vignoble bénéficie d'une belle situation, sur un tertre graveleux, dans la région de Léognan. Les prix sont encore très raisonnables, certainement parce que la grande qualité des vins de Haut-Gardère n'est pas encore connue. Avant la Seconde Guerre mondiale, le cru, qui jouissait d'une belle réputation, se vendait à des prix comparables à ceux du Domaine de Chevalier, du Château de Fieuzal ou encore de Malartic-Lagravière.

Note : Haut-Gardère appartient au Château de Fieuzal.

HAUT LAGRANGE (PESSAC-LÉOGNAN)

Non classé
Propriétaire : Francis Boutemy
Adresse : 31, route de Loustalade – 33850 Léognan
Tél. 05 56 64 09 93 – *Fax* 05 56 64 10 08
E-mail : contact@hautlagrange.com
Site Internet : www.hautlagrange.com
Visites : sur rendez-vous uniquement, du lundi au vendredi
Contact : Francis Boutemy

VIGNOBLE ET VINIFICATION

Superficie : rouge – 18 ha ; blanc – 1,7 ha
Encépagement : rouge – 55 % cabernet sauvignon, 45 % merlot ;
blanc – 45 % sauvignon blanc, 50 % sémillon, 5 % sauvignon gris
Âge moyen des vignes : 10 ans – *Densité de plantation :* 7 700 pieds/ha
Rendement moyen : rouge – 55 hl/ha ; blanc – 50 hl/ha
Élevage : rouge – fermentations et cuvaison de 20 jours en cuves de béton thermorégulées ; vieillissement de 18 mois en fûts neufs pour 25 % de la récolte, en cuves pour le reste ; collage et filtration ; blanc – fermentations et élevage sur lies de 8 mois en cuves pour 90 % de la récolte, en fûts neufs pour le reste ; pas de collage ; filtration

VINS PRODUITS

rouge – Château Haut Lagrange – 130 000 b (pas de second vin) ;
blanc – Château Haut Lagrange – 11 000 b (pas de second vin)
À maturité : rouge – dans les 2 à 6 ans suivant le millésime ;
blanc – dans les 2 à 4 ans suivant le millésime

HAUT-NOUCHET (PESSAC-LÉOGNAN)

Non classé
Propriétaire : Louis Lurton
Adresse : 33650 Martillac
Tél. 05 56 72 69 74 – *Fax* 05 56 72 56 11
E-mail : chateau-haut-nouchet@wanadoo.fr
Site Internet : www.louis-lurton.fr
Visites : sur rendez-vous uniquement

VIGNOBLE ET VINIFICATION

Superficie : rouge – 28 ha ; blanc – 11 ha
Encépagement : rouge – 72 % cabernet sauvignon, 28 % merlot ; blanc – 78 % sauvignon, 22 % sémillon
Densité de plantation : 6 600 pieds/ha
Âge moyen des vignes : rouge – 10 ans ; blanc – 13 ans
Rendement moyen : rouge – 32 hl/ha ; blanc – 21 hl/ha
Élevage : rouge – fermentations de 21 à 28 jours en cuves d'acier inoxydable ; vieillissement de 16 mois en fûts (renouvelés par tiers à chaque millésime) ; collage ; pas de filtration ; blanc – fermentations en fûts (renouvelés par quart à chaque millésime) ; élevage sur lies de 6 à 8 mois, avec bâtonnages réguliers ; collage et filtration

VINS PRODUITS

rouge – Château Haut-Nouchet – 78 000 b ; Domaine du Milan – 42 000 b ;
blanc – Château Haut-Nouchet – 30 000 b ; Domaine du Milan – variable
À maturité : rouge – dans les 2 à 5 ans suivant le millésime ;
blanc – dans les 2 à 4 ans suivant le millésime

HAUT-VIGNEAU (PESSAC-LÉOGNAN)

Non classé
Propriétaire : Éric Perrin
Adresse : 33850 Léognan
Tél. 05 57 96 56 20 – *Fax* 05 57 96 59 19
E-mail : chateau.carbonnieux@wanadoo.fr
Site Internet : www.carbonnieux.com
Visites : sur rendez-vous uniquement, du lundi au vendredi

VIGNOBLE ET VINIFICATION

Superficie : 20 ha
Encépagement : 70 % cabernet sauvignon, 30 % merlot
Âge moyen des vignes : 15 ans – *Densité de plantation :* 7 200 pieds/ha
Rendement moyen : 50 hl/ha
Élevage : fermentations et cuvaison de 21 jours en cuves d'acier inoxydable thermorégulées ; vieillissement de 15 à 18 mois en fûts (20 % de bois neuf) ; collage et filtration

VIN PRODUIT

Château Haut-Vigneau – 120 000 b (pas de second vin)
À maturité : dans les 2 à 5 ans suivant le millésime

JEAN GERVAIS (GRAVES)

Non classé
Propriétaire : SCEA Counilh et Fils
Adresse : 51-53, route des Graves – 33640 Portets
Tél. 05 56 67 18 61 – *Fax* 05 56 67 32 43
E-mail : counilhetfils@aol.com
Visites : sur rendez-vous uniquement
Contacts : François ou Denis Counilh

VIGNOBLE ET VINIFICATION

Superficie : rouge – 28 ha ; blanc – 13 ha
Encépagement : rouge – 60 % merlot, 40 % cabernet sauvignon ;
blanc – 90 % sémillon, 5 % sauvignon blanc, 5 % muscadelle
Âge moyen des vignes : rouge – 25 ans ; blanc – 35 ans
Densité de plantation : rouge – 6 000 pieds/ha ; blanc – 5 000 pieds/ha
Rendement moyen : rouge – 50 hl/ha ; blanc – 58 hl/ha
Élevage : rouge – fermentations et cuvaison de 12 à 18 jours en cuves rotatives d'acier inoxydable thermorégulées ; vieillissement de 18 mois en cuves revêtues d'Époxy ; collage ; pas de filtration ; blanc – fermentations et élevage sur lies de 9 à 12 mois en cuves rotatives d'acier inoxydable thermorégulées ; collage et filtration

VINS PRODUITS

rouge – Château Jean Gervais – 120 000 b ; Château Tour de Cluchon – 40 000 b ;
blanc – Château Jean Gervais – 60 000 b ; Château Tour de Cluchon – 20 000 b
À maturité : rouge – dans les 2 à 5 ans suivant le millésime ;
blanc – dans les 1 à 4 ans suivant le millésime

LAFARGUE (PESSAC-LÉOGNAN)

Non classé
Propriétaire : Jean-Pierre Leymarie
Adresse : 5, impasse de Domy – 33650 Martillac
Tél. 05 56 72 72 30 – *Fax* 05 56 72 64 61
E-mail : contact@chateau-lafargue.com
Site Internet : www.chateau-lafargue.com
Visites : sur rendez-vous, du lundi au vendredi (8 h-12 h et 14 h-17 h), sauf les jours feriés
Contact : Jean-Pierre Leymarie

VIGNOBLE ET VINIFICATION

Superficie : rouge – 22 ha ; blanc – 2 ha
Encépagement : rouge – 40 % merlot, 40 % cabernet sauvignon, 15 % cabernet franc, 2,5 % malbec, 2,5 % petit verdot ;
blanc – 70 % sauvignon blanc, 30 % sauvignon gris

Âge moyen des vignes : 25 ans – *Densité de plantation :* 6 500 pieds/ha
Rendement moyen : 52 hl/ha
Élevage : rouge – fermentations et cuvaison de 28 à 35 jours en cuves d'acier inoxydable thermorégulées, avec micro-oxygénation des lies ; vieillissement de 12 à 15 mois en fûts (renouvelés par tiers à chaque millésime) ; collage ; filtration non systématique ; blanc – fermentations et élevage sur lies, avec bâtonnages, en fûts (50 % de bois neuf) ; collage et filtration

VINS PRODUITS

rouge – Château Lafargue – 150 000 b (pas de second vin) ;
blanc – Château Lafargue – 9 000 b (pas de second vin)
À maturité : rouge – dans les 2 à 4 ans suivant le millésime ;
blanc – dans les 2 à 6 ans suivant le millésime

LAFONT MENAUT (PESSAC-LÉOGNAN)

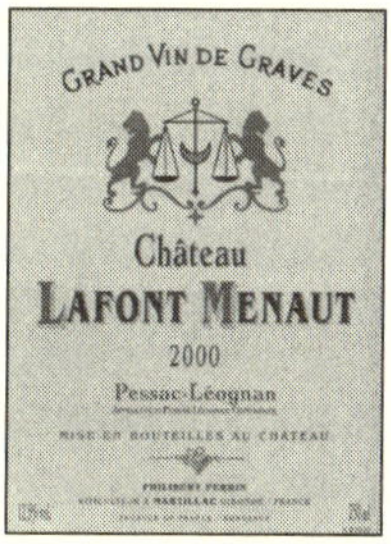

Non classé
Propriétaire : Philibert Perrin
Adresse : 33850 Léognan
Tél. 05 57 96 56 20 – *Fax* 05 57 96 59 19
E-mail : chateau.carbonnieux@wanadoo.fr
Site Internet : www.carbonnieux.com
Visites : sur rendez-vous uniquement,
du lundi au vendredi

VIGNOBLE ET VINIFICATION

Superficie : rouge – 12 ha ; blanc – 3 ha
Encépagement : rouge – 60 % cabernet sauvignon, 40 % merlot ;
blanc – 80 % sauvignon, 20 % sémillon
Âge moyen des vignes : 12 ans – *Densité de plantation :* 7 200 pieds/ha
Rendement moyen : 50 hl/ha
Élevage : rouge – fermentations et cuvaison de 21 jours en cuves d'acier inoxydable thermorégulées ; vieillissement de 15 à 18 mois en fûts (20-25 % de bois neuf) ; collage et filtration ; blanc – débourbage par le froid ; fermentations et élevage de 10 mois en fûts (20 % de bois neuf) ; collage et filtration

VINS PRODUITS

rouge – Château Lafont Menaut – 70 000 b (pas de second vin) ;
blanc – Château Lafont Menaut – 20 000 b (pas de second vin)
À maturité : rouge – dans les 2 à 8 ans suivant le millésime ;
blanc – dans les 2 à 6 ans suivant le millésime

LAMOUROUX (GRAVES)

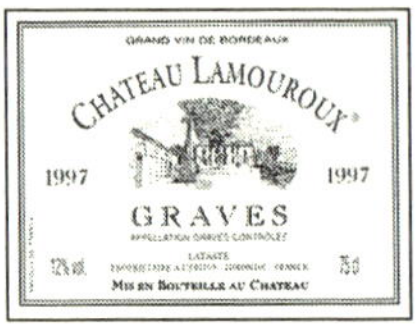

Non classé
Propriétaire : Olivier Lataste
Adresse : Grand Enclos du Château de Cérons – Place du Général-de-Gaulle – 33720 Cérons
Tél. 05 56 27 01 53 – *Fax* 05 56 27 08 86
E-mail : grand.enclos.cerons@wanadoo.fr
Visites : sur rendez-vous uniquement
Contact : Delphine Descat

VIGNOBLE ET VINIFICATION

Superficie : rouge – 2 ha ; blanc – 24 ha
Encépagement : rouge – 50 % cabernet sauvignon, 50 % merlot ; blanc – 60 % sémillon, 40 % sauvignon
Densité de plantation : 6 000 pieds/ha
Âge moyen des vignes : rouge – 20 ans ; blanc – 30 ans
Rendement moyen : rouge – 45 hl/ha ; blanc – 40 hl/ha
Élevage : rouge – fermentations de 15 à 20 jours et vieillissement de 16 mois en fûts (de 2 et 3 ans d'âge) ; collage et filtration ; blanc – fermentations et élevage de 18 mois en fûts (renouvelés par tiers à chaque millésime) ; collage et filtration

VINS PRODUITS

rouge – Château Lamouroux – 12 000 b (pas de second vin) ;
blanc – Grand Enclos du Château de Cérons – 12 000 b ; Château Lamouroux – 60 000 b
À maturité : rouge – dans les 3 à 12 ans suivant le millésime ;
blanc – dans les 2 à 10 ans suivant le millésime

LESPAULT (PESSAC-LÉOGNAN)

Non classé
Propriétaire : SC Bolleau
Adresse : 33650 Martillac
Adresse postale : SCF Domaines Kressmann chemin Latour – 33650 Martillac
Tél. 05 57 97 71 11 – *Fax* 05 57 97 71 17
E-mail : lespault@domaines-kressmann.com
Site Internet : www.domaines-kressmann.com
Visites : non autorisées
Contact : Tristan Kressmann

VIGNOBLE ET VINIFICATION

Superficie : rouge – 5 ha ; blanc – 1 ha
Encépagement : rouge – 75 % merlot, 20 % cabernet sauvignon, 5 % malbec ; blanc – 100 % sauvignon blanc
Âge moyen des vignes : rouge – 40 ans ; blanc – 35 ans
Densité de plantation : 7 200 pieds/ha
Rendement moyen : rouge – 45 hl/ha ; blanc – 50 hl/ha

Élevage : rouge – fermentations et cuvaison de 21 à 28 jours en cuves d'acier inoxydable thermorégulées ; vieillissement de 16 mois en fûts (20 % de bois neuf) ; collage et filtration ; blanc – pressurage lent ; fermentations et élevage sur lies de 8 mois en fûts (25 % de bois neuf) ; collage et filtration

VINS PRODUITS

rouge – Château Lespault – 30 000 b (pas de second vin) ;
blanc – Château Lespault – 5 000 b (pas de second vin)
À maturité : rouge – dans les 2 à 6 ans suivant le millésime ;
blanc – dans les 2 à 4 ans suivant le millésime

MAGENCE (GRAVES)

Non classé
Propriétaire : famille d'Antras-Guillot de Suduiraut
Adresse : 33210 Saint-Pierre-de-Mons
Tél. 05 56 63 07 05 ou 06 86 86 07 05
Fax 05 56 63 41 42
E-mail : magence@magence.com
Site Internet : www.magence.com
Visites : du lundi au vendredi (9 h-11 h et 14 h-16 h), sur rendez-vous le week-end
Contact : comte Jacques d'Antras

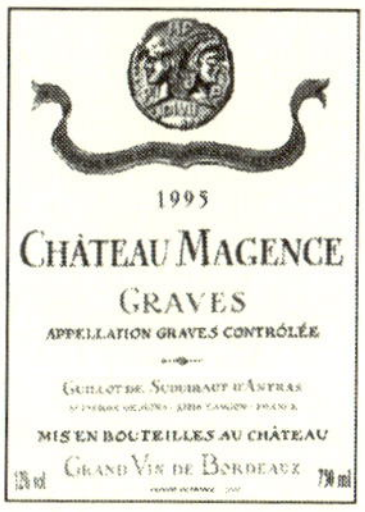

VIGNOBLE ET VINIFICATION

Superficie : rouge – 26 ha ; blanc – 11 ha
Encépagement : rouge – 44 % cabernet sauvignon, 43 % merlot, 13 % cabernet franc ; blanc – 50 % sauvignon ; 50 % sémillon
Âge moyen des vignes : 28 ans
Densité de plantation : 3 500 et 5 500 pieds/ha
Rendement moyen : rouge – 52 hl/ha ; blanc – 45 hl/ha
Élevage : rouge – fermentations et cuvaison 20 à 30 jours en cuves d'acier inoxydable thermorégulées ; vieillissement de 18 mois en cuves d'acier inoxydable pour la cuvée générique, en fûts (renouvelés par moitié à chaque millésime) pour la cuvée spéciale ; collage ; filtration si nécessaire ; blanc – fermentations et élevage de 8 mois sur lies en cuves d'acier inoxydable ; aucune précision quant au collage et à la filtration

VINS PRODUITS

rouge – Château Magence (générique et vieilli en fûts) – 115 000 b ; Château Brannens – 20 000 b ; blanc – Château Magence – 25 000 b (pas de second vin)
À maturité : rouge et blanc – dans les 2 à 10 ans suivant le millésime

DE MAUVES (GRAVES)

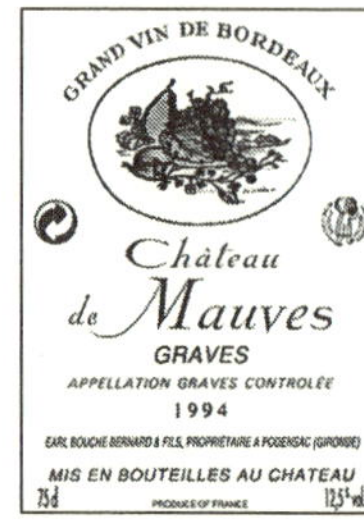

Non classé
Propriétaires : Bernard Bouche & Fils
Adresse : 25, rue François-Mauriac – 33720 Podensac
Adresse postale : BP 60 – 33720 Podensac
Tél. 05 56 27 17 05 – *Fax* 05 56 27 24 19
E-mail : chateaudemauves@wanadoo.fr
Visites : sur rendez-vous
Contacts : Bernard, Dominique ou Michel Bouche

VIGNOBLE ET VINIFICATION

Superficie : rouge – 29 ha ; blanc – 1 ha
Encépagement : rouge – 70 % cabernet sauvignon, 30 % merlot ; blanc – 100 % sémillon
Âge moyen des vignes : 20 ans – *Densité de plantation :* 5 000 pieds/ha
Rendement moyen : 55 hl/ha
Élevage : rouge – fermentations et cuvaison de 20 à 25 jours en cuves de béton et d'acier inoxydable thermorégulées ; vieillissement de 18 à 24 mois en cuves ; collage et filtration ; blanc – fermentations à basses températures et élevage de 5 mois en cuves d'acier inoxydable ; collage et filtration

VINS PRODUITS

rouge – Château de Mauves – 100 000 b (pas de second vin) ;
blanc – Château de Mauves – 6 000 b (pas de second vin)
À maturité : rouge – dans les 4 à 10 ans suivant le millésime ;
blanc – dans les 2 à 6 ans suivant le millésime

DU MOURET (GRAVES)

Non classé
Propriétaire : famille Médeville
Adresse : 33410 Roaillan
Adresse postale : Jean Médeville et Fils
Château Fayau – 33410 Cadillac
Tél. 05 57 98 08 08 – *Fax* 05 56 62 18 22
E-mail : medeville-jeanetfils@wanadoo.fr
Site Internet : www.medeville.com
Visites : tous les jours, sur rendez-vous uniquement
Contact : Jacques Médeville

VIGNOBLE ET VINIFICATION

Superficie : rouge – 9 ha ; blanc – 4 ha
Encépagement : rouge – 50 % cabernet sauvignon, 45 % merlot, 5 % cabernet franc ; blanc – 60 % sauvignon blanc, 40 % sémillon
Âge moyen des vignes : rouge – 35 ans ; blanc – 15 ans
Densité de plantation : 3 000-5 000 pieds/ha
Rendement moyen : rouge – 45 hl/ha ; blanc – 45-50 hl/ha
Élevage : rouge – fermentations et cuvaison de 15 à 20 jours en cuves de béton thermorégulées ; vieillissement de 24 mois en cuves ; collage ; pas de filtration ;

blanc – stabilisation par le froid ; fermentations à basses températures de 8 à 10 jours et élevage sur lies de 6 mois en cuves ; collage ; pas de filtration

VINS PRODUITS

rouge – Château du Mouret – 60 000 b (pas de second vin) ;
blanc – Château du Mouret – 3 000 b (pas de second vin)
À maturité : rouge – dans les 4 à 12 ans suivant le millésime ;
blanc – dans les 2 à 8 ans suivant le millésime

LE PAPE (PESSAC-LÉOGNAN)

Non classé
Propriétaire : Patrick Monjanel
Adresse : 34, chemin Le-Pape – 33850 Léognan
Tél. 05 56 64 10 90 – *Fax* 05 56 64 17 78
E-mail : pmonjanel@chateaulepape.com
Site Internet : www.chateaulepape.com
Visites : tous les jours, sur rendez-vous uniquement
Contact : Patrick Monjanel

VIGNOBLE ET VINIFICATION

Superficie : 6 ha
Encépagement : 70 % merlot ; 30 % cabernet sauvignon
Âge moyen des vignes : 35-40 ans – *Densité de plantation :* 5 000 pieds/ha
Rendement moyen : 50 hl/ha
Élevage : macération préfermentaire à froid ; fermentations et cuvaison en cuves de béton thermorégulées de petite contenance ; vieillissement en fûts (50 % de bois neuf) ; ni collage ni filtration

VINS PRODUITS

Château Le Pape – 15 000 b ; L'Émule du Pape – 15 000 b
À maturité : dans les 2 à 6 ans suivant le millésime

PÉRIN DE NAUDINE (GRAVES)

Non classé
Propriétaire : Olivier Colas
Adresse : 8, impasse des Domaines
33640 Castres-Gironde
Tél. 05 56 67 06 65 – *Fax* 05 56 67 59 68
E-mail : chateauperin@wanadoo.fr
Site Internet : www.chateauperin.fr
Visites : sur rendez-vous uniquement
Contact : Olivier Colas

VIGNOBLE ET VINIFICATION

Superficie : rouge – 9 ha ; blanc – 3 ha
Encépagement : rouge – 66 % merlot, 23 % cabernet sauvignon, 11 % cabernet franc ; blanc – 80 % sémillon, 20 % sauvignon blanc
Âge moyen des vignes : rouge – 20 ans ; blanc – 28 ans

Densité de plantation : 5 700 pieds/ha
Rendement moyen : 58 hl/ha
Élevage : rouge – fermentations et cuvaison de 21 jours en cuves thermorégulées ; achèvement des malolactiques en fûts pour 10 % de la récolte ; vieillissement de 12 mois en fûts (33 % de bois neuf) ; collage ; pas de filtration ; blanc – fermentations et élevage sur lies de 9 mois en fûts (50 % de bois neuf) ; collage ; pas de filtration

VINS PRODUITS

rouge – Château Périn de Naudine – 50 000 b ; Les Sphinx de Naudine – 10 000 b ;
blanc – Château Périn de Naudine – 10 000 b (pas de second vin)
À maturité : rouge – dans les 4 à 8 ans suivant le millésime ;
blanc – dans les 2 à 4 ans suivant le millésime

PESSAN (GRAVES)

Non classé
Propriétaires : Comtes de Bournazel
Adresse : 1, rue des Tourneliers – 33640 Portets
Tél. 05 56 67 15 79 – *Fax* 05 56 76 82 40
E-mail : chateau-pessan@wanadoo.fr
Visites : non autorisées
Contact : Paul-Henry de Bournazel

VIGNOBLE ET VINIFICATION

Superficie : 7 ha
Encépagement : 50 % cabernet sauvignon, 50 % merlot
Âge moyen des vignes : 20 ans – *Densité de plantation :* 6 600 pieds/ha
Rendement moyen : 55 hl/ha
Élevage : fermentations et cuvaison, avec fréquents remontages, en cuves thermorégulées ; vieillissement de 12 mois en fûts (50 % de bois neuf) ; collage et filtration

VIN PRODUIT

Château Pessan – 25 000 b (pas de second vin)
À maturité : dans les 4 à 6 ans suivant le millésime

Note : cette propriété a été rachetée récemment par le Château de Malle. Le 2002 est le premier millésime vinifié sous la houlette des nouveaux maîtres des lieux. C'est un cru à suivre de près, car des améliorations sont, semble-t-il, à prévoir.

PEYREBLANQUE (GRAVES)

Non classé
Propriétaire : famille Médeville
Adresse : 33410 Roaillan
Adresse postale : Jean Médeville et Fils
Château Fayau – 33410 Cadillac
Tél. 05 57 98 08 08 – *Fax* 05 56 62 18 22
E-mail : medeville-jeanetfils@wanadoo.fr
Site Internet : www.medeville.com
Visites : tous les jours, sur rendez-vous uniquement
Contact : Jacques Médeville

VIGNOBLE ET VINIFICATION

Superficie : rouge – 7 ha ; blanc – 1 ha
Encépagement : rouge – 70 % cabernet sauvignon, 30 % merlot ; blanc – 80 % muscadelle, 20 % sauvignon blanc
Âge moyen des vignes : rouge – 12 ans ; blanc – 12 ans
Densité de plantation : 5 000 pieds/ha
Rendement moyen : rouge – 50 hl/ha ; blanc – 52 hl/ha
Élevage : rouge – fermentations et cuvaison de 19 à 25 jours en cuves de béton thermorégulées ; vieillissement de 10 à 15 mois en fûts de chêne ; collage ; pas de filtration ; blanc – stabilisation par le froid sur 5 jours ; fermentations à basses températures et élevage sur lies pendant 10 mois, avec bâtonnages hebdomadaires ; collage ; pas de filtration

VINS PRODUITS

rouge – Château Peyreblanque – 40 000 b (pas de second vin) ;
blanc – Château Peyreblanque – 6 000 b (pas de second vin)
À maturité : rouge et blanc – dans les 2 à 5 ans suivant le millésime

PIRON (GRAVES)

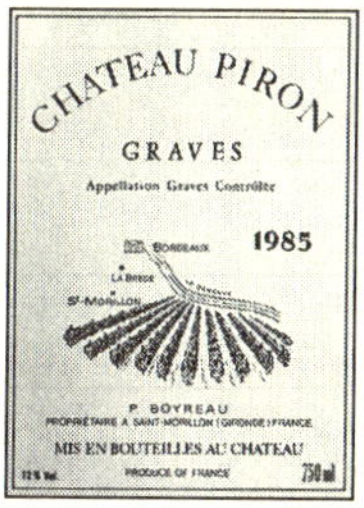

Non classé
Propriétaire : famille Boyreau
Administrateur : Lionel Boyreau
Adresse : 33650 Saint-Morillon
Tél. 05 56 20 22 94 – *Fax* 05 56 78 48 36
E-mail : muriel.boyreau@chateau-piron.com
Site Internet : chateau-piron.com
Visites : tous les jours, dimanche sur rendez-vous
Contact : Lionel Boyreau

VIGNOBLE ET VINIFICATION

Superficie : rouge – 8 ha ; blanc – 12 ha
Encépagement : rouge – 50 % cabernet sauvignon, 50 % merlot ; blanc – 50 % sauvignon blanc, 50 % sémillon
Âge moyen des vignes : 30 ans
Densité de plantation : 5 000 pieds/ha
Rendement moyen : 50 hl/ha

Élevage : rouge – fermentations et cuvaison en cuves d'acier inoxydable thermorégulées ; vieillissement de 12 à 18 mois en fûts ; collage non systématique ; filtration ; blanc – fermentations et élevage de 6 mois en cuves pour une partie de la récolte, en fûts pour le reste ; pas de collage ; filtration

VINS PRODUITS

rouge – Château Piron et Château Coureau – 25 000-30 000 b ;
blanc – Château Piron et Château Coureau – 25 000-30 000 b
À maturité : rouge et blanc – dans les 2 à 6 ans suivant le millésime

PONTAC MONPLAISIR (PESSAC-LÉOGNAN)

Non classé
Propriétaires : Jean et Alain Maufras
Adresse : 33140 Villenave-d'Ornon
Tél. 05 56 87 08 21 – *Fax* 05 56 87 35 10
Visites : sur rendez-vous uniquement
Contact : Alain Maufras

VIGNOBLE ET VINIFICATION

Superficie : 16 ha
Encépagement : rouge – 60 % merlot, 40 % cabernet sauvignon ; blanc – 55 % sauvignon blanc, 45 % sémillon
Âge moyen des vignes : 30 ans – Densité de plantation : 6 000 pieds/ha
Rendement moyen : 58 hl/ha
Élevage : rouge – fermentations et cuvaison en cuves d'acier inoxydable thermorégulées revêtues d'Époxy ; vieillissement de 14 à 16 mois en fûts (30 % de bois neuf) ; ni collage ni filtration ; blanc – fermentations et élevage de 10 mois en fûts (40 % de bois neuf) ; ni collage ni filtration

VINS PRODUITS

rouge – Château Pontac Monplaisir – 70 000 b ; Château Limbourg – 8 000-10 000 b ;
blanc – Château Pontac Monplaisir – 25 000 b
À maturité : rouge – dans les 4 à 6 ans suivant le millésime ;
blanc – dans les 2 à 4 ans suivant le millésime

APPRÉCIATION GÉNÉRALE

Le vignoble de Pontac Monplaisir se situe à proximité de celui de Baret, sur des sols légers, graveleux et sableux. Le blanc qui en est issu se présente comme un Graves classique, aux arômes intenses et prononcés d'herbes et de minéral. Moyennement corsé et regorgeant de fruit, il pourrait même se révéler trop herbacé au nez, au goût de certains. Il ne peut pas être conservé longuement et doit le plus souvent être dégusté avant d'avoir atteint 2 ou 3 ans d'âge. Le rouge est moins intéressant – il est généralement sans détour, plutôt léger, mais savoureux et correctement vinifié.

POUMEY (PESSAC-LÉOGNAN)

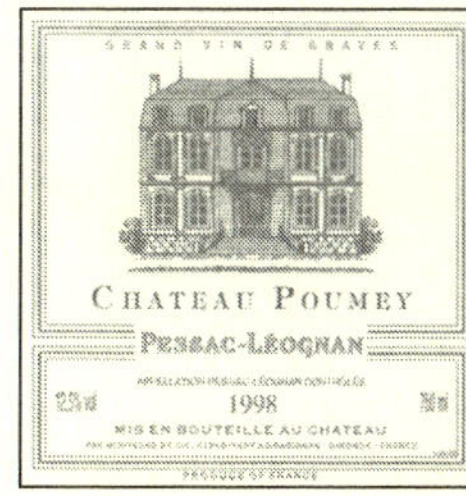

Non classé
Propriétaire : Bernard Magrez
Exploitant : Château Pape Clément
Adresse : rue du Professeur-Bernard – 33190 Gradignan
Adresse postale : Château Pape Clément
216, avenue du Docteur-Nancel-Pénard
BP 164 – 33600 Pessac Cedex
Tél. 05 57 26 38 34 – *Fax* 05 57 28 38 39
E-mail : chateau@pape-clement.com
Site Internet : www.pape-clement.com
Visites : sur rendez-vous uniquement
Contact : M. Labrousse

VIGNOBLE ET VINIFICATION

Superficie : 8 ha
Encépagement : 60 % cabernet sauvignon, 40 % merlot
Âge moyen des vignes : 20 ans – Densité de plantation : 7 500 pieds/ha
Rendement moyen : 39 hl/ha
Élevage : fermentations et cuvaison en cuves thermorégulées d'acier inoxydable ; achèvement des malolactiques et vieillissement de 18 à 20 mois en fûts (75 % de bois neuf) ; ni collage ni filtration

VIN PRODUIT

Château Poumey – 20 000 b (pas de second vin)
À maturité : dans les 5 à 12 ans suivant le millésime

2001 85 — Un doux bouquet de fleurs, de terre fraîchement remuée, de cassis et de chocolat annonce ce vin charmeur, savoureux et vif, qui pèche seulement par sa finale courte. **À boire dans les 3 à 4 ans.** (1/03)

2000 87 — D'un rubis-pourpre dense, doté de délicieuses notes de prune, d'anis et de tabac, le 2000 est moyennement corsé, élégant et souple, avec une finale modérément persistante, marquée d'un fruité et d'un gras généreux. **À boire dans les 4 à 6 ans.** (1/03)

RAHOUL (GRAVES)

Non classé
Propriétaire : Alain Thienot
Adresse : 4, route du Courneau – 33640 Portets
Tél. 05 57 97 73 33 – *Fax* 05 57 97 73 36
E-mail : chateau-rahoul@thienot.com
Visites : sur rendez-vous uniquement, du lundi au samedi
Contact : Nathalie Schwartz

VIGNOBLE ET VINIFICATION

Superficie : rouge – 39 ha ; blanc – 3 ha
Encépagement : rouge – 70 % merlot, 30 % cabernet sauvignon ; blanc – 70 % sémillon, 30 % sauvignon blanc

Âge moyen des vignes : rouge – 30 ans ; blanc – 35 ans
Densité de plantation : 6 000 pieds/ha
Rendement moyen : rouge – 48 hl/ha ; blanc – 30 hl/ha
Élevage : rouge – fermentations et cuvaison de 20 jours en cuves d'acier inoxydable thermorégulées ; vieillissement de 12 mois en fûts (renouvelés par tiers à chaque millésime) ; collage et filtration ; blanc – fermentations et élevage sur lies de 6 mois en fûts (renouvelés par moitié à chaque millésime) ; collage et filtration

VINS PRODUITS

rouge – Château Rahoul – 90 000 b ; La Garance – 70 000 b ;
blanc – Château Rahoul – 6 000 b ; La Garance – 6 000 b
À maturité : rouge – dans les 5 à 14 ans suivant le millésime ;
blanc – dans les 3 à 6 ans suivant le millésime

APPRÉCIATION GÉNÉRALE

Cette propriété, qui se trouve près du bourg de Portets, est très estimée dans certains cercles, mais, personnellement, et jusqu'à ce jour, j'ai trouvé les vins un peu trop boisés et légèrement dépourvus d'équilibre. Cependant, les vignes sont encore jeunes, et il n'est pas impossible qu'en vieillissant elles donnent un vin au fruité suffisamment concentré pour faire pièce au bois. Il reste que les amateurs de crus bien marqués par le chêne apprécieront le Rahoul davantage que moi.
En 1991, la propriété fut vendue à Alain Thienot, un riche propriétaire champenois.

DE ROCHEMORIN (PESSAC-LÉOGNAN)

Non classé
Propriétaire : André Lurton
Adresse : 33850 Martillac
Adresse postale : Vignobles André Lurton
Château Bonnet – 33420 Grézillac
Tél. 05 57 25 58 58 – *Fax* 05 57 74 98 59
E-mail : andrelurton@andrelurton.com
Site Internet : www.andrelurton.com
Visites : non autorisées
Contact : Véronique Bouffard

VIGNOBLE ET VINIFICATION

Superficie : rouge – 53 ha ; blanc – 12 ha
Encépagement : rouge – 60 % cabernet sauvignon, 40 % merlot ;
blanc – 90 % sauvignon blanc, 10 % sémillon
Âge moyen des vignes : 15-18 ans – *Densité de plantation :* 6 500-8 500 pieds/ha
Rendement moyen : 50 hl/ha
Élevage : rouge – fermentations et cuvaison de 21 jours en cuves d'acier inoxydable thermorégulées ; vieillissement de 12 mois en fûts (25-30 % de bois neuf), avec soutirages trimestriels ; collage et filtration ; blanc – débourbage par le froid ; fermentations de 10 à 15 jours à 18-23 °C et élevage sur lies de 9 mois en fûts (30-50 % de bois neuf), avec bâtonnages réguliers ; collage et filtration

VINS PRODUITS

rouge – Château de Rochemorin – 180 000 b (pas de second vin) ;
blanc – Château de Rochemorin – 45 000 b (pas de second vin)
À maturité : rouge – dans les 3 à 8 ans suivant le millésime ;
blanc – dans les 2 à 5 ans suivant le millésime

Cette propriété, l'une des étoiles montantes de la région, se trouve dans la commune de Martillac ; son nom vient, semble-t-il, de l'expression arabe désignant une place fortifiée. Beaucoup de bons connaisseurs des Graves estiment que ce vignoble est l'un des mieux situés de l'appellation, puisqu'il est implanté sur des terrains assez élevés et excellemment drainés. Les vignes y sont encore relativement jeunes, car André Lurton, dynamique bâtisseur d'un empire viticole dans la région de Pessac-Léognan et dans l'Entre-Deux-Mers, qui a acquis le domaine en 1973, l'a complètement replanté (auparavant, le vignoble était encombré de grands arbres).

2000 Ce vin élégant et suave développe avec grâce des arômes de cigare, de tabac,
88 de groseille et de vanille. D'un rubis-prune soutenu, il est moyennement corsé, extraordinaire de pureté, avec des tannins souples et une finale aussi opulente que concentrée. **À boire dans les 8 ans.** (1/03)

DE ROUILLAC (PESSAC-LÉOGNAN)

Non classé
Propriétaires : Marie-Claude et Jean-Paul Lafragette
Adresse : 33610 Canéjan
Tél. 05 57 12 43 53 – *Fax* 05 57 12 43 56
E-mail : loudenne@lafragette.com
Site Internet : www.lafragette.com
Visites : du lundi au vendredi (9 h-12 h 30 et 14 h-18 h)
Contact : Florence Lafragette

VIGNOBLE ET VINIFICATION

Superficie : 17 ha
Encépagement : 60 % cabernet sauvignon, 40 % merlot
Âge moyen des vignes : 30 ans – *Densité de plantation :* 6 500 et 10 000 pieds/ha
Rendement moyen : 55 hl/ha
Élevage : fermentations et cuvaison de 20 à 25 jours en cuves de bois thermorégulées, avec pigeages et remontages ; achèvement des malolactiques et vieillissement de 14 à 16 mois en fûts (70 % de bois neuf et 30 % de fûts de 1 an d'âge) ; collage et filtration non systématiques

VINS PRODUITS

Château de Rouillac – 40 000 b ; Moulin de Rouillac – variable
À maturité : dans les 3 à 10 ans suivant le millésime

SAINT-JEAN-DES-GRAVES (GRAVES)

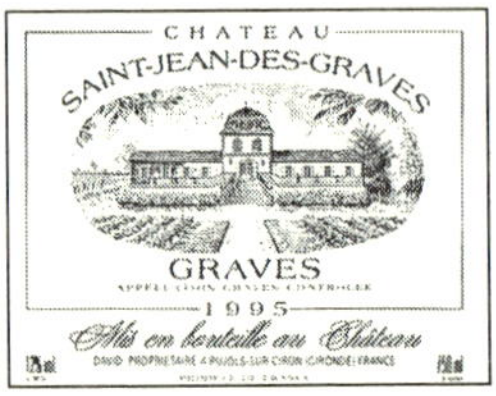

Non classé
Propriétaire : Jean-Gérard David
Adresse : 33210 Pujols-sur-Ciron
Adresse postale : Château Liot – 33720 Barsac
Tél. 05 56 27 15 31 – *Fax* 05 56 27 14 42
E-mail : chateau.liot@wanadoo.fr
Site Internet : www.chateauliot.com
Visites : sur rendez-vous uniquement,
du lundi au jeudi (9 h-12 h et 14 h-17 h) et le vendredi (9 h-12 h)
Contact : Jean-Gérard David

VIGNOBLE ET VINIFICATION

Superficie : rouge – 12 ha ; blanc – 8 ha
Encépagement : rouge – 70 % merlot, 30 % cabernet franc ;
blanc – 70 % sauvignon blanc, 30 % sémillon
Âge moyen des vignes : rouge – 20 ans ; blanc – 15 ans
Densité de plantation : 5 500 pieds/ha
Rendement moyen : 50 hl/ha
Élevage : rouge – fermentations et cuvaison de 20 à 25 jours ; vieillissement de 18 mois par rotation, en cuves et en fûts ; collage et filtration ;
blanc – macération pelliculaire ; fermentations de 10 jours et élevage de 9 mois sur lies en cuves ; pas de collage ; filtration

VINS PRODUITS

rouge – Château Saint-Jean-des-Graves – 55 000 b ; Château Pinsas – 35 000 b ;
blanc – Château Saint-Jean-des-Graves – 45 000 b (pas de second vin)
À maturité : rouge – dans les 2 à 7 ans suivant le millésime ;
blanc – dans les 2 à 6 ans suivant le millésime

SAINT-ROBERT (GRAVES)

Non classé
Propriétaire : Foncier Vignobles
Adresse : 33210 Pujols-sur-Ciron
Tél. 05 56 63 27 66 – *Fax* 05 56 76 87 03
E-mail : bastor@bastor-lamontagne.com
Visites : sur rendez-vous uniquement
Contact : Michel Garat

VIGNOBLE ET VINIFICATION

Superficie : rouge – 28 ha ; blanc – 6 ha
Encépagement : rouge – 55 % merlot, 25 % cabernet sauvignon, 20 % cabernet franc ; blanc – 60 % sauvignon blanc, 40 % sémillon
Âge moyen des vignes : rouge – 22 ans ; blanc – 12 ans
Densité de plantation : 7 000 pieds/ha
Rendement moyen : rouge – 45 hl/ha ; blanc – 40 hl/ha
Élevage : rouge – fermentations et cuvaison de 21 jours en cuves d'acier inoxydable thermorégulées ; vieillissement de 13 à 15 mois en fûts (20 % de bois neuf pour la cuvée générique, 100 % pour la cuvée Poncet-Deville) ; collage et filtration ; blanc – fermentations et élevage de 8 mois en fûts (33 % de bois neuf) ; collage et filtration

VINS PRODUITS

rouge – Château Saint-Robert et Cuvée Poncet-Deville – 120 000 b ;
blanc – Château Saint-Robert – 32 000 b (pas de second vin)
À maturité : rouge – dans les 4 à 8 ans suivant le millésime ;
blanc – dans les 2 à 4 ans suivant le millésime

LE SARTRE (PESSAC-LÉOGNAN)

Non classé
Propriétaire : Marie-José Lerichc
Adresse : 33850 Léognan
Tél. 05 57 96 56 20 – *Fax* 05 57 96 59 19
E-mail : chateau.carbonnieux@wanadoo.fr
Site Internet : www.carbonnieux.com
Visites : sur rendez-vous uniquement,
du lundi au vendredi

VIGNOBLE ET VINIFICATION

Superficie : rouge – 18 ha ; blanc – 7 ha
Encépagement : rouge – 65 % cabernet sauvignon, 35 % merlot ;
blanc – 70 % sauvignon, 30 % sémillon
Âge moyen des vignes : 20 ans – *Densité de plantation :* 7 200 pieds/ha
Rendement moyen : 50 hl/ha
Élevage : rouge – fermentations et cuvaison de 21 jours en cuves d'acier inoxydable thermorégulées ; vieillissement de 15 à 18 mois en fûts (15-20 % de bois neuf) ; collage et filtration ; blanc – débourbage par le froid ; fermentations et élevage de 10 mois en fûts (20 % de bois neuf) ; collage et filtration

VINS PRODUITS

rouge – Château Le Sartre – 120 000 b (pas de second vin) ;
blanc – Château Le Sartre – 35 000 b (pas de second vin)
À maturité : rouge – dans les 2 à 8 ans suivant le millésime ;
blanc – dans les 2 à 5 ans suivant le millésime

LA SÉRÉNITÉ DE POUMEY (PESSAC-LÉOGNAN)

Non classé
Propriétaire : Bernard Magrez
Exploitant : Château Pape Clément
Adresse : rue du Professeur-Bernard – 33190 Gradignan
Adresse postale : Château Pape Clément
216, avenue du Docteur-Nancel-Pénard
BP 164 – 33600 Pessac Cedex
Tél. 05 57 26 38 34 – *Fax* 05 57 28 38 39
E-mail : chateau@pape-clement.com
Site Internet : www.pape-clement.com
Visites : sur rendez-vous uniquement
Contact : Éric Larramona

VIGNOBLE ET VINIFICATION

Superficie : 2 ha
Encépagement : 62 % merlot, 38 % cabernet sauvignon
Âge moyen des vignes : 20 ans – Densité de plantation : 7 500 pieds/ha
Rendement moyen : 39 hl/ha
Élevage : égrappage manuel ; fermentations en cuves d'acier inoxydable thermorégulées, avec pigeages (quatre pigeages quotidiens jusqu'à la densité de 1 000, puis deux pigeages quotidiens jusqu'à la fin des fermentations) ; achèvement des malolactiques et vieillissement de 18 à 20 mois en fûts (75 % de bois neuf) ; pas de collage ; filtration

VIN PRODUIT

La Sérénité de Poumey – 6 000 b (pas de second vin)
À maturité : dans les 4 à 15 ans suivant le millésime

APPRÉCIATION GÉNÉRALE

Cette cuvée prestige du Château Poumey, produite à hauteur de 6 000 bouteilles, bénéficie des conseils du célèbre Michel Rolland, auquel Bernard Magrez a fait appel pour les vinifications. Le 2001 marque les débuts de ce cru.

2001
90
La cuvée prestige de Poumey est issue d'une parcelle de 2 ha complantée, pour ce millésime, à 62 % en cabernet sauvignon et pour le reste en merlot, et de faibles rendements de 25 hl/ha. Elle a vieilli entièrement en fûts de chêne neuf. Le 2001, qui arbore un pourpre dense, déploie des arômes de graphite, de prune, de cassis, de fumé et de tabac préludant à un ensemble séduisant, merveilleusement opulent, très dense, fortement marqué par la mâche et par un gras généreux. La finale de ce vin est pure, malgré sa concentration et son caractère charnu. Une révélation du millésime, incontestablement digne de l'intérêt des amateurs. **À boire jusqu'en 2014.** (1/03)

DOMAINE DE LA SOLITUDE (PESSAC-LÉOGNAN)

Non classé
Propriétaire : communauté religieuse de la Sainte-Famille
Exploitant : SC Domaine de Chevalier, famille Bernard
Adresse : 33650 Martillac
Adresse postale : Domaine de Chevalier – 33650 Martillac
Tél. 05 56 72 74 74 – *Fax* 05 56 72 52 00
E-mail : olivierbernard@domainedelasolitude.com
Site Internet : domainedelasolitude.com
Visites : sur rendez-vous uniquement
Contact : Évelyne Brel

VIGNOBLE ET VINIFICATION

Superficie : rouge – 20 ha ; blanc – 5 ha
Encépagement : rouge – 40 % merlot, 30 % cabernet franc, 25 % cabernet sauvignon, 5 % malbec ; blanc – 50 % sémillon, 50 % sauvignon
Âge moyen des vignes : 30 ans – *Densité de plantation :* 5 500 pieds/ha
Rendement moyen : rouge – 43 hl/ha ; blanc – 35 hl/ha

Élevage : rouge – fermentations de 21 jours, à 30 °C maximum, en cuves thermorégulées ; vieillissement de 15 mois en fûts (pas de bois neuf) ; collage et filtration ; blanc – fermentations et élevage sur lies de 14 mois en fûts (15 % de bois neuf) ; collage et filtration

VINS PRODUITS

rouge – Domaine de la Solitude – 60 000 b (pas de second vin) ;
blanc – Domaine de la Solitude – 18 000 b (pas de second vin)
À maturité : rouge – dans les 2 à 5 ans suivant le millésime ;
blanc – dans les 1 à 4 ans suivant le millésisme

LE THIL COMTE CLARY (PESSAC-LÉOGNAN)

Non classé
Propriétaire : GFA Le Thil – Jean de Laitre
Adresse : 33850 Léognan
Tél. 05 56 30 01 02 – *Fax* 05 56 30 04 32
E-mail : jean-de-laitre@chateau-le-thil.com
Site Internet : www.chateau-le-thil.com
Visites : sur rendez-vous uniquement
Contact : Jean de Laitre

VIGNOBLE ET VINIFICATION

Superficie : rouge – 8,52 ha ; blanc – 3,08 ha
Encépagement : rouge – 70 % merlot, 30 % cabernet sauvignon ;
blanc – 50 % sauvignon blanc, 50 % sémillon
Âge moyen des vignes : 10 ans – *Densité de plantation :* 6 700 pieds/ha
Rendement moyen : 55 hl/ha
Élevage : rouge – fermentations à 27-31 °C et cuvaison de 28 jours en cuves d'acier inoxydable thermorégulées, avec remontages ; malolactiques à 20 °C ; vieillissement de 12 mois en fûts (20 % de bois neuf) ; ni collage ni filtration ; blanc – débourbage par le froid sur 2 jours à 10 °C ; fermentations et élevage sur lies de 9 mois en fûts (100 % de bois neuf), avec bâtonnages réguliers ; collage ; filtration légère

VINS PRODUITS

rouge – Château Le Thil Comte Clary – 40 000 b ; Reflets du Château Le Thil Comte Clary – 20 000 b ;
blanc – Château Le Thil Comte Clary – 20 000 b (pas de second vin)
À maturité : rouge – dans les 4 à 8 ans suivant le millésime ;
blanc – dans les 2 à 6 ans suivant le millésime

LA TOUR DE BOYRIN (GRAVES)

Non classé
Propriétaire : Jacques Goua
Adresse : 41, cours du Maréchal-de-Lattre-de-Tassigny – 33210 Langon
Tél. et *fax* 05 56 63 18 62
Visites : sur rendez-vous uniquement
Contact : Jacques Goua

VIGNOBLE ET VINIFICATION

Superficie : rouge – 12 ha ; blanc – 8 ha
Encépagement : rouge – 60 % cabernet sauvignon, 35 % merlot, 5 % cabernet franc ; blanc – 70 % sémillon, 20 % sauvignon, 10 % muscadelle
Âge moyen des vignes : 50 ans – *Densité de plantation :* 5 000 pieds/ha
Rendement moyen : 57 hl/ha
Élevage : rouge – fermentations et cuvaison de 21 jours ; vieillissement en cuves ; collage et filtration ; blanc – toute la production est vendue au négoce

VINS PRODUITS

rouge – Château La Tour de Boyrin – 37 500 b ;
blanc – vendu au négoce
À maturité : dans les 2 à 8 ans suivant le millésime

DU TOURTE (GRAVES)

Non classé
Propriétaire : Hubert Arnaud
Adresse : route de la Tourte – 33210 Toulenne
Adresse postale : Databail
146, boulevard Voltaire – 92600 Asnières
Tél. 06 60 68 40 08 – *Fax* 01 46 88 01 45
E-mail : hubert.arnaud@c2a.fr
Site Internet : www.chateaudutourte.com
Visites : du lundi au vendredi, sur rendez vous
Contact : Hubert Arnaud

VIGNOBLE ET VINIFICATION

Superficie : rouge – 6 ha ; blanc – 4 ha
Encépagement : rouge – 66 % merlot, 34 % cabernet sauvignon ; blanc – 80 % sémillon, 20 % sauvignon blanc
Âge moyen des vignes : 35 ans – *Densité de plantation :* 5 500 pieds/ha
Rendement moyen : 40 hl/ha
Élevage : rouge – fermentations et cuvaison de 21 jours en cuves d'acier inoxydable thermorégulées ; vieillissement de 16 mois en fûts (renouvelés par moitié à chaque millésime) ; collage et filtration ; blanc – fermentations et élevage sur lies de 9 mois, avec bâtonnages hebdomadaires, en fûts (30 % de bois neuf) ; collage et filtration

VINS PRODUITS

rouge – Château du Tourte – 25 000 b ; Château Tourte des Graves – 5 000 b ; blanc – Château du Tourte – 20 000 b (pas de second vin)
À maturité : rouge et blanc – dans les 2 à 6 ans suivant le millésime

LE TUQUET (GRAVES)

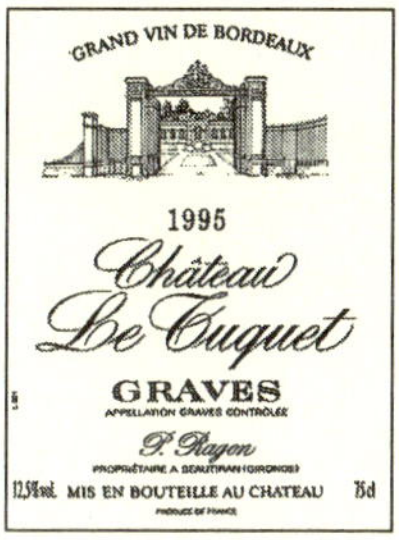

Non classé
Propriétaire : GFA Château Le Tuquet
Exploitant : Paul Ragon
Adresse : 33640 Beautiran
Tél. 05 56 20 21 23 – *Fax* 05 56 20 21 83
Visites : sur rendez-vous uniquement, du lundi au vendredi
Contact : Paul Ragon

VIGNOBLE ET VINIFICATION

Superficie : rouge – 40 ha ; blanc – 15 ha
Encépagement : rouge – 50 % merlot, 40 % cabernet sauvignon, 10 % cabernet franc ; blanc – 80 % sémillon, 20 % sauvignon blanc
Âge moyen des vignes : 25 ans
Densité de plantation : rouge – 5 000 pieds/ha ; blanc – 6 000 pieds/ha
Rendement moyen : 52 hl/ha
Élevage : rouge – fermentations et cuvaison de 21 à 25 jours en cuves d'acier inoxydable thermorégulées ; vieillissement de 12 mois en fûts (de 1 et 2 ans d'âge) ; collage et filtration ; blanc – fermentations à basses températures et élevage en cuves d'acier inoxydable thermorégulées ; collage et filtration

VINS PRODUITS

rouge – Château Le Tuquet – 90 000 b ; Château de Bellefont/Château Coulomey-Le Tuquet – 120 000 b ; blanc – Château Le Tuquet – 60 000 b ; Château de Bellefont/Château Coulomey-Le Tuquet – 40 000 b
À maturité : rouge – dans les 2 à 5 ans suivant le millésime ; blanc – dans les 1 à 5 ans suivant le millésime

LA VIEILLE FRANCE (GRAVES)

Non classé
Propriétaire : EARL Château la Vieille France
Adresse : BP 8 – 1, chemin du Malbec – 33640 Portets
Tél. 05 56 67 19 11 – *Fax* 05 56 67 17 54
E-mail : courrier@chateau-la-vieille-france.fr
Site Internet : www.chateau-la-vieille.fr
Visites : sur rendez-vous uniquement
Contact : Bertrand Dugoua

VIGNOBLE ET VINIFICATION

Superficie : rouge et blanc – 24 ha
Encépagement : rouge – 70 % merlot, 25 % cabernet sauvignon, 5 % petit verdot ; blanc – 75 % sémillon, 20 % sauvignon blanc, 5 % muscadelle

Âge moyen des vignes : 35 ans – *Densité de plantation :* 5 500 pieds/ha
Rendement moyen : 53 hl/ha
Élevage : rouge – fermentations et cuvaison à 32 °C de 24 jours en cuves de béton thermorégulées ; vieillissement de 12 à 14 mois en fûts (renouvelés par tiers à chaque millésime) ; soutirage semestriel ; collage et filtration ; blanc – macération pelliculaire ; débourbage par le froid ; fermentations et élevage de 8 à 10 mois, avec bâtonnages réguliers, en fûts (40 % de bois neuf) ; collage et filtration

VINS PRODUITS

rouge – Château La Vieille France – 30 000 b ; Château Cadet La Vieille France – 65 000 b ; blanc – Château La Vieille France – 10 000 b ; Château Cadet La Vieille France – 20 000
À maturité : rouge – dans les 2 à 8 ans suivant le millésime ;
blanc – dans les 2 à 6 ans suivant le millésime

VILLA BEL-AIR (GRAVES)

Non classé
Propriétaire : Jean-Michel Cazes
Adresse : 33650 Saint-Morillon
Tél. 05 56 20 29 35 – *Fax* 05 56 78 44 80
E-mail : infochato@villabelair.com
Site Internet : www.villabelair.com
Visites : sur rendez-vous uniquement
Contact : Guy Delestrac

VIGNOBLE ET VINIFICATION

Superficie : rouge – 32 ha ; blanc – 12 ha
Encépagement : rouge – 50 % cabernet sauvignon, 40 % merlot, 10 % cabernet franc ; blanc – 42 % sémillon, 42 % sauvignon blanc, 16 % muscadelle
Âge moyen des vignes : 13 ans – *Densité de plantation :* 5 500 pieds/ha
Rendement moyen : rouge – 55 hl/ha ; blanc – 50 hl/ha
Élevage : rouge – fermentations et cuvaison de 15 à 21 jours en cuves d'acier inoxydable thermorégulées ; vieillissement de 12 mois en fûts (pas de bois neuf) ; collage et filtration ; blanc – débourbage par le froid ; fermentations et élevage sur lies de 9 mois en fûts (15 % de bois neuf), avec bâtonnages réguliers ; collage et filtration

VINS PRODUITS

rouge – Villa Bel-Air – 180 000 b ; Tonnelle de Bel-Air – 20 000 b ;
blanc – Villa Bel-Air – 60 000 b ; Villa Bel-Air – 60 000 b
À maturité : rouge – dans les 2 à 6 ans suivant le millésime ;
blanc – dans les 1 à 5 ans suivant le millésime

APPRÉCIATION GÉNÉRALE

Villa Bel-Air appartient à Jean-Michel Cazes, le célèbre propriétaire de Lynch-Bages, situé à Pauillac. La propriété a subi de nombreuses améliorations, destinées à rehausser la qualité du vignoble et des vins qui en sont issus. Les millésimes récents ont montré un réel progrès, tant en rouge qu'en blanc. Une haute qualité, alliée au fait que les amateurs n'ont pas encore découvert l'excellence de ce cru, explique que les prix soient demeurés raisonnables... du moins pour l'heure.

ROUGE

2001
88
Ce vin, qui s'impose au nombre des révélations du millésime, s'annonce par un rubis-pourpre profond et par des arômes de tabac, de cassis, de réglisse, de fumé et de terre. Moyennement corsé et charnu, très élégant malgré son ampleur et sa douceur, il surpasse, semble-t-il, son aîné d'un an. **À boire jusqu'en 2012.** (1/03)

2000
88
De savoureuses et complexes senteurs de tabac, de terre, de fumé, d'herbes séchées, de cassis et de groseille jaillissent du verre, annonçant un ensemble moyennement corsé, élégant, souple et velouté, qu'on peut apprécier **dès maintenant et jusqu'en 2010.** (1/03)

1999
86
Ce vin bien fait, légèrement corsé et élégant, se distingue par de séduisants arômes de tabac, de cerise et d'autres petits fruits. Comme presque tous les millésimes de ce cru, il se compose à moitié de cabernet sauvignon, à 45 % de merlot et pour le reste de cabernet franc. **À boire maintenant.** (3/02)

BLANC

2001
90
Les riches senteurs de zeste d'orange de ce vin moyennement corsé et complexe sont nuancées de zeste de citron, de pamplemousse et de miel. L'ensemble, qui regorge de fruit, est subtilement boisé, avec des notes très prononcées de minéral. Cette merveille, qui compte au nombre des révélations du millésime, tiendra bien **3 à 5 ans.** (1/03)

2000
87
Des arômes de cire nuancés de figue, de melon et d'agrumes se dégagent de ce vin moyennement corsé, sans détour, mais séduisant, qu'on appréciera **dans les 2 à 3 ans.** (1/03)

POMEROL

Pomerol est la plus petite des grandes régions viticoles du Bordelais, mais elle produit quelques-uns des vins les plus chers, les plus passionnants et les plus séduisants du monde. Ils font l'objet d'une telle demande qu'il faut parfois se battre – ou presque – pour les acheter. Cependant, c'est aussi la seule des grandes appellations de la région à n'avoir jamais connu de classement hiérarchique rigide. Lorsque les négociants de Bordeaux ont établi le désormais célèbre classement de 1855, ils ont complètement ignoré Pomerol et Saint-Émilion, qui se trouvent pourtant à moins de 30 km à l'est de la ville, sur la rive droite de la Gironde. En fait, ces deux terroirs étaient déjà fort renommés pour leurs vins, mais le transport était difficile (les ponts n'ayant été construits qu'après 1820), et le commerce s'était surtout développé vers le nord de la France, ainsi que vers la Belgique et les Pays-Bas. En revanche, les gros producteurs du Médoc travaillaient directement avec les courtiers en vins de Bordeaux. Dans bien des cas, d'ailleurs, ces maisons de négoce étaient dirigées par des Anglais ou des Irlandais récemment établis en Aquitaine et ayant conservé des contacts dans leur pays d'origine. Le classement de 1855 a établi, avant tout, une liste des plus grands domaines producteurs du Médoc (incluant aussi le célèbre Haut-Brion, dans les Graves), tout simplement parce que, depuis toujours, ces châteaux vendaient leurs vins aux négociants bordelais qui les exportaient en Grande-Bretagne. Ceux-ci, qui ne devaient commencer un véritable commerce avec Pomerol et Saint-Émilion qu'aux alentours de 1870, ont naturellement fait figurer sur la liste les producteurs qui les intéressaient commercialement, ignorant, innocemment ou délibérément, ces deux régions viticoles.

Par la suite, les vins de Saint-Émilion ont fait l'objet de cinq classements : le premier date de 1954, et il a été révisé en 1969, en 1979, 1984 et en 1996. En revanche, les vins de Pomerol n'ont rien connu de semblable – ce qui est, au demeurant, étonnant, dans la mesure où leur succès et leur renommée datent du lendemain de la Seconde Guerre mondiale, le célèbre négociant anglais Harry Waugh, qui travaillait alors pour

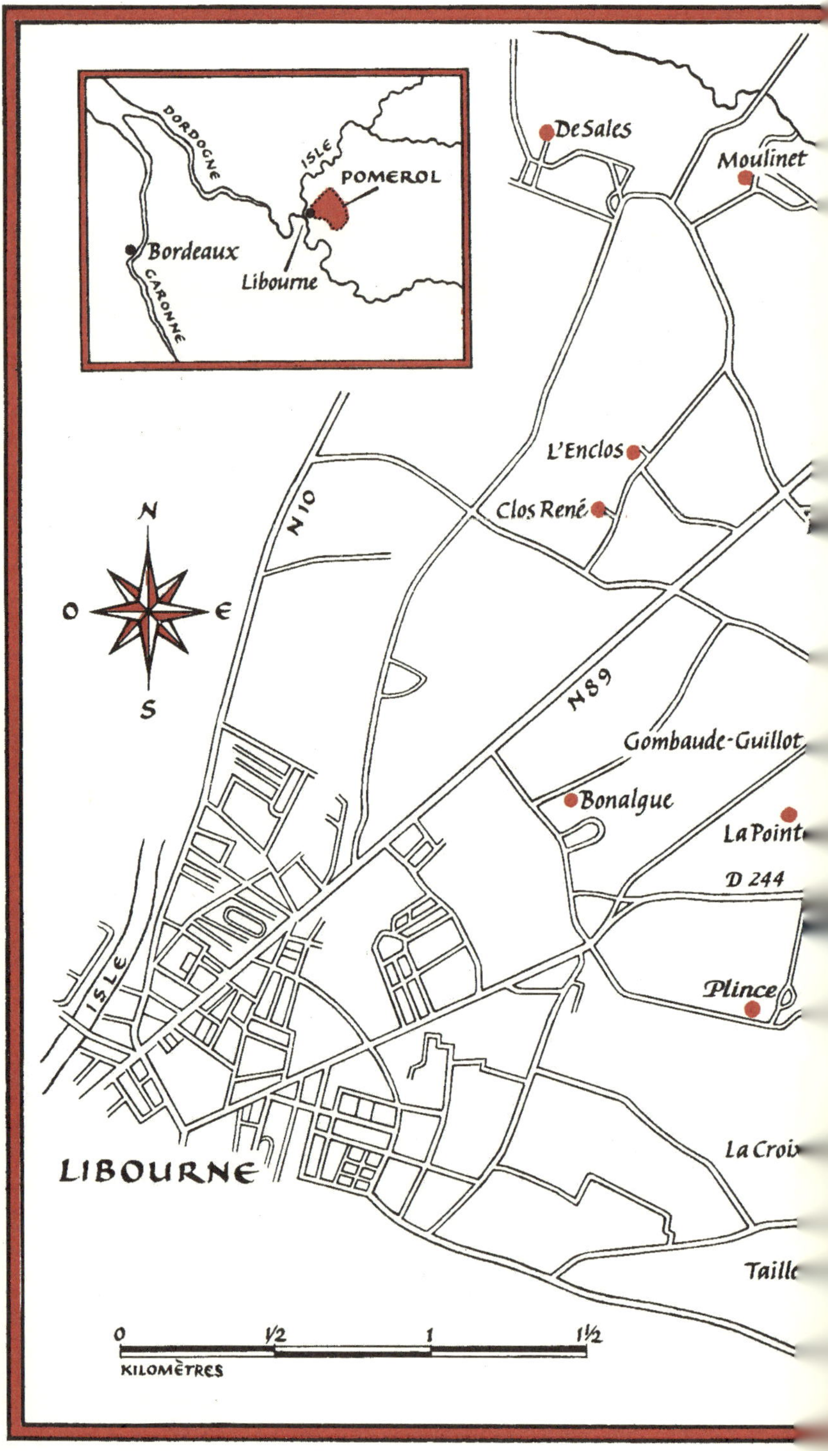
DORDOGNE
ISLE
POMEROL
Bordeaux
Libourne
GARONNE
DeSales
Moulinet
L'Enclos
Clos René
N10
N
O
E
S
N89
Gombaude-Guillot
Bonalgue
D 244
Plince
ISLE
LIBOURNE
0
1/2
1
1½
KILOMÈTRES

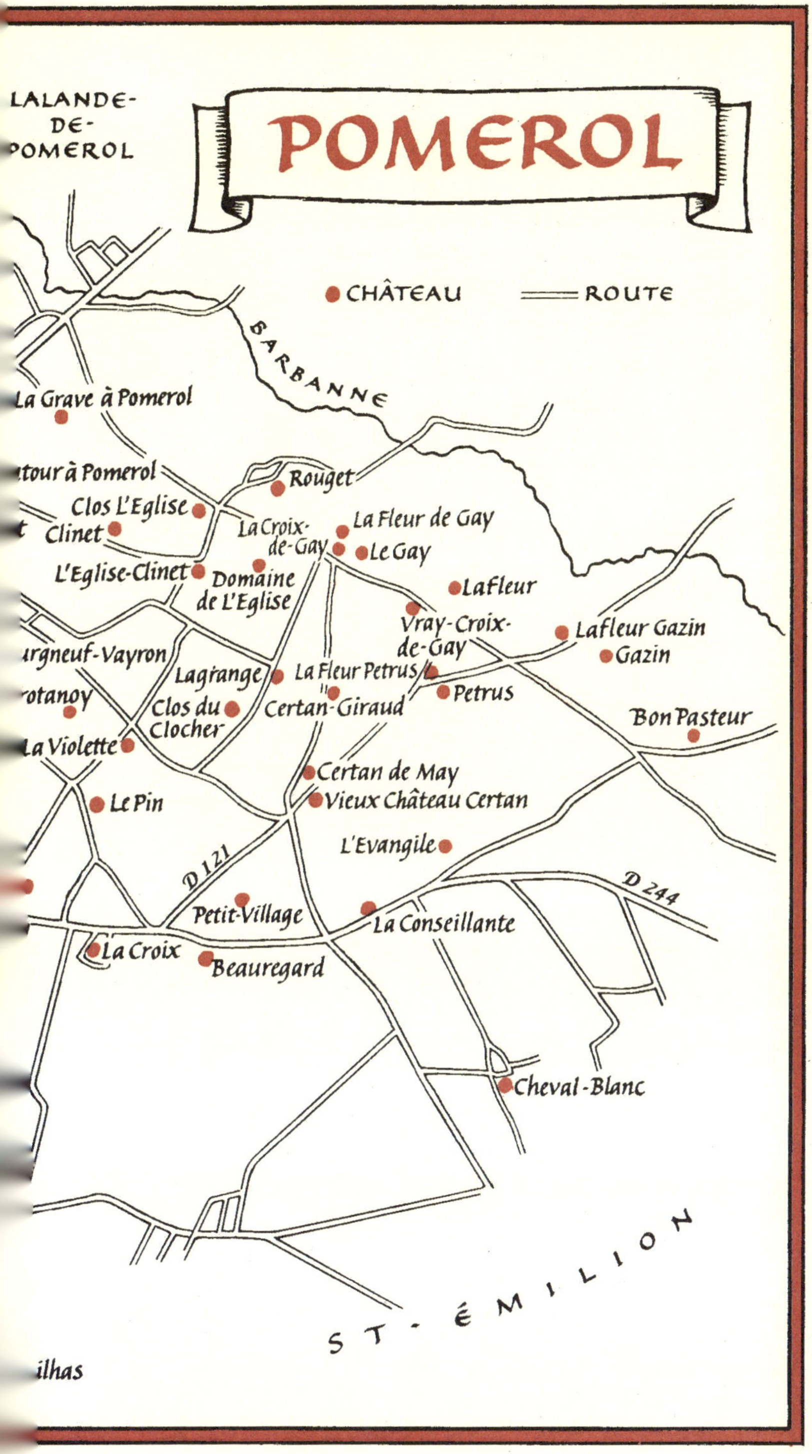
POMEROL
LALANDE-
DE-
POMEROL
CHÂTEAU
ROUTE
BARBANNE
La Grave à Pomerol
Rouget
Clos L'Eglise
Clinet
La Croix-de-Gay
La Fleur de Gay
Le Gay
L'Eglise-Clinet
Domaine de L'Eglise
Lafleur
Vray-Croix-de-Gay
Lafleur Gazin
Gazin
Lagrange
La Fleur Petrus
Certan-Giraud
Petrus
Clos du Clocher
La Violette
Bon Pasteur
Certan de May
Vieux Château Certan
Le Pin
L'Evangile
D 121
D 244
Petit-Village
La Conseillante
La Croix
Beauregard
Cheval-Blanc
ST-ÉMILION

Harvey's, la prestigieuse maison de Bristol, ayant joué un rôle important dans cette promotion. Cette belle réputation n'a cessé depuis de s'améliorer, à tel point que nombre de Pomerol sont aujourd'hui plus recherchés que bien des Médoc et des Graves de très haut niveau.

Alors que l'appellation Saint-Émilion est très vaste, avec un peu plus de 5 500 ha de vignes, Pomerol, qui se trouve immédiatement au nord, ne compte que 800 ha – moins que Saint-Julien, la plus petite des appellations du Médoc.

Le succès des Pomerol tient à plusieurs raisons, en particulier aux caractéristiques du merlot (le cépage dominant de l'appellation), à la modification des goûts des consommateurs et, enfin, à l'influence du véritable empire bâti par Jean-Pierre Moueix et par ses fils Christian et Jean-François.

Selon l'INAO (Institut national des appellations d'origine), le merlot entre pour 70 à 75 % dans l'encépagement de Pomerol ; le cabernet franc vient en deuxième position, avec 20 à 25 %, et le cabernet sauvignon suit avec seulement 5 %. Aucune autre appellation du Bordelais ne compte une telle proportion de merlot ! Les vins issus de ce cépage sont généralement plus souples, plus opulents que ceux essentiellement composés de cabernet sauvignon ; ils sont aussi plus fruités et plus séveux, moins tanniques en apparence et plus alcooliques.

D'autre part, nombre de consommateurs (et de restaurateurs !) recherchant des vins accessibles dès leur jeunesse se tournent aujourd'hui vers les Pomerol, qui sont prêts, pour la plupart, dans les 4 à 6 ans suivant le millésime. Cependant, les amateurs sachant que la patience est récompensée trouvent aussi de quoi se satisfaire, puisque les grands Pomerol peuvent évoluer de belle manière, en conservant leur fruit, sur 15 à 25 ans, les millésimes de légende étant aptes à se bonifier sur 40 ans, voire au-delà.

La troisième raison porte un nom, celui du regretté Jean-Pierre Moueix (décédé en 2003), qui n'a pas d'équivalent dans les autres appellations du Bordelais ! En 1930, alors qu'il avait à peine plus de 20 ans, cet homme de goût doublé d'un érudit quitta sa belle mais pauvre Corrèze natale pour s'établir à Libourne. Inutile de dire qu'il bénéficia de l'unanime mépris de l'aristocratie bordelaise, qui contrôlait alors le commerce des grands vins du Médoc sur le fameux quai des Chartrons, en bordure de la Garonne. De plus, il arrivait au mauvais moment. Au début des années 30, en effet, la crise économique faisait rage – et elle ne devait vraiment s'achever qu'à la fin de la Seconde Guerre mondiale. Qu'à cela ne tienne, dès cette époque, le jeune Moueix eut l'intelligence de comprendre que le débouché traditionnel des vins de Bordeaux, à savoir la Grande-Bretagne, lui était fermé, dans la mesure où les courtiers du quai des Chartrons ne lui donneraient pas l'ombre d'une chance. En revanche, à l'est, les deux régions viticoles de Pomerol et de Saint-Émilion, alors délaissées par les négociants, lui offraient de nombreuses opportunités. C'est ce qui le décida à prendre son bâton de pèlerin – en l'occurrence de voyageur de commerce – pour prospecter, d'abord modestement, le nord de la France et de l'Europe, en particulier la Bretagne, la Belgique et les Pays-Bas, où il trouva nombre d'amateurs pour ses Pomerol. En 1937, il créa sa maison de négoce à Libourne, qui est aujourd'hui le port des vins de Pomerol. Après la guerre, Moueix fut en mesure d'acquérir trois belles propriétés de l'appellation, Trotanoy, Lagrange et La Fleur-Petrus, et fit en sorte, concernant les crus qu'il ne pouvait acheter, d'en devenir l'agent exclusif.

En 1964, Moueix réalisa son rêve en achetant 50 % des parts d'une propriété qu'il convoitait depuis longtemps – du nom de Petrus ! Il en devint le propriétaire à part entière en 2000. Il estimait que le vin de ce vignoble pouvait rivaliser avec n'importe lequel des premiers crus du Médoc. Cependant, en dépit de l'enthousiasme du nouveau maître des lieux, Petrus était encore assez mal connu dans les cercles d'amateurs. Cela devait bientôt changer...

Durant les années 50 et 60, Moueix se fit le chantre infatigable des vins de Pomerol – d'autres diraient peut-être qu'il en fut l'habile et le zélé promoteur... S'il parvint à se hisser à une position inégalée et à établir une véritable puissance, à la fois stratégique et financière, ce fut au prix d'un travail acharné et en produisant des vins exceptionnels, surtout dans ses deux domaines les plus prestigieux, c'est-à-dire Petrus et Trotanoy. Dès la fin des années 60 et au début des années 70, ceux-ci surpassaient régulièrement, en qualité, les premiers crus du Médoc.

L'extraordinaire ascension de Moueix et de ses vins a attiré l'attention sur Pomerol, ce qui n'a pas été sans conséquences bénéfiques pour les autres producteurs de cette appellation, jusque-là paisible et endormie. D'autres propriétés ont effectué de gros efforts pour améliorer la qualité de leurs vins. Aujourd'hui, personne ne s'aventurerait à remettre sérieusement en cause la suprématie de la maison Jean-Pierre Moueix en matière de commerce des vins de Pomerol, mais de nombreux châteaux – dont Lafleur, L'Évangile, L'Église-Clinet, Vieux Château Certan, Le Pin, Clos l'Église, La Fleur de Gay et, parfois, La Conseillante et Clinet – entendent bien disputer à Petrus sa première place, jusque-là pourtant incontestée !

Les châteaux les plus prestigieux de l'appellation se trouvent sur le plateau de Pomerol, et Petrus est situé sur le point culminant, la plus grande partie de son vignoble de 11,4 ha se situant sur un bouton d'argile ; ses prestigieux voisins, en revanche, sont établis sur des graves. Au sud de Petrus se trouvent La Fleur-Petrus, Certan de May, Vieux Château Certan, Le Pin, La Conseillante, Gazin, Hosanna et L'Évangile. Au nord-ouest, on rencontre Lafleur, L'Église-Clinet et La Fleur de Gay. Cependant, alors que les sols de graves profondes (mélangées à un peu d'argile) de la région conviennent aussi bien au merlot qu'au cabernet franc, c'est ce premier cépage qui est pratiquement hégémonique à Petrus (seulement 5 % de cabernet franc), alors que d'autres propriétés de l'appellation ont favorisé le second.

En allant plus à l'ouest, vers l'extrémité du plateau de Pomerol, là où se trouve Trotanoy, les sols deviennent encore plus graveleux. Les vignobles qui s'y trouvent réussissent souvent dans les années pluvieuses, car ils bénéficient d'un excellent drainage. Plus à l'ouest encore, en direction de la nationale 89 (qui relie Bordeaux à Libourne), le sol change et se compose essentiellement d'un mélange de sable et de graves, qui devient ensuite très léger, avec une dominante siliceuse. Les vignes cultivées ici ne peuvent donner de très grands vins ; en revanche, elles produisent des Pomerol tendres, fruités, extrêmement plaisants et souples. Cela étant, les meilleurs de ces vins n'ont pas la puissance, le potentiel de garde ni la richesse caractérisant ceux issus des sols (argileux, graveleux et ferreux) du plateau.

Ceux qui ne connaissent du Bordelais que le Médoc et les Graves risquent d'être surpris par la région de Pomerol, avec ses vignobles de petite taille et ses fermes modestes que l'on appelle pompeusement « châteaux » – Petrus lui-même comportant un bâtiment qui s'apparente davantage à une belle demeure. En fait, seul le plus vaste domaine de l'appellation, De Sales, qui comprend 47,5 ha, peut s'enorgueillir d'un édifice digne de ce nom, bien qu'il soit plutôt discret en comparaison de ses homologues de la rive gauche. Il existe, à Pomerol, deux autres grandes propriétés – Taillefer et La Pointe – dont les vins, cependant, ne sont pas en mesure de figurer dans le club fermé des très grands rouges de la région. Quant à Nenin, depuis son rachat en 1997 par le regretté Michel Delon, de Léoville Las Cases, il a suscité l'enthousiasme des amateurs de Pomerol.

La superficie de la plupart des meilleurs vignobles de l'appellation est comprise entre 10 et 14 ha, mais elle est très inférieure dans certains cas. C'est ainsi que trois des plus prestigieux domaines – Lafleur, Clos l'Église et L'Église-Clinet – pourraient fort bien vendre la totalité de leur production, s'ils le voulaient, dans la ville de Bordeaux elle-même. Aucun ne compte plus de 6 ha.

Quels sont les traits distinctifs des vins de Pomerol ? Leur robe d'un rubis dense, tout d'abord ; ensuite, leur bouquet intense de petits fruits confits, dominé souvent par la cerise noire et la framboise, parfois par la truffe, le caramel et le moka, mais toujours épanoui et fruité ; enfin un caractère séveux, voluptueux, presque onctueux – dans les grands millésimes, bien sûr. Tout cela trahit évidemment le merlot !

Les Pomerol sont généralement les vins les plus aimables, les plus souples, les plus soyeux, les plus séveux et les plus richement fruités du Bordelais ; on trouve cependant des styles très différents, reflétant les choix des divers producteurs.

D'une manière générale, dans l'appellation, la vinification est de très haut niveau. Cependant, si l'on excepte les grandes stars, la qualité décline rapidement.

Petrus est très souvent considéré comme le meilleur vin de Pomerol. D'une concentration massive, riche et apte à la garde (ce fut le cas des millésimes des années 40, 50, 60 et du début des années 70), il est rarement égalé pour ce qui est du premier trait, qui évoque un Porto et qui caractérise, notamment, les légendaires 1975, 1971, 1970, 1964, 1961, 1950, 1949, 1948, 1947 et 1945. Cependant, Christian Moueix, le gérant de la propriété (son frère, Jean-François, un très important négociant de la place, en est le propriétaire), et son œnologue Jean-Claude Berrouet, réputé pour son conservatisme, ont commencé, vers la fin des années 70, à donner à ce cru un style plus policé et plus élégant (d'aucuns diraient « médocain »). Les Petrus « nouveau style » ne présentaient plus que rarement la puissance, la profondeur et l'onctuosité qui ont fait la réputation du cru. À mon sens, seuls les 2000, 1998, 1990 et 1989 rappellent, en plus élégant, les merveilles du passé. N'oublions pas, pour autant, que le sol d'argile lourd où se situe le vignoble donne toujours un vin puissant et très tannique.

Jusqu'au début des années 80, Trotanoy était souvent extrêmement proche de Petrus, à tel point qu'on les confondait régulièrement dans les dégustations à l'aveugle ; c'était aussi, avec Lafleur, le vin le plus recherché, juste après Petrus ; cet état de fait n'est pas étonnant, dans la mesure où l'un et l'autre sont essentiellement issus de merlot (95 % pour Petrus, 90 % pour Trotanoy), et qu'ils sont traités à l'identique par la même équipe de vinificateurs, dirigée par Jean-Claude Berrouet.

L'autre Pomerol qui, avant 1976, a toujours rivalisé avec Petrus et qui, dans certains millésimes, a fait mieux que lui, est terriblement méconnu, puisqu'il s'agit de Lafleur. Il est intéressant de noter que ce dernier vignoble jouxte celui de Petrus, sur le plateau, et qu'il est lui aussi complanté en vignes extrêmement âgées donnant de petites quantités d'un jus très concentré, très bien équilibré et débordant d'arômes exotiques. Cependant, le cabernet franc qui compose Lafleur lui donne un style totalement différent de celui de Petrus.

Si Petrus, Trotanoy et Lafleur font depuis bien longtemps les vins les plus riches, les mieux colorés et les plus massifs de l'appellation, L'Évangile, La Conseillante, Petit Village, La Fleur-Petrus et L'Église-Clinet produisent les Pomerol les plus souples, les plus gracieux et les plus élégants – les plus « bourguignons », dirons-nous ! Avant 1976, aucun de ces crus ne pouvait se targuer d'être aussi massif et aussi riche que Petrus, Trotanoy ou Lafleur ; cependant, à l'heure actuelle, les amateurs de Pomerol pourraient trouver, parmi les autres châteaux cités plus haut, des vins plus amples et plus concentrés que Petrus – je pense en particulier à L'Évangile et à L'Église-Clinet, et aux 1989 et 1990 de Clinet.

La Conseillante et L'Évangile jouissent tous deux d'une belle réputation, mais ils se sont révélés irréguliers. Le premier a été notoirement sous-performant durant les années 60 et 70, mais est revenu à un très haut niveau dans les années 80, produisant même quelques-uns des plus grands vins de sa prestigieuse histoire ; les 1982, 1985, 1989, 1990, 1998 et 2000 sont en effet des Pomerol superbement voluptueux. L'Évangile, qui a également connu des hauts et des bas, peut parfois, tout simplement, rivaliser avec les meilleurs Pomerol ! Ce fut le cas en 1947, 1950, 1961, 1975, 1982, 1985, 1990, 1995, 1998 et 2000. L'Évangile a été racheté par les Rothschild (de Lafite Rothschild), en partenariat avec Albert Frère, qui y ont déployé les moyens financiers nécessaires à la production d'un vin qui puisse égaler Petrus, en qualité et en prix. Les 1990 et 1995 – de vrais vins de rêve – donnèrent le signal du départ, et les 1998 et 2000 devraient confirmer que le cru peut effectivement concurrencer son rival précité, ainsi que Lafleur.

La Fleur-Petrus porte un nom forgé pour la gloire, mais le vin qu'il produit n'est malheureusement pas toujours à l'unisson. Cependant, les choses ont changé depuis que son vignoble s'est agrandi d'une très belle parcelle rachetée à Le Gay au début des années 90. On a connu La Fleur-Petrus comme un très bon plutôt que comme un très grand Pomerol, se caractérisant par une évolution précoce, mais aussi par son aspect velouté, élégant et gracieux. Les 1998 et 2000 de ce cru resteront dans les annales.

Petit Village n'était sans doute pas exploité aussi consciencieusement qu'il l'aurait fallu. C'est vers la fin des années 70 que ce vignoble, au potentiel remarquable, a commencé à produire de grands vins, sous la houlette de Bruno Prats ; ce dernier a vendu le château il y a quelques années, mais les vins ont continué à s'améliorer, se montrant même superbes en 1982, 1988, 1990, 2000. Plus récemment, la qualité s'est révélée de bon niveau, mais moins régulière que je ne l'aurais pensé. Au moment de la rédaction de cet ouvrage, une offre de vente de la propriété à Gérard Perse, le magicien de Saint-Émilion, a été reportée *sine die*.

Depuis la diffusion de son grandiose 1985, L'Église-Clinet a rejoint le petit peloton des grands de l'appellation. Ce domaine peut s'enorgueillir de quelques somptueux vieux millésimes, comme en témoignent les 1921, 1929, 1945, 1947, 1948, 1949, 1950, 1957 et 1959, étonnamment riches, qui ont bien résisté à l'épreuve du temps. Malheureusement, il a été quelque peu oublié des amateurs du fait d'une période de flottement dans le courant des années 60 et 70. Cette propriété, qui compte quelques-uns des plus vieux pieds de vigne de Pomerol, produit traditionnellement un vin à la robe profonde et au fruité explosif, qui révèle un concentré d'arômes de fruits noirs et de flaveurs minérales. Il faut dire qu'elle fait partie des rares petits domaines de l'appellation à produire également un second vin, avec les lots qui ne sont pas jugés assez riches pour le grand vin.

Il existe également des Pomerol d'un autre style, comme ceux que proposent Vieux Château Certan et Clos l'Église. Ces crus, qui comportent de fortes proportions de cabernet sauvignon et de cabernet franc (au détriment du merlot), tirent davantage, de ce fait, sur les Médoc. Vieux Château Certan est le plus célèbre des deux ; il était considéré comme l'un des meilleurs Pomerol au XIXe siècle et pendant la première moitié du XXe. Il a malheureusement connu une période de relative méforme au cours des années 60 et 70, ce qui n'a pas été sans conséquences pour sa réputation. Il s'est totalement redressé depuis 1982. Ses 1990, 1998, 2000 et 2001 sont vraiment somptueux. Clos l'Église, particulièrement décevant sous la houlette de Christian Moueix et de son trop prudent œnologue Jean-Claude Berrouet, a été vendu en 1997 par les Moreau à la famille Garcin-Cathiard. Il n'a pas fallu plus d'un millésime pour que les nouveaux maîtres des lieux – épaulés par Michel Rolland, le talentueux œnologue-conseil libournais – sortent le cru de sa médiocrité en produisant un 1998 absolument superbe. Ce succès fut suivi d'autres, en 1999, 2000, 2001 et 2002, qui rendent encore plus incompréhensibles les échecs des Moueix.

On trouve aussi des Pomerol légers et souples, destinés à être bus assez rapidement. Ces vins ne durent généralement pas plus d'une décennie, mais ils sont souvent très intéressants dans une appellation qui se distingue par une belle envolée des prix. La plupart sont issus de la partie ouest de Pomerol, là où les sols sont sableux et légers. Les châteaux qui les produisent ne jouissent pas d'une très grande réputation, mais plusieurs d'entre eux, tels L'Enclos, Clos René et De Sales, sont capables de satisfaire à la fois le palais, le porte-monnaie et... l'impatience des amateurs.

Mais le fait le plus important des années 80 a sans doute été l'émergence de nouveaux châteaux, qui se sont imposés parmi l'élite de l'appellation ; ils ont pour noms Certan de May, Clinet, La Fleur de Gay et Le Pin.

La Fleur de Gay a été inauguré avec le millésime 1982 par Alain Raynaud, le propriétaire de La Croix de Gay, un cru bien connu. Il est assez inhabituel, en Bordelais, de voir un propriétaire isoler une parcelle de ses meilleures vignes (il s'agit, en l'occurrence, d'une parcelle entièrement complantée en merlot et située juste à côté de Petrus et de Lafleur) pour en tirer une cuvée spécifique. C'est pourtant ce qu'a fait Alain Raynaud. Élevé exclusivement en fûts de chêne neuf, ce Pomerol est extraordinaire par sa richesse, sa maturité et son caractère exotique. Il suffit d'une seule gorgée d'un de ses grands millésimes (1988, 1989, 1990, 1998, 1999, 2000 et 2001) pour ensorceler à jamais l'imprudent buveur ! Pourtant, ironie du sort, le 1982, qui marqua les débuts de ce cru, fut décevant.

Clinet, comme bien d'autres, fut fort irrégulier ; il redressa cependant la barre en 1985, lorsque le regretté Jean-Michel Arcaute, gendre de l'ancien propriétaire, prit en main les rênes du domaine. En un temps record, il sut effacer tout ce qui n'allait pas, pour produire l'un des vins les plus complexes et les plus profondément concentrés de l'appellation. Clinet s'imposa rapidement au nombre des géants de Pomerol, capable de rivaliser avec les meilleurs. Ainsi, les 1989 et 1990 frisent la perfection. Avant le décès de Jean-Michel Arcaute dans un accident de bateau, Clinet fut vendu. Jean-Louis Laborde, le nouveau maître des lieux, est incontestablement attaché à la production d'un vin de qualité.

Un autre château, Le Pin, s'est également imposé dans les années 80 comme l'une des stars de l'appellation. Il s'agit d'un petit vignoble, presque uniquement complanté en merlot, donnant l'un des vins les plus extraordinairement parfumés, les plus voluptueux et les plus sensuels de tout le Bordelais. Le propriétaire, Jacques Thienpont, a manifestement voulu reproduire Petrus, en plus exotique. Une question demeure toutefois : Le Pin peut-il bien vieillir ? Il s'agit incontestablement d'un vin « culte », fort prisé des amateurs millionnaires – en effet, il atteint des prix astronomiques dans les ventes aux enchères, et on le considère souvent comme le cru ayant généré, dans l'appellation voisine de Saint-Émilion, le mouvement des « vins de garage ». Cela étant, Le Pin a mieux vieilli que ses détracteurs ne le pensaient. Aucun des millésimes ne s'est délité, comme l'avaient prédit certains critiques spécialisés fort étroits d'esprit, uniquement préoccupés, semble-t-il, par le statu quo.

Il faut également citer, parmi les Pomerol de très haut vol, Latour à Pomerol, qui a produit quelques vins de rêve en 1947, 1950, 1959 et 1961, mais qui n'a rien fait pour se distinguer par la suite ; et Le Bon Pasteur, géré par deux des œnologues les plus doués du monde, à savoir Michel et Dany Rolland. Deux propriétés méritent d'être suivies de près : Nenin et Hosanna. Le premier cru a bénéficié des très importants investissements effectués par le regretté Michel Delon et son fils Jean-Hubert. Les premiers résultats, sous forme de vins puissants en 1998 et en 2000, sont très prometteurs. Hosanna est le fruit de la meilleure partie du vignoble de l'ancien Château Certan-Giraud. Le 1999, qui marqua les débuts de cette microcuvée produite à hauteur de 1 500 caisses annuellement, fut suivi de 2000, 2001 et 2003 encore plus impressionnants. Ce cru au fort potentiel, qui appartient à Christian Moueix, traduit davantage, me semble-t-il, la philosophie du vin du maître des lieux que Petrus, auquel il est plus fréquemment associé.

Tout bien considéré, Pomerol compte aujourd'hui nettement moins de domaines médiocres qu'il y a dix ans. Cependant, il est certain que des châteaux comme Taillefer et La Pointe pourraient produire de meilleurs vins. En outre, certaines propriétés de moindre prestige de l'écurie Jean-Pierre Moueix proposent, plus souvent qu'à leur tour, des vins anodins. Cela est fort dommage, dans la mesure où ces crus sont à la tête de grands vignobles – au moins si l'on considère la moyenne des surfaces de l'appellation ; leurs vins pourraient constituer pour l'amateur néophyte une bonne introduction à ces Pomerol voluptueux, riches et charnus.

POMEROL - REPÈRES

Situation : sur la rive droite de la Dordogne. Pomerol est bordé au sud par la ligne de chemin de fer Libourne-Bergerac et par la ville de Libourne, au nord par un affluent appelé Barbane.
Superficie sous culture de vigne : 800 ha.
Commune : Pomerol.
Production annuelle moyenne : 4 900 000 bouteilles.
Crus classés : les vins de Pomerol ne sont pas classés.
Principaux cépages : le merlot prédomine, suivi du cabernet franc ; le cabernet sauvignon n'est présent qu'en toutes petites quantités.
Principaux types de sol : le plateau de Pomerol est essentiellement graveleux, avec de l'argile et du fer. À proximité de Lalande-de-Pomerol, le sol est graveleux, mais aussi très sableux.

AVIS AUX AMATEURS

Niveau général de l'appellation : moyen à superbe.
Les plus aptes à une longue garde : Clinet, Clos l'Église, La Conseillante, L'Église-Clinet, L'Évangile, La Fleur de Gay, La Fleur-Petrus, Franc-Maillet, Le Gay, Gazin, La Fleur, Petrus, Trotanoy.
Les plus élégants : Clos l'Église, La Conseillante, Gazin, L'Église-Clinet, L'Évangile, La Grave à Pomerol, Hosanna, Lafleur, La Fleur-Petrus, Latour à Pomerol, Petit Village, Petrus, Vieux Château Certan.
Les plus concentrés : Clinet, L'Église-Clinet, L'Évangile, Gazin, Hosanna, Lafleur, Petrus, Trotanoy.

Le meilleur rapport qualité/prix : Le Bon Pasteur, Bonalgue, L'Enclos, Franc-Maillet, La Grave à Pomerol, De Sales.
Les plus exotiques : Hosanna, Le Moulin, Le Pin.
Les plus secrets dans leur jeunesse : Clinet, Lafleur, Petrus, Vieux Château Certan.
Les plus sous-estimés : aucun.
Les plus accessibles dans leur jeunesse : Le Bon Pasteur, La Conseillante, Le Moulin, Petit Village, Le Pin, De Sales.
Les étoiles montantes : Bourgneuf Vayron, La Clémence, L'Évangile, La Fleur-Petrus, Hosanna, Nenin.
Meilleurs millésimes récents : 2001, 2000, 1998, 1997, 1995, 1994, 1990, 1989, 1988, 1985, 1982, 1975, 1971, 1970, 1964, 1961, 1952, 1950, 1949, 1947, 1945.

MON CLASSEMENT

EXCEPTIONNEL

Clos l'Église, La Conseillante, L'Église-Clinet, L'Évangile, La Fleur de Gay, Hosanna, Lafleur, Petrus, Le Pin, Trotanoy, Vieux Château Certan

EXCELLENT

Le Bon Pasteur, Certan de May, Clinet, La Croix du Casse, La Fleur-Petrus, Gazin, Latour à Pomerol, Le Moulin, Nenin (depuis 1998), Petit Village

TRÈS BON

Beauregard, Bourgneuf Vayron, La Croix de Gay, Domaine de l'Église, L'Enclos, Le Gay, La Grave à Pomerol (auparavant La Grave Trigant de Boisset), Rouget (depuis 1998)

BON

Beau Soleil, Bellegrave, Bonalgue, Clos du Clocher, Clos René, La Croix, Feytit-Clinet (depuis 2001), Haut-Maillet, De Sales, La Violette, Vray Croix de Gay

AUTRES PROPRIÉTÉS NOTABLES DE POMEROL

La Cabanne, Le Caillou, Cantelauze, Certan Marzelle, La Clémence, Clos du Pèlerin, Clos de la Vieille Église, La Commanderie, La Commanderie de Mazeyres, La Croix, La Croix Taillefer, La Croix Toulifaut, Ferrand, Feytit-Guillot, La Fleur de Plince, Franc Maillet, La Ganne, Grand Moulinet, Guillot, Haut Ferrand, Lafleur-Gazin, Lafleur du Roy, Lagrange, Mazeyres, Montviel, Le Moulin, Moulinet, Moulinet-Lasserre, La Patache, Plince, Plincette, La Pointe, Pont-Cloquet, Prieurs de la Commanderie, La Providence, Ratouin, Domaine du Rempart, La Rose Figeac, Du Tailhas, Taillefer, Thibeaud-Maillet, Tour Robert, De Valois, Vieux Château Ferron, Vieux Maillet

COMMENTAIRES DE DÉGUSTATION

BEAUREGARD

Propriétaire : Foncier Vignobles
Adresse : 33500 Pomerol
Tél. 05 57 51 13 36 – *Fax* 05 57 25 09 55
E-mail : beauregard@chateau-beauregard.com
Site Internet : www.chateau-beauregard.com
Visites : sur rendez-vous uniquement
Contact : Vincent Priou

VIGNOBLE ET VINIFICATION

Superficie : 17,5 ha
Encépagement : 70 % merlot, 30 % cabernet franc
Âge moyen des vignes : 30 ans – *Densité de plantation :* 6 000 pieds/ha
Rendement moyen : 43 hl/ha
Élevage : fermentations et cuvaison de 21 à 35 jours en cuves d'acier inoxydable thermorégulées ; achèvement des malolactiques en fûts (16 °C) pour une partie de la récolte ; vieillissement de 16 à 22 mois en fûts (60-80 % de bois neuf) ; collage si nécessaire ; pas de filtration

VINS PRODUITS

Château Beauregard – 60 000 b ; Benjamin de Beauregard – 30 000 b
À maturité : dans les 5 à 12 ans suivant le millésime

APPRÉCIATION GÉNÉRALE

Beauregard est de bonne facture, mais pas grandiose. S'il ne compte jamais au nombre des Pomerol les plus amples et les plus concentrés, il est régulier à haut niveau et typique de son appellation, à en juger par sa rondeur et son fruité, ainsi que par son accessibilité dès sa jeunesse. Cependant, du fait de sa relative légèreté, c'est un cru à boire assez rapidement, plutôt qu'un vin apte à la garde. Par ailleurs, Beauregard est l'un des Pomerol dont le prix demeure raisonnable.

Beauregard, dont le vignoble se trouve à la sortie du petit village de Catusseau, au sud du plateau de Pomerol, est l'une des rares propriétés de l'appellation dont la demeure, assez grande, mérite le nom de « château ». Le vignoble révèle un excellent potentiel, et les connaisseurs estiment généralement que son sol de graves profondes peut produire un vin de haut niveau. Jusqu'au milieu des années 80, Beauregard était rustique et évoluait assez rapidement. Depuis, la qualité a progressé, les vins présentant, outre des robes plus profondes, davantage de maturité et de concentration. Ajoutons encore que l'état sanitaire des chais s'est largement amélioré. La propriété, qui fut vendue en 1991 par la famille Clauzel au Crédit foncier de France, continue sur la voie de l'amélioration sous la houlette de l'administrateur Michel Garat et de l'œnologue Vincent Priou.

2003
87-88 Étonnamment réussi dans un millésime difficile pour l'appellation, le 2003 de Beauregard arbore une robe rubis foncé et déploie des senteurs de petits fruits nuancés d'épices, de cèdre, d'herbes séchées et de figue. L'ensemble est séduisant à l'attaque. D'une bonne – voire d'une très bonne – concentration, il est

faible en acidité, avec une finale aux tannins fermes. **À boire entre 2008 et 2016.** (Dernière date de dégustation 1/05)

2002 Ce vin est de bonne facture pour le millésime et pour l'appellation. Délicieux
87 et épanoui, il présente des arômes de cerise noire nuancés de douce noix de cola et marqués en arrière-plan d'herbes et de fumé. L'ensemble, moyennement corsé et charnu en milieu de bouche, déploie, outre des tannins mûrs, une finale de bon aloi. **À boire jusqu'en 2012.** (9/03)

2001 Le Beauregard 2001, qui arbore un rubis-grenat foncé, compense son manque
87 de complexité par un fruité généreux et épanoui. Quoique sans détour, il est rond, sensuel et savoureux. **À boire entre 2006 et 2013.** (1/03)

2000 Bien qu'il soit légèrement moins impressionnant en bouteille qu'il ne l'était
88 en fût, ce vin n'en demeure pas moins excellent. Vêtu de rubis profond, il exhale un doux nez de moka et de petits fruits, et révèle en bouche, outre un caractère moyennement corsé et des arômes secs, mais richement extraits et charnus, une finale aux tannins légers. **À boire jusqu'en 2016.** (1/03)

1999 Très réussi dans le contexte du millésime, ce Pomerol accessible se reconnaît
88 à sa robe d'un rubis profond et à son doux nez de noix de cola, de moka, de confiture de cerise et de chêne neuf. L'ensemble manifeste une densité et une rondeur d'excellent aloi. Doté d'une belle texture, il exprime avec ampleur un milieu de bouche savoureux, et sa finale, persistante, est légèrement tannique. Il devrait être prêt assez rapidement. **À boire avant 2014.** (3/02)

1998 La robe d'un rubis-pourpre profond du Beauregard 1998 accompagne des sen-
88 teurs de fumé, de sirop contre la toux parfumé à la cerise noire, de chocolat et de chêne fumé. Moyennement corsé et épais, très tannique, il tiendra **une bonne dizaine d'années.** (3/02)

1997 Bien qu'il ne soit pas apte à une longue garde, ce Pomerol sensuel, épanoui
87 et élégant se révèle plaisant. Doux et rond, il présente, tant au nez qu'en bouche, de généreux arômes de cerise noire, de chêne et d'herbes grillés. Moyennement corsé et souple, il sera parfait **jusqu'en 2006.** (3/01)

1996 Rubis profond de robe, avec un doux nez de cerise confiturée fortement marqué
87 de notes de fraise, le 1996 de Beauregard se montre moyennement corsé, souple et élégant. C'est un vin modérément massif, nuancé de chêne neuf grillé. **À boire dans les 2 ans.** (1/01)

1995 D'un séduisant rubis profond, cet excellent vin exhale des arômes fumés,
87 vanillés et chocolatés de fruits rouges. Moyennement corsé et mûr, il présente un doux fruité, étayé par une faible acidité et des tannins modérément abondants. C'est un Beauregard de très haut niveau. **À boire jusqu'en 2010.** (11/97)

BELLEGRAVE

Propriétaire : Jean-Marie Bouldy
Adresse : « René » – 33500 Pomerol
Tél. 05 57 51 20 47 – *Fax* 05 57 51 23 14
Visites : sur rendez-vous uniquement
E-mail : jmbouldy@wanadoo.fr
Contact : Jean-Marie Bouldy

VIGNOBLE ET VINIFICATION

Superficie : 8,2 ha
Encépagement : 75 % merlot, 25 % cabernet franc
Âge moyen des vignes : 35 ans – *Densité de plantation :* 6 000 pieds/ha
Rendement moyen : 45 hl/ha
Élevage : fermentations et cuvaison de 21 à 28 jours en cuves d'acier inoxydable thermorégulées ; vieillissement de 14 à 18 mois en fûts (30-40 % de bois neuf) ; collage et filtration si nécessaire

VINS PRODUITS

Château Bellegrave – 35 000-40 000 b ; Château des Jacobins – 8 000-14 000 b
À maturité : dans les 3 à 8 ans suivant le millésime

APPRÉCIATION GÉNÉRALE

Bien que cette propriété ne bénéficie pas des meilleurs terroirs de l'appellation, elle produit régulièrement des vins de bonne tenue, voire, dans les meilleurs millésimes, de très bonne facture. Bellegrave est généralement sans détour, et pèche par manque de finesse et de complexité (du fait, peut-être, des sols sableux dont il est issu), mais il est incontestablement rond et fruité. Parce qu'il est relativement léger et qu'il manque parfois de concentration, je conseille de le boire assez rapidement.

Le vignoble de Bellegrave, qui se trouve sur un plateau de graves à l'ouest de la N89, produit des vins tendres et accessibles, qui doivent être consommés dans leur jeunesse.

Il semblerait que le propriétaire, Jean-Marie Bouldy, sache exactement ce qu'il peut tirer de son terroir. Il obtient ainsi des vins nets, frais et fruités, qui savent séduire.

2001
85-87
Rubis foncé de robe, avec de séduisantes senteurs de doux petits fruits et de caramel, ainsi que des nuances de vanille, ce vin moyennement corsé et modérément tannique est net, discret, mais délicieusement fruité et tonique. **À boire jusqu'en 2012.** (1/03)

2000
87
Plutôt ample pour le cru, ce vin d'un rubis-pourpre foncé est moyennement corsé, profond et généreux. Il devrait vieillir de belle manière. **À boire jusqu'en 2012.** (1/03)

1998
86
Étonnamment souple et épanoui, le 1998 ne présente pas la puissance ni les tannins caractéristiques du millésime. Rubis foncé de robe, avec des arômes ronds et fruités (en particulier les épices et la cerise), il se révèle assez massif, mais il est dépourvu du charme qui caractérisait le 1997. **À boire maintenant.** (3/01)

LE BON PASTEUR

Propriétaire : SCEA Rolland
Adresse : « Maillet » – 33500 Pomerol.
Tél. 05 57 51 23 05 – *Fax* 05 57 51 66 08
E-mail : rolland.vignobles@wanadoo.fr
Visites : sur rendez-vous uniquement
Contact : Dany Rolland

VIGNOBLE ET VINIFICATION

Superficie : 6,62 ha
Encépagement : 80 % merlot, 20 % cabernet franc
Âge moyen des vignes : 30 ans
Densité de plantation : 6 000 pieds/ha
Rendement moyen : 37 hl/ha
Élevage : fermentations et cuvaison de 25 à 35 jours en petites cuves thermorégulées d'une contenance de 70 hl ; achèvement des malolactiques et vieillissement de 15 à 20 mois en fûts (100 % de bois neuf) ; ni collage ni filtration

VIN PRODUIT

Château Le Bon Pasteur – 30 000 b (pas de second vin)
À maturité : dans les 5 à 20 ans suivant le millésime

APPRÉCIATION GÉNÉRALE

Le Bon Pasteur appartient à Michel et Dany Rolland, les célèbres œnologues de Libourne, qui jouissent d'une renommée mondiale. Ce cru est quelque peu sujet à controverse, mais je suppose que cela est davantage dû à la personnalité du maître des lieux qu'à la qualité intrinsèque de ses vins. Personnellement, je considère Le Bon Pasteur comme l'un des meilleurs Pomerol. Nonobstant les conditions du millésime, il se révèle toujours séduisant (probablement du fait de sa faible acidité – un trait que critiquent ses détracteurs) et se caractérise par un fruité rond, généreux et mûr (auquel les mauvaises langues reprochent sa surmaturité, qui ruinerait le caractère du terroir), ainsi que par un équilibre quasi parfait. À acheter, absolument !

Le Bon Pasteur appartient à Michel et Dany Rolland, les œnologues les plus doués du Bordelais, qui dirigent également un laboratoire vinicole à Catusseau. Michel Rolland peut s'enorgueillir d'une liste de clients qui ressemble un peu au *Who's Who ?* de Pomerol, de Saint-Émilion et des autres appellations importantes de la région. Sa grande renommée lui a également valu d'être choisi comme conseil de quelques-uns des meilleurs vignobles du monde, depuis Ornellaia, en Italie, jusqu'aux très célèbres Harlan Estate et Bryant Family Vineyard de Napa Valley, en Californie, en passant par Casa Lapostolle, au Chili.

Avec Michel Rolland et ses partisans d'une part, et des producteurs regroupés au sein de l'association Cercle du prestige de Pomerol d'autre part, deux écoles se sont constituées, qui s'opposent sur la question de la date des vendanges et sur celle des techniques de vinification. La seconde école, représentée par la maison Jean-Pierre Moueix et par ses deux principaux porte-parole, Christian Moueix et son œnologue, le très prudent Jean-Claude Berrouet, estime que le merlot ne doit pas être ramassé trop tard, soutenant qu'une vendange suffisamment précoce permet de conserver l'acidité du vin tout en préservant son équilibre. En outre, elle se prononce pour une macération plus brève, qui donne des vins plus élégants. Je me demande parfois si Berrouet ne craint pas que les vins ne soient trop aromatiques et trop séduisants.

Michel Rolland et ses amis, en revanche, sont partisans d'une vendange aussi tardive que possible, afin d'obtenir une récolte à la limite de la surmaturité. Ils défendent également une macération prolongée, qui donne des vins profondément colorés, riches et aptes à une longue garde.

Les idées de Michel Rolland ont emporté l'adhésion de nombreux journalistes français, en particulier de Michel Bettane ; ce Parisien au franc-parler, qui est probablement le dégustateur et le critique spécialisé le plus pointu d'Europe, défend ces thèses vigoureusement, estimant qu'elles sont les mieux adaptées à la production de vins de haut niveau. Il faut avouer que trois des clients de Michel Rolland – Clos l'Église, Clinet et La Fleur de Gay – élaborent actuellement des vins capables de rivaliser avec Petrus.

Serait-ce une coïncidence ? Il semblerait que la philosophie de Michel Rolland fasse chaque jour plus d'adeptes. La plupart des vinificateurs du Bordelais qui ont actuellement le vent en poupe s'en inspirent fortement. Je pense notamment à Gérard Perse, à Jean-Luc Thunevin, à Stéphane Derenoncourt, à Hubert de Boüard et à Alain Raynaud.

Le vignoble du Bon Pasteur n'est pas l'un des mieux situés de Pomerol. Ses 7 ha s'étendent dans le nord-est de l'appellation, près du bourg de Maillet. On y trouve essentiellement deux types de sol, le premier de graves et d'argile, le second, plus léger, présentant des lits de graves profondes. Grâce au grand âge des vignes, à des vendanges tardives, à une longue cuvaison et à l'utilisation de fûts de chêne neuf pour l'élevage, Michel Rolland tire le meilleur parti possible du vignoble. Il a réussi des vins extraordinaires dans des millésimes comme 1982, 1988, 1989, 1990, 1995, 1998, 1999, 2000, 2001 et 2002. À dire vrai, le 1982, qui est encore exceptionnel à ce jour, atteste magnifiquement le bien-fondé de la philosophie de son auteur.

2003 88-90 En dépit de sa légère austérité, ce vin structuré et tannique est réussi. Moyennement corsé, très élégant malgré sa concentration, il s'annonce par un rubis-pourpre profond et dégage un nez de moka, de café torréfié et de fruits noirs. D'une belle carrure, il est solide, mais moins charmeur que de coutume ; cela étant, il constitue un beau succès dans le contexte de l'appellation et se montre sous un meilleur jour que certains de ses plus prestigieux voisins. **À boire entre 2008 et 2016.** (3/04)

2002 90 Ce vin d'un rubis-pourpre foncé exhale un nez de café torréfié entremêlé de notes de boisé, de chocolat et de cerise noire. Doux à l'attaque, il montre en milieu de bouche une texture, une pureté et une maturité d'excellent aloi, et sa finale est élégante et d'une grande finesse. **À boire dans les 10 à 12 ans suivant une garde de 2 à 3 ans.** (9/03)

2001 92 L'impressionnant 2001, qui s'est étoffé au cours de son élevage, arbore un rubis-pourpre dense et dégage de séduisantes senteurs de moka, de café, de liqueur de cerise noire, de prune et de caramel. Tout à la fois dense, puissant, corsé et concentré, d'une onctuosité frisant l'épaisseur, il est étayé par une faible acidité. Les magnifiques tannins que recèle sa finale suggèrent que ce vin précoce sera apte à une longue garde. **À boire entre 2006 et 2017.** (1/03)

2000 94 Ce vin fabuleux se montre sous un meilleur jour en bouteille qu'en fût. Vêtu de pourpre dense, il présente des senteurs de fumé, de charbon, de noix rôtie, de mûre et de confiture de cerise nuancées de chêne grillé. Superbe de richesse, il est corsé et musclé, et bien marqué par la mâche tant en milieu de bouche qu'en finale. L'ensemble est étayé par des tannins soyeux et une faible acidité. Ce vin somptueux, qui sublime son terroir, est un hommage au talent de Dany et Michel Rolland. **À boire entre 2006 et 2017.** (1/03)

1999 **90+** Voici une belle réussite dans le contexte du millésime. En 1999, Dany et Michel Rolland proposent un Bon Pasteur d'un rubis-pourpre dense, aux séduisantes senteurs de café, de douce vanille et de confiture de cerise noire. L'ensemble manifeste une puissance et une concentration étonnantes pour un vin de cette année. Moyennement corsé et modérément tannique, il est atypique en termes de structure, révélant, outre une belle tenue, une persistance et une intensité hors du commun. **À boire jusqu'en 2016.** (1/02)

1998 **92** Il s'agit incontestablement d'un des millésimes les plus réussis de la propriété avec les 1982, 1990 et 2000. Vêtu d'un pourpre dense, libérant des arômes merveilleusement riches et complexes de mûre, de prune, de crayon à papier, de cerise, de moka et de caramel, Le Bon Pasteur 1998 se montre puissant et riche. Il se développe en bouche par paliers, révélant, outre un caractère corsé, une finale opulente et épaisse, qui doit sa belle précision aux tannins doux qui l'étayent. Ce vin fabuleux, qui s'exprime tout en rondeur, tiendra bien **jusqu'en 2016.** (3/02)

1997 **88** Les amateurs en quête d'un vin aux délicieux arômes de chocolat, de fumé, de cerise, de cassis et de prune se tourneront vers Le Bon Pasteur 1997. Ils apprécieront en effet ce Pomerol moyennement corsé, charnu et épanoui, qui s'exprime en bouche tout en rondeur et en souplesse, révélant un caractère étonnamment concentré. Évoquant un 1987, tout en étant plus riche et plus musclé que la plupart des crus de ce millésime, il doit être dégusté **dans les 3 à 4 ans.** (1/01)

1996 **88** Le Bon Pasteur 1997 aurait mérité une meilleure note, n'étaient les tannins secs et légèrement graveleux que recèle sa finale. Moyennement corsé et marqué par le chêne neuf épicé, il se distingue par de généreux arômes de cerise, de moka et de fumé, et par son caractère corpulent et très pur. La finale est ferme, structurée et musclée. Ce vin évoluera de belle manière **ces 5 à 6 prochaines années.** (3/00)

1995 **90** D'une couleur prune foncé, avec de très beaux arômes de pain grillé, de crayon à papier, de fumé, de cerise noire et d'autres petits fruits, le 1995 dévoile en bouche un caractère tout à la fois doux, moyennement corsé, rond et épicé. Ce vin savoureux, dont la finale charnue et généreuse est longue d'au moins 25 secondes, sera au meilleur de sa forme **jusqu'en 2015.** (10/02)

1994 **89** Le 1994, qui exhale le nez légendaire des vins de merlot en général, et des Pomerol en particulier, libère des arômes de moka, de chocolat, de tabac, de douce cerise noire et de prune mûre. Moyennement corsé et modérément tannique, il révèle encore une très grande pureté, malgré sa richesse extraordinaire, et déploie une finale douce. **À boire jusqu'en 2012.** (1/97)

1990 **92** Le Bon Pasteur 1990 est l'un des vins que je préfère pour la consommation courante. Il s'est étoffé en bouteille et présente désormais une robe d'un grenat-prune foncé légèrement éclairci sur le bord. Il développe des arômes amples, presque enivrants, de cake et de doux fruits noirs et rouges confiturés, entremêlés de notes de moka et de caramel, qui jaillissent littéralement du verre. La bouche évoque le café, ainsi qu'une décoction de fruit. Très corsée, charnue, savoureuse, étayée par un gras généreux, elle est incontestablement séduisante. L'ensemble, extrêmement plaisant, semble gagner en complexité et en précision au fur et à mesure de son évolution. **À boire jusqu'en 2010.** (6/02)

1989 89 Le 1989 a atteint son apogée plutôt rapidement. Ambré sur le bord, il exhale un doux nez de café torréfié nuancé de caramel, de moka, de cerise noire et de tabac. Ce bouquet précède un vin moyennement corsé, merveilleusement doux et charnu à l'attaque, qui, par la suite, s'amenuise – mais très légèrement – en finale. L'ensemble recèle des tannins qui doivent encore se fondre. **À boire jusqu'en 2014.** (12/02)

1988 89 Plus tannique que ne l'est généralement ce cru, le 1988 est très puissant, joliment structuré et encore étonnamment jeune. D'un grenat encore dense et intact, libérant un nez de fumée de cigare nuancé de moka, de caramel, de café, de terre, de truffe et de cerise noire, il exprime une bouche moyennement corsée, étayée par des tannins fermes. L'ensemble est plus structuré et plus musclé que de coutume. Il peut être consommé dès maintenant ou se conserver encore une bonne dizaine d'années. **À boire jusqu'en 2018.** (6/02)

1986 87 Plus austère et plus nerveux que ne l'est généralement Le Bon Pasteur, le 1986, qui est proche de son apogée, se distingue par la complexité de ses senteurs de noix de cola, d'herbes, de café et de doux kirsch. Moyennement corsé, légèrement rugueux, il révèle en finale des tannins secs. Je doute que l'ensemble s'améliore, même si sa structure lui permet de tenir encore 5 ans. **À boire jusqu'en 2010.** (6/02)

1985 86 Le 1985 commence à se déliter, comme l'atteste l'auréole fortement ambrée de sa robe d'un rubis-grenat sombre. Son nez herbacé mêle le bois de cèdre à la prune, au doux pruneau et à la cerise. L'ensemble, moyennement corsé, présente une finale maigre et atténuée, qui accuse une certaine dilution. **À boire d'urgence.** (6/02)

1983 85 ? Ce vin aux notes de cendrier, de terre séchée, de fumé et de terre humide est sur le déclin, comme l'attestent ses arômes de champignon et son fruit, qui semble se faner rapidement. Moyennement corsé, quelque peu atténué, il se dessèche de plus en plus. **À boire d'urgence.** (6/02)

1982 94 Dans ce millésime, qui a propulsé Michel Rolland et son cru sur le devant de la scène internationale, Le Bon Pasteur s'impose comme une très grande réussite. Lors de ma dernière dégustation à l'aveugle, en octobre 2002, il était tout simplement spectaculaire ; d'ailleurs, la plupart des participants à cette manifestation l'ont préféré à d'autres très grands 1982. C'est un vin que j'ai goûté sept fois en 2002, à l'occasion des nombreuses commémorations du 20e anniversaire de son millésime. Je pensais qu'il avait atteint son apogée – je n'ai pas changé d'avis –, mais je dois aussi préciser qu'il continue de m'étonner par sa fraîcheur et sa tonicité. Sa robe d'un grenat foncé est à peine ambrée sur le bord. Le nez, tout simplement formidable, offre, en un magnifique déploiement, une palette d'arômes allant de la noix rôtie au cassis, en passant par le chocolat, le moka, le caramel, la douce cerise noire et la prune, le tout nuancé de cèdre et de boîte à épices. L'ensemble réussit le tour de force d'être aérien malgré son caractère corsé, son opulence, son ampleur et sa richesse. Il atteste superbement le bien-fondé de la philosophie des Rolland en matière de vinification. Je pense que les magnums et autres grands formats sont capables d'une garde supplémentaire de 15 ans, voire plus. Cependant, je ne tenterais pas le diable, partant du principe que les bouteilles que j'ai dégustées avaient toutes bénéficié de parfaites conditions de conservation. **À boire avant 2010.** (10/02)

BONALGUE

Propriétaire : Pierre Bourotte
Adresse : rue de Bonalgue – 33500 Libourne
Adresse postale : Pierre Bourotte SAS – BP 79
62, quai du Priourat – 33502 Libourne Cedex
Tél. 05 57 51 62 17 – *Fax* 05 57 51 28 28
E-mail : contact@jbaudy.fr
Site Internet : www.vignoblesbourotte.com
Visites : tous les jours, sur rendez-vous uniquement (également en anglais, allemand, espagnol)
Contact : Jean-Baptiste Bourotte

VIGNOBLE ET VINIFICATION

Superficie : 6,5 ha
Encépagement : 85 % merlot, 15 % cabernet franc
Âge moyen des vignes : 25 ans – *Densité de plantation :* 6 000 pieds/ha
Rendement moyen : 48 hl/ha
Élevage : fermentations et cuvaison de 28 jours en cuves d'acier inoxydable thermorégulées ; vieillissement de 15 à 16 mois en fûts (50-60 % de bois neuf) ; collage et filtration

VINS PRODUITS

Château Bonalgue – 28 000-30 000 b ; Château Burgrave – 9 000 b
À maturité : dans les 4 à 10 ans suivant le millésime

APPRÉCIATION GÉNÉRALE

Bonalgue est toujours bon et bien fait. Plutôt léger, il se caractérise par un doux fruité et par une élégance qui compense son manque de complexité. Son prix raisonnable en fait l'une des meilleures affaires de Pomerol.

Bien que cette propriété demeure dans une ombre relative, elle produit généralement des vins d'un assez bon niveau, et parfois même très bons dans les millésimes de haut vol. Le vignoble se situe sur un sol de graves et de sable mêlés, juste à l'entrée de Libourne, derrière le champ de courses. Les vins de Bonalgue sont profondément colorés, trapus et charnus, peut-être un peu dépourvus de complexité, mais toujours amples, plaisants, débordant de caractère et de fruit. Pierre Bourotte, le maître des lieux, est un homme extrêmement affable et courtois ; il est également propriétaire du Clos du Clocher.

2001 **88** Ce vin magnifiquement fruité, généreusement marqué de fumé, de caramel et de café, est tout à la fois charnu, gras et séveux. Vêtu de rubis foncé, libérant des notes de doux moka et de liqueur de cerise noire, il se développe par paliers, révélant une attaque en bouche généreuse et une finale aux tannins doux. Une fois de plus, cette propriété très performante propose un vin délicieux, qui s'impose au nombre des révélations du millésime. **À boire dans les 8 à 10 ans.** (1/03)

2000 **89** Ce vin sensuel et épanoui constitue probablement la plus belle réussite à ce jour de Bonalgue. Sa robe d'un pourpre dense accompagne des senteurs de figue, de mûre et de cerise. Suit un ensemble concentré et voluptueux, étayé par une faible acidité, qui se développe en bouche tout en rondeur. **À boire jusqu'en 2012.** (1/03)

1999 **87** Jolie réussite que ce Bonalgue 1999, d'un rubis-pourpre foncé, dont le doux fruité de cerise noire est imprégné de moka. L'ensemble, qui révèle une belle texture, est étayé par une faible acidité, et sa finale est charnue. Un vin aussi expressif que séduisant. **À boire avant 2009.** (1/03)

1998 **87** D'un rubis-pourpre profond, le 1998 exhale un nez mûr de cerise noire, de terre, de sous-bois, de fumé et de moka. Savoureux, dense et bien marqué par la mâche, il suinte littéralement d'un fruité aussi gras que généreux. Pour pleinement goûter son caractère charnu et précoce, consommez-le ces **6 prochaines années.** (3/02)

1997 **86** Des senteurs confiturées de prune, de raisin et de douce cerise jaillissent littéralement du Bonalgue 1997. Ce vin d'un rubis moyen est assez corsé, souple et séduisant ; il pèche seulement par un léger manque de précision. **À boire plus tôt que trop tard.** (1/01)

1996 **86** Le 1996 est de très bonne facture. Son doux nez de prune entremêlé de cerise précède en bouche un fruité doux et gras, légèrement boisé, qui contribue au caractère savoureux et charnu de l'ensemble. Ce vin charmeur et très accessible révèle davantage de profondeur et de maturité que certains de ses jumeaux valant deux fois plus cher. **À boire dans les 2 ans.** (3/01)

1995 **86** La robe rubis foncé du Bonalgue 1995 précède un doux nez épicé de petits fruits et de cacahuète grillée. Suit un ensemble doux, rond et velouté, faible en acidité et modérément massif. Un vin séduisant. **À boire d'urgence.** (12/00)

BOURGNEUF VAYRON

Propriétaire : Xavier Vayron
Adresse : 1, Le Bourg-Neuf – 33500 Pomerol
Tél. 05 57 51 42 03 – *Fax* 05 57 25 01 40
E-mail : chateaubourgneufvayron@wanadoo.fr
Visites : sur rendez-vous
Contacts : Xavier ou Dominique Vayron

VIGNOBLE ET VINIFICATION

Superficie : 9 ha
Encépagement : 90 % merlot, 10 % cabernet franc

Âge moyen des vignes : 40 ans – *Densité de plantation :* 6 000 pieds/ha
Rendement moyen : 38-40 hl/ha
Élevage : fermentations et cuvaison de 21 à 28 jours en cuves de béton thermorégulées, avec remontages quotidiens ; vieillissement de 15 mois en fûts (40 % de bois neuf) ; collage ; filtration selon le millésime

VIN PRODUIT

Château Bourgneuf Vayron – 48 000 b (pas de second vin)
À maturité : dans les 5 à 15 ans suivant le millésime

APPRÉCIATION GÉNÉRALE

La qualité de ce cru s'est considérablement améliorée depuis le milieu des années 90. Alors que les vins de Bourgneuf Vayron étaient plutôt moyens (les millésimes d'avant 1994 doivent être choisis avec discernement), ils affichent désormais un nouveau style de vinification, et révèlent une concentration, une richesse et une générosité d'excellent aloi. Cependant, ils présentent aussi une dureté et une rugosité que les maîtres des lieux doivent encore maîtriser.

Cette propriété se trouve au cœur de Pomerol, sur le plateau, à l'ouest de Trotanoy. J'ai toujours été surpris qu'elle ne produise pas de meilleurs vins, en raison de sa belle situation. Cependant, les millésimes 1995 et suivants, rugueux et impressionnants, sont précurseurs d'un avenir meilleur. Les rendements sont raisonnables, et l'on sent bien, en discutant avec les maîtres des lieux, qu'ils accordent une très grande importance au respect d'une vinification traditionnelle.

Le cru appartient à la famille Vayron depuis 1821. Il est actuellement sur la pente ascendante et mérite incontestablement que les amateurs s'y intéressent de plus près.

2001
90
Étonnamment charnu et sensuel, le 2001 de Bourgneuf Vayron se présente vêtu d'un rubis profond, avec des notes très douces, presque extrêmes, de prune, de liqueur de cerise noire, de réglisse et de caramel. Moyennement corsé, souple et opulent, très proche en style d'un bourgogne, il se distingue par la manière dont il allie une grande ampleur à une pureté d'excellent aloi. **À boire jusqu'en 2015.** (1/03)

2000
89+
La robe d'un rubis-pourpre dense du 2000 accompagne de séduisantes et amples senteurs de prune, de raisin, de cerise noire et de terre. Suit en bouche un ensemble d'excellente facture, qui révèle un caractère moyennement corsé, tout à la fois corpulent, charnu et structuré, et se montre plus dense et légèrement plus tannique que son cadet d'un an. Ce vin, qui a gagné en finesse au cours de son élevage, n'a pour autant rien sacrifié de sa puissance et de son ampleur. **À boire entre 2007 et 2018.** (1/03)

1999
87 ?
Rubis foncé de robe, doté de notes de terre fraîchement remuée et de nuances de prune, d'herbes de Provence et de chocolat, ce vin moyennement corsé est dense et épicé. Si les tannins astringents que recèle sa finale se fondaient sans que le fruit se fane, il mériterait l'excellente note que je lui ai attribuée. **Il tiendra bien 10 ans, voire plus.** (3/02)

1998
89+ ?
D'un rubis-pourpre dense et soutenu, le 1998 exhale un nez de poivre vert, de prune, de viande rôtie, de cuir fin, de tabac et de fruits noirs. Corsé, concentré et trapu, bien marqué par la mâche, il déploie en finale des tannins

rugueux. Ce vin pourrait ultérieurement être renoté à la hausse si ses arômes de poivre vert et ses tannins se fondaient davantage. Toujours est-il qu'il requiert une certaine garde. Conviendrait-il aux nostalgiques du XIXe siècle ? **À boire entre 2006 et 2020.** (3/02)

1997 87 ? Puissant, mais rustique, ce vin d'un rubis-pourpre sombre et opaque révèle un nez herbacé de cerise noire, de terre et de réglisse. Moyennement corsé et tannique, marqué par la mâche, il est moins charmeur que la plupart de ses jumeaux, qu'il surpasse cependant en termes de corpulence, d'ampleur et de carrure. **À boire.** (3/00)

1996 87+ ? Quoique un peu monolithique, le 1996 se montre sous un bon jour. D'un rubis-prune soutenu, avec des effluves de terre, de cerise noire, d'herbes séchées et de réglisse, il déploie en bouche des arômes moyennement corsés, musclés et concentrés, et des tannins assez abondants. Un Pomerol ample et robuste, à déguster **jusqu'en 2012.** (12/01)

1995 89 Véritable révélation du millésime, le Bourgneuf 1995 est opaque et pourpre de robe, et offre un nez serré, mais prometteur, de cerise noire, de framboise et de café. Bien étoffé, il exprime une bouche moyennement corsée, puissante et ample, tout à la fois énorme, massive et opulente. Déjà excellent et luxuriant, il sera à son apogée **jusqu'en 2014.** (3/00)

CERTAN MARZELLE

Propriétaire : Éts Jean-Pierre Moueix
Adresse : 33500 Pomerol
Adresse postale : SA Éts Jean-Pierre Moueix – BP 129
54, quai du Priourat – 33502 Libourne
Tél. 05 57 51 78 96 – *Fax* 05 57 51 79 79
Visites : non autorisées
Contact : Frédéric Lospied

VIGNOBLE ET VINIFICATION

Superficie : 3,25 ha
Encépagement : 100 % merlot
Âge moyen des vignes : 20 ans – *Densité de plantation :* 6 250 pieds/ha
Rendement moyen : 38 hl/ha
Élevage : fermentations et cuvaison de 20 jours en cuves de béton thermorégulées ; vieillissement de 18 mois en fûts (30 % de bois neuf) ; collage ; pas de filtration

VIN PRODUIT

Château Certan Marzelle – 12 000 b (pas de second vin)
À maturité : dans les 5 à 10 ans suivant le millésime

APPRÉCIATION GÉNÉRALE

Du fait de sa courte histoire, cette propriété appartenant à la maison Jean-Pierre Moueix, de Libourne, n'a à son actif que quatre millésimes. Certan Marzelle bénéficie des soins de l'équipe technique qui élabore des stars comme Petrus, Hosanna ou Trotanoy, et le vignoble est bien situé en Pomerol.

Ce nouveau cru de Christian Moueix est issu d'une parcelle de l'ancien vignoble Certan-Giraud. La meilleure vigne de cette dernière propriété fut rebaptisée Hosanna, une autre parcelle fut vendue à Nenin, et la troisième donne ce vin entièrement composé de merlot. Malheureusement, Certan Marzelle n'est produit qu'à hauteur de 1 000 caisses. Ce cru se veut la réponse de Christian Moueix au célèbre Le Pin.

2003 **87-88** Ce vignoble d'un peu plus de 3 ha, qui doit sa renaissance à Christian Moueix, propose un vin entièrement issu de merlot qui est tout à la fois séduisant, précoce et délicieux. Pour l'heure, l'assemblage ne comprend pas de vin de presse, qui apportera certainement à l'ensemble davantage de structure et de corpulence. Sensuel, fruité et épanoui, le 2003 de Certan Marzelle s'annonce par un rubis-pourpre profond et par un nez de fruits noirs, de réglisse et de terre. Moyennement corsé et souple, il sera parfait **dans les 7 à 8 ans.** (3/04)

2002 **86** Ce vin entièrement issu de merlot est légèrement corsé et un peu aqueux. D'un rubis-pourpre foncé, il présente un doux fruité de cerise aigre-douce marqué en arrière-plan de notes épicées. **À boire dans les 7 à 8 ans suivant le millésime.** (9/03)

2001 **92** Ce vin, qui évoque furieusement un Pinot Noir, doit sa sensualité à sa faible acidité. D'un rubis dense, généreusement marqué d'arômes de petits fruits charnus nuancés de caramel mou, de boîte à épices et d'herbes séchées, il est épanoui et généreux. L'ensemble, entièrement issu de merlot, doit être consommé **dans les 8 à 12 ans suivant le millésime.** (1/03)

2000 **90** D'un rubis profond, ce 2000, qui marque les débuts de Certan Marzelle, a été produit à hauteur de 1 000 caisses. Il dégage un doux nez de liqueur de cerise noire et de prune nuancé de réglisse, de truffe et de caramel mou. Suit en bouche un ensemble moyennement corsé et charnu, très dense aussi, étonnamment précoce et opulent pour un cru de Christian Moueix. Un délice, à savourer **dès maintenant et jusqu'en 2013.** (1/03)

CERTAN DE MAY DE CERTAN

Propriétaire : Odette Barrau-Badar
Adresse : 33500 Pomerol
Tél. 05 57 51 41 53 – *Fax* 05 57 51 88 51
E-mail : chateau.certan-de-may@wanadoo.fr
Visites : sur rendez-vous uniquement
Contact : Odette Barreau-Badar

VIGNOBLE ET VINIFICATION

Superficie : 5 ha
Encépagement : 70 % merlot, 25 % cabernet franc, 5 % cabernet sauvignon
Âge moyen des vignes : 45 ans
Densité de plantation : 5 500 pieds/ha – *Rendement moyen :* 40 hl/ha
Élevage : fermentations et cuvaison de 28 à 35 jours en cuves d'acier inoxydable thermorégulées, avec remontages fréquents ; vieillissement de 14 à 16 mois en fûts (70 % de bois neuf) ; collage ; pas de précision quant à la filtration

VIN PRODUIT

Château Certan de May de Certan – 24 000 b (pas de second vin)
À maturité : dans les 6 à 20 ans suivant le millésime

APPRÉCIATION GÉNÉRALE

Cette propriété magnifiquement située est réputée pour ses vieux millésimes, en particulier ceux des années 40 et 50. Elle s'est également distinguée dans le courant des années 80. Il semblerait qu'elle se redresse après une période de relative méforme dans la décennie 90.

Ce vignoble – un vrai petit bijou – compte parmi les belles étoiles de Pomerol. Il est superbement situé, sur les sols les plus élevés de l'appellation, entre Vieux Château Certan et Petrus. Longtemps, ce cru a été vinifié dans un autre domaine, mais, depuis 1974, les propriétaires actuels, Mme Odette Barrau-Badar et son fils Jean-Luc, ont pris les choses en main jusqu'au moindre détail. Ils ont réussi une splendide série de Pomerol remarquablement riches et concentrés, qui font de Certan de May l'un des vins les plus intéressants de l'appellation. Cela étant, pour des raisons que j'ignore, le cru s'est montré plus herbacé et nettement moins concentré dans les années 90.

Si Certan de May s'impose comme l'un des Pomerol les plus prometteurs, ce n'est pas par hasard. En 1976, en effet, les vieilles cuves de bois ont été remplacées par des cuves d'acier inoxydable. En outre, Jean-Luc Barrau a su prendre les décisions qui s'imposaient pour améliorer la qualité de ce cru. C'est ainsi qu'il vendange le plus tard possible et procède à une longue cuvaison – d'au moins 1 mois –, ce qui lui permet d'obtenir des vins très riches en extrait, vêtus d'un pourpre opaque tirant sur le noir et suffisamment tanniques pour résister à l'épreuve du temps. L'utilisation d'une bonne proportion de fûts de chêne neuf (70 %) pour l'élevage donne également à Certan de May un parfait équilibre entre le boisé et le fruit concentré et épanoui. Cependant, ce n'est pas un Pomerol que l'on peut boire précocement. Depuis le milieu des années 70, la plupart des millésimes ont eu besoin de 7 à 10 ans de vieillissement pour être prêts. Malheureusement, il est impossible de faire abstraction de l'irrégularité de la propriété ces dix à quinze dernières années.

2003 84-87 Une bonne nouvelle : cette propriété parfois sous-performante, qui bénéficie d'un terroir magnifique, recourt désormais aux conseils du célèbre œnologue Michel Rolland. Elle a désespérément besoin de son talent et de son expertise. Cependant, le 2003 n'est pas le meilleur millésime pour juger du potentiel du cru, la région ayant été desservie cette année-là par la sécheresse et des températures torrides. D'un rubis-pourpre foncé, le 2003 de Certan de May est quelque peu superficiel, mais il se distingue par son caractère moyennement corsé, ainsi que par ses senteurs et ses flaveurs très nettes d'herbes et de petits fruits. L'ensemble, qui présente une richesse de bon aloi, développe aussi une finale modérément persistante. **À boire dans les 7 à 8 ans.** (3/04)

2002 86 De généreuses notes de chêne neuf marquent ce vin moyennement corsé, quelque peu comprimé et dénué d'ampleur, mais séduisant. L'ensemble, qui se présente vêtu de rubis-prune foncé, libère des arômes d'herbes, de vanille et d'épices. **À boire dans les 10 ans suivant le millésime.** (9/03)

2001 87 ? Vinifié dans le style de son aîné de 1988, le 2001 de Certan de May n'en a cependant pas l'étoffe, la profondeur ni la corpulence. Sa robe d'un rubis-pourpre profond accompagne un nez de cèdre, de boîte à épices et de cassis nuancé de champignon frais. Une fois passé ce bouquet, qui évoque un Médoc, on décèle en bouche un ensemble moyennement corsé, légèrement herbacé, étayé par une faible acidité et des tannins mûrs. Un Pomerol élégant. **À boire à son apogée jusqu'en 2014.** (1/03)

2000 **91** Après plusieurs mauvaises performances, le 2000 s'est enfin décidé à se montrer sous un bon jour. Ses arômes de doux kirsch entremêlés de notes de mûre, de sous-bois et de prune jaillissent littéralement d'un ensemble vêtu de rubis-pourpre opaque, qui se montre en bouche corsé, dense et structuré, modérément tannique, révélant encore un caractère de terre à la fois étrange et exotique. Il s'agit probablement de la plus belle réussite de la propriété ces dernières années. **À boire jusqu'en 2018.** (1/03)

1999 **87** Plutôt léger et sensuel, le 1999 de Certan de May offre des senteurs de tabac, d'herbes, de bois de balsa, de cerise et d'autres fruits noirs. Quoique léger, ce vin est parfumé et agréablement rond. D'ores et déjà accessible, il promet aussi de tenir **6 à 8 ans.** (3/02)

1998 **86 ?** Dans l'ensemble, ce vin d'un rubis-grenat moyennement foncé est assez maigre et manque de concentration. Il révèle des notes d'herbes, de cuir fin, de boîte à épices, de groseille et de cerise, mais les amateurs ayant le souvenir des superbes Certan de May 1979, 1982, 1985 et 1988 le trouveront certainement décevant. **À boire jusqu'en 2010.** (10/02)

1997 **86** Ce vin moyennement corsé et tannique, dont les notes de chêne grillé disputent à des nuances de terre l'attention du dégustateur, révèle un fruité herbacé de cerise noire et d'épices. **À boire maintenant.** (12/01)

1996 **87 ?** Ce vin moyennement corsé, au nez intense de cèdre, d'herbes séchées et de cerise noire, ne manque pas d'inquiéter en raison de ses tannins acerbes. Quoique bien vinifié, il pèche par sa texture granuleuse et par ses tannins anguleux et rustiques. **À boire jusqu'en 2015.** (2/01)

1995 **90+** L'impressionnant 1995, qui arbore un rubis-pourpre dense, présente un nez modérément intense d'olive noire, de cèdre, de framboise et de cerise, nuancé de chêne neuf grillé. Son boisé et ses tannins abondants sont bien perceptibles en bouche. Malgré ses arômes agressifs de vanille et ses tannins puissants, il faut souligner sa profondeur extraordinaire, sa concentration et sa générosité, ainsi que son caractère extrêmement musclé et massif. Il s'agit d'un vin ample, peu évolué et magnifiquement doté, qui pourrait bien s'imposer, avec le 2000, comme la plus belle réussite de la propriété depuis le 1988. Il demande incontestablement de la patience. **À boire entre 2006 et 2020.** (11/01)

1994 **87** Rubis-pourpre foncé, le Certan de May 1994 exhale les légendaires arômes de cacahuète grillée, d'herbes, de cerise noire et de groseille caractéristiques de ce cru. Semblable au 1983, charnu et épanoui, avec des tannins modérément abondants, il est étonnamment évolué, doux et séduisant en bouche. Les amateurs devront cependant être prêts à accepter son fort caractère herbacé s'ils veulent l'apprécier pleinement. **À boire jusqu'en 2009.** (12/00)

1990 **88** Le 1990 de Certan de May a évolué plutôt rapidement. Dans sa jeunesse, il manquait quelque peu de tenue. Actuellement, il se présente vêtu d'un grenat foncé fortement ambré sur le bord et révèle au nez des senteurs évoquant un marché de Provence et la crème de cassis. L'ensemble est ample et faible en acidité. Il est bien fait, mais sa concentration et sa profondeur n'ont rien d'exceptionnel. Ses tannins sont fondus. Je doute cependant que ce vin s'améliore encore. On aurait espéré, dans un millésime aussi prestigieux, qu'il présentât davantage de puissance et d'intensité. **À boire jusqu'en 2008.** (4/02)

1989 La comparaison des 1989 et 1990 de Certan de May a toujours été intéressante.
89 Avec le temps, le 1989 a développé davantage de structure et de tannins secs, mais, comme le 1990, il n'a pas la concentration que l'on attend d'un cru de haut niveau dans un millésime à fort potentiel. Son nez herbacé, mêlant des senteurs de tapenade, de cèdre, de chêne neuf et de boîte à épices à des notes de fruits noirs et rouges, est incontestablement complexe et séduisant. La bouche, moyennement corsée, atteste que l'ensemble est proche de son apogée, si l'on excepte la finale, sèche, astringente et tannique. Je doute que ce vin s'étoffe ou qu'il gagne en richesse. **À boire jusqu'en 2010.** (4/02)

1988 Le 1988 de Certan de May est meilleur, plus étoffé et plus concentré que
92 ses cadets de 1989 et 1990, pourtant issus de millésimes plus prestigieux. Arborant une robe encore dense et intacte d'un rubis-grenat tirant sur le pourpre, il exhale un nez de truffe, de réglisse, de compost, de cèdre, de cassis et de cerise. En bouche, il est tout à la fois concentré, puissant et musclé. Toujours jeune et corsé, il est étayé par une heureuse acidité tonique et par des tannins fermes. L'ensemble se distingue encore par sa fermeté, sans astringence. Il s'agit certainement de l'un des vins les plus réussis du millésime. **À boire jusqu'en 2016.** (10/02)

1986 Le 1986 est excellent, voire extraordinaire. Sa robe grenat foncé est légèrement
89 éclaircie sur le bord. Au nez, il évoque les herbes fumées, la terre humide, la truffe, la réglisse, le barbecue sur bois de noyer, la cerise et la groseille douces. Une fois passé ce bouquet d'une grande complexité, on décèle en bouche un ensemble moyennement corsé, proche de la maturité, cependant plus austère que je ne l'aurais voulu. Les tannins sont encore très présents et ne se fondront probablement jamais totalement, mais l'ensemble impressionne par la richesse de ses arômes et par son style presque médocain. **À boire jusqu'en 2015.** (3/02)

1985 Ce vin, qui est à son apogée, est aguicheur avec ses très complexes arômes
92 de cuir fin, d'herbes fumées, de cassis, de cerise noire, de douce réglisse et de goudron nuancés de truffe. Charnu et savoureux, parfaitement mûr, il est tout simplement délicieux. Sa robe d'un grenat foncé prélude à un ensemble moyennement corsé, merveilleusement doux, à la finale généreuse, charnue et persistante. Ce vin soyeux doit être consommé dans les 5 ans. **À boire jusqu'en 2010.** (4/02)

1983 Ce vin se délite et perd rapidement de son fruit. D'un grenat moyennement
85 ? foncé, doté de notes de menthe, d'estragon, de réglisse et de douce cerise, il est également marqué en arrière-plan – et c'est plus ennuyeux – de nuances de terre et de champignon. La bouche, moyennement corsée, révèle un doux fruit, mais accuse surtout un manque de structure, et la finale est extrêmement atténuée et desséchée. **À boire d'urgence.** (10/02)

1982 La plupart des 1982 n'ont pas seulement tenu leurs promesses, ainsi que je
92+ ? l'avais prédit il y a plusieurs années ; mieux encore, ils ont dépassé mes espérances en termes de jeunesse, d'étoffe et d'aptitude à la garde. Cependant, la règle souffre quelques exceptions – entre autres, le Certan de May, qui est toujours aussi difficile à jauger. Certaines bouteilles méritent une note supérieure à 95, tandis que d'autres franchissent à peine la barre des 90. Bien entendu, les dégustations qui me paraissent les plus fiables sont celles de flacons provenant de ma cave personnelle ; je sais, en l'occurrence, qu'il s'agit de vins ayant bénéficié de parfaites conditions de conservation depuis leur arrivée aux États-Unis. Ces expériences révèlent un vin très dense, musclé, puissant et riche, qui atteint tout juste sa maturité. En effet, Certan de May a toujours été l'un des 1982 de la rive droite les moins évolués, et il semblerait qu'il recèle un potentiel très important, qui lui permettrait de s'améliorer encore. Vêtu d'un grenat dense et trouble intact, il exhale de très complexes senteurs de truffe, de viande fumée, de réglisse, de cassis et de prune, ainsi que des nuances de pruneau. La bouche, corsée et très musclée, recèle d'abondants tannins, et elle est étayée par une acidité sous-jacente, mais très présente. Le milieu de bouche comme la finale sont denses et marqués par la mâche. J'aurais pensé que ce vin, dont les abondants tannins doivent encore se fondre, présenterait, à bientôt 25 ans d'âge, davantage de douceur et qu'il serait plus évolué. Il s'agit incontestablement d'un ensemble explosif et très généreusement doté. Je me demande seulement s'il développera autant de rondeur et de séduction que les meilleurs 1982. **À boire jusqu'en 2020, voire au-delà.** (10/02)

1981 D'un rubis encore dense légèrement nuancé de pourpre, le 1981 de Certan
89 de May est ample de carrure et, de ce fait, atypique du millésime, davantage porté sur des vins plutôt légers et élégants. Un nez de réglisse, d'herbes séchées, de fruits noirs et rouges et d'épices annonce cet ensemble moyennement corsé, relativement puissant, extrêmement profond et intense, que l'on appréciera ces 8 prochaines années. **À boire jusqu'en 2013.** (5/02)

1979 Voici une belle réussite dans un millésime fort sous-estimé. Encore jeune en
90 apparence (sa robe dense, d'un rubis-prune sombre et soutenu, est à peine éclaircie sur le bord), le 1979 de Certan de May s'annonce par un doux nez de truffe, d'épices à barbecue, de terre, de cerise noire et de cassis. Moyennement corsé, étayé par une acidité de bon aloi et des tannins modérément abondants, il déploie, par paliers, une finale étonnamment longue et généreuse. L'ensemble, puissant, musclé et tonique, a encore de belles années devant lui. **À boire jusqu'en 2010.** (5/02)

MILLÉSIMES ANCIENS

Je n'ai pas dégusté de très vieux millésimes de Certan de May depuis la dernière édition de cet ouvrage, où je mentionnais le 1945 (noté 96 en octobre 1994), un vin spectaculaire qui promettait, lorsque je l'avais goûté, de tenir encore une bonne vingtaine d'années.

LA CLÉMENCE

Propriétaire : Christian Dauriac
Adresse : 33500 Pomerol
Adresse postale : SC Dauriac – Château Destieux
33330 Saint-Émilion
Tél. 05 57 24 77 44 – *Fax* 05 57 40 37 42
E-mail : dauriac@labm.fr
Site Internet : www.vignobles.dauriac.com
Visites : sur rendez-vous uniquement
Contact : Christian Dauriac

VIGNOBLE ET VINIFICATION

Superficie : 3 ha
Encépagement : 85 % merlot, 15 % cabernet franc
Âge moyen des vignes : 45 ans – *Densité de plantation :* 6 000 pieds/ha
Rendement moyen : 20 hl/ha
Élevage : fermentations et cuvaison en cuves de bois thermorégulées ; achèvement des malolactiques et vieillissement de 18 à 20 mois en fûts de chêne (100 % de bois neuf) ; ni collage ni filtration

VIN PRODUIT

Château La Clémence – 7 000 b (pas de second vin)
À maturité : dans les 5 à 18 ans suivant le millésime

APPRÉCIATION GÉNÉRALE

Ce nouveau vin de garage se veut ambitieux. Il est encore trop tôt pour savoir s'il tiendra ses promesses. Cependant, sachant le magnifique travail accompli par Christian et Anne-Marie Dauriac à Destieux, leur propriété de Saint-Émilion, on peut subodorer qu'aucun effort ne sera épargné pour propulser La Clémence dans le peloton de tête des Pomerol. Pour l'instant, les débuts sont encourageants, mais les prix très élevés.

Issu d'un vignoble complanté en vieux pieds de merlot et de cabernet franc (les rendements sont de l'ordre de 20 hl/ha seulement), La Clémence est vinifié à la manière des vins de garage. Le 2000 marque les débuts à La Clémence de Christian Dauriac, par ailleurs propriétaire de Destieux, à Saint-Émilion.

2003 **86-87** Une partie de ce vignoble se situe sur la fameuse argile bleue de Pomerol, mais certaines parcelles se trouvent sur des sols sableux et graveleux, ce qui explique probablement que le cru ne soit pas aussi concentré que – je subodore – Christian Dauriac, le maître des lieux, le voudrait. Quoi qu'il en soit, cet assemblage 85 % merlot et 15 % cabernet franc se distingue par une robe rubis foncé, par un caractère moyennement corsé, ainsi que par de douces notes de moka et de cerise noire nuancées de goudron et rehaussées de belles notes de chêne neuf. Quoique légèrement superficiel, La Clémence 2003 est plaisant et charmeur, et sera agréable ces 7 à 8 prochaines années. (1/05)

2002 **88** Le petit vignoble – 3 ha – de Christian Dauriac a connu en 2002 davantage de réussite qu'en 2003, produisant cette année-là l'un des meilleurs Pomerol. La Clémence 2002 arbore un rubis-pourpre profond, dégage des senteurs de cerise noire, de prune, de cassis, de figue, de réglisse et de chêne neuf grillé, et présente un caractère moyennement corsé, une texture souple, une très belle concentration, ainsi qu'une finale charnue. Il devrait être à son apogée **entre 2007 et 2015.** (1/05)

2001
90
Issu de faibles rendements de 20 hl/ha, le 2001 a entièrement vieilli en fûts de chêne neuf. Les abondants tannins qu'il recèle pourraient lui conférer une certaine rusticité, mais l'ensemble présente aussi de doux et purs arômes de fruits noirs nuancés de réglisse, de fumé et de camphre. Vous apprécierez ce vin moyennement massif, dense et épicé **jusqu'en 2016.** (1/03)

2000
91+
Le 2000 de La Clémence constitue probablement la plus belle réussite à ce jour du tandem Dauriac/Rolland. D'un pourpre opaque et profond, il est doté d'un nez serré, mais prometteur, de truffe, de réglisse, de sous-bois, d'encens et de fruits noirs, et exprime avec ampleur une bouche moyennement corsée et dense. L'ensemble est un véritable vin de garde qui ne fera aucune concession aux amateurs en quête d'un plaisir immédiat. Certes, ce cru musclé et puissant regorge de potentiel, mais il mettra à rude épreuve la patience des consommateurs. **À boire entre 2009 et 2022, voire au-delà.** (1/03)

CLINET

Propriétaire : famille Laborde
Adresse : route de Feytit – 33500 Pomerol
Adresse postale : 3, rue Fénelon – 33000 Bordeaux
Tél. 05 56 79 12 12 – *Fax* 05 56 79 01 11
E-mail : contact@chateauclinet.com
Site Internet : www.chateauclinet.com
Visites : sur rendez-vous uniquement
Contact : Ronan Laborde

VIGNOBLE ET VINIFICATION

Superficie : 9 ha
Encépagement : 85 % merlot, 10 % cabernet franc, 5 % cabernet sauvignon
Âge moyen des vignes : 40 ans – *Densité de plantation :* 6 600 pieds/ha
Rendement moyen : 35 hl/ha
Élevage : fermentations et cuvaison de 30 à 40 jours en cuves de bois thermorégulées de petite contenance ; vieillissement de 18 à 24 mois en fûts (100 % de bois neuf) ; ni collage ni filtration

VINS PRODUITS

Château Clinet – 28 000 b ; Fleur de Clinet – 12 000 b
À maturité : dans les 7 à 18 ans suivant le millésime

APPRÉCIATION GÉNÉRALE

Si ce cru n'a jamais, ces dernières années, atteint son niveau de qualité des millésimes 1989, 1990 et 1995 (qui frisent la perfection), il s'impose toujours au nombre des meilleurs de son appellation. Peu accessible dans sa jeunesse (il est très fermé et tannique dans sa petite enfance), il se révèle magnifiquement vers 5 à 8 ans d'âge, montrant alors, outre des tannins joliment fondus, la générosité et la rondeur caractéristiques des meilleurs Pomerol.

Pour les grands vins, on fait souvent appel à la notion de terroir, c'est-à-dire au caractère particulier qu'un cru tient du vignoble dont il est issu. Cependant, Clinet, qui bénéficie certes d'un terroir magique, dans la partie la plus élevée du plateau de Pomerol (immédiatement à côté de L'Église-Clinet et à moins de 1 km des très grands Lafleur et Petrus), démontre justement que le talent d'un homme, passionné par son métier et en quête de perfection, peut être plus décisif que le sol.

En effet, le regretté Jean-Michel Arcaute, qui avait épousé la fille de l'ancien propriétaire de Clinet, Georges Audy, prit la direction du domaine en 1985. En moins de quatre ans, il réussissait à tirer Clinet de sa médiocrité pour l'amener au tout premier rang des Pomerol. Comment a-t-il fait ?

Tout d'abord, il s'en remit au célèbre œnologue Michel Rolland pour ce qui est de la date des vendanges, de la vinification et de l'élevage. Ce qui voulait dire des vendanges les plus tardives possibles – de fait, depuis 1987, Clinet est l'une des dernières propriétés de Pomerol à récolter. En outre, les machines à vendanger, utilisées ici depuis 1982, furent abandonnées. En contrepartie, le 1987 a non seulement été la réussite du millésime pour l'appellation, mais peut-être même l'un des deux meilleurs vins de tout le Bordelais, l'autre étant Mouton Rothschild. Par la suite, Jean-Michel Arcaute a produit un très grand 1988, ainsi que de somptueux 1989 et 1990. Il avait institué une macération de plus de 1 mois et réduit la proportion de cabernet sauvignon dans l'encépagement à moins de 15 %.

La propriété fut vendue à Jean-Louis Laborde, qui travaille tranquillement à reconstruire la réputation du cru et à l'amener aux sommets qu'il avait atteints dans les années 1989 et 1990.

2003
86-88
Le 2003 de Clinet n'est pas particulièrement puissant. D'un rubis-pourpre profond, il séduit par ses arômes de réglisse, de sous-bois, d'encens, de mûre et de cerise. En bouche, il est moyennement corsé et révèle, outre une très grande maturité, une finale marquée par d'abondants tannins. L'ensemble présente davantage d'étoffe en milieu de bouche que la plupart de ses voisins. **À boire entre 2004 et 2012.** (3/04)

2002
89
Très réussi dans un millésime pourtant peu favorable à l'appellation, le 2002 de Clinet s'annonce par un pourpre dense et par de doux parfums de figue, de cassis et de mûre nuancés de cèdre, de terre et de réglisse. Ce vin moyennement corsé, relativement puissant et massif, recèle des tannins modérément abondants. **À boire entre 2007 et 2016.** (9/03)

2001
89+
Clinet est généralement difficile à jauger dans sa petite enfance. Le 2001 de ce cru, qui s'annonce par un rubis-pourpre foncé, dégage des senteurs concentrées de figue, de prune et de mûre, et il est même marqué de nuances de pruneau. Moyennement corsé, impressionnant de douceur et d'étoffe, il s'exprime en milieu de bouche avec ampleur et révèle encore un boisé prononcé. L'ensemble est assurément excellent, voire exceptionnel. **À boire entre 2008 et 2020.** (1/03)

2000
92
Ce vin, que j'ai dégusté en quatre occurrences (deux bouteilles sur quatre étaient bouchonnées), manque quelque peu de complexité, mais il est assurément bien doté, d'où la très bonne note que je lui ai attribuée. Le manque de structure qu'il accusait dans sa prime jeunesse appartient désormais au

passé. Aujourd'hui, le 2000 de Clinet se présente comme un vin d'un rubis-pourpre soutenu, dont les pures senteurs d'épices orientales sont nuancées de cassis fumé, de framboise et de myrtille, et marquées en arrière-plan de notes de boisé. L'ensemble est corsé, très pur malgré sa densité et sa générosité ; il manifeste également une immense douceur. Aux abondants tannins que recèle la finale fait pièce un fruité impressionnant de richesse en extrait. Il s'agit incontestablement de la plus belle réussite de la propriété sous la houlette de Jean-Louis Laborde. **À boire entre 2008 et 2020, voire au-delà.** (1/03)

1999 **88** Le 1999 de Clinet est étonnamment accessible à l'attaque, mais il présente en finale des tannins fermes. Moyennement corsé, il exprime en bouche, avec ampleur, de très belles notes de réglisse, de mûre, de cerise et de groseille, ainsi que des tannins doux, mais légèrement rustiques. Il s'en faudrait de peu que ce vin d'excellente facture soit extraordinaire. **À boire jusqu'en 2015.** (3/02)

1998 **90 ?** Clinet souffre généralement de la mise en bouteille, montrant alors un caractère de réduction. Le 1998 se distingue par un pourpre dense et épais. Très fermé au nez, il révèle cependant, au mouvement du verre, des notes de terre humide, de chêne neuf épicé, de truffe, de mûre et de prune. Dense, avec des tannins rugueux, très puissant aussi, il exprime en bouche un caractère rôti et chocolaté. L'ensemble n'est pas parfaitement fondu. Il manque encore de complexité, mais il présente davantage de tenue. Il y a de fortes chances pour que ce vin musclé mérite ultérieurement une note extraordinaire. Cependant, il requiert une certaine garde. **À boire entre 2008 et 2020.** (3/02)

1997 **89** Le Clinet 1997 se montre sous un bon jour. Son nez exotique de truffe, de vanille, de liqueur de prune, de fruits noirs et d'épices orientales précède en bouche un ensemble charnu et gras, marqué de notes de café, de crème de noix de coco et de mûre. Ce vin étonnamment dense est plus tannique que la plupart de ses jumeaux et devrait tenir encore quelques années. Bien qu'il soit magnifiquement réussi, c'est l'un des 1997 les moins plaisants à boire dans l'immédiat. **À boire jusqu'en 2012, voire au-delà.** (11/01)

1996 **91+ ?** Le 1996 de Clinet est sujet à controverse, tout comme son voisin de L'Évangile. Musclé, peu évolué et richement extrait, il présente une montagne de tannins, d'où le point d'interrogation accompagnant la note que je lui ai attribuée. Sa robe d'un prune-pourpre soutenu introduit un nez au boisé agressif et aux senteurs de café torréfié, de mûre et de prune. D'une richesse, d'une intensité et d'une surmaturité très atypiques pour un Pomerol de ce millésime, il se montre moyennement corsé et puissant, mais également très fermé, et requiert, de ce fait, une garde de 2 à 3 ans. Il sera intéressant de suivre son évolution pour voir si les tannins se fondent harmonieusement dans cet ensemble concentré. Si tel n'est pas le cas, le vin révélera une structure et des tannins légèrement rustiques. **À boire entre 2007 et 2020.** (12/01)

1995 **95** Le 1995 de Clinet est un spécimen extraordinaire, véritable vin de garde peu évolué évoquant une essence de Pomerol. Son fruité de mûre et de liqueur de cassis est tout simplement fabuleux. D'un pourpre-noir soutenu, il révèle une bouche extrêmement corsée et puissante, et déploie par paliers de copieux arômes fruités, d'une richesse massive et littéralement imbibés de gras, aux notes de réglisse, de cassis et de mûre. Ce vin dense et impressionnant, onctueux et épais, que l'on doit au regretté Jean-Michel Arcaute, devrait continuer à s'améliorer ces 10 à 25 prochaines années. **À boire à son apogée entre 2006 et 2025.** (12/01)

1994 **90** Le 1994, qui arbore un pourpre-grenat d'encre, exhale un nez merveilleusement intense de truffe noire, de réglisse, de cèdre et de fruits noirs. Il présente une richesse en extrait phénoménale et semble presque trop concentré. Ce vin ample et massif, au potentiel de garde de 20 à 25 ans, est d'une intensité et d'une pureté absolument remarquables ; son onctuosité et sa richesse proches de celles d'une liqueur valent l'expérience. C'est un Pomerol exceptionnellement dense et généreusement doté, d'un style qui porte à la controverse, mais qui récompensera largement ceux qui sauront l'attendre. Si ses tannins sont encore très présents, il en est de même de sa richesse en extrait. **À boire jusqu'en 2025.** (12/01)

1990 **96** Plus évolué que son aîné d'un an, qui jouit d'une réputation internationale, le 1990 continue de gagner en étoffe et en ampleur. Il est difficile, dans une dégustation à l'aveugle, de distinguer ce vin puissant et massif du 1989, plus jeune et moins évolué. D'un pourpre soutenu qui commence à peine à s'éclaircir, le 1990 de Clinet libère des notes de fumé, de chocolat, de café, de moka, de mûre et de cassis qui jaillissent littéralement du verre. Ce bouquet annonce un ensemble corsé, merveilleusement parfumé, d'une concentration prodigieuse, qui est incontestablement séduisant. **À boire jusqu'en 2017.** (9/02)

1989 **100** Le 1989 s'impose comme l'un des bordeaux les plus grandioses des temps modernes. D'un pourpre soutenu, dégageant un doux nez de crème de cassis nuancé d'encens, de réglisse, de fumé et de minéral, il développe, au fur et à mesure de son aération, des notes de myrtille et de mûre, ainsi que des nuances de chêne grillé, de terre et d'épices. Cet ensemble corsé, d'une concentration et d'une complexité spectaculaires, est un vin de rêve. **À boire jusqu'en 2025.** (10/02)

1988 **92** Le 1988 est le premier millésime de haut vol élaboré sous la houlette du regretté Jean-Michel Arcaute. Ce vin, qui continue d'évoluer magnifiquement, présente un nez de café, de douce mûre et de cerise nuancé de prune et de groseille qui jaillit littéralement du verre, annonçant un vin très corsé et très concentré. Il s'agit d'un autre 1988 ayant magnifiquement évolué, qui s'impose comme une révélation de ce millésime demeurant, du moins pour un vin comme Clinet, sous-estimé. **À boire jusqu'en 2012.** (10/02)

1987 **90** Ce vin, qui approche de son apogée, est l'une des grandes révélations du millésime ; il mérite d'être recherché à la carte des restaurants ou dans les ventes aux enchères. D'une concentration phénoménale pour un 1987, il arbore toujours un grenat-prune dense tirant sur le pourpre. Son nez merveilleusement doux évoque le cèdre, la truffe, le caramel, la violette, le cassis et la réglisse. L'ensemble est étonnamment corsé, puissant et concentré. Il paraît presque magique en comparaison de ses jumeaux de la région. Une belle réussite ! **À boire jusqu'en 2007.** (10/02)

1986 **88 ?** Ce vin d'un prune-grenat foncé recèle des tannins encore assez abondants et présente une finale légèrement sèche et astringente. Cependant, si l'on excepte ces traits, l'ensemble demeure impressionnant. Exhalant avec ampleur un nez épicé, encore légèrement nuancé de boisé, aux senteurs de réglisse, de fleurs et de myrtille, il se montre en bouche moyennement corsé, révélant une belle profondeur, mais aussi, je le répète, des tannins durs. Atypique du millésime dans la mesure où il est encore jeune et prometteur, il inquiète seulement par lesdits tannins, qui pourraient prendre le pas sur le fruit. **À boire jusqu'en 2012.** (9/02)

1985 **88** Le 1985 marque un tournant qualitatif pour Clinet. L'ensemble, qui mêle au nez des notes de terre et de fumé à des senteurs de cerise noire, de groseille, de prune et de pruneau, est parfaitement mûr. En bouche, il révèle, outre une maturité d'excellent aloi et des tannins doux, des flaveurs amples, charnues et presque herbacées, étayées par une faible acidité. Ce vin très mûr doit être consommé **sans plus tarder.** (6/02)

MILLÉSIMES ANCIENS

Clinet a enregistré dans les années 60 et 70, ainsi qu'au début des années 80 (y compris en 1982, pourtant un millésime grandiose), des performances médiocres, produisant une succession de vins peu agréables, maigres et manquant de netteté, qui font paraître encore plus impressionnants les bons résultats à compter de 1985. Le seul vin grandiose que j'aie dégusté est le 1947 (en magnum, noté 96 en décembre 1995). Ce vin doit être encore superbe, à condition qu'il s'agisse de flacons ayant bénéficié de parfaites conditions de conservation.

CLOS DU CLOCHER

Propriétaires : héritiers Audy-Bourotte
Adresse : Catusseau – 33500 Pomerol
Adresse postale : SC Clos du Clocher – Éts J.-B. Audy – 35, quai du Prieurat
BP 79 – 33502 Libourne Cedex
Tél. 05 57 51 62 17 – *Fax* 05 57 51 28 28
E-mail : contact@jbaudy.fr
Visites : tous les jours, sur rendez-vous uniquement (également en anglais, allemand, espagnol)
Contact : Jean-Baptiste Bourotte

VIGNOBLE ET VINIFICATION

Superficie : 6 ha
Encépagement : 80 % merlot, 20 % cabernet franc
Âge moyen des vignes : 25 ans – *Densité de plantation :* 6 000 pieds/ha
Rendement moyen : 46 hl/ha
Élevage : fermentations et cuvaison de 28 jours en cuves de béton thermorégulées ; achèvement des malolactiques et vieillissement de 18 mois en fûts (60 % de bois neuf) ; collage et filtration

VINS PRODUITS

Clos du Clocher – 21 000-22 000 b ; Château Monregard La Croix – 12 000 b
À maturité : dans les 5 à 12 ans suivant le millésime

APPRÉCIATION GÉNÉRALE

Très proche en style de son compagnon d'écurie Bonalgue, Clos du Clocher se distingue par une agréable rondeur, et par un fruité riche et moyennement corsé qui compense son manque d'élégance et de finesse. Ce cru mérite incontestablement l'attention dans les meilleurs millésimes.

Cette propriété méconnue et sous-estimée, qui bénéficie pourtant d'un terroir fabuleux, s'étend au sud de la grande église dominant les vignobles de Pomerol. Sa très petite production est rarement disponible hors des frontières européennes. En effet, les amateurs belges, avisés, sont particulièrement friands de ce cru. Les vins, essentiellement composés de merlot (80 %) et d'un peu de cabernet franc (20 %), sont très aromatiques et très corsés, manquant peut-être de finesse et de délicatesse, mais réellement séduisants. Ils évoquent souvent les bourgognes, avec leur caractère souple et soyeux, fruité et vraiment très plaisant.

Tout bien considéré, il s'agit donc d'un domaine méritant l'intérêt, qui peut produire d'excellents vins dans les bons millésimes. Les prix, cependant, sont relativement élevés ; en effet, la production est faible, et les amateurs nombreux. Mon instinct me souffle que Pierre Bourotte, efficacement épaulé par l'œnologue Ludovic David, amènera cette propriété à un plus haut niveau de qualité.

2003 **86-88** Ce vin de bonne facture, qui arbore un rubis-prune foncé, exhale de doux arômes de fruits noirs et rouges nuancés de terre, de grillé et de sous-bois. Moyennement corsé, épicé et faible en acidité, il sera parfait **dans les 6 à 8 ans.** (3/04)

2002 **88** Ce vin d'un rubis-prune foncé présente, dans un ensemble moyennement corsé, charnu et étonnamment épanoui, de douces senteurs de groseille et de cerise. Il sera parfait **dans les 6 à 10 ans suivant le millésime.** (9/03)

2001 **89** Le 2001 du Clos du Clocher offre des notes de myrtille, de liqueur de cerise noire, de caramel et de cassis dans un ensemble doux et concentré à la limite de l'épaisseur. Ce vin, qui devrait développer davantage de complexité au terme d'une certaine garde, est moyennement corsé, joliment étoffé, doté d'un fruité et d'un gras généreux, et étayé par une faible acidité. **À boire jusqu'en 2016.** (1/03)

2000 **88** Avec sa robe d'un rubis-pourpre profond et son doux nez de minéral, de caramel et de cerise nuancé de tabac et de boîte à épices, le Clos du Clocher 2000 est plutôt élégant. En bouche, il se montre moyennement corsé, séduisant et plein de charme, et révèle, outre un gras généreux, une finale aux tannins étonnamment présents. En règle générale, ce cru doit être consommé dans les 10 à 15 ans suivant le millésime. Cela vaut très certainement pour le 2000, qui me paraît cependant plus musclé que les millésimes récents de la propriété. **À boire entre 2007 et 2018.** (1/03)

1999 **87** Arborant un pourpre dense et opaque, le 1999 du Clos du Clocher est assez rustique, avec des tannins étonnamment rugueux pour le millésime. Cependant, ce vin se distingue par sa belle profondeur, ainsi que par sa texture, son ampleur et sa concentration admirables. **À boire entre 2006 et 2014.** (3/02)

1998 Ce vin bien fait, structuré et modérément tannique s'annonce par un rubis-
88 pourpre dense. Il présente, tant au nez qu'en bouche, des arômes de mûre, de cerise, de prune, d'épices orientales, de terre et de chêne neuf. Très savoureux, il exprime au palais une extrême douceur, qu'il doit à son gras généreux et à sa remarquable maturité. **À boire jusqu'en 2015.** (3/02)

1997 Ce vin moyennement corsé, qui est à son apogée, est marqué de surmaturité.
86 ? Il est faible en acidité, avec de savoureux arômes de figue, de prune et de cerise nuancés de thé et de pelure de tomate. **À boire sans plus tarder – sans doute sur le déclin.** (12/01)

1996 Ce Clos du Clocher parfaitement mûr est assez massif. Il s'annonce par un
86 rubis moyennement foncé, légèrement ambré sur le bord, et par des senteurs de bois de balsa entremêlées de notes d'herbes séchées, de douce confiture de cerise noire et de moka. Ce vin, dont les tannins sont pratiquement fondus, doit être consommé **sans plus tarder.** (12/01)

1995 Ce vin est encore assez tannique, mais il présente davantage de corpulence
87 et de richesse que le 1996, plus évolué. Ses arômes de noix de cola, de café, de caramel, de cerise noire et de prune douces suggèrent un ensemble à son apogée. La bouche, moyennement corsée et modérément concentrée, révèle une maturité de bon aloi, et la finale recèle des tannins légers. **À boire jusqu'en 2007.** (12/01)

MILLÉSIMES ANCIENS

Les vins de Clos du Clocher doivent être consommés assez rapidement. Les meilleurs millésimes que j'aie dégustés – je subodore qu'ils sont, pour la plupart, à leur apogée ou qu'ils entament à peine leur déclin – sont les 1990 (noté 87 en janvier 1993), 1989 (noté 88 en janvier 1993) et 1982 (noté 87 en octobre 2002).

CLOS L'ÉGLISE

Propriétaire : Sylviane Garcin-Cathiard
Adresse : 33500 Pomerol
Adresse postale : Château Haut-Bergey
BP 49 – 33850 Léognan
Tél. 05 56 64 05 22 – *Fax* 05 56 64 06 98
E-mail : haut.bergey@wanadoo.fr
Site Internet : www.vignoblesgarcin.com
Visites : sur rendez-vous uniquement
Contacts : Hélène Garcin-Lévêque ou Sylviane Garcin-Cathiard

VIGNOBLE ET VINIFICATION

Superficie : 6 ha
Encépagement : 60 % merlot, 40 % cabernet franc
Âge moyen des vignes : 33 ans – *Densité de plantation :* 7 100 pieds/ha
Rendement moyen : 31 hl/ha

Élevage : fermentations et macération prolongée, avec pigeages, en cuves de bois thermorégulées d'une contenance de 60 hl ; achèvement des malolactiques et vieillissement de 18 mois en fûts (100 % de bois neuf) ; ni collage ni filtration

VINS PRODUITS

Clos l'Église – 15 000 b ; Esprit de l'Église – 10 000 b
À maturité : dans les 5 à 15 ans suivant le millésime

APPRÉCIATION GÉNÉRALE

Ce cru, médiocre jusqu'au milieu des années 90, s'est magnifiquement redressé après son acquisition en 1997 par la famille Garcin-Cathiard. S'imposant désormais au nombre des Pomerol les plus opulents, il constitue une référence de son appellation et peut aisément concurrencer, voire surpasser, certaines stars de la rive droite, Petrus et Le Pin compris.

Le nom de nombreux domaines de Pomerol fait référence à une église, tout simplement parce qu'ils se trouvent à proximité de la grande église qui trône au milieu des vignobles. C'est le cas de Clos l'Église, qui jouit d'une belle situation, à côté de Clinet. Son vignoble, situé sur un sol de graves et d'argile, est ouvert à l'ouest. Ce cru, dont j'ai goûté quelques bons millésimes jusqu'en 1997 (notamment le 1964, que j'apprécie particulièrement), présentait souvent l'austérité des Médoc, du fait de sa forte proportion de cabernet sauvignon et de cabernet franc. En fait, il manquait de richesse et d'opulence quand l'année était bonne, et l'on ne devait donc pas s'étonner qu'il fût maigre et terne lorsque les conditions n'étaient pas favorables ; quand le cabernet n'arrivait pas à parfaite maturité, il était en effet herbacé ou même franchement végétal. Sous la houlette des nouveaux propriétaires, le cabernet sauvignon a été arraché au profit du merlot et du cabernet franc.

Clos l'Église est l'une des *success stories* de Pomerol. Si jusqu'à son rachat, en 1997, par les Garcin-Cathiard, soucieux de qualité, Clos l'Église était l'un des Pomerol que j'aimais le moins, il propose depuis une série de vins somptueux, les 1998, 2000, 2001 et 2002 s'imposant comme des monuments. La propriété bénéficie désormais des conseils de Michel Rolland, ce qui a permis la production d'une série de vins absolument magnifiques. La soudaine transformation du vilain petit canard en une grande star rend plus difficile à comprendre les vins anodins produits ici ces trente dernières années sous la houlette des Moueix.

2003
87-90
Bien qu'il n'atteigne pas le niveau de ses superbes aînés de 1998, 2000, 2001 et 2002, le 2003 de Clos l'Église constitue une très belle réussite dans le contexte du millésime. Sa robe d'un rubis-prune profond prélude à des senteurs de moka, de café torréfié, de douce groseille et de cerise, qui introduisent en bouche un ensemble moyennement corsé, quelque peu superficiel, mais séduisant, notamment en raison de sa faible acidité. **À boire dans les 7 à 10 ans suivant le millésime.** (3/04)

2002
93
Très étoffé, expressif et complexe, le 2002, qui s'annonce par un rubis-pourpre dense, est déjà très séduisant au nez, avec ses senteurs de fruits noirs, de moka, de terre et de fumé. En bouche, il est moyennement corsé, mûr et de bonne mâche, tout en présentant un équilibre parfait et une heureuse acidité

sous-jacente. Sa finale, qui se développe par paliers, est généreuse et expressive, avec des tannins et un boisé parfaitement fondus. Une merveille ! **À boire à son apogée entre 2006 et 2016.** (9/03)

2001
95
Ce cru propose un 2001 très réussi, qui s'annonce par un pourpre opaque et par de fabuleuses senteurs de noisette grillée nuancées de douces notes de cassis, de cerise, de prune, de figue et de café. L'ensemble est corsé, d'une grande pureté malgré son opulence et son étoffe, et sa finale, très persistante, dure plus de 1 minute. Quelle réussite ! **À boire jusqu'en 2014.** (1/03)

2000
96
Ce vin monumental, qui s'est considérablement étoffé au cours de son élevage, me paraît aussi puissant, aussi riche et aussi complexe que le 1998, qui semble s'affirmer et gagner en ampleur en bouteille. D'un rubis-pourpre profond, libérant un nez de cacao, de café, de figue et de mûre, il s'impose en bouche avec puissance, se développant par paliers en révélant, outre une étoffe généreuse et une très grande pureté, une finale très nuancée, longue de plus de 1 minute. L'ensemble, qui est tout simplement spectaculaire, demandera davantage de patience que le 1998. **À boire entre 2009 et 2025.** Bravo ! (1/03)

1999
93
Magnifiquement réussi dans le contexte du millésime, le 1999 de Clos l'Église se montre sous un bon jour en bouteille. Libérant un nez luxuriant et étonnamment complexe de vanille, de café, de prune, de figue, de charbon et de liqueur de cerise noire qui jaillit littéralement du verre, il exprime aussi une bouche extrêmement sensuelle – tout à la fois soyeuse, voluptueuse, mûre et concentrée, étayée par des tannins doux et une faible acidité. Ce vin doit être consommé **dans les 8 à 14 ans**, mais je ne serais pas étonné qu'il tienne davantage, du fait de son bel équilibre d'ensemble. (3/02)

1998
96
Le 1998 est un classique de son appellation. Libérant un bouquet superbe et complexe aux notes de moka, de vanille, de cerise noire, de café torréfié, de fumé et de petits fruits, il offre en bouche un déploiement d'arômes explosifs qui se mêlent en un ensemble moyennement corsé, généreux et crémeux. Ce vin souple, qui se développe tout en rondeur, recèle dans sa finale, longue de plus de 40 secondes, des notes de caramel et d'épices. Un Pomerol superbe et complexe. **À boire jusqu'en 2018.** (10/02)

1997
90
Constituant l'une des rares belles réussites de ce millésime souple et accessible, le 1997 de Clos l'Église se présente comme un vin sensuel, d'un rubis-pourpre foncé, doté de spectaculaires senteurs de moka, de caramel, de café et de doux fruits rouges nuancées de chêne neuf grillé. La bouche révèle un ensemble moyennement corsé et opulent, fabuleusement fruité et gras, étayé par une faible acidité. Un Pomerol magnifique, qui constitue, je le répète, un remarquable succès pour l'année. **À boire dans les 8 ans.** (6/02)

1990
87
Le 1990 est l'une des plus belles réussites de cette propriété depuis de longues années. Son excellent bouquet subtilement herbacé de cassis et de chêne neuf épicé annonce un ensemble moyennement corsé, séduisant par sa maturité, son élégance, son caractère charnu, ainsi que par sa finale riche et persistante. **À boire dans les 5 à 8 ans.** (1/93)

1989
76
Léger, avec des arômes très herbacés, le 1989 finit court en bouche. **À boire d'urgence.** (1/93)

1988 Très proche du 1989, en moins alcoolique et en moins corpulent, le 1988
72 est décevant et doit être consommé. **Il est même probablement sur le déclin.** (1/93)

1986 Les conditions climatiques ayant été favorables, le 1986 montre plus de race
81 et de richesse que le 1985, léger et aqueux. Le cabernet, vendangé tard, a donné au vin davantage de profondeur, mais on ne peut que le trouver assez court en bouche si on le compare aux autres Pomerol du millésime. L'ensemble révèle certes quelques bons arômes de boisé, mais il s'agit d'un vin maigre, aussi dépourvu de chair que de muscle. **À boire d'urgence.** (3/90)

1985 J'ai trouvé le 1985 assez corsé et élégant, mais un peu léger et dépourvu tant
78 d'étoffe que de persistance. **À boire d'urgence.** (3/90)

1982 Le 1982 n'a jamais révélé le caractère extrait, l'intensité ni les autres traits
65 typiques du millésime – fruité doux, mûr et ample, opulence et bonne mâche. Légèrement corsé et végétal, il présente des arômes de thé dans un ensemble épicé et aqueux. **Il est sur le déclin.** (10/02)

CLOS RENÉ

Propriétaire : famille Garde-Lasserre
Administrateur : Jean-Marie Garde
Adresse : 33500 Pomerol
Tél. 05 57 51 10 41 – *Fax* 05 57 51 16 28
Visites : sur rendez-vous uniquement
Contact : Jean-Marie Garde

VIGNOBLE ET VINIFICATION

Superficie : 12 ha
Encépagement : 70 % merlot, 20 % cabernet franc, 10 % malbec
Âge moyen des vignes : 35 ans – *Densité de plantation :* 5 500 pieds/ha
Rendement moyen : 45 hl/ha
Élevage : fermentations et cuvaison de 21 jours en cuves de béton thermorégulées ; vieillissement de 16 mois en fûts (renouvelés par quart à chaque millésime) ; collage ; pas de filtration

VIN PRODUIT

Clos René – 70 000 b (pas de second vin)
À maturité : dans les 5 à 15 ans suivant le millésime

APPRÉCIATION GÉNÉRALE

Bien que Clos René se soit amélioré depuis le milieu des années 80, il demeure plutôt léger, se montrant souple, épanoui et accessible. Le vin est bon, voire très bon, mais rarement grandiose. Les prix restent raisonnables.

Clos René se trouve à l'ouest des principaux châteaux de Pomerol, au sud de l'appellation Lalande-de-Pomerol. Les vins produits dans cette zone sont généralement épanouis, assez fruités, souples et accessibles. Bien que Clos René ne fasse pas exception à la règle, j'ai remarqué une évolution vers un vin plus charpenté, plus foncé de robe, un peu plus étoffé et plus concentré. On peut penser que les conseils de Michel Rolland, le très estimé œnologue de Libourne, également propriétaire du Bon Pasteur, ne sont pas étrangers à cette transformation. Quoi qu'il en soit, il est incontestable que les millésimes des années 80 et 90 ont été les meilleurs que l'on ait vus au domaine ces dernières années. Relativement méconnu, Clos René est encore proposé à des prix raisonnables.

2003 **84-87** Ce vin féminin et élégant compense son manque de complexité par son fruité et sa souplesse, ainsi que par son charme précoce et son caractère séduisant. **À boire dans les 5 à 7 ans.** (3/04)

2001 **87** Le Clos René 2001 compense son manque de corpulence par son caractère plein de charme, et par ses doux arômes de caramel, de petits fruits écrasés, d'herbes et d'épices. Moyennement corsé, doté d'un fruité mûr et d'une finale séduisante, il est sans détour, mais plaisant. **À boire dans sa jeunesse, avant 2010.** (1/03)

2000 **89** Ce Pomerol classique, séduisant tant il est épanoui et précoce, présente un beau déploiement de senteurs de café torréfié nuancées de caramel, de confiture de cerise noire et de doux chêne grillé. D'un rubis foncé, moyennement corsé, opulent et charnu, il est faible en acidité et d'une très grande pureté. **À boire jusqu'en 2016.** (1/03)

1999 **87** Ce vin manque quelque peu de profondeur, mais il est épanoui et séduisant – bref, délicieux –, avec des arômes de moka, d'herbes séchées, de groseille et de caramel. Il exprime aussi, tout en rondeur, une bouche moyennement corsée. Un vin plein de charme, à boire **dès maintenant et dans les 5 à 6 ans.** (3/02)

1998 **86** Moyennement corsé, souple et rond, le 1998 présente un très généreux fruité de cerise noire nuancé de chêne neuf grillé et étayé par une faible acidité. Ce vin savoureux et précoce sera parfait **dans les 2 à 3 ans.** (3/02)

MILLÉSIMES ANCIENS

Dans les bons millésimes des années 70, 80 et 90, les vins de Clos René sont généralement sans détour et méritent des notes s'échelonnant entre 80 et 84. Les 1982 et 1985, qui sont probablement sur le déclin à présent, ont certainement été mieux notés. Le meilleur vieux millésime que j'aie dégusté est le 1947 (noté 95 en octobre 1994), qui présente l'épaisseur typique de la plupart des grands Pomerol de cette année. Les amateurs qui auraient la chance de trouver une bouteille de ce vin ayant bénéficié de bonnes conditions de conservation mettraient la main sur un trésor.

LA CONSEILLANTE

Propriétaire : SC des héritiers Nicolas
Adresse : 33500 Pomerol
Tél. 05 57 51 15 32 – *Fax* 05 57 51 42 39
E-mail : contact@la-conseillante.com
Site Internet : www.la-conseillante.com
Visites : sur rendez-vous uniquement
Contact : Jean-Michel Laporte

VIGNOBLE ET VINIFICATION

Superficie : 12 ha
Encépagement : 80 % merlot, 20 % cabernet franc
Âge moyen des vignes : plus de 40 ans – *Densité de plantation :* 5 500 pieds/ha
Rendement moyen : 45 hl/ha
Élevage : fermentations et cuvaison de 30 jours en cuves d'acier inoxydable thermorégulées ; après achèvement des malolactiques, vieillissement de 18 mois en fûts (100 % de bois neuf) ; collage ; pas de filtration

VIN PRODUIT

Château La Conseillante – 65 000 b (pas de second vin)
À maturité : dans les 5 à 20 ans suivant le millésime

APPRÉCIATION GÉNÉRALE

La Conseillante, l'un des Pomerol les plus typiques, évoque furieusement un grand cru de Bourgogne. La propriété, qui bénéficie d'un terroir somptueux qu'elle n'exploite pas toujours pleinement, produit parfois des vins manquant de concentration et de structure. Cependant, lorsque le cru décroche la timbale, il est exceptionnel, demeurant inégalé en termes de puissance aromatique et d'élégance. Quant aux prix pratiqués, ils sont, dans l'ensemble, élevés.

Fort d'une belle renommée, La Conseillante produit des vins comptant parmi les plus élégants, les plus opulents et les plus délicieux de Pomerol. Cependant, il faut porter à son passif un certain nombre de millésimes des années 70, plutôt dilués et évoluant beaucoup trop rapidement ; ce défaut s'est surtout fait sentir entre 1971 et 1980. Par la suite, cette propriété appartenant à la famille Nicolas a redressé la barre ; durant les années 80, elle a connu de belles réussites dans pratiquement tous les millésimes, et les 1982, 1985, 1989 et 1990 s'imposent parmi les meilleurs bordeaux de l'année. Sa performance dans la décennie suivante fut moins homogène, confirmant sa réputation d'irrégularité. Le vignoble est excellemment situé, à l'est de Pomerol, non loin de L'Évangile, de Petit Village et de Vieux Château Certan, tout près de la limite de l'appellation Saint-Émilion. D'ailleurs, les sols profonds de graves mêlées d'argile et de dépôts ferreux de La Conseillante se retrouvent non seulement à L'Évangile, son voisin immédiat, mais aussi de l'autre côté de la route, sur Saint-Émilion, à Figeac et à Cheval Blanc.

La Conseillante est vinifié avec grand soin, dans des cuves d'acier inoxydable. Les vins sont généralement élevés en fûts de chêne neuf. Si ce cru n'a pas la puissance de Petrus, de Trotanoy, de Lafleur ou de Certan de May, il se révèle toujours plus souple et arrive plus précocement à maturité. Il peut aussi paraître relativement décevant dans sa prime jeunesse, mais il s'étoffe rapidement après quelques années de bouteille, ce qui explique que je l'aie souvent sous-estimé dans ma notation, pour le réévaluer à la hausse par la suite. C'est peut-être la forte proportion (20 %) de cabernet franc dans l'encépagement qui lui donne ce caractère léger, trompeur dans sa petite enfance. Les millésimes récents arrivent généralement à maturité après 6 à 8 ans. Très recherché, et parfois remarquable et profond, La Conseillante est un vin cher, souvent même nettement plus cher que les deuxièmes crus du Médoc.

2003
84-87 ? Voici un Pomerol inintéressant, qui doit son caractère anodin non pas à un quelconque manque de sérieux de la part du propriétaire, mais bien aux conditions climatiques qui ont desservi le millésime en Pomerol. Comme de nombreux crus de l'appellation, celui-ci accuse un manque d'étoffe et de profondeur, et développe une finale rendue courte et comprimée par la présence de tannins austères. Ce vin d'un rubis profond nuancé de pourpre exhale de douces notes de cerise et de cassis nuancées d'herbes et de fleurs. Cependant, il est sec, et ce trait s'accentuera vraisemblablement **ces 7 à 8 prochaines années.** (3/04)

2002
86 De manière assez inattendue, le 2002 de La Conseillante est relativement anodin. Légèrement corsé, il est sans relief en milieu de bouche et s'estompe en finale. Lors d'une de mes dégustations, il révélait davantage de fruit et de profondeur. Cependant, dans l'ensemble, il ne compte pas au nombre des grandes réussites de la propriété. Je conseille de le boire **dans les 7 à 8 ans suivant le millésime.** (9/03)

2001
89+ ? Aussi élégant que de coutume, La Conseillante se présente en 2001 vêtu de rubis-pourpre foncé, avec un doux nez de framboise nuancé de minéral, de fumé et de chêne grillé. Moyennement corsé, s'exprimant en finesse, il n'a pas la corpulence, la puissance ni la concentration du somptueux 2000, mais on l'appréciera pour son fruité séduisant, souple et soyeux. **À boire entre 2007 et 2016.** (1/03)

2000
96 Ce vin fabuleux constitue probablement la plus belle réussite de la propriété depuis le merveilleux duo des 1989 et 1990. D'un rubis-prune sombre tirant sur le pourpre, il déploie de douces notes de mûre et de kirsch nuancées de réglisse, d'encens et de boîte à épices. Le bouquet est également marqué de généreuses notes de chêne grillé. L'ensemble est étonnamment puissant pour le cru, et révèle davantage de tannins et de structure que ses aînés. Au fur et à mesure de son aération, il développe des arômes de mûre, de myrtille et de fumé, ainsi que des nuances florales. En bouche, il est moyennement corsé et manifeste une précision exceptionnelle au regard de sa concentration. Chose inhabituelle pour La Conseillante, le 2000 requiert de la patience. Une bouteille restée ouverte pendant 6 jours ne révélait pas le moindre signe d'oxydation. **À boire entre 2008 et 2025.** (1/03)

1999
89 Ce vin merveilleux de complexité, épanoui et séduisant s'annonce par un rubis foncé et par de douces notes de mûre et de liqueur de cerise nuancées de cèdre, de chêne grillé, de réglisse, de cuir fin et d'herbes séchées. Suit en bouche un ensemble moyennement corsé, qui se développe tout en rondeur, révélant à la fois une très grande douceur (du fait de sa maturité) et une pureté d'excellent aloi. Ce vin opulent, délicieux, est fidèle à sa réputation de « plus bourguignon des bordeaux ». **À boire jusqu'en 2012.** (3/02)

1998 **90** La robe d'un prune-grenat évolué du 1998 annonce un nez enivrant et sensuel de framboise, de sauce soja, d'épices orientales, de kirsch et de chêne grillé et vanillé. Loin d'être puissant ou massif, ce vin moyennement corsé et opulent se distingue par son élégance, son harmonie, sa finesse et sa complexité. Quel dommage que les grands crus de Bourgogne ne soient pas aussi équilibrés ni aussi séduisants ! L'ensemble, étayé par une faible acidité, présente un fruité merveilleusement mûr qui incite à le consommer sans plus attendre ; cependant, il est capable d'une garde **de 8 à 10 ans.** (3/02)

1997 **88** Rubis foncé de robe, doté d'un généreux fruité de mûre mâtiné de belles notes de chêne neuf grillé, le 1997 de La Conseillante est moyennement corsé, complexe et épanoui. Il se développe assez rapidement dans le verre, révélant des notes de fumé et de moka. Loin d'être massif, il est surtout sensuel, charmeur et fruité – bref, typique de ce cru. **À boire dans les 6 ans.** (1/02)

1996 **88** Le 1996 est épanoui et séduisant dans un millésime plutôt rugueux et tannique. Rubis profond de robe, avec un nez doux et épanoui de framboise nuancé de pain grillé, de réglisse et de fumé, il se montre moyennement corsé, souple, rond et charmeur en bouche, où il déploie magnifiquement les arômes de framboise (encore) caractéristiques de son terroir. **À boire jusqu'en 2014.** (1/99)

1995 **89** Il serait tentant de décerner une note extraordinaire à ce vin pour son caractère séduisant, mais je pense que sa richesse en extrait et sa concentration ne lui permettent pas d'y prétendre. Il est néanmoins extrêmement plaisant. Vêtu d'un pourpre profond, il présente un nez épanoui de cerise noire, de framboise, de fumé et d'herbes rôties, et libère en bouche des arômes moyennement corsés, ainsi qu'un fruité mûr, rond et bien doté. Exceptionnel d'élégance et de pureté, il déploie une finale souple et veloutée. C'est une véritable soie – du charme à l'état pur. **À boire jusqu'en 2014.** (3/01)

1994 **87** Les arômes de ce vin mériteraient une note plus élevée. En effet, l'ensemble présente d'amples senteurs épicées et herbacées de cèdre nuancées de poivre, de douce framboise et de cerise noire. Moyennement corsé, légèrement austère en finale (sans doute en raison des tannins qui, cette année-là, étaient imparfaitement mûrs), il présente cependant de nombreuses qualités. Avec les mets appropriés, il se montrera certainement sous un meilleur jour que ne le laisse subodorer la note un peu sévère que je lui ai attribuée. **À boire jusqu'en 2010.** (4/02)

1990 **98** Ce vin – l'une des plus grandes réussites du domaine – évoque pour moi un grand cru de Bourgogne, comme ceux d'Henri Jayer. D'un rubis-pourpre encore profond, doté d'un nez exotique, presque flamboyant, aux notes de vanille, de kirsch, de framboise, de réglisse et d'épices orientales, il exprime une bouche corsée, opulente, étoffée et veloutée, marquée par une faible acidité. Très séduisant, plein de charme – preuve s'il en est que les Pomerol méritent bien le surnom de « bourgognes de Bordeaux » –, il est très accessible malgré sa jeunesse et devrait continuer à se développer pendant une bonne douzaine d'années. **À boire jusqu'en 2018.** (12/02)

1989 **96** Très proche en style du 1990, en plus structuré et en plus charnu, avec des tannins plus présents, le 1989 est encore très parfumé. Ce vin exotique, ample et merveilleusement concentré devrait vieillir sans peine ces 10 à 15 prochaines années. Il se pourrait bien qu'il survive au 1990. Cependant, les deux millésimes constituent un duo d'exception. Arborant un rubis-grenat foncé, le 1989 de La Conseillante se distingue par ses fabuleux arômes de mûre, de kirsch et de réglisse, et par ses très généreuses notes de chêne grillé. Relativement corsé pour le cru, il présente une très grande pureté et des tannins doux, ainsi qu'un caractère très structuré et très musclé. Ce vin ample, qui s'est toujours imposé comme l'une des grandes réussites du millésime, tiendra bien **jusqu'en 2020.** (12/02)

1988 **87** Ce vin, qui s'est révélé meilleur que je ne l'aurais pensé de prime abord, souffre de la comparaison avec ses deux cadets de 1989 et 1990. Arborant un grenat foncé et libérant au nez des senteurs de fumée de cigare, de terreau et de terre nuancées de truffe, il présente encore un fruité de fraise délicatement herbacé. Ce vin moyennement corsé, assez massif, déploie une finale légèrement rugueuse. **À boire d'urgence – probablement sur le déclin.** (4/02)

1987 **87** Ce vin étonnamment délicieux s'est toujours montré ample, fruité et charmeur. Très séduisant, assez massif, il est savoureux depuis sa tendre enfance et ne montre aucun signe de déclin – ce qui est assez étonnant pour le millésime. L'ensemble, moyennement corsé, n'est pas puissant ni massif, mais il se distingue par son bel équilibre. **À boire d'urgence – probablement sur le déclin.** (4/02)

1986 **87 ?** Ce vin fortement ambré sur le bord manque quelque peu de tenue. Cependant, il est encore très parfumé, comme l'attestent ses très séduisantes senteurs de douce cerise, de chêne grillé, de tabac, de fumée de cigare et de cèdre. L'ensemble, moyennement corsé, est doux et mûr à l'attaque, mais se montre légèrement tannique et atténué en finale. **À boire jusqu'en 2006.** (4/02)

1985 **94** Ce vin, qui s'est toujours imposé comme l'une des grandes réussites du millésime, est bien meilleur que Petrus, pourtant plus renommé. Il se maintient magnifiquement à son apogée depuis la fin des années 80. Ses flamboyantes senteurs d'herbes fumées, de douce framboise et de cerise entremêlées de notes de réglisse, d'épices orientales et de truffe jaillissent littéralement du verre, annonçant un ensemble merveilleusement concentré et soyeux qui, loin d'être puissant et massif, s'exprime au contraire tout en élégance, révélant, outre un fruité délicieux et moyennement corsé, un superbe équilibre, une pureté fabuleuse, ainsi qu'une très grande persistance. Bref, ce vin réunit tous les traits caractéristiques des grands bordeaux. **À boire jusqu'en 2007.** (4/02)

1983 **86 ?** Ce vin va bientôt entamer son déclin. Il présente toujours les arômes explosifs de cèdre, de fumée de cigare, d'herbes de Provence, de poivre, de réglisse et de végétation en décomposition typiques du cru. Cependant, sa robe est fortement ambrée sur le bord ; l'ensemble présente une faible acidité et développe en finale des tannins peu engageants ; en outre, il s'atténue rapidement dans le verre. Il faut dire qu'il est à son apogée depuis la fin des années 80. Sauf en grand format, il doit être consommé **sans plus attendre – probablement sur le déclin.** (4/02)

1982 **96** Il me semble que la caisse de ce vin que j'ai achetée en primeur a été légèrement endommagée pendant le voyage, car les bouteilles de ma cave ne sont jamais aussi bonnes que celles que je déguste ailleurs. J'ai goûté en quatre occasions le 1982 de La Conseillante en 2002 (il s'agissait de flacons ne provenant pas de ma cave personnelle), qui s'est toujours montré magnifique. Il était déjà délicieux dans sa jeunesse, et je n'aurais pas subodoré qu'il serait aussi superbe vingt ans plus tard. Néanmoins, il montre bien comment, malgré une faible acidité et des tannins doux, un vin parfaitement équilibré et concentré peut dérouter les meilleurs dégustateurs. Il n'a pas atteint son apogée depuis plus d'une décennie et ne montre aucun signe de déclin. Si sa robe est fortement ambrée sur le bord, ses arômes sont encore spectaculaires. En effet, il se distingue par l'extraordinaire intensité et la persistance de ses senteurs de Christmas cake nuancées de cassis confituré, de doux kirsch, de chêne grillé, de réglisse et de truffe. La bouche – une pure soie – offre un fruit concentré, d'une épaisseur presque onctueuse, ainsi qu'une texture voluptueuse. La finale, très longue, est opulente et capiteuse. Ce vin est légèrement plus profond que ses cadets de 1989 et 1990, mais aussi un peu plus lourd – du fait, probablement, de son gras et de son alcool généreux. Quoi qu'il en soit, il est prodigieux. **À boire jusqu'en 2012.** (10/02)

MILLÉSIMES ANCIENS

Le palmarès de La Conseillante à la fin des années 70, voire pour l'essentiel de cette décennie, est médiocre, à deux exceptions près : le 1975 (noté 89 en septembre 2002) et le 1970 (noté 93 en juin 1996). Le 1970 est probablement sur le déclin, alors que le 1975 doit pouvoir tenir encore 10 à 15 ans, grâce à ses tannins et à son caractère musclé. Par ailleurs, en 1961 et 1964, deux années particulièrement favorables pour l'appellation, La Conseillante est simplement bon, mais pas grandiose.

Cependant, les vraies pièces de musée qu'offre ce cru (et que je n'ai pas redégustées depuis la dernière édition de cet ouvrage) sont le 1959 (noté 95 en octobre 1994), le 1949 (noté 97 en mai 1995) et le 1947 (noté 92 en décembre 1995). Ces vins étaient à leur apogée lorsque je les ai goûtés. Ils doivent donc être sur le déclin, sauf s'il s'agit de flacons ayant bénéficié de parfaites conditions de conservation.

LA CROIX DU CASSE

Propriétaire : GFV La Croix du Cosne
Adresse : 33500 Pomerol
Tél. 05 56 00 00 97 – *Fax* 05 57 87 48 61
E-mail : domaines@borie-manoux.fr
Visites : sur rendez-vous
Contact : Philippe Castéja

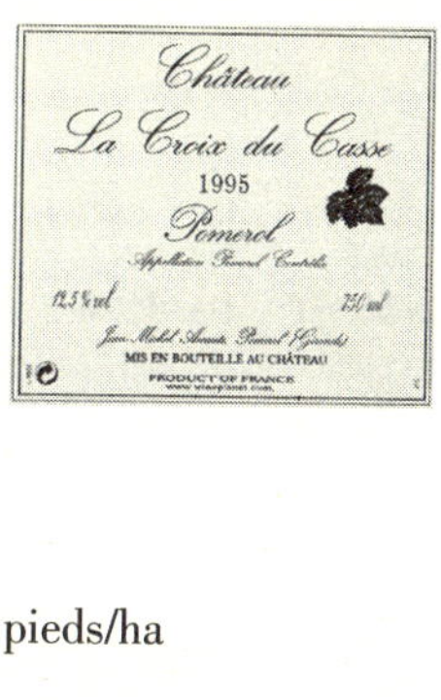

VIGNOBLE ET VINIFICATION

Superficie : 9 ha
Encépagement : 70 % merlot, 30 % cabernet franc
Âge moyen des vignes : 35 ans – *Densité de plantation :* 6 000 pieds/ha
Rendement moyen : 48 hl/ha
Élevage : fermentations et cuvaison de 42 jours en cuves d'acier inoxydable thermorégulées ; achèvement des malolactiques et vieillissement de 24 mois en fûts (100 % de bois neuf) ; ni collage ni filtration

VINS PRODUITS

Château La Croix du Casse – 48 000 b ; Domaine du Casse – 7 200 b
À maturité : dans les 4 à 10 ans suivant le millésime

APPRÉCIATION GÉNÉRALE

Ce vin, régulier à haut niveau depuis la fin des années 80, est souvent fermé et tannique dans sa jeunesse. En règle générale, son fruité est tellement généreux que cela ne pose aucun problème. Cependant, certains millésimes révèlent des tannins si durs et si rugueux qu'ils pourraient compromettre leur évolution. Quoique de très bonne facture, La Croix du Casse ne bénéficie pas de la réputation de ses homologues plus connus de l'appellation.

Le regretté Jean-Michel Arcaute – celui-là même qui a tiré le Château Clinet de la médiocrité pour l'imposer comme l'une des étoiles de son appellation –, qui dirigeait cette propriété, s'est noyé accidentellement en 2001. Sa disparition prématurée a laissé un vide à La Croix du Casse. Situé au sud du bourg de Catusseau, sur une terrasse de sable et de graves, ce petit domaine n'a évidemment pas la réputation – ni la situation – d'autres crus plus renommés de Pomerol, mais il peut produire des vins d'une qualité surprenante. L'entier vignoble fut replanté après le terrible gel meurtrier de 1956.

2003 **85-87** Ce vin de bonne facture présente, dans un ensemble moyennement corsé, de séduisantes notes de fumé et de cerise noire nuancées de minéral, d'herbes de Provence et d'épices. D'une concentration supérieure à la moyenne, il révèle un caractère bien affirmé, mais manque quelque peu de complexité. **À boire dans les 7 à 8 ans.** (3/04)

2001 **87-90** Plutôt épanoui, charnu et faible en acidité, ce vin d'un rubis-pourpre dense déploie de bons arômes de prune, de cerise noire et de groseille. Modérément corsé, généreux, il est marqué de notes de fumé et étayé par des tannins doux. **À boire entre 2006 et 2015.** (1/03)

2000 **88+ ?** Ce vin recèle des tannins astringents aux notes de cuir qui ne m'ont pas permis de mieux le noter. L'ensemble est incontestablement extrait, comme l'atteste d'ailleurs sa robe d'un rubis-pourpre soutenu, et il présente, outre de remarquables senteurs de chêne neuf fumé, d'épais arômes séveux de mûre et de groseille. Cependant, il recèle également des tannins astringents, et l'expérience montre que, en cas de conflit, les tannins l'emportent généralement sur le fruit. **À boire entre 2008 et 2018.** (1/03)

1999 **89** Le 1999, qui pourrait s'imposer comme une révélation du millésime, arbore un rubis-pourpre opaque. Il déploie des arômes très mûrs de fruits noirs confiturés nuancés de minéral, de fumé, de boîte à épices et de chêne neuf. En bouche, il se développe par paliers, révélant une texture ample et épaisse, étayée par une faible acidité. Ce vin de haut vol devrait évoluer plus rapidement que son aîné de 1998, mais il vieillira de belle manière. **À boire jusqu'en 2015.** (1/03)

1998 **90** Magnifiquement réussi, le 1998 de La Croix du Casse s'impose comme l'une des révélations du millésime. D'un rubis-pourpre dense, avec des notes évoluées et confiturées de mûre et de cerise nuancées de réglisse, de fumé et de chêne neuf, il se montre en bouche tout à la fois richement extrait, corsé, musclé et modérément tannique. **À boire jusqu'en 2016.** (3/02)

1997 Voici une autre révélation du millésime ! Ce vin, qui se présente vêtu de
88 prune foncé, déploie des senteurs évoluées de cerise noire, de prune, de cèdre, d'herbes, de café et de vanille. Rond et accessible, moyennement corsé et sensuel, il est également délicieux. **À boire jusqu'en 2007.** (3/01)

1996 L'impressionnant 1996, qui arbore une robe d'un prune-pourpre soutenu, exhale
88 un nez pur et épicé de doux chêne, de minéral, de fruits noirs et de prune. Étonnamment épanoui pour le millésime, il se révèle ample et moyennement corsé en bouche, régalant le palais de sa texture savoureuse. Les tannins de la finale sont parfaitement dissimulés par le caractère gras, la maturité et la richesse en extrait de l'ensemble. Vous apprécierez ce vin soyeux et séduisant **dans les 7 à 8 ans.** (3/01)

1995 D'un rubis-pourpre dense, l'extraordinaire 1995 libère un nez absolument ren-
90 versant de cassis, de mûre, de minéral et de chêne neuf épicé. Moyennement corsé, il regorge d'arômes de pain grillé et d'un abondant fruité doux littéralement imprégné de gras et de tannins. Il est très persistant en milieu de bouche, et sa finale emplit le palais. Un Pomerol impressionnant de carrure, pur et riche, qui mérite incontestablement l'attention des amateurs. **À boire jusqu'en 2015.** (12/01)

LA CROIX DE GAY

Propriétaires : GFA La Croix de Gay
Adresse : 33500 Pomerol
Tél. 05 57 51 19 05 – *Fax* 05 57 51 81 81
E-mail : contact@chateau-lacroixdegay.com
Visites : sur rendez-vous de préférence, du lundi au vendredi (9 h-12 h et 14 h-17 h)
Contact : Chantal Lebreton

VIGNOBLE ET VINIFICATION

Superficie : 10 ha
Encépagement : 90 % merlot, 5 % cabernet franc, 5 % cabernet sauvignon
Âge moyen des vignes : 30 ans – *Densité de plantation :* 5 000 pieds/ha
Rendement moyen : 35 hl/ha
Élevage : Macération préfermentaire ; fermentations et cuvaison de 28 jours en cuves de béton thermorégulées ; achèvement des malolactiques en fûts neufs pour 50 % de la récolte ; vieillissement de 18 mois en fûts (renouvelés par moitié à chaque millésime) ; ni collage ni filtration

VIN PRODUIT

Château La Croix de Gay – 40 000-45 000 b (pas de second vin)
À maturité : dans les 10 à 15 ans suivant le millésime

APPRÉCIATION GÉNÉRALE

La Croix de Gay est bon voire très bon, mais rarement exceptionnel, probablement parce que les meilleures parcelles sont destinées à la production d'une cuvée prestige, La Fleur de Gay. Après une période difficile dans les années 70, la propriété s'est magnifiquement redressée au cours de la décennie suivante, produisant des vins de très haut vol. Dans l'ensemble, La Croix de Gay mérite l'intérêt, à condition que les prix demeurent raisonnables.

La Croix de Gay – l'une des grandes découvertes de l'Anglais Harry Waugh, juste après la guerre – s'est montré fort irrégulier, et même médiocre, au cours des années 70 et au début de la décennie suivante. Cependant, l'élégant Alain Raynaud, propriétaire du domaine, en a nettement amélioré le vin, pour en faire l'un des Pomerol les plus séduisants et les plus accessibles – sa sœur, Chantal Lebreton, assure la direction de la propriété depuis le milieu des années 90.

En 1982, il a lancé la cuvée spéciale La Fleur de Gay, issue d'une parcelle de très vieux pieds de merlot située entre Petrus et Lafleur ; ce vin (voir p. 690) est assez rare, même à Bordeaux, mais c'est l'un des plus magnifiques de l'appellation, capable de rivaliser avec les meilleurs Pomerol pour la complexité et l'intensité.

Des esprits chagrins ont contesté cette création, arguant qu'elle portait préjudice au vin générique en le privant de sa meilleure source de richesse et de structure. Cependant, malgré l'absence du produit des vieilles vignes en question, on ne peut nier que La Croix de Gay se soit très nettement amélioré. Le vignoble est situé tout à fait au nord du plateau de Pomerol, juste derrière le cimetière et la D245 (qui traverse l'appellation). Le sol est ici constitué de graves mêlées à du sable.

2003 **85-87** Léger, mais fruité, le 2003 de La Croix de Gay présente des notes de cerise noire, de fraise, d'herbes séchées et de terre nuancées d'un boisé subtil. L'ensemble, moyennement corsé, est quelque peu superficiel, mais il est plaisant et charmeur, et sera parfait **dans les 7 à 8 ans suivant le millésime.** (1/05)

2002 **86** Ce vin élégant, qui évoque un bourgogne, est moyennement corsé, avec un fruité de prune et de douce cerise nuancé en arrière-plan de notes de boisé et de terreau. L'ensemble est net et épicé, mais il finit court. Je conseille de le boire **dans les 7 à 8 ans suivant le millésime.** (9/03)

2001 **89** Très réussi, le 2001 de La Croix de Gay se compose à 90 % de merlot et à parts égales de cabernet sauvignon et de cabernet franc. Il est issu de faibles rendements de 35 hl/ha. Ce vin d'un rubis-pourpre foncé dégage de doux arômes de cerise subtilement nuancés de boisé et de terre. Moyennement corsé, doté d'un fruité tonique et étoffé, il affiche une grande pureté et développe une finale assez ferme. L'ensemble révèle encore beaucoup de douceur et une belle puissance aromatique, qu'il conjugue à une finesse d'excellent aloi. **À boire dans les 10 à 12 ans.** (1/03)

2000 **89** Le 2000 de La Croix de Gay ne comporte pas de cabernet sauvignon, ce qui rend ce vin plus intéressant. D'un rubis-prune foncé, le 2000 est profond, riche, étoffé et concentré, et il exprime en bouche, avec élégance, des arômes moyennement corsés et généreux de fruits noirs, de terre, de grillé et de moka. **À boire jusqu'en 2016.** (1/03)

1999 **88** Composé à 90 % de merlot et pour le reste de cabernet franc, le 1999 de La Croix de Gay est léger, mais élégant, délicat et merveilleux d'équilibre. Ce vin d'un rubis foncé se distingue encore par une pureté exceptionnelle, ainsi que par la douceur et la rondeur de ses arômes de fraise, de cerise noire et de groseille subtilement nuancés de boisé. Sa texture est également séduisante. **À boire dans les 6 à 8 ans.** (3/02)

1998 87 Des arômes modérément intenses de douce cerise noire nuancés de minéral, de fumé et de boîte à épices annoncent le 1998 de La Croix de Gay. La bouche révèle un ensemble harmonieux et bien équilibré, malgré sa grande richesse et sa douceur (dues à un gras généreux). La finale, épicée, est souple. **À boire dans les 6 ans.** (3/02)

1996 85 Quoique toujours assez tannique, ce vin d'un grenat-prune foncé est maintenant fortement ambré sur le bord ; c'est l'un des 1996 qui a évolué le plus rapidement. Plutôt séduisant au nez avec ses arômes de tabac, d'herbes de Provence, de réglisse, de cerise et de terreau, il est moyennement corsé et faible en acidité. L'ensemble est relativement coulant et épanoui. **À boire sans plus attendre – probablement sur le déclin.** (12/01)

1995 87 Le 1995, qui est à son apogée, a pris assez rapidement de fortes teintes ambrées. Il exhale de douces senteurs de goudron, d'herbes rôties, de cerise noire et de prune, le tout nuancé de pruneau. En bouche, il est moyennement corsé et présente des arômes subtilement boisés qui évoquent ceux que l'on perçoit au nez. Ce vin souple et rond, dont la finale recèle encore des tannins fermes, doit être consommé prochainement. **À boire jusqu'en 2007.** (3/02)

1994 87 Le 1994 est une belle réussite dans un millésime porté sur les vins austères, tanniques et puissants. D'un grenat-prune profond, doté de senteurs de sous-bois, de compost, de fumé, de vanille et de cerise herbacée, il est plutôt ferme et structuré, avec des tannins durs qui doivent encore se fondre. L'ensemble, moyennement corsé, présente davantage de muscle et de puissance que de coutume. **À boire jusqu'en 2010.** (3/02)

MILLÉSIMES ANCIENS

Hormis dans les grandes années, La Croix de Gay n'est pas destiné à être conservé au-delà de 10 à 15 ans. Les meilleurs exemples que j'aie dégustés sont le 1989 (noté 87 en mars 1997), le 1982 (noté 92 en mars 1997), le 1964 (noté 90 en mars 1990) et le 1947 (noté 92 en octobre 1999). À ce jour, le 1947 et le 1964 semblent s'imposer comme les plus belles réussites de la propriété. Les amateurs de Pomerol souples, agréables et accessibles apprécieront ce cru.

LA CROIX SAINT-GEORGES

Propriétaire : famille Janoueix
Gérant : Jean-Philippe Janoueix
Adresse : 33500 Catusseau
Adresse postale : 33, cours des Girondins – 33500 Libourne
Tél. 05 57 25 91 19 – *Fax* 05 57 48 00 04
Visites : sur rendez-vous uniquement
Contact : Jean-Philippe Janoueix

VIGNOBLE ET VINIFICATION

Superficie : 4,5 ha
Encépagement : 100 % merlot

Âge moyen des vignes : 35 ans – *Densité de plantation :* 6 600 pieds/ha
Rendement moyen : 35 hl/ha
Élevage : fermentations et cuvaison prolongées en cuves de bois ouvertes et thermorégulées, sans pressurage des raisins, avec pigeages manuels ; achèvement des malolactiques et vieillissement de 18 mois à parts égales en fûts traditionnels et en fûts spéciaux en forme de cigare (100 % de bois neuf) ; ni collage ni filtration

VINS PRODUITS

Château La Croix Saint-Georges – 20 000 b ; Le Prieuré – 5 000-7 000 b
À maturité : dans les 5 à 20 ans suivant le millésime

APPRÉCIATION GÉNÉRALE

Jean-Philippe Janoueix s'est fixé pour but de propulser La Croix Saint-Georges parmi les cinq meilleurs crus de Pomerol.

Propriété de la famille Janoueix, qui possède également le célèbre Château de Chambrun, ce petit vignoble de 4,5 ha se situe non loin de certains des meilleurs crus de Pomerol (notamment de Vieux Château Certan). Le puissant et massif 1999, qui marqua les fulgurants débuts de La Croix Saint-Georges, a été suivi de 2000, 2001 et 2002 tout aussi impressionnants. Cette cuvée de haut vol, entièrement composée de merlot, est un vin de garage qui bénéficie de toutes les techniques de vinification actuellement en vogue à Saint-Émilion et à Pomerol (entre autres, fermentations en cuves de bois ouvertes, pigeages, achèvement des malolactiques en fûts, élevage prolongé sur lies, mise en bouteille sans collage ni filtration). Malheureusement, les quantités produites sont très faibles, si bien que ce cru est presque impossible à trouver.

2003
88-91
Étant donné le fait que ce vignoble est situé près du Pin (complètement déclassé en 2003) et pas loin du Vieux Château Certan (qui a fait un 2003 correct mais banal), La Croix Saint-Georges s'est bien comporté, surtout pour un Pomerol. D'un rubis dense jusqu'au bord du verre, avec un nez doux de groseille, de caramel et de boîte à épices, il ne présente ni la vacuité ni le tannin dur de bien de ses pairs. Moyennement corsé, avec une bonne texture et une belle longueur, c'est un vin remarquable pour ce millésime extrêmement difficile pour les vignerons de Pomerol. **À boire entre 2007 et 2015.** (04/04)

2002
90
Très réussi dans le contexte du millésime, ce vin dense, concentré et bien marqué par la mâche s'annonce par un rubis-pourpre d'encre et par d'amples et douces senteurs de prune, de cerise noire et de mûre nuancées en arrière-plan de fumé et de charbon. La bouche, corsée et très étoffée, se développe par paliers, avec générosité. Ce vin, qui réunit toutes les qualités, sera à son apogée **entre 2007 et 2018.** (9/03)

2001
90
Vêtu d'un pourpre dense, le 2001 de La Croix Saint-Georges présente de stupéfiants arômes de réglisse nuancés de mûre et de camphre. En bouche, il est corsé, très concentré, aussi fabuleusement étoffé que persistant, avec des tannins doux. **À boire dans les 10 à 12 ans.** (1/03)

2000
95
Ce n'est qu'une dizaine de jours après ouverture que ce vin d'un bleu-pourpre d'encre a commencé à trahir des signes d'oxydation. Le nez, réticent de prime abord, s'épanouit pour révéler des notes de liqueur de mûre nuancées de crème de cassis, de goudron, de douce réglisse et de chêne neuf fumé. La bouche,

corsée, est aussi onctueuse que pure ; elle est étayée par des tannins très abondants, à peine perceptibles du fait de la concentration et de l'épaisseur de l'ensemble. Le superbe 2000 constitue assurément une très grande réussite pour ce cru. **À boire entre 2007 et 2020, voire au-delà.** (1/03)

1999 Le 1999 est encore meilleur que je l'aurais pensé. Arborant une somptueuse
93 robe d'un pourpre opaque, il se distingue par une richesse et un gras exceptionnels, révélant des arômes concentrés et confiturés de mûre et de cerise. L'ensemble, qui se développe en bouche par paliers, évoque une liqueur tant il est intense et généreux. Sa texture est somptueuse, et la finale tout simplement remarquable. Quelle réussite ! Une star du millésime ! **À boire jusqu'en 2020.** (3/02)

DOMAINE DE L'ÉGLISE

Propriétaire : Indivision Castéja-Preben Hansen
Adresse : 33500 Pomerol
Adresse postale : 86, cours Balguerie-Stuttenberg – 33082 Bordeaux Cedex
Tél. 05 56 00 00 70 – *Fax* 05 57 87 60 30
E-mail : domaines@borie-manoux.fr
Visites : non autorisées
Contact : Mme Marquasuzaa

VIGNOBLE ET VINIFICATION

Superficie : 7 ha
Encépagement : 95 % merlot, 5 % cabernet franc
Âge moyen des vignes : 40 ans – *Densité de plantation :* 7 200 pieds/ha
Rendement moyen : 38 hl/ha
Élevage : fermentations et cuvaison de 21 à 35 jours en cuves d'acier inoxydable thermorégulées ; vieillissement de 16 à 18 mois en fûts (60 % de bois neuf) ; collage ; pas de filtration

VIN PRODUIT

Château du Domaine de l'Église – 30 000 b (pas de second vin)
À maturité : dans les 4 à 12 ans suivant le millésime

APPRÉCIATION GÉNÉRALE

S'ils ont longtemps été anodins (il convient de choisir avec discernement les anciens millésimes), les vins de cette propriété se sont considérablement améliorés depuis les années 90. Sans compter au nombre des Pomerol les plus riches ni les plus opulents, ils se distinguent par leur charme, par une certaine élégance, ainsi que par leur fruité souple et plaisant. Je pense que le cru pourrait être meilleur si le potentiel de son terroir était pleinement exploité. Philippe Castéja, le maître des lieux, continue de le tirer vers le haut.

Le vignoble, durement touché par les gelées de 1956, a été entièrement replanté. Fort bien situé à côté du cimetière de Pomerol, sur la partie haute du plateau, il repose sur un sol de graves mêlées de sable. On pense que le château et son vignoble sont les plus anciens de la commune. Longtemps avant la Révolution, cette propriété a en effet été exploitée par les moines hospitaliers de Saint-Jean-de-Jérusalem, qui avaient créé une léproserie à Pomerol, et portait le nom de Domaine de la Porte Rouge. Après 1789, elle a été vendue, comme beaucoup d'autres. En 1973, elle a été achetée par l'importante maison de négoce Borie-Manoux.

Durant les années 70 et au début des années 80, certains des vins élaborés ici étaient solides et fiables, et ils se sont encore améliorés par la suite. Les vins plutôt légers et d'un style commercial produits dans les années 70 et 80 ont cédé le pas à des exemples plus riches, plus profonds et plus séduisants à compter des années 80.

2003 **87-89** Ce domaine de Pomerol appartenant à Philippe Castéja enregistre une belle réussite dans ce millésime difficile. Doté de séduisantes et généreuses notes de cerise noire et de groseille, le 2003 du Domaine de l'Église est également marqué de senteurs de chêne neuf fumé et de terreau. En bouche, il s'exprime tout en rondeur et en souplesse, révélant une belle concentration et une faible acidité, ainsi qu'une texture charnue et épanouie. **À boire dans les 7 à 8 ans.** (3/04)

2002 **87** Ce vin moyennement corsé, souple et léger est plaisant. Vêtu de rubis-prune foncé, il présente un boisé (notes de chêne neuf) très prononcé et qui n'est pas fondu, et sa finale est superficielle. **À boire dans les 7 à 8 ans suivant le millésime.** (9/03)

2001 **89** Ce vin, qui impressionne par sa robe d'un rubis-pourpre soutenu tirant sur le noir, se distingue par ses généreuses senteurs de chêne fumé et par ses arômes chocolatés de prune et de figue. Profond, mûr, riche et concentré, étayé par une faible acidité, il sera à son apogée **entre 2007 et 2016.** (1/03)

2000 **89+** Ce 2000 me paraît être la plus belle réussite de la propriété depuis plusieurs années. Révélant les tannins fermes typiques des meilleurs Pomerol du plateau, il arbore un pourpre opaque et présente en bouche un caractère moyennement corsé, richement extrait (fruité de cassis et de cerise), mais d'une grande pureté. Il développe encore de riches flaveurs fumées et chocolatées. Un vin de garde impressionnant. **À boire entre 2008 et 2020.** (1/03)

1999 **88** La robe d'un rubis-pourpre profond de ce 1999 annonce un vin charnu, accessible du fait de sa faible acidité, et marqué de notes de truffe au chocolat, de chêne neuf et de grillé. **À boire dans les 8 ans.** (3/02)

1998 **87** D'un rubis profond, ce vin souple, charnu et épanoui présente, tant au nez qu'en bouche, de généreuses notes de caramel, de cerise noire, de moka, de chocolat et de chêne neuf grillé. Moyennement corsé, très accessible, il doit être consommé **ces 6 prochaines années.** (3/02)

1997 **85** De très séduisantes senteurs de café torréfié, de petits fruits, de chocolat et de grillé se dégagent de ce vin d'un rubis moyennement foncé, tout à la fois rond, savoureux et charnu, et plutôt concentré. L'ensemble est de bonne facture. **À boire sans plus tarder.** (3/01)

1995 **87** Arborant une robe impressionnante de couleur pourpre-noir, le 1995 développe d'excellents arômes de cerise noire et de cassis. Il est moyennement corsé en bouche, étonnamment opulent et onctueux, et d'une belle pureté. **À boire jusqu'en 2016.** (11/97)

1994 84 Rubis foncé, le 1994 libère de séduisantes senteurs confiturées de cerise, de terre et d'épices. Moyennement massif, plaisant et mûr, sans aspérité ni caractère végétal, il manque cependant d'étoffe et de persistance. **Devrait être bu – probablement sur le décin.** (3/99)

MILLÉSIMES ANCIENS

Le meilleur Domaine de l'Église de ces vingt-cinq dernières années est le 1989 (noté 89 en mars 1998). Il est toujours puissant et riche, avec une robe plus foncée et davantage de richesse en extrait que la plupart de ses aînés ou de ses cadets. Hormis une petite nuance de pruneau, il n'y a rien à reprocher à ce vin impressionnant, aux senteurs de douce cerise noire, de prune et de terre. L'ensemble, qui a atteint son apogée assez rapidement, doit être consommé dans les 6 à 7 ans.

L'ÉGLISE-CLINET

Propriétaire : GFA du Château L'Église-Clinet
Adresse : 33500 Pomerol
Tél. 05 57 25 96 59 – *Fax* 05 57 25 21 96
E-mail : denis@durantou.com
Visites : sur rendez-vous uniquement
Contact : Denis Durantou

VIGNOBLE ET VINIFICATION

Superficie : 6 ha
Encépagement : 70-80 % merlot, 20-30 % cabernet franc
Âge moyen des vignes : 45 ans – *Densité de plantation :* 6 500 pieds/ha
Rendement moyen : 35 hl/ha
Élevage : fermentations et cuvaison de 15 à 21 jours en petites cuves d'acier inoxydable thermorégulées d'une contenance de 30-50 hl ; vieillissement de 15 à 18 mois en fûts (40-70 % de bois neuf) ; collage ; pas de filtration

VINS PRODUITS

Château L'Église-Clinet – 12 000-15 000 b ;
La Petite Église – 15 000-20 000 b
À maturité : dans les 10 à 30 ans suivant le millésime

APPRÉCIATION GÉNÉRALE

S'il est un des crus les moins connus de l'appellation en raison de sa très petite production, L'Église-Clinet s'est toujours imposé au nombre des meilleurs Pomerol. Il est généralement très fruité, généreux et gras. En termes de qualité, il égale les nouvelles stars comme Clos l'Église, L'Évangile ou La Conseillante. Cependant, ce cru demeure l'apanage des initiés, qui lui sont extrêmement fidèles, si bien qu'il est difficile de mettre la main sur quelques bouteilles de cette merveille. La qualité et la rareté expliquent les prix élevés qu'atteint ce vin – qui les vaut bien. À acheter, absolument !

Si L'Église-Clinet est, du fait de sa petite production, l'un des domaines de Pomerol les moins connus, il donne souvent un vin typique, gras, savoureux, séveux et richement fruité, remarquablement vinifié. Le vignoble bénéficie d'une belle situation, sur le plateau de Pomerol et sur des sols profonds de graves mêlées de sable, d'argile et de fer. Contrairement à ce qui s'est généralement passé dans le reste de l'appellation, les vignes n'ont pas été arrachées après le gel dévastateur de 1956, et n'ont pas souffert des gelées de 1985 et 1987 ; elles sont donc actuellement fort vieilles, certains pieds étant même plus que centenaires.

Jusqu'en 1983, c'est Pierre Lasserre, propriétaire de Clos René, un autre domaine de Pomerol, plus vaste et plus connu, qui a exploité ce vignoble en métayage. Il y élaborait un vin riche, bien équilibré, souple, ferme et de bonne tenue. Le jeune et très consciencieux Denis Durantou a pris la suite ; il a fait de gros efforts pour pousser ce petit vignoble jusqu'aux plus hauts sommets de la hiérarchie des Pomerol. Il n'a pas pour seul atout son souci de qualité, mais aussi la chance d'être à la tête de vignes de 45 ans d'âge en moyenne. Chaque année, il déclasse près d'un quart de la récolte pour faire un second vin, La Petite Église. On doit donc chaudement féliciter Denis Durantou pour le travail qu'il accomplit sur cette propriété.

L'Église-Clinet est un cru assez cher, mais les bons amateurs savent qu'il compte parmi les dix à douze meilleurs de l'appellation. C'est un vin profond, élaboré par un propriétaire refusant de sacrifier à la mode des nouvelles techniques employées par les vignerons avant-gardistes. À L'Église-Clinet, les rendements ténus, les vendanges mûres et une vinification la plus naturelle possible sont de mise.

2003
84-86 ? Le 2003 de L'Église-Clinet m'a déçu les trois fois que je l'ai dégusté. S'il impressionne par sa robe d'un rubis-pourpre profond, il est desservi par des flaveurs rugueuses étayées par des tannins astringents, ainsi que son absence de corpulence, de charme et de profondeur. Il accuse encore un manque de présence en milieu de bouche, et je doute qu'il s'étoffe. Il faut cependant reconnaître qu'il est issu d'un secteur de Pomerol particulièrement desservi par la chaleur et la sécheresse des mois d'été. Bien que je ne veuille pas paraître trop sévère, ce 2003 issu d'une vinification traditionnelle est l'un des vins les plus décevants élaborés ces vingt dernières années par le talentueux Denis Durantou. Espérons simplement que je me trompe à son sujet. **À boire entre 2010 et 2020.** (3/04)

2002
90 Voici une magnifique réussite d'un vigneron (Denis Durantou) qui, à l'évidence, sait travailler son vignoble et faire de grands vins. D'un rubis-pourpre dense, le 2002 de L'Église-Clinet se distingue par de pures senteurs de framboise et de cerise, ainsi que par un boisé subtil et des nuances de terre. L'ensemble, moyennement corsé et modérément tannique, conjugue intensité et pureté. Il s'agit, je le répète, d'un beau succès pour le millésime. **À boire à son apogée entre 2008 et 2018.** (9/03)

2001
94 Ce vin extraordinaire vaut la moitié du prix de son aîné d'un an. D'un rubis-pourpre soutenu, doté de senteurs de caramel et de pure cerise noire nuancées de prune, de groseille, de truffe et d'un boisé (chêne grillé) magnifiquement fondu, il est corsé, impressionnant à la fois de concentration et de pureté, et révèle une élégance et un classicisme hors du commun. De toute façon, on ne prend guère de risques en achetant un vin élaboré par Denis Durantou, un véritable puriste. **À boire entre 2007 et 2020.** (1/03)

2000
96 Ce vin spectaculaire pourrait s'imposer comme l'un des grands classiques de la propriété ces dernières années. Pour l'heure, on a peine à imaginer qu'il puisse égaler ou surpasser le fabuleux 1998, ni même le 1995 mais il s'est

incontestablement étoffé au cours de son évolution. En bouteille, le 2000 de L'Église-Clinet se présente comme un vin tout simplement époustouflant, dont la robe d'un rubis-pourpre soutenu accompagne un pur fruité de mûre, de figue et de cassis nuancé de réglisse et de chêne grillé. L'ensemble, qui s'impose en bouche, se distingue par sa texture somptueuse, ses tannins doux, sa faible acidité et sa finale, longue de plus de 1 minute. Je subodore qu'il se refermera d'ici quelque temps, pour ne s'épanouir à nouveau qu'au terme d'une garde de 7 ans. **À boire entre 2010 et 2035, voire au-delà.** (1/03)

1999 92 Le 1999 de L'Église-Clinet a magnifiquement évolué. Ce vin, qui s'impose comme l'une des très grandes réussites du millésime, offre le rare mariage de l'élégance et de la puissance. Sa robe d'un pourpre opaque annonce des arômes de framboise, de groseille, de réglisse, de graphite, de truffe et de terre, qui eux-mêmes précèdent en bouche un ensemble d'une grande douceur, véritable modèle de pureté, de proportions et d'équilibre malgré son ampleur. Si l'on en juge par les tannins modérés que recèle ce vin, une certaine garde s'impose. **À boire entre 2010 et 2025.** (3/02)

1998 94+ Ce 1998 devrait s'imposer comme l'un des Pomerol du millésime les plus aptes à la garde. S'il est, pour l'heure, peu évolué – il s'est d'ailleurs refermé depuis la mise en bouteille –, ne vous méprenez pas sur son potentiel : c'est un vin de garde éblouissant, de très haut niveau. Sa robe d'un pourpre opaque introduit un bouquet discret, mais prometteur, de douce mûre, nuancé de vanille, de caramel et de minéral. L'ensemble, corsé et doté de tannins puissants, affiche une belle texture et regorge littéralement de richesse en extrait (on y décèle notamment de très généreuses notes de fruits noirs), au point d'être explosif. Cependant, ce vin requiert une garde de 3 à 4 ans. **À boire entre 2008 et 2035.** (3/02)

1997 91 C'est l'un des vins du millésime les plus concentrés, les plus charmeurs et les plus aptes à la garde. Vêtu d'un rubis-pourpre foncé, séduisant par ses généreuses notes de framboise et de cerise, le 1997 de L'Église-Clinet se distingue par ses proportions magnifiques, par son caractère gras, corsé et de bonne mâche, et par sa finale nuancée de mûre rôtie, de café et de chêne grillé. Ce vin magnifiquement réussi pour le millésime peut être apprécié dès maintenant (en raison de sa faible acidité et de ses tannins doux) ou conservé en cave **10 ans ou plus.** Bravo ! (3/02)

1996 93 Figurant parmi les rares Pomerol vraiment profonds du millésime, L'Église-Clinet 1996 se révèle étonnamment riche et concentré, et se montre magnifique en bouteille, bien qu'il soit relativement serré. Sa robe d'un rubis-pourpre foncé introduit un nez de charbon, de cassis confituré et de framboise légèrement marqué de surmaturité, qui développe après aération d'autres notes de chêne épicé. La bouche, moyennement corsée, dévoile, par paliers, des arômes gras et concentrés, très complexes et tout en nuances. Ce Pomerol musclé sera à son apogée **jusqu'en 2020.** (3/01)

1995 96 L'Église-Clinet 1995 – l'un des vins les plus somptueux du millésime – s'est révélé fabuleux aussi bien au fût qu'en bouteille. Vêtu d'un pourpre opaque, il est fermé au nez, mais laisse échapper une décoction d'arômes de framboise, de kirsch, de fumé, de cerise et de truffe. Très corsé et très bien doté, avec d'abondants tannins, il est bien étayé par un fruité d'une grande richesse. Ce vin dense est généreux et d'une grande complexité, mais il affiche aussi une précision exceptionnelle. Il laisse à peine deviner son immense potentiel – une légende en perspective ! Sa texture extraordinaire persiste tant en bouche que j'avais du mal à m'en défaire. Obtenir un tel niveau d'intensité et de richesse sans lourdeur constitue incontestablement un tour de force en matière de vinification. **À boire entre 2010 et 2030.** (9/02)

1994 **89** Vêtu d'un prune dense, le 1994 exhale un nez serré, mais prometteur, aux senteurs de cerise mûre, de groseille et de mûre marquées de vagues notes de truffe noire et de terreau. Moyennement corsé, il dévoile en bouche, par paliers, un fruité pur, et l'on distingue dans sa finale des tannins marquants. Ample et riche, il manque un peu de charme, et, s'il fallait souligner un défaut, je lui reprocherais l'absence de douceur et les abondants tannins de sa finale – un trait du millésime. **À boire entre 2007 et 2020.** (11/02)

1990 **92** Le 1990, qui paraît proche de son apogée, est cependant encore relativement jeune et frais. Ce vin, dont la robe d'un prune-pourpre foncé commence à peine à se nuancer d'ambre sur le bord, exhale un doux nez de noix de cola, de confiture de cerise noire, de fumé, de chocolat et de terre. Très corsé et opulent, avec des tannins très présents, il révèle, outre une très faible acidité, un milieu de bouche bien marqué par la mâche, ainsi qu'une finale douce et généreuse. Ce vin impressionnant continue de s'améliorer. **À boire jusqu'en 2023.** (5/02)

1989 **89** Le 1989 de L'Église-Clinet a été plutôt irrégulier dans mes dégustations. Plus évolué de robe que son cadet d'un an – il est fortement ambré sur le bord –, il déploie un nez modérément intense de sucre roux, de chocolat, de cèdre, de mûre et de cerise, qui annonce un ensemble moyennement corsé, paraissant proche de son apogée. La bouche révèle une texture un peu poudreuse, ainsi que des tannins assez perceptibles ; elle ne présente ni la douceur ni l'opulence du 1990. Cependant, ce vin est excellent – il lui manque seulement ce petit quelque chose de magique, ce petit surplus de puissance aromatique et de persistance qui lui ont valu sa réputation. **À boire jusqu'en 2016.** (5/02)

1988 **87** Le 1988 semble à son apogée. D'un grenat foncé ambré sur le bord, il exhale un nez de fruits noirs, de terre et de sous-bois. Une fois passé ce bouquet nuancé de fumé, de prune, de cerise et d'herbes de Provence, on décèle en bouche un ensemble moyennement corsé, étayé par des tannins fermes. Ce vin tiendra bien 10 à 12 ans encore. Je doute cependant qu'il révèle le charme ou le caractère savoureux des meilleurs millésimes du cru. **À boire jusqu'en 2017.** (5/02)

1986 **90** Ce vin s'est atténué en vieillissant et, bien qu'il soit encore jeune et vraisemblablement capable d'une garde supplémentaire d'une vingtaine d'années, je suis moins enthousiaste à son sujet que je ne l'ai été. Il n'en est pas moins extraordinaire, s'imposant comme l'un des meilleurs Pomerol de ce millésime qui favorisa plutôt les Médoc. D'un rubis dense et profond aux nuances pourpres, il libère, mais seulement au mouvement du verre, des notes de cèdre, de douce prune, de Christmas cake, de cerise et d'autres fruits noirs nuancés de réglisse et de champignon. L'ensemble, moyennement corsé, se distingue par sa belle concentration. Il se développe en bouche par paliers, révélant un caractère généreux ; sa finale est modérément tannique. Ce sont précisément ces tannins plutôt secs et durs qui m'ont conduit à revoir à la baisse la note que j'avais précédemment attribuée à ce vin. **À boire entre 2006 et 2020.** (5/02)

1985 **95** Voici une très grande réussite du millésime. J'ai dégusté le 1985 de L'Église-Clinet, pour la dernière fois, à côté du Petrus de la même année, qui était très herbacé, végétal et maigre – une immense déception. Arborant toujours un rubis-pourpre opaque très soutenu, il est nettement moins évolué que la plupart de ses jumeaux. Ses douces senteurs d'airelle, de cerise noire et de mûre sont mêlées de notes de minéral, de métal et de cèdre. L'ensemble, riche et corsé, se distingue par sa pureté et sa précision d'excellent aloi. Généreusement doté, il déploie une finale longue de plus de 45 secondes. Ce vin, qui gagne en ampleur au fur et à mesure de son aération, a certainement évolué moins rapidement que la plupart des 1985. **À boire jusqu'en 2023.** (5/02)

1983 **86 ?** Le 1983 commence à se déliter. Sa robe est fortement ambrée, et il présente un nez très herbacé, aux notes de terre, qui évoque aussi la terre humide, le champignon et la cerise noire. En bouche, il est corsé et faible en acidité, et sa finale recèle des tannins poudreux qui laissent une impression de sécheresse – preuve s'il en est que ce vin est proche de son déclin. **À boire sans plus attendre.** (5/02)

1982 **90 ?** Ce vin de style plutôt traditionnel s'est bien étoffé depuis ses premières années en fût et en bouteille. Le point d'interrogation accompagnant la note que je lui ai attribuée s'explique par ses tannins rugueux. Cependant, l'ensemble est incontestablement profond, et il me paraît maintenant plus riche et plus corsé que dans sa jeunesse. Sa robe d'un rubis-grenat trouble est encore opaque, et il exhale avec ampleur de douces senteurs de champignon, de réglisse, de terre humide, de boîte à épices et de figue. La bouche est étoffée et trapue, mais les tannins agressifs et la finale rugueuse me conduisent à me demander si ce vin est seulement encore très jeune, et qu'il doive être attendu, ou s'il est quelque peu sauvage. Quoi qu'il en soit, il mérite qu'on parie sur lui s'il est disponible à un prix raisonnable. **À boire jusqu'en 2020 ?** (11/02)

MILLÉSIMES ANCIENS

Le palmarès de L'Église-Clinet, comme celui de nombreux autres châteaux, n'a pas toujours été régulier. Cependant, les sommets qu'atteint ce cru confirment l'excellence de son terroir. Parmi les millésimes que je préfère, le 1975 (noté 92 ? en novembre 2002) est très concentré et encore très jeune ; il évoque le 1982 avec ses tannins astringents. Il s'agit d'un vin massif, qui recèle un potentiel très important – il se pourrait bien qu'il requière une garde supplémentaire de 8 à 10 ans. Il est certain qu'il tiendra les trois premières décennies de ce siècle, mais je me demande s'il se fondra jamais harmonieusement. Le 1971 (noté 92 en décembre 1995) est à son apogée et commence à décliner. Il s'agit certainement d'un des trois meilleurs Pomerol du millésime (les deux autres étant Trotanoy et Petrus). Je conseille aux détenteurs de cette bouteille de ne pas tenter leur chance plus avant. Le 1961 (noté 92 en septembre 1995) est tout simplement fabuleux. C'est un vin corsé et opulent, aux amples senteurs de sauce soja, de viande grillée, de moka et de cerise noire. Le 1959 (noté 96 en octobre 1995) est encore meilleur. Il dégage un nez absolument extraordinaire de kirsch nuancé d'épices orientales, de glace crémeuse au chocolat et de caramel. Onctueux, voire visqueux, il s'impose à l'évidence comme l'un des exemples de ce cru les plus généreux et les plus concentrés des quarante dernières années.

La propriété a à son actif plusieurs autres chefs-d'œuvre, notamment le phénoménal 1950 (noté 95 en septembre 1995), issu d'un millésime de haut vol pour l'appellation. Le 1949, qui frise la perfection (noté 99 en septembre 1995), est une autre merveille, tout comme les 1947 (noté 100 en septembre 1995), 1945 (noté 98 en septembre 1995) et 1921 (noté 100 en septembre 1995). Tous ces vins extraordinaires provenaient de bouteilles ayant bénéficié de parfaites conditions de conservation, et parfois de magnums. Ils prouvent bien que, lorsque L'Église-Clinet décroche la timbale, il peut se révéler en tout point aussi profond que Petrus.

L'ENCLOS

Propriétaire : GFA du Château L'Enclos
Adresse : lieu-dit L'Enclos
20, rue du Grand-Moulinet – 33500 Pomerol
Tél. 05 57 51 04 62 – *Fax* 05 57 51 43 15
E-mail : chateaulenclos@wanadoo.fr
Site Internet : www.chateau-lenclos.com
Visites : sur rendez-vous
Contact : Hugues Weydert

VIGNOBLE ET VINIFICATION

Superficie : 9,44 ha
Encépagement : 82 % merlot, 17 % cabernet franc, 1 % pressac
Âge moyen des vignes : 31 ans – *Densité de plantation :* 6 000 pieds/ha
Rendement moyen : 45 hl/ha
Élevage : fermentations à 28-32 °C et cuvaison à 22-24 °C de 21 à 28 jours en cuves d'acier inoxydable thermorégulées, avec deux à quatre remontages quotidiens ; vieillissement de 12 à 14 mois en fûts (40 % de bois neuf) ; collage ; filtration légère

VIN PRODUIT

Château L'Enclos – 52 000 b ; (pas de second vin)
À maturité : dans les 3 à 15 ans suivant le millésime

APPRÉCIATION GÉNÉRALE

Cette propriété discrète, qui fait peu parler d'elle, propose des vins se révélant pleinement vers 4 à 5 ans d'âge. Dans les meilleurs millésimes, L'Enclos est très bon, voire excellent. Cependant, la propriété n'a pas été, ces dernières années, à son niveau de qualité de la décennie 80. Je pense toutefois que cela n'est que temporaire. Le cru représente une bonne affaire.

Situé sur des sols de sable, de graves et de silex, à l'extrémité occidentale de l'appellation, L'Enclos est une propriété qui ne fait guère de bruit, mais qui peut produire des vins de haut niveau. Les meilleurs millésimes sont veloutés et moelleux, généreusement dotés, souples et joliment concentrés, se caractérisant par la belle harmonie et la pureté de leurs arômes de mûre. En règle générale, L'Enclos n'a besoin que de 4 à 5 ans de bouteille pour révéler son fruit opulent, riche et soyeux, mais il peut se maintenir ensuite beaucoup plus longtemps.

2001
84 Ce vin souple et moyennement corsé, à la texture crémeuse, évoque le doux caramel nuancé de cerise et d'autres petits fruits. **À boire jusqu'en 2011.** (1/03)

2000
85 Le 2000 est léger, dénué à la fois de densité et de concentration. On l'appréciera cependant pour son caractère moyennement corsé, sa souplesse et ses notes de caramel, de moka et de cerise. **À boire dans les 5 à 6 ans suivant le millésime.** (1/03)

MILLÉSIMES ANCIENS

Hormis le 1995 (noté 86 en mars 1999) et le délicieux 1990 (noté 88 en novembre 2001), la performance de L'Enclos dans les années 90 fut médiocre, la plupart des millésimes ne méritant que des notes entre 70 et 74. Dans les années 80, le cru se comporta mieux, sans pour autant être des plus réguliers. Ainsi, le 1989 fut noté 87 en mars 1996 et le 1982 obtint 88 en novembre 2002. De ces deux vins, seul le 1982 me paraît capable de tenir encore 5 à 10 ans et s'impose, à mon sens, comme la plus belle réussite de la propriété ce dernier quart de siècle. Un autre millésime digne d'attention – bien que je subodore qu'il soit actuellement sur le déclin – est le 1975 (noté 89 en janvier 1985). Les vins de cette année ont certes résisté à l'épreuve du temps, mais ils sont sujets à controverse.

L'ÉVANGILE

Propriétaire : Domaines Barons de Rothschild (Lafite)
Adresse : 33500 Pomerol
Tél. 05 57 55 45 55 – *Fax* 05 57 55 45 56
E-mail : jpvazart@lafite.com
Site Internet : www.lafite.com
Visites : sur rendez-vous uniquement
Contact : Jean-Pascal Vazart

VIGNOBLE ET VINIFICATION

Superficie : 14 ha
Encépagement : 75 % merlot, 25 % cabernet franc
Âge moyen des vignes : 40 ans – *Densité de plantation :* 6 000 pieds/ha
Rendement moyen : 40 hl/ha
Élevage : fermentations et cuvaison de 25 à 30 jours en cuves d'acier inoxydable et de béton thermorégulées ; après achèvement des malolactiques en cuves, vieillissement de 18 mois en fûts (80 % de bois neuf) ; collage et filtration si nécessaire

VINS PRODUITS

Château L'Évangile – 42 000-48 000 b ; Blason de L'Évangile – 12 000-18 000 b
À maturité : dans les 6 à 30 ans suivant le millésime

APPRÉCIATION GÉNÉRALE

Si L'Évangile a toujours été l'un des meilleurs Pomerol, il s'est encore amélioré ces dernières années sous la houlette des Rothschild (de Lafite) et peut parfaitement rivaliser avec Petrus et Lafleur. Ce vin exceptionnel traduit magnifiquement son terroir par sa richesse et son opulence hors du commun. Toujours très caractéristique, il s'impose comme l'un des crus de l'appellation les plus aptes à la garde. S'il fallait formuler une critique à son encontre, je dirais que, dans certains millésimes, le collage et la filtration lui enlèvent un peu de cette richesse supplémentaire qui le distingue des autres crus. Malheureusement, les prix ont suivi la courbe ascendante de la qualité – cela étant, L'Évangile les vaut bien.

Les heureux mortels ayant goûté les 1947, 1950, 1961, 1975, 1982, 1985, 1990, 1995, 1998, 2000, 2001 et 2002 de L'Évangile savent assez que ce domaine est capable de produire des vins irrésistibles et d'une richesse majestueuse. Bordés au nord par les vignobles de La Conseillante, de Vieux Château Certan et de Petrus, et au sud par celui de Cheval Blanc (Saint-Émilion), les 14 ha de L'Évangile sont idéalement situés, sur des sols profonds de graves mêlées d'argile et de sable. Ce sont des atouts décisifs, et c'est pourquoi j'ai l'intime conviction que ce cru, bien qu'il n'ait pas toujours été très régulier, pourrait concurrencer Petrus, Lafleur ou Cheval Blanc. C'est ce qui se passe actuellement. Les Rothschild (de Lafite), qui avaient pris le contrôle du domaine en 1990, l'ont acheté en totalité en 2000 avec Albert Frère, un Belge fortuné ayant des intérêts dans Cheval Blanc. Les maîtres des lieux sont parfaitement conscients de l'énorme potentiel de ce vignoble – au niveau tant de la qualité que des prix.

Le regretté Louis Ducasse, l'ancien propriétaire, connaissait bien les remarquables possibilités de son terroir ; il disait souvent, aux critiques quelque peu sceptiques, que L'Évangile était l'égal, en plus complexe encore, de son voisin Petrus. La remarquable Mme Ducasse assurait toujours la gestion quotidienne de la propriété lors de son décès, il y a plusieurs années, à plus de 90 ans. Je me souviens d'un déjeuner passé en compagnie de cette grande dame au tout début des années 90 ; elle avait fait servir les 1947, 1961 et 1964 de sa cave personnelle. Et ce fut un plaisir de constater, lors de ce somptueux repas de truffes, de ris de veau et de filet de bœuf, que Mme Ducasse n'était pas la dernière à goûter l'excellence des plats et des boissons.

Maintenant que L'Évangile appartient en totalité aux Rothschild, je subodore que le cru rivalisera chaque année avec les meilleurs de l'appellation. En effet, il bénéficie d'un vignoble exceptionnel, comme l'attestent les grands vins qui en sont issus dans les années où la sélection était pratiquement inexistante et où la vinification et l'élevage laissaient à désirer. Tout cela changera sous la houlette des Rothschild, qui sont perfectionnistes. Ce domaine, dont le palmarès était déjà superbe, semble destiné à atteindre des sommets... en termes à la fois de qualité et de prix.

2003
86-88 Composé à 79 % de merlot et pour le reste de cabernet franc, et issu de faibles rendements de 24 hl/ha, le 2003 de L'Évangile est plaisant et fruité, mais quelque peu superficiel et dénué de la corpulence, de la concentration et de la profondeur que l'on attend d'un cru provenant d'un terroir aussi fabuleux. Il faut dire cependant que l'appellation fut particulièrement desservie par les fortes chaleurs estivales et que les vendanges durent être ramassées relativement tôt. D'un rubis profond, le 2003 de L'Évangile exprime dans

un ensemble moyennement corsé des notes de fraise, de cerise et de framboise nuancées en arrière-plan de terre et d'épices, ainsi qu'une finale courte. **À boire dans les 10 à 12 ans.** (3/04)

2002 **90** Le 2002 de L'Évangile, qui s'impose comme l'un des Pomerol les plus impressionnants du millésime, se compose à 75 % de merlot et pour le reste de cabernet franc. D'un rubis-pourpre profond, il exhale avec ampleur de douces senteurs de mûre et de framboise. Une fois passé ce bouquet nuancé de terre et de truffe, on décèle en bouche un ensemble moyennement corsé, merveilleux à la fois de profondeur et de persistance, dont le fruité, riche et mûr, est d'une grande fraîcheur et étayé par une heureuse acidité sous-jacente. La finale de ce vin se développe par paliers, avec générosité. J'attendais que Cheval Blanc, cru voisin, réussisse aussi bien. Bravo à Jean-Pascal Vazart, qui dirige la propriété, pour le beau travail accompli pour son premier millésime. **À boire entre 2007 et 2018.** (9/03)

2001 **91** Composé à 79 % de merlot et pour le reste de cabernet franc, le 2001 de L'Évangile présente, outre une robe d'un pourpre soutenu, de douces senteurs de thé noir de Chine nuancées de réglisse, d'encens, de glace à la mûre et de crème de cassis. Ce vin moyennement corsé, étayé par une faible acidité et des tannins soyeux, est charnu et opulent, et semble gagner à la fois en étoffe et en nuances. Quoique surpassé par le gigantesque 2000, il n'en demeure pas moins une merveille. **À boire entre 2006 et 2017.** (1/03)

2000 **96+** J'ai conservé pendant 11 jours une bouteille de ce vin, la rebouchant chaque jour après m'en être servi une petite quantité aux fins de dégustation. L'ensemble refusait obstinément de s'oxyder et n'accusa qu'au huitième jour une légère déperdition de fruit. Le fabuleux 2000 de L'Évangile, qui peut rivaliser avec des millésimes récents aussi prestigieux que 1998, 1995, 1990, 1985 et, bien sûr, 1982, révèle, après aération, des senteurs de myrtille, de mûre, de truffe, de fleur d'acacia, de goudron et de graphite. D'un pourpre dense, il est épais et onctueux, très corsé, extraordinaire à la fois d'opulence, d'intensité et de pureté. Ses tannins se montrent soyeux, et sa finale, longue, puissante et concentrée, est nuancée de chocolat. J'ai initialement pensé que ce vin était une répétition du 1975, mais j'en suis désormais moins sûr. Il est tout simplement prodigieux, et ses tannins sont nettement plus doux que ceux du 1975, sujet à controverse. **À boire entre 2008 et 2030, voire au-delà.** (1/03)

1999 **89** Composé à 75 % de merlot et pour le reste de cabernet franc, le 1999 de L'Évangile s'annonce par un pourpre foncé. Il accuse un léger caractère herbacé (inattendu), qui lui a coûté 1 ou 2 points. Néanmoins, l'ensemble est superbe, épanoui, plein de charme et parfumé, avec des notes de réglisse fondue nuancées de mûre, de minéral et de truffe. Ce vin moyennement corsé, qui séduit aussi bien les sens que l'esprit, est aussi doux à l'attaque qu'en milieu de bouche. Il pourrait être renoté à la hausse, suivant la manière dont il évoluera. **À boire jusqu'en 2015.** (3/02)

1998 **95+** Composé à 80 % de merlot et à 20 % de cabernet franc, et vieilli avec 45 % de bois neuf, le fabuleux 1998 de L'Évangile déborde littéralement d'un fruité concentré de mûre et de framboise. Des notes florales d'acacia ajoutent à sa complexité, tandis que des arômes de caramel mou, de réglisse et de truffe contribuent à son caractère explosif. Ce vin corsé, superbe de pureté, déploie une finale aux tannins modérés. Il devrait s'imposer, avec le 2000, comme l'exemple le plus réussi de ce cru depuis les superbes 1995 et 1990. **À boire entre 2009 et 2035.** (4/02)

1997 **89** Le 1997 de L'Évangile dégage le nez pur de mûre et de truffe, nuancé en arrière-plan de boisé, typique de ce cru. Ce vin presque extraordinaire, tout à la fois moyennement corsé, épanoui et sensuel, exprime un fruité fabuleux. Bien qu'il manque de densité, de persistance et de structure tannique, il se révèle des plus charmeurs. De nombreux amateurs appréciant sa séduction estimeront peut-être que j'ai été trop sévère dans ma notation. **À boire jusqu'en 2012.** (3/02)

1996 **90 ?** Tout comme son voisin de Clinet, L'Évangile 1996 est sujet à controverse. Ce vin donne en effet l'impression d'être trop extrait, avec sa robe rubis-pourpre foncé, ses arômes de pruneau, de raisin, de thé noir de Chine, de mûre et de liqueur de cerise. La bouche, riche et puissante, est également tannique et quelque peu dépourvue de structure. Moyennement corsée, généreusement dotée, elle déploie une finale persistante et très, voire trop mûre. Ce vin requiert une garde de quelques années pour s'affirmer, mais il pourrait bien se révéler exceptionnel. **À boire jusqu'en 2016.** (3/02)

1995 **92** Ce 1995, qui se montre fermé et peu évolué, est indiscutablement moins impressionnant en bouteille qu'il ne l'était en fût. Cependant, il est toujours extraordinaire et pourrait se révéler apte à une plus longue garde, tout en étant moins opulent que son somptueux aîné de 1990. Sa robe d'un rubis-pourpre dense accompagne des arômes de minéral, de framboise, de terre et d'épices. Ce vin semble atténué (excès de collage et de filtration ?) par rapport aux échantillons d'avant-mise, qui déployaient de beaux arômes charnus et parfumés. Sa finale très tannique et le généreux fruité doux que l'on décèle en bouche laissent subodorer que l'ensemble évoluera en un cru tout à fait spécial. Aurait-il été meilleur s'il avait bénéficié d'une mise en bouteilles plus naturelle ? Je le pense. Cela étant dit, malgré les tannins féroces, on décèle bien la pureté, la profondeur et la maturité exceptionnelles de ce vin. **À boire entre 2007 et 2020.** (10/02)

1994 **90** Le 1994 est l'un des vins les plus réussis du millésime, avec sa robe d'un rubis-prune dense, qui prélude à un doux nez de réglisse, de mûre et de groseille marqué en arrière-plan de notes d'herbes rôties et de terre humide. Moyennement corsé, très opulent, il est merveilleux de richesse tant à l'attaque qu'en milieu de bouche. Comme la plupart de ses jumeaux, il pèche seulement par manque de douceur et par sa finale, relativement sèche et tannique. Quoi qu'il en soit, il s'agit d'un exemple formidable dans un millésime qui réserve de belles surprises, même s'il est plutôt porté sur des vins fermes, musclés et structurés. **À boire jusqu'en 2020.** (10/02)

1990 **96** Le fabuleux 1990 est un exemple de ce cru à son meilleur niveau. D'un rubis-pourpre dense ambré sur le bord, il dégage de fabuleuses senteurs de truffe noire nuancées de caramel, de chocolat et de douce mûre. Très corsé, il doit à son gras généreux sa texture opulente, presque visqueuse. Ses abondants tannins sont presque totalement masqués par son fruité épais et richement extrait. S'il est encore jeune, ce vin sensationnel a été accessible dès son enfance ; il commence tout juste à développer les nuances secondaires marquant l'adolescence et tiendra **jusqu'en 2024.** (11/02)

1989 89 Le 1989 de L'Évangile est à son apogée, et il est peu probable qu'il améliore plus avant ; je pense cependant qu'il se maintiendra encore 10 à 15 ans. D'un grenat-prune foncé fortement ambré sur le bord, il exhale un nez de caramel mou, de chocolat, de douce cerise noire et de groseille. Séduisant tant il est charnu et épanoui, il se révèle faible en acidité, avec des tannins doux et une finale mûre, généreusement dotée et persistante. Bien qu'il n'ait pas l'ampleur, le potentiel de garde ni la corpulence du 1990, il n'en est pas moins de très haut vol. **À boire jusqu'en 2015.** (11/02)

1988 87 D'un prune-grenat foncé légèrement éclairci sur le bord, ce vin présente les senteurs de réglisse, de sous-bois et de compost, ainsi que les nuances de prune, de mûre et de groseille caractéristiques du millésime. Très doux à l'attaque, il montre ensuite une bouche moyennement corsée, légèrement desséchée, ainsi qu'une finale dure et râpeuse. Ce 1988 est à son apogée, et je doute qu'il développe davantage de grâce. **À boire jusqu'en 2010.** (3/01)

1986 87 ? Des arômes herbacés de terreau ainsi qu'un manque de fruit doux rendent ce 1986 atypique du cru. Il est un peu étrange et pataud, avec des tannins durs et une rugosité qui dessèchent sa finale. Je conseille de le boire **rapidement**, avant qu'il ne perde davantage son fruit et son charme. (3/02)

1985 95 Ce vin magnifique, qui s'impose comme l'une des grandes réussites du millésime, arbore un rubis-pourpre très dense à peine éclairci sur le bord. Il exhale un bouquet aux classiques senteurs de mûre, de réglisse et de truffe qui jaillit littéralement du verre, annonçant un ensemble moyennement corsé, bien équilibré et élégant malgré sa douceur, sa concentration et sa puissance imposante. L'ensemble est à son apogée et s'y maintiendra encore quelque temps. **À boire jusqu'en 2017.** (11/02)

1983 88 Ce vin, qui a rapidement atteint son apogée, perd actuellement de son lustre et semble décliner tout doucement. Sa robe d'un prune foncé est fortement ambrée sur le bord. Ses senteurs exotiques évoquent les herbes séchées, le camphre, les épices orientales, la réglisse et les fruits noirs. La bouche, moyennement corsée, s'exprime en rondeur et avec souplesse, mais elle commence à montrer des tannins durs et une finale un peu rugueuse. L'ensemble, qui demeure savoureux et élégant, doit cependant être consommé prochainement. **À boire jusqu'en 2007.** (11/02)

1982 98 Ce vin spectaculaire, vinifié dans un style traditionnel (il évoque certains millésimes des années 40), semble gagner en étoffe à chaque dégustation. D'un prune-pourpre trouble et opaque à peine éclairci sur le bord, il exhale un nez de cuir neuf nuancé de notes très confiturées de liqueur de mûre, de réglisse, de fumé, de sang de bœuf et de truffe. Véritablement renversant, il est tout à la fois très corsé, étonnamment riche et intense au point d'être opulent, voire visqueux, et regorge d'un gras généreux. Ce vin absolument remarquable, qui semble capable de tenir encore 15 à 20 ans, constitue, à mon sens, la plus grande réussite de la propriété après les 1975 et 1961. **À boire jusqu'en 2025.** (12/02)

MILLÉSIMES ANCIENS

Dans les années 70, le 1975 (noté 98 en août 2002) s'impose comme une très grande réussite. Ce vin fabuleux, qui est à son apogée, est plus évolué, du point de vue aromatique, que le 1982, dont il partage cependant la puissance, le caractère massif et la richesse en extrait. C'est un classique dans un millésime sujet à controverse. Il pourrait tenir encore 15 à 20 ans. Les vins des années 70, comme ceux de la décennie précédente, furent plutôt décevants (ils ont tous été notés entre 70 et 85), à une exception près : il s'agit du 1961 (noté 99 en mars 1994), provenant de bouteilles ayant bénéficié de parfaites conditions de conservation. Ce vin, qui se compose à 66 % du fruit de vignes de 3 ans d'âge, évoque un Porto par sa richesse exceptionnelle ; il est encore plus concentré et plus épais que le 1982. Le 1947 (noté 100 en mars 1997 et 97 en décembre 1995) est également grandiose, et le 1950 (noté 90 en mars 2000) digne d'intérêt. Ce dernier vin, qui est à son apogée, s'est atténué rapidement dans le verre, mais il s'est révélé fabuleux pendant les 20 premières minutes.

FEYTIT-CLINET

Propriétaires : Jérémy et Michel Chasseuil
Adresse : 1, chemin de Feytit – 33500 Pomerol
Tél. 05 57 25 51 27 – *Fax* 05 57 25 93 97
Visites : sur rendez-vous
Contact : Jérémy Chasseuil

VIGNOBLE ET VINIFICATION

Superficie : 7 ha
Encépagement : 90 % merlot, 10 % cabernet franc
Âge moyen des vignes : 25 ans – *Densité de plantation :* 6 900 pieds/ha
Rendement moyen : 40 hl/ha
Élevage : fermentations et cuvaison de 28 à 35 jours en cuves de béton thermorégulées, avec remontages et pigeages ; achèvement des malolactiques et vieillissement de 16 à 18 mois en fûts (70 % de bois neuf) ; ni collage ni filtration

VINS PRODUITS

Château Feytit-Clinet – 20 000-25 000 b
second vin (nom à venir) – 8 000 b
À maturité : dans les 5 à 12 ans suivant le millésime

APPRÉCIATION GÉNÉRALE

Cette propriété, qui se maintint longtemps dans la médiocrité, s'est améliorée de manière spectaculaire ces dernières années, produisant depuis 1998 des vins proches de l'excellence. Certes, elle peut encore progresser, mais la qualité est nettement meilleure qu'auparavant. La bonne nouvelle est que la renaissance de Feytit-Clinet demeure encore l'apanage de quelques initiés, si bien que les amateurs avisés seraient bien inspirés de rechercher les millésimes à venir, d'autant que les prix demeurent raisonnables.

Feytit-Clinet se situe entre Trotanoy et Latour à Pomerol ; son vignoble de 7 ha est complanté à 90 % en merlot et pour le reste en cabernet franc. Ce cru, qui fut longtemps l'un des plus sous-performants de l'appellation, s'est considérablement amélioré ces dernières années. Alors qu'il a été longtemps donné en fermage à la maison Jean-Pierre Moueix, de Libourne, il a été repris en main par les propriétaires, la famille Chasseuil. Les rendements ont été réduits, et un second vin est désormais élaboré. La qualité a fait un bond en avant depuis que la propriété a échappé au contrôle des Moueix – ce qui conduit à se demander ce que se passait sous leur houlette.

2003 **85-88** Bien qu'il ne soit pas issu d'un des terroirs les plus favorisés en 2003 (la plupart des parcelles sont situées sur des sols sableux et graveleux), le Feytit-Clinet de cette année est plaisant et plein de charme, malgré son aspect superficiel et son peu d'aptitude à la garde. Ce vin moyennement corsé, issu de minuscules rendements, se compose à 94 % de merlot et pour le reste de cabernet franc. Malgré les difficultés que posait le millésime, il est étonnamment réussi pour le cru. **À boire entre 2007 et 2012.** (1/05)

2002 **85** Après un 2001 très réussi, Feytit-Clinet propose un 2002 relativement léger, dont la robe rubis-pourpre foncé accompagne des notes de prune, de terreau et de résine. Ce vin trop herbacé, qui manque à la fois de profondeur et de persistance, doit être consommé **dans les 5 à 7 ans.** (1/05)

2001 **89** Le 2001 constitue, à mon sens, la plus belle réussite à ce jour de la propriété. D'un rubis-pourpre dense, doté d'arômes de réglisse, de mûre et de douce cerise nuancés de fumé, de fer et de minéral, il est moyennement corsé, dense et opulent, avec des tannins mûrs et une finale aussi longue que concentrée. Issu de plus jeunes vignes et de plus faibles rendements que par le passé (34 hl/ha), le 2001, qui a bénéficié de techniques comme l'effeuillage et l'éclaircissage, a subi une cuvaison de 4 à 5 semaines. Il est tout simplement splendide et s'impose au nombre des révélations du millésime. **À boire dans les 10 à 12 ans.** (1/03)

2000 **87** Structuré et étoffé, le 2000 de Feytit-Clinet s'annonce par un rubis moyen et par un bouquet de réglisse fondue, de cerise noire et de terre. Moyennement corsé, puissant et trapu, étayé par des tannins mûrs, il accuse un léger manque de complexité suggérant une certaine garde. **À boire entre 2007 et 2014.** (1/03)

1998 **88+** D'un pourpre sombre, ce vin profond, intense et richement extrait est quelque peu fermé, mais prometteur. Moyennement corsé et d'une grande richesse, il développe des arômes de terre, de réglisse, de cerise noire et d'airelle. La bouche, étayée par un gras généreux et des tannins modérés, s'exprime avec ampleur. **À boire jusqu'en 2016.** (3/02)

MILLÉSIMES ANCIENS

À dire vrai, je ne connais de cette propriété, dans les années 70, 80 et au début des années 90, aucun millésime intéressant que j'aimerais avoir dans ma cave personnelle ou que je souhaiterais voir acheter par tout lecteur de cet ouvrage. Plusieurs exemples, comme le 1990, se sont révélés plaisants, mais, dans l'ensemble, le cru se distinguait généralement par un caractère aqueux et herbacé, et par une certaine maigreur.

LA FLEUR DE GAY

Propriétaires : familles Raynaud et Lebreton
Adresse : 33500 Pomerol
Tél. 05 57 51 19 05 – *Fax* 05 57 51 81 81
E-mail : contact@chateau-lafleurdegay.com
Visites : sur rendez-vous,
du lundi au vendredi (9 h-12 h et 14 h-17 h)
Contact : Chantal Lebreton

VIGNOBLE ET VINIFICATION

Superficie : 3 ha
Encépagement : 100 % merlot
Âge moyen des vignes : 45 ans – *Densité de plantation :* 5 000 pieds/ha
Rendement moyen : 25 hl/ha
Élevage : macération préfermentaire à froid ; fermentations et cuvaison de 21 à 28 jours en cuves de béton thermorégulées ; achèvement des malolactiques et vieillissement de 18 mois en fûts (100 % de bois neuf) ; ni collage ni filtration

VIN PRODUIT

Château La Fleur de Gay – 6 000-9 000 b (pas de second vin)
À maturité : dans les 5 à 20 ans suivant le millésime

APPRÉCIATION GÉNÉRALE

Cette cuvée spéciale issue du vignoble de La Croix de Gay peut s'imposer dans les meilleurs millésimes, comme l'attestent les 1989 et 1990, au nombre des vins les plus intéressants de l'appellation. Après une période de relative méforme au début des années 90, le cru semble s'être magnifiquement redressé et a retrouvé son niveau de qualité d'autrefois. Parmi les Pomerol de haut vol, celui-ci demeure une assez bonne affaire. Malheureusement, des disponibilités réduites font qu'il est difficile à trouver.

La Fleur de Gay, cuvée spéciale de La Croix de Gay, propriété plus connue, a été lancé par Alain Raynaud en 1982 (voir page 671). Ce cru est issu de 3 ha de très vieilles vignes de merlot situées au cœur du plateau de Pomerol, entre Petrus et Lafleur, dans le vignoble de La Croix de Gay. Exclusivement élevé en fûts de chêne neuf et mis en bouteilles sans collage ni filtration, il se distingue par un fruit d'une pureté exceptionnelle et par une opulence et une suavité fabuleuses. C'est Michel Rolland qui supervise la vinification et l'élevage de ce vin voluptueusement aromatique, intense et corsé. Les millésimes produits jusqu'à ce jour paraissent capables d'évoluer sur 10 à 20 ans. La réussite tient ici à de faibles rendements (de l'ordre de 25 hl/ha) et à une vendange mûre.

2003 La cuvée prestige de La Croix de Gay se présente en 2003 vêtue d'un rubis-
87-89 pourpre profond, avec un bouquet très parfumé de minéral, de fruits bleus et de fleurs. Ce vin moyennement corsé accuse une légère austérité, mais il est doux à l'attaque, nuancé de truffe et doté d'une finale modérément tannique qui manque quelque peu de structure. Bien qu'il ne s'agisse pas d'une des plus belles réussites de la propriété, l'ensemble n'en est pas moins de bonne facture, voire excellent. **À boire dans les 10 à 12 ans.** (3/04)

2002 **87** Plutôt léger et élégant, le 2002 de La Fleur de Gay s'annonce par un rubis profond et par un nez d'airelle, de cerise, de réglisse et de prune marqué de notes très prononcées de chêne neuf. Il sera plaisant **dans les 10 ans suivant le millésime.** (9/03)

2001 **90** Ce vin paraît s'être refermé depuis ma dernière dégustation. Sa robe d'un rubis-pourpre profond est toujours aussi impressionnante, et il mêle dans un bouquet floral des senteurs de myrtille et de cassis à de belles notes de chêne grillé. Cependant, malgré son caractère moyennement corsé, puissant et richement extrait, il semble, pour l'heure, fortement marqué par les tannins. Quoique fermé et structuré, il demeure extraordinaire. **À boire dans les 10 à 12 ans.** (1/03)

2000 **94+** Voici la plus belle réussite de la propriété depuis le fabuleux duo de 1989 et 1990. D'un rubis-pourpre dense, ce vin exhale un nez de réglisse fondue nuancé de cacao, de doux cassis et de minéral, et marqué de notes de myrtille. Moyennement corsé, il exprime avec pureté, précision et élégance un fruité doux et concentré, et sa finale dure près de 45 secondes. Ses abondants tannins laissent subodorer l'opportunité d'une certaine garde. **À boire entre 2007 et 2030.** (1/03)

1999 **90** Le 1999 est disponible à hauteur de 7 000 bouteilles seulement. D'un rubis-pourpre profond, il se distingue par sa très grande concentration et ses merveilleux parfums de fruits noirs nuancés de minéral, de grillé et de cerise. Ce vin doté d'une belle texture manifeste encore, malgré sa douceur, une pureté et une harmonie d'excellent aloi. Ses tannins sont mûrs. Je conseille de le boire à son apogée **jusqu'en 2016.** (3/02)

1998 **90** Très élégant, vêtu d'un rubis-pourpre foncé, le 1998 dégage un nez de graphite, de mûre, de framboise, de réglisse et de vanille. Profond, riche et corsé, merveilleusement mûr, aussi équilibré qu'harmonieux, il déploie une finale aux tannins modérés. **À boire à son meilleur niveau jusqu'en 2016.** (3/02)

1997 **87** Une robe évoluée d'un rubis moyen, suivie d'un nez d'airelle, de cerise et d'herbes séchées subtilement nuancé de chêne épicé, annonce le 1997 de La Fleur de Gay. Ce vin moyennement corsé et souple se révèle assez sensuel, mais il manque quelque peu de profondeur et de densité. Il s'agit néanmoins d'un Pomerol élégant, précoce et joliment fait, assez gras aussi, que l'on peut apprécier **dès maintenant.** (3/02)

1996 **85** Très décevant et plutôt maigre, le 1996 arbore un rubis-grenat moyennement foncé et présente un fruité herbacé de cassis dominé par de douces notes de chêne neuf. La bouche est austère et creuse, et la finale recèle des tannins astringents. Ceux qui pensent que ce vin s'étoffera en s'assouplissant sont décidément trop optimistes. **À boire jusqu'en 2010.** (12/01)

1995 **88+ ?** Le 1995 est très fermé et paraît trop tannique. D'un rubis-pourpre dense, doté d'un nez serré, mais prometteur, de minéral, de vanille et de fruits noirs nuancé de myrtille, il présente en bouche, outre un caractère légèrement herbacé, des tannins féroces. L'ensemble impressionne de prime abord, à l'attaque, mais il se montre ensuite très dur, astringent et rugueux. Peut-être est-il seulement à un stade ingrat de son évolution ? Cependant, je dois avouer que je n'ai pas à son égard le même optimisme qu'autrefois. **À boire entre 2007 et 2015.** (4/02)

1994 **89** Surprise, surprise ! Il se pourrait que ce vin se révèle meilleur que ses cadets de 1995 et 1996, pourtant issus de millésimes plus renommés. D'un rubis-grenat foncé, le 1994 de La Fleur de Gay se distingue par des senteurs d'olive, de réglisse, de cassis et de chêne fumé. Il manifeste une profondeur et une intensité de bon aloi, mais sa finale recèle des tannins fermes, voire durs, dont je doute qu'ils se fondront jamais harmonieusement. Quoi qu'il en soit, l'ensemble, moyennement corsé, est élégant et racé. **À boire jusqu'en 2014.** (9/02)

1990 **94** Ce vin sensationnel, qui a évolué de très belle manière, s'annonce par un grenat-pourpre dense et soutenu préludant à de superbes arômes de fumé, de camphre, de minéral, de cassis et de myrtille. La richesse du fruit et le caractère minéral qui marquent l'ensemble tiennent en respect le boisé. La bouche est corsée, avec des tannins aussi mûrs qu'abondants. Elle est merveilleusement douce et richement extraite, étayée par une assez faible acidité et un gras généreux. Ce vin riche et complexe, au caractère affirmé, tiendra **jusqu'en 2015.** (11/02)

1989 **95** Le 1989 s'impose probablement comme la plus belle réussite du cru à ce jour. Riche, ample et tannique, il se distingue par ses séduisantes senteurs, subtilement boisées, de cassis et d'autres fruits noirs, de réglisse, de fleurs blanches et de minéral. Très corsé, éblouissant de concentration et d'intensité, il affiche également une pureté et une précision d'excellent aloi. Ce vin fabuleux paraît capable de tenir encore 15 ans. **À boire jusqu'en 2020.** (12/02)

1988 **92** Magnifiquement réussi dans le contexte du millésime, le 1988 inaugure une remarquable trilogie de La Fleur de Gay. Ce vin d'un grenat foncé, dont les exubérantes notes de réglisse fondue s'entremêlent de café, de doux fruits rouges et noirs, de minéral et d'épices, exprime une bouche corsée, très précise malgré sa grande concentration, étayée par des tannins modérément abondants et présents, mais doux. Cette merveille, qui se distingue encore par sa profondeur exceptionnelle, tiendra 5 à 10 ans. **À boire jusqu'en 2015.** (11/02)

1986 **88** Ce vin, qui était pourtant prometteur de prime abord, se fait de plus en plus austère et desséché. Il est encore très bon, mais ses tannins sont maintenant plus acerbes et plus agressifs. D'un rubis profond un peu ambré sur le bord, il révèle encore un nez dominé par le doux chêne neuf. Doté d'un fruité mûr de cassis et de cerise, il présente, depuis quelques années, un caractère de terre et une nuance herbacée. **À boire jusqu'en 2010.** (12/02)

1985 **89** Ce vin, parvenu à son apogée, est moyennement corsé, doux et épanoui, avec des senteurs florales de mûre, de cerise, de grillé et de terre étayées par une faible acidité. L'ensemble est délicieux, et ce, depuis quelque temps déjà. **À boire jusqu'en 2007.** (3/02)

MILLÉSIMES ANCIENS

Le 1982, qui marqua les débuts de La Fleur de Gay, est décevant. Lors de ma dernière dégustation, en mars 2002, j'ai pu constater qu'il était sur le déclin (noté 75) ;

peu plaisant, il accusait un manque de tenue. Le 1983 (noté 87 ? en mars 2002) commence, lui aussi, à se déliter et doit être consommé sans plus attendre. Ses notes herbacées, mêlées de senteurs de compost, de thé noir de Chine et de groseille, sont encore perceptibles, mais les tannins ont pris le dessus et laissent en bouche une impression de sécheresse.

LA FLEUR-PETRUS

Propriétaire : SC Château La Fleur-Petrus
Adresse : 33500 Pomerol
Adresse postale : Éts Jean-Pierre Moueix – BP 129
54, quai du Priourat – 33502 Libourne Cedex
Tél. 05 57 51 78 96 – *Fax* 05 57 51 79 79
Visites : non autorisées
Contact : Frédéric Lospied

VIGNOBLE ET VINIFICATION

Superficie : 13,44 ha
Encépagement : 85 % merlot, 15 % cabernet franc
Âge moyen des vignes : 35 ans – *Densité de plantation :* 6 250 pieds/ha
Rendement moyen : 39 hl/ha
Élevage : fermentations et cuvaison de 20 à 24 jours en cuves de béton thermorégulées ; vieillissement de 20 mois en fûts (renouvelés par tiers à chaque millésime) ; collage et filtration

VIN PRODUIT

Château La Fleur-Petrus – 50 000 b (pas de second vin)
À maturité : dans les 5 à 20 ans suivant le millésime

APPRÉCIATION GÉNÉRALE

Bien que La Fleur-Petrus jouisse d'une bonne réputation, son palmarès depuis les années 60 jusqu'au milieu des années 90 n'a rien d'exceptionnel. Cependant, le cru s'est amélioré à compter de 1995.

Situé entre Lafleur et Petrus (d'où son nom), à l'est du plateau de Pomerol, où se trouvent tant de grands domaines, La Fleur-Petrus a tout pour produire l'un des vins les plus exquis de l'appellation. La célèbre maison Jean-Pierre Moueix l'a acheté en 1952, et le vignoble a été totalement replanté après 1956, puisqu'il avait été presque entièrement détruit par le gel. Le cru est généralement plus léger et moins étoffé que les autres Pomerol vinifiés par l'équipe Moueix – Petrus, Trotanoy et Latour à Pomerol –, mais les connaisseurs apprécient son élégance et son caractère souple, suave et soyeux. Évoluant assez rapidement, il est généralement accessible vers 5 à 6 ans d'âge. Si les millésimes récents se sont révélés très bons, je ne peux m'empêcher de penser qu'ils pourraient – et devraient – être meilleurs.

Cela dit, il semblerait que les choses changent dans le bon sens. En effet, Christian Moueix essaie de remonter le niveau de cette propriété, notamment en la faisant bénéficier de l'achat de la plus belle parcelle de vieilles vignes de Le Gay, son voisin immédiat. Il a également institué une sélection plus stricte tant dans le vignoble que dans les chais, et a fait procéder à la rénovation des installations techniques. C'est seulement depuis 1995 que ce cru propose quelques-unes de ses plus belles réussites.

2003
90-92
Christian Moueix, le maître des lieux, a insisté pour que je précise dans mon commentaire que l'assemblage de ce cru ne comprenait pas encore de vin de presse (à hauteur de 1 à 4 %), ce qui devrait lui apporter davantage de corpulence et de structure. Arborant un rubis-pourpre profond, le 2003 de La Fleur-Petrus s'annonce par un doux nez de cerise noire nuancé de fraise. En bouche, il est doux et moyennement corsé, et révèle, outre une texture étoffée, mais pure et élégante, une finale modérément tannique. S'il n'éclipse pas ses brillants aînés de 1998 et 2000, ce vin n'en est pas moins de bonne facture. **À boire entre 2006 et 2014.** (3/04)

2002
88
Quoique élégant et discret, ce Pomerol s'exprime en bouche avec une ampleur croissante. Certes, il n'atteint pas les sommets de ses aînés de 1998 et 2000, mais il se distingue par son nez de douce noix de cola, de cerise, d'épices orientales et de vanille nuancé en arrière-plan de boisé, ainsi que par son caractère moyennement corsé et sa très grande pureté. L'ensemble, qui révèle à l'attaque une texture de bon aloi, est modérément tannique en finale. Il est plaisant, mais dénué de l'ampleur de ses aînés. **À boire jusqu'en 2013.** (9/03)

2001
90
Vêtu de rubis foncé, le 2001 de La Fleur-Petrus est structuré et musclé, très puissant et très tannique. Généreusement marqué de douces notes de cerise et de groseille nuancées en arrière-plan de réglisse et d'herbes séchées, ce vin peu évolué se distingue encore par sa très grande pureté. **À boire dans les 10 à 12 ans.** (1/03)

2000
95
L'impressionnant 2000 de La Fleur-Petrus, qui se montre mieux en bouteille qu'en fût, constitue probablement, avec le 1998, la plus belle réussite de ce cru ces cinquante dernières années. De fait, ce vin corsé et puissant, superbe de concentration et d'intensité, est peut-être même hors classe, comme son aîné de 1998. Il s'annonce par un pourpre soutenu préludant à de très généreux arômes de cacao, de confiture de cerise noire, de prune et de groseille. Ample de carrure, impressionnant de puissance et de densité, il m'a toujours fait penser au 1975, en nettement plus ample. Je n'ai pas changé d'avis après ma dernière dégustation. **À boire entre 2008 et 2025.** (1/03)

1999
89
Ce vin, qui se montre sous un très bon jour, semble avoir gagné en puissance et en profondeur depuis la mise en bouteille. D'un rubis dense, doté de senteurs de pure confiture de cerise noire, il est également marqué au nez de notes de framboise, de chêne neuf et de terre. Étonnamment puissant pour un 1999, il se distingue encore par sa très grande maturité. Étayé par des tannins doux et une faible acidité, il sera à son apogée **jusqu'en 2015.** (3/02)

1998
95
Il s'agit certainement – avec le 2000 – du meilleur La Fleur-Petrus que j'aie dégusté à ce jour. D'un rubis-pourpre dense, le 1998 présente, tant au nez qu'en bouche, des arômes de thé noir de Chine, de framboise, de kirsch et de fleurs. Bien qu'il regorge d'un fruit concentré, il s'exprime avec élégance, révélant un caractère harmonieux, ainsi que de belles proportions d'ensemble. Ce vin manifeste également une grande persistance, bien qu'il ne soit pas particulièrement puissant ni massif. Il allie magnifiquement profondeur et richesse à une élégance et à une finesse d'excellent aloi. Quelle réussite ! **À boire jusqu'en 2020.** (3/02)

1997 87 Ce 1997 sensuel, opulent et très parfumé est déjà délicieux. Faible en acidité, il séduit par son caractère sans détour et épanoui. Doté d'un généreux fruité de cerise nuancé de moka, d'herbes séchées, de boîte à épices et de chêne grillé, il exprime une bouche moyennement corsée et dominée par le fruit. L'ensemble, évolué, mais complexe et savoureux, tiendra bien **5 à 6 ans.** (3/02)

1996 89 Impressionnant par sa robe d'un rubis-pourpre soutenu, le 1996 exhale un nez doux et pur de cerise, de liqueur de prune, de chêne épicé et de fleurs. La bouche, moyennement corsée et elle aussi superbe de pureté, révèle une profondeur d'excellent aloi ; elle manifeste une belle élégance d'ensemble, et allie parfaitement puissance et finesse. **À boire jusqu'en 2015.** (3/01)

1995 91+ La robe d'un pourpre foncé du 1995 laisse deviner une profondeur et une concentration très importantes, tandis que son nez éclate de fabuleux arômes de doux kirsch mêlés de notes de mûre, de minéral et de fumé. Très corsé, ce vin est encore superbe de richesse et de pureté, nanti d'abondants tannins, avec une belle complexité et une générosité d'excellent aloi. Ce La Fleur-Petrus formidable est probablement l'une des trois plus belles réussites de la propriété depuis une vingtaine d'années. Quelle merveille ! **À boire entre 2007 et 2025.** (10/02)

1994 88 Le 1994, qui exhale un beau nez aux notes de kirsch, de cerise et de pain grillé, est moyennement corsé, réservé, pur et discret. Impressionnant par sa robe très soutenue, il déploie un fruité sous-jacent doux et concentré, et sa finale est modérément tannique. C'est un vin très bien doté, très riche en extrait et équilibré. **À boire jusqu'en 2018.** (10/02)

1990 88 Ce vin, qui est à son apogée, dégage de très complexes senteurs de café torréfié, de moka, de cèdre et d'herbes de Provence nuancées de douce cerise. Moyennement corsé, plutôt élégant, il est souple et accessible. Sa robe grenat est déjà fortement ambrée sur le bord, et la finale commence à peine à se déliter. Cependant, l'ensemble est délicieux à l'attaque et très plaisant, si l'on en juge par sa complexité de bon aloi. **À boire jusqu'en 2006.** (3/02)

1989 91 Dans la rivalité entre les millésimes 1989 et 1990, c'est le premier qui l'emporte largement s'agissant de La Fleur-Petrus. Ce vin d'un prune-grenat dense, dont les notes de sous-bois, d'herbes séchées, de caramel, de doux cèdre et de cerise noire confiturée sont nuancées de bois de balsa, est très pur malgré sa profondeur et sa maturité. Si ses tannins, modérément abondants, doivent encore se fondre, l'ensemble est fabuleux et très impressionnant ; il s'agit de la plus belle réussite de la propriété dans une période de relative méforme. **À boire jusqu'en 2015.** (3/02)

1988 83 ? Le nez très végétal de ce vin prend des nuances de cèdre au fur et à mesure de son aération. La bouche présente des flaveurs poussiéreuses, marquées par des tannins poudreux et par des notes desséchées de cassis. L'ensemble commence à se faner et à décliner. **À boire sans plus attendre – probablement sur le déclin.** (3/02)

1986 84 ? Ce vin sans détour et dénué de complexité s'accroche encore à la vie, mais il manque à la fois de profondeur et de concentration. Plutôt fermé au nez, il exhale des arômes poussiéreux de terre et de terreau, auxquels se mêlent des notes de tomate imparfaitement mûre et d'herbes de Provence. La bouche, moyennement corsée, est atténuée et compacte, et accuse un manque de concentration. **À boire avant 2010.** (3/02)

1985
86
Le 1985 de La Fleur-Petrus mérite qu'on s'y intéresse, notamment pour ses très complexes arômes de menthol, de pelure de tomate, de cèdre, de fumé, de douce cerise et de prune. L'attaque est impressionnante, le milieu de bouche, moyennement corsé, révèle une souplesse, une élégance et une pureté d'excellent aloi, et la finale est un pur velours. Cependant, l'ensemble manque quelque peu d'intensité et de persistance. Ce vin, qui est à son apogée, comme l'atteste sa robe fortement ambrée, doit être consommé **sans plus tarder – probablement sur le déclin.** (3/02)

1983
78
Ce vin, qui ne recèle plus qu'un maigre fruité dominé par un caractère herbacé, s'atténue et se dessèche de plus en plus. Il était à son apogée dans les 5 à 8 ans suivant le millésime, et est actuellement sur le déclin. **À boire d'urgence.** (3/02)

1982
89
Ce vin, qui s'est révélé irrégulier sur près d'une douzaine de dégustations, n'a jamais tenu les promesses qu'il déployait avant la mise en bouteilles. Il a été élaboré à une époque où Christian Moueix et son trop prudent œnologue Jean-Claude Berrouet pratiquaient, à mon sens, un excès de collage et de filtration, ruinant ainsi la texture et la puissance aromatique de nombre de vins qui se montraient merveilleux en cours d'élevage. Certes, les choses ont changé, mais il demeure de tels millésimes, difficiles à appréhender, et qui ne sont pas à la hauteur de ce qu'ils devraient être. Le 1982 de La Fleur-Petrus présente encore d'agréables arômes de prune, de mûre, d'herbes et de café, ainsi que des nuances de cèdre et de boîte à épices. Sa finale est un peu courte. Force m'est de reconnaître que ce vin est actuellement sur le déclin – ce qui est étonnant pour un 1982 ayant bénéficié de bonnes conditions de conservation. **À boire sans plus tarder.** (11/02)

MILLÉSIMES ANCIENS

La propriété offre nombre de médiocrités, hormis le 1975 (noté 90 en mars 2002), le 1971 (noté 90 en janvier 2001), le 1970 (noté 88 en mars 2002) et le fabuleux 1961 (noté 92 en décembre 1995). De tous ces millésimes, le 1975 est le seul sur lequel je parierais, car il présente la richesse en extrait et la structure tannique nécessaires pour tenir jusqu'en 2015.

Parmi les vieux millésimes de La Fleur-Petrus, on citera également le 1952 (noté 91 en mars 1989), le 1950 (noté 95 en mars 1989) et le 1947 (noté 90 en décembre 1995), que je n'ai malheureusement pas redégustés depuis la dernière édition de cet ouvrage. Je subodore que ces vins sont sur le déclin, hormis les bouteilles de 1947 et de 1950 ayant bénéficié de parfaites conditions de conservation, qui méritent que l'on parie sur elles. Ces vins sont probablement moins chers que d'autres grands crus de ces deux millésimes.

FRANC-MAILLET

Propriétaires : Gérard et Gaël Arpin
Adresse : Maillet – 33500 Pomerol
Tél. 06 09 73 69 47 ou 06 22 08 70 56 – *Fax* 05 57 51 96 75
E-mail : vignobles.g.arpin@wanadoo.fr
Site Internet : www.vignobles-arpin.com
Visites : sur rendez-vous uniquement
Contact : Gaël Arpin

VIGNOBLE ET VINIFICATION

Superficie : 5,1 ha (0, 7 ha pour la Cuvée Jean-Baptiste)
Encépagement : 80 % merlot, 20 % cabernet franc
(90 % merlot, 10 % cabernet franc pour la Cuvée Jean-Baptiste)
Âge moyen des vignes : 25 ans
Densité de plantation : 5 500 pieds/ha
Rendement moyen : 48 hl/ha (40 hl/ha pour la Cuvée Jean-Baptiste)
Élevage : fermentations et cuvaison de 30 jours en cuves d'acier inoxydable thermorégulées revêtues d'Epoxy ; vieillissement de 14 mois en fûts (50 % de bois neuf ; 100 % pour la Cuvée Jean-Baptiste) pour le merlot, en cuves de béton pour le cabernet franc ; collage léger au blanc d'œuf ; pas de filtration (ni collage ni filtration pour la Cuvée Jean-Baptiste)

VINS PRODUITS

Château Franc-Maillet – 32 000 bouteilles ; Cuvée Jean-Baptiste – 3 600 b
À maturité : dans les 5 à 20 ans suivant le millésime

APPRÉCIATION GÉNÉRALE

Bien que moins concentré et moins riche que la Cuvée Jean-Baptiste, ce vin est de bonne facture, et aussi accessible plus tôt que ce dernier cru. Il constitue une bonne affaire, en particulier pour un Pomerol de ce niveau. Les prix augmenteront certainement lorsque les amateurs auront pris conscience de la qualité de cette merveille.

Je signale aux amateurs que cette propriété propose, depuis quelques années, des vins d'excellente facture. Jean-Luc Thunevin, « bête noire » et « garagiste extraordinaire » de Saint-Émilion, y est chargé de l'élaboration de la Cuvée Jean-Baptiste ; son grand talent donne ici un vin impressionnant.

2003 87-90 Cuvée Jean-Baptiste – Bien qu'issu d'un terroir de Pomerol relativement frais, ce 2003 est plutôt réussi. Moyennement corsé et faible en acidité, il s'annonce par un rubis-pourpre profond et libère de doux arômes de fruits noirs, de résine et de chêne neuf grillé, ainsi que des tannins généreux. Au fur et à mesure de son aération, l'ensemble développe d'autres notes de minéral et de chêne neuf. **À boire dans les 10 ans suivant une garde de 3 à 4 ans.** (3/04)

2001 **88-90** Rubis-pourpre foncé de robe, doté d'un doux nez de prune écrasée et de cerise noire subtilement boisé de prune, de figue et de minéral, ce vin moyennement corsé et étayé par une faible acidité se distingue encore par sa profondeur et son étoffe étonnantes. **À boire entre 2007 et 2016.** (1/03)

2001 **90-92** Cuvée Jean-Baptiste – Plus foncée de robe que la cuvée générique de la même année, la cuvée Jean-Baptiste libère aussi des arômes plus prononcés de noix de cola, de cacao, de mûre, de confiture de cerise, ainsi qu'un boisé plus marqué. L'ensemble est également plus corsé que son compagnon d'écurie ; il manifeste en bouche une grande douceur et une belle pureté, et sa finale, persistante, est aussi intense que concentrée. **À boire à son apogée jusqu'en 2017.** (1/03)

2000 **89** La robe d'un rubis-pourpre dense du Franc-Maillet 2000 accompagne un nez de charbon, de chêne neuf, de cerise noire et de réglisse. Suit en bouche un ensemble moyennement corsé, très dense, doté de tannins modérément abondants. **À boire jusqu'en 2014.** (1/03)

2000 **92** Cuvée Jean-Baptiste – Ce vin présente une robe dense, d'un pourpre d'encre. Au nez, il évoque le chocolat, la liqueur de mûre, la réglisse et le charbon. Moyennement corsé, opulent (il est faible en acidité), il recèle des tannins abondants, mais bien fondus, que masquent d'ailleurs parfaitement de somptueuses flaveurs de doux fruits noirs confiturés. **À boire entre 2007 et 2020.** (1/03)

1999 **88** Le 1999 de Franc-Maillet s'annonce par un rubis-pourpre profond et par des notes de prune, de cerise noire, de groseille et d'autres petits fruits. Étonnamment tannique pour le millésime, il est bien structuré, moyennement corsé et d'une grande pureté. Ce vin se conservera parfaitement **8 à 10 ans.** (3/02)

1999 **90** Cuvée Jean-Baptiste – De beaux arômes de réglisse fondue nuancés de crème de cassis, de mûre et de chêne neuf jaillissent littéralement du Franc-Maillet Cuvée Jean-Baptiste 1999, annonçant un vin d'un pourpre opaque, corsé, pur et mûr à la fois, étayé par une faible acidité et des tannins abondants. Il est étonnamment structuré pour un 1999. **À boire jusqu'en 2020.** (3/02)

1998 **87** Cuvée Jean-Baptiste – Le 1998 est très réussi. Exhalant un nez de doux petits fruits et de moka nuancé de café et de caramel, ce vin se montre en bouche moyennement corsé, modérément massif, mais souple et mûr. Sa faible acidité et son fruité charnu suggèrent une consommation **dans les 2 ans.** (3/02)

LE GAY

Propriétaire : Catherine Péré-Vergé
Adresse : 33500 Pomerol
Adresse postale : La ferme du Rougefort –
Rue du Bardeau 2 – 7543 Mourcourt – Belgique
Tél. et fax (+32) 69 77 73 73
E-mail : pvp.montviel@skynet.be
Site Internet : www.montviel.com
Visites : sur rendez-vous uniquement
Contact : Catherine Péré-Vergé

VIGNOBLE ET VINIFICATION

Superficie : 8 ha
Encépagement : 50 % merlot, 50 % cabernet franc
Âge moyen des vignes : 20 ans et 5 ans – *Densité de plantation :* 5 900 pieds/ha
Rendement moyen : 40 hl/ha
Élevage : fermentations et cuvaison de 21 jours en cuves de béton thermorégulées ; vieillissement de 18 à 20 mois en fûts (60-80 % de bois neuf) ; collage et filtration

VIN PRODUIT

Château Le Gay – 24 000 b (pas de second vin)
À maturité : dans les 10 à 25 ans suivant le millésime

APPRÉCIATION GÉNÉRALE

Cette propriété fort irrégulière enregistre des performances au petit bonheur la chance. À leur meilleur niveau, les vins de Le Gay sont amples, musclés, imposants par leur caractère puissant et massif. L'acquisition de ce cru en 2003 par Catherine Péré-Vergé, qui s'est entourée des conseils de Michel Rolland, laisse subodorer une très nette amélioration de la qualité.

Le vignoble de Le Gay, complanté en vieux pieds à faibles rendements (15-20 hl/ha), présente un potentiel très important. Cependant, la propriété s'est toujours montrée irrégulière. Des vendanges de grande qualité ont, plus souvent qu'à leur tour, donné ici des vins médiocres, élevés en vieux fûts, dont l'état sanitaire laissait aussi à désirer. Jusqu'en 1982, le parc à barriques était envahi par des poules et des canards. Il y a plusieurs années, une partie du vignoble de Le Gay (une parcelle de vieux merlot) fut vendue à La Fleur-Petrus, pour améliorer la qualité de ce dernier cru. Comme on pouvait s'y attendre, les millésimes qui ont suivi cette cession se révélèrent décevants (notamment le 1996). Cependant, la propriété semble se redresser depuis quelques années, sans pour autant reproduire les merveilles qu'elle a données dans les années 40 et 50. En effet, je garde un magnifique souvenir des 1945, 1947, 1948 et 1950, dégustés en magnum ; les 1945, 1947 et 1950 frisaient la perfection. Les amateurs avisés feraient bien de rechercher les vieux millésimes de Le Gay, car certains sont vraiment splendides. Je pense notamment aux somptueux 1947 (noté 98 en mars 1998) et 1950 (noté 94 en avril 1998).

Les vins de Le Gay peuvent se révéler puissants, riches, tanniques, parfois massifs et impénétrables. Certaines années, ils sont rudes et sévères ; dans d'autres, ils révèlent une puissance parfaitement équilibrée par un fruit mûr et harmonieux, lui-même étayé par une acidité et des tannins d'excellent aloi. Le Gay compte parmi les Pomerol les plus difficilement accessibles dans leur jeunesse, et il a souvent besoin de 8 à 10 ans pour se défaire de son manteau de tannins. Il n'est donc pas fait pour ceux qui préfèrent les bordeaux tendres et faciles. J'attends les résultats de la nouvelle administration, qui a fait ses débuts avec le millésime 2003.

2003
89-92 Musclé et structuré, le 2003, qui constitue un beau succès dans le contexte de l'appellation, exhale un nez de goudron, de prune, de cerise noire et de groseille. Moyennement corsé et métallique, étonnamment puissant, profond et riche, il n'est pas précoce, mais doit plutôt être attendu 4 à 5 ans. Il tiendra ensuite une dizaine d'années. **À boire entre 2009 et 2020.** (3/04)

2002
90 Dans un millésime difficile pour l'appellation, Le Gay propose l'un des 2002 les plus puissants et les plus concentrés. De fait, ce vin se présente vêtu d'un pourpre profond et soutenu, avec des arômes de prune, de figue et de liqueur de cerise noire. En bouche, il est corsé, dense et musclé, et révèle une structure tannique assez ferme. **À boire dans les 10 à 20 ans suivant une garde de 5 à 8 ans.** Bravo ! (9/03)

2001
88-90 Ce vin constitue une belle réussite pour la propriété. D'un rubis-pourpre foncé, il présente un nez de mûre, de terre humide, de minéral, de prune et de champignon. Moyennement corsé et modérément tannique, dénué de la rusticité desservant les millésimes récents de ce cru, il requiert cependant de la patience. **À boire entre 2007 et 2017.** (1/03)

2000
90 D'un prune-pourpre dense, ce vin puissant, ferme et trapu développe des notes de thé noir de Chine rehaussées de nuances de vitamine, de minéral, de terre et de cassis. En bouche, on décèle un ensemble rugueux et tannique, vinifié dans un style résolument traditionnel, qui devrait bien évoluer malgré ses tannins relativement abondants et sa rusticité. Les nostalgiques des vins du XIXe siècle adoreront le 2000 de Le Gay. **À boire entre 2010 et 2018.** (1/03)

1999
87 Ce vin moyennement corsé, aux tannins étonnamment doux (en particulier pour le cru), évoque la prune, la terre et la cerise noire nuancées de réglisse et de terreau. Cela fait plusieurs années que je n'avais pas dégusté un Le Gay aussi mûr et aussi persistant. L'ensemble devrait bien tenir **une dizaine d'années, voire plus.** (1/03)

1998
89 Le 1998 est, avec le 2000 et le 2001, l'un des meilleurs Le Gay des dix dernières années. Arborant un prune-pourpre foncé, il dégage un nez de terre, de truffe, de fumé, de fer, de graphite, de cerise noire et de prune. Moins rustique que de coutume, avec des tannins plus doux, il se montre également plus mûr et plus charnu, révélant aussi un fruité plus concentré. Ce vin moyennement corsé, à la finale longue et épicée, doit être consommé à son apogée **jusqu'en 2016.** (3/02)

1996
74 Vêtu de rubis foncé, le 1996 se montre creux et tannique, pratiquement inexistant en milieu de bouche. Il manque tout à la fois de profondeur, de charme et de gras. **À boire jusqu'en 2008.** (3/02)

1995
82 Dépourvu du charme, du fruit, de la chair et de la profondeur que l'on attend généralement d'un Pomerol, le 1995, d'un rubis foncé, pèche par excès de tannins, de corps et de structure en regard de son fruité. Il ne sera pas agréable rapidement, du fait de son caractère sévère. **À boire jusqu'en 2015.** (3/02)

1994
86 D'un rubis-pourpre profond, le 1994 de Le Gay libère un nez épicé et boisé de minéral et de fruits noirs, et se montre moyennement corsé, avec un caractère tout à la fois charnu, musclé et tannique. Ce vin, dont le fruité peut parfaitement faire pièce à la structure, doit être consommé **dans les 2 ans.** (3/02)

1990
88 Bien qu'il soit rugueux et un peu confus, le 1990 de Le Gay est séduisant, avec sa robe d'un rubis-grenat dense et trouble, et ses amples et douces senteurs de bouse de vache, de viande rôtie, d'herbes séchées, de terre, de fumé et de

fruits noirs imprégnées de réglisse. Ses tannins abondants et sa texture robuste séduiront les amateurs de vins style XIXe siècle. Cependant, comme de nombreux millésimes de ce cru, il présente une richesse et une profondeur susceptibles de faire pièce à ses tannins. Cela étant, je doute que l'ensemble se fonde jamais harmonieusement. Quoi qu'il en soit, c'est un exemple qu'on ne peut s'empêcher d'admirer, même si cela relève quelque peu du masochisme. **À boire jusqu'en 2018, voire au-delà ?** (11/02)

1989 **92** Ce vin s'améliore régulièrement – il s'agit certainement du seul millésime de haut vol produit à la propriété ces dernières années. D'un rubis-pourpre sombre, il exhale un nez de myrtille, de minéral et de fleurs blanches. Regorgeant de douceur, il est opulent, avec des tannins très abondants, qui sont cependant plus souples et plus policés que d'ordinaire pour ce cru. L'ensemble, musclé et corsé, devrait évoluer de belle manière ces 15 prochaines années. **À boire jusqu'en 2020.** (11/02)

1988 **87** Des notes de chien mouillé et de fourrure animale entremêlées de senteurs de terre humide, de réglisse, de champignon et de truffe, et nuancées de douce cerise poussiéreuse, caractérisent ce vin moyennement corsé, légèrement austère et tannique. **À boire jusqu'en 2012.** (3/02)

1986 **87** Le 1986, qui conviendra aux amateurs de vins style XIXe, est charnu, presque rugueux. D'un grenat sombre éclairci sur le bord, il déploie un nez poussiéreux aux notes de truffe, de réglisse, de champignon et de viande. L'ensemble, dense et rugueux, est moyennement corsé, avec une finale assez tannique. Une fois de plus, Le Gay en impose par sa structure, mais ses tannins sont probablement en excès pour les palais modernes. **À boire jusqu'en 2016.** (11/02)

1985 **87** Ce vin, qui évolue mieux que je ne l'aurais pensé, peut redonner de l'espoir aux acheteurs de ce cru, souvent peu évolué, tannique et quelque peu dénué de précision. D'un rubis-grenat profond à peine ambré sur le bord, il exhale un nez fumé aux notes de terre et aux senteurs de pierre mouillée, de truffe, de cerise noire, de légumes cuits et d'herbes. Une fois de plus, l'ensemble évoque la viande, comme si l'on avait injecté du sang dans les cuves de fermentation. Les tannins sont encore présents, et je doute qu'ils se fondent jamais totalement. Cependant, ce vin présente une belle profondeur, ainsi qu'une finale d'excellent aloi. **À boire jusqu'en 2012.** (11/02)

1982 **90** Ce vin, qui pourrait rivaliser avec le 1989 en termes de qualité, arbore un rubis-grenat foncé légèrement ambré sur le bord. Ses amples et doux arômes piquants, confiturés et marqués par le terroir, évoquent la cerise noire nuancée de champignon, de terre et d'écorce, et jaillissent littéralement du verre. J'avais déjà remarqué que ce vin présentait des variations d'une bouteille à l'autre ; en effet, certains flacons ont un caractère de moisi, mais les deux derniers que j'ai goûtés étaient exempts de défaut et révélaient un vin aux douces senteurs confiturées de fruits noirs nuancées de réglisse, de terre et de champignon. La finale est encore austère, mais l'ensemble présente un doux fruit pouvant parfaitement faire pièce à ses tannins. **À boire jusqu'en 2018.** (3/02)

MILLÉSIMES ANCIENS

Le fabuleux 1975 (noté 92 en novembre 2002) commence tout juste à atteindre son apogée après avoir sommeillé pendant 27 ans. Très riche, densément coloré, il déploie des notes de minéral nuancées de fruits noirs et de truffe. D'autres excellents millésimes, comme les 1966, 1962 et 1961, sont décevants à Le Gay. En revanche, les 1947 et 1950 de la propriété incarnent la perfection. Tous deux (dégustés d'un magnum en décembre 2001) ont été notés 100. Ce sont des vins opulents à la limite du visqueux, dotés d'un fruité merveilleusement doux, et qui présentent une concentration et une fraîcheur difficilement imaginables. Les flacons qui m'avaient été présentés portaient leurs bouchons d'origine, et les vins n'avaient jamais bougé de la cave belge où ils avaient été entreposés pendant une bonne vingtaine d'années. Il semblerait que le cru requière une garde d'au moins 25 à 30 ans pour pleinement se révéler.

GAZIN

Propriétaire : GFA Château Gazin
Adresse : 33500 Pomerol
Tél. 05 57 51 07 05 – *Fax* 05 57 51 69 96
E-mail : contact@gazin.com
Site Internet : www.gazin.com
Visites : sur rendez-vous uniquement
Contact : Nicolas de Bailliencourt

VIGNOBLE ET VINIFICATION

Superficie : 24,24 ha
Encépagement : 90 % merlot, 7 % cabernet sauvignon, 3 % cabernet franc
Âge moyen des vignes : 35 ans – *Densité de plantation :* 5 500-6 000 pieds/ha
Rendement moyen : 42 hl/ha
Élevage : fermentations et cuvaison de 15 à 28 jours en cuves de béton thermorégulées de petite contenance ; achèvement des malolactiques et élevage sur lies de 18 mois, avec bâtonnages fréquents, en fûts (50-60 % de bois neuf) ; collage et filtration si nécessaire

VINS PRODUITS

Château Gazin – 23 000 b ; L'Hospitalet de Gazin – 32 000 b
À maturité : dans les 5 à 20 ans suivant le millésime

APPRÉCIATION GÉNÉRALE

Gazin est un cru de bonne tenue, régulier à haut niveau. En outre, il est disponible en assez grande quantité, et les prix demeurent raisonnables. Cela dit, la propriété a eu tendance à abuser du bois neuf pour l'élevage, si bien que certains millésimes présentent des arômes de boisé qui, à mon sens, ne se fondront jamais harmonieusement. C'est la seule critique que j'émettrais à l'encontre de ce vin qui, par ailleurs, se distingue par son fruité, sa richesse et son ampleur.

Les critiques spécialisés tenaient généralement Gazin en haute estime, sans doute parce que le vignoble est idéalement situé, derrière Petrus et à côté de L'Évangile. D'ailleurs, en 1969, 5 ha furent vendus à Petrus. Malgré cette cession, cette propriété de 24 ha demeure l'une des plus vastes de la commune. Dans les années 60 et 70,

Gazin a produit une série de vins assez médiocres, mais il a opéré une remontée spectaculaire depuis la fin des années 80, avec des réussites de tout premier ordre.

Assez curieusement, Gazin a toujours été un vin cher. Sa réputation et sa situation stratégique sur le plateau de Pomerol, sur d'excellents sols de graves et d'argile, y sont sans doute pour beaucoup. Les 1988 et 1989 ont marqué le début d'une période d'amélioration, et les millésimes récents devraient satisfaire les amateurs recherchant des Pomerol de haute qualité, à la fois charnus, souples et délicieux.

2003
87-89 ? Bien qu'il manque un peu de complexité, le 2003 de Gazin est très réussi dans le contexte de l'appellation. Ce vin charnu, musclé et puissant évoque davantage Trotanoy que les autres Pomerol. D'un rubis-pourpre dense, il s'annonce par des arômes étoffés d'épices à barbecue nuancés de sous-bois, de réglisse, de cerise noire et de prune. Son boisé est prononcé, et ses abondants tannins tapissent littéralement le palais. Ce vin ample manque pour l'heure de structure, si bien qu'il est impossible de le jauger à sa juste mesure. Il regorge cependant de qualités. **À boire entre 2007 et 2015.** (3/04)

2002
86 Dénué de la puissance et de la densité typiques du cru, le 2002 de Gazin, dont les arômes de café torréfié et de fruits rouges et noirs sont généreusement marqués de chêne grillé, s'exprime avec une certaine rugosité, du fait de ses tannins encore imparfaitement fondus. Moyennement corsé, déployant une finale comprimée et atténuée, il doit être consommé **dans les 10 à 12 ans.** Espérons qu'il développera davantage de chair et de profondeur en cours d'élevage. (9/03)

2001
94 Le maître des lieux estime que le 2001 surpasse son aîné d'un an ; mes notes de dégustation traduisent la même impression. D'un rubis-pourpre opaque, ce vin dense et tannique, généreusement marqué de chêne neuf, déploie de doux arômes de fruits noirs nuancés de pain grillé, de réglisse, de tabac et de goudron. En bouche, il est corsé, massif et de bonne mâche – autant de traits qui suggèrent l'opportunité d'une certaine garde. **À boire entre 2009 et 2020, voire au-delà.** (1/03)

2000
90 Le Gazin 2000 évoque, tant au nez qu'en bouche, son voisin de Petrus (les vignobles de ces deux crus se jouxtent). Corsé, très mûr, mais doté d'une structure ferme, il mêle des notes de cerise noire, de minéral et de réglisse à des arômes de caramel. Séduisant de profondeur, de corpulence et de richesse, il requiert, comme son cadet, encore un peu de patience. **À boire entre 2007 et 2018.** (1/03)

1999
89 Libérant un doux nez de prune, de cerise noire et de groseille, et de généreuses notes de chêne grillé, le 1999 de Gazin est élégant, opulent, parfumé et savoureux. Ce vin moyennement corsé, qui se développe en bouche tout en rondeur, sera parfait **dans les 8 à 10 ans.** (3/02)

1998
91 La robe d'un rubis-pourpre dense du Gazin 1998 accompagne un nez de bois calciné, de mûre, de cerise et de cuir fin. Suit en bouche un ensemble corsé, intense et dense, bien marqué par la mâche, très musclé mais peu évolué. C'est un véritable vin de garde. **À boire jusqu'en 2020.** (3/02)

1997
87 ? La robe prune foncé du Gazin 1997 accompagne un nez exotique de café torréfié et de douce confiture de cerise généreusement marqué de chêne neuf

grillé. La bouche, souple, ronde et moyennement corsée, révèle un fruité épanoui et séduisant. Cet ensemble, à la limite d'être trop boisé, est incontestablement opulent et précoce. **À boire dans les 2 à 3 ans.** (3/01)

1996 Étonnamment tannique et austère, le 1996 arbore une robe d'un rubis-pourpre
89 dense et se distingue par un nez de réglisse, de cerise noire, de moka et de café très généreusement marqué de chêne neuf grillé. L'ensemble, moyennement corsé et modérément tannique, atteste une très belle concentration, mais il est peu évolué. Je le crois capable d'une grande longévité. C'est incontestablement une superbe réussite pour un Pomerol de ce millésime. **À boire jusqu'en 2018.** (3/02)

1995 D'un rubis-pourpre profond, le 1995 ne révèle qu'avec réticence des arômes
90+ de chêne neuf, de fumé et d'épices marqués en arrière-plan par un fruité confituré, et l'on décèle à peine son caractère exotique de viande et d'herbes grillées. En bouche, l'ensemble est moyennement corsé, profond et d'une grande finesse ; il s'exprimerait tout en rondeur, n'étaient les tannins durs de la finale. Ce vin très amplement parfumé et profond regorge de fruité, ainsi que d'arômes épicés de chêne neuf. **À boirc jusqu'en 2018.** (3/02)

1994 Le 1994 est généreusement boisé. Vêtu d'un rubis-pourpre opaque, il exhale
89 d'amples senteurs de cèdre, de cassis, de fumé et de viande grillée. Onctueux, épais et de bonne mâche en bouche, il y déploie une finale musclée et modérément tannique, où l'on décèle beaucoup de puissance et de richesse. Ce Pomerol impressionnant de structure demande de la patience. **À boire jusqu'en 2018.** (1/97)

1990 Le 1990 s'impose probablement comme le meilleur Gazin que je connaisse.
93 Ce vin corsé et opulent, qui s'annonce par un prune-pourpre sombre et trouble légèrement ambré sur le bord, exhale un bouquet généreusement boisé aux amples et copieuses senteurs de douce cerise, de chocolat, de cèdre, de tapenade et de réglisse. Riche, presque visqueux, il est doux à l'attaque, et s'exprime en milieu de bouche avec ampleur et densité, révélant aussi une bonne mâche. Ce dernier trait marque également la finale. Il s'agit d'un des exemples les plus concentrés et les plus étoffés que je connaisse de ce cru. **À boire jusqu'en 2016.** (12/01)

1989 Ce vin, qui est à son apogée, mêle au nez des notes d'herbes de Provence
88 et des senteurs de caramel, de cèdre, de douce cerise noire et de réglisse cristallisée. Moyennement corsé, étayé par une faible acidité et des tannins mûrs, il est souple et soyeux en finale. L'ensemble est plus évolué, mais moins ample et moins intense que son cadet d'un an. **À boire jusqu'en 2010.** (12/02)

1988 Ce vin, dont le caractère herbacé se fait plus prononcé avec le temps, est
87 marqué de notes de réglisse, de cèdre, de cerise rouge et de fumé. Moyennement corsé et souple, il est à son apogée depuis un certain temps, et je doute qu'il s'améliore plus avant. Il a toujours été charmeur, du fait de sa faible acidité et de son caractère charnu et épanoui. Cependant, je conseille aux détenteurs de ce millésime de ne pas tenter leur chance plus avant en le conservant davantage. **À boire sans plus tarder.** (12/01)

MILLÉSIMES ANCIENS

Le palmarès de Gazin est médiocre dans les années 80, y compris en 1982, qui est pourtant un grand millésime. Les vins des années 70 sont encore pires, tout comme ceux de la décennie précédente, hormis le 1961 (noté 93 en décembre 1995).

LA GRAVE À POMEROL

(La Grave Trigant de Boisset avant 1992)

Propriétaire : Éts Jean-Pierre Moueix
Adresse : 33500 Pomerol
Adresse postale : SA Éts Jean-Pierre Moueix
54, quai du Priourat – BP 129 – 33502 Libourne Cedex
Tél. 05 57 51 78 96 – *Fax* 05 57 51 79 79
Visites : non autorisées
Contact : Frédéric Lospied

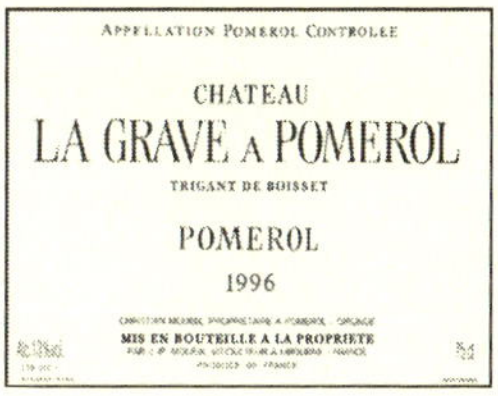

VIGNOBLE ET VINIFICATION

Superficie : 8,7 ha
Encépagement : 85 % merlot, 15 % cabernet franc
Âge moyen des vignes : 30 ans – *Densité de plantation :* 6 250 pieds/ha
Rendement moyen : 42 hl/ha
Élevage : fermentations et cuvaison de 18 jours en cuves de béton thermorégulées ; vieillissement de 20 mois en fûts (25 % de bois neuf) ; collage et filtration

VINS PRODUITS

Château La Grave à Pomerol – 30 000 b ; Domaine Trigant de Boisset (depuis 2000) – variable
À maturité : dans les 5 à 15 ans suivant le millésime

APPRÉCIATION GÉNÉRALE

Cette propriété donne l'un des Pomerol les plus élégants, les plus fruités et les plus racés. La Grave à Pomerol n'est jamais particulièrement dense ni puissant, mais il se distingue par sa belle facture, ainsi que par son caractère séduisant.

La Grave est une propriété relativement obscure de Pomerol, dont les vins s'améliorent régulièrement. Depuis 1971, elle appartient au méticuleux Christian Moueix, qui dirige également la maison de négoce familiale, à Libourne.

Le domaine se situe à l'est de la N89, en direction de Périgueux, la capitale de la truffe. Jouxtant la frontière de Lalande-de-Pomerol, le vignoble est implanté sur des sols très graveleux et sableux, donnant des vins un peu plus légers et moins puissants que ceux du plateau. Cependant – et c'est peut-être parce qu'il appartient à Christian Moueix –, le cru évoque Petrus, en plus léger, en moins concentré et en moins ample.

Tous les millésimes postérieurs à 1980 ont été réussis, le 1982, le 1990 et le 1998, en particulier, s'imposant comme de grands classiques. En règle générale, les vins doivent être bus dans les 5 à 6 ans, mais certains sont capables d'une garde de 12 à 15 ans. Sans être au nombre des Pomerol les plus onéreux, ils ne figurent pas non plus parmi les meilleures affaires de l'appellation. Cependant, compte tenu de leur amélioration régulière, ces vins méritent incontestablement que les amateurs s'y intéressent davantage.

2003 Ce cru, qui sera additionné au moment de l'assemblage final de vin de presse
84-86 à hauteur de 4 %, est légèrement corsé, avec de savoureux arômes de bois de balsa et de douces notes de cerise et de groseille. Très plaisant, doté d'une finale sèche et râpeuse, il sera parfait **dans les 7 à 8 ans suivant le millésime.** (3/04)

2001 Ce Pomerol moyennement corsé et souple, frais et tonique, exprime avec finesse
89 et élégance de purs arômes de cerise noire nuancés de chêne épicé. **Il tiendra bien 7 à 8 ans.** (1/03)

2000 Moyennement corsé et concentré, le 2000 est étonnamment puissant, et révèle
88 davantage de tannins et de structure que de coutume. Il se distingue aussi par la générosité et la concentration de son doux fruité de cerise noire. Moins évolué que le 1998 – qui s'impose, à mon sens, comme la plus belle réussite à ce jour de la propriété, évoquant un petit Petrus –, il devrait être d'une longévité peu commune pour le cru. **À boire entre 2006 et 2017.** (1/03)

1999 Un bouquet modérément intense, mais parfumé et subtilement herbacé, aux
87 notes de douce amande et de cerise noire annonce ce vin moyennement corsé, élégant et d'une grande finesse. **À boire jusqu'en 2008.** (3/02)

1998 Serait-ce un « petit Petrus » ? S'il n'a pas la puissance, la corpulence ni l'am-
90 pleur de son compagnon d'écurie, plus majestueux, le 1998 de La Grave en est très proche en style. Il s'agit en fait de la plus belle réussite que je connaisse de ce cru. D'un rubis profond, doté de parfums merveilleusement doux, élégants et gracieux évoquant la mûre et la cerise confiturées nuancées de chêne grillé et de moka, il s'exprime en bouche avec finesse et douceur, révélant, outre un caractère moyennement corsé, savoureux et plein de grâce, un fruité mûr étayé par des tannins magnifiquement fondus. L'ensemble est complexe et séduisant. Il s'impose comme l'une des révélations du millésime. **À boire dans les 10 ans.** (3/02)

1997 Ce vin sensuel et épanoui, dont les notes de caramel sont entremêlées de
86 senteurs herbacées de cerise, de vanille et de chêne grillé, est moyennement corsé et modérément intense. Tout à la fois doux, harmonieux, confit et velouté, il sera délicieux **ces 2 prochaines années.** (3/01)

1996 De bonne facture, le 1996 s'annonce par des notes de fumé, de café et de
86 cerise qui se dégagent d'un ensemble très concentré, aux tannins et à l'acidité joliment fondus. Ce vin, qui se distingue encore par sa rondeur et sa séduisante douceur, est à boire **jusqu'en 2007.** (3/98)

1995 Le 1995 est agréable et plein de charme. Vêtu de rubis foncé, regorgeant
88 d'un doux fruité de cerise rehaussé de belles notes de chêne neuf épicé, il est moyennement corsé et exprime en bouche, par paliers, une concentration, une générosité et une sensualité d'excellent aloi. Ce classique plutôt massif tiendra bien **ces 3 à 4 prochaines années.** (3/01)

MILLÉSIMES ANCIENS

Ainsi que je le précisais ci-avant, le 1990 est l'un des classiques des quinze dernières années, avant 1995. Ce vin délicieux, qui est à son apogée, évoque quelque peu Petrus, en plus léger. Je conseillerais de le consommer dans les 3 à 4 ans. Il a été noté 90 en janvier 2001. Le 1989 (noté 87 en avril 2000) est également très bon, tout comme le 1982 (noté 87 en novembre 2002), qui m'a agréablement surpris par la manière dont il a résisté à l'épreuve du temps. En effet, ce vin était à son apogée dès 5 à 6 ans d'âge, et il se maintient sans se dessécher – ce qui n'a rien de surprenant s'agissant d'un grand millésime. Cependant, je conseillerais à ceux qui auraient ce vin en cave de le consommer plus tôt que trop tard.

HOSANNA
(Certan-Giraud jusqu'en 1998)

Propriétaire : Éts Jean-Pierre Moueix
Adresse : 33500 Pomerol
Adresse postale : SA Éts Jean-Pierre Moueix – BP 129
54, quai du Priourat – 33502 Libourne
Tél. 05 57 51 78 96 – *Fax* 05 57 51 79 79
Visites : non autorisées
Contact : Frédéric Lospied

VIGNOBLE ET VINIFICATION

Superficie : 4,5 ha
Encépagement : 71 % merlot, 29 % cabernet franc
Âge moyen des vignes : 40 ans – *Densité de plantation :* 7 000 pieds/ha
Rendement moyen : 35 hl/ha
Élevage : fermentations et cuvaison de 20 jours en cuves de béton thermorégulées ; vieillissement de 18 mois en fûts (50 % de bois neuf) ; collage ; pas de filtration

VIN PRODUIT

Château Hosanna – 18 000 b (pas de second vin)
À maturité : dans les 5 à 15 ans suivant le millésime

APPRÉCIATION GÉNÉRALE

Si cette propriété fut irrégulière sous le nom de Certan-Giraud, elle propose l'un des meilleurs Pomerol depuis son acquisition par la maison Jean-Pierre Moueix, de Libourne. Sous la talentueuse houlette de Christian Moueix, qui n'épargne aucun effort pour amener le cru à des sommets de qualité, Hosanna semble destiné à rivaliser avec les Pomerol « nouveau style », très en vogue, comme Clos l'Église. C'est un vin généreux, riche et structuré, légèrement marqué de surmaturité (un trait commun aux Pomerol de haut vol). Les résultats à ce jour sont superbes.

Cette propriété, complantée à 71 % en merlot et pour le reste en cabernet franc, est bien située sur le plateau de Pomerol. Elle a été acquise en 1988 par la maison Jean-Pierre Moueix, et le vin qui en est issu s'impose comme l'une des stars de la gamme de ce négoce. Les vignes, vieilles de 40 ans, sont entourées de crus prestigieux, tels Petrus, Lafleur, Vieux Château Certan, et par le reste de l'ancien vignoble de Certan-Giraud, rebaptisé Certan Marzelle. Dans le passé, les vins produits ici étaient bons, mais la sélection n'était pas suffisamment sévère, et les rendements, trop élevés, ne favorisaient pas la qualité. Tout cela a radicalement changé à compter de 1999, lorsque Certan-Giraud a pris le nom de Hosanna.

Le cru, qui compte maintenant au nombre des Pomerol les plus élégants, évoque, à en juger par les trois premiers millésimes élaborés par Christian Moueix, une hypothétique synthèse entre Cheval Blanc et L'Évangile, qui se trouvent à proximité – moins de 1,5 km.

2003 **90-94** Merveilleusement réussi dans le contexte du millésime (difficile pour l'appellation), cet assemblage 80 % merlot et 20 % cabernet franc (serait-ce le Cheval Blanc de Pomerol ?) atteste bien le talent de Christian Moueix. Le 2003 de Hosanna affiche un rubis-pourpre soutenu et s'annonce par de fabuleux arômes de mûre, de cerise, de kirsch, de fleurs et de bois de balsa. Une fois passé ce bouquet, on décèle en bouche un ensemble opulent et généreux, dont le copieux fruité est étayé par une faible acidité et un gras d'excellent aloi. Ce vin superbe, charnu et ample atteindra son apogée d'ici 2 à 3 ans et tiendra bien **12 à 15 ans.** L'assemblage final sera additionné de 1 à 4 % de vin de presse – ce qui augure d'un avenir prometteur pour ce cru composé de merlot ramassé le 6 septembre et de cabernet franc vendangé le 17 de ce même mois. (3/04)

2001 **93** L'extraordinaire 2001 a gagné en étoffe et en nuances depuis ma dernière dégustation. Composé à 80 % de merlot et pour le reste de cabernet franc, il se présente vêtu de rubis-pourpre profond, avec un doux nez de fleurs blanches, de fruits noirs et de myrtille – il évoque Cheval Blanc. Conjuguant magnifiquement une puissance et une générosité d'excellent aloi avec une pureté et une élégance exceptionnelles, il sera parfait **entre 2006 et 2014.** Quelle merveille ! (1/03)

2000 **96** D'un rubis dense, doté de fabuleuses senteurs de mûre, de cassis, de fleurs blanches et de réglisse nuancées de doux chêne, le 2000 de Hosanna s'exprime tout en rondeur, révélant une pureté et un équilibre parfaits. Alliance de puissance, de charme et de finesse, ce vin très étoffé, généreux, élégant mais d'une belle richesse aromatique constitue indiscutablement une belle réussite et rend hommage au talent de son auteur Christian Moueix. **À boire entre 2007 et 2020.** (1/03)

1999 **90** S'imposant comme une grande réussite du millésime, le 1999 de Hosanna est sensuel, charnu, complexe et très aromatique. Ce vin d'un rubis-pourpre foncé exhale de renversantes senteurs de fruits noirs nuancées de menthol, de cuir, de réglisse et de minéral. En bouche, il est charnu, soyeux, très voluptueux aussi, s'exprimant avec élégance et tout en féminité. **À boire jusqu'en 2016.** (3/02)

CERTAN-GIRAUD

1996 **84** Ce millésime présente des variations d'un bouteille à l'autre ; cependant, la majorité de mes dégustations m'ont révélé un vin dense, faible en acidité, gras et mûr, aux nuances de pruneau, de cerise noire confiturée, de fumé et d'herbes séchées. Une fois passé ce bouquet mûr et flamboyant, marqué de fumé, on décèle en bouche des flaveurs corsées, charnues et savoureuses. L'ensemble, plutôt épanoui pour le millésime, est séduisant et délicieux. **À boire jusqu'en 2007.** (3/98)

1995 Le 1995 se présente comme un très bon Pomerol, aux arômes doux et confi-
87 turés, peut-être même un peu trop mûrs. D'un rubis profond, avec un nez flamboyant de fumé et de fruits noirs, il déploie en bouche des arômes moyennement corsés, étayés par une faible acidité et un gras généreux. Ce vin ample, charnu, savoureux et séduisant déborde littéralement de puissance, d'intensité et de richesse. **À boire jusqu'en 2009.** (11/97)

MILLÉSIMES ANCIENS

Au début des années 80 et 90, le seul millésime de la propriété qui soit digne d'intérêt est le 1982, qui était en bonne forme au moment de ma dernière dégustation (noté 88 en octobre 2002).

LAFLEUR

Propriétaires : Sylvie et Jacques Guinaudeau
Adresse : 33500 Pomerol
Adresse postale : Château Grand Village – 33240 Mouillac
Tél. 05 57 84 44 03 – *Fax* 05 57 84 83 31
Visites : sur rendez-vous uniquement
Contacts : Sylvie ou Jacques Guinaudeau

VIGNOBLE ET VINIFICATION

Superficie : 4,5 ha (Pomerol)
Encépagement : 50 % merlot, 50 % cabernet franc
Âge moyen des vignes : plus de 30 ans – *Densité de plantation :* 5 900 pieds/ha
Rendement moyen : 38 hl/ha
Élevage : fermentations et macérations de 15 à 21 jours ; achèvement des malolactiques en cuves ; vieillissement de 18 mois en fûts (33-50 % de bois neuf) ; collage au blanc d'œuf ; filtration si nécessaire

VINS PRODUITS

Château Lafleur – 12 000 b ; Les Pensées de Lafleur – 3 000 b
À maturité : dans les 8 à 40 ans suivant le millésime

APPRÉCIATION GÉNÉRALE

Avec Petrus, Lafleur s'impose comme l'un des titans de Pomerol – et comme l'un des bordeaux les plus prodigieux. Il est plus difficile à trouver que Petrus, et généralement tout aussi cher que ce dernier cru.

Depuis toujours, je me sens personnellement très attaché à ce petit vignoble de Pomerol. Vers le milieu des années 70, alors que je commençais à découvrir les vins de Lafleur, je n'arrivais pas à dénicher quoi que ce fût à leur propos dans la littérature spécialisée. Pourtant, dans un petit groupe de dégustation dont je faisais partie, nous les trouvions aussi fabuleux que ceux de Petrus. J'ai visité le domaine pour la première fois en 1978 ; je parlais alors très peu le français. J'ai pu rencontrer les anciennes propriétaires, les regrettées Thérèse et Marie Robin, qui se montrèrent tout à fait charmantes. Le château était, et demeure, davantage une grange qu'une cave de vinification. Les deux demoiselles, malgré leur âge avancé, ne craignaient pas d'enfourcher leurs bicyclettes pour aller jusqu'à Le Gay, qui faisait également office de lieu de réception pour Lafleur. Elles étaient amusées par ma taille et m'appelaient « M. le Taureau » !

Et sans doute étais-je un peu disproportionné dans ce minuscule chai où s'entassaient non seulement les barriques, mais aussi toute une population de canards, de poulets et de lapins qui leur tenaient compagnie. J'étais et je reste stupéfait de constater que des vins si racés, si prodigieux, aient pu être élaborés dans des locaux aussi peu salubres.

Aujourd'hui, le domaine appartient à la nièce et au neveu des sœurs Robin, Sylvie et Jacques Guinaudeau. Ces derniers, qui ont débuté en 1985, n'ont pas hésité, par la suite, à déclasser toute la vendange 1987, et ils ont en outre créé un second vin, Les Pensées de Lafleur, ce qui est vraiment remarquable, compte tenu du faible volume de la production. Le chai demeure inchangé, mais les diverses tribus de la basse-cour ont été priées de déménager – et l'on n'y marche donc plus sur les déjections. En outre, les vins de Lafleur sont désormais vieillis avec 33 à 50 % de chêne neuf, suivant le millésime.

Mais le vin est-il pour autant meilleur ? Il faut avouer qu'il demeure le seul de l'appellation capable de rivaliser avec Petrus – et parfois même de le surpasser ; Jean-Pierre Moueix en personne en est convenu un jour devant moi ! J'ai eu d'ailleurs la chance de pouvoir comparer de très nombreuses fois Lafleur et Petrus, et je puis dire que le premier est un vin tout aussi extraordinaire que le second. Dans bien des millésimes, si l'on s'en tient au caractère aromatique, il est plus complexe, sans doute grâce au cabernet franc.

La grandeur de Lafleur est due, pour une bonne partie, à son terroir, constitué d'un lit profond de graves enrichies de fer et d'un peu de sable, mais qui se caractérise aussi par des dépôts très importants de phosphore et de potasse. Au fil des années, les rendements sont demeurés extrêmement bas, reflétant ce qui était déjà la philosophie du père des sœurs Robin – « la qualité vaut mieux que la quantité ».

Les vieux millésimes de Lafleur sont légendaires, mais la propriété a également connu quelques résultats mitigés. Les 1970 et 1971 auraient dû être meilleurs, et, plus récemment, le 1981 est desservi par des notes fécales. Cependant, la vinification est désormais supervisée par un œnologue, et, bien qu'il ait fallu remplacer certains vieux pieds (Lafleur n'avait pas du tout été replanté après les gels de 1956), l'âge moyen des vignes demeure vénérable. Depuis 1982 (les millésimes 1982 et 1983 ont été vinifiés par Christian Moueix et Jean-Claude Berrouet), Lafleur est devenu moins exotique, peut-être du fait de l'influence des œnologues actuels, qui veulent que les vins respectent divers paramètres techniques. Néanmoins, et tout en se pliant à ces nouvelles règles du jeu, Lafleur demeure l'un des crus les plus grandioses, les plus exotiques (avant 1985) et les plus distingués de tout Pomerol, voire du Bordelais – ce qui n'est pas rien !

2003 **93-96** À Lafleur, la récolte du merlot se déroula les 1er et 2 septembre, et le cabernet franc fut rentré les 12 et 13 de ce même mois. Le somptueux 2003 de la propriété est étonnamment alcoolique et présente une très faible acidité. L'ensemble, qui a déjà été additionné de vin de presse, s'annonce par un rubis-pourpre dense et par des arômes de fleurs, de myrtille, de framboise, de mûre et de cerise. Aussi extraordinaire d'élégance que d'intensité, il est puissant et présente un pH élevé, ainsi qu'une faible acidité laissant subodorer qu'il sera accessible plus tôt que la plupart de ses aînés. J'estime que ce vin titre 13-13,5 % d'alcool naturel et que son pH se situe aux alentours de 3,8-4. **À boire entre 2008 et 2020, voire au-delà.** (3/04)

2002 **90** S'imposant presque comme une révélation dans ce millésime peu favorable à l'appellation, le 2002 de Lafleur traduit, par la profondeur et la concentration de ses flaveurs, les très vieilles vignes dont il est issu. Ce vin moyennement corsé, vêtu d'un rubis-pourpre dense, se distingue par son impressionnante pureté, ainsi que par sa longueur et sa persistance en bouche, où il révèle des nuances de doux kirsch et de réglisse. Il pourrait être renoté à la hausse (jusqu'à 95) si ses tannins se fondaient davantage. Quoi qu'il en soit, il sera de très longue garde, en particulier pour un Pomerol. **À boire entre 2011 et 2025.** (9/03)

2001 **92+** Ce vin essentiellement composé de merlot s'est considérablement étoffé depuis ma dernière dégustation. D'un pourpre opaque, doté d'extraordinaires senteurs de kirsch nuancées de noix de cola et de sous-bois, il exprime une bouche explosive, moyennement corsée, douce, mais également dense et de bonne mâche. L'ensemble, très faible en acidité, est plus précoce que la plupart des grands millésimes de ce cru. Il est incontestable qu'il s'agit d'une réussite somptueuse. **À boire entre 2009 et 2019.** (1/03)

2000 **100** Je ne suis pas autrement surpris que le 2000 de Lafleur mérite la note parfaite. Ce vin s'annonce par un prune-pourpre dense et par de fabuleuses senteurs de kirsch entremêlées de notes de truffe, de framboise et de minéral. En bouche, les tannins sont présents, mais perceptibles seulement après une dégustation attentive. L'ensemble, corsé et riche, magnifiquement doté, est généreusement marqué par la mâche, mais il ne concède rien en matière de sensualité ou de pureté. Massif, regorgeant de fruit et de gras qui masquent parfaitement ses abondants tannins, il se distingue encore par sa finale, longue de plus de 1 minute. Il s'agit d'une belle réussite – le meilleur Lafleur produit depuis le 1982. **À boire entre 2012 et 2040, voire au-delà.** (1/03)

1999 **93** Le 1999 de Lafleur s'impose assurément comme l'une des très grandes réussites du millésime. Sa robe d'un pourpre d'encre soutenu, qui donne une idée de sa puissance et de sa concentration étonnantes, accompagne de sensationnelles senteurs de confiture de cerise noire nuancées de minéral, de framboise et de réglisse. Suit en bouche un ensemble à la fois très étoffé, dense, généreusement doté, mais extraordinaire de pureté, étayé par des tannins modérément abondants. Ce vin impressionnant est fidèle au style du cru. **À boire entre 2010 et 2025.** (3/02)

1998 **94** Alors qu'il se montrait peu évolué et très tannique en cours d'élevage, le 1998 de Lafleur présente en bouteille des tannins relativement fondus, et il semble évoluer mieux que je ne l'aurais subodoré. D'un rubis-pourpre dense, il exhale un doux nez de kirsch et de liqueur de mûre, ainsi que des nuances de minéral et de violette. Très corsé, plutôt tannique, dense et peu évolué, il manifeste une grande pureté malgré sa concentration et son intensité. Un classique, destiné à une longue garde. **À boire entre 2015 et 2040, voire au-delà.** (11/02)

1997 **88 ?** Vêtu de rubis foncé, le 1997 est terriblement tannique, et se révèle rugueux et longiligne en bouche. Paradoxalement, il présente de la corpulence, de la maturité et de la richesse, mais il évoque par sa finale astringente et sèche un Médoc de 1998. L'évolution de ce vin me laisse perplexe, et j'émets quelques réserves quant à l'équilibre entre ses tannins et son fruité. Certes, il pourrait se révéler excellent, mais il requiert de la patience. **À boire entre 2006 et 2015.** (3/01)

1996
92+ Alors qu'il était austère et terriblement peu évolué en cours d'élevage, le 1996 de Lafleur se montre sous un bon jour en bouteille. Je maintiens qu'il évoque furieusement son fabuleux aîné de 1966. Bien qu'il n'incarne pas des sommets d'ampleur et d'intensité, on appréciera sa robe d'un rubis-pourpre soutenu, ses douces notes de minéral et de mûre, sa puissance, sa structure et son caractère tannique. L'ensemble est encore fermé, mais il est plus prometteur et évolue de manière plus positive que je ne l'aurais imaginé. Cela dit, il ne conviendra qu'aux amateurs sachant s'armer de patience. **À boire entre 2012 et 2030, voire au-delà.** (12/02)

1995
93+ Le Lafleur 1995 est lui aussi terriblement peu évolué et tannique. Vêtu d'un rubis-pourpre opaque, il exhale un nez serré, mais prometteur, de liqueur de mûre nuancée de myrtille, de framboise et de minéral. L'ensemble, corsé, tapisse le palais de ses tannins secs et astringents. Cependant, il montre aussi en bouche de la générosité, de l'ampleur et de la corpulence. L'ensemble est jeune, mais déjà prodigieux. Je ne pense pas qu'il soit prêt avant une bonne quinzaine d'années, et il se pourrait même qu'il demande à être attendu davantage que le 1998. **À boire entre 2020 et 2050.** (11/02)

1994
91 Ce vin encore peu évolué constitue l'une des grandes réussites du millésime. D'un rubis-pourpre profond, il exhale un nez de prune, des nuances de pruneau, ainsi que des senteurs de terre, de truffe et de minéral. Moyennement corsé, il demande à être attendu en raison de son caractère très peu évolué et de ses abondants tannins, dont je doute qu'ils se fondent jamais harmonieusement, l'ensemble ne présentant pas la concentration typique des meilleurs millésimes de ce cru. **À boire entre 2010 et 2025.** (12/02)

1990
96 Le 1990 continue de se développer, mais il est désormais plus affirmé. Très richement extrait, comme l'atteste d'ailleurs sa robe d'un pourpre dense, il évoque au nez, avec ses douces notes de kirsch, le célèbre Château Rayas, de Châteauneuf-du-Pape. Très corsé, plutôt exotique, il est encore très jeune, n'ayant même pas atteint le stade de l'adolescence. Sa texture visqueuse, sa très grande richesse et son extraordinaire pureté laissent subodorer une légende en perspective. Ce vin demande à être attendu encore plusieurs années. **À boire entre 2008 et 2040.** (8/02)

1989
95 Le 1989 de Lafleur, que j'ai dégusté deux fois en 2002 aux côtés du 1990, est plus fermé que son cadet. Il lui faut davantage d'aération pour révéler ses arômes de réglisse, de liqueur de cerise noire, de terre et de truffe. La bouche, corsée, serrée et peu évoluée, manifeste une très grande richesse en extrait et recèle d'abondants tannins qui tapissent littéralement le palais. Le 1989 présente des tannins plus fermes que son cadet, ainsi qu'un fruité apparemment moins doux, mais très mûr, et il semble évoluer beaucoup plus lentement. **À boire entre 2012 et 2045.** (8/02)

1988
93 Ce vin, qui pourrait fort bien prétendre au titre de réussite du millésime, s'annonce par un rubis-prune foncé préludant à de fabuleuses senteurs de fleurs blanches nuancées de kirsch et de framboise. L'ensemble qui suit en bouche est corsé, doux et rond, merveilleux de pureté, avec des tannins modérément abondants. Il se distingue encore par son élégance et sa complexité. De fait, il s'est affirmé plus rapidement que je ne l'aurais pensé. **À boire jusqu'en 2025.** (8/02)

1986 92+? D'un rubis-pourpre dense très peu évolué, le 1986 de Lafleur semble figé par le temps ; ce vin structuré et tannique, très peu évolué, requiert une très longue garde. Quel que soit le temps d'aération qui lui est accordé, il semble ne pas vouloir se défaire de sa structure ni de son manteau de tannins. Son fruit est doux, et l'ensemble présente bien les notes de kirsch nuancées de framboise, de minéral, de fleurs et de truffe typiques du cru. En bouche, il est moyennement corsé, corpulent, mais aussi extrêmement tannique et très peu évolué. S'épanouira-t-il jamais ? **À boire entre 2008 et 2035.** (8/02)

1985 94 Ce vin, l'un des plus grandioses du millésime, est probablement le 1985 le plus lent à évoluer et le plus apte à la garde. Je l'ai dégusté deux fois, en 2002, aux côtés de Petrus ; il donnait vraiment l'impression d'être d'un tout autre millésime. Dénué du caractère herbacé qui marque ce dernier vin, il est plus densément coloré, plus ample, plus corpulent et plus intense. En fait, Petrus souffre de la comparaison, paraissant maigre, dépouillé et herbacé. Quant au Lafleur, il s'agit vraiment d'un vin très spécial, aux senteurs de figue, de prune, de minéral, de violette, de mûre et de réglisse. Arborant toujours un rubis-pourpre dense et soutenu, il est corsé, fabuleusement fruité et d'une grande pureté. Millésime grandiose pour Lafleur, le 1985 s'impose comme l'un des exemples les plus extraordinaires de ce cru. **À boire entre 2008 et 2030.** (8/02)

1983 92 Bien qu'il soit à son apogée, le 1983 de Lafleur est encore nettement meilleur que la plupart des Pomerol. Ce vin, dont la robe d'un rubis moyen est fortement rosée sur le bord, présente un nez exotique, presque étrange, d'épices orientales, de réglisse, de truffe et de kirsch. En bouche, il est moyennement corsé, charnu et confit, révélant, outre une faible acidité, des tannins doux. L'ensemble, bien évolué, compte au nombre des très bons Lafleur des vingt dernières années ; c'est aussi le plus épanoui et le plus accessible d'entre eux. **À boire jusqu'en 2015.** (8/02)

1982 100 Le 1982, que j'ai dégusté cinq fois en 2002 et une fois en 2003, s'est montré, en chaque occurrence, absolument colossal – et ce, même en tenant compte de la grandeur du millésime. Il arbore toujours un rubis-pourpre trouble très dense, et exhale un nez surmûri de liqueur de cerise nuancé de framboise, de minéral et de fumé, également marqué de notes de fleurs blanches. Une fois passé ce bouquet persistant et puissant, qui jaillit littéralement du verre, on distingue un ensemble épais, à la limite du visqueux, évoquant certains Pomerol de la fin des années 40. Richement extrait, ample et opulent, il présente un gras et un fruité riche qui dévale littéralement le palais. Bien qu'il soit extrême et massif, l'ensemble se révèle étonnamment précis. Tout à la fois extraordinaire, concentré, merveilleusement séduisant, il devrait résister magnifiquement à l'épreuve du temps. Ce vin ne s'est jamais montré sous un aussi bon jour que lors de mes dégustations de 2002 ; il n'en donne pas moins l'impression d'une grande jeunesse. **À boire jusqu'en 2025.** (1/03)

1979 98+ Le 1979 de Lafleur s'impose, avec son jumeau de Haut-Brion, comme l'une des grandes réussites du millésime. Proche de son apogée, il est atypique des 1979 par sa concentration phénoménale, son épaisseur, son caractère extrêmement doté, ainsi que par sa richesse en extrait, sa puissance et sa structure tannique hors du commun. L'ensemble, qui recèle encore des tannins poussiéreux, se distingue par l'ampleur de son bouquet de douce truffe noire nuancé de mûre, de prune, de figue et de minéral. Très puissant, généreux, il constitue une belle réussite dans le contexte du millésime. Je doute que ses tannins se fondent jamais, mais ce vin, qui atteindra bientôt son apogée, devrait se maintenir encore 25 ans, voire davantage. **À boire jusqu'en 2030.** (11/02)

1978 93 Le 1978 de Lafleur s'impose de plus en plus, avec ses jumeaux de La Mission Haut-Brion et de Latour, au nombre des deux ou trois grandes réussites du millésime. S'annonçant par un prune-grenat foncé et par de renversantes senteurs de cerise noire nuancées de réglisse, de minéral, de cèdre et d'épices, il est moyennement corsé, richement extrait – et, de ce fait, atypique du millésime – et recèle encore de très puissants tannins. Ce vin, qui exprime avec ampleur une belle corpulence, ainsi qu'un caractère musclé et puissant, commence tout juste à développer des nuances secondaires et de la complexité. Si j'ai toujours pensé qu'il évoluerait à la manière du 1966, je suis désormais convaincu qu'il s'agit de la répétition, dans les années 70, de ce dernier millésime. **À boire sans plus tarder – probablement sur le déclin.** (11/97)

1975 98 Le 1975, qui incarnait la perfection, a été légèrement renoté à la baisse tout simplement parce que je ne suis pas sûr que ses très abondants tannins se fondent jamais harmonieusement. Quoi qu'il en soit, il demeure l'un des vins les plus grandioses, les plus caractéristiques et les plus intenses que je connaisse. Sa robe d'un prune-pourpre encore trouble est à peine ambrée sur le bord. Le nez, étonnamment intense, libère de stupéfiantes senteurs de minéral nuancées de figue, de truffe, d'épices, de prune et de cerise noire, ainsi que de notes de myrtille. La bouche, massive, regorge de tannins qui tapissent littéralement le palais, et auxquels font pièce une concentration et une richesse en extrait phénoménales. Je ne serais pas autrement surpris que les 1928 ou 1945 se soient montrés ainsi pendant leurs 20 premières années. L'ensemble est encore peu évolué ; cependant, au terme d'une aération de 6 à 10 heures (c'est le traitement qu'il faut toujours réserver à ce vin), il se révèle tout simplement prodigieux. Serait-il capable de tenir encore 50 à 75 ans ? **À boire jusqu'en 2050.** (8/02)

MILLÉSIMES ANCIENS

Le palmarès de Lafleur dans les années 70 est plutôt décevant. Ainsi, le 1971, léger, maigre et herbacé, précédait un 1970 d'une grande irrégularité, les meilleures exemples de ce millésime méritant une note entre 85 et 89, mais ne dépassant pas cette fourchette. Dans les années 60, on mentionnera, au titre des grandes réussites, le 1966 (noté 96 en décembre 1999), le 1962 (noté 91 en décembre 1996), ainsi que le 1961 (noté 98 en décembre 1995). Je précise cependant que certaines bouteilles de ce dernier vin se révélèrent étonnamment mauvaises. En revanche, les flacons ayant bénéficié de parfaites conditions de conservation ou issus des meilleurs lots (je subodore une mise en bouteilles fût par fût) sont tout simplement prodigieux.

Rugueux et musclé, le 1959 (noté 88 en décembre 1987) impressionne par son ampleur et sa corpulence, mais il manque de charme et de finesse, tout comme ses cadets de 1964 et 1970. Il devrait cependant tenir encore 10 à 15 ans. Je lui ai toujours préféré le 1955 (noté 92 en décembre 1987), pour son caractère exotique et minéral de fruits noirs typique du cru, ainsi que pour sa texture onctueuse et son caractère massif. La finale recèle d'abondants tannins durs.

Le millésime 1950, qui était absolument spectaculaire à Pomerol, compte au nombre des secrets les mieux gardés du Bordelais. On pourrait parfaitement confondre le Lafleur 1950 (noté 100 en octobre 1994) avec un 1945 ou un 1947, compte tenu de sa concentration extrême. Il arbore toujours une robe pourpre tirant sur le noir et libère un bouquet de cèdre, d'épices et de fruits noirs. Incroyablement concentré, extraordinairement étoffé et riche, ce vin à la texture visqueuse et bien marqué par la mâche se distingue aussi par sa très grande pureté. Il tiendra facilement encore 15 à 20 ans.

La robe du 1949 de Lafleur (noté 96+ en octobre 1994) est d'un pourpre-grenat très soutenu. Elle prélude à un nez un peu serré, qui s'épanouit au mouvement du verre, révélant d'intenses et purs arômes de cerise confiturée, auxquels se mêlent des senteurs de minéral et de réglisse. Ce vin à la concentration sensationnelle déploie par paliers un fruité riche et épais, ainsi que des tannins abondants. Doux, remarquablement jeune, il n'est toujours pas à son apogée et tiendra encore 20 à 30 ans.

Plusieurs 1947 de Lafleur ont été mis en bouteilles en Belgique, et ceux que j'ai goûtés étaient en général très bons – parfois excellents. C'est néanmoins une mise en bouteilles au château dans toute sa splendeur qui fait l'objet de la présente note de dégustation. Ce vin vous laisse sans voix. Extraordinairement profond, il surpasse même Petrus et Cheval Blanc dans ce millésime, bien que l'on puisse les considérer tous trois comme parfaits. Plus épanoui et plus évolué que le 1945 et le 1949 de la propriété, le 1947 (noté 100 en octobre 1994) présente une robe épaisse légèrement ambrée sur le bord, qui rappelle celle d'un vin de Porto. Le nez offre toute une palette d'arômes, allant du caramel à la fraise des bois et à la cerise confiturée, en passant par des senteurs de noix et de miel, de chocolat et de truffe. Ce Lafleur est infiniment plus onctueux et plus visqueux que tout autre vin sec qu'il m'ait été donné de goûter, et il ne révèle ni acidité volatile ni sucre résiduel, contrairement à la plupart des autres 1947 de haut vol. Sa richesse et sa fraîcheur sont absolument incroyables, et sa finale, longue de plus de 1 minute, tapisse le palais de plusieurs couches d'un fruité concentré. Lafleur a produit nombre de grands vins, mais celui-ci semble être la quintessence même de ce vignoble minuscule et merveilleux, ignoré des critiques viticoles pendant la majeure partie du XXe siècle. C'est, à ce jour, le seul cru qui m'ait ému jusqu'aux larmes.

Le 1945 (noté 100 en octobre 1994) ressemble au 1947 par sa texture épaisse, sa richesse et sa complexité aromatique, mais il est moins évolué, d'une couleur plus foncée, avec une structure plus classique que ce dernier – qui, lui, rappellerait davantage un Porto. Toujours jeune, mais étonnamment onctueux, riche et puissant, il pourra tenir encore 40 à 50 ans. Le 1975 sera-t-il aussi mémorable ?

LAFLEUR-GAZIN

Propriétaire : Nicole Delfour
Exploitant : Éts Jean-Pierre Moueix
Adresse : 33500 Pomerol
Adresse postale : SA Éts Jean-Pierre Moueix – BP 129
54, quai du Priourat – 33502 Libourne
Tél. 05 57 51 78 96 – *Fax* 05 57 51 79 79
Visites : non autorisées
Contact : Frédéric Lospied

VIGNOBLE ET VINIFICATION

Superficie : 8,5 ha
Encépagement : 80 % merlot, 20 % cabernet franc
Âge moyen des vignes : 30 ans – *Densité de plantation :* 6 000 pieds/ha
Rendement moyen : 45 hl/ha
Élevage : fermentations et cuvaison de 18 jours en cuves de béton thermorégulées ; vieillissement de 20 mois en fûts (25 % de bois neuf) ; collage ; pas de filtration

VIN PRODUIT

Château Lafleur-Gazin – 36 000 b (pas de second vin)
À maturité : dans les 5 à 12 ans suivant le millésime

APPRÉCIATION GÉNÉRALE

Je suis surpris que cette propriété, qui bénéfice pourtant d'une belle situation, ne produise pas des vins de meilleur niveau. Lafleur-Gazin est généralement plaisant, souple et fruité, mais il manque souvent d'étoffe et de complexité.

2001
89
Le 2001 de Lafleur-Gazin constitue l'une des plus belles réussites à ce jour de la propriété. D'un rubis profond nuancé de pourpre, il libère des parfums de douce prune, de cerise noire, de terre et de truffe, et se révèle doux à l'attaque et moyennement corsé en milieu de bouche. La finale, généreuse et opulente, recèle des tannins mûrs. Un vin délicieux. **À boire dans les 10 à 12 ans après une garde de 2 à 3 ans.** (1/03)

2000
87
Fermé, tannique et très structuré, le 2000 est marqué de tannins poudreux. Cependant, il séduit par ses beaux arômes de prune, de pruneau et de petits fruits écrasés nuancés de minéral, de réglisse et de compost. L'ensemble, moyennement corsé, requiert, du fait de sa fermeté, une certaine garde. **À boire entre 2007 et 2014.** (1/03)

1999
86
Ce vin grenat de robe exprime dans un ensemble souple et doux des notes de prune, de figue, de douce cerise et de sous-bois. Moyennement corsé, il s'exprime tout en rondeur et révèle en bouche une acidité et des tannins parfaitement fondus. **À boire dans les 6 à 7 ans.** (3/02)

1998
89
Comptant parmi les révélations du millésime, le 1998 de Lafleur-Gazin est, à mon sens, l'un des meilleurs exemples de ce cru produit ces dernières années. Sa robe d'un rubis-prune foncé tirant sur le pourpre accompagne un bouquet doux et sensuel mêlant des notes de cerise noire très mûre à des senteurs de kirsch, de fumé et de boîte à épices. L'ensemble, qui séduit par son gras et sa concentration, est épanoui ; il regorge d'un fruité généreux et imposant, étayé par une faible acidité et des tannins mûrs. Sa finale est aussi savoureuse que veloutée. **À boire dans les 10 ans.** (3/02)

MILLÉSIMES ANCIENS

Lafleur-Gazin n'a produit, dans les années 80 et 90, pratiquement aucun vin qui mérite l'intérêt, pas même en 1982. C'est un cru à éviter en matière de vieux millésimes – et de plus jeunes aussi.

LAGRANGE

Propriétaire : Éts Jean-Pierre Moueix
Adresse : 33500 Pomerol
Adresse postale : SA Éts Jean-Pierre Moueix – BP 129
54, quai du Priourat – 33502 Libourne
Tél. 05 57 51 78 96 – *Fax* 05 57 51 79 79
Visites : non autorisées
Contact : Frédéric Lospied

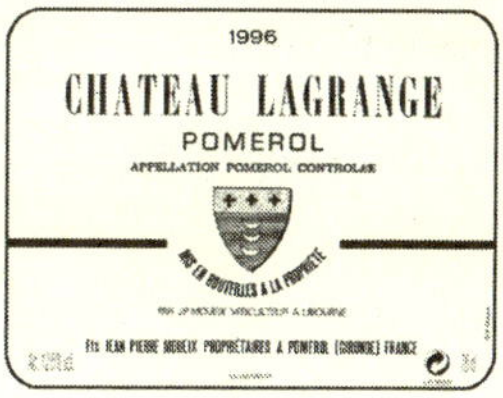

VIGNOBLE ET VINIFICATION

Superficie : 4 ha
Encépagement : 95 % merlot, 5 % cabernet franc
Âge moyen des vignes : 30 ans – *Densité de plantation :* 6 250 pieds/ha
Rendement moyen : 42 hl/ha
Élevage : fermentations et cuvaison de 20 jours en cuves de béton thermorégulées ; vieillissement de 20 mois en fûts (25 % de bois neuf) ; collage et filtration

VIN PRODUIT

Château Lagrange – 24 000 b (pas de second vin)
À maturité : dans les 5 à 12 ans suivant le millésime

APPRÉCIATION GÉNÉRALE

Lagrange n'est pas l'un des meilleurs Pomerol. Généralement robuste, puissant et tannique, il est – chose curieuse pour un vin essentiellement issu de merlot – difficilement accessible dans sa jeunesse, et manque aussi de finesse et de complexité. Je suis surpris que ce cru ne se porte pas mieux entre les mains de Christian Moueix et de son équipe.

On rencontre rarement les vins de cette propriété, dont le vignoble, bien situé à proximité du plateau de Pomerol, a été pour une bonne part replanté, l'encépagement comprenant aujourd'hui 95 % de merlot et 5 % de cabernet franc. Le vin se présente généralement comme un Pomerol assez robuste, densément coloré, relativement puissant et tannique, mais dépourvu de complexité. Les vieux millésimes tels 1970, 1975 et 1978 se sont révélés assez corpulents, pesants et rudes, lents à évoluer. Je dois dire que je n'apprécie pas beaucoup ce style.

2001 Ce vin étoffé, mais dénué de complexité, arbore un rubis-pourpre dense. Ses
88 senteurs de sous-bois, de fruits noirs et de réglisse nuancées de truffe préludent à un ensemble doux à l'attaque, qui révèle en milieu de bouche une belle texture et un caractère moyennement corsé. **À boire entre 2006 et 2015.** (1/03)

2000 Le 2000 de Lagrange évoque son aîné de 1975 par sa structure ferme et son
87 caractère épicé et tannique. L'ensemble présente une étoffe admirable, mais ses tannins astringents et son côté structuré et fermé suggèrent qu'on l'attende encore un peu. **À boire entre 2007 et 2014.** (1/03)

1999 Moyennement corsé et souple, le Lagrange 1999 est marqué de notes de prune,
86 de figue, de sous-bois et de douce cerise. Malheureusement, sa finale est tannique et austère. **À boire dans les 10 ans suivant le millésime.** (3/02)

1998 Un rubis-pourpre dense et de doux arômes de mûre et de cerise annoncent ce
86 vin moyennement corsé et joliment concentré. Puissant, intense et modérément tannique, il devrait vieillir de belle manière. **À boire jusqu'en 2015.** (3/02)

MILLÉSIMES ANCIENS

Voici une autre propriété au palmarès médiocre. Les seuls exemples de ce cru auxquels j'aie trouvé quelque intérêt sont le 1995 (noté 86 en novembre 1997), qui peut-être bu jusqu'en 2012, le 1990 (noté 86 en janvier 1993) et le 1982 (noté 85 en septembre 2002), qui sont à apprécier maintenant.

LATOUR À POMEROL

Propriétaire : Foyer de charité de Châteauneuf-de-Galaure
Exploitant : Éts Jean-Pierre Moueix
Adresse : 33500 Pomerol
Adresse postale : SA Éts Jean-Pierre Moueix – BP 129
54, quai du Priourat – 33502 Libourne
Tél. 05 57 51 78 96 – *Fax* 05 57 51 79 79
Visites : non autorisées
Contact : Frédéric Lospied

VIGNOBLE ET VINIFICATION

Superficie : 7,9 ha
Encépagement : 90 % merlot, 10 % cabernet franc
Âge moyen des vignes : 35 ans – *Densité de plantation :* 6 500 pieds/ha
Rendement moyen : 40 hl/ha
Élevage : fermentations et cuvaison de 20 jours en cuves de béton thermorégulées ; vieillissement de 20 mois en fûts (renouvelés par tiers à chaque millésime) ; collage et filtration

VIN PRODUIT

Château Latour à Pomerol – 25 000-30 000 b (pas de second vin)
À maturité : dans les 6 à 20 ans suivant le millésime

APPRÉCIATION GÉNÉRALE

Après s'être imposé, dans les années 40, 50 et 60, au nombre des bordeaux les plus somptueux, Latour à Pomerol a connu une période difficile, produisant, dans les trois décennies suivantes, des vins seulement très bons, et pas exceptionnels – hormis le superbe 1982. Ces dernières années, le cru s'est amélioré et a rejoint le peloton de la vingtaine des meilleurs Pomerol. En style, il évoque davantage Trotanoy ou La Fleur-Petrus que Petrus, auquel on le comparait généralement du temps de sa gloire.

Les vins de Latour à Pomerol sont remarquablement colorés et foncés, et s'imposent généralement comme des Pomerol puissants, opulents et charnus. Le vignoble est composé de deux parcelles, dont une se trouve près de l'église de Pomerol, sur un lit de graves profondes, et l'autre, plus petite, plus à l'ouest, près de la N89, sur un sol plus sableux et plus léger (elle est voisine de La Grave à Pomerol, qui appartient à Christian Moueix).

Ce cru, qui peut être majestueux, compte, dans certains millésimes, parmi les deux ou trois meilleurs de l'appellation. Les 1947, 1948, 1950, 1959, 1961 et 1970 attestent bien qu'il est capable d'égaler les plus grands bordeaux ; cependant, hormis le 1982, aucun millésime de ces trente dernières années ne rappelle ces vins superbes. D'aucuns estiment que sa corpulence et son caractère rapprochent Latour à Pomerol de Petrus, mais, pour ma part, je ne le pense pas. Quoique riche et étoffé, il évoque davantage les vins des autres propriétés de la maison Moueix, tel Trotanoy.

Latour à Pomerol ne coûte généralement que le cinquième du prix de Petrus et la moitié de celui de Trotanoy ou de Lafleur. Compte tenu de sa qualité et de la faiblesse de la production, il s'agit d'une assez bonne affaire.

2003 **85-87** Ce vin est étonnamment léger pour le cru, mais Christian Moueix, son auteur, m'a précisé qu'il serait additionné de vin de presse à hauteur de 1 à 4 %, ce qui lui conférerait davantage de puissance et de structure. Pour l'heure, l'ensemble se présente vêtu de rubis foncé, avec un fruité moyennement corsé de douce cerise et de mûre nuancé de boîte à épices, de réglisse et d'herbes. Ce vin est rond et savoureux, et je pense que, même en tenant compte de l'adjonction de vin de presse, il sera accessible dans les 10 ans suivant le millésime. **À boire entre 2010 et 2018.** (3/04)

2002 **87** On peut espérer que ce vin développera en cours d'élevage davantage de concentration, de profondeur et d'étoffe. Pour l'heure, l'ensemble, qui arbore un rubis-prune foncé, présente, outre une structure ferme, une très grande pureté. Quoique de bonne facture, il n'est pas particulièrement doté. Cependant, il évoque au nez la douce airelle, la cerise et la prune nuancées en arrière-plan de moka et de fumé. En bouche, il est moyennement corsé et modérément tannique, et sa finale est anodine. **À boire jusqu'en 2015.** (9/03)

2001 **88** La robe rubis-prune foncé du 2001 accompagne des notes de cassis, de mûre, de framboise et de sous-bois qui s'expriment dans un ensemble moyennement corsé, élégant, mais structuré et d'une grande précision. Ce vin devrait évoluer avec grâce ces 10 prochaines années. L'assemblage se compose à 85 % de merlot et pour le reste de cabernet franc. **À boire jusqu'en 2015.** (1/03)

2000 **91+** Ce vin superbe, vêtu de prune-pourpre, est moyennement corsé, admirable d'étoffe, avec des notes de caramel, de truffe, de douce terre et de noix de cola nuancées de liqueur de cerise et de prune. Aussi pur que profond, il recèle en finale des tannins modérément abondants. Un classique, qu'il faudra attendre quelques années pour pleinement l'apprécier. **À boire jusqu'en 2015.** (1/03)

1999 **88** Cet excellent Pomerol est épanoui et d'une belle complexité. Il dégage au nez de superbes senteurs, légèrement herbacées, de cèdre, de réglisse, de prune et de cerise noire, et manifeste en milieu de bouche une opulence crémeuse. Séduisant par sa douceur, sa sensualité et son caractère charnu, il sera apprécié du plus grand nombre. **À boire dans les 10 ans.** (3/02)

1998 **90** Ce vin superbe s'impose, avec le 2000, comme l'un des exemples de Latour à Pomerol les plus réussis des trente dernières années. Cependant, je doute qu'il atteigne le niveau du 1970 ou du 1982. Doté d'un fruité richement extrait de cerise noire aux notes de caramel, de vanille et de cuir, il exprime par paliers une bouche riche, corsée, puissante, aux tannins doux. Bien qu'il ne soit pas aussi profond que je l'avais pensé de prime abord, ce vin est extraordinaire. **À boire entre 2006 et 2020.** (3/02)

1997 Le Latour à Pomerol 1997 plaira vraisemblablement au plus grand nombre ; **88** je conseille donc aux amateurs de s'y intéresser. Sa robe rubis foncé introduit un beau déploiement de profonds et riches arômes de noix rôtie, de petits fruits confiturés, d'herbes séchées et de pelure de tomate. La bouche révèle un ensemble séduisant, moyennement corsé et opulent, impressionnant tant il est gras, fruité et intense. La faible acidité de ce vin ainsi que son caractère précoce suggèrent qu'il vaut mieux le déguster **dans les 2 ans**, bien que je le croie capable d'une plus longue garde. (1/01)

1996 Ce vin, qui s'annonce par une robe d'un rubis foncé soutenu, développe d'excel- **88** lents arômes de mûre et de cerise mâtinés de notes de grillé, de noix rôtie et de vanille. Ce bouquet précède en bouche un ensemble moyennement corsé, dense et admirable de concentration, aux flaveurs modérément intenses de chêne épicé étayées par des tannins doux. Délicieux depuis son enfance, le 1996 de Latour à Pomerol tiendra **jusqu'en 2014.** (3/01)

1995 Le 1995 devrait se révéler extraordinaire, car il semblerait qu'il ne déploie **89+** pas encore tout son potentiel. D'un rubis-pourpre foncé, il dégage de très caractéristiques arômes de métal mouillé, de réglisse, de boîte à épices, d'herbes de Provence et de fruits noirs rôtis. À l'attaque, l'ensemble est généreux et mûr, mais il atteste aussi une très grande pureté. Ses douces flaveurs subtilement herbacées de fruits noirs sont entremêlées de nuances de cèdre et de terre. Ce vin, qui se distingue par son caractère corsé et sa très grande richesse, présente une structure tannique et une légère astringence qui m'ont empêché de lui attribuer une note plus élevée. J'attends encore qu'il se défasse de son épais manteau de tannins. S'il se fondait harmonieusement, il s'imposerait comme une très grande réussite du cru. **À boire entre 2007 et 2020.** (1/02)

1994 Ce vin de bonne facture pèche seulement par son caractère légèrement herbacé **87** et par sa finale, un peu courte. D'un grenat sombre et profond légèrement ambré sur le bord, il exhale avec ampleur un doux nez de fruits noirs, de tabac, de café et de légumes sautés. En bouche, il est moyennement corsé, plutôt gras et mûr, et sa finale, aux tannins bien fondus, est marquée par une faible acidité. **À boire dans les 3 à 5 ans.** (1/02)

1990 J'attendais davantage de ce vin, au vu de mes dégustations alors qu'il était **87** en cours d'élevage. Depuis sa mise en bouteille, il paraît avoir évolué très rapidement, comme le laisse deviner sa robe grenat fortement ambrée sur le bord. L'ensemble, qui dégage de très complexes senteurs de cèdre, de boîte à épices, de moka, de caramel, de groseille et de cassis doux, présente à l'attaque un fruité généreux et velouté qui, malheureusement, se dessèche dans une finale aux nuances de figue, de poussière, de terreau et de vieux bois. Il s'agit d'une déception, pour le cru et pour le millésime. **À boire jusqu'en 2007.** (1/02)

1989 Moyennement corsé et charnu, le 1989 est plaisant, avec ses senteurs parfaite- **87** ment mûres de fumé, de légumes sautés, d'herbes séchées, de douce groseille et de caramel. Moyennement corsé à l'attaque, il s'amenuise par la suite, révélant même des tannins secs en finale. Quoi qu'il en soit, si l'ensemble n'a rien de transcendant, il est cependant très bon. **À boire jusqu'en 2012.** (1/02)

1988 Des notes de réglisse, de thé noir de Chine et d'herbes séchées nuancées de
87 prune et de figue, ainsi que de poivre moulu, constituent le bouquet complexe du 1988 de Latour à Pomerol. Ce vin d'un grenat foncé est doux et concentré, mais également assez trapu et monolithique. Sa finale recèle des tannins râpeux. **À boire dans les 4 à 8 ans.** (1/02)

1985 S'il est moins impressionnant en bouteille qu'au fût, le 1985 de Latour à
87 Pomerol a cependant gagné en sensualité depuis sa petite enfance. Ses douces senteurs de mûre, d'airelle et de cerise sont nuancées de cake, de cèdre et de thé noir. Elle préludent à un ensemble moyennement corsé, très élégant, dont la finale, modestement persistante, recèle des tannins doux. **À boire jusqu'en 2007.** (1/02)

1983 J'ai commis l'erreur de garder trop longtemps mes dernières bouteilles de ce
88 vin, qui fut délicieux. L'ensemble, qui entame déjà son déclin, arbore un grenat foncé fortement ambré sur le bord. Le nez exhale des notes confites de prune, de pruneau, de caramel, de chocolat et de légumes. L'ensemble révèle encore à l'attaque un fruité doux et charnu, mais il s'amenuise par la suite, révélant une finale atténuée. Ce vin, qui commence à se déliter, **devrait être bu.** (12/00)

1982 Le 1982 de Latour à Pomerol est à son apogée ; il y a peu de chances qu'il
93 s'améliore encore. D'un grenat moyennement foncé fortement ambré sur le bord, il exhale de renversantes senteurs de doux caramel nuancées de notes confiturées de kirsch, de vanille, d'épices orientales, de boîte à épices et de réglisse. Une fois passé ce bouquet parfumé et exubérant, on décèle en bouche un ensemble moyennement corsé, charnu et opulent, doté d'un fruit velouté et concentré, étayé par une faible acidité et par des tannins doux, qui semblent désormais parfaitement fondus. Je signale en passant aux amateurs que le problème que j'avais rencontré avec la première moitié de ma caisse de ce vin (quatre bouteilles sur cinq étaient bouchonnées) ne s'est pas reproduit avec la seconde moitié – fort heureusement. **À boire jusqu'en 2012.** (11/02)

MILLÉSIMES ANCIENS

La propriété ne propose rien de particulièrement intéressant dans les années 70, hormis le fabuleux 1970 (noté 93 en juin 1996). Ce vin, qui est à son apogée, conserve cependant l'essentiel de ses caractéristiques. Rares sont les crus du Bordelais pouvant se targuer du palmarès de Latour à Pomerol à la fin des années 40. Ainsi, les vins notés 100 dans ces millésimes ne sont pas légion. En revanche, à la propriété, le 1961 (noté 100 en décembre 1996), le 1959 (noté 98 en décembre 2000), le 1950 (noté 98 en mars 1997), le 1948 (noté 96 en mars 1996) et le 1947 (noté 100 en mars 1997) sont de véritables légendes qui rendent incompréhensibles les performances récentes du cru. Tous ces vins sont extraordinaires de fraîcheur et d'intensité, encore fabuleusement colorés, amples et concentrés, et ils se distinguent, de surcroît, par leur bel équilibre d'ensemble. Les flacons ayant bénéficié de parfaites conditions de conservation permettront aux heureux dégustateurs de faire l'expérience d'une vie.

LE MOULIN

Propriétaire : Michel Querre
Adresse : Moulin de Lavaud
La Patache – 33500 Pomerol
Adresse postale : SCEA Le Moulin de Pomerol
BP 51 – 33330 Saint-Émilion
Tél. 05 57 55 51 60 – *Fax* 05 57 55 51 61
E-mail : m.querre@querre.com
Site Internet : www.querre.com
Visites : sur rendez-vous uniquement
Contact : Michel Querre

VIGNOBLE ET VINIFICATION

Superficie : 2,4 ha
Encépagement : 80 % merlot, 20 % cabernet franc
Âge moyen des vignes : 35 ans
Densité de plantation : 5 400 pieds/ha
Rendement moyen : 32 hl/ha
Élevage : fermentations et cuvaison (macération pelliculaire), avec les peaux, de 21 à 28 jours en cuves de bois thermorégulées de petite contenance (20-25 hl) ; pigeages manuels ; vieillissement de 15 à 20 mois en fûts (100 % de bois neuf) ; collage selon le millésime ; pas de filtration

VINS PRODUITS

Château Le Moulin – 6 000 b ; Le Petit Moulin – 1 000-2 000 b
À maturité : dans les 4 à 15 ans suivant le millésime

APPRÉCIATION GÉNÉRALE

Le Moulin a totalement changé de style de vinification depuis 1998. Cette petite propriété – une étoile montante de son appellation – penche pour les Pomerol exotiques évoquant Le Pin, dont ils partagent les généreux arômes de chêne neuf grillé et le fruité mûr de merlot. Le cru se caractérise par de flamboyants arômes de caramel, de moka, de cerise et d'autres petits fruits confiturés. Le 1998, qui marqua le tournant, est sensationnel, et le 1999 est savoureux et délicieux, bien que n'étant pas aussi extraordinaire que son aîné. Quant au superbe 2000, qui pourrait bien rivaliser avec le 1998, il a été suivi d'un 2001 tout aussi impressionnant. Les vins élaborés à la propriété jusqu'en 1997 sont simplement bons, mais pas exceptionnels.

2003 **86-88** Alors qu'il s'impose généralement comme l'un des Pomerol les plus flamboyants et les plus exotiques, Le Moulin manifeste en 2003 un caractère comprimé et révèle une finale courte. Cependant, il présente, outre une belle maturité et une attaque d'excellent aloi, de douces notes de cerise noire et de groseille nuancées d'herbes séchées, de fumé et de terre. **À boire dans les 6 à 7 ans.** (3/04)

2002 **90** Cette propriété, gérée par le dynamique Michel Querre, se surpasse régulièrement. Malheureusement, elle ne propose pas plus de 6 000 bouteilles du 2002, qui prolonge une belle lignée de réussites. Ce vin se distingue par sa race et son caractère bien affirmé, en particulier dans un millésime peu favorable à l'appellation. D'un pourpre dense, exhalant un nez ample et exotique d'herbes séchées, de fruits noirs, de fumé et de chêne neuf, il se développe en bouche par paliers, révélant une luxuriance, une richesse et une sensualité d'excellent aloi. Atypique du millésime par son opulence, sa précocité et son aspect savoureux, il tiendra bien **7 à 8 ans.** (9/03)

2001 **92** Ce vin issu d'une vendange mûre exhale un nez épanoui de fruits noirs confiturés, d'encens et de fumé généreusement nuancé de chêne neuf. Moyennement corsé et dense, marqué d'un gras copieux et étayé par une faible acidité, il est sensuel et incontestablement séduisant. **À boire dans les 10 à 12 ans.** (1/03)

2000 **92** Ce vin, dont le bouquet flamboyant mêle des senteurs de café torréfié et de liqueur de cerise à des notes de chocolat et de chêne grillé, se montre en bouche corsé, profond, puissant et merveilleux de richesse. Il est plus structuré que le 1998, dont il partage la persistance, la concentration et l'intensité. Il incarne des sommets de flamboyance en matière de Pomerol. **À boire avant 2016.** (1/03)

1999 **89** Ce vin précoce, opulent et exotique exprime dans un ensemble souple, doux et séduisant des arômes de liqueur de framboise et de mûre. Bien que ce 1999 n'ait pas la concentration de son aîné ni de son cadet d'un an, il sera apprécié pour son caractère savoureux. Un vin assurément délicieux et intéressant. **À boire dans les 8 ans.** (3/02)

1998 **90** Ce vin plaisant, exotique et crémeux présente, tant au nez qu'en bouche, de fabuleuses notes de café, de prune, de framboise et de liqueur de cerise. Moyennement corsé et opulent, il sera à son apogée **dans les 10 ans suivant le millésime.** (3/02)

1997 **86** Réussi pour le millésime, ce 1997 moyennement corsé et très mûr se distingue par un fruité de cerise et de framboise. Dénué de tout caractère acerbe ou herbacé, il déploie une finale un peu courte. Je pense qu'il faut le boire **sans plus tarder.** (3/01)

NENIN

Propriétaire : SCA Château Nenin (famille Delon)
Adresse : Catusseau – 33500 Pomerol
Tél. 05 57 51 00 01 – *Fax* 05 57 51 77 47 (propriété)
Tél. 05 56 73 25 26 – *Fax* 05 56 59 18 33 (bureau)
Visites : sur rendez-vous uniquement,
du lundi au vendredi

VIGNOBLE ET VINIFICATION

Superficie : 25 ha
Encépagement : 75 % cabernet franc, 25 % merlot
Âge moyen des vignes : 28 ans – *Densité de plantation :* 6 250 pieds/ha
Rendement moyen : non communiqué
Élevage : fermentations et cuvaison de 18 à 20 jours en cuves d'acier inoxydable thermorégulées ; vieillissement de 18 mois en fûts (30 % de bois neuf et 70 % de fûts de 1 an d'âge) ; collage ; pas de filtration

VINS PRODUITS

Château Nenin – variable ; Fugue de Nenin – variable
À maturité : dans les 5 à 20 ans suivant le millésime

APPRÉCIATION GÉNÉRALE

Si cette propriété se maintint longtemps dans les affres de la médiocrité, elle a pris un nouveau départ depuis son rachat par la famille Delon, de Léoville Las Cases. Le cru, qui commence à se faire une place de choix et est de plus en plus apprécié, s'améliorera vraisemblablement encore ces prochaines années, si l'on en juge par le travail accompli à Las Cases par les maîtres des lieux. Depuis 1998, le cru se distingue par sa richesse et sa générosité. Il est relativement cher.

Nenin, l'un des châteaux les plus anciens de Pomerol, a appartenu à la famille Despujol de 1847 à 1997, lorsqu'il fut racheté par le regretté Michel Delon et son fils Jean-Hubert, propriétaires de Léoville Las Cases, ce qui laissait présager un avenir brillant. Ce cru compte beaucoup de fidèles partisans, mais je dois avouer que je n'ai jamais compris pourquoi. J'ai certes été très impressionné par le 1947 (dégusté en 1983), ainsi que par l'excellent 1975, mais, hormis ces deux exemples, j'ai trouvé Nenin plutôt rugueux et rustique.

En règle générale, ce vin était assez ferme, dur, bien marqué par la mâche, et, depuis 1976, la propriété n'avait pas particulièrement brillé, produisant des Pomerol manquant tout à la fois d'intensité, de caractère et de complexité. Les rendements étaient-ils trop élevés ? Ou est-ce l'utilisation des machines à vendanger (depuis 1982) qui se révélait préjudiciable ?

Ce cru s'impose parmi les meilleurs Pomerol depuis qu'il appartient à la famille Delon et qu'il est géré par Jean-Hubert Delon.

2003 **87-89** La famille Delon enregistre à Nenin une belle réussite avec ce 2003, qui s'impose comme l'un des meilleurs Pomerol du millésime. Ce vin, composé à 80 % de merlot et pour le reste de cabernet franc, arbore un rubis-pourpre foncé et séduit par son fruité aussi pur que persistant, évoquant la mûre, la cerise et la groseille. L'ensemble, faible en acidité, est plus étoffé et plus corpulent en milieu de bouche que la plupart de ses jumeaux de l'appellation. Il tiendra bien **jusqu'à 10 à 12 ans d'âge.** (3/04)

2002 **87** Ce vin de bonne facture, marqué de fruits noirs (en particulier la cerise) nuancés de chêne neuf, est moyennement corsé, précis et équilibré, avec des tannins souples. **À boire jusqu'en 2012.** (9/03)

2001 **88** Composé à 70 % de merlot et pour le reste de cabernet franc, et issu de faibles rendements de 29 hl/ha, le 2001 de Nenin s'exprime avec élégance et pureté, et développe, dans un ensemble moyennement corsé, tannique, mais d'une grande précision, des arômes de mûre, de cerise noire et de prune. Certes, il n'est pas charmeur, souple ni épanoui, mais il compense largement cela par sa richesse mesurée et sa belle retenue. **À boire entre 2008 et 2015.** (1/03)

2000 **93** Le 2000, qui se montre sous un excellent jour, constitue, à mon sens, l'exemple de Nenin le plus réussi élaboré sous la houlette des Delon. Composé à 65 % de merlot et pour le reste de cabernet franc, ce vin d'un pourpre opaque est épais et séveux, avec des arômes de fruits noirs confiturés nuancés de mûre, de cerise et de prune. Une fois passé ce bouquet subtilement boisé et marqué de notes de réglisse et de truffe, on décèle en bouche un ensemble éblouissant de structure, d'épaisseur et d'opulence. On pourrait rapprocher ce vin des meilleurs Pomerol 1975, à ceci près qu'il est plus doux et plus charnu. Quelle belle réussite ! **À boire entre 2008 et 2023.** (1/03)

1999 Nenin propose un 1999 structuré, mais élégant et extraordinaire de pureté.
88 Ce vin d'un rubis foncé est moyennement massif ; il présente, tant au nez qu'en bouche, des arômes de fruits noirs nuancés d'herbes séchées, de minéral et de boisé. **À boire entre 2006 et 2018.** (3/02)

1998 C'est le meilleur Nenin produit depuis des décennies. D'un rubis-pourpre
90 dense, ce vin au nez de café, de caramel fondu, de vanille, de prune et de confiture de cerise est corsé et onctueux, superbe de pureté, avec une finale soyeuse et tout en rondeur. Son gras et sa richesse dissimulent parfaitement de très abondants tannins. **À boire jusqu'en 2025.** (3/02)

1997 Les Delon, qui n'étaient pas maîtres du vignoble ni des vinifications en 1997,
87 ont cependant pu effectuer une sélection très sévère des meilleurs lots pour l'assemblage final, obtenant ainsi un vin séduisant et élégant, richement fruité, regorgeant de généreux arômes de cerise et de cassis. Le Nenin 1997, souple et opulent, sera parfait **ces 6 prochaines années.** (3/01)

MILLÉSIMES ANCIENS

Le palmarès de la propriété dans les années 80 et 90, avant son rachat par la famille Delon, n'a rien de transcendant. Les vins étaient généralement médiocres – y compris le 1982, dont la note ne dépassait pas 75. Les seuls vieux millésimes qui m'aient paru dignes d'intérêt sont le 1975 (noté 88 en mars 2001) et le 1947. Le premier est encore probablement en bonne forme et sans doute disponible à un prix raisonnable, sachant la réputation de médiocrité qui s'attacha au cru les vingt années suivantes.

PETIT VILLAGE

Propriétaire : Axa Millésimes
Administrateur : Christian Seely
Adresse : 33500 Pomerol
Tél. 05 57 51 21 08 – *Fax* 05 57 51 87 31
E-mail : s.ley@petit-village.com
Site Internet : www.petit-village.com
Visites : sur rendez-vous uniquement
Contact : Serge Ley

VIGNOBLE ET VINIFICATION

Superficie : 11 ha
Encépagement : 65 % merlot, 18 % cabernet sauvignon, 17 % cabernet franc
Âge moyen des vignes : 35 ans – *Densité de plantation :* 5 600 pieds/ha
Rendement moyen : 50 hl/ha
Élevage : fermentations et cuvaison de 18 à 35 jours en cuves d'acier inoxydable thermorégulées ; achèvement des malolactiques et vieillissement de 15 à 18 mois en fûts (75 % de bois neuf et 25 % de fûts de 1 an d'âge) ; collage ; pas de filtration

VINS PRODUITS

Château Petit Village – 42 000 b ; Le Jardin de Petit Village – 15 600 b
À maturité : dans les 10 à 15 ans suivant le millésime

APPRÉCIATION GÉNÉRALE

Si cette propriété réussit bien depuis 1982, sa performance entre 1991 et 1997 est assez surprenante. En effet, compte tenu du potentiel de son vignoble, Petit Village devrait faire mieux. Ses vins n'ont plus le fruité, la souplesse ni la générosité qui les caractérisaient. Cependant, les millésimes récents sont rassurants.

Petit Village est un domaine en pleine évolution. La qualité de ce cru s'est nettement améliorée depuis 1971, du jour où le dynamique Bruno Prats, qui était également propriétaire du célèbre Cos d'Estournel, a pris en main les vinifications. Le château a bénéficié, outre de très importants investissements financiers, de toute l'attention voulue de la part du propriétaire et d'une technologie vinicole à la pointe du progrès. C'est ce qui explique qu'il ait donné une belle série de vins allant du bon à l'exceptionnel. En 1989, la propriété a été vendue à une compagnie d'assurances qui en a confié la gestion à Jean-Michel Cazes, de Lynch-Bages, et à sa remarquable équipe technique dirigée par Daniel Llose. Après le départ à la retraite de Jean-Michel Cazes, c'est Christian Seely qui a repris les rênes du cru. En 2002, des négociations en vue du rachat de Petit Village par Gérard Perse, de Saint-Émilion, tombèrent à l'eau.

Les vins de Petit Village sont généralement marqués par des notes de fumé et de grillé, qu'ils tiennent du chêne neuf ; bien vinifiés, ils se révèlent gras et souples, et regorgent d'arômes de cassis. Les millésimes récents présentent un potentiel de garde de 10 à 15 ans, bien qu'ils soient prêts à boire à 5 ou 6 ans d'âge. Les millésimes plus vieux, antérieurs à 1982, sont pour la plupart décevants, si bien que les amateurs seraient bien inspirés de ne s'intéresser qu'aux vins produits ici à compter de cette date.

On peut affirmer que Petit Village compte aujourd'hui parmi les vingt meilleurs Pomerol. Il faut dire que le vignoble est superbement situé ; bordé au nord par Vieux Château Certan et Certan de May, à l'est par La Conseillante et au sud par Beauregard, il repose sur un sol de graves et sur un sous-sol où le fer se mêle à des dépôts argileux. La forte proportion de merlot dans l'encépagement donne au vin un caractère riche et voluptueux – lorsque les rendements sont raisonnables, et la vendange à parfaite maturité.

Les vins de Petit Village constituent généralement des affaires intéressantes, dans la mesure où l'amélioration de la qualité ne s'est pas encore totalement répercutée sur les prix.

2003
84-87
J'ai dégusté quatre fois ce vin plaisant et d'un style coulant, qui trahit les problèmes que rencontrèrent de nombreux crus de son appellation. Assez légèrement corsé, net et doté d'un charme superficiel, il présente une robe d'un rubis-pourpre profond et séduit par ses douces notes de cerise et de groseille. Malheureusement, il manque autant de profondeur que de persistance. **À boire dans les 7 à 10 ans suivant le millésime.** (3/04)

2002
85
D'un rubis-prune foncé, ce vin dénué de structure évoque un monolithe. Certes, il présente un fruité charnu de cerise, mais il manque, par ailleurs, autant de lustre que de tenue. **À boire entre 2006 et 2012** (9/03)

2001
88
Vêtu d'un rubis-pourpre opaque, ce vin au doux nez de chêne grillé, de tapenade, de boîte à épices et de prune évoque également la cerise noire. Séduisant du fait de son caractère charnu et de sa faible acidité, il peut être apprécié **dès maintenant et jusqu'en 2013.** (1/03)

2000
90
Des notes de café torréfié, de chocolat, de prune et de cassis nuancées de fumé et de terre se dégagent de ce vin d'un rubis-prune sombre. L'ensemble, moyennement corsé, charnu et de bonne mâche, recèle un fruité doux et des tannins mûrs. Très sensuel, il sera parfait **jusqu'en 2016.** (1/03)

1999
88
Ce vin rubis foncé, évolué, sensuel et charnu dégage au nez des parfums de réglisse, d'herbes séchées, de doux cassis et de cerise. Il compense son manque de corps et de persistance par un caractère accessible, sans détour et épanoui. Un Pomerol séduisant, à consommer **dans les 8 ans.** (3/02)

1998
89+
Le 1998 pourrait prétendre à une note extraordinaire. Arborant un rubis-pourpre foncé et dégageant un doux nez de prune, de pruneau, de mûre, de chocolat et de moka, il est souple à l'attaque, et libère des notes de fumé, de réglisse et de café. En bouche, il se développe par paliers, révélant un caractère généreux, gras, tannique et richement extrait. Ce vin charnu tiendra **jusqu'en 2016.** (3/02)

1996
86
Épanoui et sans détour, le 1996 de Petit Village est plaisant, malgré son léger manque de structure. D'un grenat foncé, il est moyennement corsé, avec un nez de viande grillée, d'herbes fumées, de cerise et de groseille douces. Fruité et opulent, il doit être consommé **dans les 3 à 4 ans.** (6/02)

1995
85
Ce vin souple, sans détour et accessible, qui est à son apogée, manque quelque peu de complexité, mais il offre des notes de tapenade nuancées de fumé, de tabac, de réglisse, de douce cerise et de groseille. L'ensemble était relativement séduisant lors de sa diffusion ; cependant, il a évolué très rapidement et doit être consommé **sans plus tarder.** (6/02)

1990
90
Très réussi, le 1990 a été élaboré avant que le cru ne connaisse, pendant les sept années suivantes, une période difficile. Ce vin, qui est à son apogée, arbore un grenat foncé fortement ambré sur le bord et déploie un doux nez de réglisse fondue, de café, d'herbes séchées, de cerise noire et de cassis. Charnu et soyeux, il est très accessible et tiendra bien **jusqu'en 2010.** (3/01)

1989
88
Des notes d'épices orientales, de thé noir, de chocolat, de café, de prune et de figue généreusement marquées de doux boisé se dégagent de ce vin ample et corsé, qui a atteint son apogée. Le 1989 de Petit Village est encore magnifiquement fruité, avec une faible acidité et des tannins doux. Je conseille de le boire **dans les 3 ans.** (11/01)

1988
92
Ce vin, qui constitue un grand succès dans le contexte du millésime, est plus structuré et plus musclé que ne l'est généralement ce cru. Il s'annonce par un prune foncé et par de complexes senteurs de réglisse fondue, de cuir fin, de sauce soja, de cerise noire et de cassis. Une fois passé ce beau bouquet parfumé nuancé de chêne neuf grillé et de lard fumé, on décèle en bouche un ensemble moyennement corsé, doux et ample, plus musclé, plus richement extrait et plus tannique que de coutume. **À boire jusqu'en 2007**, avant que la magie de ce vin ne s'estompe. (10/02)

1986
85 ?
Le fruité de ce vin s'atténue assez rapidement, laissant la part belle à ses tannins, qui se font de plus en plus présents. Cela donne un ensemble qui manque quelque peu de structure. Vêtu de grenat foncé généreusement ambré et rosé sur le bord, le 1986 de Petit Village dégage un nez légèrement herbacé, aux notes de terre et de champignon. Modérément concentré, il commence à se déliter et à être dominé par ses tannins. **À boire d'urgence.** (8/02)

1985
87
Ce vin, qui avait atteint son apogée vers 10 ans d'âge, commence à décliner doucement. Alors qu'il fut opulent et d'une belle ampleur aromatique, il présente désormais un fruité fondu, qui n'a plus sa douceur ni son exubérance d'antan. Quant à sa finale, elle recèle des tannins secs. **À boire sans plus tarder.** (3/02)

1982
93
J'ai commencé à déguster le Petit Village 1982 régulièrement depuis le milieu des années 80, ne pouvant résister à son beau déploiement de spectaculaires arômes d'herbes rôties, de moka, de cerise et de chêne neuf fumé, perceptibles tant au nez qu'en bouche. Ce vin s'est toujours distingué par son opulence, son épaisseur, son caractère séveux et confit ; cependant, il ne manque pas d'étonner par la race et la précision qu'il commence à développer. Cela dit, je ne vois pas là une raison pour le conserver plus avant. D'un grenat foncé fortement ambré sur le bord, il exhale un nez renversant, préludant à un ensemble corpulent, gras et mûr, suintant littéralement d'un fruité confituré. Opulent et trapu, épais et charnu, il est étayé par une faible acidité. Si ce vin avait été une friandise, il serait probablement une synthèse de Milky Way, de beurre de cacahuète et de chocolat au lait. J'avais conseillé de boire ce vin sans plus tarder dès 1990 ; cependant, il se maintient en bonne forme. (11/02)

PETRUS

Propriétaire : Éts Jean-Pierre Moueix
Adresse : 33500 Pomerol
Adresse postale : SA Éts Jean-Pierre Moueix – BP 129
54, quai du Priourat – 33502 Libourne
Tél. 05 57 51 78 96 – *Fax* 05 57 51 79 79
Visites : non autorisées
Contact : Frédéric Lospied

VIGNOBLE ET VINIFICATION

Superficie : 11,4 ha
Encépagement : 95 % merlot, 5 % cabernet franc
Âge moyen des vignes : 35 ans – *Densité de plantation :* 6 500 pieds/ha
Rendement moyen : 36 hl/ha
Élevage : fermentations et cuvaison de 20 à 24 jours en cuves de béton thermorégulées ; vieillissement de 20 mois en fûts (100 % de bois neuf) ; collage

VIN PRODUIT

Petrus – 25 000-30 000 b (pas de second vin)
À maturité : dans les 10 à 30 ans suivant le millésime

APPRÉCIATION GÉNÉRALE

Petrus, dont le vignoble bénéficie d'une situation extraordinaire sur le plateau de Pomerol, est l'un des vins rouges les plus renommés du monde, ce qui explique sa cote, en particulier aux enchères. S'il demeura longtemps inégalé, malgré une performance en dents de scie dans les années 70 et 80, il doit, depuis quelques années, faire face à une compétition accrue de la part d'autres Pomerol qui se sont considérablement améliorés. Certes, en termes de réputation et de valeur spéculative, Petrus ne peut être détrôné ; cependant, pour ce qui est de la seule qualité, il est désormais rattrapé – voire, parfois, surpassé – par des crus comme Lafleur, L'Évangile, Clos l'Église, Le Pin et bien d'autres encore. Quoi qu'il en soit, Petrus représente davantage que le summum du Pomerol ; plus qu'un vin, il incarne un mythe.

Petrus, le vin le plus prisé de Pomerol, s'est imposé ces quarante dernières années comme l'un des bordeaux les plus réputés et les plus onéreux. Son minuscule vignoble de 11,4 ha, situé sur une boutonnière d'argile bleue au cœur du plateau, donne des vins qui bénéficient des meilleurs soins possibles. Après les sélections effectuées par Christian Moueix – qui administre le domaine appartenant à son frère Jean-François –, ceux-ci se révèlent pour la plupart entièrement composés de merlot.

Les millésimes légendaires sont ici légion, et c'est bien entendu ce qui explique les prix astronomiques qu'atteint Petrus. Les 1921, 1929, 1945, 1947, 1948, 1949, 1950, 1961, 1964, 1970, 1971, 1975, 1982, 1989, 1990, 1998 et 2000 comptent parmi les vins les plus monumentaux que j'aie jamais goûtés. Cependant, et alors que ce cru a été pratiquement déifié de façon systématique par la presse spécialisée, il est incontestable que la propriété a un temps accusé une baisse, notamment en 1976, 1978, 1979, 1981, 1983, 1986 et 1988. Heureusement, elle a retrouvé sa forme depuis 1989, avec toute une série de vins grandissimes.

Note : une légende s'éteint. Jean-Pierre Moueix, né en 1913, nous a quittés le 29 mars 2003. On doit à cet érudit de grande noblesse d'avoir, à lui seul, assis la réputation des Pomerol. Il fonda en 1937, à Libourne, sa maison de négoce et développa en Belgique et dans le nord de l'Europe un marché pour les meilleurs vins de la région. Sa réussite lui permit de se porter acquéreur de quelques-uns des vignobles les plus prisés de la rive droite, dont Trotanoy (1953), La Fleur-Petrus (1953), Magdelaine (1954) et Petrus, dont il fut seulement copropriétaire jusqu'en 2002, lorsqu'il racheta la totalité du cru.

Avec ses deux fils Christian et Jean-François, Jean-Pierre Moueix est celui qui m'a appris à connaître les Pomerol. J'ai eu le privilège de bénéficier de sa générosité et de sa sagesse, et je conserverai de lui le souvenir d'un homme exceptionnel, d'un visionnaire. Son décès marque la fin d'une époque et d'une vie extraordinaire.

2003
96-98+ Le vignoble de Petrus – le seul de Pomerol à être implanté sur une boutonnière d'argile bleue – a été vendangé en seulement trois jours, les 2, 3 et 4 septembre, et a donc moins souffert des fortes chaleurs estivales que ses voisins, situés sur des sols plus graveleux. Il propose ainsi l'un des meilleurs 2003 de la rive droite, qui n'est malheureusement disponible qu'à hauteur de 1 650 caisses. Le 2003 de Petrus est moins alcoolique que ne le subodorait Christian Moueix (il titre 13-13,5 % d'alcool naturel), mais il présente une faible acidité et un pH à peine supérieur à 3,9, ce qui lui confère une texture

charnue et généreuse, ainsi qu'un gras de bon aloi. L'ensemble, qui s'annonce par un rubis-pourpre profond, dégage d'exceptionnelles senteurs de fruits rouges et noirs nuancées de réglisse, de vanille et de sous-bois. En bouche, ce vin corsé révèle une très grande fraîcheur malgré son opulence et son intensité, et n'accuse aucun signe de surmaturité (pruneau, raisin confit, etc.). Puissant et massif, il constitue une belle réussite, en particulier lorsqu'on le compare aux autres Pomerol issus de vignobles voisins. **À boire entre 2010 et 2030.** (3/04)

2002 **92** Sachant que Christian Moueix, l'administrateur de la propriété, envisageait de ne pas diffuser de Petrus 2002, j'ai été extrêmement surpris par la grande qualité de ce cru. Il faut préciser cependant que la production a été réduite de moitié – elle n'excède pas 1 800 caisses. Le résultat pourrait bien s'imposer comme la réussite de l'appellation. D'un prune-pourpre foncé, le 2002 de Petrus exhale un doux nez de mûre, de cerise noire et de vanille, ainsi que des nuances de truffe et de réglisse. Moyennement corsé, impressionnant de pureté, il présente en finale des tannins modérément abondants. Sans être puissant ou massif ni très concentré, ce vin s'impose comme l'un des Pomerol 2002 les plus amples et pourrait rivaliser, en termes de longévité, avec Le Gay ou Lafleur. **À boire entre 2011 et 2025.** (9/03)

2001 **95+** Le 2001 de Petrus est difficile à jauger, car toujours tannique et fermé. Arborant un rubis-pourpre sombre resplendissant, il est corsé, impressionnant d'ampleur et de puissance, mais il manque de charme et de souplesse, et présente encore des tannins très durs. Il est également doté de notes de cerise et de mûre nuancées de charbon, de réglisse et de truffe. Ce vin est très certainement généreusement doté, mais il ne se révélera pas avant plusieurs années. **À boire dans les 20 ans, après une garde de 2 à 3 ans.** (1/03)

2000 **100** Ce vin, qui n'a cessé de gagner en étoffe et en ampleur, incarne la perfection et évoque en cela son aîné de 1998. D'un prune-pourpre d'encre, il est, de prime abord, peu intense au nez, mais il développe, après quelques minutes d'aération, un bouquet explosif dont jaillissent des senteurs de fumé, de mûre, de cerise et de réglisse, ainsi que les nuances de truffe et de sous-bois caractéristiques du cru. En bouche, cet ensemble monumental évoque un Porto tant il mûr, ample, onctueux et corsé. Sa finale, colossale, dure plus de 65 secondes. Je n'ai pas eu l'occasion de déguster ce 2000 aux côtés du 1998, tout aussi parfait, mais il me semble que le premier est plus massif, plus puissant et plus imposant, avec davantage de tannins et de structure que son aîné, plutôt porté sur la rondeur. Ce vin superbe vient s'ajouter à la liste, déjà longue, des très grandes réussites de Petrus. **À boire entre 2015 et 2050.** (1/03)

1999 **94** Au fur et à mesure de son évolution, ce vin évoque davantage ses merveilleux aînés de 1967 et 1971. Bien qu'il ne soit pas du niveau des superbes 1998 et 2000, le Petrus 1999 se distingue par une intensité et une finesse d'excellent aloi, tout en déployant le style plus évolué qu'on attend généralement de ce cru. L'ensemble arbore un rubis-pourpre dense, presque opaque, et dégage de doux arômes de cerise noire et de mûre. Outre un fruité imprégné de truffe, il développe en bouche un caractère très corsé, mais merveilleusement pur et faible en acidité, ainsi que des tannins très doux. Ce vin, qui a été produit à hauteur de 2 400 caisses seulement, sera prêt d'ici 3 à 4 ans et tiendra bien une vingtaine d'années. **À boire entre 2007 et 2030.** (1/03)

1998
100 Christian Moueix considère 1998 comme meilleur que 1989 et 1990, et il se pourrait qu'il ait raison. Cependant, on ne pourra déterminer avant cinq ou six ans lequel de ces trois millésimes est le plus réussi. Le 1998 de Petrus est incontestablement superbe, avec sa robe d'un prune-pourpre dense et son extraordinaire bouquet aux senteurs de fruits noirs nuancées de caramel, de moka et de vanille. L'ensemble, exceptionnel de pureté et de concentration, est corsé et admirablement étayé par une heureuse acidité et des tannins doux. Le milieu de bouche révèle une texture magnifique, ainsi que la richesse luxuriante caractéristique de ce cru. La finale dure plus de 40 à 45 secondes. Le 1998 de Petrus requiert incontestablement de la patience. **À boire entre 2010 et 2040.** (11/02)

1997
91 Le 1997 de Petrus, qui est disponible à hauteur de 2 300 caisses seulement, doit être attendu encore 2 à 3 ans. Sa robe d'un rubis-pourpre dense tirant sur le prune accompagne un bouquet fermé, où l'on décèle néanmoins des senteurs de moka, de pelure de tomate séchée et de fruits noirs. L'ensemble qui suit en bouche – c'est l'un des 1997 les plus musclés – est extraordinaire de concentration, de persistance, d'intensité et de profondeur ; il se distingue encore par ses tannins abondants et sa texture d'excellent aloi. Le Petrus 1997 évoque furieusement une version moderne de son superbe aîné de 1967. **À boire entre 2006 et 2025.** (5/02)

1996
92 Ample, massif et carré, ce 1996 impressionne par sa robe d'un pourpre opaque, qui prélude à de doux arômes de petits fruits nuancés de terre, de pain grillé et de café. Très corsé et musclé, ce vin très tannique révèle un caractère peu évolué et requiert une certaine garde. Issu d'une sélection de seulement 50 % de la récolte, il est véritablement gigantesque, mais n'a pas la douceur de son cadet d'un an ni la générosité, la richesse et la pureté exceptionnelles du très complexe 1995. **À boire entre 2010 et 2035.** (12/01)

1995
95+ Le Petrus 1995 – incontestablement l'une des grandes étoiles du millésime – n'était pas accessible dans sa jeunesse (contrairement aux magnifiques 1989 et 1990, par exemple), mais il développe des ressemblances avec le 1975, musclé et très peu évolué. Sa robe d'un rubis-pourpre opaque précède un nez renversant de pain grillé, de fruits noirs confiturés et de café torréfié, lui-même suivi d'un ensemble d'une corpulence massive, qui colore littéralement les dents du fait de sa très grande richesse en extrait. La bouche révèle de riches arômes de doux fruits noirs, bien étayés par des tannins puissants et très présents. Ce vin formidablement doté dévoile sa belle richesse par paliers, et s'impose comme un monstre énorme et tannique, au potentiel de garde de 50 ans, voire plus. **À boire entre 2012 et 2050.** (7/02)

1994
92 Vêtu d'un pourpre opaque tirant sur le noir, libérant un nez de douce vanille, de pain grillé, de cerise confiturée et de cassis, le Petrus 1994, très corsé et densément doté, se dévoile en bouche par paliers, révélant, outre une douceur sous-jacente, un gras généreux et une très grande profondeur. Ce vin tannique et classique, très corpulent et d'une belle pureté, développe une finale peu évoluée. Il sera à son apogée **entre 2006 et 2035.** (7/02)

1993 Le 1993, qui pourrait prétendre au titre du vin le plus concentré de l'année,
90+ arbore un pourpre-prune soutenu et exhale un doux nez de fruits noirs, d'épices orientales et de vanille. Ample et d'une richesse formidable, il est encore puissant, dense et extraordinairement pur – un véritable tour de force en matière de vinification. Dans un millésime n'offrant que peu de vins réellement riches et persistants, Petrus se révèle magnifiquement doté et massif, avec une faible acidité et d'abondants tannins qui laissent subodorer la nécessité d'une garde de 8 à 10 ans. C'est l'un des vins de cette année les plus aptes à une longue garde – il se conservera parfaitement **30 ans.** (7/02)

1992 Le 1992 se pose comme l'un des deux plus grands succès du millésime. Cette
90 année-là, Petrus a donné un vin étonnamment concentré, puissant et riche, à la robe sombre et soutenue de couleur rubis-pourpre et au nez serré, mais prometteur, de douce cerise noire, de vanille et de caramel, nuancé d'herbes et de moka. Son fruité d'une rare densité et sa richesse superbe sont magnifiquement étayés par des tannins merveilleusement doux. Une belle réussite, à boire **dans les 10 à 15 ans.** (10/02)
Il est intéressant de noter que le vignoble de Petrus, comme celui de son homologue Trotanoy, a été protégé par une bâche plastique noire pendant les pluies du mois de septembre 1992, si bien que celles-ci n'ont pu gorger ni le sol ni les raisins. Ce procédé s'est à l'évidence révélé judicieux. Il faut encore préciser que cette même technique, expérimentale à l'époque, ne fut plus autorisée par l'INAO à la fin des années 90.

1990 Le 1990 de Petrus est tout simplement spectaculaire. Très proche en style
100 du 1970, il rappelle aussi, en plus moderne, le 1947. D'un rubis-pourpre encore très dense et intact, il révèle, après une longue aération, de spectaculaires senteurs de caramel, de douce vanille, de liqueur de cerise noire et de mûre, le tout nuancé de tabac et de cèdre. L'ensemble exprime avec une grande ampleur, mais tout en rondeur, un caractère corsé et épais, ainsi qu'une magnifique richesse. Encore jeune – il n'a pas atteint l'adolescence –, il est cependant assez accessible, même s'il ne révèle qu'une infime partie de ses qualités. Il s'agit d'un vin grandiose, irrésistible, légèrement plus doux et plus opulent que le 1998. À mon sens, il évolue plus rapidement que ce dernier cru, ou que le 1989. **À boire entre 2007 et 2040.** (8/02)

1989 S'il est plus serré et plus tannique que son cadet d'un an, le 1989 est tout
100 aussi puissant et massif que ce dernier. Ils sont tous deux sombres de robe – d'un rubis-pourpre dense intact –, mais le 1989 requiert davantage d'aération pour se révéler au nez. En bouche, il s'impose avec ampleur, révélant une fabuleuse précision malgré sa richesse, sa concentration et son intensité spectaculaires, ainsi que ses très abondants tannins. Tout comme le 1990, ce vin-ci est très persistant ; sa finale dure plus de 1 minute. Cependant, il paraît moins évolué que son cadet, et mon instinct me souffle qu'il recèle davantage de tannins. Quoi qu'il en soit, ils sont tous deux aussi prodigieux que peut l'être Petrus. **À boire entre 2010 et 2040.** (8/02)

1988 Ce vin, de plus en plus herbacé et agressif, présente des tannins qui commen-
91 ? cent à prendre le dessus sur le fruit. La robe d'un rubis-pourpre profond qu'il arborait dans sa petite enfance est désormais ambrée sur le bord. L'ensemble, moyennement corsé, plutôt élégant, se distingue par ses arômes de cèdre tirant

sur le céleri, ainsi que par ses nuances de caramel, de douce mûre et de cerise noire. Il a évolué moins régulièrement que je ne l'aurais pensé. Je conseillerais de le boire **dans les 6 à 8 ans.** (11/02)

1986 **86** Le 1986 a été élaboré à une époque où, à mon sens, Christian Moueix et son œnologue, le très prudent Jean-Claude Berrouet, vendangeaient trop tôt et pratiquaient à l'excès le collage et la filtration avant la mise. En effet, les vins produits entre 1980 et 1985 étaient toujours mieux notés en cours d'élevage qu'en bouteille ; au fur et à mesure de leur évolution, ils se sont révélés plus herbacés, montrant l'austérité qu'on associe généralement aux Médoc, ainsi que des tannins ne pouvant être contrebalancés par leur maigre fruité. Le 1986, qui arbore un rubis-grenat moyennement foncé fortement ambré sur le bord, présente un bouquet sans grand intérêt, aux notes de légumes sautés, de thé vert japonais et de fumé, nuancé de douce cerise, mais aussi marqué en arrière-plan de terre, de terreau et de champignon. La bouche, austère, révèle des tannins en excès par rapport à son fruité, modérément intense. Ce vin, qui continue de décliner, constitue une grande déception pour le cru. **À boire jusqu'en 2010.** (11/02)

1985 **88** Chacune des six bouteilles de ce vin que j'ai achetées – à un prix assez élevé – s'est révélée décevante. Pourtant, le 1985 de Petrus a ses admirateurs, en particulier Michael Broadbent, qui trouve qu'il frise la perfection. D'un rubis moyennement foncé fortement ambré sur le bord, ce vin évoque au nez le marché aux légumes, ainsi que la boîte à épices, le céleri et le fenouil. Le bouquet est également nuancé de tabac et d'herbes de Provence. La bouche, moyennement corsée et légère, trahit un ensemble qui s'atténue, et dont le doux fruité de cerise est dominé par un caractère herbacé. Je conseille aux amateurs de déguster ce vin en gardant sous leurs yeux la bouteille... et l'étiquette – de manière à penser aux autres millésimes de Petrus, qui sont aux antipodes de celui-ci. À bon entendeur... **À boire jusqu'en 2010.** (11/02)

1983 **86 ?** Ce vin présente, tant au nez qu'à l'attaque en bouche, un caractère végétal et herbacé aux notes de thé, de terre et de cerise nuancées de réglisse. En bouche, il se révèle moyennement corsé et développe, dans une finale qui s'atténue régulièrement ces dernières années, des tannins très durs et astringents. Quelle déception ! **À boire.** (11/02)

1982 **(90-98)** La dégustation de douze bouteilles de Petrus 1982 ayant bénéficié de parfaites conditions de conservation m'a révélé un vin fort irrégulier. En effet, certains flacons recelaient un ensemble spectaculaire, riche, corsé et opulent, dont le nez de chocolat, de cèdre, de confiture de cerise noire et de groseille était cependant marqué d'un caractère herbacé très prononcé. En bouche, le 1982 est corsé et tannique, les meilleurs exemples du cru se montrant très concentrés et très généreusement dotés, tandis que d'autres bouteilles, marquées de notes végétales et rôties, présentaient bien la douceur typique du cru sans pour autant être aussi prodigieuses que celles évoquées plus haut. Il est difficile de savoir ce qui se passe réellement. En fait, ce vin paraît proche de son apogée, mais il devrait, du moins s'agissant de flacons ayant été bien conservés, tenir encore une bonne vingtaine d'années. J'ajouterais que le 1982 de Petrus demeure l'un des vins les plus extraordinaires que j'aie dégustés au fût. Cependant, à mon sens, il n'a pas tenu ses promesses après la mise en bouteilles, dont je subodore qu'elle a donné lieu à un excès de collage et de filtration. Fort heureusement, cette pratique n'a plus cours à la propriété depuis la fin des années 80. **À boire jusqu'en 2023.** (11/02)

1981 **86** Je me rappelle combien le Petrus 1981 était superbe en cours d'élevage, mais il n'a jamais tenu en bouteille les promesses qu'il déployait au fût. Je l'ai régulièrement renoté à la baisse. Lors de ma dernière dégustation, le vin se montrait atténué, léger et délavé, avec des arômes herbacés de cerise et de café nuancés de chêne épicé. Maigre, austère et piquant, dénué de la douceur, de l'onctuosité et de la bonne mâche qui caractérisent Petrus, il évoquait davantage un Médoc qu'un Pomerol. Il s'agit probablement de l'un des vins les plus surcotés des vingt-cinq dernières années. Étant donné l'absence de dépôt dans la bouteille (ce qui est étonnant s'agissant d'un millésime de près de 25 ans d'âge), je me demande s'il ne faut pas, en l'occurrence, blâmer un excès de collage et de filtration. **À boire jusqu'en 2015.** (12/95)

1979 **86** Si le Petrus 1979 était superbe en cours d'élevage, il n'a pas tenu en bouteille les promesses qu'il déployait au fût. Même d'une impériale, il s'est montré maigre, compact, tannique, dur et austère, sans la richesse ni le charme des Pomerol les mieux réussis du millésime. Bien qu'il présente une robe resplendissante d'un rubis moyen et qu'il soit dénué des notes végétales qui desservent son aîné d'un an, il laisse grandement à désirer. **À boire jusqu'en 2010.** (12/95)

1978 **83** Je n'ai jamais été très amateur du 1978 de Petrus. Cependant, lorsqu'il me fut présenté en impériale, j'étais prêt à lui accorder le bénéfice du doute et à me laisser séduire. Ce vin, d'un rubis moyennement foncé, présente des arômes herbacés et végétaux de tomate imparfaitement mûre. Moyennement corsé, il est modérément concentré et persistant. Il manque de race et n'a pas la typicité des Pomerol. **À boire jusqu'en 2006.** (12/95)

1975 **98+** S'imposant au nombre des exemples de ce cru les plus puissants et les plus rustiques des trente dernières années, le 1975 de Petrus s'annonce par un grenat-prune trouble tirant sur le pourpre et par un fabuleux bouquet aux senteurs de cerise très mûre, de moka, de caramel et de chocolat, nuancées de fer et de sang. Corsé et concentré, très richement extrait et tannique, il est véritablement gigantesque. S'il peut être apprécié dès maintenant, il semblerait qu'il soit encore à 5 ou 10 ans de son apogée. L'ensemble, dont la concentration et l'intensité sont exquises, tiendra bien 50 à 70 ans ; je pense néanmoins que sa rugosité ne séduira pas forcément les amateurs préférant les vins qui s'expriment tout en rondeur. On peut toujours espérer que le Petrus 1975 développera ce dernier trait au terme d'un vieillissement supplémentaire. **À boire jusqu'en 2040.** (11/02)

1971 **95** Le 1971 semblait à son apogée dès le milieu ou la fin des années 70. Séduisant et opulent, il arbore un grenat foncé fortement ambré sur le bord et dégage un incroyable bouquet de Christmas cake nuancé de moka, de doux kirsch et de cassis. Suit en bouche un ensemble corsé et soyeux, merveilleux d'opulence, qui n'a pas été affecté par le temps. Les tannins sont totalement fondus.

Ce Petrus – l'un des plus délicieux et des plus séduisants qui soient – est un vin onctueux, sensationnel, irrésistible, qui s'impose probablement comme la réussite du millésime. **À boire jusqu'en 2011.** (11/02)

1970 **99** J'ai toujours eu tendance, lors de dégustations, à comparer le 1970 à son cadet d'un an, et j'avoue avoir été étonné de constater que le 1971, qui avait atteint son apogée bien plus rapidement que le 1970, continue de se maintenir sans rien perdre du charme ni de l'intensité de son fruité. D'un grenat foncé fortement ambré sur le bord, le 1970 s'est quant à lui montré tannique, peu évolué et massif dès sa plus tendre enfance, mais il est maintenant au meilleur de sa forme. Ce vin profond – l'un des exemples du cru les plus réussis des cinquante dernières années – se distingue par de très amples senteurs de cèdre, de caramel, de vanille, de tabac, de café et de confiture de cerise noire nuancées de réglisse. Très corsé et très onctueux, étonnant de douceur et de gras, il déploie par paliers une finale généreuse et épaisse. L'ensemble tiendra encore une vingtaine d'années. **À boire jusqu'en 2025.** (11/02)

1967 **91** La dernière fois que j'ai goûté ce vin, lors d'une verticale, il s'agissait d'un magnum de ma cave personnelle, qui avait bénéficié de parfaites conditions de conservation. Il n'est donc pas impossible que le Petrus 1967 provenant de bouteilles standard ait commencé à décliner. Quoi qu'il en soit, il s'agit d'un somptueux exemple du cru, qui s'impose aussi comme la réussite du millésime. D'un grenat désormais fortement ambré sur le bord et doté d'un doux nez de café nuancé de cèdre, d'herbes, de cerise noire et de noix rôtie, l'ensemble se distingue encore par un caractère moyennement corsé, ainsi que par une douceur et une élégance d'excellent aloi. En bouche, il se développe tout en rondeur, se révélant merveilleusement savoureux. Il s'agit d'un vin fabuleux, qui constitue aussi une grande révélation pour le cru. **À boire sans plus tarder.** (11/02)

1966 **90** Très proche d'un Médoc, le 1966 évoque, par le style, les vins élaborés dans les années 80. D'un prune-grenat foncé fortement ambré sur le bord, il exhale un nez suave de caramel fondu, de réglisse, d'herbes rôties, de douce groseille et de cerise. Moyennement corsé, il compense sa légère austérité par une complexité et une élégance d'excellent aloi. Ce vin est à son apogée depuis le début des années 90. **À boire jusqu'en 2010.** (1/02)

1964 **99** Ce vin gigantesque, fabuleux de puissance et de richesse en extrait, semble évoluer à pas très lents. Il me rappelle un peu le 1975, par sa richesse impressionnante et ses très abondants tannins. D'un grenat sombre et trouble ambré et orangé sur le bord, il dégage un bouquet flamboyant, qui jaillit littéralement du verre, révélant des senteurs d'herbes rôties, de café, de moka et de caramel, ainsi que de très généreuses notes de fruits rouges et noirs confiturés. L'ensemble, qui s'exprime avec ampleur, affiche une concentration spectaculaire, confinant à la viscosité. Il est presque extrême, ce qui me conduit à penser que Christian Moueix, l'administrateur du cru, le trouverait trop ample et trop intense, lui qui privilégie davantage la délicatesse. Quoi qu'il en soit, les heureux propriétaires du 1964 de Petrus sont assurés de faire l'expérience de dégustations exceptionnelles. Quelle merveille ! **À boire jusqu'en 2030.** (11/02)

1962 **91** Très proche en style d'un Médoc, le 1962 de Petrus, qui est à son apogée, révèle un nez de menthe, de chocolat, d'herbes et de cèdre. Moyennement corsé et structuré, très équilibré, il présente encore un rubis foncé resplendissant à peine ambré sur le bord. Bien qu'il ne soit pas particulièrement opulent ni puissant, il s'impose comme un exemple extraordinaire de ce cru et se distingue par sa grâce et son élégance. À l'aveugle, je n'aurais jamais deviné qu'il s'agissait d'un Pomerol. **À boire maintenant.** (12/95)

1961 **100** Le Petrus 1961, qui est à son apogée, évoque un Porto par sa très grande richesse (il rappelle d'ailleurs son aîné de 1947, ainsi que le Cheval Blanc de la même année). Sa robe est fortement ambrée et nuancée de grenat. L'ensemble, qui regorge littéralement d'un fruité épais, presque visqueux, de cerise noire très mûre et de moka, est extrêmement corsé, avec un gras et un alcool très généreux. Ce vin onctueux, absolument superbe, qui défie le temps, rappelle le beurre de cacahuète nuancé de café et de cerise, le tout enrobé de chocolat Valrhona. **À boire jusqu'en 2010.** (6/98)

MILLÉSIMES ANCIENS

Petrus doit le mythe qui l'entoure à sa performance en 1921, 1929, 1945, 1947 et 1950. Onctueux, doux et fabuleusement fruité, le 1959 (noté 93 en décembre 1995) est épais et confituré. Outre de généreux arômes corsés et très gras, il déploie une finale longue, épaisse et capiteuse. Ce vin qui est à son apogée, mais toujours intense et vivace, tiendra bien 10 à 15 ans encore.

L'extraordinaire Petrus 1950 (noté 99 en juin 1998) que m'a servi, il y a plusieurs années déjà – avec son jumeau de Lafleur –, Jean-Pierre Moueix m'a fait prendre conscience de la splendeur de ce millésime en Pomerol. Ce vin gigantesque est encore jeune. Moins évolué que d'autres, plus récents et réellement renversants, comme le 1961, il est massif et riche, déployant la robe spectaculaire et soutenue ainsi que la texture douce et onctueuse typiques de ce cru dans les années de bonne maturité. Son potentiel de garde est de 20 à 30 ans encore.

Quoique irrégulier, le 1949 (noté 95 en octobre 1994) s'est toujours montré ample, épais, grandiose et marqué par la mâche, mais il ne révèle aucunement ce caractère onctueux, semblable à celui d'un Porto, que l'on retrouve dans le 1947 ou le 1950. La première fois que je l'ai dégusté, il y a plus de dix ans, il m'a semblé massif et dénué de complexité, mais extraordinairement riche. Depuis, il a commencé à révéler l'ampleur et le caractère exotique et charnu typiques de Petrus, ainsi que des arômes merveilleusement purs de prune et de cerise noire nuancés de moka et de café. Ce vin, qui évolue de belle manière, demeure remarquablement jeune à plus de 55 ans d'âge.

Le 1948 (noté 95 en novembre 1997) est issu d'un millésime largement ignoré de la presse spécialisée. Les consommateurs avisés seraient bien inspirés de se mettre en quête de bouteilles de ce cru en parfait état de conservation. Dans le passé, j'ai cité de nombreux vins de ce millésime injustement oublié, en particulier Vieux Château Certan, La Mission Haut-Brion et Cheval Blanc, mais le Petrus 1948 m'a complètement dérouté lors de dégustations à l'aveugle, avec son nez de cèdre, de cuir, d'herbes et de cassis qui donnait l'impression qu'il s'agissait d'un premier cru classé de Pauillac. Arborant une robe encore très dense, très légèrement orangée sur le bord, ce vin riche, plus austère et plus longiligne que d'habitude, se montre très corsé et d'une grande richesse aromatique en bouche, déployant une finale épicée et moyennement tannique.

Bien qu'il ait déjà dépassé le cap de sa maturité, il est capable de tenir encore 10 à 15 ans. Petit avertissement : certaines bouteilles présentent un taux d'acidité volatile excessif (même pour l'époque).

Le Petrus 1947 (noté 100 en juin 1998) s'impose comme le vin le plus luxuriant du siècle. Même s'il ne ressemble pas autant à un Porto que le Cheval Blanc de la même année, il n'en est pas moins massif, onctueux et visqueux, avec une puissance, une richesse et un doux fruité absolument étonnants. Son nez explose littéralement d'arômes de fruits confiturés, de fumé et de caramel crémeux, et sa viscosité évoque celle... d'une huile de moteur. Il est en fait si doux, si épais et si riche qu'une cuiller semblerait presque pouvoir y tenir debout seule... Ce vin, qui révèle un fruité généreux et éblouissant, ainsi qu'un d'alcool et un gras copieux, recèle encore des tannins bien fondus. Il pourrait être bu dès maintenant, compte tenu précisément de toutes ces qualités et de son gras, mais il pourra aisément tenir encore 20 ans.

Autant le 1947 se montre ample, juteux, savoureux et fruité, autant le 1945 (noté 98+ en octobre 1994) est peu évolué, tannique et colossal, et requiert une garde supplémentaire de 5 à 10 ans. Sa robe est davantage nuancée de pourpre que celle du 1947, et son nez libère des arômes de fruits noirs, de réglisse, de truffe et de viande fumée. Ce vin massif, d'une grande richesse en extrait et aux tannins formidablement présents, est tout simplement un géant qui sommeille et qui pourrait se révéler parfait.

Le 1929 (noté 100) arbore une robe d'un rubis-grenat profond légèrement ambré et orangé sur le bord. Ce vin ample et épais, qui regorge d'extraordinaires senteurs de café, de moka, de cerise noire, d'herbes et de cèdre, révèle une bouche intacte, tout à la fois onctueuse, épaisse, tannique, d'une concentration massive, évoquant, à s'y méprendre, un vin de 30 à 35 ans d'âge. À boire maintenant.

Lors d'une dégustation en septembre 1995, le Petrus 1921 (noté 100) s'est révélé rien de moins que paradisiaque. Sa robe opaque est fortement ambrée sur le bord, et son nez puissant et massif révèle des senteurs de framboise, de café fraîchement moulu et de friandise au moka et au caramel. L'ensemble – l'un des vins les plus doux, les plus opulents, les plus épais et les plus séveux que je connaisse – est extraordinaire de richesse, avec un caractère savoureux rehaussé de très intéressantes notes de cèdre. Ce Petrus ample et incroyablement concentré ressemblait à s'y méprendre au 1950 ou au 1947 mais il est à déguster maintenant.

En décembre 1996, j'ai dégusté un magnum, issu d'une cave privée de Saint-Émilion, que l'on pensait être un Petrus 1900. C'était un vin excellent, pas exceptionnel (il fut noté 89), qui révélait encore de doux arômes de cerise et de mûre.

Note : je signale à l'attention des éventuels acquéreurs de vieux millésimes de Petrus que de nombreuses contrefaçons circulent sur le marché. Les millésimes les plus prisés (1947, 1961, 1970, 1982, 1989 et 1990) sont généralement les plus sujets à caution. Les amateurs devront, autant que possible, se faire préciser la provenance des flacons. La famille Moueix, consciente de ce problème, utilise depuis la fin des années 90 des bouteilles gravées.

LE PIN

Propriétaire : SCEA du Château du Pin
Adresse : 33500 Pomerol
Adresse postale : Hof te Cattebeke, Bossenaarstraat 14
9680 Etikhove, Belgique
Tél. 05 57 51 33 99 (France)
Tél. (32) 55 31 17 59 – *Fax* (32) 55 31 09 66 (Belgique)
E-mail : wine@thienpont-etikhove.be
Visites : sur rendez-vous uniquement
Contact : Jacques Thienpont

VIGNOBLE ET VINIFICATION

Superficie : 2 ha
Encépagement : 92 % merlot, 8 % cabernet franc
Âge moyen des vignes : 28 ans – *Densité de plantation :* 6 000 pieds/ha
Rendement moyen : 34 hl/ha
Élevage : fermentations et cuvaison de 10 à 15 jours en cuves d'acier inoxydable thermorégulées ; achèvement des malolactiques et vieillissement de 15 à 18 mois en fûts (100 % de bois neuf) ; collage ; pas de filtration

VIN PRODUIT

Le Pin – 7 000 b (pas de second vin)
À maturité : dans les 8 à 25 ans suivant le millésime

APPRÉCIATION GÉNÉRALE

S'imposant comme le plus exotique et le plus flamboyant des crus de son appellation, Le Pin est le précurseur du mouvement des vins de garage, que l'on associe plus généralement aux Saint-Émilion qu'aux Pomerol. La propriété a ses adeptes ; l'engouement pour ce style de vinification conjuguée à des disponibilités restreintes a fait de Le Pin l'un des vins les plus chers du Bordelais. Le cru demeure inégalé en termes de charme et de séduction, et pour ce qui est du pur plaisir de boire et de déguster.

C'est à un autre Thienpont – il s'agit cette fois de Jacques – que l'on doit ce Pomerol mûr et exotique. Précurseur des vins de garage (produit à hauteur de 500 à 600 caisses annuellement, il est issu d'un minuscule vignoble situé entre Vieux Château Certan, La Croix Saint-Georges et Gombaude Guillot), Le Pin peut paraître extrême dans son enfance, révélant un boisé prononcé et un caractère exotique un peu surfait, mais ces traits s'estompent au vieillissement. Les millésimes les plus réussis à ce jour (ils sont nombreux) sont les 2001, 2000, 1998, 1990, 1989 et 1982. Ils sont suivis de près par les 1999, 1995, 1985 et 1983. En 1979, les Thienpont ont acheté ce minuscule vignoble dans le but avoué d'y élaborer un vin riche et majestueux.

Le caractère ostentatoire de Le Pin s'explique en partie par le fait que la propriété fut l'une des premières du Bordelais à procéder à la fermentation malolactique en fûts de chêne neuf. Cette méthode, très en vogue actuellement dans le Saint-Émilionnais, requiert beaucoup de travail et d'attention, et n'est mise en œuvre que par les domaines ayant une faible production, car la surveillance doit être permanente. C'est probablement à cette technique particulière que l'on doit les amples senteurs exotiques nuancées de fumé qui caractérisent le cru. En outre, il est certain que le sol de graves enrichi de fer de cette partie du plateau de Pomerol a également contribué à faire de ce vin rare (il est produit en quantités minuscules) un véritable objet de culte.

Parmi les reproches les plus souvent adressés à Le Pin, il faut citer son potentiel de garde, que d'aucuns jugent assez limité. Si cette question pouvait se justifier il y a dix ans, il faut bien admettre qu'aucun des premiers millésimes du cru n'a décliné (c'est le 1979 qui marqua les débuts de la propriété). On précisera même que le vin s'est affirmé et étoffé en bouteille, révélant aussi davantage de richesse et de précision après un vieillissement de 10 à 15 ans que dans sa petite enfance. Force est de reconnaître que les critiques en herbe qui ont tendance à se prononcer davantage sur le prix d'un vin que sur sa qualité intrinsèque ont fait fausse route. Les premiers millésimes de Le Pin, qui ont maintenant 25 ans, sont encore magnifiques. Il semblerait donc que ce cru puisse se maintenir dans le temps, pouvant vieillir 25 à 30 ans, si ce n'est davantage, dans les meilleurs millésimes.

2001 **98** Le Pin peut prétendre, une fois de plus, au titre du vin le plus sensuel, le plus charmeur et le plus exotique du millésime. Présentant, tant au nez qu'en bouche, des arômes surmûris de fruits noirs nuancés de noix de coco, de vanille, de grillé et de café, le 2001 de ce cru est charnu et savoureux, d'une séduisante pureté, avec des tannins mûrs. L'ensemble, faible en acidité, sera à son apogée **jusqu'en 2020, voire plus.** (1/03)

2000 **98** Ce vin extrême, exotique, explosif et opulent déploie un charme irrésistible ; il frise la perfection. Vêtu d'un pourpre dense, il est doté d'une luxuriante richesse en extrait, et se montre tellement intense et onctueux qu'on dirait qu'il doit être consommé à la cuiller. Regorgeant d'arômes de fruits noirs et de tannins, il est étonnant de précision pour un jeune millésime de Le Pin. De fait, il est atypique des Pomerol 2000, plutôt puissants et massifs, peu évolués et tanniques. Un vin grandiose, pour les multimillionnaires qui auront la chance de mettre la main sur quelques flacons de ce nectar. **À boire jusqu'en 2025.** (1/03)

1999 **93** Le Pin est l'un des 1999 qui se sont considérablement étoffés depuis ma première dégustation. Ce vin exotique et sensuel, qui offre un judicieux déploiement d'arômes très mûrs de cerise noire confiturée imprégnés de moka et de grillé, est tout simplement savoureux. Du fait de sa faible acidité, il donne l'impression d'être prêt, mais je pense qu'il gagnera encore en précision et en structure au fur et à mesure de son vieillissement. Cet ensemble d'une richesse luxuriante, entièrement composé de merlot, sera à son apogée **jusqu'en 2015.** (3/02)

1998 **95** Ce vin magnifique, vêtu d'un rubis-grenat foncé tirant sur le prune, se distingue par un bouquet exotique mêlant des senteurs de noix de coco à des notes de kirsch et de mûre confiturée, le tout marqué de flamboyants arômes de chêne neuf fumé. L'ensemble, corsé, dense, riche et opulent, présente une belle structure tannique. Si Le Pin s'est imposé à un moment comme le cru le plus exotique de la rive droite, il doit dorénavant faire face à une concurrence accrue, notamment celle de ses homologues de Saint-Émilion. Quoique toujours superbe et irrésistible, il a désormais pour rivaux d'autres vins tout aussi prodigieux valant parfois moins cher. **À boire jusqu'en 2018.** (9/02)

1997
86 ? Le 1997 de Le Pin, qui n'est vraisemblablement pas le millésime de ce cru le mieux réussi, est excessivement boisé par rapport à la concentration de son fruit. Cependant, il est arrivé que des millésimes plus riches, se révélant très marqués dans leur jeunesse par le chêne neuf, voient leur boisé absorbé par le vin au fur et à mesure de son vieillissement. Pour sa part, le 1997 est doté d'un fruité de douce groseille et de cerise généreusement marqué de chêne grillé. Je crains que ce cru séduisant ne tienne pas suffisamment longtemps pour que son boisé un peu excessif se fonde parfaitement. Mais peut-être ai-je tort ? **À boire jusqu'en 2008.** (3/02)

1996
92 Comme de nombreux Pomerol du millésime, celui-ci présente des tannins assez austères. En outre, l'appellation n'offre pas en 1996 des vins aussi généreux ni aussi séduisants qu'en 1998 ou en 2000, deux années particulièrement favorables à la rive droite. Quoi qu'il en soit, le 1996 de Le Pin est de tout premier ordre. Plus structuré que de coutume, il libère des senteurs exotiques de chocolat fondu et de café torréfié, ainsi que de très généreuses notes de fruits noirs confiturés nuancées de noix de coco. L'ensemble, moyennement corsé et flamboyant, est relativement souple, même dans le contexte du millésime ; il se distingue encore par sa maturité superbe, sa très grande pureté et son bel équilibre d'ensemble. Sa finale recèle des tannins un peu secs. **À boire jusqu'en 2020.** (5/02)

1995
94 Les tannins durs que ce vin présentait dans sa jeunesse se sont fondus dans un ensemble aux stupéfiantes senteurs d'herbes rôties, de caramel, de fumé et de barbecue nuancées de cake, de mûre et de confiture de cerise noire. Une fois passé ce bouquet, qui est également marqué de chocolat blanc, on décèle en bouche un ensemble corsé, modérément tannique, étayé par une faible acidité. Très serré et très concentré, ce Le Pin est étonnamment structuré et peu évolué. Il est également plus massif que la plupart des millésimes du cru. **À boire entre 2008 et 2025.** (5/02)

1994
91 Le magnifique 1994 de Le Pin, qui s'impose comme l'une des grandes réussites du millésime, est moyennement corsé, avec des notes de café, de vanille, de cerise noire, de réglisse et de chocolat blanc nuancées d'un doux boisé. L'ensemble, corsé, est étayé par des tannins modérément abondants. Il est opulent, doux et savoureux à l'attaque, mais les tannins prennent ensuite le dessus. Il est difficile de déterminer quand ce vin sera à son apogée, car, s'il paraît évolué et révèle une belle complexité aromatique, il recèle aussi des tannins qui doivent encore se fondre. **À boire jusqu'en 2016.** (5/02)

1990
99 Le 1990 de Le Pin s'impose, à mon sens, comme l'une des deux plus grandes réussites du cru. Ce vin, qui atteint tout juste l'adolescence, commence à développer des nuances secondaires. D'un rubis-pourpre encore profond à peine rosé sur le bord, il offre un beau déploiement d'explosives senteurs évoquant les épices orientales, le kirsch, la figue, la mûre, la cerise et le chêne neuf fumé. La bouche, qui se développe par paliers et tout en rondeur, révèle une richesse et une concentration fabuleuses – elle est inimaginable pour quiconque n'aurait pas dégusté ce vin. Le remarquable 1990 de Le Pin est corsé et voluptueux, et il promet d'évoluer de belle manière en se bonifiant. **À boire jusqu'en 2022.** (12/01)

1989 Légèrement plus ferme et plus structuré que le 1990, le 1989 est tout aussi
96 faible en acidité que son cadet, mais il recèle des tannins plus marquants. D'un rubis-pourpre soutenu encore resplendissant, il révèle – seulement au mouvement du verre – des notes de noix de coco, d'herbes rôties et de jus de viande, ainsi que de très généreuses senteurs de cassis et de douce cerise noire joliment rehaussées d'un boisé parfaitement fondu. Bien que l'ensemble soit aussi gras que le 1990, il est cependant plus structuré et moins accessible, peut-être aussi plus puissant. Ce vin remarquable est certainement l'un des millésimes les plus grandioses de ce cru. **À boire jusqu'en 2022.** (12/01)

1988 Ce vin, qui a joliment évolué en bouteille, s'annonce par un rubis foncé nuancé
92 de pourpre. Son boisé, autrefois agressif, s'est désormais fondu dans un ensemble aux douces et riches notes de cerise noire et de cassis, marqué de prune et de généreuses touches grillées. La bouche, moyennement corsée, riche et très concentrée, révèle, outre un caractère chocolaté, davantage de tannins et de structure que la plupart des millésimes de ce cru. Le 1988 de Le Pin est encore charnu et merveilleusement séduisant. **À boire jusqu'en 2010.** (11/97)

1986 Le 1986, qui est l'un des Le Pin les plus structurés, est encore étonnamment
90 jeune pour un vin que certains critiques recommandaient de consommer dans les 5 à 10 ans suivant le millésime. Vêtu d'un grenat foncé, doté de senteurs de réglisse, de terreau, de douce cerise noire et de groseille nuancées de truffe et de vanille, il est moyennement corsé, plutôt ferme et d'une belle précision, mais il n'a pas le charme, le gras ni l'opulence des millésimes plus mûrs et plus généreux. La finale, très persistante, évoque un Médoc. **À boire jusqu'en 2015.** (12/01)

1985 Ce vin très sensuel, épanoui, ample et charnu, dégage de somptueuses notes
94 d'herbes fumées, de caramel fondu, de café, de cassis confituré et de cerise, ainsi que de très généreuses senteurs de réglisse. Doux, rond et opulent, il exprime en bouche, outre une texture onctueuse et des tannins fondus, une finale soyeuse et riche. L'ensemble est à son apogée, mais paraît capable de se maintenir encore 3 à 8 ans. **À boire jusqu'en 2012.** (12/01)

1983 Ce vin a été meilleur il y a quelques années. Bien qu'il soit encore de très
94 haut vol, il commence à perdre quelque peu son intensité et sa complexité. Sa robe grenat foncé est légèrement teintée d'ambre et d'orange sur le bord. Le doux nez mûr évoque les herbes de Provence nuancées de réglisse, d'écorce, de truffe et de confiture de cerise et de mûre. Suit en bouche un ensemble moyennement corsé, parfumé et opulent, aussi sensuel qu'exotique – bref, en un mot, tout simplement somptueux. **À boire jusqu'en 2009.** (12/01)

1982 Ce vin, qui a gagné en stature et en étoffe au cours de son évolution en
100 bouteille, est maintenant à son apogée, où il semble pouvoir se maintenir encore 5 ans, voire davantage. D'un rubis-grenat dense légèrement ambré sur le bord, il développe d'explosifs arômes de caramel fondu, de café et d'épices orientales, ainsi que des notes douces, presque surmûries, de pruneau, de cassis et de figue. Une fois passé ce bouquet littéralement jailli du verre, on décèle en bouche un ensemble généreux qui se développe par paliers, révélant un caractère corsé, une concentration superbe, ainsi qu'une grande douceur

(due à sa concentration, et non à du sucre résiduel). Ce vin est faible en acidité, mais ses tannins, quoique mûrs et fondus, sont encore très présents. Luxuriant, d'une richesse extravagante, il paraît presque extrême. **À boire jusqu'en 2012.** (11/02)

MILLÉSIMES ANCIENS

Je n'ai pas dégusté le 1979 (qui marqua les débuts du cru), ni les 1980 et 1981, depuis la dernière édition de cet ouvrage. Cependant, je pense que ces vins sont encore en forme, sous réserve, bien entendu, qu'il s'agisse de flacons ayant bénéficié de bonnes conditions de conservation.

Je signale aux amateurs que Le Pin, cru de très haut vol, est lui aussi devenu la coqueluche des contrefacteurs, qui semblent avoir une prédilection pour le 1982.

LA POINTE

Propriétaire : famille d'Arfeuille
Adresse : 33500 Libourne
Tél. 05 57 51 02 11 – *Fax* 05 57 51 42 33
E-mail : chateau.lapointe@wanadoo.fr
Site Internet : www.chateaulapointe.com
Visites : sur rendez-vous uniquement
Contact : Stéphane d'Arfeuille

VIGNOBLE ET VINIFICATION

Superficie : 22 ha
Encépagement : 75 % merlot, 25 % cabernet franc
Âge moyen des vignes : 35 ans – *Densité de plantation :* 5 500 pieds/ha
Rendement moyen : 47 hl/ha
Élevage : fermentations et cuvaison de 28 à 35 jours en cuves de béton thermorégulées ; vieillissement de 15 à 18 mois en fûts (35 % de bois neuf) ; collage et filtration

VINS PRODUITS

Château La Pointe – 130 000 b ; La Pointe Riffat – 20 000 b
À maturité : dans les 3 à 10 ans suivant le millésime

APPRÉCIATION GÉNÉRALE

Ce Pomerol d'assez bonne facture s'est amélioré depuis la fin des années 90.

La Pointe est une propriété assez irrégulière : les vins qui en sont issus peuvent être ronds, simples et généreux, comme en 1970, mais ils sont trop souvent désagréablement légers et dépourvus d'étoffe. Les vieux millésimes, tels 1975, 1976, 1978 et 1979, manquent tous du fruit riche, souple, tonique et bien marqué par la mâche typique des bons Pomerol. Du fait de sa production importante, ce vin bénéficie d'une large promotion. Les propriétaires ont sensiblement augmenté la proportion de merlot dans l'encépagement depuis le début des années 70. Cela dit, tout bien considéré, ce Pomerol autrefois assez médiocre s'est amélioré ces dernières années.

2002 Cette propriété généralement sous-performante propose un 2002 de bonne
86 facture, vêtu d'un rubis-prune foncé et doté de douces senteurs épicées de cerise noire et de noix de cola. En bouche, l'ensemble est moyennement corsé, étoffé et d'une grande pureté. **À boire jusqu'en 2013.** (9/03)

2001 Ce vin, qui constitue l'une des plus belles réussites à ce jour de la propriété,
88 s'impose également comme une révélation du millésime. D'ailleurs, il n'est pas exclu qu'il puisse à terme être renoté à la hausse (90). D'un rubis-pourpre dense, il est doté d'un doux nez de mûre, de prune et de cerise. Moyennement corsé, très généreusement fruité et étoffé en milieu de bouche, il révèle, outre une faible acidité et des tannins doux, une finale aussi charnue que persistante. Un vin séduisant. **À boire jusqu'en 2014.** (1/03)

2000 Le 2000, qui se montre sous un meilleur jour en bouteille qu'en cours d'éle-
88 vage, est vêtu de prune-pourpre foncé, et révèle de doux arômes de cerise noire nuancés de terreau, d'épices et de terre. L'ensemble, qui s'est généreusement étoffé, séduit par son caractère charnu et sa grande pureté. Un Pomerol plein de charme. **À boire avant 2012.** (1/03)

1999 La robe d'un rubis-pourpre profond de ce vin accompagne un ensemble d'excel-
87 lente facture, généreux et de bonne mâche, copieusement marqué d'un fruité de prune, de cerise, de noix de cola et de moka. Le 1999 de La Pointe est concentré, étayé par une faible acidité et des tannins doux. **À boire jusqu'en 2012.** (3/02)

1998 Souple et fruité, le 1998 est élégant et léger, très plaisant aussi, bien que
84 manquant quelque peu de précision, d'étoffe, ainsi que de persistance. **À boire maintenant.** (3/02)

ROUGET

Propriétaire : Jean-Pierre Labruyère
Adresse : 33500 Pomerol
Tél. 05 57 51 05 85 – *Fax* 05 57 55 22 45
E-mail : chateau.rouget@wanadoo.fr
Site Internet : www.chateau-rouget.com
Visites : sur rendez-vous uniquement
Contact : M. Ribeiro

VIGNOBLE ET VINIFICATION

Superficie : 17,6 ha
Encépagement : 85 % merlot, 15 % cabernet franc
Âge moyen des vignes : 28 ans
Densité de plantation : 6 000 pieds/ha
Rendement moyen : 35 hl/ha
Élevage : fermentations et cuvaison en cuves d'acier inoxydable thermorégulées ; achèvement des malolactiques (depuis 1997) et vieillissement de 15 mois en fûts (renouvelés par tiers à chaque millésime)

VINS PRODUITS

Château Rouget – 29 000 b ; Vieux Château des Templiers – 29 000 b
À maturité : dans les 5 à 15 ans suivant le millésime

APPRÉCIATION GÉNÉRALE

Cette propriété, qui jouissait d'une belle réputation jusque dans les années 40, a ensuite enregistré une performance assez médiocre jusqu'au milieu des années 90. Depuis son acquisition par la famille Labruyère, elle s'est redressée, et ses vins se sont considérablement améliorés. Si le cru conserve sa rusticité, il présente désormais davantage de concentration, d'étoffe et de souplesse que dans le passé. Les millésimes récents se sont révélés très bons.

Cette ancienne et fort belle propriété, située dans la partie la plus septentrionale de l'appellation, sur des sols très sableux, offre, au-delà des arbres, une belle vue sur la Barbanne. C'est l'un des domaines les plus illustres de l'histoire de Pomerol. Dans l'une des premières éditions du *Bordeaux et ses vins* de Cocks et Féret, ce vignoble était classé quatrième de l'appellation. Aujourd'hui, il a été dépassé par beaucoup d'autres, mais son vin peut toujours se révéler très riche et très intéressant. C'est ainsi que les superbes 1945 et 1947 demeuraient en parfaite forme à la fin des années 80.

Jusqu'en 1992, Rouget était géré par Jean-François Brochet, qui vinifiait de manière traditionnelle et conservait dans ses chais des stocks importants de vieux millésimes. Celui-ci a vendu la propriété à la famille Labruyère, qui y a effectué les améliorations qui s'imposaient.

En règle générale, les vins de Rouget ne conviennent guère à ceux qui aiment les crus précoces. Très foncés de robe, riches et corsés, souvent tanniques aussi, ils demandent 5 à 15 ans de garde en cave avant d'être accessibles. Cela dit, s'ils se montrent parfois un peu rudes et plutôt rustiques (surtout jusqu'en 1998), ils se révélent le plus souvent délicieux, riches, épanouis et épicés.

Les millésimes de la fin des années 90 sont plus souples que leurs prédécesseurs. Ceux de la fin des années 60, des années 70 et 80 et du début de la décennie suivante ne présentent aucun intérêt. Après près de trente ans de médiocrité, Rouget s'est magnifiquement redressé et produit désormais des vins impressionnants. Cependant, les prix commencent à augmenter, au fur et à mesure que les négociants de la place et les amateurs prennent conscience de la qualité grandissante du cru.

2003
87-90
Ce vin, qui s'impose au nombre des révélations du millésime, trahit la sélection draconienne instituée à Rouget par les nouveaux propriétaires. Séduisant, charnu et sensuel, il présente, outre une robe d'un rubis-prune profond tirant sur le pourpre, un riche et somptueux bouquet de confiture de cerise noire nuancé de résine et de terreau. L'ensemble, qui doit sa texture charnue et son gras de bon aloi à sa faible acidité, révèle encore un caractère alcoolique et une fraîcheur laissant subodorer qu'il ne fera pas de vieux os. **À boire dans les 5 à 8 ans suivant le millésime.** (3/04)

2002
89
Très réussi, le 2002 de Rouget présente, outre une robe d'un rubis-prune profond, d'amples et savoureuses notes de fruits rouges et noirs nuancées d'épices et de terreau, et marquées en arrière-plan de boisé. Ce vin moyennement corsé, très dense, développe une finale persistante, étayée par des tannins

modérément abondants. Une révélation du millésime. **À boire entre 2006 et 2015.** (9/03)

2001
90 De doux arômes de caramel, de framboise, de cerise et de vanille constituent le bouquet de ce vin moyennement corsé, sensuel, généreux et fruité, étayé par des tannins souples, et dont la finale se montre charnue et opulente. Un ensemble très séduisant. **À boire jusqu'en 2012.** (1/03)

2000
90 Voici le meilleur Rouget produit depuis le milieu des années 60 (je pense au 1964). D'un rubis-prune dense, le 2000 libère, tant au nez qu'en bouche, des arômes de réglisse, de liqueur de cerise noire et de framboise, et se montre moyennement corsé, charnu et bien marqué par la mâche. Une fois passé son bouquet flamboyant, on décèle un ensemble impressionnant, opulent à l'attaque, corsé et charnu en milieu de bouche, qui révèle en finale des tannins très présents. Il est temps, au vu de vins tels que celui-ci, de renouer avec Rouget. **À boire entre 2006 et 2018.** (1/03)

1999
89 L'excellent 1999 de Rouget s'impose comme un classique de son appellation, révélant des arômes de café torréfié, de moka, de noix de cola et de liqueur de cerise. Moyennement corsé, opulent, sensuel et savoureux, il est étayé par une faible acidité et par des tannins aussi mûrs qu'abondants. **À boire dans les 8 ans.** (3/02)

1998
89 D'un rubis-pourpre profond, avec un nez mûr de chocolat, de fruits noirs, de cerise à l'eau-de-vie, de figue et de prune, le 1998 de Rouget est moyennement corsé et opulent, très concentré aussi, et bien marqué par la mâche. Sa finale, mûre, est étayée par un gras généreux. Il aurait mérité une note plus élevée s'il avait montré davantage de complexité et de précision. **À boire jusqu'en 2015.** (3/02)

DE SALES

Propriétaire : GFA du Château de Sales
Exploitant : Bruno de Lambert
Adresse : 33500 Libourne
Tél. 05 57 51 04 92 – *Fax* 05 57 25 23 91
E-mail : chdesales@chateaudesales.fr
Site Internet : www.chateau-de-sales.fr
Visites : non autorisées
Contact : Bruno de Lambert

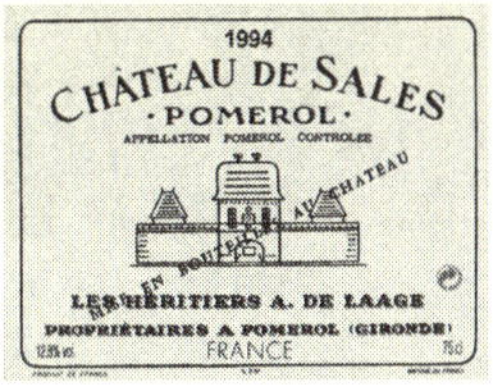

VIGNOBLE ET VINIFICATION

Superficie : 47,5 ha
Encépagement : 70 % merlot, 15 % cabernet sauvignon, 15 % cabernet franc
Âge moyen des vignes : 30 ans – *Densité de plantation :* 5 600 pieds/ha
Rendement moyen : 49 hl/ha
Élevage : fermentations et cuvaison de 18 à 24 jours en cuves de béton thermorégulées (maximum 30 °C) ; après achèvement des malolactiques, vieillissement de 18 mois à parts égales, par rotation, en cuves et en fûts (renouvelés par tiers à chaque millésime) ; soutirage trimestriel ; collage ; filtration légère

VINS PRODUITS

Château de Sales – 150 000 b ; Château Chantalouette – 60 000 b
À maturité : dans les 10 à 12 ans suivant le millésime

APPRÉCIATION GÉNÉRALE

Après une période difficile dans les années 80 et jusqu'au milieu des années 90, De Sales est à nouveau sur les rails – bonne nouvelle pour les amateurs.
La propriété propose l'un des Pomerol les plus plaisants et les plus raisonnablement cotés.

Le Château de Sales, le plus grand vignoble de Pomerol, est la seule propriété de la région à pouvoir s'enorgueillir d'un château digne de ce nom. Appartenant à la famille Lambert, il se trouve au nord-ouest de l'appellation, sur des sols de sable mêlé de graves. Ce cru, qui s'améliore sans cesse, compte parmi les plus agréables de Pomerol ; réputé pour son très bon fruit souple, brillant, rond, généreux et mûr, il est généralement séveux et soyeux. La propriété fut assez irrégulière dans les années 80 et 90, mais les millésimes récents se sont particulièrement distingués. Jamais puissants ni agressifs, corpulents ni trop boisés, les vins du Château de Sales sont délicieux à boire jeunes, mais savent aussi vieillir sur 10 à 12 ans.

Quoique toujours bon, De Sales ne sera jamais grandiose, mais il est intéressant sous le rapport qualité/prix.

2001 **87** Ce vin moyennement corsé, savoureux et mûr, se distingue par son charme et son caractère charnu et épanoui. D'un rubis-pourpre profond, doté de généreux arômes de cerise noire, il déploie une finale souple et savoureuse. Vous apprécierez ce vin moyennement massif et séduisant **dans les 8 à 9 ans suivant le millésime.** (1/03)

2000 **89** Voici le meilleur De Sales produit depuis 1982 ; il se pourrait même qu'il surpasse ce dernier millésime. D'un rubis-pourpre profond, le 2000 déploie de doux arômes de terreau, de kirsch, de framboise et de groseille ; moyennement corsé, opulent et étonnamment ample pour le cru, il recèle des tannins doux. **À boire jusqu'en 2015.** (1/03)

1999 **88** Les amateurs en quête d'un vin évoquant un bourgogne, doté d'opulents arômes de cerise noire, tout à la fois ample, savoureux et sensuel, généreusement marqué de fruit et de gras, se tourneront vers ce Pomerol moyennement corsé et séveux, au potentiel de garde de **8 ans.** (3/02)

1998 **88** Le 1998 s'impose probablement, avec le 2000, comme l'une des plus belles réussites de la propriété depuis le début des années 80. Précoce et souple, il s'annonce par un rubis-grenat moyennement foncé préludant à des arômes de chocolat blanc, de moka et de kirsch. Suit un ensemble séduisant et opulent, étayé par des tannins doux, qui manifeste une concentration d'excellent aloi et se révèle aussi souple en milieu de bouche qu'en finale. Les amateurs n'auront pas besoin d'attendre ce vin. **À boire jusqu'en 2010.** (3/02)

MILLÉSIMES ANCIENS

Les vins du Château de Sales doivent généralement être consommés dans les 10 à 12 ans suivant le millésime. Les années plus anciennes sont en principe de peu d'intérêt.

Parmi les vins plus vieux qui sont encore probablement en bonne forme, on citera le 1995 (noté 87 en mars 1999), le 1990 (noté 89 en novembre 1999), ainsi que le 1982 (noté 87 en novembre 2002).

TROTANOY

Propriétaire : Éts Jean-Pierre Moueix
Adresse : 33500 Pomerol
Adresse postale : SA Éts Jean-Pierre Moueix – BP 129
54, quai du Priourat – 33502 Libourne
Tél. 05 57 51 78 96 – *Fax* 05 57 51 79 79
Visite : non autorisées
Contact : Frédéric Lospied

VIGNOBLE ET VINIFICATION

Superficie : 7,2 ha
Encépagement : 90 % merlot, 10 % cabernet franc
Âge moyen des vignes : 35 ans – *Densité de plantation :* 6 200 pieds/ha
Rendement moyen : 39 hl/ha
Élevage : fermentations et cuvaison de 20 jours en cuves de béton thermorégulées ; vieillissement de 20 mois en fûts (40 % de bois neuf) ; collage ; pas de filtration

VIN PRODUIT

Château Trotanoy – 30 000 b (pas de second vin)
À maturité : dans les 7 à 25 ans suivant le millésime

APPRÉCIATION GÉNÉRALE

Trotanoy, qui était excellent avant les années 70, a connu une période difficile dans les années 80 et au début de la décennie suivante, produisant des vins plus légers que par le passé. Cependant, la propriété a magnifiquement rebondi en 1995 et propose depuis une série ininterrompue d'excellents millésimes. Le vignoble bénéficie d'une excellente situation ; lorsque le cru décroche la timbale, il peut parfaitement rivaliser avec son compagnon d'écurie, Petrus. En termes de qualité, depuis la fin des années 90, Trotanoy peut concurrencer les stars de l'appellation, comme L'Église-Clinet, l'Évangile ou La Conseillante.

Trotanoy était autrefois considéré comme un très grand vin, à la fois de Pomerol et du Bordelais, qui avait souvent la profondeur d'un premier cru.

La propriété, rachetée par la maison Jean-Pierre Moueix en 1953, n'est pas signalée, car le château lui-même est la résidence de Jean-Jacques Moueix. Le vignoble, de dimensions assez modestes, se trouve à 1 km à l'ouest de Petrus, entre l'église de Pomerol et le bourg de Catusseau, sur des sols d'argile et de graves. Le vin est vinifié et élevé exactement de la même manière qu'à Petrus, à ceci près qu'il vieillit avec seulement 40 % de chêne neuf.

Jusqu'à la fin des années 70, Trotanoy était un vin d'une richesse opulente, intense et corsé, qui avait souvent besoin d'une bonne décennie de garde pour atteindre son apogée. Dans certains millésimes, il pouvait presque rivaliser avec Petrus en puissance, en intensité et en concentration. Dans les millésimes peu favorables, il comptait parmi les vins les meilleurs, parfois les plus brillants du Bordelais. C'est ainsi qu'en 1967, 1972 et 1974, Trotanoy s'est hissé au tout premier rang des bordeaux.

Ensuite, vers la fin des années 70, Trotanoy est devenu plus léger, bien qu'il ait paru renouer avec sa tradition en 1982 en se montrant particulièrement opulent, riche et sensuel. Jusqu'en 1995, les vins ont été simplement bons, mais pas irrésistibles. Certes, le minuscule vignoble a été en partie replanté, et le produit des vignes jeunes entrait dans l'assemblage, ce qui n'était pas sans conséquence pour le vin. Quoi qu'il en soit, Trotanoy ne compte plus désormais parmi les trois ou quatre meilleurs Pomerol ; il a en effet été surpassé dans les années 80 (si l'on excepte le millésime 1982) par différents châteaux, en particulier Clinet, L'Église-Clinet, Vieux Château Certan, Le Pin, Lafleur, La Fleur de Gay, L'Évangile, La Conseillante et même, certaines années, Le Bon Pasteur. Compte tenu de ce que je sais du talent et de l'esprit de compétition de Christian Moueix et de son équipe, je doute qu'ils se satisfassent de la situation actuelle. Les années récentes se sont d'ailleurs révélées excellentes – le 1995 et le 1998, notamment, sont sensationnels, tout comme le 2000.

Trotanoy est un vin cher, parce qu'il est très estimé des amateurs du monde entier. Cependant, il coûte rarement plus de la moitié de Petrus – il ne faut pas l'oublier, dans la mesure où, certaines années, il est fort proche de son prestigieux compagnon d'écurie.

2003 **90-92+ ?** Plutôt atypique du millésime, le 2003 de Trotanoy s'impose comme l'un des Pomerol les plus puissants, les plus musclés et les plus tanniques. Ce vin corsé et capiteux, qui requiert une garde de 4 à 6 ans, recèle des tannins à la limite du rustique, mais il est incontestablement doté. Vêtu d'un rubis-pourpre profond, exhalant un nez de terre fraîchement remuée, de comprimés vitaminés, de cerise noire et de cuir fin, il est impressionnant. Il est issu d'une vendange étonnamment précoce (le merlot fut rentré entre le 2 et le 4 septembre, et le cabernet franc le 9 du même mois). **À boire entre 2008 et 2017.** (3/04)

2002 **88** D'un rubis-prune profond tirant sur le pourpre, le 2002 de Trotanoy mêle au nez des notes de cuir fin et des senteurs de noix de cola, de cerise noire, de thé noir et de boisé. Moyennement corsé, doté d'une finale ferme, tannique et légèrement astringente, il pourrait se révéler excellent, voire extraordinaire, s'il se montrait plus savoureux tout en développant davantage de corpulence et d'étoffe. **À boire entre 2008 et 2016.** (9/03)

2001 **90** Ce vin a beaucoup gagné en étoffe, développant davantage de muscle et de puissance que je ne l'aurais subodoré au vu de mes premières dégustations. Extrêmement profond, il révèle une intensité croissante, sans rien sacrifier cependant de son élégance ou de sa retenue. Sa robe prune-pourpre accompagne un doux nez de cerise noire nuancé de terre, de cèdre et de vanille, et imprégné de truffe. **À boire dans les 12 à 15 ans suivant une garde de 2 à 3 ans.** (1/03)

2000 **92+** Je doute que ce vin puisse rivaliser avec son extraordinaire aîné de 1998, dont il est néanmoins très proche. D'un prune-grenat dense, il est fermé de prime abord, mais développe, après une certaine aération, des nuances de figue, de cerise noire, de terre et de cèdre. Doux à l'attaque, moyennement corsé, dense, tannique et puissant en milieu de bouche, il manifeste en finale un caractère très peu évolué, suggérant l'opportunité d'une certaine garde. **À boire entre 2009 et 2030.** (1/03)

1999 **89** Le 1999 de Trotanoy exprime avec élégance, tant au nez qu'en bouche, de délicieux arômes de terre, de moka, de cerise et de tabac. L'ensemble, qui s'annonce par une robe rubis foncé, est moyennement massif et doté d'un doux fruité étayé par une faible acidité. Il séduit par son caractère accessible ainsi que par son harmonie d'ensemble. **À boire dans les 8 à 10 ans.** (3/02)

1998 **96+** Il s'agit probablement du meilleur Trotanoy depuis le 1961. Ce vin structuré, magnifiquement doté, s'annonce par un rubis-pourpre foncé. Très corsé et très riche, il présente un généreux fruité de mûre, de cerise et de groseille nuancé de caramel et de truffe. Au palais, il s'impose avec ampleur, révélant des tannins abondants, mais doux, ainsi qu'un milieu de bouche et une finale musclés et de bonne mâche. Un vin irrésistible, issu d'un grand terroir de Pomerol. **À boire entre 2006 et 2030.** (11/02)

1997 **89+ ?** Étonnamment structuré, puissant et riche, le 1997 de Trotanoy se révèle moyennement corsé et mûr, et se distingue aussi par une profondeur extraordinaire. Régalant tant le nez que le palais de très généreux arômes de prune, de cerise, de groseille, de truffe, d'herbes et de terre, il présente en finale des tannins durs. Contrairement à la plupart de ses jumeaux du millésime, je le crois capable de se maintenir **12 ans, voire plus.** Serait-ce une répétition du 1967, qui n'a pas toujours été reconnu à sa juste valeur ? (3/02)

1996 **88** D'un rubis foncé étonnamment rosé sur le bord, le 1996 de Trotanoy est serré, avec des tannins poussiéreux et des nuances de cerise aigre-douce qui se muent, en finale, en notes de minéral et d'épices. Si l'ensemble est musclé et très tannique, il ne s'impose pas du tout en milieu de bouche. S'étoffera-t-il ? J'en doute. Il me semble qu'il devient de moins en moins impressionnant au fur et à mesure de son évolution. **À boire entre 2008 et 2016.** (2/02)

1995 **93** Il s'agit probablement du meilleur Trotanoy entre le 1998 et le 1982. D'un rubis profond et soutenu absolument intact (aucun éclaircissement sur le bord), il m'a paru serré lors de plusieurs dégustations en 2002, mais il offre, au mouvement du verre, des notes de framboise et de cerise noire, ainsi que de réglisse. Moyennement corsé et puissant, il est encore peu évolué et impressionne tant par sa structure que par son ampleur. Cependant, ses abondants tannins laissent subodorer qu'il évoluera probablement dans la ligne de son aîné de 1970. Seul le temps le dira. **À boire entre 2010 et 2025.** (2/02)

1994 **88** Le 1994 commence à montrer des signes d'évolution. Ce vin d'un prune-grenat foncé présente un caractère herbacé ainsi que d'intéressantes notes de consommé de bœuf nuancées de douce cerise et de terre. Moyennement corsé, doté d'un fruité doux, il est vif et pèche seulement par les tannins un peu durs et astringents que révèle sa finale. Ces derniers pourraient inquiéter ultérieurement s'ils ne se fondaient pas dans l'ensemble. **À boire jusqu'en 2016.** (2/02)

1990 **90** Très évolué – plus évolué même que le Petrus de ce millésime –, le 1990 de Trotanoy s'annonce par un prune foncé ambré sur le bord. Ce vin précoce et doux, dont le fruité de cerise aigre-douce est nuancé d'herbes, de réglisse, de figue et de terre, est moyennement corsé, avec un fruité suave étayé par une faible acidité. Sa finale, généreuse, se développe par paliers. Tout bien considéré, cet ensemble élégant et discret est extraordinaire, mais inférieur aux meilleurs Pomerol du millésime. **À boire jusqu'en 2012.** (2/02)

1989 **88** Ce vin délicat et élégant, qui est à son apogée, présente des notes d'herbes rôties, voire de tapenade, nuancées de cerise aigre-douce. Moyennement corsé, souple et accessible, il est plutôt léger. **À boire dans les 8 ans.** (2/02)

1988 **86** Ce vin anodin, dénué d'intérêt, s'annonce par un grenat moyennement foncé et par des notes de champignon, de terre et de réglisse, ainsi que par des senteurs de cerise mûre. Suit en bouche un ensemble qui manque quelque peu de concentration, et dont la finale recèle des tannins astringents. Je doute que ce vin s'améliore, mais il est certainement capable de tenir encore 5 ans. **À boire jusqu'en 2010.** (2/02)

1986 **85** Voici un autre vin creux, de style commercial, marqué de notes végétales, d'arômes de tisane et de réglisse, ainsi que de senteurs atténuées de cerise confite. L'ensemble, qui arbore un rubis moyen fortement ambré, est moyennement corsé ; il pèche par sa finale courte et son caractère aqueux. **Devrait être bu.** (2/02)

1985 **85** Élaboré à une époque décevante où Trotanoy produisait des vins souvent végétaux et dénués de concentration, le 1985 est à son apogée. Révélant un nez de tapenade nuancé d'herbes de Provence et de confiture de cerise, qui révèle même des notes de fraise et de groseille, il développe une finale où l'acidité et les tannins prennent le dessus. Signe que l'ensemble a déjà vécu son heure de gloire. **À boire sans plus attendre.** (2/02)

1982 **92** Le 1982 de Trotanoy, qui est à son apogée, se distingue par un nez renversant de douces herbes nuancé de grillé, de fraise confiturée, de cerise noire, de moka et de cèdre. L'ensemble, qui s'annonce par une robe d'un grenat dense, est moyennement corsé, opulent et ample, étayé par une faible acidité. Sa finale, longue et concentrée, est marquée par un gras généreux. Je ne pense pas que ce vin puisse encore se bonifier, mais il tiendra bien **10 à 15 ans.** (12/02)

MILLÉSIMES ANCIENS

Le 1975 de Trotanoy, que j'ai dégusté trois fois en 2002, est stupéfiant. Il a été noté 94 lorsque je l'ai goûté pour la dernière fois, en novembre de la même année. Le 1971, qui est également grandiose (noté 93 en juillet 1997), est à son apogée depuis près de vingt ans, si bien que je conseillerais de ne pas l'attendre plus avant. Le 1970 a un peu perdu de sa superbe. Alors que je l'avais noté jusqu'à 96+ en août 1996, deux magnums dégustés récemment (notés 92 et 94) m'ont révélé un vin certes encore jeune, mais dont les abondants tannins ne manquent pas d'inquiéter. D'un rubis-pourpre foncé à peine éclairci sur le bord, le 1970 de Trotanoy est doux à l'attaque et révèle de généreux arômes de petits fruits, de terre, de viande et de cuir. Cependant, ses tannins semblent se faire de plus en plus astringents. J'ai toujours pensé que l'ensemble pourrait tenir jusqu'en 2030 – et je n'en démords pas. Néanmoins, je maintiens aussi que ses tannins astringents et secs ainsi que son équilibre d'ensemble sont discutables. Parmi les plus vieux millésimes, le 1967 (noté 92, mais que je n'ai pas dégusté depuis longtemps) était stupéfiant, et s'imposait comme l'une des deux ou trois grandes réussites du millésime. Le 1964 (noté 90) était également grandiose ; il est probablement encore délicieux, mais je ne l'ai pas dégusté depuis une dizaine d'années. Quant à l'immortel

1961 (noté 100 lorsque je l'ai goûté, en janvier 2001, d'un magnum), il est opulent, visqueux et riche – bref, extraordinaire. Il s'agit, à mon sens, de l'exemple de ce cru le plus réussi que je connaisse. Les flacons ayant bénéficié de parfaites conditions de conservation sont certainement prodigieux et capables de tenir encore une vingtaine d'années.

VIEUX CHÂTEAU CERTAN

Propriétaire : famille Thienpont
Adresse : Route de Néac – 33500 Pomerol
Tél. 05 57 51 17 33 – *Fax* 05 57 25 35 08
E-mail : info@vieuxchateaucertan.com
Site Internet : www.vieuxchateaucertan.com
Visites : sur rendez-vous uniquement
Contact : Alexandre Thienpont

VIGNOBLE ET VINIFICATION

Superficie : 14 ha
Encépagement : 60 % merlot, 30 % cabernet franc, 10 % cabernet sauvignon
Âge moyen des vignes : 35 ans – *Densité de plantation :* 5 800 pieds/ha
Rendement moyen : 40 hl/ha
Élevage : fermentations et cuvaison de 30 jours en cuves de bois adaptées au parcellaire ; achèvement des malolactiques en fûts pour le merlot ; vieillissement de 18 à 22 mois en fûts (100 % de bois neuf) ; collage ; pas de filtration

VINS PRODUITS

Vieux Château Certan – 40 000 b ; La Gravette de Certan – 20 000 b
À maturité : dans les 5 à 25 ans suivant le millésime

APPRÉCIATION GÉNÉRALE

Autrefois considéré comme l'un des Pomerol les plus élégants et les plus fins, Vieux Château Certan a été surpassé par Petrus dans la période de l'après-guerre. Cependant, le vignoble bénéficie d'une excellente situation, et le potentiel de son terroir est désormais pleinement exploité. Si le cru conserve l'élégance et les arômes qui le rapprochent d'un Médoc, il a également gagné en étoffe et en structure.

Ce domaine – l'un des plus célèbres de Pomerol – fait la fierté et la joie de la famille Thienpont, qui en est propriétaire. Au XIXe siècle et au début du XXe, on considérait que Vieux Château Certan produisait le meilleur Pomerol, mais, après la Seconde Guerre mondiale, il a été surpassé par Petrus. Cependant, les deux crus pourraient difficilement être plus différents. Le premier doit son caractère et sa complexité à sa forte proportion de cabernet franc, alors que Petrus est presque uniquement issu de merlot. Le vignoble de Vieux Château Certan, avec son sol de graves et son sous-sol ferreux mêlé d'argile, se trouve au centre même du plateau de Pomerol ; il est entouré par toute l'aristocratie de l'appellation, c'est-à-dire Lafleur, Certan de May, La Conseillante, L'Évangile, Petit Village et Petrus. Le vin qui en est issu n'a jamais eu la puissance de Petrus ni celle d'aucun des vins essentiellement composés de merlot que produit ce plateau, mais il se distingue souvent par une élégance et un parfum qui évoquent un grand Médoc.

Une visite au chai de Vieux Château Certan suffit à convaincre que l'on sacrifie ici, sans remords, à la tradition. Depuis la fin de la Seconde Guerre mondiale et jusqu'en 1985, Vieux Château Certan a été vinifié par Léon Thienpont ; après le décès de ce dernier, c'est son fils Alexandre qui a pris en main les rênes de la propriété (il avait auparavant fait ses classes comme régisseur au Château La Gaffelière, à Saint-Émilion). En voyant ce jeune homme un peu timide prétendre diriger ce prestigieux domaine, les vétérans du lieu ont raillé son manque d'expérience ; cependant, il a très vite fait ses preuves, notamment en introduisant la technique de l'éclaircissage du vignoble et l'achèvement des malolactiques en fûts pour le merlot.

Étant donné sa belle réputation séculaire, il ne faut pas s'étonner que Vieux Château Certan atteigne des prix élevés.

2003 **88-90** Les Thienpont avouent sans détour que leur 2003 a été sauvé par un cabernet franc de grande qualité. Leur production de Le Pin (un autre cru, style vin de garage, qu'ils possèdent en Pomerol) a été entièrement déclassée cette année-là, tandis que celle de Vieux Château Certan, qui fut à peine la moitié de ce qu'elle est habituellement, ne dépasse pas les 1 000 caisses. L'assemblage du 2003 se compose à 60 % de cabernet franc et pour le reste de merlot. Ce vin d'un rubis profond nuancé de pourpre dégage de douces notes de sous-bois, de cerise noire, d'encens et d'épices. Rond et précis, plus corpulent que la plupart de ses jumeaux de l'appellation, il recèle un beau potentiel de complexité. **À boire dans les 12 à 15 ans suivant une garde de 3 à 4 ans.** (3/04)

2001 **93** Ce vin, qui doit son onctuosité à sa forte proportion (80 %) de vieux merlot, comprend également du cabernet franc à hauteur de 20 %. D'un rubis-pourpre profond, il libère des senteurs de liqueur de cerise, de camphre, de cuir et de cèdre, et se révèle moyennement corsé, étayé par des tannins mûrs et une faible acidité. Quelle réussite ! C'est une des propriétés en Bordelais dont le 2001 peut rivaliser avec le 2000. **À boire entre 2008 et 2025.** (1/03)

2000 **95** Ce vin d'un rubis-pourpre dense est serré, mais il révèle progressivement des notes de tapenade, de mûre, de réglisse, de vanille et de boîte à épices nuancées de chêne neuf. Moyennement corsé, superbe de pureté malgré sa profondeur, sa puissance et sa concentration, il est étayé par une faible acidité et des tannins très abondants. Encore peu évolué, il est très proche en qualité du sensationnel 1998 et du 2001. **À boire entre 2010 et 2030.** (1/03)

1999 **91** Composé à 85 % de merlot, à 10 % de cabernet franc et pour le reste de cabernet sauvignon, le 1999 de Vieux Château Certan a été produit à hauteur de 3 000 caisses. S'il m'avait semblé légèrement dilué en cours d'élevage, il n'accuse, maintenant qu'il est en bouteille, aucun défaut de ce type. D'un rubis-pourpre foncé, il dégage de stupéfiantes senteurs de cerise noire, de truffe, de cèdre et de vanille, qui annoncent un ensemble généreux et opulent, mais extraordinaire de finesse, d'opulence et d'élégance. Typiquement bordeaux, ce vin s'impose en bouche, gagnant en étoffe et en ampleur, et sa finale, persistante, recèle des tannins aussi doux qu'abondants. Impressionnant ! **À boire entre 2006 et 2018.** (3/02)

1998 **94+** Le 1998 de Vieux Château Certan est indiscutablement la plus belle réussite de la propriété depuis le 1990, et, bien qu'il se soit refermé depuis la mise en bouteilles, son potentiel immense ne fait aucun doute. Arborant un pourpre dense, ce vin tannique et corpulent dégage des arômes racés de fruits noirs entremêlés de notes de minéral, de boîte à épices, de cèdre et de tabac. S'il est fermé, il doit à sa finale persistante et tannique un caractère absolument fabuleux. Ce vin mérite d'être attendu. **À boire entre 2008 et 2030.** (1/03)

1997
85
Dégageant un nez peu intense, mais élégant et plaisant, de tabac, de cèdre, d'herbes, de cerise et de prune, le 1997 de Vieux Château Certan manque quelque peu de profondeur, mais il révèle un caractère moyennement corsé et herbacé, étayé par des tannins doux. **À boire maintenant.** (3/01)

1996
87
Prune foncé de robe, le 1996 de Vieux Château Certan s'annonce par un nez complexe d'herbes rôties, d'épices orientales, de terre et de douce cerise noire. C'est un vin élégant et très concentré, doux en milieu de bouche et modérément tannique en finale, qui s'exprime tout en finesse. **À boire jusqu'en 2016.** (1/02)

1995
88 ?
Il m'était difficile d'évaluer la qualité de ce vin, du fait des différences que présentaient les échantillons. Je l'ai dégusté en bouteille, en trois occasions en l'espace de deux semaines. Par deux fois, il s'est révélé extrêmement fermé et ferme, arborant une couleur prune-grenat très évoluée, et déployant des tannins très abondants, de doux arômes de cassis et de prune aux notes d'olive, ainsi qu'une finale moyennement corsée aux tannins astringents. Ces deux échantillons laissaient présager que le vin serait prêt d'ici 5 à 7 ans et qu'il se conserverait 20 ans environ. La troisième bouteille était curieusement évoluée, d'une couleur similaire aux deux premières, mais révélait des arômes plus épanouis, aux notes d'herbes de Provence, de cerise noire et de cassis, dans un ensemble moyennement corsé, confituré et riche. Je pense qu'il s'agit là d'un simple phénomène de variation de bouteille, mais, si les deux premiers échantillons étaient d'une qualité identique, le troisième, épanoui et très évolué, m'a laissé perplexe. **À boire entre 2007 et 2020.** (11/97)

1994
88
Le 1994 se montre sous un bon jour et ne présente aucun caractère excessivement tannique ou astringent. Rubis foncé, avec un doux nez de cerise confiturée, d'épices orientales et de fumé, il se révèle dense, riche et moyennement corsé en bouche, d'une excellente concentration et d'une pureté superbe. Ce vin très charnu affiche encore une belle acidité, si bien qu'il sera agréable à boire **jusqu'en 2010.** (1/97)

1990
93
Ce vin, qui continue de s'étoffer, me paraît meilleur à chaque dégustation. Il est encore jeune et approche tout juste l'adolescence, présentant la grande maturité ainsi que la faible acidité caractéristiques du millésime. D'un rubis-pourpre encore profond nuancé de pourpre, il exhale un nez doux et mentholé aux notes de cassis, également marqué de réglisse, de truffe et de sous-bois. La bouche, corsée, est assez musclée, en particulier pour le cru. Elle recèle des tannins doux et déploie une finale aussi longue qu'imposante. Ce vin superbe marie dans un parfait équilibre une élégance d'excellent aloi à une belle puissance aromatique. **À boire jusqu'en 2025.** (1/02)

1989
87
Ce vin s'est révélé meilleur lors de mes deux dernières dégustations que précédemment – signe que je l'avais sous-estimé de prime abord. Encore quelque peu austère, il s'annonce par une robe grenat foncé évoluée et ambrée sur

le bord, et dégage un doux nez de prune et de groseille nuancé de terre et d'herbes séchées. Moyennement corsé, doux à l'attaque, il affiche une légère astringence en fin de bouche. **À boire jusqu'en 2016.** (1/02)

1988 **91** Issu d'un millésime quelque peu sous-estimé, le 1988 de Vieux Château Certan est l'un des exemples de ce cru que je préfère. Doté d'un nez de doux fruits noirs nuancé de terre, de charbon, de réglisse et de compost qui jaillit littéralement du verre, il est moyennement corsé, profond et richement extrait, évoquant un Médoc par sa belle structure. Doux et plutôt évolué, il atteint tout juste son apogée. **À boire jusqu'en 2015.** (1/02)

1986 **91** La légère austérité de ce vin ainsi que sa fermeté évoquant un Médoc m'ont toujours dérouté lors de dégustations à l'aveugle. D'un rubis profond resplendissant, le 1986 de Vieux Château Certan s'annonce par un nez de cassis, de cerise, de boîte à épices, de cèdre et de minéral, qui évoque davantage un Médoc qu'un Pomerol. La bouche, qui recèle des tannins fermes, doit sa belle tonicité à une heureuse acidité et à sa très grande pureté. L'ensemble, toujours jeune et pas encore affirmé, promet de se bonifier. **À boire jusqu'en 2016.** (1/02)

1985 **88** Le bouquet légèrement herbacé et végétal du 1985 évoque aussi l'olive, le tabac, ainsi que la cerise noire et la fraise cuite confiturée. Moyennement corsé et souple, ce vin savoureux et séduisant est à son apogée. **À boire jusqu'en 2008.** (1/02)

1983 **86 ?** Le 1983, qui commence à se déliter, est très herbacé, au point d'être mentholé. D'un prune foncé nuancé de pruneau, de raisin et de vieux cuir, il déploie aussi des notes de champignon. Bien qu'il soit en chute libre, il conserve quelques qualités. **Devrait être bu.** (1/02)

1982 **90** Pour des raisons qui m'échappent, mes différentes dégustations du 1982 de Vieux Château Certan ont été marquées par des variations d'une bouteille à l'autre. Ce vin, qui a atteint son apogée, n'est pas l'un des exemples les plus profonds du cru ; cependant, il est charmeur et savoureux, et exprime tout en rondeur, outre un caractère moyennement corsé, des notes de feu de bois nuancées d'herbes rôties et de douce cerise séchée, ainsi que de très séduisantes senteurs de poivre tirant sur la tapenade qui évoquent davantage la Provence que le Bordelais. La bouche est moyennement corsée, opulente et extraordinaire de concentration, avec une faible acidité et des tannins doux. Il se pourrait que l'ensemble déroute tout le monde en se révélant capable d'une garde supplémentaire d'une vingtaine d'années. Cependant, il me semble que, pour pleinement en profiter, il faudrait le consommer dans les 10 ans. **À boire jusqu'en 2010.** (11/02)

MILLÉSIMES ANCIENS

Vieux Château Certan a enregistré une performance en dents de scie dans les années 70 ; en effet, dans cette décennie, seul le 1975 (noté 90 en décembre 1988) est digne d'intérêt. Il est à consommer jusqu'en 2012. Dans les années 60, le superbe 1964 (noté 90 en juin 2000) fait l'unanimité, mais il est à boire maintenant, alors que le 1961 est inintéressant.

Pour ce qui est des plus vieux millésimes, la propriété s'est surpassée entre 1945 et 1950. Le 1952 (noté 94 en octobre 1994) est en parfaite forme. Doux, avec des arômes de cèdre, ce géant qui sommeille déploie un nez énorme de bois de noyer, de fumé et de grillé qui rappelle un Graves de premier ordre. Très corsé, fabuleusement concentré et riche, il est encore très tannique et très jeune, et se conservera aisément 10 à 20 ans.

Le 1950 (noté 99 en décembre 2002) est issu d'un millésime extraordinaire en Pomerol. Remarquablement riche et encore jeune, il présente une robe d'un grenat-pourpre étonnant, et déploie des arômes sensationnels et mûrs de chocolat et de cassis mêlés à des senteurs d'herbes, de réglisse, d'épices orientales et de café. Très corsé, aussi visqueux qu'un Porto (rappelant en cela le 1947), ce gros calibre compte certainement au nombre des vins les plus puissants et les plus méconnus de ce siècle et vous pouvez l'apprécier encore maintenant.

Le Vieux Château Certan 1948 (noté 98 en juillet 2002) est un autre vin grandiose et profond de ce millésime oublié des années 40. Je l'avais déjà dégusté quatre fois l'année précédente, et il s'est toujours montré exceptionnel. Sa robe opaque, d'un grenat-pourpre foncé, prélude à un nez ample et exotique de caramel, de doux cassis, de sauce soja, de noix et de café. En bouche, il déploie des arômes épais et fabuleusement intenses, marqués par la mâche, ainsi que des tannins très abondants qui tapissent le palais. Étonnamment gras et très alcoolique, il est également extrêmement concentré, et, bien que déjà à pleine maturité, ne montre aucun signe de déclin, ce qui permet de lui prêter 15 à 20 ans de vie supplémentaire. Remarquable !

Le 1947 (noté 99 en janvier 2001) est un vin époustouflant que je déguste régulièrement depuis longtemps. Typique des Pomerol de l'année, il a cette texture visqueuse, semblable à celle d'un Porto, qui est la marque du millésime. Plus évolué que le 1948, il révèle au nez des senteurs de fumé, de viande, de truffe et de cassis, et déploie en bouche des arômes très gras, très alcooliques et richement extraits, marqués par la mâche. Sa robe est aussi plus ambrée que celle de son cadet d'un an, mais quel grand vin ! Comme tant d'autres Pomerol, il est d'une onctuosité et d'une épaisseur telles qu'on se demande si une cuiller n'y tiendrait pas debout toute seule. À boire dans les 10 à 12 ans.

Le 1945 (noté 98 en janvier 2001), que j'ai dégusté deux fois, est une réussite merveilleuse dans un millésime qui peut être terriblement tannique. Sa robe très sombre, de couleur prune, a juste pris une touche grenat sur le bord, et son nez énorme exhale des arômes de viande fumée, de framboise sauvage, de prune, de réglisse et de goudron. Dense, puissant et extrêmement tannique, avec de la mâche et une richesse en extrait absolument époustouflante, ce vin explosif est à pleine maturité ; pourtant, je ne vois vraiment pas ce qui pourrait l'empêcher de tenir encore deux décennies.

Vêtu d'un grenat foncé fortement nuancé d'ambre et de rouille sur le bord, le 1928 (noté 96 en octobre 1994) déploie un nez épicé, poivré, herbacé et doux de caramel et de fruits noirs. En bouche, il se montre très corsé et libère des arômes amples marqués par la mâche, ainsi que des tannins très abondants et une finale rustique et astringente. Ce vin est en parfaite forme et se maintiendra encore 10 à 20 ans.

VRAY CROIX DE GAY

Propriétaire : SCE Baronne Guichard
Adresse : 33500 Pomerol
Adresse postale : SCE Baronne Guichard
Château Siaurac – 33500 Néac
Tél. 05 57 51 64 58 – *Fax* 05 57 51 41 56
E-mail : info@chateausiaurac.com
Visites : sur rendez-vous uniquement (8 h-12 h et 14 h-18 h)
Contacts : Yannick Reyrel ou Paul Goldschmidt

VIGNOBLE ET VINIFICATION

Superficie : 3,7 ha
Encépagement : 90 % merlot, 10 % cabernet franc
Âge moyen des vignes : 35 ans – *Densité de plantation :* 6 900 pieds/ha
Rendement moyen : 45 hl/ha
Élevage : fermentations et cuvaison de 21 à 28 jours en cuves de béton thermorégulées ; vieillissement de 14 à 18 mois en fûts (30 % de bois neuf) ; collage et filtration

VIN PRODUIT

Château Vray Croix de Gay – 15 000 b (pas de second vin)
À maturité : dans les 5 à 15 ans suivant le millésime

2003 **89-91** Cette propriété, qui s'améliore régulièrement, jouit d'une belle situation sur le plateau de Pomerol. Son 2003, qui se caractérise par une faible acidité, se présente vêtu d'un rubis-pourpre profond, avec un fruité merveilleusement intense. Ce vin épanoui, charnu et savoureux est plus dense et plus corpulent que la plupart de ses jumeaux. Il sera délicieux dès sa diffusion, tout en promettant de tenir plusieurs années. **À boire jusqu'en 2013.** (3/04)

2002 **89** Très réussi dans le contexte de l'appellation, le 2002 de Vray Croix de Gay s'annonce par un rubis-pourpre foncé et par un doux nez confituré de prune, de figue et de groseille. Doté d'une belle texture, il atteste une grande pureté, tout en témoignant d'une puissance étonnante. **À boire entre 2006 et 2014.** (9/03)

2001 **90** Le 2001 constitue la plus belle réussite de la propriété depuis de nombreuses années. D'un rubis-pourpre profond, il exhale un doux nez de caramel, de mûre et de cerise. Une fois passé ce bouquet nuancé en arrière-plan de chêne neuf et de réglisse, on décèle en bouche un ensemble corsé, doux et ample, très généreusement doté. **À boire dans les 10 à 11 ans suivant le millésime.** (1/03)

2000 **89** D'un prune-pourpre profond, le 2000 est doté de flamboyants parfums de fruits noirs nuancés de goudron, de vanille, de prune et de cerise. Ce vin n'a pas la concentration de son cadet d'un an, mais on l'appréciera pour sa douceur, son opulence et son ampleur. Il marque une nette amélioration par rapport aux millésimes précédents. **À boire jusqu'en 2014.** (1/03)

AUTRES PROPRIÉTÉS NOTABLES DE POMEROL

BEAU SOLEIL

Propriétaire : Anne-Marie Audy
Adresse : 33500 Pomerol
Adresse postale : Château Jonqueyres – 33750 Saint-Germain-du-Puch
Tél. 05 56 68 55 88 – *Fax* 05 56 30 17 23
Visites : non autorisées
Contact : Anne-Marie Audy

VIGNOBLE ET VINIFICATION

Superficie : 3 ha
Encépagement : 95 % merlot, 5 % cabernet sauvignon
Âge moyen des vignes : 35 ans – *Densité de plantation :* 6 600 pieds/ha
Rendement moyen : 48 hl/ha
Élevage : fermentations et cuvaison de 14 à 21 jours en cuves d'acier inoxydable thermorégulées de petite contenance ; vieillissement de 24 mois en fûts (100 % de bois neuf) ; ni collage ni filtration

VIN PRODUIT

Château Beau Soleil – 22 000 b (pas de second vin)
À maturité : dans les 5 à 15 ans suivant le millésime

APPRÉCIATION GÉNÉRALE

Beau Soleil est un Pomerol de bonne facture. Généralement riche et fruité, il est moins connu que son compagnon d'écurie La Croix du Casse, mais il est en fait tout aussi bon et disponible à un prix inférieur.

2001 **89** La robe d'un rubis-pourpre foncé du 2001 prélude à un bouquet serré et poussiéreux de fruits noirs et de terreau, lui-même précédant en bouche un ensemble dur et tannique, fermé et quelque peu dénué de structure. Il faudrait que ce vin s'affirme et qu'il développe davantage de douceur et de chair. **À boire jusqu'en 2014.** (1/03)

2000 **88 ?** Opaque et pourpre de robe, le Beau Soleil 2000 libère des notes de mûre, de moka et de réglisse. Ce vin moyennement corsé, puissant et ample de carrure, révèle une belle douceur malgré ses tannins astringents qui pourraient hâter son dessèchement. **À boire entre 2008 et 2016.** (1/03)

1999 **87** Le 1999 de Beau Soleil présente un fruité merveilleusement doux, joliment rehaussé de chêne grillé, de réglisse et de senteurs mûres de cerise noire. Ce vin souple et rond, accessible du fait de ses tannins doux et de sa faible acidité, est plein de charme. **À boire dans les 5 à 6 ans.** (3/02)

1998 **87** Rubis foncé de robe, avec un nez de moka, de caramel, de prune confiturée, de cerise et de fumé, le 1998 de Beau Soleil est moyennement corsé, souple et précoce. C'est un vin épanoui, sensuel et crémeux. **À boire dans les 8 ans.** (3/02)

LA CABANNE

Propriétaire : vignobles Jean-Pierre Estager
Adresse : route de La Cabanne – 33500 Pomerol
Adresse postale : SCEA des Vignobles J.-P. Estager
35, rue de Montaudon – 33500 Libourne
Tél. 05 57 51 04 09 – *Fax* 05 57 25 13 38
E-mail : estager@estager.com
Site Internet : www.estager.com
Visites : sur rendez-vous uniquement
Contact : François Estager

VIGNOBLE ET VINIFICATION

Superficie : 10 ha
Encépagement : 94 % merlot, 6 % cabernet franc
Âge moyen des vignes : 25 ans – *Densité de plantation :* 5 000 pieds/ha
Rendement moyen : 48 hl/ha
Élevage : macération préfermentaire à froid, fermentations et cuvaison de 21 à 28 jours en cuves d'acier inoxydable thermorégulées ; vieillissement de 14 à 18 mois en fûts (60 % de bois neuf) ; collage ; filtration selon le millésime

VINS PRODUITS

Château La Cabanne – 54 000 b ; Domaine de Compostelle – variable
À maturité : dans les 5 à 12 ans suivant le millésime

APPRÉCIATION GÉNÉRALE

En théorie, les vins de La Cabanne semblent bien faits ; en pratique, ils déçoivent par leur maigreur, ainsi que par leur boisé et leurs tannins en excès. En outre, il n'ont pas le fruité généreux qui caractérise les meilleurs Pomerol ou les vins de merlot en général. Malgré ces traits, le cru a ses partisans.

La Cabanne est dirigé par la famille Estager, qui, entre autres, possède une propriété en Montagne-Saint-Émilion (Château La Papeterie) et en exploite une autre (Château Haut-Maillet) en fermage à Pomerol. La Cabanne – dont la production, assez importante, est diffusée dans le monde entier – se présente comme un Pomerol structuré et charnu, aux arômes rustiques de poussière, de cèdre et de prune. En bouche, il est généreux, mais plutôt dur et rugueux ; il manque en effet de finesse, et présente souvent des tannins trop abondants pour son fruité, sans ampleur. Néanmoins, s'il n'est pas époustouflant, c'est un vin fiable et bien fait, capable d'affronter l'épreuve du temps.

Le vignoble est très morcelé, mais le château lui-même se situe au cœur de Pomerol, non loin du célèbre Château Trotanoy.

Aucun des millésimes de La Cabanne que j'ai dégustés n'a franchi la barre des 85-86, ce qui explique qu'ils ne soient pas commentés dans le cadre de cet ouvrage. Ceux qui trouveraient que je suis trop sévère goûteront les 1989, 1990, 1998 et 2000 de la propriété.

LE CAILLOU

Propriétaire : GFA Giraud-Bélivier
Adresse : 33500 Pomerol
Adresse postale : SARL André Giraud – 33500 Pomerol
Tél. 05 57 51 06 10 – *Fax* 05 57 51 74 95
E-mail : giraud.belivier@wanadoo.fr
Site Internet : www.vins-giraud-belivier.com
Visites : sur rendez-vous uniquement,
du lundi au vendredi matin, le week-end sur rendez-vous
Contact : André Giraud

VIGNOBLE ET VINIFICATION

Superficie : 7 ha
Encépagement : 75 % merlot, 25 % cabernet franc
Âge moyen des vignes : 25 ans – *Densité de plantation :* 5 500 pieds/ha
Rendement moyen : 48 hl/ha
Élevage : fermentations et cuvaison de 21 à 28 jours en cuves de béton ; vieillissement, par rotation tous les trois mois (au soutirage), en cuves de béton pour un tiers de la récolte et en fûts de chêne pour le reste ; collage ; pas de filtration

VINS PRODUITS

Château Le Caillou – 39 000 b ; La Fleur Lacombe – variable
À maturité : dans les 5 à 15 ans suivant le millésime

CANTELAUZE

Propriétaire : Jean-Noël Boidron
Adresse : 6, place Joffre – 33500 Libourne
Tél. 05 57 51 64 88 – *Fax* 05 57 51 56 30
E-mail : vignoblesjnboidron@wanadoo.fr
Visites : sur rendez-vous uniquement
Contact : Emmanuel Boidron

VIGNOBLE ET VINIFICATION

Superficie : 0,9 ha
Encépagement : 90 % merlot, 10 % cabernet franc
Âge moyen des vignes : 20 ans
Densité de plantation : 5 865 pieds/ha
Rendement moyen : 38 hl/ha
Élevage : fermentations et cuvaison de 21 à 28 jours en cuves d'acier inoxydable thermorégulées, sans adjonction de levures ; vieillissement de 18 mois en fûts (100 % de bois neuf) ; collage ; pas de filtration

VIN PRODUIT

Château Cantelauze – 4 000 b (pas de second vin)
À maturité : dans les 4 à 12 ans suivant le millésime

CLOS DU PÈLERIN

Propriétaire : Norbert Egreteau
Adresse : 3, chemin de Sales – 33500 Pomerol
Tél. 05 57 74 03 66 – *Fax* 05 57 25 06 17
Visites : sur rendez-vous de préférence
Contacts : Norbert et Josette Egreteau

VIGNOBLE ET VINIFICATION

Superficie : 3,5 ha
Encépagement : 80 % merlot, 10 % cabernet franc, 10 % cabernet sauvignon
Âge moyen des vignes : 25 ans
Densité de plantation : 6 000 pieds/ha
Rendement moyen : 50 hl/ha
Élevage : vieillissement de 12 mois en cuves suivi de 12 mois d'élevage en fûts (renouvelés par tiers à chaque millésime) ; collage ; pas de filtration

VIN PRODUIT

Clos du Pèlerin – 12 000 b (pas de second vin)
À maturité : dans les 5 à 12 ans suivant le millésime

CLOS DE LA VIEILLE ÉGLISE

Propriétaire : Jean-Louis Trocard
Adresse : 33500 Pomerol
Adresse postale : BP 3 – 33570 Les Artigues-de-Lussac
Tél. 05 57 55 57 90 – *Fax* 05 57 55 57 98
E-mail : trocard@wanadoo.fr
Site Internet : www.trocard.com
Visites : du lundi au vendredi (8 h-12 h et 14 h-17 h) ; sur rendez-vous le week-end
Contact : Benoît Trocard

VIGNOBLE ET VINIFICATION

Superficie : 1,5 ha
Encépagement : 90 % merlot, 10 % cabernet sauvignon
Âge moyen des vignes : 40 ans – *Densité de plantation :* 6 500 pieds/ha
Rendement moyen : 45 hl/ha
Élevage : fermentations et cuvaison de 21 jours ; vieillissement de 18 mois en fûts (100 % de bois neuf) ; collage et filtration

VIN PRODUIT

Clos de la Vieille Église – 9 000 b (pas de second vin)
À maturité : dans les 5 à 12 ans suivant le millésime

LA COMMANDERIE

Propriétaire : Marie-Hélène Dé
Adresse : 4, chemin de la Commanderie – 33500 Pomerol
Tél. 05 57 51 79 03 – *Fax* 05 57 25 31 91
Visites : sur rendez-vous uniquement
Contact : Marie-Hélène Dé

VIGNOBLE ET VINIFICATION

Superficie : 5,75 ha
Encépagement : 80 % merlot, 20 % cabernet franc
Âge moyen des vignes : 50 ans
Densité de plantation : 6 000 pieds/ha
Rendement moyen : 40-45 hl/ha
Élevage : fermentations et cuvaison de 14 à 21 jours en cuves d'acier inoxydable ; vieillissement de 18 mois en cuves et en fûts (33-50 % de bois neuf) ; collage léger et filtration

VINS PRODUITS

Château La Commanderie – 20 000 b ; Château Haut-Manoir – 10 000 b
À maturité : dans les 5 à 12 ans suivant le millésime

LA COMMANDERIE DE MAZEYRES

Propriétaire : Clément Fayat
Adresse : 15, impasse du Vélodrome – 33500 Libourne
Tél. 05 57 25 71 15 ou 05 56 35 23 79 – *Fax* 05 57 25 71 22
E-mail : commanderie-de-mazeyres@wanadoo.fr
Site Internet : www.vignobles.fayat.com
Visites : sur rendez-vous uniquement
Contact : M. Boisset

VIGNOBLE ET VINIFICATION

Superficie : 10 ha
Encépagement : 55 % merlot, 45 % cabernet franc
Âge moyen des vignes : 40 ans – *Densité de plantation :* 6 000 pieds/ha
Rendement moyen : 40 hl/ha
Élevage : fermentations et cuvaison de 30 jours en cuves de bois thermorégulées d'une contenance de 70 hl, à températures assez élevées, avec trois ou quatre remontages ou pigeages quotidiens, selon les cuves ; achèvement des malolactiques et vieillissement de 18 à 22 mois en fûts ; ni collage ni filtration

VINS PRODUITS

Château La Commanderie de Mazeyres – 12 000 b ;
Château La Closerie de Mazeyres – 25 000-30 000 b
À maturité : dans les 5 à 10 ans suivant le millésime

LA CROIX

Propriétaire : famille Joseph Janoueix
Adresse : Catusseau – 33500 Pomerol
Adresse postale : 37, avenue Pline-Parmentier
BP 192 – 33500 Libourne Cedex
Tél. 05 57 51 41 86 – *Fax* 05 57 51 53 16
E-mail : info@j.janoueix-bordeaux.com
Site Internet : www.j-janoueix-bordeaux.com
Visites : sur rendez-vous
Contact : Marie-Jo Chabut

VIGNOBLE ET VINIFICATION

Superficie : 10 ha
Encépagement : 60 % merlot, 20 % cabernet sauvignon, 20 % cabernet franc
Âge moyen des vignes : 45 ans – *Densité de plantation :* 6 000 et 10 000 pieds/ha
Rendement moyen : 45 hl/ha
Élevage : fermentations et cuvaison de 25 à 27 jours en cuves thermorégulées ; achèvement des malolactiques et vieillissement de 12 à 14 mois en fûts (80 % de bois neuf) ; collage ; pas de filtration

VINS PRODUITS

Château La Croix – 42 000 b ; Château Le Gabachot – 18 000 b
À maturité : dans les 10 à 14 ans suivant le millésime

APPRÉCIATION GÉNÉRALE

Ces vins réguliers à bon niveau sont quelque peu rustiques, mais rarement décevants. Ils n'en demeurent pas moins anodins.

La Croix se situe aux alentours de Libourne, en bordure de la D24, sur des sols de graves et de sable. Si les vins issus de cette zone ne figurent pas parmi les dix à douze meilleurs Pomerol, ceux de La Croix, qui bénéficient d'une bonne réputation, sont amples, bien colorés, tanniques et corsés ; s'il fallait leur trouver un défaut, ce serait un certain manque de distinction et de finesse. Les millésimes les plus réussis se révèlent étoffés, plaisants, simples et rustiques, capables d'une garde de 10 à 14 ans. Certaines bouteilles ont un goût de moisi, ce qui peut laisser penser que les conditions sanitaires de la vinification ne sont pas parfaites – heureusement, ce défaut est rare ! Ce château n'a jamais bénéficié de beaucoup de publicité, et, puisqu'il produit des vins réellement typiques de Pomerol, on peut considérer qu'il est sous-estimé.

En vingt-cinq ans de dégustation des vins de La Croix, je ne leur ai jamais rien trouvé de très intéressant. Ceux que j'ai goûtés méritent des notes aux alentours de 84-85 et, hormis les quelques millésimes que j'ai mieux notés (le 1990, par exemple), il faut dire que ce cru a été sous-performant.

LA CROIX TAILLEFER

Propriétaires : Marie-Claude et Claude Rivière
Adresse : Catusseau – 33500 Pomerol
Adresse postale : BP 4 – 33500 Pomerol
Tél. et *fax* 05 57 25 08 65
Visites : sur rendez-vous uniquement
Contact : Romain Rivière

VIGNOBLE ET VINIFICATION

Superficie : 4,42 ha
Encépagement : 100 % merlot
Âge moyen des vignes : 35 ans – *Densité de plantation :* 6 000 pieds/ha
Rendement moyen : 48 hl/ha
Élevage : macération préfermentaire à froid, fermentations et cuvaison de 21 à 28 jours en cuves d'acier inoxydable thermorégulées ; achèvement des malolactiques en fûts pour une petite partie de la récolte ; vieillissement de 18 mois en fûts (100 % de bois neuf) ; collage et filtration

VINS PRODUITS

Château La Croix Taillefer – 22 000 b ; Château La Loubière – 5 000 b
À maturité : dans les 3 à 10 ans suivant le millésime

LA CROIX TOULIFAUT

Propriétaire : Sté J. Janoueix
Adresse : Toulifaut – 33500 Pomerol
Adresse postale : Maison Joseph Janoueix
37, rue Pline-Parmentier – BP 192 – 33500 Libourne
Tél. 05 57 51 41 86 – *Fax* 05 57 51 53 16
E-mail : info@j.janoueix-bordeaux.com
Site Internet : www.j-janoueix-bordeaux.com
Visites : sur rendez-vous uniquement
Contacts : Jean-François Janoueix ou Marie-Jo Chabut

VIGNOBLE ET VINIFICATION

Superficie : 1,62 ha
Encépagement : 85 % merlot, 15 % cabernet franc
Âge moyen des vignes : 45 ans – *Densité de plantation :* 6 000 et 10 000 pieds/ha
Rendement moyen : 45 hl/ha
Élevage : fermentations et cuvaison de 25 à 27 jours en cuves thermorégulées ; achèvement des malolactiques et vieillissement de 12 à 14 mois en fûts (100 % de bois neuf) ; collage ; pas de filtration

VIN PRODUIT

Château La Croix Toulifaut – 7 200 b (pas de second vin)
À maturité : dans les 5 à 12 ans suivant le millésime

FERRAND

Propriétaire : Henry Gasparoux
Adresse : lieu-dit Ferrand
15, chemin de la Commanderie – 33500 Libourne
Tél. 05 57 51 21 67 – *Fax* 05 57 25 01 41
Visites : sur rendez-vous uniquement
Contact : Henry Gasparoux

VIGNOBLE ET VINIFICATION

Superficie : 12 ha
Encépagement : 50 % merlot, 50 % cabernet franc
Âge moyen des vignes : 34 ans – *Densité de plantation :* 5 500 pieds/ha
Rendement moyen : 50 hl/ha
Élevage : fermentations et cuvaison en cuves d'acier inoxydable thermorégulées ; vieillissement de 12 à 18 mois en fûts (renouvelés par tiers à chaque millésime) ; collage et filtration

VIN PRODUIT

Château Ferrand – 80 000 b (pas de second vin)
À maturité : dans les 5 à 12 ans suivant le millésime

FEYTIT-GUILLOT

Propriétaires : familles Lureau et Rivière
Adresse : 30, route de Catusseau – 33500 Pomerol
Tél. 05 57 51 46 58 – *Fax* 05 56 63 19 37
E-mail : serge.fr.riviere@wanadoo.fr
Visites : sur rendez-vous uniquement
Contact : Françoise Rivière

VIGNOBLE ET VINIFICATION

Superficie : 1,31 ha
Encépagement : 80 % merlot, 15 % cabernet franc, 5 % malbec
Âge moyen des vignes : 30 ans – *Densité de plantation :* 6 000 pieds/ha
Rendement moyen : 50 hl/ha
Élevage : fermentations et cuvaison de 7 mois en cuves de béton ; vieillissement de 12 à 13 mois en fûts (renouvelés par quart à chaque millésime) ; collage ; filtration légère

VIN PRODUIT

Château Feytit-Guillot – 2 000 b
(le reste de la production est vendu à la maison Jean-Pierre Moueix)
À maturité : dans les 3 à 10 ans suivant le millésime

LA FLEUR DE PLINCE

Propriétaire : Pierre Choukroun
Adresse : Chemin de Plince – 33500 Pomerol
Adresse postale : BP 102 – 33330 Saint-Émilion
Tél. 05 57 74 15 26 – *Fax* 05 57 74 15 27
E-mail : contact@pomerol.com
Site Internet : www.pomerol.com
Visites : tous les jours, sur rendez-vous uniquement
Contact : Pierre Choukroun

VIGNOBLE ET VINIFICATION

Superficie : 0,28 ha
Encépagement : 90 % merlot, 10 % cabernet franc
Âge moyen des vignes : 45 ans – *Densité de plantation :* 6 600 pieds/ha
Rendement moyen : 45 hl/ha
Élevage : fermentations et cuvaison de 21 jours en cuves d'acier inoxydable ; achèvement des malolactiques et vieillissement de 14 à 16 mois en fûts (80 % de bois neuf) ; collage et filtration

VIN PRODUIT

Château La Fleur de Plince – 1 600 b (pas de second vin)
À maturité : dans les 5 à 12 ans suivant le millésime

LA GANNE

Propriétaire : Michel Dubois
Adresse : 224, avenue Foch – 33500 Libourne
Tél. 05 57 51 18 24 – *Fax* 05 57 51 62 20
E-mail : laganne@aol.com
Visites : tous les jours, sur rendez-vous uniquement
Contact : Paule Dubois

VIGNOBLE ET VINIFICATION

Superficie : 3,5 ha
Encépagement : 80 % merlot, 20 % cabernet franc
Âge moyen des vignes : 30 ans – *Densité de plantation :* 6 000 pieds/ha
Rendement moyen : 38 hl/ha
Élevage : fermentations et cuvaison de 35 jours en cuves thermorégulées ; vieillissement de 12 mois en fûts (33 % de bois neuf) ; collage ; pas de filtration

VINS PRODUITS

Château La Ganne – 15 000 b ; Vieux Château Brun – 3 000-4 000 b
À maturité : dans les 3 à 10 ans suivant le millésime

GRAND MOULINET

Propriétaire : Jean-Pierre Fourreau
Adresse : 33500 Néac
Tél. 05 57 51 28 68 – *Fax* 05 57 51 91 79
Visites : au château Haut-Surget – 33500 Néac
Contact : Jean-Pierre Fourreau

VIGNOBLE ET VINIFICATION

Superficie : 3 ha
Encépagement : 90 % merlot, 5 % cabernet franc, 5 % cabernet sauvignon
Âge moyen des vignes : 25 ans – *Densité de plantation :* 5 500 pieds/ha
Rendement moyen : 51 hl/ha
Élevage : fermentations et cuvaison de 35 jours en cuves thermorégulées ; vieillissement de 12 mois en fûts (100 % de bois neuf) ; collage et filtration si nécessaire

VIN PRODUIT

Château Grand Moulinet – 20 000 b (pas de second vin)
À maturité : dans les 3 à 10 ans suivant le millésime

GUILLOT

Propriétaire : GFA Luquot Frères
Adresse : 22, rue des Grands-Champs – 33500 Pomerol
Adresse postale : 152, avenue de l'Épinette – 33500 Libourne
Tél. 05 57 51 18 95 – *Fax* 05 57 25 10 59
E-mail : sceavignoblesluquot@terre-net.fr
Visites : sur rendez-vous uniquement, les jours ouvrables
Contact : Jean-Paul Luquot

VIGNOBLE ET VINIFICATION

Superficie : 4,70 ha
Encépagement : 70 % merlot ; 30 % cabernet franc
Âge moyen des vignes : 30 ans – *Densité de plantation :* 5 900 pieds/ha
Rendement moyen : 48 hl/ha
Élevage : fermentations et cuvaison de 28 jours en cuves de béton thermorégulées ; vieillissement de 15 mois en fûts (40 % de bois neuf) ; collage ; pas de filtration

VIN PRODUIT

Château Guillot – 27 000 b (pas de second vin)
À maturité : dans les 3 à 10 ans suivant le millésime

HAUT FERRAND

Propriétaire : Henry Gasparoux
Adresse : Ferrand – 15, chemin de la Commanderie – 33500 Libourne
Tél. 05 57 51 21 67 – *Fax* 05 57 25 01 41
Visites : sur rendez-vous uniquement
Contact : Henry Gasparoux

VIGNOBLE ET VINIFICATION

Superficie : 4,5 ha
Encépagement : 70 % merlot, 30 % cabernet franc
Âge moyen des vignes : 29 ans – *Densité de plantation :* 5 500 pieds/ha
Rendement moyen : 46 hl/ha
Élevage : fermentations et cuvaison en cuves d'acier inoxydable thermorégulées ; vieillissement de 15 à 18 mois en fûts (renouvelés par tiers à chaque millésime) ; collage et filtration

VIN PRODUIT

Château Haut Ferrand – 20 000 b (pas de second vin)
À maturité : dans les 3 à 10 ans suivant le millésime

HAUT-MAILLET

Propriétaire : vignobles Jean-Pierre Estager
Adresse : 33500 Pomerol
Adresse postale : SCEA des Vignobles J.-P. Estager 35, rue de Montaudon – 33500 Libourne
Tél. 05 57 51 04 09 – *Fax* 05 57 25 13 38
E-mail : estager@estager.com
Site Internet : www.estager.com
Visites : sur rendez-vous uniquement
Contact : François Estager

VIGNOBLE ET VINIFICATION

Superficie : 5 ha
Encépagement : 80 % merlot, 20 % cabernet franc
Âge moyen des vignes : 23 ans – *Densité de plantation :* 5 000 pieds/ha
Rendement moyen : 49 hl/ha
Élevage : macération préfermentaire à froid ; fermentations et cuvaison de 21 à 28 jours en cuves d'acier inoxydable thermorégulées ; après achèvement des malolactiques, vieillissement de 15 à 18 mois en fûts (40 % de bois neuf) ; collage ; filtration si nécessaire

VIN PRODUIT

Château Haut-Maillet – 29 000 b (pas de second vin)
À maturité : dans les 4 à 10 ans suivant le millésime

LAFLEUR DU ROY

Propriétaire : Yvon Dubost
Adresse : 13, chemin de Jean-Lande – 33500 Pomerol
Tél. 05 57 51 74 57 – *Fax* 05 57 25 99 95
E-mail : sarl.dubost.l@wanadoo.fr
Visites : sur rendez-vous uniquement,
du lundi au vendredi (9 h-12 h et 14 h-17 h 30)
Contact : Laurent Dubost

VIGNOBLE ET VINIFICATION

Superficie : 3,2 ha
Encépagement : 85 % merlot, 10 % cabernet franc,
5 % cabernet sauvignon
Âge moyen des vignes : 40 ans – *Densité de plantation :* 5 500 pieds/ha
Rendement moyen : 48 hl/ha
Élevage : fermentations et cuvaison de 20 à 25 jours en cuves d'acier inoxydable thermorégulées, à des températures maximales de 30 °C, avec trois remontages quotidiens ; vieillissement de 15 mois en fûts (25-30 % de bois neuf) ; collage au blanc d'œuf ; pas de filtration

VIN PRODUIT

Château Lafleur du Roy – 21 000 b (pas de second vin)
À maturité : dans les 4 à 10 ans suivant le millésime

MAZEYRES

Propriétaire : SC Château Mazeyres
Adresse : 56, avenue Georges-Pompidou – 33500 Libourne
Tél. 05 57 51 00 48 – *Fax* 05 57 25 22 56
E-mail : mazeyres@wanadoo.fr
Site Internet : www.mazeyres.com
Visites : sur rendez-vous uniquement,
du lundi au vendredi (9 h-12 h et 14 h-17 h)
Contact : Alain Moueix

VIGNOBLE ET VINIFICATION

Superficie : 22 ha
Encépagement : 80 % merlot, 20 % cabernet franc
Âge moyen des vignes : 35 ans et plus – *Densité de plantation :* 6 270 pieds/ha
Rendement moyen : 49 hl/ha
Élevage : macération préfermentaire à froid ; trois fermentations et cuvaison de 21 à 28 jours en cuves d'acier inoxydable thermorégulées d'une contenance de 50 à 125 hl ; achèvement des malolactiques et vieillissement en fûts (45 % de bois neuf) ; collage léger au blanc d'œuf ; pas de filtration

VINS PRODUITS

Château Mazeyres – 70 000 b ; Le Seuil de Mazeyres – 44 000 b
À maturité : dans les 3 à 8 ans suivant le millésime

MONTVIEL

Propriétaire : Catherine Péré-Vergé
Adresse : Le Grand Moulinet – 33500 Pomerol
Adresse postale : La ferme du Rougefort –
Rue du Bardeau 2 – 7543 Mourcourt – Belgique
Tél. et *fax* (32) 69 77 73 73
E-mail : pvp.montviel@skynet.be
Site Internet : www.montviel.com
Visites : sur rendez-vous uniquement
Contact : Catherine Péré-Vergé

VIGNOBLE ET VINIFICATION

Superficie : 7,84 ha
Encépagement : 75 % merlot, 25 % cabernet franc
Âge moyen des vignes : 30 ans – *Densité de plantation :* 6 000 pieds/ha
Rendement moyen : 45 hl/ha
Élevage : fermentations et cuvaison de 28 jours ; vieillissement en fûts (50 % de bois neuf) ; collage et filtration selon le millésime

VINS PRODUITS

Château Montviel – 25 000 b ; Château La Rose Montviel – 20 000 b
À maturité : dans les 5 à 12 ans suivant le millésime

2003
87-90 Le 2003 de Montviel, qui pourrait s'imposer au nombre des révélations du millésime, est moyennement corsé, mûr, très étoffé et étonnamment dense, avec de merveilleux arômes de doux caramel mou, de cerise noire et de groseille, ainsi qu'une finale persistante. Il sera séduisant **dans les 10 à 12 ans suivant le millésime**. Bravo ! (3/04)

MOULINET

Propriétaires : Marie-José Moueix et Nathalie Moueix-Guillot
Adresse : 33500 Pomerol
Tél. 05 57 51 23 68 – *Fax* 05 57 51 27 78
E-mail : chateaumoulinet@wanadoo.fr
Visites : non autorisées
Contact : Nathalie Moueix-Guillot

VIGNOBLE ET VINIFICATION

Superficie : 18 ha
Encépagement : 60 % merlot, 30 % cabernet sauvignon, 10 % cabernet franc
Âge moyen des vignes : 25 ans – *Densité de plantation :* 5 400 pieds/ha
Rendement moyen : 48 hl/ha
Élevage : fermentations et cuvaison de 21 jours en cuves de béton et d'acier inoxydable thermorégulées ; vieillissement de 12 à 15 mois en fûts (renouvelés par tiers à chaque millésime) ; ni collage ni filtration

VINS PRODUITS

Château Moulinet – 60 000 b ; Clos Sainte-Anne – 55 000 b
À maturité : dans les 3 à 15 ans suivant le millésime

APPRÉCIATION GÉNÉRALE

Les vins de cette propriété sous-performante sont généralement anodins et dénués d'intérêt. Les choses devraient s'améliorer, le cru étant désormais géré par la maison Jean-Pierre Moueix, de Libourne. Les millésimes récents sont nettement meilleurs que ce que produisait la propriété précédemment ; cependant, le cru peut encore se bonifier.

Cette propriété, l'une des plus étendues de Pomerol, se situe dans la partie nord-ouest de l'appellation, non loin du vaste vignoble du Château de Sales. Le sol donne ici des vins plutôt légers – et, de fait, Moulinet est l'un des plus légers de la région. Généralement faiblement coloré, avec des parfums assez atténués, le cru est vinifié dans un style plutôt commercial. À compter du millésime 2000, la propriété, qui ne s'est donc pas particulièrement distinguée jusqu'ici, a été prise en charge par Christian Moueix.

MOULINET-LASSERRE

Propriétaire : famille Garde-Lasserre
Administrateur : Jean-Marie Garde
Adresse : 33500 Pomerol
Tél. 05 57 51 10 41 – *Fax* 05 57 51 16 28
Visites : sur rendez-vous uniquement
Contact : Jean-Marie Garde

VIGNOBLE ET VINIFICATION

Superficie : 5 ha
Encépagement : 70 % merlot, 20 % cabernet franc, 10 % malbec
Âge moyen des vignes : 35 ans – *Densité de plantation :* 5 500 pieds/ha
Rendement moyen : 45 hl/ha
Élevage : fermentations et cuvaison en cuves de béton thermorégulées ; vieillissement de 16 mois en fûts (renouvelés par quart à chaque millésime) ; collage ; pas de filtration

VIN PRODUIT

Château Moulinet-Lasserre – 25 000 b (pas de second vin)
À maturité : dans les 5 à 10 ans suivant le millésime

LA PATACHE

Propriétaire : SARL de La Diligence
Adresse : La Patache – 33500 Pomerol
Adresse postale : BP 78 – 33330 Saint-Émilion
Tél. 05 57 55 38 03 – *Fax* 05 57 55 38 01
Visites : sur rendez-vous uniquement
Contact : Philippe Lauret

VIGNOBLE ET VINIFICATION

Superficie : 3,13 ha
Encépagement : 70 % merlot, 30 % cabernet franc
Âge moyen des vignes : 20 ans – *Densité de plantation :* 6 000 pieds/ha
Rendement moyen : 48 hl/ha
Élevage : fermentations et cuvaison de 35 jours en cuves d'acier inoxydable thermorégulées ; vieillissement de 10 mois (50 % de bois neuf et 50 % de fûts de 1 an d'âge) ; collage ; pas de filtration

VIN PRODUIT

Château La Patache – 20 000 b (pas de second vin)
À maturité : dans les 3 à 10 ans suivant le millésime

PLINCE

Propriétaire : SCEV Moreau
Gérant : Michel Moreau
Adresse : 33500 Libourne
Tél. 05 57 51 68 77 – *Fax* 05 57 51 43 39
E-mail : plince@tiscali.fr
Site Internet : www.chateauplince.com
Visites : sur rendez-vous de préférence, du lundi au vendredi
Contact : Michel Moreau

VIGNOBLE ET VINIFICATION

Superficie : 8,66 ha
Encépagement : 72 % merlot, 23 % cabernet franc, 5 % cabernet sauvignon
Âge moyen des vignes : 23 ans – *Densité de plantation :* 6 000 pieds/ha
Rendement moyen : 50 hl/ha
Élevage : fermentations et cuvaison de 21 à 28 jours en cuves de béton thermorégulées ; achèvement des malolactiques et vieillissement de 15 mois en fûts (renouvelés par tiers à chaque millésime) ; collage ; pas de filtration

VINS PRODUITS

Château Plince – 40 000 b ; Pavillon Plince – 8 000 b
À maturité : dans les 5 à 10 ans suivant le millésime

APPRÉCIATION GÉNÉRALE

Plince est un vin plaisant, riche et structuré, qui manque cependant de finesse et d'élégance, ainsi que de la concentration et de la générosité typiques des meilleurs Pomerol. Dans les grands millésimes, il est bon sans être grandiose, même lorsque le potentiel de son terroir est parfaitement exploité. Plince n'est pas l'un des crus les plus chers de son appellation ; je ne pense pas néanmoins que sa qualité lui permettre de prétendre à des prix plus élevés.

Plince est un Pomerol solide, assez riche, costaud, épicé et profond, rarement complexe, mais généralement très agréable. Les Moreau exploitent cette propriété, dont la production est commercialisée par la maison Jean-Pierre Moueix, de Libourne.

À mon avis, Plince est un vin régulier, net et bien vinifié. Bien qu'il n'ait pas le potentiel pour être vraiment grandiose, il tire le meilleur parti de ses possibilités. Habituellement trapu et vigoureux, il peut vieillir 5 à 10 ans.

PLINCETTE

Propriétaire : Vignobles Jean-Pierre Estager
Adresse : 33500 Pomerol
Adresse postale : SCEA des Vignobles J.-P. Estager
35, rue de Montaudon – 33500 Libourne
Tél. 05 57 51 04 09 – *Fax* 05 57 25 13 38
E-mail : estager@estager.com
Site Internet : www.estager.com
Visites : sur rendez-vous uniquement
Contact : François Estager

VIGNOBLE ET VINIFICATION

Superficie : 1,5 ha
Encépagement : 83 % merlot, 17 % cabernet franc
Âge moyen des vignes : 32 ans – *Densité de plantation :* 5 000 pieds/ha
Rendement moyen : 50 hl/ha
Élevage : macération préfermentaire à froid ; fermentations et cuvaison de 21 à 28 jours en cuves thermorégulées ; après achèvement des malolactiques en cuves, vieillissement de 15 à 18 mois en fûts (25 % de bois neuf) ; collage ; filtration si nécessaire

VIN PRODUIT

Château Plincette – 10 000 b (pas de second vin)
À maturité : dans les 3 à 10 ans suivant le millésime

PONT-CLOQUET

Propriétaire : Stéphanie Rousseau
Adresse : 1, Petit-Sorillon – 33230 Abzac
Tél. 05 57 49 06 10 – *Fax* 05 57 49 38 96
E-mail : chateau@vignoblesrousseau.com
Site Internet : www.vignoblesrousseau.com
Visites : sur rendez-vous uniquement
(9 h-12 h et 14 h-17 h 30)
Contact : Stéphanie Rousseau

VIGNOBLE ET VINIFICATION

Superficie : 0,53 ha
Encépagement : 90 % merlot, 10 % cabernet sauvignon
Âge moyen des vignes : 40 ans – *Densité de plantation :* 6 000 pieds/ha
Rendement moyen : 26 hl/ha
Élevage : fermentations et cuvaison de 21 à 28 jours ; achèvement des malolactiques et vieillissement de 12 mois en fûts (100 % de bois neuf) ; ni collage ni filtration

VIN PRODUIT

Château Pont-Cloquet – 3 500 b (pas de second vin)
À maturité : dans les 3 à 10 ans suivant le millésime

PRIEURS DE LA COMMANDERIE

Propriétaire : Clément Fayat
Adresse : 33500 Pomerol
Adresse postale : 15, impasse du Vélodrome – 33500 Libourne
Tél. 05 57 25 71 15 ou 05 56 35 23 79 – *Fax* 05 57 25 71 22
E-mail : commanderie-de-mazeyres@wanadoo.fr
Site Internet : www.vignobles.fayat.com
Visites : sur rendez-vous
Contact : M. Boisset

VIGNOBLE ET VINIFICATION

Superficie : 3,5 ha
Encépagement : 75 % merlot, 15 % cabernet franc, 10 % cabernet sauvignon
Âge moyen des vignes : 40 ans – *Densité de plantation :* 6 000 pieds/ha
Rendement moyen : 40 hl/ha
Élevage : fermentations et cuvaison de 25 à 30 jours en petites cuves d'acier inoxydable thermorégulées, avec trois ou quatre remontages quotidiens ; vieillissement de 18 mois en fûts (renouvelés par tiers à chaque millésime) ; collage et filtration

VIN PRODUIT

Château Prieurs de la Commanderie – 12 500 b (pas de second vin)
À maturité : dans les 3 à 10 ans suivant le millésime

LA PROVIDENCE

Propriétaire : Indivision Château la Providence
Adresse : 33500 Pomerol
Adresse postale : 54, quai du Priourat – BP 129 – 33502 Libourne Cedex
Tél. 05 57 51 78 96 – *Fax* 05 57 51 79 79
E-mail : info@jpmoueix.com
Visites : non autorisées
Contact : Christian Moueix

VIGNOBLE ET VINIFICATION

Superficie : 2,65 ha
Encépagement : 100 % merlot

Âge moyen des vignes : 20 ans – *Densité de plantation :* 5 800 pieds/ha
Rendement moyen : 35 hl/ha
Élevage : fermentations et cuvaison de 18 à 25 jours en cuves d'acier inoxydable thermorégulées ; vieillissement de 14 mois en fûts (50 % de bois neuf) ; pas de collage ; filtration

VINS PRODUITS

Château La Providence – 20 000 b ; Les Chemins de la Providence – 4 000 b
À maturité : dans les 5 à 10 ans suivant le millésime

Note : Christian Moueix étant depuis 2003 administrateur de ce domaine, on peut espérer une amélioration du vin qui y est élaboré.

2003 **88-90** Ce petit vignoble, qui jouit d'une belle situation sur le plateau de Pomerol, vit une renaissance sous la houlette de Christian Moueix. Son 2003, qui se compose à 80 % de merlot et pour le reste de cabernet franc, est moyennement corsé, rond, net et pur, avec des arômes souples et mûrs de cerise noire et d'autres petits fruits. L'ensemble, racé et plein de charme, est incontestablement séduisant. **À boire dans les 7 à 8 ans suivant le millésime.** (3/04)

2002 **87-88+ ?** Cette cuvée, produite en quantités limitées, est issue d'un vignoble de près de 3 ha situé au cœur du plateau de Pomerol. Le 2002 de La Providence, qui se montre sous un bon jour, s'annonce par un rubis-pourpre dense préludant à un nez de cerise noire, de charbon, de terre et de truffe. Moyennement corsé, étonnamment dense pour un Pomerol de ce millésime, il présente une finale tannique qui pourrait ultérieurement inquiéter. Cependant, pour l'heure, ses tannins paraissent mûrs et assez fondus. **À boire entre 2007 et 2018.** (9/03)

RATOUIN

Propriétaire : SCEA Château Ratouin
Adresse : Village de René – 33500 Pomerol
Tél. 05 57 51 19 58 – *Fax* 05 57 51 47 92
Visites : sur rendez-vous
Contact : Jean-François Beney

VIGNOBLE ET VINIFICATION

Superficie : 3,20 ha
Encépagement : 80 % merlot, 20 % cabernet franc
Âge moyen des vignes : 40 ans – *Densité de plantation :* 6 000 pieds/ha
Rendement moyen : 50 hl/ha
Élevage : fermentations et cuvaison de 21 jours en cuves d'acier inoxydable thermorégulées ; vieillissement de 12 mois en fûts (renouvelés par quart à chaque millésime) ; collage et filtration si nécessaire

VIN PRODUIT

Château Ratouin – 16 000 b (pas de second vin)
À maturité : dans les 4 à 10 ans suivant le millésime

DOMAINE DU REMPART

Propriétaire : J.-M. Estager Indivision
Adresse : 33500 Pomerol
Adresse postale : Vignobles J.-M. Estager
55, rue des Quatre-Frères-Robert – 33500 Libourne
Tél. 05 57 51 06 97 – *Fax* 05 57 25 90 01
E-mail : jean-marie.estager@wanadoo.fr
Visites : sur rendez-vous uniquement
Contact : Mme Paganelli-Estager

VIGNOBLE ET VINIFICATION

Superficie : 2,02 ha
Encépagement : 80 % merlot ; 20 % cabernet franc
Âge moyen des vignes : 30 ans – *Densité de plantation :* 5 500 pieds/ha
Rendement moyen : 46 hl/ha
Élevage : fermentations et cuvaison de 28 jours à 28-30 °C en cuves de béton et d'acier inoxydable thermorégulées ; vieillissement de 18 mois en fûts de chêne français et américain (renouvelés par tiers à chaque millésime) ; collage et filtration

VIN PRODUIT

Domaine du Rempart – 12 300 b (pas de second vin)
À maturité : dans les 3 à 10 ans suivant le millésime

LA ROSE FIGEAC

Propriétaire : GFA Despagne-Rapin
Adresse : 33500 Pomerol
Adresse postale : Maison-Blanche – 33570 Montagne
Tél. 05 57 74 62 18 – *Fax* 05 57 74 58 98
E-mail : vignobles.despagne.rapin@wanadoo.fr
Site Internet : www.chateaumaisonblanche.com
Visites : sur rendez-vous uniquement
Contact : Nicolas Despagne

VIGNOBLE ET VINIFICATION

Superficie : 5,5 ha
Encépagement : 85 % merlot, 15 % cabernet franc
Âge moyen des vignes : 40 ans – *Densité de plantation :* 5 350 pieds/ha
Rendement moyen : 50 hl/ha
Élevage : fermentations de 15 à 20 jours en cuves revêtues ; vieillissement de 12 à 15 mois en fûts (100 % de bois neuf) ; collage et filtration

VINS PRODUITS

Château La Rose Figeac – 15 000 b ;
Château Hautes Graves Beaulieu – 3 000-4 000 b
À maturité : dans les 3 à 10 ans suivant le millésime

DU TAILHAS

Propriétaire : SC Château du Tailhas
Adresse : route de Saint-Émilion – 33500 Pomerol
Tél. 05 57 51 26 02 – *Fax* 05 57 25 17 70
E-mail : info@tailhas.com
Site Internet : www.tailhas.com
Visites : sur rendez-vous uniquement,
du lundi au samedi (9 h-17 h)
Contact : Luc Nebout

VIGNOBLE ET VINIFICATION

Superficie : 11 ha
Encépagement : 80 % merlot, 10 % cabernet franc,
10 % cabernet sauvignon
Âge moyen des vignes : 35 ans – *Densité de plantation :* 5 500 pieds/ha
Rendement moyen : 40 hl/ha
Élevage : macération préfermentaire à froid ; fermentations et cuvaison de 21 jours en cuves thermorégulées de béton ; achèvement des malolactiques et vieillissement de 12 mois en fûts (50 % de bois neuf) pour une moitié de la récolte, en cuves de béton pour le reste ; collage et filtration

VINS PRODUITS

Château du Tailhas – 40 000 b ; La Garenne – 20 000 b
À maturité : dans les 3 à 10 ans suivant le millésime

TAILLEFER

Propriétaires : héritiers Bernard Moueix
Adresse : 33500 Libourne
Adresse postale : BP 9 – 33501 Libourne Cedex
Tél. 05 57 25 50 45 – *Fax* 05 57 25 50 45
Site Internet : www.chateautaillefer.com
Visites : sur rendez-vous uniquement
Contact : Catherine Moueix

VIGNOBLE ET VINIFICATION

Superficie : 11,5 ha
Encépagement : 75 % merlot, 25 % cabernet sauvignon
Âge moyen des vignes : 30 ans
Densité de plantation : 6 000 pieds/ha
Rendement moyen : 45 hl/ha
Élevage : fermentations et cuvaison de 21 à 28 jours en cuves de béton thermorégulées ; vieillissement de 15 mois en fûts (33 % de bois neuf) ; collage et filtration

VINS PRODUITS

Château Taillefer – 48 000 b ; Château Fontmarty – 21 000 b
À maturité : dans les 3 à 10 ans suivant le millésime

THIBEAUD-MAILLET

Propriétaires : Roger et Andrée Duroux
Adresse : 33500 Pomerol
Tél. 05 57 51 82 68 – *Fax* 05 57 51 58 43
Visites : tous les jours (9 h-20 h)
Contacts : Roger ou Andrée Duroux

VIGNOBLE ET VINIFICATION

Superficie : 1,20 ha
Encépagement : 90 % merlot, 10 % cabernet franc
Âge moyen des vignes : 25 ans
Densité de plantation : 5 000 pieds/ha
Rendement moyen : 45-50 hl/ha
Élevage : fermentations et cuvaison de 21 à 28 jours en cuves thermorégulées ; vieillissement de 12 à 14 mois en fûts (renouvelés par moitié à chaque millésime) ; collage ; filtration si nécessaire

VIN PRODUIT

Château Thibeaud-Maillet – 6 000 b (pas de second vin)
À maturité : dans les 3 à 10 ans suivant le millésime

TOUR ROBERT

Propriétaire : Mme Miquel
Exploitant : Dominique Leymarie
Adresse : 11, chemin de Grangeneuve – 33500 Libourne
Adresse postale : Dominique Leymarie – BP 132
90, avenue Foch – 33502 Libourne Cedex
Tél. 05 57 51 07 83 – *Fax* 05 57 51 99 94
E-mail : leymarie@ch-leymarie.com
Visites : sur rendez-vous uniquement
Contact : Dominique Leymarie

VIGNOBLE ET VINIFICATION

Superficie : 4,72 ha
Encépagement : 75 % merlot, 20 % cabernet franc, 5 % cabernet sauvignon
Âge moyen des vignes : 35 ans – *Densité de plantation :* 6 500 pieds/ha
Rendement moyen : 41 hl/ha
Élevage : fermentations et cuvaison de 30 jours (et plus) en cuves de béton thermorégulées ; achèvement des malolactiques en fûts pour une partie de la récolte ; vieillissement de 16 à 18 mois en fûts (67 % de bois neuf) ; pas de collage ; filtration légère

VINS PRODUITS

Château Tour Robert – 7 000 b ; Château Robert – 18 000 b
À maturité : dans les 3 à 10 ans suivant le millésime

DE VALOIS

Propriétaire : EARL Vignobles Leydet
Adresse : Rouilledirat – 33500 Libourne
Tél. 05 57 51 19 77 – *Fax* 05 57 51 00 62
E-mail : frederic.leydet@wanadoo.fr
Visites : tous les jours, sur rendez-vous
Contact : Frédéric Leydet

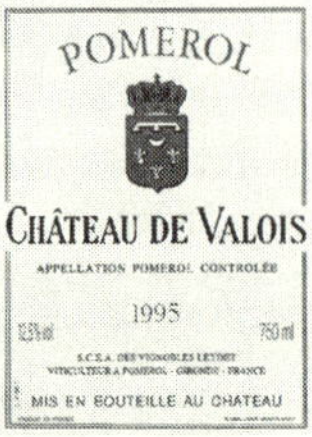

VIGNOBLE ET VINIFICATION

Superficie : 7,67 ha
Encépagement : 77 % merlot, 19 % cabernet franc, 4 % cabernet sauvignon
Âge moyen des vignes : 30 ans – *Densité de plantation :* 5 800 pieds/ha
Rendement moyen : 50-53 hl/ha
Élevage : fermentations et cuvaison de 28 à 42 jours à 28-32 °C, avec remontages fréquents ; vieillissement de 11 à 15 mois en fûts (50 % de bois neuf) ; collage et filtration

VINS PRODUITS

Château de Valois – 30 000-35 000 b ;
Château La Croix Saint-Vincent – 15 000-20 000 b
À maturité : dans les 3 à 10 ans suivant le millésime

VIEUX CHÂTEAU FERRON

Propriétaire : EARL Vignobles Garzaro
Adresse : 36, route de Montagne – 33500 Libourne
Adresse postale : Château Le Prieur
Les Vins Garzaro – 33750 Baron
Tél. 05 56 30 16 16 – *Fax* 05 56 30 12 63
E-mail : garzaro@vingarzaro.com
Site Internet : www.vingarzaro.com
Visites : sur rendez-vous uniquement
Contact : P.-E. Garzaro

VIGNOBLE ET VINIFICATION

Superficie : 4 ha
Encépagement : 90 % merlot, 5 % cabernet franc, 5 % petit verdot
Âge moyen des vignes : 30-40 ans – *Densité de plantation :* 7 200 pieds/ha
Rendement moyen : 47 hl/ha
Élevage : fermentations et cuvaison de 21 jours en cuves thermorégulées ; vieillissement de 12 à 18 mois en fûts (100 % de bois neuf) ; collage au blanc d'œuf ; pas de filtration

VINS PRODUITS

Vieux Château Ferron – 10 000 b ; Clos des Amandiers – 15 000 b
À maturité : dans les 3 à 10 ans suivant le millésime

VIEUX MAILLET

Propriétaire : SCEA du Château Vieux Maillet
Adresse : 16, route de Maillet – 33500 Pomerol
Tél. 05 57 74 56 80 – *Fax* 05 57 74 56 59
E-mail : chateauvieuxmaillet@bluewin.ch
Site Internet : www.chateauvieuxmaillet.com
Visites : sur rendez-vous uniquement
Contact : Griet Laviale-Van Malderen

VIGNOBLE ET VINIFICATION

Superficie : 2,62 ha
Encépagement : 80 % merlot, 20 % cabernet franc
Âge moyen des vignes : 35 ans – *Densité de plantation :* 5 600 pieds/ha
Rendement moyen : 40 hl/ha
Élevage : fermentations et cuvaison de 21 à 28 jours en cuves de béton thermorégulées ; achèvement des malolactiques et vieillissement sur lies de 12 à 14 mois en fûts (80 % de bois neuf), avec bâtonnages fréquents et deux soutirages ; collage ; pas de filtration

VIN PRODUIT

Château Vieux Maillet – 12 000 b (pas de second vin)
À maturité : dans les 3 à 10 ans suivant le millésime

LA VIOLETTE

Propriétaire : SCI Vignobles Servant-Dumas
Adresse : Catusseau – 33500 Pomerol
Adresse postale : 1, Moulin-Rouge – 33141 Villegouge
Tél. 05 57 55 54 60 – *Fax* 05 57 55 54 64
E-mail : servant-dumas@wanadoo.fr
Visites : sur rendez-vous uniquement
Contact : Jean-Pierre Dumas

VIGNOBLE ET VINIFICATION

Superficie : 4,5 ha
Encépagement : 80 % merlot, 20 % cabernet sauvignon
Âge moyen des vignes : 25 ans – *Densité de plantation :* 6 000 pieds/ha
Rendement moyen : 40 hl/ha
Élevage : vieillissement de 10 mois en fûts ; collage et filtration

VIN PRODUIT

Château La Violette – 22 000 b (pas de second vin)
À maturité : dans les 5 à 15 ans suivant le millésime

SAINT-ÉMILION

La ville de Saint-Émilion est le principal centre d'intérêt touristique du Bordelais. Certains prétendent même que ce vieux village médiéval fortifié, juché sur sa colline comme une île au milieu d'une mer de vignes, est tout simplement la plus belle commune viticole de France. Saint-Émilion est également l'épicentre du mouvement des vins de garage, qui a révolutionné le Bordelais, et dont nous reparlerons plus loin. L'appellation Saint-Émilion est la plus vaste du Bordelais pour les vins rouges de haute qualité, avec une superficie sous culture de vigne de plus de 5 000 ha.

Les vignerons de Saint-Émilion forment une communauté très soudée et sont persuadés, aujourd'hui comme hier, qu'ils font les meilleurs vins de Bordeaux. Très chatouilleux sur la question, ils ont été ulcérés par le classement de 1855 des vins de la Gironde, qui les a purement et simplement ignorés.

La ville ne se trouve guère qu'à trois quarts d'heure de voiture de Bordeaux. L'appellation est limitée au nord par celle de Pomerol, au sud et à l'est par ses appellations satellites de Montagne, Lussac, Puisseguin et Saint-Georges, ainsi que par celles des Côtes de Francs et des Côtes de Castillon, cette dernière connaissant une renommée croissante. Les très bons vignobles de cette aire de production se trouvent dans diverses zones géographiques bien précises. Pour simplifier, disons que les meilleurs sont généralement situés sur le plateau calcaire, sur les coteaux calcaires (que l'on appelle « côtes ») et sur les terrasses graveleuses voisines de Pomerol. Cependant, on s'aperçoit, depuis le début des années 90, que les autres terroirs peuvent aussi donner des vins de très haut niveau, lorsqu'ils sont exploités par des viticulteurs consciencieux recherchant la perfection. Il s'agit des fameux « vins de garage ».

Les vignobles des « côtes » couvrent les collines calcaires qui entourent immédiatement la ville – certains se trouvent même intra-muros. En fait, les crus les plus fins et les plus célèbres de l'appellation, tels Ausone, Beau-Séjour Bécot et Beauséjour Duffau, Belair, Canon, Magdelaine, L'Arrosée et Pavie, en sont issus ; les coteaux abritent, en totalité ou en partie, les vignobles de dix des treize premiers grands crus officiels de

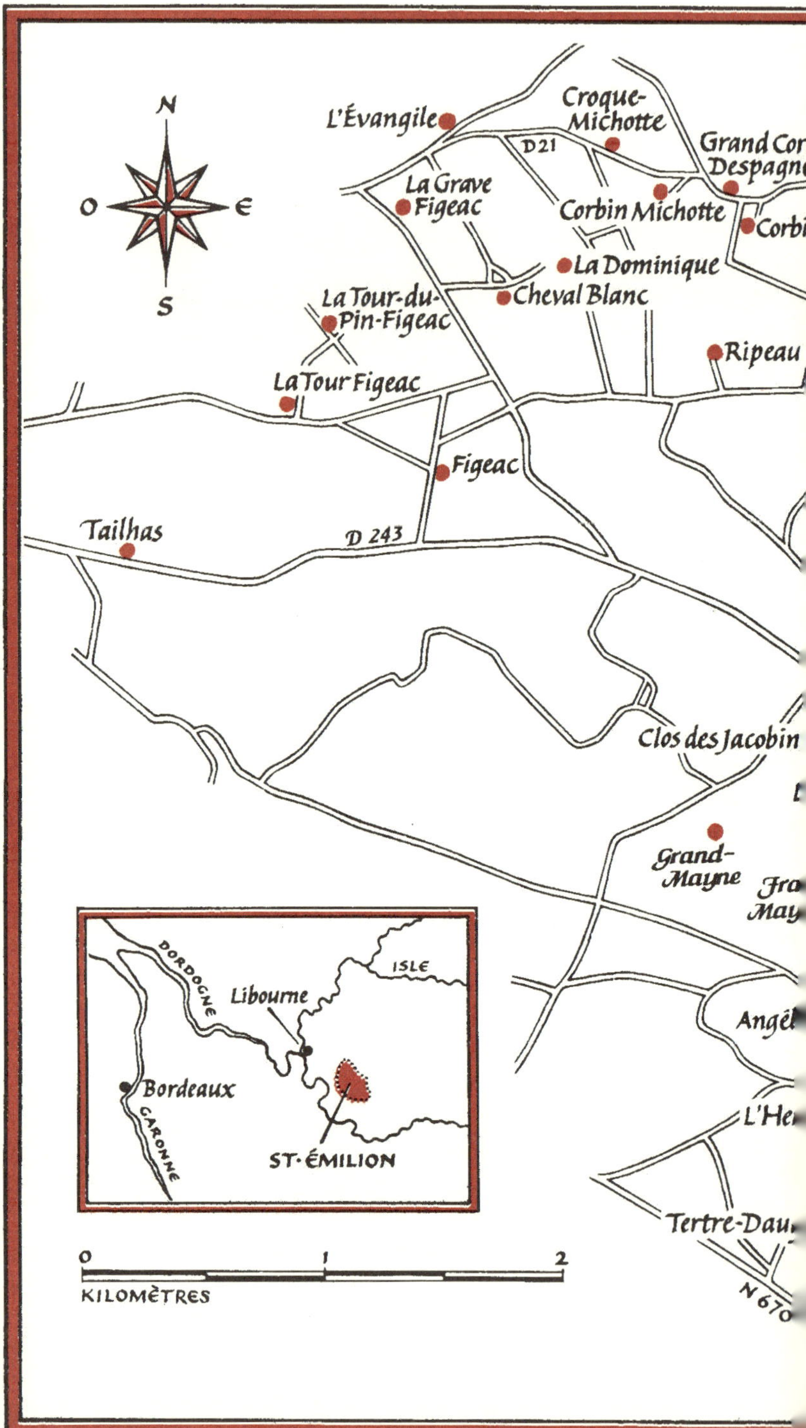
N
S
O
E
L'Évangile
Croque-Michotte
D21
La Grave Figeac
Corbin Michotte
La Dominique
Cheval Blanc
La Tour-du-Pin-Figeac
Ripeau
La Tour Figeac
Figeac
Tailhas
D 243
Grand-Mayne
DORDOGNE
ISLE
Libourne
Bordeaux
GARONNE
ST-ÉMILION
0
1
2
KILOMÈTRES

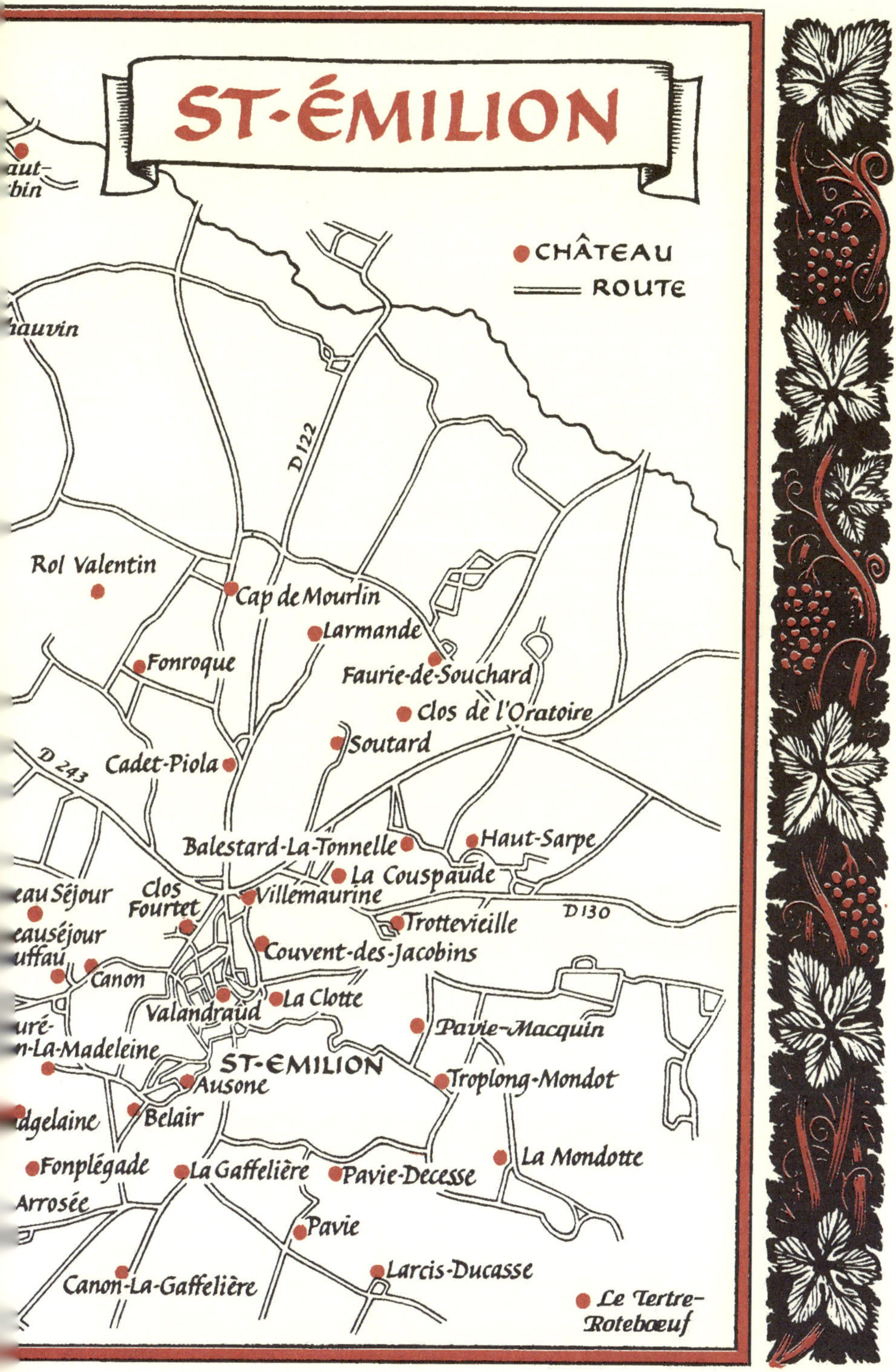
ST-ÉMILION
CHÂTEAU
ROUTE
aut-
bin
hauvin
D 122
Rol Valentin
Cap de Mourlin
Larmande
Fonroque
Faurie-de-Souchard
Clos de l'Oratoire
Soutard
D 243
Cadet-Piola
Balestard-La-Tonnelle
Haut-Sarpe
La Couspaude
eau Séjour
Clos Fourtet
Villemaurine
D130
Trottevieille
eauséjour
uffau
Canon
Couvent-des-Jacobins
La Clotte
Valandraud
uré-
n-La-Madeleine
Pavie-Macquin
ST-EMILION
Ausone
Troplong-Mondot
dgelaine
Belair
La Mondotte
Fonplégade
La Gaffelière
Pavie-Decesse
Arrosée
Pavie
Larcis-Ducasse
Canon-La-Gaffelière
Le Tertre-Roteboeuf

Saint-Émilion (le dernier classement date de 1996). Les vins de ces côtes ont chacun un caractère bien spécifique, mais tous ont en commun un aspect ferme, assez retenu et relativement austère quand ils sont jeunes. Cependant, après un certain vieillissement, ils se défont de leur raideur juvénile pour se révéler riches, puissants et complexes.

Le plus célèbre des domaines des côtes est certainement Ausone, avec ses caves étonnantes, creusées à même le calcaire, et son vignoble pentu peuplé de vieux ceps noueux. Au XIXe siècle, on estimait que ce château était capable de produire l'un des meilleurs vins de Bordeaux ; malheureusement, il n'a donné que des Saint-Émilion fort médiocres pendant l'essentiel du siècle suivant. Ausone est généralement différent des autres vins des côtes : plus raide et plus tannique, avec un bouquet exotique et suave, il ressemble davantage que ses pairs à un Médoc austère. Ses 1982, 1983, 1990, 1995, 1996, 1998, 1999, 2000, 2001, 2002 et 2003 sont tous réussis. Cependant – conséquence de la mésentente régnant entre les deux familles qui étaient copropriétaires de ce cru –, les consorts Vauthier ont racheté les parts de Mme Dubois-Challon ; ce qui a entraîné des changements radicaux dans les méthodes de vinification, particulièrement remarquables à la faveur des millésimes 1995 et suivants.

Seuls deux autres Saint-Émilion des côtes sont capables de rivaliser avec Ausone pour ce qui est de la complexité et de l'élégance : ce sont Canon et Magdelaine. Le vignoble du premier, comme celui d'Ausone, est essentiellement situé sur le coteau calcaire ; il a toujours joui d'une très belle réputation et a atteint des sommets sous la direction d'Éric Fournier, qui en avait pris les rênes en 1972. Canon s'est imposé depuis lors comme l'un des vins des côtes les plus puissants et les plus riches. Malheureusement, une contamination des chais au début des années 90 a conféré aux vins des arômes de moisi, et ce défaut, joint à une qualité de plus en plus irrégulière, a entraîné la vente du domaine en 1996 au groupe Chanel, également propriétaire de Rauzan-Ségla, à Margaux. Les nouveaux administrateurs, sous la talentueuse houlette de John Kolasa, ont immédiatement fait procéder à la rénovation des bâtiments ; ils devraient, j'en suis certain, amener Canon à de nouveaux sommets. Malgré son excellent potentiel de garde, ce cru évolue plus vite qu'Ausone, qui, pour sa part, peut demeurer fermé et impénétrable pendant 30 ans et plus.

Magdelaine pourrait également compromettre la suprématie d'Ausone. Son vignoble se situe lui aussi sur les pentes calcaires du sud de la ville. Cependant, alors que l'encépagement d'Ausone est constitué, à peu près à parts égales, de merlot et de cabernet franc, celui de Magdelaine compte 90 % de merlot. C'est ce qui explique que ce cru soit nettement plus charnu, plus rond et plus crémeux que ses deux concurrents directs. Mais il convient aussi d'ajouter que si, dans les années 70 et 80, Magdelaine s'est maintenu à un bon niveau, il s'est souvent montré assez quelconque. En revanche, les vins du milieu des années 90 se sont révélés plus étoffés et plus complets, ce qui suggère une nette amélioration des critères de qualité à la propriété. Toutefois, le cru demeure léger, et traduit davantage les goûts de Jean-Claude Berrouet, l'œnologue de la propriété, que son terroir. Les millésimes de la fin des années 90 et du début de ce millénaire laissent subodorer que l'administrateur Christian Moueix a des velléités d'amener Magdelaine à un meilleur niveau.

Quant à L'Arrosée, qui n'est pas premier grand cru classé, mais seulement grand cru classé, il peut produire des vins superbes, mais d'un style traditionnel. Le cru est de bonne garde, et se distingue par une richesse et un bouquet aromatique tels qu'on le désigne parfois comme le plus « bourguignon » des Saint-Émilion des côtes.

Pavie et son domaine frère Pavie Decesse (qui se trouve juste au-dessus sur le coteau) appartenaient l'un et l'autre à l'un des hommes les plus courtois et les plus affables de Saint-Émilion – je veux parler du regretté Jean-Paul Valette. Pavie est premier grand cru classé et Pavie Decesse grand cru classé, et tous deux ont toujours été de bons Saint-Émilion, mais dans un style relativement léger, élégant et accessible. Cependant, si Jean-Paul Valette a élaboré des 1982, 1986 et 1990 de très bon niveau, il faut également souligner qu'il a à son actif de nombreux vins décevants et fort irréguliers. En 1997, Pavie Decesse et Pavie furent rachetés par Gérard Perse. Cet homme dynamique, soucieux de qualité, qui avait déjà contribué à la renaissance de Monbousquet (un autre domaine de Saint-Émilion lui appartenant), a injecté des millions dans les chais et les vignobles de ces deux propriétés, et y a institué une sélection draconienne, visant à produire des vins qui soient rien de moins que parfaits. Les résultats furent stupéfiants... et immédiats. Les Pavie 1998, 1999, 2000, 2001, 2002 et 2003 se sont imposés comme de véritables monuments – et comme les plus belles réussites à ce jour de cette propriété magnifiquement située. Pavie Decesse est également de très haut vol dans ces millésimes.

Gérard Perse a aussi acheté Plaisance, le seul hôtel-restaurant de prestige de Saint-Émilion, dont il a fait un établissement luxueux, plus particulièrement destiné à l'accueil de touristes fortunés. L'engouement de Perse pour les vignobles de qualité, pour les repères locaux, ainsi que ses prétentions en matière de prix (Pavie et Pavie Decesse atteignent en la matière des sommets, mais ils valent bien chaque centime d'euro qu'on les paie) ont hérissé nombre de Bordelais, qui n'ont pas hésité à faire intervenir leurs contacts journalistiques pour lancer contre lui une cabale médiatique. Certes, la cote des vins de Gérard Perse peut être sujette à discussion ; cependant, leur grande qualité est incontestable. Ceux qui ont violemment critiqué les produits au lieu de s'en prendre à leurs prix démesurés se sont conduits honteusement et ont fait le jeu de la vieille garde de la région, qui donnerait cher pour ramener les aiguilles du temps au XIXe siècle.

Belair, proche voisin d'Ausone, produit rarement des vins grandioses. Plus léger, plus délicat et plus rapide à évoluer qu'Ausone, ce cru peut se révéler racé, élégant, dans un style moyennement corsé ; il peut par ailleurs se distinguer modestement, comme en 1983 et 1989, mais il est le plus souvent terne et assez quelconque, et convient mieux aux amateurs de vins rouges austères et spartiates évoquant leurs homologues du XIXe siècle.

Parmi les autres grands des côtes, un certain nombre de propriétés ont pataugé dans la médiocrité jusqu'à une époque récente, mais elles se sont enfin décidées à produire des vins qui se révèlent meilleurs d'une année sur l'autre. C'est ainsi que Beauséjour Duffau-Lagarrosse et Clos Fourtet ont effectué un grand bond en avant vers la fin des années 80. Des deux, le second produit un vin un peu plus commercial ; il a délaissé le caractère dur, tannique, austère et sévère typique du Saint-Émilion des côtes, pour adopter un style plus moderne, plus souple, plus fruité et surtout plus facile d'approche. Ce n'est pas le cas de Beauséjour, qui, tout en s'étant nettement amélioré, continue à défendre le style traditionnel du terroir avec un vin tannique, ferme, assez bien coloré et de bonne garde. Chacun s'accorde à reconnaître que ce cru a magnifiquement réussi en 1990 ; ce dernier millésime, puissant et massif, est d'ailleurs probablement l'un des vins jeunes les plus profonds que je connaisse.

Un autre château, sur ces collines de l'ouest de la ville, porte un nom proche du cru précédent ; il s'agit de Beau-Séjour Bécot, qui appartient à la famille Bécot. Si sa rétrogradation (de premier grand cru classé à grand cru classé), lors de l'établissement du classement en 1985, ne m'a pas surpris, j'ai en revanche été stupéfait par l'ardeur avec laquelle les propriétaires se sont attelés à faire un vin plus complexe et plus riche après cette censure. Leurs efforts ont été récompensés lors du classement suivant (en

1996), puisqu'ils ont retrouvé leur ancien statut. En outre, ils élaborent depuis peu une cuvée spéciale de vieilles vignes de merlot appelée La Gomerie. Ce vin intense et d'une richesse luxuriante évoque Le Pin, autre petit trésor, mais de Pomerol.

Trois autres vignobles des côtes ont un potentiel suffisant pour produire des vins comptant parmi les plus profonds de l'appellation, même s'ils ne s'étaient que très rarement hissés à la hauteur des espérances des amateurs. La Gaffelière, Trotte Vieille et Angélus (premiers grands crus classés) bénéficient en effet d'une exposition et d'un sol qui leur permettent depuis quelques années de produire de grands Saint-Émilion.

La Gaffelière, qui m'a souvent laissé perplexe, a longtemps été l'un des derniers de la classe des premiers grands crus. Pourtant, son vignoble est superbement situé, et, lors de dégustations verticales des vins des années 60 et 70, on découvre que les millésimes 1961 et 1970 sont tout simplement merveilleux. Il a fallu attendre 1982 pour que le château se réveille ; depuis, La Gaffelière a retrouvé la forme. Il ne sera jamais au nombre des Saint-Émilion les plus puissants ni les plus massifs, mais c'est peut-être, avec Figeac, de tous les premiers grands crus, le plus subtilement élégant et le plus fin.

Trotte Vieille a lui aussi longtemps coiffé le bonnet d'âne et demeure assez irrégulier ; cependant, sous la direction de Philippe Castéja, il a effectué des progrès spectaculaires, particulièrement depuis 1985.

De grand cru classé, Angélus a été promu premier grand cru lors du reclassement de 1996 ; cette distinction était tout à fait méritée. La propriété, qui avait traversé une période difficile, produisant des vins médiocres dans le courant des années 60 et 70, s'est bien redressée à partir du milieu des années 80. Depuis 1988, son vin s'impose comme un Saint-Émilion remarquablement intense et riche, qui compte non seulement au nombre des crus les plus extraordinaires de l'appellation, mais de tout le Bordelais. Plus que tout autre château de la région, il atteste les résultats exceptionnels auxquels peut aboutir un vigneron consciencieux et désireux de perfection. Ici, c'est Hubert de Boüard qui, las de la médiocrité de ses prédécesseurs, a décidé de produire de grands vins sans sacrifier à aucun compromis. Il a ainsi obtenu de belles réussites dans de grands millésimes comme 1989, 1990, 1995, 1998 et 2000, mais ses 1992, 1993 et 1994 sont peut-être plus remarquables encore, car ils sont issus de trois années difficiles.

Cependant, les nouvelles étoiles de Saint-Émilion ne se trouvent pas toutes sur les coteaux ou sur le plateau calcaire de l'appellation. C'est ainsi que Canon-la-Gaffelière, qui s'est récemment imposé au nombre des stars de l'appellation, est un domaine des « pieds de côte », c'est-à-dire situé en bas des coteaux. Il a produit des vins réellement très profonds vers la fin des années 80 et continue de s'imposer dans le peloton de tête.

Il convient également de garder un œil sur Troplong Mondot. La grande qualité des derniers millésimes a largement dépassé les frontières de Saint-Émilion. C'est Christine Valette, l'une des femmes les plus en vue de la région, qui dirige ce domaine, dont le vin a toutes les qualités pour entrer dans le club des grands classiques de l'appellation. En effet, ce cru sous-estimé s'est particulièrement distingué à la fin des années 80 et dans les années 90 ; il aurait, à mon sens, mérité d'être promu premier grand cru en 1996.

Un autre domaine, Pavie Macquin, devrait retenir l'attention des amateurs. Exactement comme Angélus, Troplong Mondot, Canon-la-Gaffelière et Trotte Vieille, il a produit des vins médiocres dans les années 70 et au début des années 80 ; mais ses 1988, 1989 et 1990 ont été superbes, et il a continué sur cette belle lancée en 1998, 2000 et 2003. Outre que ce cru est aujourd'hui l'une des étoiles montantes de l'appellation, c'est également l'une des rares propriétés du Bordelais à être cultivée en biodynamie. Superbement situé sur le plateau, juste au-dessus du coteau calcaire que l'on appelle la Côte de Pavie, son vignoble donne une véritable essence de vieilles vignes.

Tertre Rotebœuf est un petit bijou situé dans un écrin de coteaux, près de Larcis Ducasse. Cette propriété produit des vins monumentaux depuis le milieu des années 80, sous l'œil vigilant, attentif, pointilleux et scrupuleux du propriétaire, François Mitjavile. Pour tout avouer, ce domaine est probablement la plus grande découverte que j'aie jamais faite dans le Bordelais. François Mitjavile défend une vinification sans compromis ni compromission, et il élabore le seul vin que l'on puisse, en toute justice, appeler « le Petrus de Saint-Émilion » – quelle richesse et quelle séduction ! À mon sens, Tertre Rotebœuf aurait mérité d'être promu premier grand cru classé en 1996, mais... trop de gens influents sont jaloux du succès de ce petit domaine.

On trouve également de grands vins dans une autre partie de l'appellation, dite « terrasses de graves » (ou encore « graves et sables anciens ») et située à seulement 4 km de la ville. Le sol y est constitué de graves mêlées d'argile et de sable. Les meilleurs domaines de cette zone – en l'occurrence Cheval Blanc, Figeac, La Dominique, Corbin et Corbin Michotte – produisent des vins séveux, voluptueux et veloutés, qui évoluent plus rapidement que leurs homologues des côtes ; délicieux dès leur jeunesse, ils savent aussi fort bien vieillir dans les meilleurs millésimes. Ces châteaux se trouvent à proximité de la limite sud de Pomerol ; les vins qui en sont issus sont souvent très proches, par leur fruit et par leur caractère souple et pulpeux, des Pomerol immédiatement voisins, L'Évangile et La Conseillante.

De nombreux amateurs considèrent Cheval Blanc comme le plus grand Saint-Émilion des graves. Même après la renaissance d'Ausone, ce vin demeure la quintessence du Saint-Émilion : opulent, sensuellement riche, exotique et étonnamment accessible vers 8 à 10 ans d'âge, il est cependant capable d'une garde de 30 ans ou plus dans les grands millésimes comme 1982, 1990, 1998 et 2000. La zone graveleuse des terrasses ne comprend que deux premiers grands crus, Cheval Blanc et Figeac ; cependant, un examen objectif montre que La Dominique mériterait lui aussi cet honneur.

Le vignoble de Cheval Blanc se situe sur un sol profondément graveleux, contenant également de l'argile, du sable et des dépôts ferreux. La grande particularité de ce cru réside peut-être dans le fait que nul autre vignoble du Bordelais ne saurait donner un cabernet franc aussi parfumé, aussi enivrant, aussi luxuriant et aussi irrésistiblement riche. Ce vin s'impose en effet par sa richesse, sa profondeur et son fruité dans des millésimes comme 1921, 1947, 1948, 1949, 1953, 1961, 1964, 1982, 1983, 1985, 1990, 1995, 1998, 1999, 2000 et 2001, ce qui explique d'ailleurs qu'il soit souvent apprécié et dégusté bien avant d'atteindre son apogée.

On compare souvent Cheval Blanc à Figeac, son voisin immédiat, mais ce sont deux crus de styles diamétralement différents. Issu d'un sol plus sableux et composé d'une forte proportion de cabernet sauvignon pour un Saint-Émilion, Figeac est généralement plus léger que Cheval Blanc, avec des arômes plus herbacés. Cependant, il peut aussi se révéler complexe, fruité, souple, charmeur et concentré dans les grandes années ; on l'apprécie alors dès 4 ou 5 ans d'âge. Malheureusement, rares sont les millésimes récents (tels 1961, 1964, 1970, 1982, 1990, 1998 et 2000) qui présentent l'étoffe leur permettant de résister à l'épreuve du temps. Pourtant, Figeac bénéficie d'un terroir extraordinaire, et, lorsqu'il décroche la timbale, il peut se distinguer par sa complexité et son caractère somptueux ; mais cela n'arrive, hélas, que trop peu souvent.

La Dominique, voisin septentrional de Cheval Blanc, est un domaine en pleine ascension, qui produit un vin fort impressionnant : riche et séveux, fruité et profond, c'est un cru très corpulent, qui présente un potentiel de garde de 5 à 20 ans. Ce Saint-Émilion mériterait d'être premier grand cru classé. Certains millésimes (1955, 1970, 1971, 1982, 1989, 1990, 1998 et 2000) sont au niveau des meilleurs.

Mais je simplifierais à l'excès si j'affirmais que les grands Saint-Émilion ne peuvent provenir que de la zone des graves, des côtes ou du plateau calcaire. D'autres secteurs, dont les sols sont légèrement différents, comptent également des châteaux capables de produire des vins d'excellente tenue.

C'est ainsi que, sur les glacis sableux, des propriétés comme Larmande remportent souvent de beaux succès. De même à l'est, sur le plateau argilo-sableux (à sous-sol calcaire), Soutard, le domaine le plus remarquable de cette zone, propose d'excellents vins ; deux de ses voisins, La Clotte et Balestard La Tonnelle, sont également de bon niveau et notoirement très performants.

Depuis quelques années, une autre propriété, qui ne se trouve pas dans les secteurs déjà cités, produit elle aussi un vin remarquable ; il s'agit du Clos des Jacobins, situé à 1 km au nord-ouest de la ville.

L'appellation Saint-Émilion a créé son propre classement en 1954. En théorie, le système adopté aurait dû être le plus fiable de toute la région de Bordeaux, dans la mesure où il est fondé sur la réputation, l'analyse du sol et la dégustation. À la différence du classement de 1855, caractérisé par la rigidité et l'immobilisme (seul Mouton Rothschild a été promu, en 1973), il est censé être révisé tous les dix ans, si bien que n'importe quel vignoble peut, en principe, être promu ou rétrogradé. Cependant, la première révision, qui est intervenue en 1969 (et a été valable jusqu'en 1984), avait changé fort peu de chose ; elle avait établi un classement à quatre étages en distinguant, pour le plus haut niveau, douze premiers grands crus classés, dont deux se sont vu ajouter la lettre « A », les dix restants étant les premiers grands crus classés « B ». Le deuxième niveau était constitué de soixante-douze grands crus classés, alors que le troisième niveau regroupait les grands crus. Ensuite, au quatrième niveau, on trouve les vins qui n'ont droit qu'à l'appellation Saint-Émilion. Lors du classement de 1996, aucun premier grand cru ne fut rétrogradé ; en revanche, deux propriétés, Angélus et Beau-Séjour Bécot, furent promues, ce qui n'était que justice.

Depuis une dizaine d'années, Saint-Émilion s'impose comme l'appellation la plus intéressante du Bordelais. C'est le berceau d'une viticulture expérimentale, sans compromission, qui a vu la naissance du mouvement désormais mondialement connu comme celui des « vins de garage ». C'est d'ailleurs Le Pin, en Pomerol, qui fut l'initiateur de cette vague. On note actuellement à Saint-Émilion (mais cette mode s'étend à tout le Bordelais – comme la peste, disent ses détracteurs) une tendance à effectuer des microvinifications sur de petites parcelles, soigneusement choisies et généralement complantées en merlot. Vincent Noce, journaliste français spécialisé dans le domaine viti-vinicole, a baptisé les vins ainsi produits « vins de garage », leur production étant restreinte (généralement moins de 500 caisses annuellement) au point que l'entière récolte peut être conservée dans le local éponyme.

Les premiers résultats ont donné les vins les plus séduisants, les plus exotiques, les plus concentrés et les plus irrésistibles de la région. Seul le temps permettra de déterminer leur aptitude à la garde et de dire, rétrospectivement, si les prix démentiels qu'ils atteignent sont justifiés. Il est incontestable qu'ils sont le produit d'une vinification sans compromission, effectuée par des viticulteurs perfectionnistes, qui recherchent sans relâche la meilleure qualité possible. En règle générale, ces vins bénéficient des traitements suivants :

– viticulture radicale (éclaircissage intensif et effeuillage visant à assurer la meilleure exposition au soleil) destinée à favoriser de faibles rendements et l'obtention d'une vendange mûre ;

– vinification dans de petites cuves ouvertes, comme en Bourgogne ;

– macération préfermentaire à froid (une méthode également utilisée en Bourgogne pour améliorer la maturité phénolique et la puissance aromatique des vins) ;

– toujours selon les méthodes bourguignonnes, achèvement des malolactiques en fûts et, depuis 2001, achèvement des deux fermentations (alcoolique et malolactiques) en petits fûts de chêne ;

– soutirage et aération *a minima* ; la technique du microbullage est parfois utilisée (il s'agit d'injecter de l'oxygène dans les lies) pour conserver un fruité aussi pur et aussi frais que possible ;

– élevage en fûts (généralement neufs) sur lies, ce qui donne aux vins davantage d'étoffe et de gras) ;

– refus du collage et de la filtration, afin que les vins conservent au maximum leur bouquet, leurs arômes, leur étoffe, leur profondeur et le caractère du terroir dont ils sont issus.

Dans l'ensemble, les techniques ci-dessus décrites tendent, du moins en théorie, à préserver le fruit et les nuances des vins, ainsi que le caractère du cépage, du millésime et du vignoble dont ils sont issus. Toujours en théorie, ces méthodes sont censées mettre en valeur le caractère du terroir. Cependant, on peut aussi se demander si de telles pratiques permettront jamais à un vin de garage de surpasser Haut-Brion ou Cheval Blanc. Personnellement, j'en doute. Néanmoins, les crus ainsi élaborés sont généralement intéressants, souvent très séduisants, différents des autres tout en conservant un style très bordelais.

La première de ces cuvées prestige de Saint-Émilion fut le Château de Valandraud, issu d'un assemblage de diverses parcelles et dont le premier millésime est le 1991 (Le Pin, en Pomerol, fit ses débuts douze ans plus tôt). Ce cru de Jean-Luc Thunevin, le très talentueux maître des lieux, est devenu la coqueluche des collectionneurs et atteint des prix inimaginables ; il se vend même plus cher qu'Ausone et Cheval Blanc – ce qui, on le comprend, peut déstabiliser l'élite de la région, ainsi que l'aristocratie médocaine. Jean-Luc Thunevin est ainsi surnommé « tue-le-vin » par la vieille garde du Bordelais.

Certains vins de garage sont, certes, l'apanage de vignerons cupides, qui ne pensent qu'à la médiatisation ; cependant, quiconque a un palais se rendra compte à la dégustation que ces produits sont rarement à la hauteur du battage dont ils font l'objet. En outre, tant que leur cote se maintiendra à des niveaux aussi élevés, il y a fort à parier que ces cuvées prestige intéresseront les contrefacteurs. Parmi les meilleurs vins de garage de Saint-Émilion, on citera, sans ordre particulier, Bellevue Mondotte, Ferrand Lartigue, Gracia, Magrez Fombrauge, Péby Faugères, Croix de Labrie, Clos Dubreuil, Rol Valentin, La Gomerie, Lynsolence, L'Hermitage, La Mondotte, La Confession, Clos de Sarpe, Lusseau et Bellevue. Chose intéressante, la production de tous ces crus réunis est encore inférieure à celle d'une importante propriété du Médoc, comme Gruaud Larose.

Bien que les vins de garage de qualité ne soient pas légion, ils ont suscité des réactions d'hystérie qui ont favorisé l'émergence d'un mouvement critique totalement irrationnel. Ces reproches proviennent pour l'essentiel de l'aristocratie médocaine, ainsi que de réactionnaires de Pomerol et de Saint-Émilion, confortés dans leur démarche par certains journalistes spécialisés – notamment l'Anglaise Jancis Robinson, qui, pour des raisons qui m'échappent, semble s'être embarquée dans une croisade personnelle contre les vins de garage.

Qu'on y pense. Qu'y a-t-il de mal à ce qu'une personne jeune et dynamique s'attache à produire des vins de qualité sur un terroir peu prisé ? Je connais la plupart des producteurs des vins précités. Ils sont aussi passionnés pour ce qui est de la conduite du vignoble que pour le travail dans les chais (ou le garage...), et se révèlent, avant tout, de véritables amateurs de vins. Ils représentent le côté festif du monde viticole, sa diversité, ainsi que l'énergie créative qu'il suscite. Malheureusement, de nombreuses voix réactionnaires s'élèvent contre la diversité et la créativité. Les opposants aux vins de garage souhaitent-ils que Bordeaux revienne trente ou quarante ans en arrière, quand moins d'un tiers des propriétés de la région se montraient à la hauteur de leur pedigree ? Quand la dilution était considérée comme un signe d'élégance ? Ou encore lorsque les arômes pas nets et peu engageants étaient réputés traduire le terroir dont le vin était issu ? Quand une presse servile qualifiait de classiques des crus maigres, austères et excessivement tanniques ? Les meilleurs « garagistes » ont indiscutablement remué l'*establishment*. Je pense que leurs produits peuvent parfaitement coexister dans chaque appellation avec les vrais classiques. Pourquoi d'aucuns refusent-ils d'admettre que tous les vins ne sauraient être pareils et qu'il n'est pas obligatoire qu'ils soient élaborés selon des méthodes bien définies, ayant fait leur preuve au fil du temps ? Que redoutent ces critiques ?

Le principal reproche adressé aux vins de garage est qu'ils seraient issus de lots spécialement choisis, sélectionnés parmi d'autres qui seraient de qualité nettement inférieure. De toutes les cuvées prestige précédemment citées, seules deux – Péby Faugères et Magrez Fombrauge – proviennent de vignobles qui existaient déjà. Les cuvées génériques de ces deux propriétés, notamment Faugères et Fombrauge, sont, au moins en 2000, 2001, 2002, 2003 et 2004, tout à fait réussies, dans un style différent de celui de leurs compagnons d'écurie.

Certes, isoler la crème de la crème de la production d'une propriété peut affecter la qualité de sa cuvée générique, mais il ne faut pas oublier que les crus les plus sérieux du Bordelais (en fait, presque tous les crus classés de la région) ont pour habitude, depuis le milieu des années 80, de déclasser 30 à 70 % de leur récolte pour élaborer leur grand vin. Les sélections les plus draconiennes sont effectuées par Léoville Las Cases et Lafite Rothschild, qui retiennent rarement plus de 35 % de leur production totale pour leur premier vin. Les autres premiers crus (à l'exception de Mouton Rothschild) opèrent des déclassements de l'ordre de 50 à 55 %, même dans des millésimes exceptionnels comme 2000. Cette pratique a cours depuis les très abondantes récoltes du milieu des années 80 (notamment 1985, 1986). Chose intéressante, on note généralement que, d'une année sur l'autre, les lots sélectionnés pour faire le grand vin proviennent en principe des mêmes parcelles, nonobstant les conditions climatiques forgeant le millésime.

Cette manière de procéder n'est pas celle ayant cours en Californie, où les *reserve wines*, issus d'une sélection effectuée dans les chais, sont censés être meilleurs et plus riches que les autres vins de la propriété – et sont, de ce fait, vendus à des prix nettement plus élevés. Pourtant, quand on y songe, les propriétés du Bordelais proposent, elles aussi, d'une certaine manière, une « cuvée spéciale » ou un *reserve wine* ; à ceci près que le produit est nommé différemment. L'objectif des producteurs est de ne faire naviguer que les meilleurs lots sous l'étiquette du grand vin, le second vin étant élaboré à partir des deuxièmes meilleures cuvées et le reste de la production étant généralement vendu en vrac. Même les petites propriétés des Graves, de Saint-Émilion et de Pomerol sacrifient à cette pratique. Cheval Blanc déclasse ainsi, depuis quelques années, près de 50 % de sa récolte, et même Ausone, qui est à la tête d'un minuscule vignoble, ne retient que 70 à 80 % de sa production pour son premier vin. Tout cela vise à améliorer la qualité – ce qui explique que les bordeaux actuels soient nettement meilleurs que leurs aînés de 30 à 40 ans.

Une autre critique – récurrente, mais totalement infondée – consiste à reprocher aux vins de garage d'être totalement identiques. Lorsque William Langewiesche, le très talentueux reporter du *Atlantic Monthly*, m'a consacré un grand article en novembre 2001, il a bien évidemment abordé les reproches qui m'étaient adressés par Jancis Robinson et d'autres journalistes, pour stigmatiser mon soutien au mouvement des vins de garage. J'ai suggéré à ce journaliste (qui n'est pas du tout connaisseur en la matière) de profiter de son passage à Bordeaux pour déguster plusieurs de ces crus afin de déterminer s'ils étaient, oui ou non, identiques, trop boisés et trop alcooliques, et, comme le soutient Jancis Robinson, des « caricatures de vinification ». Il s'est effectivement livré à un tel exercice et en a parlé dans son article. Certes, William Langewiesche n'est pas un professionnel du vin, mais, en tant qu'amateur, il a pu se rendre compte que les crus qu'ils avaient goûtés côte à côte présentaient des différences remarquables ; d'ailleurs, il les a pour la plupart appréciés – ce qui donne une indication sur la manière dont les gens qui n'ont pas de préjugés considèrent les vins de garage.

L'ultime, et le plus sinistre, reproche adressé à ces cuvées prestige par Jancis Robinson (qui répète ce que j'ai entendu maintes fois dans le Bordelais) est qu'elles « ne traduisent pas le lieu dont elles sont issues ». Cela évoque, toutes proportions gardées, une accusation au temps de l'Inquisition espagnole. Nul ne saurait répondre à un tel procès ; cependant, les adeptes de la notion de terroir que j'ai conviés à une dégustation à l'aveugle pour me prouver la « transparence du terroir » ont toujours décliné mes invitations. Jancis Robinson cite, à titre d'exemple, Hubert de Bouärd, d'Angélus, et Stephan von Neipperg, de Canon-la-Gaffelière, estimant que leurs 2001 sont plus retenus et plus discrets que leurs aînés, ce qui trahirait manifestement l'adoption d'un style différent de celui des millésimes antérieurs. Mes discussions avec les intéressés m'ont appris que ce n'était nullement leur point de vue. En fait, Jancis Robinson oublie seulement de préciser que ces producteurs se sont rendu compte qu'ils n'avaient pas, en 2001, la matière première leur permettant de reproduire leurs puissants et massifs 1998 et 2000. Cette attitude est celle qu'on attend de tout vinificateur intelligent, qui suit généralement le style du millésime. Les 2001 sont donc plus légers et moins concentrés que les 2000, et moins concentrés et moins puissants que les 1998 de la rive droite. On imagine sans peine que, si Angélus et Canon-la-Gaffelière bénéficiaient dans un millésime donné de la matière première leur permettant de reproduire leurs 1989, 1990, 1998 ou 2000, les propriétaires de ces crus n'hésiteraient pas à suivre cette voie.

D'aucuns font encore grief aux vins de garage d'être « nettement plus alcooliques » que les autres bordeaux. Déjà, il y a quarante ans, Émile Peynaud incitait ses clients du Bordelais à ramasser plus tard une récolte plus mûre – ce qui permet l'obtention d'une vendange plus riche en sucre, plus faible en acidité et aussi plus alcoolique lorsqu'elle est vinifiée en sec. Cette philosophie d'Émile Peynaud a ensuite été reprise par d'autres, notamment par Michel Rolland. Un coup d'œil aux analyses des grands classiques actuels (Haut-Brion, La Mission Haut-Brion, Petrus, Lafleur, Vieux Château Certan, Lafite Rothschild, Latour, Mouton Rothschild, Château Margaux, Montrose, Lynch-Bages) montre qu'ils ont été élaborés, ces dix à quinze dernières années, à partir d'une vendange plus mûre et plus faible en acidité, et qu'ils sont plus alcooliques que leurs aînés de 30 à 40 ans. Ces vins grandioses ne sont en aucun cas des vins de garage, et ne sont pas vinifiés comme tels.

Enfin, aucun des vins de garage que j'ai cités ci-dessus ne ressemble à un autre – en fait, ils ne peuvent être plus différents les uns des autres, comme ne manquerait pas de le remarquer quiconque s'attellerait à leur dégustation attentive. Magrez Fombrauge ne ressemble en rien à La Gomerie ni à La Mondotte, Péby Faugères est totalement différent de Gracia, et ainsi de suite. Revenons à une question de base : pourquoi ces vins, produits en si petites quantités que la grande majorité des consommateurs ne s'y intéresse pas et ne les trouvera jamais sur le marché, suscitent-ils des craintes aussi démesurées ? Pourquoi les critiques spécialisés sont-ils venus aussi nombreux à la rescousse de l'*establishment* bordelais ? Je dirais qu'il y a de la place pour tous les styles de vins, autant à Bordeaux qu'ailleurs dans le monde.

Compte tenu du succès que rencontrent ces microcuvées de luxe, il y a de fortes chances pour que d'autres producteurs se mettent à en élaborer, ce qui ouvrirait aux amateurs de nouvelles perspectives gustatives – à condition, bien entendu, qu'ils puissent les trouver et qu'ils aient les moyens de les acheter. N'oubliez pas cependant que la seule appellation de « vin de garage » ne saurait être un gage de qualité.

L'appellation Saint-Émilion produit des vins qui plaisent énormément au grand public. Charnus, précoces, ronds et généreux, ils se laissent boire et aimer facilement, et ils ne sont pas difficiles à comprendre. Si les prix des premiers grands crus classés et celui de leurs concurrents, les vins de garage, sont élevés, ce n'est pas le cas de ceux de la plupart des grands crus classés, souvent très intéressants.

Dans la mesure où les sols, les styles de vinification et les encépagements sont très divers dans cette vaste appellation, il est difficile de généraliser pour ce qui concerne la qualité des millésimes. On peut toutefois raisonnablement affirmer que les grands millésimes de Saint-Émilion ont été 1982, 1990, 1998 et 2000 (certainement les quatre plus grands pour l'après-guerre), ainsi que 1964, 1983, 1989, 1995, 1996, 1999, 2001 et 2003. Pour que l'année soit bonne dans cette région, il faut que le temps ait été favorable à la floraison et au mûrissement du merlot et du cabernet franc, les deux cépages dominants.

Cette appellation compte un nombre très important de domaines ; j'ai donc privilégié les premiers grands crus classés et les grands crus classés, ainsi que les meilleurs vins de garage. Cela signifie qu'il m'a fallu, du même coup, délaisser les Saint-Émilion génériques (à l'exception des plus remarquables), ce qui, je le reconnais, est quelque peu arbitraire et injuste. Toutefois, il faut convenir que ces vins, parfois très bons, n'atteignent jamais la régularité à haut niveau, qui reste l'apanage des meilleures propriétés.

SAINT-ÉMILION – REPÈRES

Situation : cette appellation de la rive droite se situe au sud-est de Pomerol, à environ 35 km de Bordeaux.

Superficie sous culture de vigne : 5 435 ha environ.

Communes : Saint-Émilion, Saint-Hippolyte, Saint-Christophe-des-Bardes, Saint-Laurent-des-Combres, Saint-Pey-d'Armens, Saint-Sulpice-de-Faleyrens, Vignonet, Saint-Étienne-de-Lisse.

Production annuelle moyenne : 2 800 000 caisses.

Crus classés : 68 au total, dont 2 premiers grands crus classés A, 11 premiers grands crus classés B et 55 grands crus classés.
Principaux cépages : merlot, cabernet franc, ainsi que du malbec et du cabernet sauvignon, en infimes proportions.
Types de sol : très divers. Les coteaux situés au sud de Saint-Émilion sont généralement calcaires ; en revanche, l'argile, le sable et les graves dominent vers Pomerol.

AVIS AUX AMATEURS

Niveau général de l'appellation : moyen à superbe.
Les plus aptes à une longue garde : Angélus, L'Arrosée, Ausone, Beau Séjour-Bécot, Beauséjour Duffau, Canon, Canon-la-Gaffelière, Cheval Blanc, Clos Saint-Martin, La Dominique, La Mondotte, Pavie (depuis 1998), Pavie Decesse (depuis 1997), Pavie Macquin, Péby Faugères, Troplong Mondot.
Les plus élégants : Ausone, Chauvin, Clos Saint-Martin, Figeac, La Gaffelière, Magdelaine, Moulin Saint-Georges, Laplagnotte-Bellevue, Magdelaine, Pavie, Quinault, Trotte Vieille.
Les plus concentrés : Angélus, L'Arrosée, Ausone, Beauséjour Duffau, Bellevue Mondotte, Canon-la-Gaffelière, Cheval Blanc, Clos Saint-Martin, Destieux, La Dominique, Grand Mayne, Magrez Fombrauge, Monbousquet, La Mondotte, Moulin Saint-Georges, Pavie (depuis 1998), Pavie Decesse (depuis 1997), Pavie Macquin, Péby Faugères, Troplong Mondot, De Valandraud.
Le meilleur rapport qualité/prix : Barde-Haut, Corbin, Corbin Michotte, Daugay, La Fleur, La Fleur de Jaugue, La Grave Figeac, Haut-Brisson, Moulin Saint-Georges, Pipeau, Rolland-Maillet, Yon-Figeac.
Les plus exotiques : Cheval Blanc, La Couspaude, Ferrand Lartigue, La Gomerie, Lusseau, Magrez Fombrauge, Monbousquet, La Mondotte, Quinault, Tertre Rotebœuf, De Valandraud.
Les plus secrets dans leur jeunesse : Ausone, Canon, Fonroque, Larcis Ducasse.
Les plus sous-estimés : Clos des Jacobins, Clos de l'Oratoire, La Dominique, Larmande, La Tour Figeac, Monbousquet, Moulin Saint-Georges, Pavie Macquin.
Les plus accessibles dans leur jeunesse : Barde-Haut, La Clotte, La Couspaude, Dassault, Faugères, Fombrauge, La Gomerie, Gracia, Lusseau, Moulin Saint-Georges, Pipeau, Tertre Rotebœuf.
Les étoiles montantes : Barde-Haut, Bellefont-Belcier, Bellevue, Chauvin, Clos Fourtet, Clos de l'Oratoire, Daugay, Clos Saint-Martin, La Clotte, Daugay, Destieux, Faugères, La Fleur de Jaugue, Fombrauge, Grand Corbin-Despagne, Grand Mayne, Grand-Pontet, Les Grandes Murailles, Lusseau, Monbousquet, Pavie, Pavie Decesse, Pavie Macquin, Quinault, Rol Valentin.
Meilleurs millésimes récents : 2003, 2001, 2000, 1998, 1995, 1990, 1983, 1982, 1964, 1961.

MON CLASSEMENT

EXCEPTIONNEL

Angélus, Ausone, Canon-la-Gaffelière, Cheval Blanc, Clos Saint-Martin, La Gomerie, Magrez Fombrauge, La Mondotte, Pavie (depuis 1998), Pavie Decesse (depuis 1998), Péby Faugères, Tertre Rotebœuf, Troplong Mondot, De Valandraud

EXCELLENT

L'Arrosée, Barde-Haut, Beau-Séjour Bécot, Beauséjour (Duffau-Lagarrosse), Bellevue (depuis 2000), Bellevue Mondotte, Clos Dubreuil, Clos de l'Oratoire, Clos de Sarpe, La Couspaude, Croix de Labrie, La Dominique, Ferrand Lartigue, Figeac, Gracia, Grand Mayne, Grand-Pontet, Les Grandes Murailles, L'Hermitage, Larmande, Monbousquet (depuis 1994), Moulin Saint-Georges, Pavie Macquin, Quinault, Rol Valentin, Soutard

TRÈS BON

Balestard La Tonnelle, Bellefont-Belcier, Cadet-Piola, Canon, Chauvin, Clos Fourtet, Clos des Jacobins, La Clotte, La Confession, Corbin Michotte, Côte de Baleau, Faugères, La Fleur de Jaugue, Fombrauge, La Gaffelière, Grand Corbin-Despagne, Les Gravières, Laplagnotte-Bellevue, Lucia, Lynsolence, Lusseau, Magdelaine, Montlisse, Pierre de Lune, Pipeau, Saint-Domingue, Sanctus, Trotte Vieille

BON

Bellisle Mondotte, Berliquet, Cap de Mourlin, Clos La Madeleine, Corbin, Couvent des Jacobins, Croque Michotte, Dassault, Daugay, Destieux, De Ferrand, Fleur Cardinale, La Fleur Pourret, Fonplégade, Fonroque, Franc-Mayne, Godeau, Haut-Brisson, Haut-Corbin, Haut-Sarpe, Jean Faure, Le Jurat, Larcis Ducasse, Laroze, Mauvezin, Petit-Faurie-de-Soutard, Riou de Thaillas, Ripeau, Rocher Bellevue Figeac, Rolland-Maillet, Tertre Daugay, La Tour Figeac, La Tour du Guetteur, La Tour du Pin Figeac (Moueix), Yon-Figeac

AUTRES PROPRIÉTÉS NOTABLES DE SAINT-ÉMILION

Andréas, L'Archange, Armens, Aurélius, Béard, Belair, Bergat, Bernateau, La Bienfaisance, La Bonnelle, Bouquey, Cadet-Bon, Cantenac, Capet-Guillier, Du Cauze, Cheval Noir, Clos Labarde, Clos Larcis, Clos Saint-Émilion Philippe, Clos Saint-Julien, Clos Trimoulet, Côtes de Rol, La Couronne, Coutet, Cros Figeac, Cruzeau, Le Fer, La Fleur, La Fleur Morange, Fonrazade, Franc La Rose, Galius, Domaine des Gourdins, La Grâce Dieu, La Grâce Dieu Les Menuts, La Grâce Dieu des Prieurs, Grand Corbin, Grand Corbin Manuel, La Grangère, La Grave Figeac, Guadet-Saint-Julien, Haut la Grâce Dieu, Haut Gravet, Haut Mazerat, Haut-Quercus, Jacques Blanc, Jean Voisin, Lafleur Vachon, Lafon La Tuilerie, Laniote, Laroque, Leydet-Figeac, Leydet-Valentin, Lusseau, Magnan La Gaffelière, Marquey, Martinet, Moulin du Cadet, Pas de l'Âne, Puy-Blanquet, Quercy, Raby-Jean Voisin, La Rose-Pourret, Roylland, Sansonnet, La Serre, Tauzinat l'Hermitage, La Tour du Pin Figeac (Giraud-Bélivier), Trimoulet, Vieux Fortin, Villemaurine

COMMENTAIRES DE DÉGUSTATION

ANGÉLUS

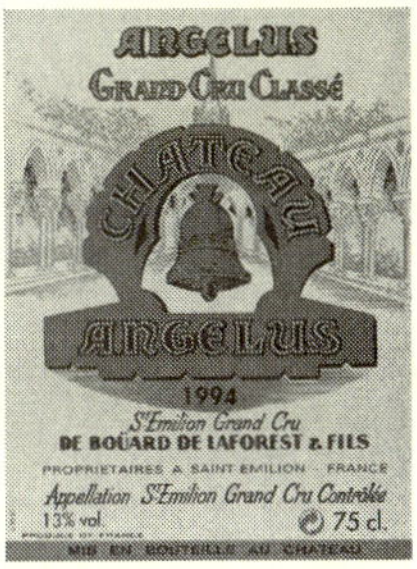

1er grand cru classé B
Propriétaires : de Boüard de Laforest et Fils
Adresse : 33330 Saint-Émilion
Tél. 05 57 24 71 39 – *Fax* 05 57 24 68 56
E-mail : chateau-angelus@chateau-angelus.com
Site Internet : www.chateau-angelus.com
Visites : sur rendez-vous uniquement
Contact : Emmanuelle d'Aligny-Fulchi

VIGNOBLE ET VINIFICATION

Superficie : 23,4 ha
Encépagement : 50 % merlot, 47 % cabernet franc, 3 % cabernet sauvignon
Âge moyen des vignes : 30 ans
Densité de plantation : 7 000-8 000 pieds /ha
Rendement moyen : 32 hl/ha
Élevage : fermentations et cuvaison de 21 à 35 jours en cuves d'acier inoxydable et de béton à double paroi ; achèvement des malolactiques et vieillissement de 18 à 24 mois en fûts (100 % de bois neuf) ; ni collage ni filtration

VINS PRODUITS

Château Angélus – 70 000 b ; Le Carillon de l'Angélus – 15 000-20 000 b
À maturité : dans les 4 à 25 ans suivant le millésime

APPRÉCIATION GÉNÉRALE

L'influence d'Hubert de Boüard sur l'amélioration du niveau général de nombre de Saint-Émilion a été décisive. Sous sa houlette, Angélus a été le premier des domaines médiocres de l'appellation à redorer son blason et à inaugurer, dans la région, une révolution qualitative, incitant ainsi de nombreux crus à mieux travailler. La renaissance d'Angélus date du milieu des années 80, la propriété produisant en 1988 son premier millésime de haut vol. Depuis, elle n'a accusé aucune faiblesse, pas même en 1992 et 1993, deux années desservies par les pluies, ni en 1999, un millésime marqué par la grêle. Lors du classement de 1996, Angélus a été le seul Saint-Émilion à être promu au statut de premier grand cru – cette distinction est sans aucun doute méritée. Le cru est désormais de très haut niveau ; les vrais amateurs de Saint-Émilion en achèteront – absolument.

Angélus a toujours compté parmi les Saint-Émilion les plus populaires auprès du public. La production, dont une bonne part est exportée, est assez importante, l'étiquette est belle, et le vin souple et plein de charme ; ce cru a réussi à se créer des inconditionnels parmi les amateurs. Le vignoble, superbement ouvert au sud, est situé dans la vallée du Mazerat, sur des sols argilo-calcaires, et limono-argilo-calcaires vers le bas des coteaux.

Pendant les années 60 et 70, les vins qui en étaient issus se révélaient agréablement et intensément fruités dans leur petite enfance, mais ils ne tenaient pas plus de quelques années. Cependant, les choses ont bien changé dans les années 80, lorsque le célèbre œnologue libournais Michel Rolland a été consulté par les propriétaires. Il a imposé l'élevage en fûts de chêne neuf, alors que les vins étaient jusqu'alors vieillis en cuves.

En outre, le cru a bénéficié de l'achèvement des fermentations malolactiques en fûts (exactement comme pour Le Pin, à Pomerol), ce qui a contribué à sa complexité et à son intensité ; cette pratique n'est possible que dans les domaines relativement petits – ou prêts à investir dans la main-d'œuvre, dans la mesure où elle impose un travail énorme, éreintant, qui coûte évidemment fort cher.

Les résultats de toutes ces améliorations ont été fabuleux. Il faut souligner que le jeune propriétaire, Hubert de Boüard de Laforest, prend soin d'opérer également une sélection très stricte, ne retenant que les meilleurs lots pour le grand vin. Et Angélus, qui n'avait pas été promu au rang de premier cru lors du reclassement de 1985, a finalement été distingué dans le suivant, onze ans plus tard.

Le style du « nouvel » Angélus révèle toujours un vin précoce, au fruit intense, souple, riche et gras. Cependant, à l'heure actuelle, il est également plus coloré et plus concentré que par le passé, avec des tannins lui permettant de mieux vieillir. Les meilleurs millésimes des trente ou quarante dernières années ont sans doute été les 1988, 1989, 1990, 1994, 1995, 1996, 1998 et 2000, tous remarquablement profonds. En revanche, il faut se méfier des millésimes antérieurs à 1986, qui sont bien souvent complètement passés.

2003
94-96 Une fois de plus, Angélus s'impose comme l'un des vins les plus réussis du Bordelais. Le 2003, qui se compose à 55 % de cabernet franc et pour le reste de merlot, comprend des lots du premier cépage titrant près de 16 % d'alcool naturel. Ce vin d'un pourpre d'encre soutenu, aux stupéfiants parfums de fleurs, de fruits rouges et noirs, de graphite, de fumé et de café torréfié, est opulent et capiteux, étayé par une faible acidité et un gras généreux, avec une finale longue de plus de 1 minute. Moyennement corsé, aussi séduisant pour les sens que pour l'intellect, il est fort copieusement doté, et révèle en bouche des cascades de flaveurs épaisses et séveuses, qui tapissent littéralement le palais. Cette pure merveille, qui évoque son aîné de 1947, sera accessible dans sa jeunesse et tiendra bien **15 à 20 ans.** (3/04)

2002
92 Vêtu de bleu-pourpre, le 2002 d'Angélus (50 % merlot, 47 % cabernet franc et 3 % cabernet sauvignon) est quelque peu atypique, en raison de sa forte proportion du deuxième cépage, mais il pourrait, du fait précisément de ce trait, s'imposer comme l'exemple de ce cru le plus parfumé qui soit. Très racé, doté d'un fort potentiel de complexité, il est élégant et doux malgré son ampleur, et marie magnifiquement puissance et finesse. Sa finale, moyennement corsée et persistante, recèle des tannins robustes. Il s'agit incontestablement d'un des Saint-Émilion les plus concentrés, les plus étoffés et les plus provocants. **À boire entre 2008 et 2020.** (09/03)

2001
93 Produit à hauteur de 6 250 caisses, le 2001 pourrait presque rivaliser avec le majestueux 2000. Sa robe d'un pourpre opaque accompagne un nez de mûre, de cassis, de fumé, de café et de chêne neuf, lequel prélude à un ensemble moyennement corsé, plutôt structuré, qui présente, malgré sa densité et sa maturité, la pureté caractéristique du cru. Quoique moins massif et moins intense que certains de ses aînés (je pense aux 2000, 1998, 1995, 1990 et 1989), ce vin sera parfait **entre 2007 et 2017.** (1/03)

2000
96 Voici la plus belle réussite de la propriété depuis le duo 1989-1990. D'un pourpre dense, extraordinairement mûr et concentré, l'Angélus 2000 se distingue par ses arômes de liqueur de mûre et de Porto qui se muent, après

aération, en des notes de graphite, de pierre mouillée, de fumé, d'épices à barbecue et d'olive. L'ensemble se développe en bouche par paliers, révélant un caractère corsé. Il réussit encore le tour de force de s'exprimer à la fois avec ampleur et retenue, de se montrer aussi généreux que pur et équilibré. Ce vin encore peu évolué, issu de rendements modestes de l'ordre de 35 hl/ha, est l'un des Angélus les plus grandioses qui soient. La propriété a innové à compter de ce millésime – le premier présenté dans la nouvelle bouteille gravée. **À boire entre 2008 et 2030.** Bravo ! (1/03)

1999 **88** Malgré des vendanges précipitées par la grêle, Angélus a – chose étonnante – magnifiquement réussi en 1999, proposant un vin de haut vol, aux senteurs de mûre, de réglisse, de tapenade et de figue. Certes, l'ensemble n'a pas la persistance ni la longueur des grands millésimes de ce cru (2000, 1998, 1995, 1990 et 1989), mais il est modérément tannique et sera apprécié pour sa maturité et sa pureté. **À boire dans les 8 à 10 ans.** (3/02)

1998 **95+** Quelle réussite éblouissante ! Arborant un pourpre opaque, le 1998 dégage un bouquet exceptionnel, mêlant les notes de fumé et de réglisse à des senteurs de prune et de mûre. Au fur et à mesure de son aération, ce vin développe encore des parfums de café et de chocolat. En bouche, il se montre corsé, attestant une précision et un équilibre extraordinaires malgré son caractère flamboyant. Il se déploie au palais par vagues, révélant une finale puissante et riche, aux tannins fondus. À boire après une certaine garde, **entre 2008 et 2020.** (12/02)

1997 **89** Arborant un rubis-pourpre profond et soutenu, l'Angélus 1997 libère les légendaires senteurs d'olives provençales, de liqueur de cerise noire, de pruneau et de chêne neuf grillé typiques de ce cru. Ce vin riche, aux notes de fumé, est certainement le plus ample de tous les crus classés de Saint-Émilion. Souple et tendre, il sera parfait **dans les 5 à 6 ans.** (11/02)

1996 **91+** Le puissant et massif Angélus 1996 arbore un rubis-pourpre soutenu tirant sur le noir, et impressionne par son nez généreusement marqué d'herbes séchées, de viande rôtie, de cuir fin neuf, de liqueur de prune et de cassis. La bouche révèle des notes très prononcées d'olive. Ce vin tout à la fois doux, très corsé et d'une concentration exceptionnelle est étonnamment peu évolué et tannique. Il se révélait plus souple et plus précoce avant la mise. Je conseille une garde de 2 à 3 ans. **À boire entre 2007 et 2025.** (1/02)

1995 **95** Superbement réussi pour le millésime, le 1995, qui arbore un pourpre opaque, est massif, puissant et riche, et déborde de tannins doux et mûrs. On distingue au nez des senteurs d'olives provençales, de cerise noire confiturée, de mûre, de truffe et de grillé. Ce vin très corsé, épais et pur, qui se dévoile en bouche par paliers, s'impose comme le plus concentré de tous les premiers grands crus de Saint-Émilion en 1995. **À boire jusqu'en 2025.** (11/02)

1994 **94** D'un pourpre-noir semblable à de l'encre, le 1994 exhale de paradisiaques senteurs de viande fumée, d'épices à barbecue et de bois de noyer, accompagnées de généreuses notes de cassis et de kirsch. Il révèle, outre une pureté et une densité absolument phénoménales, un équilibre d'ensemble admirable, compte tenu de son style massif et musclé. Ce vin ample et corsé, qui déborde littéralement de richesse en extrait, constitue un véritable tour de force en matière de vinification. **À boire jusqu'en 2020.** (11/02)

1993 **91** Avec sa robe d'un pourpre opaque tirant sur le noir et son nez intensément aromatique de fumé, d'olive, de chocolat, de fruits noirs, de bois de noyer, de doux chêne épicé, le 1993 d'Angélus s'impose comme l'un des quatre ou cinq vins les plus concentrés du millésime. Il semble presque incroyable qu'un vin aussi étonnamment riche, corsé et massivement extrait soit issu d'un millésime pareil. **À boire jusqu'en 2015.** (3/02)

1992 **88** Quelle agréable surprise dans un millésime difficile ! Le 1992 d'Angélus, qui est à son apogée, doit être consommé dans les 3 ans. Ses notes d'olive, de cerise noire et de cassis s'entremêlent de senteurs de feuille, de fougère et de forêt. Ce vin moyennement corsé et souple s'impose comme une très grande réussite dans une année médiocre. **À boire jusqu'en 2007.** (4/02)

1991 **87** Angélus est l'une des rares propriétés de Saint-Émilion à avoir réussi en 1991. Le domaine propose un vin au nez complexe de chocolat, de café, de chêne neuf grillé, d'herbes et de fruits rouges confiturés. Moyennement corsé, doux et rond, il offre également un fruité mûr et succulent, qui procure un plaisir immédiat. Ce vin, qui représente une performance remarquable dans un millésime particulièrement difficile, devrait se maintenir encore 2 ans. **À boire jusqu'en 2007.** (3/00)

1990 **96** Évoquant le 1989 en plus souple, en plus charnu et en plus flamboyant, le 1990 d'Angélus paraît plus faible en acidité, mais aussi plus gras et plus alcoolique que son aîné. Ce vin, qui a magnifiquement évolué, est aussi gratifiant pour les sens que pour l'intellect. D'un rubis-pourpre dense à peine rosé sur le bord, il est merveilleusement pur malgré sa richesse et son caractère très corsé, et il développe de très intenses notes de goudron, de fumé, de mûre et de cassis. Ce vin provocant, qui tiendra bien encore 5 à 10 ans, est toujours fascinant à déguster à l'aveugle aux côtés du 1989. **À boire jusqu'en 2015.** (1/03)

1989 **96** Ce vin grandiose, qui s'impose comme l'une des très grandes réussites du cru élaborées sous la houlette du talentueux Hubert de Boüard, est encore jeune. Sa robe d'un rubis-pourpre soutenu accompagne de douces senteurs de réglisse fondue nuancées de crème de cassis, de tapenade, de cèdre, de boîte à épices et de vanille. Suit en bouche un ensemble très épais et très corsé, opulent et riche, qui fait parfaitement honneur à la grande réputation du millésime dont il est issu. **À boire jusqu'en 2015.** (4/02)

1988 **91** Ce vin, qui arbore toujours un prune-grenat foncé à peine éclairci sur le bord, quitte progressivement le stade de l'adolescence. Son nez de terre, de réglisse, de sous-bois et de fruits noirs se dégage d'un ensemble moyennement corsé, très structuré, tout à la fois musclé, tannique et profond, étayé par des tannins encore très présents. L'attaque est douce, et le milieu de bouche révèle des arômes d'une belle complexité. Quoique d'ores et déjà accessible, le 1988 d'Angélus promet de tenir encore au moins une dizaine d'années. **À boire jusqu'en 2012.** (4/02)

1986 **88** Le 1986, qui est à son apogée, s'annonce par un grenat foncé et par un bouquet dont les senteurs amples et épanouies évoquent la prune mûre, les épices, le chêne neuf grillé, le compost et la tapenade. La bouche atteste une richesse, une maturité et une persistance d'excellent aloi. Je doute que l'ensemble s'améliore. **À boire sans plus tarder.** (12/02)

1985
87 Le 1985 d'Angélus séduit par sa souplesse ainsi que par l'ampleur de ses arômes de petits fruits et d'herbes, perceptibles tant au nez qu'en bouche ; il est corsé, concentré, épanoui et sensuel – un vin délicieux. **À boire maintenant.** (3/90)

1982
77 Je rappelle aux amateurs que l'assemblage du 1982 n'a pas fait l'objet d'une sélection, et que ce vin est issu d'une vinification totalement différente de celle que pratique actuellement la propriété. Souple et mûr après la mise, il s'est très rapidement délité. Fortement ambré sur le bord, il présente également des nuances orangées et rouille. L'ensemble est mou et dénué de structure ; bien qu'il conserve un certain fruité doux et confituré, il révèle aussi des notes de vieux champignon et de terre. **Devrait être bu.** (9/95)

MILLÉSIMES ANCIENS

Les Angélus antérieurs à 1985 étaient médiocres et devaient être consommés dans les 5 à 7 ans suivant le millésime. Aucun des vins des années 60 et 70 ne m'a fait bonne impression.

L'ARROSÉE

Grand cru classé
Propriétaire : EARL famille Caille
Administrateur : Jean-Philippe Caille
Adresse : 33330 Saint-Émilion
Adresse postale : 18, rue Bourgelat – 69002 Lyon
Tél. 04 78 92 42 93 ou 05 57 24 69 44 – *Fax* 04 78 42 66 91
E-mail : contact@chateaularrosee.com
Site Internet : chateaularrosee.com
Visites : sur rendez-vous
Contact : Jean-Philippe Caille

VIGNOBLE ET VINIFICATION

Superficie : 10 ha
Encépagement : 60 % merlot, 20 % cabernet franc, 20 % cabernet sauvignon
Âge moyen des vignes : 30 ans – *Densité de plantation :* 5 500 pieds/ha
Rendement moyen : 35-40 hl/ha
Élevage : fermentations et cuvaison de 21 à 28 jours en cuves de béton thermorégulées ; achèvement des malolactiques en fûts pour une partie de la récolte ; vieillissement de 12 à 18 mois en fûts (100 % de bois neuf) ; collage ; pas de filtration

VIN PRODUIT

Château L'Arrosée – 30 000 b (pas de second vin)
À maturité : dans les 5 à 15 ans suivant le millésime

APPRÉCIATION GÉNÉRALE

Un style aussi traditionnel est quelque peu passé en Saint-Émilion. À son meilleur niveau, L'Arrosée évoque un bourgogne, avec son légendaire soyeux, et ses amples arômes de cerise noire et de mûre joliment rehaussés de belles notes de chêne neuf fumé. J'ai toujours pensé que ce cru évoquait furieusement les vins du génial Bourguignon Henri Jayer. Cependant, depuis une dizaine d'années, a propriété, pour laquelle j'ai longtemps eu un faible, semble avoir du mal à se maintenir à son niveau d'excellence habituel. Quoique bons, les millésimes récents ne sont plus aussi prometteurs que par le passé – et ce n'est pas parce qu'ils seraient éclipsés par les Saint-Émilion de style moderne, plus flamboyants. On peut espérer que la vente de L'Arrosée (en 2002) entraînera des changements bienvenus.

Situé sur les coteaux de Saint-Émilion, L'Arrosée est l'un des vins les moins connus de l'appellation, mais il se taillera sans doute une belle réputation au fur et à mesure que l'on aura vent de sa remarquable qualité.

Le domaine, acquis par la famille Rodhain en 1911, fut dirigé à partir de 1956 par François Rodhain, qui le vendit en 2002. Jusqu'au milieu des années 60, la production était malheureusement cédée en vrac à la coopérative de Saint-Émilion (et ce pendant une trentaine d'années), car la propriété ne comportait pas de chai. Le vin n'est mis en bouteille au château que depuis le milieu des années 60.

L'Arrosée est unique par son style. Charnu, mais ferme et puissant, il est toujours parfumé, riche et étoffé. C'est un Saint-Émilion doté d'un caractère bien affirmé, qui rappelle parfois les vins du sud du Médoc, comme La Lagune. Dans certains millésimes – tels 1985, 1986, 1989 et 1990 –, il ressemble à un bourgogne riche et voluptueux – pour être précis, le 1985 m'évoque toujours un Richebourg d'Henri Jayer ! Ce cru est incontestablement de très haut vol, et le célèbre auteur hollandais Hubrecht Duijker le considérait même comme le meilleur de l'appellation.

2003
88-90
Vinifié dans le style élégant et bourguignon caractéristique du cru, le 2003 de L'Arrosée s'annonce par un rubis profond et par un bouquet de cerise aigre-douce, de terre, de grillé et de vanille. Moyennement corsé, net et étoffé, il pourrait être renoté à la hausse (90 ou plus) s'il s'étoffait davantage. **À boire entre 2007 et 2016.** (3/04)

2002
88
Le nouveau maître des lieux, qui a déjà effectué d'importants investissements dans cette propriété, a notamment modifié le style de ce cru au fort potentiel. C'est seulement à compter de 2002 que la nouvelle équipe technique a eu la maîtrise à la fois de la culture de la vigne et des vinifications. L'Arrosée se présente cette année-là avec un nez de douce prune et de cerise noire. Plutôt porté sur la densité que sur l'élégance bourguignonne privilégiée par le précédent propriétaire, il est modérément tannique et se distingue par sa pureté et sa persistance d'excellent aloi. Il sera intéressant de voir les sommets qu'atteindra ce cru dans un millésime particulièrement favorable aux Saint-Émilion. L'Arrosée mérite donc d'être suivi de près. **À boire entre 2007 et 2015.** (9/03)

2001
86
Ce vin de haut vol, qui évoque un bourgogne, n'est pas ample ni puissant. Au contraire, il séduit le dégustateur par son élégance discrète, sa finesse et sa pureté d'excellent aloi. Ses doux arômes floraux de fruits noirs et rouges

contribuent encore au charme de cet ensemble moyennement corsé, qui conjugue discrétion et puissance aromatique. **À boire dans les 5 à 8 ans.** (1/03)

2000
89
Le 2000 semble avoir gagné en profondeur et montre désormais davantage d'étoffe en milieu de bouche. D'un rubis-pourpre profond, il s'annonce par de doux arômes de vanille et de cerise, qui précèdent au palais un ensemble séduisant, extraordinaire de pureté, étayé par des tannins modérés. L'ensemble, vinifié dans un style résolument traditionnel et caractéristique, est moyennement corsé ; il se distingue encore par l'élégance de ses nuances de menthe et de sous-bois. **À boire entre 2007 et 2018.** (1/03)

1999
86
Bien qu'il manque d'étoffe, le 1999 de L'Arrosée se distingue par son élégance. D'un rubis moyen, il est légèrement corsé et évoque un bourgogne par ses senteurs de fleurs et de cerise nuancées de doux boisé. L'ensemble, qui accuse une légère dilution, doit être consommé **dans les 4 à 5 ans.** (11/02)

1998
86
Des senteurs surmûries de cerise rouge généreusement nuancées de chêne neuf grillé se dégagent de ce vin moyennement corsé et délicat. À lui seul, le nez vaut 90 points, mais la bouche mérite 82, d'où la note globale. Ce 1998 devrait tenir **6 à 8 ans**, mais il n'a pas le niveau de certains de ses jumeaux de l'appellation. (3/02)

1997
86
Ce vin savoureux, qui s'exprime tout en élégance et en finesse, présente, outre un bouquet expressif de terre humide, de fruits rouges et de fleurs, un fruité de cerise mûre, ainsi qu'un caractère moyennement corsé, souple et légèrement tannique. **À boire maintenant.** (3/02)

1996
87+?
Ce vin serré et fermé ne s'est pas encore étoffé, pas plus qu'il n'a commencé à pleinement se révéler. Rubis moyen de robe, il présente de prime abord un nez assez réticent, qui développe cependant après aération des notes de minéral poussiéreuses nuancées de cerise noire et de framboise. La bouche exprime un fruité de cerise et de mûre subtilement marqué de très belles notes de boisé. L'ensemble, ferme et élégant, est nerveux et austère, mais doté d'un beau potentiel. **À boire jusqu'en 2016.** (3/02)

1995
90
Outre sa robe d'un rubis moyennement foncé, le 1995 présente un nez délicieusement fruité et complexe de kirsch, de pain grillé et de fumé. Très parfumé, il regorge littéralement d'arômes de framboise, de groseille et de cerise. Ce vin n'est ni puissant ni massif, mais plutôt élégant, complexe, rond et velouté, avec un fruité d'une douceur et d'une richesse telles qu'il en est irrésistible. C'est l'un des 1995 les plus séduisants. **À boire jusqu'en 2012.** (3/02)

1994
87
Rubis foncé, avec un nez réticent, le 1994 paraît être en sommeil. Il manque de charme en bouche, se montre dense, moyennement corsé et concentré, mais également fermé et tannique. Je pense qu'il évoluera bien, mais les tannins rugueux que l'on perçoit dans sa finale pourraient le desservir. Ce vin tiendra une dizaine d'années. **À boire jusqu'en 2014.** (3/01)

1990
90
D'intenses parfums de fleurs, de fruits rouges et noirs, de minéral et de terre jaillissent de ce vin moyennement corsé, élégant, d'une belle tenue, dont la robe rubis foncé est légèrement ambrée sur le bord. L'ensemble, doux et rond, paraît être à son apogée ; il s'exprime avec élégance, révélant du charme et

un velouté qui caresse le palais. Je conseillerais cependant de ne pas le conserver trop longtemps. **À boire jusqu'en 2010.** (12/01)

1989 **88** D'un rubis foncé légèrement éclairci sur le bord, L'Arrosée 1989 dégage de généreuses senteurs de terre et de cerise noire judicieusement infusées de belles notes de doux chêne grillé. Il s'est révélé plus riche, plus gras, plus intense et plus précis au fil du temps. **À boire jusqu'en 2007.** (11/96)

1988 **83** D'un grenat foncé rosé sur le bord, le 1988 est moyennement corsé, épicé et fruité ; il déploie une belle profondeur, mais pèche par manque de persistance, de complexité et d'intensité. **À boire sans plus tarder.** (11/00)

1986 **92** Curieusement, ce millésime de L'Arrosée a tardé à se montrer sous son vrai jour. Il s'est longtemps révélé puissant et musclé, très concentré, avec des tannins extrêmement abondants. Ceux-ci commencent maintenant à se fondre, pour laisser s'exprimer un ensemble aux séduisants arômes d'herbes, de poussière, de cerise noire, de kirsch et de minéral, subtilement marqués en arrière-plan par des notes vanillées (imparties par le chêne neuf). La bouche, moyennement corsée et concentrée, révèle des tannins fermes, mais il s'agit, dans l'ensemble, d'un vin très accessible, qui demeure jeune, comme en témoigne sa robe d'un rubis-pourpre profond à peine ambré sur le bord. C'est incontestablement, de tous les millésimes élaborés à la propriété après 1961, l'un des plus aptes à une longue garde. **À boire jusqu'en 2015.** (2/02)

1985 **88** Ce vin, qui était superbe dans sa jeunesse, commence à légèrement décliner alors qu'il célèbre son 20e anniversaire. S'il montrait des arômes merveilleusement floraux de framboise, de violette et de cerise, il perd désormais de la douceur et du gras qui le caractérisaient et déploie une finale structurée, qui se dessèche de plus en plus. Certes, l'ensemble est encore agréable du point de vue aromatique, mais il s'atténue en finale. **À boire sans plus tarder.** (12/01)

1983 **89** Le 1983 de L'Arrosée, qui est à son apogée depuis un certain temps déjà, est plus léger que son aîné d'un an. Il exprime avec élégance des notes d'herbes séchées, de minéral et de douce cerise, ainsi qu'un caractère floral. Une fois de plus, ce vin évoque un bourgogne. Moyennement corsé, très ample, il commence tout juste à accuser une certaine sécheresse en finale. **À boire dans les 2 à 3 ans.** (12/01)

1982 **92** Le 1982 est l'un des exemples du cru les plus grandioses des trente dernières années. Bien qu'il se soit montré délicieux dès sa plus tendre enfance, il continue d'évoluer de belle manière. Sa robe d'un grenat foncé est désormais fortement ambrée sur le bord. Le nez évoque la douce cerise, la noix de cola, la terre et la liqueur de cerise noire, et révèle aussi des notes de fumé qui jaillissent littéralement du verre, annonçant un ensemble moyennement corsé, opulent et charnu, dont l'acidité et les tannins sont parfaitement fondus. **À boire jusqu'en 2010.** (12/01)

MILLÉSIMES ANCIENS

À mon sens, les 1964 (noté 90 en décembre 2002) et 1961 (noté 92 en janvier 2003) s'imposent comme de grands classiques de la propriété. Tous deux sont encore toniques et impressionnants tant de profondeur que de persistance.

AUSONE

1er grand cru classé A
Propriétaire : famille Vauthier
Adresse : 33330 Saint-Émilion
Tél. 05 57 24 24 57 – *Fax* 05 57 24 24 58
E-mail : chateau.ausone@wanadoo.fr
Visites : non autorisées
Contact : Alain Vauthier

VIGNOBLE ET VINIFICATION

Superficie : 7 ha
Encépagement : 50 % merlot, 50 % cabernet franc
Âge moyen des vignes : 50-55 ans – *Densité de plantation :* 6 000-7 800 pieds/ha
Rendement moyen : 35 hl/ha
Élevage : fermentations et cuvaison de 21 à 28 jours en cuves de bois thermorégulées ; achèvement des malolactiques et vieillissement de 19 à 23 mois en fûts (100 % de bois neuf), avec soutirage trimestriel ; collage léger ; pas de filtration

VINS PRODUITS

Château Ausone – 20 000-23 000 b ; Chapelle d'Ausone – 7 000 b
À maturité : dans les 50 à 100 ans suivant le millésime à partir de 1994

APPRÉCIATION GÉNÉRALE

Depuis le milieu des années 90, Alain Vauthier a repris les rênes de cette propriété de renom, magnifiquement située sur les coteaux de Saint-Émilion, où il travaille à continuer d'améliorer la qualité des vins qui en sont issus. Sous sa direction inspirée, le cru s'impose comme une référence de son appellation et présente un potentiel de garde de 50 à 100 ans. Alain Vauthier n'épargne aucun effort pour produire les meilleurs vins possibles (rendements ténus, achèvement des malolactiques en petits fûts, et non en cuves), et les résultats sont encore plus fidèles à leur terroir, tout en présentant davantage de richesse et de séduction aromatique que leurs aînés. À la suite de ce changement radical d'orientation, d'aucuns ont suggéré qu'Ausone avait perdu son âme ; ce sont les serviteurs de la vieille garde de Saint-Émilion, qui préféreraient revenir un demi-siècle en arrière, lorsque Ausone produisait, plus souvent qu'à son tour, des vins desséchés, creux et marqués de notes de moisi. Oubliez ces reproches infondés : grâce au souci de qualité animant Alain Vauthier, Ausone se révèle enfin à la hauteur du mythe qui l'entoure – ce qui n'est pas rien. Les prix sont élevés, mais il faut préciser que la production est minuscule – c'est la plus faible des huit « grands » du Bordelais.

Si le visiteur en Bordelais ne devait visiter qu'un château et qu'un vignoble, ce serait celui d'Ausone. Ce domaine minuscule, juché sur les coteaux de Saint-Émilion, sous les murs médiévaux de la ville, bénéficie d'une situation exceptionnelle. Il se distingue par son petit vignoble complanté de très vieux pieds et par ses vastes caves creusées à même le calcaire. Pour certains, le nom du château se référerait au poète latin Ausone (310-395 av. J.-C.), qui possédait, semble-t-il, des vignes à cet endroit précis ; d'autres prétendent que lesdites vignes étaient plus proches de Bordeaux que de Saint-Émilion, et que, s'il existe bien des ruines romaines à proximité d'Ausone, il est fort douteux que le poète s'y soit jamais rendu.

En dépit de son passé prestigieux et de sa situation idéale pour produire de très grands bordeaux, Ausone n'a longtemps élaboré que des vins médiocres – voire mauvais –, en particulier dans les années 60 et 70.

Du fait de leur production très restreinte, les vins d'Ausone sont difficiles à trouver sur le marché. Plus rares que Petrus, tout en étant nettement moins chers, ils diffèrent totalement de leurs homologues de Cheval Blanc, l'autre domaine prestigieux de Saint-Émilion.

Si, en apparence, les deux familles qui possédaient Ausone – les Vauthier et les Dubois-Challon – semblaient s'entendre, des frictions constantes relativement aux méthodes de vinification ont abouti vers le milieu des années 90 au rachat par les premiers des parts de Mme Dubois-Challon. Le vinificateur Pascal Delbeck fut remplacé par Alain Vauthier, qui s'est attaché les conseils de Michel Rolland, de Libourne. Les partisans du tandem Delbeck/Dubois-Challon reprochent à Ausone son style désormais plus épanoui et plus commercial – il ne s'agit jamais là que des critiques de ceux qui cherchent quoi se mettre sous la dent. En effet, parmi les changements intervenus sous la houlette d'Alain Vauthier et de Michel Rolland, il faut signaler des vendanges plus tardives (lorsque les conditions climatiques le permettent), l'achèvement des malolactiques en fûts plutôt qu'en cuves, ainsi qu'une sélection plus stricte ayant entraîné l'élaboration d'un second vin. Sous le nouveau régime, Ausone a effectivement donné des crus spectaculaires, se caractérisant par l'élégance, la finesse et l'aspect minéral typiques du cru. En fait, les Ausone ainsi élaborés se distinguent par la manière dont ils se sont épanouis tant en cours d'élevage qu'en bouteille, et les vins n'ont rien perdu de leur typicité, comme l'avaient insinué les partisans du tandem Delbeck-Dubois-Challon.

Sous la houlette d'Alain Vauthier, ce perfectionniste méticuleux qui ne laisse aucun détail au hasard et est toujours à l'affût de nouvelles techniques de vinification pouvant mieux mettre en valeur le magnifique terroir dont bénéficie le cru, Ausone atteindra, j'en suis convaincu, de nouveaux sommets.

2003
98-100
Ceux qui connaissent Alain Vauthier, le propriétaire d'Ausone, ne seront pas surpris d'apprendre que son 2003 égale, voire surpasse, son aîné de 2000, qui incarne la perfection. Issu de rendements de 23 hl/ha et produit à hauteur de 1 500 caisses seulement, le 2003 d'Ausone se compose à 55 % de cabernet franc et pour le reste de merlot. C'est l'un des vins les plus grandioses que j'aie dégustés en cours d'élevage. Sa robe d'un pourpre d'encre accompagne d'extraordinaires senteurs de fleurs, de framboise, de mûre, de liqueur de minéral et de coing. Suit en bouche un ensemble merveilleusement aérien malgré sa très grande richesse, qui s'exprime tout en rondeur, révélant une finale longue de 70 secondes. Contrairement au 2000 au même stade d'évolution, ce vin monumental paraît plutôt flatteur, du fait de sa plus faible acidité et de son caractère alcoolique. Je pense qu'il se refermera pour ne s'épanouir à nouveau que dans les 10 à 20 ans. Ce stupéfiant 2003, fruit d'un terroir exceptionnel, sera à son apogée **entre 2015 et 2050, voire au-delà.** (3/04)

2003
93
Chapelle d'Ausone – Le somptueux Chapelle d'Ausone 2003, qui a été produit en toutes petites quantités, est l'un des meilleurs seconds vins que j'aie dégustés. Supérieur à nombre d'Ausone produits sous l'ancien régime (avant qu'Alain Vauthier ne rachète les parts de son prédécesseur), il présente, outre

une robe d'un pourpre d'encre, de denses parfums de cassis, de myrtille, de minéral et de violette, un caractère moyennement corsé et aérien, ainsi qu'une finale longue de 1 minute. Ce vin irrésistible sera parfait **ces 15 prochaines années, voire au-delà.** (3/04)

2002 **96** L'Ausone 2002, qui pourrait s'imposer comme la réussite du millésime, est incontestablement le grand succès de la rive droite (alors que l'année fut plutôt favorable aux Médoc à base de cabernet sauvignon). D'un bleu-pourpre opaque, évoquant au nez une liqueur de pierre concassée nuancée de framboise, de cassis et de réglisse, ce vin moyennement corsé, qui se distingue par sa pureté et sa précision, recèle une montagne de tannins auxquels fait pièce un fruité concentré aussi prodigieusement généreux. Bien que l'ensemble ait vieilli en fûts de chêne neuf, son boisé est à peine perceptible, du fait de sa profondeur, de sa concentration et de son étoffe exceptionnelles. L'Ausone 2002 constitue un véritable tour de force en matière de vinification. **À boire entre 2013 et 2060.** (9/03)

2001 **98** Bien qu'il n'ait pas l'ampleur aromatique ni le caractère résolument « magique » de son aîné d'un an, le 2001 d'Ausone pourrait prétendre au titre de vin le plus apte à la garde du millésime. D'un pourpre d'encre, révélant les légendaires arômes de minéral, de mûre, de cassis et de fleurs typiques du cru, il est doux, mûr et structuré, généreusement doté, avec une finale longue de plus de 30 secondes. Si les tannins de ce vin moyennement corsé sont perceptibles, son fruité, sa pureté, sa fraîcheur et sa précision ne passent pas non plus inaperçus. Un Ausone fabuleux, réservé aux vrais connaisseurs. **À boire entre 2012 et 2050, voire au-delà.** (1/03)

2000 **100** Alain Vauthier a réussi le tour de force de traduire dans son somptueux 2000 l'essence du terroir d'Ausone. Il propose un vin d'un pourpre-noir soutenu, dont les sensationnelles senteurs d'encre, de cerise, de mûre et de myrtille sont rehaussées des légendaires parfums de minéral et de pierre mouillée caractéristiques du cru. L'ensemble, qui manifeste en bouche une présence phénoménale, marie merveilleusement richesse et pureté, et révèle encore, malgré sa puissance et son extraction, une délicatesse aérienne. Ce 2000 incarne, je le répète, outre la plus merveilleuse expression qui soit du fabuleux terroir d'Ausone, un véritable tour de force en matière de vinification. Véritable légende en perspective, il ne pourra, je le crains, être apprécié à son apogée par les amateurs qui ont aujourd'hui plus de cinquante ans. **À boire entre 2020 et 2075.** (1/03)

2000 **90** Chapelle d'Ausone – Je recommande chaudement aux amateurs ce vin proposé au dixième du prix de son grand frère. Le 2000 de Chapelle d'Ausone révèle, malgré son caractère serré, une concentration, une richesse et une profondeur que traduisent parfaitement ses senteurs et ses flaveurs florales de mûre et de myrtille. L'ensemble, marqué de minéral, est – pour incroyable que cela puisse paraître – nettement meilleur que nombre d'Ausone des années 50, 60 et 70. **À boire entre 2008 et 2025.** (1/03)

1999 **95** Le 1999 d'Ausone s'imposerait-il comme la réussite du millésime ? D'un pourpre dense, dégageant un irrésistible bouquet de réglisse, de minéral, de liqueur de mûre et de myrtille, ce vin manifeste en bouche une exquise précision malgré sa richesse en extrait absolument phénoménale et ses tannins très abondants. On a peine à croire que cet ensemble, qui réunit tous les traits d'une légende des temps modernes, est issu d'un millésime comme 1999. Alain Vauthier, le maître des lieux, a produit cette année-là seulement 20 000 bouteilles de grand vin, ayant déclassé près du quart de sa récolte totale, pourtant minuscule. Quoi qu'il en soit, le résultat est tout simplement somptueux. Le 1999 d'Ausone doit être attendu au moins 10 ans. **À boire entre 2015 et 2050.** (12/02)

1999 **90** Chapelle d'Ausone – Produit à hauteur de 6 000 bouteilles, le 1999 de Chapelle d'Ausone est composé, comme le grand vin, à parts égales de cabernet franc et de merlot. Ce second vin d'excellente facture arbore un pourpre dense et offre des notes de myrtille, de minéral et de fleurs (notamment la violette). Profond et riche, véritablement superbe, il sera parfait **entre 2007 et 2020.** (12/02)

1998 **94+** Arborant un pourpre dense et opaque, le 1998 d'Ausone exhale un nez discret, mais pur, de minéral, de mûre et de fleurs. Moyennement corsé, extrêmement persistant, il manifeste en bouche un très bel équilibre d'ensemble, malgré son caractère très tannique. Ce vin éblouissant, extrêmement complexe est **à boire entre 2010 et 2050.** (3/02)

1997 **91** Le 1997 d'Ausone est l'une des grandes réussites de cette année. Vêtu de pourpre foncé, il exhale un bouquet complexe et multidimensionnel aux senteurs de framboise, de mûre, de minéral et de fleurs. La bouche, moyennement corsée, révèle un fruit doux et mûr, étayé par des tannins fermes et une acidité de bon aloi pour le millésime. La finale, persistante, est modérément tannique et dotée de manière impressionnante. L'ensemble s'impose comme l'un des 1997 les plus aptes à une longue garde. **À boire entre 2007 et 2020.** (3/01)

1996 **93+** Arborant une robe rubis-pourpre tirant sur le noir, le 1996 d'Ausone déploie avec réticence des arômes de mûre, de myrtille, de minéral, de fleurs et de truffe subtilement nuancés de boisé. L'attaque en bouche est élégante ; elle révèle une douce maturité, ainsi qu'une richesse délicate et concentrée. L'ensemble s'exprime davantage en subtilité qu'en flamboyance ; le caractère doux que l'on perçoit en milieu de bouche distingue le 1996 de ses aînés, souvent inintéressants, des années 70 et 80. Discret pour l'instant, mais racé, cet Ausone est incontestablement capable d'une très longue garde. **À boire entre 2008 et 2040.** (3/01)

1995 **93** Le 1995 affiche l'extraordinaire caractère de minéral typique de ce cru, mais il est plus parfumé, plus riche et manifeste en bouche une personnalité plus pleine et plus multidimensionnelle que les millésimes précédents. En outre, il exprime merveilleusement le terroir dont il est issu. Arborant un rubis-pourpre très dense, il exhale un nez naissant, mais serré, de fleurs printanières, de minéral, de terre et de fruits noirs. Moyennement corsé, riche et opulent, il est étonnamment sensuel pour un jeune Ausone, et manifeste un équilibre absolument exquis entre son acidité, ses tannins, son fruité et son caractère alcoolique. Sans être parfait, il présente cependant tous les éléments requis pour évoluer de manière merveilleuse en bouteille. Il vieillira lentement sur les 30 à 40 ans à venir. **À boire entre 2010 et 2045.** (3/01)

1994 Rubis modérément foncé, le 1994 est austère, moyennement corsé et bien marqué
86 ? par des notes vanillées de pierre et de minéral. Quoique mûr et doté d'un fruité profond, il a une ampleur moindre et n'impressionne nullement. L'avenir nous dira s'il recèle quelque étoffe derrière ses tannins coupants. **À boire jusqu'en 2018.** (3/00)

1993 Plutôt discret, le 1993 libère un bouquet réservé et peu évolué, aux senteurs
85 ? de minéral et de graphite marquées de notes de groseille. Austère et moyennement corsé, mais aussi tannique, maigre et comprimé, il se dessèchera vraisemblablement avant que ses tannins ne se fondent. **Dégustez ce vin assez léger dans les 10 ans**, malgré son caractère astringent. (1/97).

1992 Très tannique, avec une structure bien affirmée, le 1992 présente un nez très
80 ? réticent de poussière, de fruits rouges, de fleurs, de bois et de minéral. Très peu corsé et creux, il offre en bouche des effluves de cerise auxquels se mêlent des senteurs herbacées. Bien trop tannique et trop nerveux pour se montrer agréable rapidement, il pèche aussi par manque de profondeur, d'intensité et de présence en bouche. Il est d'ailleurs fort possible qu'il se dessèche avant que ses tannins ne se fondent. **À boire.** (11/94)

1990 Ni charmeur ni précoce – il est en fait fermé –, le 1990 arbore un rubis
92+ sombre et dense absolument intact. Le fruit se révèle maintenant plus doux, et l'ensemble est plus musclé, plus riche et plus ample en bouche, sans cependant avoir rien perdu du légendaire caractère minéral et épicé de groseille typique de ce cru. Ce vin moyennement corsé est bien étayé par de doux arômes fruités sous-jacents, mais il requiert encore une certaine garde. Pourra-t-il jamais égaler le 1982 et le 1983 ? Peut-être, mais n'y comptez pas trop. **À boire entre 2008 et 2030.** (11/96)

1989 Des notes de caramel fondu, de café, de cake et de groseille mûre constituent
87 ? le bouquet modérément intense de ce vin relativement mûr pour le cru. Cependant, la bouche recèle encore des tannins assez abondants, et sa finale est quelque peu desséchée. L'ensemble, moyennement corsé, présente encore des arômes modérément généreux de cassis et de groseille. **À boire dans les 8 à 15 ans.** (11/02)

1988 D'un rubis foncé légèrement rosé sur le bord, le 1988 d'Ausone dégage des
80 ? senteurs de réglisse, de fenouil, de cannelle, de minéral, de groseille et de cassis. La bouche, légèrement corsée, est décevante. Une fois de plus, l'ensemble ne tient pas ses promesses, révélant une dureté et un caractère atténué qui ne sont pas dignes de son pedigree. **À boire jusqu'en 2020.** (11/02)

1987 Très réussi, le 1987 titre 13° d'alcool naturel et étonne par sa belle maturité.
87 Ses arômes exotiques et minéraux sont caractéristiques du cru, et l'ensemble, moyennement corsé, racé et richement fruité, tiendra parfaitement encore 10 ans. Ce vin pourrait se révéler aussi bon que le merveilleux 1976 s'il continuait de s'affirmer et de s'étoffer en bouteille. Une révélation ! **À boire jusqu'en 2015.** (5/02)

1986 Ce vin maigre, qui constitue une autre grande déception, est très structuré
74 et très musclé, et fortement marqué de minéral, mais il manque tout à la fois

de fruit, de charme et de saveur. L'ensemble tiendra plus d'une trentaine d'années, mais je doute qu'il soit jamais plaisant. **À boire jusqu'en 2040.** (12/99)

1985 **75** Tout aussi décevant que le cru précédent, le 1985 d'Ausone continue de se dessécher. Légèrement corsé et très tannique, il présente un fruité herbacé de groseille, ainsi qu'une finale comprimée et acerbe. L'ensemble s'est détérioré au fur et à mesure de son vieillissement en bouteille. **À boire sans plus tarder.** (11/99)

1983 **91** Très réussi, le 1983 semble être à son apogée. Cependant, connaissant l'aptitude à la garde du cru, il n'est pas impossible qu'il se maintienne encore une bonne vingtaine d'années. D'un rubis-grenat fortement ambré sur le bord, il exhale un doux nez de cake, de boîte à épices, de sous-bois, de réglisse et de fruits rouges et noirs qui jaillit littéralement du verre. L'ensemble, moyennement corsé, est rond et opulent pour un Ausone. Sa finale, épicée, est quelque peu comprimée. **À boire jusqu'en 2025, voire au-delà.** (1/03)

1982 **90 ?** Ce vin d'un grenat foncé fortement ambré sur le bord libère de douces notes de tabac herbacé nuancées de confiture de groseille, de boîte à épices et de cèdre, qui jaillissent littéralement du verre. Plutôt parfumé pour un exemple de ce cru, il est doux à l'attaque, étonnamment gras et mûr, mais il s'amenuise en finale, révélant, outre d'abondants tannins, un caractère dur et structuré. L'ensemble paraît avoir émergé de son sommeil, mais on ne saurait deviner la direction dans laquelle il évoluera. **À boire entre 2008 et 2030.** (12/02)

1981 **82** Malgré son caractère fermé, ce vin d'un rubis moyen révèle un fruit d'une belle maturité, mais ses tannins durs ne manquent pas d'inquiéter. Quoique moyennement massif et bien concentré, l'Ausone 1981 est concentré, mais je pense qu'il demeurera austère et rugueux et qu'il ne développera pas de charme. **À boire jusqu'en 2010.** (1/90)

1979 **89 ?** D'un rubis foncé encore brillant, mais rosé sur le bord, le 1981 d'Ausone exhale un nez de terre humide, de groseille, de champignon et de boîte à épices. Moyennement corsé, fortement marqué de minéral, il révèle à l'attaque un fruité doux et de bon aloi, mais sa finale, sèche et astringente, est relativement dure. L'ensemble est typique de nombreux millésimes du cru, que les amateurs de vins modernes et fruités auront du mal à apprécier. **À boire entre 2008 et 2025.** (11/02)

1978 **85 ?** La robe grenat foncé de l'Ausone 1978 accompagne un nez d'herbes, de réglisse et de fenouil. Ce vin moyennement corsé, structuré, presque métallique, n'a pas l'intensité ni l'étoffe lui permettant de faire pièce à sa structure et à son caractère musclé. **À boire jusqu'en 2015.** (12/00)

1976 **92** Ce vin d'un grenat foncé fortement ambré sur le bord s'annonce par de douces senteurs de sirop d'érable nuancées de notes de sous-bois, de prune, de figue et de groseille. L'ensemble, qui révèle davantage de douceur et de maturité que le 1975, son aîné plus prisé, exprime une bouche anguleuse et un peu dure, typique du cru, mais qui révèle aussi un caractère bien affirmé et moyennement corsé, ainsi qu'une concentration d'excellent aloi. Aussi étonnant que cela puisse paraître, la finale est aigre-douce, révélant une maturité et un gras généreux, mais aussi de très abondants tannins. L'ensemble paraît avoir atteint son apogée et pourrait s'y maintenir une quinzaine d'années. **À boire jusqu'en 2020.** (1/02)

1975 88 ? Ce vin, fortement ambré sur le bord, exhale un nez de cannelle, de terre, de fruits rouges, d'herbes séchées, de champignon et de sous-bois. Moyennement corsé, il est encore assez tannique, mais présente une belle complexité aromatique. Bien qu'il n'accuse aucun signe de dessèchement, il est fort peu probable qu'il plaise aux amateurs de vins fruités. **À boire jusqu'en 2020.** (1/02)

1971 78 D'un rubis léger nuancé de rouille sur le bord, ce vin plaisant, mais dépourvu d'étoffe, exhale des parfums peu intenses de chêne épicé, de minéral et de feuilles en décomposition. Sans être terriblement concentré, il est bien fruité, avec un caractère savoureux et de bonne tenue. C'est un vin agréable. Un magnum dégusté à la propriété en 1988 méritait une meilleure note (86), mais il était loin d'être profond. **Devrait être bu.** (3/88)

1970 69 Très léger, avec un bouquet évoquant les fleurs fanées et un fruit poussiéreux, le 1970 d'Ausone se distingue par sa robe tuilée et par un fruité qui commence à se dessécher. Ce vin moyennement corsé fait figure, dans cet excellent millésime, de vilain petit canard parmi les huit « grands » du Bordelais. Très décevant. **À boire sans plus tarder – probablement sur le déclin.** (1/87)

1967 65 Un bouquet aqueux et insipide introduit en bouche un vin terne et dilué, à la robe fortement brunie. Sans être totalement mauvais, c'est un Ausone très décevant. **À boire sans plus tarder – probablement sur le déclin.** (9/83)

1966 78 J'ai dégusté ce vin en deux occasions à Bordeaux ; il s'agissait de bouteilles en parfait état de conservation. D'un grenat moyen nuancé d'ambre et de rouille, le 1966 séduit, de prime abord, par son nez de fruit fané, de cuir fin et d'herbes séchées. La bouche est souple et douce à l'attaque, mais elle s'amenuise rapidement pour révéler un ensemble moyennement corsé, dur, astringent et creux. Ce vin, qui est incontestablement sur le déclin, doit être consommé **sans plus tarder.** (3/97)

1961 88 Ce vin, irrésistible par son nez mûr de fruits séchés, d'herbes, de minéral et de vieux thé évoquant un Porto, révèle en bouche davantage de douceur et de gras que l'on n'en attend généralement de ce cru. Il présente même un caractère confit sous-jacent laissant deviner que la vendange dont il est issu était peut-être trop mûre. L'ensemble est marqué en arrière-plan de notes de terre, de tannins durs et d'une certaine acidité, mais il est bon, voire excellent, et plutôt dominé par ses qualités que par ses défauts. **À boire jusqu'en 2008.** (3/97)

MILLÉSIMES ANCIENS

Pour être aimable, on dira des vieux millésimes d'Ausone, et notamment de ceux de l'après-guerre, qu'ils ont simplement survécu. Si la plupart des vins des années 40 ou 50 sont toujours buvables, je doute, en revanche, qu'ils soient plaisants. De bons millésimes comme 1945, 1947, 1952, 1955 et 1959 sont certes encore capables d'évoluer, mais ils sont tous « typiquement Ausone », c'est-à-dire austères, maigres et souvent dépourvus de charme. Pour des raisons qui m'échappent, ils manquent de richesse et de profondeur, mais il est vrai qu'ils sont desservis par des tannins abondants, secs et astringents. L'un des millésimes que je préfère est le 1955, mais il est loin d'être de très haut vol.

Le 1949, que j'ai dégusté en septembre 1995 (noté 86), arborait une robe d'un grenat moyen fortement nuancé de rouille sur le bord et séduisait par ses arômes de minéral et de fruits noirs. L'ensemble – typiquement Ausone, encore – est moyennement corsé, austère, maigre et doté d'une acidité très importante.

Le 1874 d'Ausone (noté 96 en septembre 1995) m'a fait comprendre la raison pour laquelle je n'avais jamais vraiment apprécié ce cru – tout simplement parce que je n'avais pas pu attendre cent vingt et un ans qu'il arrive à pleine maturité... Lors de ma dégustation, ce vin révélait encore un doux nez de tomate, d'herbe, de minéral et de fruits noirs, et présentait une bouche moyennement corsée, marquée par la mâche et par un gras généreux. La finale, capiteuse et fabuleusement longue, était nuancée de minéral. Ce vin pourrait bien tenir 30 à 40 ans encore.

Lorsque j'ai goûté pour la première fois l'Ausone 1929 (noté 96 en septembre 1994), je l'ai qualifié de « royaume du cèdre ». Ce vin, dont la robe légèrement teintée de rouille accompagne un nez fabuleux d'épices, de cèdre et de fruits doux et confiturés, déploie une merveilleuse maturité, ainsi que l'austérité et la finale sèche légendaires de ce cru. Bien qu'il demeure riche, moyennement corsé et intact, je ne me hasarderais pas à le conserver plus avant. Il révèle cependant plus de fruité, de richesse et de complexité que ne le laisserait supposer sa robe légère.

L'Ausone 1921 (noté 92 en septembre 1995) était moins élégant et moins visqueux que le 1929, mais toujours remarquablement riche et parfumé. Plus tannique, avec un caractère typiquement Ausone évoquant un Médoc, il révélait des arômes complexes, mais souples, de petits fruits entremêlés de minéral, de fleurs séchées et d'épices, introduisant en bouche un ensemble moyennement corsé, concentré et bien équilibré. Il s'agit d'un vin parfaitement mûr, qui perdait de son fruité au fur et à mesure de son aération et qu'il faut boire maintenant.

Mes notes de dégustation indiquent que j'ai attribué 90 au nez de l'Ausone 1900 et 99 aux parfums qu'il dégage. Si, en général, les vins de cette propriété offrent au nez un bouquet intense, ils déploient en bouche des arômes plutôt courts, et il est assez incroyable que celui-ci, à plus de 100 ans, affiche encore tant de richesse et de senteurs. Il révèle un nez ample de girofle rôtie, de café et de fruits rouges mielleux, qui introduit en bouche un vin tout aussi ample, extrêmement doux et rond, aux arômes alcooliques et confiturés et à la finale remarquablement longue. Sa robe légèrement teintée de rouille rappelle celle d'un Zinfandel blanc, et son extrême douceur me conduit à penser que les fermentations se sont arrêtées trop tôt et qu'il reste un peu de sucre résiduel. Ce vin demeure néanmoins étonnamment frais et vivace, et pourrait tenir encore 15 à 30 ans.

BALESTARD LA TONNELLE

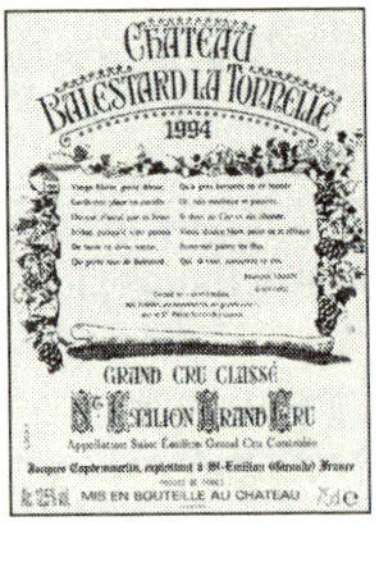

Grand cru classé
Propriétaire : SCEA Capdemourlin
Adresse : 33330 Saint-Émilion
Adresse postale : SCEA Capdemourlin
Château Roudier – 33570 Montagne-Saint-Émilion
Tél. 05 57 74 62 06 – *Fax* 05 57 74 59 34
E-mail : info@vignoblescapdemourlin.com
Site Internet : www.vignoblescapdemourlin.com
Visites : sur rendez-vous uniquement
Contact : Jacques Capdemourlin

VIGNOBLE ET VINIFICATION

Superficie : 10,60 ha
Encépagement : 70 % merlot, 25 % cabernet franc, 5 % cabernet sauvignon
Âge moyen des vignes : 33 ans – *Densité de plantation :* 5 600 pieds/ha
Rendement moyen : 41 hl/ha
Élevage : fermentations et cuvaison de 21 à 28 jours en cuves de béton thermorégulées revêtues d'Epoxy ; vieillissement de 15 à 18 mois en fûts (50 % de bois neuf) ; collage et filtration

VIN PRODUIT

Château Balestard La Tonnelle – 60 000 b (pas de second vin)
À maturité : dans les 5 à 15 ans suivant le millésime

APPRÉCIATION GÉNÉRALE

Ce cru de bonne tenue, élaboré dans un style traditionnel, n'a pas sacrifié aux vinifications modernes qui sont en vogue dans l'appellation.

J'ai toujours considéré Balestard La Tonnelle comme le Lynch-Bages (de moindre ampleur) de Saint-Émilion. Cette propriété, qui appartient à la famille Capdemourlin, produit en effet un vin densément coloré, ample, profond, riche et de bonne mâche, parfois même un peu trop corpulent et trop alcoolique, mais généralement plein de charme. Il doit normalement être consommé après 5 ou 6 ans de garde, mais peut également évoluer de belle manière sur 10 ans et plus.

La propriété doit son nom à François Villon, qui évoque dans un poème « le divin nectar qui porte le nom de Balestard ». Le vignoble, situé sur un plateau calcaire voisin de Château Soutard, à l'est de Saint-Émilion, est entouré d'une rangée de grands cyprès et comporte un moulin à vent juché sur un tertre. Ce cru est assez régulier à haut niveau depuis les années 70.

2001 **87** D'un rubis-prune foncé, doté d'un doux nez de chocolat et de cassis, ce vin moyennement corsé et charnu, d'une belle densité, est étayé par une faible acidité et des tannins mûrs. **À boire dans les 3 à 6 ans.** (1/03)

2000 **87** Ce vin plein de charme séduit par sa robe d'un prune-grenat foncé et son doux nez de compost, de liqueur de cerise noire, de cassis et de sous-bois. Typique du cru dans la mesure où il est ample de carrure et charnu, cet ensemble assez tannique et faible en acidité sera apprécié **dans les 8 à 10 ans.** (1/03)

1999 **86** Le 1999 doit son charme précoce à sa faible acidité. Ce vin d'un rubis-pourpre foncé séduit par ses très généreux arômes de cassis et de cerise, présentés dans un ensemble plaisant, moyennement corsé et charnu. **À boire jusqu'en 2010.** (3/02)

1998 **86** Ce vin moyennement corsé et épicé, marqué par le terroir, libère des notes d'olive, de cerise mûre, de cassis et de boîte à épices. Sans être complexe, il est bien fait et musclé, s'imposant comme un Saint-Émilion savoureux et charnu. **À boire jusqu'en 2010.** (3/02)

1997
78 Ce vin comprimé, tannique et dénué de complexité n'a pas la douceur, le gras ni le fruit qui feraient pièce à sa structure. **À boire sans plus tarder.** (3/01)

1996
83 Vêtu d'un rubis-grenat évolué, le 1996 exhale un nez épicé de terre et d'herbes séchées. Moyennement corsé et presque mûr, il déploie en finale un doux fruité de cerise. **À boire jusqu'en 2006.** (3/00)

1995
(85-86 ?) Reflétant bien la faible acidité et le caractère mûr et confit de son millésime, le 1995 est moyennement corsé, mais quelque peu dépourvu de tenue. Cependant, ce Balestard présente un caractère très affirmé, et il est très tannique. **À boire jusqu'en 2009.** (12/02)

MILLÉSIMES ANCIENS

Le 1990 (noté 87 en novembre 2000) et le 1982 (noté 90 en décembre 2001) s'imposent comme les deux meilleurs vieux millésimes de Balestard La Tonnelle que je connaisse. Je subodore que ces vins sont encore en bonne forme, en particulier le 1982, le plus épais et le plus riche des exemples de ce cru que j'aie dégusté.

BARDE-HAUT

Grand cru
Propriétaire : Sylviane Garcin-Cathiard
Adresse : 33330 Saint-Christophe-des-Bardes
Adresse postale : Château Haut-Bergey – BP 49 – 33850 Léognan
Tél. 05 56 64 05 22 – *Fax* 05 56 64 06 98
E-mail : haut.bergey@wanadoo.fr
Site Internet : www.vignoblesgarcin.com
Visites : sur rendez-vous uniquement
Contacts : Hélène Garcin-Lévêque ou Sylviane Garcin-Cathiard

VIGNOBLE ET VINIFICATION

Superficie : 17 ha
Encépagement : 80 % merlot, 20 % cabernet franc
Âge moyen des vignes : 33 ans – *Densité de plantation :* 6 500 pieds/ha
Rendement moyen : 30 hl/ha
Élevage : fermentations, avec des levures indigènes, et cuvaison prolongées en cuves de béton thermorégulées d'une contenance de 50 hl, avec de fréquents pigeages ; achèvement des malolactiques et vieillissement de 18 mois en fûts (100 % de bois neuf) ; ni collage ni filtration

VINS PRODUITS

Château Barde-Haut – 40 000 b ; Le Vallon de Barde-Haut – 25 000 b
À maturité : dans les 5 à 20 ans suivant le millésime

APPRÉCIATION GÉNÉRALE

Sous la talentueuse houlette de Dominique Philipe, Barde-Haut s'est imposé au nombre des propriétés les plus sérieuses de l'appellation. Le domaine, actuellement géré par les Garcin-Cathiard, a confirmé ces dernières années qu'il entendait se maintenir à ce niveau. Vinifié dans le style des Saint-Émilion avant-gardistes, qui privilégie la richesse et l'opulence, Barde-Haut se distingue aussi par son bon rapport qualité/prix.

Barde-Haut, qui a le vent en poupe depuis quelques années, propose des Saint-Émilion de style moderne, profondément colorés, regorgeant d'arômes doux et concentrés de cerise noire et de cassis mûrs nuancés de chêne grillé, de réglisse et de boîte à épices.

2003 **84-86** Moins réussi que ses aînés de 1998 et 2000, le 2003 de Barde-Haut est rubis foncé de robe, élégant, souple et léger, avec une faible acidité, mais il pèche par son caractère superficiel ainsi que par son manque de profondeur. **À boire dans les 7 à 8 ans.** (3/04)

2002 **89** Barde-Haut s'est régulièrement distingué ces dernières années, se caractérisant par une grande corpulence et un fruité généreux, ainsi que par des arômes des plus séduisants. Quoique plus léger que ses aînés de 1998 et 2000, le 2002 n'a rien de timoré. D'un rubis-pourpre dense, doté d'un nez de fruits rouges et noirs, de terre, de chocolat et de chêne neuf épicé, il est moyennement corsé et de bonne mâche, et doit être consommé **dans les 10 ans suivant le millésime.** (9/03)

2001 **88 ?** Ce vin, qui s'est étoffé en cours d'élevage, s'est montré sous un meilleur jour lors de ma dernière dégustation qu'en mars 2002. Sa robe d'un rubis-pourpre profond accompagne de doux arômes de mûre sauvage et de groseille, entremêlés de notes de réglisse, de chêne grillé et de tabac. Suit en bouche un ensemble moyennement corsé, étayé par des tannins modérément abondants, dont la finale est aussi pure qu'élégante. **À boire entre 2007 et 2014.** (1/03)

2000 **91** J'ai peine à imaginer que le 2000 puisse surpasser son aîné de 1998, mais il l'égale indiscutablement pour ce qui est de la race, présentant, en outre, davantage de muscle, de précision et de tannins. Ce vin dense, corsé et séveux, impressionnant de pureté malgré son ampleur, se distingue encore par sa finale persistante, nette et concentrée. **À boire à son apogée entre 2007 et 2016.** (1/03)

1999 **89+** Le 1999 de Barde-Haut, qui pourrait se révéler extraordinaire, est tout à la fois élégant, complexe et savoureux, et fera les délices des épicuriens. Sa robe d'un rubis-pourpre foncé prélude à de très généreux arômes de fruits noirs nuancés de réglisse et de chêne grillé. Suit en bouche un ensemble moyennement corsé, doux et ample, étayé par une faible acidité et dont la finale est opulente. **À boire dans les 6 à 7 ans.** Quelle séduction ! (3/02)

1998 **90** La robe d'un rubis-pourpre profond du 1998 accompagne de purs et doux arômes de confitures de mûre et de myrtille judicieusement imprégnés de boisé. L'ensemble, moyennement corsé, est gras et concentré en milieu de bouche. Très structuré, admirable de richesse et de persistance, il atteste encore une précision d'excellent aloi. Son fruité riche et merveilleusement extrait est étayé par une faible acidité. **À boire jusqu'en 2018.** (3/02)

1997 **90** Le 1997 s'est imposé, dès les premières dégustations, comme l'une des grandes réussites du millésime ; c'est aussi une révélation de l'année. Sa robe d'un bleu-pourpre soutenu introduit de somptueuses senteurs de mûre et de myrtille, elles-mêmes suivies d'un ensemble moyennement corsé et riche, se développant par paliers et s'imposant en bouche avec élégance. Les tannins doivent encore se fondre plus harmonieusement, mais ce vin stupéfiant a pour lui sa fabuleuse pureté, son doux milieu de bouche et sa belle persistance. C'est incontestablement l'un des 1997 les plus riches et les mieux équilibrés. Il peut être dégusté **dès maintenant et dans les 10 ans.** (3/02)

BEAU-SÉJOUR BÉCOT

1er grand cru classé B
Propriétaires : Gérard et Dominique Bécot
Adresse : 33330 Saint-Émilion
Tél. 05 57 74 46 87 – *Fax* 05 57 24 66 88
E-mail : contact@beausejour-becot.com
Site Internet : www.beausejour-becot.com
Visites : sur rendez-vous uniquement
Contact : Juliette Bécot

VIGNOBLE ET VINIFICATION

Superficie : 16,52 ha
Encépagement : 70 % merlot, 24 % cabernet franc, 6 % cabernet sauvignon
Âge moyen des vignes : 35 ans – *Densité de plantation :* 6 600 pieds/ha
Rendement moyen : 37 hl/ha
Élevage : fermentations et cuvaison de 28 à 30 jours en cuves d'acier inoxydable thermorégulées ; achèvement des malolactiques et vieillissement de 18 mois en fûts (100 % de bois neuf) ; ni collage ni filtration

VINS PRODUITS

Château Beau-Séjour Bécot – 70 000 b ;
Tournelle de Beau-Séjour Bécot – 10 000-12 000 b
À maturité : dans les 10 à 20 ans suivant le millésime

APPRÉCIATION GÉNÉRALE

Depuis que Beau-Séjour Bécot a retrouvé son rang de premier grand cru classé, à la faveur du classement de 1996 (il avait été déclassé en 1984), il s'est révélé impressionnant (en particulier depuis le milieu des années 80). Son style ostentatoire, presque extrême, ne fait pas l'unanimité, mais, si l'on considère que le vin est un breuvage destiné à procurer du plaisir, Beau-Séjour Bécot remplit son contrat.

Le niveau de qualité de Beau-Séjour Bécot s'est nettement amélioré depuis le milieu des années 80. Ironie du sort, c'est précisément à ce moment (en 1984) que ce château fut déclassé, pour ne retrouver son rang que dix ans plus tard, au moment du classement de 1996. Le vignoble, bien situé sur le plateau calcaire de Saint-Émilion, donne des vins riches et corsés, souples et charnus. Il est incontestable qu'ils doivent leur caractère séduisant ainsi que leur texture charnue et de bonne mâche au fait qu'ils sont issus d'une vendange très mûre, à leur élevage dans le chêne neuf et à une mise en bouteilles la plus naturelle possible. La propriété bénéficie des conseils du célèbre œnologue libournais Michel Rolland.

2003
90-92 Composé à 70 % de merlot, à 24 % de cabernet franc et pour le reste de cabernet sauvignon, le 2003 de Beau-Séjour Bécot titre 14,5 % d'alcool naturel. Ce vin d'un pourpre d'encre, qui doit à sa faible acidité son caractère charnu et gras, est de bonne mâche et exprime avec ampleur une concentration et une densité d'excellent aloi. Évoquant un de ses homologues du Nouveau Monde, il devrait, si l'on se fie à sa faible acidité, évoluer assez rapidement ; cependant, sa concentration est telle qu'elle devrait lui permettre de tenir une bonne vingtaine d'années. **À boire entre 2007 et 2023.** (3/04)

2002
89 Quoique agressif, très parfumé et probablement trop extrait, ce 2002 est aussi très profond, musclé et terriblement capiteux. D'un pourpre soutenu, doté d'un nez de café, de réglisse, de chêne neuf grillé, de mûre et de cassis, il constitue un ensemble incontestablement concentré, dont les abondants tannins, qui pourraient ultérieurement se révéler secs et austères, devront être suivis de près. Pour l'heure, ce Beau-Séjour Bécot promet de se révéler extraordinaire – s'il se fondait en un vin flamboyant, puissant, explosif et exubérant. **À boire entre 2007 et 2017.** (9/03)

2001
90 S'il n'a pas la puissance ni l'ampleur de son aîné d'un an, le 2001 de Beau-Séjour Bécot n'en est pas moins excellent. Sa robe d'un pourpre dense accompagne des senteurs de cerise et de cassis cristallisés auxquelles se mêlent des notes de doux chêne grillé, de réglisse et de boîte à épices. L'ensemble, moyennement corsé, est extraordinaire de pureté, avec une finale d'excellent aloi. Il doit sa belle tonicité à l'heureuse acidité qui l'étaye. **À boire entre 2006 et 2015.** (1/03)

2000
93 Voici le Beau-Séjour Bécot le plus grandiose que je connaisse. Ce vin d'un pourpre opaque, qui s'est étoffé en cours d'élevage, est tout simplement spectaculaire en bouteille. Son boisé parfaitement fondu, son fruité, son gras, son ampleur et sa puissance aromatiques sont rien de moins que remarquables. Au bouquet, il mêle des senteurs d'encre, de café, de mûre et de groseille confiturées à des notes de pierre mouillée et de réglisse. En bouche, il marie magnifiquement une très grande pureté à une fabuleuse richesse en extrait, et révèle encore, outre un caractère corsé et une texture épaisse, une richesse et une persistance fabuleuses, ainsi que des tannins très abondants. Vous apprécierez ce vin puissant et massif à son apogée **entre 2008 et 2025.** (1/03)

1999
86 Issu d'une vendange précipitée par une averse de grêle, ce 1999 manque quelque peu d'ampleur et d'étoffe, mais il séduit par ses arômes herbacés de cerise noire et de groseille. **À boire dans les 4 à 5 ans.** (3/02)

1998
91 Comme la plupart de ses aînés, le 1998 de Beau-Séjour Bécot est marqué par un boisé flamboyant, mais il diffère des millésimes précédents dans la mesure où ses notes de vanille et de grillé son étayées par davantage de concentration, de profondeur et de puissance. Ce vin corsé et dense, très marqué par la mâche, regorge de copieux arômes poivrés et herbacés de cassis, de groseille et de mûre. L'ensemble, opulent et généreux, déploie une finale légèrement tannique. **À boire jusqu'en 2016.** (3/02)

1997
89 Ce Saint-Émilion sensuel, qui est l'une des plus belles réussites du millésime, se distingue par d'amples senteurs de chêne grillé et fumé nuancées de fraise

et de cerise confiturées. Moyennement corsé et fabuleux de pureté, il doit sa texture opulente et charnue à sa faible acidité. Un vin séduisant, à apprécier **dans les 3 à 4 ans.** (3/01)

1996 **89** Une robe prune-pourpre foncé précédant un doux fruit confituré (de cassis et de cerise) nuancé de chêne neuf grillé annonce le Beau-Séjour Bécot 1996, généreusement boisé et des plus plaisants. Ce vin moyennement corsé, presque extraordinaire de richesse, se développe joliment, et par paliers, en milieu de bouche, et déploie une finale persistante, aux tannins souples. Il devrait se maintenir 8 ans, voire plus. **À boire jusqu'en 2013.** (4/02)

1995 **89** La robe prune foncé de ce vin sensuel prélude à de doux arômes épicés et vanillés de cerise noire et de cassis qui jaillissent littéralement du verre. La bouche révèle un ensemble souple, rond, des plus plaisants, qui exprime tout en rondeur un caractère généreux, charmeur et opulent. Quant à la finale, elle est riche et dotée de manière impressionnante. Ce vin recèle des tannins encore présents, mais fondus. **À boire jusqu'en 2014.** (4/02)

1994 **86** Rubis foncé de robe, le 1994 exhale le nez généreusement boisé et grillé typique des vins de la propriété. Il est moyennement corsé, très structuré, mais, bien que de bonne qualité et de longue garde, il manque de charme et de précocité. **À boire jusqu'en 2012.** (3/00)

1990 **89** Le 1990, qui est à son apogée, arbore un rubis-prune foncé tirant sur le grenat et développe un nez épicé et boisé de vanille, d'herbes et de cerise noire, qui prélude en bouche à un ensemble moyennement corsé, étayé par des tannins doux, et dont la finale, étonnamment longue et structurée, impressionne par son gras et son fruité. **À boire jusqu'en 2007.** (11/01)

1989 **87** Une intéressante dégustation comparative m'a fait remarquer que le 1989 était nettement plus tannique que son cadet d'un an. D'un prune foncé légèrement éclairci sur le bord, il exhale un nez de compost, de réglisse fondue, de chêne et de cerise noire. Son boisé, autrefois trop présent, est désormais plus subtil et moins agressif. L'ensemble s'exprime à l'attaque avec ampleur, révélant du gras et un caractère charnu, mais il présente en finale des tannins astringents. L'évolution de ce vin a toujours été difficile à suivre, car il semblait plus souple et plus opulent dans sa jeunesse ; il affiche au vieillissement un caractère plus structuré et plus tannique, au fur et à mesure qu'il se défait du gras de sa petite enfance. Quoi qu'il en soit, le 1989 de Beau-Séjour Bécot est capable d'une garde de 8 ans. **À boire jusqu'en 2013.** (11/01)

1988 **87** Le 1988, qui se révèle meilleur que je ne l'aurais pensé de prime abord, est à son apogée. Doté d'un nez de réglisse, d'herbes séchées, de groseille et de cassis doux nuancé de grillé et de terre, il retient son fruité, alors que les tannins agressifs qu'il présentait dans sa jeunesse se sont fondus. L'ensemble, moyennement corsé et dense, est de proportions classiques ; il est agréablement trapu et musclé, tout en présentant moins de complexité que les millésimes récents de ce cru. **À boire jusqu'en 2009.** (11/01)

1986 **87** Le 1986 est anguleux et quelque peu dénué de structure, avec des tannins qui commencent à le dominer. Offrant un séduisant bouquet aux complexes senteurs de fumé, d'herbes, de cassis, de terreau et de boîte à épices, il présente une attaque de bon aloi, mais sa finale est atténuée et tannique. Il se peut que l'ensemble commence à se dessécher et que ses tannins prennent le dessus sur ses autres composantes. **À boire.** (11/01)

1983 86 Ce vin, qui a atteint son apogée, commence à se faner. D'un grenat fortement ambré sur le bord, il exhale un nez d'herbes, de douce groseille et de boîte à épices. Moyennement corsé et charnu, étayé par une faible acidité, il se délite dangereusement à l'aération. **À boire sans plus tarder.** (1/01)

MILLÉSIMES ANCIENS

Les millésimes des années 70 et du début des années 80 sont de peu d'intérêt ; dans la dernière édition de cet ouvrage, les notes attribuées aux Beau-Séjour Bécot des années 60 et 70 allaient de 60 à 75 – c'est dire si le cru était médiocre. Bien entendu, tout cela a changé, Beau-Séjour Bécot s'imposant désormais comme l'un des Saint-Émilion les plus réguliers à haut niveau, faisant parfaitement honneur à son rang de premier cru classé.

BEAUSÉJOUR (DUFFAU-LAGARROSSE)

1er grand cru classé B
Propriétaires : héritiers Duffau-Lagarrosse
Adresse : 33330 Saint-Émilion
Tél. 05 57 24 71 61 – *Fax* 05 57 74 48 40
E-mail : beausejourhdl@wanadoo.fr
Visites : sur rendez-vous uniquement
Contact : Jean Duffau-Lagarrosse

VIGNOBLE ET VINIFICATION

Superficie : 6,81 ha
Encépagement : 70 % merlot, 20 % cabernet franc, 10 % cabernet sauvignon
Âge moyen des vignes : 35-40 ans – *Densité de plantation :* 6 600 pieds/ha
Rendement moyen : 35 hl/ha
Élevage : fermentations et cuvaison prolongées (25 à 30 jours) en cuves de béton thermorégulées ; vieillissement de 12 à 16 mois en fûts (renouvelés par moitié à chaque millésime) ; collage ; pas de filtration

VINS PRODUITS

Château Beauséjour – 25 000-30 000 b ; Croix de Beauséjour – variable
À maturité : dans les 10 à 30 ans suivant le millésime

APPRÉCIATION GÉNÉRALE

Beauséjour s'impose incontestablement comme l'un des Saint-Émilion les plus complexes et les plus aériens. Le 1990 de ce cru est immortel.

Saint-Émilion compte deux domaines de noms similaires (Beau-Séjour Bécot et Beauséjour), tous deux situés sur les coteaux. L'un et l'autre se classent parmi l'élite de l'appellation, c'est-à-dire parmi les premiers grands crus. Cependant, ces deux vins ne pouvaient être plus différents. Si Beau-Séjour Bécot séduit et se distingue surtout par son fruit opulent et confituré généreusement étayé de notes de chêne neuf grillé, Beauséjour, en revanche, se montre généralement plus réservé, plus austère et plus minéral, tout en étant aussi puissant et dense que son homonyme partiel. Il ressemblerait davantage à Ausone.

Beauséjour est aujourd'hui géré par Jean-Michel Dubos, qui a largement contribué à en améliorer la qualité depuis le milieu des années 80 ; c'est notamment lui qui a décidé de l'élaboration d'un second vin, composé des cuves les moins réussies. Comme l'indiquent les notes qui suivent, le Beauséjour 1990 est probablement l'un des vins jeunes les plus profonds que j'aie jamais dégustés ; il s'impose comme une légende du XXe siècle.

Le vignoble de Beauséjour, qui jouxte la minuscule église de Saint-Martin, est situé sur un sol argilo-calcaire et appartient à la même famille depuis que le vignoble d'origine, situé sur des sols calcaires et argilo-calcaires, a été scindé, en 1869, en deux « Beau (-)séjour ». Ces dernières années, les vins qui en sont issus présentent davantage de richesse et d'ampleur, du fait, très certainement, de la décision de Jean-Michel Dubos de vendanger plus tardivement et d'opérer des sélections plus strictes.

Je signale cependant aux amateurs ne comptant pas la patience au nombre de leurs qualités que ce cru ne leur convient pas, car il ne commence à s'assouplir que vers 10 ans d'âge.

2003 **89-91+** Ce petit bijou de propriété est à la tête d'un vignoble de près de 7 ha, complanté à 70 % en merlot, à 20 % en cabernet franc et à 10 % en cabernet sauvignon, et bénéficiant d'une belle ouverture au sud-ouest. Issu de faibles rendements de 28 hl/ha, le Beauséjour 2003 est plutôt alcoolique pour un Saint-Émilion (il titre 13,5 % d'alcool naturel). Présentant les arômes de myrtille, de mûre et de prune nuancés de minéral typiques du cru, il est moyennement corsé et d'une grande pureté, et se distingue par son caractère longiligne et bien affirmé, mais doit encore résorber ses tannins poudreux. **À boire entre 2010 et 2025.** (3/04)

2002 **89** Structuré et quelque peu dur, le 2002 de Beauséjour s'annonce par un pourpre dense préludant à un nez de fruits noirs (notamment la myrtille et la mûre). Dense et moyennement corsé, il doit sa tonicité et sa fraîcheur à l'heureuse acidité qui l'étaye. L'ensemble, qui demande à être attendu, sera parfait entre **2008 et 2020.** (9/03)

2001 **90** Magnifiquement réussi dans le contexte du millésime, le 2001 de Beauséjour est issu de faibles rendements de 31 hl/ha. Composé à 70 % de merlot, à 20 % de cabernet franc et pour le reste de cabernet sauvignon, il présente les légendaires arômes floraux de mûre caractéristiques des grands millésimes du cru (notamment le 1990). L'ensemble, moyennement corsé, est dense et riche, avec des tannins aussi mûrs qu'abondants. Il se distingue encore par une pureté et une harmonie exceptionnelles. Ce vin, issu de l'un des vignobles les plus extraordinaires de Saint-Émilion, traduit ici parfaitement son terroir. **À boire entre 2007 et 2020.** (1/03)

2000 **92** Le 2000 est probablement le Beauséjour Duffau le plus étoffé produit depuis le mythique 1990. Vêtu de pourpre-noir, il évoque au nez un Porto, avec ses senteurs de réglisse, de liqueur de mûre, de minéral, de myrtille, de camphre et de goudron. L'ensemble, assez corsé, se développe en bouche par paliers, révélant, outre un fruité généreux, une maturité exceptionnelle. Bien qu'il n'ait pas la richesse ni la concentration du monumental 1990, ce 2000 d'une pureté et d'une complexité d'excellent aloi est incontestablement digne d'intérêt, étant, de surcroît, proposé à un prix raisonnable. **À boire à son apogée entre 2013 et 2025, voire au-delà.** (1/03)

1999 **86 ?** Ce vin, que j'avais apprécié dans sa jeunesse, semble avoir pâti de la mise en bouteilles. De fait, il présente désormais des tannins astringents et se montre en bouche austère, court, maigre et dur. L'ensemble révèle bien des notes de fruits noirs, mais il me semble que son étoffe ne saurait faire pièce à ses tannins abondants. **À boire jusqu'en 2015.** (3/02)

1998 **89** S'annonçant par un rubis-pourpre foncé, le 1998 de Beauséjour Duffau est moyennement massif, assez discret, mais plein de grâce, avec des senteurs et des arômes de minéral, de myrtille et de fleurs évoquant un grand cru de Vosne-Romanée. En bouche, il révèle une texture souple et agréable, ainsi qu'un caractère moyennement corsé. Ses tannins de bon aloi contribuent à sa belle structure. Quoique d'ores et déjà accessible, il devrait se maintenir **10 à 15 ans.** (3/02)

1997 **85** Le 1997 se révèle finalement bien plus léger que je ne l'aurais pensé. Cependant, il est élégant et joliment fait, et offre un beau mélange de parfums de chêne neuf fumé, de minéral, de prune et de cerise. Sa finale est légèrement tannique. L'ensemble manifeste une indéniable complexité, mais il manque à la fois de densité et de profondeur. **À boire jusqu'en 2008.** (3/02)

1996 **87 ?** La robe rubis foncé du 1996 précède de séduisantes senteurs de mûre et de minéral, typiques du vignoble dont il est issu. La bouche m'a paru plus légère et plus anguleuse que lors de mes précédentes dégustations, alors que le vin était encore en fût, et l'on décèle dans la finale modérément longue des tannins secs et astringents. Quoique très bon, ce Beauséjour n'est pas aussi exceptionnel que je l'avais imaginé. En outre, on peut penser qu'il aura tendance à se dessécher, si l'on en juge par ses tannins. **À boire jusqu'en 2015.** (3/01)

1995 **88+ ?** La robe d'un pourpre soutenu du 1995 de Beauséjour introduit un nez aux doux arômes de kirsch, de cerise noire, de minéral et de truffe, évoquant le caractère intense de vieilles vignes que l'on retrouve souvent dans Lafleur, le grandiose Pomerol. Cependant, ce vin se révèle très fermé en bouche, où il déploie de très abondants tannins. Il présente encore, après une certaine aération, des notes de terre, de minéral et de fruits noirs. **À boire entre 2007 et 2022.** (3/01)

1994 **87 ?** Le Beauséjour 1994 est assez difficile à jauger. Présentant une couleur prune-grenat foncé un peu trouble, il exhale un doux nez d'essence de vieilles vignes, de cerise et de minéral, marqué en arrière-plan de notes de terre et d'épices. Vinifié dans un style traditionnel, il est dense, avec des tannins féroces, et pourrait se dessécher si son fruité se fanait avant que ses tannins ne se fondent. **À boire jusqu'en 2016.** (1/97)

1990 **100** Ce vin, qui s'impose comme une légende des temps modernes du Bordelais, pourrait finir par être considéré comme le 1961 de Latour à Pomerol – c'est-à-dire comme une rareté issue d'une propriété n'ayant à son actif qu'un vin merveilleux. D'un pourpre encore dense, il déploie un nez extraordinaire, aux senteurs de minéral nuancées de réglisse, de violette, de mûre, de myrtille et de groseille. En bouche, il se développe tout en rondeur, révélant, outre un caractère corsé et une belle opulence, une acidité, des tannins et un alcool parfaitement fondus. L'ensemble, qui se distingue par sa richesse, son étoffe et sa complexité spectaculaires, développe une finale longue d'au moins 45 secondes. On a peine à croire qu'une réussite aussi exceptionnelle soit issue de cette propriété, dont on connaît les performances habituelles. Quoi qu'il en soit, j'ai dégusté le 1990 de Beauséjour plus de deux douzaines de fois, et il s'est toujours montré exceptionnel. **À boire entre 2007 et 2030, voire au-delà.** (1/03)

1989 **88** D'un rubis-grenat légèrement éclairci sur le bord, ce vin au nez de réglisse, de fumé, de terre, de prune et de cassis se montre en bouche moyennement corsé, souple et évolué. Il est à son apogée et doit être consommé **dans les 8 ans.** (4/02)

1988 **87** Ce vin très étoffé et très profond, au riche bouquet d'épices et de terre, regorge littéralement d'arômes de réglisse, de prune, d'épices, de chêne neuf et d'herbes subtiles. D'une concentration exceptionnelle, il est bien étayé par un caractère modérément alcoolique et une heureuse acidité. Bien vinifié et complexe, il devrait se maintenir **jusqu'en 2012.** (1/93)

1986 **83** En fût comme en bouteille, ce 1986 m'a toujours donné l'impression d'un vin assez léger, dépourvu de structure et de complexité, avec une finale tannique et très boisée. Il a certes développé un peu de fruit et de charme, mais il ne compte pas parmi les meilleurs du millésime. **À boire jusqu'en 2012.** (3/89)

1985 **84** Le 1985 ne montre pas autant de profondeur que je l'avais espéré. Il est assez léger et moyennement corsé, souple et joliment persistant en bouche, où il révèle un bon fruité épicé. Cependant, c'est un vin assez quelconque pour un premier grand cru. **À boire.** (3/89)

1983 **86** Voici un bon Beauséjour. D'un rubis-grenat moyennement foncé fortement ambré sur le bord, il offre un bouquet modérément intense de fruits noirs, de fumé, de réglisse et de minéral. En bouche, il se montre assez corsé, avec des tannins fermes qui doivent encore se fondre, mais il semble fort bien doté en extrait. L'ensemble, qui est à son apogée, doit être consommé **sans plus tarder.** (1/89)

1982 **89+ ?** Le 1982 de Beauséjour m'a surpris par sa jeunesse et ses tannins encore féroces. Sous son aspect rugueux, on décèle une concentration d'un excellent, voire d'un extraordinaire niveau. La robe, d'un rubis-pourpre foncé resplendissant, est à peine éclaircie et nuancée de grenat sur le bord ; le nez offre des senteurs provocantes de fruits noirs très mûrs, de minéral et de cuir fin, tandis que la bouche, riche et très corsée, exprime un caractère tannique étonnamment austère pour le millésime. C'est un vin difficile à comprendre ; on peut, en effet, se demander si son fruit se maintiendra le temps que ses tannins se fondent (auquel cas il méritera une meilleure note encore), ou si le vin demeurera tannique et peu évolué sans jamais pleinement se développer. Je parierais cependant qu'il deviendra au moins excellent, peut-être extraordinaire – c'est juste une question de patience. **À boire entre 2006 et 2020.** (9/95)

MILLÉSIMES ANCIENS

Mes commentaires révèlent que, dans les millésimes les plus prisés des années 60 et 70, Beauséjour n'a enregistré que des performances médiocres. Il s'agit d'une de ces propriétés qui produisent depuis une vingtaine d'années des vins nettement meilleurs que par le passé.

BELAIR

1er grand cru classé B
Propriétaire : Pascal Delbeck
Adresse : 33330 Saint-Émilion
Tél. 05 57 24 70 94 – *Fax* 05 57 24 67 11
E-mail : belair@chateaubelair.com
Site Internet : www.chateaubelair.com
Visites : sur rendez-vous uniquement
Contact : Pascal Delbeck

VIGNOBLE ET VINIFICATION

Superficie : 12,5 ha
Encépagement : 75 % merlot, 25 % cabernet franc
Âge moyen des vignes : 30 ans – *Densité de plantation :* 6 600 pieds/ha
Rendement moyen : 39 hl/ha
Élevage : fermentations stimulées par les levures indigènes obtenues par la culture biodynamique d'une partie du vignoble ; vieillissement de 18 à 26 mois en fûts (renouvelés par moitié à chaque millésime) ; soutirage trimestriel ; collage au blanc d'œuf ; pas de filtration

VIN PRODUIT

Château Belair Dubois-Challon – 50 000 b (pas de second vin)
À maturité : dans les 5 à 15 ans suivant le millésime

APPRÉCIATION GÉNÉRALE

Belair n'a jamais été intéressant. Il s'impose même actuellement comme l'un des premiers crus classés de Saint-Émilion les plus décevants. Bien qu'élégant et délicatement fruité, il est toujours léger et austère. C'est un classique de l'appellation, vinifié dans un style traditionnel.

Belair jouissait d'une belle réputation au XIXe siècle (on trouve d'ailleurs trace de son existence dès le XIVe), et le regretté Bernard Ginestet, l'un des grands critiques français des vins de Bordeaux, va même jusqu'à le baptiser audacieusement « le Lafite Rothschild des coteaux de Saint-Émilion ». C'est peut-être aller un peu vite... Le petit vignoble de Belair appartient aux héritiers de la famille Dubois-Challon, qui était aussi copropriétaire d'Ausone, domaine voisin, mais la qualité est ici diamétralement différente.

Les vinifications sont aujourd'hui assurées par Pascal Delbeck. Les notes de dégustation qui suivent montrent que Belair est généralement serré, austère, réservé et discret. Il faut préciser, toutefois, que, si une partie des vignes se trouve sur les coteaux, l'autre est sur le plateau. Le cru qui en est issu pourrait-il être meilleur ? Notons, au crédit de Pascal Delbeck, que sa fidélité à toute épreuve à l'égard d'une vinification traditionnelle est admirable. Cependant, Belair semble perdu dans le monde moderne.

2003
87-88 Voici une très belle réussite de Pascal Delbeck. D'un rubis foncé, marqué de framboise et de cerise aigre-douce, le 2003 de Belair est moyennement corsé et retenu, mais plus fruité et plus étoffé que ne le sont généralement les vins de la propriété. **À boire jusqu'en 2016.** (3/04)

2000
87 Le 2000 constitue probablement la plus belle réussite de la propriété ces dix dernières années. Rubis foncé de robe, il exhale un nez serré, mais prometteur, de terreau nuancé de pierre concassée, de groseille et de cerise aigre-douce. L'ensemble, moyennement corsé, est assez tannique, avec une finale austère et quelque peu atténuée. **À boire entre 2007 et 2020.** (1/03)

1999
84 Ce vin plutôt légèrement corsé se présente vêtu d'un rubis moyen déjà rosé sur le bord. Il exhale progressivement des notes de terre, de boisé, de compost et de cerise. L'ensemble, serré et discret, est assez austère. C'est un bordeaux vinifié dans la pure tradition. **À boire dans les 3 à 8 ans.** (1/03)

1998
78 Prune foncé de robe, doté d'un nez de terre et de minéral vaguement nuancé de cerise, le 1998 de Belair présente aussi des notes d'herbes séchées. L'ensemble est excessivement tannique et creux, et, à mon sens, totalement dénué de charme. De fait, les tannins qu'il recèle me semblent en excès par rapport à sa concentration et à sa richesse en extrait. Sans doute Pascal Delbeck, l'auteur de ce cru, estimera-t-il que je prends pour un signe de maigreur la pureté de l'expression du terroir de Belair. **À boire jusqu'en 2013.** (1/03)

1997
85 Le Belair 1997 est étonnamment souple, évolué et plaisant. Ce vin, dont la robe d'un rubis sombre précède un doux nez de cerise noire infusé de minéral, est moyennement corsé, avec une finale ronde et séduisante, aux tannins légers. **Il tiendra bien 4 à 5 ans.** (3/00)

1996
83 ? Ce vin, que j'ai dégusté en trois occasions, ne s'est jamais montré sous un aussi bon jour que dans sa jeunesse. Anguleux et légèrement corsé, avec des arômes de minéral, le 1996 se montre austère et spartiate, dépourvu de fruité, de chair et de gras. Peut-être l'ai-je dégusté à un stade ingrat de son évolution ? **À boire jusqu'en 2012.** (3/98)

1995
85 Ce vin discret exhale des senteurs de cassis et de groseille qui disputent à de caractéristiques arômes de pierre mouillée et de minéral l'attention du dégustateur. Moyennement corsé, boisé, dur et austère, mais aussi extraordinairement subtil et discret, il est peut-être un peu trop policé. **À boire jusqu'en 2015.** (11/97)

1994
85 Vêtu d'un rubis moyennement sombre, le 1994 exhale de douces senteurs de cerise et de groseille, et se montre en bouche légèrement corsé et faible en acidité, libérant les arômes de terre typiques de ce cru. Il est également épicé et tannique, avec une finale compacte. **À boire jusqu'en 2007.** (1/97)

1993
76 D'un grenat moyennement foncé, le 1993 présente des arômes de moisi et de vieux fût. Il est dominé par un caractère végétal de pierre concassée, et se révèle maigre et légèrement corsé en bouche. (1/97)

1992
74 ? Le 1992, avec sa robe légère, faible et délavée, présente un nez muet qui introduit en bouche un vin péchant par absence de fruité, de profondeur et de tenue. Dilué et creux, ce Belair manque singulièrement de présence en

fin de bouche. Trois dégustations successives ont donné des résultats similaires. **À boire sans plus tarder – probablement sur le déclin.** (11/94)

1990 Malgré son caractère peu évolué, ce vin moyennement corsé révèle un fruit
89 doux, presque trop mûr, ainsi que de généreux arômes de minéral et de pierre copieusement marqués de boisé. On distingue également de séduisantes notes très mûres de cerise et de prune. **À boire jusqu'en 2010.** (1/93)

1989 Le Belair 1989 se distingue par un nez ample, fumé, rôti et exotique, aux
88 notes de prune et d'épices orientales. Les tannins, abondants, sont doux, et l'ensemble est bien étayé par une heureuse acidité. Un caractère alcoolique très richement extrait et un fruité complexe se conjuguent pour donner un vin extrêmement réussi. **À boire jusqu'en 2010.** (1/93)

1988 Simplement bon, mais pas exceptionnel, le 1988 est longiligne et austère,
85 comme on pouvait s'y attendre dans le contexte du millésime. Outre des tannins de qualité, il présente un savoureux fruité sous-jacent de groseille, et laisse en bouche une impression d'équilibre et de grâce. **À boire jusqu'en 2010.** (4/91)

MILLÉSIMES ANCIENS

Belair n'étant pas un vin que j'achète, mon expérience de ce cru se limite à une ou deux dégustations, lorsque je suis invité pour une horizontale d'un millésime particulier. La propriété a produit, pour l'essentiel des années 80, des exemples médiocres, à l'exception d'un magnifique 1983 (noté 88 en février 89) et du 1982 (noté 88 en décembre 1996). Dans la décennie précédente, seul le 1979 est plaisant, les autres vins présentant l'austérité, les abondants tannins, le caractère de terre et de minéral ainsi que le manque de charme et de fruit typiques de Belair.

BELLEFONT-BELCIER

Grand cru
Propriétaires : Jacques Berrebi, Dominique Hebrard, Alain Laguillaumie
Adresse : 33330 Saint-Laurent-des-Combes
Tél. 05 57 24 72 16 – *Fax* 05 57 74 45 06
E-mail : chateau.bellefont-belcier@wanadoo.fr
Site Internet : www.bellefont-belcier.com
Visites : sur rendez-vous uniquement
Contact : Dominique Hebrard

VIGNOBLE ET VINIFICATION

Superficie : 12,85 ha
Encépagement : 60 % merlot, 30 % cabernet franc, 10 % cabernet sauvignon
Âge moyen des vignes : 30 ans – *Densité de plantation :* 5 500 pieds/ha
Rendement moyen : 36 hl/ha
Élevage : fermentations et cuvaison de 28 à 35 jours en cuves de béton thermorégulées revêtues d'Epoxy ; achèvement des malolactiques et vieillissement de 16 à 18 mois en fûts (100 % de bois neuf) ; collage ; pas de filtration

VINS PRODUITS

Château Bellefont-Belcier – 52 000 b ; Marquis de Bellefont – 12 000 b
À maturité : dans les 5 à 15 ans suivant le millésime après 1998,
dans les 3 à 8 ans suivant le millésime avant

APPRÉCIATION GÉNÉRALE

Bellefont-Belcier s'est récemment amélioré, sous la houlette des nouveaux maîtres des lieux.

Ce vignoble bénéficie d'une belle situation dans la commune de Saint-Laurent-des-Combes, non loin des magnifiques terroirs de Tertre Roteboeuf et de Larcis Ducasse. Le domaine, qui a commencé à produire des crus plus intéressants à compter du milieu des années 90, proposait dans le passé des vins sans détour, souples et accessibles, mais dénués de race et de complexité. Cependant, la propriété a opté récemment pour des vendanges plus tardives, permettant de récolter des fruits plus mûrs, et elle se montre plus pointilleuse sur la sélection des lots diffusés sous l'étiquette du grand vin.

2003
89-92
Ce vin magnifiquement réussi, qui s'impose au titre des révélations du millésime, s'annonce par un rubis-prune foncé tirant sur le pourpre. Moyennement corsé et corpulent, il s'exprime en bouche avec ampleur et par paliers, révélant, outre une texture généreuse (ce qui est bon signe dans le contexte du millésime), une merveilleuse douceur, ainsi qu'une finale aux tannins souples. L'ensemble, étoffé, recèle encore un alcool capiteux et un gras généreux. **À boire à son apogée entre 2006 et 2015.** (3/04)

2002
87
Cette propriété, qui s'est considérablement améliorée, propose depuis quatre à cinq ans des vins de très bonne facture. Le 2002 présente, dans un ensemble moyennement corsé et d'une grande pureté, des arômes de terre, de cerise, de groseille et de chêne neuf. Cependant, il pèche par manque de gras, ainsi que par les tannins secs et durs que recèle sa finale. Quoi qu'il en soit, Bellefont-Belcier s'en tire honorablement dans un millésime difficile. **À boire dans les 7 à 8 ans suivant le millésime.** (9/03)

2001
88
Rubis foncé de robe, le 2001 exprime dans un ensemble moyennement corsé et fruité de doux parfums herbacés de cassis. Malheureusement, l'ensemble finit sur une note compacte. **À boire jusqu'en 2013.** (1/03)

2000
90
Ce vin d'un rubis-pourpre dense, qui mêle au nez de douces notes de cerise noire confiturée et des parfums de cèdre, de réglisse et de boîte à épices, est doux à l'attaque, moyennement corsé, concentré et équilibré en milieu de bouche. Un ensemble délicieux, épanoui, qui s'impose comme une révélation du millésime. **À boire entre 2006 et 2016.** (1/03)

1999
87 ?
Je pensais, d'après plusieurs dégustations de ce vin en cours d'élevage, qu'il mériterait une note aux alentours de 88-89, voire de 90. Je ne l'ai goûté que deux fois après la mise. Il révèle d'élégantes et douces notes de cerise, de réglisse, d'herbes séchées et de cuir. De très bonne facture, il est moyennement corsé et épicé, mais il manque de profondeur et d'étoffe. **À boire dans les 6 ans.** (3/02)

1998
87
Belle réussite que ce 1998, aux généreuses senteurs de boîte à épices, de chêne neuf fumé, de cèdre, de cerise noire, de cuir et d'herbes. Ce vin moyennement corsé et charnu se distingue par sa grande précision, ainsi que par ses tannins doux. **À boire jusqu'en 2010.** (3/02)

1997
84
Le 1997 se révèle bien meilleur en bouteille que je ne l'aurais imaginé après mes premières dégustations. Épanoui, accessible, il est assez tannique et présente une acidité de bon aloi. Outre un nez épicé de cerise, il exprime une bouche moyennement corsée, bien concentrée et nuancée de chêne neuf grillé. Ce vin léger, mais plaisant, est à **boire dès maintenant.** (3/01)

1996
87
L'excellent 1996 pourrait s'imposer comme une révélation du millésime. Sa robe rubis foncé précède de douces senteurs de cerise noire nuancées de fumé, d'herbes séchées et de grillé, elles-mêmes suivies en bouche d'un ensemble moyennement corsé, rond et généreux. Ce vin d'ores et déjà délicieux tiendra bien **2 à 3 ans encore.** (3/01)

1995
88
Constituant presque une révélation de ce millésime, le Bellefont-Belcier 1995 arbore une robe dense, et libère un nez riche et confituré de fruits noirs entremêlé de senteurs d'herbes, de réglisse et de grillé. Les arômes épais et de bonne mâche qu'il dévoile au palais attestent un caractère hautement extrait et très gras. Un vin souple, opulent et faible en acidité, à déguster **jusqu'en 2009.** (11/01)

MILLÉSIMES ANCIENS

La propriété n'a produit, dans les années 80 et au début des années 90, que des vins de peu d'intérêt.

BELLEVUE

Grand cru classé
Propriétaires : familles de Lavaud et Coninck
Administrateur : Nicolas Thienpont
Adresse : 33330 Saint-Émilion
Tél. 05 57 24 74 23 – *Fax* 05 57 24 63 78
E-mail : n.thienpont@wanadoo.fr
Site Internet : www.nicolas-thienpont.com
Visites : sur rendez-vous uniquement
Contact : Nicolas Thienpont

VIGNOBLE ET VINIFICATION

Superficie : 6,25 ha
Encépagement : 80 % merlot, 20 % cabernet franc
Âge moyen des vignes : 40 ans – *Densité de plantation :* 7 500 pieds/ha
Rendement moyen : 30 hl/ha
Élevage : fermentations et cuvaison de 28 à 42 jours en cuves de béton thermorégulées, avec micro-oxygénation des lies ; achèvement des malolactiques et vieillissement de 18 mois en fûts (60 % de bois neuf) ; ni collage ni filtration

VIN PRODUIT

Château Bellevue – 18 000 b (pas de second vin)
À maturité : trop tôt pour l'évaluer, mais le 2000 devrait tenir 15 ans encore

APPRÉCIATION GÉNÉRALE

Bellevue mérite incontestablement l'attention des amateurs, du fait de la belle situation de son vignoble et de la talentueuse équipe qui y est chargée des vinifications.

Ce classique – un nouveau venu sur la scène de la très intéressante appellation de Saint-Émilion – est issu d'un vignoble d'un peu plus de 6 ha, ouvert au sud et au sud-est, et situé sur des sols calcaires, non loin de propriétés aussi prestigieuses que Beau-Séjour Bécot, Beauséjour et Angélus. Bellevue est le résultat des talents conjugués de Nicolas Thienpont (de Pavie Macquin) et de Stéphane Derenoncourt, l'un des conseils les plus en vue en Pomerol et en Saint-Émilion.

2003 **93-95** Bellevue, qui s'est propulsé sur le devant de la scène viticole à la faveur du superbe 2000, est issu de vignes de 40 ans d'âge et se compose généralement à 80 % de merlot et pour le reste de cabernet franc. En 2003, des rendements de 29 hl/ha ont donné ici un vin étonnamment riche, dont on ne sera pas surpris d'apprendre qu'il provient d'un sol d'argile et de calcaire, le mieux adapté au contexte climatique du millésime. Malheureusement, cette merveille ne sera disponible qu'à hauteur de 1 500 caisses. Le Bellevue 2003, que j'ai dégusté en trois occasions, arbore un rubis-pourpre d'encre et se distingue par la pureté de ses arômes de liqueur de cerise noire nuancés de fumé, de réglisse, de pierre concassée et de fleurs. Corsé et étoffé, il est étayé par une faible acidité et par des tannins aussi abondants que mûrs et fondus. Ce vin d'une impeccable rondeur est également riche, profond et racé. Il sera accessible dès sa jeunesse en raison de son pH élevé, de son caractère alcoolique et de sa faible acidité. **À boire entre 2006 et 2020.** (3/04)

2002 **88 ?** Issu d'un magnifique vignoble cultivé en biodynamie, le 2002 de Bellevue est le fruit des efforts conjugués de deux talents saint-émilionnais, Nicolas Thienpont et Stéphane Derenoncourt. Composé à 80 % de merlot et à parts égales de cabernet franc et de cabernet sauvignon, il pourrait se révéler trop sec et trop extrait en finale pour mériter une note de 90 ou plus. Cependant, ce vin est incontestablement doté. D'un rubis-pourpre soutenu, libérant d'expressives senteurs de minéral nuancées de fruits rouges et noirs, de réglisse et de truffe, il est moyennement corsé, avec des tannins durs et astringents qui contribuent à l'austérité de sa finale. L'ensemble pourrait être renoté à la hausse s'il gagnait en étoffe, ce qui n'aurait rien d'improbable étant donné son élevage sur lies. **À boire entre 2007 et 2016, voire au-delà.** (9/03)

2001 **88** Ce vin est un peu plus léger que son prodigieux aîné d'un an, qui marquait d'ailleurs les débuts de Nicolas Thienpont et Stéphane Derenoncourt. D'un rubis-pourpre profond, doté de doux et purs arômes de cerise noire et d'autres petits fruits nuancés de minéral, de fumé et de réglisse, il est mûr et concentré à l'attaque, moyennement corsé en milieu de bouche, où il révèle encore une pureté et une étoffe impressionnantes. Le digne successeur de son aîné d'un an. **À boire jusqu'en 2014.** (1/03)

2000 Composé à 80 % de merlot et à 20 % de cabernet franc, et issu de faibles
95 rendements de 30 hl/ha, le 2000 arbore un pourpre d'encre opaque et déploie de fabuleux parfums de mûre et de myrtille nuancés de minéral. Il se distingue par sa concentration, son caractère musclé, son gras et ses tannins abondants, ainsi que par sa finale longue de 40 secondes. Ce vin se refermera-t-il ? Une bouteille laissée ouverte pendant 8 jours n'accusait aucun signe d'oxydation. Quel tour de force ! **À boire jusqu'en 2020.** (1/03)

MILLÉSIMES ANCIENS

Je n'ai jamais dégusté de millésime de Bellevue antérieur à 2000. Il semblerait que ce cru était dénué de race, même si la grande qualité de son terroir était reconnue depuis longtemps – en fait, depuis plus d'une centaine d'années. On évoque d'ailleurs son 1867, qui fut récompensé d'une médaille d'or à un concours viticole à Paris.

BELLISLE MONDOTTE

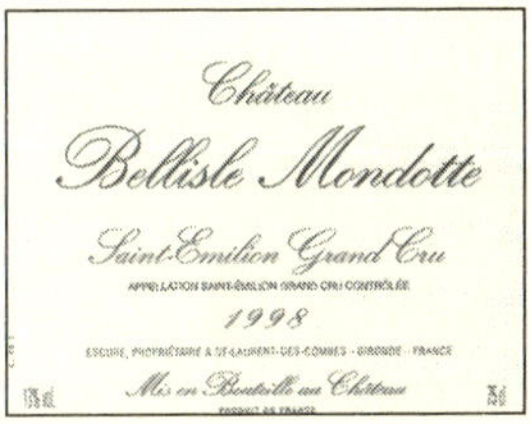

Grand cru
Propriétaire : SCEA Héritiers Escure
Adresse : 33330 Saint-Laurent-des-Combes
Adresse postale : 103, Grand-Pey – 33330 Saint-Sulpice-de-Faleyrens
Tél. 05 57 51 20 47 – *Fax* 05 57 51 23 14
E-mail : jmbouldy@wanadoo.fr
Visites : sur rendez-vous uniquement
Contact : Jean-Marie Bouldy

VIGNOBLE ET VINIFICATION

Superficie : 4,5 ha
Encépagement : 80 % merlot, 20 % cabernet franc
Âge moyen des vignes : 30 ans – *Densité de plantation :* 5 500 pieds/ha
Rendement moyen : 40 hl/ha
Élevage : fermentations de 21 à 30 jours en cuves de béton thermorégulées ; vieillissement de 18 mois en fûts (renouvelés par moitié à chaque millésime) ; ni collage ni filtration

VIN PRODUIT

Château Bellisle Mondotte – 20 000 b (pas de second vin)
À maturité : dans les 5 à 15 ans suivant le millésime

APPRÉCIATION GÉNÉRALE

Cette propriété, qui a rejoint depuis peu le peloton de tête des Saint-Émilion, bénéficie d'une belle situation non loin de La Mondotte et de Tertre Roteboeuf. Le 1999 a marqué la percée de ce cru.

2002 Ce vin impressionnant, vêtu de pourpre dense, exhale de très généreuses notes
88 de cassis et de cerise confiturée. En bouche, il révèle du gras et une belle étoffe (deux traits qui font défaut à la plupart des Saint-Émilion de ce millésime), et sa finale, moyennement corsée, recèle des tannins doux. Il évoluera avec grâce **dans les 10 à 12 ans suivant le millésime.** (9/03)

2001
85
Cette propriété, qui a actuellement le vent en poupe, propose un 2001 d'un rubis dense, dont les douces flaveurs de mûre et de cassis s'expriment dans un ensemble corsé, aux notes de grillé. Ce vin aussi puissant qu'élégant pourrait presque rivaliser avec son aîné d'un an. **À boire jusqu'en 2016.** (1/03)

2000
90+
L'impressionnant 2000 compte assurément au nombre des révélations du millésime. Opaque et pourpre de robe, généreusement doté en doux arômes de cassis nuancés de café, de fumé, de terre et de moka, il se développe en bouche par paliers, révélant un caractère corsé et intense étayé par une faible acidité et des tannins doux. La finale dure près de 35 secondes. **À boire jusqu'en 2017.** (1/03)

1999
88
De très belles et douces senteurs de mûre et de fleurs subtilement nuancées en arrière-plan de boisé se dégagent de ce vin moyennement corsé, charnu et opulent. L'ensemble, qui s'annonce par un rubis foncé, exprime avec ampleur un beau fruité très aromatique, mais je lui reprocherais un léger manque de complexité. **À boire dans les 6 ans.** (3/02)

1998
82
Ce vin d'un rubis foncé est moyennement corsé, boisé, quelque peu superficiel, avec des tannins abondants. Les millésimes récents sont nettement plus impressionnants. **À boire jusqu'en 2010.** (3/02)

1997
85
Ce vin bien fait, richement fruité, est gras et faible en acidité. Il atteste une grande pureté. **À boire.** (3/02)

BERLIQUET

Grand cru classé
Propriétaire : vicomte Patrick de Lesquen
Administrateurs : Patrick et Jérôme de Lesquen
Adresse : 33330 Saint-Émilion
Tél. 05 57 24 70 48 – *Fax* 05 57 24 70 24
E-mail : chateauberliquet@wanadoo.fr
Visites : sur rendez-vous uniquement
Contacts : Patrick ou Jérôme de Lesquen
ou Patrick Valette (œnologue-conseil)

VIGNOBLE ET VINIFICATION

Superficie : 9 ha
Encépagement : 70 % merlot, 25 % cabernet franc, 5 % cabernet sauvignon
Âge moyen des vignes : 38 ans – *Densité de plantation :* 5 500 pieds/ha
Rendement moyen : 35 hl/ha
Élevage : fermentations et cuvaison de 20 à 30 jours en cuves d'acier inoxydable thermorégulées de petite contenance, permettant la vinification séparée de différents lots et cépages ; achèvement des malolactiques et vieillissement de 14 à 16 mois en fûts (100 % de bois neuf) ; ni collage ni filtration

VINS PRODUITS

Château Berliquet – 28 000 b ; Ailes de Berliquet – 5 000-7 000 b
À maturité : dans les 3 à 14 ans suivant le millésime

APPRÉCIATION GÉNÉRALE

Autrefois insipides, les vins de Berliquet se sont nettement améliorés depuis que Patrick de Lesquen assure la gestion de la propriété et qu'il bénéficie des conseils de Patrick Valette, qui supervise les vinifications. Le cru remonte lentement, mais sûrement, la hiérarchie des Saint-Émilion.

Cette propriété, qui comporte de magnifiques caves souterraines, est remarquablement située et très bien exposée, aux portes du bourg de Saint-Émilion. En effet, il serait difficile de rêver meilleure place sur le plateau calcaire, à proximité de Canon, de Magdelaine et de Tertre Daugay. En 1985, Berliquet a été le seul château à être promu grand cru classé. Cependant, il était nettement mieux connu au XVIIIe siècle : ainsi, en 1794, un courtier libournais très en vue vantait les mérites d'un Saint-Émilion appelé Berliquet.

Néanmoins, le domaine est demeuré dans une ombre relative, car, jusqu'en 1978, son entière production était vinifiée et diffusée par l'énorme coopérative de la ville, avant d'être, jusqu'en 1997, supervisée par le personnel de ladite coopérative. En 1997, Patrick Valette prit en main les vinifications, obtenant d'excellents résultats.

2003
89-91 Patrick de Lesquen et Patrick Valette proposent en 2003 un vin d'un rubis-pourpre profond, aux doux parfums de fumée de cigare et aux senteurs de cerise noire et de groseille mûres. L'ensemble, étayé par une faible acidité, est d'une grande pureté malgré son caractère charnu et sa belle ampleur, et s'exprime tout en rondeur. Il tiendra bien **une dizaine d'années.** (3/04)

2002
87 Ce vin moyennement corsé et élégant, aux arômes de cerise aigre-douce, d'herbes séchées, de terre, de boisé et d'épices, est étoffé et modérément tannique, avec une finale aux notes de terre (encore). **À boire entre 2007 et 2013.** (9/03)

2001
89 Un bouquet séduisant et modérément intense, mêlant des senteurs de douce cerise noire et de groseille à des notes de sous-bois, d'épices et de boisé, se dégage du 2001 de Berliquet. Ce vin doux à l'attaque, moyennement corsé en milieu de bouche et modérément persistant en finale est étayé par des tannins mûrs. Il est charnu, étoffé et velouté. Je pense qu'il pourrait presque rivaliser avec le 2000. **À boire entre 2006 et 2016.** (1/03)

2000
90 Le 2000, qui s'exprime davantage en finesse que ses jumeaux de l'appellation, est probablement, avec le 2003, la plus belle réussite à ce jour de Berliquet. Arborant une impressionnante robe d'un rubis-pourpre soutenu, il présente, dans un ensemble moyennement corsé, étayé par des tannins doux, des arômes confiturés de liqueur de cassis et de cerise. Ce vin généreux en milieu de bouche, persistant en finale, incarne l'élégance. Il s'impose au nombre des révélations du millésime. **À boire entre 2006 et 2020.** (1/03)

1999
88 Ce vin moyennement corsé et richement fruité mêle de belles notes de cerise aigre-douce à des arômes de chêne neuf épicé et de cuir fin. D'un rubis-pourpre foncé, il séduit par sa persistance et sa maturité. **À boire jusqu'en 2013.** (3/02)

1998
89 Le 1998 est, avec le 2000 et le 2003 de ce cru, l'un des meilleurs Berliquet que j'aie dégustés à ce jour. D'un rubis-pourpre sombre, avec des arômes denses, prononcés et très parfumés de cerise noire nuancés de réglisse, de tabac, de

terre et de boîte à épices, il se montre corsé, mûr et concentré, révélant en bouche, outre des tannins modérés, un caractère fermé, mais impressionnant de structure. Il se passera peut-être plusieurs années avant que ses tannins ne se fondent totalement. **À boire jusqu'en 2016.** (3/02)

1997 **88** Bien réussi pour le millésime, le 1997 de Berliquet se distingue par de généreux arômes de doux cassis nuancés de notes de cèdre, de boîte à épices et de grillé. Moyennement corsé, épais et riche, il exprime en bouche, outre une texture épanouie, une douceur d'excellent aloi, ainsi qu'un caractère modérément tannique. L'ensemble, admirable de persistance, sera à son apogée **jusqu'en 2012.** (3/01)

1996 **78** Anguleux, rugueux et tannique, le 1996 ne présente pas le fruité nécessaire pour faire pièce à son caractère musclé et structuré. Je crains qu'il ne se dessèche au terme d'une garde de **8 à 15 ans.** (11/97)

1995 **75** Une robe d'un rubis moyennement profond et un nez de terre, de goudron et d'épices dominant un fruité maigre annoncent le Berliquet 1995. Ce vin comprimé et atténué révèle une austérité anguleuse et une finale tannique et astringente. Je ne pense pas qu'il puisse se fondre en un ensemble harmonieux. **À boire avant 2010.** (11/97)

1990 **86** Ce vin souple et savoureux séduit par son nez de cerise et d'herbes marqué en arrière-plan de notes de terre et d'épices. Moyennement corsé, opulent et parfaitement mûr, il se montre charnu en bouche. **À boire sans plus tarder.** (11/97)

1989 **79** Ce vin d'un grenat foncé, qui a atteint son apogée, s'annonce par un nez épicé de terre et de petits fruits nuancé de caractéristiques notes herbacées. L'ensemble, moyennement corsé, est tannique, avec une heureuse acidité et une très bonne tenue. Malheureusement, il n'a pas la concentration ni la profondeur des meilleurs 1989. Cependant, il recèle des tannins modérément astringents. **À boire jusqu'en 2008.** (12/02)

CADET-PIOLA

Grand cru classé
Propriétaire : GFA Jabiol
Adresse : 33330 Saint-Émilion
Adresse postale : BP 24 – 33330 Saint-Émilion
Tél. 05 57 74 47 69 – *Fax* 05 57 24 68 28
E-mail : infos@chateaucadetpiola.com
Site Internet : www.chateaucadetpiola.com
Visites : du lundi au vendredi (9 h-12 h et 13 h-16 h)
Contacts : Alain ou Amélie Jabiol

VIGNOBLE ET VINIFICATION

Superficie : 7 ha
Encépagement : 51 % merlot, 28 % cabernet sauvignon, 18 % cabernet franc, 3 % malbec
Âge moyen des vignes : 35 ans – *Densité de plantation :* 5 500 pieds/ha
Rendement moyen : 34 hl/ha

Élevage : fermentations et cuvaison de 21 à 25 jours en cuves de béton thermorégulées ; vieillissement de 15 à 18 mois en fûts (15-18 % de bois neuf) ; collage ; pas de filtration

VINS PRODUITS

Château Cadet-Piola – 32 000 b
Chevaliers de Malte – production variable et non systématique
À maturité : dans les 6 à 15 ans suivant le millésime

APPRÉCIATION GÉNÉRALE

Ce Saint-Émilion classique, sans prétention, est généralement de bonne facture.

C'est sans doute du fait de sa très faible production que Cadet-Piola est longtemps demeuré dans l'ombre. Ce cru, qui ne compte ni parmi les Saint-Émilion des coteaux ni parmi ceux des graves, se situe en fait à 500 m seulement au nord du bourg éponyme. Le château, qui jouit d'une vue splendide sur la petite ville, se dresse sur un tertre rocheux et repose sur un sol argilo-calcaire ; le bâtiment sert uniquement aux vinifications, car personne n'y habite. D'après les propriétaires, le domaine bénéficie d'un microclimat ; il y fait, semble-t-il, plus doux que partout ailleurs dans l'appellation.

Les Jabiol, qui possèdent également Faurie de Souchard, un autre domaine de Saint-Émilion, élaborent à Cadet-Piola des vins d'un style traditionnel ; vêtus d'un rubis tirant sur le noir, ils révèlent un caractère riche, intense et corsé, et surpassent, depuis plus de dix ans, certains premiers grands crus plus connus et plus onéreux. Ils constituent, à l'évidence, de très bonnes affaires.

2003
88-90 Cette propriété a mis du temps, mais a finalement décroché la timbale en 2003, avec un vin d'un pourpre dense, tout à la fois riche, moyennement corsé, élégant et concentré, qui traduit les meilleurs traits du millésime du fait de sa faible acidité et des rendements réduits dont il est issu. Le 2003 de Cadet-Piola, qui s'impose au nombre des révélations du millésime, sera à son apogée **entre 2008 et 2017.** (3/04)

2001
86-87 Le 2001 de Cadet-Piola me semble moins tannique et moins astringent que son aîné d'un an. Ce vin d'un rubis foncé, aux douces senteurs de réglisse, de terre, de groseille et de cassis, révèle, dès l'attaque, une très grande douceur. Moyennement corsé, il se caractérise en milieu de bouche par une souplesse et une maturité d'excellent aloi. **À boire dans les 6 à 8 ans.** (1/03)

2000
86 D'excellents arômes herbacés de groseille, de terre, de cuir et de cerise noire se dégagent de ce vin moyennement corsé, charnu, mais quelque peu rustique. L'ensemble présente des tannins plus doux que de coutume. Je le crois capable d'une garde de **8 ans.** (1/03)

1996
83 Des notes herbacées, nuancées de compost et d'un caractère végétal assez prononcé, se dégagent de ce vin, qui semble imparfaitement mûr. L'ensemble, moyennement corsé, présente, outre des tannins durs, une finale quelque peu atténuée et dénuée de charme. **À boire jusqu'en 2007.** (3/01)

1995
85 Rubis foncé de robe, le 1995 de Cadet-Piola est relativement fermé au nez. Moyennement corsé, il est dense, musclé et trapu, mais assez rugueux et tannique. **À boire jusqu'en 2012.** (3/01)

1990
87
Ce vin commence tout juste à s'épanouir, après une longue période pendant laquelle il s'est montré étonnamment peu évolué, voire impénétrable. Vêtu d'un rubis-pourpre encore dense et soutenu, à peine éclairci sur le bord, il exhale un nez de réglisse fondue, d'herbes séchées, de cassis et de minéral. La bouche, moyennement corsée, atteste une belle ampleur, en particulier pour le cru. Il doit sa douceur à son gras généreux et à son fruité riche. Ce vin moyennement corsé et légèrement tannique, qui atteint seulement son apogée, tiendra **jusqu'en 2010.** (11/01)

1989
87
Très réussi, le 1989 de Cadet-Piola s'annonce par un rubis-prune soutenu et par un doux nez de terre, de cerise et d'autres petits fruits nuancés de réglisse et de minéral. L'ensemble est moyennement corsé et épicé. **À boire jusqu'en 2012.** (12/99)

1988
86
Ce vin est terriblement tannique, mais ses amples et riches arômes de cerise noire entremêlés de boisé, de chocolat et d'herbes de Provence suggèrent qu'il est suffisamment profond pour ne pas être submergé par ses tannins. Moyennement corsé, il devrait se maintenir quelques années encore. **À boire jusqu'en 2010.** (1/93)

1986
85 ?
Noir de robe, le 1986 est terriblement peu évolué et tannique. En fait, son haut niveau de tannins m'aurait quelque peu inquiété, n'était le généreux fruit riche, persistant et de bonne mâche que l'on décèle à la dégustation. Reste à savoir si le fruit se maintiendra tandis que les tannins se fondront dans un ensemble rond et séduisant. **À boire jusqu'en 2010.** (11/90)

MILLÉSIMES ANCIENS

J'ai toujours eu de la chance avec le 1982 de Cadet-Piola (noté 88 et dernièrement dégusté en décembre 2002). Quoique légèrement trapu, il est très concentré, avec des notes de fruits noirs, d'herbes, de minéral et de goudron. Je doute que ses tannins se fondent totalement, mais l'ensemble sera apprécié pour son caractère musclé, charnu et corsé. Je conseillerais de le boire dans les 3 à 5 ans.

CANON

1er grand cru classé B
Propriétaire : SC Château Canon
Administrateur : John Kolasa
Adresse : 33330 Saint-Émilion
Adresse postale : BP 22 – 33330 Saint-Émilion
Tél. 05 57 55 23 45 – *Fax* 05 57 24 68 00
E-mail : contact@chateau-canon.com
Visites : sur rendez-vous uniquement

VIGNOBLE ET VINIFICATION

Superficie : 21,5 ha (14,5 ha en production)
Encépagement : 75 % merlot, 25 % cabernet franc
Âge moyen des vignes : 30 ans – *Densité de plantation :* 6 500 pieds/ha
Rendement moyen : 30-35 hl/ha

Élevage : fermentations et cuvaison de 18 à 25 jours en cuves de bois thermorégulées ; vieillissement de 18 à 20 mois en fûts (70 % de bois neuf), avec un soutirage trimestriel ; collage ; pas de filtration

VINS PRODUITS

Château Canon – 70 000-80 000 b ; Clos Canon – 40 000 b
À maturité : dans les 5 à 15 ans suivant le millésime à compter des années 90

APPRÉCIATION GÉNÉRALE

Cette propriété a dû surmonter les problèmes qu'elle avait rencontrés au début des années 90 (des vins desservis par des senteurs et des arômes de moisi), mais je suis certain qu'elle rebondira, compte tenu des investissements effectués par les nouveaux maîtres des lieux et du travail de la nouvelle équipe dirigeante. Les millésimes avant 2000 sont peu intéressants.

Canon, qui fait partie des Saint-Émilion des coteaux, bénéficie d'une situation splendide, sur le versant sud-ouest de l'appellation, où il est entouré d'autres premiers grands crus classés comme Belair, Magdelaine, Clos Fourtet et Beauséjour. Son vignoble, qui se situe aussi bien sur les coteaux que sur le plateau, comprend des sols divers, allant de l'argilo-calcaire à des terres sableuses sur un sous-sol calcaire.

Propriété de la famille Fournier depuis 1919, le domaine a été racheté au milieu des années 90 par le groupe Chanel, mais c'est à un propriétaire du XVIIIe siècle, Jacques Kanon, qu'il doit son nom. Les fermentations, très traditionnelles, se déroulent à des températures assez élevées, dans des cuves de chêne – ce qui sous-entend que le domaine n'essaie pas avant tout de plaire aux amateurs de bordeaux très souples. En effet, Canon est un Saint-Émilion tannique et puissant, destiné à une longue garde. Il est généralement marqué par un boisé très prononcé (l'élevage se fait chaque année avec un minimum de 60 % de chêne neuf) qui peut parfois masquer son fruit, notamment dans les millésimes légers. C'est d'ailleurs le seul reproche que je pourrais lui adresser.

J'adore Canon dans des millésimes comme 1982, 1985 et 1989. Dans les années 80, sous la direction d'Éric Fournier et de son talentueux maître de chai Paul Cazenove, ce vin a souvent atteint un niveau comparable, voire supérieur, à celui des très grands de l'appellation, tels Cheval Blanc et Ausone. Cependant, des performances assez médiocres suivant l'excellent 1990 ont quelque peu ébranlé la confiance des consommateurs. La pollution des chais vieillissants, entre 1992 et 1996, n'a pas aidé à redorer le blason de Canon ; en effet, les vins étaient desservis, tant au nez qu'en bouche, par des arômes de moisi. Dès leur arrivée, les nouveaux propriétaires ont réalisé de très importants investissements et rénové les anciens chais, ce qui a permis d'éliminer ces arômes peu engageants.

À son meilleur niveau, Canon est un vin d'une richesse splendide, profond et concentré, qui est également musclé et corsé. Lorsqu'il atteint son apogée, il se distingue généralement par son caractère richement fruité, aux magnifiques notes de cèdre. Je m'explique mal qu'il ne soit pas mieux connu, car il est certainement l'un des trois ou quatre meilleurs Saint-Émilion des années 80. Bien que ce cru n'ait pas encore retrouvé sa réputation, tout porte à croire qu'il retrouvera son lustre d'antan sous la houlette des ambitieux nouveaux propriétaires.

2003
88-90 Canon semble à nouveau sur les rails, après une série de performances anodines avant les millésimes 2000. Nul ne doute de la très grande qualité du terroir

de ce cru. Très structuré et généreusement doté en tannins, le Canon 2003 se distingue par sa race et son caractère bien affirmé. Ce vin d'un rubis-pourpre profond, aux notes de minéral, de pierre concassée, de framboise et de cerise, est moyennement corsé, retenu, mais d'un grand classicisme. **À boire entre 2008 et 2015.** (3/04)

2002 **91** Le 2002 de Canon constitue probablement la plus belle réussite à ce jour des nouveaux propriétaires du cru. Composé à 75 % de merlot et pour le reste de cabernet franc, il affiche un rubis-pourpre dense qu'accompagnent des senteurs de framboise, de pierre, de cerise noire et de cassis. En bouche, il est moyennement corsé et révèle une structure classique, mais quelque peu austère, ainsi que des flaveurs prononcées, mais équilibrées. Ce vin puissant, au caractère affirmé, sera parfait **entre 2008 et 2020, voire au-delà.** (9/03)

2001 **88+** Ce vin peu évolué et fermé, moyennement corsé et concentré, est fortement marqué de minéral. Vêtu de rubis-pourpre foncé, doté d'un doux nez de fruits noirs et de pierre, le 2001 de Canon est aussi étoffé que persistant. Il se pourrait, à terme, qu'il rivalise avec son aîné d'un an. **À boire jusqu'en 2014.** (1/03)

2000 **89** Ce vin discret et racé exprime avec élégance, dans un ensemble moyennement corsé, étayé par des tannins doux, des notes de confiture de fraise nuancées de cerise noire, de minéral, de boisé et d'herbes. L'ensemble, séduisant à la fois de maturité, de persistance et d'équilibre, est ferme, mais pas massif ni puissant. **À boire entre 2008 et 2020.** (1/03)

1999 **87** Le 1999 de Canon révèle un fruité plus profond et plus riche que lorsqu'il était en fût. Ce vin élégant, mais structuré, qui présente tant au nez qu'en bouche des notes de minéral, de café et de fruits rouges, recèle en finale des tannins légèrement desséchés, qui augurent mal d'une garde de plus de 10 ans. Quoi qu'il en soit, il sera apprécié pour son fruité généreux et épanoui, pour son caractère épicé et son côté minéral, caractéristique du terroir dont il est issu. **À boire jusqu'en 2013.** (3/02)

1998 **88** Vinifié dans un style subtil, mais intéressant, le Canon 1998 est élégant et discret, avec une robe rubis foncé et un doux nez de pierre concassée nuancé de fleurs et de fruits noirs et rouges. L'ensemble, moyennement massif et modérément tannique, est charmeur et séduisant. **À boire à son apogée jusqu'en 2015.** (3/02)

1997 **82** Ce vin plaisant et délicat, vêtu d'un rubis moyen, présente des arômes maigres et discrets d'herbes séchées et de douce cerise. Un ensemble moyennement corsé, à boire **maintenant.** (3/01)

1996 **80** Maigre, austère et délicat, le Canon 1996 présente une couleur rubis foncé et un caractère moyennement corsé, mais il pèche par manque de persistance et d'intensité. Anguleux et comprimé, il se desséchera certainement ces 4 à 5 prochaines années. **À boire jusqu'en 2015.** (3/01)

1995 **74** Je n'ai trouvé dans ce vin aucune qualité qui puisse racheter son caractère nerveux, maigre et austère, son acidité très élevée et ses tannins féroces. Et, malgré ma bonne volonté, il m'est difficile d'imaginer qu'il puisse évoluer favorablement. **À boire jusqu'en 2008.** (11/97)

1990 Compte tenu du millésime et du potentiel de son terroir, le 1990 de Canon
87 est très bon, mais il n'a pas le niveau qu'on en attendrait. D'un rubis-prune foncé légèrement éclairci sur le bord, il exhale un doux nez de cerise et de framboise nuancé de terre, de cacao et de boisé. Moyennement corsé, doté de tannins modérément serrés, il présente une belle douceur à l'attaque, mais s'amenuise légèrement par la suite en une finale quelque peu austère. Ce vin est proche de son apogée. **À boire jusqu'en 2016.** (10/02)

1989 Ce vin superbe – il s'agit du dernier Canon grandiose avant que les nouveaux
91 maîtres des lieux ne maîtrisent parfaitement leur propriété –, qui arbore un rubis-grenat profond légèrement éclairci sur le bord, exhale de renversantes senteurs de doux fruits noirs (notamment le cassis) nuancées de cerise et de vanille, ainsi que de notes rôties aussi séduisantes que persistantes. L'ensemble, très corsé, est étayé par des tannins modérément abondants. Il atteste une richesse en extrait, une ampleur, une étoffe et une puissance aromatique d'excellent aloi. Impressionnant de pureté malgré son caractère généreusement doté, il tiendra **jusqu'en 2015.** (10/02)

1988 Plutôt austère et comprimé, le 1988 de Canon conserve une robe d'un rubis-
87 grenat joliment soutenu. Ses caractéristiques arômes de terre et de compost sont nuancés de prune et de groseille. L'ensemble est légèrement austère, avec des tannins modérément abondants. Ce classique du cru, fortement marqué de minéral, devrait continuer à bien évoluer ces 10 prochaines années. **À boire jusqu'en 2012.** (10/02)

1986 Le 1986 est tenu par ses abondants tannins. Sa robe d'un rubis-grenat foncé
89 est encore intacte, et l'on décèle au nez des senteurs de minéral, de terre et de fumé, marquées en arrière-plan de prune noire et de cassis. L'attaque en bouche est riche, moyennement corsée et élégante, et la finale abondamment tannique. Quoique accessible, ce vin demeure jeune et tonique. **À boire jusqu'en 2015.** (12/97)

1985 Ce 1985, qui approche de son apogée, offre, tant au nez qu'en bouche, un
89 merveilleux déploiement de notes de kirsch, de cerise, de minéral et de chêne fumé. Moyennement corsé et souple, il est opulent et moelleux au palais, où il révèle, outre une belle texture, un caractère charmeur, riche et racé. **À boire jusqu'en 2007.** (12/97)

1983 Une robe rubis-grenat foncé légèrement nuancée d'ambre et de rouille, et un
88 nez avenant aux senteurs de cuir, de terre, d'épices, de douce prune et de cake annoncent le Canon 1983, qui est à son apogée. Ce vin d'une belle richesse, étayé par une faible acidité, révèle un alcool capiteux et finit sur des tannins rustiques. L'ensemble a évolué rapidement, mais les bouteilles qui auront été conservées à des températures fraîches tiendront bien **8 à 10 ans encore.** (12/97)

1982 Ce 1982, qui s'est toujours montré spectaculaire, était tout simplement somp-
94 tueux pendant les 5 ou 6 ans qui ont suivi la mise en bouteilles. Depuis la fin des années 80, il révèle davantage de structure, tout en ayant conservé sa puissance, son gras et sa concentration. Il est encore capable d'une garde d'une dizaine d'années, mais je ne chercherais pas querelle à quiconque voudrait l'apprécier immédiatement. Sa robe dense, encore intacte, précède un nez modérément intense et encore jeune, aux arômes primaires de fruits noirs,

de chêne grillé, de pierre concassée et de fleurs. L'ensemble qui suit en bouche est incontestablement le Canon le plus concentré que je connaisse. Tout à la fois riche, épais et très corsé, il est également ample, très doux et complexe. C'est l'un des rares exemples du cru dont le fruit profond peut dominer ses tannins. **À boire jusqu'en 2018.** (12/02)

MILLÉSIMES ANCIENS

Les millésimes de Canon des années 70 sont peu impressionnants, la plupart des vins ne méritant pas mieux que des notes allant de 67 à 85. Dans les années 60, les 1964 (noté 88 en avril 1991) et 1961 (noté 88 en novembre 1995) sont excellents, mais pas très intéressants ; cependant, ce sont les plus belles réussites de la propriété pour la décennie.

Le 1959 de Canon est spectaculaire, surtout quand on sait qu'il est probablement issu de jeunes vignes (en effet, les très sévères gelées de 1956 n'avaient pas épargné ce vignoble). Son doux nez de chocolat et de cerise noire ainsi que sa robe grenat opaque ne montrent que de faibles signes de déclin, et, s'il déploie un caractère herbacé sous-jacent (dû aux jeunes vignes ?), sa richesse est superbe, et ses arômes épais et visqueux, marqués par la mâche, sont sensationnels. Il recèle suffisamment de richesse et de tannins pour évoluer sur 15 à 20 années encore et s'impose comme une magnifique réussite de cette propriété.

CANON-LA-GAFFELIÈRE

Grand cru classé
Propriétaire : Vignobles Comtes von Neipperg
Adresse : 33330 Saint-Émilion
Adresse postale : SCEV Vignobles Comtes de Neipperg
BP 34 – 33330 Saint-Émilion
Tél. 05 57 24 71 33 – *Fax* 05 57 24 67 95
E-mail : info@neipperg.com
Site Internet : www.neipperg.com
Visites : sur rendez-vous uniquement,
du lundi au vendredi
Contact : Comte Stephan von Neipperg

VIGNOBLE ET VINIFICATION

Superficie : 19,5 ha
Encépagement : 55 % merlot, 40 % cabernet franc, 5 % cabernet sauvignon
Âge moyen des vignes : 40 ans – *Densité de plantation :* 5 500 pieds/ha
Rendement moyen : 35-40 hl/ha
Élevage : fermentations et cuvaison de 18 à 26 jours en cuves de bois thermorégulées, avec pigeages ; achèvement des malolactiques en fûts pour 90-100 % de la récolte ; vieillissement sur lies de 14 à 18 mois en fûts (100 % de bois neuf) ; ni collage ni filtration

VINS PRODUITS

Château Canon-la-Gaffelière – 50 000-60 000 b ;
Côte Migon La Gaffelière – 4 000-20 000 b (selon le millésime)
À maturité : dans les 5 à 20 ans suivant le millésime

APPRÉCIATION GÉNÉRALE

Stephan von Neipperg gère cette superbe propriété de Saint-Émilion avec passion, en visionnaire, sans sacrifier au moindre compromis pour ce qui est de la qualité. Depuis 1988, Canon-la-Gaffelière s'impose comme l'une des stars de son appellation, grâce aux efforts sans relâche du maître des lieux. Tout est mis en œuvre pour produire les meilleurs vins possibles, le cru bénéficiant sans aucun doute de la volonté de son propriétaire de le propulser au sommet. Cette étoile montante de Saint-Émilion, si ce n'est du Bordelais, a servi d'exemple à plus d'un. Quoique somptueux, le vin demeure à des prix raisonnables, compte tenu de sa qualité.

Bien qu'il fasse partie des côtes de Saint-Émilion, ce vignoble est en majorité situé sur des sols plats, argilo-calcaires et sableux, qui se trouvent au pied du coteau. Pendant plus de vingt ans, tout en bénéficiant d'une belle promotion, Canon-la-Gaffelière a produit des vins légers, ternes et médiocres, à des prix étonnamment élevés. Cependant, tout a changé depuis que le jeune et talentueux Stephan von Neipperg a pris en 1983 la direction de la propriété. En fait, je crois que seuls de très rares domaines du Bordelais ont connu un redressement aussi spectaculaire.

À l'heure actuelle, le domaine vendange plus tardivement pour obtenir la meilleure maturité possible ; il élabore un second vin, ce qui lui permet de déclasser les cuvées les moins réussies, et pratique l'achèvement des malolactiques en fûts, la micro-oxygénation et le vieillissement sur lies. Les vins, issus de faibles rendements, sont mis en bouteilles sans collage ni filtration après 14 à 18 mois de vieillissement en fûts de chêne neuf. Tous ces changements ont contribué à faire de Canon-la-Gaffelière l'un des crus les plus opulents et les plus flatteurs de l'appellation. Le cru s'impose comme une véritable étoile de Saint-Émilion, ainsi que l'atteste sa production depuis la fin des années 80.

2003
87-89 Composé d'une forte proportion de cabernet franc (près de 55 %), le 2003 de Canon-la-Gaffelière mériterait 90 points ou plus pour ses seuls arômes, mais il n'a pas la concentration, la profondeur ni la persistance lui permettant de prétendre à une note globale plus élevée que celle que je lui ai, pour l'heure, attribuée. En effet, ce vignoble situé sur les bas coteaux de l'appellation propose un 2003 léger et élégant, dénué de la richesse de ses aînés de 2001, 2000, 1999 et 1998. Ce vin, que j'ai dégusté en quatre occasions (avec des notes identiques), est souple et fruité, avec un nez de cèdre, de boîte à épices, de terre, d'herbes, de douce cerise et de groseille. Moyennement corsé, s'exprimant tout en souplesse et en rondeur, il présente un fruité confit étayé par une faible acidité. **À boire dans les 7 à 10 ans.** (3/04)

2002
90 Canon-la-Gaffelière, la propriété phare de Stephan von Neipperg, surpasse en 2002 ses compagnons d'écurie Clos de l'Oratoire ainsi que La Mondotte, un fort onéreux vin de garage. D'un prune-pourpre tirant sur le bleu, il exhale avec ampleur de très odorantes senteurs de fumé, de graphite, de café, de cassis et de chêne neuf, auxquelles se mêlent des arômes de fruits noirs, de réglisse et de cacao. Ce vin merveilleusement concentré et savoureux, à la finale modérément tannique, sera à son apogée **entre 2006 et 2020.** (9/03)

2001
92 Magnifiquement réussi dans le contexte du millésime, le 2001 de Canon-la-Gaffelière s'annonce par un pourpre soutenu préludant à un doux nez de noix grillée, de mûre, de crème de cassis, de réglisse, de fumé et de graphite. Suit

en bouche un ensemble moyennement corsé, qui se développe par paliers, révélant, outre une belle étoffe, des tannins doux et une faible acidité. La finale de ce vin impressionnant est longue de plus de 35 secondes. Malgré sa précocité, le 2001 de Canon-la-Gaffelière promet de se maintenir **8 à 10 ans.** (1/03)

2000 **95** Voici un 2000 absolument époustouflant, flamboyant et concentré, qui révèle cependant des proportions classiques. Généreusement doté en arômes de café, de chocolat, de crème de cassis, de chêne neuf grillé et d'épices orientales qui jaillissent littéralement du verre, ce vin aux parfums sensationnels, très épanoui, conserve, malgré sa très grande concentration, un équilibre et une pureté hors du commun. Il présente encore, chose remarquable, une fraîcheur et une précision étonnantes, qu'il conjugue à une ampleur, une épaisseur et une opulence indéniables. Ce vin impeccable pourrait bien être le meilleur Canon-la-Gaffelière produit à ce jour. **À boire entre 2006 et 2022.** (1/03)

1999 **92** Magnifiquement réussi dans le contexte du millésime, le 1999 de Canon-la-Gaffelière s'annonce par un pourpre opaque et par un doux nez de pain grillé, de fumé, de viande, de graphite, de mûre et de liqueur de cassis. L'ensemble qui suit en bouche est corsé, tout à la fois profond, puissant et riche, étayé par des tannins doux et une faible acidité. Un vin étonnamment puissant et massif dans un millésime plutôt porté sur la délicatesse. **À boire jusqu'en 2016.** (3/02)

1998 **93** Arborant un pourpre soutenu et dégageant de somptueux arômes de prune, de myrtille, de cerise noire très mûre, de chocolat, de café et de chêne neuf épicé, le 1998 est corsé, opulent et expressif. Ce vin flamboyant, à la limite de l'ostentatoire, qui regorge littéralement de gras et de richesse en extrait, se développe en bouche par paliers, révélant des tannins très doux. D'ores et déjà accessible, il sera à son apogée **jusqu'en 2022.** (12/02)

1997 **90** Ce vin – l'un des plus exotiques, des plus épais et des plus riches du millésime – s'impose également comme l'un des mieux réussis. D'un prune-pourpre opaque, il exhale de somptueux parfums de vanille, de réglisse, d'épices orientales, de café torréfié, de cerise noire et d'autres petits fruits confiturés, qui introduisent en bouche un ensemble moyennement corsé et épais, étayé par des tannins soyeux et une faible acidité. Ce Saint-Émilion exotique, qui s'exprime tout en rondeur, **peut tenir 8 à 10 ans.** C'est l'un des 1997 les plus impressionnants. (3/02)

1996 **90** Voici l'un des crus de Saint-Émilion les plus expressifs et les plus impressionnants de structure. Tout en lui – depuis sa robe d'un pourpre soutenu jusqu'à son caractère corsé, charnu, puissant et de bonne mâche, en passant par ses arômes explosifs de pain grillé, de fruits noirs confiturés, de chocolat, de café torréfié et de fumé – atteste sa très grande richesse en extrait. Doté de tannins souples pour le millésime, ce Canon-la-Gaffelière déploie par paliers une finale généreuse et complexe. Il devrait évoluer de belle manière ces 2 prochaines années et se maintenir 12 à 15 ans. **À boire entre 2007 et 2020.** (1/99)

1995 **91+** Le 1995 est massif, avec un nez chocolaté et épais de boîte à cigares, de cassis et de cerise. Très corsé, il regorge d'un généreux fruité superbement extrait, mais aussi de gras et d'alcool, et libère en bouche des arômes épicés et riches, ainsi que des tannins très abondants. La finale est longue et opulente, avec des tannins doux (plutôt qu'astringents). **À boire jusqu'en 2020.** (11/97)

1994 **90** Le 1994 arbore une robe dense de couleur pourpre, et libère des notes étonnamment pures d'olives provençales et de cassis confituré, ainsi que des arômes de pain grillé et fumé. Mûr et gras, moyennement corsé et plutôt tannique, il est musclé et élégant. Ce vin impressionnant et bien équilibré se conservera parfaitement **8 à 10 ans.** (1/97)

1993 **87** Le 1993, qui arbore un pourpre foncé et soutenu, est l'un des vins les plus impressionnants du millésime. Il offre au nez de généreux arômes de fruits noirs, de terre, de prune et de réglisse, marqués de notes de fumé. Moyennement corsé et richement fruité, il est doux, étonnamment mûr et bien glycériné dès l'attaque en bouche, avec une faible acidité ; son fruité et sa texture masquent bien son caractère légèrement tannique. Ce vin séduisant constitue une excellente affaire dans un millésime oublié. **À boire dans les 3 à 5 ans.** (1/97)

1990 **93** Ce vin, qui constitue l'une des grandes réussites de la propriété, arbore toujours un rubis-pourpre dense. Son bouquet flamboyant, dont les senteurs de cake, de cèdre, de crème de cassis et d'herbes de Provence rôties sont nuancées de douces notes de grillé, inonde littéralement les sens du dégustateur. L'ensemble, corsé, est opulent à la limite de l'onctuosité ; tout à la fois épais, séveux, savoureux et faible en acidité, il recèle des tannins abondants que masque parfaitement son fruité riche et très gras. Ce 1990, qui atteint tout juste son apogée, tiendra **jusqu'en 2013.** (10/02)

1989 **90** Le 1989 est à son apogée. Vêtu d'un grenat foncé fortement ambré sur le bord, il présente un style exotique, presque extrême, que traduisent ses notes généreusement boisées de tapenade, d'épices orientales, de doux cassis et de prune. Moyennement corsé, très souple, il n'a pas tout à fait la concentration et la générosité de son cadet d'un an. **À boire dès maintenant et dans les 5 à 6 ans.** (10/02)

1988 **90** Le 1988 de Canon-la-Gaffelière inaugure une merveilleuse trilogie. D'un rubis-prune foncé, il exhale un nez très parfumé, qui évoque la viande fumée, la cerise et le cassis confiturés, le grillé, les herbes de Provence rôties, le café et le chocolat. En bouche, l'ensemble est corsé, très riche et très concentré, et révèle davantage de structure et de densité que le 1989. Bien que déjà à son apogée, il devrait continuer à évoluer de belle manière. **À boire jusqu'en 2008.** (10/02)

1986 **87** Fortement ambré sur le bord, le 1986, qui est à son apogée, présente des notes de bois de santal ainsi que des senteurs de cèdre, de cake, de cassis et de boîte à épices. Moyennement corsé, il présente en finale quelques tannins secs laissant penser qu'il s'est défait du gras de sa petite enfance et qu'il doit être consommé. **À boire jusqu'en 2006.** (10/02)

MILLÉSIMES ANCIENS

On dira, pour rester diplomate, que les millésimes de Canon-la-Gaffelière antérieurs à 1988 étaient totalement dépourvus de distinction... Même les vins issus d'années de haut vol (comme 1982) étaient maigres et herbacés, et se sont délités.

CAP DE MOURLIN

Grand cru classé
Propriétaire : GFA Capdemourlin
Adresse : 33330 Saint-Émilion
Adresse postale : SCEA Capdemourlin
Château Roudier – 33570 Montagne-Saint-Émilion
Tél. 05 57 74 62 06 – *Fax* 05 57 74 59 34
E-mail : info@vignoblescapdemourlin.com
Site Internet : www.vignoblescapdemourlin.com
Visites : sur rendez-vous uniquement
Contact : Jacques Capdemourlin

VIGNOBLE ET VINIFICATION

Superficie : 14 ha
Encépagement : 65 % merlot, 25 % cabernet franc, 10 % cabernet sauvignon
Âge moyen des vignes : 34 ans – *Densité de plantation :* 5 500 pieds/ha
Rendement moyen : 37 hl/ha
Élevage : fermentations et cuvaison de 21 à 28 jours en cuves d'acier inoxydable thermorégulées ; vieillissement de 12 à 18 mois en fûts (50 % de bois neuf) ; collage et filtration

VIN PRODUIT

Château Cap de Mourlin – 70 000 b (pas de second vin)
À maturité : dans les 4 à 10 ans suivant le millésime

APPRÉCIATION GÉNÉRALE

Très proche en style, en plus discret, de son compagnon d'écurie Balestard La Tonnelle, Cap de Mourlin équivaut, en termes de qualité, à un cru bourgeois du Médoc de niveau moyen.

La famille Capdemourlin est propriétaire à Saint-Émilion depuis plus de cinq siècles. Elle possède également, outre le célèbre grand cru classé Balestard La Tonnelle, le Château Petit-Faurie-de-Soutard et le Château Roudier, un excellent Montagne-Saint-Émilion. Jusqu'en 1983, deux grands crus de l'appellation portaient le nom de Cap de Mourlin, l'un appartenant à Jean Capdemourlin et l'autre à Jacques. Les deux domaines n'en font plus qu'un aujourd'hui, si bien que les amateurs ne risquent plus de les confondre...

Les vins de cette propriété sont généralement robustes et très corsés, extrêmement fruités et musclés. Ils pèchent parfois par un léger manque de finesse, qu'ils compensent par leur caractère ample et gratifiant. Le vignoble est situé sur le terrain plat, sableux et rocheux des « pieds de côte ».

2001
86
Moyennement corsé et dense, très trapu, le 2000 de Cap de Mourlin est marqué par un caractère chocolaté et par les arômes de fruits noirs et de terre typiques de ce cru. **À boire avant 2012.** (1/03)

2000
87
Le Cap de Mourlin 2000 est réussi. Sa robe d'un prune-pourpre foncé accompagne des notes de café, de cacao, de cerise noire et de sous-bois. Suit en bouche un ensemble moyennement corsé et modérément tannique, séduisant malgré son manque de complexité. **À boire jusqu'en 2014.** (1/03)

1999 Bien fait, mais relativement léger et sans détour, ce vin d'un rubis moyenne-
84 ment foncé présente des notes de cerise aigre-douce nuancées de terre et d'un caractère herbacé. **À boire jusqu'en 2008.** (3/02)

1998 Des notes d'herbes, de groseille, de champignon et de terre se dégagent de
84 ce vin moyennement corsé, discret, mais séduisant, qui pèche seulement par sa finale légèrement tannique. **À boire jusqu'en 2008.** (3/02)

MILLÉSIMES ANCIENS

Les meilleurs millésimes que je connaisse de cette propriété sont le 1990 (noté 87 en janvier 1993) et le 1982 (noté 87 en octobre 1999). Tous deux sont à boire.

CHAUVIN

Grand cru classé
Propriétaires : Marie-France Février et Béatrice Ondet
Adresse : 33330 Saint-Émilion
Adresse postale : 1, Les Cabanes-Nord
BP 67 – 33330 Saint-Émilion
Tél. 05 57 24 76 25 – *Fax* 05 57 74 41 34
E-mail : chateauchauvingc@aol.com
Site Internet : www.chateauchauvin.com
Visites : sur rendez-vous uniquement,
du lundi au vendredi (9 h 30-12 h et 14 h-16 h 30)
Contacts : Marie-France Février ou Béatrice Ondet

VIGNOBLE ET VINIFICATION

Superficie : 15 ha
Encépagement : 76 % merlot, 19 % cabernet franc, 5 % cabernet sauvignon
Âge moyen des vignes : 30 ans – *Densité de plantation :* 5 500 pieds/ha
Rendement moyen : 35-38 hl/ha
Élevage : fermentations et cuvaison prolongée en cuves d'acier inoxydable thermorégulées ; achèvement des malolactiques et vieillissement de 18 mois sur lies en fûts (40-50 % de bois neuf), avec bâtonnages réguliers ; pas de collage ; filtration

VINS PRODUITS

Château Chauvin – 50 000 b ; Borderie de Chauvin – 15 000 b
À maturité : dans les 3 à 15 ans suivant le millésime

APPRÉCIATION GÉNÉRALE

Ce vin impeccablement vinifié s'est tranquillement amélioré ces dernières années et compte désormais au nombre des excellents Saint-Émilion « nouvelle vague ». Sans être spectaculaire ni ostentatoire, il est, à sa manière, plein de charme et de séduction, et mérite incontestablement l'attention des amateurs, car il demeure à des prix raisonnables.

Cette propriété, voisine de Cheval Blanc, s'est considérablement améliorée ces dernières années, réussissant particulièrement en 1998, 2000 et 2001. Des vendanges plus tardives, ainsi qu'une sélection plus sévère aboutissant au déclassement de certains lots pour l'élaboration d'un second vin, expliquent que le cru soit de plus haut niveau. Et, comme on pouvait s'y attendre, le domaine bénéficie des conseils de l'omniprésent Michel Rolland. Chauvin s'impose comme une étoile montante de Saint-Émilion.

2003 **90-92** Cette propriété se montre, une fois de plus, à la hauteur de l'intérêt que lui portent les amateurs avisés. Magnifiquement vinifié par Mme Ondet, le 2003 de Chauvin est vêtu d'un rubis-pourpre d'encre et libère de superbes arômes de fruits noirs confiturés nuancés de réglisse, de fumé et de graphite. L'ensemble, qui révèle une acidité, un alcool et des tannins parfaitement fondus, est corsé, généreux et voluptueux, et présente une finale impressionnante de persistance. Ce vin d'ores et déjà flatteur, qui s'impose comme une révélation du millésime, sera à son apogée **entre 2006 et 2014.** (3/04)

2002 **88** Chauvin, l'un des Saint-Émilion que je préfère pour son ampleur aromatique et ses superbes et savoureux parfums, se présente en 2002 vêtu de rubis-pourpre foncé, avec des notes de réglisse fondue, de cassis, de cerise, de terre et de fumé. Riche et persistant, il est heureusement dépourvu des tannins durs et secs qui desservent nombre de ses jumeaux de l'appellation. **À boire entre 2007 et 2016.** (9/03)

2001 **90** De douces senteurs de réglisse, de goudron, de cerise noire et de groseille se dégagent de ce vin impressionnant, moyennement corsé, extrêmement pur et tonique malgré sa richesse et sa concentration. L'ensemble est doté d'un fruité et d'un gras très généreux. **À boire dans les 12 ans, voire au-delà.** (1/03)

2000 **92** Ce vin superbe, dont la robe d'un pourpre opaque accompagne des senteurs merveilleusement pures de graphite, de réglisse, de crème de cassis, de café et de pierre, est subtilement rehaussé de belles notes de chêne neuf épicé. L'ensemble, moyennement corsé, se développe en bouche par paliers, révélant, outre une grande pureté, une concentration et une densité d'excellent aloi, ainsi que des tannins doux. Ce classique, d'une belle persistance, sera parfait **entre 2008 et 2019.** (1/03)

1999 **89** Le 1999 de Chauvin constitue une réussite impressionnante. Ce vin offre dans un ensemble moyennement corsé, opulent et étonnamment profond un magnifique déploiement d'arômes de liqueurs de cassis et de cerise. Il exprime aussi une bouche charnue, mais pure, et modérément marquée de chêne fumé. Ce vin séduisant du fait de sa faible acidité et de ses tannins merveilleusement fondus sera parfait **dans les 6 à 8 ans.** (3/02)

1998 **89+** La robe, d'un rubis-pourpre soutenu et profond, du 1998 accompagne un nez de mûre et de cerise nuancé de notes de réglisse, de boîte à épices, de sous-bois et de cèdre. Suit en bouche un ensemble épais, corsé et concentré, doté de tannins doux et manifestant une très grande pureté. Accessible assez tôt en raison de son fruité précoce et de sa faible acidité, ce vin est **à boire jusqu'en 2015.** (3/02)

1998 **91** Vieux Château Chauvin – Le 1998 est le seul millésime dans lequel le propriétaire propose cette cuvée prestige, qui est décidément très spéciale. Ce vin de garage puissant et massif est une sélection parcellaire du Château Chauvin, mieux connu. D'un pourpre-noir épais et opaque, il déploie de beaux arômes visqueux et concentrés de réglisse, de chocolat, de mûre et de groseille. L'ensemble, corsé et voluptueux, est modérément tannique et plutôt massif. **À boire jusqu'en 2022.** (3/02)

1997 **88** Le séduisant et soyeux 1997 se distingue par sa robe d'un rubis-pourpre foncé et par son fruité tout à la fois généreux, gras et séveux de cerise confiturée, de groseille et de chêne grillé. Souple, faible en acidité et plutôt profond, il s'exprime tout en rondeur et pourra tenir **1 à 2 ans.** (3/01)

1996 **88** Arborant une robe rubis foncé, le 1996 exhale un excellent bouquet de pain grillé nuancé de cerise confiturée. La bouche, moyennement corsée, étayée par un gras généreux, exprime une belle élégance d'ensemble et un bon équilibre. La finale, richement fruitée, est aussi savoureuse. On décèle également dans cet ensemble racé et d'une grande finesse un caractère un peu tannique. **À boire dans les 5 à 6 ans.** (3/01)

1995 **87** Semblable au 1994, le 1995 arbore une robe d'un rubis-pourpre profond, qui prélude à des senteurs douces, presque trop mûres et confiturées de fruits noirs, d'épices et de boisé. Suit un ensemble séduisant, opulent et charnu, qui, en raison de son très faible niveau d'acidité, **devrait être dégusté maintenant** (11/97)

1994 **87** Pourpre de robe, le 1994 de Chauvin libère un nez très confituré de cerise noire abondamment rehaussé de chêne doux et grillé, et se montre en bouche moyennement corsé et opulent, faible en acidité et modérément tannique. **À boire jusqu'en 2009.** (3/96)

1990 **88** Tout à la fois fruité, onctueux et d'une richesse explosive, le 1990 révèle, outre un caractère moyennement corsé et une belle concentration, d'abondants tannins souples et veloutés. Admirablement doté et opulent, il est à son apogée et se révèle incontestablement séduisant. **À boire jusqu'en 2008.** (11/98)

MILLÉSIMES ANCIENS

Les seuls millésimes relativement anciens de Chauvin que je connaisse sont les 1988 et 1989, bien faits, mais anodins.

CHEVAL BLANC

1er grand cru classé A
Propriétaires : Bernard Arnault et Albert Frère
Administrateur : Pierre Lurton
Adresse : 33330 Saint-Émilion
Tél. 05 57 55 55 55 – *Fax* 05 57 55 55 50
E-mail : contact@chateau-chevalblanc.com
Site Internet : www.chateau-chevalblanc.com
Visites : pour les professionnels, du lundi au vendredi

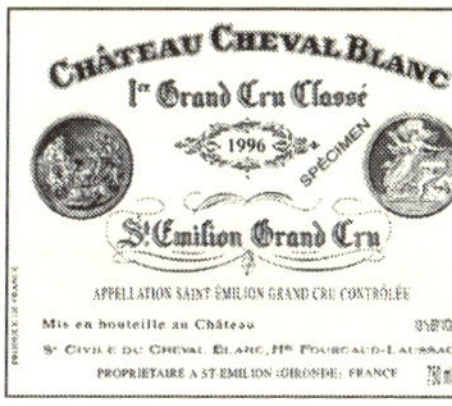

VIGNOBLE ET VINIFICATION

Superficie : 37 ha
Encépagement : 58 % cabernet franc, 42 % merlot
Âge moyen des vignes : 45 ans – *Densité de plantation :* 8 000 pieds /ha
Rendement moyen : 35 hl/ha

Élevage : fermentations et cuvaison de 21 à 28 jours en cuves de béton et d'acier inoxydable thermorégulées ; après achèvement des malolactiques, vieillissement de 18 mois en fûts (100 % de bois neuf), avec soutirages trimestriels ; collage au blanc d'œuf ; pas de filtration

VINS PRODUITS

Château Cheval Blanc – 100 000 b ; Petit Cheval – 40 000 b
À maturité : dans les 5 à 30 ans suivant le millésime

APPRÉCIATION GÉNÉRALE

Depuis son acquisition par Bernard Arnault et Albert Frère, qui ne ménagent aucun effort pour tirer le meilleur parti de ce magnifique terroir, Cheval Blanc s'impose, plus que jamais, comme le bordeaux le plus exotique et le plus singulier. Ce vin d'une stature majestueuse n'est jamais ostentatoire ni extrême ; tout au contraire, ses composantes (fruité, gras, texture soyeuse, tannins veloutés, finale interminable et arômes éblouissants) attestent un équilibre impeccable. Quoique accessible dans sa jeunesse, le cru doit à sa forte proportion de cabernet franc le fait qu'il se montre mieux en bouteille qu'au fût.

Cheval Blanc est sans aucun doute l'un des plus grands bordeaux. Pendant la majeure partie du siècle précédent, nul ne lui a contesté la première place dans la hiérarchie des Saint-Émilion, et on l'a généralement considéré comme le meilleur vin de l'appellation. Depuis la renaissance d'Ausone, et la révolution qualitative initiée par les producteurs de vins de garage, Cheval Blanc n'est plus seul à porter le flambeau. C'est un vin doté d'un caractère remarquable et unique. Le domaine se trouve à la limite de Pomerol, dans ce que l'on appelle les graves de Saint-Émilion ; un simple fossé le sépare de L'Évangile et de La Conseillante, et il ne faut donc pas s'étonner que l'on ait reproché à Cheval Blanc d'être plus proche d'un Pomerol que d'un Saint-Émilion.

Des « huit grands » bordeaux, c'est probablement Cheval Blanc qui demeure le plus longuement à son apogée ; en effet, il est délicieux dès la mise en bouteilles, mais il peut aussi se maintenir très longtemps (dans les bons millésimes), et aucun des premiers crus du Médoc ni Petrus, en Pomerol, ne peut se vanter de l'égaler sur ce point. Seul Haut-Brion l'approche, à la fois sur le terrain de la précocité et sur celui de l'aptitude à la garde – quand tout va bien, il a suffisamment d'étoffe, d'harmonie et d'intensité pour vieillir sur 20 à 30 ans.

Pour moi, Cheval Blanc est Cheval Blanc, et il ne ressemble ni à un Pomerol ni à un autre Saint-Émilion. Il faut dire que son encépagement (à parts presque égales de cabernet franc et de merlot) est très inhabituel, aucun autre château d'importance ne recourant à ce point au cabernet franc. Pourtant, curieusement, ce cépage atteint son apogée dans ces sols de graves, de sable et d'argile, sur une base rocheuse riche en oxyde de fer ; il y donne un vin extrêmement riche, épanoui, intense et onctueux.

Le style de Cheval Blanc n'est évidemment pas pour rien dans son immense popularité. Rubis foncé de robe, il révèle, dans les grands millésimes, une opulente richesse, un caractère fruité, corsé, voluptueux et séveux, et il est, curieusement, très accessible quand il est jeune. Son bouquet est très particulier. À son meilleur niveau, Cheval Blanc est encore plus parfumé que les premiers crus du Médoc tel Margaux ; il dégage des senteurs de minéral, de menthol, d'épices exotiques, de tabac et de fruits noirs à la fois très mûres et très intenses, qui, souvent, enivrent le dégustateur. Nombreux sont d'ailleurs ceux qui, trompés par ce beau déploiement de charme précoce, commettent l'erreur de prédire que ce vin vieillira mal. En fait, dans les millésimes riches et généreux, Cheval Blanc évolue exceptionnellement bien – même s'il y a fort à parier que bon nombre de bouteilles sont consommées bien avant que le vin puisse exprimer toute sa majesté.

Comme le montrent les notes de dégustation qui suivent, Cheval Blanc est généralement un vin voluptueux et exotique, d'une richesse et d'une profondeur hors du commun. Cependant, dans certains millésimes, il s'est montré l'un des plus décevants des « huit grands » du Bordelais. C'est ainsi qu'il n'a pas été particulièrement heureux dans les années 60 et 70. En revanche, en portant une attention plus soutenue aux détails de la vinification, l'ancien administrateur Jacques Hébrard est parvenu à maintenir ce cru à un haut niveau pendant les années 80. Son successeur, Pierre Lurton, a continué sur sa lancée, propulsant Cheval Blanc à de nouveaux sommets. Les 1990, 1998, 1999, 2000 et 2001 sont ainsi les plus belles réussites du château depuis la splendide trilogie des 1947, 1948 et 1949.

Avec Haut-Brion, Cheval Blanc demeure l'un des deux vins les moins chers parmi les « huit grands » – à l'exception du millésime 2000.

2003
89-92 Pierre Lurton, le directeur de la propriété, avoue que la gestion de ce vignoble graveleux fut difficile dans le contexte du millésime, marqué par des chaleurs exceptionnelles. Issu d'une sélection de 50 % de la récolte totale et composé à 60 % de cabernet franc et pour le reste de merlot (il s'agit de la plus forte proportion du premier cépage depuis plusieurs années), le 2003 de Cheval Blanc est plutôt élégant et délicat, et davantage porté sur le fruit que sur l'ampleur, la structure et l'intensité. Ce vin moyennement corsé, qui s'exprime avec souplesse et tout en finesse, mêle, dans un bouquet modérément intense, des senteurs d'airelle, de mangue et de cerise à des notes de pierre concassée. En bouche, il se développe avec une ampleur croissante, révélant une grande pureté, ainsi qu'un caractère souple et racé. L'assemblage final, qui comprend du vin de presse à hauteur de 4 %, est le fruit de faibles rendements de 30 hl/ha. Il est issu de la vendange la plus précoce jamais enregistrée à la propriété (le merlot fut rentré entre le 1er et le 5 septembre, et le cabernet franc entre le 10 et 15 de ce même mois). **À boire entre 2008 et 2018.** (3/04)

2002
89 J'attendais davantage d'intensité, de puissance et de complexité aromatique de la part du 2002 de Cheval Blanc. Composé à parts égales de cabernet franc et de merlot, ce vin d'un rubis foncé présente un bouquet atténué aux notes de cacao, de menthe, d'airelle, de cerise noire et de fleurs. Moyennement corsé, très tonique et d'une grande fraîcheur, il semble avoir été forgé par un climat frais. L'ensemble n'a pas la richesse, la corpulence ni la persistance de ses gigantesques aînés de 1998 ou de 2000, pas plus, d'ailleurs, que celles des 1999 et 2001, sous-estimés. Cela étant, il faut dire que Cheval Blanc est souvent difficile à jauger dans sa petite enfance, car il a tendance à gagner en étoffe et à s'affirmer tant au cours de son élevage qu'après la mise en bouteilles. Reste donc à voir comment il évoluera. **À boire entre 2007 et 2017.** (9/03)

2001
93 Issu d'une sélection de la moitié de la récolte totale, le 2001 de Cheval Blanc se compose d'une proportion étonnamment élevée de merlot (60 %), le reste de l'assemblage étant du cabernet franc. D'après Pierre Lurton, il fallut cette

année contenir les rendements par une taille très sévère. Les rendements du cabernet franc furent de l'ordre de 32 hl/ha, le merlot frôlant les 40 hl/ha (en fait, 39 hl/ha). En raison de la fraîcheur du mois de septembre, les vendanges à la propriété furent tardives. D'un rubis-pourpre opaque, doté d'un doux bouquet de menthe, de cassis mûr, de prune et de cerise, ainsi que de belles senteurs de minéral, le Cheval Blanc 2001 est moyennement corsé, merveilleux à la fois de douceur et de pureté, et il conserve, malgré sa générosité, une précision d'excellent aloi. Sa finale recèle des tannins doux. L'ensemble n'éclipsera pas le prodigieux 2000 ni le très impressionnant 1998, mais il sera apprécié pour sa densité et son fruité, ainsi que pour sa belle tonicité, qu'il doit à l'acidité fraîche qui l'étaye. **À boire entre 2007 et 2018.** (1/03)

2001 **87-89** Petit Cheval – Produit à hauteur de 15 000 bouteilles et composé à 60 % de merlot et pour le reste de cabernet franc, le 2001 de Petit Cheval est plutôt porté sur le fruit. Ce vin moyennement corsé n'a pas le caractère massif de son grand frère, mais il se distingue par ses parfums admirables, par sa belle tonicité (il a été forgé par un climat frais) et par sa précision de très bon aloi. **À consommer dans les 5 à 6 ans.** (1/03)

2000 **100** Le 2000 de Cheval Blanc est peu évolué. Sa robe d'un pourpre soutenu accompagne un bouquet réticent, mais remarquable, de mûre, de myrtille, de truffe et de moka. Malgré son caractère serré, l'ensemble révèle encore à l'aération des arômes de réglisse, de menthe et de cuir fin. Corsé et opulent, étayé par des tannins doux et une faible acidité, il déploie une finale longue de 1 minute. Cet assemblage 53 % merlot et 47 % cabernet franc est incontestablement aussi profond que ses aînés de 1982 et 1990, et je pense même qu'il peut s'imposer comme l'exemple de ce cru le plus séduisant après les mythiques 1947, 1949 et 1990. Cependant, il requiert de la patience. **À boire entre 2010 et 2030, voire au-delà.** (1/03)

2000 **90** Petit Cheval – Les amateurs qui n'ont pas la chance (ou les moyens) de s'offrir le Cheval Blanc 2000 se tourneront vers le Petit Cheval. Ce vin n'a pas toujours été de très haut vol, mais le 2000 est très proche en style de son frère aîné. Composé à parts égales de merlot et de cabernet franc (il est issu d'une sélection de 40 % de la production totale), il n'a pas la profondeur ni le caractère massif de Cheval Blanc, mais on l'appréciera pour ses doux arômes concentrés et charnus, pour sa belle opulence, ainsi que pour sa densité d'excellent aloi. Aussi incroyable que cela puisse paraître, le 2000 de Petit Cheval est meilleur que certains Cheval Blanc des vingt dernières années. Une merveille ! **À boire jusqu'en 2012.** (1/03)

1999 **93** Très complexe, doté de parfums explosifs, le 1999 de Cheval Blanc (59 % merlot et 41 % cabernet franc) se montre déjà sous un très bon jour – ce qui est de bon augure quand on sait que ce cru est plutôt discret dans sa jeunesse, gagnant en étoffe et en richesse au cours de son vieillissement. Pour ce qui est du style, il me semble fait du même métal que ses aînés de 1985, 1966 et 1962. D'un rubis dense nuancé de pourpre, il offre un puissant déploiement d'arômes de menthol, de cuir, de fruits noirs, de réglisse et de moka. Une fois passé ce bouquet, on décèle en bouche un ensemble moyennement corsé, qui se développe tout en rondeur, révélant une élégance, une pureté, une douceur et une harmonie exquises. Cette pure merveille – un modèle de finesse, de charme et de concentration réunis – sera accessible dès sa jeunesse. **À boire entre 2006 et 2022.** (1/03)

1998 **96+** Comme souvent avec ce cru, j'avais sérieusement sous-estimé le 1998 de Cheval Blanc lors des premières dégustations. En effet, ce vin, qui semble fait pour résister à l'épreuve du temps, s'est considérablement étoffé depuis sa mise en bouteille. Composé à 55 % de cabernet franc et à 45 % de merlot, le 1998 se distingue par un rubis-pourpre foncé et par de fabuleux arômes de menthol, de prune, de mûre, de cuir, de cacao et de vanille. Plus merveilleusement corsé que dans mes souvenirs, il se développe avec une rondeur époustouflante, révélant une concentration et une richesse en extrait extraordinaires. L'ensemble, impeccable d'équilibre, d'élégance et de pureté, est incontestablement l'un des Cheval Blanc les plus grandioses qui soient. S'il continue de s'améliorer comme il l'a fait ces trois dernières années, il pourra rivaliser avec les 1982, 1990 et 2000 de la propriété. **À boire entre 2009 et 2030.** (1/03)

1997 **88** Ce Cheval Blanc séduisant et parfumé n'est que modérément dense et massif. Il doit son charme immédiat à des senteurs exotiques de noix de coco, de prune, de liqueur de cerise et de doux chêne grillé, qu'accompagne un caractère souple, moyennement corsé et faible en acidité. Bien qu'il soit d'ores et déjà accessible, ce 1997 se maintiendra bien **3 à 4 ans.** (11/02)

1996 **90** Élégant et modérément massif, le Cheval Blanc 1996 se distingue par une robe prune-grenat foncé assez évoluée. Véritable quintessence de l'élégance, il exhale un nez complexe de fruits noirs, de noix de coco, de fumé et de pain grillé. Ce vin moyennement corsé présente un doux fruit et une belle complexité dès l'attaque en bouche ; sa finale est aussi opulente que veloutée. Très souple et précoce pour un 1996, il sera à son apogée **jusqu'en 2015.** (3/02)

1995 **92** Joliment fait et séduisant, le Cheval Blanc 1995 est composé d'une plus forte proportion de merlot que de coutume (50 % merlot et 50 % cabernet franc). Bien qu'il soit moins étoffé et moins gras que son cadet d'un an, il n'en est pas moins extraordinaire, avec son bouquet exotique absolument emballant de fumé, de cassis et de café. Les arômes complexes, riches et moyennement corsés qu'il dévoile en bouche sont purs et bien dotés, et la finale recèle des tannins étonnamment fermes. Contrairement au 1996, plus doux et plus mûr, le 1995 se révèle plus structuré et peut-être capable d'une plus longue garde. **À boire jusqu'en 2020.** (12/02)

1994 **88+ ?** Rubis-pourpre foncé, le 1994 exhale un nez complexe et épicé de tabac, de vanille, de cassis et de minéral, avec des notes florales. Il est plus énorme et plus structuré que son aîné d'un an, mais en est-il meilleur pour autant ? Les tannins qu'il développe en finale tapissent le palais, mais déforment à la fois sa jolie palette aromatique et son attaque en bouche, douce, moyennement corsée et riche. Comme je l'ai souvent écrit, Cheval Blanc est un cru qui a tendance à s'étoffer et à prendre une certaine ampleur aromatique avec le temps, et l'on peut penser qu'il en sera ainsi pour le 1994. Si tel est le cas, la note que je lui attribue semblera vraiment sévère, mais, si ses tannins se montrent toujours aussi astringents en même temps que son fruité se fane, je l'aurai alors surestimé. **À boire jusqu'en 2017.** (1/97)

1993 Rubis foncé de robe, avec des touches de pourpre, le séduisant Cheval Blanc
86 1993 présente le nez légendaire de ce cru, aux arômes légèrement mentholés de doux fruits noirs, de noix de coco et de vanille. Moyennement corsé, élégant et bien fait, il est encore tendre, délicieux, caractéristique des vins de cette propriété, mais manque d'ampleur et de richesse en bouche. Un 1993 savoureux et charmeur, à déguster **dans les 5 à 6 ans.** (1/97)

1992 Le Cheval Blanc 1992 se révèle très peu corsé et creux, surtout pour un vin
77 de cette propriété. Son nez, dominé par des senteurs vanillées, est marqué par des touches de petits fruits confiturés, d'herbes et de café. Il manque à la fois de profondeur, de corps et de longueur. **À boire d'urgence – probablement sur le déclin.** (11/94)

1990 Le 1990 surpasse désormais son plus proche rival, son aîné de 1982. Ce vin
100 d'un rubis-pourpre dense à peine éclairci sur le bord exhale un bouquet explosif aux senteurs de cassis et d'autres fruits noirs nuancées de café, de menthol et de cuir. Une fois passé ce nez, on décèle en bouche un pur nectar : l'ensemble, opulent et merveilleux de concentration, se développe tout en rondeur, révélant un gras, des tannins, une acidité et un alcool magnifiquement fondus. Fabuleux dès sa jeunesse, le 1982 de Cheval Blanc révèle à présent, tant au nez qu'en bouche, davantage de nuances aromatiques. Quel vin spectaculaire ! **À boire jusqu'en 2015.** (12/02)

1989 Cette année grandiose, mais hétérogène, a donné un Cheval Blanc plutôt déce-
89 vant. En effet, le 1989 de ce cru est d'un rubis foncé ambré sur le bord, avec un nez de douce prune, de figue et de groseille nuancé de terre et d'herbes. La bouche est étonnamment légère pour le millésime. L'ensemble est moyennement corsé, relativement riche, mais dénué de complexité, avec une finale épicée, mais étonnamment courte. **À boire dans les 8 à 15 ans.** (12/02)

1988 Ce vin d'un rubis foncé resplendissant à peine éclairci sur le bord présente
88 de douces notes de terre, auxquelles se mêlent des nuances de cassis et d'autres petits fruits mûrs, de réglisse et de cuir. L'ensemble est moyennement corsé et épicé ; sa finale recèle des tannins modérément abondants, dont je doute qu'il se fondent jamais harmonieusement. **À boire jusqu'en 2014.** (12/02)

1987 Très réussi pour le millésime, le Cheval Blanc 1987 exhale un nez doux,
85 épicé et herbacé, qui précède en bouche un ensemble précoce, gras, rond et fruité, manquant quelque peu de structure et de tenue. Son séduisant fruit de cassis herbacé est étayé par de généreuses notes de doux chêne fumé. Quel vin séduisant ! **À boire.** (3/90)

1986 Le 1986 de Cheval Blanc, qui conserve des traits de jeunesse, présente des
89 ? tannins abondants ; son manque de saveur et d'étoffe pourrait nuire à son équilibre. L'ensemble, moyennement corsé, révèle des arômes de prune, de figue, de cerise, de terre et de minéral ; cependant – je le répète –, les tannins de sa finale ne manquent pas d'inquiéter. Quoi qu'il en soit, ce vin jeune et tonique paraît nettement moins évolué que ses aînés, plus séduisants, de 1983 et 1985. **À boire jusqu'en 2011.** (12/02)

1985 Plutôt séduisant, le 1985 de Cheval Blanc, qui est délicieux depuis sa jeunesse,
92 continue de bien évoluer. Bien qu'il semble avoir atteint son apogée, il révèle

encore de généreuses notes de douce prune, de moka, de café et de cassis nuancées de menthol, de chocolat et de noix de cola. La bouche, moyennement corsée, est opulente et souple. **À boire dès maintenant et dans les 3 à 5 ans.** (11/02)

1983 **93** Le fabuleux Cheval Blanc 1983, qui pourrait s'imposer comme l'une des grandes réussites du millésime, présente une robe nettement plus évoluée que celle de son aîné de 1982. Son bouquet parfumé et explosif mêle des senteurs de douce prune confiturée et de cassis à des notes de café, de fumé et d'épices orientales. L'ensemble, moyennement corsé, est riche et opulent ; ce vin fabuleux, séduisant et sensuel, est délicieux depuis sa prime jeunesse et ne montre aucun signe de déclin, hormis les nuances ambrées de sa robe. Ses tannins sont très doux, son fruité encore présent – le 1983 de Cheval Blanc demeure intact. **À boire jusqu'en 2010.** (1/03)

1982 **96** Le 1982 de Cheval Blanc, qui s'est toujours montré sous un excellent jour dans sa prime jeunesse, traverse actuellement un stade où ses tannins se montrent plus présents. Quant à l'opulence exotique qu'il présentait dans sa petite enfance, elle est encore perceptible, en plus atténué. Quoi qu'il en soit, ce vin corsé et très opulent, qui est maintenant à son apogée, conserve de nombreux traits admirables. Ses douces notes de fruits rouges et noirs, marquées de réglisse, de boîte à épices et d'encens, jaillissent littéralement du verre, annonçant un ensemble corsé et riche, qui se développe par paliers, révélant d'intéressantes nuances au fur et à mesure de son aération, pour ensuite s'estomper net. Ce Cheval Blanc fascinant est certainement la plus belle réussite du cru après le 1964 et avant le 1990. **À boire jusqu'en 2016.** (1/03)

1981 **89** Plutôt charmeur, le 1981 de Cheval Blanc, qui est à son apogée, est assez léger, mais élégant. Ses notes de groseille et de cassis doux entremêlées de senteurs de minéral, de réglisse et d'herbes s'expriment dans un ensemble moyennement corsé, épicé et plaisant, qui doit son charme à son caractère parfaitement harmonieux. **À boire.** (11/02)

1980 **80** Le Cheval Blanc 1980 constitue une relative réussite pour ce millésime médiocre. Rubis moyen de robe, il libère un bouquet modérément intense d'herbes aromatiques, de cèdre et de fruit, et déploie en bouche des arômes assez corsés et bien concentrés, ainsi qu'une finale souple. **À boire.** (10/90)

1979 **86** Une robe d'un rubis-grenat resplendissant annonce ce Cheval Blanc maigre et dénué de complexité, très compact, aux notes de fruits rouges et noirs, de minéral et de terre. **À boire.** (12/02)

1978 **87** D'un grenat foncé, le 1978 est vert et herbacé, avec des arômes de cèdre et de boîte à épices. L'ensemble, moyennement corsé, est rugueux et manque à la fois de gras, de charme et de fruit. **À boire.** (12/02)

1976 **82** Dans ce millésime marqué par la sécheresse, la chaleur et des pluies crève-cœur au moment de la vendange, Cheval Blanc a produit un vin épanoui, très mûr, marqué de notes rôties. À l'heure actuelle (il est à son apogée depuis quelques années), il s'est étoffé tout en acquérant des nuances tuilées. Cependant, il libère aussi un bouquet explosif de fruit mûr, de minéral, de noix et de chêne grillé. En bouche, il se révèle opulent et gras, et déploie un caractère généreux, savoureux, charnu, onctueux et fruité. Faible en acidité et très tendre, le Cheval Blanc 1976 est prêt depuis sa diffusion, mais a bien évolué. C'est un vin que j'ai sous-estimé de prime abord. **À boire.** (10/90)

1975 **88** D'une belle complexité aromatique, le 1975 de Cheval Blanc mériterait, pour son seul bouquet, la note de 90 ; cependant, les flaveurs qu'il développe en bouche sont quelque peu décevantes. D'amples senteurs de boîte à épices, de cèdre, de fruits noirs, de minéral et de café se dégagent de cet ensemble moyennement corsé, aux tannins astringents et à la finale rugueuse, dont la robe fortement ambrée sur le bord laisse subodorer qu'il doit être consommé **rapidement.** Certes, je doute que ce vin se délite, mais je pense qu'il se desséchera au fur et à mesure de son évolution. (12/02)

1971 **84** Quelque peu décevant, quoique très bon, le 1971 arbore depuis quelques années une robe très tuilée ; il présente encore, outre un très généreux fruité doux, un bouquet aux nuances de brûlé et de grillé, et un caractère assez corsé. C'est un Cheval Blanc plaisant, sans grande distinction. **À boire maintenant.** (10/90)

1970 **83** Quelle déception que ce Cheval Blanc léger et herbacé, à la robe fortement ambrée et au nez de terre, de cendrier, de boîte à épices et de groseille ! La bouche manque d'ampleur et accuse des signes de déclin. **À boire avant 2008.** (11/02)

1966 **85** De bonne facture, sans être exceptionnel, le Cheval Blanc 1966 arbore un rubis moyen ambré sur le bord et dégage un bouquet racé, mais retenu, de minéral, de cassis et de chêne épicé. En bouche, ce vin plutôt discret révèle un caractère assez corsé et modérément charnu, mais ni la volupté ni la concentration que l'on attend d'un cru de ce niveau dans un millésime tel que celui-ci. **À boire.** (10/90)

1964 **96** Puissant et massif, le 1964 s'impose comme l'un des Cheval Blanc les plus grandioses des années 60 et 70. D'un grenat trouble encore dense, il exhale un nez renversant de café, de fruits noirs et de boîte à épices. L'ensemble, opulent et charnu, est gras et puissant. Il est également musclé, avec des tannins quelque peu robustes qui doivent encore se fondre. Cependant, il paraît armé pour résister à l'épreuve du temps. Je pense que les bouteilles ayant bénéficié de parfaites conditions de conservation révèlent un vin toujours au stade de l'adolescence et encore loin de son apogée. **À boire jusqu'en 2025.** (12/02)

1962 **88** Le 1962 de Cheval Blanc, qui constitue une révélation de ce millésime sous-estimé, s'est maintenu plus longuement que la plupart de ses pairs, mais il entame maintenant son déclin. Arborant une robe fortement ambrée, il accuse en bouche un manque de tenue et de structure. Cependant, il présente encore des arômes complexes et relativement persistants d'herbes, de terre, de réglisse, de truffe et de doux fruits. La bouche, marquée de cuir, accuse une légère sécheresse et révèle en finale des tannins très présents. **À boire jusqu'en 2010.** (12/02)

1961 **91** Les bouteilles de Cheval Blanc 1961 ayant bénéficié de bonnes conditions de conservation sont à leur apogée depuis 20 à 25 ans, mais ne montrent aucun signe de déclin – c'est là que réside la magie des grands millésimes de Bordeaux. D'un grenat fortement ambré, ce vin exhale un nez exotique de réglisse, de doux fruits rouges et noirs confiturés, de boîte à épices et de cèdre. La bouche, moyennement corsée et opulente, est charnue et marquée par un gras généreux, qui laisse au palais une belle impression de souplesse. Ce vin doit être consommé sans plus tarder, sauf dans le cas de grands formats (magnum, double magnum, etc.) ayant été bien conservés. **À boire.** (12/02)

MILLÉSIMES ANCIENS

Dans les années 50, le meilleur millésime de Cheval Blanc est probablement le 1953 (noté 95 en mars 1996). Bien qu'il soit parfaitement mûr depuis 15 à 20 ans, il n'a rien perdu de sa magie et s'impose comme le Cheval Blanc le plus parfumé et le plus irrésistible que je connaisse. Peut-être le 1982 se révélera-t-il aussi aromatique ? Sans être puissant ni massif, ce vin est incroyablement séduisant, terriblement souple et soyeux.

Le 1959 est un autre millésime réussi de cette décennie (noté 92 en février 1995). Quoique plus dense et plus structuré que le 1961, il n'atteindra pas, à mon sens, les mêmes sommets, mais il présente indiscutablement l'étoffe lui permettant de se conserver plus longuement.

Le 1955 (noté 90 en mars 1995) est plus rugueux, plus corsé et moins séduisant que ne le sont habituellement les vins de cette propriété. Il est cependant très impressionnant, riche et capable de bien évoluer ces 5 à 10 prochaines années.

Cela fait plus de dix ans que je n'ai pas dégusté le 1950. Aussi doux que de la soie, il représentait une belle réussite dans un millésime sous-estimé.

Si j'ai parfois accordé la note suprême au Cheval Blanc 1949, je l'ai plus souvent noté aux alentours de 95 et, lors de ma dernière dégustation, en décembre 1995, lui ai attribué un 96. C'est un grand Cheval Blanc. Certes, il n'évoque pas autant un sirop ou un Porto que le 1947, mais il est plus classique, ce qui ne veut pas dire qu'il soit timoré. Tout au contraire, il est incroyable de richesse, doux, ample et très corsé à la fois, avec un fruité généreusement extrait, alcoolique et très gras. Bien qu'il soit prêt depuis plusieurs dizaines d'années, il conserve ce merveilleux nez exotique d'épices orientales, de cèdre et de doux fruit typique du cru. La bouche, épaisse et riche, séduit irrésistiblement par son caractère onctueux, tonique et pur. Vous apprécierez ce Cheval Blanc dans les 10 à 20 ans.

Le 1948 (noté 96 en mars 2001) est peut-être le vin le moins évolué que la propriété ait produit dans les années 40. Sa robe opaque est de couleur prune ou réglisse, et son nez ample de terre, de soja, de cèdre et d'herbes rôties introduit en bouche un vin corpulent, intense et structuré, à la puissance extraordinaire, qui se conservera encore parfaitement une vingtaine d'années, voire davantage.

C'est après avoir dégusté un Cheval Blanc 1947 impeccable (noté 100 en janvier 2003), en magnum, par quatre fois au cours des cinq dernières années, que j'ai pris conscience de la chance que j'avais de pratiquer un tel métier. Les seuls millésimes récents dont on puisse dire qu'ils arrivent à la cheville des 1947 de la rive droite pour ce qui est de la richesse, de la texture et de la viscosité seraient le 1982 et le 1990. Que dire de ce vin gigantesque, plus proche du Porto que du bordeaux rouge ? Sa texture est si épaisse qu'elle rappelle celle d'une huile de moteur ; son nez ample de cake, de chocolat, de cuir fin, de café et d'épices orientales est enivrant, et son onctuosité ainsi que son fruité riche et doux sont absolument époustouflants. Lorsqu'on apprend que ce vin présente à l'analyse un taux d'acidité anormalement bas, un taux d'alcool excessivement élevé et une acidité volatile qui horrifierait les œnologues modernes, on s'explique difficilement qu'il soit encore, à près de 60 ans d'âge, remarquablement frais, profondément complexe, et qu'il affiche une concentration aussi phénoménale. En fait, il conduit à sérieusement repenser les méthodes modernes de vinification. À l'exception d'un seul double magnum qui était défectueux, ce vin s'est montré parfait ou proche de la perfection chaque fois que je l'ai dégusté. Mais, attention, de nombreuses contrefaçons, et notamment de faux magnums, circulent sur le marché.

Le Cheval Blanc 1921, qui jouit d'une excellente réputation, est l'un des vins les plus prisés de ce millésime. Il m'avait déçu en deux occasions avant ma dégustation de décembre 1995, lors de laquelle il m'a paru tout simplement irréel (noté 98). Vêtu d'une robe opaque, mais fortement ambrée sur le bord, il présente des arômes remarquablement frais de doux fruits noirs confiturés, d'épices orientales, de café, d'herbes et de chocolat. Épais et onctueux, regorgeant littéralement de fruit, il exprime une bouche énorme, massive et très corsée, qui titre aux alentours de 14° d'alcool naturel. Il ressemble à s'y méprendre au 1947 ou au 1949. Il est à déguster maintenant.

CLOS BADON THUNEVIN

Grand cru
Propriétaire : Éts Thunevin
Adresse : 33330 Saint-Émilion
Adresse postale : Éts Thunevin
6, rue Guadet – 33330 Saint-Émilion
Tél. 05 57 55 09 13 – *Fax* 05 57 55 09 12
E-mail : thunevin@thunevin.com
Site Internet : www.thunevin.com
Visites : non autorisées

VIGNOBLE ET VINIFICATION

Superficie : 6,5 ha
Encépagement : 70 % merlot, 30 % cabernet franc
Âge moyen des vignes : 30 ans – *Densité de plantation :* 5 500 pieds/ha
Rendement moyen : 35 hl/ha
Élevage : fermentations et cuvaison prolongées ; achèvement des malolactiques et vieillissement de 18 à 20 mois en fûts (100 % de bois neuf) ; ni collage ni filtration

VIN PRODUIT

Clos Badon Thunevin – 15 000 b (pas de second vin)
À maturité : dans les 4 à 9 ans suivant le millésime

APPRÉCIATION GÉNÉRALE

Ce vin élaboré par Jean-Luc Thunevin est de bonne facture, mais plus discret que son plus prestigieux compagnon d'écurie du Château de Valandraud. Je me suis toujours demandé pourquoi Clos Badon, qui est très bon, n'était pas meilleur, étant donné qu'il semble bénéficier de la même vinification que De Valandraud.

2003
87-89 Issu d'un vignoble situé sur les plaines et les bas coteaux de Saint-Émilion, sous la côte Pavie, ce vin de bonne facture présente un doux nez chocolaté de cassis et de cerise noire. Moyennement corsé et capiteux, il doit être consommé **dans les 7 à 8 ans suivant le millésime.** (3/04)

2001 Vêtu de rubis-pourpre profond, ce vin moyennement corsé et épicé exhale un
87 nez de café, de chocolat et de fruits noirs. Exprimant avec élégance une belle texture et une très grande pureté, il présente une faible acidité et des tannins qui suggèrent une consommation **dans les 8 ans.** (1/03)

2000 Le 2000 de Clos Badon, qui se montre sous un meilleur jour en bouteille
90 qu'au fût, s'impose comme l'une des révélations du millésime. Vinifié selon les méthodes chères à Jean-Luc Thunevin, il a vieilli sur lies avec micro-oxygénation, le soutirage étant banni ou effectué a minima. Il arbore un pourpre profond et dégage de généreux arômes de mûre et de cerise nuancés de café, de fumé et de doux cuir. Impressionnant de pureté et d'étoffe, ce vin moyennement corsé, étayé par une faible acidité et des tannins mûrs, se distingue encore par sa finale épaisse, au gras généreux. **A boire à son apogée jusqu'en 2015.** (1/03)

1999 Le 1999 de Clos Badon doit sa sensualité à sa maturité et à sa faible acidité.
88 Doux à l'attaque (tant il est mûr), il offre en bouche des arômes opulents, savoureux et concentrés, évoquant les fruits noirs, le fumé, le cuir et le café. Un vin d'une grande pureté. **À boire dans les 6 ans.** (3/02)

1998 Sensuel, mûr et opulent, le 1998 de Clos Badon révèle, tant au nez qu'en
90 bouche, de très généreuses notes de chocolat, de café, de cake et de petits fruits. Corsé, ample et séveux, très charnu aussi, il ne fera pas de vieux os, mais sera délicieux ces **2 à 3 prochaines années.** Une révélation du millésime ! (3/02)

CLOS DUBREUIL

Grand cru
Propriétaire : Benoît Trocard
Adresse : 33330 Saint-Christophe-des-Bardes
Adresse postale : BP3 – 33570 Les Artigues-de-Lussac
Tél. 05 57 55 57 90 – *Fax* 05 57 55 57 98
E-mail : bt@trocard.com
Visites : sur rendez-vous uniquement
Contact : Benoît Trocard

VIGNOBLE ET VINIFICATION

Superficie : 1,4 ha
Encépagement : 95 % merlot ; 5 % cabernet franc
Âge moyen des vignes : 25 ans – *Densité de plantation :* 6 500 pieds/ha
Rendement moyen : 30 hl/ha
Élevage : fermentations et cuvaison de 28 jours en cuves thermorégulées ; achèvement des malolactiques et vieillissement de 18 mois en fûts (100 % de bois neuf) ; collage et filtration selon le millésime

VIN PRODUIT

Clos Dubreuil – 6 000-7 000 b (pas de second vin)
À maturité : dans les 5 à 15 ans suivant le millésime

APPRÉCIATION GÉNÉRALE

Bien qu'il soit moins spectaculaire que certains de ses homologues comme Croix de Labrie, Clos Dubreuil est toujours excellent et généralement noté plus de 90 depuis ses débuts en 1997. Les amateurs de microcuvées se doivent d'acheter ce vin.

Ce vin de garage, l'un des plus en vue du Bordelais, est élaboré par Louis Mitjavile, le fils de François Mitjavile (propriétaire du Tertre Roteboeuf). Il est assurément à la hauteur de ses ambitions. Les amateurs qui trouveraient ce cru produit à hauteur de 500 caisses annuellement ne devraient pas hésiter à en acheter.

2003 **92-95** Clos Dubreuil a décroché la timbale en 2003. Composé à 95 % de merlot et pour le reste de cabernet franc, il a été produit à hauteur de 500 caisses. On ne sera pas étonné d'apprendre qu'il est issu d'un terroir argilo-calcaire, particulièrement favorisé dans le contexte du millésime. Mêlant dans un bouquet superbe, qui jaillit littéralement du verre, des notes de café torréfié et de kirsch à des senteurs de prune, de cassis et de caramel, ce vin exotique et flamboyant, à la texture épaisse, charnue et séveuse, est marqué par une faible acidité et un pH élevé. L'ensemble, qui est à la limite de l'équilibre, évite de justesse de basculer dans l'extrême, mais je conseillerais néanmoins de le consommer **dans les 10 à 12 ans suivant le millésime.** (3/04)

2002 **89** Doté de notes de liqueur de mûre entremêlées de senteurs de moka, de fumé et de café qui jaillissent littéralement du verre, le 2002 de Clos Dubreuil est moyennement corsé, richement fruité, opulent et séduisant. **À boire dans les 10 ans.** (9/03)

2001 **87-88** Le 2001 de Clos Dubreuil est, chose étonnante, moins étoffé et moins opulent que les millésimes récents de ce cru. Vêtu de rubis foncé, ce vin moyennement corsé exprime avec élégance de douces notes chocolatées de cerise noire nuancées de café et de fumé. L'ensemble, savoureux, sera parfait **dans les 10 ans suivant le millésime.** (1/03)

2000 **91** Ce vin impressionnant se caractérise par son élégance, sa pureté et la belle qualité de son fruit. D'un pourpre dense, le Clos Dubreuil 2000 mêle au nez des notes de pure crème de cassis et des senteurs de myrtille, de fleur d'acacia et de chêne neuf grillé et fumé. Corsé, merveilleusement étoffé, très structuré et d'une grande précision malgré sa richesse, il développe une finale persistante. **À boire entre 2006 et 2020.** (1/03)

1999 **90** Ce vin d'un rubis-pourpre dense doit sa sensualité à ses arômes merveilleusement doux de cassis et de cerise confiturée. En bouche, il se développe par paliers, révélant un caractère moyennement corsé, opulent et faible en acidité, ainsi qu'une finale charnue et séduisante. Le boisé, l'acidité et les tannins sont magnifiquement fondus. **À boire dans les 8 ans.** (3/02)

1998 **92** Ce vin spectaculaire, massif et corsé déploie avec ampleur des senteurs et des arômes concentrés et chocolatés de cèdre, de café, de mûre et de cerise. Très complexe, étayé par une faible acidité, il est fabuleusement exotique et tapisse littéralement le palais tant il est riche et parfumé. **À boire dans les 10 ans.** (3/02)

1997 89 Le 1997, qui s'impose comme l'une des grandes réussites du millésime, s'annonce par un doux nez de cèdre, de chocolat et de cake. Il développe aussi, après aération, de généreux parfums de mûre et de cerise. Cet ensemble fabuleux, faible en acidité, mûr et sensuel, séduira le plus grand nombre par son caractère accessible. **À boire maintenant.** (3/01)

CLOS FOURTET

1er grand cru classé B
Propriétaire : Philippe Cuvelier
Adresse : 33330 Saint-Émilion
Tél. 05 57 24 70 90 – *Fax* 05 57 74 46 52
E-mail : closfourtet@wanadoo.fr
Site Internet : www.closfourtet.com
Visites : sur rendez-vous uniquement, du lundi au vendredi
Contact : Tony Ballu

VIGNOBLE ET VINIFICATION

Superficie : 18 ha
Encépagement : 80 % merlot, 15 % cabernet sauvignon, 5 % cabernet franc
Âge moyen des vignes : 25 ans – *Densité de plantation :* 6 600 pieds/ha
Rendement moyen : 38 hl/ha
Élevage : fermentations de 15 jours et cuvaison de 30 jours en cuves tronconiques d'acier inoxydable thermorégulées d'une contenance de 50 et 70 hl (permettant la vinification séparée des parcelles), avec pigeages manuels ; vieillissement de 18 mois en fûts (80 % de bois neuf) ; collage si nécessaire ; pas de filtration

VINS PRODUITS

Château Clos Fourtet – 55 000 b ; Closerie de Fourtet – 25 000 b
À maturité : dans les 3 à 15 ans suivant le millésime

APPRÉCIATION GÉNÉRALE

Sous la houlette de l'omniprésente famille Lurton, Clos Fourtet s'est considérablement amélioré depuis la fin des années 80. Ce cru, qui a connu une renaissance, a été vendu à l'homme d'affaires parisien Philippe Cuvelier, qui œuvre à en rehausser encore la qualité.

Clos Fourtet est un vignoble des « côtes » de Saint-Émilion, situé à l'entrée de la ville, en face de l'église et de l'Hostellerie de Plaisance. Jusque récemment, la seule chose intéressante que la propriété pouvait offrir à l'amateur était ses vastes caves, qui comptent sans doute parmi les plus belles du Bordelais. Comme bien d'autres premiers grands crus nettement surestimés de Saint-Émilion, ce château a en effet produit, ces vingt dernières années, des vins assez bons, mais qui n'étaient pas du niveau de son rang. Ils étaient desservis par un fruit doucereux, terne, assez grossier et astringent, et par une curieuse tendance à vieillir sans s'améliorer. En bref, ils n'évoluaient pas bien en bouteille...

Cependant, tout cela a bien changé, grâce aux très louables efforts consentis par la famille Lurton d'abord, par Philippe Cuvelier actuellement, pour améliorer la qualité de ce cru, notamment depuis 1989.

2003
94-96 Le 2003, qui s'impose incontestablement comme la plus belle réussite à ce jour de Clos Fourtet, arbore un pourpre dense. Ce vin corsé, profond et de bonne mâche, généreusement doté en arômes de cassis nuancés de café torréfié, de chocolat, de jus de viande et d'un boisé subtil, est concentré et opulent, très persistant aussi, avec un gras copieux et des tannins magnifiquement fondus. Il constitue un véritable tour de force en matière de vinification. Je l'ai noté à l'identique lors de trois dégustations. **À boire entre 2008 et 2020, voire au-delà.** (3/04)

2002
90 Philippe Cuvelier propose l'une des révélations du millésime. Composé à 85 % de merlot et pour le reste de cabernet franc et de cabernet sauvignon, le 2002 de ce cru est étonnamment ample, charnu et savoureux. Sa robe d'un rubis-pourpre dense annonce un ensemble dont les spectaculaires et exubérantes senteurs de mûre et de cerise sont enrobées d'un gras des plus généreux. Dans un millésime plutôt porté sur la structure, Clos Fourtet présente de copieux tannins en arrière-bouche, mais il recèle aussi un magnifique fruité et montre un caractère épanoui qui contribue à son charme et à sa séduction. **À boire entre 2006 et 2017.** (9/03)

2001
91 Vinifié dans un style international, le 2001 de Clos Fourtet est moyennement corsé, crémeux et profond, avec de généreuses notes de chêne neuf grillé qui rehaussent joliment ses senteurs chocolatées de cerise noire confiturée, de mûre et de réglisse. Ce vin riche, doux et mûr, qui exprime en bouche une très grande pureté, est étayé par une faible acidité et des tannins fondus. Je ne serais pas autrement étonné qu'il puisse rivaliser avec le 2000. **À boire jusqu'en 2017.** (3/01)

2000
90+ Plus étoffé et plus ample que de coutume, le 2000 s'annonce par un prune-pourpre sombre et soutenu. Ce vin moyennement corsé, impressionnant de densité et de puissance, dégage des notes de charbon, de confiture de mûre, de réglisse et de chêne neuf grillé. Ample et mûr, d'une très grande richesse, il recèle des tannins fermes. Ce vin exceptionnel constitue l'une des plus belles réussites de Clos Fourtet depuis de nombreuses années. Il sera certainement de très longue garde. **À boire entre 2010 et 2022.** (3/01)

1999
88 J'avais pensé, au vu de mes premières dégustations, que ce vin serait meilleur. Il s'agit néanmoins d'un excellent Saint-Émilion aux doux arômes de cerise noire, de noix de cola, de prune, de fumé et de mûre. L'ensemble, moyennement corsé, charnu et gras, doit à sa faible acidité son caractère épanoui et son charme. **À boire dans les 8 ans.** (3/02)

1998
90 Très réussi, le 1998 de Clos Fourtet se distingue par un rubis-pourpre foncé et par de purs arômes de mûre et de cerise subtilement nuancés en arrière-plan de notes de boisé et de réglisse. Suit en bouche un ensemble moyennement sensuel, corsé, très pur et faible en acidité, étayé par des tannins soyeux. **À boire jusqu'en 2016.** (3/02)

1997
87 Accessible et crémeux, le délicieux Clos Fourtet 1997 libère de généreuses notes de fruits noirs confiturés mâtinées de chêne neuf grillé. Bien que l'ensemble manque quelque peu de tenue et de tannins, il se révèle savoureux, souple, charmeur et richement fruité. **À boire dans les 2 à 3 ans.** (3/01)

1996 **89** À l'issue de l'une des trois dégustations du Clos Fourtet 1996, j'ai attribué à ce vin la note de 90. Vêtu d'un rubis foncé et soutenu, il libère au nez de douces senteurs de mûre et de framboise nuancées de chêne grillé et de fleurs. Charnu, étonnamment ample et précoce pour le millésime, il est faible en acidité, et déploie par paliers une finale persistante et dominée par le fruit. L'ensemble est séduisant et charmeur ; son caractère fruité est mis en évidence par des tannins bien mûrs. L'ensemble affiche la corpulence et la richesse en extrait lui permettant d'affronter une garde d'une de 15 à 18 ans, mais s'est montré accessible dès sa jeunesse. Les amateurs me reprocheront peut-être mon jugement sévère, car ce vin se montre sous un excellent jour. **À boire jusqu'en 2018.** (3/01)

1995 **88** Très réussi, le Clos Fourtet 1995 présente une robe prune moyennement foncée qui précède de doux arômes de cerise noire et de kirsch mêlés de notes de minéral et de chêne grillé. Raisonnablement corsé et très serré en bouche, ce vin extraordinaire de précision et de pureté déploie une finale épicée d'une excellente tenue. Il a requis une certaine garde avant d'être prêt, du fait de ses abondants tannins, mais révèle désormais une douceur et une profondeur de très bon aloi. **À boire jusqu'en 2018.** (1/00)

1994 **87** L'impressionnante robe d'un pourpre soutenu du 1994 laisse deviner un vin très puissant et très massif. Celui-ci présente en bouche les abondants tannins inhérents au millésime, qui sont cependant étayés par un généreux fruité de cassis, de séduisants arômes de fumé, ainsi qu'une bonne dose de gras et une belle longueur en bouche. Ce Clos Fourtet puissant, doté de manière remarquable, pourrait se révéler extraordinaire. **À boire jusqu'en 2018.** (1/97)

1990 **90** Le 1990 de Clos Fourtet, qui est à son apogée, est probablement la plus belle réussite du cru à une époque où ses vins manquaient de distinction. D'un prune-grenat profond, il charme par son nez de réglisse fondue, d'herbes de Provence, de viande fumée, de cerise noire et de cassis doux. Moyennement corsé, opulent et savoureux, il manifeste encore une très grande concentration et recèle des tannins mûrs. Aussi séduisant pour les sens que pour l'intellect, il sera parfait **jusqu'en 2010.** (1/03)

1989 **86** Alcoolique et exubérant, le 1989 de Clos Fourtet est un vin accessible, dont le manque de tenue, de précision et de tannins ne laisse pas d'inquiéter. **À boire d'urgence.** (1/93)

1988 **79** Le 1988 se défend mal lors de dégustations comparatives. Son fruité s'est estompé, et ses tannins se révèlent durs, maigres et très agressifs. En fait, je dirais que ce vin est trop chargé en tannins, au détriment de sa concentration et de son fruit. À bon entendeur... **À boire.** (4/91)

1986 **78** Le 1986 manque tout à la fois de complexité, de tenue et de profondeur. **À boire.** (3/90)

1985 **84** En 1985, Clos Fourtet est probablement le plus léger de tous les premiers grands crus de Saint-Émilion. D'un rubis moyen, avec des tannins doux et des arômes souples, fruités, mais sans complexité, il déploie une finale agréable et facile. **À boire.** (3/90)

1983 Légèrement corsé, souple et unidimensionnel, le 1983 manque de tannins et
78 finit court. Une déception pour le millésime. **À boire.** (3/89)

1982 Cette propriété, qui a longtemps végété dans une certaine médiocrité, a réussi
84 un bon 1982. Une robe d'un rubis moyen et un séduisant bouquet de chêne vanillé et de fruits rouges mûrs et herbacés introduisent en bouche ce vin moyennement corsé et précoce, qui caresse le palais de son fruité riche et souple. L'ensemble est à son apogée. **Sur le déclin.** (3/89)

MILLÉSIMES ANCIENS

La performance de Clos Fourtet dans les années 70 évoque celle des années 80, la propriété n'ayant produit que des vins décevants. Je n'ai pas de commentaires relatifs aux millésimes antérieurs à 1970.

CLOS DES JACOBINS

Grand cru classé
Propriétaires : Bernard et Thibaut Decoster
Adresse : 33330 Saint-Émilion
Tél. 05 57 24 70 14 – *Fax* 05 57 24 68 08
E-mail : chateau-clos-des-jacobins@hotmail.fr
Visites : du lundi au vendredi, sur rendez-vous uniquement
Contact : Magali Decoster

VIGNOBLE ET VINIFICATION

Superficie : 8,5 ha
Encépagement : 70 % merlot, 30 % cabernet franc
Âge moyen des vignes : 35 ans – *Densité de plantation :* 7 500 pieds/ha
Rendement moyen : 40 hl/ha
Élevage : fermentations et cuvaison de 21 à 28 jours en cuves de bois thermorégulées (depuis 2002), avec de fréquents pigeages et remontages ; vieillissement de 18 mois en fûts (100 % de bois neuf) ; ni collage ni filtration

VINS PRODUITS

Clos des Jacobins – 20 000 b ; Prieur des Jacobins – jusqu'à 10 000 b
À maturité : dans les 10 à 15 ans suivant le millésime

APPRÉCIATION GÉNÉRALE

Clos des Jacobins propose des vins réguliers à bon niveau, plaisants, mais parfois un peu trapus. La propriété a adopté à compter de 2001 un nouveau style de vinification visant à donner davantage de caractère au cru.

L'importante maison de négoce Cordier était propriétaire, jusqu'à sa vente récente, de ce beau château couvert de lierre, situé juste à l'entrée de la ville de Saint-Émilion. Malgré ses vins de bon niveau, le Clos des Jacobins ne bénéficie pas d'une grande publicité. Cependant, les choses devraient changer puisque, depuis 2001, le cru bénéficie de la vinification d'Hubert de Boüard (d'Angélus). Le Clos des Jacobins s'est montré remarquablement régulier au cours des quinze dernières années, se révélant généralement profondément coloré, riche, rond, crémeux et onctueux, avec un fruit mûr et opulent.

L'absence de tannins astringents ou agressifs en fait un vin à boire dans les 10 à 15 ans qui suivent le millésime.

2003 **84-86 ?** Ce vignoble, situé sur des sols plutôt légers, a moins bien réussi cette année que dans les trois millésimes précédents. S'il séduit par ses arômes de cerise nuancés de terre et d'herbes, le Clos des Jacobins 2003 est austère et maigre, avec des tannins excessifs par rapport à sa profondeur (qui laisse à désirer). **À boire entre 2008 et 2013.** (3/04)

2002 **88** Les amateurs seraient inspirés de suivre de près les efforts de la nouvelle équipe technique chargée de la culture de la vigne et des vinifications. D'un rubis-pourpre profond et dense, le 2002 de Clos des Jacobins offre de bons arômes concentrés de douce cerise noire aux notes d'herbes séchées, de boîte à épices et de chêne neuf. Moyennement corsé, marqué par un fruité charnu étayé par des tannins modérément abondants, il sera à son apogée **jusqu'en 2012.** (9/03)

2001 **89** Ce vin d'un rubis-pourpre profond, au doux nez de cassis, de cerise, de fumé et de terre, exprime une bouche moyennement corsée, profonde et soyeuse, étayée par des tannins souples. **À boire jusqu'en 2012.** (1/03)

MILLÉSIMES ANCIENS

Le Clos des Jacobins a produit dans les années 90 des vins relativement décevants, ce qui est dommage quand on connaît sa réussite dans les années 80, notamment en 1982 et en 1983. Cependant, sous la houlette du nouveau propriétaire et de la nouvelle équipe technique, on peut subodorer que le cru s'améliorera.

CLOS DE L'ORATOIRE

Grand cru classé
Propriétaire : Vignobles Comtes von Neipperg
Adresse : 33330 Saint-Émilion
Adresse postale : SC du Château Peyraud
BP 34 – 33330 Saint-Émilion
Tél. 05 57 24 71 33 – *Fax* 05 57 24 67 95
E-mail : info@neipperg.com
Site Internet : www.neipperg.com
Visites : sur rendez-vous uniquement, du lundi au vendredi
Contact : Comte Stephan von Neipperg

VIGNOBLE ET VINIFICATION

Superficie : 10,32 ha
Encépagement : 90 % merlot, 5 % cabernet franc, 5 % cabernet sauvignon
Âge moyen des vignes : 30 ans – *Densité de plantation :* 5 500 pieds/ha
Rendement moyen : 35-40 hl/ha
Élevage : fermentations et cuvaison de 18 à 26 jours en cuves de bois thermorégulées, avec pigeages ; achèvement des malolactiques en fûts, sur lies fines pour 90-100 % de la récolte ; vieillissement de 14 à 18 mois en fûts de chêne (100 % de bois neuf) ; ni collage ni filtration

VIN PRODUIT

Clos de l'Oratoire – 40 000 b (pas de second vin)
À maturité : dans les 5 à 15 ans suivant le millésime

APPRÉCIATION GÉNÉRALE

Des trois crus de Saint-Émilion appartenant à Stephan von Neipperg, le Clos de l'Oratoire est le moins connu, probablement parce qu'il est moins exceptionnel que ses deux plus prestigieux compagnons d'écurie. Le talentueux maître des lieux a consacré à cette propriété autant de temps et d'énergie créative qu'à Canon-la-Gaffelière et à La Mondotte, produisant un vin exquis, tout à la fois riche, charmeur et regorgeant d'un fruité épanoui.

Stephan von Neipperg, qui est également propriétaire de Canon-la-Gaffelière et de La Mondotte, a propulsé ce cru dans le peloton de tête des Saint-Émilion. Le vignoble du Clos de l'Oratoire se trouve au nord-est de l'appellation, sur des sols sableux et graveleux. Les amateurs savent désormais que les bordeaux peuvent atteindre des cotes démesurées, mais les vins de ce domaine demeurent à des prix raisonnables pour leur qualité. Ils méritent à ce titre d'être recherchés, car leur renommée grandira sans doute rapidement, et leur cotation ne sera pas en reste.

2003 **88-91** Le Clos de l'Oratoire, qui bénéficie d'un terroir relativement frais, a enregistré une belle réussite en 2003. Il propose un vin d'un rubis foncé nuancé de pourpre qui exhale, avec élégance, de douces senteurs de cerise et de cassis entremêlées de notes d'encens, de boîte à épices et d'herbes séchées. L'ensemble, moyennement corsé, s'exprime avec ampleur et rondeur, révélant une belle profondeur, ainsi qu'une finale étoffée. **À boire dès sa jeunesse et dans les 10 à 12 ans suivant le millésime.** (3/04)

2002 **88** Quoique moins impressionnant que ses quatre aînés immédiats, le 2002 de Clos de l'Oratoire présente une très grande richesse et atteste une belle puissance aromatique. Cependant, les tannins durs et astringents qu'il recèle ont tendance à comprimer sa finale. Je doute qu'ils se fondent jamais harmonieusement, étant donné leur austérité et leur rugosité. Cependant, l'ensemble présente un bon potentiel et conviendra plus particulièrement aux amateurs de vins structurés et marqués par des tannins féroces. **À boire jusqu'en 2014.** (9/03)

2001 **90** Ce vin d'un bleu-pourpre profond, aux doux arômes de mûre, de framboise, d'encens, de réglisse et de chêne grillé, est moyennement corsé et doux. Révélant, dès l'attaque, une belle intensité, il développe une finale modérément tannique. Pendant son élevage, l'ensemble s'est étoffé, et ses tannins se sont adoucis. Voici donc une autre belle réussite de ce cru. **À boire jusqu'en 2015.** (1/03)

2000 **94** Le 2000 s'impose incontestablement comme la plus belle réussite à ce jour de la propriété. Tout de noir vêtu, libérant de sensuelles senteurs de café, de chocolat, d'épices orientales, de liqueur de cerise noire et de mûre, il exprime avec puissance et opulence une bouche moyennement corsée, d'une belle profondeur, généreusement marquée par la mâche. L'ensemble recèle encore un très copieux fruité mûr, qu'il déploie par paliers. Ce classique aux proportions merveilleuses sera à son apogée **entre 2006 et 2019.** (1/03)

1999 Ce vin, qui constitue l'une des grandes réussites du millésime, arbore un
91 pourpre opaque et déploie des senteurs de cuir neuf, de terre humide, de mûre, d'encens, de cassis et de grillé. Il développe aussi, après aération, de très séduisantes notes de tapenade. L'ensemble est corsé et impressionnant de concentration. Du fait de ses tannins doux et de sa faible acidité, il peut être apprécié **dès maintenant ou dans les 10 ans.** (3/02)

1998 Arborant un bleu-pourpre opaque, l'ample 1998 de Clos de l'Oratoire déploie
92 un sensationnel bouquet de caramel, de prune, d'épices orientales, de mûre et de pruneau, qui développe, après aération, des notes de fumé et d'épices à barbecue. Très corsé, il affiche une grande pureté malgré sa richesse en extrait – de fait, il tapisse littéralement le palais. **À boire jusqu'en 2020.** (3/02)

1997 Le 1997 s'impose comme l'une des grandes réussites du millésime. Opaque
89 et rubis-pourpre de robe, il s'annonce par de copieuses senteurs de cerise noire confiturée généreusement nuancées de chêne neuf fumé. Suit en bouche un ensemble gras, riche et charnu, moyennement corsé, doté d'un fruité fabuleusement concentré et étayé par des tannins doux. **À boire dès maintenant ou dans les 10 ans, voire au-delà.** (3/01)

1996 Le 1996 est encore meilleur en bouteille qu'il ne l'était en fût. Opaque et
90 prune-pourpre de robe, il se distingue par d'intenses senteurs d'épices orientales, de café, de viande rôtie, de doux cèdre exotique et de mûre qui jaillissent littéralement du verre. Ce vin exotique, presque ostentatoire, est moyennement corsé et modérément tannique ; il se révèle doux en milieu de bouche (ce qui est toujours bon signe) et déploie une finale tout à la fois dense, concentrée, puissante et persistante. L'ensemble, musclé et doté de manière impressionnante, sera parfait **jusqu'en 2017.** (3/01)

1995 L'impressionnant, presque extraordinaire, 1995 est une véritable révélation du
89 millésime. Ce vin d'un rubis-pourpre dense offre au nez de séduisants arômes charnus de douce cerise mêlés de notes de chêne grillé et fumé. Moyennement corsé et épicé, il se dévoile en bouche par paliers, y révélant, outre de la tenue et une très grande précision dans le dessin, d'abondants tannins dans une finale longue, capiteuse et richement dotée. **À boire jusqu'en 2015.** (12/00)

1994 Ce Saint-Émilion moyennement corsé et mûr est dense et bien marqué par
87 la mâche. Il déborde d'un généreux fruité pur de cerise noire entremêlé de senteurs d'herbes de Provence, d'olive et de chêne grillé. **Devrait être bu – probablement sur le déclin.** (3/96)

1990 Le 1990, qui est à son apogée, inaugure une série de belles réussites au Clos
90 de l'Oratoire. D'un rubis-prune foncé légèrement rosé sur le bord, il présente d'enivrants et capiteux arômes de doux chêne grillé, de cerise noire et de cassis confiturés, de réglisse, de cake et de boîte à épices. Une fois passé ce bouquet qui jaillit littéralement du verre, on décèle en bouche un ensemble moyennement corsé et opulent, qui se développe par paliers, révélant, outre un fruité fabuleusement pur, une finale persistante. **À boire jusqu'en 2012.** (1/03)

CLOS SAINT-MARTIN

Grand cru classé
Propriétaire : GFA Les Grandes Murailles (famille Reiffers)
Adresse : 33330 Saint-Émilion
Adresse postale : Château Côte de Baleau – 33330 Saint-Émilion
Tél. 05 57 24 71 09 – *Fax* 05 57 24 69 72
E-mail : lesgrandesmurailles@wanadoo.fr
Site Internet : www.lesgrandesmurailles.com
Visites : sur rendez-vous uniquement
Contact : Sophie Fourcade

VIGNOBLE ET VINIFICATION

Superficie : 1,33 ha
Encépagement : 70 % merlot, 20 % cabernet franc, 10 % cabernet sauvignon
Âge moyen des vignes : 35 ans – *Densité de plantation :* 5 500 pieds/ha
Rendement moyen : 32-35 hl/ha
Élevage : macération préfermentaire à froid ; fermentations et cuvaison de 25 jours en cuves d'acier inoxydable thermorégulées ; achèvement des malolactiques et vieillissement de 18 à 20 mois en fûts (100 % de bois neuf) ; pas de collage ; filtration si nécessaire

VIN PRODUIT

Clos Saint-Martin – 5 600 b (pas de second vin)
À maturité : dans les 5 à 12 ans suivant le millésime

APPRÉCIATION GÉNÉRALE

C'est sans tambour ni trompette que la talentueuse Sophie Fourcade a amené ce cru autrefois pratiquement inconnu dans le peloton de tête des Saint-Émilion « nouvelle vague », avec les précieux conseils de l'œnologue Michel Rolland. Le Clos Saint-Martin est, avec les autres propriétés Reiffers de l'appellation (Les Grandes Murailles et Côte de Baleau), l'un des Saint-Émilion les plus intéressants sous le rapport qualité/prix.

Certains de mes collègues français – notamment Dominique Renard, de la maison de négoce *Bordeaux Millésimes* – ont beaucoup vanté la qualité des vins de cette minuscule propriété – le plus petit grand cru classé de l'appellation –, située sur des sols d'argile et de calcaire, derrière l'église Saint-Martin, à laquelle elle doit son nom. La production est très faible. Le premier grand millésime que j'ai dégusté est le 1990. Entouré de premiers grands crus, le vignoble de Clos Saint-Martin est magnifiquement ouvert au sud. Il s'agit d'un joyau de l'appellation.

2003
88-91+ ? Ce petit vignoble a magnifiquement réussi en 1998, 2000 et 2001, proposant dans chacune de ces années l'un des vins les plus réussis du millésime. Cependant, bien qu'il soit de bonne facture, son 2003 n'est pas du niveau de ses trois aînés. En effet, si ce vin moyennement corsé, d'un rubis-pourpre profond et doté de senteurs de fleur d'acacia, de pierre concassée, de graphite et de cerise noire, est incontestablement intense et profond, il est aussi tannique et austère, avec une finale très austère manquant quelque peu de charme.

Évoquant davantage par le style un 1975 qu'un 1982 ou un 1990, il sera à son apogée **entre 2008 et 2018.** (3/04)

2002 Ce vin m'apparaît de plus en plus comme l'un des Saint-Émilion les plus
89 caractéristiques et les plus marqués par le terroir. Évoquant une hypothétique synthèse entre Lafleur, le grandiose Pomerol, et Ausone, l'exceptionnel Saint-Émilion des coteaux, il s'annonce par un pourpre profond et soutenu préludant à des arômes de kirsch, de minéral, de fleurs et d'herbes. Suit en bouche un ensemble puissant, riche et dense, relativement peu charmeur pour l'heure. Le 2002 de Clos Saint-Martin est incontestablement riche en extrait et intense, avec un caractère bien affirmé. Il requiert cependant une certaine garde. **À boire entre 2007 et 2018.** (9/03)

2001 Moyennement corsé, le 2001 du Clos Saint-Martin exprime, dans un ensemble
93 + structuré, impressionnant à la fois de pureté et de précision, un beau déploiement de complexes arômes de fruits noirs nuancés de minéral. Ce vin magnifiquement étoffé et persistant sera à son apogée **entre 2010 et 2025.** (1/03)

2000 Ce vin superbe est étonnamment intense et complexe. Surpassant même son
96 grandiose aîné de 1998, il s'annonce par un bleu-pourpre opaque et par des senteurs absolument renversantes de myrtille, de mûre et de minéral, révélant un boisé subtil que masque parfaitement son fruité généreux. Cet ensemble moyennement corsé et riche, merveilleux de proportions malgré son caractère tannique et son côté imposant, requiert de la patience. Quel délice ! Ce 2000 est une légende en perspective ! **À boire entre 2010 et 2030.** (1/03)

1999 Issu d'une vendange précipitée par la grêle, le 1999 de Clos Saint-Martin
86 déploie, dans un ensemble moyennement corsé, de doux et séduisants arômes de cerise et de cassis nuancés de pierre mouillée. Malheureusement, il s'amenuise rapidement en bouche, révélant une finale courte et légèrement comprimée. **À boire plus tôt que trop tard... dans les 6 ans.** (3/02)

1998 Ce vin de garde classique, vêtu d'un rubis-pourpre dense, révèle de subtiles
91 notes de minéral, de mûre, de cerise et de chêne fumé. Moyennement corsé et d'une grande précision, modérément tannique aussi, il est **à boire entre 2006 et 2018.** (3/02)

1997 Ce vin moyennement corsé, qui évoque un bourgogne, présente, tant au nez
86 qu'en bouche, de généreuses notes de cerise noire, ainsi que des nuances de terre, d'herbes séchées et d'épices. Très pur, marqué par un caractère minéral sous-jacent, il peut être consommé **dès maintenant ou dans les 2 à 3 ans.** (3/01)

1995 S'il présente un caractère plaisant, une robe rubis foncé et des senteurs de
81 petits fruits, le 1995 est souple et aqueux. **À boire.** (11/97)

1994 Rubis moyen, le 1994 est léger et sans détour, et manque de concentration
81 et de complexité. **À boire.** (3/96)

1990 Bien qu'il soit déjà à son apogée, le 1990 peut encore tenir 10 à 15 ans ans.
90 D'un rubis-prune dense, doté d'un doux nez de liqueur de mûre et de myrtille nuancé de notes florales et de pierre concassée, il est moyennement corsé, savoureux et gras, et développe par paliers une finale longue et concentrée. Quelle merveille ! **À boire jusqu'en 2015.** (12/01)

1989 Les tannins anguleux que recèle le 1989 sont abondants et pas fondus, ce qui
87 explique la note réservée que j'ai attribuée à ce vin. Cependant, l'ensemble se distingue par un rubis-prune foncé et par un doux nez de mûre et de cerise nuancé de minéral, de sous-bois et de terre. Moyennement corsé, relativement doux et ample, il est aussi pur que persistant. **À boire jusqu'en 2010.** (11/00)

CLOS DE SARPE

Grand cru
Propriétaire : Jean-Guy Beyney
Adresse : Saint-Christophe-des-Bardes – 33330 Saint-Émilion
Adresse postale : SCA Beynet – 33330 Saint-Christophe-des-Bardes
Tél. 05 57 24 72 39 – *Fax* 05 57 74 47 54
E-mail : chateau@clos-de-sarpe.com
Site Internet : www.clos-de-sarpe.com
Visites : sur rendez-vous uniquement
Contacts : Jean-Guy et Christine Beyney

VIGNOBLE ET VINIFICATION

Superficie : 3,7 ha
Encépagement : 85 % merlot, 15 % cabernet franc et cabernet franc
Âge moyen des vignes : 10-25 ans (1/3 du vignoble) et 50-80 ans (pour le reste)
Densité de plantation : 5 500 pieds/ha
Rendement moyen : 25 hl/ha
Élevage : macération préfermentaire de 8 à 10 jours ; fermentations et cuvaison de 28 à 35 jours, avec pigeages, remontages et micro-oxygénation ; achèvement des malolactiques et vieillissement sur lies de 16 à 18 mois en fûts ; ni collage ni filtration

VINS PRODUITS

Clos de Sarpe – 12 000 b ; Charles de Sarpe – 5 000 b
À maturité : dans les 10 à 30 ans suivant le millésime

APPRÉCIATION GÉNÉRALE

Produit à hauteur d'environ 1 000 caisses annuellement, ce vin stupéfiant, qui s'impose depuis 1998 comme l'un des Saint-Émilion les plus amples, les plus riches et les plus corsés, est issu d'un vignoble de 4 ha cultivé en biodynamie, situé sur un terroir calcaire ouvert au sud et entièrement complanté de vieilles vignes. L'assemblage, qui se compose généralement à 85 % de merlot et pour le reste de cabernet franc, est entièrement vieilli en fûts de chêne neuf français. Si les vins de Clos de Sarpe sont parfois rustiques, leur puissance, leur concentration et leur profondeur sont telles que les vrais amateurs de bordeaux se doivent de les déguster.

2003 S'inscrivant dans la lignée de ses massifs et gigantesques aînés de 2000 et
90-94 2001, ce vin vinifié sans compromission, dans un style artisanal, est plus particulièrement destiné aux amateurs qui sauront attendre 5 à 10 ans qu'il atteigne son apogée. Produit à hauteur de 400 caisses, le 2003 de Clos de

Sarpe – un très classique assemblage 85 % merlot et 15 % cabernet franc – est issu de faibles rendements de 12-13 hl/ha. Sa robe bleu-pourpre accompagne de provocantes senteurs de minéral, de fleurs, de cerise noire, de crème de cassis, de fumé, de sous-bois et de terre, qui préludent elles-mêmes à des flaveurs amples et puissantes, étayées par de très généreux tannins et une faible acidité. Nonobstant ce dernier trait, l'ensemble présente une belle fraîcheur qui donne une fausse idée de son pH (relativement élevé). Les amateurs de bordeaux de haut vol apprécieront ce vin intense, au potentiel de garde d'un quart de siècle au moins. **À boire entre 2012 et 2030.** (3/04)

2002 **91** Ce Saint-Émilion gigantesque, qui n'est malheureusement produit qu'à hauteur de 4 500 bouteilles, est particulièrement destiné aux amateurs patients, bénéficiant d'une cave fraîche et dotés d'une longue espérance de vie. D'un pourpre d'encre soutenu, le 2002 de Clos de Sarpe exhale des parfums amples et puissants, et recèle de très abondants tannins, auxquels fait pièce un fruité merveilleusement riche, fabuleusement extrait et très étoffé. L'ensemble, qui présente une finale tout à la fois concentrée, massive et persistante, est totalement dépourvu de dureté ou d'astringence. Seuls les amateurs disposés à l'attendre au moins une bonne dizaine d'années devraient acheter ce vin. **À boire entre 2013 et 2040.** (9/03)

2001 **95+** Cet assemblage 85 % merlot et 15 % cabernet franc est issu de faibles rendements de 23 hl/ha. Peu évolué, il se révèle musclé, tout à la fois puissant, corsé, rustique, intense et tannique. Il a été mis en bouteille sans collage ni filtration après son vieillissement en fûts de chêne neuf. Très charnu, extrêmement ample, il requiert de la patience. **À boire entre 2010 et 2025.** (1/03)

2000 **95+** Le 2000 est une véritable essence de Saint-Émilion. Ce vin puissant et massif, très provocant, séduira les nostalgiques du XIXe siècle : très concentré, marqué par la mâche et doté de tannins doux, il arbore un pourpre dense et présente, outre d'amples senteurs de fruits noirs nuancées de minéral, de fumé et de réglisse, une belle ampleur et des tannins abondants. Même s'il s'est considérablement policé en cours d'élevage, il requiert de la patience. Un vin gigantesque, fascinant, apte à résister à l'épreuve du temps. **À boire entre 2010 et 2035.** On a peine à croire que les débuts de ce cru ne remontent qu'à 1998. (1/03)

1999 **90** Si le 1999 n'est pas du niveau du somptueux 2000, ni même du puissant 1998, il sera apprécié pour sa robe d'un rubis-pourpre profond, pour sa richesse, ses fabuleux arômes de mûre, de réglisse, de terre et de grillé, ainsi que son caractère très corsé et sa superbe richesse en extrait. L'ensemble, étayé par des tannins modérés, est véritablement puissant et massif, en particulier dans le contexte du millésime. **À boire entre 2007 et 2018.** (3/02)

1998 **90+ ?** Structuré et fermé, tout en étant très concentré, riche et corsé, le 1998 devrait s'imposer comme l'une des révélations du millésime. La seule réserve que j'émette relativement à ce vin concerne ses tannins, abondants, mais mûrs et relativement bien fondus. L'ensemble recèle d'éblouissants arômes de fruits noirs nuancés de minéral, de pierre concassée, de réglisse et de vanille. **À boire jusqu'en 2015.** (3/02)

LA CLOTTE

Grand cru classé
Propriétaires : héritiers Chailleau
Adresse : 33330 Saint-Émilion
Tél. 05 57 24 66 85 – Fax 05 57 24 79 67
E-mail : chateau-la-clotte@wanadoo.fr
Site Internet : www.chateaulaclotte.com
Visites : sur rendez-vous de préférence, du lundi au samedi
Contact : Nelly Moulierac

VIGNOBLE ET VINIFICATION

Superficie : 4 ha
Encépagement : 80 % merlot, 15 % cabernet franc, 5 % cabernet sauvignon
Âge moyen des vignes : 40 ans – *Densité de plantation :* 6 500 pieds/ha
Rendement moyen : 36 hl/ha
Élevage : fermentations à 32 °C et cuvaison de 25 à 30 jours en cuves thermorégulées, avec huit remontages quotidiens ; achèvement des malolactiques et vieillissement de 16 mois (dont 12 sur lies, avec bâtonnages) en fûts (50 % de bois neuf) ; pas de collage ; filtration

VIN PRODUIT

Château La Clotte – 15 000 b (pas de second vin)
À maturité : dans les 10 à 12 ans suivant le millésime

APPRÉCIATION GÉNÉRALE

Cette petite propriété, qui s'impose comme l'une des étoiles montantes de Saint-Émilion, gravit lentement les échelons vers les sommets de l'appellation, sous la talentueuse houlette de Stéphane Derenoncourt.

Le petit vignoble de La Clotte appartient à la famille Chailleau, plus connue comme propriétaire du Logis de la Cadène, le restaurant fort connu situé à l'écart, dans une petite ruelle de Saint-Émilion. Il est fort bien situé, à la limite du plateau calcaire, de l'autre côté des vieux murs d'enceinte de Saint-Émilion.

J'ai souvent apprécié ce cru bien vinifié et charnu, qui peut être dégusté dès sa mise sur le marché, mais qui est également capable de conserver son fruit pendant 10 à 12 ans. Étant encore peu connu, il est généralement proposé à un prix raisonnable. Avis aux amateurs...

2003
89-91
La Clotte, qui se distingue généralement par son caractère épanoui et voluptueux, présente, en 2003, une sensualité plus prononcée du fait de son caractère plus alcoolique et plus faible en acidité que de coutume. De provocantes senteurs crémeuses de cerise confiturée, de fraise et de groseille jaillissent littéralement de ce vin moyennement corsé, charnu et accessible, qui se développe en bouche tout en rondeur, révélant, outre une belle générosité, une faible acidité, ainsi qu'une très grande pureté. **À boire dans les 12 à 14 ans suivant une garde de 3 à 4 ans.** (3/04)

2002
88+
Cette petite propriété, dont le vignoble de 4 ha est complanté à 80 % en merlot, à 15 % en cabernet franc et pour le reste en cabernet sauvignon, propose depuis quelques années des vins très sensuels qui bénéficient des

conseils du talentueux Stéphane Derenoncourt. Le 2002 de La Clotte pourrait mériter une note extraordinaire s'il continuait d'évoluer aussi bien qu'il le promet. D'un prune-pourpre dense, exhalant d'amples mais douces senteurs de figue, de pruneau, de mûre et de cerise, il est moyennement corsé, charnu et élégant, avec des tannins souples et une finale aussi opulente que concentrée. **À boire entre 2006 et 2013.** (9/03)

2001 Plus léger que le superbe 2000, dont il n'a pas l'ampleur ni la puissance,
88 le 2001 de La Clotte séduit par la souplesse de ses tannins et par la douceur de ses senteurs de cerise noire et de prune nuancées d'herbes et de cèdre. Ce vin moyennement corsé et charnu tiendra bien **6 à 8 ans.** (1/03)

2000 Le 2000 s'impose comme la plus belle réussite à ce jour de ce cru. D'un
91 rubis-pourpre opaque, avec de doux arômes de minéral, d'anis, de prune, de cassis et de fumé, ce vin profond, riche, corsé et opulent, étayé par des tannins modérés, sera à son apogée **jusqu'en 2016.** Quelle sensualité ! (1/03)

1999 Les amateurs en quête d'un Saint-Émilion épanoui et fruité, aux généreux
87 arômes de cerise et de cassis et aux notes de cuir fin et d'herbes de Provence, se tourneront vers le 1999 de La Clotte. Il s'agit d'un vin ample et savoureux, doté d'un fruité délicieux, étayé par des tannins mûrs et une faible acidité. **À boire dans les 3 à 4 ans.** (3/02)

1998 Ce vin séduisant, vêtu de rubis-prune foncé, présente en bouche, outre une
89 texture épaisse, de riches arômes d'épices et de petits fruits, ainsi que de très généreuses notes de prune et de cerise. L'ensemble, moyennement corsé, sera parfait **dans les 4 à 5 ans.** (3/02)

MILLÉSIMES ANCIENS

Jusqu'à la fin des années 90, La Clotte était géré en exclusivité par la maison Jean-Pierre Moueix, de Libourne, qui recevait, en contrepartie de la tenue du vignoble, les trois quarts de la production à vendre à travers le monde. Les millésimes ainsi élaborés étaient toujours bons, charnus et bien faits ; cependant, depuis que le métayage a pris fin, les vins de la propriété révèlent davantage de concentration et d'intensité. Quoi qu'il en soit, le cru était auparavant destiné à être consommé dans les 8 à 10 ans suivant le millésime. L'exemple que j'ai le mieux noté parmi les vins des Moueix dans les années 80 et 90 est le 1990 (noté 89 et dernièrement dégusté en janvier 1993).

LA CLUSIÈRE

Grand cru classé
Propriétaires : Gérard et Chantal Perse
Adresse : 33330 Saint-Émilion
Adresse postale : SCA Château Pavie – 33330 Saint-Émilion
Tél. 05 57 55 43 43 – *Fax* 05 57 24 63 99
E-mail : contact@vignoblesperse.com
Site Internet : www.chateaupavie.com
Visites : non autorisées
Contact : Gérard Perse

VIGNOBLE ET VINIFICATION

Superficie : 2,5 ha
Encépagement : 100 % merlot
Âge moyen des vignes : 55 ans – *Densité de plantation :* 5 500 pieds/ha
Rendement moyen : 15 hl/ha
Élevage : fermentations et cuvaison de 28 à 35 jours en cuves de bois thermorégulées ; vieillissement de 18 à 22 mois en fûts (100 % de bois neuf) ; ni collage ni filtration

VIN PRODUIT

Château La Clusière – 5 000 b (pas de second vin)
À maturité : dans les 6 à 15 ans suivant le millésime

APPRÉCIATION GÉNÉRALE

La Clusière était un cru médiocre de Saint-Émilion redevable de sa renaissance au dynamique Gérard Perse, qui a également remis sur pied Pavie, Pavie Decesse et Monbousquet. Après avoir élaboré cinq ou six millésimes de haut vol sur cette propriété, le maître des lieux a pris la décision, à compter de 2002, d'ajouter la production du domaine à celle de Pavie.

Le vignoble et la cuverie de La Clusière se situent en haut du coteau surplombant Pavie. Jusqu'à son acquisition par Gérard Perse, ce terroir argilo-calcaire donnait, le plus souvent, un vin peu généreux, rugueux et marqué par des tannins durs. On pouvait penser qu'il aurait montré quelque souplesse au terme d'une certaine garde, mais ce n'était pas le cas.

Cela dit, sous la houlette des Perse, ce vignoble de 2,5 ha, situé à proximité de Pavie, donne des vins issus de vieux merlot de 55 ans d'âge à faibles rendements. Ceux-ci achèvent leurs malolactiques en fûts, vieillissent 18 à 22 mois sur lies et sont mis en bouteille sans collage ni filtration. La Clusière, qui se veut la réponse de Perse au Le Pin de Pomerol, a été produit pour la dernière fois en 2001, le fruit de son vignoble étant rajouté depuis 2002 à celui de Pavie.

2001 **95** Entièrement composé de merlot et issu de faibles rendements de 15 hl/ha, ce vin, qui peut rivaliser avec son superbe aîné d'un an, est puissant et massif, merveilleusement velouté aussi, avec des arômes étonnamment doux de mûre et de cerise. L'ensemble, qui se distingue encore par sa densité et sa richesse en extrait, compte au nombre des deux ou trois crus les plus concentrés du millésime. Il devrait évoluer plus rapidement que ses jumeaux de Pavie ou Pavie Decesse, deux autres crus de Saint-Émilion appartenant également à Chantal et Gérard Perse. Le 2001 de La Clusière, qui s'impose encore par sa très grande pureté, est incontestablement l'une des grandes stars du millésime. **À boire entre 2008 et 2022.** (1/03)

2000 **100** Le 2000, qui s'impose comme la plus belle réussite du cru, est tout simplement somptueux, avec sa richesse en extrait et sa puissance aromatique hors du commun. L'ensemble s'affirme en bouche, évoquant une essence de son vignoble et de son cépage. S'annonçant par un bleu-pourpre opaque, révélant de denses arômes de mûre, de prune et de cassis nuancés de minéral, de réglisse, de café et de graphite, il est corsé, massif, concentré, merveilleusement précis, avec des tannins abondants, mais veloutés. **À boire entre 2008 et 2035.** (1/03)

1999 **93** Ce vin d'un pourpre dense, dont le bouquet d'une merveilleuse douceur libère des senteurs très parfumées de minéral, de chêne neuf et de liqueur de prune nuancées de cerise et de fruits noirs, est moyennement corsé, et à la fois luxuriant et élégant. Bien marqué par la mâche, il présente un boisé, une acidité et des tannins parfaitement fondus. **À boire à son apogée jusqu'en 2020.** (3/02)

1998 **90+** Outre une robe d'un pourpre opaque, le 1998 présente un bouquet ferme, mais prometteur, de fruits noirs, de pierre concassée et de chêne neuf fumé. En bouche, il révèle une pureté et une profondeur d'excellent aloi, se montre également musclé, tannique et peu évolué, tout en attestant une très grande précision. C'est probablement l'un des meilleurs exemples de La Clusière produits à ce jour. **À boire jusqu'en 2020.** (3/02)

MILLÉSIMES ANCIENS

Tous les vins produits sous la houlette de l'ancien propriétaire, le regretté Jean-Paul Valette, étaient décevants et n'ont jamais franchi, en termes de notation, la barre des 80, hormis le 1990, noté 89 en janvier 1993. Quoi qu'il en soit, les quelques millésimes élaborés par Gérard Perse n'ont rien de commun avec leur prédécesseurs.

LA CONFESSION

Grand cru
Propriétaire : Jean-Philippe Janoueix
Adresse : 183, route de Saint-Émilion – 33500 Libourne
Adresse postale : 83, cours des Girondins – 33500 Libourne
Tél. 05 57 25 91 19 – *Fax* 05 57 48 00 04
E-mail : topwinesonly@free.fr
Visites : sur rendez-vous uniquement
Contact : Jean-Philippe Janoueix

VIGNOBLE ET VINIFICATION

Superficie : 2,6 ha
Encépagement : 50 % merlot, 30 % cabernet sauvignon, 20 % cabernet franc
Âge moyen des vignes : 39 ans – *Densité de plantation :* 6 500 pieds/ha
Rendement moyen : 33 hl/ha
Élevage : fermentations vendanges entières et cuvaison de 35 à 42 jours en cuves thermorégulées ouvertes, permettant le pigeage manuel ; achèvement des malolactiques et vieillissement de 18 à 24 mois en fûts (100 % de bois neuf), pour une moitié de forme traditionnelle et pour l'autre en forme de cigare ; ni collage ni filtration

VINS PRODUITS

Château La Confession – 9 000 b ; Château Barreau – 3 000 b
À maturité : il est trop tôt pour l'affirmer, mais on peut subodorer un potentiel de 5 à 18 ans

APPRÉCIATION GÉNÉRALE

Ce nouveau vin de garage, que l'on doit à Jean-Philippe Janoueix – également auteur de vins magnifiques au Château de Chambrun (Lalande-de-Pomerol) et à La Croix Saint-Georges (Pomerol) –, bénéficie des toutes dernières techniques de vinification (fermentation en cuves ouvertes de Taransaud, pigeages, achèvement des malolactiques en fûts, élevage sur lies, mise en bouteilles sans collage ni filtration). Si l'on en juge par les vins de grande qualité produits à ce jour par Jean-Philippe Janoueix, on peut subodorer que La Confession se maintiendra à haut niveau, et qu'il s'améliorera même – si toutefois cela était possible.

2003
87-89
Moins intense et moins concentré que son aîné de 2001 (cela est probablement dû à la situation de son vignoble, sur des sols sableux et graveleux), le 2003 de La Confession, qui se compose à 55 % de cabernet franc et pour le reste de merlot, se distingue par un fruité moyennement corsé et élégant, nuancé de chocolat blanc et de petits fruits. Évoquant son jumeau de Cheval Blanc, il sera à son apogée **entre 2007 et 2015.** (3/04)

2002
90+
Voici le deuxième millésime de ce vin de garage. Le 2002, qui est heureusement dépourvu de la finale aux tannins durs et acerbes desservant nombre de Saint-Émilion du millésime, trop amples et trop extraits, se distingue par une robe d'un rubis-pourpre opaque et par un nez à la fois doux et pur, aux notes de cassis et de liqueur de cerise. Une fois passé ce bouquet nuancé de fleurs, de réglisse et de doux chêne neuf, on décèle en bouche un ensemble moyennement corsé, puissant, mais d'une grande pureté, qui atteindra son apogée dans les 3 à 5 ans et se maintiendra **15 ans ensuite.** Bravo à Jean-Philippe Janoueix pour sa réussite dans un millésime aussi difficile. (9/03)

2001
93
Le 2001 de La Confession se distingue par un pourpre opaque, par un doux nez de charbon nuancé de mûre et de cassis, par sa densité, sa concentration, sa richesse et son caractère corsé, ainsi que par ses tannins doux et son gras généreux. Ce vin à la finale longue de 40 à 45 secondes évoluera de belle manière ces 15 prochaines années, voire au-delà. Impressionnant ! **À boire entre 2006 et 2015.** (1/03)

CORBIN

Grand cru classé
Propriétaire : famille Blanchard-Cruse
Adresse : 33330 Saint-Émilion
Tél. 05 57 25 20 30 – *Fax* 05 57 25 22 00
E-mail : chateau.corbin@wanadoo.fr
Visites : sur rendez-vous uniquement
Contact : Anabelle Cruse-Bardinet

VIGNOBLE ET VINIFICATION

Superficie : 12,7 ha
Encépagement : 80 % merlot, 20 % cabernet franc
Âge moyen des vignes : 30 ans – *Densité de plantation :* 6 060 pieds/ha
Rendement moyen : 45 hl/ha

Élevage : fermentations et cuvaison de 28 jours en cuves de béton thermorégulées ; vieillissement de 15 à 18 mois en fûts (43 % de bois neuf) ; pas de collage ; filtration

VINS PRODUITS

Château Corbin – 60 000 b ; Maximin – 20 000 b
À maturité : dans les 3 à 10 ans suivant le millésime

APPRÉCIATION GÉNÉRALE

Les vins du Château Corbin sont généralement de bonne facture, charmeurs et fruités, même s'ils manquent de profondeur et de richesse. Ils sont délicieux à boire sans cérémonie et remarquables par leur prix raisonnable. Le changement de propriétaire en 1996 a eu un effet bénéfique sur la qualité de ce cru.

Corbin est indiscutablement capable de produire des vins riches, profondément fruités et délicieux. C'est lors d'un dîner que j'ai découvert ce cru : le 1970 était servi à l'aveugle ; je l'ai trouvé vraiment très plaisant, rond, corsé, concentré et débordant de fruit. Depuis lors, j'ai toujours suivi de près la production de ce domaine. Dans les grands millésimes, tels 1970, 1982, 1989, 1990 et 2000, Corbin est digne d'intérêt, mais il pèche par son irrégularité. Cela dit, les derniers millésimes indiquent une renaissance du cru.

Le domaine, qui fut la propriété du Prince Noir, se situe sur le plateau de graves, près de la limite de l'appellation Pomerol. Le célèbre Pr Enjalbert, de Bordeaux, souligne que le vignoble se trouve sur une bande de terrain dont la composition est proche de celle du sol de Cheval Blanc. Corbin se distingue particulièrement dans les millésimes chauds, secs et ensoleillés ; il arbore alors une belle couleur foncée et déploie un caractère gras, corsé et admirablement concentré.

2003
88-90
Corbin est une autre propriété de Saint-Émilion qui renaît après une période de médiocrité. S'imposant au titre des révélations du millésime, le 2003 de ce cru se distingue par un rubis-pourpre dense préludant à un nez de fruits noirs et rouges nuancé de fumé. Une fois passé ce bouquet odorant, on perçoit en bouche un ensemble moyennement corsé, charnu, joliment étoffé et épanoui, qu'on aura plaisir à apprécier **dans les 8 à 10 ans suivant le millésime.** Quel délice ! (3/04)

2001
88
Relativement proche en style du 2000, charnu et savoureux, le 2001 est un peu moins massif que son aîné, avec une acidité légèrement moins tonique. Dans l'ensemble, il est typique du cru, se révélant, comme de coutume, souple, fruité, plein de charme et de séduction. **À boire jusqu'en 2011.** (1/03)

2000
88
Typique de Corbin, ce 2000 d'un rubis-pourpre foncé se distingue par des senteurs de prune, de cerise, de cuir fin, de tabac et de terre. Moyennement corsé, révélant une belle profondeur, il développe en bouche, outre une texture veloutée, des tannins modérément abondants. **À boire jusqu'en 2012.** (1/03)

1999
85
Sans détour, mais souple et fruité, ce vin aux notes d'herbes, de cerise et de groseille compense son manque de profondeur par une souplesse de bon aloi. **À boire jusqu'en 2009.** (3/02)

1998 **88** Cette propriété régulière à bon niveau propose un 1998 de bonne facture, tout à la fois dense, gras, charnu et richement fruité, qui présente, tant au nez qu'en bouche, des notes de cerise noire, de boîte à épices, de terre et de réglisse. L'ensemble, étayé par un gras de qualité, se révèle de bonne mâche aussi bien à l'attaque qu'en milieu de bouche. Ses tannins sont mûrs, et sa finale souple et savoureuse. Il s'agit d'un début prometteur pour les nouveaux maîtres des lieux. **À boire jusqu'en 2012.** (3/02)

1997 **85** Bien fait, charnu et fruité, le Corbin 1997 présente un caractère moyennement corsé et profond, aux robustes notes d'épices et de cerise noire. Un vin délicieux, néanmoins désormais **sur le déclin.** (3/01)

1996 **80 ?** Trop tannique pour son fruité assez quelconque et peu concentré, le 1996 présente, outre une robe d'un rubis moyen, des arômes de cerise, d'herbes et de terre. Malheureusement, il n'est pas suffisamment charnu ou fruité pour faire pièce à ses tannins. **À boire jusqu'en 2006.** (3/99)

1995 **86** Vêtu d'une robe soutenue, le 1995 révèle un doux fruité bien mûr, étayé par une faible acidité. C'est un vin précoce et accessible, à déguster **sans plus tarder.** (3/99)

1990 **87** Bien qu'il ait atteint son apogée assez rapidement, ce 1990 demeure délicieux et charnu. Sa robe d'un grenat foncé est modérément nuancée de rouille et d'orange sur le bord, et le nez séduit par ses arômes de cake, d'épices et de confit. L'ensemble qui suit en bouche est souple, opulent et moyennement corsé, mais également bien charnu et très gras. Ce vin évoque son aîné d'un an. **À boire.** (11/97)

1989 **87** Étayé par des tannins souples et une faible acidité, le 1989 laisse en bouche une impression de puissance, de précocité, d'opulence et même d'onctuosité qui séduira ceux qui aiment les vins amples, très mûrs – de type australien. **À boire sans plus tarder.** (3/95)

CORBIN MICHOTTE

Grand cru classé
Propriétaire : Jean-Noël Boidron
Adresse : 33330 Saint-Émilion
Tél. 05 57 51 64 88 – *Fax* 05 57 51 56 30
E-mail : vignoblesjnboidron@wanadoo.fr
Visites : sur rendez-vous uniquement
Contact : Emmanuel Boidron

VIGNOBLE ET VINIFICATION

Superficie : 7 ha
Encépagement : 65 % merlot, 30 % cabernet franc, 5 % cabernet sauvignon
Âge moyen des vignes : 35 ans – *Densité de plantation :* 5 865 pieds/ha
Rendement moyen : 40 hl/ha
Élevage : fermentations et cuvaison prolongées en cuves thermorégulées, sans adjonction de levures ; vieillissement de 24 mois en fûts (70 % de chêne neuf) ; collage ; pas de filtration

VINS PRODUITS

Château Corbin Michotte – 37 000 b
Château Les Abeilles – 3 000 b (seulement dans les millésimes de moindre prestige)
À maturité : dans les 3 à 12 ans suivant le millésime

APPRÉCIATION GÉNÉRALE

Les vins de Corbin Michotte se distinguent généralement par leur maturité, leur charme, leur fruité précoce et leur belle rondeur. La plupart des millésimes de ce cru sont fruités, savoureux, séveux et accessibles. C'est un vin des plus séduisants, qu'il faut acheter en grandes quantités.

Corbin Michotte est l'un des cinq châteaux se trouvant à la limite de Pomerol et dont le nom comporte le terme « Corbin ». Son vignoble de petite taille, mais d'un seul tenant (chose assez rare dans le Bordelais), est, semble-t-il, l'un des meilleurs de la région. Il est complanté de pieds relativement âgés, et bénéficie d'un terroir sablo-limoneux, reposant sur un sous-sol sablo-argileux de crasse de fer. La terre présente aussi un caractère minéral, qui contribue, aux dires du maître des lieux, au bouquet très distinctif du cru. L'essentiel de la production est vendu directement à des clients en Suisse et en Europe, les marchés les plus importants pour le domaine. Les millésimes que j'ai dégustés évoquent davantage un Pomerol qu'un Saint-Émilion ; profondément colorés, avec des arômes très prononcés et confits de fruits noirs, ils se distinguent par leur texture riche et opulente.

2000
88
Véritable vin de plaisir, le délicieux Corbin Michotte 2000 se développe tout en rondeur, révélant, dans un ensemble moyennement corsé et très aromatique, des notes de prune, de cerise et de groseille. Son acidité et ses tannins sont parfaitement fondus. Vous apprécierez cet ensemble sensuel et épanoui dans les 5 à 6 ans. **À boire jusqu'en 2011.** (1/03)

1998
87
Ce vin dominé par le fruit, tout à la fois savoureux, séveux et accessible, dégage d'irrésistibles senteurs d'herbes séchées, d'algues et de cerise noire. Moyennement corsé, il exprime une bouche souple et veloutée, et sera parfait **d'ici 2 ans.** (3/02)

1997
86
Confit et légèrement marqué de surmaturité, le 1997 se distingue par un gras généreux et par des arômes de cerise et d'autres petits fruits, le tout entremêlé de notes de terre, de fumé et d'épices. Moyennement corsé et faible en acidité, ce vin séduisant et des plus agréables est **à boire.** (3/01)

1996
86
Le 1996 demeure fidèle au style de la propriété, même dans un millésime plutôt tannique et dur. Ce cru privilégie généralement la maturité et un caractère rond, séduisant et précoce. Rubis foncé de robe, le 1996 est de fait rond et souple, avec de généreux arômes de fruits rouges herbacés mâtinés de fumé et de terre. L'ensemble, mûr et moyennement corsé, sera parfait **ces 2 prochaines années.** (3/01)

1995
89
Réussi et extrêmement plaisant, le 1995 est d'un rubis profond, avec un nez de cerise, de boîte à épices et de prune confiturée. Faible en acidité et moyennement corsé, il libère en bouche un fruité riche, juteux et opulent. Si l'on

s'en tenait simplement au plaisir qu'il procure, ce Saint-Émilion exubérant et savoureux mériterait une note plus élevée encore. **À boire jusqu'en 2008.** (3/01)

1994 **88** D'un rubis-pourpre dense, avec un nez merveilleusement expressif de cassis confituré, de minéral et de fleurs, le 1994 de Corbin Michotte se montre moyennement corsé en bouche, où il révèle, par paliers, un caractère mûr, très fruité, richement extrait et très parfumé. C'est incontestablement une belle réussite pour le millésime. **Sur le déclin.** (3/01)

CÔTE DE BALEAU

Grand cru
Propriétaire : GFA Les Grandes Murailles (famille Reiffers)
Adresse : 33330 Saint-Émilion
Tél. 05 57 24 71 09 – *Fax* 05 57 24 69 72
E-mail : lesgrandesmurailles@wanadoo.fr
Site Internet : www.lesgrandesmurailles.com
Visites : sur rendez-vous uniquement
Contact : Sophie Fourcade

VIGNOBLE ET VINIFICATION

Superficie : 8 ha
Encépagement : 70 % merlot, 20 % cabernet franc, 10 % cabernet sauvignon
Âge moyen des vignes : 35 ans – *Densité de plantation :* 5 500-6 300 pieds/ha
Rendement moyen : 40 hl/ha
Élevage : macération préfermentaire à froid ; fermentations et cuvaison de 20 à 25 jours en cuves d'acier inoxydable thermorégulées ; achèvement des malolactiques et vieillissement de 18 à 20 mois en fûts (70 % de bois neuf et 30 % de fûts de 1 an d'âge) ; pas de collage ; filtration si nécessaire

VIN PRODUIT

Château Côte de Baleau – 42 000 b (pas de second vin)
À maturité : dans les 5 à 15 ans suivant le millésime

APPRÉCIATION GÉNÉRALE

Les vins de ce merveilleux domaine appartenant à la famille Reiffers sont produits en quantités modestes, mais ils sont incontestablement très bons. Ces dernières années, la gestion méticuleuse de Sophie Fourcade et les excellents conseils de Michel Rolland ont propulsé Côte de Baleau dans le peloton de tête de l'appellation. Je recommande chaudement ce cru superbe, qui semble toujours bien se porter depuis le milieu des années 90, et ce, nonobstant les conditions forgeant le millésime.

2003 **87-90** Côte de Baleau est l'une des trois propriétés phares de la famille Reiffers (les deux autres étant Les Grandes Murailles et le superbe Clos Saint-Martin). Si cette dernière semble avoir moins réussi en 2003 qu'en 1998 ou en 2000, elle propose néanmoins des vins classiques, bien faits, mais plus structurés et plus tanniques que de coutume. Rubis-pourpre foncé de robe, généreusement doté en arômes de pierre concassée, le 2003 de Côte de Baleau est moyennement corsé, impressionnant à la fois de pureté et de profondeur, avec une finale compacte et structurée. **À boire entre 2008 et 2016.** (3/04)

2002 **88** Ce vin de bonne facture est moyennement corsé, dense et richement extrait, mais aussi très structuré, très tannique et fort musclé. Bien qu'il manque de charme et de douceur, il est incontestablement doté. Il se maintiendra **12 à 15 ans après une garde de 2 à 3 ans.** (9/03)

2001 **90** Ce vin puissant, d'un bleu-pourpre profond, s'annonce par de douces notes de mûre et de myrtille nuancées de minéral et de terre. Il se développe en bouche par paliers, révélant une profondeur, une maturité et une richesse d'excellent aloi. **À boire dans les 12 à 15 ans suivant une garde de 2 à 3 ans.** (1/03)

2000 **90** La famille Reiffers propose en 2000 un Côte de Baleau extraordinaire. Ce vin pourpre foncé de robe, qui présente, tant au nez qu'en bouche, de doux parfums de cerise, de prune et de groseille subtilement nuancés de minéral et de boisé, est moyennement corsé, étoffé, avec des tannins mûrs. L'ensemble, plein de grâce, se distingue par son élégance et sa précision, ainsi que par sa race indéniable. **À boire entre 2006 et 2018.** (1/03)

1999 **87 ?** Ce 1999 est court en bouche – signe, peut-être, qu'il est issu d'une vendange frappée par la grêle. L'ensemble est moyennement corsé et légèrement tannique, avec des arômes de douce prune et de cerise, mais il s'amenuise assez rapidement en finale. Tout bien considéré, ce vin est assez impressionnant, mais je conseillerais de ne pas l'attendre plus de 3 à 4 ans. **À boire jusqu'en 2009.** (3/02)

1998 **90** Ce vin bien fait et serré s'annonce par un rubis-pourpre dense. Il impressionne tant par son épaisseur que par ses notes de minéral, de fleurs, de cerise et de boîte à épices, évoquant un Saint-Émilion des coteaux comme Canon ou Ausone. Élégant et d'une grande précision, il présente une texture fabuleuse aussi bien en milieu de bouche qu'en finale. Ce vin pourrait se révéler extraordinaire s'il s'étoffait et si ses tannins s'adoucissaient tout en se fondant davantage. **À boire entre 2007 et 2020.** (1/03)

LA COUSPAUDE

Grand cru classé
Propriétaire : SCE Vignobles Aubert
Adresse : 33330 Saint-Émilion
Adresse postale : BP 40 – 33330 Saint-Émilion
Tél. 05 57 40 15 76 – *Fax* 05 57 40 10 14
E-mail : vignobles.aubert@wanadoo.fr
Site Internet : www.la-couspaude.com
Visites : sur rendez-vous uniquement, du lundi au vendredi
Contacts : Jean-Claude Aubert ou Nathalie Lanau

VIGNOBLE ET VINIFICATION

Superficie : 7,3 ha
Encépagement : 70 % merlot, 20 % cabernet franc, 10 % cabernet sauvignon
Âge moyen des vignes : 30 ans – *Densité de plantation :* 6 500 pieds/ha
Rendement moyen : 38 hl/ha

Élevage : fermentations et cuvaison de 25 à 40 jours en petites cuves tronconiques de bois thermorégulées ; achèvement des malolactiques et vieillissement de 18 à 20 mois en fûts neufs ; ni collage ni filtration

VINS PRODUITS

Château La Couspaude – 24 000-30 000 b ; Junior de La Couspaude – 12 000 b
À maturité : dans les 5 à 15 ans suivant le millésime

APPRÉCIATION GÉNÉRALE

La Couspaude est un vin de garage spectaculaire et merveilleusement charnu d'une très grande séduction. Il s'agit d'un *vin gourmand*, sensuel, des plus plaisants, qui privilégie le charme. Vinifié dans un style moderne, il est généreusement marqué de chêne neuf grillé (il vieillit en fûts de chêne neuf, une partie de la récolte bénéficiant de l'élevage avec « 200 % » de chêne neuf), et, si certains millésimes antérieurs présentaient des notes de bois un peu trop prononcées, les plus récents révèlent un boisé mieux fondu, ce qui permet à l'amateur de mieux apprécier leur fruité d'une très grande pureté, leur générosité, leur faible acidité et leur caractère opulent. Malgré sa faible acidité et sa luxuriance, La Couspaude ne doit pas être sous-estimé en termes de potentiel de garde. Il s'agit incontestablement d'un des meilleurs Saint-Émilion.

Ce petit vignoble clos de murs, qui appartient à la famille Aubert, s'est taillé une belle réputation pour ses vins exotiques, mûrs, riches et sensuels. C'est le 1995 qui marqua sa percée, mais tous les millésimes produits à ce jour se distinguent par leur caractère flamboyant et généreux. D'aucuns reprochent à ce cru son excès de boisé (je dois avouer qu'il s'agit d'un élément dominant), mais je pense que ces arômes se fondront au fur et à mesure du vieillissement, du fait de la grande richesse et de la concentration de l'ensemble.

Précisons enfin qu'il y a de fortes probabilités pour que les prix de La Couspaude augmentent en proportion de sa réputation auprès des consommateurs.

2003
90-92
Ce vignoble d'environ 7 ha, appartenant à Jean-Claude Aubert, propose régulièrement des vins flamboyants, de style moderne, composés à 70 % de merlot et pour le reste de cabernet franc. Le 2003 est issu de faibles rendements de 35 hl/ha et d'un vignoble argilo-calclaire qui s'est bien porté des chaleurs ayant forgé le millésime. Ce vin d'un rubis-pourpre profond, aux arômes aussi doux qu'intenses de framboise, de liqueur de cerise noire, de réglisse et de chêne épicé, est corsé et charnu, avec un fruité richement extrait qui masque parfaitement ses tannins modérément abondants. L'ensemble, qui titre 13,5 % d'alcool naturel, est faible en acidité. Je signale au passage que j'ai dégusté le 2003 de La Couspaude en quatre occasions et que je lui ai attribué, en une occurrence, la note de 91-93, précisant dans mon commentaire qu'il s'agissait, avec le 1998 et le 2000, d'un des exemples de ce cru les plus réussis que je connaisse, rappelant par son ampleur un 1990. **À boire dans les 10 à 15 ans.** (3/04)

2002
87
Vinifié dans un style moderne, voire avant-gardiste, le 2002 de La Couspaude se distingue par ses généreux arômes de chêne grillé et de confiture de cerise noire. Moyennement corsé, évoquant un vin du Nouveau Monde, il doit être consommé **dans les 7 à 8 ans.** (9/03)

2001 Il semblerait, à en juger par ce vin, que Jean-Claude Aubert maîtrise mieux
89 le boisé que par le passé. Le 2001 de La Couspaude est moyennement corsé, avec de très profonds arômes de cerise noire mûre et d'autres petits fruits. Opulent et charnu, étayé par une faible acidité, il se développe en bouche par paliers, révélant une grande pureté et un caractère parfumé. Atypique du millésime, il est d'ores et déjà accessible. **À boire jusqu'en 2012.** (1/03)

2000 Ce vin séduisant, qui se développe tout en rondeur, est généreusement fruité
92 et gras, doux et opulent, avec des notes de grillé. D'un rubis-pourpre dense, regorgeant d'arômes de liqueur de cerise noire, de café, de minéral, de boisé et de noix grillée, il est à la fois explosif et voluptueux. Il se maintiendra encore une bonne dizaine d'années. Quelle sensualité ! **À boire jusqu'en 2016.** (1/03)

1999 Ce vin séduisant et élégant, aux douces notes de liqueur de cerise, est généreu-
87 sement marqué de chêne neuf épicé, mais plus léger que de coutume, et sa finale est courte. Néanmoins, cet ensemble vinifié dans un style moderne est tout à fait savoureux et peut être apprécié **dès maintenant ou dans les 2 à 3 ans.** (3/02)

1998 Le 1998, qui pourrait s'imposer avec le 2000 comme la plus belle réussite
92 à ce jour de la propriété, se distingue par un boisé flamboyant (notes de chêne neuf grillé), ainsi que par un caractère exotique. Tout à la fois corsé, épais et onctueux, il développe tout en rondeur des arômes de prune, de liqueur de cerise et de vanille qui dévalent littéralement le palais. La bouche, faible en acidité et opulente, révèle un fruité concentré et confituré, qui contribue au charme et à la séduction de ce vin d'une richesse explosive. **À boire jusqu'en 2015.** (11/02)

1997 Ce 1997, tout à la fois exotique, riche, épais et confituré, regorge d'un généreux
88 fruité de cerise noire nuancé de café torréfié, de fumé et de chêne neuf grillé. Moyennement corsé, étayé par une faible acidité, il est spectaculaire, mais également séduisant et délicieux. Vous l'apprécierez **dès maintenant et dans les 4 à 5 ans.** (3/02)

1996 Le 1996 de La Couspaude est réussi. Moyennement corsé et richement fruité,
88 il est sensuel, étonnamment doux et parfumé pour le millésime. Son nez bien épanoui révèle des notes de pain grillé, de liqueur de cerise, de fumé et de cassis, qui précèdent un ensemble souple, opulent et doté de tannins légers. **À boire dans les 10 à 12 ans suivant le millésime.** (3/01)

1995 Le 1995 est le premier exemple de haut vol issu de La Couspaude. Avec son
90 nez mûr et confituré de kirsch, de cassis et de réglisse, mâtiné de généreuses notes de fumé et de pain grillé, il se révèle très corsé et faible en acidité, avec un caractère flamboyant qui ne manquera pas de faire tourner les têtes. Les traditionalistes lui reprocheront son côté trop ostentatoire et sensuel, mais il s'agit d'un vin agréable, et nul ne songerait à contester le fait qu'il soit des plus charmeurs. Après tout, n'attend-on pas de ce breuvage qu'il nous procure avant tout du plaisir ? Ce 1995 vieillira de belle manière et se policera au fur et à mesure de son évolution. **À boire jusqu'en 2015.** (11/97)

1994 Le 1994 s'est étoffé. D'un rubis-pourpre profond, avec un nez ample, grillé et
88 fumé, aux généreuses senteurs d'herbes de Provence et de cerise noire confiturée, ce vin riche et bien doté se révèle gras, dense et boisé. **Devrait être bu.** (3/96)

COUVENT DES JACOBINS

Grand cru classé
Propriétaires : Alain et Rose-Noëlle Borde
Adresse : SCEV Joinaud-Borde – 10, rue Guadet – 33330 Saint-Émilion
Tél. 05 57 24 70 66 – *Fax* 05 57 24 62 51
Visites : sur rendez-vous uniquement (10 h-12 h et 14 h-17 h)
Contacts : Alain Borde et Denis Pomarede

VIGNOBLE ET VINIFICATION

Superficie : 10,7 ha
Encépagement : 75 % merlot, 25 % cabernet franc
Âge moyen des vignes : 40-45 ans – *Densité de plantation :* 7 000 pieds/ha
Rendement moyen : 35-40 hl/ha
Élevage : macération préfermentaire à froid ; fermentations et cuvaison de 25 à 35 jours en cuves thermorégulées ; achèvement des malolactiques en fûts pour 20-30 % de la récolte ; vieillissement sur lies, avec de fréquents bâtonnages, sur 12 à 15 mois en fûts (60-65 % de bois neuf, le reste étant vieux de 1 an d'âge) ; collage ; pas de filtration

VINS PRODUITS

Couvent des Jacobins – 35 000-40 000 b ; Menut des Jacobins – 5 000 b
À maturité : dans les 4 à 14 ans suivant le millésime

APPRÉCIATION GÉNÉRALE

Une sélection plus sévère permettrait d'améliorer ce vin régulier à bon niveau.

Ce domaine doit son nom à un monastère dominicain du XIIIe siècle, autrefois établi sur le site. Il est remarquablement dirigé par la famille Joinaud-Borde, qui en est propriétaire depuis 1902.

Le vignoble, situé tout près du bourg de Saint-Émilion, sur les fameuses côtes de sable et d'argile, donne des vins assez foncés de robe, riches, plutôt alcooliques et bien étoffés, qui sont réguliers à bon niveau et corrects.

Cette propriété, que l'on découvre sur la gauche à l'entrée principale de la ville, se distingue en outre par les plus remarquables caves de la région, qui justifieraient à elles seules la visite, même si ses vins n'étaient pas aussi bons.

2001 **88** Très réussi, le Couvent des Jacobins 2001 se distingue par un rubis-pourpre soutenu et par des senteurs d'herbes séchées, de réglisse, de fruits noirs et de terre préludant à un ensemble moyennement corsé, généreusement fruité, étayé par une heureuse acidité et des tannins mûrs. Sa finale est modérément persistante. **À boire jusqu'en 2013.** (1/03)

2000 **87** Je subodore que ce cru pourrait faire mieux, mais on ne saurait nier le charme et le caractère épanoui du 2000 du Couvent des Jacobins. Ce vin d'un rubis-pourpre profond, dont les doux parfums de terre et de cerise noire sont nuancés d'herbes, exprime une bouche sans détour, mais charnue, fruitée et opulente. **À boire dans les 10 ans.** (1/03)

1999 Arborant une robe prune moyennement foncé, le 1999 du Couvent des Jacobins
85 s'annonce par des arômes de brocoli, de cerise et de terre nuancés d'herbes de Provence. L'attaque est charnue, mais l'ensemble s'amenuise ensuite et finit assez court. Les tannins sont légers, et l'acidité de bon aloi. **À boire dans les 2 à 3 ans.** (3/02)

1998 Moyennement corsé et sans détour, le 1998 du Couvent des Jacobins exhale
86 un nez de terre, de cerise noire mûre, d'herbes de Provence et de chêne neuf. Il aurait mérité une note plus élevée, n'était sa finale maigre et austère. **À boire jusqu'en 2012.** (3/02)

CROIX DE LABRIE

Grand cru
Propriétaires : Michel et Ghislaine Puzio-Lesage
Adresse : 33330 Saint-Émilion
Adresse postale : 5, rue de la Grande-Fontaine – BP 41 – 33330 Saint-Émilion
Tél. et *fax* 05 57 24 64 60
Visites : sur rendez-vous
Contact : Michel Puzio-Lesage

VIGNOBLE ET VINIFICATION

Superficie : 1,5 ha
Encépagement : 100 % merlot
Âge moyen des vignes : 40 ans – *Densité de plantation :* 4 500 pieds/ha
Rendement moyen : 30 hl/ha
Élevage : fermentations et cuvaison de 15 à 20 jours en cuves d'acier inoxydable ; achèvement des malolactiques et vieillissement de 16 à 22 mois en fûts neufs ; collage et filtration si nécessaire

VINS PRODUITS

Château Croix de Labrie – 3 000-3 500 b ; Petit Labrie – 1 000 b
À maturité : dans les 4 à 15 ans suivant le millésime

APPRÉCIATION GÉNÉRALE

Ce vin de garage « fait main », qui s'est toujours montré impressionnant, est produit en si petites quantités que les fûts d'élevage sont entreposés dans le salon du propriétaire – d'où son surnom de « vin de salon ». Dès ses débuts, Croix de Labrie s'est imposé comme l'une des microcuvées les plus éblouissantes de Saint-Émilion. Le cru, qui bénéficie des conseils de Jean-Luc Thunevin, du célèbre Château de Valandraud, libère un fruit extraordinairement pur et constitue une expression exceptionnelle de son terroir. Quelle merveille !

2003 D'un pourpre dense, le 2003 de Croix de Labrie est plus serré que ne le sont
91-93 généralement les exemples de ce cru, mais il se distingue par la pureté et la richesse de ses senteurs et de ses arômes de crème de cassis. L'ensemble, nuancé de réglisse fondue, de chocolat et de café, est opulent et voluptueux, et d'une très grande pureté malgré sa faible acidité et son alcool capiteux. Un vin séduisant, à consommer **dans les 10 à 12 ans.** (3/04)

2002
90
Ce vin de garage, qui s'est magnifiquement maintenu depuis sa création voilà quelques années, propose un 2002 merveilleusement floral et provocant. Moyennement corsé, il est moins concentré et moins profond que ses aînés, mais il se distingue par une élégance et une pureté extraordinaires. Sa sensualité est atypique dans un millésime peu porté sur la générosité, mais plutôt marqué par la structure, la fermeté et la puissance aromatique. **À boire dans les 10 ans suivant le millésime.** (9/03)

2001
91
Le 2001 de ce cru est atypique du millésime tant il est corsé, dense et riche. Sa robe d'un pourpre soutenu annonce un nez aussi doux que pur de mûre et de groseille, nuancé de minéral, de café et de vanille. Suit en bouche un ensemble évolué, qui se développe par paliers et qui pourrait, s'il continuait à s'étoffer, mériter une note extraordinaire. **À boire entre 2006 et 2014.** (1/03)

2000
95
Ce vin ample et massif, dont il n'a été produit que 3 000 bouteilles, est tout simplement sensationnel. L'ensemble, qui se distingue par sa très grande pureté, évoque une essence de liqueur de cerise noire et de cassis nuancée de graphite, de chocolat, de café et de chêne neuf. Ce vin doux, d'une richesse luxuriante, sc développe en bouche par paliers, révélant un fruité et un gras très généreux. Stupéfiant, extrêmement corsé, il devrait être accessible dès sa jeunesse, tout en promettant de bien évoluer ces 15 prochaines années, voire au-delà. Quelle merveille ! **À boire entre 2006 et 2020.** (1/03)

1999
93
Produit à hauteur de 3 000 bouteilles seulement, le 1999 de Croix de Labrie évoque un Porto avec ses douces notes de mûre, de cerise et de fraise. En bouche, il révèle une texture exceptionnelle, se montrant tout à la fois savoureux, opulent et explosif. Quant à sa finale, elle est extrêmement mûre et nuancée de chêne grillé et de chocolat. Ce vin corsé, faible en acidité et d'une richesse luxuriante, peut être apprécié **dès maintenant ou dans les 4 à 5 ans.** (3/02)

1998
93
La robe d'un pourpre opaque du 1998 accompagne des senteurs de viande rôtie, de fruits noirs, de chêne épicé et de café, elles-mêmes suivies en bouche d'un ensemble corpulent, d'une richesse explosive, dont les tannins (souples) et l'acidité sont parfaitement fondus. Quel dommage que ce vin superbe ne soit disponible qu'à hauteur de 3 000 bouteilles ! **À boire jusqu'en 2014.** (3/02)

DASSAULT

Grand cru classé
Propriétaire : SARL Château Dassault
Adresse : 33330 Saint-Émilion
Tél. 05 57 55 10 00 – *Fax* 05 57 55 10 01
E-mail : lbv@chateaudassault.com
Site Internet : www.chateaudassault.com
Visites : sur rendez-vous uniquement
Contact : Laurence Brun

VIGNOBLE ET VINIFICATION

Superficie : 27 ha
Encépagement : 69 % merlot, 23 % cabernet franc, 8 % cabernet sauvignon
Âge moyen des vignes : 35 ans – *Densité de plantation :* 5 500 pieds/ha
Rendement moyen : 39 hl/ha
Élevage : fermentations et cuvaison de 21 jours ; achèvement des malolactiques et vieillissement de 16 à 18 mois en fûts (90-100 % de bois neuf) ; pas de collage ; filtration

VINS PRODUITS

Château Dassault – 70 000 b ; Le « D » de Dassault – 45 000 b
À maturité : dans les 3 à 10 ans suivant le millésime

APPRÉCIATION GÉNÉRALE

Bien qu'ayant bénéficié d'investissements considérables, en termes à la fois humains et financiers, Dassault n'a jamais pris son envol. Même en tenant compte d'une période difficile pendant laquelle le cru a été desservi par des arômes de moisi, il faut reconnaître que les vins de la propriété sont certes bien faits, mais anodins. Cela étant, précisons que les millésimes récents sont encourageants.

Dassault – l'un des plus beaux châteaux de Saint-Émilion, bénéficiant d'une situation impressionnante – est la propriété du célèbre groupe de matériel aéronautique. Le cru produit régulièrement des vins fruités, souples, accessibles et sans détour, qui doivent être bus dans leur jeunesse. Très soigneusement vinifiés et d'un style peut-être un peu trop commercial, ils sont en tout cas séduisants et faciles d'approche. Il faut cependant savoir qu'une garde en cave améliore rarement Dassault. Cela étant, les amateurs de vins jeunes ne seront pas déçus par ce cru. Serait-ce le Saint-Émilion idéal au restaurant ?

Les vins du début et du milieu des années 90 étaient desservis par des arômes de moisi, mais le problème semble avoir été résolu, si l'on se fie aux millésimes récents.

2003
87-88 Dassault propose un 2003 au boisé présent, mais fondu, vêtu d'un rubis-pourpre foncé et présentant davantage de corps et de puissance que de coutume (le cru est généralement fruité, savoureux, mais superficiel). Sa finale, charnue, est faible en acidité. **À boire dans les 7 à 10 ans.** (3/04)

2001
85-87 Ce vin séduisant, épanoui, d'un rubis profond, développe, dans un ensemble moyennement corsé, plus dense et plus structuré que de coutume, de douces notes de groseille, de prune et de cassis. **À boire jusqu'en 2013.** (1/03)

2000
88 Voici un Saint-Émilion fruité et accessible, à consommer dans les 10 ans suivant le millésime. Ce vin sensuel, faible en acidité, se distingue par la belle maturité de ses arômes de cerise noire entremêlés de notes d'herbes de Provence, de boîte à épices et de chêne neuf. En bouche, il exprime avec ampleur et tout en rondeur un caractère charnu, ainsi qu'une belle pureté. Ce vin est plus tannique et plus persistant que ses aînés. **À boire jusqu'en 2010.** (1/03)

1999
87 Ce vin souple et savoureux séduit par son généreux fruité de groseille et de prune. Sa robe rubis foncé annonce un ensemble mûr et faible en acidité, que l'on boira **dans les 2 ans.** (3/02)

1998 87 Arborant un rubis foncé et libérant un doux bouquet de myrtille et de cassis, le 1998 est moyennement corsé, charnu, richement fruité et souple, et étayé par une faible acidité. Il sera délicieux **ces 4 à 5 prochaines années.** (3/02)

DAUGAY

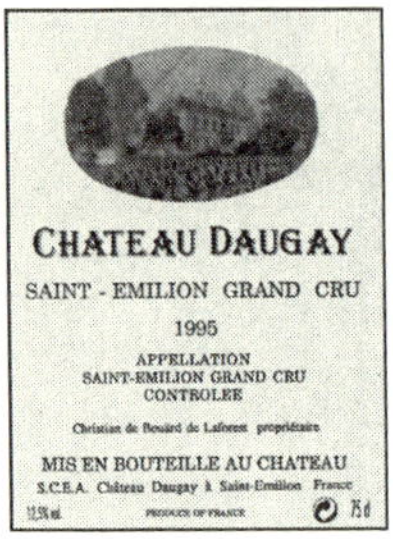

Grand cru
Propriétaire : Christian de Boüard de Laforest
Adresse : 33330 Saint-Émilion
Tél. 05 57 24 78 12 – *Fax* 05 57 24 68 56
E-mail : chateau-angelus@chateau-angelus.com
Visites : non autorisées

VIGNOBLE ET VINIFICATION

Superficie : 5,58 ha
Encépagement : 50 % merlot, 48 % cabernet franc, 2 % cabernet sauvignon
Âge moyen des vignes : 40 ans
Densité de plantation : 6 666 pieds/ha
Rendement moyen : 50 hl/ha
Élevage : fermentations et cuvaison de 18 à 21 jours en cuves d'acier inoxydable thermorégulées ; vieillissement de 18 mois en cuves ; collage ; pas de filtration

VIN PRODUIT

Château Daugay – 37 000 b (pas de second vin)
À maturité : dans les 3 à 12 ans suivant le millésime

APPRÉCIATION GÉNÉRALE

Cette propriété, qui marche à son rythme, propose des vins plaisants, sans prétention et accessibles, qui surpassent bien des crus plus ambitieux, trop boisés et trop tanniques car excessivement extraits. Bordeaux devrait produire davantage de ces vins de plaisir, proposés de surcroît à des prix raisonnables.

Cette petite propriété appartient à l'oncle d'Hubert de Boüard, qui gère le Château Angélus, auquel Daugay était d'ailleurs rattaché jusqu'en 1984. C'est un Saint-Émilion de qualité, plutôt sous-estimé si l'on tient compte des cours actuels.

2001 87 Il n'est pas impossible que ce 2001 surpasse son aîné d'un an. D'un rubis-pourpre foncé, doté d'un doux nez de prune, de groseille et de terre, il est moyennement corsé, souple et fruité, et sera parfait **dans les 5 à 6 ans.** (1/03)

2000 87 Aussi étonnant que cela puisse paraître, le 2000 me paraît inférieur en qualité au 2001. Cet excellent vin, d'un rubis-pourpre profond, exhale un nez de réglisse fondue, de cassis et de cerise entremêlé de notes d'herbes de Provence. Suit en bouche un ensemble opulent et joliment étoffé, étayé par une faible acidité et des tannins doux. **À boire jusqu'en 2012.** (1/03)

1999 86 Le 1999 de Daugay est séduisant. Il exprime tout en rondeur et avec élégance une grande maturité, ainsi que de doux arômes herbacés de cerise nuancés de tabac. **À boire dans les 3 ans.** (3/02)

1998 Ce Saint-Émilion délicieux, qui constitue de surcroît une bonne affaire, se
87 distingue par une robe d'un rubis profond, préludant à de généreuses senteurs de cerise noire mûre et confiturée, de fumé et de minéral. Ce vin moyennement corsé et charnu sera parfait dans les 3 à 4 ans. (3/02)

DESTIEUX

Grand cru
Propriétaire : Christian Dauriac
Adresse : Saint-Hippolyte – 33330 Saint-Émilion
Adresse postale : SC Dauriac – Château Destieux – 33330 Saint-Émilion
Tél. 05 57 24 77 44 – *Fax* 05 57 40 37 42
E-mail : dauriac@labm.fr
Site Internet : www.vignobles-dauriac.com
Visites : sur rendez-vous uniquement
Contact : Christian Dauriac

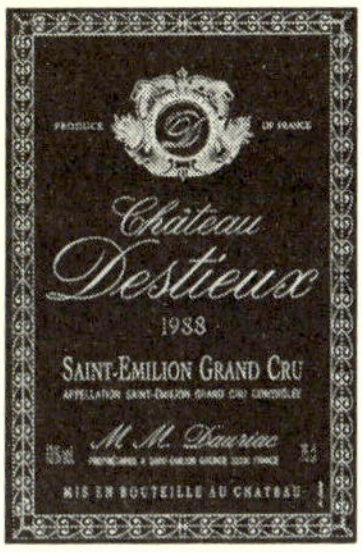

VIGNOBLE ET VINIFICATION

Superficie : 8 ha
Encépagement : 66 % merlot, 34 % cabernet sauvignon et cabernet franc
Âge moyen des vignes : 45 ans – *Densité de plantation :* 5 000 pieds/ha
Rendement moyen : 33 hl/ha
Élevage : fermentations à 30-32 °C et cuvaison de 10 jours (à des températures relativement élevées) en cuves de bois thermorégulées, avec pigeages au pied ; achèvement des malolactiques et vieillissement de 18 à 20 mois en fûts de chêne (100 % de bois neuf) ; ni collage ni filtration

VIN PRODUIT

Château Destieux – 30 000 b (pas de second vin)
À maturité : dans les 5 à 15 ans suivant le millésime

APPRÉCIATION GÉNÉRALE

Ce Saint-Émilion solide, rustique et trapu s'est considérablement amélioré ces dernières années, les millésimes récents se révélant moins austères et moins tanniques que leurs aînés. Cependant, si les derniers-nés de la propriété sont indiscutablement plus riches que leurs prédécesseurs, leurs tannins, quoique mieux fondus que par le passé, continuent d'inquiéter. En fait, au regard de leur très récente histoire, il est difficile de jauger l'aptitude au vieillissement des Destieux « nouveau style ». Néanmoins, ces vins ne manquent pas d'étoffe et combleront les amateurs de crus puissants, tanniques, vinifiés de manière traditionnelle et proposés, de surcroît, à des prix raisonnables.

Situé à Saint-Hippolyte (commune satellite de Saint-Émilion), sur des sols d'argile et de calcaire, le vignoble de Destieux bénéficie d'un microclimat particulièrement chaud. Ce cru séduit par son caractère confit, charnu et rugueux, par sa concentration et son côté alcoolique.

La belle série de Saint-Émilion qu'a produite cette propriété doit être portée au crédit du propriétaire, Christian Dauriac, ainsi qu'à celui de son talentueux œnologue, Michel

Rolland. Les vins de Destieux comptent parmi les plus profondément colorés, les plus puissants et les plus denses de l'appellation. Si le muscle et la corpulence faisaient seuls la grandeur d'un vin, Destieux décrocherait à coup sûr la timbale.

2003 **90-92** Le 2003 de Destieux, que j'ai dégusté en trois occasions, est incontestablement l'une des révélations du millésime et s'impose aussi comme la plus belle réussite à ce jour de Christian Dauriac, le maître des lieux. Le vignoble, situé sur des terres argilo-calcaires, fut moins desservi que d'autres par les fortes chaleurs estivales, et produisit un 2003 étonnamment puissant et riche, aux tannins policés. Ce vin d'un pourpre dense, dont le fruité de cassis et de mûre est imprégné de réglisse, est à la fois puissant et d'une grande pureté. Il s'exprime avec ampleur, tant en milieu de bouche qu'en finale, révélant une très grande intensité, ainsi qu'un équilibre et une précision remarquables. Sa finale est longue de 45 secondes. L'ensemble est plus alcoolique que de coutume et faible en acidité, ces deux derniers traits contribuant à son charme précoce. **À boire entre 2006 et 2016.** (3/04)

2002 **89** Ce vin d'un pourpre profond est dense et puissant, corsé à la limite de la rusticité ; il est également concentré, marqué par le terroir ainsi que par de très généreuses notes de cassis et de cerise noire. **À boire dans les 10 ans suivant une garde de 3 à 4 ans.** (9/03)

2001 **90** Ce vin d'un pourpre opaque, aux doux arômes de fruits noirs, de réglisse, de truffe et de chêne grillé, est étonnamment puissant et corsé, richement extrait, avec des tannins doux et une finale musclée. Il requiert, à l'évidence, de la patience. **À boire entre 2007 et 2018.** (1/03)

2000 **89** Outre une robe d'un pourpre d'encre et de généreuses senteurs de sous-bois, de truffe, de mûre et de cassis, ce vin présente en milieu de bouche une belle douceur, ainsi que de très abondants tannins, et il révèle davantage de profondeur que ses aînés. Une révélation du millésime. **À boire entre 2007 et 2018.** (1/03)

1999 **87** Comme de coutume, Destieux est en 1999 tannique, dense et de bonne mâche. Il compense son manque de charme par un fruité généreux, ainsi que par une étoffe et une ampleur d'excellent aloi. Ce vin sera à son apogée **jusqu'en 2015.** (3/02)

1998 **87** La robe d'un rubis-pourpre dense du Destieux 1998 accompagne des senteurs de terre, de réglisse, de viande, de prune et de mûre subtilement nuancées de sous-bois. La bouche révèle un ensemble corsé, puissant, riche, robuste, aux tannins modérés, et bien marqué par la mâche. **À boire jusqu'en 2014.** (3/02)

1997 **86** Ce vin agressif et musclé, marqué par le terroir, se présente vêtu de rubis foncé. Très profond, robuste et doté de tannins rustiques, il est plutôt porté sur la puissance que sur la finesse. **À boire maintenant.** (1/02)

1996 **86** Vêtu de rubis-pourpre foncé, le 1996 libère un nez de douce mûre et de cerise, et présente en bouche un caractère moyennement corsé et savoureux, ainsi que des tannins agressifs. L'ensemble tiendra parfaitement 7 ans ou plus. **À boire jusqu'en 2012.** (3/01)

LA DOMINIQUE

Grand cru classé
Propriétaire : Clément Fayat
Adresse : 33330 Saint-Émilion
Tél. 05 57 51 31 36 – *Fax* 05 57 51 63 04
E-mail : info@vignobles.fayat.com
Site Internet : www.vignobles.fayat.com
Visites : sur rendez-vous, du lundi au vendredi
Contact : Franck Boisset

VIGNOBLE ET VINIFICATION

Superficie : 22,5 ha (18,5 ha pour le grand cru classé)
Encépagement : 80 % merlot, 15 % cabernet franc, 5 % cabernet sauvignon
Âge moyen des vignes : 30 ans – *Densité de plantation :* 5 700 pieds/ha
Rendement moyen : 32-38 hl/ha
Élevage : macération préfermentaire à froid ; fermentations à 29-32 C et cuvaison de 30 à 35 jours en cuves thermorégulées de petite contenance, permettant la vinification séparée des différentes parcelles, avec trois ou quatre remontages quotidiens ; achèvement des malolactiques en fûts pour la moitié de la récolte ; vieillissement de 18 à 22 mois en fûts (50 % de bois neuf) ; collage et filtration légère

VINS PRODUITS

Château La Dominique – 55 000 b ; Saint-Paul de Dominique – 10 000-25 000 b
À maturité : dans les 5 à 20 ans suivant le millésime

APPRÉCIATION GÉNÉRALE

La Dominique est l'un des premiers crus de Saint-Émilion à avoir adopté le style moderne de vinification, produisant des vins d'une luxuriante richesse, très mûrs, confits et faibles en acidité. Certes, il n'est pas aussi en vogue que certains vins de garage, mais il demeure la chasse gardée des initiés – c'est en fait le genre de vin que les amateurs avisés rentrent en cave chaque année, du fait de son très intéressant rapport qualité/prix. À ce jour, le palmarès de la propriété, sous la houlette de Clément Fayat, est de très haut vol. Évoquant une synthèse entre Cheval Blanc et La Conseillante (deux vignobles voisins), tout en étant accessible à un prix moindre, La Dominique est incontestablement digne d'intérêt.

La Dominique est superbement situé près de la limite de Pomerol, à deux pas de Cheval Blanc, sur un sol composé, pour l'essentiel, de graves calcaires et d'argile sableux. Tout un système de drainage, installé vers le milieu du siècle dernier, a largement amélioré sa capacité à faire un bon vin lorsque l'année est pluvieuse. Les grands Saint-Émilion issus de cette propriété en 1971, 1982, 1989, 1990, 1995, 1998, 2000, notamment, auraient normalement dû assurer sa promotion au rang de premier grand cru classé lors du reclassement de 1996. Malheureusement, il n'en fut pas ainsi. Ce cru n'a toujours pas le lustre et la réputation des premiers de l'appellation ; ce qui, d'une certaine manière, permet aux amateurs de se procurer ses vins à des prix raisonnables.

Clément Fayat, le maître des lieux depuis 1969, a effectué des investissements considérables dans le vignoble (totalement détruit après le gel de 1956), ainsi que dans les chais, et il s'est attaché les services du très estimé Michel Rolland, qui supervise actuellement la vinification et l'élevage de La Dominique. Le cru est richement coloré, intense, très mûr, opulent et corsé. Il bénéficie de son élevage en fûts, avec 50 % de bois neuf. En outre, la création d'une seconde étiquette permettant de déclasser les cuves les moins réussies et le produit des jeunes vignes a encore permis d'améliorer la qualité du grand vin. Aujourd'hui, La Dominique demeure sous-évalué.

2003 **85-87** Issu d'un des terroirs les moins favorisés par le millésime, le 2003 de La Dominique se compose à 80 % de merlot, à 15 % de cabernet franc et pour le reste de cabernet sauvignon. D'un rubis-prune foncé, il exhale un doux nez de fruits noirs, d'herbes séchées et de chêne neuf. Ses flaveurs quelque peu anguleuses trahissent un manque de richesse, et sa finale, courte, est rugueuse. Peut-être l'ensemble développera-t-il davantage d'étoffe en milieu de bouche ? En attendant, il ne s'impose pas au nombre des grandes réussites du cru. Cependant, il est de bonne facture. **À boire entre 2007 et 2013.** (3/04)

2002 **87-89** Ce vin moyennement corsé et joliment étoffé est d'un rubis-pourpre profond, avec un nez de truffe, d'herbes séchées, de cerise noire et de groseille. Étonnamment complexe et épanoui, il est modérément massif, et révèle en arrière-bouche des tannins laissant à penser qu'il est en fait moins précoce que ne le suggèrent ces premières dégustations. **À boire jusqu'en 2014.** (9/03)

2001 **87** Ce vin, que j'ai dégusté en cinq occasions, m'a paru sans détour et peu évolué. D'un rubis-prune soutenu tirant sur le pourpre, il présente, dans un ensemble moyennement corsé, de plaisants arômes herbacés de cuir, de cerise noire et de cassis nuancés en arrière-plan de réglisse et de chêne grillé. L'ensemble est plus impressionnant à l'attaque qu'en milieu de bouche ou en finale. J'attends que ce 2001 gagne en étoffe, en corpulence et en persistance au fil du temps. **À boire jusqu'en 2014.** (1/03)

2000 **91** Le 2000 est aussi sensuel, aussi riche, aussi opulent et aussi généreusement fruité que l'est généralement ce cru. Il pourrait d'ailleurs s'imposer comme la plus belle réussite de la propriété depuis le merveilleux duo des 1989 et 1990. D'un pourpre dense, il se distingue par ses abondantes senteurs confiturées de mûre et de cassis nuancées de réglisse, de cigare et de boîte à épices, et légèrement marquées de notes herbacées. L'ensemble est corsé et charnu, étoffé, voluptueux du fait de sa faible acidité, et il recèle des tannins très abondants. Ce vin impressionnant est d'ores et déjà accessible et sera à son apogée **jusqu'en 2018.** (1/03)

1999 **88** Ce vin sensuel, épanoui et opulent regorge de notes de cerise mûre, de réglisse fondue, de tabac, de fumé et d'herbes. Moyennement corsé, il séduit par son caractère charnu et savoureux. Cependant, bien qu'il soit délicieux, il ne fera pas de vieux os, n'ayant pas la concentration du 1998 ni du 2000. **À boire dans les 3 à 5 ans.** (3/02)

1998 **90** Tout à la fois souple, gras, opulent et voluptueux, le 1998 se distingue par un rubis-pourpre dense et par de fabuleux arômes d'olive, de confiture de cerise noire, de mûre et de café. L'ensemble qui suit en bouche est corsé, spectaculaire à la limite de la luxuriance ; il séduit par son beau déploiement d'un fruité exubérant, étayé par un gras généreux et des notes épicées. **À boire jusqu'en 2015.** (3/02)

1997 Le savoureux 1997 de La Dominique regorge de généreuses notes de doux
86 chêne grillé et présente des arômes modérément intenses de cerise noire et de framboise confiturées. L'ensemble, moyennement corsé et faible en acidité, est admirablement fruité et charnu. **À boire dans les 2 ans.** (3/01)

1996 Impressionnant par sa robe rubis-pourpre foncé, ce vin fumé et généreusement
88 boisé dégage d'abondantes senteurs de pain grillé, de cerise noire, de framboise, d'herbes séchées et de fumé. L'attaque révèle un doux fruité, et l'ensemble se montre en bouche moyennement corsé et faible en acidité, développant encore une belle finale généreusement marquée de gras. J'avais remarqué, avant la mise en bouteilles, une certaine astringence et des tannins inhabituels dans les échantillons qui m'avaient été présentés, mais ces deux petits défauts ne se retrouvent pas dans les trois bouteilles que j'ai dégustées. **À boire jusqu'en 2012.** (3/01)

1995 Si le 1995 est tannique, il déploie aussi un fruité très doux, ainsi qu'un nez
89 de vanille, de framboise et de mûre très évolué et très intense (du moins pour l'heure). La bouche révèle, outre un caractère moyennement corsé et une souplesse de bon aloi, des tannins modérés et un ensemble généreux, riche et classique. **À boire jusqu'en 2016.** (10/00)

1994 Le 1994 révèle les légendaires tannins astringents et rugueux propres au millé-
87 ? sime, mais il regorge aussi d'un généreux fruité, crémeux et mûr, de cassis et de groseille. Je pense donc que l'équilibre entre fruité et tannins est ici respecté. Ce vin dense, de couleur rubis-pourpre foncé, exhale un nez doux et parfumé de boisé, de terre, de fumé et de cassis. Moyennement corsé et mûr, il est également d'une concentration et d'une pureté admirables, avec un niveau assez modéré de tannins. **À boire jusqu'en 2016.** (1/97)

1990 Ce vin merveilleux de richesse, généreusement fruité et parfumé, tout à la
93 fois corsé, savoureux, charnu et bien marqué par la mâche, est l'un des millésimes de La Dominique que je préfère. Délicieux dès sa petite enfance, il ne s'est jamais refermé et n'a jamais traversé de stade ingrat pendant lequel il se serait montré austère. D'un rubis-prune foncé légèrement rosé sur le bord, il déploie un doux nez de cerise et de cassis confiturés nuancé d'herbes de Provence, de terre et de réglisse. L'ensemble, corsé, voluptueux et faible en acidité, est un pur plaisir. **À boire jusqu'en 2012.** (11/02)

1989 Il faudrait tirer au sort pour déterminer, du 1989 et du 1990, le meilleur millé-
93 sime de La Dominique. Il me semble que le 1989 est plus structuré et plus précis, tout en présentant les qualités qui font la spécificité du 1990. D'un rubis-pourpre opaque à peine rosé sur le bord, ce vin exhale un beau déploiement d'exotiques senteurs de mûre, de crème de cassis, de vanille, de réglisse, de café et de grillé. Une fois passé ce bouquet qui jaillit littéralement du verre, on décèle en bouche un ensemble épais à la limite du visqueux, corsé, séveux et savoureux, s'exprimant avec douceur et ampleur. Ce vin exubérant, qui est, je le répète, plus structuré que le 1990, promet d'évoluer magnifiquement. Mais pourquoi donc différer un moment de bonheur ? **À boire jusqu'en 2012.** (11/02)

1988 Vinifié dans un style traditionnel, le 1988, qui a atteint son apogée, est moyen-
87 nement corsé, avec de très abondants tannins. Exhalant un nez d'herbes séchées, de réglisse et de boîte à épices nuancé de vanille et de prune, il est doux à l'attaque, mais s'amenuise ensuite légèrement en finale. **À boire sans plus tarder.** (11/02)

1986 **88** Une robe rubis-grenat profond et un nez riche et épicé de chêne neuf grillé, de fruit confit et de minéral annoncent La Dominique 1986. C'est un vin très corsé et intense, à la finale impressionnante de richesse en extrait, fabuleuse de puissance et de persistance. Il n'a ni l'opulence ni le charme précoce de millésimes tels que 1982, 1989 ou 1990, mais il est déjà à son apogée, et présente un caractère plus ferme, plus structuré et plus « Médoc » que traditionnellement les vins de cette propriété. **À boire.** (11/95)

1985 **74** Le 1985 est l'un des millésimes de La Dominique les plus difficiles à jauger. Il présente toujours un caractère végétal, qui commence à s'estomper. L'ensemble, qui manque de tenue, est d'un grenat foncé fortement ambré sur le bord. Il semble avoir entamé son déclin. **À boire sans plus tarder.** (11/02)

1983 **87** D'un grenat foncé fortement ambré et orangé sur le bord, il exhale un nez expressif et séduisant d'herbes, de fruit confituré, de terre et de vanille. On décèle en bouche des tannins rustiques, mais l'ensemble, parfaitement mûr, est souple, charnu et faible en acidité. Je conseille aux amateurs de profiter de son fruit intense avant que celui-ci ne s'estompe au profit des tannins, de l'acidité et de l'alcool. **À boire.** (6/96)

1982 **91** Ce vin explosif et musclé a mieux évolué que je ne l'aurais pensé quand il était jeune. Toujours faible en acidité, il est extrêmement concentré, mais aussi très tannique. Arborant un rubis-prune foncé à peine éclairci sur le bord, il évoque au nez le terreau nuancé de réglisse fondue, de fumé, d'herbes de Provence, de cassis doux, de prune et de pruneau. Une fois passé ce bouquet aussi séduisant qu'intense, on décèle en bouche un ensemble corsé, trapu et musclé, dont les tannins sont plus rustiques que ceux de ses cadets de 1989 et 1990. Bien que ce vin soit à son apogée, il n'y a nul besoin de se précipiter pour le consommer. **À boire jusqu'en 2012.** (12/02)

MILLÉSIMES ANCIENS

Le palmarès de La Dominique dans les années 70 est assez décevant – comme d'ailleurs celui de nombreuses propriétés du Bordelais – à deux exceptions près. Il s'agit des superbes 1971 (noté 90 en janvier 1990) et 1970 (noté 88 en janvier 1991), qui méritaient peut-être, dans leur prime jeunesse, une note entre 90 et 94. Je n'ai pas dégusté ces vins depuis plus d'une décennie et subodore qu'ils sont actuellement sur le déclin, sauf dans le cas de grands formats.

FAUGÈRES

Grand cru
Propriétaire : Silvio Denz
Adresse : 33330 Saint-Étienne-de-Lisse
Tél. 05 57 40 34 99 – *Fax* 05 57 40 36 14
E-mail : faugeres@chateau-faugeres.com
Site Internet : www.chateau-faugeres.com
Visites : sur rendez-vous uniquement, du lundi au vendredi
Contact : Alain Dourthe

VIGNOBLE ET VINIFICATION

Superficie : 22 ha
Encépagement : 80 % merlot, 15 % cabernet franc, 5 % cabernet sauvignon
Âge moyen des vignes : 35 ans – *Densité de plantation :* 6 600 pieds/ha
Rendement moyen : 38 hl/ha
Élevage : macération préfermentaire à froid ; fermentations et cuvaison de 21 à 28 jours en cuves d'acier inoxydable de forme tronconique thermorégulées ; achèvement des malolactiques en fûts pour la moitié de la récolte ; vieillissement de 14 mois en fûts (renouvelés par moitié à chaque millésime) ; pas de collage ; filtration

VIN PRODUIT

Château Faugères – 100 000 b (pas de second vin)
À maturité : dans les 5 à 15 ans suivant le millésime

APPRÉCIATION GÉNÉRALE

Le talent, la patience et la ténacité de Corinne Guisez, qui vient de vendre récemment la propriété à l'homme d'affaires suisse Silvio Denz, lui ont permis de propulser Faugères parmi les meilleurs de son appellation. Ce Saint-Émilion « nouvelle vague » est tout à la fois riche, sans détour, confit, mûr et fruité, avec énormément de charme. Accessible dès sa jeunesse du fait de sa faible acidité et de son fruité mûr, il présente aussi l'étoffe lui permettant de bien évoluer sur 10 à 15 ans. Ce cru, qui constitue une très bonne affaire, est une parfaite introduction au style de Péby Faugères, la cuvée prestige du domaine.

2003
90-93
Cette propriété, qui a magnifiquement réussi ces quatre ou cinq dernières années, propose un 2003 étonnamment puissant et massif. Il faut dire qu'il bénéficie d'un vignoble argilo-calcaire qui fut favorisé dans le contexte du millésime. D'un pourpre dense et soutenu, le 2003 exprime avec ampleur des notes de myrtille, de mûre, de goudron, de grille et de café torréfié. Puissant et corsé, il est riche et d'une belle ampleur aromatique, mais ne traduit ni lourdeur ni caractère extrême. C'est incontestablement la plus belle réussite que je connaisse de Faugères. **À boire dans les 15 ans ou plus suivant une garde de 2 à 3 ans.** (3/04)

2002
88
Ce cru constitue une choix judicieux pour les amateurs désireux d'optimiser leur pouvoir d'achat et de se procurer un vin de bonne facture, très parfumé, racé et d'une belle ampleur aromatique. Faugères a magnifiquement réussi ces dernières années, et son 2002 s'inscrit dans la lignée de ses prédécesseurs. D'un rubis-pourpre dense, ce vin moyennement corsé exhale un doux nez de cerise noire et de groseille nuancé de réglisse, et révèle en bouche, par paliers, une belle étoffe, des tannins doux, ainsi qu'une heureuse acidité. Il se distingue encore par sa très grande pureté et son caractère affirmé. **À boire dans les 10 à 12 ans.** (9/03)

2001
90
Cette propriété magnifiquement gérée propose, une fois de plus en 2001, un vin de très haut vol. Pourpre foncé de robe, doté de doux parfums de framboise écrasée, de groseille et de fumé, le 2001 de Faugères est moyennement corsé, pur, extraordinaire à la fois de concentration et de densité, et se distingue par la manière dont il allie puissance et élégance. Il s'agit d'une belle réussite dans le contexte du millésime. **À boire jusqu'en 2014.** (1/03)

2000 **91** Ce vin, qui s'impose comme l'une des révélations du millésime, compte, de surcroît, au nombre des meilleures affaires qui soient en 2000. Faugères propose cette année-là un vin d'un pourpre-noir opaque, dont les senteurs d'encre, de liqueur de mûre, de réglisse et de chêne grillé préludent en bouche à un ensemble riche et moyennement corsé, qui s'exprime tout en rondeur et révèle actuellement davantage de corps et de persistance que dans sa petite enfance. Quelle merveille ! **À boire jusqu'en 2018.** (1/03)

1999 **88** Ce vin moyennement corsé, séduisant et équilibré se distingue par la douceur et la pureté de son fruit. Il offre de généreux arômes de cerise et de groseille nuancés de chêne grillé et de minéral. L'ensemble, étayé par des tannins doux et une heureuse acidité, peut être apprécié **dès maintenant ou dans les 6 ans.** (3/02)

1998 **90** Ce vin merveilleux de pureté, d'équilibre et de grâce s'exprime tout en complexité. D'un pourpre foncé, avec de très généreux arômes de fruits noirs nuancés de chêne neuf et de graphite, il se montre en bouche moyennement corsé, révélant, outre une élégance et une richesse admirables, des tannins merveilleusement doux. **À boire jusqu'en 2015.** (3/02)

1997 **87** Cette propriété impeccablement gérée propose un 1997 d'excellente facture, d'un rubis-prune foncé, généreusement doté de senteurs et de flaveurs de chêne épicé, de terre, de cerise noire et d'autres petits fruits. La bouche, très mûre et modérément boisée, révèle, outre des tannins secs, une finale structurée. C'est l'un des rares 1997 qui tiendra magnifiquement **encore 3 à 4 ans.** (3/01)

1996 **87** Ce 1996 est d'un rubis-pourpre dense, avec des senteurs de chêne neuf grillé, de fruits noirs et d'épices. Riche et moyennement corsé, ce vin modérément tannique s'impose comme l'une des révélations du millésime. **À boire dès maintenant et jusqu'en 2012.** (3/01)

1995 **87** Arborant un rubis-pourpre foncé, le Faugères 1995 exhale un nez fumé et sensuel de cerise noire, de réglisse, de vanille et d'épices. Moyennement corsé et élégant, mais également puissant et ample en bouche, il y manifeste une profondeur exceptionnelle et un bel équilibre d'ensemble. La finale, persistante, est légèrement tannique, mais il s'agit tout compte fait d'un vin accessible et sans détour, qui constitue aussi une excellente affaire. **À boire maintenant.** (11/97)

FERRAND LARTIGUE

Grand cru
Propriétaires : Pierre et Michelle Ferrand
Adresse : route de Lartigue – 33330 Saint-Émilion
Tél. et *Fax* 05 57 74 46 19
E-mail : vincent.rapin@libertysurf.fr
Site Internet : www.ferrand-lartigue.com
Visites : sur rendez-vous uniquement
Contact : Pierre Ferrand

VIGNOBLE ET VINIFICATION

Superficie : 5,8 ha
Encépagement : 80 % merlot, 15 % cabernet franc, 5 % cabernet sauvignon

Âge moyen des vignes : 40 ans – *Densité de plantation :* 5 500 pieds/ha
Rendement moyen : 38 hl/ha
Élevage : fermentations et cuvaison de 21 jours en cuves thermorégulées ; vieillissement de 18 mois en fûts (100 % de bois neuf) ; collage ; pas de filtration

VINS PRODUITS

Château Ferrand Lartigue – 23 000 b ; FL de Ferrand Lartigue – 8 000 b
À maturité : dans les 3 à 15 ans suivant le millésime

APPRÉCIATION GÉNÉRALE

Ferrand Lartigue compte au nombre de ces Saint-Émilion « nouvelle vague » qui sont incontestablement dignes de l'intérêt des amateurs.

2003
87-89 Issu d'un vignoble sableux relativement défavorisé dans le contexte du millésime, ce vin a bénéficié des conseils de Stéphane Derenoncourt, qui intervient désormais à la propriété. D'un rubis profond, il exhale un nez de douce cerise, de kirsch, de framboise et de chêne neuf. Sa finale, moyennement corsée, est légèrement austère et anguleuse. L'ensemble, qui compense son manque de complexité par une concentration et une maturité d'excellent aloi, sera parfait **dans les 8 à 10 ans.** (3/04)

2002
88 La robe d'un pourpre dense du Ferrand Lartigue 2002 accompagne de séduisantes et douces senteurs de cerise noire confiturée et de groseille, enrobées de généreuses notes de chêne neuf épicé. Vinifié dans un style moderne, l'ensemble se distingue par son bel équilibre, dans un millésime où il était facile de trop extraire des tannins plutôt durs. Il est également d'une grande pureté et montre une belle étoffe en milieu de bouche. **À boire dans les 10 ans suivant le millésime.** (9/03)

2001
90 D'un rubis-pourpre dense, ce vin impressionnant s'annonce par un bouquet aussi doux qu'intense, mêlant des senteurs de liqueur de cerise à des notes de cuir fin et de chêne grillé. Moyennement corsé, exceptionnel de pureté malgré son étoffe, il recèle, dans une finale impressionnante, des tannins doux. **À boire jusqu'en 2014.** (1/03)

2000
91 Le 2000 présente davantage de corps, d'ampleur, de structure et de tannins que pendant sa petite enfance. Ce vin moyennement corsé et expressif présente des senteurs de cassis, de réglisse, de tabac et de doux fruits préludant à des flaveurs structurées, pures et persistantes. Quoique suffisamment accessible pour être dégusté dans sa jeunesse, l'ensemble est plus structuré que ses aînés. **À boire jusqu'en 2015.** (1/03)

1999
89 Vinifié dans un style moderne, ce vin aux arômes mûrs et charnus de terre, de cerise et de cassis révèle de généreuses notes de chêne fumé et grillé, ainsi que des nuances de toast. L'ensemble, qui conjugue une pureté et une maturité d'excellent aloi, semble avoir gagné en étoffe et en persistance au cours de son élevage. **À boire dans les 6 ans.** (3/02)

1998
90 Vêtu d'un rubis-pourpre sombre, le 1998 de Ferrand Lartigue présente un bouquet serré, mais prometteur, aux notes de chêne neuf, de fruits noirs et de cuir fin. Moyennement corsé, d'une grande pureté, avec des arômes tout à la fois riches, concentrés, mais nets, il est vraiment extraordinaire, même

si d'aucuns seraient tentés de décrier son style trop « international ». **À boire jusqu'en 2015.** (3/02)

1997 88 Une révélation du millésime ! Le 1997 de Ferrand Lartigue, qui se révèle plus tannique, plus structuré et de meilleure tenue que la plupart de ses jumeaux de Saint-Émilion, regorge d'un généreux fruité vanillé de groseille et de cerise noire très mûres. Ce vin moyennement corsé, à la finale persistante et épicée, tiendra parfaitement **2 ans.** (3/01)

1996 90 Ce vin est supérieur à bien d'autres au pedigree plus noble. Pourpre dense de robe, avec un nez généreusement boisé aux notes de framboise, de kirsch et de cassis, il se montre doux en milieu de bouche, déployant une pureté fabuleuse, des tannins modérés, ainsi qu'une finale ronde et impressionnante de longueur. L'ensemble est d'ores et déjà accessible, mais se révèle, pour le cru, étonnamment apte à la garde. **À boire jusqu'en 2013.** (3/00)

1995 89 Épanoui et sensuel, le 1995 de Ferrand Lartigue se présente vêtu de rubis-pourpre, avec un nez confituré de fruits confits et de grillé. Faible en acidité, mûr et velouté en bouche, il y déploie de copieux arômes de cassis et de cerise noire. Quoique d'ores et déjà délicieux, ce vin moyennement corsé tiendra bien **ces 2 à 3 prochaines années.** Une révélation du millésime ! (3/00)

1994 88 Puissant et moyennement corsé, le 1994 présente une couleur rubis-pourpre foncé et libère un nez très aromatique de fruits noirs et rouges, de fumé et de grillé. C'est un Saint-Émilion souple, soyeux et très sensuel. **À boire d'urgence.** (1/97)

FIGEAC

1er grand cru classé B
Propriétaire : Thierry Manoncourt
Adresse : 33330 Saint-Émilion
Tél. 05 57 24 72 26 – *Fax* 05 57 74 45 74
E-mail : chateau-figeac@château-figeac.com
Site Internet : www.chateau-figeac.com
Visites : sur rendez-vous uniquement,
du lundi au vendredi matin, fermé en août
Contact : Éric d'Aramon

VIGNOBLE ET VINIFICATION

Superficie : 40 ha
Encépagement : 35 % cabernet sauvignon, 35 % cabernet franc, 30 % merlot
Âge moyen des vignes : 45 ans – *Densité de plantation :* 5 800 pieds/ha
Rendement moyen : 45-50 hl/ha
Élevage : fermentations et cuvaison de 21 à 25 jours en cuves de bois thermorégulées ; achèvement des malolactiques en cuves ou en fûts selon le millésime ; vieillissement de 18 mois en fûts (100 % de bois neuf) ; collage ; pas de filtration

VINS PRODUITS

Château Figeac – 120 000 b ; La Grange Neuve de Figeac – variable
À maturité : dans les 5 à 15 ans suivant le millésime

APPRÉCIATION GÉNÉRALE

Je sais que les propriétaires de Figeac estiment que je suis injustement sévère à l'égard de leurs vins, mais je suis en fait un très grand amateur de ce cru. Lorsqu'il se révèle exceptionnel, comme en 1964, 1982, 1990, 1995, 1998 et 2000, on comprend que d'aucuns estiment qu'il peut rivaliser en complexité avec Cheval Blanc. Dans ce cas, ce sont des vins que je me fais un devoir de posséder dans ma cave personnelle et que je consomme avec grand plaisir. Cependant, de trop nombreux millésimes pèchent par manque de concentration et par une évolution trop rapide. S'il s'exprime toujours en finesse, Figeac peut parfois décevoir le dégustateur en paraissant aqueux. Il faut préciser cependant que la forte proportion de cabernet sauvignon composant son assemblage explique le caractère végétal du cru, en particulier dans les années où ce cépage est imparfaitement mûr. Ces derniers temps, Figeac semble s'être montré à la hauteur de son magnifique terroir.

Cette propriété relativement vaste (une quarantaine d'hectares) se trouve sur un plateau de graves, à peu près en face de Cheval Blanc, de l'autre côté de la route. Il a été plus étendu autrefois, lorsqu'il englobait le vignoble aujourd'hui rattaché à ce dernier domaine. Nombreux sont les initiés qui, longtemps, ont tenu Figeac pour le deuxième meilleur Saint-Émilion. Thierry Manoncourt, le maître des lieux (et dont le gendre Éric d'Aramon gère la propriété), considère pour sa part que son cru est le tout premier de son appellation et n'hésite pas à en faire l'éloge dans ces termes auprès des visiteurs. Cependant, compte tenu de la révolution qualitative qu'a connue la région et de la production de vins de haut niveau par des propriétés de moindre prestige – sans parler de la meilleure connaissance qu'ont les amateurs de l'excellence des autres vins de l'appellation –, Figeac doit faire face à une concurrence accrue.

Aimable et aristocratique d'allure, Thierry Manoncourt produit un vin qui sait séduire le consommateur. Dans les meilleurs millésimes, Figeac est fort proche, par le style et par la qualité, du très onéreux Cheval Blanc – bien que la différence de prix soit sensible. Figeac est généralement de couleur rubis, richement fruité, doté de parfums très nets de menthol, d'herbes aromatiques, de cèdre et de fruits noirs. Tout à la fois précoce, souple et charmeur, il est très agréable quand il est jeune et évolue rapidement, et ce en dépit du fait que l'encépagement du domaine comporte une proportion de cabernet sauvignon, cépage tannique et astringent, plus importante qu'il n'est de coutume dans les autres grands domaines de l'appellation. Les millésimes récents (même les plus admirablement concentrés) ont, pour la plupart, été prêts dès l'âge de 5 ou 6 ans, et seuls les meilleurs Figeac se sont révélés capables d'une garde de 15 ans ou plus. Ce défaut n'est d'ailleurs pas passé inaperçu.

Cependant, de nombreux critiques spécialisés estiment que ce cru pourrait être plus profond et même s'imposer comme le meilleur de l'appellation s'il était issu de vendanges un peu plus tardives et de macérations plus longues (elles sont étonnamment brèves), ainsi que d'une sélection plus sévère visant à déclasser une plus forte proportion de la production vers le second vin. L'un des œnologues les plus talentueux de Libourne m'a dit un jour que Figeac serait peut-être meilleur que Cheval Blanc si c'était lui qui le vinifiait.

Ce domaine réussit généralement bien dans les petits millésimes. J'ai souvent eu du mal à évaluer convenablement Figeac pendant sa première année. En effet, dans sa toute petite enfance, il paraît maigre, marqué par des notes végétales de rafle ; il n'acquiert de l'étoffe et du corps qu'au cours de sa deuxième année. C'est peut-être à son fort pourcentage de cabernet franc et de cabernet sauvignon issus d'un sol de graves qu'il doit cette particularité. Cela dit, je dois avouer avoir eu les mêmes problèmes pour évaluer Cheval Blanc, que j'ai souvent sous-estimé et pour les mêmes raisons.

Figeac est généralement vendu aussi cher que les meilleurs deuxièmes crus de Médoc, mais la qualité du vin justifie son prix.

Une visite à Saint-Émilion me paraîtrait incomplète si elle ne comprenait pas un rendez-vous avec M. Manoncourt, en son château. On peut en effet y découvrir un splendide domaine, doté de très vastes et belles caves, bien aménagées.

2003 **85-88** Le terroir sableux et graveleux de Figeac ne fut pas particulièrement favorisé par le climat en 2003. Après une série de belles réussites ces dernières années, ce cru offre un vin relativement léger, dont le fruité souple et herbacé de cerise et de groseille est nuancé d'encens et de réglisse. L'ensemble, moyennement corsé, est accessible, mais il manque à la fois de profondeur et de concentration. **À boire dans les 10 ans.** (3/04)

2002 **88** Ce vin provocant se montre depuis quelques années à la hauteur de son terroir réputé. Composé à 35 % de cabernet sauvignon, à 35 % de cabernet franc et pour le reste de merlot, le 2002 de Figeac est d'un pourpre dense, avec un nez ample et épicé, très caractéristique, évoquant le cèdre, la boîte à épices et le tabac. Moyennement corsé, dense et parfumé, il sera plus séduisant au nez qu'en bouche. Cependant, son élégance, ainsi que ses purs arômes de fruits rouges et noirs et d'herbes séchées sont incontestablement charmeurs. **À boire jusqu'en 2016.** (9/03)

2001 **89+** Je ne fus pas surpris de constater, lors de ma dernière dégustation, que le 2001 de Figeac avait gagné en étoffe, en profondeur et en fruité pendant son vieillissement en fût – une caractéristique que Figeac partage avec son voisin Cheval Blanc. D'un rubis-prune foncé, doté d'un doux nez de framboise, de mûre, de prune et de réglisse, ce vin moyennement corsé, d'une grande élégance, se distingue encore par sa douceur et sa précocité complexe. En finale, il révèle, outre une belle persistance, une étoffe et une maturité d'excellent aloi. **À boire entre 2006 et 2018.** (1/03)

2000 **93** Très profond, étonnamment corsé, le 2000 s'annonce par un pourpre opaque qu'accompagne un somptueux bouquet de camphre, de graphite, de cassis, de réglisse et d'herbes fumées. Suit en bouche un ensemble concentré, doté de tannins puissants, qui se distingue encore par sa précision, sa finesse et sa pureté d'excellent aloi. Un vin expressif et étoffé, **à boire à son apogée jusqu'en 2018.** Lorsque Figeac décroche la timbale, on comprend que certains amateurs considèrent qu'il peut rivaliser en complexité avec Cheval Blanc. Le 2000 constitue incontestablement la plus belle réussite du cru depuis le 1990. (1/03)

1999 **89** De complexes arômes de figue, de prune mûre, de doux cèdre, de tabac et de chêne neuf se dégagent de ce vin moyennement corsé, opulent, qui s'exprime davantage en élégance qu'en puissance. Évoquant un bourgogne, le 1999 de Figeac a un style bien à lui, et il est étayé par des tannins souples. Il ne fera certes pas de vieux os, mais, du fait de son équilibre et de son charme, il sera très agréable **ces 8 prochaines années.** (3/02)

1998
90
Comme on pouvait s'y attendre d'un vin à forte composante de cabernet sauvignon et de cabernet franc, le 1998 de Figeac est moyennement massif et racé, avec un bouquet aussi complexe qu'opulent aux notes de réglisse, d'épices orientales, de tabac et de cake. La bouche, joliment structurée, libère des flaveurs de cassis, de fumé, de vanille et de cuir fin. L'ensemble, riche, concentré et luxuriant, exprime par paliers un caractère généreux, pur et complexe, étayé par une faible acidité et des tannins mûrs laissant supposer qu'il sera difficile de lui résister dans sa jeunesse. **À boire jusqu'en 2016.** (3/02)

1997
76
Le 1997 de Figeac, qui était léger, mais charmeur, avant la mise, paraît avoir perdu le peu de race et de chair qu'il recelait. D'un rubis léger, avec un nez délavé et végétal, il manque singulièrement de corps et se montre court en finale. Un Saint-Émilion maigre et décevant. **À boire dans les 2 ans.** (3/01)

1996
82
Rubis moyen de robe, le 1996 présente un nez mûr de cèdre, de tabac, de cake et de cerise, qui introduit en bouche un ensemble moyennement corsé et léger, incontestablement dilué. La finale, abrupte, est assez peu tannique. **À boire dans les 2 ans.** (3/02)

1995
90
Très épanoui, en particulier dans le contexte du millésime, le 1995 s'exprime tout en élégance et en finesse. Ce vin délicieux, qui marque le 50e anniversaire du cru sous la houlette des Manoncourt, est moyennement corsé, avec de très caractéristiques arômes d'herbes, de tabac, de groseille et de cassis, ainsi que des notes de cerise, de vanille et de cèdre. L'ensemble, souple et précoce, semble être à son apogée. Cependant, Figeac a cette étrange capacité à tenir plus longtemps qu'il ne le laisse imaginer dans sa jeunesse. Ce bordeaux incarne le summum de l'élégance. **À boire jusqu'en 2012.** (12/02)

1994
84 ?
La robe rubis moyennement foncé du 1994 précède un nez de poivre vert, d'olive et de cassis. L'ensemble manifeste un caractère herbacé qui pourrait, d'ici quelque temps, développer des notes de cèdre. Bien que trop tannique, ce vin se révèle moyennement corsé et pur, avec un fruité mûr et doux, et laisse une impression assez massive en milieu de bouche. Les amateurs de vins austères seront plus séduits que je ne l'ai été. **À boire jusqu'en 2010.** (1/97)

1990
92
Ce vin fabuleux, dont la robe d'un rubis-grenat foncé est un peu éclaircie sur le bord, exhale un doux nez de réglisse, de cèdre, de cassis, de cerise et de minéral. Ce bouquet introduit un ensemble moyennement corsé, relativement charnu et merveilleusement doux, qui s'exprime avec ampleur et élégance, et de manière vraiment harmonieuse. Bien qu'il soit à son apogée, ce vin est encore capable d'une garde de 5 à 10 ans. **À boire jusqu'en 2016.** (12/02)

1989
86
Le 1989 de Figeac est bon, mais pas extraordinaire. Fortement ambré sur le bord, il présente, outre un caractère moyennement corsé, un très caractéristique bouquet herbacé et végétal aux notes de vanille, de cassis, de groseille et de fumé. L'ensemble finit court, mais il est extrêmement plaisant au nez et à l'attaque. Cependant, il est quelque peu superficiel et manque d'étoffe. **À boire jusqu'en 2007.** (12/02)

1988
83
D'un rubis moyennement foncé, le 1988 de Figeac est maigre et austère, excessivement herbacé, avec de très abondants tannins. L'ensemble est léger et étonnamment court en finale. **Devrait être bu.** (1/93)

1986 Ce vin, qui est à son apogée, est austère et quelque peu dénué de structure.
86 Sa robe fortement ambrée accompagne un nez de goudron, de cendrier et de tabac entremêlé de notes d'herbes et de doux cassis. L'ensemble est élégant, mais il manque autant de chair que d'étoffe. **Sur le déclin.** (12/02)

1985 Bien qu'il soit à son apogée depuis plusieurs années, le 1985 de Figeac se
87 maintient. Cependant, je ne conseillerais pas de l'attendre davantage, sauf s'il est présenté en grand format. Ce vin très racé, marqué de cèdre, de tabac, de cassis épicé, de réglisse et de chêne neuf, présente aussi des notes de doux cassis. Malheureusement, il s'estompe rapidement, aussi bien au palais que dans le verre. **À boire d'urgence.** (12/02)

1983 Un nez de réglisse herbacée, de chêne neuf, de vanille et de cèdre nuancé
85 de boîte à épices se dégage du 1983 de Figeac. L'ensemble, qui commence à se déliter, se montre de plus en plus austère et desséché, et les tannins prennent le dessus sur son fruité qui se fane. Ce vin, qui fut délicieux, mais pas extraordinaire, **aurait dû être consommé il y a plusieurs années.** (12/02)

1982 Ce vin fabuleux, qui peut parfaitement rivaliser avec les 1990, 1995 et 2000,
92 s'impose comme le meilleur des grandioses Figeac des vingt-cinq dernières années. Ce vin complexe, aux parfums exceptionnels, présente d'irrésistibles senteurs d'épices orientales, d'herbes de Provence, de cassis et de groseille, ainsi que des nuances de café, de cèdre et de boîte à épices. Tout à fait délicieux, s'exprimant en rondeur, il révèle un très généreux fruité mûr et gras, et ses tannins sont imperceptibles. Une merveille ! **À boire jusqu'en 2012.** (12/02)

MILLÉSIMES ANCIENS

Le palmarès de Figeac dans les années 70 est assez mauvais, hormis un 1976 de bonne facture (noté 86 en juin 1985), un très bon 1975 (noté 87 en décembre 1995) et un superbe 1970 (noté 90 en janvier 1991). Dans les années 60, le très profond 1964 (noté 94 en octobre 1994) et le 1961 (noté 94 ? en juillet 1997) se distinguent tout particulièrement et méritent leur réputation de plus grandes réussites du cru. Le 1959 (noté 91 en 1990) n'a pas été redégusté depuis la dernière édition de cet ouvrage, mais je pense que les bouteilles qui auront été conservées dans de bonnes conditions sont toujours impressionnantes. Il s'agit d'un vin puissant, riche et rôti, qui traduit bien le millésime torride dont il est issu.

Le 1955 de Figeac (noté 95 en octobre 1994) est un vin somptueux, qui compte parmi les grands méconnus de ce siècle – ceux que l'on trouve parfois dans les ventes aux enchères et qui sont adjugés à des prix dérisoires car la presse n'en a que très peu parlé. Contrairement à la tradition de ce château, dont les vins évoluent en général rapidement, le 1955 est moins épanoui que le 1964, qui, lui, est à son apogée, et il est encore plus riche que le 1982 et le 1990, du moins tels qu'ils se montrent maintenant. Il offre un nez extraordinairement odorant de prune, de cassis, de menthe, d'herbes, de fumé et d'épices. Beaucoup plus dense et plus concentrée que ne le sont normalement les Figeac, cette merveille, dont les tannins doivent encore s'arrondir, peut parfaitement vieillir un demi-siècle de plus.

Il serait aléatoire d'acheter aujourd'hui une bouteille de 1953 qui n'aurait pas été conservée dans des conditions idéales. À son meilleur niveau, ce vin (noté 93 en octobre 1994) exhale un nez ample de fumé, d'herbes, de minéral, de fruits et de menthol. Il présente aussi des arômes veloutés et moyennement corsés, des tannins très fondus et une finale capiteuse et alcoolique. Il a été au mieux de sa forme ces vingt dernières années au moins, et il est peu probable qu'il se bonifie encore.

Le 1950 (noté 88 en décembre 1996) est un autre excellent spécimen de ce millésime sous-estimé, qui a donné de très bons Saint-Émilion et des Pomerol splendides. D'un grenat fortement ambré et nuancé de rouille, ce vin dégage un nez intense de fumé, d'épices à barbecue, de cèdre et de fruits secs, qui introduit en bouche un ensemble souple, rond et moyennement corsé. Ce Figeac est certainement à son apogée depuis une bonne dizaine d'années, voire davantage.

Le splendide 1949 (noté 94 en janvier 1996) est l'un des Figeac les plus grandioses que j'aie dégustés. Libérant un nez de boîte à cigares et de cake, il exprime tout en rondeur des arômes fabuleusement riches, qui dévalent littéralement le palais sans y laisser la moindre sensation de lourdeur, malgré la douceur du fruit très glycériné qui les étaye. C'est un Figeac somptueux, que j'aimerais déguster en magnum ou autre grand format.

Le 1947 (noté 70 en novembre 1996) révélait un fruité passé et desséché, ainsi qu'un nez végétal en phase avec sa robe trop évoluée fortement nuancée d'ambre et de rouille. La bouche présentait des tannins poussiéreux et un alcool piquant, mais l'ensemble manquait cruellement de chair et de fruit. Quelle déception – surtout qu'il s'agit de l'année de ma naissance !

FLEUR CARDINALE

Grand cru

Propriétaires : Dominique et Florence Decoster

Adresse : 7, le Thibaud – 33330 Saint-Étienne-de-Lisse

Tél. 05 57 40 14 05 – *Fax* 05 57 40 28 62

E-mail : fleurcardinale@wanadoo.fr

Site Internet : www.chateau-fleurcardinale.com

Visites : sur rendez-vous uniquement

Contact : Dominique Decoster

VIGNOBLE ET VINIFICATION

Superficie : 17 ha

Encépagement : 70 % merlot, 15 % cabernet franc, 15 % cabernet sauvignon

Âge moyen des vignes : 40 ans – *Densité de plantation :* 5 000 pieds/ha

Rendement moyen : 39 hl/ha

Élevage : fermentations et cuvaison de 24 à 42 jours en cuves d'acier inoxydable thermorégulées ; vieillissement de 16 à 18 mois en fûts (100 % de bois neuf) ; collage et filtration si nécessaire

VINS PRODUITS

Château Fleur Cardinale – 45 000 b ; Château Bois Cardinal – 5 000 b

À maturité : dans les 5 à 8 ans suivant le millésime (avant 2001), dans les 8 à 15 ans après

APPRÉCIATION GÉNÉRALE

Fleur Cardinale mérite d'être suivi de près, dans la mesure où le nouveau maître des lieux, Dominique Decoster, s'est attaché les conseils du très talentueux Jean-Luc Thunevin, lorsqu'il a repris les rênes de la propriété en 2001. Son premier millésime, élaboré sous la houlette du « garnement » de Saint-Émilion, est une réussite, le vin étant tout à la fois plus riche, plus profond et plus charmeur que ses aînés.

Le Château Fleur Cardinale est un cru bien vinifié, que l'on peut apprécier dès son plus jeune âge, du fait de son caractère rond et généreux. S'il paraît le plus souvent dépourvu de complexité, il est solide et robuste. Le vignoble, qui se trouve sur la commune de Saint-Étienne-de-Lisse, ne jouit pas d'une excellente situation. Cependant, sous la houlette d'un propriétaire sérieux bénéficiant des conseils du très célèbre Jean-Luc Thunevin, le cru s'est amélioré. François Decoster, qui a fait fortune avec Haviland, est le nouveau propriétaire de ce cru, qu'il a fait renaître après une longue période de méforme.

2003
90-92 Le 2003, composé à 70 % de merlot et à parts égales de cabernet sauvignon et de cabernet franc, s'impose comme la plus belle réussite du cru à ce jour. Issu d'un vignoble calcaire, il est corsé, riche et généreusement doté, notamment en arômes de fruits rouges et noirs nuancés de fumé, d'épices à barbecue, de graphite et de chêne neuf. L'ensemble, moyennement corsé, présente une opulence et une concentration d'excellent aloi. Il s'agit incontestablement d'une révélation du millésime. **À boire entre 2006 et 2015.** Bravo ! (3/04)

2002
88 Avis aux amateurs... cette propriété est sur la pente ascendante. Le 2002 de Fleur Cardinale affiche un rubis-pourpre foncé et déploie des notes de cassis, de cerise, de minéral et de chêne grillé. L'attaque en bouche révèle une belle maturité, ainsi que des tannins doux. Ce vin moyennement corsé, merveilleusement pur et élégant, sera parfait **dans les 10 ans suivant le millésime.** (9/03)

2001
88 Plus profond et plus riche que de coutume, le 2001 de Fleur Cardinale arbore un rubis-pourpre dense et déploie des arômes de petits fruits mûrs nuancés de fumé, d'épices et de café. L'ensemble, moyennement corsé et d'une grande souplesse, sera parfait **jusqu'à 6 à 8 ans d'âge.** (1/03)

2000
87 Rubis-pourpre foncé de robe, doté d'un doux fruité concentré, le 2000 est merveilleusement étoffé, et sa finale est d'excellent aloi. **À boire dans les 3 à 4 ans.** (1/03)

1999
85 Le 1999 de Fleur Cardinale est léger, sans détour, mais fruité. Il sera parfait **dès maintenant.** (3/02)

LA FLEUR DE JAUGUE

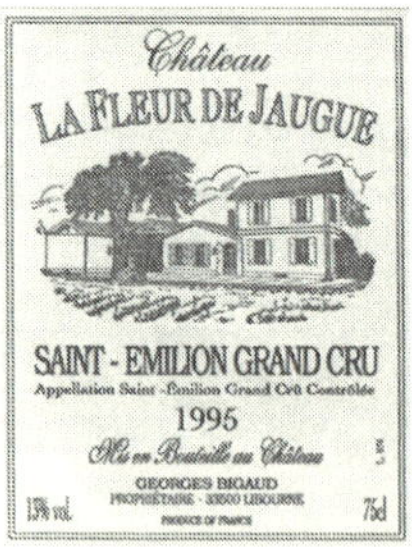

Grand cru
Propriétaire : Georges Bigaud
Adresse : 150, avenue du Général-de-Gaulle – 33500 Libourne
Tél. 05 57 51 51 29 – *Fax* 05 57 51 29 70
Visites : sur rendez-vous uniquement
Contacts : Georges ou Marie-Claire Bigaud

VIGNOBLE ET VINIFICATION

Superficie : 5,3 ha
Encépagement : 70 % merlot, 30 % cabernet franc

Âge moyen des vignes : 30 ans – *Densité de plantation :* 6 800 pieds/ha
Rendement moyen : 50 hl/ha
Élevage : fermentations et cuvaison de 21 à 28 jours en cuves thermorégulées ; vieillissement de 12 à 14 mois en fûts (renouvelés par tiers à chaque millésime) ; collage ; pas de filtration

VINS PRODUITS

Château La Fleur de Jaugue – 20 000 b ; La Croix de Jaugue – 9 000 b
À maturité : dans les 3 à 10 ans suivant le millésime

APPRÉCIATION GÉNÉRALE

Malgré sa faible production, ce cru impeccablement géré est incontestablement digne d'attention. Les amateurs avisés savent probablement qu'il constitue une excellente affaire. En effet, ses vins sont réguliers à haut niveau, toujours bien vinifiés et généralement délicieux, et ils sont, en outre, capables d'une garde de 10 ans ou plus.

2001
87
La Fleur de Jaugue propose, une fois de plus, un vin savoureux et magnifiquement fait. L'ensemble, qui arbore un rubis-grenat profond, développe un doux nez de réglisse fondue nuancé de confiture de cerise noire. En bouche, il se montre moyennement corsé et charnu, révélant, outre des tannins mûrs et une faible acidité, une finale merveilleuse de rondeur qui en fait un bordeaux des plus séduisants, à déguster dans les 10 ans suivant le millésime. **À boire jusqu'en 2011.** (1/03)

2000
90
Le 2000, qui s'impose au nombre des révélations du millésime, s'annonce par un rubis-pourpre dense. Ce vin moyennement corsé et modérément tannique, très structuré, est aussi extraordinaire de pureté que de concentration. Regorgeant de flaveurs de prune, de cerise et de framboise, et révélant les légendaires notes de réglisse caractéristiques du cru, il offre un fruité moins épanoui que certains de ses aînés. **À boire jusqu'en 2014.** (1/03)

1999
87
Le 1999 de La Fleur de Jaugue est un vin souple et fruité, vêtu de rubis foncé, dont les généreux arômes de cassis et de cerise sont nuancés de tabac et mâtinés de notes de réglisse, de terre et de chêne épicé. L'ensemble, qui manifeste une rondeur et une pureté de très haut vol, est délicieux, mais moins impressionnant que je ne l'aurais subodoré de prime abord. **À boire dans les 5 ans.** (3/02)

1998
90
Véritable révélation du millésime, le 1998 est concentré et puissant, mais très élégant, avec un bouquet évoquant un Griottes-Chambertin très épanoui. Libérant des notes de mûre, de minéral, de terre et de cerise confiturée qui jaillissent littéralement du verre, il se montre en bouche tout à la fois profond, charnu et corsé, étayé par des tannins souples et une faible acidité. Ce Saint-Émilion savoureux, charmeur et sensuel s'est révélé accessible dès son plus jeune âge et tiendra bien **jusqu'en 2012.** (3/02)

1997
87
Voici une révélation du millésime ! Cet excellent 1997, qui regorge de généreuses senteurs herbacées de cerise noire, de fumé et de terre, se montre joliment concentré et révèle un fruité superbe étayé par une faible acidité.

L'ensemble, très réussi dans une année assez difficile, exprime une belle harmonie d'ensemble ; très doux, il n'est ni végétal ni acerbe. **À boire maintenant.** (3/01)

1996 Très réussi, le 1996 se distingue par une robe d'un rubis profond et par de
87 généreuses senteurs de douce cerise et de prune nuancées d'herbes séchées et de fumé, et à peine marquées de terre et de chêne neuf. Charnu et doté d'un fruité mûr, il présente une belle texture et s'impose comme un Saint-Émilion savoureux. **À boire maintenant.** (1/01)

1995 S'imposant au nombre des révélations du millésime, ce vin délicieux, vêtu de
89 prune-pourpre foncé, révèle de spectaculaires senteurs de fruits rouges et noirs confiturés (notamment le cassis et la cerise). Moyennement corsé, marqué de douce vanille, il présente une maturité et une profondeur de très bon, voire d'excellent aloi. L'ensemble, opulent et faible en acidité, est tout simplement somptueux. Vous apprécierez ce Saint-Émilion délicieux, charnu et séveux **dans les 3 à 4 ans.** (1/01)

FOMBRAUGE

Grand cru
Propriétaire : Bernard Magrez
*Adresse :*33330 Saint-Christophe-des-Bardes
Tél. 05 57 24 77 12 – *Fax* 05 57 24 66 95
E-mail : chateau@fombrauge.com
Site Internet : www.fombrauge.com
Visites : sur rendez-vous uniquement

VIGNOBLE ET VINIFICATION

Superficie : 52 ha
Encépagement : 70 % merlot, 20 % cabernet franc, 10 % cabernet sauvignon
Âge moyen des vignes : 30 ans – *Densité de plantation :* 5 600 pieds/ha
Rendement moyen : 45 hl/ha
Élevage : macération préfermentaire à froid (12 °C) ; fermentations et cuvaison (vendange entière) de 28 à 35 jours en cuves de bois thermorégulées de petite contenance, permettant la vinification séparée des différentes parcelles, avec quatre pigeages quotidiens ; achèvement des malolactiques et vieillissement sur lies de 16 à 18 mois, avec bâtonnages réguliers, en fûts neufs ; collage ; pas de filtration

VINS PRODUITS

Château Fombrauge – 160 000 b ; Le Cadran de Fombrauge – 110 000 b
À maturité : dans les 5 à 20 ans suivant le millésime (après 1999)

APPRÉCIATION GÉNÉRALE

Ce vignoble, le plus vaste de Saint-Émilion, connaît une renaissance sous la dynamique houlette de Bernard Magrez (propriétaire de Pape Clément, La Tour Carnet et d'autres crus) et de son talentueux œnologue-conseil Michel Rolland. Le cru s'impose désormais comme une étoile montante de son appellation, et il est encore disponible à un prix raisonnable. Les amateurs en quête d'un Saint-Émilion délicieux et bien fait ne manqueront pas de s'y intéresser. Il convient cependant de choisir avec discernement les millésimes antérieurs à 1999.

2003 **90-92** Ce vin somptueux s'impose, avec le 2002, comme le meilleur Fombrauge que je connaisse. Composé à 71 % de merlot, à 18 % de cabernet franc et à 11 % de cabernet sauvignon, et issu de rendements de 24 hl/ha, il fera le bonheur du plus exigeant des épicuriens. D'un rubis-pourpre profond, doté de doux parfums de kirsch, de réglisse fondue, de boîte à épices et de boisé, il est moyennement corsé, dense et riche, et étayé par une faible acidité, des tannins mûrs et un alcool capiteux. Cet ensemble stupéfiant est issu d'un des terroirs de Saint-Émilion les moins favorisés par les fortes chaleurs estivales en 2003. **À boire jusqu'en 2014.** (3/04)

2002 **91** Composé à 71 % de merlot, à 18 % de cabernet franc et à 11 % de cabernet sauvignon, le fabuleux 2002 de Fombrauge s'impose comme une révélation du millésime. Sa robe d'un pourpre dense et ses exotiques senteurs de crème de cassis et de cerise préludent à un ensemble moyennement corsé, d'une rare opulence pour le millésime, et qui est tout à la fois pur, profond et charnu. Ce vin sera délicieux dans sa jeunesse et dans les 10 à 12 ans suivant le millésime. **À boire jusqu'en 2013.** (9/03)

2001 **90** Le 2001, qui peut rivaliser avec son superbe aîné d'un an, est un assemblage 70 % merlot et 30 % cabernet franc, issu de rendements de 36 hl/ha. D'un rubis-pourpre soutenu, libérant de fabuleuses senteurs de mûre et de cerise confiturées nuancées de vanille, de café et de fumé, il exprime une bouche dense et opulente, bien marquée par la mâche. Il doit son charme à sa faible acidité, à sa maturité et à son fruité luxuriant. Une révélation du millésime. **À boire jusqu'en 2015.** (1/03)

2000 **91** Ce vin superbe, proposé à un prix raisonnable, est encore meilleur que je ne l'aurais pensé de prime abord et s'impose comme une révélation du millésime. Opaque et pourpre de robe, il se distingue par sa maturité et sa richesse hors du commun. S'exprimant en milieu de bouche à la fois avec ampleur et avec douceur, il développe tout en rondeur une finale très fruitée, aux notes de chocolat. L'ensemble, opulent, étayé par des tannins mûrs et un gras généreux, sera apprécié du plus grand nombre. De fait, il est difficile de résister au charme de ce vin superbe. Bravo ! **À boire jusqu'en 2015.** (1/03)

1999 **88** Ce vin vêtu d'un rubis-pourpre profond dégage un bouquet sensuel, dont les senteurs confiturées de cerise noire, de fraise et de groseille sont nuancées de fumé et de chêne neuf. L'ensemble, qui doit son caractère charnu et savoureux à sa faible acidité, est véritablement séduisant et délicieux. **À boire dans les 2 ans.** (3/02)

1998 **86** De doux arômes souples et mûrs de petits fruits présentés dans un ensemble moyennement corsé et sans détour caractérisent le 1998 de Fombrauge. Ce vin discret, mais séduisant, sera à son meilleur niveau **jusqu'en 2007.** (3/02)

FONPLÉGADE

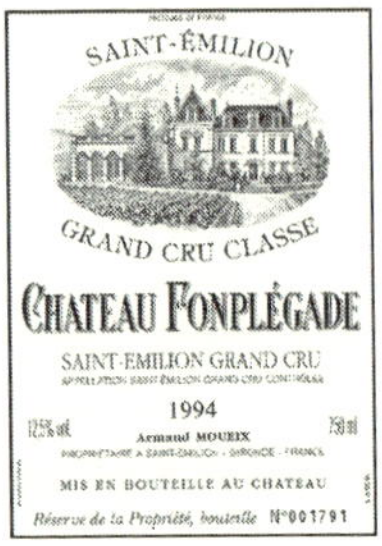

Grand cru classé
Propriétaire : SCEA Château Fonplégade
Adresse : 33330 Saint-Émilion
Tél. 05 57 74 43 11 – *Fax* 05 57 74 44 67
E-mail : fonplegade@wine-and-vineyards.com
Site Internet : www.wine-and-vineyards.com
Visites : tous les jours d'avril à octobre ; du lundi au vendredi de novembre à mars, sur rendez-vous le week-end
Contact : Joël Palous

VIGNOBLE ET VINIFICATION

Superficie : 18 ha
Encépagement : 60 % merlot, 35 % cabernet franc, 5 % cabernet sauvignon
Âge moyen des vignes : 35 ans – *Densité de plantation :* 5 600 et 6 500 pieds/ha
Rendement moyen : 45 hl/ha
Élevage : fermentations et cuvaison de 28 à 35 jours en cuves de béton et d'acier inoxydable thermorégulées ; vieillissement de 12 à 15 mois en fûts (50 % de bois neuf) ; collage léger ; pas de filtration

VINS PRODUITS

Château Fonplégade – 60 000 b ; Château Côtes Trois Moulins – 30 000 b
À maturité : dans les 4 à 12 ans suivant le millésime

APPRÉCIATION GÉNÉRALE

Jusque récemment, les vins de Fonplégade étaient anodins, mais la propriété paraît s'être redressée à compter de 2000. Il semblerait que la qualité du cru soit en hausse – ce qui n'est pas difficile car il ne pouvait que s'améliorer.

Fonplégade mériterait d'être mieux connu qu'il ne l'est actuellement. Son vignoble, l'un des plus anciens de Saint-Émilion (il était déjà cultivé à l'époque des Romains), est magnifiquement situé sur les coteaux sud de l'appellation, non loin de Magdelaine, et le château lui-même – l'un des plus attrayants de la région – fut construit au XIXe siècle par l'un des propriétaires du domaine, un négociant du nom de Boisard. Depuis 1953, Fonplégade appartient à la famille Armand Moueix.

Ce cru, malgré son magnifique terroir, s'est montré sous-performant pendant de longues années. Le style des vins semble avoir changé à compter de 2000.

2001 **87** Ce vin, qui semble gagner en corps et en étoffe au fil du temps, arbore une robe d'un rubis-pourpre foncé qu'accompagne un doux nez de cerise noire, de groseille, de prune, de terre et de réglisse. Ce bouquet prélude à un ensemble moyennement corsé, opulent et charnu à l'attaque, étayé par une heureuse acidité, et dont la finale recèle des tannins plutôt mûrs. Bien qu'il n'ait pas l'ampleur, la profondeur ni la puissance du 2000, ce vin est incontestablement doté. **À boire jusqu'en 2013.** (1/03)

2000 **89+** Le 2000 constitue la plus belle réussite de Fonplégade ces vingt dernières années. Il est fort heureusement disponible à hauteur de plus de 4 000 caisses. L'ensemble, profond, structuré et concentré, présente de très abondants tannins auxquels fait pièce un fruité très impressionnant, d'une grande richesse en extrait. Moyennement corsé, aussi pur que généreux, ce vin révèle des notes de prune, de cassis et de cerise nuancées de terre et de minéral. Cet assemblage 70 % merlot, 25 % cabernet franc et 5 % cabernet sauvignon est une réussite ! **À boire jusqu'en 2018.** (1/03)

MILLÉSIMES ANCIENS

Hormis le 1990 (noté 88 en juillet 1997), le palmarès de Fonplégade dans les années 80 a été médiocre, comptant, à chaque millésime, des crus de piètre qualité. Bien sûr, l'équipe technique n'était pas la même que celle qui est intervenue depuis 2000. Il en est de même pour la décennie précédente. Fort heureusement, tout cela relève désormais du passé, ce cru bien situé bénéficiant actuellement d'efforts soutenus destinés à l'améliorer.

FONROQUE

Grand cru classé
Propriétaire : GFA du Château Fonroque
Adresse : 33330 Saint-Émilion
Adresse postale : 56, avenue Georges-Pompidou – 33500 Libourne
Tél. 05 57 24 60 02 – *Fax* 05 57 24 74 59
E-mail : info@chateaufonroque.com
Site Internet : www.chateaufonroque.com
Visites : sur rendez-vous uniquement
Contact : Alain Moueix (tél. 06 80 72 58 61)

VIGNOBLE ET VINIFICATION

Superficie : 17,6 ha
Encépagement : 85 % merlot, 15 % cabernet franc et cabernet sauvignon
Âge moyen des vignes : 35 ans et plus
Densité de plantation : 6 270 pieds/ha
Rendement moyen : 38-40 hl/ha (depuis 2001)
Élevage : macération préfermentaire à froid ; fermentations et cuvaison de 21 à 28 jours en cuves de béton thermorégulées ; achèvement des malolactiques et vieillissement de 16 à 18 mois en fûts (70 % de bois neuf) ; soutirage de fût à fût, sans pompage ; collage ; pas de filtration

VINS PRODUITS

Château Fonroque – 65 000 b ; Château Cartier – 25 000 b
À maturité : dans les 5 à 10 ans suivant le millésime

APPRÉCIATION GÉNÉRALE

Les vins de Fonroque ne se sont jamais distingués de la plupart des autres Saint-Émilion sans détour et de style commercial. Le cru, qui était autrefois géré par les Établissements Jean-Pierre Moueix, est désormais pris en main par Alain Moueix, qui s'occupe également du Château Mazeyres, en Pomerol. On attend de la nouvelle direction qu'elle exploite davantage le potentiel de cette propriété.

Fonroque est magnifiquement situé un peu à l'écart, sur les bas coteaux de l'appellation, au nord et à l'ouest de Saint-Émilion. Le cru a récemment bénéficié d'investissements très importants ; il mérite, à ce titre, d'être suivi avec attention par les amateurs avisés.

Le vin est généralement moyennement corsé, riche, robuste et tannique. Il peut vieillir de belle manière et doit même, dans les meilleurs millésimes, être attendu quelques années.

2003
86-88 ? Ce vin tannique et impressionnant manque de fruit, mais il pourrait être renoté à la hausse (aux alentours de 88-89) s'il résorbait sa dureté, sa rigidité et ses tannins astringents. Si tel n'est pas le cas, il péchera par manque d'équilibre et d'étoffe. **À boire entre 2008 et 2015.** (3/04)

2001
88 Le 2000 est prometteur, et sans doute même meilleur que son aîné d'un an. Outre une robe d'un rubis-prune foncé, il présente des senteurs de prune, de cassis et de pruneau nuancées de notes de poussière et de terre, ainsi que des arômes de réglisse et de chêne neuf. L'ensemble est moyennement corsé et mûr, et n'a pas la rusticité ni le caractère émacié de certains de ses aînés. **À boire jusqu'en 2015.** (1/03)

2000
86 Les senteurs épicées de cuir, de cerise et de groseille de ce vin disputent à des arômes de minéral l'attention du dégustateur. L'ensemble, moyennement corsé et mûr, est plus profond que la plupart des millésimes récents de ce cru. Il est malheureusement dominé en finale par des notes de terre et des tannins en excès. Il y a fort à craindre qu'à terme les tannins ne prennent le dessus sur le fruit. **À boire jusqu'en 2009.** (1/03)

MILLÉSIMES ANCIENS

Hormis le 1990 (noté 88 en mars 1993), les millésimes des années 80 furent généralement médiocres à Fonroque. Il en est de même pour les deux décennies précédentes, le cru ayant végété malgré son excellente situation sur le versant ouest de la côte Cadet de Saint-Émilion, grâce à laquelle il bénéficie d'un ensoleillement optimal et d'une parfaite protection contre les gelées printanières. Cependant, les millésimes récents montrent une amélioration dont on espère qu'elle se poursuivra au long de ce siècle.

FRANC-MAYNE

Grand cru classé
Propriétaires : Hervé et Griet Laviale van Malderen
Adresse : La Gomerie – 33330 Saint-Émilion
Tél. 05 57 24 62 61 – *Fax* 05 57 24 68 25
E-mail : contacts@chateau-francmayne.com
Site Internet : www.chateau-francmayne.com
Visites : tous les jours, sur rendez-vous uniquement
Contact : Cyril Forget

VIGNOBLE ET VINIFICATION

Superficie : 7,02 ha
Encépagement : 90 % merlot, 10 % cabernet franc
Âge moyen des vignes : 35 ans – *Densité de plantation :* 5 900 pieds/ha
Rendement moyen : 40 hl/ha

Élevage : macération préfermentaire à froid de 3 à 5 jours ; fermentations et cuvaison de 21 à 42 jours en cuves thermorégulées ; achèvement des malolactiques et vieillissement de 16 à 20 mois en fûts (70-90 % de bois neuf) ; pas de collage ; filtration

VINS PRODUITS

Château Franc-Mayne – 35 000-37 000 b ;
Les Cèdres de Franc-Mayne – 12 000-15 000 b
À maturité : dans les 7 à 10 ans suivant le millésime

APPRÉCIATION GÉNÉRALE

Bien qu'ils se soient améliorés ces dernières années, les vins de Franc-Mayne ne comptent pas encore au nombre des meilleurs Saint-Émilion. Issus d'une vinification qui n'est ni purement classique ni résolument « nouvelle vague », ils sont accessibles et d'un style commercial.

Lorsque le Groupe Axa, un géant des assurances, se porta acquéreur de Franc-Mayne en 1987, ses dirigeants eurent la bonne idée d'en confier la gestion à Jean-Michel Cazes, propriétaire de Lynch-Bages, et à son vinificateur, le talentueux Daniel Llose. C'est ainsi que ces derniers furent chargés de superviser la rénovation du domaine et la vinification. En 1996, la propriété fut vendue à la famille Fourcroy, originaire de Belgique. Elle appartient depuis début 2005 à Hervé et Griet Laviale van Malderen.

Il y a à Saint-Émilion dix-huit propriétés qui incluent le vocable « Franc » dans leur dénomination, mais c'est celle-ci, la plus connue, qui produit le meilleur vin. Son vignoble est situé dans la partie nord-ouest de l'appellation, sur le flanc de coteau qui mène aux Côtes de Francs.

Ce cru ne compte pas parmi mes Saint-Émilion préférés, mais il s'est nettement amélioré sous la houlette de Jean-Michel Cazes, et l'on peut attendre qu'il progresse encore. Il doit généralement être consommé dans les 7 à 10 ans suivant le millésime.

2003 **88-90** Bien qu'elle soit à la tête d'un des vignobles de Saint-Émilion les moins favorisés dans le contexte du millésime, cette propriété propose un 2003 sensuel, magnifiquement réussi, qui s'impose au nombre des révélations de l'année. Exhalant avec ampleur de capiteux arômes de kirsch nuancés de cassis, d'herbes séchées, de réglisse et de terreau, ce vin faible en acidité se distingue encore par son volume, son caractère capiteux et voluptueux, et son gras généreux. **À boire dans les 10 à 12 ans.** (3/04)

2002 **86** Ce vin d'un rubis-pourpre profond aurait mérité une note plus élevée, n'était sa légère maigreur. Il se distingue cependant par de très séduisantes notes de cassis et de gelée de menthe, ainsi que par son caractère moyennement corsé, modérément doté et très parfumé. Les tannins que recèle sa finale doivent encore se fondre. **À boire jusqu'en 2014.** (9/03)

2001 **85-87** Malgré son élégance, ce vin moyennement corsé me paraît anodin. D'un rubis-pourpre foncé, dégageant des senteurs de menthe, de groseille, de cassis, de réglisse et de vanille, il est net, bien fait, mais dénué de complexité. **À boire jusqu'en 2014.** (1/03)

2000 **88** Aussi élégant que concentré, ce vin d'un rubis-pourpre dense s'annonce par de doux arômes confiturés de fruits rouges et noirs entremêlés de notes de sous-bois et de chêne neuf épicé. Profond, joliment structuré et d'une grande précision, il est étayé par des tannins modérément abondants et doit sa douceur à son gras généreux. Une révélation du millésime. **À boire entre 2006 et 2018.** (1/03)

1999 **87** Ce vin magnifiquement réussi s'annonce par un pourpre profond. Tout à la fois dense, corsé, opulent et admirable de douceur, il recèle des tannins doux et se développe en bouche par paliers, révélant une richesse et une opulence d'excellent aloi. L'ensemble est généreusement marqué de fruits noirs nuancés de fumé, de réglisse et de terre. **À boire dès maintenant et dans les 15 ans.** (3/02)

1998 **88** Ce vin de très bonne facture est généreusement marqué de chêne neuf grillé, avec des notes confiturées de cerise noire et de cassis. L'ensemble, moyennement corsé, atteste une grande pureté et un bel équilibre, et recèle des tannins doux. **À boire dès maintenant et jusqu'en 2015.** (3/02)

1997 **76** D'un rubis foncé, doté de senteurs de terre, d'herbes et de cerise noire, ce vin moyennement corsé pèche par sa maigreur, ainsi que par son manque de profondeur et de persistance. **À boire dans les 2 à 3 ans.** (3/01)

1996 **84** Légèrement herbacé, le 1996 est moyennement corsé et présente, dans un ensemble opulent, épanoui et légèrement mentholé, de séduisantes notes de cassis et de groseille. **À boire maintenant.** (11/97)

MILLÉSIMES ANCIENS

Deux millésimes de Franc-Mayne méritent d'être recherchés : il s'agit du 1989 (noté 87 en janvier 1993) et du 1990 (noté 89 en janvier 1993). Ce dernier vin est d'ailleurs l'exemple de ce cru que j'ai le mieux noté. Il est probablement encore en bonne forme.

LA GAFFELIÈRE

1er grand cru classé B
Propriétaire : Comte de Malet-Roquefort
Adresse : BP 65 – 33330 Saint-Émilion
Tél. 05 57 24 72 15 – *Fax* 05 57 24 69 06
E-mail : chateau-la-gaffeliere@chateau-la-gaffeliere.com
Site Internet : www.chateau-la-gaffeliere.com
Visites : sur rendez-vous uniquement, du lundi au vendredi (9 h-12 h et 14 h-18 h)

VIGNOBLE ET VINIFICATION

Superficie : 22 ha
Encépagement : 65 % merlot, 30 % cabernet franc, 5 % cabernet sauvignon
Âge moyen des vignes : plus de 40 ans – *Densité de plantation :* 5 800 pieds/ha
Rendement moyen : 40 hl/ha
Élevage : fermentations et cuvaison de 35 à 42 jours en cuves d'acier inoxydable thermorégulées, avec micro-oxygénation des lies ; vieillissement de 12 à 15 mois en fûts (100 % de bois neuf) ; collage ; pas de filtration

VINS PRODUITS

Château La Gaffelière – 85 000 b ; Clos La Gaffelière – 5 000 b
À maturité : dans les 5 à 15 ans suivant le millésime

APPRÉCIATION GÉNÉRALE

Oubliez les millésimes antérieurs à 1970. À compter du milieu des années 80, La Gaffelière s'est amélioré lentement, mais sûrement, et fait désormais honneur à son classement. Présentant un style bien à lui, il surprendra les amateurs de flamboyants Saint-Émilion « nouvelle vague », mais il séduit par la délicatesse de son fruité, par la sensualité de sa légèreté et de son élégance, et par ses arômes parfumés. N'attendez pas de La Gaffelière qu'il soit généreusement doté ni apte à une longue garde (il équivaut, en termes de qualité, à un troisième cru classé du Médoc), mais il constitue assurément une bonne affaire parmi les premiers crus de Saint-Émilion.

Ce fort beau château à quatre étages, flanqué d'un chai impressionnant, se trouve immédiatement au pied des murs de Saint-Émilion. C'est l'une des propriétés les plus anciennes de l'appellation, et elle appartient à la même famille depuis plus de quatre cents ans. Le propriétaire actuel, le comte Léo de Malet-Roquefort, est un excellent cavalier et un grand chasseur devant l'Éternel, ce qui n'a rien de surprenant puisque ses ancêtres, descendants des Normands, ont été distingués par Guillaume le Conquérant pour leur héroïsme et leur bravoure lors de la bataille de Hastings.

La Gaffelière est un cru qu'il est difficile d'évaluer. On peut s'interroger sur le « passage à vide » des années 70 et du milieu des années 80, dans la mesure où le vignoble est excellemment situé, sur des sols argilo-calcaires ; par ailleurs, à chacune de mes visites, j'ai pu constater l'extrême netteté des installations, ainsi que la compétence du comte Léo et de son équipe.

Quoi qu'il en soit, on soulignera simplement que les millésimes antérieurs au milieu des années 80 étaient rarement intéressants. Se caractérisant avant tout par son élégance et son caractère tendre, il n'est jamais terriblement tannique ni très ample, mais, à son meilleur niveau, il déploie une finesse inégalée à Saint-Émilion.

Le comte de Malet-Roquefort est également propriétaire du Château Tertre Daugay, situé dans la même appellation.

2003
88-90 Un nez de douce cerise et de groseille nuancé de pierre mouillée et d'un boisé subtil annonce ce vin moyennement corsé, élégant et séduisant. La Gaffelière n'est jamais puissant ni massif (même dans un millésime aussi chaud et aussi sec que 2003), et se distingue cette année par sa fraîcheur et sa précision d'excellent aloi. **À boire entre 2006 et 2015.** (3/04)

2002
89 Composé à 80 % de merlot, à 10 % de cabernet sauvignon et à 10 % de cabernet franc, le 2002 de La Gaffelière est aussi élégant que de coutume, avec peut-être davantage de tonicité et de fraîcheur. D'un rubis-pourpre profond, il se distingue par la précision de ses senteurs de petits fruits rouges nuancées de cassis, de minéral et d'herbes séchées. En bouche, il est moyennement corsé, mûr et fruité, avec des tannins modérément abondants. Il devrait évoluer assez rapidement. **À boire entre 2006 et 2018.** (9/03)

2001
90 Le 2001, qui pourrait à terme rivaliser avec son aîné d'un an, impressionne par son élégance – une caractéristique du cru. Plutôt riche pour La Gaffelière, il dégage de doux arômes floraux de petits fruits discrètement nuancés de chêne neuf. Regorgeant d'un fruité généreux et frais, étayé par des tannins légers et une heureuse acidité à laquelle il doit sa précision, ce vin se montre modérément massif. **À boire entre 2006 et 2015.** (1/03)

2000
90
Ce vin subtil offre un superbe déploiement de fruit. D'abord discret, puis gagnant en ampleur au palais, il dégage de doux arômes de moka, de cerise noire et de cassis, ainsi que de délicieuses notes de chêne grillé. Malgré son caractère aérien, il recèle une grande richesse, manifeste en bouche une belle profondeur et développe une finale persistante, aux tannins doux. L'ensemble n'est pas de ceux qui inondent les sens du dégustateur d'un fruité et d'un boisé luxuriants, mais il impressionne par sa race et sa subtilité. **À boire entre 2007 et 2019.** (1/03)

1999
89
Comme de coutume, La Gaffelière s'exprime en 1999 tout en finesse et en élégance. Ce vin moyennement corsé, dont les merveilleux arômes de fraise et de groseille sont nuancés de cerise aigre et judicieusement boisés, manifeste une très grande pureté. En bouche, il gagne en ampleur, mais avec subtilité – ce qui me permet de considérer avec humour les propos des détracteurs de Michel Rolland, le célèbre œnologue libournais qui a tant œuvré en faveur de la qualité des vins, selon lesquels les crus dont il a la charge affichent tous le même style. Ils seraient en effet surpris de savoir qu'il est l'œnologue-conseil de La Gaffelière, Saint-Émilion racé et discret s'il en est. **À boire jusqu'en 2015.** (3/02)

1998
89
Ce vin souple et élégant, étonnamment riche, mais admirable de discrétion et de subtilité, est incontestablement séduisant avec ses purs arômes de fraise et de cerise délicatement imprégnés de belles notes de chêne grillé. L'ensemble exprime tout en rondeur un caractère moyennement corsé et équilibré. **À boire dès maintenant ou dans les 10 ans.** (3/02)

1997
85
Ce vin se révèle finalement plus léger que je ne l'aurais pensé de prime abord. Néanmoins, il présente, tant au nez qu'en bouche, de beaux et plaisants arômes de cerise et d'airelle. L'ensemble, moyennement corsé, est incontestablement élégant et s'exprime tout en finesse. **À boire dans les 3 ans.** (3/01)

1996
87
Véritable incarnation de l'élégance, le 1996 révèle du charme, du fruit et du velouté. Les tannins que l'on décèle dans sa finale laissent deviner un plus grand potentiel de garde que je ne l'avais pensé de prime abord. Rubis profond de robe, avec un nez de douce cerise noire nuancé de poivre et de minéral, et subtilement marqué de chêne neuf, ce vin présente en bouche une acidité et des tannins bien fondus, ainsi qu'une finale longue et pure. **À boire jusqu'en 2012.** (10/00)

1995
87
Rubis foncé de robe, avec un nez épicé de chêne fumé, le 1995 de La Gaffelière libère des arômes souples et mûrs de cerise et de groseille dans un ensemble comprimé, mais séduisant, moyennement corsé et tout en finesse. Malgré les tannins, on retient de ce vin son beau fruité et sa finale sèche et vive. **À boire jusqu'en 2010.** (11/97)

1990
90
Une robe rubis foncé, d'abondants arômes de doux chêne neuf et de petits fruits mûrs, et des senteurs florales annoncent La Gaffelière 1990. Moyennement massif et racé, ce vin extrêmement concentré, aux belles proportions, est bien étayé par des tannins modérés et une heureuse acidité. Il laisse en bouche une impression d'élégance et de richesse. C'est probablement, avec le 2000, la plus belle réussite de la propriété depuis le 1970 et le 1947. **À boire jusqu'en 2008.** (11/00)

1989 Outre un bouquet enivrant de cerise noire, de fleurs printanières, de minéral
89 et de chêne neuf grillé, le 1989 présente un caractère moyennement corsé, rehaussé d'une bonne acidité pour le millésime. Ses tannins sont souples, et sa finale longue, veloutée et riche. Un vin racé, mais imposant. **À boire jusqu'en 2010.** (1/93)

1986 Ce 1986 s'impose comme l'un des succès de la propriété dans les années 80.
87 Riche et élégant, il se distingue par un bouquet de chêne neuf épicé, de cassis et de cèdre. Moyennement corsé, merveilleux de précision et d'une belle tenue, il est racé et plein de grâce. **À boire jusqu'en 2006.** (3/91)

1985 Ce vin moyennement corsé, aux tannins doux, déploie un bouquet très intense,
86 richement fruité, épicé et herbacé, ainsi qu'une finale souple. **À boire – probablement sur le déclin.** (3/91)

1982 Bien réussi, alors qu'il a été élaboré dans une période difficile pour la propriété,
88 le 1982 déploie les arômes élégants et subtils typiques du cru. Séduisant par ses gracieuses senteurs de doux chêne grillé entremêlées de notes de cerise noire mûre, il se révèle en bouche moyennement corsé et aussi doux que de la soie, exprimant tout en rondeur un caractère généreusement épicé et faible en acidité. **À boire – probablement sur le déclin.** (9/95)

MILLÉSIMES ANCIENS

Les deux meilleurs vieux millésimes que je connaisse de La Gaffelière sont un 1953 (noté 89 en 1988) délicieusement élégant, rond et parfumé, et un 1947 (noté 88 et dégusté pour mon 40e anniversaire, en 1987) riche, gras, étonnamment intense et corsé.

LA GOMERIE

Grand cru
Propriétaires : Gérard et Dominique Bécot
Adresse : 33330 Saint-Émilion
Tél. 05 57 74 46 87 – *Fax* 05 57 24 66 88
E-mail : contact@beausejour-becot.com
Site Internet : www.beausejour-becot.com
Visites : sur rendez-vous uniquement
Contacts : Gérard ou Dominique Bécot

VIGNOBLE ET VINIFICATION

Superficie : 2,52 ha
Encépagement : 100 % merlot
Âge moyen des vignes : 40 ans – *Densité de plantation :* 6 600 pieds/ha
Rendement moyen : 35 hl/ha
Élevage : fermentations et cuvaison de 28 à 30 jours en cuves de bois thermorégulées, avec pigeages ; achèvement des malolactiques et vieillissement de 18 mois en fûts (100 % de bois neuf) ; ni collage ni filtration

VINS PRODUITS

Château La Gomerie – 10 000 b ; Mademoiselle de La Gomerie – 2 000-3 000 b
À maturité : dans les 2 à 15 ans suivant le millésime

APPRÉCIATION GÉNÉRALE

Évoquant Le Pin, La Gomerie est l'une de ces microcuvées de Saint-Émilion qui ont actuellement le vent en poupe. Il s'agit de crus d'un nouveau style, élaborés avec soin – « faits main », en quelque sorte. Comme la plupart des vins de garage, La Gomerie est issu d'une vendange très mûre et de faibles rendements. Il s'agit d'une belle réussite des talentueux frères Bécot, comptant au nombre des cuvées de haut vol de l'appellation.

Élaboré par Gérard et Dominique Bécot, les propriétaires de Beau-Séjour Bécot, La Gomerie est une microcuvée entièrement composée de merlot, vinifiée et vieillie en fûts neufs. Il n'est pas étonnant, au vu de sa qualité, que ce vin soit la coqueluche d'une presse enthousiaste. En effet, si l'on fait abstraction de son prix élevé et de la difficulté qu'il y a à se le procurer, ce cru puissant et massif impressionne par son caractère riche et crémeux ; il séduira assurément quiconque le dégustera. Il me semble que les frères Bécot essaient – avec succès, d'ailleurs – de reproduire à La Gomerie une cuvée prestige du style Le Pin. Il s'agit en tout état de cause d'un vin impressionnant. Comment vieillira-t-il ? Seul le temps le dira.

2003 **91-94** Ce vin sera certainement sujet à controverse du fait de son acidité très fragile (il affiche un pH proche de 4), de son opulence, de sa concentration et de son gras, qui évoquent une véritable essence de vigne. Entièrement composé de merlot issu d'un vignoble de 2,5 ha, il a été produit à hauteur de 750 caisses et titre 14 % d'alcool naturel. Comme les autres millésimes récents de ce cru, le 2003 est épais et ample, renversant et flamboyant, mais il manque pour l'heure de structure et de précision. Il me rappelle certains 1982 au même stade d'évolution : fruit, puissance, gras et alcool capiteux. **À boire entre 2006 et 2015.** (3/04)

2002 **88** Une surextraction explique probablement la finale aux tannins durs et secs qui domine tous les autres traits du 2002 de La Gomerie. Ce vin d'un rubis-pourpre profond révèle une belle douceur, mais il ne présente pas en milieu de bouche la texture et l'étoffe que l'on attendrait d'un cru aussi prestigieux et aussi cher. Quoi qu'il en soit, il séduit par ses flaveurs de moka, de cerise noire, de groseille et de prune. **À boire entre 2006 et 2014.** (9/03)

2001 **92** Ce vin s'est magnifiquement étoffé et, quoique n'étant pas du niveau de son superbe aîné d'un an, il n'en est pas moins exceptionnel. D'un rubis-pourpre profond, il est opulent et exotique, et révèle, outre les légendaires arômes de café, de pain grillé et de chocolat typiques du cru, un très généreux fruité confituré de cassis et de cerise noire. L'ensemble, moyennement corsé, souple et luxuriant, est aussi séduisant pour les sens que pour l'intellect. **À boire jusqu'en 2015.** (1/03)

2000 **96** Ce vin prodigieux, d'un pourpre dense, offre un beau déploiement de fabuleuses senteurs de café torréfié et de douces cerise et groseille confiturées. Plus tannique que de coutume, l'ensemble est aussi ample et séveux en milieu de bouche qu'en finale. Ce vin somptueux, vinifié dans un style moderne, est incontestablement fait pour séduire les plus exigeants des épicuriens. **À boire jusqu'en 2016.** (1/03)

1999 Issu d'une vendange frappée par la grêle, le 1999 de La Gomerie est plus
86 léger que de coutume, assez carré et dénué de complexité, et il ne présente pas la concentration ni les nuances qui caractérisent généralement ce cru. L'ensemble, qui arbore un rubis profond, est moyennement corsé, avec des arômes de cerise noire et de chêne neuf. **À boire dans les 4 à 5 ans.** (3/02)

1998 Merveilleusement réussi, le 1998 est spectaculaire, à la limite de l'ostentatoire.
94 Puissant et massif, arborant un pourpre soutenu, il dégage un fabuleux bouquet mêlant les senteurs de liqueur de framboise et de mûre à des notes de chêne fumé. La bouche révèle tout en rondeur un ensemble corsé et onctueux, étayé par une faible acidité et des tannins mûrs. Ce vin superbe séduit autant les sens que l'intellect. **À boire jusqu'en 2014.** (12/02)

1997 Ce vin pourrait mériter une note extraordinaire ; cependant, son boisé généreux
89 et son style international le rendent sujet à controverse. Il est néanmoins des plus plaisants, avec sa robe d'un rubis-pourpre foncé, son fruité superbe et concentré, et son caractère exotique et spectaculaire. **À boire dans les 3 à 4 ans.** (1/02)

1996 Le spectaculaire 1996 de La Gomerie se distingue par sa robe rubis foncé
92 et par ses senteurs explosives de pain grillé, de noix rôtie, de kirsch et de fruits noirs. Très corsé et doté de tannins souples, il déploie une finale mûre et très concentrée, regorgeant littéralement de gras et de richesse en extrait. Ce vin flamboyant sera à son meilleur niveau **jusqu'en 2018.** (3/00)

1995 Le fabuleux 1995, premier millésime de La Gomerie, se montre sous un excel-
93 lent jour. Sa robe d'un rubis-pourpre dense précède un nez exotique d'épices orientales, de soja, de café, de cerise et d'autres petits fruits mûrs. Très corsé, épais et onctueux en bouche, ce vin est merveilleux de concentration, avec d'abondants tannins doux bien fondus dans l'ensemble. Sa faible acidité ajoute à son caractère voluptueux. Ce cru stupéfiant de richesse fera certainement tourner les têtes. **À boire jusqu'en 2012.** (12/00)

GRACIA

Grand cru

Propriétaire : Michel Gracia
Adresse : rue du Thau – 33330 Saint-Émilion
Tél. 05 57 24 70 35 – *Fax* 05 57 74 46 72
E-mail : michelgracia@wanadoo.fr
Visites : sur rendez-vous uniquement
Contact : Michel Gracia

VIGNOBLE ET VINIFICATION

Superficie : 1,83 ha
Encépagement : 79 % merlot, 16 % cabernet franc, 5 % cabernet sauvignon
Âge moyen des vignes : 27 ans – *Densité de plantation :* 5 000 pieds/ha
Rendement moyen : 22 hl/ha
Élevage : fermentations et cuvaison de 30 jours en cuves de béton ; achèvement des malolactiques et vieillissement de 18 à 24 mois en fûts neufs ; ni collage ni filtration

VIN PRODUIT

Château Gracia – 4 000 b (pas de second vin)
À maturité : dans les 2 à 12 ans suivant le millésime

APPRÉCIATION GÉNÉRALE

Gracia s'impose, depuis ses débuts en 1997, comme l'un des meilleurs vins de garage de Saint-Émilion. Certes, les prix sont relativement élevés, du fait de la très faible production. Mais, dans le cas de ce cru, seule compte la qualité.

Spécialiste de la rénovation des vieilles pierres, Michel Gracia, qui a son franc-parler et suscitera bientôt la controverse – lisez *Noble Rot* (« pourriture noble »), de William Echikson –, est l'un des « garagistes » les plus en vue du Bordelais. Son vin de garage de haut niveau, issu d'un vignoble de 1,8 ha et de faibles rendements, se compose à près de 80 % de merlot et pour le reste de cabernet franc et de cabernet sauvignon.

2003 **91-93** Son 2003 – un magnifique assemblage 80 % merlot, 15 % cabernet franc et 5 % cabernet sauvignon –, issu de faibles rendements de 14 hl/ha, n'a été produit qu'à hauteur de 275 caisses. Ce vin « fait main », d'un rubis-pourpre opaque, s'annonce par un nez de fleur d'acacia nuancé de myrtille, de cassis et d'un doux boisé bien fondu. L'ensemble, moyennement corsé, est d'une grande pureté malgré sa profondeur et son opulence. Il présente, dans une finale aussi persistante que séduisante, des tannins merveilleusement souples. Du fait de sa faible acidité, il peut être bu **dès sa jeunesse et dans les 15 ans ou plus suivant le millésime.** (3/04)

2002 **90** Gracia se compose en 2002 à 80 % de merlot, à 15 % de cabernet franc et à 5 % de cabernet sauvignon. Sa robe d'un pourpre d'encre accompagne d'amples et puissantes senteurs de fruits noirs, de chêne neuf, de réglisse et de terre. Suit en bouche un ensemble puissant, riche et impressionnant de structure. **À boire entre 2007 et 2018.** (9/03)

2001 **91+** Voici un autre exemple très réussi de ce vin de garage. Issu de faibles rendements de 19 hl/ha, le 2001 de Gracia se compose à 80 % de merlot, à 15 % de cabernet franc et pour le reste de cabernet sauvignon. Très souple, voire légèrement dénué de structure, il se distingue par la très grande maturité de ses doux et opulents arômes de cerise noire joliment enrobés de notes de chêne neuf grillé et fumé. L'ensemble, très charnu, est séduisant. **À boire entre 2006 et 2014.** (1/03)

2000 **93** Le 2000 constitue la plus belle réussite à ce jour de Michel Gracia. D'un pourpre opaque, doté de fabuleux arômes de fruits noirs, de minéral, de chêne fumé et de fleurs, il développe par paliers, dans une bouche corsée, de sensationnelles notes concentrées de mûre et de cassis. L'acidité, le boisé et les tannins de ce vin puissant et massif, mais harmonieux, sont parfaitement fondus. **À boire entre 2006 et 2018.** (1/03)

1999 **91** Composé à 90 % de merlot et pour le reste de cabernet franc, le 1999 de Gracia est très dense, merveilleusement parfumé, et se distingue par des notes de cerise confiturée nuancées de réglisse, de fumé et de minéral. En bouche, il se développe par paliers, révélant, outre une concentration superbe, une faible acidité, ainsi qu'une pureté et une persistance d'excellent aloi. Ce 1999 est presque aussi magnifique que son aîné et son cadet d'un an. **À boire jusqu'en 2020.** (3/02)

1998 **92** Magnifiquement réussi, le 1998 se distingue par un pourpre opaque et un fabuleux bouquet de cerise noire très évoluée nuancé de mûre, de myrtille, de réglisse et de chêne neuf. En bouche, il se montre corsé, charnu et opulent, révélant, outre des vagues d'un fruité généreux étayé par une faible acidité, une finale aux tannins doux. L'ensemble est incontestablement charmeur, voire irrésistible. **À boire jusqu'en 2016.** (3/02)

1997 **89** Ce vin pourrait se voir décerner une note extraordinaire pour sa puissance, sa richesse en extrait, son caractère corsé, sa concentration, ainsi que pour son généreux fruité de chêne fumé, de cerise noire et d'autres petits fruits, évoquant une liqueur par son intensité. L'ensemble s'impose et impressionne encore par sa faible acidité, ses tannins souples et sa finale, aussi riche que persistante. **À boire dans les 6 ans.** (1/01)

GRAND CORBIN-DESPAGNE

Grand cru
Propriétaire : famille Despagne
Adresse : 33330 Saint-Émilion
Tél. 05 57 51 08 38 – *Fax* 05 57 51 29 18
E-mail : f.despagne@grand-corbin-despagne.com
Site Internet : www.grand-corbin-despagne.com
Visites : sur rendez-vous uniquement
Contact : François Despagne

VIGNOBLE ET VINIFICATION

Superficie : 26,54 ha
Encépagement : 75 % merlot, 20 % cabernet franc, 3 % cabernet sauvignon, 2 % malbec
Âge moyen des vignes : 37 ans – *Densité de plantation :* 6 000 pieds/ha
Rendement moyen : 40 hl/ha
Élevage : macération préfermentaire à froid ; fermentations et cuvaison de 25 jours en cuves thermorégulées ; achèvement des malolactiques en fûts pour l'essentiel de la production ; vieillissement de 14 à 18 mois en fûts (60 % de bois neuf, 40 % de fûts de 1 an d'âge) ; collage ; pas de filtration

VINS PRODUITS

Château Grand Corbin-Despagne – 90 000 b ;
Petit Corbin-Despagne – 20 000 b (depuis 1998)
À maturité : dans les 5 à 12 ans suivant le millésime

APPRÉCIATION GÉNÉRALE

Grand Corbin-Despagne est une étoile montante de Saint-Émilion, produisant des vins puissants et musclés qui requièrent une certaine garde. C'est le 1998 qui a marqué la percée du cru, et les millésimes antérieurs doivent être choisis avec discernement.

2002 Ce cru, qui s'est révélé de bonne facture ces dernières années, est massif, à
87 la limite du rustique. D'un rubis-pourpre dense, il est structuré et dur, et regorge autant de tannins que de richesse en extrait. Pour l'heure, il manque d'harmonie, mais se fondra certainement en un excellent Saint-Émilion, au potentiel de **12 à 15 ans.** (9/03)

2001 Ce vin, qui s'est joliment étoffé en cours d'élevage, compte au nombre des
88 révélations du millésime. Sa robe d'un bleu-pourpre foncé accompagne de très généreux arômes de fruits noirs, de terre et de réglisse nuancés en arrière-plan de notes de chêne neuf. L'ensemble, moyennement corsé, manifeste en milieu de bouche une grande douceur, et révèle en finale la puissance et les tannins musclés caractéristiques du cru. **À boire entre 2006 et 2013.** (1/03)

2000 Le 2000 s'impose au nombre des révélations du millésime. Tout de pourpre-
90 noir vêtu, il révèle des notes de prune, de fer, de chêne fumé, de mûre, de réglisse, de sous-bois et de cassis. En bouche, il se développe par paliers, montrant un caractère corsé, puissant et musclé. L'ensemble recèle des tannins qui doivent encore se fondre, et sa finale est très persistante. Un vin impressionnant, puissant et peu évolué. **À boire entre 2006 et 2018.** (1/03)

1999 Ce vin présente de profonds arômes de cassis et de cerise, ainsi que des
88 notes de pierre mouillée et de sous-bois qui ajoutent à leur complexité. Il déploie également des nuances de fenouil. L'ensemble est particulièrement mûr et dense dans le contexte du millésime. Il est étayé par une faible acidité et des tannins légers. **À boire jusqu'en 2013.** (3/02)

1998 D'un rubis-pourpre dense, ce vin fermé, mais prometteur, se montre ample et
88+ musclé, et dégage un bouquet de terre, de cassis et de cerise nuancé de minéral et de fumé. Tout à la fois puissant, dense, épais et tannique, il s'impose incontestablement comme un vin de garde. **À boire entre 2006 et 2016.** (3/02)

GRAND MAYNE

Grand cru classé
Propriétaire : famille Nony
Adresse : 33330 Saint-Émilion
Tél. 05 57 74 42 50 – *Fax* 05 57 74 41 89
E-mail : grand-mayne@grand-mayne.com
Site Internet : www.grand-mayne.com
Visites : sur rendez-vous uniquement
Contacts : Jean-Antoine ou Marie-Françoise Nony

VIGNOBLE ET VINIFICATION

Superficie : 17 ha
Encépagement : 75 % merlot, 15 % cabernet franc, 10 % cabernet sauvignon
Âge moyen des vignes : 35 ans – *Densité de plantation :* 6 000 pieds/ha
Rendement moyen : 35 hl/ha
Élevage : fermentations et cuvaison de 30 jours en cuves d'acier inoxydable et de bois thermorégulées de petite contenance, permettant la vinification séparée des différentes parcelles ; achèvement des malolactiques et vieillissement de 14 à 20 mois en fûts (70 % de bois neuf) ; pas de collage ; filtration si nécessaire

VINS PRODUITS

Château Grand Mayne – 60 000 b ; Les Plantes du Mayne – 15 000 b
À maturité : dans les 10 à 20 ans suivant le millésime

APPRÉCIATION GÉNÉRALE

Le regretté Jean-Pierre Nony a accompli un travail considérable sur cette propriété, produisant toute une série de vins d'une incroyable richesse. Proposé à un prix raisonnable, Grand Mayne est un cru de choix pour les amateurs de Saint-Émilion majestueux et d'une grande longévité.

Le célèbre Pr Enjalbert, qui fait autorité en matière de sols de Saint-Émilion et de Pomerol, démontre parfaitement dans ses cours et dans ses écrits que Grand Mayne bénéficie d'un des meilleurs sites de l'appellation. L'altitude exceptionnelle (55 m au-dessus du niveau de la mer) de ce très ancien vignoble (on en trouve trace dès le XVIIe siècle) et son sol essentiellement constitué d'argile et de calcaire mêlés à des dépôts ferrugineux en font l'un des terroirs privilégiés de Saint-Émilion. D'autre part, le château, avec sa belle couleur crème, a été complètement rénové, et il est superbe à voir quand il se découpe sur le ciel bleu d'un jour d'été.

Pendant les années 80, la qualité de ce cru s'est améliorée d'un millésime sur l'autre. Michel Rolland, le célèbre œnologue de Libourne, y met en pratique sa conception de la vinification. Grand Mayne est de fait l'un des Saint-Émilion les plus opulents et les plus riches qui soient. Il se distingue souvent par son caractère exceptionnellement corsé et extrêmement gras, qu'il doit au vignoble magnifiquement exposé dont il est issu.

Ce château, qui est réellement l'une des étoiles montantes de l'appellation, pratique encore des prix raisonnables – les amateurs avisés agiront donc en conséquence.

Si mon enthousiasme en faveur de Grand Mayne vous semble excessif, apprenez que le regretté baron Philippe de Rothschild, après avoir goûté le millésime 1955 dans un restaurant en Belgique, en commanda immédiatement plusieurs caisses, proposant de les échanger contre un nombre similaire de bouteilles de Mouton Rothschild de la même année !

2003
84-86
Cette propriété – l'une de mes préférées en Saint-Émilion – propose en 2003 son vin le plus léger depuis la belle série de réussites inaugurée au début des années 90. Ce cru, que j'ai dégusté en trois occasions et noté chaque fois à l'identique, est bien fait, mais superficiel. Doté de notes de groseille, de prune et de myrtille, il est moyennement corsé et charmeur, mais dénué tant de profondeur que de persistance. **À boire dans les 6 à 8 ans.** (3/04)

2002
89
Grand Mayne, qui se surpasse régulièrement, propose un 2002 comptant au nombre des révélations du millésime. Ce vin rubis-noir, qui libère d'épaisses senteurs de myrtille, de mûre et de réglisse nuancées en arrière-plan de chêne grillé, est riche, corsé et mûr, et constitue une belle réussite pour l'année. **À boire jusqu'en 2014.** (9/03)

2001
89+
Le 2001 de Grand Mayne, qui se montrait dernièrement sous un meilleur jour que lors de mes précédents dégustations, semble avoir bénéficié de son élevage en fûts. D'un rubis-pourpre dense, il dégage les légendaires arômes de mûre et de myrtille caractéristiques du cru, et présente aussi des nuances de chêne neuf crémeux et vanillé. Doux à l'attaque, moyennement corsé et modérément

tannique en milieu de bouche, il se distingue par sa précision et sa tonicité d'excellent aloi. **À boire entre 2006 et 2018, voire au-delà.** (1/03)

2000 **93** Je doute que le 2000 puisse surpasser le spectaculaire 1998 de ce cru – qui, je le signale en passant, évoque de plus en plus Lynch-Bages. Séduisant, corsé et charnu, le 2000 regorge littéralement d'arômes concentrés de fruits noirs. L'ensemble, qui s'exprime avec ampleur, est délicieux, spectaculaire, mais pas extrême. Son boisé est bien fondu, son acidité faible, tandis que ses tannins abondants sont mûrs. Ce vin puissant et massif, admirable de pureté et d'équilibre, sera à son apogée **jusqu'en 2018.** (1/03)

1999 **90** Grand Mayne propose un 1999 superbe, merveilleusement concentré, sensuel et charmeur. Ce vin d'un pourpre dense déploie de fabuleux arômes de mûre et de groseille, et révèle en bouche une texture aussi savoureuse que charnue. L'ensemble est corsé et faible en acidité, avec un boisé et des tannins parfaitement fondus. Ce Saint-Émilion magnifiquement étoffé sera parfait **jusqu'en 2013.** (12/02)

1998 **93** Le 1998 de Grand Mayne, qui constitue la plus belle réussite à ce jour de la propriété, se distingue par son étoffe, sa richesse et son ampleur majestueuses. De fait, il s'impose peut-être comme l'exemple de ce cru le plus concentré et le plus puissant que je connaisse. Sa robe d'un pourpre soutenu accompagne de phénoménales senteurs de réglisse, de fumé, de graphite et de cassis, évoquant un jeune Porto. L'ensemble, massif et richement extrait, s'exprime avec ampleur ; étayé par une faible acidité, il est onctueux et gras, avec une finale persistante, complexe et bien marquée par la mâche. Ce vin éblouissant est incontestablement l'une des grandes révélations du millésime. **À boire jusqu'en 2020.** (1/03)

1997 **87** Les grands millésimes de ce cru se distinguent généralement par une légendaire robe rubis foncé, par un caractère minéral très prononcé et un fruité pur de framboise ; le 1997 réunit toutes ces qualités et révèle également un caractère moyennement corsé, assez tannique, mais très élégant. Doté d'un fruité doux, il est plus léger que ne le sont généralement les vins de cette propriété, mais il sera apte à une **garde de 3 à 4 ans.** (3/02)

1996 **88** Le 1996 de Grand Mayne s'annonce par une robe d'un pourpre dense, qui introduit un nez séduisant de fleurs blanches, de douce mûre, de cerise, de minéral et de pain grillé. Il s'agit d'un ensemble moyennement corsé et élégant, extrêmement profond, doté d'une finale nette, modérément tannique et marquée de minéral. On y décèle également des notes de chêne neuf. **À boire jusqu'en 2014.** (3/01)

1995 **90** Constituant assurément l'une des révélations du millésime, le Grand Mayne 1995 est opaque et pourpre de robe, et déploie un doux nez crémeux de framboise marqué de subtiles notes de chêne grillé et fumé. Aussi puissant qu'élégant, doté d'une belle richesse qu'il dévoile par paliers, ce vin révèle une acidité et des tannins joliment fondus, et présente une finale impressionnante, très corsée et persistante. **À boire jusqu'en 2015.** (1/02)

1994 **?** Toutes les dégustations du 1994 ont révélé des arômes de moisi et de carton. Trois dégustations après la mise en bouteille me convainquent que la palette aromatique de ce vin a été déformée. Je ne sais si ces odeurs désagréables finiront par se dissiper au terme d'une garde en cave, mais tout cela est bien regrettable, quand on sait la qualité du travail accompli par la famille Nony à Grand Mayne. (1/97)

1990 Impressionnant par sa robe soutenue légèrement ambrée, le 1990 de Grand
90 Mayne exhale des arômes de cerise noire, de minéral et de fumé nuancés d'herbes rôties. Tout à la fois riche, épicé, persistant et massif, il révèle en bouche un caractère très corsé, doux et confituré. Je le crois capable d'une garde de **6 à 8 ans.** (5/01)

1989 Le superbe 1989 est toujours jeune, mais il sera encore meilleur au terme
92 d'une certaine garde. D'un pourpre opaque légèrement rosé sur le bord, doté d'un doux nez de framboise, de minéral et de chêne grillé, il dévoile au palais des arômes denses et moyennement corsés, d'une pureté et d'une harmonie extraordinaires. Sa finale, épicée et persistante, est souple, mais tannique. Vous apprécierez ce vin bien fait et d'une harmonieuse richesse en extrait **jusqu'en 2015.** (1/03)

1988 Ce vin spectaculaire, ample et alcoolique, se distingue par ses intenses senteurs
87 de vanille et de prune noire, et par les arômes charnus et de bonne mâche dont il gratifie le palais. **Devrait être bu.** (1/93)

GRAND-PONTET

Grand cru classé
Propriétaire : famille Pourquet-Bécot
Adresse : 33330 Saint-Émilion
Tél. 05 57 74 46 88 – *Fax* 05 57 74 45 31
E-mail : chateau.grand-pontet@wanadoo.fr
Visites : sur rendez-vous uniquement
Contact : Sylvie Pourquet

VIGNOBLE ET VINIFICATION

Superficie : 14 ha
Encépagement : 75 % merlot, 15 % cabernet franc, 10 % cabernet sauvignon
Âge moyen des vignes : 35 ans – *Densité de plantation :* 5 500 pieds/ha
Rendement moyen : 36 hl/ha
Élevage : fermentations de 8 jours et cuvaison de 30 jours en cuves d'acier inoxydable thermorégulées ; vieillissement de 12 à 18 mois en fûts (50-100 % de bois neuf) selon le millésime ; pas de collage ; filtration

VINS PRODUITS

Château Grand-Pontet – 50 000 b ; Dauphin de Grand-Pontet – 7 000-10 000 b
À maturité : dans les 6 à 15 ans suivant le millésime (après 1998)

APPRÉCIATION GÉNÉRALE

Cet excellent vin mérite son statut de cru classé depuis 1988. Il a continué à s'améliorer après cette date, grâce aux efforts et au talent des frères Bécot (dont le fermage a récemment expiré). J'espère vivement que la nouvelle direction continuera sur la magnifique lancée des précédents gérants.

Propriété de la sœur de Gérard et Dominique Bécot (de Beau-Séjour Bécot et de La Gomerie), qui en assure également la gestion, Grand-Pontet se situe non loin du plus célèbre Château Beau-Séjour Bécot. Le vignoble jouit d'une belle situation sur la partie ouest du plateau calcaire de Saint-Émilion, et nombreux sont les initiés estimant que ce domaine aurait pu prétendre au statut de premier cru classé – si seulement son vin progressait et était issu d'une sélection plus sévère.

De fait, les améliorations ont été notables, et les millésimes depuis 1988 sont particulièrement impressionnants. Il se pourrait donc bien que cette propriété soit promue lors d'un prochain reclassement.

2003 **89-91** D'un pourpre profond, ce vin épais, séveux et étoffé s'annonce par un nez de fumé et de terre nuancé de cerise noire et d'épices. Profond, explosif et corpulent, il sera séduisant **ces 10 à 12 prochaines années.** (3/04)

2002 **88** Composé à 75 % de merlot, à 15 % de cabernet franc et pour le reste de cabernet sauvignon, ce vin d'un pourpre soutenu se distingue par la puissance et le muscle qu'il révèle dès l'attaque en bouche. Son nez de prune, de cassis et de douce cerise est généreusement marqué de chêne neuf. L'ensemble s'amenuise en finale, révélant de la dureté, ainsi qu'un caractère anguleux. Reste à savoir si ses tannins se fondront et s'adouciront. Si tel était le cas, le 2002 de Grand-Pontet mériterait d'être renoté à la hausse (90 ou plus). **À boire entre 2006 et 2015.** (9/03)

2001 **90** Le 2001 de Grand-Pontet pourrait presque rivaliser avec son aîné d'un an. Composé à 75 % de merlot et pour le reste de cabernet franc, il est issu de faibles rendements de 33 hl/ha. L'ensemble, qui se distingue par sa belle rondeur, s'annonce par un rubis-pourpre soutenu et par de doux arômes de réglisse, de fruits noirs, de fumé et de café. Mûr, opulent et incontestablement séduisant, il se développe en bouche par paliers, révélant, outre un fruité gras et généreux, une finale aussi persistante que veloutée. **À boire dans les 10 ans.** (1/03)

2000 **92** Le 2000 surpasse nettement les millésimes précédents de ce cru, révélant, tant au nez qu'en bouche, davantage d'ampleur et de puissance aromatiques que ses aînés. Composé à 75 % de merlot, à 15 % de cabernet franc et à 10 % de cabernet sauvignon, il est issu de modestes rendements de 30 hl/ha. Opaque et pourpre de robe, il est mûr, gras, exotique et flamboyant, et offre un beau déploiement d'arômes de café, de prune, de vanille et de douce cerise noire. Véritable bombe fruitée, ce vin vinifié dans un style moderne se distingue encore par son caractère bien affirmé et son gras généreux, et par sa concentration hors du commun – il s'agit, pour résumer, d'un ensemble fabuleusement doté, qui fera à n'en pas douter l'unanimité. **À boire jusqu'en 2015.** (1/03)

1999 **85** Pris en sandwich entre les superbes 1998 et 2000, le 1999 est sans détour, plutôt accessible, et n'a pas l'étoffe, la concentration ni la profondeur de son aîné ou de son cadet. Cependant, il présente un doux fruité de cerise noire nuancé de vanille, d'herbes et de réglisse. Ce vin moyennement corsé doit être consommé **dans les 3 à 5 ans.** (12/02)

1998 **90** Magnifiquement réussi, le 1998 arbore un pourpre-noir soutenu et présente de renversantes senteurs de mûre très évoluée, de kirsch, de réglisse, de fumé et de chêne neuf grillé. Très équilibré malgré son caractère corsé, sa puissance et sa richesse, il est profond et concentré, et capable d'une garde de **10 à 15 ans.** Impressionnant ! (3/02)

1997 **87** Le délicieux 1997 de Grand-Pontet est fidèle au millésime, dans la mesure où il est tout à la fois charnu, savoureux, faible en acidité et épicé, avec un fruité de cerise joliment imprégné de chêne neuf grillé. Ce vin opulent et séduisant sera parfait **dans les 2 à 3 ans.** (2/00)

1996 **89** Le 1996 se présente comme un vin flamboyant, rubis-pourpre foncé de robe, doté d'un bouquet explosif aux notes de liqueur de prune, de chêne neuf grillé, de cerise noire, de fumé et d'herbes séchées. En bouche, il est riche et confituré, et révèle une certaine surmaturité ; l'ensemble est moyennement corsé, épicé et doté de manière impressionnante. La finale, moyennement corsée elle aussi, est plutôt tannique. **À boire jusqu'en 2010.** (12/00)

1995 **88** Rubis-pourpre foncé, avec un nez épanoui et évolué d'épices, de grillé et de cerise noire, le Grand-Pontet 1995 se présente comme un vin tout à la fois souple, rond, généreux, moyennement corsé et faible en acidité, doté d'une finale légèrement tannique. L'ensemble, charnu et savoureux, témoigne d'une belle précision. **Devrait être bu.** (11/97)

1990 **89** Délicieusement fruité, avec des montagnes d'arômes de doux chêne neuf fumé, le Grand-Pontet 1990 suinte littéralement de flaveurs onctueuses. Regorgeant de fruité, il exprime une bouche soyeuse et très corsée, s'achevant sur une finale opulente, d'une persistance splendide. Il sera très agréable **ces 4 à 8 prochaines années.** Une révélation ! (11/95)

LES GRANDES MURAILLES

Grand cru classé
Propriétaire : Les Grandes Murailles GFA (famille Reiffers)
Adresse : 33330 Saint-Émilion
Tél. 05 57 24 71 09 – *Fax* 05 57 24 69 72
E-mail : lesgrandesmurailles@wanadoo.fr
Site Internet : www.lesgrandesmurailles.com
Visites : sur rendez-vous uniquement
Contact : Sophie Fourcade

VIGNOBLE ET VINIFICATION

Superficie : 1,6 ha (en production)
Encépagement : 95 % merlot, 5 % cabernet franc
Âge moyen des vignes : 35 ans – *Densité de plantation :* 5 700 pieds/ha
Rendement moyen : 35 hl/ha
Élevage : macération préfermentaire à froid ; fermentations et cuvaison de 25 jours en cuves d'acier inoxydable thermorégulées ; achèvement des malolactiques et vieillissement de 18 à 20 mois en fûts (100 % de bois neuf) ; pas de collage ; filtration selon le millésime

VIN PRODUIT

Château Les Grandes Murailles – 7 000-7 500 b (pas de second vin)
À maturité : dans les 5 à 15 ans suivant le millésime

APPRÉCIATION GÉNÉRALE

Cette propriété appartenant à la famille Reiffers suit les traces de ses compagnons d'écurie, Côte de Baleau et Clos Saint-Martin. C'est un cru qui mérite d'être suivi de près depuis 1997, en particulier eu égard à sa très faible production.

2003
88-90 Ce vin fermé, austère et dur est excessivement tannique. Cependant, il se distingue par de remarquables arômes de myrtille, de cerise et de minéral, ainsi que par sa belle texture et ses nombreuses autres qualités. Reste à voir s'il développera suffisamment d'harmonie pour être renoté à la hausse. Il sera en tout cas de très longue garde. C'est l'un des 2003 qui me rappellent vaguement les 1975. **À boire entre 2008 et 2016.** (3/04)

2002
89 Voici une belle réussite d'une propriété qui s'est particulièrement distinguée ces huit dernières années. D'un rubis-pourpre dense et soutenu, Les Grandes Murailles 2002 s'annonce par un très caractéristique bouquet de fleurs blanches, de pierre mouillée, de crème de cassis et de myrtille. Moyennement corsé, riche et séduisant, il est cependant un peu court en finale. **À boire à son apogée entre 2006 et 2015.** (9/03)

2001
93 D'un pourpre dense, doté de notes subtilement boisées de liqueur de myrtille, de fleur d'acacia et de minéral, ce vin moyennement corsé affiche, malgré sa douceur et son opulence, une pureté et une harmonie exceptionnelles. Superbe dès sa jeunesse, il promet de vieillir de belle manière. **À boire entre 2007 et 2017.** (1/03)

2000
93 Le 2000, qui s'est révélé encore plus impressionnant après la mise qu'en cours d'élevage, s'impose comme une révélation du millésime. Opaque et pourpre de robe, il exprime avec ampleur une belle densité et une très grande richesse en extrait, ainsi que de beaux et purs arômes de myrtille, de mûre et de cerise nuancés de minéral. L'ensemble, moyennement corsé, est subtilement marqué d'un boisé suave et bien fondu, et il évoque en bouche le grillé et le café. Ses tannins doux et sa finale très persistante contribuent à en faire un Saint-Émilion tout simplement somptueux, que l'on pourra apprécier **jusqu'en 2016.** Quelle merveille ! (1/03)

1999
87 Bien qu'il se montre sous un bon jour, en particulier pour un vin issu d'une vendange frappée par la grêle, Les Grandes Murailles 1999 ne présente plus après la mise la puissance aromatique qu'il déployait en cours d'élevage. Composé à 90 % de merlot et pour le reste de cabernet franc, ce vin moyennement corsé est richement fruité, mais il n'a pas la profondeur, la persistance ni la complexité du 1998 ou du 2000. **À boire dans les 2 ans,** car je doute qu'il s'améliore plus avant. (3/02)

1998
90 Véritable révélation du millésime, Les Grandes Murailles 1998 s'impose aussi comme l'un des exemples les plus réussis que je connaisse de ce cru. Sa robe d'un rubis-pourpre profond et soutenu prélude à un nez de myrtille, de prune, de framboise et de cerise noire auquel se mêlent des notes de grillé

et de minéral. La bouche révèle tout en rondeur un ensemble moyennement corsé, souple et complexe, regorgeant de fruit et de richesse. Un Saint-Émilion classique, à apprécier **dès maintenant et jusqu'en 2016.** (3/02)

1997 Le très dense 1997 s'annonce par une robe prune foncé et par un nez doux
87 et épanoui de confiture de cerise et de myrtille, de minéral et de chêne fumé et épicé. En bouche, il se montre moyennement corsé et soyeux, étayé par une faible acidité. La finale, richement fruitée et épicée, se développe par paliers. Les tannins modérés que recèle l'ensemble laissent deviner qu'il pourrait se bonifier au-delà de 10 ans d'âge, mais je conseillerais plutôt de le déguster ces toutes prochaines années. **À boire jusqu'en 2011.** (3/01)

LES GRAVIÈRES

Grand cru
Propriétaire : Denis Barraud
Adresse : Saint-Sulpice-de-Faleyrens – 33330 Saint-Émilion
Tél. 05 57 84 54 73 – *Fax* 05 57 84 52 07
E-mail : denis.barraud@wanadoo.fr
Visites : du lundi au samedi, sur rendez-vous uniquement
Contact : Denis Barraud

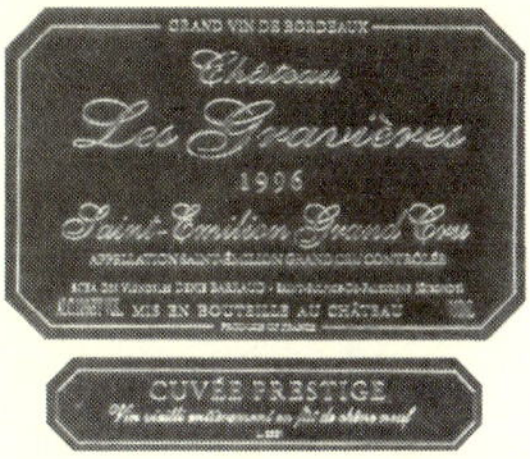

VIGNOBLE ET VINIFICATION

Superficie : 3,02 ha
Encépagement : 100 % merlot
Âge moyen des vignes : 30-35 ans – *Densité de plantation :* 5 500 pieds/ha
Rendement moyen : 40 hl/ha
Élevage : fermentations et cuvaison de 36 jours en cuves d'acier inoxydable thermorégulées d'une contenance de 99 hl, avec micro-oxygénation pendant 8 jours ; achèvement des malolactiques et vieillissement de 15 à 18 mois sur lies, sans soutirage, en fûts (100 % de bois neuf) ; collage ; pas de filtration

VIN PRODUIT

Château Les Gravières – 16 000 b (pas de second vin)
À maturité : dans les 5 à 12 ans suivant le millésime

APPRÉCIATION GÉNÉRALE

Je ne connais que quatre millésimes de ce cru, auquel, semble-t-il, Denis Barraud accorde autant d'attention qu'à Lynsolence. Les amateurs peuvent attendre que Les Gravières se révèle de très haut niveau.

Ce vin, issu d'un minuscule vignoble fort graveleux et sableux, est entièrement composé de merlot. Son auteur, qui possède une autre propriété en Saint-Émilion (Lynsolence), propose également un bordeaux générique de haut niveau (La Cour d'Argent). Adepte des vinifications en cuves d'acier inoxydable, de faibles rendements de 40 hl/ha et d'une cuvaison prolongée, il pratique aussi des techniques de pointe telles que le micro-bullage, ainsi que l'achèvement des malolactiques et le vieillissement en fûts de chêne neuf. Ses premiers millésimes se sont révélés impressionnants.

2001
90
Ce vin, qui pourrait surpasser son aîné d'un an, arbore un rubis-pourpre profond et révèle avec ampleur, dans un ensemble riche et doux, des arômes aussi purs que généreux de cerise noire et de prune nuancés de moka. Les tannins sont doux, l'acidité et le boisé bien fondus, et la finale, persistante, est opulente. **À boire jusqu'en 2015.** (1/03)

2000
89
Ce vin moyennement corsé, souple, opulent et sensuel, dont la robe d'un rubis-pourpre foncé accompagne de séduisantes notes de réglisse nuancées de cacao, de prune et de petits fruits, est tout simplement irrésistible. Certes séduisant, il ne semble pas capable de vieillir plus de 6 à 7 ans, malgré son bel équilibre d'ensemble – un trait qui assure pourtant, entre autres, la longévité d'un vin. **À boire jusqu'en 2012.** (1/03)

1999
87
Plus séduisant et plus faible en acidité que le 1998, le 1999 est aussi plus évolué et moins précis. Il tiendra **encore 2 ans.** (1/03)

1998
88
Sensuel et épanoui, le 1998 s'annonce par un rubis foncé préludant à de généreux et doux arômes épicés et confits de cerise noire, de boîte à cigares et de vanille, perceptibles aussi bien au nez qu'en bouche. L'ensemble, étoffé, est étayé par des tannins souples et une faible acidité. **À boire dans les 4 à 5 ans.** (3/01)

HAUT-VILLET

Grand cru
Propriétaire : GFA du Château Haut-Villet
Adresse : 33330 Saint-Étienne-de-Lisse
Adresse postale : BP 17 – 33330 Saint-Émilion
Tél. 05 57 47 97 60 – *Fax* 05 57 47 92 94
E-mail : haut.villet@free.fr
Site Internet : www.haut.villet.free.fr
Visites : du lundi au vendredi (10 h-12 h et 14 h-18 h), les samedis et dimanches sur rendez-vous
Contact : Éric Lenormand

VIGNOBLE ET VINIFICATION

Superficie : 7,48 ha
Encépagement : 70 % merlot, 30 % cabernet franc
Âge moyen des vignes : 45 ans – *Densité de plantation :* 5 500-6 400 pieds/ha
Rendement moyen : 40 hl/ha
Élevage : fermentations et cuvaison prolongées en cuves d'acier inoxydable thermorégulées, avec remontages, pigeages manuels et micro-oxygénation sous marc ; Haut-Villet et Moulin de Villet – vieillissement de 15 mois en fûts (40 % de bois neuf) ; collage et filtration non systématiques ; Cuvée Pomone – vieillissement de 18 à 20 mois en fûts (80 % de bois neuf) ; ni collage ni filtration

VINS PRODUITS

Château Haut-Villet – 31 000 b ; Château Moulin de Villet – 9 000 b ; Château Haut-Villet Cuvée Pomone – 5 500 b
À maturité : dans les 5 à 20 ans suivant le millésime

APPRÉCIATION GÉNÉRALE

Ces vins sont musclés, concentrés, corsés et agressifs. La Cuvée Pomone, le vin de garage de Haut-Villet, est massif, avec un boisé prononcé, voire excessif, et un style puissant et tannique laissant subodorer un potentiel de garde d'une vingtaine d'années. Il est bien plus ample que la cuvée générique, mais je doute parfois qu'il puisse évoluer avec grâce. Malgré mes réticences, il est incontestable que ces deux crus, et notamment la Cuvée Pomone, méritent qu'on parie sur eux, eu égard à leur impressionnante richesse en extrait. En fait, j'ai souvent du mal à jauger ces vins, car, n'ayant jamais encore dégusté d'exemples qui soient à leur apogée, je ne sais s'ils sont capables de résorber leur boisé et leurs tannins.

2003
87-89 Cuvée Pomone – Cette cuvée prestige de Haut-Villet présente un boisé bien fondu (les millésimes précédents étaient desservis par des arômes trop prononcés de chêne neuf) et séduit par son fruité charnu et structuré de cerise noire, de café torréfié et de cuir fin, nuancé de chocolat. L'ensemble, moyennement corsé et profond, bénéficiera d'une garde de 1 à 3 ans, après laquelle il se maintiendra **10 à 12 ans.** (3/04)

2000
87 Moyennement corsé, profond et riche, le Haut-Villet 2000 présente de doux arômes de fruits noirs et de terre nuancés de boisé et de comprimés de vitamine. Ce vin traduit bien le millésime par sa très grande maturité et son caractère modérément tannique. **À boire jusqu'en 2014.** (1/03)

2000
90 Cuvée Pomone – S'imposant au nombre des révélations du millésime, la Cuvée Pomone 2000 est le fruit d'une vinification moderne. Ce vin s'annonce par un pourpre opaque et par des senteurs de cassis confituré, de réglisse, de boîte à épices et de minéral nuancées de boisé. Suit en bouche un ensemble corsé et capiteux, généreusement doté d'un gras qui masque parfaitement ses abondants tannins, lesquels se sont magnifiquement fondus en cours d'élevage... ce qui est toujours bon signe. Ce vin de garage se révèle très prometteur après la mise. **À boire entre 2006 et 2020.** (1/03)

1999
86 Rubis foncé de robe, le Haut-Villet 1999 est moyennement corsé et élégant, avec de séduisantes notes de kirsch, d'herbes séchées et de terre. Je conseille de le boire **dans les 6 ans.** (3/02)

1999
88 Cuvée Pomone – D'un rubis plus soutenu que la cuvée générique, le Haut-Villet Cuvée Pomone 1999 est un vin doux, vinifié dans un style plutôt moderne et doté d'un copieux fruité de cerise et de cassis, le tout étant généreusement marqué de chêne neuf grillé et vanillé. L'ensemble, qui manifeste une maturité exceptionnelle, est ample et de bonne mâche. Persistant et charnu, il sera parfait **dans les 8 ans.** (3/02)

1998
87 Ce vin d'excellente facture s'annonce par un rubis-pourpre profond. Presque aussi tannique que la cuvée prestige, plus boisée, il manifeste une concentration d'excellent aloi et déploie, outre la fermeté typique des vins de garde, une finale longue et épicée. **À boire jusqu'en 2016.** (3/02)

1998
89+? Cuvée Pomone – La robe d'un rubis-pourpre soutenu de la Cuvée Pomone 1998 accompagne de flamboyants arômes de chêne neuf grillé et fumé, ainsi que des notes de mûre et de cerise confiturées. Suit en bouche un ensemble

épais, puissant, corsé et tannique, qui requiert, à l'évidence, une garde de 2 à 3 ans. Si les tannins de ce vin se fondaient davantage, il pourrait mériter une note extraordinaire. **À boire entre 2007 et 2020.** (3/02)

L'HERMITAGE

Grand cru
Propriétaire : GFA du Château Matras
Adresse : 33330 Saint-Émilion
Adresse postale : Château Bourseau – 33500 Lalande-de-Pomerol
Tél. 05 57 51 52 39 – *Fax* 05 57 51 70 19
E-mail : chateau-bourseau@wanadoo.fr
Visites : sur rendez-vous uniquement
Contact : Véronique Gaboriaud-Bernard

VIGNOBLE ET VINIFICATION

Superficie : 3 ha
Encépagement : 70 % merlot, 30 % cabernet franc
Âge moyen des vignes : 45 ans – *Densité de plantation :* 6 500 pieds/ha
Rendement moyen : 45 hl/ha
Élevage : macération préfermentaire à froid de 15 jours à 5 °C ; fermentations et cuvaison en cuves d'acier inoxydable thermorégulées ; achèvement des malolactiques et vieillissement de 18 à 20 mois en fûts (100 % de bois neuf) ; collage ; pas de filtration

VIN PRODUIT

Château L'Hermitage – 10 000-12 000 b (pas de second vin)
À maturité : dans les 3 à 10 ans suivant le millésime

APPRÉCIATION GÉNÉRALE

Depuis ses débuts en 1997, ce cru s'est imposé au nombre des vins de garage de Saint-Émilion, sujets à vive controverse. Les derniers millésimes sont très bons, voire excellents, et méritent de ce fait l'attention des amateurs.

Les vins de L'Hermitage, tête de cuvée du Château Matras, sont produits en faibles quantités (750 à 1 000 caisses). Ils sont issus d'un magnifique vignoble vieux de 45 ans situé entre Beauséjour Duffau, Angélus et Berliquet, sur des sols argilo-calcaires. Soumis à une macération préfermentaire à froid et entièrement vieillis en fûts neufs, ils bénéficient de toutes les techniques employées pour l'élaboration des crus « nouvelle vague » et destinées à rehausser leur robe, leur fruit, leur caractère de terroir, leur texture et leur potentiel de garde.

2003 **90-92** Le 2003 de L'Hermitage est corsé et ample, avec un charme précoce, ainsi qu'un fruité généreux, étayé par un gras de bon aloi, une faible acidité et un alcool capiteux. **À boire dans les 10 à 15 ans.** (3/04)

2002 **90** Le 2002 de L'Hermitage, qui arbore un rubis-pourpre foncé, est délicieux et mûr, et, bien que n'ayant pas l'ampleur de ses aînés de 1998 et 2000, il se distingue par sa grande pureté, ainsi que par son caractère épanoui et moyennement corsé. L'ensemble, qui est heureusement dépourvu des tannins durs et rugueux desservant nombre de ses jumeaux de l'appellation (du fait d'une surextraction), tiendra **8 à 10 ans.** (9/03)

2001
92
Composé à 75 % de merlot et pour le reste de cabernet franc, et issu de faibles rendements de 33 hl/ha, le 2001 de L'Hermitage peut rivaliser avec son aîné d'un an. Sa robe d'un pourpre d'encre accompagne des senteurs de réglisse fondue, de mûre et de liqueur de cassis joliment rehaussées de chêne neuf grillé. Suit en bouche un ensemble moyennement corsé, complexe et d'une belle rondeur, au fruité extraordinaire de pureté (un trait des meilleurs 2001) et aux tannins parfaitement fondus. La finale de ce vin est aussi longue qu'opulente. **À boire dans les 8 à 10 ans.** (1/03)

2000
91
Composé à 60 % de merlot et pour le reste de cabernet franc, le 2000 de L'Hermitage est d'un pourpre opaque, avec de savoureux arômes de confiture de cerise. Il offre aussi un bouquet merveilleusement doux de crème de cassis, de réglisse, de moka et de vanille qui jaillit littéralement du verre, annonçant un ensemble tout à la fois riche, concentré et d'une grande pureté. La bouche révèle toutes les caractéristiques du millésime – puissance, densité, profondeur, maturité, ainsi que des tannins modérément abondants. Un Saint-Émilion impressionnant. **À boire entre 2006 et 2018.** (1/03)

1999
88
En raison d'une averse de grêle, les propriétaires de ce cru furent contraints de rentrer leur vendange de merlot et de cabernet franc deux ou trois semaines avant la maturité optimale. Néanmoins, leur 1999 est étonnamment bon, révélant d'excellents et doux arômes herbacés de mûre et de cerise. L'ensemble séduit le palais par son caractère charnu, sa persistance (chose étonnante pour un vin marqué par la grêle) et sa très grande maturité. **À boire dans les 4 ans.** (3/02)

1998
89+
D'un rubis-pourpre dense, L'Hermitage 1998 présente, tant au nez qu'en bouche, des arômes de mûre, de réglisse, de cerise et de chêne neuf grillé. Ce vin d'excellente facture est moyennement corsé et profond ; dense, concentré et bien marqué par la mâche, il développe une finale pure et concentrée, aux tannins modérément abondants. **À boire jusqu'en 2016.** (3/02)

1997
88
La robe d'un rubis soutenu et profond de L'Hermitage 1997 accompagne de généreuses senteurs de douce cerise et de cassis confiturés nuancées de belles notes de chêne grillé. Suit en bouche un ensemble moyennement corsé et superbe de richesse, à la texture souple et veloutée, étayé par une faible acidité et des tannins légers. **À boire dans les 3 à 5 ans.** (3/01)

LAPLAGNOTTE-BELLEVUE

Grand cru
Propriétaire : famille de Labarre
Adresse : 33330 Saint-Christophe-des-Bardes
Tél. 05 57 24 78 67 – *Fax* 05 57 24 63 62
Visites : sur rendez-vous uniquement, tous les jours
Contact : Arnaud de Labarre

VIGNOBLE ET VINIFICATION

Superficie : 6,1 ha
Encépagement : 70 % merlot, 15 % cabernet franc, 15 % cabernet sauvignon
Âge moyen des vignes : 30 ans – *Densité de plantation :* 6 000 pieds/ha
Rendement moyen : 40-48 hl/ha
Élevage : fermentations et cuvaison de 18 à 21 jours en cuves de ciment ; vieillissement de 15 à 18 mois en fûts (25-30 % de bois neuf) ; collage au blanc d'œuf ; très légère filtration

VINS PRODUITS

Château Laplagnotte-Bellevue – 30 000 b ; Laplagnotte – 5 000 b
À maturité : dans les 2 à 10 ans suivant le millésime

APPRÉCIATION GÉNÉRALE

Le vignoble de Laplagnotte-Bellevue – qui appartient à Henry et Claude de Labarre, cette dernière étant l'une des anciennes copropriétaires de Cheval Blanc –, est complanté à 70 % en merlot et à parts égales en cabernet franc et en cabernet sauvignon. Les vins qui en sont issus sont généralement élégants, richement fruités, sans détour et savoureux. Le cru propose aussi, depuis 2000, une cuvée spéciale, Laplagnotte, vinifiée à la manière d'un vin de garage.

2003 **89-91** Laplagnotte – La cuvée prestige de Laplagnotte-Bellevue se montre sous un bien meilleur jour que son compagnon d'écurie. Sa robe d'un rubis-pourpre dense et soutenu accompagne un bouquet aux senteurs de pierre concassée, de liqueur de cerise noire, de terre et d'épices. L'ensemble, moyennement corsé et marqué d'un gras généreux, se révèle plus alcoolique que de coutume. Très pur malgré sa générosité, il sera à son apogée **entre 2006 et 2015.** (3/04)

2001 **88** Ce vin, qui se montre sous un bon jour, se présente vêtu de rubis-pourpre foncé. Très doux, doté de pures senteurs de mûre et de cerise nuancées en arrière-plan d'un boisé subtil et de notes de réglisse, il s'exprime en bouche avec rondeur. Le 2001 de Laplagnotte-Bellevue est délicieux et savoureux. **À boire jusqu'en 2013.** (1/03)

2001 **90** Laplagnotte – Plus puissant, plus richement extrait et plus boisé que la cuvée générique, le 2001 de Laplagnotte constitue une version plus explosive de ce dernier cru. Il est en effet plus étoffé, plus ample, plus charnu et plus dense que le Laplagnotte-Bellevue. **À boire entre 2006 et 2015.** (1/03)

2000 **89** Le 2000 se montre mieux en bouteille qu'en cours d'élevage. Outre une robe d'un rubis-pourpre sombre et soutenu, il présente un nez sensuel et épanoui de doux cassis confituré nuancé de café, de vanille et de fleurs blanches. Une fois passé ce bouquet, on décèle en bouche un vin impressionnant, moyennement corsé, à la fois opulent, pur et élégant. **À boire jusqu'en 2015.** (1/03)

2000
90 Laplagnotte – Ce vin superbe, qui s'impose comme la plus belle réussite à ce jour de la propriété, s'annonce par un rubis-pourpre foncé préludant à un doux nez de café, de cassis et de kirsch nuancé de réglisse, de tabac et de vanille. L'ensemble, corsé et opulent, recèle une très grande richesse, qui masque parfaitement ses tannins modérément abondants. Il s'exprime avec ampleur et élégance, révélant une extrême pureté et mariant magnifiquement finesse et puissance. Impressionnant ! **À boire entre 2007 et 2015.** (1/03)

1999
88 Ce vin, qui évoque au nez un bourgogne, libère un excellent bouquet floral de cerise noire tellement mûr qu'il rappelle le kirsch. Moyennement corsé, merveilleusement généreux, il séduit par sa très grande pureté. Sa rondeur et ses tannins doux laissent penser qu'il vaut mieux le consommer **dans les 4 ans.** Quel vin délicieux ! (3/02)

1997
86 Ce vin charmeur et épanoui est légèrement corsé, mais richement fruité. Il s'exprime tout en rondeur et révèle une belle souplesse. **À boire dès maintenant.** (3/02)

1996
86 D'un rubis moyennement foncé, ce vin souple et richement fruité s'exprime avec élégance et révèle, outre un doux nez de cerise noire nuancé de senteurs florales, de terre et d'épices, une finale aux tannins secs. L'ensemble est fruité et d'une grande finesse. **À boire.** (1/00)

1995
86 Ce vin bien fait, aux douces senteurs de cerise et de vanille, se présente vêtu d'un rubis-pourpre foncé. Souple à l'attaque, il révèle une faible acidité et des tannins doux, et sa finale est ronde et accessible. **À boire jusqu'en 2006.** (1/00)

LARCIS DUCASSE

Grand cru classé
Propriétaire : famille Gratiot-Alphandéry
Administrateur : Nicolas Thienpont
Adresse : 33330 Saint-Émilion
Tél. 05 57 24 70 84 – *Fax* 05 57 24 64 00
E-mail : larcis-ducasse@tiscali.fr
Site Internet : www.nicolas-thienpont.com
Visites : sur rendez-vous uniquement
Contacts : Nicolas Thienpont ou David Suire

VIGNOBLE ET VINIFICATION

Superficie : 10,90 ha
Encépagement : 65 % merlot, 25 % cabernet franc, 10 % cabernet sauvignon
Âge moyen des vignes : 35 ans – *Densité de plantation :* 5 000 pieds/ha
Rendement moyen : 40 hl/ha
Élevage : fermentations et cuvaison de 21 à 28 jours en cuves de béton thermorégulées ; vieillissement de 24 mois en fûts (30 % de bois neuf) ; collage et filtration

VIN PRODUIT

Château Larcis Ducasse – 50 000 b (pas de second vin)
À maturité : dans les 2 à 8 ans suivant le millésime (jusqu'en 2001)

APPRÉCIATION GÉNÉRALE

S'il bénéficie d'un excellent terroir, Larcis Ducasse s'en montre rarement digne. Les vins produits sont simplement bien faits, sans défaut majeur. À compter de 2002, néanmoins, les maîtres des lieux se sont assuré les services du talentueux duo Nicolas Thienpont/Stéphane Derenoncourt, désormais chargé des vinifications, et qui semble avoir opéré un revirement total. Le cru mérite donc d'être suivi de près.

Larcis Ducasse est un vignoble des côtes de Saint-Émilion, situé au sud-est de la ville et jouxtant Pavie. Il est implanté sur des coteaux argilo-calcaires parfaitement ouverts au sud. Bien que ce cru jouisse d'une excellente réputation, les millésimes du début des années 80 et des années 90 étaient plutôt quelconques ; en effet, les vins présentaient un caractère maigre, austère et herbacé, ainsi que des tannins en excès.

Les 2002 et 2003 – premiers millésimes ayant bénéficié des conseils de Nicolas Thienpont et Stéphane Derenoncourt, deux des vinificateurs les plus talentueux du Bordelais – marquent néanmoins un tournant dans la vie du cru, le maître des lieux ayant manifestement décidé de redresser la barre.

2003
90-92
S'imposant comme la plus belle réussite de la propriété ces quarante dernières années, ce 2003 annonce la renaissance de Larcis Ducasse. Remarquablement évolué et complexe, il est d'ores et déjà accessible. Sa robe d'un prune-grenat foncé prélude à un nez d'épices japonaises, de cèdre, de fumée de tabac, d'herbes de Provence et de groseille douce et confiturée. Une fois passé ce bouquet complexe, on décèle en bouche un ensemble moyennement corsé, savoureux et charnu, étayé par une faible acidité et des tannins mûrs. **À boire dans les 10 à 12 ans.** (3/04)

2002
89
Larcis Ducasse semble avancer dans la bonne direction avec ce 2002, qui s'impose au nombre des révélations du millésime. 2002 est le premier millésime pour lequel les talentueux Nicolas Thienpont et Stéphane Derenoncourt étaient chargés de la supervision des vinifications et de l'élevage. Les résultats de leur intervention sont parlants. Le cru présente davantage d'étoffe, de concentration et de complexité que par le passé. La robe d'un prune-pourpre foncé du 2002 accompagne d'amples et doux arômes de pierre chaude nuancés de cerise noire, d'herbes séchées, de fumé et d'épices. Suit en bouche un ensemble riche et corsé, généreusement fruité, musclé et profond, qui s'impose comme la plus belle réussite de la propriété depuis de très nombreuses années. **À boire jusqu'en 2015.** (9/03)

2000
87
Corsé et mûr, doté d'intenses arômes herbacés de cerise noire, le 2000 est merveilleusement étoffé, sans rien concéder en matière d'élégance. Ce vin d'un rubis foncé est nettement meilleur que ses aînés. Cependant, il pourrait pâtir du caractère quelque peu poudreux de ses tannins modérément abondants. **À boire entre 2007 et 2017.** (1/03)

1999 Le Larcis Ducasse 1999 arbore une robe rubis évoluée, déjà rosée sur le bord,
82 qui permet de douter de sa longévité. L'ensemble, moyennement corsé, est élégant, mais dénué de complexité. Il présente des arômes souples et herbacés de cerise, de terre, de vieux bois et de champignon. **À boire dans les 2 ans.** (3/02)

1998 Rubis foncé de robe, avec un doux fruité herbacé de cerise noire, d'olive, de
85 minéral, de cèdre et de boîte à épices, le 1998 est moyennement corsé et légèrement tannique, et sa finale est courte. **À boire dans les 4 à 5 ans.** (3/02)

1997 Ce vin rubis moyen n'offre pas grand-chose de mieux qu'un doux fruité. **À**
84 **boire jusqu'en 2009.** (12/00)

1996 Rubis moyen de robe, le 1996 séduit par ses senteurs de cerise noire herbacée
81 nuancées de notes poussiéreuses de coquillages concassés. Sans détour et dénué de complexité, ce vin trapu et épicé sera à son meilleur niveau **jusqu'en 2008.** (12/00)

LARMANDE

Grand cru classé
Propriétaire : La Mondiale
Adresse : lieu-dit Larmande – BP 26 – 33330 Saint-Émilion
Tél. 05 57 24 71 41 – *Fax* 05 57 74 42 80
E-mail : chateau-larmande@wanadoo.fr
Site Internet : www.chateau-larmande.com
Visites : sur rendez-vous, du lundi au vendredi
(9 h-12 h et 14 h-17 h)
Contact : Claire Thomas-Chenard

VIGNOBLE ET VINIFICATION

Superficie : 25 ha
Encépagement : 65 % merlot, 30 % cabernet franc, 5 % cabernet sauvignon
Âge moyen des vignes : 30 ans – *Densité de plantation :* 6 000 pieds/ha
Rendement moyen : 36 hl/ha
Élevage : fermentations et cuvaison en cuves d'acier inoxydable thermorégulées ; vieillissement de 15 à 18 mois en fûts (70 % de bois neuf) ; collage ; pas de filtration

VINS PRODUITS

Château Larmande – 100 000 b ; Le Cadet de Larmande – 20 000 b
À maturité : dans les 4 à 15 ans suivant le millésime

APPRÉCIATION GÉNÉRALE

Les vins de Larmande se voient généralement attribuer des notes entre 85 et 89. Bref, ils sont savoureux et réguliers à haut niveau, et méritent l'attention des amateurs.

Je me rappelle ma première visite à Larmande ; c'était vers le milieu des années 70, et Martin Bamford, l'un des observateurs les plus avisés du Bordelais, me l'avait conseillée. Il pensait que ce cru avait toutes les chances de s'imposer comme l'un des meilleurs Saint-Émilion, car les propriétaires d'alors, les Méneret, recherchaient la meilleure qualité possible.

Situé au nord de l'appellation, Larmande doit son nom à un très ancien lieu-dit. C'est en fait l'un des plus vieux vignobles de Saint-Émilion, dont on trouve la trace dès le XIIIe siècle. Longtemps, il a appartenu à la famille Méneret-Capdemourlin et a été géré, avec enthousiasme, par Philippe et Dominique Méneret. Ces derniers ont revendu le cru à La Mondiale dans les années 90, après avoir fait sa renommée.

Vers le milieu des années 70, les chais ont été entièrement rénovés et équipés de cuves d'acier inoxydable thermorégulées, et la proportion de chêne neuf pour l'élevage a été augmentée (près de 70 %).

La belle qualité de Larmande tient au fait qu'il est issu de vendanges tardives, d'une sélection sévère (un second vin est élaboré depuis les années 80) et de faibles rendements. Dans l'ensemble, les vins se révèlent de haut vol depuis le milieu des années 70. C'est l'un des rares grands crus classés qui puissent se targuer d'une telle régularité à bon niveau.

2003 **84-87** Le 2003 de Larmande souffre de la comparaison avec son aîné de 2001. Cependant, bien qu'il soit léger à l'attaque et creux en milieu de bouche, l'ensemble se distingue par son fruité (notes de fruits rouges et bleus, de chêne grillé et d'herbes séchées) et par sa finale, souple et accessible. Il pourrait être renoté à la hausse (entre 85 et 89) s'il s'étoffait en milieu de bouche et gagnait en corpulence. Cependant, je ne suis pas très optimiste à son sujet. **À boire dans les 6 à 7 ans.** (3/04)

2002 **85** D'un rubis sombre et profond, le 2002 de Larmande est étonnamment épanoui et précoce, avec des notes de prune, de figue et de cerise noire. Ce vin moyennement corsé et élégant se maintiendra **jusqu'en 2012.** (9/03)

2001 **92** Magnifiquement réussi dans le contexte du millésime, le 2001 de Larmande, qui est plus riche et plus profond que son aîné d'un an, se montre charnu, accessible et étonnamment faible en acidité. Doux à l'attaque, il se développe en bouche par paliers, révélant avec élégance, dans un ensemble pur et modérément massif, très étoffé aussi, des arômes fumés de cerise et de cassis. Sa finale est de bon aloi. Au fur et à mesure de son aération, ce vin développe d'autres notes de réglisse, d'herbes fumées et de fruits noirs. **À boire dans les 10 à 15 ans.** (1/03)

2000 **88** Qu'on ne se méprenne pas sur mon appréciation : ce vin est très bon, mais j'attendais davantage de cette propriété bien gérée. Vêtu d'un rubis-pourpre profond, le 2000 de Larmande est marqué au nez de notes d'herbes séchées, de réglisse, de fruits noirs et de chêne grillé. En bouche, il est moyennement corsé, élégant, savoureux malgré son manque de complexité. L'ensemble, de bonne facture, est étayé par une faible acidité et des tannins abondants. **À boire jusqu'en 2014.** (1/03)

1999 **86** Ce vin d'un rubis moyen développe avec élégance de douces notes de petits fruits nuancées de cuir fin, d'herbes séchées et de fumé. L'ensemble, moyennement corsé et modérément profond, est étayé par des tannins souples. **À boire dans les 3 ans.** (3/02)

1998 Serré de prime abord, ce vin libère après aération des notes de réglisse, de
87 boîte à épices, de petits fruits, d'herbes et de cuir fin. Moyennement corsé et structuré, il est de bonne facture. **À boire jusqu'en 2015.** (3/02)

1997 Des senteurs de liqueur de prune, de réglisse et d'herbes de Provence nuancées
86 de notes généreuses et modérément intenses de chêne neuf grillé annoncent le 1997 de Larmande. Ce vin musclé et mûr, qui se caractérise par un fruité de confiture de cerise, est bien vinifié et légèrement tannique. **À boire jusqu'en 2008.** (3/01)

1996 Larmande propose un 1996 ample et riche, aux arômes et aux flaveurs de
88 grillé, de réglisse, d'épices orientales, de cake et de cerise noire fumée. Moyennement corsé et modérément tannique, il manifeste une belle richesse, et se montre persistant et concentré en finale. **À boire jusqu'en 2010.** (12/01)

1995 Fait du même métal que le 1996, avec davantage de gras et de fruité, le
88 Larmande 1995 est également plus faible en acidité. Sa robe d'un rubis-pourpre foncé précède un nez intense d'herbes, de pain grillé, de cassis et de mûre confiturés, mêlé de notes boisées. Il se révèle doux, rond et moyennement corsé, offrant un mélange sensuel de gras, de fruité, de doux tannins et d'alcool capiteux. **À boire jusqu'en 2008.** (12/01)

1994 Avec sa robe d'un rubis-pourpre foncé et son nez serré et atténué aux notes
86 ? de boisé, le 1994 de Larmande est doux et impressionnant à l'attaque en bouche, mais laisse ensuite la place à des tannins durs et amers qui dérangent un ensemble que l'on trouverait autrement séduisant, moyennement corsé et musclé. Ce vin requiert, ce qui est assez exceptionnel pour ce cru, une certaine garde. **À boire jusqu'en 2011.** (12/01)

1990 Ce vin charmeur et typé se distingue par sa belle robe et son excellent fruité
88 mûr de cassis et de prune. Très corsé, il déploie une finale extrêmement tannique. L'ensemble traduit bien le millésime – il présente en effet d'abondants tannins durs, un généreux fruité savoureux et de bonne mâche, ainsi qu'une acidité extrêmement faible. Tout y est. **À boire.** (12/00)

1989 Plus structuré et plus concentré que le 1990, le 1989, qui arbore un prune-
88 grenat foncé, convient aux amateurs de crus merveilleusement ronds, charmeurs, souples, alcooliques et opulents. Ce vin extrêmement mûr, capiteux et voluptueux plaît au plus grand nombre. Il a magnifiquement tenu. **À boire.** (12/00)

1988 Le 1988 de Larmande est l'un des vins les plus plaisants du millésime. Déli-
90 cieux dès sa jeunesse, il a continué d'évoluer régulièrement et de manière impressionnante. Arborant toujours une robe pourpre foncé à peine éclaircie sur le bord, il exhale d'intenses et généreux arômes de réglisse, de minéral et de cerise. Ces mêmes notes se retrouvent en bouche, où elles se conjuguent à un subtil caractère de tabac herbacé. L'ensemble, très corsé, riche et pur, est épicé et fumé. **À boire.** (11/97)

LAROZE

Grand cru classé
Propriétaire : famille Meslin
Adresse : 1, Goudichau – 33330 Saint-Émilion
Tél. 05 57 24 79 79 – *Fax* 05 57 24 79 80
E-mail : info@laroze.com
Site Internet : www.laroze.com
Visites : sur rendez-vous uniquement
Contact : Guy Meslin

VIGNOBLE ET VINIFICATION

Superficie : 27 ha
Encépagement : 68 % merlot, 26 % cabernet franc, 6 % cabernet sauvignon
Âge moyen des vignes : 20 ans – *Densité de plantation :* 6 000 pieds/ha
Rendement moyen : 38 hl/ha
Élevage : vieillissement de 12 à 14 mois en fûts (renouvelés par moitié à chaque millésime) ; collage ; pas de filtration

VIN PRODUIT

Château Laroze – 110 000 b (pas de second vin)
À maturité : dans les 4 à 8 ans suivant le millésime

APPRÉCIATION GÉNÉRALE

Compte tenu de leur prix et de leur qualité ces cinq ou six dernières années, les vins de Laroze pourraient bien s'imposer au nombre des meilleures affaires de Saint-Émilion.

Certes, les vins de Laroze ne se distinguent pas par leur profondeur, mais il faut, à mon sens, souligner leur côté parfumé, souple, fruité et accessible. Le consommateur gardant à l'esprit qu'ils doivent être dégustés dans les 4 à 8 ans suivant le millésime appréciera leur caractère des plus charmeurs.

Le vignoble, situé sur des sols légers et sableux, ne bénéficie pas des meilleurs terroirs de Saint-Émilion ; il est soumis à la culture biodynamique. Les vins sont élevés dans des chais modernes et bien équipés.

2001 **87** le 2001 de Laroze est merveilleusement doux et fruité, très séduisant, plein de charme, ample et pur – bref, tout simplement savoureux. Je doute que mon commentaire fasse taire les détracteurs de ce vin, qui lui reprocheront son caractère trop épanoui et son manque de structure. Cependant, cet ensemble d'un rubis-prune foncé séduira incontestablement le plus grand nombre par son fruité généreux. **À boire dans les 5 à 6 ans.** (1/03)

2000 **88** Ce vin dominé par le merlot (68 %, avec 26 % de cabernet franc et 6 % de cabernet sauvignon) se présente vêtu de rubis-pourpre foncé, et libère des arômes aussi opulents que sensuels de cerise noire confiturée. Au fur et à mesure de son aération, il développe des notes de terre, d'herbes de Provence séchées et de kirsch, évoquant ainsi une hypothétique synthèse entre un bordeaux de style classique et un vin du Rhône septentrional. La finale est quelque peu tannique, mais l'ensemble recèle un fruité et un gras généreux qui séduiront assurément les amateurs. **À boire dans les 5 à 6 ans.** (1/03)

1999 **84** Ce vin légèrement corsé et souple, dont les arômes modérément intenses de cerise aigre-douce sont entremêlés de notes de terre humide et de champignon, est plaisant, mais dénué de complexité. **À boire dans les 2 ans.** (3/02)

1998 **87** Le 1998 de Laroze est moyennement corsé et richement fruité, et s'exprime avec grâce. D'un rubis foncé, il présente de très généreuses notes de cerise noire, de kirsch et d'épices. Moyennement corsé et charnu, il est délicieux et peut être apprécié **dès maintenant ou dans les 3 ans.** (3/02)

LUCIA (anciennement Lucie)

Grand cru
Propriétaire : Michel Bortolussi
Adresse : 33330 Saint-Émilion
Adresse postale : 316, Grands-Champs – 33330 Saint-Sulpice-de-Faleyrens
Tél. 05 57 74 44 42 – *Fax* 05 57 24 73 00
Visites : non autorisées

VIGNOBLE ET VINIFICATION

Superficie : 3 ha
Encépagement : 90 % merlot, 10 % cabernet franc
Âge moyen des vignes : 40-100 ans –
Densité de plantation : 5 000 pieds/ha
Rendement moyen : 30 hl/ha
Élevage : fermentations et cuvaison de 21 jours ; vieillissement de 15 à 18 mois en fûts (60 % de bois neuf) ; collage ; pas de filtration

VIN PRODUIT

Château Lucia – 10 000 b (pas de second vin)
À maturité : dans les 4 à 10 ans suivant le millésime

APPRÉCIATION GÉNÉRALE

Voici un vin de garage qui a débuté sur les chapeaux de roues, pour ensuite s'essouffler juste après avoir quitté les starting-blocks. Cependant, si l'on en juge par les millésimes 2001, 2002 et 2003, Lucia semble être à nouveau sur les rails. Ce cru, autrefois connu sous le nom de Lucie, a changé de nom comme de style de vinification, car les vins, auparavant souples, fruités et d'un charme précoce, sont maintenant plus concentrés et plus étoffés. Ces changements sont probablement précurseurs d'un nouveau départ. Reste à voir si le scénario initial ne se répétera pas.

Si l'on se fie aux 2001, 2002 et 2003 de Lucia, ce cru mérite d'être suivi. Issu d'un petit vignoble planté en 1901 et situé sur des sols graveleux et calcaires, au nord de Saint-Émilion, il bénéficie des conseils du talentueux Stéphane Derenoncourt. C'est un autre vin de garage qui semble désormais se préoccuper de la qualité – ce qui n'était pas le cas avant 2001.

2003 **91-94** Ce vin magnifique est issu d'un secteur de l'appellation qui ne fut pas particulièrement favorisé en 2003. Néanmoins, sous la talentueuse houlette de Stéphane Derenoncourt, la propriété propose cette année-là un vin spectaculaire, composé à 90 % de merlot et pour le reste de cabernet franc, et fruit de faibles rendements de 25 hl/ha. D'aucuns le qualifieront de vin de garage, d'autres lui reprocheront son style international... Peu importe : l'ensemble est superbe, et au diable les critiques intempestives ! Arborant un pourpre dense et libérant de fabuleuses senteurs de crème de cassis, de chocolat fondu, de café torréfié et de pain grillé, le 2003 de Lucia est corsé, faible en acidité et très alcoolique (il titre 13,5-14 % d'alcool naturel). Tout à la fois somptueux, séduisant et capiteux, il sera à son apogée **entre 2006 et 2014.** (3/04)

2002 **89** Le Lucia 2002 se compose à 85 % de merlot et pour le reste de cabernet franc, ainsi que d'une petite touche de très vieux malbec. Atypique du millésime du fait de ses tannins souples, il regorge d'arômes de cerise noire et d'autres fruits imprégnés de réglisse. Magnifiquement nuancé de chêne fumé et grillé, il développe, outre une texture veloutée, de très séduisantes flaveurs. Ce vin sensuel et épanoui sera consommé **dans les 10 ans.** (9/03)

2001 **90** Le 2001 est dense et richement extrait, avec un boisé et un gras des plus généreux. Il exprime, dans un ensemble moyennement corsé, étonnamment épais, mais admirable de pureté, d'impressionnants arômes de cerise noire et de groseille confiturées. L'ensemble, très séduisant, suinte d'un copieux fruité étayé par une faible acidité. **À boire jusqu'en 2014.** (1/03)

LYNSOLENCE

Grand cru
Propriétaire : Denis Barraud
Adresse : Château Les Gravières – Saint-Sulpice-de-Faleyrens – 33330 Saint-Émilion
Tél. 05 57 84 54 73 – *Fax* 05 57 84 52 07
E-mail : denis.barraud@wanadoo.fr
Visites : du lundi au samedi, sur rendez-vous uniquement
Contact : Denis Barraud

VIGNOBLE ET VINIFICATION

Superficie : 2,6 ha
Encépagement : 100 % merlot
Âge moyen des vignes : 38 ans – *Densité de plantation :* 5 500 pieds/ha
Rendement moyen : 28 hl/ha
Élevage : macération préfermentaire à froid de 7 jours à 10 °C ; fermentations et cuvaison de 30 à 40 jours en cuves de bois thermorégulées, avec pigeages, remontages et micro-oxygénation ; achèvement des malolactiques et vieillissement sur lies de 18 mois (sans soutirage) en fûts neufs ; collage ; pas de filtration

VIN PRODUIT

Château Lynsolence – 7 500 b (pas de second vin)
À maturité : dans les 3 à 10 ans suivant le millésime

APPRÉCIATION GÉNÉRALE

Ce vin de garage, dont les débuts remontent à 1998, est sensuel, comme d'ailleurs la plupart de ses pairs. À ce jour, il s'est révélé excellent plutôt que superbe.

2003 Issu de faibles rendements de 18,9 hl/ha, le 2003 de Lynsolence s'impose au **91-93** nombre des révélations du millésime. Ce vin riche et puissant, qui titre 14,5 % d'alcool naturel, s'annonce par un pourpre dense. Opulent et capiteux, généreusement doté d'un fruité généreux, gras et faible en acidité, il sera superbe **dans les 10 à 12 ans suivant le millésime.** (3/04)

2002 Voici un autre vin de garage, issu d'un vignoble de 2,6 ha situé non loin de **89+** Monbousquet et du Château de Valandraud. Étonnamment réussi pour un 2002 entièrement composé de merlot, Lynsolence affiche un rubis-pourpre dense préludant à un fruité aussi doux que concentré, séduisant tant il est charnu. La finale manque de persistance, mais le boisé, les tannins et l'acidité sont parfaitement fondus dans cet ensemble moyennement corsé et fruité, **au potentiel de 10 ans.** (9/03)

2001 Denis Barraud propose un 2001 dont la robe d'un rubis-pourpre opaque et **89** les doux arômes de fruits noirs préludent à un ensemble moyennement corsé et impressionnant de pureté, étayé par une heureuse acidité, des tannins mûrs et un alcool parfaitement fondus. La finale de ce vin est modérément persistante. **À boire jusqu'en 2013.** (1/03)

2000 Le 2000 de Lynsolence est admirable à la fois d'ampleur, d'intensité et de **90** puissance. Arborant un rubis-pourpre dense, révélant d'épais arômes de cerise et de cassis marqués par la mâche, il est moyennement corsé, étayé par une faible acidité et un gras généreux. Quoique d'ores et déjà délicieux, l'ensemble promet de bien évoluer **ces 10 prochaines années.** (1/03)

1999 D'un rubis-pourpre foncé, le 1999 exhale d'excellentes senteurs de fruits noirs **87** et rouges, en particulier la cerise et la framboise. Profond, riche et concentré, étayé par une faible acidité, il est ample de carrure, mais également très profond, très concentré et doté d'une belle texture. Il pourrait être renoté à la hausse s'il développait davantage de complexité. **À boire jusqu'en 2010.** (3/02)

1998 Vêtu de rubis-pourpre foncé et exhalant un bouquet confituré de fruits noirs, **89** le 1998 de Lynsolence est moyennement corsé, sans détour, mais séveux, savoureux et charnu. Le fruit et le gras recouvrent une structure de bon aloi, mais l'ensemble n'a pas la complexité ni la race qui caractérisent souvent les microcuvées. **À boire dans les 6 ans.** (3/02)

MAGDELAINE

1er grand cru classé B
Propriétaire : Éts Jean-Pierre Moueix
Adresse : 33330 Saint-Émilion
Adresse postale : Éts Jean-Pierre Moueix
54, quai du Priourat – BP 129 – 33502 Libourne Cedex
Tél. 05 57 51 78 96 – *Fax* 05 57 51 79 79
E-mail : info@jpmoueix.com
Visites : sur rendez-vous,
pour les professionnels uniquement
Contact : Édouard Moueix

VIGNOBLE ET VINIFICATION

Superficie : 11 ha
Encépagement : 90 % merlot, 10 % cabernet franc
Âge moyen des vignes : 34 ans – *Densité de plantation :* 6 000 pieds/ha
Rendement moyen : 40 hl/ha
Élevage : fermentations et cuvaison 20 à 28 jours en cuves d'acier inoxydable thermorégulées ; vieillissement de 18 à 20 mois (40 % de bois neuf) ; ni collage ni filtration

VINS PRODUITS

Château Magdelaine – 36 000 b ; Château Saint-Brice – 12 000 b
À maturité : dans les 6 à 15 ans suivant le millésime (après 1988)

APPRÉCIATION GÉNÉRALE

Le style de Magdelaine, comme celui de L'Arrosée, est quelque peu démodé à Saint-Émilion. Parmi un nombre croissant de vins de garage résolument modernes, ce cru conserve son caractère traditionnel et exprime, avec discrétion, élégance et race, un délicat fruité minéral. Il se révèle généralement au terme d'une certaine garde. Ni massif ni puissant, il est plutôt porté sur la finesse.

Propriété des Établissements Moueix – célèbre négoce libournais – depuis 1952, Magdelaine est un vignoble des « côtes » de Saint-Émilion, merveilleusement situé sur le plateau calcaire qui surplombe la vallée de la Dordogne. Ce cru s'impose depuis les années 60 comme l'un des meilleurs de l'appellation. De tous les domaines prestigieux de cette partie de Saint-Émilion, c'est le plus fortement complanté en merlot (90 %).

Nombreux sont les initiés estimant que Magdelaine présente un potentiel extraordinaire ; cependant, les millésimes de la fin des années 70 et du début des années 80 se sont révélés très bons, mais sans rien d'exceptionnel. Depuis 1989, les vins se sont néanmoins nettement améliorés : plus impressionnants, ils révèlent davantage de fruit, de chair et de complexité.

Cependant, le cru demeure très caractéristique, en particulier eu égard à sa forte proportion de merlot. On pourrait imaginer qu'il est souple, charnu et épanoui, mais il ne l'est pas. C'est au contraire l'un des Saint-Émilion les plus lents à évoluer, demandant souvent près de 5 à 7 ans pour révéler sa personnalité

Compte tenu de la toute petite production et de la grande renommée de ce cru, du fait aussi qu'il appartient à la maison Moueix, Magdelaine se vend généralement assez cher, à des prix comparables à ceux des meilleurs deuxièmes crus du Médoc.

2003
88-91 Christian Moueix m'a indiqué que la première parcelle de Magdelaine avait été vendangée le 7 septembre, les analyses indiquant que la récolte était à parfaite maturité. Cependant, après ce ramassage, il s'aperçut que les raisins présentaient des tannins imparfaitement mûrs, si bien que le reste de la récolte fut rentré une semaine plus tard, les 18 et 19 septembre. Comme de nombreux vignobles de Saint-Émilion, celui de Magdelaine se situe sur un plateau et des coteaux argilo-calcaires – ce qui explique que le 2003 constitue une belle réussite. De fait, ce vin d'un rubis-prune profond se distingue par sa très grande finesse, ainsi que par ses arômes concentrés de fruits noirs nuancés de groseille, d'herbes séchées et de terreau, et étayés par de très abondants tannins. L'ensemble, moyennement corsé, est très pur malgré sa concentration. **À boire entre 2008 et 2018.** (3/04)

2002 **88** Le 2002 de Magdelaine est assez anodin. D'un rubis profond, il exhale de séduisantes senteurs de framboise et de kirsch. Légèrement corsé, souple à l'attaque, il est court en finale. Quoique plaisant, il est superficiel. **À boire dans les 10 ans suivant une garde de 2 à 3 ans.** (9/03)

2001 **89** Le 2001 de Magdelaine est le fruit d'une sélection de 60 % de la récolte totale de la propriété. Plutôt évolué pour le millésime, ce vin élégant, vêtu de prune, exhale un doux nez de mûre, de cerise noire, de minéral et de boîte à épices. L'ensemble, marqué de notes de terre, est vif et tonique, mais aussi très nuancé, et s'exprime avec grâce et retenue. **À boire jusqu'en 2013.** (1/03)

2000 **92+** Comme la plupart des exemples de ce cru, le 2000 n'a rien d'explosif dans le verre, mais il s'exprime en bouche avec une ampleur et une intensité croissantes. Ce vin, qui pourrait parfaitement rivaliser avec le grandiose 1998, se distingue par une robe d'un rubis-pourpre profond et par un doux nez de mûre, de cassis et de cerise confiturée nuancé de minéral et de réglisse. Une fois passé ce bouquet subtilement boisé, on décèle en bouche un ensemble doux, dense et ample, dont le fruité aussi somptueux que généreux masque parfaitement de très abondants tannins. Ce classique à la finale persistante requiert une garde d'au moins 3 à 4 ans. **À boire entre 2008 et 2020.** (1/03)

1999 **88** Ce vin d'un rubis foncé est légèrement corsé, mais racé, aussi doux au nez qu'en bouche, et il régale le dégustateur d'opulents arômes de cerise et de groseille. L'ensemble, délicatement herbacé, est aussi subtilement marqué de terre et de boisé. **À boire dans les 8 à 10 ans.** (3/02)

1998 **92** Il s'agit incontestablement de la plus belle réussite de la propriété depuis de nombreuses années. Arborant un rubis profond et soutenu, le 1998 de Magdelaine présente un fruité prononcé de cerise noire confiturée subtilement nuancé de vanille. En bouche, il est corsé, opulent et mûr, révélant une finale modérément tannique, extraordinaire de pureté et de concentration. Ce Saint-Émilion intense et structuré sera parfait **jusqu'en 2020.** (3/02)

1997 **87** Le Magdelaine 1997, qui arbore un rubis foncé, est bien vinifié et corpulent, et doté d'un caractère d'herbes rôties et de fruits nuancé de minéral, de café, de fraise et de cerise – bref, il est typique de ce cru. Moyennement corsé, il doit être consommé **dans les 2 ans**, si l'on en juge par sa faible acidité et son caractère précoce. (3/02)

1996 **87** Plutôt évolué, le 1996 de Magdelaine mêle au nez des notes herbacées de tabac et des senteurs de groseille et de vanille. Anguleux, mais séduisant, à l'attaque, sec en finale, il a atteint son apogée assez rapidement et devrait tenir encore une bonne demi-douzaine d'années. **À boire jusqu'en 2012.** (12/02)

1995 **90** Très tannique et doté d'une structure ferme, le 1995 est impressionnant de concentration. S'annonçant par un rubis foncé et par un doux nez de vanille, de kirsch, de prune et de fleurs, il est moyennement corsé, joliment fait et séduisant, très féminin et bien équilibré. Les tannins que recèle sa finale laissent subodorer qu'il n'est pas encore à son apogée. **À boire entre 2005 et 2012.** (12/02)

1994 **87** Légèrement anguleux, presque austère, le 1994 séduit par ses doux arômes de cerise noire nuancés d'herbes, de minéral et de goudron. L'ensemble, moyennement corsé et bien équilibré, présente un bon fruité mûr qui fait pièce à ses tannins. S'il n'est pas grandiose, ce vin est intéressant et disponible à un prix très raisonnable. **À boire jusqu'en 2010.** (12/02)

1990 **90** Ce vin magnifique, dont les douces notes de kirsch se mêlent de tabac, d'herbes et de petits fruits, exprime avec grâce une bouche opulente et moyennement corsée, marquée par un gras généreux. Profond et concentré, il n'est pas austère ni dépouillé, et fait honneur à son terroir. **À boire jusqu'en 2008.** (12/02)

1989 **88** Présentant davantage d'étoffe que ses deux aînés, ce vin pur, au nez de sirop antitussif à la cerise, de prune et de terre, est moyennement corsé, avec des flaveurs délicates et une belle structure qui n'accusent ni lourdeur ni excès d'intensité. Cependant, ce genre de vin peut aisément passer inaperçu en raison de sa subtilité et de sa discrétion. **À boire jusqu'en 2010.** (11/02)

1988 **87** D'un prune-grenat foncé, doté d'un nez de cerise nuancé de prune et de vanille, le 1988 est plein de grâce et racé. Ce vin moyennement corsé sera parfait pour les amateurs de crus discrets et délicats. **À boire jusqu'en 2008.** (11/02)

1986 **82** Ce vin plaisant, de style coulant, est d'un rubis clair déjà ambré et rosé sur le bord. Légèrement corsé et un peu aqueux, il mêle en bouche de douces notes de cola et de cerise à des nuances de minéral, de terre et de boîte à épices. **À boire.** (11/02)

1985 **86** Plutôt insipide pour un cru de son pedigree, le 1985 est sans détour et terne. D'un rubis-grenat moyennement foncé et fortement ambré sur le bord, il exhale un nez de terre nuancé d'herbes séchées, de vanille, de prune et de cerise. L'ensemble, modérément corsé, accuse une certaine dilution, que ses défenseurs prendront probablement pour de l'élégance. Ce vin très peu tannique et à peine marqué par l'acidité est à son apogée. **À boire.** (11/02)

1983 **85** Peu évolué, très tannique et agressif, le Magdelaine 1983 est bien coloré, corsé, avec un généreux fruité mûr et massif. Ses tannins féroces évoquent ceux de son aîné de 1975. **À boire jusqu'en 2010.** (1/90)

1982 **88** Ce vin, qui ne s'est jamais montré à la hauteur de mes espérances, est d'un rubis moyen fortement ambré sur le bord. Exhalant un nez de cerise aigre-douce nuancé de caramel, d'herbes et de terre, il est moyennement corsé, relativement élégant, mais dénué de l'étoffe et de l'intensité que l'on attend des meilleurs 1982. Quoique à son apogée, il peut tenir encore une dizaine d'années. **À boire jusqu'en 2012.** (10/02)

MILLÉSIMES ANCIENS

Le palmarès de Magdelaine dans les années 70 est assez quelconque, si l'on excepte le 1975, relativement tannique, mais étoffé (noté 86 en octobre 1996), ainsi qu'un 1970 presque extraordinaire (noté 89 en novembre 1996). Dans les années 60, le 1961 peut rivaliser avec les plus belles réussites de la propriété. Ce vin (noté 92 en mars 1997) s'impose encore probablement comme un fabuleux Saint-Émilion – à condition, bien entendu, qu'il s'agisse de flacons ayant bénéficié de bonnes conditions de conservation.

Certains vieux millésimes de Magdelaine présentent, comme on pouvait s'y attendre, des variations d'une bouteille à l'autre. En outre, il existe de nombreuses mises belges, qui n'ont donc pas été effectuées au château (c'était autrefois une pratique courante de vendre les vins en fût ; ils étaient mis en bouteille par les négociants étrangers qui les achetaient). J'ai ainsi dégusté certains 1953, 1955 et 1959 inintéressants, alors que les meilleurs exemples se révélaient tout simplement impressionnants. Le 1953 (noté 88 en décembre 1996), le 1955 (noté 87 en décembre 1996) et le 1959 (noté 90 en novembre 1996) m'ont étonné par leur puissance et leur richesse. Le 1952, dégusté une seule fois en 1991, a été noté 88. Il m'avait semblé présenter la structure et l'étoffe nécessaires pour tenir 10 à 15 ans encore. Il faut cependant être extrêmement vigilant sur la provenance des bouteilles et sur la manière dont elles ont été conservées, en particulier lorsqu'il s'agit de vins de plus de 20 ans d'âge.

MAGREZ FOMBRAUGE

Grand cru
Propriétaire : Bernard Magrez
Adresse : 33330 Saint-Christophe-des-Bardes
Tél. 05 57 24 77 12 – *Fax* 05 57 24 66 95
E-mail : chateau@fombrauge.com
Site Internet : www.fombrauge.com
Visites : sur rendez-vous uniquement

VIGNOBLE ET VINIFICATION

Superficie : 3 ha
Encépagement : 80 % merlot, 20 % cabernet franc
Âge moyen des vignes : 25 ans – *Densité de plantation :* 5 600 pieds/ha
Rendement moyen : 35 hl/ha
Élevage : macération préfermentaire à froid (12 °C) ; fermentations et cuvaison (vendange entière) de 28 à 35 jours en cuves de bois thermorégulées de petite contenance, permettant la vinification séparée des différentes parcelles, avec quatre pigeages quotidiens ; achèvement des malolactiques et vieillissement de 24 mois sur lies fines, avec bâtonnages réguliers, en fûts (100 % de bois neuf) ; collage ; pas de filtration

VIN PRODUIT

Château Magrez Fombrauge – 6 000 b (pas de second vin)
À maturité : dans les 5 à 15 ans suivant le millésime

APPRÉCIATION GÉNÉRALE

On doit ce pur nectar au dynamique Bernard Magrez et à son très talentueux œnologue-conseil, le célèbre Michel Rolland. Depuis ses débuts en 2000, Magrez Fombrauge est somptueux et s'impose incontestablement comme l'une des stars du Saint-Émilionnais. Ce vin est exceptionnel d'opulence, de richesse et de luxuriance.

2003
92-94
Voici une autre belle réussite de ce cru. L'ample et explosif 2003 de Magrez Fombrauge, qui s'impose comme l'un des grands succès du millésime, présente un rubis-pourpre profond et un doux nez de café torréfié, de cassis et d'autres petits fruits, de réglisse, de cuir fin et de boîte à épices. Une fois passé ce bouquet complexe, on distingue en bouche un ensemble moyennement corsé, dense et fruité, étayé par des tannins mûrs, et se révélant étonnamment frais et tonique malgré sa faible acidité. Ce vin atteindra son apogée d'ici 3 à 4 ans et évoluera de belle manière **dans les 12 à 15 ans qui suivront.** (3/04)

2002
91
Bien qu'il ne soit pas du niveau de ses aînés de 2001 et 2000, le 2002 de Magrez Fombrauge constitue une magnifique réussite dans le contexte de ce millésime difficile. Composé à 70 % de merlot et pour le reste de cabernet sauvignon, il présente une robe d'un pourpre d'encre et libère un doux nez de graphite nuancé de moka, de liqueur de cerise noire et de chêne grillé. Suit en bouche un ensemble époustouflant de pureté malgré sa texture épaisse, et dont la finale est aussi longue que concentrée. Ce vin opulent, vinifié dans un style moderne, tiendra bien **10 à 15 ans.** (9/03)

2001
94
Ce vin, fruit de faibles rendements de 24 hl/hl, n'a été produit qu'à hauteur de 320 caisses. Merveilleusement parfumé et étoffé, il n'a pas l'ampleur ni le caractère massif de son aîné d'un an, mais il s'impose comme une remarquable expression de merlot très mûr ayant bénéficié de tout le talent de Michel Rolland. D'un pourpre-noir soutenu, ce vin exhale de fabuleuses senteurs de liqueur de mûre, de moka et de vanille. Opulent et charnu, généreusement marqué de gras, il révèle davantage de fraîcheur et de précision que le 2000, plus massif et plus ample, et se distingue par une persistance hors du commun. Faible en acidité, doté d'un fruité merveilleusement sensuel et luxuriant, il sera tout simplement fascinant à suivre aux divers stades de son évolution. **À boire entre 2006 à 2016.** (1/03)

2000
98
Quel nectar ! Ce 2000 s'impose au nombre des très grandes réussites du millésime. Véritablement prodigieux, il a considérablement gagné en étoffe et en richesse en cours d'élevage, et se montre encore plus impressionnant après la mise qu'en fût. Puissant et massif, mais très onctueux, regorgeant littéralement de fruit, il inonde les sens du dégustateur de somptueuses senteurs de fleur printanières, de café, de liqueur de mûre, de minéral et de chêne grillé. En bouche, il exprime tout en rondeur un caractère corsé, et conjugue magnifiquement puissance, intensité et équilibre. Il est rare qu'un bordeaux se révèle aussi gras et aussi concentré. Au fur et à mesure de son aération, ce vin développe encore d'intenses senteurs de graphite qui prennent totalement le dessus sur son boisé. **À boire entre 2006 et 2020.** (1/03)

MILENS

Grand cru
Propriétaire : SARL Château Milens
Adresse : lieu-dit Le Sème – BP 16 – 33330 Saint-Hippolyte
Tél. 05 57 55 24 47 – *Fax* 05 57 55 24 44
E-mail : chateau-milens@wanadoo.fr
Visites : sur rendez-vous uniquement
Contact : Albert Boge

VIGNOBLE ET VINIFICATION

Superficie : 6,34 ha
Encépagement : 71 % merlot, 29 % cabernet franc
Âge moyen des vignes : 27 ans – *Densité de plantation :* 6 000 pieds/ha
Rendement moyen : 41,5 hl/ha

Élevage : fermentations et cuvaison en cuves de béton et d'acier inoxydable thermorégulées ; achèvement des malolactiques et vieillissement de 18 mois en fûts (100 % de bois neuf) ; collage ; filtration légère

VINS PRODUITS

Château Milens – 20 000 b ; Tour du Sème – 20 000 b
À maturité : dans les 3 à 10 ans suivant le millésime

APPRÉCIATION GÉNÉRALE

C'est Jean-Luc Thunevin, le très célèbre révolutionnaire de Saint-Émilion, qui supervise l'élaboration de ce cru traduisant bien son style de vinification. Toujours opulent du fait de sa faible acidité, Milens mérite l'intérêt, mais ne doit pas être conservé au-delà de 8 à 10 ans.

2001 **88** Ce vin précoce, savoureux et opulent s'exprime avec élégance. D'un rubis-pourpre profond, il dégage de doux parfums de cerise noire, de minéral, de fumé et de terre. Moyennement corsé, rond et charnu, étayé par des tannins mûrs, il tiendra bien **6 à 8 ans.** (1/03)

2000 **89** Le 2000, qui se compose à 71 % de merlot et pour le reste de cabernet franc, est issu de faibles rendements de 31 hl/ha. Il s'agit de la plus belle réussite à ce jour de la propriété. D'un rubis-pourpre opaque, il présente un profond fruité de cerise noire et de cassis nuancé de chêne neuf épicé, de goudron et de cacao, et généreusement marqué par la mâche. Ce vin moyennement corsé et assez tannique est aussi impressionnant d'étoffe que de pureté. **À boire entre 2006 et 2018.** (1/03)

1999 **87** Le 1999 de Milens impressionne par la pureté et la persistance de ses beaux et doux arômes de fraise, de cerise noire et d'airelle nuancés de terre et de fumé. L'ensemble, qui manifeste une très belle densité, exprime avec ampleur une bouche charnue, étayée par un gras d'une grande douceur. Sa finale, sans détour, recèle des tannins légers. **À boire dans les 5 à 6 ans.** (3/02)

1998 **88** Ce vin séduisant, ample, opulent et épanoui plaira aussi bien aux néophytes qu'aux connaisseurs. D'un rubis dense, il est très corsé, avec un fruité charmeur de cerise noire nuancé de fumé, de terre et de notes de boîte à épices. La finale, corsée et épicée, est rendue plus agréable encore par sa faible acidité. **À boire jusqu'en 2008.** (3/02)

MONBOUSQUET

Grand cru
Propriétaires : Gérard et Chantal Perse
Adresse : 42, route de Saint-Émilion – 33330 Saint-Sulpice-de-Faleyrens
Tél. 05 57 55 43 43 – *Fax* 05 57 24 63 99
E-mail : contact@vignoblesperse.com
Site Internet : www.chateaupavie.com
Visites : non autorisées
Contact : Gérard Perse

VIGNOBLE ET VINIFICATION

Superficie : 33 ha
Encépagement : 60 % merlot, 30 % cabernet franc, 10 % cabernet sauvignon
Âge moyen des vignes : 40 ans – *Densité de plantation :* 5 500 pieds/ha
Rendement moyen : 28-30 hl/ha
Élevage : fermentations et cuvaison de 28 à 35 jours en cuves d'acier inoxydable thermorégulées ; vieillissement de 18 à 22 mois en fûts (100 % de bois neuf) ; ni collage ni filtration

VINS PRODUITS

Château Monbousquet – 80 000 b ; Angélique de Monbousquet – 50 000 b
À maturité : dans les 3 à 6 ans suivant le millésime avant 1993 ; dans les 8 à 20 ans suivant le millésime à partir de 1993

APPRÉCIATION GÉNÉRALE

Ceux qui se souviennent des Monbousquet des années 50, 60 et 70 comme de vins ternes et insipides devraient se mettre au fait de ce qui se passe dans le Bordelais, car ce cru compte désormais au nombre des Saint-Émilion les plus impressionnants. Depuis le milieu des années 90, il s'impose comme l'une des étoiles de son appellation, mais aussi comme l'un des bordeaux les plus flamboyants. Sous la houlette de Gérard Perse, le maître des lieux, qui propose l'un des rouges les plus séduisants et les plus luxuriants de la région, il constitue un exemple spectaculaire dans les dégustations, qu'elles soient ou non à l'aveugle.

Cette vaste propriété a fait la joie et la fierté de la famille Querre, qui y produisait des Saint-Émilion fruités et souples, d'un style plaisant et commercial, proposés de surcroît à des prix raisonnables. Les vins de Monbousquet étaient destinés à être consommés dans les 3 à 6 ans suivant le millésime, mais ils étaient sans détour et généralement insipides.

Au début des années 90, Monbousquet fut racheté par Gérard Perse, qui a fait fortune avec une chaîne de supermarchés. Celui-ci s'est immédiatement attelé à la complète rénovation des chais et s'est attaché le concours de l'œnologue Michel Rolland pour les vinifications. Il a ainsi rapidement élaboré quelques-uns des Saint-Émilion les plus concentrés et les plus fascinants qui soient. Les rendements furent réduits à moins de 30 hl/ha.

C'est surtout le 1993 – l'une des réussites de l'appellation dans une année difficile – qui traduit le souci de qualité animant le propriétaire. Monbousquet produit désormais des vins très intéressants, qui conviendront parfaitement aux amateurs en quête de crus étoffés et complexes, au potentiel de 8 à 20 ans.

2003
90-93
Issu de faibles rendements de 20-30 hl/ha, et composé à 60 % de merlot, à 30 % de cabernet franc et pour le reste de cabernet sauvignon, ce vin produit à hauteur de 6 000 caisses bat des records avec ses 13,5 % d'alcool naturel. Pour une raison que j'ignore, il est moins flamboyant et moins exubérant que les autres millésimes récents du cru, se révélant tannique et structuré, et plus puissant et moins exotique que ses aînés de 1998, 1999, 2000 et 2001. Néanmoins, l'ensemble est concentré et d'une grande pureté, présentant, pour l'heure, de généreux arômes de mûre et de doux kirsch nuancés de café torréfié et de fumé, et marqués d'un étonnant caractère de minéral. Il évoluera de belle manière **jusqu'à 12 à 15 ans d'âge.** (3/04)

2002 **91** Produit à hauteur de 8 000 caisses et composé à 60 % de merlot, à 30 % de cabernet sauvignon et pour le reste de cabernet franc, l'exotique et flamboyant Monbousquet 2002 s'annonce par un rubis-pourpre foncé et par des arômes de café, de cacao, de fruits noirs confiturés, de terre et de chêne épicé. Ce vin dense, moyennement corsé, gras (pour un 2002) développe une finale modérément tannique. Il sera agréable dès sa diffusion et devrait évoluer de belle manière **ces 10 à 15 prochaines années.** (9/03)

2001 **91** Ce vin étonnant de concentration (en particulier dans le contexte du millésime) déploie des arômes fumés de fruits rouges et noirs qui paraissent confits tant ils sont mûrs. L'ensemble, très pur malgré sa richesse, son opulence et son caractère exotique, est imprégné de notes de café, de fumé, de charbon et de pain grillé. Généreusement doté en tannins, il est corsé, bien marqué par la mâche pour un 2001, et présente davantage de précision que la plupart des jeunes millésimes de Monbousquet que j'ai dégustés. **À boire dans les 10 à 12 ans.** (1/03)

2000 **95** Ce vin issu d'un terroir sous-estimé est le fruit de faibles rendements de 28 à 30 hl/ha. Incarnant la quintessence de son terroir, il arbore une robe d'un bleu soutenu tirant sur le noir. L'ensemble s'annonce par un doux nez de mûre, de chocolat, de café, d'encens, de cuir fin et de vanille préludant à un vin extraordinaire d'intensité, qui doit aux abondants tannins et à l'acidité fraîche qui l'étayent sa précision et sa structure d'excellent aloi. Il s'agit, à mon sens, du Monbousquet le plus ample, le plus intense et le plus musclé produit à ce jour – ce qui n'est pas rien quand on sait les merveilles que sont les 1998 et 1999 de ce cru. Avis, donc, aux amateurs : il s'agit d'un vin absolument remarquable. **À boire jusqu'en 2018.** (1/03)

1999 **94** Magnifiquement réussi dans le contexte du millésime, le 1999 de Monbousquet s'annonce par un rubis-pourpre dense et par un bouquet extrêmement mûr, évoquant un Porto et mêlant des senteurs de cerise noire et de cassis à des notes de café, de tabac et de vanille. Ce vin, qui bat des records avec ses 14 % d'alcool naturel (un titre très élevé pour le Bordelais), se distingue par une étoffe exceptionnelle et noie littéralement les sens du dégustateur en milieu de bouche. Sa finale, longue de 40 à 45 secondes, est tout simplement sensationnelle. Quant à ses arômes exotiques, à sa texture fabuleuse et à son fruité extrêmement généreux, ils évoquent Le Pin, la célèbre microcuvée de Pomerol. Je préciserai aussi que le 1999 de Monbousquet est encore meilleur en bouteille qu'en cours d'élevage. **À boire jusqu'en 2017.** (1/03)

1998 **94** Le fait qu'il soit issu de très faibles rendements de 28 à 30 hl/ha (parmi les plus faibles de l'appellation) explique la richesse explosive de ce vin. Arborant un prune-pourpre soutenu et libérant un bouquet exotique aux notes d'épices orientales, de liqueur de prune et de mûre, le 1998 de Monbousquet est tout à la fois corsé, onctueux, structuré et d'une grande précision. Magnifiquement réussi, il sera délicieux dès sa jeunesse, tout en étant capable de se maintenir une vingtaine d'années. **À boire jusqu'en 2020.** (1/03)

1997 **90** Le 1997 de Monbousquet, qui est l'une des grandes réussites du millésime, présente, outre une robe d'un prune-pourpre foncé, des parfums flamboyants et explosifs de vanille, de confiture de cerise, de réglisse et de chêne neuf.

Tout à la fois profond, concentré et riche, il est étonnamment marqué par la mâche pour un 1997. Il sera difficile de résister à la séduction que révèle dès sa jeunesse ce vin corsé, fabuleux de densité et magnifiquement proportionné. L'ensemble, spectaculaire, s'est rapidement défait de ses tannins. **À boire jusqu'en 2010.** (1/03)

1996 **90** Le 1996 de Monbousquet s'impose comme une grande réussite dans un millésime plus favorable aux Médoc issus de cabernet sauvignon vendangé tardivement. Plus tannique que le 1995, il exhale un nez exotique de kirsch, de cassis, d'herbes rôties, d'espresso et de moka. La bouche, qui montre une texture d'excellent aloi, impressionne par sa profondeur et sa richesse ; elle est nuancée de doux chêne grillé. La robe d'un rubis-pourpre foncé soutenu laisse deviner un vin dense, et la finale, aussi persistante que précise, se révèle modérément tannique. Ce vin magnifiquement vinifié mettra plus longtemps à affirmer sa vraie nature que son aîné de 1995, flamboyant et épanoui. **À boire jusqu'en 2017.** (1/03)

1995 **92** Quoique très proche du 1996, le 1995 présente un fruité plus accessible. Malgré ses abondants tannins, il est mieux étayé par une faible acidité et davantage de gras. Vêtu d'une robe opaque de couleur pourpre, ce vin exhale un nez fabuleux aux généreux arômes de fruits noirs, marqué de notes épicées de chêne neuf. Corsé, richement extrait et généreux, il s'améliore régulièrement – il est en cela typique des vins de Gérard Perse après leur mise en bouteilles. Puissant et massif, il est véritablement renversant. **À boire jusqu'en 2020.** (1/03)

1994 **90** La robe d'un pourpre-grenat opaque du 1994 est légèrement rosée sur le bord. Elle introduit un nez prometteur de confiture de cerise, de cassis, d'herbes fumées et de viande grillée, lui-même préludant à un ensemble moyennement corsé et de bonne mâche, marqué des tannins rugueux caractéristiques du millésime. Cependant, l'ensemble présente un fruité, une richesse en extrait et un gras parfaitement aptes à faire pièce à sa structure. **À boire jusqu'en 2013.** (11/02)

1993 **89** Le 1993 est l'une des révélations du millésime. Généreusement boisé, vêtu d'un pourpre dense, il exhale de beaux et doux arômes de cerise noire et de cassis mêlés de senteurs de fumé et de chêne neuf. Très richement extrait, s'exprimant tout en rondeur, il est pur malgré son gras et sa bonne mâche. **À boire dans les 3 à 5 ans.** (1/97)

LA MONDOTTE

Non classé
Propriétaire : Vignobles Comtes von Neipperg
Adresse : 33330 Saint-Émilion
Adresse postale : SCEV des Comtes de Neipperg
BP 34 – 33330 Saint-Émilion
Tél. 05 57 24 71 33 – *Fax* 05 57 24 67 95
E-mail : info@neipperg.com
Site Internet : www.neipperg.com
Visites : sur rendez-vous uniquement, du lundi au vendredi
Contact : Comte Stephan von Neipperg

VIGNOBLE ET VINIFICATION

Superficie : 4,5 ha
Encépagement : 80 % merlot, 20 % cabernet franc
Âge moyen des vignes : 37 ans – *Densité de plantation :* 5 500 pieds/ha
Rendement moyen : 35-40 hl/ha
Élevage : fermentations et cuvaison de 25 à 30 jours en cuves de bois thermorégulées, avec pigeages ; achèvement des malolactiques en fûts, sur lies, pour 90-100 % de la récolte ; vieillissement de 18 à 24 mois en fûts (100 % de bois neuf) ; ni collage ni filtration

VIN PRODUIT

La Mondotte – 10 000 b (pas de second vin)
À maturité : dans les 4 à 30 ans suivant le millésime

APPRÉCIATION GÉNÉRALE

Cette magnifique réussite traduit parfaitement le talent de Stephan von Neipperg. Il a fallu moins de deux ans au maître des lieux pour propulser ce vin de garage au firmament de son appellation. Tout est mis en œuvre pour produire le meilleur vin possible, en associant judicieusement la tradition et les méthodes modernes de vinification. La Mondotte est généralement somptueux. Quoique très riche, puissant, massif, densément fruité et ample, il ne concède rien en matière d'équilibre ou d'harmonie. Accessible dès sa jeunesse, il est également capable de tenir une bonne trentaine d'années. Ce cru a ses détracteurs, en particulier parmi la vieille garde de Saint-Émilion et les plus conservateurs des Bordelais. Cependant, quoi qu'on en dise (qu'il est trop extrait, trop proche en style d'un Porto, etc.), il est incontestable qu'il incarne le summum du vin de garage, s'imposant comme la microcuvée la plus concentrée et la plus riche du Bordelais. Bien qu'il soit extrêmement onéreux, il vaut son prix – les amateurs désireux de faire l'expérience d'une dégustation exceptionnelle doivent absolument essayer d'en acheter.

La Mondotte est probablement le jeune bordeaux le plus concentré que je connaisse. Il est inutile d'ergoter sur le fait de savoir s'il tend ou non à être le Petrus ou le Le Pin de Saint-Émilion. Vinifié par le talentueux comte Stephan von Neipperg, propriétaire de Canon-la-Gaffelière et du Clos de l'Oratoire, qui bénéficie des conseils du célèbre Stéphane Derenoncourt, il s'impose comme un vin spectaculaire, qui fait déjà tourner les têtes – suscitant bien des jalousies.

Issu d'une parcelle de 4,5 ha située sur le coteau argilo-calcaire surplombant Pavie Decesse, La Mondotte est le fruit de vignes de 37 ans d'âge, et se compose à 80 % de merlot et pour le reste de cabernet franc. Les vendanges sont triées aussi bien avant qu'après l'éraflage. Les vins, qui subissent une longue cuvaison, bénéficient des méthodes de vinification les plus sophistiquées, notamment la micro-oxygénation des lies et l'achèvement des malolactiques en fûts neufs, et ils vieillissent dans des fûts de la meilleure qualité.

2003
93-96 Ce vignoble a enregistré une belle réussite en 2003. Il propose cette année-là un assemblage 80 % merlot et 20 % cabernet franc, dont la robe d'un pourpre d'encre accompagne de fabuleuses senteurs, à la fois profondes et aériennes, de café torréfié, de mûre, de crème de cassis, de minéral et de

fleurs. Suit en bouche un ensemble riche et corsé, merveilleusement précis et élégant malgré sa puissance, et étayé par une faible acidité. Ce vin n'est pas particulièrement massif ; il révèle cependant en bouche, avec générosité et une ampleur croissante, une belle étoffe, ainsi qu'un équilibre d'excellent aloi. **À boire entre 2007 et 2018.** (3/04)

2002 **88-90+ ?** Ce vin, que j'ai dégusté en trois occasions, me paraît être l'exemple le plus anodin de ce cru depuis ses débuts en 1996. Composé à 80 % de merlot et pour le reste de cabernet franc, il arbore un pourpre dense et développe de douces notes d'airelle et de mûre. Joliment étoffé, mais marqué de tannins astringents, il révèle encore une finale sèche, étroite, trop extraite et dénuée de structure. Peut-être l'ensemble gagnera-t-il en étoffe et en caractère au cours de son élevage ? Quoi qu'il en soit, s'il est excellent, voire extraordinaire, ce 2002 n'est pas du niveau de ses prédécesseurs élaborés par Stephan von Neipperg et par son talentueux conseil Stéphane Derenoncourt. **À boire entre 2008 et 2016.** (9/03)

2001 **94** Ce vin quelque peu retenu, mais élégant, s'annonce par un pourpre opaque et par un fabuleux bouquet mêlant des senteurs évoluées de mûre et de cassis à des notes de café et de grillé. L'ensemble, somptueux de pureté, présente davantage de précision et de tonicité que ses aînés au même stade d'évolution. Son fruit massif et concentré traduit la quintessence du terroir dont il est issu. Le superbe 2001 de La Mondotte, qui s'impose au nombre des grandes réussites du millésime, est moyennement corsé et concentré, avec des tannins doux ; et il révèle, outre une acidité et un boisé parfaitement fondus, une finale longue de plus de 40 secondes. **À boire jusqu'en 2017.** (1/03)

2000 **98+** Issu de rendements de 25 hl/ha, ce vin composé à 80 % de merlot et pour le reste de cabernet franc frise la perfection. Le 2000 de La Mondotte s'annonce par un pourpre d'encre soutenu et par un nez serré, mais très prometteur, de liqueur de mûre et de cassis nuancé de cerise, de vanille, de café, de moka et de fleur d'acacia. L'ensemble qui suit en bouche est généreux, extraordinaire de richesse et fabuleux de pureté, avec une finale corsée, à la limite de la viscosité, qui dure près de 1 minute. Vous apprécierez ce vin ample, mais remarquable à la fois de finesse et de précision, **entre 2007 et 2030.** (1/03)

1999 **94** Le 1999 de La Mondotte constitue, avec le 1997, l'exemple de ce cru le plus accessible produit à ce jour. D'un pourpre opaque, il dégage de fabuleux arômes de fruits noirs confits, de graphite, de réglisse et de sous-bois. En bouche, ce vin somptueux se montre corsé, révélant une richesse en extrait absolument stupéfiante dans le contexte du millésime. Ses tannins abondants sont parfaitement masqués par un fruité merveilleusement gras et généreux, et sa finale est longue de 35 à 45 secondes. Une réussite exceptionnelle ! **À boire jusqu'en 2020.** (3/02)

1998 **96+** Le 1998 constitue un véritable tour de force en matière de vinification. Ce vin massif, d'un pourpre-noir opaque, se distingue par des senteurs extraordinairement pures de fruits noirs nuancées de cèdre, de vanille, de caramel et de café. Onctueux, magnifiquement doté d'un fruité richement extrait aux notes de cassis et de mûre, il se développe en bouche par paliers, révélant, outre une très grande complexité, une finale longue de plus de 50 secondes, recelant des tannins modérés. Bien qu'il évoque un Porto sec, ce vin n'est pas destiné à être consommé dans sa jeunesse. Quel colosse ! **À boire entre 2008 et 2035.** (3/02)

1997 Le somptueux 1997 s'impose comme l'une des grandes réussites du millésime.
94 D'un pourpre soutenu, il s'annonce par d'explosives senteurs de mûre, de violette, de minéral et de doux chêne grillé. Suit en bouche un ensemble bien proportionné malgré son ampleur et son caractère massif, qui exprime tout en rondeur une texture onctueuse. Plus séduisant et plus accessible que le gigantesque 1996, il peut être apprécié **dès maintenant et jusqu'en 2015.** (1/03)

1996 Étonnant tant pour l'appellation que dans le contexte du millésime, le fabuleux
97 La Mondotte 1996 se distingue par sa richesse somptueuse, sa concentration extraordinaire et ses tannins remarquablement fondus. Sa robe d'un pourpre épais laisse deviner un caractère hautement extrait. Il s'agit en effet d'un vin très concentré, qui régale le nez de ses spectaculaires senteurs de café torréfié, de réglisse, de mûre et de cassis, nuancées de chêne neuf fumé. La bouche, très corsée, se dévoile par paliers, révélant tout en rondeur un fruité d'une profondeur extrême, un caractère fabuleusement visqueux et une finale longue de 45 secondes. Les tannins de ce Saint-Émilion puissant et massif, qui évoque un Porto sec millésimé, sont doux et parfaitement fondus. **À boire entre 2006 et 2025.** (1/99)

MONTLISSE

Grand cru
Propriétaire : Christian Dauriac
Adresse : 33330 Saint-Étienne-de-Lisse
Adresse postale : SC Dauriac – Château Destieux
33330 Saint-Émilion
Tél. 05 57 24 77 44 – *Fax* 05 57 40 37 42
E-mail : dauriac@labm.fr
Site Internet : www.vignobles-dauriac.com
Visites : sur rendez-vous uniquement
Contact : Christian Dauriac

VIGNOBLE ET VINIFICATION

Superficie : 7 ha
Encépagement : 85 % merlot, 15 % cabernet franc
Âge moyen des vignes : 35 ans – *Densité de plantation :* 5 000 pieds/ha
Rendement moyen : 38 hl/ha
Élevage : fermentations et cuvaison en cuves d'acier inoxydable thermorégulées dont le volume est adapté à chaque parcelle de vigne ; achèvement des malolactiques en fûts pour 25 % de la récolte ; vieillissement de 12 à 15 mois en fûts (100 % de bois neuf) ; ni collage ni filtration

VIN PRODUIT

Château Montlisse – 35 000 b (pas de second vin)
À maturité : dans les 5 à 12 ans suivant le millésime

APPRÉCIATION GÉNÉRALE

Ce cru récemment créé par Christian Dauriac, par ailleurs propriétaire de Destieux, est plus léger que son compagnon d'écurie, plus accessible, moins rustique et moins marqué de tannins féroces. Ce vin souple, supérieur à la moyenne de l'appellation, constitue une très bonne affaire.

2003
88-90
Ce domaine a enregistré en 2003 une belle réussite, comme d'ailleurs son compagnon d'écurie Destieux ; tous deux sont situés sur des sols argilo-calcaires. Le 2003 de Montlisse, qui s'impose – avec le 2000 – comme le plus beau succès à ce jour de la propriété, arbore un rubis-pourpre dense et soutenu, et dégage un somptueux bouquet de cerise noire nuancé d'autres petits fruits, de réglisse et de chêne neuf épicé. L'ensemble, moyennement corsé, est mûr et concentré, avec une faible acidité et d'abondants tannins. **À boire entre 2007 et 2014.** Une révélation du millésime ! (Dernière dégustation 3/04)

2001
88
Le 2001 de Montlisse arbore un rubis-pourpre profond et dégage de doux arômes de chocolat, de chêne neuf, de terre, de mûre et de cassis. L'ensemble, très dense, n'a pas la puissance ni l'ampleur de son aîné d'un an, mais il n'en demeure pas moins séduisant. **À boire jusqu'en 2015.** (1/03)

2000
90
L'impressionnant 2000 s'impose comme une révélation du millésime. Ce vin d'un prune-pourpre dense, dont les excellents arômes de liqueur de cerise et de mûre sont imprégnés de doux moka et nuancés de truffe et de caramel, est corsé, très souple, et étayé par des tannins mûrs et une faible acidité. **À boire jusqu'en 2020.** (1/03)

1999
88
Des notes de pruneau, de prune, de figue et de cerise confiturée annoncent ce vin riche et souple, marqué de fumé. L'ensemble est excellent à l'attaque, moyennement corsé, charnu et d'une grande pureté en milieu de bouche, mais un peu court en finale. **À boire dans les 8 ans.** (3/02)

MOULIN SAINT-GEORGES

Grand cru
Propriétaire : famille Vauthier
Adresse : 33330 Saint-Émilion
Tél. 05 57 24 24 57 – *Fax* 05 57 24 24 58
E-mail : chateau.ausone@wanadoo.fr
Visites : non autorisées
Contact : Alain Vauthier

VIGNOBLE ET VINIFICATION

Superficie : 7 ha
Encépagement : 60 % merlot, 34 % cabernet franc, 6 % cabernet sauvignon
Âge moyen des vignes : 25 ans – *Densité de plantation :* 5 500 pieds/ha
Rendement moyen : 45hl/ha
Élevage : fermentations et cuvaison de 21 à 28 jours en cuves d'acier inoxydable thermorégulées ; achèvement des malolactiques et vieillissement de 15 à 18 mois en fûts (100 % de bois neuf) ; collage et filtration selon le millésime

VIN PRODUIT

Château Moulin Saint-Georges – 35 000 b (pas de second vin)
À maturité : dans les 5 à 20 ans suivant le millésime

APPRÉCIATION GÉNÉRALE

Cette propriété appartient à Alain Vauthier, un homme courtois et affable que l'on associe plus généralement à la renaissance d'Ausone. Moulin Saint-Georges évoque d'ailleurs son prestigieux compagnon d'écurie, tout en étant plus épanoui, accessible plus rapidement et moins cher. Les deux vignobles sont relativement proches l'un de l'autre, et les deux crus partagent souvent les mêmes caractéristiques. S'imposant régulièrement au nombre des révélations du millésime, Moulin Saint-Georges constitue aussi l'une des meilleures affaires en Saint-Émilion, du fait de son prix raisonnable.

2003 **90-93** Ceux qui ne peuvent trouver ou s'offrir le célèbre Château Ausone se tourneront vers Moulin Saint-Georges, qui appartient au même propriétaire que ce prestigieux premier cru et évoque son grand frère par le style. La production en 2003 ne fut que la moitié de la normale, en raison de la sécheresse et des fortes chaleurs estivales. Le très impressionnant Moulin Saint-Georges 2003, qui arbore un noir d'encre, est faible en acidité, avec de fabuleuses senteurs de minéral, de mûre et de myrtille, ainsi que des flaveurs aussi amples que persistantes. Cet assemblage 80 % merlot, 10 % cabernet sauvignon et 10 % petit verdot est dense, structuré, opulent et épanoui – et en cela quelque peu atypique du style d'Alain Vauthier. Il s'agit d'une révélation du millésime. **À boire dans les 12 à 13 ans.** (3/04)

2002 **89** Ce Saint-Émilion s'impose, une fois de plus, au nombre des révélations du millésime. Évoquant un peu son plus prestigieux compagnon d'écurie, dont il n'a cependant pas la majesté ni l'étoffe, il arbore un rubis-pourpre d'encre et développe de fabuleux parfums de liqueur de pierre nuancés de fleurs blanches, de cassis et de framboise. Ce vin étoffé, merveilleusement pur et élégant, affiche encore une belle harmonie, qui suggère une consommation **jusqu'en 2015.** (9/03)

2001 **90** Très bon, l'élégant Moulin Saint-Georges 2001, dont la robe rubis foncé prélude à de doux arômes de cerise noire, de framboise et de groseille nuancés de minéral, n'a pas la persistance ni la corpulence caractéristiques du cru. Il faudra le consommer **dans les 10 ans suivant le millésime.** (1/03)

2000 **91** Voici – avec le 2003 – la plus belle réussite à ce jour de ce cru. Riche et étoffé, l'exubérant 2000 présente, tant au nez qu'en bouche, des arômes de crème de cassis et de liqueur de myrtille. Il déploie un fruité très généreux qui masque parfaitement son boisé. Quant aux abondants tannins que recèle sa finale, ils sont doux et parfaitement fondus. Ce vin merveilleusement rond, qui évoque quelque peu son jumeau d'Ausone (lequel frise la perfection), est une révélation du millésime. **À boire jusqu'en 2018.** (1/03)

1999 **90** S'imposant au nombre des révélations du millésime, ce vin élégant, d'un rubis-pourpre dense, se distingue par la pureté et le caractère minéral de ses doux arômes de mûre et de myrtille. L'ensemble, moyennement corsé, est riche, persistant et structuré. **À boire jusqu'en 2016.** (3/02)

1998 D'élégantes senteurs de mûre, de réglisse et de minéral jaillissent littéralement
89 du Moulin Saint-Georges 1998. Ce vin moyennement massif, racé et d'une très grande pureté impressionne par ses généreux arômes de fruits noirs, dans lesquels l'alcool, les tannins et l'acidité sont harmonieusement fondus. Il peut être apprécié dès maintenant, à condition d'être décanté quelque temps avant la dégustation, mais il promet de tenir **8 ans.** (3/02)

1997 Outre un nez extrêmement fruité dominé par la framboise et la cerise, le 1997
87 présente un caractère moyennement corsé et faible en acidité, des arômes doux et confiturés, ainsi qu'une finale souple et charnue. **À boire dans les 2 ans.** (11/02)

1996 Rubis-pourpre foncé de robe, exhalant un nez complexe et subtilement boisé
88 de prune et d'autres fruits noirs, de minéral et de fer, le 1996 s'impose comme un vin riche et moyennement corsé. Ce classique, qui s'exprime tout en élégance, manifeste une pureté extraordinaire. C'est, en quelque sorte, l'Ausone du pauvre. **À boire jusqu'en 2015.** (10/02)

1995 Le fabuleux Moulin Saint-Georges 1995 est une révélation de l'année. D'un
90 pourpre dense, doté d'un doux nez de framboise et de groseille mêlé de belles notes de chêne grillé et de minéral, il se montre tout à la fois profond, riche, mûr, élégant, harmonieux et impressionnant de pureté. Un Saint-Émilion somptueux et vraiment imposant, assurément plein d'avenir ! **À boire jusqu'en 2016.** (11/97)

PAVIE

1er grand cru classé B
Propriétaires : Gérard et Chantal Perse
Adresse : 33330 Saint-Émilion
Tél. 05 57 55 43 43 – *Fax* 05 57 24 63 99
E-mail : contact@vignoblesperse.com
Site Internet : chateaupavie.com
Visites : non autorisées
Contact : Gérard Perse

VIGNOBLE ET VINIFICATION

Superficie : 37 ha
Encépagement : 60 % merlot, 30 % cabernet franc, 10 % cabernet sauvignon
Âge moyen des vignes : 43 ans – *Densité de plantation :* 5 500 pieds/ha
Rendement moyen : 28-30 hl/ha
Élevage : fermentations et cuvaison de 28 à 35 jours en petites cuves ouvertes ; achèvement des malolactiques en fûts ; micro-oxygénation ; vieillissement de 18 à 22 mois sur lies en fûts (100 % de bois neuf) ; ni collage ni filtration

VIN PRODUIT

Château Pavie – 100 000 b (pas de second vin)
À maturité : dans les 7 à 35 ans suivant le millésime (à compter de 1998)

APPRÉCIATION GÉNÉRALE

Pavie, qui bénéficie d'un des terroirs les plus prisés de Saint-Émilion, est géré depuis 1997 par Chantal et Gérard Perse, qui y ont effectué de très importants investissements tant dans le vignoble que dans les chais et ne ménagent aucun effort pour y produire le meilleur vin possible. Ils proposent ainsi des Saint-Émilion qui traduisent parfaitement leur terroir, se distinguant par leur finesse, leur richesse et leur complexité extraordinaires. Sous la talentueuse houlette des Perse, Pavie évoque de plus en plus Lafite Rothschild, et, s'il fallait juger le flacon sur son contenu, ce vin s'imposerait désormais comme un premier cru de très haut vol, mariant magnifiquement une élégance exceptionnelle à une puissance d'excellent aloi. Cependant, pour des raisons que j'ignore, les millésimes récents n'ont pas connu un succès commercial à la hauteur de leur qualité, probablement du fait de la mauvaise image des Pavie produits antérieurement et/ou de la controverse dont sont l'objet les nouveaux maîtres des lieux.

Pavie, le plus étendu de tous les premiers crus classés de Saint-Émilion, produit quatre à cinq fois plus qu'Ausone et 15 % de plus que La Gaffelière, qu'il jouxte. Son vignoble, ouvert au sud, jouit d'une excellente situation au sud-est du village (tout près du centre), dans la partie est des coteaux. On dit donc qu'il est un vignoble de « côtes ». L'implantation de la vigne, ici comme à Ausone, remonte au IVe siècle, du temps des Romains.

Propriété de la famille Valette jusqu'en 1997, Pavie était géré par Jean-Paul Valette depuis 1967, date de son retour du Chili. C'était l'un des viticulteurs les plus avenants de la région ; son hospitalité légendaire, conjuguée au fait que le domaine possède de superbes caves creusées à même le calcaire, faisait de Pavie une étape obligée pour les touristes.

Avant d'être racheté par les Perse, ce domaine ne s'est pas distingué au sein des premiers grands crus classés de l'appellation, malgré sa production et sa renommée. Les vins qui en étaient issus, trop légers et faiblement colorés, avaient une fâcheuse tendance à évoluer rapidement en développant des nuances tuilées. Fort heureusement, cette période de méforme relève désormais du passé. Toutefois, Pavie n'est pas un vin à apprécier dans sa jeunesse ; la plupart des millésimes, notamment ceux des années 80 et du début des années 90, demeuraient obstinément fermés, requérant une garde de 7 à 10 ans au moins pour se fondre. En outre, les performances du début de la décennie 90 furent particulièrement décevantes, et c'est peut-être ce qui incita Jean-Paul Valette à vendre la propriété.

Gérard Perse, dont les débuts à Pavie remontent à 1997, a réussi, en cinq ans à peine, à propulser le cru à des sommets de qualité, inaugurant ainsi une fabuleuse saga dans le Bordelais.

Pavie est désormais l'un des crus classés de Saint-Émilion les plus onéreux.

2003
96-100 Voici une autre réussite hors normes à rajouter à l'actif des perfectionnistes Gérard et Chantal Perse. Issu de rendements de 30 hl/ha et composé à 70 % de merlot, à 20 % de cabernet franc et à 10 % de cabernet sauvignon, le Pavie 2003 incarne l'essence d'un des meilleurs terroirs de Saint-Émilion, dont les sols argilo-calcaires résistèrent parfaitement à l'été torride qui marqua le millésime. Ce vin racé, merveilleusement riche et précis, est fortement marqué de minéral. D'un pourpre d'encre soutenu, il présente de provocantes senteurs

de fruits rouges et noirs, de vinaigre balsamique, de réglisse et de fumé. Ses flaveurs merveilleusement riches, mais fraîches et précises, dévalent littéralement le palais, révélant une faible acidité ainsi qu'un caractère plus alcoolique que de coutume – deux traits laissant subodorer que l'ensemble sera accessible d'ici 4 à 5 ans. La finale est tannique. Cette magnifique réussite s'impose, avec Ausone et Petrus, comme l'un des trois 2003 les plus grandioses de la rive droite. **À boire entre 2011 et 2040.** (3/04)

2002 **95** Ce vin inclut le fruit des vignes qui produisaient autrefois Le Clusière. Il est composé à 70 % de merlot, à 10 % de cabernet franc et pour le reste de cabernet sauvignon. Pavie peut prétendre, une fois de plus en 2002, au titre de réussite du millésime. Produit à hauteur de 8 000 caisses, ce vin d'un pourpre dense et soutenu se distingue par le caractère minéral qui traduit les grands terroirs, ainsi que par la très grande douceur de ses arômes de liqueur de cerise et de cassis nuancés de réglisse et de boîte à épices. L'ensemble est précis et élégant, malgré sa densité et son caractère corsé. Il s'agit incontestablement d'une belle réussite dans le contexte du millésime. Je pense ce vin capable d'une garde d'une bonne vingtaine d'années. **À boire entre 2008 et 2025.** (9/03)

2001 **96** Très proche en qualité des 1998 et 2000, le 2001 de Pavie peut sans peine prétendre au titre de réussite du millésime. Ce vin pourpre-noir, dont le somptueux bouquet regorge de pures et douces senteurs de fruits noirs imprégnés d'eau-de-vie, ainsi que de notes de fumé, de réglisse, de fer et de chêne grillé, est moyennement corsé, extraordinaire de précision, de concentration et de richesse en extrait, avec une acidité et des tannins quelque peu agressifs. La race du terroir s'exprime parfaitement dans le magnifique fruité de ce vin exceptionnel, qu'il faudra attendre au moins une dizaine d'années. Le Pavie 2001 est un assemblage 70 % merlot, 20 % cabernet franc et 10 % cabernet sauvignon. **À boire dans les 20 ans, suivant une garde de 3 à 4 ans.** (1/03)

2000 **100** Accordons à Gérard Perse d'avoir eu raison sur toute la ligne. Alors que d'aucuns considéraient comme prématurées et arrogantes ses affirmations selon lesquelles le 2000 de Pavie constituait la plus belle réussite à ce jour de la propriété, je dois avouer, après avoir dégusté ce vin en six occurrences après la mise, qu'il s'impose incontestablement comme l'un des bordeaux les plus gigantesques qui soient. Il s'annonce par un pourpre opaque et par un bouquet de minéral, de mûre, de cerise et de cassis nuancé de boîte à épices, de cèdre et de fleurs blanches. En bouche, il offre un beau déploiement de richesse en extrait, tout en manifestant une tonicité et une précision exquises. L'ensemble, dont la finale dure plus de 1 minute, représente le style de vin que les détracteurs de Gérard Perse redoutaient de le voir produire – étonnamment apte à la garde, vinifié sans compromission, il traduit la quintessence de son terroir. La vie est trop courte pour qu'on fasse l'impasse sur une telle merveille. Le 2000 de Pavie est un assemblage 60 % merlot, 30 % cabernet franc et 10 % cabernet sauvignon. **À boire entre 2012 et 2050.** (1/03)

1999 **95** Le Pavie 1999, qui pourrait prétendre au titre de réussite du millésime, s'annonce par un rubis-pourpre opaque et par de fabuleuses senteurs de minéral concassé, de fumé, de réglisse, de liqueur de cerise et de groseille. En bouche, il se développe par paliers, révélant, outre une pureté et un équilibre exceptionnels, une étoffe absolument superbe. À en juger par ses tannins, l'ensemble se maintiendra encore 25 ans, voire plus. **À boire jusqu'en 2030.** (3/02)

1998
95+
Ce vin, très certainement capable d'affronter une garde d'un demi-siècle, s'annonce par un pourpre opaque et par un nez prononcé, mais d'une grande précision, aux senteurs de fruits noirs, de minéral, de fumé et de graphite. Très corsé, doté de belles proportions, puissant et concentré, il est tout aussi fabuleux en milieu de bouche qu'en finale (il persiste au palais plus de 1 minute). Véritable vin de garde, le Pavie 1998 constitue un remarquable tour de force en matière de vinification. **À boire entre 2006 et 2045.** (1/03)

1997
86
En 1997, Gérard Perse n'avait pas la maîtrise des vinifications, mais il présida aux sélections (draconiennes). Le résultat est un vin élégant, moyennement corsé et souple, aux arômes et aux flaveurs de cerise et d'épices. C'est un bordeaux plaisant, à savourer sans cérémonie. **À boire.** (1/03)

1996
84
Vêtu de rubis foncé, le Pavie 1996 est acidulé et comprimé, avec des arômes moyennement intenses de groseille mâtinés de notes de terre et d'épices. Bien qu'issu d'une vinification nette et de bon niveau, il est discret, maigre et anguleux, manquant tout à la fois d'étoffe, de chair et de longueur. Il tiendra encore une petite dizaine d'années. **À boire jusqu'en 2012.** (3/98)

1995
78
D'un rubis-prune moyennement foncé, le Pavie 1995 exhale de caractéristiques arômes poivrés et épicés de feuille, évoquant vaguement la cerise rouge et la groseille. Rigide et austère, avec un caractère anguleux et des tannins sévères, il révèle un doux fruité à l'attaque en bouche ; malheureusement, c'est ensuite la structure qui domine l'ensemble. Ce vin pourrait être bon, mais je pense plutôt qu'il se desséchera. **À boire jusqu'en 2010.** (11/97)

1994
72
Fortement ambré sur le bord, le 1994 de Pavie est très légèrement corsé, avec un nez indéfinissable, dénué de fruit, qui révèle cependant des notes rustiques de poussière et de terre, ainsi que des nuances d'herbes et de légumes. Ce vin extrêmement tannique, à l'acidité piquante, ne peut que décliner. **Sur le déclin.** (1/03)

1993
75
Le 1993 de Pavie, qui arbore un rubis foncé, exhale un nez aux indéfinissables arômes de fruits rouges, de poivron vert et de terre. Il est nerveux, très structuré, dur et astringent, et s'est desséché bien avant que ses tannins ne se fondent. **Devrait être bu.** (1/97)

1990
90
Le 1990 de Pavie, qui s'impose comme la plus belle réussite du cru entre 1982 et 1998, est le dernier millésime de haut vol produit par le regretté Jean-Paul Valette, l'ancien propriétaire. D'un rubis foncé ambré sur le bord, il exhale un nez épicé et herbacé de terre, de cerise noire, de minéral et de boîte à épices. Moyennement corsé et charnu, étayé par une faible acidité et des tannins modérément abondants, il a atteint son apogée. **À boire jusqu'en 2015.** (1/03)

1989
88
D'un grenat-prune foncé, libérant un nez de sous-bois, de compost, de champignon, de cake, de douce cerise exotique et d'épices orientales, ce vin moyennement corsé et anguleux paraît nettement plus jeune que son cadet d'un an. Il tiendra encore une quinzaine d'années. **À boire jusqu'en 2015.** (1/03)

1988 86 Ce vin peu évolué, structuré et tannique est bien équilibré par un fruité élégant et mûr de tabac et de cerise noire, rehaussé d'une heureuse acidité. Sa finale, persistante, est épicée et tannique. **À boire.** (1/93)

1986 87 Le 1986 va s'atténuant et commence à décliner. D'un grenat fortement ambré sur le bord, il exhale un doux nez de légumes cuits, d'herbes de Provence séchées, de cerise aigre-douce et de terre, qui introduit en bouche un ensemble moyennement corsé, dont les tannins commencent à prendre le dessus. Ce vin était impressionnant dans sa jeunesse, mais il n'a pas résisté à l'épreuve du temps. **À boire jusqu'en 2006.** (1/03)

1985 86 Le 1985 est ferme, tannique et discret, surtout pour le millésime. Profondément coloré et moyennement corsé, il est à la fois mûr et gracieux. **À boire.** (3/90)

1983 88 Le Pavie 1983, qui est à son apogée, séduit par son bouquet aux riches senteurs de framboise et de prune entremêlées de notes de chêne neuf et d'herbes. Sa robe, d'un rubis moyennement foncé, a développé quelques nuances ambrées sur le bord, mais sa bouche regorge d'arômes de fruits rouges tout à la fois opulents, riches et amples, qui tiennent leur belle précision de l'acidité et des tannins qui les étayent. Étonnamment accessible et exubérant, ce Pavie doit être consommé **sans plus tarder.** (3/91)

1982 89 Le 1982 de Pavie commence enfin à s'épanouir, tandis que ses tannins se fondent harmonieusement. Impressionnant par sa robe d'un rubis-grenat soutenu, il exhale un nez classique de cèdre, de cassis, de vanille et d'herbes rôties évoquant un Médoc. Moyennement corsé et d'une très grande concentration, il recèle encore des tannins modérément abondants, mais assez présents, ce qui ne nuit en rien à l'élégance et au caractère retenu de l'ensemble. **À boire jusqu'en 2012.** (9/95)

MILLÉSIMES ANCIENS

La plupart des millésimes des années 70 étaient médiocres, comme ceux de la décennie précédente. On exceptera le 1961 (noté 90 en février 1988), de bonne facture mais qui doit maintenant être sur le déclin. Le 1929 (noté 93 en mars 1999) m'a été offert à la dégustation par Gérard Perse, lors d'un passage à la propriété. Le maître des lieux m'a expliqué qu'il souhaitait reproduire à Pavie ce type de vin, avec une vinification plus moderne.

PAVIE DECESSE

Grand cru classé
Propriétaires : Gérard et Chantal Perse
Adresse : 33330 Saint-Émilion
Adresse postale : Château Pavie – 33330 Saint-Émilion
Tél. 05 57 55 43 43 – *Fax* 05 57 24 63 99
E-mail : vignobles.perse@wanadoo.fr
Site Internet : www.chateaupavie.com
Visites : non autorisées
Contact : Gérard Perse

VIGNOBLE ET VINIFICATION

Superficie : 4 ha
Encépagement : 90 % merlot, 10 % cabernet franc
Âge moyen des vignes : 41 ans – *Densité de plantation :* 5 500 pieds/ha
Rendement moyen : 28-30 hl/ha
Élevage : fermentations et cuvaison de 28 à 35 jours en cuves de bois thermorégulées ; vieillissement sur lies de 18 à 22 mois en fûts (100 % de bois neuf) ; ni collage ni filtration

VIN PRODUIT

Château Pavie Decesse – 30 000 b avant 2001, 11 000 bouteilles ensuite (pas de second vin)
À maturité : dans les 5 à 10 ans suivant le millésime avant 1998, dans les 5 à 30 ans après

APPRÉCIATION GÉNÉRALE

Voici une autre propriété dont on doit la renaissance au talentueux Gérard Perse, qui a aussi magnifiquement œuvré à Pavie et à Monbousquet.

De 1971 à 1997, ce château a appartenu à Jean-Paul Valette, qui possédait également Pavie, premier grand cru classé situé à quelques centaines de mètres plus bas sur le coteau. Il a été racheté en février 1997 par Gérard Perse, l'ambitieux jeune propriétaire de Monbousquet, qui l'a rattaché à Pavie (lequel comprend désormais aussi La Clusière). Ses 4 ha de vignes sont situés sur le plateau calcaire qui surplombe son homonyme partiel.

Ce Saint-Émilion des côtes, implanté sur un sol crayeux et argilo-calcaire, a suivi, pour ce qui est de la qualité, la même courbe ascendante que son plus célèbre compagnon d'écurie, Pavie – pour la moitié du prix. Après des performances médiocres dans les années 70 à 90, le 1997, élaboré sous la houlette des Perse, m'a donné l'impression que le domaine était promis à un avenir brillant.

Je recommande vivement aux visiteurs qui s'arrêteraient à Pavie de pousser jusqu'à Pavie Decesse, situé plus haut, en empruntant le long chemin qui serpente jusqu'à cette propriété. Ils auront une vue époustouflante sur les vignobles alentour.

2003
95-97
Le 2003 de ce cru est magnifiquement réussi et s'impose comme l'un des grands succès du millésime. Composée à 90 % de merlot et pour le reste de cabernet franc, et issue de rendements de 28 hl/ha, cette merveille, qui titre 13,5 % d'alcool naturel, n'est malheureusement disponible qu'en quantités réduites. Il s'agit d'un vin renversant, explosif et flamboyant, dont la robe d'un pourpre sombre opaque accompagne de doux et amples parfums de mûre, de pierre mouillée et de fleurs blanches (peut-être aussi de violette). La bouche, corsée et d'une grande précision, exprime des flaveurs de chocolat, de café torréfié, de fruits noirs et de réglisse, et manifeste une profondeur et une densité d'excellent aloi. L'ensemble, qui se distingue encore par sa faible acidité et son gras généreux, est massif, mais sans lourdeur ni surmaturité. C'est l'un des 2003 qui évoquent ce que devaient être à 6 mois d'âge les 1947 de la rive droite. **À boire dans les 35 ans suivant une garde de 7 à 10 ans.** (3/04)

2002 Composé à 90 % de merlot et pour le reste de cabernet franc, le 2002 est
93 superbe, étonnamment concentré et intense, et s'annonce par un pourpre soutenu. En bouche, il se développe par paliers, révélant une texture aussi généreuse qu'étoffée, un caractère terriblement corsé, ainsi qu'une douceur et une maturité d'excellent aloi. Il sera plus précoce et évoluera plus vite que son jumeau de Pavie. Quelle réussite ! **À boire entre 2006 et 2018.** (9/03)

2001 Le Pavie Decesse 2001, qui a subi une cuvaison de 5 semaines, est issu de
95 rendements de 30 hl/ha. D'un pourpre opaque, il est plus ferme et davantage marqué de minéral que ses compagnons d'écurie (Pavie et Monbousquet), mais il se distingue par l'épaisseur et la richesse de ses belles flaveurs de mûre, de cerise et de groseille (nuancées de minéral). L'ensemble, moyennement corsé et tannique, est peu évolué. Il requiert une garde de 5 à 7 ans. **À boire entre 2007 et 2018.** (1/03)

2000 Le 2000 de Pavie Decesse, qui se compose à 90 % de merlot et pour le reste
96 de cabernet franc, est issu de rendements de 30 hl/ha. Magnifiquement réussi, ce 2000 s'annonce par un pourpre bleuté opaque et par un fabuleux bouquet aux doux arômes de myrtille, de charbon et de minéral. En bouche, l'ensemble est corsé, généreusement doté, étonnant de pureté et de précision, malgré son ampleur et sa richesse en extrait. Pour abondants qu'ils soient, les tannins que recèle sa finale persistante, longue de plus de 1 minute, sont merveilleusement doux. Il s'agit incontestablement – avec, peut-être, le 2003 – du Pavie Decesse le plus grandiose qui soit. Une légende en perspective ! Sachant qu'il vaut nettement moins cher que Pavie, les amateurs auront compris ce qu'il leur reste à faire. **À boire entre 2008 et 2030.** (1/03)

1999 Stupéfiant de précision, le Pavie Decesse 1999 se distingue par un rubis-
93 pourpre opaque et par des arômes de cassis, de mûre et de minéral mouillé. Ce vin riche et intense se développe en bouche par paliers, révélant un fruité moyennement corsé et merveilleusement pur. C'est l'un des 1999 les plus concentrés et les plus aptes à la garde. **À boire entre 2007 et 2025.** (3/02)

1998 Ce vin moyennement corsé, musclé et puissant présente, tant au nez qu'en
91+ bouche, des arômes de pierre mouillée, de minéral, de vanille, de cerise noire et de fumé. Regorgeant de fruit et bâti pour le long terme, il tiendra encore une vingtaine d'années. **À boire jusqu'en 2025.** (3/02)

1997 Le 1997 de Pavie Decesse, qui arbore un rubis-pourpre dense, exhale de très
89 généreux parfums de mûre et de cerise nuancés de chêne épicé. En bouche, il se montre tout à la fois profond, riche et moyennement corsé, révélant, outre des tannins doux et une faible acidité, une persistance et une concentration admirables. Quoique d'ores et déjà délicieux, il promet de tenir **encore une dizaine d'années**, ce qui est étonnant pour un 1997. (3/02)

1996 Gérard Perse a eu la tâche peu enviable de vendre le 1996 de Pavie Decesse,
77 ? le dernier millésime vinifié par les précédents propriétaires de ce cru. Bien qu'il soit plaisant, ce vin n'a pas grand-chose pour lui : trop tannique, il n'a pas le fruit ni la concentration nécessaires, et laisse une impression générale de maigreur. En outre, les tannins secs que recèle sa finale rendent douteuse une évolution harmonieuse. Il ne peut que décliner. **À boire avant 2007.** (3/01)

1995
82 ?
Je pense avoir égaré les amateurs en attribuant une note de 86-88 au Pavie Decesse 1995, suite à ma première dégustation des primeurs. Depuis la mise en bouteilles, ce vin se montre terriblement austère et révèle un excès de tannins. Une fois passé son séduisant nez aux doux arômes de cassis, d'airelle et de cerise, il se montre creux en milieu de bouche, avec une finale dure et acerbe, aux tannins astringents. Je préférais décidément ce vin lorsqu'il était encore en fût (je l'avais goûté en trois occurrences), mais deux dégustations en bouteille me poussent à remettre en cause mes impressions premières. **À boire jusqu'en 2010.** (11/97)

1994
82 ?
La robe d'un pourpre foncé et soutenu du 1994 laisse deviner une belle intensité, mais ce vin est dominé par son acidité élevée et ses tannins amers. Ample et structuré, il manque tout à la fois de charme, de gras, de présence en milieu de bouche et de profondeur. Je pense qu'il se révélera comprimé et atténué. **À boire jusqu'en 2009.** (1/97)

1990
90
Outre ses puissants arômes de doux fruit, de minéral, de chocolat et d'herbes, le Pavie Decesse 1990 présente une texture ample et de bonne mâche, ainsi qu'un caractère profond et très richement extrait, étayé par des tannins généreux et une heureuse acidité. Un vin sensationnel, d'une puissance exceptionnelle. **À boire jusqu'en 2010.** (1/93)

1989
88
Très corsé et dense, le 1989 de Pavie Decesse est tannique et riche, mais aussi (ce qui n'est pas étonnant) peu évolué pour le millésime. Il déploie des senteurs herbacées et minérales, et dévoile en bouche un fruité de cerise bien étayé par une acidité tonique. **À boire jusqu'en 2010.** (1/93)

1988
86
D'une concentration et d'une persistance d'excellent aloi, le Pavie Decesse 1988 séduit par son bouquet de terre, de minéral et de fruits exotiques, mais il présente en finale des tannins très abondants. **À boire jusqu'en 2009.** (1/93)

1986
89
Extrêmement impressionnant par sa puissance et son caractère tannique, le 1986, opaque de robe, s'impose comme l'une des révélations du millésime. **À boire jusqu'en 2010.** (4/91)

1985
88
Le 1985 de Pavie Decesse pourrait se révéler meilleur que son jumeau de Pavie. Très profondément coloré, avec d'intenses arômes de cassis, de chêne grillé et de goudron, il se montre ample, riche, persistant et structuré en bouche, où il déploie un généreux fruité, serré et très corsé. **À boire.** (3/90)

PAVIE MACQUIN

Grand cru classé
Propriétaire : famille Corre-Macquin
Adresse : 33330 Saint-Émilion
Tél. 05 57 24 74 23 – *Fax* 05 57 24 63 78
E-mail : pavie.macquin@wanadoo.fr
Visites : sur rendez-vous uniquement
Contact : Nicolas Thienpont

VIGNOBLE ET VINIFICATION

Superficie : 15 ha
Encépagement : 70 % merlot, 25 % cabernet franc, 5 % cabernet sauvignon
Âge moyen des vignes : 35 ans – *Densité de plantation :* 6 000 pieds/ha
Rendement moyen : 35-40 hl/ha
Élevage : fermentations et cuvaison de 28 à 35 jours ; vieillissement en fûts (60-80 % de bois neuf) ; ni collage ni filtration

VINS PRODUITS

Château Pavie Macquin – 55 000 b ; Château Les Chênes de Macquin – 10 000 b
À maturité : dans les 10 à 20 ans suivant le millésime

APPRÉCIATION GÉNÉRALE

Le vignoble de Pavie Macquin, qui est cultivé en biodynamie, produit depuis une bonne dizaine d'années des vins superbes que d'aucuns rapprocheraient de Lafleur. Ce cru se distingue par son intensité (due aux vieilles vignes dont il est issu), sa concentration exceptionnelle, sa très grande richesse en extrait, ainsi que par son fruité, sa corpulence et son caractère tannique, qui se fondent en un ensemble indiscutablement apte à la garde. Certes, ce vin n'est pas destiné aux épicuriens en quête d'un plaisir immédiat. Cependant, même s'il ne faut pas être joueur dans l'âme pour l'acheter, précisons quand même que certains millésimes présentent des tannins agressifs qui font douter de leur évolution.

Pavie Macquin doit la seconde partie de son nom à Albert Macquin, qui fut en son temps le grand spécialiste du greffage des vignes européennes sur des porte-greffes américains. Cette pratique s'est révélée indispensable après la destruction, au XIXe siècle, de la plus grande partie du vignoble bordelais par le phylloxéra.

Cette propriété, excellemment située sur ce que l'on appelle la côte Pavie – un plateau calcaire mêlé d'argile –, est voisine de Troplong Mondot et de Pavie. Son vignoble, magnifiquement exposé, surplombe la vallée de Fongaban, et bénéficie d'un bel ensoleillement et d'un microclimat tempéré. Il est cultivé en biodynamie et maintenu dans de faibles rendements.

Les vins produits dans les années 70 et 80 ont souvent été décevants, mais ils se sont grandement améliorés avec les millésimes 1988, 1989 et 1990, essentiellement parce que la famille Corre a eu la brillante idée de faire appel au talentueux Nicolas Thienpont (de Vieux Château Certan, en Pomerol) pour s'occuper du vignoble et de tout ce qui a trait à la culture de la vigne, alors que la vinification et l'élevage des vins étaient confiés à Michel Rolland et à Stéphane Derenoncourt. À eux trois, ils ont remis en selle cette propriété, qui s'est particulièrement distinguée depuis avec, notamment, des 1998, 2000 et 2003 absolument exceptionnels.

2003
94-97

Produit à hauteur de 3 300 caisses, le 2003 de Pavie Macquin est considéré par les initiés comme la plus belle réussite à ce jour de la propriété. Ce vin magnifique, qui a bénéficié des conseils de Stéphane Derenoncourt, est incontestablement l'une des grandes stars de l'année. Il se distingue par son caractère alcoolique (il titre 14 % d'alcool naturel) et par sa robe d'un rubis-pourpre d'encre préludant à de fascinantes senteurs de graphite, de mûre, de kirsch, de prune, d'épices à barbecue et de métal froid. Corsé et puissant, très minéral, il manifeste une précision étonnante pour un ensemble de son ampleur et de son intensité. Ses flaveurs explosives, étayées par une faible acidité, persistent en bouche au-delà de 1 minute. Ce 2003 pourrait être une version moderne de certains grandioses 1947 de la rive droite. **À boire entre 2007 et 2020, voire au-delà.** (3/04)

2002 **90** D'un pourpre d'encre, le 2002 de Pavie Macquin est encore peu évolué et très jeune, mais il impressionne déjà par sa pureté et son intensité, ainsi que par l'abondance de ses tannins qui, fort heureusement, ne sont ni secs ni astringents. L'ensemble est merveilleusement étoffé en milieu de bouche, où il révèle de très caractéristiques flaveurs minérales. Sa finale, persistante, est prometteuse. Ce vin est spécialement destiné aux connaisseurs bénéficiant d'une excellente cave, car il requiert une garde de 5 ans encore. **À boire entre 2010 et 2020.** (9/03)

2001 **89+** Alors qu'il était peu impressionnant et accusait un manque de complexité pendant sa première année d'élevage, le 2001 de Pavie Macquin s'est magnifiquement épanoui. Il est plus élégant, mais aussi plus serré, moins exubérant et moins épanoui que de coutume, mais pas pour autant moins impressionnant. Sa robe d'un bleu-pourpre soutenu accompagne des arômes quelque peu réticents, mais absolument somptueux, de douce cerise nuancés de cassis, de réglisse et de minéral. Suit en bouche un ensemble moyennement corsé, qui ne concède rien en matière de pureté malgré son impressionnante richesse en extrait et ses tannins modérément abondants. Ce vin, qui requiert une certaine garde, sera parfait **dans les 12 à 13 ans, suivant une garde de 1 à 3 ans.** (1/03)

2000 **95** Ce vin merveilleusement dense, concentré et intense, vêtu d'un bleu-pourpre opaque, ne révèle qu'après aération son prodigieux bouquet de graphite, de camphre, de mûre, de myrtille, de minéral, de café et de chêne fumé. L'ensemble s'impose en bouche par son caractère corsé et musclé, ainsi que par son ampleur et sa très grande richesse, qui permettent de lui prêter une longévité d'au moins 20 ans. Il s'agit d'une réussite magnifique, qui pourrait rivaliser avec son somptueux aîné de 1998. **À boire entre 2010 et 2025.** (1/03)

1999 **90** Arborant un prune-pourpre dense, le Pavie Macquin 1999 s'annonce par des senteurs de truffe, de sous-bois, de café, de cerise noire et de viande rôtie préludant à un ensemble puissant et musclé, richement extrait, doté d'abondants tannins qui tapissent littéralement le palais du dégustateur. Ce vin est étonnamment peu évolué pour le millésime. Les amateurs sachant s'armer de patience et appréciant les vins d'une telle intensité seront récompensés de leur persévérance. **À boire entre 2007 et 2020.** (3/02)

1998 **95** Ce vin d'un bleu-pourpre opaque est presque trop intense et trop richement extrait. Il s'en dégage de somptueuses senteurs de myrtille, de mûre et de cerise, auxquelles se mêlent des notes de fumé, de réglisse, de vanille et de truffe, le tout se fondant en un bouquet absolument irrésistible tant il est parfumé et explosif. L'ensemble, corsé et fabuleux de densité, se développe en bouche par paliers, révélant une complexité et une pureté hors du commun. Les tannins et l'alcool sont harmonieusement fondus dans l'ensemble. Le 1998 de Pavie Macquin est assurément l'un des vins les plus concentrés du millésime. Il recèle un potentiel extraordinaire, mais a requis de la patience. **À boire entre 2006 et 2030.** (3/02)

1997 Issu de vieilles vignes et de faibles rendements, le 1997 a requis une certaine
90 garde, ce qui est atypique du millésime. Sa robe d'un pourpre-noir soutenu introduit de superbes arômes de cassis, de mûre, de minéral, de réglisse et de chêne neuf, eux-mêmes suivis en bouche d'un ensemble intense, puissant et peu évolué. Ce vin classique, apte à une longue garde, a été vinifié sans compromission. Il est puissant et massif pour un 1997, mais il n'a pas la séduction de certains de ses jumeaux. **À boire entre 2006 et 2015.** (12/01)

1996 Le Pavie Macquin 1996 pourrait parfaitement soutenir la comparaison avec
89 son jumeau de Lafleur. Ils affichent tous deux la concentration typique des crus issus de vieilles vignes, tout en étant peu évolués et terriblement tanniques. Vinifié sans compromission, ce vin présente une belle intensité, ainsi que des tannins abondants et marquants. Le nez et la bouche traduisent les légendaires arômes de minéral et de myrtille habituels de ce cru. L'ensemble, moyennement corsé, structuré et musclé, requiert une garde de 5 à 7 ans. **À boire entre 2010 et 2020.** (12/01)

1995 Semblable au 1996, le Pavie Macquin 1995 exhale de copieuses senteurs de
89 fruits noirs, marquées d'un caractère intense et prononcé de vieilles vignes. Vous remarquerez également, outre les arômes de minéral, la belle profondeur qu'il déploie en milieu de bouche. Cependant, ses abondants tannins qui tapissent littéralement le palais ne plairont vraisemblablement qu'aux masochistes. Ce vin présente certes de nombreuses qualités, mais son caractère extrêmement tannique ne laisse pas d'inquiéter. Il sera cependant extraordinaire si ses tannins se fondent dans l'ensemble sans qu'il perde de son fruité. **À boire entre 2008 et 2025.** (11/97)

1994 Rubis foncé de robe, le 1994 évoque au nez un Musigny – arômes de violette,
88 ? de cerise noire et de pierre concassée. Tannique, musclé et rugueux, il suinte littéralement de personnalité et de caractère. Il pourrait se révéler extraordinaire, mais il est dominé par sa structure et ses tannins, si bien qu'il me semble moins sûr que je ne l'avais subodoré de prime abord. On peut se demander si, malgré sa richesse et son caractère, il évoluera avec grâce sur les prochaines années, ou si au contraire il se desséchera. **À boire jusqu'en 2020.** (1/97)

1990 Gras, doux et mûr, le Pavie Macquin 1990 présente, tant au nez qu'en bouche,
91 un fruité confituré de mûre et de cassis entremêlé de notes prononcées de chêne fumé. Concentré et doux (du fait de sa maturité et non d'un quelconque sucre résiduel), il est moyennement corsé et doté d'une faible acidité qui l'a rendu accessible très tôt. Délicieux, il se maintiendra à son meilleur niveau **jusqu'en 2008.** (11/96)

1989 Le 1989 demeure l'une des grandes révélations de son millésime. Arborant
90 toujours une robe jeune de couleur rubis-pourpre, il exhale un bouquet aux généreuses senteurs de mûre et de cassis joliment nuancé de notes de pierre, de fleurs et de minéral, et marqué de subtiles touches épicées et vanillées. Tout à la fois très corsé, richement extrait et élégant, ce vin tiendra parfaitement **jusqu'aux alentours de 2015.** (11/96)

1988 L'excellent Pavie Macquin 1988 est profondément coloré, avec un bouquet
87 épicé de fruits noirs joliment nuancé de doux chêne vanillé. Moyennement corsé, concentré et racé, il est extrêmement généreux, et exprime une bouche persistante et tout en finesse. **À boire dans les 6 à 8 ans.**

PÉBY FAUGÈRES

Grand cru
Propriétaire : Silvio Denz
Adresse : 33330 Saint-Étienne-de-Lisse
Tél. 05 57 40 34 99 – *Fax* 05 57 40 36 14
E-mail : faugeres@chateau-faugeres.com
Site Internet : www.chateau-faugeres.com
Visites : sur rendez-vous, du lundi au vendredi
Contact : Alain Dourthe

VIGNOBLE ET VINIFICATION

Superficie : 2 ha
Encépagement : 100 % merlot
Âge moyen des vignes : 40 ans – *Densité de plantation :* 5 000 pieds/ha
Rendement moyen : 32 hl/ha
Élevage : macération préfermentaire à froid ; fermentations et cuvaison de 28 jours en cuves de bois thermorégulées de forme tronconique ; achèvement des malolactiques et vieillissement sur lies de 16 à 18 mois en fûts neufs ; ni collage ni filtration

VIN PRODUIT

Château Péby Faugères – 20 000 b (pas de second vin)
À maturité : dans les 5 à 20 ans suivant le millésime

APPRÉCIATION GÉNÉRALE

Dès le premier millésime, en 1998, ce vin provenant d'un coteau essentiellement complanté en merlot s'est imposé comme un prodige. Il s'agit d'une microcuvée issue du vignoble de Faugères et d'une minuscule parcelle bénéficiant d'une belle exposition au sud.

2003
92-94 Cette cuvée prestige ne présente cette année que peu de différence avec la cuvée générique, à ceci près qu'elle est plus tannique et plus fermée, avec un fruité plus prononcé de mûre et de myrtille. Ce vin d'un bleu-pourpre soutenu présente les mêmes nuances de café torréfié et de fumé que son compagnon d'écurie. Ferme, ample, peu évolué, mais généreusement doté, il devrait s'imposer comme l'une des grandes réussites de l'appellation et sera certainement de longue garde. **À boire entre 2008 et 2018.** (3/04)

2002
90 La cuvée prestige de Faugères diffère moins de la cuvée générique en 2002 que dans les millésimes précédents. Son bouquet modérément intense, généreusement marqué de chêne grillé, de café, de confiture de cerise noire et de réglisse, prélude à un ensemble puissant, dense, corpulent, très boisé et marqué d'abondants tannins. Ce vin pourrait se révéler extraordinaire s'il s'étoffait en même temps que ses tannins se fondaient. **À boire entre 2007 et 2017.** (9/03)

2001
94 Le 2001 de Péby Faugères arbore un rubis-noir soutenu et déploie d'amples et douces senteurs de réglisse fondue imprégnées de crème de cassis et de liqueur de mûre, le tout généreusement marqué de grillé et de café. L'ensemble, qui se développe en bouche par paliers, est moyennement corsé, dense et riche, se révélant presque aussi somptueux que ses aînés de 1998 et 2000. Il

évoque en plus dense et en plus riche le 1999, accessible et merveilleusement aromatique. **À boire dans les 15 à 16 ans, suivant une garde de 3 à 5 ans.** (1/03)

2000 **96** Le prodigieux 2000, qui s'impose au nombre des grandes réussites du millésime, est une essence de bordeaux. D'un pourpre-noir d'encre qui traduit bien sa richesse et sa concentration hors du commun, il dégage de provocantes senteurs de fumé, de minéral, de cacao, de mûre, de myrtille et de vanille. L'ensemble, complexe, étayé par des tannins doux, évoque un Porto tant il est généreusement doté. Remarquable de précision et de légèreté malgré son caractère corsé et tannique et sa richesse en extrait, il développe une finale étonnamment persistante. Je pense qu'il peut parfaitement rivaliser avec le somptueux 1998, qu'il semble même surpasser. Une bouteille laissée ouverte pendant 8 jours ne trahissait aucun signe d'oxydation. **À boire entre 2006 et 2020.** (1/03)

1999 **94** Magnifiquement réussi pour le millésime, le 1999 de Péby Faugères s'annonce par un pourpre opaque et par de fabuleuses senteurs de liqueur de myrtille mâtinées de cèdre, de boîte à épices, de café et de cassis. Ce vin extrêmement souple exprime avec ampleur et tout en rondeur un caractère corsé, savoureux et épicé, ainsi qu'une finale longue de près de 35 secondes. **À boire jusqu'en 2018.** Quelle magnifique réussite ! (3/02)

1998 **95** Magnifiquement réussi, le 1998, qui arbore une robe épaisse d'un pourpre-noir opaque, se distingue par un bouquet fabuleux, où des notes de mûre et de myrtille se mêlent à des senteurs de fumé, de minéral et de vanille. La bouche, riche et corsée, mais harmonieuse, s'exprime tout en rondeur, révélant une acidité et des tannins merveilleusement fondus. Ce vin puissant et massif constitue l'une des grandes surprises du millésime. **À boire jusqu'en 2018, voire au-delà.** (3/02)

PIERRE DE LUNE

Grand cru
Propriétaires : Tony et Véronique Ballu
Adresse : 1, Châtelet Sud – 33330 Saint-Émilion
Tél. 05 57 74 49 72 ou 06 70 80 24 27 – *Fax* 05 57 74 49 72
E-mail : veronique.ballu@wanadoo.fr
Visites : sur rendez-vous uniquement
Contact : Véronique Ballu

VIGNOBLE ET VINIFICATION

Superficie : 0,95 ha
Encépagement : 90 % merlot, 10 % cabernet sauvignon
Âge moyen des vignes : 20 ans
Densité de plantation : 6 600 pieds/ha
Rendement moyen : 30 hl/ha
Élevage : fermentations et cuvaison de 30 jours, avec pigeages manuels ; vieillissement de 18 mois en fûts (50 % de bois neuf) ; ni collage ni filtration

VIN PRODUIT

Château Pierre de Lune – 3 500 b (pas de second vin)
À maturité : dans les 10 ans suivant le millésime

APPRÉCIATION GÉNÉRALE

Ce vin de garage, que l'on doit au directeur de Clos Fourtet, s'impose généralement au nombre des bonnes affaires. Tout à la fois épanoui, ample, mûr, fruité et de bonne mâche, il est aussi généreusement marqué de gras. Certains millésimes se sont révélés un peu trop boisés, mais je conseille vivement aux amateurs d'acheter ce cru... à condition qu'ils puissent en trouver.

2003 **88-90** Ce vin de garage se présente en 2003 vêtu d'un bleu-pourpre profond, avec de doux parfums de chocolat, de café torréfié, de mûre et de groseille. Moyennement corsé et opulent, généreusement doté d'un fruité étayé par une faible acidité et un alcool capiteux, il tiendra bien **une dizaine d'années.** (3/04)

2001 **90** Pourpre foncé de robe, ce vin généreux, étoffé et sensuel séduit le dégustateur par ses arômes de cassis et de cerise confiturée généreusement marqués de chêne neuf. L'ensemble, charnu, est étonnamment faible en acidité pour un 2001 ; il se maintiendra **une dizaine d'années.** Quel vin charmeur ! (1/03)

2000 **90** Opulent, mais accessible, le 2000 de Pierre de Lune s'annonce par un pourpre dense. Ce vin gras et profond, dont les doux arômes de cerise noire et de cassis sont joliment rehaussés d'un boisé (chêne neuf grillé) parfaitement fondu, présente, outre une faible acidité, des tannins mûrs. Vous apprécierez ce vin sensuel **dès maintenant et jusqu'en 2012.** (1/03)

1999 **88** Ce vin d'un rubis-pourpre dense est merveilleusement riche et étonnamment ample pour un 1999. Il pèche seulement par son boisé, qui me paraît agressif et peut-être trop imposant. Quoi qu'il en soit, hormis ce trait, l'ensemble sera apprécié pour son fruité épanoui de mûre et de cassis étayé par une faible acidité, ainsi que pour sa très grande pureté. Si le boisé se fondait davantage, ce vin pourrait être renoté à la hausse (89... au moins). **À boire entre 2006 et 2015.** (3/02)

PIPEAU

Grand cru
Propriétaire : famille Mestreguilhem
Adresse : Saint-Laurent-des-Combes – 33330 Saint-Émilion
Tél. 05 57 24 72 95 – *Fax* 05 57 24 71 25
E-mail : chateau.pipeau@wanadoo.fr
Site Internet : www.chateaupipeau.com
Visites : du lundi au vendredi (9 h-12 h et 14 h-17 h 30)
Contacts : Dominique Lauret ou Richard Mestreguilhem

VIGNOBLE ET VINIFICATION

Superficie : 35 ha
Encépagement : 80 % merlot, 10 % cabernet franc, 10 % cabernet sauvignon
Âge moyen des vignes : 30 ans – *Densité de plantation :* 6 600 pieds/ha
Rendement moyen : 51 hl/ha

Élevage : fermentations et cuvaison de 18 à 24 jours en cuves d'acier inoxydable thermorégulées ; vieillissement de 12 mois en fûts (50-60 % de bois neuf), avec soutirage trimestriel ; collage au blanc d'œuf ; filtration si nécessaire

VIN PRODUIT

Château Pipeau – 180 000 b (pas de second vin)
À maturité : dans les 5 à 15 ans suivant le millésime

APPRÉCIATION GÉNÉRALE

Ce vin, que j'ai découvert il y a peu, constitue une très bonne affaire en Saint-Émilion. Il ne mérite pas son nom (ce n'est pas du... pipeau), étant régulier à haut niveau, richement fruité et plein de charme. Les amateurs ne devraient pas hésiter à en acheter en grandes quantités. Quoique accessible dès sa jeunesse (le 2000 est déjà superbe), il peut tenir une bonne quinzaine d'années.

J'apprécie Pipeau – l'un de mes Saint-Émilion préférés – pour son caractère sensuel, exubérant et séduisant. C'est d'ailleurs le type de vin que j'aimerais trouver plus souvent à la carte des restaurants. Dans des millésimes comme 2000 et 2003, ce cru sans prétention se révèle plus ample, plus structuré et plus musclé que dans des années plus accessibles comme 2001.

2003
90-92
Le 2003, qui se montre sous un excellent jour, se distingue par un rubis-pourpre profond et d'impressionnantes senteurs de douce cerise noire. Moyennement corsé, structuré et tannique, il présente une très grande pureté malgré sa maturité et sa corpulence. **À boire dans les 10 ans suivant une garde de 1 à 3 ans.** (3/04)

2001
88
Le délicieux Pipeau 2001 offre, dans un ensemble moyennement corsé, opulent, mais d'une grande pureté, un beau déploiement d'arômes aussi séveux que sensuels de fruits noirs, caractéristiques du cru. Séduisant, fruité, merveilleusement épanoui, il sera parfait **maintenant et dans les 10 ans.** (1/03)

2000
90
Le 2000 se révèle plus massif et plus structuré en bouteille alors qu'il évoquait, en cours d'élevage, une véritable bombe fruitée. Cependant, il est encore dominé par le fruit et présente, outre une robe d'un rubis-pourpre profond, des arômes merveilleusement doux de framboise et de cerise. Plus ample et plus musclé que je ne l'aurais subodoré au vu de mes premières dégustations, il se distingue par une finale au gras généreux. Cette merveille, qui constitue la plus belle réussite à ce jour de Pipeau, tiendra bien **10 à 15 ans.** (1/03)

1999
89
Ce vin délicieux et séduisant, dominé par le fruit, est moyennement corsé, avec des tannins doux. Regorgeant de notes de cerise noire, de framboise et de groseille, étayé par une faible acidité, il déploie une finale aussi longue que charnue. **À boire dans les 3 à 4 ans.** (3/02)

1998
88
D'un rubis-pourpre foncé, le 1998 présente des arômes superbes et opulents de cerise et de mûre, subtilement nuancés de boisé. L'ensemble, riche et fumé, est incontestablement flatteur. Véritable vin de plaisir, cette petite bombe fruitée doit, en raison de sa faible acidité, être consommée **dans les 3 à 4 ans.** (3/02)

QUINAULT L'ENCLOS

Grand cru
Propriétaires : Alain et Françoise Raynaud
Adresse : 30, boulevard de Quinault – 33500 Libourne
Tél. 05 57 74 19 52 – *Fax* 05 57 25 91 20
E-mail : raynaud@chateau-quinault.com
Site Internet : www.chateau-quinault.com
Visites : sur rendez-vous uniquement
Contact : Françoise Raynaud

VIGNOBLE ET VINIFICATION

Superficie : 20 ha
Encépagement : 70 % merlot, 15 % cabernet franc, 10 % cabernet sauvignon, 5 % malbec
Âge moyen des vignes : 50 ans – *Densité de plantation :* 5 800 pieds/ha
Rendement moyen : 38 hl/ha
Élevage : macération préfermentaire de 10 jours à 7 °C, suivie d'une fermentation de 3 jours à 28 °C et d'une cuvaison de 10 jours en cuves de béton et de bois thermorégulées ; achèvement des malolactiques et vieillissement de 16 mois (dont 8 mois d'élevage sur lies), sans soutirage, les fûts étant tournés régulièrement ; collage ; pas de filtration

VINS PRODUITS

Château Quinault l'Enclos – 50 000 b ; La Fleur Quinault – 16 000 b
À maturité : dans les 5 à 25 ans suivant le millésime (à compter de 1997)

APPRÉCIATION GÉNÉRALE

Cette étoile montante de Saint-Émilion est gérée par Alain et Françoise Raynaud, qui l'ont amené à des sommets depuis leurs débuts, en 1997. Aucun effort n'est ici épargné en vue de produire le meilleur vin possible (double tri de la vendange, pigeage à la mode bourguignonne, osmose inverse, micro-oxygénation, bâtonnage). La vinification, impeccablement menée sans compromission, donne ici des vins merveilleusement purs, élégants et équilibrés, malgré leur caractère mûr et confituré, qui se distinguent encore par l'intensité qu'ils doivent aux vieilles vignes dont ils sont issus.

Ce vignoble clos de murs, qui compte quelques-uns des plus vieux pieds de vigne de la région, se situe au cœur de la ville de Libourne. Il appartient à Françoise et Alain Raynaud, ce dernier étant l'un des propriétaires viticoles et l'un des consultants les plus talentueux et les plus avisés de la région. Quinault se compose généralement à 70 % de merlot, à 15 % de cabernet franc et à 10 % de cabernet sauvignon, l'assemblage incluant depuis 2001 une petite proportion de malbec. Le cru bénéficie d'un élevage sur lies et achève ses fermentations malolactiques en fûts. Les chais sont équipés d'un système techniquement très performant, qui permet de faire tourner les fûts automatiquement, de manière que les lies soient mélangées avec le fruit. Quinault est l'un des Saint-Émilion les plus caractéristiques et les plus purs.

2003
88-90
Tenant compte de la nature graveleuse de son vignoble, Alain Raynaud, le maître des lieux, a pris la bonne décision en suivant la ligne de conduite adoptée par d'autres propriétés (notamment Cheval Blanc) qui étaient dans le même cas. Il a donc vendangé relativement tôt, pour préserver au maximum

le fruit, en gardant à l'esprit que le millésime ne serait pas porté sur l'ampleur ni sur la densité. Le vignoble de Quinault est clos de murs et situé au cœur de la ville de Libourne, et comprend les plus vieilles vignes de l'appellation. Son 2003, qui se compose à 77 % de merlot, à 17 % de cabernet franc et à 6 % de cabernet sauvignon, est issu de faibles rendements de 27 hl/ha. D'un rubis-pourpre soutenu, il présente un profond bouquet de myrtille, de framboise, de cerise, de minéral et de terre qui, à lui seul, lui vaudrait la note de 90. Mais l'ensemble est plus austère que ses aînés, et n'a pas l'étoffe ni la profondeur des superbes 1998, 1999, 2000, 2001 et 2002. Néanmoins, ce vin moyennement corsé, qui évoque un bourgogne, se distingue par sa grande finesse, son fruité pur, son élégance et son caractère plaisant. Il sera parfait **dès sa jeunesse et dans les 10 à 14 ans suivant le millésime.** (3/04)

2002
91
Composé à 75 % de merlot, à 17 % de cabernet franc (datant d'avant 1942), à 6 % de cabernet sauvignon et pour le reste de malbec, le 2002 de Quinault se distingue par son élégance et sa précision extraordinaires, ainsi que par son fruité pur et concentré. Son bouquet complexe embrasse toutc la palette des arômes de myrtille et de mûre, ainsi que des senteurs de violette (ou de fleur d'acacia ?). S'imposant comme l'un des Saint-Émilion les plus étoffés du millésime, il est merveilleusement doté, très pur, moyennement corsé et élégant, et magnifiquement enrobé d'un boisé subtil. Cette merveille n'a pas la puissance du 2000, pas plus que le caractère charnu ni le gras du 1998. Cependant, il tiendra bien **14 à 16 ans après une garde de 2 à 3 ans.** (9/03)

2001
92+
Cette merveille d'un pourpre-bleu très dense continue de s'étoffer. Doté d'un doux bouquet de framboise nuancé de myrtille, de doux cassis et de fleurs printanières, et subtilement marqué d'un boisé joliment fondu, il déploie des arômes moyennement corsés, flamboyants et opulents, très étoffés aussi, et évoluera sans peine ces 15 prochaines années, voire plus. **À boire dans les 12 à 15 ans suivant une garde de 2 à 3 ans.** (1/03)

2000
94
Le puissant et généreux 2000 devrait rivaliser avec son aîné de 1998 pour le titre de plus belle réussite de la propriété. D'un pourpre opaque, déployant des arômes merveilleusement concentrés de mûre écrasée, de myrtille et de cassis nuancés de violette, de réglisse et de subtiles notes de chêne fumé, ce vin s'impose en bouche avec ampleur, révélant, outre une pureté et un équilibre remarquables, un caractère merveilleusement aérien. L'ensemble ne révèle pas le plus petit défaut. **À boire entre 2006 et 2018.** (1/03)

1999
91
Ce vin moyennement corsé, élégant, opulent et exotique évoque furieusement un bourgogne. Il se distingue par sa très grande complexité, ainsi que par la séduction de ses arômes de myrtille, de mûre et de fleurs. Ni puissant ni massif, il se développe en bouche tout en rondeur, révélant un fruité pur étayé par des tannins très doux. Ce classique incarne le summum de la richesse et de l'élégance réunies dans un bordeaux. Il sera délicieux d'ici quelques années et évoluera de belle manière sur **8 à 10 ans.** (3/02)

1998
94
Alliant élégance et puissance, le 1998 arbore un rubis-pourpre dense et dégage des senteurs de prune, de mûre, de vanille, de minéral, de réglisse et d'épices. Exceptionnel de richesse, doté d'une texture somptueuse, ce vin moyennement

corsé se distingue particulièrement par des arômes floraux de myrtille. Quoique d'ores et déjà accessible, il promet de tenir une bonne quinzaine d'années. **À boire jusqu'en 2020.** (1/03)

1997 **88** Bien qu'il manque de profondeur et de densité, le 1997 de Quinault évoque furieusement Lafleur (en Pomerol). Les notes de kirsch, d'épices et de minéral typiques de ce cru s'expriment dans un ensemble racé, à la fois tendre et puissant, étayé par des tannins souples. Ce vin moyennement corsé et charnu, d'une très grande pureté, est aussi complexe que délicieux. **À boire dès maintenant et dans les 6 ans, voire au-delà.** (11/02)

ROCHEBELLE

Grand cru
Propriétaire : Philippe Faniest
Adresse : 33330 Saint-Émilion
Adresse postale : BP 73 – 33330 Saint-Émilion
Tél. 05 57 51 30 71 ou 06 07 32 37 94 –
Fax 05 57 51 01 99
E-mail : faniest@wanadoo.fr
Site Internet : www.grand-cru-st-emilion.com
Visites : du lundi au vendredi (9 h-12 h et 14 h-18 h), le week-end sur rendez-vous uniquement
Contact : Philippe Faniest

VIGNOBLE ET VINIFICATION

Superficie : 3 ha
Encépagement : 85 % merlot, 15 % cabernet franc
Âge moyen des vignes : 45 ans – *Densité de plantation :* 6 000 pieds/ha
Rendement moyen : 42 hl/ha
Élevage : fermentations et cuvaison de 21 à 28 jours en cuves de béton thermorégulées ; vieillissement de 15 à 18 mois en fûts (100 % de bois neuf) ; collage ; filtration légère

VIN PRODUIT

Château Rochebelle – 15 000-18 000 b (pas de second vin)
À maturité : dans les 5 à 12 ans suivant le millésime

APPRÉCIATION GÉNÉRALE

Ce vin de bonne facture, proposé de surcroît à un prix raisonnable (une rareté de nos jours), s'est régulièrement imposé ces dernières années au nombre des bonnes affaires. Les amateurs avisés s'y intéresseront de près.

2003 **86-88** Ce vin ample, profond et de bonne mâche est coloré, boisé et étoffé, mais il manque, pour l'heure, de complexité et de nuances. Que les amateurs de s'inquiètent pas, cependant, car il recèle de nombreuses qualités. **À boire entre 2006 et 2014.** (3/04)

2001 **86** Ce vin s'est joliment étoffé pendant son élevage. D'un rubis-pourpre foncé, il compense son manque de complexité par un fruité généreux, nuancé de chêne grillé, évoquant les herbes séchées, la terre et les épices. L'ensemble est moyennement corsé, avec des tannins mûrs. Il doit sa belle précision à l'heureuse acidité qui l'étaye. Sa finale, plutôt corsée, est modérément persistante. **À boire jusqu'en 2012.** (1/03)

2000
89 Bien que je ne sois pas un familier des vins de Rochebelle, il semblerait que le 2000 s'impose comme la plus belle réussite à ce jour du cru, surpassant même le 1998. D'un rubis-pourpre profond, s'annonçant par un nez de mûre, de cassis, de réglisse, de vanille et de minéral, ce vin moyennement corsé, épais et séveux tant il est riche en extrait, révèle en bouche une belle structure, ainsi que des tannins présents, mais mûrs. Sa finale, fermée et peu évoluée, suggère l'opportunité d'une certaine garde. **À boire entre 2007 et 2017.** (1/03)

1999
87 Ce vin d'excellente facture s'annonce par un prune-pourpre foncé et un fruité aussi doux que généreux. Moyennement corsé, savoureux, dominé par le fruit tant en milieu de bouche qu'en finale, ce Saint-Émilion vraiment délicieux doit, si l'on en juge par ses tannins mûrs et son acidité parfaitement fondue, être consommé **dans les 6 ans.** (3/02)

1998
88 Ce vin compte au nombre des révélations du millésime. Sa robe d'un rubis-pourpre dense accompagne un nez épicé de cerise et de mûre généreusement marqué de chêne neuf. Corsé, dense et gras, merveilleusement pur et persistant, il s'exprime avec ampleur et s'impose comme un Saint-Émilion aussi charnu que savoureux. **À boire jusqu'en 2016.** (3/02)

1997
87 Pourpre foncé de robe, doté de notes de confiture de mûre et de chêne neuf grillé, le 1997 de Rochebelle est moyennement corsé et richement fruité. Très pur, marqué par une faible acidité, il sera parfait **dans les 10 à 12 ans suivant le millésime.** (1/02)

1996
87 L'impressionnant Rochebelle 1996 s'annonce par un rubis-pourpre profond et soutenu ainsi que par un doux nez de cassis, de cerise, d'encens et de chêne fumé. Ce vin doux et charnu, légèrement marqué de surmaturité, est étonnamment faible en acidité dans le contexte du millésime. Sa finale, qui se développe par paliers, manifeste une belle ampleur. L'ensemble aurait mérité une note plus élevée, n'était son léger manque de complexité. **À boire jusqu'en 2010.** (1/02)

ROCHER BELLEVUE FIGEAC

Grand cru
Propriétaires : Pierre et Charlotte Dutruilh
Adresse : Bellevue – 33330 Saint-Émilion
Adresse postale : 14, rue d'Aviau – 33000 Bordeaux
Tél. et *fax* 05 56 81 19 69
E-mail : jdfammes@wanadoo.fr
Visites : sur rendez-vous uniquement
Contact : Jean Dutruilh (tél. 06 73 89 18 13)

VIGNOBLE ET VINIFICATION

Superficie : 7 ha
Encépagement : 75 % merlot, 25 % cabernet franc
Âge moyen des vignes : 34 ans – *Densité de plantation :* 6 000 pieds/ha

Rendement moyen : 42 hl/ha
Élevage : macération préfermentaire à froid ; fermentations et cuvaison de 21 à 30 jours en cuves thermorégulées ; achèvement des malolactiques et vieillissement sur lies de 15 à 20 mois en fûts (70-100 % de bois neuf) ; ni collage ni filtration

VINS PRODUITS

Château Rocher Bellevue Figeac – 31 000 b ;
Pavillon de la Croix Figeac – 6 000 b
À maturité : dans les 7 à 8 ans suivant le millésime

APPRÉCIATION GÉNÉRALE

Ce cru, régulier à très haut niveau, est, de surcroît, proposé à un prix raisonnable. Les amateurs de Saint-Émilion de bonne facture, richement fruités et sans prétention s'intéresseront de près à celui-ci, qu'ils achèteront en grandes quantités.

Ce vignoble, situé sur le plateau tout près de Figeac et de la limite de Pomerol, est fortement complanté en merlot, ce qui donne des vins séveux, savoureux, fruités et ronds, qu'il faut boire assez rapidement, dans les 7 à 8 ans suivant le millésime. Je ne saurais trop recommander aux amateurs d'être prudents avec les vins plus vieux. Le cru est sur la pente ascendante depuis que Marc Dworkin, qui était auparavant à Larmande, y est chargé des vinifications.

2002
87
Ce vin de bonne facture est charnu, avec une robe d'un prune profond et un nez d'herbes séchées qui dispute à des arômes de douce cerise noire et de groseille l'attention du dégustateur. L'ensemble, moyennement corsé, est généreusement doté et épicé, et sa finale est modérément tannique. **À boire jusqu'en 2015.** (9/03)

2001
90
Ce vin, composé à 80 % de merlot, à 18 % de cabernet franc et pour le reste de cabernet sauvignon, compte au nombre des révélations du millésime. Sa robe d'un rubis-pourpre dense et ses douces senteurs de cerise noire, de mûre, de réglisse et de vanille annoncent un ensemble moyennement corsé, opulent et gras, étayé par des tannins souples, dont la finale, persistante, est concentrée. **À boire jusqu'en 2014.** (1/03)

2000
88
Ce vin de bonne facture, d'un rubis-pourpre dense, est moyennement corsé, avec des tannins doux. Il déploie en bouche des arômes mûrs et épais de fruits noirs nuancés de sous-bois, de réglisse et de chêne grillé et fumé. C'est, avec le 1998 et le 2001, l'un des exemples les plus réussis produits à la propriété depuis de nombreuses années. **À boire jusqu'en 2015.** (1/03)

1999
87
La robe rubis-prune foncé du 1999 accompagne un ensemble moyennement corsé, regorgeant d'un fruité généreux et concentré. Ce vin accessible et coulant est tout simplement délicieux. **À boire dans les 10 ans suivant le millésime.** (3/02)

1998
88
Ce vin accessible est d'un rapport qualité/prix très intéressant. Prune foncé de robe, avec un nez de cassis, de kirsch, de réglisse, de fumé, de boîte à épices et de cuir fin, il se montre en bouche moyennement corsé et d'une belle richesse. Ses tannins sont souples, et sa finale veloutée. **À boire dans les 6 ans.** Une révélation du millésime ! (3/02)

ROL VALENTIN

Grand cru
Propriétaire : Éric Prissette
Adresse : 33330 Saint-Émilion
Tél. 05 57 74 43 51 – *Fax* 05 57 74 45 13
E-mail : info@rolvalentin.com
Site Internet : www.rolvalentin.com
Visites : sur rendez-vous uniquement
Contact : Éric Prissette

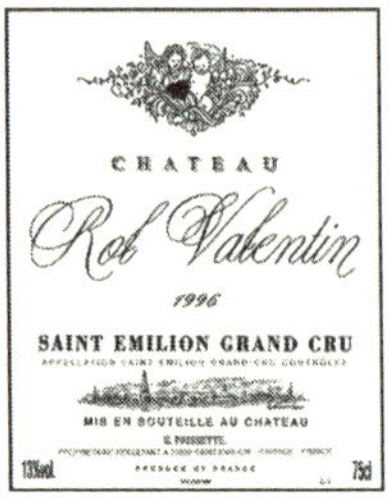

VIGNOBLE ET VINIFICATION

Superficie : 4,5 ha
Encépagement : 85 % merlot, 8 % cabernet sauvignon, 7 % cabernet franc
Âge moyen des vignes : 38 ans – *Densité de plantation :* 6 600 pieds/ha
Rendement moyen : 30 hl/ha
Élevage : fermentations et cuvaison en cuves de bois thermorégulés de petite contenance (10, 20 et 30 hl), correspondant aux différentes parcelles, avec pigeages fréquents ; achèvement des malolactiques avec micro-oxygénation et vieillissement sur lies, avec bâtonnage, de 18 à 24 mois en fûts (100 % de bois neuf) ; pas de collage ; filtration si nécessaire

VIN PRODUIT

Château Rol Valentin – 12 000-15 000 b (pas de second vin)
À maturité : dans les 5 à 15 ans suivant le millésime

APPRÉCIATION GÉNÉRALE

Rol Valentin fut l'une des premières propriétés de Saint-Émilion à se mettre à la remorque du Château de Valandraud en adoptant un style de vinification résolument moderne. Les débuts furent encourageants et la propulsèrent au nombre des crus de l'appellation qui occupent désormais le devant de la scène viticole.

Bien que les débuts d'Éric Prissette, le maître des lieux, ne remontent qu'à 1995, ce cru s'est rapidement imposé dans le peloton de tête des quasi-vins de garage de Saint-Émilion. Le vignoble de Rol Valentin s'étend sur 4,5 ha, dont les deux tiers se situent sur des sols sableux, non loin de Cheval Blanc et de La Dominique, le reste bénéficiant d'un terroir argilo-calcaire au nord de La Gomerie. Il est complanté à 85 % en merlot, à 8 % en cabernet sauvignon et à 7 % en cabernet franc. Les rendements sont généralement limités à moins de 30 hl/ha. Les vins bénéficient des techniques de vinification les plus sophistiquées (achèvement des malolactiques en fûts, micro-oxygénation, vieillissement en fûts de chêne neuf, pas de collage, filtration *a minima*) et des conseils du très talentueux Stéphane Derenoncourt.

2003
92-94
Cette propriété, qui est à la tête de quelques parcelles situées sur des sols argilo-calcaires, propose un 2003 s'inscrivant dans la lignée de ses belles réussites des dernières années. D'un pourpre dense et opaque, généreusement marqué de superbes senteurs de chocolat, de mûre, de cassis, de cerise et de fleurs, le Rol Valentin 2003 se distingue par son caractère corsé, son

opulence, son intensité et son harmonie, ainsi que par sa finale parfaitement ronde. Il sera accessible dès sa jeunesse en raison de ses tannins fondus et de sa faible acidité, tout en promettant de se maintenir **12 à 15 ans.** (3/04)

2002 **89** Voici une autre belle réussite de cette propriété régulière à haut niveau. D'un rubis-pourpre dense, le 2002 exhale un nez ample et doux de café torréfié, de mûre, de pruneau et de figue. Moyennement corsé et voluptueux, avec un fruité doux, il manifeste la même puissance aromatique depuis l'attaque jusqu'en finale. Je pense qu'il se révélera exceptionnel. Malheureusement, il a été produit moins de 1 000 caisses de ce 2002. **À boire entre 2008 et 2014.** (9/03)

2001 **91** Le 2001 de Rol Valentin, que j'ai dégusté en six occasions, s'est montré irrégulier. À son meilleur niveau, ce vin généreux, d'une richesse luxuriante, s'exprime tout en nuances, révélant une maturité et une intensité hors du commun. Sa robe d'un rubis-pourpre dense accompagne de purs arômes de mûre, de cassis et d'autres petits fruits nuancés de belles notes de boisé (chêne grillé et fumé des fûts de Taransaud). L'ensemble qui suit en bouche est étayé par des tannins mûrs et une faible acidité, et se révèle merveilleux de persistance. Cependant, je conseille la prudence aux amateurs, trois des échantillons qui m'ont été présentés s'étant montrés boisés à l'excès, moins impressionnants de profondeur que ceux décrits plus haut, et aussi étonnamment austères. Que s'est-il passé ? **À boire jusqu'en 2016.** (1/03)

2000 **93** Le 2000 de Rol Valentin constitue la plus belle réussite à ce jour d'Éric Prissette. Ce vin, qui s'est merveilleusement épanoui en fût, se montre, après la mise, étonnamment séduisant, corsé, parfumé et capiteux. Sa robe d'un pourpre dense accompagne un doux nez de mûre, de cassis, de réglisse, de café et de grillé. Suit en bouche un ensemble généreux, profond et de bonne mâche, d'une grande précision malgré son caractère musclé et son ample carrure. Ce vin gigantesque – un assemblage 85 % merlot, 10 % cabernet sauvignon et 5 % cabernet franc – devrait vieillir magnifiquement. On pourra l'apprécier d'ici 1 à 2 ans. **À boire entre 2006 et 2018.** (1/03)

1999 **89** Ce vin, qui se montre sous en meilleur jour en bouteille qu'en fût, est vinifié dans un style moderne. Opulent et sensuel, il se distingue par la profondeur et la très grande maturité de ses arômes de cerise noire, de cassis et de fumé. Moyennement corsé, charnu, doté d'un caractère bien affirmé, il déploie une finale d'excellent aloi. Cependant, un léger manque de persistance ne lui permet pas de rejoindre le peloton des vins extraordinaires, notés 90 et plus. L'ensemble, assez tannique, me paraît capable d'une garde de **8 ans.** (3/02)

1998 **90** Ce vin superbe, vêtu de rubis-pourpre foncé, regorge de fabuleux arômes de mûre, de cerise, de fumé, de réglisse et de boîte à épices. Moyennement corsé, profond et savoureux, étayé par une heureuse acidité, il se distingue à la fois par sa texture crémeuse et sa très grande pureté. Les tannins sont présents, mais fondus et équilibrés par la profondeur de l'ensemble. **À boire jusqu'en 2014.** (3/02)

1997 **88** Au cours de son élevage en fût, le 1997 promettait d'être extraordinaire. Il me paraît plus léger maintenant qu'il est en bouteille, et il n'est pas suffisamment aromatique pour mériter une note extraordinaire. Il n'empêche qu'il a encore des atouts admirables, révélant un rubis profond, un doux bouquet de prune et de cerise nuancé de chêne neuf grillé, un caractère moyennement corsé, épicé et faible en acidité, étayé par une richesse et un gras d'excellent aloi. **À boire dans les 2 à 3 ans.** (1/02)

1996 **90** Ce vin rubis-pourpre foncé se distingue par un doux nez de cassis nuancé de réglisse, de chêne neuf grillé et d'herbes fumées. Moyennement corsé, mûr et riche, il est des plus séduisants. **À boire dès maintenant et jusqu'en 2014.** (3/00)

1995 **90** Ce vin, qui marque des débuts de Rol Valentin, s'est bien maintenu. D'un rubis-pourpre profond encore resplendissant, il exhale un doux nez de cerise noire, de cassis, de vanille et de café. Moyennement corsé, doté de tannins veloutés, il exprime tout en rondeur un caractère opulent et concentré, ainsi qu'une finale impressionnante. L'ensemble, qui atteint tout juste son apogée, doit être consommé **jusqu'en 2013.** (1/03)

SAINT-DOMINGUE

Grand cru
Propriétaire : Clément Fayat
Adresse : 33330 Saint-Émilion
Adresse postale : Château La Dominique – 33330 Saint-Émilion
Tél. 05 57 51 31 36 – *Fax* 05 57 51 63 04
E-mail : info@vignobles.fayat-group.com
Visites : sur rendez-vous, du lundi au vendredi
(9 h-12 h et 14 h-18 h)
Contact : Cyril Forget

VIGNOBLE ET VINIFICATION

Superficie : 2,7 ha
Encépagement : 100 % merlot
Âge moyen des vignes : 30 ans – *Densité de plantation :* 5 700 pieds/ha
Rendement moyen : 25 hl/ha
Élevage : macération préfermentaire à froid ; fermentation à 29-32 °C et cuvaison de 25 à 30 jours en cuves d'acier inoxydable thermorégulées, permettant la vinification séparée des différentes parcelles, avec des remontages réguliers ; achèvement des malolactiques et vieillissement de 18 à 22 mois en fûts (100 % de bois neuf) ; ni collage ni filtration

VIN PRODUIT

Saint-Domingue – 6 000 b (pas de second vin)
À maturité : dans les 3 à 12 ans suivant le millésime

APPRÉCIATION GÉNÉRALE

Ce vin de garage que l'on doit à Clément Fayat (également propriétaire de La Dominique) m'a souvent intrigué. En effet, il est toujours mûr et confit, avec une tendance à se montrer trop souple, voire mou, trop faible en acidité et accusant un manque de fraîcheur et de structure. Les derniers millésimes marquent néanmoins une nette amélioration de la qualité.

2001 Ce vin exotique – il présente des arômes surmûris de cassis et de prune,
90 ainsi que des nuances de pruneau – s'annonce par un rubis-pourpre foncé. En bouche, il se développe par paliers, révélant un caractère épais et séveux. Certes, son boisé est prononcé, mais il semblerait que ce trait soit désormais mieux fondu dans le fruité confituré, chocolaté et épanoui qui caractérise le cru (c'est le cas des deux ou trois derniers millésimes). **À boire jusqu'en 2013.** (1/03)

2000 Ce vin qui évoque, en plus ample, La Dominique, l'autre cru de Clément
92 Fayat, est incontestablement le Saint-Domingue le plus impressionnant que je connaisse. D'un pourpre opaque, doté de fabuleux arômes de crème de cassis, de vanille, de chocolat et de café, il se montre en bouche corsé et charnu, dense et riche, révélant, outre une puissance et une intensité d'excellent aloi, une pureté hors du commun. L'ensemble, vinifié dans un style moderne, séduira assurément le plus grand nombre ; il tiendra parfaitement ces 12 à 15 prochaines années, voire au-delà. **À boire entre 2006 et 2017.** (1/03)

1999 Ce vin s'impose comme un Saint-Émilion de haut vol, exotique et opulent,
88 ? marqué par les fruits noirs et nuancé de menthe, de cuir et de réglisse. L'ensemble, sensuel et charnu, ne fera peut-être pas l'unanimité en raison de son boisé agressif, mais son fruité et son gras généreux constituent de sérieux atouts. **À boire jusqu'en 2012.** (3/02)

1998 Ce vin vinifié dans un style exotique, voire extrême, évoque un Porto avec
88 ses notes très évoluées de prune, de confiture de mûre, de café et de chêne neuf grillé. On remarque en bouche des arômes identiques à ceux que dégage le bouquet flamboyant. L'ensemble, moyennement corsé, boisé et faible en acidité, est à la limite de la mollesse. Quoique sujet à controverse, ce vin est incontestablement délicieux. **À boire jusqu'en 2010.** (3/02)

SOUTARD

Grand cru classé
Propriétaire : famille des Ligneris
Adresse : 33330 Saint-Émilion
Tél. 05 57 24 72 23 – *Fax* 05 57 24 66 94
E-mail : soutard.d.ligneris@wanadoo.fr
Visites : du lundi au vendredi, sur rendez-vous uniquement
Contact : François des Ligneris

VIGNOBLE ET VINIFICATION

Superficie : 22 ha
Encépagement : 65 % merlot, 35 % cabernet franc
Âge moyen des vignes : 35 ans – *Densité de plantation :* 5 500 pieds/ha
Rendement moyen : 48 hl/ha
Élevage : fermentations et cuvaison prolongées (jusqu'à 40-45 jours en 1997), à basses températures, en cuves de béton ; pas de sulfitage lorsque les malolactiques ne sont pas achevées au mois de juillet suivant le millésime ; vieillissement de 12 mois en fûts de différents types et diverses contenances (renouvelés par tiers à chaque millésime), avec élevage sur lies pendant les mois d'hiver ; ni collage ni filtration

VINS PRODUITS

Château Soutard – 120 000 b ; Clos de la Tonnelle – 10 000 b
À maturité : dans les 10 à 20 ans suivant le millésime

APPRÉCIATION GÉNÉRALE

Ce cru de haut niveau, vinifié de manière traditionnelle, récompense généralement la patience des amateurs. Les meilleurs millésimes demandent à être attendus plusieurs années.

Cette propriété, l'une des plus anciennes de Saint-Émilion, appartient à la même famille depuis 1762. Elle se situe au nord de l'appellation, sur des sols essentiellement calcaires.

Très apprécié au Benelux, mais très peu connu hors des frontières européennes, ce cru est pourtant l'un des Saint-Émilion les plus classiques, issu d'une vinification traditionnelle et doté d'un grand potentiel de garde ; la plupart des millésimes peuvent tenir 20 à 25 ans, voire davantage, et ne sont pas accessibles avant 10 ans d'âge.

Les vins de Soutard sont vieillis avec au moins un tiers de bois neuf, et ils sont généralement mis en bouteilles plus tard que ceux des autres domaines. Ils arborent le plus souvent une robe d'un rubis foncé opaque (ils ne sont ni collés ni filtrés), et se distinguent, dans leur jeunesse, par un caractère puissant et férocement tannique qui peut parfois dérouter le dégustateur. Néanmoins, ils comptent au nombre des tout meilleurs Saint-Émilion, connus principalement des initiés, et conviennent parfaitement aux amateurs en quête de vins capables de durer 20 ans et plus.

1999 **87** Relativement accessible pour le cru, le 1999 de Soutard est d'un rubis-grenat foncé, avec un nez épicé de terre et de tabac nuancé de terreau, de cerise noire et de groseille. Une fois passé ce bouquet nuancé en arrière-plan de boisé, on décèle en bouche un ensemble moyennement corsé et modérément tannique, mais accessible. **À boire entre 2006 et 2015.** (1/03)

1998 **90** Véritable vin de garde puissant et tannique, le 1998 s'annonce par un grenat foncé et soutenu et par un bouquet serré, mais prometteur, de douce cerise noire, de groseille et d'herbes rôties, nuancé de truffe. Moyennement corsé et modérément tannique, très structuré mais d'une grande précision, il atteste la vinification traditionnelle et sans compromission qui signe généralement le cru. **À boire entre 2007 et 2020.** (1/03)

1995 **88** Ce vin, qui s'est complètement refermé après la mise en bouteilles, impressionne par sa robe d'un rubis-pourpre soutenu. Malgré une longue aération, le nez ne révèle que des nuances de douce prune, de cerise, de cassis, de boisé et d'herbes séchées. La bouche, moyennement corsée, est légèrement marquée de cake, de boîte à épices, de cèdre et de fruits noirs (encore). La finale révèle des tannins très présents, avant de s'amenuiser en un ensemble totalement fermé. Ce vin ne conviendra qu'aux amateurs de crus traditionnels dotés d'une grande patience. **À boire entre 2008 et 2018.** (1/03)

1990 **90** Le 1990 de Soutard a fort bien évolué. S'il était totalement fermé dans sa prime jeunesse, il développe désormais une richesse et une douceur d'excellent aloi. L'ensemble est dominé par le merlot, comme l'attestent ses copieuses notes de prune, de groseille, de cerise noire et de cèdre. Moyennement corsé, il recèle des tannins astringents, cependant parfaitement étayés par un fruité charnu et gras. Ce vin, qui atteint tout juste son apogée, tiendra **jusqu'en 2017.** (1/03)

1989 Le 1989 est l'un des millésimes de Soutard que je préfère. Tout à la fois
91 dense, musclé, concentré et corsé, il arbore toujours un grenat-prune foncé tirant sur le pourpre et exhale un nez de terre humide, de minéral, de prune et de cassis nuancé de réglisse et de cèdre. Corsé et puissant, lent à évoluer, il est pur et intense. Un vin pour connaisseurs, à boire **jusqu'en 2020.** (1/03)

1988 Tout à la fois peu évolué, dense, concentré et réservé, ce vin puissant, aux
87 arômes herbacés de vanille et de cassis, affiche une belle richesse en extrait, qui est cependant masquée par de très abondants tannins. Il pourra sans peine affronter une garde de 15 ans ou plus. **À boire jusqu'en 2020.** (1/93)

1986 Soutard s'impose, une fois encore, comme l'un des Saint-Émilion les plus aptes
86 à la garde. Il ne fait aucun doute que son auteur l'a voulu débordant de richesse en extrait et de tannins, pour en faire un vin assurément capable de tenir une trentaine d'années. Très peu évolué et fermé, ce 1986 est terriblement tannique, mais également bien doté d'un fruité tout à la fois concentré, opulent et hautement extrait. **À boire jusqu'en 2015.** (3/90)

1985 Ce vin d'une richesse sensationnelle et d'une belle complexité se montre aussi
90 tannique et profond en bouche, où il allie magnifiquement muscle et grâce. Plus souple que de coutume, il sera au meilleur de sa forme **jusqu'en 2010.** (3/90)

1982 Voici un Saint-Émilion traditionnel, incontestablement bâti pour la durée.
87 Ample, peu évolué, avec des tannins abondants, mais presque durs, le Soutard 1982 est encore très fermé. Il arbore une robe très foncée et déploie une richesse, une maturité et une corpulence d'excellent aloi – même si, pour l'heure, il est dominé par son caractère tannique. **À boire jusqu'en 2025.** (3/89)

MILLÉSIMES ANCIENS

Les deux meilleurs vieux millésimes de Soutard sont le 1964 (noté 90 en mars 1990) et le 1955 (noté 88 en octobre 1989). Avis, donc, aux amateurs chanceux qui mettraient la main sur de telles bouteilles.

TERTRE DAUGAY

Grand cru classé
Propriétaire : Comte de Malet-Roquefort
Adresse : BP 65 – 33330 Saint-Émilion
Tél. 05 57 24 72 15 – *Fax* 05 57 24 69 06
E-mail : chateau-tertre-daugay@chateau-tertre-daugay.com
Site Internet : www.chateau-tertre-daugay.com
Visites : sur rendez-vous uniquement, du lundi au vendredi (9 h-12 h et 14 h-18 h)

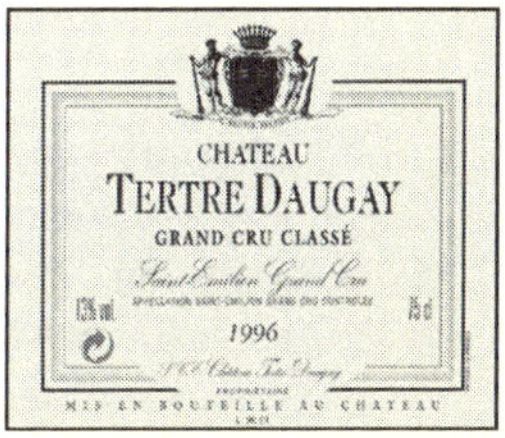

VIGNOBLE ET VINIFICATION

Superficie : 16 ha
Encépagement : 60 % merlot, 40 % cabernet franc
Âge moyen des vignes : 22 ans – *Densité de plantation :* 5 800 pieds/ha
Rendement moyen : 39 hl/ha
Élevage : fermentations et cuvaison prolongées en cuves d'acier inoxydable thermorégulées, avec micro-oxygénation des lies ; vieillissement de 12 à 14 mois en fûts (70 % de bois neuf) ; collage ; filtration légère

VINS PRODUITS

Château Tertre Daugay – 60 000 b ; Château de Roquefort – 3 000-4 000 b
À maturité : dans les 3 à 14 ans suivant le millésime

APPRÉCIATION GÉNÉRALE

Les vins de Tertre Daugay, qui se sont considérablement améliorés ces dernières années, sont désormais de bonne facture. Vinifiés dans le style traditionnel des Saint-Émilion, ils évoquent, en termes de qualité, un bon cru bourgeois du Médoc.

Du fait d'une vinification défectueuse et d'un certain laxisme dans la gestion, cette propriété avait complètement perdu sa réputation dans les années 60 et 70. En 1978, le comte Léo de Malet-Roquefort, déjà propriétaire de La Gaffelière, la racheta et y effectua d'importants travaux, tant dans le vignoble que dans les chais. Il fallut du temps pour que le cru revienne à bon niveau, mais les millésimes récents m'ont semblé prometteurs, après une si longue période de médiocrité.

Historiquement parlant, Tertre Daugay compte parmi les plus anciennes propriétés de Saint-Émilion. Il est situé à flanc de coteau, à proximité de la plupart des premiers grands crus classés. Son nom actuel vient d'un terme gascon qui signifie « la colline du guetteur ». L'excellente exposition du tertre permet à la vendange d'atteindre une parfaite maturité, tandis que son sol, composé d'argile et de calcaire mêlés d'importants dépôts ferreux, devrait contribuer à faire des vins concentrés et très corpulents.

2001 **87** Le 2001 de Tertre Daugay est particulièrement réussi. Séduisant, très élégant, il se reconnaît à ses profonds et doux arômes herbacés de cerise noire et de groseille nuancés de cake et de boîte à épices. Ce vin moyennement corsé et souple sera parfait **dans les 5 à 6 ans.** (1/03)

2000 **86** J'attendais mieux de ce cru en 2000. Rubis foncé de robe, il est moyennement corsé, mais lourd et dénué à la fois de charme et de complexité. Il n'est pas exclu cependant qu'il développe ces derniers traits au fur et à mesure de son évolution. **À boire entre 2006 et 2012.** (1/03)

1999 **86** Très réussi, le 1999 de Tertre Daugay est d'un rubis dense, avec des parfums racés de petits fruits mûrs, de tabac, de cèdre et de chêne épicé. Moyennement corsé, très souple malgré sa densité, il peut être apprécié **dès maintenant ou dans les 6 ans.** (3/02)

1998 **87** D'un rubis-grenat foncé, le 1998 de Tertre Daugay déploie un élégant bouquet aux senteurs de cèdre, de terre et d'épices. Moyennement corsé, d'une belle précision, il exprime avec grâce un caractère riche et persistant. À l'heure où les Saint-Émilion sont de plus en plus puissants et exubérants, celui-ci, discret et mesuré, séduisant de maturité et de richesse, mérite qu'on le distingue. **À boire dans les 6 ans.** (3/02)

TERTRE ROTEBŒUF

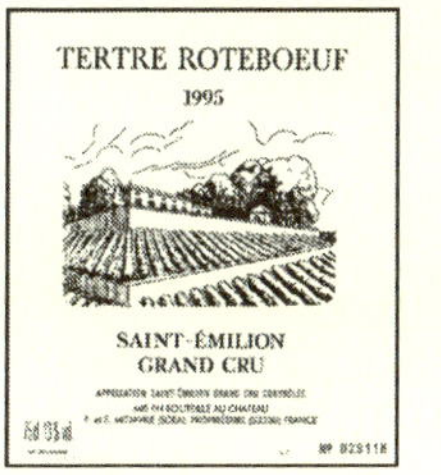

Grand cru
Propriétaires : François et Émilie Mitjavile
Adresse : SCEA F. et E. Mitjavile – 1, Le Tertre
33330 Saint-Laurent-des-Combes
Fax 05 57 74 42 11
Site Internet : www.tertre-roteboeuf.com
Visites : sur rendez-vous uniquement

VIGNOBLE ET VINIFICATION

Superficie : 5,68 ha
Encépagement : 85 % merlot, 15 % cabernet franc
Âge moyen des vignes : 40 ans – *Densité de plantation :* 6 000-7 000 pieds/ha
Rendement moyen : 33 hl/ha
Élevage : fermentations et cuvaison de 21 à 28 jours ; vieillissement de 18 à 22 mois en fûts (100 % de bois neuf) ; collage et filtration selon le millésime

VIN PRODUIT

Château Tertre Rotebœuf – 25 000 b (pas de second vin)
À maturité : dans les 3 à 15 ans suivant le millésime

APPRÉCIATION GÉNÉRALE

Depuis que cette propriété s'est propulsée sur le devant de la scène viticole, vers le milieu des années 80, elle propose l'un des Bordeaux les plus luxuriants et les plus sensuels, que l'on doit au talent et à la vinification experte de François Mitjavile. Le Tertre Rotebœuf est toujours irrésistible du fait de sa somptueuse richesse, de sa texture confite et de ses arômes de café torréfié qui le distinguent tout particulièrement. Contrairement à ce que d'aucuns pourraient penser, ce cru ne s'inscrit pas dans la lignée des Saint-Émilion modernes, actuellement fort en vogue. Au contraire, il affiche un style singulier, qui lui est propre et qui demeure, jusqu'à présent, inégalé.

Il est fort dommage que le monde du vin, qui peut être trop commercial par certains aspects, ne compte pas davantage de gens de la trempe de François Mitjavile. Alors que de nombreux producteurs fort connus poussent les rendements au point de dénaturer à la fois l'expression du terroir et celle du millésime, il est rassurant de voir que cet homme passionné se fait l'ardent défenseur de la qualité à tout prix.

Son minuscule vignoble, excellemment situé, attire désormais l'attention des amateurs du monde entier, et il faut espérer que ce succès ne changera en rien l'optique dans laquelle il est géré. En effet, François Mitjavile a l'ambition d'y produire des vins aussi intenses et aussi richement extraits que Lafleur, Petrus ou Certan de May ; pour ce faire, il n'hésite pas à vendanger le plus tard possible, à réduire les rendements et à faire vieillir son entière production en fûts de chêne neuf, afin de tirer le meilleur parti de la puissance de la matière première. Il est incontestable que les millésimes récents se distinguent par leur fruité éblouissant et par leur caractère aussi flamboyant que spectaculaire – ces qualités leur ont d'ailleurs valu les appréciations extrêmement laudatives de la presse spécialisée en Europe.

Le vignoble, pentu mais abrité, se situe tout près de Larcis Ducasse et doit son nom aux bœufs qui étaient autrefois employés à cultiver la terre. Il s'impose désormais comme l'une des grandes stars du Bordelais.

2003 Aussi sensuel que de coutume, le Tertre Rotebœuf 2003 présente une robe
88-91 rubis foncé déjà rosée sur le bord, et offre un beau déploiement de capiteux et doux arômes de kirsch et de chocolat. Moyennement corsé, il n'est pas très concentré ni très structuré, mais on appréciera sa maturité et son caractère alcoolique, en particulier dans le contexte de ce millésime difficile. **À boire dans les 7 à 10 ans.** (3/04)

2002 Une faible acidité ainsi que des notes herbacées (ou de tapenade ?) caracté-
87 risent le 2002 de Tertre Rotebœuf, qui se distingue aussi par des arômes très parfumés de réglisse, de cerise et de groseille. Ce vin moyennement corsé et souple ne compte pas au nombre des plus grandes réussites de François Mitjavile, le maître des lieux réputé pour son éternel souci de qualité, mais il sera parfait **dans les 6 à 8 ans suivant le millésime.** (9/03)

2001 Ce vin d'un rubis-pourpre foncé présente un bouquet modérément intense
90 d'herbes fraîches, de café et de chocolat, ainsi qu'un généreux fruité de cerise noire. S'il n'est pas aussi séduisant ni aussi sensuel que ses aînés (il manque de gras), il se révèle étonnamment élégant et policé. Cet excellent vin pourrait être renoté à la hausse s'il développait davantage d'étoffe en milieu de bouche et en finale. **À boire entre 2006 et 2014.** (1/03)

2000 Aussi surprenant que cela puisse paraître, deux dégustations de ce vin en
98 bouteille m'ont évoqué le 1990 de Petrus à 2 ans d'âge. Il s'agit incontestablement du Tertre Rotebœuf le plus réussi depuis les spectaculaires 1998, 1990 et 1989. D'un rubis-pourpre dense, il dégage un doux nez de café torréfié, de moka, de chocolat, de confiture de cerise noire, de cassis, de réglisse, de cuir fin et de chêne grillé. Une fois passé ce bouquet explosif et capiteux, on décèle un ensemble corsé aux tannins soyeux, merveilleusement doux, étoffé et riche en milieu de bouche, et dont la finale, persistante, dure plus de 45 secondes. L'ensemble est plus structuré que les 1989 ou 1990 au même stade d'évolution. Il est tout simplement majestueux. Une bouteille laissée ouverte pendant 6 jours ne trahissait aucun signe d'oxydation. **À boire jusqu'en 2025.** (1/03)

1999 Ce vin séduisant et luxuriant fera assurément tourner les têtes... Rubis foncé
91 de robe, il exhale un bouquet renversant, aux senteurs de terre fraîchement remuée, d'herbes fumées, de cerise noire confiturée, de chocolat et de café torréfié. Charnu et étoffé, étayé par une faible acidité, il présente, malgré sa concentration exceptionnelle, une pureté exquise. Ce vin fabuleux, qui se développe en bouche tout en rondeur, sera parfait **dans les 10 ans.** (3/02)

1998 Un nez superbe, flamboyant, aux notes de café torréfié nuancées de chocolat,
94 de mûre, d'épices orientales et de kirsch, jaillit littéralement du verre pour annoncer le Tertre Rotebœuf 1998. Ce vin spectaculaire, corsé et onctueux, se développe en bouche par paliers, révélant, outre une pureté fabuleuse, un fruité explosif et séduisant, étayé par un gras généreux. **À boire dès maintenant ou dans les 15 à 18 ans.** (3/02)

1997 Ce vin délicieux et souple, qui présente tant au nez qu'en bouche des arômes
87 de moka, de café, de chocolat, de cèdre, de fruits noirs et rouges confiturés, se montre moyennement corsé et faible en acidité. Doté d'un excellent fruité, il

est tendre en milieu de bouche, mais manque un peu dc densité. Il conviendra parfaitement aux amateurs et aux consommateurs en quête d'un vin accessible. **À boire dès maintenant.** (1/02)

1996 89 Quoique moins somptueux que je ne l'aurais pensé de prime abord, le 1996 s'annonce par un prune-grenat foncé et par un doux nez de prune poussiéreuse, de groseille et de cerise nuancé de café, de chocolat et de sous-bois. L'ensemble, moyennement corsé, est doux et soyeux, et présente en finale des tannins qui doivent encore se fondre. Délicieux et épanoui, il s'impose incontestablement comme l'un des 1996 de la rive droite les plus réussis. **À boire jusqu'en 2012.** (12/02)

1995 94+ La puissance et la concentration de ce vin ne font aucun doute. D'un rubis-pourpre profond, doté d'un doux nez de confiture de cerise noire et de prune nuancé de vanille, de chocolat et de café torréfié, il est moyennement corsé, puissant et relativement tannique, s'imposant comme l'un des exemples les moins évolués de ce cru. **À boire jusqu'en 2020.** (12/02)

1994 90 Très réussi dans un millésime difficile, le 1994 arbore un rubis-prune foncé encore intact. Son nez d'herbes rôties nuancé de cerise noire, de prune, de figue et de groseille est également marqué de notes de terre et de chocolat. L'ensemble, moyennement corsé, est étayé par des tannins mûrs et présents. Il se distingue par sa pureté et sa précision d'excellent aloi. Joliment fait, massif, riche et étonnamment puissant, il constitue assurément un beau succès pour le cru. **À boire jusqu'en 2014.** (12/02)

1993 88 Le 1993 de Tertre Roteboeuf, qui est à son apogée, s'impose comme l'une des grandes réussites de ce millésime difficile. Il est moyennement corsé, avec des notes de prune, de terre, de champignon et de pruneau. Généreusement doté, il affiche encore – chose étonnante – un prune-cerise profond et révèle à l'attaque un doux fruité. L'ensemble est merveilleux à la fois de profondeur, de maturité et d'équilibre. Ce vin est probablement disponible à un prix très raisonnable, du fait de la mauvaise presse des 1993. C'est l'une des rares merveilles de ce millésime. **À boire jusqu'en 2014.** (12/02)

1990 98 Ce vin absolument spectaculaire ne sera probablement jamais égalé que par le 2000. D'un rubis-prune profond à peine éclairci sur le bord, il exhale un nez extraordinairement flamboyant de cerise et d'autres petits fruits noirs confiturés nuancé de caramel, de fumé et de café. Une fois passé ce bouquet qui jaillit littéralement du verre, on distingue en bouche un ensemble corsé, soyeux et épais, qui déborde littéralement d'un fruité corpulent et gras, et dont la finale est renversante. L'ensemble atteint tout juste son apogée. Quel vin ! **À boire jusqu'en 2015.** (12/02)

1989 95 Arborant une robe d'un rubis-pourpre profond légèrement plus intense que celle du 1990, ce vin corsé se distingue par un caractère rôti ainsi que par de douces notes de raisin enrobé de chocolat. Il recèle également des nuances de cerise surmûrie. Structuré malgré son épaisseur et son caractère séveux, il est très puissant et évolue plus lentement que son aîné de 1990, plus réputé. Ce classique récompensera les amateurs qui auront su l'attendre. **À boire jusqu'en 2020.** (2/03)

1988 **92** S'imposant comme une révélation du millésime, le 1988 s'annonce par un prune-grenat profond préludant à de fabuleuses senteurs de terre, de sous-bois, de sirop contre la toux à la cerise, de réglisse et de caramel. Corsé, très pur malgré sa maturité et sa très grande concentration, il se distingue encore par sa belle précision et sa structure. Certes, il n'a pas la densité du 1989 ni le caractère flamboyant et spectaculaire du 1990, mais ce classique sera apprécié **maintenant et jusqu'en 2015.** (12/02)

1986 **89** Le 1986 a quelque peu perdu de son gras et de son opulence charnue, et présente des tannins un peu plus rugueux que par le passé. Ce vin est à son apogée ; il y a peu de chances qu'il se bonifie, si bien que je conseillerais de le consommer assez rapidement. Arborant une robe légèrement ambrée, il est encore merveilleusement mûr et riche, et présente, dans un ensemble moyennement corsé, de doux arômes vanillés de cerise noire et d'autres petits fruits. Il est légèrement plus court en finale qu'il y a quelques années. **À boire jusqu'en 2006.** (12/02)

1985 **90** Évoquant furieusement un bourgogne par son beau déploiement d'arômes de groseille, de cerise noire, de figue, d'herbes et de fleurs, ce vin moyennement corsé et séveux se distingue par sa belle texture ainsi que par son charme extraordinaire. Très séduisant du fait de sa faible acidité, il présente des tannins mûrs et bien fondus. L'ensemble, qui est à son apogée, doit être consommé **dans les 3 à 4 ans.** (12/02)

1982 **87** C'est le seul millésime de Tertre Rotebœuf que je connaisse qui ait été élaboré avant que François Mitjavile ne pratique une sélection sévère et le vieillissement en fûts de chêne neuf. La matière première était indiscutablement de très haute qualité, mais le vin aurait été meilleur s'il avait présenté davantage de tenue et de structure, ce que lui aurait apporté le bois neuf. Cependant, il est des plus plaisants, avec son généreux fruité de cerise très mûre entremêlé de notes de caramel, d'herbes et de terre, et son caractère aussi souple que gras. **À boire dans les 2 ans.** (9/95)

LA TOUR FIGEAC

Grand cru classé
Propriétaire : famille Rettenmaier
Adresse : 33330 Saint-Émilion
Adresse postale : BP 007 – 33330 Saint-Émilion
Tél. 05 57 51 77 62 – *Fax* 05 57 25 36 92
E-mail : latourfigeac@aol.com
Site Internet : www.latourfigeac.com
Visites : sur rendez-vous uniquement
Contact : Otto Rettenmaier

VIGNOBLE ET VINIFICATION

Superficie : 14,6 ha
Encépagement : 60 % merlot, 40 % cabernet franc
Âge moyen des vignes : 30 ans – *Densité de plantation :* 6 000-7 000 pieds/ha
Rendement moyen : 42 hl/ha

Élevage : fermentations et cuvaison de 21 à 28 jours en cuves d'acier inoxydable et de bois thermorégulées, avec micro-oxygénation et pigeages fréquents ; achèvement des malolactiques et vieillissement sur lies de 15 mois, avec bâtonnages réguliers et micro-oxygénation (60-70 % de bois neuf) ; collage léger ; filtration si nécessaire

VINS PRODUITS

Château La Tour Figeac – 40 000 b ; L'Esquisse de La Tour Figeac – 10 000 b
À maturité : dans les 4 à 14 ans suivant le millésime

APPRÉCIATION GÉNÉRALE

Depuis 1998, cette propriété mérite d'être suivie de près. Elle propose en effet des vins de haut niveau à des prix extrêmement intéressants. Avis aux amateurs !

De nombreuses propriétés de Saint-Émilion autrefois rattachées à l'énorme domaine de Figeac (avant son démembrement, en 1879) incluent aujourd'hui ce vocable dans leur dénomination. Il en va ainsi pour La Tour Figeac, aisément repérable grâce à la tour qui se trouve au milieu de son vignoble et dont il tient une partie de son nom. Le domaine est bordé d'un côté par Cheval Blanc, au sud par Figeac et à l'ouest par l'appellation Pomerol.

La vinification à la propriété est généralement d'un très bon niveau, mais les millésimes du milieu et de la fin des années 80 ont accusé une certaine baisse. Cependant, la qualité est à nouveau au rendez-vous depuis que le château a été racheté, en 1994, par la famille Rettenmaier ; les 2002, 2001, 2000 et 1998, qui s'affirment comme les plus belles réussites du cru, en témoignent bien. On ne sera pas surpris d'apprendre que les maîtres des lieux s'entourent depuis quelques années des conseils de Stéphane Derenoncourt.

2002
88
D'un rubis-pourpre d'encre, le 2002 de La Tour Figeac exhale un nez ample et doux de fruits noirs entremêlé de notes d'épices orientales, de cuir neuf et de boîte à épices. Moyennement corsé, merveilleusement pur malgré sa densité, il déploie une finale aussi persistante qu'étoffée. **À boire entre 2007 et 2016.** (9/03)

2001
90
Vêtu d'un pourpre opaque, le 2001 développe d'excellents et doux arômes de mûre et de cassis nuancés de fumé et de réglisse. Une fois passé ce bouquet d'une grande pureté, on décèle un ensemble moyennement corsé, mûr et étoffé, aussi généreux en milieu de bouche qu'en finale. **À boire dès maintenant et dans les 12 ans.** (1/03)

2000
91
Ce vin sensuel, dont la robe d'un rubis-pourpre opaque accompagne un somptueux bouquet mêlant des arômes concentrés d'airelle, de cerise noire et de cassis entremêlés de notes d'herbes fumées, de réglisse et de minéral, est moyennement corsé et mûr, à la fois ample et étoffé. Aussi séduisant pour les sens que pour l'intellect, il sera parfait **jusqu'en 2015.** (1/03)

1999
86
Ce vin sans détour, mais plaisant, présente dans un ensemble moyennement corsé un fruité doux et d'une grande pureté, ainsi que des arômes de fumé, d'herbes rôties et de groseille. Cependant, il est modérément profond et manque quelque peu de persistance. **À boire maintenant.** (3/01)

1998
90
Le 1998 de La Tour Figeac est la plus belle réussite de la propriété entre le 1982 et le 2000. D'un rubis-pourpre foncé, il exhale de sensationnels arômes de mûre fumée, de cerise confiturée et de café. Moyennement corsé, épais, il exprime, outre une texture riche et onctueuse, un caractère corsé, structuré et modérément tannique. Quoique d'ores et déjà agréable, ce vin promet de se maintenir **jusqu'en 2015.** Une révélation ! (3/02)

1996
85
Ce vin d'un rubis-prune foncé, aux arômes poussiéreux de terre, de douce cerise, de groseille, de fumé et de vanille, est moyennement corsé et modérément tannique. Admirable de richesse en extrait, très longiligne, il est manifestement mûr et issu d'une matière première de qualité. Cependant, il pourrait ultérieurement se révéler anguleux et austère, du fait de ses abondants tannins. **À boire jusqu'en 2012.** (3/02)

1995
87
Contrairement au 1996, plus spartiate, le 1996 est sensuel. D'un rubis profond, il est généreusement marqué, tant au nez qu'en bouche, de notes herbacées et épicées de petits fruits, et se montre moyennement corsé, souple, séveux et accessible. Ce Saint-Émilion séduisant, qui constitue une révélation du millésime, sera parfait **dans les 2 ans.** (3/01)

TROPLONG MONDOT

Grand cru classé
Propriétaire : Château Mondot SAS
Adresse : 33330 Saint-Émilion
Tél. 05 57 55 32 05 – *Fax* 05 57 55 32 07
E-mail : contact@chateau-troplong-mondot.com
Site Internet : www.chateau-troplong-mondot.com
Visites : sur rendez-vous uniquement,
du lundi au vendredi (9 h-12 h et 14 h-17 h)
Contact : Christine Valette Parienté

VIGNOBLE ET VINIFICATION

Superficie : 28 ha
Encépagement : 80 % merlot, 10 % cabernet franc, 10 % cabernet sauvignon
Âge moyen des vignes : 50 ans – Densité de plantation : 5 600 et 6 600 pieds/ha
Rendement moyen : 35 hl/ha
Élevage : fermentations et cuvaison de 28 à 35 jours en cuves d'acier inoxydable thermorégulées de petite contenance ; achèvement des malolactiques et vieillissement de 12 à 24 mois, suivant le millésime, en fûts (70-100 % de bois neuf) ; collage ; filtration si nécessaire

VINS PRODUITS

Château Troplong Mondot – 90 000 b ; Mondot – 30 000 b
À maturité : dans les 5 à 18 ans suivant le millésime

APPRÉCIATION GÉNÉRALE

Si l'on en juge par sa régularité à haut niveau depuis le milieu des années 80, nonobstant les conditions du millésime, ce cru aurait mérité une promotion au rang de premier cru lors du reclassement des Saint-Émilion de 1996. Il est tout simplement magnifique.

Ce très beau château, qui jouit d'une vue magnifique sur la ville et sur les vignobles de Saint-Émilion, se situe sur le coteau faisant face à la côte Pavie. Son vignoble compte beaucoup de vieilles vignes. Depuis que le domaine bénéficie des conseils de l'œnologue Michel Rolland, et que Christine Valette assure un contrôle étroit du vignoble et des vinifications (depuis le milieu des années 80), la qualité des vins s'est nettement améliorée. Issus de cuvaisons relativement longues en cuves d'acier inoxydable, ils sont élevés 12 à 24 mois en fûts de chêne (dont 70 %-100 % de neufs) et, s'ils subissent un collage, ne sont filtrés qu'en cas de nécessité. Une grande souplesse ainsi que le refus d'adhérer à des règles immuables en matière de vinification sont les atouts de la réussite de ce cru.

Il faut encore souligner que l'élaboration d'un second vin permettant le déclassement des cuves les moins réussies a également contribué à améliorer la qualité du grand vin.

Les appellations Pomerol et Saint-Émilion ont connu, l'une et l'autre, des femmes propriétaires remarquables – presque légendaires –, dont certaines sont malheureusement décédées. Je pense d'abord à Mme Fournier, de Château Canon, aux sœurs Robin, de Le Gay et de Lafleur, à Mme Ducasse, de L'Évangile, et, bien sûr, à Mme Loubat, de Petrus. C'est maintenant Christine Valette qui marche sur leurs pas, puisque sous sa direction, marquée par une exigence de haute qualité, Troplong Mondot propose des vins grandioses.

2003
90-92+
Ce vin extraordinaire, qui commence tout juste à se révéler, est une autre belle réussite à rajouter à l'actif de Christine Valette. D'un rubis profond nuancé de pourpre, il dégage un nez doux et évolué de mûre, de groseille, de réglisse, de fleurs et de terre. Moyennement corsé, très pur malgré sa grande maturité, il est étayé par une faible acidité et des tannins présents, et sa finale est charnue. L'ensemble, qui présente une séduisante rondeur, sera accessible dès sa jeunesse, tout en étant capable d'une garde de 12 à 15 ans. Bien qu'il ne soit pas aussi spectaculaire que ses aînés de 1998, 2000 ou 2001, il n'en est pas moins réussi. **À boire entre 2007 et 2020.** (3/04)

2002
91
Christine Valette mérite des louanges, son cru s'imposant, une fois de plus en 2002, comme l'une des grandes réussites du millésime. Il était incontestablement plus difficile d'atteindre de tels sommets en Saint-Émilion et en Pomerol en 2002 qu'en 1998 ou 2000, mais elle a magnifiquement tiré son épingle du jeu. Le 2002 de Troplong Mondot, qui se distingue par sa pureté et son intensité, arbore un pourpre soutenu et dégage de fabuleux arômes de sous-bois, de cassis, de fumé et de pierre concassée. Ses tannins souples et tendres sont magnifiquement fondus, et l'ensemble, qui s'exprime avec une infinie précision, révèle, outre une texture étoffée en milieu de bouche, une finale stupéfiante, longue de 35 à 40 secondes – autant de traits que l'on associe davantage à des 1998 ou à des 2000. Une fois de plus, Christine Valette prouve que son cru mériterait d'être promu premier grand cru classé. Espérons qu'il en sera ainsi dans quelques années, à la faveur du prochain classement. **À boire jusqu'en 2019.** (9/03)

2001
93
Ce vin d'un rubis-pourpre opaque, aux arômes merveilleusement purs de fruits noirs nuancés de réglisse, de minéral, de violette et de chêne neuf grillé, est extrêmement concentré, en particulier dans le contexte du millésime. Moyennement corsé, d'une grande pureté malgré sa puissance aromatique, il présente une acidité, un boisé et des tannins parfaitement fondus. L'ensemble, qui se

montre sous un excellent jour, s'impose à l'évidence comme l'une des grandes réussites de l'année. **À boire entre 2006 et 2017.** (1/03)

2000
95
Alliant magnifiquement une remarquable élégance à une puissance et une profondeur d'excellent aloi, le 2000 de Troplong Mondot s'impose comme la plus belle réussite de la propriété depuis le grandiose 1990. Outre une robe d'un pourpre foncé et des arômes d'encre, de crème de cassis, de graphite et de chêne grillé, il présente un caractère corsé et puissant, mais révèle aussi un bel équilibre malgré sa richesse extraordinaire et son aspect massif. L'ensemble, qui se distingue encore par une fraîcheur et une tonicité d'excellent aloi, déploie une finale longue de plus de 45 secondes. On décèle à peine ses très abondants tannins. Fabuleux d'intensité et de précision, il est tout simplement irrésistible. **À boire entre 2009 et 2026.** (1/03)

1999
89
Ce vin moyennement corsé et étoffé se présente vêtu d'un rubis-pourpre dense, préludant à d'élégantes senteurs de vanille, de cerise noire et de fumé. L'ensemble s'exprime tout en finesse malgré sa concentration et son ampleur. De fait, il n'est pas puissant ni massif, se distinguant plutôt par sa pureté, sa maturité, son équilibre et ses belles proportions. Ce vin tiendra bien **12 à 15 ans.** (3/02)

1998
93
Ce vin fabuleux, qui s'impose comme une révélation du millésime, est probablement – avec le 2000 – la plus belle réussite de la propriété depuis le 1990. Pourpre-noir, il exhale un nez floral où se mêlent des notes de myrtille, de mûre, de réglisse, de vanille et de truffe (ou seraient-ce des arômes de graphite ou de charbon ?). Dense, corsé, mais d'une grande pureté, il se distingue également par sa fraîcheur et son élégance. Ce vin merveilleux de précision sera à son apogée **jusqu'en 2025.** (3/02)

1997
89
Le 1997 de Troplong Mondot est fabuleusement élégant et concentré. S'annonçant par un rubis-pourpre sombre et par de superbes senteurs de mûre et de cerise nuancées en arrière-plan de boisé, il séduit par son milieu de bouche doux et mûr, son caractère aromatique et ses tannins souples. Loin d'être massif, il exprime, au contraire, un fruité merveilleusement tendre. Vous apprécierez ce vin charmeur et opulent **dans les 3 à 4 ans.** (11/02)

1996
88+ ?
Je ne saurais prédire l'évolution de ce cru. D'un rubis-pourpre dense, doté d'un nez incontestablement prometteur aux notes de réglisse, de chêne neuf grillé, de cassis et d'autres petits fruits, il est moyennement corsé, mais recèle encore des tannins abondants et quelque peu acerbes et astringents. L'ensemble a perdu de son austérité, mais il doit encore s'épanouir pour mériter une note aux alentours de 90. Je me demande s'il se fondra jamais harmonieusement. **À boire entre 2006 et 2018.** (11/02)

1995
92
D'un impressionnant pourpre-noir, le Troplong Mondot 1995 est fermé, avec un nez serré, mais extrêmement prometteur, aux irrésistibles arômes de minéral, de vanille, de café, de cerise noire et de groseille. Moyennement corsé, doté de tannins plutôt abondants, mais doux, il déploie une finale longue de 30 à 35 secondes. L'ensemble est ferme, mais impressionnant et prometteur. Cependant, il requiert de la patience. **À boire entre 2007 et 2020.** (11/02)

1994
90
Ce vin magnifique, au nez de tapenade, de réglisse, de boîte à épices, de cassis et de chêne grillé, est moyennement corsé et d'une grande pureté. Il

s'est défait de l'essentiel de ses tannins et présente, outre une grande douceur à l'attaque, une concentration et une persistance extraordinaires, ainsi qu'une finale un peu ferme. **À boire jusqu'en 2016.** (10/01)

1993 Le 1993 arbore une robe de couleur rubis foncé pourpre au centre, et exhale
87+ des senteurs épicées et grillées de prune, de cerise noire et de cassis. Moyennement corsé et tannique en bouche, il y déploie une douceur, une maturité et une pureté d'excellent aloi. Il s'agit d'un vin peu évolué, qui devrait se conserver une bonne douzaine d'années, voire plus. **À boire jusqu'en 2012.** (1/97)

1992 Le 1992 de Troplong Mondot éclipse complètement celui d'autres propriétés
89 de Saint-Émilion – et gêne considérablement certains premiers grands crus classés. Ce vin arbore une robe d'un pourpre très soutenu tirant sur le noir, et exhale un nez ample, doux et mûr de cassis, auquel se mêlent des senteurs de chêne neuf grillé, d'herbes et de réglisse. Fabuleusement concentré pour le millésime, avec un fruité mûr et une densité absolument superbes, il présente des tannins modérés, ainsi qu'une finale longue, pure et merveilleusement proportionnée. **À boire d'urgence.** (11/94)

1990 Ce vin absolument somptueux, qui frise la perfection, arbore un pourpre dense
99 et dégage un somptueux bouquet de crème de cassis, de café torréfié, de réglisse, de fleurs blanches, de vanille et de mûre. Corsé, très aérien malgré sa merveilleuse concentration, il se distingue par son fruité luxuriant et d'une extravagante richesse. L'ensemble, qui atteint tout juste son apogée, constitue un véritable tour de force en matière de vinification. **À boire jusqu'en 2020.** (1/03)

1989 Ce vin encore jeune n'atteindra probablement jamais les sommets du 1990
95+ (mais combien d'exemples pourraient afficher de telles prétentions ?), mais, arborant un rubis-pourpre dense, il dégage de très pures senteurs de café torréfié, de confiture de cerise noire, de mûre, de minéral et même de myrtille. L'ensemble recèle aussi de belles notes de fumé et de chêne grillé, qui s'estompent progressivement en arrière-plan. Très élégant malgré sa puissance, sa concentration et son caractère corsé, il est encore jeune et peu évolué. **À boire entre 2007 et 2025.** (11/02)

1988 Cette merveille, qui est à son apogée, exprime avec élégance des notes de
90 tapenade, de prune, de cerise noire, de vanille et de fumé. En bouche, il est moyennement corsé, doux et ample, et révèle une acidité ainsi que des tannins parfaitement fondus. **À boire jusqu'en 2010.** (11/02)

1986 Ce vin, qui commence à s'atténuer en finale, est encore très agréablement
87 parfumé, et libère, dans un ensemble moyennement corsé évoquant davantage un Médoc qu'un Saint-Émilion, des notes de poussière, de terre, de cerise noire, de tabac et de réglisse. **À boire.** (11/02)

1985 Ce vin, qui a atteint son apogée, s'annonce par un grenat foncé fortement
87 ambré sur le bord. Son nez modérément intense de cassis nuancé de cèdre, de boîte à épices et d'herbes de Provence prélude à un ensemble moyennement corsé, souple et séduisant, qu'il convient de consommer. **À boire.** (11/02)

1982
79
Ce vin souple, sans détour et dénué de complexité a été élaboré avant que Christine Valette ne prenne les rênes de la propriété et ne propulse Troplong Mondot dans le peloton de tête des bordeaux. C'est un vin plaisant et herbacé, qui commence à perdre de son fruité ; en effet, l'acidité, les tannins et l'alcool prennent peu à peu le dessus. **Sur le déclin.** (9/95)

MILLÉSIMES ANCIENS

Le palmarès de cette propriété est médiocre dans les années 60, 70 et 80. Même le 1982 (noté 79 en septembre 1995) est décevant. Cependant, sous la houlette de Christine Valette, le cru s'est magnifiquement redressé depuis 1985, et a connu son heure de gloire avec la fabuleuse trilogie des 1988, 1989 et 1990.

TROTTE VIEILLE

1er grand cru classé B
Propriétaires : héritiers Castéja
Adresse : 33330 Saint-Émilion
Adresse postale : Domaines Borie-Manoux
86, cours Balguerie-Stuttenberg – 33082 Bordeaux Cedex
Tél. 05 56 00 00 97 – *Fax* 05 57 87 48 61
E-mail : domaines-boriemanoux@borie-manoux.fr
Visites : sur rendez-vous uniquement
Contact : Philippe Castéja

VIGNOBLE ET VINIFICATION

Superficie : 10 ha
Encépagement : 50 % merlot, 45 % cabernet franc, 5 % cabernet sauvignon
Âge moyen des vignes : 45 ans – *Densité de plantation :* 5 000 pieds/ha
Rendement moyen : 30 hl/ha
Élevage : fermentations et cuvaison de 21 jours en cuves de béton thermorégulées ; achèvement des malolactiques et vieillissement de 12 à 18 mois en fûts (98 % de bois neuf) ; collage ; pas de filtration

VINS PRODUITS

Château Trotte Vieille – 30 000 b ;
La Vieille Dame de Trotte Vieille – variable (à compter de 2000)
À maturité : dans les 5 à 15 ans suivant le millésime

APPRÉCIATION GÉNÉRALE

Sous la houlette de Philippe Castéja, ce cru s'est régulièrement amélioré depuis 1985. Il présente désormais davantage de chair et d'étoffe, tout en montrant une complexité qui faisait défaut aux millésimes précédents. Cependant, n'attendez pas que ce vin évoque les Saint-Émilion nouvelle vague, d'une luxuriante richesse.
En effet, étant issu d'un terroir de pur calcaire, il s'exprime davantage en finesse et en délicatesse, révélant de généreux arômes de minéral.

Trotte Vieille est l'un des célèbres premiers grands crus de Saint-Émilion. Son vignoble, relativement isolé, se trouve dans la partie est de l'appellation, sur des sols essentiellement calcaires. Depuis 1949, il appartient à la maison de négoce Borie-Manoux, bien connue sur la place de Bordeaux, qui est également propriétaire de

Batailley (cinquième cru de Pauillac), du Domaine de l'Église (un Pomerol en pleine ascension), ainsi que de beaucoup d'autres châteaux moins renommés du Bordelais. Chose étonnante et assez rare pour être signalée, le vignoble de Trotte Vieille est clos de murs.

Trotte Vieille m'a bien souvent déçu ! Jusqu'au milieu des années 80, ses vins comptaient parmi les plus médiocres de l'appellation ; en effet, avant 1985, ils manquaient généralement de concentration et de caractère, et se montraient même terriblement légers et ternes. Certains millésimes présentaient par ailleurs des défauts de vinification.

Cependant, les choses ont beaucoup évolué, et l'on doit très probablement ce changement de cap aux efforts de Philippe Castéja. Outre le fait qu'il a instauré une sélection plus sévère, il procède désormais à des vendanges plus tardives et à des macérations plus longues, les vins achevant leurs malolactiques en fûts et faisant l'objet d'un minimum de manipulations dans les chais. De plus, ils sont vieillis avec davantage de bois neuf.

Enfin, deux des meilleurs œnologues de la région, Denis Dubourdieu et Gilles Pauquet, conseillent désormais la propriété. Les vins se révèlent de ce fait plus profonds et capables de rivaliser avec les meilleurs Saint-Émilion.

2003
90-92
L'admirable 2003 de Trotte Vieille constitue, à mon sens, la plus belle réussite à ce jour de la propriété. Il s'annonce par un rubis-pourpre dense et par un nez à la fois ample et tendre de cassis, de cerise, de boîte à épices et de chêne grillé. Moyennement corsé, merveilleusement doux (du fait de son gras généreux dû à un caractère plus alcoolique que de coutume), il s'exprime avec souplesse et tout en rondeur. Ce vin aussi séduisant pour les sens que pour l'intellect sera parfait **dans les 15 à 16 ans suivant une garde de 2 à 3 ans.** Impressionnant ! (3/04)

2002
89
Le 2002 de Trotte Vieille, qui s'annonce par un rubis-pourpre dense, présente de doux arômes de chêne fumé nuancés de café, de fruits noirs et de chocolat. Bien qu'il ne soit pas très expressif, ce vin est moyennement corsé, musclé, puissant, avec une finale modérément tannique. **À boire entre 2009 et 2019.** (9/03)

2001
90
D'un rubis dense tirant sur le pourpre d'encre, ce vin corsé, dense, doux et généreux semble aussi bon, voire meilleur, que son aîné d'un an. Des vendanges plus tardives et l'élaboration d'un second vin à compter de 2000 ont donné un ensemble impressionnant de profondeur, plus concentré que de coutume, qui devrait vieillir de belle manière. **À boire entre 2006 et 2014.** (1/03)

2000
89+
Le 2000 de Trotte Vieille est plutôt fermé et dénué de complexité. D'un rubis-prune foncé tirant sur le pourpre, il présente un nez serré, mais prometteur, de mûre, de chocolat, de café et de vanille. En bouche, il s'exprime avec élégance et pureté, mais il n'a pas, me semble-t-il, la profondeur, la douceur ni l'ampleur du 2001. **À boire entre 2008 et 2019.** (1/03)

1999
89
Ce vin d'excellente facture déploie des arômes de chocolat fondu, de chêne neuf grillé, de cerise noire, de réglisse et de fraise. En bouche, il exprime, outre un caractère moyennement corsé, une pureté et un équilibre d'excellent aloi. L'ensemble est étayé par des tannins doux et une heureuse acidité, et sa finale est modérément persistante. **À boire jusqu'en 2016.** (3/02)

1998 Ce vin s'exprime tout en finesse et en élégance – il n'a pas la corpulence
86 ni la puissance de la nouvelle vague des Saint-Émilion. Vêtu de rubis foncé, il présente, tant au nez qu'en bouche, des arômes de douce mûre et de cerise nuancés en arrière-plan de notes de chêne fumé et de minéral. L'ensemble, rond et élégant, est, je le répète, plus porté sur la finesse que sur la puissance. **À boire dans les 8 à 10 ans.** (3/02)

1997 Ce vin, qui doit son style international à ses généreuses notes de chêne grillé,
86 révèle en bouche des arômes doux et souples de prune et de cerise nuancés de terre, d'herbes et de fumé. Sans être ample, ni dense ou apte à une longue garde, ce vin se révèle aussi délicieux qu'accessible ; on l'appréciera pour son fruité agréable, mûr et bien équilibré. **À boire ces 2 à 3 prochaines années.** (1/02)

1996 Le 1996 de Trotte Vieille marque une nette amélioration de ce premier grand
87 cru de Saint-Émilion. Souple et élégant, avec un fruité de mûre et de cerise joliment infusé de chêne neuf fumé, il se montre moyennement corsé en bouche, où il manifeste une grande pureté et déploie une finale racée et d'une belle texture. Un excellent 1996. **À boire jusqu'en 2012.** (1/02)

1995 Ce vin difficile à jauger s'annonce par un rubis foncé et par un nez relativement
87 ? fermé de terre, de boisé et de champignon marqué de vagues arômes de doux cassis et de prune. La bouche est tannique et dure, avec un caractère minéral très prononcé et une finale austère et très astringente. Je lui accorde probablement le bénéfice du doute, mais il me semble qu'il requiert une assez longue garde. **À boire entre 2008 et 2016.** (3/01)

1994 Rubis foncé, le 1994 présente un gentil nez de cèdre et de cerise infusé de
85 notes herbacées. Doux et moyennement corsé, il déploie des facettes totalement différentes, avec une faible acidité et d'abondants tannins. L'attaque en bouche est souple, mais les tannins se font ensuite très présents, et la finale est courte et atténuée. **À boire jusqu'en 2007.** (1/97)

1990 Le 1990 est – au moins – très bon. Très corsé, extrêmement puissant et doté
85 d'un caractère bien affirmé, il est boisé et tannique. **À boire.** (1/93)

1989 Ce vin extrêmement impressionnant arbore une robe d'un noir opaque, et
90 dégage un nez sensationnel de réglisse, de chocolat et de prune très mûre. La bouche, très ample, révèle une concentration hors normes et de très abondants tannins, et la finale est tout à la fois persistante, intense, alcoolique et opulente. Compte tenu de son ampleur, du fait qu'il est étayé par une bonne acidité et qu'il a vieilli en fûts neufs, ce 1989 atteindra vraisemblablement l'équilibre parfait entre son fruité luxuriant et concentré et ses arômes de chêne grillé. Ce pourrait bien être le meilleur Trotte Vieille de ces trente à quarante dernières années. **À boire jusqu'en 2015.** (4/91)

MILLÉSIMES ANCIENS

Les Trotte Vieille des années 60 et 70, ainsi que ceux de la plus grande partie de la décennie 80, sont relativement inintéressants. Ils ont généralement été notés entre 60 et 75, quelques-uns d'entre eux, tels les 1985, 1986 et 1988, méritant une note aux alentours de 85.

VALANDRAUD

Grand cru
Propriétaire : Éts Thunevin
Adresse : 6, rue Guadet – 33330 Saint-Émilion
Tél. 05 57 55 09 13 – *Fax* 05 57 55 09 12
E-mail : thunevin@thunevin.com
Site Internet : www.thunevin.com
Visites : non autorisées

VIGNOBLE ET VINIFICATION

Superficie : 4,5 ha
Encépagement : 70 % merlot, 30 % cabernet franc
Âge moyen des vignes : 30 ans – *Densité de plantation :* 6 000 pieds/ha
Rendement moyen : 35 hl/ha
Élevage : achèvement des malolactiques et vieillissement de 18 à 20 mois en fûts (100 % de bois neuf) ; ni collage ni filtration

VINS PRODUITS

Château Valandraud – 11 000 b ; Virginie de Valandraud – 10 000 b
À maturité : dans les 5 à 25 ans suivant le millésime

APPRÉCIATION GÉNÉRALE

Créé par Jean-Luc Thunevin, l'initiateur du mouvement des vins de garage, le Château Valandraud constitue l'une des plus belles *success-stories* de Saint-Émilion. Aucun bordeaux – pas plus d'ailleurs qu'aucun autre cru – ayant une aussi courte histoire ne peut se targuer d'un tel succès commercial et d'une cote aussi élevée. L'engouement pour ce vin est tel qu'il peut, en termes de prix, rivaliser, voire surpasser, certains premiers crus.

Le très talentueux Jean-Luc Thunevin peut s'enorgueillir du battage médiatique entourant son cru et des prix faramineux qu'il atteint. Avec sa compagne Muriel, ce viticulteur qui recherche avec passion (et obsession) la meilleure qualité, produit sur sa minuscule propriété (il s'agit en fait de plusieurs parcelles disséminées dans l'appellation) un vin d'une richesse extraordinaire, mis en bouteilles sans collage ni filtration. Son expérience passée de détaillant et de restaurateur ainsi que son activité de négociant lui auront certainement permis de se forger une philosophie relativement aux grands vins et à leur élaboration.

Bien sûr, il est encore trop tôt pour prédire la manière dont le Château Valandraud évoluera en vieillissant, mais il s'agit incontestablement d'un vin extraordinairement riche, concentré et d'une fabuleuse précision. Il s'est toujours montré somptueux, même dans des millésimes difficiles comme 1992, 1993 et 1994. Plus que tout autre cru de Saint-Émilion, celui-ci est actuellement la coqueluche des amateurs (très) fortunés du monde entier.

Si Jean-Luc Thunevin fait l'objet de critiques incessantes (en particulier de la part de la jalouse aristocratie bordelaise), son influence ne cesse de croître. Il est actuellement l'un des consultants viticoles les plus demandés. Son souci de qualité et son travail acharné, ainsi qu'un réel talent de dégustateur (il est en cela magnifiquement épaulé par sa compagne, tout aussi douée que lui), ont permis la renaissance de nombreux crus de Saint-Émilion et des appellations satellites, qui s'imposent désormais aux consommateurs en quête de vins de très haut vol.

Avec Michel Rolland, Jean-Luc Thunevin a inspiré toute une nouvelle génération de vignerons, qu'il a incités à améliorer leurs crus. C'est un mouvement qualitatif dont tout le Bordelais aura bénéficié.

2003
93-96 Le célèbre Jean-Luc Thunevin a enregistré en 2003 la plus belle réussite de la courte histoire de son Château Valandraud. Ce vin, issu de rendements de 28 hl/ha et disponible à hauteur de 1 000 caisses, se compose à moitié de merlot, à 40 % de cabernet franc et pour le reste de cabernet sauvignon. D'un bleu-pourpre d'encre, il présente de puissants parfums de fruits noirs, de sous-bois, de réglisse, de pierre concassée, de cacao, de café et de boîte à épices. La bouche offre un beau déploiement d'explosives et puissantes flaveurs fruitées, qui tapissent littéralement le palais, et révèle des tannins parfaitement fondus. L'ensemble est mûr, avec une finale longue de plus de 50 secondes. Il s'agit d'une très grande réussite, et probablement aussi du millésime le plus apte à la garde jamais produit à la propriété. **À boire entre 2008 et 2020, voire au-delà.** (3/04)

Note : la cuvée cachère 2003 du Château Valandraud a été notée 90-92. Composée à 70 % de merlot et pour le reste de cabernet franc, c'est incontestablement le meilleur vin rouge cachère qui soit, malheureusement produit en très petites quantités. Plus souple que la cuvée générique, elle est opulente, charnue, séduisante et dotée d'un charme précoce. **À boire dans les 10 ans.** (3/04)

2002
92 Voici une autre belle réussite de Murielle Andraud et Jean-Luc Thunevin. Le 2002 du Château Valandraud s'annonce par un rubis-pourpre soutenu préludant à des senteurs de chocolat, de café, de cassis et de cerise. Moyennement corsé, dense et musclé, il est moins soyeux et moins opulent que son aîné d'un an, mais fort généreusement doté et bien équilibré. Ses tannins devraient se fondre dans les 2 à 5 ans ; **il tiendra ensuite 12 à 15 ans, voire davantage.** (9/03)

2001
94 Jean-Luc Thunevin et sa compagne Muriel Andraud considèrent le 2001 comme supérieur à son aîné d'un an. Il est possible qu'ils aient raison en la matière, ce vin s'imposant incontestablement comme l'un des plus impressionnants du millésime. Arborant un bleu-pourpre d'encre, il dégage un bouquet extraordinaire, mêlant des notes de café torréfié et de chocolat à des senteurs de mûre et de cassis. Corsé, dense et concentré, il pourrait bien être l'un des exemples les plus réussis de ce cru. Il s'agit, pour faire court, d'un remarquable succès de cette propriété, l'une des plus révolutionnaires du Bordelais. **À boire entre 2007 et 2020.** (1/03)

Note : je signale aux amateurs qu'il existe aussi une cuvée cachère de 2001 (notée 91-92), qui s'impose comme le meilleur vin cachère que j'aie jamais dégusté.

2000
93 Jean-Luc Thunevin parle humblement de son 2000, comme s'il présentait quelque défaut. De fait, il est spectaculaire, et je dois avouer que trois dégustations après la mise en bouteilles m'ont totalement séduit. D'un pourpre dense,

doté de fabuleuses senteurs de café, dc cacao, de chocolat, de prune, de cassis et de cerise, ce vin est tout simplement somptueux. Moyennement corsé, étayé par une faible acidité et des tannins relativement fermes, il est charnu et généreux, et présente la grande pureté qui est la griffe de Jean-Luc Thunevin. Cependant, c'est l'un des exemples de Valandraud qu'il faudra savoir attendre. **À boire entre 2008 et 2019.** (1/03)

1999 90 Ce vin opulent, mais merveilleux à la fois de pureté et de précision, est dominé par de doux arômes de café, de moka, de cuir, de cerise noire et de groseille. L'ensemble, qui manifeste des proportions et une persistance d'excellent aloi, affiche un style bien à lui, et il est incontestablement séduisant. **À boire jusqu'en 2015.** (3/02)

1998 93 Le 1998 du Château Valandraud – un classique de son appellation – arbore un prune-pourpre foncé et dégage un nez de moka, de café, de petits fruits, de cerise, de mûre et de chocolat. Moins exotique que les millésimes précédents, il s'exprime également plus en finesse que ses aînés. Moyennement corsé, merveilleux de concentration, il développe, tant au nez qu'en bouche, des nuances chocolatées. L'ensemble est exceptionnel à la fois de pureté, d'équilibre et de persistance. C'est l'un des Valandraud les plus élégants produits à ce jour. **À boire jusqu'en 2020.** (3/02)

1997 89 Le 1997 pourrait ultérieurement mériter une note extraordinaire ; c'est en effet l'une des grandes réussites du millésime. Arborant un rubis-pourpre dense, il libère un bouquet modérément intense aux notes de boîte à épices, de réglisse, de prune, de cerise et de chêne grillé. En bouche, il se montre opulent, corsé et rond, révélant encore un fruité superbe de richesse, étayé par une faible acidité et des tannins doux. C'est un vin que l'on peut apprécier **dès maintenant ou dans les 5 ans.** (3/02)

1996 91 Le 1996 s'est bien raffermi depuis la mise en bouteilles. Arborant la légendaire robe épaisse typique de ce cru (rubis-prune foncé tirant sur le pourpre), il exhale un bouquet exotique qui commence à peine à s'épanouir, où l'on décèle des notes d'iode, de café torréfié, de fruits noirs confiturés et de pain grillé. La bouche, moyennement corsée, révèle une texture formidable et des tannins doux ; l'ensemble se distingue par sa pureté et sa persistance extraordinaires. **À boire jusqu'en 2018.** (1/02)

1995 95 Le splendide 1995 est l'une des plus belles réussites de Jean-Luc Thunevin. Opaque et pourpre de robe, il dégage au nez de sensationnels arômes d'herbes rôties et de fruits noirs (cerise, cassis et mûre), marqués de très belles notes de chêne grillé (le boisé, tout en nuances, ne domine pas). Ce vin très concentré, qui est incontestablement de la race des très grands, exprime par paliers et en rondeur sa belle richesse en extrait et son gras généreux. Sa finale est longue de plus de 30 secondes. Ses tannins sont parfaitement masqués par un fruité extrêmement riche et mûr. Ce vin s'impose comme l'un des exemples les plus grandioses du cru. **À boire jusqu'en 2020.** (3/02)

1994 92+ Le puissant et massif 1994 présente une robe d'un pourpre opaque et une palette aromatique assez fermée (on distingue, après aération, des notes de cassis doux, de boisé et de fumé). Fabuleux de pureté, doté de parfums superbes et intenses, il offre en milieu de bouche un fruité très doux et développe par paliers une finale très corsée et visqueuse. Il s'agit assurément de l'une des réussites du millésime. **À boire jusqu'en 2020.** (3/02)

1993 93 Le 1993 est l'un des vins les plus concentrés du millésime. Sa robe opaque, de couleur pourpre, introduit un nez fabuleusement doux et mûr de cerise noire et de cassis, judicieusement infusé de subtiles notes de boisé et légèrement marqué d'une touche de minéral et de truffe. Très corsé, exceptionnellement dense, ce vin incroyablement intense, qui s'exprime tout en rondeur, constitue un véritable tour de force dans un millésime où l'on ne connaît pas de crus de cet acabit. Accordez-lui une garde de 1 à 2 ans, et dégustez-le **dans les 15 à 20 ans qui suivront.** (1/97)

1992 88 Cette minuscule propriété, qui pourrait bien s'imposer comme le Le Pin de Saint-Émilion, a magnifiquement réussi en 1992. D'un rubis-pourpre foncé opaque et soutenu, doté d'un nez riche aux senteurs de doux chêne et aux généreux arômes de cassis et de cerise confiturés, ce vin est assez corsé et d'une grande richesse, et se montre étonnamment opulent, avec beaucoup de mâche (ce qui est rare pour le millésime). Il déploie une finale longue, luxuriante, concentrée et faible en acidité. Il devrait se révéler merveilleux **ces 5 à 8 prochaines années.** (11/94)

YON-FIGEAC

Grand cru classé
Propriétaire : Yon-Figeac SA
Adresse : 3, Yon – 33330 Saint-Émilion
Tél. 05 57 24 40 59 – *Fax* 05 57 24 31 52
E-mail : fprudhomme@chateaux-partners.com
Site Internet : www.chateaux-partners.com
Visites : du lundi au vendredi (9 h-12 h et 14 h-17 h), le week-end sur rendez-vous uniquement
Contact : Florence Prud'Homme

VIGNOBLE ET VINIFICATION

Superficie : 24,5 ha
Encépagement : 80 % merlot, 20 % cabernet franc
Âge moyen des vignes : 30 ans – *Densité de plantation :* 6 000 pieds/ha
Rendement moyen : 50 hl/ha
Élevage : macération préfermentaire à froid de 4 à 5 jours ; fermentations et cuvaison à 30 °C maximum de 21 à 28 jours en cuves d'acier inoxydable thermorégulées ; achèvement des malolactiques en fûts pour une partie de la récolte ; vieillissement de 16 mois en fûts (50 % de bois neuf) ; collage au blanc d'œuf ; pas de filtration

VINS PRODUITS

Château Yon-Figeac – 105 000 b ; Château Yon-Saint-Martin – 25 000 b
À maturité : dans les 3 à 10 ans suivant le millésime

APPRÉCIATION GÉNÉRALE

Yon-Figeac produit depuis peu des vins de grande qualité, qui ne sont cependant pas encore du niveau de certains de leurs pairs, tels Rocher Bellevue Figeac,

Pipeau ou Rochebelle. Je conseille néanmoins aux amateurs de suivre de près ce cru, qui a opéré un remarquable revirement ces dernières années, car les disponibilités sont relativement importantes (le vignoble de Yon-Figeac est assez vaste). Il pourrait à terme s'imposer comme l'une des meilleures affaires de l'appellation.

Ce château aux belles tourelles se situe au nord-ouest de Saint-Émilion, sur des sols légers et sableux qui donnent généralement des vins soyeux, au caractère très prononcé de fruits noirs et rouges. Je ne pense pas que ce cru soit capable d'une très longue garde, mais j'avoue n'en avoir jamais dégusté d'exemple de plus de 7 ans d'âge.

2001
86
Le 2001 de Yon-Figeac offre un beau déploiement de sensuelles senteurs de prune, de framboise et de groseille qui jaillissent littéralement du verre, annonçant un ensemble moyennement corsé, souple et séduisant. Les vins de cette propriété se distinguent encore par leurs arômes floraux de fruits bleus et noirs, ainsi que par leur rondeur. C'est le cas du 2001, que l'on appréciera **dans les 7 à 10 ans suivant le millésime.** (1/03)

2000
90
Ce vin, qui constitue une très bonne affaire, s'impose au nombre des révélations du millésime. Sa robe d'un rubis-pourpre profond accompagne des senteurs et des flaveurs évoquant un grand millésime de L'Évangile. De fait, on décèle dans ce 2000 de douces notes de mûre et de petits fruits des bois nuancées de raisin sec, de prune et de fleurs blanches. L'ensemble, moyennement corsé et charnu, est doté d'un fruité doux et merveilleusement pur. Il développe, au fur et à mesure de son aération, un caractère plus prononcé de mûre. **À boire entre 2006 et 2015.** (1/03)

1999
87
Ce vin moyennement corsé exprime avec élégance des notes de douce cerise, de prune, de figue et d'herbes séchées. Sans détour, mais rond et séduisant, il sera parfait **dans les 7 à 8 ans suivant le millésime.** (1/03)

AUTRES PROPRIÉTÉS NOTABLES DE SAINT-ÉMILION

ANDRÉAS

Grand cru
Propriétaire : Vignobles Rocher Cap de Rive SA
Adresse : 33330 Saint-Émilion
Adresse postale : Château Rocher-Bellevue
BP 89 – 33350 Castillon-La-Bataille
Tél. 05 57 40 06 76 – *Fax* 05 57 40 41 52
E-mail : j.bardot.savrcr@wanadoo.fr
Visites : sur rendez-vous uniquement
Contact : Jacqueline Bardot

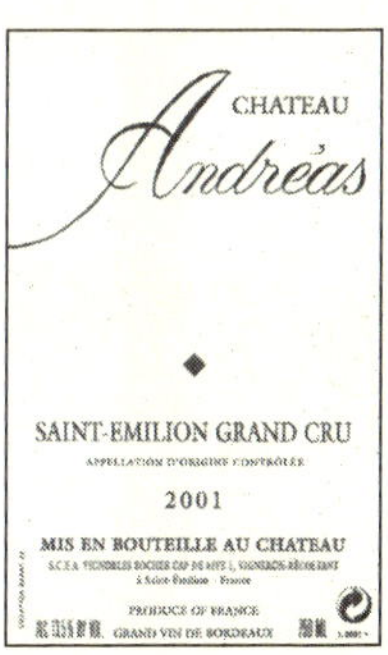

VIGNOBLE ET VINIFICATION

Superficie : 1,5 ha
Encépagement : 100 % merlot
Âge moyen des vignes : 40 ans

Densité de plantation : 5 500 pieds/ha
Rendement moyen : 30 hl/ha
Élevage : fermentations et cuvaison prolongées en cuves de béton ; vieillissement en fûts de chêne neuf ; ni collage ni filtration

VIN PRODUIT

Andréas – 4 500 b (pas de second vin)
À maturité : dans les 5 à 12 ans suivant le millésime

APPRÉCIATION GÉNÉRALE

Ce cru vinifié sous la houlette de Jean-Luc Thunevin (de 1998 à 2001) est de bonne facture, mais il n'atteint pas le niveau de ses pairs ayant suivi le mouvement des vins de garage. Cependant, il est parfait à boire sans cérémonie.

2001
87
Ce vin moyennement corsé et sans détour, marqué par le terroir, compense son manque de caractère et de complexité par une élégance et une maturité de bon aloi. **À boire dans les 7 à 8 ans suivant le millésime.** (1/03)

2000
87
Présentant, outre un rubis-pourpre profond, de douces notes de cerise noire et de groseille nuancées d'épices, de chocolat, de terreau et de café, le 2000 est moyennement corsé et confit. Ce Saint-Émilion de style moderne, qui s'exprime tout en rondeur, sera parfait **ces 5 à 6 prochaines années.** (1/03)

1999
84
Ce vin est de bonne facture, mais anodin. Rubis foncé de robe, il est sans détour, quelque peu austère, longiligne, plutôt acerbe et assez décevant. **À boire dans les 3 à 4 ans.** (3/02)

1998
86
De généreuses notes de chêne crémeux, de fumé, de café et de fruits noirs se dégagent de ce vin vêtu de rubis foncé. L'ensemble, très tannique, se distingue par sa puissance et son caractère imposant, mais il manque peut-être légèrement de structure. **À boire dans 2 ans.** (3/02)

L'ARCHANGE

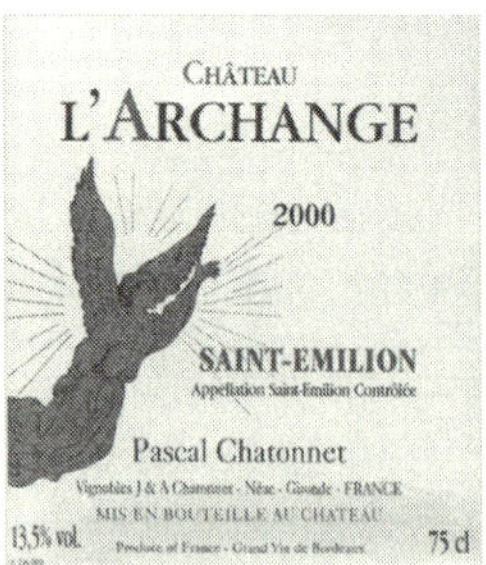

Grand cru
Propriétaire : Pascal Chatonnet
Adresse : 33330 Saint-Émilion
Adresse postale : 33500 Néac
Tél. 05 57 51 31 31 – *Fax* 05 57 25 08 93
E-mail : vignobleschatonnet@wanadoo.fr
Visites : sur rendez-vous uniquement
Contacts : M. ou Mme Chatonnet

VIGNOBLE ET VINIFICATION

Superficie : 1,12 ha
Encépagement : 100 % merlot
Âge moyen des vignes : 20 *ans* – *Densité de plantation :* 5 500 pieds/ha
Rendement moyen : 38 hl/ha
Élevage : vieillissement de 18 mois en fûts (100 % de bois neuf)

VIN PRODUIT

L'Archange – 5 400 b (pas de second vin)
À maturité : dans les 5 à 12 ans suivant le millésime.

APPRÉCIATION GÉNÉRALE

Ce cru que l'on doit à Pascal Chatonnet, œnologue de grande réputation, est un nouveau venu sur la scène viticole de Saint-Émilion.

2003 **86-88** Ce vin, qui atteste une belle facture malgré sa structure rigide et austère, s'annonce par un rubis-pourpre profond et par un nez de pierre concassée, de cerise noire, d'herbes et de goudron. L'ensemble, moyennement corsé, est faible en acidité, avec des tannins modérés. **À boire entre 2006 et 2012.** (3/04)

2001 **87** Ce vin, qui pourrait à terme se révéler excellent, exprime avec élégance un caractère moyennement corsé et assez massif, ainsi qu'une douceur de bon aloi. Impressionnant de pureté, il se distingue encore par un bouquet expressif où se mêlent des notes florales et des senteurs de mûre, de myrtille et de groseille. **À boire jusqu'en 2012.** (1/03)

2000 **89** Pascal Chatonnet propose en 2000 un vin élégant, pur et racé, vêtu d'un pourpre profond et soutenu, et doté d'un doux nez de cerise noire et de mûre. L'ensemble, moyennement corsé, est doux et riche ; son fruité opulent et concentré est étayé par une faible acidité. Les tannins, quoique présents, sont tenus en respect par la maturité et l'étoffe de ce vin. **À boire jusqu'en 2014.** (1/03)

ARMENS

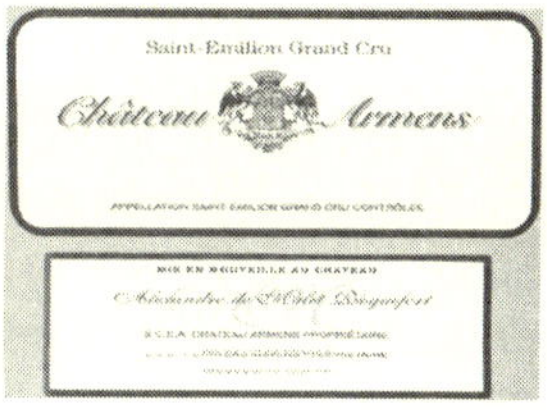

Grand cru
Propriétaire : Alexandre de Malet-Roquefort
Adresse : 23, lieu-dit Bourret – 33330 Saint-Pey-d'Armens
Adresse postale : BP 12 – 33330 Saint-Émilion
Tél. 05 57 56 05 06 – *Fax* 05 57 56 40 89
E-mail : alienor@chateau-armens.com
Site Internet : www.malet-roquefort.com
Visites : non autorisées
Contact : Aliénor de Malet-Roquefort

VIGNOBLE ET VINIFICATION

Superficie : 18 ha
Encépagement : 65 % merlot, 25 % cabernet sauvignon, 10 % cabernet franc
Âge moyen des vignes : 35 ans
Densité de plantation : 5 500 pieds/ha
Rendement moyen : 42 hl/ha
Élevage : fermentations et cuvaison de 21 à 28 jours en cuves d'acier inoxydable thermorégulées ; achèvement des malolactiques et vieillissement de 18 mois en fûts (80 % de bois neuf) ; collage ; pas de filtration

VINS PRODUITS

Château Armens – 50 000 b ; La Fleur du Château d'Armens – 50 000 b
À maturité : dans les 3 à 10 ans suivant le millésime

APPRÉCIATION GÉNÉRALE

Ce nouveau cru, que l'on doit à Alexandre de Malet-Roquefort, évoque par le style son compagnon d'écurie de La Gaffelière. Quoique vinifié dans un style moderne, il n'est pas luxuriant, mais toujours de bonne facture et joliment fruité. Il s'agit d'une bonne affaire.

2001
88
Cet excellent Saint-Emilion vêtu d'un rubis-pourpre dense libère de doux parfums de fruits noirs, de terre et de chêne grillé. Moyennement corsé, merveilleux de concentration, il révèle dès l'attaque un fruité crémeux, et déploie en milieu de bouche une acidité et des tannins parfaitement fondus. Ce vin pur atteste une très bonne facture. **À boire jusqu'en 2013.** (1/03)

2000
88
Encore peu évolué, le 2000 est structuré et musclé, avec des notes de minéral, de cerise rouge, de terre et de boisé. Moyennement corsé et concentré, il promet d'être très bon, voire excellent. **À boire jusqu'en 2016.** (1/03)

AURELIUS

Grand cru
Propriétaire : Union des producteurs de Saint-Émilion
Adresse : lieu-dit Haut-Gravet – 33330 Saint-Émilion
Adresse postale : BP 27 – 33330 Saint-Émilion
Tél. 05 57 24 70 71 – *Fax* 05 57 24 65 18
E-mail : contact@udpse.com
Site Internet : www.udpse.com
Visites : sur rendez-vous, du lundi au samedi
Contact : Alain Naulet

VIGNOBLE ET VINIFICATION

Superficie : 19,5 ha
Encépagement : 85 % merlot, 15 % cabernet franc
Âge moyen des vignes : 30 ans – *Densité de plantation :* 5 500 pieds/ha
Rendement moyen : 40 hl/ha
Élevage : fermentations et cuvaison en cuves de béton thermorégulées revêtues d'Epoxy ; vieillissement de 14 mois en fûts (100 % de bois neuf) ; collage et filtration

VIN PRODUIT

Aurelius – 60 000 b (pas de second vin)
À maturité : dans les 3 à 9 ans suivant le millésime

APPRÉCIATION GÉNÉRALE

S'agissant d'un vin issu d'une cave coopérative, Aurelius est de bonne facture et digne d'intérêt.

BÉARD

Grand cru
Propriétaires : SAS Château Béard – François et Étienne Cordonnier
Adresse : St Jean-de-Béard – 33330 Saint-Laurent-des-Combes
Tél. 05 57 24 39 77 – *Fax* 05 57 24 68 02
E-mail : cordofa@belgacom.net
Visites : sur rendez-vous uniquement
Contact : François Cordonnier

VIGNOBLE ET VINIFICATION

Superficie : 5,9 ha
Encépagement : 75 % merlot, 25 % cabernet franc
Âge moyen des vignes : 29 ans – *Densité de plantation :* 5 500 pieds/ha
Rendement moyen : 40 hl/ha
Élevage : 18 mois dont 12 mois en barriques neuves, renouvelées par tiers tous les ans

VIN PRODUIT

Château Béard – 48 000 b (pas de second vin)
À maturité : dans les 3 à 8 ans suivant le millésime

APPRÉCIATION GÉNÉRALE

J'ai malheureusement trop rarement dégusté les vins de cette propriété pour m'en faire une idée. Cependant, les rares millésimes que j'ai goûtés étaient bien vinifiés, avec un fruité pur et un caractère trapu et robuste. Ce domaine, créé en 1858 et situé à Saint-Laurent-des-Combes, appartient actuellement à la famille Goudichaud. Les vendanges sont faites manuellement, aucun traitement chimique n'est utilisé dans les vignes, et la vinification et l'élevage sont traditionnels. Sans être un Saint-Émilion de premier ordre, le vin de Béard est régulier à bon niveau et constitue une bonne affaire.

BELLEVUE MONDOTTE

Grand cru
Propriétaires : Gérard et Chantal Perse
Adresse : 33330 Saint-Laurent-des-Combes
Adresse postale : Château Pavie – 33330 Saint-Émilion
Tél. 05 57 55 43 43 – *Fax* 05 57 24 63 99
E-mail : contact@vignoblesperse.com
Site Internet : www.chateaupavie.com
Visites : non autorisées
Contact : Gérard Perse

VIGNOBLE ET VINIFICATION

Superficie : 2 ha
Encépagement : 90 % merlot, 5 % cabernet franc, 5 % cabernet sauvignon
Âge moyen des vignes : 45 ans – *Densité de plantation :* 5 500 pieds/ha
Rendement moyen : 15 hl/ha (depuis 2001)

Élevage : fermentations et cuvaison de 28 à 35 jours en cuves d'acier inoxydable thermorégulées ; achèvement des malolactiques et vieillissement de 20 à 24 mois en fûts (100 % de bois neuf) ; ni collage ni filtration

VIN PRODUIT

Château Bellevue Mondotte – 4 000 b (pas de second vin)
À maturité : il est encore trop tôt pour en juger

APPRÉCIATION GÉNÉRALE

Ce nouveau vin culte est à rajouter à l'actif de Gérard et Chantal Perse.
Cette cuvée, qui frise l'extrême, atteindra vraisemblablement des prix astronomiques, si l'on en juge par la cote de ses compagnons d'écurie (Pavie, Pavie Decesse et Monbousquet). Cependant, les amateurs qui pourront se permettre d'en acheter seront rassurés de savoir que la qualité est incontestablement au rendez-vous.

2003 **93-95** Sa robe d'un rubis-pourpre dense annonce un ensemble corsé et extraordinaire d'intensité, doté de provocantes senteurs de réglisse fondue, d'encens, d'épices orientales et de liqueur de cerise et de mûre, et étayé par une faible acidité ainsi que par des tannins modérément abondants. **À boire entre 2008 et 2018.** (3/04)

2002 **92** Des notes de kirsch, de framboise, de cassis et de chêne crémeux jaillissent littéralement de ce vin d'un rubis-pourpre dense, annonçant un ensemble moyennement corsé, merveilleusement pur, persistant et fruité, **au potentiel de garde de 10 à 12 ans.** (9/03)

2001 **94** Ressemblant à s'y méprendre à un Porto sec, le 2001 libère des senteurs et des flaveurs de mûre, de réglisse et de cassis qui inondent littéralement les sens du dégustateur. Ce vin gargantuesque, corsé et onctueux – un trait peu commun chez les 2001 –, se distingue encore par sa très grande persistance. Frisant l'extrême, mais ne trahissant aucune lourdeur, il incarne un véritable tour de force en matière de vinification, même si d'aucuns lui reprocheront d'être « excessif ». Quoi qu'il en soit, je doute que l'on trouve 2001 plus concentré que celui-là. L'ensemble, qui a développé au cours de son élevage une très grande précision, rassemble toutes les caractéristiques des très grands bordeaux. **À boire dans les 15 à 18 ans suivant le millésime.** (1/03)

BERGAT

Grand cru classé
Propriétaire : indivision Castéja
Adresse : 33330 Saint-Émilion
Adresse postale : Borie-Manoux
86, cours Balguerie-Stuttenberg – 33082 Bordeaux
Tél. 05 56 00 00 70 – *Fax* 05 57 87 48 61
E-mail : domaines-boriemanoux@borie-manoux.fr
Visites : sur rendez-vous uniquement
Contact : Philippe Castéja

VIGNOBLE ET VINIFICATION

Superficie : 3,4 ha
Encépagement : 50 % merlot, 40 % cabernet franc, 10 % cabernet sauvignon
Âge moyen des vignes : 40 ans – *Densité de plantation :* 5 000 pieds/ha
Rendement moyen : 36 hl/ha
Élevage : fermentations et cuvaison de 21 jours en cuves de béton et d'acier inoxydable ; vieillissement de 12 à 18 mois en fûts (50 % de bois neuf) ; collage ; pas de filtration

VIN PRODUIT

Château Bergat – 14 000 b (pas de second vin)
À maturité : dans les 3 à 10 ans suivant le millésime

APPRÉCIATION GÉNÉRALE

Contrairement à leurs plus prestigieux compagnons d'écurie de Trotte Vieille, les vins de Bergat ne se sont pas beaucoup améliorés ces dernières années. Vinifiés de manière traditionnelle, ils sont de qualité moyenne et parfaits à boire sans cérémonie.

BERNATEAU

Grand Cru
Propriétaires : Régis et Jacqueline Lavau
Adresse : 33330 Saint-Étienne-de-Lisse
Tél. 05 57 40 18 19 – *Fax* 05 57 40 27 31
E-mail : regis.lavau@wanadoo.fr
Site Internet : www.chateaubernateau.com
Visites : sur rendez-vous uniquement, du lundi au vendredi (9 h-18 h)
Contact : Pierrick Lavau

VIGNOBLE ET VINIFICATION

Superficie : 14 ha
Encépagement : 82 % merlot, 15 % cabernet franc, 3 % cabernet sauvignon
Âge moyen des vignes : 35 ans et plus – *Densité de plantation :* 5 500 pieds/ha
Rendement moyen : 46 hl/ha
Élevage : fermentations et cuvaison en cuves d'acier inoxydable thermorégulées ; vieillissement de 16 mois en cuves pour une moitié de la récolte, en fûts pour le reste (50 % de bois neuf) ; collage et filtration

VIN PRODUIT

Château Bernateau – 85 000 b (pas de second vin)
À maturité : dans les 3 à 7 ans suivant le millésime

LA BIENFAISANCE

Grand cru
Propriétaire : Château La Bienfaisance SA
Administrateur : Patrick Baseden
Adresse : 33330 Saint-Christophe-des-Bardes
Tél. 05 57 24 65 83 – *Fax* 05 57 24 78 26
E-mail : info@labienfaisance.com
Site Internet : www.labienfaisance.com
Visites : sur rendez-vous uniquement
Contact : Patrick Baseden

VIGNOBLE ET VINIFICATION

Superficie : 11,5 ha
Encépagement : 85 % merlot, 15 % cabernet franc
Âge moyen des vignes : 28 ans – *Densité de plantation :* 5 500 pieds/ha
Rendement moyen : 40 hl/ha
Élevage : fermentations et cuvaison de 30 jours en cuves thermorégulées, avec quatre remontages journaliers pendant les quatre premiers jours ; achèvement des malolactiques en cuves ; vieillissement sur lies de 18 mois en fûts (30 % de bois neuf), sans soutirage ; collage ; pas de filtration

VINS PRODUITS

Château La Bienfaisance – 35 000 b ; Vieux Château Peymouton – 25 000 b
À maturité : dans les 5 à 15 ans suivant le millésime

APPRÉCIATION GÉNÉRALE

Bien que ce cru bénéficie d'une vinification de haut niveau, il ne m'a pas impressionné dans la plupart des millésimes. Cependant, si l'on garde à l'esprit que la cuvée prestige de Sanctus, proposée par le même propriétaire, s'est considérablement améliorée ces deux dernières années (bénéficiant des conseils du talentueux Stéphane Derenoncourt), il se pourrait que ce cru mérite l'intérêt.

LA BONNELLE

Grand cru
Propriétaire : famille Sulzer
Adresse : La Bonnelle – 33330 Saint-Pey-d'Armens
Tél. 05 57 47 15 12 – *Fax* 05 57 47 16 83
E-mail : vignobles.sulzer@wanadoo.fr
Visites : tous les jours, sur rendez-vous uniquement
Contact : Olivier Sulzer

VIGNOBLE ET VINIFICATION

Superficie : 12,7 ha
Encépagement : 65 % merlot, 30 % cabernet franc, 5 % cabernet sauvignon
Âge moyen des vignes : 35 ans – *Densité de plantation :* 5 500 pieds/ha
Rendement moyen : 55 hl/ha

Élevage : fermentations et cuvaison de 25 jours en cuves d'acier inoxydable et de béton thermorégulées ; achèvement des malolactiques en fûts pour 25 % de la récolte ; vieillissement de 12 mois en fûts (30 % de bois neuf) ; collage en cuves ; pas de filtration

VINS PRODUITS

Château La Bonnelle – 60 000 b ; Château La Croix Bonnelle – 20 000 b
À maturité : dans les 3 à 7 ans suivant le millésime

BOUQUEY

Grand cru
Propriétaire : Mähler-Besse SA
Adresse : 33330 Saint-Hippolyte
Adresse postale : Malher-Besse SA
49, rue Camille-Godard – 33026 Bordeaux
Tél. 05 56 56 04 35 – *Fax* 05 56 56 04 59
E-mail : france@mahler-besse.com
Site Internet : www.mahler-besse.com
Visites : sur rendez-vous uniquement
Contact : Sylvain Dechelotte

VIGNOBLE ET VINIFICATION

Superficie : 5 ha
Encépagement : 70 % merlot, 30 % cabernet franc et cabernet sauvignon
Âge moyen des vignes : 20 ans – *Densité de plantation :* 6 600 pieds/ha
Rendement moyen : 50 hl/ha
Élevage : fermentations et cuvaison de 21 à 28 jours en cuves d'acier inoxydable thermorégulées de forme tronconique ; vieillissement de 6 mois en fûts (30 % de bois neuf) ; collage ; pas de filtration

VIN PRODUIT

Château Bouquey – 6 000 b (pas de second vin)
À maturité : dans les 2 à 5 ans suivant le millésime

CADET-BON

Grand cru classé
Propriétaire : Guy Richard
Adresse : 1, Le Cadet – 33330 Saint-Émilion
Tél. 05 57 74 43 20 – *Fax* 05 57 24 66 41
E-mail : chateau.cadet.bon@terre-net.com
Site Internet : www.cadet-bon.com
Visites : sur rendez-vous uniquement
Contact : Guy Richard

VIGNOBLE ET VINIFICATION

Superficie : 4,48 ha
Encépagement : 70 % merlot, 30 % cabernet franc
Âge moyen des vignes : 35 ans – *Densité de plantation :* 5 000 pieds/ha

Rendement moyen : 45 hl/ha
Élevage : fermentations et cuvaison en cuves d'acier inoxydable thermorégulées de petite contenance, permettant la vinification séparée des parcelles et des cépages ; vieillissement de 12 mois en fûts (25 % de bois neuf) ; collage ; pas de filtration

VIN PRODUIT

Château Cadet-Bon – 23 000 b (pas de second vin)
À maturité : dans les 5 à 10 ans suivant le millésime

APPRÉCIATION GÉNÉRALE

Parmi ses pairs, qui se sont considérablement améliorés ces dernières années, Cadet-Bon fait figure de vilain petit canard.

CANTENAC

Grand cru
Propriétaire : Nicole Roskam-Brunot
Adresse : Cantenac – 33330 Saint-Émilion
Tél. 05 57 51 35 22 – *Fax* 05 57 25 19 15
E-mail : nicole.roskam@chateau-cantenac.fr
Site Internet : www.chateau-cantenac.fr
Visites : du lundi au vendredi (9 h-12 h et 14 h-17 h), le week-end sur rendez-vous
Contacts : Nicole Roskam-Brunot ou Frans Roskam

VIGNOBLE ET VINIFICATION

Superficie : 12 ha
Encépagement : 80 % merlot, 15 % cabernet franc, 5 % cabernet sauvignon
Âge moyen des vignes : 30 ans – *Densité de plantation :* 6 600 pieds/ha
Rendement moyen : 45 hl/ha
Élevage : fermentations de 10 jours et cuvaison de 20 jours ; vieillissement de 12 mois en cuves pour 30 % de la récolte et en fûts pour le reste (50 % de bois neuf) ; collage ; filtration selon le millésime

VINS PRODUITS

Château Cantenac – 45 000 b ;
Château Cantenac Sélection Madame – 15 000 b
À maturité : dans les 5 à 8 ans suivant le millésime

APPRÉCIATION GÉNÉRALE

Cantenac est un Saint-Émilion de bonne facture, proposé à un prix raisonnable – une rareté dans le contexte actuel. Les amateurs s'intéresseront à ce cru, qui s'est considérablement amélioré ces dernières années.

2003
85-87 Cantenac propose également une cuvée spéciale appelée Climat, qui était étonnamment fermée et tannique lors de ma dégustation, si bien que je n'ai pu la jauger. Quant à la cuvée générique, elle se présente comme un vin moyennement corsé et élégant, très séduisant avec ses généreux arômes de cerise noire nuancés d'herbes séchées, de terre et de chêne épicé. **À boire dans les 5 à 6 ans.** (3/04)

2001 Composé à 80 % de merlot, à 15 % de cabernet franc et pour le reste de
87 cabernet sauvignon, ce vin fruité se montre moyennement corsé et d'une belle rondeur, avec des arômes de cerise mûre, de chêne épicé, d'herbes, de cèdre et de terre. **À boire dans les 7 à 9 ans suivant le millésime.** (1/03)

CAPET-GUILLIER

Grand cru
Propriétaires : familles Bouzerand et Galinou
Adresse : 33330 Saint-Hippolyte
Tél. 05 57 24 70 21 – *Fax* 05 57 24 68 96
E-mail : chateau.capet-guillier@wanadoo.fr
Visites : du lundi au vendredi (9 h-12 h et 14 h-17 h), sur rendez-vous uniquement le week-end
Contact : Élisabeth Galinou

VIGNOBLE ET VINIFICATION

Superficie : 15 ha (Saint-Hippolyte)
Encépagement : 60 % merlot, 25 % cabernet franc, 15 % cabernet sauvignon
Âge moyen des vignes : 35 ans – *Densité de plantation :* 5 500 pieds/ha
Rendement moyen : 52 hl/ha
Élevage : fermentations et cuvaison de 21 jours en cuves de béton ; vieillissement de 13 mois en fûts (1/3 de bois neuf) ; collage et filtration

VINS PRODUITS

Château Capet-Guillier – 64 000 b ; Château Grands Sables Capet – 43 000 b
À maturité : dans les 2 à 4 ans suivant le millésime

DU CAUZE

Grand cru
Propriétaire : Bruno Laporte
Adresse : 33330 Saint-Émilion
Tél. 05 57 74 62 47 – *Fax* 05 57 74 59 12
Visites : sur rendez-vous uniquement
Contact : Bruno Laporte

VIGNOBLE ET VINIFICATION

Superficie : 19,9 ha
Encépagement : 90 % merlot, 10 % cabernet franc
Âge moyen des vignes : 45 ans – *Densité de plantation :* 5 500 pieds/ha
Rendement moyen : 40 hl/ha
Élevage : fermentations et cuvaison de 20 jours environ ; vieillissement de 18 mois en fûts (renouvelés par tiers à chaque millésime) ; collage ; pas de filtration

VIN PRODUIT

Château du Cauze – 100 000 b (pas de second vin)
À maturité : dans les 5 à 14 ans suivant le millésime

APPRÉCIATION GÉNÉRALE

Cette propriété, bien située sur les coteaux de Saint-Émilion, propose de bonnes affaires... Avis aux amateurs ! Les vins de Du Cauze, qui se composent à 90 % de merlot et pour le reste de cabernet franc, s'améliorent régulièrement. Une partie de la récolte achève ses malolactiques en fûts.

2003
88-90
Bruno Laporte, le maître des lieux, enregistre sa plus belle réussite à ce jour avec le 2003. Ce vin issu d'un vignoble argilo-calcaire et graveleux arbore un rubis-pourpre profond et dégage de douces notes de mûre, de groseille et de cerise nuancées de café et de chêne neuf grillé. Moyennement corsé, pur et concentré, marqué en arrière-plan de pierre mouillée, il est à la fois étoffé et persistant. L'ensemble, qui devrait être proposé à un prix raisonnable, sera parfait **entre 2007 et 2014.** (3/04)

2001
87
Ce 2001 de très bonne facture, qui arbore un pourpre foncé, se distingue par un doux nez de liqueur de cassis et de cerise noire nuancé de réglisse, de vanille et de café. Moyennement corsé et profond, il présente une acidité et des tannins – mûrs – parfaitement fondus. **À boire dans les 10 ans après une garde de 2 à 3 ans.** (1/03)

2000
88
Le 2000 est presque aussi bon que le 1998, qui s'impose comme l'une des plus belles réussites à ce jour de Du Cauze. D'un rubis-pourpre profond, ce vin délicieux, élégant, sensuel et épanoui se distingue par la générosité de ses arômes de cerise noire et de groseille. L'ensemble, étayé par des tannins modérément abondants, déploie une belle finale. **À boire jusqu'en 2012.** (1/03)

1999
86
D'élégantes notes de cerise noire et d'herbe annoncent ce vin moyennement corsé, souple et léger, qu'on boira avec plaisir **dans les 2 ans.** (3/02)

1998
87
Prune foncé de robe, doté de séduisantes senteurs de groseille, de cassis, de sous-bois et de boîte à épices, le Du Cauze 1998 est moyennement corsé, joliment structuré et relativement profond, avec un fruité de bon aloi. L'ensemble est harmonieux et atteste un bel équilibre. Il approche tout juste de son apogée. **À boire jusqu'en 2010.** (3/01)

CHEVAL NOIR

Non classé
Propriétaire : Mähler-Besse SA
Adresse : 33330 Saint-Émilion
Adresse postale : Mähler-Besse
49, rue Camille Godard – 33026 Bordeaux
Tél. 05 56 56 04 35 – *Fax* 05 56 56 04 59
E-mail : france@mahler-besse.com
Site Internet : www.mahler-besse.com
Visites : sur rendez-vous, du lundi au vendredi (hors jours fériés)
Contact : Sylvain Dechelotte

VIGNOBLE ET VINIFICATION

Superficie : 5 ha
Encépagement : 60 % merlot, 40 % cabernet sauvignon et cabernet franc

Âge moyen des vignes : 30 ans – *Densité de plantation :* 6 000 pieds/ha
Rendement moyen : 55 hl/ha
Élevage : fermentations de 5 jours et cuvaison de 22 jours en cuves d'acier inoxydable thermorégulées de forme tronconique ; vieillissement de 24 mois en cuves ; collage et filtration

VIN PRODUIT

Cheval Noir – 30 000 b (pas de second vin)
À maturité : dans les 2 à 4 ans suivant le millésime

APPRÉCIATION GÉNÉRALE

Ce cru m'a toujours surpris par sa tendance à se montrer trop tannique. Je suppose que ses auteurs recherchent à tout prix l'extraction, alors que la qualité de la matière première ne le permet pas. Les amateurs avisés chercheront leur bonheur ailleurs.

CLOS LABARDE

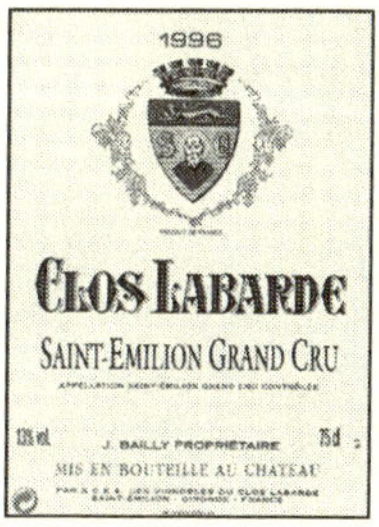

Grand cru
Propriétaire : Jacques Bailly
Adresse : lieu-dit La Barde – 33330 Saint-Émilion
Adresse postale : Bergat – 33330 Saint-Émilion
Tél. 05 57 74 43 39 – *Fax* 05 57 74 40 26
E-mail : nico33@tele2.fr
Visites : du lundi au vendredi, sur rendez-vous le week-end
Contact : Nicolas Bailly

VIGNOBLE ET VINIFICATION

Superficie : 4,58 ha
Encépagement : 70 % merlot, 20 % cabernet franc, 10 % cabernet sauvignon
Âge moyen des vignes : 35 ans – *Densité de plantation :* 5 000 pieds/ha
Rendement moyen : 48 hl/ha
Élevage : fermentations et cuvaison de 22 à 30 jours en cuves de béton thermorégulées revêtues d'Epoxy ; vieillissement de 22 mois, par rotation au moment des soutirages, en fûts (renouvelés par tiers à chaque millésime) pour 25 % de la récolte et en cuves pour le reste ; collage ; filtration légère

VIN PRODUIT

Clos Labarde – 30 000 b (pas de second vin)
À maturité : dans les 2 à 5 ans suivant le millésime

CLOS LARCIS

Grand cru
Propriétaire : GFA Château Villemaurine
Adresse : 23, Villamaurine Sud – 33330 Saint-Émilion
Adresse postale : Grands Vins Robert Giraud SA
Domaine de Loiseau – BP 31 – 33240 Saint-André-de-Cubzac
Tél. 05 57 43 01 44 – *Fax* 05 57 43 08 75
E-mail : direction@robertgiraud.com

Site Internet : www.robertgiraud.com
Visites : sur rendez-vous uniquement
Contact : Philippe Giraud

VIGNOBLE ET VINIFICATION

Superficie : 1 ha
Encépagement : 100 % merlot
Âge moyen des vignes : 30 ans – *Densité de plantation :* 5 660 pieds/ha
Rendement moyen : 45 hl/ha
Élevage : fermentations et cuvaison de 21 à 25 jours en cuves ; vieillissement de 15 mois en fûts (50 % de bois neuf) ; collage ; pas de filtration

VIN PRODUIT

Clos Larcis – 6 000 b (pas de second vin)
À maturité : dans les 3 à 6 ans suivant le millésime

CLOS LA MADELEINE

Non classé
Propriétaire : GFA du Clos La Madeleine
Adresse : La Gaffelière Ouest – 33330 Saint-Émilion
Adresse postale : BP 78 – 33330 Saint-Émilion
Tél. 05 57 55 38 03 – *Fax* 05 57 55 38 01
E-mail : clos.la.madeleine@wanadoo.fr
Visites : sur rendez-vous uniquement
Contacts : Philippe Lauret ou Cathy Millet

VIGNOBLE ET VINIFICATION

Superficie : 2 ha
Encépagement : 60 % merlot, 40 % cabernet franc
Âge moyen des vignes : 32 ans – *Densité de plantation :* 5 000 pieds/ha
Rendement moyen : 30 hl/ha
Élevage : fermentations et cuvaison de 35 jours ; vieillissement en fûts (renouvelés par moitié à chaque millésime) ; collage ; pas de filtration

VIN PRODUIT

Clos La Madeleine – 8 000 b (pas de second vin)
À maturité : dans les 4 à 10 ans suivant le millésime

CLOS SAINT-ÉMILION PHILIPPE

Grand cru
Propriétaire : Jean-Claude Philippe
Adresse : Le Bosquet
2, lieu-dit « Beychet » – 33330 Saint-Émilion
Adresse postale : 101, avenue Gallieni – 33500 Libourne
Tél. 05 57 51 05 93 – *Fax* 05 57 25 96 39
E-mail : vignobles.philippe@wanadoo.fr
Visites : sur rendez-vous uniquement
Contact : Sandrine Philippe

VIGNOBLE ET VINIFICATION

Superficie : 8 ha
Encépagement : 70 % merlot, 30 % cabernet franc
Âge moyen des vignes : 50 ans – *Densité de plantation :* 5 500 pieds/ha
Rendement moyen : 45 hl/ha
Élevage : macération préfermentaire à froid de 7 jours à 8 °C ; fermentations et cuvaison de 21 à 28 jours en cuves d'acier inoxydable thermorégulées, avec pigeages ; achèvement des malolactiques en fûts et vieillissement de 15 à 18 mois en fûts (100 % de bois neuf), avec élevage sur lies pour la cuvée spéciale ; collage et filtration

VINS PRODUITS

Château Clos Saint-Émilion Philippe – 30 000 b ;
Château Clos Saint-Émilion Philippe Cuvée 101 – 6 300 b
À maturité : dans les 2 à 4 ans suivant le millésime

Note : la cuvée spéciale, entièrement composée de merlot, est issue d'un vignoble centenaire de 2 ha dont les rendements ne dépassent pas 27 hl/ha.

CLOS SAINT-JULIEN

Grand cru
Propriétaire : Jean-Jacques Nouvel
Adresse : 33330 Saint-Émilion
Adresse postale : SCEA Vignobles J.-J. Nouvel – Catherine Papon-Nouvel
BP 84 – 33330 Saint-Émilion
Tél. 05 57 24 72 44 – *Fax* 05 57 24 74 84
Site Internet : www.clos-saint-julien.fr
Visites : sur rendez-vous uniquement
Contact : Catherine Papon-Nouvel

VIGNOBLE ET VINIFICATION

Superficie : 1,2 ha
Encépagement : 60 % cabernet franc, 40 % merlot
Âge moyen des vignes : 50 ans – *Densité de plantation :* 6 000 pieds/ha
Rendement moyen : 30 hl/ha
Élevage : fermentations et cuvaison prolongées sans levurage ; achèvement des malolactiques et vieillissement de 12 à 18 mois sur lies en fûts (100 % de bois neuf) ; ni collage ni filtration

VIN PRODUIT

Clos Saint-Julien – 4 500 b (pas de second vin)
À maturité : dans les 3 à 12 ans suivant le millésime

Ce vin de garage est issu de faibles rendements et d'un vignoble au sol calcaire situé non loin de Château Soutard. Il est impressionnant, à en juger par les quelques millésimes que j'ai dégustés.

2003
87-90 Ce vin issu de faibles rendements de 16 hl/ha, qui a achevé ses malolactiques en fûts, se compose à parts égales de merlot et de cabernet franc. D'un rubis-pourpre foncé, il séduit par ses arômes de fleurs, de groseille, de cassis, d'airelle et de boîte à épices. En bouche, il manifeste une profondeur et une richesse d'excellent aloi, et révèle une texture moyennement corsée, ainsi que des tannins parfaitement fondus. **À boire dans les 7 à 10 ans, voire au-delà.** (3/04)

2001
91 Issu de faibles rendements de 28 hl/ha, ce vin impressionnant, très structuré, s'annonce par un rubis-pourpre profond préludant à de douces senteurs de fruits noirs, de graphite, de réglisse et de minéral. Suit en bouche un ensemble profond et puissant, bien marqué par la mâche, qui requiert une certaine garde. **À boire entre 2007 et 2016, voire au-delà.** (1/03)

2000
90 Cette merveille d'un pourpre dense révèle un bouquet aux senteurs prononcées de cerise noire confiturée. Une fois passé ce nez nuancé de cassis, de minéral, d'épices, de café et de réglisse, on décèle en bouche un ensemble ample, doux et étoffé, merveilleux à la fois de pureté et de persistance. Une révélation du millésime ! **À boire entre 2007 et 2020.** (1/03)

1999
89 S'il est généreusement boisé, ce vin est aussi très étoffé, libérant en bouche de très séduisants arômes de tabac, d'herbes, de cerise noire et de groseille. Moyennement corsé, s'exprimant davantage en douceur qu'en puissance et en ampleur, il manifeste au palais une finesse et une élégance d'excellent aloi. **À boire dans les 3 à 4 ans.** (3/02)

CLOS TRIMOULET

Grand cru
Propriétaire : famille Appollot
Adresse : 33330 Saint-Émilion
Tél. 05 57 24 71 96 – *Fax* 05 57 74 45 88
E-mail : clos-trimoulet@wanadoo.fr
Visites : sur rendez-vous uniquement
Contact : A. Appollot

VIGNOBLE ET VINIFICATION

Superficie : 10 ha
Encépagement : 80 % merlot, 10 % cabernet franc, 10 % cabernet sauvignon
Âge moyen des vignes : 45 ans – *Densité de plantation :* 5 500 pieds/ha
Rendement moyen : 45 hl/ha
Élevage : fermentations et cuvaison de 21 à 28 jours en cuves thermorégulées ; vieillissement de 14 mois en cuves pour 40 % de la récolte et en fûts pour le reste (20 % de bois neuf) ; collage ; aucune précision quant à la filtration

VIN PRODUIT

Clos Trimoulet – 60 000 b (pas de second vin)
À maturité : dans les 2 à 4 ans suivant le millésime

CÔTES DE ROL

Grand cru
Propriétaire : GFA Château Villemaurine
Adresse : 23, Villamaurine Sud – 33330 Saint-Émilion
Adresse postale : Grands Vins Robert Giraud SA –
Domaine de Loiseau – BP 31 – 33240 Saint-André-de-Cubzac
Tél. 05 57 43 01 44 – *Fax* 05 57 43 08 75
E-mail : direction@robertgiraud.com
Site Internet : www.robertgiraud.com
Visites : sur rendez-vous
Contact : Philippe Giraud

VIGNOBLE ET VINIFICATION

Superficie : 3 ha
Encépagement : 75 % merlot, 20 % cabernet franc, 5 % cabernet sauvignon
Âge moyen des vignes : 30 ans – *Densité de plantation :* 6 000 pieds/ha
Rendement moyen : 50 hl/ha
Élevage : fermentations et cuvaison de 15 à 20 jours en cuves d'acier inoxydable thermorégulées ; vieillissement de 15 mois en fûts (30 % de bois neuf) ; collage ; pas de filtration

VIN PRODUIT

Château Côtes de Rol – 20 000 b (pas de second vin)
À maturité : dans les 2 à 5 ans suivant le millésime

APPRÉCIATION GÉNÉRALE

Voici un autre cru austère et trop tannique qui montre bien que Saint-Émilion est capable du meilleur... comme du pire.

LA COURONNE

Grand Cru
Propriétaire : Mähler-Besse SA
Adresse : 33330 Saint-Hippolyte
Adresse postale : Mähler-Besse SA
49, rue Camille-Godard – 33026 Bordeaux
Tél. 05 56 56 04 35 – *Fax* 05 56 56 04 59
E-mail : export@mahler-besse.com
Site Internet : mahler-besse.com
Visites : sur rendez-vous uniquement
Contact : Sylvain Dechelotte

VIGNOBLE ET VINIFICATION

Superficie : 15 ha
Encépagement : 60 % merlot, 40 % cabernet sauvignon
Âge moyen des vignes : 20 ans – *Densité de plantation :* 6 000 pieds/ha
Rendement moyen : 50 hl/ha

Élevage : fermentations et cuvaison de 30 jours en cuves thermorégulées de forme tronconique ; vieillissement de 12 mois en fûts (30 % de bois neuf) ; collage ; pas de filtration

VINS PRODUITS

Château La Couronne – 60 000 b (pas de second vin)
À maturité : dans les 2 à 6 ans suivant le millésime

COUTET

Grand cru
Propriétaire : famille David-Beaulieu
Adresse : 33330 Saint-Émilion
Tél. 05 57 74 43 21 – *Fax* 05 57 74 40 78
E-mail : coutet@chateau-coutet.com
Site Internet : www.chateau-coutet.com
Visites : tous les jours, sur rendez-vous uniquement
Contact : Alain David-Beaulieu

VIGNOBLE ET VINIFICATION

Superficie : 13 ha
Encépagement : 60 % merlot, 35 % cabernet franc, 5 % malbec
Âge moyen des vignes : 32 ans – *Densité de plantation :* 6 000 pieds/ha
Rendement moyen : 40 hl/ha
Élevage : fermentations et cuvaison de 21 à 28 jours en cuves d'acier inoxydable thermorégulées, avec micro-oxygénation des lies et fréquents remontages ; vieillissement de 18 mois au total, dont 12 en fûts (renouvelés par tiers à chaque millésime), avec une rotation tous les trois mois ; collage et filtration

VIN PRODUIT

Château Coutet – 50 000 b
À maturité : dans les 2 à 5 ans suivant le millésime

CROQUE MICHOTTE

Grand cru
Propriétaire : GFA Geoffrion
Adresse : 33330 Saint-Émilion
Tél. 05 57 51 13 64 – *Fax* 05 57 51 07 81
E-mail : croque-michotte@monaoc.com
Visites : sur rendez-vous de préférence
Contact : Pierre Carle

VIGNOBLE ET VINIFICATION

Superficie : 13,67 ha
Encépagement : 70 % merlot, 30 % cabernet franc
Âge moyen des vignes : 40 ans – *Densité de plantation :* 6 000 pieds/ha
Rendement moyen : 35 hl/ha

Élevage : macération préfermentaire à froid ; fermentation et cuvaison de 28 à 35 jours, avec adjonction de levures indigènes ; vieillissement de 21 mois au total, dont 12 en fûts (60-80 % de bois neuf) ; ni collage ni filtration

VINS PRODUITS

Château Croque Michotte – 42 000-50 000 b ;
Les Charmilles de la Croque Michotte – 9 000 b maximum
À maturité : dans les 4 à 10 ans suivant le millésime

Le vignoble de Croque Michotte jouit d'une excellente situation dans la partie graveleuse de Saint-Émilion, à la limite de Pomerol, près de Cheval Blanc et de La Dominique. Ce cru doit généralement être dégusté dans les 5 à 6 ans suivant le millésime ; il s'améliore rarement passé 10 ans d'âge. Charnu et somptueux, il a ses fidèles et convient tout particulièrement aux amateurs manquant de patience.

CROS FIGEAC

Grand cru
Propriétaire : SCEA du Château Cros Figeac
Adresse : 33330 Saint-Émilion
Adresse postale : BP 51 – 33330 Saint-Émilion
Tél. 05 57 55 51 60 – *Fax* 05 57 55 51 61
E-mail : vquerre@querre.com
Site Internet : www.querre.com
Visites : non autorisées
Contact : Michel Querre

VIGNOBLE ET VINIFICATION

Superficie : 2,4 ha
Encépagement : 75 % merlot, 25 % cabernet franc
Âge moyen des vignes : 40 ans – *Densité de plantation :* 5 500 pieds/ha
Rendement moyen : 30 hl/ha
Élevage : fermentations et cuvaison de 21 à 28 jours en cuves d'acier inoxydable thermorégulées ; achèvement des malolactiques et vieillissement en fûts (70 % de bois neuf) ; ni collage ni filtration

VINS PRODUITS

Château Cros Figeac – 6 000 b ; Prélude de Cros Figeac – 3 600 b
À maturité : dans les 4 à 8 ans suivant le millésime

2000
88
Le 2000 constitue probablement le meilleur Cros Figeac que j'aie dégusté. Ce vin d'un pourpre dense, dont les généreuses senteurs de fruits noirs entremêlées de notes de chêne neuf, d'épices et d'herbes séchées préludent en bouche à un ensemble moyennement corsé et savoureux, tiendra bien **8 à 10 ans.** Une révélation du millésime. (1/03)

1999
87
D'un rubis foncé, ce vin de bonne facture est moyennement corsé, joliment charnu, avec des tannins plutôt mûrs et une acidité de bon aloi. Bien qu'il regorge d'arômes de cèdre, de cassis et de cerise, je conseillerais de le boire **dans les 3 ans.** (3/02)

1998
87
Ce vin sensuel et très mûr, qui arbore un rubis-prune foncé, séduit par ses arômes de doux chêne ainsi que par ses notes chocolatées et herbacées de cassis. L'ensemble exprime avec ampleur un caractère charnu, souple et faible en acidité. **À boire dans les 7 à 10 ans suivant le millésime.** (3/02)

CRUZEAU

Grand cru
Propriétaire : GFA Luquot Frères
Adresse : 152, avenue de l'Épinette – 33500 Libourne
Tél. 05 57 51 18 95 – *Fax* 05 57 25 10 59
E-mail : sceavignoblesluquot@terre-net.fr
Visites : sur rendez-vous uniquement (jours ouvrables)
Contact : Jean-Paul Luquot

VIGNOBLE ET VINIFICATION

Superficie : 4,4 ha
Encépagement : 75 % merlot, 25 % cabernet franc
Âge moyen des vignes : 35 ans – *Densité de plantation :* 5 900 pieds/ha
Rendement moyen : 50 hl/ha
Élevage : fermentations et cuvaison de 28 jours en cuves de béton thermorégulées ; vieillissement de 12 mois en fûts ; collage ; pas de filtration

VIN PRODUIT

Château Cruzeau – 27 000 b (pas de second vin)
À maturité : dans les 2 à 5 ans suivant le millésime

LE FER

Grand cru
Propriétaire : Mähler-Besse SA
Adresse : 33330 Saint-Émilion
Adresse postale : Mähler-Besse SA
40, rue Camille-Godard – 33026 Bordeaux
Tél. 05 56 56 04 35 – *Fax* 05 56 56 04 59
E-mail : france@mahler-besse.com
Site Internet : www.le-fer.com
Visites : sur rendez-vous uniquement
Contact : Sylvain Dechelotte

VIGNOBLE ET VINIFICATION

Superficie : 2 ha
Encépagement : 100 % merlot
Âge moyen des vignes : 35 ans – *Densité de plantation :* 6 000 pieds/ha
Rendement moyen : 25 hl/ha
Élevage : achèvement des malolactiques et élevage sur lies, avec bâtonnages réguliers, en fûts (100 % de bois neuf) ; collage ; pas de filtration

VIN PRODUIT

Le Fer – 6 000 b (pas de second vin)
À maturité : dans les 2 à 4 ans suivant le millésime

APPRÉCIATION GÉNÉRALE

Si cette cuvée spéciale a la prétention d'être un vin de garage, elle fait totalement fausse route, étant généralement trop tannique et trop boisée (du fait d'une trop grande extraction).

DE FERRAND

Grand cru
Propriétaires : héritiers du baron Bich
Adresse : 33330 Saint-Hippolyte
Tél. 05 57 74 47 11 – *Fax* 05 57 24 69 08
E-mail : ch-deferrand@wanadoo.fr
Site Internet : www.chateaudeferrand.com
Visites : sur rendez-vous uniquement
Contact : Jean-Pierre Palatin

VIGNOBLE ET VINIFICATION

Superficie : 30 ha
Encépagement : 70 % merlot, 30 % cabernet franc et cabernet sauvignon
Âge moyen des vignes : 30 ans – *Densité de plantation :* 5 400 pieds/ha
Rendement moyen : 48 hl/ha
Élevage : fermentations et cuvaisons prolongées ; vieillissement de 16 mois en fûts (50-100 % de bois neuf) ; collage ; pas de filtration

VINS PRODUITS

Château de Ferrand – 160 000 b ; Château des Grottes – 20 000 b
À maturité : dans les 4 à 12 ans suivant le millésime

Le regretté baron Bich, célébrissime créateur des stylos du même nom, a considérablement amélioré la qualité de cette propriété, qu'il a achetée en 1978.

Le vignoble se situe sur la commune de Saint-Hippolyte, sur un plateau calcaire. Le cru qui en est issu doit sa belle qualité à une vendange tardive et à son élevage en fûts de chêne, avec 50 à 100 % de bois neuf. Il peut généralement tenir assez longuement en bouteille.

LA FLEUR

Grand cru
Propriétaire : SCEA Château La Fleur Mérissac (Château Dassault)
Adresse : 33330 Saint-Émilion
Tél. 05 57 55 10 00 – *Fax* 05 57 55 10 01
E-mail : lbv@chateaudassault.com
Visites : sur rendez-vous uniquement
Contacts : Romain Depons ou Laurence Brun

VIGNOBLE ET VINIFICATION

Superficie : 6,3 ha
Encépagement : 93 % merlot, 7 % cabernet franc
Âge moyen des vignes : 20 ans – *Densité de plantation :* 6 000 pieds/ha
Rendement moyen : 30 hl/ha
Élevage : fermentations de 18 jours en cuves de béton ; achèvement des malolactiques en cuves ; vieillissement de 18 mois en fûts (90 % de bois neuf) ; collage et filtration non systématiques

VIN PRODUIT

Château La Fleur – 24 000 b (second vin à l'étude)
À maturité : dans les 7 à 8 ans suivant le millésime

APPRÉCIATION GÉNÉRALE

Ce cru a été géré, pendant de nombreuses années, par les Établissements Jean-Pierre Moueix, qui ne semblent pas y avoir aussi bien réussi que dans les autres propriétés dont ils ont la charge. Ils y produisaient néanmoins des vins épanouis, délicieusement fruités et séduisants, proposés de surcroît à un prix raisonnable. La propriété a été rachetée récemment par le Château Dassault, et il est encore trop tôt pour savoir les changements qui interviendront sous la houlette des nouveaux maîtres des lieux.

Cette propriété a longtemps donné des vins dénués de caractère ; ils étaient en effet sans détour, souples, légers et accessibles. À partir des années 90, ils ont révélé davantage de fruit et de profondeur, tout en se montrant plus charmeurs et plus séduisants. Ce cru est vinifié et distribué par la maison Jean-Pierre Moueix. En règle générale, il doit être consommé dans les 7 à 8 ans suivant le millésime, car il n'a pas l'étoffe nécessaire pour vieillir plus longuement.

1999
85
Très proche en style de son aîné d'un an, le 1999 est fruité et moyennement corsé. Ce vin ne fera pas de vieux os, mais il évoluera de belle manière ces **3 à 4 prochaines années.** (3/01)

1998
89
Véritable révélation du millésime, ce vin s'impose comme l'exemple de ce cru le plus réussi que je connaisse. D'un rubis profond, avec un nez opulent et sensuel de cerise noire et d'autres petits fruits, il est doté d'un fruité superbe, frais et vif, étayé par une bonne mâche. L'ensemble, moyennement corsé, est bien équilibré. Cette bombe fruitée sera parfaite **dans les 3 à 4 ans.** (3/02)

1997
87
Séduisante bombe fruitée, La Fleur 1997 est épanoui et souple, et révèle un caractère moyennement massif, généreusement marqué de gras et d'un doux fruité confituré de cerise. Bien qu'il manque de densité et de potentiel de garde, il est charmeur et capable de tenir **encore 2 ans.** (3/99)

1996
86
Rubis moyen de robe, le 1996 exhale un fabuleux nez de cerise très (presque trop) mûre, nuancé de framboise et de groseille. En bouche, il se montre moyennement corsé et velouté, et exprime, outre un généreux fruité, une pureté d'excellent aloi. Vous apprécierez cet ensemble satiné **dès maintenant.** (3/99)

1995 Ce Saint-Émilion séduisant, moyennement corsé, rond et velouté affiche un
87 rubis assez foncé, mais profond, et dégage un merveilleux nez bien évolué de cerise noire confiturée, d'épices et de fraise. La bouche est souple et exprime tout en finesse un fruité savoureux. Vous apprécierez ce vin délicieux dans les 2 ans. (11/97)

LA FLEUR MORANGE

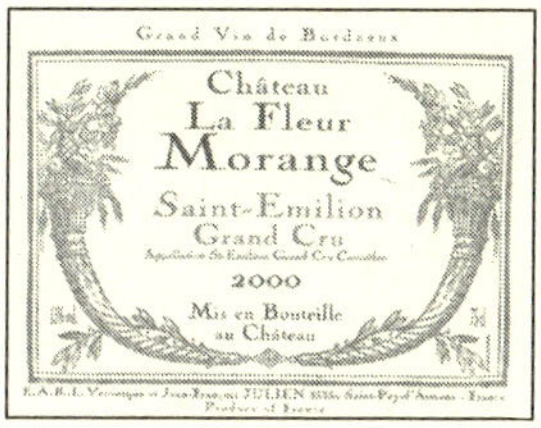

Grand cru
Propriétaires : EARL Véronique et Jean-François Julien
Adresse : Ferrachat – Saint-Pey-d'Armens – 33330 Saint-Émilion
Tél. 05 57 47 10 90 – *Fax* 05 57 47 16 72
E-mail : julienjf@aol.com
Site Internet : www.chateaulafleurmorange.com
Visites : sur rendez-vous uniquement
Contact : Jean-François Julien

VIGNOBLE ET VINIFICATION

Superficie : 1,5 ha
Encépagement : 70 % merlot, 15 % cabernet franc, 15 % cabernet sauvignon
Âge moyen des vignes : 90 ans – *Densité de plantation :* 5 500 pieds/ha
Rendement moyen : 20-25 hl/ha
Élevage : fermentations et cuvaison en cuves d'acier inoxydable thermorégulées à double paroi et de forme tronconique, d'une contenance de 50 hl ; achèvement des malolactiques et vieillissement de 20 à 21 mois en fûts (100 % de bois neuf) ; ni collage ni filtration

VIN PRODUIT

Château La Fleur Morange – 5 000 b (pas de second vin)
À maturité : dans les 3 à 14 ans suivant le millésime

APPRÉCIATION GÉNÉRALE

La Fleur Morange est un autre vin de garage récemment créé d'excellente facture, qui bénéficie des conseils de l'œnologue Claude Gros, auquel on doit quelques-uns des meilleurs crus du Languedoc-Roussillon (Clos des Truffières et Porte du Ciel, notamment). Comme ses pairs, le cru est élaboré suivant les dernières techniques de vinification. Malheureusement, comme toutes les cuvées prestige, celle-ci n'est disponible qu'en quantités minuscules.

Voici un autre vin de garage, produit en toutes petites quantités, issu d'un vignoble de 90 ans et de faibles rendements de 20-25 hl/ha. Alors que le sous-sol de calcaire, de sable et d'argile est, par nature, peu productif, Claude Gros, l'œnologue-conseil de la propriété, tient à forcer ce trait en effectuant une taille et un effeuillage sévères. Le cru, qui s'est vraiment distingué en 2000 et en 2001, bénéficie des toutes dernières techniques de vinification tendant à privilégier le fruit et l'expression du terroir. Les fermentations et la cuvaison se déroulent en cuves d'acier inoxydable tronconiques d'une contenance de 50 hl, avec à la fois des pigeages et des remontages. L'achèvement des malolactiques a lieu en fûts de chêne neuf (provenant uniquement des tonnelleries Taransaud et Darnajou). La mise en bouteilles se fait sans collage ni filtration. L'assemblage a considérablement évolué avec les deux premiers millésimes.

2001 92+ Composé à 70 % de merlot et pour le reste de cabernet franc, le 2001 de La Fleur Morange est issu de rendements de 20 hl/ha. D'un rubis-pourpre dense, il se développe par paliers, révélant un caractère tout à la fois structuré, tannique, musclé et corsé, mais également généreux, concentré et très fruité. Aussi dense que pur, il est assurément impressionnant. **À boire entre 2006 et 2021.** (1/03)

2000 91+ Le 2000, qui se montre sous un meilleur jour après la mise qu'en cours d'élevage, est tout de pourpre opaque vêtu, avec un nez de liqueur de mûre nuancé de graphite, de réglisse, de fumé et de cassis. Corsé, puissant et concentré, il semble être le fruit d'une vinification à la fois traditionnelle et avant-gardiste. Doux et ample en milieu de bouche, il se montre très persistant, tannique et structuré en finale (celle-ci durant 45 secondes). **À boire entre 2008 et 2020, voire au-delà.** (1/03)

LA FLEUR POURRET

Grand cru
Propriétaire : Thierry Manoncourt
Adresse : 33330 Saint-Émilion
Tél. 05 57 24 72 26 – *Fax* 05 57 74 45 74
Visites : non autorisées

VIGNOBLE ET VINIFICATION

Superficie : 3 ha
Encépagement : 60 % merlot, 30 % cabernet franc, 10 % cabernet sauvignon
Âge moyen des vignes : 30 ans – *Densité de plantation :* 9 500 pieds/ha
Élevage : fermentations et cuvaison de 25 à 30 jours en cuves de béton thermorégulées ; vieillissement de 15 à 18 mois en fûts de 1 an ; collage au blanc d'œuf ; filtration

VIN PRODUIT

Château La Fleur Pourret – variable (pas de second vin)
À maturité : dans les 3 à 10 ans suivant le millésime

Ce cru, dont le vignoble est situé juste en dehors de la ville fortifiée de Saint-Émilion, sur des sols graveleux, m'a fortement impressionné les rares fois où je l'ai dégusté. Il donne généralement des vins très fruités, profondément colorés et charnus, étonnants de race et de richesse en extrait.

FONRAZADE

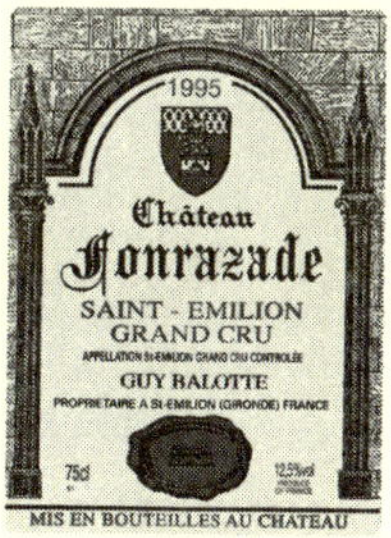

Grand cru
Propriétaire : Guy Balotte
Adresse : 33330 Saint-Émilion
Tél. 05 57 24 71 58 – *Fax* 05 57 74 40 87
E-mail : chateau-fonrazade@wanadoo.fr
Site Internet : www.chateau-fonrazade.com
Visites : du lundi au vendredi (8 h-12 h et 14 h-18 h), sur rendez-vous le week-end
Contact : Fabienne Balotte

VIGNOBLE ET VINIFICATION

Superficie : 11 ha
Encépagement : 75 % merlot, 25 % cabernet sauvignon
Âge moyen des vignes : 35 ans – *Densité de plantation :* 5 500 pieds/ha
Rendement moyen : 50 hl/ha
Élevage : fermentations et cuvaison de 28 à 35 jours en cuves thermorégulées ; vieillissement de 16 à 18 mois en fûts (35-40 % de bois neuf) ; collage ; pas de filtration

VIN PRODUIT

Château Fonrazade – 70 000 b (pas de second vin)
À maturité : dans les 2 à 4 ans suivant le millésime

FRANC LA ROSE

Grand cru
Propriétaire : Jean-Louis Trocard
Adresse : La Rose, 33330 Saint-Émilion
Adresse postale : BP 3 – 33570 Les Artigues-de-Lussac
Tél. 05 57 55 57 90 – *Fax* 05 57 55 57 98
E-mail : trocard@wanadoo.fr
Site Internet : www.trocard.com
Visites : tous les jours (9 h-12 h et 14 h-17 h)
Contact : Benoît Trocard

VIGNOBLE ET VINIFICATION

Superficie : 6 ha
Encépagement : 85 % merlot, 15 % cabernet franc
Âge moyen des vignes : 35 ans – *Densité de plantation :* 6 500 pieds/ha
Rendement moyen : 45 hl/ha
Élevage : fermentation et cuvaison de 21 jours ; vieillissement de 18 mois en fûts (60 % de bois neuf) ; collage et filtration

VIN PRODUIT

Château Franc La Rose – 40 000 b (pas de second vin)
À maturité : dans les 2 à 4 ans suivant le millésime

GALIUS

Grand cru
Propriétaire : Union des Producteurs de Saint-Émilion
Adresse : lieu-dit Haut-Gravet – 33330 Saint-Émilion
Adresse postale : BP 27 – 33330 Saint-Émilion
Tél. 05 57 24 70 71 – *Fax* 05 57 24 65 18
E-mail : contact@udpse.com
Visites : du lundi au samedi, sur rendez-vous uniquement
Contact : Alain Naulet

VIGNOBLE ET VINIFICATION

Superficie : 12 ha
Encépagement : 60 % merlot, 30 % cabernet franc, 10 % cabernet sauvignon
Âge moyen des vignes : 36 ans – *Densité de plantation :* 5 500 pieds/ha
Rendement moyen : 47 hl/ha
Élevage : fermentations et cuvaison en cuves de béton thermorégulées revêtues d'Epoxy ; vieillissement de 10 mois en fûts (45 % de bois neuf) ; collage et filtration

VIN PRODUIT

Galius – 60 000 b (pas de second vin)
À maturité : dans les 2 à 4 ans suivant le millésime

GODEAU

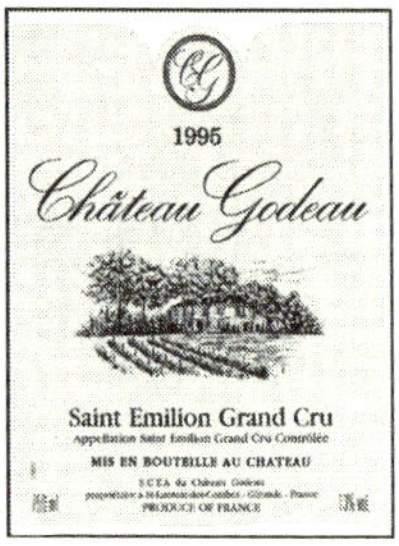

Grand cru
Propriétaire : Grégoire Bonte
Adresse : 33330 Saint-Laurent-des-Combes
Tél. 06 85 53 23 40 – *Fax* 05 57 24 72 64
E-mail : chateau.godeau@free.fr
Visites : sur rendez-vous uniquement
Contact : Grégoire Bonte

VIGNOBLE ET VINIFICATION

Superficie : 5,6 ha
Encépagement : 75 % merlot, 15 % cabernet sauvignon, 10 % cabernet franc
Âge moyen des vignes : 30 ans – *Densité de plantation :* 6 500 pieds/ha
Rendement moyen : 49 hl/ha
Élevage : fermentations et cuvaison de 21 à 28 jours en cuves d'acier inoxydable thermorégulées ; vieillissement de 12 à 16 mois en fûts (renouvelés par tiers à chaque millésime) ; collage ; pas de filtration

VINS PRODUITS

Château Godeau – 27 000 b ; Château Godeau Ducarpe – 9 000 b
À maturité : dans les 3 à 10 ans suivant le millésime

DOMAINE DES GOURDINS

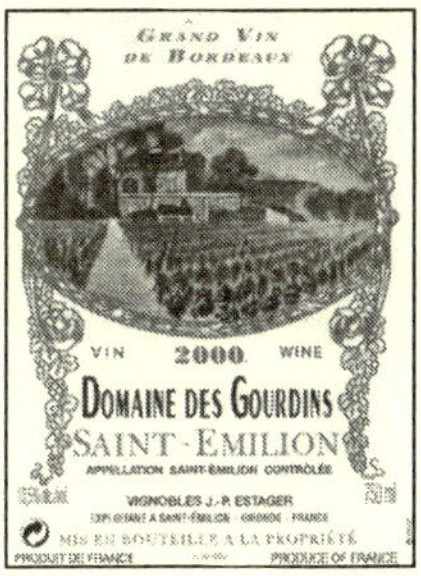

Non classé
Propriétaire : famille Estager
Adresse : 33330 Saint-Émilion
Adresse postale : SCEA des Vignobles J.-P. Estager
35, rue de Montaudon – 33500 Libourne
Tél. 05 57 51 04 09 – *Fax* 05 57 25 13 38
E-mail : estager@estager.com
Site Internet : www.estager.com
Visites : sur rendez-vous uniquement
Contact : François Estager

VIGNOBLE ET VINIFICATION

Superficie : 1,7 ha
Encépagement : 70 % merlot, 30 % cabernet franc
Âge moyen des vignes : 23 ans – *Densité de plantation :* 5 000 pieds/ha
Rendement moyen : 52 hl/ha
Élevage : macération préfermentaire à froid ; fermentations et cuvaison de 21 à 28 jours en cuves thermorégulées ; vieillissement de 15 à 18 mois en fûts (35 % de bois neuf) ; collage ; filtration si nécessaire

VIN PRODUIT

Domaine des Gourdins – 10 500 b (pas de second vin)
À maturité : dans les 2 à 5 ans suivant le millésime

LA GRÂCE DIEU

Grand cru
Propriétaire : SCEA Pauty
Adresse : 33330 Saint-Émilion
Tél. 05 57 24 71 10 – *Fax* 05 57 24 67 24
E-mail : chateau.lagracedieu@wanadoo.fr
Visites : sur rendez-vous uniquement
Contacts : Mme Ghizzo ou Mme Potier

VIGNOBLE ET VINIFICATION

Superficie : 12,39 ha
Encépagement : 80 % merlot, 20 % cabernet franc
Âge moyen des vignes : 25 ans
Densité de plantation : 6 000 pieds/ha
Rendement moyen : 49 hl/ha
Élevage : fermentations de 8 jours à 28 °C et macérations prolongées en cuves thermorégulées ; vieillissement de 18 mois à parts égales en cuves de béton revêtues d'Epoxy et en fûts (75 % de bois neuf) ; collage ; filtration selon le millésime

VIN PRODUIT

Château La Grâce Dieu – 80 000 b (pas de second vin)
À maturité : dans les 3 à 10 ans suivant le millésime

LA GRÂCE DIEU LES MENUTS

Grand cru
Propriétaire : EARL Vignobles Pilotte-Audier
Adresse : EARL Vignobles Pilotte-Audier –
33330 Saint-Émilion
Tél. 05 57 24 73 10 – *Fax* 05 57 74 40 44
E-mail : chateau.la.grace.dieu.les.menuts@wanadoo.fr
Visites : du lundi au vendredi (8 h-12 h et 14 h-18 h),
le week-end sur rendez-vous
Contact : Odile Audier

VIGNOBLE ET VINIFICATION

Superficie : 13 ha
Encépagement : 60 % merlot, 30 % cabernet franc,
10 % cabernet sauvignon
Âge moyen des vignes : 40 ans – *Densité de plantation :* 5 500 pieds/ha
Rendement moyen : 45 hl/ha
Élevage : fermentations et cuvaison de 20 à 30 jours en cuves de béton thermorégulées ; vieillissement en fûts (renouvelés par moitié à chaque millésime) ; collage ; pas de filtration

VIN PRODUIT

Château La Grâce Dieu Les Menuts – 70 000 b (pas de second vin)
À maturité : dans les 3 à 9 ans suivant le millésime

LA GRÂCE DIEU DES PRIEURS

Grand cru
Propriétaires : MM. Laubie
Adresse : Fortin – 33330 Saint-Émilion
Tél. 05 57 74 42 97 – *Fax* 05 57 24 69 59
E-mail : gracedieuprieurs@wanadoo.fr
Site Internet : www.lagracedieudesprieurs.com
Visites : sur rendez-vous uniquement,
tous les jours (sauf le dimanche)
Contact : Alain Laubie

VIGNOBLE ET VINIFICATION

Superficie : 7,77 ha
Encépagement : 90 % merlot, 10 % cabernet franc
Âge moyen des vignes : 42 ans
Densité de plantation : 5 500 pieds/ha
Rendement moyen : 45 hl/ha
Élevage : vieillissement de 18 à 22 mois en fûts (25-35 % de bois neuf) ; collage ; pas de filtration

VIN PRODUIT

Château La Grâce Dieu des Prieurs – 38 000 b (pas de second vin)
À maturité : dans les 3 à 7 ans suivant le millésime

GRAND CORBIN

Grand cru
Propriétaire : Société familiale Alain Giraud
Adresse : 5, Grand Corbin – 33330 Saint-Émilion
Tél. 05 57 24 70 62 – *Fax* 05 57 74 47 18
E-mail : grand-corbin@wanadoo.fr
Site Internet : www.grand-corbin.com
Visites : sur rendez-vous uniquement
Contact : Philippe Giraud

VIGNOBLE ET VINIFICATION

Superficie : 15,45 ha
Encépagement : 68 % merlot, 27 % cabernet franc, 5 % cabernet sauvignon
Âge moyen des vignes : 38 ans – *Densité de plantation :* 5 500 pieds/ha
Rendement moyen : 48 hl/ha
Élevage : fermentations et cuvaison de 21 à 28 jours en cuves de béton thermorégulées ; vieillissement de 11 à 15 mois en fûts (renouvelés par tiers à chaque millésime) ; collage ; pas de filtration

VIN PRODUIT

Château Grand Corbin – 85 000 b (pas de second vin)
À maturité : dans les 2 à 10 ans suivant le millésime

APPRÉCIATION GÉNÉRALE

Comme la plupart des vins des Giraud, celui-ci est bien fait, mais manque de ce petit supplément d'étoffe caractéristique des ensembles issus de plus faibles rendements. Cependant, le cru est bon et proposé à un prix raisonnable.

Cette propriété bien située, à la limite de Saint-Émilion et de Pomerol, produit généralement des vins joliment colorés, ronds et trapus, qu'il faut déguster avant qu'ils n'aient 10 ans d'âge. Elle appartient aux Giraud, implantés depuis longtemps à Pomerol. Tout comme son voisin de Figeac, le cru comprend une assez forte proportion de cabernet franc. Il est réussi lorsque ce cépage atteint une parfaite maturité, mais, quand l'année est difficile, il a tendance à se montrer trop herbacé, à la limite du végétal.

2001 **85-86** D'un rubis profond, ce vin moyennement corsé compense son manque de complexité par la belle maturité de ses arômes herbacés de cerise noire et de groseille. L'ensemble, étayé par des tannins doux et une heureuse acidité, sera parfait **dans les 5 à 6 ans.** (1/03)

2000 **87** Ce vin relativement doux et précoce s'annonce par un rubis profond et par des arômes herbacés et confiturés de cassis et de cerise. Il est également nuancé de sous-bois, de terre et d'épices. Moyennement corsé, légèrement tannique, il sera parfait **dans les 7 à 8 ans suivant le millésime.** (1/03)

1999 **70 ?** Ce vin moyennement corsé est maigre et herbacé, et manque d'étoffe. Son acidité et ses tannins ont déjà pris le dessus sur son fruit. **À boire sans plus tarder.** (12/02)

1996 **86** Le Grand Corbin 1996 est réussi, avec sa robe d'un pourpre opaque et son nez épicé de grillé et de fruits confiturés. Riche et moyennement corsé, il est encore puissant et long en bouche, avec une belle concentration et une acidité de bon niveau laissant présager un potentiel de **10 à 15 ans, voire davantage**. C'est l'un des exemples les plus structurés que je connaisse de ce cru. (3/97)

GRAND CORBIN MANUEL

Grand cru
Propriétaire : Pierre Manuel
Adresse : 33330 Saint-Émilion
Tél. 05 57 51 12 47
Visites : sur rendez-vous de préférence
Contact : Pierre Manuel

VIGNOBLE ET VINIFICATION

Superficie : 7 ha
Encépagement : 55 % merlot, 25 % cabernet sauvignon, 20 % cabernet franc
Âge moyen des vignes : 32 ans – *Densité de plantation* : 6 000 pieds/ha
Rendement moyen : 45 hl/ha
Élevage : fermentations et cuvaison de 21 à 28 jours en cuves thermorégulées ; vieillissement après les malolactiques de 24 mois par rotation en cuves et en fûts (50 % de bois neuf) ; collage et filtration

VINS PRODUITS

Château Grand Corbin Manuel – 42 000 b ; Clos de la Grande Métairie – variable
À maturité : dans les 2 à 5 ans suivant le millésime

LA GRANGÈRE

Grand cru
Propriétaires : Pierre Durand et Nadia Devilder
Adresse postale : BP 42 – 33330 Saint-Émilion
Tél. 05 57 74 43 07 – *Fax* 05 57 24 60 94
E-mail : devilder.durand@free.fr
Site Internet : www.lagrangere.com
Visites : sur rendez-vous uniquement
Contact : Nadia Devilder

VIGNOBLE ET VINIFICATION

Superficie : 6,85 ha
Encépagement : 75 % merlot, 15 % cabernet sauvignon, 10 % cabernet franc
Âge moyen des vignes : 30 ans – *Densité de plantation :* 5 000 pieds/ha
Rendement moyen : 40 hl/ha

Élevage : fermentations et cuvaison de 21 à 28 jours en cuves de béton thermorégulées revêtues d'Epoxy ; achèvement des malolactiques en fûts pour 50 % de la récolte ; vieillissement de 12 à 18 mois en fûts (50 % de bois neuf) ; collage ; filtration si nécessaire

VINS PRODUITS

Château La Grangère – 20 000-25 000 b ;
L'Étrier de la Grangère – 10 000-15 000 b
À maturité : dans les 5 à 12 ans suivant le millésime

APPRÉCIATION GÉNÉRALE

Sous la houlette de Nadia Devilder et Pierre Durand, les débuts de La Grangère ont été prometteurs, mais il est encore trop tôt pour prédire l'évolution de la propriété. En effet, l'excellent 2000, à la faveur duquel j'ai découvert le cru, a été suivi d'un 2001 légèrement décevant (mais cela est probablement dû au millésime, moins favorable). Quoi qu'il en soit, si le 2000 attestait le potentiel de la propriété, La Grangère mériterait incontestablement d'être suivi de près. Le domaine bénéficie des conseils du Pr Denis Dubourdieu, célèbre œnologue du Bordelais.

2002 **86** Ce vin plaisant, qui exprime avec élégance un nez de douce cerise et de groseille nuancé en arrière-plan de boisé et de terre, est étayé par une heureuse acidité tonique qui contribue à sa fraîcheur et à sa vivacité. L'ensemble manque un peu de corpulence et de densité, mais il tiendra bien **7 à 8 ans.** (9/03)

2001 **87** Ce vin élégant, aux notes de doux cassis et de cerise, est moyennement corsé et sans détour. Accessible dès sa diffusion, il promet cependant de se maintenir **une dizaine d'années.** (1/03)

2000 **89** Le 2000 marque les débuts de ce cru, Révélant au nez de purs arômes de mûre et de cerise subtilement nuancés de boisé et de réglisse, ce vin moyennement corsé, étayé par des tannins doux et une faible acidité, se distingue par sa finale aussi longue qu'étoffée. Une révélation du millésime. **À boire entre 2006 et 2015.** (1/03)

LA GRAVE FIGEAC

Grand cru
Propriétaire : Jean-Pierre Clauzel
Adresse : 1, Cheval Blanc Ouest – 33330 Saint-Émilion
Tél. 05 57 74 11 74 – *Fax* 05 57 74 17 18
E-mail : la-grave-figeac@chateau-la-grave-figeac.fr
Site Internet : www.chateau-la-grave-figeac.fr
Visites : du lundi au samedi
Contact : Jean-Pierre Clauzel

VIGNOBLE ET VINIFICATION

Superficie : 6,38 ha
Encépagement : 65 % merlot, 35 % cabernet franc
Âge moyen des vignes : 40 ans – *Densité de plantation :* 6 000 pieds/ha
Rendement moyen : 45 hl/ha

Élevage : macération préfermentaire à froid ; fermentations et cuvaison de 21 jours en cuves de béton thermorégulées ; vieillissement de 12 à 15 mois en fûts (renouvelés par tiers à chaque millésime) ; collage ; filtration selon le millésime

VINS PRODUITS

Château La Grave Figeac – 30 000 b ; Château Pavillon Figeac – 8 000 b
À maturité : dans les 3 à 10 ans suivant le millésime

Lorsqu'en 1991 j'ai dégusté les 1982 et 1983 de cette propriété, qui étaient encore en parfaite forme, ce fut pour moi une véritable découverte. Cependant, les millésimes suivants se sont révélés moins bons ; manquant de structure, ils étaient également dépourvus du caractère et de la concentration de leurs aînés.

Le vignoble de La Grave Figeac est excellemment situé en bordure de Pomerol, tout près des Châteaux Figeac et Cheval Blanc. Ce domaine a été racheté en 1993 par Jean-Pierre Clauzel, qui a considérablement amélioré la qualité du cru.

GUADET SAINT-JULIEN

Grand cru classé
Propriétaire : Mme Lignac
Adresse : 4, rue Guadet – 33330 Saint-Émilion
Tél. 05 57 74 40 04 – *Fax* 05 57 24 63 50
E-mail : guadet@tiscali.fr
Visites : sur rendez-vous
Contact : Guy Petrus

VIGNOBLE ET VINIFICATION

Superficie : non communiquée
Encépagement : 75 % merlot, 25 % cabernet franc
Âge moyen des vignes : 35 ans et plus – *Densité de plantation :* 5 200 pieds/ha
Rendement moyen : 35 hl/ha
Élevage : fermentations et cuvaison de 15 à 21 jours ; vieillissement de 18 à 20 mois en fûts (40 % de bois neuf) ; collage ; pas de filtration

VIN PRODUIT

Guadet Saint-Julien – 24 000 b (pas de second vin)
À maturité : dans les 3 à 9 ans suivant le millésime

Le vignoble de Guadet Saint-Julien est au nord de Saint-Émilion, sur un plateau calcaire, tandis que les chais de vinification se situent à l'intérieur de la ville. C'est un cru souple, rond, plutôt monolithique et sans détour, mais fort agréable dans les meilleurs millésimes. Il est préférable de le consommer dans sa jeunesse.

2003
87-88 Ce vin d'un rubis-pourpre dense, aux merveilleux arômes de douce groseille et de cerise, séduit par son caractère moyennement corsé, par la belle profondeur qu'il développe en milieu de bouche, ainsi que par sa finale persistante, dont les abondants tannins sont parfaitement masqués par un fruité généreux. L'ensemble est structuré et ferme, mais accessible. **À boire dans les 10 à 12 ans.** (3/04)

HAUT-BRISSON

Grand cru
Propriétaire : Elaine Kwok – GFA du Château Haut-Brisson
Adresse : Brisson, 33330 Vignonet
Tél. 05 57 84 69 57 – *Fax* 05 57 74 93 11
E-mail : haut.brisson@wanadoo.fr
Visites : tous les jours (9 h-18 h),
le week-end sur rendez-vous
Contacts : M. Moulinet ou Mme de la Faye

VIGNOBLE ET VINIFICATION

Superficie : 13 ha
Encépagement : 70 % merlot, 20 % cabernet sauvignon, 10 % cabernet franc
Âge moyen des vignes : 25-30 ans – *Densité de plantation :* 6 000 pieds/ha
Rendement moyen : 48 hl/ha
Élevage : fermentations et cuvaison de 20 à 30 jours ; vieillissement de 15 à 18 mois en fûts (100 % de bois neuf) ; ni collage ni filtration

VINS PRODUITS

Château Haut-Brisson – 36 000 b ; Château Haut-Brisson La Grave – 24 000 b
À maturité : dans les 3 à 10 ans suivant le millésime

APPRÉCIATION GÉNÉRALE

Ce Saint-Émilion plaisant et richement fruité, proposé à un prix raisonnable, mériterait davantage d'attention de la part des amateurs en quête de bonnes affaires.

2001
88
La robe d'un rubis-pourpre profond du Haut-Brisson 2001 accompagne de doux arômes de cerise noire et de cassis subtilement nuancés de boisé et marqués de notes de terre et d'herbes. L'ensemble, qui atteste une excellente facture, est mûr, persistant et savoureux. **À boire dans les 5 à 6 ans.** (1/03)

2000
88
Le 2000 de ce cru est bien fait. Vêtu de rubis-pourpre profond, il est marqué d'un doux fruité de cassis nuancé de fenouil et de sous-bois. En bouche, il manifeste une grande maturité. L'ensemble est étayé par une faible acidité et des tannins fondus. **À boire jusqu'en 2010.** (1/03)

1999
87
Cet élégant Saint-Émilion d'un rubis foncé présente d'excellents arômes de cerise noire nuancés de réglisse et d'herbes séchées et subtilement marqués de boisé. Un vin souple, à consommer **dans les 2 ans.** (3/00)

HAUT-CORBIN

Grand cru classé
Propriétaire : groupe SMABTP
Adresse : 33330 Saint-Émilion
Adresse postale : Château Cantemerle – 33460 Macau
Tél. 05 57 51 95 54 – *Fax* 05 57 51 90 93
E-mail : dominique.teyssou@wanadoo.fr
Visites : sur rendez-vous
Contact : Dominique Teyssou

VIGNOBLE ET VINIFICATION

Superficie : 6 ha
Encépagement : 65 % merlot, 25 % cabernet sauvignon, 10 % cabernet franc
Âge moyen des vignes : 40 ans – *Densité de plantation :* 5 500-6 000 pieds/ha
Rendement moyen : 50 hl/ha
Élevage : fermentations et cuvaison de 30 à 35 jours en cuves de béton thermorégulées ; achèvement des malolactiques en fûts pour 30 % de la récolte ; vieillissement de 12 mois en fûts (35 % de bois neuf) ; collage ; filtration si nécessaire

VIN PRODUIT

Château Haut-Corbin – 39 000 b (pas de second vin)
À maturité : dans les 2 à 5 ans suivant le millésime

HAUT LA GRÂCE DIEU

Grand cru
Propriétaire : famille Saby
Adresse : 33330 Saint-Laurent-des-Combes
Tél. 05 57 24 73 03 – *Fax* 05 57 24 67 77
E-mail : info@vignobles-saby.com
Site Internet : www.vignobles-saby.com
Visites : sur rendez-vous uniquement
Contact : Jean-Philippe Saby

VIGNOBLE ET VINIFICATION

Superficie : 2,95 ha
Encépagement : 95 % merlot, 5 % cabernet franc
Âge moyen des vignes : 45 ans – *Densité de plantation :* 5 500 pieds/ha
Rendement moyen : 25 hl/ha
Élevage : fermentations et cuvaison de 28 à 35 jours en cuves de béton et d'acier inoxydable thermorégulées, avec pigeages et remontages ; vieillissement de 15 mois en fûts neufs ; collage ; pas de filtration

VIN PRODUIT

Château Haut La Grâce Dieu – 7 200 b (pas de second vin)
À maturité : dans les 2 à 8 ans suivant le millésime

HAUT GRAVET

Grand cru
Propriétaire : Alain Aubert
Adresse : 33330 Saint-Sulpice-de-Faleyrens
Adresse postale : 57 bis, avenue de l'Europe
33350 Saint-Magne-de-Castillon
Tél. 05 57 40 04 30 – *Fax* 05 57 56 07 10
E-mail : domaines.a.aubert@wanadoo.fr
Visites : sur rendez-vous uniquement
Contact : Alain Aubert

VIGNOBLE ET VINIFICATION

Superficie : 9,5 ha
Encépagement : 50 % merlot, 40 % cabernet franc, 10 % cabernet sauvignon
Âge moyen des vignes : 25 ans – *Densité de plantation :* 6 000 pieds/ha
Rendement moyen : 45 hl/ha
Élevage : fermentations et cuvaison de 35 jours en cuves d'acier inoxydable thermorégulées ; achèvement des malolactiques et vieillissement de 18 mois en fûts de chêne neuf ; ni collage ni filtration

VINS PRODUITS

Château Haut Gravet – 40 000 b ; Lalande de Gravet – 8 000-10 000 b
À maturité : dans les 6 à 15 ans suivant le millésime

APPRÉCIATION GÉNÉRALE

Ce cru de création récente complète avec bonheur la gamme de vins de la famille Aubert (qui possède La Couspaude). Haut Gravet, qui est de très haut vol depuis ses débuts, constitue aussi une très bonne affaire.

2003 **88-90** Ce vin très réussi, qui pourrait s'imposer au titre des révélations du millésime, affiche un rubis-pourpre profond préludant à un ensemble corsé, charnu et faible en acidité, au nez de sirop contre la toux à la cerise ; la finale est sensuelle. Pour l'heure, le 2003 de Haut-Gravet manque encore quelque peu de complexité, mais il se distingue par son étoffe et son ampleur. **À boire dans les 12 à 14 ans.** (3/04)

2001 **89** Voici une autre belle réussite de la famille Aubert. Digne successeur de son aîné d'un an, le 2001 est moyennement corsé, joliment structuré, richement extrait et généreux, avec de copieux arômes de fruits noirs rehaussés de belles notes de chêne grillé. **À boire jusqu'en 2014.** (1/03)

2000 **90** Le 2000, qui s'impose comme la plus belle réussite à ce jour de la propriété, s'annonce par un pourpre soutenu préludant à un doux nez de mûre, de cerise et de cassis nuancé de fumé et de pain grillé. Suit en bouche un ensemble tout à la fois corsé, opulent, riche et concentré, mais superbe de pureté, étayé par des tannins bien fondus. **À boire à son apogée entre 2006 et 2020.** Une révélation du millésime. (1/03)

HAUT MAZERAT

Grand cru
Propriétaire : EARL Christian Gouteyron
Adresse : 4, Mazerat – 33330 Saint-Émilion
Tél. 05 57 24 71 15 ou 06 89 33 07 05 – *Fax* 05 57 24 67 28
Visites : du lundi au vendredi (8 h-18 h), le samedi (8 h-12 h)
Contact : Christian Gouteyron

VIGNOBLE ET VINIFICATION

Superficie : 6 ha
Encépagement : 60 % merlot, 30 % cabernet franc, 10 % cabernet sauvignon

Âge moyen des vignes : 35 ans – *Densité de plantation :* 5 800 pieds/ha
Rendement moyen : 45 hl/ha
Élevage : macération préfermentaire à froid de 3 jours ; fermentations et cuvaison à 30 °C maximum de 14 à 21 jours en cuves ; vieillissement de 18 mois en cuves pour 40 % de la récolte et en fûts (50 % de bois neuf) pour le reste ; collage et filtration

VIN PRODUIT

Château Haut Mazerat – 40 000 b (pas de second vin)
À maturité : dans les 2 à 5 ans suivant le millésime

HAUT-QUERCUS

Grand cru
Propriétaire : Union des producteurs de Saint-Émilion
Adresse : lieu-dit Haut-Gravet – 33330 Saint-Émilion
Adresse postale : BP 27 – 33330 Saint-Émilion
Tél. 05 57 24 70 71 – *Fax* 05 57 24 65 18
E-mail : udp-vins.saint-emilion@gofornet.com
Visites : du lundi au vendredi (8 h 30-12 h et14 h-18 h)
Contact : Patrick Foulon

VIGNOBLE ET VINIFICATION

Superficie : 4,4 ha
Encépagement : 60 % merlot, 25 % cabernet franc, 15 % cabernet sauvignon
Âge moyen des vignes : 30-37 ans – *Densité de plantation :* 5 500 pieds/ha
Rendement moyen : 50 hl/ha
Élevage : fermentations à 30 °C et cuvaison de 15 à 20 jours en cuves de béton thermorégulées ; vieillissement de 11 mois en fûts (renouvelés par tiers à chaque millésime) ; collage et filtration

VIN PRODUIT

Haut-Quercus – 30 000 b (pas de second vin)
À maturité : dans les 2 à 4 ans suivant le millésime

HAUT-SARPE

Grand cru classé
Propriétaire : Joseph Janoueix
Adresse : 33330 Saint-Christophe-des-Bardes
Adresse postale : Vignobles Joseph Janoueix
37, rue Pline-Parmentier – BP 192 – 33506 Libourne Cedex
Tél. 05 57 51 41 86 ou 05 57 24 70 98 – *Fax* 05 57 51 53 16
E-mail : info@j-janoueix-bordeaux.com
Site Internet : www.j-janoueix-bordeaux.com
Visites : sur rendez-vous toute l'année, fermé en août
Contact : Jean-François Janoueix

VIGNOBLE ET VINIFICATION

Superficie : 21 ha
Encépagement : 70 % merlot, 30 % cabernet franc
Âge moyen des vignes : 45 ans – *Densité de plantation :* 6 000 et 10 000 pieds/ha
Rendement moyen : 45 hl/ha
Élevage : fermentations et cuvaison de 25 à 27 jours en cuves thermorégulées ; achèvement des malolactiques et vieillissement de 12 à 14 mois en fûts (80 % de bois neuf) ; collage au blanc d'œuf ; pas de filtration

VINS PRODUITS

Château Haut-Sarpe – 66 000 b ; Château Vieux Sarpe – 34 000 b
À maturité : dans les 5 à 12 ans suivant le millésime

Haut-Sarpe est une bonne propriété, qui appartient à la maison de négoce Janoueix, de Libourne. Le château, l'un des plus beaux de la région, se situe au nord-est de Saint-Émilion, non loin de Balestard La Tonnelle. Il produit des vins profondément colorés, rustiques et généreusement parfumés, qui se distinguent généralement par leur caractère tannique et ferme. Les bons millésimes requièrent une garde de 5 à 6 ans et sont capables de tenir 12 ans environ.

JACQUES BLANC

Grand cru
Propriétaire : Vignobles Rocher Cap de Rive SA
Adresse : 33330 Saint-Étienne-de-Lisse
Adresse postale : Château Rocher-Bellevue – BP 89 – 33350 Castillon-La-Bataille
Tél. 05 57 40 06 76 – *Fax* 05 57 40 41 52
E-mail : j.bardot.savcr@wanadoo.fr
Visites : non autorisées
Contact : Jacqueline Bardot

VIGNOBLE ET VINIFICATION

Superficie : 22 ha
Encépagement : 70 % merlot, 30 % cabernet franc
Âge moyen des vignes : 35 ans – *Densité de plantation :* 5 500 pieds/ha
Rendement moyen : 48 hl/ha
Élevage : fermentations de 10 jours et cuvaison de 21 à 28 jours ; vieillissement de 12 à 14 mois en fûts (33 % de bois neuf) ; collage et filtration selon le millésime

VINS PRODUITS

Château Jacques Blanc Cuvée du Maître – 30 000-45 000 b ;
Château Jacques Blanc Cuvée Aliénor – 40 000 b
À maturité : dans les 4 à 9 ans suivant le millésime

APPRÉCIATION GÉNÉRALE

Les amateurs en quête d'un Saint-Émilion vinifié en biodynamie s'intéresseront à ce cru, qui est cependant anodin et de qualité moyenne.

JEAN VOISIN

Grand cru
Propriétaire : famille Chassagnoux
Adresse : 33330 Saint-Émilion
Tél. 05 57 24 70 40 – *Fax* 05 57 24 79 57
Visites : sur rendez-vous de préférence
Contacts : Xavier ou Florence Chassagnoux

VIGNOBLE ET VINIFICATION

Superficie : 14 ha
Encépagement : 70 % merlot, 30 % cabernet franc
Âge moyen des vignes : 25 ans – *Densité de plantation :* 5 500 pieds/ha
Rendement moyen : 45 hl/ha
Élevage : vieillissement de 15 à 18 mois en fûts (renouvelés par moitié à chaque millésime) ; collage et filtration si nécessaire

VINS PRODUITS

Château Jean Voisin – 30 000 b ; Château Jean Voisin Fagouet – 50 000 b
À maturité : dans les 3 à 8 ans suivant le millésime

LE JURAT

Grand cru
Propriétaire : groupe SMABTP
Adresse : 33330 Saint-Émilion
Adresse postale : Château Cantemerle – 33460 Macau
Tél. 05 57 51 95 54 – *Fax* 05 57 51 90 93
E-mail : dominique.teyssou@wanadoo.fr
Visites : sur rendez-vous uniquement
Contact : Dominique Teyssou

VIGNOBLE ET VINIFICATION

Superficie : 7,57 ha
Encépagement : 80 % merlot, 20 % cabernet sauvignon
Âge moyen des vignes : 30 ans – *Densité de plantation :* 5 500-6 000 pieds/ha
Rendement moyen : 51 hl/ha
Élevage : fermentations et cuvaison de 28 à 32 jours en cuves de béton thermorégulées ; vieillissement de 12 mois en fûts (renouvelés par tiers à chaque millésime) ; collage et filtration

VIN PRODUIT

Château Le Jurat – 49 000 b (pas de second vin)
À maturité : dans les 3 à 7 ans suivant le millésime

LAFLEUR VACHON

Grand cru
Propriétaire : Raymond Tapon
Adresse : 33330 Saint-Émilion
Adresse postale : Château des Moines – Mirande
33570 Montagne-Saint-Émilion
Tél. 05 57 74 61 20 – *Fax* 05 57 74 61 19
E-mail : information@tapon.net
Visites : sur rendez-vous uniquement
Contact : Nicole Tapon

VIGNOBLE ET VINIFICATION

Superficie : 4 ha
Encépagement : 70 % merlot, 20 % cabernet franc, 5 % cabernet sauvignon, 5 % malbec
Âge moyen des vignes : 35 ans – *Densité de plantation :* 6 500 pieds/ha
Rendement moyen : 50 hl/ha
Élevage : fermentations et cuvaison de 28 à 42 jours en cuves d'acier inoxydable et de bois thermorégulées, avec adjonction de levures indigènes ; vieillissement de 18 mois en fûts (pas de bois neuf) ; ni collage ni filtration

VIN PRODUIT

Château Lafleur Vachon – 25 000 b (pas de second vin)
À maturité : dans les 2 à 5 ans suivant le millésime

LAFON LA TUILERIE

Grand cru (depuis 2000)
Propriétaire : Pierre Lafon
Adresse : 33330 Saint-Étienne-de-Lisse
Adresse postale : EARL Lafon –
33490 Saint-André-du-Bois
Tél. 06 89 33 20 20 – *Fax* 05 56 76 49 78
E-mail : pierre-lafon@wanadoo.fr
Visites : sur rendez-vous uniquement
Contact : Pierre Lafon

VIGNOBLE ET VINIFICATION

Superficie : 2,5 ha
Encépagement : 95 % merlot, 5 % cabernet sauvignon
Âge moyen des vignes : 35 ans – *Densité de plantation :* 5 500-6 000 pieds/ha
Rendement moyen : 47 hl/ha
Élevage : fermentations et cuvaison de 28 à 35 jours en cuves thermorégulées ; vieillissement de 18 mois en fûts (80 % de bois neuf) ; collage ; pas de filtration

VIN PRODUIT

Château Lafon La Tuilerie – 12 000-14 000 b (pas de second vin)
À maturité : dans les 2 à 5 ans suivant le millésime

LANIOTE

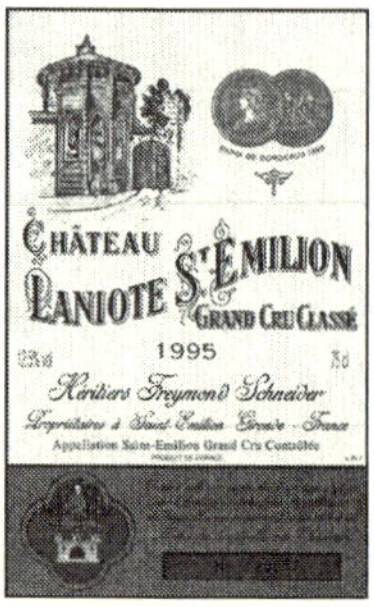

Grand cru classé
Propriétaires : Arnaud de la Filolie
Adresse : 33330 Saint-Émilion
Tél. 05 57 24 70 80 – *Fax* 05 57 24 60 11
E-mail : laniote@wanadoo.fr
Visites : sur rendez-vous de préférence
Contact : Arnaud de la Filolie

VIGNOBLE ET VINIFICATION

Superficie : 5 ha
Encépagement : 70 % merlot, 20 % cabernet franc, 10 % cabernet sauvignon
Âge moyen des vignes : 35 ans – *Densité de plantation :* 5 500 pieds/ha
Rendement moyen : 47 hl/ha
Élevage : fermentations et cuvaison en cuves thermorégulées ; vieillissement de 12 mois en fûts (40-45 % de bois neuf) ; collage ; pas de filtration

VINS PRODUITS

Château Laniote – 30 000 b ; La Chapelle de Laniote – variable
À maturité : dans les 3 à 12 ans suivant le millésime

APPRÉCIATION GÉNÉRALE

Lorsque Laniote est réussi, il ressemble à s'y méprendre à un premier cru de Beaune. Cependant, il n'en va pas toujours ainsi, le cru étant irrégulier et produisant, plus souvent qu'à son tour, des vins trop tanniques. Les prix demeurent raisonnables.

Cette propriété fort ancienne, qui appartient à la même famille depuis plusieurs générations, comprend une chapelle et des catacombes – elle mérite la visite. Je connais assez peu les vins de ce petit vignoble situé au nord-ouest de Saint-Émilion, sur un riche sol argilo-calcaire mêlé de fer.

2001
86
Le 2001 de Laniote, quoique peu évolué et dénué de structure, est dense et se distingue par sa richesse en extrait et ses abondants tannins, ainsi que par la générosité de ses profonds et purs arômes de cerise noire imprégnés de minéral. L'ensemble pourrait être excellent s'il se fondait harmonieusement. **À boire entre 2006 et 2014 ?** (1/03)

2000
86
Quelque peu dénué de complexité, le 2000 de Laniote est carré et trapu, mais il affiche une corpulence et une densité d'excellent aloi, révélant également, dans un ensemble moyennement corsé et légèrement tannique, des flaveurs aussi rustiques que généreuses de cerise noire et de groseille. Ce vin, je le répète, manque de complexité, mais son étoffe et son ampleur sont indiscutables. **À boire jusqu'en 2012.** (1/03)

1999
80
Très léger, presque insipide, le 1999 présente un fruité herbacé de cerise poussiéreuse. Moyennement corsé, il s'atténue très rapidement en finale. **À boire sans plus tarder.** (3/02)

1998 Tout à la fois corsé, soyeux, très confit et riche, le Laniote 1998 regorge de
88 généreux arômes de fruits noirs nuancés de belles notes de boisé. Il séduit aussi par ses parfums de terre et d'épices. **À boire jusqu'en 2014.** (3/02)

LAROQUE

Grand cru classé
Propriétaire : SCA Famille Beaumartin
Adresse : 33330 Saint-Émilion
Tél. 05 57 24 77 28 – *Fax* 05 57 24 63 65
Visites : sur rendez-vous de préférence
Contact : Bruno Sainson

VIGNOBLE ET VINIFICATION

Superficie : 58 ha, dont 27 ha pour le Château Laroque
Encépagement : 87 % merlot, 11 % cabernet franc, 2 % cabernet sauvignon
Âge moyen des vignes : 30 ans – *Densité de plantation :* 5 265 pieds/ha
Rendement moyen : 44 hl/ha
Élevage : fermentations et macération, avec les peaux, de 28 jours en cuves de béton thermorégulées ; vieillissement de 22 mois au total, dont 12 mois en fûts (renouvelés par tiers ou par moitié à chaque millésime) ; collage et filtration

VINS PRODUITS

Château Laroque – 150 000 b ; Château Peymouton – 100 000 b
À maturité : dans les 3 à 8 ans suivant le millésime

LEYDET-FIGEAC

Grand cru
Propriétaire : Bernard Leydet
Adresse : 33330 Saint-Émilion
Adresse postale : EARL des Vignobles Leydet
Rouilledirat – 33500 Libourne
Tél. 05 57 51 19 77 – *Fax* 05 57 51 00 62
E-mail : frederic.leydet@wanadoo.fr
Contact : Frédéric Leydet

Note : À partir du millésime 2002, le château Leydet-Figeac ne produit plus de vin. Seul le château Leydet-Valentin reste en activité.

VIGNOBLE ET VINIFICATION

Superficie : 3,84 ha
Encépagement : 61 % merlot, 30 % cabernet franc, 9 % cabernet sauvignon
Âge moyen des vignes : 30 ans – *Densité de plantation :* 5 800 pieds/ha
Rendement moyen : 50 hl/ha
Élevage : fermentations à 28-32 °C et macération de 28 à 42 jours en cuves de béton thermorégulées, avec de fréquents remontages ; vieillissement de 12 mois en fûts (renouvelés par tiers à chaque millésime) ; collage et filtration

VIN PRODUIT

Château Leydet-Figeac – 24 000 b (pas de second vin)
À maturité : dans les 2 à 6 ans suivant le millésime

LEYDET-VALENTIN

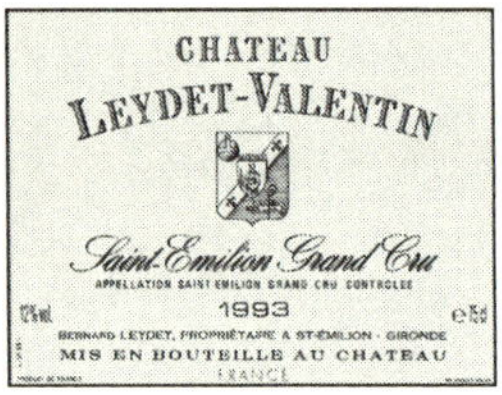

Grand cru
Propriétaire : EARL Vignobles Leydet
Adresse : 33330 Saint-Émilion
Adresse postale : Rouilledirat – 33500 Libourne
Tél. 05 57 51 19 77 – *Fax* 05 57 51 00 62
E-mail : frederic.leydet@wanadoo.fr
Visites : sur rendez-vous uniquement
Contact : Frédéric Leydet

VIGNOBLE ET VINIFICATION

Superficie : 5 ha
Encépagement : 66 % merlot, 34 % cabernet franc
Âge moyen des vignes : 25 ans – *Densité de plantation :* 5 500 pieds/ha
Rendement moyen : 52 hl/ha
Élevage : fermentations de 7 à 10 jours et cuvaison de 28 à 42 jours en cuves de béton thermorégulées ; vieillissement de 11 à 14 mois en fûts (renouvelés par moitié à chaque millésime) ; collage ; pas de filtration

VINS PRODUITS

Château Leydet-Valentin – 18 000 b ; Château Saint-Valentin – 12 000 b
À maturité : dans les 2 à 6 ans suivant le millésime

LUSSEAU

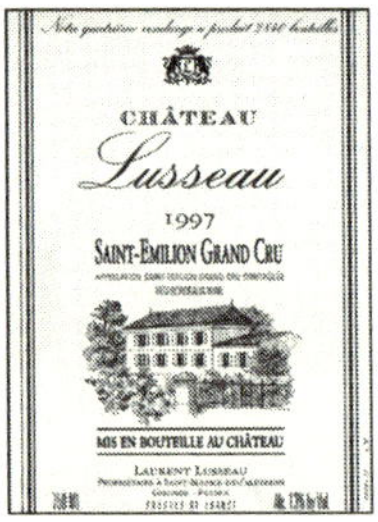

Grand cru
Propriétaire : Laurent Lusseau
Adresse : 76, Bois-Exouley – 33330 Saint-Sulpice-de-Faleyrens
Tél. 05 57 74 46 54 – *Fax* 05 57 74 46 09
Visites : sur rendez-vous uniquement
Contact : Laurent Lusseau

VIGNOBLE ET VINIFICATION

Superficie : 0,42 ha
Encépagement : 70 % merlot, 30 % cabernet franc
Âge moyen des vignes : 46 ans – *Densité de plantation :* 5 400 pieds/ha
Rendement moyen : 35 hl/ha
Élevage : fermentations et cuvaison de 28 jours en cuves d'acier inoxydable thermorégulées ; vieillissement de 18 mois en fûts (100 % de bois neuf) ; ni collage ni filtration

VIN PRODUIT

Château Lusseau – 2 500 b (pas de second vin)
À maturité : dans les 3 à 12 ans suivant le millésime

APPRÉCIATION GÉNÉRALE

Cette microcuvée, que l'on doit au maître de chai de Pavie, Pavie Decesse et Monbousquet, n'est jamais grandiose, mais toujours excellente et régulière. Malheureusement, les quantités disponibles sont faibles – ce qui explique que les prix soient assez élevés.

2003 **89-91** Ce vin sensuel, d'un rubis-pourpre profond, exprime dans un ensemble moyennement corsé et faible en acidité des arômes de kirsch confituré, de mûre et de framboise, un alcool capiteux, ainsi qu'une finale concentrée et charnue. Un ensemble séduisant, à boire **dans les 7 à 8 ans suivant le millésime.** (3/04)

2001 **89** Le 2001 de Lusseau est soyeux, gras et charnu. Il sera parfait dans les 10 ans suivant le millésime. Il s'agit d'un vin sensuel, qu'on pourra apprécier **dès maintenant et jusqu'en 2009.** (1/03)

2000 **90** Ce vin fruité, suave et précoce, au charme immédiat, s'annonce par un rubis-prune soutenu. Riche et dense, doté de renversantes senteurs de liqueur de cerise noire nuancées de cèdre, de fumé, de terre et de chêne grillé, il exprime par paliers et tout en rondeur un caractère moyennement corsé. Savoureux, il présente aussi une très grande pureté. **À boire jusqu'en 2011.** (1/03)

1999 **89** Ce vin d'un rubis foncé se distingue par de doux arômes de café torréfié, de fumé, de cerise noire confiturée et de boisé. Moyennement corsé et opulent, étayé par une faible acidité et des tannins doux, il sera parfait **dans les 2 ans.** (3/02)

1998 **89** Ce vin très sensuel, d'un prune-grenat foncé, exhale un nez évolué et étonnamment parfumé de réglisse, de cèdre, d'encens, de cerise noire et de cassis doux. Suit en bouche un ensemble moyennement corsé, rond et généreux, qui s'exprime tout en rondeur. Il est incontestablement irrésistible. **À boire jusqu'en 2008.** (1/03)

MAGNAN LA GAFFELIÈRE

Grand cru
Propriétaire : GFA du Clos de la Madeleine
Adresse : La Gaffelière Ouest – 33330 Saint-Émilion
Adresse postale : BP 78 – 33330 Saint-Émilion
Tél. 05 57 55 38 03 – *Fax* 05 57 55 38 01
Visites : sur rendez-vous uniquement
Contacts : Philippe Lauret ou Cathy Millet

VIGNOBLE ET VINIFICATION

Superficie : 8,33 ha
Encépagement : 65 % merlot, 25 % cabernet franc, 10 % cabernet sauvignon
Âge moyen des vignes : 23 ans – *Densité de plantation :* 5 500 pieds/ha
Rendement moyen : 48 hl/ha
Élevage : fermentations et cuvaison de 35 jours ; vieillissement en fûts (renouvelés par moitié à chaque millésime) ; collage ; pas de filtration

VIN PRODUIT

Château Magnan La Gaffelière – 53 000 b (pas de second vin)
À maturité : dans les 2 à 4 ans suivant le millésime

MARQUEY

Grand cru
Propriétaire : SCEA Château Franc-Mayne
Adresse : Chantealouette – 33330 Saint-Émilion
Adresse postale : Château Franc-Mayne – 33330 Saint-Émilion
Tél. 05 57 24 62 61 – *Fax* 05 57 24 68 25
E-mail : contacts@chateau-francmayne.com
Site Internet : www.chateau-francmayne.com
Visites : tous les jours sur rendez-vous

VIGNOBLE ET VINIFICATION

Superficie : 2,9 ha
Encépagement : 90 % merlot, 10 % cabernet franc
Âge moyen des vignes : 25 ans – *Densité de plantation :* 5 500 pieds/ha
Rendement moyen : 45 hl/ha
Élevage : macération préfermentaire à froid de 3 à 5 jours ; fermentations et cuvaison de 21 à 35 jours ; vieillissement en cuves pour 10 % de la récolte et en fûts (50 % de bois neuf) pour le reste ; pas de collage ; filtration

VIN PRODUIT

Château Marquey – 17 000 b (pas de second vin)
À maturité : dans les 2 à 4 ans suivant le millésime

MARTINET

Grand cru
Propriétaire : SCEA de Lavaux
Adresse : 33330 Saint-Émilion
Adresse postale : 64, avenue du Général-de-Gaulle – 33501 Libourne
Tél. 05 57 51 06 07 – *Fax* 05 57 51 59 61
Visites : sur rendez-vous uniquement
Contact : François de Lavaux

VIGNOBLE ET VINIFICATION

Superficie : 20 ha
Encépagement : 65 % merlot, 35 % cabernet franc et cabernet sauvignon
Âge moyen des vignes : 50 ans – *Densité de plantation :* 5 500 pieds/ha
Rendement moyen : 40-45 hl/ha
Élevage : fermentations et cuvaison de 18 à 23 jours en cuves d'acier inoxydable thermorégulées ; vieillissement après les malolactiques de 8 à 12 mois par rotation en cuves de béton pour 40 % de la récolte, en fûts (10-15 % de bois neuf) pour le reste ; collage et filtration

VIN PRODUIT

Château Martinet – 120 000 b (pas de second vin)
À maturité : dans les 2 à 4 ans suivant le millésime

MAUVEZIN

Grand cru
Propriétaire : EARL Pierre Cassat et Fils
Adresse : 33330 Saint-Émilion
Adresse postale : Domaine de Peyrelongue
BP 44 – 33330 Saint-Émilion
Tél. 05 57 24 72 36 – *Fax* 05 57 74 48 54
Site Internet : www.advintage.com/mauvezin
Visites : sur rendez-vous, du lundi au samedi
(8 h-12 h et 14 h-19 h)
Contact : Olivier Cassat

VIGNOBLE ET VINIFICATION

Superficie : 3,5 ha
Encépagement : 55 % merlot, 35 % cabernet franc, 10 % cabernet sauvignon
Âge moyen des vignes : 50 ans – *Densité de plantation :* 5 400 et 6 600 pieds/ha
Rendement moyen : 42 hl/ha
Élevage : fermentations et cuvaison prolongées en cuves d'acier inoxydable thermorégulées ; achèvement des malolactiques en fûts pour 50 % de la récolte (merlot) ; vieillissement de 12 à 18 mois en fûts (75 % de bois neuf), avec micro-oxygénation des lies ; collage et filtration

VIN PRODUIT

Château Mauvezin – 18 000 b (pas de second vin)
À maturité : dans les 3 à 10 ans suivant le millésime

MOULIN DU CADET

Grand cru classé
Propriétaire : GFA Moulin du Cadet
Directrice : Isabelle Blois
Adresse : 33330 Saint-Emilion
Adresse postale : 92, cours Tourny – 33500 Libourne
Tél. 05 57 25 37 45 – *Fax* 05 57 51 63 44
E-mail : moulinducadet@wanadoo.fr
Visites : sur rendez-vous uniquement
Contact : Pierre Blois

VIGNOBLE ET VINIFICATION

Superficie : 4,6 ha
Encépagement : 100 % merlot
Âge moyen des vignes : 35 ans – *Densité de plantation :* 6 000 pieds/ha
Rendement moyen : 30 hl/ha

Élevage : fermentations et cuvaison de 20 à 25 jours en cuves de béton thermorégulées ; vieillissement de 12 à 18 mois en fûts (30 % de bois neuf) ; collage ; pas de filtration

VIN PRODUIT

Château Moulin du Cadet – 30 000 b (pas de second vin)
À maturité : dans les 3 à 8 ans suivant le millésime

APPRÉCIATION GÉNÉRALE

Moulin du Cadet, qui produisait régulièrement des vins de bonne facture, mais anodins, était, jusqu'à il y a peu, géré par les Éts Jean-Pierre Moueix, de Libourne. Il est actuellement dirigé par Isabelle Blois qui, d'ores et déjà, a obtenu des résultats encourageants.

Cette petite propriété de 4,6 ha, située sur le plateau qui se trouve au nord de Saint-Émilion, produit généralement des vins légers, parfumés, qui compensent leur manque de profondeur par le charme de leur bouquet.

PAS DE L'ÂNE

Grand cru (depuis 2001)
Propriétaire : SCE Pas de l'Âne, R. Perreira
Adresse : lieu-dit Jean Guillot –
33330 Saint-Christophe-des-Bardes
Adresse postale : Château Branda – Roques –
33570 Puisseguin
Tél. 05 57 74 62 55 – *Fax* 05 57 74 57 33
E-mail : arnaud.delaire@wanadoo.fr
Visites : sur rendez-vous uniquement
Contact : Arnaud Delaire

VIGNOBLE ET VINIFICATION

Superficie : 5,7 ha
Encépagement : 50 % cabernet franc, 50 % merlot
Âge moyen des vignes : 30 ans – *Densité de plantation :* 5 500 pieds/ha
Rendement moyen : 30 *hl*/ha
Élevage : fermentations et cuvaison en cuves de bois et d'acier inoxydable thermorégulées ; vieillissement de 18 mois en fûts (100 % de bois neuf) ; ni collage ni filtration

VIN PRODUIT

Château Pas de l'Âne – 20 000 b (pas de second vin)
À maturité : dans les 2 à 5 ans suivant le millésime

2003
87-90
Ce vin moyennement corsé, puissant et opulent, marqué par une faible acidité et doté de flaveurs mûres (mais pas surmûries) de confiture de cerise noire, de groseille et de réglisse, est épanoui et alcoolique (il titre plus de 13 % d'alcool naturel). Évoquant un 1990 et s'imposant au titre des révélations du millésime, il sera parfait **dans les 10 à 12 ans.** (3/04)

PETIT-FAURIE-DE-SOUTARD

Grand cru classé
Propriétaire : Françoise Capdemourlin
Adresse : 33330 Saint-Émilion
Adresse postale : SCEV Aberlen – 33330 Saint-Émilion
Tél. 05 57 74 62 06 – *Fax* 05 57 74 59 34
E-mail : info@vignoblescapdemourlin.com
Site Internet : www.vignoblescapdemourlin.com
Visites : sur rendez-vous uniquement
Contact : Jacques Capdemourlin

VIGNOBLE ET VINIFICATION

Superficie : 8 ha
Encépagement : 65 % merlot, 30 % cabernet franc, 5 % cabernet sauvignon
Âge moyen des vignes : 30 ans – *Densité de plantation :* 5 500 pieds/ha
Rendement moyen : 44 hl/ha
Élevage : fermentations et cuvaison de 21 jours en cuves d'acier inoxydable thermorégulées ; vieillissement de 15 à 18 mois en fûts (50 % de bois neuf) ; pas de collage ; filtration

VIN PRODUIT

Château Petit-Faurie-de-Soutard – 42 000 b (pas de second vin)
À maturité : dans les 5 à 10 ans suivant le millésime

APPRÉCIATION GÉNÉRALE

Voici une autre propriété, appartenant aux Capdemourlin, qui propose des vins de bonne facture, valant mieux qu'une consommation courante.

Cette propriété sous-estimée de Saint-Émilion produit un volume de vin relativement faible. Elle appartient à la famille Capdemourlin, qui se consacre davantage à la promotion de son autre domaine, Balestard La Tonnelle. Cependant, ce vignoble, qui était autrefois rattaché au Château Soutard, jouit d'une belle situation sur le plateau calcaire, et les vins qu'il produit ressemblent à ceux de Balestard par leur caractère gras et par leur fruit richement extrait, tout en étant peut-être un peu plus structurés et d'une meilleure tenue du fait de leur niveau plus élevé de tannins.

2000
87 Voici l'exemple le plus réussi que je connaisse de ce cru. D'un pourpre opaque, généreusement doté en arômes de cerise noire confiturée nuancés de terre, de pierre mouillée et de chêne neuf, le 2000 de Petit-Faurie-de-Soutard est moyennement corsé, puissant, très concentré et étayé par une faible acidité. **À boire jusqu'en 2014.** (1/03)

1999
86 La robe rubis foncé de ce vin accompagne des senteurs herbacées de cassis, qui elles-mêmes préludent à un ensemble plaisant, qui séduit par son fruité et son équilibre. **À boire dans les 3 ans.** (3/02)

PUY-BLANQUET

Grand cru
Propriétaire : Marcelle Jacquet
Adresse : 33330 Saint-Étienne-de-Lisse
Tél. 05 57 40 18 18 – *Fax* 05 57 40 29 14
E-mail : chateau.puy-blanquet@wanadoo.fr
Visites : tous les jours (10 h-12 h et 15 h-18 h)
Contact : Pierre Meunier

VIGNOBLE ET VINIFICATION

Superficie : 23 ha
Encépagement : 80 % merlot, 15 % cabernet franc,
5 % cabernet sauvignon
Âge moyen des vignes : 25 ans – *Densité de plantation :* 5 300 pieds/ha
Rendement moyen : 50 hl/ha
Élevage : fermentations et cuvaison de 21 jours en cuves de béton ; vieillissement après les malolactiques de 12 mois en cuves pour 80 % de la récolte, en fûts (1/3 de bois neuf) pour le reste ; collage et filtration

VINS PRODUITS

Château Puy-Blanquet – 120 000 b ; Château Laberne – 33 000 b
À maturité : dans les 3 à 8 ans suivant le millésime

QUERCY

Grand cru
Propriétaire : famille Apelbaum-Pidoux
Adresse : 3, Grave – Vignonet – 33330 Saint-Émilion
Tél. 05 57 84 56 07 – *Fax* 05 57 84 54 82
E-mail : chateauquercy@wanadoo.fr
Site Internet : www.chateau-quercy.com
Visites : sur rendez-vous uniquement,
du lundi au samedi (9 h-12 h et 14 h-18 h)
Contact : Stéphane Apelbaum

VIGNOBLE ET VINIFICATION

Superficie : 6,24 ha
Encépagement : 80 % merlot, 20 % cabernet franc
Âge moyen des vignes : 45 ans – *Densité de plantation :* 6 500 pieds/ha
Rendement moyen : 35-38 hl/ha
Élevage : fermentations de 15 à 20 jours et cuvaison de 14 à 28 jours en cuves de bois thermorégulées de forme tronconique, d'acier inoxydable ou de béton, avec pigeages et remontages réguliers ; achèvement des malolactiques en fûts pour une partie de la récolte ; vieillissement de 15 à 24 mois en fûts, avec micro-oxygénation et bâtonnage ; ni collage ni filtration

VINS PRODUITS

Château Quercy – 18 000 b ; Château Graves de Peyroubas – 4 000 b maximum
À maturité : dans les 2 à 4 ans suivant le millésime

RABY-JEAN VOISIN

Grand cru
Propriétaire : Raby-Saugeon SA
Adresse : Vignobles Raby-Saugeon – 33330 Saint-Émilion
Adresse postale : BP 1 – 33330 Saint-Émilion
Tél. 05 57 55 07 20 – *Fax* 05 57 55 07 21
E-mail : contact@chateau-du-paradis.fr
Site Internet : www.vins-saint-emilion.fr
Visites : sur rendez-vous uniquement

VIGNOBLE ET VINIFICATION

Superficie : 9,5 ha
Encépagement : 75 % merlot, 20 % cabernet franc, 5 % cabernet sauvignon
Âge moyen des vignes : 35 ans – *Densité de plantation :* 5 500 pieds/ha
Rendement moyen : 47 hl/ha
Élevage : fermentations et cuvaison traditionnelles en cuves thermorégulées ; vieillissement de 18 mois, dont 14 mois en fûts (30 % de bois neuf) ; collage et filtration

VIN PRODUIT

Château Raby-Jean Voisin – 55 000-60 000 b (pas de second vin)
À maturité : dans les 2 à 5 ans suivant le millésime

RIOU DE THAILLAS

Grand cru
Propriétaire : GFA Béchet
Adresse : 33330 Saint-Émilion
Adresse postale : Fougas – BP 51 – 33710 Lansac
Tél. 05 57 68 42 15 – *Fax* 05 57 68 28 59
E-mail : jean-yves.bechet@wanadoo.fr
Site Internet : www.vignoblesbechet.com
Visites : sur rendez-vous uniquement
Contact : Jean-Yves Béchet

VIGNOBLE ET VINIFICATION

Superficie : 2,45 ha
Encépagement : 100 % merlot
Âge moyen des vignes : 30 ans – *Densité de plantation :* 5 400 pieds/ha
Rendement moyen : 40-45 hl/ha
Élevage : macération préfermentaire à froid ; fermentations et cuvaison en cuves de bois thermorégulées d'une contenance de 50 hl, avec pigeages ; achèvement des malolactiques et vieillissement de 18 mois sur lies, avec bâtonnages, en fûts (100 % de bois neuf) ; collage ; filtration selon le millésime

VIN PRODUIT

Château Riou de Thaillas – 12 000 b (pas de second vin)
À maturité : dans les 3 à 10 ans suivant le millésime

APPRÉCIATION GÉNÉRALE

Ce cru, un quasi-vin de garage, se caractérise par sa profondeur, sa pureté et sa maturité. S'il ne s'est pas montré en 2001 à la hauteur de mes espérances, il mérite néanmoins l'attention, sachant que le maître des lieux, Jean-Yves Béchet, propose également un Côtes de Bourg, appelé Fougas Maldoror, qui s'impose régulièrement au nombre des grandes révélations du millésime.

2001
87
Ce vin d'un rubis profond est moyennement corsé, quelque peu comprimé, et il n'offre pas grand-chose de plus que de doux arômes de cerise noire, de chêne fumé et de réglisse. **À boire dans les 7 à 8 ans.** (1/03)

2000
89
Le 2000 de Riou de Thaillas constitue la plus belle réussite à ce jour de la propriété. D'un rubis-pourpre profond, il est doté d'un nez de chocolat, de cassis, de réglisse et de boîte à épices nuancé de fumé et de boisé. Moyennement corsé, il ne concède rien en matière de pureté, malgré la concentration et l'opulence de son fruité. Sa finale, persistante, est généreuse. **À boire jusqu'en 2014.** (3/01)

1999
87
Ce Saint-Émilion sensuel, issu d'une vinification moderne, évoque un cru du Nouveau Monde. Généreusement marqué de chêne neuf, il présente des arômes confiturés de cassis et de cerise noire, le tout étayé par une faible acidité et des tannins doux. Il conviendra sûrement aux épicuriens en quête d'un plaisir immédiat. **À boire jusqu'en 2009.** (3/02)

1998
87
Ce vin, issu d'un vignoble jouxtant la frontière de Pomerol, se présente vêtu de rubis-pourpre foncé. Très structuré, d'une grande précision, il révèle des arômes de chêne épicé, d'herbes séchées et de fruits rouges et noirs. Il est très bon, voire excellent, et sera parfait **dans les 10 ans suivant le millésime.** (3/01)

RIPEAU

Grand cru classé
Propriétaire : GFA Château Ripeau
Adresse : 33330 Saint-Émilion
Tél. 05 57 74 41 41 – *Fax* 05 57 74 41 57
E-mail : chateauripeau@wanadoo.fr
Site Internet : www.vinomedia.fr/chateauripeau/historique.htm
Visites : sur rendez-vous uniquement
Contacts : Françoise de Wilde ou Barbara Janoueix-Coutel

VIGNOBLE ET VINIFICATION

Superficie : 15,5 ha
Encépagement : 60 % merlot, 30 % cabernet franc, 10 % cabernet sauvignon
Âge moyen des vignes : 35 ans – *Densité de plantation :* 6 000 pieds/ha
Rendement moyen : 40 hl/ha
Élevage : fermentations et cuvaison en cuves d'acier inoxydable thermorégulées ; vieillissement de 12 à 14 mois en fûts (renouvelés par moitié à chaque millésime) ; collage et filtration

VINS PRODUITS

Château Ripeau – 60 000 b ; La Garenne de Ripeau – 8 000 b
À maturité : dans les 3 à 10 ans suivant le millésime

APPRÉCIATION GÉNÉRALE

Ce cru s'est considérablement amélioré ces dernières années, en particulier depuis qu'il a bénéficié des judicieux conseils d'Alain Raynaud, de Quinault. Bien qu'il ne s'impose pas au nombre des meilleurs Saint-Émilion, il est supérieur à la moyenne et, à ce titre, mérite l'attention des amateurs. À ne pas confondre, cependant, avec le Château Pipeau, qui est nettement meilleur.

Ripeau – l'une des plus anciennes propriétés de Saint-Émilion – tient son nom du lieu-dit où se trouvent le château et le vignoble. Il repose sur un sol essentiellement sableux, mêlé de graves. Bien qu'il soit à proximité de Cheval Blanc et de La Dominique, il ne peut se targuer d'une aussi belle situation que ses deux voisins. Les propriétaires, qui sont dans les lieux depuis 1976, y ont effectué d'importants travaux de rénovation.

2000
87 Quoique vinifié dans un style coulant et commercial, le 2000 de Ripeau est délicieux. Étonnamment doux pour le millésime, il est riche et savoureux, et exprime avec ampleur des arômes mûrs de cerise noire et de cassis nuancés de cuir. L'ensemble, épanoui, séduisant, doté de tannins souples, sera parfait **dans les 5 à 8 ans.** (1/03)

1999
87 Malgré son style commercial et coulant, le 1999 de Ripeau est délicieux. Sa robe d'un rubis-grenat dense est déjà très évoluée. Elle accompagne des senteurs de prune, de figue, d'herbes, de tabac et de cassis herbacé, préludant à un ensemble rond et opulent. **À boire dans les 4 à 6 ans.** (3/01)

1998
85 ? La robe rubis-prune foncé du 1998 accompagne un doux nez de prune et de fruits noirs. L'ensemble est assez paradoxal, dans la mesure où il se montre souple et confit à l'attaque, mais comprimé et atténué en finale, ses tannins durs, acerbes et rustiques prenant alors le dessus. **À boire jusqu'en 2007.** (3/01)

ROLLAND-MAILLET

Grand cru
Propriétaire : SCEA Rolland
Adresse : Corbin – 33330 Saint-Émilion
Adresse postale : SCEA Rolland-Maillet – 33500 Pomerol
Tél. 05 57 51 23 05 – *Fax* 05 57 51 66 08
E-mail : rolland.vignobles@wanadoo.fr
Visites : sur rendez-vous uniquement

VIGNOBLE ET VINIFICATION

Superficie : 3,35 ha
Encépagement : 75 % merlot, 25 % cabernet franc
Âge moyen des vignes : 30 ans – *Densité de plantation :* 6 000 pieds/ha
Rendement moyen : 35 hl/ha

Élevage : fermentations et cuvaison de 25 à 30 jours en cuves thermorégulées de petite contenance, permettant la vinification séparée des diverses parcelles ; vieillissement de 18 mois minimum en cuves et en fûts de 1 an d'âge ; collage et filtration si nécessaire

VIN PRODUIT

Château Rolland-Maillet – 20 000 b (pas de second vin)
À maturité : dans les 3 à 8 ans suivant le millésime

APPRÉCIATION GÉNÉRALE

Cette propriété appartient à la famille Rolland, et les vinifications y sont supervisées par les talentueux Michel et Dany du même nom.

Les amateurs avisés recherchent souvent ce cru de Saint-Émilion, appartenant au célèbre œnologue libournais Michel Rolland, qui en assure aussi la vinification. Rolland-Maillet est généralement trapu, robuste, très concentré et opaque de robe, avec un potentiel de garde d'une dizaine d'années. Il compense son manque d'élégance et de finesse par sa puissance et sa robustesse. Rolland-Maillet est proposé à un prix raisonnable.

2003 **86-88** Voici une autre belle réussite de Michel Rolland, issue d'un vignoble situé en face du Château Le Bon Pasteur, la propriété fétiche du maître des lieux. Ce vin trapu et richement fruité recèle des notes de douce cerise noire nuancées de bois de balsa, de terre et de boîte à épices. **À boire dans les 5 à 10 ans suivant le millésime.** (3/04)

2001 **88** Un très généreux fruité caractérise ce vin moyennement corsé, opulent, confit et souple, très pur malgré son opulence et son caractère savoureux. L'ensemble doit être consommé assez rapidement, **d'ici 5 à 6 ans.** (1/03)

2000 **88** Voici la plus belle réussite à ce jour de la propriété. Le 2000 de Rolland-Maillet s'annonce par un rubis-pourpre dense et par de généreux arômes de cerise noire confiturée nuancés de réglisse et de cacao. L'ensemble, très pur malgré son opulence et sa sensualité, atteste une excellente facture. Très séduisant, il sera parfait **dans les 6 à 8 ans.** (1/03)

LA ROSE-POURRET

Grand cru
Propriétaire : Bernadette Warion
Adresse : BP 47 – 33330 Saint-Émilion
Tél. 05 57 24 71 13 – *Fax* 05 57 74 43 93
E-mail : contact@la-rose-pourret.com
Site Internet : www.la-rose-pourret.com
Visites : sur rendez-vous uniquement
Contact : Philippe Warion

VIGNOBLE ET VINIFICATION

Superficie : 8 ha
Encépagement : 70 % merlot, 25 % cabernet franc, 5 % cabernet sauvignon
Âge moyen des vignes : 40 ans – *Densité de plantation :* 6 000 pieds/ha
Rendement moyen : 45 hl/ha

Élevage : fermentations et cuvaison de 21 à 28 jours en cuves de béton thermorégulées ; vieillissement de 12 à 15 mois en fûts (40 % de bois neuf) ; collage et filtration

VINS PRODUITS

Château La Rose-Pourret – 42 000 b ; Château Vieux Tertre – 5 000 b
À maturité : dans les 3 à 7 ans suivant le millésime

ROYLLAND

Grand cru
Propriétaires : Christine et Pascal Oddo, et Chantal Oddo-Vuitton
Adresse : 33330 Saint-Émilion
Tél. 05 57 24 68 27 – *Fax* 05 57 24 65 25
E-mail : chantal.oddo-vuitton@wanadoo.fr
Site Internet : www.cerclerivedroite.com/roylland.html
Visites : sur rendez-vous uniquement
Contact : Chantal Oddo-Vuitton

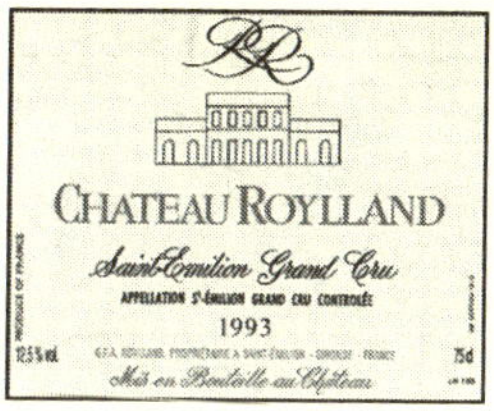

VIGNOBLE ET VINIFICATION

Superficie : 9,5 ha
Encépagement : 90 % merlot, 10 % cabernet franc
Âge moyen des vignes : 30-35 ans – *Densité de plantation :* 6 500 pieds/ha
Rendement moyen : 45 hl/ha
Élevage : fermentations et cuvaison de 21 à 35 jours en cuves d'acier inoxydable (90 hl) et de béton (75 hl) thermorégulées ; vieillissement en cuves de béton pour 10 % de la récolte et en fûts (renouvelés par tiers à chaque millésime) pour le reste ; collage ; pas de filtration

VINS PRODUITS

Château Roylland – 35 000-40 000 b ; Château Rocheyron – 10 000-15 000 b
À maturité : dans les 5 à 8 ans suivant le millésime

SANCTUS

Grand cru
Propriétaire : SA Château La Bienfaisance (famille Duval-Fleury)
Administrateur : Patrick Baseden
Adresse : 33330 Saint-Christophe-des-Bardes
Tél. 05 57 24 65 83 – *Fax* 05 57 24 78 26
E-mail : info@labienfaisance.com
Site Internet : www.labienfaisance.com
Visites : sur rendez-vous uniquement
Contact : Patrick Baseden

VIGNOBLE ET VINIFICATION

Superficie : 3,6 ha
Encépagement : 70 % merlot, 30 % cabernet franc
Âge moyen des vignes : 35 ans – *Densité de plantation :* 5 500 pieds/ha

Rendement moyen : 32 hl/ha
Élevage : fermentations et cuvaison de 30 jours en cuves thermorégulées, avec pigeages manuels et adjonction de levures indigènes ; achèvement des malolactiques et vieillissement de 20 mois sur lies en fûts (100 % de bois neuf), avec micro-oxygénation et sans soutirage ; collage ; pas de filtration

VIN PRODUIT

Sanctus – 12 000 b (pas de second vin)
À maturité : dans les 5 à 15 ans suivant le millésime (à partir de 2000)

APPRÉCIATION GÉNÉRALE

Si d'aucuns ont considéré ce cru comme l'un des meilleurs Saint-Émilion au moment de son lancement en 1998, je dois avouer, pour ma part, avoir été déçu par les deux premiers millésimes, qui m'ont paru trop boisés. Cependant, à compter de 2000, grâce à l'intervention de Stéphane Derenoncourt, Sanctus s'est considérablement amélioré. Bien qu'il soit encore trop tôt pour affirmer qu'il continuera sur cette lancée, j'inciterais néanmoins les amateurs à le suivre de près, car il se pourrait bien qu'il finisse par s'imposer comme l'un des vins les plus intéressants de l'appellation.

2003
90-92 Ce vin de garage, cuvée prestige du Château La Bienfaisance, est composé à 70 % de merlot et pour le reste de cabernet franc provenant d'un vignoble de près de 4 ha dont les rendements ont été limités en 2003 à 23 hl/ha. Le cru s'impose au titre des révélations du millésime. Vêtu de pourpre-noir, et doté de notes de chocolat, de caramel, de mûre et de cappuccino, il est corsé, puissant et opulent – extraordinaire à la fois d'intensité et d'étoffe. Sa finale, capiteuse, se développe tout en rondeur. **À boire entre 2006 et 2014.** (3/04)

2002
88+ D'un rubis-pourpre foncé, le 2002 évoque au nez un vin de style international, avec ses notes de café torréfié, de chocolat, de cerise noire et de groseille. Moyennement corsé et modérément tannique, il affiche encore une belle pureté. **À boire à son apogée entre 2007 et 2014.** (9/03)

2001
90 D'un pourpre profond, doté d'un doux nez de liqueur de mûre nuancé de cassis, de réglisse, de vanille et de café, le 2001 de Sanctus est profond, corsé et capiteux, s'imposant comme l'une des grandes réussites du millésime en Saint-Émilion. **À boire entre 2007 et 2017, voire au-delà.** (1/03)

2000
90+ Ce vin imposant, dont la richesse en extrait fait pièce aux abondants tannins, offre un superbe déploiement de capiteux arômes de mûre et de cassis entremêlés de notes de cerise, de vanille, de café et de réglisse. L'ensemble est corsé, puissant et profond, très structuré, mais également très doux. **À boire entre 2008 et 2018.** (1/03)

1999
78 Le Sanctus 1999 est maigre, austère et comprimé, marqué par des tannins durs et dénué tant de charme que de profondeur. **À boire jusqu'en 2012.** (3/02)

1998
80 ? Des notes de chêne neuf dominent totalement ce vin modestement doté et vêtu de rubis moyen. **À boire dans les 2 ans.** (3/02)

SANSONNET

Grand cru
Propriétaire : famille d'Aulan
Adresse : 33330 Saint-Émilion
Adresse postale : Sopalia – 8, rue Piper – 51100 Reims
Tél. 05 57 34 51 51 – *Fax* 05 56 30 11 45
E-mail : info@sansonnet.com
Visites : sur rendez-vous uniquement
Contact : Marie-Rose Vincent

VIGNOBLE ET VINIFICATION

Superficie : 7 ha
Encépagement : 80 % merlot, 10 % cabernet sauvignon, 10 % cabernet franc
Âge moyen des vignes : 38 ans – *Densité de plantation :* 5 500 pieds/ha
Rendement moyen : 36 hl/ha
Élevage : fermentations et cuvaison 25 à 28 jours en cuves d'acier inoxydable thermorégulées ; achèvement des malolactiques et vieillissement de 20 à 24 mois en fûts (100 % de bois neuf) ; collage ; pas de filtration

VINS PRODUITS

Château Sansonnet – 20 000 b ; Château Lasalle – 10 000 b
À maturité : dans les 5 à 15 ans suivant le millésime (après 1998)

APPRÉCIATION GÉNÉRALE

Cette propriété, récemment rachetée par la famille d'Aulan, de Reims, émerge de la médiocrité sous la houlette du jeune Patrick d'Aulan. Ce dernier a bénéficié de l'aide précieuse de Jean-Michel Arcaute (auquel on doit la renaissance de Clinet) et du talentueux œnologue-conseil Michel Rolland. À compter de 1999, le cru s'est considérablement amélioré. Compte tenu du souci de qualité animant le nouveau maître des lieux, je ne serais pas autrement surpris que Sansonnet rejoigne bientôt le peloton de tête des Saint-Émilion.

2003 87-90 Ce vin, qui s'impose comme l'une des révélations du millésime, constitue la plus belle réussite que je connaisse de Sansonnet. Évoquant un 1990 par son opulence et sa maturité, il se distingue encore par son caractère capiteux et sa faible acidité. Très doux en milieu de bouche, généreusement fruité, il développe une finale ample et enivrante. Espérons qu'il sera mis en bouteilles sans excès de collage, ce qui le dépouillerait de son caractère et de son étoffe. **À boire dans les 7 à 10 ans.** (3/04)

2001 86 J'avais fondé de grands espoirs sur le 2001 et espérais qu'il serait meilleur, mais il ne s'est pas, à ce jour, affirmé pendant son élevage en fût. Doté de douces notes de cerise aigre-douce nuancées de vanille et de boîte à épices, il est moyennement corsé en milieu de bouche, mais légèrement sec et astringent en finale. **À boire dans les 6 à 8 ans.** (1/03)

2000 88 La robe d'un rubis-pourpre profond et les doux arômes de cassis et de cerise du 2000 s'expriment dans un ensemble moyennement corsé et mûr, étayé par des tannins modérément abondants et à la finale persistante. Ce vin, qui pourrait s'imposer comme une révélation du millésime, sera à son apogée **entre 2006 et 2016.** (1/03)

1999
86
Moyennement corsé et élégant, le 1999 de Sansonnet offre des arômes de groseille, de tabac, d'herbes séchées et de terre. **À boire dans les 3 à 4 ans.** (3/02)

LA SERRE

Grand cru classé
Propriétaire : Luc d'Arfeuille
Adresse : 33330 Saint-Émilion
Tél. 05 57 24 71 38 – *Fax* 05 57 24 63 01
E-mail : darfeuille.luc@wanadoo.fr
Visites : sur rendez-vous uniquement
Contact : Luc d'Arfeuille

VIGNOBLE ET VINIFICATION

Superficie : 7 ha
Encépagement : 80 % merlot, 20 % cabernet franc
Âge moyen des vignes : 35 ans – *Densité de plantation :* 6 000 pieds/ha
Rendement moyen : 38-43 hl/ha
Élevage : fermentations et cuvaison en cuves de béton thermorégulées ; vieillissement en fûts (renouvelés par moitié à chaque millésime) ; collage ; pas de filtration

VINS PRODUITS

Château La Serre – 25 000 b ; Les Menuts de La Serre – 5 000 b
À maturité : dans les 3 à 12 ans suivant le millésime

TAUZINAT L'HERMITAGE

Grand cru
Propriétaires : héritiers Bernard Moueix
Adresse : 33330 Saint-Christophe-des-Bardes
Adresse postale : Château Taillefer
BP 9 – 33501 Libourne Cedex
Tél. et *fax* 05 57 25 50 45
Site Internet : www.tauzinatlhermitage.com
Visites : sur rendez-vous uniquement
Contact : Catherine Moueix

VIGNOBLE ET VINIFICATION

Superficie : 9 ha
Encépagement : 80 % merlot, 15 % cabernet franc, 5 % cabernet sauvignon
Âge moyen des vignes : 30 ans – *Densité de plantation :* 6 000 pieds/ha
Rendement moyen : 45 hl/ha
Élevage : fermentations et cuvaison de 21 à 28 jours en cuves de béton thermorégulées ; vieillissement de 12 mois en fûts (33 % de bois neuf) ; collage et filtration

VINS PRODUITS

Château Tauzinat l'Hermitage – 38 000 b ; Château Le Grand Treuil – 16 000 b
À maturité : dans les 3 à 8 ans suivant le millésime

LA TOUR DU PIN FIGEAC (MOUEIX)

Grand cru classé
Propriétaire : Jean-Michel Moueix
Adresse : 33330 Saint-Émilion
Tél. 05 57 51 52 58 – *Fax* 05 57 51 52 87
E-mail : jm.moueix@enfrance.com
Visites : sur rendez-vous uniquement
Contact : Jean-Michel Moueix

VIGNOBLE ET VINIFICATION

Superficie : 8 ha
Encépagement : 70 % merlot, 30 % cabernet franc
Âge moyen des vignes : 30 ans – *Densité de plantation :* 5 500 pieds/ha
Rendement moyen : 50 hl/ha
Élevage : fermentations et cuvaison de 14 à 21 jours en cuves d'acier inoxydable ; vieillissement de 12 à 15 mois en fûts (renouvelés par tiers à chaque millésime) ; zcollage au blanc d'œuf ; filtration si nécessaire

VIN PRODUIT

Château La Tour du Pin Figeac – 45 000 b (pas de second vin)
À maturité : dans les 3 à 12 ans suivant le millésime

APPRÉCIATION GÉNÉRALE

Cette propriété, qui jouit d'une belle situation, produit des vins de bonne facture, mais anodins.

Ce vignoble, situé sur un sol argilo-sableux et graveleux, se trouve à la limite de Pomerol, entre Cheval Blanc et La Tour Figeac.

Les vins qui en sont issus sont généralement sans détour, charnus et fruités, dotés d'une belle corpulence et capables d'une garde de 6 à 12 ans. Rares sont les millésimes qui s'améliorent après 12 ans d'âge.

1995 87 — Bien que dépourvu de complexité, ce vin sensuel, épanoui et flatteur se montre moyennement corsé, généreusement fruité et faible en acidité. Il séduit par son caractère délicieux et souple. **À boire dans les 2 ans.** (11/97)

1994 87 — Semblable au 1993, mais avec davantage de notes de framboise et de cerise, ce vin moyennement corsé et opulent révèle un fruité souple, étayé par une faible acidité. Il est heureusement dépourvu des tannins durs et de l'astringence qui sont la marque de ce millésime. **À boire maintenant.** (1/97)

1990 88 — Ce vin séduisant, vêtu d'une impressionnante robe rubis-noir, est un Saint-Émilion des plus intéressants. Outre sa couleur dense, il présente un ample bouquet de fruits confiturés (notamment la prune et la framboise), et se montre très corsé et charnu en bouche, où il déploie encore un généreux fruité. Vraiment impressionnant ! **À boire jusqu'en 2008.** (1/01)

1989 Tout à la fois puissant, concentré et corsé, le 1989 regorge de richesse en
87 extrait, et se distingue par un bouquet pénétrant de fruits noirs et de chêne neuf subtilement nuancé d'herbes. Puissant, massif et explosif, il est étayé par une bonne acidité et manifeste un bel équilibre d'ensemble. Sa finale est extraordinaire. **À boire sans plus tarder.** (11/01)

1988 Le 1988 peut parfaitement rivaliser avec son cadet d'un an. D'une très grande
86 richesse en extrait, ce vin corsé et intense pour le millésime se montre plus élégant, mais moins puissant, que le 1989, avec un nez bien doté, grillé et confit, entremêlé de senteurs de réglisse, de toast et de fleurs printanières. **À boire d'urgence.** (11/01)

LA TOUR DU PIN FIGEAC (GIRAUD-BELIVIER)

Grand cru classé
Propriétaire : GFA Giraud-Belivier
Adresse : 33330 Saint-Émilion
Adresse postale : SARL André Giraud
Château Le Caillou – 33500 Pomerol
Tél. 05 57 51 06 10 – *Fax* 05 57 51 74 95
E-mail : giraud.belivier@wanadoo.fr
Site Internet : www.vins-giraud-belivier.com
Visites : du lundi au vendredi matin,
sur rendez-vous le week-end
Contact : André Giraud

VIGNOBLE ET VINIFICATION

Superficie : 11 ha
Encépagement : 75 % merlot, 25 % cabernet franc
Âge moyen des vignes : 35 ans – *Densité de plantation :* 5 500 pieds/ha
Rendement moyen : 48 hl/ha
Élevage : fermentations et cuvaison de 21 à 28 jours en cuves de béton thermorégulées ; vieillissement par rotation (au moment des soutirages), en cuves pour un tiers de la récolte et en fûts pour le reste ; collage ; pas de filtration

VINS PRODUITS

Château La Tour du Pin Figeac – 66 000 b ; La Tournelle du Pin Figeac – variable
À maturité : dans les 3 à 8 ans suivant le millésime

TRIMOULET

Grand cru
Propriétaire : Michel Jean
Adresse : 33330 Saint-Émilion
Adresse postale : BP 60 – 33330 Saint-Émilion
Tél. 05 57 24 70 56 – *Fax* 05 57 74 41 69
E-mail : trimoulet.jean@wanadoo.fr
Site Internet : www.chateautrimoulet.com
Visites : sur rendez-vous uniquement
Contacts : Michel ou Cécile Jean

VIGNOBLE ET VINIFICATION

Superficie : 17,44 ha
Encépagement : 60 % merlot, 35 % cabernet franc, 5 % cabernet sauvignon
Âge moyen des vignes : 30 ans – *Densité de plantation :* 5 500 pieds/ha
Rendement moyen : 45 hl/ha
Élevage : fermentations et cuvaison de 28 à 35 jours en cuves thermorégulées ; après achèvement des malolactiques, vieillissement de 12 mois en fûts (renouvelés par tiers à chaque millésime) ; collage et filtration

VINS PRODUITS

Château Trimoulet – 50 000 b ; Emilius de Trimoulet – 45 000 b
À maturité : dans les 2 à 5 ans suivant le millésime

VIEUX FORTIN

Grand cru
Propriétaire : Claude Sellan
Adresse : 33330 Saint-Émilion
Tél. 05 57 24 69 97 ou 06 80 65 97 44 –
Fax 05 57 24 69 97
E-mail : vieuxfortin@wanadoo.fr
Visites : sur rendez-vous uniquement
Contact : Claude Sellan

VIGNOBLE ET VINIFICATION

Superficie : 5,3 ha
Encépagement : 60 % merlot, 40 % cabernet franc
Âge moyen des vignes : 35 ans – *Densité de plantation :* 4 500 pieds/ha
Rendement moyen : 43 hl/ha
Élevage : fermentations et cuvaison prolongées en cuves d'acier inoxydable thermorégulées ; vieillissement de 18 à 24 mois en fûts (100 % de bois neuf) ; collage ; pas de filtration

VINS PRODUITS

Château Vieux Fortin – 30 000 b ; Sellan – variable
À maturité : dans les 3 à 10 ans suivant le millésime

VILLEMAURINE

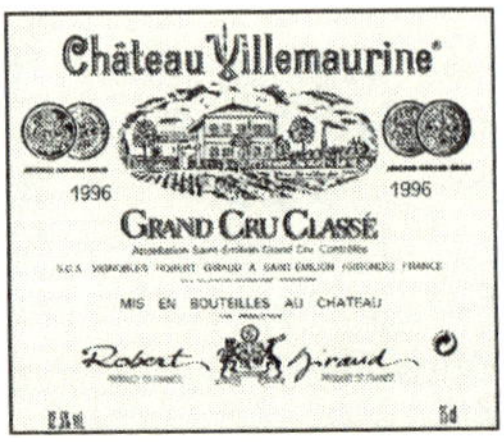

Grand cru classé
Propriétaire : GFA Château Villemaurine
Adresse : 23, Villamaurine Sud – 33330 Saint-Émilion
Adresse postale : Grands Vins Robert Giraud SA
Domaine de Loiseau – BP 31
33240 Saint-André-de-Cubzac
Tél. 05 57 43 01 44 – *Fax* 05 57 43 08 75
E-mail : direction@robertgiraud.com
Site Internet : www.robertgiraud.com
Visites : sur rendez-vous
Contact : Philippe Giraud

VIGNOBLE ET VINIFICATION

Superficie : 7 ha
Encépagement : 85 % merlot, 10 % cabernet sauvignon, 5 % cabernet franc
Âge moyen des vignes : 30 ans – *Densité de plantation :* 6 000 pieds/ha
Rendement moyen : 45 hl/ha
Élevage : fermentations et cuvaison de 18 à 25 jours en cuves d'acier inoxydable thermorégulées ; vieillissement de 17 mois en fûts (50 % de bois neuf) ; collage ; pas de filtration

VIN PRODUIT

Château Villemaurine – 40 000 b (pas de second vin)
À maturité : dans les 3 à 10 ans suivant le millésime

APPRÉCIATION GÉNÉRALE

Cette propriété propose régulièrement, d'une année sur l'autre, des vins durs, austères et tanniques, dénués de fruit et de charme.

Villemaurine est l'un des vignobles les plus intéressants de Saint-Émilion. Il doit, dit-on, son nom (« ville maure ») à un camp établi à cet endroit lors de l'invasion arabe du VIIIe siècle. Le domaine compte d'immenses et splendides caves, qui méritent vraiment une visite. Quant au vin, il est sensiblement moins passionnant. Bien que le propriétaire, Robert Giraud (qui est aussi un important négociant), affirme que la qualité s'améliore, je trouve, pour ma part, que ce cru manque de richesse et de concentration, qu'il est assez diffus, dur et maigre, et dénué de caractère.

En matière de notation, aucun des vins de Villemaurine n'a jamais atteint ni franchi la barre de 85, ce qui explique l'absence de tout commentaire ci-après. J'ai dégusté tous les millésimes de ce cru depuis le 1982.

BARSAC ET SAUTERNES

Les régions viticoles de Barsac et de Sauternes se trouvent à moins de trois quarts d'heure de voiture de Bordeaux. La production de leurs liquoreux, aussi laborieuse qu'onéreuse, a longtemps eu à faire face à d'énormes problèmes liés au climat et à la main-d'œuvre. En outre, pendant la plus grande partie du siècle dernier, les viticulteurs ont eu plus ou moins de difficultés à vendre ces vins moelleux et doux, souvent voluptueux et extrêmement riches, aux arômes exotiques ; en effet, depuis quelques années, les consommateurs recherchent surtout des vins secs. Ajoutez à cela qu'il est rare que l'on compte plus de trois très bons millésimes par décennie, et vous comprendrez que les producteurs se soient quelque peu laissés aller au pessimisme et qu'ils aient cru que leur temps était révolu. De nombreux propriétaires ont vendu ou se sont mis à produire également des vins blancs secs pour résoudre leurs problèmes de liquidités.

Cependant, d'autres, tout aussi nombreux, se sont obstinés, envers et contre tout. Conscients que leurs vins comptent parmi les plus fantastiques de la planète, ils ont misé sur une conjonction favorable des astres, sur la bienveillance du climat et sur un réveil de la clientèle – qui, pensent-ils, prendrait enfin conscience de l'excellence de leurs blancs liquoreux, sous-évalués jusqu'à il y a peu. Et il semble qu'en fin de compte leur entêtement ait fini par payer : il n'est pas impossible, en effet, que la seconde moitié de la décennie 80 soit perçue rétrospectivement, par les historiens du vin, comme le début d'une grande renaissance des appellations Barsac et Sauternes.

Ce renversement de tendance est dû à plusieurs facteurs. Tout d'abord, les dieux se sont mis de la partie, puisque trois millésimes qui deviendront peut-être légendaires – 1988, 1989 et 1990 – ont entraîné un regain d'intérêt de la part des amateurs pour les vins de la région. De plus, de nombreux domaines, qui avaient stagné dans la médiocrité pendant une longue période, ont commencé à produire des vins réellement

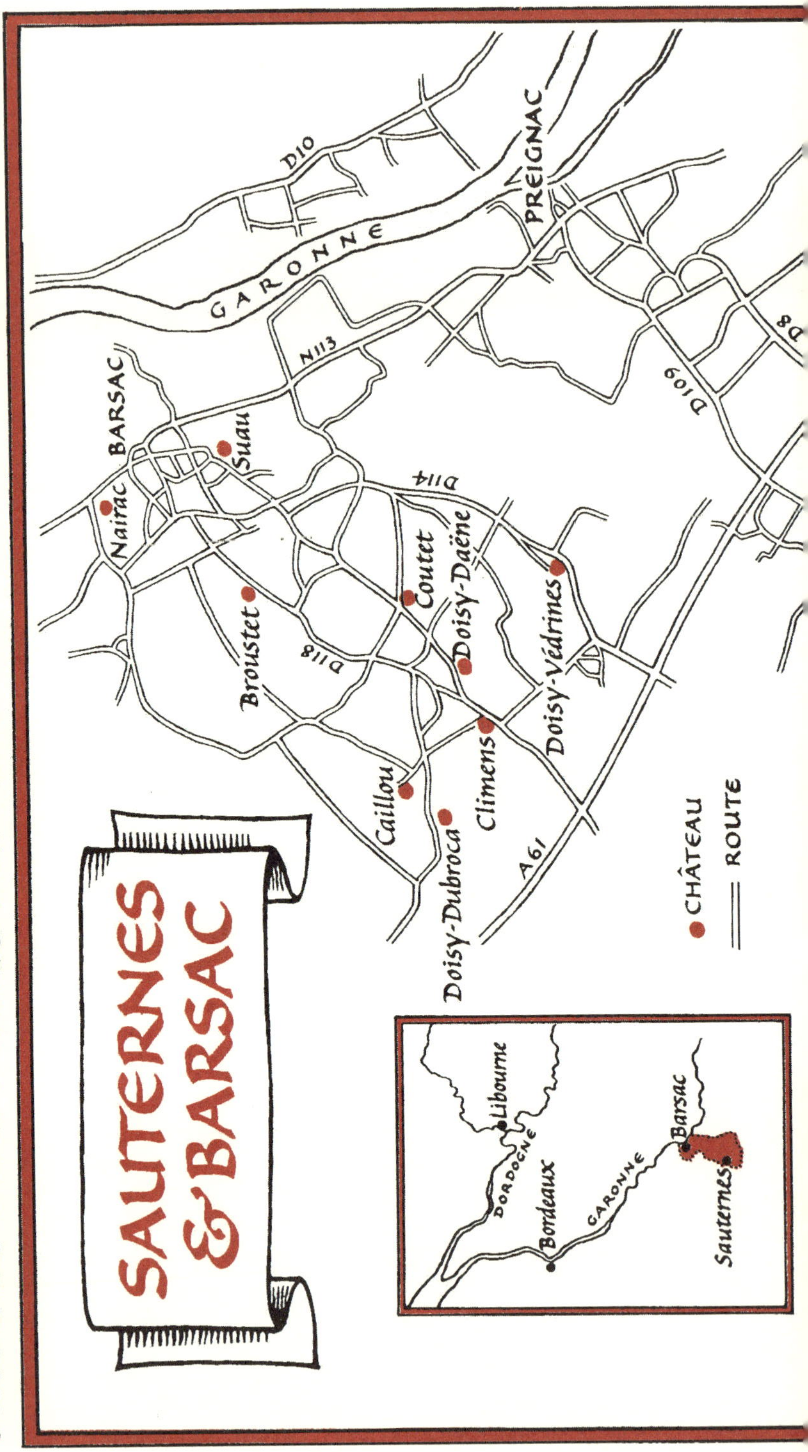
SAUTERNES & BARSAC
GARONNE
PREIGNAC
BARSAC
D10
N113
D109
D8
D114
D118
A61
Nairac
Suau
Broustet
Coutet
Doisy-Daëne
Doisy-Védrines
Climens
Caillou
Doisy-Dubroca
CHÂTEAU
ROUTE
Libourne
DORDOGNE
Bordeaux
GARONNE
Barsac
Sauternes

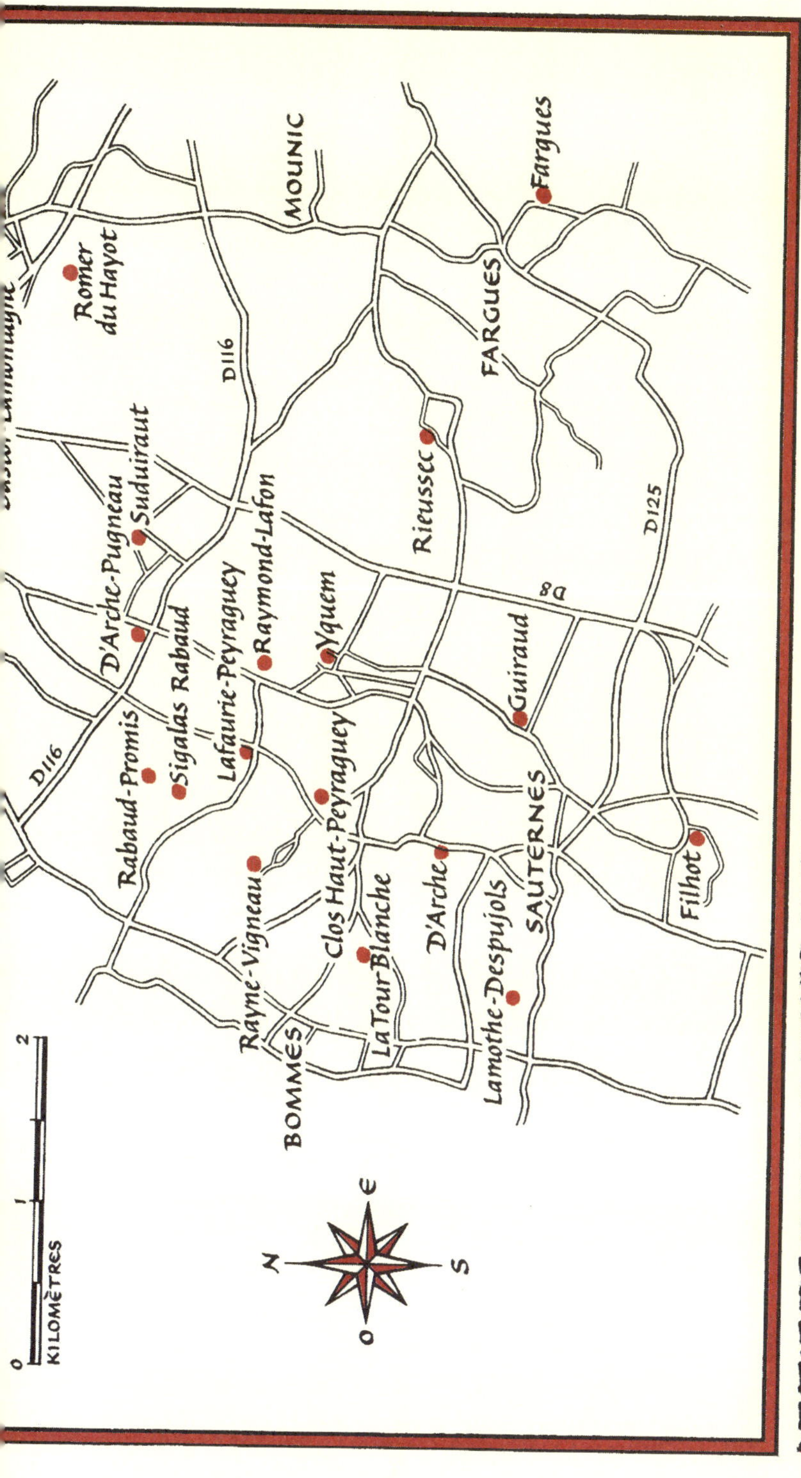
MOUNIC
Fargues
Romer du Hayot
FARGUES
D116
Suduiraut
D'Arche-Pugneau
Raymond-Lafon
Rieussec
D125
D8
Yquem
Guiraud
Lafaurie-Peyraguey
Sigalas Rabaud
Rabaud-Promis
D116
Clos Haut-Peyraguey
Rayne-Vigneau
La Tour Blanche
D'Arche
Lamothe-Despujols
SAUTERNES
Filhot
BOMMES
KILOMÈTRES
0
1
2
N
E
S
O

intéressants. La véritable résurrection du célèbre Château La Tour Blanche, qui appartient au ministère de l'Agriculture, montre que le gouvernement français lui-même est convaincu que le Sauternais mérite d'être mieux reconnu. Cette propriété a enregistré de belles réussites en 1988, 1989 et 1990.

Un autre premier grand cru, Rabaud-Promis, est lui aussi revenu à un meilleur niveau, voyant aboutir ses efforts avec trois splendides millésimes (1988, 1989 et 1990). D'autre part, les Domaines Rothschild ont racheté, en 1984, le célèbre Château Rieussec ; il semble donc que même ce très important producteur de grands crus rouges estime que l'expansion de son empire ne puisse faire l'impasse sur les liquoreux de haut niveau. S'il s'agissait d'un pari, Rothschild a gagné avec trois millésimes exceptionnels (1988, 1989 et 1990), suivis d'autres très belles réussites, la propriété décrochant la timbale avec un 2001 absolument gigantesque.

Au même moment, Château Guiraud, qui s'était repris depuis plusieurs années, sous l'impulsion de ses propriétaires canadiens, produisait une remarquable série de très grands vins.

Ce mouvement de renouveau paraît avoir culminé avec les millésimes 1988, 1989 et 1990, que l'on considérait comme les plus grands pour le Sauternais depuis le 1937, jusqu'au 2001, qui est monumental. Il est aujourd'hui devenu difficile de trouver en primeur de grandes bouteilles de ces années, et les producteurs ont, apparemment, repris confiance. Après leur purgatoire, les Barsac et les Sauternes pourraient bien être de nouveau à la mode sur les meilleures tables du monde.

Cela dit, si le climat s'est montré exceptionnellement clément de 1986 à 1990, les années 1991 et 1995 n'ont pas été extrêmement favorables à la région. Cependant, les différentes dégustations me confirment qu'ils constituent la plus belle réussite de l'appellation depuis les 1988, 1989 et 1990. Il faut aussi souligner que les progrès techniques ont permis la mise au point d'un procédé de vinification véritablement révolutionnaire, la cryoextraction. Cette technique peut se révéler miraculeuse lorsque l'année est peu favorable – elle consiste tout simplement à refroidir le raisin jusqu'à ce que l'eau se transforme en cristaux, ce qui permet, en séparant partiellement ces derniers du moût, d'obtenir des vins beaucoup plus riches et plus intéressants.

Il faut avouer que les viticulteurs de Barsac et de Sauternes n'ont pas une très grande marge de manœuvre pour produire de bons vins. Ils sont sur le qui-vive à un moment où la plupart des producteurs de rouges, dans les appellations situées plus au nord, ont commencé ou achèvent leurs vendanges. C'est vers la fin de septembre qu'ils guettent, dans l'angoisse, les conditions climatiques qui leur sont indispensables. Ils attendront le temps doux et humide et le brouillard, théoriquement fréquents, à cette saison, dans la région. L'alternance des brumes matinales dues à la rivière Ciron, qui traverse le Sauternais, et des après-midi ensoleillés favorise la croissance d'un champignon appelé *Botrytis cinerea* – ou « pourriture noble » –, qui attaque individuellement chaque baie arrivée à maturité, dévorant sa peau et entraînant sa déshydratation. Seuls les grains parfaitement formés, et attaqués par le botrytis, peuvent être sélectionnés pour faire les liquoreux. Ce champignon cause une profonde modification du raisin, surtout du sémillon : il fripe la peau de la baie, consomme 50 % de sa teneur en sucre, forme du glycérol et décompose les acides tartriques. Son action entraîne une diminution d'un quart du volume du jus, et le moût devient alors un nectar onctueux, concentré, aromatique et très riche en sucre. Cette attaque provoque en effet, bizarrement, une forte concentration du jus et une teneur en sucre nettement plus élevée. Mais elle n'entraîne aucune perte d'acidité.

Le processus est relativement long et irrégulier. Il faut souvent de 1 à 2 mois pour qu'une partie significative de la récolte soit affectée par le botrytis. Certaines années, lorsque le champignon se forme très faiblement, le vin manque d'arômes et de complexité. Et, même lorsqu'il se développe, ses progrès sont lents et irréguliers. C'est pourquoi il est nécessaire que les vendangeurs effectuent de nombreux passages dans les vignes (ce que l'on appelle les « tries »), pour ramasser les baies (pas les grappes !) « botrytisées ». Inutile de préciser qu'il s'agit là d'un travail fastidieux et peu productif. Dans les meilleurs domaines, les vendangeurs procèdent à six tries successives (parfois même plus) durant cette période (généralement en octobre et novembre, mais certaines récoltes ont parfois lieu en septembre). Le célébrissime Château d'Yquem, quant à lui, fait effectuer jusqu'à dix tries. Mais, outre les dépenses et le temps qu'elle demande, cette méthode met aussi le vigneron à la merci des éléments. Les fortes pluies, les averses de grêle ou le gel – qui ne sont pas rares dans le Bordelais en cette fin de saison – peuvent à tout moment transformer une vendange prometteuse en un véritable désastre.

Puisque les conditions nécessaires à l'élaboration du vin sont si particulières dans le Sauternais, il n'est pas surprenant qu'un grand millésime pour les vins rouges de Bordeaux puisse se révéler médiocre pour les liquoreux. Les années 2000, 1982 et 1961 le prouvent bien, puisqu'elles ont été excellentes pour les vins rouges, mais tout au plus moyennes pour les Sauternes et les Barsac. En revanche, 1962, 1967, 1980, 1988 et 2001 ont été, selon la plupart des observateurs, très bonnes ou même superbes pour cette région, alors que 1967, 1988 et 2001 ont été des millésimes moins réussis pour les rouges.

Comme les Médoc, les Sauternes et les Barsac ont fait l'objet d'un classement en 1855 (v. page 1177). D'Yquem, le vin le plus prestigieux de la région, a reçu le titre de premier cru supérieur ; en descendant dans la hiérarchie, on trouve, successivement, les premiers crus (aujourd'hui au nombre de onze, puisque plusieurs vignobles ont été divisés) et les seconds crus (quatorze).

Le consommateur doit savoir, en outre, que trois crus bourgeois non classés, Raymond-Lafon, De Fargues et Gilette, atteignent le niveau des meilleurs domaines (hormis D'Yquem), bien qu'ils n'aient pas été classés en 1855. En revanche, un certain nombre de premiers crus et de deuxièmes crus ne sont pas à même d'élaborer leurs vins selon la tradition – qui implique, nous l'avons vu, l'entretien d'équipes de vendange sur une période de 4 à 8 semaines.

Quant au Château d'Yquem, il domine indiscutablement les autres crus – au propre, par ses tours, comme au figuré, par sa qualité. Il produit un vin merveilleusement riche, distingué, unique. À mon avis, c'est tout simplement le meilleur du Bordelais. Les domaines du Médoc classés premiers crus doivent compter chaque année avec des challengers puissants pouvant atteindre leur niveau : pour ce qui concerne la rive droite, les trois grands, Petrus, Cheval Blanc et Ausone, sont parfois égalés et même dépassés par d'autres domaines de leurs appellations respectives. D'Yquem, en revanche, n'a pas de concurrent (à l'exception, peut-être, de Coutet lorsqu'il élabore son extraordinaire Cuvée Madame... mais en quantité microscopique !). Ce n'est pas que les meilleures propriétés de Barsac et de Sauternes, telles que Climens, Rieussec ou Suduiraut, ne puissent pas produire de très grands vins ; c'est plutôt que D'Yquem élabore son splendide nectar pour un prix de revient tellement élevé qu'il serait suicidaire, pour les autres domaines, de vouloir l'imiter sur ce point.

Lorsque j'ai écrit la première édition de cet ouvrage (en 1984), j'étais sceptique quant à l'avenir de la plupart des propriétés de la région, à l'exception d'une poignée d'entre elles. Cependant, à l'heure actuelle, les perspectives sont complètement transformées par une série de grands millésimes (1986, 1988, 1989, 1990, 2001). De nombreux producteurs ont retrouvé une certaine prospérité économique (et sont parfois même à l'abri d'un accident) – ce dont ils n'auraient pas osé rêver au début des années 80. Bien entendu, leurs vins – même avec un procédé aussi révolutionnaire que la cryoextraction – sont toujours les plus difficiles à élaborer ; il suffirait d'ailleurs sans doute d'une mauvaise série de millésimes ou d'une contre-performance de la nouvelle technique pour refroidir sérieusement leur bel enthousiasme. Cependant, pour l'instant, le baromètre de l'optimisme est presque au beau fixe dans ce qui, longtemps, fut peut-être la région la plus sinistrée du Bordelais.

BARSAC ET SAUTERNES - REPÈRES

Situation : à 40 km environ au sud-est de Bordeaux.
Superficie sous culture de vigne : 2 000 ha en Sauternes et 400 ha en Barsac.
Communes : Barsac, Bommes, Fargues, Preignac et Sauternes.
Production annuelle moyenne : 3 925 000 bouteilles de Sauternes, 1 740 000 bouteilles de Barsac.
Crus classés : 26 crus classés, dont 1 premier cru supérieur – Château d'Yquem –, 11 premiers crus et 14 seconds crus.
Principaux cépages : sémillon et sauvignon blanc, ainsi que de toutes petites quantités de muscadelle.
Principaux types de sol : de profonds lits de graves recouverts d'une très épaisse couche de calcaire. Dans les parties les moins prisées de l'appellation, on trouve également des sols argileux ou sableux.

AVIS AUX AMATEURS

Niveau général de l'appellation : bon à superbe.
Les plus aptes à une longue garde : Climens, Coutet Cuvée Madame, Doisy Daëne L'Extravagant, Gilette, Guiraud, Lafaurie-Peyraguey, Raymond-Lafon, Rieussec, Suduiraut, La Tour Blanche, D'Yquem.
Les plus élégants : Climens, Coutet, Doisy Daëne, Doisy-Védrines, De Malle, Rieussec, La Tour Blanche.
Les plus concentrés : Climens, Coutet Cuvée Madame, Cru d'Arche-Pugneau, Doisy Daëne L'Extravagant, Lafaurie-Peyraguey, Raymond-Lafon, Rieussec, Suduiraut, D'Yquem.
Le meilleur rapport qualité/prix : D'Arche, Bastor-Lamontagne, Caillou, Clos Haut-Peyraguey, Cru d'Arche-Pugneau, Doisy Daëne, Doisy Dubroca, Doisy-Védrines, De Fargues, Filhot, Haut-Claverie, Les Justices, Lamothe Guignard, Rabaud-Promis, La Tour Blanche.
Les plus exotiques : Cru d'Arche-Pugneau, Raymond-Lafon.
Les plus secrets dans leur jeunesse : ces vins révèlent rarement leur vrai caractère avant 4 à 6 ans d'âge.
Les plus sous-estimés : Doisy Daëne, Doisy Dubroca, Lamothe Guignard, Rabaud-Promis, La Tour Blanche.
Les étoiles montantes : Cru d'Arche-Pugneau, Lamothe Guignard, Rabaud-Promis, La Tour Blanche.
Meilleurs millésimes récents : 2001, 1990, 1989, 1988, 1986, 1983, 1976, 1975, 1967, 1962, 1959.

MON CLASSEMENT

EXCEPTIONNEL

Climens, Coutet Cuvée Madame, Doisy Daëne L'Extravagant, Gilette, Rieussec, Suduiraut, D'Yquem[1]

EXCELLENT

Coutet, Cru d'Arche-Pugneau, De Fargues, Guiraud, Lafaurie-Peyraguey, Raymond-Lafon, La Tour Blanche

TRÈS BON

Doisy Daëne, Doisy Dubroca, Doisy-Védrines, Haut-Claverie, Rabaud-Promis, Sigalas Rabaud

BON

D'Arche, Bastor-Lamontagne, Broustet, Clos Haut-Peyraguey, Filhot, Les Justices, Lamothe Guignard, Liot, De Malle, Nairac, De Rayne Vigneau, Romer du Hayot, Roûmieu-Lacoste

AUTRES PROPRIÉTÉS NOTABLES DE BARSAC ET SAUTERNES

Andoyse du Hayot, Caillou, Cantegril, Cru Barréjats, Cru Peyraguey, Dudon, Gravas, Guiteronde du Hayot, Haut-Bergeron, Du Haut-Pick, Lamothe, Lamourette, Lafon, Mauras, Du Mayne, Mont-Joye, Monteils, De Myrat, Pernaut, Piada, De Rolland, Saint-Amand, Saint-Marc, Simon, Suau

COMMENTAIRES DE DÉGUSTATION

D'ARCHE (SAUTERNES)

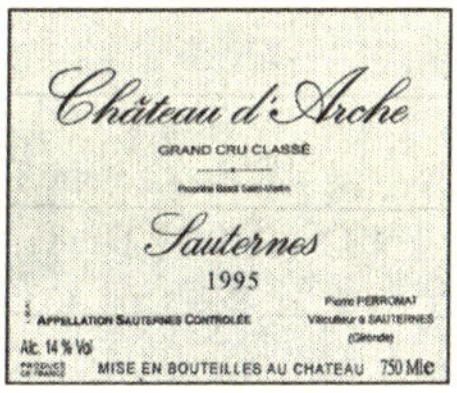

2^{d} cru classé en 1855
Propriétaire : Société Themètre
Adresse : 33210 Sauternes
Tél. 05 56 76 66 55 – *Fax* 05 56 76 64 38
E-mail : chateau-arche@terre-net.fr
Site Internet : www.chateaudarche-sauternes.com
Visites : du lundi au vendredi (9 h-17 h), le week-end sur rendez-vous
Contact : Jérôme Cosson

VIGNOBLE ET VINIFICATION

Superficie : 27 ha
Encépagement : 90 % sémillon, 10 % sauvignon
Âge moyen des vignes : 45 ans – *Densité de plantation :* 7 000 pieds/ha
Rendement moyen : 17 hl/ha
Élevage : fermentations et vieillissement de 18 à 24 mois en fûts (100 % de bois neuf) ; collage si nécessaire ; filtration

1. Bien que l'appellation compte d'autres propriétés de très haut vol, D'Yquem n'a pas vraiment de rivaux et doit être considéré comme le seul bordeaux relevant d'une classe particulière.

VINS PRODUITS

Château d'Arche – 35 000 b ; Prieuré d'Arche – 15 000 b
À maturité : dans les 5 à 15 ans suivant le millésime

APPRÉCIATION GÉNÉRALE

Ce vin d'excellente facture est régulier à haut niveau et proposé à un prix raisonnable.

On peut raisonnablement affirmer que Pierre Perromat, le précédent propriétaire, qui avait repris les rênes du domaine en 1981, a réussi dans les années 80 des vins bien meilleurs que les millésimes précédents. L'amélioration se poursuit sous la houlette des nouveaux maîtres des lieux.

Si le cru a nettement progressé, les prix sont restés extrêmement raisonnables, compte tenu de leur qualité. Les vins sont généralement très onctueux et richement fruités ; cela tient non seulement à leur forte proportion de sémillon, mais également au fait qu'ils sont issus de vendanges tardives et d'une vinification de très haut vol, menée par un propriétaire consciencieux. En effet, il peut y avoir de sept à dix tries pour une récolte.

2001 **90** Des arômes de chèvrefeuille, de pamplemousse et d'autres agrumes se dégagent de ce vin moyennement corsé, qui témoigne d'une fraîcheur et d'une précision d'excellent aloi malgré sa profondeur et sa concentration. L'ensemble, étayé par une heureuse acidité, sera capable d'une garde d'une bonne douzaine d'années. **À boire jusqu'en 2018.** (1/03)

2000 **87** Ce 2000 modérément doux compense son manque de complexité par un gras généreux et par des nuances d'ananas et d'autres fruits tropicaux. **À boire dans les 8 ans.** (1/03)

1997 **87** Voici une propriété où le 1997 se révèle plus mûr, plus complexe, plus apte à une longue garde et davantage marqué par le botrytis que le 1996. Il s'agit d'un excellent Sauternes, élégant et moyennement corsé, doté de remarquables arômes de fumé, d'ananas et d'orange. Mûr et crémeux, il est net et moyennement doux, et devrait évoluer de belle manière **ces 8 à 10 prochaines années, voire au-delà.** (3/01)

1996 **85** Plus léger que le 1997, mais très fruité et d'une belle précision, le 1996 est moyennement doux, sans détour et quelque peu dépourvu de complexité. **À boire jusqu'en 2010.** (3/01)

1990 **87 ?** Peut-être un peu trop mûr et trop alcoolique, le 1990 du Château d'Arche est relativement puissant, mais son point faible pourrait être son manque d'acidité. Sous condition qu'il se redresse, il pourrait se révéler bon, voire très bon, très musclé et ardent, avec un fruité ample et épais, alcoolique et marqué par la mâche. On peut espérer qu'il évoluera **encore une dizaine d'années.** (11/94)

1989 **86** Le 1989 semblait au départ lourd et peu précis, tant au fût qu'après la mise en bouteilles. Cependant, il s'est étoffé (ce qui augure bien de l'évolution du 1990), déployant maintenant un fruité bien évolué, mûr et musclé, marqué par la mâche. Faible en acidité, il est aussi moyennement doux. **À boire.** (1/94)

1988 88 Ce vin d'excellente facture est intense, avec un fabuleux nez d'ananas crémeux. Il se révèle onctueux et corsé en bouche, où il déploie, outre une belle douceur, une finale persistante, riche à la limite du visqueux. Il est bien évolué pour le millésime. **À boire.** (4/91)

1986 88 Voici un autre millésime réussi de cette propriété. Quoique moins riche et moins épais que le 1988, il se montre plus racé du point de vue des arômes. Très corsé et concentré, il dévoile, par paliers, les légendaires notes d'orange mielleuse et d'ananas, mâtinées de touches de noix de coco, typiques du cru. La finale, longue et vive, est bien marquée par le botrytis. **À boire jusqu'en 2010.** (3/90)

MILLÉSIMES ANCIENS

Le 1983 est savoureux, mais le 1981 et le 1982 sont moins intéressants. J'ai également dégusté un 1969 étonnamment bon.

BASTOR-LAMONTAGNE (SAUTERNES)

Non classé
Propriétaire : Foncier Vignobles
Adresse : 33210 Preignac
Tél. 05 56 63 27 66 – *Fax* 05 56 76 87 03
E-mail : bastor@bastor-lamontagne.com
Site Internet : www.saint-robert.com
Visites : sur rendez-vous
Contact : Michel Garat

VIGNOBLE ET VINIFICATION

Superficie : 56 ha
Encépagement : 80 % sémillon, 20 % sauvignon
Âge moyen des vignes : 37 ans – *Densité de plantation :* 7 000 pieds/ha
Rendement moyen : 20 hl/ha
Élevage : fermentations en fûts pour 80 % de la récolte, en cuves pour le reste ; vieillissement de 13 à 18 mois en fûts (20 % de bois neuf) ; pas de collage ; filtration

VINS PRODUITS

Château Bastor-Lamontagne – 60 000-70 000 b ;
Les Remparts de Bastor – 30 000-50 000 b
À maturité : dans les 3 à 15 ans suivant le millésime

APPRÉCIATION GÉNÉRALE

Ce vin très fruité est généralement agréable dans sa jeunesse.

Bastor-Lamontagne a toujours été l'un de mes crus préférés, surtout lorsque je cherche un Sauternes à un prix raisonnable plutôt qu'un des grands (nettement plus chers) de l'appellation. Cette propriété de Preignac, située non loin de Suduiraut, n'a jamais, à ma connaissance, mal vinifié un millésime. Tous les Bastor-Lamontagne que j'ai goûtés depuis le milieu des années 70 se sont révélés judicieusement élaborés, dotés d'un fruité opulent et pur, et d'un caractère velouté et riche. Ce ne sont pas des Sauternes boisés, dans la mesure où le domaine n'utilise que 20 % de fûts neufs. En revanche, ils se montrent délicieux, généreux et doux, capables d'une garde de 10 à 15 ans.

Comme l'attestent les notes qui suivent, les vins de Bastor-Lamontagne ne sont jamais exceptionnels, mais toujours de très bonne facture. Ce sont précisément leur régularité et leur prix très raisonnable qui font tout leur intérêt.

1997 **87** Ce vin moyennement corsé, frais et concentré séduit par d'excellents arômes de fruits tropicaux (notamment d'ananas) nuancés de senteurs de lanoline. Son caractère massif est joliment étayé par une heureuse acidité sous-jacente. Il s'agit d'un excellent Sauternes dans sa catégorie, qui devrait bien vieillir jusqu'à 20 ans d'âge. **À boire jusqu'en 2020.** (3/01)

1996 **87** Plus léger et moins gras que le 1997, le 1996 présente les légendaires arômes d'abricot, d'ananas et de lanoline caractéristiques du sémillon (cépage dominant de l'assemblage). Ce vin assez massif, moyennement corsé et frais sera des plus accessibles et des plus agréables **jusqu'en 2012.** (3/01)

1989 **85** Typique du millésime, le 1989 de Bastor-Lamontagne est très faible en acidité et mûr, avec une robe moyennement dorée, mais étonnamment évoluée, et un fruité extrêmement généreux et rugueux que je ne lui connaissais pas jusqu'ici. **À boire.** (4/91)

1988 **87** L'excellent 1988 est bien marqué par le botrytis, comme l'atteste son nez mielleux d'ananas et d'orange. La bouche, étoffée et merveilleusement pure, manifeste une précision et une persistance somptueuses. Ce vin modérément doux conviendra tant à l'apéritif qu'au dessert. **À boire.** (4/91)

1986 **86** Voici un autre excellent millésime de cette propriété. Outre son nez séduisant de caramel, d'orange et d'épices entremêlé de senteurs florales, le 1986 de Bastor-Lamontagne révèle un caractère corsé et opulent, aussi alcoolique que gras. Un vin mielleux et somptueux, bien marqué par le botrytis. **À boire.** (3/89)

1983 **87** Voluptueux et opulent, le 1983 suinte littéralement d'un fruité mûr aux notes d'ananas et de botrytis. Son caractère moyennement corsé et sa finale tout à la fois longue, riche et soyeuse titillent agréablement le palais. Un vin précoce, mais terriblement savoureux. **À boire.** (3/88)

1982 **85** Étonnamment bon pour le millésime, ce vin merveilleux et richement fruité est modérément doux et bien équilibré. Doté d'un caractère bien affirmé, il s'est révélé précoce. **À boire.** (1/85)

BROUSTET (BARSAC)

2^{d} cru classé en 1855
Propriétaire : Didier Laulan
Adresse : 33720 Barsac
Tél. 05 56 27 16 87 – *Fax* 05 56 27 05 93
E-mail : d.l.d@wanadoo.fr
Visites : du lundi au samedi, sur rendez-vous uniquement
Contact : Didier Laulan

VIGNOBLE ET VINIFICATION

Superficie : 16 ha
Encépagement : 63 % sémillon, 25 % sauvignon, 12 % muscadelle
Âge moyen des vignes : 35 ans – *Densité de plantation :* 6 600 pieds/ha
Rendement moyen : 18 hl/ha
Élevage : fermentations de 20 à 25 jours en petites cuves d'acier inoxydable thermorégulées d'une contenance de 25-50 hl ; vieillissement de 12 mois en fûts (50 % de bois neuf), puis de 12 mois en cuves d'acier inoxydable ; collage et filtration

VINS PRODUITS

Château Broustet – 20 000 b ; Château de Ségur – 5 000-10 000 b
À maturité : dans les 5 à 20 ans suivant le millésime

APPRÉCIATION GÉNÉRALE

Ce vin correct, mais quelque peu terne, vieillit bien, mais il est généralement anodin.

Broustet est l'un des Barsac les moins connus, et on le trouve fort rarement sur le marché, du fait de sa très faible production. Propriété de la famille Fournier de 1885 à 1992, le domaine a ensuite été vendu à Didier Laulan.

De nombreuses améliorations ont été effectuées à Broustet depuis le milieu des années 80. Si les fermentations se déroulent toujours en cuves d'acier inoxydable, la proportion de fûts neufs pour l'élevage a en revanche été augmentée (50 %) et la propriété produit désormais un deuxième vin, composé des cuves les moins réussies. Elle propose également un vin blanc sec.

1997
83
Légèrement corsé et aqueux, le Broustet 1997 manque quelque peu de race. Moyennement doux et modérément corsé, il déploie des senteurs de cocktail de fruits, et sa finale est nette. Ce vin sera agréable dans sa jeunesse, mais également capable d'une garde de 8 ans environ. **À boire jusqu'en 2011.** (3/01)

1996
84
Voici un autre vin manquant de complexité, mais plus fruité que son cadet d'un an, plus élégant et plus complexe aussi. Assez carré, sans détour, il est marqué par le botrytis et par des arômes d'ananas et d'orange confite. **À boire dans les 8 à 10 ans.** (3/01)

1989
86
Le 1989 est déjà ample, gras, charnu et juteux. Étonnamment élégant pour un 1989, mais très alcoolique et quelque peu dépourvu de complexité, il est plus doux que le 1988, mais n'a ni son caractère ni son ampleur aromatique. **À boire.** (4/91)

1988
88
Plus complexe que le 1989, le 1988 est également servi par une meilleure acidité. Son bouquet tonique de pêche et d'abricot crémeux ainsi que son acidité accompagnent bien son caractère riche, puissant et intense, en lui conférant une belle élégance et de la précision. C'est le meilleur Broustet que je connaisse. **À boire jusqu'en 2008.** (4/91)

CAILLOU (BARSAC)

2d cru classé en 1855
Propriétaires : Michel et Marie-Josée Pierre
Adresse : 33720 Barsac
Tél. 05 56 27 16 38 – *Fax* 05 56 27 09 60
E-mail : chateaucaillou@aol.com
Site Internet : www.chateaucaillou.fr
Visites : du lundi au vendredi ;
sur rendez-vous le week-end
Contacts : Michel ou Marie-Josée Pierre

VIGNOBLE ET VINIFICATION

Superficie : 13 ha
Encépagement : 90 % sémillon, 10 % sauvignon
Âge moyen des vignes : 35-40 ans – *Densité de plantation :* 6 600 pieds/ha
Rendement moyen : 15 hl/ha
Élevage : fermentations de 21 à 28 jours en cuves ; vieillissement de 16 à 20 mois en fûts (33 % de bois neuf) ; collage et filtration

VINS PRODUITS

Château Caillou – 8 000-10 000 b ; Les Érables du Caillou – 10 000-12 000 b
À maturité : dans les 5 à 10 ans suivant le millésime

APPRÉCIATION GÉNÉRALE

Ce vin fruité et élégant, régulier à bon niveau, n'est jamais le premier de la classe, mais il est aussi proposé à un prix extrêmement raisonnable.

Cette propriété, relativement méconnue, se trouve à l'est de Barsac, sur la D118. Le vignoble est implanté sur un sol argilo-calcaire, et les deux tours jumelles du château, relativement modeste, sont visibles de la route.

Jusqu'ici, Caillou a dû se contenter d'une réputation mitigée ; cependant, certains critiques spécialisés considèrent qu'il est sous-estimé, et qu'il produit de très bons Barsac dans un style plutôt léger. Les fermentations se déroulent en cuves d'acier inoxydable thermorégulées, et l'élevage se fait en petits fûts de chêne neufs (avec 33 % de bois neuf), après filtration. Les vins de Caillou ne m'ont jamais fait une très grosse impression, bien qu'un 1947, dégusté en 1987, se soit montré en pleine forme. Ils sont généralement compacts, richement fruités et modérément doux, mais ont rarement la complexité des meilleurs crus de l'appellation. Cependant, les millésimes 1988, 1989 et 1990 témoignent d'une nette progression : ils sont en effet meilleurs et plus complexes que leurs prédécesseurs.

1997 **87** Faible en acidité, l'onctueux 1997 regorge d'arômes de fruits tropicaux et de miel. Moyennement corsé, il révèle en bouche un caractère extrêmement doux, gras et peut-être un peu écœurant. Il faudrait qu'il s'affermisse et développe davantage de précision. Son potentiel est de **8 à 10 ans.** (3/01)

1996 **85** Moyennement corsé et carré, le 1996 est net et dominé par le fruit. Sa finale est modérément douce. **À boire jusqu'en 2012.** (3/01)

1990 Libérant un nez mielleux et mûr de cerise, d'abricot et d'orange, le 1990 se
88 montre moyennement corsé et recèle une acidité étonnante. Il présente également une finale épaisse marquée par la mâche. Il est aussi impressionnant que peut l'être un vin de cette propriété. **À boire dans les 8 à 15 ans.** (11/94)

1989 Le 1989, qui n'est pas mon préféré, semble gras, doux et trapu, sans grande
84 complexité ni précision, et son faible niveau d'acidité le rend plus diffus à mesure qu'il vieillit. **À boire.** (11/94)

1988 Épais, riche et mûr, le 1988 exhale un fruité marqué par des senteurs d'ananas
86 confit. Moyennement corsé, plus élégant que les 1989 et 1990. **À boire.** (11/94)

1986 Dépourvu d'intérêt, voire insipide, le 1986 manque de profondeur et présente
77 une finale courte et atténuée. Il est difficile de savoir ce qui a cloché dans cet excellent millésime. **À boire.** (3/90)

1985 Le 1985 est discret et séduit par ses arômes légèrement intenses d'ananas et
82 d'orange. Plutôt léger, moyennement corsé, il est totalement sec et très peu marqué par le botrytis. **À consommer sans plus attendre.** (3/90)

CLIMENS (BARSAC)

1er cru classé en 1855
Propriétaire : Bérénice Lurton
Adresse : 33720 Barsac
Tél. 05 56 27 15 33 – *Fax* 05 56 27 21 04
E-mail : contact@chateau-climens.fr
Visites : sur rendez-vous uniquement, du lundi au vendredi (9 h-17 h 30)
Contact : M. Nivelle

VIGNOBLE ET VINIFICATION

Superficie : 31 ha
Encépagement : 100 % sémillon
Âge moyen des vignes : 35 ans – *Densité de plantation :* 6 300 pieds/ha
Rendement moyen : 13-16 hl/ha
Élevage : fermentations et vieillissement de 18 à 24 mois en fûts (50 % de bois neuf) ; pas de collage ; filtration

VINS PRODUITS

Château Climens – 30 000 – 40 000 b ; Cyprès de Climens – 15 000 b
À maturité : dans les 7 à 25 ans suivant le millésime

APPRÉCIATION GÉNÉRALE

Climens, l'un des vins les plus extraordinaires de l'Hexagone, est aussi l'un de mes préférés. Il allie magnifiquement une infinie précision à un caractère racé et constitue, de ce fait, un véritable tour de force en matière de vinification.

Le Château d'Yquem est incontestablement le cru le plus célèbre de la région de Sauternes et de Barsac, et c'est lui qui produit le liquoreux le plus concentré et le plus cher de l'Hexagone. Cependant, je trouve que c'est Climens qui accompagne le mieux les plaisirs de la table, tout en étant merveilleusement complexe – sensationnel. Depuis 1971, il appartient à la famille Lurton, qui contrôle un véritable empire viticole dans le Bordelais, dont les domaines Brane-Cantenac, Durfort-Vivens et Desmirail à Margaux. Toutes ces propriétés produisent certes de bons vins, mais elles ne jouissent en aucune manière, dans leur appellation, du prestige qui est celui de Climens à Barsac.

Depuis plus de deux siècles, en effet, ce domaine est considéré comme l'un des deux grands de la commune. Le château, relativement modeste, comporte un seul étage et a pour seule particularité architecturale ses deux tours carrées latérales au toit d'ardoise ; entouré d'un vignoble de 31 ha, il se trouve à la sortie nord du petit bourg de La Pinesse, sur le plateau le plus élevé de l'appellation Barsac, à environ 25 m au-dessus du niveau de la mer. Nombreux sont les spécialistes à avoir souligné l'importance de cette situation élevée, qui assure un excellent drainage au terrain, donnant par là même à Climens, dans les années pluvieuses, un avantage décisif sur les crus situés plus bas.

Alors que l'on peut retrouver, sans trop de difficultés, l'origine des noms des châteaux du Bordelais, il n'y a aucune certitude dans le cas de Climens. Pendant la plus grande partie du XIXe siècle, il a appartenu à la famille Lacoste, qui diffusait son vin sous l'étiquette Château Climens-Lacoste. À cette époque, le vignoble couvrait une superficie d'environ 28 ha et produisait 6 000 caisses par an. Cependant, à la fin du même siècle, le phylloxéra ravagea le vignoble – comme dans la plus grande partie du Bordelais. En 1871, Climens fut racheté par Alfred Ribet, propriétaire d'un autre domaine de Sauternes appelé Château Pexoto, qui fut par la suite rattaché au Château Sigalas-Rabaud.

En 1885, M. Ribet vendit la propriété à Henri Gounouilhou, et les descendants de ce dernier la dirigèrent jusqu'à son rachat par les Lurton, en 1971. Ce même Henri Gounouilhou, directeur de *Sud-Ouest*, le grand quotidien de la région, a non seulement amélioré la qualité de Climens, mais a également largement œuvré pour qu'il soit reconnu dans le public, et ses successeurs ont poursuivi son action. Les légendaires 1929, 1937 et 1947 ont permis à Climens de surpasser en réputation son voisin Coutet, parfois même de rivaliser avec D'Yquem.

Quant à Brigitte et Brénice Lurton et Bérénice, elles ont encore fait progresser le renom de cette extraordinaire propriété. Le seul changement qu'elles aient apporté au vignoble a consisté à supprimer la petite quantité de muscadelle plantée sur le sol de graves et de sables rouges. L'encépagement actuel, entièrement constitué de sémillon, permet, de l'avis des propriétaires, de tirer le meilleur du terroir. Les Lurton ont exclu le sauvignon blanc, dans la mesure où le vin qui en est issu a tendance à perdre ses arômes après quelques années. L'âge moyen des vignes est relativement important, de l'ordre de 35 ans ; seulement 3 à 4 % du vignoble est replanté chaque année. En outre, le rendement, de 13-16 hl/ha, demeure l'un des plus bas de toute l'appellation à l'heure actuelle ; en effet, alors que la plupart des châteaux les plus importants ont doublé leurs rendements, Climens maintient une production d'un peu plus de 3 300 caisses annuelles, et cela bien que le vignoble compte près de 3 ha de plus qu'au milieu du XIXe siècle. Ces chiffres en disent long sur l'exceptionnelle qualité et sur la concentration recherchées.

Le vin est fermenté et élevé pendant 18 à 24 mois en fûts de chêne, avec 50 % de bois neuf. On estime que c'est la proportion juste permettant une alliance idéale entre les doux arômes fruités d'ananas et d'abricot du vin et les notes vanillées et grillées du bois neuf.

Le meilleur atout de Climens est qu'il s'impose comme le cru le plus merveilleusement élégant de la région. Il est certain que, pour la puissance, le moelleux et l'opulence, ce Barsac ne pourra jamais rivaliser avec le grand D'Yquem, ni même avec Rieussec, Suduiraut ou la rare et somptueuse Cuvée Madame du Château Coutet. Cependant, si l'on mesure la grandeur d'un vin à l'aune de l'équilibre et de la finesse, Climens n'a pas d'égal et fait largement honneur à sa réputation de liquoreux le plus gracieux de l'appellation. Alors que beaucoup de Sauternes ne sont pas loin d'être écœurants, Climens, dans les grands millésimes, allie le caractère exotique, délicieux et riche de ses arômes d'ananas onctueux à une acidité sous-jacente et piquante ; ce qui contribue non seulement à sa précision et à sa grande fraîcheur, mais aussi à la profondeur de son bouquet délicieusement entêtant.

Ce vin entièrement issu de sémillon, qui s'impose comme l'un des plus profonds de son appellation, illustre magnifiquement l'alliance de l'élégance et de la puissance sans retenue.

2003 **95-98** Voici une magnifique réussite de cette prestigieuse propriété de Barsac. Le 2003 de Climens est extrêmement riche, mais aussi plus puissant, plus épais et plus visqueux que de coutume, avec des notes plus abondantes et plus prononcées d'ananas nuancées de crème brûlée et de marmelade d'orange. Étonnamment précoce, très provocant, il est de très haut vol et sera à son apogée **entre 2010 et 2025.** (1/05)

2002 **93** La robe du Climens 2002 est d'un jaune paille moyennement foncé tirant sur le vert. Elle annonce un doux nez d'ananas mûr, de fleurs et de chèvrefeuille, qui se dégage d'un ensemble moyennement corsé, modérément doux et étayé par une heureuse acidité. Ce vin de belle facture, à la finale aussi longue que concentrée, sera à son apogée **entre 2008 et 2020.** (1/05)

2001 **100** Ce vin, que j'ai dégusté quelque temps avant sa mise en bouteilles, s'impose comme l'un des Climens les plus grandioses qui soient, et ce même si l'on tient compte du grand nombre de crus absolument remarquables produits à la propriété ces trente dernières années. Le 2001 est issu de faibles rendements de 6 hl/ha et d'une vendange fortement marquée par le botrytis ramassée le 1er octobre. Il se distingue par une robe dorée nuancée de vert préludant à un bouquet impeccable, aux senteurs d'ananas crémeux, d'agrumes, de lanoline et de fleurs. Ce 2001, dont la finale s'étire sur plus de 1 minute, révèle une très grande richesse en extrait étayée par une heureuse acidité. Il s'impose comme l'un des liquoreux les plus fabuleux récemment produits dans le Bordelais. Quel monument ! **À boire entre 2010 et 2040, voire au-delà.** (12/02)

2000 **91** Les maîtres des lieux sont satisfaits de leur performance en 2000. Dans ce millésime dont la réputation est mitigée, les producteurs qui ont inclus dans leur assemblage final le fruit de leurs premières tries ont obtenu d'excellents résultats. Les rendements à Climens furent en 2000 minuscules – de l'ordre de 4 hl/ha. Le vin ainsi produit manque quelque peu de complexité (je l'ai dégusté juste après la mise), mais il offre, dans un ensemble moyennement corsé, des arômes d'agrumes crémeux et d'ananas, ainsi que des nuances de poire, de beurre et de chèvrefeuille. S'exprimant avec élégance, il révèle encore la pureté caractéristique du cru. **À boire à son apogée entre 2007 et 2020.** (12/02)

1999 **90** D'un jaune d'or moyennement foncé, le 1999 est marqué par une forte acidité. S'il manque un peu de complexité, il présente une très grande pureté, ainsi que de légendaires arômes de chèvrefeuille, d'ananas et d'autres fruits tropicaux subtilement boisés et nuancés de minéral. Issu d'une sélection de 63 % de la récolte totale et de faibles rendements de 9 hl/ha, il provient d'une vendange ramassée entre le 19 septembre et le 18 octobre. L'ensemble sera de longue garde, mais il n'atteindra pas les sommets des 1988, 1989, 1990, 1996, 1997 et 2001. **À boire entre 2008 et 2025.** (12/02)

1998 **92** Précoce et évolué, le 1998 de Climens séduira les amateurs en quête d'un Barsac modérément doux, à consommer dans les 15 ans. Issu de rendements de 13 hl/ha et d'une sélection de 64 % de la récolte totale, ce vin entièrement composé de sémillon s'annonce par un jaune d'or moyennement foncé nuancé de vert. Merveilleusement mûr, onctueux et intense, étayé par une heureuse acidité, il présente des arômes épanouis de chèvrefeuille, de fruits tropicaux crémeux et de botrytis. **À boire jusqu'en 2020.** (12/02)

1997 **93** Ce classique, dont le nez de fleurs blanches est nuancé d'ananas crémeux, d'agrumes, de chèvrefeuille et de vanille, se montre moyennement corsé, et manifeste une précision et une pureté d'excellent aloi malgré son ample carrure. **À boire jusqu'en 2022.** (11/02)

1996 **90** Ce vin, qui s'exprime tout en finesse et en délicatesse (il est entièrement composé de sémillon), présente des notes agréables, presque métalliques, d'agrumes nuancées de chèvrefeuille et de pamplemousse crémeux. Étayé par une heureuse acidité, il se développe en bouche avec une ampleur croissante. Ni lourd ni monstrueux, il révèle, tout au contraire, de la race et de l'élégance. **À boire jusqu'en 2015.** (11/02)

1995 **87** De bonne facture, mais anodin, le 1995 semble manquer de ce caractère de botrytis crémeux qui signe les grands millésimes. D'un jaune d'or nuancé de vert, il exhale un nez sans détour de pamplemousse et d'autres agrumes. Moyennement corsé, étayé par une heureuse acidité, il est modérément massif, assez doux, mais quelque peu dénué de complexité et de caractère. **À boire jusqu'en 2012.** (11/02)

1994 **86** Assez médiocre, mais tout de même bon, le Climens 1994 fait pâle figure auprès des meilleurs millésimes de ce cru. D'un jaune d'or léger nuancé de vert, il exhale un nez herbacé, marqué en arrière-plan de notes de terre. Moyennement corsé, étayé par une heureuse acidité, il est assez doux, mais terne et dénué de complexité. **À boire jusqu'en 2013.** (11/02)

1990 **96** Le 1990 de Climens continue de s'améliorer. Il est issu de faibles rendements de 10 hl/ha et n'a été produit qu'à hauteur de 3 000 caisses. Ce vin spectaculaire, d'un jaune d'or moyennement foncé, dégage de fabuleux arômes de chèvrefeuille, de vanille, d'ananas, d'acacia, de crème brûlée et de noix rôtie. La bouche, corsée, est étonnamment puissante (l'ensemble recèle – chose inhabituelle à Climens – 130 g/l de sucre résiduel) pour le cru, et sa finale, massive, dure près de 1 minute. Ce vin d'une richesse exceptionnelle présente une heureuse acidité qui lui confère de la tonicité et de la précision. **À boire jusqu'en 2035.** (11/02)

1989 **94** Ce vin a continué de bien évoluer, s'imposant comme un exemple d'une belle profondeur, même si je lui préfère son aîné et son cadet d'un an. Issu de rendements de 11 hl/ha, il titre 14,5 % d'alcool et recèle 123 g/l de sucre résiduel. D'un jaune d'or moyennement foncé, il exhale de fabuleuses senteurs de crème brûlée nuancées de lanoline, de cire, d'agrumes crémeux et de vanille, ainsi que de notes évoquant vaguement le fruit de la Passion. Très corsé, assez doux et exceptionnel de concentration, il est tout simplement fabuleux et se révèle nettement meilleur après la mise qu'il ne l'était en cours d'élevage. **À boire jusqu'en 2025.** (11/02)

1988 **96** Ce millésime de Climens, qui a toujours été l'un de mes préférés, est nettement moins évolué que ses cadets de 1989 et 1990. Issu de rendements de 12 hl/ha, titrant 14,4 % d'alcool et 106 g/l de sucre résiduel, il incarne l'élégance et exhale un nez racé et délicat, subtilement boisé, de pelure de mandarine, de beurre fondu et d'ananas très mûr. Moyennement corsé, il n'a pas la douceur ni le caractère massif des 1989 et 1990, mais il s'exprime davantage en nuances et se distingue par un caractère aérien absolument impressionnant pour un ensemble aussi puissant et aussi riche. Ce vin fabuleux, qui requiert encore une certaine garde, doit être consommé **entre 2006 et 2025.** (11/02)

1986 **96** Voici un autre Climens exceptionnel, issu de faibles rendements (il a été produit à hauteur de moins de 1 000 caisses), titrant 14,5 % d'alcool et recelant 101 g/l de sucre résiduel. Arborant un jaune d'or profond et libérant un nez de crème brûlée nuancé de marmelade d'orange, de liqueur d'ananas, de fruits tropicaux, de noix et de coco et de vanille, il est moyennement corsé, très concentré et marqué par un impressionnant caractère de botrytis. Sa finale, persistante, très précise malgré son onctuosité, évoque le caramel et la marmelade. **À boire jusqu'en 2020.** (11/02)

1985 **85** D'un jaune d'or très pâle nuancé de vert, le 1983 de Climens évoque davantage un Graves blanc qui serait issu de vendanges tardives qu'un Barsac. Atypique du cru, il présente, dans un ensemble moyennement corsé et sans détour, un nez de minéral et de fleurs. Plutôt doux, mais dénué de complexité, il doit être consommé **sans plus tarder.** (11/02)

1983 **93** Ce vin magnifique, qui continue de se bonifier, exhale un nez de miel, de pop-corn, d'ananas et de pamplemousse nuancé de cire et de lanoline. Corsé, très riche, étayé par une heureuse acidité, il est fortement marqué par le botrytis. En bouche, il s'exprime avec ampleur et intensité. Une belle réussite, qui atteint son apogée. **À boire jusqu'en 2016.** (11/02)

1980 **90** Ce merveilleux Climens est extraordinaire, avec son bouquet exotique de premier ordre – fruits tropicaux, ananas et melon. Malgré sa richesse, la bouche n'accuse ni lourdeur ni mollesse, offrant au contraire des arômes vifs, moyennement corsés et opulents, mais également veloutés et mûrs. Ce vin superbe est l'une des plus belles réussites du millésime. **À boire.** (12/90)

MILLÉSIMES ANCIENS

Climens peut se targuer d'un palmarès extraordinaire, n'étant surpassé, pour ce qui est de la régularité et du nombre de vins exceptionnels produits, que par le Château d'Yquem. Dans les années 70, le 1976 (noté 90 en novembre 2000), le 1975 (noté 91 en mars 1999) et le 1971 (noté 96 en août 2002) sont tous grandioses. Même les pièces de musée peuvent se révéler somptueuses, comme l'attestent les 1962 (noté 90 en mars 1997), 1949 (noté 96 en janvier 2001), 1947 (noté 94 en novembre 1990), 1937 (noté 90 en novembre 1988) et 1929 (noté 92 en novembre 1988). Je pense que des bouteilles de ces millésimes ayant bénéficié de parfaites conditions de conservation sont encore en bonne forme.

CLOS HAUT-PEYRAGUEY (SAUTERNES)

1er cru classé en 1855
Propriétaire : GFA du Clos Haut-Peyraguey
Adresse : 33210 Bommes
Tél. 05 56 76 61 53 – *Fax* 05 56 76 69 65
E-mail : contact@closhautpeyraguey.com
Site Internet : www.closhautpeyraguey.com
Visites : tous les jours de la semaine ;
sur rendez-vous pour les groupes
Contact : Martine Langlais-Pauly

VIGNOBLE ET VINIFICATION

Superficie : 17 ha
Encépagement : 90 % sémillon, 10 % sauvignon
Âge moyen des vignes : 35 ans – *Densité de plantation :* : 6 600 pieds/ha
Rendement moyen : 16 hl/ha
Élevage : fermentations en fûts (50 % de bois neuf) ; vieillissement de 24 mois (35 % de bois neuf) ; collage ; pas de filtration

VINS PRODUITS

Château Clos Haut-Peyraguey – 24 000 b ; Château Haut-Bommes – 12 000 b
À maturité : dans les 5 à 12 ans suivant le millésime

APPRÉCIATION GÉNÉRALE

Ce cru, qui s'améliore régulièrement, maintient une politique de prix raisonnable.

Le classement de 1855 ne mentionnait qu'un premier cru classé, le Château Peyraguey, qui fut divisé en 1879, la plus petite parcelle prenant alors le nom de Clos Haut-Peyraguey. Si les vins des années 60 et 70, ainsi que ceux de la plus grande partie des années 80 étaient anodins, le cru s'est considérablement amélioré par la suite, à la fin des années 80 et au début de la décennie suivante.

2001
92
Voici l'une des plus belles réussites de la propriété depuis plusieurs années. Le superbe 2001 présente, outre une robe dorée aux reflets verts, de fabuleuses senteurs de cocktail de fruits crémeux nuancées de caramel et de vanille. L'ensemble, corsé et onctueux, doit sa tonicité et sa précision à l'heureuse acidité qui l'étaye. **À boire entre 2006 et 2016.** (1/03)

2000
86 ?
La robe dorée très évoluée du 2000 ne manque pas d'inquiéter. Au nez, ce vin évoque le caramel brûlé, le grillé et les fruits confiturés. L'ensemble présente une belle densité, ainsi qu'un boisé, un alcool et une acidité imparfaitement fondus, et il est étrange et manque de tenue. **À boire jusqu'en 2012.** (1/03)

1997
87
Bien qu'il soit moins concentré que la plupart de ses jumeaux, ce 1997 m'a séduit par son caractère moyennement corsé, frais et vif, par son élégance et ses arômes d'orange et d'autres agrumes confits. Modérément doux et bien marqué par le botrytis, il tiendra bien **6 à 8 ans.** (3/02)

1996
85
Le 1996 n'est pas totalement sec. Moyennement corsé et très pur, doté d'un boisé fondu, il offre tant au nez qu'en bouche des notes d'abricot et de cocktail de fruits. Sa finale est racée et épicée. Je conseille de le déguster dans les

10 à 12 ans, bien qu'il puisse à mon sens se maintenir plus longtemps. **À boire jusqu'en 2016.** (3/01)

1990 **89** Le 1990 est riche et très corsé, avec une texture onctueuse et puissante. Ce Sauternes spectaculaire, ostentatoire et alcoolique évoluera de belle manière **ces 8 prochaines années.** (11/94)

1989 **86** Le 1989 souffre de la comparaison avec les deux millésimes qui l'encadrent, en grande partie parce qu'il est plus sec, avec un caractère de cire assez proche de celui d'un Tokay-Pinot gris. Même s'il se présente bien, il semble moins ample que le très aromatique 1988 ou le très riche 1990. Il tiendra **bien 15 ans**, mais il n'a pas le même fruité que le 1989 et le 1990, et deviendra moins intéressant au fur et à mesure qu'il commencera à se dessécher. (11/94)

1988 **89** Le 1988, dont le bouquet et les arômes sont supérieurs à ceux du 1989 et du 1990, déploie un nez marquant de chèvrefeuille, de pêche, d'abricot et d'ananas doux. Très corsé et élégant, il tiendra **bien 10 ans.** (11/94)

1986 **85** Quoique plus léger que la plupart de ses jumeaux, le 1986 est séduisant et fruité, avec un caractère moyennement corsé, persistant et bien équilibré. Ses arômes de pêche et d'abricot sont bien marqués par le botrytis. **À boire.** (3/89)

COUTET (BARSAC)

1er cru classé en 1855
Propriétaires : Philippe et Dominique Baly
Adresse : 33720 Barsac
Tél. 05 56 27 15 46 – *Fax* 05 56 27 02 20
E-mail : info@chateaucoutet.com
Site Internet : www.chateaucoutet.com
Visites : sur rendez-vous uniquement
Contact : Danièle Constantin

VIGNOBLE ET VINIFICATION

Superficie : 38,5 ha
Encépagement : 75 % sémillon, 23 % sauvignon, 2 % muscadelle
Âge moyen des vignes : 35 ans – *Densité de plantation :* 5 600 pieds/ha
Rendement moyen : 13 hl/ha
Élevage : fermentations et vieillissement de 18 à 24 mois en fûts (80 % de bois neuf) ; collage et filtration

VINS PRODUITS

Château Coutet – 30 000-50 000 b ; Chartreuse de Coutet – 15 000-20 000 b
À maturité : dans les 5 à 25 ans suivant le millésime

APPRÉCIATION GÉNÉRALE

Le Château Coutet – un classique de son appellation – est un modèle d'élégance et de douceur équilibrée.

Le vignoble de Coutet a toujours été l'un des plus grands et les plus renommés de Barsac. Réputés élégants, un peu moins liquoreux et moins puissants que leurs pairs, les vins qui en sont issus sont généralement bien faits et racés, et accompagnent une plus grande variété de plats que plusieurs de leurs homologues, souvent plus intenses, extrêmement concentrés et boisés.

La propriété propose également de toutes petites quantités d'un vin onctueux et d'une incroyable richesse, que l'on trouve rarement sur le marché, mais dont il faut souligner l'excellence : la Cuvée Madame. Produite uniquement dans les meilleurs millésimes – entre 1943 et 1997, seulement en 1943, 1949, 1950, 1959, 1971, 1975, 1981, 1986, 1988, 1989 et 1990 –, cette cuvée spéciale est issue d'une parcelle de 2-2,5 ha complantée en pieds de 35 ans d'âge. La vendange est faite grain par grain, en une seule trie, lorsque les raisins sont parfaitement mûrs et d'une concentration homogène. Les fermentations de 3 à 6 semaines en fûts de chêne sont suivies d'un élevage de 18 à 24 mois, la mise en bouteilles s'effectuant après collage et filtration des vins. La Cuvée Madame, dont l'assemblage est généralement identique à celui de la cuvée générique, n'est produit qu'en toutes petites quantités – 1 200 bouteilles seulement (l'équivalent de quatre fûts). Avec D'Yquem, ce pur nectar, malheureusement difficile à trouver, est l'un des deux meilleurs crus de l'appellation. Les 1971, 1981, 1986, 1988 et 1989 sont, avec le D'Yquem 1921, les liquoreux les plus grandioses que je connaisse de cette région.

Pour ce qui est de la cuvée générique, si les vins produits immédiatement après le rachat de la propriété par Marcel Baly, en 1977, m'ont paru légers et quelconques, les millésimes 1983 et suivants se sont en revanche révélés de premier ordre chaque année. Il semblerait bien que Coutet veuille contester la suprématie de Climens en s'imposant comme le premier des Barsac.

La propriété propose encore, à prix raisonnable, un vin blanc sec et frais qu'il faut boire avant qu'il n'ait 4 ou 5 ans d'âge.

2001 **93** Le 2001 est l'un des exemples de ce cru les plus grandioses que je connaisse. Stupéfiant à la fois de précision, de tonicité et de puissance, il se distingue par la douceur et l'épaisseur de ses séveuses flaveurs de fruits tropicaux, de pêche, de chèvrefeuille et de pop-corn crémeux. Un Barsac somptueux, manifestement armé pour résister à l'épreuve du temps. **À boire entre 2007 et 2025.** (1/03)

2000 **87** Comme nombre de ses jumeaux, ce vin-ci manque quelque peu de complexité, mais il compense ce trait par un fruité généreux et modérément doux. **À boire dans les 8 ans.** (1/03)

1999 **89** Ce vin ample, mais vif, est dominé par le fruit et nuancé de vanille, de minéral, d'ananas et de pêche. Moyennement corsé, très épicé, étayé par une acidité tonique, il regorge de structure, mais s'exprime tout en discrétion et avec élégance. Modérément doux, il évoluera assez rapidement et tiendra **jusqu'en 2015.** (1/03)

1998 **90** Alliant de manière exquise élégance et finesse, le 1998 de Coutet se distingue par des notes de fruits tropicaux (notamment l'ananas et la mandarine). Il présente aussi les légendaires nuances d'agrumes et de chèvrefeuille. Moyennement corsé, merveilleusement pur malgré sa douceur, il doit être consommé **dans les 8 à 15 ans.** (3/01)

1997 **90** Voici une autre alliance classique d'élégance, de richesse et d'intensité. Outre un nez très expressif et floral d'agrumes et de miel nuancé d'orange, de thé noir de Chine, d'ananas et de chêne épicé, le 1997 de Coutet présente une bouche moyennement corsée et exprime tout en finesse des arômes fabuleusement précis de miel. L'ensemble, bien étayé par une heureuse acidité rafraîchissante, devrait être agréable dès sa jeunesse. **À boire jusqu'en 2020.** (3/01)

1996 Plus léger et plus frais que le cru précédent, le 1996 se distingue par une
88 robe légèrement dorée nuancée de vert. Ce vin moyennement corsé et mûr s'annonce par un nez de pain grillé mâtiné de notes d'agrumes et de fruits tropicaux, qui lui-même introduit en bouche un ensemble moyennement corsé et assez doux, à la finale nette et pure. Il sera aussi agréable à l'apéritif qu'avec le repas ou en guise de vin de dessert. **À boire jusqu'en 2018.** (3/00)

1990 Très corsé, le 1990 est doux, riche et mielleux, mais il n'a ni la précision
88 ni la complexité du 1989. **À boire jusqu'en 2015.** (11/94)

1990 Cuvée Madame – Ce vin d'un jaune d'or moyennement foncé nuancé de vert
98 évolue fort lentement. Outre un bouquet profond de chêne neuf grillé et fumé aux notes de pêche et d'abricot mielleux, le 1990 présente des senteurs de noix de coco nuancées de crème brûlée. Ce vin spectaculaire, extraordinairement riche en extrait et très corsé, est merveilleusement étayé par une heureuse acidité sous-jacente. **À boire jusqu'en 2035.** (11/94)

1989 Coutet est l'une des rares propriétés dont le 1989 soit supérieur au 1988 et
95 au 1990. Il est aussi le plus riche, le plus doux et le plus gras des trois. Moyennement corsé et d'une excellente concentration, il déploie un nez pur d'ananas. **À boire jusqu'en 2015.** (3/96)

1989 Cuvée Madame – Vêtu d'un doré profond et resplendissant, le 1989 est puissant
99 et massif, avec des arômes de café, de crème anglaise, de pain grillé et de fruits tropicaux crémeux nuancés de noix de coco. Onctueux, débordant de gras et de richesse en extrait, il exprime une bouche moyennement corsée, mais extraordinaire d'équilibre, qui allie magnifiquement puissance et complexité. Ce vin étonnamment épais ne souffre que de la comparaison avec son aîné et son cadet d'un an. **À boire jusqu'en 2030.** (11/94)

1988 Plus sec et plus légèrement corsé que ses deux cadets, le 1988 est également
89+ moins massif. Il exhale de séduisantes senteurs épicées et vanillées d'agrumes, et déploie un caractère moyennement corsé, dont les nuances de terre m'ont empêché de lui décerner une meilleure note. **À boire jusqu'en 2018.** (11/94)

1988 Cuvée Madame – Fait du même métal que ses aînés et ses cadets, le 1988
99 de la Cuvée Madame atteint des sommets, grâce à son onctuosité et à ses intenses notes de botrytis, et du fait aussi que son caractère massif et corpulent est mieux étayé par une heureuse acidité que celui du 1989 et du 1990. Il est difficile pour ceux qui n'ont encore jamais dégusté la Cuvée Madame d'imaginer un ensemble aussi crémeux, aussi riche, aussi puissant et aussi parfumé, dépourvu de lourdeur. Encore jeune (plus que le 1989 et le 1990), il déploie en bouche, par paliers, des arômes tout à la fois opulents, visqueux et très corsés, aux notes de crème brûlée, de pêche, d'abricot et de poire. La finale est longue de plus de 40 secondes. Ce pourrait bien être le vin de la propriété le plus irrésistible que je connaisse à ce jour. **À boire jusqu'en 2035.** (11/94)

1986 Le 1986 est un très bon Coutet. Assez précoce, avec un bouquet bien évolué
87 de fruits tropicaux, de miel et de fleurs printanières, il se révèle très corsé et riche, dévoilant en bouche des arômes d'abricot et de pêche très marqués par le botrytis et étayés par une acidité tonique. La finale, capiteuse et longue, est elle aussi équilibrée grâce à l'acidité de l'ensemble. **À boire.** (11/91)

1986 Cuvée Madame – Incroyablement luxuriant et onctueux, ce 1986 est aussi
96 richement extrait qu'un très grand D'Yquem, sans toutefois les mêmes notes prononcées de chêne neuf. Moins évolué que la cuvée générique, il regorge littéralement d'arômes de fruits tropicaux présentés dans un ensemble puissant. Ce vin extraordinairement riche, intense et imposant requiert une garde de 10 ans pour révéler toute sa complexité et sa subtilité. Époustouflant ! **À boire jusqu'en 2020.** (3/97)

1985 La plupart des Sauternes et Barsac de ce millésime pèchent par leur caractère
84 monolithique et par leur manque de complexité, en particulier lorsqu'on les compare aux 1986 et aux 1988, davantage marqués par le botrytis. Néanmoins, le Coutet 1985 convient aux amateurs appréciant ce type de vin à l'apéritif et accompagne très bien certaines entrées. Il est frais, généreusement fruité, manquant seulement de la complexité que l'on attend généralement de ce cru. **À boire.** (3/90)

1983 Sans être le plus ample, le plus concentré ou le plus opulent du millésime,
87 ce vin se voit attribuer une bonne note en raison de son élégance, de sa race et de sa classe incontestables, ainsi que de la vivacité de sa texture. D'une excellente maturité, avec une fraîcheur tonique qui fait son charme, ce Barsac est dépourvu de lourdeur. **À boire.** (3/89)

1981 Étonnamment mûr, le 1981 est agréable, mais il manque de richesse et de
78 complexité. Cependant, il offre des senteurs fruitées et sans détour de citron et de melon, et déploie en bouche des flaveurs modérément douces et quelque peu brèves. **À boire.** (6/84)

1981 Cuvée Madame – Ce vin légèrement doré se distingue par ses senteurs amples
96 et mielleuses d'orange, de grillé, de noix de coco et d'autres fruits tropicaux. Tapissant le palais de ses flaveurs épaisses et onctueuses, il est étayé par une acidité suffisante, qui lui confère la précision et le ressort voulus. Un vin colossal. **À boire jusqu'en 2008.** (12/90)

1971 Cuvée Madame – Des vins comme celui-ci sont impossibles à décrire fidèle-
98 ment. Déjà spectaculaire lorsque je l'avais dégusté au milieu des années 70, le 1971 n'a cessé de progresser, chaque bouteille se révélant meilleure que la précédente (j'ai eu l'occasion de le déguster trois fois encore par la suite), laissant subodorer que le cru pourrait atteindre d'autres sommets. Les parfums absolument extraordinaires de la Cuvée Madame 1971 – fleurs printanières, fruits crémeux, herbes et vanille – sont rehaussés de senteurs prononcées de crème brûlée, et l'ensemble est net et tonique, malgré son extraordinaire intensité, du fait de la très belle acidité qui l'étaye. Ce vin stupéfiant de richesse en extrait est, à l'évidence, bien marqué par le botrytis. Sa robe a fort peu évolué depuis ma première dégustation. N'hésitez pas à faire des pieds et des mains pour pouvoir le déguster. **À boire.** (3/88)

DOISY DAËNE (BARSAC)

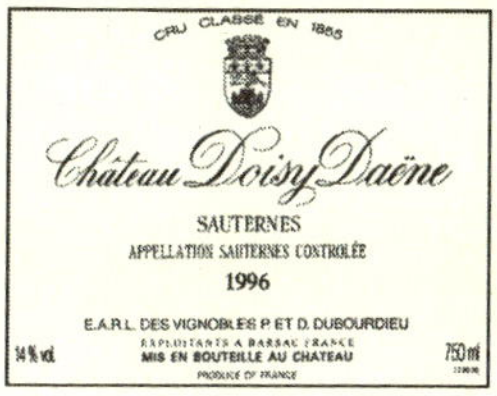

2^d cru classé en 1855
Propriétaires : Pierre et Denis Dubourdieu
Adresse : 33720 Barsac
Tél. 05 56 27 15 84 – *Fax* 05 56 27 18 99
E-mail : doisy-daene@terre-net.fr
Site Internet : www.denisdubourdieu.com
Visites : sur rendez-vous uniquement, du lundi au vendredi
Contact : Denis Dubourdieu

VIGNOBLE ET VINIFICATION

Superficie : 15 ha
Encépagement : 80 % sémillon, 20 % sauvignon
Âge moyen des vignes : 35 ans – *Densité de plantation :* 7 100 pieds/ha
Rendement moyen : 18-20 hl/ha
Élevage : fermentations et vieillissement de 18 à 24 mois en fûts (renouvelés par tiers à chaque millésime) ; collage et filtration

VIN PRODUIT

Château Doisy Daëne – 36 000-40 000 b (pas de second vin)
À maturité : dans les 3 à 12 ans suivant le millésime

APPRÉCIATION GÉNÉRALE

Ce cru est magnifiquement vinifié dans une optique d'accessibilité à un jeune âge. Il suinte littéralement de notes mielleuses de fruits tropicaux. Bref, il séduira incontestablement le plus grand nombre.

Note : la propriété propose également quelque 30 000 bouteilles d'un vin blanc sec (Château Doisy Daëne) entièrement composé de sauvignon. Il est vinifié et élevé sur lies en fûts de chêne renouvelés par quart chaque année. Dans certains millésimes (1990, 1996, 1997 et 2001), la cuvée spéciale L'Extravagant de Doisy Daëne est élaborée. Du fait de disponibilités réduites (4 à 5 fûts), ce vin est commercialisé en bouteilles de 375 ml.

Cette propriété – sans doute l'une des plus ambitieusement gérées et des plus novatrices du Bordelais – produit un Barsac d'une excellente tenue, peut-être un peu sous-évalué dans le contexte actuel de l'appellation. Sans aller jusqu'à dire qu'il mériterait d'être classé premier cru, il est certainement, à mon avis, l'un des meilleurs deuxièmes crus. Les propriétaires proposent aussi l'un des plus savoureux blancs secs de la région, tout à la fois tonique, frais, étoffé et fruité – et, de surcroît, proposé à un prix extrêmement raisonnable.

Denis Dubourdieu, le fils de Pierre Dubourdieu, est professeur à l'Institut d'œnologie de Bordeaux. Il a largement contribué à révolutionner la vinification des vins blancs de la région bordelaise, avec sa fameuse macération pelliculaire (contact des peaux avec le jus et fermentation à très basse température). Cette méthode permet d'obtenir des vins remarquablement frais et fruités, qui ne requièrent qu'un sulfitage très léger.

Doisy Daëne se montre étonnamment plaisant dans sa jeunesse, induisant par là même en erreur de nombreux amateurs, qui pensent qu'il est incapable d'évoluer. Bien que le style de vinification soit aujourd'hui différent de ce qu'il était en 1924 ou en 1959, je me souviens d'avoir, en 1984, trouvé ces deux derniers vins encore vifs, frais et extrêmement fruités. Ce cru demeure l'un des plus raisonnablement cotés de l'appellation. Ceux qui apprécient les liquoreux jeunes s'y intéresseront de près.

2001 **94** Une robe d'un jaune d'or léger nuancé de vert annonce un vin richement fruité, regorgeant d'arômes de pêche, de poire, de miel et de vanille. L'ensemble, moyennement corsé, marqué par une heureuse acidité et un botrytis abondant, s'exprime avec élégance. Il ne compte pas au nombre des crus les plus doux du millésime, si bien qu'il sera relativement aisé de le marier avec différentes sortes de mets. **À boire entre 2007 et 2020.** (1/03)

2001 **98** L'Extravagant – Ce vin ample et onctueux – une véritable bombe fruitée – est marqué par le chèvrefeuille et le botrytis, et présente aussi tous les traits caractéristiques des grands Sauternes. Est-il meilleur que ses aînés ? J'en doute, mais il se distingue par une robe d'un jaune d'or moyennement foncé, et révèle en outre une belle complexité, une étoffe d'excellent aloi et un caractère massif, ainsi que de plaisantes notes de botrytis et une heureuse acidité sous-jacente. **À boire jusqu'en 2035.** (1/03)

2000 **88** Ce vin d'un jaune d'or léger est marqué, tant au nez qu'en bouche, de notes d'ananas crémeux. L'ensemble, mûr, richement fruité et onctueux, peut être apprécié **dès maintenant et jusqu'en 2011.** (1/03)

1999 **89** Ce vin d'un jaune d'or moyennement foncé est sans détour, avec des arômes mûrs et crémeux de botrytis, des nuances de caramel, ainsi que de généreuses notes de fruits exotiques (notamment l'ananas et le fruit de la Passion). L'ensemble, qui évoque également le litchi, tiendra bien **encore 10 à 20 ans.** (12/02)

1998 **90** D'un jaune d'or moyennement foncé nuancé de vert, le 1998 est assez corsé, doux à l'attaque, avec une heureuse acidité. Sa finale, persistante, manque quelque peu de complexité, mais elle manifeste une grande pureté. **À boire dans les 8 à 10 ans.** (12/02)

1997 **89** L'impressionnant 1997 dégage un nez modérément intense de noix de coco mâtiné de fumée, de cerise, de citron et d'ananas confit. Extraordinaire de pureté, il libère en bouche un fabuleux fruité, et déploie une finale charnue et bien glycérinée. Il paraît faible en acidité. Ce vin pourrait être renoté à la hausse s'il développait davantage de complexité. **À boire jusqu'en 2015.** (3/01)

1997 **96** L'Extravagant – Contrairement au 1996 de ce cru, entièrement composé de sauvignon blanc, le 1997 est issu du seul sémillon. Généreusement doté en sucre résiduel, il est très doux, onctueux à la limite du visqueux, fortement marqué par le botrytis ainsi que par des arômes crémeux de fruits mielleux. Au nez, il est encore quelque peu fermé, mais il présente en bouche une intensité et un caractère massif assez exceptionnel. Il n'a pas la finesse de son aîné, mais il est plus épais et plus riche, et inonde littéralement les sens du dégustateur. **À boire jusqu'en 2020.** (11/02)

1996 **86** Plus racé que le 1997, le 1996 est modérément doux et moyennement massif. Dominé par le minéral, il déploie un caractère à la fois complexe et mielleux, ainsi qu'une finale fraîche et vive. **À boire dans les 6 à 8 ans.** (3/01)

1996 **98** L'Extravagant – Ce vin onctueux, d'un jaune d'or léger, exhale de fabuleuses senteurs de caramel, d'ananas crémeux, de noix de coco et de crème brûlée, qui introduisent en bouche un ensemble concentré et dense, totalement dénué de lourdeur malgré sa richesse et son caractère massif, en raison de son heureuse acidité. L'ensemble devrait vieillir 30 ans ou plus. Il est intéressant de noter qu'il est entièrement composé de sauvignon blanc. **À boire jusqu'en 2035.** (11/02)

1990 **91** La cuvée générique se révèle en 1990 plus complexe et plus riche que par le passé : c'est un vin exquis, puissant et opulent – plus riche et plus intense que ses aînés. D'une couleur dorée assez soutenue, il dégage un nez mielleux influencé par le botrytis, et se montre très alcoolique et puissant, avec une finale capiteuse. Ses flaveurs vigoureuses et sa puissance sont bien étayées par une acidité juste suffisante. **À boire dans les 15 ans, voire au-delà.** (11/94)

1990 **95** L'Extravagant – Très marqué par le botrytis, d'une concentration et d'une richesse en extrait imposantes, ce vin est remarquablement équilibré, malgré sa puissance massive. Il est peu probable que vous trouviez de ce nectar (présenté dans de très lourds flacons de 375 ml) en dehors de Bordeaux. Sa robe dorée, assez soutenue, son intensité et sa puissance extraordinaires donnent à penser qu'il restera magnifique **ces 20 prochaines années, voire au-delà.** (11/94)

1989 **89** Le 1989 se montre aujourd'hui sous un meilleur jour que lors de précédentes dégustations, déployant de généreux arômes de fruits confits, un caractère élégant et une grande richesse. Trapu et profond, il est moyennement corsé, avec une acidité faible, et n'est pas aussi botrytisé que le 1990 ou le 1988. **À boire.** (11/94)

1988 **89** Le 1988 est plus léger que le 1989 ou le 1990. Moyennement corsé, il présente un nez très aromatique d'ananas, de pêche et de pomme, avec une touche de chèvrefeuille qui lui apporte une certaine complexité. Vif et sec, il est d'ores et déjà parfait, et tiendra **encore 8 ans.** (11/94)

1986 **88** Quoique moins visqueux et moins marqué par la mâche que le 1983, le 1986 demeure admirable de richesse, trapu et intense, avec un fruit vif, pur et d'une belle précision. Très corsé, il déploie une finale persistante et mielleuse. **À boire.** (3/90)

1985 **82** Je n'ai pas trouvé que ce vin, pourtant gras mais dépourvu de complexité, était très marqué par le botrytis. **À boire.** (3/90)

1983 **90** Le 1983 de Doisy Daëne a été vendangé près d'un mois après D'Yquem ; il s'impose comme la plus belle réussite de la propriété ces vingt dernières années. Son bouquet ample et mûr d'ananas, de pêche et de fleurs printanières est incontestablement séduisant, et sa bouche, tout à la fois concentrée, onctueuse et corsée, n'est ni trop alcoolique ni trop lourde. Je pense que ce vin continuera d'évoluer de belle manière du fait de son acidité de bon niveau. **À boire.** (3/90)

DOISY-VÉDRINES (BARSAC)

2[d] cru classé en 1855
Propriétaires : héritiers Pierre Castéja
Adresse : 33720 Barsac
Tél. 05 56 27 15 13 – *Fax* 05 56 78 37 08
Visites : sur rendez-vous uniquement
Contact : Olivier Castéja

VIGNOBLE ET VINIFICATION

Superficie : 27 ha
Encépagement : 80 % sémillon, 15 % sauvignon, 5 % muscadelle
Âge moyen des vignes : 30 ans – *Densité de plantation :* 6 500 pieds/ha
Rendement moyen : 17 hl/ha
Élevage : fermentations et vieillissement de 18 mois en fûts (60 % de bois neuf) ; collage ; filtration si nécessaire

VINS PRODUITS

Château Doisy-Védrines – 60 000 b ; Sauternes – 30 000 b
À maturité : dans les 4 à 16 ans suivant le millésime

APPRÉCIATION GÉNÉRALE

Toujours richement fruité, mais parfois un peu trop voyant, Doisy-Védrines constitue généralement une bonne affaire.

Ce domaine de Barsac est le proche voisin (au sud-est) des deux plus grands domaines de l'appellation, Climens et Coutet. Malheureusement, sa très petite production ne permet pas à beaucoup d'amateurs de découvrir l'excellence de son liquoreux. En revanche, le blanc sec et le rouge produits à la propriété, et diffusés sous le nom de Chevalier de Védrines, sont mieux connus du public. Ces deux vins, accessibles et faciles d'approche, sont délicieux pour leur niveau. Quant au Doisy-Védrines liquoreux, il est nettement plus gras, plus riche et plus intense que son homonyme partiel et proche voisin Doisy Daëne. Il atteint généralement son apogée 5 à 7 ans après le millésime, mais il peut vieillir plus longuement dans les bonnes années.

Le domaine est actuellement géré par la famille Castéja, qui possède Doisy-Védrines depuis 1840 et contrôle également la maison de négoce Joanne. C'est l'un des rares producteurs de Barsac qui n'hésite pas à déclasser son entière récolte quand la qualité n'est pas au rendez-vous. C'est ainsi que Doisy-Védrines n'a pas diffusé de 1963, 1964, 1965, 1968 et 1974, tous de piètres millésimes.

2001 **89** Une robe légèrement dorée préludant à de fabuleuses senteurs de fruits tropicaux, de caramel, d'épices et de miel annonce ce vin riche, corsé et intense, modérément doux, dont le fruité généreux et charnu est étayé par une heureuse acidité. **À boire entre 2006 et 2016.** (1/03)

2000 **88** De copieuses notes d'abricot crémeux et de maïs se dégagent de ce vin d'un jaune d'or léger, quelque peu dénué de complexité, en particulier en comparaison de son cadet d'un an. **À boire jusqu'en 2012.** (1/03)

1999 **87** Ce vin moyennement massif, vif et tonique arbore un jaune paille léger et déploie un nez de pêche et d'abricot imparfaitement mûrs nuancé de pamplemousse et d'autres agrumes. Moyennement corsé et modérément doux, il est étayé par une très bonne acidité. **À boire dans les 8 à 10 ans.** (3/01)

1990 Bien qu'un peu monolithique, le 1990 ne laisse aucun doute sur son caractère
87 onctueux, épais et doux. D'un doré léger, avec de généreux arômes d'agrumes et de miel nuancés de fumé et de vanille, il se montre moyennement corsé en bouche, étayé par une heureuse acidité et des notes de botrytis. Un vin massif et trapu, à la finale charnue et faible en acidité. **À boire dans les 15 à 20 ans.** (3/97)

1989 Moyennement doré, ce vin très corsé et doux libère un nez de botrytis, de crème
88 brûlée et de fruits tropicaux crémeux, et déploie en bouche, par paliers, des arômes généreusement gras, charnus, mielleux et de bonne mâche. L'ensemble, luxuriant et spectaculaire, est étayé par une bonne acidité, et présente une finale opulente, très épicée et très alcoolique. **À boire jusqu'en 2012.** (3/97)

1988 Ce vin jeune (davantage, en fait, que les 1989 et 1990, plus amples et plus
86 épais) est plutôt élégant et présente, tant au nez qu'en bouche, des arômes de crème brûlée, d'agrumes et d'ananas crémeux. Moyennement corsé et modérément doux, il déploie une finale de qualité et révèle une acidité de bon niveau. Un vin prometteur et jeune, capable d'une garde de 20 ans environ. **À boire jusqu'en 2018.** (3/97)

1986 Puissant et complexe, le superbe 1986 est presque aussi ample que le grandiose
90 1989. Il révèle cependant une acidité plus tonique et déploie, pour l'heure, un bouquet plus complexe de fleurs et de miel. La bouche, incontestablement ample et onctueuse, libère des arômes de fruits tropicaux. **À boire.** (11/90)

DE FARGUES (SAUTERNES)

Non classé
Propriétaire : Alexandre de Lur-Saluces
Adresse : 33210 Fargues-de-Langon
Tél. 05 57 98 04 20 – *Fax* 05 57 98 04 21
E-mail : fargues@chateau-de-fargues.com
Site Internet : www.chateau-de-fargues.com
Visites : sur rendez-vous uniquement,
du lundi au vendredi
Contact : François Amirault

VIGNOBLE ET VINIFICATION

Superficie : 15 ha (14 ha en production)
Encépagement : 80 % sémillon, 20 % sauvignon
Âge moyen des vignes : 35 ans – *Densité de plantation :* : 6 600 pieds/ha
Rendement moyen : 12 hl/ha
Élevage : fermentations et vieillissement de 36 mois en fûts (100 % de bois neuf) ; collage ; pas de filtration

VIN PRODUIT

Château de Fargues – 15 000 b (pas de second vin)
À maturité : dans les 8 à 25 ans suivant le millésime

APPRÉCIATION GÉNÉRALE

Ce vin est très rare du fait de sa faible production. Grâce aux amateurs avisés en quête d'un liquoreux évoquant D'Yquem et valant une fraction de son prix, les vins du Château de Fargues n'ont pas l'occasion ne serait-ce que d'atteindre les étagères des détaillants.

Note : la propriété propose également, dans certains millésimes (2000, 1999, 1996, 1994 et 1993), un bordeaux blanc sec diffusé sous l'étiquette Guilhem de Fargues et produit à hauteur de 3 600 caisses.

La famille Lur-Saluces possédait déjà le Château de Fargues en 1472, soit près de trois cents ans avant d'acheter D'Yquem. Bien que ce cru n'ait pas été inclus dans le classement officiel, il se révèle de tout premier ordre et bénéficiait des mêmes soins et de la même vinification que l'illustre D'Yquem, jusqu'à ce qu'il soit vendu par la famille Lur-Saluces en 1997. Dans certains millésimes, il s'impose même comme le deuxième meilleur vin de l'appellation, et nombreux sont ceux qui, lors de dégustations à l'aveugle, le confondent avec le roi D'Yquem. À dire vrai, il n'a pas le potentiel de garde de ce dernier, mais, lorsqu'il est encore jeune, la ressemblance entre les deux crus est frappante.

Il est intéressant de souligner que le vignoble du Château de Fargues se situe très à l'est de celui du Château d'Yquem, et qu'il est vendangé environ 10 jours plus tard. En outre, les rendements sont ici très faibles, ce qui permet à certains de dire que, si un pied de vigne donne un verre de vin à D'Yquem, il ne le remplit qu'aux deux tiers à De Fargues.

Compte tenu de son prix (un tiers de celui du premier grand cru) et de sa forte ressemblance avec celui-ci, De Fargues constitue à l'évidence une très bonne affaire. Malheureusement, la production est minuscule, ce qui ne permet qu'à de rares amateurs de se familiariser avec l'excellence de ce vin (que d'aucuns appellent, en plaisantant, D'Yquem Jr).

2003
92-95
D'un jaune d'or moyennement foncé, le 2003 du Château de Fargues s'impose comme un vin extrêmement mûr, puissant, gras et alcoolique. Capiteux et dense, regorgeant de notes de fruits tropicaux, il évoque le Grand Marnier par son épaisseur et son onctuosité. Très concentré, ample et flamboyant, il recèle assurément un potentiel fabuleux. Il sera intéressant de suivre son évolution, aussi bien en cours d'élevage qu'après la mise en bouteilles (qui intervient quelque trois ans après le millésime). **À boire entre 2010 et 2025.** (1/05)

2002
92-94
Évoquant D'Yquem par son ampleur, le 2002 du Château de Fargues présente une robe d'un jaune d'or moyennement foncé étonnamment évoluée. Généreusement marqué de fabuleuses senteurs de botrytis, de crème brûlée et de pain grillé, ainsi que de crémeux arômes d'orange, d'ananas et de coing, il est tout à la fois riche, puissant et corsé. Du fait de son caractère épanoui, il est difficile de jauger son aptitude au vieillissement, mais je subodore qu'il sera à son apogée **entre 2007 et 2020.** (1/05)

1996
93
D'un jaune d'or légèrement doré, marqué d'étonnants parfums de chèvrefeuille, d'orange confite, de botrytis, de chêne fumé et d'ananas, ce vin corsé et puissant, mais d'une grande fraîcheur, est déjà superbe. **À boire entre 2008 et 2022.** (1/05)

1990 D'un jaune d'or moyennement foncé, le 1990 du Château de Fargues exhale
93 un nez aussi complexe que parfumé, aux notes de caramel, de thé, d'ananas et de crème brûlée. Étonnamment puissant pour le cru, il est massif et corpulent, avec une finale onctueuse. **À boire jusqu'en 2020.** (12/02)

1988 D'un jaune d'or léger nuancé de vert, le 1988 exhale un bouquet marqué de
91 fumé où des notes de tabac et de boisé se mêlent à des senteurs de chèvrefeuille, de pêche et de zeste d'orange. Moyennement corsé, élégant et modérément doux, il s'impose par sa discrétion et sa finesse, et recèle une acidité de bon aloi. En bouche, il s'exprime avec une ampleur croissante. **À boire jusqu'en 2020.** (12/02)

1986 Outre un bouquet généreux, mielleux et grillé regorgeant de senteurs d'ananas,
93 de crème brûlée, de noix de coco et de café, ce vin présente une bouche fabuleusement riche et très corsée, généreusement dotée d'arômes d'ananas et d'autres fruits tropicaux nuancés de botrytis. Opulente et onctueuse, elle tient sa précision et sa netteté de l'heureuse acidité qui étaye l'ensemble, et la finale, enivrante, se distingue par son caractère capiteux et épicé. **À boire jusqu'en 2010.** (3/90)

1985 Tout à la fois ample, trapu et corpulent, le 1985 n'est pas marqué par le
87 botrytis, mais il est charnu, musclé et capiteux. Son fruité opulent et précoce, joliment nuancé de généreuses notes de chêne neuf grillé et fumé, le rend irrésistible ; l'ensemble tient sa grande fraîcheur d'une heureuse acidité sous-jacente. **À boire.** (3/90)

1983 S'il ne peut en aucun cas rivaliser avec l'extraordinaire D'Yquem de la même
92 année, le De Fargues 1983 est un Sauternes sensationnel, qui ressemble étonnamment à son prestigieux jumeau. S'annonçant par un nez fascinant, énorme et crémeux, de caramel, de fumé, de crème brûlée et d'ananas, il se montre puissant, très doux, riche et extrêmement étoffé en bouche. L'ensemble est rehaussé de belles notes de chêne grillé. Ce vin ample, très corsé et intense a encore quelques années devant lui. **À boire jusqu'en 2008.** (3/90)

1981 Le 1981 s'est bonifié, se révélant même meilleur que le D'Yquem de la même
90 année – aussi étonnant que cela puisse paraître. D'une richesse spectaculaire, très doux et très alcoolique, il arbore maintenant une robe moyennement dorée et se montre très marqué par le botrytis. Son caractère onctueux, épais et visqueux, et sa faible acidité suggèrent qu'il doit être consommé. **À boire.** (3/90)

1980 Voici un millésime très réussi pour De Fargues. Très puissant, opulent et
91 exotique, le 1980 exhale un bouquet sensationnel de noix de coco, d'abricot, d'amande grillée et de chêne épicé. La bouche, très corsée et d'une richesse luxuriante, évoque D'Yquem par ses arômes, sa texture et sa viscosité. C'est un vin que j'ai dégusté en deux occasions en 1989, toujours avec des notes et des commentaires enthousiastes. **À boire.** (3/89)

1979 Moins puissant et moins riche que de coutume, le De Fargues 1979 arbore
85 une robe or pâle, et déploie un bouquet grillé et fruité aux notes de boisé et d'agrumes. Moyennement corsé et assez marqué par le botrytis, il est étayé par une bonne acidité et présente une finale nette, épicée, riche et alcoolique. **À boire.** (3/86)

1976 Un nez aussi explosif que pénétrant, aux notes de caramel et d'abricot, annonce
90 le De Fargues 1976. L'ensemble qui suit en bouche est très corsé, avec des arômes visqueux, doux et mûrs de fruits tropicaux et de noix fumée. Ce vin ample et robuste ne présente aucun signe de déclin, bien qu'il soit parfaitement mûr. **À boire.** (2/91)

1975 C'est l'un des meilleurs De Fargues que je connaisse. Évoquant D'Yquem par
91 son bouquet de noix de coco, de noix grillée, de fruits exotiques mûrs et de chêne épicé, il se révèle plus serré et moins évolué en bouche que le 1976. En outre, sa robe est d'un or moins léger, et il est doté d'une acidité plus importante. Cependant, tous deux sont également concentrés et riches. **À boire jusqu'en 2010.** (2/91)

1971 Incroyable de richesse, le 1971 est tout à la fois onctueux, gras, épicé et de
90 bonne mâche. Ce vin ample, qui suinte littéralement de notes de noix de coco, d'abricot et d'amande, se distingue par son fruité visqueux, sa belle corpulence et son caractère alcoolique, qui pourrait vous faire tourner la tête. Un Sauternes classique, ample, intense et parfaitement mûr. **À boire.** (12/80)

FILHOT (SAUTERNES)

2[d] cru classé en 1855
Propriétaire : GFA Château Filhot (famille Vaucelles)
Adresse : 33210 Sauternes
Tél. 05 56 76 61 09 – *Fax* 05 56 76 67 91
E-mail : filhot@filhot.com
Site Internet : www.filhot.com
Visites : du lundi au vendredi (8 h 30-12 h et 14 h-18 h), le week-end sur rendez-vous
Contact : Henri de Vaucelles

VIGNOBLE ET VINIFICATION

Superficie : 62 ha
Encépagement : 60 % sémillon, 36 % sauvignon, 4 % muscadelle
Âge moyen des vignes : 37 ans – *Densité de plantation :* 6 000 pieds/ha
Rendement moyen : 13-14 hl/ha
Élevage : fermentations de 10 à 30 jours en cuves d'acier inoxydable thermorégulées ; vieillissement, par rotation, de 24 à 36 mois en fûts (renouvelés par tiers à chaque millésime) et en cuves ; pas de collage ; filtration légère

VINS PRODUITS

Château Filhot – jusqu'à 100 000 b ;
Château Sauternes et Château Pineau du Rey – jusqu'à 60 000 b
À maturité : dans les 4 à 12 ans suivant le millésime

APPRÉCIATION GÉNÉRALE

Vinifié dans un style plutôt léger et très rafraîchissant, Filhot n'a pas la corpulence des vins les plus massifs et les plus puissants de l'appellation, mais il ne cesse de s'améliorer d'une année sur l'autre, tout en demeurant à un prix raisonnable.

Filhot, qui est certainement l'une des plus belles propriétés du Sauternais, comprend un superbe manoir du XVIIIe siècle niché au milieu de vieux arbres. Du fait de sa situation privilégiée au nord du village de Sauternes, sur des coteaux graveleux ouverts au sud-ouest, son vignoble peut produire des vins extraordinaires. Cependant, ce n'est que depuis le milieu des années 80 qu'il tient son rang de deuxième cru classé.

Filhot est généralement plus fruité, plus parfumé et plus léger que la plupart de ses homologues, plus amples. Cela tient au fait qu'il est composé d'une forte proportion de sauvignon blanc et n'est vieilli qu'avec un tiers de fûts neufs – ce qui n'explique pas pour autant son manque de régularité et les nombreux vins quelconques, voire médiocres, produits dans les années 60, 70 et au début de la décennie 80.

2001 **90** Le 2001 présente, tant au nez qu'en bouche, des notes d'ananas, d'agrumes, de cire et d'épices. L'ensemble, modérément doux, s'exprime tout en finesse et en élégance, révélant un caractère moyennement corsé et très vif, ainsi qu'une finale relativement longue. **À boire dans les 12 à 15 ans.** (1/03)

2000 **87** Ce vin d'un jaune d'or léger nuancé de vert présente, dans un ensemble dénué de complexité, des arômes sans détour de poire, d'ananas et de pêche. **À boire dans les 5 à 6 ans.** (1/03)

1996 **87** Élégant et moyennement corsé, le Filhot 1997 présente des senteurs de coing, de marmelade d'orange et d'ananas dans un ensemble modérément doté. Assez doux, extrêmement pur et mûr, il est savoureux et harmonieux. **À boire dans les 8 à 10 ans.** (3/02)

1990 **90** À Filhot, où l'on préfère les fermentations en cuves aux fermentations en fûts, le 1990 se révèle le meilleur vin que je connaisse de la propriété. Ses arômes merveilleusement mûrs de fruits tropicaux confits accompagnent un caractère moyennement corsé, une belle pureté et une excellente acidité. Très marqué par la pourriture noble, ce vin offre une finale longue et acidulée. Il séduit particulièrement par sa belle alliance de richesse, d'acidité et de vivacité. **À boire jusqu'en 2007.** (11/94)

1989 **86** Très doux et très épais, avec un fruité doux et confit, le 1989 est un peu lourd et semble évoluer rapidement. **À boire.** (11/94)

1988 **88** Le 1988 déploie un nez merveilleusement pur d'ananas mielleux, ainsi que des flaveurs riches et moyennement corsées. Il recèle également une excellente acidité sous-jacente et un caractère de terroir lui apportant de la complexité. La finale est nette, riche et vive. Ce vin, qui est déjà prêt, évoluera bien **ces 8 à 15 prochaines années.** (11/94)

1986 **87** Vêtu d'une robe légèrement dorée et exhalant un nez floral d'ananas et de fruits tropicaux, il se montre assez corsé et fabuleusement pur en bouche, où il déploie, outre une belle élégance, de vifs arômes marqués de botrytis. Ce vin moyennement doux conviendra parfaitement à l'apéritif. **À boire.** (3/90)

GILETTE (SAUTERNES)

Non classé
Propriétaire : Christian Médeville
Adresse : 33210 Preignac
Adresse postale : BP 14 – 33210 Preignac
Tél. 05 56 76 28 44 – *Fax* 05 56 76 28 43
E-mail : gonet.medeville@wanadoo.fr
Visites : sur rendez-vous uniquement
Contact : Julie Gonet-Médeville

VIGNOBLE ET VINIFICATION

Superficie : 4,5 ha
Encépagement : 90 % sémillon, 9 % sauvignon, 1 % muscadelle
Âge moyen des vignes : 45 ans – *Densité de plantation :* : 6 600 pieds/ha
Rendement moyen : 9 hl/ha
Élevage : refroidissement des moûts, stabulation de 3 jours, débourbage, levurage ; fermentations et vieillissement de 20 mois en cuves d'acier inoxydable thermorégulées ; pas de collage ; filtration

VIN PRODUIT

Château Gilette – 5 000 b (pas de second vin)
À maturité : dans les 20 à 40 ans suivant le millésime

APPRÉCIATION GÉNÉRALE

Cette propriété a la particularité de ne pas diffuser ses vins avant qu'ils n'aient 15 à 25 ans d'âge. Le cru se distingue par sa très grande qualité, ainsi que par sa longévité hors du commun.

Le Château Gilette est géré de manière très particulière. Bien qu'il n'ait pas été inclus dans le classement officiel, c'est l'un des meilleurs Sauternes, dont le vignoble, situé à plusieurs kilomètres de celui du Château d'Yquem, jouxte la D109, sur un sol sableux au sous-sol d'argile et de pierre. Aussi curieux et incroyable que cela puisse paraître dans le monde actuel, Christian Médeville, le propriétaire, élève ses vins près de 20 ans en cuve avant de les mettre en bouteilles. C'est ainsi que le 1955 n'a été mis en bouteilles qu'en 1984, soit 29 ans après le millésime. Ces vins sont généralement excellents, avec un caractère mûr et crémeux ; ils sont très prisés des grands chefs, notamment de Pierre Troisgros, dont la carte compte de vieux millésimes de ce cru.

Les vins diffusés tardivement sous l'étiquette « Crème de Tête » se distinguent par leur bel équilibre, leur remarquable fraîcheur, leur robe d'un ambre doré profond et leur fruité généreux et épais. Après leur long vieillissement en cuve, ils paraissent souvent plus jeunes qu'ils ne le sont en réalité. Si mon instinct ne me trompe pas, les vins de Gilette sont capables d'une garde de 15 à 25 ans après leur mise sur le marché. Ci-après, mes commentaires sur quelques millésimes de Gilette diffusés ces dix dernières années.

1979
90
Crème de Tête – D'un jaune d'or moyennement foncé, le 1979 de Gilette est crémeux, avec un nez de terre et des nuances de fruits tropicaux et de crème brûlée. Moyennement corsé, étonnamment jeune (un trait typique du cru), il est étayé par une heureuse acidité et développe une finale persistante et douce.

Bien qu'il ne soit ni puissant ni massif, il est remarquable dans le contexte du millésime, plutôt bon que grandiose pour le Sauternais. **À boire jusqu'en 2012.** (12/02)

1978 **93** Crème de Tête – Ce vin magnifiquement réussi s'annonce par un jaune d'or profond et par un doux nez de chèvrefeuille entremêlé de notes de poire cuite, d'ananas, de vanille et de crème brûlée. Corsé et opulent, généreusement marqué par le botrytis, il atteste une belle richesse en extrait. Étonnamment puissant et intense, il est étayé par une heureuse acidité tonique. **À boire jusqu'en 2012.** (12/02)

1975 **93** Crème de Tête – Stupéfiant pour le millésime, ce vin diffusé en 1997 présente une robe d'un doré profond et exhale un nez épicé et vanillé. Regorgeant de généreux arômes frais et vifs d'agrumes mielleux, de poire et d'ananas crémeux, il est probablement plus doux qu'il n'y paraît, mais il laisse en bouche l'impression d'un vin presque sec, du fait de la bonne acidité qui l'étaye. Très corsé, d'une richesse éblouissante et d'une fraîcheur exceptionnelle, ce Sauternes d'une précision inégalée déploie une finale longue de plus de 30 secondes. Il est étonnamment jeune, aussi complexe que merveilleux. **À boire jusqu'en 2010.** (3/97)

1971 **88** Crème de Tête – Réservé, austère et discret, le 1971 exhale un nez serré, mais séduisant, de terre, de café torréfié, d'herbes et de fruits doux et crémeux. Moyennement corsé, il gratifie le palais d'arômes serrés, mais rehaussés d'une bonne acidité et marqués par le botrytis. Sans être très généreux, ce vin racé et policé devrait bien tenir **15 ans ou plus.** (3/97)

1970 **88** Crème de Tête – Une robe profonde et dorée précédant un nez d'abricot crémeux introduit en bouche un vin corsé, étonnamment frais et jeune pour son âge. Certes, il n'a pas la complexité des autres grands millésimes de ce cru, mais il impressionne par son caractère étoffé. **À boire.** (3/90)

1967 **96** Crème de Tête – Tout le monde s'accorde à dire que le D'Yquem 1967 est inégalable, mais je serais heureux de pouvoir le déguster à côté de ce Crème de Tête fabuleusement riche, au bouquet somptueusement intense de caramel et de noisette crémeuse, qu'il marie à des senteurs de fruits confits (ananas, orange, abricot). L'ensemble, d'une richesse luxuriante, est onctueux et de bonne mâche, avec une belle acidité lui conférant équilibre et précision. C'est un vin magnifique, qui demeure miraculeusement frais à près de 38 ans d'âge. Il devrait évoluer en se bonifiant ces 20 prochaines années. Un Sauternes outrageusement séduisant ! **À boire jusqu'en 2025.** (3/90)

1962 **90** Crème de Tête – Libérant un nez très complexe et mielleux regorgeant de somptueuses senteurs de pêche et d'abricot (dues au botrytis), ce 1962 très corsé déploie en bouche d'opulents arômes de crème brûlée étayés par une belle acidité. L'ensemble, sensuel et luxuriant, tiendra encore une quinzaine d'années. **À boire jusqu'en 2015.** (3/90)

1961 **87** Crème de Tête – Je n'ai jamais dégusté de grand Sauternes de ce millésime ; l'appellation a en fait bénéficié de la belle réputation des rouges. En effet, les vins blancs de 1961 sont loin d'être du niveau des 1959 ou des 1962, et, si la plupart sont très bons, ils sont aussi relativement secs et très alcooliques, dénués de charme et de gras. Quoique excellent, ce vin me paraît moins riche et moins opulent que le 1962. Presque sec, il accompagnera bien un plat à base de foie gras. **Sur le déclin.** (3/90)

1959 **94** Crème de Tête – Un véritable pot de miel ! D'un or moyennement profond, avec un bouquet énorme de noix fumée, de café, de moka et de noix de coco, ainsi que de luxuriantes senteurs d'abricot et de pêche, ce vin étonne par sa richesse et par son caractère très glycériné et très corpulent. Sa finale, longue et alcoolique, est stupéfiante d'intensité et incroyablement capiteuse. Bien qu'il semble parfaitement mûr, ce 1959 est toujours remarquablement frais et jeune. **À boire jusqu'en 2010.** (3/90)

1955 **87** Crème de Tête – Parfaitement mûr, mais étonnamment frais et vivace, le 1955 arbore une robe d'un doré soutenu, et exhale un bouquet riche et mielleux. Très corsé, il déploie une finale longue et mûre. **À boire.** (11/90)

1953 **86** Crème de Tête – Légèrement moins riche et moins gras que le 1955, le 1953 est épicé et boisé, avec un bouquet évoquant l'ananas mûr et le caramel fondu. Très corsé, encore frais et vif, il impressionne par sa richesse et son onctuosité. **À boire.** (11/90)

1950 **89** Très corsé et d'une belle maturité, ce vin gras et doux se distingue par sa finale longue, profonde et veloutée. Belle révélation pour son âge, il est ample et massif. **À boire.** (1/85)

GUIRAUD (SAUTERNES)

1er cru classé en 1855
Propriétaire : SCA du Château Guiraud
Adresse : 33210 Sauternes
Adresse postale : BP 1 – 33210 Sauternes
Tél. 05 56 76 61 01 – *Fax* 05 56 76 67 52
E-mail : xplanty@club-internet.fr
Site Internet : www.chateau.guiraud.fr
Visites : sur rendez-vous uniquement, du lundi au vendredi (9 h-11 h et 14 h-16 h)
Contact : Xavier Planty

VIGNOBLE ET VINIFICATION

Superficie : 85 ha
Encépagement : 65 % sémillon, 35 % sauvignon
Âge moyen des vignes : 25 ans – *Densité de plantation :* : 6 600 pieds/ha
Rendement moyen : 12 hl/ha
Élevage : fermentations et vieillissement de 30 mois en fûts (60 % de bois neuf) ; collage et filtration

VINS PRODUITS

Château Guiraud – 96 000 b en moyenne ; Le Dauphin de Château Guiraud – 30 000 b
À maturité : dans les 5 à 20 ans suivant le millésime

APPRÉCIATION GÉNÉRALE

Cette magnifique propriété est actuellement à son apogée grâce aux efforts du talentueux Xavier Planty, qui en assure la direction. Le cru propose également un délicieux blanc sec, diffusé sous la marque « G ».

Le Château Guiraud est certainement la propriété la plus étendue du Sauternais, avec 128 ha d'un seul tenant, dont 98 ha complantés en vignes blanches. Outre son célèbre liquoreux, la propriété produit un blanc sec appelé « G », mais aussi, chose curieuse, un Bordeaux Supérieur rouge.

Le vin doux a subi une métamorphose. Dès son arrivée à la propriété en 1981, l'ambitieux Hamilton Narby, d'origine canadienne, prit la décision d'employer à Guiraud les mêmes techniques qu'à D'Yquem, à savoir le ramassage baie par baie, ainsi que la fermentation et le long vieillissement en fûts. Les amateurs ont donc suivi avec attention l'évolution de ce cru, en espérant que Xavier Planty, l'administrateur de la propriété, saurait réaliser les rêves de son employeur.

Guiraud m'étonne toujours par sa grande richesse, malgré sa forte proportion de sauvignon blanc (35 %). Certes, l'utilisation de fûts neufs pour l'élevage ainsi que les vendanges tardives et par tries successives – assurant le ramassage d'un raisin parfaitement mûr – y contribuent, mais elles n'expliquent pas totalement l'intensité de ce cru. Les millésimes postérieurs à 1983 sont particulièrement réussis, et Guiraud s'impose souvent comme l'un des cinq ou six meilleurs crus de l'appellation.

2003
92-94 Ce vin d'un jaune d'or moyennement foncé, aux notes d'orange, de cookie vanillé, de grillé, de crème brûlée, de fumé et de pamplemousse crémeux, présente l'épaisseur et la faible acidité typiques du millésime, ainsi qu'un caractère capiteux. L'ensemble, qui affiche aussi une belle ampleur, devrait gagner en précision au fur et à mesure de son évolution. **À boire entre 2009 et 2024.** (1/05)

2002
89 D'un jaune d'or tirant légèrement sur le vert, le 2002 de Guiraud s'annonce par des senteurs de crème à l'orange, de citron crémeux, de crème brûlée, de fumé et de terre. Il présente aussi de très intéressantes notes de thé. Moyennement corsé, révélant en bouche des flaveurs d'abricot sec et de pêche, il est persistant en finale. **À boire dès maintenant et dans les 12 à 13 ans.** (1/05)

2001
94 Ce vin somptueux déploie de complexes arômes de chèvrefeuille, de caramel mou, de chêne neuf grillé, de fruits tropicaux et de beurre. Très corsé, d'une belle précision malgré sa puissance et sa densité, il est encore peu évolué, mais assurément prometteur. Impressionnant ! **À boire entre 2007 et 2025.** (1/03)

2000
89 La robe d'un jaune d'or moyennement foncé du 2000 accompagne des senteurs d'ananas caramélisé nuancées de vanille et de notes de crème caramel. Suit en bouche un ensemble corsé, au fruité doux et généreux, qui manque cependant, comme d'ailleurs la plupart de ses jumeaux, de complexité. **À boire dès maintenant et jusqu'en 2015.** (1/03)

1999
90 Ce vin tonique, moins doux que de coutume, manque quelque peu de complexité. Il est aussi fortement marqué par l'acidité. D'un jaune d'or assez foncé, il est encore assez serré, avec des nuances de botrytis, d'ananas et de

crème brûlée. Moyennement corsé, il est doté d'une finale ferme. Le 1999 de Guiraud a été produit à hauteur de 9 000 caisses. **À boire à son apogée jusqu'en 2018.** (12/02)

1998 **91** S'imposant comme l'une des grandes réussites du millésime, le 1998 de Guiraud (un assemblage 55 % sémillon et 45 % sauvignon produit à hauteur de 12 000 caisses) est extrêmement intense et faible en acidité, avec de généreux arômes de botrytis, de chèvrefeuille, d'ananas et d'autres fruits tropicaux confits, ainsi que des nuances de café et de caramel. L'ensemble, qui atteste une belle fraîcheur, doit être consommé **dans les 15 ans suivant le millésime.** (12/02)

1997 **90** Arborant une jaune d'or moyennement foncé nuancé de vert et libérant un nez aux généreuses senteurs de litchi nuancées de marmelade d'orange, de beurre et de noisette grillée, le Guiraud 1997 est très corsé, épais et gras, et promet de développer davantage d'ampleur aromatique et de précision au cours de son vieillissement. Composé à 65 % de sémillon et pour le reste de sauvignon, il tiendra **jusqu'en 2020.** (11/02)

1996 **90** Le somptueux bouquet du Guiraud 1996 – mandarine et fleur d'oranger nuancées de caramel, de maïs crémeux, de crème brûlée et de noix rôtie – introduit en bouche un vin vêtu d'or profond et très évolué. L'ensemble, riche et corsé, atteste une belle complexité. Il semble évoluer assez rapidement. **À boire jusqu'en 2016.** (11/02)

1990 **91** Dans le passé, j'avais une préférence pour le 1988 de Guiraud, suivi du 1989 et ensuite du 1990. Lors de nouvelles dégustations, c'est le 1990 qui a emporté la palme, déployant de manière spectaculaire des arômes richement extraits de fumé, d'orange et d'ananas crémeux, de généreuses notes de chêne neuf, des flaveurs et une texture épaisses et massives. Ce vin puissant et ample n'est cependant pas trop imposant, grâce à une acidité de bon aloi. **À boire dans les 15 à 20 ans.** (11/94)

1989 **86** Le 1989 manque de structure et, bien que riche et ample, s'apparente à une masse de sucre, d'alcool et de bois. Il s'agit d'une performance très décevante, même si l'on peut espérer qu'il acquerra avec l'âge davantage de précision, et qu'il reviendra au niveau que laissaient supposer les échantillons tirés du fût. **À boire jusqu'en 2020.** (11/94)

1988 **89+** Plus serré et moins évolué que dans mes souvenirs, le 1988 dégage aujourd'hui un nez racé et épicé de fruits mûrs légèrement marqué par le botrytis, et des arômes assez corsés et bien infusés de chêne neuf. Il montre également un séduisant caractère de fumé et de fruits confits, et déploie une finale vive. Ce 1988 est néanmoins plus timide et plus fermé que ne le sont habituellement les vins de la propriété. **À boire dans les 20 à 30 ans.** (5/98)

1986 **92** Les amateurs fortunés auront plaisir à comparer l'évolution du 1986, du 1988 et du 1989 de Guiraud. Le 1986 fut en son temps la plus belle réussite de la propriété. Je pense cependant que le 1988 le surpassera, du fait de son acidité plus importante et de son meilleur équilibre. Le 1986 est extrêmement concentré et parfumé, généreusement marqué par le botrytis et doté d'arômes crémeux et onctueux de pêche, d'abricot et d'ananas. De belles notes de chêne neuf encadrent l'ensemble, pourtant étayé par une acidité moins importante que celle du 1988. La finale est bien équilibrée et d'une longueur exceptionnelle. Ce vin massif et concentré se développera superbement quelques années encore. **À boire jusqu'en 2009.** (3/90)

1985 **85** Bien fait, très doux et très mûr, le 1985 se distingue particulièrement par ses arômes de chêne neuf fumé et grillé. Il n'est pas très marqué par le botrytis, et se révèle moins fin et moins complexe que le 1983 ou le 1986. Cependant, ce vin sans détour plaira à ceux qui apprécient le Sauternes en apéritif. **À boire.** (3/90)

1983 **88** Légèrement doré, avec un bouquet intense et mûr d'abricot et d'ananas nuancé de vanille (dû au bois neuf), ce vin très corsé, opulent et riche manifeste en bouche une grande concentration et un équilibre superbe. Sa finale, persistante, est tonique et alcoolique. **À boire.** (3/90)

LAFAURIE-PEYRAGUEY (SAUTERNES)

1er cru classé en 1855
Propriétaire : Groupe Suez
Adresse : Peyraguey – 33210 Bommes
Adresse postale : 160, cours du Médoc – 33300 Bordeaux
Tél. 05 56 76 60 54 – *Fax* 05 56 76 61 89
E-mail : lafaurie.peyraguey@wanadoo.fr
Visites : sur rendez-vous uniquement
Contact : Yannick Laporte

VIGNOBLE ET VINIFICATION

Superficie : 41 ha
Encépagement : 90 % sémillon, 8 % sauvignon, 2 % muscadelle
Âge moyen des vignes : 40 ans – *Densité de plantation :* 6 666 pieds/ha
Rendement moyen : 18 hl/ha
Élevage : fermentations de 30 à 35 jours et vieillissement de 18 à 20 mois en fûts (renouvelés par tiers à chaque millésime) ; collage et filtration

VINS PRODUITS

Château Lafaurie-Peyraguey et La Chapelle de Lafaurie-Peyraguey – 75 000 b
À maturité : dans les 5 à 25 ans suivant le millésime

APPRÉCIATION GÉNÉRALE

Ce vin généralement puissant et riche s'impose régulièrement au nombre des meilleurs Sauternes.

Après une période de médiocrité, ce cru s'est imposé dans les années 80 comme un Sauternes irrésistible, luxuriant, riche et complexe. Il a bénéficié d'une réduction de la proportion de sauvignon blanc dans le vignoble, d'un pourcentage plus élevé de fûts neufs pour l'élevage et d'une sélection plus sévère. C'est ainsi que Lafaurie-Peyraguey propose une belle série de réussites à compter de 1981, avec des temps forts en 1983, 1986, 1988, 1989, 1990 et 2001.

Le Château Lafaurie-Peyraguey est aussi, pour ce qui est de l'édifice lui-même, l'un des plus extraordinaires de la région. Construit au XIIIe siècle, il s'agissait à l'origine d'une fortification permettant de dominer la campagne alentour. Le domaine fut acheté par les

Cordier en 1913. Si l'on s'en tient à sa performance des dix dernières années, Lafaurie-Peyraguey est désormais l'un des cinq ou six meilleurs crus de l'appellation, alliant une richesse onctueuse et une grande finesse à un fruit crémeux et des arômes profonds.

Depuis la fin des années 80, la propriété produit également un vin blanc sec, qu'elle diffuse sous l'étiquette Le Brut de Lafaurie. Si je n'apprécie pas particulièrement les blancs secs, trop lourds, issus de cette région, celui-ci est probablement le meilleur que j'aie goûté. Composé à 40 % de sauvignon blanc, à 40 % de sémillon et à 20 % de muscadelle, il est absolument délicieux, parfumé et étonnamment riche, mais totalement sec et vif.

2001 **96** Ce vin stupéfiant, fortement marqué par le botrytis, regorge de notes de chèvrefeuille, de caramel, de pêche, d'abricot, de poire et de figue caramélisée. L'ensemble, subtilement nuancé d'un doux boisé, est étayé par une heureuse acidité. Il s'exprime avec élégance malgré son caractère corsé et ses parfums imposants, et tiendra deux décennies. **À boire entre 2008 et 2030.** (1/03)

2000 **90** Voici l'une des plus grandes réussites de ce millésime (qui est, somme toute, moins mauvais que d'aucuns l'avaient prédit). Arborant une robe légèrement dorée, le Lafaurie-Peyraguey 2000 est corsé et plutôt évolué, et s'exprime en bouche avec ampleur, révélant, outre une étoffe imposante, des notes de fruits tropicaux, de caramel, de marmelade d'orange et d'agrumes crémeux. L'ensemble sera parfait **dans les 10 à 15 ans suivant le millésime.** (1/03)

1998 **90** Ce vin plutôt exotique, qui évoquerait une Vendange tardive d'Alsace par ses notes de litchi et d'autres fruits tropicaux, se trahit cependant par ses notes de chêne neuf. Corsé, généreux et crémeux, fortement marqué par le botrytis, il est étayé par une heureuse acidité. Celle-ci confère une belle précision à cet ensemble flamboyant, épais à la limite du visqueux. **À boire jusqu'en 2020.** (1/03)

1997 **90** Le 1997 se distingue par ses fabuleux arômes de noix de coco, d'orange confite, de mandarine, d'ananas, de mangue et d'autres fruits tropicaux. Moyennement corsé et extrêmement riche, sans toutefois être aussi puissant ni aussi massif que ses aînés de 1988 ou 1990, il paraît faible en acidité (en bouche seulement, pas selon les analyses) et déploie une finale longue de 40 secondes environ. Ce vin superbe, tout à la fois épais, onctueux et marqué par le botrytis, sera parfait **jusqu'en 2025.** (1/03)

1996 **90** Tout aussi extraordinaire que le cru précédent, le 1996 se distingue par des senteurs de Grand Marnier nuancées de pain grillé, de noix de coco et d'autres fruits exotiques. Dense et moyennement corsé, plus structuré que son cadet d'un an, il déploie en bouche, par paliers, un beau fruité et une finale pure et visqueuse. **À boire jusqu'en 2025.** (1/03)

1990 **92** Ce vin s'est considérablement bonifié. Diffus, épais et alcoolique, manquant de complexité lorsqu'il était en fût et juste après la mise, il se présente maintenant vêtu d'une couleur maïs doré profonde, et libère de sensationnelles notes d'agrumes crémeux, d'ananas et de poire, entremêlées de fumé et de crème brûlée. Massif et très corsé, avec une texture onctueuse et puissante, et des arômes juteux qui tapissent le palais tant ils sont riches en extrait, gras et visqueux, ce Sauternes explosif tiendra bien une trentaine d'années. **À boire jusqu'en 2030.** (12/97)

1989 **89** Pris en sandwich entre deux millésimes magnifiques, le Lafaurie-Peyraguey 1989 pourrait se révéler extraordinaire, avec un bon potentiel de garde. Il a simplement souffert d'être dégusté aux côtés de son aîné et de son cadet. Excellent, presque exceptionnel, il est plus discret et moins visqueux que le 1988 et le 1990, avec des arômes très vifs de fruits tropicaux mielleux rehaussés d'une petite touche d'Amontillado qui contribue à leur complexité. L'ensemble, très corsé, étayé par une belle acidité, est moins marqué par le botrytis que je ne l'aurais pensé. Doté d'une très grande richesse en extrait, il est plus monolithique et plus boisé que le 1988 et le 1990, mais très persistant, avec une finale profonde. **À boire jusqu'en 2025.** (12/97)

1988 **95** D'une richesse massive, mais frais et vif, le 1988 se distingue par ses irrésistibles arômes fleuris et veloutés de crème à la vanille, d'orange et d'abricot, et par ses notes de crème brûlée. L'ensemble tient sa merveilleuse netteté de la belle acidité qui l'étaye. Bien marqué par le botrytis, il est corsé, extrêmement concentré, fascinant de puissance et d'élégance conjuguées. Il tiendra encore 25 à 30 ans. **À boire jusqu'en 2030.** (12/97)

1986 **92** Un magnifique bouquet d'ananas, de noix grillée, de chèvrefeuille et d'autres fleurs jaillit littéralement du verre contenant le Lafaurie-Peyraguey 1986. Ce vin riche – véritable essence d'abricot et de fruits tropicaux – est tonique, net et précis du fait de son bon niveau d'acidité. La finale est douce, mielleuse et persistante. Ce vin magnifique est l'un de mes préférés dans ce millésime. **À boire jusqu'en 2010.** (11/96)

1985 **86** Du fait d'un manque certain de botrytis, le 1985 est sans détour, fruité, gras, mais frais. Il conviendra mieux à l'apéritif qu'au dessert. Bien qu'il soit capable de tenir encore 10 à 15 ans, je suggère de le **boire dans les 10 ans.** (3/91)

1983 **92** L'équipe de Cordier a toutes les raisons d'être fière de ce 1983 complexe, parfaitement mûr et d'une concentration splendide. Terriblement intense, visqueux et mûr, il exprime par paliers des arômes crémeux d'abricot dans un ensemble onctueux, mais ni lourd ni fatigant. C'est en fait un vin vif, au fruité exubérant. **À boire.** (3/91)

LAMOTHE DESPUJOLS (SAUTERNES)

2[d] cru classé en 1855
Propriétaire : Guy Despujols
Adresse : 19, rue Principale – 33210 Sauternes
Tél. 05 56 76 67 89 – *Fax* 05 56 76 63 77
E-mail : guy.despujols@free.fr
Site Internet : www.guy.despujols.free.fr
Visites : sur rendez-vous uniquement
Contact : Guy Despujols

VIGNOBLE ET VINIFICATION

Superficie : 7,5 ha
Encépagement : 85 % sémillon, 10 % sauvignon, 5 % muscadelle
Âge moyen des vignes : 40 ans – *Densité de plantation :* 7 500 pieds/ha
Rendement moyen : 18 hl/ha

Élevage : fermentations en fûts ; vieillissement de 26 mois (en partie sur lies) en fûts (75 % de bois neuf) pour le sémillon et en cuves pour les sauvignon et muscadelle ; collage et filtration

VINS PRODUITS

Château Lamothe – 12 000 b ; Les Tourelles de Lamothe – 3 000 b
À maturité : dans les 3 à 12 ans suivant le millésime

APPRÉCIATION GÉNÉRALE

Ce cru est assez irrégulier.

Suite au partage de la propriété, connue au XIXe siècle sous le nom de Lamothe-d'Assault, deux domaines se sont constitués, qui ont repris dans leur dénomination le vocable Lamothe, suivi pour l'un du patronyme de la famille propriétaire. Les vins de Lamothe (Despujols) sont relativement légers, mais ils méritent d'être découverts, car certains millésimes, tel 1986, révèlent d'heureuses surprises. Du fait de sa forte proportion de muscadelle pour l'appellation, ce cru est parfumé et souple, avec un fruité précoce. Ce cru assez irrégulier semble s'améliorer.

2001 **?** Le 2001 présente un nez peu expressif aux notes de champignon et de moisi. J'ai essayé de l'imaginer débarrassé de ces arômes qui le desservent : il paraît moyennement corsé, doté d'un fruité crémeux aux notes de minéral, mais il manque très certainement de complexité. **À boire jusqu'en 2012.** (1/03)

1996 **86** Léger et maigre, avec des arômes de fruits tropicaux présentés dans un ensemble moyennement corsé, le Lamothe 1996 est plaisant et sans détour, agréable à consommer sans cérémonie. **À boire dans les 6 à 8 ans.** (3/00)

1990 **88** Gras, avec des arômes amples et mûrs de fruits confits, le 1990 est très intense et faible en acidité, très corsé et marqué par la mâche. **À boire.** (11/94)

1989 **87** Le 1989 est plus riche, plus intense et plus net que ses aînés. Bien gras, il révèle un faible niveau d'acidité, une texture onctueuse et de merveilleuses flaveurs, très intenses, de fruits tropicaux. **À boire.** (11/94)

1988 **72** Je ne comprends pas ce qui s'est passé à Lamothe en 1988, dans un millésime aussi superbe. En effet, le vin est terne, muet, dépourvu de fraîcheur, de caractère et de fruit. Il s'est révélé tel lors de trois dégustations. **À boire.** (11/94)

1986 **88** Bien que ce cru soit irrégulier et souvent assez quelconque, son 1986 s'impose comme l'une des révélations du millésime. De merveilleuses senteurs de miel marquées d'une bouffée de chêne grillé introduisent en bouche un ensemble opulent, intense, riche et corsé, mais également bien gras et merveilleux d'équilibre. Ce vin est incontestablement le meilleur que je connaisse de la propriété. **À boire.** (3/90)

1985 **85** Gras, ample, étonnamment intense et riche, le 1985 présente davantage de corpulence et de caractère que la plupart de ses jumeaux. Il est très peu marqué par le botrytis, mais offre un généreux fruité dans un ensemble trapu et sans détour. **À boire.** (3/90)

LAMOTHE GUIGNARD (SAUTERNES)

2^d cru classé en 1855
Propriétaires : Philippe et Jacques Guignard
Adresse : 33210 Sauternes
Tél. 05 56 76 60 28 – *Fax* 05 56 76 69 05
E-mail : chateau-lamothe-guignard@wanadoo.fr
Visites : du lundi au vendredi
Contacts : Philippe ou Jacques Guignard

VIGNOBLE ET VINIFICATION

Superficie : 32 ha
Encépagement : 90 % sémillon, 5 % sauvignon, 5 % muscadelle
Âge moyen des vignes : 40 ans – *Densité de plantation :* 6 600 pieds/ha
Rendement moyen : 17 hl/ha
Élevage : fermentations en petites cuves ; vieillissement de 12 à 15 mois en fûts (20-25 % de bois neuf) ; collage et filtration

VINS PRODUITS

Château Lamothe Guignard – 30 000 b ; L'Ouest de Lamothe Guignard – 5 000 b
À maturité : dans les 5 à 15 ans suivant le millésime

APPRÉCIATION GÉNÉRALE

Cette propriété, l'une des étoiles montantes de son appellation, mériterait que les amateurs s'y intéressent de plus près.

Philippe et Jacques Guignard se sont attelés à redorer le blason de cette propriété dès qu'ils l'ont achetée, en 1981. Je conseille vivement aux amateurs de suivre l'évolution de ce cru, dont les vins se révèlent très prometteurs.

Situé à plusieurs kilomètres de celui du Château d'Yquem, non loin de la D125, sur une croupe argilo-graveleuse, le vignoble de Lamothe Guignard est relativement proche de Guiraud, de La Tour Blanche et de Lafaurie-Peyraguey (pour ne citer que les premiers crus). Les propriétaires élèvent les vins avec une plus forte proportion de fûts neufs que de coutume et effectuent davantage de tries, afin de ne récolter que les baies bien botrytisées. Malgré des résultats impressionnants, ce cru est encore sous-coté.

2001 **91** Le 2001 est dense et corsé, marqué d'arômes de chèvrefeuille, d'agrumes crémeux et de marmelade d'orange. Un vin superbe. **À boire jusqu'en 2015.** (1/03)

2000 **88** Ce vin sans détour, d'un jaune d'or profond et soutenu, sera apprécié **dans les 8 ans** pour son beau fruité et son caractère charnu. (1/03)

1997 **86** Monolithique, gras et manquant quelque peu de structure, le 1997 de Lamothe Guignard est très marqué par le botrytis. La bouche, moyennement corsée, offre un fruité de miel, de noix de coco et de raisin sec, mais elle manque de précision et de complexité. Ce vin requiert du temps pour révéler sa vraie nature. **À boire jusqu'en 2015.** (3/01)

1996 **87** Moins marqué par le botrytis que le cru précédent, le 1996 est dominé par les arômes herbacés de melon et de miel qui caractérisent le sauvignon blanc.

Moyennement corsé, il s'exprime davantage en pureté et en finesse qu'en puissance et en force. Vous apprécierez ce vin assez massif **dès sa jeunesse et dans les 10 ans.** (3/01)

1990
91 Puissant et onctueux, le 1990 est épais, avec de la mâche, un aspect alcoolique et capiteux, un fruité abondant et un caractère exubérant. Plus aromatique et plus complexe, il se révèle aussi plus ample et plus précis dans le dessin qu'il y a quelques années. Il devrait continuer à bien évoluer **ces 15 à 20 prochaines années.** (11/94)

1989
91 Le 1989 se montre lui aussi plus complexe et plus affirmé aujourd'hui que de prime abord. Bien qu'il soit très alcoolique (15 %), il est massif et riche, bien extrait, et paraît doté de manière impressionnante, débordant d'arômes d'abricot, d'orange, d'ananas et de citron mielleux et crémeux. Son acidité remarquable confère à ce vin ample ressort et vivacité. Le Lamothe Guignard 1989 a été l'une des révélations de cette année. Il tiendra **20 ans ou plus.** (11/94)

1988
89+ Des trois millésimes 1988, 1989 et 1990, celui-ci est le moins évolué et le plus longiligne, avec des arômes de cire et de miel semblables à ceux d'un Tokay-Pinot gris, et des flaveurs riches et moyennement corsées qui semblent fermées et étouffées à cause de son bon niveau d'acidité. Plutôt timide pour un vin de cette propriété, il n'est pas aussi ostentatoire ni aussi musclé que le 1989 ou le 1990. Il tiendra **encore 20 à 25 ans.** (11/94)

1986
87 Outre un nez merveilleux et modérément intense d'ananas, le Lamothe Guignard 1986 se distingue par ses flaveurs riches, veloutées et très marquées par le botrytis, ainsi que par sa finale longue et soyeuse. Ce n'est certes pas l'un des vins du millésime les plus aptes à une longue garde, mais il est plaisant. **À boire.** (3/90)

1985
84 Voici, une fois encore, un 1985 qui révèle les difficultés du millésime en Sauternais. Sans détour, mais assez gras, ce vin inintéressant est doux, bien doté, étoffé et lourd, et manque tout autant de tenue que de complexité. **À boire.** (3/90)

DE MALLE (SAUTERNES)

2[d] cru classé en 1855
Propriétaire : comtesse de Bournazel
Adresse : 33210 Preignac
Tél. 05 56 62 36 86 – *Fax* 05 56 76 82 40
E-mail : chateaudemalle@wanadoo.fr
Site Internet : www.chateau-de-malle.fr
Visites : sur rendez-vous uniquement

VIGNOBLE ET VINIFICATION

Superficie : 27 ha
Encépagement : 70 % sémillon, 27 % sauvignon, 3 % muscadelle
Âge moyen des vignes : 30-40 ans – *Densité de plantation :* 6 200 pieds/ha
Rendement moyen : 20 hl/ha

Élevage : pressurage direct et débourbage par le froid de 10 heures ; réintroduction des lies fines ; fermentations et vieillissement de 18 mois en fûts (renouvelés par tiers à chaque millésime) ; collage et filtration

VINS PRODUITS

Château de Malle – 50 000 b ; Château de Sainte-Hélène – 25 000 b
À maturité : dans les 5 à 15 ans suivant le millésime

APPRÉCIATION GÉNÉRALE

Cet excellent cru très régulier s'impose aujourd'hui comme l'un des meilleurs du Sauternais.

Ce magnifique domaine appartient désormais à la famille Bournazel. Son vaste vignoble est situé pour une moitié en appellation Graves. Les amateurs ayant dégusté les excellents Graves blancs du cru (M de Malle), ainsi que le rouge (Château Cardaillan), connaissent leur grande qualité.

Je conseille aux visiteurs découvrant la région de faire un détour par le superbe château du XVIIe siècle, classé monument historique en 1949. Ceux qui ne sont pas spécialement férus d'architecture apprécieront le Sauternes qui en est issu et qui compte au nombre des plus élégants. Certes, il est parfois un peu léger, mais les millésimes récents, vinifiés dans un style discret et tout en finesse, sont d'une excellente facture.

2001 **93+** Ce vin superbe, modérément doux, arbore une robe d'un jaune d'or léger nuancé de vert. Ses arômes d'agrumes crémeux se mêlent à des notes de fruits tropicaux, de pêche, de crème caramel et de noisette fumée en un bouquet qui jaillit littéralement du verre, annonçant un ensemble généreux, corsé, merveilleux de pureté et de précision malgré sa profondeur impressionnante. Ce 2001 modérément doux, étayé par une heureuse acidité sous-jacente, sera parfait **pendant deux décennies, après une garde de 2 à 3 ans.** (1/03)

2000 **89** De séduisantes notes de chèvrefeuille et d'ananas caractérisent tant le nez que la bouche de ce vin moyennement corsé, onctueux, trapu et charnu, très charmeur aussi, que l'on appréciera **dans les 8 à 15 ans.** (1/03)

1999 **87** Arborant un or pâle, le 1999 exhale un nez très épicé aux nuances d'abricot, de pêche blanche et de doux maïs. Moyennement corsé et fruité, il est cependant un peu court en finale. **À boire dans les 5 à 8 ans.** (3/02)

1997 **90** Un bouquet exotique et flamboyant de marmelade d'orange, d'agrumes mielleux, de caramel, de noix de coco et de pain grillé, jaillissant littéralement du verre, annonce le De Malle 1997. Ce vin, qui pourrait bien se révéler extraordinaire, est très corsé et exprime une bouche onctueuse, très généreusement fruitée et bien étayée par une heureuse acidité tonique. **À boire jusqu'en 2020.** (3/01)

1996 **87** Fortement marqué par le sauvignon blanc (alors qu'il est généralement composé à 75 % de sémillon) et par l'acidité, le De Malle 1996 est moyennement corsé et bien moins doux que le 1997, plus visqueux. Il se distingue par ses notes d'ananas et par sa finale nette et modérément persistante. **À boire jusqu'en 2016.** (1/99)

1990 **92** S'imposant comme la plus belle réussite du cru depuis plusieurs années, le 1990 marque la renaissance du Château de Malle. Ce vin très corsé et d'une incroyable douceur montre également une belle pureté, et déploie un généreux fruité riche et mielleux, bien étayé par d'importants arômes de chêne neuf. Bien qu'il n'ait ni la complexité ni la richesse aromatique du 1988, il s'agit incontestablement d'une réussite extraordinaire pour le millésime, qui, compte tenu de son prix très raisonnable, s'impose de surcroît comme une excellente affaire. **À boire jusqu'en 2022.** (11/95)

1989 **87** Moyennement corsé, quelque peu dénué de complexité, le 1989 présente un fruité riche et mûr ; il recèle également une acidité suffisante pour montrer du ressort et déploie une finale charnue. **À boire.** (11/94)

1988 **91** Le 1988 s'est récemment révélé dans une forme éblouissante. Plus proche de la maturité que le 1990, il libère un bouquet absolument divin de cerise et de noix de coco, déployant de manière ostentatoire de remarquables arômes d'ananas confit et de chêne grillé. Moyennement corsé et d'une pureté magnifique, il est merveilleusement frais et mûr. **À boire.** (11/94)

NAIRAC (BARSAC)

2^{d} cru classé en 1855
Propriétaire : famille Tari-Heeter
Adresse : 33720 Barsac
Tél. 05 56 27 16 16 – *Fax* 05 56 27 26 50
E-mail : contact@chateau-nairac.com
Site Internet : www.chateau-nairac.com
Visites : sur rendez-vous uniquement, du mardi au samedi
Contacts : Nicolas ou Eloïse Heeter-Tari

VIGNOBLE ET VINIFICATION

Superficie : 17 ha
Encépagement : 90 % sémillon, 6 % sauvignon, 4 % muscadelle
Âge moyen des vignes : 40 ans – *Densité de plantation :* 8 000 pieds/ha
Rendement moyen : 7 hl/ha
Élevage : fermentations de 30 à 90 jours et vieillissement de 30 mois en fûts (30-100 % de bois neuf) ; collage et filtration

VIN PRODUIT

Château Nairac – 10 000 b (pas de second vin)
A maturité : dans les 5 à 15 ans suivant le millésime

APPRÉCIATION GÉNÉRALE

Ce cru se distingue par sa corpulence, son boisé généreux, son ampleur et son caractère imposant.

Nairac est certainement l'une des propriétés les mieux gérées de son appellation – et avec le plus de passion. Il fut acheté en 1971 par Tom Heeter, d'origine américaine, et par son épouse, Nicole Tari. Le premier avait fait son apprentissage à Giscours (Margaux), où il avait d'ailleurs rencontré son épouse (ils sont maintenant divorcés), qui est également l'une des copropriétaires du domaine. Dans les années 80, Nairac a bénéficié des conseils d'Émile Peynaud, ce qui lui a permis de s'imposer au nombre des meilleurs Barsac.

Ce cru est généralement plus ample, plus boisé, plus mûr et plus concentré que la moyenne des Barsac, mais il est rarement intéressant. Cependant, il constitue une bonne affaire et conviendra aux amateurs en quête d'un bon Barsac proposé à un prix raisonnable.

1999 **88+** D'un jaune d'or moyennement foncé, doté de notes rôties et caramélisées d'ananas et d'abricot nuancées de boisé, ce vin moyennement corsé est doux, avec une acidité tonique. Il déploie une finale d'excellent aloi. **À boire entre 2007 et 2017.** (1/02)

1998 **86** D'un jaune d'or léger, le 1998 est muet au nez. Étayé par une heureuse acidité vive et tonique, il présente des arômes serrés aux notes de terre et de boisé. S'il se distingue par sa pureté, ses flaveurs sont anodines. S'améliorera-t-il ? **À boire jusqu'en 2013.** (1/02)

1997 **89** Composé à 90 % de sémillon (le millésime fut favorable à ce cépage), le Nairac 1997 est doté de manière impressionnante. Très corsé et extrêmement doux, il libère un nez de miel, de liqueur de cerise et de chêne neuf grillé, et déploie en bouche, par paliers, un caractère très gras et de bonne mâche. La finale, persistante, est aussi intense qu'épaisse. Ce vin très marqué par le botrytis paraît faible en acidité. Son potentiel devrait lui permettre de prétendre à une note extraordinaire. **À boire jusqu'en 2020.** (1/02)

1990 **87** Comme de nombreux exemples de ce cru, le 1990 de Nairac est robuste, solide, voire corpulent, mais il manque de race et de précision. D'un jaune d'or moyennement foncé, il s'annonce par des arômes de miel brûlé et d'abricot nuancés de vanille et de café. Ce vin doux, qui est à son apogée, tiendra **jusqu'en 2012.** (1/02)

1989 **87** Lorsque je l'ai dégusté au fût, le Nairac 1989 m'a paru excessivement boisé, et même un peu trop gras et trop alcoolique. Cependant, il a évolué de belle manière, et présente maintenant, outre de généreux arômes de chêne neuf grillé et vanillé, une texture et un nez opulents et riches, ainsi que des arômes persistants, capiteux et onctueux. L'ensemble doit sa précision et sa tenue d'excellent aloi à l'acidité qui l'étaye. Ce vin évolue rapidement, comme l'indique sa robe d'un or moyennement profond. **À boire.** (4/91)

1986 **89** Le 1986 est l'un des meilleurs Nairac que je connaisse. Extrêmement riche, puissant et concentré, avec un fruité d'ananas généreusement marqué de gras, il se montre très corsé, et déploie une finale persistante, sensuelle et souple. Cet ensemble de haut vol est étayé par une très bonne acidité et par des notes de botrytis, si bien que l'on peut penser qu'il tiendra encore assez longtemps. **À boire jusqu'en 2010.** (3/90)

1985 **81** Comme la plupart de ses jumeaux de l'appellation, le 1985 de Nairac n'est pas suffisamment marqué par le botrytis. Hormis ce défaut, il présente un fruité sans détour d'orange et d'ananas, généreusement marqué de chêne neuf grillé. **À boire.** (3/89)

1983 **86** Ce vin extrêmement parfumé se distingue par ses senteurs de fleurs et de fruits tropicaux, et par ses amples et riches flaveurs de salade de fruits. Très corsé, avec une finale mielleuse et opulente, il doit être consommé **sans plus tarder.** (3/90)

RABAUD-PROMIS (SAUTERNES)

1er cru classé en 1855
Propriétaire : Michèle Déjean
Adresse : 33210 Bommes
Tél. 05 56 76 67 38 – *Fax* 05 56 76 63 10
E-mail : rabaud-promis@wanadoo.fr
Visites : tous les jours, sur rendez-vous uniquement
Contact : Philippe Déjean

VIGNOBLE ET VINIFICATION

Superficie : 34 ha
Encépagement : 80 % sémillon, 18 % sauvignon, 2 % muscadelle
Âge moyen des vignes : 40 ans – *Densité de plantation :* : 6 600 pieds/ha
Rendement moyen : 14 hl/ha
Élevage : fermentations de 21 jours et vieillissement de 12 à 14 mois en fûts (30 % de bois neuf) ; collage ; filtration légère si nécessaire

VINS PRODUITS

Château Rabaud-Promis – 36 000 b ;
Château Béquet ou Domaine de l'Estrémade – 24 000 b
À maturité : dans les 5 à 20 ans suivant le millésime

APPRÉCIATION GÉNÉRALE

Voici un cru qui s'améliore régulièrement.

En 1903, le vaste domaine de Rabaud fut scindé en deux propriétés, qui prirent l'une le nom de Rabaud-Promis, l'autre celui de Sigalas Rabaud, ce dernier étant le plus connu. Curieusement, les deux entités furent réunies vingt-six ans après le partage, pour être de nouveau séparées en 1952.

Jusqu'en 1986, les vins de ce domaine étaient très certainement les premiers crus classés les plus décevants qui soient. Cependant, depuis cette date, ils ont progressé plus que tout autre. Alors qu'ils étaient vieillis en cuves de béton et ne faisaient l'objet d'aucune sélection, ils sont aujourd'hui entièrement élevés en fûts (avec une bonne proportion de chêne neuf), et les cuves les moins réussies font un second vin. Le vignoble est magnifiquement situé, légèrement en altitude, au confluent de la Garonne et du Ciron.

Les amateurs avisés tireront le meilleur parti de ces informations, car il se passera certainement quelques années encore avant que les prix de ce cru n'augmentent en proportion de la qualité. Si les excellents 1986, 1988, 1989, 1990 et 2001 reflètent bien ce qui se fait à la propriété, il y a de fortes chances pour que Rabaud-Promis s'impose comme l'un des Sauternes les plus corsés, les plus sensuels et les plus intenses qui soient.

2001
91
Ce vin doux et crémeux exprime avec ampleur un fruité généreux, mais dénué de complexité. L'ensemble, qui s'annonce par une robe d'un jaune d'or léger, est corsé, avec de copieux arômes d'ananas, de chèvrefeuille et de marmelade, ainsi que des nuances de caramel. Encore jeune, mais prometteur car incontestablement doté, il sera à son apogée entre 2007 et 2020. (1/04)

1999 **85** Plutôt discret et retenu, le 1999 s'annonce par un jaune d'or léger et des arômes un peu verts. Fortement marqué par l'acidité et très peu par le botrytis, il est moyennement corsé et modérément doux, et affiche une certaine austérité. **À boire jusqu'en 2014.** (3/02)

1998 **86** D'un jaune d'or léger, le 1998 déploie un nez de terre, d'herbes et de compost nuancé de notes de girofle, de pain d'épices et d'ananas. Suit en bouche un ensemble moyennement corsé et modérément doux, étayé par une heureuse acidité, qui pèche seulement par manque de complexité. **À boire jusqu'en 2014.** (1/02)

1997 **87** Tout à la fois doux, charnu, épanoui et savoureux, le 1997 s'annonce par un jaune d'or profond. Ce vin généreusement fruité et gras compense son manque de précision et de complexité par son caractère imposant et sans détour, ainsi que par son charme superficiel. **À boire jusqu'en 2014.** (1/02)

1990 **90** Massif et puissant, riche et mielleux, le 1990 est épanoui et très épicé. S'il manque d'acidité, il se montre ample et corsé. **À boire dans les 15 ans.** (11/94)

1989 **92** Riche et d'une grande complexité aromatique, le 1989 est ample et massif. Il montre également une belle précision dans le dessin, offrant une fraîcheur et un ressort qui plaident merveilleusement en sa faveur. Il **vieillira bien ces 20 à 25 prochaines années.** (11/94)

1988 **93** Le 1988 est l'élément le plus classique de la trilogie 1990, 1989 et 1988. Généreusement doté et doux, avec une texture onctueuse, il est très botrytisé et présente un taux d'acidité assez élevé. Son nez merveilleusement riche libère des arômes d'ananas confit, de noix de coco et d'orange. L'ensemble déploie aussi un fruité généreux et riche, et montre une excellente précision dans le dessin. Quoique d'ores et déjà accessible, ce vin promet de bien **vieillir ces 25 à 30 prochaines années.** (11/94)

1986 **89** Ce millésime marque le retour de la propriété à un niveau digne de son classement. Très corsé, avec un intense bouquet de caramel, d'ananas et d'abricot, le Rabaud-Promis 1986 déploie un gras généreux et témoigne d'une bonne acidité lui conférant de la précision dans le dessin. Sa finale est riche, corsée et boisée. Ce vin continuera à évoluer de belle manière. **À boire jusqu'en 2010.** (3/90)

1985 **83** Un nez séduisant de fleurs, d'ananas et de café, suivi d'un ensemble sans détour, relativement puissant et très fruité, distingue le Rabaud-Promis 1985. Malheureusement, l'ensemble est dépourvu de la complexité et de la précision essentiels à ces grands liquoreux. **À boire.** (3/90)

1983 **84** Ce vin se révèle meilleur que je ne l'aurais pensé. Gras, rond, très corsé et doté d'un fruit intense, il se révèle un peu lourd et mou, manquant autant de botrytis que d'acidité. Il a été élaboré à une époque où les vins de la propriété étaient vieillis en cuves plutôt qu'en fûts, ce qui explique peut-être le manque de précision. **À boire.** (3/90)

RAYMOND-LAFON (SAUTERNES)

Non classé
Propriétaire : famille Meslier
Adresse : 33210 Sauternes
Tél. 05 56 63 21 02 – *Fax* 05 56 63 19 58
E-mail : famille.meslier@chateau-raymond-lafon.fr
Site Internet : www.chateau-raymond-lafon.fr
Visites : sur rendez-vous uniquement
Contact : Marie-Françoise Meslier

VIGNOBLE ET VINIFICATION

Superficie : 18 ha (16 ha en production)
Encépagement : 80 % sémillon, 20 % sauvignon
Âge moyen des vignes : 35 ans – *Densité de plantation :* 6 666 pieds/ha
Rendement moyen : 10 hl/ha
Élevage : fermentations et vieillissement de 36 mois en fûts (100 % de bois neuf) ; collage ; pas de filtration

VINS PRODUITS

Château Raymond-Lafon – 20 000 b ; Château Lagon-Laroze – variable
À maturité : dans les 8 à 25 ans suivant le millésime

APPRÉCIATION GÉNÉRALE

Cette propriété magnifiquement tenue propose des vins de premier ordre fidèlement suivis par une clientèle attitrée. Malheureusement, les volumes produits sont relativement faibles.

Ce domaine mérite l'attention de tous les amoureux de Sauternes, et tout particulièrement de ceux qui rêvent d'un vin se rapprochant de la splendeur et de la beauté du Château d'Yquem tout en coûtant trois fois moins cher.

Le vignoble de Raymond-Lafon, contigu à D'Yquem, a toujours joui d'une excellente réputation. On considère même qu'en 1921 – grand millésime s'il en fut – ce cru (que je n'ai pu goûter !) surpasse le plus célèbre et le plus prestigieux des Sauternes – D'Yquem (que j'ai goûté !). Malheureusement, le domaine a ensuite été négligé, et il a fallu attendre 1972 pour que Pierre Meslier, qui dirigeait D'Yquem, achète la propriété et œuvre à redorer peu à peu un blason autrefois si prestigieux.

Les rendements à Raymond-Lafon sont très faibles – de l'ordre de 10 hl/ha ; ils sont même inférieurs, dans certains millésimes, à ceux de son célébrissime voisin. En revanche, l'assemblage et les techniques de vinification sont identiques, et on y pratique une sélection tout aussi rigoureuse (20 à 100 % de la récolte est habituellement déclassée). Ce cru a inauguré une série de réussites avec un très grand 1975 et a confirmé encore récemment avec un 1990 et un 2001 monumentaux.

À l'heure actuelle, Raymond-Lafon est en passe de devenir l'un des très grands de son appellation. Malheureusement, il est difficile de se procurer ce vin, tant la production est faible – et les clients de la famille Meslier fidèles. On s'interroge encore sur le fait que cette propriété, voisine du Château d'Yquem et d'autres premiers crus de Sauternes, n'ait pas été distinguée lors du classement de 1855.

2001
93+
Ce vin magnifiquement réussi, tout à la fois ample, massif, épais et onctueux, regorge littéralement de notes de pêche, d'abricot, de crème caramel et de café. Le 2001 de Raymond-Lafon est corsé, puissant, opulent, riche et concentré. Je le crois capable d'une garde d'environ 30 ans. **À boire entre 2008 et 2025, voire au-delà.** (1/03)

1997
89
D'un jaune d'or moyennement foncé, le 1997 est assez corsé, doux et odorant, avec une faible acidité. Ce vin, qui regorge de notes d'ananas crémeux et de poire nuancées de vanille et de crème brûlée, est tout à la fois riche, opulent et évolué. **À boire jusqu'en 2017.** (11/02)

1996
90+
D'un jaune d'or léger, ce vin extraordinaire est corsé, avec des arômes de chèvrefeuille, de marmelade d'orange et d'ananas, ainsi que des notes de vanille et de fumé. Riche, épais et profond, il est tout simplement impressionnant. **À boire entre 2006 et 2022.** (1/02)

1990
95
Il semblerait que le 1990 s'impose comme le plus étoffé des millésimes récents de Raymond-Lafon. Arborant un or moyennement soutenu, il se montre massif et présente des arômes corsés et mielleux. **À boire jusqu'en 2020.** (3/96)

1989
91+
Outre des arômes d'ananas, de fruits tropicaux confits et de chêne neuf grillé, ce vin dégage des senteurs exotiques et spectaculaires, moins prononcées et moins botrytisées que celles du 1990 ou du 1988. Il est, comme ces deux millésimes, opulent, très corsé et merveilleusement doté, avec une douceur modérée ; la finale, riche en gras et en alcool, est fabuleusement extraite. **À boire jusqu'en 2025.** (3/96)

1988
92+
Le 1988 offre un profil aromatique plus fin et une structure plus serrée que le 1989 ou le 1990. Exactement comme ces deux derniers vins, il peut être dégusté prochainement, mais je conseille aux amateurs de l'attendre un peu. **À boire jusqu'en 2020.** (11/94)

1987
84
Très léger, avec des arômes fruités, sans détour et légèrement doux, le 1987 sera agréable, mais sans plus, à l'apéritif. Il n'a pas, en effet, la corpulence, la douceur ou la complexité qui lui permettraient d'accompagner un dessert. **À boire.** (4/91)

1986
92
Bien qu'ils soient très proches, je doute que le 1986 puisse éclipser le grandiose 1983, dont il n'a ni la puissance ni le caractère massif. Il se révèle néanmoins très botrytisé, avec des arômes profonds et pénétrants d'ananas caramélisé, de vanille, de grillé et de pêche crémeuse. Plus longiligne, il est également très corsé et d'une richesse opulente, et présente une finale crémeuse et intense. L'ensemble est étayé par une heureuse acidité. Il sera intéressant de comparer ces deux vins au fur et à mesure de leur évolution, mais je subodore que le 1986 vieillira plus précocement que le 1983. **À boire jusqu'en 2012.** (3/90)

1985
87
C'est l'un des meilleurs 1985 du Sauternais. Riche et étoffé, il présente un excellent fruité, malgré son manque de botrytis, et regorge littéralement d'arômes d'agrumes, de pêche, de poire et d'abricot, rehaussés de vagues notes d'amande rôtie. Ce vin délicieux devrait évoluer avec grâce. **À boire.** (3/90)

1983
93
Ce vin magnifique et légèrement doré exhale des arômes merveilleusement purs de fruits tropicaux (ananas mûr) et de melon, et exprime une bouche très corsée et d'une richesse luxuriante. Développant par paliers un fruité doux

et visqueux, il se distingue également par sa finale stupéfiante et son bel équilibre d'ensemble (qu'il doit à l'heureuse acidité qui l'étaye). Il évolue à pas lents. **À boire jusqu'en 2020.** (11/90)

DE RAYNE VIGNEAU (SAUTERNES)

1er cru classé en 1855
Propriétaire : CA Grands Crus SAS
Adresse : 33210 Bommes
Adresse postale : BP 23 – quai Antoine-Ferchaud – 33250 Pauillac
Tél. 05 56 59 00 40 – *Fax* 05 56 59 36 47
E-mail : contacts@cagrandscrus.fr
Visites : sur rendez-vous
Contact : Paz Espejo

VIGNOBLE ET VINIFICATION

Superficie : 84 ha
Encépagement : 74 % sémillon, 24 % sauvignon, 2 % muscadelle
Âge moyen des vignes : 30 ans – *Densité de plantation :* 6 000 pieds/ha
Rendement moyen : 10-15 hl/ha
Élevage : fermentations en fûts pour une partie de la récolte et en cuves d'acier inoxydable pour le reste ; vieillissement de 18 à 24 mois en fûts (50 % de bois neuf) ; collage et filtration

VINS PRODUITS

Château de Rayne Vigneau – 36 000-100 000 b (selon le millésime) ;
Madame de Rayne – variable
À maturité : dans les 5 à 20 ans suivant le millésime

APPRÉCIATION GÉNÉRALE

Bien que cette propriété présente un potentiel très important, les vins qu'elle propose sont simplement bons et manquent d'intérêt.

Pendant une bonne partie du XIXe siècle, le Château de Rayne Vigneau a eu la réputation de n'être second à nul autre qu'à D'Yquem. Rares, en effet, sont les propriétés pouvant se targuer d'une aussi belle situation géographique.

Cependant, au XXe siècle, la renommée de ce cru a beaucoup souffert d'une vinification négligée ou quelconque. Depuis le début des années 80, la qualité s'est améliorée, mais le domaine propose encore plus que sa part de vins anodins.

Le vignoble bénéficie d'une belle situation sur le plateau de Bommes, sur des sols sableux et graveleux. Les vins sont actuellement vieillis 18 à 24 mois en fûts de chêne, avec 50 % de bois neuf. Cette proportion était moindre antérieurement, et je soupçonne la propriété d'avoir été autrefois trop laxiste en matière de sélection.

2001
89+ ?
Ce vin d'un jaune d'or léger nuancé de vert est l'un des liquoreux de ce millésime les plus clairs de robe. Moyennement corsé, léger et délicat, révélant de séduisantes notes de chèvrefeuille et d'agrumes, il est discret, mais très plaisant. **À boire entre 2008 et 2020.** (1/03)

1999 D’un jaune d’or pâle, le 1999 présente des arômes sans détour d’ananas confit
86 et de boîte à épices. Moyennement corsé, marqué par l’acidité, il est quelque peu austère et dépouillé. **À boire dans les 3 à 8 ans.** (3/02)

1997 Tant le 1997 que le 1996 de Rayne Vigneau sont inintéressants, et vinifiés
86 dans un style coulant et commercial. Doté d’un nez d’ananas sirupeux, le 1997 est moyennement corsé, fruité, modérément doux, mais quelque peu dénué de complexité. **À boire jusqu’en 2017.** (1/02)

1996 Plus complexe que le 1997, le 1996 se distingue par des arômes crémeux
87 de melon et d’ananas. Moyennement corsé, mûr et d’une grande pureté, il tiendra bien **8 à 10 ans.** (1/02)

1990 Ce vin doux, épais et juteux n’a pas la complexité des meilleurs de ses jumeaux,
87 mais peut-être en développera-t-il davantage en vieillissant, car il est plus sucré, plus lourd et plus charnu que ses aînés. D’une couleur légèrement dorée, il est crémeux et mielleux, sans la précision, la netteté et le caractère botrytisé des plus belles réussites de l’appellation. Malgré cela, vous apprécierez beaucoup ce vin sans détour. **À boire jusqu’en 2012.** (3/97)

1989 Moyennement corsé, complexe et tout en finesse, le 1989 exhale un nez fleuri
89 de pêche et de miel, et développe en bouche des arômes frais et doux, étayés par une faible acidité. Ce vin de style commercial est à son apogée. **À boire jusqu’en 2006.** (11/94)

1988 Le 1988 est l’un des meilleurs crus que je connaisse de la propriété. Son
91 nez intense et mielleux de poire, de fleurs et d’abricot évoque un Muscat de Beaumes-de-Venise, et sa bouche, d’une richesse et d’une précision exceptionnelles grâce à un bon niveau d’acidité, est merveilleusement nuancée de chêne neuf grillé. La finale est tout à la fois élégante, vive et d’une excellente tenue. Vous apprécierez ce vin bien fait, imposant, mais impeccable d’équilibre, **jusqu’en 2009.** (3/90)

RIEUSSEC (SAUTERNES)

1er cru classé en 1855

Propriétaire : Domaines Barons de Rothschild (Lafite)

Adresse : 33210 Fargues

Tél. 01 53 89 78 00 – *Fax* 05 57 98 14 10

E-mail : rieussec@lafite.com

Site Internet : www.lafite.com

Visites : du lundi au vendredi, sur rendez-vous uniquement

Contact : Jean-Pascal Vazart

VIGNOBLE ET VINIFICATION

Superficie : 75 ha

Encépagement : 92 % sémillon ; 5 % sauvignon, 3 % muscadelle

Âge moyen des vignes : 25 ans – *Densité de plantation :* 7 500 pieds/ha

Rendement moyen : 15 hl/ha

Élevage : fermentations et vieillissement de 18 à 30 mois en fûts (100 % de bois neuf) ; collage et filtration

VINS PRODUITS

Château Rieussec – 60 000 b ; Clos Labère – 60 000 b
À maturité : dans les 6 à 25 ans suivant le millésime

APPRÉCIATION GÉNÉRALE

Ce cru s'impose, depuis son rachat par les Rothschild de Lafite, comme l'une des stars du Sauternais.

C'est en arrivant au cœur de l'appellation Sauternes que l'on découvre le Château Rieussec, avec sa tour, bien en vue, sur une hauteur. Le vignoble, qui s'étend sur les coteaux de Fargues et de Sauternes, surplombe la rive gauche de la Garonne ; c'est le plus élevé de l'appellation, après celui du Château d'Yquem, qu'il jouxte d'ailleurs. Il est d'un seul tenant, ce qui est assez inhabituel pour une propriété du Bordelais.

Rieussec a toujours bénéficié d'une très belle réputation, mais, après son rachat par Albert Vuillier, en 1971, la qualité s'améliora encore, grâce à des tries plus nombreuses permettant de ne récolter que les baies parfaitement botrytisées, grâce aussi à une plus forte proportion de bois neuf. Certains critiques spécialisés estiment cependant que les vins élaborés à cette époque prenaient une couleur trop profonde en vieillissant (notamment le 1976).

Par la suite, Albert Vuillier vendit une participation majoritaire aux Domaines Barons de Rothschild, qui ne ménagèrent ni leurs efforts ni leur argent pour améliorer encore la qualité de ce cru, en ne sacrifiant à aucun compromis. Ils ont ainsi produit des vins de très haut niveau, se classant régulièrement parmi les trois ou quatre meilleurs de l'appellation. Les collectionneurs fortunés pourront débattre pendant des décennies pour déterminer lequel, du 1988, du 1989, du 1990 ou du 2001, mérite la palme du Rieussec le plus profond.

Ce vin puissant, dont la richesse s'accompagne parfois d'un caractère rôti, est généralement intensément coloré et alcoolique, et d'une viscosité de bon aloi.

La propriété propose également un vin blanc sec, baptisé « R » – outre le fait que ce type de vin est très intéressant d'un point de vue comptable (il assure des liquidités à la propriété), celui-ci est l'un des meilleurs et des mieux connus du Sauternais.

2003
94-97 Puissant et massif, étonnamment concentré, le 2003 de Rieussec s'annonce par un jaune d'or moyennement foncé et par un nez d'orange crémeuse, d'abricot confit, de doux citron, d'ananas et de boîte à épices. Tout à la fois complexe, concentré, visqueux et doux, étayé par une faible acidité et par un gras généreux, il se distingue encore par sa finale extraordinairement persistante. **À boire à son apogée entre 2010 et 2028.** (1/05)

2002
90 Moyennement corsé, d'une belle richesse, le 2002 de Rieussec se distingue par son bouquet racé mêlant des senteurs de chèvrefeuille et d'autres fleurs blanches à des notes de crème à l'orange, d'ananas et de crème brûlée. Généreusement marqué de chêne neuf, étayé par une acidité fraîche, il déploie par paliers une finale persistante. Ce vin impressionnant évoluera certainement assez rapidement. **À boire entre 2008 et 2022.** (1/05)

2001
99 Voici un vin monumental. Ce Sauternes d'un grand classicisme, merveilleux de précision, regorgeant d'un généreux et onctueux fruité de chèvrefeuille, de

pêche et d'autres fruits tropicaux, se distingue encorc par son caractère corsé et massif, par son étoffe et sa persistance (sa finale dure près de 1 minute). L'ensemble, séduisant, sera à son apogée **entre 2010 et 2035.** (1/03)

2000
91 Avec sa robe d'un jaune d'or profond tirant sur l'ambre, ce 2000 évoque son aîné de 1983 dans sa jeunesse. L'ensemble, corsé et plutôt complexe, séduit par ses arômes de marmelade d'orange, de crème brûlée, de beurre fondu et de fumé. Dense, généreusement fruité et marqué par le botrytis, il est étayé par une heureuse acidité. Ce vin pourrait prétendre au titre du Sauternes le plus réussi du millésime. **À boire jusqu'en 2018.** (1/03)

1999
91 Ce vin peu évolué et serré se distingue par l'heureuse acidité qui l'étaye, et par des arômes crémeux de fleurs blanches, de pêche et de caramel joliment marqués de botrytis. Moyennement corsé, il n'est pas l'exemple de ce cru le plus flamboyant ni le plus épanoui (il est, je le répète, assez serré), mais il impressionne indiscutablement par sa persistance et sa générosité. L'ensemble doit être consommé **entre 2006 et 2020.** (1/03)

1998
92 Très réussi, le 1998 s'annonce par un jaune d'or assez foncé et par un doux nez de chêne grillé et fumé, de vanille, de noix de coco, de chèvrefeuille, de pêche et même d'ananas. Riche et doux, il est, contrairement à son cadet d'un an, épanoui et évolué. Ce vin pourrait prétendre au titre de réussite du millésime en Sauternais. **À boire dans les 10 à 15 ans.** (1/03)

1997
93 Belle réussite que le 1997 de Rieussec. Ce vin corsé et très doux, généreusement marqué de botrytis et d'arômes de chèvrefeuille, de caramel, de pêche et de crème brûlée, est corsé, opulent et flamboyant. Bien qu'il recèle un fort taux de sucre résiduel (120 g/l), il est équilibré et tonique, grâce à l'heureuse acidité qui l'étaye. Comme la plupart des exemples du cru, celui-ci se compose à 90 % de sémillon, à 7 % de sauvignon et pour le reste de muscadelle. **À boire jusqu'en 2025.** (1/03)

1996
92+ D'un jaune d'or profond, généreusement marqué de chêne neuf, de fumé, de caramel, de crème brûlée et de chèvrefeuille, le 1996 de Rieussec est relativement doux, mais structuré. Bien qu'il semble s'être refermé depuis la mise en bouteilles, il révèle encore un caractère étoffé et généreux, ainsi qu'un beau potentiel. L'ensemble, qui promet d'être de longue garde, demande cependant à être attendu. **À boire entre 2008 et 2040.** (1/03)

1995
86 Pour des raisons que j'ignore, le 1985 de Rieussec ne m'a jamais impressionné. Manquant à la fois de botrytis et de complexité, il présente aussi un caractère trapu. Ses arômes crémeux d'ananas et de fruits confits sont sans détour et dénués de nuances. Peut-être suis-je passé à côté de quelque chose ? Ce vin se développera-t-il ultérieurement ? J'en doute. **À boire jusqu'en 2018.** (1/03)

1990
94 Ce vin spectaculaire, d'un jaune d'or assez évolué, dégage de fabuleuses senteurs de boîte à épices nuancées de pêche caramélisée, d'abricot et de chèvrefeuille, qui jaillissent littéralement du verre. Corsé, épais et séveux, il présente l'acidité requise pour faire pièce à sa puissance et à sa douceur

intense. Généreux et visqueux, il est d'ores et déjà accessible, tout en étant capable d'une garde supplémentaire de 20 à 25 ans. **À boire jusqu'en 2025.** (1/03)

1989 **93** Quel bonheur de déguster côte à côte la glorieuse trilogie des Rieussec 1988, 1989 et 1990 ! Le 1989 évoque par son style une synthèse entre le 1989, délicat, élégant, nuancé, presque discret, et le puissant et massif 1990, tout en n'ayant rien de timoré. Sa robe d'un jaune d'or assez foncé est moins intense que celle du 1990, mais incontestablement plus soutenue que celle de son aîné d'un an. Dégageant d'amples senteurs de terre et de fumé nuancées de crème brûlée, de chèvrefeuille, d'ananas mûr et d'autres fruits tropicaux, il est corsé, doux et d'une richesse luxuriante, avec une faible acidité et une finale aussi ample que concentrée. L'ensemble, qui continue de gagner en corpulence au fur et à mesure de son vieillissement, se fait de plus en plus impressionnant – comme le 1990. **À boire jusqu'en 2025.** (1/03)

1988 **94** Est-ce l'infinie délicatesse de ce vin qui m'a toujours séduit ? Plus en retrait que les puissants et flamboyants 1989 et 1990, il exprime tout en nuances des arômes policés, mais imposants, de noix de coco, de marmelade d'orange, de crème brûlée et de chèvrefeuille, et présente aussi, tant au nez qu'en bouche, un boisé parfaitement fondu. Corsé, moins doux que ses deux cadets immédiats, il est racé et doit à son heureuse acidité son caractère tonique et sa précision. Ce vin magnifique semble parfaitement armé pour résister à l'épreuve du temps. **À boire jusqu'en 2035.** (1/03)

1986 **90** Ce vin est devenu moins impressionnant en prenant de l'âge. Peut-être s'est-il simplement refermé ? Cependant, je lui avais auparavant toujours attribué 1 à 3 points de plus que je ne l'ai fait récemment. D'un jaune d'or assez profond, doté d'un doux nez de chèvrefeuille, de maïs, de pêche et de chêne grillé, il présente aussi, dans un ensemble moyennement corsé, des nuances de marmelade, d'abricot et de noix rôtie. L'ensemble, qui doit son élégance et sa précision à l'heureuse acidité qui l'étaye, semble se dessécher et s'amenuiser en finale. Peut-être est-il seulement à un stade ingrat de son évolution ? **À boire jusqu'en 2015.** (1/03)

1985 **86** Très bon pour le millésime, le 1985 est riche, rond et épanoui, avec un généreux fruité doux et confit. Cependant, du fait de son manque de botrytis, il ne présente pas la complexité adéquate, et, bien qu'il soit charnu et savoureux, il manque d'intérêt. **À boire.** (11/90)

1983 **92** D'une couleur légèrement dorée à peine nuancée de vert, ce 1983 (issu d'un excellent millésime) est très certainement l'un des exemples les mieux réussis de ce cru. Bien structuré, présentant une très bonne acidité et une texture profonde, longue, riche, très corsée et visqueuse à la fois, il ne révèle pas la moindre lourdeur ou mollesse, malgré sa puissance et sa richesse. Fabuleux d'équilibre, avec une finale persistante et spectaculaire, il s'impose incontestablement comme l'un des très grands succès du millésime. **À boire.** (3/88)

1982 **82** Dans ce piètre millésime pour les liquoreux, Rieussec a réussi (grâce à une sélection des plus sévères) un vin merveilleusement fruité et épicé, moyennement corsé, bien qu'assez léger, et qui libère de délicats arômes de fruits tropicaux. **À boire.** (3/86)

MILLÉSIMES ANCIENS

Le 1976 (noté 90 en janvier 2001) est sujet à controverse. J'ai encore dans ma cave personnelle quelques bouteilles de ce vin ample, titrant plus de 15 % d'alcool naturel et issu de minuscules rendements de 2,5 hl/ha. Très tuilé de robe, il présente de très caractéristiques et profondes senteurs de caramel tirant sur le sucre roux et les arômes chocolatés. L'ensemble, qui recèle de l'acidité volatile, est ample, épais et séveux, et se situe à mi-chemin entre un Sauternes et un Madère. Il ne fait pas l'unanimité, mais je l'apprécie beaucoup. À boire avant 2010.

Le 1975 (noté 90 en janvier 2001) est marqué par une heureuse acidité, ainsi que par des nuances de caramel. Comme le précédent, ce vin, qui présente une légère oxydation, se situe par le style entre un Madère et un Sauternes, mais il est impressionnant.

ROMER DU HAYOT (SAUTERNES)

2[d] cru classé en 1855
Propriétaire : SC Vignobles du Hayot
Adresse : BP 26 – 33720 Barsac
Tél. 05 56 27 15 37 – *Fax* 05 56 27 04 24
E-mail : vignoblesduhayot@aol.com
Visites : sur rendez-vous uniquement, fermé en août
Contacts : M. ou Mme du Hayot

VIGNOBLE ET VINIFICATION

Superficie : 15 ha
Encépagement : 70 % sémillon, 25 % sauvignon, 5 % muscadelle
Âge moyen des vignes : 35 ans – *Densité de plantation :* 6 500 pieds/ha
Rendement moyen : 25 hl/ha
Élevage : fermentations en cuves d'acier inoxydable thermorégulées ; vieillissement de 18 mois en fûts ; collage et filtration

VIN PRODUIT

Château Romer du Hayot – 50 000 b (pas de second vin)
À maturité : dans les 5 à 15 ans suivant le millésime

APPRÉCIATION GÉNÉRALE

Ce vin régulier à bon niveau est rarement très intéressant, mais il est proposé à un prix extrêmement raisonnable.

J'apprécie généralement les vins de ce petit domaine, situé non loin du magnifique Château de Malle. Le style de vinification à Romer du Hayot privilégie le caractère moyennement corsé, frais, fruité et modérément doux du cru. Le vieillissement est assez court, si bien que l'ensemble présente un fruité exubérant qui n'est jamais trop marqué de notes de chêne épicé.

Malgré son caractère léger, Romer du Hayot vieillit bien sur 5 à 15 ans après le millésime. Les prix demeurent, fort heureusement, raisonnables.

1997
87
Séduisant par ses senteurs modérément intenses de liqueur de poire, d'ananas et d'abricot, le 1997 de Romer du Hayot est généreusement marqué par le

botrytis, et déploie une finale tout à la fois longue, douce, onctueuse et épaisse. Malheureusement, l'ensemble pèche par manque de structure et de précision. Il devrait cependant bien évoluer et tenir **ces 10 prochaines années.** (1/02)

1996 **89** Le très classique 1996 se présente comme un vin pur, au boisé bien fondu, doté d'arômes de chêne grillé, de fumé, d'ananas confit, de minéral et de cocktail de fruits. L'ensemble, moyennement corsé et extraordinaire de pureté, exprime une bouche ronde, riche et fumée, bien étayée par une heureuse acidité tonique. **À boire jusqu'en 2015.** (1/02)

1990 **86** Le 1990 de Romer du Hayot exhale un nez moyennement intense d'ananas et déploie des arômes modérément corsés, mûrs et doux. Sa finale est nette et fraîche. Ce vin accessible et sans détour est **à boire.** (11/94)

1989 **85 ?** Le 1989 m'est apparu trop sulfureux au nez, présentant en bouche des notes piquantes et sales de terre. Mais on décèle derrière ces défauts un vin sans détour, moyennement corsé et modérément doux. **À boire.** (11/94)

SIGALAS RABAUD (SAUTERNES)

1er cru classé en 1855
Propriétaires : SAS du Château Sigalas Rabaud – Marquis Gérard de Lambert des Granges
Adresse : Bommes – 33210 Langon
Adresse postale : Gaussens – 33880 Baurech
Tél. 05 56 21 31 43 – *Fax* 05 56 78 71 55
Visites : sur rendez-vous uniquement
Contact : Gérard de Lambert des Granges

VIGNOBLE ET VINIFICATION

Superficie : 14 ha
Encépagement : 85 % sémillon, 15 % sauvignon
Age moyen des vignes : 45 ans – *Densité de plantation :* 6 660 pieds/ha
Rendement moyen : 18 hl/ha
Élevage : fermentations en fûts à basse température (moins de 18 °C) ; vieillissement de 20 mois en fûts (1/3 de bois neuf) ; soutirage trimestriel ; collage au blanc d'œuf ; filtration

VINS PRODUITS

Château Sigalas Rabaud – 30 000 b ; Le Cadet de Sigalas – 8 000 b
À maturité : dans les 5 à 25 ans suivant le millésime

APPRÉCIATION GÉNÉRALE

Il semblerait, à en juger à l'aune de son fabuleux 2001, que cette propriété exploite enfin pleinement son potentiel.

Sigalas Rabaud m'a longtemps paru difficile à jauger. Il jouit incontestablement d'une situation idéale sur les coteaux de Haut-Bommes, sur des sols argilo-graveleux ouverts au sud et favorisant une parfaite maturation de la vendange. Cependant, la dégustation de ce cru m'a souvent donné l'impression d'un certain laisser-aller – du moins jusqu'au milieu des années 80, quand il a commencé à s'améliorer.

2001 Le 2001 s'impose comme l'une des plus belles réussites de la propriété ces
91 dernières années. Ce vin superbe, dont la robe s'orne de légers reflets verts, déploie un fruité intense, ainsi que des parfums de tarte aux pommes nuancés de crème brûlée, de caramel, de pêche, de chèvrefeuille et de vanille. Il est corsé, plutôt doux, étonnant à la fois de pureté et de précision. Quelle merveille ! **À boire entre 2010 et 2020, voire au-delà.** (1/03)

2000 Un bouquet sans détour de cookie aux amandes nuancé d'ananas annonce ce
87 vin moyennement corsé et modérément doux, qui manque autant de race que de complexité. **À boire dans les 8 ans.** (1/03)

1999 Ce vin aux légers reflets verts exhale un nez d'abricot imparfaitement mûr
88 nuancé de pêche, de boîte à épices, de vanille et de noix rôtie. Relativement doux, fidèle au style du cru, il est moyennement corsé, un peu lourd, mais charnu et assez savoureux. **À boire jusqu'en 2014.** (1/02)

1998 Riche et crémeux, doté de notes très prononcées de caramel, de chèvrefeuille,
88 d'orange et de pêche, ce vin richement fruité est assez doux, mais il recèle une heureuse acidité tonique qui contribue à sa précision et à sa vigueur. **À boire jusqu'en 2015.** (1/03)

1997 Tout à la fois mielleux, opulent et précoce, l'impressionnant Sigalas Rabaud
89+ 1997 se distingue par son généreux fruité d'orange, d'ananas et de mangue, marqué par une faible acidité. En fait, le fruit dissimule pratiquement toutes les autres nuances de ce vin riche et corsé, visqueux, sensuel et sans retenue, qui séduira incontestablement les amateurs en quête d'un plaisir immédiat. **À boire jusqu'en 2015.** (1/03)

1996 Forgé par un climat plus frais que le 1997, le 1996 présente des notes plus
88 prononcées de coing, de kiwi et d'ananas crémeux. Moyennement corsé, moins visqueux que son cadet d'un an, il est étayé par une heureuse acidité tonique et sous-jacente, et déploie une finale austère, mais nette et vive, aux notes minérales. **À boire dans les 8 à 10 ans.** (1/03)

1990 Le 1990 est probablement l'un des meilleurs Sigalas Rabaud depuis plusieurs
91 années. Ses douces senteurs de pain grillé, de caramel et de crème brûlée sont dominées par une véritable explosion de notes d'agrumes mielleux et de fruits tropicaux. La bouche, très corsée, douce et onctueuse, présente des arômes de pêche purs et épais évoquant le viognier. Ce vin alcoolique, puissant et de bonne mâche devrait révéler davantage de finesse et de subtilité en prenant de l'âge. **À boire jusqu'en 2020.** (3/97)

1989 Bien évolué, avec une robe dorée assez foncée, le 1989 est moyennement
88 corsé, quelque peu dénué de structure, et présente un fruité mûr de caramel et d'abricot, nuancé de terre et de boisé, et étayé par une faible acidité. C'est un vin puissant et musclé, impressionnant d'ampleur, mais assez acerbe en finale, moins riche et moins complet que le 1988 ou le 1990. **À boire jusqu'en 2015.** (3/97)

1988 Typique du millésime, le 1988 est racé et d'une grande finesse, avec de merveil-
89 leux arômes doux, rôtis et mielleux de melon, de fruits tropicaux et de vanille. Plus retenu, moins ample, moins musclé et moins doux que le 1989 ou le 1990, il est moyennement massif, élégant et complexe, capable d'une garde **de 15 ans ou plus.** (3/97)

1986 Complexe et élégant, bien marqué par le botrytis, le 1986 présente des senteurs
90 mielleuses, fleuries et épicées, qui jaillissent littéralement du verre. Merveilleusement proportionné et étayé par une bonne acidité, ce vin déploie de riches flaveurs de miel, de poire et d'ananas, ainsi qu'une finale souple, mais persistante, alcoolique et d'une belle précision. **À boire.** (11/90)

SUAU (BARSAC)

2d cru classé en 1855
Propriétaire : SARL Vignobles Famille Dubourdieu
Adresse : 33720 Barsac
Adresse postale : Château Archambeau – 33720 Illats
Tél. 05 56 62 51 46 – *Fax* 05 56 62 47 98
E-mail : chateau-archambeau@wanadoo.fr
Visites : sur rendez-vous uniquement
Contact : Corinne Dubourbieu

VIGNOBLE ET VINIFICATION

Superficie : 8 ha
Encépagement : 80 % sémillon , 10 % sauvignon, 10 % muscadelle
Âge moyen des vignes : 35 ans – *Densité de plantation :* 6 000 pieds/ha
Rendement moyen : 18-19 hl/ha
Élevage : vieillissement de 18 mois en cuves et en fûts (renouvelés par tiers à chaque millésime) ; collage et filtration

VIN PRODUIT

Château Suau – 19 000 b (pas de second vin)
À maturité : dans les 5 à 12 ans suivant le millésime

APPRÉCIATION GÉNÉRALE

Ce vin plaisant et sans détour, à boire sans cérémonie, est proposé à un prix raisonnable.

Cette petite propriété, cachée sur une route de Barsac, est très peu connue. L'essentiel de sa production est vendu directement à des particuliers. Les vins, qui sont généralement anodins, doivent être consommés dans les 5 à 12 ans suivant le millésime.

1997 Les arômes du 1997 m'ont, de prime abord, évoqué l'abricot imprégné de
87 cognac. Le nez manque de finesse, mais la bouche, moyennement corsée et quelque peu lourde, est pure, riche, rustique, bien étoffée et marquée par le botrytis. Peut-être l'ensemble requiert-il tout simplement un peu de temps pour s'affirmer ? **À boire jusqu'en 2012.** (1/02)

1996 Contrairement au cru précédent, le 1996 est bien fait, dans un style plus
85 léger. Dégageant des senteurs d'agrumes, de maïs, de pomme et de pêche blanche, il est modérément doux, assez léger, et sera parfait **ces 5 prochaines années.** (3/00)

1990 Le 1990 est le vin de la propriété le plus concentré, le plus opulent et le
89 plus puissant que je connaisse. Ample et très corsé, il déployait au départ

un caractère monolithique qui a désormais fait place à plus de précision et de complexité au nez. **À boire.** (11/94)

1989
87
Moyennement corsé, le 1989 est élégant, ce qui n'est pas typique de ce millésime gras et massif. D'une grande finesse, il déploie également un merveilleux fruité d'abricot et d'ananas, ainsi qu'un caractère vif et frais. **À boire.** (11/94)

SUDUIRAUT (SAUTERNES)

1er cru classé en 1855
Propriétaire : Axa Millésimes
Adresse : 33210 Preignac
Tél. 05 56 63 61 92 – *Fax* 05 56 63 61 93
E-mail : contact@suduiraut.com
Site Internet : www.suduiraut.com
Visites : sur rendez-vous uniquement
Contact : Pierre Montegut

VIGNOBLE ET VINIFICATION

Superficie : 90 ha
Encépagement : 90 % sémillon, 10 % sauvignon
Âge moyen des vignes : 25 ans – *Densité de plantation :* 7 000 pieds/ha
Rendement moyen : 17 hl/ha
Élevage : fermentations de 14 à 21 jours et vieillissement de 18 mois en fûts (30 % de bois neuf) ; collage ; pas de filtration

VINS PRODUITS

Château Suduiraut – variable ; Castelnau de Suduiraut – variable
À maturité : dans les 8 à 30 ans suivant le millésime

APPRÉCIATION GÉNÉRALE

Suduiraut est incontestablement l'un des meilleurs crus de Sauternes, et il est encore plus régulier à haut niveau depuis son acquisition par le groupe Axa.

Le beau et vaste domaine de Suduiraut se trouve à deux pas du Château d'Yquem, un peu plus bas sur la route ; il jouxte au nord les vignes de ce prestigieux voisin.

Suduiraut s'impose souvent parmi les grands de l'appellation, les 1959, 1967, 1976, 1982, 1988, 1989, 1990 et 2001 démontrant avec éclat son extraordinaire potentiel. À son meilleur niveau, le vin est très riche et très opulent – on le confond souvent avec D'Yquem dans les dégustations à l'aveugle. Cependant, sa troublante irrégularité m'a toujours laissé perplexe ; dans la première partie des années 70, notamment, Suduiraut s'est fréquemment montré nettement au-dessous du seuil minimal acceptable. Néanmoins, sous la houlette d'Axa, il semblerait que son immense potentiel soit enfin exploité.

Dans les grands millésimes, Suduiraut requiert une garde de 10 ans environ pour atteindre son apogée, mais il est capable de se maintenir 30 ans sans problème. Très coloré, joliment parfumé et d'une richesse sensuelle – parfois même massive –, ce cru, bien que moins régulier encore que Climens ou Rieussec, par exemple, semble à nouveau sur les rails.

En 1982 et 1989, le château a produit une Crème de Tête Cuvée Madame somptueuse, mais rare et chère. Comme la Cuvée Madame du Château Coutet, elle est capable de rivaliser avec D'Yquem, mais la production est faible – moins de 1 000 caisses.

2003 **92-95** D'un jaune d'or moyennement foncé, le 2003 de Suduiraut exhale avec ampleur des senteurs de melon crémeux, d'agrumes confits, de chèvrefeuille, de marmelade d'orange et de fruits tropicaux. Riche, mielleux et onctueux, il compense son manque de finesse par sa richesse, sa puissance et son potentiel extraordinaires. Comme tous les crus issus d'un terroir grandiose, il développera certainement de la finesse au fur et à mesure de son évolution. **À boire entre 2012 et 2030.** (1/05)

2002 **91** D'un jaune d'or légèrement foncé nuancé de vert, le 2002 de Suduiraut exhale un nez de pâte d'amande, d'orange crémeuse, d'herbes séchées, d'ananas et de lanoline. L'ensemble est riche et puissant. **À boire entre 2008 et 2020.** (1/05)

2001 **98** Le 2001 s'impose comme la plus belle réussite de Suduiraut ces trente dernières années. Révélant un nez de fleurs blanches nuancé de pêche crémeuse et de fruits tropicaux, il exprime une bouche onctueuse, mais également fraîche et d'une grande précision (ces deux derniers traits étant dus à une heureuse acidité sous-jacente). Malgré son caractère explosif, massif et généreux, l'ensemble s'exprime tout en rondeur. Quelle légende en perspective ! **À boire entre 2010 et 2040.** (1/03)

2000 **89+** Ce vin élégant, d'un jaune d'or moyennement foncé, se caractérise par des notes d'orange et de confiture d'abricot. Modérément corsé, mûr et doux, il présente un caractère plus affirmé que la plupart de ses jumeaux. Une belle réussite. **À boire jusqu'en 2020.** (1/03)

1999 **90** Des notes de lanoline, de cire, de chèvrefeuille et de fruits tropicaux mûrs jaillissent littéralement du verre, annonçant ce vin corsé, fortement marqué par le botrytis et étayé par une heureuse acidité. L'ensemble, qui déploie une finale longue, puissante et généreuse, est encore fermé, mais il présente à mon sens un très bon potentiel de garde. **À boire entre 2007 et 2030.** (12/02)

1998 **89** Ce vin doux et élégant, d'un jaune d'or léger nuancé de vert, se compose à 90 % de sémillon et pour le reste de sauvignon blanc. Ses notes fraîches, délicates et vraiment plaisantes de chèvrefeuille et de beurre sont nuancées de poire, d'ananas et d'autres fruits. Plutôt précoce pour le cru, l'ensemble doit être consommé dans les 20 ans suivant le millésime. **À boire jusqu'en 2018.** (12/02)

1997 **90** Doté d'une acidité étonnamment fraîche et tonique pour un vin aussi massif et aussi riche, le 1997 de Suduiraut laisse en bouche l'impression d'un ensemble intense, corpulent et modérément doux. Se distinguant par un généreux fruité crémeux et mielleux, il impressionne par sa puissance et sa corpulence, et par sa très grande précision. **À boire jusqu'en 2025.** (1/03)

1996 **86** Plus vert, plus maigre et plus piquant que son cadet d'un an, le Suduiraut 1996 présente des arômes assez retenus, dominés par le chêne neuf épicé. Pour des raisons qui m'échappent, l'ensemble n'a pas le gras ni le caractère massif typiques des meilleurs millésimes. **À boire jusqu'en 2014.** (12/00)

1990 Ce vin merveilleusement riche, gras et concentré, dont les senteurs de pêche
94 brûlée nuancées de beurre roux, de pâte d'amande et de caramel sont marquées d'intenses notes de chêne épicé, est moyennement corsé, épais et séveux, évoquant en bouche la marmelade. L'ensemble a atteint son apogée et se maintiendra **jusqu'en 2020.** (1/03)

1989 De très complexes notes de noisette rôtie entremêlées de nuances de beurre
92 roux, de caramel, de zeste d'orange et de fruits exotiques confits jaillissent littéralement du verre, annonçant ce vin d'un jaune d'or moyennement foncé, tout à la fois doux, rond et délicieux. L'ensemble, qui a atteint son apogée, tiendra bien **jusqu'en 2016.** (1/03)

1989 Cuvée Madame – Quel Sauternes extraordinaire ! Fabuleux de concentration,
96 avec une texture onctueuse et un titre alcoométrique voisin de 14 ou 15°, ce vin gigantesque s'impose comme l'un des monuments du millésime. Ceux qui privilégient la puissance et la finesse apprécieront davantage le 1988, mais les amateurs de force brute et d'ensembles très amples ne trouveront rien qui puisse égaler la Cuvée Madame 1989. **À boire jusqu'en 2025.** (4/91)

1988 Le 1988 est imposant, quoique fermé et peu évolué. Ce vin, qui a mis plus
90+ longtemps à s'affirmer que je ne le pensais, arbore un jaune d'or léger qui ne traduit aucunement son âge. Marqué de notes d'agrumes, de terre et de boisé, et nuancé de chèvrefeuille, il est serré, moins doux que les millésimes plus récents, mais moyennement corsé, discret et d'une belle précision. **À boire entre 2008 et 2020.** (1/03)

1986 J'attendais du Suduiraut 1986 qu'il fût exceptionnel, mais il ne l'est pas. Il
87 est simplement très bon. Très corsé et très riche – il s'en fallait de peu qu'il ne fût profond –, il regorge d'arômes charnus et mielleux d'ananas, de noix de coco et de fruit crémeux ; tout en étant musclé, il n'a pas la complexité de la plupart des Sauternes du millésime. Comment se fait-il qu'il soit nettement moins botrytisé que ses jumeaux plus réussis ? **À boire jusqu'en 2008.** (3/90)

1985 Étonnamment léger et sans détour, le 1985 est terne, voire insipide, fruité,
79 mais dépourvu de complexité – bref, décevant, compte tenu de la réputation du cru. **À boire.** (3/90)

1983 D'un or moyennement foncé, le 1983 déploie un nez mielleux et riche de
87 fleurs, mais, bien qu'étant corsé, se révèle moins profond que ses jumeaux de l'appellation. L'ensemble, élégant et gracieux, se distingue aussi par ses doux arômes et son caractère bien affirmé. Cela dit, j'aurais espéré mieux de ce cru, compte tenu du millésime. **À boire.** (3/90)

1982 Cuvée Madame – Si le millésime est excellent pour les rouges, il est assez
90 quelconque pour les liquoreux. Cependant, la Cuvée Madame de Suduiraut est un succès éblouissant. Le régisseur estimait même qu'il s'agissait de la plus belle réussite de la propriété depuis les grandioses 1967 et 1959. Issu des seuls raisins rentrés avant les pluies, ce vin est très concentré, profond, mielleux et opulent, très persistant aussi, avec cette richesse crémeuse à la limite du visqueux propre à Suduiraut. L'ensemble est superbe d'équilibre, et il aurait été en tout point parfait n'était son léger manque de botrytis. **À boire jusqu'en 2010.** (3/90)

MILLÉSIMES ANCIENS

Le 1976 (noté 92 en mars 1990) est le meilleur Suduiraut des années 70. Dans la décennie précédente, le fabuleux 1967 (noté 93 en décembre 2002) est à son apogée. Idem pour le 1961 (noté 92 en décembre 2002). J'ai régulièrement noté le grandiose 1959 entre 92 et 94 à chaque fois que je l'ai dégusté (dernièrement en décembre 1989). Parmi les autres millésimes que j'ai commentés, ont été bien notés les 1945 (90 en novembre 1986) et 1947 (93 en juillet 1987). Je n'ai jamais dégusté un Suduiraut d'avant-guerre, mais on dit que les 1899 et 1928 sont légendaires. Le 1949 et le 1955, que j'ai pu goûter, m'ont laissé indifférent.

LA TOUR BLANCHE (SAUTERNES)

1er cru classé en 1855
Propriétaire : ministère de l'Agriculture
Adresse : 33210 Bommes
Tél. 05 57 98 02 73 – *Fax* 05 57 98 02 78
E-mail : tour-blanche@tour-blanche.com
Site Internet : www.tour-blanche.com
Visites : sur rendez-vous de préférence,
du lundi au vendredi (9 h-11 h et 13 h 30-17 h)
Contact : Corinne Reulet

VIGNOBLE ET VINIFICATION

Superficie : 37 ha
Encépagement : 83 % sémillon, 12 % sauvignon, 5 % muscadelle
Âge moyen des vignes : 26 ans – *Densité de plantation :* 6 200 pieds/ha
Rendement moyen : 14 hl/ha
Élevage : fermentations de 14 à 21 jours et vieillissement de 16 à 18 mois en fûts (100 % de bois neuf) pour le sémillon, en cuves d'acier inoxydable pour le sauvignon et la muscadelle ; collage et filtration

VINS PRODUITS

Château La Tour Blanche – 40 000 b ; Les Charmilles de La Tour Blanche – 25 000 b
À maturité : dans les 5 à 30 ans suivant le millésime

APPRÉCIATION GÉNÉRALE

La Tour Blanche, qui s'est considérablement amélioré depuis la fin des années 80, s'impose désormais comme l'un des crus les plus réguliers de l'appellation.

Le Château La Tour Blanche se situe juste après D'Yquem dans le classement des Sauternes de 1855. La propriété est gérée depuis 1910 par le ministère de l'Agriculture.

Jusqu'au milieu des années 80, les vins de La Tour Blanche étaient au moins médiocres, mais 1988 a marqué un tournant radical dans la marche de la propriété. Cette année-là, les vins furent vieillis en barriques, et, depuis le millésime suivant, les fermentations ont lieu en fûts neufs. Les chais sont maintenant climatisés, et les rendements ont été réduits aux alentours de 14 hl/ha.

Tout bien considéré, La Tour Blanche s'impose désormais comme l'une des étoiles montantes de l'appellation. Fort heureusement, les prix n'ont pas (encore) rattrapé la courbe ascendante de la qualité.

La propriété propose aussi un second vin issu des cuves les moins réussies, ainsi que deux blancs secs.

2003 **93-95** D'un jaune d'or moyennement foncé, ce vin puissant et évolué s'annonce par un nez de confiture de pêche, de chèvrefeuille et de crème brûlée, ainsi que par d'intenses arômes de fruits tropicaux confits. Merveilleusement ample, onctueux, d'une richesse massive, il regorge d'alcool et de gras. S'il est un peu lourd, il recèle une heureuse acidité – il devrait donc développer de la précision au fur et à mesure de son évolution. **À boire entre 2011 et 2025.** (1/05)

2002 **89** Agréable et élégant pour le cru, le 2002 de La Tour Blanche s'annonce par un jaune d'or léger nuancé de vert, ainsi que par un nez de popcorn crémeux, de fruits confits et de fleurs. Moyennement corsé, très frais grâce à son heureuse acidité, il déploie une finale aussi longue que concentrée. **À boire à son apogée entre 2007 et 2019.** (1/05)

2001 **97** Ce vin au bouquet de pêche mûre et d'ananas nuancé de remarquables notes de fraise est corsé, généreusement fruité et ample, mais d'une grande précision et d'un bel équilibre. Comme la plupart de ses jumeaux, il doit à son heureuse acidité sa tonicité et son bon ressort. Il s'agit incontestablement de la plus belle réussite de la propriété depuis le sensationnel 1990. **À boire entre 2009 et 2035.** (1/03)

1999 **91** Ce cru s'améliore d'année en année, nonobstant les conditions du millésime. D'un jaune d'or léger, exhalant un nez de mandarine nuancé de confiture de pêche et d'abricot, il est également marqué de boisé et de fleur d'acacia. Moyennement corsé, concentré et d'une belle douceur, il présente, outre de douces notes de chêne, un caractère de botrytis, ainsi qu'une heureuse acidité à laquelle il doit sa fermeté. L'ensemble n'est ni puissant ni massif, mais d'excellente facture. **À boire jusqu'en 2018.** (1/03)

1998 **92** Le 1998 de La Tour Blanche est généreusement marqué d'arômes doux et concentrés de chèvrefeuille, d'ananas et d'abricot. Très harmonieux, il présente un boisé subtil et une acidité bien fondue, ainsi qu'une finale corsée, opulente et flamboyante. Ce classique, puissant et épanoui, peut être apprécié dès sa jeunesse et dans les 20 ans. **À boire jusqu'en 2022.** (1/03)

1997 **90** Vêtu d'une robe moyennement dorée, le 1997 de La Tour Blanche est fabuleusement parfumé et généreux. Dense et très corsé, il dégage un nez mielleux et très particulier de fruits crémeux et rôtis, de coing, d'orange et de minéral. La bouche révèle un fruit riche et fabuleusement extrait, et l'ensemble, doux et onctueux, s'impose comme l'une des grandes réussites du millésime. **À boire jusqu'en 2025.** (1/02)

1996 **89** Plus léger que le 1997, le 1996 présente, outre une robe légèrement dorée, un nez crémeux d'agrumes et de pierre à fusil nuancé de noix de coco, de poire, d'orange et d'ananas. La bouche, moyennement corsée et modérément douce, atteste un caractère racé et des plus élégants. **À boire jusqu'en 2015.** (3/01)

1990 **94** Ce vin sensationnel, dont les odorantes senteurs de chèvrefeuille, de marmelade, d'ananas et de lanoline jaillissent littéralement du verre, est corsé, luxuriant, mais merveilleux de pureté et de précision. Très séduisant, il est déjà à son apogée et tiendra **jusqu'en 2020.** (3/01)

1989 Corsé, riche et imposant, le 1989 révèle un fruité intense et mielleux. Il est
90 aussi ample, puissant, doux et lourd, avec des arômes pénétrants de miel et de fleurs. Ce vin généreusement doté, qui manque cependant de structure, se conservera facilement **encore 15 à 20 ans.** (11/94)

1988 Incroyablement riche et très botrytisé, le 1988 de La Tour Blanche est crémeux,
92 avec des arômes mielleux de fruits tropicaux (ananas) merveilleusement infusés de chêne grillé. Montrant une acidité de bon ressort, il développe une finale riche, très corsée et longue. Ce vin, qui commence tout juste à évoluer, tiendra facilement **25 à 35 ans encore.** (11/94)

1986 Après l'avoir goûté du fût, je pensais que ce vin serait meilleur, mais il se
82 révèle plutôt sans détour et compact, manquant de complexité. Il présente un bon fruité, cependant dénué de la profondeur et du caractère botrytisé typique des vins de ce millésime. Il est bon, mais sans rien d'extraordinaire. **À boire.** (3/90)

1985 Les Sauternes 1985 sont généralement moins impressionnants que les 1986,
84 mais celui de La Tour Blanche est plus concentré, plus intense et plus persistant que son cadet d'un an. Néanmoins, il manque particulièrement de complexité et de botrytis. **À boire.** (3/90)

MILLÉSIMES ANCIENS

Le meilleur vieux millésime de La Tour Blanche que j'aie dégusté est un excellent 1975 (noté 87 en 1990), qui était encore jeune à 15 ans d'âge.

D'YQUEM (SAUTERNES)

1er cru classé en 1855
Propriétaire : SC du Château d'Yquem
Adresse : 33210 Sauternes
Tél. 05 57 98 07 07 – *Fax* 05 57 98 07 08
E-mail : info@yquem.fr
Site Internet : www.chateau-yquem.fr
Visites : sur rendez-vous uniquement, fermé en août
Contact : Pierre Lurton

VIGNOBLE ET VINIFICATION

Superficie : 126 ha (104 ha en production)
Encépagement : 80 % sémillon, 20 % sauvignon
Âge moyen des vignes : 30 ans – *Densité de plantation :* 7 000 pieds/ha
Rendement moyen : 8 hl/ha
Élevage : fermentations et vieillissement de 42 mois en fûts (100 % de bois neuf) ; collage et filtration

VIN PRODUIT

Château d'Yquem – 100 000 b (pas de second vin)
À maturité : dans les 10 à 100 ans suivant le millésime

APPRÉCIATION GÉNÉRALE

On peut sans crainte affirmer que le Château d'Yquem s'impose comme le vin le plus grandiose du Bordelais.

Implanté au cœur même du Sauternais, le Château d'Yquem est idéalement situé, au sommet d'une petite colline dominant les vignobles avoisinants de nombreux premiers crus. De 1785 à 1997, le domaine est demeuré entre les mains d'une même famille, et c'est le comte Alexandre de Lur-Saluces, le dernier de la lignée, qui l'a géré depuis le décès de son oncle, en 1968. En 1997, la propriété fut vendue au groupe Moët-Hennessy, et le comte de Lur-Saluces fut débouté de l'action en justice qu'il avait engagée pour contester cette acquisition. Cependant, il a conservé la direction de l'ensemble.

La grandeur et le caractère exceptionnel de ce cru résultent de la conjonction de divers facteurs. Il y a tout d'abord sa situation et le microclimat qui y est lié. Ensuite, la famille de Lur-Saluces a installé un système de drainage perfectionné comportant près de 100 km de canalisations. Enfin, on s'est ici toujours évertué, envers et contre tout, à produire le meilleur vin possible, quelles que soient les contingences financières ou les difficultés – et c'est surtout par là que ce cru se distingue de ses pairs.

Ici, on répète avec orgueil qu'un pied de vigne ne produit qu'un seul verre de vin. Les raisins sont ramassés à parfaite maturité, grain à grain, par 150 vendangeurs qui, bien souvent, restent au domaine durant 6 à 8 semaines, effectuant un minimum de quatre tries (passages) dans le vignoble. En 1964, ils durent quadriller le vignoble treize fois... pour rentrer du raisin finalement considéré comme impropre ; cette année-là, le domaine ne produisit pas de liquoreux. Rares sont les viticulteurs pouvant se permettre de déclasser leur entière récolte.

Le vin affiche un extraordinaire potentiel de garde. Mais, comme il est riche, opulent et doux, les gens le boivent généralement avant qu'il n'atteigne sa dixième année. C'est dommage, car il faut à D'Yquem de 15 à 20 ans pour déployer toutes ses splendeurs, et les meilleurs millésimes conservent leur fraîcheur et leur sensualité pendant au moins un demi-siècle, voire jusqu'à 75 ans d'âge. Le plus grand millésime que j'aie bu est le 1921. Il était remarquablement frais et vivace, d'une générosité et d'une richesse que je n'oublierai jamais.

La recherche à tout prix de la meilleure qualité ne s'arrête pas dans le vignoble. En effet, le vin est vieilli 3 ans et demi en fûts de chêne neuf, ce qui entraîne une perte de volume de 20 % environ, due à l'évaporation. Et, au moment de la mise en bouteilles, on effectue encore une sélection sévère des meilleures pièces. Dans les années d'excellent niveau, telles 1975, 1976 et 1980, 20 % des fûts sont éliminés. Dans les années difficiles, telles 1979, 60 % du vin est déclassé, et, en 1978, la récolte fut déclarée à 85 % impropre à être vendue sous l'étiquette D'Yquem. À ma connaissance, aucun autre domaine ne pratique une sélection aussi draconienne.

À noter également que le Château d'Yquem n'a pas diffusé de liquoreux pour les millésimes 1910, 1915, 1930, 1951, 1952, 1964, 1972, 1974 et 1992.

La propriété propose également, certaines années (1959, 1960, 1962, 1964, 1965, 1966, 1968, 1969, 1971, 1972, 1973, 1977, 1978, 1979, 1980, 1985, 1988, 1994, 1996 et 2000), un blanc sec célèbre, appelé « Y ». C'est un vin racé, dont le bouquet évoque celui du liquoreux, mais il est boisé et sec en bouche, étonnamment corsé et très alcoolique. Ce vin puissant doit, à mon avis, être servi avec un plat riche, comme le foie gras.

D'Yquem est habituellement diffusé 4 ans après la vendange à un prix très élevé, mais, compte tenu de la somme de travail, des risques encourus et de la sévérité de la sélection, on peut dire que c'est l'un des quelques vins de grande classe qui méritent leur prix astronomique. Depuis le millésime 2000, il est proposé en primeur.

2001 **100** Ce vin d'un jaune d'or léger, qui se distingue par la précision de son bouquet de chèvrefeuille, de pêche et d'ananas, est tout simplement irrésistible. Corsé, merveilleusement doux et élégant, il est pur, équilibré et précis, avec une finale longue de plus d'une minute. L'ensemble donne l'impression d'une grande jeunesse et d'un extraordinaire potentiel de garde. Cela étant, il présente aussi un caractère accessible, qui le rend provocant et prodigieux. Le 2001 s'impose comme un classique du cru, comme une légende en perspective. **À boire entre 2012 et 2075.** (1/05)

1999 **92+** Serré et élégant, le 1999 d'Yquem arbore un jaune d'or moyennement foncé et développe un doux bouquet de noix de coco, de crème brûlée, de marmelade d'orange et de chèvrefeuille. Moyennement corsé, étayé par une heureuse acidité à laquelle il doit sa fraîcheur, il n'a pas ce supplément de complexité et d'ampleur aromatique typique des grands millésimes du cru. Cependant, la propriété considère qu'il s'agit d'une de ses plus belles réussites des années 1990. Je classerais personnellement ce vin étonnamment évolué et précoce derrière ses aînés de 1997 et 1996, mais bien avant les 1991, 1992, 1993, 1994 et 1995. **À boire jusqu'en 2025.** (1/05)

1998 **91** Plutôt subtil pour le cru, le 1998 du Château D'Yquem arbore un jaune d'or moyennement foncé et présente un doux nez odorant évoquant les fruits tropicaux (citron et orange crémeux) nuancés de chêne épicé. Moyennement corsé et élégant, généreusement marqué de botrytis et étayé par une heureuse acidité, il déploie une finale aussi longue que douce. Bien que ce cru ne soit pas particulièrement profond, il est incontestablement de très haut vol. **À boire entre 2012 et 2030.** (1/05)

1997 **96** Ce vin sensationnel est probablement la plus belle réussite de la propriété depuis le 1990 (je n'exclus pas, cependant, qu'il puisse être égalé par le 1996). D'un jaune d'or léger, il s'annonce par de fabuleux parfums de caramel, de chèvrefeuille, de pêche, d'abricot et de chêne fumé. Corsé et onctueux, regorgeant d'un fruité doux et gras étayé par une heureuse acidité sous-jacente, il s'impose comme un grand millésime pour D'Yquem. **À boire jusqu'en 2055.** (1/03)

1996 **95+** Le 1996 n'a pas l'ampleur aromatique du 1997, mais il n'en reste pas moins généreusement doté ; il requiert simplement une certaine aération. Sa robe légèrement dorée prélude à un nez serré, mais prometteur, de noisette rôtie, nuancé de crème brûlée, de vanille, de miel, de marmelade d'orange et de pêche. Suit en bouche un ensemble moyennement corsé, qui s'exprime avec retenue (probablement du fait de son acidité) malgré sa puissance incontestable. Très pur en dépit de son étoffe et de son caractère massif, il atteste une vinification impeccable. Cependant, il mettra à rude épreuve la patience des amateurs. **À boire entre 2012 et 2060.** (1/03)

1995 **93** Un nez modérément intense de chèvrefeuille, de marmelade d'orange, de vanille et de chêne grillé annonce une bouche moyennement corsée, étayée par une heureuse acidité. Bien qu'elle soit, pour l'heure, un peu dénuée de complexité, celle-ci présente une finale longue et concentrée, relativement douce, marquée, elle aussi, par une acidité de bon aloi. **À boire entre 2007 et 2035.** (12/02)

1994 **90** Ce vin, qui manquait de structure dans sa petite enfance, semble gagner en corpulence et en précision. D'un jaune d'or moyennement foncé, il libère un nez mielleux de grillé, de noix de coco, d'ananas et de pêche, et se révèle modérément corsé et moins ostentatoire que certains autres exemples du cru. Cependant, l'ensemble est bien fait et capable d'une garde de 30 ans ou plus. **À boire entre 2008 et 2030.** (12/02)

1991 **88** Ce vin relativement discret et carré présente, outre une robe d'un jaune d'or moyennement foncé et un nez de chêne brûlé nuancé de fruits tropicaux, de vanille et de pêche cuite, un caractère modérément corsé et doux. Dénué du gras, de l'étoffe et de la texture charnue typiques des meilleurs millésimes du cru, il présente une finale marquée par l'acidité. Je me demande comment il évoluera. **À boire jusqu'en 2025.** (12/02)

1990 **98+** Dans ce millésime puissant, massif et très doux, D'Yquem se révèle tout simplement colossal et mûrit à pas lents, comme de coutume pour le cru. D'un jaune d'or moyennement foncé, il n'a pas beaucoup évolué au nez ces dernières années, mais il regorge de notes de noix de coco et d'autres fruits tropicaux, de chèvrefeuille et de crème caramel. Très corsé, extrêmement épais, mais doté d'une heureuse acidité qui lui confère de la tonicité et de la précision, ce vin ample, qui constitue une magnifique réussite, semble capable de tenir un bon siècle. Comme la plupart des exemples du cru, il peut être consommé dans son enfance (il en est encore à ce stade, bien qu'il ait près de 15 ans d'âge), mais il évoluera en développant davantage de nuances. **À boire jusqu'en 2075.** (12/02)

1989 **98** Les 1988, 1989 et 1990 du Château d'Yquem constituent une remarquable trilogie. L'onctueux 1989, qui évoque davantage, par le style, le 1990 que le 1988, s'annonce par un jaune d'or moyennement foncé. Suintant littéralement d'arômes d'orange, d'ananas, d'abricot et de pêche, il est tout à la fois puissant, riche et épais, très gras et merveilleusement parfumé. S'il paraît faible en acidité, il présente une profondeur et une concentration époustouflantes, ainsi qu'une finale longue de plus de 1 minute. Comme le 1990, il est plus flamboyant que son aîné d'un an, plus discret et plus nuancé, et se distingue par sa puissance et sa richesse impressionnantes. Quel vin grandiose ! **À boire jusqu'en 2065.** (12/02)

1988 **99** Ce vin remarquable est moins évolué, moins flamboyant et moins policé que le 1989 ou le 1990. Sa robe d'un jaune d'or léger paraît plus jeune que celle de ses cadets. Son bouquet, ample mais retenu, révèle avec douceur et force à la fois des notes aussi subtiles qu'intenses de noix de coco, de marmelade d'orange, de crème brûlée, de pêche et de maïs. La bouche s'exprime avec une ampleur croissante, développant une complexité et une puissance d'excellent aloi. L'ensemble est davantage marqué par l'acidité que ses deux cadets. Relativement aérien malgré sa corpulence et sa très grande richesse en extrait, il est tout simplement sensationnel et s'impose comme l'un des exemples les plus grandioses de ce cru. Il évoque davantage le 1975 que les millésimes plus récents. **À boire entre 2010 et 2070.** (12/02)

1987 90 S'il constitue une révélation pour le cru, le 1987 n'en est pas un exemple des plus grandioses. Cependant, il est bien fait, assez corsé et plutôt épanoui, avec des notes de noisette crémeuse, de crème brûlée, de fumé et de confiture de pêche. Moyennement corsé et modérément doux, il semble proche de son apogée. **À boire jusqu'en 2020.** (12/02)

1986 97 Le 1986 commence à peine, à près de 20 ans d'âge, à développer des nuances secondaires, ce qui atteste bien la lenteur d'évolution caractéristique du cru. D'un jaune d'or moyennement foncé, il dégage de fabuleux arômes de vanille nuancés de miel, d'abricot, de pêche et de noisette. L'ensemble, opulent et corsé, est étayé par une heureuse acidité et fortement marqué par le botrytis. Il est très doux, avec une finale longue de plus de 1 minute. Certes, il n'a pas la complexité ni la précision du 1988, pas plus que le flamboiement du 1989 ou du 1990. Cependant, il est somptueux et se distingue par sa puissance, sa richesse, son caractère imposant, ainsi que par son immense potentiel. L'ensemble, encore très jeune, entre à peine dans l'adolescence. **À boire jusqu'en 2050.** (12/02)

1985 90 ? Ce vin dénué de complexité ne s'est jamais vraiment épanoui. Doté de senteurs sans détour de fruits tropicaux, il semble manquer des arômes de botrytis et de chèvrefeuille qui signent les grands millésimes. Moyennement corsé, très doux et très corpulent, il gagnerait à être plus nuancé. Suis-je trop sévère à son égard ? **À boire jusqu'en 2020.** (3/02)

1984 87 ? Malgré les difficultés du millésime, la propriété propose un faible volume de 1984. Ce vin d'un jaune d'or moyennement foncé présente un bouquet évolué de fumé et de noisette nuancé de caramel, de pêche et de chêne neuf. Moyennement corsé et mûr, il n'a pas, cependant, la complexité ni la précision caractéristiques des grands millésimes. **À boire jusqu'en 2015.** (3/02)

1983 98 Ce vin spectaculaire, qui atteint tout juste le stade de l'adolescence, constitue, pour le cru, la grande réussite du début des années 80, s'imposant comme le meilleur D'Yquem produit après 1976 et avant la fabuleuse trilogie des 1988, 1989 et 1990. D'un jaune d'or moyennement foncé, il exhale d'extraordinaires senteurs de noix de coco, d'ananas, de caramel, de crème brûlée, de marmelade et probablement de bien d'autres choses encore. Onctueux et corsé, étonnamment doux et riche, il s'exprime tout en rondeur et semble armé pour résister à l'épreuve du temps. L'ensemble, que je renote régulièrement à la hausse, est encore jeune. Je le répète, il entre à peine dans l'adolescence. **À boire jusqu'en 2075.** (3/02)

1982 90 Le 1982 est l'un des rares exemples du cru qui soit moins impressionnant actuellement que pendant son élevage. Peut-être l'ai-je dégusté à un stade ingrat de son évolution ? Ou suis-je tombé dans un des pièges de la dégustation, en le goûtant à côté d'autres vins plus réussis, ce qui m'aurait conduit à le jauger plus sévèrement que si je l'avais évalué seul ou en accompagnement d'un repas ? Quoi qu'il en soit, même s'il n'est pas grandiose, le 1982 n'en est pas moins extraordinaire. Ses notes d'herbes séchées nuancées de fumé, de miel, d'ananas, de pêche et d'abricot annoncent un ensemble quelque peu dépourvu de complexité, mais aussi un peu lourd et épais (deux traits que l'on rencontre rarement à D'Yquem). La douceur est assurément là, mais l'acidité fait défaut. Ce vin m'a paru un peu étrange et dénué de structure. Néanmoins, je le répète, il est superbe, même s'il ne s'agit pas d'un des grands classiques du cru. **À boire jusqu'en 2020.** (3/02)

1981 **89** D'un jaune d'or léger, doté d'un nez sans détour de fruits tropicaux mûrs, ce vin moyennement corsé n'a pas les arômes de botrytis et de chèvrefeuille typiques des meilleurs millésimes, mais il se distingue par son ampleur, sa profondeur, sa richesse et sa douceur. **À boire dans les 8 à 15 ans.** (3/02)

1980 **93** Le 1980 constitue une révélation. Offrant de superbes parfums de chèvrefeuille généreusement nuancés de fruits tropicaux et de botrytis, il recèle une heureuse acidité et développe une bouche riche et épaisse, mais fraîche et tonique. L'ensemble continue d'évoluer à pas lents. Il se distingue par sa puissance et son caractère imposant. **À boire jusqu'en 2035.** (3/02)

MILLÉSIMES ANCIENS

Il est remarquable de constater que les vins du Château d'Yquem sont encore jeunes en termes d'évolution, bien qu'ils aient entre 25 et 50 ans d'âge. La décennie 1970 offre, d'après mes dégustations, deux exemples parfaits, mais de styles totalement différents. Le 1976 (noté 100 en décembre 2002) évolue plutôt rapidement pour le cru et semble proche de son apogée. Puissant, épais et visqueux, marqué de notes de fruits tropicaux, de boîte à épices, de crème brûlée, de fumé et de marmelade d'orange, il se distingue encore par sa très grande richesse. Ce vin grandiose s'impose, parmi les trente derniers millésimes de la propriété, comme le plus accessible et le plus complexe. Il devrait bien tenir ces 50 prochaines années.

Le 1975, qui incarne également la perfection (noté 100 en décembre 2002), est totalement différent de son cadet d'un an. Très lent à évoluer, il me rappelle ses aînés de 1937 et de 1921, qui s'imposent comme des légendes de leur siècle. D'un jaune d'or pâle, doté d'un bouquet retenu, mais irrésistible, aux notes de fumé, de pêche crémeuse, d'ananas, d'abricot et de noisette, nuancé de marmelade, de noix de coco et de crème brûlée, il est extraordinaire à la fois de puissance et de finesse, et s'exprime avec une ampleur croissante, pour terminer sur une finale qui semble ne jamais vouloir s'estomper (et dont j'avais autrefois pensé qu'elle était longue de 2 minutes). Ce vin, qui constitue un véritable tour de force, est l'un des D'Yquem les plus grandioses qui soient. Aussi étonnant que cela puisse paraître, il est encore à 10 ou 20 ans de son apogée. À boire entre 2015 et 2075.

Le 1971 (noté 91 en juin 1998) et le 1970 (noté 90 ? en décembre 2002) sont tous deux de très haut vol, mais pas irrésistibles. Quant au 1967 (noté 96 en juin 1998), il est tout simplement prodigieux. D'autres millésimes des années 60 sont moins impressionnants, bien que le 1962 (noté 92 en mars 2002) puisse se révéler exceptionnel. Le 1961 (noté 84 en avril 1982) est très décevant.

Nul ne saurait contester que les millésimes de ce cru les plus profonds et les plus mûrs du XXe siècle sont le 1921 (noté 100 en deux occasions, le plus récemment en septembre 1996) et le 1937 (noté entre 96 et 99 en trois occasions à la fin des années 80). Outre ces deux années, j'ai eu la chance de déguster d'autres beaux flacons, mais aucun qui leur fût comparable. En ordre de préférence, j'ai aimé le 1928 (noté 97 en avril 1991), le 1929 (noté 97 en mars 90), le 1959 (noté entre 94 et 96 en trois occasions à la fin des années 80) et le 1945 (noté 91 en octobre 1995). Le 1945 est incontestablement magnifique ; cependant, la bouteille goûtée en octobre 1995 révélait un vin bruni et légèrement madérisé, encore très parfumé, mais en passe de se dessécher. Il faut néanmoins souligner que, en matière de vins de plus de 20 ans âge, l'adage selon lequel il n'y a pas de grands vins, mais seulement de grandes bouteilles, prend toute sa force. Bien que je n'aie dégusté le 1947 (l'année de ma naissance) qu'en une seule occasion, j'ai été étonné par son caractère sec, et par le fait qu'il était dénué du gras et de la douceur qui caractérisent les grandes réussites du château.

Quant aux millésimes du siècle précédent, j'ai eu le privilège d'en déguster quatre en octobre 1995. Vêtu d'un or très foncé, le 1825 (noté 89) était presque sec et avait perdu son fruit. Les arômes de crème brûlée qu'il présentait en bouche, ainsi que sa finale, étaient étayés par un haut niveau d'acidité. Très sec, avec des arômes de terre, le 1814 (noté 67) présentait une robe or foncé et des arômes assez peu engageants de moisi, qui dissimulaient le peu de fruité qui lui restait. En revanche, le 1811 (noté 100), dont la robe était or foncé, se révélait fabuleusement intense, avec un nez doux, onctueux, épais et merveilleusement extrait. Aussi précis qu'il est possible de l'être, évoquant une crème brûlée liquide, il déployait une finale longue de plus de 1 minute. C'est vraiment le type de vin qui a fait la réputation du Château d'Yquem – il est tout simplement stupéfiant, et souvenez-vous qu'il est issu de la fameuse « année de la comète ». Le 1847 (noté 100) aurait dû, si cela était possible, être mieux noté encore. Massif, étonnamment jeune de robe, il se distinguait par de remarquables arômes de miel et de botrytis, par une richesse stupéfiante et une finale longue de plus de 40 secondes. On peut se demander si les millésimes des temps modernes seront capables d'une aussi longue garde. Je pense que oui, mais je doute que mes lecteurs vivent suffisamment longtemps pour savoir ce que vaudront les 1975, 1976, 1983, 1986, 1988, 1989 et 1990 à plus de 150 ans d'âge...

AUTRES PROPRIÉTÉS NOTABLES DE BARSAC ET SAUTERNES

ANDOYSE DU HAYOT (BARSAC)

Non classé
Propriétaire : SC Vignobles du Hayot
Adresse : BP 26 – 33720 Barsac
Tél. 05 56 27 15 37 – *Fax* 05 56 27 04 24
E-mail : vignoblesduhayot@aol.com
Visites : sur rendez-vous uniquement, fermé en août
Contacts : M. ou Mme du Hayot

VIGNOBLE ET VINIFICATION

Superficie : 20 ha
Encépagement : 70 % sémillon, 25 % sauvignon, 5 % muscadelle
Âge moyen des vignes : 35 ans – *Densité de plantation :* 6 500 pieds/ha
Rendement moyen : 25 hl/ha
Élevage : fermentations en cuves d'acier inoxydable thermorégulées ; vieillissement de 18 mois en fûts (33 % de bois neuf) pour une partie de la récolte et en cuves pour le reste ; collage et filtration

VIN PRODUIT

Château Andoyse du Hayot – 65 000 b (pas de second vin)
À maturité : dans les 3 à 10 ans suivant le millésime

CANTEGRIL (BARSAC)

Non classé
Propriétaires : Denis et Pierre Dubourdieu
Adresse : 33720 Barsac
Adresse postale : Château Doisy Daëne – 33720 Barsac
Tél. 05 56 27 15 84 – *Fax* 05 56 27 18 99
E-mail : doisy-daene@terre-net.fr
Site Internet : www.denisdubourbieu.com
Visites : sur rendez-vous uniquement, du lundi au vendredi
Contact : Denis Dubourdieu

VIGNOBLE ET VINIFICATION

Superficie : 22 ha
Encépagement : 75 % sémillon, 25 % sauvignon
Âge moyen des vignes : 30 ans – *Densité de plantation :* 6 250 pieds/ha
Rendement moyen : 20 hl/ha
Élevage : pressurages lents ; fermentations et vieillissement de 12 mois en fûts (20 % de bois neuf) ; collage et filtration

VIN PRODUIT

Château Cantegril – 40 000 b (pas de second vin)
À maturité : dans les 4 à 8 ans suivant le millésime

CRU D'ARCHE-PUGNEAU (SAUTERNES)

Non classé
Propriétaire : Jean-Francis Daney
Adresse : 24, Le Biton – Boutoc – 33210 Preignac
Tél. 05 56 63 50 55 – *Fax* 05 56 63 39 69
E-mail : francis.daney@free.fr
Site Internet : arche.pugneau.free.fr
Visites : sur rendez-vous
Contact : Jean-Francis Daney

VIGNOBLE ET VINIFICATION

Superficie : 13 ha
Encépagement : 75 % sémilllon, 20 % sauvignon, 5 % muscadelle
Âge moyen des vignes : 40 ans – *Densité de plantation :* 7 500 pieds/ha
Rendement moyen : 16 hl/ha
Élevage : fermentations de 8 jours en fûts et de 21 à 28 jours en cuves ; vieillissement de 24 mois en fûts de 5 à 7 ans d'âge ; collage et filtration

VINS PRODUITS

Cru d'Arche Pugneau – 8 000 b ; Peyraguey Le Rousset – 3 000 b
À maturité : dans les 5 à 20 ans suivant le millésime

Cette propriété mérite assurément l'attention des amateurs, car les vins qui en sont issus sont d'une excellente facture et parfaitement capables de rivaliser avec certains des meilleurs crus classés de Sauternes et Barsac. Je conserve le souvenir de quelques millésimes remarquables, notés aux alentours de 95, notamment les 1988, 1989 et 1990. Même le 1991 est stupéfiant. Je conseille particulièrement aux amateurs la cuvée spéciale, appelée Cru d'Arche Pugneau Trie Exceptionnelle, qui n'a pas grand-chose à envier à D'Yquem ou à la Cuvée Madame du Château Coutet pour ce qui est de la richesse et de l'intensité. Cette propriété très peu connue élabore des vins exceptionnels.

CRU BARRÉJATS (BARSAC)

Non classé
Propriétaires : Mireille Daret et Philippe Andurand
Adresse : Clos de Gensac – Mareuil
33210 Pujols-sur-Ciron
Tél. et *fax* 05 56 76 69 06
Site Internet : www.cru-barrejats.com
Visites : sur rendez-vous uniquement
Contact : Mireille Daret

VIGNOBLE ET VINIFICATION

Superficie : 2,7 ha
Encépagement : 85 % sémillon, 10 % sauvignon, 5 % muscadelle
Âge moyen des vignes : 40 ans – *Densité de plantation :* 6 600 pieds/ha
Rendement moyen : 16 hl/ha
Élevage : fermentations et vieillissement de 18 à 36 mois en fûts neufs ; collage et filtration

VINS PRODUITS

Cru Barréjats – 2 400-3 600 b ; Accabailles de Barréjats – 1 200-3 000 b
À maturité : dans les 3 à 8 ans suivant le millésime

CRU PEYRAGUEY (SAUTERNES)

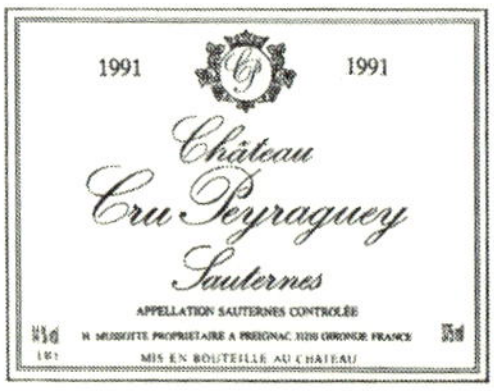

Non classé
Propriétaire : GFA Mussotte
Adresse : 10, Miselle – 33210 Preignac
Tél. 05 56 44 43 48 – *Fax* 05 56 44 43 48
Visites : sur rendez-vous uniquement
Contacts : Hubert ou Fabienne Mussotte

VIGNOBLE ET VINIFICATION

Superficie : 8,2 ha
Encépagement : 75 % sémillon, 25 % sauvignon
Âge moyen des vignes : 20 ans – *Densité de plantation :* 6 600 pieds/ha
Rendement moyen : 20 hl/ha
Élevage : fermentations et vieillissement de 12 mois en fûts (25 % de bois neuf) ; séjour de 12 à 24 mois en cuves avant la mise ; pas de collage ; filtration

VIN PRODUIT

Château Cru Peyraguey – 10 000 b (pas de second vin)
À maturité : dans les 3 à 8 ans suivant le millésime

DOISY DUBROCA (BARSAC)

2d cru classé en 1855
Propriétaire : Louis Lurton
Adresse : 33720 Barsac
Adresse postale : Château Haut-Nouchet – 33650 Martillac
Tél. 05 56 72 69 74 – *Fax* 05 56 72 56 11
E-mail : info@louis_lurton.fr
Site Internet : www.louis-lurton.fr
Visites : non autorisées

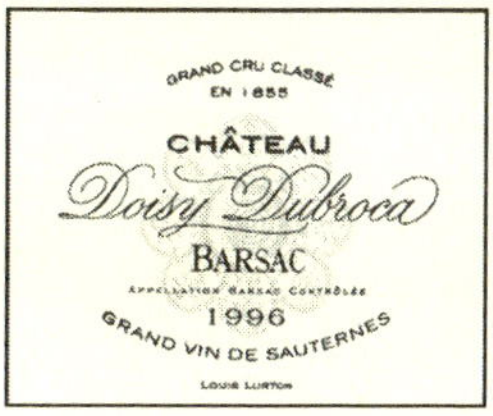

VIGNOBLE ET VINIFICATION

Superficie : 3,28 ha
Encépagement : 100 % sémillon
Âge moyen des vignes : 20 ans – *Densité de plantation :* 6 600 pieds/ha
Rendement moyen : 17 hl/ha
Élevage : fermentations et vieillissement de 18 mois en fûts (33 % de bois neuf), dont 6 mois d'élevage sur lies fines ; collage et filtration

VINS PRODUITS

Château Doisy Dubroca – 6 000 b ; La Demoiselle de Doisy – 3 000 b
À maturité : dans les 7 à 20 ans suivant le millésime

APPRÉCIATION GÉNÉRALE

S'ils sont difficiles à trouver, les vins de cette propriété peuvent révéler d'heureuses surprises.

Note : le vignoble de Doisy Dubroca est cultivé en biodynamie, et les vins qui en sont issus peuvent revendiquer le label Ecocert.

Je n'ai dégusté que de rares millésimes récents de Doisy Dubroca, dont la ressemblance avec Climens n'est pas fortuite. En effet, la vinification des deux crus a longtemps été assurée par la même équipe technique.

Aussi grandiose qu'ait pu être Doisy Dubroca dans les millésimes 1986, 1988 et 1989, ce cru constitue toujours une excellente affaire, en raison de sa faible production et du fait qu'il n'est pas encore très connu des consommateurs. Il circule parmi les initiés...

DUDON (BARSAC)

Non classé
Propriétaires : Évelyne et Michel Allien
Adresse : 1, Dudon – 33720 Barsac
Tél. 05 56 27 29 38 – *Fax* 05 56 27 29 38
E-mail : chateau.dudon.barsac@wanadoo.fr
Visites : sur rendez-vous de préférence
Contact : Évelyne Allien

VIGNOBLE ET VINIFICATION

Superficie : 11,8 ha
Encépagement : 92 % sémillon, 8 % sauvignon

Âge moyen des vignes : 28 ans – *Densité de plantation :* 6 600 pieds/ha
Rendement moyen : 22 hl/ha
Élevage : fermentations et vieillissement de 18 mois en fûts (25 % de bois neuf) ; collage et filtration

VINS PRODUITS

Château Dudon – 14 000 b ; Château Gallien – 6 000 b
À maturité : dans les 2 à 6 ans suivant le millésime

GRAVAS (BARSAC)

Non classé
Propriétaire : Michel Bernard
Adresse : 33720 Barsac
Tél. 05 56 27 06 91 ou 06 80 68 40 80 – *Fax* 05 56 27 29 83
E-mail : gravas.chateau@libertysurf.fr
ou chateau.gravas@wanadoo.fr
Site Internet : www.chateaugravas.cheztiscali.fr
Visites : sur rendez-vous de préférence, tous les jours
Contacts : Michel ou Florence Bernard

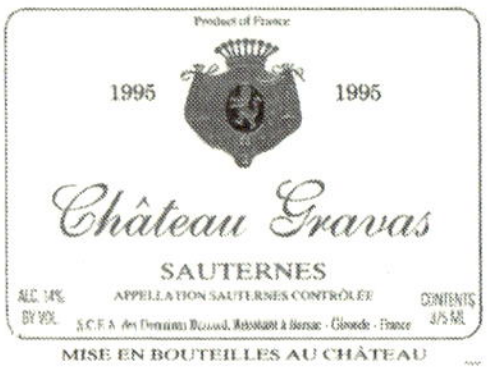

VIGNOBLE ET VINIFICATION

Superficie : 11 ha
Encépagement : 80 % sémillon, 10 % muscadelle, 10 % sauvignon
Âge moyen des vignes : 35 ans – *Densité de plantation :* 7 000 pieds/ha
Rendement moyen : 23 hl/ha
Élevage : fermentations de 4 mois en cuves ; vieillissement, par rotation de 18 mois, en cuves et en fûts ; collage et filtration

VINS PRODUITS

Château Gravas – 20 000 b ; Château Simon Carretey – 13 000 b
À maturité : dans les 2 à 6 ans suivant le millésime

GUITERONDE DU HAYOT (BARSAC)

Non classé
Propriétaire : SC Vignobles du Hayot
Adresse : BP 26 – 33720 Barsac
Tél. 05 56 27 15 37 – *Fax* 05 56 27 04 24
E-mail : vignoblesduhayot@aol.com
Visites : sur rendez-vous uniquement, fermé en août
Contacts : M. ou Mme du Hayot

VIGNOBLE ET VINIFICATION

Superficie : 35 ha
Encépagement : 60 % sémillon, 30 % sauvignon, 10 % muscadelle
Âge moyen des vignes : 35 ans – *Densité de plantation :* 6 500 pieds/ha
Rendement moyen : 25 hl/ha

Élevage : fermentations en cuves d'acier inoxydable thermorégulées ; vieillissement de 18 mois en fûts (33 % de bois neuf) pour une partie de la récolte, en cuves pour le reste ; collage et filtration

VIN PRODUIT

Château Guiteronde du Hayot – 100 000 b (pas de second vin)
À maturité : dans les 3 à 10 ans suivant le millésime

HAUT-BERGERON (SAUTERNES)

Non classé
Propriétaires : Patrick et Hervé Lamothe et
Adresse : 33210 Preignac
Tél. 05 56 63 24 76 – *Fax* 05 56 63 23 31
E-mail : haut-bergeron@wanadoo.fr
Visites : sur rendez-vous, du lundi au samedi (9 h-12 h et 14 h-19 h)
Contacts : Patrick ou Hervé Lamothe

VIGNOBLE ET VINIFICATION

Superficie : 25,5 ha
Encépagement : 90 % sémillon, 8 % sauvignon, 2 % muscadelle
Âge moyen des vignes : 55 ans – *Densité de plantation :* 7 500 pieds/ha
Rendement moyen : 20 hl/ha
Élevage : fermentations en cuves d'acier inoxydable thermorégulées ; vieillissement de 14 à 20 mois en fûts (50 % de bois neuf) ; collage si nécessaire ; filtration légère

VINS PRODUITS

Château Haut-Bergeron – 31 000 b ; Château Fontebruse – 25 000 b
À maturité : dans les 3 à 8 ans suivant le millésime

HAUT-CLAVERIE (SAUTERNES)

Non classé
Propriétaire : SCEA Sendrey Frères et Fils
Adresse : Les Claveries – 33210 Fargues-de-Langon
Tél. 05 56 63 43 09 – *Fax* 05 56 63 51 16
Visites : sur rendez-vous de préférence, tous les jours
Contact : Philippe Sendrey

VIGNOBLE ET VINIFICATION

Superficie : 13 ha
Encépagement : 80 % sémillon, 20 % sauvignon
Âge moyen des vignes : 35 ans – *Densité de plantation :* 5 800 pieds/ha
Rendement moyen : 23 hl/ha
Élevage : fermentations en cuves d'acier inoxydable ; vieillissement de 6 à 12 mois en fûts (pas de bois neuf) et de 12 à 18 mois en cuves de béton ; collage et filtration

VIN PRODUIT

Château Haut-Claverie – 17 000 b (pas de second vin)
À maturité : dans les 5 à 15 ans suivant le millésime

Note : la propriété propose également quelque 17 000-20 000 bouteilles d'un Graves rouge diffusé sous l'étiquette Château La Mourasse.

Située au sud du village de Fargues, cette propriété, peu connue mais d'une excellente tenue, propose ses vins à prix très raisonnable. Le secret de cette réussite tient non seulement au microclimat favorable qui baigne le vignoble, mais également au fait que les vins sont issus de vendanges tardives, de tries multiples et d'une vinification des plus soignées.

DU HAUT-PICK (SAUTERNES)

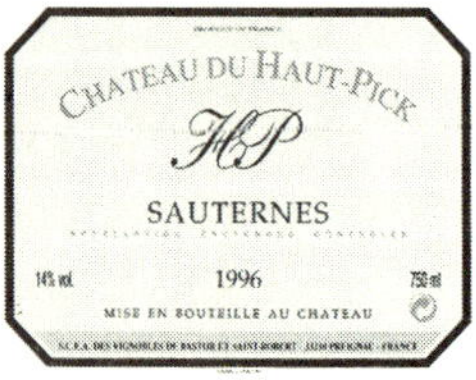

Non classé
Propriétaire : Foncier Vignobles
Adresse : Domaine de Lamontagne – 33210 Preignac
Tél. 05 56 63 27 66 – *Fax* 05 56 76 87 03
E-mail : bastor@bastor-lamontagne.com
Site Internet : www.saint-robert.com
Visites : sur rendez-vous

VIGNOBLE ET VINIFICATION

Superficie : 9 ha
Encépagement : 100 % sémillon
Âge moyen des vignes : 35 ans – *Densité de plantation :* 7 000 pieds/ha
Rendement moyen : 22 hl/ha
Élevage : fermentations de 21 jours en cuves ; vieillissement de 12 mois, par rotation, en cuves et en fûts (pour 25 % de la récolte) ; pas de collage ; filtration

VIN PRODUIT

Château du Haut-Pick – 25 000 b (pas de second vin)
À maturité : dans les 5 à 10 ans suivant le millésime

LES JUSTICES (SAUTERNES)

Non classé
Propriétaire : GFA Christian Médeville
Adresse : 33210 Preignac
Adresse postale : BP 14 – 33210 Preignac
Tél. 05 56 76 28 44 – *Fax* 05 56 76 28 43
E-mail : gonet.medeville@wanadoo.fr
Visites : sur rendez-vous uniquement
Contact : Julie Gonet-Médeville

VIGNOBLE ET VINIFICATION

Superficie : 8,5 ha
Encépagement : 90 % sémillon, 8 % sauvignon, 2 % muscadelle

Âge moyen des vignes : 35 ans – *Densité de plantation :* 6 600 pieds/ha
Rendement moyen : 17 hl/ha
Élevage : refroidissement des moûts ; stabulation pendant 3 jours ; débourbage, levurage ; fermentations en cuves d'acier inoxydable thermorégulées ; vieillissement de 12 à 18 mois en fûts (renouvelés par tiers à chaque millésime) ; collage et filtration

VIN PRODUIT

Château Les Justices – 19 000 b (pas de second vin)
À maturité : dans les 5 à 14 ans suivant le millésime

LAFON (SAUTERNES)

Non classé
Propriétaires : M. et Mme Fauthoux
Adresse : 33210 Sauternes
Tél. 05 56 63 30 82 – *Fax* 05 56 63 30 82
E-mail : olivier.fauthoux@wanadoo.fr
Visites : tous les jours, sur rendez-vous uniquement
Contact : Olivier Fauthoux

VIGNOBLE ET VINIFICATION

Superficie : 12 ha
Encépagement : 95 % sémillon, 5 % sauvignon
Âge moyen des vignes : 35 ans – *Densité de plantation :* 6 000 pieds/ha
Rendement moyen : 22 hl/ha
Élevage : fermentations en cuves d'acier inoxydable thermorégulées ; vieillissement de 10 mois en fûts de 1 an d'âge ; pas de collage ; filtration

VIN PRODUIT

Château Lafon – 35 000 b (pas de second vin)
À maturité : dans les 3 à 8 ans suivant le millésime

LAMOURETTE (SAUTERNES)

Non classé
Propriétaire : famille Léglise
Adresse : 33210 Bommes
Tél. 05 56 76 63 58 – *Fax* 05 56 76 60 85
E-mail : leglise@terre-net.fr
Visites : sur rendez-vous uniquement
Contact : Anne-Marie Léglise

VIGNOBLE ET VINIFICATION

Superficie : 9 ha
Encépagement : 90 % sémillon, 5 % sauvignon, 5 % muscadelle
Âge moyen des vignes : 25 ans – *Densité de plantation :* 6 500 pieds/ha
Rendement moyen : 25 hl/ha

Élevage : fermentations de 21 jours en cuves d'acier inoxydable thermorégulées ; vieillissement de 18 mois en cuves d'acier inoxydable et en cuves de ciment ; collage et filtration

VINS PRODUITS

Château Lamourette – 15 000 b ; Château Cazenave – 7 000 b
À maturité : dans les 3 à 8 ans suivant le millésime

LIOT (BARSAC)

Non classé
Propriétaire : Jean-Gérard David
Adresse : 33720 Barsac
Tél. 05 56 27 15 31 – *Fax* 05 56 27 14 42
E-mail : chateau.liot@wanadoo.fr
Site Internet : www.chateauliot.com
Visites : sur rendez-vous, du lundi au jeudi (9 h-12 h et 14 h-17 h) et le vendredi (9 h-12 h)
Contact : Jean-Gérard David

VIGNOBLE ET VINIFICATION

Superficie : 20 ha
Encépagement : 85 % sémillon, 10 % sauvignon, 5 % muscadelle
Âge moyen des vignes : 35 ans – *Densité de plantation :* 7 500 pieds/ha
Rendement moyen : 22 hl/ha
Élevage : fermentations de 20 à 25 jours en fûts et en cuves ; vieillissement de 18 mois, par rotation, en fûts (20 % de bois neuf) pour 60 % de la récolte, en cuves pour le reste ; collage et filtration

VINS PRODUITS

Château Liot – 37 000 b ; Château du Levant – 16 000 b
À maturité : dans les 2 à 8 ans suivant le millésime

MAURAS (SAUTERNES)

Non classé
Propriétaire : Société viticole de France
Adresse : 33210 Sauternes
Adresse postale : Château Grava – 33350 Haux
Tél. 05 56 67 23 89 – *Fax* 05 56 67 08 38
E-mail : p.duale@wanadoo.fr
Site Internet : www.svfsa.net
Visites : du lundi au vendredi (8 h-12 h et 13 h 30-17 h 30)
Contact : Patrick Duale

VIGNOBLE ET VINIFICATION

Superficie : 15 ha
Encépagement : 67 % sémillon, 30 % sauvignon, 3 % muscadelle
Âge moyen des vignes : 25-30 ans – *Densité de plantation :* 6 000 pieds/ha
Rendement moyen : 20-25 hl/ha

VINS PRODUITS

Château Mauras – 45 000 b ; Clos du Ciron – 40 000 b
À maturité : dans les 3 à 8 ans suivant le millésime

DU MAYNE (BARSAC)

Non classé
Propriétaire : SCE Château Le Mayne
Adresse : BP 26 – 33720 Barsac
Tél. 05 56 27 15 37 – *Fax* 05 56 27 04 24
E-mail : vignoblesduhayot@aol.com
Visites : sur rendez-vous uniquement, fermé en août
Contacts : M. ou Mme du Hayot

VIGNOBLE ET VINIFICATION

Superficie : 8 ha
Encépagement : 60 % sémillon, 40 % sauvignon
Âge moyen des vignes : plus de 30 ans – *Densité de plantation :* 7 800 pieds/ha
Rendement moyen : 17 hl/ha
Élevage : fermentations en cuves ; vieillissement de 12 mois en fûts (20 % de bois neuf) ; collage ; pas de filtration

VIN PRODUIT

Château du Mayne – 19 000 b (pas de second vin)
À maturité : dans les 3 à 8 ans suivant le millésime

MONT-JOYE (BARSAC)

Non classé
Propriétaire : Frank Glaunes
Adresse : quartier Miaille – 33720 Barsac
Adresse postale : Domaine du Pas Saint-Georges – 33190 Casseuil
Tél. 05 56 71 12 73 – *Fax* 05 56 71 12 41
E-mail : courrier@mont-joye.com
Site Internet : www.mont-joye.com
Visites : sur rendez-vous uniquement
Contact : Frank Glaunes

VIGNOBLE ET VINIFICATION

Superficie : 13 ha
Encépagement : 75 % sémillon, 15 % sauvignon, 10 % muscadelle
Âge moyen des vignes : 35 ans – *Densité de plantation :* 6 600 pieds/ha
Rendement moyen : 20 hl/ha
Élevage : fermentations en fûts pour une partie de la récolte, en cuves revêtues pour le reste ; vieillissement de 24 mois par rotation entre les cuves et les fûts neufs ; collage et filtration ; Cuvée spéciale – fermentations de 18 jours en fûts ; vieillissement de 12 à 24 mois en fûts (30 % de bois neuf) ; collage et filtration

VINS PRODUITS

Château Mont-Joye – 12 000 b ;
Château Jacques-le-Haut (cuvée spéciale) – 5 000-10 000 b
À maturité : dans les 4 à 10 ans suivant le millésime

MONTEILS (SAUTERNES)

Non classé
Propriétaire : famille Le Diascorn
Adresse : 33210 Preignac
Tél. 05 56 76 12 12 – *Fax* 05 56 76 28 63
E-mail : chateaumonteils@wanadoo.fr
Site Internet : www.monteils-vin-sauternes.com
Visites : sur rendez-vous uniquement
Contact : Hervé Le Diascorn

VIGNOBLE ET VINIFICATION

Superficie : 11 ha (en production)
Encépagement : 75 % sémillon, 20 % sauvignon, 5 % muscadelle
Âge moyen des vignes : 25 ans – *Densité de plantation :* 5 500 pieds/ha
Rendement moyen : 22 hl/ha
Élevage : fermentations en petites cuves d'acier inoxydable ; arrêt par mutage ; vieillissement de 18 mois en cuves de béton revêtues d'Epoxy et, pour les meilleurs lots, en fûts (100 % de bois neuf) ; collage et filtration

VIN PRODUIT

Château Monteils – 30 000 b (pas de second vin)
À maturité : dans les 3 à 8 ans suivant le millésime

DE MYRAT (BARSAC)

2[d] cru classé en 1855
Propriétaire : comte Jacques de Pontac
Adresse : 33720 Barsac
Tél. 05 56 27 09 06 – *Fax* 05 56 27 11 75
Visites : sur rendez-vous, tous les jours
Contact : Xavier de Pontac

VIGNOBLE ET VINIFICATION

Superficie : 22 ha
Encépagement : 86 % sémillon, 10 % sauvignon, 4 % muscadelle
Âge moyen des vignes : 15 ans
Densité de plantation : 7 000 pieds/ha
Rendement moyen : 15 hl/ha
Élevage : fermentations et vieillissement de 20 à 24 mois en fûts (30 % de bois neuf) ; collage et filtration

VIN PRODUIT

Château de Myrat – 25 000 b (pas de second vin)
À maturité : dans les 5 à 15 ans suivant le millésime

PERNAUD (SAUTERNES)

Non classé
Propriétaires : M. et Mme Regelsperger
Adresse : 33720 Barsac
Tél. 05 56 27 26 52 – *Fax* 05 56 27 32 08
Visites : sur rendez-vous uniquement
Contact : Jean-Gabriel Jacolin

VIGNOBLE ET VINIFICATION

Superficie : 16 ha
Encépagement : 85 % sémillon, 10 % sauvignon, 5 % muscadelle
Âge moyen des vignes : 35-45 ans – *Densité de plantation :* 7 000 pieds/ha
Rendement moyen : 25 hl/ha max.
Élevage : fermentations, à 21 °C maximum, en cuves d'acier inoxydable thermorégulées ; vieillissement de 18 mois en fûts (5-10 % de bois neuf) ; pas de collage ; filtration

VINS PRODUITS

Château Pernaud – 30 000 b ; Château Pey-Arnaud – variable
À maturité : dans les 3 à 8 ans suivant le millésime

PIADA (BARSAC)

Non classé
Propriétaire : Jean-Frédéric Lalande
Adresse : 1, Château Piada – 33720 Barsac
Tél. 05 56 27 16 13 – *Fax* 05 56 27 26 30
E-mail : chateau.piada@wanadoo.fr
Visites : du lundi au vendredi (8 h-12 h et 14 h-19 h) ; sur rendez-vous le week-end
Contact : Jean-Frédéric Lalande

VIGNOBLE ET VINIFICATION

Superficie : 10 ha
Encépagement : 95 % sémillon, 2 % muscadelle, 3 % sauvignon
Âge moyen des vignes : 40 ans – *Densité de plantation :* 7 900 pieds/ha
Rendement moyen : 23 hl/ha
Élevage : fermentations et vieillissement de 12 mois en fûts (30 % de bois neuf) ; collage ; pas de filtration

VINS PRODUITS

Château Piada – 12 000 b ; Clos du Roy – 3 000 b
À maturité : dans les 3 à 8 ans suivant le millésime

DE ROLLAND (BARSAC)

Non classé
Propriétaire : SCA Château de Rolland
Adresse : 33720 Barsac
Tél. 05 56 27 15 02 – *Fax* 05 56 27 28 58
E-mail : info@chateauderolland.com
Site Internet : www.chateauderolland.com
Visites : sur rendez-vous de préférence
Contact : Monique Faugère-Guignard

VIGNOBLE ET VINIFICATION

Superficie : 15 ha
Encépagement : 80 % sémillon, 15 % sauvignon, 5 % muscadelle
Âge moyen des vignes : 40 ans – *Densité de plantation :* 6 500 pieds/ha
Rendement moyen : 22 hl/ha
Élevage : fermentations en cuves d'acier inoxydable thermorégulées ; vieillissement de 12 mois en fûts (10 % de bois neuf) ; collage et filtration

VIN PRODUIT

Château de Rolland – 40 000 b (pas de second vin)
À maturité : dans les 5 à 10 ans suivant le millésime

ROÛMIEU-LACOSTE (BARSAC)

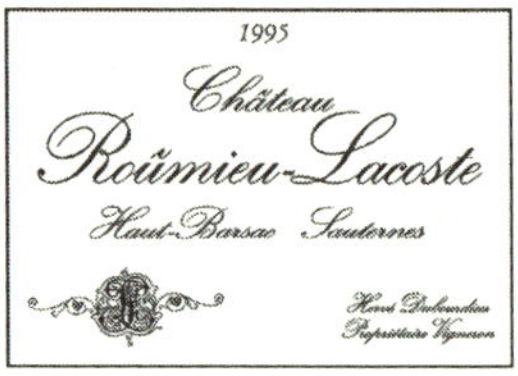

Non classé
Propriétaire : Hervé Dubourdieu
Adresse : 33720 Barsac
Tél. 05 56 27 16 29 – *Fax* 05 56 27 02 65
E-mail : hervedubourdieu@aol.com
Visites : sur rendez-vous
Contact : Hervé Dubourdieu

VIGNOBLE ET VINIFICATION

Superficie : 11 ha
Encépagement : 90 % sémillon, 10 % sauvignon
Âge moyen des vignes : 50 ans – *Densité de plantation :* 4 800 pieds/ha
Rendement moyen : 18 hl/ha
Élevage : fermentations en cuves ; vieillissement de 6 mois, par rotation, en cuves et en fûts (100 % de bois neuf) ; collage ; pas de filtration

VINS PRODUITS

Château Roûmieu-Lacoste – 10 000-20 000 b (pas de second vin)
À maturité : dans les 10 à 12 ans suivant le millésime

Note : la propriété propose aussi, dans les meilleurs millésimes, quelque 5 000-10 000 caisses d'une cuvée spéciale appelée Sélection André Dubourdieu Château Roûmieu-Lacoste, issue des plus vieilles parcelles, vinifiée et élevée 18 mois en fûts de chêne neuf.

Il n'est pas surprenant que les vins de Roûmieu-Lacoste soient de grande qualité. En effet, ils sont issus d'un vignoble jouxtant celui du célèbre Château Climens, mais également de très vieilles vignes et d'une vinification extrêmement soigneuse qui est la marque des Dubourdieu. Comme il sied aux Barsac, les vins de Roûmieu-Lacoste sont relativement légers, mais très complexes, avec un riche fruité d'ananas à peine nuancé de chêne grillé. Il vaut mieux les consommer dans les 10 à 12 ans suivant le millésime.

SAINT-AMAND (SAUTERNES)

Non classé
Propriétaire : Anne-Mary Facchetti-Ricard
Adresse : 33210 Preignac
Tél. 05 56 76 84 89 – *Fax* 05 56 76 24 87
E-mail : saintamand@orange.fr
Site Internet : www.multimania.com/chsaintamand
Visites : sur rendez-vous uniquement, du lundi au jeudi (14 h-18 h)
Contact : Anne-Mary Facchetti-Ricard

VIGNOBLE ET VINIFICATION

Superficie : 20 ha
Encépagement : 85 % sémillon, 14 % sauvignon, 1 % muscadelle
Âge moyen des vignes : 40 ans – *Densité de plantation :* 6 400 pieds/ha
Rendement moyen : 16 hl/ha
Élevage : fermentations, à 24 °C maximum, en cuves de ciment thermorégulées revêtues d'Epoxy ; vieillissement de 2 à 3 ans en fûts pour une petite proportion de la récolte ; pas de collage ; filtration

VINS PRODUITS

Château Saint-Amand – 4 800 b ; La Chartreuse – variable
À maturité : dans les 3 à 8 ans suivant le millésime

SAINT-MARC (BARSAC)

Non classé
Propriétaire : Didier Laulan
Adresse : 33720 Barsac
Tél. 05 56 27 16 87 – *Fax* 05 56 27 05 93
E-mail : d.l.d@wanadoo.fr
Visites : du lundi au samedi, sur rendez-vous uniquement
Contact : Didier Laulan

VIGNOBLE ET VINIFICATION

Superficie : 14 ha
Encépagement : 87 % sémillon, 10 % sauvignon, 3 % muscadelle
Âge moyen des vignes : 35 ans – *Densité de plantation :* 6 600 pieds/ha
Rendement moyen : 23-24 hl/ha
Élevage : fermentations et vieillissement de 18 mois en cuves d'acier inoxydable de petite contenance ; collage et filtration

VINS PRODUITS

Château Saint-Marc – 20 000 b ; Château Bessan – 20 000 b
À maturité : dans les 3 à 8 ans suivant le millésime

SIMON (BARSAC)

Non classé
Propriétaire : EARL Dufour
Adresse : 33720 Barsac
Tél. 05 56 27 15 35 – *Fax* 05 56 27 24 79
E-mail : chateau.simon@worldonline.fr
Visites : du lundi au vendredi (8 h-12 h et 13 h 30-18 h), le week-end sur rendez-vous
Contact : Jean-Hugues Dufour

VIGNOBLE ET VINIFICATION

Superficie : 17 ha
Encépagement : 92 % sémillon, 6 % sauvignon, 2 % muscadelle
Âge moyen des vignes : 40 ans – *Densité de plantation :* 6 600 pieds/ha
Rendement moyen : 23 hl/ha
Élevage : fermentations en cuves d'acier inoxydable thermorégulées ; vieillissement de 12 mois en fûts (15 % de bois neuf) ; collage et filtration

VINS PRODUITS

Château Simon – 28 000 b ; Château Piaut – 15 000 b
À maturité : dans les 3 à 8 ans suivant le millésime

APPELLATIONS SATELLITES

De grandes quantités de vin sont produites dans un certain nombre d'appellations moins renommées de Bordeaux. Ces crus sont en grande partie commercialisés en France et n'ont rencontré aucun succès aux États-Unis, compte tenu de l'attachement obsessionnel des Américains aux marques de luxe et aux appellations prestigieuses. Toutefois, pour les vrais connaisseurs, ils peuvent représenter des affaires exceptionnelles, en particulier dans les bons millésimes comme 1990, 1998, 2000, 2001 et 2003, où les excellentes conditions climatiques et l'utilisation judicieuse de la technologie moderne ont permis à plusieurs propriétés de produire de très bons vins, qu'elles proposent à des prix tout à fait raisonnables.

Lors de mes deux séjours annuels dans le Bordelais, je passe beaucoup de temps à déguster les vins des appellations satellites, relativement méconnues, afin de distinguer les meilleurs. Dans les pages qui suivent, le lecteur trouvera une liste des domaines les plus importants de ces aires de production, et je recommande chaudement qu'il se mette en quête de ces vins très bons, voire excellents.

Les appellations sont classées selon ce qui est, à mon avis, leur ordre de mérite. Je souhaite que ce chapitre puisse être un guide efficace pour l'amateur économe.

FRONSAC ET CANON-FRONSAC

Aux XVIIIe et XIXe siècles, les vignobles épars des coteaux et des combes de la région de Fronsac et de Canon-Fronsac, situés à quelques kilomètres seulement de Libourne, étaient plus connus que ceux de Pomerol ; et les vins qui en étaient issus se vendaient plus cher que ceux de Saint-Émilion. Cependant, l'accès à Pomerol devenant plus aisé, et les négociants ayant presque tous leurs bureaux à Libourne, les vignobles de Pomerol

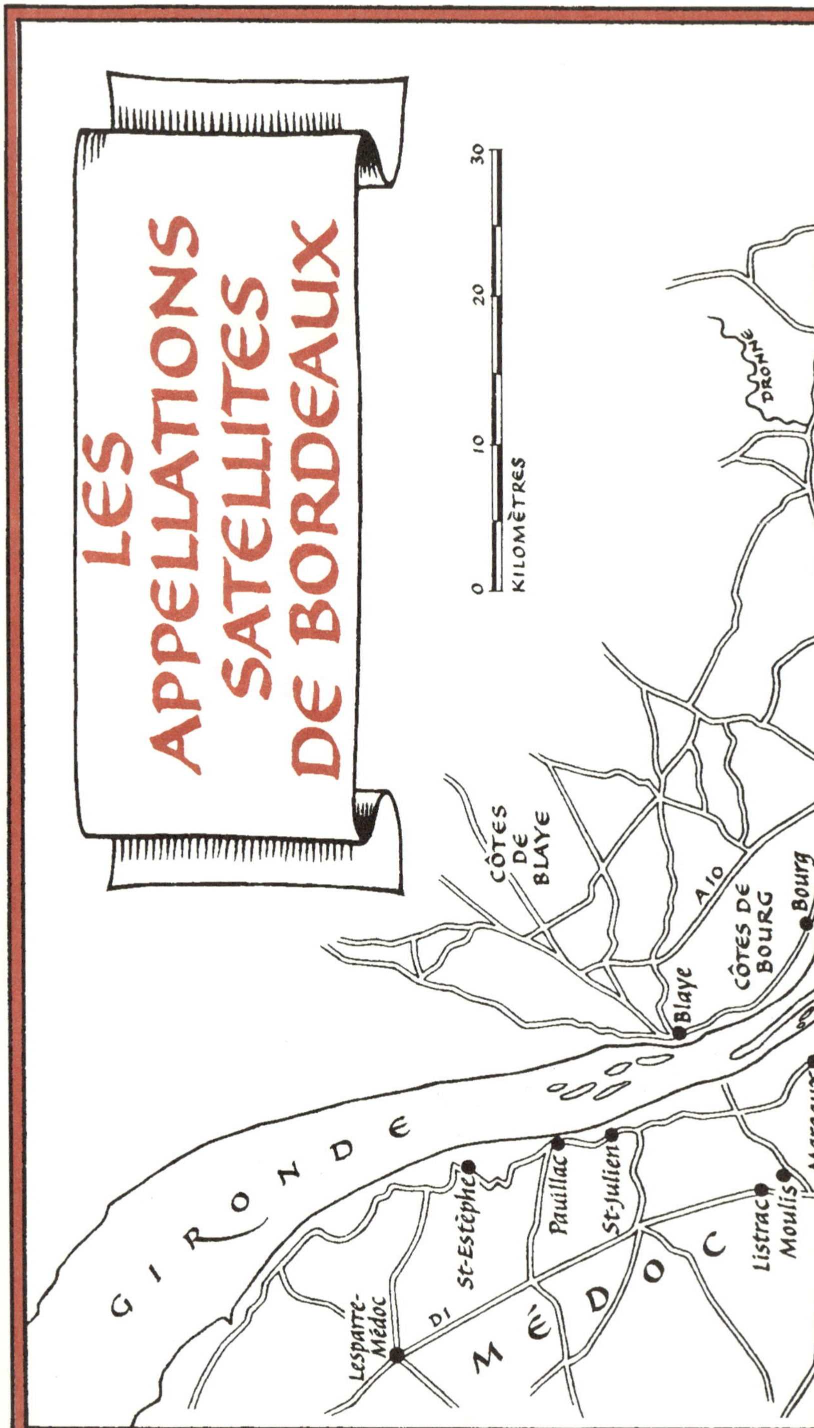
LES APPELLATIONS SATELLITES DE BORDEAUX
0 10 20 30
KILOMÈTRES
DRONNE
CÔTES DE BLAYE
A10
CÔTES DE BOURG
Bourg
Blaye
GIRONDE
St-Estèphe
Pauillac
St-Julien
Margaux
Listrac
Moulis
Lesparre-Médoc
D1
MÉDOC

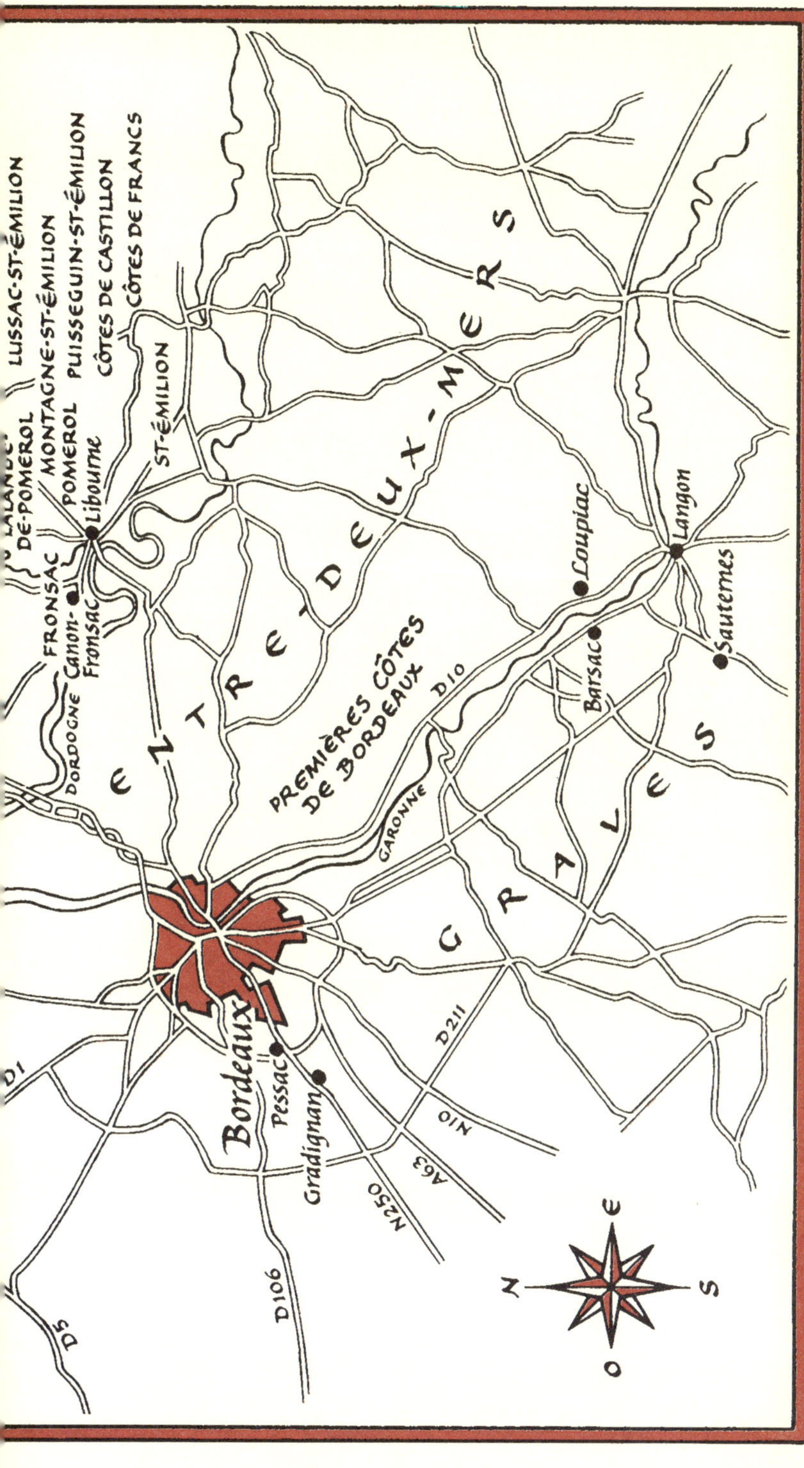
LUSSAC-ST-ÉMILION
MONTAGNE-ST-ÉMILION
PUISSEGUIN-ST-ÉMILION
CÔTES DE CASTILLON
CÔTES DE FRANCS
DE-POMEROL
POMEROL
Libourne
ST-ÉMILION
FRONSAC
Canon-Fronsac
DORDOGNE
ENTRE-DEUX-MERS
PREMIÈRES CÔTES DE BORDEAUX
D10
GARONNE
Loupiac
Langon
Barsac
Sauternes
GRAVES
Bordeaux
Pessac
Gradignan
D211
N10
A63
N250
D106
D5
D1
N
E
S
O

et de Saint-Émilion ont par la suite été plus et mieux exploités que ceux de Fronsac et de Canon-Fronsac. C'est ce qui explique que ces deux régions viticoles soient tombées dans un relatif oubli, d'où elles commencent tout juste à émerger.

Si la ville de Saint-Émilion constitue sans doute le plus beau site du Bordelais, la paisible campagne de Fronsac et de Canon-Fronsac est l'un des paysages les plus charmeurs de toute la région. Ces deux appellations se détachent nonchalamment sur des collines qui dominent le cours de la Dordogne, le sous-sol argilo-calcaire affleurant presque sur les hauteurs, alors qu'il s'enfonce plus profondément dans les combes.

Les cépages cultivés ici sont le merlot (70 %), le cabernet franc et le cabernet sauvignon (à parts égales). Si l'on trouve encore du malbec dans bien des vignobles, son importance a nettement diminué. Pratiquement inconnus jusqu'au milieu des années 80, les producteurs de Fronsac et de Canon-Fronsac ont vu peu à peu les amateurs s'intéresser à leurs vins. Tout d'abord perçus comme des ersatz, intéressants par leurs seuls prix, des Pomerol et des Saint-Émilion, les meilleurs Fronsac et Canon-Fronsac se sont progressivement imposés, en particulier dans des millésimes tels que 2000, 2001 et 2003, comme des vins riches, étoffés et bien colorés, assez amples et dotés d'un grand potentiel de garde. La raideur et la dureté qui les distinguaient traditionnellement sont aujourd'hui nettement moins perceptibles – surtout quand les conditions météorologiques sont favorables –, mais ces deux traits desservent encore bien des crus de la région. En outre, les sols fertiles de ces régions, enclins à produire abondamment, sont plus intelligemment exploités ; les rendements sont limités et, curieusement, ils sont ici plus scrupuleusement respectés que dans les appellations plus prestigieuses.

Je goûte ces vins de manière régulière au moins deux fois par an, et j'ai visité la majorité des domaines importants de la région. J'ai pu constater une amélioration presque constante, d'année en année, 1989 et 1990 s'imposant comme les deux meilleurs millésimes consécutifs avant 2000. Le classement qui suit est établi à partir de dégustations effectuées entre 1989 et 2001. Parmi les crus sélectionnés, tous ceux qui sont « excellents » ou « très bons » ont produit, dans les très bonnes années, des vins remarquables, capables d'une garde de 10 à 12 ans – je pense même que certains pourront se maintenir davantage. Je me souviens en effet d'un dîner à Dalem au cours duquel le propriétaire d'un autre domaine de Fronsac, Jean-Noël Hervé, proposa une bouteille de Moulin Haut-Laroque 1928. Elle était encore fabuleuse, malgré son grand âge (60 ans). Attention ! Je n'affirme évidemment pas que tous les vins ont le même potentiel de garde, mais tous révèlent de la fermeté et de la richesse, une belle structure et une austérité évoquant un Médoc. Même les vignobles qui jouxtent l'appellation Pomerol produisent, pour la majorité d'entre eux, des vins fort différents des Pomerol.

FRONSAC – REPÈRES

Situation : sur la rive droite de la Dordogne, à 25 km environ du centre de Bordeaux.
Superficie sous culture de vigne : environ 835 ha (soit trois fois la superficie de Canon-Fronsac).
Communes : Fronsac, La Rivière, Saillans, Saint-Aignan, Saint-Germain-la-Rivière, Saint-Michel-de-Fronsac, Galgon.
Production annuelle moyenne : 550 000 caisses.
Crus classés : aucun, il n'existe pas de classement dans l'appellation.
Principaux cépages : le merlot prédomine, suivi du cabernet franc, le cabernet sauvignon et le malbec ayant été délaissés.

Types de sol : argile et calcaire, et un peu de grès. La plupart des vignobles de Fronsac sont situés à des niveaux relativement bas.

MON CLASSEMENT

EXCELLENT

Aria de La Rivière, La Dauphine (depuis 2001), Fontenil, Haut-Carles, Moulin Haut-Laroque, La Vieille Cure, Villars

TRÈS BON

La Dauphine (avant 2001), Les Trois Croix

BON

Cardeneau, Clos du Roy, Dalem, La Grave, Jeandeman, Meyney, Rouet

CANON-FRONSAC - REPÈRES

Situation : sur la rive droite de la Dordogne, à 25 km environ du centre de Bordeaux.
Superficie sous culture de vigne : 300 ha.
Communes : toutes les propriétés se situent dans les communes de Fronsac et de Saint-Michel-de-Fronsac.
Production annuelle moyenne : 195 000 caisses.
Crus classés : aucun.
Principaux cépages : le merlot, suivi du cabernet franc, du cabernet sauvignon et de toutes petites quantités de malbec.
Types de sol : argile et calcaire ; la plupart des propriétés se situent sur la partie haute des coteaux de la région.

MON CLASSEMENT

TRÈS BON

Barrabaque, Canon, Canon de Brem, Cassagne Haut-Canon La Truffière, La Croix-Canon, La Fleur-Cailleau, Grand Renouil, Mazeris, Moulin Pey-Labrie, Pavillon, Pey-Labrie

BON

Bodet, Mazeris-Bellevue, Du Pavillon, Vrai Canon Bouché, Vray-Canon-Boyer

LES MEILLEURES PROPRIÉTÉS

CANON (CANON-FRONSAC)

Propriétaires : héritiers de Jacques de Conninck
Adresse : BP 125 – 33501 Libourne Cedex
Tél. 05 57 51 06 07 – *Fax* 05 57 51 59 61
E-mail : horeau.beylot@wanadoo.fr
Superficie : 10 ha
Encépagement : 90 % merlot, 5 % cabernet franc, 5 % cabernet sauvignon
Production : 55 000 b – *Potentiel :* 5-15 ans

CANON DE BREM (CANON-FRONSAC)

Propriétaire : Jean Halley
Adresse : SCEA Domaine Jean Halley – Château la Dauphine – 33126 Fronsac
Tél. 05 57 74 06 61 – *Fax* 05 57 51 80 57
E-mail : contact@chateau-dauphine.com
Site Internet : www.chateau-dauphine.com
Superficie : 8 ha
Encépagement : 80 % merlot, 20 % cabernet franc
Production : 20 000 b – *Potentiel :* 5-15 ans

CASSAGNE HAUT-CANON LA TRUFFIÈRE (CANON-FRONSAC)

Propriétaires : Zita et Jean-Jacques Dubois
Adresse : Château Cassagne Haut-Canon – 33126 Saint-Michel-de-Fronsac
Tél. 05 57 51 18 24 – *Tél./Fax1* 05 57 51 63 98 – *Fax2* 05 57 51 62 20
E-mail : chateau.cassagne@wanadoo.fr
Superficie : 13 ha
Encépagement : 70 % merlot, 20 % cabernet franc, 10 % cabernet sauvignon
Production : 60 000 b, dont 30 000 b de la cuvée prestige La Truffière
Potentiel : 3-20 ans

LA CROIX-CANON (CANON-FRONSAC)

Propriétaire : Jean Halley
Adresse : SCEA Domaine Jean Halley – Château la Dauphine – 33126 Fronsac
Tél. 05 57 74 06 61 – *Fax* 05 57 51 80 57
E-mail : contact@chateau-dauphine.com
Site Internet : www.chateau-dauphine.com
Superficie : 12 ha
Encépagement : 80 % merlot, 20 % cabernet sauvignon
Production : 58 000 b – *Potentiel :* 4-15 ans

DALEM (FRONSAC)

Propriétaire : Michel Rullier
Adresse : 33141 Saillans

Tél. 05 57 84 34 18 – *Fax* 05 57 74 39 85
E-mail : chateau-dalem@wanadoo.fr
Superficie : 12 ha
Encépagement : 85 % merlot, 10 % cabernet franc, 5 % cabernet sauvignon
Production : 78 000 b – *Potentiel :* 4-20 ans

LA DAUPHINE (FRONSAC)

Propriétaire : Jean Halley
Adresse : SCEA Domaine Jean Halley – Château la Dauphine – 33126 Fronsac
Tél. 05 57 74 06 61 – *Fax* 05 57 51 80 57
E-mail : contact@chateau-dauphine.com
Site Internet : www.chateau-dauphine.com
Superficie : 10 ha
Encépagement : 85 % merlot, 15 % cabernet franc
Production : 40 000 b – *Potentiel :* 4-10 ans

FONTENIL (FRONSAC)

Propriétaires : Michel et Dany Rolland
Adresse : 33141 Saillans
Tél. 05 57 51 23 05 – *Fax* 05 57 51 66 08
E-mail : rolland.vignobles@wanadoo.fr
Superficie : 9 ha
Encépagement : 90 % merlot, 10 % cabernet sauvignon
Production : 40 000 b – *Potentiel :* 4-14 ans

MAZERIS (CANON-FRONSAC)

Propriétaires : héritiers de Cournuaud
Adresse : 33126 Saint-Michel-de-Fronsac
Tél. 05 57 24 96 93 – *Fax* 05 57 24 98 25
E-mail : mazeris@free.fr
Site Internet : www.chateau-mazeris.com
Superficie : 17 ha
Encépagement : 85 % merlot, 15 % cabernet franc
Production : 70 000 b – *Potentiel :* 5-15 ans

MOULIN HAUT-LAROQUE (FRONSAC)

Propriétaire : Jean-Noël Hervé
Adresse : 33141 Saillans
Tél. 05 57 84 32 07 – *Fax* 05 57 84 31 84
E-mail : hervejnoel@wanadoo.fr
Site Internet : www.moulinhautlaroque.com
Superficie : 14 ha
Encépagement : 65 % merlot, 20 % cabernet franc, 10 % cabernet sauvignon, 5 % malbec
Production : 72 000 b – *Potentiel :* 5-20 ans

MOULIN PEY-LABRIE (CANON-FRONSAC)

Propriétaires : Grégoire et Bénédicte Hubau
Adresse : 33126 Fronsac
Tél. 05 57 51 14 37 – *Fax* 05 57 51 53 45
E-mail : moulinpeylabrie@wanadoo.fr
Superficie : 6,5 ha
Encépagement : 100 % merlot
Production : 35 000 b – *Potentiel :* 5-15 ans

PEY-LABRIE (CANON-FRONSAC)

Propriétaire : SC Éric Vareille
Adresse : 12, Pey-Labrie – 33126 Fronsac
Tél. 05 57 25 35 87 – *Fax* 05 57 25 35 87
Superficie : 8,5 ha
Encépagement : 70 % merlot, 20 % cabernet sauvignon, 10 % cabernet franc
Production : 30 000 b – *Potentiel :* 4-12 ans

LA VIEILLE CURE (FRONSAC)

Propriétaire : SNC Château la Vieille Cure
Adresse : 1, rue Coutreau – 33141 Saillans
Tél. 05 57 84 32 05 – *Fax* 05 57 74 39 83
E-mail : vieillecure@wanadoo.fr
Superficie : 19 ha
Encépagement : 75 % merlot, 22 % cabernet franc, 3 % cabernet sauvignon
Production : 96 000 b – *Potentiel :* 4-12 ans

VILLARS (FRONSAC)

Propriétaire : Jean-Claude Gaudrie
Adresse : Villars – 33141 Saillans
Tél. 05 57 84 32 17 – *Fax* 05 57 84 31 25
E-mail : chateau.villars@wanadoo.fr
Superficie : 20 ha
Encépagement : 73 % merlot, 18 % cabernet franc, 9 % cabernet sauvignon
Production : 84 000 b

LALANDE-DE-POMEROL

Au nord de Pomerol se trouve l'appellation satellite de Lalande-de-Pomerol. Son vignoble, d'une superficie de plus de 1 100 ha, s'étend sur les deux communes de Néac et de Lalande-de-Pomerol. Dans la partie nord-est de cette appellation exclusivement vouée aux rouges, les sols sont relativement légers, graveleux et sableux, tandis que ceux de l'est et du sud sont plus lourds, plus argileux et graveleux. Bordée au nord par la Barbanne, Lalande-de-Pomerol produit des vins dont les meilleurs rivalisent sans peine avec des Pomerol de niveau moyen, et certains crus, tels Belles-Graves, Grand Ormeau, Bertineau Saint-Vincent, De Chambrun, Les Cruzelles et La Fleur de Boüard sont même considérés comme très bons suivant les critères de qualité des Pomerol.

Bien que le prix de ces crus ait augmenté ces dernières années, les meilleurs d'entre eux représentent encore d'excellentes affaires pour des vins de merlot.

LALANDE-DE-POMEROL – REPÈRES

Situation : à 40 km de Bordeaux et à 5 km au nord-est de Liboune, jouxtant Pomerol au nord.
Superficie sous culture de vigne : 1 100 ha.
Communes : Lalande-de-Pomerol et Néac.
Production annuelle moyenne : 450 000-500 000 caisses.
Crus classés : aucun.
Principaux cépages : le merlot, qui représente 80-90 % des surfaces plantées, suivi du cabernet franc.
Types de sol : très divers, mais généralement des sols sableux-graveleux relativement fertiles et bien drainés.

MON CLASSEMENT

EXCEPTIONNEL

De Chambrun, Les Cruzelles, La Fleur de Boüard, Le Plus de La Fleur de Boüard

EXCELLENT

Belles-Graves, Grand Ormeau, Jean de Gué Cuvée Prestige, La Sergue

TRÈS BON

De Bel-Air, Bertineau Saint-Vincent, Chaigneau, Du Chapelain, La Croix Saint-André, La Fleur-Saint-Georges, Siaurac, Tournefeuille

BON

Des Annereaux, Clos des Templiers, Garraud, Haut-Chatain, Haut-Surget, Les Hauts-Conseillants, Laborde, Moncets

LES MEILLEURES PROPRIÉTÉS

DE BEL-AIR

Propriétaire : famille Musset
Adresse : 33500 Lalande-de-Pomerol
Tél. 05 57 51 40 07 – *Fax* 05 57 74 17
E-mail : chateaudebelair@wanadoo.fr
Superficie : 16 ha
Encépagement : 70 % merlot, 15 % cabernet franc, 15 % malbec et cabernet sauvignon
Production : 85 000 b – *Potentiel :* 5-12 ans

BELLES-GRAVES

Propriétaire : Mme Theallet
Gérant : Xavier Piton
Adresse : 33500 Néac
Tél. 05 57 51 09 61 – *Fax* 05 57 51 01 41
E-mail : x.piton@belles-graves.com
Site Internet : www.belles-graves.com
Superficie : 15,3 ha
Encépagement : 60 % merlot, 40 % cabernet franc
Production : 90 000 b – *Potentiel :* 3-10 ans

BERTINEAU SAINT-VINCENT

Propriétaires : Michel et Dany Rolland
Adresse : SCEA des Domaines Rolland – Château Le Bon Pasteur – Maillet – 33500 Pomerol
Tél. 05 57 51 23 05 – *Fax* 05 57 51 66 08
E-mail : rolland.vignobles@wanadoo.fr
Superficie : 5,6 ha
Encépagement : 80 % merlot, 20 % cabernet franc
Production : 24 000 b – *Potentiel :* 3-10 ans

DE CHAMBRUN

Propriétaire : Jean-Philippe Janoueix
Adresse postale : 83, cours des Girondins – 33500 Libourne
Tél. 05 57 25 91 19 – *Fax* 05 57 48 00 04
E-mail : topwinesonly@free.fr
Superficie : 1,5 ha
Encépagement : 90 % merlot, 10 % cabernet franc
Production : 9 600 b – *Potentiel :* 3-10 ans

DOMAINE DU CHAPELAIN

Propriétaire : Foncier Vignobles
Adresse : SCEA Château Beauregard – 33500 Pomerol
Tél. 05 57 51 13 36 – *Fax* 05 57 25 09 55
E-mail : pomerol@chateau-beauregard.com
Site Internet : www.chateau-beauregard.com
Superficie : 1 ha
Encépagement : 100 % merlot
Production : 5 000 b – *Potentiel :* 5-15 ans

LA CROIX SAINT-ANDRÉ

Propriétaire : GFA Château La Croix Saint-André
Adresse : 1, avenue de la Mairie – 33500 Néac
Tél. 05 57 25 93 79 – *Fax* 05 57 74 32 58
Superficie : 16 ha
Encépagement : 80 % merlot, 20 % cabernet franc
Production : 78 000 b – *Potentiel :* 4-15 ans

LES CRUZELLES

Propriétaire : SCEA Les Deux Rives
Adresse : 33500 Pomerol
Tél. 05 57 25 96 59 – *Fax* 05 57 25 21 96
Superficie : 10 ha
Encépagement : 60 % merlot, 40 % cabernet franc
Production : 24 000 b – *Potentiel :* 3-10 ans

LA FLEUR DE BOÜARD

Propriétaire : Hubert de Boüard
Adresse : Château La Fleur Saint-Georges – BP 7 – 33500 Pomerol
Tél. 05 57 25 25 13 – *Fax* 05 57 51 65 14
E-mail : contact@lafleurdebouard.com
Site Internet : www.lafleurdebouard.com
Superficie : 15,5 ha
Encépagement : 80 % merlot, 15 % cabernet franc, 5 % cabernet sauvignon
Production : 60 000 b – *Potentiel :* 5-15 ans

LE PLUS DE LA FLEUR DE BOÜARD

Propriétaire : Hubert de Boüard
Adresse : Château La Fleur Saint-Georges – BP 7 – 33500 Pomerol
Tél. 05 57 25 25 13 – *Fax* 05 57 51 65 14
E-mail : contact@lafleurdebouard.com
Site Internet : www.lafleurdebouard.com
Superficie : 1,5 ha
Encépagement : 95 % merlot, 5 % cabernet franc
Production : entre 3 000 et 5 000 b – *Potentiel :* 7-20 ans

LA FLEUR-SAINT-GEORGES

Propriétaire : Hubert de Boüard
Adresse : Château La Fleur Saint-Georges – BP 7 – 33500 Pomerol
Tél. 05 57 25 25 13 – *Fax* 05 57 51 65 14
E-mail : contact@lafleurdebouard.com
Site Internet : www.lafleurdebouard.com
Superficie : 5 ha
Encépagement : 50 % merlot, 50 % cabernet franc
Production : 30 000 b – *Potentiel :* 3-8 ans

GRAND ORMEAU

Propriétaire : Jean-Claude Beton
Adresse : 33500 Lalande-de-Pomerol
Tél. 05 57 25 30 20 – *Fax* 05 57 25 22 80
E-mail : grand.ormeau@wanadoo.fr
Superficie : 14 ha
Encépagement : 64 % merlot, 18 % cabernet franc, 18 % cabernet sauvignon
Production : 80 000 b – *Potentiel :* 4-10 ans

JEAN DE GUÉ - CUVÉE PRESTIGE

Propriétaire : SCE Vignobles Aubert
Adresse : Château La Couspaude – 33330 Saint-Émilion
Tél. 05 57 40 15 76 – *Fax* 05 57 40 10 14
E-mail : vignobles.aubert@wanadoo.fr
Site Internet : www.la-couspaude.com
Superficie : 10 ha
Encépagement : 75 % merlot, 20 % cabernet franc, 5 % cabernet sauvignon
Production : 36 000 b – *Potentiel :* 3-10 ans

LA SERGUE

Propriétaire : famille Chatonnet
Adresse : Château Haut Chaigneau – 33500 Neac
Tél. 05 57 51 31 31 – *Fax* 05 57 25 08 93
E-mail : vignobleschatonnet@wanadoo.fr
Superficie : 6 ha
Encépagement : 85 % merlot, 10 % cabernet sauvignon, 4 % cabernet franc, 1 % malbec
Production : 20 000 b

SIAURAC

Propriétaire : SCE Baronne Guichard
Adresse : Château Siaurac – 33500 Néac
Tél. 05 57 51 64 58 – *Fax* 05 57 51 41 56
E-mail : info@chateausiaurac.com
Superficie : 37 ha
Encépagement : 80 % merlot, 20 % cabernet franc
Production : 150 000-200 000 b – *Potentiel :* 5-15 ans

TOURNEFEUILLE

Propriétaires : familles Petit et Cambier
Adresse : SCEA Château Tournefeuille – 33500 Néac
Tél. 05 57 51 18 61 – *Fax* 05 57 51 00 04
E-mail : fpetit@terre-net.fr
Site Internet : www.château-tournefeuille.com
Superficie : 18,5 ha
Encépagement : 70 % merlot, 30 % cabernet franc
Production : 50 000 b – *Potentiel :* 5-15 ans

CÔTES DE BOURG

Sur la rive droite de la Garonne, à quelques minutes en bateau de la prestigieuse appellation Margaux, se trouvent les Côtes de Bourg, très étendues avec près de 4 000 ha de vignobles. Ces derniers sont même plus anciens que ceux du Médoc, car cette région était d'une grande importance stratégique sous les Plantagenêts. Le point de vue sur les coteaux qui jouxtent la rivière est superbe, et la chambre de commerce locale a essayé de promouvoir cette cité en nommant Bourg « la Suisse de la Gironde ». À mon avis, elle devrait attirer l'attention sur les meilleurs crus de cette appellation, qui sont en général des vins sans détour, mais séduisants, très fruités, avec beaucoup de rondeur ; de même qu'elle devrait mettre en valeur le ravissant village portuaire de la région et la vieille ville à flanc de coteau de Bourg-sur-Gironde.

L'appellation Côtes de Bourg, située au nord de celle de Fronsac et au sud des Côtes de Blaye, est composée de sols assez divers. Essentiellement calcaires, ils comportent aussi, en proportion variée, de l'argile, des graves et du sable. Nettement plus fertiles que dans le Médoc, ils contraignent les producteurs à surveiller leurs rendements pour les maintenir dans des limites raisonnables et conserver à leurs vins une certaine concentration. Le cépage dominant est le merlot, suivi du cabernet franc, du cabernet sauvignon, du malbec et, pour une faible part, du petit verdot.

La plupart des crus de cette appellation ont un niveau moyen ou très moyen ; généralement dénués de concentration (à cause de rendements trop élevés), ils présentent souvent des tannins excessifs et trop verts (en raison de vendanges trop précoces). Cependant, une douzaine de domaines produisent régulièrement de bons vins, au potentiel de garde de 10 ans ou plus. Cette aire viticole pourrait prendre de l'importance dans les années qui viennent, compte tenu des prix pratiqués par les appellations plus prestigieuses en raison d'une demande grandissante. En effet, les vins des Côtes de Bourg sont généralement abordables.

CÔTES DE BOURG – REPÈRES

Situation : sur la rive droite de la Dordogne, à un peu moins de 30 km de Bordeaux.
Superficie sous culture de vigne : 3 886 ha.
Communes : Bayon, Bourg, Comps, Gauriac, Lansac, Mombrier, Prignac-et-Marcamps, Pugnac, Saint-Ciers-de-Canesse, Saint-Seurin-de-Bourg, Saint-Trojan, Samonac, Tauriac, Teuillac, Villeneuve.
Production annuelle moyenne : 350 000 caisses (dont 1 % de blanc).
Crus classés : pas de classement, mais l'appellation compte plus de 300 propriétés et 4 caves coopératives.
Principaux cépages : pour les rouges, le merlot prédomine, suivi du cabernet franc et du cabernet sauvignon, avec de toutes petites quantités de malbec ; pour les blancs, sémillon, sauvignon blanc et muscadelle.
Types de sol : on trouve toutes sortes de sol, allant de l'argile et du calcaire aux graves, en passant par le grès.

MON CLASSEMENT

EXCEPTIONNEL

Fougas-Maldoror, Epicurea de Château Martinat, Roc de Cambes

EXCELLENT

Tayac Cuvée Prestige

TRÈS BON

De Barbe, Brûlesécaille, Falfas, Guerry, Haut-Macô, Mercier, Tayac Cuvée Réservée

BON

Clos La Barette, La Grolet, Gros Moulin, Les Heaumes, Moulin des Graves, Moulin-Vieux, Nodoz, Rousselle, Rousset, Soulignac de Robert, Tayac, La Tour-Séguy

LES MEILLEURES PROPRIÉTÉS

DE BARBE

Propriétaire : SC Villeneuvoise Château de Barbe
Adresse : 33710 Villeneuve
Tél. 05 57 42 64 00 – *Fax* 05 57 64 94 10
Superficie : 55,8 ha
Encépagement : 80 % merlot, 15 % cabernet sauvignon, 5 % malbec
Production : 420 000 b – *Potentiel :* 3-8 ans

BRÛLESÉCAILLE

Propriétaire : GFA Rodet Récapet
Adresse : Château Brûlesécaille – 33710 Tauriac
Tél. 05 57 68 40 31 – *Fax* 05 57 68 21 27
E-mail : cht.brulesecaille@freesbee.fr
Site Internet : www.brulesecaille.com
Superficie : 20 ha
Encépagement : 60 % merlot, 10 % cabernet franc, 30 % cabernet sauvignon
Production : 78 000 b – *Potentiel :* 3-8 ans

FOUGAS-MALDOROR

Propriétaire : Jean-Yves Béchet
Adresse : Château Fougas – 33710 Lansac
Tél. 05 57 68 42 15 – *Fax* 05 57 68 28 59
E-mail : jean-yves.bechet@wanadoo.fr
Site Internet : www.fougas.com
Superficie : 12 ha
Encépagement : 75 % merlot, 25 % cabernet sauvignon
Production : 45 000 b – *Potentiel :* 3-10 ans

GUERRY

Propriétaire : Bernard Magrez
Adresse : 26, route de Guerrit – 33710 Tauriac
Tél. 05 57 26 38 38 – *Fax* 05 57 26 38 39
E-mail : chateau@pape-clement.com
Site Internet : www.pape-clement.com
Superficie : 22 ha
Encépagement : 50 % merlot, 15 % cabernet sauvignon, 15 % cabernet franc, 20 % malbec
Production : 140 000 b – *Potentiel :* 5-15 ans

HAUT-MACÔ

Propriétaires : Anne et Hugues Mallet
Adresse : SCEA Mallet Frères – 33710 Tauriac
Tél. 05 57 68 81 26 – *Fax* 05 57 68 91 97
E-mail : hautmaco@wanadoo.fr
Site Internet : www.hautmaco.com
Superficie : 36 ha
Encépagement : 60 % merlot, 35 % cabernet sauvignon, 5 % cabernet franc
Production : 144 000 b – *Potentiel :* 3-7 ans

EPICUREA DE CHÂTEAU MARTINAT

Propriétaires : M. et Mme Donze
Adresse : SCEV Marsaux-Donze – 33710 Lansac
Tél. 05 57 68 34 98 – *Fax* 05 57 68 35 39
E-mail : chateaumartinat@aol.com
Site Internet : www.chateaumartinat.com
Superficie : 3,5 ha
Encépagement : 90 % merlot, 10 % malbec
Production : 10 000 b – *Potentiel :* 3-10 ans

MERCIER

Propriétaire : Philippe Chéty
Adresse : 5, Mercier – 33710 Trojan
Tél. 05 57 42 66 99 – *Fax* 05 57 42 66 96
E-mail : info@chateau-mercier.fr
Site Internet : www.chateau-mercier.fr
Superficie : 23 ha
Encépagement : rouge – 50 % merlot, 20 % cabernet sauvignon, 20 % cabernet franc, 10 % malbec ;
blanc – 60 % sauvignon, 20 % sémillon, 20 % muscadelle
Production : 150 000 b – *Potentiel :* 3-10 ans

ROC DE CAMBES

Propriétaire : François Mitjavile
Adresse : 33710 Bourg
Fax 05 57 74 42 11
E-mail : contact@roc-de-cambes.com
Site Internet : www.roc-de-cambes.com
Superficie : 10 ha
Encépagement : 65 % merlot, 25 % cabernet sauvignon, 10 % cabernet franc
Production : 36 000 b – *Potentiel :* 5-25 ans

TAYAC – CUVÉE PRESTIGE

Propriétaire : Pierre Saturny
Adresse : 33710 Saint-Seurin-de-Bourg

Tél. 05 57 68 40 60 – *Fax* 05 57 68 29 93
E-mail : tayac-saturny@wanadoo.fr
Site Internet : www.chateau-tayac.fr
Superficie : 8 ha
Encépagement : 80 % cabernet sauvignon, 20 % merlot
Production : 40 000 b – *Potentiel :* 6-20 ans

Note : cette Cuvée Prestige issue de vieilles vignes n'est produite que dans les meilleures années.

BLAYE

Juste au nord de la ville de Bourg s'étendent les quelque 5 900 ha de vignobles du Blayais, dont les meilleurs bénéficient de l'appellation Premières Côtes de Blaye. Bien que l'on produise beaucoup de vin blanc dans la région, l'appellation est essentiellement connue pour ses rouges. À leur meilleur niveau, ces vins, qui ressemblent fort aux Côtes de Bourg, sont précoces, ronds et richement fruités, et se distinguent avantageusement parmi ceux de gamme moyenne.

Tout comme le Bourgeais, le Blayais est une très vieille région vinicole qui, autrefois, était plus renommée que le Médoc. Ses origines remontent à l'époque romaine, lorsque la région servait de rempart contre les éventuels envahisseurs de la ville de Burdigala (Bordeaux). Aujourd'hui, la route touristique reliant Bourg à Blaye est certainement l'une des plus charmantes de toute la région. Elle conduit à cette superbe citadelle du XVIIe siècle (classée monument historique) qu'est la ville de Blaye. Les amateurs de bonne chère noteront, sans doute avec surprise, que, si un jour les autorités autorisent la pêche à l'esturgeon et le commerce du caviar, Blaye sera le centre de cette industrie, dans la mesure où la Gironde toute proche est un habitat traditionnel de ce poisson.

Le vignoble de Blaye se situe pour l'essentiel sur les coteaux dominant la Gironde et ouverts au sud. Le sol y est plutôt calcaire, avec des épisodes argileux et, parfois, graveleux. C'est une terre très fertile, qui exige une grande vigilance quant aux rendements. Les cépages sont en principe ceux que l'on retrouve dans les Côtes de Bourg ; le merlot prédomine, suivi du cabernet franc, du cabernet sauvignon et du malbec. Les meilleurs rouges des Côtes de Blaye sont extrêmement bien vinifiés et richement fruités, et doivent être consommés dans les 5 ou 6 ans suivant le millésime. On trouve également des cépages blancs intéressants, en particulier le sémillon, le sauvignon blanc, la muscadelle, le merlot blanc, la folle blanche, le colombard, le chenin blanc et l'ugni blanc.

BLAYE – REPÈRES

Situation : sur la rive droite de la Gironde, à environ 50 km au nord de Bordeaux.
Superficie sous culture de vigne : 5 900 ha.
Communes : l'appellation recouvre plus de 40 communes.
Production annuelle moyenne : 2 250 000 caisses, dont 90 % de rouge et 10 % de blanc.

Crus classés : aucun. L'appellation comprend 520 propriétés et 6 caves coopératives regroupant plus de 500 membres.
Principaux cépages : pour les rouges, c'est le merlot qui prédomine ; pour les blancs, le sauvignon et le sémillon, ainsi que de toutes petites quantités de muscadelle et de colombard.
Types de sol : argile mêlée de calcaire, de sable et de graves.

MON CLASSEMENT

EXCEPTIONNEL

Pérenne (anciennement Passion du Prieuré-Malesan)

EXCELLENT

Garreau, Garreau Cuvée Armande, Gigault Cuvée Viva, Les Grands Maréchaux

TRÈS BON

Haut-Bertinerie, Segonzac

BON

Bellevue, La Bretonnière, Haut-Sociondo, Les Jonqueyres, Pérenne, Peyraud, Des Petits-Arnauds, Roland La Garde

MOYEN

Barbé, Chante-Alouette-la-Roseraie, Clairac, Le Cône-Taillasson-de-Lagarcie, L'Escadre, La Grange, Loumède, Magdeleine-Bouhou, Mayne-Boyer-Chaumet, Les Moines, Pardaillan, Peybonhomme-les-Tours, Peymelon, Ricaud, Sociondo, Les Videaux

LES MEILLEURES PROPRIÉTÉS

GARREAU

Propriétaire : Mme Guez
Adresse : Château Garreau – 33710 Pugnac
*Tél.*05 57 68 90 75 – *Fax* 05 57 68 90 84
E-mail : mpguez@hotmail.fr
Superficie : 7,5 ha
Encépagement : 50 % merlot, 50 % cabernet sauvignon
Production : 35 000 b – *Potentiel :* 2-8 ans

GIGAULT – CUVÉE VIVA

Propriétaire : Christophe Reboul-Salze
Adresse : 33390 Mazion
Tél. 05 57 54 39 39 – *Fax* 05 57 54 39 38
Superficie : 14 ha
Encépagement : 90 % merlot, 5 % cabernet sauvignon, 5 % cabernet franc
Production : 42 000 b – *Potentiel :* 5-10 ans

LES GRANDS MARÉCHAUX

Propriétaires : Christophe Reboul-Salze, Étienne Barre, Guillaume Touton
Adresse : Château les Maréchaux – 2, Géniquet – 33920 Saint-Giron-d'Aiguevives
Tél. 05 57 42 49 08 – *Fax* 05 57 42 49 08
Superficie : 20 ha
Encépagement : 80 % merlot, 10 % cabernet franc, 10 % cabernet sauvignon
Production : 84 000 b – *Potentiel :* 5-10 ans

HAUT-BERTINERIE

Propriétaires : Daniel, Éric et Frantz Bantegnies
Adresse : SCEA Bantegnies et Fils – Château Bertinerie – 33620 Cubnezais
Tél. 05 57 68 70 74 – *Fax* 05 57 68 01 03
E-mail : contact@chateaubertinerie.com
Site Internet : www.chateaubertinerie.com
Superficie : 35 ha (7 ha blanc, 28 ha rouge)
Encépagement : rouge – 40 % cabernet sauvignon, 60 % merlot ; blanc – 100 % sauvignon blanc
Production : rouge – 150 000 b ; blanc – 40 000 b
Potentiel : rouge – 3-15 ans ; blanc – 2-8 ans

HAUT-SOCIONDO

Propriétaire : Louis Martinaud
Adresse : 33390 Cars
Tél. 05 57 42 03 22 – *Fax* 05 57 42 99 97
Superficie : 14 ha
Encépagement : 65 % merlot, 35 % cabernet franc
Production : 72 000 b – *Potentiel :* 2-3 ans

LES JONQUEYRES

Propriétaires : Pascal Montaut
Adresse : 33390 Saint-Paul
Tél. 05 57 42 34 88 – *Fax* 05 57 42 93 80
E-mail : chateaulesjonqueyres@free.fr
Site Internet : www.lesjonqueyres.com
Superficie : 14 ha
Encépagement : 75 % merlot, 20 % cabernet franc, 5 % malbec
Production : 50 000 b – *Potentiel :* 2-15 ans

PÉRENNE (anciennement Passion du Prieuré-Malesan)

Propriétaire : Bernard Magrez
Adresse : 1, Pérenne – 33390 Saint-Genès-de-Blaye
Tél. 05 57 42 18 25 – *Fax* 05 57 42 15 86
Superficie : 64 ha
Encépagement : 75 % merlot, 24 % cabernet sauvignon, 1 % de cépages blancs
Production : 384 000 b – *Potentiel :* 5-8 ans

PEYRAUD

Propriétaire : famille Rey
Adresse : 33390 Cars
Tél. 05 57 42 36 90 – *Fax* 05 57 42 02 46
Superficie : 10 ha
Encépagement : 50 % merlot, 30 % cabernet sauvignon, 15 % cabernet franc, 5 % malbec
Production : 54 000 b – *Potentiel :* 3-6 ans

SEGONZAC

Propriétaire : Jacob Marmet
Adresse : 33390 Saint-Genès-de-Blaye
Tél. 05 57 42 18 16 – *Fax* 05 57 42 24 80
Superficie : 30 ha
Encépagement : 60 % merlot, 20 % cabernet sauvignon, 10 % malbec, 10 % cabernet franc
Production : 228 000 b – *Potentiel :* 3-6 ans

PUISSEGUIN-SAINT-ÉMILION

Puisseguin-Saint-Émilion est la plus orientale des appellations satellites. Son domaine s'est étendu de manière assez considérable. Son nom, d'origine celtique, signifie « la colline aux vins puissants ».

La moitié de la production de l'appellation est assurée par la cave coopérative locale, qui la diffuse sous l'étiquette Roc de Puisseguin, mais la plupart des domaines procédant à leur propre mise produisent des vins dignes d'attention, qui doivent être bus dans les 5 ou 6 ans et sont nettement moins chers que la majorité des Saint-Émilion.

Les millésimes de Puisseguin suivent à peu près la courbe de ceux du Libournais ; les amateurs de bonnes affaires se mettront donc en quête des 1998, 2000, 2001 et 2003.

PUISSEGUIN-SAINT-ÉMILION – REPÈRES

Situation : sur la rive droite de la Dordogne, à environ 40 km au nord-est de Bordeaux et à 10 km à l'est de Libourne.
Superficie sous culture de vigne : 750 ha.
Commune : Puisseguin.
Production annuelle moyenne : 575 000 caisses.
Crus classés : aucun. L'appellation comprend 73 propriétés et une très importante cave coopérative.
Principaux cépages : c'est le merlot qui prédomine, suivi du cabernet franc et de toutes petites quantités de cabernet sauvignon.
Types de sol : essentiellement calcaire et argileux, avec un peu de grès.

MON CLASSEMENT

TRÈS BON

Branda, Guibot-la-Fourvieille

BON

Durand-Laplagne, La Maurianne, De Roques, Vieux Château Guibeau

MOYEN

Beauséjour, Cassat, La Croix de Mouchet, Fayan, Gontet Robin, De Môle, Du Moulin, Rigaud, Roc de Boissac, Soleil, Teyssier La Tour-Guillotin

LES MEILLEURES PROPRIÉTÉS

BRANDA

Propriétaires : Guy Benjamin, Yves Blanc, Arnaud Delaire
Adresse : SC Château Branda – Roques – 33570 Puisseguin
Tél. 05 57 74 62 55 – *Fax* 05 57 74 57 33
E-mail : chateau.branda@wanadoo.fr
Superficie : 9 ha
Encépagement : 60 % merlot, 30 % cabernet sauvignon, 10 % cabernet franc
Production : 55 000 b – *Potentiel :* 2-8 ans

DURAND-LAPLAGNE

Propriétaires : Consorts Bessou
Adresse : Château Guibeau – 33570 Puisseguin
Tél. 05 57 74 63 07 – *Fax* 05 57 74 59 58
E-mail : contact@durand-laplagne.com
Site Internet : www.durand-laplagne.com
Superficie : 14,5 ha
Encépagement : 70 % merlot, 15 % cabernet franc, 15 % cabernet sauvignon
Production : 80 000 b – *Potentiel :* 3-20 ans

GUIBEAU

Propriétaire : Henri Bourlon
Adresse : Château Guibeau – 33570 Puisseguin
Tél. 05 57 55 22 75 – *Fax* 05 57 74 58 52
E-mail : vignobles.henri.bourlon@wanadoo.fr
Site Internet : www.vignobleshenribourlon.com
Superficie : 41 ha
Encépagement : 66 % merlot, 17 % cabernet franc, 17 % cabernet sauvignon
Production : 300 000 b – *Potentiel :* 2-7 ans

GUIBOT-LA-FOURVIEILLE

Propriétaire : Henri Bourlon
Adresse : Château Guibeau – 33570 Puisseguin
Tél. 05 57 55 22 75 – *Fax* 05 57 74 58 52
E-mail : vignobles.henri.bourlon@wanadoo.fr
Site Internet : www.vignobleshenribourlon.com
Superficie : 70 ha
Encépagement : 70 % merlot, 15 % cabernet franc, 15 % cabernet sauvignon
Production : 240 000 b – *Potentiel :* 2-6 ans

DE ROQUES

Propriétaire : Didier Sublett
Adresse : SCEA Vignobles du Château de Roques – 33570 Puisseguin
Tél. 05 57 74 69 56 – *Fax* 05 57 74 69 65
E-mail : chateau.lacoste.a.roques@wanadoo.fr
Site Internet : www.scea-chateau-de-roques.com
Superficie : 37 ha
Encépagement : 60 % merlot, 30 % cabernet franc, 10 % cabernet sauvignon
Production : 250 000 b – *Potentiel :* 5-20 ans

LUSSAC-SAINT-ÉMILION

Situé dans la partie nord-est de la région viticole de Saint-Émilion, Lussac recouvre près de 1 400 ha de vignobles, dont plus de la moitié sont contrôlés par la cave coopérative locale. L'appellation compte également plusieurs propriétés produisant des vins souples, délicieux, ronds et fruités, destinés à être consommés dans les 5 ou 6 ans suivant le millésime.

Les sols sont principalement calcaires, sableux par endroits. Lussac, comme d'autres appellations satellites, est une mine de bonnes affaires.

LUSSAC-SAINT-ÉMILION – REPÈRES

Situation : sur la rive droite de la Dordogne, à 40 km environ au nord-est de Bordeaux et à 10 km au nord-est de Libourne.
Superficie sous culture de vigne : 1 395 ha.
Commune : Lussac.
Production annuelle moyenne : 775 000 caisses.
Crus classés : aucun. L'appellation compte 215 propriétés et une cave coopérative regroupant 80 membres.
Principaux cépages : merlot et cabernet franc.
Types de sol : on trouve différents types de sol à Lussac – sableux, graveleux, argileux ou argilo-calcaire.

MON CLASSEMENT

BON

Bel-Air, De Bellevue, Cap de Merle, Carteyron, Du Courlat, Lyonnat, Mayne-Blanc, Villadière

LES MEILLEURES PROPRIÉTÉS

BEL-AIR

Propriétaire : Jean-Noël Roi
Adresse : 33570 Lussac
Tél. 05 57 74 60 40 – *Fax* 05 57 74 52 11
E-mail : jean.roi@wanadoo.fr
Superficie : 21 ha
Encépagement : 70 % merlot, 15 % cabernet franc, 15 % cabernet sauvignon
Production : 120 000 b – *Potentiel :* 3-15 ans

DE BELLEVUE

Propriétaire : Charles Chatenou
Adresse : 33570 Lussac
Tél. 05 57 74 60 25 – *Fax* 05 57 74 53 69
E-mail : andrechatenou@wanadoo.fr
Site Internet : www.chateau-de-bellevue.com
Superficie : 12 ha
Encépagement : 85 % merlot, 15 % cabernet franc
Production : 65 000 b – *Potentiel :* 5-10 ans

CAP DE MERLE

Propriétaire : EARL Vins Bel
Adresse : 33570 Lussac-Poitou
Tél. 05 57 51 00 88 – *Fax* 05 57 61 65 70
E-mail : capdemerle@vinsbel.com
Site Internet : www.capdemerle.com
Superficie : 15 ha
Encépagement : 65 % merlot, 30 % cabernet franc, 5 % cabernet sauvignon
Production : 100 000 b – *Potentiel :* 2-7 ans

DU COURLAT

Propriétaire : Pierre Bourotte
Adresse : 33570 Lussac
Adresse postale : Pierre Bourotte SAS – BP 79 – 62, quai de Priourat – 33502 Libourne Cedex
Tél. 05 57 51 62 17 – *Fax* 05 57 51 28 28
E-mail : contact@jbaudy.fr

Superficie : 17 ha
Encépagement : 75 % merlot, 15 % cabernet franc, 10 % cabernet sauvignon
Production : 65 000 b – Cuvée Jean-Baptiste : 25 000 b – *Potentiel :* 2-8 ans – Cuvée Jean-Baptiste : 5-15 ans

LYONNAT

Propriétaire : SCE des Vignobles Jean Milhade
Adresse : 33570 Lussac
Tél. 05 57 55 48 90 – *Fax* 05 57 84 31 27
E-mail : milhade@milhade.fr
Site Internet : www.milhade.fr
Superficie : 47 ha
Encépagement : 70 % merlot, 15 % cabernet franc, 15 % cabernet sauvignon
Production : 300 000 b – *Potentiel :* 5-12 ans

MAYNE-BLANC

Propriétaire : EARL Jean Boncheau
Adresse : Château Mayne-Blanc – 33570 Lussac
Tél. 05 57 74 60 56 – *Fax* 05 57 74 51 77
E-mail : mayne.blanc@wanadoo.fr
Superficie : 17 ha
Encépagement : 70 % merlot, 10 % cabernet sauvignon, 20 % cabernet franc
Production : 90 000 b – *Potentiel :* 2-12 ans

MONTAGNE-SAINT-ÉMILION

Montagne-Saint-Émilion, qui se trouve non loin du secteur des graves, au nord de Pomerol et de Saint-Émilion, est situé sur des coteaux argilo-calcaires et sur un plateau essentiellement calcaire, avec quelques affleurements rocheux.

Les meilleurs vins de Montagne sont généralement issus des coteaux sud de l'appellation, d'où l'on jouit d'une vue splendide sur la Barbanne, qui traverse Pomerol et Lalande-de-Pomerol. Montagne produit régulièrement quelques-uns des vins les plus profonds et les plus riches de toutes les appellations satellites du Bordelais. Sachant que les crus les mieux réussis sont du niveau d'un bon grand cru de Saint-Émilion, on peut incontestablement y réaliser de belles affaires.

MONTAGNE-SAINT-ÉMILION – REPÈRES

Situation : sur la rive droite de la Dordogne, à un peu plus de 35 km de Bordeaux.
Superficie sous culture de vigne : 1 550 ha.
Commune : Montagne.
Production annuelle moyenne : 950 000 caisses.

Crus classés : aucun. L'appellation compte 220 propriétés et une cave coopérative regroupant 30 membres.
Principal cépage : merlot.
Type de sol : argilo-calcaire.

MON CLASSEMENT

EXCELLENT

Faizeau-Vieilles Vignes, Roudier

TRÈS BON

Calon, La Croix-Beauséjour, Faizeau, Maison-Blanche, Tour Musset, Des Tours, Vieux Château Saint-André

LES MEILLEURES PROPRIÉTÉS

CALON

Propriétaire : Jean-Noël Boidron
Adresse : Château Corbin-Michotte – 33330 Saint-Émilion
Tél. 05 57 51 64 88 – *Fax* 05 57 51 56 30
E-mail : vignoblesjnboidron@wanadoo.fr
Superficie : 40 ha
Encépagement : 70 % merlot, 15 % cabernet franc, 15 % cabernet sauvignon
Production : 168 000 b – *Potentiel :* 5-15 ans

CROIX-BEAUSÉJOUR

Propriétaire : Olivier Laporte
Adresse : 33570 Montagne
Tél. 05 57 74 69 62 – *Fax* 05 57 74 59 21
Site Internet : www.croixbeausejour.com
Superficie : 8 ha
Encépagement : 70 % merlot, 15 % cabernet franc, 15 % malbec
Production : 47 000 b – *Potentiel :* 5-12 ans

FAIZEAU

Propriétaire : Chantal Lebreton
Adresse : 33570 Montagne
Tél. 05 57 24 68 94 – *Fax* 05 57 24 60 37
E-mail : contact@chateau-faizeau.com
Site Internet : www.chateau-faizeau.com
Superficie : 12 ha
Encépagement : 100 % merlot
Production : 38 000 b – *Potentiel :* 5-15 ans

MAISON-BLANCHE

Propriétaire : GFA Despagne-Rapin
Adresse : 33570 Montagne
Tél. 05 57 74 62 18 – *Fax* 05 57 74 58 98
E-mail : vignobles.despagne.rapin@wanadoo.fr
Site Internet : www.chateaumaisonblanche.com
Superficie : 32 ha
Encépagement : 50 % merlot, 50 % cabernet franc
Production : 100 000 b – *Potentiel :* 5-20 ans

ROUDIER

Propriétaire : Jacques Capdemourlin
Adresse : Château Roudier – 33570 Montagne
Tél. 05 57 74 62 06 – *Fax* 05 57 74 59 34
E-mail : info@vignoblescapdemourlin.com
Site Internet : www.vignoblescapdemourlin.com
Superficie : 30 ha
Encépagement : 65 % merlot, 25 % cabernet franc, 10 % cabernet sauvignon
Production : 150 000 b – *Potentiel :* 5-12 ans

TOUR MUSSET

Propriétaire : Henri Guiter
Adresse : 33570 Montagne
Tél. 05 57 97 75 75 – *Fax* 05 56 72 13 23
Superficie : 25 ha
Encépagement : 50 % merlot, 50 % cabernet sauvignon
Production : 144 000 b – *Potentiel :* 2-7 ans

DES TOURS

Propriétaire : SCEA Château des Tours
Adresse : 33570 Montagne
Adresse postale : 17, avenue Julien Ducourt – 33610 Cestas
Tél. 05 57 26 26 66 – *Fax* 05 57 26 26 67
E-mail : divin@divin-sa.fr
Superficie : 70 ha
Encépagement : 34 % merlot, 34 % cabernet franc, 32 % malbec
Production : 660 000 b – *Potentiel :* 2-5 ans

VIEUX CHÂTEAU SAINT-ANDRÉ

Propriétaire : SCEA Vieux Château Saint-André
Gérante : Nelly Berrouet
Adresse : 1, Samion – 33570 Montagne
Tél. 05 57 55 05 80

E-mail : chateau.samion@wanadoo.fr
Superficie : 6,3 ha
Encépagement : 80 % merlot, 20 % cabernet franc
Production : 35 000 b – *Potentiel :* 5-20 ans

SAINT-GEORGES-SAINT-ÉMILION

Les viticulteurs de Saint-Georges-Saint-Émilion bénéficient depuis 1972 de l'autorisation de faire naviguer leurs vins sous l'appellation Montagne-Saint-Émilion. Cependant, ils sont nombreux à avoir conservé leur identité, en revendiquant toujours leur label propre.

L'appellation comprend plusieurs propriétés d'un bon niveau, dont le Château Saint-Georges et le Château Saint-André Corbin, plus petit.

SAINT-GEORGES-SAINT-ÉMILION – REPÈRES

Situation : sur la rive droite de la Dordogne, à environ 35 km au nord-est de Bordeaux.
Superficie sous culture de vigne : 180 ha.
Commune : Saint-Georges-Saint-Émilion fait partie de la commune de Montagne.
Production annuelle moyenne : 95 000 caisses.
Crus classés : aucun. L'appellation compte 19 propriétés.
Principal cépage : merlot.
Type de sol : argilo-calcaire.

MON CLASSEMENT

TRÈS BON

Saint-André Corbin, Saint-Georges

MOYEN

Belair-Montaiguillon, Macquin-Saint-Georges, Tour-du-Pas-Saint-Georges

LES MEILLEURES PROPRIÉTÉS

SAINT-ANDRÉ CORBIN

Propriétaire : Vignobles Jean-Bernard Saby et Fils
Adresse : 33570 Montagne
Tél. 05 57 24 73 03 – *Fax* 05 57 24 67 77
E-mail : info@chateau-rozier.com
Site Internet : www.vignobles-saby.com
Superficie : 17 ha

Encépagement : 75 % merlot, 25 % cabernet franc
Production : 100 000 b – *Potentiel :* 4-12 ans

SAINT-GEORGES

Propriétaire : Georges Desbois
Adresse : 33570 Montagne
Tél. 05 57 74 62 11 – *Fax* 05 57 74 58 62
E-mail : g.desbois@chateau-saint-georges.com
Site Internet : www.chateau-saint-georges.com
Superficie : 50 ha
Encépagement : 60 % merlot, 20 % cabernet franc, 20 % cabernet sauvignon
Production : 300 000 b – *Potentiel :* 4-20 ans

CÔTES DE CASTILLON

Cette appellation – l'une des plus en vogue parmi les satellites de Saint-Émilion – est actuellement en pleine effervescence et constitue désormais la chasse gardée de nombre de propriétaires se surpassant régulièrement. Elle se situe à l'est de Puisseguin-Saint-Émilion, à une bonne quarantaine de kilomètres de Bordeaux. L'appellation doit son nom à la commune de Castillon-la-Bataille, ainsi baptisée en mémoire de la bataille qui marqua la fin de la guerre de Cent Ans (1453), avec la défaite de l'armée anglaise et la mort de son général, Talbot.

C'est l'une des plus anciennes régions viticoles du Bordelais ; on y trouve trace de cette activité dès l'époque romaine. Les sols, siliceux, graveleux et très fertiles dans les parties basses, deviennent argileux et graveleux à flanc de coteau. Dans les zones plus élevées, ils sont essentiellement calcaires, avec aussi de l'argile, de la marne et du grès. D'après le syndicat de l'appellation, la cave coopérative locale assure près de 65 % de la production totale des Côtes de Castillon. Depuis que l'appellation a été délimitée, en 1955, les vins qui en sont issus connaissent un certain succès auprès des amateurs rebutés par les prix des Saint-Émilion.

De nombreux viticulteurs avant-gardistes du Bordelais ont investi dans les Côtes de Castillon, et leur réussite, particulièrement remarquable depuis la fin des années 90, a culminé avec le millésime 2000. Parmi ces vignerons qui font bouger la région, on citera Hubert de Boüard, Gérard Perse, Alain Raynaud, Jean-Michel Fernandez, Stéphane Derenoncourt, Corinne Guisez et Stephan von Neipperg, tous de brillants et talentueux vinificateurs, dont la réputation est déjà bien établie dans le Saint-Émilionnais et qui s'attellent désormais à améliorer la qualité des Côtes de Castillon. C'est ainsi que cette appellation s'impose comme l'une des plus intéressantes du Bordelais – et il y a fort à parier que, d'ici quelque temps, les prix rattraperont la courbe ascendante de la qualité des vins flamboyants et concentrés qu'offre désormais cette aire de production.

CÔTES DE CASTILLON – REPÈRES

Situation : sur la rive droite de la Dordogne, à environ 40 km à l'est de Bordeaux. Les Côtes de Castillon sont bordées au nord par l'appellation Côtes de Francs, au sud par la Dordogne et à l'ouest par Saint-Émilion.
Superficie sous culture de vigne : 3 000 ha.
Communes : l'appellation recouvre 8 communes, dont la plupart incluent le vocable « Castillon » dans leur dénomination. Les principales sont Belvès-de-Castillon, Castillon-la-Bataille, Saint-Genès-de-Castillon, Saint-Magne-de-Castillon, Saint-Philippe-d'Aiguille, Sainte-Colombe et Les Salles-de-Castillon.
Production annuelle moyenne : 1 650 000 caisses.
Crus classés : aucun, mais l'appellation compte 250 propriétés et une cave coopérative regroupant 150 membres.
Principaux cépages : merlot, suivi du cabernet franc.
Types de sol : argilo-calcaire sur les coteaux, plus graveleux et plus sableux dans les parties basses.

MON CLASSEMENT

EXCEPTIONNEL

D'Aiguilhe, Clos des Lunelles

EXCELLENT

D'Aiguilhe-Querre, Brisson, Cap de Faugères, Clos L'Église, Clos Puy-Arnaud, Domaine de l'A, Joanin-Bécot, Laussac, Sainte-Colombe, Veyry, Vieux Champs de Mars Cuvée Johanna

TRÈS BON

De Belcier, Côte Montpezat, Dubois Grimon, Peyrou, Le Pin de Belcier, De Pitray, Puycarpin, La Roche Beaulieu Amarinum, La Terrasse

MOYEN

Beynat, Blanzac, Du Bois, Des Desmoiselles, Fontbaude, La Fourquerie, Haut-Tuquet, Lartigue, Maisières-Aubert, Moulin-Neuf, Moulin Rouge, Palanquey, Robin, Rocher Bellevue, Roquevieille, Terrasson

LES MEILLEURES PROPRIÉTÉS

DOMAINE DE L'A

Propriétaire : Stéphane Derenoncourt
Adresse : Pavie Nord – 33330 Saint-Émilion
Tél. 05 57 24 60 29 – *Fax* 05 57 24 75 95
E-mail : derenoncourt.steppage@wanadoo.fr
Superficie : 5,3 ha

Encépagement : 60 % merlot, 25 % cabernet franc, 15 % cabernet sauvignon
Production : 17 000 b – *Potentiel :* 2-15 ans

D'AIGUILHE

Propriétaire : Stephan von Neipperg
Adresse : 33350 Saint-Philippe-d'Aiguille
Tél. 05 57 40 60 10 – *Fax* 05 57 40 63 56
E-mail : info@neipperg.com
Site Internet : www.neipperg.com
Superficie : 43 ha
Encépagement : 80 % merlot, 20 % cabernet franc
Production : 96 000 b – *Potentiel :* 3-13 ans

D'AIGUILHE-QUERRE

Propriétaires : Emmanuel et Gaëtane Querre
Adresse : Moulin-de-Lavaud – 33500 Pomerol
Tél. 06 82 28 87 02 – *Fax* 05 57 25 22 53
E-mail : contact@aiguilhe-querre.com
Site Internet : www.aiguilhe-querre.com
Superficie : 2,40 ha
Encépagement : 80 % merlot, 20 % cabernet franc
Production : 12 000-15 000 b – *Potentiel :* 2-10 ans

BRISSON

Propriétaire : Paul Valade
Adresse : 1, le Plantey – 33350 Belves de Castillon
Tél. 05 57 47 93 92 – *Fax* 05 57 47 93 37
E-mail : paul.valade@wanadoo.fr
Superficie : 20 ha
Encépagement : 75 % merlot, 20 % cabernet franc, 5 % cabernet sauvignon
Production : 60 000-72 000 b – *Potentiel :* 2-8 ans

CAP DE FAUGÈRES

Propriétaire : Corinne Guisez
Adresse postale : Château Faugères – 33330 Saint-Étienne-de-Lisse
Tél. 05 57 40 34 99 – *Fax* 05 57 40 36 14
E-mail : faugeres@chateau-faugeres.com
Site Internet : www.chateau-faugeres.com
Superficie : 27 ha
Encépagement : 80 % merlot, 15 % cabernet franc, 5 % cabernet sauvignon
Production : 110 000 b – *Potentiel :* 2-10 ans

CLOS L'ÉGLISE

Propriétaire : Gérard Perse
Adresse : SCA Sainte-Colombe – Puyzalat – 33350 Saint-Magne-de-Castillon
Adresse postale : Château Pavie – 33330 Saint-Émilion

Tél. 05 57 55 43 43 – *Fax* 05 57 24 63 99
E-mail : vignobles.perse@wanadoo.fr
Site Internet : www.chateaupavie.com
Superficie : 16 ha
Encépagement : 70 % merlot, 15 % cabernet franc, 15 % cabernet sauvignon
Production : 50 000 b – *Potentiel :* 5-15 ans

CLOS LES LUNELLES

Propriétaires : Gérard et Chantal Perse
Adresse : Le Bourg – 33350 Sainte-Colombe
Adresse postale : Château Pavie – 33330 Saint-Émilion
Tél. 05 57 55 43 43 – *Fax* 05 57 24 63 99
E-mail : vignobles.perse@wanadoo.fr
Site Internet : www.chateaupavie.com
Superficie : 9 ha
Encépagement : 80 % merlot, 10 % cabernet franc, 10 % cabernet sauvignon
Production : 19 800 b – *Potentiel :* 5-15 ans

CLOS PUY-ARNAUD

Propriétaire : Thierry Valette
Adresse : 7, Puy-Arnaud – 33350 Belvès-de-Castillon
Tél. 05 57 47 90 33 – *Fax* 05 57 47 90 53
E-mail : clospuyarnaud@wanadoo.fr
Superficie : 7,5 ha
Encépagement : 70 % merlot, 20 % cabernet franc, 10 % cabernet sauvignon
Production : 30 000 b – *Potentiel :* 5-10 ans

JOANIN-BÉCOT

Propriétaire : Juliette Bécot
Adresse : Château Beau-Séjour Bécot – 33330 Saint-Émilion
Tél. 05 57 74 46 87 – *Fax* 05 57 24 66 88
E-mail : becotjuliette@hotmail.com
Site Internet : www.beausejour-becot.com
Superficie : 10 ha
Encépagement : 75 % merlot, 25 % cabernet franc
Production : 30 000 b – *Potentiel :* 2-10 ans

LAUSSAC

Propriétaire : Alexandra Roché
Adresse : Lieu dit « Laussac » – 33550 Saint-Magne-de-Castillon
Tél. 05 57 40 13 76 – *Fax* 05 57 40 43 54
E-mail : chateaudelaussac@wanadoo.fr
Superficie : 11,8 ha
Encépagement : 70 % merlot, 30 % cabernet franc
Production : 60 000 b – *Potentiel :* 2-10 ans

SAINTE-COLOMBE

Propriétaire : SCA Sainte-Colombe
Adresse : c/o Château Pavie – 33330 Saint-Émilion
Tél. 05 57 55 43 43 – *Fax* 05 57 24 63 99
Site Internet : www.vignoblesperse.com
Superficie : 40 ha
Encépagement : 70 % merlot, 30 % cabernet franc
Production : 150 000 b

VEYRY

Propriétaire : Christian Veyry
Adresse : Paupin – 33330 Saint-Laurent-des-Combes
Tél. 06 07 28 53 80 – *Fax et répondeur* 05 57 74 09 56
E-mail : veyry@wanadoo.fr
Superficie : 4 ha
Encépagement : 90 % merlot, 10 % cabernet franc
Production : 12 000-18 000 b – *Potentiel :* 2-10 ans

VIEUX CHAMPS DE MARS – CUVÉE JOHANNA

Propriétaire : GFA Régis Moro
Adresse : Le Pin – 33350 Les Salles-de-Castillon
Tél. 05 57 40 63 49 – *Fax* 05 57 40 61 41
E-mail : moro-regis@wanadoo.fr
Superficie : 17 ha – Cuvée Johanna : 4 ha
Encépagement : 80 % merlot, 15 % cabernet franc, 5 % cabernet sauvignon
Production : 114 000 b – Cuvée Johanna : 6 000 b
Potentiel : 2-10 ans – Cuvée Johanna : 5-10 ans

CÔTES DE FRANCS

Bien que l'on y trouve trace d'une activité viticole dès le XIe siècle, la région des Côtes de Francs n'a été délimitée qu'en 1976 ; c'est donc l'une des appellations les plus récentes des environs de Saint-Émilion. Elle recouvre environ 600 ha de vignes, dont 20 % sont vouées aux cépages blancs – sémillon, sauvignon et muscadelle.

Mais c'est surtout par le vin rouge que cette appellation se distingue ; en effet, ce terroir est une extension vers l'est de Puisseguin-Saint-Émilion et de Lussac-Saint-Émilion, et les sols y sont remarquables, puisque le bas des coteaux et les vallons sont très argileux, alors que les coteaux eux-mêmes sont argilo-calcaires, avec des affleurements de marne et de craie. Les principaux cépages sont le cabernet sauvignon, le cabernet franc, le malbec et le merlot. Ce vignoble est l'un des seuls de tout le Bordelais à être entièrement ouvert à l'est.

CÔTES DE FRANCS – REPÈRES

Situation : sur la rive droite de la Dordogne, à l'est de Puisseguin et de Lussac, et à 50 km environ du centre de Bordeaux.
Superficie sous culture de vigne : 600 ha.
Communes : Franc et Saint-Cibard.
Production annuelle moyenne : 24 000 caisses, dont 90 % de rouge et 10 % de blanc.
Crus classés : aucun. L'appellation compte 30 propriétés et une cave coopérative qui regroupe 30 membres.
Principal cépage : merlot pour le rouge et muscadelle pour le blanc.
Type de sol : argilo-calcaire.

MON CLASSEMENT

TRÈS BON

De Francs, Marsau, La Prade, Puygueraud, Puyguéraud Cuvée Georges

BON

Les Charmes-Godard

LES MEILLEURES PROPRIÉTÉS

DE FRANCS

Propriétaire : GFA Château de Francs
Adresse : Le Bourg – 33570 Francs
Tél. 05 57 40 65 91 – *Fax* 05 57 40 63 04
E-mail : chateaudefrancs@terre-net.fr
Superficie : 27 ha
Encépagement : 60 % merlot, 40 % cabernet franc
Production : 144 000 b – *Potentiel :* 3-8 ans

MARSAU

Propriétaires : Jean-Marie et Sylvie Chadronnier
Adresse : La Bernarderie – 33570 Francs
Tél. 05 57 40 67 23 – *Fax* 05 57 40 67 23
E-mail : marsau@9online.fr
Superficie : 12,2 ha
Encépagement : 100 % merlot
Production : 54 000 b – *Potentiel :* 2-8 ans

LA PRADE

Propriétaire : Nicolas Thienpont
Adresse : 33570 Saint-Cibard
Tél. 05 57 56 07 47 – *Fax* 05 57 96 07 48

Site Internet : www.nicolas-thienpont.com
Superficie : 4,5 ha
Encépagement : 80 % merlot, 10 % cabernet sauvignon, 10 % cabernet franc
Production : 14 000 b – *Potentiel :* 2-6 ans

PUYGUÉRAUD

Propriétaires : héritiers Georges Thienpont
Adresse : SC Château Puyguéraud – 33570 – Saint-Cibard
Tél. 05 57 56 07 47 – *Fax* 05 57 56 07 48
E-mail : ch.puygueraud@wanadoo.fr
Site Internet : www.nicolas.thienpont.com
Superficie : 35 ha
Encépagement : 55 % merlot, 25 % cabernet franc, 15 % cabernet sauvignon, 5 % malbec
Production : 90 000 b – *Potentiel :* 3-8 ans

LOUPIAC ET SAINTE-CROIX-DU-MONT

Les producteurs de vins doux de ces deux régions auront, à mon avis, un rôle de plus en plus important à jouer du fait de l'augmentation excessive du prix des vins de Barsac et de Sauternes. Situés sur la rive droite de la Garonne, à environ 38 km au sud de Bordeaux, Loupiac et Sainte-Croix-du-Mont font face au Sauternais, qui est de l'autre côté du fleuve, et bénéficient d'une exposition sud optimale. Ces deux appellations d'origine contrôlée ont été délimitées en 1936, et plusieurs observateurs estiment que l'excellente exposition de leurs meilleurs vignobles et leur sous-sol argilo-calcaire favorisent la production de liquoreux. De plus, les brumes matinales, essentielles pour la formation de la pourriture noble, y sont fréquentes. Si les amateurs s'intéressent en priorité aux vins blancs doux produits dans ces appellations, il faut tout de même souligner qu'elles proposent également des vins blancs secs, ainsi qu'un peu de vin rouge.

LOUPIAC – REPÈRES

Situation : sur la rive droite de la Garonne, à environ 40 km au sud-est de Bordeaux et à 10 km de Langon.
Superficie sous culture de vigne : 350 ha.
Commune : Loupiac.
Production annuelle moyenne : 115 000 caisses.
Crus classés : aucun. L'appellation compte 70 propriétés.
Principaux cépages : sémillon, sauvignon blanc et muscadelle.
Types de sol : argilo-calcaire et argilo-graveleux, avec du grès.

SAINTE-CROIX-DU-MONT – REPÈRES

Situation : à 40 km environ au sud-est de Bordeaux et à moins de 10 km de Langon.
Superficie sous culture de vigne : 440 ha.
Commune : Sainte-Croix-du-Mont.
Production annuelle moyenne : 175 000 caisses.
Crus classés : aucun. L'appellation compte 90 propriétés.
Principaux cépages : sémillon, sauvignon blanc et muscadelle.
Type de sol : argilo-calcaire.

MON CLASSEMENT

TRÈS BON

Bourdon-Loupiac, Clos Jean, Crabitan-Bellevue Cuvée Spéciale, Du Cros, Loubens, Loupiac-Gaudiet, Domaine du Noble, La Rame, Ricaud

LES MEILLEURES PROPRIÉTÉS

CLOS JEAN

Propriétaire : Lionel Bord
Adresse : 33410 Loupiac
Tél. 05 56 62 99 83 – *Fax* 05 56 62 93 55
E-mail : vignobles.bord@wanadoo.fr
Site Internet : www.vignoblesbord.com
Superficie : 22 ha
Encépagement : 75 % sémillon, 20 % sauvignon, 5 % muscadelle
Production : 120 000 b – *Potentiel :* 4-20 ans

Note : cette propriété propose également un excellent vin blanc évoquant un Graves.

CRABITAN-BELLEVUE

Propriétaire : GFA Bernard Solane et Fils
Adresse : 33410 Sainte-Croix-du-Mont
Tél. 05 56 62 01 53 – *Fax* 05 56 76 72 09
E-mail : crabitan.bellevue@wanadoo.fr
Superficie : 40 ha
Encépagement : 87 % sémillon, 8 % sauvignon, 5 % muscadelle
Production : 220 000 b – *Potentiel :* 5-12 ans

DU CROS

Propriétaire : SA Vignobles Michel Boyer
Adresse : Château du Cros – 33410 Loupiac
Tél. 05 56 62 99 31 – *Fax* 05 56 62 12 59

E-mail : contact@chateauducros.com
Site Internet : www.chateauducros.com
Superficie : 43 ha
Encépagement : blanc doux – 70 % sémillon, 30 % sauvignon ;
blanc sec – 85 % sauvignon, 10 % sémillon, 5 % muscadelle
Production : 205 000 b blanc sec et blanc doux – *Potentiel :* blanc doux – 6-15 ans ; blanc sec – 1-3 ans

Note : cette propriété propose l'un des meilleurs vins blancs secs de la région.

LOUBENS

Propriétaire : Arnaud de Sèze
Adresse : 33410 Sainte-Croix-du-Mont
Tél. 05 56 62 01 25 – *Fax* 05 56 62 01 28
E-mail : chateau.loubens@free.fr
Superficie : 15 ha
Encépagement : 100 % sémillon
Production : 35 000 b – *Potentiel :* 5-20 ans

LOUPIAC-GAUDIET

Propriétaire : SCEA Ducau Marc
Gérant : Daniel Sanfourche
Adresse : 33410 Loupiac-de-Cadillac
Tél. 05 56 62 99 88 – *Fax* 05 56 62 60 13
E-mail : loupiacgaudiet@chateau-loupiacgaudiet.com
Site Internet : www.chateau-loupiacgaudiet.com
Superficie : 27 ha
Encépagement : 90 % sémillon, 10 % sauvignon
Production : 90 000 b – *Potentiel :* 6-20 ans

DOMAINE DU NOBLE

Propriétaire : Patrick Dejean
Adresse : 33410 Loupiac
Tél. 05 56 62 98 30 – *Fax* 05 56 62 15 90
E-mail : pdejean@cario.fr
Site Internet : www.vinomedia.fr/domaine-du-noble
Superficie : 17 ha
Encépagement : 85 % sémillon, 15 % sauvignon
Production : 53 000 b – *Potentiel :* 3-10 ans

LA RAME

Propriétaire : Yves Armand
Adresse : 33410 Sainte-Croix-du-Mont
Tél. 05 56 62 01 50 – *Fax* 05 56 62 01 94
E-mail : dgm@wanadoo.fr

Superficie : 20 ha
Encépagement : 75 % sémillon, 25 % sauvignon
Production : 48 000 b – *Potentiel :* 5-15 ans

Note : la propriété propose également une cuvée spéciale Réserve du Château, qui est plus riche que la cuvée générique.

RICAUD

Propriétaire : Alain Thienot
Adresse : 33410 Loupiac
Tél. 05 56 62 66 16 – *Fax* 05 56 76 93 30
E-mail : chateau-ricaud@thienot.com
Superficie : 121 ha
Encépagement : 80 % sémillon, 15 % sauvignon blanc, 5 % muscadelle
Production : 24 000-30 000 b – *Potentiel :* 5-18 ans

AUTRES APPELLATIONS

L'attention des amateurs se focalise surtout sur les grands noms et les régions prestigieuses. Pourtant, il existe de nombreux producteurs réguliers à haut niveau dans les appellations moins connues.

À chacun de mes passages dans la région, j'ai pris l'habitude de déguster ce que j'appelle les « petits vins ». La sélection qui suit (en rouge et en blanc) représente à mon avis l'élite des appellations comme l'Entre-Deux-Mers, les Premières Côtes de Bordeaux ou le Bordeaux générique. Ils sont généralement excellents, pas très chers et élaborés par des propriétaires extrêmement motivés – parfois même obsédés par la qualité. Je recommande vivement au lecteur de les rechercher : ils atteignent souvent un niveau équivalant à celui de vins coûtant deux ou trois fois plus cher. Les crus signalés par un astérisque comptent au nombre de mes préférés.

VINS BLANCS

Bauduc-Les Trois Hectares (Bordeaux)
Bonnet (Entre-Deux-Mers)*
Bonnet Cuvée Réservée (Entre-Deux-Mers)
Bourdicotte (Entre-Deux-Mers)
Carpia (Bordeaux)
Cayla (Bordeaux)
Cayla Le Grand Vent (Bordeaux)
La Closière (Bordeaux)*
Fondarzac (Entre-Deux-Mers)
Fongrave (Entre-Deux-Mers)
Au Grand Paris (Bordeaux)

La Grande Clotte (Bordeaux)*
Launay (Entre-Deux-Mers)
Moulin de Launay (Entre-Deux-Mers)
Numéro 1-Dourthe (Bordeaux)*
De Racaud (Cadillac)
Reignac (Bordeaux)*
Reynon Vieilles Vignes (Bordeaux)*
Roquefort (Entre-Deux-Mers)
Thieuley (Bordeaux)*
Thieuley Cuvée Francis Courselle (Bordeaux)
Toulet (Bordeaux)
La Tour Mirambeau (Entre-Deux-Mers)*
Turcaud (Entre-Deux-Mers)

VINS ROUGES

Balestard – Jean-Charles Casteix (Bordeaux)*
Beaulieu Comtes de Taste (Bordeaux Supérieur)*
Bel-Air-Despagne (Bordeaux)
Bois Pertuis (Bordeaux)*
Bouscat – Cuvée de la Gargone (Bordeaux Supérieur)
Carsin (Premières Côtes de Bordeaux)
De Chastelet (Premières Côtes de Bordeaux)
Clos Chaumont (Premières Côtes de Bordeaux)*
Clos de la Tour (Bordeaux Supérieur)
La Cour d'Argent (Bordeaux Supérieur)
Courteillac (Bordeaux)*
La Croix de Roche (Bordeaux Supérieur)
Cru Monplaisir (Bordeaux Supérieur)
La Doyenne (Premières Côtes de Bordeaux)*
Épicure La Différence (Bordeaux)
L'Essence de Vignoble Dourthe (Bordeaux)*
Excellence de Bois Pertuis (Bordeaux)*
La Fleur Mongiron (Bordeaux)*
Fontenille (Bordeaux Supérieur)
Girolate (Bordeaux)*
La Grande-Chapelle (Bordeaux Supérieur)
Grand Mouëys (Premières Côtes de Bordeaux)
Grand Paris (Bordeaux Supérieur)*
Grée-Laroque (Bordeaux Supérieur)*
Haut-Nadeau (Bordeaux Supérieur)
Hostens-Picant (Sainte-Foy-Bordeaux)
Jonqueyres (Bordeaux Supérieur)
La Joye (Bordeaux Supérieur)
La Maréchale (Bordeaux Supérieur)
Marjosse (Bordeaux)*
Mouton (Bordeaux Supérieur)

Parenchère (Bordeaux Supérieur)*
Parenchère Cuvée Raphaël Gazaniol (Premières Côtes de Bordeaux)*
Le Pin de Beau Soleil (Bordeaux Supérieur)*
Piras (Premières Côtes de Bordeaux)
Plaisance Cuvée Aix (Premières Côtes de Bordeaux)
Plaisance Cuvée Sortilège (Premières Côtes de Bordeaux)
Plaisance Cuvée Tradition (Premières Côtes de Bordeaux)
De Plassan (Bordeaux)
Prieuré-Sainte-Anne (Premières Côtes de Bordeaux)
Rauzan-Despagne Cuvée Passion (Bordeaux Supérieur)*
Recougne (Bordeaux Supérieur)*
Reignac (Bordeaux Supérieur)*
Reynon (Premières Côtes de Bordeaux)*
Terres d'Agnès (Bordeaux Supérieur)
Thébot (Bordeaux)
Thieuley (Bordeaux)
Tire Pé-La Côte (Bordeaux)
De la Tour (Bordeaux Supérieur)
Tour de l'Espérance (Bordeaux Supérieur)
Tour de Mirambeau Cuvée Passion (Bordeaux Supérieur)*
La Tuilerie du Puy (Bordeaux Supérieur)
Valmengaux (Bordeaux Supérieur)*

LE CLASSEMENT DES VINS DE BORDEAUX

Tant dans l'esprit du commerçant que dans celui du consommateur, les bordeaux n'ont de valeur que par la place qu'ils occupent dans un classement officiel basé sur la qualité des vins. Ces classements peuvent servir l'intérêt de l'amateur, comme ils peuvent parfois le contrarier. Les quelques châteaux qui ont eu la chance d'être jugés dignes d'y figurer se sont trouvés à l'abri d'un bouleversement de leur position ou de la considération qui leur était accordée. Ils ont donc pu fixer leurs prix en fonction de ceux que pratiquent leurs pairs ; et, pour une bonne partie d'entre eux, ils ont monopolisé l'attention des chroniqueurs et des écrivains spécialisés dans le vin.

Cependant, comme tend à le démontrer cet ouvrage, certains domaines n'ont pas toujours été à la hauteur du rang qu'ils occupent dans la hiérarchie officielle. Quant aux autres, si nombre d'entre eux produisent depuis longtemps des vins de qualité, la rémunération qu'ils en ont tirée s'est trouvée sensiblement réduite du fait qu'ils ne figuraient pas dans les classements de 1855, de 1954, de 1959 ou de 1996 (les principaux). Ajoutons que les journalistes et les écrivains spécialisés leur portaient bien moins d'attention qu'à leurs homologues, considérés comme plus prestigieux. Toutefois, l'aubaine – pour autant qu'elle soit encore réalisable – ne peut provenir que des excellents vins de ces châteaux moins connus.

LE CLASSEMENT DE 1855 ET LES AUTRES

De tous les classements des bordeaux basés sur un critère de qualité, celui des vins du Médoc établi en 1855 est le plus important. Parmi les milliers de propriétés viticoles du Bordelais, 60 furent choisies en Médoc, 1 dans la région des Graves, sur le critère de leurs prix de vente et de la situation de leurs vignobles. Depuis 1855, une seule modification a été apportée à ce classement : le Mouton Rothschild fut élevé en 1973 au rang de premier cru. Le classement de 1855 comportait cinq échelons, avec, à l'origine, 4 premiers crus (aujourd'hui 5, en raison de la promotion de Mouton Rothschild), 14 deuxièmes crus, 14 troisièmes crus, 10 quatrièmes crus et 18 cinquièmes crus. Il peut être considéré comme un bon guide général des meilleurs bordeaux, mais il comporte cependant de nombreux défauts, que j'ai décrits de manière détaillée dans cet ouvrage (voir, plus loin, *Bordeaux – Classement officiel de 1855*).

Alors que le classement des vins du Médoc ne s'appliquait qu'à des domaines producteurs de vin rouge, un autre fut opéré la même année pour les domaines de Barsac et du Sauternais, s'appliquant, celui-là, aux vins blancs liquoreux de la région. D'Yquem fut distingué comme premier cru supérieur, et l'on établit après lui une liste de 25 châteaux répartis entre premiers crus et deuxièmes crus (voir, plus loin, *Sauternes-Barsac – Classement officiel de 1855*).

D'autres classements, s'inspirant toujours d'un critère de qualité, sont plus récents. Ils ne semblent cependant pas plus précis ni plus fiables que leurs devanciers. En 1959, ce fut au tour des vins de la région des Graves, à la limite sud de la ville de Bordeaux, d'être hiérarchisés : 13 châteaux producteurs de vins rouges et 9 producteurs de vins blancs reçurent le statut de cru classé. Ensuite, en 1954, les Saint-Émilion furent classés en deux catégories : premiers grands crus classés et grands crus classés. Ce classement a été revu en 1958, 1969, 1986 et 1996 (voir, plus loin, *Graves – Classement officiel de 1959* et *Saint-Émilion – Classement officiel de 1996*).

La petite région de Pomerol, au nord-ouest de Saint-Émilion, n'a jamais connu de classement, mais cela n'a certainement pas nui à la qualité et à la réputation de ses vins. Petrus reste le cru le plus cher et le plus recherché de tous les bordeaux. Et, après lui, une douzaine d'autres Pomerol au moins pratiquent des prix équivalant à ceux des deuxièmes crus du Médoc.

Un autre classement de vins de Bordeaux mérite qu'on lui accorde une certaine attention : c'est celui des crus bourgeois du Médoc. Injustement appelés « petits châteaux » par beaucoup d'amateurs, ces propriétés de toutes dimensions n'ont jamais rivalisé en prestige ni en réputation avec les célèbres crus classés. Malgré la qualité de leur vinification, de l'administration ou des soins apportés à leurs vignobles, les crus bourgeois ont été longtemps considérés comme mineurs. Et, s'il est vrai que ce qualificatif s'impose pour la plupart d'entre eux, un nombre croissant de ces domaines produisent aujourd'hui des vins de très haute qualité, comparables à certains crus classés. De plus, ils offrent aux consommateurs avisés un excellent rapport qualité/prix.

Il y a eu au cours de la première moitié du siècle dernier plusieurs tentatives visant à promouvoir efficacement des centaines de châteaux du Médoc de moindre renom. En 1932, la liste fut dressée de 444 crus bourgeois divisés en trois catégories, dont 6 crus bourgeois supérieurs exceptionnels, 99 crus bourgeois supérieurs et 339 crus bourgeois.

Au cours des années qui suivirent, plusieurs de ces vignobles furent absorbés par les propriétés qui leur étaient contiguës ou abandonnèrent la culture de la vigne. Dans l'intention de remettre la liste à jour, un nouveau classement fut établi en 1966 par le Syndicat des crus bourgeois. En 1978, fut dressée une nouvelle liste de 126 châteaux. Le processus de sélection utilisé laissait cependant la porte ouverte à la contestation sur un certain nombre de points. En effet, seules les propriétés adhérentes étaient comprises dans le classement, et c'est ainsi que des crus bourgeois de bonne renommée, tels De Pez à Saint-Estèphe et Gloria à Saint-Julien, s'en trouvaient exclus, ayant refusé de se joindre au mouvement. En définitive, même si l'on admet que le classement de 1978 a certains côtés positifs, le fait qu'une dizaine de crus bien connus, producteurs de vins excellents, n'y figuraient pas laissait perplexe. Un nouveau classement a été publié en juin 2003 (voir, plus loin, *Crus bourgeois du Médoc – Classement de 2003*).

Le Bordelais dispose d'un système de classement très élaboré pour sa multitude de châteaux, et il est sûr que, si la plupart méritent le rang qui leur a été attribué, d'autres ne sont pas à la hauteur de leur pedigree. Mais il faut également reconnaître que des propriétés dont la qualité se maintient d'année en année à un excellent niveau n'ont pas été reconnues officiellement.

La finalité de ces classements « historiques » était de promouvoir les vins de Bordeaux tout en les plaçant dans une hiérarchie bien précise. Le système est basé sur la nature du terroir, sur la qualité et la réputation du cru. Mais bien des domaines changent de propriétaire, ou de maître de chai ; et, alors que certains crus – et ce, quelles que soient les circonstances – s'attachent à faire le mieux possible, d'autres, par négligence, incompétence, voire cupidité, produisent des vins médiocres ne correspondant pas à leur rang.

Les classements ne sont examinés dans cet ouvrage que du point de vue du consommateur ou de l'acheteur. La qualité des vins produits par chaque propriété entre 1961 et 2003 y a été étudiée dans le détail. J'ai analysé la qualité plutôt que l'historique de tous les domaines les plus importants et de nombreux autres, moins renommés, mais sérieux. J'ai mis l'accent sur :

– le style et la qualité du vin en général ;
– la qualité relative et la performance entre 1961 et 2003 ;
– le rapport qualité/prix.

Les jugements, les commentaires et les appréciations tels qu'ils sont exprimés ne reflètent que mon opinion personnelle. Ils s'appuient sur les nombreuses dégustations comparatives effectuées et sur les connaissances acquises au cours de mes séjours dans le Bordelais depuis 1970.

Il est incontestable que l'analyse du plaisir que procure tel ou tel vin est une affaire tout à fait personnelle et subjective. Mais il est important de souligner qu'une dégustation analytique opérée par un amateur, ou par un professionnel sans préjugés, crée un consensus quant à la qualité des vins, qu'il s'agisse des meilleurs comme des plus mauvais. Il y a en vérité des critères définissant la qualité des bordeaux, ainsi qu'il en existe pour tous les plus grands vins du monde. Ce livre se veut un guide des crus du Bordelais, donnant les points de repère, notamment en termes de rapport qualité/prix.

BORDEAUX - CLASSEMENT OFFICIEL DE 1855 (RÉVISÉ 1973)

PREMIERS CRUS

Lafite Rothschild *(Pauillac)*
Margaux *(Margaux)*
Latour *(Pauillac)*
Mouton Rothschild[1] *(Pauillac)*
Haut-Brion[2] *(Pessac-Léognan)*

SECONDS CRUS

Rauzan-Ségla *(Margaux)*
Rauzan-Gassies *(Margaux)*
Léoville Las Cases *(Saint-Julien)*
Léoville Poyferré *(Saint-Julien)*
Léoville Barton *(Saint-Julien)*
Durfort-Vivens *(Margaux)*
Gruaud Larose *(Saint-Julien)*
Lascombes *(Margaux)*
Brane-Cantenac *(Margaux)*
Pichon-Longueville Baron *(Pauillac)*
Pichon-Longueville Comtesse de Lalande *(Pauillac)*
Ducru-Beaucaillou *(Saint-Julien)*
Cos d'Estournel *(Saint-Estèphe)*
Montrose *(Saint-Estèphe)*

TROISIÈMES CRUS

Kirwan *(Margaux)*
D'Issan *(Margaux)*
Lagrange *(Saint-Julien)*
Langoa Barton *(Saint-Julien)*
Giscours *(Margaux)*
Malescot Saint-Exupéry *(Margaux)*
Boyd-Cantenac *(Margaux)*
Cantenac Brown *(Margaux)*
Palmer *(Margaux)*
La Lagune *(Haut-Médoc)*
Desmirail *(Margaux)*
Calon-Ségur *(Saint-Estèphe)*
Ferrière *(Margaux)*
Marquis d'Alesme Becker *(Margaux)*

QUATRIÈMES CRUS

Saint-Pierre *(Saint-Julien)*
Talbot *(Saint-Julien)*
Branaire-Ducru *(Saint-Julien)*
Duhart-Milon *(Pauillac)*
Pouget *(Margaux)*
La Tour Carnet *(Haut-Médoc)*
Lafon-Rochet *(Saint-Estèphe)*
Beychevelle *(Saint-Julien)*
Prieuré-Lichine *(Cantenac-Margaux)*
Marquis de Terme *(Margaux)*

CINQUIÈMES CRUS

Pontet-Canet *(Pauillac)*
Batailley *(Pauillac)*
Haut-Batailley *(Pauillac)*
Grand-Puy-Lacoste *(Pauillac)*
Grand-Puy Ducasse *(Pauillac)*
Lynch-Bages *(Pauillac)*
Lynch-Moussas *(Pauillac)*
Dauzac *(Margaux)*
Mouton Baronne Philippe (maintenant D'Armailhac) *(Pauillac)*
Du Tertre *(Margaux)*
Haut-Bages Libéral *(Pauillac)*
Pédesclaux *(Pauillac)*
Belgrave *(Haut-Médoc)*
Camensac *(Haut-Médoc)*
Cos Labory *(Saint-Estèphe)*
Clerc Milon *(Pauillac)*
Croizet-Bages *(Pauillac)*
Cantemerle *(Haut-Médoc)*

1. Mouton Rothschild fut promu premier cru en 1973.
2. Bien qu'étant un Graves, ce vin fut unanimement reconnu et classé comme l'un des quatre premiers crus.

SAUTERNES-BARSAC – CLASSEMENT OFFICIEL DE 1855

PREMIER CRU SUPÉRIEUR

D'Yquem

PREMIERS CRUS

La Tour Blanche
Lafaurie-Peyraguey
Clos Haut-Peyraguey
De Rayne Vigneau
Suduiraut
Coutet
Climens
Guiraud
Rieussec
Sigalas Rabaud
Rabaud-Promis

SECONDS CRUS

De Myrat
Doisy Daëne
Doisy Dubroca
Doisy-Védrines
D'Arche
Filhot
Broustet
Nairac
Caillou
Suau
De Malle
Romer du Hayot
Lamothe
Lamothe Guignard

GRAVES – CLASSEMENT OFFICIEL DE 1959

PREMIER GRAND CRU

Haut-Brion *(Pessac)*

CRUS CLASSÉS EN ROUGE

Bouscaut *(Cadaujac)*
Carbonnieux *(Léognan)*
Domaine de Chevalier *(Léognan)*
De Fieuzal *(Léognan)*
Haut-Bailly *(Léognan)*
Latour-Martillac[1] *(Martillac)*
Malartic-Lagravière *(Léognan)*
La Mission Haut-Brion *(Pessac)*
Olivier *(Léognan)*
Pape Clément *(Pessac)*
Smith Haut Lafitte *(Martillac)*
La Tour Haut-Brion *(Talence)*

CRUS CLASSÉS EN BLANC

Bouscaut *(Cadaujac)*
Carbonnieux *(Léognan)*
Domaine de Chevalier *(Léognan)*
Couhins *(Villenave-d'Ornon)*
Couhins-Lurton *(Villenave-d'Ornon)*
Latour-Martillac[1] *(Martillac)*
Laville Haut-Brion *(Talence)*
Malartic-Lagravière *(Léognan)*
Olivier *(Léognan)*

1. Alors orthographié La Tour-Martillac.

SAINT-ÉMILION - CLASSEMENT OFFICIEL DE 1996

PREMIERS GRANDS CRUS CLASSÉS

(A)
Ausone
Cheval Blanc
(B)
Angélus
Beau-Séjour Bécot
Beauséjour-Duffau-Lagarrosse
Belair
Canon
Clos Fourtet
Figeac
La Gaffelière
Magdelaine
Pavie
Trotte Vieille

GRANDS CRUS CLASSÉS

L'Arrosée
Balestard La Tonnelle
Bellevue
Bergat
Berliquet
Cadet-Bon
Cadet-Piola
Canon-la-Gaffelière
Cap de Mourlin
Chauvin
Clos des Jacobins
Clos de l'Oratoire
Clos Saint-Martin
La Clotte
La Clusière
Corbin
Corbin Michotte
La Couspaude
Couvent des Jacobins
Curé-Bon
Dassault
La Dominique
Faurie de Souchard
Fonplégade
Fonroque
Franc-Mayne
Grand Mayne
Grand-Pontet
Les Grandes Murailles
Guadet-Saint-Julien
Haut-Corbin
Haut-Sarpe
Lamarzelle
Laniote
Larcis Ducasse
Larmande
Laroque
Laroze
Matras
Moulin du Cadet
Pavie Decesse
Pavie Macquin
Petit-Faurie-de-Soutard
Le Prieuré
Ripeau
Saint-Georges Côte Pavie
La Serre
Soutard
Tertre Daugay
La Tour Figeac
La Tour du Pin Figeac (Giraud-Bélivier)
La Tour du Pin Figeac (Moueix)
Troplong Mondot
Villemaurine
Yon-Figeac

CRUS BOURGEOIS DU MÉDOC - CLASSEMENT DE 2003

CRUS BOURGEOIS EXCEPTIONNELS

Chasse-Spleen *(Moulis-en-Médoc)*
Haut-Marbuzet *(Saint-Estèphe)*
De Pez *(Saint-Estèphe)*
Phélan Ségur *(Saint-Estèphe)*
Potensac *(Médoc)*
Labégorce Zédé *(Margaux)*
Les Ormes de Pez *(Saint-Estèphe)*
Poujeaux *(Moulis-en-Médoc)*
Siran *(Margaux)*

CRUS BOURGEOIS SUPÉRIEURS

D'Agassac *(Haut-Médoc)*
D'Angludet *(Margaux)*
Anthonic *(Moulis-en-Médoc)*
D'Arche *(Haut-Médoc)*
Arnauld *(Haut-Médoc)*
D'Arsac *(Margaux)*
Beaumont *(Haut-Médoc)*
Beau-Site *(Saint-Estèphe)*
Biston-Brillette *(Moulis-en-Médoc)*
Le Boscq *(Saint-Estèphe)*
Bournac *(Médoc)*
Brillette *(Moulis-en-Médoc)*
Cambon La Pelouse *(Haut-Médoc)*
Cap-Léon-Veyrin *(Listrac-Médoc)*
La Cardonne *(Médoc)*
Caronne Sainte-Gemme *(Haut-Médoc)*
Castera Saint-Germain-d'Esteuil *(Médoc)*
Chambert-Marbuzet *(Saint-Estèphe)*
Charmail *(Haut-Médoc)*
Cissac *(Haut-Médoc)*
Citran *(Haut-Médoc)*
Clarke *(Listrac-Médoc)*
Clauzet *(Saint-Estèphe)*
Clément-Pichon *(Haut-Médoc)*
Colombier-Ponpelou *(Pauillac)*
Coufran *(Haut-Médoc)*
Le Crock *(Saint-Estèphe)*
Dutruch Grand Poujeaux *(Moulis-en-Médoc)*
D'Escurac *(Médoc)*
Fonbadet *(Pauillac)*
Fonréaud *(Listrac-Médoc)*
Fourcas Dupré *(Listrac-Médoc)*
Fourcas Hosten *(Listrac-Médoc)*
Fourcas Loubaney *(Listrac-Médoc)*
Du Glana *(Saint-Julien)*
Les Grands Chênes *(Médoc)*
Gressier Grand Poujeaux *(Moulis)*
Greysac *(Médoc)*
La Gurgue *(Margaux)*
Hanteillan *(Haut-Médoc)*
Haut-Bages Monpelou *(Pauillac)*
La Haye *(Saint-Estèphe)*
Labégorce *(Margaux)*
Lachesnaye *(Haut-Médoc)*
De Lamarque *(Haut-Médoc)*
Lamothe Bergeron *(Haut-Médoc)*
Lanessan *(Haut-Médoc)*
Larose-Trintaudon *(Haut-Médoc)*
Lestage *(Listrac-Médoc)*
Lestage Simon *(Haut-Médoc)*
Lilian Ladouys *(Saint-Estèphe)*
Liversan *(Haut-Médoc)*
Loudenne *(Médoc)*
Malescasse *(Haut-Médoc)*
De Malleret *(Haut-Médoc)*
Maucaillou *(Moulis-en-Médoc)*
Maucamps *(Haut-Médoc)*
Mayne Lalande *(Listrac-Médoc)*
Meyney *(Saint-Estèphe)*
Monbrison *(Margaux)*
Moulin à Vent *(Moulis-en-Médoc)*
Moulin de la Rose *(Saint-Julien)*
Les Ormes Sorbet *(Médoc)*
Paloumey *(Haut-Médoc)*
Patache d'Aux *(Médoc)*
Paveil de Luze *(Margaux)*
Petit Bocq *(Saint-Estèphe)*
Pibran *(Pauillac)*
Ramage La Bâtisse *(Haut-Médoc)*
Reysson *(Haut-Médoc)*
Rollan de By *(Médoc)*
Saransot-Dupré *(Listrac-Médoc)*
Ségur *(Haut-Médoc)*
Sénéjac *(Haut-Médoc)*
Soudars *(Haut-Médoc)*
Du Taillan *(Haut-Médoc)*

Terrey-Gros-Cailloux *(Saint-Julien)*
La Tour de By *(Médoc)*
Tour de Marbuzet *(Saint-Estèphe)*
La Tour de Mons *(Margaux)*
Tour de Pez *(Saint-Estèphe)*
Tour du Haut-Moulin *(Haut-Médoc)*
Tour Haut-Caussan *(Médoc)*
Tronquoy-Lalande *(Saint-Estèphe)*
Verdignan *(Haut-Médoc)*
Vieux Robin *(Médoc)*
De Villegeorge *(Haut-Médoc)*

CRUS BOURGEOIS

Andron Blanquet *(Saint-Estèphe)*
Aney *(Haut-Médoc)*
D'Arcins *(Haut-Médoc)*
L'Argenteyre *(Médoc)*
D'Aurilhac *(Haut-Médoc)*
Balac *(Haut-Médoc)*
Barateau *(Haut-Médoc)*
Bardis *(Haut-Médoc)*
Barreyres *(Haut-Médoc)*
Baudan *(Listrac-Médoc)*
Beau-Site Haut-Vignoble *(Saint-Estèphe)*
Bégadanet *(Médoc)*
Bel Air *(Saint-Estèphe)*
Bel Air *(Haut-Médoc)*
Bel Orme Tronquoy de Lalande *(Haut-Médoc)*
Bel-Air Lagrave *(Moulis-en-Médoc)*
Des Belles Graves *(Médoc)*
Bessan Ségur *(Médoc)*
Bibian *(Listrac-Médoc)*
Blaignan *(Médoc)*
Le Boscq *(Médoc)*
Le Bourdieu *(Médoc)*
Le Bourdieu-Vertheuil *(Haut-Médoc)*
De Braude *(Haut-Médoc)*
Du Breuil *(Haut-Médoc)*
La Bridane *(Saint-Julien)*
Des Brousteras *(Médoc)*
Des Cabans *(Médoc)*
Cap de Haut *(Haut-Médoc)*
Capbern Gasqueton *(Saint-Estèphe)*
Chantelys *(Médoc)*
La Clare *(Médoc)*
La Commanderie *(Saint-Estèphe)*
Le Coteau *(Margaux)*
Coutelin-Merville *(Saint-Estèphe)*
De la Croix *(Médoc)*
Dasvin-Bel-Air *(Haut-Médoc)*
David *(Médoc)*
Devise d'Ardilley *(Haut-Médoc)*
Deyrem Valentin *(Margaux)*
Dillon *(Haut-Médoc)*
Domeyne *(Saint-Estèphe)*
Donissan *(Listrac-Médoc)*
Ducluzeau *(Listrac-Médoc)*
Duplessis *(Moulis-en-Médoc)*
Duplessis Fabre *(Moulis-en-Médoc)*
Duthil *(Haut-Médoc)*
L'Ermitage *(Listrac-Médoc)*
D'Escot *(Médoc)*
La Fleur Milon *(Pauillac)*
La Fleur Peyrabon *(Pauillac)*
La Fon du Berger *(Haut-Médoc)*
Fontesteau *(Haut-Médoc)*
Fontis *(Médoc)*
La Galiane *(Margaux)*
De Gironville *(Haut-Médoc)*
La Gorce *(Médoc)*
La Gorre *(Médoc)*
Grand Clapeau Olivier *(Haut-Médoc)*
Grandis *(Haut-Médoc)*
Granins Grand Poujeaux *(Moulis-en-Médoc)*
Grivière *(Médoc)*
Haut-Beauséjour *(Saint-Estèphe)*
Haut-Bellevue *(Haut-Médoc)*
Haut Breton Larigaudière *(Margaux)*
Haut-Canteloup *(Médoc)*
Haut-Madrac *(Haut-Médoc)*
Haut-Maurac *(Médoc)*
Houissant *(Saint-Estèphe)*
Hourbanon *(Médoc)*
Hourtin-Ducasse *(Haut-Médoc)*
Labadie *(Médoc)*
Ladouys *(Saint-Estèphe)*
Laffitte-Carcasset *(Saint-Estèphe)*
Laffitte-Laujac *(Médoc)*
Lafon *(Médoc)*
Lalande *(Listrac-Médoc)*
Lalande *(Saint-Julien)*
Lamothe-Cissac *(Haut-Médoc)*
Larose Perganson *(Haut-Médoc)*
Larrivaux *(Haut-Médoc)*

Larruau *(Margaux)*
Laujac *(Médoc)*
La Lauzette-Declercq *(Listrac-Médoc)*
Leyssac *(Saint-Estèphe)*
Lieujean *(Haut-Médoc)*
Liouner *(Listrac-Médoc)*
Lousteauneuf *(Médoc)*
Magnol *(Haut-Médoc)*
De Marbuzet *(Saint-Estèphe)*
Marsac Séguineau *(Margaux)*
Martinens *(Margaux)*
Maurac *(Haut-Médoc)*
Mazails *(Médoc)*
Le Meynieu *(Haut-Médoc)*
Meyre *(Haut-Médoc)*
Les Moines *(Médoc)*
Mongravey *(Margaux)*
Le Monteil d'Arsac *(Haut-Médoc)*
Morin *(Saint-Estèphe)*
Du Moulin Rouge *(Haut-Médoc)*
La Mouline *(Moulis-en-Médoc)*
Muret *(Haut-Médoc)*
Noaillac *(Médoc)*
Du Périer *(Médoc)*
Le Pey *(Médoc)*
Peyrabon *(Haut-Médoc)*
Peyredon Lagravette *(Listrac-Médoc)*
Peyre-Lebade *(Haut-Médoc)*
Picard *(Saint-Estèphe)*
Plantey *(Pauillac)*
Poitevin *(Médoc)*
Pomys *(Saint-Estèphe)*
Pontac Lynch *(Margaux)*
Pontey *(Médoc)*
Pontoise Cabarrus *(Haut-Médoc)*
Puy Castéra *(Haut-Médoc)*
Ramafort *(Médoc)*
Du Raux *(Haut-Médoc)*
La Raze Beauvallet *(Médoc)*
Du Retout *(Haut-Médoc)*
Reverdi *(Listrac-Médoc)*
Roquegrave *(Médoc)*
Saint-Ahon *(Haut-Médoc)*
Saint-Aubin *(Médoc)*
Saint-Christophe *(Médoc)*
Saint-Estèphe *(Saint-Estèphe)*
Saint-Hilaire *(Médoc)*
Saint-Paul *(Haut-Médoc)*
Segue Longue *(Médoc)*
Ségur de Cabanac *(Saint-Estèphe)*
Semeillan Mazeau *(Listrac-Médoc)*
Senilhac *(Haut-Médoc)*
Sipian *(Médoc)*
Tayac *(Margaux)*
Le Temple *(Médoc)*
Teynac *(Saint-Julien)*
La Tonnelle *(Haut-Médoc)*
Tour Blanche *(Médoc)*
La Tour de Bessan *(Margaux)*
Tour des Termes *(Saint-Estèphe)*
Tour-du-Roc *(Haut-Médoc)*
Tour Prignac *(Médoc)*
Tour Saint-Bonnet *(Médoc)*
Tour Saint-Fort *(Saint-Estèphe)*
Tour Saint-Joseph *(Haut-Médoc)*
Trois Moulins *(Haut-Médoc)*
Les Tuileries *(Médoc)*
Vernous *(Médoc)*
Vieux-Château-Landon *(Médoc)*
De Villambis *(Haut-Médoc)*

QUELS SONT LES MEILLEURS ?

Le classement de 1855 des vins du Médoc et ceux qui ont suivi pour les Graves et les Saint-Émilion ont établi une hiérarchie rigide qui, aujourd'hui encore, détermine le prix des crus classés. Paradoxalement, ces listes, qui avaient été établies dans le but de déterminer la qualité des différents crus, ne devraient plus avoir qu'un intérêt historique, tant il est vrai qu'elles ne permettent plus d'apprécier leur niveau réel.

Le lecteur trouvera ci-après mon classement des meilleurs bordeaux. Reprenant les cinq divisions du classement officiel de 1855, il se fonde sur le niveau de qualité des crus entre 1961 et 2003. Cependant, l'évolution et les critères actuels de chaque propriété, comme les millésimes produits de 1982 à 2003, ont davantage pesé que les performances entre 1961 et 1981. Pourquoi ? Tout simplement parce que le bordeaux vit aujourd'hui son âge d'or. La région est prospère, et de plus en plus de domaines produisent des vins toujours meilleurs, grâce à des installations mieux adaptées et aux conseils, plus judicieux, des spécialistes.

Ce classement comprend 181 crus. J'y ai en effet inclus les vins de toutes les grandes appellations du Bordelais, qui, tels Saint-Émilion, Pomerol, les Graves (à l'exception de Haut-Brion), Fronsac et Canon-Fronsac, avaient été exclues en 1855. Il ne faut donc pas s'étonner que le nombre des élus excède largement celui du classement officiel des vins du Médoc.

Bien évidemment, ce classement n'engage que ma responsabilité. Les jugements que j'ai portés sont personnels et s'appuient sur les dégustations que j'ai faites, car j'ai goûté plusieurs fois tous les principaux millésimes de tous les crus figurant ci-après. J'ai également visité la plupart des domaines, examinant avec la plus extrême attention le rang que je leur attribue. Rien de ce que j'ai affirmé n'est arbitraire, mais constitue le résultat de plusieurs visites dans le Bordelais et de plusieurs dégustations répétées. Je n'ai tenu compte d'aucun préjugé. Si des difficultés m'ont opposé à certains propriétaires, leurs crus n'en ont pas été pour autant déclassés, certains étant même inclus au titre des premiers. D'autres, qui m'inspirent pourtant sympathie et respect, me voient porter sur leurs vins une appréciation défavorable. C'est un risque, mais j'espère que mon analyse, reflétant le point de vue du consommateur, rendra service à ceux qui se croient injustement rétrogradés. De même, je souhaite que tous ceux qui se voient ici complimentés se sentent encouragés à maintenir et améliorer encore la qualité de leur production.

MON CLASSEMENT DES MEILLEURS BORDEAUX ROUGES

NIVEAU PREMIER CRU

Angélus *(Saint-Émilion)*
Ausone *(Saint-Émilion)*
Cheval Blanc *(Saint-Émilion)*
Cos d'Estournel *(Saint-Estèphe)*

Ducru-Beaucaillou *(Saint-Julien)*
L'Église-Clinet *(Pomerol)*
L'Évangile *(Pomerol)*
Haut-Brion *(Graves)*
Lafite Rothschild *(Pauillac)*
Lafleur *(Pomerol)*
Latour *(Pauillac)*
Léoville Las Cases *(Saint-Julien)*
Margaux *(Margaux)*
La Mission Haut-Brion *(Graves)*
Montrose *(Saint-Estèphe)*
Mouton Rothschild *(Pauillac)*
Palmer *(Margaux)*
Pape Clément *(Graves)*
Pavie *(Saint-Émilion)*
Petrus *(Pomerol)*
Pichon-Longueville Baron *(Pauillac)*
Pichon-Longueville Comtesse de Lalande *(Pauillac)*
Le Pin *(Pomerol)*

NIVEAU SECOND CRU

Beauséjour (Duffau-Lagarrosse) *(Saint-Émilion)*
Bellevue *(Saint-Émilion)*
Bellevue-Mondotte *(Saint-Émilion)*
Calon-Ségur *(Saint-Estèphe)*
Canon-la-Gaffelière *(Saint-Émilion)*
Certan de May *(Pomerol)*
Clinet *(Pomerol)*
Clerc Milon *(Pauillac)*
Clos L'Église *(Pomerol)*
Clos Saint-Martin *(Saint-Émilion)*
La Conseillante *(Pomerol)*
Figeac *(Saint-Émilion)*
La Fleur de Gay *(Pomerol)*
Grand-Puy-Lacoste *(Pauillac)*
La Gomerie *(Saint-Émilion)*
Gruaud Larose *(Saint-Julien)*
Hosanna *(Pomerol)*
Léoville Barton *(Saint-Julien)*
Léoville Poyferré *(Saint-Julien)*
Lynch-Bages *(Pauillac)*
Magrez-Fombrauge *(Saint-Émilion)*
Malescot Saint-Exupéry *(Margaux)*
Monbousquet *(Saint-Émilion)*
La Mondotte *(Saint-Émilion)*
Marojallia *(Margaux)*
Nenin *(Pomerol)*
Pavie Decesse *(Saint-Émilion)*
Pavie Macquin *(Saint-Émilion)*
Péby Faugères *(Saint-Émilion)*
Quinault L'Enclos *(Saint-Émilion)*
Rauzan-Ségla *(Margaux)*
Rol Valentin *(Saint-Émilion)*
Smith Haut Lafitte *(Pessac-Léognan)*
Le Tertre Roteboeuf *(Saint-Émilion)*
Troplong Mondot *(Saint-Émilion)*
Trotanoy *(Pomerol)*
De Valandraud *(Saint-Émilion)*
Vieux Château Certan *(Pomerol)*

NIVEAU TROISIÈME CRU

Beau-Séjour Bécot *(Saint-Émilion)*
Le Bon Pasteur *(Pomerol)*
Branaire *(Saint-Julien)*
Brane-Cantenac *(Margaux)*
Les Carmes Haut-Brion *(Graves)*
Chauvin *(Saint-Émilion)*
Domaine de Chevalier *(Graves)*
Clos des Lunelles *(Côtes de Castillon)*
La Croix Saint-Georges *(Pomerol)*
Duhart-Milon *(Pauillac)*
La Fleur-Petrus *(Pomerol)*
La Gaffelière *(Saint-Émilion)*
Giscours *(Margaux)*
Gracia *(Saint-Émilion)*
Grand Mayne *(Saint-Émilion)*
Les Grandes Murailles *(Saint-Émilion)*
Haut-Bailly *(Graves)*
Haut-Bergey *(Pessac-Léognan)*
L'Hermitage *(Saint-Émilion)*
D'Issan *(Margaux)*
Kirwan *(Margaux)*
Lagrange *(Saint-Julien)*
Latour à Pomerol *(Pomerol)*
Magdelaine *(Saint-Émilion)*
Pontet-Canet *(Pauillac)*

NIVEAU QUATRIÈME CRU

D'Armailhac *(Pauillac)*
L'Arrosée *(Saint-Émilion)*
Barde-Haut *(Saint-Émilion)*
Chasse-Spleen *(Moulis)*
La Clémence *(Pomerol)*
La Couspaude *(Saint-Émilion)*
La Dominique *(Saint-Émilion)*
Ferrand Lartigue *(Saint-Émilion)*
De Fieuzal *(Graves)*
La Fleur de Boüard *(Lalande-de-Pomerol)*
Les Forts de Latour *(Pauillac)*
Gazin *(Pomerol)*
Gloria *(Saint-Julien)*
Lafon-Rochet *(Saint-Estèphe)*
La Lagune *(Ludon)*
Larrivet-Haut-Brion *(Pessac-Léognan)*
La Louvière *(Graves)*
Saint-Domingue *(Saint-Émilion)*
Saint-Pierre *(Saint-Julien)*
Sociando-Mallet *(Médoc)*
Talbot *(Saint-Julien)*

NIVEAU CINQUIÈME CRU

Domaine de l'A *(Côtes de Castillon)*
D'Aiguilhe *(Côtes de Castillon)*
D'Angludet *(Margaux)*
Bahans Haut-Brion *(Graves)*
Balestard La Tonnelle *(Saint-Émilion)*
Batailley *(Pauillac)*
Belair *(Saint-Émilion)*
Berliquet *(Saint-Émilion)*
Beychevelle *(Saint-Julien)*
Cadet-Piola *(Saint-Émilion)*
Canon *(Saint-Émilion)*
Canon de Brem *(Canon-Fronsac)*
Cantemerle *(Haut-Médoc)*
Cantenac Brown *(Margaux)*
Chambert-Marbuzet *(Saint-Estèphe)*
De Chambrun *(Lalande-de-Pomerol)*
Charmail *(Médoc)*
Citran *(Médoc)*
Clos des Jacobins *(Saint-Émilion)*
Clos La Madeleine *(Saint-Émilion)*
Clos du Marquis *(Saint-Julien)*
Clos René *(Pomerol)*
Couvent des Jacobins *(Saint-Émilion)*
La Croix du Casse *(Pomerol)*
La Croix de Gay *(Pomerol)*
Croque Michotte *(Saint-Émilion)*
La Dauphine *(Fronsac)*
Destieux *(Saint-Émilion)*
Durfort-Vivens *(Margaux)*
Domaine de l'Église *(Pomerol)*
Le Dome *(Saint-Émilion)*
Feytit-Clinet *(Pomerol)*
La Fleur de Jaugue *(Saint-Émilion)*
Fombrauge *(Saint-Émilion)*
Fontenil *(Fronsac)*
Fougas-Maldoror *(Côtes de Bourg)*
Le Gay *(Pomerol)*
Grand-Pontet *(Saint-Émilion)*
Grand-Puy Ducasse *(Pauillac)*
La Grave à Pomerol *(Pomerol)*
Jean de Gué Cuvée Prestige *(Lalande-de-Pomerol)*
Haut-Bages Libéral *(Pauillac)*
Haut-Batailley *(Pauillac)*
Haut-Marbuzet *(Saint-Estèphe)*
Labégorce Zédé *(Margaux)*
Lanessan *(Haut-Médoc)*
Langoa Barton *(Saint-Julien)*
Larcis Ducasse *(Saint-Émilion)*
Larmande *(Saint-Émilion)*
Lascombes *(Margaux)*
Pierre de Lune *(Saint-Émilion)*
Lynsolence *(Saint-Émilion)*
Marquis de Terme *(Margaux)*
Maucaillou *(Moulis)*
Meyney *(Saint-Estèphe)*
Moulin Haut-Laroque *(Fronsac)*
Moulin Pey-Labrie *(Canon-Fronsac)*
Les Ormes de Pez *(Saint-Estèphe)*
Pavillon Rouge du Château Margaux *(Margaux)*
Petit Village *(Pomerol)*
Potensac *(Médoc)*
Poujeaux *(Moulis)*
Prieuré-Lichine *(Margaux)*
Roc de Cambes *(Côtes de Bourg)*
Rouget *(Pomerol)*
De Sales *(Pomerol)*
Sanctus *(Saint-Émilion)*
Siran *(Margaux)*

Soutard *(Saint-Émilion)*
Du Tertre *(Margaux)*
La Tour Figeac *(Saint-Émilion)*
La Tour Haut-Brion *(Graves)*
Tour Haut-Caussan *(Médoc)*
Tour du Haut-Moulin *(Haut-Médoc)*
Trotte Vieille *(Saint-Émilion)*
La Vieille Cure *(Fronsac)*

QU'EST-CE QU'UN GRAND BORDEAUX ?

Les traditionalistes évoquent souvent avec lyrisme le « bon vieux temps », affirmant qu'« on ne fait plus aujourd'hui de bordeaux comme avant ». En réalité, pour les bordeaux, les circonstances n'ont jamais été plus favorables, du point de vue tant climatique que financier. Mieux encore, Bordeaux n'avait certainement jamais encore connu une vinification d'aussi haut niveau ni proposé d'aussi grands vins qu'aujourd'hui.

La caractéristique première des vins de la région, rouges ou blancs, est leur exceptionnelle longévité. Dans les grandes années, leur aptitude au vieillissement demeure inégalée, et, même dans les moins bons millésimes, ils requièrent une garde de 5 à 8 ans pour s'épanouir pleinement. Les facteurs déterminant cette longévité sont, par ordre croissant d'importance, les cépages, le terroir, le climat et les méthodes de vinification ; ils font l'objet d'une explication ci-après.

LES CÉPAGES ROUGES

Les bordeaux rouges sont principalement issus de trois cépages, et plus rarement de deux autres, d'ailleurs de moins en moins utilisés aujourd'hui. Le choix des cépages influe considérablement sur le style du vin. Des siècles d'expérience ont permis de déterminer, dans chaque propriété, ceux qui conviennent le mieux au terroir.

Les vins rouges du Médoc sont en moyenne composés de 40 à 85 % de cabernet sauvignon, de 0 à 20 % de cabernet franc, de 5 % à 45 % de merlot et de 3 à 5 % de petit verdot, chaque propriété ayant son propre encépagement. Certaines utilisent principalement le merlot, d'autres davantage de cabernet franc ou de cabernet sauvignon, d'autres encore augmentent la proportion de petit verdot. En règle générale, les sols graveleux, légers et bien drainés sont mieux adaptés au cabernet sauvignon qu'au merlot – ce qui explique que l'appellation Margaux soit fortement complantée du premier cépage.

En revanche, les sols plus argileux et plus lourds de Saint-Estèphe conviennent mieux au merlot, qui y est d'ailleurs prédominant. Certes, il existe des exceptions. Ainsi, le Château Palmer, de Margaux, utilise une importante proportion de merlot dans son assemblage final, tout comme les Châteaux Pichon-Longueville Comtesse de Lalande, à Pauillac, et Cos d'Estournel, à Saint-Estèphe. Toutefois, le cabernet sauvignon et le merlot sont les deux cépages les mieux adaptés à une production de qualité dans le Médoc. Le premier est largement répandu, car il se développe et mûrit facilement dans les sols graveleux et bien drainés tels qu'on les trouve dans les meilleurs domaines de la région. Le merlot y est également fort apprécié car, dans l'assemblage avec le cabernet sauvignon – tannique, ferme et profondément coloré –, il équilibre la texture plus rude de ce dernier cépage par son caractère tendre, souple et charnu.

Si telle propriété utilise une forte proportion de cabernet sauvignon, son vin sera vraisemblablement profondément coloré, étoffé, corsé, tannique et apte à une longue garde. Si telle autre préfère le merlot, elle produira des vins plus ronds, au charme plus précoce.

En revanche, le cabernet franc est fort peu utilisé en Médoc. S'il est moins coloré que le cabernet sauvignon et le merlot, il offre une palette aromatique complexe (menthe, herbes et épices, notamment) dont les Bordelais considèrent qu'elle confère au vin de la « finesse ». Le petit verdot n'est guère planté, car il mûrit tardivement et n'atteint sa pleine maturité que très rarement. Il est cependant souvent mis à profit dans les crus comptant une forte proportion de merlot, car il confère une structure tannique à des ensembles qui, autrement, seraient par trop souples et trop tendres.

Chaque cépage fleurit et mûrit à son rythme. Le merlot est généralement le plus précoce, suivi du cabernet franc, puis du cabernet sauvignon, enfin du petit verdot. Rares sont les amateurs réalisant que les variations climatiques (telles les gelées de printemps) survenant au moment de la pousse peuvent compromettre un cépage et en favoriser un autre. Ainsi, le merlot qui fleurit précocement est souvent affecté par les gelées de printemps, et c'est également lui qui craint le plus la pourriture lorsque le temps est humide ou pluvieux, car sa peau est moins résistante que celle du petit verdot ou du cabernet sauvignon.

L'incidence de ces facteurs peut être capitale pour certaines propriétés où le merlot domine. Il arrive en effet que ce cépage soit ramassé dans d'excellentes conditions, alors que le cabernet sauvignon des terroirs tardifs est gorgé par les pluies automnales. C'est ainsi que, en 1964 et 1967, Petrus et Trotanoy, qui sont essentiellement composés de merlot, sont mieux réussis que les très décevants Médoc à base de cabernet sauvignon, tels Mouton Rothschild ou Lafite Rothschild. En effet, les premiers ont été vendangés dans des conditions parfaites, bien avant le cabernet sauvignon de la rive gauche, qui a pâti des pluies torrentielles.

Sur la rive droite de la Gironde se trouvent les appellations de Saint-Émilion et de Pomerol, fortement complantées en merlot et en cabernet franc. Les sols y sont plutôt lourds et assez mal drainés, en raison de leur forte teneur en argile. Le cabernet sauvignon, qui ne se plaît guère dans ce type de terroir, n'y est que très peu présent, hormis dans certains endroits particuliers (à Figeac, par exemple), sur des terres graveleuses et bien drainées. En revanche, le merlot et le cabernet franc se développent parfaitement dans les sols relativement lourds. À de – nombreuses – exceptions près, l'encépagement le plus courant dans le Saint-Émilionnais est 70 % de merlot, 30 % de cabernet franc et de cabernet sauvignon, la proportion entre ces deux derniers cépages étant variable. En Pomerol, c'est le merlot qui prédomine, et – sauf dans quelques rares domaines, tels Vieux Château Certan – le cabernet sauvignon n'y est guère planté. L'encépagement type d'un vignoble de Pomerol est 70-100 % de merlot, avec un complément de cabernet franc. Il n'est dont pas surprenant que les Saint-Émilion et les Pomerol s'épanouissent bien plus rapidement que les Médoc, et qu'ils soient à la fois plus fruités, plus souples et plus gras.

Dans la région des Graves, dont le sol est naturellement graveleux – comme l'indique son nom –, l'écoulement des eaux ne pose pas de problème. Le cabernet sauvignon y est prisé, tout comme en Médoc, mais la proportion de merlot et de cabernet franc y est plus forte que dans cette dernière appellation, si bien que les vins s'y révèlent plus légers. Ainsi, lorsque l'année est pluvieuse, les Graves sont souvent meilleurs que les vins des autres appellations, car ils sont issus de vignobles mieux drainés ; le millésime 1994 en témoigne bien.

Il est également important de connaître l'encépagement de chaque cru. On peut ainsi se faire une idée des régions qui réussiront le mieux en une année donnée, avant même que les critiques ne révèlent les conclusions de leurs dégustations. Ces prédictions sont possibles si l'on est au courant du déroulement du cycle végétatif et des vendanges, et si l'on connaît les réactions des différents cépages aux conditions climatiques au moment de la floraison, de la maturation et de la récolte.

Dans le Bordelais, il est rare qu'une année se montre également favorable aux quatre cépages rouges. Ainsi, récemment, en 1982, 1985, 1989, 1990 et 2000, tous les cépages ont certes bien réussi. Ces millésimes se caractérisent par l'opulence et la maturité du merlot, et les vins se révèlent plus alcooliques, plus charnus et plus souples que dans les années favorables au seul cabernet sauvignon. Ce dernier cépage a connu son heure de gloire en 1986 et en 1996, car, ces années-là, le merlot, extrêmement prolifique, donna des vins généralement fluides et dépourvus de structure. En revanche, les Médoc à base de cabernet sauvignon sont superbes et reflètent bien le caractère parfaitement mûr du cépage dont ils sont issus, qui fut vendangé au début et au milieu du mois d'octobre, et bénéficia d'un bel été indien.

CABERNET SAUVIGNON

Extrêmement coloré, très astringent et très tannique, le cabernet sauvignon contribue à la robe, à la structure, à la puissance, au caractère et à la longévité de la plupart des Médoc. Il mûrit relativement tard, résiste à la pourriture grâce à sa peau épaisse et se distingue par ses arômes prononcés de cassis, parfois mâtinés de subtiles senteurs herbacées qui développent des notes de cèdre en vieillissant. Pratiquement tous les châteaux du Bordelais assemblent le cabernet sauvignon avec d'autres cépages rouges. Le pourcentage moyen de cabernet sauvignon varie entre 40 et 85 % en Médoc, 40 et 60 % dans les Graves, 10 à 35 % en Saint-Émilion, et dépasse très rarement 20 % en Pomerol.

MERLOT

Utilisé dans l'encépagement de presque tous les crus du Bordelais en raison de son aptitude à produire un vin rond, généreux, charnu, souple et alcoolique, le merlot arrive à maturité une à deux semaines avant le cabernet sauvignon. En Médoc, il atteint des sommets à Palmer, à Cos d'Estournel et à Pichon-Lalande (pour ne citer que ceux-là), qui l'emploient en proportion élevée. Mais c'est en Pomerol et en Saint-Émilion qu'il est dominant et qu'il connaît vraiment le succès. Son pourcentage moyen dans l'encépagement est de l'ordre de 5 à 45 % en Médoc, 20 à 40 % dans les Graves, 50 à 100 % en Saint-Émilion et 35 à 100 % en Pomerol. Les vins à base de merlot sont moins tanniques et plus faibles en acidité que ceux qui sont majoritairement issus de cabernet sauvignon. En règle générale, les premiers évoluent aussi beaucoup plus rapidement que les seconds, mais ils peuvent, malgré leur précocité, vieillir tout aussi bien que leurs homologues.

CABERNET FRANC

Parent du cabernet sauvignon – mais mûrissant légèrement plus tôt –, le cabernet franc (appelé bouchet en Saint-Émilion et en Pomerol) est utilisé en proportion modeste pour contribuer à la complexité et au bouquet au vin. Il dégage des arômes piquants, souvent très épicés et parfois herbacés, évoquant la menthe et l'olive. Il n'a pas le caractère charnu et souple du merlot, ni l'astringence, la puissance et le potentiel colorant du cabernet sauvignon. Le pourcentage moyen de cabernet franc utilisé dans l'encépagement est de 0 à 20 % en Médoc, 5 à 35 % dans les Graves, 0 à 66 % en Saint-Émilion, 5 à 30 % en Pomerol.

PETIT VERDOT

Cépage rouge utile, mais généralement difficile en raison de son mûrissement tardif, le petit verdot donne au vin une couleur intense, des tannins structurants et un caractère sucré – donc alcoolique –, lorsqu'il atteint sa pleine maturité, comme ce fut le cas dans le Bordelais en 1982, 1989, 1990, 1996, 2000 et 2001. En revanche, quand il n'est pas mûr, il donne des vins acides et agressifs. Rares sont les Médoc (hormis Palmer et Pichon-Lalande) qui incluent ce cépage à hauteur de plus de 5 % dans leur assemblage. En Pomerol et en Saint-Émilion, le petit verdot est très peu utilisé.

MALBEC

Le malbec (également appelé pressac en Saint-Émilion et en Pomerol) est le cépage rouge principal le moins utilisé. Pratiquement tombé en disgrâce, il a généralement été remplacé par des cépages plus prisés, et son avenir dans le Bordelais semble assez compromis.

LES CÉPAGES BLANCS

Le Bordelais produit à la fois des vins blancs secs et des vins blancs liquoreux. Des trois cépages les plus utilisés, le sauvignon blanc et le sémillon font les deux types de vin, tandis que la muscadelle contribue, en petites proportions, aux vins doux uniquement.

SAUVIGNON

Employé pour les Graves blancs et secs comme pour les liquoreux de Barsac et du Sauternais, le sauvignon caractérise un vin en lui conférant des arômes piquants et parfois herbacés, ainsi que des flaveurs vives et austères. Rares sont les propriétés des Graves qui utilisent ce cépage seul ; en effet, il est généralement assemblé avec le sémillon. Le sauvignon blanc est moins prisé pour les Sauternes que pour les Graves.

SÉMILLON

Très sensible à la célèbre « pourriture noble », essentielle à l'élaboration des vins liquoreux, le sémillon contribue à la texture riche, onctueuse et intense des vins blancs secs des Graves, comme à celle des riches vins liquoreux du Sauternais. Quand il est jeune, le sémillon est très fruité, mais les vins qui en sont issus acquièrent de l'ampleur et de l'onctuosité au vieillissement. C'est pour cette raison que les Sauternes et les Barsac contiennent une plus forte proportion de ce cépage que les Graves blancs et secs.

MUSCADELLE

La muscadelle est le plus rare des cépages blancs plantés en Bordelais. Très fragile et très sensible aux maladies, elle donne au vin, quand elle est saine et bien mûre, d'intenses arômes floraux. Elle n'est utilisée qu'en très petites proportions par certains crus de Barsac et de Sauternes, mais n'est guère prisée dans les Graves.

LE TERROIR

Les meilleurs viticulteurs du Bordelais affirment généralement que « le vin se fait dans le vignoble » et non dans les chais. C'est le point de vue des adeptes du terroir (les « terroiristes »), qui estiment que le vignoble influence à 80 ou 90 % la qualité du vin. Ils ont raison, à cela près qu'il faut compter avec une équipe technique compétente, capable de transformer la matière première en vin de très haut vol. Il est, à cet égard, intéressant de comparer l'attitude des vignerons californiens qui, jusque récemment, accordaient la primauté aux conditions climatiques, au talent du vinificateur et aux procédés techniques. Si un nombre croissant de producteurs de Californie s'intéressent désormais au sol, la religion des Bordelais en la matière est depuis longtemps faite : nul ici ne songerait à contester que la grandeur des vins de la région tient au terroir, pas au génie du vinificateur ni à la technologie.

Le proverbe oriental suivant résume bien la question : « Une connaissance partielle permet de faire un beau récit, mais la sagesse découle d'une connaissance parfaite. »

Il en est de même avec le concept de « terroir », cette notion vague et intellectuellement séduisante qui implique que le caractère d'un vin est fortement influencé par la parcelle dont il est issu. Les Français sont extrêmement préoccupés par la question de terroir. Et pourquoi n'en serait-il pas ainsi ? La plupart des vignobles les plus renommés de l'Hexagone sont classés selon une hiérarchie complexe reposant sur la nature des sols et leur exposition. Cependant, les Français voudraient faire croire à la terre entière que rien ne peut rivaliser avec leur pinot noir, leur cabernet, leur chardonnay ou leur syrah (pour ne citer que ceux-là), et que leur terroir privilégié est sans égal. L'un des régions viticoles les plus célèbres de France, la Bourgogne, est généralement considérée comme illustrant le mieux la notion de terroir. Les adeptes de ce concept (les terroiristes ci-dessus évoqués) soutiennent qu'une parcelle particulière et sa contribution à la vigne qu'elle porte confèrent au vin un caractère distinct de celui qui provient de parcelles ou de coteaux différents. La Bourgogne, avec ses grands crus, ses premiers crus, ses vins de village et ses génériques, est la raison d'être des terroiristes.

Il est dommage que le terme « terroir » soit aujourd'hui une expression à la mode ou « politiquement correcte » dans certaines conversations. Il est des cercles choisis où ce serait une erreur monumentale de ne pas placer quelques commentaires inspirés sur le « sentiment d'une appartenance à quelque part » en dégustant un Vosne-Romanée Les Malconsorts ou un Latricières-Chambertin. Les plus fervents défenseurs du terroir prônent, de la manière la plus éloquente et la plus convaincante, la nécessité de trouver la « vraie voix du sol », qui donne sa légitimité à un cru. Cependant, comme tant de choses qui se rapportent au vin, notamment à la dégustation, leurs propositions ne reposent sur aucune base scientifique. Ils estiment, comme les propriétaires des meilleurs vignobles, qu'un vin authentique et noble doit obligatoirement laisser deviner son terroir.

Dans l'autre camp de ce débat se trouvent les « réalistes », que j'appellerais aussi les « modernistes ». Selon eux, le terroir (c'est-à-dire le sol, son exposition et le microclimat auquel il est soumis) n'est que l'un des facteurs déterminant le style d'un vin : ils attribuent à bien d'autres éléments un rôle important. On retiendra, entre autres, les points ci-dessous :

1. *Le cépage.* Est-il destiné à donner une récolte abondante ou restreinte ?

2. *Les levures.* Le viticulteur utilise-t-il des levures indigènes ou industrielles ? Chacune d'entre elles donnera au vin des arômes, des saveurs et des textures différents.

3. *Le rendement et l'âge des vignes.* Des récoltes abondantes conjuguées à des rendements élevés font généralement des vins aqueux. En revanche, des rendements restreints, de 35-40 hl/ha, font des vins plus concentrés, avec davantage de caractère. Les jeunes vignes ont plutôt tendance à produire beaucoup, tandis que les vieilles vignes donnent de petites baies, et par conséquent moins de vin. C'est la raison pour laquelle on procède à des vendanges en vert sur les jeunes vignes, de manière à réduire leur rendement.

4. *La vendange.* Le raisin est-il cueilli alors qu'il n'est pas tout à fait mûr, afin qu'il conserve une certaine acidité, ou est-il ramassé à parfaite maturité, afin que soient mises en valeur la richesse et l'opulence du cépage ?

5. *Les techniques et le matériel de vinification.* De nombreuses techniques permettent de modifier les arômes et les saveurs d'un vin. En outre, les matériels choisis (égrappoirs, pressoirs, etc.) influent profondément sur le caractère du vin qu'ils servent à élaborer.

6. *L'élevage.* Le vin est-il élevé en fûts de chêne, en cuves de ciment ou d'acier inoxydable, ou encore en grands foudres ? Quelle est la proportion de bois neuf utilisée ? Tous ces éléments participent bien évidemment au caractère du vin. J'ai également pu constater, en maintes occasions, que les fûts de différentes tonnelleries apportaient au vin des saveurs diverses, exactement comme le soutirage conditionne son bouquet et ses arômes. Le vin reste-t-il longtemps sur lies – ce qui lui apporte davantage de complexité et de rondeur – ou est-il fréquemment soutiré, de crainte qu'il n'acquière un goût ou une odeur désagréables ?

7. *Le collage et la filtration.* Même les vins les plus concentrés et les plus profonds, que les terroiristes considèrent comme la quintessence de leur terroir, peuvent être dépouillés de leurs arômes et de leur caractère s'ils sont collés ou filtrés à l'excès. Le vin est-il traité avec la plus grande douceur ou est-il au contraire trop manipulé ?

8. *La mise en bouteilles.* Est-elle faite le plus tôt possible, pour conserver le fruité du vin, ou plus tardivement, lorsque celui-ci a pris un caractère plus évolué et plus fondu ? Le critère qui détermine le moment de la mise en bouteille peut en effet radicalement changer la nature d'un vin.

9. *La température et l'état sanitaire des chais et des caves.* Certaines caves sont froides, d'autres le sont moins, et les vins qui en sont issus sont totalement différents. Les premières donnent des vins d'évolution lente, moins sujets à l'oxydation que ceux qui proviennent de caves plus chaudes. Enfin, les caves sont-elles propres ou sales ?

Ces quelques facteurs peuvent avoir un impact extraordinaire sur le style, le caractère et la qualité d'un vin. Ainsi que le pensent les « modernistes », les choix de l'homme, même s'ils sont incontestablement orientés vers la recherche d'une qualité toujours meilleure, peuvent davantage influer sur la personnalité d'un cru que son seul terroir.

En ce qui me concerne, je crois fermement que le terroir est un facteur important dans l'élaboration des grands vins. Cependant, j'ajouterais que les illustrations les plus convaincantes de ce point de vue ne se trouvent pas en Bourgogne, mais en Alsace. Si l'on avance l'argument du terroir, il faut que le vin soit issu de très faibles rendements, fermenté uniquement avec des levures indigènes, élevé en milieu neutre (en vieux fûts, en cuves de ciment ou d'acier inoxydable), soumis à un traitement minimal en cave et mis en bouteille avec un collage et une filtration des plus légers.

Si je devais soutenir la cause des terroiristes, je prendrais pour exemple l'un des domaines les plus prestigieux d'Alsace, celui de Léonard et Olivier Humbrecht. Les Humbrecht font tout ce qui est en leur pouvoir pour bien marquer les différences entre leurs vignobles, mais pourquoi est-il si facile d'identifier leurs vins lors d'une dégustation à l'aveugle ? Bien sûr, leur Riesling Hengst se distingue de leur Riesling Rangen Clos Saint-Urbain, mais la question est de savoir si l'on déguste un terroir ou la signature d'un vinificateur. Les crus du Domaine Zind-Humbrecht sont généralement plus puissants, plus riches et plus intenses que les autres vins d'Alsace, mais ils sont issus de rendements plus restreints et ne sont pas filtrés avant la mise en bouteilles. Il s'agit d'un des cas où les vins portent à la fois la griffe de leur vinificateur et le caractère particulier de leur terroir.

On cite également Lalou Bize-Leroy comme l'une des terroiristes les plus ferventes. Cette femme, qui sait convaincre, n'hésite pas, dès que l'occasion s'en présente, à clamer comment le terroir dont ils sont issus imprime à ses vins des traits caractéristiques. Pourtant, dans les dégustations à l'aveugle, ceux-ci se distinguent généralement parce qu'ils sont plus concentrés et de plus longue garde que ceux des autres propriétés de la région. Le dégustateur qui s'est familiarisé avec leur style particulier (ils présentent des différences subtiles) les identifiera grâce à leur puissance, à leur richesse et à leur intensité exceptionnelles, plutôt que par leur caractère prononcé ou spectaculaire de terroir. Les vins du Domaine de la Romanée-Conti peuvent aussi parfaitement se reconnaître lors d'une dégustation à l'aveugle, précisément en raison de leur style bien à eux. Jacques Seysses, du Domaine Dujac, que j'admire et auquel j'ai attribué quatre étoiles dans mon dernier ouvrage sur les bourgognes, hisse bien haut le drapeau en arguant que « l'homme peut détruire, mais jamais créer ». Seysses, qui utilise 100 % de bois neuf pour l'élevage de ses grands crus, en produit qui sont extraordinaires de finesse et d'élégance ; cependant, on constate qu'ils sont dominés par sa griffe personnelle et s'imposent par leur style propre, en non parce qu'ils proviennent de vignobles tels que le Clos de la Roche, le Clos Saint-Denis ou les Bonnes Mares.

Telle que l'entendent la plupart de ses adeptes, la notion de terroir est une excuse commode pour maintenir le *statu quo*. Si l'on accepte le fait que le terroir commande tout, comment juger alors les Chambertin, issus d'un des plus grands terroirs de Bourgogne ? Ce vignoble de 12,5 ha est divisé entre vingt-trois propriétaires différents, dont seul un petit nombre se consacre à l'élaboration d'un vin vraiment extraordinaire. Tout le monde s'accorde à dire qu'il s'agit d'une terre bénie, mais seuls quelques producteurs – comme les Domaines Leroy, Ponsot et Rousseau (auxquels on peut ajouter le Domaine des Chézeaux, la vinification y étant faite par Ponsot) – font des vins qui méritent l'immense réputation de ce grand cru. Les Chambertin de ces trois vinificateurs ont cependant des allures totalement différentes : celui de Ponsot est le plus élégant, le plus souple et le plus rond, celui de Leroy le plus tannique, le moins évolué, le plus concentré et le plus charnu, tandis que celui de Rousseau s'impose comme le plus profondément coloré, le plus moderne dans sa saveur et sa texture, avec des notes de boisé plus prononcées. Quant aux vins des dix-huit à vingt autres producteurs de l'appellation, que les amateurs trouveront plus facilement chez les détaillants (je ne parle même pas des cuvées de certains négociants), ils vont généralement du médiocre à l'effroyablement maigre et insipide. Quel est alors le vin qui parle en faveur du terroir de Chambertin ? Est-ce celui de Leroy, celui de Ponsot ou celui de Rousseau ?

Les terroiristes seraient-ils des intellectuels prétentieux et ignorants, qui auraient intérêt à se consacrer davantage à la dégustation et moins au discours ? Sûrement pas. Mais on pourrait les accuser d'adhérer naïvement au plus gros mensonge du monde viticole français. Par ailleurs, les réalistes devraient reconnaître que, quelles que soient l'intensité et la concentration d'un vin issu d'un modeste vignoble, il n'aura jamais la complexité ni la classe d'un Cheval Blanc ou d'un Haut-Brion.

Les amateurs doivent donc considérer le terroir comme un élément parmi d'autres susceptible d'influencer le caractère d'un cru, le facteur clé demeurant la main de l'homme. Par ailleurs, toute la publicité faite autour du terroir masque une chose fondamentale : l'identification et la découverte de viticulteurs dont les vins valent la peine d'être bus et savourés.

Dans une certaine mesure, les Bordelais sont moins enclins à évoquer le terroir que leurs homologues bourguignons. Cependant, ils y trouvent l'excuse rêvée pour défendre leurs classements – et notamment le plus célèbre d'entre eux, celui de 1855. C'est aussi un argument de poids pour les producteurs médocains désireux de minimiser la réussite de leurs plus jeunes collègues de Saint-Émilion et de Pomerol – deux régions qu'ils appellent, plutôt péjorativement, « l'autre côté, plus paysan, de la Gironde ».

La célèbre région du Médoc est un triangle de terre limité à l'ouest par l'océan Atlantique, à l'est par la Gironde et au sud par la ville de Bordeaux. Les meilleurs vignobles du Médoc s'étendent sur la moitié orientale de cette région généralement plate, aux pentes légèrement inclinées vers la Gironde. Très peu propice à d'autres formes d'agriculture, le sol du Médoc est très graveleux et sableux, avec un sous-sol qui peut aussi bien être de l'argile épaisse (produisant des vins plus lourds, moins fins) que du calcaire (plus léger) ou des graves (donnant des vins plus fins et plus légers).

Le sol très graveleux est une caractéristique géologique majeure des vignobles bordelais ; il assure un excellent drainage et permet aux racines de la vigne de pénétrer profondément dans le sous-sol afin d'y chercher éléments nutritifs, eau et sels minéraux.

Comme son nom l'indique, la région des Graves, au sud de Bordeaux, est constituée d'un sol rocheux sur un lit de graves plus profond que celui du Médoc. C'est à ce sol que l'on doit les arômes de terre et de minéral distinguant les vins de l'appellation. Saint-Émilion et Pomerol sont situés à une trentaine de kilomètres à l'est de la ville de Bordeaux.

Saint-Émilion présente différents types de terroir bien distincts. Autour de la charmante cité médiévale, les vignobles sont situés sur des « côtes », ou coteaux, qui étaient autrefois les berges d'une rivière. Le sol y est surtout calcaire, crayeux et argileux. Parmi les châteaux célèbres des côtes de Saint-Émilion, on citera Ausone, Canon, Pavie et Belair.

À quelques kilomètres au nord-ouest de la ville s'étend le secteur des graves de Saint-Émilion, avec des affleurements graveleux et sableux en limite de l'appellation Pomerol. Les crus de Saint-Émilion situés dans cette zone donnent des vins différents – plus charnus, plus fruités et plus accessibles – de ceux qui sont issus des sols argilo-calcaires des côtes – plus tanniques, plus austères et plus retenus. Cheval Blanc et Figeac sont les deux propriétés les plus renommées du secteur. S'il y a bien entendu des exceptions à l'intérieur de chaque sous-région, on peut malgré tout définir deux principaux types de Saint-Émilion, celui des graves et celui des côtes – et cette différence est directement liée à la nature géologique du sol.

La terre de Pomerol ressemble fort à celle de la région limitrophe des graves de Saint-Émilion, avec quelques variations. Le cru le plus célèbre, Petrus, se trouve sur un plateau dont le sol argileux et lourd est bien différent de celui des autres vignobles de l'appellation.

Les différences subtiles dans la composition du sol et leur influence sur le style et le caractère d'un vin sont parfaitement illustrées par trois exemples de vignobles contigus. En Médoc, aux confins des communes de Pauillac et de Saint-Julien, il existe trois propriétés réputées – le premier cru de Pauillac Latour, le deuxième cru de Saint-Julien Léoville Las Cases et le deuxième cru de Pauillac Pichon-Longueville Baron – dont les vignobles sont adjacents. Les rendements, le pourcentage de chaque cépage, la méthode de vinification, l'âge moyen des vignes et enfin le temps d'élevage en fûts n'y sont pas très différents. Cependant, chacun des trois crus développe des arômes, un style, une texture et une évolution qui lui sont propres. Car ils sont issus de terroirs différents.

En Pomerol, il suffit de comparer le vignoble le plus célèbre de cette appellation, Petrus, implanté sur un sol d'argile grasse, riche en fer, avec celui de son voisin le plus proche, La Fleur-Petrus, qui contient peu d'argile, mais davantage de sable et de graves. Les deux vins ne se ressemblent pas, bien qu'ils bénéficient de soins identiques sous la responsabilité du même personnel.

Sans aucun doute, le terroir est un élément déterminant qui influence le caractère et le style des vins de Bordeaux. Je pense cependant que le terroir seul ne suffit pas à faire un grand vin, comme nombre de Bordelais voudraient le faire croire. Un climat favorable, des pratiques viticoles traditionnelles réduisant au minimum l'emploi d'engrais chimiques, une taille sévère et, bien sûr, une vinification et un élevage méticuleux sont autant de facteurs importants dans l'élaboration d'un grand vin. Même une excellente équipe de vinificateurs, disposant de la meilleure technologie et s'appuyant sur le meilleur terroir, graveleux et bien drainé, ne saurait produire un bon vin si un climat favorable ne permet pas aux raisins d'atteindre une maturité parfaite.

LE CLIMAT

Les grands millésimes de bordeaux sont toujours forgés par un climat anormalement chaud, sec et ensoleillé pendant le cycle végétatif. Les très grandes années comme 1900, 1921, 1929, 1945, 1947, 1949, 1959, 1961, 1982, 1989, 1990 et 2000 ont toutes connu des conditions climatiques semblables – chaleur, soleil et sécheresse. Certains propriétaires de très importants châteaux ont récemment affirmé que les années désastreuses comme 1963, 1965 et 1968 ne se reproduiraient jamais plus, grâce aux progrès techniques récents, aux meilleures méthodes de vinification et aux concentrateurs. Ils semblent oublier qu'un bon vin ne peut être issu de raisins insuffisamment mûrs, aux notes végétales. Le Bordelais, comme toute autre région viticole, a besoin de soleil, de chaleur et de temps sec pour produire de grands vins.

Quand les propriétés de la région doivent attendre octobre pour vendanger, cela signifie généralement que la période de croissance de la vigne a été anormalement fraîche ou, pire encore, humide. Il est aisé de constater, au vu du tableau ci-dessous, que les vendanges commencent toujours en septembre quand le millésime est d'une qualité exceptionnelle.

1870 – 10 septembre	1921 – 15 septembre	1949 – 27 septembre
1893 – 18 août	1929 – 23 septembre	1953 – 28 septembre
1899 – 24 septembre	1945 – 13 septembre	1959 – 20 septembre
1900 – 24 septembre	1947 – 15 septembre	1961 – 22 septembre
1970 – 27 septembre	1985 – 29 septembre	1995 – 20 septembre
1975 – 22 septembre	1986 – 23 septembre	1996 – 16 septembre
1978 – 7 octobre	1989 – 31 août	2000 – 20 septembre
1982 – 13 septembre	1990 – 12 septembre	2003 – 12 août

À titre de comparaison sont indiquées ci-après les dates du début des vendanges pour quelques-uns des plus mauvais millésimes.

1951 – 9 octobre	1965 – 2 octobre	1984 – 5 octobre
1954 – 10 octobre	1968 – 20 septembre	1991 – 30 septembre
1956 – 14 octobre	1969 – 6 octobre	1992 – 29 septembre
1957 – 4 octobre	1972 – 7 octobre	1993 – 26 septembre
1963 – 7 octobre	1977 – 3 octobre	

Le schéma est simple. Dans les grandes années forgées par un temps chaud, sec et ensoleillé, les raisins mûrissent régulièrement et rapidement, et les vendanges peuvent démarrer tôt. En revanche, les mauvaises années ne bénéficient pas de bonnes conditions climatiques, les raisins mûrissent mal et sont cueillis alors qu'ils sont gorgés d'eau et imparfaitement mûrs.

Il existe cependant quelques exceptions notables aux conditions climatiques définissant les bons ou les mauvais millésimes. En 1979, les vendanges furent assez tardives (3 octobre), mais les vins rouges furent excellents Depuis quelques années, de nombreux producteurs essaient de vendanger des raisins légèrement marqués de surmaturité. Or, la règle traditionnelle régissant les vendanges – dite des 100 jours – établit que les raisins doivent être vendangés 100 jours après la floraison. Actuellement, dans une recherche de vins plus corsés, plus riches et moins acides, les 100 jours sont devenus 110, et même 120. Cela signifie peut-être que les vendanges d'octobre (comme celles de 1979) seront désormais moins rares et se dérouleront dans de meilleures conditions que par le passé, quand elles étaient annonciatrices de mauvaise qualité. C'est ainsi que les excellents 1986 et 1996 issus de cabernet sauvignon sont le fruit de vendanges ramassées dans le courant des deux premières semaines d'octobre.

Les conditions climatiques idéales pour les bordeaux rouges ne sont pas de règle pour la production des vins liquoreux de Barsac et de Sauternes. Dans cette région, les grands millésimes requièrent des matinées brumeuses et humides, suivies d'après-midi secs et ensoleillés. Ces alternances quotidiennes permettent à la « pourriture noble » (botrytis) de se développer sur les raisins. Il est intéressant de noter que chaque baie est affectée par le botrytis d'une manière spécifique. Sur certaines, la pourriture se développe rapidement, tandis que d'autres ne seront touchées que quelques semaines plus tard. Les propriétés doivent faire vendanger à la main les raisins atteints, et ce par tries successives, s'ils veulent obtenir la meilleure qualité. C'est en effet le botrytis qui contribue à concentrer le moût et qui permet de produire des liquoreux d'une richesse incroyable, aux très caractéristiques arômes de vendanges tardives. Bien sûr, les récoltes en Barsac et en Sauternais s'effectuent toujours bien plus tard que celles des rouges du Médoc, des Graves, de Saint-Émilion et de Pomerol. Elles ont en fait lieu quand les conditions climatiques du Bordelais sont les plus risquées, de fin octobre à fin novembre.

Une semaine ou plus de pluies diluviennes peut anéantir les chances d'une bonne récolte dans la région de Sauternes et de Barsac. Très souvent, la vendange est endommagée par des pluies automnales qui emportent la pourriture noble, diluent les raisins et diminuent ainsi leur concentration. Ces trente dernières années, seuls les millésimes 1971, 1975, 1976, 1983, 1986, 1988, 1989, 1990, 1996 et 2001 ont bénéficié de conditions climatiques uniformes et propices à la production de grands vins liquoreux dans cette région.

VINIFICATION ET ÉLEVAGE DES BORDEAUX

La vinification des vins rouges démarre au moment où les raisins fraîchement récoltés sont pressés et libèrent leur jus. Les différents stades de ce procédé sont les suivants : les vendanges ; l'égrappage et le foulage des raisins ; le transfert du moût dans des cuves de fermentation (par pompage) ; la fermentation du jus de raisin et la transformation du sucre en alcool ; la cuvaison (macération de la peau et des pépins avec le jus pour donner au vin plus d'extrait et de couleur) ; l'entonnage dans des fûts de chêne de 225 litres ou en cuves pour une deuxième fermentation, dite malolactique ; la mise en fûts pour le vieillissement ; la mise en bouteilles.

Dans le Bordelais, les vendanges des vins blancs et rouges s'étendent sur 3 semaines environ, tandis que celles des liquoreux peuvent durer jusqu'à 2 mois. Les raisins qui font les vins blancs secs mûrissent généralement plus tôt et sont vendangés les premiers. Viennent ensuite le tour du merlot, puis celui des autres cépages rouges, cabernet franc et cabernet sauvignon, et enfin du petit verdot. Il est intéressant de remarquer que le merlot est le plus précoce. En 1964, 1967, 1987, 1994 et 1998, les vignobles où ce cépage dominait (surtout ceux de Saint-Émilion et de Pomerol) furent vendangés plus tôt et produisirent des vins bien meilleurs que ceux du Médoc, où il fallut attendre la maturation du cabernet sous les trombes des pluies d'automne. En de telles années, alors que les pluies causent d'importants dégâts aux récoltes dans le Médoc, les crus de la rive droite ont pratiquement terminé leurs vendanges. Cette dernière région peut ainsi se prévaloir de résultats brillants dans des millésimes comme les cinq sus-évoqués, alors que le Médoc avait produit des vins de qualité médiocre, issus d'un cabernet sauvignon gorgé d'eau.

L'ÉLABORATION DES ROUGES

La décision la plus critique est très certainement la fixation de la date du début des vendanges. Une erreur de jugement est irréversible ; elle peut, en outre, réduire à néant toute une année de travail. Les baies doivent être ramassées à parfaite maturité, faute de quoi elles produiront des vins desservis par une acidité trop importante ou par des arômes herbacés. À supposer que la vendange qui arrive au cuvier soit parfaitement mûre, elle fera encore l'objet, dans les meilleures propriétés, d'un tri manuel avant de passer par le fouloir-égrappoir. Ce procédé, qui permet d'éliminer les baies abîmées, pourries ou imparfaitement mûres, est déterminant pour la qualité du vin futur.

La plupart des châteaux prétendent obtenir de meilleurs résultats en demandant à leurs vendangeurs de retirer ou de laisser les grappes abîmées sur le pied de vigne. Il est certain que, chaque année, le ramassage doit être fait avec grand soin, mais, lorsqu'il y a beaucoup de pourriture, les châteaux les plus sérieux demandent à leurs vendangeurs d'effectuer une sélection très sévère (tri) et de retirer les baies abîmées au moment où ils cueillent les grappes.

Il faut ensuite procéder à l'égrappage. Aujourd'hui, la plupart des châteaux égrappent complètement. Ce procédé va de pair avec la tendance actuelle du Bordelais à produire des vins riches et souples, qui peuvent être bus jeunes tout en étant capables de bien vieillir. Cependant, certaines propriétés persistent à conserver une petite proportion de rafles, qui macèrent dans les cuves avec les raisins écrasés, tandis que d'autres sont radicalement opposées à cette pratique qui, selon elles, donne des vins rugueux, végétaux et par trop tanniques – les rafles absorbant, en outre, une certaine proportion d'anthocyanes.

Une fois que les raisins ont été égrappés par un fouloir-égrappoir, les baies partiellement écrasées sont transférées dans des cuves pour la fermentation.

La tendance dans les années 80 a été de remplacer les vieilles cuves de fermentation, en bois et en ciment, par des cuves en acier inoxydable, plus faciles à nettoyer et à entretenir, qui permettent également un meilleur contrôle des températures. Cela est très important, notamment lorsque les raisins sont vendangés sous une chaleur torride, comme en 1982. Cependant, les grandes cuves traditionnelles en bois et en béton sont encore très répandues. Les années 90 ont vu l'essor des vins de garage (voir l'introduction au chapitre des Saint-Émilion) ainsi que l'utilisation accrue, dans les petites propriétés de la rive droite (notamment à Saint-Émilion), des petites cuves de bois ouvertes fort répandues en Bourgogne.

Si les cuves d'acier inoxydable sont plus faciles à utiliser, certains vignerons très méticuleux ont opté pour des cuves en béton, en bois ou en acier, prouvant ainsi que ces contenants étaient tout aussi aptes à produire des vins de haut niveau. Une fois la vendange (raisins et jus) en cuves commence la fermentation alcoolique, provoquée par les levures naturelles, auxquelles on ajoute parfois des levures industrielles. La fermentation est le processus qui transforme le sucre du raisin en alcool. Elle doit être surveillée avec la plus extrême attention, car la température plus ou moins élevée de cette fermentation influe sur le style du vin.

À ce stade, certaines propriétés mettent en œuvre des procédés faisant appel à une technologie très avancée et souvent très onéreuse. C'est ainsi que plusieurs d'entre elles pratiquent la concentration (par osmose inverse ou sous vide), qui permet d'extraire l'eau des raisins gorgés – ce qui est surtout utile dans les années pluvieuses. Fort répandues depuis le milieu des années 80, ces techniques sont particulièrement fiables en ce qu'elles ne dénaturent pas les arômes et les moûts du vin, tout en lui enlevant une certaine proportion d'eau. J'ai souvent discuté, avec des œnologues bordelais de renom, des conséquences de ces méthodes de concentration sur le vin lui-même. Il est généralement admis que les résultats sont des plus impressionnants, mais, bien que les premiers constats soient prometteurs (notamment dans les années très pluvieuses, où les raisins sont gorgés d'eau), je suis à peu près certain que, comme pour toutes les techniques, une utilisation extrême serait néfaste pour le vin.

La plupart des vinificateurs admettent comme règle une température de fermentation comprise entre 25 et 30 °C, bien que certains la laissent grimper aux alentours de 32-33 °C. Une forte température permet d'extraire le maximum de tannins et de matière colorante. Cependant, au-dessus de 35 °C, le risque de voir se développer les bactéries acétiques est décuplé ; celles-ci confèrent généralement aux vins une désagréable odeur de vinaigre. En outre, à cette chaleur, les levures naturelles sont détruites, entraînant par là même l'arrêt des fermentations. En règle générale, les propriétés admettant des températures de fermentation élevées ont le dessein de produire des vins tanniques et riches en extrait. Celles qui s'appliquent à ne pas dépasser les 25 °C recherchent un vin moins tannique, plus léger et plus fruité. Cependant, les premières doivent rester extrêmement vigilantes.

Il importe en effet que les cuves où s'opère la fermentation soient surveillées jour et nuit ; si la température augmente dangereusement, les moûts doivent être immédiatement refroidis. Avec les cuves d'acier inoxydable, ce refroidissement peut être obtenu simplement en faisant couler de l'eau fraîche le long des parois. Mais, lorsqu'il s'agit de cuves de bois ou de béton, il est nécessaire, à l'aide de pompes, de faire circuler l'eau dans un réseau de tuyauteries équipées d'un système de refroidissement.

Pendant la vinification, un « chapeau » composé des peaux, des rafles et des pépins se forme et flotte à la surface de la cuve. Il faut veiller à le maintenir humide, en l'immergeant parfois, afin de stimuler au maximum l'extraction des tannins et de la matière colorante de la peau des raisins, mais également pour éviter le développement de bactéries. L'opération consistant à pomper le jus de raisin pour en asperger le dessus du chapeau s'appelle « remontage ».

Tout au début de la fermentation, le vinificateur est appelé à prendre une décision qui n'est pas sans importance quant au style du vin qui en résultera : faut-il, ou non, chaptaliser ? La chaptalisation est simplement l'addition de sucre au moût du raisin pour augmenter la teneur en alcool de l'ensemble. Ce procédé est fréquemment utilisé en Bordelais, car il est rare que les raisins vendangés soient parvenus à pleine maturité. L'objectif étant de produire un vin qui titre environ 12 % d'alcool, la chaptalisation permet souvent de relever de 1 ou 2 degrés le titre alcoométrique naturel. Seuls des millésimes comme 1961, 1982, 1989, 1990, 2000 et 2003 n'ont pas été chaptalisés, tant la qualité des raisins était exceptionnelle.

Quand tout le sucre du moût – et éventuellement celui qu'on y a ajouté – s'est transformé en alcool, la première fermentation est terminée. À ce stade de la vinification se pose la deuxième question cruciale : celle du temps de cuvaison, c'est-à-dire la période pendant laquelle la peau restera au contact du vin. C'est la durée de cette macération qui détermine pour l'essentiel si le vin sera riche, bien coloré, tannique, apte à une longue conservation, ou s'il sera souple, précoce et destiné à être consommé rapidement. La plupart des grands châteaux du Bordelais adoptent un temps de macération de 7 à 14 jours, ce qui porte au total à 21 jours en moyenne la durée du contact entre le jus et la matière solide. Cependant, il n'est pas rare de nos jours de voir certaines propriétés procéder à des macérations longues de 30 à 50 jours.

Après la cuvaison, le jeune vin est séparé de ses lies, composées des peaux et des pépins (ce qu'on appelle le marc), et transféré dans des cuves propres ou dans des fûts de chêne. Le vin qui est écoulé est dit « vin de goutte ». Les peaux sont ensuite pressées, et le vin qui en résulte (appelé « vin de presse ») est très coloré, tannique, rude et marqué par la mâche ; il est souvent partiellement assemblé avec le vin de goutte. Certains vinificateurs, qui ne cherchent pas à faire un vin ferme et tannique, ne s'autorisent pas de vin de presse dans l'assemblage final. D'autres, en quête de muscle et de fermeté, ajoutent au vin de goutte 10 à 20 % de vin de presse. D'autres enfin, amateurs de puissance et de robustesse, réalisent l'assemblage intégral de l'un et de l'autre. En règle générale, la décision varie en fonction du millésime. En 1982, 1986, 1996 ou 2000, l'addition de la totalité du vin de presse aurait généralement rendu le vin trop tannique et trop robuste. Mais, dans les millésimes légers, où les vins sont dénués de puissance, de fermeté et de couleur – comme ce fut le cas en 1973 et en 1980 –, une proportion plus grande de vin de presse, très coloré et très tannique, est intégrée au vin de goutte.

La deuxième fermentation, dite malolactique, est celle pendant laquelle l'acide malique, piquant, se transforme en acide lactique, plus doux et plus crémeux. C'est le stade suivant dans l'évolution du jeune vin rouge. Dans certaines propriétés, la fermentation malolactique se déroule consécutivement à la fermentation alcoolique, mais, dans la plupart des domaines, la fermentation malolactique dure plusieurs mois (depuis octobre jusqu'à la fin janvier). Certaines années, elle peut même traîner jusqu'au printemps ou à l'été de l'année suivante – mais cela est très rare. Cette fermentation revêt une très grande importance pour les vins rouges, car elle leur donne du caractère et de la rondeur. On note une tendance, amorcée au milieu des années 80 et amplifiée dans les années 90, au déroulement des malolactiques en fûts et non en cuves. Cette pratique, répandue en Bourgogne, est révolutionnaire dans le Bordelais, où les propriétés sont généralement très étendues, et où les fermentations ont toujours eu lieu en cuves (la méthode requiert en effet, outre une importante main-d'œuvre, une attention constante). Il semblerait cependant que les fermentations malolactiques en fûts contribuent à donner une richesse crémeuse au vin, tout en permettant au boisé de mieux se fondre dans l'ensemble. Les crus utilisant ce procédé sont souvent très réussis. Je pense, pour ma part, que l'achèvement des malolactiques en fûts permet d'obtenir des vins qui sont plus flatteurs dans leur jeunesse ; cependant, après 18 mois d'âge, la différence avec leurs homologues entièrement vinifiés en cuves s'estompe considérablement.

Faut-il utiliser ou non des fûts de chêne neuf pour l'élevage du vin ? Cette question fait l'objet de débats passionnés parmi les vinificateurs. Dans le Bordelais, les prestigieux premiers crus que sont Lafite Rothschild, Mouton Rothschild, Latour, Margaux et Haut-Brion, ainsi que le célèbre trio de la rive droite, Cheval Blanc, Ausone et Petrus, utilisent 100 % de fûts neufs pour presque tous les millésimes. Les autres châteaux de haut niveau adoptent une proportion variant entre 33 et 60 %, ce qui permet généralement une alliance heureuse entre le fruit, les tannins et le boisé. Cependant, pour supporter une forte proportion de chêne neuf, le vin doit être suffisamment riche ; faute de quoi il sera dominé par des arômes trop prononcés de chêne vanillé. Beaucoup de 1973 et 1980, légers et fruités, dépourvus d'ampleur et de richesse, ont souvent mal supporté leur élevage en fûts de chêne. Le bois neuf apporte en effet des tannins et des arômes de vanille assez prononcés ; il convient donc d'en user judicieusement, l'équilibre étant primordial.

Cependant, la prospérité que connaissent certaines propriétés du Bordelais les a incitées à investir massivement dans un équipement moderne et dans des fûts neufs. Si les 1982, les 1990 et les 2000, au fruit massif et concentré, ont bien supporté le bois neuf, il n'en a pas toujours été de même pour des millésimes plus délicats et moins intensément concentrés, tels 1981 et 1997. Je me suis souvent demandé, au cours de mes dégustations, si le chêne neuf n'était pas parfois plus nuisible qu'utile. Il me semble également que de nombreux domaines, d'un niveau immédiatement inférieur à celui des premiers crus, utilisent couramment 50 à 70 % de bois neuf ; on peut alors se demander si les bordeaux ne risquent pas de devenir des vins par trop boisés. Il est vrai que les fûts neufs évitent les problèmes sanitaires inhérents aux vieux fûts ; cependant, les vinificateurs devraient comprendre que les rendements excessifs (tels ceux observés dans la région depuis le milieu de la décennie 80) et un manque de richesse en extrait ne peuvent en aucun cas être masqués par les puissants arômes du chêne neuf. Fort heureusement, les meilleurs vinificateurs veillent à ne pas produire des vins trop boisés.

Le vin rouge de Bordeaux vieillit longuement en fûts de chêne – c'est même là une de ses caractéristiques les plus intéressantes. Cet élevage dure généralement de 12 à 24 mois, ou même 30 mois – mais, semble-t-il, de moins en moins longtemps depuis quelques décennies. Cette précipitation à mettre en bouteille et à diffuser les vins confinerait-elle à l'obsession ? La plupart des vinificateurs ont à cœur de préserver la fraîcheur et le fruit de l'ensemble, tout en réduisant le risque d'oxydation, de dessèchement ou d'excès de bois. Ainsi, même les puissants et massifs 2000 ont-ils été mis en bouteilles respectivement de mai à juillet 2002, et il est aujourd'hui rare qu'une propriété procède à la mise à la fin de l'automne ou en hiver, comme c'était le cas il y a une vingtaine d'années. De nombreux châteaux fort connus se prononcent cependant en faveur d'un élevage plutôt long ; c'est ainsi que Margaux et Calon-Ségur ne mettent en bouteilles que des vins ayant un minimum de 24 mois d'élevage.

Le temps de vieillissement est généralement plus court pour les millésimes comme 1976, 1979, 1981, 1992, 1993 et 1997, où les vins manquent de concentration et de profondeur. Il sera plus prolongé dans des années comme 1975, 1982, 1983, 1986, 1990, 1995, 1996, 1998 et 2000, lorsque les vins sont plus étoffés, plus riches, plus colorés et plus concentrés. Le principe est simple : des vins légers et fragiles acquièrent facilement un boisé excessif, alors que des vins robustes et riches peuvent et doivent rester plus longtemps en contact avec le chêne. Cependant, ce sont évidemment des raisons commerciales et pratiques qui pèsent pour généraliser la mise en bouteilles dans les 24 mois suivant les vendanges – sauf circonstances particulières.

Pendant la première année d'élevage, le vin nouveau est généralement soutiré quatre fois. Cette pratique est indispensable pour le clarifier. Elle permet en effet de séparer le vin limpide des lies qui se déposent au fond du fût. Si le soutirage n'est pas effectué suffisamment régulièrement et soigneusement, le vin acquiert une odeur d'œuf pourri due à l'hydrogène sulfuré dégagé par les lies. Cette pratique représente un travail énorme, mais les vinificateurs pensent que ces lies en suspension dans le vin, et qui finissent par se déposer, confèrent aux bordeaux toute leur complexité aromatique. Afin de préserver l'intensité du fruit, la fraîcheur et la pureté des vins, ainsi que leur gras et leur étoffe, de nombreux vinificateurs ont commencé, dans les années 80 et 90, à limiter le nombre des soutirages, préférant laisser le vin plus longtemps en contact avec les lies. Les plus avant-gardistes d'entre eux recourent même à la technique du microbullage, qui permet d'éviter les soutirages, de petits tubes d'aération permettant l'oxygénation des lies.

La filtration du vin nouveau avant l'entonnage, qui est désormais de moins en moins répandue, fut largement pratiquée dans les années 70 et 80. Ce procédé, fort courant dans le Nouveau Monde, débarrasse le vin de ses particules solides ; celui-ci est par conséquent plus clair et requiert des soutirages moins fréquents – une fois par an. Les adeptes de cette méthode estiment que le vin est alors plus net et plus pur, qu'il nécessite moins de manipulations et qu'il est de ce fait moins sujet à l'oxydation. Ils peuvent, en outre, effectuer un entonnage dès le mois d'octobre, gagnant ainsi 3 ou 4 mois de vieillissement par rapport à leurs homologues, ce qui peut être utile pour les dégustations en primeur, qui ont généralement lieu en avril. Les opposants à la méthode rétorqueront que le procédé dépouille le vin des éléments solides contribuant à sa complexité aromatique. Ils estiment en effet que la méthode ne vaut que parce qu'elle autorise une économie de main-d'œuvre et permet au vin de se montrer plus tôt sous un meilleur jour. À l'heure actuelle, il semblerait que les opposants à cette pratique l'aient emporté sur les partisans, puisque le procédé n'est plus utilisé que par de rares vignerons.

Les vins sont généralement collés en cours d'élevage. Cette méthode permet d'obtenir des vins nets, clairs et dépourvus des petites particules nuageuses qui s'y trouvent en suspension. Le collage traditionnel est effectué avec du blanc d'œuf, qui capte lesdites particules et se dépose ensuite au fond du fût avec les autres précipités. Cependant, les vins excessivement collés perdent de leur caractère, de leur persistance et de leur corpulence. Aujourd'hui, les vins sont clarifiés juste avant la mise en bouteille, dans de grandes cuves, et la plupart des propriétés ont abandonné le blanc d'œuf frais au profit de substances plus efficaces, telles la bentonite ou la gélatine. Dans le Bordelais, les vins sont rarement collés plus de deux fois en cours d'élevage, mais il n'en demeure pas moins qu'ils sont ainsi souvent dépouillés de leurs arômes, l'opération n'étant pas menée avec suffisamment de délicatesse. Cependant, on a noté une tendance, dans les années 80 et 90, à réduire, voire à éliminer, le collage.

Outre une vinification soigneuse et l'élevage en fûts de chêne, les meilleurs crus pratiquent une sélection sévère, afin de déterminer les cuvées qui feront le grand vin et celles qui feront le second vin ou qui seront vendues en vrac au négoce. Les propriétés de haut vol effectuent la première sélection dans le vignoble. C'est ainsi que les jeunes et les vieilles vignes sont en principe vinifiées séparément. En effet, même le néophyte remarquera la différence entre un vin issu de pieds de 5 ans d'âge et un autre issu de pieds vieux de 25 ans. Si les vignes jeunes produisent souvent des vins colorés, ceux-ci n'ont pas, en revanche, la profondeur, la richesse et la concentration de leurs homologues issus de vignes plus âgées. C'est pour cette raison que les propriétés sérieuses ne mélangent jamais les deux. Cependant, certains domaines persistent à assembler les deux vins, et la qualité finale s'en ressent bien évidemment. Cela étant, à l'heure actuelle, les meilleurs crus pratiquent en la matière une sélection draconienne.

Outre le processus de sélection dans le vignoble, la plupart des châteaux procèdent à une sélection dans les chais. Au mois de janvier ou de février suivant le millésime, les responsables des propriétés, aidés de leur œnologue-conseil, procèdent à la dégustation de tous les lots pour ensuite décider des cuvées qui navigueront sous l'étiquette du grand vin et de celles qui feront le second vin ou seront vendues en vrac. À l'issue de cette dégustation, l'assemblage est effectué : il s'agit du mélange des différents cépages – merlot, cabernet sauvignon, cabernet franc et petit verdot –, jusque-là élevés séparément, dans des proportions déterminées. Ce n'est pas un hasard si les châteaux pratiquant les sélections les plus rigoureuses sont aussi ceux qui produisent les meilleurs bordeaux. Presque tous les domaines procèdent à l'assemblage au mois de décembre ou de janvier suivant les vendanges. Depuis le milieu des années 80, le grand vin fait généralement l'objet d'une sélection draconienne, et le nombre des secondes, voire des troisièmes, étiquettes recouvrant les lots les moins réussis a décuplé. La plupart des meilleurs crus n'hésitent pas à déclasser de 35 à 70 % de leur récolte, pour ne faire naviguer sous leur marque première qu'un produit absolument exceptionnel. Ce sont Lafite Rothschild et Léoville Las Cases qui remportent la palme en la matière, car ils peuvent déclasser jusqu'à 65-70 % de leur production, pour la vendre soit comme second vin, soit en vrac. De tels procédés ont indiscutablement contribué à améliorer les bordeaux.

À moins qu'il n'y ait un problème (le plus courant étant un défaut de propreté entraînant le développement de bactéries) pendant l'élevage, le vin est ensuite transféré des fûts aux cuves, où il subit son dernier collage avant d'être mis en bouteille.

L'idée de la mise en bouteilles au château (précisée sur l'étiquette) est assez récente. Jusqu'à la fin des années 60, la plupart des propriétés expédiaient leur production en fûts à leurs importateurs étrangers (belges et anglais, en particulier), qui procédaient eux-mêmes à la mise. Outre le fait qu'une telle pratique pouvait encourager les fraudes, elle favorisait également le mauvais traitement du vin, dans des conditions d'hygiène discutables.

Aujourd'hui, les châteaux, notamment les crus classés, disposent tous d'installations modernes leur permettant de mettre leur entière récolte en bouteilles sur place. L'opération peut durer de 1 à 3 mois (pour les propriétés les plus importantes). Cependant, Bordeaux offre la garantie qu'un millésime donné n'est jamais (ou très rarement) mis en bouteilles sur un laps de temps plus long, ce qui assure l'uniformité de la mise et évite des différences d'une bouteille à l'autre, lorsque celles-ci sont conservées dans des conditions identiques. La mise dépasse rarement 3 semaines dans les meilleures propriétés.

Au moment de la mise en bouteilles, le vinificateur doit prendre une dernière décision, qui peut affecter le caractère et la qualité du vin fini. De nombreuses propriétés sont équipées de filtres micropores permettant de débarrasser le vin des éventuelles particules ayant échappé aux soutirages et aux collages, mais qui peuvent se révéler néfastes pour celui-ci. Fort heureusement, la plupart des crus n'utilisent qu'un filtre de cellulose assez lâche ; certains ont même abandonné le procédé. Je ne connais pas, personnellement, de cru de bon niveau qui pratique une filtration stérile. Certains vinificateurs estiment que la filtration garantit que le vin est sain et net ; d'autres rétorquent que cette manipulation est superflue et qu'elle a pour seule conséquence de dépouiller le vin de ses arômes et de son potentiel.

Les deux écoles ont leurs adeptes, et il n'est pas facile de déterminer qui a raison. Il ne faut évidemment pas oublier de souligner la réticence des détaillants et des restaurateurs à présenter au consommateur un vin ayant du dépôt (souvent considéré comme un défaut) ; ce qui a conduit de nombreuses propriétés à réagir de manière excessive en dépouillant leurs vins de leur substantifique moelle par une filtration intempestive. Cela dit, les meilleurs domaines s'en tiennent à une filtration relativement légère, simplement destinée à débarrasser le vin des plus grosses particules, quand ils ne refusent pas tout simplement de filtrer, espérant que le consommateur difficile finira par se rendre compte que, loin d'être un défaut, le dépôt est au contraire un signe de bonne santé du vin.

Puisque la filtration est une tendance relativement récente en œnologie (elle date des années 70), on doit considérer qu'il faut attendre pour savoir si, véritablement, cette pratique est dommageable du point de vue de la complexité, de la richesse et du potentiel de garde du vin. Toutefois, si le vin est biologiquement stable et net – comme c'est le cas pour la majorité des bordeaux –, un collage et une filtration excessifs semblent inutiles. J'ai participé à suffisamment de dégustations à l'aveugle, confrontant des vins filtrés et non filtrés, pour me prononcer résolument contre la filtration ; ceux qui prétendent que cette pratique ne fait rien perdre à un vin sont des fous... ou des menteurs, ou encore des publicitaires à la botte de crus pratiquant de telles méthodes.

Une fois mis en bouteilles, le vin reste au repos 2 à 4 mois avant d'être expédié. On estime, en effet, que la mise en bouteilles « bouscule » le vin et lui cause un « stress », dont il se remet après quelques mois de garde. Ayant goûté des bordeaux juste après leur mise en bouteilles, je puis confirmer la chose.

L'ÉLABORATION DES BLANCS

La qualité d'un grand vin blanc sec tient avant tout à sa fraîcheur et à sa nervosité ; sans ces deux qualités, il est mou et lourd. Dans tout le Bordelais, nul n'a fait autant progresser la vinification des blancs que Denis Dubourdieu. C'est ce grand sorcier qui a mis au point la fermentation à froid (entre 15 et 17 °C) et la macération pelliculaire (contact prolongé du moût avec les peaux, afin d'extraire un maximum d'arômes). Avec la généralisation de ces techniques, nombreux sont les blancs secs qui se révèlent désormais plus intéressants, plus savoureux, avec un caractère bien affirmé et des arômes très intenses. Ils sont issus non seulement de la prestigieuse région des Graves, mais aussi des appellations comme les Premières Côtes de Bordeaux et l'Entre-Deux-Mers.

Le caractère du vin est fonction de son mode d'élevage, en cuves d'acier inoxydable ou en fûts de chêne. Dans les deux cas, il faut prendre garde à l'oxydation ; on y parvient facilement en le traitant à l'anhydride sulfureux, un antioxydant puissant. De nombreux crus prestigieux, tels le Domaine de Chevalier, Haut-Brion, Laville Haut-Brion et De Fieuzal, pratiquent le débourbage du vin jeune, qui consiste à le séparer des matières en suspension. Les viticulteurs recherchant un style plus commercial ont recours à la centrifugeuse, à moins qu'ils ne procèdent à une filtration intensive pour obtenir un vin exempt de particules. Cependant, à mon avis, le débourbage classique et traditionnel permet d'élaborer des vins plus complexes et plus intéressants.

Le fait qu'il achève ou non ses fermentations malolactiques détermine également le caractère d'un bordeaux blanc. On favorise les malolactiques notamment en chauffant les cuves, ce qui entraîne la transformation de l'acide malique en acide lactique, plus crémeux et plus souple. Alors que les bourgognes blancs, dans leur majorité, achèvent leurs fermentations malolactiques, celles-ci sont bloquées par sulfitage pour les bordeaux (c'est ainsi que de nombreux millésimes des années 80, faibles en acidité, ont dicté le blocage des fermentations malolactiques).

Lorsqu'ils sont stables, la plupart des blancs secs sont mis en bouteille dans les 3 à 6 mois suivant les vendanges, afin de conserver leur fraîcheur et leur nervosité. Ceux qui présentent un grand potentiel de garde sont généralement élevés en fûts de chêne neuf pendant une période qui va de 1 mois à 16-18 mois dans certains cas (Domaine de Chevalier, par exemple). Les bordeaux blancs secs sont habituellement collés et filtrés à la mise. Cependant, pour les plus prestigieux d'entre eux (De Fieuzal, Laville Haut-Brion, Haut-Brion blanc, Domaine de Chevalier), ces pratiques sont réduites au minimum, afin qu'ils ne perdent pas leur complexité aromatique.

La production des vins blancs liquoreux de Sauternes et de Barsac demande plus de travail et comporte plus de risques. Pour les meilleurs crus, il est presque toujours nécessaire d'effectuer plusieurs tries dans les vignes, afin de ne ramasser que les grappes qui ont été touchées par la pourriture noble, le *Botrytis cinerea.* Ce type de vendange (parfois faite grain par grain) ne permet pas de dépasser un rendement de l'ordre de 25 hl/ha. Quand on compare ces chiffres aux 40 à 60 hl/ha qu'obtiennent communément beaucoup de producteurs de vin rouge, on comprend mieux les difficultés économiques rencontrées par les viticulteurs de cette région. Le raisin botrytisé est pressé, et la fermentation se poursuit jusqu'à ce que l'on atteigne 14 ou 15 % d'alcool. À ce stade, il reste encore du sucre non fermenté dans le vin. C'est la conjugaison d'un caractère alcoolique et d'une texture liquoreuse à des arômes riches et typiques dus à la pourriture noble qui donne à ces vins blancs exceptionnels leur superbe personnalité.

La cryoextraction, introduite à Sauternes et à Barsac vers la fin des années 80, est une technique des plus intéressantes. Très controversée, elle consiste à refroidir les raisins pour transformer leur eau en particules de glace avant le pressurage ; cette eau est ainsi retenue, et le moût devient plus concentré et plus riche. Des propriétés de renom, telles Rayne Vigneau, Rieussec et Rabaud-Promis, utilisent ce procédé. Une machine à cryoextraction existe même à D'Yquem. Bien qu'elle soit encore à un stade expérimental, cette technique a déjà donné des résultats remarquables. Ceux qui prétendent ne voir là qu'un « gadget » destiné à simplifier le travail pourraient bien avoir des surprises. Avec la cryoextraction, en effet, le raisin touché par le botrytis peut exprimer toutes ses potentialités ; l'eau transformée en glace est éliminée, et le moût est superbement concentré.

Après la fermentation, les vins liquoreux des meilleurs domaines sont, le plus souvent, élevés en fûts de chêne, avec une assez forte proportion de bois neuf. Au Château d'Yquem, l'élevage dure au moins 3 ans, et tous les fûts sont neufs. À Climens, à Suduiraut et dans les autres châteaux de premier plan, le pourcentage de chêne neuf va de 50 à 100 %. Quelques domaines, en revanche – notamment Gilette –, refusent d'utiliser le chêne neuf, tout en produisant des grands vins.

La plupart des liquoreux sont collés et légèrement filtrés à la mise en bouteilles. Cependant, D'Yquem, comme De Fargues et Gilette, procèdent à la mise sans filtration préalable.

GUIDE DU CONSOMMATEUR

LA CONSERVATION DU VIN

Le vin doit être conservé dans de bonnes conditions si l'on veut pouvoir pleinement l'apprécier à son apogée. Les amateurs savent qu'une cave souterraine sans vibrations, sombre, humide et maintenue à une température constante de 12 à 13 °C est idéale pour le vieillissement. Cependant, peu de gens disposent des caves profondes d'un vieux château pour y déposer leurs précieuses bouteilles. Cela dit, les vins supportent aussi bien des conditions un peu moins favorables. Pour ma part, j'ai dégusté quelques excellentes bouteilles de vieux bordeaux en parfait état de conservation qui avaient séjourné dans des caves ou des placards où la température en été atteignait 18 °C. Toutefois, pour être certain que le vin ne déclinera pas prématurément, il faut respecter quatre règles simples.

RÈGLE N° 1

Assurez-vous que les bouteilles sont dans un endroit frais. Pour conserver des vins au-delà de 10 ans, la température ne doit pas dépasser 18 °C. Si elle excède cette limite, ils vieilliront plus rapidement, mais ne seront pas affectés. En revanche, si la température moyenne est inférieure à 18 °C, vous n'avez aucun souci à vous faire. À 12 ou 13 °C, la température idéale, les vins évoluent si lentement que vos petits-enfants en profiteront certainement plus que vous-même. La constance en la matière est le facteur clé, et tout changement doit se faire graduellement. En règle générale, les vins blancs sont beaucoup plus fragiles que les rouges, plus sensibles aussi aux modifications de température et aux extrêmes. En conséquence, les vins blancs secs seront tenus aussi près que possible de 13 °C, tandis que les liquoreux de Sauternes et Barsac peuvent tenir et bien vieillir aux alentours de 18 °C.

RÈGLE N° 2

Le local de conservation doit être inodore, sombre et exempt de vibrations. Un taux d'humidité de 50 à 80 % est idéal, mais les étiquettes s'abîment alors rapidement. Une hygrométrie inférieure à 50 % entraîne le dessèchement des bouchons.

RÈGLE N° 3

Les bordeaux issus de millésimes corsés, riches, concentrés et puissants voyagent et vieillissent beaucoup mieux que ceux qui sont plus légers. Ces derniers, assez fragiles, moins tanniques et moins concentrés, supportent assez mal le transport – outre-Atlantique, par exemple (ce fut le cas des 1971, 1976, 1980, 1987 et 1997) –, alors que les premiers résistent mieux à la traversée. C'est le cas des 1970, 1975, 1978, 1982, 1983, 1985, 1986, 1988, 1989, 1990, 1995, 1996, 1998, 2000 et 2003, qui sont tout à la fois amples, riches, tanniques et corsés. Si vous recherchez des vins à conserver en cave, n'oubliez pas que les plus fragiles sont ceux qui évolueront plus rapidement, même s'ils sont conservés dans de bonnes conditions.

RÈGLE N° 4

Enfin, je conseille toujours d'acheter les vins dès leur diffusion – à condition, bien sûr, qu'ils aient été déjà goûtés et choisis. En effet, de nombreux distributeurs, grossistes et détaillants, estimant que le vin est une boisson alcoolique qui peut, à l'instar du whisky et de la bière, être conservée debout, exposée à des températures et à une luminosité extrêmes, ne sont pas encore suffisamment attentifs à sa conservation. Si la situation s'est très nettement améliorée en ce domaine au cours des dernières années – les professionnels étant désormais plus avertis en la matière –, il demeure, malheureusement, que de nombreux grands crus sont régulièrement abîmés par de mauvaises conditions de stockage ou de transport. L'amateur essaiera de réduire les risques en prenant possession des bouteilles le plus tôt possible après leur mise sur le marché. C'est en effet le seul moyen d'être à peu près certain d'avoir des vins en bon état. Je sais d'expérience que la plupart des bordeaux destinés à l'export arrivent en parfaite forme à leur destination, mais de mauvaises conditions de stockage et de transport, ainsi que la négligence de certains intermédiaires, peuvent leur causer grand tort.

LE SERVICE DU VIN

Il n'y a pas de grands secrets pour servir le vin. Il faut simplement un bon tire-bouchon, ainsi qu'une carafe propre et sans odeur pour la décantation. En outre, il faut savoir dans quel ordre servir les différents vins, et s'il y a lieu de les aérer.

Les vins de Bordeaux présentent parfois des dépôts, généralement à partir de 6 ou 7 ans d'âge. Il convient alors de les décanter. Cette opération consiste à verser le vin dans une carafe pour le séparer des particules qui se sont déposées au fond de la bouteille, que l'on aura préalablement remontée de la cave en la maniant avec d'infinies précautions pour éviter que le vin ne se trouble. La décantation peut paraître une opération délicate ; à vrai dire, il suffit d'une carafe très propre (sans odeur ni résidu de savon) et d'une main assurée. Si votre main tremble, vous pouvez acheter un appareil à décanter. C'est un accessoire merveilleux, mais coûteux, et qui rend le procédé amusant, facile et très efficace. Il est primordial que la carafe soit d'abord rincée avec une eau non chlorée ou minérale. Cette précaution est essentielle, car la carafe comme les verres rangés dans un buffet ou une armoire s'imprègnent d'imperceptibles odeurs de l'environnement, et ces arômes se libèrent de façon plus ou moins évidente lorsqu'on verse du vin. En outre, il est fréquent que les verres conservent une très mince pellicule de savon quand le rinçage, manuel ou mécanique, est insuffisant. Pour mieux exprimer le caractère indispensable de ces précautions, je peux confier que j'ai assisté à de nombreux dîners où le merveilleux bouquet de cèdre et de cassis d'un Pauillac de 15 à 20 ans d'âge avait été altéré par des odeurs de cuisine ou de détergent pour machine à laver accumulées dans le verre.

Une fois le vin décanté dans une carafe propre, vous devez aussi réfléchir à la température à laquelle le servir, décider s'il doit être ou non aéré, et, s'il y a plusieurs crus, déterminer dans quel ordre ils seront présentés.

Aérer un vin est une opération sujette à polémique. Certains connaisseurs affirment qu'il est très important d'aérer un vin, alors que d'autres assurent que c'est tout simplement inutile. Qui a raison ? J'ai opéré de nombreux tests pour savoir si le fait de l'aérer avait quelque influence sur le vin. Je ne suis pas encore parvenu à une conclusion totalement fiable, mais j'ai pu faire quelques observations. La décantation suffit sans doute à aérer la plupart des bordeaux. Avant de servir des vins jeunes, musclés, riches et tanniques, 20 à 90 minutes en carafe au contact de l'air ambiant suffisent parfois à les rendre plus souples. Cependant, le fruit intense qui jaillit spontanément de la bouteille à l'instant où on l'ouvre pour la décantation s'affadit nécessairement un peu. Ainsi, si la décantation a l'avantage d'assouplir les bordeaux étoffés et riches, elle présente l'inconvénient de leur faire perdre un peu de leur fruité. J'ai également pu constater que les vins plus légers et moins tanniques perdaient de leur caractère lorsqu'on les avait longuement aérés. De tels vins sont plus fragiles et moins riches, et ils ont alors tendance à s'affadir. Quant aux vieux bordeaux, une aération de 15 à 20 minutes leur suffit largement. Je recommande d'ouvrir, de décanter et de servir immédiatement les millésimes très vieux ou très légers. Quand, au contact de l'air, le vin commence à faiblir, rien ne peut lui restituer sa force.

Cependant, il y a toujours des exceptions à ces règles, et je pense en particulier à des 1945, 1959, 1961 et, plus récemment à des 1982, qui semblent n'atteindre leur apogée que 4 ou 5 heures après la décantation. Toutefois, en règle générale, il vaut mieux faire tourner le vin dans le verre, et ainsi l'aérer, sans attendre trop longtemps pour le servir. Il perd en effet facilement toute expression, alors même qu'il était merveilleusement parfumé au moment de l'ouverture du flacon. J'ai également pu remarquer que les 1982, les 1996, les 2000 et les 2003 les plus massifs se révélaient mieux au terme d'une aération de 12 à 14 heures, en raison de leur ampleur et de leur densité.

La température à laquelle on déguste un bordeaux est également très importante. Je suis toujours étonné de voir que, très souvent, on le sert trop chaud. Tous les ouvrages spécialisés conseillent de présenter les bons vins rouges à température « ambiante ». Cependant, la chaleur de certaines salles à manger ne convient pas aux bons crus, qui y acquièrent souvent, outre un caractère plat et atténué, un bouquet diffus. En outre, la teneur en alcool paraît alors plus élevée que la normale. La température idéale pour les bordeaux rouges se situe aux alentours de 18 °C et, pour les bordeaux blancs, entre 11 et 13 °C. Vous serez très injuste envers vos meilleurs crus si vous ne les servez pas à cette température. Il ne faut pas hésiter à rafraîchir un bordeaux rouge (dans un seau d'eau glacée) pendant 10 minutes, si besoin est. Par un jour de canicule, à Bordeaux ou dans la vallée du Rhône, j'ai souvent demandé que mon Pomerol ou mon Châteauneuf-du-Pape soit rafraîchi pendant une dizaine de minutes, plutôt que de le boire à 23 °C, ou plus.

Enfin, dans un dîner, les bordeaux doivent être servis dans un ordre précis. Les règles sont faciles à suivre. Les vins rouges peu étoffés ou même un grand cru d'un millésime léger doivent précéder les vins plus étoffés et plus riches, faute de quoi les premiers pâtiront de la comparaison. Servir un Margaux aussi délicat qu'un D'Issan 1999 après un Lafleur 1982 serait déloyal envers le premier. De plus, il faut généralement aller du plus jeune au plus vieux ; certes, c'est un principe qu'il ne faut pas appliquer aveuglément, mais il vaut mieux que les vins jeunes et astringents précèdent les millésimes plus vieux, plus mûrs et plus moelleux.

LES VINS ET LES METS

L'art d'harmoniser un bordeaux avec un mets ou un type spécifique de nourriture est trop souvent supplanté par le formalisme ou l'académisme, au préjudice à la fois du plat et du breuvage. Les journaux et magazines, et même les livres, édictent des règles en la matière, vouant tout manquement aux gémonies. Le résultat est que, au moment de choisir leurs vins pour un dîner, bien des gens se creusent inutilement la tête au lieu de se préparer à boire et à manger en paix avec des amis. Le célèbre restaurateur français Henri Béreau le disait bien : « Le succès d'un repas dépend du bon choix... des convives. »

Il est en fait assez facile d'harmoniser les plats et les bordeaux. Il existe quelques grands principes, éprouvés depuis des lustres, qui commandent par exemple de servir les vins jeunes avant les vieux, les secs avant les doux, les blancs avant les rouges et les rouges avec la viande alors que les blancs vont avec le poisson. Toutefois, ces grands principes subissent des exceptions, et les règles établies sont assouplies. On ne sera pas surpris, de nos jours, d'entendre qu'une variété de fleur comestible, la capucine, doit être accompagnée d'un Graves blanc aux notes florales.

Voici à mon avis les vraies questions qu'il faut se poser.

– Les plats offrent-ils des arômes simples ou complexes ?

Les vins de merlot ou de cabernet sauvignon produisent en général des vins majestueux, d'une complexité et d'une profondeur exceptionnelles. Pour cette raison, ils ne s'harmonisent qu'avec des mets au goût relativement simple. Tous deux se marient parfaitement avec des plats de viande grillée ou sautée et de pommes de terre, du filet de bœuf, de l'agneau rôti... En vieillissant, les vins de cabernet sauvignon et de merlot deviennent encore plus complexes et ne tolèrent que des mets « sobres » respectant leurs arômes. Les Bordelais le savent ; c'est un principe qu'ils respectent aussi bien au restaurant qu'à la maison. En règle générale, les vins sont servis avec, comme plats principaux, de l'agneau ou du bœuf simplement cuisinés. La règle à suivre est évidente : à vins simples, mets complexes, à vins complexes, mets simples. Le regretté Richard Olney tenait les mêmes propos dans son ouvrage consacré à la cuisine française.

– Quel est le style de vin dans le millésime que vous avez choisi ?

Plusieurs grands chefs m'ont dit préférer des bordeaux de petites années pour accompagner leur cuisine. Ils demandent même à leurs sommeliers de réaliser leurs achats et de conseiller leurs clients dans cette optique. C'est évidemment parce qu'ils estiment que les mets sont plus importants que les vins ; or les bordeaux des grands millésimes, qui sont généralement riches, puissants, alcooliques et concentrés, ont tendance à accaparer la vedette, faisant de l'ombre même aux plats savamment élaborés. Ils préféreront donc un bordeaux 1992, 1994, 1997 ou 1999 plutôt qu'un 1982, un 1986, un 1989, un 1990, un 1995, un 1996 ou un 2000, tous très concentrés. Aussi étonnant que cela puisse paraître, les millésimes les plus riches ne sont pas ceux qui conviennent le mieux en accompagnement d'un repas. D'une manière générale, on réservera les vins légers, mais très bons, des années moyennes pour accompagner une cuisine délicate et subtile, alors que les grands vins seront escortés de nourritures plus simples.

L'ACHAT DES VINS DE BORDEAUX EN PRIMEUR

Le parcours d'un acheteur moyen, pourtant copieusement truffé de chausse-trappes, devient beaucoup plus complexe et risqué dès que l'on se frotte à la loterie des vins en primeur.

En apparence, cette pratique consiste tout simplement à investir de l'argent dans une ou plusieurs caisses d'un vin, à un « prix futur » prédéterminé, avant sa mise en bouteilles. Vous placez donc de l'argent dans un vin non encore diffusé, en espérant que sa valeur aura sensiblement augmenté quand il sera mis sur le marché. Si vous achetez le bon vin, du bon millésime et au bon moment, vous ferez une économie substantielle. En revanche, vous serez très déçu en constatant, 12 ou 18 mois après un achat en primeur, que le vin coûte le même prix, voire moins cher, une fois qu'il est mis sur le marché, et parfois aussi qu'il est moins bon que vous ne l'aviez espéré.

Depuis des années, la vente en primeur est pratiquement limitée aux vins de Bordeaux, bien qu'elle apparaisse épisodiquement dans d'autres régions. C'est au printemps qui suit les vendanges que les châteaux ou les domaines proposent une partie de leur production en primeur. La première « tranche » donne une assez bonne indication des dispositions des professionnels à l'égard du vin nouveau, de l'orientation du marché et du prix public.

Les marchands et les négociants s'étant portés acquéreurs du millésime offrent des parts aux exportateurs, aux grossistes et aux détaillants pour qu'elles soient proposées en primeur aux amateurs, traditionnellement au printemps qui suit les vendanges. Par exemple, le millésime 2003 a été proposé en primeur en mai 2004. L'achat d'un vin à ce moment ne va pas sans de nombreux risques. La qualité et le style du millésime sont connus à 90 %, grâce aux dégustations des vins, alors dans leur petite enfance, organisées pour les professionnels. Cependant, rançon du succès, de plus en plus de journalistes – certains qualifiés et d'autres pas – se mêlent de juger les bordeaux. On imagine le résultat quand on sait que beaucoup d'entre eux ont pour seul objectif de chanter les louanges du millésime, en se montrant même plus dithyrambiques que les agences chargées de la promotion des vins de Bordeaux par la profession.

Les amateurs devraient donc lire le point de vue de divers critiques faisant autorité et se poser les questions suivantes, indispensables pour critiquer les critiques : le dégustateur est-il qualifié pour goûter aussi bien les vins jeunes que les vieux millésimes ? Combien de temps passe-t-il réellement, dans l'année, à goûter les bordeaux en visitant les propriétés et en étudiant le millésime ? Exprime-t-il son point de vue de manière totalement indépendante, sans aucun lien avec les commerçants ou les publicitaires ? A-t-il vraiment approfondi les données météorologiques, les conditions qui ont présidé aux vendanges, le degré de maturité des différents cépages, les réactions des divers types de sol aux réalités climatiques ?

Au moment où les vins sont proposés en primeur, les producteurs et les commerçants rivalisent généralement d'enthousiasme. On dit souvent, sur le mode narquois, que les meilleurs vins jamais faits sont ceux qui viennent d'être mis sur le marché. Les commerçants cherchent évidemment à vendre leur vin – et le consommateur doit s'attendre à se voir proposer « de grands vins d'un grand millésime à de petits prix ». Les déclarations de ce style, relativement à des millésimes seulement bons, ont sérieusement contribué à instaurer la suspicion vis-à-vis tant des détaillants que des journalistes. En revanche, il faut aussi stigmatiser l'attitude irresponsable des critiques qui refusent de reconnaître la bonne qualité d'un millésime quand elle est pourtant manifeste. En résumé, il n'y a que quatre bonnes questions à se poser pour acheter du bordeaux en primeur.

1. *S'agit-il d'un vin de grande qualité, voire exceptionnel, d'un millésime excellent, voire grandiose ?*

La réponse est non pour les 2001, 2002 et la plupart des 2003 et oui pour les 2000. Aucun millésime ne peut être apprécié de manière manichéenne. Même dans une très grande année, certaines appellations sont décevantes et certains vins médiocres. À l'inverse, quelques bordeaux peuvent être superbes alors que le millésime n'a rien d'exceptionnel. La connaissance des performances habituelles des divers châteaux est donc essentielle pour acheter intelligemment. Si l'on considère les vingt-cinq dernières années, les seuls millésimes indiscutablement grands ont été : 2001 pour les Barsac et Sauternes, 2000 pour toutes les appellations de rouge, 1998 pour les Pomerol et Saint-Émilion, ainsi que pour les Graves/Pessac-Léognan, 1996 pour les Saint-Julien, les Pauillac et les Saint-Estèphe, 1995 pour les Saint-Julien, les Pauillac, les Saint-Estèphe, les Graves, les Pomerol et les Saint-Émilion, 1990 pour les Saint-Julien, les Pauillac, les Saint-Estèphe, les Pomerol, les Saint-Émilion et les Barsac et Sauternes, 1989 pour les Pomerol et les Barsac et Sauternes, 1988 pour les Barsac et Sauternes, 1986 pour les Saint-Julien, les Pauillac, les Saint-Estèphe, les Barsac et les Sauternes, 1982 pour les Saint-Julien, les Pauillac, les Saint-Estèphe, les Graves, les Pomerol et les Saint-Émilion.

Il n'y a aucune raison d'acheter en primeur autre chose que les meilleurs vins d'un millésime donné, dans la mesure où les prix n'augmenteront pas dans la période qui va de la vente en primeur à la mise en bouteille. L'exception concerne uniquement, répétons-le, les vins et les millésimes de haute qualité. Si les bordeaux ne coûtent pas au moins 25 à 30 % de plus quand ils arrivent sur le marché, il est préférable d'investir son argent ailleurs que dans les achats en primeur.

Il ne faut pas oublier que les 1990 (un millésime dont la cote s'est envolée ces dernières années) ont été proposés en primeur moins chers que les 1989, et que leur prix n'a commencé à augmenter que 1 an environ après la mise en bouteille. En effet, le marché était saturé au moment de leur diffusion. Les 1989, portés au pinacle comme étant du « millésime du siècle », avaient déjà englouti les finances des plus importants acheteurs, qui n'ont pu investir massivement dans les 1990. Cependant, une fois les vins mis en bouteille et dégustés, la cote de ces derniers a commencé à décupler en 1994 et en 1995, et la tendance est toujours à la hausse, car il s'agit incontestablement d'une année grandiose.

Ce qui s'est passé pour les millésimes 1975 et 1978 doit être médité. Ceux qui, en 1976, ont acheté le 1975 en primeur ont réalisé une bonne affaire. En effet, lors de leur mise sur le marché en 1978, les vins les plus renommés, tels Lafite Rothschild et Latour, ont vu leur prix multiplié par plus de deux, et celui des deuxièmes crus, notamment de quelques splendeurs comme Léoville Las Cases, La Lagune et Ducru-Beaucaillou, par un peu moins de deux. Entre-temps, le caractère remarquable et le grand potentiel du millésime étaient devenus manifestes pour tout le monde. Par la suite, les acheteurs de ces vins en primeur ont pu se féliciter derechef, puisque les prix ont continué à monter, pour atteindre jusqu'à sept ou huit fois leur niveau de 1977 ; à l'heure actuelle, ils se sont toutefois stabilisés, parce que l'évolution de certains crus a commencé à susciter quelques doutes ; je ne serais pas surpris qu'ils finissent par chuter – et c'est là encore un risque qu'il faut mesurer.

Les bordeaux 1978, proposés en primeur en 1980, se présentaient différemment. L'année avait été très bonne, avec des vins proches des excellents 1970, en moins intenses. Les prix en primeur furent donc très élevés, d'autant plus que la demande était très forte. Ceux qui ont acheté à cette époque ont certes pu se féliciter d'être propriétaires de très bons vins ; cependant, lors de la diffusion sur le marché, au printemps 1981, les prix au détail étaient pratiquement identiques à ceux de la vente en primeur. Compte tenu de l'inflation et des intérêts, les acheteurs de 1980 ont donc été perdants. Je pense qu'il en ira de même pour les 2001 et 2002, issus de millésimes seulement bons, mais pas grandioses.

Pour ce qui concerne les millésimes 1979, 1980, 1981, 1982, 1983 et 1985, seul le 1982 a représenté une bonne affaire pour les acheteurs en primeur. Le 1980 n'a pas été proposé en primeur, parce qu'il était assez médiocre. Pour les 1979 et 1981, les prix ont été sensiblement les mêmes en primeur et lors de la mise sur le marché (sauf pour les meilleurs des 1981). Plus que tout autre millésime des vingt dernières années, les 1982 ont fait un bond énorme entre le printemps 1983, date de la vente en primeur, et le printemps 1985, date de la mise sur le marché ; depuis lors, ils n'ont cessé de grimper, la demande, au niveau mondial, restant très forte. Les vins rares, dont la production est limitée – les Pomerol, par exemple – atteignent des cotes vertigineuses ; c'est particulièrement vrai pour Petrus, dont la bouteille de 1982 atteint maintenant plus de 2 000 €. Ce qui peut paraître absurde, mais donne une idée de ce que les amateurs sont prêts à payer pour de grands vins de grands millésimes. D'autres excellents 1982 ont vu leur cote augmenter démesurément, tels Trotanoy, Certan de May et L'Évangile.

La lutte acharnée des amateurs avertis pour se procurer des 1982 en primeur et l'extraordinaire battage qui a été fait autour de ce millésime ont laissé espérer à beaucoup de gens que les années suivantes pourraient permettre de réaliser d'aussi belles affaires. Tel n'a pas été le cas, surtout parce que le Bordelais a connu trop de millésimes abondants et de bonne qualité au début des années 80. Les meilleurs 1986 constituent une petite exception ; en effet, leurs prix continuent de grimper, car il s'agit d'un grand millésime offrant des vins classiques et étonnamment aptes à la garde.

2. *Les prix des vins en primeur sont-ils suffisamment bas pour qu'il y ait un quelconque intérêt à ne pas attendre la mise sur le marché, deux ou trois ans plus tard ?*

Le prix des 2001 était nettement inférieur à celui des 2000, mais il augmentera sans aucun doute si les 2002 et 2003 se révèlent moins réussis. Cela étant, tout porte à penser que la cote 2001 n'augmentera que faiblement. Quant aux 2000, qui étaient déjà très chers en primeur (il s'agit, ne l'oublions pas, du millésime du millénaire et d'une année grandiose), ils continueront indiscutablement à s'apprécier, les premiers diffusés étant d'ores et déjà 25 à 50 % plus chers que lors des premières offres. Tout simplement parce qu'il s'agit d'un très grand millésime.

De nombreux facteurs entrent en jeu, et il est très difficile de se décider en la matière. Il arrive que les vins soient moins chers en primeur une année donnée que l'année précédente. C'est ce qui s'est passé en 1986, 1990 et 2001.

Après la frénésie suscitée par les 2000, les viticulteurs, conscients de l'état du marché, baissèrent leurs prix de 15 à 25 % l'année suivante. Cependant, aussi bons que soient les 2001 et les 2002, il n'y avait aucune raison de les acheter en primeur puisque, au moment de la parution de cet ouvrage, leur cote demeure inchangée. En ce qui concerne les 2003, seuls six à douze grands crus pouvaient être achetés en primeur, les autres n'ayant pas modifié leur prix après la mise en bouteilles. Cela montre bien que les consommateurs n'ont aucun d'intérêt à investir dans les primeurs, sauf dans les circonstances évoquées ci-dessus. Quant aux 2000, ils ont stupéfait plus d'un par leurs prix astronomiques. Certes, le millésime est l'un des plus grandioses qui soient, offrant, à tous les niveaux de qualité, des vins réguliers et de haut vol qui ont été pris d'assaut par les consommateurs dès leur sortie en primeur. Cependant, la manière dont certaines propriétés ont manipulé le marché est absolument inexcusable. En effet, elles proposèrent, au titre des première et deuxième tranches, des volumes plus que restreints, créant ainsi une forte demande et donnant l'impression aux acheteurs potentiels que les disponibilités étaient réduites. À la sortie de la troisième tranche, les prix avait augmenté de 50 à 100 %, mais des quantités plus substantielles étaient mises sur le marché. Une telle pratique est peu glorieuse. Elle n'avait pour seule finalité que de simuler une pénurie et de faire artificiellement grimper les prix, contribuant ainsi à des fluctuations des cours et des stocks. Cependant, les acquéreurs des 2000 en primeur (même à des prix aussi démesurés) peuvent se féliciter, si l'on considère l'évolution des choses. En effet, la récession galopante, le marché saturé et la réticence des acheteurs à payer très cher des vins dont ils estiment qu'ils ne valent pas leur prix auraient dû inciter les producteurs à la raison relativement aux 2000. Pourtant, la cote de ce millésime se maintient et, s'il y a peu de chance qu'elle s'apprécie encore ces toutes prochaines années (n'oublions pas qu'il s'agit de vins encore très jeunes), il s'agit incontestablement d'une année grandiose dont le succès ira encore croissant. En d'autres mots, pour leurs heureux détenteurs, les 2000 évoquent de l'or en barre...

En 1991, lors du lancement des primeurs 1990, le dollar américain était assez faible, bien qu'en hausse, et les États-Unis étaient en pleine période de crise. D'autres marchés importants – la France et le Royaume-Uni – connaissaient également une situation difficile, l'Asie n'était pas un acteur aussi puissant financièrement qu'aujourd'hui, et même l'Allemagne, pourtant gros acheteur, subissait les répercussions de l'économie moribonde héritée de l'ex-Allemagne de l'Est. En outre, le marché avait déjà absorbé deux millésimes (1988 et 1989) de très haut niveau. Aussi grandioses qu'ils aient été, les 1990 n'ont augmenté qu'un an près leur mise en bouteille et auraient pu être acquis pour le même prix qu'en primeur trois ans après.

Mais de tels cycles sont de courte durée. Il suffit, pour s'en convaincre, de se rappeler la frénésie qui s'est emparée des acheteurs pour les millésimes 1995 et 1996. Ce sont peut-être les primeurs les plus chers qu'on ait jamais vus ; les 1996 valaient même 100 % de plus que les 1995. Cependant, le marché international était florissant (hormis quelques difficultés en Asie), et la demande de produits de haut niveau insatiable. Les Bordelais n'ont donc eu aucun mal à vendre ces deux récoltes avant même qu'elles n'aient été mises en bouteilles. Les prix ont ensuite continué d'augmenter, nonobstant le fait qu'ils étaient déjà très élevés au départ. Cependant, près de dix ans après, les meilleurs de ces vins se sont maintenus au même niveau de prix, n'enregistrant ni hausse ni baisse.

3. *L'achat en primeur est-il le seul moyen de se procurer de grands vins de châteaux renommés dont la production est faible ?*

Il est incontestable, même si la qualité du millésime n'est pas certaine et que les prix risquent de baisser, que l'achat en primeur est la seule manière d'être sûr d'avoir dans sa cave certains vins très prisés. En effet, plusieurs petits domaines, particulièrement de Pomerol et de Saint-Émilion, ne produisent que de très petites quantités, alors que leurs inconditionnels sont fort nombreux, sous toutes les latitudes. C'est ainsi qu'en Pomerol, Le Pin, Clinet, La Conseillante, L'Évangile, La Fleur de Gay, Lafleur et Le Bon Pasteur ont tous produit, au cours des années 80 et 90, des vins très recherchés, difficiles à trouver sur le marché. À Saint-Émilion, certains crus assez peu connus, mais de taille modeste – tels Angélus, Clos Saint-Martin, La Gomerie, Grand Mayne, La Mondotte, Pavie Macquin, Tertre Roteboeuf, Troplong Mondot et De Valandraud – sont relativement rares après la mise en bouteille. C'est pourquoi ceux qui les aiment, dans tous les pays, les réservent en les achetant en primeur. Ce type d'achat est donc pleinement justifié pour de tels vins, dans les bons ou très bons millésimes.

4. *Faut-il acheter des demi-bouteilles, des magnums, des doubles magnums, des jéroboams ou des impériales ?*

On passe souvent sous silence l'un des avantages de l'achat en primeur, à savoir qu'il permet de faire mettre le vin dans des bouteilles de la capacité que l'on souhaite. Il faut certes payer un supplément, mais c'est malgré tout intéressant si l'on a des enfants et que l'on pense déjà aux futurs anniversaires, ou que l'on veuille se payer le luxe d'acheter des demi-bouteilles (ce qui n'est pas forcément absurde quand on souhaite déguster souvent).

Enfin, si vous avez décidé d'acheter les vins en primeur, mesurez bien tous les risques. Le marchand avec lequel vous traitez peut faire faillite, et vos bons de souscription ne vous donneront guère que le droit de figurer sur la liste des centaines de créanciers. Si la faillite touche le fournisseur du marchand, vous rentrerez dans vos frais, mais vous ne verrez jamais votre vin. Il faut donc choisir un intermédiaire financièrement solide et suffisamment connu. Enfin, n'achetez en primeur que chez un marchand qui a reçu confirmation pour des quantités bien spécifiées ; n'hésitez pas à demander à voir les documents, car certains vendent avant même d'avoir reçu confirmation des quantités qui leur sont allouées. À bon entendeur...

Pour certains amateurs enthousiastes, acheter en primeur le bon vin, du bon millésime, au bon moment leur garantit la disposition de précieux flacons valant quatre ou cinq fois le prix initialement investi. Rappelons cependant, et l'Histoire le montre bien, que, sur les vingt-cinq dernières années, seuls une poignée de millésimes (1982, 1990 et 2000) ont vu leur prix augmenter de manière sensible dans les deux ou trois ans suivant la récolte.

GLOSSAIRE

Les termes en italique renvoient à une entrée de ce glossaire qu'il peut être utile de consulter pour préciser la définition.

Accessible – Voir *Évolué.*

Acerbe – Que le vin soit jeune ou vieux, s'il est trop dur, on dit qu'il est acerbe. C'est un défaut.

Acétique, acide – Même quand ils sont bien faits, les vins contiennent une certaine quantité d'acide acétique. Si cette quantité est excessive, ils dégagent une odeur de vinaigre.

Acide – Les vins ont besoin d'une saveur acide pour exprimer de la fraîcheur et de la vivacité ; mais un excès d'acidité les rend aigres et *mordants.*

Acidité – Le niveau d'acidité d'un vin est important, car il détermine sa vigueur et son agrément. Le vin contient naturellement des acides citrique, tartrique, malique et lactique. Les vins des années chaudes sont généralement plus faibles en acidité que ceux des années fraîches et pluvieuses. L'acidité d'un vin préserve sa fraîcheur et sa nervosité.

Agressif – Ce terme s'applique généralement à des vins ayant un niveau élevé d'acidité ou des tannins durs, ou les deux.

Ample – Les vins étoffés, riches, concentrés, regorgeant d'extrait, de fruit, de gras et d'alcool ont une texture qui remplit la bouche. Un vin ample est gras et charnu, avec de la mâche.

Anguleux – Les vins anguleux manquent de rondeur, de générosité et de plénitude. Des vins trop acides, ou d'années pauvres, sont souvent décrits comme anguleux.

Arômes – C'est le parfum d'un jeune vin avant qu'il ait eu le temps de développer des nuances ; celles-ci sont alors appelées *bouquet.* Le terme s'applique donc généralement à un vin jeune, peu développé.

Arrière-goût – Comme ce terme le suggère, c'est le goût laissé par le vin dans la bouche après qu'on l'a avalé. Ce mot est synonyme de *longueur* ou de *finale.* La longueur du vin en bouche est proportionnelle à sa qualité (à condition que ce soit un goût agréable).

Astringent – Des vins astringents ne sont pas forcément bons ou mauvais. Ils sont rêches et rudes au goût soit parce qu'ils sont tout simplement trop jeunes, trop tanniques et qu'ils ont besoin de temps pour se développer, soit parce qu'ils n'ont pas été bien vinifiés. Le niveau de tannins d'un vin détermine son astringence.

Austère – Les vins austères ne sont généralement pas très agréables à boire. Ils sont durs, plutôt secs, et manquent de richesse et de générosité. Cependant, certains bordeaux prometteurs, qui se révèlent austères dans leur jeunesse, peuvent montrer davantage de générosité au terme d'une certaine garde.

Baie, goût de – Les vins – surtout les jeunes bordeaux – qui ne sont pas trop imprégnés d'arômes boisés de fûts de chêne expriment des arômes prononcés de baie, évoquant la mûre, la framboise, la cerise noire, la fraise ou l'airelle.

Basse-cour, odeur de – Arôme déplaisant de cour de ferme, donné au vin par des fûts sales et, souvent, par des installations qui ne sont pas maintenues dans un état de parfaite propreté.

Bois, goût de – Pour un vin, un bouquet et des saveurs de chêne sont souhaitables dans une certaine limite. Quand son fruit est masqué par une trop grande influence des fûts dans lesquels il a vieilli, on dit que le vin a un goût de bois ou boisé. C'est un défaut.

Boisé – La majorité des bordeaux vieillissent de 12 à 30 mois dans des fûts de chêne de diverses tailles. Les meilleurs domaines utilisent un pourcentage élevé de fûts neufs, qui imprègnent le vin d'un arôme de vanille et de pain grillé. Si le vin n'est pas riche et concentré, les arômes boisés peuvent l'influencer à l'excès. Mais si le vin est riche et concentré, et si le vinificateur fait un usage judicieux des fûts de chêne neuf, le fruit se conjugue merveilleusement avec les arômes boisés.

Botrytis cinerea – C'est un champignon qui attaque la peau des raisins dans des conditions climatiques spécifiques (périodes d'humidité alternant avec un temps ensoleillé). Ce champignon provoque une surconcentration du raisin, due à sa déshydratation. Le *Botrytis cinerea* est indispensable aux grands vins blancs liquoreux de Barsac et de Sauternes.

Bouchon, goût de – Un vin « bouchonné » est défectueux. On découvre dans son bouquet, dénué de fruit, une odeur de bouchon moisi qui rappelle le carton mouillé.

Bouquet – Lorsque le vin vieillit en bouteille, l'arôme évolue et devient le bouquet – qui, on l'espère, est beaucoup plus complexe que l'arôme du raisin.

Brillant – Ce terme s'applique à la robe du vin. Un vin brillant reflète de la lumière. Il n'est ni trouble ni voilé.

Brunissement – En vieillissant, le vin rouge évolue de rubis-pourpre à rubis foncé, rubis moyen, rubis avec un ton ambré sur le bord du disque et rubis nuancé de brun. Quand le vin brunit, il est généralement épanoui et ne s'améliorera plus. On dit aussi qu'il est *tuilé.*

Capiteux – Un vin capiteux a une trop forte teneur en alcool et laisse une sensation brûlante dans la bouche quand on l'avale. Les vins dont la teneur en alcool dépasse 14°5 sont capiteux.

Cassis – Un parfum prononcé de cassis est plus généralement associé à certains vins rouges du Rhône. Il peut varier en intensité, de léger à très profond et riche.

Cèdre – Les bordeaux rouges ont souvent un bouquet qui exprime un parfum de bois de cèdre plus ou moins intense. C'est l'un des aspects complexes du *bouquet.*

Charnu – Évoque un vin solide, bien doté et marqué par la mâche. Ce terme signifie que le vin est très corsé, très alcoolique, très richement extrait et très gras. Les Pomerol et les Saint-Émilion sont généralement plus charnus que les Médoc. Voir aussi *Mâche et Solide.*

Complexe – C'est un des termes les plus subjectifs utilisés pour décrire les vins. Un vin est complexe quand le dégustateur le trouve toujours intéressant à boire. En général, les vins complexes déploient une grande variété de parfums et de flaveurs, ce qui leur donne un attrait particulier.

Concentré – Synonyme de *profond.* Les grands vins, qu'ils soient légers, modérément ou très corsés, doivent développer des arômes concentrés. Ils présentent la générosité et la richesse de fruit qui déterminent leur charme.

Confit – Quand les vins recèlent un fruit très intense, très mûr, on peut les qualifier de confits. Ils sont alors très concentrés, savoureux et superbes de richesse en extrait. Les grands millésimes comme 1961 et 1982 présentent un caractère confit.

Corps – L'impression de poids et de plénitude qu'un vin laisse en bouche est donnée par son corps. Les vins qui ont beaucoup de corps sont en général alcooliques, concentrés et gras.

Corsé – Les vins riches en extrait, alcool et gras sont dits corsés.

Creux – C'est un synonyme de *superficiel.* Les vins creux manquent de profondeur et de concentration.

Défectueux – Si un vin ne révèle pas son vrai caractère et s'il est imparfait ou abîmé, on dit qu'il est défectueux.

Délicat – Comme ce mot l'implique, un vin délicat est léger, subtil, réputé pour sa retenue plutôt que pour son caractère extraverti et robuste. Les vins blancs sont généralement plus délicats que les vins rouges.

Diffus – Ce terme qualifie les vins qui ont un parfum et un goût peu structurés. Souvent, des vins servis à une température trop élevée deviennent diffus.

Dur – Les vins aux tannins abrasifs, astringents, ou avec un niveau d'acidité élevé sont qualifiés de durs. Les jeunes vins peuvent être durs, mais ils ne doivent jamais être acerbes.

Élégant – Bien que cet adjectif s'applique davantage aux vins blancs qu'aux vins rouges, les rouges légers, gracieux et bien équilibrés peuvent être élégants.

Épais – On dit parfois des vins riches, mûrs, concentrés et faibles en acidité qu'ils sont épais.

Épicé – Les vins exhalent souvent un bouquet épicé dans lequel se fondent des arômes de poivre, de cannelle et d'autres épices bien connues. Les notes d'épices orientales évoquent généralement la sauce soja, le gingembre, les sauces à base de prune et/ou l'huile de sésame.

Équilibre – L'une des caractéristiques les plus recherchées dans un vin est un bon équilibre, grâce auquel la concentration de fruit, le niveau des tannins et l'acidité sont en harmonie totale. Les vins ainsi vinifiés vieillissent généralement avec élégance.

Étoffé – Un vin étoffé est très ample, très corsé, et laisse en bouche une impression d'intensité et de concentration. Les bordeaux des meilleurs millésimes sont riches, concentrés et profonds – étoffés –, mais dans un style différent de celui de leurs homologues de la vallée du Rhône.

Évolué – On dit qu'un vin est évolué quand son charme et son caractère se révèlent pleinement. Même s'il n'est pas complètement épanoui, un vin évolué est généralement agréable à boire. On dit qu'il est accessible.

Exubérant – Comme les personnes extraverties, les vins peuvent se révéler exubérants, avec un fruité tonique et vigoureux.

Fermé – On dit qu'un vin est fermé quand il n'exprime pas son potentiel, car il est trop jeune. Les jeunes bordeaux se referment souvent 12 à 18 mois après leur mise en bouteille ; selon l'année et les conditions de conservation, ils se maintiennent ainsi parfois plus d'une décennie.

Feuille, odeur de – Ce terme est proche de *herbacé*, mais il se rapporte à l'odeur des feuilles plutôt qu'à celle des herbes. Un vin qui exhale une forte odeur de feuilles est un vin *végétal* ou *vert*.

Finale – Voir Arrière-goût et Longueur.

Floral – Les vins issus de muscat ou de riesling présentent souvent un bouquet au caractère floral. Certains Sauternes affichent parfois ce caractère, très rare chez les bordeaux rouges.

Frais – Pour les vins jeunes et vieux, la fraîcheur est un trait agréable et souhaitable. On dit qu'un vin est frais quand il est vif et bien fait. Le contraire de frais est *terne*.

Fruité – Un très bon vin devrait avoir un fruit assez concentré pour être qualifié de fruité. Heureusement, les meilleurs bordeaux ont plus qu'un caractère fruité.

Fumé, odeur de, goût de – À cause du terroir ou des fûts dans lesquels ils vieillissent, certains vins ont une touche spécifique de bois brûlé. Les Graves présentent parfois un goût et une odeur de fumé.

Gras – Quand le Bordelais connaît une année très chaude, les vins atteignent une très grande maturité ; ils sont très riches et très concentrés, avec un niveau d'acidité faible ou moyen. Ces vins sont alors qualifiés de gras et sont très recherchés. Un gras excessif est un défaut. On dit alors que le vin est *mou*.

Herbacé – Beaucoup de vins présentent de caractéristiques arômes d'herbes, qui peuvent évoquer le thym, la lavande, le romarin, l'origan, le fenouil ou le basilic.

Inexpressif – Ce terme est utilisé dans un sens très péjoratif. Contrairement aux vins fermés, qui ont besoin de temps pour révéler leur richesse et leur intensité, les vins inexpressifs risquent de ne jamais évoluer.

Longueur – La longueur en bouche est une qualité recherchée relativement aux bordeaux. C'est l'impression de persistance que laisse le vin une fois qu'il a été avalé. On dit aussi *finale*. Les vins très longs persistent en bouche assez longtemps, de 30 secondes à plusieurs minutes.

Luxuriant – Les amateurs de chocolat ou de glace éprouvent un réel plaisir à la dégustation d'une énorme et riche crème glacée à la vanille, généreusement nappée de caramel et de véritable chantilly. L'amateur de vin savoure de la même manière un vin au bouquet énorme et à la texture charnue, généreusement doté d'un opulent fruité qui se développe en bouche par paliers.

Mâche – Ce terme s'applique à un vin dont la texture est assez dense et onctueuse, en raison de sa teneur élevée en alcool et en gras. Dans les très bonnes années, on dit des vins très richement extraits qu'il sont de bonne mâche.

Maigre – Les vins maigres sont légers et manquent de générosité et de chair, mais ils peuvent néanmoins être agréables et plaisants.

Massif – Dans les grandes années, quand les raisins mûrissent très bien et sont très concentrés, certains vins peuvent se révéler tellement étoffés, corsés, riches, qu'on les qualifie de massifs. Des vins aussi grandioses que le Latour 1961 ou les Petrus 1961 et 1982 sont des exemples classiques de vins massifs. Voir aussi *Pesant*.

Mielleux – Trait commun des liquoreux de Sauternes et de Barsac, qui ont souvent un parfum et un goût de miel.

Mince – Synonyme de *superficiel*. Un caractère mince est indésirable pour un vin ; cela signifie qu'il est aqueux et qu'il manque de corps.

Moelleux – Les vins moelleux sont relativement concentrés, gras, presque épais, avec une grande densité d'extrait et de fruit, beaucoup de glycérine et une teneur en alcool élevée. S'ils ont assez d'acidité pour les équilibrer, ces vins peuvent être très savoureux et intéressants. S'ils manquent d'acidité, ils sont souvent mous et lourds.

Mordant – Les vins pointus, acides, maigres, verts sont mordants. En général, un vin mordant manque d'agrément.

Mou – Se dit d'un vin trop gras dénué de structure et présentant des arômes trop lourds.

Mûr – Un vin est qualifié de mûr quand les raisins dont il est issu ont atteint un niveau maximal de maturation. Des raisins imparfaitement mûrs donnent des vins verts ; des raisins trop mûrs produisent des vins surmûris.

Musclé – Un vin peut être solide, musclé, corsé, corpulent et généreusement doté en flaveurs, mais ce n'est pas toujours le vin le plus élégant ni le plus raffiné.

Nez – Désigne l'ensemble des arômes que l'on perçoit au nez et en rétro-olfaction.

Onctueux – Les vins riches, opulents, intenses, qui dévoilent par paliers un fruité concentré, tendre, velouté, sont dits onctueux. C'est souvent le cas des Sauternes et des Barsac.

Opulent – Les vins opulents sont veloutés, tendres, richement fruités, concentrés ou gras. Un vin opulent ne peut jamais être astringent ou dur.

Oxydé – Si un vin a été trop exposé à l'air durant sa vinification ou son vieillissement, il perd sa fraîcheur : son odeur comme son goût sont éventés. On dit alors qu'il est oxydé.

Pain grillé, arôme de – Certains vins exhalent un arôme de pain grillé dû aux fûts dans lesquels ils vieillissent, et dont on brûle les parois intérieures.

Parfumé – Ce terme s'applique généralement beaucoup plus aux vins blancs aromatiques qu'aux vins rouges. Certains vins blancs secs et liquoreux peuvent présenter un bouquet aux parfums prononcés.

Pesant – Ce terme est souvent utilisé comme synonyme de *massif*. Selon moi, un vin massif est simplement étoffé, riche, très concentré, mais équilibré, alors qu'un vin pesant est massif et fatigant à boire.

Piquant – Les vins maigres, acides et issus d'une vendange imparfaitement mûre sont généralement piquants. Ce trait est un défaut chez les bordeaux rouges.

Poivré – Cette caractéristique, que l'on remarque particulièrement dans les vins de la vallée du Rhône, s'exprime par des arômes de poivre noir et une saveur mordante. Elle se retrouve dans certains bordeaux.

Précision – Le bouquet et les arômes d'un vin doivent être précis. Cela signifie que ses senteurs et ses flaveurs se conjuguent parfaitement dans une découpe impeccable. Dans le cas contraire, le vin ressemble à une image qui n'est pas mise au point ; il est diffus, indécis et flou.

Précoce – Les vins qui évoluent rapidement – comme ceux armés pour la garde et capables de vieillir avec grâce sur de longues années, tout en donnant l'impression qu'ils se développent très vite en raison de leur saveur, de leur souplesse et de leur charme – sont qualifiés de « précoces ».

Profond – Synonyme de *concentré*, ce mot exprime la richesse d'un vin plein en bouche et bien pourvu en extrait.

Pruneau – Les vins faits à partir de raisins surmûris présentent parfois un goût de pruneau. C'est plutôt un défaut.

Rafle, goût de – Synonyme de *végétal*, ce terme est généralement employé pour qualifier un vin resté trop longtemps en contact avec les rafles et qui a pris, de ce fait, un caractère *vert* et végétal.

Raisin, goût de – Les vins de vendanges tardives, destinés à être consommés à la fin d'un repas, ont souvent un goût de raisin. Ce trait est recherché pour certains vins de Porto et de Xérès. Pour les vins secs, destinés à accompagner un repas, c'est un défaut majeur.

Riche – On dit qu'un vin est riche quand il regorge d'extrait sec et d'arômes, et qu'il révèle un fruit intense.

Ronce, goût de – Ce terme me rappelle davantage les Zinfandel californiens que les bordeaux. Il suggère un vin plutôt agressif et épicé.

Rond – C'est une qualité souhaitable pour un vin. On trouve de la rondeur dans les vins très épanouis qui se sont défaits de leurs tannins jeunes et astringents, et aussi dans de jeunes vins peu tanniques et faibles en acidité destinés à une consommation rapide.

Rustique – Se dit d'un vin sans finesse et un peu agressif.

Savoureux – Terme général qui qualifie un vin rond, plein de saveur et agréable à boire.

Sensuel – Certains vins méritent une analyse approfondie – repliés sur eux-mêmes, ils suscitent plutôt une approche intellectuelle. D'autres, en revanche, provoquent un plaisir immense confinant à l'euphorie. Ce sont des vins sensuels, que d'aucuns critiqueront pour leur caractère ostentatoire, mais qui sont, en fait, extrêmement gratifiants, fascinants, terriblement séduisants. Le nirvana...

Serré – Ce terme définit les jeunes vins bien faits, dotés d'une d'acidité et de tannins de bon aloi ; ils devront s'ouvrir et se développer.

Solide – Un vin charnu et de bonne mâche peut être qualifié de solide.

Souple – Un vin souple est tendre, opulent, velouté, rond et savoureux. La souplesse, qui suggère un ensemble harmonieux, est une caractéristique souhaitable dans un vin.

Soyeux – Synonyme de *velouté* ou de généreux : les vins soyeux sont tendres, parfois gras, mais jamais durs ni maigres.

Superficiel – Un vin superficiel est décharné, aqueux et dénué de concentration.

Surmaturité – C'est l'état des raisins cueillis très tardivement. Une surmaturité excessive peut donner des vins lourds et déséquilibrés, par manque d'acidité. Le phénomène est plus fréquent dans les régions viticoles très chaudes que dans le Bordelais.

Tabac – De nombreux Graves rouges dégagent des senteurs de tabac frais en train de brûler. Ces parfums merveilleux sont typiques de ces crus.

Tannique – Les tannins d'un vin, extraits de la peau du raisin et des rafles, sont, de même que l'acidité et l'alcool, les garants de sa longévité. Dans les premières années, les tannins rendent les vins fermes et durs, mais ils s'estompent pas la suite. Un vin est souvent tannique quand il est jeune et pas encore prêt à boire.

Tendre – Un vin tendre est rond, fruité, faible en acidité, dénué de tannins durs ou agressifs.

Terne – Voir *Frais.* Les vins ternes sont lourds, oxydés ou dénués de l'acidité qui leur apporterait de la fraîcheur.

Terre fraîche, arôme de – Ce terme peut être utilisé dans un sens négatif ou positif. Je préfère dire qu'il suggère un arôme agréable de sol frais, riche et sain. Un parfum aux notes de terre est beaucoup plus intense que celui dit de bois ou de truffe.

Tuilé – Voir *Brunissement.*

Végétal – Le caractère végétal est un défaut : les vins aux arômes végétaux sont généralement le fruit d'une vendange imparfaitement mûre. Certains vins dégagent un bouquet subtil et peu prononcé de potager, ce qui les rend agréables et complexes ; mais, quand ce bouquet domine, c'est une anomalie.

Velouté – Terme descriptif de la texture d'un vin ; il est synonyme d'*opulent* ou de *soyeux*. Le velouté est la marque de la richesse, de la souplesse et du moelleux. C'est une qualité recherchée.

Vert – Les vins verts issus de raisins imparfaitement mûrs manquent de richesse et de générosité, et expriment un caractère végétal. Les bordeaux peuvent présenter ces traits dans des millésimes médiocres comme 1972 et 1977.

Vif – Synonyme de *frais* et d'*exubérant*. Un vin vif est généralement jeune et rafraîchissant, avec une acidité de bon aloi.

Volatil – Un vin volatil dégage une odeur de vinaigre due à un excès de bactéries acétiques. C'est un très grave défaut.

INDEX

A

A, Domaine de l', 1164, 1187
Abeille de Fieuzal, L', 524
Abeilles, Les, 873
Accabailles de Barréjats, 1124
Agassac, d', 416, 1182
AGF Allianz Group, 447, 488
Agriculture, ministère de l', 1114
Aigles d'Anthonic, Les, 418
Aiguilhe, d', 1164, 1165, 1187
Aiguilhe-Querre, d', 1164, 1165
Ailes de Berliquet, 828
Aillan, 175
Albada-Jelgersma, Éric, 337, 353, 354, 392
Alcatel, 451
Aliénor du Château Valrose, 182
Allées de Cantemerle, Les, 423
Allien, Michel et Évelyne, 1125
Alter Ego de Palmer, 377
Amiral de Beychevelle, 282
Amirault, François, 1079
Andoyse du Hayot, 1059, 1122
Andréas, 794, 993
Andron Blanquet, 134, 165, 1183
Andurand, Philippe, 1124
Aney, 1183
Angélique de Monbousquet, 942
Angélus, 43, 46, 48, 50, 53, 57, 60, 62, 65, 67, 68, 70, 72, 74, 77, 79, 81, 786, 793, 794, 795, 1181, 1185
Angludet, d', 62, 65, 67, 82, 86, 89, 337, 338, 339, 1182, 1187
Annereaux, des, 1145
Anney, Christophe, 481
Anney, Jean, Vignobles, 173, 181
Anthonic, 416, 417, 1182
Antras-Guillot de Suduiraut, famille d', 609
Apelbaum-Pidoux, famille, 1040
Appollot, famille, 1008
Arcaute, Jean-Michel, 655, 670, 1047
Archambeau, d', 504, 584
Archange, L', 794, 994
Arche, d' (Haut-Médoc), 416, 473, 1182

Arche, d' (Sauternes), 81, 1058, 1059, 1180
Arcins, d', 1183
Arfeuille, famille d', 742
Arfeuille, Luc d', 1048
Argenteyre, L', 1183
Aria de La Rivière, 1141
Armailhac, d', 47, 53, 56, 65, 66, 189, 191, 192, 1187
Armand, Yves, 1171
Armens, 794, 995
Arnaud, famille, 178, 179
Arnaud, Hubert, 622
Arnauld, 416, 418, 1182
Arnault, Bernard, 843
Arpin, Gaël et Gérard, 697
Arrosée, L', 50, 65, 67, 68, 70, 72, 77, 84, 89, 92, 98, 106, 112, 115, 784, 793, 794, 799, 1181, 1187
Arsac, d', 339, 395, 1182
Artigues, 273
Artigues de Sénéjac, 463
Arvigny, d', 474
Aubarèdes du Château Tour des Termes, Les, 181
Aubert, Vignobles, 1148
Aubert, Alain, 1026
Audoy, Bernard, 145
Audoy, Domaine, 165
Audy, Anne-Marie, 757
Audy-Bourotte, héritiers, 658
Aulan, famille d', 1047
Aulan, Patrick d', 182, 1047
Aurelius, 794, 996
Aurilhac, d', 1183
Ausone, 40, 43, 46, 48, 50, 53, 57, 60, 62, 65, 67, 77, 79, 81, 82, 89, 92, 96, 100, 784, 793, 794, 803, 1181, 1185
Axa Millésimes, 255, 256, 347, 725, 1111

B

Bahans Haut-Brion, 68, 79, 82, 503, 504, 535, 546, 1187
Bailly, Jacques, 1005
Balac, 1183
Balestard, 1173
Balestard La Tonnelle, 788, 794, 810, 1181, 1187
Ballande, héritiers André, 586
Ballande, Louis, 382
Ballu, Tony et Véronique, 962
Balotte, Guy, 1017
Baly, Philippe et Dominique, 1071
Bantegnies, Daniel, Éric et Frantz, 1154
Barateau, 1183
Barbaran, 493
Barbé, 1153
Barbe, de, 1150
Barde-Haut, 43, 53, 57, 60, 793, 794, 812, 1187
Bardey, 585
Bardins, 504, 585
Bardis, 1183
Baret, 504, 586
Baron de Brane, Le, 344
Barrabaque, 1141
Barraud, Denis, 921, 934
Barre, Étienne, 1154
Barreau, 869
Barreau-Badar, Odette, 648
Barreyres, 1183
Barthez, 490
Barton, Anthony, 278, 304, 307
Barton, famille, 303, 307
Barton et Guestier, 451
Bastide Dauzac, Château La, 349
Bastor-Lamontagne, 1058, 1059, 1061
Batailley, 65, 113, 189, 191, 192, 195, 1179, 1187
Baudan, 1183
Baudry, 398
Bauduc-Les Trois Hectares, 1172
Béard, 794, 997
Beau Soleil, 65, 636, 757
Beaulieu Comtes de Taste, 1173
Beaumartin, famille, 1033
Beaumont, 79, 416, 474, 1182
Beauregard, 68, 70, 636, 637
Beauséjour, 785, 1156
Beau-Séjour Bécot, 43, 50, 53, 60, 65, 67, 68, 70, 785, 793, 794, 814, 1181, 1186

Beauséjour Duffau, 50, 53, 65, 68, 70, 72, 77, 793
Beauséjour Duffau-Lagarrosse, 785, 794, **817**, 1181, 1186
Beau-Site, 134, **166**, 1182
Beau-Site Haut-Vignoble, 1183
Bécasse, La, 192, **269**
Béchet, Jean-Yves, 1041, 1150
Bécot, Gérard et Dominique, 814, 909
Bécot, Juliette, 1166
Bégadanet, 1183
Bel Air, 134, **167**, 600, 1183
Bel Air Coutelin, 167
Bel Air-Marquis d'Aligre, 339, **396**
Bel-Air, **1158**
Bel-Air, de, **1145**
Bel-Air-Despagne, 1173
Bel-Air Lagrave, 1183
Bel Orme Tronquoy de Lalande, 416, **419**, 1183
Belair, 89, 785, 794, **821**, 1181, 1187
Belair-Montaiguillon, 1162
Belcier, de, 1164
Belgrave, 416, **419**, 1179
Bellefont, de, 623
Bellefont-Belcier, 43, 793, 794, **823**
Bellegarde, 391
Bellegrave, 192, **269**, 636, **639**
Belles-Graves, 1145, **1146**
Belles Graves, Des, 1183
Belle-Vue, 416, **474**
Bellevue, 43, 46, 789, 793, 794, **825**, 1153, 1181, 1186
Bellevue, de, **1158**
Bellevue Laffont, 438
Bellevue Mondotte, 43, 46, 48, 50, 789, 793, 794, **997**, 1186
Bellisle Mondotte, 794, **827**
Belloc-Rochet, Vignobles, 588
Benjamin de Beauregard, 637
Benjamin de Chantegrive, 516
Benjamin, Guy, 1156
Béquet, 1098
Bergat, 794, **998**, 1181
Berliquet, 53, 794, **828**, 1181, 1187
Bernadotte, 416, **475**
Bernaleau, Régis et Karin, 406, 478
Bernard, famille, 517
Bernard, Michel et Florence, 1126
Bernardy de Sigoyer, famille, 585
Bernateau, 794, **999**
Bernède Grand Poujeaux, La, 436
Berrebi, Jacques, 823
Berrouet, Jean-Claude, 632, 640, 710, 784
Berthault Brillette, 421
Bertineau Saint-Vincent, 1145, **1146**
Bessan, Château, 1136
Bessan Ségur, 1183
Bessou, Consorts, 1156
Bethmann, Jean-Jacques de, 568
Beton, Jean-Claude, 1147
Bettane, Michel, 641
Beychevelle, 53, 73, 79, 84, 92, 99, 105, 115, 121, 279, **281**, 1179, 1187
Beynat, 1164
Beyney, Jean-Guy, 864
Bibian, 1183
Bich, héritiers du baron, 1013
Bienfaisance, La, 794, **1000**, 1045, 1046
Bigaud, Georges, 898
Bignon Cordier, Nancy, 324
Biston-Brillette, 1182
Blaignan, 1183
Blanc, Yves, 1156
Blanchard-Cruse, famille, 870
Blanzac, 1164
Blason de L'Évangile, 683
Blason d'Issan, 356
Bodet, 1141
Boidron, Jean-Noël, 759, 872, 1160
Bois, du, 1164
Bois Cardinal, 897
Bois de Monteil, 405
Bois Pertuis, 1173
Bois-Martin, **586**
Boissenot, Jacques, 410
Boivert, Hélène et Fils, 456
Boivert, Jean, 456
Boivert, Vincent, 482
Bon Pasteur, Le, 43, 50, 53, 56, 60, 65, 67, 68, 70, 72, 77, 79, 81, 92, 636, **640**, 1186
Bonalgue, 636, **644**
Boncheau, Jean, 1159
Bondon, famille, 406
Bonnelle, La, 794, **1000**
Bonnet, 1172
Bonnie, Alfred-Alexandre, 557

Bonte, Grégoire, 1018
Bord, Lionel, 1170
Borde, Alain et Rose-Noëlle, 878
Borderie de Chauvin, 841
Borie, famille, 209, 216, 270, 288, 330
Borie, François-Xavier, 209
Borie, Jean-Eugène, 210, 289
Borie, Monique, 434
Bortolussi, Michel, 933
Boscq, Le, 79, 134, **168**, 416, 1182, 1183
Boüard de Laforest, Christian de, 882
Boüard de Laforest, Hubert de, 786, 795, 796, 858, 1147
Bouchara, Philippe, 180
Bouche, Bernard & Fils, 610
Bouldy, Jean-Marie, 639
Bouquet de Monbrison, 375
Bouquey, 794, **1001**
Bouqueyran, 416, 477
Bourdicotte, 1172
Bourdieu, Le, 1183
Bourdieu-Vertheuil, Le, 1183
Bourdon-Loupiac, 1170
Bourgneuf, 67
Bourgneuf Vayron, 636, **645**
Bourlon, Henri, 1156, 1157
Bournac, 416, 477, 1182
Bournazel, Comtes de, 612
Bournazel, Comtesse de, 1094
Bourotte, Jean-Baptiste, 658
Bourotte, Pierre, 644, 659, 1158
Bouscat, 1173
Bouscaut, 502, 504, **505**, 1180
Bouteiller, Bertrand, 378
Boutemy, Francis, 604
Bouzerand, famille, 1003
Boyd-Cantenac, 338, 339, **342**, 1179
Boyer, Jean-Pierre, 396
Boyer, Michel, 1170
Boyreau, famille, 613
Boyrein, 504, **587**
Boyrie, Jeanne, 442
Branaire, 1186
Branaire Ducru, 43, 46, 47, 50, 53, 62, 65, 67, 68, 73, 76, 79, 92, 99, 101, 104, 110, 279, 280, **281**, 285, 1179
Branas Grand Poujeaux, 416, **420**
Branda, **1156**
Brane-Cantenac, 43, 50, 53, 56, 89, 337, 338, 339, **344**, 1179, 1186
Branna, Le, 477
Brannens, 609
Branon, 43, 50, 53, 502, 503, 504, **507**
Braude, de, **478**, 1183
Bretonnière, La, 1153
Breuil, du, 416, **478**, 1183
Bridane, La, 281, **328**, 1183
Brillette, 416, **421**, 1182
Brisson, 1164, **1165**
Brondelle, 504, **588**
Brousseau, Bernard, 174
Brousseau Haut-Vignobles, 174
Brousteras, des, 1183
Broustet, 81, 1059, **1062**, 1180
Brown, 504, **508**
Bruaude, de, 416
Brûlesécaille, 1150
Brut de Lafaurie, Le, 1090
Burgrave, 644
By, Domaine de, 440

C

Cabanne, La, 636, 758
Cabannieux, 504, **588**
Cabans, des, 1183
Cadet de Larmande, Le, 929
Cadet de Sigalas, Le, 1108
Cadet La Vieille France, 624
Cadet-Bon, 794, **1001**, 1181
Cadet-Piola, 794, **830**, 1181, 1187
Cadran de Fombrauge, Le, 900
Caille, famille, 799
Caillou, 1058, 1059, **1064**, 1180
Caillou Cuvée Saint-Cricq, 589
Caillou, du, **589**
Caillou, Le, 636, 759
Calon, **1160**

Calon-Ségur, 43, 46, 50, 53, 65, 66, 76, 81, 92, 109, 119, 121, 122, 124, 126, 128, 132, 133, 134, 1179, 1186
Calvet, Isabelle et Paulin, 575
Cambier, famille, 1148
Cambon La Pelouse, 416, 479, 1182
Camensac, 416, 422, 1179
Camparian, Château de, 586
Canon, 72, 84, 86, 89, 92, 110, 115, 127, 128, 784, 793, 794, 832, 1141, 1142, 1181, 1187
Canon de Brem, 1141, 1142, 1187
Canon-la-Gaffelière, 43, 48, 50, 53, 57, 60, 65, 67, 69, 70, 77, 81, 786, 793, 794, 836, 1181, 1186
Cantegril, 1059, 1123
Cantelauze, 636, 759
Cantelys, 504, 589
Cantemerle, 50, 65, 79, 89, 121, 125, 416, 423, 1179, 1187
Cantenac, 794, 1002
Cantenac Brown, 53, 337, 339, 347, 1179, 1187
Cantenac Sélection Madame, 1002
Canuet, Château, 347
Cap de Faugères, 1164, 1165
Cap de Haut, 416, 479, 1183
Cap de Haut-Maucaillou, 452
Cap de Merle, 1158
Cap de Mourlin, 794, 840, 1181
Cap Léon Veyrin, 1182
Capbern Gasqueton, 134, 169, 1183
Capbern Gasqueton, Denise, 132, 134, 169
Capbern Gasqueton, Philippe, 393
Capdemourlin, Françoise, 1039
Capdemourlin, Jacques, 810, 840, 1161
Capdevielle, Linette, 271
Capet-Guillier, 794, 1003
Carbonnieux, 50, 60, 72, 73, 502, 504, 510, 1180
Cardaillan, 1095
Cardeneau, 1141
Cardonne, La, 416, 426, 1182
Cardus, 426
Carillon de l'Angélus, Le, 795
Carmes Haut-Brion, Les, 53, 60, 62, 65, 81, 96, 98, 503, 504, 513, 1186
Caronne Sainte-Gemme, 416, 427, 1182
Carpia, 1172
Carrelasse, de, 590
Carruades de Lafite, 192, 218
Carsin, 1173
Carteyron, 1158
Cartier, 903
Cassagne Haut-Canon La Truffière, 1141, 1142
Cassat, 1156
Cassat, Pierre et Fils, 1037
Casse, Domaine du, 670
Castaing, Domaine, 281, 328
Casteix, Jean-Charles, 1173
Castéja, Émile, 245
Castéja, héritiers, 166, 195, 272, 986, 1078
Castéja, Olivier, 1078
Castéja, Philippe, 675, 986, 998
Castéja-Texier, Arlette, 181
Castelnau de Suduiraut, 1111
Castera Saint-Germain-d'Esteuil, 1182
Cathiard, Daniel et Florence, 576, 589
Cauze, du, 794, 1003
Cayla, 1172
Cayla Le Grand Vent, 1172
Cazauviel, 406
Cazeau, Jean-Jacques, 328
Cazenave, Château, 1130
Cazenove, Paul, 833
Cazes, Jean-Charles, 240
Cazes, Jean-Michel, 161, 189, 239, 255, 257, 347, 624, 726, 905
Cèdres de Franc-Mayne, Les, 905
Cèdres d'Hosten, Les, 438
Certan de May, 53, 67, 72, 77, 81, 82, 84, 86, 89, 92, 94, 95, 96, 634, 636, 648, 1186
Certan-Giraud, Domaine, 707
Certan Marzelle, 636, 647
Chadronnier, Jean-Marie et Sylvie, 1168
Chaigneau, 1145
Chailleau, héritiers, 866
Chambert-Marbuzet, 134, 140, 1182, 1187
Chambrun, de, 1145, 1146, 1187
Chanfreau, famille, 436, 448
Chanfreau, Jean, 436
Chantalouette, 746
Chante-Alouette-la-Roseraie, 1153
Chantecaille, famille, 513
Chantecler Milon, 271
Chantegrive, Cuvée Caroline, 516

Chantegrive, de, 503, 504, 515
Chantelys, 416, **480**, 1183
Chapelain, Domaine du, **1146**
Chapelain, du, 1145
Chapelle d'Ausone, 53, 803
Chapelle de Bages, 214
Chapelle de La Mission, La, 560, **568**
Chapelle de Lafaurie-Peyraguey, La, 1089
Chapelle d'Escurac, La, 482
Chapelle Haut-Brion, La, 504
Chapelle Laniote, La, 1032
Chardon, Yves et Claude, 409
Charles de Sarpe, 864
Charloux, Gaëtan, 426, 484, 492
Charmail, 53, 65, 67, 416, **427**, 1182, 1187
Charmant, 339, **396**
Charme Labory, Le, 145
Charmes de Kirwan, Les, 358
Charmes de Liversan, Les, 449
Charmes-Godard, Les, 1168
Charmilles de Croque Michotte, Les, 1011
Charmilles de La Tour Blanche, Les, 1114
Charmolüe, Jean-Louis, 156
Chartreuse, La, 1135
Chartreuse de Coutet, 1071
Chassagnoux, famille, 1030
Chasse-Spleen, 79, 84, 416, **428**, 1182, 1187
Chasseuil, Jérémy et Michel, 688
Chastelet, de, 1173
Château, Bernard, 403
Châteauneuf-de-Galaure, Foyer de Charité, 718
Chatenou, Charles, 1158
Chatonnet, famille, 1148
Chatonnet, Pascal, 994
Chauvin, 53, 793, 794, **841**, 1181, 1186
Chemins de la Providence, Les, 774
Chênes de Macquin, Les, 958
Chênevert, 575
Cheret, 591
Cheret-Pitres, 504, **591**
Chéty, Philippe, 1151
Cheval Blanc, 38, 39, 43, 46, 50, 53, 57, 60, 62, 65, 67, 69, 70, 77, 79, 82, 84, 86, 89, 92, 94, 95, 98, 100, 102, 104, 105, 106, 109, 112, 115, 117, 119, 121, 122, 123, 125, 126, 127, 128, 787, 793, 794, **843**, 1181, 1185
Cheval Noir, 794, **1004**
Chevalier, Domaine de, 43, 46, 62, 68, 72, 73, 77, 81, 82, 84, 86, 88, 89, 95, 96, 98, 99, 102, 103, 106, 110, 112, 113, 115, 501, 503, 504, **517**, 1180, 1186
Chevalier de Lascombes, 360
Chevalier de Rauzan-Gassies, 385
Chevaliers de Malte, 831
Chicane, **591**
Choukroun, Pierre, 765
Cissac, 416, **429**, 1182
Citran, 416, **430**, 1182, 1187
Clairac, 1153
Clairefont, 382
Clare, La, 1183
Clarke, 416, **431**, 1182
Clauzel, Jean-Pierre, 1023
Clauzet, 1182
Clémence, La, 636, **653**, 1187
Clémentin du Pape Clément, 571
Clément-Pichon, 416, **432**, 1182
Clerc Milon, 47, 50, 53, 60, 65, 66, 68, 69, 79, 81, 84, 189, 191, **198**, 1179, 1186
Climens, 39, 46, 48, 50, 54, 57, 60, 63, 65, 67, 77, 79, 81, 84, 89, 94, 95, 100, 102, 104, 105, 117, 121, 123, 125, 127, 1057, 1058, 1059, **1065**, 1180
Clinet, 40, 53, 60, 62, 65, 67, 68, 70, 72, 74, 77, 79, 81, 82, 84, 127, 634, 635, 636, **654**, 1186
Clos Badon Thunevin, **852**
Clos Canon, 833
Clos Chaumont, 1173
Clos de la Grande Métairie, 1022
Clos de la Madeleine (GFA du), 1035
Clos de la Tonnelle, 974
Clos de la Tour, 1173
Clos de la Vieille Église, 636, **760**
Clos de l'Oratoire, 53, 57, 60, 62, 65, 67, 793, 794, **859**, 1181
Clos de Ramage, 461
Clos de Sarpe, 43, 46, 48, 50, 53, 60, 789, 794, **864**
Clos des Amandiers, 778
Clos des Carmes, Le, 513
Clos des Demoiselles, 416
Clos des Jacobins, 81, 82, 788, 793, 794, **858**, 1181, 1187
Clos des Lunelles, 1164, **1166**, 1186

Clos des Templiers, 1145
Clos du Ciron, 1131
Clos du Clocher, 636, 658
Clos du Jaugueyron, 50, 53, 56, 339, 397, 416, 480
Clos du Marquis, 53, 73, 280, 281, 311, 316, 1187
Clos du Pèlerin, 636, 760
Clos du Roy, 1133, 1141
Clos Dubreuil, 43, 53, 57, 60, 789, 794, 853
Clos Floridène, 79, 81, 502, 503, 504, 592
Clos Fourtet, 43, 46, 48, 53, 65, 67, 69, 77, 785, 793, 794, 855, 1181
Clos Haut-Peyraguey, 50, 1058, 1059, 1070, 1180
Clos Jean, 1170
Clos La Barette, 1150
Clos La Gaffelière, 906
Clos La Madeleine, 794, 1006, 1187
Clos Labarde, 794, 1005
Clos Labère, 1104
Clos Larcis, 794, 1005
Clos l'Église (Pomerol), 38, 43, 47, 50, 53, 60, 62, 633, 635, 636, 660, 1186
Clos l'Église (Côtes de Castillon), 1164, 1165
Clos Margalaine, 372
Clos Marsalette, 593
Clos Puy-Arnaud, 1164, 1166
Clos René, 634, 636, 663, 1187
Clos Sainte-Anne, 770
Clos Saint-Émilion Philippe, 794, 1006
Clos Saint-Émilion Philippe Cuvée, 101, 1007
Clos Saint-Julien, 794, 1007
Clos Saint-Martin, 50, 53, 60, 82, 793, 794, 862, 1181, 1186
Clos Trimoulet, 794, 1008
Closerie de Camensac, La, 422
Closerie de Fourtet, 855
Closerie de Malescasse, La, 452
Closerie de Mazeyres, La, 761
Closière, La, 1172
Clotte, La, 43, 788, 793, 794, 866, 1181
Clusière, La, 50, 53, 57, 60, 867, 1181
Colas, Olivier, 611
Colombier de Château Brown, Le, 508
Colombier-Monpelou, 192, 201, 1182
Colony Capital, 360
Commanderie de Mazeyres, La, 636, 761
Commanderie, La, 134, 170, 636, 761, 1183
Compostelle, Domaine de, 758
Comte d'Arnauld, Le, 418
Comtesse du Parc, 416, 481
Cône-Taillasson-de-Lagarcie, Le, 1153
Confession, La, 789, 794, 869
Coninck, famille de, 825, 1142
Connétable de Talbot, 325
Conques, de, 456
Conseillante, La, 38, 53, 60, 65, 67, 68, 70, 72, 77, 79, 82, 86, 89, 92, 94, 106, 112, 121, 125, 127, 633, 635, 636, 665, 1186
Constantin, Danièle, 1071
Coquillas, 599
Corbin, 793, 794, 870, 1181
Corbin Michotte, 67, 793, 794, 872, 1181
Cordeillan-Bages, 188
Cordonnier, François, Étienne et Jean-Baptiste, 417, 436, 997
Corre-Macquin, famille, 957
Cos d'Estournel, 43, 46, 47, 50, 62, 65, 66, 68, 69, 73, 76, 79, 82, 84, 86, 88, 92, 96, 99, 106, 113, 115, 116, 119, 121, 124, 125, 129, 133, 134, 141, 1179, 1185
Cos Labory, 66, 76, 129, 132, 133, 134, 145, 1179
Coste, famille, 590, 594, 595, 599
Coste de Mons, 594
Côte de Baleau, 794, 874
Côte Migon la Gaffelière, 836
Côte Montpezat, 1164
Coteau, Le, 1183
Côtes de Rol, 794, 1009
Côtes Trois Moulins, 902
Coucheroy, 504, 594
Coufran, 416, 433, 1182
Couhins, 1180
Couhins-Lurton, 81, 82, 504, 523, 1180
Coulomey-Le Tuquet, 623
Counilh et Fils, 606
Cour d'Argent, La, 1173
Coureau, 614
Courlat, du, 1158
Courneau, du, 401
Cournuaud, héritiers, 1143

Couronne, La, 192, 270, 794, 1009
Courrèges Seguès du Château de Gaillat, 504, 595
Courrian, Christine, 480
Courrian, Philippe, 469
Courteillac, 1173
Couspaude, La, 50, 53, 60, 65, 67, 793, 794, 875, 1181, 1187
Coutelin, 183
Coutelin-Merville, 134, 170, 1183
Coutet, 46, 50, 63, 65, 77, 79, 81, 82, 100, 102, 105, 123, 125, 794, 1010, 1057, 1058, 1059, 1071, 1180
Coutet Cuvée Madame, 77, 79, 81, 84, 1058, 1059
Couvent des Jacobins, 794, 878, 1181, 1187
Crabitan-Bellevue, 1170
Crabitan-Bellevue Cuvée Spéciale, 1170
Crock, Le, 134, 171, 1182
Croix, de la, 1183
Croix, La, 636, 762
Croix-Beauséjour, 1160
Croix Bonnelle, La, 1001
Croix-Canon, La, 1141, 1142
Croix de Beaucaillou, La, 288
Croix de Beauséjour, 817
Croix de Gay, La, 68, 636, 671, 1187
Croix de Jaugue, La, 899
Croix de Labrie, 53, 57, 60, 789, 794, 879
Croix de Mouchet, La, 1156
Croix de Roche, La, 1173
Croix du Casse, La, 60, 65, 67, 68, 636, 669, 1187
Croix Saint-André, La, 1145, 1146
Croix Saint-Estèphe, La, 171
Croix Saint-Georges, La, 47, 50, 53, 673, 1186
Croix Saint-Vincent, La, 778
Croix Taillefer, La, 636, 763
Croix Toulifaut, La, 636, 763
Croizet-Bages, 190, 192, 202, 1179
Croque Michotte, 794, 1010, 1187
Cros, du, 1170
Cros Figeac, 794, 1011
Cru Barréjats, 1059, 1124
Cru d'Arche-Pugneau, 1058, 1059, 1123
Cru Monplaisir, 1173
Cru Peyraguey, 1059, 1124
Cruse, famille, 355
Cruzeau, 794, 1012
Cruzeau, de, 504, 595
Cruzelles, Les, 1145, 1147
Curcier, 589
Curé-Bon, 1181
Cure-Bourse, domaine de, 351
Cuvée de la Gargone, 1173
Cuvée Jean-Baptiste, 697
Cuvée Johanna, 1167
Cuvée Poncet-Deville, 619
Cuvelier, Didier, 171, 318
Cuvelier, Philippe, 855
Cyprès de Climens, 1065

D

D de Dassault, Le, 881
D de Lamarque, 445
Dalem, 1141, 1142
Dame de Cœur de Château Lestage, La, 448
Dame de Malescot, La, 363
Dame de Montrose, La, 157
Daney, Jean-Francis, 1123
Daret, Mireille, 1124
Daricarrère, Alain, 455
Dassault, 793, 794, 880, 1013, 1181
Dasvin-Bel-Air, 1183
Daugay, 793, 794, 882
Dauphin de Château Guiraud, Le, 1086
Dauphin de Grand-Pontet, 917
Dauphine, La, 1141, 1143, 1187
Dauriac, Christian et Anne-Marie, 653, 883, 947
Dauzac, 337, 338, 339, 349, 1179
David, 1183
David, Jean-Gérard, 618, 1130
David, Ludovic, 659
David-Beaulieu, famille, 1010
Davis, Élisabeth et Fils, 375

Dé, Marie-Hélène, 761
Declercq, Vignobles, 488
Decoster, Bernard et Thibaut, 858
Decoster, Dominique et Florence, 897
Déjean, Michèle, 1098
Dejean, Patrick, 1171
Delaire, Arnaud, 1156
Delbeck, Pascal, 821
Delbos-Bouteiller, famille, 446, 486, 494
Delfour, Nicole, 715
Delmas, Jean, 535, 561, 581
Delmas, Jean-Bernard et Jean-Philippe, 501, 535
Delon, famille, 459
Delon, Guy, 179, 331
Delon, Jean-Hubert et Michel, 275, 312, 459, 635, 724
Demoiselle de Doisy, La, 1125
Demoiselle de Sociando-Mallet, La, 464
Demoiselles, des, 1164
Denz, Silvio, 888, 961
Derenoncourt, Stéphane, 15, 383, 826, 928, 933, 945, 958, 970, 1164
Desbois, Georges, 1163
Desmirail, 339, **398**, 1179
Despagne-Rapin, famille, 775, 913, 1161
Despujols, Guy, 1091
Destieux, 793, 794, **883**, 1187
Desvergnes, Caroline, 441
Devilder, Nadia, 1022
Devise d'Ardilley, 1183
Devise de Lilian, La, 176
Deyrem Valentin, 339, **398**, 1183
Diane de Belgrave, 420
Dillon, 1183
Dillon, Domaine Clarence, 534, 551, 560, 580
Doisy Daëne, 77, 81, 89, 1058, 1059, **1075**, 1180
Doisy Daëne L'Extravagant, 50, 1058, 1059, 1075
Doisy Dubroca, 81, 1058, 1059, **1125**, 1180
Doisy-Védrines, 50, 79, 1058, 1059, **1078**, 1180
Dome, Le, 1187
Domeyne, 134, 172, 1183
Dominique, La, 53, 60, 65, 67, 69, 70, 77, 79, 92, 105, 106, 119, 787, 793, 794, **885**, 1181, 1187
Donissan, 1183
Donze, M. et Mme, 1151
Dourthe, Philippe, 435, 452
Dourthe, Vignobles, 527
Dousson, Robert, 163
Douves de Carnet, Les, 469
Doyenne, La, 1173
Dubois Grimon, 1164
Dubois, Michel, 765
Dubois, Zita et Jean-Jacques, 1142
Duboscq, Henri, Vignobles, 140, 148
Dubost, Yvon, 768
Dubourdieu, Denis, 511, 592, 987, 1075, 1123
Dubourdieu, Hervé, 601, 1134
Dubourdieu, Pierre, 1075, 1123
Dubourdieu, Vignobles Famille, 584, 1110
Ducluzeau, 416, **434**, 1183
Ducru-Beaucaillou, 43, 46, 50, 53, 56, 60, 65, 67, 68, 71, 73, 79, 84, 86, 92, 93, 97, 99, 103, 106, 110, 113, 115, 116, 121, 127, 278, 280, 281, **288**, 1179, 1186
Dudignac, Régine, 588
Dudon, 1059, **1125**
Duffau-Lagarrosse, héritiers, 817
Dufour, Jean-Hugues, 1136
Dugoua, Vignobles, 600
Duhart-Milon, 65, 190, 191, 192, **203**, 1179, 1186
Duluc, 285
Dulugat, Pascal et Caroline, 591
Dupin, Raymond, 210
Duplessis, 416, **434**, 1183
Duplessis Fabre, 416, **435**, 1183
Durand, Pierre, 1022
Durand-Laplagne, **1156**
Durantou, Denis, 677, 678
Durfort-Vivens, 337, 339, **351**, 1179, 1187
Duroux, Roger et Andrée, 777
Duthil, 1183
Dutruch Grand Poujeaux, 416, **436**, 1182
Dutruilh, Pierre et Charlotte, 968
Dworkin, Marc, 969

E

Écuyer du Moulin Rouge, L', 454
Église, Domaine de l', 79, 636, 675, 1187
Église-Clinet, L', 39, 43, 47, 50, 53, 56, 60, 62, 65, 67, 68, 70, 72, 77, 79, 81, 84, 86, 102, 115, 123, 125, 126, 127, 128, 633, 635, 636, 677, 1186
Égreteau, Norbert, 760
Emilius de Trimoulet, 1051
Émule du Pape, L', 611
Enclos, L', 96, 102, 127, 634, 636, **682**
Épicure La Différence, 1173
Epicurea de Château Martinat, 1149, **1151**
Érables du Caillou, Les, 1064
Ermitage de Chasse-Spleen, L', 429
Ermitage, L', 1183
Escadre, L', 1153
Escot, d', 1183
Escurac, d', 416, **481**, 1182
Escure, héritiers, 827
Esprit de Chevalier, 517
Esprit de l'Église, 661
Esquisse de La Tour Figeac, L', 981
Essence de Vignoble Dourthe, L', 1173
Estager, G. & Fils, 170
Estager, Jean-Marie, 775
Estager, Jean-Pierre, Vignobles, 758, 767, 772, 1019
Estrémade, Domaine de l', 1098
Étoile de Bergey, L', 532
Étrier de la Grangère, L', 1023
Évangile, L', 38, 43, 47, 50, 53, 60, 62, 65, 67, 68, 70, 72, 77, 79, 82, 86, 89, 92, 96, 102, 115, 117, 119, 123, 125, 127, 633, 635, 636, **683**, 1186
Excellence de Bois Pertuis, 1173

F

Facchetti-Ricard, Anne-Mary, 1135
Faizeau, **1160**
Faizeau-Vieilles Vignes, 1160
Falfas, 1150
Faniest, Philippe, 967
Fargues, de, 48, 84, 89, 94, 95, 100, 102, 105, 1057, 1058, 1059, **1079**
Faugères, 53, 60, 62, 793, 794, **888**
Faurie de Souchard, 1181
Fauthoux, M. et Mme, 1129
Fayan, 1156
Fayat, Clément, 432, 761, 773, 885, 972
Fer, Le, 794, **1012**
Ferme d'Angludet, La, 339
Ferrand, 636, **764**
Ferrand Lartigue, 50, 60, 65, 67, 69, 789, 793, 794, **890**, 1187
Ferrand, de, 86, 794, **1013**
Ferrand, Pierre et Michèle, 890
Ferrande, 504, **596**
Ferrière, 339, **399**, 1179
Février, Marie-France, 841
Feytit-Clinet, 636, **688**, 1187
Feytit-Guillot, 636, **764**
Fiefs de la Haye, 175
Fiefs de Lagrange, Les, 300
Fieuzal, de, 46, 50, 53, 62, 65, 67, 68, 70, 72, 77, 81, 82, 106, 501, 503, 504, **524**, 1180, 1187
Figeac, 53, 57, 60, 67, 77, 84, 89, 92, 100, 102, 104, 106, 112, 115, 117, 121, 123, 127, 128, 787, 793, 794, **892**, 1181, 1186
Filhot, 1058, 1059, **1082**, 1180
Filolie, Arnaud de la, 1032
FL de Ferrand Lartigue, 891
Flageul, Jean-Louis, 421
Flamme de Bouscaut, La, 505
Fleur, La, 67, 635, 793, 794, **1013**
Fleur Cailleau, La, 1141
Fleur Cardinale, 43, 794, **897**
Fleur de Boüard, La, 1145, **1147**, 1187
Fleur de Boüard, Le Plus de La, 1145, **1147**
Fleur de By, 493
Fleur de Clinet, 654
Fleur de Gay, La, 43, 50, 53, 56, 60, 65, 67, 68, 70, 72, 77, 79, 81, 82, 84, 634, 635, 636, **690**, 1186
Fleur de Jaugue, La, 53, 60, 67, 793, 794, **898**, 1187

Fleur de Plince, La, 636, 765
Fleur de Rose Sainte-Croix, 50, 53
Fleur du Château d'Armens, La, 996
Fleur Jonquet, La, 504, 597
Fleur Lacombe, La, 759
Fleur Milon, La, 192, 270, 1183
Fleur Mongiron, La, 1173
Fleur Morange, La, 50, 794, 1015
Fleur-Petrus, La, 60, 62, 65, 67, 72, 79, 102, 105, 106, 112, 122, 123, 127, 128, 633, 635, 636, 693, 1186
Fleur Peyrabon, La, 1183
Fleur Pourret, La, 794, 1016
Fleur Quinault, La, 965
Fleur-Saint-Georges, La, 1145, 1147
Florilège de Tour du Haut-Moulin, 470
Fombrauge, 46, 48, 50, 793, 794, 900, 1187
Fon du Berger, La, 1183
Fonbadet, 192, 206, 1182
Foncier Vignobles, 618, 637, 1061, 1128, 1146
Fondarzac, 1172
Fongrave, 1172
Fonplégade, 794, 902, 1181
Fonrazade, 794, 1017
Fonréaud, 416, 436, 1182
Fonroque, 72, 793, 794, 903, 1181
Fontbaude, 1164
Fontebruse, 1127
Fonteneau, Georges et Roland, 269
Fontenil, 1141, 1143, 1187
Fontenille, 1173
Fontesteau, 1183
Fontis, 416, 482, 1183
Fontmarty, 776
Forts de Latour, Les, 43, 47, 53, 73, 76, 92, 97, 192, 228, 238, 1187
Fougas-Maldoror, 1149, 1150, 1187
Fougères, des – Clos Montesquieu, 598
Fourcade, Sophie, 862, 874
Fourcas Dupré, 416, 437, 1182
Fourcas Hosten, 416, 438, 1182
Fourcas Loubaney, 81, 84, 416, 438, 491
Fournas Bernadotte, 476
Fourquerie, La, 1164
Fourreau, Jean-Pierre, 766
Franc La Rose, 794, 1017
Franc-Maillet, 635, 636, 697
Franc-Mayne, 794, 904, 1036, 1181
France, de, 502, 504, 598
Franck Phélan, 164
François-Xavier Borie, 216
Francs, de, 1168
Frère, Albert, 684, 843
Fugue de Nenin, 724
Fuie Saint-Bonnet, La, 471
Furcas Loubaney, 1182
Furt, famille, 513

G

Gabachot, Le, 762
Gaffelière, La, 53, 65, 79, 786, 793, 794, 906, 1181, 1186
Gaffelière-Naudes, La, 127, 128
Gaillat, de, 504, 599
Galets de La Lauzette, 489
Galiane, La, 339, 399, 1183
Galinou, famille, 1003
Galius, 794, 1018
Gallais Bellevue, 459
Gallien, 1126
Ganelon, Claude, 483
Ganne, La, 636, 765
Garance, La, 616
Garat, Michel, 637, 1061
Garcin-Cathiard, Sylviane, 507, 532, 660, 812
Garde, Jean-Marie, 663
Garde, La, 502, 503, 504, 527
Garde-Lasserre, famille, 663, 770
Gardinier, Xavier, et Fils, 164
Garenne, La, 776
Garenne de Ripeau, La, 1043
Garraud, 1145
Garreau, 1153
Garreau Cuvée Armande, 1153
Garzaro, Vignobles, 778
Gasparoux, Henry, 764, 767
Gasqueton, M., 337
Gaudin, 192, 271
Gaudrie, Jean-Claude, 1144

Gauthier, François, 591
Gautreau, Jean, 463
Gay, Le, 43, 47, 79, 92, 102, 112, 123, 635, 636, 698, 1187
Gazin, 50, 56, 60, 65, 67, 68, 70, 72, 77, 128, 635, 636, 702, 1187
Gazin Michotte, 600
Gazin Rocquencourt, 504, 600
Gervais, Jean, 504
Gervoson, Philippe, 547
Gigault-Cuvée Viva, 1153
Gilette, 1057, 1058, 1059, 1084
Ginestet, Bernard, 821
Giraud, Alain, 1021
Giraud, André, 759, 1050
Girolate, 1173
Gironville, de, 1183
Giscours, 43, 46, 47, 53, 71, 73, 93, 96, 97, 99, 101, 104, 106, 109, 337, 338, 339, 353, 1179, 1186
Glana, du, 281, 329, 1182
Glaunes, Frank, 1131
Gloria, 62, 65, 67, 76, 101, 105, 106, 279, 281, 292, 1187
Godeau, 794, 1018
Godeau Ducarpe, 1018
Gombaude Guillot Cuvée Spéciale, 81
Gomerie, La, 43, 53, 57, 60, 65, 67, 786, 789, 793, 794, 909, 1186
Gonet-Médeville, Julie, 1084
Gontet Robin, 1156
Gorce, La, 1183
Gorre, La, 1183
Goua, Jacques, 622
Goudy La Cardonne, 459
Gourdins, Domaine des, 794, 1019
Gouteyron, Christian, 1027
Grâce Dieu, La, 794, 1019
Grâce Dieu des Prieurs, La, 794, 1020
Grâce Dieu Les Menuts, La, 794, 1020
Gracia, Michel, 911
Gracia, 46, 48, 50, 53, 57, 60, 62, 789, 793, 794, 911, 1186
Grand Abord, du, 504, 600
Grand Bos, du, 601
Grand Clapeau Olivier, 1183
Grand Corbin, 794, 1021
Grand Corbin Manuel, 794, 1022
Grand Corbin-Despagne, 793, 794, 913
Grands Crus, CA, 207, 1102
Grand Cru Investissements, 404, 409
Grand Mayne, 53, 57, 60, 65, 67, 77, 79, 82, 793, 794, 914, 1181, 1186
Grand Mouëys, 1173
Grand Moulinet, 636, 766
Grand Ormeau, 1145, 1147
Grand Paris, 1173
Grand Paris, au, 1172
Grand-Pontet, 43, 50, 53, 65, 67, 69, 70
Grand-Puy Ducasse, 191, 192, 207, 1179, 1187
Grand-Puy-Lacoste, 46, 50, 53, 60, 65, 66, 68, 73, 76, 79, 84, 92, 97, 106, 110, 115, 121, 124, 125, 126, 188, 191, 209, 1179, 1186
Grand-Renouil, 1141
Grand Soussans du, 408
Grand Treuil, Le, 1049
Grande-Chapelle, La, 1173
Grande Clotte, La, 1173
Grandes Murailles, Les, 50, 53, 60, 62, 793, 794, 862, 874, 919, 1181, 1186
Grandis, 1183
793, 794, 917, 1181, 1187
Grands Chênes, Les, 416, 483, 1182
Grands Crus, CA, 154, 207, 458, 487, 1102
Grands Maréchaux, Les, 1153, 1154
Grands Millésimes de France, 281, 474
Grands Sables Capet, 1003
Grange, La, 1153
Grange Neuve de Figeac, La, 892
Grangère, La, 794, 1022
Granges des Domaines Edmond de Rothschild, Les, 431, 491
Granins Grand Poujeaux, 1183
Gratiot-Alphandéry, famille, 927
Gravas, 1059, 1126
Gravat, 416, 483
Grave, La, 1141
Grave à Pomerol, La, 60, 67, 635, 636, 705, 1187
Grave Figeac, La, 793, 794, 1023
Grave Trigant de Boisset, La, 636
Graves de Peyroutas, 1040
Gravette de Certan, La, 751
Gravière, La, 491
Gravières, Les, 794, 921
Gravières de Marsac, 405
Graville-Lacoste, 504, 601

Grée-Laroque, 1173
Gressier Grand Poujeaux, 79, 81, 84, 416, 439, 1182
Greysac, 101, 416, 440, 1182
Gribelin, Gérard, 524
Grivière, 416, 484, 1183
Grolet, La, 1150
Gromand d'Évry, famille, 445, 479
Gros Moulin, 1150
Gros, Claude, 1015
Grottes, des, 1013
Groupama Assurances, 416
Gruaud Larose, 53, 62, 65, 67, 71, 76, 79, 81, 82, 84, 86, 88, 89, 92, 93, 96, 97, 101, 105, 106, 110, 112, 113, 115, 121, 124, 128, 279, 280, 281, 294, 789, 1179, 1186
Guadet-Saint-Julien, 794, 1024, 1181
Guerry, 1150
Guez, Mme, 1153
Guibeau, 1156
Guibot-la-Fourvieille, 1156, 1157
Guichard, Baronne, 756, 1148
Guignard, Jacques et Philippe, 1093
Guilhem de Fargues, 1080
Guillemet, famille, 342, 407
Guillon, 597
Guillot, 636, 766
Guinaudeau, Jacques et Sylvie, 709
Guiraud, 48, 50, 54, 63, 65, 77, 79, 81, 84, 89, 100, 1056, 1058, 1059, 1086, 1180
Guiraud Peyrebrune, 495
Guisez, Corinne, 889, 1165
Guiter, Henri, 1161
Guiteronde du Hayot, 1059, 1126
Gunzburg, François de, 440
Gurgue, La, 339, 400, 1182
Guyon, Jean, 484, 493, 495

H

Halley, Jean, 1142, 1143
Hanteillan, 416, 440, 1182
Hauret du Piada, 602
Haut-Bages Libéral, 84, 99, 190, 192, 213, 1179, 1187
Haut-Bages Monpelou, 192, 272, 1182
Haut-Bages-Averous, 239
Haut-Bailly, 43, 53, 65, 67, 68, 72, 77, 79, 81, 89, 96, 98, 106, 112, 115, 501, 503, 504, 528, 1180, 1186
Haut-Baradieu, 134, 173
Haut-Batailley, 65, 66, 92, 185, 189, 191, 192, 216, 1179, 1187
Haut-Beauséjour, 134, 173, 1183
Haut-Bellevue, 1183
Haut-Bergeron, 1059, 1127
Haut-Bergey, 38, 50, 53, 502, 503, 504, 532, 1186
Haut-Bertinerie, 1154
Haut-Bommes, 1070
Haut Breton Larigaudière, 339, 401, 1183
Haut-Brion, 38, 39, 43, 46, 47, 50, 53, 56, 60, 62, 65, 67, 68, 70, 72, 73, 77, 79, 81, 82, 84, 86, 88, 89, 92, 96, 98, 99, 101, 102, 105, 109, 110, 112, 113, 115, 117, 119, 121, 122, 123, 124, 127, 128, 500, 503, 504, 534, 1179, 1180, 1186
Haut-Brisson, 793, 794, 1025
Haut-Brisson La Grave, 1025
Haut-Calens, 504, 603
Haut-Canteloup, 1183
Haut-Carles, 1141
Haut-Chatain, 1145
Haut-Claverie, 1058, 1059, 1127
Haut-Condissas, 416, 484
Haut-Corbin, 794, 1025, 1181
Haut Coteau, 134, 174
Haut Ferrand, 636, 767
Haut-Gardère, 502, 504, 603
Haut Gravet, 794, 1026
Haut la Grâce Dieu, 794, 1026
Haut Lagrange, 504, 604
Haut-Macô, 1150, 1151
Haut-Madrac, 1183
Haut-Maillet, 636, 767
Haut-Manoir, 761
Haut-Marbuzet, 65, 71, 76, 79, 81, 86, 92, 115, 129, 132, 134, 148, 1182, 1187
Haut-Maurac, 1183
Haut Mazerat, 794, 1027
Haut-Médoc, 414, 478
Haut-Milon, 274
Haut-Nadeau, 1173
Haut-Nouchet, 504, 605

Haut-Pick, du, 1059, 1128
Haut-Quercus, 794, 1028
Haut-Saint-Lambert, 274
Haut-Sarpe, 794, 1028, 1181
Haut-Sociondo, 1153, 1154
Haut-Surget, 1145
Haut-Tuquet, 1164
Haut-Vigneau, 605
Haut Vignoble Seguin, 166
Haut-Villet, 922
Haut-Villet Cuvée Pomone, 922
Haute-Rivière, 483
Hautes Graves Beaulieu, 775
Hauts-Conseillants, Les, 1145
Hauts de Pontet, Les, 265
Hauts de Smith, Les, 577
Hauts de Trintandon, Les, 447
Hauts du Tertre, Les, 393
Haye, La, 134, 174, 1182
Hayot, Vignobles du, 1107, 1122, 1126
Heaumes, Les, 1150
Hebrard, Dominique, 823
Hébrard, Jacques, 845
Heeter, Tom, 1096
Héritage de Le Boscq, 168
Hermitage, L', 46, 50, 53, 62, 789, 794, 924, 1186
Hervé, Jean-Noël, 1143
Hessel, Dominique et Marie-Hélène, 454
Hortevie, 280, 281, 299
Hosanna, 43, 46, 50, 53, 56, 635, 636, 707, 1186
Hospitalet de Gazin, L', 702
Hostein, Paul, 457
Hostens-Picant, 1173
Houissant, 1183
Hourbanon, 1183
Hourtin-Ducasse, 1183
Hubau, Grégoire et Bénédicte, 1144

I

Iris de Chantelys, Les, 480
Issan, d', 50, 53, 56, 65, 89, 336, 338, 339, 355, 1179, 1186

J

J de Jonquet, 597
Jabiol, Alain et Amélie, 830
Jacobins, des, 639
Jacques Blanc, 794, 1029
Jacques Blanc Cuvée Aliénor, 1029
Jacques Boyd, 342
Jacques-le-Haut, 1132
Jacquet, Marcelle, 1040
Jander, 416, 485
Jander, famille, 485
Janoueix, famille, 673, 762, 763
Janoueix, Jean-Philippe, 673, 869, 1146
Janoueix, Joseph, 1028
Jardin de Petit Village, Le, 726
Jean, Michel, 1051
Jean du Gué Cuvée Prestige, 1145, 1148, 1187
Jean Faure, 794
Jean Gervais, 606
Jean Voisin, 794, 1030
Jean Voisin Fagouet, 1030
Jeandeman, 1141
Joanin-Bécot, 1164, 1166
Jonqueyres, 1173
Jonqueyres, Les, 1153, 1154
Joye, La, 1173
Jugla, Bernard, 201
Jugla, famille, 272
Julien, Véronique et Jean-François, 1015
Junior de La Couspaude, 876
Jurat, Le, 794, 1030
Justices, Les, 1058, 1059, 1128

K

Kirwan, 53, 56, 60, 65, 337, 338, 339, 358, 1179, 1186

Kolasa, John, 784
Kressmann, famille, 549
Kwok, Elaine, 1025

L

L de la Louvière, 555
Labadie, 1183
Labarre, famille de, 926
Labégorce, 339, 401, 1182
Labégorce Zédé, 337, 339, 402, 1182, 1187
Laberne, 1040
Laborde, 441, 1145
Laborde, famille, 654
Laborde, Jean-Louis, 655
Labruyère, Jean-Pierre, 743
Lachesnaye, 416, 486, 1182
Lacombe Noaillac, 416, 486
Lacoste-Borie, 209
Ladouys, 169, 1183
Lady Langoa, 303
Lafargue, 505, 606
Lafaurie-Peyraguey, 50, 54, 57, 60, 63, 65, 77, 79, 81, 82, 84, 89, 1058, 1059, 1089, 1180
Laffitte-Carcasset, 134, 150, 1183
Laffitte-Laujac, 1183
Lafite Rothschild, 40, 43, 46, 47, 50, 53, 56, 60, 62, 65, 66, 68, 71, 73, 76, 79, 81, 82, 84, 86, 89, 92, 93, 96, 99, 101, 113, 116, 121, 185, 191, 218, 1179, 1186
Lafleur, 39, 43, 46, 47, 50, 53, 56, 60, 62, 65, 68, 70, 72, 77, 79, 81, 84, 86, 89, 92, 96, 98, 102, 106, 110, 112, 115, 117, 119, 122, 123, 125, 126, 127, 128, 632, 635, 636, 709, 1186
Lafleur du Roy, 636, 768
Lafleur-Gazin, 636, 715
Lafleur Vachon, 794, 1031
Lafon, 1059, 1129, 1183
Lafon, Pierre, 1031
Lafon La Tuilerie, 794, 1031
Lafon-Laroze, 1100
Lafon Menaut, 607
Lafon-Rochet, 53, 65, 66, 68, 73, 106, 132, 133, 134, 151, 1179, 1187
Lafragette, Marie-Claude et Jean-Paul, 450, 617
Lagneaux, 177
Lagrange, 53, 62, 65, 67, 68, 69, 76, 79, 84, 279, 280, 281, 300, 636, 717, 1179, 1186
Lagrave, 489
Lagrave-Martillac, 550
Laguillaumie, Alain, 823
Lagune, La, 65, 67, 92, 97, 99, 109, 416, 441, 1179, 1187
Laitre, Jean de, 621
Lalande, 281, 330, 1183
Lalande, Jean-Frédéric, 602, 1133
Lalande-Borie, 280, 281, 330
Lalande de Gravet, 1027
Lalaudey, 416, 487
Lamarque, de, 416, 445, 1182
Lamarzelle, 1181
Lambert, famille, 745
Lambert des Granges, Gérard de, 1108
Lamiable, Vignobles, 174
Lamothe, 1059, 1180
Lamothe Bergeron, 416, 487, 1182
Lamothe Bouscaut, 505
Lamothe Despujols, 1091
Lamothe Guignard, 81, 1058, 1059, 1093, 1180
Lamothe, Hervé et Patrick, 1127
Lamothe-Cissac, 1183
Lamourette, 1059, 1129
Lamouroux, 505, 608
Landureau, Jean-Marc, 481
Lanessan, 65, 77, 79, 84, 416, 446, 1182, 1187
Langlay-Pauly, Martine, 1070
Langoa Barton, 73, 116, 121, 125, 278, 280, 281, 303, 1179, 1187
Laniote, 794, 1032, 1181
Lapalu, Jean-Michel, 447, 449, 456, 486, 489
Laplagnotte, 926
Laplagnotte-Bellevue, 793, 794, 926

Laporte, Bruno, 1003
Laporte, Olivier, 1160
Larcis Ducasse, 43, 128, 793, 794, 927, 1181, 1187
Lardotte, La, 470
Larmande, 65, 67, 81, 89, 788, 793, 794, 929, 1181, 1187
Laroque, 794, 1033, 1181
Larose Perganson, 416, 488, 1183
Larose Saint-Laurent, 488
Larose-Trintaudon, 416, 447, 1182
Laroze, 794, 932, 1181
Larrivaux, 1183
Larrivet, Domaine de, 547
Larrivet-Haut-Brion, 50, 53, 60, 502, 503, 504, 547, 1187
Larruau, 339, 403, 1184
Lartigue, 1164
Lartigue, Bernard, 453
Lasalle, 1047
Lascombes, 43, 50, 53, 86, 106, 110, 116, 336, 338, 339, 360, 1179, 1187
Lassalle, 459
Lataste, Laurence, 597
Lataste, Olivier, 608
Latour, 38, 39, 43, 46, 47, 50, 53, 56, 60, 62, 65, 66, 68, 69, 71, 73, 76, 81, 82, 84, 88, 92, 93, 95, 96, 97, 101, 103, 104, 105, 106, 109, 110, 112, 113, 115, 116, 119, 122, 123, 124, 125, 128, 188, 191, 228, 238, 1179, 1186
Latour à Pomerol, 60, 65, 67, 70, 92, 106, 115, 117, 119, 123, 125, 126, 127, 128, 634, 635, 636, 718, 1186
Latour-Martillac, 68, 77, 81, 82, 504, 549, 1180
Laubie, MM., 1020
Laujac, 1184
Laulan, Didier, 1062, 1135
Launay, 1173
Laussac, 1164, 1166
Lauzette-Declercq, La, 416, 488, 1184
Lavau, Régis et Jacqueline, 999
Lavaud, famille de, 825
Lavaux, François de, 1036
Laville Haut-Brion, 39, 46, 50, 56, 60, 62, 65, 67, 68, 70, 72, 79, 81, 82, 86, 89, 98, 99, 102, 106, 110, 113, 115, 117, 124, 127, 128, 504, 551, 1180
Lavillotte, 134, 175
Le Diascorn, famille, 1132
Le Diascorn, Hervé, 1132
Leboscq, 447
Leboscq Vieilles Vignes, 448
Lebreton, Chantal, 672, 1160
Lebreton, famille, 690
Léglise, Anne-Marie, 1129
Léglise, famille, 1129
Lemoine, Bruno, 361
Lencquesaing, May-Éliane de, 260
Léo des Prades, 169
Léoville Barton, 43, 46, 47, 50, 53, 60, 62, 65, 67, 68, 69, 71, 73, 76, 79, 81, 82, 84, 86, 92, 101, 106, 115, 116, 121, 124, 125, 128, 278, 280, 281, 307, 1179, 1186
Léoville Las Cases, 39, 43, 46, 47, 50, 53, 56, 60, 62, 65, 67, 68, 69, 71, 73, 76, 79, 81, 82, 84, 86, 88, 89, 92, 93, 96, 97, 99, 101, 104, 110, 116, 119, 121, 127, 275, 280, 281, 311, 316, 1179, 1186
Léoville Poyferré, 43, 46, 47, 50, 53, 62, 65, 67, 68, 69, 76, 89, 92, 278, 280, 281, 318, 1179, 1186
Leriche, Marie-José, 586, 619
Lespault, 505, 608
Lesquen, Patrick de, 828
Lessègue, 43
Lestage, 416, 448, 1182
Lestage Simon, 1182
Levant, du, 1130
Lévêque, Françoise et Henri, 515
Leydet, Bernard, 1033
Leydet, Vignobles, 778, 1034
Leydet-Figeac, 794, 1033
Leydet-Valentin, 794, 1034
Leymarie, Dominique, 777
Leymarie, Jean-Pierre, 606
Leyssac, 1184
Lichine, Alexis, 336, 361, 382, 442
Licorne de Duplessis, La, 435
Lieujean, 416, 489, 1184
Lignac, Mme, 1024
Ligneris, famille des, 973
Lilian Ladouys, 134, 175, 1182
Limbourg, 614
Liot, 1059, 1130

Liouner, 1184
Liversan, 416, 449, 1182
Llose, Daniel, 347, 726, 905
Lochlann Quinn, M. et Mme, 524, 603
Logis de la Cadène, 866
Lospied, Frédéric, 647
Loubens, 1170, 1171
Loubière, La, 763
Loudenne, 416, 450, 1182
Louis Roederer, Champagne, 163, 173
Loumède, 1153
Loupiac-Gaudiet, 1170, 1171
Lousteauneuf, 416, 489, 1184
Louvière, La, 50, 53, 60, 72, 77, 79, 81, 89, 502, 503, 504, 554, 1187
Lucia, 43, 794, 933
Lucien de Pédesclaux, 273
Lucquot Frères, 766, 1012
Lureau, famille, 764
Lur-Saluces, Alexandre de, 1079
Lurton, André, 350, 523, 554, 594, 595, 616
Lurton, Bérénice et Brigitte, 1065, 1066
Lurton, Denis, 398
Lurton, Gonzague, 351
Lurton, Henri, 344
Lurton, Louis, 605, 1125
Lurton, Marie-Laure, 408, 434, 472
Lurton, Pierre, 845, 1116
Lurton Cogombles, Sophie et Laurent, 505, 506
Lusseau, 53, 789, 793, 794, 1034
Lusseau, Laurent, 1034
Lynch-Bages, 47, 53, 56, 62, 65, 66, 68, 73, 76, 79, 81, 84, 86, 88, 92, 106, 113, 115, 116, 119, 121, 122, 125, 188, 191, 239, 1179, 1186
Lynch-Moussas, 65, 190, 192, 245, 1179
Lynsolence, 46, 789, 794, 934, 1187
Lyonnat, 1158, 1159

M

M de Malle, 1095
MacCarthy, Château, 148
Macquin-Saint-Georges, 1162
Madame de Rayne, 1102
Mademoiselle de La Gomerie, 909
Magdelaine, 53, 60, 67, 70, 72, 79, 82, 102, 105, 106, 109, 114, 115, 121, 122, 128, 784, 793, 794, 935, 1181, 1186
Magdeleine-Bouhou, 1153
Magence, 505, 609
Magnan La Gaffelière, 794, 1035
Magneau, 504
Magnol, 416, 451, 1184
Magrez, Bernard, 469, 483, 495, 570, 615, 619, 900, 939, 1150, 1154
Magrez Fombrauge, 40, 43, 46, 48, 50, 53, 789, 793, 794, 939, 1186
Mähler-Besse, 473, 1001, 1004, 1009, 1012
MAIF, 349
Maisières-Aubert, 1164
Maison-Blanche, 1160, 1161
Malartic-Lagravière, 43, 50, 53, 501, 503, 504, 557, 1180
Malbec Lartigue, 453
Malescasse, 416, 451, 1182
Malescot Saint-Exupéry, 43, 47, 53, 60, 65, 67, 68, 77, 115, 116, 336, 338, 339, 362, 1179, 1186
Malet-Roquefort, Alexandre de, 995
Malet-Roquefort, Comte de, 906, 975
Malle, de, 48, 50, 1058, 1059, 1094, 1180
Malleret, de, 416, 490, 1182
Mallet, Anne et Hugues, 1151
Malmaison, 416, 490
Manoncourt, Thierry, 892, 1016
Manuel, Pierre, 1022
Marbuzet, 134, 176, 1184
Marcellus, Bertrand de, 439
Maréchale, La, 1173
Margaux, Château, 40, 43, 46, 47, 50, 53, 56, 60, 62, 65, 67, 68, 69, 71, 73, 77, 79, 82, 84, 86, 88, 89, 92, 93, 95, 96, 97, 113, 115, 116, 121, 122, 123, 125, 127, 128, 336, 338, 339, 365, 1179, 1186
Marie et Savso, Vignobles, 479
Marjosse, 1173
Marmet, Jacob, 1155
Marojallia, 43, 46, 47, 50, 56, 338, 339, 372, 1186

Maroteaux, famille, 285
Marquey, 794, 1036
Marquis d'Alesme Becker, 337, 339, 403, 1179
Marquis de Bellefont, 824
Marquis de Cadourne, 467
Marquis de Calon, 135
Marquis de Lalande, 330
Marquis de Mons, 409
Marquis de Saint-Estèphe, cave coopérative, 134, 169
Marquis de Terme, 337, 338, 339, 374, 1179, 1187
Marquise d'Alesme, 403
Marsac Séguineau, 339, 404, 1184
Marsau, 1168
Martin, Henri, 293
Martinaud, Louis, 1154
Martinens, 339, 405, 1184
Martinet, 794, 1036
Matras, 1181
Mau, Jean-Christophe, 508
Maucaillou, 79, 84, 92, 416, 452, 1182, 1187
Maucamps, 1182
Maufras, Jean et Alain, 614
Maurac, 1184
Mauras, 1059, 1130
Maurianne, La, 1156
Mauves, de, 505, 610
Mauvezin, 794, 1037
Maximin, 871
Mayne, du, 1059, 1131
Mayne-Blanc, 1158, 1159
Mayne-Boyer-Chaumet, 1153
Mayne Lalande, 416, 453, 1182
Mazails, 1184
Mazeris, 1141, 1143
Mazeris-Bellevue, 1141
Mazeyres, 636, 768
Médeville, Christian, 1084, 1128
Médeville, famille, 587, 610, 613
Meffre, Aline, 273
Meffre, Vignobles, 330
Méneret, Dominique et Philippe, 930
Mentzelopoulos, André, Corinne et Laura, 365, 366
Mentzelopoulos, famille, 333
Menut des Jacobins, 878
Menuts de La Serre, Les, 1048
Mercier, 1150, 1151
Merlaut, Antoine, 430
Merlaut, famille, 294
Merlaut, Jacques, 295, 429
Merlet, M., 471
Merville, 171
Meslier, famille, 1100
Meslier, Marie-Françoise et Pierre, 1100
Meslin, famille, 932
Mestreguilhem, famille, 963
Meyney, 79, 81, 92, 101, 129, 132, 133, 134, 154, 1141, 1182, 1187
Meynieu, Le, 416, 491, 1184
Meyre, 1184
Miailhe, Éric, 433, 467, 472
Miailhe, William-Alain B., 391
Michotte, famille, 600
Mignot, 169
Milan, Domaine du, 605
Milens, 940
Milhade, Vignobles Jean, 1159
Mille Roses, 50, 53
Miquel, Mme, 777
Mission Haut-Brion, La, 39, 43, 46, 47, 50, 53, 60, 65, 67, 68, 70, 72, 73, 77, 79, 81, 82, 84, 86, 88, 89, 92, 93, 95, 96, 98, 101, 104, 105, 106, 109, 110, 112, 113, 115, 117, 119, 121, 122, 123, 124, 125, 127, 128, 500, 503, 504, 560, 1180, 1186
Mitjavile, Émile, 977
Mitjavile, François, 787, 977, 1151
Mitjavile, Louis, 854
Moines, Les, 1153, 1184
Môle, de, 1156
Monbousquet, 43, 48, 50, 54, 57, 60, 62, 65, 67, 69, 793, 794, 941, 1186
Monbrison, 81, 338, 339, 375, 1182
Moncets, 1145
Mondiale, La, 929
Mondot, 982
Mondotte, La, 43, 46, 50, 54, 57, 60, 62, 65, 789, 793, 794, 944, 1186
Mongravey, 339, 406, 1184
Monjanel, Patrick, 611
Monregard La Croix, 659
Montalivet, 592
Montaut, Pascal, 1154

Monteil d'Arsac, Le, 1184
Monteils, 1059, 1132
Mont-Joye, 1059, 1131
Montlisse, 794, 947
Montoya, 482
Montrose, 38, 43, 46, 50, 53, 56, 60, 62, 65, 66, 68, 69, 71, 73, 76, 79, 84, 92, 99, 105, 106, 109, 112, 113, 115, 116, 119, 121, 122, 124, 128, 132, 133, 134, 156, 1179, 1186
Montviel, 636, 769
Moreau, Michel, 771
Morin, 1184
Moro, Régis, 1167
Motte de Clément-Pichon, La, 432
Moueix, Alain, 903
Moueix, Bernard, 1048
Moueix, Bernard, héritiers, 776
Moueix, Christian, 632, 635, 640, 648, 693, 705, 707, 717, 729, 748, 784
Moueix, Jean-François, 729
Moueix, Jean-Jacques, 747
Moueix, Jean-Michel, 1049
Moueix, Jean-Pierre, 630, 640, 729
Moueix, Jean-Pierre Éts, 647, 705, 707, 717, 728, 747, 935
Moueix, Marie-José, 769
Moueix-Guillot, Nathalie, 769
Moulin, du, 1156
Moulin, le, 43, 53, 60, 636, 722
Moulin à Vent, 416, 454, 1182
Moulin de Duhart, 204
Moulin de La Lagune, 441
Moulin de la Rose, 281, 331, 1182
Moulin de Laborde, 416, 491
Moulin de Launay, 1173
Moulin de Noaillac, 492
Moulin de Rouillac, 617
Moulin de Saint-Vincent, 455
Moulin de Villet, 922
Moulin des Graves, 1150
Moulin du Cadet, 794, 1037, 1181
Moulin Haut-Laroque, 1141, 1143, 1187
Moulin-Neuf, 1164
Moulin Pey-Labrie, 1141, 1144, 1187
Moulin Riche, 318
Moulin Rouge, 1164
Moulin Rouge, du, 77, 79, 416, 454, 1184
Moulin Saint-Georges, 63, 65, 67, 793, 794, 948
Moulin-Vieux, 1150
Mouline, La, 1184
Mouline de Labégorce, La, 401
Moulinet, 636, 769
Moulinet-Lasserre, 636, 770
Moulins de Citran, 430
Moulis, Château, 416, 455
Mouret, du, 610
Mourlet, 585
Mouton, 1173
Mouton Baronne Philippe, 192, 1179
Mouton Rothschild, 39, 40, 43, 46, 47, 50, 53, 56, 60, 62, 65, 66, 68, 69, 73, 79, 81, 82, 84, 86, 88, 89, 92, 101, 105, 106, 110, 113, 115, 116, 119, 121, 124, 125, 126, 128, 185, 191, 246, 1179, 1186
Mulliez, Vincent, 474
Muret, 1184
Musotte, Hubert et Fabienne, 1124
Musset, famille, 1145
Myrat, de, 1059, 1132, 1180

N

Nairac, 1059, 1096, 1180
Natexis, Banque, 175
Neipperg, Comte Stephan von, 837, 860, 944, 1165
Neipperg, Comtes von, Vignobles, 836, 859, 944
Nenin, 53, 60, 102, 127, 635, 636, 723, 1186
Néraudau, Gérard, 182
Nicolas, héritiers, 665
Noaillac, 416, 492, 1184
Noble, Domaine du, 1170, 1171
Nodoz, 1150
Nony, famille, 914
Nony, Jean et François, 427

Nouvel, Jean-Jacques, 1007
Numéro 1-Dourthe, 1173

O

Oddo, Christine et Pascal, 1045
Oddo-Vuitton, Chantal, 1045
Olivier, 504, **568**, 1180
Onclin, Justin, 420
Ondet, Béatrice, 841
Ormes, Les, 332
Ormes de Pez, Les, 106, 116, 119, 128, 129, 132, 133, 134, **161**, 1182, 1187
Ormes Sorbet, Les, 416, **456**, 1182
Oudinot, famille, 589
Ouest de Lamothe Guignard, L', 1093

P

Padirac, Constance de, 150
Pagès, Marc, 468
Pagès, Patrice, 437
Pagès, Xavier, 492
Pagodes de Cos, Les, 141
Pairault, Fabienne et Philippe, 332
Palanquey, 1164
Palmer, 39, 43, 47, 50, 53, 56, 60, 65, 67, 71, 73, 77, 79, 82, 84, 86, 89, 96, 97, 101, 105, 106, 109, 110, 113, 115, 116, 119, 121, 122, 124, 125, 128, 338, **339**, 377, 1179, 1186
Paloumey, 1182
Pape, Le, **611**
Pape Clément, 43, 46, 47, 50, 53, 56, 60, 62, 65, 67, 68, 77, 81, 82, 84, 101, 110, 113, 115, 117, 119, 122, 124, 125, 501, 503, 504, **570**, 1180, 1186
Parc Rouge de Caronne, 427
Pardaillan, 1153
Parde de Haut-Bailly, La, 529
Parenchère, 1174
Parenchère Cuvée Raphaël Gazaniol, 1174
Pas de l'Âne, 794, **1038**
Patache, La, 636, 771
Patache d'Aux, 416, 456, 1182
Pauquet, Gilles, 987
Paveil-de-Luze, 1182
Pavie, 38, 46, 48, 50, 54, 57, 60, 77, 79, 84, 92, 109, 121, 784, 793, 794, **950**, 1181, 1186
Pavie Decesse, 43, 46, 48, 50, 54, 57, 60, 63, 784, 793, 794, **954**, 1181, 1186
Pavie Macquin, 43, 46, 54, 57, 60, 63, 65, 67, 69, 70, 77, 79, 786, 793, 794, **957**, 1181, 1186
Pavillon, 1141
Pavillon, du, 1141
Pavillon Blanc du Château Margaux, 366
Pavillon de Loudenne, 450
Pavillon Figeac, 1024
Pavillon La Croix Figeac, 969
Pavillon Plince, 771
Pavillon Rouge du Château Margaux, 53, 366, 1187
Péby Faugères, 46, 50, 54, 57, 60, 789, 793, 794, **961**, 1186
Pédesclaux, 190, 192, **272**, 1179
Pedro, Domaines, 175, 491
Pèlerins de Lafon-Rochet, Les, 151
Pelon, famille, 454
Pensées de Lafleur, Les, 53, 79, 709
Pérenne, 1153, **1154**
Péré-Vergé, Catherine, 698, 769
Périer, du, 1184
Périn de Naudine, 505, **611**
Pernaud, **1133**
Pernaut, 1059
Perreira, R., 1038
Perrin, Antony et Marc, 510, 511
Perrin, Éric, 605
Perrin, Philibert, 607
Perrodo, Hubert, 401, 402
Perromat, Pierre, 1060

Perse, Gérard et Chantal, 785, 867, 941, 950, 954, 997, 1165, 1166
Pessac-Léognan, 517
Pessan, 505, 612
Petit, famille, 1148
Petit Bocq, 133, 134, 177, 1182
Petit Cheval, 844
Petit Corbin-Despagne, 913
Petit-Faurie-de-Soutard, 794, 1039, 1181
Petit Labrie, 879
Petit Moulin, Le, 722
Petit Mouton de Mouton Rothschild, Le, 247
Petit Village, 53, 77, 81, 82, 92, 105, 126, 633, 635, 636, 725, 1187
Petite Église, La, 677
Petits-Arnauds, des, 1153
Petrus, 39, 43, 46, 47, 50, 53, 56, 60, 62, 65, 67, 68, 70, 72, 77, 79, 81, 82, 84, 86, 92, 94, 95, 96, 100, 102, 103, 105, 106, 109, 112, 113, 115, 117, 119, 122, 123, 125, 126, 127, 128, 632, 635, 636, 728, 1186
Pey, Le, 1184
Pey-Arnaud, 1133
Peybonhomme-les-Tours, 1153
Pey-Labrie, 1141, 1144
Peymartin, 293
Peymelon, 1153
Peymouton, 1033
Peynaud, 14
Peynaud, Émile, 11, 24, 366, 791, 1096
Peyrabon, 416, 1184
Peyraguey Le Rousset, 1123
Peyraud, 1153, 1155
Peyreblanque, 505, 613
Peyredon Lagravette, 416, 457, 1184
Peyre-Lebade, 1184
Peyronie, Domaines, 206
Peyrou, 1164
Pez, de, 106, 132, 134, 163, 1182
Phélan Ségur, 76, 79, 81, 132, 134, 164, 1182
Philippe, Jean-Claude, 1006
Piada, 1059, 1133
Piaut, 1136
Pibran, 192, 255, 1182
Picard, 1184
Pichon-Longueville Baron, 43, 46, 50, 53, 56, 60, 62, 65, 66, 68, 71, 73, 76, 79, 81, 82, 84, 92, 116, 189, 191, 256, 1179, 1186
Pichon-Longueville Comtesse de Lalande, 38, 43, 46, 47, 50, 53, 65, 66, 68, 73, 79, 81, 82, 84, 86, 88, 89, 92, 93, 95, 96, 97, 99, 106, 110, 113, 115, 128, 188, 191, 260, 1179, 1186
Picque Caillou, 502, 504, 575
Pierre, Michel et Marie-Josée, 1064
Pierre de Lune, 57, 794, 962, 1187
Pilotte-Audier, Vignobles, 1020
Pin, Le, 38, 40, 43, 50, 53, 62, 65, 67, 68, 70, 77, 79, 81, 82, 84, 86, 89, 92, 94, 634, 636, 738, 1186
Pin de Beau Soleil, Le, 1174
Pin de Belcier, Le, 1164
Pinault, François, 228
Pineau du Rey, 1082
Pinsas, 618
Pipeau, 793, 794, 963
Piras, 1174
Piron, 505, 613
Pitray, de, 1164
Plagnac, 416, 458
Plaisance Cuvée Aix, 1174
Plaisance Cuvée Sortilège, 1174
Plaisance Cuvée Tradition, 1174
Plantes du Mayne, Les, 915
Plantey, 192, 273, 1184
Plantey de Lacroix, 472
Plantiers du Haut-Brion, Les, 56, 60, 535
Planty, Xavier, 1087
Plassan, de, 1174
Plégat La Gravière, 601
Plince, 636, 771
Plincette, 636, 772
Pointe Riffat, La, 742
Pointe, La, 635, 636, 742
Poitevin, 1184
Poitou, Lionel, 470
Pomiès d'Agassac, 417
Pomys, 134, 178, 1184
Pontac, comte Jacques de, 1132
Pontac, de, 603
Pontac Lynch, 339, 406, 1184
Pontac Monplaisir, 504, 614
Pontac-Phénix, 407

Pontallier, Paul, 366
Pont-Cloquet, 636, 772
Pontet Salanon, 494
Pontet-Canet, 43, 46, 47, 53, 65, 66, 68, 115, 128, 189, 191, 265, 1179, 1186
Pontet-Chappaz, 339, 407
Pontey, 1184
Pontoise-Cabarrus, 1184
Porcheron, Philippe, 372, 477, 494
Potensac, 79, 92, 416, 459, 1182, 1187
Pouget, 339, 407, 1179
Poujeaux, 79, 81, 84, 92, 416, 460, 1182, 1187
Poumey, 615
Pourquet-Bécot, famille, 917
Prade, La, 1168
Pradère, Mme, 299, 331
Prats, Bruno, 141, 633, 726
Prats, Jean-Guillaume, 142
Prélude à Grand-Puy Ducasse, 207
Prélude de Cros Figeac, 1011
Prieur des Jacobins, 858
Prieur du Château Meyney, 154
Prieuré, Le, 674, 1181
Prieuré d'Arche, 1060
Prieuré-Lichine, 50, 89, 97, 336, 339, 382, 1179, 1187
Prieuré-Sainte-Anne, 1174
Prieurs de la Commanderie, 636, 773
Priou, Vincent, 637
Prissette, Éric, 970
Providence, La, 636, 773
Pujol, Bernard, 571
Puy Castéra, 1184
Puy La Rose, 201
Puy-Blanquet, 794, 1040
Puycarpin, 1164
Puyguéraud, 1168, 1169
Puyguéraud Cuvée Georges, 1168
Puzio-Lesage, Michel et Ghislaine, 879

Q

Quercy, 794, 1040
Querre, Emmanuel et Gaëtane, 1165
Querre, Michel, 722
Quié, famille, 385
Quié, Jean-Michel, 202, 419
Quinault, 50, 793, 794
Quinault l'Enclos, 43, 48, 54, 57, 60, 965, 1186

R

Rabaud-Promis, 77, 79, 81, 1056, 1058, 1059, 1098, 1180
Raby-Jean Voisin, 794, 1041
Raby-Saugeon, Vignobles, 1041
Racaud, de, 1173
Rahoul, 504, 615
Ramafort, 416, 492, 1184
Ramage La Bâtisse, 416, 460, 1182
Rame, La, 1170, 1171
Raoux, Philippe, 395
Ratouin, 636, 774
Rausan-Ségla, 71, 73, 77, 79, 81, 84, 86, 89, 104
Raux, du, 1184
Rauzan-Despagne Cuvée Passion, 1174
Rauzan-Gassies, 337, 339, 385, 1179
Rauzan-Ségla, 65, 67, 336, 338, 339, 386, 1179, 1186
Raymond, Yves, 461
Raymond-Lafon, 43, 46, 48, 50, 57, 60, 63, 77, 79, 84, 89, 92, 95, 102, 1057, 1058, 1059, 1100
Raynaud, Alain, 361, 672, 965
Raynaud, famille, 690
Raynaud, Françoise, 965
Rayne Vigneau, de, 81, 1059, 1102, 1180
Raze Beauvallet, La, 1184
Reboul-Salze, Christophe, 1153, 1154
Recougne, 1174
Reflets du Château Cissac, 430
Reflets du Château Le Thil Comte Clary, 621
Refrain du Château de Villegeorge, 473

Regelsperger, M. et Mme, 1133
Reiffers, famille, 920
Reignac, 1173, 1174
Relais de Patache d'Aux, Le, 457
Rempart, Domaine du, 636, 775
Remparts de Bastor, Les, 1061
Remparts de Ferrière, Les, 399
Renon, Christiane, 396, 399
Réserve de la Comtesse, 73, 260
Réserve de Léoville Barton, La, 307
Retout, du, 1184
Rettenmaier, famille, 980
Reulet, Corinne, 1114
Reverdi, 1184
Rey, famille, 1155
Reybier, Domaines, 141, 176
Reyes, M. et Mme, 274
Reynon, 1174
Reynon Vieilles Vignes, 1173
Reysson, 1182
Ribeiro, famille, 454
Ribeiron, 484
Ribéreau-Gayon, 14
Ribéreau-Gayon, Pascal, 11
Ricaud, 1153, 1170, 1172
Richard, Guy, 1001
Rieussec, 43, 46, 48, 50, 54, 57, 60, 63, 65, 77, 79, 81, 84, 89, 100, 102, 1056, 1057, 1058, 1059, 1103, 1180
Rigaud, 1156
Riou de Thaillas, 794, 1041
Ripeau, 794, 1042, 1181
Rives de Gravelongue, Les, 487
Rivière Claude et Marie-Claude, 763
Rivière, famille, 764
Robert, 777
Robin, 1164
Robinson, Jancis, 789, 791
Roc de Boissac, 1156
Roc de Cambes, 1149, 1151, 1187
Roc de Saransot, 462
Roche Beaulieu Amarinum, La, 1164
Roché, Alexandra, 1166
Rochebelle, 967
Rochemorin, de, 503, 504, 616
Rocher Bellevue, 1164
Rocher Bellevue Figeac, 794, 968
Rocher Cap de Rive, Vignobles, 183, 407, 993, 1029
Rocheyron, 1045
Roi, Jean-Noël, 1158
Rol Valentin, 46, 50, 54, 60, 65, 789, 793, 794, 970, 1186
Rollan de By, 416, 493, 1182
Rolland, Dany, 640
Rolland, de, 1059, 1134
Rolland, Michel, 318, 361, 420, 421, 433, 459, 533, 548, 572, 640, 655, 690, 795, 804, 814, 842, 874, 886, 900, 915, 939, 942, 958, 983, 1047
Rolland, Michel et Dany, 1044, 1143, 1146
Roland La Garde, 1153
Rolland-Maillet, 793, 794, 1043
Romefort, 488
Romer du Hayot, 1059, 1107, 1180
Roque de By, La, 468
Roquefort, 1173
Roquefort, de, 976
Roquegrave, 1184
Roques, de, 1156, 1157
Roquetaillade, 504
Roquevieille, 1164
Rose Figeac, La, 636, 775
Rose Maréchale, La, 433
Rose Montviel, La, 769
Rose Pauillac, La, 192, 274
Rose-Pourret, La, 794, 1044
Rose Saint-Laurent, La, 447
Rose Sainte-Croix, 416, 494
Rose Sarron, La, 588
Roskam-Brunot, Nicole, 1002
Rothschild-Lafite, Domaines Barons de, 203, 218, 683, 1103
Rothschild, Baron Philippe de, 270
Rothschild, Baron Benjamin de, 431, 490
Rothschild, Baronne Philippine de, 192, 198, 246
Rothschild, Baron Edmond de, 431
Roudier, 1160, 1161
Rouet, 1141
Rouget, 53, 127, 128, 636, 743, 1187
Rouillac, de, 617
Roûmieu-Lacoste, 1059, 1134
Rousseau, Stéphanie, 772
Rousselle, 1150
Rousset, 1150

Rouzaud, Jean-Claude, 163, 173
Roylland, 794, 1045
Ruban Bleu du Château d'Arsac, 396
Rullier, Michel, 1142
Rustmann, Lorraine et Thierry, 462
Rustmann-Cordier, Lorraine, 324

S

S de Siran, 391
Saby, famille, 1026
Saby, Jean-Bernard et Fils, 1162
Saint-Ahon, 1184
Saint-Amand, 1059, 1135
Saint-André Corbin, 1162
Saint-Aubin, 1184
Saint-Brice, 936
Saint-Christophe, 1184
Saint-Domingue, 794, 972, 1187
Saint-Émilion, Union des producteurs de, 996, 1018, 1028
Saint Estèphe, Château, 134, 179
Saint-Georges, 1162, 1163
Saint-Georges Côte Pavie, 1181
Saint-Hilaire, 1184
Saint-Jean-des-Graves, 505, 618
Saint-Louis, 178
Saint-Mambert, 192, 274
Saint-Marc, 1059, 1135
Saint-Paul, 1184
Saint-Paul de Dominique, 885
Saint-Pierre, 93, 106, 279, 281, 321, 1179, 1187
Saint-Robert, 505, 618
Saint-Roc, 166
Saint-Valentin, 1034
Sainte-Colombe, 1164, 1167
Sainte-Famille, communauté religieuse de la, 620
Sainte-Gemme, de, 416, 494
Sainte-Hélène, 1095
Saintout, Bruno, Vignobles, 328
Sales, de, 634, 636, 745, 1187
Salle de Poujeaux, La, 460
Sanctus, 794, 1045, 1187
Sanfourche, Daniel, 1171
Sansonnet, 794, 1047
Saransot-Dupré, 416, 461, 1182
Sarget du Château Gruaud Larose, 295
Sartre, Le, 505, 619
Saturny, Pierre, 1151
Schepper, Jacques de, 401
Schÿler, famille, 358
Secret, Bruno, 477
Seely, Christian, 347, 726
Ségla, 387
Segonzac, 1153, 1155
Segue Longue, 1184
Ségur, 416, 462, 1182
Ségur, Château de, 1063
Ségur de Cabanac, 134, 179, 1184
Ségur Fillon, 462
Seigneurie d'Olivier, 569
Sellan, 1051
Sellan, Claude, 1051
Sémeillan Mazeau, 485, 1184
Sendrey Frères et Fils, 1127
Sénéclauze, MM., 374
Sénéjac, 416, 462, 1182
Senilhac, 1184
Sérénité de Poumey, La, 619
Sergue, La, 1145, 1148
Serre, La, 794, 1048, 1181
Servant-Dumas, Vignobles, 779
Seuil de Mazeyres, Le, 768
Seynat-Dulos, Jean-Pierre, 405
Sèze, Arnaud de, 1171
Sèze, Olivier, 427
Siaurac, 1145, 1148
Sichel, famille, 339
Sichel, Peter A., 340
Sieurs de Bellegrave, Les, 270
Sigalas Rabaud, 50, 77, 81, 1059, 1108, 1180
Sillage de Malartic, Le, 557
Simon, 1059, 1136
Simon Carretey, 1126
Sipian, 1184
Siran, 337, 339, 391, 1182, 1187
Sirène, 329
Sirène de Giscours, La, 353

SMABTP, 423, 1025, 1030
Smith Haut Lafitte, 43, 46, 47, 50, 53, 60, 62, 65, 67, 68, 70, 72, 501, 503, 504, 576, 1180, 1186
Sociando-Mallet, 62, 65, 67, 68, 70, 77, 79, 81, 84, 92, 99, 101, 106, 416, 463, 1187
Société viticole de France, 1130
Sociondo, 1153
Solane, Bernard et Fils, 1170
Soleil, 1156
Solitude, Domaine de la, 505, 620
Sorge, Jean, Vignobles, 398
Soudars, 416, 467, 1182
Soulignac de Robert, 1150
Soussans, 399
Soutard, 79, 86, 102, 112, 119, 123, 788, 794, 973, 1181, 1188
Sphinx de Naudine, Les, 612
Suau, 1059, 1110, 1180
Sublett, Didier, 1157
Suduiraut, 46, 48, 50, 54, 57, 60, 63, 65, 77, 79, 81, 100, 109, 117, 123, 127, 128, 1057, 1058, 1059, 1111, 1180
Suduiraut Cuvée Madame, 79, 92
Suez, 1089
Sulzer, famille, 1000
Suntory, 281, 300
Suzuta, Kenji, 300

T

T de Tour de Pez, 180
Tailhas, du, 636, 776
Taillan, Bernard, 429, 430
Taillan, du, 1182
Taillefer, 635, 636, 776
Talbot, 53, 62, 65, 67, 79, 81, 82, 84, 86, 89, 92, 95, 97, 99, 105, 113, 119, 121, 124, 128, 279, 281, 324, 1179, 1187
Tapon, Raymond, 1031
Tari, famille, 353
Tari, Nicolas et Pierre, 353
Tari-Heeter, famille, 1096
Tastet & Lawton, 11
Tauzinat l'Hermitage, 794, 1048
Tayac, 339, 408, 1150, 1184
Tayac Cuvée Prestige, 1149, 1151
Tayac Cuvée Réservée, 1150
Temple, Le, 1184
Terme des Gondats, 374
Terrasse, La, 1164
Terrasse du Château La Garde, La, 528
Terrasson, 1164
Terres d'Agnès, 1174
Terrey-Gros-Cailloux, 280, 281, 331, 1183
Tertre, du, 43, 65, 96, 97, 337, 338, 339, 392, 1179, 1188
Tertre Daugay, 794, 975, 1181
Tertre Roteboeuf, 40, 54, 57, 60, 65, 67, 69, 70, 77, 79, 81, 82, 84, 86, 787, 793, 794, 977, 1186
Tesseron, Alfred et Gérard, 265
Tesseron, famille, 151
Teynac, 281, 332, 1184
Teyssier, 1156
Theallet, Mme, 1146
Thébot, 1174
Theil, famille, 460
Theil-Roggy, famille, 418
Themètre, 1059
Théo, Jacques, 388
Théron, Michel, 397, 480
Thibeaud-Maillet, 636, 777
Thienot, Alain, 615, 1172
Thienpont, Alexandre, 752
Thienpont, famille, 751
Thienpont, Georges, héritiers, 1169
Thienpont, Jacques, 738
Thienpont, Luc, 402
Thienpont, Nicolas, 826, 928, 1168
Thieuley, 1173, 1174
Thieuley Cuvée Francis Courselle, 1173
Thil Comte Clary, Le, 505, 621
Thomassin, B., 598
Thunevin, Éts, 852, 989
Thunevin, Jean-Luc, 373, 533, 697, 789, 852, 879, 897, 989
Tire Pé-La Côte, 1174
Tonnelle de Bel-Air, 624
Tonnelle, La, 1184
Toulet, 1173

Tour, de La, 1174
Tour Blanche, 495, 1184
Tour Blanche, La, 46, 48, 50, 57, 60, 63, 65, 77, 79, 81, 1180
Tour Blanche, La (Médoc), 416
Tour Blanche, La (Sauternes), 1056, 1058, 1059, 1114
Tour Carnet, La, 416, 469, 1179
Tour Coutelin, 179
Tour de Bessan, La, 339, 408, 1184
Tour de Boyrin, La, 505, 622
Tour de By, La, 79, 416, 468, 1183
Tour de Cluchon, 606
Tour de l'Espérance, 1174
Tour de Marbuzet, 134, 180, 1183
Tour de Mirambeau Cuvée Passion, 1174
Tour de Mons, La, 339, 409, 1183
Tour de Pez, 134, 180, 1183
Tour des Termes, 134, 181, 1184
Tour du Guetteur, La, 794
Tour du Haut-Moulin, La, 77, 79, 81, 416, 470, 1183, 1188
Tour-du-Pas-Saint-Georges, La, 1162
Tour du Pin Figeac, La (Moueix), 794, 1049, 1181
Tour du Pin Figeac, La (Giraud-Belivier), 1050, 1181
Tour-du-Roc, La, 1184
Tour du Sème, 941
Tour Figeac, la, 43, 793, 794, 980, 1181, 1188
Tour-Guillotin, La, 1156
Tour Haut-Brion, La, 53, 65, 67, 70, 92, 98, 101, 103, 104, 105, 106, 115, 117, 127, 128, 504, 580, 1180, 1188
Tour Haut-Caussan, 77, 79, 92, 416, 469, 1183, 1188
Tour l'Aspic, La, 216
Tour Léognan, 510
Tour Massac, La, 408
Tour Mirambeau, La, 1173
Tour Musset, 1160, 1161
Tour Pibran, 255
Tour Prignac, 1184
Tour Robert, 636, 777
Tour Saint-Bonnet, 77, 79, 92, 101, 416, 471, 1184
Tour Saint-Fort, 1184
Tour Saint-Joseph, 1184
Tour-Séguy, La, 1150
Tour Séran, 416, 495
Tourelle de Croizet-Bages, La, 202
Tourelles de Château Fonréaud, Les, 437
Tourelles de Lamothe, Les, 1092
Tourelles de Longueville, Les, 256
Tournefeuille, 1145, 1148
Tournelle de Beau-Séjour Bécot, 814
Tournelle du Pin Figeac, La, 1050
Tours, des, 1160, 1161
Tours de Charmail, 428
Tours de Plagnac, Les, 458
Tourte, du, 505, 622
Tourte des Graves, 623
Touton, Guillaume, 1154
Triaud, Françoise, 292, 321
Triaud, Jean-Louis, 293
Trigant de Boisset, Domaine, 705
Trimoulet, 794, 1051
Trocard, Benoît, 853
Trocard, Jean-Louis, 760, 1017
Trois Chardons, des, 339, 409
Trois Croix, Les, 1141
Trois Moulins, 479, 1184
Tronquoy de Sainte-Anne, 182
Tronquoy-Lalande, 134, 181, 1183
Troplong Mondot, 38, 39, 43, 48, 50, 54, 60, 63, 65, 67, 69, 70, 72, 74, 77, 79, 81, 786, 793, 794, 982, 1181, 1186
Trotanoy, 43, 46, 53, 60, 62, 65, 67, 70, 72, 77, 79, 92, 102, 104, 105, 106, 109, 110, 112, 113, 115, 117, 122, 125, 128, 632, 635, 636, 747, 1186
Trotte Vieille, 43, 65, 79, 82, 786, 793, 794, 986, 1181, 1188
Tuilerie du Puy, La, 1174
Tuileries, Les, 1184
Tuquet, Le, 505, 623
Turcaud, 1173

V

Valade, Paul, 1165
Valandraud, 989

Valandraud, de, 46, 48, 50, 54, 57, 60, 63, 65, 67, 69, 70, 72, 789, 793, 794, 1186
Valette, Jean-Paul, 951, 955
Valette, Patrick, 829
Valette, Thierry, 1166
Vallon de Barde-Haut, Le, 812
Valmengaux, 1174
Valois, de, 636, 778
Valrose, 134, 182
Vareille, Éric, 1144
Vatelot, Yves, 361
Vaucelles, Henri de, 1082
Vauthier, Alain, 804, 949
Vauthier, famille, 803, 948
Vayron, Xavier, 645
Verdignan, 416, 472, 1183
Vernous, 1184
Veyry, 1164, 1167
Veyry, Christian, 1167
Vialard, famille, 429, 478
Vicaire, Marie-Cécile, 433, 472
Vicomtesse, Château La, 151
Videaux, Les, 1153
Vieille Cure, La, 1141, 1144, 1188
Vieille Dame de Trotte Vieille, La, 986
Vieille France, La, 504, 623
Vieux Champs de Mars, 1167
Vieux Champs de Mars Cuvée Johanna, 1164
Vieux Château Brun, 765
Vieux Château Certan, 43, 50, 53, 60, 65, 67, 77, 79, 81, 84, 92, 94, 102, 112, 117, 119, 123, 125, 126, 127, 128, 633, 635, 636, 751, 1186
Vieux Château Chauvin, 60
Vieux Château des Templiers, 744
Vieux Château Ferron, 636, 778
Vieux Château Guibeau, 1156
Vieux Château Peymouton, 1000
Vieux Château Saint-André, 1160, 1161
Vieux Coutelin, 134, 183
Vieux Fortin, 794, 1051
Vieux Maillet, 636, 779
Vieux Robin, 79, 416, 1183
Vieux Sarpe, 1029
Vieux Tertre, 1045
Vieux-Château-Gaubert, 504
Vieux-Château-Landon, 1184
Villa Bel-Air, 505, 624
Villadière, 1158
Villambis, de, 1184
Villars, 1141, 1144
Villars-Foubet, Céline, 428
Villars-Lurton, Claire, 213, 399, 400
Villegeorge, de, 416, 472, 1183
Villemaurine, 794, 1005, 1009, 1052, 1181
Vimières Le Tronquéra, Les, 339, 410
Vincent, André, 601
Violette, La, 109, 113, 636, 779
Virginie de Valandraud, 989
Vonderheyden, Laurent, 376
Vrai Canon Bouché, 1141
Vray Croix de Gay, 636, 756
Vray-Canon-Boyer, 1141

W

Warion, Bernadette, 1044
Wilmers, Robert G., 528
Woltner, Frédéric et Henri, 561

Y

Yon-Figeac, 54, 793, 794, 992, 1181
Yon-Saint-Martin, 992
Yquem, d', 40, 43, 63, 65, 67, 77, 79, 81, 84, 86, 88, 89, 92, 94, 95, 100, 102, 103, 105, 106, 109, 114, 117, 119, 121, 123, 125, 128, 1057, 1058, 1059, 1116, 1180
Yung, Albert & Fils, 603

Z

Zédé, Domaine, 402
Zuger, Jean-Claude, 403
Zuger, Roger, 362

Quels que soient le soin et l'attention portés à un ouvrage de cette importance, des erreurs ou des imprécisions peuvent à tout moment s'y glisser. Par ailleurs, des domaines peuvent changer de propriétaire, leurs coordonnées, leur superficie, leur mode d'exploitation s'en trouver modifiés, etc.
L'auteur et l'éditeur sauraient gré à tout lecteur en mesure de leur signaler ce genre d'information de le faire, par fax, au numéro suivant : 01 44 16 05 19 (référence *Parker*). Merci d'avance.

Les informations données dans cet ouvrage sont pour une large part le fruit du travail accompli pour la publication de la revue bimestrielle *The Wine Advocate*, dirigée et rédigée par Robert Parker, et qui se veut un authentique guide d'achat des meilleurs vins du monde – et donc un précieux outil de défense du consommateur en la matière.

Quels que soient le soin et l'attention portés à un ouvrage de cette importance, des erreurs ou des imprécisions peuvent à tout moment s'y glisser. Par ailleurs, des domaines peuvent changer de propriétaire, leurs coordonnées, leur superficie, leur mode d'exploitation s'en trouvent modifiés, etc. L'auteur et l'éditeur sauraient gré à tout lecteur en mesure de leur signaler ce genre d'information de le faire, par fax, au numéro suivant : 01 44 16 05 19 (référence *Parker*). Merci d'avance.

Imprimé en France par Mame Imprimeurs à Tours
n° 05060040 - juillet 2005